차례

머리말 1

일러두기 5

본문 13

부록 937

1 고빈도 단음절어 한자 풀이 938

2 고빈도 한자어 945

3 고품격 사자성어 955

4 만화 고사성어 977

5 당시 한 수 1078

한자어는 수박 같아서 속을 봐야 알 수 있다

교과서 한자어
속뜻사전

The Sino-Korean Dictionary
Focusing on Morphological Motivation
for Elementary Schoolers

초등학교
全학년 全과목
한자어
17,000개
모두 수록

㈜속뜻사전교육출판사

교과서 한자어
속뜻사전

The Sino-Korean Dictionary
Focusing on Morphological Motivation
for Elementary Schoolers

2018년 5월 5일 제1판 제1쇄 발행
2019년 3월 21일 제1판 제2쇄 발행
2021년 6월 21일 제1판 제3쇄 발행
2023년 8월 8일 제1판 제4쇄 발행

편저자 | 전광진
발행인 | 이숙자
편집 | 속뜻사전교육연구소
교정 | 속뜻사전교육연구소
만화 | 이주한, 김정희
표지디자인 | Design54

발행처 | ㈜속뜻사전교육출판사
등록 | 263-86-02753
주소 | 경기도 하남시 덕풍북로 110, 103-101
문의 | Tel 031-794-2096 Fax 031-793-2096 www.LBHedu.com lbhedu@lbhedu.com

ISBN 978-89-93858-36-5 71710
잘못 만들어진 책은 바꾸어 드립니다.
이 사전은 저작권법의 보호를 받고 있으므로 무단 복사, 복제 또는 전재를 금합니다.

값 33,000원

머리말

전국 초등학교 학부모님들께 드리는 글

안녕하십니까?

저는 초등학교 학부모님들이 가장 부럽습니다. 자녀 교육에 대한 큰 꿈을 가슴에 품고 뜨겁게 사는 분들이기 때문입니다. 각 가정에서는 꿈과 기대가 한껏 부풀어 있는데, 과연 학교 교육이 이를 잘 부응하고 있는지? 그것이 참 걱정입니다. 초등 교과서에 출현하는 한자어만을 대상으로 사전을 편찬하려는 것은 바로 그런 우려에서 비롯됐습니다.

먼저 '애국가'의 후렴을 적어 보겠습니다. "無窮花 三千里 華麗 江山, 大韓 사람 大韓으로 길이 保全하세!" 이렇게 적는 것을 한자혼용, 또는 국한혼용이라 합니다. '무궁화' '화려'같은 단어를 한자어라고 하고, '사람', '길이'같은 낱말을 고유어 또는 순(純)우리말이라 합니다. 그런데 한자혼용 문장은 읽기조차 힘들 수 있기에 "무궁화 삼천리 화려 강산, 대한 사람 대한으로 길이 보전하세!"같이 적는 사례가 일반화됐습니다. 이런 것을 한글전용이라고 합니다. 즉, 한자어라 하더라도 한자가 아니라 한글로만 표기하는 것을 말합니다. '속' 내용과 상관없이 '겉' 포장만 바꾸는 그런 형태입니다.

현행 초등 교과서에 쓰인 한자어는 한글전용으로 쓰여 있습니다. 이러한 현실을 두고 사람들의 견해가 둘로 나뉩니다. 한자어가 한글로만 쓰여 있으니 '한글만 알아도 된다'는 주장, 한글로 쓰여 있더라도 그 속은 한자에 바탕을 둔 것이니 '한자도 알아야 한다'는 주장, 이상 둘로 대립되고 있습니다. 많은 선각자와 대다수의 학부모들은 후자를 따르고 있습니다. 그러나 안타깝게도 교육부는 전자를 따르고 있습니다. 그래서 초등학교 정규 수업시간에 한자를 가르치지 않고 있습니다. 한글만 알아도 한자어를 잘 알 수 있다는 판단! 참으로 어처구니가 없습니다. 영어를 알면 '홈런'(home run), '포볼'(four ball), '골인'(goal in), '볼펜'(ball pen), '펜팔'(pen pal) 같은 외래어를 속속들이 잘 이해할 수 있듯이, 한자를 배우면 '화려'(華麗), '강산'(江山), '보전'(保全) 같은 한자어의 속뜻을 쉽게 알 수 있을 텐데 말이지요.

공교육이 한자를 외면하고 있기 때문에 한자 지식의 필요성을 자각한 학부모들은 사교육에 의지할 수밖에 없습니다. 그래서 지식의 '빈익빈(貧益貧), 부익부(富益富)' 현상이 갈수록 심각해지고 있습니다. '한글만 아는' 사람과 '한자도 아는' 사람은 생각의 깊이가 다르고 성공의 높이가 다릅니다. 한자는 '생각의 도구'(Thinking Tool)입니다. 생각이 깊어지려면 한자는 선택이 아니라 필수입니다. 생각이 깊은 사람이 세상을 이끌어 갑니다. 이 사전의 편찬은 이렇듯 생각이 깊은 사람을 조기(早期)에, 그리고 적기(適期)에 양성하기 위한 목적에서 출발했습니다.

그러면 한자 지식을 어떻게 습득해야 좋을까요? 한자 혼용(混用) 교과서로 공부하는 일본은 '선(先) 한자-후(後) 한자어' 방식으로 가르칩니다. 그래서 초등학교 1학년 때부터 한자 교육에 매진하고 있습니다. 우리나라는 한글 전용(專用) 교과서를 사용하고 있기 때문에 '선(先) 한자어-후(後) 한자' 방식으로 가르쳐야 효과적입니다. 그러나 정규 수업에서 한자는 물론 한자어도 제대로 가르치지 않고 있습니다. 현행 초등 교과서에서 한자는 모습조차 보이지 않지만, 한자어는 무수히 많습니다. 이렇듯 우리의 교과 현실이 일본과 크게 다르다는 점에 착안하여, 필자는 한자 자전(字典)이 아니라 한자어 사전(辭典)을 편찬하는 일에 몰두했습니다. 그래서 2007년에 ≪우리말 한자어 속뜻사전≫을, 2010년에 ≪속뜻 국어사전≫(原名 '초중교과 속뜻학습 국어사전')을 편찬했습니다. 종이사전의 위기에도 불구하고, 이 두 사전은 스테디셀러로 학생과 학부모의 호응을 지속적으로 얻고 있습니다. 한자어 풀이 방식이 다른 사전과 크게 다르고 학습 효과가 매우 높다는 점을 많은 국민이 공감한 덕분입니다. 이 자리를 빌려 그러한 분들께 감사의 말씀을 전합니다.

사실, 위의 두 사전만 있으면 초·중·고 및 대학생에 이르기까지 필요한 어휘력을 효과적으로 올릴 수 있습니다. 그럼에도 불구하고 다시 이 ≪교과서 한자어 속뜻사전≫을 편찬하게 된 것은 교육부 정책의 파행에서 비롯됐습니다. 초등학교 1~6학년 18종 교과서에 나온 개별 한자 수는 총 2,007자이고, 한자어는 총 12,787개이며, 한자어 누적 빈도는 총 223,500회에 달한다는 연구 결과가 서울대 국어교육과 민현식 교수에 의하여 발표된 바(2004, 2012) 있습니다. 그렇다면 우리나라 초등학생들이 매일 평균 102번이나 한자어를 만나는 셈입니다(223,500÷6년÷365일). 한자어가 이렇게 많이 쓰이고 있다면 이에 대한 정책적 배려가 반드시 필요합니다.

몇 년 전에 교과서 한자어가 학습의 관건임을 인지한 교육부가 중요 한자어를 선별하여 한자를 병기(倂記)해야겠다는 방침을 세운 바 있습니다. 이를테면, '항성(恒星)', '행성(行星)' 같은 중요 한자어에 대하여 한글 표기 옆에 한자를 병기해주자는 것이었습니다. 이것이 바로 '선별적 한자 병기' 정책이었습니다. 이러한 교육부 방안이 발표되자, 한자 노출이 한글 사랑에 반한다는 몰지각하고 과격한 저항에 부딪히게 됐습니다. 교육부는 이에 굴복하여 당초 방안을 철회하고, 대신 '한자 표기' 정책으로 선회했습니다.

한자 표기 정책은 한자어의 뜻을 간단명료하게 설명해 주자는 것이 골자입니다. 이를테면 '북두칠성은 항성이다'의 '항성'이란 한자어를 초등학생들이 이해하기 어렵기 때문에 "항상[恒, 항상 항] 같은 곳에서 빛나는 별[星, 별 성]"이라는 보충 설명을 교과서의 옆단이나 밑단에 넣어주자는 교과서 집필 방침을 정하고, 이를 2019년부터 시행하겠다고 2016년 연말에 언론에 대대적으로 공표한 바 있습니다. 이렇게만 된다면 우리나라 꿈나무들이 교과서만 봐도 한자어를 쉽게 잘 익힐 수 있겠다싶어 내심 크게 환영하며 큰 기대를 가지게 됐습니다. 그런 대명천지가 열리기를 학수고대하고 있었습니다.

그런데 금년 초에 교육부가 '한자 표기 정책'을 전격 철회하는 불상사가 벌여졌습니다. 정부의 한자 표기 정책에 대한 기대가 일시에 무산되는 큰 충격에 휩싸이게 됐습니다. 교육적이 아니라 정략적인 판단이 빚은 결과이기에 쇼크는 더욱 컸습니다. 일개 학자로서 '정책'을 세우는 것은 불가능하지만, 우리나라 꿈나무 교육에 대한 '대책'은 세울 수 있겠다는 생각과 의무감이 불현듯 솟구쳤습니다. 그래서 교과서에 등장하는 한자어만을 대상으로 속뜻을 자상하게 풀이해 주는 사전을 편찬하기로 작정하였습니다.

이 사전의 전신(前身)은 2008년 2월 22일에 출판된 ≪어린이 속뜻사전≫입니다. 2008년부터 2011년까지 총 11쇄를 기록한 후 ≪속뜻 국어사전≫에 바통을 넘기고 짧고 굵게 산 사전입니다. 이를 부활시킨 이 사전은 기본적으로 ≪우리말 한자어 속뜻사전≫과 ≪속뜻국어사전≫의 한자어 풀이와 맥을 같이 합니다. 다만 교과서 한자어만을 대상으로 특화한 점, 얇고 간편하여 늘 휴대하고 다니면서 그때그때 바로바로 찾아보기 쉬운 점이 특징입니다. 이 사전은 초등 교육용 기초 한자어 총 16,908 개에 대하여 속뜻을 하나하나 자세히 분석해 놓았습니다. 이에 실린 모든 단어의 뜻을 알고 글을 지을 수 있다면 중·고등학교 학업은 '따 놓은 당상'이자 '식은 죽 먹기'가 될 것입니다.

초등학교 모든 과목 교과서에 한자어가 석류 알처럼 송송 박혀 있습니다. 그런데 초등학교 선생님용 지도서에 한자어 교수법이 안내되어 있지 않습니다. 교육대학 교과목에 한자어 지도 방법론이 없습니다. 선생님들은 배우지도 아니한 것을 가르쳐야 하는 부담을 안고 있습니다. 이 자그마한 사전이 선생님들의 그런 고충을 완전히 덜어 드릴 것입니다. 또한 학부모의 가정 지도와 학생들의 자습 활동에도 큰 도움을 줄 수 있도록 특별 배려했습니다. 한자어를 통하여 한자도 쉽게 알 수 있는 특수 효과를 누리게 될 것입니다.

끝으로, 교과서 한자어는 '학습 도구어'(道具語)이자 '사고(思考) 도구어'입니다. 이해력, 사고력, 창의력은 어휘 지식의 축적 위에서 자라나는 나무들입니다. 그리고 한자어를 학습하다 보면 한자 의미 지식은 저절로 늘어납니다. 한글은 음을 잘 적게 하고, 한자는 뜻을 잘 알게 합니다. 한글과 한자의 각기 다른 두 기능을 절묘하게 조화시킨 것이 이 사전의 큰 장점입니다. 학부모님들의 귀엽고 귀한 자녀들이 이 사전으로 교과서 한자어 어휘력을 향상시킨다면, 모든 과목 공부에 재미를 느끼게 될 것입니다. 우리 사전이 여러분의 꿈과 희망을 실현시켜드릴 것입니다. 감사합니다.

2018년 3월 12일 새벽

편저자 全 廣 鎭 올림

일러두기

1. 표제어의 수록 대상

(1) 우리말, 즉 국어는 '뿌리' '꽃잎' 같은 고유어, '항성'(恒星) '행성'(行星) 같은 한자어, '홈런'(home run), '골인'(goal in) 같은 외래어, 이상 3종 어휘로 이루어져 있다. 이 사전은 이 가운에 오로지 한자어만을 수록 대상으로 삼았다. 한자어가 가장 많고, 모든 과목 교과서에서 핵심어휘(Key word)로 쓰이기 때문이다.

(2) 한자어는 '강'(江) '산'(山) 같은 1음절은 물론 2음절 이상 다음절 어휘도 수록 대상으로 삼았다. 3음절 이상의 경우, 앞쪽 두 음절이 표제어와 동일한 것은 표제어의 부속어(付屬語)로 수록하였다. 부속어 앞에는 '▶'표시를 달아 놓았다.

(3) 한자어는 초등학교 전학년 전과목 교과서에 쓰이는 것과 초등학생용 국어사전에 출현되는 것을 망라하였다. 의미 투명성이 낮은 인명과 지명 어휘는 제외시켰으며, 학업 능력 향상 효과가 큰 학술 용어는 최대한 많이 수록하였다.
♣ 이상과 같은 원칙에 따라 엄선하여 수록한 어휘의 수는 표제어 13,041개 부속어 3,867개 총 16,908개이다.

2. 표제어의 제시 방법

(1) 표제어는 먼저 한글로 적은 다음 그 뒤에 한자를 제시하는 방식을 취하였다. 표제어의 한글 표기에 있어서 첫음절에 한하여 장음 표시(ː)를 넣었고, 복합어는 붙임표(-)를 넣어 둠으로써 어휘 짜임을 쉽게 알 수 있도록 하였다.

(2) 한자를 처음 접하는 학생들이 한자를 쉽게 알 수 있도록 표제어의 한자 표기는 가급적 크게 하였다.

(3) 모든 표제어에 대하여 대응되는 영어 어휘를 제시하여 영어 학습 효과도 누리도록 하였다.

(4) 고빈도 상위 1,000개에 속하는 표제어는 앞에 '*'표시를 해두었다. 그 가운데 상위 500개에 속하는 것은 '⁂'표시를 해두었다. 고빈도 1,000개 어휘 목록은 부록#2에 따로 실어 놓았다. 빈도는 ≪현대 국어 사용 빈도 조사≫(조남호, 국립국어연구원 2002)를

근거로 하였다.

2. 표제어의 배열 방법

(1) 표제어는 가나다순으로 배열하였으며, 자모의 순서는 국어사전의 일반 관례에 의거하였다.
(2) 동음이의어(同音異義語)는 한자 획수 순으로 배열하였다. 오른쪽 상단에 일련번호를 부여해 놓음으로써 식별이 쉽도록 하였다.
(3) 동일 표제어에 속하는 부속 어휘가 다수일 경우에는 가나다순이 아니라 음절의 수에 따라 배열하였다.

3. 표제어의 의미 풀이

1단계 속뜻 달기: 글자의 훈(訓, 형태소 의미) 제시

(1) 표제어의 한자 표기 뒤에 속뜻을 훈음(訓音) 동시 표기 방식으로 달아 둠으로써 자전(옥편)을 찾아보지 않아도 되도록 하였고, 한자를 잘 모르는 사람이라도 그 의미 정보를 쉽게 파악할 수 있도록 하였다. 다만, 부속어의 경우에는 추가된 글자에 대하여만 속뜻을 부여하였다.

> **사고³** 思考 | 생각할 사, 밝힐 고 [think] ...
> ▶**사고-력** 思考力 | 힘 력 ...
> ▶**사고-방식** 思考方式 | 모 방, 법 식 ...

※ '생각하다'는 뜻만 써도 될 것을 굳이 '생각할 사'라고 훈음을 동시에 표기하는 방식을 취한 것은, 한자를 외울 때 훈과 음을 한꺼번에 읽어보면서 학습하던 전통 관례와 우리 조상님들의 예지를 존중한 것이다. 그렇게 하는 것이 학습자의 기억 효과가 높기 때문이기도 하다.

(2) 하나의 한자가 여러 가지 속뜻(訓)을 지니고 있을 때에는 의미 이해에 도움이 될 수 있도록 어휘 의미와 연관성이 높은 것을 선택하여 제시하였다.

발포 發砲	쏠 발, 대포 포	: 총포(銃砲)를 쏨[發].
발아 發芽	필 발, 싹 아	: 풀이나 나무에서 싹[芽]이 피어[發] 돋아남.
발차 發車	떠날 발, 수레 차	: 기차자동차[車] 따위가 떠남[發].
발언 發言	밝힐 발, 말씀 언	: 뜻을 말[言]로 밝힘[發]. 의견을 말함.
발신 發信	보낼 발, 서신 신	: 서신(書信)을 보냄[發].
발전 發電	일으킬 발, 번개 전	: 전기(電氣)를 일으킴[發].
발악 發惡	드러낼 발, 악할 악	: 나쁜[惡] 행위나 마음을 드러냄[發].
발암 發癌	나타낼 발, 암 암	: 암(癌)이 생김[發]. 암을 생기게 함.

(3) 일부 한자에 대하여는 달라진 언어 환경이나 교육적 효과, 어법 기능에 대한 이해 등을 고려하여 적절히 바꾸어 놓았다.

女 : '계집 녀' → '여자 녀'
者 : '놈 자'   → '사람 자' 또는 '것 자'
子 : '아들 자' → '접미사 자'(실질 형태소로 쓰인 경우는 제외)
的 : '과녁 적' → '것 적'(실질 형태소로 쓰인 경우는 제외)

2단계 속뜻 달기: 형태소와 단어의 의미 연계

(1) 형태소 의미와 단어 의미의 연계성에 대한 이해를 돕기 위하여 해당 내용 뒤쪽에 '[ ]' 표시를 하고, 그 안에 관련 한자를 넣어 두고 동일한 색을 부여하여 시각적 인식 효과를 도모하였다. 의미적 연관성이 제2의 한자 어휘와 관련될 때에는 해당 한자에만 동일한 색으로 표시하여 형태소 대응 관계를 쉽게 알 수 있도록 하였다.

사관[1] 史官 | 역사 사, 벼슬 관 [historiographer; chronicler]
　역사 왕조 때 역사(歷史)를 기록하던 관원(官員).
사령[2] 司令 | 맡을 사, 우두머리 령 [(position of) command]
　군사 우두머리[令] 일을 맡음[司], 또는 그런 사람.

(2) 위의 두 가지 방식으로 표시될 수 없는 예외는 다음의 세 가지 부류가 있다.

　　(가) 합성법(compounding) 중에서 병렬 구조의 대응 관계를 지닌 어휘

> **가옥** 家屋 | 집 가, 집 옥 [house]
> 　　사람이 사는 집[家=屋].
> (나) 파생법(derivation)에 속하는 어휘
> **입자** 粒子 | 알 립, 접미사 자 [particle]
> 　　물질을 이루는 매우 작은 낱낱의 알갱이[粒+子].
> (다) 중첩법(reduplication)에 속하는 어휘
> **왕왕²** 往往 | 이따금 왕, 이따금 왕 [often]
> 　　시간의 간격을 두고 이따금[往+往].

(3) 2단계의 작업, 즉 형태소와 단어의 의미 연계가 불가능한 경우는 다음과 같다.

> (가) 음역어(音譯語)의 경우에는 본래 어휘를 밝혀 두어 그 기원에 대한 이해에 도움이 되도록 하였다.
> **불타** 佛陀 | 부처 불, 비탈질 타 [Buddha]
> 　[불교] '바른 진리를 깨달은 사람'이라는 뜻의 산스크리트어 'Buddha'의 한자 음역어. ㉫ 부처.
> (나) 극소수의 고유명사에 대하여 그 확실한 뜻(근거)을 알 수 없는 경우, 억측이나 견강부회를 지양하고 의문에 회부하였다.
> **신라** 新羅 | 새 신, 새그물 라
> 　[역사] 우리나라 삼국 시대의 삼국 가운데 기원전 57년 박혁거세가 지금의 영남 지방을 중심으로 세운 나라. 무슨 뜻에서 '新羅'라고 하였는지에 대해서는 정설이 없다. ¶신라의 선덕여왕은 한민족 최초의 여왕이다.

3단계　속뜻 달기: 속뜻 의미항의 설정

(1) 의미 항목이 2개 이상이 있을 경우, 제1항에 대해서만 의미 연계 표시를 하였고, 그 앞에 [속뜻] 표시를 해놓았다.

(2) 정의항의 풀이가 형태소 의미와 무관하여 상호 연관성을 이해하기 힘들 경우에는 해당 한자의 훈을 최대한 활용한 [속뜻]을 ❶항에 설정하고, 학술적 정의는 ❷항으로 돌려 [속뜻]의 '징검다리' 효과를 거둘 수 있도록 하였다.

> **아:-열대** 亞熱帶 | 버금 아, 더울 열, 띠 대 [subtropical zones]
> ❶[속뜻] 열대(熱帶)에 버금가는[亞] 지대. ❷[지리] 열대(熱帶)와 온대(溫帶)의 중간 지대. 대체로 남북 위도 각각 20~30도 사이의 지대로 건조 지역이 많다.

양약고구 良藥苦口 | 좋을 량, 약 약, 쓸 고, 입 구
❶속뜻 몸에 좋은[良] 약(藥)은 입[口]에는 씀[苦]. ❷충성스런 말은 귀에 거슬리나 이로움이 있음.

1) 위의 예에서 보듯이 속뜻 으로 제시된 의미는 제2항의 학술적 정의에 대한 열쇠(key) 구실을 한다. 달리 말하면, 학술적 정의로 쉽게 건너 갈 수 있는 징검다리 역할을 한다. 이것이 이 사전에서 처음 활용된 속뜻의 '징검다리 이론'(stepping stones theory)이다. 학술 용어 학습에 있어서 이 이론을 잘 활용하면 이해력·사고력·기억력을 높이는 데 큰 도움이 될 것이다.

2) 속뜻 이란 표시가 있는 의미 항목은 학습자의 이해·사고·기억을 돕기 위하여 인위적으로 설정한 것도 있기 때문에 실제 그러한 뜻으로 쓰이지 않을 수도 있다.

4. 특색과 기능

(1) 특색

한자어의 대한 의미 풀이가 독특한 것이 이 사전의 가장 큰 특색이다. 형태소 분석법을 활용하여 속뜻을 풀이하고 있기 때문에 무슨 뜻인지에 아울러 왜 그런 뜻이 되는지 그 이유를 알 수 있어서 학생들의 사고력(思考力) 증진에 큰 도움이 된다. 이러한 특색을 한 눈에 알 수 있도록 다른 사전과 비교해 보면 다음과 같다.

다른 사전	우리 사전
배낭(背囊)[배:낭] 물건을 넣어 등에 질 수 있도록 멜빵이 있고 천이나 가죽으로 만든 주머니.	**배:낭** 背囊 | 등 배, 주머니 낭 [knapsack] 물건을 넣어 등[背]에 질 수 있도록 천이나 가죽으로 주머니[囊]처럼 만든 것. ¶배낭을 어깨에 둘러매다.
용수철(龍鬚鐵) 강철을 나사와 홈 모양으로 둥글게 감아서 만든, 탄력이 강한 쇠줄. 스프링	**용수-철** 龍鬚鐵 | 용 룡, 수염 수, 쇠 철 ①속뜻 용(龍)의 수염[鬚]처럼 생긴 쇠

	[鐵]줄. ②늘고 주는 탄력이 있는 나선형으로 된 쇠줄. ¶용수철이 튕겨 나가다.

(2) 기능

① 한자 자전(字典) 기능

한자 자전(字典)을 찾는 주요 목적은 해당 한자의 뜻을 알기 위한 것이다. 이러한 목적과 용도에서 보면, 이 사전의 한자 자전 기능은 첫째, 한자어에 쓰인 해당 한자에 대하여 자전(옥편)을 찾아보지 않아도 그 훈(訓)을 알 수 있도록 했다. 둘째, 단음절어로 쓰인 한자에 대하여 간단한 자전식 풀이를 부록#1로 실어 놓았다. 이를테면 "알맞은 수를 적어 넣어라"의 '수'같은 단음절 한자어에 해당하는 한자를 어떻게 쓰는 것인지를 알려면 먼저 국어사전을 찾아보아야 한다. 그 다음에 '數'라는 한자에 대하여 더 자세하게 알고 싶으면 한자자전을 찾아야 한다. 이러한 요구에 부응하여 이 사전은 초중 교과서에 자주 등장하는 단음절 한자어를 한자로 바꾸어 풀이하여 부록으로 실어 놓아 한자자전 기능을 동시에 수행하도록 하였다. 각종 교재에서 사용되는 단음절 한자어 어휘를 대상으로 빈도순 상위 100개를 선정하여 실었다. 빈도는 ≪초등학교 교과서 한자어 및 한자 분석 연구≫(민현식 외, 국립국어연구원, 2004)를 근거로 하였다.

 셀 수, 攵-15
세다, 셈, 수량.
▶ **알맞은 수**를 적어 넣어라.
▶ 數學(수학), 正數(정수).

 낱 개, 亻-10
낱, 개.
▶ 바구니에 공이 2개 있다.
▶ 個數(개수), 各個(각개).

 대할 대, 寸-14
대하다, 짝, 상대.
▶ 문제에 **대한** 풀이.
▶ 對答(대답), 反對(반대).

② 성어사전 기능

성어를 많이 알아두고 있다가 제때에 잘 활용하면 훌륭한 글을 지을 수 있을 뿐만 아니라, 매우 유식하고 품격이 높은 사람으로 대접받게 된다. 성어 가운데 초등학생용 고품격 사자(四字) 성어 179개를 엄선하여 8급에서 4급까지 급수별로 배열하고 가나

다순 색인도 만들어 놓음으로써 성어사전으로서의 기능도 할 수 있게 하였다.

030 **이심전심** 以$_{52}$心$_{70}$傳$_{52}$心$_{70}$ 어조사 이, 마음 심, 전할 전, 마음 심 ❶[속뜻] 마음[心]으로부터[以] 마음[心]을 전(傳)함. ❷서로 마음이 잘 통함. [비] 心心相印(심심상인).	095 **일석이조** 一$_{80}$石$_{60}$二$_{80}$鳥$_{42}$ 한 일, 돌 석, 두 이, 새 조 ❶[속뜻] 하나[一]의 돌[石]로 두[二] 마리의 새[鳥]를 잡음. ❷한 번의 노력으로 여러 효과를 봄. [비] 一擧兩得(일거양득).

5. 학술 용어의 분류와 약칭

초등학생용 일반 국어사전은 학술 용어로 쓰인 한자어에 대하여 학술적 정의나 설명을 덧붙이지 않고 있다. 이를테면 '전이'(轉移)란 단어에 대하여 일반적인 의미만 풀이하고 있을 뿐, 의학적 의미는 생략하였는데, 이 사전은 여과 없이 함께 실어 놓았다. 한자어가 학술 용어로 애용되고 있기에 그 의미를 통하여 수월성(殊越性) 교육의 기반이 되고, 중등 교육에 대한 선행 학습 효과를 기대할 수 있다. 학술 범주에 대한 분류(총 50개)는 다음과 같다.

가톨릭, 건설, 경제, 고적, 공업, 광업, 교육, 교통, 군사, 기계, 기독교, 논리, 농업, 동물, 문학, 물리, 미술, 민속, 법률, 불교, 사회, 생물, 수공, 수산, 수학, 식물, 심리, 약학, 언론, 언어, 역사, 연영, 예술, 운동, 음악, 의학, 전기, 정치, 종교, 지리, 지명, 책명, 천문, 철학, 출판, 통신, 한의, 항공, 해양, 화학.

6. 기호 및 약물

¶ : 표제 어휘에 대한 예문을 제시하는 말 앞에 넣었다.
[비]: 표제어의 의미와 비슷한 개념의 낱말 앞에 넣었다.
[반]: 표제어의 의미와 반대 개념의 낱말 앞에 넣었다.
[준]: 표제어를 줄여서 쓸 수 있는 경우 그 앞에 넣었다.

7. 기타 참고 사항

이 사전은 초등학교 교과서를 학습하면서 접하게 되는 한자어에 대하여 단어의 뜻과 조어(造語) 이유를 분명히 알고 싶은 지적 욕구를 충족시켜 주는 것이 기본 목적이기에, 이와 무관한 품사 정보, 변독음(變讀音) 정보 등은 가급적 생략하였다. 의미 학습에 꼭 필요한 것만 제시하여 학습 효율을 극대화하였다. 아울러, 모든 한글 표기는 ≪한글맞춤법≫(문교부 고시 제 88-1호, 1988. 1. 19)을 따랐고, 외래어 표기는 ≪외래어표기법≫(문화체육부 고시 제1995-8호, 1995. 3. 16.)을 준거하였다.

ㄱ

가:可 | 옳을 가 [fairly good]
❶옳거나 좋음. ¶그렇게 해도 가하다. ❷찬성하는 뜻을 표시. ¶가인지 부(否)인지를 결정하였다. ❸수(秀)·우(優)·미(美)·양(良)·가(可)로 성적을 매길 때, 가장 낮은 등급. ¶사회과목만 가를 받았다. [반]부(否), 불가(不可).

가가호호 家家戶戶 | 집 가, 집 가, 집 호, 집 호 [every house]
집[家家] 집[戶戶] 마다. ¶가가호호에 태극기가 휘날리고 있다.

가감 加減 | 더할 가, 덜 감 [add and subtract]
❶[속뜻]더하기[加]와 빼기[減]. ❷적당히 조절함. ¶수요에 따라 공급량을 가감하다. [비]첨감(添減).

▸가감승제 加減乘除 | 곱할 승, 나눌 제
[수학]더하기[加], 빼기[減], 곱하기[乘], 나누기[除]. [비]사칙(四則), 사칙계산(四則計算).

가:-건물 假建物 | 임시 가, 세울 건, 만물 물 [temporary building]
임시로[假] 세운[建] 건물(建物). ¶새 집을 지을 때까지 가건물에서 지내야 한다.

가:-검물 可檢物 | 가히 가, 검사할 검, 만물 물 [clinical material]
❶[속뜻]검사(檢査)를 가능(可能)하게 하는 물질(物質). ❷[생물]병균 따위의 유무를 알아보기 위하여 거두는 물질. ¶보건소에서 설사 환자들의 가검물을 채취하였다.

⁑**가격 價格** | 값 가, 이를 격 [price]
❶[속뜻]값[價]이 얼마에 이름[格]. ❷물건의 가치를 돈으로 나타낸 것. ¶휘발유 가격이 급등하다. [비]값어치.

▸가격-표[1]價格表 | 겉 표
물품의 가격(價格)을 적어 놓은 도표(圖表). ¶가격표를 작성하였다.

▸가격-표[2]價格票 | 쪽지 표
가격(價格)을 알 수 있게 붙여놓은 쪽지[票]. ¶옷에 붙은 가격표를 떼다.

가:결 可決 | 옳을 가, 결정할 결 [approve]
제출된 의안을 옳다고[可] 결정(決定)함. ¶국회는 안건을 가결했다. [비]의결(議決). [반]부결(否決).

가계[1]家系 | 집 가, 이어 맬 계 [family line]
한 집안[家]의 계통(系統)이나 혈통(血統). ¶그의 가계는 대대로 내려오는 선비의 집안이다. [비]가통(家統).

가계[2]家計 | 집 가, 셀 계 [family finances]
한 집안[家] 살림의 수입과 지출의 계산(計算) 상태. ¶물가가 올라 가계 부담이 늘었다. [비]살림살이, 생계(生計).

▸가계-부 家計簿 | 장부 부

한 집안 살림의 수입과 지출 상태[家計]를 적어 놓은 장부(帳簿). ¶엄마는 매일 가계부를 적는다.

가곡 歌曲 | 노래 가, 노래 곡 [song]
[음악] ❶시가(詩歌)에 곡(曲)을 붙인 성악곡. ¶이탈리아 가곡을 부르다. ❷시조를 관현악 반주에 맞추어 부르는 우리나라 전통 성악곡의 하나. ¶전통 가곡은 중요 무형문화재이다.

가:공¹ 可恐 | 가히 가, 두려울 공
[fearful; fearsome]
두렵게[恐] 느껴질 만하다[可]. ¶가공할 사건이 일어났다.

가공² 加工 | 더할 가, 장인 공 [process]
❶[속뜻] 인공(人工)을 더함[加]. ❷[법률] 남의 소유물에 노력을 더하여 새로운 물건을 만들어 내는 일. ¶꽁치를 가공해서 통조림으로 만들었다. [비] 인공(人工), 수공(手工). [반] 천연(天然).

▸ **가공-업 加工業** | 일 업
[공업] 가공(加工)을 전문으로 하는 산업(産業) 분야. ¶목포는 가공업이 발달했다.

가:관 可觀 | 가히 가, 볼 관
[sight; spectacle]
❶[속뜻] 가히[可] 볼[觀] 만함. ❷남의 언행이나 어떤 상태를 비웃는 말. 꼴불견. ¶그의 모습은 참으로 가관이었다.

가구¹ 家口 | 집 가, 입 구 [household]
❶[속뜻] 집안[家] 식구(食口). 또는 그 수효. ❷함께 사는 사람들의 집단. ¶이 마을에는 모두 20가구가 산다. [비] 식구(食口).

가구² 家具 | 집 가, 갖출 구
[furniture; household goods]
집안[家] 살림에 쓰이는 각종 기구(器具). ¶가구를 들여놓다. [비] 살림살이, 세간.

▸ **가구-점 家具店** | 가게 점
가구(家具)를 파는 가게[店]. ¶시장에 가구점이 들어섰다.

가급-적 可及的 | 가히 가, 미칠 급, 것 적
[as…as possible]
❶[속뜻] 가히[可] 미칠[及] 수 있는 것[的]. ❷될 수 있는 대로. 형편이 닿는 대로. ¶가급적이면 빨리 돌아오세요.

가내 家內 | 집 가, 안 내
[family; household]
집[家] 안[內]. ¶가내 평안하신지요?

가:능 可能 | 가히 가, 능할 능 [possible]
해도 되거나[可] 할 수 있음[能]. ¶불가능을 가능하게 하다. [반] 불가능(不可能), 불능(不能).

▸ **가:능-성 可能性** | 성질 성
앞으로 실현될 수 있는[可能] 성질(性質). [비] 실현성(實現性), 현실성(現實性).

가담 加擔 | 더할 가, 멜 담 [participate]
무리에 가입(加入)해 일을 함께 해 나가다[擔]. 일을 거들어 도와줌. ¶시위에 가담하다.

가:당 可當 | 가히 가, 당할 당 [proper]
❶[속뜻] 감당(勘當)할 수 있다[可]. ❷알맞다. ¶가당찮은 요구를 늘어놓다. ❸비슷하게 맞다. [반] 가당(可當)찮다.

가동 稼動 | 심을 가, 움직일 동 [operate]
기계를 움직여[動] 일하게[稼] 하다. ¶공장을 본격적으로 가동하기 시작하다.

가:량 假量 | 임시 가, 헤아릴 량
[guess; conjecture]
❶[속뜻] 임시로[假] 대충 헤아려[量] 봄. ¶오늘 몇 명이나 참석할지 가량해 보았다. ❷정도. 쯤. ¶10% 가량 / 한 시간 가량.

가:련 可憐 | 가히 가, 가엾을 련
[poor; pitiful]
가(可)히 가엽게[憐] 여길 만하다. ¶늙고 병든 가련한 노인. [비] 딱하다, 가엾다, 불쌍하다.

가:령 假令 | 임시 가, 명령 령
[if; suppose]
가정(假定)하여 말하면[令]. ¶가령 한 권에 2천 원이라면 / 가령 이렇게 한다면 어떻게 될까? [비] 예를 들면, 예컨대.

***가로 街路** | 거리 가, 길 로
[street; road]
시가지(市街地)의 도로(道路).

▸가로-등 街路燈 | 등불 등
길거리[街路]에 달아 놓은 등(燈). ¶아침이 되자 가로등이 꺼졌다. [비] 가등(街燈).

▸가로-수 街路樹 | 나무 수
길[街路]을 따라 줄지어 심은 나무[樹]. ¶가로수를 따라 하염없이 걸었다.

가:망 可望 | 가히 가, 바랄 망 [hope]
❶[속뜻] 가(可)히 바랄[望] 만함. ❷이루어질 가능성이 있는 희망. ¶그 꿈은 실현될 가망이 있다.

▸가:망-성 可望性 | 성질 성
가망(可望)이 있는 성질(性質)이나 정도. ¶가망성이 매우 높다.

가맹 加盟 | 더할 가, 맹세할 맹 [join]
연맹(聯盟)에 가입(加入)함. ¶유엔 가맹 국가.

가:면 假面 | 거짓 가, 낯 면 [mask]
나무나 종이 등으로 꾸며[假] 만든 얼굴[面] 형상. ¶연극이 끝나자 그는 가면을 벗었다. [비] 탈.

▸가:면-극 假面劇 | 연극 극
가면(假面)을 쓰고 하는 연극(演劇). ¶탈춤은 우리나라 전통 가면극이다.

가:명 假名 | 거짓 가, 이름 명
[false name]
거짓[假]으로 일컫는 이름[名]. ¶가명 계좌 / 가명을 사용하다. [반] 본명(本名), 실명(實名).

가무 歌舞 | 노래 가, 춤출 무
[singing and dancing]
❶[속뜻] 노래[歌]와 춤[舞]. ❷노래하고 춤을 춤. ¶연회에서 가무를 즐기다.

가문 家門 | 집 가, 대문 문
[one's family]
❶[속뜻] 집안[家]과 문중(門中). ❷집안 문벌(門閥). ¶가문을 빛내다 / 가문의 영광.

가미 加味 | 더할 가, 맛 미
[season to; add]
❶[속뜻] 음식에 다른 재료를 더하여[加] 맛[味]을 좋게 하다. ¶바닐라 맛을 가미하다. ❷다른 요소를 보태어 넣다.

가:발 假髮 | 거짓 가, 머리털 발
[false hair]
머리에 쓰는 가짜[假] 머리털[髮]. ¶할아버지는 가발을 쓰신다.

가:변 可變 | 가히 가, 바뀔 변
[variable; changeable]
가(可)히 달라질[變] 수 있음. ¶가변차로(車路). [반] 불변(不變).

가보 家寶 | 집 가, 보배 보
[family treasure]
한 집안[家]에 전해오는 보배[寶]로운 물건. ¶이 그림은 우리집 가보이다.

가:봉 假縫 | 임시 가, 꿰맬 봉 [fit; bast]
양복을 임시로[假] 듬성듬성 시쳐 놓는 바느질[縫]. 또는 그런 옷. ¶그녀는 웨딩드레스를 가봉했다.

가:부[1] 可否 | 옳을 가, 아닐 부
[right or wrong]
❶[속뜻] 옳고[可] 그름[否]. ❷찬성과 반대. ¶가부를 결정하다. [비] 찬반(贊反), 여부(與否), 진위(眞僞), 시비(是非), 흑백(黑白).

가부[2] 家父 | 집 가, 아버지 부
[my father]
❶[속뜻] 한 집안[家]의 아버지[父]. ❷자기 아버지를 이르는 말. [비] 가친(家親). [반] 가모(家母).

▸가부장-제 家父長制 | 어른 장, 정할 제
[사회] 한 집[家]의 아버지[父]가 우두머리[長]가 되어 가족을 부양하는 책임을 지는 가족 제도(制度). ¶전통적인 가부장제가 사라지고 있다.

가부-좌 跏趺坐 | 끌 가, 끌 부, 앉을 좌
[불교] 다리를 꼬아[跏趺] 앉음[坐]. '결가부좌'(結跏趺坐)의 준말. ¶스님은 가부좌를 틀고 참선을 시작했다.

가:-분수 假分數 | 임시 가, 나눌 분, 셀 수 [improper fraction]
❶[속뜻] 약분하기 전 임시[假]의 분수(分數). ❷[수학] 진분수 형태와는 다르게 분모보다 분자가 큰 분수 형태. 환산하면 1보

다 크거나 같은 분수. 2분의3, 3분의5 따위. ⓤ진분수(眞分數).

가:불 假拂 | 임시 가, 지불 불
[receive in advance]
❶ 속뜻 임시로[假] 지불(支拂)함. ❷기일 전에 미리 받은 돈이나 월급. ¶월급에서 30만 원을 가불했다.

가사¹ 家事 | 집 가, 일 사
[household affairs]
❶ 속뜻 집안[家] 살림에 관한 일[事]. ❷ 집안 내부의 일. ¶가사를 돕다. ⓤ가중사(家中事), 가간사(家間事).

가사² 歌詞 | 노래 가, 말씀 사
[words of a song; lyrics]
노래[歌]로 부르기 위해 지은 글[詞]. ¶곡에 가사를 붙이다.

가산 加算 | 더할 가, 셀 산
[add; include]
❶ 속뜻 더하여[加] 계산(計算)하다. 또는 그러한 셈법. ❷ 수학 덧셈. ¶원금에 이자를 가산하다. ⓤ감산(減算).

가상¹ 嘉尙 | 아름다울 가, 높일 상
[deserve admiration]
착하고 귀여워[嘉] 높이[尙] 칭찬할 만하다. ¶어린 나이에 그 뜻이 참으로 가상하구나!

가:상² 假像 | 거짓 가, 모양 상
[pseudomorph]
❶ 속뜻 실물처럼 보이는 거짓[假] 형상[像]. ¶가상 현실. ❷ 광설 한 광물이 내부의 불완전성이나 풍화 작용으로 인하여 다른 광물의 결정 모양을 띠고 있는 모습. '변질(變質) 가상'의 준말. ⓤ가정(假晶).

가:상³ 假想 | 임시 가, 생각 상
[suppose; assume]
임시로[假] 생각함[想]. ¶가상의 인물 / 가상 현실. ⓤ가공(架空), 가정(假定).

▶ **가:상-도 假想圖** | 그림 도
일의 상황을 머릿속으로 상상하며[假想] 그린 그림[圖]. ¶노량해전 가상도.

가:-석방 假釋放 | 임시 가, 풀 석, 놓을 방 [parole]
법률 형기(刑期)가 다 끝나기 전에 임시로[假] 석방(釋放)하는 일. ¶그는 가석방으로 풀려났다.

가설¹ 架設 | 건너지를 가, 세울 설
[construct temporarily]
공중에 건너질러[架] 설치(設置)함. ¶골목에 전깃줄을 가설했다.

가:설² 假設 | 임시 가, 세울 설
[put up temporarily]
❶ 속뜻 임시로[假] 설치(設置)함. ¶가설 계단이 와르르 무너졌다. ❷실제에 없는 것을 있는 것으로 가정함.

가:설³ 假說 | 임시 가, 말씀 설
[hypothesis]
논리 가정(假定)을 바탕으로 설정한 명제[說]. ¶가설을 검증하다. ⓤ진리(眞理).

가:성 假聲 | 거짓 가, 소리 성
[feigned voice]
❶ 속뜻 일부러 꾸며내는[假] 목소리[聲]. ¶가성을 써서 그녀의 말씨를 흉내냈다. ❷ 음악 가장 높고 여린 목소리.

가세¹ 加勢 | 더할 가, 힘 세
[aid; assistance]
힘[勢]을 보태다[加]. 어떤 세력에 끼어들다. ¶일반 시민들까지 가세하여 범인을 잡았다.

가세² 家勢 | 집 가, 형세 세
[family's financial condition]
집안[家] 살림살이의 형세(形勢). 살림살이의 형세. ¶가세가 기울다.

가:소 可笑 | 가히 가, 웃을 소
[be laughable]
가(可)히 웃을[笑] 만하다. 우습다. ¶너같이 약해빠진 녀석이 덤비다니, 가소롭다!

가속 加速 | 더할 가, 빠를 속
[increase speed; speed up]
❶ 속뜻 속도(速度)를 더함[加]. ❷속도가 더해짐. ¶열차에 가속이 붙었다. ⓤ감속(減速).

가-속도 加速度 | 더할 가, 빠를 속, 정도 도 [acceleration]
❶[속뜻] 속도(速度)가 차차 더해지는[加] 일. ❷[물리] 단위 시간 내에 속도가 점차 증가하는 정도. ¶내리막에서는 차에 가속도가 붙는다.

가수 歌手 | 노래 가, 사람 수 [singer]
노래[歌] 부르는 것을 생업으로 삼는 사람[手]. ¶그는 작곡가 겸 가수다.

가:시 可視 | 가히 가, 볼 시 [visibility]
가히[可] 볼[視] 수 있음. ¶가시 상태 / 가시적 성과.

▸ **가:시-광선** 可視光線 | 빛 광, 줄 선
[물리] 눈으로 볼[視] 수 있는[可] 빛[光]의 줄[線]모양. [반]불가시(不可視) 광선.

가:식 假飾 | 거짓 가, 꾸밀 식 [hypocrisy]
❶[속뜻] 거짓으로[假] 꾸밈[飾]. ¶가식적인 미소를 짓다. ❷임시로 장식해 놓음. [비]꾸밈.

가신1 家臣 | 집 가, 섬길 신 [retainer; vassal]
[역사] 정승의 집안[家]일을 대신 맡아보던 사람[臣]. [비]배신(陪臣), 가사(家士).

가신2 家神 | 집 가, 귀신 신 [deity of one's family]
[민속] 집[家]을 지키며 집안의 운수를 좌우하는 신(神). 성주신, 조왕신(竈王神) 따위. '가택신'(家宅神)의 준말.

가야 伽倻 | 절 가, 나라이름 야
[역사] 42년부터 562년까지 낙동강 하류지역에 있던 여러 국가의 총칭 또는 그 지역에 위치한 각 국가의 명칭. 고유어를 한자로 음역한 것으로 추정된다.

▸ **가야-금** 伽倻琴 | 거문고 금
[음악] 대가야국(大伽倻國)의 우륵(于勒)이 만들었다고 전하는 고유 현악기[琴]. ¶학생들이 가야금을 연주하다.

가업 家業 | 집 가, 일 업 [family business]
❶[속뜻] 대대로 물려받은 집안[家]의 생업(生業). ¶가업을 잇다. ❷집 안에서 하는 직업. ❸한 집안에서 이룩한 재산이나 업적. [비]세업(世業), 가직(家職).

가열 加熱 | 더할 가, 더울 열 [heat]
❶[속뜻] 어떤 물질에 열(熱)을 더함[加]. ❷열을 더 세게 하다. ¶먼저 솥을 가열한 뒤 재료를 넣는다.

가옥 家屋 | 집 가, 집 옥 [house]
사람이 사는 집[家=屋].

가외 加外 | 더할 가, 밖 외 [extra]
일정한 기준이나 정도 이외(以外)에 더함[加]. ¶품삯과 더불어 가외로 물건을 더 받았다.

가요 歌謠 | 노래 가, 노래 요 [song]
[음악] ❶노래[歌=謠]. ❷민요, 동요, 유행가 따위의 노래를 통틀어 이르는 말. ¶대중 가요. ❸악가(樂歌)와 속요(俗謠)를 아울러 이르는 말.

▸ **가요-계** 歌謠界 | 지경 계
[음악] 대중가요(歌謠)에 관한 것을 업으로 삼는 사람들의 사회[界].

▸ **가요-제** 歌謠祭 | 제사 제
여러 사람이 대중적인 노래[歌謠]를 불러 실력을 겨루는 대회[祭]. ¶방송국에서 주최하는 가요제.
드북'의 준말. ¶인터넷 사용 가이드.

가입 加入 | 더할 가, 들 입 [join; enter]
❶[속뜻] 이미 있는 것에 새로 더[加] 넣음[入]. ❷단체에 들어감. ¶유엔에 가입하다.

▸ **가입-자** 加入者 | 사람 자
단체나 조직 따위에 가입(加入)한 사람[者]. ¶휴대 전화 가입자.

가:작 佳作 | 좋을 가, 지을 작
❶[속뜻] 아주 좋은[佳] 편에 속하는 작품(作品). ❷예술 작품 따위의 대회에서 당선 작품에 버금가는 작품. ¶가작에 당선되다.

가장1 家長 | 집 가, 어른 장 [head of a family]

❶속뜻 집안[家]을 이끌어가는 사람[長]. ¶소년소녀 가장. ❷남편(男便)이나 아버지를 달리 이르는 말. ㈂ 집안어른, 호주(戶主), 가구주(家口主).

가ː장² 假裝 | 거짓 가, 꾸밀 장 [disguise oneself]
거짓으로[假] 꾸밈[裝]. ¶그는 우연을 가장하여 내게 다가왔다. ㈂ 꾸밈, 거짓, 변장(變裝), 위장(僞裝).

가재-도구 家財道具 | 집 가, 재물 재, 방법 도, 갖출 구 [household effects]
집[家]안 재물(財物)에 상당하는 여러 가지 도구(道具). ¶수해로 가재도구가 물에 젖었다. ㈂ 세간.

가전 家電 | 집 가, 전기 전
[electric home appliances]
가정용(家庭用) 전기(電氣) 용품. ¶10년 만에 가전 제품을 바꾸었다.

가ː정¹ 假定 | 임시 가, 정할 정 [suppose; assume]
❶속뜻 임시로[假] 정(定)함. ❷어떤 조건을 임시로 내세움. ¶그 말은 가정에 불과하다.

가정² 家庭 | 집 가, 뜰 정
[home; family]
❶속뜻 한 가족(家族)이 생활하는 공간[庭]. ❷가까운 혈연관계에 있는 사람들의 생활 공동체. ¶화목한 가정 / 가정을 이루다.

▶ **가정-적 家庭的** | 것 적
❶속뜻 가정(家庭) 생활에 적합한 것[的]. ❷가정과 같이 아늑한 분위기가 감도는 모양. ¶아버지는 매우 가정적이다.

▶ **가정-교사 家庭敎師** | 가르칠 교, 스승 사
남의 집에서 그 집[家庭] 자녀를 가르치는[敎] 사람[師]. ¶가정교사를 두고 공부하다.

▶ **가정-교육 家庭敎育** | 가르칠 교, 기를 육
가정(家庭) 생활을 통해서 배우는 교육(敎育). ¶가정교육으로 바른 인격(人格)을 갖추다.

▶ **가정 통신 家庭通信** | 통할 통, 소식 신
아동의 교육 지도상 필요한 사항을 교사와 가정(家庭) 상호간에 주고받는 소식[通信].

▶ **가정 의례 준칙 家庭儀禮準則** | 의식 의, 예도 례, 고를 준, 법 칙
결혼·장례 따위의 가정(家庭)에서 치르는 예식[儀禮]의 절차와 기준(基準)을 정한 규칙(規則). ¶'가정 의례 준칙'이 공포된 후 허례허식이 많이 줄었다.

가정-부 家政婦 | 집 가, 다스릴 정, 여자 부 [housekeeper]
돈을 받고 남의 집[家] 살림을 관리하는[政] 여인[婦]. ¶어머니가 편찮으셔서 가정부를 고용했다.

＊가족 家族 | 집 가, 겨레 족 [family]
❶속뜻 부부를 기초로 한 가정(家庭)을 이루는 사람들[族]. ❷가족제도에서 한 집의 친족. ¶동생이 태어나 가족이 늘었다. ㈂ 식구, 가속(家屬), 가솔(家率), 식솔(食率), 처자식(妻子息).

▶ **가족-원 家族員** | 인원 원
가족(家族)을 구성하는 인원(人員).

가중 加重 | 더할 가, 무거울 중
[weight; increase]
❶속뜻 더[加] 무거워짐[重]. ¶국민 부담이 가중되다. ❷법률 죄가 더 무거워짐. 형벌을 더 무겁게 함. ¶형을 가중하다. ㈂ 감경(減輕).

가ː증 可憎 | 가히 가, 미워할 증
[hateful; wretched]
가히[可] 미워할[憎] 만큼 얄밉다. ¶범인은 가증스러운 얼굴로 웃고 있었다.

가ː차 假借 | 빌릴 가, 빌릴 차
[hire; rent]
❶속뜻 빌려[假] 쓰거나 빌려[借] 받음. ❷사정을 보아줌. ¶재산을 탕진한 아들을 가차 없이 쫓아냈다. ❸선어 한자 육서(六書)의 하나. 음이 똑같은 다른 글자를 빌려서 뜻을 나타내는 방법. 원래 '태우다'의 뜻으로 만들어진 然(연)자를 가차하여 '그

러하다'의 뜻을 나타낸 것을 말한다.

가:책 呵責 | 꾸짖을 가, 꾸짖을 책 [rebuke; blame]
꾸짖어[呵] 책망(責望)함. 꾸짖고 나무람. ¶양심의 가책을 느끼다.

*__가축__ 家畜 | 집 가, 기를 축 [domestic animal]
집[家]에서 기르는[畜] 짐승. ¶전염병으로 가축이 집단 폐사했다. [비] 집짐승. [반] 들짐승.

가출 家出 | 집 가, 날 출 [leave home]
집[家]에서 뛰쳐나옴[出]. ¶가출한 청소년을 집으로 돌려보냈다.

⁑**가치** 價値 | 값 가, 값 치 [value; worth]
❶[속뜻] 값[價=値]. 쓸모. ❷[경제] 욕망을 충족시키는 재화의 중요 정도. ¶현금의 가치가 하락하다. [비] 값어치, 가격(價格).

▶가치-관 價値觀 | 볼 관
[심리] 가치(價値)에 대한 관점(觀點). 인간이 자기를 포함한 세계에 내리는 평가의 근본적인 태도나 보는 방법. ¶전통적인 가치관.

가:칭 假稱 | 임시 가, 일컬을 칭 [designate tentatively]
임시로[假] 일컬음[稱].

가택 家宅 | 집 가, 집 택 [private house]
살림하는 집[家=宅]. ¶가택을 수사하다.

가풍 家風 | 집 가, 풍속 풍 [family custom]
한 집안[家]의 기율과 풍습(風習). ¶가풍을 익히다. [비] 가품(家品), 문품(門品), 가행(家行).

가해 加害 | 더할 가, 해칠 해 [do harm]
해(害)를 끼침[加]. ¶동물을 가해하는 행위를 법으로 금지하고 있다. [반] 피해(被害).

▶가해-자 加害者 | 사람 자
다른 사람에게 해(害)를 끼친[加] 사람[者]. ¶경찰은 도망간 가해자를 찾아냈다. [반] 피해자(被害者).

가호 加護 | 더할 가, 돌볼 호 [protect]
보호(保護)해 줌[加]. ¶신의 가호를 빌다. [비] 보살핌.

가:혹 苛酷 | 매울 가, 독할 혹 [severe; merciless]
매우 모질고[苛] 독함[酷]. ¶가혹한 운명.

가화-만사성 家和萬事成 | 집 가, 화할 화, 일만 만, 일 사, 이룰 성
집안[家]이 화목(和睦)하면 모든 일[萬事]이 다 잘 이루어짐[成].

가훈 家訓 | 집 가, 가르칠 훈 [family precepts]
❶[속뜻] 집안[家] 어른이 자녀들에게 주는 교훈(敎訓). ❷선대부터 그 집안의 도덕적 실천 기준으로 삼은 가르침. ¶우리 집 가훈은 믿음과 사랑이다. [비] 가정교훈(家庭敎訓), 가법(家法).

각[1] 各 | 각각 각 [each; every]
낱낱의. 따로따로의. ¶각 학교 / 각 가정.

각[2] 角 | 뿔 각 [horn; angle]
❶뿔. ¶사슴의 각을 자르다. ❷모난 귀퉁이. ¶각이 져 있다. ❸[수학] 두 직선의 한 끝이 서로 만나는 곳. ❹'각도'(角度)의 준말. ¶각을 재다.

⁑**각각** 各各 | 따로 각, 따로 각 [each; respectively]
따로[各]따로[各]. 제각기. ¶악기는 종류마다 각각의 특성을 가지고 있다. [비] 제각기, 따로따로, 각기.

각계 各界 | 각각 각, 지경 계 [each field]
사회 각각(各各)의 여러 분야[界]. ¶각계의 저명인사들이 회의에 참석하다.

▶각계-각층 各界各層 | 각각 각, 층 층
사회의 여러 분야[各界]와 여러 계층[各層]. ¶각계각층의 사람들과 두루 친하다.

각고 刻苦 | 새길 각, 괴로울 고 [work hard]
뼈를 깎아낼[刻] 정도의 괴로움[苦]을 견디며 몹시 애씀. ¶각고의 노력 끝에 작품

을 완성했다.

각광 脚光 | 다리 각, 빛 광 [footlight]
❶속뜻 무대의 앞면 아래쪽 다리[脚] 부분에서 배우를 비추는 빛[光]. 영어 'footlight'를 풀이해 만든 한자어이다. ❷사회적 관심이나 인기. ¶친환경 제품이 각광을 받다. 旣 주목(注目), 주시(注視).

***각국** 各國 | 각각 각, 나라 국
[every country]
각(各) 나라[國]. ¶각국 대표가 회의에 참석하다.

***각기**¹ 各其 | 각각 각, 그 기
[each one; every one]
그[其] 각각(各各). 저마다. ¶각기 의견을 말하다. 旣 각각(各各).

각기² 脚氣 | 다리 각, 기운 기 [beriberi]
의학 다리[脚]가 붓고 마비되고 기운(氣運)이 없어 제대로 걷지 못하는 증세. 旣 각질(脚疾).

▶ **각기-병** 脚氣病 | 병 병
의학 다리[脚]가 붓고 마비되고 기운(氣運)이 없어 제대로 걷지 못하는 증세가 나타나는 병[病]. ¶각기병에 걸리다.

***각도** 角度 | 뿔 각, 정도 도 [angle]
수학 각(角)이 진 정도(程度). 각의 크기. ¶도형의 각도를 재다.

▶ **각도-기** 角度器 | 그릇 기
각도(角度)를 재는 도구[器].

각막 角膜 | 뿔 각, 꺼풀 막 [cornea]
의학 눈알의 앞쪽에 나지막한 뿔[角]처럼 약간 볼록하게 나와 있는 투명한 꺼풀[膜]. ¶각막이 손상되다. 旣 안막(眼膜).

각목 角木 | 뿔 각, 나무 목
[square wooden club]
각(角)이 지게 켠 나무토막[木]. ¶각목을 잘라 의자를 만들다.

각박 刻薄 | 새길 각, 엷을 박
[severe; harsh]
❶속뜻 마음에 새김[刻]이 매우 엷음[薄]. ❷인정이 없고 야박하다. ¶인심이 각박해지다. 旣 매정하다.

각별 恪別 | 삼갈 각, 나눌 별
[especial; special]
삼가[恪]고 정성스러움이 유달리 특별(特別)함. ¶각별한 대우를 받았다. 旣 유다르다.

각본 脚本 | 다리 각, 책 본
[play script; scenario]
❶속뜻 배우들이 무대에서 연습할 때 다리[脚] 밑에 두고 보는 책[本]. ❷연영 영화나 연극 등의 대사, 동작, 무대 장치 등에 대하여 자세히 적은 글. ¶연극 각본을 쓰다. 旣 극본(劇本), 대본(臺本).

각색 脚色 | 발자취 각, 빛 색 [dramatize; adapt]
❶속뜻 어떤 사람의 과거 발자취[脚]와 본색(本色). ❷역사 중국에서 벼슬을 처음 받을 때, 과거에 무슨 일을 해왔는지 그 발자취를 적어 내던 이력서. ❸소설 따위의 문학 작품을 희곡이나 시나리오로 고쳐 쓰는 일. ¶원작자가 직접 각색을 맡았다. 旣 각본화(脚本化), 극화(劇化).

각서 覺書 | 깨달을 각, 글 서
[memorandum; memo]
❶속뜻 깨달은[覺] 내용을 적은 글[書]. 또는 그 문서. ❷정치 조약에 덧붙여 해석하거나 보충할 것을 정하고, 예외 조건을 붙이거나 자기 나라의 의견, 희망 따위를 진술하는 외교 문서. ¶각서를 쓰다 / 기유각서(己酉覺書).

각선-미 脚線美 | 다리 각, 줄 선, 아름다울 미 [beautiful shape of legs]
여자 다리[脚]의 곡선(曲線)에서 느끼는 아름다움[美]. ¶각선미를 자랑하다.

각설 却說 | 물리칠 각, 말씀 설
[change the subject in narration]
말[說]을 다른 데로 돌리거나 물리침[却]. 말을 끊음. ¶각설하고, 네 속마음을 말해!

각-설탕 角雪糖 | 본음 [각설당], 뿔 각, 눈 설, 사탕 당/탕 [sugar cubes]
네모반듯하게[角] 굳혀 만든 흰 설탕(雪

糖). ㈑ 각사탕(角沙糖).

각성 覺醒 | 잠깰 각, 술깰 성
[awake to; wake up]
❶속뜻잠에서 깸[覺]과 술에서 깸[醒]. ❷깨어 정신을 차림. ❸깨달아 앎. ¶각성을 촉구하다.
▶ 각성-제 覺醒劑 | 약제 제
약학중추 신경계를 흥분시켜 잠이 오는 것을 억제하는[覺醒] 약물[劑].

각양 各樣 | 여러 각, 모양 양
[various ways; all manners]
여러[各] 가지 모양(模樣). 갖가지.
▶ 각양-각색 各樣各色 | 각각 각, 빛 색
여러 모양[各樣]과 여러 빛깔[各色]. ¶사람의 취미는 각양각색이다. ㈑ 가지각색, 가지가지, 각종(各種).

각오 覺悟 | 잠깰 각, 깨달을 오
[awake; be determined]
❶속뜻잠에서 깨어나[覺] 정신을 차려 할 일이 무엇인지 깨달음[悟]. ❷마음의 준비를 함. ¶첫날이라 그런지 각오가 대단하다.

***각자 各自** | 각각 각, 스스로 자
[each one]
❶속뜻각각(各各)의 자기(自己). ❷저마다 따로따로. ¶밥값은 각자 계산했다. ㈑ 제각각, 제각기, 각각(各各).

각재 角材 | 뿔 각, 재목 재
[rectangle lumber]
긴 원목의 통을 뿔[角]처럼 네모지게 쪼개 놓은 재목(材木). ¶소반은 각재의 모를 깎은 부드러운 재목으로 만든다.

각저-총 角觝塚 | =角抵塚, 뿔 각, 맞닥뜨릴 저, 무덤 총
고구려 시대에 행하던, 씨름 비슷한 운동 경기인 각저(角觝) 그림이 그려져 있는 무덤[塚].

***각종 各種** | 여러 각, 갈래 종
[all kinds; various kinds]
여러[各] 가지 종류(種類). ¶각종 직업을 체험하다. ㈑ 각색(各色), 각양각색(各樣

各色).

각지 各地 | 여러 각, 땅 지 [every place]
여러[各] 지방(地方). ¶전국 각지에서 많은 사람이 몰려왔다. ㈑ 각처(各處), 방방곡곡(坊坊曲曲).

각질 角質 | 뿔 각, 바탕 질
[horny substance]
동물뿔[角]처럼 딱딱한 껍질[質]. 동물의 몸을 보호하는 비늘, 털, 뿔, 부리, 손톱 등에 많이 포함되어 있다.

각처 各處 | 여러 각, 곳 처 [every place]
여러[各] 곳[處]. 모든 곳. ¶전국 각처에서 대회가 열렸다. ㈑ 각지(各地), 방방곡곡(坊坊曲曲).

각축 角逐 | 뿔 각, 쫓을 축 [compete]
❶속뜻사슴이 서로 뿔[角]을 받으며 쫓고 쫓김[逐]. ❷맞서서 다툼. ¶각축을 벌이다. ㈑ 싸움, 경쟁(競爭).

각하 閣下 | 대궐 각, 아래 하
[Your Excellency]
❶속뜻대궐[閣] 아래[下]. ❷특정한 고급 관료에 대한 경칭. ¶대통령 각하 / 의장 각하. ㈑ 전하(殿下), 성하(聖下).

간:¹ 肝 | 간 간 [liver]
의학쓸개즙의 분비, 양분의 저장, 요소(尿素)의 생성, 해독 작용 등의 기능을 하는 신체 부위. ㈑ 간장(肝臟). 속담간에 붙었다 쓸개에 붙었다 한다.

간² 間 | 사이 간 [between]
❶어느 대상에서 다른 대상의 사이[間]. 또는 그 관계. ¶서울과 부산 간의 고속도로 / 부모와 자식 간의 정. ❷어느 쪽이든지 관계없이. ¶있고 없고 간에 / 누구든지 간에.

간:간 間間 | 사이 간, 사이 간
[at times; occasionally]
❶속뜻사이[間] 사이[間]에. ¶학교 담을 끼고 경찰들이 간간 서 있다. ❷이따금. ¶감기 탓인지 간간 기침을 한다.

간:격 間隔 | 사이 간, 사이 뜰 격 [space]
❶속뜻공간적으로 사이[間]가 벌어짐

[隔]. ¶앞 차와의 간격을 유지하세요. ❷시간적으로 벌어진 사이. ¶버스는 20분 간격으로 온다. ❸사람들의 관계가 벌어진 정도. ¶한동안 연락을 안 했더니 친구와 간격이 느껴진다.

간결 簡潔 | 간단할 간, 깨끗할 결
[concise; brief]
간단(簡單)하고 깔끔하다[潔]. ¶자신의 느낌을 간결한 문장으로 적었다.

간계 奸計 | 간사할 간, 꾀 계 [trick]
간사(奸邪)한 꾀[計]. ¶간계에 넘어가다 / 간계를 부리다.

간:곡 懇曲 | 정성 간, 굽을 곡
[be cordial; earnest]
정성스럽고[懇] 곡진하다[曲]. 매우 정성스럽다. ¶간곡한 부탁을 거절할 수 없었다.

간과 看過 | 볼 간, 지날 과 [overlook]
❶속뜻 대강 보아[看] 넘김[過]. ❷관심 없이 예사로이 보아 내버려 둠. ¶이 문제는 간과할 일이 아니다.

간교 奸巧 | 간사할 간, 약을 교
[be crafty; cunning]
간사(奸邪)하고 약삭빠름[巧]. ¶간교한 꾀에 그만 속고 말았다. 비간사(奸邪), 교활(狡猾).

**간단 簡單 | 간략할 간, 홑 단 [simple]
❶속뜻 간략(簡略)하고 단순(單純)하다. ❷번거롭지 않고 손쉽다. 단출하다. ¶간단한 문제. 반복잡(複雜)하다.

▶ **간단명료 簡單明瞭** | 밝을 명, 밝을 료
간단(簡單)하고 뚜렷함[明=瞭]. ¶질문에 간단명료하게 답했다. ㉘ 간명(簡明)

간:담¹ 肝膽 | 간 간, 쓸개 담
[one's innermost heart]
❶속뜻 간(肝)과 쓸개[膽]. ¶간담이 떨어질 뻔 했다. ❷속마음. ¶간담을 비추다.

간:담² 懇談 | 정성 간, 이야기 담 [familiar talk]
정성스럽게[懇] 주고받는 이야기[談].

▶ **간:담-회 懇談會** | 모일 회
서로 터놓고 정답게 이야기를 나누는[懇談] 모임[會]. ¶투자 간담회를 열다.

간도 間島 | 사이 간, 섬 도
❶속뜻 사이[間]에 있는 섬[島]. ❷두만강과 마주한 간도 지방의 동부.

간략 簡略 | 간단할 간, 줄일 략 [simple]
❶속뜻 간단(簡單)하게 간추리다[略]. ¶책의 내용을 간략하게 소개했다. ❷간단하고 짤막하다. 비간단(簡單).

*간만 干滿 | 막을 간, 찰 만
[ebb and flow; tide]
처리 간조(干潮)와 만조(滿潮)를 아울러 이르는 말. ¶서해안은 간만의 차가 심하다.

간병 看病 | 볼 간, 병 병
[nurse; look after]
병(病)이 든 사람을 보살핌[看]. ¶시아버지를 간병하다. 비간호(看護).

간부 幹部 | 줄기 간, 거느릴 부
[leading member]
기관이나 조직체 따위에서 줄기[幹] 같은 중심이 되는 자리에서 책임을 맡거나 지도하는[部] 사람. ¶간부 회의 / 학급 간부를 뽑다.

간사 奸邪 | 간교할 간, 그를 사 [wicked]
성질이 간교(奸巧)하고 행실이 그르다[邪]. ¶간사한 사람은 크게 성공하기 어렵다.

*간석-지 干潟地 | 범할 간, 개펄 석, 땅 지
[dry beach; tideland]
바닷물이 드나드는[干] 개펄[潟] 지역(地域). ¶간석지를 경작지로 바꾸다. 비간석(干潟), 해택(海澤).

간선¹ 幹線 | 줄기 간, 줄 선 [main line]
도로, 철로 따위의 중심 줄기[幹]가 되는 선(線). ¶간선 도로. 비본선(本線). 반지선(支線).

간:선² 間選 | 사이 간, 가릴 선 [indirect election]
'간접선거'(間接選擧)의 준말. 반직선(直選).

▸간ː선-제 間選制 | 정할 제
[정치] 일반 선거인이 중간(中間) 선거인단을 뽑아 그들이 최종 선거(選擧)를 하도록 하는 제도(制度). '간접선거제도'(間接選擧制度)의 준말. [반] 직선제(直選制).

간섭 干涉 | 막을 간, 관여할 섭 [interfere]
❶[속뜻] 남의 일을 가로막고[干] 참견하거나 관여함[涉]. ¶남의 일에 간섭하다. ❷[물리] 두 개 이상의 파(波)가 한 점에서 서로 만날 때 합쳐진 파의 진폭이 변하는 현상. [비] 참견(參見), 개입(介入), 관여(關與). [반] 방관(傍觀), 방임(放任).

간소 簡素 | 간단할 간, 수수할 소 [simple]
생활이나 차림새 등이 간략(簡略)하고 수수함[素]. ¶간소한 살림살이. [비] 꾸밈없다, 수수하다.

▸간소-화 簡素化 | 될 화
복잡한 것을 간소(簡素)하게 변화(變化)시킴. ¶생산 절차를 간소화하여 시간을 아끼다.

간수 看守 | 볼 간, 지킬 수 [guard]
❶[속뜻] 보살피고[看] 지킴[守]. ❷철도의 건널목을 지키는 사람.

간ː식 間食 | 사이 간, 먹을 식
[eating between meals; snack]
아침·점심·저녁의 사이[間]에 먹음[食]. 또는 그런 음식. ¶간식으로 떡을 먹다. [비] 군것질, 주전부리.

간신[1] 奸臣 | =姦臣, 간사할 간, 신하 신
[villainous retainer]
간사(奸邪)한 신하(臣下). 간사한 사람. ¶간신들의 모함을 받아 유배되었다. [반] 충신(忠臣).

간신[2] 艱辛 | 어려울 간, 매울 신 [barely; hardly]
일하기가 어렵고[艱] 고생스럽다[辛]. ¶간신히 시험을 통과했다.

간악 奸惡 | 간사할 간, 악할 악 [wicked]
간사(奸邪)하고 악독(惡毒)함. ¶간악한 무리들을 소탕하다. [비] 사악(邪惡). [반] 선량(善良).

간ː암 肝癌 | 간 간, 암 암 [liver cancer]
[의학] 간장(肝臟)에 생기는 암(癌).

간여 干與 | 범할 간, 도울 여 [participate]
관계하여[干] 참여(參與)함. ¶네가 간여할 일이 아니다. [비] 참견(參見). [반] 방관(傍觀).

간ː염 肝炎 | 간 간, 염증 염
[inflammation of the liver; hepatitis]
[의학] 간(肝)에 생기는 염증(炎症)을 통틀어 이르는 말.

간웅 奸雄 | 간사할 간, 뛰어날 웅
[villainous hero; great villain]
간사(奸邪)한 영웅(英雄). 간사한 남자. ¶난세의 간웅.

***간ː이** 簡易 | 간단할 간, 쉬울 이 [simple; plain]
간단(簡單)하고 쉬움[易]. ¶고속도로 간이 휴게소(休憩所)에 들렀다.

간ː장 肝腸 | 간 간, 창자 장
[liver and bowels; heart]
❶[속뜻] 간(肝)과 창자[腸]. ❷속. 애. 마음. ¶어찌나 걱정했는지 간장이 다 녹았다.

간ː절 懇切 | 정성 간, 절실할 절
[be eager; sincere]
정성스럽고[懇] 절실(切實)하다. ¶간절한 눈빛.

간ː접 間接 | 사이 간, 맞이할 접
[indirect; mediate]
중간(中間)에서 관계 따위를 맺어줌[接]. ¶간접흡연 / 간접사회자본. [반] 직접(直接).

▸간ː접-적 間接的 | 것 적
직접이 아니라 간접(間接) 수단을 통하는 것[的]. ¶난 그 일과 간접적으로 관계되어 있다. [반] 직접적(直接的).

간조 干潮 | 막을 간, 바닷물 조
[ebb tide; low water]
[지리] 막혔던[干] 것 같이 가득하던 바닷물이 빠져나가 해수면이 가장 낮아진 조수(潮水) 상태. ¶간조가 되면 섬까지 걸어서 갈 수 있다. [비] 썰물, 저조(低潮). [반] 만

조(滿潮).

간주¹看做 | 볼 간, 지을 주 [regard]
상태, 모양, 성질 따위가 그와 같다고 보거나[看] 여김[做]. ¶그의 말을 농담으로 간주하다.

간:주²間奏 | 사이 간, 연주할 주
[interlude; intermezzo]
[음악] 극이나 악곡의 사이[間]에 하는 연주(演奏). [반] 전주(前奏), 후주(後奏).

간지 干支 | 천간 간, 지지 지
천간(天干)과 지지(地支). 십간(十干)과 십이지(十二支)를 조합한 것. ¶올해는 간지로 신묘년이다.

간:질 癎疾 | 지랄 간, 병 질 [epilepsy]
[의학] 의식 장애로 발작하여 지랄[癎]을 하는 병[疾]. [비] 간질병.

***간척 干拓** | 막을 간, 넓힐 척
[reclaim by drainage]
바다나 호수의 일부를 둑으로 막고[干], 그 안의 물을 빼내어 육지로 만들어 땅을 넓히는[拓] 일. ¶해안을 간척하다.

▸ **간척-지 干拓地** | 땅 지
간척(干拓) 공사를 통하여 넓힌 땅[地].

간:첩 間諜 | 사이 간, 염탐할 첩
[spy; secret agent]
❶[속뜻] 사이[間]에 들어가 염탐함[諜]. ❷비밀을 몰래 알아내어 제공하는 사람. ¶간첩으로 의심되면 바로 신고하세요. [비] 첩자(諜者), 공작원(工作員), 첩보원(諜報員).

간:청 懇請 | 정성 간, 부탁할 청 [entreat]
간곡(懇曲)히 부탁함[請]. 또는 그러한 청원. ¶임금은 아이의 간청을 들어주었다. [비] 청탁(請託), 부탁(付託).

간:택 揀擇 | 가릴 간, 고를 택
[choose a suitable match]
❶[속뜻] 옳고 그름, 좋고 나쁨을 가려[揀] 고름[擇]. ❷배우자를 고름. ¶후궁으로 간택되었다.

간파 看破 | 볼 간, 깨뜨릴 파
[see through]
보아서[看] 속사정을 꿰뚫어[破] 알아차림. ¶상대의 의도를 간파했다.

간판 看板 | 볼 간, 널빤지 판
[signboard; sign]
사람들의 눈에 잘 띄게[看] 내건 표지용 널빤지[板]. ¶옥상에 상점 간판을 달다.

간편 簡便 | 간단할 간, 편할 편
[handy; convenient]
간단(簡單)하고 편리(便利)하다. ¶물만 부으면 되니 참 간편하다. [비] 간략(簡略), 간소(簡素). [반] 복잡(複雜).

간행 刊行 | 책 펴낼 간, 행할 행 [publish; issue]
책을 찍어[刊] 발행함[行]. ¶3개월에 한 번씩 간행하는 출판물을 계간(季刊)이라고 한다. [비] 발행(發行), 출판(出版), 발간(發刊), 출간(出刊).

▸ **간행-물 刊行物** | 만물 물
간행(刊行)된 책, 신문, 그림 따위의 물품(物品)을 이르는 말.

간호 看護 | 볼 간, 돌볼 호
[nurse; tend; care]
환자나 노약자를 돌보고[看] 보살펴[護] 줌. ¶병든 아버지를 간호하다. [비] 간병(看病).

▸ **간호-사 看護師** | 스승 사
의사의 진료를 돕고 환자를 돌보는[看護] 사람[師]. ¶간호사가 붕대를 감아주었다.

간:혹 間或 | 사이 간, 혹시 혹
[sometimes]
❶[속뜻] 간간(間間)이 또는 혹시(或是). ❷어쩌다가 띄엄띄엄. ¶원숭이도 간혹 나무에서 떨어질 때가 있다. [비] 때로.

갈구 渴求 | 목마를 갈, 구할 구
[desire eagerly]
갈망(渴望)하여 애타게 구(求)함.

***갈등 葛藤** | 칡 갈, 등나무 등
[trouble; conflict]
❶[속뜻] 칡[葛] 덩굴과 등(藤)나무 덩굴이 서로 뒤얽힘. ❷'견해·주장·이해 등이 뒤엉킨 반목·불화·대립·충돌'을 비유하여

이르는 말.

갈망 渴望 | 목마를 갈, 바랄 망
[desire eagerly]
목말라[渴] 물을 찾듯이 간절히 바람[望]. ¶남북 통일을 갈망하다. ㊐ 열망(熱望).

갈색 褐色 | 털옷 갈, 빛 색 [brown]
털옷[褐] 같은 주황빛[色]. ㊐ 밤색.

갈증 渴症 | 목마를 갈, 증세 증 [thirst]
목이 마른[渴] 증세(症勢). ¶갈증이 나다. ㊐ 조갈(燥渴).

갈채 喝采 | 큰소리 갈, 주사위 채
[applaud; cheer]
❶ 속뜻 주사위[采]를 던지며 큰소리[喝]로 고함을 지름. ❷외침이나 박수 따위로 찬양이나 환영의 뜻을 나타냄. ¶갈채를 받다 / 관중석에서 우레와 같은 갈채가 쏟아졌다.

감: 感 | 느낄 감 [feeling; sensitivity]
❶느낌. 생각. ¶때늦은 감이 든다. ❷자극에 대하여 느끼는 정도. '감도'(感度)의 준말. ¶감이 좋은 전화기 / 감이 멀다.

***감:각** 感覺 | 느낄 감, 깨달을 각 [sense; feeling]
❶ 속뜻 눈, 귀, 코, 혀, 살갗 등을 통하여 느껴[感] 앎[覺]. ¶감각 마비 / 감각이 예민하다. ❷사물에서 받는 인상이나 느낌. ¶그녀는 패션 감각이 뛰어나다. ㊐ 느낌, 감촉(感觸), 감정(感情), 정서(情緒).

▸**감:각-적** 感覺的 | 것 적
감각(感覺)을 자극하는 것[的]. 또는 감각에 예민한. ¶감각적인 소설. ㊐ 감성적(感性的), 감관적(感觀的), 관능적(官能的). ㉥ 관념적(觀念的), 개념적(槪念的).

▸**감:각 기관** 感覺器官 | 그릇 기, 벼슬 관
동물 자극을 통하여 어떤 감각(感覺)을 일으키게 하는 신체 기관(器官). 촉각 기관, 후각 기관, 미각 기관 등이 있다. ㉨ 감각기. ㊐ 감촉(感觸) 기관.

감:개 感慨 | 느낄 감, 슬퍼할 개
[be deeply moved]
❶ 속뜻 깊이 느끼어[感] 슬퍼함[慨]. ❷마음속 깊이 사무치는 느낌. ¶무사히 돌아와 감개가 무량하였다.

▸**감:개-무량** 感慨無量 | 없을 무, 헤아릴 량
마음에 사무치는 느낌[感慨]을 헤아릴[量] 수 없음[無]. ¶10년 만에 고향에 돌아오니 감개무량하다.

감:격 感激 | 느낄 감, 격할 격
[be deeply impressed]
❶ 속뜻 고마움을 깊이[激] 느낌[感]. ❷마음속에 깊이 느껴 격동됨. ¶감격의 눈물 / 감격적인 장면. ㊐ 감동(感動).

감귤 柑橘 | 감자나무 감, 귤나무 귤
[tangerine]
밀감(蜜柑)과 귤(橘)을 아울러 이르는 말. ¶제주 감귤은 세계적으로 유명하다.

감금 監禁 | 볼 감, 금할 금
[imprison; confine]
감시(監視)하기 위하여 일정한 곳에 가두어 둠[禁]. 가두어서 신체의 자유를 속박함. ¶구치소에 감금하다.

감:기 感氣 | 느낄 감, 기운 기
[cold; influenza]
❶ 속뜻 자연의 기(氣)를 느낌[感]. ❷ 한의 풍(風)·한(寒)·서(暑)·습(濕)·조(燥)·화(火)를 몸으로 느낄 만큼 기운이 없는 상태를 이르는 말. ❸ 의학 몸이 오슬오슬 춥게 느껴지며 기운이 없고 열이 나며 기침, 콧물이 나는 질환을 통틀어 이르는 말. ¶감기에 걸리다. ㊐ 고뿔, 한질(寒疾).

▸**감:기-약** 感氣藥 | 약 약
감기(感氣)를 치료하는 데 쓰는 약(藥). ¶감기약을 먹어도 낫지 않았다.

감당 堪當 | 견딜 감, 당할 당 [charge]
능히 맡아서[堪] 당해 냄[當]. ¶내 힘으로는 감당할 수 없는 일이다.

감독 監督 | 볼 감, 살필 독
[supervise; control]
보살피고[監] 잘 살펴봄[督]. 또는 그런 사람. ¶시험을 감독하다 / 축구 감독.

▶ 감독-관 監督官 | 벼슬 관
감독(監督)의 직무를 맡은 관리(官吏).

감:동 感動 | 느낄 감, 움직일 동 [moved]
깊이 느끼어[感] 마음이 움직임[動]. ¶심청의 이야기를 들은 용왕은 크게 감동했다. ⓑ 느낌, 감격(感激), 감복(感服), 감명(感銘).

▶ 감:동-적 感動的 | 것 적
감동(感動)할 만한 것[的]. ¶감동적인 장면을 연출하다.

감:량 減量 | 덜 감, 분량 량
[reduce the quantity]
양(量)을 덜어냄[減]. ¶경기를 위해 체중을 감량했다. ⓑ 증량(增量).

감:면 減免 | 덜 감, 면할 면
[exempt; remit]
부담 따위를 감(減)해 주거나 면제(免除)해 줌. ¶흉년이 들어 세금을 감면했다.

감:명 感銘 | 느낄 감, 새길 명 [impress]
깊이 느끼어[感] 마음에 새겨[銘] 둠. ¶이순신 장군의 전기를 감명 깊게 읽었다. ⓑ 감격(感激), 감동(感動).

감미 甘味 | 달 감, 맛 미 [sweet taste]
달콤한[甘] 맛[味]. ¶감미로운 목소리.

▶ 감미-료 甘味料 | 거리 료
단맛[甘味]을 내는 데 쓰이는 재료(材料). 포도당, 과당, 맥아당 따위.

감방 監房 | 볼 감, 방 방 [cell]
교도소에서 죄수를 감시(監視)하기 위하여 가두어 두는 방(房). ¶사형수를 감방에 가두다.

감별 鑑別 | 볼 감, 나눌 별
[discern; determine; distinguish]
❶ 속뜻 잘 살펴보고[鑑] 식별(識別)함. ¶병아리 감별 / 위조지폐를 감별하다. ❷예술 작품이나 골동품 따위의 가치와 진위를 판단함. ¶박물관에 걸린 피카소의 작품이 위작으로 감별되었다.

감사¹ 監司 | 볼 감, 벼슬 사 [governor]
❶ 속뜻 감시(監視)하는 직책을 맡은 벼슬[司]. ❷ 역사 관찰사(觀察使). 속담 평안

감사도 저 싫으면 그만.

감사² 監査 | 볼 감, 살필 사 [audit]
감독(監督)하고 검사(檢査)함. ¶국정 감사 / 회계감사. ⓑ 감독(監督), 검사(檢査), 감찰(監察).

감:사³ 感謝 | 느낄 감, 고마워할 사
[thanks; gratitude]
❶ 속뜻 고마움[謝]을 느낌[感]. ❷고마움을 표함. ¶성원에 감사드립니다. ⓑ 사의(謝意), 은혜(恩惠).

▶ 감:사-장 感謝狀 | 문서 장
감사(感謝)의 뜻을 적어 인사로 주는 글[狀].

감:상¹ 感想 | 느낄 감, 생각 상
[thoughts; impressions]
마음에 느끼어[感] 일어나는 생각[想]. ¶한국에 대한 감상을 말하다. ⓑ 소감(所感), 의견(意見).

▶ 감:상-문 感想文 | 글월 문
감상(感想)을 적은 글[文]. ¶책을 읽고 감상문을 썼다.

감:상² 感傷 | 느낄 감, 상할 상
[sentiment]
❶ 속뜻 좋게 느껴[感]지지 않아 마음이 상(傷)함. ❷하찮은 사물에도 쉽게 슬픔을 느끼는 마음. ¶떨어지는 낙엽을 보고 감상에 빠졌다.

▶ 감:상-벽 感傷癖 | 버릇 벽
사소한 일에도 감동(感動)하고 슬퍼하는[傷] 버릇[癖].

▶ 감:상-적 感傷的 | 것 적
사소한 일에도 감동(感動)하고 슬퍼하는[傷] 것[的]. ¶감상적으로 일을 처리하지 마라. ⓑ 애상적(哀傷的). ⓑ 이성적(理性的), 논리적(論理的).

감상³ 鑑賞 | 볼 감, 즐길 상 [appreciate]
예술 작품을 보고[鑑] 즐김[賞]. ¶미술 작품을 감상하다.

▶ 감상-곡 鑑賞曲 | 노래 곡
감상(鑑賞)을 하기 위한 악곡(樂曲).

▶ 감상-실 鑑賞室 | 방 실

감상(鑑賞)을 하는 시설이 마련되어 있는 방[室].

감색 紺色 | 감색 감, 빛 색 [navy blue]
검푸른[紺] 남색[色]. ¶감색 양복을 입으니 점잖아 보인다.

감ː성 感性 | 느낄 감, 성질 성
[sensitivity; sensibility]
❶ 속뜻 자극에 대해 변화를 느끼는[感] 성질(性質). ¶그녀는 감성이 풍부하다. ❷ 철학 대상을 오관(五官)으로 느끼고 깨달아 그 상(像)을 형성하는 인식 능력. 빤지성(知性), 이성(理性).
▸ **감ː성-적 感性的** | 것 적
감성(感性)이 작용하는 것[的]. 감성이 예민한 것. ¶피아노 선율이 매우 감성적이다.

*감ː소 減少 | 덜 감, 적을 소
[lessen; drop]
❶ 속뜻 줄어서[減] 적어짐[少]. ❷덜어서 적게 함. ¶출생률이 감소하다. 빤감량(減量). 빤증가(增加).

감ː속 減速 | 덜 감, 빠를 속
[reduce speed]
속도(速度)를 줄임[減]. ¶이곳은 길이 좁으니 감속하십시오. 빤가속(加速).

감수¹ 甘受 | 달 감, 받을 수
[ready to suffer]
질책, 고통, 모욕 따위를 군말 없이 달게[甘] 받음[受]. ¶고통을 감수하다.

감수² 監修 | 볼 감, 닦을 수
[supervise the compilation]
책을 편찬하고 수정(修正)하는 일을 감독(監督)하는 일. ¶이 책은 국문학자가 감수했다.

감ː수³ 感受 | 느낄 감, 받을 수
[be impressed]
심리 외부의 자극을 감각(感覺) 신경을 통해 받아들임[受].
▸ **감ː수-성 感受性** | 성질 성
외부의 자극을 받아[受] 느낌[感]을 일으키는 성질(性質)이나 능력. ¶사춘기에는 감수성이 예민하다. 빤감성. 비수용성(受容性).

감시 監視 | 볼 감, 볼 시 [observe]
단속하기 위하여 주의 깊게 살펴[監]봄[視]. ¶죄수를 감시하다.
▸ **감시-자 監視者** | 사람 자
단속하기 위하여 주의하여 지켜보는[監視] 사람[者]. ¶감시자의 눈을 피하여 도망쳤다.

감식 鑑識 | 볼 감, 알 식 [judge]
감정(鑑定)하여 식별(識別)함. ¶지문 감식 / 미술품을 감식하다.

감안 勘案 | 헤아릴 감, 생각 안 [consider]
헤아려[勘] 생각해봄[案]. 참작함. ¶형편을 감안하여 수업료를 면제해 주었다.

감언 甘言 | 달 감, 말씀 언 [sweet-talk]
듣기 좋게 하는 달콤한[甘] 말[言]. ¶감언으로 물건을 빼앗다. 빤고언(苦言).
▸ **감언-이설 甘言利說** | 이로울 리, 말씀 설
남의 비위를 맞추는 달콤한[甘] 말[言]과 이로운[利] 조건만 들어 그럴듯하게 꾸미는 말[說]. ¶감언이설로 여자를 꾀다.

감ː염 感染 | 느낄 감, 물들일 염
[get influenced]
❶ 의학 병원체가 몸에 옮아[感] 물듦[染]. ❷남의 나쁜 버릇이나 다른 풍습 따위가 옮아서 그대로 따라하게 됨. ¶바이러스에 감염되었다. 비영향(影響), 전염(傳染).

감영 監營 | 살필 감, 꾀할 영
[government office]
❶ 속뜻 잘 살펴서[監] 일을 꾀함[營]. ❷ 역사 조선 시대, 관찰사가 직무를 보던 관청.

감옥 監獄 | 볼 감, 가둘 옥 [prison; jail]
죄인을 감시(監視)하기 위하여 가둠[獄]. 또는 그런 곳. ¶경찰은 범인을 감옥에 가두었다. 비감방(監房), 형무소(刑務所), 교도소(矯導所).

감ː원 減員 | 덜 감, 인원 원
[lay off; reduce the staff]
인원(人員)을 줄임[減]. ¶직원을 대폭 감

원하다. ㈜ 증원(增員).

감:은 感恩 | 느낄 감, 은혜 은
[feel gratitude]
은혜(恩惠)에 감사(感謝)함.

▶ 감:은-사 感恩寺 | 절 사
❶속뜻 은혜(恩惠)에 감사(感謝)하기 위하여 지은 절[寺]. ❷불교 경상북도 경주시 양북면 용당리에 있던 절. 신라 30대 문무왕 때부터 짓기 시작하여 31대 신문왕 때 완공하였다.

감:응 感應 | 느낄 감, 응할 응
[respond; sympathize]
❶속뜻 마음에 느끼어[感] 반응(反應)함. ❷신심(信心)이 부처나 신령에게 통함. ¶그의 정성에 신도 감응했나보다.

▶ 감:응-초 感應草 | 풀 초
❶속뜻 감응(感應)하는 기능을 가진 풀[草]. ❷식물 미모사.

감:전 感電 | 느낄 감, 전기 전
[receive an electric shock]
전기 전기(電氣)가 통하여 있는 도체에 몸의 일부가 닿아 그 충격을 느낌[感]. ¶물에 젖은 손으로 콘센트를 만지면 감전될 수 있다.

감:점 減點 | 덜 감, 점 점
[deduct points]
점수(點數)를 줄임[減]. 또는 그 점수. ¶맞춤법이 틀려 감점되었다. ㈜ 가산점(加算點).

감:정¹憾情 | 섭섭할 감, 마음 정
[ill feeling; grudge]
섭섭하게[憾] 여기는 마음[情]. 원망하거나 성내는 마음. ¶내게 무슨 감정이 있니?

감정²鑑定 | 볼 감, 정할 정
[judge; appraise]
진짜와 가짜 따위를 살펴보면서[鑑] 판정(判定)함. ¶그림을 감정했다. ㈜ 감식(鑑識), 감별(鑑別), 판별(判別), 식별(識別).

**감:정³感情 | 느낄 감, 마음 정 [feeling; emotion]
❶속뜻 느끼어[感] 일어나는 마음[情]. 심정(心情). ❷어떠한 대상이나 상태에 따라 일어나는 마음. 기쁨·노여움·슬픔·두려움·쾌감·불쾌감 따위. ¶그는 감정이 메말랐다. ㈜ 느낌, 기분(氣分), 정서(情緒).

▶ 감:정-적 感情的 | 것 적
쉽게 감정(感情)에 좌우되는 것[的]. ¶감정적으로 받아들일 문제가 아니다. ㈜ 이성적(理性的).

▶ 감:정 이입 感情移入 | 옮길 이, 들 입
❶속뜻 감정(感情)을 옮겨[移] 받아들임[入]. ❷자신의 감정을 예술작품 따위에 불어넣거나 대상으로부터 느낌을 직접 받아들이는 일. ¶감정 이입하여 시를 낭송했다.

감주 甘酒 | 달 감, 술 주
[sweet rice drink]
❶속뜻 단[甘] 술[酒]. 맛이 좋은 술. ❷엿기름을 우린 물에 밥알을 넣어 식혜처럼 삭혀서 끓인 음식. ㈜ 단술, 감례(甘醴), 식혜(食醯).

감:지 感知 | 느낄 감, 알 지
[perceive; sense]
직감적으로 느끼어[感] 앎[知]. ¶물고기의 움직임이 레이더에 감지되었다.

▶ 감:지-기 感知器 | 그릇 기
물리 소리·빛·온도·압력 따위를 감지(感知)하는 기계 장치[器]. ¶도난 방지를 위한 감지기.

감:지덕지 感之德之 | 느낄 감, 어조사 지, 덕 덕, 어조사 지
❶속뜻 감사(感謝)하고 은덕(恩德)으로 여김. ❷분에 넘치는 듯싶어 매우 고맙게 여기는 모양. ¶뜻밖의 환대에 감지덕지하다.

감찰 監察 | 볼 감, 살필 찰 [inspect]
❶속뜻 감시(監視)하여 살핌[察]. 또는 그 직무. ❷단체의 규율과 단원의 행동을 살피고 감독하는 일. 또는 그 직무. ¶비리사건에 연루된 기관을 모두 감찰했다. ㈜ 감시(監視), 감사(監査), 감독(監督), 단속(團束).

감초 甘草 | 달 감, 풀 초 [licorice root]
❶[속뜻] 단맛[甘]을 내는 풀[草]. ❷[식물] 높이는 1미터 가량이며, 붉은 갈색의 뿌리는 단맛이 나는데 먹거나 약으로 쓰는 풀. [속담] 약방에 감초.

감:촉 感觸 | 느낄 감, 닿을 촉 [touch]
어떤 자극이 피부에 닿아[觸] 일어나는 느낌[感]. ¶감촉이 부드럽다 / 곤충은 더듬이로 적의 움직임을 감촉한다. 📵 감응(感應), 촉감(觸感).

감:축 減縮 | 덜 감, 줄일 축 [reduce]
덜고[減] 줄임[縮]. 또는 줄여 적게 함. ¶예산 감축 / 쌀 소비량이 줄자 생산량을 감축했다.

감:탄 感歎 | =感嘆, 느낄 감, 한숨지을 탄 [admire]
❶[속뜻] 느끼어[感] 한숨지음[歎]. ❷크게 감동하여 찬탄함. ¶귀신도 놀랄 솜씨에 감탄했다. 📵 감동(感動), 감격(感激).

▶ **감:탄-사 感歎詞** | 말씀 사
[언어] 말하는 이가 감탄(感歎)이나 부름, 응답을 나타낼 때 쓰는 말[詞].

감:퇴 減退 | 덜 감, 물러날 퇴 [decline; decrease]
❶[속뜻] 줄어들고[減] 뒤로 물러남[退]. ❷체력이나 의욕 따위가 줄어져 약해짐. ¶병 때문에 식욕도 감퇴했다. 📵 증진(增進).

감:행 敢行 | 감히 감, 행할 행
[take decisive action]
어려움을 무릅쓰고 과감(果敢)하게 실행(實行)함. ¶내분이 일어났지만 공격을 감행했다.

감:화 感化 | 느낄 감, 될 화 [influence]
감동(感動)을 받아 마음이나 행동이 변화(變化)함. ¶그의 인품에 감화되었다. 📵 교도(敎導), 교화(敎化).

감:회 感懷 | 느낄 감, 품을 회
[deep emotion; impressions]
느낌[感]을 마음에 품음[懷]. ¶10년 만에 돌아 보니 감회가 새롭다. 📵 느낌, 생각, 감정(感情), 감상(感想), 회포(懷抱), 심회(心懷), 소회(所懷).

감:흥 感興 | 느낄 감, 일어날 흥
[fun; interest]
느낌[感]이 생겨남[興]. ¶그의 음악은 나에게 큰 감흥을 주었다. 📵 흥취(興趣), 흥미(興味).

갑 匣 | 상자 갑 [case; box]
❶작은 상자. ¶반지를 빈 갑에다 넣어 두다. ❷작은 상자 모양의 물건을 세는 단위. ¶담배 열 갑.

갑각 甲殼 | 갑옷 갑, 껍질 각
[shell; crust]
[동물] 갑옷[甲]같이 단단한 껍데기[殼]. ¶게나 새우 따위가 갑각을 지니고 있다.

▶ **갑각-류 甲殼類** | 무리 류
[동물] 절지(節肢) 동물의 일종[類]. 대체로 물에서 생활하며 아가미로 숨쉰다. 자라면서 단단한 甲 껍데기[殼]를 여러 번 벗어서 바꾼다. ¶게는 갑각류이다. 📵 개갑류(介甲類).

갑론을박 甲論乙駁 | 천간 갑, 말할 론, 천간 을, 칠 박 [argue pro and con]
❶[속뜻] 갑(甲)이 말하자[論] 을(乙)이 반박(反駁)함. ❷서로 자기 의견을 내세우며 서로 반박함. ¶여러 사람이 갑론을박하였지만 문제를 해결하지 못했다.

갑부 甲富 | 첫째 갑, 부자 부
[wealthiest; millionaire]
첫째[甲]가는 큰 부자(富者). ¶그는 세계적인 갑부이다. 📵 일부(一富), 수부(首富).

갑상 甲狀 | 갑옷 갑, 형상 상
[shape of armor]
갑옷[甲] 모양[狀].

▶ **갑상-선 甲狀腺** | 샘 선
[의학] 갑옷[甲] 모양[狀]의 내분비선(內分泌腺). 📵 목밑샘.

갑신 甲申 | 천간 갑, 원숭이 신
[민속] 천간의 '甲'과 지지의 '申'이 만난 간지(干支). ¶갑신년에 태어난 사람은 원숭

이 띠이다.

▸갑신-정변 甲申政變 | 정치 정, 바뀔 변
[역사] 조선 1884년, 갑신(甲申)년에 김옥균, 박영효 등이 일으킨 정변(政變).

*갑오 甲午 | 천간 갑, 말 오
[민속] 천간의 '甲'과 지지의 '午'가 만난 간지(干支). ¶갑오년에 태어난 사람은 말띠이다.

▸갑오-개:혁 甲午改革 | 고칠 개, 바꿀 혁
[역사] 1894년, 갑오(甲午)년에 김홍집 등의 개화파(開化派) 정권이 민씨(閔氏) 일파의 사대 정권을 물리치고 정치 제도를 근대적으로 개혁(改革)한 일. [비] 갑오경장(甲午更張), 갑오혁신(甲午革新).

갑인 甲寅 | 천간 갑, 범 인
[민속] 천간의 '甲'과 지지의 '寅'이 만난 간지(干支). ¶갑인년생은 범띠이다.

▸갑인-자 甲寅字 | 글자 자
[출판] 조선 1434년, 갑인(甲寅)년에 만든 구리 활자(活字).

갑자 甲子 | 천간 갑, 쥐 자
[민속] 천간의 '甲'과 지지의 '子'가 만난 간지(干支). 육십갑자의 첫째.

갑판 甲板 | 갑옷 갑, 널빤지 판 [deck]
큰 배 위의 바닥에 갑옷[甲] 같이 딱딱하게 깔아 놓은 목판(木板)이나 철판(鐵板). ¶선원은 갑판으로 올라갔다.

강¹江 | 강 강 [river]
넓고 길게 흐르는 내. ¶강을 헤엄쳐 건너가다.

강²綱 | 벼리 강 [class]
[생물] 문(門)의 아래, 목(目)의 위인 생물학 분류의 단위. 포유강(哺乳綱)·갑각강(甲殼綱) 따위.

강건 強健 | 굳셀 강, 튼튼할 건 [strong]
몸이 굳세고[強] 튼튼하다[健]. ¶강건한 신체. [반] 병약(病弱)하다.

강경 強硬 | =強勁, 강할 강, 단단할 경 [firm; tough]
❶[속뜻] 마음가짐이나 태도가 강(強)하고 단단함[硬]. ❷강하게 버티어 굽히지 아니함. ¶회담에서 정부는 강경한 태도로 일관했다. [반] 유화(宥和), 온건(穩健).

강:구 講究 | 익힐 강, 생각할 구 [study; considerate]
❶[속뜻] 사물을 깊이 조사하여[講] 연구(研究)함. ❷알맞은 방법이나 방책을 연구함. ¶대책을 강구하다.

강국 強國 | 강할 강, 나라 국 [strong nation]
세력이 강(強)한 나라[國]. ¶군사 강국 / 강국의 대열에 오르다. [비] 강대국(強大國). [반] 약국(弱國).

강권 強權 | 강할 강, 권력 권 [power of authority]
❶[속뜻] 강(強)한 힘을 가진 권력(權力). ❷국가가 사법적, 행정적으로 행사하는 강력한 권력 작용. ¶경찰은 강권을 발동하였다.

강녕-전 康寧殿 | 편안할 강, 편안할 녕, 대궐 전
[고적] 경복궁 안에 있던 왕의 침전(寢殿). 오복(五福) 가운데 하나인 강녕(康寧)을 집이름으로 삼은 궁전(宮殿). 1395년(태조 4년)에 세워졌다.

강:단 講壇 | 익힐 강, 단 단 [lecture platform]
강의(講義)할 때 올라서도록 약간 높게 만든 자리[壇]. ¶강단에 서다.

강:당 講堂 | 익힐 강, 집 당 [lecture hall; auditorium]
학교 등에서 강연(講演)이나 의식 등을 하기 위하여 특별히 마련한 큰방이나 집[堂]. ¶학교 강당 / 강당에서 특별강연이 열렸다.

강대 強大 | 강할 강, 큰 대 [be big and strong]
강(強)하고 크다[大]. ¶강대한 군사력으로 주변국을 침략했다. [반] 약소(弱少).

▸강대-국 強大國 | 나라 국
경제력 · 군사력 등의 세력이 강대(強大)

한 나라[國]. ⓒ 강국. ⓗ 약소국(弱小國).

강도¹ 強度 | 굳셀 강, 정도 도 [strength]
❶ 속뜻 굳센[強] 정도(程度). ¶강도 높은 훈련. ❷ 물리 전류(電流)·방사능 따위의 양(量)의 세기.

강:도² 強盜 | 억지 강, 훔칠 도 [robber]
폭행이나 협박을 하여 억지로[強] 남의 금품을 빼앗는[盜] 일. 또는 그러한 도둑. ¶강도가 금고를 털었다.

*강력 強力 | 강할 강, 힘 력 [strong]
❶ 속뜻 강(強)한 힘[力]. ❷약 따위의 효과나 작용이 강함. ¶이 약은 살충력이 강력하다 / 그는 혐의를 강력히 부인했다. ❸가능성이 큼. ¶강력한 우승 후보. ⓗ 강대(強大), 막강(莫強).

강렬 強烈 | 강할 강, 세찰 렬
[be strong; intense]
강(強)하고 세차다[烈]. ¶이 그림은 색채가 강렬하다.

강령 綱領 | 벼리 강, 요점 령
[general principles]
❶ 속뜻 벼리[綱] 같이 매우 중요한 요점[領]. ❷정당·단체 등에서 그 기본 목표·정책·운동 규범 등을 정한 것 ¶행동 강령 / 정치적 강령을 따르다. ⓗ 목적(目的), 목표(目標), 방침(方針).

강:론 講論 | 익힐 강, 말할 론
[discuss; teach]
어떤 문제에 대하여 강설(講說)하고 토론(討論)함. ¶스님이 교리를 강론했다.

강:매 強賣 | 억지 강, 팔 매
[force to buy]
남에게 물건을 억지로[強] 팖[賣]. ¶행사장에서 물건을 강매했다. ⓗ 강매(強買).

강:박 強迫 | 억지 강, 다그칠 박
[compel; coerce]
억지로[強] 다그침[迫]. 억지로 따르게 함. ⓗ 강압(強壓), 억압(抑壓).
▶ 강:박 관념 強迫觀念 | 볼 관, 생각 념
심리 아무리 떨쳐 버리려고 해도 자꾸 마음에 떠오르는[強迫] 불쾌하거나 불안한 생각[觀念]. ¶그는 남이 자기를 무시한다는 강박 관념에 시달렸다.

강변 江邊 | 강 강, 가 변 [riverside]
강(江) 주변(周邊) 일대. ¶강변을 산책하다. ⓗ 강가.

강보 襁褓 | 포대기 강, 보자기 보
[swaddling clothes; a baby's quilt]
포대기[襁=褓]. ¶강보에 싸인 아기.

강:사¹ 講士 | 익힐 강, 선비 사 [speaker]
강연(講演)하는 유명 인사(人士). ¶강사를 초청하다. ⓗ 강연자(講演者).

강:사² 講師 | 익힐 강, 스승 사
[lecturer; instructor]
강의(講義)를 하는 교원[師]. ¶그는 우리 대학의 강사이다.

강산 江山 | 강 강, 메 산
[rivers and mountains]
❶ 속뜻 강(江)과 산(山). ❷자연의 경치. ¶아름다운 강산. ❸강토(疆土). ¶삼천리 금수강산.

강:설 降雪 | 내릴 강, 눈 설
[snowing; snowfall]
내린[降] 눈[雪].
▶ 강:설-량 降雪量 | 분량 량
일정한 곳에, 일정한 기간 동안 내린[降] 눈[雪]의 양(量). ¶이번 겨울은 강설량이 적었다.

강성 強盛 | 굳셀 강, 가득할 성 [powerful; thriving]
굳센[強] 투지로 가득 참[盛]. ¶강성한 국력.

강세 強勢 | 강할 강, 세력 세
[stress; accent]
❶ 속뜻 강(強)한 세력(勢力). 세력이 강함. ❷ 언어 한 낱말에서, 어떤 음절의 발음에 특히 힘을 주는 일. ¶'supper'는 첫 음절에 강세가 있다. ⓗ 약세(弱勢).

강-속구 強速球 | 굳셀 강, 빠를 속, 공 구
[fast ball]
운동 야구에서, 투수가 던지는 강(強)하고

빠른[速] 공[球]. ¶저 투수는 강속구를 잘 던진다.

강ː수 降水 | 내릴 강, 물 수
[rainfall; precipitation]
비, 눈, 우박 따위가 땅에 내린[降] 물[水]. ¶강수 예보
▶ 강ː수-량 降水量 | 분량 량
비, 눈, 우박 따위가 땅에 내린[降] 것을 모두 물[水]로 환산한 분량(分量). ¶사막은 연평균 강수량이 250㎜ 이하이다.

강ː습 講習 | 익힐 강, 익힐 습
[take lessons in]
강의(講義)를 들으며 학습(學習)함. ¶요리 강습 / 이번 학기에 전자공학 과목을 강습했다.
▶ 강ː습-회 講習會 | 모일 회
강습(講習)을 하기 위한 모임[會].

강ː압 強壓 | 억지 강, 누를 압
[put pressure]
❶속뜻 강제(強制)로 누름[壓]. 강하게 누름. ❷함부로 억누름. ¶민중을 강압하여 복종시키다 / 그의 태도는 강압적이다. 비 강제(強制), 강박(強迫), 억압(抑壓), 압박(壓迫).

강약 強弱 | 강할 강, 약할 약
[strength and weakness]
❶속뜻 강(強)함과 약(弱)함. ¶강약을 조절하여 연주하다. ❷강자와 약자.

강ː연 講演 | 익힐 강, 펼칠 연
[give a lecture; address]
청중에게 강의(講義) 내용을 말로 펼쳐[演] 보임. ¶환경문제에 대해 강연했다. 비 연설(演說).
▶ 강ː연-회 講演會 | 모일 회
강연(講演)을 하기 위한 모임[會].

강ː요 強要 | 억지 강, 구할 요
[force; compel]
무리하게 억지로[強] 요구(要求)함. ¶회의 참석을 강요했다. 비 강구(強求).

강ː우 降雨 | 내릴 강, 비 우 [rainfall]
내린[降] 비[雨].

▶ 강ː우-량 降雨量 | 분량 량
일정한 곳에, 일정한 기간 동안 내린[降] 비[雨]의 양(量). ¶측우기는 강우량을 측정하는 기계이다.

강ː의 講義 | 익힐 강, 뜻 의 [lecture]
❶속뜻 학술·기술 등에 관한 어떤 뜻[義]을 익히도록[講] 함. 풀이하여 설명해 줌. ❷대학 수업. ¶한국 문학을 강의하다. 비 강설(講說), 강론(講論).
▶ 강ː의-실 講義室 | 방 실
강의(講義)하는 데 쓰는 방[室]. ¶대형 강의실. 비 교실(教室).

강인 強靭 | 굳셀 강, 질길 인
[strong and tough]
굳세고[強] 질기다[靭]. ¶가난은 그를 강인하게 만들었다. 반 연약(軟弱)하다.

강자 強者 | 강할 강, 사람 자
[strong man]
힘이나 세력이 강(強)한 사람[者]. ¶그는 강자에게 약하고 약자에게 강하다. 비 강호(強豪). 반 약자(弱者).

강적 強敵 | 강할 강, 원수 적
[powerful enemy]
강(強)한 적(敵). ¶강적을 만나다. 비 맞수.

강점¹強點 | 강할 강, 점 점
[strong point; advantage]
남보다 우세하거나 강(強)한 점(點). ¶강점을 살리다. 비 장점(長點). 반 약점(弱點).

강ː점²強占 | 억지 강, 차지할 점
[occupy by force]
억지로[強] 빼앗아 차지함[占]. ¶일본은 대한제국을 강점했다.
▶ 강ː점-기 強占期 | 때 기
다른 나라의 영토, 권리 따위를 강제로 차지한[強占] 시기(時期). ¶일제 강점기.

강ː제 強制 | 억지 강, 누를 제
[force; coerce]
억지로[強] 억누름[制]. 억지로 따르게 함. ¶강제로 그를 끌고 갔다. 비 강압(強

壓). 뎬 임의(任意), 자의(自意), 자의(恣意).

▶ 강:제-성 強制性 | 성질 성
강제(強制)하거나 강요하는 성질(性質). ¶이 법률은 강제성이 있다.

▶ 강:제-적 強制的 | 것 적
억지로 시키는[強制] 것[的]. ¶강제적으로 이루어진 합의. 뎬 자발적(自發的).

*강조 強調 | 강할 강, 고를 조 [emphasis; stress]
❶ 속뜻 특별히 강(強)하게 조절(調節)함. ¶독서의 중요성을 강조하다. ❷어떤 부분을 특별히 강하게 주장하거나 두드러지게 함. ¶명암을 강조한 그림. 뎬 역설(力說), 주장(主張).

강:좌 講座 | 익힐 강, 자리 좌 [lecture; course]
❶ 속뜻 강의(講義)하는 자리[座]. ❷일정한 주제에 따른 강의 형식을 취하여 체계적으로 편성한 강습회. ¶교양 강좌를 개설하다.

강직 剛直 | 굳셀 강, 곧을 직 [be upright; incorruptible]
굳세고[剛] 올곧다[直]. ¶그는 어려서부터 강직했다. 뎬 교활(狡猾)하다.

강진 強震 | 강할 강, 떨 진 [violent earthquake]
❶ 속뜻 강(強)한 지진(地震). ❷ 지리 진도(震度) 계급 5의 지진. 벽이 갈라지고 비석 등이 넘어지며 돌담이 무너질 정도의 지진. ¶세계 각국에서 강진이 발생했다. 뎬 약진(弱震), 미진(微震).

강철 鋼鐵 | 강철 강, 쇠 철 [steel]
❶ 속뜻 굳고 질기게[鋼] 만든 쇠[鐵]. ❷ 공업 탄소의 함유량이 0.035~1.7%인 철. ❸아주 단단하고 굳센 것을 비유하여 이르는 말. ¶그 사람은 강철이다. 뎬 연철(軟鐵).

▶ 강철-봉 鋼鐵棒 | 몽둥이 봉
강철(鋼鐵)로 만든 막대기[棒].

▶ 강철-판 鋼鐵板 | 널빤지 판

강철(鋼鐵)로 만든 철판(鐵板).

강타 強打 | 굳셀 강, 칠 타 [heavy blow]
❶ 속뜻 세게[強] 침[打]. ❷큰 타격을 끼침. ¶유가 급등은 세계 경제를 강타했다. ❸ 운동 야구·배구 등에서 타자나 공격수가 공을 세게 침. 뎬 맹타(猛打).

강:탈 強奪 | 억지 강, 빼앗을 탈 [seize; rob]
남의 것을 억지로[強] 빼앗음[奪]. ¶강도는 돈을 강탈했다. 뎬 강취(強取).

강-태공 姜太公 | 성씨 강, 클 태, 귀인 공
❶ 속뜻 중국 주나라 때 '태공망'(太公望)을 그의 성(姓)인 강(姜)과 함께 이르는 말. ❷'낚시꾼'을 비유적으로 이르는 말. 강태공이 위수에서 낚시질을 하며 때가 오기를 기다렸다는 고사에서 유래.

강토 疆土 | 지경 강, 흙 토 [territory; domain]
국경[疆] 안에 있는 땅[土]. 나라의 영토. ¶아름다운 강토를 훌륭히 가꾸다. 뎬 강산(江山).

강판¹ 鋼板 | 강철 강, 널빤지 판 [steel sheet]
강철(鋼鐵)로 만든 널빤지[板]. ¶배의 갑판에 강판을 깔다. '강철판'의 준말.

강판² 薑板 | 생강 강, 널빤지 판 [grater]
생강(生薑), 과일 따위를 가는 널빤지[板] 모양의 도구. ¶무를 강판에 갈아 즙을 내다.

강풍 強風 | 굳셀 강, 바람 풍 [strong wind; gale]
세차게[強] 부는 바람[風]. ¶강풍이 불다 / 강풍 주의보. 뎬 센 바람, 경풍(勁風). 뎬 약풍(弱風), 미풍(微風).

강:하 降下 | 내릴 강, 아래 하 [fall; drop]
❶ 속뜻 위에서 아래[下]로 내림[降]. 높은 데서 낮은 데로 내려감. ¶기온이 크게 강하했다. ❷공중에서 아래로 뛰어내림. ¶낙하산 강하 훈련. ❸기온 따위가 내려감. ¶기온이 갑작스레 영하로 강하했다. 뎬

하강(下降).

강:행 強行 | 억지 강, 행할 행 [enforce; force]
❶[속뜻] 힘들거나 어려움을 무릅쓰고[強] 실행함[行]. ❷강제로 시행함. ¶법안 의결을 강행했다.

강:-행군 強行軍 | 굳셀 강, 다닐 행, 군사 군 [forced march]
❶[속뜻] 힘찬[強] 행군(行軍). ❷'어떤 일을 기일 안에 기어이 끝내려고 무리하게 함'을 비유하여 이르는 말. ¶시일 내에 공사를 마치기 위해 강행군을 했다.

강호 強豪 | 굳셀 강, 호걸 호 [veteran]
실력이나 힘이 센[強] 호걸(豪傑) 같은 사람. 또는 그러함. ¶축구의 강호 영국.

강화[1] 強化 | 강할 강, 될 화 [strengthen; reinforce]
모자라는 점을 보완하여 더 강(強)하게 함[化]. ¶음주 단속을 강화하다. [반] 약화(弱化).

강:화[2] 講和 | 강구할 강, 어울릴 화 [make peace with]
싸움을 그치고 화해(和解)할 것을 강구(講究)함. ¶강화 조약 / 양국은 강화에 동의했다. [비] 화해(和解).

강화도 조약 江華島條約 | 강 강, 꽃 화, 섬 도, 조목 조, 묶을 약
[역사] 운요호 사건을 계기로 1876년에 강화도(江華島)에서 조선과 일본 사이에 맺어진 12개 항목의 조약(條約). 이 조약으로 조선은 일본에 문호를 개방하였다.

강화-성 江華城 | 강 강, 꽃 화, 성곽 성
[고적] 조선 시대에, 강화도(江華島)에 쌓았던 성(城). 돌로 쌓은 내성(內城)과 흙으로 쌓은 외성(外城)이 있으며, 병인양요, 신미양요 때에 외적 방어에 큰 구실을 하였다.

개 個 | 낱 개 [piece; unit]
낱으로 된 물건의 수효를 세는 말. ¶사과 한 개 / 지우개 세 개.

개:각 改閣 | 고칠 개, 관청 각 [reshuffle the cabinet]
내각(內閣)을 개편(改編)함. ¶개각으로 분위기가 뒤숭숭하다.

개간 開墾 | 열 개, 밭갈 간 [reclaim; clear]
버려 둔 거친 땅을 갈아[墾] 새로운 논밭을 만듦[開]. ¶황무지를 개간하다. [비] 개척(開拓).

개:개 個個 | =箇箇, 낱 개, 낱 개 [one by one; individually]
낱[個]낱[個]. 하나하나. ¶개개의 나라에는 수도가 있다.

▶ **개:개-인** 個個人 | 사람 인
하나 하나[個個]의 사람[人]. 한 사람 한 사람. ¶소비자 개개인에게 맞는 제품을 개발하다.

개골-산 皆骨山 | 모두 개, 뼈 골, 메 산
❶[속뜻] 모든[皆] 뼈[骨]가 앙상하게 드러나는 산(山). ❷겨울철의 금강산(金剛山)을 이르는 이름.

개:관[1] 概觀 | 대강 개, 볼 관 [survey]
❶[속뜻] 대강[概] 살펴봄[觀]. ¶이 책은 먼저 한국사를 개관했다. ❷그림에서 색채, 윤곽, 명암, 구도 등의 대체적인 모양. [비] 개괄(概括).

개관[2] 開館 | 열 개, 집 관 [open]
'관'(館)자가 붙는 기관이나 시설을 신설하여 그 업무를 시작함[開]. ¶도서관은 9시에 개관한다. [반] 폐관(閉館), 휴관(休館).

▶ **개관-식** 開館式 | 의식 식
도서관, 박물관[館] 따위의 기관이 처음으로 문을 열[開] 때 거행하는 의식(儀式). ¶도서관 개관식에 참석하다.

개교 開校 | 열 개, 학교 교 [open a school]
새로 학교(學校)를 세워 교육 업무를 시작함[開]. ¶그 학교는 3월에 개교한다. [반] 폐교(廢校), 폐교(閉校).

개국[1] 個國 | 낱 개, 나라 국 [country; nation]

❶속뜻 낱낱[個]의 나라[國]. ❷나라를 세는 단위. ¶10개국 선수들이 참가하였다.

개국² 開國 | 열 개, 나라 국
[found a country]
나라[國]를 처음으로 세움[開]. ¶10월 3일은 단군이 고조선을 개국한 날이다. ⓗ 건국(建國).

개권유익 開卷有益 | 열 개, 책 권, 있을 유, 이로울 익
❶속뜻 책[卷]을 열면[開] 이로움[益]이 있음[有]. ❷책이나 사전을 열어 보기만 해도 이로움. 독서를 하면 할수록 좋음. ¶속뜻사전의 장점은 한 마디로 개권유익이라 할 수 있다.

개근 皆勤 | 모두 개, 부지런할 근
[attend regularly]
하루도 빠짐없이 모두[皆] 출석하거나 출근(出勤)함. ¶나는 3년 동안 개근했다.

개기 皆旣 | 모두 개, 이미 기
[total eclipse]
모두[皆] 이미[旣] 그러함.

▶ 개기 월식 皆旣月蝕 | 달 월, 갉아먹을 식
❶속뜻 모두[皆] 이미[旣] 달[月]이 좀먹음[蝕]. ❷천문 지구가 해를 완전히 가려서 달이 햇빛을 받지 못하게 됨에 따라 달이 보이지 않는 현상. ⓗ 부분 월식(部分月蝕).

▶ 개기 일식 皆旣日蝕 | 해 일, 갉아먹을 식
❶속뜻 모두[皆] 이미[旣] 해[日]가 좀먹음[蝕]. ❷천문 해가 달에 완전히 가리어져 보이지 않게 되는 현상. ⓗ 부분 일식(部分日蝕).

개년 個年 | 낱 개, 해 년 [year]
❶속뜻 낱낱[個]의 해[年]. ❷해를 세는 단위. ¶경제 개발 5개년 계획.

개:념 槪念 | 대강 개, 생각 념
[general idea; conception]
❶속뜻 대강[槪]의 생각[念]. 또는 대강의 내용. ❷철학 여러 관념 속에서 공통적 요소를 뽑아 종합하여 얻은 하나의 보편적인 관념.

개도-국 開途國 | 열 개, 길 도, 나라 국
[developing country]
'개발 도상국'(開發途上國)의 준말.

개:량 改良 | 고칠 개, 좋을 량
[improve; reform]
주로 구체적인 것을 고쳐[改] 좋게[良] 함. ¶품종을 개량하다. ⓗ 개선(改善). ⓟ 재래(在來).

▶ 개:량-종 改良種 | 갈래 종
개량(改良)한 품종(品種). ⓗ 육성종(育成種). ⓟ 재래종(在來種), 토종(土種).

개막 開幕 | 열 개, 막 막
[open; begin the performance]
❶속뜻 연극 따위를 시작할 때 막(幕)을 엶[開]. ❷회의나 행사 따위를 시작함. ¶영화제는 오후 8시에 개막한다. ⓟ 폐막(閉幕).

▶ 개막-식 開幕式 | 의식 식
행사를 처음 시작할[開幕] 때 행하는 의식(儀式). ¶개막식에 참석하다. ⓟ 폐막식(閉幕式).

개:명 改名 | 고칠 개, 이름 명
[change one's name]
이름[名]을 고침[改]. 고친 이름. ¶그는 '지덕'으로 개명했다.

＊개발 開發 | 열 개, 드러날 발 [develop]
❶속뜻 열어서[開] 드러나게[發] 함. ❷개척하여 유용하게 함. ¶수자원 개발. ❸지식이나 재능 따위를 발달하게 함. ¶기술 개발. ❹새로운 물건이나 생각 따위를 만듦. ¶프로그램을 개발하다.

▶ 개발 도상국 開發途上國 | 길 도, 위 상, 나라 국
경제 발전이 선진 공업국보다 뒤떨어진 상태이지만 개발(開發)되는 과정에 있는[途上] 나라[國]. ⓔ 개도국. ⓟ 선진국(先進國), 후진국(後進國).

개방 開放 | 열 개, 놓을 방 [open]
❶속뜻 문을 열어[開] 놓음[放]. ❷기밀·비밀 따위를 숨김없이 공개함. ❸금하던 것을 풀고 열어 놓음. ¶이 공원은 일반인

에게 개방되어 있다. ⓓ공개(公開). ⓔ폐쇄(閉鎖).
▶ **개방-적 開放的** | 것 적
있는 그대로를 남에게 개방(開放)해 놓은 것[的]. 숨기지 않는 것. ¶개방적이고 민주적인 운영 방침. ⓔ폐쇄적(閉鎖的).

개벽 開闢 | 열 개, 열 벽
[beginning of the world]
❶속뜻 천지가 처음 열림[開=闢]. ❷'새로운 시대나 상황이 시작됨'을 비유하여 이르는 말. ¶천지가 개벽할 일이 일어났다. ⓓ태초(太初), 태고(太古).

개:별 個別 | 낱 개, 나눌 별 [individual]
하나하나[個] 나뉜[別] 것. ¶학생을 개별 지도하다. ⓓ낱개, 별개(別個). ⓔ종합(綜合), 전체(全體).

개봉 開封 | 열 개, 봉할 봉
[open a seal]
❶속뜻 봉(封)한 것을 떼어 엶[開]. ¶편지를 개봉했다. ❷새로 만들거나 새로 수입한 영화를 처음으로 상영함. ¶영화는 어제 개봉했다. ⓔ폐쇄(閉鎖), 밀폐(密閉).

*개:선¹ 改善** | 고칠 개, 좋을 선 [improve]
❶속뜻 고쳐서[改] 좋게[善] 함. ❷잘못된 점을 고치어 잘 되게 함. ¶근무환경을 개선했다. ⓓ개량(改良). ⓔ개악(改惡).

개:선² 凱旋 | 즐길 개, 돌 선
[return in triumph]
승리의 기쁨[凱]을 안고 돌아[旋] 옴. ¶개선 장군(將軍).

개설 開設 | 열 개, 세울 설 [establish]
❶속뜻 어떤 시설을 새로 설치(設置)하여 업무를 시작함[開]. ¶수업을 개설하다. ❷은행 등에서 새로운 계좌를 설정함. ¶저금하려고 통장을 개설했다.

***개:성 個性** | 낱 개, 성질 성
[individuality; personality]
❶속뜻 사람마다[個] 지닌 남과 다른 특성(特性). ❷개체가 지닌 고유의 특성. ¶타인의 개성을 존중하다. ⓓ개인성(個人性).

개성-상인 開城商人 | 열 개, 성곽 성, 장사 상, 사람 인
역사 고려·조선 시대에, 개성(開城)을 중심으로 활동을 하던 상인(商人). 상혼(商魂)이 투철하고 재산 증식에 뛰어난 것으로 유명하다.

개:소 個所 | 낱 개, 곳 소 [place; section]
❶속뜻 낱낱[個]의 장소(場所)를 세는 단위. ¶이 부근에 경찰서는 두 개소가 있다. ❷여러 곳 가운데 한 곳. ¶그는 여관 중 어느 개소를 골라 안으로 들어갔다. ⓓ군데.

개:수 個數 | 낱 개, 셀 수
[number of article]
한 개씩 낱[個]으로 셀 수 있는 물건의 수효(數爻). ¶상자의 개수를 헤아리다.

개시 開始 | 열 개, 처음 시 [begin]
열어서[開] 시작(始作)함. 행동이나 일 따위를 시작함. ¶공격 개시. ⓔ마감, 종결(終結), 종료(終了).

개:신 改新 | 고칠 개, 새 신 [renew]
고치어[改] 새롭게[新] 함. ¶제도가 개신되었다.

▶ **개:신-교 改新教** | 종교 교
기독교 16세기에, 종교 개혁의 결과로 가톨릭에서 새로[改新] 갈라져 나온 기독교(基督教)의 여러 파를 통틀어 이르는 말. ⓒ신교. ⓓ프로테스탄트(Protestant).

개업 開業 | 열 개, 일 업
[open a business]
영업(營業)을 처음 시작함[開]. ¶상점은 내일 개업한다. ⓔ폐업(閉業).

개:요 概要 | 대강 개, 요할 요
[outline; summary]
대강(概)의 요점(要點). 또는 대강의 줄거리. ¶사건의 개요. ⓓ줄거리, 개략(概略), 요약(要約). ⓔ전문(全文).

개월 個月 | 낱 개, 달 월 [months]
낱낱[個]의 달[月]. 달의 수를 나타내는 말. ¶그들은 결혼한 지 2개월이 되었다.

개:의 介意 | 끼일 개, 뜻 의

[care; worry]
언짢은 일 따위를 마음에 두어[介] 생각함[意]. ¶조금도 개의치 않다. [비] 괘의(掛意).

⁑개:인 個人 | 낱 개, 사람 인
[individual; private person]
❶[속뜻] 단체 구성원인 낱낱[個]의 사람[人]. ❷단체의 제약에서 벗어난 한 인간. ¶개인의 권리를 보호하다. [비] 개체(個體). [반] 단체(團體), 전체(全體).

▸ **개:인-기 個人技** | 재주 기
개인(個人)이 가진 기량(技倆)이나 기술(技術). ¶개인기를 뽐내다.

▸ **개인-용 個人用** | 쓸 용
개인(個人)이 사용(使用)하는 물건. ¶개인용 컴퓨터.

▸ **개:인-적 個人的** | 것 적
개인(個人)을 중심으로 한 것[的]. ¶개인적인 문제 / 이것은 개인적 의견일 뿐이다.

▸ **개:인-전[1] 個人展** | 펼 전
한 개인(個人)의 작품만을 모아서 하는 전시(展示). ¶서양화 개인전을 열다.

▸ **개:인-전[2] 個人戰** | 싸울 전
[운동] 운동 경기에서, 개인(個人)끼리 승부를 겨루는 시합[戰]. ¶탁구 개인전에서 우승하다. [반] 단체전(團體戰).

개:입 介入 | 끼일 개, 들 입 [intervene]
어떤 일에 끼어[介] 들어가[入] 관계함. ¶기업 간 분쟁에 정부가 개입했다 / 개인적인 감정을 개입시키지 마시오. [비] 관여(關與), 간섭(干涉), 참견(參見).

개:작 改作 | 고칠 개, 지을 작 [adapt]
고치어[改] 새로 지음[作]. 또는 그 작품. ¶그 희곡은 소설을 개작한 것이다.

개장 開場 | 열 개, 마당 장 [open]
'장'(場)자가 붙는 사업을 열어[開] 업무를 처음 시작함. ¶증시가 개장했다. [반] 폐장(閉場).

개점 開店 | 열 개, 가게 점
[open a store]
❶[속뜻] 가게[店]를 내어[開] 영업을 처음 시작함. ❷그 날의 영업을 하려고 가게의 문을 엶. ¶아침 6시에 개점합니다. [비] 개업(開業), 개시(開市). [반] 폐점(閉店).

개:정[1] 改正 | 고칠 개, 바를 정 [reform]
고치어[改] 바르게[正]함. ¶헌법을 개정하다.

개:정[2] 改定 | 고칠 개, 정할 정 [revise]
한번 정했던 것을 고치어[改] 다시 정(定)함. ¶개정 요금에 따라 돈을 내십시오.

개:정[3] 改訂 | 고칠 개, 바로잡을 정
[revise]
잘못된 내용을 고치고[改] 부족한 부분을 바로잡아[訂] 채움. ¶그 책은 지금 개정 중이다.

개정[4] 開廷 | 열 개, 법정 정
[open a court]
[법률] 법정(法廷)을 열어[開] 재판을 시작함. ¶개정 시간이 다 됐다. [반] 폐정(閉廷).

개:조[1] 改造 | 고칠 개, 만들 조 [remodel]
고치어[改] 다시 만듦[造]. ¶창고를 공장으로 개조하다.

개:조[2] 個條 | 낱 개, 조목 조
[an item; an article; a clause]
낱낱[個]의 조목(條目). ¶12개조로 이루어진 회칙.

개:종 改宗 | 바꿀 개, 마루 종
[convert to]
[종교] 믿던 종교(宗教)를 바꾸어[改] 다른 종교를 믿음. ¶그는 불교로 개종했다.

개:중 個中 | 낱 개, 가운데 중
[among them]
여러 개(個) 가운데[中]. ¶귤을 한 상자 샀는데, 개중에는 상한 것도 있었다.

개:찰 改札 | 고칠 개, 쪽지 찰
[check tickets]
승차권이나 입장권 쪽지[札] 따위에 구멍을 뚫어[改] 탑승이나 입장을 허락함. ¶9시 부산행 열차의 개찰을 시작합니다. [비] 개표(改票).

▸ **개:찰-구 改札口** | 구멍 구
개찰(改札)하는 어떤 장소의 입구(入口).

¶개찰구는 승객들로 붐볐다. ⓑ개표소(改票所).

개창 開創 | 열 개, 처음 창 [establish]
처음[創] 새로 엶[開]. ¶새로운 왕조를 개창하였다.

개척 開拓 | 열 개, 넓힐 척
[cultivate; open up]
❶속뜻 거친 땅을 일구어[開] 경작지를 넓힘[拓]. ❷아무도 손대지 않은 새로운 분야를 열어 그 부문의 길을 닦음. ¶새로운 시장을 개척하다. ❸어려움을 이기고 나아갈 길을 헤쳐 엶. ¶자신의 삶을 개척하다. ⓑ개간(開墾).

▸개척-자 開拓者 | 사람 자
❶속뜻 거친 땅을 일구어 쓸모 있는 땅으로 만드는[開拓] 사람[者]. ❷새로운 영역, 운명, 진로 따위를 처음으로 열어 나가는 사람. ¶국어학 이론의 개척자.

개천-절 開天節 | 열 개, 하늘 천, 철 절
❶속뜻 하늘[天]을 연[開] 것을 기념하는 날[節]. ❷단군의 고조선 건국을 기념하는 국경일. 10월 3일이다.

개:체 個體 | 낱 개, 몸 체 [individual]
❶속뜻 낱낱[個]의 몸체[體]. ❷생물 하나의 독립된 생물체. 살아가는 데에 필요한 독립적인 기능을 갖고 있다. ¶생물은 생식과정을 거쳐 새로운 개체가 발생한다. ❸철학 단일하고 독립적인 통일적 존재. ¶개체 개념. ⓑ개물(個物). ⓑ전체(全體).

***개최** 開催 | 열 개, 열 최 [hold]
어떤 모임이나 행사 따위를 엶[開=催]. ¶호텔에서 모임을 개최했다.

▸개최-국 開催國 | 나라 국
어떤 대회를 개최(開催)하는 나라[國]. ¶다음 대회 개최국은 우리나라이다.

개:칭 改稱 | 고칠 개, 일컬을 칭
[rename; change a name]
칭호(稱號)를 고침[改]. 또는 그 고친 칭호. ¶한성(漢城)을 '서울'로 개칭하다.

개:탄 慨歎 | =慨嘆, 슬퍼할 개, 한숨지을 탄 [deplore; regret]
분하거나 슬퍼하여[慨] 한숨지음[歎]. ¶개탄의 소리 / 정치권의 부패를 개탄하다.

개통 開通 | 열 개, 통할 통
[open to traffic]
도로, 교량 따위를 개설(開設)하여 통(通)하게 함. ¶터널은 내일 개통된다.

개:편 改編 | 고칠 개, 엮을 편
[reorganize; revise]
❶속뜻 책 따위를 다시 고쳐[改] 엮어서[編] 냄. ❷인적(人的)기구나 조직 따위를 고치어 다시 짬. ¶인사(人事)개편 / 조직을 개편하다.

개폐 開閉 | 열 개, 닫을 폐
[open and shut]
열거나[開] 닫음[閉]. ¶자동개폐장치. ⓑ개합(開闔).

개:표[1] 改票 | 고칠 개, 쪽지 표
[check tickets]
차표나 입장권[票] 따위를 입구에서 개찰(改札)하는 일. ⓑ개찰(改札).

개표[2] 開票 | 열 개, 쪽지 표
[count the votes]
투표함을 열어[開] 투표(投票)의 결과를 점검하는 일. ¶모두가 보는 가운데 개표하다.

▸**개표-소** 開票所 | 곳 소
개표(開票) 하는 장소(場所).

개학 開學 | 열 개, 배울 학
[begin school]
학교에서 방학, 휴교 따위로 한동안 쉬었다가 배움[學]을 다시 시작함[開]. ¶2월 3일에 개학한다. ⓑ방학(放學).

개항 開港 | 열 개, 항구 항
[open a port]
❶속뜻 항구(港口)를 외국에 개방(開放)함. ❷항구나 공항의 구실을 처음으로 시작함. ¶2001년 인천국제공항이 개항했다.

개:헌 改憲 | 고칠 개, 법 헌
[amend a constitution]
법률 헌법(憲法)을 고침[改]. ¶내각제를 대통령제로 개헌하다. ⓑ호헌(護憲).

▸ 개:헌-안 改憲案 | 안건 안
[법률] 고치려[改] 하는 헌법(憲法)의 초안(草案).

*개:혁 改革 | 고칠 개, 바꿀 혁
[reform; innovate]
❶[속뜻] 다른 것으로 고치거나[改] 완전히 바꾸어버림[革]. ❷제도나 기구 따위를 완전히 새롭게 뜯어고침. ¶교육개혁 / 개혁적 관료 / 제도를 개혁하다. [비] 혁신(革新). [반] 보수(保守).

개화[1] 開化 | 열 개, 될 화
[become civilized]
사람들의 지식이 깨어[開]나게 됨[化]. ¶문명의 개화 / 사상이 개화되다. [비] 개명(開明), 문명화(文明化).

▸ 개화-기 開化期 | 때 기
[역사] 1876년의 강화도 조약 이후부터, 서양 문물의 영향을 받아 근대적 사회로 개혁되어 가던[開化] 시기(時期).

▸ 개화-파 開化派 | 갈래 파
개화(開化)를 주장하는 사람들의 집단이나 갈래[派]. ¶개화파 인사(人士)를 등용하다. [반] 수구파(守舊派).

▸ 개화-사상 開化思想 | 생각 사, 생각 상
[역사] 낡은 제도나 풍습 등을 물리치고, 개화(開化)를 통하여 새롭고 진보된 서구 문물을 받아들이려는 사상(思想).

▸ 개화 운:동 開化運動 | 돌 운, 움직일 동
[역사] 조선 왕조 말에 봉건사상·풍속 따위를 타파하고 새로운 문화를 일으키고자[開化] 벌인 운동(運動).

개화[2] 開花 | 열 개, 꽃 화
[bloom; be enlightened]
❶[속뜻] 꽃[花]을 피움[開]. ¶봄이 되자 식물이 개화를 시작했다. ❷'문화의 발달'을 비유하여 이르는 말. ¶그 나라도 이제는 많이 개화되었다. [반] 낙화(落花).

▸ 개화-기 開花期 | 때 기
❶[속뜻] 꽃[花]이 피는[開] 시기(時期). ¶복숭아의 개화기는 4월이다. ❷'학문이나 예술 등 문화가 한창 발달한 시기'를 비유하여 이르는 말. ¶민족 문화의 개화기를 맞다.

개회 開會 | 열 개, 모일 회
[open a meeting]
회의(會議) 따위를 시작함[開]. ¶내일부터 국회는 개회한다. [반] 폐회(閉會).

▸ 개회-사 開會辭 | 말씀 사
개회(開會)할 때에 하는 인사말[辭]. [반] 폐회사(閉會辭).

▸ 개회-식 開會式 | 의식 식
개회(開會)할 때에 거행하는 의식(儀式). [반] 폐회식(閉會式).

객 客 | 손 객 [guest; visitor]
찾아온 사람. ¶어느 날 낯선 객이 찾아왔다. [비] 손님.

객관 客觀 | 손 객, 볼 관 [objectivity]
자기 생각에서 벗어나 제삼자나 객체(客體)의 처지에서 사물을 보거나[觀] 생각하는 일. ¶이번 시험은 모두 객관식이다. [반] 주관(主觀).

▸ 객관-적 客觀的 | 것 적
객관(客觀)으로 존재하는 것[的]. ¶사물을 객관적으로 관찰하다. [반] 주관적(主觀的).

객기 客氣 | 손 객, 기운 기
[bravado; empty boast]
객쩍게[客] 부리는 혈기(血氣). 분수를 모르고 부리는 쓸데없는 용기. ¶객기 부리지 말아라.

객사 客死 | 손 객, 죽을 사
[die away from home]
객지(客地)에서 죽음[死]. ¶평생을 장돌뱅이로 떠돌다 결국 객사하고 말았다.

객석 客席 | 손 객, 자리 석
[seat for a guest]
극장, 경기장 따위에서 관객(觀客)들이 앉는 자리[席]. ¶관중들이 객석을 가득 메웠다. [비] 관람석(觀覽席), 관중석(觀衆席).

객실 客室 | 손 객, 방 실 [guest room]
❶[속뜻] 손님[客]을 위하여 마련한 방[室]. ❷여관, 선박, 열차 따위에서 손님이 드는

방. ¶객실을 예약하다. 🔁 응접실(應接室).

객주 客主 | 손 객, 주인 주
[commission agent]
역사 조선 시대에 객지(客地)에 장사하러 온 사람들의 거처를 제공하며 물건을 맡아 팔거나 흥정을 붙여 주는 일을 하던 집의 주인(主人). 속담 객주가 망하려니 짚단만 들어온다.

객지 客地 | 손 객, 땅 지 [strange land]
나그네[客]가 임시로 머무르는 곳[地]. ¶객지에서 고향 사람을 만나다. 🔁 타지(他地), 타향(他鄕). 🔄 고향(故鄕).

객차 客車 | 손 객, 수레 차
[passenger car]
교통 여행객(旅行客)을 실어 나르는 철도 차량(車輛). '여객열차'(旅客列車)의 준말. 🔄 화차(貨車).

갱 坑 | 구덩이 갱 [(mining) pit; shaft]
광업 ❶광물을 파내기 위하여 땅속을 파 들어간 굴[坑]. ¶광부들이 갱 안으로 들어갔다. ❷갱 안에 뚫어 놓은 길. '갱도'(坑道)의 준말.

갱목 坑木 | 구덩이 갱, 나무 목
[pit prop]
갱이 무너지지 않도록 갱내(坑內)나 갱도에 버티어 대는 통나무[木]. ¶갱목이 부러져 갱도(坑道)가 무너졌다.

갱:신 更新 | 다시 갱, 새 신
[renew; renovate]
❶속뜻 다시[更] 새롭게[新] 함. ❷법률 법률관계의 존속 기간이 끝났을 때 그 기간을 연장하는 일. ¶여권을 갱신하다 / 자동차 보험을 갱신하다.

거:구 巨軀 | 클 거, 몸 구 [big figure]
큰[巨] 몸뚱이[軀]. ¶할아버지는 육 척 장신의 거구였다.

거:국 擧國 | 모두 거, 나라 국
[whole country]
온[擧] 나라[國]. 또는 국민(國民) 전체.
▶ **거:국-적 擧國的** | 것 적

온[擧] 국민(國民)이 함께 참여하는 것[的]. ¶거국적인 활동.

거:금 巨金 | 클 거, 돈 금 [big money]
거액(巨額)의 돈[金]. 큰돈. ¶불우 이웃을 위해 거금을 선뜻 내놓다. 🔁 거액(巨額). 🔄 푼돈.

*거:대 巨大** | 클 거, 큰 대
[huge; enormous]
엄청나게[巨] 큼[大]. ¶몸집이 거대하다. 🔁 막대(莫大). 🔄 왜소(矮小).

거:동 擧動 | 들 거, 움직일 동
[conduct; behavior; manner]
몸을 들어[擧] 움직이는[動] 짓이나 태도. ¶거동이 불편하다. 🔁 행동(行動).

거:두 巨頭 | 클 거, 머리 두 [leader]
❶속뜻 큰[巨] 머리[頭] 같은 존재. ❷어떤 분야에서 큰 힘을 가진 지도급 인물. 유력한 우두머리. ¶그는 정계(政界)의 거두이다.

거:래 去來 | 갈 거, 올 래
[have dealings]
❶속뜻 가고[去] 옴[來]. ❷상품을 팔고 사들이는 일. 돈을 주고받는 일. ¶상인들의 거래가 활발하다. ❸영리 목적의 경제 행위. ❹서로의 이해득실에 관련되는 교섭. ¶거래해 주셔서 감사합니다. 🔁 왕래(往來).
▶ **거:래-일 去來日** | 날 일
경제 공휴일을 제외하고 상거래(商去來)가 이루어지는 날[日].
▶ **거:래-처 去來處** | 곳 처
계속적으로 거래(去來)하는 상대쪽[處].

거:론 擧論 | 들 거, 논할 론
[make a subject of discussion]
어떤 사항을 논제(論題)를 들어[擧] 말함. ¶그건 이 자리에서 거론할 문제가 아니다.

거류 居留 | 살 거, 머무를 류 [live in]
❶속뜻 어떤 곳에 살며[居] 머무름[留]. ❷외국의 거류지에 삶. ¶외국에 거류하고 있는 한국인을 대피시켰다.

▶ 거류-민 居留民 | 백성 민
①속뜻 임시로 살고 있는[居留] 외국인[民]. ②거류지에 사는 외국인.

*거:리 距離 | 떨어질 거, 떨어질 리
[distance; range]
①속뜻 서로 떨어져[距=離] 있는 두 곳 사이의 길이. ②수학 두 점을 잇는 직선의 길이. ¶집에서 학교까지 거리가 가깝다. ③인간관계에서 친밀하지 못한 사이. ¶그와 거리를 두는 것이 좋겠다.

거:만 倨慢 | 뽐낼 거, 건방질 만 [proud]
잘난 체 뽐내며[倨] 건방지게[慢] 굶. ¶거만한 태도. 🔁 교만(驕慢), 오만(傲慢). 🔁 겸손(謙遜).

거:목 巨木 | 클 거, 나무 목
[great tree; great man]
①속뜻 매우 큰[巨] 나무[木]. ¶마을회관 앞에는 10미터 높이의 거목이 서 있다. ②'큰 인물'을 비유하여 이르는 말. ¶그는 한국 경제계의 거목이다. 🔁 위인(偉人).

거:물 巨物 | 클 거, 만물 물 [big figure]
①속뜻 거창(巨創)한 물건(物件). ②사회적으로 큰 영향력을 가진 뛰어난 인물. ¶이 작가는 문단의 거물이다.

거:부 拒否 | 막을 거, 아닐 부
[refuse; reject]
남의 제의나 요구 따위를 물리치고[拒] 동의하지 않음[否]. ¶감독의 제의를 거부했다. 🔁 거절(拒絕), 사절(謝絕). 🔁 수락(受諾), 승인(承認).

▶ 거:부-감 拒否感 | 느낄 감
거부(拒否)하는 태도나 느낌[感]. ¶거부감이 들다.

▶ 거:부-권 拒否權 | 권리 권
①속뜻 거부(拒否)할 수 있는 권리(權利). ②법률 국회에서 가결된 법률안에 대하여 대통령이 동의를 거부할 수 있는 권리. 🔁 비토(veto).

거:사 擧事 | 들 거, 일 사
[take an action]
큰 일[事]을 일으킴[擧]. ¶거사를 도모하다 / 의병들은 내일 밤 거사하기로 약속했다.

▶ 거:사-일 擧事日 | 날 일
거사(擧事)하기로 한 날[日]. ¶드디어 내일이 거사일이다.

거:수 擧手 | 들 거, 손 수
[raise one's hand]
손[手]을 위로 듦[擧]. ¶찬성하는 분들은 거수해 주십시오.

▶ 거:수-경례 擧手敬禮 | 공경할 경, 예도 례
오른손[手]을 모자챙의 끝, 눈썹 높이까지 올려서[擧] 하는 경례(敬禮).

거실 居室 | 살 거, 방 실
[living room]
온 가족이 살며[居] 공동으로 사용하는 방[室].

거:액 巨額 | 클 거, 액수 액
[huge amount]
많은[巨] 액수(額數)의 돈. ¶할머니는 거액을 기부했다. 🔁 소액(少額).

거:역 拒逆 | 막을 거, 거스를 역
[protest; disobey]
윗사람의 뜻이나 명령을 어기어[拒] 거스름[逆]. ¶부모를 거역하고 집을 나갔다. 🔁 순종(順從), 복종(服從).

거:인 巨人 | 클 거, 사람 인
[giant; Titan]
①속뜻 몸집이 유난히 큰[巨] 사람[人]. ¶그는 키가 2미터나 되는 거인이다. ②신화, 전설, 동화 등에 나오는 초인간적인 힘을 가진 인물. ③품성·재능 등이 뛰어난 인물. 🔁 위인(偉人).

거:장 巨匠 | 클 거, 장인 장
[great artist; maestro]
어떤 전문 분야에서 그 기능이 크게[巨] 뛰어난 사람[匠]. ¶모차르트는 고전음악의 거장이다. 🔁 대가(大家), 거물(巨物), 명인(名人).

거:절 拒絕 | 막을 거, 끊을 절
[refuse; reject]

받아들이지 않고[拒] 물리침[絶]. ¶제의를 거절했다. [비] 거부(拒否). [반] 응낙(應諾).

거:점 據點 | 근거할 거, 점 점 [position]
활동의 근거(根據)가 되는 중요 지점(地點). ¶군사 거점을 공격하다. [비] 근거지(根據地), 본거지(本據地).

거주 居住 | 살 거, 살 주
[live; reside]
일정한 곳에 자리를 잡고 머물러 삶[居=住]. ¶그는 독도에서 30년째 거주하고 있다. [비] 주거(住居).

▶ 거주-자 居住者 | 사람 자
일정한 곳에 거주(居住)하는 사람[者]. ¶지역 거주자들은 찬성했다.

▶ 거주-지 居住地 | 땅 지
현재 거주(居住)하고 있는 땅[地]. ¶거주지를 옮기다.

거:중-기 擧重器 | 들 거, 무거울 중, 그릇 기
[기계] 무거운[重] 물건을 들어[擧] 올리는 데에 쓰던 기계나 장치[器]. ¶정약용은 화성을 쌓을 때 거중기를 사용했다.

거지-반 居之半 | 살 거, 어조사 지, 반 반
[almost; nearly]
절반(折半) 이상을 차지함[居]. ¶참석자는 거지반이 대학생이다. [비] 거의.

거:창 巨創 | 클 거, 처음 창
[large-scale; tremendous]
❶[속뜻] 처음으로[創] 크게[巨] 함. ❷규모나 크기가 엄청나게 크다. ¶거창한 계획 / 거창하게 떠벌리다.

거처 居處 | 살 거, 곳 처 [dwell in]
사는[居] 곳[處]. ¶그는 우리집에서 거처하고 있다. [비] 처소(處所), 거주지(居住地).

거:행 擧行 | 들 거, 행할 행 [carry out]
❶[속뜻] 명령을 받들어[擧] 그대로 시행(施行)함. ¶분부대로 곧 거행하겠습니다. ❷행사나 의식을 치름. ¶시상식을 거행하다.

건[1] 件 | 사건 건 [item; case]
어떤 특정한 일이나 사건을 세는 말. ¶그 건에 대하여 말하자면.

건[2] 乾 | 하늘 건
팔괘의 하나. 하늘을 상징하며 '☰'으로 표시한다. [비] 건괘(乾卦).

***건:강 健康** | 튼튼할 건, 편안할 강 [health; fit]
❶[속뜻] 육체가 튼튼하고[健] 마음이 편안함[康]. ¶담배는 건강에 해롭다. ❷의식이나 사상이 바르고 건실함. [반] 허약(虛弱).

▶ 건:강-미 健康美 | 아름다울 미
건강(健康)한 육체에서 나타나는 아름다움[美].

▶ 건:강-식 健康食 | 밥 식
건강(健康)을 위하여 특별히 만든 식사(食事). ¶야채류로만 만든 건강식을 매일 먹었다.

건괘 乾卦 | 하늘 건, 걸 괘
[symbol of the sky]
[민속] 하늘[乾]을 상징하는 팔괘(八卦)의 하나. ¶'☰'을 일러 건괘라고 한다.

건구 乾球 | 마를 건, 공 구 [dry bulb]
건습계에서 공[球] 모양의 수은 단지 부분을 젖은 헝겊으로 싸지 않은[乾] 온도계. '건구 온도계'의 준말. ¶건구와 습구의 온도를 따로 재어서 그 온도 차로 습도를 잰다.

건:국 建國 | 세울 건, 나라 국
[found a country]
새로 나라[國]를 세움[建]. ¶건국 기념일. [비] 개국(開國). [반] 망국(亡國).

건기 乾期 | 마를 건, 때 기 [dry season]
건조(乾燥)한 시기(時期). '건조기'의 준말. ¶건기에는 동물들이 먹이를 찾으러 이동한다. [반] 우기(雨期).

건달 乾達 | 하늘 건, 통달할 달 [penniless rake]
❶[속뜻] 산스크리트어 'gandharva'를 음역(音譯)한 '乾達婆'의 준말. ❷빈둥빈둥 놀

거나 게으름을 부리는 사람. ¶백수 건달. ❸난봉을 부리고 돌아다니는 사람. ¶건달들의 행패가 심하다.

건:립 建立 | 세울 건, 설 립
[erect; build]
❶속뜻 건물, 기념비, 동상, 탑 따위를 만들어 세움[建=立]. ¶동상을 건립하다. ❷기관, 조직체 따위를 새로 조직함. ¶학교를 건립하다.

건:망 健忘 | 튼튼할 건, 잊을 망
[oblivion]
❶속뜻 몸은 튼튼한데[健] 정신이 허약하여 잘 잊어버림[忘]. ❷의학 건망증(健忘症).
▶ 건:망-증 健忘症 | 증세 증
의학 잘 잊어버리는[健忘] 병증(病症). ¶엄마는 건망증이 심하다.

*건:물 建物 | 세울 건, 만물 물
[building; structure]
건축(建築) 구조물(構造物). ¶현대적 건물 / 이 건물은 지진에도 끄떡없다. ⨀구조물(構造物).

건:반 鍵盤 | 열쇠 건, 소반 반 [keyboard]
피아노 따위의 앞부분에 건(鍵)을 늘어놓은 소반[盤]같은 면. ⨀키보드.
▶ 건:반 악기 鍵盤樂器 | 음악 악, 그릇 기
음악 건반(鍵盤)으로 연주하는 악기(樂器). ¶피아노는 건반악기이다.

건배 乾杯 | 마를 건, 술잔 배
[toast; drink to]
술잔[杯]을 말리듯[乾] 잔에 있는 술을 몽땅 다 마심. ¶성공을 위해 건배하자.

*건:설 建設 | 세울 건, 세울 설 [construct; build]
❶속뜻 건물 따위를 만들어 세움[建=設]. ¶건설 현장 / 댐을 건설하다. ❷어떤 조직체를 이룩하여 꾸려나감. ¶복지사회를 건설하다. ⨀건조(建造), 건축(建築). ⨁파괴(破壞).
▶ 건:설-업 建設業 | 일 업
건설(建設)에 따르는 업무를 맡아 하는 사업(事業).
▶ 건:설-적 建設的 | 것 적
어떤 일이 보다 잘 되어 가도록[建設] 하려고 하는 것[的]. ¶건설적 비판이 필요하다.

건성 乾性 | 마를 건, 성질 성 [dryness]
건조(乾燥)한 성질(性質). 건조하기 쉬운 성질. ¶건성 피부. ⨁습성(濕性).

건수 件數 | 사건 건, 셀 수
[number of items]
사물이나 사건(事件)의 가지 수(數). ¶상담 건수.

건습 乾濕 | 마를 건, 젖을 습
[dryness and moisture]
마름[乾]과 젖음[濕]. 건조와 습기.

건:실 健實 | 굳셀 건, 열매 실
[steady; reliable]
❶속뜻 건전(健全)하고 착실(着實)하다. ¶건실한 생활. ❷몸이 건강하다.

건:아 健兒 | 튼튼할 건, 아이 아
[vigorous youth]
❶속뜻 튼튼한[健] 아이[兒]. ❷씩씩하고 굳센 사나이. ¶대한의 건아.

건어 乾魚 | 마를 건, 물고기 어
[dried fish]
말린[乾] 물고기[魚]. ¶읍내에 가서 건어를 사왔다.

건-어물 乾魚物 | 마를 건, 물고기 어, 만물 물
말린[乾] 물고기[魚]나 이를 이용한 제품[物]. ¶건어물 가게.

건:의 建議 | 세울 건, 의논할 의
[propose; suggest]
의논(議論) 거리를 냄[建]. 자신의 의견을 내놓음. ¶노동조건 개선을 건의했다.
▶ 건:의-서 建議書 | 글 서
건의(建議)의 내용을 적은 글[書]. 또는 그 문서.

건:장 健壯 | 튼튼할 건, 씩씩할 장
[strong; healthy]
몸이 튼튼하고[健] 씩씩하다[壯]. ¶건장

한 남자 셋이 집으로 들어왔다.

건재¹乾材 | 마를 건, 재료 재
[dried medicinal herbs]
[한의] 조제하지 않은 말린[乾] 상태의 약재(藥材). ¶작두로 건재를 썰다.

건:재²健在 | 튼튼할 건, 있을 재 [being well]
아무 탈 없이 튼튼하게[健] 잘 있음[在]. ¶그의 사업은 건재하다.

***건:전 健全** | 굳셀 건, 온전할 전
[healthy; wholesome]
❶[속뜻] 굳세고[健] 온전(穩全)함. ¶건전한 신체에 건전한 정신이 깃든다. ❷조직 따위의 활동이나 상태가 건실하고 정상임. ¶그 기업은 건전하게 잘 운영되고 있다.

건-전지 乾電池 | 마를 건, 전기 전, 못 지
[dry cell]
[화학] 휴대하거나 다루기에 편리하도록 만든 일차 전지. 'dry[乾] cell[電池]'의 한자 의역어.

건:조¹建造 | 세울 건, 만들 조
[construct; build]
건물이나 배 따위를 짓거나[建] 만듦[造]. ¶유조선을 건조하다. [비] 건축(建築). [반] 파괴(破壞).

건조²乾燥 | 마를 건, 마를 조
[dry; arid]
❶[속뜻] 습기나 물기가 없는 마른[乾=燥] 상태. ¶이 식물은 건조한 곳에서도 잘 자란다. ❷분위기, 정신, 환경 등이 여유나 윤기가 없이 메마름. ¶글이 무미(無味)건조하다.

▶건조-기¹乾燥期 | 때 기
기후가 건조(乾燥)한 시기(時期). [반] 강우기(降雨期).

▶건조-기²乾燥機 | 틀 기
[기계] 물기 있는 물건을 말리는[乾燥] 장치[機]. ¶식기 건조기.

▶건조-제 乾燥劑 | 약제 제
[화학] ❶수분을 제거하여 건조(乾燥)시키는 물질[劑]. ❷건성유나 반건성유의 산화를 촉진하여 건조성을 증가시키는 데 사용하는 물질.

건초 乾草 | 마를 건, 풀 초
[hay; dried grass]
베어 말린[乾] 풀[草]. ¶말에게 건초를 먹이다. [비] 말린 풀, 마른풀. [반] 생초(生草).

***건:축 建築** | 세울 건, 쌓을 축 [construct; build]
집, 성, 다리 따위를 짓거나[建] 쌓음[築]. ¶지진에 견딜 수 있는 집을 건축하다. [비] 건조(建造), 축조(築造). [반] 파괴(破壞).

▶건:축-가 建築家 | 사람 가
건축(建築)과 관련되어 지휘·감독 따위를 전문으로 하는 사람[家].

▶건:축-물 建築物 | 만물 물
건축(建築)한 구조물(構造物). ¶고딕 양식의 건축물. [준] 건물.

▶건:축-미 建築美 | 아름다울 미
건축물(建築物)이 지닌 아름다움[美]. ¶남대문의 건축미를 연구하다.

▶건:축-사 建築士 | 선비 사
건설 교통부로부터 자격증을 받아 건축물(建築物)의 설계, 공사 감리 따위의 업무를 행하는 사람[士].

▶건:축-업 建築業 | 일 업
건축(建築) 공사를 전문으로 하는 사업(事業)이나 직업(職業).

건:투 健鬪 | 굳셀 건, 싸울 투
[good fight]
굳세게[健] 잘 싸움[鬪]. 씩씩하게 잘해 나감. ¶건투를 빈다.

건:평 建坪 | 세울 건, 평수 평
[floor space]
[건설] 건물(建物)이 자리 잡은 터의 평수(坪數). ¶우리 집은 건평 30평이다. [비] 건축면적(建築面積).

건-포도 乾葡萄 | 마를 건, 포도 포, 포도 도 [raisins; currants]
말린[乾] 포도(葡萄).

걸물 傑物 | 뛰어날 걸, 만물 물
[great man]
뛰어난[傑] 사람[物].

걸신 乞神 | 빌 걸, 귀신 신
[hungry demon]
❶속뜻 빌어먹는[乞] 귀신(鬼神). ❷염치 없이 지나치게 탐하는 마음을 비유하여 이르는 말. ¶걸신이 들린 것처럼 음식을 먹어치웠다.

걸인 乞人 | 빌 걸, 사람 인
[beggar; mendicant]
빌어[乞] 먹는 사람[人]. ¶걸인에게 빵을 주다. 비 거지.

걸작 傑作 | 뛰어날 걸, 지을 작
[masterpiece]
❶속뜻 매우 뛰어난[傑] 작품(作品). ¶피카소의 걸작만을 골라 전시하다. ❷'익살스러운 사람'을 비꼬아 이르는 말. ¶사실이 탄로나자 그의 표정은 정말 걸작이었다. 비 명작(名作). 반 졸작(拙作).

검: 劍 | 칼 검 [sword]
무기로 쓰는 크고 긴 칼. ¶긴 검을 들고 나타났다.

검:객 劍客 | 칼 검, 손 객
[(master) swordsman; fencer]
검술(劍術)에 능한 사람[客]. 비 칼잡이.

검:거 檢擧 | 검사할 검, 들 거
[arrest; apprehend]
법률 수사기관에서 범법 용의자를 찾아내어[檢] 잡아들이는[擧] 일. ¶마침내 범인을 검거했다.

검:도 劍道 | 칼 검, 길 도
[swordsmanship]
❶속뜻 칼[劍]을 잘 휘두르는 도술(道術). ❷운동 죽도(竹刀)로 상대편을 치거나 찔러서 얻은 점수로 승패를 겨루는 운동 경기. 비 검술(劍術).

검:문 檢問 | 검사할 검, 물을 문
[inspect; examine]
범법자 여부를 검사(檢査)하고 심문(審問)함. ¶경찰이 행인들을 검문했다 / 불심(不審)검문.

검:사¹ 檢事 | 봉함 검, 일 사 [prosecutor]
❶속뜻 봉함[檢]을 해두는 일[事]. ❷법률 형사사건의 공소를 제기하고 형벌의 집행을 감독하는 사법관. ¶검사가 증인에게 질문을 했다.

＊＊검:사² 檢査 | 봉함 검, 살필 사
[inspect; examine]
❶속뜻 봉함[檢]을 하여 조사(調査)에 대비함. ❷적합 여부와 이상 유무를 조사함. ¶정밀검사 / 숙제를 검사하다. 비 조사(調査), 검열(檢閱), 점검(點檢).
▶ 검:사-기 檢査器 | 그릇 기
검사(檢査)에 필요한 설비나 도구[器].

검:산 檢算 | 검사할 검, 셀 산
[check accounts]
계산(計算)의 맞고 안 맞음을 검사(檢査)함. ¶검산해 보니 계산이 틀렸다.

검:색 檢索 | 검사할 검, 찾을 색
[reference]
❶속뜻 증거 따위를 검사(檢査)하여 찾아봄[索]. ¶검색을 당하다. ❷목적에 따라 필요한 자료들을 찾아내는 일. ¶인터넷으로 신문 기사를 검색하다.
▶ 검:색-어 檢索語 | 말씀 어
검색(檢索)에 필요한 단어(單語).

검:소 儉素 | 수수할 검, 수수할 소
[frugal; simple]
치레하지 않고 수수함[儉=素]. 꾸밈없이 무던함. ¶옷차림이 검소하다.

검:술 劍術 | 칼 검, 꾀 술
[art of fencing; swordsmanship]
칼[劍]을 쓰는 기술(技術). ¶그는 검술이 뛰어나다. 비 검법(劍法).

검:시 檢屍 | 검사할 검, 시체 시
[autopsy]
법률 시체(屍體)를 검사(檢査)함. ¶검시 결과 타살인 것으로 드러났다.

검:약 儉約 | 검소할 검, 아낄 약
[economize in; thrifty]
검소(儉素)하고 절약(節約)함. ¶생활비

를 검약하다. ⓐ 절약(節約). ⓑ 사치(奢侈).

검:역 檢疫 | 검사할 검, 돌림병 역
[quarantine; inspect]
돌림병[疫]의 유무를 검사(檢査)하고 소독하는 일. ¶수입 농산물을 검역하다.

▶ **검:역-소 檢疫所** | 곳 소
[법률] 검역(檢疫)을 하기 위하여 항구나 공항에 마련된 기관[所].

검:열 檢閱 | 검사할 검, 훑어볼 열
[inspect]
검사(檢査)하여 훑어봄[閱]. ¶검열을 강화하다 / 기사를 검열하다. ⓐ 점검(點檢), 검사(檢査).

검:인 檢印 | 검사할 검, 도장 인
[seal of approval]
서류나 물건을 검사(檢査)한 표시로 찍는 도장[印]. ¶검인된 상품만 판매할 수 있다.

검:-인정 檢認定 | 검사할 검, 알 인, 정할 정 [official approval]
❶ [속뜻] 검토(檢討)하여 인정(認定)함. ❷ 검정(檢定)과 인정(認定). ¶검인정 교재.

검:정 檢定 | 검사할 검, 정할 정 [official approval]
검사(檢査)하여 그 자격을 정(定)하는 일.

▶ **검:정-고시 檢定考試** | 살필 고, 시험할 시
어떤 자격을 얻는데 필요한 지식이나 기술의 유무를 검정(檢定)하기 위하여 실시하는 시험[考試]. ¶어머니는 검정고시를 보고 대학에 들어갔다. ⓐ 검정시험(試驗).

검:증 檢證 | 검사할 검, 증명할 증
[verify; inspect]
검사(檢査)하여 증명(證明)함. ¶가설을 검증하다.

검:진 檢診 | 검사할 검, 살펴볼 진 [check up]
[의학] 병의 유무를 검사(檢査)하기 위한 진찰(診察). ¶건강 검진.

검:찰 檢察 | 검사할 검, 살필 찰
[investigate and examine]
❶ [속뜻] 검사(檢査)하고 사정을 잘 살펴[察] 밝힘. ❷ [법률] 형사사건에서 범죄의 형적(形跡)을 수사하여 증거를 모으는 일.

▶ **검:찰-청 檢察廳** | 관청 청
[법률] 검사의 검찰(檢察) 사무를 맡아보는 관청(官廳).

검:출 檢出 | 검사할 검, 날 출 [detect]
검사(檢査)하여 찾아냄[出]. ¶그 지역에서 방사능이 검출되었다. ⓐ 검색(檢索), 색출(索出).

검:침 檢針 | 검사할 검, 바늘 침
[check a meter]
전기 계량기 따위의 바늘[針]이 가리키는 눈금을 검사(檢査)함. ¶전기계량기를 검침하다.

검:토 檢討 | 검사할 검, 따질 토
[examine; discuss]
내용을 자세히 검사(檢査)하며 잘 따져 봄[討]. ¶제안서를 검토하다.

겁 怯 | 겁낼 겁 [fear; fright]
무서워하거나 두려워하는 마음. ¶겁에 질려서 얼굴이 하얘지다 / 개가 겁나서 들어가지 못하다. ⓐ 공포(恐怖). ⓑ 용기(勇氣).

게:시 揭示 | 내걸 게, 보일 시
[notice; bulletin]
내붙이거나 내걸어[揭] 두루 보게[示] 함. ¶게시를 벽에 붙이다.

▶ **게:시-판 揭示板** | 널빤지 판
게시(揭示)하는 글, 그림, 사진 따위를 붙이는 판(板). ¶게시판에 공고문을 붙이다. ⓐ 알림판.

게:양 揭揚 | 내걸 게, 오를 양
[hoist; raise]
국기 따위를 높이 내걸어[揭] 올림[揚]. ¶집집마다 국기를 게양하다.

▶ **게:양-대 揭揚臺** | 돈대 대
깃발을 게양(揭揚)하기 위하여 높이 만들어 놓은 대(臺). ¶국기 게양대.

게:재 揭載 | 내걸 게, 실을 재
[publish; insert]
그림을 내걸거나[揭] 글을 실음[載]. ¶ 신문에 광고를 게재하다. [비] 등재(登載).

격 格 | 격식 격 [style]
❶환경과 사정에 잘 어울리는 분수나 품위. ¶격에 맞다 / 격이 높다. ❷'셈·식'의 뜻을 나타내는 말. ¶쇠귀에 경 읽는 격.

격납 格納 | 바를 격, 바칠 납 [house]
제자리에 바르게[格] 잘 수납(收納)해 둠. ¶비행기의 격납이 편리하다.

▸ 격납-고 格納庫 | 곳집 고
비행기 따위를 넣어 두거나[格納] 정비하는 창고(倉庫) 모양의 건물. ¶훈련이 끝나자 전투기가 격납고로 들어갔다.

격노 激怒 | 거셀 격, 성낼 노
[violent anger; rage]
격렬(激烈)하게 성냄[怒]. ¶격노하여 말이 나오지 않다. [비] 격분(激忿).

격돌 激突 | 거셀 격, 부딪힐 돌
[crash; clash]
격렬(激烈)하게 부딪침[突]. ¶두 팀은 결승에서 격돌하게 됐다.

격동 激動 | 거셀 격, 움직일 동
[shake violently]
❶[속뜻] 급격(急激)하게 변동(變動)함. ❷몹시 흥분하고 감동함. ¶민심이 격동하다.

격려 激勵 | 격할 격, 힘쓸 려 [encourage]
남의 용기나 의욕을 북돋워 격(激)하게 힘쓰도록[勵] 함. ¶선수를 격려하다. [비] 고무(鼓舞), 고취(鼓吹).

격렬 激烈 | 거셀 격, 세찰 렬
[violent; severe]
몹시 거세고[激] 세차다[烈]. ¶격렬한 몸싸움을 하다.

격리 隔離 | 사이 뜰 격, 떨어질 리
[isolate; segregate]
사이를 떼어[隔] 떨어뜨려[離] 놓음. ¶전염병 환자를 격리하여 치료하다.

격몽 擊蒙 | 칠 격, 어두울 몽
[understand; realize]
어리석고 사리에 어두운[蒙] 어린이들을 일깨움[擊].

▸ 격몽-요결 擊蒙要訣 | 요할 요, 비결 결
[책명] 조선 때 이이가 어린이들을 일깨우기[擊蒙] 위하여 한문 학습의 요점(要點)과 비결(祕訣)을 적은 책.

격문 檄文 | 격문 격, 글월 문
[written appeal]
널리 세상 사람들을 선동하거나 의분을 고취시키려고[檄] 쓴 글[文]. ¶전국에 격문을 띄우다.

격변 激變 | 격할 격, 바뀔 변
[change rapidly]
급격(急激)하게 바뀜[變]. ¶물가의 격변.

격분 激忿 | 격할 격, 성낼 분
[rage; be enraged]
격렬(激烈)한 분노(忿怒). 몹시 성을 냄. ¶그의 몰염치한 태도에 격분했다. [비] 격노(激怒).

격식 格式 | 품격 격, 꼴 식
[formality; social rules]
품격(品格)에 맞는 법식(法式). ¶격식을 따지다/격식을 차리다.

격심 激甚 | 거셀 격, 심할 심 [extreme]
거셀[激] 정도로 매우 심함[甚]. ¶격심한 피해를 보다.

격앙 激昂 | 격할 격, 오를 앙
[be excited; be indignant]
감정이 격하게[激] 북받침[昂]. 몹시 흥분함.

격언 格言 | 바를 격, 말씀 언
[proverb; maxim]
인생에 대한 교훈이나 경계가 되는 바른[格] 말[言]. ¶이 격언을 나의 좌우명으로 삼았다.

격자 格子 | 격식 격, 접미사 자
[lattice; grille]
일정한 간격으로 직각이 되도록[格] 성기게 짠 물건[子]. 또는 그러한 형식. ¶창에는 쇠창살로 격자가 되어 있다.

격전 激戰 | 거셀 격, 싸울 전
[hot fight; fierce battle]
격렬(激烈)하게 싸움[戰]. 또는 그런 전투. ¶각지에서 격전이 벌어지고 있다. [비] 열전(熱戰), 격투(激鬪).

▸ 격전-지 激戰地 | 땅 지
격전(激戰)이 벌어진 곳[地]. ¶독립전쟁의 격전지. [비] 격전장(激戰場).

격정 激情 | 거셀 격, 마음 정
[strong violent emotion; passion]
격렬(激烈)한 마음[情]. ¶격정을 억누르다.

격증 激增 | 격할 격, 더할 증
[increase rapidly]
급격(急激)하게 불어남[增]. ¶인구가 격증하다. [반] 격감(激減).

격차 隔差 | 사이 뜰 격, 다를 차
[difference; differential]
❶ [속뜻] 서로 사이가 뜨거나[隔] 다름[差]. ❷품질, 수량 따위가 서로 다른 정도. ¶빈부 격차가 줄었다.

격찬 激讚 | 격할 격, 기릴 찬
[high praise; extol]
매우 격렬(激烈)하게 칭찬(稱讚)함. ¶그가 만든 제품은 격찬을 받았다. [비] 극찬(極讚).

격추 擊墜 | 칠 격, 떨어질 추
[shoot down]
비행기 따위를 쏘아[擊] 떨어뜨림[墜]. ¶적의 전투기를 격추시키다.

격침 擊沈 | 칠 격, 가라앉을 침
[sink; send to the bottom]
적의 배를 공격(攻擊)하여 침몰(沈沒)시킴. ¶아군이 적함을 격침하였다.

격퇴 擊退 | 칠 격, 물러날 퇴
[repulse; drive back]
적을 쳐서[擊] 물리침[退]. ¶적의 공격을 격퇴하다.

격투[1] 激鬪 | 거셀 격, 싸울 투 [scuffle]
격렬(激烈)하게 싸움[鬪]. ¶적군과 격투를 벌이다.

격투[2] 格鬪 | 겨룰 격, 싸울 투
[fight hard; hand to hand fight]
몸으로 맞붙어 치고받으며[格] 싸움[鬪]. ¶경찰은 격투 끝에 도둑을 잡았다.

▸ 격투-기 格鬪技 | 재주 기
[운동] 격투(格鬪)의 우열을 겨루는 경기(競技). 권투, 유도, 레슬링, 태권도 따위.

격파 擊破 | 칠 격, 깨뜨릴 파
[defeat; destruct]
주먹 따위로 쳐서[擊] 부숨[破]. ¶맨손으로 벽돌을 격파하다.

격하 格下 | 품격 격, 아래 하
[demote; downgrade]
자격이나 등급, 지위[格] 따위를 낮춤[下]. ¶1위에서 3위로 격하되다. [반] 격상(格上).

견고 堅固 | 굳을 견, 굳을 고
[strong; solid]
매우 튼튼하고[固] 단단하다[堅]. ¶견고한 성문을 부수다. [비] 굳건하다.

견과 堅果 | 굳을 견, 열매 과 [nut]
[식물] 단단한[堅] 껍데기에 싸여 있는 나무 열매[果]. 밤, 은행, 호두, 도토리 따위. ¶견과로 케이크를 장식하다. [비] 각과(殼果).

견:문 見聞 | 볼 견, 들을 문
[information; knowledge]
❶ [속뜻] 보고[見] 들음[聞]. ❷보고 들어서 얻은 지식. ¶여행을 통하여 견문을 넓혔다.

견:물-생심 見物生心 | 볼 견, 만물 물, 날 생, 마음 심
물건(物件)을 보면[見] 그것을 가지고 싶은 욕심(慾心)이 생김[生]. 어떠한 실물을 보게 되면 그것을 가지고 싶은 욕심이 생김.

견:본 見本 | 볼 견, 본보기 본 [sample]
본보기[本]를 보임[見]. 또는 그러한 제품. ¶견본을 보고 옷감을 골랐다. [비] 견품(見品), 표본(標本).

견:습 見習 | 볼 견, 익힐 습

[apprenticeship]
숙련공의 시범을 보고[見] 따라 익힘[習]. ¶12개월간의 견습을 마치다. 🗎 수습(修習).

견우 牽牛 | 끌 견, 소 우
❶ 문학 견우직녀(牽牛織女) 설화에 나오는 소[牛]를 치는[牽] 남자 주인공. ❷ 식물 나팔꽃. ❸ 천문 견우성(牽牛星).

견인 牽引 | 끌 견, 당길 인 [pull; haul]
끌어[牽] 당김[引]. ¶주차위반 차량을 견인하다.

▶ **견인-차 牽引車** | 수레 차
❶ 속뜻 다른 차량을 뒤에 달고 끄는[牽引] 차(車). ¶사고 난 차를 견인차가 와서 끌고 갔다. ❷선두에 서서 여러 사람을 이끌어 가는 사람을 비유하여 이르는 말. ¶그가 견인차 역할을 했다.

견:적 見積 | 볼 견, 쌓을 적 [estimate at; estimate at]
필요한 비용 따위를 모두 모은[積] 금액을 미리 어림잡아 계산해 봄[見]. ¶차를 수리하기 전에 견적을 내다. 🗎 추산(推算).

견제 牽制 | 끌 견, 누를 제 [keep in check]
❶ 속뜻 아군에게 유리한 곳으로 적을 끌어들여[牽] 억누름[制]. ❷일정한 작용을 가함으로써 상대편이 지나치게 세력을 펴거나 자유롭게 행동하지 못하게 억누름. ¶투수가 주자를 견제하다.

***견:학 見學** | 볼 견, 배울 학 [study and observe]
실제로 보고[見] 배움[學]. ¶공장을 견학하다.

견:해 見解 | 볼 견, 풀 해 [opinion; view]
❶ 속뜻 무엇을 보고[見] 그 의미 따위를 풀이함[解]. ❷어떤 사물이나 현상에 대한 의견(意見)이나 생각. ¶견해를 밝히다.

***결과 結果** | 맺을 결, 열매 과 [result; consequence]

❶ 속뜻 열매[果]를 맺음[結]. ❷어떤 까닭으로 말미암아 이루어지는 결말의 상태. 또는 그 결말. ¶결과보다 과정이 중요하다. 🗎 결실(結實), 성과(成果). 🗏 원인(原因), 동기(動機).

▶ **결과-적 結果的** | 것 적
어떤 원인으로 생긴 결과(結果) 같은 것[的]. ¶결과적으로는 우리 측이 불리했다.

***결국 結局** | 맺을 결, 판 국
[after all; finally]
❶ 속뜻 일의 마무리[結] 단계[局]. ¶결국에는 모든 것이 좋아질 것이다. ❷형국을 완전히 갖춤. 🗎 결말(結末).

결근 缺勤 | 빠질 결, 부지런할 근 [be absent]
근무(勤務)해야 할 날에 나오지 않고 빠짐[缺]. ¶그는 독감 때문에 결근하였다. 🗏 출근(出勤).

결단 決斷 | 결정할 결, 끊을 단 [decide; determine]
무엇에 대한 생각을 결정(決定)하여 판단(判斷)함. ¶신속한 결단 / 결단을 내리다.

▶ **결단-력 決斷力** | 힘 력
생각을 결정(決定)하여 판단(判斷)할 수 있는 능력(能力). ¶그는 결단력이 부족하다.

결렬 決裂 | 터질 결, 찢어질 렬 [break down]
❶ 속뜻 제방이 터지고[決] 이불이 찢어짐[裂]. ❷교섭이나 회의 따위에서 의견이 합쳐지지 않아 각각 갈라서게 됨. ¶회담이 결렬됐다.

결례 缺禮 | 모자랄 결, 예도 례 [lack of courtesy]
예의(禮儀) 범절에 벗어나거나 모자람[缺]. ¶수업 중에 휴대전화를 켜 놓는 것은 결례다. 🗎 실례(失禮).

결론 結論 | 맺을 결, 말할 론 [conclusion]
❶ 속뜻 끝맺는[結] 부분의 말[論]. ❷최후

로 내려진 의견. ¶결론을 내리다. [비] 맺음말, 결어(結語). [반] 서론(序論), 머리말.

결막 結膜 | 맺을 결, 꺼풀 막
[conjunctiva]
[의학] 눈꺼풀 안과 눈알의 겉을 싸서 연결(連結)하는 무색 투명한 얇은 꺼풀[膜].

▸ 결막-염 結膜炎 | 염증 염
[의학] 결막(結膜)에 생기는 염증(炎症).

결말 結末 | 맺을 결, 끝 말 [end; close]
어떤 일이 마무리되는[結] 끝[末]. ¶결말을 짓다. [비] 결미(結尾). [반] 시작(始作), 발단(發端), 서두(序頭).

결명-자 決明子 | 터질 결, 밝을 명, 열매 자
❶ [속뜻] 눈을 밝게[明] 틔어주는[決] 열매[子]. ❷ [한의] 결명차의 씨. 간열(肝熱)을 내리고 눈을 밝게 하며 두통, 변비에 약재로 쓴다.

결박 結縛 | 맺을 결, 묶을 박 [bind; tie]
움직이지 못하게 단단히 매듭을 지어[結] 묶음[縛]. ¶형사는 범인을 결박하였다. [비] 포박(捕縛).

결백 潔白 | 깨끗할 결, 흰 백
[pure; innocent]
❶ [속뜻] 깨끗하고[潔] 흼[白]. ❷ 행동이나 마음 따위가 조촐하여 얼룩이나 허물이 없음. ¶범인이 결백을 주장하다. [비] 무죄(無罪). [반] 부정(不正).

결벽 潔癖 | 깨끗할 결, 버릇 벽
[fastidiousness; love of cleanliness]
❶ [속뜻] 남달리 깨끗함[潔]을 좋아하는 성벽(性癖). ❷ 부정이나 악 따위를 극단적으로 미워하는 성질.

▸ 결벽-증 潔癖症 | 증세 증
병적으로 깨끗한[潔] 것에 집착하는[癖] 증상(症狀). ¶그녀는 결벽증이 심하다.

결별 訣別 | 이별할 결, 나눌 별
[separate; break up]
❶ [속뜻] 기약 없는[訣] 이별(離別). ❷ 관계나 교제를 영원히 끊음. ¶그는 친구와 결별했다. [비] 작별(作別).

결부 結付 | 맺을 결, 줄 부
[link; tie together]
서로 맺어[結] 줌[付]. 또는 서로 연관시킴. ¶이 문제를 나와 결부시키지 마라.

결빙 結氷 | 맺을 결, 얼음 빙
[freeze over]
물이 얼어서 얼음[氷]이 됨[結]. ¶오슬로 항은 겨울에도 결빙하지 않는 항구이다. [반] 해빙(解氷).

결사[1] 結社 | 맺을 결, 모일 사
[association; society]
모임[社]을 결성(結成)함. 또는 그 단체. ¶비밀 결사 / 결사의 자유.

결사[2] 決死 | 결정할 결, 죽을 사
[desperate; death-defying]
어떤 일을 위하여 죽음[死]을 각오함[決]. ¶결사 반대하다. [비] 필사(必死).

▸ 결사-대 決死隊 | 무리 대
죽기[死]를 결심(決心)한 사람으로 이루어진 부대(部隊)나 무리. ¶결사대를 조직하다.

▸ 결사-적 決死的 | 것 적
일을 행함에 있어 죽음[死]을 각오하는[決] 것[的]. ¶결사적으로 덤볐다.

⁑**결산** 決算 | 결정할 결, 셀 산
[settle an account]
❶ [속뜻] 계산(計算)을 마감함[決]. ❷ 공공기관이나 기업체 등에서 일정 기간의 수입과 지출을 계산하는 일. ¶월말에 매출을 결산하다. [반] 예산(豫算).

▸ 결산-서 決算書 | 글 서
[경제] 일정한 기간 동안의 영업 개황과 재정 상태를 결산(決算)하여 기록한 글[書]. 또는 그 문서. ¶결산서를 검토해 보다.

결석 缺席 | 빠질 결, 자리 석
[be absent; miss a class]
출석해야 할 자리[席]에 빠짐[缺]. ¶감기로 결석하다. [비] 궐석(闕席). [반] 출석(出席).

결선 決選 | 결정할 결, 가릴 선
[final election; runoff]

❶**속뜻** 결선 투표로 당선자(當選者)를 결정(決定)함. 또는 그 선거. ❷일등 또는 우승자를 가리는 마지막 겨룸. ¶우리 팀은 결선에 진출했다. ㈌ 예선(豫選).

결성 結成 | 맺을 결, 이룰 성
[form; organize]
단체 따위를 맺어[結] 이룸[成]. ¶밴드를 결성하다.

결속 結束 | 맺을 결, 묶을 속
[bind together]
뜻이 같은 사람끼리 모임을 맺어[結] 하나로 뭉침[束]. ¶국민을 결속시키다 / 결속을 강화하다. ㈌ 단결(團結), 결집(結集). ㈘ 분산(分散).

결손 缺損 | 빠질 결, 덜 손 [loss]
❶**속뜻** 빠지거나[缺] 모자람[損]. ❷수입보다 지출이 많아서 생기는 금전상의 손실. ¶결손을 메우다. ㈌ 손해(損害). ㈘ 이득(利得), 이익(利益).

결승 決勝 | 결정할 결, 이길 승
[decision of a contest]
❶**속뜻** 마지막으로 승부(勝負)를 결정(決定)함. ❷운동 경기 따위에서 마지막으로 승부를 가리는 시합. '결승전'(決勝戰)의 준말. ¶우리 반이 배구대회의 결승에 올랐다. ㈌ 예선(豫選).

▶ **결승-선** 決勝線 | 줄 선
운동 달리기 따위에서, 결승(決勝)을 판가름하는 장소에 가로 치거나 그은 선(線). ㈌ 골라인(goal line).

▶ **결승-전** 決勝戰 | 싸울 전
운동 경기 따위에서, 마지막으로 승부(勝負)를 가리는[決] 시합[戰]. ¶결승전에서 우승을 놓고 겨루다.

▶ **결승-점** 決勝點 | 점 점
❶**속뜻** 승부(勝負)가 결정(決定)되는 지점(地點). ❷승부를 결정짓는 점수. ¶결승점을 내주다 / 결승점을 뽑다.

결식 缺食 | 빠질 결, 밥 식 [skip a meal]
끼니[食]를 거름[缺]. ¶결식 아동에게 도시락을 배급하다. ㈌ 궐식(闕食).

결실 結實 | 맺을 결, 열매 실
[bear fruit; fructify]
❶**속뜻** 열매[實]를 맺음[結]. ¶가을은 결실의 계절이다. ❷일의 결과가 잘 맺어짐. ¶오랜 연구 끝에 드디어 결실을 거두었다.

결심 決心 | 결정할 결, 마음 심
[decide; determine]
마음[心]을 굳게 작정함[決]. ¶결심하면 못 해낼 일이 없다. ㈌ 결의(決意).

결여 缺如 | 빠질 결, 같을 여 [deficiency; lack]
마땅히 있어야 할 것이 빠져서[缺] 없거나 모자라는 것 같음[如]. ¶그 아이는 자신감이 결여되어 있다. ㈌ 부족(不足), 결핍(缺乏). ㈘ 충분(充分), 완전(完全).

결연¹ 決然 | 결정할 결, 그러할 연
[determined; firm]
태도나 결심(決心)이 매우 굳세고 꿋꿋하다[然]. ¶결연한 태도.

결연² 結緣 | 맺을 결, 인연 연
[make a connection]
인연(因緣)을 맺음[結]. ¶자매 결연을 맺다.

결원 缺員 | 모자랄 결, 사람 원 [vacancy]
정원(定員)에서 사람이 빠져 모자람[缺]. ¶결원을 보충하다. ㈌ 공석(空席). ㈘ 전원(全員).

결의¹ 決意 | 결정할 결, 뜻 의 [resolve]
뜻[意]을 굳게 정함[決]. ¶필승의 결의를 다지다. ㈌ 결심(決心).

결의² 決議 | 결정할 결, 의논할 의
[resolve]
회의에서 의안(議案)이나 제의 등의 가부를 결정(決定)함. ¶법안을 폐지하기로 결의했다. ㈌ 의결(議決), 결정(決定).

▶ **결의-문** 決議文 | 글월 문
결의(決議)한 내용을 적은 글[文]. ¶결의문을 작성하다.

▶ **결의-안** 決議案 | 안건 안
결의(決議)에 부칠 의안(議案). ¶결의안

을 채택하다.

결재 決裁 | 결정할 결, 처리할 재
[approve; sign]
❶**속뜻** 결정(決定)하거나 처리함[裁]. ❷상관이 부하가 제출한 안건을 검토하여 허가하거나 승인함. ¶결재 서류에 사인을 하다. ⒝ 재결(裁決), 재가(裁可).

결전 決戰 | 결정할 결, 싸울 전 [decisive battle]
승부를 결판(決判)내는 싸움[戰]. ¶결전의 날이 다가오다.

결점 缺點 | 모자랄 결, 점 점
[fault; defect]
잘못되거나 모자라는[缺] 점(點). ¶결점을 보완하다. ⒝ 단점(短點), 약점(弱點), 흠(欠). ⒟ 장점(長點).

결정¹ 決定 | 결단할 결, 정할 정 [decide]
❶**속뜻** 결단(決斷)을 내려 확정(確定)함. ¶참전(參戰)을 결정하다. ❷**법률** 법원이 행하는 판결 및 명령 이외의 재판. ⒝ 결단(決斷). ⒟ 미결(未決), 보류(保留).
▶ **결정-적 決定的** | 것 적
❶**속뜻** 곧 결정(決定)될 것 같이 확실한 것[的]. ¶결정적인 증거. ❷최후의 판가름이 나기 직전의 것. ¶결정적 실수.
▶ **결정-타 決定打** | 칠 타
❶**속뜻** 결정(決定)적인 타격(打擊). ❷**운동** 야구나 권투 따위에서, 승패를 판가름 낸 타구나 타격. ¶결정타를 가하다.

결정² 結晶 | 맺을 결, 맑을 정 [crystallize]
❶**속뜻** 수정(水晶)처럼 맑은 형체를 이룸[結]. ❷'노력의 결과로 얻어진 훌륭한 보람'을 비유하여 이르는 말. ¶노력의 결정.
▶ **결정-체 結晶體** | 몸 체
❶**화학** 결정(結晶)하여 일정한 형체를 이룬 물체(物體). ¶바닷물이 증발하면 소금 결정체가 생긴다. ❷'노력의 결과로 얻어진 훌륭한 보람'을 비유하여 이르는 말.

결제 決濟 | 결정할 결, 끝낼 제
[pay; settle]
❶**속뜻** 막힌 것을 터놓아[決] 대립 관계를 끝냄[濟]. ❷ 증권 또는 현금을 주고받아 매매 당사자 간의 거래 관계를 마무리함. ¶현금으로 결제하다.

결초보은 結草報恩 | 맺을 결, 풀 초, 갚을 보, 은혜 은
❶**속뜻** 풀[草]을 엮어서[結]라도 은혜[恩]를 갚음[報]. ❷죽어 혼령이 되어도 은혜를 잊지 않고 갚음. 남의 은혜에 깊이 감사할 때 하는 말이다. ¶까마귀는 죽으면서도 결초보은했다.

결탁 結託 | 맺을 결, 맡길 탁
[be in collusion with]
❶**속뜻** 서로 마음을 맺고[結] 맡김[託]. ❷주로 부정적인 어떤 일을 꾸미려고 서로 한통속이 됨. ¶권력 있는 사람들과 결탁했다.

결투 決鬪 | 결정할 결, 싸울 투
[fight a duel; duel]
서로의 원한이나 갈등을 풀기 어려울 때, 미리 합의한 방법으로 승부[鬪]를 결판(決判)내는 일. ¶결투를 벌이다.

결판 決判 | 결정할 결, 판가름할 판
[judgement; settlement]
승부나 시비를 결정(決定)짓는 판정(判定). ¶결판이 날 때까지 싸우다.

결핍 缺乏 | 빠질 결, 모자랄 핍
[want; lack]
❶**속뜻** 빠지거나[缺] 모자람[乏]. ❷있어야 할 것이 없거나 모자라거나 함. ¶철분이 결핍되면 빈혈이 생긴다. ⒝ 부족(不足), 궁핍(窮乏). ⒟ 충분(充分), 충족(充足).
▶ **결핍-증 缺乏症** | 증세 증
무엇이 모자라[缺乏] 나타나는 증세(症勢). ¶비타민 결핍증.

결함 缺陷 | 모자랄 결, 빠질 함
[defect; fault]
일정한 수에 모자라거나[缺] 빠짐[陷]. ¶결함 제품 / 결함을 드러내다. ⒝ 결점(缺點).

결합 結合 | 맺을 결, 합할 합

[combine; unite]
둘 이상의 것이 서로 관계를 맺고[結] 합쳐져[合] 하나로 됨. ¶산소는 수소와 결합하여 물을 만든다. ㈐ 결속(結束), 연합(聯合). ㈑ 분리(分離), 분해(分解).

결항 缺航 | 빠질 결, 건널 항
[be canceled]
비행기나 선박이 정기적인 운항(運航)을 거름[缺]. ¶폭풍 때문에 연락선이 결항됐다.

결핵 結核 | 맺을 결, 씨 핵 [tuberculosis]
❶속뜻 씨(核)를 맺음[結]. ❷의학 결핵균의 기생으로 국부에 맺히는 작은 결절 모양의 망울이나 핵. '결핵병'(結核病)의 준말. ¶그녀는 결핵에 걸렸다. ❸지리 수성암이나 응회암의 용액이 핵 주위에 침전하여 생긴 혹 모양의 불규칙한 덩이.

결행 決行 | 결정할 결, 행할 행
[carry out]
마음을 정하여[決] 실행(實行)함. ¶파업을 결행하다. ㈐ 단행(斷行).

결혼 結婚 | 맺을 결, 혼인할 혼 [marry]
남녀가 정식으로 부부관계[婚]를 맺음[結]. ¶결혼 기념일. ㈐ 혼인(婚姻). ㈑ 이혼(離婚).

▶ 결혼-식 結婚式 | 의식 식
부부 관계[婚]를 맺는[結] 서약을 하는 의식(儀式). ¶결혼식을 올리다.

겸 兼 | 겸할 겸 [in addition; as well]
한 가지 일 외에 또 다른 일을 아울러 함을 나타내는 말. ¶이곳은 서재 겸 객실이다.

겸비 兼備 | 겸할 겸, 갖출 비
[have both]
두 가지 이상의 좋은 점을 겸(兼)하여 갖춤[備]. ¶문무(文武)를 겸비한 인재.

겸사 兼事 | 아우를 겸, 일 사
[serve both as]
한 가지 일을 하면서 동시에 다른 일도 아울러[兼] 함[事]. ¶그곳에 가는 길에 겸사로 심부름을 했다 / 볼일도 보고 너도 만나러 겸사겸사 왔다.

겸상 兼床 | 아우를 겸, 평상 상
[table for two]
둘 또는 그 이상의 사람이 아울러[兼] 함께 먹을 수 있도록 차린 밥상[床]. 또는 그렇게 차려 먹음. ¶그는 부인과 겸상을 차려 식사했다. ㈑ 각상(各床), 독상(獨床).

겸손 謙遜 | 남올릴 겸, 몸낮출 손
[modest; diffident]
남은 올리고[謙] 자기는 낮춤[遜]. 또는 그런 태도나 마음가짐. ¶겸손한 태도 / 겸손하게 대답하다. ㈐ 겸양(謙讓), 겸허(謙虛). ㈑ 교만(驕慢), 거만(倨慢), 오만(傲慢).

겸양 謙讓 | 겸손할 겸, 사양할 양 [modest; humble]
겸손(謙遜)하게 사양(辭讓)함. ¶그는 겸양한 태도로 말했다. ㈐ 겸손(謙遜). ㈑ 교만(驕慢), 거만(倨慢), 오만(傲慢).

겸연 慊然 | 언짢을 겸, 그러할 연
[be embarrassed]
❶속뜻 미안하여 언짢고[慊] 면목이 없고 그러하다[然]. ❷쑥스럽고 어색하다. ¶그는 겸연한지 머리를 긁적였다 / 그는 겸연쩍은 얼굴로 나를 쳐다보았다.

겸용 兼用 | 아우를 겸, 쓸 용
[combined use]
하나로 두 가지 이상의 목적에 아울러[兼] 사용(使用)함. ¶침대 겸용 소파.

겸허 謙虛 | 겸손할 겸, 빌 허
[humble; be modest]
❶속뜻 겸손(謙遜)하게 마음을 비움[虛]. ❷아는 체하거나 잘난 체하지 않음. ¶겸허하게 남의 말에 귀를 기울이다.

경¹ 更 | 시각 경
밤을 나누어 부르는 시간[更]의 이름. 밤 7시부터 시작하여 두 시간씩 나누어 각각 초경, 이경, 삼경, 사경, 오경이라고 이른다.

경² 卿 | 벼슬 경 [Sir]
영국에서 작위[卿]를 받은 이에 대한 경

칭. ¶처칠(Churchill) 경.

경[3]經 | 책 경
[Chinese classics; a sutra]
'경서'(經書)의 준말. ¶소 귀에 경 읽기.

경:각 警覺 | 타이를 경, 깨달을 각
[warn; awaken; remonstrate]
정신을 바짝 차리도록 타이르고[警] 일깨워 줌[覺]. ¶그 조치가 공무원들에게는 큰 경각이 되었다.

▸ **경:각-심 警覺心** | 마음 심
경계(警戒)하며 정신을 가다듬는[覺] 마음[心]. ¶경각심을 불러일으키다.

경감 輕減 | 가벼울 경, 덜 감
[reduce; lighten; lessen]
가볍게[輕] 덜어[減] 줌. ¶농민의 부담을 경감시킬 방안을 내놓다. [비]감경(減輕).

경거 輕擧 | 가벼울 경, 들 거
[rash action; ill]
경솔(輕率)하게 거동(擧動)함. 가벼이 행동함.

▸ **경거-망동 輕擧妄動** | 망령될 망, 움직일 동
경솔(輕率)하게 함부로[妄] 행동함[擧=動]. ¶그렇게 경거망동하지 마라. [비]오두방정.

경:건 敬虔 | 공경할 경, 정성 건 [devout; pious]
공경(恭敬)하는 마음으로 삼가며[虔] 조심성이 있다. ¶경건한 마음으로 기도를 드리다.

경계[1]經界 | 날실 경, 지경 계
❶[속뜻]옳고 그른 경위(經緯)가 분간되는 한계(限界). ❷옳고 그름, 선과 악이 나누어지는 한계. ¶이상과 현실의 경계. [비]경계(境界), 계경(蹊徑).

경:계[2]警戒 | 타이를 경, 주의할 계
[be on alert]
❶[속뜻]타일러[警] 주의하도록[戒] 함. ❷잘못을 저지르지 않도록 미리 타일러 조심하게 함. ¶경계경보 / 낯선 사람을 경계하다. [비]주의(注意).

***경계[3]境界** | 지경 경, 지경 계 [boundary; border]
❶[속뜻]지역이 갈라지는[境] 한계(限界). ¶경계 분쟁. ❷두 분야의 갈라지는 한계. ¶학문 간의 경계가 허물어지고 있다. [비]임계(臨界).

▸ **경계-선 境界線** | 줄 선
경계(境界)가 되거나 이를 나타내는 선(線). ¶군사 경계선 밖으로 나가면 위험하다.

경:고 警告 | 타이를 경, 알릴 고
[warn against]
❶[속뜻]타이르고[警] 알려[告]줌. ¶엄중히 경고하다. ❷운동 경기에서 반칙을 범했을 때 심판이 일깨우는 주의. [비]주의(注意).

경-공업 輕工業 | 가벼울 경, 장인 공, 일 업 [light industries]
[공업]섬유·식품·제지·잡화 등 주로 가벼운[輕] 소비재를 생산하는 공업(工業). [반]중공업(重工業).

경과 經過 | 지날 경, 지날 과
[pass; elapse]
❶[속뜻]어떤 곳이나 단계를 거쳐[經] 지나감[過]. ❷시간이 지남에 따라 진행하고 변화하는 상태. ¶수술 경과가 좋다. [비]과정(過程), 변천(變遷), 변화(變化).

경관[1]景觀 | 볕 경, 볼 관
[view; scene]
밝고[景] 볼만한[觀] 곳. ¶경관이 빼어나다. [비]경치(景致), 풍경(風景).

경:관[2]警官 | 지킬 경, 벼슬 관
[police officer; policeman]
국민의 안전과 재산을 지키는[警] 일을 하는 관직(官職). '경찰관'(警察官)의 준말.

경국 經國 | 다스릴 경, 나라 국
[govern a nation]
나라[國]를 다스림[經].

▸ **경국-대전 經國大典** | 큰 대, 책 전
❶[속뜻]나라[國]를 다스리는[經] 데 필요

한 큰[大] 법전(法典). ❷책명 조선 성종 때 반포된 것으로 100년간의 법령, 교지, 조례 따위가 실려 있음.

경기¹ 景氣 | 볕 경, 기운 기
[times; things]
❶속뜻 햇볕[景] 같이 밝은 기운(氣運). ❷경제 매매나 거래 따위에 나타나는 경제 활동의 상황. ¶경기가 회복되어 수출이 활기를 띠고 있다. 땐 불경기(不景氣).

경기² 驚氣 | 놀랄 경, 기운 기
[convulsion]
놀란[驚] 기색(氣色). ¶놀라서 경기를 일으키다.

***경:기**³ 競技 | 겨룰 경, 재주 기 [game; match]
일정한 규칙 아래 기량(技倆)과 기술(技術)을 겨룸[競]. 또는 그런 일. ¶운동 경기. 땐 겨루기.

▶ 경:기-장 競技場 | 마당 장
여러 가지 운동 경기(競技)를 하기 위한 시설을 갖춘 곳[場]. ¶축구 경기장.

경내 境内 | 지경 경, 안 내
[precincts; grounds]
일정한 지경(地境)의 안[内]. 구역의 안. ¶사찰 경내에서는 금연하십시오. 땐 경외(境外).

경:단 瓊團 | 옥 경, 둥글 단
[rice ball cake]
찹쌀, 수수 따위의 가루를 반죽하여 밤톨만한[瓊] 크기로 둥글게[團] 빚어 익힌 뒤 고물을 묻힌 떡. ¶경단을 빚다.

경:대 鏡臺 | 거울 경, 돈대 대
[mirror stand]
거울[鏡]을 달아 세운 화장대(化粧臺). ¶경대 앞에 앉아 치장하다.

경도¹ 硬度 | 단단할 경, 정도 도
[hardness]
❶속뜻 굳고 단단한[硬] 정도(程度). ❷물리 엑스선의 종류에 따라 물체에 투과하는 정도. 땐 굳기.

경도² 經度 | 날실 경, 정도 도 [longitude]

❶속뜻 날실[經] 같이 세로로 표시한 도수(度數). ❷지리 지구 위의 위치를 세로로 표시한 것. ¶서울의 경도는 동경(東經) 126도 59분이다. 땐 위도(緯度).

경력 經歷 | 지날 경, 지낼 력
[one's career]
어제까지 거쳐 온[經] 학업, 직업, 지위 따위의 이력(履歷). ¶경력을 쌓다. 땐 이력(履歷), 관록(貫祿).

경련 痙攣 | 떨 경, 쥐날 련 [convulsions; spasm]
의학 근육이 별다른 이유 없이 갑자기 떨거나[痙] 쥐가 나는[攣] 현상. ¶갑자기 온몸에 심한 경련이 일었다.

***경:례** 敬禮 | 공경할 경, 예도 례
[salute; bow]
공경(恭敬)의 예도(禮度)를 나타내는 일. 또는 그 동작. ¶국기에 대한 경례. 땐 절, 인사(人事).

경로¹ 經路 | 지날 경, 길 로
[course; channel]
❶속뜻 지나는[經] 길[路]. ❷사람이나 사물이 거쳐 온 길. ¶태풍의 경로를 살펴보다.

경:로² 敬老 | 공경할 경, 늙을 로
[respect for the old]
노인(老人)을 공경(恭敬)함. ¶경로사상.

▶ 경:로-당 敬老堂 | 집 당
노인(老人)을 공경(恭敬)하는 뜻에서 노인들을 위해 지어 놓은 집[堂]. 땐 노인정(老人亭).

▶ 경:로-석 敬老席 | 자리 석
대중교통에서 노인(老人)을 공경(恭敬)하는 뜻으로 노인들만 앉도록 마련한 좌석(座席).

경륜 經綸 | 날실 경, 실 륜
[govern; administer]
❶속뜻 베틀의 날실[經]로 쓰인 실[綸]. ❷일정한 포부를 가지고 일을 조직적으로 계획함. 또는 그 계획이나 포부. ¶경륜을 쌓다.

경리 經理 | 다스릴 경, 다스릴 리 [account]
❶[속뜻] 일을 경영(經營)하고 관리(管理)함. ❷어떤 기관이나 단체에서 물자의 관리나 금전의 출납 따위를 맡아보는 사무. [비] 회계(會計).

경:마 競馬 | 겨룰 경, 말 마 [horse racing]
[운동] 말[馬]을 타고 달려 빠르기를 겨루는 경기(競技).
▶ 경:마-장 競馬場 | 마당 장
경마(競馬)를 하는 경기장(競技場).

경망 輕妄 | 가벼울 경, 망령될 망 [rash; imprudent]
언행이 가볍고[輕] 망령됨[妄]. ¶경망한 행동을 삼가시오. [비] 경박(輕薄), 경솔(輕率). [반] 신중(愼重).

경:매 競賣 | 겨룰 경, 팔 매 [auction]
사려는 사람이 많을 경우, 서로 경쟁(競爭)시켜 가장 비싸게 사겠다는 사람에게 물건을 파는[賣] 일. ¶집을 경매에 부치다.

경멸 輕蔑 | 가벼울 경, 업신여길 멸 [contempt; scorn]
남을 가벼이[輕]보고 업신여김[蔑]. ¶남을 경멸해서는 안 된다. [비] 멸시(蔑視). [반] 존경(尊敬).

경:무-국 警務局 | 경계할 경, 일 무, 관청 국
[역사] 예전에 경찰(警察) 업무(業務)를 맡아보던 관청[局].

경박 輕薄 | 가벼울 경, 엷을 박 [frivolity]
말과 행실이 가볍고[輕] 신중하지 못함[薄]. ¶경박한 언행. [비] 경솔(輕率), 경망(輕妄). [반] 신중(愼重).

경:배 敬拜 | 공경할 경, 절 배 [bow respectfully]
공경(恭敬)하여 공손히 절함[拜]. ¶아기 예수에게 경배하다.

경-범죄 輕犯罪 | 가벼울 경, 범할 범, 허물 죄 [misdemeanor]
[법률] 가벼운[輕] 범죄(犯罪). 경범죄 처벌법에 규정된 범죄. [준] 경범.

경:보¹ 競步 | 겨룰 경, 걸음 보 [walking race]
[운동] 일정한 거리를 어느 한쪽 발이 반드시 땅에 닿은 상태로 하여 걸어서[步] 빠르기를 겨루는 경기(競技).

경:보² 警報 | 타이를 경, 알릴 보 [alarm; warning]
위험 또는 재해가 닥쳐 올 때, 사람들에게 경계(警戒)하도록 알리는[報] 일. 또는 그 보도. ¶지진경보 / 태풍경보.
▶ 경:보-기 警報器 | 그릇 기
갑작스러운 사고나 위험을 알리는[警報] 장치[器]. ¶화재를 대비하여 경보기를 설치했다.
▶ 경:보-음 警報音 | 소리 음
갑작스러운 사고나 위험을 알리는[警報] 소리[音]. ¶도난 경보음이 울렸다.

경:복 景福 | 볕 경, 복 복
햇볕[景]같이 비치는 크나큰 복(福).
▶ 경:복-궁 景福宮 | 집 궁
[고적] '왕조에 햇볕[景]같이 밝은 복(福)이 깃들기를 빈다'는 뜻을 담은 조선 시대의 궁전(宮殿). 서울특별시 종로구에 위치.

경부-선 京釜線 | 서울 경, 부산 부, 줄 선
[교통] 서울[京]과 부산(釜山)을 잇는 철도선(鐵道線).

경비¹ 經費 | 지날 경, 쓸 비 [expense; cost]
❶[속뜻] 어떠한 일을 하는 데 드는[經] 비용(費用). ¶여행 경비 / 경비를 줄이다. ❷일정하게 정해진 평소의 비용.

경:비² 警備 | 타이를 경, 갖출 비 [defense; guard]
경계(警戒)하고 대비(對備)함. 경계하여 지킴. ¶경비 초소.
▶ 경:비-대 警備隊 | 무리 대
[군사] 경비(警備) 임무를 맡은 부대(部隊).
▶ 경:비-원 警備員 | 사람 원
경비(警備)의 임무를 맡은 사람[員]. ¶경

▶**경ː비-정** 警備艇 | 거룻배 정
바다나 강을 경비(警備)하는 데 쓰는 작은 함정(艦艇). ¶경찰 경비정.

경-비행기 輕飛行機 | 가벼울 경, 날 비, 갈 행, 틀 기
[light aircraft; light plane]
❶[속뜻]몸체가 작아 가벼운[輕] 비행기(飛行機). ❷[항공]단발 또는 쌍발을 가진 프로펠러 비행기.

경ː사¹ 慶事 | 기쁠 경, 일 사
[happy occasion]
매우 즐겁고 기쁜[慶] 일[事]. ¶그 집에 경사가 났다. ⑭ 흉사(凶事).

***경사²** 傾斜 | 기울 경, 비낄 사
[slant; slope]
❶[속뜻]기울어지고[傾] 비스듬한[斜] 정도나 상태. ❷지층면과 수평면이 어떤 각도를 이룸. 또는 그 각도. ¶바닥이 약간 경사가 졌다. ⑭ 기울기.

▶**경사-로** 傾斜路 | 길 로
경사(傾斜)진 통로(通路). 주로 병원, 전시장, 차고 따위에서 이용한다.

▶**경사-면** 傾斜面 | 낯 면
비스듬히 기울어진[傾斜] 면(面). ¶산의 경사면을 깎아 도로를 냈다. ⑭ 비탈면.

경상 輕傷 | 가벼울 경, 다칠 상
[slight wound]
가벼운[輕] 상처(傷處). ¶경상을 입다. ⑭ 중상(重傷).

경서 經書 | 다스릴 경, 책 서
[the Confucian classics]
유교의 큰 가르침[經]을 적은 서적(書籍). 사서오경(四書五經) 따위. ¶이 생원은 평생 경서를 공부하였다. ⑭ 경적(經籍), 경전(經典).

경선¹ 經線 | 날실 경, 줄 선
[meridian; line of longitude]
[지리]지구를 세로의 날실[經]로 연결한 가상의 선(線). ⑭ 자오선(子午線). ⑮ 위선(緯線).

경ː선² 競選 | 겨룰 경, 가릴 선 [election]
둘 이상의 후보가 경쟁(競爭)하는 선거(選擧). ¶경선으로 반장을 뽑았다.

경세 經世 | 다스릴 경, 세상 세
[govern; administer]
세상(世上)을 다스림[經]. ¶경세치용(致用).

▶**경세-유표** 經世遺表 | 남길 유, 밝힐 표
[책명]세상(世上)을 다스리는[經] 방법을 훗날에 남겨[遺] 밝힌[表] 책. 조선 때, 정약용이 주로 관제 개혁과 부국강병 방안을 임금님께 알리기 위해 지은 것이다.

경솔 輕率 | 가벼울 경, 거칠 솔
[frivolity; flippancy]
언행이 가볍고[輕] 거칢[率]. ¶경솔하게 행동하다. ⑭ 경망(輕妄), 경박(輕薄). ⑮ 신중(愼重).

경수 輕水 | 가벼울 경, 물 수
[light water]
중수(重水)에 상대하여 '가벼운[輕] 물[水]'의 뜻으로 보통의 물을 이르는 말.

▶**경수-로** 輕水爐 | 화로 로
[물리]경수(輕水)를 감속재와 냉각재로 사용하는 원자로(原子爐). ¶경수로를 건설하다.

경시 輕視 | 가벼울 경, 볼 시
[make light of; belittle]
가볍게[輕] 봄[視]. 대수롭지 않게 여김. ¶인명을 경시하는 풍조가 만연하다. ⑭ 멸시(蔑視), 무시(無視). ⑮ 중시(重視).

경신 更新 | 고칠 경, 새 신 [renew]
❶[속뜻]고쳐[更] 새롭게[新] 함. ❷종전의 기록을 깨뜨려 새로운 기록을 세움. ¶기록을 경신하였다.

경악 驚愕 | 놀랄 경, 놀랄 악
[be astonished]
깜짝 놀람[驚=愕]. ¶그 소식을 듣고 경악을 금치 못했다.

경ː애 敬愛 | 공경할 경, 사랑 애
[love and respect]
존경(尊敬)하고 사랑함[愛]. ¶경애하는

신사 숙녀 여러분. 🔵애경(愛敬).

경-양식 輕洋食 | 가벼울 경, 서양 양, 밥 식 [brief Western food]
간단한[輕] 서양(西洋)식 요리[食].

경:어 敬語 | 공경할 경, 말씀 어
[term of respect]
존경(尊敬)의 뜻을 나타내기 위하여 사용하는 말[語]. ¶어른에게 경어를 쓰다. 🔵높임말, 존댓말. 🔵비어(卑語).

경:연 競演 | 겨룰 경, 펼칠 연
[contest; match]
개인이나 단체가 모여서 연기(演技)나 기능 따위를 겨룸[競]. ¶요리 경연 대회.

경영 經營 | 다스릴 경, 꾀할 영
[manage; conduct]
❶속뜻 일이나 사람을 다스리어[經] 이익을 꾀함[營]. ❷기업체나 사업체 따위를 관리하여 운영함. ¶기업 경영으로 큰돈을 번다.

▶ **경영-자 經營者** | 사람 자
경제 기업이나 사업을 관리하고 운영하는[經營] 기관이나 사람[者]. ¶최고 경영자.

경:외 敬畏 | 공경할 경, 두려워할 외
[awe; dread]
공경(恭敬)하고 두려워함[畏]. 🔵외경(畏敬).

**경우 境遇 | 상태 경, 만날 우
[circumstance; situation]
❶속뜻 어떤 조건이나 상태[境]에 놓이게 됨[遇]. ❷놓여 있는 사정이나 형편. ¶만일의 경우를 대비하다.

경운 耕耘 | 밭갈 경, 김맬 운 [farm]
농업 논밭을 갈고[耕] 김을 맴[耘].

▶ **경운-기 耕耘機** | 틀 기
땅을 갈아 일구는[耕耘] 데 쓰이는 농업용 기계(機械). ¶경운기로 밭을 갈다.

경:운-궁 慶運宮 | 경사 경, 운수 운, 집 궁
고적 '덕수궁'(德壽宮)의 예전 이름. '경사(慶事)스러운 기운(氣運)이 감도는 궁전(宮殿)'이라는 뜻으로 지은 이름이다.

경위 經緯 | 날실 경, 씨실 위 [warp and woof; details; longitude and latitude]
❶속뜻 직물(織物)의 날실[經]과 씨실[緯]. ❷일이 진행되어 온 과정. ¶사건의 경위를 밝히다. ❸지리 경도(經度)와 위도(緯度).

경유¹ 經由 | 지날 경, 말미암을 유
[passage through]
❶속뜻 지나가거나[經] 말미암음[由]. ❷거쳐 지나감. ¶일본을 경유하여 귀국하다.

경유² 輕油 | 가벼울 경, 기름 유
[light oil; diesel fuel]
화학 ❶콜타르를 증류할 때, 맨 처음 얻는 가장 가벼운[輕] 기름[油]. ❷석유의 원유를 증류할 때, 등유 다음으로 얻는 기름. 내연 기관의 연료로 쓰인다. 🔵중유(重油).

경음 硬音 | 단단할 경, 소리 음
[strong sound; fortis]
언어 후두 근육을 긴장하거나 성문(聲門)을 폐쇄했다가 내는 딱딱한[硬] 느낌의 소리[音]. 'ㄲ', 'ㄸ', 'ㅃ', 'ㅆ', 'ㅉ' 따위. 🔵된소리.

경-음악 輕音樂 | 가벼울 경, 소리 음, 풍류 악 [light music]
음악 악단의 연주에 의한, 가벼운[輕] 기분으로 즐길 수 있는 음악(音樂).

경:의 敬意 | 공경할 경, 뜻 의
[respect; regard]
존경(尊敬)의 뜻[意]. ¶경의를 표하다. 🔵예의(禮意).

경의-선 京義線 | 서울 경, 옳을 의, 줄 선
교통 서울[京]에서 신의주(新義州)를 잇는 철도선(鐵道線).

경이 驚異 | 놀랄 경, 다를 이
[wonder; miracle]
놀랍고[驚] 이상(異常)함. ¶자연의 경이 / 경이로운 사건.

경인¹ 庚寅 | 천간 경, 범 인
민속 천간의 '庚'과 지지의 '寅'이 만난 간

지(干支). ¶경인년생은 범띠이다.

경인² 京仁 | 서울 경, 인천 인
[Seoul and Incheon]
서울[京]과 인천(仁川)을 아울러 이르는 말. ¶경인 지역.

▶**경인-선 京仁線** | 줄 선
교통 서울[京]과 인천(仁川)을 잇는 철도선(鐵道線).

경자 庚子 | 천간 경, 쥐 자
민속 천간의 '庚'과 지지의 '子'가 만난 간지(干支). ¶경자년생은 쥐띠다.

▶**경자-자 庚子字** | 글자 자
출판 세종대왕 2년(1420)인 경자(庚子)년에 만든 구리 활자(活字).

경작 耕作 | 밭갈 경, 지을 작
[cultivate; farm; till]
논밭을 갈아[耕] 농사를 지음[作]. ¶유기농법으로 벼를 경작하다. ⓗ 농경(農耕).

▶**경작-지 耕作地** | 땅 지
경작(耕作)하는 토지(土地). ¶경작지를 잘 가꾸다. ⓗ 농경지(農耕地).

경:쟁 競爭 | 겨룰 경, 다툴 쟁 [compete]
서로 앞서거나 이기려고 겨루고[競] 다툼[爭]. ¶치열한 경쟁을 벌이다. ⓗ 경합(競合). ⓗ 독점(獨占).

▶**경:쟁-력 競爭力** | 힘 력
경쟁(競爭)할 만한 힘[力]. 또는 그런 능력. ¶경쟁력을 높이다.

▶**경:쟁-률 競爭率** | 비율 률
경쟁(競爭)의 비율(比率). ¶경쟁률이 높다.

▶**경:쟁-심 競爭心** | 마음 심
경쟁(競爭)에서 이기려는 마음[心].

▶**경:쟁-자 競爭者** | 사람 자
서로 다투는[競爭] 상대자(相對者). ¶경쟁자를 물리치다. ⓗ 맞수, 라이벌(rival).

▶**경:쟁-적 競爭的** | 것 적
서로 앞서거나 이기려고 다투는[競爭] 것[的]. ¶경쟁적으로 물건을 사들이다.

경:적 警笛 | 타이를 경, 피리 적
[alarm whistle; horn]

위험을 알리거나 경계(警戒)를 위하여 울리는 고동[笛]. 또는 그 소리. ¶자동차 경적. ⓗ 호각(號角), 사이렌(siren).

경전 經典 | 책 경, 법 전 [scripture]
❶ 속뜻 경서(經書)나 법전(法典)같이 중요한 책. ❷성현이 짓거나 성현의 말이나 행실을 적은 책. ❸종교의 교리를 적은 책. ¶유교(儒敎) 경전.

경-전철 輕電鐵 | 가벼울 경, 전기 전, 쇠 철 [light railroad]
교통 수송량과 운행 거리가 기존 지하철의 절반 정도 수준인 경량(輕量) 전철(電鐵).

*경제 經濟 | 다스릴 경, 건질 제 [economy]
❶ 속뜻 세상을 다스리고[經] 백성을 구제(救濟)함. '경세제민'(經世濟民)의 준말. ❷경제 인간이 공동생활을 하는 데에 필요한 재화를 획득·이용하는 활동 및 이를 통하여 이루어지는 사회관계. ¶자본주의 경제 / 경제가 회복되다.

▶**경제-력 經濟力** | 힘 력
경제 개인이나 국가가 지닌 경제적(經濟的)인 힘[力].

▶**경제-적 經濟的** | 것 적
❶ 속뜻 경제(經濟)에 관한 것[的]. ❷금전상의 융통에 관계되는 것. ❸비용이나 노력 따위가 더 적게 드는 것 ¶대중교통을 이용하면 경제적이다.

경:조 慶弔 | 기쁠 경, 조상할 조
[occasion for celebration or sorrow]
경축(慶祝)할 일과 조문(弔問)할 일.

경:-조사 慶弔事 | 기쁠 경, 조상할 조, 일 사
경사(慶事)스러운 일과 불행한[弔] 일[事]. ¶집안의 경조사를 챙기다.

경:종 警鐘 | 타이를 경, 쇠북 종
[alarm bell]
❶ 속뜻 경계(警戒)의 뜻으로 치는 종(鐘). ❷'주의나 충고'를 비유하여 이르는 말. ¶그 사건은 우리 사회에 경종을 울렸다.

경주¹ 傾注 | 기울 경, 부을 주

[pour into]
❶속뜻 액체가 들어 있는 그릇 따위를 기울여[傾] 부음[注]. ❷정신이나 힘을 한곳에만 기울임. ¶국가 발전에 온 힘을 경주하다.

경:주² 競走 | 겨룰 경, 달릴 주
[race; run]
일정한 거리를 달려[走] 그 빠르기를 겨루는[競] 운동. ¶100미터 경주.

경중 輕重 | 가벼울 경, 무거울 중 [weight]
❶속뜻 가벼움[輕]과 무거움[重]. 또는 그 정도. ❷중요한 것과 중요하지 않은 것. ¶사건의 경중을 따지다.

***경지¹ 耕地** | 밭갈 경, 땅 지
[cultivated land]
경작(耕作)하는 토지(土地). '경작지'(耕作地)의 준말.

경지² 境地 | 지경 경, 땅 지 [stage]
❶속뜻 경계(境界) 안의 땅[地]. ❷자신의 특성과 연구로 이룩한 독자적 방식이나 세계. ¶수필문학의 새로운 경지를 열다. ❸어떠한 단계에 이른 상태. ¶해탈의 경지에 도달하다.

경직 硬直 | 단단할 경, 곧을 직 [stiffen]
❶속뜻 몸 따위가 굳어서[硬] 꼿꼿해짐[直]. ¶근육 경직. ❷생각이나 태도 등이 매우 딱딱함. ¶경직된 분위기. 비 강직(強直). 반 유연(柔軟).

경질 更迭 | =更佚, 고칠 경, 갈마들 질
[change; replace]
어떤 직위에 있는 사람을 갈아내고 다른 사람으로 바꿈[更]. ¶장관을 경질하다.

***경:찰 警察** | 타이를 경, 살필 찰 [police]
❶속뜻 경계(警戒)하여 살핌[察]. ❷**법률** 국가 사회의 공공질서와 안녕을 보장하고 국민의 안전과 재산을 보호하는 일. 또는 그 일을 하는 조직.

▶ **경:찰-관 警察官** | 벼슬 관
법률 경찰(警察) 업무에 종사하는 관직(官職). ¶우리 할아버지는 대한민국 초기의 경찰관이셨다. ㉣ 경관. 비 경찰 공무원(公務員), 순경(巡警).

▶ **경:찰-서 警察署** | 관청 서
법률 경찰(警察) 사무를 맡아보는 관청[署].

경청 傾聽 | 기울 경, 들을 청
[hear; listen]
귀를 기울여[傾] 주의해 들음[聽]. 귀담아 들음. ¶그의 연설을 경청하다.

경:축 慶祝 | 기쁠 경, 빌 축
[congratulate]
경사(慶事)로운 일을 축하(祝賀)함. ¶광복절 경축 행사 / 개교 50주년을 경축하다.

****경치 景致** | 볕 경, 이를 치
[scenery; scene]
❶속뜻 볕[景]이 듦[致]. ❷자연의 아름다운 모습. ¶경치가 좋다. 비 경광(景光), 풍경(風景).

경칩 驚蟄 | 놀랄 경, 숨을 칩
겨울잠을 자던[蟄] 벌레, 개구리 따위가 깨어 놀라[驚] 꿈틀거리기 시작한다는 절기(節氣). 양력 3월 5일 경이다.

경쾌 輕快 | 가벼울 경, 기쁠 쾌
❶속뜻 마음이 가뜬하고[輕] 기쁨[快]. ❷몸놀림이 가볍고 날래다. ¶경쾌한 걸음.

경탄 驚歎 | 놀랄 경, 감탄할 탄
[admire; wonder]
몹시 놀라[驚] 감탄(感歎)함. ¶나는 자연의 아름다움에 경탄했다.

경:통 鏡筒 | 거울 경, 대롱 통
현미경이나 망원경 따위에서 접안렌즈와 대물렌즈의 두 개의 거울[鏡]을 연결하는 통(筒).

경판 經板 | 책 경, 널빤지 판
책으로 만들기 위하여 불경(佛經)을 새긴 판(板). ¶팔만대장경 경판.

경:포-대 鏡浦臺 | 거울 경, 개 포, 돈대 대
고적 강원도 강릉시 경포(鏡浦) 호수의 북쪽에 있는 조선시대 누대(樓臺). 관동 팔경의 하나.

경ː품 景品 | 볕 경, 물건 품 [giveaway]
❶[속뜻] 햇볕[景]의 그림자같이 곁들여 주는 물건[品]. ❷상품에 곁들여 고객에게 거저 주는 물건. ¶경품을 나누어 주다.

경학 經學 | 책 경, 배울 학
[(the study of) Chinese classics]
❶[속뜻] 경서(經書)를 연구하는 학문(學問). ❷유교(儒敎)의 정통 학문.

경ː합 競合 | 겨룰 경, 싸울 합
[compete with]
❶[속뜻] 겨루어[競] 맞서 싸움[合]. ❷[법률] 동일한 대상에 대하여 같은 효력을 가지는 권리 따위가 중복되는 일. ¶올림픽을 유치하기 위해 두 도시가 경합했다. [비] 경쟁(競爭).

경향 傾向 | 기울 경, 향할 향
[tendency; trend]
어떤 방향(方向)으로 기울어[傾] 쏠림. 또는 그런 방향. ¶그는 통계수치를 과신하는 경향이 있다.

⁑**경험** 經驗 | 지날 경, 겪을 험 [experience]
자신이 실제로 해 보거나[經] 겪어봄[驗]. 또는 거기서 얻은 지식이나 기능. ¶경험을 쌓다 / 다양한 경험을 하다. [비] 체험(體驗). [반] 관념(觀念), 사변(思辨).
▸ 경험-담 經驗談 | 이야기 담
몸소 겪어 본[經驗] 이야기[談].

경ː호 警護 | 지킬 경, 돌볼 호
[guard; escort]
지켜주어[警] 보호(保護)함. ¶경찰이 증인을 경호했다.
▸ 경ː호-원 警護員 | 사람 원
다른 사람의 신변의 안전을 돌보는[警護] 일을 임무로 하는 사람[員]. ¶대통령 경호원.

경화 硬化 | 단단할 경, 될 화 [harden]
단단하게[硬] 됨[化]. ¶근육이 경화되었다. [반] 연화(軟化).
▸ 경화-증 硬化症 | 증세 증
[의학] 몸의 조직이나 기관이 비정상적으로 단단하게[硬] 변화(變化)하는 병증(病症). ¶동맥 경화증.

경황 景況 | 볕 경, 상황 황
[interesting situation]
❶[속뜻] 햇볕[景]을 쏘일 여유나 형편[況]. ❷정신적·시간적 여유 또는 형편. ¶너무 바빠서 인사할 경황도 없었다.

경ː회-루 慶會樓 | 경사 경, 모일 회, 다락 루
[고적] 경복궁 서쪽 연못 안에 있는 누각. 임금과 신하가 경사(慶事)스런 날에 모여[會] 잔치하던 누각(樓閣)이다.

계ː[1]戒 | 경계할 계
죄악을 저지르지 못하게[戒] 하는 규정. ¶계를 지키다.

계ː[2]契 | 맺을 계 [mutual loan club]
계원(契員)이 일정한 곗돈을 내고, 예정한 순서나 제비를 뽑아 그 금액을 모두 가져가는 자금 융통 조직. ¶어머니는 2년짜리 계를 들었다.

계ː[3]計 | 셀 계 [sum total]
전체를 합하여 셈한[計] 것. ¶계가 얼마인지를 셈해보다. [비] 합계(合計), 총계(總計).

계ː[4]界 | 지경 계 [circles]
[생물] 생물 분류상의 가장 큰 단위[界]. 동물계(動物界)·식물계(植物界) 따위.

계곡 溪谷 | 시내 계, 골짜기 곡 [valley]
시냇물[溪]이 흐르는 골짜기[谷]. ¶계곡에서 여름 휴가를 보냈다.

계구우후 鷄口牛後 | 닭 계, 입 구, 소 우, 뒤 후
❶[속뜻] 닭[鷄]의 부리[口]가 될지언정 소[牛]의 꼬리[後]는 되지 않겠음. ❷'큰 집단의 말석보다는 작은 집단의 우두머리가 나음'을 비유하여 이르는 말.

***계급** 階級 | 섬돌 계, 등급 급
[class; rank]
❶[속뜻] 지위나 관직 등의 품계(品階)나 등급(等級). ¶한 계급 승진하다. ❷신분이나 직업, 재산 등이 비슷한 사람들로 이루어

지는 사회적 집단. 또는 그것을 기준으로 구분되는 계층. ¶계급 간의 갈등이 심하다. ❸'계급장'(階級章)의 준말.
▶ 계급-장 階級章 | 글 장
조직에서 계급(階級)을 나타내기 위하여 다는 표장(標章). ¶소위 계급장을 달았다.

*계:기¹ 契機 | 맺을 계, 실마리 기
[opportunity; chance]
어떤 결과를 맺게[契] 된 실마리[機]. ¶불의 발견은 인류 진화의 계기가 되었다. ㊑ 원인(原因), 동기(動機).

계:기² 計器 | 셀 계, 그릇 기
[meter; gauge]
길이, 면적, 무게, 양, 온도, 속도, 시간 따위를 재는[計] 기계나 기구(器具). ¶고도의 계기를 장치한 비행기. ㊑ 계측기(計測器).

*계단 階段 | 섬돌 계, 층계 단 [staircase; stage]
❶속뜻 오르내리기 편하도록 건물이나 비탈에[階] 만든 층계[段]. ¶계단을 내려가다. ❷일을 하는 데 밟아야 할 순서. ㊑ 층계(層階), 단계(段階).

계란 鷄卵 | 닭 계, 알 란 [egg]
닭[鷄]이 낳은 알[卵]. ㊑ 달걀.
▶ 계란유골 鷄卵有骨 | 있을 유, 뼈 골
❶속뜻 계란(鷄卵)에 뼈[骨]가 있음[有]. ❷계란이 다 곯았음. 운수가 나쁜 사람은 모처럼 좋은 기회를 만나도 역시 일이 잘 안될 때 쓰는 말이다. ¶계란유골이라더니, 나는 왜 이렇게 재수가 없지.

계:략 計略 | 꾀 계, 꾀할 략
[plan; trick]
계획(計劃)과 책략(策略). ¶계략을 꾸미다. ㊑ 계책(計策).

계:량 計量 | 셀 계, 분량 량
[measure; weigh]
분량(分量)이나 무게 따위를 잼[計]. ¶밀가루를 계량하여 담다. ㊑ 계측(計測).
▶ 계:량-기 計量器 | 그릇 기
분량(分量)이나 무게 따위를 재는[計] 데 쓰는 기구(器具). ¶수도 계량기.

계명¹ 階名 | 섬돌 계, 이름 명
[syllable names]
❶속뜻 계급(階級)이나 품계(品階)의 이름[名]. ❷음악 음계(音階)의 이름. ¶계명을 부르다. ㊑ 계이름.

계:명² 誡命 | 경계할 계, 명할 명
[commandments]
도덕상 또는 종교상 지켜야 하는[誡] 규정[命]. 기독교의 십계명 따위. ¶그는 평생 계명을 잘 지켰다.

계명-구도 鷄鳴狗盜 | 닭 계, 울 명, 개 구, 훔칠 도
❶속뜻 닭[鷄] 울음소리[鳴]를 잘 내는 사람과 개[狗] 흉내로 남의 물건을 잘 훔치는[盜] 사람. ❷비굴하게 남을 속이는 하찮은 재주. 또는 그런 재주를 가진 사람을 이르는 말.

계:모 繼母 | 이을 계, 어머니 모
[stepmother]
친어머니의 뒤를 이은[繼] 새어머니[母]. 아버지의 후처. ¶콩쥐는 계모에게 구박을 받았다. ㊑ 의붓어머니, 새어머니. ㊤ 친모(親母).

계:몽 啓蒙 | 일깨울 계, 어릴 몽
[enlighten]
❶속뜻 무식한 사람이나 어린아이[蒙]를 일깨워[啓] 줌. ❷인습에 젖거나 바른 지식을 가지지 못한 사람을 일깨워, 새롭고 바른 지식을 가지도록 함. ¶국민을 계몽하다 / 계몽문학. ㊑ 계발(啓發).

계:발 啓發 | 일깨울 계, 밝힐 발
[enlighten]
❶속뜻 일깨워주고[啓] 밝혀줌[發]. ❷재능이나 사상 따위를 일깨워 줌. ¶창의력을 계발하다.

계:보 系譜 | 이어 맬 계, 적어놓을 보
[pedigree; genealogy]
❶속뜻 조상 때부터 이어온[系] 혈통이나 집안의 역사를 적어 놓음[譜]. ❷사람의 혈연관계나 학문, 사상 등의 계통 또는

순서의 내용을 나타낸 기록. ¶전통문학의 계보를 잇다. [비] 가계(家系).

계사 鷄舍 | 닭 계, 집 사 [henhouse]
닭[鷄]을 사육하는 우리[舍]. ¶아버지는 새 계사를 지어주셨다. [비] 닭장.

계:산 計算 | 셀 계, 셀 산 [calculate; reckon]
❶ [속뜻] 수량을 셈[計=算]. ❷ [수학] 식을 연산(演算)하여 수치를 구하는 것. ¶남은 돈을 잘 계산해 보았다.

▶ 계:산-기 計算機 | =計算器, 틀 기
계산(計算)을 빠르게 하기 위하여 사용하는 기기(機器). ¶계산기를 사용하면 편리하다.

▶ 계:산-서 計算書 | 글 서
❶ [속뜻] 계산(計算)한 것을 적은 글[書]. 또는 그 문서. ❷물건 값의 청구서.

*계:속 繼續 | 이을 계, 이을 속 [continue; maintain]
끊이지 않고[繼] 이어 나감[續]. ¶여행을 계속하다. [비] 지속(持續). [반] 중단(中斷).

▶ 계:속-적 繼續的 | 것 적
끊이지 않고 이어 나가는[繼續] 것[的]. ¶계속적인 성장세를 보이다.

계:승 繼承 | 이을 계, 받들 승 [succeed; inherit]
조상이나 선임자의 뒤를 이어[繼] 받들음[承]. ¶아버지의 유업을 계승하다. [비] 승계(承繼). [반] 단절(斷絕).

계:시 啓示 | 열 계, 보일 시 [reveal]
❶ [속뜻] 열어[啓] 보여 줌[示]. ❷사람의 지혜로는 알 수 없는 진리를 신이 영감(靈感)으로 알려 줌. ¶신의 계시를 받다. [비] 현시(現示).

계:약 契約 | 맺을 계, 묶을 약 [contract; promise]
❶ [속뜻] 약속(約束)을 맺음[契]. ❷관련되는 사람이나 조직체 사이에서 서로 지켜야 할 의무에 대하여 글이나 말로 정하여 둠. 또는 그런 약속. ¶계약을 체결하다. [비] 약정(約定), 약속(約束).

▶ 계:약-금 契約金 | 돈 금
[법률] 계약(契約) 보증금(保證金). ¶계약금을 치르다.

▶ 계:약-서 契約書 | 글 서
계약(契約)의 조항들을 적은 글[書]. 또는 그 문서. ¶매매 계약서. [비] 계권(契卷), 계문(契文).

계:엄 戒嚴 | 경계할 계, 엄할 엄 [martial law]
❶ [속뜻] 일정한 곳을 병력으로 엄하게[嚴] 경계(警戒)함. ❷ [법률] 군사적 필요나 사회의 안녕과 질서 유지를 위하여 일정한 지역의 행정권과 사법권의 전부 또는 일부를 군이 맡아 다스리는 일. ¶계엄을 해제하다.

계:열 系列 | 이어 맬 계, 벌일 렬 [system; series]
서로 관련이 있는 것을 이어지게[系] 벌여[列] 놓음. 또는 그런 조직. ¶언니는 인문계열 고등학교에 입학했다. [비] 계통(系統).

계:율 戒律 | 경계할 계, 법칙 률 [commandments]
경계(警戒)하여 지켜야 할 규율(規律). ¶불교의 계율을 따르다.

계:장 係長 | 단위 계, 어른 장 [section chief]
계(係) 단위 조직의 우두머리[長]. ¶서무계 계장.

*계:절 季節 | 철 계, 마디 절 [season]
❶ [속뜻] 일년 가운데 철[季]로 구분되는 마디[節]. ❷한 해를 날씨에 따라 나눈 그 한 철. 온대(溫帶)에는 봄, 여름, 가을, 겨울의 네 철이 있고 열대(熱帶)에는 건계(乾季)와 우계(雨季)가 있다. ❸어떤 일을 하는 데 가장 알맞은 시절. ¶가을은 독서의 계절이다.

▶ 계:절-병 季節病 | 병 병
[의학] 어떤 특정한 계절(季節)에 특히 많이 발생하는 병(病).

▶ 계:절-풍 季節風 | 바람 풍

[지리] 계절(季節)에 따라 일정한 지역에 일정한 방향으로 불어오는 바람[風]. 여름에는 해양에서 대륙으로, 겨울에는 대륙에서 해양으로 방향을 바꾸어 분다. ¶여름에는 주로 남동 계절풍이 분다. [비] 기후풍(氣候風), 몬순(monsoon).

계제 階梯 | 섬돌 계, 사다리 제
[steps; stages; chance]
❶[속뜻] 층계(層階)와 사닥다리[梯]. ❷일이 되어 가는 순서나 절차. ❸어떤 일을 할 수 있게 된 형편. ¶아직은 그럴 계제가 못된다. [비] 단계(段階), 기회(機會).

계:좌 計座 | 셀 계, 자리 좌 [account]
❶[속뜻] 금액의 증감을 나누어 계산(計算)·기록하는 자리[座]. ❷'예금계좌'(預金計座)의 준말. ¶계좌 번호가 어떻게 됩니까?

계:주 繼走 | 이을 계, 달릴 주
[relay race]
[운동] 일정한 거리를 몇 사람이 나누어 이어[繼] 달리는[走] 경기. ¶400미터 계주 경기.

계:책 計策 | 꾀 계, 꾀 책
[scheme; artifice]
계교(計巧)와 방책(方策). ¶교묘한 계책을 쓰다. [비] 계략(計略).

계:측 計測 | 셀 계, 잴 측 [measure]
부피·무게·길이 따위를 기계나 기구로 헤아려[計] 재어 봄[測]. ¶치수를 계측하다. [비] 계량(計量).

계층 階層 | 섬돌 계, 층 층
[class; social stratum]
사회적 지위에 따른[階] 여러 층(層). ¶계층 간의 차이. [비] 계급(階級).

계:통 系統 | 이어 맬 계, 큰 줄기 통
[system; party]
❶[속뜻] 일정한 차례에 따라 이어져[系] 있는 큰 줄기[統]. ❷같은 방면이나 같은 종류 등에 딸려 있는 것. ¶소화기 계통 / 계통에 따라 동물을 나누다.

계:피 桂皮 | 계수나무 계, 껍질 피
[cinnamon]
계수나무[桂]의 껍질[皮]. 한약재로 쓴다.

⁑계:획 計劃 | 셀 계, 나눌 획
[plan; project]
❶[속뜻] 미리 잘 세어보고[計] 잘 나누어봄[劃]. ❷앞으로 할 일의 절차, 방법, 규모 따위를 미리 헤아려 작정함. ¶우주여행을 계획하다. [비] 기획(企劃), 심산(心算).

▸ **계:획-도** 計劃圖 | 그림 도
설계나 계획(計劃)에 쓰는 기초적인 도면(圖面). ¶계획도를 보고 작성하다.

▸ **계:획-서** 計劃書 | 글 서
계획(計劃)한 내용을 담은 글[書]. 또는 그 문서. ¶학교 운영 계획서를 작성하다.

▸ **계:획-성** 計劃性 | 성질 성
모든 일을 계획(計劃)을 짜서 처리하려고 하는 성질(性質). ¶계획성이 있다.

▸ **계:획-적** 計劃的 | 것 적
어떤 일을 미리 계획(計劃)을 세워서 하는 것[的]. ¶계획적인 범죄.

▸ **계:획-표** 計劃表 | 겉 표
계획(計劃)을 세워 자세히 적은 표(表). ¶계획표를 짜다.

고: 故 | 옛 고 [late; deceased]
이미 세상을 떠난 옛[故] 사람이 된. '고인'(故人)의 준말. ¶고 방정환 선생 80주기 추모식.

고가¹ 高價 | 높을 고, 값 가 [high price]
높은[高] 가격(價格). ¶고가의 물건을 사다. [반] 저가(低價), 염가(廉價).

고가² 高架 | 높을 고, 건너지를 가
[elevated; overhead]
땅 위에 높다랗게[高] 건너지름[架].

▸ **고가 도:로** 高架道路 | 길 도, 길 로
[교통] 땅 위에 지대(支臺)를 높게[高] 세우고 그 위로 가설(架設)한 도로(道路).

고갈 枯渴 | 마를 고, 목마를 갈
[be dried up; be exhausted]
❶[속뜻] 목마를[渴] 정도로 물기가 없음[枯]. ❷물자나 자금이 달림. ¶자원을 고

갈시키다. ❸인정이나 정서 따위가 없어짐. 메마름. ¶상상력이 고갈되다. [반] 해갈(解渴).

고:객 顧客 | 돌아볼 고, 손 객 [customer; buyer]
❶[속뜻] 자주 들러 보는[顧] 손님[客]. ❷상점 따위에 물건을 사러 자주 오는 손님. ¶고객에게 친절하게 대하라. ❸단골로 오는 손님.

고견 高見 | 높을 고, 볼 견 [excellent idea]
❶[속뜻] 높은[高] 식견(識見). ❷상대편의 '의견'을 높여 이르는 말. ¶선생님의 고견을 듣고 싶습니다. [비] 탁견(卓見).

고결 高潔 | 높을 고, 깨끗할 결 [lofty; noble; pure]
고상(高尙)하고 깨끗함[潔]. ¶성품이 강직하고 고결하다.

고고[1] 孤高 | 홀로 고, 높을 고 [stand in lofty solitude]
홀로[孤] 세속에 초연(超然)하여 고상(高尙)하다. ¶고고한 생활을 하다.

고:고[2] 考古 | 고찰할 고, 옛 고 [study of antiquities]
유물이나 유적으로 옛[古] 일을 고찰(考察)함. ¶고고인류학.

▸고:고-학 考古學 | 배울 학
유물·유적에 의하여 고대(古代) 인류에 관한 일을 연구하는[考] 학문(學問).

고관 高官 | 높을 고, 벼슬 관 [high official]
높은[高] 벼슬자리[官]. 또는 그런 지위에 있는 관리. ¶회의에는 정부 고관들이 참석했다.

▸고관 대:작 高官大爵 | 큰 대, 벼슬 작
지위가 높고[高] 권세가 큰[大] 벼슬[官=爵]. 또는 그 벼슬아치. [반] 미관말직(微官末職).

고교 高校 | 높을 고, 학교 교 [high school]
'고등학교'(高等學校)의 준말.

▸고교-생 高校生 | 사람 생
고등학교(高等學校)에 다니는 학생(學生). ¶고교생을 위한 참고서.

고구려 高句麗 | 높을 고, 글귀 구, 고울 려
[역사] 우리나라 고대 왕국 중의 하나. 북부여 사람 주몽이 한반도 북쪽과 중국 동북 지방 일대에 자리 잡아 세웠다는 나라. '高句麗'의 유래에 대해서는 정설이 없다.

고:국 故國 | 옛 고, 나라 국 [one's homeland]
❶[속뜻] 예전[故]에 살던 나라[國]. ❷남의 나라에 가 있는 사람의 처지에서 '자기 나라'를 이르는 말. ¶고국을 그리다. [비] 모국(母國), 본국(本國), 조국(祖國). [반] 타국(他國).

고군 孤軍 | 외로울 고, 군사 군 [isolated force; forlorn garrison]
후방의 지원을 받을 수 없는 고립(孤立)된 군사(軍士).

▸고군-분투 孤軍奮鬪 | 떨칠 분, 싸울 투
❶[속뜻] 수가 적고 후원이 없는 외로운[孤] 군대(軍隊)가 힘에 겨운 적과 용감하게[奮] 싸움[鬪]. ❷적은 인원의 힘으로, 도움도 받지 않고 힘겨운 일을 그악스럽게 해냄. ¶그들은 악천후 속에서도 매몰자를 구하려고 고군분투했다. [비] 악전고투(惡戰苦鬪).

고:궁 故宮 | 옛 고, 집 궁 [old palace]
옛[故] 궁궐(宮闕). ¶고궁으로 소풍을 가다.

고귀 高貴 | 높을 고, 귀할 귀 [be expensive; valuable]
❶[속뜻] 인품이나 지위가 높고[高] 귀(貴)함. ¶고귀한 정신. ❷값이 비쌈.

고:금 古今 | 옛 고, 이제 금 [ancient and modern times]
옛날[古]과 지금(只今). ¶그는 고금을 통하여 가장 훌륭한 학자이다.

▸고:금-상정예문 古今詳定禮文 | 자세할 상, 정할 정, 예도 례, 글월 문
[책명] 고려 의종 때, 최윤의(崔允儀)가 고금

(古今)의 예문(禮文)을 상세히 소개한[詳定] 책. ㉜ 상정예문.

고급 高級 | 높을 고, 등급 급
[high class]
높은[高] 등급(等級)이나 계급(階級). ¶고급 승용차. ㊵ 상급(上級).

고-기압 高氣壓 | 높을 고, 공기 기, 누를 압 [high atmospheric pressure]
[지리] 주위보다 높은[高] 기압(氣壓). ¶고기압의 영향으로 하늘이 맑다. ㊵ 저기압(低氣壓).

고:난 苦難 | 괴로울 고, 어려울 난
[suffering; hardship]
괴로움[苦]과 어려움[難]을 아울러 이르는 말. ¶고난 속에 인생의 기쁨이 있다. ㊵ 고초(苦楚).

고뇌 苦惱 | 쓸 고, 괴로울 뇌 [suffer]
쓰라림[苦]과 괴로움[惱]. 괴로운 번뇌. ¶고뇌에 찬 얼굴을 하다. ㊵ 고민(苦悶).

고-단백 高蛋白 | 높을 고, 새알 단, 흰 백
[hyper protein]
단백질(蛋白質)의 함유량이 높음[高]. ¶고단백 음식을 삼가다.

고대¹ 苦待 | 쓸 고, 기다릴 대
[wait impatiently]
애타게[苦] 기다림[待]. ¶다시 만날 날을 고대했다.

＊고:대² 古代 | 옛 고, 시대 대
[ancient times]
옛[古] 시대(時代). ¶고대 사회 / 고대 문학. ㊵ 근대(近代), 현대(現代).

▶ 고:대 국가 古代國家 | 나라 국, 집 가
❶ [속뜻] 예전에[古代] 존재했던 국가(國家). ❷ [역사] 역사상 처음으로 출현한 중앙 집권적인 통일 국가. ¶우리나라에서는 삼국시대에 고대 국가가 형성되었다.

고대³ 高臺 | 높을 고, 돈대 대
❶ [속뜻] 높이[高] 쌓아 올린 터[臺]. ❷ 높이 쌓은 대(臺).

▶ 고대-광실 高臺廣室 | 넓을 광, 집 실
높은[高] 터[臺]와 넓은[廣] 집[室]. 매우 크고 좋은 집.

고:도¹ 古都 | 옛 고, 도읍 도
[ancient city; former capital]
옛[古] 도읍(都邑). ¶경주는 신라의 고도이다.

고도² 高度 | 높을 고, 정도 도
[height; high degree]
❶ [속뜻] 높은[高] 정도(程度). ¶고도로 발달한 문명 / 비행기가 고도를 유지하며 난다. ❷ [천문] 지평면에서 천체까지의 각거리. 천체에 대한 올려본 각 또는 내려본 각.

고독 孤獨 | 외로울 고, 홀로 독
[lonely; solitary]
❶ [속뜻] 짝 없이 외로운[孤] 홀[獨]몸. ❷ 외로움. ¶고독한 생활. ❸ 어려서 부모를 여읜 아이와 자식 없는 늙은이.

고동¹ 鼓動 | 북 고, 움직일 동
[beat; palpitate]
❶ [속뜻] 북[鼓]소리같이 울리거나 뜀[動]. ❷ 혈액 순환에 따라 심장이 뛰는 일. ¶심장 고동 소리. ㊵ 고무(鼓舞).

고:동² 古銅 | 옛 고, 구리 동
[old copper]
❶ [속뜻] 고대(古代)의 구리[銅]. ❷ 헌 구리쇠. ❸ 오래된 동전.

▶ 고:동-색 古銅色 | 빛 색
❶ [속뜻] 오래된[古] 구리[銅]같이 검누른 색(色). ❷ 적갈색.

고등 高等 | 높을 고, 무리 등
[high grade; high class]
정도나 수준이 높은[高] 무리[等]. ¶고등 동물. ㊵ 하등(下等), 초등(初等).

▶ 고등-학교 高等學校 | 배울 학, 가르칠 교
[교육] 중학교 교육을 기초로 하여 고등(高等) 교육 및 실업 교육을 베푸는 학교(學校). ㉜ 고교.

고랭-지 高冷地 | 높을 고, 찰 랭, 땅 지
[highland agriculture]
[지리] 해발(海拔) 600m 이상의, 높고[高] 한랭(寒冷)한 지방(地方). ¶고랭지 배추.

*고려[1]考慮 | 살필 고, 생각할 려 [consider]
잘 살피고[考] 깊이 생각함[慮]. ¶신중히 고려하였다.

고려[2]高麗 | 높을 고, 고울 려
[역사] 우리나라 중세 왕조의 하나. 태봉의 장수 왕건(王建)이 세운 나라. 후백제를 멸하고 신라를 항복시켜 후삼국을 통일하였다. 산(山)이 높고[高] 강물[水]이 아름답다[麗]는 '산고수려'(山高水麗)의 준말에서 유래됐다는 설이 있다.

▸ 고려-사 高麗史 | 역사 사
[책명] 조선 세종 때, 고려(高麗)의 역사(歷史)를 기록한 책. 정인지 등이 편찬.

▸ 고려-장 高麗葬 | 장사지낼 장
❶[속뜻] 고구려(高句麗) 때에 늙어서 쇠약한 이를 산 채로 묘실(墓室)에 옮겨 두었다가 죽은 뒤에 그곳에서 장사(葬事)지내던 풍습. ❷지난날, '규모가 큰 토분'(土墳)을 흔히 이르던 말.

▸ 고려-자기 高麗瓷器 | =高麗磁器, 오지그릇 자, 그릇 기
[수공] 고려(高麗) 시대에 유행하던 공법으로 만든 자기(瓷器).

▸ 고려-청자 高麗青瓷 | =高麗青磁, 푸를 청, 오지그릇 자
[수공] 고려(高麗) 시대에 만든 푸른빛[青]의 자기(瓷器)를 통틀어 이르는 말. 상감청자가 유명하다.

고령 高齡 | 높을 고, 나이 령
[advanced age]
높은[高] 나이[齡]. 많은 나이. ¶할아버지는 고령에도 불구하고 대회에 참가했다. [반] 유년(幼年), 소년(少年).

고령-토 高嶺土 | 높을 고, 재 령, 흙 토
[kaoline]
[광업] 바위 속의 장석(長石)이 풍화 작용을 받아 이루어진 진흙[土]. 중국 고령(高嶺) 지방에서 많이 산출된 데서 유래된 이름.

고리 高利 | 높을 고, 이로울 리
[high interest (rate)]
법정 이자나 보통의 이자보다 높은[高] 이자(利子). ¶고리로 돈을 빌렸다.

▸ 고리-대금 高利貸金 | 빌릴 대, 돈 금
보통의 이자보다 높은[高] 이자(利子)를 받고 돈[金]을 빌려주는[貸] 것. 또는 그 돈. ¶고리대금을 놓아 막대한 돈을 벌었다. [준] 고리대.

고립 孤立 | 외로울 고, 설 립
[be isolated]
❶[속뜻] 홀로 외따로[孤] 떨어져 있음[立]. ❷남과 어울리지 못하고 외톨이가 됨. ¶외부와 완전히 고립되다. [비] 사면초가(四面楚歌).

고막 鼓膜 | 북 고, 꺼풀 막 [tympanum]
[의학] 귓구멍 안쪽에 있는 북[鼓] 모양의 둥글고 얇은 꺼풀[膜]. 공기의 진동에 따라 이 막이 울려 소리를 듣게 한다. ¶폭탄 소리에 고막이 터지다.

고만 [that much and no more]
❶고 정도까지만. ¶이제 고만해라. ❷그만 바로. ¶바쁘니 고만 가야겠소. [반] 계속(繼續).

**고모 姑母 | 고모 고, 어머니 모
[aunt; paternal aunt]
아버지의 누이[姑]로서 어머니[母] 같은 분. [반] 이모(姨母).

▸ 고모-부 姑母夫 | 지아비 부
고모(姑母)의 남편[夫]. ¶고모부께서 오셨다.

고:목[1]古木 | 옛 고, 나무 목 [old tree]
오래[古] 묵은 나무[木]. ¶몇 백 년 된 고목에서 새싹이 돋다.

고목[2]枯木 | 마를 고, 나무 목
[withered tree]
말라[枯] 죽은 나무[木]. ¶고목을 땔감으로 사용하다.

고문[1]拷問 | 칠 고, 물을 문 [torture]
피의자에게 여러 가지 신체적 고통을 주며[拷] 신문(訊問)함. ¶고문을 당하다.

고문[2]顧問 | 돌아볼 고, 물을 문 [adviser]
❶[속뜻] 자문(諮問)에 응함[顧]. ❷어떤 분야에 대하여 전문적인 지식과 풍부한 경

험을 가지고 자문에 응하여 의견을 제시하고 조언을 하는 직책. 또는 그런 직책에 있는 사람. ¶고문 변호사.

고:물 古物 | 옛 고, 만물 물
[old article]
❶[속뜻] 옛날[古] 물건(物件). ❷낡고 헌 물건. ¶이 라디오는 고물이 되었다. [비] 폐물(廢物).

▸고:물-상 古物商 | 장사 상
고물(古物)을 팔고 사는 장사[商]. 또는 그 장수. ¶고장 난 라디오를 고물상에게 주었다.

***고민** 苦悶 | 괴로울 고, 번민할 민
[agony; anguish]
괴로워하고[苦] 속을 태움[悶]. ¶머리카락이 많이 빠져서 고민이다. [비] 고뇌(苦惱), 고심(苦心).

고:발 告發 | 알릴 고, 드러낼 발
[complain]
❶[속뜻] 잘못이나 비리 따위를 알려[告] 드러냄[發]. ❷피해자나 고소권자가 아닌 제삼자가 수사 기관에 범죄 사실을 신고하여 수사 및 범인의 기소를 요구하는 일. ¶경찰에 사기꾼을 고발하다.

고배 苦杯 | 쓸 고, 잔 배
[bitter cup; defeat]
❶[속뜻] 쓴[苦] 맛의 음료나 술이 든 잔[杯]. ❷'쓰라린 경험'을 비유하여 이르는 말. ¶인생의 고배를 마시다.

고:백 告白 | 알릴 고, 말할 백 [confess]
마음속에 숨기고 있던 것을 알려[告] 털어놓음[白]. ¶그녀에게 사랑을 고백하다. [비] 자백(自白). [반] 은폐(隱蔽).

고:별 告別 | 알릴 고, 나눌 별 [farewell]
서로 헤어지게[別] 됨을 알림[告]. ¶동료들과 고별하다.

고봉 高捧 | 높을 고, 받들 봉
[heaping measure]
그릇 위로 수북하게[高] 담는[捧] 일. ¶밥을 고봉으로 담다.

고부 姑婦 | 시어머니 고, 며느리 부
시어머니[姑]와 며느리[婦]. [비] 고식(姑息).

▸고부-간 姑婦間 | 사이 간
시어머니[姑]와 며느리[婦] 사이[間]. ¶고부간의 갈등.

***고:분** 古墳 | 옛 고, 무덤 분
[old tomb]
옛[古] 무덤[墳]. ¶백제시대 고분을 발굴하다.

▸고:분-군 古墳群 | 무리 군
아주 오래된[古] 무덤[墳]들이 무리[群]를 지어 많이 있는 곳. ¶고분군을 조사하다.

고:사[1] 告祀 | 알릴 고, 제사 사
[민속] 액운은 없어지고 행운이 오도록 집안에서 섬기는 신에게 음식을 차려 놓고 그런 뜻을 알려[告] 비는 제사(祭祀). ¶산신령에게 고사를 드리다.

고:사[2] 故事 | 옛 고, 일 사
[ancient happening]
❶[속뜻] 옛날[故]에 있었던 일[事]. ❷옛날 이야기. ¶고사를 이야기해주었다.

고:사[3] 考査 | 생각할 고, 살필 사
[consider; examine]
❶[속뜻] 자세히 생각하여[考] 알뜰히 살펴봄[査]. ❷학교에서 학생의 학업 성적을 시험함. 또는 그 시험. ¶월말 고사.

▸고:사-장 考査場 | 마당 장
시험[考査]을 보는 곳[場].

고산 高山 | 높을 고, 메 산
[high mountain]
높은[高] 산(山). ¶이 꽃은 고산 지대에서 자생(自生)한다. [비] 태산(泰山).

고상 高尙 | 높을 고, 받들 상 [be noble]
인품이나 학문 따위가 높아[高] 숭상(崇尙)할 만함. ¶그는 고상한 취미를 가지고 있다. [반] 저속(低俗)하다.

***고생** 苦生 | 괴로울 고, 살 생
[suffer; hardship]
❶[속뜻] 괴롭게[苦] 살아감[生]. ❷어렵고 힘든 생활을 함. 또는 그런 생활. [비] 고난

(苦難), 곤란(困難), 고초(苦楚). 속당 고생 끝에 낙이 온다.

고:생-대 古生代 | 옛 고, 살 생, 시대 대
[Paleozoic era]
지리 지질 시대의 구분의 한 가지. 중생대(中生代) 이전[古生]의 시대(時代).

고:-생물 古生物 | 옛 고, 살 생, 만물 물
[fossils]
생물 고생대(古生代)에 살았던 생물(生物). 매머드 따위.

고:서 古書 | 옛 고, 책 서 [old book]
❶속뜻 옛[古] 책[書]. ❷헌 책. ⑪신간(新刊).

고성 高聲 | 높을 고, 소리 성
[loud voice]
높고[高] 큰 목소리[聲]. ¶회의에서 고성이 오갔다. ⑪저성(低聲).

▶ **고성-방가 高聲放歌** | 놓을 방, 노래 가
큰[高] 소리[聲]를 지르거나 노래[歌]를 부름[放]. ¶한 남자가 고성방가로 골목을 시끄럽게 하고 있다.

고-성능 高性能 | 높을 고, 성질 성, 능할 능
성능(性能)의 수준이 높음[高]. 높은 성능. ¶그 자동차는 고성능 엔진을 갖추고 있다.

고:소¹ 告訴 | 알릴 고, 하소연할 소
[accuse; complaint]
❶속뜻 알려서[告] 하소연함[訴]. ❷법률 범죄의 피해자나 그 법정 대리인이 수사기관에 범죄 사실을 신고하여 수사 및 범인의 소추를 요구함. ¶명예훼손으로 고소하다 / 고소를 취하하다. ⑪고발(告發).

▶ **고:소-장 告訴狀** | 문서 장
법률 고소(告訴)의 내용을 적어서 수사 기관에 제출하는 서류[狀].

고소² 高所 | 높을 고, 곳 소
[high place]
높은[高] 곳[所]. ⑪고처(高處).

▶ **고소 공:포증 高所恐怖症** | 두려울 공, 두려워할 포, 증세 증

의학 높은 곳[高所]에 오르면 몹시 무서움[恐怖]을 느끼는 신경증(神經症)의 한 가지.

고속 高速 | 높을 고, 빠를 속
[high speed]
아주 빠른[高] 속도(速度). ¶고속 성장. ⑪저속(低俗).

▶ **고속-화 高速化** | 될 화
속도가 매우 빨라지게[高速] 됨[化]. 또는 그렇게 함. ¶작업공정이 고속화되다.

고수¹ 固守 | 굳을 고, 지킬 수
[stick to; adhere to]
굳게[固] 지킴[守]. 단단히 지킴. ¶자신의 의견을 고수하다. ⑪묵수(墨守).

고수² 高手 | 높을 고, 솜씨 수 [excellent skill]
뛰어난[高] 재주나 솜씨[手]. 어떤 분야에서 능력이나 기술이 뛰어난 사람. ¶드디어 고수의 경지에 오르다. ⑪상수(上手). ⑪하수(下手).

고수³ 鼓手 | 북 고, 사람 수 [drummer]
음악 북[鼓]을 치는 사람[手].

고수-부지 高水敷地 | 높을 고, 물 수, 펼 부, 땅 지
강물[水] 보다 높은[高] 둔치[敷地].

고승 高僧 | 높을 고, 스님 승
[high priest]
불교 학덕이 높은[高] 승려(僧侶). ⑪성승(聖僧), 대덕(大德). ⑪소승(小僧).

고:시 考試 | 살필 고, 시험할 시
[examination]
❶역사 과거(科擧) 시험(試驗) 성적을 살펴서[考] 등수를 매기던 일. ❷공무원의 임용 자격을 결정하는 시험. ¶삼촌은 사법고시에 합격했다.

고:-시조 古時調 | 옛 고, 때 시, 가락 조
문학 갑오개혁 이전에 창작된 옛[古] 시조(時調).

고심 苦心 | 괴로울 고, 마음 심
[work hard; take pains]
몹시 괴로운[苦] 마음[心]. 몹시 애씀. ¶

이 문제를 두고 오랫동안 고심했다.

고아 孤兒 | 홀로 고, 아이 아 [orphan]
❶**속뜻** 부모가 돌아가시어 홀로[孤]된 아이[兒]. ❷부모를 여읜 사람. ¶할머니는 고아를 맡아 길렀다.

▶ 고아-원 孤兒院 | 집 원
고아(孤兒)를 기르는 사회사업 기관[院]. ¶그는 고아원에서 자랐다. ⑪ 보육원(保育院).

고안 考案 | 생각할 고, 안건 안 [device; contrivance]
새로운 방안(方案)을 생각해[考] 냄. 또는 그 안. ¶새로운 방법을 고안하다.

고압 高壓 | 높을 고, 누를 압 [high tension]
❶**속뜻** 높은[高] 압력(壓力). 강한 압력. ❷**전기** 높은 전압(電壓). ¶고압주의. ⑪ 저압(低壓).

고약 膏藥 | 기름질 고, 약 약 [plaster; patch]
헐거나 곪은 데에 붙이는 기름지고[膏] 끈끈한 약(藥). ¶상처에 고약을 바르다.

고양 高揚 | 높을 고, 오를 양 [uplift]
높이[高] 올림[揚]. 정신이나 기분 따위를 드높임. ¶애국심을 고양하다.

고:어 古語 | 옛 고, 말씀 어 [archaic word]
옛[古] 말[語]. ⑪ 옛말. ⑪ 현대어(現代語).

고역 苦役 | 쓸 고, 부릴 역 [labor; toil]
쓴[苦] 맛이 감돌도록 몹시 힘들게 부림[役]. 고된 일. ¶매일 약 먹는 것은 정말 고역이다.

고열 高熱 | 높을 고, 더울 열 [intense heat]
❶**속뜻** 높은[高] 열(熱). ❷높은 신열(身熱). ¶밤새 고열에 시달리다. ⑪ 미열(微熱).

고온 高溫 | 높을 고, 따뜻할 온 [high temperature]
높은[高] 온도(溫度). ¶고온 다습한 지역. ⑪ 저온(低溫).

고용 雇用 | 품팔 고, 쓸 용 [employ]
보수를 주고[雇] 사람을 부림[用]. ¶고용보험 / 직원을 고용하다.

고원 高原 | 높을 고, 들판 원 [plateau; tableland]
지리 높은[高] 산지에 펼쳐진 넓은 들판[原]. ¶고원 지대에서는 양과 염소를 기르기도 한다.

고위 高位 | 높을 고, 자리 위 [high rank]
❶**속뜻** 높은[高] 지위(地位). ❷높은 위치. ⑪ 하위(下位).

▶ 고위-급 高位級 | 등급 급
높은[高] 지위[位]에 있는 계급(階級). 또는 그 급에 해당하는 사람. ¶고위급 인사 / 고위급 회담.

고-위도 高緯度 | 높을 고, 씨실 위, 정도 도 [high latitude]
지리 위도(緯度)가 높은[高] 지역. 남극과 북극에 가까운 지역. ¶이 나무는 고위도 지방에서 서식한다.

***고유 固有** | 굳을 고, 있을 유 [proper; native]
❶**속뜻** 본디부터 굳어져[固] 있음[有]. ❷본래부터 있음. ¶이 음식은 우리나라 고유의 것이다. ⑪ 특유(特有).

▶ 고유-어 固有語 | 말씀 어
❶**언어** 고유(固有)의 낱말[語]. ❷그 고장 고유의 독특한 말. ¶고유어 사용을 장려하다. ⑪ 토박이말. ⑪ 외래어(外來語).

▶ 고유 명사 固有名詞 | 이름 명, 말씀 사
언어 어떤 특정한[固有] 사람이나 사물의 이름[名]을 나타내는 낱말[詞]. ¶대한민국의 수도 '서울'은 고유명사이다. ⑪ 보통명사(普通名詞).

고육지계 苦肉之計 | 괴로울 고, 고기 육, 어조사 지, 꾀할 계
❶**속뜻** 자신의 살[肉]을 도려내는 괴로움[苦]을 무릅쓰는 계책(計策). ❷자신의 희생까지 무릅씀. ¶고육지계까지도 동원하였다.

고음 高音 | 높을 고, 소리 음 [high tone]
높은[高] 소리[音]. ¶그 가수는 고음을 잘 낸다. [반] 저음(低音).

고ː의 故意 | 옛 고, 뜻 의 [deliberation; intention]
❶ [속뜻] 본래[故] 가지고 있던 생각이나 뜻[意]. ❷일부러 하는 생각이나 태도. ¶이 사고는 고의가 아니었다. [반] 과실(過失).
▸ 고ː의-적 故意的 | 것 적
일부러 하는[故意] 것[的]. ¶고의적으로 하는 행동. [반] 우발적(偶發的).

고ː인 故人 | 옛 고, 사람 인 [dead; deceased]
옛[故] 사람[人]. 죽은 사람. ¶고인의 무덤.

고ː-인쇄 古印刷 | 옛 고, 찍을 인, 박을 쇄
옛날[古]에 인쇄(印刷)된 책. 또는 그런 방법.

고ː자¹ 告者 | 알릴 고, 사람 자 [informer; talebearer]
고자질하는[告] 사람[者].

고자² 鼓子 | 북 고, 아들 자 [eunuch; impotent man]
❶ [속뜻] 북[鼓]같이 속이 빈 남자(男子). ❷생식기의 기능이 완전하지 못한 남자. [반] 고녀(鼓女).

고ː장² 故障 | 사고 고, 막을 장 [breakdown; hindrance]
❶ [속뜻] 사고(事故)와 장애(障礙). ❷기계 따위의 기능에 이상이 생기는 일. ¶고물이라 고장이 잦다. ❸몸에 탈이 생기는 일. ¶머리가 고장이 났는지…. [비] 탈.

고저 高低 | 높을 고, 낮을 저 [rise and fall; pitch]
높음[高]과 낮음[低]. [비] 높낮이.

고ː적 古跡 | =古蹟, 옛 고, 발자취 적 [historic spot]
❶ [속뜻] 옛날[古] 사람들의 발자취[跡]. ❷옛적 건물이나 시설물 따위가 남아 있음. 또는 그런 유물이나 유적(遺跡). ¶이 절은 고려 시대의 고적이다. [비] 사적(史跡).

고전¹ 苦戰 | 괴로울 고, 싸울 전 [hard fight]
몹시 괴롭고[苦] 힘든 싸움[戰]. ¶고전을 면치 못하다. [비] 악전(惡戰).

***고ː전²** 古典 | 옛 고, 책 전 [classic]
❶ [속뜻] 고대(古代)의 전적(典籍). ❷옛날의 법식이나 의식. ❸시대를 대표할 만한 가치를 지닌 작품. 특히 문예 작품을 이른다. ¶동양 고전을 섭렵하다.
▸ 고ː전-적 古典的 | 것 적
❶ [속뜻] 고전(古典)을 중히 여기는 것[的]. ❷고전으로서 가치가 있는 것. ¶『햄릿』은 셰익스피어가 남긴 고전적인 명작이다. ❸전통적이며 형식적인 것. ¶고전적인 건축양식.
▸ 고ː전 문학 古典文學 | 글월 문, 배울 학
[문학] ❶고전(古典)으로서 전하여 오는 문학(文學) 작품. ❷고전주의(古典主義)의 문학.

고정 固定 | 굳을 고, 정할 정 [fix; fasten]
❶ [속뜻] 굳게[固] 정해져[定] 있음. ❷일정한 곳이나 상태에서 변하지 아니함. ¶임금이 3년째 고정되었다. ❸흥분이나 노기를 가라앉힘. ¶고정하고 제 말 좀 들어보세요. [비] 불변(不變), 응고(凝固), 동결(凍結). [반] 유동(流動), 변동(變動).
▸ 고정-관념 固定觀念 | 볼 관, 생각 념
[심리] 그 사람의 마음속에 늘 자리하여 흔들리지 않는[固定] 관념(觀念). ¶고정관념에서 벗어나다.

고조¹ 高調 | 높을 고, 가락 조 [high tone]
❶ [속뜻] 높은[高] 가락[調]. ❷어떤 분위기나 감정 같은 것이 한창 무르익거나 높아짐. ¶분위기가 고조되었다.

고조² 高祖 | 높을 고, 조상 조 [one's great-great-grandfather]
증조(曾祖) 바로 윗대[高]의 조상[祖]. '고조부'(高祖父)의 준말. ¶그의 고조는 자손에게 많은 유산을 남겼다.

고:-조선 古朝鮮 | 옛 고, 아침 조, 고울 선
❶ 속뜻 옛[古] 적의 조선(朝鮮). ❷ 역사 우리나라 최초의 국가. 기원전 2333년 무렵에 단군 왕검이 세운 나라로, 중국의 요동과 한반도 서북부 지역에 자리 잡았으며, 기원전 108년 중국 한(漢)나라에 멸망하였다.

고:졸 高卒 | 높을 고, 마칠 졸
[graduate high school]
고등학교(高等學校)를 졸업(卒業)함. ¶그의 최종 학력은 고졸이다.

고종 姑從 | 고모 고, 사촌 종
고모(姑母)의 아들이나 딸[從]. 뼈 내종(內從).

▶ **고종 사:촌 姑從四寸** | 넉 사, 관계 촌
고종(姑從)으로 자신과 관계가 4촌[四寸]인 사람.

고-주파 高周波 | 높을 고, 둘레 주, 물결 파 [high frequency]
물리 주파수(周波數)가 큰[高] 전파나 전류. 뼈 단파(短波). 뼈 저주파(低周派).

고증 考證 | 생각할 고, 증명할 증
[study historical evidence]
옛 문헌이나 유물 등에 대하여 고찰(考察)하여 사실을 증명(證明)함. ¶역사학자들의 고증으로 궁궐을 복원했다.

고지¹ 高地 | 높을 고, 땅 지
[high ground; highlands]
❶ 속뜻 평지보다 높은[高] 땅[地]. ¶고지를 사수하다. ❷이루고자 하는 목표. 또는 그 수준에 이른 단계. ¶유리한 고지를 점령하다. 뼈 평지(平地).

고:지² 告知 | 알릴 고, 알 지
[notify; announce]
어떤 사실을 관계자에게 알려서[告] 알게[知] 함. ¶세금 납부를 고지하다.

▶ **고:지-서 告知書** | 글 서
국가 기관이 일정한 일을 민간에 알리는[告知] 법적인 글[書]. 또는 그 문서. ¶납세 고지서를 받았다.

고-지대 高地帶 | 높을 고, 땅 지, 띠 대
[hilly areas]
높은[高] 지대(地帶). ¶고지대에는 벌써 서리가 내렸다. 뼈 저지대(低地帶).

고진-감래 苦盡甘來 | 쓸 고, 다할 진, 달 감, 올 래
❶ 속뜻 쓴[苦] 것이 다하면[盡] 단[甘] 것이 옴[來]. ❷'고생 끝에 낙이 옴'을 비유하여 이르는 말. 뼈 흥진비래(興盡悲來).

고질 痼疾 | 고질 고, 병 질
[inveterate disease]
❶ 속뜻 오래되어 고치기 어려운[痼] 병[疾]. ¶그는 고질로 결국 병원에 입원했다. ❷오래되어 바로잡기 어려운 나쁜 버릇. ¶고질이 된 도벽. 뼈 숙병(宿病).

▶ **고질-병 痼疾病** | 병 병
고치기 어려운[痼疾] 병(病). ¶한국 사회의 고질병 / 고질병이 생겼다.

고집 固執 | 굳을 고, 잡을 집
[insist; persist]
자신의 생각이나 의견만을 굳게[固] 잡고[執] 굽히지 아니함. 또는 그러한 성질. ¶그는 따라가겠다고 고집을 부렸다. 뼈 억지, 아집(我執).

▶ **고집불통 固執不通** | 아닐 불, 통할 통
성질이 고집(固執)스럽고 융통성(融通性)이 없음[不]. 또는 그러한 사람. 뼈 옹고집(甕固執).

고찰 考察 | 생각할 고, 살필 찰
[consider; contemplate]
깊이 생각하여[考] 살핌[察]. ¶문제를 여러 각도에서 고찰하다.

고:참 古參 | 옛 고, 참여할 참
[seniority; old-timer]
오래[古] 전부터 참여(參與)한 사람. 오래 전부터 그 일에 종사하여 온 사람. ¶그녀는 이 회사에서 나보다 훨씬 고참이다.

고:철 古鐵 | 옛 고, 쇠 철
[scrap iron; steel scraps]
낡은[古] 쇠[鐵]. ¶고철을 모아 팔다.

고체 固體 | 굳을 고, 몸 체 [solid]

물리 쉽게 변형되지 않는 굳은[固] 물체[體]. ¶고체 연료.

고초 苦楚 | 괴로울 고, 가시나무 초
[hardship; privation]
❶속뜻 괴롭고[苦] 힘든 가시나무[楚] 길. ❷어려움. ¶갖은 고초를 다 겪다. 몓고난(苦難), 고통(苦痛).

고충 苦衷 | 괴로울 고, 속마음 충
[difficulties; predicament]
❶속뜻 괴로운[苦] 속마음[衷]. ❷어려운 사정. ¶다른 사람의 고충을 헤아리다.

고취 鼓吹 | 북 고, 불 취
[inspire with; stir up]
❶속뜻 북[鼓]을 치고 피리를 붊[吹]. ❷사상 따위를 열렬히 주장하여 널리 알림. ¶애국심을 고취하다. ❸용기를 북돋아 줌. ¶아이들은 선생님의 칭찬에 고취됐다.

고층 高層 | 높을 고, 층 층
[higher stories]
❶속뜻 높은[高] 층[層]. ❷상공의 높은 곳. ❸층이 여러 겹으로 되어 있는 것 ¶고층 건물이 들어서다.

고통 苦痛 | 괴로울 고, 아플 통
[pain; agony]
몸이나 마음이 괴롭고[苦] 아픔[痛]. ¶고통을 견디다. 몓쾌락(快樂).

고-품질 高品質 | 높을 고, 물건 품, 바탕 질 [high quality]
우수하고 높은[高] 품질(品質). ¶고품질의 도서.

고하 高下 | 높을 고, 아래 하
[up and down]
❶속뜻 높음[高]과 낮음[下]. ❷지위나 등급, 신분 등의 높고 낮음이나 귀하고 천함. ¶지위의 고하에 상관없이 의견을 말하다. ❸값의 많고 적음. ¶값의 고하를 막론하고 사들이다. 몓고저(高低), 귀천(貴賤).

고학 苦學 | 괴로울 고, 배울 학
[study under adversity]
괴롭게[苦] 학비를 스스로 벌어서 배움[學]. ¶그는 고학으로 대학을 졸업했다.

▶고학-생 苦學生 | 사람 생
학비를 스스로 벌어서 고생(苦生)하며 공부하는[學] 학생(學生). ¶야간 학교에 다니는 고학생.

고-학년 高學年 | 높을 고, 배울 학, 해 년
높은[高] 학년(學年). 몓저학년(低學年).

고함 高喊 | 높을 고, 소리 함
[shout; yell]
크게[高] 외치는 목소리[喊]. ¶오라고 고함치다. 몓큰소리, 함성(喊聲).

고행 苦行 | 괴로울 고, 행할 행
[penance; asceticism]
불교 괴로움[苦]을 감수하며 수행(修行)함.

고향 故鄕 | 옛 고, 시골 향
[one's old home]
예전[故]에 살던 시골[鄕]. 태어나서 자란 곳, 조상 때부터 대대로 살아온 곳 ¶고향을 떠나다. 몓타향(他鄕), 객지(客地).

고-혈압 高血壓 | 높을 고, 피 혈, 누를 압
[high blood pressure]
❶속뜻 혈압(血壓)이 정상보다 높은[高] 현상. ❷의학 고혈압증. 몓저혈압(低血壓).

고형 固形 | 굳을 고, 모양 형 [solidity]
질이 단단하고[固] 일정한 모양과 부피를 가진 형체(形體). ¶고형 연료.

고환 睾丸 | 불알 고, 알 환 [testicles]
불알[睾=丸]. ¶고환이 퉁퉁 부었다.

고:희 古稀 | 옛 고, 드물 희
[seventy years of age]
❶속뜻 옛[古]부터 보기 드문[稀] 나이. ❷'일흔 살'의 나이를 이르는 말. 두보의 시 '곡강'(曲江)에 나오는 '人生七十古來稀'에서 유래.

곡¹ 曲 | 노래 곡 [music; tune]
❶음악 '악곡(樂曲)의 준말. ❷'곡조'(曲調)의 준말.

곡² 哭 | 울 곡 [wail]

❶크게 소리 내며 울다[哭]. ¶귀신이 곡할 노릇이다. ❷제사나 장례를 지낼 때에 일정한 소리를 내며 울다. ¶구슬프게 곡하는 소리.

곡류 穀類 | 곡식 곡, 무리 류
[cereal; corn; grain]
쌀, 보리, 밀과 같은 곡식(穀食) 종류(種類)를 통틀어 이르는 말. ¶곡류 가격이 급등하다.

곡마 曲馬 | 굽을 곡, 말 마
[circus; equestrian feats]
말[馬]을 타고 부리는 여러 가지 곡예(曲藝).

▸ 곡마-단 曲馬團 | 모일 단
곡마(曲馬)를 중심으로 여러 가지 곡예를 보여 주는 단체(團體). [비] 곡예단(曲藝團)

곡면 曲面 | 굽을 곡, 낯 면
[curved surface]
[수학] 평평하지 않고 굽은[曲] 면(面). 원기둥이나 공의 표면 따위. [반] 평면(平面).

곡명 曲名 | 노래 곡, 이름 명
[title of a musical composition]
[음악] 악곡(樂曲)의 이름[名]. ¶연주할 곡명은 무엇입니까? [비] 곡목(曲目).

곡목 曲目 | 노래 곡, 눈 목
[(musical) number]
[음악] 연주할 악곡(樂曲)이나 곡명(曲名)을 적어 놓은 목록(目錄). [비] 곡명(曲名).

*__곡물 穀物__ | 곡식 곡, 만물 물
[cereal; corn]
사람의 식량[穀]이 되는 먹을거리[物]. ¶곡물을 재배하다. [비] 곡식(穀食).

곡사 曲射 | 굽을 곡, 쏠 사
[high angle fire]
[군사] 탄환이 굽은[曲] 탄도로 높이 올라갔다가 목표물에 떨어지게 하는 사격(射擊).

▸ 곡사-포 曲射砲 | 대포 포
[군사] 곡사(曲射)를 하는 데 쓰이는 화포(火砲). [반] 직사포(直射砲).

*__곡선 曲線__ | 굽을 곡, 줄 선
[curved line; curve]
굽은[曲] 선(線). ¶원반이 곡선을 그리며 날다. [반] 직선(直線).

▸ 곡선-미 曲線美 | 아름다울 미
❶[속뜻] 곡선(曲線)으로 표현된 아름다움[美]. ❷육체의 곡선에서 나타나는 아름다움. ¶그 조각상은 곡선미가 뛰어나다.

곡성 哭聲 | 울 곡, 소리 성
[sound of keening; a wail]
우는[哭] 소리[聲]. [비] 곡소리.

곡식 穀食 | 곡물 곡, 밥 식 [grain]
곡물[穀]로 만든 먹을거리[食]. 또는 그 곡물. ¶곡식이 잘 익었다.

곡예 曲藝 | 굽을 곡, 재주 예 [circus]
곡마(曲馬), 요술 따위 신기한 재주[藝]. 또는 그 활동. ¶곡예를 펼치다. [비] 기예(技藝).

곡절 曲折 | 굽을 곡, 꺾을 절
[reason; complications]
❶[속뜻] 굽음[曲]과 꺾임[折]. ❷복잡하게 뒤얽힌 사연이나 내용. ¶분명 무슨 곡절이 있을 것이다. ❸문맥 따위가 단조롭지 않고 변화가 많은 것. [비] 사정(事情), 내막(內幕).

곡조 曲調 | 노래 곡, 고를 조 [tune; air]
가락이 고르고 통일성을 이루는[調] 악곡(樂曲). ¶가사에 곡조를 붙이다.

곡창 穀倉 | 곡식 곡, 곳집 창
[granary; grain elevator]
❶[속뜻] 곡식(穀食)을 쌓아 두는 창고(倉庫). ❷곡식이 많이 나는 곳. ¶곡창 지대. [비] 곡향(穀鄕).

곡해 曲解 | 굽을 곡, 풀 해
[interpret wrongly; misconstrue]
사실과 어긋나게[曲] 잘못 생각함[解]. ¶나는 그의 말을 곡해했다. [비] 오해(誤解).

곤 坤 | 땅 곤
팔괘(八卦)의 하나. 땅[坤]을 상징하며, '☷'로 표시한다. [비] 곤괘(坤卦).

곤:경 困境 | 괴로울 곤, 처지 경
[trouble; difficulty]

곤란한[困] 처지[境]. 딱한 사정. ¶곤경에 빠지다. 비 난관(難關).

곤:궁 困窮 | 괴로울 곤, 궁할 궁 [destitute; hard pressed]
곤란하고[困] 가난함[窮]. ¶곤궁한 생활을 하다. 반 부유(富裕).

곤:란 困難 | 본음 [곤난], 괴로울 곤, 어려울 난 [difficult; suffer]
❶속뜻 괴롭고[困] 어려움[難]. ❷처리하기 어려움. ¶지금은 통화하기가 곤란하다. ❸생활이 쪼들림. ❹괴로움.

**곤봉 棍棒 | 몽둥이 곤, 몽둥이 봉 [club; cudgel]
❶속뜻 짤막한 몽둥이[棍=棒]. ❷운동 곤봉 체조에 쓰이는 운동 기구. 단단한 나무로 둥근 병 모양으로 만든다.

곤여만국전도 坤輿萬國全圖 | 땅 곤, 많을 여, 일만 만, 나라 국, 모두 전, 그림 도
❶속뜻 땅[坤]위의 온갖[輿] 여러[萬] 나라[國] 전체(全體)를 그린 지도(地圖). ❷지리 1602년에, 이탈리아의 선교사 마테오리치가 만든 세계 지도. 세계 지명이 한자로 적혀 있다.

곤:욕 困辱 | 괴로울 곤, 욕될 욕 [bitter insult; contempt]
괴롭고[困] 심한 모욕(侮辱). 또는 참기 힘든 일. ¶곤욕을 치르다 / 곤욕을 겪다.

곤장 棍杖 | 몽둥이 곤, 지팡이 장 [club]
지팡이[杖] 같이 긴 몽둥이[棍]. 옛날에 죄인의 볼기를 칠 때 사용했다.

곤충 昆蟲 | 여러 곤, 벌레 충 [insect; bug]
❶속뜻 여러[昆] 벌레[蟲]. ❷곤충류에 딸린 동물.

곤:혹 困惑 | 괴로울 곤, 홀릴 혹
곤란[困難]한 일에 홀리어[惑] 어찌할 바를 모름. ¶곤혹스러운 질문을 받다.

골격 骨格 | 뼈 골, 격식 격 [frame; skeleton]
몸을 지탱하는 여러 가지 뼈[骨]의 조직이나 격식(格式). ¶골격이 좋다. 비 뼈대, 골간(骨干).

골다공-증 骨多孔症 | 뼈 골, 많을 다, 구멍 공, 증세 증
의학 무기질과 단백질이 줄어들어 뼈[骨]에 많은[多] 구멍[孔]이 생기는 것같이 골조직이 엉성해지는 병증(病症).

골동 骨董 | 뼈 골, 견고할 동 [curio]
❶속뜻 뼈[骨]같이 견고한[董] 물건. ❷오래되었거나 희귀한 옛날의 기구나 예술품. 비 고동(古董).
▶ **골동-품 骨董品** | 물건 품
가치가 있는 오래된[骨董] 세간이나 미술품(美術品).

골몰 汨沒 | 빠질 골, 빠질 몰 [be immersed in]
오로지 한 가지 생각에만 빠짐[汨=沒]. ¶자신의 이익에만 골몰하다.

골반 骨盤 | 뼈 골, 쟁반 반 [pelvis]
의학 고등 척추동물의 허리부분을 이루는 깔때기 모양의 크고 납작한 쟁반[盤]같은 뼈[骨].

골수 骨髓 | 뼈 골, 골수 수 [bone marrow]
❶의학 뼈[骨]의 내강(內腔)에 차 있는 누른빛 또는 붉은빛의 연한 조직[髓]. ¶골수 이식. ❷마음속. ¶원한이 골수에 맺히다.

골자 骨子 | 뼈 골, 접미사 자
일정한 내용에서 가장 요긴한[骨] 부분[子]. 가장 중요한 곳. ¶논쟁의 골자를 추려내다. 비 요점(要點), 핵심(核心).

골재 骨材 | 뼈 골, 재료 재 [aggregate]
건설 콘크리트를 만들 때 뼈[骨]같이 기본이 되는 모래나 자갈 따위의 재료(材料).

골절 骨折 | 뼈 골, 꺾을 절 [fracture]
의학 뼈[骨]가 부러짐[折]. ¶다리가 골절되다. 비 접골(接骨).

골조 骨組 | 뼈 골, 짤 조 [frame]
건물에 있어서 뼈대[骨]에 해당되는 주요

구조의 짜임[組]. ¶건물의 골조가 완성되었다.

곳간 庫間 | 곳집 고, 사이 간
[storage; warehouse]
❶[속뜻]창고(倉庫)의 칸[間]. ❷물건을 간직해 두는 곳. ¶쌀가마를 곳간에 쟁이다. 間 곳집, 창고(倉庫).
운동 기구. ¶공을 차다.

공¹ 公 | 여럿 공
[public matters; public affairs]
여러 사람에게 관계되는 국가나 사회의 일. ¶공과 사의 구별이 분명하다. 間 사(私).

공² 功 | 공로 공 [merits]
무엇을 하는데 들인 힘이나 노력. '공로'(功勞)의 준말. ¶이번 일이 성사된 데는 사장님의 공이 컸다 / 옆집 부부는 자식을 공을 들여 키운다. 間 과실(過失). [속담] 들러가는 물도 떠 주면 공이다.

공³ 空 | 빌 공 [empty; zero; circle]
❶속이 텅 빈 것. 또는 사실이 아닌 것. ❷값이 없는 수. '0'으로 표기한다. ¶공을 하나 붙이다. ❸부호 '○'의 이름. 間 영(零).

**공간 空間 | 빌 공, 사이 간 [space]
❶[속뜻]아무것도 없이 비어[空] 있는 곳[間]. ¶좁은 공간에 사람들이 빽빽이 들어섰다. ❷모든 방향으로 끝없이 펼쳐져 있는 빈 곳. ¶생활 공간 / 휴식 공간.

공:갈 恐喝 | 두려울 공, 꾸짖을 갈
[threat]
❶[속뜻]두려움[恐]을 느끼도록 겁을 주고 꾸짖음[喝]. ❷'거짓말'을 속되게 이르는 말. ¶공갈로 돈을 갈취하다. 間 협박(脅迫), 위협(威脅).

공:감 共感 | 함께 공, 느낄 감
[sympathize]
남들과 함께[共] 똑같이 느낌[感]. 또는 그런 감정. ¶그들의 고통을 공감하다.
▶공감-대 共感帶 | 띠 대
서로 공감(共感)하는 부분[帶]. ¶공감대를 이루다.

공개 公開 | 드러낼 공, 열 개
[open to the public]
일반에게 드러내어[公] 개방(開放)함. ¶공개 토론 / 정보를 공개하다. 間 비공개(非公開).
▶공개-적 公開的 | 것 적
비밀로 하지 않고 공개(公開)하는 것[的]. ¶공개적으로 발표하다.

**공:격 攻擊 | 칠 공, 칠 격
[attack; assault]
❶[속뜻]나아가 적을 침[攻=擊]. ¶적을 공격하다. ❷말로 상대편을 논박하거나 비난함. ❸운동 경기 따위에서 상대편을 수세에 몰아넣고 강하게 밀어붙임. 間 공박(攻駁), 논란(論難). 間 방어(防禦), 수비(守備).
▶공:격-권 攻擊權 | 권리 권
공격(攻擊)할 수 있는 권리(權利). 주로 농구나 배구 경기에서 많이 쓴다. ¶우리 팀이 공격권을 가지고 있다.
▶공:격-수 攻擊手 | 사람 수
[운동]공격(攻擊)을 주로 맡고 있는 선수(選手). 間 수비수(守備手).
▶공:격-적 攻擊的 | 것 적
공격(攻擊)하려는 태도를 취하려는 것[的]. ¶공격적인 태도를 보였다.

공경 恭敬 | 공손할 공, 존경할 경
[respect]
공손(恭遜)한 마음가짐으로 남을 존경(尊敬)함. 間 구박(驅迫).

공고¹ 工高 | 장인 공, 높을 고
[technical high school]
[교육] '공업고등학교'(工業高等學校)의 준말.

공고² 鞏固 | 묶을 공, 굳을 고
[make solid; solidify]
❶[속뜻]묶어서[鞏] 굳게[固]함. ❷견고하고 튼튼하다. ¶기초를 공고히 다지다.

공고³ 公告 | 드러낼 공, 알릴 고
[announce; give a public notice]

법률 국가기관이나 공공단체가 일반인에게 드러내어[公] 널리 알림[告]. ¶전투경찰 모집 공고 / 헌법 개정안 공고.
▶ 공고-문 公告文 | 글월 문
널리 알리려는[公告] 의도로 쓴 글[文]. ¶게시판에 붙어있는 공고문.

공공 公共 | 여럿 공, 함께 공 [public]
여러 사람[公]들이 함께[共] 하거나 가짐. ¶공공의 복지를 위해 노력하다.
▶ 공공-요금 公共料金 | 삯 료, 돈 금
철도, 우편, 전신, 전화, 수도, 전기 따위 공익 사업[公共]에 대한 요금(料金).

공공연 公公然 | 드러낼 공, 드러낼 공, 그러할 연 [open; public]
❶속뜻 숨김이나 거리낌이 없이 그대로 드러나[公+公] 있다[然]. ❷지극히 공변되고 떳떳하다.

공과 公課 | 관공서 공, 매길 과 [public imposts; taxes]
국가나 지방자치단체[公]에서 국민에게 매기는[課] 세금이나 그 밖의 공법상의 부담.
▶ 공과-금 公課金 | 돈 금
관청[公]에서 매긴[課] 세금(稅金).

공교 工巧 | 장인 공, 솜씨 교 [elaborate]
❶속뜻 장인[工]같이 빼어난 솜씨[巧]. ¶공교한 조각 작품. ❷우연하고 교묘함. ¶공교롭게도 나는 아버지와 생일이 같다.

공-교육 公教育 | 관공서 공, 가르칠 교, 기를 육 [public education]
교육 국가나 공공 단체 등이[公] 베푸는 교육(教育). 만 학교 교육. 반 사교육(私教育).

***공구** 工具 | 장인 공, 갖출 구 [tool; instrument]
기계 따위를 만들거나 조작하는데[工] 쓰이는 기구(器具). ¶공구 상자.

공군 空軍 | 하늘 공, 군사 군 [air force; flying corps]
군사 하늘[空]을 지키는 군대(軍隊). 주로 항공기를 사용하여 적을 공격하거나 방어한다. ¶우리 오빠는 공군이다. 반 육군(陸軍), 해군(海軍).

공권 公權 | 관공서 공, 권리 권 [civil rights; citizenship]
법률 공법(公法)상으로 인정된 권리(權利). 반 사권(私權).
▶ 공권-력 公權力 | 힘 력
법률 국가나 공공단체가 법적으로 부여된 권리[公權]로 국민에 대하여 명령·강제하는 힘[力]. 또는 그 권력을 행사하는 국가.

공금 公金 | 관공서 공, 돈 금 [public money]
❶속뜻 국가나 공공단체[公]의 소유로 되어 있는 돈[金]. ❷단체나 회사의 돈. ¶공금을 제멋대로 써버리다. 반 사비(私費).

***공:급** 供給 | 이바지할 공, 줄 급 [supply; provide]
❶속뜻 물품 따위를 제공(提供)하여 줌[給]. ❷경제 교환하거나 판매하기 위하여 시장에 재화와 용역을 제공하는 일. ¶이재민들에게 물을 공급하다. 반 제공(提供), 조달(調達). 반 수요(需要).
▶ 공:급-량 供給量 | 분량 량
경제 공급(供給)의 수량(數量). ¶원유 공급량을 줄이다.
▶ 공:급-원 供給源 | 근원 원
공급(供給)하는 원천(源泉)이 되는 곳. ¶산림은 산소의 공급원이다.

공기1 空器 | 빌 공, 그릇 기 [bowl]
❶속뜻 아무것도 담겨 있지 않은 빈[空] 그릇[器]. ❷위가 넓게 벌어지고 밑이 좁은 작은 그릇 ❸밥 따위를 담아 그 분량을 세는 단위. ¶밥 세 공기 주세요.

***공기**2 空氣 | 하늘 공, 기운 기 [air; atmosphere]
❶속뜻 하늘[空]에 가득한 대기(大氣). ❷지구를 둘러싼 대기의 하층부를 구성하는 기체. ¶신선한 공기. ❸그 자리에 감도는 기분이나 분위기. ¶공기가 심상찮다. 반 상황(狀況).

▸공기-총 空氣銃 | 총 총
압축 공기(空氣)의 힘을 이용하여 탄알이 나가도록 만든 총(銃). ¶꿩을 겨누어 공기총을 쏘았다.

공-기업 公企業 | 관공서 공, 꾀할 기, 일 업 [public enterprise]
[경제] 국가 또는 공공단체[公] 등이 경영하는 기업(企業). [반] 사기업(私企業).

공납 公納 | 관공서 공, 바칠 납 [public imposts; taxes]
관공서(官公署)에 의무적으로 조세를 내는[納] 일.

▸공납-금 公納金 | 돈 금
❶ [속뜻] 관공서(官公署)에 의무적으로 납부(納付)하는 돈[金]. ❷학생이 학교에 정기적으로 내는 돈.

공단[1] 工團 | 장인 공, 모일 단 [industrial complex]
[공업] 국가나 지방단체가 미리 공장용 부지를 조성하여 공업(工業)과 관련된 공장을 유치한 단지(團地). '공업단지'의 준말. ¶개성공단.

공단[2] 公團 | 관공서 공, 모일 단 [public corporation]
[법률] 국가적[公] 사업을 수행하기 위하여 설립한 단체(團體)의 특수 법인. ¶의료보험공단.

공ː단[3] 貢緞 | 바칠 공, 비단 단 [woven silk without patterns; satin]
❶ [속뜻] 조공(朝貢)으로 바치던 비단[緞]. ❷두껍고, 무늬는 없지만 윤기가 도는 비단. ¶붉은색 공단으로 만든 한복.

공덕 功德 | 공로 공, 베풀 덕 [merit and virtue]
❶ [속뜻] 공적(功績)과 덕행(德行). ❷ [불교] 현재 또는 미래에 행복을 가져올 선행을 이르는 말. ¶공덕을 쌓다.

공동[1] 公同 | 여럿 공, 한가지 동 [together]
여럿이[公] 함께 하거나[同] 서로 관계됨.

⁑**공ː동**[2] 共同 | 함께 공, 같을 동 [cooperate with]
❶ [속뜻] 두 사람 이상이 함께[共] 같이함[同]. ❷두 사람 이상이 동등한 자격으로 결합함. ¶공동으로 운영하다. [비] 합동(合同). [반] 단독(單獨).

▸공ː동-체 共同體 | 몸 체
같은 이념을 가지고 함께[共同] 행동하는 단체(團體). ¶가족은 운명 공동체이다.

공란 空欄 | 빌 공, 칸 란 [blank]
지면의 빈[空] 칸[欄]. ¶맞는 답을 공란에 적어 넣으시오.

공ː략 攻略 | 칠 공, 빼앗을 략 [attack]
[군사] 군대의 힘으로 적의 영토 따위를 공격(攻擊)하여 빼앗음[略]. ¶적진을 공략하다.

공로 功勞 | 공로 공, 일할 로 [meritorious deed; merits]
어떤 일[勞]에 이바지한 공적(功績). ¶공로를 치하하다. [비] 공훈(功勳).

공론 公論 | 여럿 공, 말할 론 [public opinion; consensus]
사회 전체 여러 사람[公]의 여론(輿論). ¶공론이 분분하다. [비] 세론(世論). [반] 사론(私論).

공ː룡 恐龍 | 두려울 공, 용 룡 [dinosaur]
❶ [속뜻] 두렵게[恐] 보이는 용(龍). ❷ [동물] 중생대의 쥐라기에서 백악기에 걸쳐 살았던 거대한 파충류의 화석동물을 통틀어 이름.

공리 公利 | 여럿 공, 이로울 리 [public interest]
여러 사람[公]의 이익(利益). ¶공리 단체. [반] 사리(私利).

공립 公立 | 관공서 공, 설 립 [public institution]
지방공공단체[公]가 설립(設立)하여 운영하는 일. 또는 그 시설. ¶공립 도서관. [반] 사립(私立).

공명[1] 功名 | 공로 공, 이름 명 [glorious deed]
공(功)을 세워 이름[名]을 널리 알림.

공ː명² 共鳴 | 함께 공, 울 명
[echo; resound; sympathize]
❶속뜻 한 물체가 외부의 음파에 자극되어 함께[共] 울림[鳴]. ❷남의 사상이나 의견 따위에 동감(同感)함. 卽 공진(共振), 공감(共感).

공명³ 公明 | 공정할 공, 밝을 명
[fair; open; square]
사사로움이 없이 공정(公正)하고 숨김없이 명백(明白)하다. ¶공명한 판결.

▶ **공명정대 公明正大** | 바를 정, 큰 대
마음이 공명(公明)하며 조금도 사사로움이 없이 바름[正大]. ¶공명정대하게 일을 처리하다.

공모 公募 | 드러낼 공, 뽑을 모
[invite public participation]
일반에게 드러내어[公] 널리 모집(募集)함. ¶새 이름을 공모하다.

▶ **공모-전 公募展** | 펼 전
공개(公開)하여 모집(募集)한 작품의 전시회(展示會).

공무¹ 工務 | 장인 공, 일 무 [engineering works]
❶속뜻 공장[工]의 사무[務]. ❷토목·건축에 관한 일.

▶ **공무-국 工務局** | 관청 국
신문사나 출판사에서 주로 문선, 식자, 인쇄, 제본 따위의 일[工務]을 맡아보는 부서[局].

공무² 公務 | 관공서 공, 일 무
[public duties]
국가나 공공단체[公]의 사무(事務). 공무원의 직무. ¶공무 집행 방해죄 / 그는 공무로 바쁘다. 卽 공사(公事). 맞 사무(私務).

▶ **공무-원 公務員** | 사람 원
국가나 지방 공공 단체의 공무(公務)를 맡아보는 사람[員]. ¶교육 공무원. 卽 공직자(公職者).

공문 公文 | 관공서 공, 글월 문
[official document]
관공서[公]의 문서(文書). '공문서'의 준말.

공-문서 公文書 | 관공서 공, 글월 문, 글 서 [official document]
❶속뜻 공적(公的)인 문서(文書). ❷공무원이 직무상 작성한 문서. 공무에 관한 모든 서류. 迷 공문. 맞 사문서(私文書).

공ː물 貢物 | 바칠 공, 만물 물 [tribute]
역사 나라에 세금으로 바치던[貢] 지방의 특산물(特産物). 卽 폐공(幣貢), 조공(租貢).

공방¹ 工房 | 장인 공, 방 방
[workshop; studio]
❶속뜻 장인[工]의 작업실[房]. ¶도예 공방. ❷역사 조선 시대에 공전(工典)에 관한 일을 맡아보던 공방의 하나. ❸역사 지방 관아에 있는 공방의 아전.

공ː방² 攻防 | 칠 공, 막을 방
[offense and defense]
적을 공격(攻擊)하는 것과 적의 공격을 방어(防禦)하는 일. ¶양측의 공방이 치열하다.

▶ **공ː방-전 攻防戰** | 싸울 전
공격(攻擊)과 방어(防禦)를 번갈아 하며 싸우는[戰] 것.

공-배수 公倍數 | 여럿 공, 곱 배, 셀 수
[common multiple]
수학 두 개 이상의 정수에 공통[公]이 되는 배수(倍數). 맞 공약수(公約數).

공백 空白 | 빌 공, 흰 백
[blank space; marginal space]
❶속뜻 텅 비어[空] 아무것도 없음[白]. ❷종이 따위에 글씨를 쓰거나 그림을 그리고 남은 자리. ¶궁금한 점을 공백에 적었다. 卽 여백(餘白).

공ː범 共犯 | 함께 공, 범할 범
[accomplice; confederate]
법률 몇 사람이 함께[共] 저지른 범죄(犯罪). 또는 그 사람. ¶공범을 체포하다 / 이 사건은 세 사람이 공범했다. 맞 단독범(單獨犯).

공보 公報 | 공공 공, 알릴 보
[official report]
관공서(官公署) 등이 일반에게 각종 활동 사항을 알리는[報] 일. [반] 사보(私報).

공복 空腹 | 빌 공, 배 복
[hunger; empty stomach]
아무것도 먹지 않아 비어[空] 있는 배[腹]. 빈 속. ¶이 약은 공복에 먹어야 한다.

*****공부** 工夫 | 장인 공, 사나이 부
[study; learn]
❶[속뜻] 공사(工事)나 작업에 동원된 인부(人夫). ❷학문이나 기술을 배우고 익힘. ¶공부는 늙어 죽을 때까지 해도 다 못한다. [비] 학습(學習).

▸공부-방 工夫房 | 방 방
공부(工夫)하기 위하여 따로 마련한 방(房). ¶공부방이 있으면 좋겠다.

공:비 共匪 | 함께 공, 도둑 비
[red guerrillas]
❶[속뜻] 공산당(共産黨)을 도둑[匪]에 비유한 말. ❷중국에서 공산당의 지도 아래 활동하던 게릴라를 이르는 말. ¶공비를 소탕하다.

공사[1] 公私 | 여럿 공, 사사로울 사
[public and private affairs]
❶[속뜻] 여러 사람[公]의 것과 한 사람[私]의 것. ❷공적(公的)인 일과 사적(私的)인 일. ¶공사를 명확히 구별하다.

공사[2] 公社 | 여럿 공, 회사 사
[public corporation]
[법률] 국가가 공공(公共)의 이익을 위하여 설립된 기업체[社]. 한국방송공사, 한국전력공사 따위.

공사[3] 空士 | 하늘 공, 선비 사
[Air Force Academy]
[군사] 공군(空軍) 장교[士]를 양성하는 4년제 정규 군사 학교. '공군사관학교'(空軍士官學校)의 준말.

*****공사**[4] 工事 | 장인 공, 일 사 [construct; build]
토목이나 건축[工] 등에 관한 일[事]. ¶이 공사는 완성에 3년이 걸렸다.

▸공사-비 工事費 | 쓸 비
공사(工事)에 드는 비용(費用).

▸공사-장 工事場 | 마당 장
공사(工事)를 하고 있는 곳[場]. 공사 현장(現場).

공사[5] 公使 | 관공서 공, 부릴 사
[(diplomatic) minister]
[법률] 국가[公]를 대표하여 파견되는 외교 사절(使節).

▸공사-관 公使館 | 집 관
[법률] 공사(公使)가 주재지에서 사무를 맡아보는 공관(公館). 국제법상 본국의 영토로 인정되어 있다.

공산[1] 公算 | 여럿 공, 셀 산 [probability; likelihood]
❶[속뜻] 여러 사람[公]들이 확실하다고 생각하는 셈[算]. ❷확실성의 정도. ¶이길 공산이 크다.

공산[2] 工產 | 장인 공, 낳을 산
공업(工業)으로 생산(生産)함.

▸공산-품 工産品 | 물건 품
공업(工業)으로 생산(生産)한 물건[品]. ¶공산품 가격이 상승하다. [반] 농산품(農産品), 수산품(水産品).

***공:산**[3] 共產 | 함께 공, 낳을 산 [common property]
❶[속뜻] 공동(共同)으로 생산(生産)하고 관리함. ❷[사회] '공산주의'(共産主義)의 준말.

▸공:산-당 共産黨 | 무리 당
[정치] 공산주의(共産主義)의 실현을 목표로 하는 정당(政黨).

▸공:산 국가 共産國家 | 나라 국, 집 가
[정치] 공산주의(共産主義)를 신봉하고 그 주의에 따라 정치를 하는 나라[國家].

▸공:산-주의 共産主義 | 주될 주, 뜻 의
개인의 사유를 부인하고 공동생산[共産]·소유를 주장하는 정치이념[主義].

공상 空想 | 빌 공, 생각 상 [fancy]

실행할 수 없거나 실현될 수 없는 헛된[空] 생각[想]. ¶공상에 빠지다. [비] 몽상(夢想). [반] 현실(現實).

공ː생 共生 | 함께 공, 살 생 [live together]
❶ [속뜻] 서로 도움을 주며 함께[共] 생활(生活)함. ❷ [생물] 다른 종류의 생물이 서로 이익을 주고받으며 한 곳에서 사는 일. ¶말미잘과 흰동가리는 공생 관계에 있다.

공석 公席 | 여럿 공, 자리 석 [presence of the public]
❶ [속뜻] 여러 사람[公]이 모인 자리[席]. ¶공석에서는 사담을 하지 맙시다. ❷ 공적인 업무를 맡아보는 직위. ¶공석에 앉은 몸으로 함부로 처신할 수 없다. [반] 사석(私席).

공설 公設 | 관공서 공, 세울 설 [public installation]
국가나 공공단체[公]에서 설립(設立)함. ¶공설 운동장. [비] 공립(公立). [반] 사설(私設).

공ː세 攻勢 | 칠 공, 세력 세 [offensive]
공격(攻擊)하는 세력(勢力)이나 태세. ¶질문 공세를 퍼붓다. [반] 수세(守勢).

공소 公訴 | 관공서 공, 하소연할 소 [arraign; prosecute]
[법률] 검사[公]가 형사사건에 관하여 법원에 재판을 청구하는[訴] 일. ¶공소를 제기하다.

*__공손__ 恭遜 | 공손할 공, 겸손할 손 [polite]
예의 바르고[恭] 겸손(謙遜)하다. ¶공손한 태도. [비] 겸손(謙遜)하다. [반] 오만(傲慢)하다.

공ː수[1] 攻守 | 칠 공, 지킬 수 [offense and defense]
공격(攻擊)과 수비(守備). ¶그 팀은 공수가 다 약하다.

공수[2] 空輸 | 하늘 공, 나를 수 [air transport]
[교통] '항공수송'(航空輸送)의 준말. ¶공수부대.

공습 空襲 | 하늘 공, 습격할 습 [air raid]
[군사] 비행기로 공중(空中)에서 습격(襲擊)하는 일. ¶공습훈련.

▸공습-경보 空襲警報 | 타이를 경, 알릴 보
적의 공습(空襲)이 있을 때 알리는 경보(警報). ¶공습 경보를 해제하다.

공시 公示 | 드러낼 공, 보일 시 [announce officially]
[법률] 어떤 사실을 일반에게 드러내어[公] 널리 보여줌[示]. ¶공시 가격 / 회의 결과를 공시하다.

공식 公式 | 여럿 공, 법 식 [formality; formula]
❶ [속뜻] 여러 사람[公]에게 널리 알려진 방식(方式). ¶공식 회담. ❷ [수학] 계산의 법칙 따위를 문자와 기호로 나타낸 식. ¶공식에 대입해 문제를 풀다. [반] 비공식(非公式).

▸공식-적 公式的 | 것 적
공적(公的)인 방식(方式)을 취하는 것[的]. ¶공식적인 권한. [반] 사적(私的).

공신[1] 功臣 | 공로 공, 신하 신 [meritorious retainer; vassal of merit]
나라에 공로(功勞)가 있는 신하(臣下). ¶건국 공신.

공신[2] 公信 | 여럿 공, 믿을 신 [public confidence]
❶ [속뜻] 여러 사람[公]들이 믿음[信]. ❷ [경제] 국가의 신용(信用).

▸공신-력 公信力 | 힘 력
법적·사회적으로[公] 믿을[信] 수 있다고 인정할만한 효력(效力). ¶이 기사는 공신력이 있다.

공약 公約 | 공공 공, 묶을 약 [public promise]
❶ [속뜻] 일반인을 대상으로 공식적(公式的)으로 한 약속(約束). ¶선거공약을 내걸다. ❷ [법률] 법적 효력을 지닌 계약.

공-약수 公約數 | 여럿 공, 묶을 약, 셀 수 [common measure]
[수학] 두 개 이상[公]의 정수에 공통이 되

는 약수(約數). [반] 공배수(公倍數).

공:양 供養 | 드릴 공, 기를 양
[take care of; offer]
❶[속뜻] 양생(養生)에 필요한 음식을 드림[供]. 음식을 드림. ❷[불교] 부처에게 음식물을 바치는 일. [비] 봉양(奉養), 불공(佛供).

▸ 공:양-미 供養米 | 쌀 미
[불교] 부처에게 공양(供養)으로 드리는 쌀[米].

공언 公言 | 여럿 공, 말씀 언
[declare; profess]
❶[속뜻] 여러 사람[公]에게 한 말[言]. ¶ 그는 사퇴를 공언했다. ❷공평한 말. [비] 공담(公談).

공업 工業 | 장인 공, 일 업 [industry]
인공(人工)을 가하여 물품을 만드는 산업(産業). ¶ 공업을 진흥시키다.

▸ 공업-국 工業國 | 나라 국
공업(工業)이 산업의 대부분을 차지하는 나라[國].

▸ 공업-용 工業用 | 쓸 용
공업(工業)에 쓰임[用].

▸ 공업-화 工業化 | 될 화
❶[속뜻] 공업(工業)이 일어나게 하는[化] 일. ❷산업의 중점이 농업이나 광업에서 제조 공업으로 발달하여 가는 현상. ¶ 농촌이 급속히 공업화되었다.

공연[1] 空然 | 빌 공, 그러할 연
[vain; fruitless]
까닭 없이[空] 그렇게[然]. 이유나 필요 없이. ¶ 공연한 짓을 하다 / 공연히 트집을 잡다. [비] 부질없다.

공연[2] 公演 | 여럿 공, 펼칠 연 [perform]
연극이나 음악, 무용 등을 여러 사람[公]이 모인 자리에서 펼쳐[演] 보임.

▸ 공연-장 公演場 | 마당 장
극장, 콘서트홀 따위의 공연(公演)을 하는 장소(場所). ¶ 공연장을 가득 메운 관객.

공영 公營 | 여럿 공, 꾀할 영
[public management]
여러 사람[公]들의 이익을 꾀함[營]. ¶ 공영 기업 / 공영방송. [반] 사영(私營), 민영(民營).

공예 工藝 | 장인 공, 재주 예
[industrial arts]
❶[속뜻] 물건을 만드는[工] 기술에 관한 재주[藝]. ❷직물, 칠기, 도자기 따위의 실용적이면서도 아름다운 물건을 만드는 기술. ¶ 도자기 공예.

▸ 공예-품 工藝品 | 물건 품
예술적인 조형미를 조화시켜서 만든[工藝] 작품(作品).

공:용[1] 共用 | 함께 공, 쓸 용
[common use]
공동(共同)으로 씀[用]. ¶ 남녀 공용 / 이곳은 영어와 프랑스어를 공용한다. [반] 전용(專用).

공용[2] 公用 | 여럿 공, 쓸 용
[official business; official duty]
❶[속뜻] 여러 사람[公]들이 함께 씀[用]. ¶ 공용 물품. ❷공적인 용무. ❸관청이나 공공단체의 비용. ¶ 공용을 아껴 썼다. [비] 공무(公務), 공비(公費).

▸ 공용-어 公用語 | 말씀 어
❶[속뜻] 국가나 공공 단체에서 공식적(公式的)으로 쓰는[用] 말[語]. ❷한 나라에 여러 언어가 있을 때 정식 국어로 인정되어 있는 공통어.

***공원** 公園 | 여럿 공, 동산 원
[park; public garden]
여러 사람[公]들의 휴식과 보건 등을 위한 시설이 되어 있는 큰 정원(庭園)이나 지역. ¶ 공원으로 산책을 가다.

공유[1] 公有 | 관공서 공, 있을 유
[public ownership]
국가 또는 공공 단체[公]의 소유(所有). [반] 사유(私有).

공:유[2] 共有 | 함께 공, 있을 유
[joint ownership]
공동(共同)으로 소유(所有)함. ¶ 정보를 공유하다. [반] 독점(獨占).

공익 公益 | 여럿 공, 더할 익
[public good]
개인이 아닌 여러 사람[公]의 이익(利益). ¶공익광고 / 공익을 도모하다. [반] 사익(私益).

공인[1] 公人 | 여럿 공, 사람 인
[public person]
❶ [속뜻] 국가 또는 사회[公]를 위하여 일하는 사람[人]. ❷공직(公職)에 있는 사람. ¶공무원은 공인으로서 져야할 책임이 있다. [반] 사인(私人).

공인[2] 公認 | 여럿 공, 알 인
[recognize officially]
❶ [속뜻] 여러 사람[公]이 다 같이 인정(認定)함. ❷국가나 공공 단체가 인정함.

공자 公子 | 귀인 공, 아들 자
[young nobleman]
지체가 높은 귀인[公]의 아들[子].

공:작[1] 孔雀 | 구멍 공, 참새 작 [peacock]
[동물] 꿩과의 새[雀]. 머리 위에 10cm 정도의 깃털이 삐죽하게 있으며[孔], 수컷이 꽁지를 펴면 큰 부채와 같으며 오색찬란하다. 암컷은 수컷보다 작고 꼬리가 짧으며 무늬가 없다.

공작[2] 公爵 | 귀인 공, 벼슬 작 [duke]
오등작(五等爵) 중에 첫째인 공(公)에 해당되는 작위(爵位). 또는 그 작위를 가진 사람. ¶켄트 공작. [참] 후작(侯爵), 백작(伯爵), 자작(子爵), 남작(男爵).

공작[3] 工作 | 장인 공, 지을 작
[construct; maneuver]
❶ [속뜻] 물건을 만드는[工=作] 일. ¶공작 시간에 연필꽂이를 만들었다. ❷어떤 목적을 위하여 미리 일을 꾸밈. ¶방해 공작을 벌이다. [비] 작업(作業), 작전(作戰).

▸ **공작-물** 工作物 | 만물 물
❶ [속뜻] 재료를 기계적으로 가공하고 조립하여 만든[工作] 물건(物件). ❷ [법률] 땅 위나 땅속에 인공을 가하여 제작한 물건.

▸ **공작-실** 工作室 | 방 실
간단한 기구나 물품을 만들[工作] 수 있는 시설을 갖추어 놓은 방[室].

**공장 工場 | 장인 공, 마당 장 [factory]
근로자가 기계 등을 사용하여 물건을 가공·제조하거나 수리·정비하는[工] 시설이나 장소(場所).

▸ **공장-장** 工場長 | 어른 장
공장(工場)의 우두머리[長].

공적[1] 公的 | 여럿 공, 것 적
[be public; official]
❶ [속뜻] 여러 사람[公]들을 위한 것[的]. ❷여러 사람들에게 공개됨. ¶공적인 장소에서는 말과 행동을 조심해야 한다. [반] 사적(私的).

공적[2] 功績 | 공로 공, 실적 적
[achievement]
공로(功勞)의 실적(實績). 쌓은 공로(功勞). ¶그는 학계 발전에 큰 공적을 세웠다. [비] 공훈(功勳).

공전[1] 公轉 | 섬길 공, 구를 전 [revolve]
[천문] 한 천체가 다른 천체를 섬기듯이[公] 그 둘레를 주기적으로 도는[轉] 일. ¶달은 지구를 공전한다. [반] 자전(自轉).

공전[2] 空轉 | 빌 공, 구를 전
[skid; run idle]
❶ [속뜻] 바퀴가 헛[空]도는[轉] 일. ❷일이나 행동이 헛되이 진행됨.

공정[1] 工程 | 장인 공, 과정 정 [progress of work]
기술적 작업[工]이 진행되어 가는 과정(過程).

*공정[2] 公正 | 공평할 공, 바를 정
[just; fair]
공평(公平)하고 올바름[正]. ¶일을 공정히 처리하다 / 공정한 재판. [비] 공명정대(公明正大). [반] 불공정(不公正).

공:제 控除 | 당길 공, 덜 제 [deduct]
❶ [속뜻] 당겨서[控] 빼냄[除]. ❷받을 몫에서 일정한 금액이나 수량을 빼냄. ¶월급에서 세금을 공제하다.

공:존 共存 | 함께 공, 있을 존
[coexist with]

함께[共] 존재(存在)함. 함께 살아감. [비] 공생(共生).

*공주 公主 | 귀인 공, 주될 주
[(royal) princess]
정실 왕비가 낳은 임금의 딸. 옛날 중국에서, 왕이 그 딸을 제후에게 시집보낼 때 삼공(三公)이 그 일을 주관(主管)하도록 한 데서 유래되었다. [반] 왕자(王子).

▸공주-병 公主病 | 병 병
여성이 마치 자기 자신이 공주(公主)처럼 예쁘다고 착각하는 일이나 병증(病症).

공중¹ 公衆 | 여럿 공, 무리 중
[general public]
여러 사람[公]의 무리[衆]. 일반 사람들. ¶공중도덕(道德).

▸공중-도덕 公衆道德 | 길 도, 베풀 덕
공중(公衆)의 복리를 위하여 모두가 지켜야 할 도덕(道德).

**공중² 空中 | 하늘 공, 가운데 중
[air; sky]
하늘[空]의 한가운데[中]. 하늘과 땅 사이의 빈 곳. ¶새가 공중으로 날아올랐다. [비] 허공(虛空). [반] 육상(陸上), 해상(海上).

공지 公知 | 여럿 공, 알 지
[announce; notify]
여러 사람[公]에게 널리 알림[知]. ¶학생들에게 변경된 시험 날짜를 공지하다.

공직 公職 | 관공서 공, 일 직
[official position]
국가나 지방 공공단체[公]에서 맡은 직무(職務).

▸공직-자 公職者 | 사람 자
공무원, 국회의원 따위의 공직(公職)에 종사하는 사람[者]. ¶고위 공직자.

*공책 空冊 | 빌 공, 책 책 [notebook]
글씨를 쓸 수 있게 아무것도 쓰여지지 않은[空] 종이를 매어 놓은 책(冊).

공:처 恐妻 | 두려울 공, 아내 처
[afraid of his wife]
❶[속뜻] 아내[妻]를 두려워함[恐]. ❷남편을 눌러 쥐여 살게 하는 아내.

▸공:처-가 恐妻家 | 사람 가
아내[妻]를 두려워하는[恐] 사람[家].

공청-회 公聽會 | 여럿 공, 들을 청, 모일 회 [public hearing]
[정치] 국가나 공공 단체가 중요 안건을 결정하기 전에 여러[公] 사람의 의견을 듣기[聽] 위해 여는 모임[會]. 또는 그런 제도.

공:출 供出 | 이바지할 공, 날 출
[offer to the government]
나라에 내어[供] 놓음[出]. 또는 나라에 바침. ¶강제 공출 / 관청에서는 백성들의 숟가락까지도 공출해 갔다.

공-치사¹ 功致辭 | 공로 공, 보낼 치, 말씀 사 [praise oneself]
자기가 수고한 것을[功] 빛내려고 스스로 자랑하여 말함[致辭]. ¶자기 공치사를 늘어놓다.

공-치사² 空致辭 | 빌 공, 보낼 치, 말씀 사
[empty compliments]
빈[空] 말[辭]로 치하(致賀)함. 빈말로 칭찬함. ¶뻔한 공치사는 필요 없다.

*공:통 共通 | 함께 공, 통할 통
[be common]
여럿 사이에 두루[共] 통용(通用)되거나 관계됨.

▸공:통-적 共通的 | 것 적
여럿 사이에 두루[共] 통(通)하거나 관계하는 것[的]. ¶공통적인 현상.

▸공:통-점 共通點 | 점 점
여럿 사이에 두루[共] 통(通)하는 점(點). ¶버스와 지하철은 공통점이 있다. [비] 유사점(類似點). [반] 차이점(差異點).

▸공:통-분모 共通分母 | 나눌 분, 어머니 모
[수학] 분모가 다른 분수들을 함께[共] 통분(通分)한 분모(分母). [준] 공분모.

공:판 共販 | 함께 공, 팔 판
[join to marketing]
[경제] 판매 조합 따위를 통하여 공동(共同)으로 하는 판매(販賣). '공동판매'의 준말.

▶공ː판-장 共販場 | 마당 장
경제 공동(共同)으로 판매(販賣)하는 장소(場所). ¶공판장에서 인삼을 샀다.

공평 公平 | 공정할 공, 평평할 평
[fair; impartial]
공정(公正)하여 어느 한쪽으로 치우치지 아니함[平]. ¶공평한 판단을 내리다. 🔁 공정(公正). 🔃 불공평(不公平).

공포¹ 公布 | 드러낼 공, 펼 포 [proclaim]
❶**속뜻** 공개적(公開的)으로 퍼트려[布] 널리 알게 함. ❷**법률** 새로 제정된 법령이나 조약 등을 국민에게 두루 알림. 또는 그 절차. ¶앙리 4세는 낭트칙령을 공포했다.

공ː포² 恐怖 | 두려울 공, 두려워할 포
[fear; terror]
무서워[恐] 두려워함[怖]. ¶죽음의 공포 / 공포에 떨다.

▶공ː포-감 恐怖感 | 느낄 감
무섭고[恐] 두려운[怖] 느낌[感].

▶공ː포-심 恐怖心 | 마음 심
무섭고[恐] 두려운[怖] 마음[心].

공표 公表 | 드러낼 공, 밝힐 표
[announce officially; publish]
드러내어[公] 널리 밝힘[表]. ¶새 학설을 공표하다.

공학 工學 | 장인 공, 배울 학
[engineering]
공업 공업(工業) 생산 기술을 연구하는 학문(學問).

공항 空港 | 하늘 공, 항구 항 [airport]
❶**속뜻** 하늘[空]을 나는 비행기를 위한 항구(港口) 같은 곳. ❷항공 수송을 위해 여러 가지 시설을 갖춘 곳. 🔁 비행장(飛行場).

공해 公害 | 여럿 공, 해칠 해
[environmental pollution]
여러 사람[公]에게 미치는 피해(被害). 주로 각종 산업 활동에 의하여 발생되는 것을 말한다. ¶서울은 각종 공해로 시달리고 있다.

공허 空虛 | 빌 공, 빌 허
[be empty; hollow]
❶**속뜻** 속이 텅 빔[空=虛]. ❷헛됨. ¶공허한 글. 🔃 충실(充實).

*공ː헌 貢獻 | 바칠 공, 바칠 헌 [contribute to]
❶**역사** 예전에 공물(貢物)을 나라에 바치던[獻] 일. ❷크게 이바지함. ¶아인슈타인은 과학의 발전에 크게 공헌했다. 🔁 기여(寄與).

공ː화 共和 | 함께 공, 어울릴 화
[republicanism; republican]
❶**속뜻** 여러 사람이 함께[共] 어울려[和] 일함. ❷**정치** 두 사람 이상이 화합하여 공동으로 정무(政務)를 펴 나감. 또는 그것을 기반으로 한 정치 제도. '공화제'(共和制)의 준말.

▶공ː화-국 共和國 | 나라 국
정치 공화제(共和制)를 정치 기본으로 하는 나라[國]. 주권이 다수의 국민에게 있는 나라. 🔃 전제국(專制國), 군주국(君主國).

공황 空豁 | 빌 공, 넓을 활
[spacious; wide; extensive]
텅 비고[空] 매우 넓다[豁]. ¶공활한 가을 하늘.

공ː황 恐慌 | 두려울 공, 절박할 황
[panic; scare]
❶**속뜻** 상황이 두렵고[恐] 절박함[慌]. ¶공황 장애 / 테러가 일어나자 시민들은 공황 상태에 빠졌다. ❷**경제** 생산과 공급의 과잉과 부족으로 인해 경제가 혼란되는 현상. '경제공황'(經濟恐慌)의 준말.

공회 公會 | 여럿 공, 모일 회
[public meeting]
❶**속뜻** 여러 사람[公]들의 모임[會]. ❷공적인 문제를 의논하기 위한 모임. ¶공회를 소집하다.

▶공회-당 公會堂 | 집 당
일반 대중[公]이 모임[會] 따위를 하기 위하여 지은 집[堂]. ¶의원들이 공회당에 모였다.

공휴 公休 | 관공서 공, 쉴 휴 [holiday]
관공서[公]가 쉬는 휴일[休日].
▶공휴-일 公休日 | 날 일
공식적(公式的)으로 쉬기로[休] 정한 날[日]. ¶삼일절은 공휴일이다. ⓑ평일(平日).

곶 串 | 곶 곶 [cape]
바다 쪽으로 좁고 길게 뻗어 있는 육지의 끝 부분. ¶장산곶. ⓑ만(灣).

과¹ 科 | 과목 과 [course; family]
❶학과나 연구 분야를 구분하는 단위. ¶철학과를 전공하다. ❷ 생물 생물학상의 분류 단위 목(目)의 아래, 속(屬)의 위이다. ¶소나뭇과.

과² 課 | 매길 과 [department; lesson]
❶사무 조직의 한 작은 구분. ¶총무과. ❷교과서 등에서 내용상의 한 구분. ¶제3과 환경보호.

과ː감 果敢 | 날랠 과, 용감할 감 [resolute]
날래고[果] 용감(勇敢)함. ¶과감한 조치를 취하다.
▶과ː감-성 果敢性 | 성질 성
과감(果敢)한 성질(性質). ¶과감성이 있어야 한다.

과ː객 過客 | 지날 과, 손 객 [passer-by]
지나가는[過] 나그네[客]. ⓑ길손.

*과거¹ 科擧 | 과목 과, 들 거
역사 각 과목[科]별로 관리를 뽑기[擧] 위하여 보던 시험. ¶과거에 급제하다.

*과ː거² 過去 | 지날 과, 갈 거 [past]
지나[過] 감[去]. 또는 그때. 지난번. ¶과거는 돌이킬 수 없다. ⓑ미래(未來), 현재(現在).

과ː격 過激 | 지나칠 과, 격할 격 [violent; extreme]
말이나 행동이 지나치게[過] 격렬(激烈)함. ¶과격한 운동 / 행동이 과격하다. ⓑ온건(穩健).

과ː다 過多 | 지나칠 과, 많을 다 [excess; superabundant]
지나치게[過] 많음[多]. ¶인구 과다 / 영양과다. ⓑ과소(過少).

과ː단 果斷 | 날랠 과, 끊을 단 [make prompt decisions]
날래게[果] 딱 잘라서[斷] 결정함. ¶사장은 회사의 미래를 위해 과단을 내렸다.
▶과ː단-성 果斷性 | 성질 성
일을 딱 잘라서 결정하는[斷] 성질(性質). ¶과단성 있는 행동. ⓑ결단성(決斷性).

과ː대¹ 過大 | 지나칠 과, 큰 대 [too big; be excessive]
지나치게[過] 큼[大]. ¶그는 회사에 과대한 요구를 했다. ⓑ과소(過少).
▶과ː대-평가 過大評價 | 평할 평, 값 가
실제보다 지나치게[過] 높이[大] 평가(評價)함. ¶자신의 실력을 과대평가하다. ⓑ과소평가(過小評價).

과ː대² 誇大 | 자랑할 과, 큰 대 [exaggerate]
작은 것을 큰[大] 것처럼 과장(誇張)함. ¶과대광고.
▶과ː대-망상 誇大妄想 | 허망할 망, 생각 상
의학 자기의 능력, 용모, 지위 등을 과대(誇大) 평가한 망령(妄靈)된 생각[想]. 또는 그런 일. ¶과대망상에 빠지다.

과ː도¹ 果刀 | 열매 과, 칼 도 [fruit knife]
과일[果]을 깎을 때 쓰는 작은 칼[刀]. ¶과도로 사과 껍질을 깎다.

과ː도² 過度 | 지나칠 과, 정도 도 [excessive]
정도(程度)가 지나침[過]. ¶과도한 음주는 몸에 해롭다.

과ː도³ 過渡 | 지날 과, 건널 도 [transition period]
다른 것으로 옮아가거나[過] 바뀌어 가는[渡] 도중.

▶과ː도-기 過渡期 | 때 기
❶속뜻 어떤 단계에서 다른 단계로 옮아가는[過渡] 시기(時期). ❷사회의 사상이나 제도, 질서 등이 확립되지 않고 인심이 안정되지 못한 시기.

과ː로 過勞 | 지나칠 과, 일할 로 [overwork]
지나치게[過] 일하여[勞] 지침. ¶과로로 쓰러지다.

과목 科目 | 분과 과, 눈 목 [subject]
❶속뜻 사물을 분류한[科] 조목(條目). ❷교육 분야별로 나눈 학문의 구분. 또는 교과를 구성하는 단위. ¶내가 가장 좋아하는 과목은 국어이다. ❸역사 과거(科擧).

과ː묵 寡默 | 적을 과, 입 다물 묵 [reserved]
말수가 적거나[寡] 입을 다물어[默] 말을 하지 아니함. 침착함. ¶그는 과묵한 편이다.

과ː민 過敏 | 지나칠 과, 재빠를 민 [nervous; oversensitive]
지나치게[過] 예민(銳敏)함. ¶과민반응 / 그녀는 꽃가루에 과민하다.

과ː밀 過密 | 지나칠 과, 빽빽할 밀 [overcrowded]
한곳에 지나치게[過] 빽빽하게[密] 모여 있음. ¶서울은 과밀 도시이다. ⓔ과소(過疏).

과ː반 過半 | 지날 과, 반 반 [greater part]
반(半)을 넘음[過]. 반이 더 됨. ¶목표의 과반을 달성하다.
▶과ː반-수 過半數 | 셀 수
반이 넘는[過半] 수(數). ¶과반수의 지지를 얻었다.

과ː-보호 過保護 | 지나칠 과, 지킬 보, 돌볼 호 [overprotect]
부모가 어린아이를 지나치게[過] 보호(保護)함. ¶그녀는 아들을 과보호한다.

과ː부 寡婦 | 적을 과, 여자 부 [widow]
남편이 죽어 혼자 사는[寡] 여자[婦]. ⓔ 미망인(未亡人). ⓔ 홀아비.

과ː분 過分 | 지나칠 과, 나눌 분 [excessive; undue; undeserved]
분수(分數)에 넘침[過]. ¶과분한 대접을 받다.

과ː-산화 過酸化 | 지나칠 과, 산소 산, 될 화
화학 보통 것보다 산화(酸化)가 지나치게[過] 진행됨.
▶과ː산화-수소 過酸化水素 | 물 수, 바탕 소
화학 수소(水素)에 두 개의[過] 산소(酸素) 원자가 결합된 화합물(化合物). 화학식은 H₂O₂. ⓔ 이산화수소(二酸化水素).

과세 課稅 | 매길 과, 세금 세 [tax]
세금(稅金)을 매김[課]. 또는 그 세금. ¶개인 소득의 1%를 과세하다.

과ː소 過小 | 지나칠 과, 작을 소 [too small]
지나치게[過] 작음[小]. ⓔ 과대(過大).
▶과ː소-평가 過小評價 | 평할 평, 값 가
실제보다 지나치게 낮게[過小] 평가(評價)함. ⓔ 과대평가(過大評價).

과ː-소비 過消費 | 지나칠 과, 사라질 소, 쓸 비 [overspend]
분에 넘치게[過] 소비(消費)함. 씀씀이가 지나치게 헤픔. ¶과소비를 부추기다.

과ː속 過速 | 지나칠 과, 빠를 속 [overspeed]
제한을 넘는[過] 속도(速度). ¶과속운행 / 과속차량.

*과ː수 果樹 | 열매 과, 나무 수 [fruit tree]
과일[果]이 열리는 나무[樹]. ⓔ 과목(果木).
▶과ː수-원 果樹園 | 동산 원
과일나무[果樹]를 재배하는 농원(農園). ¶과수원에서 포도를 땄다.

과ː시 誇示 | 자랑할 과, 보일 시 [display; show off]
❶속뜻 자랑하여[誇] 보임[示]. ❷실제보

다 과장하여 보임. ¶권력을 과시하다.

과:식 過食 | 지나칠 과, 먹을 식 [overeat; eat too much]
지나치게[過] 많이 먹음[食]. ¶과식하여 배탈이 났다. [비] 포식(飽食). [반] 소식(小食).

과:실[1] 果實 | 열매 과, 열매 실 [fruit]
❶ [속뜻] 열매[果=實]. ❷ [법률] 이익을 얻을 수 있는 물건에서 생기는 수익물. [비] 이익(利益).

과:실[2] 過失 | 지나칠 과, 그르칠 실 [fault; mistake]
지나침[過]과 잘못[失]. ¶의료 과실 / 그는 자신의 과실을 인정했다. [반] 고의(故意).

▶ 과:실 치:사 過失致死 | 이를 치, 죽을 사
[법률] 과실(過失) 행위로 사람을 죽음[死]에 이르게[致] 함.

과:언 過言 | 지나칠 과, 말씀 언 [exaggeration]
정도에 지나친[過] 말[言]. ¶최고의 선수라고 해도 과언이 아니다.

과업 課業 | 매길 과, 일 업 [task; duty]
매겨 놓은[課] 일[業]. 또는 학업. ¶통일은 우리의 역사적 과업이다.

***과:연** 果然 | 정말로 과, 그러할 연 [really; truly; indeed]
정말로[果] 그러함[然]. ¶그것은 과연 거짓이었다.

과:열 過熱 | 지나칠 과, 뜨거울 열 [overheat]
지나치게[過] 뜨겁게 하거나 뜨거워짐[熱]. 또는 그 열. ¶자동차 엔진이 과열되었다 / 과열된 입시교육.

과:오 過誤 | 지나칠 과, 그르칠 오 [mistake; error]
지나침[過]과 그르침[誤]. ¶놀부는 과오를 뉘우쳤다. [비] 과실(過失).

과외 課外 | 매길 과, 밖 외 [extracurricular work]
❶ [속뜻] 정해진 교육 과정(課程)의 이외(以外). ❷'과외수업'(課外授業)의 준말.

과:욕 過慾 | 지나칠 과, 욕심 욕 [avarice; greed]
지나친[過] 욕심(慾心). 또는 욕심이 지나침. ¶과욕을 부리다.

과유불급 過猶不及 | 지날 과, 같을 유, 아닐 불, 미칠 급
❶ [속뜻] 지나침[過]은 미치지[及] 못함[不]과 같음[猶]. ❷적당한 중용(中庸)이 중요함을 이르는 말. ¶과유불급이라 했으니, 이쯤해서 그만 둡시다.

과:음 過飮 | 지나칠 과, 마실 음 [drink too much; overdrink]
술을 지나치게[過] 마심[飮]. ¶과음하여 속병이 나다.

과:일 [fruit]
사람이 먹을 수 있는 열매. ¶과일 가게.

▶ 과:일-칼
과일을 깎는 작은 칼. [비] 과도(果刀).

과:잉 過剩 | 지나칠 과, 남을 잉 [excess; surplus]
지나치게[過] 많아 남음[剩]. ¶과잉 보호. [반] 부족(不足).

과자 菓子 | 과일 과, 접미사 자 [sweets; confectionery]
과일[菓]같은 간식용 식품[子]. ¶유밀과는 한국 전통의 과자이다.

과:장[1] 誇張 | 자랑할 과, 벌릴 장 [exaggerate; magnify]
사실보다 부풀려[張] 떠벌림[誇]. ¶그는 과장이 심하다. [비] 과대(誇大).

과장[2] 課長 | 매길 과, 어른 장 [head of a section]
과(課)의 책임자[長]. ¶승격하여 총무과 과장이 되었다.

과:적 過積 | 지나칠 과, 쌓을 적 [overload; overcharge]
지나치게[過] 많이 쌓음[積]. ¶과적차량 진입 금지.

과:-전압 過電壓 | 지나칠 과, 전기 전, 누를 압 [overvoltage]

[물리] 적정한 전압보다 지나치게[過] 높은 전압(電壓).

⁑과ː정[1] 過程 | 지날 과, 거리 정 [process; course]
지나온[過] 거리[程]. 또는 일이 되어가는 경로. ¶생산 과정.

과정[2] 課程 | 매길 과, 분량 정 [curriculum]
정해진[課] 일이나 학업의 분량[程]. ¶대학 과정을 마치다.

***과제 課題** | 매길 과, 표제 제 [task; homework]
주어진[課] 문제(問題)나 임무. ¶수업 과제.

▸과제-물 課題物 | 만물 물
숙제나 과제(課題)로 제출해야 할 물건(物件)이나 일. ¶방학 과제물.

과ː중 過重 | 지나칠 과, 무거울 중 [too heavy]
❶[속뜻] 지나치게[過] 무거움[重]. ❷힘에 벅차다. ¶과중한 책임을 지다.

과ː즙 果汁 | 열매 과, 즙 즙 [fruit juice]
과일[果]로 만든 즙(汁). ¶과즙 음료.

과ː찬 過讚 | 지나칠 과, 기릴 찬 [overpraise]
정도에 지나치게[過] 칭찬함[讚]. ¶과찬의 말씀이십니다.

과ː채-류 果菜類 | 열매 과, 나물 채, 무리 류 [vegetables; greens]
열매[果]를 식용으로 하는 채소(菜蔬) 종류(種類). 수박, 오이, 토마토 따위.

과ː-체중 過體重 | 지나칠 과, 몸 체, 무거울 중 [overweight]
기준이나 표준에 비하여 지나치게[過] 무거운 몸[體]무게[重]. ¶과체중이면 다이어트를 하는 게 좋다.

과ː태 過怠 | 지나칠 과, 게으를 태 [neglectful of]
지나치게[過] 게으름[怠]. [비] 태만(怠慢).

▸과ː태-료 過怠料 | 삯 료
[법률] 공법상의 의무를 이행하지 않을[過怠] 때 매기는 벌금[料]. ¶주차 위반으로 과태료를 물다.

과ː-포화 過飽和 | 지나칠 과, 배부를 포, 고를 화 [supersaturation]
[물리] 용액이 일정 정도 이상의[過] 물질을 함유하고 있는[飽和] 상태.

⁑과학 科學 | 조목 과, 배울 학 [science]
보편적인 진리나 법칙의 발견을 목적으로 조목조목[科] 체계적으로 연구하는 학문(學問). 넓게는 학문 전체를 이르고, 좁게는 자연과학만을 가리킨다.

▸과학-계 科學界 | 지경 계
과학(科學)에 관계되는 조직체나 개인의 활동 영역[界]. ¶과학계에 큰 영향을 미쳤다.

▸과학-관 科學館 | 집 관
과학(科學)에 관한 자료와 물품을 갖추어 일반인이 관람하도록 꾸며 놓은 장소나 집[館]. ¶국립 과학관을 견학하다.

▸과학-실 科學室 | 방 실
과학(科學)에 관한 자료와 물품을 갖추어 놓은 집이나 방[室].

▸과학-자 科學者 | 사람 자
과학(科學)을 전문으로 연구하는 사람[者]. ¶우주의 신비를 밝힌 과학자.

▸과학-적 科學的 | 것 적
❶[속뜻] 과학(科學)의 면에서 본 정확성이나 타당성이 있는 것[的]. ❷과학의 본질에 근거한 것. ¶이 현상은 과학적으로 설명하기 어렵다.

▸과학-책 科學冊 | 책 책
과학(科學)에 관하여 상세히 다루고 있는 책(冊).

▸과학-화 科學化 | 될 화
과학적(科學的)으로 체계화하는[化] 일. ¶고도로 과학화된 사회.

관[1] 冠 | 갓 관 [crown; coronet]
[역사] 관복·예복을 입을 때 망건 위에 쓰던 물건.

관[2] 貫 | 꿸 관 [unit of weight]
도량형의 무게의 기본 단위. 한 관은 약 3.75kg. ¶감자 세 관.

관³ 棺 | 널 관 [coffin; casket]
시체를 담는 널. ¶관을 짜다. 비관구(棺柩).

관⁴ 管 | 대롱 관 [tube; pipe]
몸피가 둥글고 길며 속이 빈 물건.

관가 官家 | 벼슬 관, 집 가
[district office]
관리(官吏)가 업무를 보던 집[家]. 비관공서(官公署). 반민가(民家).

*__관:개 灌漑__ | 물댈 관, 물댈 개
[irrigate; water]
농사에 필요한 물을 논밭에 끌어대는[灌=漑] 일. ¶관개 저수지. 비관수(灌水).

관객 觀客 | 볼 관, 손 객
[spectator; audience]
구경하는[觀] 사람[客]. ¶많은 관객이 공연을 보러 왔다. 비관중(觀衆), 구경꾼.

관건 關鍵 | 빗장 관, 열쇠 건
[key point]
❶속뜻 문빗장[關]과 열쇠[鍵]. ❷'어떤 사물이나 문제 해결의 가장 중요한 부분'을 비유하여 이르는 말. ¶이 문제를 어떻게 푸느냐가 관건이다.

*__관계 關係__ | 빗장 관, 맬 계
[relate; connect with]
❶속뜻 둘 이상이 서로 관련(關聯)을 맺음[係]. ¶관계를 끊다. ❷어떤 방면이나 영역에 관련이 있거나 영향을 미치다. ¶교육 관계 서적 / 네가 있든 없든 관계 없다. 비관련(關聯), 상관(相關).

▶ 관계-식 關係式 | 법 식
수학 양이나 문자 사이의 관계(關係)를 나타내는 식(式). 공식, 등식, 부등식, 방정식 따위.

▶ 관계-자 關係者 | 사람 자
어떤 일과 관계(關係) 되어 있는 사람[者]. ¶관계자 외 출입금지.

관-공서 官公署 | 벼슬 관, 여럿 공, 관청 서 [public office]
국가 사무를 집행하는 관서(官署)와 공공단체의 사무를 담당하는 공서(公署)를 아울러 이르는 말.

관광 觀光 | 볼 관, 빛 광
[sightsee; tour]
다른 지방이나 다른 나라에 가서 그곳의 풍광(風光), 풍습, 문물 따위를 구경함[觀]. 비유람(遊覽).

▶ 관광-객 觀光客 | 손 객
관광(觀光)을 하러 다니는 사람[客]. ¶관광객을 유치(誘致)하다.

▶ 관광-업 觀光業 | 일 업
경제 관광(觀光)에 관한 사업(事業). ¶제주도는 관광업이 발달했다.

▶ 관광-지 觀光地 | 땅 지
명승지나 유적지가 많아 관광(觀光)할 만한 곳[地]. ¶왕릉을 관광지로 개발하다.

관군 官軍 | 벼슬 관, 군사 군
[government forces]
군사 예전에, 국가[官]에 소속되어 있던 정규 군대(軍隊). ¶관군과 동학군이 백병전을 벌였다. 비관병(官兵).

관권 官權 | 벼슬 관, 권리 권
[government authority]
관청(官廳) 또는 관리의 권한이나 권리(權利). ¶관권을 남용하다. 반민권(民權).

관기 官妓 | 벼슬 관, 기생 기
궁중 또는 관청(官廳)에 속하여 노래하고 춤을 추던 기생(妓生). ¶관기를 데리고 술판을 벌였다.

관내 管內 | 맡을 관, 안 내
[within the jurisdiction]
관할(管轄) 구역의 안[內]. ¶경찰이 관내를 순찰하고 있다. 반관외(管外).

관념 觀念 | 볼 관, 생각 념
[idea; concept]
어떤 일이나 사실을 바라보는[觀] 생각이나 견해[念]. ¶고정 관념 / 그는 시간 관념이 없다. 비감각(感覺).

관노 官奴 | 벼슬 관, 종 노
[man slave in government employ]
역사 봉건시대에, 관청(官廳)에 소속된 노비(奴婢). ¶원님은 관노를 풀어주었다. 반

사노(私奴).

관대 寬大 | 너그러울 관, 큰 대
[generous]
마음이 너그럽고[寬] 도량이 크다[大]. ¶그는 아이들에게 관대하다.

***관동 關東** | 빗장 관, 동녘 동
❶속뜻 대관령(大關嶺) 동(東)쪽 지역. ❷금강산과 동해 일대. 강원도 일대. 비영동(嶺東).

▶ **관동-팔경 關東八景** | 여덟 팔, 볕 경
지명 강원도 동해안[關東]에 있는 여덟[八] 군데의 명승지[景]. 간성의 청간정(淸澗亭), 강릉의 경포대(鏡浦臺), 고성의 삼일포(三日浦), 삼척의 죽서루(竹西樓), 양양의 낙산사(洛山寺), 통천의 총석정(叢石亭), 울진의 망양정(望洋亭), 평해의 월송정(越松亭). 비영동팔경(嶺東八景).

관등 觀燈 | 볼 관, 등불 등
[Festival of Lanterns]
불교 초파일이나 절의 주요 행사 때에 온갖 등(燈)을 달아 불을 밝히고 구경하는[觀] 일.

▶ **관등-회 觀燈會** | 모일 회
관등절(觀燈節) 행사를 위한 모임[會]. ¶어머니와 함께 관등회에 참가했다.

관람 觀覽 | 볼 관, 볼 람 [view; inspect]
연극, 영화, 운동 경기 따위를 구경함[觀=覽]. ¶미성년자 관람불가 / 야구 경기를 관람하다.

▶ **관람-객 觀覽客** | 손 객
관람(觀覽)하는 손님[客]. 비관중(觀衆).

▶ **관람-료 觀覽料** | 삯 료
관람(觀覽)하기 위하여 내는 요금(料金).

▶ **관람-석 觀覽席** | 자리 석
관람(觀覽)하기 위해 마련한 좌석(座席). 비객석(客席).

***관련 關聯** | 관계할 관, 잇달 련
[be connected with; be related to]
어떤 사물과 다른 사물이 서로 관계(關係)되어 잇달려[聯] 있음. 서로 어떠한 관계가 있음. ¶흡연은 폐암과 밀접한 관련이 있다. 비연관(聯關).

▶ **관련-성 關聯性** | 성질 성
서로 관련(關聯)되는 성질(性質)이나 경향. ¶운동량과 비만의 관련성.

▶ **관련-자 關聯者** | 사람 자
관련(關聯)이 있는 사람[者]. ¶사건의 관련자들이 다 모였다.

관례 慣例 | 버릇 관, 본보기 례
[precedent; convention]
이전부터 지켜 내려와 관습(慣習)이 되어 버린 사례(事例). ¶악수는 오른손으로 하는 것이 관례다.

관:록 貫祿 | 꿸 관, 녹봉 록
[dignity; presence]
❶속뜻 예전에 녹봉(祿俸)으로 받은 동전을 꿰어[貫] 놓음. 또는 그 금액이나 경력. ❷어떤 일을 오랫동안 하여 쌓은 경력이나 권위. ¶관록을 자랑하다.

관료 官僚 | 벼슬 관, 벼슬아치 료
[government official; bureaucrat]
❶속뜻 같은 관직(官職)에 있는 벼슬아치[僚]. ❷정부의 관리. 특히 정치적인 영향력을 지닌 고급 관리. 비관리(官吏), 관원(官員).

▶ **관료 정치 官僚政治** | 정사 정, 다스릴 치
정치 어떤 특권층에 있는 소수의 관료(官僚)가 권력을 쥐고 행하는 정치(政治).

*관리¹ 官吏** | 벼슬 관, 벼슬아치 리
[government official]
관직(官職)에 있는 사람[吏]. ¶그 관리는 원님만 믿고 위세를 부렸다.

*관리² 管理** | 맡을 관, 다스릴 리
[administer; manage]
어떤 일을 맡아서[管] 처리(處理)함. ¶그 공원은 시에서 관리한다.

▶ **관리-비 管理費** | 쓸 비
시설이나 물건을 관리(管理)하는 데 드는 비용(費用). ¶아파트 관리비.

▶ **관리-소 管理所** | 곳 소
관리(管理) 업무를 처리하는 곳[所]. ¶공원 관리소.

▸ 관리-실 管理室 | 방 실
관리(管理) 업무를 보는 방[室]. ¶관리실에서 출입증을 받으세요.

▸ 관리-인 管理人 | 사람 인
[법률] ❶남의 재산을 관리(管理)하는 사람[人]. ❷소유자로부터 위임을 받아 시설 따위를 관리하는 사람. ¶별장 관리인.

▸ 관리-자 管理者 | 사람 자
어떤 사람에게서 위탁을 받아 시설 등을 관리(管理)하는 사람[者]. ¶기업 관리자.

관립 官立 | 벼슬 관, 설 립
[government institution]
국가기관[官]에서 세움[立]. ¶관립 학교.

관망 觀望 | 볼 관, 바라볼 망
[observe; watch]
❶[속뜻] 높은 곳에서 멀리 내다봄[觀=望]. ❷풍경 따위를 멀리서 바라봄. ¶이 정자는 휴식과 관망을 위한 곳이다. ❸한 발 물러나서 어떤 일이 되어 가는 형편을 바라봄. ¶사태를 관망하다.

***관모 冠帽** | 갓 관, 모자 모
[official hat]
예전에 벼슬아치들이 쓰던 갓[冠] 모양의 모자(帽子). ¶말총으로 만든 관모를 샀다.

관:목 灌木 | 덥수룩할 관, 나무 목
[shrubs; bush]
[식물] 나무의 키가 작고 덥수룩하게[灌] 밑동에서 가지를 많이 치는 나무[木]. [비] 떨기나무. [반] 교목(喬木).

관문 關門 | 빗장 관, 대문 문
[gateway; boundary gate; barrier]
❶[속뜻] 지난날, 국경이나 교통의 요새 같은 데 설치한 관(關)의 문(門). ❷그곳을 지나야만 드나들 수 있는 중요한 길목. ¶부산은 동아시아의 관문이다. ❸어떤 일을 하자면 반드시 거쳐야 하는 중요한 대목. ¶입학시험이라는 관문을 통과하다.

관민 官民 | 벼슬 관, 백성 민
[government and the people]
공무원[官]과 민간인[民]을 아울러 이르는 말. ¶관민 협동으로 추진하다. [비] 민관(民官).

관복 官服 | 벼슬 관, 옷 복
[official outfit]
❶[속뜻] 관리(官吏)의 제복(制服). ❷공복(公服).

***관북 關北** | 빗장 관, 북녘 북
❶[속뜻] 마천령을 관문(關門)으로 한 북(北)쪽 지방. ❷[지리] 함경북도 지방.

관비 官婢 | 벼슬 관, 여자종 비
봉건시대에, 관가(官家)에 속하여 있던 여자종[婢]. ¶그는 관비를 데리고 도망쳤다. [반] 관노(官奴).

관사 官舍 | 벼슬 관, 집 사
[official residence]
관리가 살도록 국가나 공공단체[官]에서 지은 집[舍]. ¶선생님은 관사에서 머물고 계신다. [비] 관저(官邸), 공사(公舍).

관상¹ 觀相 | 볼 관, 모양 상
[read fortune by the face]
[민속] 얼굴 등의 모양[相]을 보고[觀] 그 사람의 재수나 운명 등을 판단하는 일. ¶관상이 좋다.

관상² 觀象 | 볼 관, 모양 상
[observe the weather]
천문(天文)이나 기상(氣象)을 관측(觀測)하는 일. ¶관상을 위하여 누대를 세웠다.

▸ 관상-대 觀象臺 | 돈대 대
[지리] 기상(氣象) 상태를 관측(觀測)·조사·연구하는 곳[臺].

관상³ 觀賞 | 볼 관, 즐길 상
[view with admiration]
동식물이나 자연 따위를 보고[觀] 감상(感賞)함. ¶관상을 위한 식물을 심었다.

▸ 관상-수 觀賞樹 | 나무 수
두고 보면서[觀] 즐기기[賞] 위해 키우는 나무[樹]. ¶소철은 관상수로 인기가 많다. [비] 관상목(觀賞木).

▸ 관상-용 觀賞用 | 쓸 용
두고 보면서[觀] 즐기는[賞] 데 씀[用]. 또는 그런 물건. ¶관상용 어류.

***관서 關西** | 빗장 관, 서녘 서

❶ [속뜻] 마천령을 관문(關門)으로 한 그 서(西)쪽 지방. ❷ [지리] 평안도와 황해도 북부 지역.

관성 慣性 | 버릇 관, 성질 성 [inertia]
❶ [속뜻] 버릇[慣]이 된 행동이나 성질(性質). ❷ [물리] 물체가 밖의 힘을 받지 않는 한 정지 또는 등속도 운동의 상태를 지속하려는 성질. ¶관성의 법칙. [비] 타성(惰性).

관세 關稅 | 빗장 관, 세금 세
[tariff; customs duties]
[법률] 세관(稅關)을 통과(通過)하는 화물에 대하여 부과되는 조세(租稅). ¶수입 자동차에 높은 관세를 물리다. [비] 통관세(通關稅).

▶ **관세-청 關稅廳** | 관청 청
[법률] 수출입 물품을 관리하고 관세(關稅)에 관한 사무를 맡아보는 관청(官廳).

관세음보살 觀世音菩薩 | 볼 관, 세상 세, 소리 음, 보살 보, 보살 살
[불교] 세상(世上)의 소리[音]를 들어 알 수 있는[觀] 보살(菩薩).

관습 慣習 | 버릇 관, 버릇 습 [custom]
어떤 사회에서 오랫동안 지켜 내려와[慣] 그 사회구성원들이 널리 인정하는 질서나 풍습(風習). ¶오랜 관습을 깨다. [비] 관례(慣例), 관행(慣行).

▶ **관습-법 慣習法** | 법 법
[법률] 사회생활에서 관행(慣行)이나 습관(習慣)이 굳어져서 법(法)의 효력을 갖게 된 것. ¶관습법을 바탕으로 법률을 제정하다.

관식 冠飾 | 갓 관, 꾸밀 식
[diadem ornament]
[고적] 관(冠)을 꾸미는[飾] 데 쓰던 물건. '관장식'(冠裝飾)의 준말. ¶천마총에서 신라시대의 관식이 출토되었다.

****관심 關心** | 관계할 관, 마음 심
[concern; interest]
❶ [속뜻] 관계(關係)하고 싶은 마음[心]. ❷ 마음이 끌려 주의를 기울임. ¶관심을 모으다.

▶ **관심-사 關心事** | 일 사
관심(關心)을 끄는 일[事]. ¶언니의 요즘 관심사는 결혼이다.

관아 官衙 | 벼슬 관, 관청 아
[government office]
예전에, 벼슬아치들[官]이 모여 나랏일을 처리하던 곳[衙].

관악 管樂 | 피리 관, 음악 악
[pipe music]
[음악] 관악기(管樂器)로 연주하는 음악(音樂). [참] 취주악(吹奏樂), 현악(絃樂), 타악(打樂).

관-악기 管樂器 | 피리 관, 음악 악, 그릇 기 [wind instrument]
[음악] 입으로 불어서 관(管) 안의 공기를 진동시켜 소리를 내는 악기(樂器). ¶리코더는 관악기의 하나다.

관여 關與 | 관계할 관, 도울 여
[take part in; be concerned in]
어떤 일에 관계(關係)하여 참여(參與)함. ¶넌 관여하지 마. [비] 간여(干與).

관엽 식물 觀葉植物 | 볼 관, 잎 엽, 심을 식, 만물 물 [foliage plant]
[식물] 잎사귀[葉]의 모양이나 빛깔의 아름다움을 보고[觀] 즐기기 위하여 재배하는 식물(植物). 단풍나무, 고무나무 따위.

관용[1] 寬容 | 너그러울 관, 담을 용
[toleration; tolerance]
남의 잘못을 너그럽게[寬] 받아들이거나[容] 용서함. 또는 그런 용서. ¶관용을 베풀다. [비] 관면(寬免).

관용[2] 官用 | 벼슬 관, 쓸 용
[official use]
정부기관이나 국립 공공기관[官]에서 사용(使用)함. ¶관용 차량.

▶ **관용-차 官用車** | 수레 차
공공 기관에서 사용하는[官用] 자동차(自動車). ¶대형 관용차.

관용[3] 慣用 | 버릇 관, 쓸 용
[common use]

습관적(習慣的)으로 늘 씀[用]. 또는 그렇게 쓰는 것. ¶관용적인 표현.

▸ 관용-어 慣用語 | 말씀 어
습관적(習慣的)으로 쓰는[用] 말[語]. 원래의 뜻과는 다른 특별한 의미를 갖는다.

관원 官員 | 벼슬 관, 사람 원
[government official]
벼슬[官]에 있는 사람[員].

관음-상 觀音像 | 볼 관, 소리 음, 모양 상
[불교] 관세음(觀世音) 보살의 상(像). ¶석굴암의 관음상이 유명하다.

관장[1]管掌 | 관리 관, 손바닥 장
[take charge of]
손바닥[掌]으로 쥔 듯이 맡아 관리(管理)함. ¶그는 업무를 관장하느라 바쁘다. [비] 관할(管轄).

관장[2]灌腸 | 물댈 관, 창자 장 [enema]
[의학] 약물을 항문으로 넣어서 직장이나 큰창자[腸]에 들어가게[灌] 하는 일.

관저 官邸 | 벼슬 관, 집 저
[official residence]
정부에서 장관급 이상의 고관(高官)들이 살도록 마련한 집[邸]. ¶국무총리 관저. [반] 사저(私邸).

*__관절__ 關節 | 빗장 관, 마디 절
[joint; articulation]
[의학] 뼈와 뼈가 서로 연결되어 있는[關] 부분[節]. ¶지나친 운동은 관절에 무리를 준다.

▸ 관절-염 關節炎 | 염증 염
[의학] 관절(關節)에 생기는 염증(炎症). ¶관절염으로 절뚝거리며 걷다.

관점 觀點 | 볼 관, 점 점 [point of view]
사물이나 현상을 관찰할 때에 그 사람이 보고[觀] 생각하는 태도나 방향[點]. ¶다른 관점에서 생각해보자. [비] 시각(視角).

관정 管井 | 대롱 관, 우물 정 [tube well]
둘레가 대롱[管] 모양으로 된 우물[井]. 둥글게 판 우물. ¶가뭄이 잦은 지역에 관정을 팠다.

관제[1]官制 | 벼슬 관, 정할 제
[government organization]
[법률] 국가의 행정 조직[官] 및 권한에 관한 제도(制度).

관제[2]管制 | 관리할 관, 누를 제 [control]
관리(管理)하여 통제(統制)함. ¶중앙 관제 시스템.

관제[3]官製 | 벼슬 관, 만들 제
[government manufacture]
정부가 경영하는 기업체나 관청(官廳)에서 물건을 만듦[製]. 또는 그렇게 만든 물품.

▸ 관제-엽서 官製葉書 | 잎 엽, 쓸 서
정부에서 발행한[官製] 일정한 규격의 우편엽서(郵便葉書).

관중 觀衆 | 볼 관, 무리 중
[spectators; onlookers]
연극이나 운동 경기 따위를 구경하는[觀] 무리[衆]. ¶관중들의 환호를 받다. [비] 관객(觀客).

▸ 관중-석 觀衆席 | 자리 석
구경하는 사람들[觀衆]이 앉는 자리[席]. ¶관중석이 꽉 찼다.

관직 官職 | 벼슬 관, 일 직
[government office]
❶[속뜻] 벼슬[官]을 하면서 맡은 일[職]. ❷공무원 또는 관리가 국가로부터 위임받은 일정한 직무. 또는 그런 지위.

⁑__관찰__ 觀察 | 볼 관, 살필 찰
[observe; watch]
사물이나 현상을 주의하여 자세히 보고[觀] 살핌[察]. ¶현미경으로 미생물을 관찰하다.

▸ 관찰-력 觀察力 | 힘 력
사물이나 현상을 주의하여 자세히 살펴보는[觀察] 능력(能力). ¶관찰력을 기르다.

▸ 관찰-부 觀察府 | 관청 부
[역사] 조선 시대에, 관찰사(觀察使)가 직무를 보던 관아[府].

▸ 관찰-사 觀察使 | 부릴 사
[역사] 고려·조선 때, 지방의 경찰·사법·징세 따위를 통합하여 관리하고, 주민의 생

활을 관찰(觀察)하던 각 도의 으뜸 관리[使].
▶ 관찰-자 觀察者 | 사람 자
관찰(觀察)하는 사람[者]. ¶관찰자 시점의 소설.

관:철 貫徹 | 꿸 관, 통할 철
[push on; carry through]
어려움을 꿰뚫고[貫] 나아가[徹] 끝내 목적을 이룸. ¶끝까지 목적을 관철하다.

관청 官廳 | 벼슬 관, 관아 청
[government office]
국가[官]의 사무를 집행하는 국가기관[廳]. 또는 그런 곳.

관촉-사 灌燭寺 | 물댈 관, 촛불 촉, 절 사
불교 고려 광종 19년(968)에 혜명(慧明)이 창건한 절[寺]. 우리나라에서 제일 큰 미륵보살 입상인 은진 미륵의 미간에 있는 옥호에서 발생한 빛이 마치 '촛불[燭]을 부워놓은[灌] 것 같다'고 붙여진 이름이다.

관측 觀測 | 볼 관, 헤아릴 측 [observe]
❶속뜻 어떤 사정이나 형편 따위를 잘 살펴보고[觀] 그 장래를 헤아림[測]. ❷관찰하여 측정함. ¶천문을 관측하다.
▶ 관측-대 觀測臺 | 돈대 대
천문 천체나 기상을 관측(觀測)하는 시설[臺].
▶ 관측-소 觀測所 | 곳 소
적의 동태나 기상(氣象) 상태를 살피는[觀測] 곳[所]. ¶항공 관측소 / 기상 관측소.
▶ 관측-자 觀測者 | 사람 자
현상의 상태, 추이, 변화 따위를 관찰(觀察)하여 측정(測定)하는 사람[者]. ¶기상 관측자.

관:통 貫通 | 꿸 관, 통할 통
[penetrate; pierce]
❶속뜻 꿰뚫어서[貫] 통(通)하게 함. ¶탄알이 가슴을 관통하다. ❷처음부터 끝까지 일관함.

관할 管轄 | 관리할 관, 다스릴 할
[have jurisdiction over]
일정한 권한에 의하여 관리(管理)하고 다스림[轄]. 또는 그런 지배가 미치는 범위. ¶관할 지역.

관행 慣行 | 버릇 관, 행할 행
[habitual practice]
오랜 관례(慣例)에 따라서 행함[行]. ¶관행에 따르다.

관헌 官憲 | 벼슬 관, 법 헌
[government authorities]
❶속뜻 정부나 관청(官廳)에서 정한 법규[憲]. ¶관헌에 따르자면. ❷예전에, '관청'을 달리 이르던 말. ¶중국 관헌에 붙잡혀 갔다. ❸예전에, 관직에 있는 사람을 달리 이르던 말. ¶지방 관헌.

관현 管絃 | 대롱 관, 줄 현
[wind and stringed instruments]
음악 대롱[管]이 달린 관악기와 줄[絃]로 엮은 현악기.
▶ 관현-악 管絃樂 | 음악 악
음악 ❶관악기(管樂器), 현악기(絃樂器) 따위로 함께 연주하는 음악(音樂). ❷국악에서 관악기, 현악기와 편종, 편경 따위의 타악기가 반드시 들어가는 큰 규모의 합주.
▶ 관현악-단 管絃樂團 | 음악 악, 모일 단
음악 관현악(管絃樂)을 연주하는 단체(團體).

관형-사 冠形詞 | 갓 관, 모양 형, 말씀 사
[determiner]
언어 체언 앞[冠]에 놓인 형태(形態)로, 그 내용을 자세히 꾸며주는 역할을 하는 말[詞].

관혼 冠婚 | 갓 관, 혼인할 혼
관례(冠禮)와 혼례(婚禮).
▶ 관혼상제 冠婚喪祭 | 죽을 상, 제사 제
관례(冠禮), 혼례(婚禮), 상례(喪禮), 제례(祭禮). ¶우리 조상들은 관혼상제를 중요하게 여겼다.

괄목 刮目 | 비빌 괄, 눈 목
눈[目]을 비비고[刮] 다시 볼 만큼 발전

속도가 매우 빠름. ¶괄목할 만한 성장.

▸괄목상대 刮目相對 | 서로 상, 대할 대
❶[속뜻] 눈[目]을 비비고[刮] 서로[相] 마주함[對]. ❷발전 속도가 매우 빠름.

괄시 恝視 | 소홀히 할 괄, 볼 시 [treat coldly; receive with indifference]
업신여겨 하찮게[恝] 대함[視]. ¶가진 것이 없다고 괄시하지 마라. [비] 푸대접, 홀대(忽待). [반] 후대(厚待), 환대(歡待).

괄호 括弧 | 묶을 괄, 활 호 [parenthesis]
[언어] 묶은[括] 활[弧] 모양의 부호. [비] 묶음표.

광경 光景 | 빛 광, 볕 경 [scene; sight]
❶[속뜻] 아름답게 빛나는[光] 풍경(風景). ❷벌어진 일의 형편과 모양. ¶참혹한 광경이 벌어지다. [비] 상황(狀況).

광:고 廣告 | 넓을 광, 알릴 고 [advertise]
세상에 널리[廣] 알림[告]. 또는 그런 일. ¶신문에 광고를 내다 / 신제품을 광고하다.

▸광:고-란 廣告欄 | 칸 란
신문이나 잡지 따위에서 광고(廣告)를 싣는 난(欄). ¶일간 신문의 광고란.

▸광:고-문 廣告文 | 글월 문
광고(廣告)하기 위하여 쓴 글[文]. ¶광고문의 내용을 참조하시오.

▸광:고-물 廣告物 | 만물 물
광고(廣告)에 관한 문서나 물건(物件). ¶광고물이 쌓여 있다.

▸광:고-지 廣告紙 | 종이 지
광고(廣告)하는 글이나 그림 따위가 실린 종이[紙]. ¶집집마다 광고지를 돌리다.

▸광:고-판 廣告板 | 널빤지 판
광고(廣告)하는 글이나 그림을 붙이기 위하여 만든 판(板).

광:-공업 鑛工業 | 쇳돌 광, 장인 공, 일 업
❶광업(鑛業)과 공업(工業). ¶이 도시는 광공업이 모두 발달했다. ❷광업에 딸린 공업. ¶광공업 제품.

광:구 鑛區 | 쇳돌 광, 나눌 구 [mining area(lot)]
[법률] 관청에서 어떤 광물(鑛物)의 채굴이나 시굴을 허가한 구역(區域).

광기 狂氣 | 미칠 광, 기운 기 [madness; craziness]
❶[속뜻] 미친[狂] 듯한 기미(氣味). ❷미친 듯이 날뛰는 기질을 속되게 이르는 말. ¶눈에 광기가 서려 있다.

광년 光年 | 빛 광, 해 년 [light-year]
[천문] 빛[光]이 초속 30만km의 속도로 1년(年) 동안 나아가는 거리를 단위로 한 것. 1광년은 9조 4670억 7782만km이다.

광란 狂亂 | 미칠 광, 어지러울 란 [go mad; become frantic]
미친[狂] 듯이 어지럽게[亂] 날뜀. ¶광란 같은 축제가 벌어졌다.

광:막 廣漠 | 넓을 광, 아득할 막 [vast; wide]
넓은[廣] 사막처럼 아득하다[漠]. ¶광막한 초원.

광명 光明 | 빛 광, 밝을 명 [light; sunbeam]
❶[속뜻] 빛[光]이 환함[明]. 또는 밝은 미래나 희망을 상징하는 밝고 환한 빛. ❷[불교] 부처와 보살 등의 몸에서 나는 빛.

광:목 廣木 | 넓을 광, 나무 목 [white cotton (broad) cloth]
목화(木花)씨에 붙은 솜을 자아 만든 무명실로 서양목처럼 너비가 넓게[廣] 짠 베.

광:물 鑛物 | 쇳돌 광, 만물 물 [mineral]
[광업] 암석[鑛]이나 토양 중에 함유된 천연 무기물(無機物). ¶지하에는 많은 광물이 매장되어 있다.

▸광:물-성 鑛物性 | 성질 성
[광업] 광물(鑛物)의 성질(性質). 또는 광물로 이루어진 것. ¶광물성 섬유. [반] 동물성(動物性), 식물성(植物性).

▸광:물-질 鑛物質 | 바탕 질
❶[광업] 광물(鑛物)로 된 물질(物質). 또는 광물성의 물질. ¶광천수에는 광물질이 다량 함유되어 있다. ❷[생물] 생체의 생리 기

능에 필요한 광물성 영양소.

광:-범위 廣範圍 | 넓을 광, 틀 범, 둘레 위 [extensive]
넓은[廣] 범위(範圍). 범위가 넓음. ¶에디슨은 과학 분야에 광범위한 영향을 주었다.

*광복 光復 | 빛 광, 돌아올 복
[regain independence]
❶속뜻 빛[光]이 회복(回復)됨. ❷빼앗긴 주권을 도로 찾음. ¶조국의 광복을 위해 투쟁하다.

▶ **광복-군 光復軍** | 군사 군
역사 일제 강점기에, 중국에서 우리나라의 독립을 위하여 일본에 대항하여 조국 광복(光復)을 위해 싸우던 군대(軍隊). ¶상하이는 광복군의 거점이었다.

▶ **광복-절 光復節** | 철 절
법률 1945년 8월15일, 우리나라의 광복(光復)을 기념하기 위하여 제정한 국경일[節].

광:부 鑛夫 | 쇳돌 광, 사나이 부
[miner; mine worker]
광물(鑛物)을 캐는 인부(人夫). ¶석탄 광부.

광:산 鑛山 | 쇳돌 광, 메 산 [mine field]
광물(鑛物)을 캐내는 산(山). ¶광산에서 석탄을 캐다.

▶ **광:산-촌 鑛山村** | 마을 촌
광산(鑛山)을 끼고 이루어진 마을[村]. ¶광산촌에는 먼지가 많다.

광:산-물 鑛産物 | 쇳돌 광, 낳을 산, 만물 물 [mineral product]
광산 광산(鑛山)에서 생산(生産)되는 모든 물건(物件). ¶광산물의 생산량이 크게 감소하였다.

광:석 鑛石 | 쇳돌 광, 돌 석 [ore; mineral]
광산 경제적 가치가 있는 광물(鑛物)을 포함하고 있는 암석(巖石). 또는 그런 광물. ¶광석에서 금을 추출하다.

광선 光線 | 빛 광, 줄 선 [ray of light]
발광체에서 나오는 빛[光]의 줄기[線]. ¶태양 광선.

광-섬유 光纖維 | 빛 광, 가늘 섬, 밧줄 유 [optical fiber]
물리 빛[光]을 전파하는 가는 유리 섬유(纖維). ¶통신망에 광섬유를 이용하다.

광성-보 廣城堡 | 넓을 광, 성곽 성, 작은 성 보
고적 광성(廣城)나루에 있던 성보(城堡). 고려가 몽고에 대항하기 위하여 강화로 천도하였을 때 쌓았다.

광신 狂信 | 미칠 광, 믿을 신
[religious fanaticism]
신앙이나 사상 따위에 대하여 이성을 잃고 미친[狂] 듯이 믿음[信]. ¶종교를 광신하다.

광:야 曠野 | =廣野, 넓을 광, 들 야
[wilderness; vast plain]
광활(曠闊)한 벌판[野]. 텅 비고 아득히 넓은 들.

광:어 廣魚 | 넓을 광, 물고기 어
[flatfish; flounder]
❶속뜻 넓게[廣] 펼쳐 말린 물고기[魚]. ❷동물 넙치.

광:업 鑛業 | 쇳돌 광, 일 업
[mining industry]
광물(鑛物)의 채굴, 선광, 제련 따위와 관련된 산업(産業). ¶영월은 광업이 발달했다.

광:역 廣域 | 넓을 광, 지경 역
[wide (large) area]
넓은[廣] 지경[域]. 또는 그 구역이나 범위. ¶광역단체장 선거.

▶ **광:역-시 廣域市** | 도시 시
❶속뜻 매우 넓은[廣] 지역(地域)을 관할하는 시(市). ❷법률 상급 지방 자치 단체의 하나. 현재의 광주, 대구, 대전, 부산, 울산, 인천이 이에 해당한다.

광열 光熱 | 빛 광, 더울 열
[light and heat]
빛[光]과 열(熱).

▶ **광열-비 光熱費** | 쓸 비

[경제] 전등[光]을 켜고 난방[熱]을 하는 데 드는 비용(費用).

광:의 廣義 | 넓을 광, 뜻 의
[broad sense]
어떤 말의 개념을 정의할 때에 넓은[廣] 의미(義味). ¶광의로 해석하다. [반] 협의(狹義).

광인 狂人 | 미칠 광, 사람 인 [madman]
미친[狂] 사람[人]. ¶고흐는 천재 아니면 광인일 것이다.

광:장 廣場 | 넓을 광, 마당 장
[open space]
많은 사람이 모일 수 있게 거리에 만들어 놓은 넓은[廣] 빈 터[場]. ¶광장에서 음악회가 열렸다.

광채 光彩 | 빛 광, 빛깔 채
[luminous body]
❶[속뜻] 찬란하게 빛[光]나는 빛깔[彩]. ❷ 정기 있는 밝은 빛. ¶광채가 나다.

광택 光澤 | 빛 광, 윤날 택
[glaze; shine]
빛[光]의 반사로 반짝반짝 윤이 남[澤]. 또는 그 빛. ¶천으로 문질러 광택을 내다. [비] 윤기.

광-통신 光通信 | 빛 광, 통할 통, 소식 신
[optical communication]
[통신] 영상, 음성, 데이터 따위의 전기 신호를 빛[光]의 신호로 바꾸어 보내는 통신(通信).

광학 光學 | 빛 광, 학문 학
[optical science]
[물리] 빛[光]의 성질과 현상을 연구하는 학문(學問). ¶광학 렌즈.

광한-루 廣寒樓 | 넓을 광, 찰 한, 다락 루
[고적] 전라북도 남원시 천거동에 있는 누각. 조선 태조 때 황희가 세웠으며 인조 16년(1638)에 재건하였다. 〈춘향전〉의 배경으로 유명하다. 달 속의 선녀가 사는 월궁의 이름인 광한전(廣寒殿)의 '광한청허루'(廣寒淸虛樓)에서 따온 이름이다.

광-합성 光合成 | 빛 광, 합할 합, 이룰 성
[photosynthesis]
[식물] 유기물이 빛[光] 에너지로 물질을 합성(合成)하여 새로운 화합물을 만드는 일. ¶녹색식물은 광합성을 한다.

광:혜-원 廣惠院 | 넓을 광, 은혜 혜, 집 원
❶[속뜻] 널리[廣] 은혜(恩惠)를 베푸는 곳[院]. ❷[역사] 조선 말기, 일반 백성을 위해 세운 한국 최초의 근대식 병원(病院).

광화-문 光化門 | 빛 광, 될 화, 문 문
❶[속뜻] 햇빛[光] 같은 임금의 덕화(德化)를 상징하는 문(門). ❷경복궁의 정문.

광:활 廣闊 | 넓을 광, 트일 활
[wide; spacious]
넓고[廣] 탁 트이다[闊]. 훤하게 넓다. ¶광활한 평야.

괘 卦 | 걸 괘 [divination sign]
'점괘'(占卦)의 준말. ¶점을 보니 좋은 괘가 나왔다.

괘념 掛念 | 걸 괘, 생각 념
[mind; care; be concerned]
마음에 두고[掛] 걱정하거나 생각함[念]. ¶너무 괘념치 마세요.

괘도 掛圖 | 걸 괘, 그림 도
[wall map; hanging scroll]
벽에 걸어 놓고[掛] 보는 학습용 그림[圖]이나 지도. [비] 걸그림.

괘종 掛鐘 | 걸 괘, 쇠북 종 [wall clock]
종(鐘)이 달려 있는[掛] 시계.

▸괘종-시계 掛鐘時計 | 때 시, 셀 계
시간 마다 울리는 종(鐘)이 달려 있는[掛] 시계(時計). ¶12시가 되자 괘종시계가 뎅뎅 울렸다.

괴:동 怪童 | 이상할 괴, 아이 동 [wonder child]
괴상(怪狀)한 재주를 가진 아이[童]. ¶그 마을에 괴동이 태어났다고 야단이었다.

괴:뢰 傀儡 | 꼭두각시 괴, 꼭두각시 뢰
[puppet; marionette]
❶[속뜻] 꼭두각시[傀=儡]. 나무로 만들어 줄을 매달아 노는 인형. ❷남의 지시대로

움직이는 사람을 비유하는 말.

▸ 괴:뢰-군 傀儡軍 | 군사 군
꼭두각시[傀儡]처럼 다른 나라가 조종하는 대로 움직이는 군대(軍隊). 특히 북한 인민군을 소련의 꼭두각시로 비난하여 이르던 말이다. ¶북한 괴뢰군.

괴목 槐木 | 회화나무 괴, 나무 목
[Sophora japonica]
❶[속뜻] 회화[槐] 나무[木]. ❷[식물] 콩과의 낙엽 활엽 교목. 높이는 25~30미터이며, 목재는 가구재, 땔감으로 쓴다.

▸ 괴목-장 槐木欌 | 장롱 장
회화[槐] 나무[木]로 만든 장(欌).

괴:물 怪物 | 이상할 괴, 만물 물
[monster]
❶[속뜻] 괴상(怪狀)하게 생긴 물체(物體). ¶영화에 나온 괴물은 정말 실감났다. ❷'괴상한 사람'을 비유하여 이르는 말. ¶100미터를 8초에 뛰다니, 그는 정말 괴물이다. [비] 괴짜.

괴:변 怪變 | 이상할 괴, 바뀔 변
[strange accident]
괴상(怪狀)한 변고(變故)나 재난. ¶괴변이 일어나다.

괴상 怪常 | 이상할 괴, 보통 상 [strange; queer]
보통[常]과 달리 괴이(怪異)하고 이상함. ¶괴상한 물건. [비] 기괴(奇怪), 기이(奇異).

▸ 괴상망측 怪常罔測 | 없을 망, 헤아릴 측
측량(測量)할 수 없을[罔] 정도로 괴상(怪常)하다. 말할 수 없을 정도로 괴상하고 이상함. ¶도마뱀은 괴상망측해 보이지만, 실제로 매우 온순하다.

괴:성 怪聲 | 이상할 괴, 소리 성
[horrible shriek; eerie shriek]
괴상(怪狀)한 소리[聲]. ¶괴성을 지르다.

괴수 魁首 | 으뜸 괴, 머리 수 [ringleader; boss]
못된 짓을 하는 무리의 우두[魁]머리[首].

괴:이 怪異 | 이상할 괴, 다를 이
[strange; mysterious]
❶[속뜻] 괴상(怪狀)하고 이상(異狀)함. ❷이상야릇하다. ¶괴이한 소리가 들리다.

괴:질 怪疾 | 이상할 괴, 병 질
[disease of unknown cause; cholera]
❶[속뜻] 원인을 알 수 없는 이상한[怪] 질병(疾病). ❷'콜레라'를 속되게 이르는 말.

괴:팍 乖愎 | 본음 [괴퍅], 이상할 괴, 어긋날 팍 [fastidious]
성미가 이상하고[乖] 별나게 까다롭다[愎]. ¶그는 성미가 남달리 괴팍하다.

괴:한 怪漢 | 이상할 괴, 사나이 한
[suspicious fellow]
거동이나 차림새가 수상한[怪] 사내[漢]. ¶괴한의 습격을 받다.

괴:혈-병 壞血病 | 무너질 괴, 피 혈, 병 병 [scurvy; scorbutus]
[의학] 기운이 없고 잇몸, 점막과 피부가 헐어서[壞] 피[血]가 나는 병(病).

굉음 轟音 | 울릴 굉, 소리 음
[roaring sound]
몹시 요란하게 울리는[轟] 소리[音]. ¶귀를 찢는 듯한 굉음.

굉장 宏壯 | 클 굉, 씩씩할 장
[magnificent; wonderful]
❶[속뜻] 아주 크고[宏] 씩씩하다[壯]. ❷보통 이상으로 대단하다. ¶굉장한 인파 / 굉장한 미인.

교: 教 | 종교 교 [religion]
'종교'(宗教)의 준말. ¶이슬람 교.

교:가 校歌 | 학교 교, 노래 가
[school song]
학교(學校)를 상징하는 노래[歌].

교각 橋脚 | 다리 교, 다리 각
[(bridge) pier; bent]
[건설] 다리[橋]를 받치는 기둥[脚].

교:감 校監 | 학교 교, 볼 감
[vice-principal]
[교육] 학교장을 도와서 학교(學校)를 관리하거나 감독(監督)하는 일을 수행하는 직책. 또는 그런 사람.

교:과 教科 | 가르칠 교, 과목 과
[school subject]
교육 학교에서 교육의 목적에 맞게 가르쳐야[教] 할 내용을 계통적으로 짜놓은 일정한 과목[科目].

▶ 교:과-목 教科目 | 눈 목
교육 학교에서 가르쳐야 할 지식이나 경험의 체계를 세분하여 계통[教科]을 세운 영역[目].

▶ 교:과-서 教科書 | 책 서
❶교육 교육 과정에 따라 주된 교재[教科]로 사용하기 위하여 편찬한 책[書]. ¶수학 교과서. ❷해당 분야에서 모범과 표본이 될 만한 것을 비유하여 이르는 말. ¶그 영화는 영화 학도들의 교과서가 되는 작품이다. ⓑ 교본(教本).

교:관 教官 | 가르칠 교, 벼슬 관
[drillmaster; instructor]
군사 군사 교육이나 훈련을 맡아 가르치는[教] 교사나 장교[官].

교:구 教區 | 종교 교, 나눌 구 [parish]
종교 종교(宗教)의 전파, 신자의 지도 따위를 위하여 편의상 나누어 놓은 구역(區域).

교군 轎軍 | 가마 교, 군사 군
[palanquin bearer]
❶속뜻 가마[轎]를 메는 사람들[軍]. ¶교군이 당도하였다. ❷가마를 메는 일.

교:권 教權 | 가르칠 교, 권리 권
[educational authority]
교사(教師)로서 지니는 권위나 권리(權利).

교:내 校內 | 학교 교, 안 내
[school grounds; campus]
학교(學校)의 안[內]. ¶교내 방송 / 교내 체육 대회. ⓑ 교외(校外).

교:단¹ 校壇 | 학교 교, 단 단
학교(學校)의 운동장에 무대처럼 만들어 놓은 단[壇]. ¶교장선생님께서 교단에 올라 훈화를 시작하셨다.

교:단² 教壇 | 가르칠 교, 단 단
[teacher's platform]
❶속뜻 교사(教師)가 강의할 때 올라서는 단(壇). ¶교단에 서서 학생들을 바라보았다. ❷교육 교육에 관한 일을 하는 곳 ¶그는 교단을 떠났다.

교대¹ 交代 | 서로 교, 바꿀 대
[take turns; rotate]
❶속뜻 차례에 따라 서로[交] 바꾸어[代] 일을 함. ❷차례에 따라 일을 맡음. ¶나는 매일 동생과 교대로 방 청소를 한다. ⓑ 겨끔내기.

교:대² 教大 | 가르칠 교, 큰 대
[teachers' college]
교육 초등학교 교사(教師)를 양성하기 위한 대학(大學). '교육대학'(教育大學)의 준말.

교:도¹ 教徒 | 종교 교, 무리 도 [believer]
종교(宗教)를 믿는 사람이나 그 무리[徒].

교:도² 教導 | 가르칠 교, 이끌 도
[teach; instruct]
가르치고[教] 이끌어줌[導]. ⓑ 교화(教化).

교:도³ 矯導 | 바로잡을 교, 이끌 도
[reform; correct]
❶속뜻 바로잡아[矯] 이끌어 줌[導]. ❷법률 교정직 9급 공무원의 직급.

▶ 교:도-관 矯導官 | 벼슬 관
법률 교도소(矯導所)에서 행형(行刑)에 관한 사무에 종사하는 공무원[官].

▶ 교:도-소 矯導所 | 곳 소
법률 징역형이나 금고형, 노역장 유치나 구류 처분을 받은 사람에 대한 교도(矯導) 업무를 맡아보는 기관[所]. ⓑ 감옥(監獄).

교두-보 橋頭堡 | 다리 교, 머리 두, 작은 성 보 [bridgehead]
❶군사 다리를 엄호하기 위하여 다리[橋] 입구[頭]에 쌓은 보루(堡壘). ❷'침략하기 위한 발판'을 비유하여 이르는 말. ¶교두보를 확보하다.

교란 攪亂 | 어지러울 교, 어지러울 란

[disturb; throw into confusion]
마음이나 상황 따위를 뒤흔들어서 어지럽고[攪] 혼란(混亂)하게 함. ¶교란작전을 펼치다.

교량 橋梁 | 다리 교, 들보 량 [bridge]
❶[속뜻] 다리[橋]의 들보[梁]. ❷강을 건널 수 있게 만든 다리. ¶교량을 놓다.

교:련 敎鍊 | 가르칠 교, 익힐 련
[train; drill]
❶[속뜻] 가르쳐[敎] 익힘[鍊]. ❷군인이나 학생에게 가르치는 군사 훈련.

교류 交流 | 서로 교, 흐를 류
[interchange; exchange]
❶[속뜻] 근원이 다른 물줄기가 서로[交] 섞이어 흐름[流]. 또는 그런 줄기. ❷문화나 사상 따위가 서로 통함. ¶문화적 교류. ❸[전기] 시간에 따라 크기와 방향이 주기적으로 바뀌어 흐름. 또는 그런 전류. [비] 소통(疏通). [반] 직류(直流).

교:리 敎理 | 종교 교, 이치 리 [dogma]
[종교] 한 종교(宗敎)의 참된 이치(理致)나 진리. 또는 그렇게 규정한 신앙의 체계.

교만 驕慢 | 버릇없을 교, 건방질 만
[haughty; arrogant]
버릇없고[驕] 건방짐[慢]. ¶그는 교만해서 사과를 하지 않았다. [비] 오만(傲慢), 방자(放恣). [반] 겸손(謙遜).

교목 喬木 | 높을 교, 나무 목 [tall tree]
[식물] 키가 큰[喬] 나무[木]. 소나무, 향나무, 감나무처럼 줄기가 곧고 굵으며 키가 크다. [반] 관목(灌木).

교묘 巧妙 | 솜씨 교, 묘할 묘
[skillful; clever]
솜씨[巧]가 뛰어나고 묘하다[妙]. 매우 잘 되고 묘하다. ¶교묘히 속이다.

교:무 敎務 | 가르칠 교, 일 무
❶[교육] 학생을 가르치는[敎] 일에 대한 사무(事務). ❷[종교] 종교적인 사무.

▸ 교:무-실 敎務室 | 방 실
[academic affairs]
[교육] 교사가 교재를 준비하는 등 여러 가지 교무(敎務)를 맡아보는 곳[室]. ¶교무실로 선생님을 찾아가다.

교:문 校門 | 학교 교, 대문 문
[school gate]
학교(學校)의 문(門). ¶교문을 꽃으로 장식하다.

교미 交尾 | 꼴 교, 꼬리 미 [copulate]
❶[속뜻] 꼬리[尾]를 서로 꼼[交]. ❷[동물] 동물의 암컷과 수컷이 성적(性的)인 관계를 맺는 일. [비] 짝짓기.

교민 僑民 | 더부살이 교, 백성 민
외국에 나가 살고 있는[僑] 자기 나라의 백성[民]. ¶교민들은 선수들을 응원했다.

교배 交配 | 서로 교, 짝 배 [interbreed]
생물의 암수를 서로[交] 짝[配]짓기 시키는 일.

교:복 校服 | 학교 교, 옷 복
[school uniform]
학교(學校)에서 학생들이 입도록 정한 제복(制服). ¶토요일은 교복을 입지 않는다.

교:본 敎本 | 가르칠 교, 책 본 [textbook]
가르치는[敎] 데 쓰는 책[本]. [비] 교과서(敎科書).

교부 交付 | =交附, 서로 교, 줄 부
[delivery; grant]
문서나 물건을 서로[交] 주고[付]받음. ¶원서는 17일까지 교부합니다.

교:사¹ 校舍 | 학교 교, 집 사
[school building]
학교(學校)의 건물[舍]. ¶신축 교사.

교:사² 敎師 | 가르칠 교, 스승 사
[teacher]
일정한 자격을 가지고 초등학교·중학교·고등학교 등에서 학생을 가르치는[敎] 스승[師]. ¶체육 교사. [비] 교원(敎員), 선생(先生).

교:생 敎生 | 가르칠 교, 사람 생
[student teacher]
[교육] 교육 과정을 이수하기 위해 학교에 나가 교육(敎育) 실습을 하는 학생(學生).

교섭 交涉 | 서로 교, 관여할 섭

[negotiate; bargain]
어떤 일을 이루기 위하여 서로[交] 관여하여[涉] 의논함. ¶근무 조건을 놓고 교섭하다. [비] 타협(妥協), 협의(協議).

교:세 敎勢 | 종교 교, 세력 세
[religious influence]
종교(宗敎)의 세력(勢力).

교:수[1] 敎授 | 가르칠 교, 줄 수
[professor]
대학 등에서 전문 학술을 가르쳐[敎] 주는[授] 사람. [반] 학생(學生).

교수[2] 絞首 | 목맬 교, 머리 수 [strangle]
사형수의 목[首]을 매어[絞] 죽임. [비] 교살(絞殺).

▸교수-형 絞首刑 | 형벌 형
[법률] 목[首]을 옭아매어[絞] 죽이는 형벌(刑罰).

교:습 敎習 | 가르칠 교, 익힐 습
[train; teach]
학문이나 기예 따위를 가르쳐[敎] 익히게[習] 함.

교:시 校時 | 학교 교, 때 시
[class; lesson]
학교(學校)의 수업 시간(時間)을 세는 단위. ¶1교시는 수학수업이다.

교신 交信 | 서로 교, 소식 신
[communicate with]
우편, 전신, 전화 따위로 정보나 소식[信] 또는 의견을 서로[交] 주고받음.

***교:실** 敎室 | 가르칠 교, 방 실 [classroom]
교육(敎育)이 이루어지는 방[室]. ¶웃음소리가 교실에서 흘러나오다. [비] 강의실(講義室).

교:안 敎案 | 가르칠 교, 문서 안
[teaching plan]
[교육] 가르치기[敎] 위하여 작성한 문서[案].

교:양 敎養 | 가르칠 교, 기를 양
[culture; education]
❶ [속뜻] 가르치어[敎] 상식을 기름[養]. ❷ 학문, 지식, 사회생활을 바탕으로 이루어지는 품위. 또는 문화에 대한 폭넓은 지식. ¶그녀는 교양이 있다. [비] 소양(素養), 식견(識見).

▸교:양-인 敎養人 | 사람 인
교양(敎養)이 있는 사람[人].

***교역** 交易 | 서로 교, 바꿀 역
[trade (with); commerce]
물건을 사고팔고 하여 서로[交] 바꿈[易]. ¶아라비아 상인들은 인도항로를 오가며 교역했다. [비] 무역(貿易).

▸교역-로 交易路 | 길 로
교역(交易)에 사용되던 길[路]. ¶실크로드는 고대 동서양의 교역로였다.

교:열 校閱 | 고칠 교, 훑어볼 열 [revise]
원고의 내용 가운데 잘못된 것을 바로잡아 고치며[校] 훑어봄[閱].

교외[1] 郊外 | 성 밖 교, 밖 외
[(in) the suburbs]
도시에서 떨어진[郊] 주변[外] 지역. ¶교외로 소풍을 갔다. [반] 시내(市內).

교:외[2] 校外 | 학교 교, 밖 외
[outside (the) school; out of school]
학교(學校)의 밖[外]. ¶교외에서도 교복을 입어야 한다. [반] 교내(校內).

교우 交友 | 사귈 교, 벗 우
[make friends]
벗[友]을 사귐[交]. 또는 그 벗. ¶교우 관계가 좋다.

교:원 敎員 | 가르칠 교, 사람 원
[teacher]
[교육] 각급 학교에서 학생을 가르치는[敎] 사람[員]. [비] 교사(敎師), 선생(先生).

***교:육** 敎育 | 가르칠 교, 기를 육
[educate; instruct]
지식과 기술 따위를 가르치며[敎] 인격을 길러[育] 줌. ¶아이를 교육하다 / 교육적 효과가 뛰어나다.

▸교:육-비 敎育費 | 쓸 비
교육(敎育)에 드는 경비(經費).

▸교:육-열 敎育熱 | 뜨거울 열
교육(敎育)에 대한 열의(熱意). ¶우리나

라 사람들은 교육열이 대단히 높다.

▸교:육-자 教育者 | 사람 자
교원으로서 교육(教育)에 종사하는 사람[者]. ¶교육자로서 일생을 마쳤다.

▸교:육-장 教育場 | 마당 장
[군사] 주로 군사 교육(教育)에 활용되는 곳[場].

▸교:육-청 教育廳 | 관청 청
[교육] 시나 군을 단위로 하여 학교 교육(教育)에 관한 사무를 맡아보는 관청(官廳).

교:인 教人 | 종교 교, 사람 인
[believer; follower]
종교(宗教)를 가지고 있는 사람[人]. ¶기독교 교인.

교자 交子 | 꼴 교, 접미사 자
[food set on a large table]
❶[속뜻] 다리가 교차(交叉)되어 있는 것[子]. ❷교자상에 차려 놓은 음식.

▸교자-상 交子床 | 평상 상
교자(交子) 형태의 밥상(床). 네모꼴이 많으며 음식을 차려 놓는데 쓴다.

교:장 校長 | 학교 교, 어른 장 [principal]
[교육] 대학이나 학원을 제외한 각 급 학교(學校)의 으뜸 직위[長]. 또는 그 직위에 있는 사람. ¶초등학교 교장.

교:재 教材 | 가르칠 교, 재료 재
[teaching materials]
[교육] 학문이나 기예 따위를 가르치거나[教] 배우는 데 필요한 여러 가지 재료(材料).

▸교:재-원 教材園 | 동산 원
[교육] 교육에 필요한 동식물을 사육하고 재배하여 학생들이 관찰할 수 있게 하여 교재(教材) 같은 역할을 하는 동산[園].

교:정¹ 校正 | 고칠 교, 바를 정
[proofread]
[출판] 교정쇄와 원고를 대조하여 다른 곳을 고쳐[校] 바르게[正] 함. ¶원고를 교정하다.

교:정² 校定 | 고칠 교, 정할 정
[proof reading]
[출판] 출판물의 글을 검토하고 고쳐[校] 바르게 정하는[定] 일. ¶교정한 오자를 다음날 신문에 게재했다.

교:정³ 校庭 | 학교 교, 뜰 정 [schoolyard]
학교(學校)의 마당[庭]이나 운동장. ¶학생들이 교정에서 뛰어놀고 있다.

교:정⁴ 矯正 | 바로잡을 교, 바를 정
[correct; reform]
❶[속뜻] 틀어지거나 삐뚤어진 것을 바르게[正] 바로잡음[矯]. ¶치아 교정 / 척추 교정. ❷[법률] 교도소나 소년원 따위에서 재소자의 잘못된 품성이나 행동을 바로잡음. ¶교정시설에서 보호를 받다.

교제 交際 | 사귈 교, 사이 제
[associate with]
❶[속뜻] 서로 사귀어[交] 가까운 사이[際]가 됨. ¶교제를 넓히다. ❷어떤 목적을 달성하기 위한 수단으로 남과 가까이 사귐. [비] 사교(社交). [반] 절교(絶交).

교:주 教主 | 종교 교, 주인 주
[founder of a religion]
❶[종교] 한 종교(宗教) 단체의 우두머리[主]. ❷종교의 개조를 높여 이르는 말. 불교의 석가모니 등.

교:지 校誌 | 학교 교, 기록할 지
[school paper]
한 학교(學校)의 학생들이 편집·발행하는 잡지(雜誌).

교:직 教職 | 가르칠 교, 일 직
[teaching profession]
❶[교육] 학생을 가르치는[教] 직무(職務). ❷[기독교] 교회에서 신도의 지도와 교회의 관리를 맡은 직책.

▸교:직-원 教職員 | 사람 원
학교의 교원(教員) 및 사무직원(職員). ¶교직원 회의.

교-집합 交集合 | 서로 교, 모일 집, 합할 합 [intersection]
[수학] 두 집합이 교차(交叉)되는 부분에 속한 원소들로 이루어진 집합(集合). 'A∩B'로 나타낸다.

교차 交叉 | 서로 교, 엇갈릴 차
[cross; intersect]
❶속뜻 서로[交] 엇갈리거나[叉] 마주침. ❷생물 생식 세포가 감수 분열 할 때에 상동 염색체 사이에 일어나는 부분적인 교환 현상. 뱐 평행(平行).

▶ 교차-로 交叉路 | 길 로
서로[交] 엇갈려[叉] 난 길[路]. 두 길이 엇갈린 곳. ¶교차로에서 왼쪽으로 돌면 은행이 있다. 뱐 갈림길.

교착 膠着 | 아교 교, 붙을 착
[glue to; adhere to]
❶속뜻 아교(阿膠)처럼 아주 단단히 달라붙음[着]. ❷어떤 상태가 굳어 조금도 변동이나 진전이 없이 머묾. ¶교착 상태에 빠지다.

교체 交替 | 서로 교, 바꿀 체
[shift; change]
서로[交] 바꿈[替]. 교대로 바꿈. ¶선수 교체. 뱐 교환(交換).

교:칙 校則 | 학교 교, 법 칙
[school regulations]
학교(學校)의 규칙(規則). ¶교칙을 준수하다. 뱐 학칙(學則).

교:탁 教卓 | 가르칠 교, 높을 탁
[teacher's desk]
글을 가르칠[教] 때 책 따위를 올려놓는 탁자(卓子).

*__교통 交通__ | 서로 교, 통할 통
[traffic; transportation]
❶속뜻 오고가며 서로[交] 통(通)함. ❷자동차, 기차, 배, 비행기 따위의 탈것을 이용하여 사람이 오고 가는 일이나 짐을 실어 나르는 일. ¶이곳은 교통이 매우 편리하다.

▶ 교통-난 交通難 | 어려울 난
교통(交通) 혼잡 따위로 발생되는 각종 어려움[難]. ¶교통난이 심하다.

▶ 교통-량 交通量 | 분량 량
일정한 곳을 일정한 시간에 왕래하는 사람이나 차량 따위[交通]의 수량(數量). ¶고속도로의 교통량이 크게 늘어났다.

▶ 교통-로 交通路 | 길 로
교통(交通)에 이용되는 길[路]. ¶일찍이 그 길이 교통로로 이용되었다.

▶ 교통-망 交通網 | 그물 망
교통(交通) 도로가 이리저리 분포되어 있는 상태를 그물[網]에 비유하여 이르는 말. ¶대도시는 교통망이 발달하였다.

▶ 교통-비 交通費 | 쓸 비
❶속뜻 탈것을 타고 다니는 데[交通] 드는 비용(費用). ❷자동차를 운행하거나 유지하는 데 드는 비용. ¶교통비가 많이 든다.

▶ 교통-편 交通便 | 쪽 편
교통(交通)에 편리(便利)한 수단. 자동차, 기차, 비행기 따위. ¶이 마을은 교통편이 좋다.

교:편 教鞭 | 가르칠 교, 채찍 편
[birch rod]
❶속뜻 가르칠[教] 때 사용하는 채찍[鞭]. 또는 가느다란 막대기. ❷학생을 가르치는 생활. 또는 직업. ¶그는 10년 동안 교편을 잡고 있다.

교포 僑胞 | 더부살이 교, 태보 포
다른 나라에 살고 있는[僑] 동포(同胞). 뱐 교민(僑民).

교향 交響 | 서로 교, 울림 향 [symphony]
서로[交] 어우러져 울림[響].

▶ 교향-곡 交響曲 | 노래 곡
음악 교향악.

▶ 교향-악 交響樂 | 음악 악
❶속뜻 관악과 현악이 서로 어우러진[交響] 악곡(樂曲). ❷음악 관현악을 위하여 만든 음악을 통틀어서 이르는 말.

교:화¹ 校花 | 학교 교, 꽃 화
[school flower]
학교(學校)를 상징하는 꽃[花]. ¶우리 학교 교화는 목련이다.

교:화² 教化 | 가르칠 교, 될 화
[educate; enlighten]
❶속뜻 가르치고[教] 이끌어서 훌륭한 인물이 되도록 함[化]. ¶교도소는 범죄자를

교화하는 곳이다. ❷불교 부처의 진리로 사람을 가르쳐 착한 마음을 가지게 함. ⓑ 교도(敎導).

교환 交換 | 서로 교, 바꿀 환
[exchange; interchange]
물건 따위를 서로[交] 주고받아 바꿈[換]. ¶정보를 교환하다.

교활 狡猾 | 교활할 교, 교활할 활
[cunning; sly]
간사하고 음흉함[狡=猾]. ¶교활한 녀석. ⓑ 간사(奸邪).

교:황 敎皇 | 종교 교, 임금 황 [Pope]
가톨릭 가톨릭교회(敎會)의 우두머리[皇]인 로마 대주교.

교:회 敎會 | 종교 교, 모일 회 [Church]
기독교 그리스도교(敎)를 믿고 따르는 신자들의 모임[會]이나 공동체. 또는 그 장소. ¶그녀는 일요일마다 교회에 간다. ⓑ 성당(聖堂).

교:훈¹ 校訓 | 학교 교, 가르칠 훈
[school precepts]
교육 학교(學校)에서 가르치고자[訓] 하는 이념이나 목표를 간명하게 나타낸 표어. ¶우리 학교의 교훈은 성실이다.

교:훈² 敎訓 | 가르칠 교, 가르칠 훈
[teaching; instruction]
앞으로의 행동이나 생활에 지침이 될 만한 가르침[敎=訓]. ¶실패는 그에게 교훈이 되었다.

▶ **교:훈-가 敎訓歌** | 노래 가
문학 교훈(敎訓)을 주목적으로 지은 시가(詩歌).

구¹九 | 아홉 구 [nine]
팔에 일을 더한 수. 아라비아 숫자로는 '9', 로마 숫자로는 'Ⅸ'로 쓴다. ¶9분의 2. ⓑ 아홉.

구²區 | 나눌 구 [section; area]
❶넓은 지역 따위를 몇으로 나눈 것. ¶그 지방을 아홉 개 구로 나누었다. ❷서울특별시 및 인구 50만 이상의 시(市)에 둔 행정 구획 단위. ¶서울특별시 종로구.

구³球 | 공 구 [sphere; ball]
공[球]같이 둥글게 생긴 물체.

구간 區間 | 나눌 구, 사이 간
[block; serviced area]
❶속뜻 구역(區域)과 구역 사이[間]. ¶정체 구간은 빨간 색으로 표시된다. ❷수학 수직선 위에서 두 실수 사이에 있는 모든 실수의 집합.

구:강 口腔 | 입 구, 빈 속 강
[mouth; oral cavity]
의학 입[口]에서 목구멍에 이르는 입안[腔].

구걸 求乞 | 구할 구, 빌 걸 [beg]
거저 달라고[求] 빎[乞]. ¶구걸하여 목숨을 이었다. ⓑ 동냥.

구공-탄 九孔炭 | 아홉 구, 구멍 공, 숯 탄
[nine-holed briquet]
❶속뜻 '십구공탄'(十九孔炭)의 준말. ❷구멍이 많이 뚫려 있는 연탄.

구:관 舊官 | 옛 구, 벼슬 관
[former magistrate]
예전[舊]의 관리(官吏). 먼저 재임했던 벼슬아치. 속담 구관이 명관이다.

구관-조 九官鳥 | 아홉 구, 벼슬 관, 새 조
[myna bird]
동물 찌르레깃과의 새[鳥]. 크기는 비둘기만 한데 온몸이 검고 날개에는 커다란 흰무늬가 있다. 사람의 말을 잘 흉내낸다. 일본어 한자이름 '九官'을 그대로 들여온 것으로 추정된다.

구:교 舊敎 | 옛 구, 종교 교
[(Roman) Catholicism]
종교 종교개혁으로 출현한 신교(新敎)에 상대하여[舊] 로마 가톨릭교(敎)와 동방정교회를 이르는 말. ⓑ 신교(新敎).

구구 九九 | 아홉 구, 아홉 구
[rules of multiplication]
수학 1에서 9[九]까지의 숫자를 1에서 9[九]까지 곱하는 셈 방법. '구구법'(九九法)의 준말.

▶ **구구-단 九九段** | 구분 단

구구법(九九法)에 구분된 각 단(段). ¶구구단을 외우다.
▶ **구구-표** 九九表 | 겉 표
구구법(九九法)의 공식을 차례대로 적은 표(表).

구:국 救國 | 구원할 구, 나라 국
[save one's country]
위태로운 나라[國]를 구원(救援)함. ¶구국 운동을 벌이다.

구근 球根 | 공 구, 뿌리 근 [tuber; bulb]
[식물] 공[球] 모양의 뿌리[根]. 비 알뿌리.

구금 拘禁 | 잡을 구, 금할 금
[detain; confine]
[법률] 피고인 또는 피의자를 구치소나 교도소 따위에 가두어[拘] 신체의 자유를 금(禁)하는 것. ¶경찰서에 구금되다. 비 구류(拘留).

***구:급** 救急 | 구할 구, 급할 급
[first aid]
❶[속뜻] 위급(危急)한 상황에서 구(救)하여 냄. ❷병이 위급할 때 우선 목숨을 구하기 위한 처치를 함.
▶ **구:급-법** 救急法 | 법 법
[의학] 병이 위급(危急)한 사람을 구(救)하기 위한 간단한 치료법(治療法).
▶ **구:급-차** 救急車 | 수레 차
위급한 환자나 부상자를 신속하게 병원으로 실어 나르는[救急] 자동차(自動車). ¶부상자는 구급차에 실어 병원으로 보낸다.

구기 球技 | 공 구, 재주 기 [ball game]
[운동] 공[球]을 사용하는 운동 경기(競技). 야구, 축구, 배구, 탁구 따위.

구기-자 枸杞子 | 구기자 구, 구기자 기, 열매 자
[한의] 구기자(枸杞子)나무의 열매[子]. 해열제와 강장제로 쓴다.

구내 構內 | 얽을 구, 안 내
[within the section]
❶[속뜻] 나무로 얽은[構] 집의 안쪽[內]. ❷큰 건물이나 시설의 내부.

구:-대륙 舊大陸 | 옛 구, 큰 대, 뭍 륙
[Old World]
[지리] 콜럼버스가 아메리카 대륙을 발견하기 이전[舊]에 알려져 있던 대륙(大陸). 반 신대륙(新大陸).

구도¹ 構圖 | 얽을 구, 그림 도
[composition; plot]
❶[속뜻] 얽거나[構] 짜놓은 그림[圖]. ❷[미술] 그림에서 모양, 색깔, 위치 따위의 짜임새. ¶구도를 잡다.

구도² 求道 | 구할 구, 길 도
[seek after truth]
❶[불교] 불법의 정도(正道)를 구(求)함. ❷진리나 종교적인 깨달음의 경지를 구함.
▶ **구도-자** 求道者 | 사람 자
진리나 종교적인 깨달음의 경지를 구하는[求道] 사람[者]. ¶구도자의 길을 걷다.

구독 購讀 | 살 구, 읽을 독
[subscribe to]
책이나 신문, 잡지 따위를 구입(購入)하여 읽음[讀]. ¶경제 신문을 구독하다.

구:두¹ 口頭 | 입 구, 접미사 두
[word of mouth]
입[口]으로 하는 말. ¶구두 약속. 반 서면(書面).

구두² 句讀 | 글귀 구, 구절 두
[punctuation]
글[句]을 읽거나 쓸 때 단락[讀]을 짓는 방법.
▶ **구두-점** 句讀點 | 점 점
[언어] 글을 읽거나 쓸 때 구절[句讀]을 분리하는 마침표와 쉼표[點]. ¶구두점을 찍어야 읽기 편하다.

구:령 口令 | 입 구, 명령 령 [command; order]
여러 사람이 일정한 동작을 일제히 취하도록 하기 위하여 지휘자가 입[口]으로 내리는 간단한 명령(命令). ¶구령에 따라 움직였다. 비 호령(號令).

구류 拘留 | 잡을 구, 머무를 류
[detain; hold into custody]

❶[속뜻] 붙잡아[拘] 일정한 곳에 머무르게[留] 함. ❷[법률] 죄인을 1일 이상 30일 미만 동안 교도소나 경찰서 유치장에 가두어 자유를 속박하는 일. 또는 그런 형벌. ㉯ 구금(拘禁), 유치(留置).

구릉 丘陵 | 언덕 구, 큰 언덕 릉 [hill]
작은 언덕[丘]과 큰 언덕[陵].

구매 購買 | 살 구, 살 매
[purchase; buy]
물건 따위를 사들임[購=買]. ¶상품을 구매하신 고객은 사은품을 받아가세요.

구:면 舊面 | 오래 구, 낯 면
[old acquaintance; familiar face]
오래[舊] 전부터 알고 있는 얼굴[面]이나 처지. ㉯ 면식(面識). ㉰ 초면(初面).

구명¹ 究明 | 생각할 구, 밝힐 명
[study; inquiry]
물질의 본질, 원인 따위를 깊이 연구(研究)하여 밝힘[明]. ¶사고 원인을 구명하다.

구:명² 救命 | 구원할 구, 목숨 명
[save one's life]
사람의 목숨[命]을 구원(救援)함.

▶ **구:명-대 救命帶** | 띠 대
물에 빠져도 목숨[命]을 구할[救] 수 있게 허리에 두르는 띠[帶].

▶ **구:명-정 救命艇** | 거룻배 정
인명(人命)을 구조(救助)하기 위하여 본선(本船)에 싣고 다니는 작은 배[艇]. ㉯ 구명보트.

구:미¹ 口味 | 입 구, 맛 미
[appetite; taste]
입[口]으로 느끼는 맛[味]. ¶구미가 당기다.

구미² 歐美 | 유럽 구, 미국 미
[Europe and America; West]
유럽[歐羅巴]과 아메리카주[美洲]. 또는 유럽과 미국. ¶아프리카는 구미 열강의 통치를 받았다.

구미-호 九尾狐 | 아홉 구, 꼬리 미, 여우 호 [old fox]
❶[속뜻] 꼬리[尾]가 아홉[九] 개 달린 여우[狐]. ❷'몹시 교활한 사람'을 비유하여 이르는 말.

구민 區民 | 나눌 구, 백성 민
[inhabitants of a ward]
해당 구역(區域)에 사는 사람[民].

구박 驅迫 | 몰 구, 다그칠 박
[treat badly; abuse]
몰아붙이고[驅] 다그침[迫]. 못 견디게 괴롭힘. ¶며느리를 구박하다. ㉯ 타박(打撲), 학대(虐待). ㉰ 공경(恭敬).

***구별 區別** | 나눌 구, 나눌 별 [distinguish]
❶[속뜻] 구역(區域)에 따라 나누어[別] 경계를 지음. ❷성질이나 종류에 따라 나타나는 차이. 또는 그것을 갈라놓음. ¶쌀과 보리를 구별하다. ㉰ 혼동(混同).

구보 驅步 | 달릴 구, 걸을 보 [run]
달리듯[驅] 빨리 걸어감[步]. 또는 그런 걸음걸이. ¶단체구보.

구부 球部 | 공 구, 나눌 부
물건에서 공[球]처럼 둥글게 생긴 부분(部分).

***구분 區分** | 나눌 구, 나눌 분
[divide; separate]
❶[속뜻] 구역(區域)으로 나눔[分]. ❷전체를 몇 개의 갈래로 나눔. ¶옳은 일과 그른 일을 구분하다. ㉯ 구별(區別).

구비 具備 | 갖출 구, 갖출 비 [have all]
갖추어야[備] 할 것을 빠짐없이 다 갖춤[具]. ¶구비 서류. ㉯ 완비(完備).

구사-일생 九死一生 | 아홉 구, 죽을 사, 한 일, 살 생
❶[속뜻] 아홉[九] 번 죽을[死] 뻔 하다 한[一] 번 살아남[生]. ❷'죽을 고비를 여러 차례 넘기고 겨우 살아남'을 이르는 말. ¶그는 전투에서 구사일생으로 살아 돌아왔다.

구상 構想 | 얽을 구, 생각 상
[plan; map out]
❶[속뜻] 생각을[想] 얽어냄[構]. ❷앞으로 하려는 일의 내용이나 규모, 실현 방법 따위를 어떻게 정할 것인지 이리저리 생

각함. 또는 그 생각. ¶조직 개편을 구상하다. ❸예술 작품을 창작할 때, 작품의 주요 내용이나 표현 형식 따위에 대하여 생각함. 또는 그 생각. ¶작품을 구상하다. ㉫ 구사(構思), 구안(構案).
▶구상-도 構想圖 | 그림 도
계획한 생각[構想]을 표현하는 바탕이 될 그림이나 도면(圖面).

구색 具色 | 갖출 구, 빛 색
[assort; provide an assortment of]
❶속뜻 여러 빛깔[色]을 고루 갖춤[具]. ❷여러 가지 물건을 고루 갖춤. ¶구색을 갖추다.

구:-석기 舊石器 | 옛 구, 돌 석, 그릇 기
[Old Stone Age]
고적 신석기 시대 보다 오래[舊] 전에 만든, 돌[石]을 깨서 만든 도구[器]. 인류가 만들어 쓴 타제(打製) 석기로, 주먹 도끼 따위가 있다.
▶구:석기 시대 舊石器時代 | 때 시, 연대 대
역사 신석기 시대 보다 오래[舊] 전에, 석기(石器)를 만들어 쓰던 때[時代]. 타제(打製) 석기, 즉 뗀석기를 사용하던 시대를 말한다. 도구 제작 기술에 의해 구분된 인류 발달과정 중 가장 이른 시기이다. ¶공주에서 구석기 시대 유적이 발굴되었다.

구:설 口舌 | 입 구, 혀 설
[malicious gossip; heated words]
❶속뜻 입[口]과 혀[舌]. ❷남에게 시비하거나 헐뜯는 말.
▶구:설-수 口舌數 | 셀 수
남에게 시비하거나 헐뜯는 말[口舌]을 듣게 될 신수(身數). ¶구설수에 오르다.

구성¹ 九城 | 아홉 구, 성곽 성
역사 고려 예종 2년(1107)에 윤관이 별무반을 편성하여 함흥평야의 여진족을 정벌하고 쌓은 아홉[九] 개의 성(城).

＊구성² 構成 | 얽을 구, 이룰 성
[organize; constitute]
❶속뜻 몇 가지 부분이나 요소들을 모아서 일정한 전체를 짜서[構] 이룸[成]. ❷문학 문학 작품에서 형상화를 위한 여러 요소들을 유기적으로 배열하거나 서술하는 일. ❸미술 색채와 형태 따위의 요소를 조화롭게 조합하는 일. ㉫ 얼개, 구조(構造).
▶구성-원 構成員 | 사람 원
어떤 조직이나 단체를 이루고 있는[構成] 사람들[員]. ¶사회 구성원 / 가족 구성원.

구:세 救世 | 구원할 구, 세상 세
[save the world]
❶속뜻 세상(世上) 사람들을 불행과 고통에서 구원(救援)함. ❷기독교 신앙으로 인류를 마귀의 굴레와 죄악에서 구원함. 또는 그런 사람. ❸불교 중생을 괴로움에서 벗어나게 함. 또는 그런 사람.
▶구:세-군 救世軍 | 군사 군
기독교 1865년에 영국에서 창시된 기독교파의 하나. 구세(救世)를 위하여 군대(軍隊)처럼 조직된 종교 단체.
▶구:세-주 救世主 | 주인 주
❶속뜻 세상을 구제하는[救世] 군주(君主). ❷'어려움이나 고통에서 구해 주는 사람'을 비유하여 이르는 말. 기독교에서 예수나 불교에서 석가모니를 말한다.

구:-세:대 舊世代 | 옛 구, 세상 세, 시대 대
[old generation]
이전[舊]의 세대(世代). 또는 나이 든 낡은 세대. ㉫ 신세대(新世代).

구:-소련 舊蘇聯 | 옛 구, 되살아날 소, 잇달 련
옛날[舊]의 소비에트[蘇] 연방(聯邦), 소비에트 사회주의공화국 연방이 해체된 후 이전의 연방 체제를 이르는 이름.

구속 拘束 | 잡을 구, 묶을 속
[bind; restrict]
❶속뜻 붙잡아[拘] 묶어둠[束]. ❷법률 법원이나 판사가 피의자나 피고인을 강제로 일정한 장소에 잡아 가두는 일. ㉫ 억류(抑留), 구금(拘禁). ㉫ 석방(釋放).

▶**구속-력** 拘束力 | 힘 력
법률 자유행동을 구속(拘束)하는 효력(效力).

구:술 口述 | 입 구, 지을 술
[state orally; dictate]
입[口]으로 진술(陳述)함. ¶할머니의 구술을 받아 적었다.

구:-시대 舊時代 | 옛 구, 때 시, 연대 대
[old era]
예전의 낡은[舊] 시대(時代). 만 신시대(新時代).

구:식 舊式 | 옛 구, 법 식 [old style]
❶속뜻 예전[舊]의 방식(方式)이나 형식. ¶구식 군사훈련. ❷케케묵어 시대에 뒤떨어짐. 또는 그런 것 ¶이 옷은 이제 구식이다. 만 신식(新式).

구:실 口實 | 입 구, 열매 실
[excuse; pretext]
❶속뜻 입[口]안에 든 열매[實]. ❷핑계를 삼을 만한 재료를 비유하여 이르는 말. ¶구실을 내세우다. 비 핑계, 변명(辯明).

구심 求心 | 구할 구, 마음 심
[seek the center]
❶불교 참된 마음[心]을 찾아[求] 참선함. ❷물리 중심으로 가까워져 옴.

▶**구심-력** 求心力 | 힘 력
물리 원운동을 하는 물체나 물체 위의 질점(質點)에 작용하는, 원의 중심(中心)으로 나아가려는[求] 힘[力]. 만 원심력(遠心力).

구십 九十 | 아홉 구, 열 십 [ninety]
십(十)의 아홉[九] 배가 되는 수. 90. 비 아흔.

구애¹ 求愛 | 구할 구, 사랑 애
[make love to; court]
이성에게 사랑[愛]을 구(求)함. ¶그가 적극적으로 구애하자 그녀가 결혼을 허락했다.

구애² 拘礙 | 잡을 구, 거리낄 애
[hitch; trouble]
붙잡혀[拘] 얽매이거나 거리낌[礙]. ¶비용에 구애받다.

구:약 舊約 | 오래 구, 묶을 약
[Old Testament]
❶속뜻 오래[舊] 전의 약속(約束). ❷기독교 예수가 나기 전에 하나님이 이스라엘 민족에게 준 구원의 약속. 만 신약(新約).

구:어 口語 | 입 구, 말씀 어
[spoken language]
언어 주로 입[口]에서 나오는 일상적인 대화에서 사용하는 말[語]. 비 입말. 만 문어(文語).

▶**구:어-체** 口語體 | 몸 체
언어 일상적인 대화[口語]에서 쓰는 말로 된 문체(文體). 만 문어체(文語體).

****구역**¹ 區域 | 나눌 구, 지경 역
[area; zone]
❶속뜻 갈라놓은[區] 지역(地域). ❷기독교 한 교회의 신자들을 지역에 따라 일정 수로 나누어 놓은 단위.

구역² 嘔逆 | 토할 구, 거스를 역 [nausea]
음식물 따위가 거꾸로 솟아[逆] 토할[嘔] 듯 메스꺼운 느낌. 비 구토(嘔吐).

구:연 口演 | 입 구, 펼칠 연
[oral narration]
❶속뜻 동화, 야담 따위를 여러 사람 앞에서 입[口]으로 실감나게 펼쳐[演] 보임. ¶동화를 재미있게 구연하다. ❷문서에 의하지 않고 입으로 사연을 말함. 비 구술(口述).

구연-산 枸櫞酸 | 구기자 구, 구연 연, 신맛 산 [citric acid]
화학 레몬이나 밀감 등의 과실 속에 있는 염기성(鹽基性)의 산(酸). 청량음료·의약·염색 등에 쓰인다. '枸櫞'은 'citric'의 일본어 음역으로 추정된다.

구우일모 九牛一毛 | 아홉 구, 소 우, 한 일, 털 모
❶속뜻 여러 마리 소[九牛]의 털 중에서 한[一] 가닥의 털[毛]. ❷대단히 많은 것 가운데 없어져도 아무 표시가 나지 않는

극히 적은 부분. ¶그런 일은 구우일모에 불과할 만큼 드물다.

구운몽 九雲夢 | 아홉 구, 구름 운, 꿈 몽
문학 조선 숙종 때에, 문인 김만중이 지은 장편 소설. 육관대사(六觀大師)의 제자인 성진이 양소유로 환생하여 여덟 선녀의 환신(幻身)인 여덟 여인과 여러[九] 차례 인연을 맺고 입신양명하여 부귀영화를 누리다 깨어 보니 뜬 구름[雲] 같은 꿈[夢]이었다는 내용이다.

구:원 救援 | 건질 구, 당길 원
[rescue; relieve]
❶속뜻 물에 빠진 사람을 건져주기[救] 위해 잡아당김[援]. ❷기독교 인류를 죽음과 고통과 죄악에서 건져내는 일. 비 구제(救濟).

구월 九月 | 아홉 구, 달 월 [September]
한 해 열두 달 가운데 아홉째[九] 달[月].

구:음 口音 | 입 구, 소리 음
[oral sound]
❶언어 구강(口腔)으로만 기류를 통하게 하여 내는 소리[音]. ❷음악 거문고, 가야금, 피리, 대금 따위의 악기에서 울려 나오는 특징적인 음들을 계명창처럼 입으로 흉내 내어 읽는 소리.

구인 求人 | 구할 구, 사람 인 [job offer]
일할 사람[人]을 구(求)함. 비 구직(求職).

구입 購入 | 살 구, 들 입
[purchase; buy]
물건을 사[購] 들임[入]. ¶매표소에서 입장권을 구입하다. 비 매입(買入), 구매(購買), 반 판매(販賣).

구장 球場 | 공 구, 마당 장 [ball ground]
축구, 야구 따위의 구기(球技) 경기를 하는 운동장(運動場). 특히 야구장을 가리키는 경우가 많다. ¶잠실 구장에서 경기가 열린다.

구:전 口傳 | 입 구, 전할 전
[hand down orally]
입에서 입[口]으로 전(傳)함. 말로 전함. 비 구비전승(口碑傳承).

구절 句節 | 글귀 구, 마디 절
[phrase; passage]
❶언어 구(句)와 절(節)을 아울러 이르는 말. ❷한 토막의 말이나 글. ¶유명한 구절.

구절-초 九節草 | 아홉 구, 절기 절, 풀 초
[Siberian chrysan themum]
식물 9~11월에 국화와 비슷한 모양의 꽃이 피는 풀[草]. 전체를 말려서 약으로 쓰는데, 음력 9월 9일에[九節] 캔 것이 가장 약효가 좋다는 데서 이름이 유래되었다.

구:정 舊正 | 옛 구, 정월 정
예전[舊]부터 음력 1월 1일 설[正朔]로 정해 지냈던 것. '신정'(新正)에 상대하여 이른다.

구:제 救濟 | 건질 구, 건질 제
[help; aid]
❶속뜻 강물에 빠진 사람을 구하여[救] 건져[濟] 줌. ❷어려운 처지에 있는 사람을 도와줌. ¶빈민 구제.

구:제-역 口蹄疫 | 입 구, 발굽 제, 돌림병 역 [foot-and-mouth disease]
농업 소나 돼지 따위의 입[口]이나 발톱[蹄] 사이의 피부에 물집이 생기는 전염병[疫].

구:조¹ 救助 | 도울 구, 도울 조 [rescue; relief]
재난 따위를 당하여 어려운 처지에 빠진 사람을 도와줌[救=助]. ¶인명을 구조하다. 비 구명(救命).

▶ **구:조-대 救助袋** | 자루 대
고층 건물 따위에서 불이 났을 때, 그 건물 안의 사람이나 물건을 구해 내는 데[救助]에 쓰는 긴 부대[袋].

﹡구조² 構造 | 얽을 구, 만들 조
[organize; construct]
❶속뜻 얽어서[構] 만듦[造]. ❷부분이나 요소가 어떤 전체를 짜 이룸. ¶가옥 구조 / 컴퓨터의 구조.

▶ **구조-물 構造物** | 만물 물
일정한 설계에 따라 여러 가지 재료를 얽

어서 만든[構造] 물건(物件). 다리, 건물 등.

구:좌 口座 | 입 구, 자리 좌 [account]
경제 예금을 한 사람[口]을 위하여 개설한 계좌(計座). '계좌'(計座)로 순화.

구:주 救主 | 구할 구, 주인 주 [Savior; Redeemer; Messiah]
기독교 '구세주'(救世主)의 준말.

구직 求職 | 구할 구, 일자리 직 [seek a job]
직업(職業)을 찾음[求]. 반 구인(求人).

구:차 苟且 | 진실로 구, 또 차 [poor; indigent]
❶속뜻 실로[苟] 말이나 행동이 떳떳하고 또[且] 버젓하지 못함. ¶구차한 변명. ❷ 살림이 매우 가난함.

구청 區廳 | 나눌 구, 관청 청 [district office]
법률 구(區)의 행정 사무를 맡은 관청(官廳).

▶ 구청-장 區廳長 | 어른 장
구청(區廳)의 행정 사무를 총괄하는 최고 책임자[長]. ¶구청장을 선출하다.

***구체 具體** | 갖출 구, 모양 체 [be concrete]
❶속뜻 눈으로 볼 수 있는 모양[體]을 갖춤[具]. ❷사물이 직접 경험하거나 지각할 수 있도록 일정한 형태와 성질을 갖춤. 비 구비(具備). 반 추상(抽象).

▶ 구체-적 具體的 | 것 적
어떤 사물이 뚜렷한 실체를 갖추고[具體] 있는 것[的]. ¶구체적인 계획을 세우다. 반 추상적(抽象的).

구축 構築 | 얽을 구, 쌓을 축 [build; construct]
❶속뜻 얽어서[構] 만들어 쌓음[築]. ❷체제나 체계 따위의 기초를 닦아 세움. ¶신뢰를 구축하다.

구:출 救出 | 구원할 구, 날 출 [rescue; help out]
구원(救援)하여 위험한 상태에서 벗어나 오게 함[出].

구충 驅蟲 | 몰 구, 벌레 충 [exterminate insects]
약품 따위로 해충이나 기생충[蟲] 따위를 몰아[驅] 없앰. 비 살충(殺蟲).

▶ 구충-제 驅蟲劑 | 약제 제
약학 ❶몸 안의 기생충[蟲]을 없애는[驅] 데 쓰는 약제(藥劑). ❷살충제(殺蟲劑).

구치 拘置 | 잡을 구, 둘 치 [detain; confine]
법률 피의자나 범죄자 따위를 잡아서[拘] 일정한 곳에 가둠[置].

▶ 구치-소 拘置所 | 곳 소
법률 형사 피의자 또는 형사 피고인으로서 구속 영장에 의하여 구속된 사람을 판결이 내려질 때까지 수용하는[拘置] 시설이나 장소(場所).

구타 毆打 | 때릴 구, 칠 타 [beat]
사람이나 짐승을 함부로 때리고[毆] 침[打].

구:태 舊態 | 옛 구, 모양 태 [old state of affairs]
뒤떨어진 예전[舊] 그대로의 모습[態].

▶ 구:태의연 舊態依然 | 의지할 의, 그러할 연
변하거나 진보·발전한 데가 없이 옛[舊] 모습[態] 그대로[依然]이다. ¶구태의연한 태도.

구토 嘔吐 | 토할 구, 토할 토 [vomit]
먹은 음식물을 토함[嘔=吐]. ¶식중독에 걸려 구토하다.

구:-한말 舊韓末 | 옛 구, 나라이름 한, 끝 말
역사 옛[舊] 대한 제국(大韓帝國) 말기(末期). ¶구한말 때의 대표적인 인물.

구현 具現 | 갖출 구, 나타날 현 [realize; materialize]
어떤 내용이 구체적(具體的)인 사실로 나타나게[現] 함. ¶민주주의의 구현 / 정의 구현.

구형[1] **求刑** | 구할 구, 형벌 형

[demand a penalty]
[법률] 형사재판에서 피고인에게 어떤 형벌(刑罰)을 줄 것을 검사가 판사에게 요구(要求)하는 일. ¶징역 10년을 구형하다.

구형²球形 | 공 구, 모양 형
[globular shape]
공[球]같이 둥근 형태(形態). ¶지구는 구형이다.

구:형³舊型 | 옛 구, 모형 형
[old model]
예전[舊]에 사용됐던 모형(模型). ¶구형 세탁기 / 구형 자동차. [반] 신형(新型).

구:호¹口號 | 입 구, 부를 호
[slogan; motto]
❶[속뜻] 입[口]으로 부르짖음[號]. ❷집회나 시위 따위에서 어떤 요구나 주장 따위를 간결한 형식으로 표현한 문구. ¶다 같이 구호를 외쳤다.

구:호²救護 | 도울 구, 돌볼 호
[relief; aid]
❶[속뜻] 어려움에 처한 사람을 구(救)하여 돌봄[護]. ¶난민을 구호하다. ❷병자나 부상자를 간호하거나 치료함. [비] 구제(救濟), 구휼(救恤).

▸ 구:호-품 救護品 | 물건 품
구호(救護) 대상자에게 지급되는 각종 물품(物品). ¶구호품이 도착하였다.

구혼 求婚 | 구할 구, 혼인할 혼 [propose]
❶[속뜻] 결혼(結婚)할 상대자를 구(求)함. ❷결혼을 청함. ¶그녀는 구혼을 거절했다. [비] 청혼(請婚).

구:황 救荒 | 도울 구, 거칠 황
[famine relief]
황폐(荒廢)한 빈민들을 도와줌[救]. ¶구황식품.

▸ 구:황 작물 救荒作物 | 지을 작, 만물 물
❶[속뜻] 굶주림[荒]에서 벗어나도록 도와주는[救] 농작물(農作物). ❷[농업] 흉년 따위로 기근이 심할 때 주식물 대신 먹을 수 있는 농작물. 토질이나 기후에 영향을 받지 않고 잘 자라는 작물. 감자나 메밀 따위가 이에 속한다.

구획 區劃 | 나눌 구, 나눌 획
[divide; partition]
토지 따위를 구분(區分)하여 나눔[劃]. 또는 그런 구역. ¶도시를 세 부분으로 구획하여 개발하다.

국가¹國歌 | 나라 국, 노래 가
[national anthem]
나라[國]를 상징하는 노래[歌]. 그 나라의 이상이나 영예를 나타내며, 주로 식전(式典)에서 연주·제창한다.

*** 국가²國家** | 나라 국, 집 가
[country; nation]
일정한 영토[國]와 거기에 사는 사람들로 구성되고 주권에 의한 하나의 통치 조직을 가지고 있는 사회 집단[家]. 국민·영토·주권의 3요소를 필요로 한다.

▸ 국가-적 國家的 | 것 적
❶[속뜻] 국가(國家)에 관련되는 것[的]. ❷국가 전체의 범위나 규모에서 하는 것. ¶올림픽은 국가적인 차원에서 개최하는 행사이다.

***국경¹國境** | 나라 국, 지경 경
[boundary; border of a country]
나라[國]와 나라의 영역을 가르는 경계(境界).

▸ 국경-선 國境線 | 줄 선
국경(國境)을 이은 선(線). ¶군대를 국경선에 배치하다.

국경²國慶 | 나라 국, 기쁠 경
나라[國]의 경사(慶事).

▸ 국경-일 國慶日 | 날 일
나라[國]의 경사(慶事)를 기념하기 위하여, 법률로 정한 날[日]. 삼일절, 제헌절, 광복절, 개천절이 있다. ¶국경일에는 집집마다 태극기를 단다.

국고 國庫 | 나라 국, 곳집 고
[National Treasury]
❶[역사] 나라[國]의 재산인 곡식이나 돈 따위를 넣어 보관하던 창고(倉庫). ❷[경제] 국가의 재정적 활동에 따른 현금의 수입과

지출을 담당하기 위하여 한국은행에 설치 한 예금 계정. 또는 그 예금.

국교[1] **國交** | 나라 국, 사귈 교
[national friendship]
나라[國]와 나라 사이에 맺는 외교(外交) 관계. [비] 수교(修交).

국교[2] **國教** | 나라 국, 종교 교
[state religion]
국가(國家)에서 법으로 정하여 온 국민이 믿도록 하는 종교(宗教).

국군 **國軍** | 나라 국, 군사 군
[nation's armed forces]
나라 안팎의 적으로부터 나라[國]를 보존하기 위하여 조직한 군대(軍隊).

국궁 **國弓** | 나라 국, 활 궁
[Korean archery]
우리나라[國] 고유의 활[弓]. 또는 그 활을 쏘는 기술. ¶할아버지는 국궁의 명수이시다. [반] 양궁(洋弓).

국권 **國權** | 나라 국, 권력 권
[national rights; state power]
[정치] 국가(國家)가 행사하는 권력(權力). ¶국권을 회복하다.

국기[1] **國技** | 나라 국, 재주 기
[national sport]
나라[國]에서 전통적으로 즐겨 내려오는 대표적인 운동이나 기예(技藝). 우리나라의 태권도, 영국의 축구 따위.

***국기**[2] **國旗** | 나라 국, 깃발 기
[national flag]
일정한 형식을 통하여 한 나라[國]의 역사, 국민성, 이상 따위를 상징하도록 정한 깃발[旗]. 우리나라의 태극기, 미국의 성조기, 일본의 일장기 따위이다.

국난 **國難** | 나라 국, 어려울 난
[national crisis]
나라[國]가 당면한 어려움[難]. ¶힘을 모아 국난을 극복하다.

국내 **國內** | 나라 국, 안 내
[interior of a country]
나라[國]의 안[内]. ¶국내 최초로 발명하다. [반] 국외(國外).

▸**국내-외** **國內外** | 밖 외
나라[國]의 안[内]과 밖[外]을 아울러 이르는 말. ¶국내외에서 큰 활약을 하다.

국도 **國道** | 나라 국, 길 도
[national highway]
[교통] 나라[國]에서 직접 관리하는 도로(道路). [반] 지방도로(地方道路).

국력 **國力** | 나라 국, 힘 력
[national strength]
한 나라[國]가 지닌 정치, 경제, 문화, 군사 따위의 모든 방면의 힘[力]. ¶국력이 막강하다.

국론 **國論** | 나라 국, 말할 론
[national opinion]
국민(國民) 또는 사회 일반의 공통된 의견[論]. ¶국론을 모으다.

국립 **國立** | 나라 국, 설 립
[national; state]
❶[속뜻] 나라[國]에서 세움[立]. ❷국가(國家)의 돈으로 설립(設立)하여 운영함. ¶국립 도서관. [비] 공립(公立). [반] 사립(私立).

국면 **局面** | 판 국, 낯 면
[situation; aspect of affairs]
❶[속뜻] 어떤 판[局]이 벌어진 장면(場面)이나 형편. ¶새로운 국면으로 접어들다. ❷[운동] 바둑이나 장기에서, 반면(盤面)의 형세를 이르는 말.

국명 **國命** | 나라 국, 명할 명
[national command]
❶[속뜻] 나라[國]의 명령(命令). ¶국명을 받들다. ❷나라의 운명. [비] 국운(國運).

국모 **國母** | 나라 국, 어머니 모
[Mother of the State; Empress]
임금의 아내를 나라[國]의 어머니[母]라는 뜻으로 높여 부르는 말.

국무 **國務** | 나라 국, 일 무
[state affairs]
❶[속뜻] 나라[國]의 정무(政務). ❷나라를 맡아 다스리고 이끌어 가는 일. [비] 국정(國

政).

국문 國文 | 나라 국, 글자 문
[Korean alphabet; written Korean]
❶[속뜻] 우리나라[國]에서 쓰는 글자[文]. 한글과 한자 그리고 일부 아라비아문자(1, 2, 3…) 등을 말한다. ❷우리나라 말로 쓴 글. ¶영문 소설을 국문으로 번역하다.

***국민** 國民 | 나라 국, 백성 민
[people; nation]
국가(國家)를 구성하는 사람[民]. 또는 그 나라의 국적을 가진 사람. [비] 백성(百姓).
▸국민-복 國民服 | 옷 복
온 국민(國民)이 입도록 간편하고 검소하게 만든 옷[服]. ¶국민복으로 갈아입다.
▸국민-성 國民性 | 성질 성
어떤 국민(國民)에게 공통적으로 나타나는 가치관, 행동 양식, 사고방식, 기질 따위의 특성(特性). [비] 민족성(民族性).
▸국민-학교 國民學校 | 배울 학, 가르칠 교
❶[속뜻] '국민(國民) 의무'의 하나로서 다니는 학교(學校). ❷'초등학교'의 예전 용어.

***국방** 國防 | 나라 국, 막을 방 [national defense; defense of a country]
외국의 침략에 대비 태세를 갖추고 국토(國土)를 방위(防衛)하는 일. ¶국방의 의무를 다하다.
▸국방-부 國防部 | 나눌 부
[법률] 국가 방위[國防]에 관련된 군정을 맡아보는 중앙 행정 부서(部署).
▸국방-비 國防費 | 쓸 비
[경제] 국가가 외국의 침략에 대비 태세를 갖추고 국토를 방위하는[國防] 데에 쓰는 비용(費用). ¶국방비를 삭감하다.

국번 局番 | 판 국, 차례 번
[telephone exchange number]
전화의 국명(局名)을 나타내는 번호(番號). ¶화재 신고는 국번 없이 119로 한다.

국법 國法 | 나라 국, 법 법
[national laws]
[법률] 나라[國]의 법률(法律)이나 법규. [비] 헌법(憲法).

***국보** 國寶 | 나라 국, 보배 보 [national treasure; asset to the nation]
❶[속뜻] 나라[國]의 보배[寶]. ❷나라에서 지정하여 법률로 보호하는 문화재. ¶남대문은 우리나라 국보 1호이다.
▸국보-급 國寶級 | 등급 급
국보(國寶)에 상당할 만한 매우 귀한 등급(等級). ¶국보급 보물이 발견되었다.

국부 國父 | 나라 국, 아버지 부
[father of one's country]
❶[속뜻] 나라[國]의 아버지[父]. 임금. ❷나라를 세우는 데 공로가 많아 국민에게 존경받는 위대한 지도자를 이르는 말. [반] 국모(國母).

국비 國費 | 나라 국, 쓸 비
[national expenditure]
나라[國]의 재정으로 부담하는 비용(費用). ¶국비 유학생. [비] 국고(國庫). [반] 사비(私費).

국빈 國賓 | 나라 국, 손님 빈
[guest of the state]
나라[國]에서 정식으로 초대한 외국 손님[賓]. ¶중국을 국빈 자격으로 방문하다.

국사[1] 國史 | 나라 국, 역사 사
[national history]
나라[國]의 역사(歷史).

국사[2] 國事 | 나라 국, 일 사
[national affairs; public matters]
나라[國]에 관한 일[事]. 또는 나라의 정치에 관한 일. ¶국사를 논하다.

국사[3] 國師 | 나라 국, 스승 사
[Most Reverend Priest]
[역사] ❶나라[國]를 통치하던 임금의 스승[師]. ❷통일 신라·고려·조선 전기의 법계(法階) 가운데 가장 높은 등급. [비] 국승(國乘).

국산 國產 | 나라 국, 낳을 산
[home production]
자기 나라[國]에서 생산(生產)함. 또는 그 물건. ¶국산 자동차가 세계 판매량 1위를

차지했다. 빤 외국산(外國産).

▶**국산-품** 國産品 | 물건 품
자기 나라에서 생산한[國産] 물품(物品). ¶국산품을 애용합시다. ㉾ 국산. 빤 외제(外製).

국세 國稅 | 나라 국, 세금 세
[national tax]
법률 국가(國家)의 재정을 충당하기 위하여 국민에게 부과하여 거두어들이는 세금(稅金). ¶국세를 징수하다. 빤 지방세(地方稅).

▶**국세-청** 國稅廳 | 관청 청
법률 국세(國稅)에 관한 사무를 맡아보는 관청(官廳).

국수 國粹 | 나라 국, 순수할 수
[national characteristics]
한 나라[國]나 민족이 지닌 순수(純粹)함. 주로 고유한 정신적·물질적 우수성을 말한다. ¶국수를 보존하다.

▶**국수-주의** 國粹主義 | 주될 주, 뜻 의
사회 자기 나라의 고유한[國粹] 역사·전통·정치·문화만이 가장 뛰어나다고 믿고, 다른 나라나 민족을 배척하는 극단적인 태도나 경향[主義].

국시 國是 | 나라 국, 옳을 시
[national policy]
❶속뜻 나라[國]를 위하여 옳다[是]고 여기는 주의나 방침. ❷국가 이념이나 정책의 기본 방침. ¶국시를 정하다.

국악 國樂 | 나라 국, 음악 악
[national classical music]
❶속뜻 나라[國]의 고유한 음악(音樂). ❷음악 서양 음악에 상대하여 우리의 전통 음악을 이르는 말. ¶국악 연주회.

▶**국악-기** 國樂器 | 그릇 기
음악 국악(國樂)에 쓰는 기구(器具)를 통틀어 이르는 말. 장구, 가야금 따위.

*****국어** 國語 | 나라 국, 말씀 어
[National language; Korean]
❶속뜻 한 나라[國]에서 정한 표준말[語]. ❷우리나라 공용어로서의 한국어. 빤 외국어(外國語).

▶**국어-학** 國語學 | 배울 학
언어 국어(國語)를 과학적으로 연구하는 학문(學問).

국영 國營 | 나라 국, 꾀할 영
[state operation]
나라[國]에서 직접 관리하여 이익을 꾀함[營]. 또는 그런 방식. ¶국영 기업. 빤 관영(官營). 빤 사영(私營), 민영(民營).

국왕 國王 | 나라 국, 임금 왕
[king; monarch]
나라[國]의 임금[王].

국외 國外 | 나라 국, 밖 외 [outside the country; abroad; overseas]
한 나라[國]의 영토 밖[外]. ¶불법 체류자를 국외로 추방하다. 빤 국내(國內).

국위 國威 | 나라 국, 위엄 위
[national prestige]
나라[國]의 권위(權威)나 위력(威力). ¶국위를 선양하다.

국유 國有 | 나라 국, 있을 유
[state ownership]
나라[國]의 소유(所有). 또는 그에 속한 것. 빤 사유(私有), 민유(民有).

국익 國益 | 나라 국, 더할 익
[national interest]
나라[國]의 이익(利益). ¶국익을 증진하다. 빤 국리(國利).

국자 [(soup) ladle; scoop; dipper]
자루가 달린, 국을 뜨는 기구.

국장[1] 局長 | 관청 국, 어른 장
[director of a bureau]
기관이나 조직에서 한 국(局)을 맡은 수장(首長).

국장[2] 國葬 | 나라 국, 장사 지낼 장
[national funeral]
나라[國]에 큰 공이 있는 사람이 죽었을 때 국비로 장례(葬禮)를 치르는 일. 또는 그 장례.

국적 國籍 | 나라 국, 문서 적
[(one's) nationality; citizenship]

❶법률한 나라[國]의 구성원이 되는 자격[籍]. ¶미국 국적을 취득하다. ❷배나 비행기 따위가 소속되어 있는 나라. ¶중국 국적의 비행기가 추락했다.

국정¹ 國定 | 나라 국, 정할 정
[government-designated]
나라[國]에서 정(定)함. 또는 그런 것. ¶국정 교과서.

국정² 國政 | 나라 국, 정치 정
[government administration]
나라[國]의 정치(政治). 국가의 행정. ¶국정에 참여하다. ⓑ 국무(國務), 국사(國事).

*__국제__ 國際 | 나라 국, 사이 제 [international]
❶속뜻 나라[國] 사이[際]에 관계됨. ❷여러 나라에 공통됨. ¶국제무역. ❸여러 나라가 모여서 이루거나 함. ¶국제 학술대회.

▶ 국제-법 國際法 | 법 법
법률 공존공영의 생활을 도모하기 위하여 국가 간의 협의에 따라 국가 간의 권리·의무에 대하여 규정한 국제(國際) 사회의 법률(法律). ⓑ 국내법(國內法).

▶ 국제-선 國際線 | 줄 선
국가 사이[國際]의 통신 교환이나 항공, 선박, 철도 따위의 교통편에 이용하는 항로[線]. ⓑ 국내선(國內線).

▶ 국제-적 國際的 | 것 적
❶속뜻 여러 나라 사이[國際]에 관계가 있는 것[的]. ❷세계적인 규모인 것.

▶ 국제-화 國際化 | 될 화
국제적(國際的)인 것으로 됨[化]. ¶국제화 시대가 열리다.

국조 國祖 | 나라 국, 조상 조 [progenitor]
나라[國]의 시조(始祖). ¶국조 단군.

국채 國債 | 나라 국, 빚 채
[national debt]
❶속뜻 나라[國]의 빚[債]. ❷경제 국가가 재정상의 필요에 따라 국가의 신용으로 설정하는 금전상의 채무. 또는 그것을 표시하는 채권. ¶국채를 상환하다.

국책 國策 | 나라 국, 꾀 책
[national policy]
나라[國]의 정책(政策)이나 시책. ¶국책을 수립하다.

*__국토__ 國土 | 나라 국, 땅 토
[territory; realm]
나라[國]의 땅[土]. 한 나라의 통치권이 미치는 지역을 이른다. ¶국토 개발 계획.

국학 國學 | 나라 국, 배울 학
[study (of) the national literature]
❶속뜻 나라[國]의 전통 학문(學問). ❷역사 신라, 고려, 조선 때에 국가 최고의 교육기관. ⓑ 양학(洋學).

국한 局限 | 판 국, 한할 한
[localize; limit]
범위를 일정한 부분[局]에 한정(限定)함. ¶환경오염 문제는 우리나라에만 국한된 것이 아니다.

국-한문 國漢文 | 나라 국, 한나라 한, 글월 문
[Korean and Chinese characters]
❶속뜻 국문(國文)에 한자(漢字)가 섞인 글[文]. ❷한글과 한자를 아울러 이르는 말.

국호 國號 | 나라 국, 이름 호
[name of a country]
나라[國]의 이름[號]. ¶우리나라의 국호는 대한민국이다. ⓑ 국명(國名).

국화¹ 國花 | 나라 국, 꽃 화
[national flower]
한 나라[國]를 상징하는 꽃[花]. 우리나라는 무궁화, 영국은 장미, 프랑스는 백합이다.

국화² 菊花 | 국화 국, 꽃 화
[chrysanthemum (flower); mum]
식물 국화과[菊]의 여러해살이풀. 또는 그 꽃[花].

▶ 국화-전 菊花煎 | 지질 전
깨끗이 씻은 국화(菊花)에 찹쌀가루를 묻혀서 기름에 지진[煎] 음식.

국회 國會 | 나라 국, 모일 회

[National Assembly; Congress]
❶[속뜻]국민(國民)을 대표하는 사람들의 모임[會]. ❷[법률]국민의 대표로 구성한 입법기관.

군¹君 | 임금 군 [Mr.; Sir]
상대방을 부를 때 쓰는 말. 친구나 손아랫사람의 성이나 이름 뒤에 쓴다. ¶장현규 군 / 최 군.

군²軍 | 군사 군 [military; army]
'군대'(軍隊)의 준말.

군:³郡 | 고을 군 [county; district]
도(道)의 관할 아래 지방 행정의 하나. 행정 구획으로 읍(邑)·면(面)을 둔다.

군가 軍歌 | 군사 군, 노래 가
[military song]
군대(軍隊)의 사기를 북돋우기 위하여 부르는 노래[歌].

군경 軍警 | 군사 군, 지킬 경
[military and the police]
군대(軍隊)와 경찰(警察).

군계-일학 群鷄一鶴 | 무리 군, 닭 계, 한 일, 학 학
❶[속뜻]닭[鷄]의 무리[群] 가운데 있는 한[一] 마리의 학(鶴). ❷'많은 사람 가운데서 뛰어난 인물'을 비유하여 이르는 말.

군관 軍官 | 군사 군, 벼슬 관
[역사]조선 시대에, 각 군영과 지방 관아의 군무(軍務)에 종사하던 낮은 벼슬아치[官]. [비]장교(將校).

군국 軍國 | 군사 군, 나라 국
[militant nation]
❶[속뜻]군대(軍隊)와 나라[國]. 혹은 군무(軍務)와 국정(國政)을 아울러 이르는 말. ❷군사를 정치의 핵심으로 삼고 있는 나라. ¶군국주의 국가.

▸**군국기무-처 軍國機務處** | 실마리 기, 일 무, 곳 처
[역사]조선 후기에 군사(軍事)와 국정(國政)같이 중요한[機] 일[務]을 담당하던 관청[處].

군기 軍紀 | 군사 군, 벼리 기
[military discipline; troop morals]
군대(軍隊)의 기강(紀綱). [비]군율(軍律).

군:내 郡內 | 고을 군, 안 내
고을[郡]의 안[內]. ¶군내 주민이 참여하였다.

군단 軍團 | 군사 군, 모일 단
[army corps]
[군사]육군에서 사단(師團) 이상의 병력[軍]으로 편성되는 전술 단위 부대[團].

***군대 軍隊** | 군사 군, 무리 대
[army; troops]
일정한 규율과 질서를 가지고 조직된 군인(軍人)의 집단[隊].

군량 軍糧 | 군사 군, 양식 량
[military supplies; rations]
군대(軍隊)의 양식(糧食).

▸**군량-미 軍糧米** | 쌀 미
군대의 양식[軍糧]으로 쓰는 쌀[米].

군령 軍令 | 군사 군, 명령 령
[military command]
❶[속뜻]군사(軍事) 상의 명령(命令). ¶군령을 따르다. ❷국가 원수가 통수권에 의하여 군대에 내리는 명령. [비]군명(軍命).

군무 群舞 | 무리 군, 춤출 무
[group dancing]
여러 사람이 무리[群]를 지어 추는 춤[舞]. ¶군무를 추다. [반]독무(獨舞).

군민¹軍民 | 군사 군, 백성 민
[military and civilian]
군인(軍人)과 민간인(民間人)을 아울러 이르는 말. ¶군민이 함께 구조하다.

군:민²郡民 | 고을 군, 백성 민
[inhabitants of a county]
그 군(郡)에 사는 사람[民]. ¶금릉군 군민 체육대회.

군법 軍法 | 군사 군, 법 법 [military law]
[법률]군(軍) 내부에 적용하는 형법(刑法). ¶이 사건은 군법 회의에 회부되었다.

군복 軍服 | 군사 군, 옷 복
[military uniform]
군인(軍人)의 제복(制服).

군-복무 軍服務 | 군사 군, 입할 복, 힘쓸 무 [military service]
군대에서 일정 기간 군인(軍人)이 되어 복무(服務)하는 일. ¶2년간의 군복무를 마치다.

군부 軍部 | 군사 군, 나눌 부 [military authorities]
❶군사 군사(軍事)를 총괄하여 맡아보는 군의 수뇌부(首腦部). 또는 그것을 중심으로 한 세력. ¶군부가 정치에 개입하기 시작했다. ❷역사 고려 때, 치안을 맡아보던 관아. ❸역사 조선 때, 군정에 관한 일을 맡아보던 관아.

군-부대 軍部隊 | 군사 군, 나눌 부, 무리 대 [army unit]
군인(軍人)들의 부대(部隊). ¶군부대 위문 공연.

군비¹軍備 | 군사 군, 갖출 비 [armaments; military preparedness]
전쟁을 수행하기 위하여 갖춘 군사력, 군사(軍事) 시설이나 장비(裝備). ¶군비를 증강하다.

군비²軍費 | 군사 군, 쓸 비 [war expenditure]
군사(軍事)에 드는 비용(費用). '군사비'의 준말. ¶군비를 감축하다.

군사¹軍士 | 군사 군, 선비 사 [soldiers]
❶속뜻 예전에, 군대(軍隊)에 소속된 사람[士]을 이르던 말. ❷부사관 이하의 군인. ⓗ 군인(軍人), 병사(兵士).

*군사²軍事 | 군사 군, 일 사 [military affairs]
군대, 군비, 전쟁 따위와 같은 군(軍)에 관한 일[事]. ⓗ 군무(軍務).

▶**군사-력 軍事力** | 힘 력
병력·군비 따위를 종합한[軍事], 전쟁을 수행할 수 있는 능력(能力). ¶군사력을 강화하다.

▶**군사-비 軍事費** | 쓸 비
군사(軍事)상의 목적에 사용되는 모든 경비(經費). ¶막대한 군사비를 부담하다. 준 군비.

▶**군사-적 軍事的** | 것 적
군대·군비·전쟁 등 군사(軍事)에 관한 것[的]. ¶군사적 대응.

군:수¹郡守 | 고을 군, 지킬 수 [governor of a country]
법률 군(郡)의 치안[守]과 행정을 맡아보는 으뜸 직위에 있는 사람. 또는 그 직위.

군수²軍需 | 군사 군, 쓰일 수 [military demands]
군사(軍事)적인 일에 쓰이는[需] 것. ¶군수 물자를 조달하다.

▶**군수-품 軍需品** | 물건 품
군사 군수(軍需)에 충당할 물품(物品). ⓗ 군비(軍備).

군신 君臣 | 임금 군, 신하 신 [sovereign and subject]
임금[君]과 신하(臣下)를 아울러 이르는 말.

▶**군신-유의 君臣有義** | 있을 유, 옳을 의
임금[君]과 신하(臣下) 간의 도리는 의리(義理)에 있음[有]. 오륜(五倫)의 하나.

군악 軍樂 | 군사 군, 음악 악 [military music]
음악 군대(軍隊)에서 군대 의식이나 사기를 높이기 위해 쓰는 음악(音樂).

▶**군악-대 軍樂隊** | 무리 대
군악(軍樂)을 연주하기 위하여 조직된 부대(部隊).

군용 軍用 | 군사 군, 쓸 용 [military use]
군사(軍事)를 위해 씀[用]. 또는 그 돈이나 물건.

군위신강 君爲臣綱 | 임금 군, 될 위, 신하 신, 벼리 강
삼강(三綱)의 하나. 임금[君]은 신하(臣下)의 벼리[綱]가 됨[爲].

군의-관 軍醫官 | 군사 군, 치료할 의, 벼슬 관 [army surgeon]
군사 군대(軍隊)에서 의사(醫師)의 임무를 맡고 있는 장교[官]. ¶군의관을 불러 왔다.

군 의원 郡議員 | 고을 군, 의논할 의, 사람 원
[법률] 군(郡) 의회(議會)의 구성원(構成員). 임기는 4년이다.

군인 軍人 | 군사 군, 사람 인 [soldier]
군대(軍隊)에서 복무하는 사람[人]. [비] 군사(軍士), 병사(兵士).

군자 君子 | 임금 군, 접미사 자
[(true) gentleman]
❶[속뜻] 임금[君]같이 학식과 덕행이 높은 사람[子]. ¶참으로 군자답도다. ❷예전에 높은 벼슬에 있던 사람을 이르던 말. [반] 소인(小人).

군정 軍政 | 군사 군, 정치 정
[military administration]
❶[정치] 군부(軍部)가 국가의 실권을 장악하고 행하는 정치(政治). ❷[역사] 조선 시대의 삼정(三政) 가운데 정남(丁男)으로부터 군포를 받아들이던 일.

군졸 軍卒 | 군사 군, 군사 졸
[(common) soldier; private]
군대(軍隊)의 하급 병사[卒]. [비] 병졸(兵卒).

군주 君主 | 임금 군, 주인 주
[king; ruler]
임금[君]을 나라의 주인(主人)으로 이르던 말.

▸ 군주-제 君主制 | 정할 제
[정치] 군주(君主)가 세습적으로 나라를 다스리는 정치 체제(體制). [반] 공화제(共和制).

군중 群衆 | 무리 군, 무리 중
[crowd (of people); multitude]
❶[속뜻] 한곳에 모인[群] 많은 사람[衆]. ❷수많은 사람. [비] 대중(大衆). [반] 개인(個人).

*__군:청__ 郡廳 | 고을 군, 관청 청
[country office]
군(郡)의 행정 사무를 맡아보는 기관[廳]. 또는 그 청사.

군축 軍縮 | 군사 군, 줄일 축
[reduce armaments]
[군사] 군사력이나 군비(軍備)를 줄임[縮]. '군비축소'(軍備縮小)의 준말.

군함 軍艦 | 군사 군, 싸움배 함
[warship; battleship]
[군사] 해군(海軍)에 소속되어 있는 배[艦]. 흔히 전투에 참여하는 모든 배를 이른다.

군화 軍靴 | 군사 군, 구두 화
[military boots; combat boots]
군인(軍人)들이 신는 구두[靴]. ¶군화 끈을 조여 맸다.

굴: 窟 | 굴 굴 [tunnel; hole]
❶땅이나 바위가 깊숙이 팬 곳. ¶굴속에 살다. ❷산이나 땅속을 뚫어 만든 길.

굴곡 屈曲 | 굽힐 굴, 굽을 곡
[winding; curved]
❶[속뜻] 이리저리 꺾이거나 굽음[屈=曲]. ¶굴곡이 심한 해안선. ❷사람이 살아가면서 잘 되거나 잘 안 되거나 하는 일이 번갈아 나타나는 변동. ¶굴곡진 인생. ❸[언어] 굴절(屈折).

굴복 屈服 | 굽힐 굴, 따를 복 [submit to]
힘이 모자라서 몸을 굽히어[屈] 남을 따름[服]. [반] 저항(抵抗).

굴욕 屈辱 | 굽힐 굴, 욕될 욕
[humiliation; disgrace]
남에게 굴복(屈服)되어 업신여김을 받음[辱]. [비] 모욕(侮辱).

굴절 屈折 | 굽힐 굴, 꺾을 절
[bend; be refracted]
❶[속뜻] 휘어져 굽히거나[屈] 꺾임[折]. ❷생각이나 말 따위가 어떤 것에 영향을 받아 본래의 모습과 달라짐. ❸[물리] 빛, 소리, 물결 따위가 진행 방향이 바뀌는 현상. ¶빛의 굴절.

굴지 屈指 | 굽힐 굴, 손가락 지
[count on one's fingers]
❶[속뜻] 무엇을 셀 때, 손가락[指]을 꼽음[屈]. ❷수많은 가운데서 손가락을 꼽아 셀 만큼 아주 뛰어남. ¶국내 굴지의 기업.

궁 宮 | 집 궁 [palace]

임금이 사는 큰 집[宮]. [비] 대궐(大闕).

*궁궐 宮闕 | 집 궁, 대궐 궐
[royal palace]
임금이 거처하는 집[宮=闕]. [비] 왕궁(王宮).

궁극 窮極 | 다할 궁, 끝 극
[extremity; eventuality]
어떤 과정의 마지막[窮]이나 끝[極].

▸ 궁극-적 窮極的 | 것 적
더할 나위 없는 지경[窮極]에 도달하는 것[的]. ¶궁극적 목표.

궁녀 宮女 | 집 궁, 여자 녀
[court lady; lady of the court]
[역사] 궁궐(宮闕) 안에서 왕과 왕비를 가까이 모시는 여자[女]. ¶삼천 명의 궁녀.

궁도 弓道 | 활 궁, 방법 도 [archery]
❶[속뜻] 활[弓]을 쏘는 방법[道]을 익히는 일. ❷활 쏘는 데 지켜야 할 도리. ❸활을 쏘는 무술. ¶궁도 대회.

궁리 窮理 | 다할 궁, 이치 리
[deliberate; consider]
❶[속뜻] 사물의 이치(理致)를 깊이 연구함[窮究]. ❷마음속으로 이리저리 따져 깊이 생각함. 또는 그런 생각. ¶궁리 끝에 답을 찾았다.

궁상 窮狀 | 궁할 궁, 형상 상
[sad plight; distressed state]
어렵고 곤궁(困窮)한 상태(狀態). ¶궁상을 떨다 / 궁상맞아 보이다.

궁색 窮塞 | 궁할 궁, 막힐 색
[poverty; distress]
❶[속뜻] 생활이 곤궁(困窮)하고 앞길이 막힘[塞]. ¶살림이 궁색하다. ❷말의 이유나 근거 따위가 부족하다. ¶궁색한 변명.

궁성 宮城 | 집 궁, 성곽 성
[royal palace]
❶[속뜻] 궁궐(宮闕)을 둘러싼 성곽(城郭). ❷궁궐(宮闕). ¶왕은 궁성을 빠져나가 피신하였다.

궁수 弓手 | 활 궁, 사람 수
[archer; bowman]
[역사] 활[弓] 쏘는 일을 맡아 하는 군사[手]. [비] 사수(射手).

궁여지책 窮餘之策 | 궁할 궁, 남을 여, 어조사 지, 꾀 책
궁(窮)한 나머지[餘] 생각다 못하여 짜낸 계책(計策). ¶궁여지책으로 거짓말을 하다.

궁전 宮殿 | 궁궐 궁, 대궐 전 [palace]
궁궐(宮闕)의 대전(大殿).

궁정 宮庭 | 궁궐 궁, 뜰 정 [Royal Court]
궁궐(宮闕) 안의 마당[庭].

*궁중 宮中 | 궁궐 궁, 가운데 중
[(within) the (Royal) Court]
궁궐(宮闕)의 한가운데[中]. 대궐 안.

궁지 窮地 | 궁할 궁, 땅 지
[predicament; awkward position]
상황이 매우 곤궁(困窮)한 일을 당한 처지(處地). ¶궁지로 몰다. [비] 진퇴양난(進退兩難).

궁체 宮體 | 궁궐 궁, 모양 체
조선 시대, 궁녀(宮女)들이 쓰던 한글 서체(書體). ¶그는 특히 궁체를 잘 썼다.

궁핍 窮乏 | 궁할 궁, 가난할 핍
[poverty; want]
생활이 몹시 곤궁(困窮)하고 가난함[乏]. ¶궁핍한 생활. [비] 삼순구식(三旬九食). [반] 풍요(豐饒), 풍족(豐足).

궁합 宮合 | 자궁 궁, 맞을 합 [marital harmony as predicted by a fortuneteller]
❶[속뜻] 자궁(子宮)에 잘 맞음[合]. ❷[민속] 혼인에 앞서 신랑 신부의 사주(四柱)를 오행에 맞추어 보아 부부 생활의 좋고 나쁨을 미리 알아보는 점.

권 卷 | 책 권 [volume; book]
❶여러 책으로 된 책의 차례를 나타내는 말. ¶『토지』 제3권을 읽다. ❷책을 세는 단위. ¶책 두 권을 샀다.

권:고 勸告 | 타이를 권, 알릴 고
[advise; counsel]
타이르고[勸] 알려 줌[告]. 또는 그런 말. ¶금연을 권고하다. [비] 충고(忠告). [반] 만

류(挽留).

권력 權力 | 권리 권, 힘 력
[power; authority]
남을 복종시키거나 지배할 수 있는 공인된 권리(權利)와 힘[力]. 특히 국가나 정부가 국민에 대하여 가지고 있는 강제력을 이른다. ¶군대가 권력을 장악하다. [비] 권세(權勢), 강제력(強制力).

▸권력-자 權力者 | 사람 자
권력(權力)을 가진 사람[者]. ¶최고 권력자. [비] 세도가(勢道家).

⁑**권리** 權利 | 권세 권, 이로울 리
[right; claim]
❶[속뜻] 권세(權勢)와 이익(利益). ❷[법률] 어떤 일을 행하거나 타인에 대하여 당연히 요구할 수 있는 힘이나 자격. ¶투표는 국민의 권리이다. [반] 의무(義務).

권모 權謀 | 저울질할 권, 꾀할 모
[trick; intrigue]
때와 형편에 따라 이리저리 저울질하여[權] 꾀를 부림[謀].

▸권모-술수 權謀術數 | 꾀 술, 셀 수
목적 달성을 위하여 수단과 방법을 가리지 않는 온갖 모략[權謀]이나 술책[術數]. [비] 권모술책(權謀術策).

권:선 勸善 | 권할 권, 착할 선
[encourage to do good]
❶[속뜻] 착한[善] 일을 하도록 권장(勸奬)함. ❷[불교] 불사를 위하여 신자들에게 보시(布施)를 청함.

▸권:선-징악 勸善懲惡 | 혼날 징, 악할 악
착한[善] 일을 권장(勸奬)하고 악(惡)한 일을 징계(懲戒)함.

권세 權勢 | 권력 권, 세력 세
[power; influence]
권력(權力)과 세력(勢力)을 아울러 이르는 말. ¶권세를 부리다.

권수 卷數 | 책 권, 셀 수
[number of volumes]
책[卷]의 수효(數爻).

권위 權威 | 권세 권, 위엄 위
[authority; power]
❶[속뜻] 권세(權勢)와 위엄(威嚴). ¶권위를 잃다. ❷남을 지휘하거나 통솔하여 따르게 하는 힘. ¶그는 권위를 잃었다. ❸일정한 분야에서 뛰어난 실력을 가진 데서 오는 위신. ¶권위 있는 학자의 연구에 따르면….

▸권위-자 權威者 | 사람 자
일정한 분야에 정통하여 권위(權威)가 있는 탁월한 전문가[者]. ¶게임에 관한한 권위자이다. [비] 전문가(專門家).

▸권위-주의 權威主義 | 주될 주, 뜻 의
어떤 일에 있어 권위(權威)를 내세우거나 권위에 순종하는 태도나 생각[主義].

권:유 勸誘 | 권할 권, 꾈 유
[advise; suggest]
어떤 일 따위를 하도록 권(勸)하고 유도(誘導)함. ¶가입을 권유하다. [비] 권고(勸告), 권장(勸奬).

권익 權益 | 권리 권, 더할 익
[rights (and) interests]
권리(權利)와 그에 따르는 이익(利益). ¶국민의 권익을 보호하다.

권:장 勸奬 | 권할 권, 장려할 장
[encourage; recommend; promote]
권(勸)하여 장려(奬勵)함. ¶저축을 권장하다. [비] 장려(奬勵), 권유(勸誘).

▸권:장-량 勸奬量 | 분량 량
권장(勸奬)하는 적정량(適正量). ¶하루 영양 권장량.

권:주 勸酒 | 권할 권, 술 주 [offer wine]
술[酒]을 권(勸)함. ¶그는 잔을 들며 권주하였다.

▸권:주-가 勸酒歌 | 노래 가
❶[속뜻] 술[酒]을 권(勸)하는 노래[歌]. ¶권주가를 부르다. ❷[문학] 조선 시대 십이가사의 하나로 허무한 인생을 탄식하고 부귀와 장수를 빌며 술을 권하는 내용.

권:총 拳銃 | 주먹 권, 총 총
[pistol; gun]
한 손[拳]으로 다룰 수 있는 짧고 작은

총(銃). [반] 장총(長銃).

권:태 倦怠 | 게으를 권, 게으를 태 [fatigue; languor]
어떤 일이나 상태에 시들해져서 생기는 게으름[倦]이나 싫증[怠].

▸ **권:태-기 倦怠期** | 때 기
부부가 결혼한 뒤 어느 정도 시간이 지나 권태(倦怠)를 느끼는 시기(時期).

권:토-중래 捲土重來 | 말 권, 흙 토, 거듭 중, 올 래
❶ [속뜻] 흙먼지[土]를 날리며[捲] 다시[重] 옴[來]. ❷'한 번 실패하였으나 힘을 회복하여 다시 쳐들어옴'을 비유하여 이르는 말.

권:투 拳鬪 | 주먹 권, 싸울 투 [boxing]
[운동] 두 사람이 양손에 글러브를 끼고 주먹[拳]을 쥐고 상대편 허리 벨트 위의 상체를 쳐서 승부를 겨루는[鬪] 경기.

권한 權限 | 권리 권, 끝 한 [competence; competency]
어떤 사람이나 기관의 권리(權利)나 권력(權力)이 미치는 범위[限]. ¶국회는 법률을 제정할 수 있는 권한이 있다. [비] 권리(權利).

궐 闕 | 대궐 궐 [royal palace]
임금이 생활하던 큰 집[闕]. [비] 궁(宮), 궁궐(宮闕), 대궐(大闕).

궐기 蹶起 | 넘어질 궐, 일어날 기 [rise up; stand up]
❶ [속뜻] 넘어져[蹶] 가만히 있지 않고 벌떡 일어남[起]. ❷힘차게 일어나 항거함. 또는 그런 행위. ¶반공 궐기 대회에 참가하다.

궐내 闕內 | 대궐 궐, 안 내 [royal palace]
대궐(大闕)의 안[內]. [비] 궁중(宮中).

궐문 闕門 | 대궐 궐, 문 문 [palace gate]
대궐(大闕)의 문(門). ¶궐문 밖으로 나섰다. [비] 궁문(宮門), 금문(禁門).

궤:도 軌道 | 바퀴자국 궤, 길 도 [track; railroad; orbit]
❶ [속뜻] 수레가 지나간 바퀴자국[軌]이 난 길[道]. ❷ [교통] 기차 등이 다니도록 깔아 놓은 철길. ¶기차가 궤도를 이탈했다. ❸사물이 움직이도록 정해진 길. ¶인공위성이 무사히 궤도에 진입했다. [비] 차도(車道), 선로(線路), 경로(經路).

궤:변 詭辯 | 속일 궤, 말 잘할 변 [sophistry; sophism; quibble]
❶ [속뜻] 속이는[詭] 말을 잘함[辯]. ❷겉으로는 그럴듯하지만 실제로는 이치에 맞지 않는 말. ¶궤변을 늘어놓다.

귀:가 歸家 | 돌아갈 귀, 집 가 [return home]
집[家]으로 돌아감[歸]. ¶일찍 귀가하다.

귀감 龜鑑 | 거북 귀, 거울 감 [paragon; pattern; model]
❶ [속뜻] 점치는 데 쓰이는 거북[龜]과 얼굴을 비춰보는 데 쓰이는 거울[鑑]. ❷본보기가 될 만한 언행이나 거울삼아 본받을 만한 모범(模範). ¶귀감으로 삼다.

귀:결 歸結 | 돌아갈 귀, 맺을 결 [bring to a conclusion]
어떤 결말(結末)이나 결과로 돌아감[歸]. 또는 그 결말이나 결과(結果). ¶결국은 공부 문제로 귀결된다.

귀:경 歸京 | 돌아갈 귀, 서울 경 [return to Seoul]
서울[京]로 돌아가거나 돌아옴[歸]. ¶고속도로에는 귀경 차량이 몰려 혼잡했다.

귀:-공자 貴公子 | 귀할 귀, 귀인 공, 아들 자 [young nobleman]
신분이 높은[貴] 귀인[公]의 아들[子]. 또는 귀한 집 젊은 남자를 이르는 말. ¶양반 집 귀공자.

귀:국 歸國 | 돌아갈 귀, 나라 국 [return to one's country]
외국에 나가 있던 사람이 자기 나라[國]로 돌아오거나 돌아감[歸]. ¶귀국 연주회. [반] 출국(出國).

귀:-금속 貴金屬 | 귀할 귀, 쇠 금, 속할

속 [precious metals]
산출량이 적어 값이 비싼[貴] 금속(金屬). 금, 은, 백금 따위를 이른다. ¶귀금속으로 만든 장신구. ⑩ 비금속(卑金屬).

귀:농 歸農 | 돌아갈 귀, 농사 농
[return to farming]
사회 농사를 지으려고 농촌(農村)으로 돌아가는[歸] 현상. ⑩ 이농(離農).

▶ 귀:농-자 歸農者 | 사람 자
도시의 일을 그만두고 농사를 지으려고 농촌(農村)으로 돌아간[歸] 사람[者]. ¶귀농자가 차츰 늘어난다.

귀:로 歸路 | 돌아갈 귀, 길 로
[one's way home; road back]
돌아오는[歸] 길[路]. ¶귀로에 오르다.

귀:물 鬼物 | 귀신 귀, 만물 물
귀신(鬼神)같이 괴상한 물건(物件).

귀:-부인 貴婦人 | 귀할 귀, 부인 부, 사람 인 [lady; noble woman]
신분이 높고[貴] 결혼한 여인(婦人).

귀:비 貴妃 | 귀할 귀, 왕비 비
❶속뜻 지체가 높은[貴] 왕비(王妃). ❷역사 고려 시대에 비빈(妃嬪)에게 내린 정일품 내명부의 품계. ❸조선 초기에 후궁에게 내리던 가장 높은 지위. ❸중국 당나라 때에 후궁에게 주던 칭호.

귀:빈 貴賓 | 귀할 귀, 손님 빈
[very important person]
귀(貴)한 손님[賓]. ¶존경하는 내외 귀빈 여러분! ⑩ 상빈(上賓).

귀:성 歸省 | 돌아갈 귀, 살필 성
[go home]
고향으로 돌아가[歸] 부모님을 보살펴 드림[省]. ¶기차역은 귀성하려는 사람들로 붐볐다. ⑩ 귀향(歸鄕).

귀:속 歸屬 | 돌아갈 귀, 속할 속
[revert; be restored]
❶속뜻 재산이나 영토, 권리 따위가 특정 주체에 돌아가[歸] 딸리거나 속함[屬]. ¶이 땅은 국가에 귀속된다. ❷어떤 개인이 특정 단체의 소속이 됨.

귀:순 歸順 | 돌아갈 귀, 따를 순
[defect to; submit to]
적이었던 사람이 반항심을 버리고 돌아서[歸] 순종(順從)함. ¶무기를 버리고 귀순하다. ⑩ 투항(投降).

▶ 귀:순-자 歸順者 | 사람 자
적으로 맞서다가 반항심을 버리고 순종해 온[歸順] 사람[者]. ¶귀순자들을 잘 대해 주었다.

귀:신 鬼神 | 귀신 귀, 귀신 신 [ghost]
❶속뜻 인신(人神)인 '鬼'와 천신(天神)인 '神'을 아울러 이르는 말. ❷사람에게 화(禍)와 복(福)을 내려 준다는 신령(神靈). ❸어떤 일에 남보다 뛰어난 재주가 있는 사람을 비유하여 이르는 말. ¶귀신같은 솜씨. 속담 말 안 하면 귀신도 모른다.

귀:의 歸依 | 돌아갈 귀, 의지할 의
[be converted (to Buddhism)]
❶속뜻 돌아가거나 돌아와[歸] 몸을 의지(依支)함. ❷종교 불교 등에서 절대자에게 돌아가 의지하여 구원을 청함.

귀:인 貴人 | 귀할 귀, 사람 인
[noble man]
❶속뜻 사회적 지위가 높은[貴] 사람[人]. ¶귀인을 만나다. ❷역사 조선 시대에, 왕의 후궁에게 내리던 종일품 내명부의 봉작. ⑩ 천인(賤人).

귀:재 鬼才 | 귀신 귀, 재주 재 [(singular) genius]
❶속뜻 귀신(鬼神) 같은 재주[才]. ❷세상에서 보기 드물게 뛰어난 재능. 또는 그런 재능을 가진 사람. ¶그는 변장술의 귀재이다.

***귀:족 貴族** | 귀할 귀, 무리 족
[nobility; aristocracy]
가문이나 신분 따위가 높아[貴] 정치적·사회적 특권을 가진 계층이나 무리[族]. ⑩ 평민(平民), 서민(庶民), 노예(奴隷).

귀주 대:첩 龜州大捷 | 거북 귀, 고을 주, 큰 대, 이길 첩
역사 1019년 고려에 침입한 거란군을 강감

찬(姜邯贊)이 귀주(龜州)에서 크게[大] 무찔러 이긴[捷] 전쟁.

*귀:중 貴重 | 귀할 귀, 무거울 중 [precious; valuable]
매우 귀(貴)하고 소중(所重)하다. [비] 진귀(珍貴), 중요(重要).

▸ 귀:중-품 貴重品 | 물건 품
귀중(貴重)한 물품(物品). ¶귀중품은 금고에 보관하십시오.

귀:천 貴賤 | 귀할 귀, 천할 천 [high and the low; noble and the base]
신분이 귀(貴)하거나 천(賤)한 일. 또는 신분이 높은 사람과 낮은 사람. ¶직업에는 귀천이 없다.

귀:하 貴下 | 귀할 귀, 아래 하 [you; Mr]
❶[속뜻] 상대편을 높여[貴] 그의 이름 뒤[下]에 쓰는 말. ¶담당자 귀하. ❷상대편을 높여 그의 이름 대신 부르는 말. ¶귀하의 편지는 잘 받았습니다. [비] 당신(當身).

귀:항 歸港 | 돌아갈 귀, 항구 항 [return to port]
배가 출발하였던 항구(港口)로 다시 돌아가거나 돌아옴[歸]. ¶만선의 배가 포구로 귀항하다. [반] 출항(出港).

귀:향 歸鄕 | 돌아갈 귀, 시골 향 [return to one's hometown]
고향(故鄕)으로 돌아가거나 돌아옴[歸]. [비] 낙향(落鄕).

귀:화 歸化 | 돌아갈 귀, 될 화 [be naturalized]
❶[속뜻] 왕의 어진 정치에 감화되어 돌아가[歸] 그 백성이 됨[化]. ❷[법률] 다른 나라의 국적을 얻어 그 나라의 국민이 되는 일. ¶그는 한국인으로 귀화했다.

귀:환 歸還 | 돌아갈 귀, 돌아올 환 [return (home)]
본래 있던 곳으로 돌아가거나[歸] 돌아옴[還].

규격 規格 | 법 규, 격식 격 [standard]
❶[속뜻] 규정(規定)에 맞는 격식(格式). ❷공업 제품 등의 품질이나 치수, 모양 등에 대한 일정한 표준(標準). ¶규격 봉투.

규명 糾明 | 따질 규, 밝을 명 [investigate and reveal]
어떤 사실을 자세히 따져서[糾] 바로 밝힘[明]. ¶사건의 진상을 규명하다.

*규모 規模 | 법 규, 본보기 모 [rule; scale; budget limit]
❶[속뜻] 법[規]이 될 만한 본보기[模]. ❷사물의 구조나 구상(構想)의 크기. ¶이 사업은 규모가 크다. ❸씀씀이의 계획성이나 일정한 한도(限度). ¶그녀는 규모 있게 살림을 한다.

규범 規範 | 법 규, 틀 범 [model; pattern]
❶[속뜻] 법규(法規)와 모범(模範). ❷인간이 마땅히 따르고 지켜야 할 가치 판단의 기준. ¶규범에 어긋나다.

규수 閨秀 | 안방 규, 빼어날 수 [maiden; girl from a good family]
❶[속뜻] 안방[閨] 일에 빼어난[秀] 솜씨. 또는 그런 솜씨를 가진 여자. ❷혼기에 이른 남의 집 처녀를 점잖게 이르는 말. [비] 아가씨.

규암 硅巖 | 규소 규, 바위 암 [quartzite]
❶[속뜻] 규소(硅素) 성분의 바위[巖]. ❷[지리] 주로 석영의 입자만으로 된 매우 단단한 입상(粒狀) 암석.

규약 規約 | 법 규, 묶을 약 [rules; regulations]
서로 협의하여 정한[約] 규칙(規則). ¶향약은 향촌에서 전해 내려오는 규약의 하나이다. [비] 협약(協約).

규율 規律 | 법 규, 법칙 률 [rules; discipline]
❶[속뜻] 따라야 할 법규(法規)와 기율(紀律). ❷질서 유지를 위한 행동 준칙이나 본보기. ¶규율을 지키다. [비] 규정(規定), 규약(規約).

규장 奎章 | 문장 규, 글 장
❶[속뜻] 중요한 문장[奎]이나 글[章]. ❷[역사] 임금이 쓴 글이나 글씨. [비] 규한(奎

翰).

▶규장-각 奎章閣 | 관청 각
역사 조선 정조 때 설치한 역대 임금의 글[奎章]이나 글씨·고명·유교·선보·보감 따위와 어진을 보관하는 역할을 하던 왕실 도서관[閣].

규정¹ 規定 | 법 규, 정할 정
[rules; regulations]
❶속뜻 규칙(規則)으로 정(定)함. 또는 정하여 놓은 것. ¶대회 규정. ❷어떤 것의 내용, 성격, 의미 등을 밝히어 정함. 또는 밝히어 정한 것. ¶사건에 대하여 명확히 규정하다.

규정² 規程 | 법 규, 분량 정
[provision; regulation]
❶속뜻 조목별로 정하여 놓은 규칙(規)이나 표준(程). ❷관공서 따위에서, 내부 조직이나 사무 취급 등에 대하여 정해 놓은 규칙. ¶인사 규정 / 출장 규정.

규제 規制 | 법 규, 누를 제
[regulate; control]
규칙(規則)이나 규정에 의하여 일정한 한도를 넘지 못하게 억누름[制]. ¶수입 규제 정책. ⒝ 통제(統制).

⁎⁎규칙 規則 | 법 규, 법 칙
[rule; regulation]
국가나 어떤 단체에 속해 있는 사람의 행위. 또는 사무 절차 따위의 기준[規]으로 정해 놓은 준칙(準則). ¶경기 규칙 / 규칙을 어기다. ⒝ 법칙(法則).

▶규칙-성 規則性 | 성질 성
규칙(規則)에 잘 맞는 성질(性質). 또는 규칙이 있는 성질.

▶규칙-적 規則的 | 것 적
일정한 규칙(規則)에 따른 것[的]. 규칙이 바른 것. ⒝ 불규칙적.

규탄 糾彈 | 따질 규, 퉁길 탄
[censure; condemn]
❶속뜻 잘못을 따지어[糾] 탄핵[彈劾]함. ❷잘못을 공식적으로 엄하게 따지고 나무람. ¶적국의 만행(蠻行)을 규탄하는 모임이 열렸다.

규표 圭表 | 홀 규, 겉 표
예전에 쓰던, 천문 관측 기계의 하나. 가운데 세운 수직막대를 '표'(表)라 하고, 표 아래 끝에 붙여서 수평으로 북쪽을 향하여 누인 자를 '규'(圭)라 한다. 그림자의 길이로 태양의 시차를 관측하였다.

균 菌 | 세균 균 [fungus; bacterium]
생물 동식물에 기생하여 발효나 부패, 병 따위를 일으키는 단세포의 미생물.

균등 均等 | 고를 균, 가지런할 등
[equal; uniform]
수량이나 상태 등이 고르고[均] 가지런함[等]. ⒝ 균일(均一). ⒝ 차등(差等).

균사 菌絲 | 버섯 균, 실 사
[spawn; hypha]
식물 버섯[菌]의 몸을 이루고 있는 가는 실[絲]오라기 모양의 구조체. ⒝ 곰팡이 실.

균열 龜裂 | 갈라질 균, 찢어질 렬 [crack; failure]
❶속뜻 거북의 등에 있는 무늬처럼 갈라지고[龜] 찢어짐[裂]. ❶벽에 균열이 생기다. ❷친하게 지내는 사이에 틈이 남. ¶둘 사이에 균열이 생겼다. ⒝ 균탁(龜坼), 분열(分裂).

균일 均一 | 고를 균, 같을 일 [equality]
금액이나 수량 따위가 골고루[均] 똑같음[一]. 차이가 없음. ¶요금은 어른이나 아이나 균일하다. ⒝ 균등(均等).

⁎⁎균형 均衡 | 고를 균, 저울대 형
[balance; equilibrium]
균등(均等)하고 평형(平衡)을 이룸. 어느 한쪽으로 기울거나 치우치지 않고 고름. ¶균형 있는 발전 / 입법부와 행정부가 균형을 유지하다. ⒝ 불균형(不均衡).

▶균형-미 均衡美 | 아름다울 미
균형(均衡)이 알맞게 잘 잡힌 데서 우러나오는 아름다움[美].

귤 橘 | 귤나무 귤 [mandarin orange]
귤나무의 열매. 맛이 시고 달콤함. 껍질은

말려서 약재로 쓴다. [비] 감귤(柑橘), 밀감(蜜柑).

극[1]**極** | 끝 극 [extreme; climax]
❶어떤 정도가 그 이상 갈 수 없는 지경. ¶화가 극에 달하다. ❷[지리] 지축의 양쪽 끝. 남극과 북극. ¶지구의 양극. ❸[물리] 양극과 음극. ❹[물리] 자석(磁石)에서 자기력이 가장 센 두 끝. ¶N극은 S극을 끌어당긴다.

극[2]**劇** | 연극 극 [drama; play]
[연영] 연극(演劇). ¶이 극은 호평을 받았다.

극구 極口 | 다할 극, 입 구 [exceedingly; very]
❶[속뜻] 입[口]으로 온갖 말을 다함[極]. ❷온갖 말을 다하여. ¶극구 사양하다.

극기 克己 | 이길 극, 자기 기 [self-restraint; self-control]
자기(自己)의 욕망이나 충동, 감정 따위를 의지로 눌러 이김[克]. ¶극기 훈련. [비] 자제(自制). [반] 이기(利己).

극단[1]**劇團** | 연극 극, 모일 단 [theatrical company]
[연영] 연극(演劇)의 상연을 목적으로 결성된 단체(團體).

극단[2]**極端** | 다할 극, 끝 단 [extreme; extremity]
❶[속뜻] 맨[極] 끄트머리[端]. ❷중용을 벗어나 한쪽으로 치우치는 일. ¶극단에 치우치다. ❸극도에 이르러 더 나아갈 수 없는 상태. ¶사태가 극단으로 치닫다.

극대 極大 | 다할 극, 큰 대 [greatest; largest]
❶[속뜻] 더 없이[極] 큼[大]. ❷극댓값. [반] 극소(極小).

▸ 극대-화 極大化 | 될 화
매우[極] 크게[大] 됨[化]. 또는 그렇게 함. ¶이윤의 극대화.

극도 極度 | 다할 극, 정도 도 [extreme; utmost]
더할 수 없이 극심(極甚)한 정도(程度). ¶극도로 긴장하다. [비] 극한(極限).

극동 極東 | 끝 극, 동녘 동 [Far East]
❶[속뜻] 동(東)쪽의 맨 끝[極]. ❷[지리] 아시아 대륙의 동쪽에 위치한 지역. ¶극동 아시아. [비] 원동(遠東). [반] 극서(極西).

극락 極樂 | 다할 극, 즐길 락 [paradise]
❶[속뜻] 더없이[極] 안락(安樂)하고 깨끗한 땅. ❷[불교] 아미타불이 살고 있는 괴로움이 없으며 지극히 안락하고 자유로운 세상. '극락정토'(極樂淨土)의 준말. [반] 지옥(地獄).

극렬 極烈 | 다할 극, 세찰 렬 [severe; violent]
더할 수 없이[極] 매우 세참[烈]. 지독히 심함. ¶유림(儒林)들은 극렬하게 반대했다.

극명 克明 | 능히 극, 밝을 명 [make clear]
❶[속뜻] 능히[克] 할 수 있을 만큼 자세하고 분명(分明)함. ¶극명한 사실 / 극명한 대조를 보이다. ❷속속들이 똑똑히 밝힘. ¶교황은 세계평화의 대의를 극명했다.

극-미세 極微細 | 다할 극, 작을 미, 가늘 세 [ultrafine]
극도(極度)로 작고[微] 가늚[細]. ¶극미세 섬유.

***극복 克服** | 이길 극, 따를 복 [conquer]
이기어[克] 따르도록[服]하다. ¶어려움을 극복하다.

극본 劇本 | 연극 극, 책 본 [script of a play]
[연영] 연극(演劇)이나 방송극 등의 대본(臺本).

극비 極秘 | 다할 극, 숨길 비 [top secret]
절대 알려져서는 안 되는 몹시[極] 중요한 비밀(祕密). '극비밀'의 준말.

극빈 極貧 | 다할 극, 가난할 빈 [extreme poverty]
더할 수 없이[極] 몹시 가난함[貧].

▸ 극빈-자 極貧者 | 사람 자
몹시[極] 가난한[貧] 사람[者]. ¶극빈자

를 돕다.

극성 極盛 | 다할 극, 가득할 성 [very prosperous]
❶ [속뜻] 더 이상 빈곳이 없을 정도로[極] 가득함[盛]. ❷성질이나 행동이 매우 드세거나 적극적임. ¶아이가 장난감을 사달라고 극성이다.

극-소수 極少數 | 다할 극, 적을 소, 셀 수 [minimum number]
극히[極] 적은[少] 수(數). ¶극소수의 사람들만 대회에 참가했다.

극심 極甚 | =劇甚, 다할 극, 심할 심 [extreme; terrible]
지극(至極)히 심(甚)하다. ¶피해가 극심했다. [비] 지독(至毒)하다.

극악 極惡 | 다할 극, 악할 악 [atrocity; villainy]
더없이[極] 악(惡)함. 지독히 나쁨. [반] 극선(極善).

▸극악-무도 極惡無道 | 없을 무, 길 도
더없이[極] 악(惡)하고 도의심(道義心)이 없음[無].

극약 劇藥 | 심할 극, 약 약 [poison]
❶ [약학] 성분이 매우 심하게[劇] 독한 약(藥). 적은 분량으로 사람이나 동물에게 위험을 줄 수 있다. ❷'극단적인 해결 방법'을 비유하여 이르는 말.

극-음악 劇音樂 | 연극 극, 소리 음, 풍류 악 [drama music]
[음악] 가극(歌劇)과 같이 연극적인 대사나 줄거리, 무대 장치 따위를 곁들이는 음악(音樂).

극작 劇作 | 연극 극, 지을 작 [write a play]
연극(演劇)의 각본을 씀[作]. ¶극작 활동.

▸극작-가 劇作家 | 사람 가
연극(演劇)의 각본을 쓰는[作] 일을 업으로 하는 사람[家].

극장 劇場 | 연극 극, 마당 장 [theater]
연극(演劇), 영화, 무용 등을 감상할 수 있도록 무대와 관람석 등 여러 가지 시설을 갖춘 곳[場].

극적 劇的 | 연극 극, 것 적 [dramatic]
❶ [속뜻] 연극(演劇)과 같은 요소가 있는 것[的]. ❷연극을 보는 것처럼 감격적이고 인상적인 것. ¶양측의 협상은 극적으로 타결되었다.

극중 劇中 | 연극 극, 가운데 중
연극(演劇) 가운데[中]. ¶극중 인물의 이름을 다 외웠다.

극지 極地 | 끝 극, 땅 지 [the ends of the earth; polar regions]
❶ [속뜻] 맨 끝[極]에 있는 땅[地]. 아주 먼 땅. ¶그는 한양에서 극지로 쫓겨났다. ❷남극과 북극 지방. '극지방'(極地方)의 준말. ¶극지를 탐험하다.

극-지방 極地方 | 끝 극, 땅 지, 모 방 [polar regions]
[지리] 지구 양 극(極)의 주변 지역[地方]. ¶극지방을 관측하다. [준] 극지.

극진 極盡 | 다할 극, 다할 진 [kind; devoted]
❶ [속뜻] 다하여[極] 남음이 없음[盡]. ❷마음과 힘을 들이는 정성이 그 이상 더 할 수 없다. ¶심청은 효성이 극진했다.

극찬 極讚 | 다할 극, 기릴 찬 [high praise]
지극(至極)히 칭찬(稱讚)함. 또는 그 칭찬. ¶그는 뛰어난 연주로 극찬을 받았다.

극치 極致 | 다할 극, 이를 치 [attain the highest perfection]
극도(極度)에 다다름[致]. 또는 그런 경지. 그보다 더 할 수 없을 만한 최고의 경지나 상태. ¶아름다움의 극치.

극침 棘針 | 가시 극, 바늘 침 [thorn]
가시[棘]나 바늘[針]처럼 뾰족하게 돋친 것. ¶찬바람이 극침처럼 살을 파고들었다.

극한 極限 | 다할 극, 한할 한 [limit; bounds]
❶ [속뜻] 사물의 끝이 다하여[極] 닿은 곳이나 한계(限界). ❷사물이 더 이상은 나아

갈 수 없는 한계. ¶양측의 대립이 극한에 이르다. 町 극치(極致).

극형 極刑 | 다할 극, 형벌 형
[capital punishment]
❶속뜻 가장[極] 무거운 형벌(刑罰). ❷사형(死刑)을 달리 이르는 말. ¶극형을 받다.

극화 劇化 | 연극 극, 될 화 [dramatize]
사건이나 소설 따위를 극(劇)의 형식이 되도록 함[化]. ¶이 드라마는 임진왜란을 극화한 것이다. 町 각색(脚色).

근¹ 斤 | 근 근
저울로 다는 무게의 단위. 고기는 600g, 채소나 과일은 375g이다. ¶돼지고기 한 근 / 사과 한 근.

근:² 近 | 가까울 근 [near(ly); almost]
어느 수량에 가까운. 거의. ¶20kg이나 되는 쌀가마를 들었다.

근:간 近間 | 가까울 근, 사이 간
[these days; nowadays]
가까운[近] 시일의 장래[間]. 요사이. 요즈음.

근거 根據 | 뿌리 근, 의지할 거
[basis; ground]
❶속뜻 뿌리[根]에 의지함[據]. ❷어떤 의견의 이유. ¶근거를 대다.
▶ 근거-지 根據地 | 땅 지
활동의 터전[根據]으로 삼는 곳[地]. 町 본거지(本據地), 거점(據點).

근:-거리 近距離 | 가까울 근, 떨어질 거, 떨어질 리 [short distance]
가까운[近] 거리(距離). 町 원거리(遠距離).

근:검 勤儉 | 부지런할 근, 검소할 검
[diligence and frugality]
부지런하고[勤] 검소(儉素)함. ¶근검 절약 / 근검하는 생활 태도.

근:교 近郊 | 가까울 근, 성 밖 교
[suburbs; outskirts]
도심에서 가까운[近] 지역[郊]. ¶대도시 근교의 인구가 늘고 있다. 町 교외(郊外).

근:근 僅僅 | 겨우 근, 겨우 근
[narrowly; barely]
겨우[僅+僅]. ¶얼마 안 되는 돈으로 근근이 살아가다. 町 가까스로.

근:년 近年 | 가까울 근, 해 년
[in recent years]
❶속뜻 가까운[近] 해[年]. ❷요 몇 해 사이. 지나간 지 얼마 안 되는 해.

근:대² 近代 | 가까울 근, 시대 대 [modern age]
❶속뜻 지나간 지 얼마 안 되는 가까운[近] 시대(時代). ❷중세와 현대의 중간 시대. 町 고대(古代), 현대(現代).
▶ 근:대-식 近代式 | 법 식
근대(近代)의 발전 수준에 맞는 방식(方式). ¶근대식 공장.
▶ 근:대-적 近代的 | 것 적
근대(近代)의 특징이 될 만한 성질이나 경향을 띤 것[的]. 町 봉건적(封建的).
▶ 근:대-화 近代化 | 될 화
전(前)근대적인 상태에서 근대적(近代的)인 상태로, 또는 후진적인 상태에서 선진적인 상태로 되거나 되게 함[化].

근:래 近來 | 가까울 근, 올 래
[these days; recently]
요즈음[近]에 와서[來]. ¶근래에 드문 큰 비가 왔다.

근력 筋力 | 힘줄 근, 힘 력
[muscular strength]
❶속뜻 근육(筋肉)의 힘[力]. 또는 그 지속성. ❷기력(氣力). 町 체력(體力).

근:로 勤勞 | 부지런할 근, 일할 로
❶속뜻 힘써 부지런히[勤] 일함[勞]. ❷일정한 시간에 일정한 일을 함. 町 노동(勞動), 근무(勤務). 町 휴식(休息).
▶ 근:로-자 勤勞者 | 사람 자
근로(勤勞)에 의한 소득으로 생활하는 사람[者]. 町 노동자(勞動者).

근:린 近鄰 | 가까울 근, 이웃 린
[neighborhood]
❶속뜻 가까운[近] 이웃[鄰]. ❷가까운

곳. ¶근린공원 / 근린상가. ㉔근처(近處).

근:면 勤勉 | 부지런할 근, 힘쓸 면
[hard work; diligence]
부지런히[勤] 일에 힘씀[勉]. ¶그는 매사에 성실하고 근면하다. ㉘나태(懶怠).

▶ **근:면-성 勤勉性** | 성질 성
부지런한[勤勉] 품성(稟性). ¶강한 정신력과 근면성.

근:무 勤務 | 부지런할 근, 일 무 [service; duty]
직장 등에서 부지런히[勤] 맡은 일[務]을 함. ¶충실히 근무하다. ㉔근로(勤勞).

근:방 近方 | 가까울 근, 모 방
[neighborhood]
가까운[近] 곳[方]. ¶이 근방에 살다. ㉔근처(近處), 인근(鄰近).

근본 根本 | 뿌리 근, 뿌리 본
[root; basis]
❶속뜻 초목의 뿌리[根=本]. ❷사물의 본질이나 본바탕. ¶근본 원칙 / 근본 원인. ㉔근원(根源).

▶ **근본-적 根本的** | 것 적
본질이나 본바탕[根本]의 것[的]. ¶근본적으로 나쁜 사람은 없다.

근:사 近似 | 가까울 근, 닮을 사
[fine; nice]
❶속뜻 가깝거나[近] 닮다[似]. ❷썩 그럴듯하다. 꽤 좋다. ¶참 근사한 생각이구나!

근성 根性 | 뿌리 근, 성질 성
[nature; spirit]
❶속뜻 뿌리[根] 깊이 박힌 나쁜 성질(性質). ❷사람이 원래부터 가진 성질. ❸어떤 일을 끝까지 해내려고 하는 끈질긴 성질. ¶저 아이는 승부 근성이 강하다. ㉔본성(本性).

근:소 僅少 | 겨우 근, 적을 소
[little; few]
얼마 되지 않을 만큼 아주[僅] 적다[少]. ¶근소한 차로 졌다.

근:속 勤續 | 부지런할 근, 이을 속
[continuous service]
근무(勤務)를 계속(繼續)함. 한 일자리에서 오래 근무함. ¶아버지는 30년을 이곳에서 근속하셨다.

근:시 近視 | 가까울 근, 볼 시
[shortsightedness]
먼 곳은 잘 못 보지만, 가까운[近] 곳은 잘 봄[視]. '근시안'(近視眼)의 준말. ㉘원시(遠視).

▶ **근:시-안 近視眼** | 눈 안
❶의학 시력이 약해 짧은[近] 거리의 물체만을 볼[視] 수 있는 눈[眼]. ❷'소견이 짧고 좁아 앞일을 내다보지 못함', '시야가 좁아 사물의 전모를 관찰하지 못함'을 비유하여 이르는 말.

근:엄 謹嚴 | 삼갈 근, 엄할 엄
[dignified and serious; sober]
매우 점잖고[謹] 엄(嚴)하다. ¶근엄하게 꾸짖다.

근원 根源 | 뿌리 근, 수원 원
[root; source]
❶속뜻 나무의 뿌리[根]나 물의 수원(水源). 또는 그 같은 곳. ❷어떤 일이 생겨나는 본바탕. ¶소문의 근원. ㉔남상(濫觴), 원본(原本).

근:위 近衛 | 가까울 근, 지킬 위
[royal guard]
임금을 가까이[近]에서 호위(護衛)함.

▶ **근:위-대 近衛隊** | 무리 대
역사 지난날, 임금을 가까이서 호위하던[近衛] 군대(軍隊).

▶ **근:위-병 近衛兵** | 군사 병
역사 지난날, 임금을 가까이서 호위하던[近衛] 병사(兵士).

※근육 筋肉 | 힘줄 근, 살 육
[muscle; sinew]
힘줄[筋]과 살[肉]. ¶꾸준하게 운동하면 근육이 발달한다.

▶ **근육-질 筋肉質** | 바탕 질
❶속뜻 근육(筋肉)처럼 연하고 질긴 성질(性質). ❷'근육이 잘 발달한 체격'을 이르

는 말. ¶근육질의 사나이.

근절 根絶 | 뿌리 근, 끊을 절 [eradicate]
다시 살아날 수 없게 뿌리째[根] 없애 버림[絶]. ¶부정부패를 근절하다.

근:접 近接 | 가까울 근, 닿을 접 [proximity; approach]
가까이[近] 닿음[接]. 또는 가까이 다가감. ¶공장은 항구와 근접해 있다. [비]접근(接近).

근:정-전 勤政殿 | 부지런할 근, 정사 정, 대궐 전
[고적]경복궁(景福宮) 안에 있는 정전(正殿). 조선 때, 임금이 조회(朝會)를 행하던 곳이다. '정무(政務)에 힘쓰는[勤] 곳'이라는 뜻이 담겨 있다.

근:조 謹弔 | 삼갈 근, 조상할 조 [offer one's condolence]
삼가[謹] 조상(弔喪)함.

근-지구력 筋持久力 | 힘줄 근, 잡을 지, 오랠 구, 힘 력 [muscular endurance]
근육(筋肉)이 지속적(持續的)으로 오랫동안[久] 발휘할 수 있는 힘[力]. ¶근지구력을 향상시키기 위해서 운동을 계속하다.

근:처 近處 | 가까울 근, 곳 처 [neighborhood]
가까운[近] 곳[處]. ¶근처에 서점이 있나요? [비]부근(附近).

근:친 近親 | 가까울 근, 친할 친 [close relative]
가까운[近] 친족(親族). 특히 팔촌 이내의 일가붙이. [반]원친(遠親).

근:하 謹賀 | 삼갈 근, 축하할 하 [congratulate cordially]
삼가[謹] 축하(祝賀)함.

▸근:하-신년 謹賀新年 | 새 신, 해 년
'삼가[謹] 새해[新年]를 축하(祝賀)합니다'의 뜻으로 연하장 따위에 쓰는 말.

근:해 近海 | 가까울 근, 바다 해 [neighboring waters]
육지에 가까운[近] 바다[海]. ¶근해에 크고 작은 섬들이 있다. [비]연해(沿海). [반]원양(遠洋).

근:황 近況 | 가까울 근, 형편 황 [recent situation]
요즈음[近]의 형편[況]. ¶친구의 근황이 궁금하다.

금 金 | 쇠 금 [gold; metals; Friday]
❶[광업]황색의 광택이 있는 금속 원소. 금속 가운데 펴지는 성질과 늘어나는 성질이 가장 크다. ❷금메달. ¶마라톤에서 또 금을 땄다. ❸'금요일'(金曜日)의 준말.

금강 金剛 | 쇠 금, 굳셀 강 [diamond]
❶[속뜻]'금강석'(金剛石)을 일상적으로 이르는 말. ❷'매우 단단하여 결코 부서지지 않는 것'을 비유하여 이르는 말.

▸금강-산 金剛山 | 메 산
❶[속뜻]금강(金剛)같이 아름다운 산(山). ❷[지명]강원도 고성군·회양군·통천군에 걸쳐 있는 명산. [속담]금강산도 식후경.

▸금강-석 金剛石 | 돌 석
[광업]탄소의 결정(結晶)으로 광물[金] 중에서 가장 단단한[剛] 보석(寶石). 다이아몬드.

금고 金庫 | 돈 금, 곳집 고 [safe; strongbox]
❶[속뜻]돈[金]이나 귀중품 따위를 안전하게 보관하는 데 쓰이는 상자[庫]. ¶보석을 금고에 넣어 두다. ❷국가나 공공 단체의 현금 출납 기관. ¶상호신용 금고.

금관 金冠 | 황금 금, 갓 관 [gold crown]
황금(黃金)으로 만든 관(冠). ¶백제시대의 금관이 발굴됐다.

금관 악기 金管樂器 | 쇠 금, 피리 관, 음악 악, 그릇 기 [brass]
[음악]쇠붙이[金]로 피리[管] 모양의 악기(樂器). 트럼펫, 호른 따위.

금광 金鑛 | 황금 금, 쇳돌 광 [gold mine]
금(金)이 들어 있는 광석(鑛石). 또는 그 광산.

금괴 金塊 | 황금 금, 덩어리 괴

[nugget of gold]
덩어리[塊]로 뭉쳐놓은 금(金). ¶집에 두었던 금괴를 도난당했다. ㉥금덩어리.

금:기 禁忌 | 금할 금, 꺼릴 기 [taboo]
❶속뜻 신앙이나 관습 등으로 금(禁)하거나 꺼림[忌]. ❷어떤 약이나 치료법이 좋지 않은 것으로 여겨 쓰지 않는 일.
고, 화북(華北) 땅에 세운 나라.

금:낭-화 錦囊花 | 비단 금, 주머니 낭, 꽃 화 [bleeding heart]
식물 여인네의 비단[錦] 치마 속에 넣고 다니던 주머니[囊]를 닮은 꽃[花]이 피는 풀.

금년 今年 | 이제 금, 해 년 [this year]
지금(只今)이 속해 있는 해[年]. ㉥올해.

금당 金堂 | 황금 금, 집 당
[main build a temple]
불교 금불상(金佛像)을 모신 절의 본당(本堂). ㉥대웅전(大雄殿).

금-도금 金鍍金 | 황금 금, 도금할 도, 쇠 금 [gold-plating]
화학 다른 금속의 표면에 얇은 금박(金箔)을 입히는[鍍金] 일. ¶불상을 금도금하다.

금동 金銅 | 황금 금, 구리 동
[gilt bronze]
금(金)으로 도금한 구리[銅].

금명-간 今明間 | 이제 금, 밝을 명, 사이 간 [today or tomorrow]
오늘[今]에서 내일[明] 사이[間]. ¶금명간에 소식이 올 것이다. ㉥곧.

금:물 禁物 | 금할 금, 만물 물
[prohibited thing]
❶속뜻 매매나 사용이 금지(禁止)된 물건(物件). ❷해서는 안 되는 일. ¶방심은 금물이다.

금박 金箔 | 황금 금, 얇을 박
[(a piece of) gold leaf]
금(金)을 두드려 종이처럼 아주 얇게[箔] 늘인 물건.

금-반지 金半指 | 황금 금, 반 반, 손가락 지 [gold ring]
금(金)으로 만든 반지(半指). ¶할머니는 금반지를 끼고 있다. ㉥금가락지.

금발 金髮 | 황금 금, 머리털 발
[golden hair]
황금(黃金)빛이 나는 머리털[髮]. ¶금발 머리 / 금발의 서양인.

***금방** 今方 | 이제 금, 바로 방
[just now]
❶속뜻 지금(只今) 바로[方]. ¶금방 비가 올 것처럼 하늘이 어둡다. ❷방금(方今). ¶금방 구워 낸 빵.

▸ **금방-금방** 今方今方
일이나 행동 따위를 지체하지 않고 바로[今方] 바로[今方] 하는 모양.

금상 金賞 | 황금 금, 상줄 상
[gold prize]
상(賞)의 등급을 금(金), 은(銀), 동(銅)으로 구분하였을 때의 일등상.

금:상첨화 錦上添花 | 비단 금, 위 상, 더할 첨, 꽃 화
❶속뜻 비단[錦] 위[上]에 꽃[花]을 더함[添]. ❷'좋은 일 위에 또 좋은 일이 더하여짐'을 비유하여 이르는 말.

금색 金色 | 황금 금, 빛 색
[golden color]
황금(黃金)과 같이 광택이 나는 누런 색(色). ¶금색 단추.

금성 金星 | 쇠 금, 별 성
[Venus; Hesperus; daystar]
❶속뜻 금(金)을 상징하는 별[星]. ❷천문 태양에서 두 번째로 가깝고 지구에 가장 가까이 있는 행성. 크기는 지구와 비슷하다. ㉥샛별, 태백성(太白星).

금-세기 今世紀 | 이제 금, 세대 세, 연대 기 [this century]
지금(只今)의 세기(世紀). 이 세기. ¶전기는 금세기 최고의 발명품이다.

***금속** 金屬 | 쇠 금, 속할 속 [metal]
❶속뜻 쇠[金]에 속(屬)하는 물질. ❷열이나 전기를 잘 전도하고 펴지고 늘어나는

성질이 풍부하며 특수한 광택을 가진 물질을 이르는 말. 빤 비금속(非金屬).

▶ **금속 활자** 金屬活字 | 쇠 활, 글자 자
출전 금속(金屬)으로 만든 활자(活字). ¶고려시대에 이미 금속 활자를 사용해서 책을 만들었다.

금수¹ 禽獸 | 날짐승 금, 짐승 수
[birds and beasts]
날아다니는 날짐승[禽]과 기어다니는 길짐승[獸]. ¶금수만도 못한 사람이라고!

금:수² 錦繡 | 비단 금, 수놓을 수
[embroidered brocade]
비단[錦]에 수놓은[繡] 것. 수놓은 비단. ¶금수 같은 우리 강산.

▶ **금:수-강산** 錦繡江山 | 강 강, 메 산
❶속뜻 비단[錦]에 수(繡)놓은 것처럼 아름다운 강산(江山). ❷'우리나라의 산천'을 비유하는 말. ¶삼천리 금수강산.

금시 今時 | 이제 금, 때 시
[nowadays; these days]
❶속뜻 지금(只今) 이 때[時]. 금방. ❷곧. 바로.

금시-초문 今始初聞 | 이제 금, 비로소 시, 처음 초, 들을 문
지금(只今)에야 비로소[始] 처음[初] 들음[聞]. ¶그 소식은 금시초문이다.

금:식 禁食 | 금할 금, 먹을 식 [fast]
치료나 종교, 또는 그 밖의 이유로 얼마 동안 음식물을 먹지[食] 않는 일[禁]. ¶이 환자는 금식해야 합니다.

금실 琴瑟 | 본음 [금슬], 거문고 금, 비파 슬
[conjugal harmony]
❶속뜻 거문고[琴]와 비파[瑟]를 아울러 이르는 말. ❷'부부간의 사랑'을 비유적으로 이르는 말. ¶그 부부는 금실이 좋다.

**금액 金額 | 돈 금, 액수 액
[amount of money]
돈[金]의 액수(額數). ¶가격표에 적힌 금액을 확인하다. 빤 값, 가격(價格).

금언 金言 | 황금 금, 말씀 언
[golden saying]

생활의 지침이 될 만한 금쪽[金]같이 귀중하고 짤막한 말[言]. 빤 격언(格言).

금:연 禁煙 | 금할 금, 담배 연
[prohibit smoking]
❶속뜻 담배[煙] 피우는 것을 금(禁)함. ¶금연 구역. ❷담배를 끊음. ¶아빠는 금연하기로 약속하셨다.

금와 金蛙 | 황금 금, 개구리 와
문학 동부여의 왕으로, 부여 왕 해부루에게 발견될 때 온 몸이 금빛[金]으로 된 개구리[蛙]를 닮았었다고 한다.

금-요일 金曜日 | 쇠 금, 빛날 요, 해 일
[Friday]
칠요일 중 쇠[金]에 해당하는 요일(曜日). ¶금요일에 소풍을 간다.

금:욕 禁慾 | 금할 금, 욕심 욕
[asceticism; abstinence]
성적(性的) 욕구(慾求)나 욕망을 억제함[禁]. ¶수도사는 금욕 생활을 한다.

금융 金融 | 돈 금, 녹을 융
[finance; circulation of money]
❶속뜻 돈[金]의 융통(融通). ❷경제 자금의 수요와 공급의 관계.

금은 金銀 | 황금 금, 은 은
[gold and silver]
금(金)과 은(銀).

▶ **금은-방** 金銀房 | 방 방
금은(金銀) 따위의 보석을 가공·매매하는 가게[房].

▶ **금은-보화** 金銀寶貨 | 보배 보, 재물 화
금(金), 은(銀) 따위의 보배[寶]와 재화(財貨).

금:의 錦衣 | 비단 금, 옷 의
[clothes of silk brocade]
비단[錦] 옷[衣]. ¶금의를 입고 고향에 나타났다.

▶ **금:의-환향** 錦衣還鄉 | 돌아올 환, 시골 향
❶속뜻 비단옷[錦衣]을 입고 고향(故鄉)에 돌아옴[還]. ❷'성공하여 고향으로 돌아옴'을 비유하여 이르는 말.

금일 今日 | 이제 금, 날 일 [today]
오늘[今] 날[日]. ¶금일 휴업.

금-일봉 金一封 | 돈 금, 한 일, 봉할 봉 [gift of money]
❶[속뜻] 종이에 싸서[封] 주는 한[一] 뭉치의 돈[金]. ❷금액을 밝히지 않고 주는 상금, 격려금, 기부금 따위를 이르는 말.

금자 金字 | 황금 금, 글자 자 [gold letter]
금박을 올리거나 금빛 수실로 수를 놓거나 이금(泥金)으로 써서 금(金)빛이 나는 글자[字]. [비] 금문자(金文字).

▸ 금자-탑 金字塔 | 탑 탑
❶[속뜻] '金'자(字) 모양의 탑(塔). ❷'후세에까지 빛날 훌륭한 업적'을 비유하여 이르는 말. ¶한글은 찬란한 우리 문화의 금자탑이다. [비] 피라미드(pyramid).

금자-동 金子童 | 황금 금, 접미사 자, 아이 동 [precious child]
❶[속뜻] 금[金子]과 같이 귀한 아이[童]. ❷'어린아이'를 이르는 말.

금잔 金盞 | 황금 금, 잔 잔 [gold cup]
금(金)으로 만든 술잔(盞).

▸ 금잔-화 金盞花 | 꽃 화
[식물] 여름부터 가을까지 황금[金] 술잔[盞] 모양의 노란색 꽃[花]이 피는 풀. [비] 금송화(金松花).

금전 金錢 | 쇠 금, 돈 전 [money; cash]
❶[속뜻] 쇠붙이[金]로 만든 돈[錢]. ❷돈. [비] 금화(金貨), 화폐(貨幣).

▸ 금전 출납부 金錢出納簿 | 날 출, 들일 납, 장부 부
[경제] 돈[金錢]이 나가고[出] 들어오는[納] 것을 적는 장부(帳簿).

금제 金製 | 황금 금, 만들 제 [gold made product]
금(金)으로 만든 제품(製品).

금주[1] 今週 | 이제 금, 주일 주 [this week]
이번[今] 주일(週日).

금:주[2] 禁酒 | 금할 금, 술 주 [stop drinking]
❶[속뜻] 술[酒]을 못 마시게 함[禁]. ❷술을 끊음. ¶금주를 결심하다.

금:지 禁止 | 금할 금, 멈출 지 [prohibit; ban]
❶[속뜻] 금(禁)하여 멈추게[止] 함. ❷말리어 못하게 함. ¶총기류의 수입을 금지하다. [비] 저지(沮止). [반] 허가(許可).

▸ 금:지-령 禁止令 | 명령 령
금지(禁止)하는 명령(命令).

금지-옥엽 金枝玉葉 | 황금 금, 가지 지, 구슬 옥, 잎 엽 [person of royal birth]
❶[속뜻] 금(金)으로 된 가지[枝]와 옥(玉)으로 된 잎[葉]. ❷'임금의 가족'을 높여 이르는 말. ❸'귀한 자손'을 이르는 말. ¶그는 금지옥엽으로 귀하게 자랐다.

금품 金品 | 돈 금, 물품 품 [money and other valuables]
돈[金]과 물품(物品)을 아울러 이르는 말. ¶금품을 요구하다 / 금품을 수수하다.

금화 金貨 | 황금 금, 돈 화 [gold coin; gold currency]
금(金)으로 만든 돈[貨].

급 級 | 등급 급 [class; grade]
'계급·등급' 등의 일컬음. ¶7급 공무원. [비] 급수(級數), 계급(階級), 등급(等級).

***급격** 急激 | 급할 급, 격할 격 [sudden; abrupt]
급(急)하고 격렬(激烈)하다. ¶사춘기에는 몸이 급격히 발달한다.

급급 汲汲 | 힘쓸 급, 힘쓸 급 [urgent]
어떤 일에 정신을 쏟아[汲+汲] 마음의 여유가 없다. ¶변명에 급급하다.

급기야 及其也 | 미칠 급, 그 기, 어조사 야 [at last; finally]
❶[속뜻] 거기[其]까지에 미치는[及] 것이다[也]. ❷마지막에 가서는. ¶급기야 어려운 지경에 이르렀다.

급등 急騰 | 급할 급, 오를 등 [jump]
물가나 시세 따위가 갑자기[急] 오름[騰]. ¶쌀값이 급등하다. [비] 폭등(暴騰).

🙂 급락(急落).

급락 急落 | 급할 급, 떨어질 락
[plunge; crash]
물가나 시세 따위가 갑자기[急] 떨어짐[落]. ¶주가(株價)가 급락하다. 🙁 폭락(暴落). 🙁 급등(急騰).

급료 給料 | 줄 급, 삯 료 [pay; salary]
일한 대가로 주는[給] 품삯[料]. 일한 데에 대한 보수(報酬). ¶한 달 치 급료를 받았다. 🙁 급여(給與).

급류 急流 | 급할 급, 흐를 류
[swift current; torrent]
물이 급(急)하게 흐름[流]. ¶급류를 타다. 🙁 완류(緩流).

급박 急迫 | 급할 급, 닥칠 박
[urgent; imminent]
사태가 급(急)히 닥쳐[迫] 여유가 없음. ¶그는 급박한 사정이 생겨 참석하지 못했다. 🙁 긴박(緊迫).

급변 急變 | 급할 급, 바뀔 변
[emergency; accident]
❶ 속뜻 급격(急激)하게 바뀜[變]. 갑자기 달라짐. ¶날씨가 급변하다. ❷갑자기 일어난 변고. ¶그는 봉화를 피워 급변을 알렸다. 🙁 극변(劇變), 급변사(急變事).

급사 急死 | 급할 급, 죽을 사
[die suddenly]
갑자기[急] 죽음[死]. ¶심장마비로 급사하다.

급-상승 急上昇 | 급할 급, 위 상, 오를 승
[sudden rise (in prices)]
❶ 속뜻 급(急)하게 위[上]로 올라감[昇]. ❷비행기나 새 따위가 거의 수직으로 급히 치솟는 일. 🙁 급강하(急降下).

급-선무 急先務 | 급할 급, 먼저 선, 일 무
[most urgent business]
긴급(緊急)하여 가장 먼저[先] 서둘러 해야 할 일[務]. ¶부상자를 병원으로 옮기는 것이 급선무다.

급성 急性 | 급할 급, 성질 성
[acute form of a disease]
병 따위가 갑작스럽게 일어나거나 급(急)히 악화되는 성질(性質). ¶급성 맹장염. 🙁 만성(慢性).

급-성장 急成長 | 급할 급, 이룰 성, 어른 장 [rapid growth]
사물의 규모가 급격(急擊)하게 성장(成長)함. ¶경제가 눈부시게 급성장하였다.

급소 急所 | 급할 급, 곳 소 [vital part]
❶ 속뜻 사물의 가장 긴급(緊急)하거나 가장 중요한 곳[所]. ❷조금만 다쳐도 생명에 지장을 주는 몸의 중요한 부분. ¶급소를 찌르다. 🙁 핵심(核心).

***급속 急速** | 급할 급, 빠를 속
[rapid; swift]
몹시 급(急)하고 빠름[速]. ¶급속 냉각.

급-속도 急速度 | 급할 급, 빠를 속, 정도 도 [high speed]
매우 빠른[急] 속도(速度).

급수¹ 級數 | 등급 급, 셀 수
[class; grade; rank]
❶ 속뜻 기술의 우열을 급(級)으로 나누어 매긴 수(數). ¶바둑 급수. ❷ 수학 일정한 법칙에 따라 증감하는 수를 일정한 순서로 배열한 수열의 합.

급수² 給水 | 공급할 급, 물 수
[water supply; feed water]
물[水]을 공급(供給)함. 또는 그 물. 🙁 배수(排水).

▶급수-차 給水車 | 수레 차
급수(給水)에 쓰이는 차(車).

급습 急襲 | 급할 급, 습격할 습
[make surprise attack; raid]
상대편의 방심을 틈타서 급히[急] 습격(襲擊)함.

급식 給食 | 줄 급, 밥 식
[provide meals]
학교나 공장 등에서 아동이나 종업원에게 음식(飮食)을 주는[給] 일. 또는 그 끼니 음식.

▶급식-비 給食費 | 쓸 비
식사(食事)를 공급(供給)하는 데 드는 비

용(費用). ¶급식비가 부족했다.

▸급식-실 給食室 | 방 실
식사를 제공하는[給食] 곳[室]. ¶급식실로 달려갔다.

급여 給與 | 줄 급, 줄 여
[allowance; pay]
일한 대가로 돈이나 물품 따위를 공급(供給)하여 줌[與]. 또는 그 돈이나 물품. [비] 급료(給料).

급우 級友 | 등급 급, 벗 우 [classmate]
같은 학급(學級)의 친구[友].

급-정거 急停車 | 급할 급, 멈출 정, 수레 거 [stop suddenly]
급(急)히 차(車)를 세움[停]. 달리던 차가 급히 섬. ¶버스가 급정거해서 넘어질 뻔했다.

급제 及第 | 이를 급, 집 제
[success in an examination]
[역사] 옛날 과거시험에 합격하면 벼슬을 하게 되어 큰 집[第]에 들어가[及] 살 수 있게 되므로 '과거시험에 합격함'을 일러 '及第'라 했다는 설이 있다. [반] 낙제(落第).

급증 急增 | 급할 급, 더할 증
[increase rapidly]
급작스럽게[急] 늘어남[增]. ¶이 지역 인구가 급증했다. [반] 급감(急減).

급파 急派 | 급할 급, 보낼 파
[speedy dispatch]
급(急)히 파견(派遣)함. ¶사고 현장에 구조대를 급파하다.

급행 急行 | 급할 급, 갈 행
[hasten; hurry; rush]
❶[속뜻] 급(急)히 감[行]. ❷'급행열차'의 준말.

▸급행-열차 急行列車 | 벌일 렬, 수레 차
고속으로 운행하며[急行] 주요한 역에서만 정거하는 열차(列車). [반] 완행열차(緩行列車).

급훈 級訓 | 등급 급, 가르칠 훈
[class precepts]
학급(學級)의 교육 목표로 내세운 교훈(教訓).

긍:정 肯定 | 기꺼이 긍, 정할 정
[affirm; acknowledge]
어떤 사실이나 생각 따위를 기꺼이[肯] 인정(認定)함. ¶그는 내 말에 긍정했다. [반] 부정(否定).

▸긍:정-적 肯定的 | 것 적
어떤 사실이나 생각 따위를 그러하다고[肯] 인정(認定)하는 것[的]. ¶긍정적인 입장. [반] 부정적(否定的).

긍:지 矜持 | 아낄 긍, 가질 지
[pride; dignity self-respect]
❶[속뜻] 자신을 아끼는[矜] 마음을 가짐[持]. ❷자신의 능력을 믿음으로써 가지는 당당함. ¶긍지가 높다 / 긍지로 삼다. [비] 자부심(自負心).

기[1] 氣 | 기운 기 [energy; spirit]
❶활동하기 위한 힘. ¶1등이 되고 싶어 철수는 기를 쓰고 달렸다. ❷살아있다는 느낌. ¶아이는 기가 죽어서 고개를 떨구었다. [관용] 기를 쓰다 / 기가 차다.

기[2] 基 | 터 기
❶무덤, 비석, 탑 따위를 세는 단위. ¶고려시대 무덤 세 기를 발굴했다. ❷원자로, 유도탄 따위를 세는 단위.

기[3] 旗 | 깃발 기 [flag]
헝겊·종이 따위에 글자·그림·빛깔 등을 잘 보이도록 그리거나 써서 어떤 뜻을 나타내는 데 쓰는 물건. [비] 깃발.

기각 棄却 | 버릴 기, 물리칠 각
[reject; turn down]
❶[속뜻] 내다 버리거나[棄] 물리침[却]. ❷[법률] 소송을 수리한 법원이 소송이 이유가 없거나 적법하지 않다고 판단하여 무효를 선고하는 일. ¶그 안건은 기각되었다. [비] 각하(却下).

기간[1] 期間 | 때 기, 사이 간
[term; period (of time)]
어느 일정한 시기에서 다른 일정한 시기(時期)까지의 사이[間]. [비] 시기(時期).

기간[2] 基幹 | 터 기, 줄기 간 [mainstay]

❶속뜻 터[基]가 되고 중심[幹]이 되는 것. ¶조선은 유교이념을 기간으로 삼았다. ❷어떤 조직이나 체계를 이룬 것 가운데 중심이 되는 것.
▶ 기간-산: 업 基幹産業 | 낳을 산, 일 업 경제 한 나라의 산업의 바탕[基幹]이 되는 산업(産業). 전력·철강·가스 산업 따위.

기강 紀綱 | 벼리 기, 벼리 강
[fundamental principles]
❶속뜻 그물코를 꿴 벼리[紀=綱]. ❷으뜸이 되는 중요한 규율과 질서. ¶사회 기강을 바로잡다.

기개 氣槪 | 기운 기, 절개 개
[spirit; backbone]
❶속뜻 기운(氣運)과 절개(節槪). ❷어떤 어려움에도 굽히지 않는 강한 의지. 또는 그러한 기상. ¶그는 세계무대에서 한국인의 기개를 떨쳤다. 비 기상(氣象).

기거 起居 | 일어날 기, 살 거
[one's daily life]
❶속뜻 몸을 일으켜[起] 살아감[居]. ❷일정한 곳에서 먹고 자고 하는 따위의 일상적인 생활을 함. 또는 그 생활. ¶잠시 친척집에서 기거하다.

기겁 氣怯 | 기운 기, 겁낼 겁
[be startled; be frightened]
기운(氣運)을 잃고 겁(怯)에 질림. ¶기겁을 하고 도망쳤다. 비 질겁.

*기계¹ 器械 | 그릇 기, 기구 계 [machine]
그릇[器]이나 연장, 기구[械] 따위를 통틀어 이르는 말. 구조가 간단하며 제조나 생산을 목적으로 하지 않고 사용하는 도구를 이른다. ¶의료 기계 / 실험용 기계.

*기계² 機械 | 베틀 기, 형틀 계 [machine]
❶속뜻 베틀[機]과 형틀[械]. ❷동력으로 움직여서 일정한 일을 하게 만든 장치.
▶ 기계-화 機械化 | 될 화
❶속뜻 사람이나 동물이 하는 노동을 기계(機械)가 대신하게 함[化]. ¶기계화 시대. ❷사람의 언행이 자주성, 창조성을 잃고 기계적으로 됨.

기고 寄稿 | 부칠 기, 원고 고
[contribute articles]
원고(原稿)를 써서 보냄[寄]. ¶환경에 대한 글을 기고하다. 비 투고(投稿).

기고-만장 氣高萬丈 | 기운 기, 높을 고, 일만 만, 길이 장 [elation; high spirits]
❶속뜻 기세(氣勢)의 높은[高] 정도가 만장(萬丈) 정도나 됨. ❷일이 뜻대로 잘될 때 우쭐하여 뽐내는 기세가 대단함.

기골 氣骨 | 기운 기, 뼈 골
[body and spirit; mettle]
❶속뜻 기혈(氣血)과 뼈대[骨]. 기백과 골격. ❷건장하고 튼튼한 체격.

기공¹ 氣孔 | 숨 기, 구멍 공
[pore; stigma]
❶동물 곤충류의 몸 옆에 있는 숨[氣]구멍[孔]. ❷식물 호흡, 증산(蒸散)을 위하여 식물의 잎이나 줄기의 표피에 무수히 나 있는 구멍. 비 기문(氣門).

기공² 起工 | 일어날 기, 일 공
[start work]
공사(工事)를 시작함[起]. 비 착공(着工). 回 준공(竣工), 완공(完工).
▶ 기공-식 起工式 | 의식 식
토목이나 건축 따위의 공사(工事)를 시작할[起] 때에 하는 의식(儀式). ¶기공식을 거행하다. 回 낙성식(落成式).

*기관¹ 器官 | 그릇 기, 벼슬 관 [organ]
❶속뜻 그릇[器]같이 일정한 기능을 하는 감관(感官). ❷생물 일정한 모양과 생리 기능을 가진 생물체의 부분.

기관² 氣管 | 공기 기, 대롱 관 [windpipe]
❶의학 척추동물이 숨쉴 때 공기(空氣)가 흐르는 관(管)모양의 기관. ❷동물 절지동물의 호흡 기관.
▶ 기관-지 氣管支 | 가를 지
의학 기관(氣管)의 아래쪽에서 두 갈래로 갈라져[支] 폐에 이어지는 부분.

*기관³ 機關 | 틀 기, 빗장 관
[engine; machine; system; organ]
❶속뜻 화력·수력 따위를 유용한 에너지

로 바꾸는 기계(機械) 장치[關]. ¶증기기관. ❷사회생활의 영역에서 일정한 역할과 목적을 위하여 만든 기구나 조직.

▶ 기관-사 機關士 │ 선비 사
교통 선박, 기차, 항공기 등의 기관(機關)을 맡아보는 사람[士].

▶ 기관-실 機關室 │ 방 실
발전, 냉난방, 환기, 급수, 배수 따위의 기관(機關)을 설치하여 놓은 방[室].

▶ 기관-장 機關長 │ 어른 장
❶속뜻 일정한 역할과 목적을 위해서 설치한 기관(機關)의 우두머리[長]. ¶기관장 회의. ❷기관을 운영하고 수리하는 사람들의 최고 책임자. ¶기관장의 명령에 따라 선원들이 다 모였다.

▶ 기관-차 機關車 │ 수레 차
❶속뜻 기관(機關)이 달려 있는 객차나 화차를 끌고 다니는 철도 차량(車輛). ❷'어떤 일을 이끌어가는 힘을 가진 존재'를 비유하여 이르는 말.

▶ 기관-총 機關銃 │ 총 총
군사 방아쇠를 당기고 있으면 탄환이 자동으로 장전되면서 연속으로 발사되는 기관(機關)이 달려 있는 소구경의 총(銃).

기괴 奇怪 │ 기이할 기, 이상할 괴
[strange; outlandish]
기이하고[奇] 이상함[怪]. ¶기괴한 사건이 일어났다.

기교 技巧 │ 재주 기, 솜씨 교 [technique]
빼어난 기술(技術)이나 솜씨[巧].

기구¹ 氣球 │ 공기 기, 공 구
[balloon; aerostat]
밀폐된 커다란 주머니에 수소나 헬륨 따위의 공기보다 가벼운 기체(氣體)를 넣어 그 부양력으로 공중에 높이 올라가도록 만든 공[球] 모양의 물건. 비 풍선(風船).

기구² 崎嶇 │ 험할 기, 험할 구
[steep; unlucky]
❶속뜻 험한[崎=嶇] 산길. ❷사람의 세상살이가 순탄하지 못하고 가탈이 많다. ¶신세가 기구하다.

기구³ 器具 │ 그릇 기, 갖출 구
[utensil; tool]
그릇[器] 따위의 도구(道具)를 통틀어 이르는 말.

※기구⁴ 機構 │ 틀 기, 얽을 구
[structure; organization]
❶속뜻 기계(機械)의 내부 구조(構造). ❷하나의 조직을 이루고 있는 구조적인 체계. 비 구조(構造), 조직(組織).

기권 棄權 │ 버릴 기, 권리 권 [renounce; give up]
부여받은 권리(權利)를 스스로 포기(抛棄)하고 행사하지 아니함. ¶그는 이번 경기에 기권했다.

기근 飢饉 │ =饑饉, 주릴 기, 흉년들 근
[famine; shortage]
❶속뜻 먹을 양식이 모자라 굶주릴[飢] 정도로 흉년이 듦[饉]. ❷'최소한의 수요도 채우지 못할 만큼 심히 모자라는 상태'를 비유하여 이르는 말. ¶생필품 기근 현상. 비 기아(饑餓), 고갈(枯渴).

기금 基金 │ 터 기, 돈 금 [fund]
어떤 목적을 위하여 쓰는 기본(基本) 자금(資金). ¶행사에 쓸 기금을 모으다.

기기 機器 │ =器機, 틀 기, 그릇 기
[machinery; equipment]
기계(機械)와 기구(器具)의 통칭. ¶음향 기기.

기기묘묘 奇奇妙妙 │ 기이할 기, 기이할 기, 묘할 묘, 묘할 묘 [extremely strange]
매우 기이(奇異)하고 야릇함[妙]. ¶기기묘묘한 재주.

기념 紀念 │ =記念, 벼리 기, 생각 념
[commemorate]
벼리[紀]가 되는 중요한 일이나 인물을 오래오래 마음에 두고 생각함[念]. ¶순국선열들의 희생을 기념하다.

▶ 기념-관 紀念館 │ 집 관
어떤 뜻 깊은 일을 기념(紀念)하기 위해 지은 집[館].

▶ 기념-물 紀念物 │ 만물 물

❶[속뜻] 공적으로 특히 보존하여 기념(紀念)할 가치가 있는 물건(物件). ❷기념품.

▸ 기념-비 紀念碑 | 비석 비
어떤 일을 기념(紀念)하기 위하여 세운 비석(碑石).

▸ 기념-식 紀念式 | 의식 식
어떤 일을 기념(紀念)하기 위하여 베푸는 의식(儀式).

▸ 기념-일 紀念日 | 날 일
어떤 일을 기념(紀念)하기 위하여 정한 날[日].

▸ 기념-탑 紀念塔 | 탑 탑
어떤 일을 길이 기념(紀念)하기 위하여 세운 탑(塔).

▸ 기념-품 紀念品 | 물건 품
기념(紀念)으로 주고받는 물품(物品).

⁑기능[1]機能 | 틀 기, 능할 능
[function; faculty]
기계(機械)의 능력(能力)이나 역할. ¶이 장치는 오래 되어 기능이 약화되었다.

⁑기능[2]技能 | 재주 기, 능할 능
[(technical) skill; ability]
기술적(技術的)인 능력(能力)이나 재능. ¶기능을 갈고 닦아 다시 도전하겠다. [비] 기량(技倆).

▸ 기능-공 技能工 | 장인 공
생산 분야에서 기술적(技術的)인 능력(能力)이 있는 노동자[工]. ¶일급 기능공.

기단 基壇 | 터 기, 단 단
[stylobate; stereobate]
[건설] 건축물의 터[基]를 반듯하게 다듬은 다음에 그 보다 한 층 높게 쌓은 단[壇].

***기대 期待** | =企待, 기약할 기, 기다릴 대
[expect; anticipate]
어느 때로 기약(期約)하여 성취되기를 기다림[待], 또는 그런 바람. ¶기대에 어긋나다 / 원조를 기대하다.

▸ 기대-감 期待感 | 느낄 감
어떤 일이 이루어지기를 바라고 기다리는[期待] 심정[感]. ¶기대감에 부풀다.

기도[1]企圖 | 꾀할 기, 꾀할 도
[attempt; try]
일을 꾀하여[企] 도모(圖謀)함. ¶그들은 항공기 납치를 기도했다.

기도[2]祈禱 | 빌 기, 빌 도 [prayer]
절대적 존재에게 바라는 것을 빎[祈=禱]. 또는 그런 의식. ¶비를 내려달라고 신에게 기도하다.

기도[3]氣道 | 공기 기, 길 도
[respiratory tract]
[의학] 호흡할 때 공기(空氣)가 지나가는 길[道]. ¶기도가 막혀서 숨을 쉴 수 없다.

기독 基督 | 터 기, 살필 독 [Christ]
[기독교] '제사장', '예언자'를 뜻하는 포르투갈어 'Christo'를 일본 한자음으로 음역한 '基利斯督'(일본음, Kirisuto)의 줄임말.

▸ 기독-교 基督教 | 종교 교
[기독교] 세계 3대 종교의 하나. 서기 1세기에 예수 그리스도[基督]가 창시한 종교(宗教). 그리스도를 이 세상의 구세주로 믿으며 그의 신앙과 사랑을 따름으로써 영혼의 구원을 얻음을 목적으로 한다. [비] 그리스도교.

기동[1]起動 | 일어날 기, 움직일 동 [move; stir]
몸을 일으켜[起] 움직임[動]. ¶허리를 다쳐 기동이 불편하다.

기동[2]機動 | 때 기, 움직일 동 [maneuver]
❶[속뜻] 그때그때[機] 재빠르게 움직임[動]. ❷[군사] 부대나 병기(兵器) 등을 상황에 따라 재빠르게 전개(展開)·운용(運用)하는 일. ¶기동 훈련/기동 부대.

▸ 기동-대 機動隊 | 무리 대
상황에 따라 재빠르게 움직이는[機動] 부대(部隊). ¶경찰 기동대.

▸ 기동-력 機動力 | 힘 력
상황에 따라 재빠르게 행동[機動] 할 수 있는 조직의 능력(能力).

기량[1]技倆 | =伎倆, 기술 기, 재주 량
[skill; ability]
기술적(技術的)인 재주[倆]. ¶기량을 연마하다.

기량² 器量 | 그릇 기, 분량 량
사람의 마음에 있는 그릇[器]에 담긴 재능과 도량[量]을 이르는 말.

기력 氣力 | 기운 기, 힘 력
[energy; spirit]
❶물리 압착한 공기(空氣)의 힘[力]. ❷일을 감당할 수 있는 정신과 육체의 힘. ¶기력이 왕성하다. ⓑ근력(筋力).

기로 岐路 | 갈림길 기, 길 로
[forked road; crossroad]
갈려져[岐] 나뉜 길[路]. ¶성공과 실패의 기로에 서 있다. ⓑ갈림길.

*__기록 記錄__ | 적을 기, 베낄 록 [record]
❶속뜻 적어두고[記] 베껴둠[錄]. ❷주로 후일에 남길 목적으로 어떤 사실을 적음. 또는 그런 글. ❸운동 경기 따위에서 세운 성적이나 결과를 수치로 나타낸 것. ¶그는 세계 최고 기록을 경신했다.

▶ **기록-문 記錄文** | 글월 문
어떤 사실을 기록(記錄)한 글[文]. ¶견학 기록문.

▶ **기록-표 記錄表** | 겉 표
어떤 사실을 기록(記錄)한 표(表). ¶근무 시간 기록표.

▶ **기록-화 記錄畵** | 그림 화
미술 기록(記錄)하여 오래 남기기 위한 목적으로 그린 그림[畵]. ¶전쟁 기록화.

기뢰 機雷 | 틀 기, 천둥 뢰
[underwater mine]
군사 적의 함선을 파괴하기 위하여 물속이나 물 위에 설치한 기계(機械)폭탄[雷].

기류 氣流 | 공기 기, 흐를 류
[air current; stream of air]
❶속뜻 대기 중에서 일어나는 공기(空氣)의 흐름[流]. ¶온난 기류. ❷항공기 등이 공중에서 일으킨 바람. ¶기류를 타다.

기린 麒麟 | 기린 기, 기린 린 [giraffe]
❶민속 성인(聖人)이 세상에 나올 징조로 나타난다고 하는 상상 속의 짐승[麒=麟]. 몸은 사슴 같고 꼬리는 소 같고 발굽과 갈기는 말과 같으며 빛깔은 오색이라고 한다. ❷동물 기린과의 포유동물. 키는 6미터 정도로 포유류 가운데 가장 크며 목이 길다. ¶기린이 나뭇가지의 잎을 뜯어 먹고 있다.

기립 起立 | 일어날 기, 설 립
[stand up; rise]
일어나서[起] 섬[立]. ¶기립박수. ⓜ착석(着席).

기마 騎馬 | 말 탈 기, 말 마 [ride horse]
말[馬]을 탐[騎]. ¶기마자세.

▶ **기마-병 騎馬兵** | 군사 병
말을 타고[騎馬] 싸우는 군사[兵]. ¶기마병을 훈련시키다.

▶ **기마-전 騎馬戰** | 싸울 전
말을 타고[騎馬] 하는 싸움[戰].

기만 欺瞞 | 속일 기, 속일 만
[deceive; impose on]
거짓으로 남의 눈을 속임[欺=瞞]. ¶자신을 기만하다.

기면 旗面 | 깃발 기, 낯 면
[flag; banner]
깃발[旗]을 펼쳐놓았을 때의 겉면(面).

기묘¹ 奇妙 | 기이할 기, 묘할 묘 [strange; curious]
기이(奇異)하고 묘(妙)하다. ¶기묘한 일이 벌어졌다.

기묘² 己卯 | 천간 기, 토끼 묘
민속 천간의 '己'와 지지의 '卯'가 만난 간지(干支). 육십갑자의 열여섯째.

▶ **기묘-사화 己卯士禍** | 선비 사, 재화 화
❶속뜻 기묘(己卯)년에 선비[士]들이 겪은 화(禍). ❷역사 조선 중종 14년(1519)인 기묘년에 훈구파(勳舊派)에 의해 조광조 등 신진사대부들이 숙청된 사건.

기물 器物 | 그릇 기, 만물 물
[vessel; utensil]
그릇[器] 따위의 물건(物件). ¶기물 파손죄. ⓑ기명(器皿).

기미 幾微 | =機微, 낌새 기, 작을 미
[smack; shade]
❶속뜻 낌새[幾]가 희미(稀微)하게 보임.

❷어떤 일을 알아차릴 수 있는 눈치. 또는 일이 되어 가는 분위기. ¶경제가 좋아질 기미가 보이다.

기민 機敏 | 때 기, 재빠를 민
[agile; nimble]
동작 따위가 때[機]에 맞게 재빠름[敏]. ¶기민한 동작. 비 민첩(敏捷).

기밀 機密 | 실마리 기, 숨길 밀 [secrecy]
어떤 일의 실마리[機]나 단서가 되는 중요 비밀(祕密). ¶국가기밀을 누설하다.

기반 基盤 | 터 기, 소반 반
[base; basis]
기초(基礎)가 되는 지반(地盤). 기본이 되는 자리.

기발 奇拔 | 기이할 기, 빼어날 발
[novel; clever; smart]
유달리[奇] 재치 있고 빼어나다[拔]. ¶생각이 기발하다.

기백 氣魄 | 기운 기, 넋 백 [spirit; soul]
씩씩하고 굳센 기상(氣像)과 진취적인 정신[魄].

***기법 技法** | 재주 기, 법 법 [technique]
기술(技術)을 부리는 방법(方法). 기교를 부리는 방법. ¶상감기법을 이용하여 무늬를 넣은 도자기.

기별 寄別 | 부칠 기, 나눌 별
[news; notice]
❶ 속뜻 부치어[寄] 나누어 줌[別]. ❷소식을 전함. 또는 소식을 전하는 종이. ¶기별을 보내다. 속담 간에 기별도 안 간다.

기병 騎兵 | 말 탈 기, 군사 병
[cavalry soldier; horseman]
군사 말을 타고[騎] 싸우는 군사[兵].
▶ **기병-대 騎兵隊** | 무리 대
군사 기병(騎兵)으로 편성한 군대(軍隊). 비 기마대(騎馬隊).

기복 起伏 | 일어날 기, 엎드릴 복
[rise and fall; ups and downs]
❶ 속뜻 일어났다[起] 엎드렸다[伏] 함. ❷지세(地勢)가 높아졌다 낮아졌다 함. 또는 그런 상태. ❸세력이 강해졌다 약해졌다 함. ¶감정의 기복이 심하다. 비 굴곡(屈曲).

***기본 基本** | 터 기, 뿌리 본
[basis; foundation]
❶ 속뜻 토대[基]나 뿌리[本]. ❷일이나 사물의 가장 중요한 밑바탕이 되는 것. ¶기본이 충실해야 발전할 수 있다. 비 근본(根本), 기근(基根).
▶ **기본-권 基本權** | 권리 권
법률 기본적(基本的)인 권리(權利). ¶국민의 기본권을 보장하다.
▶ **기본-적 基本的** | 것 적
기본(基本)이 되는 성질을 가진 것[的]. ¶기본적인 개념.
▶ **기본-형 基本形** | 모양 형
❶ 속뜻 변화하는 것의 본디[基本] 모양[形]. ❷ 언어 활용어의 기본 형태. ¶'빠르게'의 기본형은 '빠르다'이다. 반 활용형(活用形).

기부 寄附 | 부칠 기, 붙을 부
[donate to; contribute to]
돈 따위를 대가없이 보내주거나[寄] 덧붙여[附] 내놓음. ¶적십자에 돈을 기부하다. 비 기증(寄贈), 기탁(寄託).
▶ **기부-금 寄附金** | 돈 금
대가 없이 내놓는[寄附] 돈[金]. ¶기부금을 거두다. 비 출연금(出捐金).

***기분 氣分** | 기운 기, 나눌 분
[feeling; sentiment]
❶ 속뜻 기운(氣運)이 상황에 따라 나뉨[分]. ❷대상과 환경 따위에 따라 마음에 절로 생기며 한동안 지속되는 유쾌함이나 불쾌함 따위의 감정. ¶기분이 좋다.
▶ **기분-파 氣分派** | 갈래 파
그때그때의 기분(氣分)에 따라 행동하는 사람들[派].

기사[1] 技士 | 재주 기, 선비 사 [driver]
❶ 속뜻 어떤 분야의 기술(技術)이 뛰어난 사람[士]. ❷전문적으로 차를 운전하는 사람. ¶택시 기사.

기사[2] 技師 | 재주 기, 스승 사

[engineer; technician]
전문적인 기술(技術)을 가진 사람을 스승[師]으로 높여 부르는 말. ¶촬영 기사.

기사[3]**棋士** | =碁士, 바둑 기, 선비 사
직업적으로 바둑[棋]이나 장기를 두는 사람[士].

기사[4]**騎士** | 말 탈 기, 병사 사
[rider; knight]
말을 탄[騎] 병사(兵士). [비] 기병(騎兵).

***기사**[5] **記事** | 기록할 기, 일 사 [account; news]
❶[속뜻] 사실(事實)을 적음[記]. 또는 그 글. ❷신문이나 잡지 등에 어떤 사실을 실어 알리는 글. 또는 기록된 사실. ¶학교 문제에 관한 기사가 실렸다.

▸ 기사-문 記事文 | 글월 문
보고들은 사실(事實)을 객관적으로 그대로 적은[記] 글[文].

기상[1]**起牀** | 일어날 기, 평상 상
[get up from bed; rise]
잠자리[牀]에서 일어남[起]. ¶아침 7시에 기상하다. [비] 기침(起寢/起枕). [반] 취침(就寢).

***기상**[2]**氣像** | 기운 기, 모양 상
[spirit; temperament]
기개(氣槪)나 마음씨가 겉으로 드러난 모양[像]. ¶진취적인 기상. [비] 기백(氣魄).

기상[3]**氣象** | 공기 기, 모양 상
[atmospheric phenomena; weather]
[천문] 바람, 구름, 비, 더위처럼 대기(大氣) 중에서 일어나는 현상(現象). [비] 날씨, 일기(日氣).

▸ 기상-대 氣象臺 | 돈대 대
[지리] 기상(氣象) 상태를 관측·조사·연구하는 기관[臺].

▸ 기상-청 氣象廳 | 관청 청
[법률] 기상(氣象) 상태를 관측·조사·연구하는 관청(官廳).

기색 氣色 | 기운 기, 빛 색
[looks; mood]
❶[속뜻] 기운(氣運)이나 얼굴빛[色]. ❷마음의 생각이나 감정이 얼굴에 드러나는 것. ¶놀란 기색. [비] 안색(顏色).

기ː생[1]**妓生** | 기생 기, 살 생
잔치나 술자리에서 흥을 돋우는 일[妓]로 살아가는[生] 여자. [비] 화류(花柳).

기생[2]**寄生** | 맡길 기, 살 생
[be parasitic]
[생물] 다른 생물에 붙어서[寄] 사는[生] 것. ¶오리는 벼에 기생하는 해충을 잡아먹는다.

▸ 기생-충 寄生蟲 | 벌레 충
다른 동물체에 붙어서 양분을 빨아먹고 사는[寄生] 벌레[蟲].

기선[1]**汽船** | 수증기 기, 배 선 [steamship]
증기[汽]기관을 동력으로 하여 항해하는 배[船].

기선[2]**機先** | 때 기, 먼저 선
[forestall; take a initiative]
❶[속뜻] 이길 수 있는 기회(機會)를 먼저[先] 잡음. ❷운동 경기나 싸움 따위에서 상대편의 세력이나 기세를 억누르기 위하여 먼저 행동하는 것. ¶기선을 잡다.

기성 既成 | 이미 기, 이룰 성
[be already established]
어떤 사물이나 상황이 이미[既] 만들어져[成] 있음. ¶기성 제품.

▸ 기성-복 既成服 | 옷 복
맞춤에 의한 것이 아니고, 일정한 기준 치수에 따라 미리[既] 만들어[成] 놓고 파는 옷[服].

▸ 기성-세ː대 既成世代 | 세상 세, 시대 대
이미[既] 다 자란[成] 세대(世代). 현재 사회를 이끌어 가는 나이가 든 세대.

기세 氣勢 | 기운 기, 형세 세
[spirit; enthusiasm]
기운(氣運)차게 내뻗는 형세(形勢). ¶기세를 떨치다.

기소 起訴 | 일어날 기, 하소연할 소
[prosecute; indict]
❶[속뜻] 소송(訴訟)을 일으킴[起]. ❷[법률] 형사사건에서 검사가 법원에 공소를 제기

기수¹ 奇數 | 홀수 기, 셀 수
[odd number]
수학 홀[奇] 수(數). 2로 나누어서 나머지 1이 남는 수. 반 우수(偶數), 짝수.

기수² 旗手 | 깃발 기, 사람 수
[standard-bearer]
❶ 속뜻 군대나 단체 따위의 행렬 또는 행진에서 앞에서 깃발[旗]을 드는 사람[手]. ❷'어떤 단체적인 활동의 대표로 앞장서는 사람'을 비유하여 이르는 말. ¶80년대 문학계의 기수.

기수³ 機首 | 틀 기, 머리 수
[nose of an airplane]
항공기(航空機)의 앞머리[首]. ¶기수를 돌리다.

기수⁴ 騎手 | 말 탈 기, 사람 수
[rider; horseman]
경마 따위에서 말을 타는[騎] 사람[手].

기숙 寄宿 | 맡길 기, 잠잘 숙 [board]
남의 집에 위탁하여[寄] 먹고 자고[宿]함.
▶ 기숙-사 寄宿舍 | 집 사
학생이나 사원들이 기숙(寄宿)하는 집[舍]. ¶기숙사에서 생활하다.

※기술 技術 | 재주 기, 꾀 술
[skill; technique]
❶ 속뜻 사물을 잘 다룰 수 있는 재주[技]나 방법[術]. ❷과학 이론을 실제로 적용하여 자연의 사물을 인간 생활에 유용하도록 가공하는 수단. ¶기술을 개발하다.
▶ 기술-자 技術者 | 사람 자
어떤 분야에 전문적 기술(技術)을 가진 사람[者]. ¶소프트웨어 기술자. 반 기능공(技能工).
▶ 기술-적 技術的 | 것 적
❶ 속뜻 기술(技術)에 관계되는 것[的]. ❷사물의 본질이나 이론보다는 그 실제의 응용이나 운영에 관한 것.
▶ 기술-직 技術職 | 일 직
기술(技術) 분야의 직책(職責). 반 사무직(事務職).

기습 奇襲 | 갑자기 기, 습격할 습
[raid; surprise attack]
몰래 움직여 갑자기[奇] 습격(襲擊)함. ¶기습을 당하다. 비 급습(急襲).

기승 氣勝 | 기운 기, 이길 승 [unyielding]
❶ 속뜻 기운(氣運)이나 힘 따위가 누그러들지 않음[勝]. ¶더위가 기승을 부리다. ❷성미가 억척스럽고 굳세어 좀처럼 굽히지 않음. 또는 그 성미.

기아 飢餓 | =饑餓, 주릴 기, 굶주릴 아
[starve; go hungry]
굶주림[飢=餓]. ¶기아에 허덕이다. 비 기근(饑饉).

기악 器樂 | 그릇 기, 음악 악
[instrumental music]
음악 악기(樂器)로 연주하는 음악(音樂). 반 성악(聲樂).
▶ 기악-곡 器樂曲 | 노래 곡
음악 기악(器樂) 연주를 위한 악곡(樂曲).

기암 奇巖 | 기이할 기, 바위 암
[strangely shaped rock]
기이(奇異)하게 생긴 바위[巖].
▶ 기암-괴석 奇巖怪石 | 이상할 괴, 돌 석
기이(奇異)하게 생긴 바위[巖]와 괴상(怪狀)하게 생긴 돌[石].
▶ 기암-절벽 奇巖絶壁 | 끊을 절, 담 벽
기이(奇異)하게 생긴 바위[巖]와 깎아지른[絶] 듯한 낭떠러지[壁].

기압 氣壓 | 공기 기, 누를 압
[air pressure]
물리 대기(大氣)의 압력(壓力). ¶산 정상은 기압이 낮아 귀가 멍멍해진다.

기약¹ 期約 | 때 기, 묶을 약
[pledge; promise]
때[期]를 정하여 약속(約束)함. ¶다시 만날 것을 기약하다.

기약² 既約 | 이미 기, 묶을 약

❶[속뜻] 이미[旣] 다 묶어놓음[約]. ❷[수학] 이미 다 된 약분. 더 이상 약분이 안 됨.

▸ 기약 분수 旣約分數 | 나눌 분, 셀 수
[수학] 더 이상 약분이 되지 않는[旣約] 분수(分數).

기억 記憶 | 기록할 기, 생각할 억
[remember]
지난 일을 적어두어[記] 잊지 않고 생각해냄[憶]. ¶내 기억이 틀림없다. [반] 망각(忘却).

▸ 기억-력 記憶力 | 힘 력
기억(記憶)하는 능력(能力).

***기업 企業** | 꾀할 기, 일 업
[enterprise; company]
❶[속뜻] 이익을 꾀하기[企] 위하여 일[業]을 함. ❷영리를 목적으로 운영하는 사업체.

▸ 기업-가 企業家 | 사람 가
기업(企業)에 자본을 대고 그 기업을 경영하는 사람[家].

▸ 기업-체 企業體 | 몸 체
영리를 목적으로 일하는[企業] 단체(團體). ¶그는 여러 기업체를 거느리고 있다.

***기여 寄與** | 부칠 기, 줄 여
[contribute to]
❶[속뜻] 물건을 부쳐[寄] 줌[與]. ❷도움이 되도록 이바지함. ¶승리에 결정적으로 기여하다. [비] 증여(贈與).

기염 氣焰 | 기운 기, 불꽃 염
[high spirits; enthusiasm]
불꽃[焰]처럼 대단한 기세(氣勢). ¶기염을 내뿜다.

기예 技藝 | 재주 기, 재주 예
[arts; handicrafts]
훌륭한 기술(技術)이나 재주[藝].

⁑**기온 氣溫** | 공기 기, 따뜻할 온
[air temperature]
대기(大氣)의 온도(溫度).

▸ 기온-계 氣溫計 | 셀 계
기온(氣溫)을 재는 계기(計器).

기왕 旣往 | 이미 기, 갈 왕
[past; bygones]
❶[속뜻] 이미[旣] 지나감[往]. 과거. ❷이미. 벌써. ¶기왕 늦었으니 자고 가자. [비] 이왕(以往), 이전(以前).

기용 起用 | 일어날 기, 쓸 용
[appoint; promote]
인재를 높은 자리에 올려[起] 씀[用]. [비] 등용(登用).

기우[1] 杞憂 | 나라 기, 근심할 우
[baseless anxiety; imaginary fears]
❶[속뜻] 중국 기(杞)나라에 살던 사람의 근심[憂]. 하늘이 무너지고 땅이 꺼지면 어쩌나 쓸데없이 근심하다가 큰 병이 들었다고 한다. ❷앞일에 대해 쓸데없이 지나치게 근심함. 또는 그런 근심.

기우[2] 祈雨 | 빌 기, 비 우
[prayer for rain]
가뭄 때에 비[雨]가 오기를 빎[祈].

▸ 기우-제 祈雨祭 | 제사 제
비가 오지 않을 때에 비 오기를 비는[祈雨] 제사(祭祀). [반] 기청제(祈晴祭).

기운 氣運 | 기운 기, 돌 운
[tendency; trend]
어떤 일이 벌어지려고 도는[運] 분위기(雰圍氣). ¶봄의 따스한 기운.

기원[1] 起源 | =起原, 일어날 기, 근원 원
[origin; source]
사물이 생기기 시작한[起] 근원(根源). ¶인류의 기원. [비] 발원(發源), 남상(濫觴), 발상(發祥).

기원[2] 祈願 | 빌 기, 원할 원
[pray; supplicate]
소원(所願)이 이루어지기를 빎[祈]. ¶행복을 기원합니다.

⁑**기원[3] 紀元** | 연대 기, 으뜸 원
[era; epoch]
❶[속뜻] 새로운 연대[紀]가 시작되는 그 으뜸[元]. ❷연대를 계산하는 데에 기준이 되는 해. ❸나라를 세우거나 종교가 만들

어진 첫 해.

▸기원-전 紀元前 | 앞 전
기원(紀元)의 이전(以前). 'Before Christ'(B.C.)로 표기한다. ¶그는 기원전 128년에 태어났다. [반] 기원후(紀元後).

기이 奇異 | 이상할 기, 다를 이 [strange; curious]
이상야릇할[奇] 정도로 보통과는 크게 다름[異]. ¶그곳에 갔다가 기이한 광경을 보았다.

기인 奇人 | 기이할 기, 사람 인 [eccentric; strange person]
성질이나 언행이 기이(奇異)한 사람[人]. [반] 범인(凡人).

기일[1] 忌日 | 꺼릴 기, 날 일 [anniversary of (a person's) death]
❶[속뜻] 꺼려야[忌] 할 일이 많은 날[日]. ❷해마다 돌아오는 제삿날.

기일[2] 期日 | 기약할 기, 날 일 [(fixed) date; appointed day]
기약(期約)한 날짜[日]. 정해진 날짜. ¶기일 내에 일을 마치다. [비] 약정일(約定日).

⁂**기입 記入** | 기록할 기, 들 입 [write]
적어[記] 넣음[入]. ¶서류에 기입하다. [비] 기재(記載).

▸기입-장 記入帳 | 장부 장
적어[記] 넣는[入] 공책이나 장부(帳簿). ¶용돈 기입장 / 기입장에 잘 적어 놓다.

기자 記者 | 기록할 기, 사람 자 [journalist; newspaperman]
신문, 잡지, 방송 따위에 실을 기사(記事)를 취재하여 쓰거나 편집하는 사람[者].

기-자재 機資材 | =器資材, 틀 기, 재물 자, 재료 재
기계(機械)나 기구(器具), 자재(資材)를 통틀어 이르는 말. ¶건축 기자재.

기장 機長 | 틀 기, 어른 장 [(senior) pilot]
항공기(航空機) 승무원들의 책임자[長].

기재 記載 | 기록할 기, 실을 재 [record]
글로 기록(記錄)하여 문서, 신문 따위에 실음[載]. ¶신청서에 이름을 기재하다. [비] 기입(記入).

기적[1] 汽笛 | 수증기 기, 피리 적 [whistle; siren]
기차나 배 따위에서 증기[汽]를 내뿜는 힘으로 경적(警笛) 소리를 내는 장치. 또는 그 소리. ¶열차가 기적을 울리며 달린다. [비] 고동.

기적[2] 奇跡 | =奇迹, 기이할 기, 발자취 적 [miracle]
상식으로는 생각할 수 없는 기이(奇異)한 일이나 업적[跡]. ¶한강의 기적. [비] 이적(異跡).

기절 氣絶 | 숨 기, 끊을 절 [faint]
잠깐 동안 정신을 잃고 숨[氣息]이 끊어짐[絶]. [비] 실신(失神), 혼절(昏絶).

기점 起點 | 일어날 기, 점 점 [starting point; railhead]
무엇이 시작되는[起] 지점(地點)이나 시점(時點). ¶이 노선의 기점은 청량리이다. [비] 출발점(出發點). [반] 종점(終點).

기정 既定 | 이미 기, 정할 정 [established; fixed]
이미 정(定)해져 있음. [반] 미정(未定).

▸기정-사실 既定事實 | 일 사, 실제 실
이미[既] 정(定)해진 사실(事實).

기존 既存 | 이미 기, 있을 존 [exist; establish]
이미[既] 존재(存在)함. ¶『속뜻사전』은 기존의 사전보다 훨씬 유익하다.

⁂**기준 基準** | 터 기, 고를 준 [standard; basis]
기본(基本)이 되는 표준(標準). ¶평가 기준.

▸기준-량 基準量 | 분량 량
기준(基準)으로 삼는 양(量). ¶기준량을 초과하였다.

▶ 기준-점 基準點 | 점 점
계산하거나 측정할 때 기준(基準)이 되는 점(點).

기중-기 起重機 | 일어날 기, 무거울 중, 틀 기 [crane; derrick]
기계 썩 무거운[重] 물건을 들어 올리거나[起] 옮기는 기계(機械). 🔄 거중기(擧重器).

기증 寄贈 | 부칠 기, 보낼 증 [donate; contribute]
돈이 될 만한 물건을 대가 없이 부쳐주거나[寄] 보내 줌[贈]. ¶장기를 기증하다.

기지¹ 基地 | 터 기, 땅 지 [base; site]
군대나 탐험대 따위의 활동의 기점(基點)이 되는 근거지(根據地). ¶군사 기지.

기지² 機智 | 때 기, 슬기 지 [wit; ready wits]
그때그때[機]에 맞게 재빨리 생각해내는 재치나 슬기[智]. ¶기지를 발휘하다.

기진 氣盡 | 기운 기, 다될 진 [exhausted]
기운(氣運)이 다하여[盡] 없어짐. ¶과로로 기진해서 병원에 실려 가다.

▶ 기진-맥진 氣盡脈盡 | 맥 맥, 다될 진
기력(氣力)이 다하고[盡] 맥(脈)이 풀림[盡]. ¶달리기를 하고 나서 기진맥진했다. 🔄 기진역진(氣盡力盡).

기질 氣質 | 기운 기, 바탕 질 [disposition; temper]
❶ 속뜻 기력(氣力)과 체질(體質). ❷한 개인이나 어떤 집단 특유의 성질. ¶그는 예술가 기질이 있다. 🔄 기성(氣性), 기풍(氣風).

*기차 汽車 | 수증기 기, 수레 차 [(railroad) train]
증기(汽)나 디젤의 힘으로 움직이는 철도차량(車輛). 🔄 열차(列車).

▶ 기차-역 汽車驛 | 정거장 역
기차(汽車)가 도착하거나 떠나는 역(驛). ¶기차역에서 기다리고 있다.

▶ 기차-표 汽車票 | 쪽지 표
기차(汽車)를 탈 수 있음을 증명하는 쪽지[票]. ¶기차표를 예매하다.

*기체¹ 氣體 | 공기 기, 모양 체 [gas]
❶ 속뜻 공기(空氣)같은 형체(形體). ❷ 물리 공기, 수증기처럼 일정한 모양이나 부피가 없이 유동하는 물질. 🔄 액체(液體), 고체(固體).

기체² 機體 | 틀 기, 몸 체 [airframe]
❶ 속뜻 기계(機械)의 몸체[體]. ❷비행기의 몸체. ¶바람이 세서 기체가 심하게 흔들렸다.

*기초 基礎 | 터 기, 주춧돌 초 [basis; base]
❶ 속뜻 기둥의 밑[基]을 받치는 주춧돌[礎]같은 토대. 또는 그 역할을 하는 것. ¶기초를 다지다 / 역사적 사실에 기초하다. ❷건물, 다리 따위와 같은 구조물의 무게를 받치기 위하여 만든 밑받침.

▶ 기초-적 基礎的 | 것 적
사물의 밑바탕[基礎]이 되는 것[的]. ¶기초적인 지식과 전문적인 기술.

기치 旗幟 | 깃발 기, 깃발 치 [flag; emblem; attitude]
❶ 속뜻 군대에서 쓰던 깃발[旗=幟]. ❷일정한 목적을 위해 내세우는 태도나 주장. ¶시민들은 자유·평등의 기치 아래 혁명을 일으켰다. ❸기에 나타난 표지(標識). ❹, 여섯 가닥의 줄로 된 서양 현악기.

*기타 其他 | 그 기, 다를 타 [others]
그[其] 밖의 또 다른[他] 것. 그 밖. 🔄 여타(餘他).

기탁 寄託 | 부칠 기, 맡길 탁 [deposit; entrust]
물건이나 돈을 부쳐[寄] 주어 그 관리를 맡김[託]. ¶장학금을 기탁하다.

기탄 忌憚 | 꺼릴 기, 꺼릴 탄 [scruple; reserve]
꺼림[忌=憚]. 어려워함. ¶기탄없이 의견

을 말하다.

기특 奇特 | 기이할 기, 특별할 특 [admirable; laudable]
❶[속뜻] 기이(奇異)하고 특별(特別)하다. ❷말씨나 행동이 신통하여 귀염성이 있다. ¶아이는 기특하게도 혼자서 옷을 입는다.

기판 基板 | 터 기, 널빤지 판 [board]
[전기] 배선(配線)을 변경할 수 있는 기본(基本)이 되는 판(板). 전기 회로가 편성되어 있다.

기포 氣泡 | 공기 기, 거품 포 [bubble]
액체나 고체 속에 기체(氣體)가 들어가 거품[泡]처럼 둥그렇게 부풀어 있는 것. ¶빵을 발효시키면 기포가 생긴다.

기폭[1] 起爆 | 일어날 기, 터질 폭 [detonation]
화약이 압력이나 열 따위의 충동을 받아서 폭발(爆發)을 일으키는[起] 현상.

기폭[2] 旗幅 | 깃발 기, 너비 폭
❶[속뜻] 깃발[旗]의 너비[幅]. ❷깃발. ¶기폭이 휘날리다.

기표 記票 | 기록할 기, 쪽지 표 [fill in a ballot]
투표(投票) 용지에 써넣음[記].

▸ **기표-소 記票所** | 곳 소
투표장에서, 기표(記票)하도록 특별히 마련한 곳[所].

기품 氣品 | 기운 기, 품격 품 [nobility; grace]
❶[속뜻] 기골(氣骨)의 품격(品格). ❷인격이나 작품 따위에서 드러나는 고상한 품격. [비] 품위(品位).

기풍 氣風 | 기운 기, 모습 풍 [character; tone]
❶[속뜻] 기상(氣象)과 풍채(風采)를 아울러 이르는 말. ❷어떤 집단이나 지역 사람들의 공통적인 기질. ¶진취적인 기풍.

기피 忌避 | 꺼릴 기, 피할 피 [avoid; evade; shirk]
❶[속뜻] 싫어하거나 꺼리어[忌] 피함[避]. ❷공공의 책임이나 의무를 거부하는 일. ¶병역을 기피하다. [비] 위피(違避).

기필 期必 | 기약할 기, 반드시 필 [assurance of fulfillment]
틀림없이[必] 이루어지기를 기약(期約)함.

기하 幾何 | 몇 기, 어찌 하 [geometry]
❶[속뜻] 몇[幾] 또는 어찌[何]. ❷'기하학'(幾何學)의 준말.

▸ **기하-학 幾何學** | 배울 학
[수학] 도형 및 공간의 성질[幾何]에 대하여 연구하는 학문(學問).

기한 期限 | 때 기, 한할 한 [term; period (of time)]
미리 한계(限界)로 정해 놓은 일정한 시기(時期). [비] 시한(時限).

기합 氣合 | 기운 기, 합할 합 [give a shout of concentration; punish]
❶[속뜻] 어떤 특별한 힘을 내기 위하여 기운(氣運)을 모음[合]. 또는 그 때 내는 소리. ❷단체 생활을 하는 곳에서 잘못한 사람을 단련하기 위하여 몸을 힘들게 하는 벌.

기행[1] 奇行 | 기이할 기, 행할 행 [eccentric conduct; eccentricity]
기이(奇異)한 행동(行動).

기행[2] 紀行 | =記行, 벼리 기, 다닐 행 [account of a trip]
여행(旅行) 중의 견문이나 체험, 감상 따위를 적음[紀]. ¶경주 기행을 기록했다.

▸ **기행-문 紀行文** | 글월 문
[문학] 여행(旅行) 중의 견문이나 체험, 감상 따위를 적은[紀] 글[文].

기형 畸形 | 기이할 기, 모양 형 [malformation; deformity]
❶[속뜻] 기이하게[畸] 생긴 모양[形]. ❷[생물] 동식물에서, 정상의 형태와는 다른 것. ¶기형 물고기.

▶ 기형-아 畸形兒 | 아이 아
  몸의 모양이 정상이 아닌[畸形] 아이[兒].

기호¹ 記號 | 기록할 기, 표지 호
  [sign; mark; symbol]
  어떠한 뜻을 기록(記錄)하기 위하여 쓰이는 표지[號].

기호² 嗜好 | 즐길 기, 좋을 호
  [taste; liking]
  어떤 사물을 즐기고[嗜] 좋아함[好].

▶ 기호-품 嗜好品 | 물건 품
  취미로 즐기거나 좋아하는[嗜好] 물품(物品). 술, 담배, 커피 따위.

기혼 旣婚 | 이미 기, 혼인할 혼 [married]
  이미[旣] 결혼(結婚)함. 빤 미혼(未婚).

기화 氣化 | 공기 기, 될 화
  [evaporate; vaporize]
  고체 또는 액체가 기체(氣體)로 변함[化]. ¶물이 기화하다. 비 증발(蒸發), 승화(昇華).

기회 機會 | 때 기, 모일 회 [opportunity; chance]
  ❶ 속뜻 적절한 때[機]를 만남[會]. ❷무슨 일을 하기에 알맞은 시기. ¶좋은 기회를 놓치다. 비 적기(適期).

▶ 기회-균등 機會均等 | 고를 균, 가지런할 등
  누구에게나 기회(機會)를 고루[均等] 주는 일.

기획 企劃 | 꾀할 기, 나눌 획
  [make a plan]
  일을 미리 잘 꾀하고[企] 잘 나누어[劃] 꾸밈. ¶전시회를 기획하다.

▶ 기획-전 企劃展 | 펼 전
  특별히 기획(企劃)한 전람회(展覽會). ¶기획전을 개최할 예정이다.

기후 氣候 | 기후 기, 기후 후
  [climate; weather]
  ❶ 속뜻 일 년의 이십사절기(二十四節氣)와 칠십이후(七十二候)를 통틀어 이르는 말. '氣'는 15일, '候'는 5일을 뜻한다. ❷일정한 지역에서 여러 해에 걸쳐 나타난 기온, 비, 눈, 바람 따위의 평균 상태. ¶제주도는 기후가 온화하다.

▶ 기후-도 氣候圖 | 그림 도
  지리 기후(氣候)의 지리적 분포를 나타낸 지도(地圖).

긴급 緊急 | 긴요할 긴, 급할 급
  [urgency; emergency]
  ❶ 속뜻 긴요(緊要)하고 급(急)함. ¶긴급히 대처하다. ❷현악기의 줄이 팽팽함.

긴밀 緊密 | 팽팽할 긴, 빽빽할 밀
  [close; intimate]
  ❶ 속뜻 팽팽하고[緊] 빽빽하다[密]. ❷관계가 서로 밀접하다. ¶긴밀한 협력.

긴박 緊迫 | 긴요할 긴, 닥칠 박
  [tense; acute; imminent]
  매우 긴요(緊要)하고 절박(切迫)함. ¶긴박한 상태를 완화하다. 비 급박(急迫).

▶ 긴박-감 緊迫感 | 느낄 감
  긴박(緊迫)한 느낌[感].

긴요 緊要 | 긴급할 긴, 구할 요
  [vital; important]
  ❶ 속뜻 긴급(緊急)하게 구하다[要]. ❷매우 중요하다. ¶긴요한 문제.

긴장 緊張 | 팽팽할 긴, 당길 장
  [nervous; tense up]
  ❶ 속뜻 팽팽하게[緊] 당김[張]. ❷마음을 조이고 정신을 바짝 차림. ❸정세나 분위기가 평온하지 않은 상태. ¶시험을 앞두고 긴장하다. 비 이완(弛緩).

▶ 긴장-감 緊張感 | 느낄 감
  긴장(緊張)한 느낌[感]. ¶팽팽한 긴장감이 감돌다.

긴축 緊縮 | 팽팽할 긴, 줄일 축
  [reduce; retrench]
  ❶ 속뜻 팽팽하게[緊] 조이거나 줄임[縮]. ❷재정의 기초를 다지기 위하여 지출을 줄임. ¶긴축정책 / 재정을 긴축하다.

길괘 吉卦 | 길할 길, 걸 괘 [good sign]
좋은[吉] 점괘(占卦). ¶다행히 길괘가 나왔다.

길몽 吉夢 | 길할 길, 꿈 몽
[lucky dream]
좋은 징조[吉]의 꿈[夢]. ¶길몽을 꾸다. [반] 악몽(惡夢).

길일 吉日 | 길할 길, 날 일 [lucky]
❶[속뜻] 운이 좋은[吉] 날[日]. ¶길일을 택하여 혼례를 치르다. ❷매달 음력 초하룻날을 달리 이르는 말.

길조 吉兆 | 길할 길, 조짐 조
[good omen]
좋은[吉] 일이 있을 조짐(兆朕). ¶설날에 눈이 오는 것을 길조로 여기다. [반] 흉조(凶兆).

길흉 吉凶 | 길할 길, 흉할 흉
[good and bad luck]
운이 좋고[吉] 나쁨[凶]. ¶길흉을 점치다.

ㄴ

나각 螺角 | 소라 라, 뿔 각 [trumpet shell; conch horn]
[음악] 소라[螺]의 껍데기로 만든 옛 뿔[角] 모양의 군악기. ¶나각을 불다.

나무-아미타불 南無阿彌陀佛 | 나무 나, 없을 무, 언덕 아, 두루 미, 비탈질 타, 부처 불
[불교] '아미타불에 귀의한다'는 뜻으로, 염불하는 소리.

*__나사 螺絲__ | 소라 라, 실 사 [screw]
소라[螺]의 껍데기에 실[絲]을 감은 것처럼 고랑이 진 물건.

나선[1] 螺線 | 소라 라, 줄 선 [spiral; helix]
소라[螺]처럼 굽이진 모양의 선(線).

나선[2] 螺旋 | 소라 라, 돌 선
소라[螺] 껍데기처럼 빙빙 소용돌이치는[旋] 것.

▸나선-균 螺旋菌 | 세균 균
[생물] 나선(螺旋) 모양의 세균(細菌).

▸나선-형 螺旋形 | 모양 형
나선(螺旋)으로 생긴 형태(形態). [비] 나선상(螺旋狀).

나성 羅城 | 늘어설 라, 성곽 성
❶ [속뜻] 도읍지를 둘러 죽 늘어선[羅] 성(城). ¶서울 외곽에 나성을 쌓다. ❷'로스앤젤레스'(Los Angeles)의 음역어. [비] 외성(外城).

나:약 懦弱 | 무기력할 나, 약할 약 [feebleness]
무기력하고[懦] 의지가 약함[弱]. ¶나약한 태도.

나열 羅列 | 늘어설 라, 줄 렬 [enumeration]
나란히 줄[列]을 지어 늘어놓음[羅]. ¶숫자를 순서대로 나열하다.

나왕 羅王 | 새그물 라, 임금 왕 [lauan]
[식물] 높이는 40미터 정도의 나무. 가구재, 건축재로 쓴다. 'lauan'의 한자 음역어. 단처럼 부드러우면서 가볍고 질기다.

나전 螺鈿 | 소라 라, 장식 전 [mother of pearl; nacre]
[수공] 광채가 나는 소라[螺]나 자개 조각을 박아 넣어 장식하는[鈿] 공예 기법. ¶나전 세공 / 나전 칠기.

나졸 邏卒 | 돌 라, 군사 졸 [patrol(man)]
[역사] 조선 시대에 관할 구역을 돌며[邏] 죄인을 잡아들이는 일을 맡아 하던 포도청의 병졸(兵卒).

나:체 裸體 | 벌거벗을 라, 몸 체 [nude]
벌거벗은[裸] 몸[體]. [비] 알몸.

나침-반 羅針盤 | 비단 라, 바늘 침, 소반 반 [compass]
[물리] 명주실에[羅] 자침(磁針)을 매달아

남북을 가리키도록 만든 편평한[盤] 모양의 기계. 항공, 항해 따위에 쓰인다. ⓑ지남침(指南針).

나:태 懶怠 | 게으를 라, 게으를 태 [lazy; sloth]
행동, 성격 따위가 느리고 게으름[懶=怠]. ¶나태한 행동. ⓟ근면(勤勉).

나팔 喇叭 | 나팔 라, 입벌릴 팔 [trumpet]
음악 산스크리트어 'rappa'의 한자 음역어. 끝이 벌려진[叭] 모양으로 된 금관악기[喇]를 통틀어 이르는 말. ⓑ나발.

▶ 나팔-관 喇叭管 | 대롱 관
의학 ❶가운뎃귀의 고실(鼓室)과 인두(咽頭)를 연결하는 나팔(喇叭) 모양의 관(管). ❷자궁 아래 좌우 양쪽에 있는 나팔 모양의 관. 난소에서 생긴 난자를 자궁으로 보내는 구실을 한다. ⓑ난관(卵管). 수란관(輸卵管).

▶ 나팔-수 喇叭手 | 사람 수
나팔(喇叭)을 부는 사람[手].

나:-환자 癩患者 | 문둥병 라, 병 환, 사람 자 [leper]
나병(癩病)을 앓고 있는[患] 사람[者]. ⓑ문둥이.

낙 樂 | 즐길 낙(락) [pleasure; joy]
즐거움[樂]. ¶그는 무슨 낙으로 살까? ⓑ기쁨. ⓟ고(苦).

낙관¹ 落款 | 떨어질 락, 도장 관 [writer's signature and seal]
글씨나 그림을 다 완성한[落] 뒤에 연월일, 장소, 이름 따위를 적어 넣고 도장[款]을 찍는 일.

낙관² 樂觀 | 즐길 락, 볼 관 [optimism; optimistic view]
❶속뜻 인생이나 사물을 밝고 희망적인[樂] 것으로 봄[觀]. ❷앞으로의 일 따위가 잘 되어 갈 것으로 여김. ¶결과를 낙관하긴 이르다 / 낙관적인 성격. ⓟ비관(悲觀).

낙농 酪農 | 우유 락, 농사 농 [dairy farming]
농업 젖소나 염소 따위를 기르고 그 젖[酪]을 이용하는 농업(農業). '낙농업'의 준말.

▶ 낙농-업 酪農業 | 일 업
농업 젖소나 염소 따위를 기르고 그 젖을 이용하는[酪農] 산업(産業). ¶목초지가 많아서 낙농업이 발달하다.

▶ 낙농-품 酪農品 | 물건 품
우유로부터 생산되는[酪農] 모든 식료품(食料品). 버터, 치즈, 연유, 분유 따위.

낙담 落膽 | 떨어질 락, 쓸개 담 [be discouraged; be disappointed]
❶속뜻 너무 놀라서 간담(肝膽)이 떨어지는[落] 듯함. ❷바라던 일이 뜻대로 되지 않아 마음이 몹시 상함. ¶그렇게 낙담하지 마라. ⓑ낙심(落心), 실망(失望).

낙도 落島 | 떨어질 락, 섬 도 [isolated island]
육지에서 멀리 떨어진[落] 외딴섬[島]. ¶낙도의 초등학교 학생들이 서울 구경에 나섰다.

낙망 落望 | 떨어질 락, 바랄 망 [be disappoint]
희망(希望)을 잃음[落]. ⓑ낙담(落膽), 낙심(落心).

낙방 落榜 | 떨어질 락, 명단 방 [fail in an examination]
❶역사 과거시험에 응하였으나 급제 명단[榜]에 떨어짐[落]. ❷시험, 모집, 선거 따위에 응했다가 떨어짐. ⓑ낙과(落科), 낙제(落第), 하제(下第). ⓟ급제(及第).

낙산-사 洛山寺 | 물이름 락, 메 산, 절 사
불교 강원도 양양군 강현면 전진리 오봉산에 있는 절. 보타락가(補陀洛伽)가 내려온 산[山]에 있는 절[寺]이라는 뜻으로, 관동 팔경의 하나.

낙서 落書 | 떨어질 락, 글 서 [write graffiti]
❶속뜻 함부로 떨어뜨려[落] 놓은 글[書]. ❷글자, 그림 따위를 장난으로 아무 데나 함부로 씀. 또는 그 글자나 그림. ¶동생이

책에 낙서를 해 놓았다.

낙석 落石 | 떨어질 락, 돌 석
[rock slide; falling rock]
산이나 벼랑에서 돌[石]이 굴러 떨어짐[落]. 또는 그 돌. ¶낙석이 많으니 주의하십시오.

낙선 落選 | 떨어질 락, 가릴 선
[lose an election]
선거(選擧)나 선발에서 떨어짐[落]. ¶총선에서 낙선하다. [반] 당선(當選), 입선(入選).

낙수 落水 | 떨어질 락, 물 수) [raindrops]
처마 끝 따위에서 떨어지는[落] 물[水]. ¶낙수를 받아 모아 두다.

낙심 落心 | 떨어질 락, 마음 심
[be discouraged]
마음[心]이 떨어지듯[落] 아픔. ¶성적이 떨어져 크게 낙심했다. [비] 상심(傷心).

*__낙엽__ 落葉 | 떨어질 락, 잎 엽
[fallen leaves]
❶ [속뜻] 나뭇잎[葉]이 떨어짐[落]. ❷말라서 떨어진 나뭇잎. ¶가을이 되면 낙엽이 떨어진다. [비] 갈잎, 고엽(枯葉).

▸ 낙엽-송 落葉松 | 소나무 송
[식물] 소나뭇[松]과의 낙엽(落葉) 교목(喬木). 잎은 20~30개씩 무더기로 나고 바늘 모양인데 부드럽다.

▸ 낙엽-수 落葉樹 | 나무 수
[식물] 가을에 잎이 떨어졌다가[落葉] 봄에 새잎이 나는 나무[樹]를 통틀어 이르는 말. [반] 상록수(常綠樹).

낙오 落伍 | 떨어질 락, 대오 오
[fall behind]
❶ [속뜻] 대오(隊伍)에서 처져 뒤떨어짐[落]. ❷사회나 시대의 진보에 뒤떨어짐. ¶경쟁에서 낙오되다.

▸ 낙오-자 落伍者 | 사람 자
낙오(落伍)된 사람[者].

낙원 樂園 | 즐길 락, 동산 원
[paradise; utopia]
❶ [속뜻] 즐겁게[樂] 놀 수 있는 동산[園]. ❷아무런 괴로움이나 고통이 없이 안락하게 살 수 있는 즐거운 곳. ¶이 섬은 새들의 낙원이다. [비] 낙토(樂土).

낙인 烙印 | 지질 락, 도장 인
[brand; stigma]
❶ [속뜻] 쇠붙이로 만들어 불에 달구어 찍는[烙] 도장[印]. ❷'다시 씻기 어려운 불명예스럽고 욕된 판정이나 평판'을 비유하여 이르는 말. ¶그는 사고뭉치로 낙인이 찍혔다. [비] 화인(火印).

낙정하석 落穽下石 | 떨어질 락, 함정 정, 내릴 하, 돌 석
❶ [속뜻] 우물[穽]에 빠진[落] 사람에게 밧줄이 아니라 돌[石]을 떨어뜨림[下]. ❷어려운 처지에 놓인 사람을 도와주기는커녕 도리어 괴롭힘. ¶그것은 낙정하석하는 것만큼 안 좋은 일이다.

낙제 落第 | 떨어질 락, 등급 제
[fail in an examination]
❶ [속뜻] 시험에서 일정한 등급[第]에 미치지 못하여 떨어짐[落]. ❷진학 또는 진급을 못함. ¶60점 미만은 낙제이다. [반] 급제(及第).

낙조 落照 | 떨어질 락, 빛 조 [sunset]
저녁에 떨어지듯[落] 지는 햇빛[照]. [비] 석양(夕陽).

낙차 落差 | 떨어질 락, 다를 차
[head; difference in elevation]
높은 곳에서 낮은 곳으로 떨어질[落] 때의 높낮이 차이(差異). ¶물의 낙차를 이용해 전기를 일으키다.

낙천 樂天 | 즐길 락, 하늘 천 [optimism]
자기의 운명이나 처지를 천명(天命)으로 알고 즐겁게[樂] 사는 일. 세상이나 인생을 즐겁고 좋게 생각하는 일. [반] 염세(厭世).

▸ 낙천-적 樂天的 | 것 적
인생이나 어떤 사태에 대하여 걱정하지 않는[樂天] 것[的]. ¶낙천적인 성격. [반] 염세적.

낙타 駱駝 | 낙타 락, 낙타 타 [camel]

낙타 駱駝과의 포유동물. 키 2m 가량. 등에 지방을 저장해 두는 큰 혹이 있어 사막 생활에 알맞게 되어 있다.

낙태 落胎 | 떨어질 락, 태아 태 [abort]
❶ 의학 인위적으로 태아(胎兒)를 모체로부터 떼어냄[落]. 또는 그 태아. ¶낙태를 반대하다. ❷태아가 달이 차기 전에 죽어서 나옴. ⓑ 유산(流産).

낙하 落下 | 떨어질 락, 아래 하 [fall]
높은 곳에서 아래[下]로 떨어짐[落]. ¶자유 낙하하다. ⓑ 상승(上昇).

▸ **낙하-산** 落下傘 | 우산 산
비행 중인 항공기 따위에서 사람이나 물건을 안전하게 지상으로 내리는 데[落下] 쓰이는 양산(洋傘) 모양의 용구.

낙화 落花 | 떨어질 락, 꽃 화
[falling of blossoms]
떨어진[落] 꽃[花]. 또는 꽃이 떨어짐. ¶낙화유수(落花流水). ⓑ 개화(開花).

▸ **낙화-암** 落花巖 | 바위 암
❶ 속뜻 꽃[花] 같은 궁녀들이 떨어져[落] 죽은 바위[巖]. ❷ 지리 충청남도 부여군 부여읍 부소산에 있는 큰 바위. 백제가 망할 때 삼천 궁녀가 이 바위에서 백마강에 몸을 던져 죽었다는 전설이 있다.

낙후 落後 | 떨어질 락, 뒤 후
[falling behind]
어떤 기준에 이르지 못하고 뒤[後]떨어짐[落]. ¶낙후된 농촌을 발전시키다. ⓑ 선진(先進).

난:¹ 亂 | 어지러울 난(란) [war; revolt]
전쟁이나 분쟁으로 세상이 어지러워진 사태. '난리'(亂離)의 준말. ¶난을 평정하다.

난² 蘭 | 난초 난(란) [orchid; orchis]
식물 '난초'(蘭草)의 준말. ¶우리 아버지는 난 기르기를 좋아하신다.

난³ 欄 | 칸 란 [section]
❶ 속뜻 구분하여 놓은 칸[欄]. ❷책, 신문, 잡지 따위의 지면에 글이나 그림 따위를 싣기 위하여 마련한 자리. ¶빈 난을 채우다.

난간 欄干 | 칸 란, 막을 간
[railing; balustrade]
건설 계단, 다리 따위의 가장자리를 칸막이[欄]로 막음[干]. 또는 그 구조물. ¶난간에 기대면 위험하다.

난감 難堪 | 어려울 난, 견딜 감
[unbearable; be hard to stand]
❶ 속뜻 견디어[堪] 내기 어려움[難]. ❷이러기도 어렵고 저러기도 어려워 처지가 매우 딱하다. ¶입장이 난감하다.

난:관¹ 卵管 | 알 란, 대롱 관
[oviduct; fallopian tube]
의학 난소에서 생긴 난자(卵子)를 자궁(子宮)으로 보내는 구실을 하는 나팔 모양의 관(管).

난관² 難關 | 어려울 난, 빗장 관
[obstacle; difficulty]
❶ 속뜻 통과하기 어려운[難] 관문(關門). ❷뚫고 나가기 어려운 사태나 상황. ¶난관을 이겨내다. ⓑ 곤경(困境).

난:국 亂局 | 어지러울 란, 판 국
[difficult situation]
어지러운[亂] 판국[局]. ¶난국을 헤쳐 나가다.

난:대 暖帶 | =煖帶, 따뜻할 난, 띠 대
[warm temperate zone]
지리 온대 지방 가운데서 열대에 가까운 비교적 온난(溫暖)한 지대(地帶). ¶난대성 식물. ⓑ 아열대(亞熱帶).

난:동 亂動 | 어지러울 란, 움직일 동
[make a disturbance]
질서를 어지럽히며[亂] 함부로 행동(行動)함. ¶취객이 난동을 부리다. ⓑ 소동(騷動).

난:로 暖爐 | =煖爐, 따뜻할 난, 화로 로
[stove; heater]
방안을 따뜻하게[暖] 해주는 화로(火爐) 따위의 기구. ¶난로에 손을 데다.

***난:류** 暖流 | =煖流, 따뜻할 난, 흐를 류
[warm current]
지리 따뜻한[暖] 해류(海流). ¶고등어는

난류성 물고기이다. [반] 한류(寒流).

난:리 亂離 | 어지러울 란, 떠날 리 [panic; fuss]
❶ [속뜻] 난(亂)을 피하여 떠남[離]. ❷전쟁이나 재변(災變) 따위로 세상이 어지러워진 사태. 또는 그와 비슷하게 복잡하고 소란스러움. ¶난리가 나다 / 별것도 아닌 일로 난리다. [비] 전란(戰亂).

난:립 亂立 | 어지러울 란, 설 립 [be all running for election at once]
❶ [속뜻] 무질서하고 어지럽게[亂] 늘어섬[立]. ¶무허가 건물이 난립하다. ❷선거 따위에서 많은 후보가 무턱대고 마구 나섬.

난:무 亂舞 | 어지러울 란, 춤출 무 [rampant; be rife]
❶ [속뜻] 한데 뒤섞여 어지럽게[亂] 춤을 춤[舞]. ❷함부로 나서서 마구 날뜀. ¶폭력이 난무하다.

난민 難民 | 어려울 난, 백성 민 [sufferers]
전쟁이나 재난으로 집을 잃고 떠돌아다니며 고생하는[難] 사람[民].

▸ 난민-촌 難民村 | 마을 촌
내전이나 기아 등으로 인하여 생긴 난민(難民)들이 모여 사는 마을[村]. ¶난민촌 구호 사업.

난:방 暖房 | =煖房, 따뜻할 난, 방 방 [heating]
건물 전체 또는 방(房)을 따뜻하게[暖] 하는 일. [반] 냉방(冷房).

난:사 亂射 | 어지러울 란, 쏠 사 [random firing]
어지럽게[亂] 마구 쏨[射]. ¶총을 난사하다. [비] 난발(亂發).

난:상 爛商 | 무르익을 란, 헤아릴 상
무르익을[爛] 정도로 충분히 상의(商議)함. ¶난상을 거듭하다 / 난상토론을 벌이다.

난색 難色 | 어려울 난, 빛 색 [disapproval]
승낙이나 찬성을 하지 않고 난처(難處)해하는 기색(氣色). ¶그의 제의에 난색을 표하다.

난:생 卵生 | 알 란, 날 생 [oviparity; oviparousness]
[동물] 동물의 새끼가 알[卵]의 형태로 태어남[生]. ¶거북은 난생 동물이다. [반] 태생(胎生).

난:소 卵巢 | 알 란, 집 소 [ovary; ovarium]
[의학] 동물의 암컷 난자(卵子) 생식 기관의 한 부분[巢]. 난자를 만들어 내며 여성 호르몬을 분비한다. [반] 정소(精巢).

난:시 亂視 | 어지러울 란, 볼 시 [astigmatism; distorted vision]
[의학] 각막(角膜)이나 수정체의 굴절면이 고르지 않아 물체가 어지럽게[亂] 보이는[視] 현상.

난:용-종 卵用種 | 알 란, 쓸 용, 갈래 종
알[卵]을 얻어 쓰기[用] 위하여 기르는 가축의 품종(品種). ¶닭과 오리는 난용종이다. [반] 육용종(肉用種)

난이 難易 | 어려울 난, 쉬울 이 [difficulty; hardness or ease]
어려움[難]과 쉬움[易].

▸ 난이-도 難易度 | 정도 도
어렵고[難] 쉬운[易] 정도(程度). ¶난이도를 조정하다.

난:입 亂入 | 어지러울 란, 들 입 [intrude; break into]
함부로 어지럽게[亂] 우르르 몰려 들어감[入]. ¶궁에 난입하여 황후를 시해하다.

난:자 卵子 | 알 란, 씨 자 [ovum; egg cell]
[생물] 조류, 파충류, 어류, 곤충 따위의 암컷이 낳는 알[卵] 모양의 물질[子]. [비] 난세포(卵細胞). [반] 정자(精子).

난:장 亂場 | 어지러울 란, 마당 장 [scene of confusion and disorder]
❶ [속뜻] 어지러운[亂] 곳[場]. ❷난장판. ¶남의 일이라고 그렇게 함부로 난장을 치고 다니면 안 된다. ❸ [역사] 과거를 보는

마당에서 선비들이 질서 없이 들끓어 뒤죽박죽이 된 곳.
난:전 亂廛 | 어지러울 란, 가게 전
어지럽게[亂] 널려 있는 가게[廛]. ¶난전에 좌판을 벌여 놓다. ⓗ 노점(露店).
난점 難點 | 어려울 난, 점 점
[difficult point]
처리하거나 해결하기가 곤란(困難)한 점(點). ⓗ 난제(難題).
난제 難題 | 어려울 난, 문제 제
[difficult problem]
❶속뜻 풀기 어려운[難] 문제(問題). ❷처리하기 어려운 일. ¶환경 오염은 피할 수 없는 난제이다.
난:중 亂中 | 어지러울 란, 가운데 중
[midst of turmoil; time of war]
전란(戰亂)이 일어난 와중(渦中). ¶난중에 아버지가 돌아가셨다.
▶ **난:중-일기 亂中日記** | 날 일, 기록할 기
책명 임진왜란 때, 이순신이 전쟁 중[亂中]에 적은 일기(日記).
난처 難處 | 어려울 난, 처리할 처
[puzzled; embarrassed]
처리(處理)하기 어렵다[難]. ¶아주 난처한 표정을 지었다.
난청 難聽 | 어려울 난, 들을 청
[hard of hearing]
❶속뜻 듣기[聽] 어려움[難]. 라디오 방송 따위가 잘 들리지 않는 일. ¶난청 지역. ❷청력이 약하여 소리를 잘 들을 수 없는 상태. ¶난청을 치료하다.
▶ **난청-자 難聽者** | 사람 자
의학 청력의 저하, 손실로 인해 소리를 듣기[聽] 어려운[難] 사람[者]. ⓗ 난청인(難聽人).
난초 蘭草 | 난초 란, 풀 초
[orchid; orchis]
❶식물 난초과(蘭草科)의 다년초(多年草)를 통틀어 이름. 대체로 꽃이 아름답고 향기가 좋다. ❷화투짝의 한 가지. 난초를 그린 5월을 상징하는 딱지. ⓒ 난.

▶ **난초-과 蘭草科** | 분과 과
식물 난초(蘭草)에 속하는 종류[科]의 식물. 우리나라에는 보춘화, 풍란, 따위의 60여 종이 분포한다.
난치 難治 | 어려울 난, 다스릴 치
[almost incurable; inveteracy]
병을 치료(治療)하기 어려움[難].
▶ **난치-병 難治病** | 병 병
치료하기 힘든[難治] 병(病). ¶결핵은 더 이상 난치병이 아니다.
난:투 亂鬪 | 어지러울 란, 싸울 투
[confused fight]
양편이 서로 뒤섞여 어지럽게[亂] 싸움[鬪]. ¶난투가 벌어지다.
▶ **난:투-극 亂鬪劇** | 연극 극
난투(亂鬪)가 벌어진 장면[劇].
난파 難破 | 어려울 난, 깨뜨릴 파
[be shipwrecked]
배가 항해 중에 폭풍우 따위의 어려움[難]을 만나 부서지거나[破] 뒤집힘.
▶ **난파-선 難破船** | 배 선
난파(難破)된 배[船]. ⓗ 조난선(遭難船).
난:폭 亂暴 | 어지러울 란, 사나울 폭
[violent]
행동이 몹시 거칠고[亂] 사나움[暴]. ¶그는 술에 취하면 난폭해진다.
난해 難解 | 어려울 난, 풀 해
[be hard to understand]
이해(理解)하기 어렵다[難]. ¶이 영화는 난해하다.
난형난제 難兄難弟 | 어려울 난, 맏 형, 어려울 난, 아우 제
❶속뜻 형[兄]이 낫다고 하기도 어렵고[難], 동생[弟]이 낫다고 하기도 어려움[難]. ❷우열을 가리기 힘듦. ¶난형난제라 우열을 가리기 힘들다. ⓗ 막상막하(莫上莫下).
남¹ 男 | 사내 남 [man]
남자. 사내. ⓗ 여(女).
남² 南 | 남녘 남 [south]
'남쪽'의 준말. ⓗ 북(北).

남국 南國 | 남녘 남, 나라 국 [South]
남(南)쪽에 있는 나라[國]. ¶남국의 정취 / 남국의 정열.

남극 南極 | 남녘 남, 끝 극
[the South Pole]
지리 지구의 남(南)쪽 끝[極]. ⊕ 북극(北極).

▶ 남극-해 南極海 | 바다 해
지리 남극(南極) 대륙의 주변, 남위 50°의 위선으로 둘러싸인 바다[海].

＊남녀 男女 | 사내 남, 여자 녀
[male and female; both sexes]
남자(男子)와 여자(女子).

▶ 남녀-별 男女別 | 나눌 별
남자(男子)와 여자(女子)를 구별(區別)하여 각각으로 함. ¶남녀별로 따로 앉다.

▶ 남녀 공;학 男女共學 | 함께 공, 배울 학
교육 남(男)학생과 여(女)학생이 함께[共] 교육받는 학교(學校).

남단 南端 | 남녘 남, 끝 단
[southern extremity]
남(南)쪽의 끝[端]. ¶한반도 남단에 위치한 부산.

남-대문 南大門 | 남녘 남, 큰 대, 문 문
고적 남(南)쪽에 있는 큰[大] 문(門). 서울에 위치한 '숭례문(崇禮門)'의 딴이름.

남도 南道 | 남녘 남, 길 도
[southern provinces of]
❶ 속뜻 남과 북으로 되어 있는 도에서 남(南)쪽에 있는 도(道)를 이르는 말. ❷경기도 이남의 충청도와 전라도, 경상도, 제주도를 통틀어 이르는 말. ¶남도 가락을 좋아하다. ⊕ 북도(北道).

＊남동 南東 | 남녘 남, 동녘 동 [southeast]
남(南)쪽과 동(東)쪽 사이인 방향. ⊕ 동남.

▶ 남동-풍 南東風 | 바람 풍
남동(南東)쪽에서 북서쪽으로 부는 바람[風]. ¶여름에 남동풍이 분다.

남:루 襤褸 | 누더기 람, 누더기 루
[shabby; ragged]
옷 따위가 때 묻고 헤어져[襤] 너절함[褸]. ¶옷차림이 남루하다. ⊕ 누더기.

＊남매 男妹 | 사내 남, 누이 매
[brother and sister]
오빠[男]와 누이[妹]. 누나와 남동생. ⊕ 오누이.

남문 南門 | 남녘 남, 문 문 [south gate]
❶ 속뜻 남(南)쪽으로 난 문(門). ❷성곽의 남쪽에 있는 문. ⊕ 북문(北門).

남-반구 南半球 | 남녘 남, 반 반, 공 구
[Southern Hemisphere]
지리 지구(地球)를 반(半)으로 나누었을 때 적도 이남(以南)의 부분. ¶남반구는 북반구에 비해 바다 면적이 훨씬 넓다. ⊕ 북반구(北半球).

남:발 濫發 | 함부로 람, 쏠 발 [overissue]
❶ 속뜻 화폐나 증명서 따위를 함부로[濫] 발행(發行)함. ❷어떤 말이나 행동을 함부로 함. ¶지키지도 못할 약속을 남발하다.

남방 南方 | 남녘 남, 모 방 [south]
남(南)쪽 지방(地方). ¶따뜻한 남방의 겨울 날씨. ⊕ 북방(北方).

＊남부 南部 | 남녘 남, 나눌 부
[southern part]
어느 지역의 남(南)쪽 부분(部分). ¶남부 지방에 호우가 쏟아졌다. ⊕ 북부(北部).

남북 南北 | 남녘 남, 북녘 북
[north and south]
❶ 속뜻 남(南)쪽과 북(北)쪽. ❷남한(南韓)과 북한(北韓)을 아울러 이르는 말. ¶남북 교류.

남-북한 南北韓 | 남녘 남, 북녘 북, 나라 한
남한(南漢)과 북한(北韓)을 통틀어 이르는 말.

남빙-양 南氷洋 | 남녘 남, 얼음 빙, 큰바다 양 [Antarctic Ocean]
지리 남극(南極) 지역에 얼음[氷]으로 덮여있는 큰 바다[洋].

남산 南山 | 남녘 남, 메 산
❶ 속뜻 남(南)쪽에 있는 산(山). ❷ 지리 서

울특별시 중구와 용산구 사이에 있는 산. 예전에 한양의 궁성에서 남쪽에 있는 산이라는 데서 유래하였다.

남색 藍色 | 쪽 람, 빛 색 [deep blue]
쪽[藍]과 같은 짙은 푸른빛[色].

남서 南西 | 남녘 남, 서녘 서 [southwest]
남(南)쪽과 서(西)쪽을 아울러 이르는 말.

▸ 남서-풍 南西風 | 바람 풍
남서(南西)쪽에서 불어오는 바람[風]. ¶ 남서풍이 강하게 불었다. [비] 곤신풍(坤申風).

남성 男性 | 사내 남, 성별 성 [male]
❶[속뜻] 성(性)의 측면에서 남자(男子)를 이르는 말. ❷[언어] 인도-유럽어 문법에서 단어를 성(性)에 따라 구별한 종류의 한 가지. 남성 명사, 남성 대명사 따위. [반] 여성(女性).

▸ 남성-복 男性服 | 옷 복
남성(男性)들이 입는 옷[服]. ¶ 남성복만을 파는 가게.

남아 男兒 | 사내 남, 아이 아
[boy; manly man]
❶[속뜻] 사내[男] 아이[兒]. ¶ 남아를 선호하다. ❷남자다운 남자. ¶ 씩씩한 대한의 남아. [반] 여아(女兒).

남:용 濫用 | 함부로 람, 쓸 용 [abuse]
함부로[濫] 씀[用]. 마구 씀. ¶ 약물을 남용하다. [반] 절용(節用).

남위 南緯 | 남녘 남, 가로 위
[south latitude]
[지리] 적도(赤道) 이남(以南)의 위도(緯度). 적도가 0도이고 남극이 90도이다. ¶ 아르헨티나는 남위 22도와 55도 사이에 위치해 있다. [반] 북위(北緯).

＊남자 男子 | 사내 남, 접미사 자 [man]
❶[속뜻] 남성(男性)인 사람[子]. ¶ 남자 친구. ❷남성다운 사내. ¶ 그는 남자 중에 남자이다. [반] 여자(女子), 여인(女人), 부녀자(婦女子), 아녀자(兒女子), 여성(女性).

남작[1] 男爵 | 사내 남, 벼슬 작 [baron]
오등작(五等爵) 중에 마지막 남(男)에 해당되는 작위(爵位). 또는 그 작위를 가진 사람. [참] 공작(公爵), 후작(侯爵), 백작(伯爵), 자작(子爵).

남장 男裝 | 사내 남, 꾸밀 장
[male attire; men's clothes]
여자가 남자(男子)처럼 꾸며 차림[裝]. ¶ 그녀는 남장을 하고 아버지를 대신해 전쟁터에 나갔다. [반] 여장(女裝).

남존-여비 男尊女卑 | 사내 남, 높을 존, 여자 녀, 낮을 비
남성(男性)을 존중(尊重)하고 여성(女性)을 비천(卑賤)하게 여기는 일. ¶ 남존여비 사상이 강하다. [반] 여존남비(女尊男卑).

남중 南中 | 남녘 남, 가운데 중
[southing; culmination]
[지리] 태양이 남(南)쪽 하늘의 한가운데[中] 이르는 일.

▸ 남중 고도 南中高度 | 높을 고, 정도 도
[지리] 태양이 남(南)쪽 하늘의 한 가운데[中] 이르렀을 때의 고도(高度).

남촌 南村 | 남녘 남, 마을 촌
남(南)쪽에 있는 마을[村]. [반] 북촌(北村).

남침 南侵 | 남녘 남, 쳐들어갈 침
[invade the south]
북쪽에 있는 나라가 남(南)쪽에 있는 나라를 쳐들어 옴[侵]. ¶ 1950년 6월 25일 북한이 남침했다. [반] 북침(北侵).

남탕 男湯 | 사내 남, 욕탕 탕
[men's bathroom (of a public bath)]
남자(男子)들이 목욕하는 탕(湯). [반] 여탕(女湯).

남파 南派 | 남녘 남, 보낼 파
[send (a spy) into the south]
남(南)쪽으로 파견(派遣)함. ¶ 북한은 간첩을 남파했다.

＊남편 男便 | 사내 남, 쪽 편 [husband]
혼인한 부부의 남자(男子) 쪽[便]을 일컫는 말. [비] 부군(夫君). [반] 아내.

남풍 南風 | 남녘 남, 바람 풍
[south wind]

남(南)쪽에서 불어오는 바람[風]. [비] 마파람. [반] 북풍(北風).

남하 南下 | 남녘 남, 아래 하 [advance southward]
남(南)쪽으로 내려감[下]. 또는 내려옴. [반] 북상(北上).

남-학생 男學生 | 사내 남, 배울 학, 사람 생 [male pupil; school boy]
남자(男子) 학생(學生). [반] 여학생(女學生).

남한 南韓 | 남녘 남, 한국 한 [South Korea]
국토가 분단된 후 한반도 38선 이남(以南)의 한국(韓國). [반] 북한(北韓).

남-한강 南漢江 | 남녘 남, 한양 한, 강 강
[지리] 남(南)쪽 지역을 흘러 들어오는 한강(漢江). 한강의 2대 지류 가운데 하나이다.

남한산-성 南漢山城 | 남녘 남, 한수 한, 메 산, 성곽 성
[고적] 경기도 광주시 중부면 산성리 남한산(南漢山)에 있는 산성(山城).

남해 南海 | 남녘 남, 바다 해 [South Sea]
❶ [속뜻] 남(南)쪽 바다[海]. ❷ [지리] 한반도 남쪽 연안의 바다 이름.

남-해:안 南海岸 | 남녘 남, 바다 해, 언덕 안 [south coast]
남(南)쪽에 있는 해안(海岸). ¶남해안으로 피서를 가다.

남향 南向 | 남녘 남, 향할 향 [facing south]
남(南)쪽을 향(向)함. ¶이 집은 남향이다. [반] 북향(北向).

납골 納骨 | 바칠 납, 뼈 골 [laying (a person's) ashes to rest]
유골(遺骨)을 일정한 그릇에 담아[納] 모심.

▸납골-당 納骨堂 | 집 당
유골을 안치하는[納骨] 건물[堂]. ¶할아버지의 유골을 납골당에 안치했다.

납득 納得 | 들일 납, 얻을 득 [understand]
남의 말이나 행동을 받아들여[納] 이해함[得]. ¶네 말은 납득할 수 없다.

납량 納涼 | 들일 납, 서늘할 량 [enjoy the cool air; cool oneself]
여름에 시원한[涼] 곳에 나가서 바람을 쐼[納]. ¶납량 특집 프로그램.

납부 納付 | 바칠 납, 줄 부 [pay]
세금이나 공과금 따위를 관계기관에 바치거나[納] 건네 줌[付]. ¶가까운 은행에 납부하시오. [비] 납입(納入).

납세 納稅 | 바칠 납, 세금 세 [payment of taxes]
세금(稅金)을 바침[納]. ¶납세의 의무. [비] 세납(稅納).

▸납세-자 納稅者 | 사람 자
세금(稅金)을 내는[納] 사람[者]. ¶재산세는 납세자가 직접 부담하는 직접세이다.

납입 納入 | 바칠 납, 들 입 [payment]
세금이나 공과금 따위를 내는 것[納=入]. [비] 납부(納付).

납작 [flat; low]
몸을 냉큼 바닥에 바짝 대고 엎드리는 모양. ¶바닥에 납작 엎드리다.

▸납작-칼
칼날의 모양이 납작한 칼.

▸납작-코
콧등이 낮고 가로 퍼진 코.

납치 拉致 | 끌어갈 랍, 보낼 치 [kidnap]
강제 수단을 써서 억지로 끌어서[拉] 데리고 감[致]. ¶항공기를 납치하다. [비] 유괴(誘拐).

납품 納品 | 바칠 납, 물건 품 [delivered goods]
물품(物品)을 가져다 줌[納].

낭군 郎君 | 남편 랑, 임금 군 [(my) dear husband]
젊은 아내가 남편[郎]을 임금[君]에 빗대어 정답게 일컫던 말. [비] 남편(男便).

⁑**낭:독** 朗讀 | 밝을 랑, 읽을 독

[read aloud]
또랑또랑하게[朗] 소리내어 읽음[讀]. ¶시를 낭독하다. [비] 낭송(朗誦).

낭:랑 朗朗 | 밝을 랑, 밝을 랑
[ringing; clear]
❶[속뜻] 소리 따위가 매우 밝음[朗=朗]. ❷소리가 매우 맑고 또랑또랑하다. ¶낭랑한 목소리.

낭:만 浪漫 | 물결 랑, 흩어질 만
[romantic]
❶[속뜻] 'romantic'의 한자 음역어 '浪漫蒂克'의 준말. ❷매우 정서적이며 이상적으로 사물을 파악하는 심리 상태나 그러한 분위기. ¶낭만을 즐기다 / 낭만적인 밤.

낭:비 浪費 | 함부로 랑, 쓸 비
[waste; squander]
함부로[浪] 씀[費]. ¶시간을 낭비하다. [반] 절약(節約).

낭:송 朗誦 | 밝을 랑, 욀 송 [recite]
또랑또랑하게[朗] 소리내어 외움[誦]. ¶시를 낭송하다 / 낭송회. [비] 낭독(朗讀), 독송(讀誦).

낭자 娘子 | 소녀 낭, 접미사 자 [maiden; virgin]
예전에 '처녀'[娘]를 높여 이르던 말. [비] 처녀(處女), 규수(閨秀). [반] 도령.

낭:패 狼狽 | 이리 랑, 이리 패
[trouble; fail]
❶[속뜻] 전설상의 동물 '狼'과 '狽'는 항상 둘이 함께 있어야 걸을 수 있었는데, 이 둘이 서로 떨어져 허둥지둥하던 것을 이름. ❷실패 따위를 당하여 허둥지둥함. 또는 매우 딱하게 됨. ¶낭패를 당하다.

내: 內 | 안 내 [within]
어떤 범위의 안[內]. ¶기한 내에 일을 마치다. [비] 외(外).

내:각[1] 內角 | 안 내, 뿔 각
[interior angle]
[수학] 서로 만나는 두 직선의 안[內]쪽 각(角). 또는 다각형의 안쪽 각. [반] 외각(外角).

내:각[2] 內閣 | 안 내, 관청 각
[cabinet; Ministry]
❶[속뜻] 행정부 안[內]의 각료(閣僚). ❷[정치] 국가의 행정권을 담당하는 최고 합의기관.

▸ 내:각-제 內閣制 | 정할 제
국회의 신임에 따라 정부[內閣]가 성립, 존속하는 정치 제도(制度).

내:과 內科 | 안 내, 분과 과
[internal department]
[의학] 내장(內臟)의 병을 수술하지 않고 치료하는 임상 의학의 한 분과(分科). [반] 외과(外科).

내:구 耐久 | 견딜 내, 오랠 구
[endurance; durability]
오래[久] 견딤[耐]. 오래 지속함. [비] 내용(耐用).

▸ 내:구-성 耐久性 | 성질 성
변질되거나 변형되지 않고 오래 견디는[耐久] 성질(性質). ¶이 제품은 내구성이 좋다.

내:국 內國 | 안 내, 나라 국
[home country]
❶[속뜻] 나라[國] 안[內]. ❷자기 나라를 다른 나라에 상대하여 이르는 말. ¶내국 기업. [비] 국내(國內). [반] 외국(外國).

▸ 내:국-인 內國人 | 사람 인
자기 나라[內國]의 국적을 가진 사람[人]. ¶내국인 투자가 늘다. [반] 외국인(外國人).

내년 來年 | 올 래, 해 년
[next year; coming year]
올해의 다음[來] 해[年]. [비] 이듬해, 명년(明年). [반] 작년(昨年), 금년(今年).

▸ 내년-도 來年度 | 정도 도
올해의 다음[來] 해[年]의 연도(年度). 내년의 한 해. ¶내년도 입시 경향을 파악하다.

내:란 內亂 | 안 내, 어지러울 란
[civil war; rebellion]
정부를 뒤엎을 목적으로 나라 안[內]에서

일으킨 난리(亂離). ¶장군은 내란을 평정했다. ㉑ 내전(內戰).

*내력 來歷 | 올 래, 지낼 력
[one's personal history; origin]
❶ 속뜻 지금까지 지내온[來] 경력(經歷). ¶살아온 내력을 소설로 쓰다. ❷어떤 과정을 거쳐서 온 까닭. ¶일이 그렇게 된 내력을 알아보라.

‡내:륙 內陸 | 안 내, 뭍 륙
[inland; interior of a country]
지리 바다에서 안[內]쪽으로 멀리 떨어져 있는 육지(陸地). ¶내륙 지방.

내:막 內幕 | 안 내, 막 막 [inside facts]
❶ 속뜻 장막(帳幕)으로 둘러싸인 그 안[內] 쪽. ❷내부의 사정. 일의 속내. ¶사건의 내막이 궁금하다.

내:면 內面 | 안 내, 낯 면
[inside; interior]
❶ 속뜻 안[內] 쪽을 향한 면(面). ❷사람의 정신이나 심리에 관한 면. ¶이 작품은 인간의 내면세계를 그렸다. ㉑ 외면(外面).

내:무 內務 | 안 내, 일 무
[internal affairs]
나라 안[內]의 정무(政務). ㉑ 외무(外務).

▶내:무-반 內務班 | 나눌 반
군사 병영에서 군인들이 일상생활을 하는 [內務] 방(班).

▶내:무-부 內務部 | 나눌 부
법률 주로 국내(國內)의 정무(政務)를 맡아보던 중앙 행정 부서(部署).

내:복¹ 內服 | 안 내, 옷 복 [underwear]
안[內]에 입는 옷[服]. ¶내복을 입으면 난방비를 절약할 수 있다. ㉑ 속옷, 내의(內衣). ㉑ 겉옷.

내:복² 內服 | 안 내, 먹을 복
[internal use]
약을 입 안[內]에 넣어 먹음[服]. 약을 먹음.

▶내:복-약 內服藥 | 약 약
약학 먹는[內服] 약(藥). ㉑ 외용약(外用藥).

*내:부 內部 | 안 내, 나눌 부
[inside; interior]
❶ 속뜻 사물의 안쪽[內] 부분(部分). ¶내부 수리 / 건물 내부. ❷어떤 조직에 속하는 범위. ¶회사 내부 사정에 밝다. ㉑ 외부(外部).

내:분 內紛 | 안 내, 어지러워질 분
[internal trouble]
내부(內部)에서 일어난 분쟁(紛爭). ¶내분이 끊이지 않다.

내빈 來賓 | 올 래, 손님 빈
[guest; visitor]
초대를 받아 찾아온[來] 손님[賓]. ¶참석하신 내빈 여러분께 감사드립니다. 않다.

내:생 來生 | 올 래, 날 생
[afterlife; life after death]
죽은 뒤에 올[來] 생애(生涯). ㉑ 후생(後生). ㉑ 전생(前生), 금생(今生).

내:성¹ 內城 | 안 내, 성곽 성
이중으로 쌓은 성에서 안[內]쪽의 성(城). ¶내성과 외성 사이에 못을 파놓았다. ㉑ 외성(外城).

내:성² 耐性 | 견딜 내, 성질 성
[tolerance]
❶ 속뜻 견딜[耐] 수 있는 성질(性質). ❷약물을 반복해서 복용할 때 약효가 저하하는 현상. ¶두통약은 내성이 있다.

내:성³ 內省 | 안 내, 살필 성
[introspection]
자신의 내면(內面)을 돌이켜 살펴봄[省].

▶내:성-적 內省的 | 것 적
겉으로 드러내지 않고 속으로만 생각하는 [內省] 것[的]. ¶그는 내성적이어서 친해지기 힘들다. ㉑ 외향적(外向的).

내세 來世 | 올 래, 세상 세
[afterlife; future life]
불교 죽은 뒤에 영혼이 다시 태어나 산다는 미래(未來)의 세상(世上). ¶내세의 명복을 빌다. ㉑ 후세(後世). ㉑ 현세(現世), 전세(前世).

내:시 內侍 | 안 내, 모실 시 [eunuch]
[역사] 궁궐 안[內]에서 임금의 시중을 들던[侍] 관리. [비] 환관(宦官). [반] 궁녀.

내:시-경 內視鏡 | 안 내, 볼 시, 거울 경 [endoscope]
[의학] 신체의 내부(內部)를 들여다볼[視] 수 있도록 렌즈[鏡]를 단 의료 장비. ¶내시경 검사를 받았다.

내:신 內申 | 안 내, 아뢸 신 [confidential report]
❶[속뜻] 내적(內的)으로 남몰래 아룀[申]. ❷[교육] 상급 학교 진학이나 취직과 관련하여 선발의 자료가 될 수 있도록 지원자의 출신 학교에서 학업 성적, 품행 등을 적어 보냄. 또는 그 성적. ¶이 학교는 내신 1등급만 지원할 수 있다.

내:실 內實 | 안 내, 채울 실 [substance; substantiality]
속[內]이 알참[實]. [반] 허례(虛禮), 허식(虛飾).

내:심 內心 | 안 내, 마음 심 [one's real intention; one's mind]
❶[속뜻] 속[內] 마음[心]. ❷은근히. 마음 속으로. ¶내심 그를 무척 그리워했다. ❸[수학] 삼각형에 내접(內接)하는 원의 중심(中心). [반] 외심(外心).

내:야 內野 | 안 내, 들 야 [infield; diamond]
[운동] 야구장에서, 네 개의 루를 이은 사각형 안[內]의 들판[野]. [반] 외야(外野).

▸ 내:야-수 內野手 | 사람 수
[운동] 야구장에서, 내야(內野)를 수비하는 선수(選手). [반] 외야수(外野手).

내:역 內譯 | 안 내, 풀이할 역 [breakdown; items; details]
❶[속뜻] 내용(內容)을 자세히 풀이함[譯]. ❷물품이나 금액 따위의 자세한 내용이나 명세. 또는 그런 명세. ¶공사비 내역 / 물품 내역.

내:열 耐熱 | 견딜 내, 더울 열 [heat resisting]
[공업] 높은 열(熱)에도 잘 견딤[耐]. ¶내열 장치를 해놓다.

▸ 내:열-성 耐熱性 | 성질 성
[공업] 높은 온도에서도 변하지 않고 잘 견디어 내는[耐熱] 성질(性質). ¶내열성이 강하다.

내왕 來往 | 올 래, 갈 왕 [come and go]
오고[來] 감[往]. ¶내왕이 잦았다. [비] 왕래(往來).

내:외 內外 | 안 내, 밖 외 [inside and outside]
❶[속뜻] 안[內]과 밖[外]. 안팎. ¶경기장 내외를 가득 메운 관중들. ❷부부(夫婦). ¶장관 내외가 함께 참석하였다. ❸국내와 국외. ❹수량, 시간 따위를 나타내는 말에 이어 쓰여 '그에 가까움'을 뜻하는 말. ¶500자 내외의 글.

*****내:용** 內容 | 안 내, 담을 용 [contents]
❶[속뜻] 그릇이나 포장 따위의 속[內]에 들어있는[容] 것. ❷글이나 말 따위에 담겨져 있는 사항. ¶글의 내용을 잘 알아야 한다. [반] 형식(形式).

▸ 내:용-물 內容物 | 만물 물
속[內]에 들어있는[容] 물건이나 물질(物質). ¶소포의 내용물을 확인하다.

내:우 內憂 | 안 내, 근심할 우 [internal trouble]
나라 안이나 조직 내부(內部)의 걱정스러운[憂] 사태. ¶나라가 내우로 혼란스럽다.

▸ 내:우-외환 內憂外患 | 밖 외, 근심 환
국내(國內)의 정세가 어지러운[憂] 때 외국(外國)과도 어려운 상태[患]. ¶내우외환이 겹쳤다.

내:의 內衣 | 안 내, 옷 의 [underwear; underclothes]
안[內]에 입는 옷[衣]. ¶겨울에는 내의를 입는다. [반] 겉옷.

내:-의원 內醫院 | 안 내, 치료할 의, 집 원
[역사] 조선시대 왕실 내부(內部)의 의약(醫

藥)을 맡아보던 관아[院].

＊내일 來日 | 올 래, 날 일 [tomorrow]
오늘의 바로 다음[來] 날[日]. ¶내일은 금요일이다. 圓명일(明日). 圍오늘, 어제.

내:장¹ 內藏 | 안 내, 감출 장
[have built in]
안[內]에 가지고[藏] 있음. ¶자동 제어장치가 내장되어 있다.

내:장² 內臟 | 안 내, 오장 장
[internal organs]
의학 동물의 몸 속[內]에 있는 장기(臟器). 위(胃), 장(腸), 간(肝) 따위. ¶그는 오랫동안 병을 앓아 내장이 성한 데가 없었다.

내:전 內戰 | 안 내, 싸울 전
[internal war]
국내(國內)에서 벌어진 전쟁(戰爭). 圓내란(內亂).

내:정¹ 內定 | 안 내, 정할 정
[decide unofficial]
비공식적으로 내부(內部)에서 정(定)함. ¶그는 이사로 내정되었다.

내:정² 內政 | 안 내, 정치 정
[internal affairs]
국내(國內)의 정치(政治). ¶청나라는 조선의 내정을 간섭했다.

내:조 內助 | 안 내, 도울 조
[one's wife's help]
안[內] 사람의 도움[助]. ¶내가 성공한 것은 아내의 내조 덕분이다.

내주 來週 | 올 래, 주일 주
[next week; coming week]
다음에 오는[來] 주(週). 圍전주(前週).

내:지 乃至 | 이에 내, 이를 지
[from … to …; or]
❶속뜻 이에[乃] 얼마에 이름[至]. ❷수량을 나타내는 말 사이에서 '얼마에서 얼마까지'의 정도를 말한다. ¶열 명 내지 스무 명 정도가 올 것 같다. ❸사물의 이름 사이에서 '또는', '혹은'의 뜻을 나타냄. ¶미국 내지는 캐나다로 갈 계획이다.

내:통 內通 | 안 내, 통할 통
[communicate secretly]
❶속뜻 안[內]에 있으면서 외부 사람과 몰래 연락함[通]. ¶그는 적과 내통하였다. ❷남녀가 몰래 정을 통함. 圓내응(內應), 사통(私通).

내:포 內包 | 안 내, 쌀 포
[connote; involve]
어떤 성질이나 뜻 따위를 속[內]에 품음[包]. ¶이 글은 중요한 뜻을 내포하고 있다. 圍외연(外延).

내:한 來韓 | 올 래, 한국 한
[visit Korea]
외국인이 한국(韓國)에 옴[來]. ¶내한 공연을 열다.

내:항 內項 | 안 내, 목 항
[internal terms]
수학 비례식의 안[內]쪽에 있는 두 항(項). a:b=c:d에서 b와 c를 이른다. 圍외항(外項).

내:향 內向 | 안 내, 향할 향
[introversion]
❶속뜻 안쪽[內]으로 향(向)함. ❷의학 병이 내장의 기관을 침범함. 圍외향(外向).

▶ **내:향-적 內向的** | 것 적
❶속뜻 안[內]쪽으로 향(向)하는 것[的]. ❷성격이 내성적이고 사교적이지 않은. ¶내향적인 성격. 圓내성적(內省的). 圍외향적(外向的).

내-후년 來後年 | 올 래, 뒤 후, 해 년
[year after next]
내년(來年)의 다음[後] 해[年].

냉:각 冷却 | 찰 랭, 물리칠 각
[cool; refrigerate]
차게 하여[冷] 따뜻한 기운을 물리침[却]. 차게 함. ¶물을 냉각시키다.

냉:기 冷氣 | 찰 랭, 공기 기 [cool air]
찬[冷] 공기(空氣). 찬 기운. ¶집에 냉기가 돌다. 圓한기(寒氣). 圍온기(溫氣).

냉:담 冷淡 | 찰 랭, 맑을 담
[cold hearted; indifferent]
마음이 차갑고[冷] 담담(淡淡)함. 무슨 일

에도 쌀쌀맞고 무관심함. ¶냉담한 태도. [비] 냉정(冷情).

냉:대1 冷待 | 찰 랭, 대접할 대
[treat coldly]
냉담(冷淡)하게 대접(待接)함. 푸대접함. ¶손님을 냉대하다. [반] 환대(歡待).

냉:대2 冷帶 | 찰 랭, 띠 대
[subarctic regions]
[지리] 날씨나 기후가 차가운[冷] 지대(地帶). 온대(溫帶)와 한대(寒帶)의 사이이다. ¶러시아는 냉대에 속한다.

냉:동 冷凍 | 찰 랭, 얼 동 [freeze]
냉각(冷却)시켜서 얼림[凍]. ¶생선을 냉동시키다. [반] 해동(解凍).

▸냉:동-고 冷凍庫 | 곳집 고
식품 따위를 얼려서[冷凍] 보관하는 창고(倉庫)나 상자 같은 것.

▸냉:동-실 冷凍室 | 방 실
식품 따위를 얼려서[冷凍] 보관하는 곳[室]. ¶아이스크림을 냉동실에 넣어 놓았다.

냉:랭 冷冷 | 찰 랭, 찰 랭
[icy; cold hearted]
❶[속뜻] 쌀쌀하게 차다[冷+冷]. ¶냉랭한 밤공기. ❷태도가 몹시 쌀쌀하다. ¶양국의 관계가 냉랭하다.

냉:매 冷媒 | 찰 랭, 맺어줄 매
[refrigerant]
[물리] 냉각(冷却)이 되도록 맺어주는[媒] 물체.

냉:면 冷麪 | 찰 랭, 국수 면
찬국이나 동치밋국 같은 것에 말아서 차게[冷] 먹는 국수[麪]. [반] 온면(溫麪).

냉:방 冷房 | 찰 랭, 방 방 [air-condition a room]
❶[속뜻] 불을 피우지 않아 차게[冷] 된 방(房). ❷더위를 막기 위해 실내의 온도를 낮추는 일. ¶날이 더우니 냉방해 주십시오. [반] 난방(煖房).

▸냉:방-기 冷房機 | 틀 기
실내[房]의 온도를 차게 하는[冷] 장치[機]. ¶밤새 냉방기를 틀어 놓았다.

▸냉:방-병 冷房病 | 병 병
[의학] 냉방(冷房) 때문에 일어나는 병(病).

냉:소 冷笑 | 찰 랭, 웃을 소
[cold smile]
쌀쌀한[冷] 태도로 비웃음[笑]. ¶얼굴에 냉소를 띠고 있다.

냉:수 冷水 | 찰 랭, 물 수 [cold water]
찬[冷] 물[水]. ¶냉수를 한 잔 마시다. [반] 온수(溫水).

냉:엄 冷嚴 | 찰 랭, 엄할 엄
[grim; stern; strict]
❶[속뜻] 태도가 냉정(冷情)하고 엄숙(嚴肅)하다. ❷상황이 적당히 할 수 없게 분명하고 확실하다. ¶냉엄한 현실과 맞닥뜨리다.

냉:장 冷藏 | 찰 랭, 감출 장 [refrigerate]
차게[冷] 하기 위하여 저온에서 저장(貯藏)하는 일. [반] 온장(溫藏).

▸냉:장-고 冷藏庫 | 곳집 고
식품 따위를 저온[冷]에서 저장(貯藏)하는 상자 모양의 장치[庫].

▸냉:장-실 冷藏室 | 방 실
식품 따위를 낮은 온도[冷]에서 저장(貯藏)하는 곳[室]. ¶채소는 냉장실에 넣어 두어야 한다.

냉:전 冷戰 | 찰 랭, 싸울 전 [cold war]
[정치] 군사 행동까지는 이르지 않지만 냉담(冷淡)하게 서로 적대시하고 있는 국가 간의 대립[戰] 상태. ¶1980년대 동서 냉전 체제가 막을 내렸다. [반] 열전(熱戰).

냉:정1 冷情 | 찰 랭, 마음 정
[cold; cold hearted]
❶[속뜻] 차가운[冷] 마음[情]. ❷인정이 없이 쌀쌀하다. ¶냉정한 표정.

냉:정2 冷靜 | 찰 랭, 고요할 정
[calm; cool]
❶[속뜻] 마음을 식히고[冷] 차분히[靜]하다. ❷감정에 따라 움직이지 않고 침착하다. ¶상황을 냉정하게 판단하다.

냉:채 冷菜 | 찰 랭, 나물 채

익히지 않고 차게[冷] 조리하여 먹는 나물[菜].

냉:철 冷徹 | 찰 랭, 통할 철
[cool-headed; realistic]
냉정(冷靜)하고 철저(徹底)함. ¶문제를 냉철하게 분석하다.

냉:탕 冷湯 | 찰 랭, 욕탕 탕 [cold bath]
차가운[冷] 물을 채운 목욕탕(沐浴湯). [반] 온탕(溫湯).

냉:해 冷害 | 찰 랭, 해칠 해
[cold weather damage]
찬[冷] 기온으로 생기는 농작물 피해(被害). ¶비닐을 덮어두면 냉해를 막을 수 있다.

냉:혈 冷血 | 찰 랭, 피 혈
[cold bloodedness]
❶[속뜻] 차가운[冷] 피[血]. ❷[동물] 체온이 바깥 기온보다 낮은 상태. ❸'인간다운 정이 없이 냉정함'을 비유적으로 이르는 말. ¶그는 냉혈한(冷血漢)이다. [반] 온혈(溫血).

냉:혹 冷酷 | 찰 랭, 독할 혹
[cruel; heartless]
사람을 대하는 태도가 차갑고[冷] 독하다[酷]. ¶냉혹한 현실 / 그는 냉혹하기 짝이 없다. [비] 가혹(苛酷)하다.

냥 兩 | 두 량
❶예전에, 엽전을 세던 단위. 한 냥은 한 돈의 열 배이다. ¶돈 천 냥 / 돈 만 냥을 꾸다. ❷귀금속이나 한약재 따위의 무게를 재는 단위. ¶금 넉 냥 / 감초 석 냥.

년 年 | 해 년 [year]
숫자와 함께 쓰여 '해'[年]를 세는 단위.

년간 年間 | 해 년, 사이 간 [for a year]
몇 해[年] 동안[間]. ¶3년간 취업률이 상승했다.

년대 年代 | 해 년, 시대 대
[age; period; era]
그 단위의 첫 해[年]로부터 다음 단위로 넘어가기 전까지의 기간[代]. ¶80년대 한국 경제는 크게 발전했다.

년도 年度 | 해 년, 정도 도
[year; period]
일정한 기간 단위[度]로서의 그해[年]. ¶국회에서 2014년도 예산안을 심의했다.

노 櫓 | 방패 로 [oar; paddle]
아래를 넓적하게 켠 나무막대로, 물을 헤쳐 배를 나아가게 하는 기구.

노고 勞苦 | 일할 로, 괴로울 고 [labor]
힘들게 일하느라[勞] 고생(苦生)을 함. ¶장병들의 노고를 치하하다.

노곤 勞困 | 일할 로, 괴로울 곤
[languid; heavy; weary]
일을 많이 하여[勞] 피곤(疲困)하다. 고달프고 고단하다. ¶온몸이 노곤하다.

노골 露骨 | 드러낼 로, 뼈 골
[nakedness; frankness]
❶[속뜻] 몸속에 있는 뼈[骨]까지 드러남[露]. ❷속에 담은 감정이나 욕망 따위를 숨김없이 드러냄. [비] 시부골로(尸腐骨露).

▸노골-적 露骨的 | 것 적
숨기지 않고 있는 그대로 드러낸[露骨] 것[的]. ¶노골적인 표현 / 노골적으로 불만을 드러냈다.

노:기 怒氣 | 성낼 노, 기운 기
[anger; indignation; angry mood]
성난[怒] 얼굴빛이나 기색(氣色). ¶노기를 띠다 / 얼굴에 노기를 드러내다. [반] 화기(和氣).

노:년 老年 | 늙을 로, 나이 년 [old age]
늙은[老] 나이[年]. [비] 만년(晩年), 모년(暮年). [반] 소년(少年), 유년(幼年).

▸노:년-기 老年期 | 때 기
나이 든 늙은[老年] 시기(時期). ¶치매나 중풍은 노년기에 나타나는 질병이다. [비] 황혼기(黃昏期).

***노동** 勞動 | 일할 로, 움직일 동
[labor; work]
❶[속뜻] 힘들게 일하느라[勞] 몸을 많이 움직임[動]. ❷사람이 생활에 필요한 것을 얻기 위하여 체력이나 정신을 씀. 또는 그런 행위. ¶그는 노동으로 생계를 꾸린

다. ⓑ노무(勞務). ⓟ휴식(休息).
▶ 노동-력 勞動力 | 힘 력
❶ 속뜻 노동(勞動)을 할 수 있는 인력(人力). ❷인간이 노동할 때 쓰이는 육체적 정신적인 모든 능력. ¶일감은 많은데 노동력이 부족하다.
▶ 노동-부 勞動部 | 나눌 부
법률 노동(勞動)과 관련된 사무를 맡아보는 중앙 행정 부서(部署).
▶ 노동-자 勞動者 | 사람 자
노동(勞動)을 하여 그 대가를 받고 살아가는 사람[者]. ⓑ 근로자(勤勞者).

노략 擄掠 | 사로잡을 로, 빼앗을 략
[plunder; loot; pillage]
사람을 사로잡고[擄] 재물을 빼앗음[掠]. ¶바이킹은 노략을 일삼던 무리이다. ⓑ 약탈(掠奪).

***노력** 努力 | 힘쓸 노, 힘 력
[make an effort]
힘[力]을 다하여 애씀[努]. 또는 그 힘. ¶꿈을 이루기 위하여는 노력해야 한다.

노:련 老鍊 | 늙을 로, 익힐 련
[experienced; skilled]
오래도록[老] 능란하게 익히다[鍊]. ¶그는 노련하게 환자를 치료했다. ⓑ 미숙(未熟).

노:령 老齡 | 늙을 로, 나이 령
[old age; advanced years]
늙은[老] 나이[齡]. ¶그는 노령에도 불구하고 마라톤을 완주했다.
▶ 노:령-화 老齡化 | 될 화
사람들의 나이가 많아지게[老齡] 됨[化]. ¶인구의 노령화 문제.

노:망 老妄 | 늙을 로, 망령될 망
[dotage; second childhood]
늙어서[老] 망령(妄靈)을 부림. 또는 그 망령. ¶노망을 떨다.

노:면 路面 | 길 로, 낯 면
[road surface]
도로(道路)의 겉면[面].

노:모 老母 | 늙을 로, 어머니 모
[one's old mother]
늙은[老] 어머니[母]. ¶그는 노모를 정성껏 모셨다.

노:발-대발 怒發大發 | 성낼 노, 드러낼 발, 큰 대, 드러낼 발 [be enraged]
성[怒] 내기를[發] 크게[大] 함[發]. 큰 성을 냄.

노:병 老兵 | 늙을 로, 군사 병
[old soldier; (war) veteran]
❶속뜻 나이 많은[老] 병사(兵士). ❷군사(軍事)에 경험이 많은 병사. ¶노병은 죽지 않는다, 다만 사라질 뿐이다.

노:-부모 老父母 | 늙을 로, 아버지 부, 어머니 모 [one's aged parents]
나이든[老] 부모(父母). ¶노부모를 봉양하다.

노:-부부 老夫婦 | 늙을 로, 남편 부, 부인 부 [elderly couple]
나이든[老] 부부(夫婦).

노비 奴婢 | 종 노, 여자종 비
[male and female servants]
사내종[奴]과 여자종[婢]. ¶광종은 노비들을 해방시켰다 / 노비안검법(奴婢按檢法). ⓑ 노예(奴隸).

노사 勞使 | 일할 로, 부릴 사
[labor and capital]
노동자(勞動者)와 사용자(使用者=경영자)를 아울러 이르는 말. ¶노사 협약 / 노사 교섭.

노:상 路上 | 길 로, 위 상
[on the street]
❶속뜻 길[路] 위[上]. ❷길가는 도중. ¶노상 방뇨. ⓑ 가상(街上), 도상(途上). 관용 노상에 오르다.

노:선 路線 | 길 로, 줄 선 [route]
❶속뜻 버스, 기차 따위가 운행하는 길[路]을 표시해 놓은 줄[線]. ¶버스 노선. ❷개인이나 조직 단체 따위의 일정한 활동 방침. ¶그는 독자적인 노선을 걸었다.
▶ 노:선-도 路線圖 | 그림 도
지리 지질 조사 때 노선(路線)에 따라 관찰

한 사항을 그려 놓은 지도(地圖).

노:소 老少 | 늙은 로, 젊을 소
[old and the young; age and youth]
늙은이[老] 젊은이[少]. ¶남녀 노소 모두 좋아한다. 圓 소장(少長).

노:송 老松 | 늙을 로, 소나무 송
[old pine tree]
늙은[老] 소나무[松]. ¶마을 어귀에 노송 한 그루가 서 있다.

노:쇠 老衰 | 늙을 로, 쇠할 쇠
[infirmity of old age; senility]
늙어서[老] 몸과 마음이 쇠약(衰弱)함. ¶나이가 들면 노쇠해진다. 圓 쇠로(衰老).

노:숙¹ 老熟 | 늙을 로, 익을 숙
[experienced; expert]
오랫동안[老] 경험을 쌓아 아주 숙련(熟鍊)되어 있다. ¶노숙한 기술자.

노숙² 露宿 | 이슬 로, 잠잘 숙
[sleeping outdoors]
❶ 속뜻 이슬[露]이 내리는 밖에서 잠을 잠[宿]. ❷집이 없어 밖에서 잠. ¶일자리를 잃고 노숙하는 사람이 많다.
▶ 노숙-자 露宿者 | 사람 자
길이나 공원 등지에서 한뎃잠을 자는[露宿] 사람[者].

노:승 老僧 | 늙을 로, 스님 승
[old (Buddhist) priest]
늙은[老] 승려(僧侶).

노심 勞心 | 일할 로, 마음 심
[anxiety; care]
힘써 일하며[勞] 마음[心]을 씀.
▶ 노심-초사 勞心焦思 | 태울 초, 생각 사
❶ 속뜻 애[心]를 쓰고[勞] 속을 태우며[焦] 골똘히 생각함[思]. ❷몹시 애를 태움. ¶집 나간 아들 때문에 노심초사하다.

노:약 老弱 | 늙을 로, 약할 약
[old and the weak]
❶ 속뜻 늙어서[老] 기운이 쇠약(衰弱)함. ❷늙은이와 연약한 어린이. 圓 노소(老少).
▶ 노:약-자 老弱者 | 사람 자

❶ 속뜻 노약(老弱)한 사람[者]. ❷늙은 사람과 약한 사람. ¶노약자를 위한 좌석. 圓 노험(怒嫌).

노역 勞役 | 일할 로, 부릴 역
[hard labor]
힘든[勞] 부역(賦役). 몹시 괴롭고 힘든 노동. ¶그는 노역에 시달리다 죽고 말았다.

노예 奴隸 | 종 노, 따를 례 [slave]
❶ 속뜻 남의 소유물이 되어 종[奴]으로 부림[隸]을 당하는 사람. ¶노예를 사고파는 시장. ❷인격의 존엄성마저 저버리면서까지 어떤 목적에 얽매인 사람. ¶재물의 노예가 되다. 圓 노비(奴婢). 땐 주인(主人).

노이무공 勞而無功 | 일할 로, 어조사 이, 없을 무, 공로 공
❶ 속뜻 애[勞]는 많이 썼는데[而] 공(功)은 하나도 없음[無]. ❷애는 썼으나 고생한 보람이 없음. 수고만 하고 아무런 공이 없음. ¶그렇게 하면 노이무공이니 다른 방법을 생각하자.

***노:인 老人** | 늙을 로, 사람 인
[old person]
늙은[老] 사람[人]. ¶노인을 공경하다. 圓 늙은이. 땐 젊은이.
▶ 노:인-장 老人丈 | 어른 장
'노인'(老人)을 높여서[丈] 일컫는 말.
▶ 노:인-정 老人亭 | 정자 정
노인(老人)들이 모여 쉴 수 있도록 마련해 놓은 정자(亭子)나 집. ¶팔각정으로 꾸민 노인정. 圓 경로당(敬老堂).

노임 勞賃 | 일할 로, 품삯 임
[pay; wages]
힘들게 일을 한[勞] 대가로 받는 품삯[賃]. 圓 임금(賃金).

노:자 路資 | 길 로, 재물 자
[traveling expenses]
먼 길[路]을 떠나 오가는 데 드는 비용[資]. ¶노자가 떨어지다. 圓 여비(旅費), 거마비(車馬費).

노:장 老將 | 늙을 로, 장수 장

[veteran general; old general]
❶ 속뜻 늙은[老] 장군(將軍). 경험이 많은 노련한 장군. ❷'어떤 분야에서 많은 경험을 쌓은 노련한 사람'을 비유하여 이르는 말. ¶노장 선수들은 경기 운영이 노련하다. 凾 백전노장(百戰老將).

노:적 露積 | 드러낼 로, 쌓을 적 [stacked grain]
창고가 없어 밖에 드러내어[露] 쌓아[積] 둠. ¶물건을 길가에 노적해 두면 위험하다. 凾 야적(野積).

노점 露店 | 드러낼 로, 가게 점
[street stall; roadside stand]
집이 없어 밖에 드러내어[露] 벌여 놓고 물건을 파는 가게[店]. '노천상점'(露天商店)의 준말. 凾 난전(亂廛).

▶노점-상 露店商 | 장사 상
길가의 한데에 물건을 벌여 놓고 하는[露店] 장사[商]. 또는 그런 장사를 하는 사람. ¶노점상이 하나 둘 늘어났다.

노조 勞組 | 일할 로, 짤 조 [labor union]
사회 노동조건의 개선 및 노동자의 사회·경제적인 지위 향상을 목적으로 노동자(勞動者)들이 조직(組織)한 단체. '노동조합'(勞動組合)의 준말.

▶노조-원 勞組員 | 사람 원
사회 노동조합(勞動組合)에 가입한 사람[員]. ¶노조원의 90%가 파업에 동참했다.

노:-처녀 老處女 | 늙을 로, 살 처, 여자 녀 [old maid]
결혼하지 않은 나이 많은[老] 처녀(處女). 凾 노총각(老總角).

노천 露天 | 드러낼 로, 하늘 천
[open air]
지붕이 없어 하늘[天]이 드러난[露] 곳. ¶노천극장 / 노천 카페. 凾 실내(室內).

노:-총각 老總角 | 늙을 로, 묶을 총, 뿔 각 [old bachelor]
결혼하지 않은 나이 많은[老] 남자[總角]. 凾 노처녀(老處女).

노출 露出 | 드러낼 로, 날 출 [exposure]
❶ 속뜻 속을 드러내거나[露] 나옴[出]. ¶속살이 노출되다. ❷사진 사진을 찍을 때 셔터를 열어 필름에 빛을 비춤. ¶밝은 곳에서 사진을 찍을 때는 노출을 줄여야 한다. 凾 노광(露光).

노:파 老婆 | 늙을 로, 할미 파
[old woman]
늙은[老] 여자[婆]. 凾 노옹(老翁).

▶노:-파-심 老婆心 | 마음 심
어떤 일에 대해 지나치게 염려하는 할머니[老婆]같은 마음[心]. ¶노파심 때문에 잔소리를 하다. 凾 기우(杞憂).

노:폐 老廢 | 늙을 로, 그만둘 폐
[superannuated]
오래되거나 낡아서[老] 쓰지 않음[廢].

▶노:폐-물 老廢物 | 만물 물
❶ 속뜻 낡아서 쓸모없이 된[老廢] 물건(物件). ❷생물 신진대사의 결과로 생물의 몸 안에 생긴 불필요한 찌꺼기. ¶노폐물이 땀을 통해 배출되다.

노:화 老化 | 늙을 로, 될 화
[aging; senility]
생물 나이가 많아짐[老]에 따라 신체적·정신적 기능이 쇠퇴하는[化] 일. ¶마늘은 노화를 억제하는 효과가 있다.

노:환 老患 | 늙을 로, 근심 환
[infirmities of old age]
늙고[老] 쇠약해지면서 생기는 병[患]. '노병'(老病)의 높임말. ¶노환으로 별세하시다.

노:후¹ 老朽 | 늙을 로, 썩을 후
[decrepitude]
오래되거나[老] 낡아서[朽] 쓸모가 없음. ¶노후 시설을 보수하다. 凾 노폐(老廢).

노:후² 老後 | 늙을 로, 뒤 후
[one's declining years]
늙은[老] 뒤[後]. ¶보험으로 노후를 대비하다.

녹¹ 祿 | 녹봉 록 [stipend; salary]
역사 벼슬아치에게 봉급으로 나누어 주던

곡식, 옷감, 돈 따위. '녹봉'(祿俸)의 준말. ¶나라의 녹을 먹다. 🔁 급료(給料).

녹² 綠 | 초록빛 록 [rust]
산화 작용으로 쇠붙이의 표면에 생기는 초록색 물질. ¶녹이 슬다.

녹두 綠豆 | 초록빛 록, 콩 두
[mung beans; green gram]
🌱 초록빛이[綠] 나는 콩[豆]이 달리는 풀. 열매 모양이 팥과 비슷하다.

녹말 綠末 | 초록빛 록, 가루 말
[starch; dextrin]
감자, 고구마, 녹두(綠豆) 따위를 갈아서 가라앉은 앙금을 말린 가루[粉末]. 🔁 전분(澱粉).

***녹색** 綠色 | 초록빛 록, 빛 색 [green]
초록[綠] 빛깔[色]. 파랑과 노랑의 중간색.

▶ **녹색-등** 綠色燈 | 등불 등
녹색(綠色)빛이 나는 신호등(信號燈). 주행을 나타낸다. ¶녹색등이 켜졌을 때 건너가야 한다.

녹-십자 綠十字 | 초록빛 록, 열 십, 글자 자
녹색(綠色)으로 십자(十字) 모양을 나타낸 표지. 재해로부터의 안전을 상징한다.

녹용 鹿茸 | 사슴 록, 녹용 용
[young antlers of the deer]
🔸 사슴[鹿]의 새로 돋은 연한 뿔[茸]. 🔁 녹각(鹿角).

녹음¹ 綠陰 | 초록빛 록, 응달 음
[shade of trees; shady nook]
초록빛[綠] 잎이 우거진 나무의 그늘[陰]. ¶녹음이 우거진 숲길을 걷다.

녹음² 錄音 | 기록할 록, 소리 음 [record]
소리[音]를 재생할 수 있도록 기계로 기록(記錄)하는 일. ¶테이프에 음악을 녹음하다.

▶ **녹음-기** 錄音器 | 그릇 기
녹음(錄音)하는 기계[器].

녹조 綠藻 | 초록빛 록, 바닷말 조
[green algae]
🌱 초록빛[綠]을 띤 바닷풀[藻]. '녹조류'의 준말.

▶ **녹조-류** 綠藻類 | 무리 류
🌱 엽록소(葉綠素)를 가지고 있어 녹색(綠色)을 띤 해조류(海藻類). 광합성에 의하여 녹말을 만든다.

녹즙 綠汁 | 초록빛 록, 즙 즙
[green vegetable juice]
녹색(綠色) 채소의 잎 따위를 갈아 만든 즙(汁). ¶매일 아침 녹즙을 마신다.

녹지 綠地 | 초록빛 록, 땅 지 [green tract of land]
초록빛[綠]의 풀이나 나무가 무성한 땅[地].

▶ **녹지-대** 綠地帶 | 띠 대
🏛 도시나 그 주변에 만든 녹지(綠地) 지대(地帶). 🔁 그린벨트(green belt).

녹차 綠茶 | 초록빛 록, 차 차 [green tea]
초록빛[綠]이 그대로 나도록 말린 부드러운 찻잎[茶]. 또는 그것을 끓인 차.

녹화¹ 綠化 | 초록빛 록, 될 화
[plant trees]
나무를 심어 산이나 들을 초록빛[綠]으로 물들게 함[化].

녹화² 錄畵 | 기록할 록, 그림 화 [record]
재생을 목적으로 텔레비전 카메라로 찍은 화상(畵像)을 필름 따위에 기록(記錄)함.

▶ **녹화 방;송** 錄畵放送 | 놓을 방, 보낼 송
📡 녹화(錄畵)해 두었다가 하는 방송(放送). 🔁 생방송(生放送).

녹-황색 綠黃色 | 초록빛 록, 누를 황, 빛 색 [greenish yellow]
녹색(綠色)을 띤 황색(黃色). ¶녹황색 채소에는 비타민A가 많이 들어 있다.

논거 論據 | 논할 론, 근거할 거
[basis of an argument]
의론(議論)이나 논설(論說)이 성립하는 근거(根據)가 되는 것. ¶논거가 확실하다.

논고 論告 | 논할 론, 알릴 고
[prosecutor's final address]
❶ 🔸 자기의 주장이나 믿는 바를 논술

(論述)하여 알림[告]. ❷[법률] 검사가 피고의 범죄 사실과 그에 대한 법률 적용에 관한 의견을 진술하는 일. ¶논고를 펼치다.

논란 論難 | 본음 [논난], 논할 론, 꾸짖을 난 [criticize; denounce]
잘못된 점 따위를 논(論)하여 비난(非難)함. [비] 논쟁(論爭).

논리 論理 | 논할 론, 이치 리 [logic]
의론(議論)이나 사고 · 추리 따위를 끌고 나가는 조리(條理). ¶그의 주장은 논리에 맞지 않다. [비] 이치(理致).
▸논리-적 論理的 | 것 적
논리(論理)의 법칙에 들어맞는 것[的]. ¶논리적 근거가 있어야 한다.

논문 論文 | 논할 론, 글월 문
[essay; thesis]
❶[속뜻] 어떤 일에 대하여 자기 의견을 논술(論述)한 글[文]. ❷학술 연구의 업적이나 결과를 발표한 글.

논박 論駁 | 말할 론, 칠 박
[argue against]
상대의 의견이나 주장에 대하여 그 잘못된 점을 말하여[論] 공격함[駁]. ¶그의 주장을 논박했다. [비] 반박(反駁).

논설 論說 | 말할 론, 말씀 설
[essay; discourse]
❶[속뜻] 자기의 의견이나 주장[論]을 조리 있게 설명(說明)함. 또는 그러한 글. ❷신문이나 잡지 따위의 사설(社說). [비] 논평(論評).
▸논설-문 論說文 | 글월 문
자기의 의견이나 주장[論]을 조리 있게 설명(說明)한 글[文].

논술 論述 | 논할 론, 지을 술
[state; discuss]
의견이나 주장을 논(論)하는 글을 지음[述]. 또는 그 글. ¶이 문제에 대하여 논술하시오.

논어 論語 | 말할 론, 말씀 어
[Analects of Confucius]
[책명] 공자(孔子)의 논설(論說)과 어록(語錄)을 모아 엮은 책.

논의[1] 論意 | 논할 논, 뜻 의
논(論)하는 말이나 글의 뜻[意]이나 의도. ¶이 글의 논의를 말해보시오.

논의[2] 論議 | 말할 론, 따질 의
[discuss; debate]
어떤 문제에 대하여 서로 의견을 말하며[論] 토의(討議)함. ¶대책을 논의하다. [비] 담론(談論), 토론(討論).

논쟁 論爭 | 말할 론, 다툴 쟁
[dispute; argue]
여럿이 자신의 의견을 주장하며[論] 다툼[爭]. ¶열띤 논쟁을 벌이다.

논점 論點 | 논할 론, 점 점
[point at issue]
논의(論議)의 요점(要點). 논의의 중심이 되는 문제. ¶논점을 벗어나다.

논제 論題 | 논할 론, 주제 제
[topic for discussion]
토의나 논의(論議)의 주제(主題).

논증 論證 | 논할 론, 증명할 증
[demonstrate; prove]
옳고 그름을 따져서[論] 증명(證明)함. 또는 그 근거나 이유. ¶주장을 논증하다 / 직접 논증. [비] 증명(證明).

논지 論旨 | 논할 론, 뜻 지
[point of an argument]
의론(議論)의 요지(要旨)나 취지(趣旨). ¶논지를 요약하면 다음과 같다.

논평 論評 | 말할 론, 평할 평
[review; comment on]
어떤 사건이나 작품 등의 내용에 대하여 설명하면서[論] 비평(批評)함. ¶정부는 이 사건에 대해 공식적으로 논평했다. [비] 평론(評論).

농:[1] 弄 | 놀릴 롱 [sport; fun]
장난으로 하는 말. '농담'(弄談)의 준말.

농[2] 膿 | 고름 농 [pus; purulent matter]
종기가 덧나서 생기는 희고 누런 액체의 고름[膿].

농[3]**籠** | 대그릇 롱
[wicker basket; (wicker) trunk]
여러 개의 서랍과 문이 달린, 옷이나 이불 따위를 넣어 두는 큰 가구[籠].

***농가 農家** | 농사 농, 집 가 [farmhouse]
농업(農業)을 생업으로 삼는 사람의 집[家]. ¶쌀 농가 / 축산 농가.

***농경 農耕** | 농사 농, 밭갈 경
[agriculture; farming]
논밭을 갈아[耕] 농사(農事)를 지음. ¶철제 농기구의 사용으로 농경이 발달했다.
▸농경-지 農耕地 | 땅 지
농사짓는[農耕] 땅[地]. ¶홍수로 농경지가 침수되었다. [비] 경작지(耕作地).

농고 農高 | 농사 농, 높을 고
[agricultural highschool]
[교육] 농업(農業)에 관한 실업 교육을 하는 고등학교(高等學校). '농업고등학교'의 준말. ¶농고를 졸업하고도 장관이 되었다.

농과 農科 | 농사 농, 분과 과
[agricultural department]
[교육] 대학에서, 농업(農業)에 관한 학문을 전공하는 한 분과(分科).

농구 籠球 | 대그릇 롱, 공 구 [basketball]
❶ [속뜻] 대바구니[籠] 같은 바스켓에 공[球]을 던져 넣는 운동 경기. ❷ [운동] 다섯 사람씩 두 편으로 나뉘어, 상대편의 바스켓에 공을 던져 넣어 얻은 점수의 많음을 겨루는 구기 운동. ¶일요일에 친구들과 농구를 했다.
▸농구-대 籠球臺 | 돈대 대
농구(籠球)를 할 때에, 공을 던져 넣을 수 있도록 만든 대(臺).
▸농구-장 籠球場 | 마당 장
농구(籠球) 경기를 하는 경기장(競技場). ¶농구 경기를 보러 농구장에 가다.

농군 農軍 | 농사 농, 군사 군
[farm laborer]
❶ [역사] 농사(農事)짓는 일에 종사하던 군사(軍士). ❷농민(農民). ¶그는 농군의 아들답게 농사일에 능숙했다.

농기 農旗 | 농사 농, 깃발 기
[farming flag]
[민속] 농촌(農村)에서 한 마을을 대표하고 상징하는 깃발[旗]. '신농유업'(神農遺業), '농자천하지대본'(農者天下之大本) 따위의 글자를 쓰고, 두렛일을 할 때 풍물을 치며 이 기를 앞세우고 나온다.

농-기계 農機械 | 농사 농, 베틀 기, 형틀 계 [farming machines]
농사(農事)를 짓는 데 쓰이는 기계(機械). ¶그는 농기계를 능숙하게 다룬다.

농-기구 農器具 | 농사 농, 그릇 기, 갖출 구 [farming tools]
농사(農事)에 쓰이는 기계나 기구(器具). ¶농기구를 개량하다. [비] 농구(農具).

농:담[1]**弄談** | 놀릴 롱, 말씀 담 [joke]
장난삼아 놀리는[弄] 말[談]. ¶실없이 농담을 주고받다. [반] 진담(眞談).

농담[2]**濃淡** | 짙을 농, 맑을 담
[light and shade]
빛깔이나 맛 따위의 짙고[濃] 맑은[淡] 정도.

***농도 濃度** | 짙을 농, 정도 도
[density; thickness]
액체 따위의 짙은[濃] 정도(程度).

농락 籠絡 | 대그릇 롱, 묶을 락
[cajole; toy with]
❶ [속뜻] 대그릇[籠]에 묶어[絡] 넣음. ❷남을 교묘한 꾀로 휘잡아서 제 마음대로 놀리거나 이용함. ¶농락에 놀아나다 / 농락을 부리다. [비] 희롱(戲弄).

농림 農林 | 농사 농, 수풀 림
[agriculture and forestry]
농업(農業)과 임업(林業).
▸농림-부 農林部 | 나눌 부
[법률] 주로 농업(農業)과 임업(林業)에 관한 사무를 맡아보던 중앙 행정 부서(部署).

⁑농민 農民 | 농사 농, 백성 민 [farmer]
농업(農業)에 종사하는 사람[民]. [비] 농부

(農夫).

▶ 농민-군 農民軍 | 군사 군
농민(農民)들로 조직된 군사(軍事). ¶농민군이 가담하였다.

농법 農法 | 농사 농, 법 법
[agricultural techniques]
농사(農事)짓는 방법(方法). '농사법'(農事法)의 준말. ¶무공해 농법.

농번 農繁 | 농사 농, 많을 번
농사(農事)일이 많아짐[繁]. ⑭농한(農閑).

▶ 농번-기 農繁期 | 때 기
농사일이 한창 바쁜[農繁] 철[期]. ¶농번기라 시골은 일손이 바쁘다. ⑭농한기(農閑期).

＊＊농부 農夫 | 농사 농, 사나이 부 [farmer]
농사(農事)에 종사하는 사람[夫]. ⑭농민(農民).

＊＊농사 農事 | 농사 농, 일 사
[farming; agricultural affairs]
논이나 밭에 곡류, 채소, 과일 등을 심어 가꾸는[農] 일[事]. ⑭농업(農業).

▶ 농사-직설 農事直說 | 곧을 직, 말할 설
[책명] 조선 전기에 세종의 명으로 각 도의 경험 많은 농부들이 농사(農事)에 관해 직접(直接) 경험한 내용을 말하고[說] 그것을 모아 엮은 책.

＊농산-물 農産物 | 농사 농, 낳을 산, 만물 물 [agricultural products]
곡식이나 채소 등 농업(農業)에 의하여 생산(生産)된 것[物].

농서 農書 | 농사 농, 책 서
[agricultural books]
농사(農事)에 관한 책[書]. ¶『해동농서』(海東農書) / 『농서집요』(農書輯要).

농-수산 農水産 | 농사 농, 물 수, 낳을 산
[agriculture and fisheries]
농업(農業)과 수산업(水産業).

농아 聾啞 | 귀머거리 롱, 벙어리 아
[deafness and dumbness]
귀머거리[聾]와 벙어리[啞]. ¶농아 학교

농악 農樂 | 농사 농, 음악 악
[farm music]
[음악] 농촌(農村)에서 명절이나 공동 작업을 할 때 연주되는 민속음악(民俗音樂).

▶ 농악-대 農樂隊 | 무리 대
농악(農樂)을 연주하는 사람들의 집단[隊].

＊＊농약 農藥 | 농사 농, 약 약
[agricultural chemicals]
농사(農事)에서 소독이나 병충해의 구제 따위에 쓰이는 약품(藥品). ¶농약을 치다.

농-어민 農漁民 | 농사 농, 고기 잡을 어, 백성 민 [farmers and fishermen]
농민(農民)과 어민(漁民)을 아울러 이르는 말. ¶그는 농어민 후계자다.

농-어업 農漁業 | 농사 농, 고기 잡을 어, 일 업
농업(農業)과 어업(漁業)을 아울러 이르는 말.

농-어촌 農漁村 | 농사 농, 고기 잡을 어, 마을 촌
농촌(農村)과 어촌(漁村).

＊＊농업 農業 | 농사 농, 일 업
[agriculture; farming]
땅을 이용하여 인간 생활에 필요한 식물을 가꾸는[農] 산업(産業). ⑭농사(農事).

▶ 농업-용수 農業用水 | 쓸 용, 물 수
농사짓는데[農業] 필요한[用] 물[水]. ¶농업용수를 마련하기 위해 저수지를 구축하다.

▶ 농업 고등학교 農業高等學校 | 높을 고, 무리 등, 배울 학, 가르칠 교
[교육] 농업(農業)에 관련된 실업 교육을 하는 고등학교(高等學校). ㉾ 농고.

▶ 농업 협동조합 農業協同組合 | 합칠 협, 한가지 동, 짤 조, 합할 합
[농업] 생산성 증진과 소득 증대를 위해 전국적으로 조직된 농업(農業) 생산업자의 협동(協同) 조직체[組合]. ㉾ 농협.

농요 農謠 | 농사 농, 노래 요
농부(農夫)들 사이에 전해져 불리는 속요

(俗謠). ¶농요를 부르며 김매기를 하다.

농원 農園 | 농사 농, 동산 원
[farm; plantation]
채소, 화초, 과수 따위[農]를 가꾸는 동산[園] 같은 농장.

농자 農資 | 농사 농, 재물 자
농사(農事)일에 드는 비용[資]. ¶농자 마련을 위해 대출을 받다 / 농자금 대출.

***농작** 農作 | 농사 농, 지을 작
[farming; husbandry]
논밭을 갈아 농사(農事)를 지음[作].

▸ 농작-물 農作物 | 만물 물
농사를 지어[農作] 재배한 식물(植物).

농장1 農莊 | 농사 농, 별장 장
❶[속뜻] 농사(農事)짓는 데 편리하게 하려고 논밭 근처에 지은 집[莊]. ❷[역사] 고려 말기·조선 초기에, 세력가들 소유의 대토지. [비] 농사(農舍), 농소(農所).

농장2 農場 | 농사 농, 마당 장 [farm]
농사(農事)를 짓는 장소(場所).

농지 農地 | 농사 농, 땅 지 [farmland]
농사(農事)를 짓는 데 쓰이는 땅[地]. [비] 농토(農土).

***농촌** 農村 | 농사 농, 마을 촌
[farm village]
농업(農業)으로 생업을 삼는 주민이 대부분인 마을[村]. [반] 도시(都市), 도회지(都會地).

농축 濃縮 | 짙을 농, 줄일 축
[enrichment; concentration]
액체를 진하게[濃] 졸임[縮]. 용액 따위의 농도를 높임.

▸ 농축-액 濃縮液 | 진 액
액체를 졸여서[濃縮] 진하게 만든 액체(液體).

농-축산물 農畜産物 | 농사 농, 가축 축, 낳을 산, 만물 물
농산물(農産物)과 축산물(畜産物)을 아울러 이르는 말. ¶농축산물 도매 시장.

***농토** 農土 | 농사 농, 흙 토 [farmland]
농사(農事)를 짓는 데 쓰이는 땅[土]. [비] 농지(農地).

농한 農閑 | 농사 농, 한가할 한
농사(農事)일이 한가(閑暇)함. [반] 농번(農繁).

▸ 농한-기 農閑期 | 때 기
농사일이 그다지 바쁘지 않은[農閑] 시기(時期). ¶농한기에는 베를 짠다. [반] 농번기(農繁期).

농협 農協 | 농사 농, 합칠 협
[agricultural association]
'농업협동조합'(農業協同組合)의 준말.

농후 濃厚 | 짙을 농, 두터울 후
[thick; heavy]
❶[속뜻] 빛깔이 짙고[濃] 두께가 두꺼움[厚]. ❷그럴 가능성이나 요소 따위가 다분히 있다. ¶그가 범인일 가능성이 농후하다. [반] 희박(稀薄)하다.

뇌 腦 | 골 뇌 [brain]
[의학] 동물의 머리속에 있으면서 생각이나 감정, 행동을 다스리는 기관. ¶뇌 세포 / 뇌 구조. [비] 두뇌(頭腦).

뇌관 雷管 | 천둥 뢰, 대롱 관
[percussion cap; detonator]
포탄이나 탄환 따위의 화약을 점화(點火)하는 데[雷] 쓰는 금속으로 만든 대롱[管]. ¶뇌관이 터지다.

뇌리 腦裏 | 골 뇌, 속 리
[one's memory]
❶[속뜻] 골[腦]이 있는 머리의 속[裏]. ❷머릿속. ¶뇌리에 떠오르다.

뇌물 賂物 | 뇌물 줄 뇌, 만물 물
[bribe; grease]
직권을 이용하여 특별한 편의를 보아 달라는 뜻으로 주는[賂] 부정한 금품[物]. ¶뇌물을 받다.

뇌사 腦死 | 골 뇌, 죽을 사
[brain death; cerebral death]
[의학] 뇌(腦)의 기능이 완전히 멈추어져[死] 본디 상태로 되돌아가지 않는 상태. ¶교통사고로 뇌사 상태에 빠지다.

뇌성 雷聲 | 천둥 뢰, 소리 성

[peal of thunder]
천둥[雷] 소리[聲]. ¶먼 데서 뇌성이 들린다. 비 우레소리. 관용 뇌성에 벽력(霹靂).

뇌-신경 腦神經 | 골 뇌, 정신 신, 날실 경
[cranial nerve]
의학 뇌(腦)의 신경(神經). ¶뇌신경 세포.

뇌염 腦炎 | 골 뇌, 염증 염
[brain inflammation]
의학 뇌(腦)에 염증(炎症)을 일으키는 전염병. ¶뇌염 예방 주사를 맞다.

뇌우 雷雨 | 천둥 뢰, 비 우
[thunderstorm; thundershower]
천둥[雷] 소리와 함께 내리는 비[雨]. ¶뇌우가 퍼붓다.

뇌-졸중 腦卒中 | 골 뇌, 마칠 졸, 맞을 중
[stroke; cerebral apoplexy]
의학 뇌(腦)에 혈액 공급이 제대로 되지 않아[卒] 손발의 마비, 언어 장애, 호흡 곤란 따위를 일으키는[中] 증상. ¶뇌졸중으로 쓰러지다.

뇌-종양 腦腫瘍 | 골 뇌, 부스럼 종, 종기 양 [brain tumor]
의학 뇌(腦)에 생기는 종양(腫瘍).

뇌-진탕 腦震蕩 | 골 뇌, 떨 진, 흐릴 탕
[concussion of the brain]
의학 머리를 부딪치거나 얻어맞거나 뇌(腦)가 흔들리면서[震] 의식이 흐려지는[蕩] 일.

뇌-출혈 腦出血 | 골 뇌, 날 출, 피 혈
[cerebral haemorrhage]
의학 고혈압이나 동맥경화 등으로 뇌(腦) 속에 출혈(出血)을 일으키는 병. 비 뇌일혈(腦溢血).

누:[1] 累 | 엮일 루
[trouble; evil influence]
정신적으로나 물질적으로 부담이나 걱정이 되는 일. ¶누를 끼쳐 죄송합니다. 비 폐(弊).

누[2] 壘 | 진 루 [base]
운동 야구에서 내야의 모서리. 또는 거기에 놓은 흰 방석 모양의 물건.

누각 樓閣 | 다락 루, 집 각
[many-storied building]
다락[樓] 같이 높게 지은 집[閣].

누:락 漏落 | 샐 루, 떨어질 락
[omit; leave out]
새거나[漏] 떨어짐[落]. 빠짐. 비 궐루(闕漏).

누:명 陋名 | 추할 루, 이름 명
[false charge; groundless suspicion]
사실이 아닌 일로 이름[名]을 더럽히는[陋] 억울한 평판. ¶누명을 벗다 / 누명을 쓰다.

누:설 漏泄 | 샐 루, 샐 설 [leak; reveal]
❶속뜻 기체나 액체 따위가 밖으로 새어[漏=泄] 나감. ❷비밀이 새어 나감. ¶군사기밀을 누설하다.

누:수 漏水 | 샐 루, 물 수 [water leak]
새어[漏] 나오는 물[水]. 물이 샘. ¶수도관이 누수하다.

누:적 累積 | 포갤 루, 쌓을 적
[accumulate; cumulate]
포개져[累] 쌓임[積]. ¶피로가 누적되다. 비 축적(蓄積).

누:전 漏電 | 샐 루, 번개 전
[leakage of electricity; electric leak]
전기 전류(電流)가 전선 밖으로 새어[漏] 나가는 일. ¶누전으로 불이 나다.

누:진 累進 | 여러 루, 나아갈 진
[successive promotion]
등급, 가격 따위가 올라가는 비율이 여러[累]번 거듭 올라감[進].

▶**누:진-세** 累進稅 | 세금 세
법률 누진(累進)하여 매기는 세금(稅金). ⟷ 비례세(比例稅).

누:차 屢次 | 여러 루, 차례 차
[many times; repeatedly]
여러[屢] 차례(次例). ¶누차 당부하다.

누ː추 陋醜 | 좁을 루, 추할 추
[filthy; dirty]
좁고[陋] 지저분하다[醜]. 주로 '자기가 사는 집'을 형용할 때 쓰인다. ¶누추하지만 들어오세요.

누ː출 漏出 | 샐 루, 날 출
[leak; escape]
❶[속뜻] 기체나 액체 따위가 새어[漏] 나옴[出]. ¶가스 누출. ❷비밀이나 정보가 밖으로 새어나감. ¶개인 정보를 누출하다. [비] 누설(漏泄).

눌변 訥辯 | 말더듬을 눌, 말잘할 변
더듬거리는[訥] 말솜씨[辯]. [비] 눌언(訥言). [반] 달변(達辯).

늑골 肋骨 | 갈비 륵, 뼈 골 [ribs]
[의학] 흉곽을 구성하는 갈비[肋] 뼈[骨]. [비] 갈비뼈.

늑막 肋膜 | 갈비 륵, 꺼풀 막 [pleura]
[의학] 폐의 표면과 흉곽의 내면을 싸고 있는[肋] 막(膜). [비] 흉막(胸膜).

▸ 늑막-염 肋膜炎 | 염증 염
[의학] 늑막(肋膜)에 생기는 염증(炎症).

늠ː름 凜凜 | 의젓할 름, 의젓할 름
[gallant; valiant]
의젓하고[凜+凜] 당당하다. ¶늠름한 청년.

능 陵 | 무덤 릉 [royal tomb; mausoleum]
임금·왕후의 무덤[陵]. 규모가 크다.

능가 凌駕 | 앞설 릉, 오를 가
[surpass; exceed]
남을 앞서[凌] 오름[駕]. ¶그녀의 피아노 실력은 이제 스승을 능가한다.

능동 能動 | 능할 능, 움직일 동
[spontaneousness; voluntarily]
❶[속뜻] 능(能)히 스스로 움직임[動]. ❷[언어] 다른 것에 동작을 미치게 하는 동사의 성질. [반] 수동(受動), 피동(被動).

▸ 능동-적 能動的 | 것 적
스스로 움직이려는[能動] 태도나 성질 따위의 것[的]. ¶능동적인 사고방식. [반] 수동적(受動的).

능란 能爛 | 능할 능, 무르익을 란 [skillful; expert]
어떤 일을 잘하고[能] 익숙하다[爛]. ¶그는 일본어를 매우 능란하게 말한다 / 능수능란(能手能爛)하다.

*__능력__ 能力 | 능할 능, 힘 력
[ability; capacity]
어떤 일을 해낼 수 있는[能] 힘[力]. ¶능력을 기르다 / 능력을 발휘하다. [비] 깜냥, 역량(力量).

능률 能率 | 능할 능, 비율 률 [efficiency]
일정한 시간에 해낼 수 있는[能] 일의 분량, 또는 비율(比率). ¶작업 능률 / 능률을 올리다.

▸ 능률-적 能率的 | 것 적
능률(能率)이 많이 오르는 성질의 것[的]. ¶이런 일은 기계로 하면 능률적이다.

능멸 凌蔑 | 깔볼 릉, 업신여길 멸
[despise; scorn]
깔보며[凌] 업신여김[蔑]. ¶감히 나를 능멸하다니!

능사 能事 | 능할 능, 일 사
[proper and suitable work]
❶[속뜻] 자기에게 알맞아 잘 해낼 수[能] 있는 일[事]. ❷잘하는 일. ¶빨리 출발하는 것만이 능사가 아니다.

능선 稜線 | 모 릉, 줄 선 [ridge line]
산의 봉우리에서 봉우리로 이어지는 산등성이[稜]의 선(線). ¶능선을 따라 내려오다.

능수 能手 | 능할 능, 솜씨 수
[ability; expert]
어떤 일에 능란(能爛)한 솜씨[手]. 또는 그런 사람. ¶실무에 있어서는 그가 능수다 / 능수능란(能手能爛).

능숙 能熟 | 능할 능, 익을 숙 [skilled]
기술이 있어 일을 잘하고[能] 그 일에 익

숙[熟]하다. ¶능숙한 솜씨로 기저귀를 갈았다 / 젓가락을 능숙하게 사용하다.

능지 凌遲 | 깔볼 릉, 더딜 지
오래오래[遲] 깔보게 함[凌].

▶ 능지-처참 凌遲處斬 | 처할 처, 벨 참
역사 죄인의 머리를 베어[斬] 처형(處刑)한 뒤에 시신의 몸, 팔, 다리를 토막 쳐서 각지에 돌려보내어 만백성이 오래오래 [遲] 깔보게 하는[凌] 형벌.

능통 能通 | 능할 능, 온통 통
[proficient; skillful]
능(能)히 모든[通] 것을 다 잘 함. ¶그는 4개 국어에 능통하다.

ㄷ

다각 多角 | 많을 다, 뿔 각
[many sidedness]
❶[속뜻] 여러[多] 각도(角度). ❷여러 방면이나 부문. ¶제품을 다각화하다 / 다각적인 취미.

▸ 다각-형 多角形 | 모양 형
[수학] 셋 이상의 선분으로 에워싸인 여러 평면[多角]의 도형(圖形). [비] 여러모꼴, 다변형(多邊形).

다감 多感 | 많을 다, 느낄 감
[sensitive; susceptible]
느낌이 많고[多] 감동(感動)하기 쉽다. 감정이나 감수성이 풍부하다. ¶그는 다감하고 정이 많다.

다과 茶菓 | 차 다, 과자 과
[tea and cookies]
'차'[茶]와 '과자'(菓子). ¶다과를 내오다.

▸ 다과-상 茶菓床 | 평상 상
손님을 접대하려고 차[茶], 과일[菓] 따위를 차린 상(床). ¶다과상을 차리다.

▸ 다과-회 茶菓會 | 모일 회
차[茶]와 과자[菓] 따위를 베푸는 간단한 모임[會]. ¶행사가 끝난 후 다과회를 베풀었다.

다-국적 多國籍 | 많을 다, 나라 국, 문서 적 [multinational]
여러[多] 나라에 국적(國籍)을 두고 있음. 여러 나라가 참여하거나 여러 나라의 것이 섞여 있음. ¶다국적 문화 산업.

▸ 다국적 기업 多國籍企業 | 꾀할 기, 일 업
[경제] 여러[多] 나라에 진출해 현지 국적(國籍)을 취득한 기업(企業) 조직. ¶국내에 다국적 기업이 진출했다.

다급 多急 | 많을 다, 급할 급
[extremely urgent]
많이[多] 급(急)하다. ¶다급한 목소리 / 일이 다급하게 되었다. [비] 급(急)하다, 촉박(促迫)하다.

다년 多年 | 많을 다, 해 년 [many years]
여러[多] 해[年]. 오랜 세월.

▸ 다년-간 多年間 | 사이 간
여러[多] 해[年] 동안[間]. 오랜 세월 동안. ¶다년간의 노고에 보답하였다. [비] 수년간(數年間).

▸ 다년-생 多年生 | 살 생
[식물] 식물체의 전부 또는 일부가 여러[多] 해[年] 동안 자라는[生] 것. [비] 여러해살이.

다단 多段 | 많을 다, 구분 단
여러[多] 단(段). ¶다단 편집.

다도 茶道 | 차 다, 방법 도
[tea ceremony]
차[茶]를 손님에게 대접하거나 마실 때의 방법[道] 및 예의범절. ¶학생들은 다도에

따라 차를 마셨다.

다독 多讀 | 많을 다, 읽을 독 [read widely]
책을 많이[多] 읽음[讀]. [반] 과독(寡讀).

▸ 다독-상 多讀賞 | 상줄 상
책을 많이 읽는[多讀] 사람에게 주는 상(賞). ¶ 다독상을 받았다.

다량 多量 | 많을 다, 분량 량 [large quantity]
분량(分量)이 매우 많음[多]. ¶ 물건을 다량으로 구입하다. [비] 대량(大量). [반] 소량(少量), 미량(微量).

다면 多面 | 많을 다, 낯 면 [many sides; many faces]
여러[多] 면(面). 여러 방면.

▸ 다면-체 多面體 | 모양 체
[수학] 넷 이상의[多] 평면(平面)으로 둘러싸인 입체(立體) 도형. 사면체, 오면체 따위.

다-목적 多目的 | 많을 다, 눈 목, 과녁 적 [multipurpose]
여러 가지[多] 목적(目的). ¶ 다목적 댐을 건설하다.

다반 茶飯 | 차 다, 밥 반 [common]
❶ [속뜻] 항상 먹는 차[茶]와 밥[飯]. ❷ '늘 있어 이상할 것이 없는 예사로운 일'을 비유하여 이르는 말. '항다반'(恒茶飯)의 준말.

▸ 다반-사 茶飯事 | 일 사
늘 있는[茶飯] 일[事]. 예사로운 일. '항다반사'(恒茶飯事)의 준말.

다방 茶房 | 차 다, 방 방 [tea house; coffee shop]
차[茶] 종류를 조리하여 팔거나 청량 음료 및 우유 따위 음료수를 파는 영업소[房]. [비] 찻집.

다-방면 多方面 | 많을 다, 모 방, 낯 면 [many quarters; many directions]
여러[多] 방면(方面). 여러 분야. ¶ 그는 다방면에 취미를 가진 사람이다. [비] 다각(多角).

다변 多變 | 많을 다, 바뀔 변 [diversify]
변화(變化)가 많음[多].

다변-적 多邊的 | 많을 다, 가 변, 것 적 [multilateral]
여러 방면[多邊]에 관련되는. 또는 그런 것[的]. ¶ 다변적 관계 / 다변적 외교.

다보 多寶 | 많을 다, 보배 보
❶ [속뜻] 많은[多] 보물(寶物). ❷ [불교] '다보여래'(多寶如來)의 준말.

▸ 다보-탑 多寶塔 | 많을 다, 보배 보, 탑 탑
[고적] 다보여래(多寶如來)의 사리를 모신 탑(塔). 다보여래가 열반할 때의 원(願)을 따라 다보여래의 전신이 탑 속에 봉안되어 있다고 전해진다.

다복 多福 | 많을 다, 복 복 [blessed; lucky]
많은[多] 복(福). 복이 많음. ¶ 다복한 생활을 하다. [비] 유복(裕福)하다.

다분 多分 | 많을 다, 나눌 분 [much; largely]
많은[多] 분량(分量)이나 비율. ¶ 그는 예술가적 소질이 다분하다.

다사 多事 | 많을 다, 일 사 [eventful]
❶ [속뜻] 많은[多] 일[事]. ❷ 일이 많아 매우 바쁨.

▸ 다사-다난 多事多難 | 많을 다, 어려울 난
여러 가지 일[事]도 많고[多] 어려움[難]도 많음[多]. ¶ 다사다난했던 한 해가 저물고 있다.

다산 多産 | 많을 다, 낳을 산 [fecundate]
❶ [속뜻] 아이 또는 새끼를 많이[多] 낳음[産]. ❷ 물품을 많이 생산함. [비] 다생(多生). [반] 과산(寡産).

다색 多色 | 많을 다, 빛 색 [several colors]
여러[多] 가지 빛깔[色]. [반] 단색(單色).

다-세대 多世帶 | 많을 다, 대 세, 띠 대 [multiplex]
많은[多] 세대(世帶). 세대가 많음. ¶ 다세대 주택.

다-세포 多細胞 | 많을 다, 작을 세, 태보

포 [multicellular]
생물 생물체 안에 세포(細胞)가 여럿[多]임. 반 단세포(單細胞).

다소 多少 | 많을 다, 적을 소
[number; quantity; few]
❶속뜻 분량이나 정도의 많음[多]과 적음[少]. ❷조금. 약간. ¶배가 아파서 다소 불편하다.

▶다소-간 多少間 | 사이 간
❶속뜻 많고 적음[多少]의 정도[間]. ❷얼마쯤. ¶양측 간에 다소간의 마찰이 있다. 반 얼마간, 약간(若干).

다수 多數 | 많을 다, 셀 수
[greater part; majority (of)]
수효(數爻)가 많음[多]. ¶다수의 의견을 따르다. 비 대다수(多大數). 반 소수(少數).

▶다수-결 多數決 | 결정할 결
회의의 구성원 중 다수(多數)의 찬성으로 가부(可否)를 결정(決定)하는 일. ¶그 의안은 다수결로 통과되었다.

다-수확 多收穫 | 많을 다, 거둘 수, 거둘 확 [high yield; abundant yield]
많은[多] 수확(收穫). ¶다수확 품종을 개발하다.

다식 茶食 | 차 다, 밥 식
[kind of pattern-pressed candy]
우리나라 고유 과자의 하나. 삼국시대에, 찻잎[茶] 가루에 찻물을 부어 뭉쳐 만든 떡 따위의 먹거리[食]에서 유래.

▶다식-판 茶食板 | 널빤지 판
다식(茶食)을 박아내는 틀[板].

**다양 多樣 | 많을 다, 모양 양
[various; diverse]
종류(樣)가 여러[多] 가지인 것. ¶다양한 의견 / 서비스가 다양하다. 반 획일(劃一).

▶다양-성 多樣性 | 성질 성
다양(多樣)한 특성(特性). ¶문화의 다양성.

▶다양-화 多樣化 | 될 화
모양(模樣), 빛깔, 형태, 양식 따위가 여러 [多] 가지로 된[化]. 또는 그렇게 많게 한. ¶디자인의 다양화 / 제품의 다양화.

다용 多用 | 많을 다, 쓸 용
[spending much; using much]
많이[多] 씀[用].

다-용도 多用途 | 많을 다, 쓸 용, 길 도
[multipurpose]
여러[多] 가지 쓰임새[用途]. ¶컴퓨터를 다용도로 사용한다.

다육 多肉 | 많을 다, 살 육
[fleshy; pulpy]
과일의 살[肉]이 많음[多].

▶다육 식물 多肉植物 | 심을 식, 만물 물
식물 선인장처럼, 줄기나 잎의 일부 또는 전체가 수분을 많이 간직한 다육질(多肉質)의 식물(植物). 비 다장(多漿) 식물.

다재 多才 | 많을 다, 재주 재
[versatile talents; versatility]
재주[才]가 많음[多].

▶다재-다능 多才多能 | 많을 다, 능할 능
재주[才]가 많고[多] 능력(能力)이 풍부하다[多]. ¶다재다능한 아이.

*다정 多情 | 많을 다, 마음 정
[humane; kind]
다감(多感)한 마음[情]. 다정다감(多情多感). ¶다정한 미소 / 다정하게 지내다. 비 살갑다. 반 박정(薄情).

▶다정다감 多情多感 | 많을 다, 느낄 감
정이 많고[多情] 감성(感性)이 많음[多].

다중 多重 | 많을 다, 겹칠 중 [multiplex]
여러[多] 겹[重]. 겹겹. ¶다중 인격 / 다중 방송.

다채 多彩 | 많을 다, 빛깔 채
[colorful; multicolored]
❶속뜻 다양(多樣)한 빛깔[彩]. ❷여러 색채가 어울려 호화로움. ¶옷감이 다채롭다 / 다채로운 축하 행사.

다층 多層 | 많을 다, 층 층 [multistory]
여러[多] 층(層).

다행 多幸 | 많을 다, 행운 행
[lucky; fortunate]

❶[속뜻] 많은[多] 행운(幸運). ❷일이 잘되어 좋음. ¶상처가 크지 않아 다행이다. [반] 불행(不幸).

다혈 多血 | 많을 다, 피 혈
[sanguineness; full-bloodedness]
❶[속뜻] 몸에 피[血]가 많음[多]. ❷쉽게 감정에 치우치거나 쉽게 감격함. [반] 빈혈(貧血).

▶ 다혈-질 多血質 | 바탕 질
쾌활하고 활동적이나 성급하고[多血] 인내력이 부족한 기질(氣質). ¶다혈질의 성격.

단¹ 但 | 다만 단 [only; just]
예외나 조건이 되는 말을 인도할 때 쓰는 접속 부사. [비] 오직, 다만, 단지(但只).

단² 段 | 층계 단 [step; stair; rank]
❶계단의 턱을 이룬 부분. ❷계단의 낱개를 세는 단위. ❸바둑·유도·검도·태권도 등의 등급의 단위. ❹구구단에 1에서 9까지의 구구의 각 단계를 나타내는 말.

단³ 單 | 홑 단 [only; single; merely]
더 많지도 않고 더 적지도 않은 오직 그것뿐인. ¶기회는 단 한 번 뿐이다. [반] 복(複), 쌍(雙).

단⁴ 壇 | 단 단 [platform]
❶제사를 지내기 위하여 흙이나 돌로 쌓아 올린 터. ❷강의, 행사, 의식 따위를 행하거나 관람하기 위하여 주변보다 높게 만들어 놓은 자리. ¶졸업생 대표가 단에 올라 연설했다.

단가 單價 | 홑 단, 값 가 [unit cost]
낱개[單]의 값[價]. 각 단위의 값. ¶생산 단가를 절감하다.

단ː-거리 短距離 | 짧을 단, 떨어질 거, 떨어질 리 [short distance]
짧은[短] 거리(距離). ¶그는 단거리 육상 선수다. [반] 장거리(長距離).

단ː검 短劍 | 짧을 단, 칼 검
[short sword]
길이가 짤막한[短] 칼[劍]. [비] 단도(短刀). [반] 장검(長劍).

단결 團結 | 모일 단, 맺을 결
[unite; combine]
단체(團體)로 잘 뭉침[結]. [비] 단합(團合), 협동(協同). [반] 분열(分裂).

▶ 단결-력 團結力 | 힘 력
많은 사람이 한데[團] 뭉치는[結] 힘[力]. ¶단결력이 강한 팀.

***단계 段階** | 층계 단, 섬돌 계
[stage; step; rank]
❶[속뜻] 층계[段]에 놓은 섬돌[階]. ❷일을 해 나갈 때 밟아야 할 일정한 과정. ¶다음 단계는 무엇입니까?

▶ 단계-적 段階的 | 것 적
차례를 따라 구분하는[段階] 것[的]. ¶일을 단계적으로 하다. [비] 과정(過程), 순서(順序), 차례(次例).

단군 檀君 | 박달나무 단, 임금 군
❶[속뜻] 박달나무[檀] 같이 굳센 임금[君]. ❷우리 겨레의 시조.

▶ 단군-왕검 檀君王儉 | 임금 왕, 검소할 검
우리 민족의 시조로 받드는 태초의 임금. 단군(檀君) 신화에 따르면, 환웅과 웅녀 사이에 태어나 고조선[王儉]을 세워 약 2천 년 동안 나라를 다스렸다고 한다. [준] 단군.

단기¹ 檀紀 | 박달나무 단, 연대 기
'단군기원'(檀君紀元)의 준말. ¶서기 2000년은 단기 4333년이다. [반] 서기(西紀).

단ː기² 短期 | 짧을 단, 때 기
[short term]
짧은[短] 기간(期間). ¶단기 유학을 가다. [반] 장기(長期).

단ː-기간 短期間 | 짧을 단, 때 기, 사이 간 [short period of time]
짧은[短] 기간(期間). ¶그동안의 부진을 단기간에 만회했다. [준] 단기. [반] 장기간(長期間).

단ː념 斷念 | 끊을 단, 생각 념
[abandon; relinquish]
품었던 생각[念]을 끊어[斷] 버림. ¶그는 가정 형편 때문에 진학을 단념했다. [비] 체

념(諦念), 포기(抛棄).

단답-형 單答型 | 홑 단, 답할 답, 모형 형 [short-answer questions]
문제에 대해 간단(簡單)하게 답(答)하는 문제 형식[型]. ¶단답형 문제를 잘 푼다.

단:도 短刀 | 짧을 단, 칼 도 [short sword]
길이가 짧은[短] 칼[刀].

단독 單獨 | 홑 단, 홀로 독 [single; solitary]
❶[속뜻] 혼자[單=獨]. ¶단독으로 결정하다. ❷단 하나. [반] 공동(共同), 단체(團體).

▸단독 주:택 單獨住宅 | 살 주, 집 택
한[單] 채씩 따로[獨] 지은 주택(住宅). [반] 공동주택(共同住宅), 연립주택(聯立住宅).

단:두 斷頭 | 끊을 단, 머리 두 [cut off head; behead]
죄인의 목[頭]을 자름[斷].

▸단:두-대 斷頭臺 | 돈대 대
죄인의 목을 자르는[斷頭] 대(臺) 모양의 형구. ¶단두대의 이슬로 사라지다.

단락 段落 | 구분 단, 떨어질 락 [paragraph]
❶[속뜻] 구분[段]하여 떼어낸[落] 부분. 한 부분. ❷[언어] 긴 문장에서 내용상으로 일단 끊어지는 곳. ¶이 단락은 너무 길어서 이해하기 어렵다. [비] 단원(單元), 문단(文段).

단란 團欒 | 둥글 단, 둥글 란 [harmonious; happy]
❶[속뜻] 한 가족이 둥글게[團=欒] 모여 정답게 즐김. ❷관계 등이 매우 원만하고 가족적임. ¶단란한 가정 / 단란한 분위기. [비] 단원(團圓).

단련 鍛鍊 | 쇠 두드릴 단, 불릴 련 [temper; train]
❶[속뜻] 쇠붙이를 두드리고[鍊] 불에 달구고[鍛]를 반복하여 단단하게 함. ❷시련이나 수련 따위를 통해서 몸과 마음을 굳세게 닦음. ¶신체를 단련하다. ❸배운 것을 익숙하게 익힘. ¶새로 배운 동작을 단련하다. ❹귀찮거나 괴로운 일로 시달림. ¶역경에 단련되다. [비] 수련(修練/修鍊), 연마(鍊磨).

단말 端末 | 끝 단, 끝 말 [terminal]
❶[속뜻] 끄트머리[端=末]. 끝. ❷전기 회로의 전류의 출입구. ❸'단말기'의 준말.

▸단말-기 端末機 | 틀 기
단말(端末)에서 중앙 처리 장치에 연결되어 자료를 입력하기도 하고 출력하기도 하는 기기(機器). ¶휴대전화 단말기. [비] 단말 장치(端末裝置).

단:면 斷面 | 끊을 단, 낯 면 [section]
❶[속뜻] 물체의 잘린[斷] 면(面). ¶나무의 단면에는 나이테가 있다. ❷사물 현상의 부분적인 상태. ¶이 사건은 현대 사회의 어두운 단면을 나타내고 있다. [비] 단절면(斷截面), 단구(斷口), 절단면(切斷面).

▸단:면-도 斷面圖 | 그림 도
제도(製圖)에서 물체를 평면으로 자른 것[斷面]처럼 가정하여 그 내부 구조를 그린 도면(圖面).

단목 檀木 | 박달나무 단, 나무 목 [Betula schmidtii]
❶[속뜻] 박달[檀]나무[木]. ❷[식물] 자작나뭇과의 낙엽 활엽 교목. 나무질이 단단하여 건축재나 가구재로 쓴다. 한국 전역과 일본, 만주, 우수리 강 등지에 분포한다. [비] 박달나무.

단:발 斷髮 | 끊을 단, 머리털 발 [bobbed hair; bob]
머리털[髮]을 짧게 깎거나 자름[斷]. 또는 그 머리털. [반] 장발(長髮).

▸단:발-령 斷髮令 | 명령 령
[역사] 조선 말기, 을미개혁에 의해 상투를 틀었던 머리[髮]를 자르도록[斷] 한 명령(命令).

단방 單放 | 홑 단, 놓을 방 [single shot; at once]
❶[속뜻] 한번[單] 놓음[放]. 단 한 방의 발사. ¶단방에 맞히다. ❷일방(一放)에, 단

참(單站)에. ¶그는 내 제의를 단방에 거절했다.

*단ː백 蛋白 | 새알 단, 흰 백
[protein; albumin]
❶속뜻 달걀, 새알 등 날짐승 알[蛋]의 흰[白]자위. ❷생물 단백질로 이루어진 것. ❸생물 '단백질'(蛋白質)의 준말. ¶콩은 단백질이 풍부하다. ⓑ 난백(卵白).

▶ 단ː백-질 蛋白質 | 바탕 질
❶속뜻 알 따위의 흰자위[蛋白] 물질(物質). ❷생물 생물체를 구성하는 주요 물질. '최초의 중심이 되는 물질'이라는 뜻에서 유래한 그리스어 'protein'을 의역한 말. ⓑ 달걀흰자.

단번 單番 | 홑 단, 차례 번
[at once; immediately]
단 한[單] 번(番). 한차례. ¶단번에 시험에 합격하다. ⓑ 단방(單放).

단복 團服 | 모일 단, 옷 복 [uniform]
어떤 단체(團體)의 제복(制服). ¶우리 팀은 단복을 맞추었다.

단상 壇上 | 단 단, 위 상 [platform]
연단(演壇)이나 교단(敎壇) 등의 위[上]. ¶단상에 올라 연설하다. ⓑ 단하(壇下).

단색 單色 | 홑 단, 빛 색
[single color; monochrome]
한[單] 가지 빛깔[色]. ¶단색으로 그리다. ⓑ 다색(多色).

단서¹ 但書 | 다만 단, 글 서
[proviso; provisory clause]
본문 다음에 덧붙여 본문의 내용에 대한 조건이나 예외 등을 밝혀 적은 글[書]. 대개 '단'(但) 또는 '다만'이라는 말을 먼저 씀. ¶조문에 단서를 붙였다.

단서² 端緖 | 끝 단, 실마리 서
[beginning; clue; key]
❶속뜻 끄트머리[端]나 실마리[緖]. ❷어떤 문제를 해결하는 실마리. ¶그녀는 문제 해결의 단서를 찾아냈다. ⓑ 단초(端初).

단선 單線 | 홑 단, 줄 선
[single line; single track]
❶속뜻 외[單] 줄[線]. ❷교통 '단선궤도'(單線軌道)의 준말. ¶이 노선은 현재 단선 운행 중이다. ⓑ 복선(複線).

단-세포 單細胞 | 홑 단, 작을 세, 태보 포
[single cell; one cell]
생물 한 생물체가 단 하나(單)의 세포(細胞)로만 이루어진 것. ⓑ 홑세포. ⓒ 다세포(多細胞).

단ː소 短簫 | 짧을 단, 통소 소
[short bamboo flute]
음악 오래된 대나무로 만든 관악기로 통소[簫]보다 좀 짧고[短] 가늘며 구멍은 앞에 넷, 뒤에 하나임.

단속 團束 | 둥글 단, 묶을 속
[control; regulate]
❶속뜻 둥글게[團] 묶음[束]. ❷주의를 기울여 단단히 다잡거나 보살핌. ¶아이를 단속하다. ❸법률, 규칙, 명령 따위를 어기지 않게 통제함. ¶속도위반을 단속하다. ⓑ 통제(統制).

단수¹ 段數 | 구분 단, 셀 수 [level]
❶속뜻 바둑이나 태권도 등, 단으로 등급을 매기는 기능이나 운동 따위의 단(段)의 수(數). ❷술수를 쓰는 재간의 정도. ¶그는 고단수이다.

단수² 單數 | 홑 단, 셀 수
[singular number; unit]
단일(單一)한 수(數). 한번. ⓑ 홑수. ⓒ 복수(複數), 겹수.

단ː수³ 斷水 | 끊을 단, 물 수
[cut off the water]
❶속뜻 물[水]길이 막힘[斷]. 또는 물길을 막음. ❷수도(水道)의 급수가 끊어짐. 또는 급수를 끊음. ¶수도관 공사로 단수되었다.

단순 單純 | 홑 단, 순수할 순 [simple]
❶속뜻 간단(簡單)하고 순수(純粹)함. ❷잡것이 섞이지 않고 홑질. ¶사태를 단순하게 생각지 마라 / 그는 단순한 사람이다. ⓑ 단일(單一), 간단(簡單). ⓒ 복잡(複

雜).

단ː-시간 短時間 | 짧을 단, 때 시, 사이 간 [short time]
짧은[短] 시간(時間). ¶단시간에 끝내다.

단ː-시일 短時日 | 짧을 단, 때 시, 날 일 [short period of time]
짧은[短] 시일(時日). ¶사회 개혁은 단시일에 이루어지는 것이 아니다.

단식[1] 單式 | 홑 단, 법 식
[simple system; singles]
❶ [속뜻] 단순(單純)한 방식(方式)이나 형식(形式). ❷ [운동] '단식경기'(單式競技)의 준말. ¶그는 여자 단식에서 우승하였다. [반] 복식(複式).

단ː식[2] 斷食 | 끊을 단, 먹을 식 [fast]
식사(食事)를 끊음[斷]. 일정 기간 음식물을 먹지 않음. [비] 금식(禁食).

단신 單身 | 홑 단, 몸 신
[single person; alone]
혼자[單]의 몸[身].

단아 端雅 | 바를 단, 고울 아
[graceful; elegant]
자세가 바르고[端] 모습이 곱다[雅]. ¶단아한 모습.

단양 팔경 丹陽八景 | 붉을 단, 볕 양, 여덟 팔, 볕 경
[지리] 충청북도 단양(丹陽)군에 있는 여덟[八] 곳의 명승지[景]. 상선암(上仙巖), 중선암(中仙巖), 하선암(下仙巖), 구담봉(龜潭峯), 옥순봉(玉筍峯), 도담삼봉(島潭三峯), 석문(石門), 사인암(舍人巖)을 이른다.

단어 單語 | 홑 단, 말씀 어
[word; vocabulary]
❶ [속뜻] 말뜻을 간단(簡單)하게 나타내는 말[語]. ❷ [언어] 문법상의 일정한 뜻과 기능을 지닌 최소 단위의 말. ¶단어 실력을 늘리다 / 영어 단어를 많이 알고 있다. [비] 낱말.

단ː언 斷言 | 끊을 단, 말씀 언
[declare; affirm]
딱 잘라서[斷] 말함[言]. ¶쉬운 문제라고 단언할 수 없다. [비] 확언(確言).

단역 端役 | 끝 단, 부릴 역
[minor part; extra]
[연영] 영화나 연극의 배역 중에서 중요하지 않고 간단한 말단(末端) 배역(配役). 또는 그러한 역을 맡은 배우. ¶단역 배우 생활을 10년이나 했다. [반] 주역(主役).

단ː연 斷然 | 끊을 단, 그러할 연
[decisive; resolute]
❶ [속뜻] 확실히 단정(斷定)할 만하게 그러함[然]. ¶단연 반대한다. ❷ 두드러지게. 뚜렷하게. ¶단연 앞서다.

단ː열 斷熱 | 끊을 단, 열 열 [insulation]
[물리] 열(熱)의 전도(傳導)를 끊어[斷] 막음. ¶이 벽은 단열이 필요하다.

▸ **단ː열-재** 斷熱材 | 재료 재
[건설] 열의 전도를 막는데[斷熱] 쓰이는 건축 재료(材料). 석면, 유리 섬유 따위.

단엽 單葉 | 홑 단, 잎 엽 [simple leaf]
❶ [식물] 잎사귀의 몸이 작은 잎으로 갈라져 있지 않고 한[單] 장으로 된 잎[葉]. ❷ [식물] 홑으로 된 꽃잎. 단판(單瓣). ❸ [항공] 하나로 된 비행기의 주익(主翼). [비] 홑잎. [반] 복엽(複葉).

단오 端午 | 처음 단, 낮 오
[민속] 음력 5월에서 맨 첫[端] 5[五]일에 해당되는 명절을 '端五'라 했는데, 당나라 현종(玄宗)의 생일이 8월 5일이었으므로 '五'를 피하여 '端午'라 불렀다고 한다. [비] 수리.

▸ **단오-절** 端午節 | 철 절
[민속] 단오(端午)를 명절(名節)로 기념한 날. [비] 중오절(重午節)

▸ **단오-제** 端午祭 | 제사 제
음력 5월 5일 단오(端午)를 전후해서 벌어지는 축제(祝祭).

단원[1] 單元 | 홑 단, 으뜸 원
[monad; unit]
❶ [철학] 단일(單一)한 근원[元]. ❷ 어떤 주제를 중심으로 전개되는 학습 활동의 한

단위(單位). ¶이 책은 10단원으로 되어 있다.

단원²團員 | 모일 단, 사람 원
[member of a party]
단체(團體)를 구성하고 있는 사람[員]. 단체에 딸린 사람. ¶합창단 단원.

*단위 單位 | 홀 단, 자리 위
[unit; denomination]
❶속뜻 하나의 조직 따위를 구성하는 기본적인 한[單] 덩어리[位]. ¶가족은 사회의 기본 구성 단위이다. ❷길이, 무게, 수효, 시간 등의 수량을 수치로 나타낼 때 기초가 되는 일정한 기준. ¶미터는 길이의 단위이다.

▶ 단위-명 單位名 | 이름 명
길이, 무게, 수량 따위의 단위(單位)를 나타내는 데 쓰는 이름[名]이나 말.

▶ 단위 분수 單位分數 | 나눌 분, 셀 수
수학 분수의 기본 단위(單位)인, 분자가 1인 분수(分數).

단:음 短音 | 짧을 단, 소리 음
[short sound]
언어 짧게[短] 소리내는 발음(發音). ⓔ 장음(長音).

단:-음계 短音階 | 짧을 단, 소리 음, 섬돌 계 [minor scale]
음악 음정 사이의 거리가 온음보다 짧은[短] 음계(音階). 대체로 슬픔이나 감상적인 느낌을 나타낸다. ⓔ 장음계(長音階).

단일 單一 | 홀 단, 한 일
[single; simple]
❶속뜻 오직[單] 하나[一]. 혼자. ❷다른 것이 섞이지 않고 순수함. ¶단일 민족. ❸구성이나 구조가 복잡하지 않음. ¶남북한 단일팀. ⓔ 복합(複合).

▶ 단일-어 單一語 | 말씀 어
언어 하나 [單一]의 형태소로 이루어진 단어(單語). 집, 꽃, 바다, 하늘 따위. ⓔ 단순어(單純語). ⓔ 복합어(複合語).

▶ 단일 민족 單一民族 | 백성 민, 무리 족
정치 단일(單一)한 인종으로써 나라를 이룬 민족(民族).

단자 端子 | 끝 단, 접미사 자 [terminal]
전기 전기 기계나 기구 따위에서 쓰는 회로의 끝[端] 부분[子].

단장¹丹粧 | 붉을 단, 화장할 장
[make up]
❶속뜻 곱게[丹] 화장(化粧)함. 머리나 옷차림 따위를 매만져서 맵시 있게 꾸밈. ❷손을 대어 산뜻하게 꾸밈. ¶곱게 단장하고 나서다. ⓔ 장식(裝飾).

단:장² 短杖 | 짧을 단, 지팡이 장 [cane; stick]
❶속뜻 길이가 짧은[短] 지팡이[杖]. ❷손잡이가 꼬부라진 짧은 지팡이. ¶단장을 짚은 할아버지. ⓔ 개화장(開化杖).

단장³ 團長 | 모일 단, 어른 장 [leader]
일정한 조직체를 이룬 단체(團體)의 우두머리[長]. ¶각국 대표단 단장.

단-적 端的 | 바를 단, 것 적
[direct; flat]
바르고[端] 명백한 것[的]. ¶단적인 예를 들어보겠다.

단:전¹ 斷電 | 끊을 단, 전기 전
[shut off electricity]
전기(電氣)의 공급이 중단(中斷)되거나 공급을 중단함. ¶예고 없이 단전되었다.

단전² 丹田 | 붉을 단, 밭 전 [hypogastric center]
❶속뜻 붉은[丹] 밭[田] 같은 곳. ❷배꼽 아래 한 치 다섯 푼(4.53cm) 되는 곳 도가(道家)에서는 이곳을 힘의 원천이라고 여겼다. ¶단전에 힘을 주다.

▶ 단전 호흡 丹田呼吸 | 내쉴 호, 마실 흡
운동 단전(丹田)으로 하는 숨쉬기[呼吸].

단:절 斷絕 | 끊을 단, 끊을 절
[sever; cut off]
어떤 관계나 교류를 끊음[斷=絕]. ¶양국의 국교가 단절되었다. ⓔ 절단(絕斷).

*단:점 短點 | 짧을 단, 점 점
[fault; shortcoming]
짧아서[短] 모자라거나 흠이 되는 점(點).

¶그는 성격이 급한 게 단점이다. ⓑ 결점(缺點). ⓐ 장점(長點).

단정¹ 端正 | 바를 단, 바를 정
[neat; tidy]
자세가 바르고[端] 마음이 올바름[正]. 품행이 단정함. ¶단정하게 앉다. ⓑ 얌전하다.

단:정² 斷定 | 끊을 단, 정할 정 [conclude; decide]
❶㊃ 자르듯이[斷] 분명한 태도로 결정(決定)함. ❷명확하게 판단을 내림. 또는 그 판단. ¶결과를 성급히 단정해서는 안 된다.

단정-학 丹頂鶴 | 붉을 단, 정수리 정, 학 학
㊅ 붉은[丹] 색의 정수리[頂]가 있는 학(鶴). '두루미'의 한자 이름.

*단조¹ 單調 | 홑 단, 가락 조 [monotonous; dull]
변화 없이 단일(單一)한 가락[調]. ¶이 음악은 가락이 단조롭다. ⓑ 단순(單純), 평이(平易).

단:조² 短調 | 짧을 단, 가락 조 [minor]
㊅ 단음계(短音階)로 된 곡조(曲調). ⓐ 장조(長調).

단지¹ [jar; pot; crock]
목이 짧고 배가 부른 자그마한 항아리. ⓑ 항아리, 독.

*단:지² 但只 | 다만 단, 다만 지
[only; merely; simply]
다만(但=只). ¶단지 그 혼자만 있었다. ⓑ 다만, 오직.

*단지³ 團地 | 모일 단, 땅 지
[housing development]
❶㊃ 일정한 산업시설이 모여[團] 있는 지역(地域). ❷주택이나 공장 등 같은 종류의 현대적 건물이나 시설들을 한데 모아 조성한 일정 지역. ¶아파트 단지.

단청 丹青 | 붉을 단, 푸를 청
❶㊃ 붉은[丹] 색과 푸른[青] 색. ❷궁궐, 사찰, 정자 등 옛날식 집의 벽, 기둥, 천장 따위에 여러 가지 빛깔로 그림이나 무늬를 그림. 또는 그 그림이나 무늬. ❸채색(彩色).

*단체 團體 | 모일 단, 몸 체
[party; organization]
같은 목적으로 모인[團] 두 사람 이상의 모임[體]. ¶단체로 신청하면 요금이 싸다. ⓑ 집단(集團). ⓐ 개인(個人), 단독(單獨).

▶ 단체-장 團體長 | 어른 장
지방자치단체(團體)의 우두머리[長]. ¶단체장 선거.

▶ 단체-전 團體戰 | 싸울 전
㊇ 단체(團體) 간에 펼치는 경기 [戰]. ⓐ 개인전(個人戰).

▶ 단체 경:기 團體競技 | 겨룰 경, 재주 기
㊇ 단체(團體)끼리 대항하여 승부를 겨루는 경기(競技). ⓐ 개인 경기(個人競技).

단:축 短縮 | 짧을 단, 줄일 축
[shorten; cut]
일정 기준보다 짧게[短] 줄임[縮]. ¶기상 악화로 행사 시간을 단축했다. ⓐ 연장(延長).

단층¹ 單層 | 홑 단, 층 층
[single story; one-story]
단 하나[單]의 층[層]. 또는 단 하나의 층으로 된 사물. ¶단층집.

단:층² 斷層 | 끊을 단, 층 층
[fault; dislocation]
㊄ 지각 변동으로 생긴 지각의 틈을 따라 지층이 아래위로 어그러져[斷] 층(層)을 이룬 현상. 또는 그러한 현상으로 나타난 서로 어그러진 지층.

단:편 短篇 | 짧을 단, 책 편
[short piece; sketch]
㊆ ❶길이가 짧은[短] 글이나 책[篇]. ❷'단편소설'(小說)의 준말. ⓐ 장편(長篇).

▶ 단:편 소:설 短篇小說 | 작을 소, 말씀 설
㊆ 길이가 짧은[短篇] 형태의 소설(小說). 보통 200자 원고지 70매 내외. ⓐ 장편

(長篇) 소설.

단풍 丹楓 | 붉을 단, 단풍나무 풍
[maple tree; red leaves]
❶속뜻 가을에 잎이 붉게[丹] 물든 나무[楓]. 또는 그 잎. ¶단풍이 들다. ❷식물 '단풍(丹楓)나무'의 준말. ¶설악산은 가을 단풍으로 유명하다. 비단풍나무, 단풍잎.

단합 團合 | 모일 단, 합할 합
[unite; join forces]
많은 사람이 모여[團] 마음과 힘을 합침[合]. ¶우리 반은 단합이 잘 된다. 비단결(團結).

단:행¹ 斷行 | 끊을 단, 행할 행
[carry out]
반대나 위험 등을 무릅쓰고 결단(決斷)하여 실행(實行)함. ¶반대를 무릅쓰고 개혁안을 단행했다. 비감행(敢行), 결행(結行).

단행² 單行 | 홑 단, 갈 행
❶속뜻 동행이 없이 혼자서[單] 감[行]. ❷단 한 번만 하는 행동. ❸혼자서 하는 행동.

▶ **단행-본 單行本** | 책 본
출판 총서나 전집 잡지 등에 대하여 한[單] 권으로 간행(刊行)된 책[本]. 비총서(叢書), 전집(全集).

단:호 斷乎 | 끊을 단, 어조사 호
[firm; determined]
결심한 것을 처리함에 과단성(果斷性)이 있음[乎]. ¶전에 없이 단호한 태도를 보였다.

달변 達辯 | 통달할 달, 말 잘할 변
[fluency; eloquence]
통달할[達] 정도로 말을 잘함[辯]. ¶그는 달변이지만 곧잘 실언을 한다. 비능변(能辯). 땐눌변(訥辯).

달인 達人 | 통달할 달, 사람 인
[expert; master]
❶속뜻 사물의 이치에 통달(通達)한 사람[人]. ❷학문이나 기예 따위에 뛰어난 사람. ¶달인의 경지. 비달자(達者).

담:¹ 痰 | 가래 담 [phlegm; sputum]
❶의학 허파에서 후두에 이르는 사이에서 생기는 끈끈한 분비물[痰]. ❷한의학 몸의 분비액이 순환하다가 큰 열(熱)을 받아서 생기는 병. ¶담이 들다. 비가래.

담:² 膽 | 쓸개 담 [gall; spirit]
❶의학 간에 붙어서 간에서 분비되는 쓸개즙을 일시적으로 저장·농축하는 주머니. ❷'담력'(膽力)의 준말. ¶담이 크다. 비쓸개.

담:담 淡淡 | 맑을 담, 맑을 담
[clear; unconcerned]
❶속뜻 빛깔이 엷고 맑음[淡+淡]. ¶담담한 달빛 아래 거닐다. ❷마음이 편안하고 차분한. ¶심경이 담담하다. ❸음식이 느끼하지 않다. ¶나물 맛이 담담하다. ❹말없이 잠자코 있다. ¶그저 담담하게 앉아만 있다.

***담당 擔當** | 멜 담, 맡을 당
[take charge]
책임을 지고[擔] 일을 맡아 처리함[當]. 일을 맡음. 비담임(擔任).

▶ **담당-관 擔當官** | 벼슬 관
정책의 기획 및 연구 조사를 맡아서[擔當] 하는 관리(官吏)나 공무원.

▶ **담당-자 擔當者** | 사람 자
일을 맡은[擔當] 사람[者].

담대 膽大 | 쓸개 담, 클 대
[bold; intrepid]
❶속뜻 담력(膽力)이 큼[大]. ❷겁이 전혀 없고 배짱이 두둑함. ¶그의 담대함에 놀랐다. 비대담(大膽)하다.

담:력 膽力 | 쓸개 담, 힘 력
[pluck; courage]
❶속뜻 대담(大膽)한 정도나 힘[力]. ❷겁이 없고 용감한 기운. ¶담력을 기르다. 비배짱.

담:백 淡白 | 맑을 담, 흰 백
[light; plain]
진하지 않고[淡] 산뜻함[白]. ¶음식이 매

우 담백하다. 땐 담박(淡泊)하다, 산뜻하다. 땐 텁텁하다.

담보 擔保 | 멜 담, 지킬 보
[give as security]
❶속뜻 맡아서[擔] 지킴[保]. ❷법률 민법에서 채무 불이행 때 채무의 변제를 확보하는 수단으로 채권자에게 제공하는 것. ¶집을 담보로 돈을 빌리다. 땐 보장(保障).

담ː색 淡色 | 맑을 담, 빛 색 [light color]
엷은[淡] 빛깔[色]. 땐 농색(濃色).

담소 談笑 | 말씀 담, 웃을 소
[chat pleasantly]
말[談]을 주고받으며 웃음[笑]. ¶담소를 나누다. 땐 언소(言笑).

담ː수 淡水 | 맑을 담, 물 수
[fresh water]
강이나 호수 따위와 같이 염분이 없는[淡] 물[水]. 땐 함수(鹹水).

▶ **담ː수호 淡水湖** | 호수 호
지리 담수(淡水)가 모여서 된 호수(湖水). 땐 함수호(鹹水湖).

담임 擔任 | 멜 담, 맡길 임
[take charge of]
주로 학교에서 학급을 맡아서[擔] 책임(責任)짐. 또는 그런 사람. ¶담임 선생님. 땐 담당(擔當).

담ː채 淡彩 | 맑을 담, 빛깔 채
[thin coloring]
❶속뜻 맑고[淡] 엷은 빛깔[彩]. ❷미술 물감을 엷게 써서 그린 그림. '담채화'(淡彩畵)의 준말.

담판 談判 | 말씀 담, 판가름할 판
[negotiate; have talks]
말[談]을 주고받아 옳고 그름을 판단(判斷)함. ¶담판을 짓다.

담합 談合 | 말씀 담, 합할 합 [fix; rig]
❶속뜻 서로 의논하여[談] 합의(合意)함. ❷법률 공사 입찰 등에서 입찰자들이 미리 상의하여 입찰 가격을 협정함.

담화 談話 | 이야기 담, 말할 화 [talk]

❶속뜻 서로 주고받는 이야기[談]나 말[話]. ❷어떤 일에 관한 견해나 취할 태도 따위를 공적으로 밝히는 말. ¶대통령의 담화가 발표되었다.

담ː-황색 淡黃色 | 맑을 담, 누를 황, 빛색 [light yellow; citrine]
엷은[淡] 노랑[黃色]. 땐 천황색(淺黃色).

답 答 | 답할 답 [solve]
❶궁금한 부분을 풀어줄 수 있는 말이나 글. ¶이 문제에 답해보아라. ❷문제를 풀어서 얻은 결과. 땐 대답(對答), 해답(解答). 땐 문(問), 질문(質問).

답례 答禮 | 답할 답, 예도 례
[give in return]
남의 호의(好意)에 보답(報答)하는 뜻으로 표하는 예(禮). ¶찾아온 손님에게 웃으며 답례하다. 땐 사례(謝禮), 사은(謝恩).

답변 答辯 | 답할 답, 말 잘할 변 [answer; reply]
물음에 대하여 답(答)하여 말함[辯]. ¶증인은 검사의 질문에 답변하였다. 땐 대답(對答).

답사¹ 答辭 | 답할 답, 말씀 사
[give thanks]
회답(回答)하여 하는 말[辭]. 땐 답언(答言). 땐 송사(頌辭).

답사² 踏査 | 밟을 답, 살필 사
[explore; survey]
실지로 현장에 가서[踏] 보고 조사(調査)함. ¶소풍갈 장소를 답사하다.

답습 踏襲 | 밟을 답, 물려받을 습 [follow; imitate]
❶속뜻 앞선 사람이 밟은[踏] 방식을 그대로 물려받음[襲]. ❷예부터 해 오던 방식이나 수법을 좇아 그대로 행함. ¶옛 작품을 답습하는 풍조가 만연하다. 땐 모방(模倣), 인습(因襲). 땐 창조(創造).

답신 答信 | 답할 답, 소식 신
[reply the letter]
회답(回答)으로 서신(書信)이나 통신(通

信)을 보냄. 또는 그 서신이나 통신.

답안 答案 | 답할 답, 생각 안
[answer paper]
❶[속뜻] 답[答]으로 내놓은 생각[案]. ❷문제에 대한 해답(解答). 또는 그 해답을 쓴 종이. ¶시험 답안을 채점하다. [비] 해답(解答). [반] 문제(問題).

▸ 답안-지 答案紙 | 종이 지
답안(答案)을 쓸 종이[紙]. [반] 문제지(問題紙).

답장 答狀 | 답할 답, 문서 장
[answer a letter]
회답(回答)으로 보내는 편지나 문서[狀]. ¶친구는 답장이 없었다. [비] 회신(回信), 답신(答信).

답지 答紙 | 답할 답, 종이 지
[answer paper]
답(答)을 쓴 종이[紙]. '답안지'(答案紙)의 준말. [반] 문제지(問題紙).

당[1]當 | 당할 당 [this; at the time; that]
❶그·바로 그·이·지금의. ¶당 회사의 제품입니다. ❷그 수량을 단위로 하여 전체를 나눌 때 평균 수량. ¶한 사람 당 하나씩 먹었다.

당[2]糖 | 사탕 당 [sugar]
물에 녹아 단맛을 내는 탄수화물.

당[3]黨 | 무리 당 [political party; group]
[정치] 정치적 주의나 주장이 같은 사람들이 정권을 잡고 정치적 이상을 실현하기 위하여 조직한 무리. '정당'(政黨)의 준말.

당구 撞球 | 칠 당, 공 구 [billiards; pills]
[운동] 일정한 대 위에 붉은 공[球]과 흰 공을 놓고 큐로 쳐서 맞혀[撞] 그 득점으로 승부를 겨루는 실내 오락.

당국 當局 | 맡을 당, 관청 국 [authorities]
어떤 일을 담당(擔當)하여 처리하는 기관이나 부서[局]. ¶당국의 허가를 얻다.

당귀 當歸 | 당할 당, 돌아갈 귀 [Angelica gigas]
[한의] 신감채의 뿌리를 한방에서 이르는 말. 보혈 작용이 뛰어나 부인병에 쓴다. 뜻과 무관한 음역한자어로 추정된다.

당년 當年 | 당할 당, 해 년
[this year; that year]
❶[속뜻] 해당(該當)되는 그 해[年]. ❷그 해의 나이. ❸그 연대(年代).

당뇨 糖尿 | 엿 당, 오줌 뇨 [glycosuria]
[의학] 포도당(葡萄糖)이 많이 섞여 나오는 병적인 오줌[尿].

▸ 당뇨-병 糖尿病 | 병 병
[의학] 혈액 속에 포도당이 많아져서 당뇨(糖尿)가 오랫동안 계속되는 병(病). 오줌의 분량이 많고 목이 마르며 쉬이 피로해지나 식욕은 도리어 왕성해진다.

당당 堂堂 | 집 당, 집 당 [grand; stately]
❶[속뜻] 집[堂]처럼 번듯하고, 집[堂]처럼 버젓하다. ❷남 앞에서 내세울 만큼 떳떳한 모습이나 태도. ¶당당히 1위에 입상하였다. [비] 의젓하다, 어엿하다.

당대 當代 | 당할 당, 시대 대
[one's lifetime; present age]
❶[속뜻] 해당(該當)되는 그 시대(時代). ¶최치원은 신라 당대 최고의 문장가였다. ❷이 시대. 지금 세상. ¶그는 당대 최고의 시인이다. ❸사람의 일대(一代). [비] 당세(當世), 당조(當朝), 일생(一生), 일세(一世).

당도[1]當到 | 당할 당, 이를 도
[arrive; reach]
어느 곳에 닿아서[當] 이름[到].

당도[2]糖度 | 엿 당, 정도 도
[sugar content]
❶[속뜻] 엿[糖]같이 단맛이 나는 정도(程度). ❷음식물에 들어 있는 단맛의 탄수화물 양을 그 음식물에 대하여 백분율로 나타낸 것. ¶그 과일은 당도가 높다.

당:돌 唐突 | 황당할 당, 부딪칠 돌
[plucky; forward]
❶[속뜻] 황당(荒唐)하고 저돌(猪突)적임. ❷부딪힘. ❸갑자기. 느닷없이. [비] 당차다, 야무지다.

당류 糖類 | 엿 당, 무리 류 [sugars]

화학 액체에 녹으며 엿[糖] 같이 단맛이 있는 탄수화물 종류(種類). 과당, 포도당 따위.

당면¹ 唐麵 | 당나라 당, 국수 면
[Chinese noodles]
❶**속뜻** 당(唐)에서 들어온 국수[麵]. ❷녹말가루로 만든 마른 국수. 잡채를 만들 때 쓴다. ❺호면(胡麵).

당면² 當面 | 당할 당, 낯 면
[face; confront]
일이 바로 눈앞[面]에 닥침[當]. ¶당면한 문제를 해결하다. ❺직면(直面), 봉착(逢着), 대면(對面).

당백-전 當百錢 | 당할 당, 일백 백, 돈 전
역사 일반 엽전 백(百) 푼과 맞먹던[當] 엽전(葉錢). 조선 고종 때 주조하여 경복궁 재건에 사용하였다.

*당번 當番** | 맡을 당, 차례 번
[be on duty]
어떤 일을 책임지고 돌보는[當] 차례[番]가 됨. 또는 그 차례가 된 사람. ¶이번 주는 미영이가 청소 당번이다. ❺당직(當直). ❻비번(非番).

당부 當付 | 마땅 당, 청할 부
[ask to do; make a request]
마땅히[當] 어찌해야 한다고 단단히 청함[付]. ❺부탁(付託). ¶아들에게 당부하였다.

당분 糖分 | 엿 당, 나눌 분
[sugar content]
엿[糖] 같은 단맛의 성분(性分).

당분-간 當分間 | 당할 당, 나눌 분, 사이 간 [for the present; for a while]
지금[當]으로부터 얼마의 시간[分] 동안[間]. 잠시 동안. ¶당분간 휴식을 취해야 한다. ❺잠시(暫時).

당사 當事 | 맡을 당, 일 사
어떤 일[事]을 직접 맡음[當].

▶ **당사-자 當事者** | 사람 자
❶**속뜻** 어떤 일에 직접 관계가 있거나 관계한[當事] 그 사람[者]. ❷**법률** 어떤 법률행위에 직접 관계하는 사람. ¶이 문제는 당사자가 풀어야 한다. ❺당자. ❻장본인(張本人). ❻제삼자(第三者).

당산 堂山 | 집 당, 메 산
민속 토지나 마을의 수호신이 있다는 집[堂]이나 산(山). 대개 마을 근처에 있다.

당선 當選 | 당할 당, 가릴 선
[be elected]
❶**속뜻** 선거(選擧)에서 뽑힘[當]. ¶대통령에 당선되다. ❷출품작 따위가 심사에서 뽑힘. ¶단편소설 당선작. ❺입선(入選). ❻낙선(落選).

▶ **당선-자 當選者** | 사람 자
선거나 심사에서 뽑힌[當選] 사람[者]. ¶국회의원 당선자 / 현상 공모 당선자.

당수 黨首 | 무리 당, 머리 수
[leader of a political party]
당(黨)의 우두머리[首].

당숙 堂叔 | 집 당, 아저씨 숙
[male cousin of one's father; uncle]
'종숙'(從叔)을 친근하게[堂] 일컫는 말. 아버지의 사촌 형제.

당-숙모 堂叔母 | 집 당, 아저씨 숙, 어머니 모
'종숙모'(從叔母)를 친근하게[堂] 일컫는 말.

*당시 當時** | 당할 당, 때 시
[at that time; then]
어떤 일을 당한[當] 바로 그때[時]. 또는 이야기하고 있는 그 시기. ¶그 당시를 생각해 보다 / 사고 당시의 충격.

당신 當身 | 당할 당, 몸 신
[you; my darling]
❶**속뜻** 해당(該當)되는 그 몸[身]. ❷상대방을 높여 부르는 말. ❸부부간에 상대편을 높여 부르는 말. ¶당신이 아이를 데려다주세요. ❹싸울 때 상대편을 낮잡아 이르는 이인칭 대명사. ¶당신이 뭔데 참견이야? ❺너, 여보.

당연 當然 | 마땅 당, 그러할 연
[of course]

마땅히[當] 그러함[然]. ¶봄에 꽃이 피는 것은 당연하다.
▶ **당연지사 當然之事** | 어조사 지, 일 사
마땅히 그렇게 하여야 하거나 되리라고 [當然] 여겨지는 일[事]. ¶사람이 나고 죽는 것은 당연지사이다.

당원 黨員 | 무리 당, 사람 원
[member of a party]
정당(政黨)에 든 사람[員]. 당적을 가진 사람. '정당원'(政黨員)의 준말.

당의 唐衣 | 당나라 당, 옷 의
❶속뜻 중국 당(唐)나라 풍의 옷[衣]. ❷여자들이 저고리 위에 덧입는 한복의 하나.

당일 當日 | 당할 당, 날 일
[on the day; on the appointed day]
바로 그[當] 날[日]. 그 날 하루. ¶서울에서 부산까지는 당일에 다녀올 수 있다. 🐯즉일(即日).

당장 當場 | 당할 당, 마당 장
[on the spot; promptly]
❶속뜻 무슨 일이 일어난 바로 그[當] 자리[場]. ❷바로 그 자리에서 곧. 지체 없이 곧. ¶당장 치료해야 합니다. 🐯곧, 즉시(即時).

당쟁 黨爭 | 무리 당, 다툴 쟁
[party strife]
역사 당파(黨派)를 이루어 서로 싸움[爭]. 또는 그 싸움. ¶당쟁을 일삼다 / 국회는 당쟁으로 얼룩졌다. 🐯파당(黨派) 싸움.

당좌 當座 | 마땅 당, 자리 좌
[current deposit]
경제 예금자가 수표를 발행하면 은행이 어느 때나 예금액으로 그 수표에 대한 지급을 마땅히[當] 하도록 되어 있는 예금 계좌(計座). '당좌예금'(預金)의 준말.

당직 當直 | 맡을 당, 당번 직
[being on duty]
❶속뜻 숙직(宿直), 일직(日直) 같은 당번[直]을 맡음[當]. 또는 그런 사람. ¶어젯밤에 당직을 섰다. ❷조선 시대, 의금부의 도사(都事)가 한 사람씩 번을 들어 소송 사무를 처결하던 곳. 🐯당번(當番).

당질 糖質 | 엿 당, 바탕 질 [saccharinity]
❶속뜻 당분(糖分)이 들어 있는 물질(物質). ❷화학 탄수화물과 그 유도 물질을 통틀어 이르는 말.

당첨 當籤 | 당할 당, 제비 첨
[win a prize]
제비[籤] 뽑기에 뽑힘[當]. ¶복권에 당첨되었다. 🐯당선(當選). 🐯낙첨(落籤).

당초 當初 | 당할 당, 처음 초
[initially; originally]
그[當] 처음[初]. 처음, 애초.

당파 黨派 | 무리 당, 갈래 파
[party; school; league]
주장과 이해를 같이하는 사람끼리 무리지어[黨] 나뉜 갈래[派]. ¶당파를 결성하다. 🐯파당(派黨), 파벌(派閥).

당혹 當惑 | 당할 당, 홀릴 혹
[be perplexed; be embarrassed]
갑자기 일을 당(當)하여 어찌할 바를 모르고 쩔쩔맴[惑]. ¶그의 태도에 당혹했다 / 당혹감을 감추지 못했다. 🐯당황(唐慌).

당황 唐慌 | =唐惶, 황당할 당, 절박할 황
[be confused; be perplexed]
황당(荒唐)하여 어찌할 바를 모름[慌]. 놀라서 어리둥절해 함. ¶뜻밖의 질문에 선생님은 당황스러운 표정이었다. 🐯당혹(當惑), 어리둥절하다.

대:[1] **代** | 세대 대 [generation]
조상으로부터 내려오는 차례를 세는 말. ¶충선공 62대 손이다.

대:[2] **對** | 대할 대
[counterpart; against]
❶서로 짝을 이루는 것. ¶주련(柱聯) 한 대. ❷두 사물을 마주 놓고 비교할 때 쓰는 말. ¶두 팀은 2대 2로 동점을 이루었다.

대[3] **臺** | 돈대 대
탈것이나 기계 따위를 셀 때 쓰는 말. ¶차 한 대가 멈췄다.

대:가[1] **大家** | 큰 대, 사람 가
[great master; authority]

❶[속뜻]학문이나 기예 등 전문 분야에 조예가 크게[大] 깊은 사람[家]. ❷대대로 번창한 집안. [비]달인(達人), 명인(名人), 거장(巨匠).

대:가²代價 | 대신할 대, 값 가
[price; cost]
❶[속뜻]물건을 대신(代身)하는 값[價]으로 치르는 돈. ¶노동의 대가로 임금을 받다. ❷어떤 일을 함으로써 생기는 희생이나 손해. 또는 그것으로 하여 얻어진 결과. ¶어떤 대가를 치르더라도 반드시 해낼 것이다. [비]대금(代金), 삯.

대:가³對價 | 대할 대, 값 가
[remuneration; consideration]
❶[속뜻]자기의 재산이나 노무 따위를 남에게 제공한 것에 대(對)한 값어치[價]. ¶수고의 대가. ❷[법률]보수로서 얻는 재산상의 이익. 물건의 매도, 대금, 가옥의 임대, 노임 따위로 얻는 이익을 이른다.

대:-가족 大家族 | 큰 대, 집 가, 겨레 족
[big family]
❶[속뜻]식구가 많은[大] 가족(家族). ❷직계와 방계 및 노비 등을 포함하는 가족. ¶우리 집은 대가족이다. [반]소가족(小家族).

▸대:가족-제 大家族制 | 정할 제
[사회]조부모, 부모, 형제 및 그 배우자와 자녀들 등 많은 가족[大家族]이 한 집에 모여 사는 가족 제도(制度). '대가족제도'의 준말. ¶전통적인 대가족제가 해체되고 있다.

대:각 對角 | 대할 대, 뿔 각
[opposite angle]
[수학]다각형에서 어떤 각에 대해 마주보는[對] 각(角).

▸대:각-선 對角線 | 줄 선
[수학]다각형에서 서로 마주보는[對] 두 꼭지점[角]을 잇는 직선(直線). 또는 다면체에서 같은 면에 있지 않은 두 꼭지점을 잇는 직선. ¶사각형은 두 개의 대각선을 가진다.

⁑대:감 大監 | 큰 대, 볼 감
[His your Excellency]
❶[속뜻]큰[大] 일을 맡아보던[監] 벼슬아치. ❷[역사]조선 시대, 정이품 이상의 벼슬아치의 존칭. ❸대신이나 장관 등의 지위에 있는 관리의 존칭.

대:강 大綱 | 큰 대, 줄거리 강
[outline; in general]
❶[속뜻]큰[大] 줄거리[綱]. '대강령'(大綱領)의 준말. ¶대강을 파악하다. ❷일의 중요한 부분만 간단하게. ¶그 일은 대강 끝났다. [비]대충, 대략(大略), 대개(大概). [반]일일이.

대:개¹大蓋 | 큰 대, 덮을 개
[as a (general) rule; in principle]
❶[속뜻]큰[大] 덮개[蓋]. ❷일의 큰 원칙으로 보아서 말하건대. ¶대개 사내대장부란 그릇이 커야 한다.

대:개²大槪 | 큰 대, 대강 개
[outline; generally]
❶[속뜻]대체(大體)의 줄거리[槪]. ❷그저 웬만한 정도로. 대체로. ¶씨앗은 대개 이른 봄에 뿌린다. [비]대략(大略), 대부분(大部分).

대:-검찰청 大檢察廳 | 큰 대, 검사할 검, 살필 찰, 관청 청
[법률]대법원에 대응하여 설치된 최고[大] 검찰(檢察) 기관[廳]. [준]대검.

대:결 對決 | 대할 대, 결정할 결
[fight; contest]
둘이 맞서서[對] 승부를 결정(決定)함. ¶세기의 대결을 벌이다. [비]투쟁(鬪爭).

대:경-실색 大驚失色 | 큰 대, 놀랄 경, 잃을 실, 빛 색
크게[大] 놀라[驚] 얼굴빛[色]이 제 모습을 잃어[失] 하얗게 변함.

대:공¹對共 | 대할 대, 함께 공
[anticommunism]
공산주의(共産主義) 또는 공산주의자를 상대(相對)로 함. ¶대공 수사.

대:공²對空 | 대할 대, 하늘 공

[anti-aircraft]
지상에서 공중(空中)의 목표물을 상대(相對)함. ¶군은 대공 미사일을 개발했다.

대공무사 大公無私 | 큰 대, 공평할 공, 없을 무, 사사로울 사
❶[속뜻] 매우[大] 공평[公]하고 사사로움[私]이 없음[無]. ❷일 처리가 매우 공정하고 공평함. 사리사욕을 취하지 아니함. ¶대공무사한 일처리로 남들의 추앙을 받았다.

대:-공원 大公園 | 큰 대, 여럿 공, 동산 원 [large public park]
규모가 매우 큰[大] 공원(公園).

대:관 大官 | 큰 대, 벼슬 관
[dignitary; high official]
❶[속뜻] 높은[大] 벼슬[官]. 또는 그 벼슬에 있는 사람. ❷[역사] 정승(政丞). ❸[역사] 지역이 넓고 인구가 많으며 물산이 풍부한 큰 고을.

대:-관절 大關節 | 큰 대, 빗장 관, 마디 절 [in brief; in a word]
❶[속뜻] 큰[大] 고비[關]가 되는 마디[節]. ❷여러 말 할 것 없이 요점만 말하건대. ¶대관절 어떻게 된 일입니까? [비] 도대체.

대:-괄호 大括弧 | 큰 대, 묶을 괄, 활 호
[brackets]
[언어] 크게[大] 묶을[括] 때 사용하는 활[弧] 모양의 문장부호. '[ ]'로 표기한다.

대:교 大橋 | 큰 대, 다리 교
[grand bridge]
규모가 큰[大] 다리[橋].

대구 大口 | 큰 대, 입 구 [codfish]
[동물] 큰[大] 입[口]이 특징인 대구과(大口科)의 바닷물고기. 몸의 길이는 70~75cm이고 넓적하며 옅은 회갈색이다.

대:국[1] 大國 | 큰 대, 나라 국
[big nation]
큰[大] 나라[國]. ¶중국은 경제대국이다. [반] 소국(小國).

대:국[2] 對局 | 대할 대, 판 국
[facing a situation; confront]
❶[속뜻] 마주보고[對] 앉아서 바둑이나 장기 판[局]을 둠. ¶이창호와 대국하다. ❷어떤 형편이나 국면에 당면함. ¶대국을 판단하다.

대:군[1] 大君 | 큰 대, 임금 군
[(Royal) prince]
❶[속뜻] 큰[大] 군주(君主). 군주를 높여 이르는 말. ❷[역사] 예전에 왕의 종친(宗親)에게 주던 정일품 벼슬. ¶효령대군.

대:군[2] 大軍 | 큰 대, 군사 군
[large army]
병사의 수효가 많고 규모가 큰[大] 군대(軍隊). [비] 대병(大兵). ¶백만 대군.

대:권[1] 大圈 | 큰 대, 범위 권
[great circle]
❶[속뜻] 큰[大] 범위[圈]. ❷[수학] 구(球)를 그 중심을 지나는 평면으로 자를 때 생기는 원. ❸[지리] 지구 표면에 그린 대원. ¶대권 항로. [비] 대원(大圓).

대:권[2] 大權 | 큰 대, 권리 권
[supreme power; prerogative]
대통령(大統領)의 권한이나 권리(權利). ¶그는 차기 대권에 도전했다.

대:궐 大闕 | 큰 대, 대궐 궐
[royal palace]
임금이 거처하며 정사(政事)를 보던 큰[大] 집[闕]. [비] 궁궐(宮闕), 궁전(宮殿).

대:-규모 大規模 | 큰 대, 법 규, 본보기 모 [large scale]
일의 범위가 넓고 큰[大] 규모(規模). ¶대규모 집회를 열다. [반] 소규모(小規模).

대:금[1] 大笒 | 큰 대, 첨대 금
[음악] 대에 13개의 구멍이 뚫린, 크기가 큰[大] 전통피리[笒].

대:금[2] 代金 | 대신할 대, 돈 금
[price; cost]
물건의 값 대신(代身)으로 치르는 돈[金]. ¶대금을 치르다. [비] 값, 대가(代價).

*****대:기**[1] 大氣 | 큰 대, 공기 기
[air; atmosphere]
[지리] 지구 중력에 의해 지구 둘레를 크게

[大] 싸고 있는 기체(氣體).
▶대:기-권 大氣圈 | 우리 권
<small>지리</small> 지구 둘레를 싸고 있는 대기(大氣)의 범위[圈]. ¶대기권 밖으로 로켓을 발사하다 / 대기권 밖으로 나가다. ㉺ 기권.
▶대:기 오:염 大氣汚染 | 더러울 오, 물들일 염
<small>지리</small> 산업 활동이나 인간생활에서 생기는 유독 물질이 대기(大氣) 속에 섞여 생물이나 기물(器物)에 해를 끼칠 만큼 더러워진[汚染] 현상. ¶배기가스에 의한 대기 오염이 심각하다.

대:기² 待機 | 기다릴 대, 때 기
[watch and wait; stand ready]
❶<small>속뜻</small> 때나 기회(機會)를 기다림[待]. ❷<small>군사</small> 군대 등에서 출동 준비를 끝내고 명령을 기다림. ❸공무원의 대명(待命) 처분. ¶대기 발령
▶대:기-실 待機室 | 방 실
대기(待機)하는 사람이 기다리도록 마련된 방[室]. ¶환자 대기실 / 분만 대기실.

대:-기업 大企業 | 큰 대, 꾀할 기, 일 업
[large enterprise]
<small>경제</small> 자본금이나 종업원 수 따위의 규모가 큰[大] 기업(企業). ⓔ 중소 기업.

대:길 大吉 | 큰 대, 길할 길
[very lucky; have good luck]
크게[大] 길(吉)함. 아주 좋음.

대:남 對南 | 대할 대, 남녘 남
[against the South]
남(南)쪽 또는 남방(南方)을 상대(相對)로 함. ¶북한은 대남 방송을 했다.

대:뇌 大腦 | 큰 대, 골 뇌 [cerebrum]
<small>의학</small> 척추동물 뇌(腦)의 대부분(大部分)을 차지하여 좌우 한 쌍을 이룬 기관. 정신작용, 지각, 운동, 기억력 등을 맡은 중추가 분포한다. ⓔ 소뇌(小腦).

대:-다수 大多數 | 큰 대, 많을 다, 셀 수
[greater part of]
❶<small>속뜻</small> 대단히[大] 많은[多] 수(數). ❷거의 다. 거의 대부분. 다대수. ¶대다수 사람의 동의를 얻었다. ⓑ 대부분(大部分), 거의.

대:-단결 大團結 | 큰 대, 모일 단, 맺을 결 [unity]
여럿이[大] 모여[團] 뭉침[結]. ¶민족의 대단결을 도모하다.

대:-단원 大團圓 | 큰 대, 둥글 단, 둥글 원 [denouement; end]
❶<small>속뜻</small> 큰[大] 단원(團圓). ❷일의 맨 끝. ❸<small>문학</small> 영화나 연극 등에서 사건의 얽힌 실마리를 풀어 결말을 짓는 마지막 장면. ¶영화는 대단원의 막을 내렸다. ⓑ 대미(大尾).

대:-단위 大單位 | 큰 대, 홀 단, 자리 위
[large-scale]
아주 큰[大] 규모나 단위(單位). ¶대단위 공장이 들어설 예정이다. ⓔ 소단위(小單位).

대:담¹ 大膽 | 큰 대, 쓸개 담
[bold; daring]
❶<small>속뜻</small> 매우 큰[大] 쓸개[膽]. ❷담력이 크고 용감함. ¶대담하게 행동하다.

대:담² 對談 | 대할 대, 이야기 담 [talk]
어떤 일에 대(對)하여 서로 이야기[談]를 주고받음. 또는 그 이야기. ¶사업에 대해 대표자와 대담했다.

*대:답 對答 | 대할 대, 답할 답
[answer; reply]
❶<small>속뜻</small> 묻는 말에 대(對)하여 답(答)함. ¶선생님의 질문에 대답했다. ❷어떤 문제를 푸는 실마리. 또는 그 해답. ¶잘 생각해 보면 대답을 찾을 수 있다. ⓑ 응답(應答), 답변(答辯), 해답(解答). ⓔ 질문(質問).

대:대¹ 大隊 | 큰 대, 무리 대 [battalion]
❶<small>속뜻</small> 대규모(大規模)의 사람으로 조직된 한 무리[隊]. ❷<small>군사</small> 군대 편제상의 단위. 연대(聯隊)의 아래, 중대(中隊)의 위.

대:대² 代代 | 세대 대, 세대 대
[generation after generation]
거듭된 세대(世代). 여러 대를 계속하여. ¶우리 집은 대대로 학자 집안이다. ⓑ 세

세(世世).

대ː대-적 大大的 | 큰 대, 큰 대, 것 적 [extensive; large-scale]
범위나 규모가 썩 큰[大] 것[的]. ¶대대적 검문을 실시했다.

대ː-도시 大都市 | 큰 대, 도읍 도, 저자 시 [big city]
지역이 넓고 인구가 많으며, 정치적·경제적·문화적 활동의 중심이 되는 큰[大] 도시(都市). ⓑ대도회(大都會). ⓜ소도시(小都市).

대ː도호-부 大都護府 | 큰 대, 도읍 도, 보호할 보, 관청 부
역사 고려·조선 때, 지방 행정 기관. 고려 때는 경주·해주·전주·안주의 네 곳에, 조선 때는 안동·창원·강릉·영변·영흥의 다섯 곳에 설치하였다.

대ː동¹ 大同 | 큰 대, 한가지 동
❶속뜻 크게[大] 하나로[同] 화합함. ¶대동 화합의 정신. ❷요순 같은 성군의 세상과 똑같이 번영하여 화평하게 됨. ¶대동 세상. ❸조금 차이는 있어도 대체로 같음.

▶ **대ː동-법 大同法** | 법 법
역사 조선 중기 후기에 여러 가지 공물을 쌀로 통일하여[大同] 바치게 한 납세 제도[法].

▶ **대ː동-소ː이 大同小異** | 작을 소, 다를 이
대체(大體)로 같고[同] 조금[小]만 다름[異]. 비슷비슷함. ¶두 제품의 기능은 대동소이하다.

대ː동² 大東 | 큰 대, 동녘 동
❶속뜻 동방(東方)의 큰[大] 나라. ❷'우리나라'를 달리 이르던 말.

▶ **대ː동-여지도 大東輿地圖** | 많을 여, 땅 지, 그림 도
지리 1861년에 김정호가 우리나라[大東]의 모든[輿] 지역(地域)을 답사하여 그린 지도(地圖).

대ː-동맥 大動脈 | 큰 대, 움직일 동, 줄기 맥 [aorta; main artery]
❶의학 대순환(大循環)의 본줄기를 이루는 굵은[大] 동맥(動脈). 심장의 좌심실에서부터 시작된다. ❷'한 나라 교통의 가장 중요한 간선(幹線)'을 비유하여 이르는 말. ¶경부선은 우리나라 교통의 대동맥이다.

대ː두¹ 大豆 | 큰 대, 콩 두 [soybean]
식물 콩[豆]과의 한해살이풀. 콩. '팥'을 이르는 '소두'(小豆)와 구분을 위하여 '大'자를 붙여 부른다.

대두² 擡頭 | 들 대, 머리 두 [raise one's head; rise]
❶속뜻 고개[頭]를 듦[擡]. ❷어떤 현상이 일어남. ¶르네상스가 새롭게 대두되다. ❸여러 줄로 써 나가는 글 속에서 경의(敬意)를 나타내는 글귀는 다른 줄을 잡아 쓰되 다른 줄보다 몇 자 올려 쓰는 일.

대ː등 對等 | 대할 대, 같을 등 [equal]
서로에 대(對)하여 걸맞음[等]. 양쪽이 비슷함. ¶양 팀은 대등한 시합을 펼쳤다.

대ː란 大亂 | 큰 대, 어지러울 란 [serious disturbance]
❶속뜻 큰[大] 난리(亂離). 큰 변란. ❷몹시 어지러움. ¶귀향 인파가 몰려 교통대란이 예상된다.

대ː략 大略 | 큰 대, 다스릴 략 [outline; generally]
❶속뜻 큰[大] 계략(計略). 뛰어난 지략. ❷대체의 개략(概略). ¶대략의 내용을 소개했다. ⓑ대강(大綱), 개요(概要).

▶ **대ː략-적 大略的** | 것 적
전체를 요약한[大略] 것[的]. ¶대략적인 지식만으로는 부족하다.

__대ː량 大量__ | 큰 대, 분량 량 [large quantity]
크게[大] 많은 분량(分量). ¶대량으로 사면 값이 싸다. ⓑ다량(多量). ⓜ소량(小量).

대ː련 對鍊 | 대할 대, 익힐 련 [spar; emulate; rival]
운동 태권도나 유도 따위에서 두 사람이

상대(相對)하여 기술을 익힘[鍊]. [비] 겨루기.

대:령[1]**大領** | 큰 대, 거느릴 령 [colonel; captain]
[군사] 영관(領官) 계급 중 가장 윗[大]계급. 중령의 위, 준장의 아래.

대:령[2]**待令** | 기다릴 대, 명령 령 [wait for an order]
명령(命令)을 기다림[待]. [비] 대기(待機).

대:례 大禮 | 큰 대, 예도 례 [state ceremony; grand ceremony]
❶[속뜻] 규모가 중대(重大)한 예식(禮式). ¶대례를 지내다. ❷혼인을 치르는 큰 예식. ¶대례를 치르다.

▸ 대:례-복 大禮服 | 옷 복
[역사] 나라의 중대한 의식[大禮]이 있을 때에 벼슬아치가 입던 예복(禮服).

대:로 大路 | 큰 대, 길 로 [broad way; main road]
폭이 넓고 큰[大] 길[路]. ¶대로를 활보하고 다니다. [비] 대도(大道). [반] 소로(小路).

대:류 對流 | 대할 대, 흐를 류 [convection current]
❶[속뜻] 서로 맞은[對] 편으로 흐름[流]. ❷[물리] 밀도차로 인하여 온도가 높은 기체나 액체가 위로 올라가고, 온도가 낮은 것은 아래로 내려오는 현상.

***대:륙 大陸** | 큰 대, 뭍 륙 [continent]
❶[속뜻] 크고[大] 넓은 땅[陸]. ❷[지리] 바다로 둘러싸인 지구상의 커다란 육지. [비] 대주(大洲).

▸ 대:륙-붕 大陸棚 | 선반 붕
[지리] 대륙(大陸)이나 큰 섬 주변을 둘러싸고 있는 경사가 완만한 선반[棚] 모양의 해저(海底). [비] 육붕(陸棚).

대:리 代理 | 대신할 대, 다스릴 리 [represent]
남의 일을 대신(代身) 처리(處理)함. 또는 그런 사람. ¶대리 출석하다 / 대리 만족.

▸ 대:리-점 代理店 | 가게 점
대리상(代理商)의 영업소[店].

대:리-석 大理石 | 큰 대, 다스릴 리, 돌 석 [marble]
❶[속뜻] 중국 대리(大理)에서 생산되는 암석(巖石). ❷[광업] 석회암이 높은 열과 강한 압력을 받아 재결정한 암석. [비] 대리암(大理巖).

대:리-암 大理巖 | 큰 대, 다스릴 리, 바위 암 [marble]
❶[속뜻] 중국 대리(大理)에서 생산되는 암석(巖石). ❷[광업] 대리석(大理石).

***대:립 對立** | 대할 대, 설 립 [be opposed to]
❶[속뜻] 서로 마주하여[對] 섬[立]. 서로 맞서거나 버팀. ❷서로 반대되거나 모순됨. 또는 그런 관계. ¶양당이 대립하고 있다. [비] 대치(對峙), 대항(對抗).

대:마 大麻 | 큰 대, 삼 마 [hemp]
[식물] 뽕나뭇과에 속하는 긴[大] 섬유[麻]가 채취되는 식물을 통틀어 이르는 말. [비] 삼.

▸ 대:마-초 大麻草 | 풀 초
삼[大麻]의 이삭이나 잎[草].

대:-만원 大滿員 | 큰 대, 찰 만, 인원 원 [full house]
정원(定員)이 꽉[大] 참[滿]. ¶극장은 연일 대만원이다.

대:-만족 大滿足 | 큰 대, 가득할 만, 넉넉할 족 [very well]
매우 크게[大] 만족(滿足)스러워함. ¶그 일이 나로서는 대만족이다.

대:망 待望 | 기다릴 대, 바랄 망 [expect; anticipate]
기다리고[待] 바람[望]. ¶대망의 1위는 홍길동 선수입니다.

대:면 對面 | 대할 대, 낯 면 [interview; meet]
얼굴[面]을 마주보고 대(對)함. ¶첫 대면에서 실례를 하고 말았다. [비] 면접(面接), 면대(面對).

대:-명사 代名詞 | 대신할 대, 이름 명,

말씀 사 [pronoun]
❶언어 사람이나 장소, 사물의 이름[名]을 대신(代身)하여 쓰는 말[詞]. ¶자기를 가리키는 일인칭 대명사는 '나'이다. ❷어떤 사람이나 사물의 대표적인 특색을 대신하여 나타내는 말. ¶신사임당은 현모(賢母)의 대명사이다. ⓑ 대이름씨.

대:명-천지 大明天地 | 큰 대, 밝을 명, 하늘 천, 땅 지
아주[大] 밝은[明] 세상[天地]. ¶대명천지에 감히 그런 짓을 저지르다니.

대:모 代母 | 대신할 대, 어머니 모
[godmother]
가톨릭 세세(聖洗) 성사나 견진(堅振) 성사를 받는 여자의 신앙 생활을 도와 대신(代身)하는 여자[母] 후견인을 이르는 말.

대:문 大門 | 큰 대, 문 문
[great gate; main entrance]
❶속뜻 큰[大] 문[門]. ❷집의 정문. ¶대문에 초인종을 달았다. ⓑ 정문(正門). ⓜ 소문(小門).

대:-문자 大文字 | 큰 대, 글자 문, 글자 자 [capital]
큰[大] 서체의 글자[文字]. ¶'a'의 대문자는 'A'이다. ⓜ 소문자(小文字).

대:미¹ 大尾 | 큰 대, 꼬리 미 [finale]
❶속뜻 큰[大] 꼬리[尾]. ❷행사 따위의 맨 마지막 부분. ¶미술공연은 파티의 대미를 장식했다. ⓑ 대단원(大團圓).

대:미² 對美 | 대할 대, 미국 미 [towards America]
미국(美國)에 대(對)한. ¶대미 무역 / 대미 의존도 / 대미 무역 적자.

대범 大汎 | 큰 대, 넘칠 범
[large-hearted]
❶속뜻 물이 크게[大] 철철 넘침[汎]. ❷사물 따위가 잘지 않고 까다롭지 않음. ¶대범한 성격. ⓑ 대담(大膽), 낙락(落落).

대:-법관 大法官 | 큰 대, 법 법, 벼슬 관 [justice of the Supreme Court]
법률 대법원(大法院)을 구성하는 법관(法官).

대:-법원 大法院 | 큰 대, 법 법, 집 원 [Supreme Court]
법률 우리나라의 최고[大] 법원(法院). 대법원은 사법부의 최고 기관이다.

대:변¹ 大便 | 큰 대, 똥오줌 변 [excrements; feces]
사람의 똥[便]. '오줌'을 '소변'(小便)이라고 하는 것에 대한 상대적인[大] 명칭. ⓒ 변. ⓜ 소변(小便).

대:변² 代辯 | 대신할 대, 말 잘할 변 [represent; indicate]
❶속뜻 어떤 기관이나 개인을 대신(代身)하여 말함[辯]. ¶어머니를 위하여 딸이 대변했다 / 노동자의 권익을 대변하다. ❷사실이나 상황을 나타내다. ¶증시는 경제를 대변한다.

▶ 대:변-인 代辯人 | 사람 인
대변(代辯)하는 일을 맡은 사람[人]. ¶정부 대변인은 개각을 발표했다. ⓑ 대변자(代辯者).

대본 臺本 | 무대 대, 책 본
[script; scenario]
❶속뜻 배우가 연극을 연습할 때 무대[臺]에서 보는 책[本]. ❷문학 연극의 상연이나 영화 제작 등에 기본이 되는 각본(脚本). ¶소설을 바탕으로 대본을 썼다. ⓑ 각본(脚本).

대:부 代父 | 대신할 대, 아버지 부
[godfather]
❶속뜻 아버지[父] 역할을 대신[代]함. 또는 그런 사람. ❷가톨릭 영세나 견진성사(堅振聖事)를 받는 남자의 신앙생활을 돕는 남자 후견인을 이르는 말. ⓑ 교부(敎父). ⓜ 대모(代母).

대:-부분 大部分 | 큰 대, 나눌 부, 나눌 분 [greater part of; most of]
반이 훨씬 넘어 전체에 가까운[大] 수효나 분량[部分]. 거의 다. ¶장례식에 참가한 사람들은 대부분 검은 색 옷을 입었다. ⓑ 거의, 대개(大概).

대:북 對北 | 대할 대, 북녘 북
[with North Korea]
북(北)쪽 또는 북방(北方)을 상대(相對)로 함. ¶한국 정부는 대북 지원을 아끼지 않다.

대:-분수 帶分數 | 지닐 대, 나눌 분, 셀 수 [mixed number]
수학 정수가 진분수(眞分數)를 지니고[帶] 있는 것. 3과 2분의1 따위.

대:비¹ 大妃 | 큰 대, 왕비 비
[Queen Mother]
❶속뜻 큰[大] 왕비(王妃). ❷선왕의 후비. ¶대비께서 나오신다.

*대:비² 對比 | 대할 대, 견줄 비
[contrast; compare]
❶속뜻 서로 맞대어[對] 비교(比較)함. ¶성적이 전년과 대비해 20점이 올랐다. ❷서로 대립되는 감정이 접촉해 있을 때 그 차이가 두드러지는 현상. ¶붉은 색과 검은 색의 대비가 인상적이다.

*대:비³ 對備 | 대할 대, 갖출 비 [prepare]
앞으로 있을 어떤 일에 대응(對應)하여 미리 준비(準備)함. 또는 그런 준비. ¶노후를 대비해 저축하다.

대:사¹ 大事 | 큰 대, 일 사
[great thing; important matter]
❶속뜻 큰[大] 일[事]. ❷'대례'(大禮)를 속되게 이르는 말. ¶교육은 국가의 대사다. 맨 소사(小事).

대:사² 大師 | 큰 대, 스승 사
[saint; great Buddhist priest]
불교 ❶'고승'(高僧)을 스승[師]으로 높여[大] 일컫는 말. ❷고려·조선 때, 덕이 높은 선사(禪師)에게 내리던 승려 법계(法階)의 한 가지.

대사³ 臺詞 | 무대 대, 말씀 사
[speech; words]
배우가 무대(舞臺) 위에서 하는 말[詞]. 대화(對話)·독백(獨白)·방백(傍白) 따위. ¶대사를 다 못 외웠으니 큰일이다.

대:사⁴ 大使 | 큰 대, 부릴 사

[ambassador]
법률 나라를 대표하여 다른 나라에 파견되어 외교를 맡아보는 최고[大] 직급의 사신(使臣). ¶주미 한국 대사로 발령을 받아 곧 미국으로 떠난다.

▶ 대:사-관 大使館 | 집 관
법률 대사(大使)를 장(長)으로 하는 외교 사절단이 주재하며 공무를 집행하는 공관(公館).

대:-사헌 大司憲 | 큰 대, 맡을 사, 상관 헌
역사 예전에, 사헌부(司憲府)의 으뜸[大] 벼슬. 관리들을 감찰하는 업무를 맡았다.

대:상¹ 大賞 | 큰 대, 상줄 상
[grand prize; grand prix]
경연 대회 등에서 가장 우수한[大] 사람이나 단체에 주는 상(賞). ¶전국노래자랑에서 대상을 받았다.

대상² 隊商 | 무리 대, 장사 상 [caravan]
사막 지방에서 낙타나 말에 상품을 싣고 떼[隊]를 지어 먼 곳을 다니면서 장사하는 상인(商人). 비 상대(商隊).

*대:상³ 對象 | 대할 대, 모양 상 [subject; target]
❶속뜻 대면(對面)하고 있는 형상(形象). ❷행위의 상대(相對) 또는 목표가 되는 것. ¶먼저 연구 대상을 선정해야 한다. 비 목표(目標).

▶ 대:상-자 對象者 | 사람 자
대상(對象)이 되는 집단이나 사람[者]. ¶경쟁 대상자 / 상금 수여 대상자.

대:서양 大西洋 | 큰 대, 서녘 서, 큰바다 양 [Atlantic Ocean]
지리 유럽 대륙(大陸)의 서(西)쪽에 있는 바다[洋]. 오대양의 하나로 유럽 대륙과 아메리카 대륙의 사이에 있다.

대:서-특필 大書特筆 | 큰 대, 쓸 서, 특별할 특, 글씨 필 [headline]
❶속뜻 크게[大] 써서[書] 특별(特別)히 두드러져 보이도록 한 글씨[筆]. ❷신문 따위의 출판물에서 어떤 기사에 큰 비중

을 두어 다룸을 이르는 말. ¶미국 대통령의 러시아 방문을 대서특필하다.

대석 臺石 | 돈대 대, 돌 석 [footstone]
밑받침[臺] 돌[石]. ¶묘의 대석을 놓다.

대:선 大選 | 큰 대, 가릴 선 [election]
[정치] '대통령선거'(大統領選擧)의 준말.

대:설 大雪 | 큰 대, 눈 설 [heavy snow]
❶[속뜻] 많이[大] 내린 눈[雪]. ¶대설로 비행기 운행이 중단됐다. ❷소설(小雪)과 동지(冬至) 사이에 있는 절기. 12월 7일경. ¶올해 대설에는 눈이 오지 않았다. [비] 폭설(暴雪).

대:성[1] 大成 | 큰 대, 이룰 성
[attain greatness]
❶[속뜻] 큰[大] 성공(成功). 크게 성공함. ¶자식의 대성을 바라는 부모. ❷학문을 크게 이룸. ¶주자학(朱子學)을 대성하다.

대:성[2] 大聖 | 큰 대, 거룩할 성
[great sage; mahatma Sans.]
❶[속뜻] 지극히 크게[大] 거룩한[聖] 분. ❷공자(孔子)를 높여 이르는 말. ❸[불교] 석가처럼 정각(正覺)을 얻은 사람을 이르는 말.

▶ 대:성-전 大聖殿 | =大成殿, 대궐 전
문묘(文廟) 안에 공자[大聖]의 위패를 모셔 놓은 전각(殿閣).

대:-성공 大成功 | 큰 대, 이룰 성, 공로 공 [great success]
만족할 만큼 크게[大] 성공(成功)함. ¶전국체전은 대성공이었다.

대:-성당 大聖堂 | 큰 대, 거룩할 성, 집 당 [cathedral]
[가톨릭] 교구의 중심이 되는 큰[大] 성당(聖堂). [비] 주교좌성당(主教座聖堂).

대:성-통곡 大聲痛哭 | 큰 대, 소리 성, 아플 통, 울 곡 [wail loudly]
큰[大] 소리[聲]로 마음이 아파[痛] 슬피 욺[哭]. [비] 방성대곡(放聲大哭).

대:세 大勢 | 큰 대, 형세 세
[general tendency; trend]
❶[속뜻] 대체(大體)의 형세(形勢). ❷큰 세력. ¶대세가 우리 쪽으로 기울었다. [비] 형세(形勢), 사세(事勢).

대:소 大小 | 큰 대, 작을 소 [size]
크고[大] 작음[小]. ¶대소의 일을 가리지 않고 해결해 주었다.

대:-소변 大小便 | 큰 대, 작을 소, 똥 오줌 변 [feces and urine]
똥[大便]과 오줌[小便]. ¶아이가 대소변을 가릴 나이는 지났다.

대:-소사 大小事 | 큰 대, 작을 소, 일 사
[matters great and small]
크고[大] 작은[小] 모든 일[事]. ¶집사는 그동안 우리 집안 대소사를 맡아왔다.

대:-소수 帶小數 | 지닐 대, 작을 소, 셀 수 [mixed decimal]
[수학] 정수(整數)가 소수(小數)를 지니고[帶] 있는 것. 4.13, 5.041 따위.

대수 臺數 | 돈대 대, 셀 수
대(臺)를 단위로 헤아리는 물건의 수(數). ¶택시 대수가 크게 늘었다.

대:승[1] 大乘 | 큰 대, 수레 승
[Mahayana Sans.; Great Vehicle]
❶[속뜻] 깨달음의 세계인 피안으로 타고 가는 큰[大] 수레[乘]. ❷[불교] 이타주의(利他主義)에 의하여 널리 인간 전체의 구제를 주장하는 적극적인 불법. [반] 소승(小乘).

대:승[2] 大勝 | 큰 대, 이길 승
[gain a great victory]
크게[大] 이김[勝]. ¶강감찬은 귀주에서 대승을 거두었다. [비] 대승리(大勝利), 대첩(大捷), 대파(大破). [반] 대패(大敗).

대:-식구 大食口 | 큰 대, 먹을 식, 입 구
[large household]
많은[大] 식구(食口). 식구가 많음. ¶아버지는 대식구를 먹여 살리느라 고생이 많았다.

***대:신[1]** 大臣 | 큰 대, 신하 신
[minister; cabinet member]
크고[大] 무거운 책무를 맡은 신하(臣下).

****대:신[2]** 代身 | 바꿀 대, 몸 신

[be substituted; take the place of]
❶속뜻 몸[身]을 바꿈[代]. ❷어떤 대상과 자리를 바꾸어서 있게 되거나 어떤 대상이 하게 될 구실을 바꾸어서 하게 됨. ¶사장을 대신해 부사장이 왔다. ㉾직접(直接).

대-신기전 大神機箭 | 큰 대, 귀신 신, 틀 기, 화살 전
❶속뜻 대형(大型)의 신기전(神機箭). ❷ 총길이 558cm정도에, 약통을 달아 만든 로켓 다연발 화살무기.

대:안¹ 代案 | 바꿀 대, 생각 안
[alternative idea]
기존의 방안을 바꾸어[代] 내놓은 생각[案]. ¶획기적인 대안을 내놓았다.

대:안² 對案 | 대할 대, 생각 안
[counterproposal]
❶속뜻 어떤 문제에 대한[對] 이편의 해결 방안(方案). ❷상대편에 맞선 이편의 생각이나 방안. ¶피고인의 변호에 맞서 검사 측에서도 대안을 마련했다.

대:양 大洋 | 큰 대, 큰바다 양 [ocean]
지리 크고[大] 넓은 바다[洋]. 특히 태평양, 대서양, 인도양, 북극해, 남극해를 가리킨다.

대:어 大魚 | 큰 대, 물고기 어 [big fish]
큰[大] 물고기[魚]. ¶대어를 낚다.

대:업 大業 | 큰 대, 일 업
[great work; great deed]
❶속뜻 큰[大] 사업(事業). ¶민족 중흥의 역사적 대업을 이루다. ❷나라를 세우는 일.

대:여 貸與 | 빌릴 대, 줄 여
[lend; loan]
빌려[貸] 주거나 꾸어 줌[與]. ㉾대급(貸給), 임대(賃貸). ㉾차용(借用).

▶ **대:여-금 貸與金** | 돈 금
빌려주는[貸與] 돈[金]. ¶대여금을 갚다.

▶ **대:여-료 貸與料** | 삯 료
빌려주는[貸與] 물건에 대하여 물리는 요금(料金). ¶대여료를 연체하다.

▶ **대:여-점 貸與店** | 가게 점
돈을 받고 일정 기간 동안 특정한 물품을 빌려 주는[貸與] 가게[店]. ¶비디오 대여점 / 스키 대여점.

대:역 代役 | 바꿀 대, 부릴 역
[important duty; heavy role]
❶속뜻 역할(役割)을 바꿈[代]. ❷연영 연극·영화 따위에서 어떤 배우의 배역을 대신하여 일부 연기를 다른 사람이 하는 일. 또는 그런 사람. ¶비록 작은 대역이었지만 열심히 연기했다.

대:-연회 大宴會 | 큰 대, 잔치 연, 모일 회
크게[大] 차리는 연회(宴會).

대열 隊列 | 무리 대, 줄 렬
[column; file; rank]
❶속뜻 질서 있게 늘어선[隊] 행렬(行列). ❷어떤 활동을 목적으로 이루어진 한 떼. ¶휴식이 끝나고 대열을 정돈했다. ㉾대오(隊伍).

**대:왕 大王 | 큰 대, 임금 왕
[great king]
❶속뜻 훌륭하고 업적이 뛰어나게 큰[大] 임금[王]을 높여 일컫는 말. ❷'선왕'(先王)의 높임말.

대:외 對外 | 대할 대, 밖 외
[outside; foreign]
외부 또는 외국(外國)에 대(對)함. ¶대외 무역수지가 크게 악화되었다. ㉾대내(對內).

대:용 代用 | 대신할 대, 쓸 용
[substitute]
다른 것의 대신(代身)으로 씀[用]. 또는 그 물건. ¶밥을 대용할 새로운 식품을 개발 중이다.

대:우 待遇 | 기다릴 대, 만날 우 [treat]
❶속뜻 기다려[待] 만남[遇]. ❷신분에 맞게 대접함. ¶국빈 대우를 하다. ❸직장 따위에서 받는 보수의 수준이나 직위. ¶그 회사는 대우가 좋다.

대:웅 大雄 | 큰 대, 뛰어날 웅

❶[속뜻] 위대(偉大)한 영웅(英雄). ❷[불교] '부처'에 대한 덕호(德號).

▸ 대:웅-전 大雄殿 | 대궐 전
[불교] 부처[大雄]를 모신 법당[殿].

대원 隊員 | 무리 대, 사람 원 [member]
부대(部隊)나 집단을 이루고 있는 사람[員]. ¶행동대원 / 탐험대 대원.

대:위 大尉 | 큰 대, 벼슬 위
[captain; lieutenant]
[군사] 국군의 위관(尉官)중 가장 높은[大] 계급. 소령(少領)의 아래, 중위(中尉)의 위.

대:-음순 大陰脣 | 큰 대, 응달 음, 입술 순 [labia majora]
[의학] 여성의 음부(陰部)에 입술[脣]처럼 크게[大] 도드라져 털이 돋아나 있는 부분.

대:응 對應 | 대할 대, 응할 응
[deal with; correspond to]
❶[속뜻] 맞서서[對] 서로 응(應)함. ❷어떤 일이나 사태에 알맞은 조치를 취함. ¶폭력사태에 대해 강력하게 대응하다. ❸[수학] 합동이나 닮은꼴인 두 도형의 같은 자리에서 짝을 이루는 요소끼리의 관계. [비] 상대(相對), 대등(對等).

▸ 대:응-각 對應角 | 뿔 각
[수학] 두 도형이 합동이거나 닮은꼴일 때 서로 대응(對應)하는 자리에 있는 각(角). [비] 짝진각.

▸ 대:응-변 對應邊 | 가 변
[수학] 두 도형이 합동이거나 닮은꼴일 때 서로 대응(對應)하는 자리에 있는 변(邊). [비] 짝진변.

▸ 대:응-점 對應點 | 점 점
[수학] 두 도형이 합동이거나 닮은꼴일 때 서로 대응(對應)하는 자리에 있는 점(點). [비] 짝진점.

▸ 대:응-표 對應表 | 겉 표
[수학] 두 사실이 서로 규칙적으로 일정한 관계를 맺고 있는[對應] 여러 경우들을 나타낸 표(表).

대:의[1] 大義 | 큰 대, 옳을 의
[great duty; loyalty]
사람, 특히 국민으로서 마땅히 행하거나 지켜야 할 큰[大] 도리[義]. ¶대의를 따르다.

▸ 대:의-명분 大義名分 | 이름 명, 나눌 분
사람으로서 응당 지켜야 할 도리[大義], 떳떳한 명분(名分).

대:의[2] 代議 | 대신할 대, 따질 의
[representation]
❶[속뜻] 많은 사람을 대표(代表)하여 나온 사람끼리의 논의(論議). ❷[정치] 선거로 뽑힌 의원이 국민의 의사를 대표하여 정치를 논의하는 일. ¶대의 정치 / 대의 민주주의.

▸ 대:의-원 代議員 | 사람 원
지역이나 직장 따위에서 대표(代表)로 선출되어 정당이나 노동조합 등의 대회에서 의결(議決)에 참가하는 사람[員]. ¶안건은 대의원 회의를 통해 가결되었다.

대:-이동 大移動 | 큰 대, 옮길 이, 움직일 동 [wholesale change]
여럿이[大] 한꺼번에 자리를 옮겨[移] 움직이는[動] 일. ¶설과 추석만 되면 민족대이동이 일어난다.

대:인[1] 大人 | 큰 대, 사람 인
[adult; great man]
❶[속뜻] 다 큰[大] 사람[人]. ¶소인은 3천원, 대인은 5천원이다. ❷마음이 넓고 점잖은 사람. '대인군자'(大人君子)의 준말. [비] 성인(成人). [반] 소인(小人).

대:인[2] 對人 | 대할 대, 남 인
[toward (with) personnel]
남[人]을 대(對)함.

▸ 대인 관계 對人關係 | 빗장 관, 맬 계
남과 만나[對人] 이루어진 관계(關係). ¶그는 대인 관계가 좋다.

대:일 對日 | 대할 대, 일본 일
[toward Japan]
일본(日本)에 대(對)한. ¶대일 청구권.

대입[1] 大入 | 큰 대, 들 입

[enroll at college]
'대학교입학'(大學校入學)의 준말. ¶대입 시험 / 대입 준비.

대:입² 大入 │ 바꿀 대, 들 입 [substitute]
❶속뜻 다른 것으로 바꾸어[代] 넣음[入]. ❷수학 대수식에서 문자 대신 일정한 수치를 바꿔 넣는 일. ¶수를 대입해 문제를 풀다.

대:자 大字 │ 큰 대, 글자 자
[large character]
큰[大] 글자[字]. '대문자'(大文字)의 준말. ⊕ 소자(小字).

▶ 대:자-보 大字報 │ 알릴 보
큰[大] 글씨[字]로 쓴 벽보(壁報). ¶대자보를 붙여 집회를 알렸다.

대:-자연 大自然 │ 큰 대, 스스로 자, 그러할 연 [nature; great outdoors]
넓고 큰[大] 자연(自然). 위대한 자연.

대:작 大作 │ 큰 대, 지을 작
[great work; masterpiece]
❶속뜻 내용이 방대하고 규모가 큰[大] 작품(作品). ❷뛰어난 작품. ¶이 영화는 20세기 최고의 대작이다. ⊕ 거작(巨作), 걸작(傑作). ⊕ 졸작(拙作).

대:장¹ 大將 │ 큰 대, 장수 장
[general; admiral]
❶군사 국군의 장성(將星) 중 가장 위[大] 계급. ❷그 방면에 능하거나 몹시 즐기는 사람. ¶지각대장. ⊕ 수장(首長).

대장² 隊長 │ 무리 대, 어른 장
[captain; commander; leader]
한 부대(部隊)를 지휘하는 우두머리[長].

대장³ 臺帳 │ 돈대 대, 장부 장
[ledger; register]
❶속뜻 근거나 밑받침[臺]이 되도록 어떤 사항을 기록한 장부(帳簿). ¶토지대장. ❷상업상의 모든 계산을 기록한 원부(原簿). ¶출납대장.

대:장⁴ 大腸 │ 큰 대, 창자 장
[large intestine; colon]
의학 큰[大] 창자[腸].

▶ 대:장-균 大腸菌 │ 세균 균
생물 사람 및 포유류의 창자[大腸] 속에 늘 있는 세균(細菌)의 한 가지.

▶ 대:장-암 大腸癌 │ 암 암
의학 대장(大腸)에 생기는 암(癌). 변비와 설사를 되풀이하고 대변에 혈액이나 점액이 섞여 나오는 것이 특징이다.

대:-장경 大藏經 │ 큰 대, 감출 장, 책 경
불교 경장(經藏)·율장(律藏)·논장(論藏) 등을 모두 집대성(集大成)한 불경(佛經). ⊕ 일체경(一切經).

대:-장군 大將軍 │ 큰 대, 장수 장, 군사 군 [imperator]
❶속뜻 으뜸가는[大] 장군(將軍). ❷역사 신라 시대에 둔 무관의 으뜸 벼슬. ❸역사 고려 때, 무관의 종삼품 벼슬. 지위는 상장군(上將軍)의 아래, 장군의 위이다.

대:-장부 大丈夫 │ 큰 대, 어른 장, 사나이 부 [manly man; heroic man]
기골이 장대(壯大)한 사나이[丈夫]. ¶대장부가 이까짓 추위에 떨어서야 되겠니? ⊕ 졸장부(拙丈夫).

대:적 對敵 │ 대할 대, 원수 적 [match]
❶속뜻 적(敵)을 마주 대(對)함. 적과 맞섬. ❷서로 맞서 겨룸. ¶저 선수를 대적할 사람은 없다.

대:전¹ 大殿 │ 큰 대, 대궐 전
[royal palace]
임금이 사는 제일 큰[大] 대궐[殿].

대:전² 大戰 │ 큰 대, 싸울 전
[great war]
여러 나라가 넓은 지역에 걸쳐 벌이는 큰[大] 싸움[戰]. ¶세계 대전.

대:절 貸切 │ 빌릴 대, 끊을 절
[reserve; book; engage]
계약에 의해 일정 기간 그 사람에게만 빌려[貸] 주어 다른 사람의 사용을 금하는[切] 일. ⊕ 전세(專貰).

대:접¹ [bowl]
위가 넓적하고 높이가 낮은 그릇. ¶대접에 국을 담았다.

대ː접[2] 待接 | 기다릴 대, 맞이할 접 [treat]
❶[속뜻] 남을 기다려[待] 맞이함[接]. ❷음식을 차려 손님을 맞이함. ¶대접할 것이 마땅찮다. ❸어떤 인격적 수준으로 사람을 대우하거나 대함. ¶자녀를 동등한 인격체로 대접하다. [비] 영접(迎接), 응접(應接). [반] 푸대접.

대ː제 大祭 | 큰 대, 제사 제
[grand festival]
❶[속뜻] 크게[大] 지내는 제사(祭祀). ❷[역사] 조선 시대에, 종묘・사직・영녕전에서 지내던 큰 제사. '대제사'(大祭祀)의 준말.

대ː-제국 大帝國 | 큰 대, 임금 제, 나라 국
황제(皇帝)가 다스리는 큰[大] 나라[國].

대ː-제전 大祭典 | 큰 대, 제사 제, 의식 전 [magnificent ceremony]
크게[大] 지내는 제사(祭祀)와 의식[典].
¶올림픽은 인류 화합의 대제전이다.

대ː조 對照 | 대할 대, 비칠 조
[contrast; compare]
❶[속뜻] 둘 이상의 대상을 맞대어[對] 견주어 봄[照]. ❷서로 반대되거나 상대적으로 대비됨. 또는 그러한 대비. ¶대조해보니 차이점이 크게 드러난다. [비] 비교(比交), 대비(對比).

대졸 大卒 | 큰 대, 마칠 졸
[graduation from a university]
대학(大學)을 졸업(卒業)함.

대ː종-교 大倧教 | 큰 대, 상고신인 종, 종교 교
[종교] 조화신(造化神)인 환인(桓因), 교화신(教化神)인 환웅(桓雄)과 치화신(治化神)인 환검(桓儉)의 3위(位)의 일체, 곧 '한얼님'을 신앙적 대상으로 존중하는 한국 고유의 교. [비] 단군교(檀君教), 삼성교(三聖教), 환검교(桓儉教).

대ː-주교 大主教 | 큰 대, 주될 주, 종교 교 [archbishop]
[가톨릭] 관구(管區)를 주관(主管)하는 최고[大] 교직(教職). 또는 그 직에 있는 사람.

대ː중 大衆 | 큰 대, 무리 중
[general public]
❶[속뜻] 신분의 구별이 없이 한 사회의 대다수(大多數)를 이루는 무리[衆]. ❷[불교] 불가의 모든 승려. [비] 뭇사람, 민중(民衆), 군중(群衆).

▶대ː중-화 大衆化 | 될 화
어떤 사물이 일반 대중(大衆) 사이에 널리 퍼져 친근하게 됨[化]. 또는 그렇게 되게 함.

▶대ː중-교통 大衆交通 | 서로 교, 통할 통
일반 대중(大衆)이 주로 이용하는 교통(交通) 수단. ¶대중교통을 이용하면 돈을 절약할 수 있다.

▶대ː중 매체 大衆媒體 | 맺어줄 매, 몸 체
일반 대중(大衆)에게 동시에 정보를 전달하는[媒] 도구[體]. 신문, 잡지 텔레비전 따위. ¶대중 매체의 영향력이 크다.

대ː지[1] 大地 | 큰 대, 땅 지
[earth; ground]
대자연의 넓고 큰[大] 땅[地]. ¶봄비에 대지가 촉촉이 젖었다. [비] 땅.

대ː지[2] 大指 | 큰 대, 손가락 지 [thumb]
큰[大] 손가락[指]. ¶그는 대지를 치켜세웠다. [비] 엄지손가락.

대지[3] 垈地 | 터 대, 땅 지
[site; plot of land]
집터[垈]로 쓰이는 땅[地]. ¶대지 면적이 300평방미터이다. [비] 가대(家垈).

대ː질 對質 | 대할 대, 바탕 질 [confront]
[법률] 서로 엇갈린 말을 하는 두 사람을 마주해놓고[對] 질문(質問)함. ¶대질 심문으로 진짜 범인을 찾았다. [비] 무릎맞춤, 면질(面質).

***대ː책** 對策 | 대할 대, 꾀 책
[consider a counterplan]
어떤 일에 대응(對應)하는 방책(方策). ¶노령화 사회에 대책을 강구하다. [비] 대비책(對備策).

대ː처 對處 | 대할 대, 처리할 처

[coup with; deal with]
어떤 일에 대(對)하여 알맞게 처리(處理)함. 또는 그런 처리. ㊂ 조치(措置), 대비(對備).

대:척 對蹠 | 대할 대, 도달할 척
❶ 속뜻 마주보는[對] 자리에 있음[蹠]. ❷ 어떤 사물이나 현상을 비교해 볼 때, 서로 정반대가 됨.

▶ **대:척-점 對蹠點** | 점 점
❶ 속뜻 마주보는[對] 자리에 있는[蹠] 지점(地點). ❷ 지리 지구 위의 한 지점에 대하여, 지구의 반대쪽에 있는 지점. 이 두 지점은 기후가 정반대이고 12시간의 시차가 난다.

***대:첩 大捷** | 큰 대, 이길 첩
[great victory]
싸워서 크게[大] 이김[捷]. ¶한산 대첩. ㊂ 대승(大勝). ㊁ 대패(大敗).

대청¹ 大青 | 큰 대, 푸를 청
❶ 속뜻 매우[大] 푸른[青] 풀. ❷ 식물 십자화과의 풀. 열매는 해독제나 해열제로 쓰고 피침 모양의 잎은 쪽빛 물감의 재료로 쓴다.

대:청² 大廳 | 큰 대, 마루 청
[main floored room; hall]
한옥에서, 몸채의 방과 방 사이에 있는 큰[大] 마루[廳].

대:-청소 大清掃 | 큰 대, 맑을 청, 쓸 소
[general (house) cleaning]
구석구석 빠진 데 없이 하는 대규모(大規模)의 청소(清掃). ¶설을 앞두고 대청소를 하다.

****대:체¹ 大體** | 큰 대, 몸 체
[outline; summary; on earth]
❶ 속뜻 일이나 내용의 기본적인 큰[大] 줄거리[體]. ¶그 일의 대체를 알고 있다 / 대체로 잘된 편이다. ❷도대체. ¶너는 대체 누구냐?

대:체² 代替 | 바꿀 대, 바꿀 체
[substitute; replace with; change]
다른 것으로 바꿈(代=替). ㊂ 대신(代身), 대치(代置).

▶ **대:체-자원 代替資源** | 재물 자, 근원 원
제한된 자원을 대신하여[代替] 쓸 수 있는 자원(資源). ¶대체자원을 개발하다.

대:-축제 大祝祭 | 큰 대, 빌 축, 제사 제
[grand festival]
크게[大] 벌이는 축하(祝賀) 행사[祭]. ¶봄의 대축제.

대:출 貸出 | 빌릴 대, 날 출 [lend out]
돈이나 물건 따위를 빚으로 꾸어 주거나 빌려[貸] 줌[出]. ¶도서관에서 책을 대출해준다.

▶ **대:출-부 貸出簿** | 장부 부
대출(貸出) 내용을 적어 두는 장부(帳簿). ¶대출부를 정리하다. ㊁ 차입(借入).

▶ **대:출-일 貸出日** | 날 일
돈이나 도서관의 책 따위를 빌린[貸出] 날[日]. ¶대출일로부터 3일이 지났다.

대:-취타 大吹打 | 큰 대, 불 취, 칠 타
음악 부는[吹] 악기와 치는[打] 악기를 합친 취타와 세악(細樂)을 통합 편성한 대규모(大規模)의 옛 군악. 나발, 날라리, 나각, 대각, 관, 적, 징, 자바라, 북, 장구, 해금 따위를 망라하여 연주한다. ㊂ 소취타(小吹打).

대:치 代置 | 바꿀 대, 둘 치 [replace]
다른 것으로 바꾸어[代] 놓음[置]. 다른 것으로 갈아 놓음. ¶노동력을 기계로 대치하다. ㊂ 개치(改置), 대체(代替), 환치(換置).

대:칭 對稱 | 대할 대, 맞을 칭
[symmetry]
❶ 속뜻 서로 마주 대하여[對] 있으면서 잘 맞음[稱]. ❷ 수학 도형 따위가 어떤 기준이 되는 점·선·면을 중심으로 서로 꼭 서는 자리에 놓이는 것.

▶ **대:칭-축 對稱軸** | 굴대 축
수학 두 도형이 한 직선을 사이에 두고 대칭(對稱)을 이룰 때 축(軸)이 되는 그 직선. ㊂ 맞선대.

대:타 代打 | 바꿀 대, 칠 타 [pinch hit]

[운동] 야구에서 타자를 바꾸어[代] 치게[打] 하는 일. 또는 그러한 사람.

대:통령 大統領 | 큰 대, 큰 줄기 통, 다스릴 령 [President]
❶[속뜻] 대통(大統)을 이어 다스림[領]. ❷외국에 대하여 국가를 대표하는 국가의 원수. ¶새로운 대통령에 취임했다.

대:파 大破 | 큰 대, 깨뜨릴 파
[be greatly destroyed]
크게[大] 부서지거나 깨뜨림[破]. 또는 크게 쳐부숨. ¶적군을 대파하다.

대:패 大敗 | 큰 대, 패할 패
[be beaten hollow]
❶[속뜻] 크게[大] 패(敗)함. 큰 실패. ❷싸움이나 경기에서 큰 차이로 짐. ¶연합군은 게릴라전에서 대패하고 말았다. [반] 대승(大勝), 대첩(大捷).

대:-평원 大平原 | 큰 대, 평평할 평, 들판 원 [plains; prairie]
❶[속뜻] 넓고 큰[大] 평원(平原). ❷대초원(大草原). ¶대평원을 달리는 서부의 사나이.

대:포 大砲 | 큰 대, 탄알 포
[gun; cannon]
❶[속뜻] 화약의 힘으로 큰[大] 탄알[砲]을 멀리 내쏘는 무기. ¶대포 소리에 깜짝 놀랐다. ❷'허풍'이나 '거짓말'을 비유하여 이르는 말. ¶대포도 어지간히 놓아라. [준] 포.

대:폭 大幅 | 큰 대, 너비 폭
[full width; greatly]
❶[속뜻] 넓은[大] 너비[幅]. 큰 정도. ❷매우 많이. ¶가뭄으로 올해 곡물 가격이 대폭 상승했다. [반] 소폭(小幅).

대:-폭발 大爆發 | 큰 대, 터질 폭, 일으킬 발 [large explosion]
화산 따위가 갑자기 아주 크게[大] 터지는[爆發] 일. ¶이 섬은 화산의 대폭발로 생겨난 것이다.

⁂**대:표** 代表 | 바꿀 대, 나타낼 표
[represent]
❶[속뜻] 바꾸어[代] 나타냄[表]. ❷전체의 상태나 성질을 어느 하나로 잘 나타냄. 또는 그런 것. ¶김치는 한국을 대표하는 음식이다. ❸전체를 대신하여 나선 사람. ¶대한민국 국가 대표 선수.

▶**대:표-자** 代表者 | 사람 자
전체를 대표(代表)하는 사람[者]. [비] 대표인(代表人).

▶**대:표-작** 代表作 | 지을 작
일정한 집단 또는 시기의 여러 작품을 대표(代表)할만한 전형적인 작품(作品).

▶**대:표-적** 代表的 | 것 적
어떤 범주 내에 있는 요소들을 대표(代表)할 만큼 전형적이거나 특징적인 것[的].

▶**대:표-팀** (代表team)
어떤 단체나 국가를 대표(代表)하기 위해 만든 무리[team].

대:풍 大豊 | 큰 대, 풍년 풍
[bumper crop; heavy crop]
곡식이 매우[大] 잘 되어 풍년(豊年)이 듦. 또는 그런 해. '대풍년'의 준말. ¶올해는 벼농사가 대풍이다. [비] 어거리풍년(豊年). [반] 대흉(大凶).

대:피 待避 | 기다릴 대, 피할 피
[shunt; take shelter]
위험이나 피해가 지나가기를 기다리며[待] 잠시 피(避)함. ¶공습 경보가 울리면 즉시 대피하십시오.

▶**대:피-소** 待避所 | 곳 소
비상시에 대피(待避)할 수 있도록 만들어 놓은 곳[所].

대:하 大河 | 큰 대, 물 하 [large river]
❶[속뜻] 큰[大] 강[河]. ❷[지리] 황하(黃河)를 달리 이르는 말.

대:학 大學 | 큰 대, 배울 학
[university; college]
❶[속뜻] 큰[大] 학문(學問). 고차원의 학문. ❷[교육] 고등 교육의 중심을 이루는 기관으로 학문의 이론이나 응용을 연구하고 가르치는 학교. ¶나는 내년에 대학 입시에 응시한다.

▸대ː학-가 大學街 | 거리 가
❶[속뜻] 대학(大學) 주변의 거리[街]. ❷대학을 중심으로 형성된 사회.

▸대ː학-생 大學生 | 사람 생
대학(大學)에 다니는 학생(學生).

▸대ː학-원 大學院 | 집 원
[교육] 대학(大學)을 졸업한 사람이 보다 전문적인 학술을 연구하는 과정[院].

대ː-학교 大學校 | 큰 대, 배울 학, 가르칠 교
❶[속뜻] 큰[大] 학교(學校). ❷[교육] 단과 대학과 구별하여 종합 대학을 이르던 말.

대ː-학자 大學者 | 큰 대, 배울 학, 사람 자 [great scholar]
학식이 아주 뛰어나고 학문적 업적이 큰[大] 학자(學者).

대ː한[1] 大寒 | 큰 대, 찰 한
❶[속뜻] 크게[大] 추움[寒]. ❷24절기의 하나로 한 해중 가장 추운 날의 절기. 소한(小寒)과 입춘(立春) 사이로 1월 20일경. [비] 엄한(嚴寒).

대ː한[2] 大韓 | 큰 대, 나라 이름 한 [Korea]
❶[지리] 대한민국(大韓民國). ❷[역사] 대한제국(大韓帝國).

▸대ː한-민국 大韓民國 | 백성 민, 나라 국
❶[속뜻] 위대(偉大)한 한민족(韓民族)이 세운 민주주의(民主主義) 국가(國家). ❷[지리] 아시아 대륙 동쪽에 있는 한반도와 그 부속 도서로 이루어진 공화국. [준] 한국.

▸대ː한-신문 大韓新聞 | 새 신, 들을 문
[역사] 1907년 7월에 이인직이 창간한 대한제국(大韓帝國)의 신문(新聞). 이완용 내각의 친일 정책을 옹호하는 기관지 구실을 하다가 1910년에 폐간되었다.

▸대ː한 제ː국 大韓帝國 | 임금 제, 나라 국
❶[속뜻] 위대(偉大)한 한민족(韓民族)의 제국(帝國). ❷[역사] 조선 고종이 1897에 새로 정한 우리나라의 국호(國號).

▸대ː한 해협 大韓海峽 | 바다 해, 골짜기 협
[지리] 우리나라[大韓]와 일본의 규슈(九州) 사이에 있는 해협(海峽).

대ː합 大蛤 | 큰 대, 대합조개 합 [large clam]
[동물] 큰[大] 바닷물 조개[蛤]. [비] 백합(白蛤).

대ː합-실 待合室 | 기다릴 대, 만날 합, 방 실 [waiting room; lounge; lobby]
기다리거나[待] 만날[合] 수 있도록 마련한 집[室]이나 방. ¶기차역 대합실.

대ː항 對抗 | 대할 대, 막을 항 [resist; defy]
굽히거나 지지 않으려고 맞서서[對] 버티거나 항거(抗拒)함. ¶적의 공격에 비폭력으로 대항했다. [반] 항복(降服), 굴복(屈服), 투항(投降), 귀순(歸順).

▸대ː항-로 對抗路 | 길 로
[군사] 요새전(要塞戰)에서 상대의 공격에 대항(對抗)하여 뚫은 길[路].

대ː해 大海 | 큰 대, 바다 해 [ocean; great sea]
넓고 큰[大] 바다[海]. [비] 대영(大瀛), 거해(巨海).

대ː행 代行 | 바꿀 대, 행할 행 [act as a proxy]
남을 대신(代身)하여 어떤 권한이나 직무를 행(行)함. 또는 그러한 사람. ¶은행에서 보험 업무를 대행하다. [비] 대리(代理).

대ː-행진 大行進 | 큰 대, 다닐 행, 나아갈 진 [great march]
큰[大] 규모의 행진(行進). ¶어린이날 대행진.

대ː-헌장 大憲章 | 큰 대, 법 헌, 글 장 [Great Charter]
❶[속뜻] 위대(偉大)한 헌법(憲法) 문서[章]. ❷[역사] 1215년, 영국의 귀족들이 영국의 국왕 존(John)에게 받아낸 문서. 왕권의 제한과 제후의 권리를 확인하는 내용이 들어있다. [비] 마그나 카르타(Magna Carta).

대ː-혁명 大革命 | 큰 대, 바꿀 혁, 운명 명 [French Revolution]

❶ 속뜻 큰[大] 규모의 혁명(革命). ❷ 역사 1789년부터 1799년까지 프랑스에서 일어난 시민 혁명. 町 프랑스 혁명.

대:형¹ 大型 | 큰 대, 모형 형
[large size]
같은 종류의 사물 가운데 큰[大] 규격의 모형(模型). ¶대형 버스 / 기업이 대형화되고 있다. 町 소형(小型).

대형² 隊形 | 무리 대, 모양 형 [formation; order]
여러 사람이 줄지은[隊] 형태(形態). ¶전투 대형을 갖추다.

*대:화 對話 | 대할 대, 말할 화 [converse; talk]
마주 보며[對] 이야기[話]를 주고받음. 또는 그 이야기. ¶대화를 나누다 / 대화로 문제를 해결하다. 町 대담(對談). 町 독백(獨白).

▶ 대:화-자 對話者 | 사람 자
이야기를 서로 주고받는[對話] 사람[者].

****대:회 大會** | 큰 대, 모일 회
[meeting; rally; tournament]
❶ 속뜻 큰[大] 모임이나 회의(會議). ¶궐기대회를 열다. ❷기술이나 재주를 겨루는 큰 모임. ¶전국 육상 대회.

댁 宅 | 집 댁 [your esteemed house]
❶남의 집을 높여 이르는 말. ¶할머니 댁에 다녀왔다. ❷어떤 사람의 아내를 표현하는 말. 보통 남편의 성과 직함 뒤에 '댁'을 붙인다. ¶김 선생님 댁 맞습니까?

덕 德 | 베풀 덕 [virtue; goodness]
❶마음이 바르고 너그러워 좋은 영향을 주는 것, 또는 그 힘. ¶이 일은 부모님의 덕으로 된 것이다. ❷베풀어 준 은혜(恩惠)나 도움. ¶덕을 톡톡히 보았다. 町 악(惡).

덕담 德談 | 베풀 덕, 말씀 담
[well wishing remarks]
남이 잘되기를 비는 덕행(德行)으로 하는 말[談]. ¶새해 첫날 덕담을 나누는 미풍양속이 있다. 町 악담(惡談).

덕망 德望 | 베풀 덕, 바랄 망
[moral influence]
남에게 많이 베풂[德]으로써 얻은 명망(名望). ¶덕망이 있는 스승에게 가르침을 받았다. 町 인망(仁望).

덕목 德目 | 베풀 덕, 눈 목 [virtue]
남에게 베풀어야[德] 할 항목(項目). 충(忠), 효(孝), 인(仁), 의(義) 따위. ¶효를 최고의 덕목으로 삼는다.

덕분 德分 | 베풀 덕, 나눌 분
[favor; assistance]
❶ 속뜻 베풀어[德] 주고 나누어[分] 줌. ❷베풀어 준 은혜나 도움. ¶선생님 덕분에 대학 생활을 마칠 수 있었습니다. 町 덕(德), 덕택(德澤).

덕성 德性 | 베풀 덕, 성품 성
[kindly nature; good heart]
어질고 착한[德] 성품(性品). ¶덕성을 기르다.

덕수-궁 德壽宮 | 베풀 덕, 목숨 수, 집 궁
❶ 속뜻 덕행(德行)을 베풀어 장수(長壽)하는 궁궐(宮闕). ❷ 고적 서울특별시 중구 정동에 있는 조선 시대의 궁궐(宮闕). 본래는 행궁(行宮)이었으나 선조 26년(1593)에 의주에서 환도한 후 보수하여 궁궐로 삼았다.

덕택 德澤 | 베풀 덕, 은덕 택
[indebtedness; favor]
❶ 속뜻 은덕[澤]을 베풂[德]. ❷남에게 끼친 혜택. ¶어머니가 도와주신 덕택으로 성공했다. 町 덕분(德分).

덕행 德行 | 베풀 덕, 행할 행
[virtue; virtuous conduct]
어질게 베풂[德]과 너그러운 행실(行實). ¶덕행을 갖추다 / 덕행을 쌓다.

도:¹ 度 | 정도 도 [degree; limit]
어떠한 정도나 한도. ¶농담이 도를 지나치다. 町 정도(程度).

도:² 度 | 정도 도 [degree]
❶ 수학 각도의 단위. 1도는 직각의 90분의 1이다. ¶40도의 각. ❷ 물리 온도의 단위.

¶영하 5도. ❸지리 지구의 경도나 위도를 나타내는 단위. ¶북위 37도. ❹음악 음정(音程)을 나타내는 단위. ¶3도 화음.

도:³ 道 | 길 도 [morality]
마땅히 지켜야 할 도리(道理)나 종교적으로 깊이 깨달은 이치. ¶도를 깨닫다.

도:⁴ 道 | 길 도 [province; district]
우리나라 지방 행정 구역. 또는 그 기관. ¶경기도 / 도에 일보러 가다.

도:가 道家 | 길 도, 사람 가 [Taoism]
우주 본체는 도(道)와 덕(德)으로 이루어져 있다고 주장하는 학파[家].

도감¹ 都監 | 모두 도, 살필 감
❶속뜻 모든[都] 일을 살펴봄[監]. ❷역사 나라의 일이 있을 때 임시로 설치하던 관아.

도감² 圖鑑 | 그림 도, 볼 감
[illustrated book]
실물 대신 그림[圖]이나 사진을 모아 알아보기[鑑] 쉽게 한 책. ⓗ 도보(圖譜).

도강 渡江 | 건널 도, 강 강
[cross a river]
강(江)을 건넘[渡].

도:계 道界 | 길 도, 지경 계
[boundary line between provinces]
도(道)와 도 사이의 경계(境界). ¶다른 도와 도계를 이루고 있다.

도공 陶工 | 질그릇 도, 장인 공 [ceramist; potter]
옹기[陶] 만드는 일을 하는 사람[工]. ⓗ 옹기장이, 도예가(陶藝家).

도:교 道教 | 길 도, 종교 교 [Taoism]
종교 우주 본체는 도(道)와 덕(德)으로 이루어져 있다고 주장하는 종교(宗教).

***도:구** 道具 | 방법 도, 갖출 구 [tool]
❶속뜻 어떤 목적을 이루기 위한 방법[道]이나 수단[具]. ¶언어는 중요한 의사소통 도구이다. ❷일을 할 때 쓰는 연장. ¶인간은 도구를 사용할 수 있다. ⓗ 연장, 공구(工具).

▶ **도:구-함** 道具函 | 상자 함
도구(道具)를 넣어 두는 상자[函]. ¶도구함을 가져 왔다.

도굴 盜掘 | 훔칠 도, 팔 굴 [rob a grave]
광물이나 유물을 훔치기[盜] 위해 광산이나 고분을 몰래 파는[掘] 것 ¶도굴로 많은 문화재가 사라졌다.

도:금 鍍金 | 도금할 도, 황금 금
[plate; gild]
공업 금속이나 비금속의 겉에 금(金)이나 은 따위를 얇게 입히는[鍍] 일.

도기 陶器 | 질그릇 도, 그릇 기 [pottery]
진흙을 원료로 빚어서[陶] 비교적 낮은 온도로 구운 그릇[器]. ⓗ 오지그릇.

도난 盜難 | 도둑 도, 어려울 난 [robbery]
도둑[盜]을 맞은 재난(災難). 도둑맞음.

도:내 道內 | 길 도, 안 내
[inside of a province]
어떤 도(道)의 구역 안[內]. ¶도내 체육 대회.

도:달 到達 | 이를 도, 이를 달 [arrive]
목적한 곳에 이르거나[到] 목표한 수준에 다다름[達]. ¶합의를 통해 결론에 도달하다. ⓗ 출발(出發).

도-대체 都大體 | 모두 도, 큰 대, 몸 체
[in the world; at all]
❶속뜻 모두[都] 또는 대체(大體)로. ❷요점만 말하자면. ¶도대체 그녀는 어디를 갔을까? ❸유감스럽게도 전혀. ¶그는 도대체 이해할 수가 없다. ⓗ 대관절, 도무지.

***도:덕** 道德 | 길 도, 베풀 덕
[morality; morals]
❶속뜻 가야 할 바른 길[道]과 베풀어야 할 일[德]. ❷사회의 구성원들이 양심, 사회적 여론, 관습 따위에 비추어 스스로 마땅히 지켜야 할 행동 준칙이나 규범. ¶공중도덕을 지키다. ⓗ 부도덕(不道德).

▶ **도:덕-적** 道德的 | 것 적
❶속뜻 도덕(道德)에 관한 것[的]. ¶도덕적 책임을 지다. ❷도덕에 합당한 것. ⓗ 비도덕적(非道德的).

▶도:덕-군자 道德君子 | 임금 군, 접미사 자
수행으로 도(道)와 덕(德)을 높이 쌓은 사람[君子].

도:래¹ 到來 | 이를 도, 올 래 [arrive]
어떤 시기나 기회가 닥쳐[到] 옴[來]. ¶정보화 시대가 도래하다.

도래² 渡來 | 건널 도, 올 래
[come across the sea]
❶속뜻 물을 건너[渡] 옴[來]. ❷외부에서 전해져 들어옴.

▶도래-지 渡來地 | 땅 지
철새가 바다나 대륙을 건너[渡] 와서[來] 일정한 기간 동안 머무는 곳[地]. ¶철새 도래지.

도:량 度量 | 정도 도, 헤아릴 량
[generosity; broad-mindedness]
❶속뜻 길이를 재는[度] 자와 양을 재는[量] 되. ❷넓은 마음과 깊은 생각. ¶그는 넓은 도량으로 친구를 용서했다. ⓗ 아량(雅量).

▶도:량-형 度量衡 | 저울대 형
길이[度], 부피[量], 무게[衡] 따위의 단위를 재는 법. 또는 그 도구. ¶도량형을 통일하다.

**도:로 道路 | 길 도, 길 로
[road; street]
사람, 차 따위가 잘 다니도록 만들어 놓은 비교적 넓은 길[道=路]. ¶도로에 차가 많다. ⓗ 길거리, 가로(街路).

▶도:로-망 道路網 | 그물 망
그물[網]처럼 이리저리 얽힌 도로(道路) 체계. ¶서울의 도로망을 정비하다.

▶도:로-변 道路邊 | 가 변
도로(道路)의 언저리[邊]. ¶도로변에 주차하면 위험하다.

도록 圖錄 | 그림 도, 기록할 록
[catalogue (raisonne)]
그림[圖]이나 사진으로 엮어 만든 기록(記錄). 또는 그러한 책. ¶작품 도록.

도료 塗料 | 칠할 도, 거리 료
[paint; varnish]
물건의 겉에 칠하여[塗] 그것을 썩지 않게 하거나 외관상 아름답게 하는 재료(材料). 바니시, 페인트, 옻칠 따위. ¶야광 도료.

도루 盜壘 | 훔칠 도, 진 루
[base stealing; stolen base]
운동 주자(走者)가 수비의 허술한 틈을 타서 다음 베이스[壘]를 빼앗음[盜].

도:리 道理 | 길 도, 이치 리
[reason; way]
❶속뜻 사람이 마땅히 행하여야 할 도덕적(道德的)인 이치(理致). ¶도리에 어긋나다. ❷어떤 일을 해 나갈 방법. ¶알 도리가 없다.

도:립 道立 | 길 도, 설 립 [provincial]
시설 따위를 도(道)에서 세위[立] 운영함. ¶도립 도서관 / 도립 병원.

도망 逃亡 | 달아날 도, 달아날 망
[escape; runaway]
피하거나 쫓기어 달아남[逃=亡]. ¶도망 중인 용의자 / 슬그머니 도망가다 / 간신히 도망치다. ⓗ 도주(逃走).

도매¹ 都買 | 모두 도, 살 매
[buying wholesale]
물건을 낱개로 사지 않고 하나로 묶어서[都] 삼[買]. ¶도매로 사면 물건 값이 훨씬 싸다.

도매² 都賣 | 모두 도, 팔 매 [wholesale]
낱개로 팔지 않고 모아서[都] 대량으로 판매(販賣)함. ⓜ 소매(小賣).

▶도매-상 都賣商 | 장사 상
물건을 모개로 파는[都賣] 장사[商]. 또는 그런 가게나 장수. ¶농수산물 도매상. ⓜ 소매상(小賣商).

도면 圖面 | 그림 도, 낯 면
[drawing; floor plan]
토목, 건축, 기계 따위의 구조나 설계 또는 토지, 임야 따위를 기하학적으로 그린[圖] 면(面). ¶집의 도면을 그리다. ⓗ 도본(圖本).

도모 圖謀 | 꾀할 도, 꾀할 모
[plan; design]
어떤 일을 이루기 위하여 대책과 방법을 세움[圖=謀]. ¶친목을 도모하다.

도미 渡美 | 건널 도, 미국 미
[go to America]
미국(美國)으로 건너[渡] 감. ¶도미 유학생.

도민¹ 島民 | 섬 도, 백성 민 [islanders]
섬[島]에 사는 그곳 출신의 사람[民]. ¶울릉도 도민.

도:민² 道民 | 길 도, 백성 민
[inhabitant of a province]
그 도(道)에 사는, 그곳에서 태어난 사람[民]. ¶강원도 도민.

도박 賭博 | 걸 도, 쌍륙 박
[gambling; gaming]
❶[속뜻] 쌍륙[博]으로 돈을 걸고[賭] 하는 놀음놀이. ¶도박으로 재산을 탕진하다. ❷요행수를 바라고 불가능하거나 위험한 일에 손을 댐. [비] 노름.

도발 挑發 | 돋울 도, 나타날 발 [provoke; arouse]
감정 따위를 돋워[挑] 일이 생겨나게[發] 함. ¶전쟁을 도발하다.

도배 塗褙 | 칠할 도, 속적삼 배 [paper]
종이로 벽이나 반자, 장지 따위[褙]를 바르는[塗] 일. ¶도배를 새로 하다.

▸ 도배-지 塗褙紙 | 종이 지
도배(塗褙)하는 데 쓰는 종이[紙]. 도배종이. ¶벽에 도배지를 바르다.

도벽 盜癖 | 훔칠 도, 버릇 벽
[thievish habits; proclivity to steal]
습관적으로 물건을 훔치는[盜] 버릇[癖]. ¶그는 도벽이 있다.

도:별 道別 | 길 도, 나눌 별
[classification by province]
도(道)마다 따로 나눔[別].

도보 徒步 | 걸을 도, 걸음 보 [walking]
탈것을 타지 않고 걸어서[步=徒] 감. ¶우리 집은 역에서 도보로 10분 거리에 있다. [비] 보행(步行).

도:복 道服 | 길 도, 옷 복 [garment of a Taoist; suit for practice]
❶[속뜻] 도사(道士)가 입는 겉옷[服]. ❷유도나 태권도 따위를 할 때 입는 운동복.

도:부 到付 | 이를 도, 줄 부
[itinerant hawking; peddling]
❶[속뜻] 어느 곳에 가서[到] 줌[付]. ❷장사치가 물건을 가지고 이리저리 돌아다니며 팖. ¶도부를 치다.

도:사 道士 | 길 도, 선비 사
[ascetic; expert]
❶[속뜻] 도(道)를 갈고 닦는 사람[士]. ❷도교를 믿고 수행하는 사람. ❸'어떤 일에 도가 트여서 능숙하게 해내는 사람'을 비유하여 이르는 말.

도:산 倒産 | 거꾸로 도, 낳을 산
[become bankrupt]
❶[의학] 아이를 거꾸로[倒] 발부터 먼저 낳음[産]. ❷재산을 모두 잃고 무너짐. ¶경제 불황으로 기업들이 도산했다. [비] 파산(破産).

도산 서원 陶山書院 | 질그릇 도, 메 산, 글 서, 집 원
[역사] 경상북도 안동시 도산(陶山)면에 있는 서원(書院). 조선 선조 7년(1574)에 퇴계 이황의 학덕을 기리기 위하여 문인과 유림이 중심이 되어 창건하였다.

도살 屠殺 | 잡을 도, 죽일 살
[slaughter; butcher]
❶[속뜻] 마구[屠] 죽임[殺]. ❷짐승을 잡아 죽임. ¶감염된 동물을 도살하다. [비] 도륙(屠戮).

▸ 도살-장 屠殺場 | 마당 장
고기를 얻기 위하여 소나 돼지 따위의 가축을 잡아 죽이는[屠殺] 곳[場]. [비] 도축장(屠畜場).

도상 途上 | =道上, 길 도, 위 상
[on the way; halfway]
❶[속뜻] 길[途] 위[上]. ❷어떤 일이 진행되는 과정이나 도중. ¶발전 도상에 있는

나라들.

도서[1]島嶼 | 섬 도, 섬 서 [islands]
크고 작은 온갖 섬[島=嶼]. [반] 육지(陸地), 대륙(大陸).

도서[2]圖書 | 그림 도, 글 서 [books]
❶[속뜻] 그림[圖], 글[書], 글씨 따위를 통틀어 이르는 말. ❷일정한 목적, 내용, 체제에 맞추어 사상, 감정, 지식 따위를 글이나 그림으로 표현하여 적거나 인쇄하여 묶어 놓은 것. ¶도서를 구입하다. [비] 책(冊), 서적(書籍).

▸도서-관 圖書館 | 집 관
온갖 종류의 도서(圖書), 문서, 기록, 출판물 따위를 모아 보관하고 공중에게 열람하도록 개방한 시설[館].

▸도서-실 圖書室 | 방 실
온갖 종류의 도서(圖書)를 모아 두고 일반이 볼 수 있도록 만든 방[室].

도:선 導線 | 이끌 도, 줄 선
[leading wire]
전기의 양극을 이어 전류를 이끌어[導] 통하게 하는 쇠붙이 줄[線].

도성 都城 | 도읍 도, 성곽 성
[capital city]
도읍(都邑)을 둘러싼 성곽(城郭). 성 안의 도읍.

도:수 度數 | 정도 도, 셀 수
[degree; times]
❶[속뜻] 각도, 온도, 광도 따위의 정도(程度)를 나타내는 수(數). ¶그는 도수가 높은 안경을 낀다. ❷거듭하는 횟수. ¶도수가 드물다. ❸[수학] 통계 자료의 각 계급에 해당하는 변량의 수량.

▸도수 분포표 度數分布表 | 나눌 분, 펼 포, 겉 표
[수학] 도수(度數)의 분포(分布) 상태를 나타내는 도표(圖表).

도:술 道術 | 길 도, 꾀 술
[magical arts]
도(道)를 닦아 여러 가지 조화를 부리는 기술(技術).

⁑도시 都市 | 도읍 도, 저자 시
[city; town]
❶[속뜻] 도읍(都邑)의 시장(市場). ❷일정한 지역에서 사람들이 많이 모여 사는 지역. ¶도시를 건설하다. [비] 도회지(都會地). [반] 시골.

▸도시-화 都市化 | 될 화
도시가 아닌 곳이 도시(都市)로 변화(變化)함. ¶농촌의 도시화에 따른 문제.

▸도시 계:획 都市計劃 | 셀 계, 그을 획
[사회] 도시(都市) 주민이 편리하고 효율적으로 생활할 수 있도록 시설과 환경을 만드는 계획(計劃).

▸도시 국가 都市國家 | 나라 국, 집 가
[역사] 고대와 중세에 도시(都市)가 정치적으로 독립하여 하나의 국가(國家)인 형태.

도심 都心 | 도읍 도, 가운데 심
[downtown]
도시(都市)의 가운데[心]. 시내 중심. ¶도심에는 고층 빌딩이 즐비하다.

▸도심-지 都心地 | 땅 지
도시(都市)의 중심(中心)이 되는 구역[地].

도안 圖案 | 그림 도, 생각 안
[design; plan]
그림[圖] 형식으로 표현한 생각[案]. 또는 생각을 구체화한 그림. ¶화폐 도안을 바꾸다.

***도야 陶冶** | 질그릇 도, 불릴 야 [cultivate; train]
❶[속뜻] 도기(陶器)를 만드는 일과 쇠를 불리어[冶] 주조하는 일. ❷'훌륭한 사람이 되도록 몸과 마음을 닦아 기름'을 비유하여 이르는 말. ¶인격을 도야하다. [비] 수양(修養), 수련(修鍊).

도약 跳躍 | 뛸 도, 뛰어오를 약
[spring; jump]
❶[속뜻] 몸을 위로 솟구쳐 뛰어[跳] 오름[躍]. ¶높이뛰기를 하기 전에 도약하다. ❷'더 높은 단계로 발전하는 것'을 비유하여 이르는 말. ¶세계 일류 기업으로 도약

하다.

도엽-명 圖葉名 | 그림 도, 잎 엽, 이름 명
지도(地圖) 상단부에 잎[葉] 모양의 여백 가운데 한자로 표기된 지도 명칭(名稱). 주로 시청, 군청 소재지 등 유명 지명을 표기해 둔다.

도예 陶藝 | 질그릇 도, 재주 예
[ceramic art]
[수공] 도자기(陶瓷器)를 만들어내는 공예(工藝). 또는 그 기술. ¶현대 도예 작품 / 그는 세계적인 도예가이다.

도:외 度外 | 정도 도, 밖 외
일정한 정도(程度)나 범위의 밖[外]. ¶그의 잘못은 도외로 치고 이야기하자.

▸도:외-시 度外視 | 볼 시
상관하지 않거나[度外] 무시(無視)함. ¶현실을 도외시하다.

도용 盜用 | 훔칠 도, 쓸 용 [peculate]
남의 물건이나 명의를 몰래 훔쳐[盜] 씀[用]. ¶명의 도용 / 아이디어를 도용하다. [비] 도답(盜踏).

*__도읍__ 都邑 | 도읍 도, 고을 읍 [capital]
수도(首都)에 상당하는 큰 고을[邑]. 또는 수도를 정함. ¶한양은 조선의 도읍이다 / 평양성에 도읍하다. [비] 서울.

▸도읍-지 都邑地 | 땅 지
한 나라의 서울[都邑]로 삼은 곳[地].

도:의 道義 | 길 도, 뜻 의
[moral justice; moral principles]
사람이 마땅히 지키고 행해야 할 도덕적(道德的) 의리(義理). ¶그는 도의를 모르는 사람이다.

도:-의원 道議員 | 길 도, 의논할 의, 인원 원 [member of a provincial assembly]
도의회(道議會)를 구성하는 의원(議員). '도의회 의원'의 준말.

도:-의회 道議會 | 길 도, 의논할 의, 모일 회 [provincial assembly]
[법률] 도(道)의 의결(議決) 기관[會]. [준] 도의.

도:인 道人 | 길 도, 사람 인 [ascetic]
❶[속뜻] 도(道)를 닦는 사람[人]. ❷[종교] 천도교를 믿는 사람.

도:입 導入 | 이끌 도, 들 입
[introduce; induce]
❶[속뜻] 기술, 방법, 물자 따위를 끌어[導] 들임[入]. ¶최신 기술을 도입하다. ❷수업에서 본격적인 내용을 다루기 전의 첫 단계.

▸도:입-부 導入部 | 나눌 부
[음악] 노래의 주요 부분을 이끌어주는[導入] 역할을 하는 부분(部分).

*__도자__ 陶瓷 | =陶磁, 질그릇 도, 사기그릇 자
질그릇[陶器]과 사기그릇[瓷器]. ¶한국의 섬세한 도자 기술은 세계 최고이다.

▸도자-기 陶瓷器 | =陶磁器, 그릇 기
질그릇[陶器]과 사기그릇[瓷器] 따위의 그릇[器] 종류를 통틀어 이르는 말. ¶도자기를 굽다.

도:장[1] 道場 | 방법 도, 마당 장
[gymnasium; exercise hall]
무예를 잘하는 방법[道]을 배우는 곳[場]. ¶태권도 도장에 다닌다.

도장[2] 塗裝 | 칠할 도, 꾸밀 장 [painting]
[건설] 부식을 막기 위해 도료를 칠하고[塗] 장식(裝飾)함. ¶도장 공사를 시작했다.

도장[3] 圖章 | 그림 도, 글 장
[seal; stamp]
❶[속뜻] 그림[圖]이나 글[章]을 새긴 것. ❷이름을 새겨 서류에 찍어 증거로 삼는 물건. ¶도장을 찍다. [비] 인장(印章).

도저 到底 | 이를 도, 밑 저
[very good; perfect]
❶[속뜻] 밑바닥[底]에 이를[到] 정도로 깊음. ❷학식 따위가 매우 깊다. ¶그는 서양 의술에 도저한 사람이다. ❸몸가짐이 바르고 훌륭하다. ¶그녀의 도저한 행동은 가히 본받을 만하다.

도적 盜賊 | 훔칠 도, 도둑 적
[thief; robber]
남의 물건 따위를 훔친[盜] 도둑[賊]. ¶산속에서 도적을 만났다. [비] 도둑.

도전 挑戰 | 돋울 도, 싸울 전 [challenge]
❶속뜻 감정 따위를 돋위[挑] 싸움[戰]을 걺. ¶도전에 응하다 / 챔피언에게 도전하다. ❷'어려운 사업이나 기록 경신 따위에 맞섬'을 비유하여 이르는 말. ¶정상 도전 / 세계 기록에 도전하다. 圖 도발(挑發). 圖 응전(應戰).

▶ **도전-자 挑戰者** | 사람 자
정면으로 맞서 싸움을 거는[挑戰] 사람[者]. ¶도전자가 아무도 없었다.

도정 搗精 | 찧을 도, 쓿을 정
[polish by pounding]
곡식을 찧거나[搗] 쓿음[精]. ¶쌀을 도정하다.

도주 逃走 | 달아날 도, 달릴 주
[escape; run away]
달아나[逃] 달림[走]. ¶범인들이 도주했다. 圖 도망(逃亡), 도피(逃避).

도:중 途中 | 길 도, 가운데 중
[on the way]
❶속뜻 길[途]을 오가는 중간(中間). ¶집에 오는 도중에 그를 만났다. ❷일이 계속되고 있는 과정이나 일의 중간. ¶통화하는 도중에 전화가 끊어졌다. 圖 노중(路中), 동안.

▶ **도:중-하차 途中下車** | 아래 하, 수레 차
❶속뜻 목적지에 닿기 전에[途中] 차(車)에서 내림[下]. ❷일을 다 마치기 전에 중간에서 그만둠. ¶그는 이 사업에서 도중하차하고 말았다.

도:-지사 道知事 | 길 도, 알 지, 일 사
[provincial governor]
한 도(道)의 행정 사무를 총괄하는 자치단체장[知事]. ¶강원도 도지사로 당선되다.

*__도:착 到着__ | 이를 도, 붙을 착
[arrive at; reach]
목적한 곳에 이르러[到] 닿음[着]. ¶비가 와서 물건이 늦게 도착했다. 圖 당도(當到), 도달(到達), 도래(到來). 圖 출발(出發).

도:처 到處 | 이를 도, 곳 처 [everywhere]
발길이 닿거나 이르는[到] 곳[處]마다. ¶도처에 위험이 도사리고 있다. 圖 각처(各處).

도청¹ 盜聽 | 훔칠 도, 들을 청
[tab listen]
남의 이야기, 회의의 내용, 전화 통화 따위를 몰래 훔쳐[盜] 듣거나[聽] 녹음하는 일.

*__도:청² 道廳__ | 길 도, 관청 청 [provincial office]
도(道)의 행정을 맡아 처리하는 지방 관청(官廳). ¶도청 소재지.

도:체 導體 | 이끌 도, 몸 체 [conductor]
물리 열 또는 전기 따위를 잘 전도(傳導)하는 물체(物體). '도전체'(導電體)의 준말. 圖 부도체(不導體).

도:출 導出 | 이끌 도, 날 출
[deduce; draw]
판단이나 결론 따위를 이끌어[導] 냄[出]. ¶합의 도출 / 결론을 도출하다.

도취 陶醉 | 기뻐할 도, 취할 취
[intoxicate]
❶속뜻 기쁜[陶] 마음에 흠뻑 취함[醉]. ❷어떠한 것에 마음이 쏠려 취하다시피 됨. ¶자아 도취 / 아름다운 경치에 도취되다.

도:치 倒置 | 거꾸로 도, 둘 치
[reverse; invert]
❶속뜻 차례나 위치(位置)가 거꾸로[倒] 뒤바뀜. ❷언어 문장에서 어순이 뒤바뀌는 일.

도탄 塗炭 | 진흙 도, 숯 탄
[dire distress; great misery]
❶속뜻 진흙탕[塗]에 빠지고 숯불[炭]에 탐. ❷'몹시 곤궁하여 고통스러운 지경'을 비유하여 이르는 말. ¶도탄에 빠지다.

도태 淘汰 | 일 도, 일 태
[select; comb out]
❶속뜻 물건을 물에 넣고 일어서[淘=汰] 좋은 것만을 가려냄. ❷여럿 중에서 불필요하거나 부적당한 것을 줄여 없앰. ¶부

실 기업은 도태되기 마련이다. ❸생물 생물 집단에서 환경이나 조건에 적응하지 못하는 개체군이 사라져 없어짐. 또는 그런 일. ¶자연 도태.

도통 都統 | 모두 도, 묶을 통
[in all; (not) at all]
❶속뜻 모두[都] 묶어[統] 합한 셈. ¶도통 10개였다. ❷이러니저러니 할 것 없이 아주, 전혀. ¶무슨 말씀인지 도통 모르겠습니다. 町 도합(都合), 도무지.

도:포 道袍 | 길 도, 두루마기 포
예전에 남자들이 도의(道義)상 예복으로 입던 겉옷[袍]. 소매가 넓고 등 뒤에는 딴 폭을 댄다.

도표 圖表 | 그림 도, 겉 표
[chart; graph]
여러 가지 자료를 분석하여 그 관계를 일정한 양식의 그림[圖]으로 나타낸 표(表).

도피 逃避 | 달아날 도, 피할 피 [escape; flee]
❶속뜻 달아나[逃] 위험이나 어려움을 피(避)함. ¶테러범은 스위스로 도피했다. ❷적극적으로 나서지 않고 몸을 사려 빠져나감. ¶현실을 도피하다. 町 피신(避身), 도망(逃亡), 회피(回避).

도형 圖形 | 그림 도, 모양 형
[figure; diagram]
❶속뜻 그림[圖]의 모양이나 형태(形態). ❷수학 점, 선, 면, 체 또는 그것들로 이루어진 모양을 가진 것을 통틀어 이르는 말. 사각형, 원, 구 따위.

▶도형-판 圖形板 | 널빤지 판
여러 가지 도형(圖形)을 만들 수 있는 종이·나무·아크릴 따위의 조각[板].

도화¹ 圖畵 | 그림 도, 그림 화 [drawing]
❶속뜻 도안(圖案)과 그림[畵]을 아울러 이르는 말. ❷그림을 그리는 일. 또는 그려 놓은 그림.

▶도화-지 圖畵紙 | 종이 지
그림을 그리는[圖畵] 데 쓰는 종이[紙]. ¶도화지를 펼쳐 그림을 그렸다.

도:화² 導火 | 이끌 도, 불 화
[fuze; direct cause]
❶속뜻 폭약이 터지도록 이끄는[導] 불[火]. ❷사건의 원인이나 동기를 비유하여 이르는 말.

▶도:화-선 導火線 | 줄 선
❶속뜻 폭약을 터트리기 위해 불을 붙이는 [導火] 심지나 줄[線]. ❷사건이 일어나게 된 직접적인 원인. ¶그 사건은 민란의 도화선이 되었다.

도회 都會 | 모두 도, 모일 회 [city]
❶속뜻 사람들이 모두[都] 모임[會]. ❷'도회지'(都會地)의 준말.

▶도회-지 都會地 | 땅 지
사람들이 많이 모여[都會] 살아 변화한 지역(地域). 町 도시(都市). 반 시골.

독 毒 | 독할 독 [poison]
건강이나 생명을 해치는 위험한 성분 [毒]. 반 약(藥).

독감 毒感 | 독할 독, 느낄 감 [influenza]
❶속뜻 지독(至毒)한 감기(感氣). 병세가 심한 감기. ❷의학 인플루엔자 바이러스에 의해 일어나는 감기. 고열과 함께 폐렴, 중이염, 뇌염 따위의 합병증을 일으킨다. 町 유행성 감기.

독-극물 毒劇物 | 독할 독, 심할 극, 만물 물 [poison; toxic substance]
법률 법에서 정한 독약(毒藥) 물질과 극약(劇藥) 물질(物質)을 통틀어 이르는 말. ¶독극물에 중독되다.

독기 毒氣 | 독할 독, 기운 기
[poisonous character; malice]
❶속뜻 독(毒)의 기운(氣運)이나 성분. ❷사납고 모진 기운이나 기색. ¶독기를 품다. 町 독성(毒性), 독소(毒素), 살기(殺氣), 악의(惡意).

독도 獨島 | 홀로 독, 섬 도
❶속뜻 홀로[獨] 우뚝 솟아 있는 섬[島]. ❷지리 경상북도 울릉군에 속하는 화산섬으로, 동도(東島)와 서도(西島) 및 작은 섬들로 이루어져 있음.

독립 獨立 | 홀로 독, 설 립
[become independent]
❶[속뜻] 독자적(獨自的)으로 존립(存立)함. ❷다른 것에 예속하거나 의존하지 않는 상태로 있음. ❸[정치] 한 나라가 정치적으로 완전한 주권을 행사함.

▸독립-국 獨立國 | 나라 국
[정치] 독립(獨立)된 주권을 가진 나라[國]. '독립국가'(獨立國家)의 준말. ¶우크라이나는 신생 독립국이다. [반] 속국(屬國).

▸독립-군 獨立軍 | 군사 군
나라의 독립(獨立)을 이루기 위하여 싸우는 군대(軍隊).

▸독립-문 獨立門 | 문 문
[고적] 1898년 서재필을 중심으로 한 독립협회가 우리나라의 영구 독립(獨立)을 선언하기 위하여 영은문이 있던 자리에 돌을 이용해 세운 문(門). 사적 제32호.

▸독립-심 獨立心 | 마음 심
남에게 의지하지 않고 살아가려는[獨立] 마음[心]. ¶독립심이 강해야 성공할 수 있다.

▸독립-적 獨立的 | 것 적
남의 도움을 받지 않고 자기 힘으로 어떤 일을 해내는[獨立] 것[的]. ¶부모로부터 독립적인 생활을 하다.

▸독립-신문 獨立新聞 | 새 신, 들을 문
[역사] ❶독립협회(獨立協會)의 서재필, 윤치호가 1896년에 창간한 우리나라 최초의 민간 신문(新聞). ❷대한민국 임시 정부에서 발행하던 기관 신문.

▸독립 운:동 獨立運動 | 돌 운, 움직일 동
❶[속뜻] 나라의 독립(獨立)을 위해 벌이는 갖가지 운동(運動). ❷[역사] 1924년 11월경 중국 상해(上海)에서 순 한글로 편집하여 창간한 독립 운동지.

▸독립 협회 獨立協會 | 합칠 협, 모일 회
[역사] 1896년에 서재필, 이상재, 윤치호 등이 조선의 독립(獨立)과 내정 개혁을 위하여 조직한 단체[協會].

▸독립 기념관 獨立紀念館 | 벼리 기, 생각 념, 집 관
[고적] 우리나라의 독립(自主獨立) 운동의 역사를 기리기 위하여 세운 기념관(紀念館). 1987년 8월 15일에 개관하였고, 충청남도 천안시 동남구 목천읍에 있다.

▸독립 선언서 獨立宣言書 | 알릴 선, 말씀 언, 글 서
[역사] ❶1919년 3·1운동 때 한국의 독립(獨立)을 세계만방에 선포한 선언서(宣言書). ❷1776년 7월 4일 북미 합중국의 독립을 내외에 선언한 문서.

독-무대 獨舞臺 | 홀로 독, 춤출 무, 돈대 대 [being without a rival]
❶[속뜻] 홀로[獨] 나와서 연기하는 무대(舞臺). ❷독차지하는 판. ¶재주 많은 그의 독무대였다.

독방 獨房 | 홀로 독, 방 방
[single room; cell]
❶[속뜻] 혼자서[獨] 쓰는 방(房). ❷[법률] 죄수 한 사람만을 가두어 놓는 감방. '독거감방'(獨居監房)의 준말. [비] 독실(獨室).

독백 獨白 | 홀로 독, 말할 백
[monologue]
[연영] 극에서 배우가 상대자 없이 혼자[獨] 대사를 말함[白]. 또는 그 대사(臺詞).

독보 獨步 | 홀로 독, 걸음 보
[going on alone]
남이 감히 따를 수 없을 만큼 혼자[獨] 앞서 걸어 감[步]. 매우 뛰어남.

▸독보-적 獨步的 | 것 적
어떤 분야에서 남이 따를 수 없을 만큼 홀로 뛰어난[獨步] 것[的]. ¶그는 그 분야에서 독보적인 존재가 되었다.

독불-장군 獨不將軍 | 홀로 독, 아닐 불, 장수 장, 군사 군
❶[속뜻] 혼자서는[獨] 장군(將軍)이 되지 못함[不]. ❷'무슨 일이든 자기 생각대로 혼자서 처리하는 사람'을 비유하여 이르는 말. ¶그는 독불장군이라서 말해도 소용없다.

독사 毒蛇 | 독할 독, 뱀 사

[poisonous snake]
독(毒)을 내뿜는 뱀[蛇]. 이빨에 독액을 뿜는 구멍이 있다. ¶독사에게 물리다.

독-사진 獨寫眞 | 홀로 독, 베낄 사, 참 진
혼자[獨] 찍은 사진(寫眞).

독살 毒殺 | 독할 독, 죽일 살 [poison]
독약이나 독침과 같은 독(毒)으로 사람을 죽임[殺]. ¶왕을 독살하였다.

독상 獨床 | 홀로 독, 평상 상
[table for one]
혼자서[獨] 먹도록 차린 음식상(飮食床). ¶손님을 위해 독상을 차리다. [비] 외상. [반] 겸상(兼床).

독서 讀書 | 읽을 독, 글 서 [read]
글[書]을 읽음[讀]. ¶가을은 독서하기에 가장 좋은 계절이다.

▸독서-량 讀書量 | 분량 량
책을 읽는[讀書] 분량(分量). ¶독서량이 가장 많은 학생.

▸독서-실 讀書室 | 방 실
책을 읽거나[讀書] 공부를 할 수 있도록 따로 차려 놓은 방[室]. ¶밤늦게까지 독서실에서 책을 봤다.

▸독서-삼매 讀書三昧 | 석 삼, 새벽 매
다른 생각은 전혀 않고 오직 책 읽기에만[讀書] 집중하는[三昧] 것. ¶독서삼매에 빠지다.

독선 獨善 | 홀로 독, 착할 선
[self-righteousness]
자기 한 몸[獨]의 선(善)만을 꾀함. ¶독선에 빠지다 / 매우 독선적이다.

독설 毒舌 | 독할 독, 말 설
[malicious tongue]
남을 해치거나 비방하는 모질고 악독(惡毒)한 말[舌]. ¶그는 연설 중 독설을 퍼부었다. [비] 독변(毒辯), 독언(毒言).

독성 毒性 | 독할 독, 성질 성 [toxicity]
❶ [속뜻] 독(毒)이 있는 성분(性分). ¶정화 시설로 독성을 제거하다. ❷독한 성질. [비] 독력(毒力).

독소 毒素 | 독할 독, 바탕 소 [toxin]
❶ [속뜻] 해로운[毒] 요소(要素). ❷ [생물] 생명체에 유독한 모든 물질. ¶패스트푸드를 많이 먹으면 몸 안에 독소가 쌓인다.

독신 獨身 | 홀로 독, 몸 신
[unmarried person]
배우자가 없어 혼자[獨] 사는 몸[身]. 또는 그런 사람. ¶그는 독신 생활을 즐기고 있다. [비] 홀몸.

▸독신-자 獨身者 | 사람 자
배우자가 없이 혼자[獨身] 사는 사람[者]. ¶이곳은 독신자들을 위한 아파트이다.

독실 篤實 | 도타울 독, 참될 실
[sincere; earnest]
믿음이 두텁고[篤] 성실(誠實)하다. ¶그는 독실한 신자이다.

독약 毒藥 | 독할 독, 약 약 [poison]
독성(毒性)을 가진 약제(藥劑). ¶술은 마시기에 따라서 보약이 될 수도 있고 독약이 될 수도 있다. [비] 극약(劇藥). [반] 보약(補藥).

독어 獨語 | 독일 독, 말씀 어 [German]
[언어] 독일(獨逸)·오스트리아·스위스 등지에서 쓰는 말[語].

독일 獨逸 | 홀로 독, 잃을 일 [Germany]
[지리] '도이칠란트'(Deutschland)의 한자 음역어. ¶독일은 자동차 산업이 발달했다.

▸독일-어 獨逸語 | 말씀 어
[언어] 독일(獨逸)에서 사용하는 언어(言語).

독자[1] 獨子 | 홀로 독, 아들 자
[only son]
단 하나뿐인[獨] 아들[子]. ¶그는 삼대 독자이다. [반] 독녀(獨女).

독자[2] 讀者 | 읽을 독, 사람 자 [reader]
책, 신문, 잡지 따위의 글을 읽는[讀] 사람[者]. ¶이 책은 독자의 사랑을 받고 있다. [반] 저자(著者).

독자[3] 獨自 | 홀로 독, 스스로 자
[one's self]

❶[속뜻] 남에게 기대지 않고 혼자[獨] 스스로[自]. ¶독자 노선. ❷다른 것과 구별되는 그 자체만의 특유함. ¶독자모델.

▸독자-적 獨自的 | 것 적
❶[속뜻] 자기 혼자서[獨自] 하는 것[的]. ❷자신에게만 독특한 것. ¶독자적인 기술을 개발하다.

독재 獨裁 | 홀로 독, 처리할 재
[have under one's despotic rule]
❶[속뜻] 독단(獨斷)적으로 처리함[裁]. ¶독재 정권을 타도하다. ❷[정치] 민주적인 절차를 부정하고 통치자의 독단으로 행하는 정치. '독재정치'(獨裁政治)의 준말. ¶독재 군주국. [반] 민주(民主).

▸독재-자 獨裁者 | 사람 자
❶[속뜻] 모든 일을 독단적으로 판단하여 처리하는[獨裁] 사람[者]. ¶독재자에 항거하다. ❷절대 권력을 가지고 독재 정치를 하는 사람. ¶독재자 히틀러.

독점 獨占 | 홀로 독, 차지할 점
[monopoly]
❶[속뜻] 혼자서[獨] 모두 차지함[占]. ¶그는 우리와 독점 계약을 맺었다. ❷[경제] 한 기업(개인)이 생산과 시장을 지배하여 이익을 독차지함. ¶석유 판매를 독점하다. [비] 독차지. [반] 공유(共有).

독종 毒種 | 독할 독, 갈래 종
[malicious person]
성질이 매우 독(毒)한 인종(人種). ¶그는 담배를 끊은 독종이다.

독주[1] 獨走 | 홀로 독, 달릴 주
[run alone]
❶[속뜻] 혼자서[獨] 뜀[走]. ❷승부를 다투는 일에서 다른 경쟁 상대를 뒤로 떼어놓고 혼자서 앞서 나감. ¶자동차시장에서 그 기업의 독주를 막을 수 없다. ❸남을 아랑곳하지 않고 혼자서 행동함. ¶국회는 행정부의 독주를 견제하는 기구이다.

독주[2] 獨奏 | 홀로 독, 연주할 주
[play a solo]
[음악] 홀로[獨] 하는 연주(演奏). ¶피아노 독주. [반] 합주(合奏).

▸독주-곡 獨奏曲 | 노래 곡
[음악] 독주(獨奏)를 위하여 지은 곡(曲). [반] 합주곡.

독지 篤志 | 도타울 독, 마음 지
[benevolence]
도탑고[篤] 친절한 마음[志]. ¶그는 독지 사업에 온 재산을 쏟아 부었다.

▸독지-가 篤志家 | 사람 가
❶[속뜻] 도탑고 친절한 마음[篤志]을 가진 사람[家]. ❷남을 위한 자선 사업이나 사회사업에 물심양면으로 참여하여 지원하는 사람. ¶익명의 독지가가 20억 원을 기부했다.

독창[1] 獨唱 | 홀로 독, 부를 창
[sing solo]
성악에서 혼자서[獨] 노래를 부름[唱]. 또는 그 노래. [반] 합창(合唱).

▸독창-곡 獨唱曲 | 노래 곡
[음악] 혼자서 부르기[獨唱]에 알맞은 노래의 곡(曲). [반] 합창곡.

▸독창-회 獨唱會 | 모일 회
[음악] 한 사람이 노래하는[獨唱] 음악회(音樂會). ¶그의 독창회가 열린다.

독창[2] 獨創 | 홀로 독, 처음 창 [originality]
혼자서[獨] 처음[創] 생각해 냄. 또는 처음 만들어 냄. ¶독창적인 발상.

▸독창-성 獨創性 | 성질 성
독창적(獨創的)인 성향(性向)이나 성질(性質). ¶이 작품은 독창성이 뛰어나다.

▸독창-적 獨創的 | 것 적
독자적으로 고안해 내거나 만들어 내는[獨創] 것[的]. ¶독창적인 방법으로 문을 열었다. [반] 모방성.

독촉 督促 | 살필 독, 재촉할 촉
[press; demand]
일이나 행동을 잘 살펴보아[督] 재촉함[促]. ¶그렇게 독촉하지 마. [비] 재촉, 독책(督責).

독충 毒蟲 | 독할 독, 벌레 충 [poisonous insect]

독(毒)을 가진 벌레[蟲]. 모기, 벼룩, 빈대 따위. ¶독충들이 달라붙다.

독침 毒針 | 독할 독, 바늘 침
[poison stinger]
독(毒)을 묻힌 바늘 따위의 침(針). ¶벌은 독침이 있다.

독특 獨特 | 홀로 독, 특별할 특 [unique]
❶[속뜻] 홀로[獨] 특별(特別)함. 홀로 유별남. ¶냄새가 독특하다. ❷다른 것과 견줄 수 없을 정도로 매우 뛰어남. 특별히 독창적임. ¶독특한 기술.

독파 讀破 | 읽을 독, 깨뜨릴 파
[reading through]
많은 분량의 책이나 글을 처음부터 끝까지 모두 다 읽어[讀] 버림[破]. [비] 독료(讀了).

독학 獨學 | 홀로 독, 배울 학
[study by oneself]
스승이 없거나 학교에 다니지 않고 혼자서[獨] 공부함[學]. ¶그는 일본어를 독학했다.

독해 讀解 | 읽을 독, 풀 해
[read and comprehend]
글을 읽어서[讀] 뜻을 이해(理解)함.

독후-감 讀後感 | 읽을 독, 뒤 후, 느낄 감
[one's impressions of a book]
책이나 글 따위를 읽고[讀] 난 뒤[後]의 느낌[感]. 또는 그런 느낌을 적은 글. ¶『돈키호테』를 읽고 독후감을 썼다.

돈독 敦篤 | 도타울 돈, 도타울 독
[sincere; friendly]
인정이 두텁다[敦=篤]. ¶형제간의 우애가 돈독하다.

돈의-문 敦義門 | 도타울 돈, 옳을 의, 문 문
❶[속뜻] 나라에 충성하는 뜻[義]을 도탑게[敦] 하기 위하여 세운 문(門). ❷[고적] '서대문'(西大門)의 본이름. 조선시대에 건립한 한양 도성의 서쪽 정문. [참] 사대문(四大門).

돌격 突擊 | 갑자기 돌, 칠 격
[rush at; dash at]
❶[속뜻] 갑자기[突] 냅다 침[擊]. ¶그는 느닷없이 나에게 돌격했다. ❷[군사] 공격 전투의 마지막 단계에 적진으로 돌진하여 공격함. 또는 그런 일. ¶돌격 앞으로! [비] 습격(襲擊), 돌진(突進).

돌기 突起 | 갑자기 돌, 일어날 기
[project; protrude]
❶[속뜻] 어떤 일이 갑자기[突] 일어남[起]. ❷뾰족하게 내밀거나 도드라짐. 또는 그런 부분. ¶해삼은 겉에 많은 돌기가 있다. 고 건너라.

돌발 突發 | 갑자기 돌, 나타날 발
[burst out; occur suddenly]
뜻밖의 일이 갑자기[突] 생겨남[發]. ¶돌발사고 / 돌발 상황. [비] 우발(偶發).

▸돌발-적 突發的 | 것 적
뜻밖에 일어나는[突發] 것[的]. ¶돌발적인 상황에 대처하다.

돌변 突變 | 갑자기 돌, 바뀔 변
[change suddenly]
뜻밖에 갑자기[突] 달라짐[變]. 또는 그런 변화. ¶돌변에 대비하다 / 태도가 돌변하다.

돌연 突然 | 갑자기 돌, 그러할 연
[suddenly]
갑작스러운[突] 모양[然]. 갑자기 일어난. ¶돌연 그만두다 / 돌연한 죽음. [비] 별안간, 갑자기.

▸돌연-변:이 突然變異 | 바뀔 변, 다를 이
[생물] 갑자기[突然] 변(變)하여 달라진[異] 형질이 나타나는 유전 현상. [비] 우연변이(偶然變異).

돌입 突入 | 갑자기 돌, 들 입 [rush into]
세찬 기세로 갑자기[突] 뛰어듦[入]. ¶파업에 돌입하다.

돌진 突進 | 갑자기 돌, 나아갈 진
[rush; make a dash]
세찬 기세로 거침없이[突] 곧장 나아감[進]. [비] 돌입(突入), 돌격(突擊).

돌출 突出 | 갑자기 돌, 날 출

[project; jut out]
❶[속뜻] 예기치 못하게 갑자기[突] 쑥 나오거나[出] 불거짐. ¶돌출 행동 / 돌출된 발언. ❷바깥쪽으로 쑥 내밀거나 불거져 있음. ¶광대뼈의 돌출 / 돌출된 바위.

돌파 突破 | 부딪칠 돌, 깨뜨릴 파
[break through]
❶[속뜻] 부딪쳐서[突] 깨뜨려[破] 뚫고 나아감. ¶범인은 경찰 저지선을 돌파하고 도망쳤다. ❷일정한 기준이나 기록 따위를 지나서 넘어섬. ¶세계 인구가 65억을 돌파했다. ❸장애나 어려움 따위를 이겨냄. ¶난관을 돌파하다.

▶ 돌파-구 突破口 | 어귀 구
❶[속뜻] 가로막은 것을 쳐서 깨뜨려 통과할[突破] 수 있도록 뚫은 통로나 입구(入口). ❷부닥친 장애나 어려움 따위를 해결하는 실마리. ¶돌파구를 마련하다.

돌풍 突風 | 갑자기 돌, 바람 풍
[gust of wind]
❶[속뜻] 갑자기[突] 세게 부는 바람[風]. ¶돌풍이 일다 / 돌풍이 불다. ❷갑작스럽게 큰 영향을 끼치는 현상을 이르는 말. ¶돌풍을 일으키다. 비 급풍(急風).

동¹ 東 | 동녘 동 [east]
네 개의 기본 방위 중 해가 뜨는 쪽[東]. 비 동쪽. 반 서(西). [속담] 동에 번쩍 서에 번쩍. [관용] 동이 트다.

동:² 洞 | 마을 동 [village]
시(市)·구(區)·읍을 구성하는 작은 행정 구역[洞].

동³ 棟 | 마룻대 동
집채[棟]를 세거나 차례를 나타내는 말. ¶다섯 동짜리 아파트 단지 / 4동 102호.

동⁴ 銅 | 구리 동 [copper]
[화학] 붉고 윤이 나는 금속 원소. 자연동으로나 화합물로 나며 은(銀) 다음으로 전기 및 열을 잘 전달하는 물체이다. 비 구리.

동감 同感 | 같을 동, 느낄 감
[sympathy; agreement]
어떤 견해나 의견에 대해 똑같이[同] 생각함[感]. ¶나는 그의 말에 동감했다. 비 공감(共感). 반 반감(反感).

동갑 同甲 | 같을 동, 천간 갑
[same age]
❶[속뜻] 육십갑자(六十甲子)가 같음[同]. ❷같은 나이의 사람. ¶그는 나와 동갑이다.

동거 同居 | 같을 동, 살 거
[live together]
한집이나 한방에서 같이[同] 삶[居]. ¶동거하고 있는 가족은 모두 다섯이다. 반 별거(別居).

동검 銅劍 | 구리 동, 칼 검
[bronze sword]
구리[銅]나 청동(靑銅)으로 만든 칼[劍]. 청동기 시대의 대표적 유물로 비파형 동검과 세형동검 등이 있다.

동격 同格 | 같을 동, 자격 격
[same rank]
같은[同] 지위나 자격(資格). ¶고대에서 왕은 신과 동격으로 여겨졌다.

동:결 凍結 | 얼 동, 맺을 결 [freeze]
❶[속뜻] 추위나 냉각으로 얼어[凍] 붙음[結]. ¶동결 건조한 채소. ❷[경제] 자산이나 자금 따위의 사용이나 이동을 완전히 묶음. ¶금리를 동결하다.

동경¹ 東經 | 동녘 동, 날실 경
[east longitude]
[지리] 지구 동반구(東半球)의 경도(經度). 본초 자오선을 0도로 하여 동쪽으로 180도까지의 경선이다. ¶서울은 동경 127도에 위치해 있다. 반 서경(西經).

동:경² 憧憬 | 그리워할 동, 그리워할 경
[yearn for; long for]
어떤 것을 간절히 그리워하여[憧=憬] 그것만을 생각함. ¶동경의 대상.

동:계 冬季 | 겨울 동, 철 계
[winter season]
겨울[冬] 철[季]. ¶동계 올림픽 / 동계 훈련. 비 동절(冬節). 반 하계(夏季).

동고동락 同苦同樂 | 한가지 동, 괴로울

고, 한가지 동, 즐길 락
괴로움[苦]도 즐거움[樂]도 함께[同] 함.

동:공 瞳孔 | 눈동자 동, 구멍 공
[pupil of the eye]
눈동자[瞳]의 한가운데에 있는 구멍[孔] 같은 부분. 빛이 이곳을 통하여 들어간다. ¶놀라면 동공이 확대된다. [비] 눈동자.

동:구 洞口 | 마을 동, 어귀 구
[village entrance]
❶[속뜻] 동네[洞] 어귀[口]. ¶동구 밖 과수원 길. ❷절로 들어가는 산문(山門)의 어귀.

동국 東國 | 동녘 동, 나라 국
[eastern country]
중국의 동(東)쪽에 있는 나라[國]. 예전에 '우리나라'를 달리 이르던 말.

▶동국-정:운 東國正韻 | 바를 정, 운 운
[책명] 조선 세종 때, 우리나라[東國]에서 사용되던 한자의 바른 음[正韻]을 정리한 책.

▶동국-지도 東國地圖 | 땅 지, 그림 도
[지리] 조선 때 간행된 우리나라[東國] 최초의 실측 지도(地圖).

▶동국-통보 東國通寶 | 통할 통, 보배 보
[역사] 우리나라[東國]에서 통용(通用)하는 보배[寶] 같은 돈. 고려 숙종 때 만든 엽전의 하나.

▶동국-여지승람 東國輿地勝覽 | 많을 여, 땅 지, 뛰어날 승, 볼 람
[책명] 조선 성종 때, 우리나라[東國] 전국 모든[輿] 지역(地域)의 명승(名勝)을 직접 보고[覽] 다니며 기록한 책.

***동:굴** 洞窟 | 구멍 동, 굴 굴
[cave; cavern]
깊고 넓은 구멍[洞] 같은 골짜기나 굴(窟). ¶박쥐는 동굴에서 생활한다.

동궁 東宮 | 동녘 동, 집 궁
[Crown Prince]
❶[속뜻] 동(東)쪽에 있는 궁궐(宮闕). ❷[역사] 동쪽 궁궐에 살던 '황태자'나 '왕세자'를 달리 이르던 말. [비] 춘궁(春宮).

동급 同級 | 같을 동, 등급 급
[same rank]
❶[속뜻] 같은[同] 등급(等級). ¶이 제품은 동급 중 가장 저렴하다. ❷같은 학급이나 학년.

▶동급-생 同級生 | 사람 생
같은 학급이나 같은 학년처럼 같은 동급(同級)의 학생(學生).

동기[1] 同期 | 같을 동, 때 기
[same period; same class]
❶[속뜻] 같은[同] 시기(時期). 또는 같은 기간. ❷학교나 훈련소 따위에서의 같은 기(期). ¶우리는 학교 동기이다.

동:기[2] 動機 | 움직일 동, 실마리 기
[motive]
어떤 일이나 행동(行動)을 일으키게 된 실마리[機]. ¶동기를 부여하다 / 학습동기.

동기[3] 同氣 | 같을 동, 기운 기
[brothers and sisters]
❶[속뜻] 같은[同] 기운(氣運)을 타고 난 사람들. ❷형제와 자매, 남매를 통틀어 이르는 말. [비] 형제(兄弟).

▶동기-간 同氣間 | 사이 간
형제자매[同氣] 사이[間]. ¶동기간에 정이 돈독하다.

동남 東南 | 동녘 동, 남녘 남 [southeast]
❶[속뜻] 동(東)쪽과 남(南)쪽을 아울러 이르는 말. ❷동쪽을 기준으로 동쪽과 남쪽을 아울러 이르는 말. ¶동남풍이 불다. [반] 서북(西北).

▶동남-아 東南亞 | 버금 아
[지리] 아시아[亞]의 동남(東南)쪽 지역. 베트남·인도네시아·필리핀 따위의 나라가 포함된다. '동남아시아'(東南Asisa)의 준말.

동-대문 東大門 | 동녘 동, 큰 대, 문 문
❶[속뜻] 서울 도성의 동(東)쪽에 있는 큰[大] 문(門). ❷[고적] '흥인지문'(興仁之門)의 속칭.

동독 東獨 | 동녘 동, 독일 독

[Eastern Germany]
[역사] 제2차 세계대전 후 동부(東部) 독일(獨逸)에 수립된 공산주의 국가. 1990년 서독과 통일해 독일 연방 공화국이 되었다.

동등 同等 | 같을 동, 무리 등 [equality]
같은[同] 등급(等級). 정도 따위가 같음. ¶고교 졸업 또는 동등의 학력 / 조건이 동등하다.

동란 動亂 | 움직일 동, 어지러울 란 [disturbance]
폭동(暴動), 반란, 전쟁 따위가 일어나 사회가 질서를 잃고 소란(騷亂)해지는 일. ¶동란이 일어나다 / 동란을 겪다.

***동:력 動力** | 움직일 동, 힘 력 [motive power]
❶[물리] 전력, 수력, 풍력 따위로 기계를 움직이게[動] 하는 힘[力]. ❷어떤 일을 발전시키고 밀고 나가는 힘.

▸**동:력-선 動力船** | 배 선
내연 기관의 동력(動力)을 추진기로 사용하는 배[船]. 모터보트.

동료 同僚 | 같을 동, 벼슬아치 료 [colleague; associate]
❶[속뜻] 같은[同] 일을 하고 있는 벼슬아치[僚]. ❷같은 직장이나 같은 부문에서 함께 일하는 사람. ¶회사 동료 / 동료 의식을 발휘하다.

동률 同率 | 같을 동, 비율 률 [same ratio]
같은[同] 비율(比率). 또는 같은 비례. ¶동률 1위를 달리고 있다.

동:맥 動脈 | 옮길 동, 줄기 맥 [artery]
[의학] 심장에서 피를 신체 각 부분에 보내는[動] 혈관 줄기[脈]. 일반적으로 혈관의 벽이 두꺼우며 탄력성과 수축성이 많다. '동맥관'(動脈管)의 준말. [반] 정맥(靜脈).

동맹[1] 東盟 | 동녘 동, 맹세할 맹
❶[속뜻] 동쪽[東] 하늘을 바라보며 맹세(盟誓)함. ❷[역사] 고구려 때, 매년 10월에 온 나라 백성이 추수에 대한 감사로 하늘에 제사를 지낸 의식. [비] 동명(東明).

동맹[2] 同盟 | 한가지 동, 맹세할 맹 [ally with; league with]
서로의 이익이나 목적을 위하여 하나로[同] 행동하기로 맹세[盟誓]하여 맺는 약속이나 조직체. ¶동맹을 맺다. [비] 연맹(聯盟).

▸**동맹-국 同盟國** | 나라 국
서로 동맹(同盟) 조약을 체결한 당사국(當事國). ¶중국은 북한의 동맹국이다. [비] 맹방(盟邦), 맹약국(盟約國).

동:면 冬眠 | 겨울 동, 잠잘 면 [winter sleep]
❶[동물] 동물이 겨울[冬] 동안 활동을 멈추고 잠자는[眠] 상태에 있는 현상. ¶곰은 동면을 한다. ❷'어떤 활동이 일시적으로 휴지 상태에 이름'을 비유하여 이르는 말. ¶1년의 동면을 끝내고 남북 협상이 재개됐다. [비] 겨울잠. [반] 하면(夏眠).

동명 同名 | 같을 동, 이름 명 [same name]
같은[同] 이름[名]. 또는 이름이 서로 같음.

▸**동명-이인 同名異人** | 다를 이, 사람 인
같은[同] 이름[名]을 가진 서로 다른[異] 사람[人]. ¶장군 이순신과 나는 동명이인이다.

동몽 童蒙 | 아이 동, 어릴 몽 [child]
아직 장가를 들지 않은 어린[蒙] 아이[童].

▸**동몽-선습 童蒙先習** | 먼저 선, 익힐 습
[책명] 『천자문』을 익히고 난 후의 아이들이[童蒙] 다른 공부를 하기 전에 먼저[先] 배워야[習] 할 내용을 담고 있는 초급 교재. 조선 중종 때 박세무(朴世茂)가 저술하였다.

동문[1] 同門 | 같을 동, 문 문 [classmate]
❶[속뜻] 같은[同] 문(門). ❷같은 학교에서 수학하였거나 같은 스승에게서 배운 사람. ¶그와 나는 동문이다 / 동문회를 열었

다. ⓗ 동학(同學), 동창(同窓).

동문² 東門 | 동녘 동, 문 문
동(東)쪽에 있는 문(門). ¶동문에서 기다리고 있겠다.

동문서답 東問西答 | 동녘 동, 물을 문, 서녘 서, 답할 답
❶속뜻 동(東)쪽이 어디냐고 묻는데[問] 서(西)쪽을 가리키며 대답(對答)함. ❷묻는 말에 대하여 아주 엉뚱하게 대답함. ¶동문서답하며 딴청을 피우다.

동:물 動物 | 움직일 동, 만물 물 [animal]
❶속뜻 살아 움직이며[動] 생활하는 물체(物體). ❷생물 생물을 식물과 함께 둘로 대별할 때의 하나로, 새·짐승·물고기 등의 총칭. ❸사람을 제외한 짐승을 통틀어 이르는 말. ⓗ 식물(植物).

▶동:물-성 動物性 | 성질 성
❶속뜻 동물(動物)의 본바탕이 되는 성질(性質)이나 체질. ❷동물로부터 얻어지는 것. ¶동물성 지방. ⓗ 식물성(植物性).

▶동:물-원 動物園 | 동산 원
온갖 동물(動物)을 먹여 기르면서 동물을 연구하고 일반에게 구경시키는 공원(公園). ¶우리나라 동물원에는 코알라가 없다.

동반 同伴 | 같을 동, 짝 반 [company]
❶속뜻 함께[同] 짝[伴]을 이룸. ❷함께 살아감. ¶이번 여행은 부부 동반으로 간다.

▶동반-자 同伴者 | 사람 자
❶속뜻 함께[同] 짝하여[伴] 살아가는 사람[者]. ❷어떤 행동을 함께하는 사람. ¶부부는 인생의 동반자이다.

동방 東方 | 동녘 동, 모 방
[east; Orient]
❶속뜻 동부(東部) 지방(地方). 동쪽. ❷유럽과 아메리카 대륙의 동쪽에 있는 지역. 인도의 인더스강 서쪽에서 지중해 연안까지를 이른다. ⓗ 서방(西方).

▶동방-견문록 東方見聞錄 | 볼 견, 들을 문, 기록할 록
책명 이탈리아의 여행가 마르코 폴로가 중국과 동방(東方)의 여러 나라를 여행하면서 보고[見] 들은[聞] 것을 기록(記錄)한 여행기. 이후 콜럼버스의 신항로 개척에 많은 영향을 주었다.

▶동방예의지국 東方禮儀之國 | 예도 례, 거동 의, 어조사 지, 나라 국
동쪽[東方]에 있는 예의(禮儀)가 바른 나라[國]. 예전에 중국에서 우리나라를 이르던 말.

동백 冬柏 | =冬栢, 겨울 동, 잣나무 백 [camellia seeds]
❶속뜻 겨울[冬]에 꽃이 피는 나무. 왜 '柏'자가 쓰였는지 이유는 확실하지 않다. ❷식물 긴 타원형의 잎이 나고, 이른 봄에 붉은색 또는 흰색의 큰 꽃이 피는 교목. 열매는 기름을 짜서 머릿기름, 등잔 기름 따위로 쓴다. ⓗ 동백나무.

동부 東部 | 동녘 동, 나눌 부 [eastern part]
❶속뜻 어떤 지역의 동(東)쪽 부분(部分). ¶동부 유럽. ❷역사 조선 시대, 한성을 5부로 나눈 구역 중의 동쪽 지역. 또는 그 지역을 관할하던 관아를 이르던 말.

동북 東北 | 동녘 동, 북녘 북 [northeast]
❶속뜻 동(東)쪽과 북(北)쪽을 아울러 이르는 말. ❷동쪽을 기준으로 동쪽과 북쪽 사이의 범위. ¶동북 무역풍 / 동북아시아. ⓗ 서남(西南).

동분서주 東奔西走 | 동녘 동, 달릴 분, 서녘 서, 달릴 주
❶속뜻 동(東)쪽으로 달리다가[奔] 서(西)쪽으로도 달림[走]. ❷여기저기 분주(奔走)하게 다님. ¶돈을 구하기 위해 동분서주하다.

동:사 動詞 | 움직일 동, 말씀 사 [verb]
언어 문장의 주체가 되는 사람이나 사물의 움직임[動]을 나타내는 말[詞]. ¶'빨리 달리다'의 '달리다'는 동사다.

동:-사무소 洞事務所 | 마을 동, 일 사, 힘쓸 무, 곳 소

동(洞)의 행정 사무(事務)를 맡아보는 곳[所].

동:산 動産 | 움직일 동, 재물 산
[movable property]
법률 옮길[動] 수 있는 재산(財産). ¶돈은 대표적인 동산이다. 반 부동산(不動産).

동:상¹凍傷 | 얼 동, 상할 상 [frostbite; chilblains]
의학 추위 때문에 살갗이 얼어서[凍] 조직이 상(傷)함. ¶동상에 걸리다.

동상²銅像 | 구리 동, 모양 상
[bronze statue]
구리[銅]로 만든 사람이나 동물 모양[像]. 또는 그 기념물. ¶광장에 이순신 동상을 세웠다.

동상³銅賞 | 구리 동, 상줄 상
[third prize]
상(賞)의 등급을 매길 때 금, 은, 동(銅) 중 3등상.

동생 同生 | 같을 동, 날 생
[younger brother(sister)]
❶속뜻 같은[同] 어머니에게서 태어난[生] 아우와 손아랫 누이를 통틀어 일컫는 말. ¶내 동생은 곱슬머리다. ❷같은 항렬에서 자기보다 나이가 적은 사람. ¶사촌 동생. 비 아우. 반 형, 언니.

동서¹同壻 | 같을 동, 사위 서
[brother-in-law; sister-in-law]
❶속뜻 같은[同] 사람의 사위[壻]끼리 호칭. ❷같은 자매의 남편끼리 또는 형제의 아내끼리의 호칭.

***동서²東西** | 동녘 동, 서녘 서
[east and west]
❶속뜻 동(東)쪽과 서(西)쪽. ❷동양과 서양. ¶실크로드는 아시아의 동서를 가로지르는 중요한 교역로였다.

▶ **동서-고금 東西古今** | 옛 고, 이제 금
동양(東洋)과 서양(西洋), 옛날[古]과 지금[今]을 합쳐 인간 사회의 모든 시대 모든 곳. ¶동서고금을 막론하고 최고의 가치는 사랑이다.

▶ **동서남북 東西南北** | 남녘 남, 북녘 북
동(東)쪽과 서(西)쪽과 남(南)쪽과 북(北)쪽. 비 사방(四方).

동-서양 東西洋 | 동녘 동, 서녘 서, 큰바다 양 [east and west]
❶속뜻 동양(東洋)과 서양(西洋). ¶동서양의 교류. ❷온 세계. ¶동서양의 사람들은 모두 다를 바 없다.

동석 同席 | 한가지 동, 자리 석
[sit together]
❶속뜻 자리[席]를 함께[同]함. 또는 같은 자리. ¶회의에 그와 동석했다. ❷같은 석차나 지위.

동:선 動線 | 움직일 동, 줄 선
[line of flow]
건설 움직이는[動] 자취나 방향을 나타내는 줄[線]. ¶사람의 동선을 고려하여 가구를 배치하다.

동성¹同姓 | 같을 동, 성씨 성
[same surname]
같은[同] 성씨(姓氏).

▶ **동성-동본 同姓同本** | 같을 동, 뿌리 본
성(姓)과 본관(本貫)이 모두 같음[同]. ¶예전에 동성동본은 결혼할 수 없었다.

동성²同性 | 같을 동, 성별 성
[same sex]
남녀, 혹은 암수의 같은[同] 성(性). ¶동성 연애자. 반 이성(異性).

▶ **동성-애 同性愛** | 사랑 애
동성(同性)끼리 나누는 사랑[愛].

동:세 動勢 | 움직일 동, 기세 세
미술 그림이나 조각에서 나타나는 살아 움직이는[動] 듯한 기세(氣勢). ¶드가(Degas)의 그림에서는 동세가 느껴진다.

동승 同乘 | 한가지 동, 탈 승
[ride together]
차, 배, 비행기 따위를 함께[同] 탐[乘]. ¶승용차 동승. 비 합승(合乘).

***동시¹同時** | 같을 동, 때 시
[same time]

❶[속뜻] 같은[同] 때[時]. 같은 시간. ¶동시 통역 / 그 영화는 동시에 개봉했다. ❷아울러. 곧바로. 잇달아. ¶종소리와 동시에 출발했다.

동:시²童詩 | 아이 동, 시 시 [children's verse]
❶[문학] 주로 어린이를 독자로 예상하고 어린이[童]의 정서를 읊은 시(詩). ❷어린이가 지은 시.

동:-식물 動植物 | 움직일 동, 심을 식, 만물 물 [animals and plants]
동물(動物)과 식물(植物).

동:심 童心 | 아이 동, 마음 심 [child's mind]
어린이[童]의 마음[心]. 어린이의 마음처럼 순진한 마음. ¶동심으로 돌아가 아이와 공놀이를 했다.

동심동덕 同心同德 | 한가지 동, 마음 심, 한가지 동, 덕 덕
❶[속뜻] 마음[心]을 같이[同] 하고 덕(德)을 같이 함[同]. ❷한 마음으로 일치단결함. ¶그들의 동심동덕이 그런 좋은 결과를 낳았다.

동심-원 同心圓 | 같을 동, 마음 심, 둥글 원 [concentric circle]
[수학] 같은[同] 중심점(中心點)을 갖고 있는 원(圓). 중심은 같지만 반지름이 다른 여러 개의 원. ¶물결이 동심원을 그리며 퍼져나갔다.

동:안 童顔 | 아이 동, 얼굴 안 [baby face]
❶[속뜻] 어린이[童]의 얼굴[顔]. ❷나이가 들었는데도 어린아이 같은 얼굴.

동양 東洋 | 동녘 동, 큰바다 양 [East]
유럽 대륙을 중심으로 한 동부(東部) 지역. 명나라 때 중국에 들어온 유럽 선교사가 만든 세계 지도에서 북태평양 서쪽을 대동양(大東洋), 동쪽을 소동양(小東洋)이라고 한 데서 비롯되었다. 지금은 유럽 지역을 가리키는 서양에 대응하여 아시아의 동부 및 남부의 한국, 중국, 일본, 인도, 미얀마, 태국, 인도네시아 등을 일컫는다. [반] 서양(西洋).

▸**동양-계 東洋系** | 이어 맬 계
동양(東洋) 계통(系統). 또는 그런 사람. ¶동양계 미국인.

▸**동양-란 東洋蘭** | 난초 란
[식물] 예로부터 한국, 중국, 일본 등 동양(東洋)에서 재배되어 온 난초(蘭草). ¶춘란(春蘭)·한란(寒蘭)이 대표적인 동양란이다.

▸**동양-인 東洋人** | 사람 인
동양(東洋) 사람[人]. ¶동양인의 의식 세계. [반] 서양인(西洋人).

▸**동양-화 東洋畵** | 그림 화
[미술] 서양화에 대응되는 개념으로 중국에서 비롯하여 한국, 일본 등 동양(東洋) 여러 나라에서 발달해 온 회화(繪畵). [반] 서양화(西洋畵).

동업 同業 | 같을 동, 일 업
[same trade; same line of business]
❶[속뜻] 같은[同] 종류의 직업이나 영업(營業). ¶나와 동업에 종사하는 사람들. ❷같이 사업을 함. 또는 그 사업. ¶친구와의 동업은 피하는 게 좋다.

동:-영상 動映像 | 움직일 동, 비칠 영, 모양 상 [video; moving picture]
컴퓨터로 움직이는[動] 물체의 영상(映像)을 텔레비전(TV)의 화면처럼 만든 것. 'moving picture'를 의역한 것으로 '동화상'(動畵像)이라고도 하며, MPEG, MOV, Real Video, Avi 등의 형식이 있다.

동:요¹動搖 | 움직일 동, 흔들 요
[tremble; unrest]
❶[속뜻] 흔들어[搖] 움직임[動]. ❷생각이나 의지가 확고하지 못하고 흔들림. ¶부모님의 사고 소식에 그녀는 동요했다. ❸어떤 체제나 상황 따위가 혼란스럽고 술렁임. ¶민심이 동요하다.

동:요²童謠 | 아이 동, 노래 요
[nursery song; children's song]
어린이들의[童] 감정을 반영하여 만든 노

래[謠].

동ː원 動員 | 움직일 동, 사람 원
[mobilize]
❶속뜻 어떤 목적을 달성하기 위하여 사람[員]이나 물건을 옮겨[動] 한데 모음. ¶어떤 방법을 동원해서라도 아이를 찾아야 한다. ❷군사 전쟁 따위에 대비하여 병력, 군수 물자를 모으는 것. ¶테러 진압을 위해 군대를 동원했다.

동의 同意 | 같을 동, 뜻 의
[agree with; approve of]
❶속뜻 같은[同] 의미(意味). ❷의사(意思)나 의견을 같이함. ¶그는 국민의 동의를 얻었다. ⓑ 동의(同義), 찬성(贊成), 찬동(讚同). ⓑ 이의(異意), 반대(反對).

동의-보감 東醫寶鑑 | 동녘 동, 치료할 의, 보배 보, 거울 감
책명 조선 선조 때, 허준(許浚)이 편찬한 의학서. 중국 한의학을 바탕으로 우리나라[東國] 의학(醫學)을 총망라하여 후대까지 귀감이 되고 있는 귀중한 책[寶鑑].

동이 東夷 | 동녘 동, 오랑캐 이
❶속뜻 동(東)쪽의 오랑캐[夷]. ❷중국 사람이 그들의 동쪽에 사는 한국·일본·만주 등의 민족을 낮잡아 이르던 말. ⓑ 서융(西戎).

동일 同一 | 같을 동, 모두 일
[same; identical]
❶속뜻 어떤 것과 비교하여 모두[一] 꼭 같음[同]. ¶조건이 동일하다. ❷각각 다른 것이 아니라 하나임. ¶영과 혼은 동일하다. ⓑ 상이(相異).

▶ **동일-인 同一人** | 사람 인
같은[同一] 사람[人]. ¶그 두 사건은 동일인의 소행으로 보인다.

동ː자 童子 | 아이 동, 아들 자
[little boy]
❶속뜻 나이 어린 사내[子] 아이[童]. ❷불교 중이 되려고 절에서 공부하면서 아직 출가하지 않은 사내아이.

▶ **동ː자-승 童子僧** | 승려 승

불교 어린아이[童子]인 승려(僧侶).

＊동ː작 動作 | 움직일 동, 지을 작
[action; movement]
❶속뜻 움직여[動] 만듦[作]. ❷몸을 움직임. ¶그는 동작이 느리다. ⓑ 행위(行爲), 행동(行動).

동ː장 洞長 | 마을 동, 어른 장
[dong headman]
❶속뜻 한 동네[洞]의 우두머리[長]. ❷법률 행정 구역 단위의 '동'(洞)을 대표하여 일을 맡아보는 사람.

＊동ː적 動的 | 움직일 동, 것 적 [dynamic]
움직이고[動] 있는 것[的]. ¶동적인 이미지. ⓑ 정적(靜的).

＊동전 銅錢 | 구리 동, 돈 전
[copper coin]
구리[銅]와 주석의 합금으로 만든 돈[錢]. ⓑ 동화(銅貨). ⓑ 지폐(紙幣).

동ː절 冬節 | 겨울 동, 철 절
[winter season]
겨울[冬] 철[節].

▶ **동ː절-기 冬節期** | 때 기
겨울철[冬節]에 해당되는 시기(時期). 보통 12월에서 2월까지를 말한다. ¶동절기에 잡은 생선이 맛있다. ⓑ 하절기(夏節期).

동점 同點 | 같을 동, 점 점
[same score]
❶속뜻 같은[同] 점수(點數). 또는 점수가 같음. ¶그 경기는 동점으로 끝났다. ❷같은 결론.

동ː정¹ 動靜 | 움직일 동, 고요할 정
[movements]
❶속뜻 물질의 운동(運動)과 정지(靜止). ❷사람이 일상적으로 하는 일체의 행위. ❸일이나 현상이 벌어지고 있는 낌새. ¶적의 동정을 살피다.

동정² 同情 | 같을 동, 마음 정
[sympathize with]
❶속뜻 남에 대하여 같은[同] 마음[情]을 가짐. ❷남의 어려운 처지를 자기 일처럼

딱하고 가엾게 여겨 온정을 베풂. ¶동정하는 거라면 필요 없어요.

▸동정-심 同情心 | 마음 심
남의 어려운 처지를 안타깝게 여기는[同情] 마음[心]. ¶동정심을 불러일으키다. [비] 연민(憐憫).

동조 同調 | 같을 동, 가락 조
[agree with; sympathize with]
❶[속뜻] 같은[同] 가락[調]. ❷남의 주장에 자기 의견을 일치시키거나 보조를 맞춤. ¶무력 침공에는 동조할 수 없다. [비] 동의(同意), 찬성(贊成), 찬동(讚同). [반] 반대(反對).

동족 同族 | 같을 동, 겨레 족
[brethren; same blood]
같은[同] 겨레[族]. [반] 이민족(異民族).

▸동족-상잔 同族相殘 | 서로 상, 해칠 잔
같은[同] 겨레[族]끼리 서로[相] 싸우고 해침[殘]. ¶동족상잔의 비극. [비] 민족상잔(民族相殘), 동족상쟁(同族相爭).

동종 銅鐘 | 구리 동, 쇠북 종
[bronze bell]
구리[銅]로 만든 종(鐘). ¶동종 소리.

동지[1] 冬至 | 겨울 동, 이를 지
[winter solstice]
겨울[冬]이 절정에 이른[至] 때. 태양이 동지점(冬至點)을 통과하는 12월 22일이나 23일경. [반] 하지(夏至).

동지[2] 同志 | 같을 동, 뜻 지
[same mind; fellow member]
목적이나 뜻[志]이 서로 같음[同]. 또는 그런 사람. ¶동지를 규합하다 / 동지 의식. [비] 사우(社友).

동질 同質 | 같을 동, 바탕 질
[the same quality; homogeneity]
본바탕[質]이 같음[同]. 성질이 같음. ¶동질 이상(異像)의 광물. [반] 이질(異質).

▸동질-성 同質性 | 성질 성
본바탕[質]이 같은[同] 성질이나 특성(特性). ¶민족 문화의 동질성을 회복하다.

동참 同參 | 한가지 동, 참여할 참
[participation]
어떤 모임이나 일에 하나로[同] 참가(參加)함. ¶봉사활동에 동참하다.

동창[1] 東窓 | 동녘 동, 창문 창
[window facing east]
동(東)쪽으로 난 창문(窓). ¶동창이 밝아온다.

동창[2] 同窓 | 같을 동, 창문 창
[schoolmate]
❶[속뜻] 같은[同] 창문(窓門). ❷같은 학교에서 함께 공부한 친구 사이. '동창생'(同窓生)의 준말. ¶우리는 동창이다. [비] 동학(同學), 동문(同門).

▸동창-생 同窓生 | 사람 생
❶[속뜻] 같은 학교[同窓]를 다니거나, 다녔던 학생(學生). ❷한 학교를 같은 해에 나온 사람. [준] 동창.

▸동창-회 同窓會 | 모일 회
같은 학교를 졸업한 사람들[同窓]이 모여[會] 서로 친목을 도모하고 모교와의 연락을 하기 위하여 조직한 모임. ¶연말에 동창회를 열다. [비] 동문회(同門會).

동체 胴體 | 몸통 동, 몸 체 [body]
❶[속뜻] 사람이나 물체(物體)의 몸통[胴]을 이루는 부분[體]. ❷[항공] 항공기의 날개와 꼬리를 제외한 중심 부분. ¶동체 착륙.

동충하초 冬蟲夏草 | 겨울 동, 벌레 충, 여름 하, 풀 초
[식물] 겨울[冬]에는 벌레[蟲]이던 것이 여름[夏]에는 풀[草]로 변하는 버섯을 통틀어 이르는 말. 거미, 매미, 나비, 벌 따위의 곤충의 시체에 기생한다.

동:태[1] 凍太 | 얼 동, 클 태
[frozen pollack]
얼린[凍] 명태(明太). ¶동태로 끓인 국.

동:태[2] 動態 | 움직일 동, 모양 태
[movement]
움직이는[動] 상태(狀態). 변하여 가는 상태. ¶인구동태 / 적의 동태를 살피다. [비] 동정(動靜), 동향(動向). [반] 정태(靜態).

동ː파 凍破 | 얼 동, 깨뜨릴 파
[be frozen to burst]
얼어서[凍] 터짐[破]. ¶추운 날씨에 수도관이 동파했다.

동판 銅版 | 구리 동, 널빤지 판
[copper plate]
구리[銅]로 만든 판(版).

▶ **동판-화 銅版畵** | 그림 화
미술 동판(銅版)에 새긴 그림[畵]. 또는 동판으로 찍은 그림.

동편 東便 | 동녘 동, 쪽 편 [east side]
동(東) 쪽[便]. 동쪽 방향. ⑪ 동변(東邊). ⑪ 서편.

동포 同胞 | 같을 동, 태보 포
[brethren; fellow countrymen]
❶속뜻 같은[同] 태보[胞]에서 태어난 형제자매. 같은 부모의 형제자매. ❷같은 나라 또는 같은 민족의 사람. ¶해외 동포 / 재일동포 2세. ⑪ 동기(同氣), 동족(同族), 겨레.

▶ **동포-애 同胞愛** | 사랑 애
동포(同胞)로서 서로 아끼고 사랑하는[愛] 마음.

동풍 東風 | 동녘 동, 바람 풍
[east wind]
❶속뜻 동(東)쪽에서 부는 바람[風]. ❷봄철에 불어오는 바람. 봄바람. ⑪ 서풍(西風).

동학 東學 | 동녘 동, 배울 학
역사 서양에서 들어온 종교에 대항해 19세기 중엽에 최제우(崔濟愚)가 세운 우리나라[大東] 우리 민족의 순수 종교[學]. ⑪ 제우교(濟愚敎).

▶ **동학 농민 운ː동 東學農民運動** | 농사 농, 백성 민, 돌 운, 움직일 동
역사 조선 고종 31년(1894)에 전라도 고부에서 전봉준 등을 지도자로 동학도(東學徒)와 농민(農民)들이 합세하여 일으킨 농민 운동(農民運動).

동해 東海 | 동녘 동, 바다 해 [East Sea]
❶속뜻 동(東)쪽에 있는 바다[海]. ❷동에 솟아오르는 해. ❷지리 우리나라 동쪽의 바다. ⑪ 서해(西海).

▶ **동해-안 東海岸** | 언덕 안
❶속뜻 동(東)쪽의 바다[海]에 접해있는 언덕[岸]. ❷지리 우리나라의 동쪽 해안. ¶동해안 지방에는 대설이 내렸다.

동행 同行 | 같을 동, 갈 행
[going together]
❶속뜻 같이[同] 길을 감[行]. ¶어린이는 어른과 동행해야 합니다. ❷같이 길을 가는 사람.

동향¹ 同鄕 | 같을 동, 시골 향
[same native place]
같은[同] 고향(故鄕). 또는 고향이 같음. '동고향'의 준말. ¶객지에서 동향 사람을 만나다.

동향² 東向 | 동녘 동, 향할 향
[eastern exposure]
동(東)쪽을 향(向)함. 또는 그 방향. ⑪ 서향(西向).

동ː향³ 動向 | 움직일 동, 향할 향
[tendency; trend]
❶속뜻 움직임[動]과 방향(方向). ❷사람들의 사고, 사상, 활동이나 일의 형세 따위가 바뀌는 방향. ¶여론의 동향을 살피다. ⑪ 동태(動態), 동정(動靜).

동헌 東軒 | 동녘 동, 집 헌
❶속뜻 여러 채의 관사(官舍) 가운데 동(東)쪽에 있는 집[軒]. ❷역사 지방 관아에서 고을 원님이나 수령(守令)들이 공사(公事)를 처리하던 중심 건물.

동호 同好 | 한가지 동, 좋을 호
[share the same taste]
어떤 일이나 물건을 함께[同] 좋아함[好].

▶ **동호-인 同好人** | 사람 인
같은[同] 기호(嗜好)를 갖고 있는 사람[人]. 취미를 가지고 함께 즐기는 사람.

▶ **동호-회 同好會** | 모일 회
같은[同] 기호(嗜好)를 갖고 있는 사람들의 모임[會]. ¶마라톤 동호회.

동화¹ 同化 | 같을 동, 될 화 [assimilate; absorb]
①속뜻 다르던 것이 서로 똑같이[同] 됨[化]. ¶자연에 동화되다. ②생물 생물이 몸 밖에서 얻은 물질을 자기에게 맞게 변화하는 것. 凹이화(異化).

*동ː화² 童話 | 아이 동, 이야기 화 [fairy tale; children's story]
문학 어린이를 위하여 동심(童心)을 바탕으로 지은 이야기[話]. 대체로 공상적·서정적·교훈적인 내용이다.

▶ **동ː화-책 童話冊** | 책 책
동화(童話)를 쓴 책(冊). ¶동화책 속에 나오는 왕자나 공주를 꿈꾸다.

두 頭 | 머리 두 [head]
소나 말 따위 네 발 가진 큰 짐승의 수효를 세는 단위. ¶젖소 50두.

두각 頭角 | 머리 두, 뿔 각 [prominence]
①속뜻 짐승의 머리[頭]에 있는 뿔[角]. ②'뛰어난 학식이나 재능'을 비유하여 이르는 말. ¶체조계에서 두각을 드러내다.

두개 頭蓋 | 머리 두, 덮을 개 [cranium; brainpan]
의학 척추동물의 두뇌(頭腦)를 덮고[蓋] 있는 달걀 모양의 골격.

▶ **두개-골 頭蓋骨** | 뼈 골
의학 척추동물의 뇌에 덮인[頭蓋] 뼈[骨]를 통틀어 이르는 말.

두건 頭巾 | 머리 두, 수건 건 [hempen hood for a mourner]
상중(喪中)에 남자 상제 등이 머리[頭]에 쓰는 베로 된 쓰개[巾]. 죤건.

두견 杜鵑 | 팥배나무 두, 접동새 견 [cuckoo]
①속뜻 팥배나무[杜]를 좋아하는 접동새[鵑]. ②동물 등은 갈색이고 배에 검은 가로줄 무늬가 있는 여름 철새.

두뇌 頭腦 | 머리 두, 골 뇌 [brains; head]
①의학 머리[頭] 속의 골[腦]. ②사물을 판단하는 슬기. ¶그는 두뇌 회전이 빠르

다. ③'지식수준이 높은 사람'을 비유하여 이르는 말. ¶그는 한국 최고의 두뇌이다.

두둔 斗頓 | 본음 [두돈], 말 두, 조아릴 돈 [screen; shelter]
편들어 감싸주거나 역성을 들어줌. ¶두둔을 받다 / 죄인을 두둔하다.

두락 斗落 | 말 두, 떨어질 락
논밭 넓이의 단위. 凹마지기.

두목 頭目 | 머리 두, 눈 목 [leader; boss]
①속뜻 머리[頭]에서 눈[目]처럼 중요한 것. ②패거리의 우두머리. ¶깡패 두목을 잡았다. 凹두령(頭領).

두발 頭髮 | 머리 두, 머리털 발 [hair]
머리[頭]에 난 털[髮]. ¶두발 모양을 자유롭게 하다.

두부 豆腐 | 콩 두, 썩을 부 [soybean curd]
①속뜻 콩[豆]을 썩혀[腐] 만든 것. ②콩으로 만든 식품의 하나. 물에 불린 콩을 갈아서 짜낸 콩물을 끓인 다음 간수를 넣어 엉기게 하여 만든다. 凹두포(豆泡).

두상 頭相 | 머리 두, 모양 상
머리[頭] 생김새나 모양[相]. ¶두상이 장군감이다.

두서 頭緖 | 머리 두, 실마리 서 [clue; the first step]
①속뜻 일의 첫머리[頭]나 실마리[緖]. ②일의 차례나 순서. ¶두서없이 말을 늘어놓다.

두유 豆乳 | 콩 두, 젖 유 [soybean milk]
물에 불린 콩[豆]을 간 다음, 물을 붓고 끓여 걸러서 만든 우유(牛乳) 같은 액체.

두절 杜絶 | 막힐 두, 끊을 절 [stop; interrupt]
교통이나 통신 따위가 막히거나[杜] 끊어짐[絶]. ¶연락이 두절되었다.

두통 頭痛 | 머리 두, 아플 통 [headache]
머리[頭]가 아픈[痛] 증세.

둔ː각 鈍角 | 무딜 둔, 뿔 각 [obtuse angle]

[수학] 두 변이 이루는 꼭지가 무딘[鈍] 각(角). 90°보다는 크고 180°보다는 작은 각. [반] 예각(銳角).

▸둔:각 삼각형 鈍角三角形 | 석 삼, 뿔 각, 모양 형
[수학] 세 각 가운데 한 각이 둔각(鈍角)인 삼각형(三角形). [반] 예각삼각형(銳角三角形).

둔:감 鈍感 | 무딜 둔, 느낄 감
[dull; insensible]
무딘[鈍] 감정(感情)이나 감각. ¶그는 유행에 둔감하다. [반] 민감(敏感).

둔:갑 遁甲 | 숨을 둔, 껍질 갑
[change oneself into]
❶[속뜻] 술법을 써서 껍질[甲]의 겉모습을 바꾸거나 감춤[遁]. ¶여우가 여자로 둔갑하다. ❷본디 형체나 성질이 바뀌거나 가리어짐. ¶국산품으로 둔갑하다.

둔:재 鈍才 | 둔할 둔, 재주 재 [dullness]
둔한[鈍] 재주[才]. 또는 재주가 둔한 사람. [반] 영재(英材), 천재(天才).

둔:화 鈍化 | 무딜 둔, 될 화 [slowdown]
느리고 무디어[鈍] 짐[化]. ¶감각의 둔화 / 수출이 둔화되다 / 경제 성장을 둔화시키다.

득 得 | 얻을 득 [benefit; advantage]
얻는[得] 것. 이로운 것. ¶득을 보다 / 득이 되다. [비] 이익(利益). [반] 실(失).

득남 得男 | 얻을 득, 사내 남
[birth of a son]
사내[男] 아이를 낳음[得]. [비] 생남(生男), 생자(生子). [반] 득녀(得女).

득음 得音 | 얻을 득, 소리 음
❶[속뜻] 참된 소리[音]가 무엇인지를 체득(體得)함. ❷노래나 연주 솜씨가 매우 뛰어난 경지에 이름.

득의양양 得意揚揚 | 얻을 득, 뜻 의, 오를 양, 오를 양
❶[속뜻] 뜻[意]한 바를 이루어[得] 우쭐거리며[揚揚] 뽐냄. ❷만족스런 듯 매우 기뻐함. ¶대학에 합격하여 득의양양해 하는 모습.

득점 得點 | 얻을 득, 점 점
[make a score]
시험이나 경기 따위에서 점수(點數)를 얻음[得]. 또는 그 점수. ¶그는 한 경기에서 30점을 득점했다. [반] 실점(失點).

득표 得票 | 얻을 득, 쪽지 표
[poll votes]
투표(投票)에서 자신을 지지하는 표(票)를 얻음[得]. 또는 그 얻은 표. ¶그는 과반수 득표로 당선되었다.

등:[1] 等 | 무리 등 [class; grade]
높고 낮음의 차례[等]. 등급이나 석차를 나타내는 말. ¶2등 / 삼 등.

등:[2] 等 | 같을 등
[and so on; et cetera]
그 밖에도 같은[等] 종류의 것이 더 있음을 나타내는 말. ¶그녀는 나에게 이름, 나이, 취미 등을 물었다. [비] 따위.

등[3] 燈 | 등불 등 [lamp; lantern; light]
불을 켜서 밝게 하는 기구. ¶등을 달다.

등:-거리 等距離 | 같을 등, 떨어질 거, 떨어질 리 [equal distance]
같은[等] 거리(距離). ¶등거리 사격.

***등:고** 等高 | 같을 등, 높을 고
높이[高]가 같음[等].

▸등:고-선 等高線 | 줄 선
[지리] 지도에서 해발 고도(高度)가 같은[等] 지점을 연결한 곡선(曲線). ¶등고선 모양으로 밭을 만들다. [비] 수평 곡선(水平曲線).

등교 登校 | 오를 등, 학교 교
[go to school]
학생이 수업을 받으러 학교(學校)에 감[登]. ¶나는 걸어서 등교한다. [반] 하교(下校).

등극 登極 | 오를 등, 끝 극
[ascend the throne]
❶[속뜻] 가장 높은[極] 임금의 자리에 오름[登]. ¶드디어 선덕여왕이 등극했다. ❷어떤 분야에서 가장 높은 자리나 지위에

오름. ¶챔피언 등극. 빤 등조(登祚), 즉위(卽位).

등:급 等級 | 같을 등, 등급 급
[class; grade]
❶속뜻 같은[等] 급(級). 급이 같음. ❷같은 급별로 나눈 층차나 단계. ¶내 성적은 3등급이다.

등기 登記 | 오를 등, 기록할 기 [registry]
법률❶장부 따위에 올려[登] 기록(記錄)함. ¶건물을 본인 명의로 등기하다. ❷우체국에서 우편물의 인수·배달 과정을 기록하는 우편. ¶등기로 편지를 보내다.

등대 燈臺 | 등불 등, 돈대 대
[lighthouse; beacon]
섬이나 바닷가에 세운 등불[燈]을 밝히는 탑[臺] 모양의 시설. 밤에 다니는 배에 목표, 뱃길, 위험한 곳 따위를 알려 주려고 불을 켜 비춘다. ¶등대의 불빛 덕분에 항로를 찾았다.

등:등¹ 等等 | 같을 등, 같을 등
[et cetera; and so on]
이 외에도 그와 같은[等+等] 여러 가지. 많은 사물 중에서 몇 가지만 줄여 열거한 다음 이를 써서 비슷한 것이 많이 있음을 표현한다. ¶동생의 책가방 속에는 교과서, 공책, 필통 등등이 들어 있다.

등등² 騰騰 | 오를 등, 오를 등
[triumphant]
기세를 뽐내는 꼴이 아주 높다[騰+騰]. ¶기세가 등등하다. 빤 자신만만(自信滿滿)하다, 의기양양(意氣揚揚)하다.

등록 登錄 | 오를 등, 기록할 록 [register; enter]
❶속뜻 문서에 올려[登] 기록함[錄]. ❷일정한 자격 조건을 갖추기 위하여 단체나 학교 따위에 문서를 올림. ¶신입생 등록을 마치다.

▶ **등록-금** 登錄金 | 돈 금
학교나 학원 따위에 등록(登錄)할 때 내는 돈[金]. 빤 납입금(納入金).

▶ **등록-증** 登錄證 | 증거 증

등록(登錄)하였음을 증명(證明)하는 문서. ¶자동차 등록증 / 등록증 발급.

등반 登攀 | 오를 등, 매달릴 반 [climb]
험한 산의 정상에 이르기 위하여 힘들게 기어[攀] 오름[登].

▶ **등반-대** 登攀隊 | 무리 대
험한 산이나 높은 곳에 오르기[登攀] 위하여 조직한 무리[隊].

등본 謄本 | 베낄 등, 책 본
[copy; duplicate]
법률 원본(原本)을 똑같이 베낌[謄]. 또는 그런 서류. ¶등본을 뜨다 / 주민등록등본.

등:분 等分 | 같을 등, 나눌 분
[devide equally; share equally]
❶속뜻 똑같이[等] 나눔[分]. ❷수나 양을 똑같은 부분이 되도록 둘 또는 그 이상으로 갈라 나눔. ❸똑같은 분량으로 나누어진 몫을 세는 단위. ¶반죽을 네 등분으로 나누다.

등산 登山 | 오를 등, 메 산
[climb a mountain]
운동, 놀이, 탐험 따위의 목적으로 산(山)에 오름[登]. 빤 하산(下山).

▶ **등산-가** 登山家 | 사람 가
등산(登山)을 잘하거나 즐기는 사람[家]. ¶커서 등산가가 되고 싶다.

▶ **등산-객** 登山客 | 손 객
운동이나 놀이를 목적으로 산에 오르는[登山] 사람[客]. ¶서울 근교의 산들은 휴일이면 등산객으로 무척 붐빈다.

▶ **등산-로** 登山路 | 길 로
등산(登山)하는 길[路]. ¶눈이 와서 등산로가 미끄럽다.

▶ **등산-복** 登山服 | 옷 복
등산(登山)할 때에 입는 옷[服]. ¶등산복 차림의 젊은이들.

▶ **등산-화** 登山靴 | 구두 화
등산(登山)할 때 신는 신[靴]. 보통 창이 두껍고 바닥이 울퉁불퉁하며 벗겨지지 않도록 만들어졌다.

등:수 等數 | 무리 등, 셀 수

[grade; rank]
등급(等級)에 따라 붙인 번호[數]. ¶등수를 매기다. 囲 등급(等級), 순위(順位).

등:식 等式 | 같을 등, 법 식 [equality]
수학 수나 문자, 식을 등호(等號)인 '='를 써서 나타내는 관계식(關係式). ¶양변에 같은 수를 더하거나 곱해도 등식은 성립한다. 囲 부등식(不等式).

등:신 等神 | 같을 등, 귀신 신
[fool; stupid person]
❶속뜻 사람 같이[等] 만들어 놓은 신상(神像). ❷몹시 어리석은 사람을 낮잡아 이르는 말. ¶등신 같은 녀석 / 사람을 등신 취급하다.

등:압 等壓 | 같을 등, 누를 압
[isobaric line; isobar]
물리 압력(壓力)이나 기압이 같음[等].

▶등:압-선 等壓線 | 줄 선
지리 일기도에서 기압(氣壓)이 같은[等] 지점을 연결하여 이은 선(線). 고기압이나 저기압의 분포를 나타낸다. ¶일기도(日氣圖)에 등압선을 표시하다.

등용 登用 | 오를 등, 쓸 용
[appoint; assign]
인재를 뽑아[登] 씀[用]. ¶인재를 등용하다. 囲 거용(擧用).

등-용문 登龍門 | 오를 등, 용 룡, 문 문
[gateway to success]
❶속뜻 용문(龍門)에 오름[登]. ❷어려운 관문을 통과하여 크게 출세하게 됨. 또는 그 관문. 잉어가 중국 황하(黃河) 상류의 급류를 이룬 곳인 용문을 오르면 용이 된다는 전설에서 유래한 말이다.

등유 燈油 | 등불 등, 기름 유
[lamp oil; kerosene]
등(燈)불을 켤 때 쓰는 기름[油]. 원유(原油)를 증류할 때 150℃에서 280℃ 사이에서 얻어지는 기름으로 가정용이나 공업용으로 쓰인다.

등잔 燈盞 | 등불 등, 잔 잔
[oil cup for a lamp]
기름을 담아 등(燈)불을 켜는 데에 쓰는 그릇[盞]. ¶등잔에 불을 붙이다. 속담 등잔 밑이 어둡다.

***등장** 登場 | 오를 등, 마당 장
[appear; show up; enter the stage]
❶속뜻 무대[場]나 연단 따위에 나옴[登]. ¶남자 주인공이 무대에 등장했다. ❷어떤 사건이나 분야에서 새로운 제품이나 현상, 인물 등이 세상에 처음으로 나옴. ¶신제품의 등장. ❸연극, 영화, 소설 따위에 어떤 인물이 나타남. ¶이 소설에는 노인이 주인공으로 등장한다. 囲 출현(出現). 囲 퇴장(退場).

▶등장-인물 登場人物 | 사람 인, 만물 물
❶속뜻 연극, 영화, 소설 따위에 나오는[登場] 인물(人物). ❷어떠한 사건에 관련되는 인물. ¶이 사건의 등장인물은 누구인가?

등정 登頂 | 오를 등, 꼭대기 정
[reach the top of a mountain]
산 따위의 꼭대기[頂]에 오름[登]. ¶장애우들이 히말라야 등정에 나섰다.

등:지 等地 | 같을 등, 땅 지
[like places]
지명 뒤에 쓰여 그와 비슷한[等] 여러 지역(地域)을 줄임을 나타내는 말. ¶일본, 홍콩, 태국 등지로 여행을 다니다.

등판 登板 | 오를 등, 널빤지 판
[take the plate; go to the mound]
순뜻 야구에서 투수가 널빤지[板] 같은 마운드에 올라서는[登] 일. ¶선발투수로 등판하다. 囲 강판(降板).

등피 燈皮 | 등불 등, 껍질 피
[lamp chimney]
등불이 꺼지지 않도록 등(燈)에 씌우는 껍데기[皮].

등-하:교 登下校 | 오를 등, 아래 하, 학교 교 [to and from school]
학교에 수업하러 가는 것[登校]과 수업을 마치고 학교에서 돌아오는 것[下校]을 아울러 이르는 말. ¶등하교 시간에는 학교

앞이 무척 북적댄다.

등:한 等閑 | =等閒, 같을 등, 한가할 한
[negligent; careless]
❶속뜻 한가한[閑] 것 같다[等]. ❷마음에 두지 않거나 소홀하다. 대수롭지 않게 여기다. ¶자녀 교육에 등한한 부모

▶ 등:한-시 等閑視 | 볼 시
대수롭지 않게[等閑] 보아[視] 넘김. ¶건강을 등한시 여기다 / 국어 공부를 등한시하다.

등:호 等號 | 같을 등, 표지 호
[sign of equality]
수학 서로 같음[等]을 나타내는 표지[號].

량 輛 | 수레 량
전철이나 열차의 차량[輛]을 세는 단위.
¶기관차가 객차 12량을 끌다.

리¹ 里 | 마을 리
❶ 속뜻 면 바로 아래에 있는 한국의 행정 단위. 도시 지역의 '동'(洞)과 비슷하다.
❷우리나라 거리의 단위. 1리는 약 0.4km 이다. ¶여기서 안동까지 30리쯤 된다.

리² 理 | 이치 리 [cannot be]
까닭이나 이유의 뜻으로 쓰이는 말. ¶그럴 리가 있겠습니까?

리³ 釐 | 단위 리
1000분의 1을 나타내는 단위. 푼의 10분의 1. ¶3할 3푼 5리.

ㅁ

마[1] 碼 | 단위 마 [yard]
옷감이나 종이의 길이를 세는 말. [비] 야드.

마[2] 魔 | 마귀 마 [demon; evil spirit]
❶일이 잘되지 않게 방해하는 요사스러운 장애물. ¶마가 끼다. ❷자주 궂은일이 일어나는 장소나 때를 일컫는 말. ¶마의 금요일.
구잡이로 사다.

마:구-간 馬廐間 | 말 마, 모일 구, 사이 간 [stable; horse barn]
말[馬]을 모아[廐] 기르는 곳[間].

마귀 魔鬼 | 마귀 마, 귀신 귀
[evil spirit; devil; demon]
요사스럽고 못된 귀신[魔=鬼]. [비] 악마(惡魔).

마녀 魔女 | 마귀 마, 여자 녀
[witch; sorceress]
❶ [속뜻] 마귀(魔鬼)처럼 요사스러운 여자(女子). ❷악마처럼 성질이 사악한 여자. 유럽의 민간 전설에 자주 등장된다.

마:력[1] 馬力 | 말 마, 힘 력
[horse power]
❶ [속뜻] 말[馬] 한 마리가 끄는 힘[力]. ❷ [물리] 동력이나 일의 양을 나타내는 실용 단위. 기호는 'HP'. ¶200마력의 엔진.

마력[2] 魔力 | 마귀 마, 힘 력
[magical powers]
사람을 현혹하는 마귀(魔鬼)와 같은 이상한 힘[力]. ¶그 여자에게는 사람을 사로잡는 이상한 마력이 있다.

마:마 媽媽 | 어머니 마, 어머니 마
[smallpox; Your Majesty]
❶'천연두'(天然痘)를 일상적으로 이르는 말. ❷임금 또는 그 가족(家族)들의 칭호(稱號)에 붙이어 존대(尊待)하는 뜻을 나타내던 말. ¶중전 마마.

마모 磨耗 | 갈 마, 줄 모
[wear; be worn away]
마찰 부분이 닳아서[磨] 작아지거나 없어짐[耗]. ¶타이어가 마모됐다.

마법 魔法 | 마귀 마, 법 법 [magic]
마력(魔力)으로 불가사의한 일을 행하는 술법(術法).

▶ **마법-사** 魔法師 | 스승 사
마법(魔法)을 부리는 사람[師].

마:부 馬夫 | 말 마, 사나이 부 [footman; groom]
말[馬]을 부려 마차나 수레를 모는 사람[夫]. [비] 마정(馬丁).

마:분 馬糞 | 말 마, 똥 분
[horse-manure; horse-droppings]
말[馬]의 똥[糞].

▶ **마:분-지** 馬糞紙 | 종이 지
주로 짚을 원료로 하여 만드는 종이의 하

나, 빛이 누렇고 거친 느낌이 꼭 말[馬]의 똥[糞] 같은 종이[紙]라 하여 붙여진 이름이다.

마비 痲痺 | 저릴 마, 저릴 비
[be paralyzed]
❶속뜻 손발이 저림[痲=痺]. ❷의학 신경이나 근육이 형태의 변화 없이 기능을 잃어버리는 상태. 감각이 없어지고 힘을 제대로 쓰지 못하게 된다. ¶근육 마비를 일으키다. ❸본래의 기능이 둔해 정지되는 일을 비유하여 이르는 말. ¶업무가 마비 상태다.

마수 魔手 | 마귀 마, 손 수 [evil hand]
❶속뜻 악마(惡魔)의 손길[手]. ❷'남을 나쁜 길로 꾀거나 불행에 빠뜨리거나 하는 음험한 수단'을 비유하여 이르는 말. ¶침략의 마수를 뻗치다.

마술 魔術 | 마귀 마, 꾀 술 [magic arts]
❶속뜻 마력(魔力)으로써 하는 불가사의한 술법(術法). ❷재빠른 손놀림이나 여러 가지 장치, 속임수 따위를 써서 불가사의한 일을 해 보이는 술법. 또는 그런 구경거리. 🔵 요술(妖術), 마법(魔法).
▶ 마술-사 魔術師 | 스승 사
마술(魔術)을 부리는 것을 전문으로 하는 사람[師]. 🔵 요술쟁이(妖術-), 마법사(魔法師).

마애 磨崖 | 갈 마, 벼랑 애
암벽 벼랑[崖]을 갈아[磨] 글자나 그림, 불상 따위를 새김.
▶ 마애-불 磨崖佛 | 부처 불
불교 자연 암벽에 새긴[磨崖] 불상(佛像).

마약 痲藥 | 저릴 마, 약 약 [drug]
약학 사람의 신경을 마비(痲痺)시키는 약(藥). ¶마약에 중독되다.

마:이동풍 馬耳東風 | 말 마, 귀 이, 동녘 동, 바람 풍
❶속뜻 말[馬]의 귀[耳]에 동풍(東風)이 불어도 아랑곳하지 아니함. ❷'남의 말을 귀담아듣지 않고 지나쳐 흘려버림'을 비유하여 이르는 말. ¶아무리 말해도 그에게는 마이동풍이다.

마:적 馬賊 | 말 마, 도둑 적
[mounted thieves]
말[馬]을 타고 떼를 지어 다니는 도둑[賊]. ¶마적에게 몽땅 털렸다.

마제 磨製 | 갈 마, 만들 제 [polished]
돌 따위를 갈아서[磨] 연장이나 기구를 만드는[製] 일. 또는 그렇게 만든 것.
▶ 마제 석기 磨製石器 | 돌 석, 그릇 기
고학 신석기시대에 주로 사용한, 돌을 갈아서[磨] 만든[製] 석기(石器). 🔵 간석기.

마:차 馬車 | 말 마, 수레 차
[carriage; coach]
말[馬]이 끄는 수레[車]. ¶마차를 타다 / 마차를 몰다 / 마차에 오르다.

***마찰 摩擦** | 문지를 마, 비빌 찰 [rub]
❶속뜻 두 물체가 서로 닿아 문지르듯이[摩] 비벼짐[擦]. ❷이해나 의견이 서로 다른 사람이나 집단이 충돌함. ¶두 사람 사이에는 마찰이 끊이지 않는다.

마천-루 摩天樓 | 문지를 마, 하늘 천, 다락 루 [skyscraper]
하늘[天]을 문지를[摩] 듯이 높이 솟은 건물[樓]. ¶뉴욕에는 마천루가 즐비하다. 🔵 마천각(摩天閣).

마취 痲醉 | 저릴 마, 취할 취
[anesthetize]
❶속뜻 몸이 저리는[痲] 것과 술에 취(醉)하는 것. ❷수술 등을 할 때 약물 따위를 이용하여 생물체의 육체적·정신적 감각을 일시적으로 마비시키는 일. ¶마취에서 깨어났다.
▶ 마취-제 痲醉劑 | 약제 제
약학 마취(痲醉)하기 위하여 쓰는 약제(藥劑). 🔵 마취약.

마:패 馬牌 | 말 마, 명찰 패
역사 벼슬아치가 공무로 지방에 나갈 때 역마(驛馬)를 징발하는 증표로 쓰던 둥근 구리 패(牌).

막[1] **幕** | 막 막 [tent; curtain]

칸을 막기도 하고 위를 덮기도 하고 옆으로 둘러치기도 하는 천으로 된 물건. ¶막이 오르자 배우가 무대로 나왔다 / 막을 내리다.

막² 膜 | 꺼풀 막 [film; membrane]
생물 생물체의 내부에서 모든 기관을 싸고 있거나 경계를 이루는 얇은 꺼풀. ¶우유 표면에 얇은 막이 생겼다.

막간 幕間 | 막 막, 사이 간 [interval]
❶연극 연극에서 한 막(幕)이 끝나고 다음 막이 시작되기까지의 사이[間]. ❷어떤 일의 한 단락이 끝나고 다음 단락이 시작되기까지의 동안. ¶막간을 이용해 안내 말씀 드리겠습니다.

막강 莫強 | 없을 막, 강할 강
[be mighty]
더할 수 없이[莫] 강(強)함. ¶막강의 군사 / 막강한 경쟁 상대.

막대 莫大 | 없을 막, 큰 대
[huge; enormous]
더할 수 없이[莫] 크다[大]. ¶막대한 손해를 입다 / 막대한 재산.

막론 莫論 | 없을 막, 말할 론 [be a matter of course; be needless to say]
❶속뜻 말할[論] 것조차 없음[莫]. ❷이것저것 따지고 가려 말하지 않다. ¶오늘은 누구를 막론하고 먼저 갈 수 없다.

막막¹ 寞寞 | 쓸쓸할 막, 쓸쓸할 막 [dreary; lonely]
❶속뜻 고요하고 쓸쓸하다[寞+寞]. ¶산중의 밤은 막막하다. ❷의지할 데 없이 외롭다. ¶막막한 앞날.

막막² 漠漠 | 아득할 막, 아득할 막
[vast; boundless]
끝이 보이지 않을 정도로 멀고 아득함[漠+漠]. ¶막막한 바다 / 막막한 벌판.

막무가내 莫無可奈 | 없을 막, 없을 무, 가히 가, 어찌 내 [obstinately]
도무지 융통성이 없고 고집이 세어 어찌[奈] 할 수[可] 없음[莫=無]. ¶아무리 뭐라고 해도 그는 막무가내였다. ㉜ 무가내. ㉮ 무가내하(無可奈何).

막부 幕府 | 휘장 막, 관청 부 [shogun]
역사 1192년에서 1868년까지 일본을 통치한 무인들의 정부(政府). 근위대장의 처소[幕]를 지칭하다가 이후 장군 자체를 지칭한데서 유래하였다.

막사 幕舍 | 막 막, 집 사
[barracks; camp]
❶속뜻 판자나 천막(天幕) 따위로 임시로 간단하게 지은 집[舍]. ¶피난민을 막사에 수용하다. ❷군사 군인들이 주둔할 수 있도록 만든 건물 또는 가건물. ¶사병 막사 / 야전군 지휘 막사.

막상-막하 莫上莫下 | 없을 막, 위 상, 없을 막, 아래 하
❶속뜻 위[上] 인지 아래[下] 인지 구분할 수 없음[莫]. ❷더 낫고 못함의 차이가 거의 없음. ¶세 후보의 지지율이 막상막하다. ㉮ 난형난제(難兄難弟).
통틀어 이르는 말.

막심 莫甚 | 없을 막, 심할 심
[be immense; extreme]
더 이상 이를 수 없을[莫] 정도로 심(甚)함. ¶후회가 막심하다.

막연 漠然 | =邈然, 아득할 막, 그러할 연
[vague; obscure]
❶속뜻 잘 보이지 않을 정도로 아득한[漠] 모양[然]. ❷갈피를 잡을 수 없게 아득하다. ¶먹고 살 길이 막연하다. ❸똑똑하지 못하고 어렴풋함. ¶막연한 대답 / 막연히 기다리다.

막중 莫重 | 없을 막, 무거울 중
[grave; very important]
임무 따위가 더할 수 없이[莫] 무겁다[重]. ¶막중한 임무를 짊어지다.
그는 떠난 지 한 달 만에 돌아왔다.

만:¹ 萬 | 일만 만 [ten thousand]
천의 열 배.

만² 滿 | 가득할 만 [just; full; fully]
시기나 햇수가 꽉 참을 나타내는 말. ¶만으로 아홉 살.

만³ 灣 | 물굽이 만 [bay; gulf]
[지리] 바다가 육지 속으로 쑥 들어온 곳. 바닷가의 큰 물굽이. ¶멕시코 만.

만ː개 滿開 | 찰 만, 열 개
[be in full bloom]
❶[속뜻] 활짝[滿] 열어[開] 놓음. ❷꽃이 활짝 다 핌. 활짝 핌. ¶벚꽃이 만개하다. [비] 만발(滿發).

만ː경 萬頃 | 일만 만, 넓을 경 [vast]
지면이나 수면 따위가 한없이[萬] 넓음[頃].
▶ **만ː경-창파 萬頃蒼波** | 푸를 창, 물결 파
한없이 넓은[萬頃] 바다나 호수의 푸른[蒼] 물결[波]. ¶만경창파에 배 밑 뚫기.

만ː고 萬古 | 일만 만, 옛 고
[all antiquity]
❶[속뜻] 아주 많이[萬] 오랜 옛날[古]. ¶만고로부터 내려오는 풍습. ❷한없이 오랜 세월. ¶만고에 없는 난리.

만ː국 萬國 | 일만 만, 나라 국
[all nations]
많은[萬] 나라[國]. 세계의 모든 나라. 여러 나라. [비] 만방(萬邦).
▶ **만ː국-기 萬國旗** | 기 기
세계 여러 나라[萬國]의 국기(國旗). ¶박람회장에 만국기가 펄럭인다.

만기 滿期 | 찰 만, 때 기
[expiration (of term)]
정해진 기한(期限)이 다 참[滿]. ¶이 보험은 십 년 만기이다.

만끽 滿喫 | 넘칠 만, 마실 끽
[eat to one's fill; have enough]
❶[속뜻] 양이 다 차도록[滿] 많이 마심[喫]. ¶그 식당에서는 진짜 중국 요리를 만끽했다. ❷충분히 만족(滿足)할 만큼 즐김. ¶아름다운 경치를 만끽하다. [비] 포식(飽食)하다, 누리다.

만ː년 萬年 | 일만 만, 해 년
[ten thousand years; eternity]
❶[속뜻] 일만(一萬) 년(年). ❷오랜 세월. ❸언제나 변함없이 한결같은 상태. ¶만년 후보 선수.
▶ **만ː년-필 萬年筆** | 붓 필
잉크만 넣으면 오랫동안[萬年] 글씨를 쓸 수 있도록 만든 펜[筆].

만ː능 萬能 | 일만 만, 능할 능
[omnipotent; almighty]
❶[속뜻] 만사(萬事)에 두루 능통(能通)함. ❷온갖 것을 다 할 수 있음. ¶물질만능의 시대. [비] 전능(全能). [반] 무능(無能).

만ː담 漫談 | 멋대로 만, 이야기 담 [comic chat]
재미있고 익살스럽게 멋대로[漫] 세상과 인정을 풍자하는 이야기[談].

만ː대 萬代 | 일만 만, 세대 대
[all generations; all ages]
여러 대에 걸친 오랜[萬] 세대(世代). 영원한 세월. [비] 만세(萬歲), 만년(萬年).

만두 饅頭 | 만두 만, 접미사 두
밀가루 따위를 반죽하여 소를 넣어 빚은 음식[饅] 같은 것[頭]. [비] 교자(餃子).

만ː료 滿了 | 찰 만, 마칠 료
[expire; come to an end]
정해진 기간이 차서[滿] 일이 끝남[了]. ¶임기가 만료되다.

만류 挽留 | 당길 만, 머무를 류
[hold back; detain]
붙잡아[挽] 머무르게[留] 함. 못하게 말림. ¶그는 만류를 뿌리치고 집으로 돌아갔다. [비] 만지(挽止), 만집(挽執).

만ː리 萬里 | 일만 만, 거리 리
[long distance]
아주 먼[萬] 거리[里].
▶ **만ː리-장성 萬里長城** | 길 장, 성곽 성
[고전] 총 길이가 만리(萬里)나 되는 긴[長] 성벽(城壁). 중국의 북쪽에 있는 성이다. [준] 장성.

만ː세-만세 萬萬歲 | 일만 만, 일만 만, 해 세 [hurrah; cheers]
만세(萬歲)를 강조하여[萬] 이르는 말. ¶"만세! 만만세!"하고 외쳤다.

만ː면 滿面 | 가득할 만, 낯 면

[whole face]
얼굴[面]에 가득함[滿]. 온 얼굴.

만:무 萬無 | 일만 만, 없을 무
[cannot be]
절대로[萬] 없음[無]. 전혀 없음. ¶그것은 사실일 리가 만무하다.

만:물 萬物 | 일만 만, 만물 물
[all things; all creation]
❶[속뜻] 온갖[萬] 물건(物件). ❷우주에 존재하는 모든 것. ¶인간은 만물의 영장(靈長)이다. [비] 만유(萬有).

▸ 만:물-상 萬物商 | 장사 상
일상생활에 필요한 온갖[萬] 물건(物件)을 파는 장사치나 가게[商].

만:민 萬民 | 일만 만, 백성 민
[all the people]
모든[萬] 백성[民]. 또는 사람들. [비] 만성(萬姓), 만인(萬人), 조서(兆庶).

▸ 만:민 공:동-회 萬民共同會 | 함께 공, 같을 동, 모일 회
[역사] 1898년에 독립 협회 주최로 많은 사람[萬民]이 함께[共同] 모여 연 민중 대회(大會).

만:반 萬般 | 일만 만, 모두 반
[all kinds; every sort]
❶[속뜻] 일만[一萬] 가지 모두[般]. ❷모든 것. ¶만반의 준비를 하다. [비] 제반(諸般).

만:발 滿發 | 가득할 만, 필 발
[be in full bloom]
많은 꽃이 한꺼번에 활짝[滿] 핌[發]. ¶길가에 코스모스가 만발하다. [비] 만개(滿開).

만:방 萬邦 | 일만 만, 나라 방
[all nations of the world]
세계 여러[萬] 나라[邦]. ¶명성(名聲)을 만방에 떨치다. [비] 만국(萬國), 만역(萬域).

만:-백성 萬百姓 | 일만 만, 여러 백, 성씨 성 [all the people]
여러[萬] 백성(百姓). 모든 백성.

만:병 萬病 | 일만 만, 병 병
[all diseases]
갖가지[萬] 병(病). ¶비만은 만병의 근원이다. [비] 백병(百病).

▸ 만:병-통치 萬病通治 | 온통 통, 다스릴 치
어떤 한 가지 약이 여러[萬] 가지 병(病)을 두루[通] 고칠[治] 수 있음. ¶수술은 병에 대한 만병통치는 아니다. [비] 백병통치(百病通治).

만:복 萬福 | 일만 만, 복 복
[great fortune]
많은[萬] 복(福). 모든 복. ¶만복을 빌다. [비] 백복(百福).

만:사 萬事 | 일만 만, 일 사
[everything; all things]
온갖[萬] 일[事]. ¶만사가 귀찮다. [비] 백사(百事), 범사(凡事).

▸ 만:사-형통 萬事亨通 | 풀릴 형, 통할 통
모든[萬] 일[事]이 뜻한 바대로 잘 이루어짐[亨通]. [비] 만사여의(萬事如意).

만삭 滿朔 | 찰 만, 초하루 삭
[completion of time for childbirth]
아이를 낳을 시기[朔]가 참[滿]. [비] 산(産)달, 만월(滿月).

만:석 萬石 | 일만 만, 섬 석
[10,000 pack of rice]
❶[속뜻] 벼 일만(一萬) 섬[石]. ❷썩 많은 곡식(穀食). ¶만석 살림.

만성 慢性 | 느릴 만, 성질 성 [chronic]
병 따위가 느리게[慢] 악화되는 성질(性質). [반] 급성(急性). ¶만성위염으로 시달리다.

만:세 萬歲 | 일만 만, 해 세
[ten thousand years; hurrah]
❶[속뜻] 오랜[萬] 세월(歲月). ❷오래도록 삶. 영원히 살아 번영함. ❸'영원하라!'는 뜻으로 크게 외치는 소리. ¶대한민국 만세! / 우리나라 만세! [비] 만년(萬年).

만:수 萬壽 | 일만 만, 목숨 수
[long life; longevity]

오래도록[萬] 삶[壽]. ¶만수를 누리다
▶ 만ː수-무강 萬壽無疆 │ 없을 무, 지경 강
오래도록 살아[萬壽] 수명이 끝[疆]이 없기[無]를 비는 말. ¶만수무강 하십시오. ® 만세무강(萬世無疆).

만ː신 滿身 │ 찰 만, 몸 신 [whole body]
온[滿] 몸[身]. ¶만신의 힘을 기울여 노력하겠습니다. ® 전신(全身).

▶ 만ː신-창이 滿身瘡痍 │ 부스럼 창, 상처 이
❶ 속뜻 온[滿] 몸[身]이 성한 데가 없이 상처투성이[瘡痍] 임. ¶만신창이가 되도록 얻어맞았다. ❷성한 데가 없을 만큼 '결함이 많음'을 비유하여 이르는 말.

*만ː약 萬若** │ 일만 만, 같을 약
[if; in case of]
만일(萬一) 그와 같다면[若]. ¶만약의 경우 / 만약을 생각하다. ® 만일.

만용 蠻勇 │ 오랑캐 만, 날쌜 용
[foolhardiness]
오랑캐[蠻]같이 분별없이 함부로 날뛰는 용기(勇氣). ¶슬기로운 사람은 만용을 부리지 않는다.

만ː우-절 萬愚節 │ 일만 만, 어리석을 우, 철 절 [April Fools'Day]
서양 풍습 중 하나로, 악의 없는 거짓말을 하여 여러[萬] 사람을 바보처럼 만들어 속이는[愚] 날[節]. 4월 1일이다.

만원 滿員 │ 찰 만, 인원 원
[no vacancy; sold out]
❶ 속뜻 정원(定員)이 다 참[滿]. ❷어떤 곳에 사람이 가득 참. ¶만원버스 / 극장은 만원이었다.

만ː월 滿月 │ 찰 만, 달 월 [full moon]
원이 꽉 차도록[滿] 이지러진 데가 없이 생긴 달[月]. ® 보름달, 망월(望月), 영월(盈月). ® 휴월(虧月).

만ː유 萬有 │ 일만 만, 있을 유
[all things in the universe]
우주에 존재[有] 하는 모든[萬] 것. ® 만물(萬物), 만상(萬象).

▶ 만ː유-인력 萬有引力 │ 끌 인, 힘 력
❶ 속뜻 모든[萬] 물체에 존재하는[有] 당기는[引] 힘[力]. ❷ 물리 질량을 가지고 있는 모든 물체가 서로 잡아당기는 힘. 1687년에 뉴턴이 발견하였다.

만ː인 萬人 │ 일만 만, 사람 인
[every man; all people]
아주 많은[萬] 사람[人]. 모든 사람. ¶그는 만인의 연인이다. ® 만민(萬民).

만ː일 萬一 │ 일만 만, 한 일
[if; in case of]
만(萬) 가운데 하나[一]. 거의 없는 것이나 매우 드물게 있는 일. ¶만일의 경우에 대비하다. ® 만약(萬若), 만혹(萬或).

만ː장 滿場 │ 찰 만, 마당 장
[whole house]
회장(會場)에 가득 참[滿]. 혹은 그곳에 모인 사람들.

▶ 만ː장-일치 滿場一致 │ 한 일, 이를 치
회장(會場)에 가득 찬[滿] 사람의 의견이 일치(一致)됨. ¶안건이 만장일치로 통과되었다.

만ː전 萬全 │ 일만 만, 완전할 전
[absolute security]
모든[萬] 것이 완전(完全)함. 조금도 허술한 데가 없음. ¶대회 준비에 만전을 기하다.

만점 滿點 │ 찰 만, 점 점
[full marks; perfection]
❶ 속뜻 규정된 점수를 다 채운[滿] 점수(點數). ¶국어 시험에서 만점을 맞았다. ❷결점이나 부족한 데가 없이 아주 만족할 만한 정도. ¶서비스가 만점이다.

만ː조 滿潮 │ 찰 만, 바닷물 조
[high water]
❶ 속뜻 바닷물[潮]이 밀려들어서 가득참[滿]. 지리 ❷밀물로 해면이 가장 높아진 상태. ® 고조(高潮). ® 간조(干潮).

만족 滿足 │ 가득할 만, 넉넉할 족
[be satisfied; be pleased]
가득하고[滿] 넉넉함[足]. 부족함이 없다

고 여김. 충분함. ¶만족스러운 결과가 나왔다. [비] 흡족(洽足). [반] 불만(不滿), 불만족(不滿足).

▸만족-감 滿足感 | 느낄 감
흡족한[滿足] 느낌[感]. [반] 불만감(不滿感).

만주-족 滿洲族 | 찰 만, 섬 주, 겨레 족
만주(滿洲) 일대에 분포하고 있는 남방 퉁구스계 민족(民族). 역사상 청나라를 세우기도 하였다.

만:찬 晩餐 | 저녁 만, 밥 찬 [dinner]
저녁[晩] 식사[餐]. 특별히 잘 차려 낸 저녁 식사. ¶성대한 만찬을 베풀다. [비] 석찬(夕餐). [반] 조찬(朝餐).

만:추 晩秋 | 늦을 만, 가을 추
[late autumn]
❶[속뜻] 늦은[晩] 가을[秋]. ❷늦가을 무렵. [비] 늦가을, 계추(季秋).

만:파 萬波 | 일만 만, 물결 파
[roller; breaker]
수많은[萬] 파도(波濤). 겹겹이 밀려오는 파도. ¶먼 바다에서 만파가 밀려왔다.

▸만:파식-적 萬波息笛 | 쉴 식, 피리 적
이 피리를 불면 모든[萬] 풍파(風波)가 사라졌다[息]는 신라 때 전설상의 피리[笛].

만:평 漫評 | 멋대로 만, 평할 평
[desultory criticism]
일정한 형식이나 체계 없이 멋대로[漫] 하는 비평(批評). ¶시사 만평.

만행 蠻行 | 오랑캐 만, 행할 행
[barbarity; savagery]
야만(野蠻)스러운 행위(行爲). ¶천인공노할 만행을 저지르다.

만:호 萬戶 | 일만 만, 집 호 [ten thousand houses; numerous houses]
썩 많은[萬] 집[戶]. ¶도성 만호에 흰 기가 내걸렸다.

만:화 漫畫 | 멋대로 만, 그림 화
[cartoon]
일정한 형식 없이 사물의 특징만을 살려 멋대로[漫] 그린 그림[畫]. [비] 만필화(漫筆畫).

▸만:화-가 漫畫家 | 사람 가
만화(漫畫)를 그리는 것을 직업으로 하는 사람[家].

▸만:화-책 漫畫冊 | 책 책
만화(漫畫)를 주제로 한 그림책(冊).

▸만:화 영화 漫畫映畫 | 비칠 영, 그림 화
[연영] 장면을 만화(漫畫)로 그려서 만든 영화(映畫).

만:화-경 萬華鏡 | 일만 만, 빛날 화, 거울 경 [kaleidoscope]
원통 안에 색색의 종이 조각을 넣어 돌려 보면 여러[萬] 가지로 변하는 아름다운[華] 무늬가 보이는 거울[鏡]로 된 장난감.

만회 挽回 | 당길 만, 돌아올 회
[recover; retrieve]
뒤쳐진 것을 바로잡아[挽] 회복(回復)함. 처음 상태로 돌이킴. ¶실수를 만회하다.

말 末 | 끝 말 [end; close]
어떤 기간의 끝[末]이나 끝 무렵. ¶다음 달 말에 다시 오겠다. [반] 초(初).

말갈 靺鞨 | 버선 말, 가죽신 갈
[역사] 퉁구스족의 일족. 시베리아·중국 동북 지방·우리나라의 함경도에 걸쳐 살았던 족속으로, 여진족·만주족이 모두 이 종족의 후예이다. 가죽신을 즐겨 신었기에 가죽 혁(革)이 들어간 글자를 썼을 것으로 추정된다.

말기 末期 | 끝 말, 때 기 [end; close]
어떤 시대나 기간이 끝나는[末] 시기(時期). [비] 말엽(末葉). [반] 초기(初期).

말년 末年 | 끝 말, 해 년
[one's later years]
인생과 같은 일정한 시기의 마지막[末] 무렵[年]. ¶말년을 편안히 보내다. [비] 늘그막, 노년(老年). [반] 초년(初年).

말복 末伏 | 끝 말, 엎드릴 복
삼복(三伏)의 마지막[末] 복날[伏]. 입추(立秋)부터 첫째 경일(庚日).

말살 抹殺 | 문지를 말, 죽일 살
[annihilate; obliterate]
❶ [속뜻] 문질러서[抹] 죽임[殺]. ❷뭉개어 아주 없애 버림. ¶기록을 말살해 버렸다.

말세 末世 | 끝 말, 세상 세
[degenerate age]
정치나 도의 따위가 어지러워지고 쇠퇴하여 끝[末]이 다 된 듯한 세상(世上). [비] 계세(季世), 말대(末代), 말류(末流).

말소 抹消 | 문지를 말, 사라질 소
[erase; cancel]
기록된 사실을 지워서[抹] 없앰[消]. ¶등기를 말소하다 / 소송을 말소하다. [비] 말거(抹去).

말엽 末葉 | 끝 말, 무렵 엽
[close (of an age)]
어떤 시대의 끝[末] 무렵[葉]. 초기, 중기, 말기로 구분했을 때의 마지막 무렵. ¶고려 말엽 / 18세기 말엽. [비] 말기(末期). [반] 초엽(初葉).

말일 末日 | 끝 말, 날 일 [last day]
어느 기간의 마지막[末] 날[日]. ¶이달 말일까지 납부하십시오.

말초 末梢 | 끝 말, 나무 끝 초
[tip of a twig; tip]
❶ [속뜻] 끝[末] 부분의 나뭇가지[梢]. ❷사물의 끝 부분. ¶말초를 자극하다 / 말초적 문제.

▸말초 신경 末梢神經 | 정신 신, 날실 경
[의학] 뇌와 척수에서 온몸의 끝부분으로[末梢] 갈려 나온 신경(神經). 몸의 각 부분과 중추 신경계를 연락하는 신경.

망:¹望 | 바라볼 망 [watch; lookout]
상대편의 동태를 알기 위해 멀리서 바라보아 동정을 살피는 일. ¶망을 보다.

망²網 | 그물 망 [net]
그물 모양으로 만들어 가리거나 치거나 하는 물건의 통칭. ¶참새가 망에 걸렸다.

망각 忘却 | 잊을 망, 물리칠 각
[forget; consign to oblivion]
잊어[忘] 버림[却]. ¶인간은 망각의 동물이다 / 학생의 본분을 망각하다. [비] 망실(忘失), 망치(忘置).

망건 網巾 | 그물 망, 수건 건
상투를 튼 사람이 두르는 그물[網] 모양의 두건(頭巾). [속담] 망건 쓰고 세수한다.

망국 亡國 | 망할 망, 나라 국
[national ruin]
망(亡)한 나라[國]. ¶망국의 한(恨)을 노래하다. [반] 건국(建國).

망극 罔極 | 없을 망, 끝 극
[immeasurable]
끝[極]이 없음[罔]. 주로 임금이나 어버이의 은혜가 매우 큼을 나타낼 때 쓴다. ¶성은(聖恩)이 망극하옵니다.

망년 忘年 | 잊을 망, 나이 년
[indifference to age]
❶ [속뜻] 나이[年]를 잊음[忘]. ❷그해의 온갖 괴로운 일을 잊음. ¶망년의 모임을 갖다.

▸망년-회 忘年會 | 모일 회
연말에 그해[年]의 온갖 수고로웠던 일들을 잊어버리자[忘]는 뜻에서 베푸는 연회(宴會). [비] 송년회(送年會).

망:두-석 望頭石 | 바라볼 망, 머리 두, 돌 석
❶ [속뜻] 무덤을 바라보며[望] 그 앞에[頭] 세우는 돌[石]기둥. ❷ [민속] 무덤 앞의 양쪽에 세우는 한 쌍의 돌기둥. [비] 망주석(望柱石).
둥이도 뛴다.

망라 網羅 | 그물 망, 벌릴 라
[include everything]
❶ [속뜻] 그물[網]을 벌여 놓음[羅]. ❷촘촘한 그물로 건지듯이 빠짐없이 모음. ¶이번 회의에는 사회의 각계각층을 망라한 인사들이 참석했다.

망:령 妄靈 | 헛될 망, 혼령 령
[dotage; senility]
늙거나 충격으로 정신[靈]이 흐려[妄] 이상한 상태. ¶늙어서 망령이 들면 어쩌나!

망막¹ 茫漠 | 아득할 망, 사막 막

[vast; vague]
아득한[茫] 사막[漠] 처럼 끝이 보이지 않다. ¶망막한 평원 / 앞날이 망막하다.

망막² 網膜 | 그물 망, 꺼풀 막 [retina]
의학 안구의 가장 안쪽에 시신경(視神經)이 그물[網]처럼 분포되어 있는 꺼풀[膜].

망망 茫茫 | 아득할 망, 아득할 망 [vast]
❶속뜻 너무 넓고 멀어 아득하다[茫+茫]. ❷흐릿하다. 막연하다.
▶ 망망-대해 茫茫大海 | 큰 대, 바다 해
아득히[茫茫] 넓고 끝없이 펼쳐진 바다[大海]. 町 망망대양(茫茫大洋).

망명 亡命 | 달아날 망, 목숨 명
[exile oneself; seek refuge]
❶속뜻 달아나[亡] 목숨[命]을 유지함. ❷혁명 또는 그 밖의 정치적인 이유로 자기 나라에서 박해를 받고 있거나 박해를 받을 위험이 있는 사람이 이를 피하기 위하여 외국으로 몸을 옮김. ¶망명을 가다 / 망명길에 오르다.

망:발 妄發 | 망령될 망, 쏠 발
[make reckless]
실수로 그릇된[妄] 말을 함부로 쏟아냄[發]. 또는 그 말이나 행동. ¶망발을 지껄이다. 町 망언(妄言), 망설(妄說).

망사 網紗 | 그물 망, 비단 사 [gauze]
그물[網]같이 성기게 짠 비단[紗]같은 천. ¶망사 모기장.

망:상 妄想 | 헛될 망, 생각 상
[wild fancy]
있지도 않은 사실을 마치 사실인 양 믿는 허망(虛妄)한 생각[想]. ¶과대망상 / 그는 자신이 최고라는 망상에 빠져 있다. 町 망념(妄念).

망신 亡身 | 망할 망, 몸 신
[loss of reputation]
❶속뜻 몸[身]을 망(亡)침. ❷말이나 행동을 잘못하여 자기 명예, 체면 따위가 구겨짐. ¶망신을 당하다 / 망신을 주다.

망:언 妄言 | 헛될 망, 말씀 언
[absurd remark]
헛된[妄] 말[言]. 町 망발(妄發), 망설(妄說).

망연 茫然 | 아득할 망, 그러할 연
[vast; vacant]
❶속뜻 매우 아득한[茫] 모양[然]. ¶망연하게 펼쳐진 바다. ❷충격으로 어이가 없어서 멍하다. ¶그 광경을 보고 어찌할 바를 몰라 망연하다.
▶ 망연-자실 茫然自失 | 스스로 자, 잃을 실
자신(自身)의 넋을 잃어버린[失] 듯이 멍함[茫然].

망:원 望遠 | 바라볼 망, 멀 원
[telescope]
멀리[遠] 바라봄[望].
▶ 망:원-경 望遠鏡 | 거울 경
멀리[遠]까지 볼[望] 수 있는 렌즈[鏡]로 만든 기계. ¶망원경으로 달을 관찰하다. 町 만리경(萬里鏡).

망:주-석 望柱石 | 바라볼 망, 기둥 주, 돌 석
민속 앞에서 무덤을 바라보도록[望] 세워놓은 여덟모로 깎은 한 쌍의 돌[石] 기둥[柱]. 町 망두석(望頭石), 화표주(華表柱).

망측 罔測 | 없을 망, 헤아릴 측
[inordinate]
❶속뜻 헤아릴[測] 수 없다[罔]. ❷상식에서 벗어나거나 어이가 없어서 차마 보기가 어렵다. ¶여자에게 그런 망측한 소리를 하다니!

망:향 望鄕 | 바라볼 망, 시골 향
[homesickness; nostalgia]
❶속뜻 고향(故鄕)을 바라봄[望]. ❷고향을 그리워함.
▶ 망:향-제 望鄕祭 | 제사 제
타향에서 고향을 그리워하며[望鄕] 지내는 제사(祭祀). ¶망향제를 공동으로 올리다.

매:¹ 每 | 마다 매 [each; every]
'마다', '각각'의 뜻. ¶매 끼니 후에 약을 드세요.

매² **枚** | 낱 매 [sheets (of paper)]
종이나 사진 따위를 세는 말. ¶우표 4매.

매:각 **賣却** | 팔 매, 물리칠 각
[sell; dispose]
팔아[賣] 버림[却]. [비] 매도(賣渡). [반] 매입(買入).

매개 **媒介** | 맺어줄 매, 끼일 개
[mediate; intermediate]
관계를 맺어주기[媒] 위하여 둘 사이에 끼어[介] 듦. 또는 그런 물체. ¶말라리아는 모기를 매개로 하여 전염된다.

매:국 **賣國** | 팔 매, 나라 국
[betrayal of one's country]
이익을 위해 다른 나라에 자기 나라[國]를 파는[賣] 일. 또는 나라를 파는 것처럼 해를 끼치는 일.

▸매:국-노 賣國奴 | 종 노
나라[國]를 파는[賣] 종[奴] 같은 놈.

*__매:년__ **每年** | 마다 매, 해 년
[every year; annually]
해[年] 마다[每]. ¶나는 매년 설악산에 간다. [비] 매해.

매력 **魅力** | 홀릴 매, 힘 력
[attraction; charm]
남의 마음을 홀리어[魅] 사로잡는 야릇한 힘[力]. ¶소설에 매력을 느끼다.

▸매력-적 魅力的 | 것 적
매력(魅力)이 있는 것[的]. ¶그녀의 미소는 정말 매력적이다.

매립 **埋立** | 묻을 매, 설 립
[fill up; reclaim]
우묵한 땅을 메워[埋] 올림[立]. ¶바다를 매립해 농지를 만들다. [비] 매축(埋築).

▸매립-장 埋立場 | 마당 장
돌이나 흙, 쓰레기 따위로 메워 놓은[埋立] 땅[場]. ¶쓰레기 매립장.

▸매립-지 埋立地 | 땅 지
낮은 땅을 돌이나 흙 따위로 메워[埋立] 돋운 땅[地]. ¶매립지를 공장지대로 활용하다.

매매 **賣買** | 팔 매, 살 매
[buy and sell]
팔고[賣] 삼[買]. ¶토지 매매 / 자동차를 매매하다.

매몰 **埋沒** | 묻을 매, 빠질 몰 [bury]
땅속에 묻거나[埋] 물속에 빠짐[沒]. ¶그는 눈 속에 매몰됐다. [반] 발굴(發掘).

매:번 **每番** | 매양 매, 차례 번
[every time]
언제나[每] 번번(番番)이. 언제나. ¶그는 매번 약속에 늦는다. [비] 매매(每每), 매양.

매병 **梅瓶** | 매화 매, 병 병
❶[속뜻] 매화(梅花)무늬가 새겨진 병(瓶). ❷입구가 좁고 어깨는 넓으며 몸이 서서히 좁아지는 형태의 병. ¶고려청자는 매병의 미를 잘 보여준다.

매복 **埋伏** | 묻을 매, 숨길 복
[ambush; lie in]
❶[속뜻] 으슥한 곳에 몸을 묻어[埋] 숨어 있음[伏]. ❷적군을 기습하기 위하여 적당한 곳에 숨어서 기다리는 일. ¶많은 병사가 적에게 매복공격을 당했다.

매부 **妹夫** | 누이 매, 지아비 부
[one's sister's husband]
❶[속뜻] 누이[妹]의 남편[夫]. ❷손위 누이의 남편인 자형(姊兄), 손아래 누이의 남편인 매제(妹弟)를 통틀어 이르는 말.

매:사 **每事** | 마다 매, 일 사
[every business]
하는 일[事] 마다[每]. 모든 일. ¶그는 매사에 긍정적이다. [비] 일마다.

매사마골 **買死馬骨** | 살 매, 죽을 사, 말 마, 뼈 골
❶[속뜻] 죽은[死] 말[馬]의 뼈[骨]를 삼[買]. ❷귀중한 것을 손에 넣기 위해 먼저 공을 들이는 것을 비유하여 이르는 말. ¶매사마골의 옛 이야기가 생각난다.

매:상 **賣上** | 팔 매, 위 상
[sales; selling]
❶[속뜻] 물건을 팔아서[賣] 수입을 올림[上]. ❷상품을 파는 일. ❸물건을 판 수량이나 금액의 총계. ¶어제는 100만 원의

매상을 올렸다.

매:수 買收 | 살 매, 거둘 수
[purchase; buy]
❶[속뜻] 물건을 사[買]들임[收]. ¶주식을 매수하다. ❷금품 따위를 주어가며 남을 제 편으로 끌어들임. ¶그는 돈으로 정치인들을 매수했다.

매:시 每時 | 마다 매, 때 시
[every hour; hour after hour]
시간(時間) 마다[每]. '매시간'의 준말.

매:-시간 每時間 | 마다 매, 때 시, 사이 간 [hour after hour]
시간(時間) 마다[每]. ¶라디오에서 매시간 교통상황을 방송한다.

매실 梅實 | 매화나무 매, 열매 실
[apricot]
매화(梅花)나무의 열매[實].

매연 煤煙 | 그을음 매, 연기 연
[sooty smoke]
그을음[煤]이 섞인 연기(煙氣). ¶매연이 적게 나오는 자동차를 개발했다.

매:월 每月 | 마다 매, 달 월
[every month]
달[月] 마다[每]. [비] 다달이, 매달.

***매:일** 每日 | 마다 매, 날 일
[every day; daily]
날[日] 마다[每]. 나날이. ¶엄마는 매일 가계부를 쓰신다. [비] 만날, 연일(連日).

매:입 買入 | 살 매, 들 입
[purchase; buy]
물건을 사[買]들이는[入] 것. ¶금을 매입하다. [비] 구매(購買). [반] 매각(賣却), 매출(賣出).

매장¹ 埋葬 | 묻을 매, 장사 지낼 장 [bury]
❶[속뜻] 시체나 유골을 땅에 묻어[埋] 장사 지냄[葬]. ¶시신을 매장하다. ❷못된 짓을 한 사람을 집단에 들어오지 못하도록 따돌림.

매:장² 賣場 | 팔 매, 마당 장
[shop; store]
물건을 파는[賣] 곳[場]. ¶할인매장 / 매장을 관리하다. [비] 판매소(販賣所).

매장³ 埋藏 | 묻을 매, 감출 장
[bury in the ground]
❶[속뜻] 묻어서[埋] 감춤[藏]. ❷광물이나 인재 따위가 속에 묻혀 감춰져 있음. ¶풍부한 광물이 매장되어 있다.

▸**매장-량** 埋藏量 | 분량 량
광물 따위가 땅속에 묻혀[埋藏] 있는 양(量). ¶사우디아라비아의 석유 매장량은 약 3천억 배럴이다.

매:점¹ 賣店 | 팔 매, 가게 점
[stand; booth]
일상용품을 파는[賣] 작은 가게[店]. ¶매점에서 우유를 샀다.

매:점² 買占 | 살 매, 차지할 점 [corner; buy up]
[경제] 가격이 오르거나 물건이 부족할 것을 예상하고 미리 사서[買] 재두는[占] 것.

▸**매:점-매석** 買占賣惜 | 팔 매, 아낄 석
값이 오르거나 양이 부족할 것을 예상하여 상품을 사서[買] 재두고[占] 판매[賣]를 꺼리는[惜] 것. ¶매점매석을 단속하다.

매:주 每週 | 마다 매, 주일 주
[every week; weekly]
주(週) 마다[每]. 각각의 주. ¶이 프로그램은 매주 금요일 방송한다.

매:진¹ 賣盡 | 팔 매, 다할 진 [sell out]
모두 팔려[賣] 남은 것이 없음[盡]. ¶좌석이 매진되었다. [비] 절품(切品), 품절(品切).

매:진² 邁進 | 힘쓸 매, 나아갈 진
[push on]
힘차게[邁] 나아감[進]. ¶일에 매진하다 / 나는 오로지 학업에만 매진했다.

매체 媒體 | 맺어줄 매, 몸 체
[medium; vehicle]
❶[속뜻] 한쪽과 다른 쪽을 맺어주는[媒] 물체(物體). 또는 그런 수단. ¶광고 매체. ❷[물리] 물질과 물질 사이에서 매질(媒質)

이 되는 물체. ¶공기는 소리를 전달하는 매체이다.

매:출 賣出 | 팔 매, 날 출 [sale]
팔아서[賣] 내보냄[出]. 판매함. ¶여름에 에어컨 매출이 늘었다 / 매출액이 급감하다. [반] 매입(買入).

매:표 賣票 | 팔 매, 쪽지 표
[sell tickets]
쪽지(티켓)[票]를 팖[賣].

▶ 매:표-구 賣票口 | 구멍 구
표(票)를 파는[賣] 창구(窓口).

▶ 매:표-소 賣票所 | 곳 소
표(票)를 파는[賣] 곳[所].

매형 妹兄 | 누이 매, 맏 형
[one's elder sister's husband]
누이[妹]의 남편[兄]을 이르는 말. [반] 매제(妹弟).

매혹 魅惑 | 홀릴 매, 꼬일 혹
[fascinate; charm]
사람의 마음을 홀리고[魅] 꾀임[惑]. ¶그녀의 미소에 매혹을 느끼다 / 아름다운 풍경에 매혹되다. [비] 현혹(眩惑), 미혹(迷惑).

매화 梅花 | 매화나무 매, 꽃 화
[Japanese apricot tree]
매화나무[梅]의 꽃[花]. 또는 매화나무.

맥 脈 | 맥 맥 [pulse; spirit]
❶ [의학] '맥박'(脈搏)의 준말. ¶맥을 짚다 / 맥이 약하다. ❷기운이나 힘. ¶맥이 빠지다. ❸'맥락'(脈絡)의 준말. ¶맥을 같이 하는 이야기.

맥락 脈絡 | 맥 맥, 이을 락
[veins; line of connection; context]
❶ [속뜻] 혈맥(血脈) 같이 이어져[絡] 있음. ❷사물의 줄기가 서로 얽혀 있는 것. ¶그 사건들은 같은 맥락에서 이해할 수 있다. [준] 맥.

맥박 脈搏 | 맥 맥, 뛸 박
[beat of the pulse]
[의학] 맥(脈)이 뜀[搏]. 심장이 오그렸다 펴졌다 하면서 피가 흘러 혈관 벽을 주기적으로 두드리는 것. ¶맥박이 빠르다 / 맥박이 약하다.

맥주 麥酒 | 보리 맥, 술 주 [beer]
엿기름을 짠 물에 보리[麥] 등과 섞어 발효시켜 만든 술[酒].

맹:랑 孟浪 | 매우 맹, 함부로 랑 [false]
❶ [속뜻] 매우[孟] 함부로[浪] 함. ❷만만히 볼 수 없을 만큼 똘똘하고 깜찍하다. ¶그 꼬마는 아이답지 않게 정말 당차고 맹랑하다 / 맹랑한 질문을 하다.

맹:렬 猛烈 | 사나울 맹, 세찰 렬 [violent]
기세가 몹시 사납고[猛] 세차다[烈]. ¶맹렬한 공격.

맹목 盲目 | 눈멀 맹, 눈 목 [blindness]
❶ [속뜻] 앞을 볼 수 없는, 먼[盲] 눈[目]. ❷사리 분별에 어두움. 또는 그런 안목.

▶ 맹목-적 盲目的 | 것 적
어떤 대상에 대하여 올바른 판단을 내릴 수 없게[盲目] 된 것[的]. ¶맹목적으로 사랑하다. [비] 무조건적(無條件的), 무비판적(無批判的).

맹:수 猛獸 | 사나울 맹, 짐승 수
[fierce animal; wild beast]
사나운[猛] 짐승[獸]. ¶맹수 사냥을 하다.

맹신 盲信 | 눈멀 맹, 믿을 신
[trust blindly]
❶ [속뜻] 눈이 멀어[盲] 남의 말만 듣고 그대로 믿음[信]. ❷옳고 그름을 가리지 않고 무턱대고 믿음. ¶종교를 맹신해서는 안 된다.

맹아 盲啞 | 눈멀 맹, 벙어리 아
[blind and dumb]
눈먼[盲] 장님과 귀먹은 벙어리[啞]. ¶헬렌 켈러는 맹아였다.

맹:위 猛威 | 사나울 맹, 위엄 위
[fierceness; ferocity; fury]
사납고[猛] 위엄(威嚴)있는 기세(氣勢). ¶한파가 맹위를 떨치다.

맹인 盲人 | 눈멀 맹, 사람 인 [blind]
눈이 먼[盲] 사람[人]. ¶맹인을 위한 점

자책을 만들다. [비] 봉사, 소경, 장님, 맹자(盲者).

맹장 盲腸 | 눈멀 맹, 창자 장 [cecum; blind gut]
❶[속뜻] 통하는 데가 없이 끝이 막혀 있는[盲] 창자[腸]. ❷[의학] 척추동물의 작은창자에서 큰창자로 넘어가는 부분에 있는 주머니 모양의 부분.
▸맹장-염 盲腸炎 | 염증 염
[의학] 맹장(盲腸)에 생긴 염증(炎症). [비] 충수염(蟲垂炎).

맹종 盲從 | 눈멀 맹, 따를 종 [follow blindly]
❶[속뜻] 눈이 멀어[盲] 남의 말을 그대로 따름[從]. ❷옳고 그름을 가리지 않고 남이 시키는 대로 무턱대고[盲] 따름[從]. ¶그는 부모님의 말에 맹종한다.

맹:호 猛虎 | 사나울 맹, 호랑이 호 [fierce tiger]
사나운[猛] 호랑이[虎]. ¶맹호가 마을에 나타났다.

맹:-활약 猛活躍 | 사나울 맹, 살 활, 뛸 약 [in full blast]
눈부실 정도로 뛰어난[猛] 활약(活躍). ¶맹활약을 펼치다.

면:[1] 面 | 낯 면 [surface; side; page]
❶[속뜻] 겉으로 드러난 쪽의 평평한 바닥[面]. ¶면이 고르다. ❷어떤 측면이나 방면. ¶긍정적인 면 / 정치적인 면. ❸책이나 신문 따위의 지면을 세는 단위. ¶그 기사가 신문 1면에 났다.

면:[2] 面 | 면 면 [township]
지방 자치 단체인 군(郡)을 몇으로 나눈 지방 행정 구획의 하나. 하부 조직으로 이(里)를 둠.

면[3] 綿 | 솜 면 [cotton]
무명이나 목화솜[綿] 따위를 원료로 한 실. 또는 그 실로 짠 천.

면:담 面談 | 낯 면, 이야기 담 [have an interview]
서로 만나 얼굴[面]을 마주하고 이야기함[談]. [비] 면어(面語), 면화(面話).

면:도 面刀 | 낯 면, 칼 도 [shaving]
얼굴[面]의 잔털이나 수염을 깎는 칼[刀]. 또는 그런 일.

면:류-관 冕旒冠 | 면류관 면, 깃발 류, 갓 관 [royal crown; diadem]
[역사] 네모난 판[冕]에 보석을 꿰어 늘어뜨려[旒] 장식한 관(冠). 임금이 의식 때 입던 정식(正式) 의복(衣服)에 갖추어 머리에 쓰던 모자.

면면 綿綿 | 이어질 면, 이어질 면 [continuous]
끊임없이 이어지다[綿+綿]. ¶면면하게 이어져 내려온 전통 / 면면히 이어져 오는 풍속.

면:모 面貌 | 낯 면, 모양 모 [looks; appearance]
❶[속뜻] 얼굴[面] 모양[貌]. ¶수려한 면모. ❷상태나 됨됨이. ¶새로운 면모를 갖추다. [비] 면목(面目).

면:목 面目 | 낯 면, 눈 목 [appearance; honor]
❶[속뜻] 얼굴[面]과 눈[目]. ❷얼굴의 생김새. ❸체면(體面). ¶그를 볼 면목이 없다. [비] 면모(面貌).

면밀 綿密 | 이어질 면, 촘촘할 밀 [detailed; thorough]
❶[속뜻] 촘촘하게[密] 이어짐[綿]. ❷자세하고 빈틈이 없다. ¶면밀한 계획. [비] 빈틈없다. [반] 엉성하다.

면:박 面駁 | 낯 면, 논박할 박 [refute face]
얼굴[面]을 서로 마주 대하고 꾸짖거나 논박(論駁)함. ¶면박을 주다 / 공개적으로 면박을 당했다.

면-방직 綿紡織 | 솜 면, 실뽑을 방, 짤 직
[수공] 목화[綿]에서 뽑은 실을 원료로 하여 천을 짜는[紡織] 일.

면봉 綿棒 | 솜 면, 몽둥이 봉 [swab]
끝에 솜[綿]을 말아 붙인 가느다란 막대[棒]. 흔히 귀나 코, 입 따위의 속에 약을

바를 때 사용한다.

면:-사무소 面事務所 | 면 면, 일 사, 일 무, 곳 소 [township office]
면(面)의 행정 사무(事務)를 맡아보는 곳[所].

면:사-포 面紗布 | 낯 면, 비단 사, 베 포 [wedding veil]
결혼식 때 신부의 얼굴[面]을 가리던 가는 망사(網紗)로 된 천[布].

면:상 面上 | 낯 면, 위 상 [one's face]
얼굴[面]의 위[上]. 또는 얼굴. ¶상대편의 면상을 쳤다.

면:색 面色 | 낯 면, 빛 색 [complexion; expression]
얼굴[面]에 나타나는 표정이나 빛깔[色]. ¶불호령에 돌쇠의 면색은 흙빛이 되었다. ⓑ 안색(顔色).

면:-서기 面書記 | 면 면, 쓸 서, 기록할 기 [official of township office]
면(面)의 사무를 맡아보는 서기(書記).

면:세 免稅 | 면할 면, 세금 세 [exempt from taxation]
[법률] 세금(稅金)을 면제(免除)함. ¶면세 제품.

면:수 面數 | 쪽 면, 셀 수 [number of pages]
물체나 책 따위의 면(面)의 개수(個數). ¶신문의 면수가 많다.

면:역 免疫 | 면할 면, 돌림병 역 [immunity (from a disease)]
❶[속뜻] 돌림병[疫]의 감염을 면(免)하게 됨. ❷[의학] 몸속에 들어온 균에 대항하는 항체를 생산하여 다음에는 그 병에 걸리지 않도록 하는 기능. ¶예방 주사를 맞으면 그 병에 면역이 된다. ❸반복되는 자극 따위에 무감각해지는 상태를 비유하여 이름. ¶그는 어머니의 꾸지람에 이미 면역이 됐다.

▶ **면:역-력 免疫力** | 힘 력
[생물] 외부에서 들어온 병균에 저항하는[免疫] 힘[力]. ¶몸이 허약하면 면역력도 떨어지게 마련이다.

면:장 面長 | 면 면, 어른 장 [chief of township]
[법률] 면(面)의 행정을 주관하는 책임자[長].

면-장갑 綿掌匣 | 솜 면, 손바닥 장, 상자 갑
솜[綿]실로 짠 장갑(掌匣). ¶손에 면장갑을 끼다.

*__면:적 面積__ | 낯 면, 쌓을 적 [area; square measure]
일정한 평면(平面)이나 구면(球面)의 크기나 넓이[積].

면:전 面前 | 낯 면, 앞 전 [person's presence]
❶[속뜻] 얼굴[面] 앞[前]. ❷보고 있는 앞. 눈앞. ¶사람들 면전에서 망신을 당했다.

면:접 面接 | 낯 면, 맞이할 접 [interview]
❶[속뜻] 얼굴[面]을 맞이함[接]. ❷직접 만나보고 됨됨이를 시험하는 일. '면접시험'(面接試驗)의 준말. ⓑ 면대(面對).

면:제 免除 | 면할 면, 덜 제 [exempt from]
책임이나 의무를 면(免)하거나 덜어줌[除]. ¶병역을 면제받다.

면직 綿織 | 솜 면, 짤 직 [cotton fabrics]
[수공] 면(綿)으로 짠[織] 것. '면직물'(綿織物)의 준말.

▶ **면직-물 綿織物** | 만물 물
[수공] 면(綿)으로 짠[織] 천[物].

면:허 免許 | 면할 면, 들어줄 허 [license; permit]
❶[속뜻] 면제(免除)해 주는 일과 허가(許可)해 주는 일. ❷[법률] 일반에게는 허가되지 않는 특수한 행위를 특정한 사람에게만 허가하는 행정 처분. ¶총기 소지면허 / 수출 면허. ❸[법률] 특정한 일을 할 수 있는 공식적인 자격을 관청이 허가하는 일. ¶운전 면허.

▶ **면:허-증 免許證** | 증거 증

면화 綿花 | 솜 면, 꽃 화 [cotton]
[식물]솜[綿]을 채취하는 목화(木花).

면:회 面會 | 낯 면, 모일 회
[see; meet; interview]
❶[속뜻]얼굴[面]을 보러 모임[會]. ❷찾아가 만나 봄. ¶면회 사절.

▶면:회-실 面會室 | 방 실
면회(面會)하는 사람을 위하여 따로 마련한 방[室].

멸균 滅菌 | 없앨 멸, 세균 균
[sterilize; pasteurize]
세균(細菌)을 죽여 없앰[滅]. ⓗ 살균(殺菌).

멸망 滅亡 | 없앨 멸, 망할 망
[fall; collapse]
망(亡)하여 없어짐[滅]. ¶파괴된 환경은 인류를 멸망시킬 것이다.

멸시 蔑視 | 업신여길 멸, 볼 시 [despise; scorn]
남을 업신여겨[蔑] 봄[視]. 깔봄. ¶가난하다고 멸시하면 안 된다. ⓗ 무시(無視), 백안시(白眼視). ⓑ 존경(尊敬).

멸종 滅種 | 없앨 멸, 씨 종
[exterminate a stock]
씨[種]까지 없앰[滅]. 또는 씨까지 없어짐. ¶반달곰은 멸종 위기에 처해 있다.

명¹ 名 | 이름 명 [persons]
사람의 수효를 나타내는 말. ¶어린이 다섯 명.

명:² 命 | 목숨 명 [one's life]
목숨. ¶명이 다하다.

명:³ 命 | 명할 명 [order; command]
'명령'(命令)의 준말. ¶목숨을 다해 명을 받들겠습니다.

명경 明鏡 | 밝을 명, 거울 경
[clear mirror]
밝게[明] 잘 보이는 거울[鏡]. ⓗ 명감(明鑑).

▶명경-지수 明鏡止水 | 멈출 지, 물 수
❶[속뜻]맑은[明] 거울[鏡]과 고요하게 멈추어[止] 있는 물[水]. ❷맑고 고요한 심경(心境).

명곡 名曲 | 이름 명, 노래 곡
[excellent piece of music]
이름[名] 난 노래[曲]. ¶명곡을 감상하다.

명년 明年 | 밝을 명, 해 년
[next year; coming year]
밝아 올[明] 해[年]. 다음 해. ⓗ 내년(來年).

명단 名單 | 이름 명, 홑 단
[list of names]
관계자의 이름[名]을 적은 표[單]. ¶참석자 명단. ⓗ 명부(名簿).

명도 明度 | 밝을 명, 정도 도 [brightness]
[미술]색의 밝고[明] 어두운 정도(程度).

명란 明卵 | 명태 명, 알 란
[spawn of a pollack]
명태(明太)의 알[卵].

명랑 明朗 | 밝을 명, 밝을 랑
[brightness; clearness]
표정이 밝고[明] 마음이 밝음[朗]. 밝고 활달함. ¶명랑한 목소리. ⓗ 쾌활하다, 발랄하다.

명량 대:첩 鳴梁大捷 | 울 명, 들보 량, 큰 대, 이길 첩
[역사]조선 선조 30년(1597)에 이순신이 이끄는 수군이 명량(鳴梁)에서 적군의 배를 쳐부수고 크게[大] 이긴[捷] 싸움. 12척의 배로 133척을 거느린 적군을 맞아 싸워 31척의 배를 격파하여 크게 이겼다.

명:령 命令 | 명할 명, 시킬 령
[order; command]
❶[속뜻]명(命)을 내려 시킴[令]. ❷윗사람이 아랫사람에게 시킴. ❸컴퓨터에 동작을 지시하는 것.

▶명:령-어 命令語 | 말씀 어
컴퓨터에 명령(命令)을 전달하는 기계적인 말[語].

명료 明瞭 | 밝을 명, 밝을 료
[clear; plain; obvious]
분명(分明)하고 똑똑하다[瞭]. ¶명료하게 대답하다.

명망 名望 | 이름 명, 바랄 망
[reputation; repute; renown]
세상 사람들이 우러러보는 명성(名聲)과 덕망(德望).

명:맥 命脈 | 목숨 명, 맥 맥
[life; thread of life]
살아가는데 필요한 목숨[命]과 맥박(脈搏). ¶간신히 명맥을 이어가다. [비] 생명(生命).

명:명 命名 | 명할 명, 이름 명
[give a name to]
사람이나 물건 등에 이름[名]을 지어 붙임[命].

명목 名目 | 이름 명, 눈 목
[name; pretext]
❶ [속뜻] 이름[名]이나 제목(題目). ❷겉으로 내세우는 이름. ¶명목뿐인 사장. ❸구실이나 이유. ¶무슨 명목으로 그를 부를까.

명문[1] 名文 | 이름 명, 글월 문
[excellent composition]
이름난[名] 글[文]. 매우 잘 지은 글.

명문[2] 名門 | 이름 명, 집안 문
[distinguished family; noble family]
❶ [속뜻] 이름[名] 난 가문(家門). ❷문벌(門閥)이 좋은 집안. ¶그는 명문가 출신이다. ❸이름 난 학교 ¶명문 대학을 졸업하다. [비] 명가(名家), 명벌(名閥).

명물 名物 | 이름 명, 만물 물
[well-known product; institution]
❶ [속뜻] 그 지방에서 나는 유명(有名)한 물품(物品). '명산물'(名産物)의 준말. ¶안성의 명물은 유기(鍮器)다. ❷독특한 것으로 이름이 난 사람이나 사물. ¶그는 이 동네 명물이다.

명백 明白 | 밝을 명, 흰 백 [plain; clear]
분명(分明)하고 결백(潔白)하다. 의심할 바 없이 뚜렷하다. ¶명백한 사실.

명복 冥福 | 저승 명, 복 복
[heavenly bliss]
죽은 뒤 저승[冥]에서 받는 복(福). ¶고인의 명복을 빕니다.

명분 名分 | 이름 명, 나눌 분
[one's moral obligations]
❶ [속뜻] 각각의 명의(名義)나 신분(身分)에 따라 마땅히 지켜야 할 도리. ❷일을 꾀하는 데에 있어 내세우는 구실이나 이유 따위. ¶명분 없는 전쟁.

명사[1] 名士 | 이름 명, 선비 사 [prominent person]
명성(名聲)이 널리 알려진 인사(人士). ¶당대의 명사들이 한 자리에 모였다.

명사[2] 名詞 | 이름 명, 말씀 사 [noun]
[언어] 사물의 이름[名]을 나타내는 말[詞]. 대명사, 수사와 함께 문장에서 체언(體言)의 구실을 한다. ¶'나무가 푸르다'의 '나무'는 명사이다. [비] 이름씨.

명산 名山 | 이름 명, 메 산
[well known mountain]
이름[名] 난 산(山).

▸ 명산 대:천 名山大川 | 큰 대, 내 천
이름[名] 난 산(山)과 큰[大] 냇물[川].

명상 瞑想 | =冥想, 눈 감을 명, 생각 상
[meditate]
고요히 눈을 감고[瞑] 깊이 생각함[想]. 또는 그 생각. ¶그는 명상에 잠겼다.

▸ 명상-곡 瞑想曲 | 노래 곡
[음악] 명상(瞑想)을 하는 듯 고요한 노래[曲]. 명상에 도움을 주는 노래.

명색 名色 | 이름 명, 빛 색
[name; pretext]
❶ [불교] 이름만 있고 형상이 없는 마음과 형체가 있는 물질. 정신적인 것을 '名', 물질적인 것을 '色'이라고 한다. ❷어떤 이름이나 부류에 속함. ¶명색이 대학 교수인데 그런 일은 할 수 없다.

명석 明晳 | 밝을 명, 밝을 석
[lucid; clear; distinct]

생각이나 판단이 분명(分明)하고 똑똑하다[晳]. ¶두뇌가 명석하다.

명성 名聲 | 이름 명, 소리 성
[fame; renown; popularity]
❶[속뜻]널리 알려진 이름[名]과 목소리[聲]. ❷세상에 널리 떨친 이름이나 평판. [비]성명(聲名), 성문(聲聞).

명세 明細 | 밝을 명, 가늘 세
[particulars (on, about)]
분명(分明)하고 자세(仔細)함. 또는 그러한 내용.

▸명세-서 明細書 | 글 서
하나하나의 내용을 자세히[明細] 적은 글[書]. 또는 그 문서. ¶지출 명세서.

명소 名所 | 이름 명, 곳 소
[famous place]
아름다운 경치나 고적 따위로 이름[名]난 곳[所]. ¶관광 명소 / 경주의 명소를 구경하다.

명수 名手 | 이름 명, 사람 수
[expert; master]
기능이나 기술이 뛰어나기로 유명한[名] 사람[手]. ¶그녀는 양궁의 명수다.

명승[1] 名僧 | 이름 명, 스님 승
[celebrated Buddhist monk]
학덕이 높아 이름난[名] 승려(僧侶).

명승[2] 名勝 | 이름 명, 뛰어날 승 [famous sight]
이름[名] 날 정도로 뛰어난[勝] 경치. '명승지'(名勝地)의 준말.

▸명승-지 名勝地 | 땅 지
경관(景觀)이 뛰어나[勝] 이름[名] 난 곳[地]. ¶명승지를 찾아 전국을 유람하다. [준]명승.

명시[1] 名詩 | 이름 명, 시 시
[famous poetry]
유명(有名)한 시(詩). 썩 잘 지은 시.

명시[2] 明示 | 밝을 명, 보일 시
[express clearly]
분명(分明)하게 나타냄[示]. ¶설명서에 약의 복용법이 명시되어 있다.

명실 名實 | 이름 명, 실제 실
[name and reality]
명분(名分)과 실질(實質). 소문과 실제.

▸명실-상부 名實相符 | 서로 상, 맞을 부
이름[名]과 실상(實相)이 서로[相] 잘 부합(符合)함. ¶그는 명실상부한 한국 최고의 가수이다.

명심 銘心 | 새길 명, 마음 심
[inscribe in one's memory]
❶[속뜻]마음[心]에 새기어[銘] 둠. ❷꼭꼭 기억함. ¶그 일을 항상 명심해야 한다. [비]명간(銘肝), 명기(銘記), 명념(銘念).

명심보감 明心寶鑑 | 밝을 명, 마음 심, 보배 보, 거울 감
❶[속뜻]마음[心]을 밝혀주는[明] 보배로운[寶] 거울[鑑] 같은 책. ❷[책명]고려 말기 때 어린이들의 바른 생활을 가르치기 위해서 만든 책. 중국의 옛 책에서 좋은 말씀을 가려 뽑아서 주제별로 나누어 엮어 놓았다.

명암 明暗 | 밝을 명, 어두울 암
[light and darkness]
밝음[明]과 어두움[暗]. ¶그림에 명암을 넣다.

명언 名言 | 이름 명, 말씀 언
[wise golden saying]
❶[속뜻]유명(有名)한 말[言]. ❷사리에 들어맞는 훌륭한 말. ¶괴테는 많은 명언을 남겼다.

명예 名譽 | 이름 명, 기릴 예
[honor; glory]
❶[속뜻]세상 사람들이 훌륭하다고 인정하여 이름[名]을 기림[譽]. 또는 그런 품위. ¶명예롭게 죽다. ❷사람 또는 단체의 사회적인 평가나 가치. [반]불명예(不明譽).

▸명예-퇴직 名譽退職 | 물러날 퇴, 일자리 직
❶[속뜻]명예(名譽)롭게 현직(現職)에서 물러남[退]. ❷정년이나 징계에 의하지 않고, 근로자가 스스로 신청하여 직장을 그만둠. 또는 그런 일.

명왕-성 冥王星 | 어두울 명, 임금 왕, 별 성 [Pluto]
천문 태양계의 왜소(矮小) 행성(行星). 영문명 'pluto'가 '명부(冥府)의 왕(王)'이란 뜻에서 유래.

명월 明月 | 밝을 명, 달 월 [bright moon]
❶속뜻 밝은[明] 달[月]. ❷보름달. 특히 음력 8월 보름달. ¶청풍(淸風) 명월.

명의 名醫 | 이름 명, 치료할 의 [skilled physician; great doctor]
병을 잘 고치는 이름난[名] 의사(醫師). ¶허준은 조선시대 명의였다. 町 대의(大醫).

명인 名人 | 이름 명, 사람 인 [master hand; expert]
어떤 기예(技藝) 등이 뛰어나 유명(有名)한 사람[人]. ¶이번 공연에 판소리의 명인들이 참가한다. 町 달인(達人), 대가(大家), 명가(名家).

명일 明日 | 밝을 명, 날 일 [tomorrow]
밝아올[明] 다음 날[日]. ¶명일 오전 10시에 만나자. 町 내일(來日).

명작 名作 | 이름 명, 지을 작 [masterpiece]
이름난[名] 작품(作品). 뛰어난 작품. ¶렘브란트의 명작을 감상하다. 町 걸작(傑作), 대작(大作). 町 졸작(拙作).

명장¹ 名匠 | 이름 명, 장인 장 [master hand; master craftsman]
이름난[名] 장인(匠人). 町 명공(名工).

명장² 名將 | 이름 명, 장수 장 [distinguished general]
이름난[名] 장수(將帥). 뛰어난 장수. ¶이순신 장군은 지용(智勇)을 겸비한 명장이었다.

명절 名節 | 이름 명, 철 절 [holiday]
❶속뜻 유명(有名)한 철[節]이나 날. ❷해마다 일정하게 지키어 즐기거나 기념하는 날. ¶고향으로 돌아가 명절을 쇠다.

명:제 命題 | 명할 명, 제목 제 [proposition; thesis]
❶속뜻 제목(題目)을 지음[命]. 또는 그 제목. ❷논리 논리적인 판단을 언어나 기호로 나타낸 것. 町 제목(題目).

명주 明紬 | 밝을 명, 명주 주 [silk]
❶속뜻 밝은[明] 빛깔의 비단[紬]. ❷명주실로 무늬 없이 짠 천. 町 비단(緋緞), 면주(綿紬).

명:중 命中 | 명할 명, 맞을 중 [hit the mark]
❶속뜻 맞추라고 명령(命令)한 곳에 적중(的中)시킴. ❷겨냥한 곳을 쏘아 정확히 맞힘. ¶화살이 과녁 한복판에 명중했다. 町 적중(的中).

명찰 名札 | 이름 명, 쪽지 찰 [nameplate]
이름[名]을 써 놓은 쪽지[札]. ¶옷에 명찰을 달다. 町 이름표.

명창 名唱 | 이름 명, 부를 창 [master singer; great singer]
뛰어나고 이름나게[名] 노래를 잘 부르는[唱] 사람. 또는 그 노래. ¶판소리 명창.

명칭 名稱 | 이름 명, 일컬을 칭 [name; title]
사물을 일컫는[稱] 이름[名]. 町 명호(名號), 명목(名目), 호칭(呼稱).

명쾌 明快 | 밝을 명, 기쁠 쾌 [lucid; explicit]
❶속뜻 마음이 밝아지고[明] 기쁘게[快] 됨. ❷말이나 글의 조리가 분명하여 시원스럽다. ¶그의 해설은 정말 명쾌하다.

명-탐정 名探偵 | 이름 명, 찾을 탐, 염탐할 정
사건 해결에 능숙한 솜씨를 발휘하는 유명(有名)한 탐정(探偵). ¶명탐정 셜록 홈스.

명태 明太 | 밝을 명, 클 태 [Alaska pollack]
동물 등은 푸른 갈색, 배는 은빛을 띤 밝은[明] 백색이고, 몸길이는 40~60cm로 대구과 물고기에 비해 몸이 큰[太] 바닷물고기.

명-판사 名判事 | 이름 명, 판가름할 판, 일 사 [able judge]
이름[名]이 널리 알려진 판사(判事). ¶포청천은 명판사이다.

명패 名牌 | 이름 명, 패 패 [nameplate]
이름[名]이나 직위 등을 적어 놓은 패찰(牌札). ¶명패에 이름을 새기다.

명필 名筆 | 이름 명, 글씨 필 [excellent hand writing; noted calligrapher]
❶[속뜻] 유명(有名)한 글씨[筆]. ❷매우 잘 쓴 글씨. 또는 글씨를 매우 잘 쓰는 사람. ¶한석봉은 조선시대 명필이다. [반] 악필(惡筆).

명함 名銜 | 이름 명, 머금을 함 [business card]
이름[名] 등을 새겨 담고 있는[銜] 종이 쪽. ¶그와 명함을 주고받았다.

명화 名畵 | 이름 명, 그림 화 [famous painting]
유명(有名)한 그림[畵]이나 영화(映畵). ¶피카소의 명화 50점을 전시하다.

명확 明確 | 밝을 명, 굳을 확 [definite; clear]
분명(分明)하고 확실(確實)함. ¶명확한 증거가 있다.

모[1] 毛 | 털 모 [hair; wool; fur]
동물의 몸에서 깎아 낸 섬유. 특히, 양모(羊毛)를 일컫는다. ¶이 옷은 모로 만들었다.

모:[2] 某 | 아무 모 [certain; one]
❶성(姓) 뒤에 쓰여 '아무개'의 뜻을 나타냄. ¶김(金) 모 씨. ❷아무. 어떤. ¶모 학교 / 모 회사.

모:계 母系 | 어머니 모, 이어 맬 계 [maternal line; mother's side]
혈연관계에서 어머니[母] 쪽의 계통(系統). ¶모계 유전 / 원시농경사회는 대부분 모계사회였다. [반] 부계(父系).

모골 毛骨 | 털 모, 뼈 골 [hair and bone]
털[毛]과 뼈[骨]. ¶모골이 오싹해졌다.

모:교 母校 | 어머니 모, 학교 교 [one's old school]
❶[속뜻] 자기를 낳아 길러준 어머니[母] 같은 학교(學校). ❷자기가 다니거나 졸업한 학교.

모:국 母國 | 어머니 모, 나라 국 [mother country; homeland]
외국에 있는 사람이 자기가 태어난 나라를, 어머니[母] 같은 나라[國]라는 뜻으로 부르는 말. [비] 고국(故國), 본국(本國), 조국(祖國). [반] 이국(異國), 타국(他國).

▶**모:국-어** 母國語 | 말씀 어
자기 나라[母國]의 말[語]. [준] 모어. [비] 본국어(本國語). [반] 외국어(外國語).

모금 募金 | 모을 모, 돈 금 [raise; collect]
특별한 목적을 위하여 돈[金]을 모음[募]. ¶불우 이웃을 돕기 위해 모금하다.

▶**모금-함** 募金函 | 상자 함
남을 위해 쓸 돈[金]을 모을[募] 때, 그 돈을 넣는 상자[函].

모:녀 母女 | 어머니 모, 딸 녀 [mother and daughter]
어머니[母]와 딸[女]. [반] 부자(父子).

모:독 冒瀆 | 시기할 모, 더러워질 독 [insult; blaspheme]
남을 시기하고[冒] 더럽힘[瀆]. ¶모독 행위 / 인격을 모독하는 말은 하면 안 된다. [비] 모욕(侮辱).

모략 謀略 | 꾀할 모, 꾀할 략 [stratagem; trick]
남을 해치려고 꾸미는[謀] 계략(計略). ¶모략을 꾸미다 / 동료를 모략하다.

모면 謀免 | 꾀할 모, 면할 면 [evade; shirk]
꾀를 쓰거나[謀] 운이 좋아 어려운 상황이나 죄 따위를 면(免)하게 됨. ¶큰 고비를 모면하다.

모:멸 侮蔑 | 깔볼 모, 업신여길 멸 [despise; scorn]
깔보고[侮] 업신여김[蔑]. 모욕(侮辱)하

고 멸시(蔑視)함. ¶모멸에 찬 눈초리로 바라보다 / 그를 거지라고 모멸하다.

▸ 모:멸-감 侮蔑感 | 느낄 감
모멸(侮蔑)을 당하는 느낌[感]. ¶모멸감을 느끼다.

모반 謀叛 | =謀反, 꾀할 모, 배반할 반 [revolt; rebel]
❶[속뜻]배반(背叛)을 꾀함[謀]. ❷국가나 군주의 전복을 꾀함. ¶모반에 가담하다 / 모반을 일으키다.

모발 毛髮 | 털 모, 머리털 발 [hair]
❶[속뜻]몸에 난 털[毛]과 머리에 난 털[髮]. ❷사람의 몸에 난 터럭을 통틀어 이르는 말.

모방 模倣 | 본보기 모, 본뜰 방 [imitate; copy]
어떤 것을 본보기[模] 삼아 본뜸[倣]. 흉내냄. ¶아이들은 모방을 통해 배운다. [비]모습(模襲), 모본(模本). [반]창조(創造).

***모범** 模範 | 본보기 모, 틀 범 [model; example]
❶[속뜻]본보기[模]가 될 만한 틀[範]. ❷본받아 배울 만한 본보기. ¶모범 답안 / 부모는 자식에게 모범이 되어야 한다. [비]귀감(龜鑑), 모본(模本).

▸ 모범-생 模範生 | 사람 생
학업과 품행이 뛰어나서 남의 모범(模範)이 되는 학생(學生).

▸ 모범-적 模範的 | 것 적
본받아[模] 배울만한 본보기[範]가 되는 것[的]. ¶모범적인 태도.

모사 模寫 | 본뜰 모, 그릴 사 [copy]
❶[미술]어떤 그림의 본을 떠서[模] 똑같이 그림[寫]. ¶피카소의 작품을 모사하다. ❷똑같이 따라하거나 흉내 냄. ¶성대모사.

모색 摸索 | 더듬을 모, 찾을 색 [grope]
더듬어[摸] 찾음[索]. 일이나 사건 따위를 해결할 수 있는 방법이나 실마리를 더듬어 찾음. ¶해결책을 모색하다.

모:선 母線 | 어머니 모, 줄 선 [parent line]
❶[공업]개폐기를 거쳐 각 외선(外線)에 전류를 분배하는 모체(母體)가 되는 단면적이 큰 간선(幹線). ❷[수학]뿔면에서 곡면을 만드는 직선.

모:성 母性 | 어머니 모, 성질 성 [motherhood; maternity]
여성이 어머니[母]로서 지니는 본능적인 성질(性質). ¶고래는 모성 본능이 강하다. [반]부성(父性).

▸ 모:성-애 母性愛 | 사랑 애
자식에 대한 어머니의 본능적인[母性] 사랑[愛]. [반]부성애(父性愛).

모순 矛盾 | 창 모, 방패 순 [contradict]
❶[속뜻]창[矛]과 방패[盾]. ❷'두 사실이 이치상 어긋나서 서로 맞지 않음'을 이르는 말. ¶구조적 모순 / 이 사항은 기본 원칙에 모순된다.

****모양** 模樣 | 본보기 모, 모습 양 [style; shape; appearance; situation]
❶[속뜻]본보기[模]가 되는 모습[樣]. ❷겉으로 나타나는 생김새. ¶여학생들의 머리 모양. ❸외모에 부리는 멋. ¶거울을 보며 모양을 부리다. ❹어떠한 형편이나 되어 나가는 꼴. ¶사람들이 살아가는 모양은 가지각색이다. ❺남들 앞에서 세워야 하는 위신이나 체면. ¶너 때문에 내 모양이 엉망이다.

모:욕 侮辱 | 업신여길 모, 욕될 욕 [insult]
업신여기고[侮] 욕(辱)함. ¶모욕을 당하다. [비]멸시(蔑視), 모멸(侮蔑).

▸ 모:욕-감 侮辱感 | 느낄 감
모욕(侮辱)을 당한 느낌[感]. ¶그의 무례함에 심한 모욕감을 느꼈다.

모:월 某月 | 아무 모, 달 월 [certain month]
아무[某] 달[月]. ¶모월 모일 모시에 이곳에서 보자.

모:유 母乳 | 어머니 모, 젖 유 [mother's milk; breast milk]
어머니[母]의 젖[乳]. [비]어미젖.

모:음 母音 | 어머니 모, 소리 음
[vowel (sound)]
❶ 속뜻 자음(子音)을 어미[母]처럼 도와주어 음절이 되도록 하는 소리[音]. ❷ 언어 성대의 진동을 받은 소리가 목, 입, 코를 막힘이 없이 거쳐 나오는 소리. ㅏ, ㅑ, ㅓ, ㅕ 따위. 빤 자음(子音).

모의¹ 模擬 | 본뜰 모, 흉내낼 의
[imitation]
실제의 것을 본뜨고[模] 흉내냄[擬]. 또는 그런 일. ¶모의고사 / 모의로 재판을 열다.

모의² 謀議 | 꾀할 모, 의논할 의 [plot]
어떤 일을 꾸미고[謀] 의논(議論)함. ¶암살을 모의하다.

모:일 某日 | 아무 모, 날 일
[certain day; one day]
아무[某] 날[日]. ¶모월 모일까지.

모자¹ 帽子 | 쓰개 모, 접미사 자
[hat; cap]
머리에 쓰는 쓰개[帽]를 통틀어 이르는 말.

모:자² 母子 | 어머니 모, 아이 자
[mother and child]
어머니[母]와 아이[子]. ¶그 집은 모자간의 정이 깊다 / 모자 보건법. 빤 부녀(父女).

▶ **모:자-원** 母子院 | 집 원
사회 급히 도움을 필요로 하는 어머니[母]와 그 자녀(子女)들을 돌보아주는 복지시설[院].

모:정 母情 | 어머니 모, 마음 정
[maternal affection; mother's love]
자식에 대한 어머니[母]의 마음[情]. ¶모정보다 강한 것은 없다.

모조 模造 | 본보기 모, 만들 조 [imitate]
❶ 속뜻 모방(模倣)하여 만듦[造]. 또는 그 물품. ¶명화를 모조하다. ❷'모조지'(模造紙)의 준말.

▶ **모조-지** 模造紙 | 종이 지
'송아지의 피지(皮紙)를 본떠[模] 만든[造] 종이[紙]'라는 뜻의 영문명 'imitation vellum'을 한자어로 풀어쓴 말. 질기며 윤택이 나는 인쇄용 종이. 빤 백상지(白上紙).

▶ **모조-품** 模造品 | 물건 품
원래의 작품과 비슷하게 흉내 내어[模] 만든[造] 물품(物品). 빤 진품(眞品), 정품(正品).

모직 毛織 | 털 모, 짤 직
[woolen fabric]
수공 털[毛]로 짠[織] 천. ¶모직 바지.

모집 募集 | 뽑을 모, 모을 집
[recruit; enroll]
조건에 맞는 사람이나 뽑거나[募] 모음[集]. ¶직원을 모집하다.

모:체 母體 | 어머니 모, 몸 체
[mother's body; base]
❶ 속뜻 아이나 새끼를 밴 어미[母]의 몸[體]. ¶태아의 건강은 모체의 건강에 달려있다. ❷현재 형태의 기반이 되었던 것. ¶라틴어는 프랑스어의 모체이다.

모:친 母親 | 어머니 모, 어버이 친 [one's mother]
❶ 속뜻 모계(母系) 친족(親族). ❷'어머니'의 높임 말. 빤 부친(父親).

모:태 母胎 | 어머니 모, 아이 밸 태
[mother's womb; matrix]
❶ 속뜻 어미[母]의 태(胎) 안. ❷사물이 발생하거나 발전하는 데 바탕이 된 토대. ¶로마는 서양 문명의 모태가 되었다.

모피 毛皮 | 털 모, 가죽 피 [fur]
털[毛]이 그대로 붙어 있는 짐승의 가죽[皮]. ¶모피로 만든 외투.

모함 謀陷 | 꾀할 모, 빠질 함 [entrap]
꾀를 써서[謀] 남을 어려운 처지에 빠뜨림[陷]. ¶이순신 장군은 모함을 받아 유배를 당했다.

모:험 冒險 | 무릅쓸 모, 험할 험
[have an adventure]
위험(危險)을 무릅쓰고[冒] 어떠한 일을 함. 또는 그 일. ¶목숨을 걸고 모험을 하

다.
▶ 모:험-담 冒險談 | 이야기 담
위험(危險)을 무릅쓰고[冒] 얻은 경험이나 사실에 대한 이야기[談]. ¶모험담을 늘어놓다.
▶ 모:험-심 冒險心 | 마음 심
모험(冒險)을 즐기는 마음[心]. ¶그는 어릴 때부터 모험심이 강했다.

***모형** 模型 | =模形, 본뜰 모, 거푸집 형
[model]
❶속뜻 똑같은 모양(模樣)의 물건을 만들기 위한 거푸집[型]. ❷실물을 모방하여 만든 물건.
▶ 모형-관 模型館 | 집 관
실물과 똑같이 만든 모형(模型)을 전시해 놓은 집[館].
▶ 모형-도 模型圖 | 그림 도
모형(模型)을 그린 그림[圖].

모호 模糊 | 본보기 모, 풀 호
[faint; indistinct; ambiguous]
❶속뜻 모양(模樣)이 풀[糊]칠로 잘 안 보임. ❷말이나 태도가 흐릿하여 분명하지 않음. ¶그는 내 질문에 모호하게 대답을 얼버무렸다. ⓑ 애매(曖昧)하다, 애매모호하다.

목[1] 木 | 나무 목 [Thursday]
'목요일'(木曜日)의 준말.

목[2] 目 | 눈 목 [order]
생물 동물 분류 단계의 하나. 과(科)의 위이고 강(綱)의 아래이다.

목-가구 木家具 | 나무 목, 집 가, 갖출 구
[wooden furniture]
나무[木]로 만든 가구(家具).

목각 木刻 | 나무 목, 새길 각
[wood carving]
그림이나 글씨 따위를 나무[木]에 새김[刻]. ¶목각 활자.

목격 目擊 | 눈 목, 부딪칠 격
[witness; see with one's own eyes]
❶속뜻 눈[目]길이 부딪침[擊]. ❷우연히 보게 됨. ¶사고를 목격하다. ⓑ 목견(目見), 목도(目睹).
▶ 목격-자 目擊者 | 사람 자
어떤 일을 눈[目]으로 직접 본[擊] 사람[者]. ¶교통사고 목격자를 찾아 나섰다.

***목공** 木工 | 나무 목, 장인 공
[carpenter; wood worker]
나무[木]로 물건을 만드는[工] 일. 혹은 그런 일을 하는 사람. ⓑ 목수(木手).
▶ 목공-구 木工具 | 갖출 구
나무[木]를 깎고 다듬는[工] 데 쓰는 도구(道具). 톱, 대패, 끌 따위.

목-공예 木工藝 | 나무 목, 장인 공, 재주 예 [woodcraft]
수공 나무[木]로 물건을 만드는[工] 재주[藝]. 또는 그런 공예품. ¶그는 취미로 목공예를 한다.

목관 木管 | 나무 목, 피리 관
[wooden pipe]
나무[木]로 만든 피리[管].
▶ 목관 악기 木管樂器 | 음악 악, 그릇 기
음악 나무[木]로 만든 피리[管] 모양의 악기(樂器). ¶클라리넷은 목관 악기이다.

목기 木器 | 나무 목, 그릇 기
[wooden ware]
나무[木]로 만든 그릇[器].

목대 木臺 | 나무 목, 돈대 대 [board]
출판 인쇄할 때에 목판을 올려놓는[臺] 나무[木]쪽. ⓑ 판대(版臺).

목동 牧童 | 칠 목, 아이 동
[shepherd boy; herdboy]
소나 양을 치는[牧] 아이[童]. ¶목동이 피리를 분다.

목련 木蓮 | 나무 목, 연꽃 련 [magnolia]
식물 봄에 잎보다 먼저 흰빛 또는 자줏빛 꽃이 피는 나무. 또는 그 꽃. '나무[木]에서 피는 연꽃[蓮]'이라는 뜻에서 붙여진 이름이다.

목례 目禮 | 눈 목, 예도 례
[nod of greeting; nodding]
눈[目]짓으로 가볍게 예(禮)를 갖추어 하는 인사. ¶목례를 나누다. ⓑ 눈인사.

목록 目錄 | 눈 목, 기록할 록
[list; catalog]
목차(目次)를 기록(記錄)해 놓은 것. ¶도서목록.

목마 木馬 | 나무 목, 말 마
[wooden horse]
❶[속뜻]나무[木]로 말[馬] 모양을 깎아 만든 물건. ¶목마를 타고 놀다. ❷[운동]기계 체조에 쓰는 말의 모양처럼 만든 기구의 하나.

목민 牧民 | 다스릴 목, 백성 민
[govern the people]
백성[民]을 다스리는[牧] 일.
▸목민-심서 牧民心書 | 마음 심, 글 서
[책명]백성을 다스리는[牧民] 사람들이 가져야 할 올바른 마음[心] 자세에 관하여 써 놓은 글[書]. 조선 순조 때 정약용(丁若鏞)이 지었다.

목사 牧師 | 다스릴 목, 스승 사
[minister; clergyman]
[기독교]교회를 맡아 다스리고[牧] 신자를 인도하는 스승[師] 같은 교역자(教役者).

목석 木石 | 나무 목, 돌 석
[trees and stones; insensibility]
❶[속뜻]나무[木]와 돌[石]을 아우르는 말. ❷나무나 돌처럼 '감정이 무디고 무뚝뚝한 사람'을 비유하여 이르는 말. ¶그는 목석같은 사람이다.

목성 木星 | 나무 목, 별 성 [Jupiter]
[천문]태양으로부터 다섯 번째로 가깝고 음양오행설에서 목(木)에 해당되는 행성(行星). 태양계의 행성 가운데 가장 크다. [비]덕성(德星), 세성(歲星).

목수 木手 | 나무 목, 사람 수 [carpenter]
나무[木]로 집을 짓거나 기구를 만드는 일을 업으로 하는 사람[手]. [비]목공(木工), 대목(大木).

목숨 (命, 목숨 명; 壽, 목숨 수)
[life; breath of life]
숨을 쉬며 살아 있는 힘. 살아가는 원동력. ¶아이의 목숨을 구하다. [비]명(命), 생명(生命).

목-요일 木曜日 | 나무 목, 빛날 요, 해 일
[Thursday]
칠요일 중 나무[木]에 해당하는 요일(曜日). ¶목요일까지 과제를 제출하세요.

***목욕** 沐浴 | 머리감을 목, 몸씻을 욕 [bath]
❶[속뜻]머리를 감고[沐] 몸을 씻음[浴]. ❷온몸을 씻음. ¶하루에 한 번은 목욕을 해야 한다.
▸목욕-탕 沐浴湯 | 욕탕 탕
목욕(沐浴)할 수 있도록 준비해둔 탕(湯). 또는 그러한 시설을 갖추어 놓고 영업을 하는 곳. [준]욕탕.

목자 牧者 | 칠 목, 사람 자 [shepherd]
양을 치는[牧] 사람[者]. [비]양치기.

목장 牧場 | 칠 목, 마당 장 [ranch]
마소나 양 따위를 치는[牧] 넓은 땅[場].

⁑**목재** 木材 | 나무 목, 재료 재
[wood; lumber]
건물이나 가구를 만드는 데 쓰이는 나무[木]로 된 재료(材料). [비]재목(材木).

⁑**목적** 目的 | 눈 목, 과녁 적
[purpose; aim]
❶[속뜻]목표(目標)로 정한 과녁[的]. ❷이룩하거나 도달하려고 하는 목표나 방향. ¶인생의 목적이 무엇입니까?
▸목적-어 目的語 | 말씀 어
[언어]타동사(他動詞)에 의하여 표현된 동작이나 작용이 미치는 대상[目的]이 되는 말[語]. ¶'나는 밥을 먹는다'에서 목적어는 '밥을'이다. [비]객어(客語).
▸목적-지 目的地 | 땅 지
목표(目標)로 삼거나 지목하는[的] 곳[地]. ¶목적지에 도착하다.

목전 目前 | 눈 목, 앞 전
[imminent; impending; forthcoming]
❶[속뜻]눈[目] 앞[前]쪽. 아주 가까운 곳. ¶끔찍한 일이 목전에서 벌어지다. ❷아주 가까운 장래. ¶목전의 이익만을 생각하다 / 결전의 날이 목전에 다가왔다.
로 내민 둥그스름한 살.

*목제 木製 | 나무 목, 만들 제
[wooden; made of wood]
나무[木]를 재료로 하여 만듦[製]. 또는 그 물건.
▸목제-품 木製品 | 물건 품
나무[木]로 만든[製] 물품(物品). ¶목제품을 특히 좋아한다.

목조 木造 | 나무 목, 만들 조
[wooden manger]
나무[木]로 지음[造]. 또는 그 건축물. ¶목조 주택.

목차 目次 | 눈 목, 차례 차
[(a table of) contents]
내용의 항목(項目)이나 제목(題目)을 차례(次例)대로 배열한 것. ¶책의 목차. [비] 차례(次例), 목록(目錄).

목책 木柵 | 나무 목, 울타리 책
[wooden fence]
나무[木]로 만든 울타리[柵]. ¶임시로 목책을 둘러쳤다.

목초 牧草 | 칠 목, 풀 초
[grass; pasture]
가축을 치기[牧] 위한 풀[草]. [비] 꼴.
▸목초-지 牧草地 | 땅 지
가축의 사료가 되는 풀[牧草]이 자라고 있는 땅[地]. ¶넓은 목초지에 젖소들이 풀을 뜯고 있다.

*목축 牧畜 | 칠 목, 가축 축 [raise cattle; engage in stock farming]
소·말·양 따위의 가축(家畜)을 기르는[牧] 일. [비] 목양(牧養).
▸목축-업 牧畜業 | 일 업
가축(家畜) 치는[牧] 것을 경영하는 기업(企業). ¶뉴질랜드는 목축업이 발달했다.

목침 木枕 | 나무 목, 베개 침
[wooden pillow]
나무[木] 토막으로 만든 베개[枕]. ¶목침을 베고 자다.

목탁 木鐸 | 나무 목, 방울 탁
[wooden gong]
[불교] 나무[木]를 둥글게 깎아 속을 파서 방울[鐸]처럼 만든 기구. 불공을 할 때나 사람들을 모이게 할 때 쓴다. ¶목탁 소리 / 목탁을 두드리다.

목탄 木炭 | 나무 목, 숯 탄 [charcoal]
나무[木]를 태워 만든 숯[炭].

목탑 木塔 | 나무 목, 탑 탑
나무[木]로 만든 탑(塔). ¶황룡사 9층 목탑 / 목탑은 돌로 쌓는 석탑보다 쉽게 세울 수 있다.

목판 木版 | 나무 목, 널빤지 판
[wood (printing) block]
[출판] 나무[木]에 글이나 그림을 새긴 인쇄용의 널빤지[版].

**목표 目標 | 눈 목, 우듬지 표
[goal; target; aim]
❶ [속뜻] 눈[目]에 잘 띄는 우듬지[標]. 또는 그런 표적. ❷행동을 통하여 이루거나 도달하려는 대상이 되는 것. ¶목표를 세우다 / 목표를 달성하다.
▸목표-물 目標物 | 만물 물
목표(目標)로 하는 물건(物件).

목하 目下 | 눈 목, 아래 하
[at the (present) moment]
❶ [속뜻] 눈[目] 아래[下]. 눈앞에. ❷바로 이때. 지금. ¶그 회의는 목하 부산에서 열리고 있다. [비] 목금(目今), 현금(現今).

목화 木花 | 나무 목, 꽃 화 [cotton]
❶ [속뜻] 솜이 나무[木]의 꽃[花]처럼 달리는 식물. ❷ [식물] 아욱과의 한해살이풀. 솜털을 모아서 솜을 만들고 씨는 기름을 짠다. ¶목화를 틀어 솜을 만들다. [비] 면화(綿花).

목회 牧會 | 다스릴 목, 모일 회
[shepherd a flock of souls]
[기독교] 목사가 교회(教會)를 맡아 다스림[牧]. 설교하거나 신자의 신앙생활을 지도하는 일을 말한다.

*몰두 沒頭 | 빠질 몰, 머리 두 [absorption]
머리[頭] 속의 생각이 어떤 한 가지 일에만 빠지게[沒] 함. ¶일에만 몰두하다. [비] 열중(熱中), 집중(集中).

몰락 沒落 | 빠질 몰, 떨어질 락
[fall; collapse]
❶[속뜻] 물속으로 가라앉거나[沒] 바닥으로 떨어짐[落]. ❷잘 되던 것이 보잘것없이 됨. ¶그 집안은 몰락했다. ❸멸망하여 없어짐. ¶로마제국의 몰락. [반] 번영(繁榮), 번창(繁昌), 번성(繁盛).

몰살 沒殺 | 빠질 몰, 죽일 살
[massacre; annihilate]
❶[속뜻] 물에 빠트려[沒] 죽임[殺]. ❷모조리 죽임. ¶강감찬 장군이 적을 몰살시켰다. [비] 몰사(沒死), 전멸(全滅).

몰-상식 沒常識 | 없을 몰, 늘 상, 알 식
[have no common sense]
일반적인[常] 지식(智識)이 없음[沒]. 사리에 어두움. ¶새치기를 하는 몰상식한 행동.

몰수 沒收 | 없어질 몰, 거둘 수
[confiscate]
남은 재산이 하나도 없도록[沒] 모두 거두어[收] 들임. ¶법원은 그의 재산을 몰수했다.

몰-인정 沒人情 | 없을 몰, 남 인, 마음 정
[inhuman]
인정(人情)이 전혀 없음[沒]. ¶그는 참 몰인정하다.

몰입 沒入 | 빠질 몰, 들 입
[be absorbed in]
❶[속뜻] 어떤 일에 빠져[沒] 들어감[入]. ¶일에 몰입하다. ❷[역사] 죄인의 재산이나 가족을 몰수(沒收)하여 관가로 들여오던 일. [비] 몰두(沒頭).

몰-지각 沒知覺 | 없을 몰, 알 지, 깨달을 각 [indiscreet; senseless]
지각(知覺) 능력이 없음[沒]. ¶예상치 못한 몰지각한 행동. [비] 무지각(無知覺).

몽고 蒙古 | 입을 몽, 옛 고
[Mongol Empire]
[지리] '몽골'(Mongol)의 한자 음역어. 13세기 칭기즈 칸의 통솔 아래 세력이 커지기 시작하여, 중국 대륙과 주위 여러 지역을 평정하여 원(元) 제국을 이루었다.

▶**몽고-반 蒙古斑** | 얼룩 반
[의학] 몽고(蒙古) 인종에게서 흔히 발견된다는, 어린아이의 엉덩이에서 등에 걸쳐 나타나는 푸른 반점(斑點). [비] 소아반(小兒斑), 아반(兒斑).

몽롱 朦朧 | 흐릴 몽, 흐릿할 롱 [unclear; indistinct; dizzy]
❶[속뜻] 매우 흐릿하다[朦=朧]. ¶몽롱한 달빛. ❷의식이 분명하지 않고 흐리멍덩하다. ¶기억이 몽롱하다. [반] 뚜렷하다.

몽:유-병 夢遊病 | 꿈 몽, 놀 유, 병 병
[sleepwalking]
[의학] 잠을 자다가 자신도 모르게 일어나서 꿈[夢]과 같이 노닐다[遊]가 다시 잠을 자는 병(病). [비] 이혼병(離魂病), 몽중방황(夢中彷徨).

몽:정 夢精 | 꿈 몽, 정액 정
[wet dream]
꿈[夢]속에서 실제로 정액(精液)을 내쏘는 일. [비] 몽설(夢泄).

몽:혼 朦昏 | 흐릴 몽, 어두울 혼
[anesthesia]
❶[속뜻] 매우[朦] 혼미(昏迷)해짐. ❷독물이나 약물에 의하여 감각을 잃고 자극에 반응할 수 없게 됨.

묘: 墓 | 무덤 묘 [grave]
사람의 무덤[墓]. ¶양지바른 곳에 묘를 쓰다. [비] 뫼, 무덤.

묘:기 妙技 | 묘할 묘, 재주 기
[skill; wonderful performance]
절묘(絶妙)한 기술(技術). 매우 뛰어난 기술. ¶곡예사가 묘기를 부리다.

***묘:목 苗木** | 어릴 묘, 나무 목
[seedling; young plant]
옮겨심기 위해 가꾼 어린[苗] 나무[木]. ¶묘목을 이식하다.

묘:미 妙味 | 묘할 묘, 맛 미
[(exquisite) beauty; charm]
❶[속뜻] 야릇한[妙] 맛[味]. ❷미묘한 재미나 흥취. ¶등산의 묘미. [비] 묘취(妙趣).

묘:비 墓碑 | 무덤 묘, 비석 비 [tombstone; gravestone]
무덤[墓] 앞에 세우는 비석(碑石). ¶묘비에 이름을 새기다. [비] 묘석(墓石).

묘:사 描寫 | 그릴 묘, 베낄 사 [describe; portray]
❶[속뜻] 그림을 그리듯[描] 글을 씀[寫]. ❷사물을 있는 그대로 그림. ¶장면을 생생하게 묘사하다.

묘:소 墓所 | 무덤 묘, 곳 소 [graveyard]
묘지(墓地)가 있는 곳[所]. '산소'(山所)의 높임말. [비] 무덤, 산소(山所).

묘:수 妙手 | 묘할 묘, 솜씨 수 [excellent skill]
[운동] 바둑이나 장기 따위에서, 절묘(絶妙)한 솜씨[手]. 또는 그런 사람.

묘:안 妙案 | 묘할 묘, 생각 안 [wonderful idea]
아주 교묘(巧妙)한 생각[案]. 뛰어난 생각. 절묘(絶妙)한 방법. ¶묘안이 떠올랐다. [비] 묘책(妙策).

묘연 杳然 | 멀 묘, 그러할 연 [far away; dim]
❶[속뜻] 아득하고 멀어서[杳] 눈에 아물아물하게 그러한[然]. ❷오래되어서 기억이 알쏭달쏭하다. ¶기억이 묘연하다. ❸소식이 없어 행방을 알 수 없다. ¶행방이 묘연해졌다.

묘:지 墓地 | 무덤 묘, 땅 지 [graveyard]
무덤[墓]이 있는 땅[地]. 또는 그 구역. ¶공동묘지 / 국립묘지. [비] 택조(宅兆).

묘:책 妙策 | 묘할 묘, 꾀 책 [excellent plan]
매우 절묘(絶妙)한 꾀[策]. ¶묘책을 생각해 내다. [비] 묘계(妙計), 묘산(妙算), 묘안(妙案).

묘:판 苗板 | 모종 묘, 널빤지 판 [rice seedbed]
모종[苗]을 심어놓은 널빤지[板]. [비] 못자리.

무 無 | 없을 무 [tie]
운동 경기에서, 승패를 가릴 수 없는[無] 횟수를 세는 단위. ¶2승 1무 1패.

무-감각 無感覺 | 없을 무, 느낄 감, 깨달을 각 [insensible]
❶[속뜻] 감각이 마비되어 느낌[感覺]이 없음[無]. ¶무감각 상태 / 추위 때문에 손이 무감각해졌다. ❷주위 사정이나 분위기 따위에 전혀 관심이 없음. ¶다른 사람의 고통에 무감각하다.

무-계획 無計劃 | 없을 무, 셀 계, 나눌 획 [planless; unplanned]
계획(計劃)이 없음[無]. ¶무계획한 행동.

무고 無辜 | 없을 무, 허물 고 [no wrong]
아무 잘못이나 허물[辜]이 없음[無]. ¶무고한 백성을 괴롭히다.

무:공 武功 | 굳셀 무, 공로 공 [military exploits]
굳센[武] 군인으로 쌓은 공(功). ¶전투에서 혁혁한 무공을 세우다.

무-공해 無公害 | 없을 무, 여럿 공, 해칠 해 [eco friendly; pollution-free]
여러[公] 사람이나 자연에게 주는 피해(被害)가 없음[無]. ¶무공해 농산물 / 무공해 전기 자동차.

무:과 武科 | 굳셀 무, 과목 과 [military service examination]
[역사] 무관(武官)을 뽑던 과거(科擧). [반] 문과(文科).

무:관¹ 武官 | 굳셀 무, 벼슬 관 [military officer]
❶[역사] 무과(武科) 출신의 벼슬아치[官]. ❷군무(軍務)를 맡아보는 관리. [반] 문관(文官).

무관² 無關 | 없을 무, 관계할 관 [unrelated]
관계(關係)가 없다[無]. ¶이 일은 나와 무관하다.

무-관심 無關心 | 없을 무, 관계할 관, 마음 심 [indifferent]
관심(關心)이 없음[無]. ¶남의 일에 대해

서는 일체 무관심하다.

무교 無教 | 없을 무, 종교 교
믿는 종교(宗教)가 없음[無]. ¶무교였던 그가 갑자기 종교에 미쳐버렸다.

무구정광대다라니경 無垢淨光大陀羅尼經 | 없을 무, 티끌 구, 깨끗할 정, 빛 광, 큰 대, 비탈길 다, 새그물 라, 여승 니, 책 경
❶ 속뜻 티끌[垢] 없이[無] 깨끗하고[淨] 밝고[光] 큰[大] 다라니(陀羅尼) 경전(經典). ❷ 불교 1966년 10월에 경주 불국사 석가탑에서 발견된 다라니경. 신라 경덕왕 10년(751)에 불국사를 중창하면서 석가탑을 세울 때 봉안된 것으로, 세계에서 가장 오래된 목판 인쇄물이다. 국보 제126-6호.

무-국적 無國籍 | 없을 무, 나라 국, 문서 적 [statelessness]
법률 어느 나라의 국적(國籍)도 가지지 아니함[無].

▶ **무국적-인 無國籍人** | 사람 인
어느 나라의 국적(國籍)도 가지지 않은[無] 사람[人]. ¶국내의 무국적인을 추방하다.

****무궁 無窮** | 없을 무, 다할 궁
[eternal; infinite]
다함[窮]이 없음[無]. 한(限)이 없음. ¶잠재력이 무궁하다.

▶ **무궁-화 無窮花** | 꽃 화
❶ 속뜻 무궁(無窮)하게 피는 꽃[花]. ❷ 식물 여름부터 가을까지 붉거나 흰 종 모양의 꽃이 피는 관목. 우리나라의 국화(國花)이다.

▶ **무궁-무진 無窮無盡** | 없을 무, 다할 진
다함이 없고[無窮] 다됨[盡]이 없음[無]. ¶생각이 무궁무진으로 많다 / 가능성이 무궁무진하다. ⓑ 무진무궁(無盡無窮).

****무:기¹ 武器** | 굳셀 무, 그릇 기 [weapon]
❶ 속뜻 무력(武力)에 사용하는 각종 병기(兵器). ❷'어떤 일을 하거나 이루기 위한 중요한 수단이나 도구'를 비유하여 이르는 말. ¶눈물을 무기로 삼는다.

무기² 無期 | 없을 무, 때 기
[no time limit]
정해놓은 기한(期限)이 없음[無]. '무기한'의 준말.

▶ **무기 징역 無期懲役** | 혼낼 징, 부릴 역
법률 기한(期限)을 정하지 않고[無] 수형자를 교도소에 가두어 두는 징역(懲役). ⓑ 종신(終身) 징역. ⓟ 유기(有期) 징역.

무기³ 無機 | 없을 무, 틀 기
[inorganic chemistry]
❶ 속뜻 스스로 살아갈 수 있는 기능(機能)이 없음[無]. ❷물, 공기, 광물처럼 생명 활동을 하지 않음. ⓟ 유기(有機).

▶ **무기-물 無機物** | 만물 물
생명 활동을 하지 않는[無機] 물질(物質). 물, 흙, 공기, 돌, 광물 따위. ⓟ 유기물(有機物).

▶ **무기-질 無機質** | 바탕 질
화학 칼슘·인·물·철·요오드처럼 무기(無機) 화합물의 성질(性質)을 가진 것. 생체 유지에 없어서는 안 되는 영양소이다. ⓟ 유기질(有機質).

▶ **무기 염류 無機鹽類** | 소금 염, 무리 류
화학 무기산(無機酸)과 염기(鹽氣)가 반응하여 생긴 물질[類].

무-기력 無氣力 | 없을 무, 기운 기, 힘 력
[lethargic; languid]
어떠한 일을 감당할 수 있는 기운(氣運)과 힘[力]이 없음[無]. ¶무기력 상태에 빠지다 / 무기력한 얼굴로 앉아 있다.

무-기명 無記名 | 없을 무, 기록할 기, 이름 명 [unregistered; unsigned]
이름[名]을 적지[記] 않음[無]. ¶무기명 투표. ⓟ 기명(記名).

무-기한 無期限 | 없을 무, 때 기, 한할 한
[limitless]
정해놓은 기한(期限)이 없음[無]. ¶재판을 무기한 연기하였다. ⓢ 무기(無期). ⓟ 유기한(有期限).

무난 無難 | 없을 무, 어려울 난
[easy; simple]

❶ 속뜻 어려움[難]이 없다[無]. 어렵지 않다. ¶무난하게 목표를 달성하다. ❷무던하다. ¶무난한 사람.

무능 無能 | 없을 무, 능할 능
[incompetent]
무엇을 할 수 있는[能] 힘이나 재주가 없음[無]. ¶이 사건으로 자신의 무능을 알게 되었다 / 그는 변호사로서 무능하다. ⓔ 유능(有能).

무-능력 無能力 | 없을 무, 능할 능, 힘 력
[incompetent]
능력(能力)이나 재주가 없음[無]. ¶그녀의 무능력을 비난하다 / 그는 경제적으로 무능력하다.

무ː단¹ 武斷 | 굳셀 무, 끊을 단
[militarism]
❶ 속뜻 무력(武力)으로 억압하여 못하게 함[斷]. ❷무력으로 일을 처리함. ¶해적이 경비선을 무단으로 점거했다.

무단² 無斷 | 없을 무, 끊을 단
[without permission]
❶ 속뜻 엄단(嚴斷)한 것을 지키지 아니함[無]. ❷미리 승낙을 얻지 않음. ¶무단외박을 하다.

*무ː대 舞臺** | 춤출 무, 돈대 대 [stage]
❶ 속뜻 연극이나 무용[舞], 음악 따위를 공연하기 위하여 특별히 좀 높게 마련한 자리[臺]. ¶배우가 무대에 오르다. ❷재능이나 역량 따위를 시험해 보거나 발휘할 수 있는 활동 분야. ¶세계를 무대로 활동하다.

무ː도 舞蹈 | 춤출 무, 춤출 도
[dance; dancing]
춤을 춤[舞=蹈]. 또는 그 춤. ⓔ 무용(舞踊).

▶ 무ː도-회 舞蹈會 | 모일 회
여러 사람이 춤을 추면서[舞蹈] 친분을 쌓는 모임[會]. ¶가면 무도회.

무독 無毒 | 없을 무, 독할 독
[nonpoisonous; innoxious]
❶ 속뜻 독성(毒性)이 없음[無]. ❷성질이 착하고 순함. ⓔ 유독(有毒).

무ː동 舞童 | 춤출 무, 아이 동
[boy dancer]
민속 ❶나라 잔치 때 노래를 부르며 춤[舞]을 추던 소년[童]. ❷남사당놀이 따위에서 남의 어깨 위에 올라가서 춤을 추거나 재주를 부리는 소년.

무량 無量 | 없을 무, 헤아릴 량
[immeasurable]
헤아릴[量] 수 없이[無] 많음. ⓔ 무한량(無限量).

▶ 무량수-전 無量壽殿 | 목숨 수, 대궐 전
불교 '수명이 한없다는 부처'인 무량수불(無量壽佛)을 모신 법당[殿].

무려 無慮 | 없을 무, 생각할 려
[as many as; no less than]
❶ 속뜻 생각할[慮] 수가 없음[無]. ❷그 수가 예상보다 상당히 많음을 나타내는 말. 상상을 초월함. ¶사상자가 무려 백만 명이 넘었다.

무력¹ 無力 | 없을 무, 힘 력 [powerless]
힘[力]이 없거나[無] 부침. ¶그녀는 힘들고 지쳐서 무력해 보인다. ⓔ 유력(有力).

무ː력² 武力 | 굳셀 무, 힘 력
[military power]
굳센[武] 군사상의 위력(威力). ¶무력 시위 / 무력으로 빼앗다.

▶ 무ː력-적 武力的 | 것 적
군대의 힘[武力]을 사용하는 것[的]. ¶무력적 강요로 조약을 맺다.

무ː령왕-릉 武寧王陵 | 굳셀 무, 편안할 령, 임금 왕, 무덤 릉
고적 충청남도 공주시 금성동에 있는 백제 무령왕(武寧王)의 무덤[陵].

무례 無禮 | 없을 무, 예도 례
[impolite; rude]
예의(禮義)가 없거나[無] 그에 맞지 않음. 버릇없음. ¶무례한 태도 / 무례하게 굴다.

무뢰 無賴 | 없을 무, 맡길 뢰
[ruffian; rowdy]
❶ 속뜻 일을 맡길[賴]만한 사람이 못됨

[無]. ❷예의와 염치를 모르며 함부로 행동하는 사람.¶저런 무뢰를 보았나.
▶무뢰-한 無賴漢 │ 사나이 한
성품이 막되어 예의와 염치를 모르며[無賴] 함부로 행동하는 사내[漢].

무료¹無料 │ 없을 무, 삯 료
[free of charge]
❶속뜻 삯[料]이나 값을 받지 않음[無].¶학교 운동장을 무료로 개방하다. ❷를 받지 않음.¶무료 봉사자. ⓑ무급(無給). ⓑ유료(有料).

무료²無聊 │ 없을 무, 즐길 료
[boresome; tedious]
❶속뜻 즐거움[聊]이 없음[無]. ❷흥미가 없어 지루하고 심심함.¶무료를 달래다 / 무료한 오후를 보내다.

***무리 無理** │ 없을 무, 이치 리
[unreasonable]
이치(理致)에 맞지 않거나[無] 정도에서 지나치게 벗어남.¶그가 그렇게 화를 내는 것도 무리가 아니다 / 몸도 안 좋은데 무리하지 말고 쉬세요. ⓑ유리(有理).

무명 無名 │ 없을 무, 이름 명
[being nameless; obscurity]
❶속뜻 이름[名]이 없음[無].¶이 시는 무명씨의 작품이다. ❷이름이 널리 알려져 있지 않음.¶그는 아직 무명 가수이다. ⓑ유명(有名).
▶무명-지 無名指 │ 손가락 지
❶속뜻 이름 없는[無名] 손가락[指]. ❷가운뎃손가락과 새끼손가락 사이에 있는 손가락. ⓑ약손가락.

무모 無謀 │ 없을 무, 꾀할 모
[rash; reckless]
❶속뜻 깊이 생각하여 잘 꾀하지[謀] 아니함[無]. ❷생각이 깊지 못함.¶무모한 계획.

무미 無味 │ 없을 무, 맛 미
[tasteless; flat]
맛이나 재미[味]가 없음[無].
▶무미-건조 無味乾燥 │ 마를 건, 마를 조 글이나 그림 따위가 운치나 맛[味]이 없고[無] 깔깔하거나 딱딱함[乾燥].¶무미건조한 줄거리.

무방 無妨 │ 없을 무, 방해할 방
[do no harm; do not matter]
방해(妨害)가 되지 않다[無]. 지장이 없다.¶숙제는 내일까지 내도 무방하다. ⓑ상관(相關)없다, 관계(關係)없다.

무-방비 無防備 │ 없을 무, 막을 방, 갖출 비 [defenseless]
적을 막을[防] 준비(準備)가 되어 있지 않음[無]. 적에 대한 방어 시설과 경비가 없음.¶이 건물은 화재에 무방비 상태에 있다.

무법 無法 │ 없을 무, 법 법
[unjust; unlawful]
❶속뜻 법(法)이 없음[無]. ❷도리나 도덕에 어긋나고 난폭함.¶폭동이 일어나자 도시는 무법천지가 되었다.
▶무법-자 無法者 │ 사람 자
법(法)을 무시(無視)하고 함부로 거칠고 험한 행동을 하는 사람[者].¶도로의 무법자.

무병 無病 │ 없을 무, 병 병
[good health]
병(病)이 없음[無].¶무병을 기원합니다.
▶무병-장수 無病長壽 │ 길 장, 목숨 수
병(病) 없이[無] 오래[長] 삶[壽].¶상을 차려 놓고 아기의 무병장수를 빌었다.

무-분별 無分別 │ 없을 무, 나눌 분, 나눌 별 [indiscreet; injudicious]
분별(分別)이 없음[無]. 앞 뒤 생각이 없음.¶무분별한 행위.

무ː사¹武士 │ 굳셀 무, 선비 사 [warrior; knight]
❶속뜻 굳센[武] 기예를 닦은 사람[士]. ❷역사 무예를 익혀 전쟁에 종사하던 사람. ⓑ무인(武人). ⓑ문사(文士).

무사²無事 │ 없을 무, 일 사
[be without mishap]
❶속뜻 아무 일[事]이 없음[無]. ❷아무

탈이 없음. ¶무사 귀환 / 대형 화재였는데도 사람들은 무사하다. 町 무고(無故). 반 유사(有事).
▶ 무사-태평 無事泰平 | 편안할 태, 화평할 평
❶속뜻 어떤 일[事]에도 개의하지 않고[無] 마음이 태평(泰平)함. ❷아무 탈 없이 평안함. ¶동생은 방학숙제를 안 해놓고도 무사태평이다.

무ː산 霧散 | 안개 무, 흩을 산 [dissipate; vanish]
안개[霧]가 걷히듯 흩어져[散] 사라짐. 또는 그렇게 흐지부지 취소됨. ¶계획이 무산되다.

무상[1] 無常 | 없을 무, 늘 상 [uncertain; mutable]
❶속뜻 늘[常] 그대로인 것이 없음[無]. ❷덧없음. ¶인생의 무상과 허무를 느끼다 / 인생은 무상한 것이다.

무상[2] 無償 | 없을 무, 갚을 상 [gratis; free of charge]
❶속뜻 물건 값 따위를 갚지[償] 않아도[無] 됨. ❷값이나 삯을 받지 않음. ¶무상으로 수리하다. 반 유상(有償).

무색 無色 | 없을 무, 빛 색 [colorless; achromatic]
❶속뜻 아무 빛깔[色]이 없음[無]. ¶물은 무색 무취의 액체다. ❷부끄러워 볼 낯이 없음. ¶무색해서 고개를 숙였다. 町 무안(無顔). 반 유색(有色).

무생-물 無生物 | 없을 무, 살 생, 만물 물 [lifeless thing]
생물 생활 기능이나 생명(生命)이 없는[無] 물체(物體). 세포로 이루어지지 않은 돌, 물, 흙 따위를 이른다. 반 생물(生物), 유생물(有生物).

무선 無線 | 없을 무, 줄 선 [wireless]
❶속뜻 줄[線]이 없거나[無] 쓰이지 않음. ❷통신이나 방송을 전선(電線) 없이 전파로 함. ¶무선 전화기. 반 유선(有線).

무ː성[1] 茂盛 | 우거질 무, 가득할 성 [thick]
초목 따위가 우거져[茂] 가득함[盛]. ¶풀이 무성하다.

무성[2] 無聲 | 없을 무, 소리 성 [silent; unvoiced]
소리[聲]가 없음[無]. 아무 소리도 나지 않음. 반 유성(有聲).

무-성의 無誠意 | 없을 무, 진심 성, 뜻 의 [insincere; unfaithful]
진심[誠]에서 우러나오는 마음[意]이나 태도가 없음[無]. ¶너의 태도는 무성의하다.

무-소속 無所屬 | 없을 무, 것 소, 엮을 속 [independence]
어느 단체나 당파에도 속(屬)한 데[所]가 없음[無]. 또는 그 사람. ¶무소속 국회의원.

무-소식 無消息 | 없을 무, 사라질 소, 불어날 식 [no news]
소식(消息)이 없음[無]. ¶그가 떠난 지 한 달이 되도록 무소식이다. 속담 무소식이 희소식.

무ː속 巫俗 | 무당 무, 풍속 속 [shamanism]
무당(巫堂)들의 풍속(風俗)이나 습속(習俗). ¶무속 신앙.

무수 無數 | 없을 무, 셀 수 [innumerable; numberless]
❶속뜻 일정한 수(數)가 없음[無]. ❷셀 수 없이 많음. 또는 그런 수. ¶밤하늘의 별들이 무수하다 / 거리에 사람들이 무수히 많다.

무ː술 武術 | 굳셀 무, 꾀 술 [military arts]
무인(武人)으로서 갖추어야 할 여러 기술(技術). 町 무예(武藝).

무-승부 無勝負 | 없을 무, 이길 승, 질 부 [tie]
경기나 내기에서 이기고[勝] 지는[負] 것을 가르지 못함[無]. 서로 비김. ¶경기가 무승부로 끝나다. 町 비김, 동점(同點).

*무시 無視 | 없을 무, 볼 시

[disregard; neglect]
❶[속뜻] 보아[視] 주지 아니함[無]. ❷사물의 존재 의의나 가치를 알아주지 아니함. ¶무시하지 못하다 / 신호를 무시하고 달리다. ❸사람을 업신여김. ¶그에게 무시를 당하다 / 동생이 나를 무시했다.

무-시험 無試驗 | 없을 무, 따질 시, 효과 험 [no examination]
[교육] 시험(試驗)을 치르지 않음[無]. ¶중학교 무시험 제도.

무식 無識 | 없을 무, 알 식
[ignorant; illiterate]
배우지 못해 아는[識] 것이 없음[無]. ¶나의 무식이 탄로 났다 / 그녀는 자주 무식한 소리를 한다. [반] 유식(有識).

무:신 武臣 | 굳셀 무, 신하 신
[military official]
무과(武科) 출신의 신하(臣下). [반] 문신(文臣).

무심 無心 | 없을 무, 마음 심
[unwitting; unintentional]
아무런 생각[心]이 없음[無]. 감정이 없음. ¶무심한 표정으로 거울을 보다.

무안 無顔 | 없을 무, 얼굴 안
[shame; disgrace]
부끄러워서 볼 낯[顔]이 없음[無]. ¶무안을 주다 / 나는 무안하여 얼굴이 빨개졌다. [비] 무색(無色).

무언 無言 | 없을 무, 말씀 언
[silent; mute]
말[言]이 없음[無]. ¶무언의 압력을 받다. [비] 묵언(默言).

▸ 무언-극 無言劇 | 연극 극
[연영] 말[言]을 하지 않고[無] 몸짓과 얼굴의 표정만으로 표현하는 연극(演劇). 때로는 음악에 맞추어 춤을 추기도 함. [비] 팬터마임.

무엄 無嚴 | 없을 무, 엄할 엄 [rude]
엄(嚴)하게 여기지 아니함[無]. 삼가고 어려워함이 없음. ¶무엄한 소리.

무:역 貿易 | 바꿀 무, 바꿀 역
[trade; export and import business]
❶[경제] 상품을 팔고 사며 서로 바꾸는[貿=易] 상행위. ❷외국 상인과 물품을 수출입하는 상행위. [비] 교역(交易), 통상(通商).

▸ 무:역-로 貿易路 | 길 로
무역(貿易)을 하기 위해 오가는 길[路]. ¶무역로를 개척하였다.

▸ 무:역-업 貿易業 | 일 업
외국과의 무역(貿易)을 전문으로 하는 일[業].

▸ 무:역-항 貿易港 | 항구 항
외국과의 상품 수출입[貿易] 허가를 얻은 항구(港口). ¶부산은 동아시아 최대의 무역항이다. [비] 상항(商港).

▸ 무:역 수지 貿易收支 | 거둘 수, 가를 지
[경제] 상품의 수출입[貿易]으로 생기는 수입(收入)과 지출(支出). ¶상반기 무역수지는 흑자이다.

***무연-탄 無煙炭** | 없을 무, 연기 연, 숯 탄
[anthracite coal; hard coal]
[광업] 탈 때 연기(煙氣)가 나지 않는[無] 석탄(石炭). ¶강원도 정선은 무연탄 산지다. [반] 유연탄(有煙炭).

무영 無影 | 없을 무, 그림자 영
그림자가[影] 없음[無].

▸ 무영-탑 無影塔 | 탑 탑
❶[속뜻] 그림자[影]가 지지 않는[無] 탑(塔). ❷[고적] '불국사 삼층 석탑'을 달리 이르는 말.

***무:예 武藝** | 굳셀 무, 재주 예
[military arts]
검술(劍術), 궁술(弓術) 등 무술(武術)에 관한 재주[藝]. [비] 무기(武技).

무용[1] 無用 | 없을 무, 쓸 용
[useless; needless]
소용(所用)이 없음[無]. 쓸데없음. ¶그의 조언은 나에게는 무용하다. [반] 유용(有用).

▸ 무용-지물 無用之物 | 어조사 지, 만물 물
아무짝에도 쓸데[用] 없는[無] 물건(物

件)이나 사람. ¶비가 억수같이 퍼부어서 우산이 있어도 무용지물이다.

무:용[2] **武勇** | 굳셀 무, 날쌜 용
[bravery; valor; prowess]
❶[속뜻] 무예(武藝)와 용맹(勇猛). ❷싸움에서 용맹스러움. ¶무용을 자랑하다.

▸무:용-담 武勇談 | 이야기 담
씩씩하고 용맹스럽게[武勇] 싸운 이야기[談]. ¶무용담을 늘어놓다.

⁑**무:용**[3] **舞踊** | 춤출 무, 뛸 용 [dance]
❶[속뜻] 춤추며[舞] 즐겁게 뜀[踊]. ❷음악에 맞추어 몸을 움직여 감정과 의지를 나타내는 예술. ¶무용을 배우다. [비] 춤, 무도(舞蹈).

▸무:용-곡 舞踊曲 | 노래 곡
[음악] 무용(舞踊)을 위하여 연주하는 악곡(樂曲).

▸무:용-단 舞踊團 | 모일 단
무용(舞踊)하는 사람으로 이루어진 단체(團體).

▸무:용-수 舞踊手 | 사람 수
극단 따위에서 춤추는[舞踊] 역할을 맡은 사람[手].

▸무:용-총 舞踊塚 | 무덤 총
[고적] 14명의 남녀가 춤을 추는[舞踊] 모습과 말을 탄 4명의 무사가 사냥하는 모습 따위의 벽화가 있는 무덤[塚]. 중국의 만주 길림성(吉林省) 집안시(輯安市) 여산(如山) 남쪽에 있는, 고구려 때의 무덤으로 1940년에 발견되었다.

무위 無爲 | 없을 무, 할 위
[idle; inactive]
아무 일도 하지[爲] 아니함[無].

▸무위-도식 無爲徒食 | 헛될 도, 먹을 식
하는 일이 없이[無爲] 헛되이[徒] 먹기[食] 만 함. ¶무위도식하며 세월을 보내다. [비] 유수도식(遊手徒食).

무-의:미 無意味 | 없을 무, 뜻 의, 맛 미
[meaningless]
❶[속뜻] 아무 의미(意味)가 없음[無]. ¶무의미한 말. ❷아무런 가치나 의의가 없음. ¶무의미한 노력.

무-의:식 無意識 | 없을 무, 뜻 의, 알 식
[unconsciousness]
❶[속뜻] 의식(意識)하지 않은[無] 상태. ❷[심리] 자신의 언동이나 상태 따위를 스스로 깨닫지 못하는 일체의 작용. ¶교통사고로 그는 무의식 상태에 빠졌다. [반] 의식(意識).

무의-촌 無醫村 | 없을 무, 의원 의, 마을 촌 [doctorless village]
의사(醫師)나 의료 시설(醫療施設)이 전혀 없는[無] 마을[村]. ¶무의촌에 순회 진료를 가다.

무익 無益 | 없을 무, 더할 익
[useless; futile]
이익(利益)이 없음[無]. ¶담배는 무익하다. [반] 유익(有益)하다.

무:인[1] **武人** | 굳셀 무, 사람 인 [soldier; warrior]
무예(武藝)를 닦은 사람[人]. [비] 무사(武士). [반] 문인(文人).

무인[2] **無人** | 없을 무, 사람 인 [manless]
사람[人]이 없거나[無] 살지 않음. ¶무인 판매기 / 무인 우주선. [반] 유인(有人).

▸무인-도 無人島 | 섬 도
사람[人]이 살지 않는[無] 섬[島]. [반] 유인도(有人島).

무-자비 無慈悲 | 없을 무, 사랑할 자, 슬플 비 [merciless; heartless]
남을 사랑하거나[慈] 남의 고통에 같이 슬퍼하지[悲] 않음[無]. ¶그는 무자비하게 동생을 내쫓았다.

무-작정 無酌定 | 없을 무, 따를 작, 정할 정 [planless]
미리 잘 헤아려 결정해[酌定] 놓은 것이 없음[無]. ¶무작정 회사를 그만두다. [비] 무턱대고, 덮어놓고, 다짜고짜.

무:장 武裝 | 굳셀 무, 꾸밀 장
[arm; equip an army]
❶[속뜻] 전쟁이나 전투[武]를 위한 장비(裝備)나 필요한 것을 갖춤. ¶무장 군인

/ 총으로 무장하다. ❷필요한 사상이나 기술 따위를 단단히 갖춤. ¶정신 무장을 새롭게 하자 / 투철한 애국심으로 무장하다.

▶ 무ː장 해ː제 武裝解除 | 풀 해, 덜 제
[군사] ❶항복하거나 중립국으로 망명해 온 군대의 무장(武裝)을 강제로 풀어[解] 없앰[除]. ❷비무장 지대로 만들기 위하여 일정한 지역의 군사적 주둔이나 시설을 없앰.

무적 無敵 | 없을 무, 원수 적
[invincibility]
맞서 싸울 상대[敵]가 없을[無] 정도로 아주 셈. ¶천하무적 / 무적 함대.

무전 無電 | 없을 무, 전기 전 [wireless]
전선(電線)이 없이[無] 전파로 주고 받는 것.

▶ 무전-기 無電機 | 틀 기
무전(無電)으로 신호나 말소리를 주고 받는 기계(機械). ¶무전기로 교신하다.

무전-여행 無錢旅行 | 없을 무, 돈 전, 나그네 려, 다닐 행
돈[錢] 없이[無] 하는 여행(旅行).

무-절제 無節制 | 없을 무, 알맞을 절, 누를 제 [intemperate]
정도에 넘지 않도록 알맞게[節] 제한(制限)하지 않음[無]. ¶무절제한 행동.

무정 無情 | 없을 무, 마음 정
[hard; heartless]
❶[속뜻] 따뜻한 마음[情]이 없음[無]. ❷사랑이나 동정심이 없음. ¶그의 무정을 탓하다 / 그는 그녀의 부탁을 무정하게 거절했다. [반] 유정(有情).

무제 無題 | 없을 무, 제목 제 [no title]
제목(題目)이 없음[無]. 시나 그림 따위에서 제목을 붙이기 어려운 경우에 제목 대신에 사용한다.

무-제ː한 無制限 | 없을 무, 누를 제, 끝 한 [unlimitedness]
넘지 못하도록[制] 정해놓은 한도(限度)가 없음[無]. ¶무제한으로 사들이다.

무-조건 無條件 | 없을 무, 가지 조, 구분할 건 [unconditional]
아무 조건(條件)이 없음[無]. ¶무조건 승낙하다.

▶ 무조건 반ː사 無條件反射 | 되돌릴 반, 쏠 사
[심리] 동물이 가지고 있는 선천적인 반사로, 일정한 조건(條件)이 없이[無] 일어나는 반사(反射). [반] 조건 반사(條件反射).

무죄 無罪 | 없을 무, 허물 죄
[innocent; guiltless]
❶[속뜻] 잘못이나 허물[罪]이 없음[無]. ❷[법률] 피고 사건이 범죄가 되지 않거나 범죄의 증명이 없음. ¶무죄를 주장하다. [반] 유죄(有罪).

무ː지[1] 拇指 | 엄지손가락 무, 손가락 지
[thumb]
엄지[拇] 손가락[指].

무지[2] 無智 | 없을 무, 슬기 지
[very; really; extremely]
❶[속뜻] 슬기[智]가 없음[無]. 꾀가 없음. ❷매우 많이. ¶오늘은 무지 춥다.

무지[3] 無知 | 없을 무, 알 지 [stupid]
아는[知] 바가 없음[無]. ¶무지한 백성들을 선동하다.

▶ 무지막지 無知莫知 | 없을 막, 알 지
❶[속뜻] 아는 것[知]이 없고[無] 아무것도 알지[知] 못하다[莫]. ❷매우 무식하다. ¶그는 무지막지하게 아들을 때렸다.

무직 無職 | 없을 무, 일자리 직
[inoccupation]
일정한 직업(職業)이 없음[無].

무진 無盡 | 없을 무, 다할 진
[no end; no limit]
❶[속뜻] 다함[盡]이 없음[無]. ¶무진 고생을 하다. ❷'무궁무진'(無窮無盡)의 준말.

▶ 무진-장 無盡藏 | 감출 장
끝이 없을[無盡] 정도로 많이 간직하고[藏] 있음. ¶그는 돈이 무진장 많다.

무-질서 無秩序 | 없을 무, 차례 질, 차례 서 [disorder; confusion]
질서(秩序)가 없음[無]. ¶거리에는 상점

들이 무질서하게 들어서 있다.

무-차별 無差別 | 없을 무, 다를 차, 나눌 별 [no distinction]
❶속뜻 차이[差別]를 두지 않음[無]. ❷앞뒤 가리지 않고 마구잡이임. ¶무차별 공격.

무참 無慘 | 없을 무, 참혹할 참 [cruel; miserable]
더없이[無] 참혹(慘酷)하다. ¶무참한 죽음.

무채-색 無彩色 | 없을 무, 빛깔 채, 빛 색 [achromatic color]
미술 채도(彩度)나 색상은 없고[無] 명도의 차이만을 가지는 색(色). 검은색은 무채색이다. 땐 유채색(有彩色).

무-책임 無責任 | 없을 무, 꾸짖을 책, 맡길 임 [irresponsible]
❶속뜻 책임(責任)이 없음[無]. ¶그녀는 그 일에는 무책임하다. ❷책임감이 없음. ¶어떻게 이렇게 무책임할 수가 있소.

무척추-동물 無脊椎動物 | 없을 무, 등뼈 척, 등뼈 추, 움직일 동, 만물 물 [invertebrate (animal)]
생물 등뼈[脊椎]가 없는[無] 동물(動物)을 통틀어 이르는 말.

무취 無臭 | 없을 무, 냄새 취 [odorless; scentless]
냄새[臭]가 없음[無]. ¶무색, 무취의 투명한 기체.

무-통장 無通帳 | 없을 무, 온통 통, 장부 장
은행에서 통장(通帳)이 없이[無] 돈을 넣거나 빼는 것. ¶무통장 거래 / 무통장 입금.

무-표정 無表情 | 없을 무, 겉 표, 마음 정 [absence of expression]
겉[表]으로 드러낸 마음[情]이 없음[無]. 아무런 표정이 없음. ¶무표정한 얼굴.

무한 無限 | 없을 무, 끝 한 [unlimited; limitless]
끝[限]이 없음[無]. ¶초대해 주셔서 무한한 영광입니다. 땐 유한(有限).

▶무한-대 無限大 | 큰 대
한없이[無限] 큼[大].

무-한정 無限定 | 없을 무, 한할 한, 정할 정 [unlimited; limitless]
한계(限界)로 정(定)해놓은 것이 없음[無]. ¶무한정 기다릴 수 없어서 집으로 돌아왔다.

무-허가 無許可 | 없을 무, 허락 허, 옳을 가 [no permit]
허가(許可) 받은 것이 없음[無]. ¶무허가 건물을 철거하다.

*__무형__ 無形 | 없을 무, 모양 형 [formlessness; shapelessness]
형체(形體)가 없음[無]. ¶지식은 무형의 재산이다. 땐 유형(有形).

▶무형 문화재 無形文化財 | 글월 문, 될 화, 재물 재
예술 구체적인 형태가 없는[無形] 문화적(文化的) 소산[財]. 연극이나 음악, 공예 기술 따위. 땐 유형 문화재(有形文化財).

무화-과 無花果 | 없을 무, 꽃 화, 열매 과 [fig]
❶속뜻 꽃[花]이 피지 않고[無] 열매[果]를 맺음. ❷식물 봄에 잎겨드랑이에서 아주 작은 꽃이 달리고 가을에 자주색의 열매가 익는 나무.

무효 無效 | 없을 무, 효과 효 [ineffective; invalid]
❶속뜻 효과(效果)가 없음[無]. ❷법률 법률 행위가 어떤 원인으로 당사자가 의도한 효력을 나타내지 못함. ¶선거법 위반으로 그의 당선은 무효가 되었다. 땐 유효(有效).

무:희 舞姬 | 춤출 무, 아가씨 희 [dancer]
춤을 잘 추거나[舞] 춤추는 일을 업으로 하는 아가씨[姬].

묵과 默過 | 입 다물 묵, 지나칠 과 [overlook; pass over]
입 다물고[默] 말없이 지나침[過]. ¶그의 잘못을 묵과하다.

묵념 默念 | 잠잠할 묵, 생각 념
[silent prayer]
❶[속뜻]잠잠하게[默] 생각[念]에 잠김. ❷마음속으로 빎. ¶호국 영령들을 위해 묵념을 올리다.

묵묵 默默 | 잠잠할 묵, 잠잠할 묵
[silent; mute]
아무 말 없이 매우 잠잠하다[默+默]. ¶어려운 상황을 묵묵하게 이겨내다 / 아무 불평 없이 묵묵히 일을 하다.
▸ 묵묵부답 默默不答 | 아닐 부, 답할 답
입을 다문[默默] 채 아무 대답(對答)도 하지 않음[不]. ¶그는 어떤 질문에도 묵묵부답했다.

묵비 默秘 | 입 다물 묵, 숨길 비 [silence]
입을 다물어[默] 말하지 않고 숨김[秘].
▸ 묵비-권 默秘權 | 권리 권
[법률]피고나 피의자가 자기에게 불리한 진술을 거부하고 말하지 않을 수 있는[默秘] 권리(權利). ¶묵비권을 행사하다.

묵살 默殺 | 입 다물 묵, 죽일 살
[ignore; take no notice]
❶[속뜻]말하지 않고[默] 묻어 둠[殺]. ❷의견이나 제안 따위를 듣고도 못 들은 척함. ¶제안을 묵살하다.

묵상 默想 | 입 다물 묵, 생각 상
[meditate (on); contemplate]
입을 다물고[默] 조용히 생각함[想]. ¶묵상에 잠기다.

묵인 默認 | 입 다물 묵, 허락할 인
[permit tacitly; tolerate]
입을 다물고[默] 암암리에 슬며시 허락함[認]. ¶상급자의 묵인이 없었다면 불가능했다 / 시험 부정행위를 묵인할 수 없다.

묵주 默珠 | 입 다물 묵, 구슬 주 [rosary]
❶[속뜻]묵언(默言)기도 때 쓰는 구슬[珠]. ❷[가톨릭]염주처럼 줄에 꿴 구슬을 이름. '묵주 기도'를 할 적에 그 차례를 세는 데 쓰인다.

문[1] 門 | 문 문 [gate; door]
드나들거나 물건을 넣었다 꺼냈다 하기 위하여 틔워 놓은 곳. 또는 그곳에 달아 놓고 여닫게 만든 시설. ¶문을 여닫다 / 문을 두드리다.

문[2] 門 | 문 문 [phylum; division]
[생물]동식물의 분류학상(分類學上)의 단위. 강(綱)의 위, 계(界)의 아래이다.

문간 門間 | 문 문, 사이 간 [gateway]
출입문(出入門)이 있는 곳[間].
▸ 문간-방 門間房 | 방 방
문간(門間) 바로 옆에 있는 방(房).

문갑 文匣 | 글월 문, 상자 갑
[stationery chest (of drawers)]
문서(文書)나 문구(文具) 따위를 넣어 두는 궤짝[匣].

문건 文件 | 글월 문, 것 건
[official document]
공적인 문서(文書) 같은 것[件]. ¶그 문건을 잘 보관해 두었다.

***문고** 文庫 | 글월 문, 곳집 고
[library; archives]
❶[속뜻]책이나 문서(文書)를 넣어 두는 방이나 상자[庫]. ❷서고(書庫). ❸[출판]값이 싸고 가지고 다니기 편하게 작게 만든 출판물. 대중에게 널리 보급될 수 있도록 제작된다.

문과[1] 文科 | 글월 문, 분과 과
[department of liberal arts; literary course]
❶[속뜻]인문과학(人文科學)의 이론과 현상을 연구하는 학과(學科). ❷대학에서 수학·자연 과학 이외 부문, 곧 인문과학 부문을 연구하는 학과. [반]이과(理科).

문과[2] 文科 | 글월 문, 과목 과
[civil service examination under the dynasty]
[역사]조선 시대, 문관(文官)을 뽑기 위해 치르던 과거(科擧). 시험은 3년마다 실시됐고, 초시(初試)·복시(覆試)·전시(殿試)의 3단계로 나뉘었다. 대과(大科). [반]무과(武科).

문관 文官 | 글월 문, 벼슬 관

[civil official; civil servant]
❶[역사] 문과(文科) 출신의 관리(官吏)를 이르던 말. ❷'군무원'(軍務員)을 달리 이르는 말. [반] 무관(武官).

문교 文敎 | 글월 문, 가르칠 교
❶[속뜻] 문화(文化)와 교육(敎育)을 아울러 이르는 말. ❷문화에 대한 교육.

문구¹ 文句 | 글월 문, 글귀 구 [phrase]
글[文]의 구절(句節). ¶그는 책을 읽다가 마음에 드는 문구가 있으면 수첩에 적는 습관이 있다.

문구² 文具 | 글월 문, 갖출 구 [stationery]
글[文] 공부에 필요한 도구(道具). '문방구'(文房具)의 준말.
▸문구-점 文具店 | 가게 점
공책이나 연필 등 문구(文具)를 파는 가게[店].

***문단¹** 文段 | 글 문, 구분 단 [paragraph]
전체 글[文]의 한 단락(段落). ¶문단을 나누다.

문단² 文壇 | 글월 문, 단 단
[literary world; literary circles]
문인(文人)들의 활동 무대[壇]. ¶시인으로 문단에 데뷔하다. [비] 문림(文林), 문학계(文學界).

문-단속 門團束 | 문 문, 둥글 단, 묶을 속
[lock a door; secure a door]
탈이 없도록 문(門)을 닫아 잠그는 일[團束]. ¶외출 전에는 문단속 잘 해야 한다.

문:답 問答 | 물을 문, 답할 답
[exchange questions and answers]
물음[問]과 대답[答]. 또는 서로 묻고 대답함. ¶이 책은 문답식으로 되어 있다.

문:란 紊亂 | 어지러울 문, 어지러울 란
[disordered; confused]
뒤죽박죽 뒤엉켜[紊] 어지러움[亂]. 질서가 없음. ¶공공질서를 문란하게 하다 / 문란한 생활.

문맥 文脈 | 글월 문, 맥 맥
[context; line of thought]
[언어] 글[文]의 맥락(脈絡). ¶작가의 의견이 문맥에 드러나 있다.

문맹 文盲 | 글월 문, 눈멀 맹 [illiterate]
글[文]을 알아보지 못함[盲]. 또는 그런 사람. ¶문맹을 퇴치하다 / 이 나라는 문맹률이 높다.

⁑문명 文明 | 글월 문, 밝을 명 [civilization; culture]
❶[속뜻] 문채(文彩)가 있고 밝게 빛남[明]. ❷인류가 이룩한 물질적, 기술적, 사회 구조적인 발전. ¶서구 문명의 발생지. [반] 미개(未開), 야만(野蠻).
▸문명-권 文明圈 | 우리 권
비슷한 문명(文明)을 가진 지역[圈]. ¶기독교 문명권.
▸문명-인 文明人 | 사람 인
문명(文明)이 발달한 사회에서 사는 사람[人]. [반] 야만인(野蠻人).

문묘 文廟 | 글월 문, 사당 묘 [Confucian shrine]
[고적] 문인(文人)의 대표적인 인물인 공자를 모신 사당[廟]. 중국 산동성(山東省) 곡부(曲阜)에 있는 것이 유명하다.

문무 文武 | 글월 문, 굳셀 무
[pen and sword]
❶[속뜻] 문관(文官)과 무관(武官). ❷문식(文識)과 무략(武略). 문화적인 방면과 군사적인 방면. ¶이순신은 문무를 겸비한 위인이다.
▸문무-백관 文武百官 | 일백 백, 벼슬 관
문관(文官)과 무관(武官)을 합한 모든[百] 관원(官員).

문물 文物 | 글월 문, 만물 물 [civilization; culture]
문화(文化)의 산물(産物). 법률, 학문, 예술, 종교 따위. ¶서양의 문물을 받아들이다.

문민 文民 | 글월 문, 백성 민 [civilian]
직업 군인이 아닌[文] 일반 민간인(民間人). ¶문민 정부.

문방 文房 | 글월 문, 방 방
[study; stationery]

❶**속뜻** 글[文] 공부를 하는 방(房). ❷'문방구'(文房具)의 준말. ¶종이, 붓, 먹, 벼루는 문방사우(四友)이다. ㉫ 서재(書齋).

▶ 문방-구 文房具 | 갖출 구
❶**속뜻** 글방[文房]에 필요한 도구(道具). 학용품과 사무용품 따위를 통틀어 이르는 말. ❷학용품과 사무용품 따위를 파는 곳.

▶ 문방-사우 文房四友 | 넉 사, 벗 우
글방[文房]에 갖추어야 할 네[四] 벗[友]. 종이[紙], 붓[筆], 먹[墨], 벼루[硯]를 일컫는다. ㉣ 사우. ㉫ 문방사보.

문벌 門閥 | 집안 문, 무리 벌
[lineage; pedigree]
❶**속뜻** 지체 높은 가문(家門)의 가족이나 무리[閥]. ❷대대로 내려오는 그 집안의 사회적 신분이나 지위. ¶그는 문벌 있는 집안에서 태어나다. ㉫ 가벌(家閥), 세벌(世閥).

문법 文法 | 글월 문, 법 법 [grammar]
❶**속뜻** 문장(文章)을 만드는 법칙(法則). ❷**언어** 말소리나 단어, 문장, 어휘 등에 관한 일정한 규칙.

문병¹門屛 | 문 문, 병풍 병
밖에서 집 안을 들여다보지 못하도록 대문(大門)이나 중문 안쪽에 세운 가림막[屛].

문:병² 問病 | 물을 문, 병 병
[visit to a sick person]
병(病)이 든 사람을 찾아가 문안(問安)함. ¶친구를 문병하다. ㉫ 병문안(病問安).

문:상 問喪 | 물을 문, 죽을 상
[call of condolence]
남의 죽음에 대하여 슬퍼하는 뜻을 드러내어 상주(喪主)를 위문(慰問)함. 또는 그 위문. ㉫ 조상(弔喪), 조문(弔問).

▶ 문:상-객 問喪客 | 손 객
상주(喪主)를 위문(慰問)하기 위하여 모인 사람들[客]. ¶문상객이 줄을 잇다. ㉫ 조문객(弔問客).

문서 文書 | 글월 문, 쓸 서 [document]
실무상 필요한 사항을 글[文]로 적어서 [書] 나타낸 것. ㉫ 서류(書類).

문신¹文臣 | 글월 문, 신하 신
[civil minister]
문관(文官)인 신하(臣下). ㉺ 무신(武臣).

문신² 文身 | 무늬 문, 몸 신 [tattoo]
살갗[身]을 바늘로 찔러 먹물이나 다른 물감으로 글씨, 그림, 무늬[文] 따위를 새기는 일. ¶팔에 문신을 새기다.

문:안 問安 | 물을 문, 편안할 안
[ask after the health of another]
웃어른에게 안부(安否)를 물음[問]. ¶문안 인사를 드리다.

문양 文樣 | 무늬 문, 모양 양 [pattern]
무늬[文]나 모양(模樣). ¶비슷한 문양이 고구려 벽화에도 보인다.

문어¹ 文魚 | 무늬 문, 물고기 어 [octopus]
❶**속뜻** 무늬[文]가 있는 물고기[魚]. ❷**동물** 낙지과의 연체동물로 낙지과에서 가장 큼. 몸통은 공처럼 둥글고 여덟 개의 발이 있다.

문어² 文語 | 글월 문, 말씀 어
[written language]
언어 주로 글[文]에만 쓰이는 말[語]. 일상적인 대화에서 쓰는 말이 아닌 문장에서만 쓰는 말. ㉺ 구어(口語).

*****문예** 文藝 | 글월 문, 재주 예
[literature; literary art]
❶**속뜻** 글[文]을 잘 쓰는 재주[藝]. ¶그는 문예에 조예가 깊다. ❷문학과 예술을 아울러 이르는 말.

▶ 문예-반 文藝班 | 나눌 반
학교 따위에서 문예(文藝)에 관한 활동을 하는 모임[班]. ¶문예반에 가입하다.

▶ 문예 부:흥 文藝復興 | 다시 부, 일어날 흥
역사 14세기 말에서 16세기 초에 걸쳐 유럽에 일어난 인간성의 존중 및 고전 문화[文藝]의 부흥(復興)을 목적으로 한 운동. ㉫ 르네상스(Renaissance).

문외 門外 | 문 문, 바깥 외
[outside the gate]

❶[속뜻] 대문(大門)의 바깥[外]. 문밖. ❷관계가 없는.

▸ 문외-한 門外漢 | 사나이 한
무엇에 대한 전문적인 지식이 없거나 관계가 없는[門外] 사람[漢]. ¶나는 미술에 문외한이다.

문:의 問議 | 물을 문, 의논할 의 [inquire]
물어서[問] 의논(議論)함. ¶문의사항 / 전화 문의.

문인 文人 | 글월 문, 사람 인
[literary man; cultured person]
문필(文筆)이나 문예창작(文藝創作)에 종사하는 사람[人].

문일지십 聞一知十 | 들을 문, 한 일, 알 지, 열 십
❶[속뜻] 하나[一]를 들으면[聞] 열[十]을 알다[知]. ❷지극히 총명함. ¶그는 문일지십할 만큼 총명한 사람이다.

⁑문자 文字 | 글자 문, 글자 자
[letter; idiomatic phrase]
❶[속뜻] 글자[文=字]. ❷[언어] 말의 소리나 뜻을 볼 수 있도록 적기 위한 체계적인 부호. ¶고대 문자 / 고유문자를 만들다.

▸ 문자-열 文字列 | 줄 렬
컴퓨터에서 여러 종류의 문자(文字)로 줄지어[列] 놓은 정보.

▸ 문자-판 文字板 | 널빤지 판
글자[文字]를 새겨 놓은 판(板). ¶시계의 문자판.

▸ 문자-표 文字表 | 겉 표
컴퓨터에서 자판에 없는 여러 기호나 문자(文字)·숫자를 모아 놓은 표(表).

⁑문장 文章 | 글사 문, 글 장 [sentence]
[언어] 어떤 생각이나 느낌을 글자[文]로 적은 글[章]. 문장의 끝에 '.', '?', '!' 따위의 마침표를 찍는다. ¶어려운 문장. [비] 글월.

▸ 문장 부:호 文章符號 | 맞을 부, 표지 호
[언어] 문장(文章)의 뜻을 돕거나 알아보기 쉽게 하기 위하여 쓰이는 여러 가지 부호(符號). 물음표(?), 느낌표(!), 반점(,), 쌍점(:) 따위.

문전 門前 | 문 문, 앞 전
[front of a gate]
문(門) 앞[前]. ¶문전 박대를 당하다.

▸ 문전성시 門前成市 | 이룰 성, 저자 시
❶[속뜻] 대문[門] 앞[前]에 시장[市]이 생길[成] 정도로 사람이 붐빔. ❷찾아오는 사람이 많음. ¶구경 오는 사람들로 하루 종일 문전성시를 이루었다.

⁑문:제 問題 | 물을 문, 주제 제 [problem; subject]
❶[속뜻] 묻는[問] 주제(主題). ❷해답을 필요로 하는 질문이나, 연구하거나 해결해야 할 사항. ¶문제를 풀다. ❸성가신 일이나 논쟁이 될 만한 일. ¶그것은 문제가 되지 않는다. [반] 답(答), 답안(答案), 해답(解答).

▸ 문:제-아 問題兒 | 아이 아
[심리] 문제(問題)가 많은 아이[兒].

▸ 문:제-점 問題點 | 점 점
문제(問題)가 되는 부분[點]. ¶문제점을 해결하다.

▸ 문:제-지 問題紙 | 종이 지
시험 문제(問題)를 인쇄해 놓은 종이[紙]. [반] 답안지(答案紙), 답지(答紙).

▸ 문:제-집 問題集 | 모을 집
학습 내용에 관한 문제(問題)를 모아[集] 엮어 놓은 책.

▸ 문:제-의:식 問題意識 | 뜻 의, 알 식
대상에 대하여 문제(問題)를 제기하고 해답을 이끌어 내고자 하는 생각[意識].

문조 文鳥 | 무늬 문, 새 조 [paddy bird]
❶[속뜻] 예쁜 무늬[文]가 있는 새[鳥]. ❷[동물] 참새와 비슷하나 등은 회색인 애완용 새.

문중 門中 | 집안 문, 가운데 중
[one's family; kinsmen]
❶[속뜻] 같은 가문(家門) 안[中]에 속함. ❷성(姓)과 본(本)이 같은 가까운 집안. ¶문중의 땅을 되찾다. [비] 문내(門內).

문-지방 門地枋 | 문 문, 땅 지, 다목 방
[doorsill]

건설 드나드는 문(門)의 아래[地]에 가로 댄 나무[枋]. ¶문지방에 걸려 넘어졌다.

문집 文集 | 글월 문, 모을 집
[collection of works]
어느 개인의 시문(詩文)을 한데 모아서 [集] 엮은 책. ¶문집을 발간하다.

문:책 問責 | 물을 문, 꾸짖을 책
[censure; reproof]
일의 책임을 물어[問] 꾸짖음[責]. ¶문책을 당하다 / 잘못된 기안에 대하여 책임자를 문책하다.

문체 文體 | 글월 문, 몸 체
[literary style]
문학 문장(文章)에 드러난 글쓴이의 사상이나 체재(體裁). ¶그의 문체는 화려하다. ⓑ 글체.

문:초 問招 | 물을 문, 부를 초 [inquiry]
❶속뜻 물어보기[問] 위하여 불러옴[招]. ❷죄나 잘못을 따져 묻거나 심문함. ¶문초를 당하다 / 문초를 받다.

문패 門牌 | 문 문, 패 패
[doorplate; nameplate]
성명·주소 등을 적어 대문(大門)에 다는 나무나 돌로 만든 패[牌].

문풍 門風 | 문 문, 바람 풍
[weather strips]
문(門)을 통해 들어오는 바람[風].

▶ 문풍-지 門風紙 | 종이 지
문(門)틈으로 새어 드는 바람[風]을 막기 위하여 문짝 가를 돌아가며 바르는 종이[紙].

문필 文筆 | 글월 문, 글씨 필
[literary art; writing]
❶속뜻 글[文]과 글씨[筆]. ❷글을 짓거나 쓰는 일. ¶문필에 재주가 있다. 있다.

▶ 문필-가 文筆家 | 사람 가
글 쓰는[文筆] 일을 업으로 삼는 사람 [家].

문하 門下 | 문 문, 아래 하
[under instruction]

❶속뜻 스승의 집 대문(大門) 아래[下] 모여 듦. ❷스승의 집에 드나들며 가르침을 받는 제자. '문하생'(門下生)의 준말. ¶김 선생님의 문하에 들어가다

▶ 문하-생 門下生 | 사람 생
문하(門下)에서 가르침을 받는 제자[生]. ㉺ 문생. ⓑ 문인(門人).

▶ 문하-시중 門下侍中 | 모실 시, 가운데 중
역사 고려 때부터 조선 초까지, 정사를 총괄하던 문하부(門下府)의 으뜸 벼슬. 또는 그 벼슬아치[侍中].

문학 文學 | 글월 문, 배울 학 [literature]
❶속뜻 글[文]에 관한 학문(學問). ❷사상이나 감정을 언어로 표현한 예술. 또는 그런 작품. 시, 소설, 희곡, 수필, 평론 따위. ¶문학 작품을 읽다 / 사실주의 문학.

▶ 문학-가 文學家 | 사람 가
문학(文學)을 창작하거나 연구하는 사람 [家]. ⓑ 문학자(文學者).

문:항 問項 | 물을 문, 목 항 [item]
문제(問題)의 항목(項目). ¶바로 그 문항을 풀지 못했다.

문해 文解 | 글월 문, 풀 해 [literacy]
글[文]을 읽고 내용을 이해(理解)함. ¶문해 능력이 떨어지다.

▶ 문해-력 文解力 | 힘 력
글[文]을 읽고 내용을 이해(理解)하는 능력(能力). ⓑ 독해력(讀解力).

문헌 文獻 | 글월 문, 바칠 헌
[(documentary) records; documents]
❶속뜻 글[文]을 바침[獻]. ❷옛날의 제도나 문물을 아는 데 증거가 되는 자료나 기록. ¶여러 문헌을 조사하다.

문호¹文豪 | 글월 문, 호걸 호
[great writer]
문학(文學)에 크게 뛰어난 호걸[豪]. 또는 그런 사람. ¶톨스토이는 러시아의 문호이다. ⓑ 문웅(文雄).

문호²門戶 | 문 문, 집 호 [door]
❶속뜻 집[戶]으로 드나드는 문(門). ❷외부와 교류하기 위한 통로나 수단을 비유

적으로 이르는 말. ¶외국에 문호를 개방하다.
▶ 문호 개방 門戶開放 | 열 개, 놓을 방
❶속뜻 문[門戶]을 열어[開放] 아무나 드나들게 함. ❷자기 나라의 영토를 다른 나라의 경제적 활동을 위하여 터놓음.

**문화 文化 | 글월 문, 될 화
[culture; civilization]
❶속뜻 문덕(文德)으로 백성을 가르쳐 이끎[教化]. ❷한 사회의 예술, 문학, 도덕 따위의 정신적 활동의 바탕. ❸어느 분야에 전반적으로 나타나는 경향. ¶새로운 문화를 접하다.

▶ 문화-계 文化界 | 지경 계
문화(文化)와 관계되는 사회적 분야[界]. ¶문화계 인사들이 모였다.

▶ 문화-권 文化圈 | 우리 권
[지리] 어떤 공통적 특징을 갖는 문화(文化)가 영향을 미치는 지역[圈].

▶ 문화-면 文化面 | 낯 면
문화(文化)와 예술에 관련된 일을 싣는 신문의 지면(紙面).

▶ 문화-부 文化部 | 나눌 부
학교나 방송국 따위에서, 문화(文化)에 관한 일을 맡아보는 부서(部署).

▶ 문화-인 文化人 | 사람 인
❶속뜻 문화(文化)에 관한 일에 종사하는 사람[人]. ❷지성과 교양이 있는 사람. ⑬ 미개인(未開人), 야만인(野蠻人).

▶ 문화-재 文化財 | 재물 재
❶속뜻 문화(文化) 활동에 의하여 창조된 가치가 뛰어난 재물(財物) 따위. ❷문화재 보호의 대상이 되는 유형 문화재(有形文化財)와 무형 문화재(無形文化財) 및 기념물·민속자료를 통틀어 이르는 말. ¶문화재를 발굴하다.

▶ 문화-적 文化的 | 것 적
문화(文化)에 관한 것[的]. 문화의 혜택을 받는 것. ¶문화적 차이.

▶ 문화-생활 文化生活 | 살 생, 살 활
[사회] 문화(文化) 가치를 실현하거나 문화를 누리는 생활(生活).

▶ 문화-유산 文化遺産 | 남길 유, 재물 산
다음 세대에 물려줄[遺産] 민족 및 인류 사회의 모든 문화(文化). ¶불국사는 세계적인 문화유산이다.

물가 物價 | 만물 물, 값 가 [price(s)]
[경제] 물건(物件)의 값[價]. 상품의 시장 가격. ¶물가가 오르다.

*물건 物件 | 만물 물, 것 건
[thing; object; article]
❶속뜻 물품(物品) 같은 것[件]. ¶사용하신 물건은 제자리에 두세요. ❷사고파는 물품. ¶물건 값을 치르다.

물량 物量 | 만물 물, 분량 량
[amount of materials]
물건(物件)의 양(量). ¶공급 물량이 넉넉하다.

*물론 勿論 | 없을 물, 말할 론
[of course]
❶속뜻 말할[論] 필요가 없음[勿]. ¶학식은 물론이고 경험도 풍부하다. ❷말할 것도 없이. ¶그는 영어는 물론 중국어도 할 줄 안다.

물류 物流 | 만물 물, 흐를 류
[(physical) distribution]
물품(物品)을 유통(流通)하거나 보관하는 활동. '물적 유통'(物的流通)의 준말. ¶물류회사에 입사하다.

물리 物理 | 만물 물, 이치 리
[laws of nature; physics]
❶속뜻 모든 사물(事物)의 바른 이치(理致). ❷물리 '물리학'(物理學)의 준말.

▶ 물리-학 物理學 | 배울 학
❶속뜻 사물(事物)의 바른 이치(理致)를 연구하는 (學問). ❷물리 자연 현상의 인과 관계를 설명하고, 물질의 운동이나 구조 따위를 연구하는 학문. ⓒ 물리.

물망-초 勿忘草 | 말 물, 잊을 망, 풀 초
[forget me not]
❶속뜻 나를 잊지[忘] 말라[勿]는 꽃말을 가진 풀[草]. ❷식물 습지에서 잘 자라며,

여름에 흰색, 자주색, 남색의 꽃이 피는 풀.

물물 교환 物物交換 | 만물 물, 만물 물, 서로 교, 바꿀 환 [barter]
[경제] 교환의 원시적 형태로서 화폐의 매개 없이 물품(物品)과 물품(物品)을 직접 바꾸는[交換] 경제 행위.

물산 物産 | 만물 물, 낳을 산
[local products; produce]
한 지방에서 물품(物品)을 생산(生産)하는 일. 또는 그 물건. ¶물산 장려운동을 벌이다.

물심-양:면 物心兩面 | 만물 물, 마음 심, 두 량, 낯 면
[both materially and morally]
물질(物質)과 마음[心] 두[兩] 가지 측면(側面). ¶물심양면으로 도와주신 분들께 감사드립니다.

물욕 物慾 | 만물 물, 욕심 욕
[worldly desires; love of gain]
물질(物質)에 대한 욕심(慾心). ¶물욕에 사로잡히다.

물의 物議 | 만물 물, 의논할 의
[public discussion; controversy]
❶[속뜻] 어떤 사물(事物)에 대해 논의(論議)함. ❷어떤 사람 또는 단체의 처사에 대하여 많은 사람이 이러쿵저러쿵 논평하는 상태. ¶물의를 빚다 / 물의를 일으키다.

***물자 物資** | 만물 물, 재물 자 [goods]
어떤 활동에 필요한 각종 물건(物件)이나 재물[資]. ¶물자가 풍부하다.

물정 物情 | 만물 물, 실상 정 [state of things; conditions of affairs]
❶[속뜻] 만물(萬物)의 실상[情]. ❷세상의 사물(事物)이나 인심. ¶세상 물정에 어둡다.

물증 物證 | 만물 물, 증거 증
[real evidence]
[법률] 물건(物件)으로 뚜렷이 드러난 증거(證據). '물적증거'(物的證據)의 준말. ¶뚜렷한 물증을 찾다.

⁑물질 物質 | 만물 물, 바탕 질
[substance; material]
❶[속뜻] 물건(物件)의 본바탕[質]. ❷[물리] 자연계 구성 요소의 하나로 공간의 일부를 차지하고 질량을 갖는 것. [반] 정신(精神).

▶ **물질-적 物質的** | 것 적
물질(物質)에 관한 것[的]. [반] 정신적(精神的).

⁑물체 物體 | 만물 물, 몸 체
[physical solid; object]
구체적인 형체(形體)를 가지고 존재하는 것[物].

미:[1] 美 | 아름다울 미 [beauty; B]
❶아름다움. ¶자연의 미. ❷수(秀)·우(優)·미(美)·양(良)·가(可)로 성적을 매길 때, 세 번째 등급. ¶음악에서 미를 받았다. [반] 추(醜).

미[2] 美 | 미국 미
[(the United States of) America]
[지리] '미국'(美國)의 준말.

미각 味覺 | 맛 미, 느낄 각
[(sense of) taste]
[의학] 무엇을 혀 따위로 맛보아[味] 일어나는 감각(感覺). 단맛, 짠맛, 쓴맛, 신맛 따위를 느낀다. ¶미각을 돋우는 음식. [비] 미감(味感).

미간 眉間 | 눈썹 미, 사이 간
[middle of the forehead]
두 눈썹[眉]의 사이[間]. '양미간'(兩眉間)의 준말. ¶미간을 찡그리다.

미:개 未開 | 아닐 미, 열 개 [uncivilized]
아직 개화(開化)하지 못한[未] 상태. 문명이 깨지 못한 상태에 있음. ¶미개한 민족. [비] 야만(野蠻). [반] 문명(文明).

▶ **미:개-인 未開人** | 사람 인
미개(未開)한 사람[人]. [비] 야만인(野蠻人), 원시인(原始人), 번인(蕃人). [반] 문명인(文明人).

미:-개척 未開拓 | 아닐 미, 열 개, 넓힐

척 [unreclaimed]
어떤 지역이나 분야를 아직 개척(開拓)하지 아니함[未]. ¶미개척 시장.
▶ 미:개척-지 未開拓地 | 땅 지
❶속뜻 아직 개척(開拓)하지 않은[未] 땅[地]. ❷아직 시작되거나 넓히지 않은 분야. ㉰ 미개지.

미:-검거 未檢擧 | 아닐 미, 검사할 검, 들 거 [unarrested]
아직[未] 찾아내어[檢] 잡아들이지[擧] 않음. ¶용의자가 미검거되었다.

미:관 美觀 | 아름다울 미, 볼 관
[fine sight]
아름다운[美] 외관(外觀)이나 좋은 경치. ¶자연의 미관 / 거리의 미관을 해치다.

미국 美國 | 아름다울 미, 나라 국
[(the United States of) America]
❶속뜻 '미합중국'(美合衆國)의 준말. ❷지리 북아메리카에 있는 연방 공화국.

미군 美軍 | 미국 미, 군사 군
[U.S. Armed Forces]
미국(美國)의 군대(軍隊)나 군인(軍人). ¶미군 장교들이 민첩하게 달려왔다.

미:궁 迷宮 | 헤맬 미, 집 궁
[labyrinth; maze]
❶속뜻 궁전(宮殿)에 들어가 길을 잃고 헤맴[迷]. ❷한번 들어가면 빠져나오는 길을 쉽게 찾을 수 없는 곳. ❸사건, 문제 따위가 복잡하게 얽혀서 판단하거나 해결하기 어렵게 된 상태. ¶사건은 미궁에 빠졌다.

미:남 美男 | 아름다울 미, 사내 남
[handsome man]
얼굴이 아름다운[美] 남자(男子). '미남자'의 준말. ¶그는 타고난 미남이다. ㉰ 추남(醜男).

미:납 未納 | 아닐 미, 바칠 납 [default]
내야 할 돈을 아직 내지[納] 못함[未]. ¶세금을 미납하다.

미:녀 美女 | 아름다울 미, 여자 녀
[beauty; beautiful woman]
얼굴이 아름다운[美] 여자(女子). ¶미녀와 야수. ㉰ 미인(美人). ㉰ 추녀(醜女).

미:달 未達 | 아닐 미, 이를 달
[be short of]
어떤 한도나 표준에 아직 이르지[達] 못함[未]. ¶체중미달 / 기준에 미달되다. ㉰ 초과(超過).

미:담 美談 | 아름다울 미, 이야기 담
[praiseworthy anecdote]
사람을 감동시킬 만큼 아름다운[美] 내용을 가진 이야기[談]. ¶효(孝)에 관한 미담이 전해지다.

미:대 美大 | 아름다울 미, 큰 대
[college of fine arts]
교육 미술(美術)을 전문적으로 가르치는 단과대학(大學). '미술대학'의 준말. ¶그는 미대에서 동양화를 전공했다.

미:덕 美德 | 아름다울 미, 베풀 덕
[virtue; noble attribute]
아름답게[美] 베푼[德] 일이나 행동. ¶미덕을 쌓다. ㉰ 영덕(令德). ㉰ 악덕(惡德).

미동 微動 | 작을 미, 움직일 동
[slight movement]
아주 조금[微] 움직임[動]. ¶미동도 없다.

**미:래 未來 | 아닐 미, 올 래 [future]
현재를 기준으로 아직 다가오지[來] 않은 [未] 때. ¶앞날, 장래(將來). ㉰ 과거(過去).
▶ 미:래-상 未來像 | 모양 상
미래(未來)의 모습[像]. 앞으로 닥칠 어떤 형상.

미량 微量 | 작을 미, 분량 량
[very small amount]
아주 적은[微] 분량(分量). ㉰ 다량(多量).

미:련 未練 | 아닐 미, 익힐 련
[lingering attachment]
❶속뜻 새로운 상황이나 사물에 익숙하지[練] 않음[未]. ❷깨끗이 잊지 못하고 끌리는 데가 남아 있는 마음. ¶아직 미련이 남아 있다.

미:로 迷路 | 헤맬 미, 길 로
[maze; labyrinth]
한번 들어가면 방향을 알 수 없어 헤매게[迷] 되는 길[路]. ¶미로 속을 헤매다.

미륵 彌勒 | 두루 미, 굴레 륵
[Maitreya Sans]
불교 '자비'와 '우정'을 뜻하는 'Maitreya'를 한자어로 옮긴 말. '미륵보살'(彌勒菩薩)의 준말.

▶ **미륵-불 彌勒佛** | 부처 불
불교 '미륵보살'(彌勒菩薩)의 후신(後身)으로 나타날 장래의 부처[佛].

▶ **미륵-보살 彌勒菩薩** | 보리 보, 보살 살
불교 도솔천(兜率天)에 살며 56억 7천만 년 후에 미륵불(彌勒佛)로 나타나 중생을 건진다는 보살(菩薩). ㉾ 미륵.

▶ **미륵사지 석탑 彌勒寺址石塔** | 절 사, 터 지, 돌 석, 탑 탑
고적 전라북도 익산시 미륵사(彌勒寺) 터[址]에 있는 석탑(石塔). 백제 무왕 때 화강암으로 만든 것으로 우리나라 석탑 가운데 가장 크고 오래되었다. 국보 제11호.

미:만 未滿 | 아닐 미, 찰 만
[under; below]
정한 수나 정도에 차지[滿] 못함[未]. ¶18세 미만 출입 금지. ㉾ 초과(超過).

미:망-인 未亡人 | 아닐 미, 망할 망, 사람 인 [widow; dowager]
❶ 속뜻 따라 죽지[亡] 못한[未] 사람[人]. ❷'남편이 죽고 홀몸이 된 여자'를 이르는 말. ㉾ 과부(寡婦).

미:모 美貌 | 아름다울 미, 모양 모
[good looks; pretty features]
아름다운[美] 얼굴 모양[貌]. ¶눈부신 미모에 사로잡히다.
[delicate; subtle]
❶ 속뜻 섬세하고[微] 묘(妙)하다. ❷섬세하고 야릇하여 무엇이라고 딱 잘라 말할 수 없다. ¶이러지도 저러지도 못하는 미묘한 상황.

미물 微物 | 작을 미, 만물 물
[creature of no account]
❶ 속뜻 작고 보잘것없는[微] 물건(物件). ❷벌레 따위의 작은 동물. ¶아무리 하찮은 미물이라도 함부로 죽여서는 안 된다.

미미 微微 | 작을 미, 작을 미
[slight; insignificant]
보잘것없이 매우 작다[微+微]. ¶그저 미미한 차이이다.

미:비 未備 | 아닐 미, 갖출 비
[unprepared]
제대로 갖추어져[備] 있지 아니함[未]. 완전하지 못함. ¶미비한 점이 많다. ㉾ 완비(完備).

미:상 未詳 | 아닐 미, 자세할 상
[being unknown]
자세하지[詳] 않음[未]. 알려지지 않음. ¶작자 미상의 작품.

미색 米色 | 쌀 미, 빛 색 [pale yellow]
❶ 속뜻 쌀[米]의 빛깔[色]. ❷좀 노르께한 빛깔.

미-생물 微生物 | 작을 미, 살 생, 만물 물
[microorganism]
생물 눈으로는 볼 수 없는 아주 작은[微] 생물(生物). 세균, 효모, 원생동물, 바이러스 따위를 이른다.

미생지신 尾生之信 | 꼬리 미, 날 생, 어조사 지, 믿을 신
❶ 속뜻 미생(尾生)이 지킨 신의(信義). ❷약속을 굳게 지킴 또는 고지식하여 융통성이 전혀 없음을 비유하여 이르는 말. ¶미생지신의 옛 이야기를 방불케 할 정도로 고지식한 사람!

미:성 未成 | 아닐 미, 이룰 성
[unfinished; uncompleted]
❶ 속뜻 아직 다 이루지[成] 못함[未]. ❷ 아직 성인(成人)이 못 됨.

▶ **미:성년-자 未成年者** | 해 년, 사람 자
법률 아직 성년(成年)이 되지 않은[未] 사람[者]. 미성년인 사람. ¶미성년자 출입 금지. ㉾ 성인(成人).

미세 微細 | 작을 미, 가늘 세

작고[微] 가늘음[細]. 아주 작음. ¶미세한 분말.

*미소 微笑 | 작을 미, 웃을 소 [smile]
작게[微] 웃음[笑]. 소리를 내지 않고 빙긋이 웃는 웃음.

미:수[1]未遂 | 아닐 미, 이룰 수 [attempt]
❶[속뜻] 뜻한 바를 아직 이루지[遂] 못함[未]. ❷[법률] 범죄에 착수하여 행위를 끝내지 못했거나 결과가 발생하지 않은 일. ¶살인미수. [반] 기수(旣遂).

미수[2]米壽 | 쌀 미, 목숨 수
[88 years of age]
'米'자를 풀면 '八十八'이 되는 데에서 '여든여덟 살[壽]'을 달리 이르는 말.

미:숙 未熟 | 아닐 미, 익을 숙
[unripe; inexperienced]
❶[속뜻] 음식이나 과실 따위가 아직 익지[熟] 않음[未]. ❷일에 익숙하지 않아 서투름. ¶운전미숙 / 나는 아직 일에 미숙하다.

**미:술 美術 | 아름다울 미, 꾀 술
[art; fine arts]
회화, 건축, 조각처럼 시각(視覺)을 통해 감상할 수 있도록 일정한 공간 속에 미(美)를 표현하는 예술(藝術). ¶그는 현대 미술의 거장이다.

▸미:술-가 美術家 | 사람 가
그림, 조각 등 미술품(美術品)을 창작하는 예술가(藝術家).

▸미:술-관 美術館 | 집 관
미술품(美術品)을 보관하고 전시하여 일반의 감상·연구에 이바지하는 시설[館].

▸미:술-실 美術室 | 방 실
미술(美術) 과목의 실습을 하는 교실(教室).

▸미:술-전 美術展 | 펼 전
미술(美術) 작품을 전시(展示)하여 구경시키는 행사. ¶미술전을 개최하다.

▸미:술-품 美術品 | 물건 품
회화, 조각처럼 예술적으로 만든 미술(美術) 작품(作品). ¶미술품을 전시하다.

미식[1]美式 | 미국 미, 법 식
[American way; Americanism]
미국(美國)의 방식(方式). ¶미식 발음 / 미식 영어.

▸미식-축구 美式蹴球 | 찰 축, 공 구
[운동] 미국(美國)에서 고안한 방식(方式)의 축구(蹴球).

미:식[2]美食 | 아름다울 미, 밥 식
[delicious food]
맛있고 아름다운[美] 음식(飮食)을 먹음. 또는 그 음식. [반] 악식(惡食).

▸미:식-가 美食家 | 사람 가
맛있고 아름다운[美] 음식(飮食)만 가려 먹는 취미를 가진 사람[家]. ¶미식가의 입맛을 사로잡다.

미:신 迷信 | 헤맬 미, 믿을 신
[superstition]
종교적·과학적 관점에서 사람의 마음을 홀리거나 헤매게[迷] 되어 무작정 믿음[信]. 흔히 점복(占卜), 굿 따위가 따르는 민속신앙을 이른다.

미:심 未審 | 아닐 미, 살필 심
[be doubtful]
❶[속뜻] 자세히 알지[審] 못함[未]. ❷일이 확실하지 않아 마음을 놓을 수 없음. [비] 불심(不審).

미아 迷兒 | 헤맬 미, 아이 아
[missing child]
길을 잃고 헤매는[迷] 아이[兒]. '미로아'(迷路兒)의 준말. ¶그는 숲 속에서 미아가 되었다.

미:안 未安 | 아닐 미, 편안할 안
[regrettable; sorry]
❶[속뜻] 남에게 폐를 끼쳐 마음이 편하지[安] 못하고[未] 거북함. ❷남을 대하기가 조금 부끄럽고 겸연쩍음. ¶도와줄 수 없어 미안합니다. [비] 죄송(罪悚).

미약 微弱 | 작을 미, 약할 약
[feeble; weak]
미미(微微)하고 약(弱)하다. 보잘 것 없다. ¶네 시작은 미약하였으나 네 나중은 심히

창대하리라.

미열 微熱 | 작을 미, 더울 열
[slight fever]
건강한 몸의 체온보다 조금[微] 높은[熱] 체온. 빤 고열(高熱).

미:완 未完 | 아닐 미, 완전할 완
[incompletion]
아직 완성(完成)지 못함[未]. ¶미완의 작품.

미:-완성 未完成 | 아닐 미, 완전할 완, 이룰 성 [incompletion]
아직 완성(完成)하지 아니함[未]. ¶미완성 교향곡. 㽞미완.

미:용 美容 | 아름다울 미, 얼굴 용
[beauty art; cosmetic treatment]
얼굴[容]이나 머리 등을 곱게[美] 매만짐. ¶피부미용에 관심을 갖다. 빤 미장(美粧).

▶ **미:용-사 美容師** | 스승 사
얼굴[容]이나 머리를 곱게[美] 다듬는 일을 직업으로 하는 사람[師].

▶ **미:용-실 美容室** | 방 실
미용(美容)을 전문적으로 하는 곳[室]. ¶미용실에서 머리를 자르다. 빤 미장원(美粧院).

미음 米飮 | 쌀 미, 마실 음
[thin gruel of rice]
쌀[米] 따위를 으깨어 마실[飮] 정도로 묽게 끓인 것. ¶환자에게 미음을 쑤어 먹이다.

미:인 美人 | 아름다울 미, 사람 인
[beauty; belle]
얼굴이 아름다운[美] 사람[人]. 주로 여자를 말한다. ¶그녀는 동양적인 미인이다. 빤 미녀(美女), 가인(佳人), 여인(麗人). 빤 추녀(醜女).

미:장 美粧 | 아름다울 미, 단장할 장
[cosmetology; beauty culture]
머리나 얼굴을 아름답게[美] 다듬는[粧] 일. 빤 미용(美容).

▶ **미:장-원 美粧院** | 집 원
머리나 얼굴 모습을 아름답게 매만져 주는 일[美粧]을 영업으로 하는 집[院]. 빤 미용실(美容室).

미:적 美的 | 아름다울 미, 것 적
[esthetic; aesthetic]
미(美)에 관한 것[的]. 미를 느끼는 것. ¶미적 기준은 시대마다 다르다.

미:정 未定 | 아닐 미, 정할 정 [unsettled]
아직 결정(決定)하지 못함[未]. ¶결혼식 날짜는 아직 미정이다. 빤 기정(旣定).

미제 美製 | 미국 미, 만들 제
[made in U.S.A]
미국(美國)에서 만든[製] 물건.

미주 美洲 | 미국 미, 섬 주 [Americas]
미국(美國)이 있는 대륙[洲]. ¶이 제품은 미주 지역으로 수출된다.

미:지 未知 | 아닐 미, 알 지 [unknown]
아직 알지[知] 못함[未]. ¶미지의 세계를 탐험하다. 빤 기지(旣知).

▶ **미:지-수 未知數** | 셀 수
❶수학 방정식 따위에서 값이 알려져 있지 않은[未知] 수(數). ❷앞으로 어떻게 될지 속셈할 수 없는 일. ¶그의 능력은 미지수이다. 빤 기지수(旣知數).

미:진¹ 未盡 | 아닐 미, 다할 진
[unexhausted]
아직 다하지[盡] 못하다[未]. 아직 충분하지 못하다. ¶미진한 설명에 불만을 품다.

미진² 微震 | 작을 미, 떨 진
[faint earth tremor]
지리 조금[微] 떨릴 정도의 약한 지진(地震). 빤 강진(強震).

미천 微賤 | 작을 미, 천할 천
[lowly; humble]
신분이나 사회적 지위가 보잘것없고[微] 천(賤)하다. ¶미천한 몸.

미풍¹ 微風 | 작을 미, 바람 풍 [breeze]
솔솔 부는 약한[微] 바람[風]. ¶나뭇잎들이 미풍에 흔들렸다. 빤 강풍(強風).

미:풍² 美風 | 아름다울 미, 풍속 풍

[laudable custom]
아름다운[美] 풍속(風俗). 비 미속(美俗).
▶ 미:풍-양속 美風良俗 | 좋을 량, 풍속 속
아름답고[美] 좋은[良] 풍속(風俗). ¶미풍양속을 계승하다. 비 양풍미속(良風美俗).

미행 尾行 | 꼬리 미, 갈 행
[follow; shadow]
❶속뜻 남의 뒤[尾]를 몰래 따라감[行]. ❷다른 사람의 행동을 감시하거나 증거를 잡기 위하여 그 사람 몰래 뒤를 밟음. ¶경찰이 범인을 미행하다.

미:혼 未婚 | 아닐 미, 혼인할 혼 [single]
성인으로서 아직 결혼(結婚)하지 않음[未]. ¶저는 아직 미혼입니다. 반 기혼(旣婚).

미:화 美化 | 아름다울 미, 될 화
[beautify]
아름답게[美] 꾸미는 일[化]. ¶학교 환경 미화 작업을 하다.

▶ 미:화-원 美化員 | 사람 원
깨끗하게 청소하여 아름답게 하는[美化] 사람[員]. ¶환경 미화원을 모집하다.

미:흡 未洽 | 아닐 미, 넉넉할 흡
[insufficient]
넉넉하지[洽] 못함[未]. 마음에 흡족하지 못함. ¶미흡한 설명.

민가 民家 | 백성 민, 집 가
[private house]
일반 백성[民]들이 사는 살림집[家]. ¶배고픈 멧돼지가 민가로 내려왔다. 비 민호(民戶). 반 관가(官家).

민간 民間 | 백성 민, 사이 간 [private]
❶속뜻 백성[民]들 사이[間]. ❷일반 서민(庶民)의 사회. ¶민간에 전승되다. ❸관(官)이나 군대에 속하지 않음. ¶민간 자본을 유치하다.

▶ 민간-인 民間人 | 사람 인
관리나 군인이 아닌 보통[民間] 사람[人]. 반 관인(官人).

▶ 민간 신:앙 民間信仰 | 믿을 신, 우러를 앙
종교 예로부터 민간(民間)에 전해 오는 신앙(信仰).

민감 敏感 | 재빠를 민, 느낄 감 [sensitive]
감각(感覺)이 예민(銳敏)하다. ¶그는 더위에 민감하다.

민권 民權 | 백성 민, 권리 권
[people's rights]
국민(國民)의 권리(權利). 신체와 재산 등을 보호받을 권리나 정치에 참여할 수 있는 권리 따위.

민단 民團 | 백성 민, 모일 단
[foreign settlement group]
법률 남의 나라 영토에 머물러 사는 같은 민족(民族)끼리 조직한 자치 단체(團體). '거류민단'(居留民團)의 준말.

민담 民譚 | 백성 민, 이야기 담
[folk tale]
문학 예로부터 민간(民間)에 전하여 내려오는 이야기[譚]. 비 민간설화(民間說話).

민란 民亂 | 백성 민, 어지러울 란
[popular uprising]
포악한 정치 따위에 반대하여 백성[民]이 일으킨 폭동[亂].

민망 憫惘 | 불쌍할 민, 멍할 망
[embarrassed]
❶속뜻 불쌍하여[憫] 정신이 멍해지다[惘]. ❷답답하고 딱하여 안타깝다. ¶보기에 민망하다 / 너무 민망하여 할 말을 잊었다. 비 민연(憫然).

민박 民泊 | 백성 민, 머무를 박
[lodge at a house]
민가(民家)에 숙박(宿泊)함. ¶바닷가 근처에서 민박을 하다.

민-방위 民防衛 | 백성 민, 막을 방, 지킬 위 [civil defense]
침략이나 재난이 있을 때 민간(民間)이 펴는 비군사적인 방위(防衛) 행위. ¶민방위 훈련.

민법 民法 | 백성 민, 법 법 [civil law]
법률 개인[民]의 권리와 관련된 법규(法

민사 民事 | 백성 민, 일 사 [civil affairs]
❶속뜻 일반 국민(國民)에 관한 일[事]. ❷법률 사법상의 법률관계에 관련되는 사항. ¶그는 민사상 책임이 없다 / 민사 소송. 땐 형사(刑事).

▶ 민사 재판 民事裁判 | 분별할 재, 판가름할 판
법률 법원이 민사(民事) 사건에 관해서 하는 재판(裁判). 땐 형사 재판.

민생 民生 | 백성 민, 날 생
[public welfare]
❶속뜻 국민(國民)의 생활(生活). ¶민생을 안정시키다. ❷일반 국민. 비 생민(生民).

▶ 민생-고 民生苦 | 괴로울 고
일반 국민(國民)이 생활(生活)하는 데 겪는 고통(苦痛). ¶민생고에 시달리다.

민선 民選 | 백성 민, 뽑을 선
[popular election]
국민(國民)이 뽑음[選]. 땐 관선(官選), 국선(國選).

*민속 民俗 | 백성 민, 풍속 속
[folk customs]
민간(民間)의 풍속(風俗). ¶민속의 날. 비 민풍(民風).

▶ 민속-촌 民俗村 | 마을 촌
옛 민속(民俗)을 보존함으로써 전통미를 간직하고 있는 마을[村].

▶ 민속-품 民俗品 | 물건 품
보통 사람들의 생활과 풍속[民俗]이 잘 나타나 있는 상품(商品). ¶민속품을 수집하다.

민심 民心 | 백성 민, 마음 심
[popular feelings]
백성[民]의 마음[心]. ¶민심이 날로 흉흉해지다. 비 민정(民情).

민어 民魚 | 백성 민, 물고기 어 [croaker]
동물 길고 납작하며 주둥이가 둔하게 생긴 바닷물고기. 식용으로 맛이 좋다.

민예 民藝 | 백성 민, 재주 예
[folk arts; folk crafts]
❶전문가가 아닌 일반 백성[民]들의 예술(藝術) 작품. ❷서민(庶)의 생활 속에서 생겨난, 지방의 특유한 풍토와 관습 따위를 표현한 예술(藝術). ¶조선시대 민예를 연구하다.

민요 民謠 | 백성 민, 노래 요 [folk song]
음악 민간(民間)에서 자연적으로 생겨나 오랫동안 전해 내려오는 노래[謠]. ¶뱃노래는 서도 민요이다.

▶ 민요-집 民謠集 | 모을 집
민요(民謠)를 모아[集] 엮은 책.

민원 民願 | 백성 민, 원할 원
[civil appeal]
국민(國民)의 소원(所願)이나 청원(請願). ¶민원을 제기하다.

민의 民意 | 백성 민, 뜻 의
[will of the people]
국민(國民)의 의사(意思). ¶정책에 민의를 반영하다.

민정¹ 民政 | 백성 민, 정치 정
[civil government]
❶속뜻 국민(國民)의 안녕과 복리를 위한 정치적(政治的) 업무. ¶민정을 실시하다. ❷군인이 아닌 민간인이 하는 정치. 또는 그 정부. 땐 군정(軍政).

민정² 民情 | 백성 민, 실상 정
[state of the people]
❶속뜻 국민(國民)들이 살아가는 실상[情]. ¶민정을 두루 살피다. ❷민심(民心).

*민족 民族 | 백성 민, 무리 족
[race; people]
❶속뜻 같은 지역에 살고 있는 백성[民]의 무리[族]. ❷같은 지역에서 오랫동안 공동생활을 함으로써 언어나 풍속 따위 문화 내용을 함께 하는 사람들의 집단. ¶미국은 여러 민족으로 이루어진 나라이다.

▶ 민족-성 民族性 | 성질 성
한 민족(民族)의 특유한 성질(性質). ¶음식에는 민족성이 드러난다.

▸ 민족-혼 民族魂 | 넋 혼
그 민족(民族)만이 지니고 있는 고유한 정신[魂]. ¶민족혼을 되살리다. [비] 민족정신(民族精神).

▸ 민족 국가 民族國家 | 나라 국, 집 가
[정치] 단일한 민족(民族)이 하나의 국가를 차지하고 있거나 국민의 대다수를 이루고 있는 상태의 국가(國家).

▸ 민족-정신 民族精神 | 쓿을 정, 혼 신
❶[속뜻] 한 민족(民族)을 결속시키는 공통의 정신(精神). ❷어떤 민족이 이상(理想)으로 하는 정신. [비] 민족혼(民族魂).

▸ 민족-주의 民族主義 | 주될 주, 뜻 의
[정치] 다른 민족(民族)의 지배를 벗어나 같은 민족으로서 나라를 이루려는 사상[主義].

▸ 민족 자결주의 民族自決主義 | 스스로 자, 결정할 결, 주될 주, 뜻 의
[정치] 각 민족(民族)은 정치적 운명을 스스로[自] 결정(決定)할 권리가 있으며 다른 민족의 간섭을 받을 수 없다는 주장[主義]. 제1차 세계 대전 직후인 1918년, 미국의 대통령 윌슨이 제창했다.

민주 民主 | 백성 민, 주인 주
[popular rule]
❶[속뜻] 주권(主權)이 국민(國民)에게 있음. ¶우리나라는 민주 국가이다. ❷[정치] '민주주의'(民主主義)의 준말.

▸ 민주-적 民主的 | 것 적
민주주의에 따르거나 민주(民主) 정신에 맞는 것[的]. ¶민주적 절차를 거쳐 결정하다.

▸ 민주-화 民主化 | 될 화
체제(體制)나 사고방식이 민주주의(民主主義)에 맞는 것으로 됨[化]. 또는 그렇게 되게 함.

▸ 민주 국가 民主國家 | 나라 국, 집 가
[정치] 주권이 국민에게 있는[民主] 나라[國家]. [준] 민주국.

▸ 민주-주의 民主主義 | 주될 주, 뜻 의
[정치] 주권이 국민에게 있고[民主] 국민을 위한 정치를 지향하는 사상[主義]. ¶민주주의를 실현하다. [준] 민주. [반] 전제주의(專制主義).

민중 民衆 | 백성 민, 무리 중
[general public]
❶[속뜻] 백성[民]의 무리[衆]. ❷국가나 사회를 구성하는 일반 국민. ¶민중의 지지를 받다 / 민중 심리.

민첩 敏捷 | 재빠를 민, 빠를 첩
[quick; prompt]
재빠르고[敏] 날래다[捷]. ¶민첩한 행동.

민폐 民弊 | 백성 민, 나쁠 폐
[public harm]
민간(民間)에 끼치는 나쁨[弊]. ¶군대가 주둔하면서 민폐가 극심하다. [반] 관폐(官弊).

민호 民戶 | 백성 민, 집 호
일반 백성[民]들이 사는 집[戶]. ¶민호를 조사하다. [비] 민가(民家).

민화 民畵 | 백성 민, 그림 화
[folk painting]
[미술] 서민(庶民)들의 생활을 소재로 그린 그림[畵].

밀감 蜜柑 | 꿀 밀, 감자나무 감 [mandarin orange]
❶[속뜻] 꿀[蜜]처럼 단 귤나무[柑]의 열매.
❷[식물] 귤나무의 열매.

밀고 密告 | 몰래 밀, 알릴 고
[inform against]
남몰래[密] 고자질함[告]. ¶누가 경찰에 나를 밀고했다.

밀담 密談 | 몰래 밀, 말씀 담
[talk secretly]
은밀(隱密)히 주고받는 말[談]. 또는 그러한 의논. ¶밀담을 나누다.

밀도 密度 | 빽빽할 밀, 정도 도
[density; consistency]
어떤 면적이나 부피에 들어 있는 물질의 빽빽한[密] 정도(定度). ¶인구 밀도 / 이 물질은 밀도가 높다.

밀랍 蜜蠟 | 꿀 밀, 밀 랍 [beeswax]

벌집에서[蜜] 채취한 동물성 고체 기름[蠟]. ¶밀랍으로 만든 장미꽃.

밀렵 密獵 | 몰래 밀, 사냥 렵 [poach]
허가를 받지 않고 몰래[密] 사냥함[獵]. 또는 그런 사냥. ¶야생 여우를 밀렵하다.

밀림 密林 | 빽빽할 밀, 수풀 림
[thick forest]
큰 나무들이 빽빽하게[密] 들어선 깊은 숲[林]. ¶밀림 지대 / 울창한 밀림. [비] 정글.

밀봉 密封 | 빽빽할 밀, 봉할 봉
[seal (up); make airtight]
딴 사람이 열지 못하도록 단단히[密] 봉함[封]. ¶서류를 밀봉하여 우편으로 보냈다.

밀사 密使 | 몰래 밀, 부릴 사
[secret envoy]
몰래[密] 보내어 심부름을 시키는[使] 사람. ¶헤이그 밀사 / 밀사를 보내다.

밀수 密輸 | 몰래 밀, 나를 수 [smuggle]
법을 어기고 몰래[密] 하는 수출(輸出)이나 수입(輸入). ¶총기를 밀수하다. [비] 밀무역(密貿易).

밀실 密室 | 몰래 밀, 방 실
[secret room]
아무나 함부로 드나들지 못하게 하고 비밀(祕密)스럽게 쓰는 방[室].

***밀접 密接** | 빽빽할 밀, 닿을 접 [close]
아주 가깝게[密] 맞닿음[接]. 또는 그런 관계에 있음. ¶두 기업은 밀접한 관계를 맺고 있다.

밀집 密集 | 빽빽할 밀, 모일 집
[mass; crowd]
빽빽이[密] 모임[集]. ¶인구 밀집지역.

밀착 密着 | 빽빽할 밀, 붙을 착
[close adhesion]
❶[속뜻] 빈틈없이 탄탄히[密] 달라붙음[着]. ¶밀착 수비. ❷서로의 관계가 매우 가깝게 됨. ¶유교는 우리 민족의 삶과 밀착되어 있다.

밀폐 密閉 | 빽빽할 밀, 닫을 폐
[shut tightly]
빈틈없이[密] 꼭 막거나 닫음[閉]. [반] 개봉(開封).

ㅂ

박[1] 泊 | 배댈 박 [stay]
객지에서 묵는 밤의 횟수를 세는 말. ¶2박 3일.

박[2] 拍 | 칠 박
[음악] ❶여섯 개의 얇고 긴 판목을 모아 한 쪽 끝을 끈으로 꿰어, 폈다 접었다 하며 소리를 내는 국악기. 곡의 박자를 이끈다. ❷박자(拍子). [비] 박판.

박격 迫擊 | 닥칠 박, 칠 격
[close attack]
적에게 바싹 다가가서[迫] 침[擊].

▸ 박격-포 迫擊砲 | 대포 포
[군사] 보병이 가지고 다니며, 적과 가까운 곳에서 쏘는[迫擊] 포(砲).

박대 薄待 | 엷을 박, 대접할 대
[treat coldly]
아무렇게나 성의 없이[薄] 대접(待接)함. ¶박대를 받다 / 병든 어머니를 박대하다. [비] 푸대접, 냉대(冷待). [반] 후대(厚待).

박동 搏動 | 잡을 박, 움직일 동
[pulsation]
맥박(脈搏)이 뜀[動].

박두 迫頭 | 닥칠 박, 머리 두
[draw near]
❶[속뜻] 머리[頭] 가까이 다가옴[迫]. ❷기일이나 시간이 매우 가까이 닥쳐옴. ¶개봉 박두. [비] 당두(當頭).

박람 博覽 | 넓을 박, 볼 람
[wide reading; extensive knowledge]
❶[속뜻] 여러 가지 책을 많이[博] 읽음[覽]. ❷여러 곳을 다니며 널리 많은 것을 봄.

▸ 박람-회 博覽會 | 모일 회
산업이나 기술 따위의 발전을 위하여 농업, 공업, 상업 등에 관한 물품을 모아 일정한 기간 여러 사람에게 보이는[博覽] 모임[會].

박력 迫力 | 닥칠 박, 힘 력
[force; power]
행동에서 느껴지는 강하게 밀고 나가는[迫] 힘[力]. ¶그의 연설은 박력이 있었다.

박멸 撲滅 | 칠 박, 없앨 멸
[extermination]
박살(撲殺)내서 없애버림[滅]. ¶기생충 박멸 / 해충을 박멸하다.

⁑**박물** 博物 | 넓을 박, 만물 물
[having wide knowledge]
❶[속뜻] 여러[博] 사물(事物)에 대하여 두루 앎. ❷여러 가지 사물과 그에 대한 참고가 될 만한 물건.

▸ 박물-관 博物館 | 집 관
역사, 민속, 산업, 과학, 예술 등에 관한 여러 가지[博] 자료[物]를 수집·보관하

박봉 薄俸 | 엷을 박, 봉급 봉
[small salary]
많지 않은[薄] 봉급(俸給). ¶박봉을 쪼개 저금을 하다.

***박사 博士** | 넓을 박, 선비 사
[doctor; expert]
❶속뜻 널리[博] 아는 사람[士]. ❷교육 대학에서 수여하는 가장 높은 학위. ¶아빠는 박사 학위를 받고 무척 기뻐하였다. ❸어떤 일에 정통하거나 숙달된 사람을 비유적으로 이르는 말. ¶컴퓨터 박사.

박색 薄色 | 엷을 박, 빛 색 [ugly look]
주로 아주 못생긴[薄] 여자의 얼굴[色]. 또는 그러한 여자. ¶얼굴은 박색이지만 마음은 곱다.

박수 拍手 | 칠 박, 손 수
[applaud; clap]
환영, 축하, 격려, 찬성 등의 뜻으로 손뼉[手]을 여러 번 침[拍]. 관용 우레와 같은 박수.

▶ 박수-갈채 拍手喝采 | 큰소리 갈, 주사위 채
많은 사람이 일제히 손뼉을 치면서[拍手] 환영하거나 칭찬하는[喝采] 것.

박식 博識 | 넓을 박, 알 식 [erudite]
보고 들은 것이 많아 널리[博] 앎[識]이 많음. ¶그녀의 박식에 놀랐다 / 여러 방면에 두루 박식하다. 비 다식(多識).

박애 博愛 | 넓을 박, 사랑 애
[philanthropy; benevolence]
뭇사람을 차별 없이 두루[博] 사랑함[愛]. ¶박애 정신. 비 범애(汎愛).

박약 薄弱 | 엷을 박, 약할 약
[fainthearted]
의지나 체력 따위가 굳세지 못하고[薄] 여림[弱]. ¶의지가 박약하다.

박자 拍子 | 칠 박, 접미사 자
[beat; time]
❶속뜻 두들겨 치는[拍] 것[子]. ❷음악 음악적 시간을 구성하는 기본적 단위. ¶박자가 빠르다 / 박자를 맞추다.

박장 拍掌 | 칠 박, 손바닥 장
[clap hands]
손바닥[掌]을 침[拍].

▶ 박장-대:소 拍掌大笑 | 큰 대, 웃을 소
손뼉을 치며[拍掌] 한바탕 크게[大] 웃음[笑].

박제 剝製 | 벗길 박, 만들 제 [stuff]
동물의 살과 내장을 발라낸[剝] 다음 살아 있을 때와 같은 모양으로 만듦[製]. 또는 그 표본.

박진 迫眞 | 닥칠 박, 참 진
[truthfulness to life; verisimilitude]
표현 따위가 사실[眞]처럼 다가옴[迫]. 현실의 모습과 똑같다고 느낌.

▶ 박진-감 迫眞感 | 느낄 감
예술적 표현이 현실처럼[迫眞] 진실감이 넘치는 느낌[感].

박차 拍車 | 칠 박, 수레 차
[spur; acceleration]
❶속뜻 수레[車]의 말을 차서[拍] 빨리 달리게 하는 도구. ❷말을 탈 때에 신는 구두의 뒤축에 달려 있는 물건. ¶말에 박차를 가하다. ❸어떤 일을 촉진하려고 더하는 힘. ¶기술 개발에 박차를 가하다. 관용 박차를 가하다.

박탈 剝奪 | 벗길 박, 빼앗을 탈
[deprivation]
지위나 자격 따위를 권력이나 힘으로 벗겨[剝] 빼앗음[奪]. ¶시민권을 박탈하다.

박하 薄荷 | 엷을 박, 연꽃 하
[peppermint]
❶속뜻 엷은[薄] 연꽃[荷] 향기가 나는 풀. ❷식물 좋은 향기가 나는 풀. 습지에 나며, 향료·음료·약재로 쓴다.

박해 迫害 | 다그칠 박, 해칠 해
[oppress; persecute]
❶속뜻 다그쳐[迫] 해(害)를 입힘. ❷못살게 굴어 해롭게 함. ¶천주교 신도를 박해

하다.

반:¹半 | 반 반 [half]
둘로 똑같이 나눈 것의 한 부분. ¶사과를 반으로 가르다. [반] 전(全).

반² 班 | 나눌 반 [class; group]
❶한 학년을 한 교실의 수용 인원 단위로 나눈 명칭. ¶1학년은 일곱 개 반으로 되어 있다. ❷어떤 공통점을 가지고 조직된 작은 집단. ¶종이접기 반. ❸동(洞) 아래의 통(統)보다 작은 지방 행정 단위.

반:가-상 半跏像 | 반 반, 책상다리할 가, 모양 상
[불교] 오른발을 왼편 무릎에 얹은 반(半)만 책상다리를 한[跏] 불상(佛像).

반:감 反感 | 반대로 반, 느낄 감 [antipathy]
상대편의 말이나 태도 등을 불쾌하게 생각하여 반발(反撥)하거나 반항하는 감정(感情). ¶반감을 품다.

반:격 反擊 | 반대로 반, 부딪칠 격 [hit back]
쳐들어오는 적의 공격을 막아서 되잡아[反] 공격(攻擊)함. ¶반격할 기회를 엿보다.

반:공 反共 | 반대로 반, 함께 공 [anti-Communism]
공산주의(共産主義)에 반대(反對)하는 일. ¶반공영화.

반:구 半球 | 반 반, 공 구 [hemisphere]
구(球)의 절반(折半). 또는 그런 모양의 물체. ¶반구 형태.

반:군 叛軍 | 배반할 반, 군사 군 [rebel troops]
반란(叛亂)을 일으킨 군대(軍隊). '반란군'(叛亂軍)의 준말.

반:기¹反旗 | =叛旗, 반대로 반, 깃발 기 [standard of revolt]
❶[속뜻] 어떤 체제를 쓰러뜨리기 위하여 조직된 반란(反亂)의 무리가 내세운 깃발[旗]. ❷반대의 뜻이나 기세를 나타내는 표시. ¶환경단체들이 반기를 들고 일어서다.

반:기²半旗 | 반 반, 깃발 기 [flag at half-mast]
조의를 표하기 위하여 깃봉에서 기의 한 폭만큼 내려서[半] 다는 국기(國旗). [비] 조기(弔旗).

반:납 返納 | 돌아올 반, 바칠 납 [return]
꾸거나 빌린 것을 되돌려[返] 줌[納]. ¶도서관에 책을 반납하다.

반:년 半年 | 반 반, 해 년 [half a year]
한 해[年]의 반(半)인 여섯 달. [비] 반세(半歲).

***반:대 反對** | 거꾸로 반, 대할 대 [reverse; opposite]
❶[속뜻] 두 사물이 모양, 위치, 방향, 순서 따위에서 뒤집어져[反] 맞서[對] 있음. 또는 그런 상태. ❷어떤 의견이나 제안 등에 찬성하지 아니함. ¶그의 제안에 반대했다. [반] 찬성(贊成).

▸반:대-색 反對色 | 빛 색
[미술] 서로 보색(補色) 관계[反對]에 있는 빛깔[色]. 빨강에 대한 녹색 따위.

▸반:대-자 反對者 | 사람 자
반대(反對)하는 사람[者]. ¶그의 의견에는 반대자가 많다. [반] 동의자.

▸반:대-편 反對便 | 쪽 편
반대(反對)되는 방향이나 쪽[便]. ¶반대편 출구로 나가십시오.

▸반:대-표 反對票 | 쪽지 표
투표에서 반대(反對)하는 뜻을 나타낸 쪽지[票]. ¶반대표가 많이 나왔다. [반] 찬성표(贊成票).

반:도 半島 | 반 반, 섬 도 [peninsula]
[지리] 반은 대륙에 붙어 있고, 반(半)은 바다쪽으로 길게 나와 섬[島]처럼 보이는 육지. 우리나라나 이탈리아 등이 그렇다.

반:-도체 半導體 | 반 반, 이끌 도, 몸 체 [semiconductor]
[물리] 상온에서 전기를 이동시키는[導] 성질이 도체의 절반(折半) 정도 되는 물질[體]을 통틀어 이르는 말.

반:동 反動 | 반대로 반, 움직일 동
[react; counteract]
❶뜻 어떤 움직임에 반대(反對)하여 일어나는 움직임[動]. ❷물리 한 물체가 다른 물체에 힘을 작용할 때, 다른 물체가 똑같은 크기의 힘을 반대 방향으로 한 물체에 미치는 작용.

반:란 叛亂 | =反亂, 배반할 반, 어지러울 란 [revolt]
정부나 지배자에게 반항하여[叛] 정국이나 나라를 어지럽게[亂] 하는 것. ⓑ역란(逆亂).

반:려 伴侶 | 짝 반, 짝 려
[companion; partner]
생각이나 행동을 함께 하는 짝[伴=侶]. 짝이 되는 동무.
▶ **반:려-자** 伴侶者 | 사람 자
짝[伴侶]이 되는 사람[者]. ¶인생의 반려자를 찾다. ⓑ동반자(同伴者).

반:론 反論 | 반대로 반, 말할 론 [refute]
남의 의견에 대하여 반대(反對) 의견을 말함[論]. 또는 그 의론(議論).

반:-만년 半萬年 | 반 반, 일만 만, 해 년
[five thousand years]
만년(萬年)의 반(半). 오천 년. ¶반만년의 역사.

*__**반:면** 反面__ | 반대로 반, 낯 면
[other side]
❶뜻 반대(反對)쪽의 면(面). ❷앞에 말한 것과는 달리. 어떠한 사실과는 반대로. ¶나는 말은 잘 하는 반면 실천력이 떨어진다.

반:목 反目 | 반대로 반, 눈 목
[be hostile]
❶뜻 눈[目]길을 돌림[反]. ❷어떤 일이나 상황에 대해 반대하는 입장을 가져 서로 미워하게 됨. ¶시민단체와 반목하게 되었다.

반:문 反問 | 거꾸로 반, 물을 문
[ask in return]
거꾸로[反] 되물음[問].

반:미 反美 | 반대로 반, 미국 미
[anti-American]
미국(美國)에 반대(反對)함. 또는 미국에 반대되는 것. ¶반미 감정이 약해졌다.

반:박 反駁 | 반대로 반, 논박할 박 [refute]
남의 의견이나 비난에 대하여 반대(反對)의 의견으로 논박(論駁)함.

반:반 半半 | 반 반, 반 반
[half-and-half]
둘로 가른. 또는 갈라진 각각의 반(半+半)쪽. ¶설탕과 식초를 반반씩 넣다.

반:발 反撥 | 거꾸로 반, 튈 발
[resist; oppose]
❶뜻 거꾸로[反] 되받아 튀김[撥]. ❷어떤 상대나 행동에 대하여 거스르고 반항함. ¶반발 세력 / 정책에 반발하다.

반백 斑白 | 얼룩 반, 흰 백 [gray-haired]
얼룩진[斑] 흰[白]머리가 뒤섞여 있는 머리털. ¶반백의 중년 신사가 나타났다.

반별 班別 | 나눌 반, 나눌 별
반[班]마다 따로따로[別]. ¶반별로 성금을 모았다.

*__**반:복** 反復__ | 되돌릴 반, 돌아올 복 [repeat]
처음으로 되돌아[反]가 같은 일을 되풀이함[復]. ¶반복 훈련.
▶ **반:복-적** 反復的 | 것 적
되풀이[反復]되는 것(的). ¶반복적으로 연습하다.

반:비 反比 | 반대로 반, 견줄 비 [inverse ratio]
수학 비례식에서 앞의 항과 뒤의 항을 바꾸어[反] 만든 비(比). A:B에 대한 B:A 따위. ⓑ정비(正比).

반:-비례 反比例 | 되돌릴 반, 견줄 비, 본보기 례 [inverse proportion]
수학 반대(反對)로 비례(比例)하는 관계. 한쪽이 커질 때, 다른 한쪽은 같은 비율로 작아지는 관계. ⓑ정비례(正比例).

*__**반:사** 反射__ | 되돌릴 반, 쏠 사 [reflect]
❶물리 빛이나 전파 따위가 어떤 물체의 표면에 부딪혀 되돌아[反] 쏘는[射] 현

상. ¶거울은 빛을 반사한다. ❷생물 자극에 대하여 기계적으로 일어나는 신체의 생리적인 반응.

▶ 반:사-경 反射鏡 | 거울 경
물리 빛을 반사(反射)하는 거울[鏡].

▶ 반:사-적 反射的 | 것 적
어떤 자극에 반응을 보이는[反射] 것[的]. ¶반사적으로 공을 피했다.

▶ 반:사 작용 反射作用 | 지을 작, 쓸 용
심리 반사(反射) 운동이 일어나는 작용(作用).

반-상회 班常會 | 나눌 반, 늘 상, 모일 회
[neighborhood meeting]
국민 조직의 최하 단위인 반(班)의 구성원의 상례적(常例的) 모임[會].

반색 [be glad; rejoice]
바라고 기다리던 사람이나 사물을 볼 때 몹시 반가워함. ¶할머니는 엄마를 반색하며 맞이했다.

반:생 半生 | 반 반, 살 생
[half one's life]
한평생(平生)의 반(半). 반평생. ¶그는 반생을 민주화 운동에 바쳤다.

반석 盤石 | =磐石, 소반 반, 돌 석
[huge rock]
❶속뜻 넓고 편편한 소반[盤]같은 바위[石]. ❷'아주 믿음직스럽고 든든함'을 비유하여 이르는 말. 비 너럭바위.

****반:성 反省** | 되돌릴 반, 살필 성
[introspect]
자기의 언행·생각 따위의 잘잘못이나 옳고 그름을 깨닫기 위해 스스로를 돌이켜[反] 살핌[省]. ¶반성의 기미가 보이지 않는다 / 잘못을 깊이 반성하다.

▶ 반:성-문 反省文 | 글월 문
자신의 언행에 대하여 잘못이나 부족함을 돌이켜 보며[反省] 쓴 글[文]. ¶반성문을 쓰다.

반:-세기 半世紀 | 반 반, 세대 세, 연대 기 [half a century]
한 세기(世紀)의 절반(折半). 50년.

반:송 返送 | 돌아올 반, 보낼 송
[send back; return]
도로 돌려[返] 보냄[送]. ¶주소가 틀린 편지는 반송한다. 비 환송(還送).

반:수 半數 | 반 반, 셀 수
[half the number]
전체의 절반(折半)의 수(數). ¶위원 반수가 그의 의견에 찬성했다.

반:숙 半熟 | 반 반, 익을 숙
[half-cooked]
반(半) 쯤만 익힘[熟]. 또는 그렇게 익은 것. ¶계란을 반숙하다.

반:신¹ 半身 | 반 반, 몸 신
[half the body]
온몸[身]의 절반[半]. 만 전신(全身).

▶ 반:신불수 半身不隨 | =半身不遂, 아닐 불, 따를 수
의학 뇌출혈, 혈전, 종양 따위로 말미암아 몸[身]의 절반[半]이 마음대로[隨] 움직이지 않음[不]. 또는 그런 사람. ¶중풍으로 반신불수가 되다.

반:신² 半信 | 반 반, 믿을 신
[be doubtful]
반(半) 쯤만 믿음[信]. 완전히 믿지는 아니함.

▶ 반:신-반:의 半信半疑 | 반 반, 의심할 의
반(半) 쯤은 믿고[信] 반(半) 쯤은 의심(疑心)함. ¶그는 친구의 말을 반신반의하며 들었다. 비 차신차의(且信且疑).

반:액 半額 | 반 반, 액수 액
[half (the) price]
정해진 것의 절반(折半)에 해당되는 금액(金額). ¶월급의 반액을 저축하다. 비 반값, 반금, 반가(半價). 만 전액(全額).

반:역 叛逆 | =反逆, 배반할 반, 거스를 역
[rise in revolt; rebel (against)]
배반(背叛)하여 돌아섬[逆]. ¶그는 민족을 반역하고 적에게 동조했다.

▶ 반:역-죄 叛逆罪 | 허물 죄
반역(叛逆) 행위를 한 죄(罪). ¶그는 반역

죄로 추방당했다.

반:영 反映 | 되돌릴 반, 비칠 영 [reflect]
❶[속뜻]빛 따위가 반사(反射)하여 비침[映]. ❷어떤 영향이 다른 것에 미쳐 나타남. ¶그 드라마는 70년대의 시대상을 반영하고 있다.

반:-영구 半永久 | 반 반, 길 영, 오랠 구 [semipermanent]
거의[半] 영구(永久)에 가까움.
▸반:영구-적 半永久的 | 것 적
거의[半] 영구(永久)에 가까운 것[的]. ¶이 상품은 반영구적으로 사용할 수 있다.

반원 班員 | 나눌 반, 인원 원 [squaddie]
반(班)을 이루고 있는 구성원(構成員).

반:음 半音 | 반 반, 소리 음 [half tone; half step]
[음악]온음의 절반(折半)이 되는 음정(音程). '반음정'(半音程)의 준말. [반]온음.

*__반:응__ 反應 | 되돌릴 반, 응할 응 [react]
❶[속뜻]되돌아[反] 나온 대응(對應). ❷생체가 자극이나 작용을 받으면 튕겨 나오는 변화나 움직임. ¶과도한 반응 / 신경은 자극에 반응한다. ❸[화학]물질과 물질이 서로 작용하여 화학 변화를 일으키는 일. ¶나트륨은 염소와 반응하여 소금을 만든다.

반:일 反日 | 반대로 반, 일본 일 [anti-Japanese]
일본(日本)을 반대(反對)함. 또는 그런 감정. ¶반일 감정이 날로 격화되었다.

반입 搬入 | 옮길 반, 들 입 [carry in]
물건을 옮겨[搬] 들임[入]. ¶음식물 반입 금지. [반]반출(搬出).

반:-작용 反作用 | 되돌릴 반, 지을 작, 쓸 용 [react]
❶[속뜻]어떤 움직임에 대해 반대(反對)의 움직임이[作用] 생겨나는 일. ❷[물리]어떤 물체가 다른 물체에 힘을 미쳤을 때, 동시에 되 미치어 오는 그와 똑같은 크기의 힘. [반]작용.

반장 班長 | 나눌 반, 어른 장 [squad leader; monitor]
'반'(班)이라는 조직의 책임자[長]. ¶형사 반장 / 학급 반장.

반:전[1] 反戰 | 반대로 반, 싸울 전 [be antiwar]
전쟁(戰爭)을 반대(反對)함. ¶반전 시위를 벌이다.

반:전[2] 反轉 | 반대로 반, 구를 전 [reverse turn]
❶[속뜻]반대(反對)쪽으로 구름[轉]. ❷일의 형세가 뒤바뀜. ¶유가가 상승세로 반전했다. [비]역전(逆轉).

반:절 半切 | =半截, 반 반, 벨 절 [half sheet of paper]
절반[半]으로 자름[切]. 또는 그렇게 자른 반.

반:점[1] 半點 | 반 반, 점 점 [half point; half a point]
[언어]문장 안에서 짧게[半] 쉴 때 사용하는 문장부호[點]. ','로 표기한다.

반점[2] 斑點 | 얼룩 반, 점 점 [spot; speck]
동식물 따위의 몸에 박혀 있는 얼룩얼룩[斑]한 점(點). ¶반점이 생긴 수박 잎 / 그의 이마에 반점이 생겼다.

반:주[1] 伴奏 | 짝 반, 연주할 주 [play accompaniment]
[음악]짝[伴]을 맞추어 함께하는 연주(演奏). ¶피아노 반주에 맞추어 합창하다.

반주[2] 飯酒 | 밥 반, 술 주 [liquor with one's food]
끼니 때 밥[飯]에 곁들여서 마시는 술[酒]. ¶아버지는 반주로 막걸리를 드신다.

반지 半指 | =斑指, 반 반, 손가락 지 [finger ring]
두 짝의 반(半), 즉 한 짝으로만 손가락[指]에 끼는 것. 두 짝을 끼는 것은 가락지라고 한다.

반찬 飯饌 | 밥 반, 반찬 찬 [dishes to go with the rice]

❶속뜻 밥[飯]과 반찬[饌]. ❷밥에 곁들여 먹는 음식. ¶반찬거리를 사다. ㉰ 찬. ㉯ 부식(副食).

반창-고 絆瘡膏 | 묶을 반, 상처 창, 고약 고 [plaster]
상처[瘡]를 보호하거나 붕대를 고정시키기[絆] 위하여, 끈적한 물질[膏]을 발라서 만든 헝겊이나 테이프 따위. ¶얼굴에 반창고를 붙이다.

반출 搬出 | 옮길 반, 날 출
[take out; carry out]
운반(運搬)하여 내옴[出]. ¶문화재를 반출하다. ㉯반입(搬入).

***반-칙** 反則 | 거꾸로 반, 법 칙
[violate the rules; foul]
주로 운동 경기 따위에서 규칙(規則)을 어김[反]. 또는 규칙에 어긋남. ¶농구에서는 다섯 번 반칙하면 퇴장을 당한다.

반-투명 半透明 | 반 반, 통할 투, 밝을 명 [translucency]
❶속뜻 반(半) 정도는 빛[明]을 투과(透過)함. ❷어떤 것의 너머 있는 물체의 윤곽은 또렷하지 않으나 명암이나 빛깔 등은 분간할 수 있는 정도의 상태. ¶반투명 유리 / 반투명한 용기.

반포¹ 頒布 | 나눌 반, 펼 포 [distribute]
세상에 널리 나누고[頒] 퍼뜨려[布] 모두 알게 함. ¶경국대전의 반포 / 훈민정음을 반포하다.

반ː포² 反哺 | 되돌릴 반, 먹을 포
❶속뜻 까마귀의 새끼가 자라서 먹이를 물어다가 도리어[反] 늙은 어미를 먹임[哺]. ❷자식이 자라서 늙은 부모를 봉양함. 또는 은혜를 갚음을 비유하여 이르는 말.
▶ **반ː포지효** 反哺之孝 | 어조사 지, 효도 효
자식이 자라서 늙은 부모를 봉양하여[反哺] 어버이가 길러 준 은혜에 보답하는 효성(孝誠).

반ː품 返品 | 돌아올 반, 물건 품 [return goods]
사들인 물품(物品) 따위를 도로[返] 돌려보냄. 또는 그러한 물품. ¶싸게 판 것은 반품할 수 없습니다.

반ː항 反抗 | 반대로 반, 막을 항 [resist; revolt]
순순히 따르지 않고 반대(反對)하거나 저항(抵抗)함. ¶부모에게 반항하다. ㉯복종(服從).
▶ **반ː항-심** 反抗心 | 마음 심
반항(反抗)하는 마음[心].

반ː핵 反核 | 반대로 반, 씨 핵
핵무기, 원자력 발전소 등 원자핵(原子核)의 사용을 반대(反對)함. ¶반핵 시위를 벌이다.

반ː환 返還 | 돌아올 반, 돌아올 환 [return]
되돌아오거나[返] 되돌려 줌[還]. ¶입장료를 반환해 주다.
▶ **반ː환-점** 返還點 | 점 점
운동 선수들이 되돌아오는[返還] 지점(地點). ¶그는 이제 막 반환점을 돌았다.

발 發 | 쏠 발 [shot]
탄환의 수효를 나타내는 말. ¶총알 두 발.

발각 發覺 | 드러낼 발, 깨달을 각 [detect]
❶속뜻 숨겼던 일이 드러나[發] 알게 됨[覺]. ❷감추었던 것이 드러나 모두 알게 됨. ¶범행이 형사에게 발각되었다.

발간 發刊 | 펼 발, 책 펴낼 간 [publish]
책이나 신문 등을 발행(發行)하여 펴냄[刊]. ¶새로운 잡지를 발간하다.

****발견** 發見 | 드러낼 발, 볼 견 [discover]
남이 미처 찾아내지 못하였거나 세상에 널리 알려지지 않은 것을 먼저 드러내[發] 보임[見]. ¶콜럼버스는 아메리카 대륙을 발견했다.
▶ **발견-지** 發見地 | 땅 지
무엇을 발견(發見)한 곳[地]. ¶발견지를 적어 놓았다.

발광¹ 發狂 | 일어날 발, 미칠 광 [madness]
❶속뜻 병으로 미친[狂] 증세가 일어남

[發]. ❷미친 듯이 날뜀. ¶그건 춤이 아니라 발광이다.

발광² 發光 | 쏠 발, 빛 광
[emit the light]
빛[光]을 냄[發]. ¶안전을 위해 발광 도료를 발랐다.

▸ **발광-체** 發光體 | 몸 체
[물리] 스스로 빛을 내는[發光] 물체(物體). [준] 광체. [반] 암체(暗體).

***발굴** 發掘 | 드러낼 발, 팔 굴 [excavate]
❶[속뜻] 땅속에 묻혀 있는 유적 따위를 발견(發見)하여 파냄[掘]. ¶고대의 유적을 발굴하다 ❷아직 알려지지 않은 뛰어난 인재나 희귀한 물건을 찾아냄. ¶인재를 발굴하다. [반] 매몰(埋沒).

발급 發給 | 드러낼 발, 줄 급 [issue]
발행(發行)하여 줌[給]. ¶여권을 발급하다. [비] 발부(發付).

발단 發端 | 나타날 발, 첫 단
[begin; commence]
❶[속뜻] 어떤 일이 생겨난[發] 그 첫머리[端]. 처음으로 시작함. ¶민란이 발단되다. ❷어떤 일이 벌어지게 된 이유. ¶사건의 발단.

발달 發達 | 나타날 발, 이를 달 [develop; grow]
❶[속뜻] 생체 따위가 나서[發] 차차 완전한 모양과 기능을 갖추는 단계에 이르다[達]. ¶신체 발달. ❷어떤 것의 구실·규모 등이 차차 커져 감. 진보 발전함. ¶문명의 발달. [비] 발육(發育), 성장(成長), 진보(進步), 발전(發展).

발동 發動 | 일으킬 발, 움직일 동
[be aroused; invoke]
❶[속뜻] 어떤 기능이 활동(活動)을 일으킴[發]. 움직이기 시작함. ¶호기심이 발동하다. ❷동력을 일으킴. ¶내 차는 발동이 잘 걸리지 않는다.

발랄 潑剌 | 뿌릴 발, 어지러울 랄
[lively; sprightly]
❶[속뜻] 물을 튀기며[潑] 물고기가 이리저리 마구 뛰며 노는[剌] 모양. ❷표정이나 행동이 활발하고 명랑하다. ¶그녀는 젊고 생기발랄하다.

발령 發令 | 드러낼 발, 명령 령
[give an order]
사령(辭令), 경보 따위를 발표(發表)하거나 공포함. ¶인사 발령을 받다 / 태풍 경보가 발령되었다.

***발명** 發明 | 드러낼 발, 밝을 명 [invent]
❶[속뜻] 잘못이 없다는 사실을 드러내어[發] 밝힘[明]. ¶듣기 싫다는데 무슨 발명이 그리 많으냐! ❷그때까지 없던 기술이나 물건 따위를 새로 생각해 내거나 만들어 냄. ¶금속 활자의 발명. [비] 변명(辨明).

▸ **발명-가** 發明家 | 사람 가
발명(發明)한 사람[家]. 또는 발명을 많이 하는 사람.

▸ **발명-왕** 發明王 | 임금 왕
유용한 발명(發明)을 많이 한 사람[王]을 이르는 말.

▸ **발명-품** 發明品 | 물건 품
발명(發明)한 물품(物品).

발모 發毛 | 나타날 발, 털 모
몸에 털[毛]이 돋아남[發]. 주로 머리털이 새로 돋아나는 것을 이른다. ¶발모를 촉진하는 약. [반] 탈모(脫毛).

발병 發病 | 나타날 발, 병 병
[outbreak of (a person's)illness]
병(病)이 생겨남 남[發]. ¶이 병은 주로 어린이에게 발병한다.

발사 發射 | 쏠 발, 활 사 [discharge]
❶[속뜻] 활[射]을 쏨[發]. ❷총이나 로켓 따위를 쏨. ¶미사일을 발사하다. [비] 방사(放射).

발산 發散 | 드러낼 발, 흩을 산
[emit; exhale]
❶[속뜻] 밖으로 드러나[發] 흩어짐[散]. ❷감정이나 냄새 따위가 밖으로 퍼지거나 흩어지게 함. ¶매력 발산 / 감정을 발산하다 / 향기를 발산하다.

발상[1]**發想** | 일으킬 발, 생각 상 [concept; think]
궁리하여 새로운 생각[想]을 일으켜[發] 내는 일. 또는 그 새로운 생각. ¶참신한 발상.

발상[2]**發祥** | 나타날 발, 상서로울 상 [origin; beginning]
❶[속뜻] 상서로운 일[祥]이나 행복의 조짐이 나타남[發]. ❷어떤 일이 처음으로 나타남.

▸발상-지 發祥地 | 땅 지
❶[속뜻] 나라를 세운 임금이 태어난[發祥] 땅[地]. ❷역사적인 일 따위가 처음으로 일어난 곳. ¶고대 문명의 발상지.

***발생** **發生** | 나타날 발, 날 생 [occur]
어떤 일이나 사물이 나타나고[發] 생겨남[生]. ¶강진이 발생하다.

▸발생-기 發生機 | =發生器, 틀 기
일정한 기체가 생겨나게[發生] 하기 위한 장치[機]. ¶발생기를 점검하다.

▸발생-량 發生量 | 분량 량
어떤 사물이 나타나거나[發] 생겨나는[生] 나타나는 분량(分量). ¶일산화탄소 발생량을 줄이다.

▸발생-률 發生率 | 비율 률
어떤 사물이 생겨나거나[發生] 나타나는 비율(比率). ¶교통사고 발생률이 점차 낮아지고 있다.

발설 **發說** | 드러낼 발, 말씀 설 [disclose; divulge]
말[說]을 입 밖으로 드러냄[發]. ¶비밀을 발설하다.

발성 **發聲** | 드러낼 발, 소리 성 [utter; speak]
소리[聲]를 냄[發]. ¶발성연습을 하다.

발송 **發送** | 보낼 발, 보낼 송 [send; forward]
물건이나 우편물 따위를 보냄[發=送]. ¶우편물을 발송하다.

발신 **發信** | 보낼 발, 소식 신 [dispatch of a message]
편지로 소식[信]을 보냄[發]. ¶이 편지는 서울 발신이다. [반] 수신(受信).

▸발신-인 發信人 | 사람 인
편지나 전보 따위를 부친[發信] 사람[人]. ¶발신인 주소. [반] 수신인(受信人).

발아 **發芽** | 필 발, 싹 아 [germinate; sprout]
[식물] 풀이나 나무에서 싹[芽]이 피어[發] 돋아남. ¶발아가 늦어지다 / 텃밭에 뿌린 씨앗들이 발아하기 시작했다.

발악 **發惡** | 드러낼 발, 나쁠 악 [revile; abuse]
온갖 나쁜[惡] 짓을 함[發]. ¶최후의 발악을 하다.

발암 **發癌** | 나타날 발, 암 암 [carcinogenic]
암(癌)이 생김[發]. 암을 생기게 함. ¶담배에는 발암 물질이 많다.

발언 **發言** | 밝힐 발, 말씀 언 [make a comment]
뜻을 말[言]로 밝힘[發]. 의견을 말함. 또는 그 말. ¶그는 이 문제에 대해 어떤 발언도 하지 않았다. [비] 발어(發語).

▸발언-권 發言權 | 권리 권
회의 등에서 발언(發言)할 수 있는 권리(權利). ¶의장은 그에게 발언권을 주었다.

발열 **發熱** | 일으킬 발, 더울 열 [generate heat; have fever]
❶[속뜻] 물체가 열(熱)을 냄[發]. ❷[의학] 건강의 이상으로 체온이 보통 상태보다 높아지는 일. ¶발열증상을 보이다.

발원 **發源** | 나타날 발, 근원 원 [source; rise]
❶[속뜻] 물줄기가 생겨나는[發] 근원(根源). ¶한강은 태백산맥에서 발원한다. ❷어떤 사상이나 현상 등이 발생하여 일어남. 또는 그 근원.

발육 **發育** | 나타날 발, 기를 육 [growth; develop]
생물이 생겨나서[發] 차차 자람[育]. ¶그 아이는 발육이 빠르다. [비] 성장(成長).

발음 發音 | 일으킬 발, 소리 음
[pronounce]
언어 혀, 이, 입술 등을 이용하여 소리[音]를 냄[發]. ¶정확하게 발음하다.
▶ 발음 기관 發音器官 | 그릇 기, 벼슬 관
언어 인체의 말소리를 내는[發音] 기관(器官). ¶혀, 이, 입술은 발음 기관이다.

발작 發作 | 나타날 발, 일으킬 작
[haver fit; spasm]
증세가 갑자기 나타나거나[發] 병을 일으킴[作]. ¶그는 갑자기 쓰러져서 발작하기 시작했다.

*발전¹ 發展 | 일으킬 발, 펼 전 [develop; grow]
❶속뜻 세력 따위를 일으켜[發] 그 기세를 펼침[展]. ❷어떤 상태가 보다 좋은 상태로 되어 감. ¶기술이 발전하다. ❸어떤 일이 더 복잡한 단계로 나아감. ¶말다툼이 싸움으로 발전했다.

발전² 發電 | 일으킬 발, 전기 전
[generate electricity]
전기(電氣)를 일으킴[發].
▶ 발전-기 發電機 | 틀 기
전기 수력이나 화력, 원자력 따위를 이용해 전기를 일으키는[發電] 기계(機械). ¶터빈 발전기.
▶ 발전-소 發電所 | 곳 소
수력이나 화력, 원자력 따위로 발전기를 움직여서 전기를 일으키는[發電] 곳[所]. 또는 그 시설. ¶풍력(風力) 발전소.
▶ 발전-용 發電用 | 쓸 용
전기를 일으키는[發電] 데에 쓰이는[用] 것. ¶발전용 기름.

발족 發足 | 떠날 발, 발 족
[start functioning]
❶속뜻 목적지를 향하여 발길[足]을 옮김[發]. ❷어떤 단체나 모임 따위가 새로 만들어져 활동을 시작함. ¶특별 위원회를 발족하다.

발진 發疹 | 나타날 발, 홍역 진 [erupt]
의학 종기[疹]가 나타남[發]. 또는 그 종기. ¶피부에 발진이 생겼다.

발탁 拔擢 | 뺄 발, 뽑을 탁 [select]
❶속뜻 빼내거나[拔] 뽑아[擢] 씀. ❷많은 사람 가운데서 특별한 사람을 뽑아 씀. ⓑ 탁발(擢拔).

발포 發砲 | 쏠 발, 탄알 포 [fire; shoot]
탄알[砲]을 쏨[發]. ¶발포를 명령하다.

*발표 發表 | 드러낼 발, 겉 표 [announce]
❶속뜻 겉[表]으로 드러냄[發]. ❷어떤 사실이나 결과 따위를 세상에 널리 드러내어 알림. ¶소설을 발표하다.
▶ 발표-자 發表者 | 사람 자
발표(發表)하는 사람[者]. ¶발표자들이 모이다.
▶ 발표-회 發表會 | 모일 회
학문의 연구 결과나 예술 작품 등을 여러 사람 앞에서 발표(發表)하는 모임[會]. ¶전통 무용 발표회.

발해 渤海 | 바다 이름 발, 바다 해
역사 고구려의 장수 대조영(大祚榮)이 세운 나라. 698∼926. 요동을 제외한 고구려의 옛 영토를 거의 회복하여 한때 세력을 크게 떨쳤으나 신라 말엽에 요(遼)나라에게 패망하였다. 당에서 발해의 건국을 인정하면서 대조영에게 발해군공(渤海郡公 - 발해지역의 군장)이라는 관작을 내리면서 '발해'(渤海)라 이름 하였다.

발행 發行 | 떠날 발, 갈 행 [publish]
❶속뜻 출발(出發)하여 길을 감[行]. ¶폭우로 발행이 늦어지다. ❷책이나 신문 따위를 발간하여 사회에 펴냄. ¶발행 부수(部數). ❸화폐, 증권, 증명서 등을 만들어 세상에 내놓음. ¶새로운 화폐를 발행하다.
▶ 발행-인 發行人 | 사람 인
출판물을 발행(發行)하는 사람[人]. ⓑ 펴낸이.

발현 發現 | =發顯, 드러낼 발, 나타날 현
[reveal]
드러나거나[發] 나타남[現]. 또는 드러나게 함. ¶희생정신을 발현하다.

발화 發火 | 일으킬 발, 불 화 [production of fire]
불[火]을 일으킴[發]. 불을 냄. ¶발화 원인을 조사하다.

발효[1] 發效 | 나타날 발, 효과 효 [come into effect]
법률이나 규칙 등이 효력(效力)을 나타냄[發]. ¶새 법률은 3월 1일 발효된다.

발효[2] 醱酵 | 술빚을 발, 술밑 효 [ferment]
❶[속뜻] 술밑[酵]으로 술을 빚음[醱]. ❷[화학] 효모(酵母)나 세균 따위의 미생물이 화학적으로 변하는 현상. 술, 된장, 간장, 치즈 따위를 만드는 데에 쓴다. ¶콩을 발효시켜 간장을 만들다.

***발휘** 發揮 | 드러낼 발, 떨칠 휘 [display; exhibit]
재주나 재능 따위를 드러내어[發] 널리 떨침[揮]. ¶실력을 발휘하다.

방[1] 房 | 방 방 [room]
사람이 살거나 일을 하기 위하여 벽 따위로 막아 만든 공간. ¶나는 언니와 같은 방을 쓴다.

방:[2] 放 | 놓을 방 [round]
❶총포를 발사하는 횟수를 세는 말. ¶두 방 쏘다. ❷주먹이나 방망이 따위로 때리는 횟수를 세는 말. ¶주먹 한 방을 날리다.

방:[3] 榜 | 명단 방
[list of successful candidates]
어떤 일을 널리 알리기 위하여 사람들이 다니는 길거리나 많이 모이는 곳에 써 붙이는 글[榜]. ¶과거 급제자의 방이 붙었다.

방공 防空 | 막을 방, 하늘 공
[air defense]
항공기나 미사일에 의한 공중(空中) 공격을 막음[防]. ¶방공 훈련.

▶방공-호 防空壕 | 해자 호
공중 공격을 막기[防空] 위해 파 놓은 해자[壕]. 땅속에 마련한 대피 시설. [비]대피호(待避壕).

방:과 放課 | 놓을 방, 매길 과
[dismissal of a class]
하루의 정해진 수업[課]을 마침[放].

▶방:과-후 放課後 | 뒤 후
학교에서 그 날의 수업을 마친[放課] 뒤[後]. ¶방과 후에 남아 공부를 하다.

방:관 傍觀 | 곁 방, 볼 관 [look on]
그 일에 상관하지 않고 곁[傍]에서 보기[觀]만 함. ¶문제를 더 이상 방관할 수 없다. [비]방참(傍參).

▶방:관-자 傍觀者 | 사람 자
방관(傍觀)하는 사람[者].

방광 膀胱 | 오줌통 방, 오줌통 광
[(urinary) bladder]
❶[속뜻] 오줌통[膀=胱]. ❷[의학] 척추동물의 신장에서 흘러나오는 오줌을 저장하였다가 일정한 양이 되면 요도를 통하여 배출시키는 주머니 모양의 배설 기관.

방금 方今 | 바로 방, 이제 금 [right now]
바로[方] 지금(只今). [비]금방.

방:대 厖大 | 클 방, 큰 대
[bulky; massive]
양이나 규모가 매우 많거나 크다[厖=大]. ¶자료가 방대하다.

방도 方道 | =方途, 방법 방, 방법 도
[means; way]
어떤 일을 하거나 문제를 풀어 가기 위한 방법(方法)과 도리(道理). ¶먹고 살 방도가 막막했다.

방독 防毒 | 막을 방, 독할 독
[protect oneself from poison]
독(毒)가스를 막음[防].

▶방독-면 防毒面 | 낯 면
[군사] 독(毒)가스나 연기 따위를 막고[防] 호흡기나 눈 등을 보호하기 위하여 얼굴[面]에 쓰는 것.

방:랑 放浪 | 놓을 방, 물결 랑
[wander around]
❶[속뜻] 추방(追放)되어 이곳저곳을 물결[浪]처럼 떠돌아다님. ❷정한 곳 없이 이리저리 떠돌아다님. ¶김삿갓은 방랑시인으로 유명하다.

▸방:랑-자 放浪者 | 사람 자
이곳저곳을 떠돌아다니는[放浪] 사람[者].

방:류 放流 | 놓을 방, 흐를 류
[discharge]
❶[속뜻]가두어 놓은 물을 터서 흘려[流] 보냄[放]. ❷기르기 위하여 어린 물고기를 물에 놓아줌. ¶강에 물고기를 방류하다. [비]방수(放水), 방생(放生).

방면 方面 | 모 방, 낯 면 [quarter]
❶[속뜻]네모[方] 반듯하게 생긴 얼굴[面]. ❷어떤 장소나 지역이 있는 방향이나 구역. ¶공항 방면의 도로가 막힌다. ❸뜻을 두거나 생각하는 분야. ¶그는 미생물 방면에서 최고이다.

방명 芳名 | 꽃다울 방, 이름 명
[(your, his) esteemed name]
❶[속뜻]꽃다운[芳] 이름[名]. ❷'남의 이름'을 높여 부르는 말. ¶여기에 방명을 적어 주십시오.

▸방명-록 芳名錄 | 기록할 록
특별히 기념하기 위하여 남의 성명[芳名]을 기록(記錄)해 두는 책. [비]인명록(人名錄).

방:목 放牧 | 놓을 방, 기를 목 [graze]
소나 말, 양 따위의 가축을 놓아[放] 기름[牧]. ¶들에 소를 방목하다. [비]방축(放畜).

▸방:목-지 放牧地 | 땅 지
[농업]가축을 놓아기르는[放牧] 일정한 땅[地]이나 장소. ¶방목지에 견학을 갔다. [비]목축지(牧畜地).

방문[1] 房門 | 방 방, 문 문
[chamber-door]
방(房)으로 드나드는 문(門). ¶누군가 방문을 두드렸다.

*__방:문__[2] 訪問 | 찾을 방, 물을 문
[call; visit]
찾아가서[訪] 안부 등을 물음[問]. ¶총리가 중국을 방문하다.

▸방:문-객 訪問客 | 손 객
찾아온[訪問] 손님[客].

▸방:문-단 訪問團 | 모일 단
방문(訪問)하기 위하여 조직한 집단이나 단체(團體). ¶중국 방문단.

▸방:문-자 訪問者 | 사람 자
어떤 사람이나 장소를 찾아오는[訪問] 사람[者]. ¶외부 방문자를 위한 방.

방방곡곡 坊坊曲曲 | 동네 방, 동네 방, 굽을 곡, 굽을 곡 [all over the country]
동네[坊] 마다 산골짜기의 굽이[曲] 마다 한 군데도 빼놓지 않은 모든 곳. ¶전국 방방곡곡을 떠돌아다니다. [준]곡곡. [비]각처(各處), 도처(到處).

방범 防犯 | 막을 방, 범할 범
[prevent crimes]
범죄(犯罪)가 일어나지 않도록 막음[防]. ¶방범대책을 세우다.

▸방범-대 防犯隊 | 무리 대
범죄를 막기[防犯] 위하여 조직된 단체[隊]. ¶방범대를 조직하다.

**방법 方法 | 방법 방, 법 법
[way; method]
❶[속뜻]방식(方式)이나 수법(手法). ❷어떤 목적을 달성하기 위하여 취하는 수단. ¶방법을 찾다.

방부 防腐 | 막을 방, 썩을 부
[preserve from decay]
썩는[腐] 것을 막음[防]. 건조, 냉장, 밀폐, 소금 절임, 훈제, 가열 따위의 방법이 있다.

▸방부-제 防腐劑 | 약제 제
[약학]물건이 썩지 않게[防腐] 하는 약제(藥劑). 알코올이나 포르말린 따위. ¶방부제가 첨가된 식품은 건강에 좋지 않다.

방비 防備 | 막을 방, 갖출 비 [defense]
적의 침공이나 재해 따위를 막을[防] 준비(準備)를 함. 또는 그 준비. ¶방비를 강화하다.

**방:사 放射 | 놓을 방, 쏠 사
[radiate; emit]
❶[속뜻]사방으로 방출(放出)하거나 쏘아

[射] 내뻗침. ❷[물리] 물체가 빛이나 열 같은 에너지를 밖으로 내뿜음.

▸방:사-능 放射能 | 능할 능
[물리] 라듐, 우라늄, 토륨 따위 원소의 원자핵이 붕괴하면서 방사선(放射線)을 방출할 수[能] 있는 성질. ¶원자로에서 방사능이 누출되었다.

▸방:사-선 放射線 | 줄 선
❶[속뜻] 중앙의 한 점에서 사방으로 죽죽 뻗쳐 있는[放射] 선(線). ❷[물리] 방사성 원소가 내뿜는 에너지의 흐름.

방석 方席 | 모 방, 자리 석
[(floor) cushion]
네모[方] 모양의 깔고 앉는 자리[席]. [비] 좌욕(坐褥).

방세 房貰 | 방 방, 세놓을 세
[room rent]
남의 방(房)에 세(貰)를 들고 내는 돈. ¶방세가 비싸다.

*__방:송__ 放送 | 놓을 방, 보낼 송
[release offender; go on radio]
❶[역사] 죄인을 석방(釋放)하여 내보냄[送]. ❷라디오나 텔레비전을 통하여 음성이나 영상을 전파로 내보내는 일. ¶방송에 출연하다.

▸방:송-국 放送局 | 관청 국
일정한 시설을 갖추어 방송(放送)을 하는 기관[局].

▸방:송-극 放送劇 | 연극 극
[연영] 라디오 등을 통해서 방송(放送)하는 연극(演劇).

▸방:송-반 放送班 | 나눌 반
학교에서 교내 방송(放送)을 맡아서 하는 학생들의 모임[班]. ¶방송반에 가입하다.

▸방:송-사 放送社 | 회사 사
방송(放送)을 영업으로 하는 회사(會社). ¶방송사를 방문하다.

방수 防水 | 막을 방, 물 수 [waterproof]
물[水]이 새거나 넘쳐흐르는 것을 막음[防]. ¶방수 설비 / 방수 대책.

*__방식__ 方式 | 방법 방, 꼴 식 [form]
어떤 일정한 방법(方法)이나 형식(形式). ¶자기 방식대로 하다. [비] 법식(法式).

방:심 放心 | 놓을 방, 마음 심
[be absent minded]
❶[속뜻] 다른 것에 정신이 팔려 마음[心]을 놓아 버림[放]. ¶방심은 금물이다. ❷걱정하던 마음을 놓음.

방안 方案 | 방법 방, 생각 안
[plan; device]
해결 방법(方法)이나 생각[案]. ¶해결 방안이 떠올랐다.

방어 防禦 | 막을 방, 막을 어 [defend]
적이 쳐들어오는 것을 막음[防=禦]. ¶산성(山城)에서 적의 공격을 방어하다. [반] 공격(攻擊).

▸방어-선 防禦線 | 줄 선
[군사] 적의 공격을 막기[防禦] 위하여 진지를 구축해 놓은 전선(戰線).

방언 方言 | 모 방, 말씀 언
[dialect word]
[언어] 표준어와 달리 어떤 지역이나 지방(地方)에서만 쓰이는 특유한 언어(言語). ¶함경도 방언은 알아듣기 어렵다. [비] 사투리. [반] 표준어(標準語).

방역 防疫 | 막을 방, 돌림병 역
[prevention of epidemics]
돌림병[疫]의 발생, 침입, 전염 따위를 막음[防]. 또는 그것을 위해 마련하는 조처.

방:열 放熱 | 놓을 방, 더울 열
[radiant heat]
열(熱)을 밖으로 내놓음[放]. 열을 발산함.

▸방:열-기 放熱器 | 그릇 기
[기계] 열을 발산시켜[放熱] 공기를 따뜻하게 하는 난방 장치[器]. [비] 라디에이터.

방:영 放映 | 놓을 방, 비칠 영
[broadcast; telecast]
텔레비전으로 영상(映像)을 방송(放送)함. ¶다큐멘터리를 방영하다.

방위[1] 防衛 | 막을 방, 지킬 위 [defend]
적이 쳐들어오는 것을 막아[防] 지킴

[衛]. ¶방위산업 / 수도를 방위하다.

*방위²方位 | 모 방, 자리 위 [bearing; point of the compass]
방향(方向)을 정한 위치(位置). ¶지도에 방위를 표시하다.

▸방위-표 方位表 | 겉 표
방위(方位)를 나타내는 표식이 그려 있는 표(表). ¶방위표를 참고하다.

*방음 防音 | 막을 방, 소리 음 [soundproof]
시끄러운 소리[音]를 막음[防]. ¶방음시설.

▸방음-벽 防音壁 | 담 벽
[건설] 특별히 방음(防音)을 위하여 설치한 벽(壁). ¶방음벽을 쌓다.

방:자 放恣 | 내칠 방, 마음대로 자 [impudent; uppish]
❶[속뜻] 내치는[放] 대로 마음대로[恣] 함. ❷꺼리거나 삼가는 태도가 없이 건방지다. ¶방자한 행동 / 방자하게 굴다.

방재 防災 | 막을 방, 재앙 재 [disaster prevention]
화재, 수재, 한재(旱災) 따위의 재해(災害)를 막음[防]. ¶이 건물은 방재 설비를 갖추었다.

방:전 放電 | 놓을 방, 번개 전 [discharge of electricity]
[물리] 전지나 축전기 또는 전기를 띤 물체에서 전기(電氣)가 외부로 흘러나오는[放] 현상. ¶배터리가 방전되다. [반] 충전(充電).

방정 方程 | 모 방, 과정 정
중국 고대 수학서인 『구장산술』(九章算術) 가운데 한 장. 『구장산술』에 따르면 자 모양으로 배열한 것을 '方'이라 하고, 계산 과정을 '程'이라 하였다.

▸방정-식 方程式 | 법 식
[수학] 어떤 문자가 특정한 값을 취할 때에만 성립하는[方程] 등식(等式). [반] 항등식(恒等式).

방제 防除 | 막을 방, 덜 제 [control (of insect pests)]
❶[속뜻] 미리 막아서[防] 없앰[除]. ❷농작물의 병충해를 예방하거나 없앰. ¶병충해 방제를 위해 농약을 뿌렸다.

방조 幇助 | =幫助, 도울 방, 도울 조 [aid; assist]
❶[속뜻] 어떤 일을 하도록 도와줌[幇=助]. ❷[법률] 형법에서, 남의 범죄 수행에 편의를 주는 모든 행위. ¶범행을 방조한 죄를 지었다.

방조-제 防潮堤 | 막을 방, 바닷물 조, 방죽 제 [tide embankment]
[건설] 조수(潮水)로 인한 피해를 막기[防] 위하여 해안에 쌓은 둑[堤]. ¶태풍으로 방조제가 무너졌다.

방:종 放縱 | 내칠 방, 놓아줄 종 [be dissolute]
❶[속뜻] 내치는[放] 대로 놓아줌[縱]. ❷아무 거리낌이 없이 함부로 행동함. ¶책임 없는 자유는 방종에 불과하다.

방주 方舟 | 모 방, 배 주 [ark]
상자 같은 네모[方] 모양의 배[舟]. ¶노아의 방주(Noah's ark).

방죽 [bank; embankment]
물을 막기 위해 쌓은 둑. ¶홍수로 방죽이 무너졌다.

*방지 防止 | 막을 방, 그칠 지 [prevent; head off]
어떤 일을 막아[防] 그만두게[止] 함. ¶재난을 미연에 방지하다. [비] 예방(豫防), 방비(防備).

방직 紡織 | 실뽑을 방, 짤 직 [spinning and weaving]
❶[속뜻] 실을 뽑아[紡] 피륙을 짬[織]. ❷실을 뽑아서 천을 짬. ¶방직산업 / 방직공장.

방책 方策 | 방법 방, 꾀 책 [plan; scheme]
방법(方法)과 계책(計策). ¶범죄 방지를 위한 방책을 세우다.

방청 傍聽 | 곁 방, 들을 청 [hear; attend]

직접적인 관계가 없는 사람이 회의나 토론, 공판 따위를 곁[傍]에서 들음[聽]. ¶재판을 방청하다.

▸ **방청-객** 傍聽客 | 손 객
방청(傍聽)하는 사람[客]. ¶가수가 나오자 방청객들이 환호했다. [비] 방청인(傍聽人).

▸ **방청-석** 傍聽席 | 자리 석
방청인(傍聽人)이 앉는 자리[席]. ¶방청석은 만원(滿員)이다.

방:출 放出 | 놓을 방, 날 출 [discharge]
❶ [속뜻] 내놓음[放=出]. ❷비축하여 놓은 것을 내놓음. ¶정부미를 방출하다.

방충 防蟲 | 막을 방, 벌레 충
해충(害蟲)을 막음[防]. ¶이 장롱은 방충 가공을 했다.

▸ **방충-망** 防蟲網 | 그물 망
파리나 모기, 나방 따위 벌레가 들어오지 못하도록[防蟲] 창 같은 데에 치는 그물[網]. ¶창문에 방충망을 치다.

▸ **방충-제** 防蟲劑 | 약제 제
[약학] 해충이 싫어하는 특이한 냄새로 해충(害蟲)이 꾀지 못하게[防] 하는 약제(藥劑). ¶방충제를 뿌려 흰개미를 없애다.

방:치 放置 | 놓을 방, 둘 치
[leave alone]
그대로 버려[放] 둠[置]. ¶자전거를 대문 밖에 방치하다.

방침 方針 | 모 방, 바늘 침
[one's course of action]
❶ [속뜻] 방향(方向)을 가리키는 지남침(指南針). ❷'무슨 일을 처리해 나가는 계획과 방향'을 이르는 말. ¶회사의 방침.

방:탕 放蕩 | 내칠 방, 음탕할 탕
[dissipated; prodigal]
❶ [속뜻] 내치는[放] 대로 음탕(淫蕩)하게 굶. ❷주색(酒色)에 빠져 행실이 추저분함. ¶방탕에 빠지다 / 방탕한 생활.

방파-제 防波堤 | 막을 방, 물결 파, 방죽 제 [breakwater]
[건설] 파도(波濤)를 막기[防] 위하여 항만에 쌓은 둑[堤]. ¶거친 파도로 방파제가 무너졌다.

방패 防牌 | 막을 방, 패 패
[warrior's shield]
칼이나 창, 화살 등을 막는데[防] 쓰던 널찍한[牌] 무기. ¶화살이 방패를 뚫었다.

▸ **방패-연** 防牌鳶 | 연 연
방패(防牌) 모양으로 만든 연(鳶).

방편 方便 | 방법 방, 편할 편
[expedient; instrument]
경우에 따라 편(便)하고 쉽게 이용하는 수단과 방법(方法). ¶일시적인 방편.

방풍 防風 | 막을 방, 바람 풍
[protect against wind]
바람[風]을 막음[防]. ¶이 제품은 방풍 효과가 뛰어나다.

▸ **방풍-림** 防風林 | 수풀 림
바람[風]을 막기[防] 위하여 가꾼 숲[林]. ¶바닷가에 방풍림을 조성하다.

방:학 放學 | 놓을 방, 배울 학
[school holidays; vacation]
❶ [속뜻] 공부하던[學] 손길을 놓음[放]. ❷ [교육] 학교에서 한더위나 한추위 때, 다음 학기 초까지 일정 기간 수업을 쉬는 일. ¶겨울 방학 / 내일 방학이 시작된다.

방한 防寒 | 막을 방, 찰 한
[protection against the cold]
추위[寒]를 막음[防]. ¶이 옷은 방한 기능이 있다.

▸ **방한-모** 防寒帽 | 모자 모
추위를 막기[防寒] 위한 모자[帽].

▸ **방한-복** 防寒服 | 옷 복
추위를 막으려고[防寒] 입는 옷[服]. ¶등산할 때 방한복을 입다.

▸ **방한-용** 防寒用 | 쓸 용
추위를 막는[防寒] 데 쓰이는[用] 것. ¶방한용 모자.

방해 妨害 | 거리낄 방, 해칠 해
[disturb; interrupt]
남에게 거리낌[妨]이나 해(害)를 끼침. ¶

방해해서 죄송합니다. [비] 훼방(毁謗).

⁑방향 方向 | 모 방, 향할 향
[direction; one's course]
❶[속뜻] 어떤 방위(方位)를 향(向)한 쪽. ¶동쪽 방향에서 바람이 불어왔다. ❷어떤 뜻이나 현상이 일정한 목표를 향하여 나아가는 쪽. ¶이 책은 내가 나아갈 방향을 제시해 주었다.

방화¹ 邦畵 | 나라 방, 그림 화
[Korean film]
자기 나라[邦]에서 제작된 영화(映畵). [비] 국산 영화(國産映畵). [반] 외화(外畵).

방화² 防火 | 막을 방, 불 화
[fire prevention]
화재(火災)를 미리 막음[防]. ¶그 건물은 방화 시설을 갖추고 있다.

방:화³ 放火 | 놓을 방, 불 화 [incendiary fire]
일부러 불[火]을 놓음[放]. ¶정신이상자가 지하철에서 방화했다. / 방화범을 잡다.

방황 彷徨 | 거닐 방, 노닐 황
[wander; roam]
❶[속뜻] 정처 없이 거닐고[徨] 노닒[彷]. ¶거리를 이리저리 방황하다. ❷할 바를 모르고 갈팡질팡함. ¶그는 자식을 잃고 오랫동안 방황했다.

배: 倍 | 곱 배 [two times; twice]
같은 수량을 몇 번 합친 수량을 나타내는 단위. ¶속도가 두 배나 빨라졌다.

배격 排擊 | 밀칠 배, 부딪칠 격
[reject; denounce]
어떤 사상, 의견, 물건 따위를 밀치고[排] 공격(攻擊)함. ¶군국주의를 배격하다.

배:경 背景 | 등 배, 볕 경
[background; scenery]
❶[속뜻] 뒤쪽[背]의 경치(景致). ¶산을 배경으로 사진을 찍다 ❷[연영] 무대의 안쪽 벽에 그린 그림. 또는 무대 장치. ¶배경을 꾸미다. ❸[문학] 작품의 시대적·역사적인 환경. ¶그 소설은 한반도를 배경으로 하고 있다.

▸ **배:경 음악** 背景音樂 | 소리 음, 풍류 악
[연영] 영화나 연극 따위에서 분위기를 조성하기 위하여 대사나 동작의 배경(背景)으로 연주하는 음악(音樂). ¶배경 음악에 맞춰 배우가 등장했다.

배:관 配管 | 나눌 배, 대롱 관 [plumbing; piping]
기체나 액체 따위를 다른 곳으로 보내기 위해 파이프[管]를 배치(配置)함. ¶배관 공사.

***배구** 排球 | 밀칠 배, 공 구 [volleyball]
❶[속뜻] 네트 위로 공[球]을 밀쳐[排] 넘기는 운동 경기. ❷[운동] 직사각형으로 된 코트의 중앙에 네트를 두고 두 팀으로 나누어 공을 땅에 떨어뜨리지 않고 손으로 공을 패스하여 세 번 안에 상대편 코트로 넘겨 보내는 운동 경기.

배:급 配給 | 나눌 배, 줄 급
[distribute; supply]
❶[속뜻] 나누어[配] 줌[給]. ❷영리를 목적으로 하지 않고 상품을 나누어 주는 일. 물자를 일정한 비례에 따라 몫을 떼어 나누어 준다. ¶식량 배급을 받다.

배기 排氣 | 밀칠 배, 기운 기 [exhaust]
안에 든 공기(空氣)를 밖으로 뽑아[排] 냄. ¶건물에 배기 설비를 갖추다.

▸ **배기-통** 排氣筒 | 대롱 통
차량이나 공장 따위에서 배기(排氣) 작용을 하기 위하여 설치한 통(筒). ¶매연 차량의 배기통.

배:낭 背囊 | 등 배, 주머니 낭
[knapsack]
물건을 넣어 등[背]에 질 수 있도록 천이나 가죽으로 주머니[囊]처럼 만든 것. ¶배낭을 어깨에 둘러매다.

배:달 配達 | 나눌 배, 이를 달 [deliver]
받는 사람별로 나누어[配] 전달(傳達)함. ¶우유를 배달하다.

배:당 配當 | 나눌 배, 마땅 당
[distribute; allocate]

일정한 기준에 따라 적당(適當)하게 나누어[配] 줌. ¶이윤을 배당하다.

배란 排卵 | 밀칠 배, 알 란 [ovulate]
의학 성숙기에 이른 포유류 암컷의 난소에서 성숙한 난자(卵子)가 배출(排出)되는 일. ¶생리 예정일로부터 14일 전후로 배란된다.

▶ 배란-기 排卵期 | 때 기
의학 성숙한 난세포가 난소에서 배출되는[排卵] 시기(時期). ¶배란기를 피하다.

배:려 配慮 | 나눌 배, 생각할 려 [consider]
마음을 나누어[配] 남도 생각[慮]해줌. ¶세심하게 배려하다.

배:반 背反 | =背叛, 등질 배, 되돌릴 반 [betray]
신의를 저버리고 등지고[背] 돌아섬[反]. ¶약속을 배반하다. 町 배신(背信).

배:분 配分 | 나눌 배, 나눌 분 [distribute]
몫을 따로 나눔[配=分]. ¶권력 배분 / 이익을 배분하다. 町 분배(分配).

배상 賠償 | 물어줄 배, 갚을 상 [compensate]
법률 남에게 입힌 손해를 물어[賠] 갚아줌[償]. ¶피해자가 입은 손해를 배상하다. 町 보상(補償), 변상(辨償).

배:색 配色 | 나눌 배, 빛 색 [arrange the colors]
두 가지 이상의 색(色)을 배합(配合)함. 또는 섞은 그 색. ¶저고리와 치마의 배색이 좋다.

배:선 配線 | 나눌 배, 줄 선 [wire]
전기 전기를 보낼 전선(電線)을 나누어[配] 설치함. '배전선'(配電線)의 준말. ¶전화 배선을 하다.

배설 排泄 | 밀칠 배, 샐 설 [excrete; eliminate]
❶속뜻 안에서 밖으로 밀어[排] 새나가게[泄] 함. ❷생물 생물체가 몸 안에 생긴 노폐물을 몸 밖으로 내보내는 일. ¶땀을 통해 노폐물을 배설하다. 町 배출(排出).

▶ 배설-물 排泄物 | 만물 물
배설(排泄)된 물질(物質). ¶배설물을 모아 비료를 만든다.

배:수¹ 倍數 | 곱 배, 셀 수 [multiple]
어떤 수의 갑절[倍]이 되는 수(數). ¶6은 2의 배수이다.

배수² 排水 | 밀칠 배, 물 수 [drainage]
불필요한 물[水]을 다른 곳으로 흘려버림[排]. ¶이 논은 배수가 잘 된다.

▶ 배수-로 排水路 | 길 로
건설 빼낸[排] 물[水]을 내보내기 위해 만든 물길[路]. ¶노후한 배수로를 수리하다. 町 배수구(排水溝).

배:수-진 背水陣 | 등질 배, 물 수, 진칠 진
군사 물[水]을 등지고[背] 치는 진(陣). 중국 한(漢)나라의 한신이 강을 등지고 진을 쳐서 병사들이 물러서지 못하고 힘을 다하여 싸우도록 하여 조(趙)나라의 군사를 물리쳤다는 데서 유래한다. ¶배수진을 치고 적을 공격했다.

배:식 配食 | 나눌 배, 밥 식 [distribute food]
음식(飲食)을 나누어[配] 줌. ¶노숙자에게 점심을 배식하다.

배:신 背信 | 등질 배, 믿을 신 [betray]
신의(信義)를 등짐[背]. ¶혼자만 살려고 친구들을 배신했다. 町 배반(背反).

▶ 배:신-감 背信感 | 느낄 감
믿음이나[信] 의리의 저버림[背]을 당한 느낌[感]. ¶그 소식을 듣고 배신감을 느꼈다.

배:양 培養 | 북돋울 배, 기를 양 [culture; cultivate]
❶식물 식물이나 동물의 일부를 가꾸어[培] 기름[養]. ¶세균을 배양하다 / 인공 배양. ❷사람이나 힘을 길러 냄. ¶국력을 배양하다.

▶ 배:양-토 培養土 | 흙 토
꽃이나 목본 식물 따위를 재배[培養] 하는 데 쓰려고 인공으로 거름을 섞어 만든

흙[土].

배ː역 配役 | 나눌 배, 부릴 역
[cast (of a play)]
연영 영화나 연극 따위에서 배우들에게 어떤 역(役)을 나누어[配] 맡김. 또는 맡긴 그 역. ¶신데렐라 배역을 정하다.

배열 排列 | 밀칠 배, 벌일 렬
[arrange; sequence]
일정한 차례나 간격으로 밀어[排] 늘어놓거나 벌여[列] 놓음. ¶진열대에 상품을 배열하다.

배ː영 背泳 | 등 배, 헤엄칠 영
[backstroke]
운동 등[背]을 대고 눕듯이 하여 치는 헤엄[泳].

배우¹ 俳優 | 광대 배, 광대 우
[player; actor]
❶속뜻 익살을 잘 부리는 광대[俳]와 연극을 잘하는 광대[優]. ❷연영 영화나 연극 등에서 극중의 인물로 꾸며 연기하는 사람. ¶그녀는 배우 지망생이다 / 주연 배우.

배ː우² 配偶 | 짝 배, 짝 우
[spouse; mate]
부부가 될 짝[配=偶]. 또는 그런 남녀. ⓗ 배필(配匹).

▶ **배ː우-자 配偶者** | 사람 자
부부로서 짝[配偶]이 되는 상대자(相對者)라는 뜻으로 부부가 서로를 이르는 말. ¶적당한 배우자를 고르다. ⓗ 반려자(伴侶者).

배ː율 倍率 | 곱 배, 비율 률
[magnification]
실제 도형이나 그림의 크기를 곱[倍]으로 축소 또는 확대한 비율(比率). ¶배율이 높은 망원경.

배자¹ 排字 | 밀칠 배, 글자 자
글씨를 쓰거나 인쇄할 판을 짤 때 글자[字]를 알맞게 벌여 놓음[排]. ¶배자 간격을 알맞게 조정하였다.

배ː자² 褙子 | 속적삼 배, 접미사 자
[women's waistcoat]
추울 때에 부녀자들이 저고리 위에 덧입는 옷[褙]. 조끼와 비슷하나 주머니와 소매가 없다.

배ː점 配點 | 나눌 배, 점 점
[distribute of marks]
문제마다 점수(點數)를 나누어[配] 매김. ¶문제에 따라 배점이 다르다.

배ː정 配定 | 나눌 배, 정할 정 [assign]
나누어서[配] 몫을 정(定)함. ¶좌석을 배정하다.

배제 排除 | 밀칠 배, 덜 제
[exclude; eliminate]
장애가 되는 것을 한곳에서 밀어내[排] 없앰[除]. ¶그러한 가능성을 완전히 배제할 수는 없다.

배ː차 配車 | 나눌 배, 수레 차
[allocate cars]
일정한 노선이나 구간에 차(車)를 알맞게 나눔[配]. ¶10분 간격으로 버스를 배차하다.

배척 排斥 | 밀칠 배, 물리칠 척
[exclude; ostracize]
밀쳐[排]내거나 물리침[斥]. ¶새로운 사상을 배척하다. ⓗ 포용(包容).

배ː출¹ 輩出 | 무리 배, 날 출
[come forward in succession]
인재들[輩]을 양성하여 사회에 내보냄[出]. ¶훌륭한 기술자 배출이 우리 학교의 목표다.

*__배출² 排出__ | 밀칠 배, 날 출
[discharge; transpire]
불필요한 물질을 밀어서[排] 밖으로 내보냄[出]. ¶이산화탄소를 배출하다.

▶ **배출-량 排出量** | 분량 량
밖으로 내보내는[排出] 물질의 양(量). ¶배출량 통계.

배ː치¹ 配置 | 나눌 배, 둘 치
[arrange; place]
사람이나 물건을 알맞은 자리에 나누어[配] 둠[置]. ¶좌석을 배치하다.

배치² 排置 | 늘어설 배, 둘 치
갈라 나누어 늘어[排] 놓음[置]. ¶책상 배치 간격을 조정하다. ㈘배포(排布), 포치(布置).

배타 排他 | 밀칠 배, 다를 타
[exclusive; cliquish]
타인(他人)을 배척(排斥)함. ¶배타주의.

▶ 배타-적 排他的 | 것 적
다른 사람이나 다른 생각 따위를 배척하려는[排他] 경향이 있는 것[的]. ¶배타적인 태도를 보이다.

배:포¹ 配布 | 나눌 배, 베풀 포
[distribute]
널리 나누어[配] 줌[布]. ¶관광객에게 안내책자를 배포했다. ㈘배부(配付).

배포² 排布 | =排鋪, 밀칠 배, 펼 포
[arrangement; scale of thinking]
❶속뜻 밀치거나[排] 펼쳐[布] 놓음. 배치함. ❷머리를 써서 일을 조리 있게 계획함. 또는 그런 속마음. ¶배포가 두둑하다 / 배포가 남다르다.

배:필 配匹 | 짝 배, 짝 필
[spouse; mate]
부부로서의 짝[配=匹]. ¶배필을 만나다. ㈘배우(配偶).

배:합 配合 | 나눌 배, 합할 합
[match; combine; mix]
두 가지 이상을 일정한 비율로 나누어[配] 한데 섞어 합(合)침. ¶배합 비율.

▶ 배:합-토 配合土 | 흙 토
식물의 성장에 적합하도록 무기질 비료, 유기 물질 따위를 알맞게 배합(配合)하여 만든 토양(土壤). ¶배합토를 화분에 넣다.

▶ 배:합 사료 配合飼料 | 먹일 사, 거리 료
농업 동물 사육에 필요한 영양소를 알맞게 섞어[配合] 만든 사료(飼料).

배회 徘徊 | 노닐 배, 노닐 회
[wander about]
목적 없이 이리저리 거닒[徘=徊]. ¶거리를 배회하다.

배:후 背後 | 등 배, 뒤 후 [back; rear]
❶속뜻 등[背] 뒤[後]. 뒤쪽. ❷사건 따위의 표면에 드러나지 않는 부분. ¶배후 세력 / 사건의 배후를 밝히다.

백 百 | 일백 백 [hundred]
열의 열 배. 100. ¶사과 백 개를 상자에 담았다.

백계 白鷄 | 흰 백, 닭 계
털이 흰[白] 닭[鷄].

백골 白骨 | 흰 백, 뼈 골
[white bone; skeleton]
죽은 사람의 살이 다 썩은 뒤에 남은 흰[白] 뼈[骨]. ¶스승님의 은혜는 백골이 되어서도 잊지 못한다.

백과 百科 | 여러 백, 과목 과
[all branches of knowledge]
여러[百] 가지 과목(科目). 모든 분야.

▶ 백과-사전 百科事典 | 일 사, 책 전
문화, 예술 등 모든 분야의[百科] 일[事]을 체계에 따라 늘어놓은 책[典]. ¶백과사전에서 조롱박을 찾아보았다. ㈘백과전서(百科全書).

백관 百官 | 여러 백, 벼슬 관
[all the government officials]
모든[百] 벼슬아치[官]. ¶조정의 백관이 나서서 왕에게 간언했다. ㈘백공(百工), 백규(百揆), 백료(百僚).

백군 白軍 | 흰 백, 군사 군 [white team]
운동 경기 따위에서, 흰[白]색의 상징색을 사용하는 편[軍]. ¶줄다리기에서 백군이 이겼다. ㈘청군(靑軍).

백금 白金 | 흰 백, 쇠 금 [white gold]
화학 은백색(銀白色)의 금속(金屬) 원소. 은보다 단단하며 녹슬지 않는다.

백기 白旗 | 흰 백, 깃발 기 [white flag]
❶속뜻 흰[白] 깃발[旗]. ❷항복의 표지로 쓰이는 흰 깃발. ¶백기를 들고 적에게 투항하다. ㈘항기(降旗).

백-내장 白內障 | 흰 백, 안 내, 장애 장
[cataract]
의학 눈 안[內]의 수정체가 회백색(灰白色)으로 흐려져서 시력 장애(障礙)를 일

으키는 질병. 노화로 발병하는 경우가 가장 많다.

백년하청 百年河清 | 일백 백, 해 년, 황하 하, 맑을 청
❶속뜻 백(百) 년(年)이 지난다 해도 황하[河]의 물이 맑아[清]지리오. ❷아무리 오랜 시일이 지나도 어떤 일이 이루어지기 어려움을 비유하여 이르는 말. ¶그 일을 바라느니 백년하청을 기다리는 것이 낫겠다.

백담-사 百潭寺 | 여러 백, 못 담, 절 사
불교 강원도 인제군 북면 용대리에 있는 절. 신라 진덕 여왕 1년(647)에 자장이 창건하였다. 크고 작은 많은[百] 못[潭]으로 이어져 있는 계곡 옆에 자리 잡은 절[寺]이라고 해서 붙여진 이름으로 추정된다.

백두 白頭 | 흰 백, 머리 두 [white head]
허옇게[白] 센 머리[頭]. ¶그는 어느새 백두의 노인이 되어 있었다.

▶ **백두-산 白頭山** | 메 산
❶속뜻 눈으로 덮여있어 마치 하얀[白] 머리[頭]가 있는 것같이 보이는 산(山). ❷지리 함경도와 만주 사이에 있는 산. 우리나라 제일의 산으로 높이는 2,744미터다. ¶겨울방학에 백두산을 관광했다. 비 장백산(長白山).

백령-도 白翎島 | 흰 백, 깃 령, 섬 도
지리 우리나라 서북쪽 가장 끝 부분에 있는 외딴섬[島]으로, 섬의 모양이 새가 흰[白] 날개[翎]를 펼치고 나는 모습처럼 생겼다 하여 붙여진 이름이다.

백로¹ 白露 | 흰 백, 이슬 로
❶속뜻 하얀[白] 이슬[露]. ❷이슬이 내리며 가을을 알린다는 절기로 처서와 추분 사이인 9월 8일 경에 있는 24절기의 하나.

백로² 白鷺 | 흰 백, 해오라기 로 [white heron]
❶속뜻 흰색[白] 해오라기[鷺]. ❷동물 부리·목·다리는 길고, 무논, 호수, 해안 등지에서 물고기, 개구리, 수생 곤충 따위를 잡아먹고 사는 왜가릿과의 새.

백록-담 白鹿潭 | 흰 백, 사슴 록, 못 담
❶속뜻 하얀[白] 사슴[鹿] 같은 못[潭]. ❷지리 제주도 한라산 봉우리에 있는 화구호. 화산 작용으로 생긴 분화구에 물이 고여 형성되었다.

백마 白馬 | 흰 백, 말 마 [white horse]
털빛이 흰[白] 말[馬]. ¶백마 탄 왕자님을 기다린다.

▶ **백마-강 白馬江** | 강 강
지리 충청남도 부여군 북부를 흐르는 강. 당나라 장수 소정방이 흰[白] 말[馬]의 머리를 미끼로 이 강(江)에서 용을 낚았다는 전설에서 유래된 이름이다.

백만 百萬 | 일백 백, 일만 만 [million]
❶속뜻 만(萬)의 백(百) 곱절. ❷썩 많은 수. ¶백만 대군을 이끌고 전투에 나서다.

▶ **백만-장자 百萬長者** | 어른 장, 사람 자
재산이 매우 많은[百萬] 큰 부자[長者]. ¶그는 미국에서 손에 꼽히는 백만장자다.

백면서생 白面書生 | 흰 백, 낯 면, 글 서, 사람 생
❶속뜻 밖에 나가지 않아 하얀[白] 얼굴[面]로 오로지 글[書]만 읽은 사람[生]. ❷세상물정에 어두운 사람을 비유하여 이르는 말. ¶백면서생인 그가 뭘 알겠느냐!

백모 伯母 | 맏 백, 어머니 모 [aunt]
큰[伯] 어머니[母]. 아버지의 형수. 반 숙모(叔母).

백-목련 白木蓮 | 흰 백, 나무 목, 연꽃 련 [yulan; a Chinese magnolia]
❶속뜻 흰[白] 꽃을 피우는 목련(木蓮). ❷식물 목련과의 낙엽 교목으로 초봄에 흰 꽃을 피움. 준 백련. 비 백란(白蘭), 옥란(玉蘭).

백묵 白墨 | 흰 백, 먹 묵 [piece of chalk]
흰[白] 먹[墨]처럼 생긴 필기구로 칠판에 글을 쓰면 흰색 가루가 부서져 글이 써짐. 비 분필(粉筆).

백미¹ 白米 | 흰 백, 쌀 미

[polished rice]
희게[白] 찧은 멥쌀[米]. ¶백미 삼백 석.

백미²白眉 | 흰 백, 눈썹 미
[finest example of]
❶[속뜻]흰[白] 눈썹[眉]. ❷옛날 중국의 마씨(馬氏)집 다섯 형제가 모두 재주가 뛰어났으나 그중에서도 흰 눈썹이 있는 마량(馬良)이 가장 뛰어났다는 이야기에서 비롯된 말로 '여럿 중에서 가장 뛰어난 사람이나 물건'을 비유함. ¶'춘향전'은 한국 고전문학의 백미다.

백반¹白飯 | 흰 백, 밥 반
[cooked rice]
❶[속뜻]흰[白] 쌀로 지은 밥[飯]. ❷흰밥에 국과 반찬을 곁들여 파는 한 상의 음식. ¶불고기 백반.

백반²白礬 | 흰 백, 명반 반 [alum]
❶[속뜻]하얀[白] 빛깔의 명반(明礬). ❷[화학]황산알루미늄 수용액에 황산칼륨 수용액을 넣었을 때 석출되는 정팔면체의 무색 결정. [비]명반(明礬).

백발 白髮 | 흰 백, 머리털 발 [gray hair]
하얗게[白] 센 머리털[髮]. ¶그는 어느새 백발의 노인이 되었다. [비]흰머리, 은발(銀髮).

백발백중 百發百中 | 일백 백, 쏠 발, 일백 백, 맞을 중
❶[속뜻]백(百) 번을 쏘아[發] 백(百) 번을 다 적중(的中)시킴. ❷총이나 활 따위를 쏠 때마다 겨눈 곳에 다 맞음. 무슨 일이나 틀림없이 잘 들어맞음. ¶그 점쟁이는 백발백중이라고 소문이 났다.

백방 百方 | 여러 백, 방법 방
[every direction]
온갖[百] 방법(方法). 여러 방면. ¶백방으로 알아보다.

백부 伯父 | 맏 백, 아버지 부 [uncle]
큰[伯] 아버지[父]. 아버지의 형. [반]숙부(叔父).

백분-율 百分率 | 일백 백, 나눌 분, 비율 률 [percentage]
전체의 수나 양을 백(百)으로 나눈[分] 뒤 일정수가 그중 몇이 되는가를 나타낸 비율(比率). '퍼센트'(%)로 나타낸다. ¶쌀의 생산량을 백분율로 나타내다. [비]백분비(百分比).

백사 白沙 | =白砂, 흰 백, 모래 사 [white sand]
흰[白] 모래[沙].

▶**백사-장 白沙場** | 마당 장
강가나 바닷가에 흰[白] 모래[沙]가 깔려 있는 곳[場]. ¶백사장은 여름마다 피서객으로 붐빈다.

백색 白色 | 흰 백, 빛 색 [white color]
하얀[白] 색(色). [비]흰색. [반]흑색(黑色).

백서 白書 | 흰 백, 글 서
[white paper; white book]
❶[속뜻]백색(白色) 종이에 쓴 글[書]. ❷[정치]정부가 정치, 경제, 외교 등에 관한 실정이나 시책을 국민에게 알리기 위해 발표하는 보고서. 영국 정부에서 사용하던 흰 표지를 씌운 보고서에서 비롯되었다.

백설 白雪 | 흰 백, 눈 설 [(white) snow]
흰[白] 눈[雪].

▶**백설 공주 白雪公主** | 귀인 공, 주될 주
❶[속뜻]백설(白雪)같이 살결이 흰 아름다운 공주(公主). ❷[문학]『그림 동화집』에 실려 있는 독일의 전래 민화. 또는 그 이야기에 나오는 여자 주인공. 백설 공주가 못된 계모의 계교로 독약이 든 사과를 먹고 죽어 유리로 된 관 속에 들어갔으나, 왕자가 와서 공주를 되살리고 계모는 벌을 받는다는 내용이다.

***백성** | **百姓** | 여러 백, 성씨 성 [people]
❶[속뜻]온갖[百] 성씨(姓氏). ❷일반 국민. ¶백성은 나라의 근본이다.

백수 百獸 | 여러 백, 짐승 수
[all kinds of animals]
온갖[百] 짐승[獸]. ¶백수의 왕 사자.

백악 白堊 | 흰 백, 석회 악
[chalk; white wall]

❶ 속뜻 흰[白] 석회[堊]. ❷석회로 칠한 흰 벽.
▶ 백악-관 白堊館 | 집 관
미국 대통령 관저를 가리키는 '화이트[白堊] 하우스[館]'를 한자로 옮긴 이름. 1815년 개장할 때 외벽을 희게 칠한 데서 유래한다.
▶ 백악-기 白堊紀 | 연대 기
지리 중생대(中生代)를 셋으로 나눈 것 중의 마지막 지질 시대[紀]. 이 시기의 지층이 대부분 백악(白堊)으로 이루어진 데서 유래한다. ¶백악기 말에 큰 지각변동이 있었다.

백야 白夜 | 흰 백, 밤 야
[nights under the midnight sun]
❶ 속뜻 하늘이 밝은[白] 밤[夜]. ❷지리 밤에 어두워지지 않는 현상. 또는 그런 밤. ¶극지방에서는 여름에 백야 현상이 일어난다.

백열 白熱 | 흰 백, 더울 열
[white heat; incandescence]
물리 물체에서 흰[白] 빛이 날만큼 몹시 높은 열(熱).
▶ 백열-등 白熱燈 | 등불 등
전기 흰빛을 내는[白熱] 등(燈). 백열 가스등이나 백열전기등 따위. ¶백열등 주위로 모기가 몰려들었다.
▶ 백열-전구 白熱電球 | 전기 전, 공 구
진공 또는 특별한 기체를 넣은 유리공 안에 금속 코일을 넣어 흰빛을 내게[白熱] 만든 전구(電球).
▶ 백열-전등 白熱電燈 | 전기 전, 등불 등
백열전구(白熱電球)를 사용하는 전등(電燈).

백엽-상 百葉箱 | 일백 백, 잎 엽, 상자 상
[instrument screen]
❶ 속뜻 백(百) 개의 나무조각[葉]을 이어 붙여 만든 상자[箱]. ❷기상 관측용 기구가 설비되어 있는, 조그만 집 모양의 흰색 나무 상자. 지표에서 약 1.5미터 높이에 오도록 설치하며, 온도계·습도계·기압계 따위가 장치되어 있다.

백옥 白玉 | 흰 백, 구슬 옥 [white gem]
흰[白] 빛깔의 옥(玉). ¶그녀의 피부는 백옥 같다.

백운-교 白雲橋 | 흰 백, 구름 운, 다리 교
❶ 속뜻 흰[白] 구름[雲]을 상징하는 다리[橋]. ❷고적 불국사 청운교와 백운교에서 위 다리.

백의 白衣 | 흰 백, 옷 의 [white clothes]
빛깔이 흰[白] 옷[衣].
▶ 백의-민족 白衣民族 | 백성 민, 무리 족
❶ 속뜻 예로부터 흰 옷[白衣]을 즐겨 입은 민족(民族). ❷'한국(韓國) 민족'을 이르는 말.
▶ 백의-종군 白衣從軍 | 따를 종, 군사 군
벼슬이 없는[白衣] 사람으로 군대(軍隊)를 따라[從] 싸움터로 나아감. ¶이순신은 벼슬에서 쫓겨나고도 백의종군했다.

백인 白人 | 흰 백, 사람 인 [white man]
피부색이 흰[白] 빛에 가까운 인종(人種). ¶그는 백인 어머니와 흑인 아버지 사이에서 태어났다.

백-인종 白人種 | 흰 백, 사람 인, 갈래 종
피부색이 흰[白] 빛에 가까운 인종(人種).

백일¹ 白日 | 흰 백, 해 일 [bright day]
❶ 속뜻 구름이 조금도 끼지 않은 맑은 날의 밝은[白] 해[日]. ❷환히 밝은 낮 대낮. ¶그의 범죄가 백일하에 드러나다.
▶ 백일-장 白日場 | 마당 장
대낮[白日]에 공개적인 장소(場所)에서 겨루는 시문(詩文) 짓기. ¶그는 학교를 대표해서 백일장에 나간다.

백일² 百日 | 일백 백, 날 일
[one hundred days]
아이가 태어난 날로부터 백(百) 번째 되는 날[日]. ¶백일 떡 / 백일 사진.
▶ 백일-해 百日咳 | 기침 해
의학 경련성의 기침을 일으키는 어린이의 급성 전염병. 한번 감염되면 백일(百日) 동안 기침[咳]이 멈추지 않는다고 붙여진 이름이다.

▸백일-홍 百日紅 | 붉을 홍
❶[속뜻]백일(百日)동안 피는 붉은[紅] 빛깔의 꽃. ❷[식물]부처꽃과의 관상식물. 여름에서 가을에 걸쳐, 여러 빛깔의 두상화가 핀다.

*백자 白瓷 | =白磁, 흰 백, 오지그릇 자 [white porcelain]
[수공]흰[白] 빛을 띠는 자기(瓷器). ¶조선 백자.

백작 伯爵 | 맏 백, 벼슬 작 [count; earl]
오등작(五等爵) 중에 셋째인 백(伯)에 해당되는 작위(爵位). 또는 그 작위를 가진 사람.

백전백승 百戰百勝 | 일백 백, 싸울 전, 일백 백, 이길 승
❶[속뜻]백(百) 번 싸워[戰] 백(百) 번을 다 이김[勝]. ❷싸울 때마다 다 이김. ¶우리 팀은 백전백승의 막강한 실력을 보였다.

백정 白丁 | 흰 백, 사나이 정 [butcher]
❶[속뜻]백수(白手) 상태의 사나이[丁]. ❷소나 개, 돼지 따위를 잡는 일을 직업으로 하는 사람.

백제 百濟 | 여러 백, 건질 제
[역사]우리나라 고대 왕국의 하나. 고구려 왕족인 온조(溫祚)가 한반도의 남서쪽에 자리잡아 세운 나라. '백성(百姓)을 모두 구제(救濟)한다'는 뜻이 담겨 있다는 설이 있다.

백조 白鳥 | 흰 백, 새 조 [swan; cob]
❶[속뜻]몸이 흰색[白]인 새[鳥]. ❷[동물]몸이 순백색이고 다리가 검은 물새. [비]고니.

백중 百衆 | =百中, 여러 백, 무리 중
❶[속뜻]많은[百] 사람들[衆]이 절에 모임. ❷[불교]음력 칠월 보름. 승려들이 재(齋)를 설(設)하여 부처를 공양하는 날로 큰 명절을 삼았다. 근래 민간에서는 여러 과실과 음식을 마련하여 먹고 논다.

백지 白紙 | 흰 백, 종이 지 [white paper; blank paper; clean slate]
❶[속뜻]빛깔이 흰[白] 종이[紙]. ❷아무것도 쓰지 않은 종이. ¶백지 답안지. ❸어떠한 대상에 대하여 아무것도 모르는 상태. ¶나는 경제 분야에 백지나 다름없다. [비]공지(空紙).

▸백지-장 白紙張 | 벌릴 장
❶[속뜻]흰[白] 종이[紙]의 낱장[張]. ❷'핏기가 없이 창백한 얼굴빛'을 비유하여 이르는 말. ¶부모님은 형의 소식을 듣고 얼굴이 백지장처럼 창백해졌다. [속담]백지장도 맞들면 낫다.

백-지도 白地圖 | 흰 백, 땅 지, 그림 도 [blank map]
[지리]대륙·섬·나라 등의 윤곽만 그리고 나머지는 기입 연습 또는 분포도 작성을 위하여 비워둔[白] 지도(地圖).

백치 白痴 | =白癡, 흰 백, 어리석을 치 [idiot]
뇌의 장애나 질병 따위로 연령에 비해 머리가 텅 비어[白] 있는 바보[痴] 같은 사람. 또는 그러한 병. ¶그녀는 백치같이 웃었다. [비]천치(天癡).

백합 百合 | 일백 백, 합할 합 [lily]
❶[속뜻]여러[百] 꽃잎이 합쳐[合] 있음. ❷[식물]5~6월에 줄기 끝에 2, 3개의 꽃이 옆으로 피는 관상용 식물. ¶백합은 순결을 상징한다.

백-혈구 白血球 | 흰 백, 피 혈, 공 구 [white blood cell]
[의학]붉은 빛을 나타내는 헤모글로빈을 갖고 있지 않아 희게[白] 보이는 혈구(血球). ¶백혈구는 감염과 질병을 막아 준다.

백혈-병 白血病 | 흰 백, 피 혈, 병 병 [leukemia]
[의학]혈액 속의 백혈구(白血球)가 정상보다 많아지는 병(病).

백호 白虎 | 흰 백, 호랑이 호 [white tiger]
❶[속뜻]털 색깔이 흰[白] 호랑이[虎]. ❷[민속]사신(四神)의 하나. 서쪽 방위를 지키는 신령을 상징하는 짐승인데 범으로 형상화했다. ❸[민속]중심이 되는 산에서

오른쪽으로 갈려나간 산줄기.

백화¹ **百花** | 여러 백, 꽃 화
[all kinds of flowers]
온갖[百] 꽃[花]. 여러 가지 꽃. ¶장미꽃은 백화의 왕이다.

백화² **百貨** | 여러 백, 재물 화
여러[百] 가지 상품이나 재물[貨].
▶ 백화-점 **百貨店** | 가게 점
일상생활에 필요한 온갖[百] 상품[貨]을 각 부문별로 나누어 파는 대규모의 상점(商店). ¶백화점에서 가방을 샀다.

번뇌 **煩惱** | 답답할 번, 괴로울 뇌
[troubles; anxiety; pains]
가슴이 답답함[煩]과 마음이 괴로움[惱]. ¶번뇌와 망상을 버려야 마음이 맑아진다.

번민 **煩悶** | 답답할 번, 고민할 민
[suffer; be tormented]
답답하고[煩] 고민스럽다[悶]. 또는 그 정도로 괴로움. ¶그는 죄의식으로 번민했다.

번복 **翻覆** | 뒤집을 번, 뒤집힐 복
[change; turn; reverse]
❶속뜻 뒤집고[翻] 또 뒤집힘[覆]. 뒤집음. ❷이리저리 뒤쳐 고침. ¶판정을 번복하다.

번성 **繁盛** | =蕃盛, 많을 번, 담을 성
[prosper; flourish]
❶속뜻 많이[繁] 담겨 있음[盛]. ❷한창 성하게 일어나 퍼짐. ¶자손의 번성 / 사업이 번성하다.

번식 **繁殖** | =蕃殖, 많을 번, 불릴 식
[breed; propagate]
❶속뜻 많이[繁] 불어남[殖]. 널리 퍼짐. ¶세균이 번식하다. ❷큰뜻 동물이 새끼를 침.
▶ 번식-지 **繁殖地** | 땅 지
동물들이 새끼를 치며 번식(繁殖)하는 장소[地]. ¶그 숲은 왜가리 번식지이다.

번역 **翻譯** | 옮길 번, 옮길 역 [translate]
어떤 언어로 된 글의 내용을 다른 나라말로 옮김[翻=譯].

번영 **繁榮** | 번성할 번, 영화 영 [prosper]
일이 번성(繁盛)하고 영화(榮華)롭게 됨. ¶국가의 번영.

번잡 **煩雜** | 번거로울 번, 섞일 잡
[troublesome; complicated]
번거롭고[煩] 어수선하게 뒤섞임[雜]. ¶도심의 번잡을 피하여 외곽으로 나가다.

번지 **番地** | 차례 번, 땅 지
[number (of an address)]
토지(土地)를 나누어서 매겨 놓은 번호(番號).

번창 **繁昌** | 많을 번, 창성할 창
[prosperous; flourishing]
한창 잘 되어 많이[繁] 창성(昌盛)함. ¶사업이 번창하시길 빕니다. ⓗ 번성(繁盛).

번호 **番號** | 차례 번, 차례 호 [number]
숫자로 나타낸 차례[番=號]. ¶번호순으로 자리를 배열하다.
▶ 번호-표 **番號票** | 쪽지 표
번호(番號)를 적은 표(票). ¶번호표를 뽑고 기다리십시오.

번화 **繁華** | 번성할 번, 빛날 화
[flourishing]
번성(繁盛)하고 화려(華麗)하다. ¶번화한 거리.
▶ 번화-가 **繁華街** | 거리 가
도시의 번화(繁華)한 거리[街].

벌 **罰** | 죄 벌 [punishment; penalty]
잘못하거나 죄를 지은 사람에게 괴로움을 주어 징계하고 억누르는 일. ¶수업 시간에 떠들어서 벌을 서다. ⓗ 상(賞).

벌금 **罰金** | 벌할 벌, 돈 금
[fine; (monetary) penalty]
규약을 위반했을 때에 벌(罰)로 내게 하는 돈[金]. ¶모임에 늦어 벌금을 냈다. ⓗ 상금(賞金).

벌목 **伐木** | 칠 벌, 나무 목
[cut down a tree; log]
나무[木]를 벰[伐]. ¶벌목을 금지하다 / 불법으로 벌목하다. ⓗ 간목(刊木).

벌점 **罰點** | 벌할 벌, 점 점

[demerit marks]
잘못에 대한 벌(罰)로 따지는 점수(點數). ¶그는 과속으로 벌점 30점을 받았다.

벌채 伐採 | 칠 벌, 캘 채
[cut down; fell trees]
나무를 베고[伐] 덩굴을 뽑음[採]. ¶산림을 벌채하다. 비 채벌(採伐).

벌초 伐草 | 칠 벌, 풀 초
[mow; cut the weeds]
봄과 가을에 무덤의 잡풀[草]을 베어서[伐] 깨끗이 함. ¶명절 전에 벌초를 하다.

벌칙 罰則 | 벌할 벌, 법 칙
[penal regulations]
법규를 어겼을 때의 처벌(處罰)을 정해 놓은 규칙(規則). ¶벌칙에 따라 처벌하다.

범-국민 汎國民 | 넓을 범, 나라 국, 백성 민
모든[汎] 국민(國民)에 걸쳐있는. ¶사회단체는 범국민 운동을 전개하였다.

범:람 氾濫 | =汎濫, 넘칠 범, 퍼질 람
[flood; overflow]
❶속뜻 강물이 넘쳐[氾] 널리 퍼짐[濫]. ¶강이 범람하여 마을이 물에 잠겼다. ❷바람직하지 못한 것들이 많이 나돎. ¶무분별한 정보의 범람.

범:례 凡例 | 모두 범, 본보기 례
[introductory remarks; explanatory notes]
미리 알아두어야 할 모든[凡] 사항을 본보기[例]로 적은 글. 비 일러두기.

범:법 犯法 | 어길 범, 법 법
[violate the law]
법(法)을 어김[犯]. 법에 어긋나는 일을 함. ¶범법행위를 단속하다.
▶범:법-자 犯法者 | 사람 자
법(法)을 어긴[犯] 사람[者].

범:상 凡常 | 무릇 범, 늘 상
[ordinary; common; normal]
무릇[凡] 늘[常] 있을 수 있음. 흔히 있을 수 있는 예사로움. ¶그는 범상한 인물이 아닌 것 같다.

범:선 帆船 | 돛 범, 배 선 [sailing ship]
돛[帆]을 단 배[船]. 비 돛단배.

***범:위 範圍** | 틀 범, 둘레 위
[extent; range]
❶속뜻 틀[範]의 둘레[圍]. ❷테두리가 정해진 구역. ¶시험 범위.

***범:인 犯人** | 범할 범, 사람 인 [criminal]
법률 죄를 저지른[犯] 사람[人]. ¶범인을 체포하다. 비 범죄인(犯罪人), 범죄자(犯罪者).

범:죄 犯罪 | 범할 범, 허물 죄 [crime]
죄(罪)를 지음[犯]. 또는 지은 죄. ¶범죄를 저지르다.
▶범:죄-자 犯罪者 | 사람 자
법률 죄(罪)를 저지른[犯] 사람[者]. 비 범인(犯人).

범:주 範疇 | 틀 범, 경계 주 [category]
일정한 범위(範圍)나 경계[疇]. ¶둘의 행동은 같은 범주에 속한다.

범:칙 犯則 | 어길 범, 법 칙
[infringe regulations]
규칙(規則)을 어김[犯]. ¶범칙 행위.
▶범:칙-금 犯則金 | 돈 금
법률 도로 교통법의 규칙을 어긴[犯則] 사람에게 과하는 벌금(罰金). ¶과속으로 범칙금을 물었다.

범:행 犯行 | 범할 범, 행할 행
[crime; offense]
범죄(犯罪) 행위를 함[行]. 또는 그 행위. ¶범행 계획 / 범행 현장 / 범행에 사용된 흉기.

법 法 | 법 법
[law; method; good reason]
❶국가의 강제력을 수반하는 사회 규범. ¶법을 지키다. ❷방법이나 방식. ¶그림 그리는 법. ❸해야 할 도리나 정해진 이치. ¶어른한테 그렇게 말하는 법이 어디 있니? ❹앞말의 동작이나 상태가 당연함을 나타내는 말. ¶죄를 지으면 누구나 벌을 받는 법이다.

법고 法鼓 | 법 법, 북 고

[불교]불법(佛法)을 설하기 전에 치는 북[鼓].

법관 法官 | 법 법, 벼슬 관 [judge]
[법률]사법권(司法權)을 행사하여 민(民)·형사(刑事上)의 재판을 맡아보는 공무원[官]. 町 사법관(司法官).

법규 法規 | 법 법, 법 규
[laws and regulations]
[법률]국민의 권리와 의무를 규정하여 활동을 제한하는 법률(法律)이나 규정(規程). ¶교통법규를 준수하다.

법당 法堂 | 법 법, 집 당 [building that contains a statue of Buddha]
[불교]불상을 모시고 설법(說法)도 하는 절의 정당(正堂). 町 법전(法殿).

법도 法度 | 법률 법, 제도 도
[law; rule; etiquette]
❶[속뜻]법률(法律)과 제도(制度). ❷생활상의 예법이나 제도. ¶집안의 법도를 따르다.

법령 法令 | 법 법, 명령 령 [law]
[법률]법률(法律)과 명령(命令). ¶관계 법령을 개정하다. 悠 영.

법률 法律 | 법 법, 법칙 률 [law]
❶[속뜻]법(法)과 규율(規律). ❷[법률]국민이 지켜야 할 모든 법(法)을 통틀어 일컫는 말.¶법률을 제정하다 / 법률을 지키다.

▶ **법률-안 法律案** | 문서 안
[법률]법률(法律)의 초안(草案). ¶법률안이 의결되다. 悠 법안.

법명 法名 | 법 법, 이름 명
[one's Buddhist name]
[불교]불법(佛法)을 배우려는 사람에게 지어준 이름[名].

법무 法務 | 법 법, 일 무
[judicial affairs]
법률(法律)에 관한 일[務].

▶ **법무-부 法務部** | 나눌 부
[법률]검찰·출입국 관리·인권 옹호 따위 법무(法務) 행정에 관한 사무를 맡아보는 중앙 행정 기관[部].

법복 法服 | 법 법, 옷 복 [judge's gown]
법정에서 법관(法官)들이 입는 옷[服].

법사 法師 | 법 법, 스승 사
[Buddhist monk]
[불교]불법(佛法)에 정통하여 다른 이들의 스승[師]이 될 만한 승려. ¶삼장법사.

법석 法席 | 법 법, 자리 석
[noisy way; fuss]
❶[속뜻]불법(佛法)을 설하는 자리[席]. ❷여러 사람이 어수선하게 떠드는 모양. ¶별 것도 아닌 일로 법석을 떨다. 町 수선, 야단법석(野壇法席).

법설 法說 | 법 법, 말할 설
[종교]천도교에서, 법적(法的) 성격을 가지는 말[說].

법안 法案 | 법 법, 안건 안
[(legislative) bill]
[법률]법률(法律)의 안건(案件)이나 초안. '법률안'(法律案)의 준말. ¶환경보호 법안이 의회를 통과했다.

법원 法院 | 법 법, 집 원 [law court]
[법률]사법권(司法權)을 가진 국가기관[院]. ¶법원에 출두하다. 町 재판소(裁判所).

법적 法的 | 법 법, 것 적 [legalistic]
법률(法律)에 따라 판단하거나 처리하는 것[的]. ¶만 19세가 되면 법적으로 성인이 된다.

법전 法典 | 법 법, 책 전 [law code]
[법률]어떤 종류의 법규(法規)를 체계적으로 정리하여 엮은 책[典]. ¶함무라비 법전.

법정¹法廷 | =法庭, 법 법, 관청 정 [law court]
[법률]법관(法官)이 재판을 행하는 관청[廷]. ¶법정에서 진술하다. 町 재판정(裁判廷).

법정²法定 | 법 법, 정할 정
[provide by law]
법(法)으로 규정(規定)함. ¶12월 25일은

법정 공휴일이다.

법주-사 法住寺 | 법 법, 살 주, 절 사
불교 충청북도 보은군 속리산면 사내리 속리산에 있는 절. 신라 진흥왕 14년(553)에 의신(義信) 화상이 창건하였다. 의신 화상이 불법(佛法)의 경전을 서역에서 싣고 돌아와 머무른[住] 절[寺]이라고 붙여진 이름이다.

법치 法治 | 법 법, 다스릴 치
[constitutional government]
법률(法律)에 따라 다스림[治]. 또는 그 정치.

▶ **법치 국가 法治國家** | 나라 국, 집 가
정치 국민의 의사에 따라 제정된 법률(法律)을 기초로 하여 국가 권력을 행사하는[治] 나라[國家]. ¶대한민국은 법치국가다. ㉰ 법치국.

***법칙 法則** | 법 법, 법 칙 [law; rule]
❶속뜻 방법(方法)과 규칙(規則). ❷반드시 지켜야만 하는 규범. ❸철학 일정한 조건 아래서 반드시 성립되는 사물 상호간의 필연적·본질적인 관계. ¶자연의 법칙.

벽 壁 | 담 벽 [wall]
집이나 방 따위의 둘레를 막은 수직 건조물[壁]. 속당 벽에도 귀가 있다.

벽-난:로 壁煖爐 | 담 벽, 따뜻할 난, 화로 로 [fireplace]
방 안의 벽면(壁面)에다 아궁이를 내고 벽 속으로 굴뚝을 통하게 한 난로(煖爐). ¶벽난로에서는 장작불이 타고 있었다.

벽력 霹靂 | 벼락 벽, 벼락 력 [bolt]
벼락[霹=靂].

벽면 壁面 | 담 벽, 낯 면
[surface of a wall]
담[壁]의 거죽[面]. ¶화장실 벽면에 타일을 붙이다.

벽보 壁報 | 담 벽, 알릴 보
[wall newspaper; poster]
종이에 써서 담[壁]이나 게시판 등에 붙여 여러 사람에게 알리는[報] 글. ¶선거 벽보를 붙이다.

벽-시계 壁時計 | 담 벽, 때 시, 셀 계
[wall clock]
벽(壁)에 걸어 놓는 시계(時計). ¶벽시계를 벽에 걸다.

벽-신문 壁新聞 | 담 벽, 새 신, 들을 문
[wall newspaper]
뉴스 등 시사적인 내용을 벽(壁)에 붙여 놓은 신문(新聞).

벽장 壁欌 | 담 벽, 장롱 장 [wall closet]
건설 담[壁]을 뚫어 작은 문을 내고 그 안에 물건을 넣어 두게 만든 장(欌). ¶철 지난 옷을 벽장에 넣어 두었다.

벽지¹ 僻地 | 후미질 벽, 땅 지
[isolated area]
도시에서 멀리 떨어진 으슥하고 한적한[僻] 곳[地]. ¶산간 벽지에 살다. ㉯ 벽처(僻處), 벽촌(僻村).

벽지² 壁紙 | 담 벽, 종이 지 [wallpaper]
건물의 벽(壁)에 바르는 종이[紙]. ¶꽃무늬 벽지를 바르다. ㉯ 도배지(塗褙紙).

벽촌 僻村 | 후미질 벽, 마을 촌
[remote village]
외진[僻] 곳에 있는 마을[村]. ㉯ 벽지(僻地), 벽처(僻處).

***벽화 壁畵** | 담 벽, 그림 화
[wall painting]
건물이나 고분 등의 벽(壁)에 장식으로 그린 그림[畵]. 넓게는 기둥이나 천장에 그린 것도 포함한다. ¶고분에는 수렵이나 무용을 그린 벽화가 있다.

변¹ 便 | 똥오줌 변 [excrement; stool]
대변(大便)과 소변(小便)을 아울러 이르는 말. 주로 대변을 이른다. ¶화장실이 없어서 풀숲에 변을 보았다.

변² 邊 | 가 변 [side; member]
❶물체나 장소의 가장자리[邊]. ¶한강 변에 공원을 만들다. ❷수학 다각형을 이루는 각 선분. ¶삼각형 한 변의 길이. ❸수학 등식이나 부등식에서 부호의 양편에 있는 식이나 수. ¶양 변에 2를 곱하다.

변³ 邊 | 가 변 [leftside radical of a

Chinese character]
한자에서 글자의 왼쪽[邊]에 있는 부수. '淸'(맑을 청), '誠'(정성 성)에서 'ⅰ', '言' 따위이다.

변:⁴變 | 바뀔 변 [incident]
갑자기 생긴 재앙이나 괴이한 일. ¶변을 당하다.

변경¹ 邊境 | 가 변, 지경 경 [borderland]
나라의 경계가 되는 변두리[邊]의 땅[境]. ¶변경을 지키다 / 변경의 방어가 허술하다. 만변방(邊方).

변:경² 變更 | 바뀔 변, 고칠 경 [change; alter]
바꾸어[變] 고침[更]. ¶주소를 변경하다. 만변개(變改), 변역(變易).

변기 便器 | 똥오줌 변, 그릇 기
[toilet stool]
똥오줌[便]을 받아 내는 그릇[器] 모양의 기구. ¶변기가 막히다.

▶ **변기-통 便器桶** | 통 통
변기(便器)로 쓰는 통(桶).

변:덕 變德 | 바뀔 변, 베풀 덕 [caprice]
❶ 속뜻 남에게 베풀던[德] 마음이 변(變)함. ❷이랬다저랬다 자주 바뀜. 또는 그러한 성질. ¶그 애는 툭하면 변덕을 부린다 / 날씨가 변덕스럽다. 관용 변덕이 죽 끓듯 하다.

변:동 變動 | 바뀔 변, 움직일 동 [change]
상태가 바뀌어[變] 움직임[動]. ¶물가가 크게 변동했다.

변:론 辯論 | 말 잘할 변, 말할 론
[discuss; argue; debate]
❶ 속뜻 변호(辯護)하는 말을 함[論]. ❷사리를 밝혀 옳고 그름을 따짐. ❸ 법률 소송 당사자나 변호인이 법정에서 주장하거나 진술함. 또는 그런 진술. ¶피고를 위해 변론하다.

변:명 辨明 | 가릴 변, 밝을 명
[explain oneself; make an excuse]
❶ 속뜻 옳고 그름을 가리어[辨] 사리를 밝힘[明]. ¶변명의 상소를 하다. ❷자신의 잘못이나 실수에 대하여 구실을 대며 그 까닭을 말함. ¶변명을 늘어놓다.

변:모 變貌 | 바뀔 변, 모양 모
[undergo a complete change]
모양[貌]이 바뀜[變]. 또는 그 모습. ¶시골 마을이 중소 도시로 변모했다. 만변용(變容).

변방 邊方 | 가 변, 모 방
[border areas; frontier]
❶ 속뜻 중심지에서 멀리 떨어진 가장자리[邊] 지역이나 지방(地方). ❷변경(邊境). ¶북쪽 변방 오랑캐 / 변방 이민족.

변:별 辨別 | 가릴 변, 나눌 별
[distinguish]
사물의 옳고 그름이나 좋고 나쁨을 가려[辨] 나눔[別]. ¶진위를 변별하다. 만분별(分別), 식별(識別).

변비 便秘 | 똥오줌 변, 숨길 비
[constipation]
의학 대변(大便)이 꼭꼭 숨어서[秘] 잘 나오지 않음. ¶할머니는 변비 때문에 고생이 많으셨다.

변:사¹ 辯士 | 말 잘할 변, 선비 사
[speaker]
입담이 좋아서 말을 잘하는[辯] 사람[士].

변:사² 變死 | 바뀔 변, 죽을 사
[meet one's death accidentally]
뜻밖의 변고(變故)로 죽음[死]. ¶교통사고로 변사를 당하다. 만횡사(橫死).

▶ **변:사-자 變死者** | 사람 자
자살이나 타살 또는 재앙의 변고(變故)로 죽은[死] 사람[者]. ¶신원을 알 수 없는 변사자를 발견하다.

변:상 辨償 | 가릴 변, 갚을 상
[pay for; reimburse]
❶ 속뜻 책임 소재를 잘 가리어[辨] 보상해야 할 것은 보상(補償)해줌. ❷남에게 입힌 손해를 돈이나 물건 따위로 물어줌. ¶화병을 깼으니 변상하시오. 만배상(賠償), 보상(補償).

변:색 變色 | 바뀔 변, 빛 색
[change of color]
빛깔[色]을 바꿈[變]. 또는 빛깔이 변하여 달라짐. ¶그의 치아는 흡연으로 인해 변색이 되었다.

변:성¹ 變性 | 바뀔 변, 성질 성 [change; vary]
성질(性質)이 달라짐[變]. 또는 그 달라진 성질.

변:성² 變成 | 바뀔 변, 이룰 성
[metamorphose]
바뀌어[變] 다르게 됨[成].

▸ 변:성-암 變成巖 | 바위 암
[지리] 변성 작용으로 그 성질이나 조직이 바뀐[變成] 암석(巖石)을 통틀어 이르는 말.

변:성³ 變聲 | 바뀔 변, 소리 성
[change of voice]
목소리[聲]를 바꿈[變]. 목소리가 달라짐. ¶사춘기가 되면 변성하여 목소리가 굵어진다.

▸ 변:성-기 變聲期 | 때 기
[의학] 사춘기에 일어나는 생리 현상으로 목소리[聲]가 달라지는[變] 시기(時期).

변소 便所 | 똥오줌 변, 곳 소
[toilet (room)]
대소변(大小便)을 볼 수 있게 만들어 놓은 곳[所]. [비] 뒷간, 화장실.

변:수 變數 | 바뀔 변, 셀 수 [variable]
❶ [수학] 수식 따위에서 일정한 범위 안에서 여러 가지 수치로 바뀔[變] 수 있는 수(數). ❷어떤 상황의 가변적 요인(要因). ¶무더운 날씨가 경기의 변수로 작용하였다. [반] 상수(常數), 항수(恒數).

변:신 變身 | 바뀔 변, 몸 신
[be transformed]
몸이나 모습[身]을 다르게 바꿈[變]. 또는 그 바뀐 모습. ¶마녀는 박쥐로 변신했다.

변:심 變心 | 바뀔 변, 마음 심
[change one's mind]
마음[心]을 바꿈[變]. ¶그녀는 변심하여 다른 남자와 결혼했다.

변:압 變壓 | 바뀔 변, 누를 압
[transform a current]
압력(壓力)을 바꿈[變].

▸ 변:압-기 變壓器 | 그릇 기
[전기] 전자 유도 작용(電磁誘導作用)을 이용하여 교류의 전압(電壓)이나 전류의 값 따위를 바꾸는[變] 장치[器]. [비] 트랜스.

변:장 變裝 | 바뀔 변, 꾸밀 장 [disguise]
❶ [속뜻] 다르게 바뀐[變] 꾸밈새[裝]. ❷본디 모습을 감추려고 얼굴, 옷차림, 머리 모양 등을 고쳐서 다르게 꾸밈. 또는 그 다르게 꾸민 모습. ¶범인은 집배원으로 변장하고 건물에 들어왔다.

변:절 變節 | 바뀔 변, 지조 절
[turn coat]
❶ [속뜻] 지조[節]를 지키지 않고 바꿈[變]. ❷내세워 오던 주의나 주장을 바꿈. ¶그는 역경에도 변절하지 않고 지조를 지켰다.

변:조 變造 | 바뀔 변, 만들 조
[alter; forge]
❶ [속뜻] 이미 만들어진 물체를 손질하여 고쳐[變] 만듦[造]. ❷문서의 형태나 내용을 다르게 고침. ¶변조 수표. [비] 변작(變作), 위조(僞造).

변:종 變種 | 바뀔 변, 갈래 종 [variety]
[생물] 같은 종(種)이면서도 보통 것과 다른[變] 종(種). ¶변종 바이러스에 감염되다.

변:주 變奏 | 바뀔 변, 연주할 주
[play a variation]
[음악] 리듬이나 선율·화성 따위를 여러 가지로 바꾸어[變] 하는 연주(演奏). 또는 그 기법.

▸ 변:주-곡 變奏曲 | 노래 곡
[음악] 어떤 주제를 바탕으로, 그 리듬이나 선율·화음 따위에 다양한 변화(變化)를 주어서 연주(演奏)하게 만든 악곡(樂曲).

변:질 變質 | 바뀔 변, 바탕 질
[change in quality]

물질이나 사물의 성질(性質)이 바뀜[變]. ¶더운 날씨에 음식이 금방 변질되었다.

변:천 變遷 | 바뀔 변, 바뀔 천
[changes; ups and downs]
세월이 흐르는 동안에 바뀜[變=遷]. ¶대외 관계는 시대에 따라 변천한다. 卽 변이(變移).

변:칙 變則 | 바뀔 변, 법 칙 [irregularity]
보통의 규칙이나 원칙(原則)을 바꾼[變] 형태나 형식. ¶세금부과를 피하려고 변칙으로 회사를 운영하다. 卽 변격(變格). 땐 정칙(正則).

변:태 變態 | 바뀔 변, 모양 태
[metamorphose]
❶ 속뜻 바뀐[變] 모습[態]. 모습을 바꿈. ❷ 동물 동물이 알에서 부화하여 성체(成體)가 되기까지 여러 가지 형태로 변하는 일. 卽 탈바꿈.

변:한 弁韓 | 고깔 변, 나라이름 한
역사 삼한(三韓)의 하나. 한반도의 남쪽에 위치한 십 여 개의 군장(君長)국가로 이루어진 나라로 뒤에 신라에 병합되었다. 변(弁)자가 들어간 것은 당시 고유어의 음역(音譯)으로 추정된다.

변:혁 變革 | 바뀔 변, 바꿀 혁
[revolutionize; reform]
❶ 속뜻 다른 것으로 바뀌거나[變] 바꿈[革]. ❷ 사회나 제도 등이 근본적으로 바뀜. 또는 바꿈. ¶사회제도를 변혁하다. 卽 개변(改變).

변:형 變形 | 바뀔 변, 모양 형
[change; transform]
모양[形]을 달라지게[變] 함. 또는 그 달라진 모양. ¶선인장의 가시는 잎이 변형된 것이다.

변:호 辯護 | 말 잘할 변, 돌볼 호
[defend; vindicate]
❶ 속뜻 그 사람에게 유리하도록 말을 잘하여[辯] 돌보아[護] 줌. ❷ 법률 법정에서 변호인이 검사의 공격으로부터 피고인의 처지를 해명하고 옹호함. ¶사건을 변호하다.

▶ 변:호-사 辯護士 | 선비 사
법률 전문적으로, 소송 당사자가 의뢰하건 법원이 선임(選任)하여 피고나 원고를 변론하고[辯護] 기타 일반 법률 사무를 행하는 사람[士].

▶ 변:호-인 辯護人 | 사람 인
법률 형사 피고인의 변호(辯護)를 맡은 사람[人].

***변:화 變化** | 바뀔 변, 될 화
[change; turn]
사물의 모양, 성질 등이 바뀌어[變] 다른 모양이 됨[化]. ¶계절의 변화 / 환경에 따라 식물도 변화한다.

▶ 변:화-무쌍 變化無雙 | 없을 무, 둘 쌍
둘[雙]도 없을[無] 정도로 심하게 혹은 자주 바뀜[變化]. ¶봄철의 날씨는 변화무쌍하다.

변:환 變換 | 바뀔 변, 바꿀 환
[change; convert]
어떤 사물이 전혀 다른 사물로 바뀌거나[變] 바꿈[換]. ¶빛을 전기로 변환하다.

별 別 | 다를 별 [unusual]
보통과 다르게 두드러지거나 특별한. ¶우리는 별 사이가 아니다 / 별 이상한 소리를 다한다.

별개 別個 | 다를 별, 낱 개
[different one; separate one]
어떤 것에 함께 포함시킬 수 없는 딴[別] 것[個]. ¶아는 것과 가르치는 것은 별개이다.

별거 別居 | 나눌 별, 살 거 [separate]
부부 또는 한 가족이 따로[別] 떨어져 삶[居]. ¶나는 아내와 별거 중이다. 땐 동거(同居).

별고 別故 | 다를 별, 사고 고
[accident; something wrong; trouble]
특별(特別)한 사고(事故). 별다른 탈. ¶별고 없으십니까? 卽 별탈, 별사고(別事故).

별관 別館 | 다를 별, 집 관

[extension; outhouse]
본관 외에 따로[別] 지은 건물[館]. ¶호텔 별관. [반] 본관(本館).

별기-군 別技軍 | 따로 별, 재주 기, 군사 군
[역사] ❶조선 후기에 마군(馬軍), 보군(步軍) 가운데서 특별(特別)히 기량(技倆)이 뛰어난 군사를 모아 편성한 군대(軍隊). ❷조선 고종 18년(1881)에 조직한 근대식 군대.

별당 別堂 | 다를 별, 집 당
[detached house]
❶[속뜻] 몸채의 곁이나 뒤에 따로[別] 떨어져 있는 집[堂]. ¶별당 아씨. ❷[불교] 절에서 주지나 경(經)스승 같은 이가 거처하는 방.

별도 別途 | 다를 별, 길 도
[another way]
❶[속뜻] 다른[別] 길[途]이나 방법. ❷원래의 것에 덧붙여서 추가한 것. ¶주민들은 별도의 사용료 없이 수영장을 이용할 수 있다.

별명 別名 | 다를 별, 이름 명 [nickname]
그 사람의 성격, 용모, 태도 따위의 특징을 따서 남이 지어 부르는 본이름 외의 딴[別] 이름[名]. ¶별명을 붙이다. [비] 별칭(別稱). [반] 본명(本名).

별무-반 別武班 | 다를 별, 굳셀 무, 나눌 반
[역사] 고려 때, 윤관이 여진 정벌을 위하여 특별(特別)히 무예(武藝)가 뛰어난 군사를 모은 조직[班]. 신기군·신보군·항마군의 세 부대로 편성하였다.

별미 別味 | 다를 별, 맛 미
[exquisite flavor; tidbit]
특별(特別)히 좋은 맛[味]. 또는 그런 음식. ¶메밀묵은 겨울철 별미이다.

별별 別別 | 다를 별, 다를 별
[of various and unusual sorts]
별(別)의 별(別). 온갖. 가지가지. ¶세상에는 별별 사람들이 다 있다. [비] 별의별.

별-산대 別山臺 | 나눌 별, 메 산, 무대 대
[민속] 본래의 산대(山臺)놀이를 본받아 다른[別] 곳에서 생긴 놀이. 조선 인조 때 산대놀음이 폐지된 이후, 서울 녹번과 애오개 등지에서 행해졌다.

별세 別世 | 나눌 별, 세상 세
[pass away; pass on]
❶[속뜻] 세상(世上)과 이별(離別)함. ❷'죽음'을 높여 이르는 말. ¶은사께서 노환으로 별세하셨다.

별-세:계 別世界 | 다를 별, 세상 세, 지경 계 [different world; fairyland]
❶[속뜻] 인간이 살고 있는 지구 이외의 다른[別] 세계(世界). ❷자기가 있는 곳과는 아주 다른 환경이나 사회. [비] 별천지(別天地).

별식 別食 | 다를 별, 밥 식
[special dish]
일상 먹는 음식이 아닌 색다른[別] 음식(飮食). ¶별식으로 부침을 먹었다.

별신-제 別神祭 | 다를 별, 귀신 신, 제사 제
별신(別神)에게 지내는 제사(祭祀). [비] 별신굿.

별실 別室 | 다를 별, 방 실
[special room; separate room]
딴[別] 방[室]. 특별히 따로 마련된 방. ¶손님을 별실로 모셨다.

별안-간 瞥眼間 | 언뜻 볼 별, 눈 안, 사이 간 [suddenly]
❶[속뜻] 눈[眼] 깜박하는[瞥] 사이[間]. ❷'갑자기'를 이름. ¶별안간 눈이 오기 시작했다.

별장 別莊 | 다를 별, 꾸밀 장
[(resort) villa; country house]
경치 좋은 곳에 따로[別] 꾸며놓고[莊] 때때로 묵는 집. ¶높은 절벽 위에 별장을 지어 놓았다.

별종 別種 | 다를 별, 갈래 종 [distinct species; different kind; special gift]
❶[속뜻] 딴[別] 종류(種類). ❷별스러운 사

람을 속되게 이르는 말 ¶그는 참 별종이다.

별주부-전 鼈主簿傳 | 자라 별, 주인 주, 장부 부, 전할 전
[문학] 토끼의 간을 구하기 위해 토끼를 용궁으로 잡아오는 자라[鼈] 대감[主簿]의 이야기[傳].

별지 別紙 | 다를 별, 종이 지
[annexed paper]
서류나 편지 등에 따로[別] 적어 덧붙이는 쪽지[紙]. ¶자세한 것은 별지를 참조하십시오.

별-천지 別天地 | 다를 별, 하늘 천, 땅 지
[another world]
속된 세상과는 아주 다른[別] 세상[天地]. 딴 세상. ¶아름다운 꽃이 만개하여 별천지가 따로 없다. [비] 별세계(別世界).

별칭 別稱 | 다를 별, 일컬을 칭
[another name]
달리[別] 부르는[稱] 이름. ¶그에게는 도시의 무법자라는 별칭이 있다. [비] 별명(別名).

병:¹ 丙 | 천간 병
사물의 차례나 등급에서 셋째[丙].

병:² 病 | 병 병 [sickness; weakness]
❶생물체의 전신 또는 일부분에 생활 기능의 장애로 변화가 생겨 고통을 느끼는 상태. ¶병이 나다. ❷결점. 단점. 흠. [속담] 모르면 약 아는 게 병.

병³ 瓶 | 병 병 [bottle]
액체 등을 담는 그릇. 주로 유리·사기 등으로 만든다.

병:균 病菌 | 병 병, 세균 균 [virus]
[의학] 병(病)을 일으키는 세균(細菌). ¶병균에 감염되다. '병원균'(病原菌)의 준말.

병기 兵器 | 군사 병, 그릇 기
[weapon of war]
군사[兵]들에게 필요한 여러 가지 무기(武器). ¶병기를 정비하다. [비] 병구(兵具), 병장기(兵仗器).

병:동 病棟 | 병 병, 마룻대 동
[(sick) ward]
병실(病室)이 있는 건물의 마룻대[棟]. 또는 그 건물. ¶내과 병동.

병력 兵力 | 군사 병, 힘 력
[military force]
[군사] 병사·병기 등 총체로서의 군대[兵]의 힘[力]. ¶전선(戰線)에 병력을 배치하다. [비] 군력(軍力).

병:렬 竝列 | 나란히 병, 벌일 렬
[arrange in a row]
❶ [속뜻] 여럿이 나란히[竝] 벌여[列] 섬. 여럿을 나란히 벌려 세움. ❷ [전기] 두 개 이상의 도선이나 전지 따위를 같은 극끼리 연결하는 일. ¶전기회로에 병렬로 접속하다. [반] 직렬(直列).

병:마 病魔 | 병 병, 마귀 마
[demon of ill health; disease]
병(病)을 악마(惡魔)에 비유하여 이르는 말. ¶그는 병마에 시달려 수척해졌다.

병:명 病名 | 병 병, 이름 명
[name of a disease]
병(病)의 이름[名].

병무 兵務 | 군사 병, 일 무
[military affair]
병사(兵事)에 관한 사무(事務).

▸**병무-청** 兵務廳 | 관청 청
[법률] 국방부 소속으로 징집, 소집 따위의 병무(兵務) 행정에 관한 사무를 맡아보는 중앙 행정 관청(官廳).

병:-문안 病問安 | 병 병, 물을 문, 편안할 안 [visit to a sick person]
병(病)으로 앓고 있는 이를 찾아가서 병세를 물어보고 위로함[問安]. [비] 문병(問病).

병법 兵法 | 군사 병, 법 법
[strategy; (military) tactics]
군사[兵]를 지휘하여 전쟁하는 방법(方法). ¶『손자병법』(孫子兵法) / 병법에 능하다. [비] 군법(軍法).

병사¹ 兵士 | 군사 병, 선비 사
[soldier; private]

군대[兵]에 근무하는 사람[士]. ¶호위 병사. 卽 군사(軍士).

병사² 兵事 | 군사 병, 일 사
[military affairs]
군사 군대(軍隊), 전쟁(戰爭), 병역(兵役) 등에 관한 일[事]. ¶병사 업무를 처리하다. 卽 군사(軍事).

병:상 病牀 | 병 병, 평상 상 [sickbed]
병(病)든 사람이 눕는 침상(寢牀). ¶병상을 지키다 / 병상에서 일어나다. 卽 병석(病席).

병:색 病色 | 병 병, 빛 색
[sickly appearance]
병든[病] 사람의 얼굴 빛[色]. ¶그의 얼굴에는 병색이 완연했다.

병:설 竝設 | =倂設, 나란히 병, 세울 설
[establishment as an annex]
같은 곳에 둘 이상의 것을 함께 나란히[竝] 설치(設置)함. ¶대한초등학교 병설 유치원.

병세 病勢 | 병 병, 형세 세
[condition of a disease]
병(病)이 들어 앓는 정도나 형세(形勢). ¶수술 후 병세가 호전되었다.

병:신 病身 | 병 병, 몸 신
[sick body; deformed person; fool]
❶속뜻 병(病)을 앓고 있는 몸[身]. 또는 그런 사람. ❷몸의 어느 부분이 온전하지 못한 사람. ❸남을 얕잡아 욕하는 일. 卽 불구자.

병:실 病室 | 병 병, 방 실 [sickroom]
병원(病院)에서 환자가 있는 방[室]. ¶병실 내에서는 금연이다.

병:약 病弱 | 병 병, 약할 약
[weak; sickly; infirm]
병(病)에 시달려 몸이 허약(虛弱)하다. 병에 걸리기 쉬울 만큼 몸이 허약하다.

병역 兵役 | 군사 병, 부릴 역
[military service]
법률 국민의 의무로써 일정한 기간 군대[兵]에 복무(役)하는 일. ¶병역 미필 / 허리를 다쳐 병역 의무에서 면제되다.

병영 兵營 | 군사 병, 집 영 [barracks]
병사(兵士)가 집단으로 거주하는 집[營]. ¶병영 생활 / 임시로 병영을 마련하다. 卽 병사(兵舍), 영사(營舍).

*병:원¹ 病院 | 병 병, 집 원 [hospital]
병자(病者)나 부상자를 진찰하고 치료하는 곳[院]. ¶종합 병원 / 병원에서 다리를 치료하다.

▶ **병:원-비 病院費** | 쓸 비
병원(病院)에서 치료를 받거나 입원하는 데 드는 비용(費用). ¶병원비를 감당할 돈이 없다.

병:원² 病原 | 병 병, 본디 원
[cause of a disease]
의학 병(病)의 원인(原因)이나 근원. ¶병원을 찾다. 卽 병근(病根), 병인(病因).

▶ **병:원-균 病原菌** | 세균 균
의학 병(病)의 원인(原因)이 되는 세균(細菌). ㉰ 병균.

▶ **병:원-체 病原體** | 몸 체
의학 세균, 바이러스처럼 생물체에 기생하여 어떤 병(病)을 일으키는[原] 생물[體].

병:인 丙寅 | 천간 병, 범 인
민속 천간의 '丙'과 지지의 '寅'이 만난 간지(干支). ¶병인년에 태어난 사람은 범띠이다.

▶ **병:인-양요 丙寅洋擾** | 큰바다 양, 난리 요
역사 고종 3년(1866)인 병인(丙寅)년에 대원군의 천주교 탄압으로 서양(西洋)의 프랑스 함대가 강화도를 침범하여 난리[擾]를 일으킨 사건.

병:자¹ 病者 | 병 병, 사람 자
[sick person]
병(病)을 앓는 사람[者]. ¶병자를 돌보아 주다. 卽 병인(病人), 환자(患者).

병:자² 丙子 | 천간 병, 쥐 자
민속 천간의 '丙'과 지지의 '子'가 만난 간지(干支). ¶병자년에 태어난 사람은 쥐띠

이다.

▸병:자-호란 丙子胡亂 | 오랑캐 호, 어지러울 란

[역사] 조선 인조 14년(1636)인 병자(丙子)년에 청나라 오랑캐[胡]가 침입해 일어난 난리(亂離).

병장 兵長 | 군사 병, 어른 장 [sergeant]

[군사] 사병(士兵) 계급에서 가장 높은[長] 계급. 하사의 아래, 상등병의 위 계급. ¶그는 병장으로 제대하였다.

병:적 病的 | 병 병, 것 적 [diseased]

정상적인 상태에서 벗어난 병(病) 같은 것[的]. ¶병적 증세를 보이다.

병정 兵丁 | 군사 병, 장정 정 [serviceman; soldier]

병역(兵役)에 복무하는 장정(壯丁). ¶병정들과 함께 천막 속으로 들어갔다.

병조 兵曹 | 군사 병, 관청 조 [Ministry of War]

[역사] 고려와 조선 시대의 중앙 관청 여섯 개의 하나로 군사[兵]에 관한 일을 맡아보던 관청[曹].

▸병조 판서 兵曹判書 | 판가름할 판, 글 서

[역사] 조선시대 군사 관계 업무를 총괄하던 중앙 관청[兵曹]의 으뜸 관직[判書]. [비] 대사마(大司馬).

병졸 兵卒 | 군사 병, 군사 졸 [private]

군대[兵]에 근무하는 사람[卒]. ¶장군은 병졸을 거느리고 성을 공격했다. [비] 군사(軍士), 군졸(軍卒).

병:창 竝唱 | 나란히 병, 부를 창 [sing together]

❶ [속뜻] 두 사람이 소리를 맞추어 나란히[竝] 함께 노래함[唱]. ❷ [음악] 가야금 따위를 연주하면서 노래하는 일. ¶그는 가야금 병창을 특히 좋아한다.

병:충 病蟲 | 병 병, 벌레 충

농작물을 병들게[病] 하는 벌레[蟲].

▸병:충-해 病蟲害 | 해칠 해

식물이나 농작물 따위가 병균(病菌)이나 해충(害蟲)으로 말미암아 입는 손해(損害). ¶친환경 농법으로 병충해를 예방하다.

병:폐 病弊 | 병 병, 나쁠 폐 [evil practice; vice]

병(病)과 폐단(弊端)을 아울러 이르는 말. ¶사회의 병폐를 없애다.

병풍 屛風 | 병풍 병, 바람 풍 [folding screen]

주로 집안에서 장식을 겸하여 무엇을 가리거나 바람[風]을 막기[屛] 위하여 둘러치는 물건. ¶병풍을 두르다.

병:합 倂合 | 어우를 병, 합할 합 [merge; annex]

둘 이상의 단체, 나라 따위를 하나로 어울러[倂] 합(合)함. ¶두 나라가 병합했다.

병:해 病害 | 병 병, 해칠 해 [blight]

농작물이나 가축이 병(病)으로 말미암아 입는 피해(被害). ¶이것은 병해를 방지하는 살균제이다.

병:-해충 病害蟲 | 병 병, 해칠 해, 벌레 충

주로 농작물 따위에 해를 입히는 병(病)과 해충(害蟲). ¶병해충의 피해로부터 산림을 보호하다.

병:행 竝行 | 나란히 병, 갈 행 [go side by side]

❶ [속뜻] 함께 나란히[竝] 감[行]. ❷ 둘 이상의 일을 아울러서 한꺼번에 함. ¶일과 공부를 병행하다.

병:환 病患 | 병 병, 병 환 [sickness; illness]

병[病=患]의 높임말.

보[1] 步 | 걸음 보 [pace; step]

거리의 단위. 1보는 한 걸음 정도의 거리이다. ¶이 보 앞으로.

보[2] 洑 | 보 보 [dammed pool for irrigation; reservoir]

논에 물을 대기 위하여 둑을 쌓고 흐르는 냇물을 막아 두는 곳.

보[3] 褓 | 포대기 보 [cloth for wrapping; paper]

❶물건을 싸거나 씌워 덮기 위해 네모지

게 만든 천. ¶식탁을 흰 보로 덮다. ❷'가위바위보'에서 손을 펼쳐 내민 것.

보:강 補強 | 기울 보, 강할 강
[strengthen; reinforce]
모자라는 곳이나 약한 부분을 보태고[補] 채워서 강(強)하게 함. ¶체력을 보강하다.

***보:건 保健** | 지킬 보, 튼튼할 건
[keep a health]
건강(健康)을 잘 지켜[保] 나감.
▶ 보:건-소 保健所 | 곳 소
질병의 예방, 진료, 공중 보건(保健)을 향상시키기 위한 공공 의료 기관[所]. ¶보건소에서 진찰을 받았다.
▶ 보:건-실 保健室 | 방 실
학생의 건강과 위생 따위(保健)에 관한 일을 맡아보는 곳[室]. ¶보건실에서 임시로 치료를 받았다.

보:고¹ 寶庫 | 보배 보, 곳집 고
[treasure house; treasury]
❶[속뜻] 보물(寶物)을 보관하고 있는 창고(倉庫). ❷귀중한 것이 많이 나거나 간직되어 있는 곳을 비유적으로 이르는 말. ¶문화유산의 보고.

보:고² 報告 | 알릴 보, 알릴 고
[report on; inform]
주어진 임무에 대하여 그 결과나 내용을 말이나 글로 알림[報=告]. ¶사건을 상관에게 보고하다.
▶ 보:고-문 報告文 | 글월 문
어떤 일에 대하여 연구했거나 조사한 내용을 남에게 알리기[報告] 위하여 쓴 글[文].
▶ 보:고-서 報告書 | 글 서
보고(報告)하는 내용을 적은 글[書]. 또는 그 문서.

*** 보:관 保管** | 지킬 보, 관리할 관
[take charge; keep]
물건을 맡아서 지키고[保] 관리(管理)함. ¶보관이 간편하다 / 귀중품을 금고에 보관하다.
▶ 보:관-소 保管所 | 곳 소

다른 사람의 물품을 대신 맡아 관리하는 [保管] 곳[所]. ¶화물 보관소에서 짐을 찾다.
▶ 보:관-함 保管函 | 상자 함
물품을 간직하고 관리하기[保管] 위해 넣어 두는 함(函). ¶귀중품 보관함.

보:국 輔國 | 도울 보, 나라 국
나라[國]의 일을 도움[輔].
▶ 보:국-안민 輔國安民 | 편안할 안, 백성 민
나라[國]의 일을 돕고[輔] 백성[民]을 편안(便安)하게 함.

보:균 保菌 | 지킬 보, 세균 균
[carry germs; be infected]
병균(病菌)을 몸에 지니고[保] 있음.
▶ 보:균-자 保菌者 | 사람 자
[의학] 전염병의 병원균(病原菌)를 몸에 지니고[保] 있으면서 아무런 증상이 나타나지 않는 상태의 사람[者]. ¶보균자를 격리하여 치료하다.

***보:급¹ 普及** | 넓을 보, 미칠 급 [popularize]
많은 사람에게 골고루 널리[普] 미치게 [及] 함. ¶선진문물을 보급하다.
▶ 보:급-률 普及率 | 비율 률
어떤 것이 보급(普及)된 비율(比率). ¶주택 보급률.

보:급² 補給 | 기울 보, 줄 급
[supply; replenish]
물자 등을 계속 보태어[補] 줌[給]. ¶식량 보급 / 물자를 보급하다.
▶ 보:급-로 補給路 | 길 로
[군사] 보급품(補給品)을 나르는데 이용되는 길[路]. ⓑ 보급선(補給線).
▶ 보:급-품 補給品 | 물건 품
보급(補給)되는 물품(物品). ¶각종 보급품을 트럭에 실었다.

***보:답 報答** | 갚을 보, 답할 답
[reward; recompense]
은혜나 호의에 답(答)하여 갚음[報]. ¶좋은 일을 하면 반드시 보답을 받는다.

보:도¹ 報道 | 알릴 보, 말할 도

[report; cover]
❶[속뜻]널리 알리거나[報] 말해[道]줌. ❷ 신문이나 방송으로 소식을 널리 알림. 또는 그 소식. ¶사건을 보도하다.

보:도²步道 | 걸음 보, 길 도 [sidewalk]
사람이 걸을[步] 때 사용되는 길[道]. ¶ 차도로 다니지 말고 보도로 다녀라. [비]인도(人道). [반]차도(車道).

보:류 保留 | 지킬 보, 머무를 류
[reserve; suspend]
어떤 일을 결정하지 않고 그대로[保] 둠[留]. 결정을 미루어 놓은 상태. ¶여행을 보류하다. [비]유보(留保).

보리-수 菩提樹 | 보리 보, 보리 리, 나무 수 [bo tree; pipal tree]
[불교]'보리수(菩提樹)나무'의 준말. '깨달음'이라는 뜻의 산스크리트어 'bodhi'의 한자음역어.

보:모 保姆 | 도울 보, 유모 모 [nurse]
일정한 자격을 가지고 유치원, 보육원, 양호 시설 등에서 아이들을 돌보는[保] 여자[姆]. ¶보모를 구하다.

***보:물 寶物** | 보배 보, 만물 물 [treasure]
보배로운[寶] 물건(物件). 썩 드물고 귀한 물건. ¶동대문은 대한민국 보물 제1호이다. [비]보배, 보화(寶貨).

보:병 步兵 | 걸음 보, 군사 병
[foot soldier]
❶[속뜻]걸어 다니면서[步] 싸우는 병사(兵士). ❷[군사]육군 병과의 하나. 소총이나 기관총 등을 가지고 육상에서 싸우는 군인. [비]보졸(步卒).

보:복 報復 | 갚을 보, 되돌릴 복
[take a reprisal]
❶[속뜻]앙갚음[報]을 하여 되돌려[復] 줌. ❷남이 저에게 해를 준 대로 저도 그에게 해를 줌. ¶보복을 당하다 / 테러리스트를 보복하다. [비]앙갚음, 복수.

보:부-상 褓負商 | 포대기 보, 질 부, 장사 상 [peddler]
[역사]봇짐[褓] 장수와 등짐[負] 장수[商]를 아울러 이르는 말.

보살 菩薩 | 보살 보, 보살 살
[Bodhisattva (Sans.)]
[불교]❶'보리살타'(菩提薩陀)의 준말. '지혜를 가진 자'라는 뜻의 산스크리트어 'Bodhisatva'의 한자 음역어. 부처에 버금가는 성인. ❷'보살승'(菩薩僧)의 준말. ❸ '나이 많은 여신도'를 대접하여 이르는 말.

▶보살-상 菩薩像 | 모양 상
[불교]대승 불교에서, 상징적으로 보살(菩薩)을 상(像)으로 만든 것.

보:상¹報償 | 갚을 보, 갚을 상
[recompense; remunerate]
❶[속뜻]남에게 진 빚을 갚음[報=償]. ¶빌린 돈의 보상이 어렵게 됐다. ❷어떤 것에 대한 대가로 갚음. ¶노고에 대해 보상을 받다.

▶보:상-금 報償金 | 돈 금
보상(報償)으로 내놓는 돈[金]. ¶보상금을 지급하다.

보:상²補償 | 기울 보, 갚을 상
[indemnify; compensate]
남에게 끼친 손해를 금전으로 보충(補充)하여 갚음[償]. ¶피해 보상 / 보상을 청구하다. [비]배상(賠償).

▶보:상-금 補償金 | 돈 금
[법률]보상(補償)하는 돈[金]. ¶보상금을 받다.

보:색 補色 | 도울 보, 빛 색
[complementary color]
❶[속뜻]서로 도움[補]이 되는 색(色). ❷ [미술]섞었을 때 무채색이 되는 두 색. 또는 그 두 색의 관계를 이르는 말. 빨강과 청록의 관계 따위.

보:석¹保釋 | 지킬 보, 풀 석
[bail; bailment]
❶[속뜻]보증(保證)을 받고 풀어줌[釋]. ❷ [법률]일정한 보증금의 납부를 조건으로 구속의 집행을 정지하고 구금을 해제하여 구속된 피고인을 석방하는 제도. ¶그는 보석으로 풀려났다.

보:석²寶石 | 보배 보, 돌 석
[jewel; precious stone]
보배[寶]로 쓰이는 광석(鑛石). ¶보석으로 온 몸을 치장하다. [비] 보옥(寶玉).

▸ 보:석-상 寶石商 | 장사 상
보석(寶石)을 사고파는 상인(商人).

보:세 保稅 | 지킬 보, 세금 세 [bond]
[법률] 관세(關稅)의 부과를 유보(留保)하는 일. 관세 부과를 미룸.

보:수¹報酬 | 갚을 보, 갚을 수
[reward; remuneration; pay]
❶[속뜻] 고마움에 보답(報答)하여 갚음[酬]. ❷일한 대가로 주는 돈이나 물품. 또는 그 금품. ¶직급이 올라가면 보수도 올라간다.

보:수²補修 | 기울 보, 닦을 수
[mend; repair]
상하거나 부서진 부분을 기우고[補] 수리(修理)함. ¶도로를 보수하다.

보:수³保守 | 지킬 보, 지킬 수
[conservativeness]
❶[속뜻] 전통을 보전(保全)하여 잘 지킴[守]. ❷전통을 옹호하고 유지하면서 새로운 변화를 추구함. ¶보수와 진보 세력이 하나로 뭉쳐서 급진주의자들을 몰아냈다. [비] 진보(進步). [반] 급진(急步).

▸ 보:수-적 保守的 | 것 적
보수(保守)의 경향이 있는 것[的]. [비] 진보적(進步的), [반] 혁신적(革新的). 급진적(急進的)

보:습 補習 | 기울 보, 익힐 습
[supplement (education)]
[교육] 부족한 공부를 보충(補充)하여 학습(學習)함. ¶겨울 방학에 수학을 보습할 예정이다.

보:신 補身 | 기울 보, 몸 신 [preserve oneself]
보약이나 영양 식품을 먹어서 몸[身]의 원기를 보충(補充)함. ¶꿀은 몸을 보신하는 데 좋다.

보:신-각 普信閣 | 널리 보, 믿을 신, 집 각
❶[속뜻] 믿음[信]의 소리를 널리[普] 전하는 종각(鐘閣). ❷[고적] 서울 종로에 있는 종각. 조선 태조 4년(1395)에 건립되었다.

보:안¹保安 | 지킬 보, 편안할 안
[security]
사회의 안녕(安寧)과 질서를 지킴[保]. ¶보안을 위해 출입을 통제하다.

▸ 보:안-등 保安燈 | 등불 등
안전(安全)을 지키기[保] 위해 골목길 등에 설치해 놓은 전등(電燈).

보:안²保眼 | 지킬 보, 눈 안
눈[眼]을 보호(保護)함. ¶보안을 위해 안경을 낀다.

▸ 보:안-경 保眼鏡 | 거울 경
눈[眼]을 보호(保護)하려고 쓰는 안경(眼鏡).

보:약 補藥 | 도울 보, 약 약 [restorative]
몸의 기력을 돕는[補] 약(藥). ¶밥이 보약이다. [비] 보강제(補強劑).

보:온 保溫 | 지킬 보, 따뜻할 온
[keep warmth]
주위의 온도에 관계없이 일정한 온도(溫度)를 유지하여 지킴[保]. ¶보온 효과가 뛰어나다.

▸ 보:온-병 保溫甁 | 병 병
보온(保溫) 기능이 있는 병(甁). [비] 이중병(二重甁).

보:완 補完 | 기울 보, 완전할 완
[complement; supplement]
모자라는 것을 보태서[補] 완전(完全)하게 함. ¶이 문제점을 보완해야 한다.

보:우 保佑 | 지킬 보, 도울 우
[protection; assistance]
보호(保護)하고 도움[佑]. ¶하느님이 보우하사 우리나라 만세.

보원이덕 報怨以德 | 갚을 보, 원수 원, 써 이, 은덕 덕
❶[속뜻] 원수[怨]를 은덕[德]으로[以] 갚음[報]. ❷원한을 덕으로 갚음. ¶보원이덕하는 마음으로 임하다.

보ː위 保衛 | 지킬 보, 지킬 위
[preserve the integrity; defend]
보호(保護)하고 방위(防衛)함. ¶국가 보위에 관한 특별법.

보ː유 保有 | 지킬 보, 있을 유 [possess]
간직하고[保] 있음[有]. ¶핵무기를 보유하다.

▸보ː유-자 保有者 | 사람 자
어떤 것을 가지고[保] 있거나[有] 간직하고 있는 사람[者]. ¶세계기록 보유자.

보ː육 保育 | 도울 보, 기를 육
[bring up; rear; nurse]
어린 아이들을 돌보아[保] 기름[育]. ¶아동 보육을 지원하다 / 보육시설.

▸보ː육-원 保育院 | 집 원
부모나 보호자가 없는 아이들을 받아 기르는[保育] 집[院].

보ː은 報恩 | 갚을 보, 은혜 은
[requite of kindness]
은혜(恩惠)를 갚음[報]. [반] 배은(背恩).

보ː장 保障 | 지킬 보, 막을 장
[guarantee; security]
❶ [속뜻] 지켜주고[保] 막아줌[障]. ❷잘못될 만한 것을 맡아 책임짐. ¶안전 보장.

***보ː전 保全** | 지킬 보, 온전할 전 [preserve intact]
온전하게[全] 잘 지킴[保]. ¶환경 보전.

보ː조¹ 步調 | 걸음 보, 고를 조
[pace; step]
❶ [속뜻] 걸음걸이[步]의 속도나 모양 따위의 상태[調]. ¶보조를 빨리 하다. ❷여럿이 함께 일을 할 때의 진행 속도나 조화. ¶보조를 맞추어 일하다.

보ː조² 補助 | 기울 보, 도울 조
[help; assist; aid]
보태어[補] 도움[助]. ¶학비를 보조하다.

▸보ː조-금 補助金 | 돈 금
[법률] 정부나 공공 단체가 특정 산업의 육성이나 특정 시책의 장려를 위해[補助] 기업이나 개인에게 교부하는 돈[金]. [비] 교부금(交付金).

▸보조 기억 장치 補助記憶裝置 | 기록할 기, 생각할 억, 꾸밀 장, 둘 치
컴퓨터에서 주기억 장치를 보완하여[補助] 쓰는 외부 기억장치(記憶裝置). 플로피 디스크 장치, 하드 디스크 장치, 자기 테이프 장치, 시디롬 따위.

***보ː존 保存** | 지킬 보, 있을 존
[preserve; conserve]
잘 보호(保護)하고 간수하여 남김[存]. ¶이 식품은 장기간 보존할 수 있다.

보ː좌 補佐 | =輔佐, 도울 보, 도울 좌
[assist; aid; help; support]
상관을 도와[補=佐] 일을 처리함. ¶대통령을 보좌하다. [비] 보필(輔弼), 익보(翼輔).

보ː증 保證 | 지킬 보, 증명할 증
[guarantee; vouch for]
어떤 사물이나 사람에 대하여 책임지고[保] 틀림이 없음을 증명(證明)함. ¶그 사람은 내가 보증한다 / 보증을 서다.

▸보ː증-금 保證金 | 돈 금
[법률] 일정한 채무의 담보로[保證] 미리 채권자에게 주는 돈[金].

▸보ː증-인 保證人 | 사람 인
[법률] 신분이나 경력이 틀림없다고 증명하거나 책임을 지는[保證] 사람[人]. [비] 증인(證人).

보ː청-기 補聽器 | 도울 보, 들을 청, 그릇 기 [hearing aid]
[의학] 청력이 약하여 잘 들리지 않는 것을 잘 들리도록[聽] 도와주는[補] 기구(器具). ¶할머니는 보청기를 사용하신다. [비] 청화기(聽話器).

보ː초 步哨 | 걸음 보, 망볼 초
[sentry; guard]
❶ [속뜻] 걸어 다니며[步] 망을 봄[哨]. ❷ [군사] 부대의 경계선이나 각종 출입문에서 경계와 감시의 임무를 맡은 병사. ¶보초를 서다. [비] 보초병(步哨兵).

보ː충 補充 | 기울 보, 채울 충
[supplement; replenish]

부족한 것을 보태어[補] 채움[充]. ¶영양을 보충하다. ㉘ 충보(充補).

보:통 普通 | 넓을 보, 통할 통 [average; ordinary]
❶속뜻 널리[普] 통(通)함. ❷특별하지 않고 흔히 볼 수 있어 평범함. 또는 뛰어나지도 열등하지도 않은 중간 정도. ¶내 키는 보통이다. ㉘ 통상(通常).

▶ 보:통-례 普通禮 | 예도 례
허리를 굽혀 보통(普通)의 예도(禮度)로 하는 인사.

▶ 보:통 선:거 普通選擧 | 가릴 선, 들 거
정치 재산·신분·성별·교육 정도 따위의 제한을 두지 않고[普通], 성년에 도달하면 누구나 참가하는 선거(選擧) 제도. ㉘ 제한 선거(制限選擧).

보:편 普遍 | 넓을 보, 두루 편 [universalize]
널리[普] 두루 미침[遍]. ¶보편 타당성이 있어야 남을 설득할 수 있다. ㉘ 일반(一般). ㉘ 특수(特殊).

▶ 보:편-적 普遍的 | 것 적
두루 널리 미치는[普遍] 것[的]. ¶인터넷의 보급은 보편적인 추세이다. ㉘ 일반적(一般的).

▶ 보:편-화 普遍化 | 될 화
널리[普] 일반인에게 퍼지게[遍] 됨[化]. ¶컴퓨터는 점차 보편화되었다. ㉘ 일반화(一般化).

보:폭 步幅 | 걸음 보, 너비 폭 [step; pace]
걸음[步]의 너비[幅]. ¶그는 보폭이 크다.

보:필 輔弼 | 도울 보, 도울 필 [assist; counsel]
윗사람의 일을 도움[輔=弼]. 또는 그런 사람. ¶대통령을 보필하다.

보:행 步行 | 걸음 보, 갈 행 [walk]
걸어[步] 다님[行]. ¶인간은 직립 보행한다.

▶ 보:행-자 步行者 | 사람 자
걸어 다니는[步行] 사람[者]. ¶보행자 전용 도로. ㉘ 보행인.

보:험 保險 | 지킬 보, 험할 험 [insurance]
❶속뜻 각종 위험(危險)으로 인한 손해를 지켜[保] 줌. ❷경제 사고나 질병 따위로 생긴 손해를 보상하기 위해, 금융기관이나 회사와 개인 간에 맺는 계약이나 제도. ¶국민의료보험 / 보험에 들다.

▶ 보:험-금 保險金 | 돈 금
경제 보험 사고가 생겼을 때, 보험 회사가 보험(保險)에 든 사람에게 지불하는 돈[金]. ¶사망할 경우 1억 원의 보험금을 받는다.

▶ 보:험-료 保險料 | 삯 료
경제 보험(保險)에 가입한 사람이 보험자에게 내는 일정한 돈[料].

보:호 保護 | 지킬 보, 돌볼 호 [protect]
위험 따위로부터 지켜주고[保] 돌보아줌[護]. ¶환경을 보호하다.

▶ 보:호-색 保護色 | 빛 색
동물 다른 동물의 공격과 같은 위험한 상황에서 자신의 몸을 보호(保護)하기 위해 주변과 비슷하게 바뀌는 몸의 색깔[色]. ¶카멜레온은 여러 가지 보호색이 있다. ㉘ 은닉색(隱匿色), 은폐색(隱蔽色).

▶ 보:호-자 保護者 | 사람 자
❶속뜻 환자나 노약자 등 약한 처지에 있는 사람을 보호(保護)하는 사람[者]. ❷법률 미성년자에 대하여 친권을 행사할 수 있는 사람. ¶어린이는 보호자를 동반하십시오.

보:화 寶貨 | 보배 보, 재물 화 [treasure]
보물[寶]과 화폐[貨]. ¶왕궁 안의 보화를 노략질하였다. ㉘ 보물(寶物), 보배.

복 福 | 복 복 [fortune; luck; blessing]
❶아주 좋은 운수. ¶새해 복 많이 받으세요. ❷배당되는 몫이 많음의 비유. ¶먹을 복이 많다. ㉘ 화(禍).

복개 覆蓋 | 덮을 복, 덮을 개 [cover; cap]

❶[속뜻] 뚜껑을 덮음[覆=蓋]. 덮개. ❷[건설] 하천에 덮개 구조물을 씌워 겉으로 보이지 않도록 함. 또는 그 덮개 구조물. ¶하천을 복개하다.

복고 復古 | 돌아올 복, 옛 고
[restore; recover]
과거의[古] 모양, 정치, 사상, 제도, 풍습 따위로 돌아감[復]. ¶왕정(王政)을 복고하다.

▸복고-적 復古的 | 것 적
과거의 사상이나 전통으로 되돌아가려는[復古] 것[的]. ¶복고적인 분위기가 문학계를 주도하였다.

복구 復舊 | 되돌릴 복, 옛 구 [restore]
파괴된 것을 예전[舊]의 본래 상태대로 되돌림[復]. ¶피해 지역을 복구하다.

복권 福券 | 복 복, 문서 권
[lottery ticket]
❶[속뜻] 복(福)을 가져다주는 증서[券]. ❷번호나 그림 따위의 특정 표시를 기입한 표(票). 추첨 따위를 통하여 일치하는 표에 대해서 상금이나 상품을 준다. ¶복권이 당첨되다.

복귀 復歸 | 돌아올 복, 돌아갈 귀
[return; comeback]
본디의 자리나 상태로 돌아오거나[復] 돌아감[歸]. ¶부대로 복귀하다.

복근 腹筋 | 배 복, 힘줄 근
[abdominal muscles]
[의학] 배[腹]에 붙어 있는 근육(筋肉). ¶복근 운동.

▸복근-력 腹筋力 | 힘 력
배[腹]에 있는 근육(筋肉)의 힘[力]. ¶복근력 운동.

복덕 福德 | 복 복, 베풀 덕
[good fortune]
❶[불교] 선행의 과보(果報)로 받는 복(福)과 공덕(功德). ❷타고난 복과 후덕한 마음. ¶복덕을 갖추다.

▸복덕-방 福德房 | 방 방
❶[속뜻] 복(福)을 짓고 덕(德)을 쌓는 방(房). ❷가옥이나 토지 같은 부동산을 매매하는 일이나 임대차를 중계하여 주는 곳. ¶복덕방에서 집을 알아보다. [비] 부동산 중개소(不動産仲介所).

***복도** 複道 | 겹칠 복, 길 도
[passage; hallway]
❶[속뜻] 건물과 건물 사이에[複] 지붕을 씌워 만든 통로[道]. ❷건물 안에서 각 방을 이어주는 통로. ¶복도를 따라 교실로 들어가다.

복리[1] 福利 | 복 복, 이로울 리 [welfare]
행복(幸福)과 이익(利益)을 아울러 이르는 말. ¶국민의 복리를 증진하다.

복리[2] 複利 | 겹칠 복, 이로울 리
[compound interest]
❶[속뜻] 이자(利子)를 원금에 겹쳐서[複] 계산함. ❷[경제] 복리법으로 계산된 이자.

복면 覆面 | 덮을 복, 낯 면
[wear a mask]
❶[속뜻] 얼굴[面]을 덮어[覆] 가림. ❷얼굴을 알아보지 못하도록 헝겊 따위로 가림. 또는 그 때 쓰는 보자기 같은 물건. ¶강도는 복면을 하고 침입했다.

복무 服務 | 일 복, 힘쓸 무
[(public) service]
맡은 바 일[服]에 힘씀[務]. 직무를 맡아 일함. ¶아버지는 경찰관으로 복무하고 있다.

복병 伏兵 | 숨길 복, 군사 병
[ambush; surprise rival]
❶[군사] 적을 기습하기 위하여 적이 지날 만한 길목에 숨겨 놓은[伏] 군사[兵]. ¶이곳에 적의 복병이 있다. ❷어디엔가 숨어 있다 나타난 뜻밖의 경쟁 상대. ¶결승전에서 뜻밖의 복병을 만나다.

복부 腹部 | 배 복, 나눌 부
[abdomen; belly]
[의학] 배[腹] 부분(部分). ¶그는 복부비만이다.

복사[1] 輻射 | 바퀴살 복, 쏠 사 [radiate]
[물리] 물체로부터 열이나 전자기파가 바퀴

살[輻]처럼 사방으로 쏘아[射] 방출됨. ¶태양은 복사에너지를 방출한다. ㈐ 방사(放射).

복사²複寫 | 겹칠 복, 베낄 사
[copy; duplicate]
❶속뜻그대로 본떠서 겹[複]으로 베낌[寫]. ¶문서를 복사하다. ❷종이를 두 장 이상 포개어 같은 문서를 한꺼번에 여러 벌 만드는 일.

▶ **복사-기 複寫器** | =複寫機, 그릇 기
문서나 자료 등을 복사(複寫)하는데 쓰이는 기계(器械).

복선¹伏線 | 숨길 복, 줄 선
[advance hint; convert reference]
❶속뜻숨겨 놓은[伏] 줄[線]. ❷만일의 경우에 대비하여 남모르게 미리 꾸며 놓은 일. ¶복선을 가지고 있다. ❸문학소설이나 희곡 따위에서 앞으로 일어날 사건에 대하여 미리 독자에게 넌지시 암시하는 서술. ¶복선을 깔다.

복선²複線 | 겹칠 복, 줄 선
[two track line]
❶속뜻겹[複]으로 된 줄[線]. 겹줄. ❷오고 가는 차가 따로 다닐 수 있도록 선로를 두 가닥 이상으로 깔아 놓은 궤도. ¶경부선 철도는 복선이다. ㈐ 단선(單線).

복속 服屬 | 따를 복, 엮을 속
[obey; be subject]
복종(服從)하여 따름[屬]. ¶말갈족은 고구려에 복속하고 말았다. ㈐ 속복(屬服).

복수¹複數 | 겹칠 복, 셀 수
[plural number]
둘[複] 이상의 숫자[數]. ¶복수 명사 / 복수전공. ㈐ 단수(單數).

복수²復讐 | 되돌릴 복, 원수 수
[revenge; vengeance]
원수(怨讐)를 보복(報復)함. 원수를 갚음. ¶그 놈들에게 복수하고 말겠다! ㈐ 앙갚음, 보복(報復).

▶ **복수-심 復讐心** | 마음 심
복수(復讐) 하려는 마음[心]. ¶복수심에 불타다.

복습 復習 | 돌이올 복, 익힐 습 [review]
배운 것을 되풀이하여[復] 익힘[習]. ¶틀린 문제를 복습하다. ㈐ 예습(豫習).

복식¹服飾 | 옷 복, 꾸밀 식
[dress and its ornaments]
❶속뜻옷[服]의 꾸밈새[飾]. ❷옷과 장신구를 아울러 이르는 말. ¶중세시대 복식은 매우 간소하다.

복식²複式 | 겹칠 복, 법 식
[multiple forms]
❶속뜻두 겹 또는 그 이상으로[複] 된 복잡한 방식(方式). ❷운동탁구·테니스 따위에서, 서로 두 사람씩 짝을 지어서 하는 시합. ¶배드민턴 복식 경기. ㈐ 단식.

복역 服役 | 따를 복, 부릴 역
[public service; penal servitude]
❶속뜻공역(公役), 병역(兵役) 따위에 따름[服]. ❷징역을 삶. ¶그는 5년 형을 선고받고 복역 중에 탈옥했다.

복용 服用 | 먹을 복, 쓸 용
[take medicine]
약을 내복(內服)하여 사용(使用)함. 약을 먹음. ¶하루에 세 번 복용하세요 ㈐ 복약(服藥).

*__복원 復元__ | =復原, 돌아올 복, 으뜸 원
[restorate to the original state]
본래[元]대로 회복(回復)함. ¶숭례문 복원 사업. ㈐ 복구(復舊).

복음 福音 | 복 복, 소리 음
[glad tidings; (Christian) Gospel]
❶속뜻복(福) 받을 기쁜 소식[音]. ❷기독교예수의 가르침. 또는 예수에 의한 인간 구원의 길.

*__복잡 複雜__ | 겹칠 복, 섞일 잡 [complex]
무엇이 겹치고[複] 뒤섞여[雜] 어수선하다. ¶교통이 복잡하다 / 머릿속이 복잡하다.

복장 服裝 | 옷 복, 꾸밀 장 [dress]
❶속뜻옷[服]을 차려 입은[裝] 모양. ¶복장을 단정히 하다. ❷옷. ¶가벼운 복장을

하다.

복제 複製 | 겹칠 복, 만들 제 [copy]
본디의 것과 똑같이 겹쳐[複] 만듦[製]. 또는 그렇게 만든 것. ¶불법으로 영화를 복제하다.

복-조리 福조리 | 복 복, 조리 조, 울타리 리
민속 복(福)을 거두어 담는 조리(조리). 정월 초하룻날 새벽에 팔러 다닌다.

복종 服從 | 따를 복, 좇을 종 [obey]
❶속뜻 남의 말 따위에 따르고[服] 좇음[從]. ❷남의 명령, 요구, 의지 등에 그대로 따름. ¶명령에 즉각 복종하다. 반 거역(拒逆), 반항(反抗).

복지 福祉 | 복 복, 복 지
[public welfare; wellbeing]
행복한[福=祉] 삶. 행복하게 살 수 있는 사회 환경. ¶국민의 복지를 증진하다 / 복지 시설.

▶ **복지 국가 福祉國家** | 나라 국, 집 가
정치 국민의 행복과 이익을 주요 목적으로 하여 여러 복지정책(福祉政策)을 펴는 국가(國家).

▶ **복지 사회 福祉社會** | 단체 사, 모일 회
사회 모든 사회 구성원이 빈곤과 곤궁(困窮)에서 벗어나 복지(福祉)가 증진·확보되어 있는 사회(社會).

복직 復職 | 돌아올 복, 일자리 직 [resume office]
원래의 일자리[職]로 다시 돌아옴[復]. ¶나는 지난달에 복직했다.

복창 復唱 | 돌아올 복, 부를 창 [repeat]
남의 말을 그대로 받아서 다시[復] 부름[唱]. ¶우리는 선생님이 하시는 말씀을 일제히 복창했다.

복통 腹痛 | 배 복, 아플 통
[stomachache]
복부(腹部)에 일어나는 통증(痛症). ¶갑자기 복통을 일으키다.

복판 [middle; center]
어떤 공간이나 사물의 한가운데. ¶우리 집 마당의 복판에는 오래된 감나무 한 그루가 서 있다. 비 가운데, 중앙(中央).

복학 復學 | 돌아올 복, 배울 학
[return to school]
정학이나 휴학을 하고 있던 학생이 다시 학교(學校)로 돌아감[復]. ¶다음 학기에 복학할 예정이다. 비 복교(復校).

*복합 複合 | 겹칠 복, 합할 합 [compound]
두[複] 가지 이상의 것이 합(合)하여 하나가 됨. ¶주상 복합 건물 / 슬픔과 분노가 복합된 연기를 하다.

▶ **복합-어 複合語** | 말씀 어
언어 두[複] 개 이상의 형태소가 결합(結合)된 말[語]. '덧신', '문밖', '집안', '늦더위' 따위.

본¹ 本 | 본보기 본
[example; model; pattern]
❶어떤 사실을 설명하거나 증명하기 위하여 내세워 보이는 대표적인 것 ¶본을 보이다. ❷버선이나 옷 따위를 만들 때에 쓰기 위하여 본보기로 만든 실물 크기의 물건. ¶저고리의 본을 뜨다. 비 본보기.

본² 本 | 뿌리 본 [family origin]
시조(始祖)가 난 곳. ¶나는 그와 성은 같지만 본이 다르다. 비 관향(貫鄕), 본관(本貫).

본³ 本 | 뿌리 본 [this; original]
❶지금 말하고 있는 '이'의 뜻. ¶본 사건. ❷'본디의'의 뜻. ¶본마음.

본거 本據 | 뿌리 본, 의지할 거
[stronghold; base]
뿌리[本]가 되고 의지[據]됨. 또는 그런 바탕. ¶종파의 본거. 비 근거(根據).

▶ **본거-지 本據地** | 땅 지
생활이나 활동의 중심[本據]이 되는 곳[地]. ¶미국 남부는 공화당의 본거지이다. 비 근거지(根據地).

본격 本格 | 뿌리 본, 격식 격
[fundamental rules; propriety]
근본(根本)에 맞는 올바른 격식(格式). ¶우리나라 전통적인 인사법의 본격에 걸맞

도록 해야 한다.

▶ **본격-적 本格的** | 것 적
❶속뜻 본래(本來)의 격식(格式)에 따르고 있는 것[的]. ❷제 궤도에 올라 제격에 맞게 적극적인. 또는 그런 것. ¶본격적으로 일을 시작하다.

본관¹ 本貫 | 뿌리 본, 꿸 관
[one's ancestral home]
❶속뜻 본래(本來)의 관향(貫鄕). ❷시조(始祖)가 난 곳. ¶나는 본관이 밀양이다. ㉾ 본.

본관² 本館 | 뿌리 본, 집 관
[main building]
별관(別館)이나 분관(分館)에 대하여 중심[本]이 되는 건물[館]. ¶호텔의 본관은 저 건물입니다. ㉽ 별관(別館).

본교 本校 | 뿌리 본, 학교 교
[principal school]
❶속뜻 본래(本來)부터 있는 학교(學校). ❷근간이 되는 학교를 분교에 상대하여 이르는 말. ❸말하는 이가 공식적인 자리에서 자기 학교를 이르는 말. ¶본교의 역사는 600년이 넘었습니다.

본국 本國 | 뿌리 본, 나라 국
[one's own land]
본인(本人)의 국적이 있는 나라[國]. ¶밀입국자를 본국으로 강제 송환했다. ㉽ 고국(故國), 모국(母國), 본방(本邦).

본능 本能 | 뿌리 본, 능할 능 [instinct]
어떤 생물 조직체가 본래(本來)부터 가지고 있는 능력(能力). ¶본능에 따라 행동하다.

▶ **본능-적 本能的** | 것 적
선천적인 감정이나 본능(本能)에 충실한 것[的]. ¶식욕은 본능적인 욕구이다.

*본래 **本來** | 뿌리 본, 올 래
[originally; primarily]
본디[本]부터 있어 옴[來]. 사물이나 사실이 전하여 내려온 그 처음. ¶이곳은 본래 절이 있던 곳이다. ㉽ 본디, 원래.

본론 本論 | 뿌리 본, 말할 론 [main subject]
❶속뜻 본격적(本格的)인 토론(討論). ❷말이나 글에서 중심 내용을 담은 부분. ¶이제 본론으로 들어가자!

본명 本名 | 뿌리 본, 이름 명
[one's real name]
가명이나 별명이 아닌 본디[本] 이름[名]. ¶서류에는 본명을 쓰십시오. ㉽ 실명(實名). ㉽ 별명(別名), 가명(假名).

본문 本文 | 뿌리 본, 글월 문
[text; body]
❶속뜻 문서에서 주가 되는 바탕[本] 글[文]. ❷원래 문장을 주석, 강의 따위와 상대하여 이르는 말. ¶본문을 요약하면 다음과 같다.

본부 本部 | 뿌리 본, 거느릴 부
[head office]
어떤 조직의 중심[本]이 되어 거느리는 [部] 기관. 또는 그것이 있는 곳. ¶본부에서 회의가 열렸다.

▶ **본부-장 本部長** | 어른 장
어떤 조직의 중심이 되는 본부(本部)의 우두머리[長]. ¶지역 본부장.

본분 本分 | 뿌리 본, 나눌 분
[one's duty]
❶속뜻 사람이 저마다 가지는 본디[本]의 신분(身分). ❷의무적으로 마땅히 지켜야 할 직분. ¶행복은 자기 본분을 다하는 데 있다.

본사 本社 | 뿌리 본, 회사 사
[head office; our firm]
❶속뜻 지사(支社)에 상대하여 본부(本部)가 있는 회사(會社)를 이르는 말. ¶그는 지사에서 본사로 전근해 왔다. ❷말하는 이가 공식적인 자리에서 자기가 다니는 회사를 이르는 말. ㉽ 지사(支社).

본색 本色 | 뿌리 본, 빛 색
[one's real character]
❶속뜻 본디[本]의 빛깔[色]이나 생김새. ❷본디의 특색이나 정체. ¶본색을 드러내다.

본서 本署 | 뿌리 본, 관청 서
[chief station; principal office]
지서, 분서, 파출소에 상대하여 주가 되는 본부(本部) 관서(官署)를 이르는 말.

본선 本選 | 뿌리 본, 가릴 선
[final selection]
❶[속뜻] 본격적(本格的)으로 승부를 가림[選]. ❷[운동] 예선이 아닌 우승자를 결정하는 최종 선발. ¶월드컵 본선에 오르다. [반] 예선(豫選).

본성 本性 | 뿌리 본, 성질 성
[original nature]
사람의 타고난 본래(本來)의 성질(性質). ¶인간은 선한 본성을 가지고 있다. [비] 천성(天性).

본심 本心 | 뿌리 본, 마음 심
[one's right mind; one's real intention]
본래(本來)의 마음[心]. ¶마침내 그는 자신의 본심을 털어놓았다.

본업 本業 | 뿌리 본, 일 업
[regular business]
겸하고 있는 직업에 대하여 주가 되는[本] 직업(職業). ¶그는 가수로 유명하지만 본업은 판매원이다. [비] 본직(本職). [반] 부업(副業).

본연 本然 | 뿌리 본, 그러할 연 [naturally]
❶[속뜻] 인공을 가하지 않은 본디[本] 그대로의 자연(自然). ❷본디 생긴 그대로의 타고난 상태. ¶인간 본연의 모습 / 인간이 지닌 본연의 품성은 선한 것이다.

본위 本位 | 뿌리 본, 자리 위
[standard; principle]
❶[속뜻] 본디[本]의 자리[位]. ❷판단이나 행동에서 중심이 되는 기준. ¶자기 본위의 사람.

본인 本人 | 뿌리 본, 사람 인
[person himself]
이[本] 사람[人]. ¶본인이 결정하는 게 중요하다 / 본인 소개. [비] 당사자(當事者). 자신(自身).

본적 本籍 | 뿌리 본, 문서 적
[home address]
❶[속뜻] 본래(本來)의 호적(戶籍). ❷[법률] 조상의 호적(戶籍)이 있는 곳. ¶그의 본적은 서울이다.

본전 本錢 | 뿌리 본, 돈 전
[principal sum; original cost]
❶[속뜻] 이자를 붙이지 않은 본래(本來)의 돈[錢]. ¶이자는커녕 본전도 못 찾았다. ❷장사나 사업을 할 때 밑천으로 가지고 있던 돈. [비] 원금(元金). [속담] 밑져야 본전이다.

본점 本店 | 뿌리 본, 가게 점
[head office]
영업의 본거지(本據地)가 되는 가게[店]. [반] 지점(支店).

본존 本尊 | 뿌리 본, 높을 존
[principal image]
❶[속뜻] 본당(本堂)에서 가장 높음[尊]. ❷[불교] 법당에 모신 부처 가운데 가장 으뜸인 부처.

본질 本質 | 뿌리 본, 바탕 질
[real nature; essence; substance]
가장 근본적(根本的)인 성질(性質). ¶이 그림은 인간의 본질을 잘 드러내고 있다 / 본질적 속성.

본체 本體 | 뿌리 본, 몸 체 [body]
기계 따위의 기본(基本)이 되는 몸체[體]. 또는 중심 부분. ¶컴퓨터의 본체.

본토 本土 | 뿌리 본, 흙 토
[one's native country; mainland]
❶[속뜻] 섬이나 속국이 아닌 주[本]가 되는 국토(國土). ❷바로 그 지방. ¶미국 본토 출신.

본-회:의 本會議 | 뿌리 본, 모일 회, 의논할 의 [general meeting]
전원이 참석하는 정식[本] 회의(會議)를 분과 회의에 상대하여 이르는 말. ¶본회의에는 회원 과반수가 참석해야 개회한다.

봉[1] 封 | 봉할 봉 [paper package]

물건을 봉지 따위에 담아 그 분량을 세는 단위. ¶과자 네 봉.

봉²峯 | 봉우리 봉 [(mountain) peak]
산꼭대기의 뾰족한 부분. '산봉우리'의 준말.

봉:³鳳 | 봉새 봉
[Chinese phoenix; dupe]
❶'봉황'(鳳凰)의 준말. ❷어수룩하여 이용해 먹기 좋은 사람을 비유적으로 이르는 말. ¶누굴 봉으로 아나?

***봉건 封建** | 봉할 봉, 세울 건 [feudal]
❶[역사] 천자가 나라의 토지를 나누어 주고 제후를 봉(封)하여 나라를 세우게[建] 하는 일. ❷세력이 있는 사람이 중앙정부의 통제에서 벗어나 토지와 백성을 사유하는 일. ¶봉건사회 / 봉건제도.

봉:급 俸給 | 녹 봉, 줄 급 [salary; pay]
❶[속뜻] 일의 대가로 녹봉(祿俸)을 줌[給]. ❷일정한 직장에서 일의 대가로 받는 정기적인 보수. ¶이번 달 봉급이 밀렸다.

봉기 蜂起 | 벌 봉, 일어날 기
[rise in revolt; rise against]
벌[蜂]떼처럼 많은 사람이 한꺼번에 들고 일어남[起]. ¶농민들이 봉기했다.

봉변 逢變 | 만날 봉, 바뀔 변 [misfortune; insult]
뜻밖의 변고(變故)나 망신스러운 일을 만남[逢]. 또는 그러한 일. ¶싸움을 말리다가 되레 봉변을 당했다.

봉분 封墳 | 봉할 봉, 무덤 분
[(grave) mound]
흙을 둥글게 쌓아[封] 무덤[墳]을 만듦. 또는 그 흙더미. ¶봉분에 난 잡초를 뽑았다. [비] 성분(成墳).

봉:사 奉仕 | 받들 봉, 섬길 사 [serve]
❶[속뜻] 받들어[奉] 섬김[仕]. ❷나라나 사회 또는 남을 위하여 자신의 이해를 돌보지 않고 몸과 마음을 다하여 섬김. ¶고아원에서 자원 봉사를 하다.

▸봉:사-단 奉仕團 | 모일 단
봉사(奉仕)를 하기 위해 조직된 단체(團體). ¶봉사단에 가입하다.

▸봉:사-자 奉仕者 | 사람 자
봉사(奉仕)하는 사람[者]. ¶해마다 자원 봉사자의 수가 늘어난다.

봉서 封書 | 봉할 봉, 글 서
[sealed letter]
❶[속뜻] 겉봉을 봉(封)한 편지글[書]. ❷[역사] 임금이 종친이나 근신(近臣)에게 사적으로 내리던 서신.

봉:선-화 鳳仙花 | 봉새 봉, 신선 선, 꽃 화 [balsam; touch-me-not]
❶[속뜻] 봉황(鳳凰)이나 신선(神仙) 같은 꽃[花]. ❷[식물] 여름철에 붉은색, 흰색, 분홍색 따위의 꽃이 피는 풀. 꽃잎을 찧어 손톱에 붉게 물을 들이기도 한다. ¶울 밑에 선 봉선화야 네 모습이 처량하다. [비] 봉숭아.

봉:송 奉送 | 받들 봉, 보낼 송 [carry]
영령, 유골, 성물(聖物) 따위를 정중히 받들어[奉] 운송(運送)함. ¶성화를 봉송하다.

봉쇄 封鎖 | 봉할 봉, 잠글 쇄
[block up; blockade]
봉(封)하여 굳게 잠금[鎖]. ¶출입구 봉쇄 / 경찰은 모든 도로를 봉쇄했다.

봉수 烽燧 | 봉화 봉, 횃불 수
[beacon; signal fire]
[역사] 변란 따위를 알리기 위해 봉화(烽火) 둑에서 올리는 횃불[燧]. ¶왜적이 쳐들어오자 봉수가 올랐다.

▸봉수-대 烽燧臺 | 돈대 대
[역사] 봉화[烽燧]를 피워 올리던 높은 곳[臺]. [비] 봉화대(烽火臺).

▸봉수-소 烽燧所 | 곳 소
봉수(烽燧)를 올리는 곳[所]. ¶봉수소가 있던 산.

봉:양 奉養 | 받들 봉, 기를 양
[support one's parents]
부모나 조부모를 받들어[奉] 정성스럽게 모심[養]. ¶그는 어려운 형편에도 부모님을 정성껏 봉양했다.

봉오동 전:투 鳳梧洞戰鬪 | 봉새 봉, 오동나무 오, 마을 동, 싸울 전, 싸울 투
역사 1920년 6월에 만주 봉오동(鳳梧洞)에서 홍범도가 이끄는 대한 독립군이 일본군 제19사단을 크게 무찌른 싸움[戰鬪].

봉제 縫製 | 꿰맬 봉, 만들 제 [sew]
재봉틀 따위로 박거나 꿰매어[縫] 만듦[製]. ¶봉제 인형.

봉지 封紙 | 봉할 봉, 종이 지 [paper bag]
입구를 여밀[封] 수 있도록 종이[紙]나 비닐 따위로 만든 주머니. ¶쓰레기 봉지 / 봉지를 뜯다 / 봉지에 담다.

봉투 封套 | 봉할 봉, 덮개 투 [envelope]
❶속뜻 덮개[套]를 봉(封)함. ❷편지나 서류 따위를 넣을 수 있도록 만든 것 ¶편지 봉투 / 봉투를 뜯다. ㈃서통(書筒).

봉화 烽火 | 봉화 봉, 불 화 [signal fire]
역사 나라에 병란이나 사변이 있을 때 신호로 올리던[烽] 불[火]. ㈃봉수(烽燧).

▶**봉화-대 烽火臺** | 돈대 대
역사 봉화(烽火)를 피워 올리던 둑[臺]. ¶산꼭대기에 봉화대를 설치하다. ㈃봉수대(烽燧臺).

봉:황 鳳凰 | 봉황새 봉, 봉황새 황 [Chinese phoenix]
예부터 동양의 전설에 전해지는 상서로움을 상징하는 상상의 새. 수컷은 '봉'(鳳), 암컷은 '황'(凰)이다. ¶왕비의 옷에 봉황을 수놓았다.

부¹部 | 나눌 부 [part; department; volume]
❶사물을 여러 갈래로 나누었을 때의 하나. ¶2부로 된 소설. ❷업무 조직에서, 부서의 하나. ¶부의 책임자 / 편집부. ❸책이나 신문 따위를 세는 데 쓰는 말. ¶신문 다섯 부.

부:²富 | 넉넉할 부 [fortune; riches]
재산이 많음. 넉넉한 재산. ¶부와 명예를 얻다.

부:가 附加 | 붙을 부, 더할 가 [add]
이미 있는 것에 붙여[附] 더함[加]. 덧붙임. ¶부가 서비스.

▶**부:가 가치 附加價値** | 값 가, 값 치
경제 생산 과정에서 새로 덧붙인[附加] 가치(價値).

부각 浮刻 | 뜰 부, 새길 각 [relief]
❶미술 조각에서 평평한 면에 글자나 그림 따위를 도드라지게[浮] 새기는[刻] 일. ¶종에 관음보살을 부각하였다. ❷어떤 사물을 특징지어 두드러지게 함. ¶글의 배경은 주제를 더욱 부각했다. ❸주목받는 사람, 사물, 문제 따위로 나타나게 되다. ¶환경오염 문제가 또다시 부각되고 있다.

부:강 富強 | 넉넉할 부, 강할 강 [wealth and power]
부유(富裕)하고 강(強)함. ¶국가의 부강 / 부강한 나라를 만들다.

부:결 否決 | 아닐 부, 결정할 결 [reject; vote down]
회의에서 안건을 승인하지 않기로[否] 결정(決定)함. ¶그 법안은 30대 22로 부결되었다. ㈃가결(可決).

부계 父系 | 아버지 부, 이어 맬 계 [paternal side; male line]
아버지[父] 쪽의 혈통에 딸린 계통(系統). ¶부계 사회 / 호적제도가 바뀌어 기존의 부계 전통이 완화되었다. ㈃모계(母系).

부:고 訃告 | 부고 부, 알릴 고 [obituary (notice)]
통지[訃]를 보내 사람의 죽음을 알림[告]. 또는 그 통지. ¶그는 스승님의 부고를 받고 눈물을 쏟았다. ㈃부보(訃報), 부음(訃音).

부-고환 副睾丸 | 곁따를 부, 불알 고, 알 환 [epididymis]
의학 포유류 수컷의 고환(睾丸)에 붙어 있는[副] 기관. 정액을 정관을 통하여 정낭으로 보낸다.

부곡 部曲 | 나눌 부, 굽을 곡
❶속뜻 부락(部落)의 한 구석[曲]. ❷역사

통일 신라·고려 시대의 천민 집단부락. 양민들과는 한곳에서 살지 못하도록 하고, 목축·농경·수공업 따위에 종사하게 하였다.

▶**부곡-민 部曲民** | 백성 민
통일 신라, 고려 시대에 천민들이 모여 살던 마을인 부곡(部曲)에 살던 사람[民].

부:과 賦課 | 거둘 부, 매길 과 [levy]
세금 따위를 거두거나[賦] 매김[課]. 또는 그런 일. ¶재산세 부과 / 벌금을 부과하다.

부:국 富國 | 넉넉할 부, 나라 국 [rich country]
부유(富裕)한 나라[國]. 나라를 부유하게 만듦. ¶이라크는 중동의 석유 부국이다.

▶**부:국-강병 富國強兵** | 굳셀 강, 군사 병
나라의 경제력을 넉넉하게[富國] 하고 군사력[兵]을 튼튼하게[強] 하는 일. ㉾부강.

부군 夫君 | 지아비 부, 임금 군 [one's husband]
❶속뜻 지아비[夫]를 임금[君]에 빗대어 정답게 일컫던 말. ❷'상대방의 남편'을 높여 부르는 말. ¶부군께서도 안녕하신지요.

부:귀 富貴 | 넉넉할 부, 귀할 귀 [riches and honors]
재산이 많고[富] 사회적 지위가 높음[貴]. ¶그는 부귀와 명예를 모두 얻었다. ㉾빈천(貧賤).

▶**부:귀-영화 富貴榮華** | 성할 영, 성할 화
재산이 많고[富] 지위가 높으며[貴] 영화(榮華)로움. ¶그는 일생동안 부귀영화를 누렸다.

***부:근 附近** | 붙을 부, 가까울 근 [neighborhood; nearby]
붙어[附] 있어 가까움[近]. ¶친구와 학교 부근에 있는 공원에서 만났다. ㉾근처(近處).

부기 浮氣 | 뜰 부, 기운 기 [swelling (of the skin)]
한의 아파서 몸이 부은[浮] 기색(氣色). ¶얼굴에 아직 부기가 있다.

부-기능 副機能 | 곁따를 부, 틀 기, 능할 능
주요 기능에 곁따라[副] 일어나는 기능(機能).

부녀¹ 父女 | 아버지 부, 딸 녀 [father and daughter]
아버지와[父] 딸[女]. ¶경기에 부녀가 함께 출전했다.

부녀² 婦女 | 여자 부, 여자 녀 [woman]
결혼한 여자[婦]와 성숙한 여자[女]. ¶범인은 부녀만을 대상으로 범행을 저질렀다. ㉾부녀자(婦女子).

▶**부녀-자 婦女子** | 접미사 자
결혼한 여자[婦]와 성숙한 여자[女子].

▶**부녀-회 婦女會** | 모일 회
부녀자(婦女子)들로 구성된 모임[會]. ¶아파트 부녀회.

부:농 富農 | 넉넉할 부, 농사 농 [rich farmer]
많은 농지를 가지고 있어 생활이 넉넉한[富] 농가(農家). 또는 그런 농민(農民). ¶일반 농민들은 부농의 밭을 소작했다. ㉾빈농(貧農).

부:담 負擔 | 질 부, 멜 담 [load; charge]
❶속뜻 등에 짊어지고[負] 어깨에 둘러멤[擔]. ❷어떠한 의무나 책임을 짐. ¶그녀의 도움으로 부담을 덜었다.

▶**부:담-감 負擔感** | 느낄 감
어떠한 의무나 책임을 져야[負擔] 한다는 느낌[感]. ¶시험에 대한 부담감이 너무 크다.

부당 不當 | 아닐 부, 마땅 당 [injustice; unreasonable]
도리에 벗어나서 정당(正當)하지 않음[不]. 사리에 맞지 아니함. ¶부당요금 / 부당한 차별을 받다.

▶**부당-성 不當性** | 성질 성
이치에 맞지 않는[不當] 성질(性質). ¶부

당성을 지적하였다. [반] 정당성.

부:대¹ 負袋 | 질 부, 자루 대
[burlap bag]
종이나 천, 가죽 따위로 무엇을 담아 짊어 질[負] 수 있게 만든 자루[袋]. ¶소금 세 부대를 샀다. [비] 포대(包袋).

부대² 部隊 | 나눌 부, 무리 대
[military unit]
❶[군사] 일정한 규모로 나누어[部] 편성한 군대(軍隊) 조직. ¶그는 최전방 부대에서 복무했다. ❷어떠한 공통의 목적을 위하여 한데 모여 행동을 취하는 무리. ¶응원 부대.

부덕 不德 | 아닐 부, 베풀 덕
[lack of virtue]
❶[속뜻] 베풀지[德] 못함[不]. ❷공덕이 부족함. ¶전부 제가 부덕한 탓입니다.

부도¹ 不渡 | 아닐 부, 건널 도
[failure to honor; nonpayment]
❶[속뜻] 재정상의 위기 따위를 건너지[渡] 못함[不]. ❷[경제] 어음이나 수표를 가진 사람이 기한이 되어도 어음이나 수표에 적힌 돈을 지불 받지 못하는 일. ¶그 회사는 부도 직전까지 갔다.

부:도² 附圖 | 붙을 부, 그림 도 [attached map]
책에 딸려 붙어[附] 있는 그림이나 지도(地圖) 따위. ¶지리부도 / 역사 부도.

부-도덕 不道德 | 아닐 부, 길 도, 베풀 덕
[immoral; depraved]
도덕(道德)에 어긋남[不]. 도덕적이 아님. ¶부도덕한 행위.

부-도:체 不導體 | 아닐 부, 이끌 도, 몸 체 [nonconducting substance]
[전기] 열이나 전기를 잘 전달하지[導] 않는[不] 물체(物體). ¶유리는 전기의 부도체이다. [비] 절연체(絶緣體). [반] 도체(導體).

부동¹ 不動 | 아닐 부, 움직일 동
[immovability; firmness; stability]
물건이나 몸이 움직이지[動] 아니함[不]. ¶부동 자세.

▸**부동-산** 不動産 | 재물 산
[법률] 토지나 건물, 수목처럼 움직이지 않는[不動] 성질을 갖고 있는 재산(財産). ¶그는 많은 부동산을 소유하고 있다. [반] 동산(動産).

부동² 浮動 | 뜰 부, 움직일 동 [float]
❶[속뜻] 물이나 공기 중에 떠서[浮] 움직임[動]. 떠다님. ❷고정되어 있지 않고 움직임. ¶부동 인구.

▸**부동-표** 浮動票 | 쪽지 표
❶[속뜻] 떠돌이[浮動] 표(票). ❷지지하는 후보나 정당이 확실하지 않고 그때그때의 정세나 분위기에 따라 변화할 가능성이 많은 표. ¶우리 당의 부동표를 파악하다.

부두 埠頭 | 선창 부, 접미사 두
[quay; pier]
항구에서 배를 대어 여객이 타고 내리거나 짐을 싣고 부리는[埠] 곳[頭]. ¶배가 부두에 정박해 있다. [비] 선창(船艙).

부득이 不得已 | 아닐 부, 얻을 득, 버려둘 이 [against one's will]
버려둘[已] 수 없어[不得]. 하는 수 없이. 마지못하여. ¶개인 사정으로 부득이 회사를 그만두었다 / 부득이한 사정.

부등 不等 | 아닐 부, 같을 등
[disparity; inequality]
서로 같지[等] 않음[不]. 다름.

▸**부등-식** 不等式 | 법 식
[수학] 두 수 또는 두 식을 부등호(不等號)로 연결한 식(式). [반] 등식(等式).

▸**부등-호** 不等號 | 표지 호
[수학] 두 수나 두 식이 서로 같지[等] 않음[不]을 나타내는 기호(記號). 작거나 크거나 하는 기호는 두 수 사이에 '<', '>', '≦', '≧' 등으로 나타낸다. 터진 쪽이 큰 수이다. [반] 등호(等號).

부락 部落 | 나눌 부, 마을 락 [village]
이곳저곳에 나뉘어[部] 있는 시골 마을[落]. ¶자연적으로 형성된 부락. [비] 촌락(村落).

부랑 浮浪 | 뜰 부, 물결 랑 [wander]
일정한 거처나 직업이 없이 물결[浪]처럼 이리저리 떠돌아다님[浮]. ¶그는 10년 간 부랑 생활을 했다 / 전쟁으로 부랑하는 사람들이 늘어났다.

▶ 부랑-자 浮浪者 | 사람 자
일정한 거처나 직업이 없이 떠돌아다니는[浮浪] 사람[者].

***부력** 浮力 | 뜰 부, 힘 력
[buoyancy; lifting power]
물리 유체(流體) 속에 있는 물체를 떠오르게[浮] 하는 힘[力]. ¶아르키메데스는 부력의 원리를 발견했다.

부:록 附錄 | 붙을 부, 기록할 록
[appendix; supplement]
❶속뜻 본문 끝에 덧붙이는[附] 기록(錄). ❷신문, 잡지 따위의 본지에 덧붙인 지면이나 따로 내는 책자. ¶이 책을 사면 부록으로 가계부를 준다.

부류 部類 | 나눌 부, 무리 류
[class; category]
어떤 공통적인 성격 등에 따라 나눈[部] 갈래나 무리[類]. ¶그들은 두 부류로 나뉜다.

****부모** 父母 | 아버지 부, 어머니 모 [parents]
아버지[父]와 어머니[母]. ¶수술을 하기 전에 부모의 동의가 필요하다. 団 어버이, 양친(兩親).

부문 部門 | 나눌 부, 문 문
[class; group; department]
나누어[部] 놓은 일부분이나 범위[門]. ¶나는 수학 부문에서 상을 받았다.

부:-반장 副班長 | 도울 부, 나눌 반, 어른 장 [vice president of a class]
반장(班長)을 돕는[副] 지위와 책임이 있는 학생.

부부 夫婦 | 지아비 부, 부인 부
[husband and wife]
남편[夫]과 그의 부인[婦]. 団 내외(內外), 부처(夫妻). 속담 부부싸움은 칼로 물 베기.

▶ 부부-유별 夫婦有別 | 있을 유, 나눌 별
남편[夫]과 아내[婦] 간의 도리는 서로 구별(區別)함에 있음[有]. 오륜(五倫)의 하나.

***부분** 部分 | 나눌 부, 나눌 분
[part; section]
전체를 몇으로 나누어[部] 구별한[分] 것의 하나. ¶썩은 부분을 잘라내다. 団 전체(全體).

▶ 부분-적 部分的 | 것 적
전체가 아닌 한 부분(部分)에만 한정되는 것[的]. ¶부분적 손해. 団 국부적, 전체적.

▶ 부분 집합 部分集合 | 모일 집, 합할 합
❶속뜻 어떤 집합의 한 부분(部分)이 되는 집합(集合). ❷수학 두 집합 A와 B가 있고 집합 B의 원소가 모두 집합 A의 원소가 될 때, 집합 B를 집합 A에 상대하여 이르는 말. 'A⊃B', 'B⊂A'로 나타낸다.

부:사 副詞 | 도울 부, 말씀 사 [adverb]
언어 동사 또는 형용사를 돕는[副] 역할을 하는 말[詞]. ¶'매우 빠르다'의 '매우'는 부사다.

부-사:관 副士官 | 도울 부, 선비 사, 벼슬 관
❶속뜻 돕는[副] 일을 하는 사관(士官). ❷군사 하사, 중사, 상사, 원사 계급을 통틀어 이르는 말.

부:-산물 副産物 | 곁따를 부, 낳을 산, 만물 물 [byproduct]
주산물의 생산 과정에서 곁따라[副] 생기는[産] 물건(物件). ¶부산물로 사료를 만들다. 団 주산물(主産物).

부:상¹ 副賞 | 곁들일 부, 상줄 상
[supplementary prize]
정식의 상(賞) 외에 따로 곁들여[副] 주는 상(賞). ¶부상으로 사전을 받았다.

부상² 浮上 | 뜰 부, 위 상
[rise to the surface]
❶속뜻 물 위[上]로 떠[浮]오름. ¶고래는 숨을 쉬기 위해 해면으로 부상한다. ❷어떤 현상이 관심의 대상이 되거나 어떤 사

람이 훨씬 좋은 위치로 올라섬. ¶그녀의 소설이 베스트셀러로 부상하였다.

*부:상³負傷 | 질 부, 다칠 상
[injury; wound]
몸에 상처(傷處)를 입음[負]. ¶교통사고로 머리에 부상을 입었다. [비]상이(傷痍).

▸부:상-자 負傷者 | 사람 자
다쳐서 상처(傷處)를 입은[負] 사람[者]. ¶다행히 부상자는 없었다.

부서 部署 | 나눌 부, 관청 서
[one's post; one's place of duty]
기관, 기업, 조직 따위에서 일이나 사업의 체계에 따라 나뉘어[部] 있는 사무의 각 부문[署]. ¶다른 부서로 옮기다.

부석-사 浮石寺 | 뜰 부, 돌 석, 절 사
[불교]경상북도 영주시 부석면(浮石面)에 있는 절[寺]. 우리나라에서 가장 오래된 목조 건축인 무량수전이 있고 아미타여래 좌상 따위의 문화재가 남아있다.

부:설¹附設 | 붙을 부, 세울 설 [attach]
부속(附屬)시켜 설치(設置)함. ¶사범대학 부설 초등학교.

부:설²敷設 | 펼 부, 세울 설
[lay; construct]
다리, 철도, 지뢰 따위를 펼치듯이[敷] 설치(設置)함. ¶철도를 부설하다.

부소산-성 扶蘇山城 | 도울 부, 되살아날 소, 메 산, 성곽 성
[고적]충청남도 부여군 부소산(扶蘇山)에 있는 백제 때의 성터[城]. [비]사비성.

부:속 附屬 | 붙을 부, 엮을 속
[belong to; be attached to]
❶[속뜻]주된 것에 붙여[附] 엮어 놓음[屬]. ¶부속 건물. ❷'부속품'(附屬品)의 준말.

▸부:속-품 附屬品 | 물건 품
어떤 기계나 기구의 본체에 딸린[附屬] 물건[品]. ¶자동차 부속품. [준]부속.

부수¹部首 | 나눌 부, 머리 수 [radical]
❶[속뜻]서로 공통적인 요소가 있는 부류(部類)의 첫 머리[首]에 상당하는 한자. ❷한자자전에서 글자를 찾는 길잡이 역할을 하는 공통되는 글자의 한 부분. 예를 들어 '言'은 '語', '話', '請' 따위 글자의 부수이다.

부수²部數 | 나눌 부, 셀 수
[number of copies; edition]
책, 신문 따위의 출판물을 세는 단위인 부(部)의 수효(數爻). ¶판매 부수 / 신문의 발행 부수 / 책의 간행 부수.

부:-수입 副收入 | 버금 부, 거둘 수, 들 입 [additional income]
기본 수입 외에 부업(副業) 따위로 얻어지는 수입(收入). ¶직장을 다니며 가게를 운영해 부수입을 얻고 있다.

부:식¹副食 | 곁들일 부, 밥 식
[side dish; subsidiary food]
곁들여[副] 먹는 음식(飮食). ¶부식 재료를 사다. [반]주식(主食).

부:식²腐蝕 | 썩을 부, 좀먹을 식
[corrode; rot]
❶[속뜻]썩어서[腐] 좀먹음[蝕]. 또는 그런 모양의 것. ❷[화학]금속이 외부의 화학 작용에 의하여 금속이 아닌 상태로 소모되어 가는 일. 또는 그런 현상. ¶그 기계는 오래되어서 부식된 곳이 많다.

부:식³腐植 | 썩을 부, 심을 식 [humus]
❶[농업]흙 속에서 식물(植物)이 썩으면서[腐] 여러 가지 분해 단계에 있는 유기물의 혼합물을 만드는 일. ❷[화학]흙 속에서 식물이 썩으면서 만드는 유기물의 혼합물.

▸부:식-질 腐植質 | 바탕 질
[화학]식물(植物)의 부패(腐敗)로 생기는 갈색 또는 암흑색의 물질(物質). ¶이 흙에는 부식질이 많이 포함되어 있다.

부실 不實 | 아닐 부, 열매 실
[weak; poor; insufficient]
❶[속뜻]열매[實]를 맺지 못함[不]. ❷내용이 실속이 없고 충분하지 못함. ¶부실 공사 / 반찬이 부실하다.

부양 扶養 | 도울 부, 기를 양
[support; maintenance]
생활 능력이 없는 사람을 도와[扶] 살게[養] 함. ¶부양 자녀.

부:업 副業 | 버금 부, 일 업
[side job; subsidiary business]
본업 다음[副]으로 따로 가지는 직업(職業). ¶농가에서는 부업으로 버섯을 재배한다. ㉖ 여업(餘業). ㉖ 본업(本業).

부여¹ 夫餘 | 지아비 부, 남을 여
역사 기원전 1세기 무렵에 부여(夫餘)족이 북만주 일대에 세운 나라. 후에 고구려에 편입되었다.

부:여² 附與 | 붙을 부, 줄 여
[bestow; allow]
사물이나 일에 가치·의의 따위를 붙여[附] 줌[與]. ¶특권 부여 / 임무를 부여하다.

부:역 賦役 | 거둘 부, 부릴 역
[compulsory service]
나라가 백성들에게 세금을 거두거나[賦] 일을 부림[役]. 또는 그런 일. ¶부역에 나가다.

부원 部員 | 나눌 부, 인원 원
[staff; member]
부(部)에 딸려 있는 인원(人員). ¶신입 부원 / 부원 체육대회.

**부위 部位 | 나눌 부, 자리 위
[region; part]
어느 부분(部分)이 전체에 대하여 차지하는 위치(位置). ¶닭고기는 어느 부위가 제일 맛있나요?

부위부강 夫爲婦綱 | 지아비 부, 될 위, 아내 부, 벼리 강
삼강(三綱)의 하나. 남편[夫]은 아내[婦]의 벼리[綱]가 됨[爲].

부위자강 父爲子綱 | 아버지 부, 될 위, 아들 자, 벼리 강
삼강(三綱)의 하나. 아버지[父]는 아들[子]의 벼리[綱]가 됨[爲].

부:유 富裕 | 넉넉할 부, 넉넉할 유
[wealthy; rich]
재물이 많아 생활이 넉넉하다[富=裕]. ¶그는 부유한 사람과 결혼을 했다. ㉖ 곤궁(困窮)하다.

부:음 訃音 | 부고 부, 소리 음
[obituary notice; announcement of death]
사람의 죽음을 알리는[訃] 기별[音]. ¶그는 할아버지의 부음을 듣고 바로 고향으로 내려갔다. ㉖ 부고(訃告).

부:응 副應 | 곁들일 부, 응할 응
[suit; answer; satisfy]
어떤 요구나 기대 따위에 곁들여[副] 응(應)함. ¶기대에 부응하다.

부:의 賻儀 | 도울 부, 예의 의
[goods to aid in a funeral; condolence gift]
상가에 부조를 보내는[賻] 예의(禮儀). 또는 그런 돈이나 물품.

▶ **부:의-금 賻儀金** | 돈 금
부의(賻儀)로 보내는 돈[金]. ¶부의금을 내다. ㉖ 축의금.

부:-의장 副議長 | 도울 부, 따질 의, 어른 장
[vice president]
의장(議長)을 돕는[副] 일을 하다가, 의장의 유고 시에는 그 직무를 대리하는 사람.

부인¹ 夫人 | 지아비 부, 사람 인
[Mrs.; Madam]
❶속뜻 지아비[夫]의 짝이 되는 사람[人]. ❷'남의 아내'를 높여 부르는 말. ¶부인은 안녕하십니까? / 부인과 함께 오십시오.

부:인² 否認 | 아닐 부, 알 인
[deny; negative]
인정(認定)하지 않음[否]. ¶사실을 부인하다. ㉖ 시인(是認).

부인³ 婦人 | 부인 부, 사람 인
[married woman; lady]
❶속뜻 결혼하여 남의 부인(婦人)이 된 사람[人]. ❷결혼한 여자. ¶동네 부인들이 모여 집안 이야기를 나누고 있다 / 부인병(婦人病) 전문 병원.

부:임 赴任 | 나아갈 부, 맡길 임
[proceed to one's post]

임명(任命)을 받아 임지로 나아감[赴]. ¶새로 부임해 온 교감.

부:자¹富者 | 넉넉할 부, 사람 자 [millionaire; rich]
살림이 넉넉한[富] 사람[者]. 재산이 많은 사람. ⑭빈자(貧者). 속담 부자는 망해도 삼 년 먹을 것이 있다.

부자²父子 | 아버지 부, 아들 자 [father and son]
아버지[父]와 아들[子]. ¶부자가 꼭 닮았다.

▶ **부자-유친 父子有親** | 있을 유, 친할 친
아버지[父]와 아들[子] 간에는 친(親)한 사랑이 있음[有]. 오륜(五倫)의 하나. 참 오륜.

부-자연 不自然 | 아닐 부, 스스로 자, 그러할 연 [unnatural]
자연(自然)스럽지 못함[不]. ¶그는 행동이 부자연스러웠다.

부:-작용 副作用 | 버금 부, 지을 작, 쓸 용 [side effect; reaction]
❶약학 약이 지닌 그 본래의 작용 이외에 부수적으로[副] 일어나는 작용(作用). ¶부작용이 없다. ❷어떤 일에 부수적으로 일어나는 바람직하지 못한 일. ¶개발에 따른 부작용을 최소화하다.

부장 部長 | 나눌 부, 어른 장 [director of a department]
부(部)의 책임자[長]. ¶그는 부장으로 승진하였다.

부재 不在 | 아닐 부, 있을 재 [absence]
그곳에 있지[在] 아니함[不]. ¶아버지의 부재로 집안은 늘 썰렁했다.

부:적¹符籍 | 부신 부, 문서 적 [amulet; talisman]
민속 잡귀를 쫓고 재앙을 물리치는 부신(符信)으로 쓰이던 쪽지나 문서[籍].

부적²不適 | 아닐 부, 알맞을 적 [unsuitable; unfit]
알맞지[適] 아니함[不]. ¶그는 이 일을 하기에 부적하다.

부-적당 不適當 | 아닐 부, 알맞을 적, 마땅 당 [unfit; unsuited]
적당(適當)하지 않다[不]. ¶그 영화는 아이들이 보기에 부적당하다. ⑳부적. ⑭적당하다.

부-적절 不適切 | 아닐 부, 알맞을 적, 꼭 절 [inappropriate; unsuitable]
적절(適切)하지 않다[不]. ¶부적절한 행동. ⑭적절하다.

부-적합 不適合 | 아닐 부, 알맞을 적, 맞을 합
일이나 조건 따위에 꼭 알맞게[適] 잘 맞지[合] 아니함[不]. ¶이곳은 쌀 재배에 부적합하다.

부전-자전 父傳子傳 | 아버지 부, 전할 전, 아들 자, 전할 전
아버지[父]가 전(傳)해 받은 것을 다시 자식(子息)에게 전(傳)해 줌.

부정¹不淨 | 아닐 부, 깨끗할 정 [unclean; dirty]
❶속뜻 깨끗하지[淨] 못함[不]. 더러움. ❷사람이 죽는 따위의 불길한 일. ¶부정한 아내.

부정²不正 | 아닐 부, 바를 정 [unfair; unjust]
올바르지[正] 않거나[不] 옳지 못함. ¶입시 부정 / 부정을 방지하다. ⑭공정(公正).

▶ **부정 부:패 不正腐敗** | 썩을 부, 무너질 패
일 처리가 정당(正當)하지 않고[不] 뇌물을 받는 등 썩을 대로 썩음[腐敗]. ¶부정부패의 뿌리를 잘라내다.

부:정³否定 | 아닐 부, 정할 정 [deny; negate]
그렇다고 인정(認定)하지 아니함[否]. ¶그는 잘못을 부정하지 않았다. ⑭긍정(肯定).

▶ **부:정-적 否定的** | 것 적
그렇지 않다고 부정(否定)하는 내용을 갖는 것[的]. ¶부정적인 태도. ⑭긍정적(肯

부-정ː확 不正確 | 아닐 부, 바를 정, 굳을 확 [inaccurate; incorrect]
바르지[正] 않거나 확실(確實)하지 아니함[不]. ¶그는 발음이 부정확하다. ㉫정확(正確).

부조¹ 扶助 | 도울 부, 도울 조
[contribute; help]
❶속뜻 잔칫집이나 상가(喪家) 따위에 돈이나 물건을 보내 도와줌[扶=助]. 또는 그 돈이나 물건. ¶친구 결혼식에 부조를 했다. ❷남을 거들어서 도와주는 일. ¶상호 부조.

부조² 浮彫 | 뜰 부, 새길 조
[(carved) relief]
미술 모양을 도드라지게[浮] 새김[彫]. 또는 그러한 조각. ㉫돋을새김.

부-조리 不條理 | 아닐 부, 가지 조, 다스릴 리 [irrational; unreasonable]
조리(條理)나 이치(理致)에 어긋나거나 맞지 아니함[不]. 또는 그런 일. ¶사회의 부조리는 바로잡아야 한다.

***부족¹ 不足** | 아닐 부, 넉넉할 족
[insufficient; lack]
어떤 한도에 넉넉하지[足] 않음[不]. 모자람. ¶운동 부족. ㉫과잉(過剩), 풍족(豐足).

***부족² 部族** | 나눌 부, 겨레 족 [tribe]
❶속뜻 같은 부류(部類)의 겨레[族]. ❷사회 같은 조상이라는 관념에 의하여 결합되어 공통된 언어와 종교 등을 갖는 지역적인 공동체. ¶이것은 아키라 부족의 전통 춤이다.

부-주ː의 不注意 | 아닐 부, 쏟을 주, 뜻 의 [careless; inattentive]
주의(注意)하지 아니함[不]. 주의가 모자람. ¶운전자의 부주의가 사고의 원인이었다. ㉫주의(注意).

부지¹ 扶支 | =扶持, 도울 부, 버틸 지
[endure; maintain; hold out]
❶속뜻 붙잡고[扶] 지탱(支撐)해줌. ❷고

생을 참고 어려움을 버티어 나감. ¶흉년이 들어 풀뿌리로 목숨을 부지하다.

부지² 敷地 | 펼 부, 땅 지
[plot of ground]
집이나 건물 따위를 짓기 위하여 펼치듯이[敷] 골라 놓은 땅[地]. ¶공장 부지를 마련하다.

부지³ 不知 | 아닐 부, 알 지
[do not know]
알지[知] 못함[不]. ¶그 문제의 중요성에 대한 부지의 결과로 새로운 걱정거리가 생겼다.
▶부지기수 不知其數 | 그 기, 셀 수
❶속뜻 그[其] 수(數)를 알지[知] 못함[不]. ❷매우 많음. ¶이런 사고는 부지기수다.

부-직포 不織布 | 아닐 부, 짤 직, 베 포
[nonwoven (fabric)]
수공 베틀에 짜지[織] 않고[不] 화학적 또는 기계적인 처리에 의하여 접착시켜 만든 천[布].

부진 不振 | 아닐 부, 떨칠 진
[dull; depressed]
세력이나 성적 또는 활동 따위를 떨치지[振] 못함[不]. ¶나는 국어 성적이 부진하다 / 성적 부진아(不振兒).

부ː착 附着 | =付着, 붙을 부, 붙을 착
[adhere; attach]
들러붙어서[附=着] 떨어지지 아니함. 또는 그렇게 붙이거나 닮. ¶사진부착 / 벽에 포스터를 부착하다.

부ː채 負債 | 질 부, 빚 채 [debt]
남에게 빚[債]을 짊[負]. 또는 그 빚. ¶부채를 지다 / 부채를 탕감해 주다.

부처¹ 夫妻 | 지아비 부, 아내 처
[husband and wife; Mr. and Mrs]
남편[夫]과 아내[妻]. ¶오늘 파티에 김국장 부처가 모두 참석했다. ㉫내외, 부부.

부처² 部處 | 나눌 부, 곳 처
[ministries and offices]

정부기관의 '부'(部)와 '처'(處)를 아울러 이르는 말. ¶관계 부처 / 해당 부처로 일을 넘기다.

부:-총:리 副總理 | 도울 부, 거느릴 총, 다스릴 리 [deputy Prime Minister]
[법률] 국무총리(國務總理)를 보좌하는[副] 관직. 또는 그 사람. 국무총리가 특별히 위임하는 사무를 처리하고 총리가 유고(有故)하면 그 직무를 대행한다.

부친 父親 | 아비 부, 어버이 친 [one's father]
❶ [속뜻] 부계(父系) 친족(親族). ❷ '아버지'를 정중히 일컫는 말. ¶그의 부친이 돌아가셨다고 한다. 반 모친(母親).

부:탁 付託 | 청할 부, 맡길 탁 [request; favor]
어떤 일을 청하여[付] 맡김[託]. ¶부탁을 들어주다.

부:-통령 副統領 | 도울 부, 거느릴 통, 거느릴 령 [vice president]
[법률] 대통령(大統領) 아래에서 보좌하는[副] 직위. 또는 그 사람. 대통령을 보좌하고 대통령의 유고(有故) 시(時)에는 그 직무를 대행한다.

부판 浮板 | 뜰 부, 널빤지 판
[속뜻] 헤엄칠 때 몸이 잘 뜨게 하는[浮] 널판[板]. ¶부판을 잡고 헤엄을 쳤다.

부:패 腐敗 | 썩을 부, 무너질 패 [rot; decompose; decay]
❶ [속뜻] 썩어[腐] 문드러짐[敗]. ❷정치, 사상, 의식 따위가 타락함. ¶부패한 정치가. ❸ [화학] 미생물이 작용하여 질소를 품고 있는 단백질이나 지방 따위의 유기물이 분해되는 과정. 또는 그런 현상. 독특한 냄새가 나거나 유독성 물질이 발생한다. ¶여름철에는 음식물이 부패하기 쉽다.

***부품 部品** | 나눌 부, 물품 품 [spare parts; components]
기계 따위의 어떤 일부분(一部分)에 쓰이는 물품(物品). ¶자동차 부품 / 부품을 갈다.

부하 部下 | 거느릴 부, 아래 하 [subordinate; follower]
자기 수하(手下)에 거느리고[部] 있는 직원. 반 상관(上官), 상사(上司).

부:합 符合 | 맞을 부, 맞을 합 [agreement; correspondence]
서로 조금도 틀림이 없이 꼭 들어맞거나[符] 합치(合致)됨. ¶너의 의견이 나의 의견과 부합한다.

부형 父兄 | 아버지 부, 맏 형 [one's father and brothers; guardians]
❶ [속뜻] 아버지[父]와 형[兄]. ❷학교에서 학생의 보호자를 두루 일컫는 말.

부:호¹富豪 | 넉넉할 부, 호걸 호 [millionaire]
재산이 많고[富] 세력이 있는 호걸(豪傑). 큰 부자. 비 부자(富者).

부:호²符號 | 맞을 부, 표지 호 [mark; sign]
일정한 뜻을 나타내는 데 알맞은[符] 표시[號]. ¶부호를 넣다 / 부호를 쓰다.

부화 孵化 | 알 깔 부, 될 화 [hatch; incubate]
알을 깨게[孵] 됨[化]. 알을 깸. ¶병아리가 부화했다.

▶ **부화-기 孵化器** | 그릇 기
인위적으로 동물의 알을 까는[孵化] 기계(器械).

부:활 復活 | 다시 부, 살 활 [revive; resurrect]
❶ [속뜻] 죽었다가 다시[復] 살아남[活]. ¶예수의 부활. ❷없어졌던 것이 다시 생김. ¶교복 착용 제도의 부활.

▶ **부:활-절 復活節** | 철 절
[기독교] 예수의 부활(復活)을 기념하는 축제일[節]. 춘분이 지난 뒤의 첫 만월 다음의 일요일이다. ¶부활 주일.

부-회장 副會長 | 도울 부, 모일 회, 어른 장 [vice president]
회장(會長) 아래에서 보좌하는[副] 직위. 또는 그 직위에 있는 사람. 회장 유고 시에 그 직무를 대리한다.

부ː흥 復興 | 다시 부, 일어날 흥
[reconstruct]
쇠하였던 것이 다시[復] 일어남[興]. 또는 쇠하였던 것을 다시 일어나게 함. ¶경제 부흥 / 문예 부흥.

북 北 | 북녘 북 [north]
❶북(北)쪽. ❷'북한(北韓)'을 달리 이르는 말. ㊨남(南).

북-간도 北間島 | 북녘 북, 사이 간, 섬 도
지리 두만강과 마주한 간도(間島) 지방의 북부(北部). 전형적인 대륙성 기후로, 경지는 적고 임업이 활발하며 광물 자원이 많다.

북괴 北傀 | 북녘 북, 허수아비 괴
[North Korean puppet regime]
북한(北韓)을 소련의 허수아비[傀]라고 비난하여 이르던 말. ¶북괴는 간첩을 남파(南派)했다.

북국 北國 | 북녘 북, 나라 국
[northern country]
북(北)쪽에 있는 나라[國]. ¶북국의 특색이 드러나는 가옥구조.

북극 北極 | 북녘 북, 끝 극 [North Pole]
❶ 속뜻 북(北)쪽 끝[極]. 북쪽 끝의 지방. ❷ 지리 지구의 자전축을 연장할 때, 천구와 마주치는 북쪽 점. ¶펭귄은 북극에서 식하지 않는다. ㊨남극(南極).

▶ **북극-성 北極星** | 별 성
천문 천구의 북극(北極)에 가장 가까운 별[星]. 위치가 거의 변하지 않기 때문에 북쪽 방향을 아는 데 이용된다. ㊨북신(北辰).

▶ **북극-해 北極海** | 바다 해
지리 북극권(北極圈)에 있는 바다[海]. 아시아, 유럽, 북아메리카의 세 대륙에 둘러싸여 있다. ㊨북빙양(北氷洋).

북-대문 北大門 | 북녘 북, 클 대, 문 문
북쪽[北]으로 난 대문(大門).

북대서양 조약 기구 北大西洋條約機構 | 북녘 북, 클 대, 서녘 서, 바다 양, 조목 조, 묶을 약, 틀 기, 얽을 구
정치 북대서양(北大西洋) 조약(條約)에 의하여 성립된 서유럽 지역의 안전 보장 기구(機構). 1949년 미국, 영국, 프랑스, 캐나다 등을 회원국으로 하여 발족하였으며 뒤에 터키, 그리스 등이 참가하였다. '나토'(North Atlantic Treaty Organization)라고도 한다.

북동 北東 | 북녘 북, 동녘 동 [northeast]
❶ 속뜻 북(北)쪽과 동(東)쪽을 아울러 이르는 말. ❷북쪽을 기준으로 북쪽과 동쪽 사이의 방위(方位). ¶북동 무역풍이 불다. ㊨북동쪽.

북두-칠성 北斗七星 | 북녘 북, 말 두, 일곱 칠, 별 성 [Great Bear; Plow]
천문 북(北)쪽 하늘의 별자리에서 가장 뚜렷하게 보이는 국자[斗] 모양으로 된 일곱[七] 개의 별[星]. ㊨북두성(北斗星).

북망 北邙 | 북녘 북, 언덕 망
❶ 속뜻 중국 낙양의 북(北)쪽에 있는 언덕[邙]. ❷낙양의 북망에 무덤이 많은 것에서 유래되어 '무덤이 많은 곳이나 사람이 죽어서 묻히는 곳'을 이르는 말. 북망산(北邙山).

▶ **북망-산 北邙山** | 메 산
지리 중국 북망(北邙)에 무덤이 산(山)처럼 많은 것에서 유래되어 '무덤이 많은 곳이나 사람이 죽어서 묻히는 곳'을 이르는 말.

북문 北門 | 북녘 북, 문 문 [north gate]
북(北)쪽으로 낸 문(門). ¶북문으로 가면 인왕산이 나온다. ㊨남문(南門).

북미 北美 | 북녘 북, 미국 미
[North America]
지리 아메리카[美] 대륙 중 북쪽[北] 부분. ¶북미 대륙에는 미국과 캐나다가 있다.

북-반구 北半球 | 북녘 북, 반 반, 공 구
[Northern hemisphere]
지리 지구(地球)를 적도를 기준으로 반(半)으로 나눴을 때 북(北)쪽 부분. ¶우리

나라는 북반구에 위치하고 있다. [반] 남반구(南半球).

⁑**북방** 北方 | 북녘 북, 모 방
[northward; northern direction]
북(北) 쪽[方]. ¶북방 지역은 아직도 겨울이다. [비] 북녘. [반] 남방(南方).

북벌 北伐 | 북녘 북, 칠 벌
[attack the north]
북방(北方)의 지역을 정벌(征伐)함. ¶효종은 북벌 계획을 세웠다. [반] 남벌(南伐).

⁑**북부** 北部 | 북녘 북, 나눌 부
[north; northern part]
어떤 지역의 북(北)쪽 부분(部分). ¶강원도 북부지역은 북한에 속해 있다. [반] 남부(南部).

북빙-양 北氷洋 | 북녘 북, 얼음 빙, 큰바다 양 [Arctic Ocean]
[지리] 북극(北極) 지역에 얼음[氷]으로 덮여있는 큰 바다[洋]. 아시아, 유럽, 북아메리카 대륙에 둘러싸여 있다. [비] 북극해(北極海).

북상 北上 | 북녘 북, 위 상
[go up north; move northward]
북(北)쪽으로 올라감[上]. ¶장마전선이 북상 중이다 / 태풍이 북상하다. [반] 남하(南下).

북서 北西 | 북녘 북, 서녘 서 [northwest]
❶[속뜻] 북(北)쪽과 서(西)쪽을 아울러 이르는 말. ❷북쪽을 기준으로 북쪽과 서쪽 사이의 방위(方位).

▸북서-풍 北西風 | 바람 풍
[지리] 북서(北西)쪽에서 불어오는 바람[風]. ¶겨울철엔 북서풍이 분다. [비] 서북풍.

북어 北魚 | 북녘 북, 물고기 어
[dried pollack]
❶[속뜻] 북(北)쪽 바다에서 나는 물고기[魚]. ❷말린 명태. [비] 건명태(乾明太).

북위 北緯 | 북녘 북, 가로 위
[north latitude]
[지리] 적도 이북(以北)의 위도(緯度). ¶휴전선은 북위 38도를 기준으로 설정되었다. [반] 남위(南緯).

북진 北進 | 북녘 북, 나아갈 진
[go north]
북(北)쪽으로 진출하거나 진격(進擊)함. ¶아군(我軍)은 북진하며 적군을 섬멸했다. [반] 남진(南進).

북촌 北村 | 북녘 북, 마을 촌
[northern village]
북(北)쪽에 있는 마을[村]. [반] 남촌(南村).

북측 北側 | 북녘 북, 곁 측 [north side]
❶[속뜻] 북(北)쪽 측면(側面). ❷북한 측. ¶북측 대표단 / 북측 인사. [반] 남측(南側).

북-태평양 北太平洋 | 북녘 북, 클 태, 평평할 평, 큰바다 양
[North Pacific (Ocean)]
[지리] 태평양(太平洋)의 북반부(北半部). 적도 이북의 부분. ¶북태평양 고기압 / 북태평양 조약.

북풍 北風 | 북녘 북, 바람 풍
[north wind]
북(北)쪽에서 불어오는 바람[風]. ¶북풍이 몰아치다. [비] 삭풍(朔風). [반] 남풍(南風).

북학 北學 | 북녘 북, 배울 학
[역사] ❶중국 남북조 때, 북조(北朝)에서 행해진 학풍(學風). ❷조선시대에 실학자들이 청나라의 앞선 문화를 받아들일 것을 주장한 학풍.

▸북학-론 北學論 | 논할 론
❶[속뜻] 청나라의 문화[北學]를 배워 받아들이자는 주장[論]. ❷[역사] 조선 영조·정조 때에, 북학파 실학자들이 청나라의 앞선 문물제도 및 생활양식을 받아들이자고 한 주장. 박지원, 홍대용, 박제가, 이덕무 등이 주장하였다.

▸북학-파 北學派 | 갈래 파
❶[속뜻] 청나라의 문화[北學]를 배워 받아들이자고 주장한 사람들[派]. ❷[역사] 조선 영조·정조 때에, 청나라의 앞선 문물제도 및 생활 양식을 받아들일 것을 주장한

학파. 특히 상공업의 진흥과 기술의 혁신에 관심을 쏟았다.

북한 北韓 | 북녘 북, 나라 한 [North Korea; Democratic Peoples Republic of Korea]
남북으로 분단된 대한민국의 휴전선 북(北)쪽 지역의 우리나라[韓]를 가리키는 말.

▸ 북한-군 北韓軍 | 군사 군
북한(北韓)의 군인 또는 군대(軍隊). ¶북한군 병사.

북-한:강 北漢江 | 북녘 북, 한양 한, 강 강
❶ [속뜻] 북(北)쪽의 한강(漢江). ❷ [지리] 강원도 회양군 사동면에서 시작하여 춘천, 양구, 가평 등을 거쳐 흐르는 강. 남한강과 함께 한강의 주요한 지류이다.

북-한산 北漢山 | 북녘 북, 한수 한, 메 산
❶ [속뜻] 한강(漢江) 북(北)쪽에 있는 산(山). ❷ [지리] 서울특별시의 북부와 경기도 고양시 사이에 있는 산. 백운대, 인수봉, 국망봉의 세 봉우리가 있어 삼각산(三角山)이라고도 한다.

▸ 북한산-성 北漢山城 | 성곽 성
[고적] 북한산(北漢山)에 있는 산성(山城). 삼국 시대에 세워진 것으로 조선 숙종 37년(1711)에 석성으로 고쳐지었다. 사적 제162호이다.

▸ 북한산 신라 진흥왕 순수비 北漢山新羅眞興王巡狩碑 | 새 신, 새그물 라, 참 진, 일 흥, 왕 왕, 돌 순, 사냥 수, 비석 비
[고적] 신라(新羅) 진흥왕(眞興王)의 북한산(北漢山) 순행을 기념하여 비봉(碑峯)에 세운 순수비(巡狩碑). 1816년에 김정희가 비문의 일부를 판독한 후 널리 알려졌으며, 현재 국립 중앙 박물관에 옮겨져 있다. 국보 제3호이다.

북해 北海 | 북녘 북, 바다 해
[northern sea; North Sea]
❶ [속뜻] 북(北)쪽의 바다[海]. ❷ [지리] 유럽 대륙과 영국과의 사이에 있는 바다. [비] 북양(北洋).

북향 北向 | 북녘 북, 향할 향
[northern aspect; facing north]
북(北)쪽을 향(向)함. 또는 그 방향. ¶대문을 북향으로 내다. [반] 남향(南向).

분[1] 分 | 나눌 분 [minute]
시간의 단위. 한 시간의 60분의 1이다. ¶오후 1시 30분.

분[2] 分 | 나눌 분 [part]
전체를 몇에 나눈[分] 부분. ¶3분의 2.

분:[3] 分 | 나눌 분
[one's status; one's social standing]
자기 신분(身分)에 맞는 한도. ¶분에 맞게 살다.

분[4] 粉 | 가루 분 [powder]
얼굴빛을 곱게 하기 위하여 얼굴에 바르는 화장품의 하나. 주로 밝은 살구색이나 흰색의 가루로 되어 있다. ¶분을 바르다.

분:[5] 憤 | 화낼 분 [anger; rage]
화가 나고 억울한 마음. ¶분을 참다.

분가 分家 | 나눌 분, 집 가
[branch family]
가족의 한 구성원이 주로 결혼 따위로 집[家]을 따로 장만하여 나감[分]. ¶그는 분가한 후에도 부모님을 자주 찾아뵈었다.

분간 分揀 | 나눌 분, 가릴 간 [distinguish]
사물이나 사람의 옳고 그름, 좋고 나쁨 따위와 그 정체를 구별하거나[分] 가려서[揀] 앎. ¶자세히 보면 옥인지 돌인지 분간할 수 있다.

분:개 憤慨 | 분할 분, 슬퍼할 개
[indignant; be enraged]
몹시 분(憤)하여 슬퍼함[慨]. 또는 분하게 여김. ¶너무나 분개한 나머지 고함을 질렀다.

분교 分校 | 나눌 분, 학교 교
[branch school]
[교육] 본교와 떨어진 다른 지역에 따로[分] 세운 학교(學校). [반] 본교(本校).

분규 紛糾 | 어지러울 분, 얽힐 규
[complication; trouble]

이해나 주장이 어지럽게[紛] 뒤얽힘[糾]. 또는 이로 인한 시끄러움. ¶분규 해결 / 분규가 발생하다.

분기 分岐 | 나눌 분, 갈림길 기
[diverge; ramify]
나뉘어서[分] 여럿으로 갈라짐[岐]. 또는 그 갈래. ¶큰 길에서 분기되다.

▶ 분기-점 分岐點 | 점 점
여러 갈래로 나뉘는[分岐] 지점(地點). 또는 시점(時點). ¶분기점에 이정표가 있다.

분ː노 忿怒 | =憤怒, 성낼 분, 성낼 노
[anger]
분하여 몹시 성을 냄[忿=怒]. ¶분노가 폭발하다. ⓔ희열(喜悅).

분뇨 糞尿 | 똥 분, 오줌 뇨
[human waste; excretion; excreta]
똥[糞]과 오줌[尿]. ¶분뇨를 비료로 만들

분단¹ 分段 | 나눌 분, 구분 단
[divide into steps]
❶ 속뜻 여러 단계(段階)로 나눔[分]. 또는 나눈 그 단계. ❷문장을 내용에 따라 몇 단락으로 나눔. 또는 나눈 그 단락. ¶두 번째 분단의 요지를 말해보시오.

분단² 分斷 | 나눌 분, 끊을 단
[divide into sections]
두 동강으로 나누어[分] 끊음[斷]. ¶분단된 우리나라.

*분단³ 分團 | 나눌 분, 모일 단
[local branch; section]
❶ 속뜻 한 단체의 구성단위로 작게 나뉜[分] 집단(集團). ❷ 교육 학습 능률을 올리기 위하여 한 학급을 몇으로 나눈 그 하나.

▶ 분단-장 分團長 | 어른 장
분단(分團)의 우두머리[長]. ¶분단장의 명령.

분담 分擔 | 나눌 분, 멜 담
[divide of labor; take a share]
나누어서[分] 맡음[擔]. ¶가사 분담 / 비용을 셋이 분담하다. ⓔ전담(全擔).

분대 分隊 | 나눌 분, 무리 대 [squad]

군사 ❶본대에서 갈라져[分] 나온 편대(編隊). ❷소대 아래의 단위로 가장 작은 부대.

분동 分銅 | 나눌 분, 구리 동
[balance weight; counterbalance]
❶ 속뜻 양쪽에 똑같이 나누어[分] 놓은 구리[銅] 덩어리. ❷천평칭(天平秤)이나 대저울 따위로 무게를 달 때, 무게의 표준이 되는 추.

분란 紛亂 | 어수선할 분, 어지러울 란
[be in confusion]
어수선하고[紛] 떠들썩함[亂]. ¶의견 차이로 반에 분란이 생겼다.

분량 分量 | 나눌 분, 분량 량
[quantity; amount]
❶ 속뜻 나눈[分] 단위의 양(量). ❷수효, 무게 따위의 많고 적음이나 부피의 크고 작은 정도. ¶찻숟가락 세 개 분량의 설탕을 넣으시오.

불령-선인 不逞鮮人 | 아닐 불, 굳셀 령, 고울 선, 사람 인
❶ 속뜻 굳세지[逞] 못한[不] 조선(朝鮮) 사람[人]. ❷일본 제국주의자들이 한국 사람을 낮잡아 이르던 말.

분류 分類 | 나눌 분, 무리 류
[classify; group]
❶ 속뜻 나누어[分] 놓은 무리[類]. ❷사물을 공통되는 성질에 따라 종류별로 가름. ¶책을 장르별로 분류하다.

분리 分離 | 나눌 분, 떨어질 리 [separate; divide]
따로 나뉘어[分] 떨어짐[離]. 또는 따로 떼어 냄. ¶음식물 쓰레기는 분리해서 버려야 한다.

▶ 분리-대 分離帶 | 띠 대
교통 차도를 진행 방향에 따라 분리(分離)하기 위하여 그 경계선에 설치해 놓은 띠[帶] 모양의 장치.

▶ 분리-수거 分離收去 | 거둘 수, 갈 거
쓰레기 따위를 종류별로 나누어서[分離] 늘어놓은 것을 거두어[收] 감[去].

분립 分立 | 나눌 분, 설 립
[set up independently]
따로 갈라져서[分] 섬[立]. 또는 갈라서 세움. ¶우리나라의 정치제도는 입법, 사법, 행정의 삼권분립을 원칙으로 한다.

분만 分娩 | 나눌 분, 낳을 만
[give birth (to)]
산모가 뱃속의 아기를 몸 밖으로 분리(分離)하여 낳는[娩] 일. ¶분만의 고통이 얼마나 큰지를 남자는 모른다. ⓑ 출산(出産), 해산(解産).

분말 粉末 | 빻을 분, 가루 말
[powder; dust]
빻아서[粉] 만든 가루[末]. ¶알약을 빻아 분말로 만들다.

***분명 分明** | 나눌 분, 밝을 명
[clear; distinct; plain]
❶속뜻 구분(區分)이 명확(明確)함. ❷틀림없이 확실하게. ¶그 소식은 분명 너에겐 충격적일 거야 / 그가 도둑인 것이 분명하다 / 내 귀로 분명히 들었다.

분모 分母 | 나눌 분, 어머니 모
[denominator]
❶속뜻 무엇을 나누는[分] 모체(母體)가 되는 것. ❷수학 분수 또는 분수식에서 가로줄 아래에 적는 수 또는 식. ⓑ 분자(分子).

분묘 墳墓 | 무덤 분, 무덤 묘
[grave; tomb]
무덤[墳=墓].

***분:무 噴霧** | 뿜을 분, 안개 무 [atomize; spray]
물이니 약품 따위를 안개[霧]처럼 내뿜음[噴].

▶ **분:무-기 噴霧器** | 그릇 기
물이나 약품 따위를 안개처럼 내뿜는[噴霧] 기구[器]. ¶옷을 다리기 전에 분무기로 물을 뿌렸다.

분:발 奮發 | 떨칠 분, 일으킬 발
[make an effort; endeavor]
마음과 힘을 떨쳐[奮] 일으킴[發]. ¶우리 팀은 끊임없는 분발로 우승을 차지했다 / 꿈을 이루기 위해서는 더욱 분발해야 한다. ⓑ 발분(發奮).

분방 奔放 | 달릴 분, 내칠 방
[free; unrestrained]
❶속뜻 달리는[奔] 대로 내버려 둠[放]. ❷체면이나 관습 같은 것에 얽매이지 않고 마음대로임. ¶동생은 분방한 성격을 지녔다.

분배 分配 | 나눌 분, 나눌 배
[distribute; divide; share]
각자 몫을 따로따로 나눔[分=配]. ¶이익을 공정하게 분배하다. ⓑ 배분(配分).

분별 分別 | 나눌 분, 나눌 별
[devise; judge]
❶속뜻 일이나 사물을 나누어[分] 구별(區別)함. ¶이 다이아몬드는 진짜인지 가짜인지 분별하기가 어렵다. ❷무슨 일을 사리에 맞게 판단함. 또는 그 판단력. ¶그는 분별 있게 행동하는 사람이다.

분부 分付 | =吩咐, 나눌 분, 줄 부
[bid; give directions]
❶속뜻 여러 사람에게 나누어 시키거나 나누어[分] 줌[付]. ❷윗사람의 '당부'나 '명령'을 높여 이르는 말. ¶분부를 잘 받들겠습니다.

분분 紛紛 | 어지러울 분, 어지러울 분
[confused; complicated]
❶속뜻 이리저리 뒤섞이어 어지러움[紛+紛]. ❷의견이 각각이어서 갈피를 잡을 수 없다. ¶의견이 분분하다.

분비 分泌 | 나눌 분, 흐를 비 [secrete]
❶속뜻 나뉘어[分] 졸졸 흐름[泌]. ❷의학 샘 세포의 작용에 의하여 땀, 침, 젖 따위의 특수한 액즙을 만들어 배출함.

▶ **분비-물 分泌物** | 만물 물
의학 침, 위액, 땀, 젖 따위와 같이 분비(分泌)되어 나온 물질(物質).

분산 分散 | 나눌 분, 흩을 산
[disperse; scatter]
갈라져[分] 흩어짐[散]. 또는 흩어지게

함. ¶인구 분산. [반] 집중(集中).

분석 分析 | 나눌 분, 쪼갤 석
[analyze; assay]
복합된 사물을 그 요소나 성질에 따라서 나누고[分] 쪼개는[析] 일. ¶자료 분석 / 실패의 원인을 분석하다.

분속 分速 | 나눌 분, 빠를 속
일 분(分)간을 단위로 하여 재는 속도(速度). ¶시속 120킬로미터는 분속 2킬로미터이다.

분쇄 粉碎 | 가루 분, 부술 쇄 [pulverize]
가루[粉]가 되도록 부스러뜨림[碎]. ¶암석 조각을 분쇄하다.

분수[1] 分數 | 나눌 분, 셀 수
[fractional number; limit]
❶ [수학] 어떤 수(數)를 다른 수로 나누는[分] 것을 분자와 분모로 나타낸 것. ❷ 자기 신분(身分)에 맞는 한도. ¶자기 분수를 지키면서 살다. [반] 정수(整數).

분수[2] 分水 | 나눌 분, 물 수
[diversion of water]
물[水]이 두 갈래 이상으로 갈라져[分] 흐름. 또는 갈라져 흐르는 물.

▸분수-령 分水嶺 | 재 령
❶ [지리] 물줄기가 갈라지는[分水] 산등성이[嶺]. ❷ '일이 어떻게 될 것인가가 결정되는 고비'를 비유하여 이르는 말. ¶미국에서 지낸 3년이 그의 인생에 중요한 분수령이 되었다.

분ː수[3] 噴水 | 뿜을 분, 물 수 [fountain]
물[水]을 뿜어내게[噴] 되어 있는 설비. 또는 뿜어내는 그 물. ¶분수에서 시원하게 물이 뿜어져나온다.

▸분ː수-대 噴水臺 | 돈대 대
공원 등에 물을[水] 뿜어[噴] 올리기 위하여 마련해 놓은 시설[臺].

분식 粉食 | 가루 분, 밥 식
[food made from flour]
빵, 국수 등 곡식의 가루[粉]로 만든 음식(飮食). 또는 그런 음식을 먹음. ¶요즘 아이들은 밥보다 분식을 좋아한다.

▸분식-점 粉食店 | 가게 점
분식(粉食)을 파는 음식점(飮食店). ¶분식점에서 점심을 먹었다. [비] 분식집.

분신 分身 | 나눌 분, 몸 신
[one's other self; alter ego]
몸체[身]에서 갈라져[分] 나간 부분. ¶그는 나의 분신이다.

분실 紛失 | 어수선할 분, 잃을 실
[lose; miss]
어수선하여[紛] 자기도 모르는 사이에 잃어버림[失]. ¶분실한 물건을 보관하다. [반] 습득(拾得).

▸분실-물 紛失物 | 만물 물
잃어버린[紛失] 물건(物件). ¶분실물을 습득하다. [반] 습득물(拾得物).

분야 分野 | 나눌 분, 들 야 [field]
여러 갈래로 나누어진[分] 범위나 부분[野]. ¶경제 분야 / 전공 분야.

분양 分讓 | 나눌 분, 넘겨줄 양
[sell in lots]
많은 것이나 큰 덩이를 갈라서[分] 여럿에게 넘겨줌[讓]. ¶그 아파트는 지금 분양 중이다.

분업 分業 | 나눌 분, 일 업 [divide work]
❶ [속뜻] 손을 나누어서[分] 일함[業]. ¶아버지는 어머니와 가사를 분업하신다. ❷ 한 제품의 공정을 몇 가지 단계 또는 부분별로 나누어 여러 사람이 분담하여 생산하는 일. ¶분업으로 생산성이 높아졌다.

분ː연 奮然 | 떨칠 분, 그러할 연
[resolutely; vigorously; courageously]
크게 힘을 내는[奮] 그러한[然] 모양. ¶분연히 일어선 애국지사.

***분열** 分裂 | 나눌 분, 찢어질 렬
[be disrupted; be split]
❶ [속뜻] 하나가 여럿으로 나누어지거나[分] 찢어짐[裂]. ¶정치적 분열. ❷ [생물] 생물의 세포나 핵이 갈라져서 증식되는 일. ¶세포 분열.

분위기 雰圍氣 | 안개 분, 둘레 위, 기운 기 [atmosphere]

안개[霧]처럼 어떤 환경이나 어떤 자리를 감도는[圍] 있는 기분(氣分). ¶그 거리는 분위기가 좋다 / 집안 분위기가 무겁다.

분유 粉乳 | 가루 분, 젖 유
[powdered milk]
가루[粉]로 만든 우유(牛乳). ¶따뜻한 물에 분유를 타다.

분자 分子 | 나눌 분, 아이 자 [molecule]
❶속뜻 분모[分母]가 업고 있는 아이[子] 같은 숫자. ❷수학 분수의 가로줄 위에 있는 수. ❸물리 물질의 화학적 성질을 잃지 않고 존재하는 최소 입자를 이르는 말. 맨 분모(分母).

▶ 분자 운 ·동 分子運動 | 돌 운, 움직일 동
물리 물질을 구성하고 있는 분자(分子) 또는 원자(原子)의 끊임없는 운동(運動).

분장 扮裝 | 꾸밀 분, 꾸밀 장 [make up]
❶속뜻 몸차림이나 옷차림을 매만져 꾸밈[扮=裝]. ¶분장을 하니 누군지 못 알아보겠다. ❷연영 배우가 작품 속의 인물의 모습으로 옷차림이나 얼굴을 꾸밈. 또는 그 모습. ¶영애는 피에로로 분장하였다.

▶ 분장-사 扮裝師 | 스승 사
배우들의 분장(扮裝)을 전문으로 맡아보는 사람[師]. 또는 그런 직업.

분재 盆栽 | 화분 분, 심을 재
[plant in a pot]
화분(花盆)에 심어서[栽] 가꿈. ¶할아버지의 취미는 분재 가꾸기다.

***분쟁** 紛爭 | 어지러울 분, 다툴 쟁
[have trouble; have a dispute]
어지럽게[紛] 얽힌 문제로 서로 다툼[爭]. 또는 그런 일. ¶이업분쟁 / 영유권 분쟁.

분:전 奮戰 | 떨칠 분, 싸울 전
[fight desperately]
힘을 다하여[奮] 싸움[戰]. 힘껏 싸움. ¶우리 선수들의 분전으로 경기는 승리로 끝났다.

분점 分店 | 나눌 분, 가게 점
[branch shop]
본점(本店)에서 따로 나누어진[分] 가게[店]. 맨 지점(支店).

분주 奔走 | 달릴 분, 달릴 주 [busy]
이리저리 뛰어다녀야[奔=走] 할 만큼 몹시 바쁨. ¶분주를 떨다 / 눈코 뜰 사이 없이 분주하다.

***분지** 盆地 | 동이 분, 땅 지
[(round) valley; hollow]
지리 동이[盆]처럼 산 따위로 둥글게 둘러싸인 평평한 땅[地]. ¶분지 지형은 대개 기온이 높다.

분지르다 [break]
부러뜨리다. ¶나뭇가지를 분지르다.

분진 粉塵 | 가루 분, 티끌 진
[dust; mote]
❶속뜻 가루[粉]와 먼지[塵]. ❷공기에 섞여 날리거나 물체 위에 쌓이는 매우 작고 가벼운 물질.

분청-사기 粉青沙器 | 가루 분, 푸를 청, 모래 사, 그릇 기
수공 청자(青瓷)에 백토(白土)를 가루[粉] 내어 바른 다음 다시 구워 낸 조선시대의 자기[沙器].

***분:출** 噴出 | 뿜을 분, 날 출
[spout; gush out]
❶속뜻 좁은 곳에서 액체나 기체가 세차게 뿜어[噴] 나옴[出]. ¶용암이 분출하다. ❷요구나 욕구 따위가 한꺼번에 터져 나옴. 또는 그렇게 되게 함. ¶그는 자신의 분노를 친구에게 분출했다.

분침 分針 | 나눌 분, 바늘 침
[minute hand]
시계의 분(分)을 가리키는 바늘[針].

분:통 憤痛 | 분할 분, 아플 통
[fury; indigent]
몹시 분(憤)하여 마음이 쓰리고 아픔[痛]. ¶나는 그의 말에 분통이 터졌다.

분:투 奮鬪 | 떨칠 분, 싸울 투
[struggle hard]
있는 힘을 다하여[奮] 싸우거나[鬪] 노력함. ¶분투 정신 / 성공하기 위하여 끝까지

분투하다.

분포 分布 | 나눌 분, 펼 포
[be distributed; be spread]
여기저기 흩어져[分] 널리 퍼져[布] 있음. ¶인구 분포.

▸분포-도 分布圖 | 그림 도
분포(分布)된 상태를 나타내는 지도(地圖)나 도표(圖表).

분필 粉筆 | 가루 분, 붓 필 [chalk]
탄산석회나 석고의 가루로[粉] 만든 필기구(筆記具). 주로 칠판에 쓸 때 사용한다. [비] 백묵(白墨).

분할 分割 | 나눌 분, 쪼갤 할
[partition; divide]
나누거나[分] 쪼갬[割]. ¶토지 분할 / 등록금 분할 납부.

***분해** 分解 | 나눌 분, 가를 해
[disjoint; dismantle]
나누고[分] 가름[解]. 여러 부분이 결합되어 이루어진 것을 낱낱으로 나눔. ¶컴퓨터를 분해하다.

분향 焚香 | 불사를 분, 향기 향
[burn incense]
향(香)을 사름[焚]. ¶법당에 들어가 불전에 분향하였다.

분:홍 粉紅 | 가루 분, 붉을 홍
[pink color]
가루[粉] 같은 흰빛이 섞인 붉은[紅] 빛깔. '분홍색'(粉紅色)의 준말. ¶분홍색 립스틱.

▸분:홍-색 粉紅色 | 빛 색
가루[粉] 같은 흰빛이 섞인 붉은[紅] 빛깔[色]. ¶분홍색 립스틱. [비] 분홍빛.

분화[1] 分化 | 나눌 분, 될 화
[differentiate; specialize]
나뉘어[分] 다른 것이 됨[化]. ¶과학은 여러 부문으로 분화되어 있다.

분:화[2] 噴火 | 뿜을 분, 불 화 [erupt]
❶[속뜻] 불[火]을 내뿜음[噴]. ❷[지리] 화산의 화구에서 화산재, 수증기, 용암 따위를 내뿜는 일. ¶화산이 맹렬히 분화했다.

▸분:화-구 噴火口 | 구멍 구
[지리] 화산(火山)의 분출물(噴出物)을 내뿜는 구멍[口].

분황-사 芬皇寺 | 향기 분, 임금 황, 절 사
[불교] 신라 선덕 여왕 3년(634)에 창건되어 원효(元曉)가 불도(佛道)를 닦은 유명한 절이다. 경상북도 경주시 구황동에 있다.

불[1] (火, 불 화) [fire]
❶물질이 산소와 화합해 열과 빛을 내며 타는 현상. ¶담배에 불을 붙이다. ❷어둠을 밝히는 빛. ¶불을 켜다. ❸불이 나는 재앙. 또는 불로 인한 재난. ¶창고에 불이 나다.

불[2] 弗 | 아닐 불 [dollar]
'달러'(dollar)의 한자(漢字)식 이름. 달러를 나타내는 '$'의 모양과 비슷한 한자로 표시한 것에서 유래했다. ¶백만 불.

불가 不可 | 아닐 불, 가히 가
[be not right]
무엇을 할 수[可] 없음[不]. 가능하지 않음. ¶19세 미만 입장 불가.

▸불가-분 不可分 | 나눌 분
나누려고 해도 나눌[分] 수 없음[不可]. ¶돈과 권력은 서로 불가분의 관계에 있다.

▸불가-피 不可避 | 피할 피
피(避)할 수가 없다[不可]. ¶불가피한 사정이 생겨서 참석할 수 없다.

▸불가-사의 不可思議 | 생각 사, 의논할 의
사람의 생각으로는 미루어 헤아릴[思議] 수 없이[不可] 이상하고 야릇함. ¶고대 세계의 7대 불가사의.

▸불가-항력 不可抗力 | 막을 항, 힘 력
사람의 힘으로는 저항(抵抗)할 수 없는[不可] 힘[力]. ¶불가항력의 천재지변.

불-가능 不可能 | 아닐 불, 가히 가, 능할 능 [impossible]
할 수[可能] 없음[不]. 될 수 없음. ¶내 사전에 불가능이란 없다 / 그 일을 오늘 안에 끝내는 것은 불가능하다. [반] 가능(可

能).

불-건전 不健全 | 아닐 불, 굳셀 건, 온전할 전 [unwholesome; unsound]
건전(健全)하지 않다[不]. ¶불건전한 생각.

불결 不潔 | 아닐 불, 깨끗할 결 [uncleanliness; filthiness]
깨끗하지[潔] 않음[不]. ¶주방이 불결하다. ⨁청결(淸潔).

불경¹ 佛經 | 부처 불, 책 경 [Buddhist scriptures]
불교 불교(佛敎)의 가르침을 적은 경전(經典). ⓒ경.

불경² 不敬 | 아닐 불, 공경할 경 [disrespectful; irreverent]
마땅히 경의를 표해야 할 사람에게 경의(敬意)나 예를 표하지 않고[不] 무례하게 굶. ¶불경을 저지르다 / 불경스러운 말투.

불-경기 不景氣 | 아닐 불, 볕 경, 기운 기 [bad times]
❶속뜻 경기(景氣)가 좋지 않음[不]. ❷경제 물건의 거래가 활발하지 않고 생업이나 생산 활동에 활기가 없는 상태. ⨁불황(不況). ⨁호경기(好景氣).

불공 佛供 | 부처 불, 이바지할 공 [Buddhist service]
불교 부처[佛] 앞에 공양(供養)하는 일.

불-공정 不公正 | 아닐 불, 공평할 공, 바를 정 [unfair; unjust]
공정(公正)하지 아니함[不]. ¶불공정 거래 / 그 시합의 판정은 불공정하다. ⨁공정(公正).

불-공평 不公平 | 아닐 불, 공정할 공, 평평할 평 [unfair; partial]
공평(公平)하지 아니함[不]. ¶사회의 불공평이 더욱 심화되었다 / 불공평한 세상. ⨁공평.

불과 不過 | 아닐 불, 지날 과 [only; merely; no more than]
그 정도에 지나지[過] 못함[不]. 겨우. 기껏해야. ¶생존자는 불과 몇 명뿐이었다 / 이것은 시작에 불과하다.

＊＊불교 佛敎 | 부처 불, 종교 교 [Buddhism]
❶속뜻 부처[佛]를 믿는 종교(宗敎). ❷종교 기원전 6세기경 인도의 석가모니가 창시한 후 동양 여러 나라에 전파된 종교. 이 세상의 고통과 번뇌를 벗어나 그로부터 해탈하여 부처가 되는 것을 궁극적인 이상으로 삼는다.

＊불구¹ 不拘 | 아닐 불, 잡을 구 [disregard; be not deterred]
구애(拘礙)받지 않다[不]. ¶그는 비가 오는데도 불구하고 산에 올랐다.

불구² 不具 | 아닐 불, 갖출 구 [deformity; disability]
몸의 어떤 부분이 온전치[具] 못함[不]. ¶전쟁 중에 그의 다리는 불구가 되었다.
▶ **불구-자 不具者** | 사람 자
몸의 어느 부분이 온전하지 못한[不具] 사람[者].

불국 佛國 | 부처 불, 나라 국
불교 부처[佛]가 사는 나라[國]. 곧 극락정토(極樂淨土)를 이른다.
▶ **불국-사 佛國寺** | 절 사
❶속뜻 불국토(佛國土)를 상징하는 절[寺]. ❷불교 경상북도 경주시 진현동의 토함산 기슭에 있는 절. 신라 법흥왕 15년(528)에 창건하였고, 신라 불교 예술의 귀중한 유적이다. 1995년 유네스코 세계 문화유산으로 지정되었다.

불굴 不屈 | 아닐 불, 굽힐 굴 [indomitable]
어려움에 부닥쳐도 굽히지[屈] 않고[不] 끝까지 해냄. ¶불굴의 의지.

불-규칙 不規則 | 아닐 불, 법 규, 법 칙 [irregularity]
규칙(規則)을 벗어남[不]. 또는 규칙이 없음. ¶불규칙 변화 / 불규칙한 생활을 하다.

불-균형 不均衡 | 아닐 불, 고를 균, 저울대 형 [lack of balance]
균형(均衡)이 잡혀 있지 않음[不]. ¶도시

불길 不吉 | 아닐 불, 길할 길 [unlucky]
재수나 운수 따위가 길(吉)하지 못하다[不]. 좋지 않다. ¶불길한 꿈을 꾸다.

불능 不能 | 아닐 불, 능할 능
[impossible]
할 수[能] 없음[不]. 능하지 못함. ¶통제 불능.

불당 佛堂 | 부처 불, 집 당
[Buddhist temple]
불교 부처[佛]를 모신 집[堂].

불량 不良 | 아닐 불, 좋을 량
[bad; delinquent]
❶속뜻 질이나 상태 따위가 좋지[良] 않음[不]. ¶불량 식품 / 이 음식점은 위생 상태가 불량하다. ❷품행이 좋지 않음. ¶불량 학생 / 자세가 불량하다.

▶**불량-배 不良輩** | 무리 배
상습적으로 나쁜[不良] 짓을 저지르는 사람, 또는 그런 무리[輩]. ¶불량배와 어울리지 마라. 비 깡패.

▶**불량-품 不良品** | 물건 품
품질이 좋지[良] 않은[不] 물건[品]. ¶불량품을 반품하다.

불로¹ 不老 | 아닐 불, 늙을 로
[ever young]
늙지[老] 않다[不]. ¶불로장생(長生).

▶**불로-초 不老草** | 풀 초
먹으면 늙지[老] 않는다는[不] 약초(藥草). ¶진시황은 불로초를 구해오라 명했다.

불로² 不勞 | 아닐 불, 일할 로
일하지[勞] 아니함[不]. ¶불로소득(所得).

▶**불로 소:득 不勞所得** | 것 소, 얻을 득
경제 일하지[勞] 않고[不] 얻는 소득(所得). ¶불로소득에 세금을 부과하다.

불륜 不倫 | 아닐 불, 인륜 륜
[immoral; illegal]
남녀 관계가 인륜(人倫)에 맞지 아니함[不]. ¶불륜은 행복으로 끝나지 않는다.

*__불리 不利__ | 아닐 불, 이로울 리
[disadvantageous; unfavorable]
이롭지[利] 아니함[不]. ¶불리한 입장. 반 유리(有利).

불만 不滿 | 아닐 불, 찰 만 [dissatisfied]
마음에 차지[滿] 않음[不]. 또는 그런 마음의 표시. ¶주민들의 불만이 쌓여가다 / 불만스러운 표정으로 대답하다. 비 불만족(不滿足). 반 만족(滿足).

불-만족 不滿足 | 아닐 불, 가득할 만, 넉넉할 족 [dissatisfied; discontented]
만족(滿足)스럽지 아니함[不]. 또는 그런 상태. ¶그의 설명이 불만족스러웠다.

불매 不買 | 아닐 불, 살 매 [boycott]
사지[買] 아니함[不]. ¶불매 운동.

불면 不眠 | 아닐 불, 잠잘 면
[loss of sleep]
잠을 자지[眠] 않음[不]. 또는 잠을 자지 못함. ¶불면 때문에 눈이 충혈되다.

▶**불면-증 不眠症** | 증세 증
의학 잠을 잘 수 없는[不眠] 상태가 오래도록 지속되는 증세(症勢). ¶불면증에 걸리다.

불멸 不滅 | 아닐 불, 없앨 멸
[do not die]
영원히 없어지지[滅] 않음[不]. ¶불멸의 업적을 남기다.

불-명예 不名譽 | 아닐 불, 이름 명, 기릴 예 [dishonor; disgrace]
명예(名譽)스럽지 못함[不]. ¶불명예스럽게도 우리 팀은 예선에서 탈락했다. 반 명예(名譽).

불모 不毛 | 아닐 불, 털 모 [sterility]
❶속뜻 자라지 않는[不] 털[毛]. ❷땅이 메말라 농작물이 자라지 않음을 비유적으로 이르는 말. 또는 그런 땅.

▶**불모-지 不毛地** | 땅 지
식물이 자라지[毛] 않는[不] 거칠고 메마른 땅[地]. ¶불모지를 일구다.

불문 不問 | 아닐 불, 물을 문
[do not ask]

❶[속뜻] 묻지[問] 아니함[不]. ¶이 문제는 불문에 부치겠다. ❷가리지 아니함. ¶노소 불문 / 남녀노소를 불문하고 모두 이 노래를 좋아한다.

불미 不美 | 아닐 불, 아름다울 미
[ugly; bad]
아름답지[美] 못하고[不] 추잡함. 떳떳하지 못함. ¶그에 대한 불미스러운 소문이 나돌고 있다.

불발 不發 | 아닐 불, 쏠 발 [misfire]
❶[속뜻] 탄알이나 폭탄이 발사(發射)되지 않거나 터지지 아니함[不]. ❷계획했던 일을 못하게 됨. ¶그 계획은 불발로 끝나고 말았다.

불법¹不法 | 아닐 불, 법 법
[unlawfulness]
법(法)에 어긋남[不]. ¶불법선거 / 불법 시위. ⓗ 위법(違法). ⓔ 적법(適法), 합법(合法).

불법²佛法 | 부처 불, 법 법 [Buddhism; teaching(s) of Buddha]
[불교] 부처의[佛] 설법(說法). 부처의 가르침. ¶불법을 설파하다.

불변 不變 | 아닐 불, 바뀔 변
[do not change]
바뀌지[變] 아니함[不]. 변하지 아니함. ¶불변의 진리 / 태양이 서쪽으로 진다는 것은 영원히 불변하는 사실이다. ⓔ 가변(可變).

불복 不服 | 아닐 불, 따를 복
[objection; protest]
따르지[服] 아니함[不]. ¶상관의 명령에 불복하다.

불-분명 不分明 | 아닐 불, 나눌 분, 밝을 명 [indistinct; obscure]
분명(分明)하지 않다[不]. ¶그녀가 집을 떠난 이유는 불분명했다. ⓗ 불명확하다. ⓔ 분명하다.

불사¹不辭 | 아닐 불, 물러날 사
[fail to decline]
사양(辭讓)하지 아니함[不]. ¶전쟁 불사 / 경우에 따라서는 죽음도 불사할 것이다.

불사²不死 | 아닐 불, 죽을 사
[never die; be immortal]
죽지[死] 아니함[不].
▶ 불사-신 不死身 | 몸 신
❶[속뜻] 죽지 않는[不死] 몸[身]. ❷'어떠한 곤란을 당하여도 기력을 잃거나 낙담하지 않는 사람'을 비유하여 이르는 말.
▶ 불사-조 不死鳥 | 새 조
❶[속뜻] 영원히 죽지[死] 않는다는[不] 전설의 새[鳥]. ❷[문학] 이집트 신화에 나오는 새. 500~600년마다 한 번 스스로 향나무를 쌓아 불을 피워 타 죽고 그 재 속에서 다시 살아난다고 한다.

*__불상__¹佛像 | 부처 불, 모양 상
[image of Buddha]
[불교] 부처님[佛] 모양[像]을 표현한 조각이나 그림.

불상²不祥 | 아닐 불, 상서로울 상
[ill-omened; ominous]
상서(祥瑞)롭지 못하다[不].
▶ 불상-사 不祥事 | 일 사
상서(祥瑞)롭지 못한[不] 일[事]. ¶불상사가 일어나다.

불성 不誠 | 아닐 불, 정성 성 [insincere]
성실(誠實)하지 못함[不]. '불성실'의 준말.

불-성실 不誠實 | 아닐 불, 정성 성, 참될 실 [insincere]
성실(誠實)하지 못함[不]. ¶게으름과 불성실을 반성하다 / 불성실한 행동. ⓒ 불성. ⓔ 성실(誠實).

불소 弗素 | 아닐 불, 바탕 소 [fluorine]
[화학] 할로겐 원소의 한 가지. 상온에서는 특유한 냄새를 가진 황록색의 기체이며 화합력이 강하다. 플루오르(fluor)를 음역한 '弗'에 '원소'를 가리키는 '素'를 덧붙여 만들었다. ¶불소가 들어간 치약.

불손 不遜 | 아닐 불, 겸손할 손
[insolent; arrogant]
공손(恭遜)하지 아니함[不]. ¶불손한 태

도. ⊕공손(恭遜).

불순 不純 | 아닐 불, 순수할 순
[impure; foul]
순수(純粹)하지 못함[不]. ¶불순한 의도 / 자네는 나의 목적이 불순하다는 건가?
▶**불순-물 不純物** | 만물 물
순수(純粹)하지 못한[不] 물질(物質). ¶불순물을 걸러내다.

불시 不時 | 아닐 불, 때 시
[unexpectedness]
뜻하지 아니한[不] 때[時]. ¶친구가 불시에 찾아오다.
▶**불시-착 不時着** | 붙을 착
항공비행기가 비행 도중 고장이나 기상 악화로 인해 목적지에 이르기 전에 예정하지 않은[不] 시간(時間)에 착륙(着陸)함. ¶안개가 짙어 비행기가 불시착했다.

불식 拂拭 | 털어낼 불, 닦을 식
[wipe out; sweep off]
❶속뜻털어내고[拂] 닦아내어[拭] 말끔하게 함. ❷의심이나 부조리한 점 따위를 말끔히 없앰. ¶오해에 대한 불식 / 의혹을 불식하다.

불식태산 不識泰山 | 아니 불, 알 식, 클 태, 메 산
❶속뜻태산(泰山)을 제대로 알아보지[識] 못함[不]. ❷인재를 알아보지 못함을 비유하여 이르는 말. ¶불식태산이라더니 그런 훌륭한 인물을 몰라보다니!

불신 不信 | 아닐 불, 믿을 신 [disbelieve; distrust]
믿지[信] 아니함[不]. ¶두 나라 사이의 불신이 점점 심해지고 있다.
▶**불신-감 不信感** | 느낄 감
믿지[信] 못하는[不] 마음[感]. ¶불신감이 팽배한 사회.

불심 不審 | 아닐 불, 살필 심
[unfamiliarity; strangeness]
자세히 알지[審] 못하거나[不] 의심스러움.
▶**불심 검:문 不審檢問** | 검사할 검, 물을 문
법률경찰관이, 수상한 거동을 하거나 죄를 의심받을 만한[不審] 사람을 검문(檢問)하는 일. ¶길을 가다가 불심 검문을 받았다.

불안 不安 | 아닐 불, 편안할 안 [nervous; uneasy]
편안(便安)하지 않음[不]. ¶나는 내일 있을 면접 때문에 불안하다. ⊕평온(平穩), 평안(平安), 안녕(安寧).
▶**불안-감 不安感** | 느낄 감
불안(不安)한 느낌[感]. ¶졸업 후 그는 불안감에 시달렸다.

불-안정 不安定 | 아닐 불, 편안할 안, 정할 정 [unstable]
안정(安定)되지 않음[不]. ¶불안정한 생활을 하다. ⊕안정.

불야-성 不夜城 | 아닐 불, 밤 야, 성곽 성 [nightless quarters]
❶속뜻밤[夜]이 되지 않는[不] 성(城). ❷등불이 많이 켜져 있어 밤에도 낮처럼 밝은 곳. ¶이곳은 밤마다 불야성을 이룬다.

불어 佛語 | 부처 불, 말씀 어
[Buddhistic terms; French]
❶불교부처[佛]의 말[語]. 불교 경전. ❷언어프랑스어. 라틴어에서 분화한 언어의 한 갈래로 프랑스, 벨기에 남부, 스위스 서부 등지에서 쓴다. '프랑스'를 '佛蘭西'라 음역한 데서 유래되어, 프랑스어를 '佛語'라 한다.

불온 不穩 | 아닐 불, 평온할 온
[rebellious; seditious]
❶속뜻온당(穩當)하지 않고[不] 험악함. ¶불온한 태도 / 불온한 사상을 지니다. ❷치안(治安)을 해칠 우려가 있음. ¶불온 단체.

불-완전 不完全 | 아닐 불, 갖출 완, 온전할 전 [incomplete; imperfect]
필요한 조건이 빠지거나 틀려서 완전(完全)하지 못함[不]. ¶불완전 연소 / 인간은 누구나 불완전한 존재이다. ⊕완전(完全).

불우 不遇 | 아닐 불, 만날 우 [unfortunate]
❶[속뜻] 때를 만나지[遇] 못함[不]. ❷포부나 재능은 있어도 좋은 때를 만나지 못하여 불운함. ¶자신의 불우를 탄식하다. ❸살림이나 처지가 딱하고 어려움. ¶불우 노인 / 불우 이웃 돕기.

불운 不運 | 아닐 불, 운수 운 [unfortunate]
운수(運數)가 좋지 아니함[不]. 또는 그러한 운수. [비] 불행(不幸), 비운(非運). [반] 행운(幸運).

불응 不應 | 아닐 불, 응할 응 [do not accept]
응(應)하지 아니함[不]. 듣지 아니함. ¶초대에 불응하다. [반] 순응(順應).

불의[1] 不意 | 아닐 불, 뜻 의 [suddenness]
뜻[意] 하지 않았던[不] 판. 뜻밖의. ¶불의의 사고. [비] 뜻밖.

불의[2] 不義 | 아닐 불, 옳을 의 [immorality]
옳지[義] 않은[不] 일. ¶나는 불의를 보면 참지 못한다. [반] 정의(正義).

불-이익 不利益 | 아닐 불, 이로울 리, 더할 익 [disadvantage]
이익(利益)이 되지 아니함[不]. ¶아직도 많은 여성이 단지 여자라는 이유만으로 승진에 있어 불이익을 당하고 있다. [반] 이익.

불임 不姙 | 아닐 불, 임신할 임 [sterile; barren]
[의학] 임신(姙娠)되지 아니함[不]. ¶그녀는 오랫동안 불임으로 고통 받았다.

불찰 不察 | 아닐 불, 살필 찰 [negligence; carelessness]
잘 살피지[察] 않은[不] 잘못. ¶그런 사람을 믿은 것은 내 불찰이었다.

불참 不參 | 아닐 불, 참여할 참 [be absent]
참석(參席)하지 아니함[不]. ¶모임에 불참하다. [반] 참석(參席), 참가(參加).

불청-객 不請客 | 아닐 불, 청할 청, 손님 객 [uninvited guest]
청(請)하지 않았는데[不] 스스로 오거나 우연히 온 손님[客]. ¶황사는 봄의 불청객이다.

불-충분 不充分 | 아닐 불, 채울 충, 나눌 분 [insufficient]
충분(充分)하지 아니함[不]. ¶증거 불충분 / 자료가 불충분하다. [반] 충분.

불치 不治 | 아닐 불, 다스릴 치 [incurability; malignity]
병을 고칠[治] 수 없음[不]. [반] 완치(完治).

▸**불치-병** 不治病 | 병 병
고칠[治] 수 없는[不] 병(病). 낫지 않는 병. ¶암은 이제 불치병이 아니다.

불-친절 不親切 | 아닐 불, 친할 친, 정성스러울 절 [unkind]
친절(親切)하지 아니함[不]. ¶그 음식점은 손님에게 불친절하다. [반] 친절.

불침-번 不寢番 | 아닐 불, 잠잘 침, 차례 번 [night watch]
밤에 잠을 자지[寢] 않고[不] 당번(當番)을 서는 일. 또는 그 사람. ¶오늘은 내가 불침번을 서는 날이다.

불쾌 不快 | 아닐 불, 기쁠 쾌 [unpleasant]
어떤 일로 기분이 상하여 마음이 기쁘지[快] 않음[不]. ¶그의 태도는 나를 아주 불쾌하게 했다.

▸**불쾌-감** 不快感 | 느낄 감
불쾌(不快)한 느낌이나 감정(感情).

▸**불쾌-지수** 不快指數 | 가리킬 지, 셀 수
기온과 습도 따위의 기상 요소를 자료로 몸이 느끼는 쾌적(快適)하거나 불쾌(不快)한 정도를 나타내는 지수(指數). ¶무더위로 불쾌지수가 높아졌다.

불타 佛陀 | 부처 불, 비탈질 타 [Buddha]
[불교] '바른 진리를 깨달은 사람'이라는 뜻의 산스크리트어 'Buddha'의 한자 음역어. [비] 부처.

불통 不通 | 아닐 불, 통할 통

[be suspended; be interrupted]
길, 다리, 철도, 전화, 전신 따위가 서로 통(通)하지 아니함[不]. ¶시 전체의 전화가 어떻게 다 불통이죠?

불-투명 不透明 | 아닐 불, 비칠 투, 밝을 명 [opacity]
투명(透明)하지 않음[不]. ¶불투명 유리 / 이 액체는 불투명하다. [반] 투명(透明).

불-특정 不特定 | 아닐 불, 특별할 특, 정할 정 [unspecificness]
어떤 것이라고 특별(特別)히 정(定)하지 아니함[不]. ¶불특정 다수를 대상으로 설문조사를 하다.

***불편** 不便 | 아닐 불, 편할 편
[inconvenient; uncomfortable]
❶[속뜻] 어떤 것을 사용하거나 이용하는 것이 편(便)하지 아니함[不]. 거북스러움. ¶불편을 줄이다 / 이곳은 교통이 불편하다. ❷몸이나 마음이 편하지 않고 괴로움. ¶몸의 불편을 무릅쓰고 학교에 갔다 / 다리가 불편하다. [반] 편리(便利).

불평 不平 | 아닐 불, 평평할 평
[complain; whine]
❶[속뜻] 공평(公平)하지 않음[不]. ❷마음에 들지 않아 못마땅하게 여김. 또는 그것을 말이나 행동으로 나타냄. ¶나는 아무런 불평도 없다.

불-평등 不平等 | 아닐 불, 고를 평, 가지런할 등 [inequality]
한쪽으로 치우쳐 있거나 차별이 있어 고르지[平等] 아니함[不]. ¶불평등한 대우를 받다. [반] 평등.

불-필요 不必要 | 아닐 불, 반드시 필, 구할 요 [needless]
필요(必要)하지 아니함[不]. ¶불필요한 말. [반] 필요.

불한-당 不汗黨 | 아닐 불, 땀 한, 무리 당
[robbers; gang]
스스로 땀[汗] 흘려 노력하지 않고[不] 떼를 지어 돌아다니며 재물을 마구 빼앗는 사람들의 무리[黨].

불-합격 不合格 | 아닐 불, 맞을 합, 자격 격 [fail]
시험이나 검사 따위에 합격(合格)하지 못함[不]. ¶불합격한 제품은 폐기한다. [비] 낙방(落榜). [반] 합격(合格).

불-합리 不合理 | 아닐 불, 맞을 합, 이치 리 [irrational; illogical]
이치(理致)에 맞지[合] 아니함[不]. ¶제도가 불합리하다.

불행 不幸 | 아닐 불, 다행 행 [unhappy]
❶[속뜻] 행복(幸福)하지 아니함[不]. ¶불행한 결혼 생활. ❷운수가 나쁨. ¶불행은 항상 겹쳐 온다. [비] 불운(不運). [반] 행복(幸福), 행운(幸運).

불허 不許 | 아닐 불, 들어줄 허
[do not permit]
들어주지[許] 아니함[不]. 또는 허용하지 아니함. ¶입국불허 / 그의 재주는 타의 추종을 불허한다.

불협화-음 不協和音 | 아닐 불, 맞을 협, 화할 화, 소리 음 [dissonance]
[음악] 둘 이상의 음이 같이 울릴 때, 서로 어울리지[協和] 않고[不] 탁하게 들리는 음(音).

불혹 不惑 | 아닐 불, 홀릴 혹
[age of forty]
❶[속뜻] 무엇에 마음이 홀리지[惑] 아니함[不]. ❷마흔 살을 달리 이르는 말. 『논어·위정편』(爲政篇)에서 공자가 마흔 살부터 세상일에 미혹되지 않았다고 한 데서 나온 말이다.

불화 不和 | 아닐 불, 어울릴 화
[disagreement; discord]
서로 어울리지[和] 못함[不]. 사이가 좋지 못함. ¶부부 간의 불화 / 가정불화. [반] 화합(和合), 화목(和睦).

불-확실 不確實 | 아닐 불, 굳을 확, 실제 실 [unclear]
확실(確實)하지 아니함[不]. ¶불확실한 미래. [반] 확실.

불황 不況 | 아닐 불, 형편 황 [recession]

[경제] 경기 형편[況]이 좋지 못함[不]. 경제 활동 전체가 침체되는 상태. ¶불황으로 서민들의 생활이 어려워졌다. ㉔불경기(不景氣). ㉕호황(好況).

불효 不孝 | 아닐 불, 효도 효
[be undutiful to one's parents]
❶[속뜻] 효도(孝道)를 하지 아니함[不]. ❷효성스럽지 못함. ¶부모에게 불효하다. ㉕효도(孝道).
▸ **불효-자 不孝子** | 아들 자
불효(不孝)한 자식(子息). ㉕효자.

불후 不朽 | 아닐 불, 썩을 후 [immortal]
썩지[朽] 아니함[不]. 영원히 없어지지 아니함. ¶불후의 명작. ㉔불멸(不滅).

붕괴 崩壞 | 무너질 붕, 무너질 괴
[collapse; fall down]
허물어져 무너짐[崩=壞]. ¶붕괴 위험.

붕당 朋黨 | 벗 붕, 무리 당 [clique]
[역사] 뜻이 같은 사람[朋]끼리 모인 단체[黨]. ¶붕당 정치.

붕대 繃帶 | 묶을 붕, 띠 대
[bandage; dressing]
상처나 헌 곳 따위에 감는[繃] 소독한 얇은 헝겊 띠[帶]. ¶다친 팔에 붕대를 감았다.

붕산 硼酸 | 붕산 붕, 산소 산
[boric acid]
[화학] 붕소(硼素)를 함유하는 무기산(無機酸). 진주광택이 나는 비늘 모양의 결정이나 가루.

붕우 朋友 | 벗 붕, 벗 우 [friend]
벗[朋=友]. 친구.
▸ **붕우-유신 朋友有信** | 있을 유, 믿을 신
벗[朋友] 사이에는 믿음[信]이 있어야[有] 함. 오륜(五倫)의 하나.

비¹ 比 | 견줄 비 [ratio; proportion]
어떤 두 가지를 견주었을 때, 서로 몇 배가 되는지를 보여주는 관계. ¶고추가루와 간장을 4대 5의 비로 넣는다. ㉔비율.

비² 碑 | 비석 비
[tombstone; grave-stone]
사적을 기념하기 위해 돌·쇠붙이·나무 따위에 글을 새기어 세워 놓은 물건. ㉔비석.

비각 碑閣 | 돌기둥 비, 집 각
[tablet house]
비(碑)를 세우고 그 위를 덮어 지은 집[閣]. ¶예전에는 그곳에 꽤 큰 비각이 있었다.

비:겁 卑怯 | 낮을 비, 겁낼 겁 [cowardly; craven]
❶[속뜻] 비열(卑劣)하고 겁(怯)이 많다. ❷정정당당(正正堂堂)하지 못하고 야비하다. ¶비겁한 행동. ㉔비열(卑劣)하다. ㉕용감(勇敢)하다.

비:결 秘訣 | 숨길 비, 방법 결
[secret; key (to)]
무슨 일을 하는 데 있어 남이 알지 못하는[祕] 가장 효과적인 방법[訣]. ¶장수(長壽)의 비결이 뭡니까? ㉔비법(祕法), 노하우(know-how).

비:고 備考 | 갖출 비, 생각할 고
[note; remark]
❶[속뜻] 훗날 더 생각해 보기[考] 위해 미리 갖추어[備] 둠. ❷어떤 내용에 참고가 될 만한 사항을 덧붙여 적음. 또는 덧붙인 그 사항. ¶비고를 참조하다.

비:-공개 非公開 | 아닐 비, 드러낼 공, 열 개 [be not open to the public]
공개(公開)하지 않음[非]. ¶재판은 비공개로 진행된다. ㉕공개(公開).

비:관 悲觀 | 슬플 비, 볼 관
[be pessimistic]
❶[속뜻] 인생 따위를 슬퍼하거나[悲] 절망스럽게 봄[觀]. ❷앞으로의 일이 잘 안될 것이라고 봄. ¶앞날을 비관하다. ㉕낙관(樂觀).

***비:교 比較** | 견줄 비, 견줄 교 [compare]
둘 이상의 사물을 서로 대비(對比)하여 견주어[較] 봄. ¶이쪽이 비교도 안 될 만큼 좋다.
▸ **비:교-적 比較的** | 것 적

❶[속뜻]이것과 저것을 견주어[比較] 판단하는 것[的]. ¶외국 문화의 비교적 고찰. ❷보통 정도보다는 꽤. ¶비교적 잘 되었다.

비ː구 比丘 | 견줄 비, 언덕 구 [Buddhist priest]
[불교]팔리어 '비쿠'(bhikkhu)의 한자 음역어. 출가(出家)하여 계(戒)를 받은 남자 승려를 이른다. [반]비구니(比丘尼).

▶비ː구-니 比丘尼 | 중 니
[불교]팔리어 '비쿠니'(bhikkuni)의 한자 음역어. 출가(出家)하여 구족계(具足戒)를 받은 여자 승려를 이른다. [반]비구(比丘).

비ː굴 卑屈 | 낮을 비, 굽힐 굴 [mean; servile]
비겁(卑怯)하게 자신의 뜻을 굽힘[屈]. 용기가 없고 비겁함. ¶겸손이 지나치면 비굴이 된다 / 비굴한 행동.

비ː극 悲劇 | 슬플 비, 연극 극 [tragedy; tragic drama]
❶[연영]인생의 불행이나 슬픔을 제재로 하여 슬픈[悲] 결말로 끝맺는 극(劇). ¶『햄릿』은 셰익스피어의 비극이다. ❷매우 비참한 사건. [반]희극(喜劇).

▶비ː극-적 悲劇的 | 것 적
비극(悲劇)과 같이 슬프고 비참한 것[的]. ¶비극적인 사건이 벌어졌다. [반]희극적.

비ː근 卑近 | 낮을 비, 가까울 근 [common]
우리 주위에 흔하고[卑] 가깝다[近]. ¶비근한 예를 들어 보자.

비ː-금속 非金屬 | 아닐 비, 쇠 금, 속할 속 [nonmetal]
금속(金屬)의 성질을 가지지 않는[非] 물질을 통틀어 이르는 말. [반]금속(金屬).

비ː난 非難 | 아닐 비, 꾸짖을 난 [criticize; reproach; blame]
❶[속뜻]잘한 것이 아니라고[非] 꾸짖음[難]. ❷남의 잘못이나 결점을 책잡아서 나쁘게 말함. ¶거짓말을 일삼는 그의 행동은 비난받아 마땅하다. [비]힐난(詰難). [반]칭찬(稱讚).

비ː뇨 泌尿 | 흐를 비, 오줌 뇨 [urination]
오줌[尿]을 만들어 흘러 내보냄[泌].

▶비ː뇨기-과 泌尿器科 | 그릇 기, 분과 과
[의학]비뇨기(泌尿器)에 관한 질병을 연구·치료하는 의학의 한 분과(分科).

비단[1] 非但 | 아닐 비, 다만 단 [simply]
❶[속뜻]단지[但] 그 무엇만은 아님[非]. ❷'아니다' 따위 부정하는 말 앞에 쓰여 '다만'의 뜻을 나타내는 말. ¶비단 나만의 문제가 아니다. [비]다만, 단지(但只), 오직.

***비ː단[2] 緋緞** | 비단 비, 비단 단 [silk fabrics]
명주실로 두껍고 광택이 나게 짠 피륙을[緋=緞] 통틀어 이르는 말. ¶비단 한복. [비]명주(明紬).

비ː대 肥大 | 살찔 비, 큰 대 [fat; obese]
살이 쪄서[肥] 몸집이 크고[大] 뚱뚱함. ¶몸집이 비대하다.

비ː-도덕적 非道德的 | 아닐 비, 길 도, 덕 덕, 것 적 [immoral]
도덕(道德) 규범에 맞지 않는[非], 또는 그러한 것[的]. ¶비도덕적인 행위를 저지르다. [반]도덕적.

비ː등[1] 比等 | 견줄 비, 같을 등 [be equal]
견주어[比] 보아 서로 같거나[等] 비슷하다. ¶나는 형과 체격이 비등하다.

비ː등[2] 沸騰 | 끓을 비, 오를 등 [boil]
[화학]액체가 끓어[沸] 오름[騰].

▶비ː등-점 沸騰點 | 점 점
[화학]액체가 끓어[沸]오르는[騰] 점(點). [준]비점. [비]끓는점.

비ː례 比例 | 견줄 비, 본보기 례 [comparison with a precedent]
❶[속뜻]본보기[例]와 비교(比較)해 봄. ❷한쪽의 양이나 수가 변동할 때 다른 쪽의 양이나 수도 같은 비율로 증가 또는 감소하는 관계. 정비례와 반비례가 있다. ¶행

복은 성공과 꼭 비례하는 것은 아니다.
▶비:례-식 比例式 | 법 식
수학 두 개의 비가 같음[比例]을 나타내는 식(式).

▶비:례 배:분 比例配分 | 나눌 배, 나눌 분
수학 주어진 수나 양을 주어진 비례(比例)에 따라 나누는[配分] 계산법.

▶비:례 상수 比例常數 | 늘 상, 셀 수
수학 변화하는 두 양이 비례(比例)할 때의 그 비의 값[常數]. 또는 반비례할 때의 그 곱의 값.

**비:료 肥料 | 살찔 비, 거리 료 [manure]
농업 농작물을 살찌게[肥]하는 데 필요한 거리[料]. 식물의 생장을 촉진하는 재료(材料)가 되는 물질. ⓑ거름.

비:리 非理 | 어긋날 비, 다스릴 리 [irrationality]
도리(道理)에 어긋나는[非] 일. ¶비리를 저지르다. ⓑ부조리(不條理), 부정(不正).

비:만 肥滿 | 살찔 비, 넉넉할 만 [corpulence; fatness]
살이 쪄서[肥] 몸이 뚱뚱함[滿]. ¶과식으로 비만해지다 / 비만 예방.

비:매-품 非賣品 | 아닐 비, 팔 매, 물건 품 [articles not for sale]
일반에게는 팔지[賣] 않는[非] 물품(物品).

비:명 悲鳴 | 슬플 비, 울 명 [scream; shriek]
❶속뜻 슬픈[悲] 울음소리[鳴]. ❷몹시 놀라거나 괴롭거나 다급할 때에 지르는 외마디 소리. ¶골목에서 비명이 들렸다.

비:몽사몽 非夢似夢 | 아닐 비, 꿈 몽, 같을 사, 꿈 몽 [as in a dream]
꿈이[夢] 아닌[非] 것 같기도 하고 꿈[夢] 같기도[似] 한 어렴풋한 상태. ¶며칠 동안 잠을 못자 그는 비몽사몽이었다.

비:-무:장 非武裝 | 아닐 비, 굳셀 무, 꾸밀 장 [demilitarize]
무장(武裝)을 하지 아니함[非]. 또는 그러한 상태. ¶비무장 상태로 회담장에 들어갔다.

▶비:-무:장 지대 非武裝地帶 | 땅 지, 띠 대
군사 조약에 따라서 무장(武裝)이 금지되어[非] 있는 지역[地帶].

비문 碑文 | 비석 비, 글월 문 [epitaph]
비석(碑石)에 새긴 글[文]. ¶조선시대 비문을 판독하다.

비:-민주적 非民主的 | 아닐 비, 백성 민, 주인 주, 것 적 [undemocratic]
민주적(民主的)이지 않은[非]. 또는 그러한 것. ¶비민주적인 방법으로 일을 처리하다.

비:밀 秘密 | 숨길 비, 몰래 밀 [secret]
❶속뜻 숨기어[秘] 몰래[密] 간직해야 할 일. ¶비밀에 붙이다. ❷밝혀지지 않은 사실이나 내용. ¶우주의 비밀.

▶비:밀-리 祕密裡 | 속 리
어떤 일이 남에게 알려지지 않은[祕密] 가운데[裡] 행하여지고 있는 상태. ¶비밀리에 만나다.

▶비:밀 선:거 祕密選擧 | 가릴 선, 들 거
정치 비밀(祕密) 투표로 하는 선거(選擧).

비:방¹ 秘方 | 숨길 비, 방법 방 [secret process]
남에게는 숨기는[祕] 자기만의 방법(方法). ¶그 의사는 비방을 공개하지 않았다. ⓑ비법(祕法), 묘방(妙方).

비방² 誹謗 | 헐뜯을 비, 헐뜯을 방 [slander; abuse]
남을 헐뜯음[誹=謗]. 나쁘게 말함. ¶온갖 비방과 욕설을 서슴지 않다.

비:범 非凡 | 아닐 비, 평범할 범 [extraordinary]
평범(平凡)하지 않음[非]. 특히 뛰어남. ¶그는 음악에 비범한 재능을 갖고 있다. ⓑ평범(平凡)하다.

비:법 秘法 | 숨길 비, 법 법 [secret process]
비밀(祕密)스러운 방법(方法). ¶비법을 전수하다. ⓑ비방(祕方).

비:변-사 備邊司 | 갖출 비, 가 변, 관청 사
[역사] 조선 때, 남쪽 해안과 북쪽 국경[邊] 지대에 적들의 침입을 대비(對備)하기 위해 설치한 관청[司].

비:보 悲報 | 슬플 비, 알릴 보
[sad news; sad tidings]
슬픈[悲] 소식[報]. ¶그는 할머니가 오늘 아침에 돌아가셨다는 비보를 들었다. [반] 낭보(朗報), 희보(喜報).

비:상[1] 砒霜 | 비상 비, 서리 상
[arsenic poison]
[약학] 비석(砒石)을 태워 승화(昇華)시켜서 만든 서리[霜] 같은 결정체의 독약.

비:상[2] 非常 | 아닐 비, 늘 상
[unusual; uncommon]
❶[속뜻] 늘[常] 있는 것이 아님[非]. ❷뜻밖의 긴급한 사태. ¶비상 대책. ❸평범하지 않고 뛰어남. ¶비상한 재주를 선보이다.

▸비:상-구 非常口 | 어귀 구
보통 때는 닫아 두고 돌발사고 같은 비상시(非常時)에만 사용하는 출입구(出入口). ¶화재 발생 시 비상구를 통해 대피하십시오.

▸비:상-금 非常金 | 돈 금
비상용(非常用)으로 쓰기 위하여 마련해 둔 돈[金]. ¶책 사이에 비상금을 감춰두었다.

▸비:상-시 非常時 | 때 시
뜻밖의 긴급한 사태[非常]가 일어난 때[時]. ¶그는 비상시에 대비해 매달 십만 원씩 저축하고 있다. [비] 유사시(有事時). [반] 평상시(平常時).

▸비:상-계:엄 非常戒嚴 | 경계할 계, 엄할 엄
[법률] 전쟁 등으로 나라가 극도로 혼란스러울[非常] 때, 대통령이 선포하는 계엄(戒嚴). 계엄사령관이 계엄 지역 안의 모든 행정 사무와 사법 사무를 맡아서 관리한다.

▸비:상-사:태 非常事態 | 일 사, 모양 태
대규모 재해나 소요처럼 비일상적인[非常] 사태(事態). ¶비상사태에 대비하다.

비:-상임 非常任 | 아닐 비, 늘 상, 맡길 임
일정한 직무를 늘[常] 계속해서 맡는[任] 것이 아님[非].

▸비:상임 이:사국 非常任理事國 | 다스릴 리, 일 사, 나라 국
[정치] 유엔안전보장이사회의 이사국(理事國) 중 항상(恒常) 이사국의 임무(任務)를 수행할 자격이 없는[非] 나라. 임기는 2년이고 거부권이 없으며, 세 나라씩 매년 선거로 선출한다.

비:색 翡色 | 비취 비, 빛 색
[celadon green]
비취(翡翠)같이 푸른색[色]. ¶엄마는 비색의 한복을 입었다.

비:서 秘書 | 숨길 비, 책 서
[(private) secretary]
❶[속뜻] 남에게 숨기고[祕] 혼자만이 간직하고 있는 귀중한 책[書]. ❷요직에 있는 사람에 직속하여 그의 기밀 사무 따위를 맡아보는 직위. 또는 사람. ¶국무총리 비서.

▸비:서-관 祕書官 | 벼슬 관
[법률] 고위 공무원에 딸리어 기밀 사무[祕書]를 맡아보는 공무원[官].

▸비:서-실 祕書室 | 방 실
비서(祕書)가 사무를 보는 방[室]. 또는 그 기관.

*__비석__ 碑石 | 비석 비, 돌 석 [tombstone]
돌[石]로 만든 비(碑). ¶할아버지 무덤 앞에 비석을 세웠다.

비:속[1] 卑屬 | 낮을 비, 무리 속
[descendant]
[법률] 혈연관계에서 자기보다 낮은[卑] 항렬의 친속(親屬). [반] 존속(尊屬).

비:속[2] 卑俗 | 낮을 비, 속될 속
[vulgar; coarse]
격이 낮고[卑] 속됨[俗]. 또는 그러한 풍

속. ¶비속한 말.

비:수 匕首 | 살촉 비, 머리 수 [dagger]
❶[속뜻] 화살촉[匕]처럼 날카로운 칼의 머리[首]부분. ❷날이 날카로운 짧은 칼. ¶원수의 가슴에 비수를 꽂다.

비:수-기 非需期 | 아닐 비, 쓰일 수, 때 기 [slack season]
[경제] 상품이나 서비스의 수요(需要)가 많지 않은[非] 시기(時期). ¶비수기에는 항공권(航空券)을 싸게 판다. [반] 성수기(盛需期).

비신 碑身 | 비석 비, 몸 신
비석(碑石)의 몸체[身]에 해당하는 부분. ¶비신에 그간의 공적을 새겨 넣었다.

비:애 悲哀 | 슬플 비, 슬플 애 [sorrow; grief]
슬퍼하고[悲] 서러워함[哀]. 또는 그런 마음. ¶비애를 맛보다 / 비애에 잠기다.

비약 飛躍 | 날 비, 뛰어오를 약 [jump]
❶[속뜻] 날듯이[飛] 높이 뛰어오름[躍]. ❷급격히 발전하거나 향상됨. ¶올림픽 개최를 통해 서울은 세계적인 도시로 비약했다. ❸이론이나 말과 생각 따위가 밟아야 할 단계나 순서를 거치지 않고 앞으로 나아감. ¶그의 논리는 비약이 심하다.

비:열 卑劣 | 낮을 비, 못할 렬 [mean; base]
성품이나 하는 짓이 저속하고[卑] 용렬(庸劣)함. ¶뒤에서 남을 욕하는 것은 비열한 행동이다.

비:염 鼻炎 | 코 비, 염증 염 [nasal catarrh]
[의학] 코[鼻]의 점막에 생기는 염증(炎症).

비:옥 肥沃 | 기름질 비, 기름질 옥 [fertile]
땅이 걸고 기름짐[肥=沃]. ¶비옥한 토양.

비:용 費用 | 쓸 비, 쓸 용 [expenses]
무엇을 사거나 어떤 일을 하는 데 쓰는[費=用] 돈. ¶결혼 비용. [비] 경비(經費).

비:운 悲運 | 슬플 비, 운수 운 [misfortune]
슬픈[悲] 운명(運命). 불행한 운명. ¶비운의 왕자. [반] 행운(幸運).

비:위 脾胃 | 지라 비, 밥통 위 [spleen and the stomach; taste; temper]
❶[속뜻] 지라[脾]와 위(胃). ❷음식 맛이나 어떤 사물에 대하여 좋고 언짢음을 느끼는 기분. ¶형은 비위가 좋아 고약한 냄새가 나는 음식도 잘 먹는다. ❸아니꼽거나 언짢은 일을 잘 견디어 내는 힘. ¶비위가 상하다 / 그렇게 놀림을 당하고도 비위 좋게 앉아 있다니.

비:유 比喩 | 견줄 비, 고할 유 [liken to; compare to]
어떤 사물의 모양이나 상태 등을 보다 효과적으로 표현하기 위하여 그것과 비슷한 다른 사물에 빗대어[比] 표현함[喩]. ¶양은 착한 사람에 대한 비유로 쓰인다.

▸비:유-적 比喩的 | 것 적
어떤 현상이나 사물을 빗대어[比喩] 나타내는 것[的]. ¶비유적인 표현.

비:율 比率 | 견줄 비, 값 률 [ratio; percentage]
어떤 수나 양을 다른 수나 양에 비교(比較)한 값[率]. ¶3대 2의 비율 / 구성비율.

비:-인도적 非人道的 | 아닐 비, 사람 인, 길 도, 것 적 [inhuman]
인도(人道)에 어긋나는[非] 것[的]. ¶비인도적 행위.

비일비:재 非一非再 | 아닐 비, 한 일, 아닐 비, 두 재 [be frequent]
같은 현상이나 일이 한[一] 두[再] 번이 아니고[非] 많음. ¶우산을 잃어버린 일이 비일비재하다.

비:-자금 秘資金 | 숨길 비, 밑천 자, 돈 금 [slush fund]
❶[속뜻] 비밀(秘密)스럽게 감추어둔 재물[資]이나 돈[金]. ❷[경제] 기업의 공식적인 재무 감사에서도 드러나지 않고 세금 추적도 불가능하도록 몰래 감추어 특별 관리하는 부정한 자금을 통틀어 이르는 말. ¶비자금을 조성하다.

비:장¹ 秘藏 | 숨길 비, 감출 장
[store in secrecy]
숨겨서[祕] 소중히 간직함[藏]. ¶비장의 솜씨를 발휘하다.

비:장² 悲壯 | 슬플 비, 씩씩할 장
[pathetic]
슬프지만[悲] 씩씩하다[壯]. 슬픔 속에서도 의기를 잃지 않고 꿋꿋하다. ¶비장한 각오.

비:장³ 脾臟 | 지라 비, 내장 장 [spleen]
의학 오장(五臟)의 하나인 지라[脾].

비:정 非情 | 아닐 비, 마음 정
[cold-hearted]
❶속뜻 따뜻한 마음[情]을 가지지 않음[非]. ❷인정 없이 몹시 쌀쌀함. ¶자식을 버린 비정한 아버지.

비:-정:상 非正常 | 아닐 비, 바를 정, 늘 상 [anything unusual]
정상(正常)이 아닌[非] 것. ¶그는 폐의 기능이 비정상이다. 반 정상(正常).

비:준 批准 | 따질 비, 승인할 준 [ratify]
❶속뜻 잘 따져[批] 보고 검토해본 후에 승인[准]함. ❷법률 체결된 조약에 대해 당사국에서 최종적으로 확인하여 동의하는 절차. ¶개혁안이 국회 비준을 통과했다.

*비:중** 比重 | 견줄 비, 무거울 중 [specific gravity]
❶속뜻 다른 것과 견주었을[比] 때 무겁거나[重] 중요한 정도 ¶입학시험에서는 수학의 비중이 매우 크다. ❷물리 어떤 물질의 질량과 그것과 같은 체적의 표준물질의 질량과의 비. ¶구리는 철보다 비중이 크다.

비:참 悲慘 | 슬플 비, 참혹할 참
[miserable; wretched]
매우 슬프고[悲] 참혹(慘酷)함. ¶비참한 생활.

비:천 卑賤 | 낮을 비, 천할 천
[lowly; humble]
신분이 낮고[卑] 천(賤)하다. ¶비천한 일을 하다. 반 고귀(高貴)하다, 존귀(尊貴)하다.

비:철 금속 非鐵金屬 | 아닐 비, 쇠 철, 쇠 금, 무리 속 [nonferrous metal]
광업 철(鐵) 이외의[非] 금속(金屬)을 통틀어 이르는 말.

비:축 備蓄 | 갖출 비, 쌓을 축
[save for emergency]
만일의 경우에 대비하여 미리 갖추어[備] 쌓아둠[蓄]. ¶석유를 비축하다.

비:취 翡翠 | 물총새 비, 물총새 취
[green jadeite]
광업 물총새[翡翠]의 깃털처럼 짙은 푸른색을 띠는 옥. 반투명하며 장신구를 만들 때 쓰는 보석이다. ¶비취 반지.

▶**비:취-색** 翡翠色 | 빛 색
짙은 녹색이 나는 비취(翡翠)의 빛깔[色].

비:치 備置 | 갖출 비, 둘 치
[furnish; equip]
갖추어[備] 둠[置]. ¶비치 도서 / 방에 가구를 비치하다 / 이 교실에는 컴퓨터가 비치되어 있다.

비:탄 悲嘆 | 슬플 비, 탄식할 탄
[grief; sorrow]
슬퍼하고[悲] 탄식(嘆息)함. ¶그는 어머니를 여의고 비탄에 잠겨 있다.

비:통 悲痛 | 슬플 비, 아플 통
[sad; grievous]
몹시 슬프고[悲] 가슴이 아픔[痛]. ¶비통에 빠지다 / 비통한 부르짖음.

비파 琵琶 | 비파 비, 비파 파
음악 동양 전통의 현악기[琵=琶]. 몸체는 길이 60~90cm의 둥글고 긴 타원형이며, 자루는 곧고 짧다. ¶비파를 뜯다 / 비파를 타다.

비:판 批判 | 따질 비, 판가름할 판
[criticize; review]
❶속뜻 잘 따져[批] 보고 나서 판단(判斷)함. ❷좋고 나쁨, 옳고 그름을 따져 말함. ¶정부의 새 외교정책은 비판을 불러 일으켰다.

비:평 批評 | 따질 비, 평할 평
[criticize; review]
❶ 속뜻 잘 따져[批] 보고 평(評)함. ❷사물의 좋고 나쁨, 옳고 그름 따위를 따져 평가함. ¶날카로운 비평 / 그는 그 영화가 지루하다고 비평했다.

비:-포장 非包裝 | 아닐 비, 쌀 포, 꾸밀 장
[unpaved road]
길바닥이 포장(包裝)이 되어 있지 않은[非] 상태. ¶비포장 도로. 빤포장.

비:-폭력 非暴力 | 아닐 비, 사나울 폭, 힘 력
폭력(暴力)을 쓰지 않거나[非] 반대함. ¶간디는 비폭력 저항운동을 펼쳤다.

비:품 備品 | 갖출 비, 물건 품
[fixtures; furniture]
관공서나 회사 등에서 업무용으로 갖추어[備] 두는 용품(用品). ¶비품을 구입하다. 빤소모품(消耗品).

비:행¹ 非行 | 어긋날 비, 행할 행
[irregularity; misdeed]
도리나 도덕 또는 법규에 어긋나는[非] 행위(行爲). ¶비행 청소년 / 비행을 저지르다.

비행² 飛行 | 날 비, 갈 행
[fly; make a flight]
항공기 따위가 하늘을 날아[飛] 다님[行]. ¶그는 장시간 비행으로 매우 피곤해 보였다.

▶ 비행-기 飛行機 | 틀 기
항공기의 한 가지로 프로펠러를 돌리거나 가스를 내뿜어서 하늘을 날아[飛] 다니는[行] 기계(機械). ¶하늘에 높이 뜬 비행기. 관용비행기를 태우다.

▶ 비행-사 飛行士 | 선비 사
비행기(飛行機)를 조종하는 사람[士].

▶ 비행-선 飛行船 | 배 선
❶ 속뜻 날아다니는[飛行] 배[船]같이 큰 물체. ❷큰 기구 속에 공기보다 가벼운 헬륨이나 수소 따위를 넣고 그 뜨는 힘을 이용하여 공중을 날아다니도록 만든 항공기.

▶ 비행-장 飛行場 | 마당 장
비행기(飛行機)가 뜨고 내리는 데 필요한 설비를 갖춘 넓은 장소(場所). ¶비행장 인근은 소음이 많다.

비:호¹ 庇護 | 덮을 비, 지킬 호 [protect; cover]
덮어주고[庇] 돌보아줌[護]. ¶그 경찰관은 범죄자를 비호했다.

비호² 飛虎 | 날 비, 호랑이 호
[agile tiger]
나는[飛] 듯이 빠르게 달리는 호랑이[虎]. ¶질주하는 비호의 눈은 사냥감에 고정되어 있다.

빈곤 貧困 | 가난할 빈, 괴로울 곤
[poverty]
❶ 속뜻 가난(貧)으로 괴로워[困] 함. ¶빈곤에 허덕이다. ❷내용 따위가 모자람. ¶상상력의 빈곤. 삥가난, 부족(不足). 빤부유(富裕), 풍족(豊足).

빈궁 貧窮 | 가난할 빈, 궁할 궁
[destitute; poverty]
생활이 몹시 가난하여[貧] 곤궁(困窮)함. ¶빈궁한 생활에 시달리다.

빈농 貧農 | 가난할 빈, 농사 농
[poor farmer]
가난한[貧] 농민(農民). 또는 농가(農家). ¶빈농을 구제하는 법안이 가결되었다. 빤부농(富農).

빈도 頻度 | 자주 빈, 정도 도 [frequency]
어떤 일이 자주[頻] 되풀이되는 정도(程度). ¶이 단어는 사용 빈도가 낮다.

빈민 貧民 | 가난할 빈, 백성 민
[poor people]
가난한[貧] 사람들[民]. ¶빈민 지역에 공부방을 설치하다.

▶ 빈민-굴 貧民窟 | 굴 굴
몹시 가난한[貧] 사람들이[民] 모여 사는 굴(窟) 같은 지역. ¶빈민굴에 장티푸스가 창궐했다. 삥빈민가(貧民街), 빈민촌(貧民村).

빈번 頻繁 | 자주 빈, 많을 번 [frequency] 매우 잦고[頻] 많아짐[繁]. ¶이 지역은 교통사고가 빈번하게 일어나고 있다 / 해마다 이맘때면 산불이 빈번히 발생한다. 🔁잦다.

빈부 貧富 | 가난할 빈, 넉넉할 부 [poverty and wealth] 가난함[貧]과 넉넉함[富]. ¶빈부의 격차를 줄이다.

빈소 殯所 | 염할 빈, 곳 소 [room where a coffin is placed until the funeral day] 발인(發靷) 때까지 관(棺)을 놓아두는[殯] 곳[所]. ¶아버지는 할아버지의 빈소를 지켰다.

빈약 貧弱 | 가난할 빈, 약할 약 [poor; scanty] ❶속뜻 가난하고[貧] 약(弱)함. ¶빈약한 국가. ❷보잘것없음. ¶그 책은 내용이 빈약하다.

빈천 貧賤 | 가난할 빈, 천할 천 [poor and lowly] 가난하고[貧] 천(賤)함. ¶빈천한 집안에서 태어나다. 🔁부귀(富貴).

빈축 嚬蹙 | 찡그릴 빈, 찌푸릴 축 [frown; scowl] ❶속뜻 얼굴을 찡그리고[嚬] 눈살을 찌푸림[蹙]. ❷남을 비난하거나 미워함. ¶빈축을 사다.

빈혈 貧血 | 모자랄 빈, 피 혈 [poverty of blood] 의학 혈액(血液) 속에 적혈구나 헤모글로빈이 모자라는[貧] 상태. ¶그녀는 빈혈로 자주 쓰러졌다. 🔁다혈(多血).

빙산 氷山 | 얼음 빙, 메 산 [iceberg; floating mass of ice] 지리 남극이나 북극의 바다에 떠 있는 거대한 얼음[氷] 산[山]. 관용 빙산의 일각.

빙상 氷上 | 얼음 빙, 위 상 [ice sheet] 얼음[氷] 위[上]. ¶빙상 경기.

빙수 氷水 | 얼음 빙, 물 수 [iced water] ❶속뜻 얼음[氷]을 넣어 차게 한 물[水]. ❷얼음을 눈처럼 간 다음 그 속에 삶은 팥, 설탕 따위를 넣어 만든 음식.

빙자 憑藉 | 의지할 빙, 기댈 자 [make a pretext of] ❶속뜻 남의 힘을 빌려[藉] 그것에 의지함[憑]. ❷말막음으로 내세워 핑계를 댐. ¶그는 취업 알선을 빙자하여 이웃에게 사기를 쳤다.

빙점 氷點 | 얼음 빙, 점 점 [freezing point] 물리 물이 얼기[氷] 시작하거나 얼음이 녹기 시작하는 온도[點]. 섭씨 0도씨. 어는점.

빙판 氷板 | 얼음 빙, 널빤지 판 [icy road] 얼음[氷] 판[板]. 또는 얼어붙은 땅바닥. ¶빙판에서 미끄러지다. 🔁얼음판.

빙하 氷河 | 얼음 빙, 물 하 [glacier] 지리 높은 산이나 고위도 지방의 만년설이 무게의 압력으로 얼음덩이[氷]가 되어 천천히 비탈면을 흘러 내려와 강[河]을 이룬 것.

사:¹ 四 | 넉 사 [four]
삼에 일을 더한 수. 아라비아 숫자로는 '4', 로마 숫자로는 'Ⅳ'로 쓴다. 回넷.

사:² 死 | 죽을 사 [die; be gone]
죽음. ¶생과 사의 갈림길에 서다. 回생(生).

사³ 私 | 사사로울 사 [individual]
개인이나 개인의 집안에 관한 사사로운 것. ¶공과 사를 구별하다. 回공(公).

사:각 四角 | 넉 사, 뿔 각
[four corners; square]
❶속뜻 네[四] 모퉁이[角]. ❷네 개의 모진 귀가 있는 모양. 回네모.

▶ **사:각-형 四角形** | 모양 형
수학 네[四] 개의 모서리[角]로 이루어진 도형(圖形). 回네모꼴.

사감 舍監 | 집 사, 볼 감
[dormitory dean]
기숙사(寄宿舍)에서 기숙생들의 생활을 감독(監督)하는 사람. ¶B사감과 러브레터.

***사:건 事件** | 일 사, 것 건
[event; occurrence]
❶속뜻 일[事] 같은 것[件]. ❷문제가 되거나 관심을 끌만한 일. ¶사건이 발생하였다.

사격 射擊 | 쏠 사, 칠 격 [fire; shoot]
총이나 대포, 활 등을 쏘아[射] 맞힘[擊]. ¶적진을 집중 사격하다.

사:경 死境 | 죽을 사, 상태 경
[deadly situation]
죽음[死]에 이른 상태[境]. 죽게 된 지경. ¶사경을 헤매다.

사:계 四季 | 넉 사, 철 계
[four seasons]
봄·여름·가을·겨울의 네[四] 계절[季]. ¶우리나라는 사계가 뚜렷하다. 回사시(四時), 사철, 춘하추동(春夏秋冬).

사:-계절 四季節 | 넉 사, 철 계, 마디 절
[four seasons]
봄·여름·가을·겨울의 네[四] 가지 계절(季節). ¶사계절이 뚜렷한 나라. 回사시(四時), 사철, 춘하추동(春夏秋冬).

사:고¹ 史庫 | 역사 사, 곳집 고
역사 예전에 국가의 중요 역사(歷史) 서적을 보관하던 서고(書庫). 강화 마니산, 무주 적상산, 봉화 태백산, 강릉 오대산에 사고를 설치했다.

***사:고² 事故** | 일 사, 연고 고 [reasons; accident]
❶속뜻 어떤 일[事]이 일어난 까닭이나 연고(緣故). ¶그가 결석한 사고를 알아보아라. ❷뜻밖에 일어난 불행한 일. ¶자동차 사고.

사고³思考 | 생각 사, 살필 고 [think]
곰곰이 생각하여[思] 잘 살펴[考]봄. ¶사고 능력 / 사고의 영역을 넓히다. [비]생각.
▸ 사고-력 思考力 | 힘 력
사고(思考)하는 능력(能力). ¶독서는 사고력을 향상시킨다.
▸ 사고-방식 思考方式 | 방법 방, 꼴 식
어떤 문제를 궁리하고 헤아리는[思=考] 방법(方法)과 형식(形式). ¶합리적인 사고방식 / 사람마다 사고방식이 다르다.

사공 沙工 | =砂工, 모래 사, 장인 공 [boatman; waterman]
❶[속뜻] 모래밭[沙]에서 일하는 장인[工]. ❷노를 저어 배를 부리는 사람. '뱃사공'의 준말. [속담] 사공이 많으면 배가 산으로 간다.

사:과¹謝過 | 용서 빌 사, 지나칠 과 [pardon; excuse]
자신의 과오(過誤)에 대하여 용서를 빎[謝]. ¶진심으로 사과드립니다.

***사과²沙果** | =砂果, 모래 사, 열매 과 [apple]
❶[속뜻] 모래[沙]밭에서 잘 자라는 과실(果實). ❷사과(沙果) 나무의 열매.

사:관¹史官 | 역사 사, 벼슬 관 [historiographer; chronicler]
[역사] 왕조 때 역사(歷史)를 기록하던 관원(官員).

사:관²士官 | 선비 사, 벼슬 관 [officer]
❶[속뜻] 병사(兵士)를 거느리는 무관(武官). ❷[군사] 장교(將校)를 통틀어 이르는 말. ¶당직 사관은 누구인가?
▸ 사:관 학교 士官學校 | 배울 학, 가르칠 교
[군사] 육·해·공군의 사관(士官)을 양성하는 학교(學校). ¶육군 사관학교.

사교 社交 | 모일 사, 사귈 교 [social intercourse; social relationships]
여러 사람이 모임[社]을 만들어 사귐[交]. ¶사교 모임에 나가다 / 사교 범위가 넓다.
▸ 사교-적 社交的 | 것 적
사교(社交)를 잘하는 편에 속하는 것[的]. ¶새로 이사 온 옆집 사람은 사교적이다.

사-교육 私教育 | 사사로울 사, 가르칠 교, 기를 육
[교육] 개인[私]의 재산으로 운영되는 교육(教育) 기관. ¶사교육 기관에서 선행학습을 하다.

사구 沙丘 | =砂丘, 모래 사, 언덕 구 [sand dune; down]
[지리] 모래[沙] 언덕[丘]. ¶그랜드캐니언은 사구가 굳어서 이루어진 계곡이다.

사:군¹四郡 | 넉 사, 군 군
[역사] 조선 세종 때에 북방의 여진족을 막기 위하여 압록강 상류에 설치한 네[四] 개의 군(郡). 여연(閭延), 자성(慈城), 무창(茂昌), 우예(虞芮)를 이른다. ¶사군과 육진(六鎭)을 개척하다.

사:군²事君 | 섬길 사, 임금 군
임금[君]을 섬김[事].
▸ 사:군이충 事君以忠 | 써 이, 충성 충
세속오계의 하나로 임금은[君] 충성(忠誠)으로써[以] 섬겨야[事] 함.

사:-군자 四君子 | 넉 사, 임금 군, 접미사 자 [Four Gracious Plants]
[미술] 동양화에서, 매화(梅花)·난초(蘭草)·국화(菊花)·대나무[竹] 이상 네[四] 가지를 고결한 군자(君子)의 상징으로 삼아 그린 그림. ¶사군자는 각각 사계절을 상징한다.

사:극 史劇 | 역사 사, 연극 극 [historical drama]
[연영] 역사(歷史)에 있었던 사실을 바탕으로 하여 만든 연극(演劇)이나 희곡(戲曲). '역사극'의 준말.

사:근취:원 捨近取遠 | 버릴 사, 가까울 근, 가질 취, 멀 원
가까운[近] 것을 버리고[捨] 먼[遠] 것을 취(取)함.

사금 沙金 | =砂金, 모래 사, 쇠 금 [alluvial gold]
[광업] 강바닥이나 해안의 모래[沙]에 섞여

있는 금(金). ¶사금을 채취하다.

사:기¹ 士氣 | 선비 사, 기운 기
[morale; fighting spirit]
❶속뜻 싸우려 하는 병사(兵士)들의 씩씩한 기개(氣槪). ❷사람들이 일을 이룩하려는 기개. ¶사기를 높이다.

사기² 沙器 | =砂器, 모래 사, 그릇 기
[porcelain; china (ware)]
모래[沙] 같은 백토로 구워 만든 그릇[器]. ¶사기에 요리를 담았다.

사기³ 詐欺 | 속일 사, 속일 기
[fraud; fraudulence]
❶속뜻 못된 목적으로 남을 속임[詐=欺]. ❷남을 속여 착오에 빠지도록 하는 범죄 행위. ¶그녀는 사기를 당해 집을 잃었다.

사단 師團 | 병력 사, 모일 단
[division; team]
❶속뜻 일정 인원[團]의 병력[師]. 옛날에는 약 2,500명의 병력을 '師'라고 하였다. ❷군사 군대 편성 단위의 하나. 군단(軍團)의 아래, 연대(聯隊)나 여단(旅團)의 위.

사당 祠堂 | 사당 사, 집 당
[ancestral tablet hall]
신주[祠]를 모시기 위하여 집[堂]처럼 자그마하게 만든 것. ¶조상의 위패를 사당에 모시다.

사:대 事大 | 섬길 사, 큰 대
[worship the powerful]
❶속뜻 작은 나라가 큰[大] 나라를 섬김[事]. ❷약자가 강자를 뒤좇아 섬김.
▶사:대-주의 事大主義 | 주될 주, 뜻 의
주체성이 없이 세력이 강한[大] 나라나 사람을 받들어 섬기는[事] 태도[主義].

사:-대문 四大門 | 넉 사, 큰 대, 문 문
[four main gates of old Seoul]
역사 조선 때, 서울 도성의 동서남북에 세운 네[四] 개의 큰[大] 성문(城門). 동쪽의 흥인지문, 서쪽의 돈의문, 남쪽의 숭례문, 북쪽의 숙정문을 이른다.

사:-대부 士大夫 | 선비 사, 큰 대, 사나이 부 [illustrious official]
❶속뜻 선비[士]와 대부(大夫)를 아울러 이르는 말. 문무양반(文武兩班)을 일반 평민층에 상대하여 이르는 말. ❷역사 벼슬이나 문벌이 높은 집안의 사람. ¶그는 사대부 가문의 자손이다.

사:도 使徒 | 부릴 사, 무리 도 [apostle]
❶기독교 예수가 복음을 널리 전하는 것을 시키기[使] 위하여 특별히 뽑은 열두 제자[徒]. ❷신성한 일을 위하여 헌신적으로 일하는 사람을 비유하여 이르는 말. ¶정의의 사도가 나가신다.

사랑 舍廊 | 집 사, 곁채 랑
[detached living room]
❶속뜻 집[舍]의 곁채[廊]. ❷바깥주인이 거처하며 손님을 대접하는 곳.
▶사랑-방 舍廊房 | 방 방
사랑(舍廊)으로 쓰는 방(房). ¶사랑방 손님과 어머니.

사려 思慮 | 생각 사, 생각할 려
[thought; prudence]
여러 가지로 신중하게 생각함[思=慮]. 또는 그 생각. ¶그는 사려가 깊은 사람이다.

사:력 死力 | 죽을 사, 힘 력
[herculean efforts]
죽을[死] 힘[力]. 온갖 힘. ¶나는 사력을 다해 친구를 도와주었다.

사:령¹ 使令 | 부릴 사, 시킬 령
[decree of amnesty]
❶속뜻 부리거나[使] 시킴[令]. ❷역사 조선 시대에, 각 관아에서 심부름하던 사람.

사령² 司令 | 맡을 사, 명령 령
[position of command]
군사 최고 지휘관의 명령[令]에 관한 일을 맡음[司].
▶사령-관 司令官 | 벼슬 관
군사 사령부(司令部)의 우두머리 직책[官]. 또는 그 직책을 맡은 사람.
▶사령-부 司令部 | 나눌 부
군사 사단급 이상의 부대에서 소속 부대를 지휘·통솔하는[司令] 일을 맡아보는 본부(本部).

▶ 사령-선 司令船 | 배 선
군사 사령관(司令官)이 함대를 지휘·통솔할 때 타는 배[船].

사:례¹ 事例 | 일 사, 본보기 례
[instance; example]
어떤 일[事]의 본보기[例]가 됨. 또는 그 본보기. ¶구체적인 사례를 들어 설명하다.

사:례² 謝禮 | 고마워할 사, 예도 례
[thanks; gratitude]
언행이나 금품으로 고마운[謝] 뜻을 나타내는 인사[禮]. ¶사례의 뜻으로 그에게 식사를 대접했다.

▶ 사:례-금 謝禮金 | 돈 금
사례(謝禮)의 뜻으로 주는 돈[金]. ¶아이를 찾아주신 분께는 사례금을 드립니다.

사:료¹ 史料 | 역사 사, 거리 료 [historical material]
역사(歷史)의 연구와 편찬에 필요한 거리[料]. 주로 문헌이나 유물 따위의 자료(資料)를 말한다.

사료² 飼料 | 먹일 사, 거리 료
[fodder; forage]
가축 따위에게 먹이는[飼] 식용 재료(材料). ¶돼지에게 사료를 주다.

사:리¹ 事理 | 일 사, 이치 리
[reason; facts]
일[事]의 이치(理致). ¶사리에 맞지 않다.

사리² 私利 | 사사로울 사, 이로울 리
[personal profit]
사사로운[私] 이익(利益). ¶그는 사리에 눈이 멀어 친구를 배신했다. 반 공리(公利).

▶ 사리-사욕 私利私慾 | 사사로울 사, 욕심 욕
개인[私]의 이익(利益)과 욕심(慾心).

사리³ 舍利 | 집 사, 사사로울 리
[Buddha's bones]
❶속뜻 범어 'sarira'의 한자 음역어. ❷불교 석가모니나 성자의 유골. 후세에는 화장한 뒤에 나오는 구슬 모양의 것만 이른다.

▶ 사리-탑 舍利塔 | 탑 탑
불교 부처의 사리(舍利)를 모셔둔 탑(塔).

사:림 士林 | 선비 사, 수풀 림
❶속뜻 선비[士]들로 숲[林]을 이룸. ❷'유학을 신봉하는 사람들'을 이름.

사립 私立 | 사사로울 사, 설 립
[private establishment]
개인이나 민간단체가[私] 설립(設立)하여 유지하는 일. ¶사립학교. 반 공립(公立), 국립(國立).

*__사막__ 沙漠 | =砂漠, 모래 사, 아득할 막
[desert]
❶속뜻 온통 모래[沙]로 아득하게[漠] 뒤덮인 땅. ❷지리 강우량이 적고 식물이 거의 자라지 않으며 자갈과 모래로 뒤덮인 매우 넓은 불모의 땅. ¶사막은 밤에 기온이 급격히 떨어진다.

▶ 사막-화 沙漠化 | 될 화
사막 주변의 건조 지대가 사막(沙漠)으로 변함[化]. 또는 그 현상. ¶초원의 사막화가 심각하다.

사:망 死亡 | 죽을 사, 죽을 망
[dead; decease]
사람의 죽음[死=亡]. ¶비행기 추락 사고로 탑승자 전원이 사망했다. 반 출생(出生).

▶ 사:망-률 死亡率 | 비율 률
❶속뜻 어떤 이유로 사망(死亡)한 사람의 수와 그에 관련된 전체 인원수와의 비율(比率). ¶위암으로 인한 사망률이 크게 낮아졌다. ❷어느 인구 집단을 대상으로 한 일 년간의 사망자 수가 그 해의 전체인구에서 차지하는 비율.

▶ 사:망-자 死亡者 | 사람 자
죽은[死亡] 사람[者].

사:면¹ 赦免 | 용서할 사, 면할 면
[remit a punishment; pardon]
법률 죄를 용서하여[赦] 형벌을 면제(免除)함. ¶광복절을 맞아 150명이 사면됐다.

사ː면²四面 | 넉 사, 낯 면 [four sides]
전후좌우(前後左右)의 네[四] 방면(方面). 모든 방면. ¶제주도는 사면이 바다로 둘러싸여 있다.

▸사ː면-초가 四面楚歌 | 초나라 초, 노래 가
❶[속뜻]사방[四面]에서 초(楚)나라의 노래[歌]가 들려옴. ❷모두 적으로 둘러싸인 형국이나 누구의 도움도 받을 수 없는 '고립된 상태'를 이르는 말.

사ː명 使命 | 부릴 사, 명할 명
[mission; commission]
❶[속뜻]사신(使臣)으로서 받은 명령(命令). ❷맡겨진 임무. ¶맡은 바 사명을 다하다.

사모¹思慕 | 생각 사, 그리워할 모
[admire]
❶[속뜻]애틋하게 생각하며[思] 그리워함[慕]. ¶사모의 마음 / 나는 그를 애타게 사모한다. ❷우러러 받들며 진정한 마음으로 따름. ¶스승을 사모하다.

사ː모²紗帽 | 비단 사, 모자 모
[역사]관원이 관복을 입을 때 쓰던 검은 비단[紗]으로 만든 모자(帽子).

▸사ː모 관대 紗帽冠帶 | 갓 관, 띠 대
❶[속뜻]사모(紗帽)와 관대(冠帶). ❷사모와 관대로 갖춘 정식 예장. ¶전통혼례에서 신랑은 사모관대를 한다.

사ː무 事務 | 일 사, 일 무 [office work]
주로 책상에서 처리해야 하는 일[事=務]. ¶사무를 보다.

▸사ː무-소 事務所 | 곳 소
사무(事務)를 보는 곳[所]. ¶그는 내일부터 대전 사무소로 출근한다.

▸사ː무-실 事務室 | 방 실
사무(事務)를 보는 방[室].

▸사ː무-용 事務用 | 쓸 용
사무(事務)에 쓰이는[用] 것. ¶사무용 컴퓨터.

▸사ː무-원 事務員 | 인원 원
일반 사무(事務)를 맡아보는 직원(職員). '사무직원'(事務職員)의 준말.

▸사ː무-직 事務職 | 일 직
사무(事務)를 맡아보는 직책(職責). ¶사무직 직원을 채용하다.

▸사ː무-기기 事務機器 | 그릇 기, 틀 기
사무(事務)를 능률적으로 하기 위해 사용하는 기기(機器). 사무용 컴퓨터, 복사기, 계산기 따위.

사ː물¹事物 | 일 사, 만물 물
[things; affairs]
일[事]이나 물건(物件). ¶같은 사물이라도 보는 관점에 따라 다를 수 있다.

사ː물²四物 | 넉 사, 만물 물
❶[민속]풍물에 흔히 쓰이는 네[四] 가지 민속 타악기[物]. 꽹과리, 징, 북, 장구를 이른다. ❷[음악]네 사람이 각기 사물을 가지고 어우러져 치는 놀이. '사물놀이'의 준말.

사물³私物 | 사사로울 사, 만물 물 [private thing]
개인[私]이 가지고 있는 물건(物件). [반]관물(官物).

▸사물-함 私物函 | 상자 함
개인적인 물품[私物]을 넣어 두는 함(函). ¶체육복을 사물함에 넣어두다.

사-박자 四拍子 | 넉 사, 칠 박, 접미사 자
[quadruple rhythm]
[음악]한 마디가 네[四] 박자(拍子)로 된 것. 4분 음표 4박자 따위.

사발 沙鉢 | 모래 사, 밥그릇 발 [porcelain bowl]
사기(沙器)로 만든 밥그릇이나 국그릇[鉢]. ¶사발에 넘치도록 물을 따랐다.

사방¹沙防 | =砂防, 모래 사, 막을 방
[erosion control; sandbank fixing]
❶[속뜻]모래[沙]의 유실을 막음[防]. ❷[건설]흙, 모래, 자갈 따위가 떠내려가는 것을 막음. 또는 그러한 일이나 시설. ¶사방 공사를 하다.

***사ː방²四方** | 넉 사, 모 방
[four quarters]

❶[속뜻] 동, 서, 남, 북의 네[四] 방향(方向). ¶사방이 산으로 둘러싸여 있다. ❷둘레의 여러 곳. ¶나는 사방으로 그를 찾아다녔다.

▸ 사:방-팔방 四方八方 | 여덟 팔, 모 방
❶[속뜻] 사방(四方)과 팔방(八方). ❷모든 방면. ¶산불이 사방팔방으로 번져 나갔다.

사범 師範 | 스승 사, 본보기 범 [teacher; master]
❶[속뜻] 스승[師]의 본보기[範]를 보임. ❷학술, 기예, 무술 따위를 가르치는 사람. ¶태권도 사범.

▸ 사범 대:학 師範大學 | 큰 대, 배울 학
[교육] 사범(師範)을 양성하기 위해 세운 단과 대학(大學).

사법[1] 私法 | 사사로울 사, 법 법 [private law; private statute]
[법률] 개인[私]의 의무나 권리에 대하여 규정한 법(法). ¶민법(民法)은 사법에 속한다.

사법[2] 司法 | 맡을 사, 법 법
[administration of justice]
❶[속뜻] 법(法)에 관한 일을 맡아 처리함[司]. ❷[법률] 국가가 법률(法律)을 실제의 사실에 적용하는 행위.

▸ 사법-권 司法權 | 권리 권
[법률] 사법(司法)을 행할 수 있는 국가적 권력(權力). 또는 그 작용.

▸ 사법-부 司法府 | 관청 부
[법률] 삼권 분립에 따라 사법권(司法權)을 행사하는 부서(府署). '법원'을 이른다.

사:변[1] 事變 | 일 사, 바뀔 변
[accident; disturbance]
❶[속뜻] 큰 사건(事件)이나 변란(變亂). ❷선전포고 없이 이루어진 국가 간의 무력 충돌. 전쟁. ¶만주(滿洲) 사변.

사:변[2] 四邊 | 넉 사, 가 변
[four sides; all sides]
❶[속뜻] 사방(四方)의 변두리[邊]. ❷주위 또는 근처. ❸[수학] 네 개의 변.

▸ 사:변-형 四邊形 | 모양 형
[수학] 네[四] 개의 변(邊)으로 이루어진 도형(圖形). [비] 사각형(四角形).

사:별 死別 | 죽을 사, 나눌 별
[be parted by death]
한쪽은 죽고[死] 한쪽은 살아남아 이별(離別)함. ¶남편과 사별하다.

사:병 士兵 | 선비 사, 군사 병
[private soldier; enlisted man]
[군사] 사졸(士卒) 계급의 병사(兵士). [반] 장교(將校).

사복 私服 | 사사로울 사, 옷 복
[plain clothes; civilian clothes]
사사로운[私] 자리에서 마음대로 입는 옷[服]. [반] 제복(制服).

사본 寫本 | 베낄 사, 책 본
[copy; duplicate]
사진으로 찍거나 복사(複寫)하여 만든 책[本]이나 서류. ¶주민등록증 사본 / 계약서 사본을 제시하다. [반] 원본(原本), 정본(正本).

사부 師父 | 스승 사, 아버지 부
[one's father and master]
스승[師]을 아버지[父]처럼 높여 이르는 말. ¶사부로부터 태권도를 전수받다.

사:분 四分 | 넉 사, 나눌 분
[divide in four]
네[四] 가지로 나눔[分].

▸ 사:분-음표 四分音標 | 소리 음, 나타낼 표
[음악] 온음표를 넷[四]으로 나눈[分] 길이에 해당하는 음표(音標). 기호는 '♩'.

사비 私費 | 사사로울 사, 쓸 비
[private expense]
개인이 사사로이[私] 부담하는 비용(費用). ¶사비로 여행을 가다. [비] 자비(自費). [반] 공비(公費).

사사[1] 師事 | 스승 사, 섬길 사
[study under]
스승[師]으로 섬기며[事] 가르침을 받음. ¶그는 세계적인 첼리스트를 사사했다.

사ː사²事事 | 일 사, 일 사
[each and every event]
모든 일[事+事]. 일마다.
▸ 사ː사건건 事事件件 | 물건 건, 물건 건
❶[속뜻] 일마다[事件]. 매사(每事). ❷모든 일. ¶그는 사사건건 불만이다.

사살 射殺 | 쏠 사, 죽일 살 [shoot dead]
활이나 총으로 쏘아[射] 죽임[殺]. ¶적은 탈주병을 사살했다.

사ː상¹史上 | 역사 사, 위 상
[in history]
'역사상'(歷史上)의 준말. ¶사상 최고의 점수를 받다 / 대회 사상 첫 우승을 차지하다.

사ː상²四象 | 넉 사, 모양 상
❶[속뜻] 천체에서 일(日), 월(月), 성(星), 신(辰)의 네[四] 가지 요소[象]를 이르는 말. ❷역에서 소양(小陽), 태양(太陽), 소음(小陰), 태음(太陰)을 이르는 말. ¶사상 의학. ❸땅속의 물, 불, 흙, 돌을 이르는 말.

사ː상³死傷 | 죽을 사, 다칠 상
[death and injury; casualties]
죽거나[死] 다침[傷]. ¶사고 지역에서 사상을 조사했다.
▸ 사ː상-자 死傷者 | 사람 자
죽거나[死] 다친[傷] 사람[者]. ¶지진으로 인한 사상자는 200명이 넘는다.

⁑사ː상⁴思想 | 생각 사, 생각 상 [thought; idea]
어떤 사물에 대하여 갖고 있는 생각[思=想]. ¶동양사상 / 그는 사상이 불순하다.
[비] 견해(見解).
▸ 사ː상-가 思想家 | 사람 가
인생이나 사회 문제 등에 대하여 깊은 사상(思想)을 가진 사람[家]. ¶괴테는 독일의 유명한 사상가이다.

사ː색¹死色 | 죽을 사, 빛 색
[turn deadly pale]
곧 죽을[死] 듯한 얼굴빛[色]. ¶그는 그 소식을 듣고 얼굴이 사색이 되었다.

사색²思索 | 생각 사, 찾을 색
[speculate (on); think deeply]
생각하여[思] 파고들어 찾아봄[索]. ¶사색에 잠기다.

사ː색³四色 | 넉 사, 빛 색
[four colors]
❶[속뜻] 네[四] 가지 빛깔[色]. ❷[역사] 사색당파(四色黨派).
▸ 사ː색-당파 四色黨派 | 무리 당, 갈래 파
[역사] 조선 때, 정치적 대립을 일삼던 네[四色]가지 당파(黨派). 노론, 소론, 남인, 북인을 이른다.

사생¹寫生 | 그릴 사, 날 생
[sketch; make a sketch (of)]
❶[속뜻] 있는 그대로[生] 그림[寫]. ❷자연의 경치나 사물 따위를 보고 그대로 그림. ¶사생 대회.

사생²私生 | 사사로울 사, 날 생
법률상 부부가 아닌 사사로운[私] 남녀 사이에서 아이가 태어나는[生] 일.
▸ 사생-아 私生兒 | 아이 아
간통으로 태어난[私生] 아이[兒].

사-생활 私生活 | 사사로울 사, 살 생, 살 활 [one's private life]
개인의 사사로운[私] 생활(生活). ¶사생활을 보호하다.

사서¹司書 | 맡을 사, 책 서 [librarian]
도서관에서 도서(圖書)의 정리·보존 및 열람을 맡아보는[司] 직위. ¶그는 시립도서관의 사서이다.

사ː서²史書 | 역사 사, 책 서
[history book]
역사(歷史)를 기록한 책[書].

사ː서³四書 | 넉 사, 책 서
[Four Books (of Ancient China)]
유교(儒教)의 경전인 논어, 맹자, 중용, 대학의 네[四] 가지 책[書]을 통틀어 이르는 말.
▸ 사ː서-삼경 四書三經 | 석 삼, 책 경
유교의 경전인 사서(四書)와 삼경(三經). 곧 『논어』, 『맹자』, 『중용』, 『대학』의 네

가지 경전(經典)과 『시경』,『서경』,『주역』의 세 가지 경서(經書)를 이른다.
▶ **사ː서-오ː경 四書五經** | 다섯 오, 책 경
유교의 경전인 사서(四書)와 오경(五經). 곧 『논어』,『맹자』,『중용』,『대학』의 네 가지 경전과 『시경』,『서경』,『주역』,『예기』,『춘추』의 세 가지 경서를 이른다.

사서⁴ 私書 | 사사로울 사, 글 서
[private document]
❶속뜻 사사로운[私] 일을 적은 편지글[書]. ❷비밀스럽게 쓴 편지. ¶그녀의 사서를 몰래 읽어보았다.
▶ **사서-함 私書函** | 상자 함
통신 우체국에서 가입자에게 개인적으로[私] 설치해주는 우편[書]함(函). '우편사서함'(郵便私書函)의 준말.

사ː선¹ 死線 | 죽을 사, 줄 선
[life or death crisis]
❶속뜻 죽음[死]의 경계선[線]. ❷죽을 고비. ¶자유를 찾아 사선을 넘다.

사선² 斜線 | 비낄 사, 줄 선
[diagonal line]
❶속뜻 비스듬하게[斜] 그은 줄[線]. ❷수학 하나의 직선이나 평면에 수직이 아닌 선. ㉘ 빗금.

사설¹ 私設 | 사사로울 사, 세울 설
[privately established]
개인이나 민간에서 사적(私的)으로 설립(設立)함. 또는 그 기관이나 시설. ¶사설학원. ㉘ 공설(公設), 관설(官設).

사설² 社說 | 회사 사, 말씀 설
[leading article]
신문이나 잡지 따위에서 그 회사(會社)의 주장을 싣는 논설(論說).

사소 些少 | 적을 사, 적을 소
[trifling; trivial]
보잘것없이 적다[些=少]. 하찮다. ¶사소한 일로 화를 내다.

사ː수¹ 死守 | 죽을 사, 지킬 수
[defend to the last]
목숨을 걸고 죽을[死] 각오로 지킴[守]. ¶독도 사수를 결의했다 / 우리 군은 어려운 상황 속에서도 기지를 사수했다.

사수² 射手 | 쏠 사, 사람 수 [marksman; shooter]
총포나 활 따위를 잘 쏘는[射] 사람[手]. '사격수'(射擊手)의 준말.

사수³ 寫手 | 베낄 사, 사람 수
❶속뜻 글씨를 베껴 쓰는[寫] 사람[手]. ❷역사 조선 시대에, 과장(科場)에서 시권(試券)의 글씨를 대신 써 주던 사람.

사시¹ 斜視 | 비낄 사, 볼 시 [squint]
❶속뜻 옆으로 비스듬히[斜] 곁눈질로 봄[視]. ❷의학 양쪽 눈의 방향이 달라서 무엇을 바라볼 때 양쪽 눈의 시선이 평행하게 되지 않는 상태. ㉘ 사팔뜨기.

사ː시² 四時 | 넉 사, 때 시
[four seasons]
네[四] 계절[時]. ㉘ 사계(四季), 사계절(四季節), 사철, 춘하추동(春夏秋冬).

사ː신¹ 使臣 | 부릴 사, 신하 신
[envoy; ambassador]
임금이나 국가의 명령을 받고 외국에 사절(使節)로 가는 신하(臣下).

사ː신² 四神 | 넉 사, 귀신 신
네[四] 방향을 맡은 신(神). 동쪽은 청룡(青龍), 서쪽은 백호(白虎), 남쪽은 주작(朱雀), 북쪽은 현무(玄武)로 상징된다. ¶사신이 그려진 벽화를 발굴했다.
▶ **사ː신-도 四神圖** | 그림 도
네[四] 방향을 맡은 신(神)을 그린 그림[圖].

***사ː실 事實** | 일 사, 실제 실
[fact; truth; actually]
❶속뜻 실제(實際)로 있었던 일[事]. 현재에 있는 일. ¶그것은 사실과 다르다. ❷실제(實際)에 있어서. ¶사실 나는 그를 사랑한다.
▶ **사ː실-상 事實上** | 위 상
사실(事實)에 있어서[上]. ¶이번 계획은 사실상 실패로 돌아갔다.
▶ **사ː실-적 事實的** | 것 적

실제의 상태[事實] 그대로인 것[的]. ¶이 민속화는 매우 사실적이다.

사심 私心 | 사사로울 사, 마음 심 [selfishness]
사사로이[私] 제 욕심만을 채우려는 마음[心]. ¶공무원은 사심을 버려야 한다.

사:십 四十 | 넉 사, 열 십 [forty]
십(十)의 네[四] 배가 되는 수. ¶여덟의 다섯 배는 사십이다. [비] 마흔.

사:씨-남정기 謝氏南征記 | 사례할 사, 성씨 씨, 남녘 남, 갈 정, 기록할 기
[문학] 조선 숙종 때 김만중이 지은 우리말 소설. 유연수가 첩 교씨의 모함에 속아 착하고 현명한 본처 사씨(謝氏)를 내쳤으나, 결국 교씨는 그녀의 음모가 발각되어 처형당하고 유연수는 다시 사씨를 맞이하여 행복하게 살았다는 내용의 가정 소설이다. 숙종이 계비 인현 왕후(仁顯王后)를 폐위시키고 희빈 장씨를 왕비로 맞아들이는 데 반대하다가 마침내 남해도(南海島)로 유배 가서[征] 그곳에서도 흐려진 임금의 마음을 참회시키고자 이 작품을 썼다[記] 한다. 후에 종손인 김춘택이 한문으로 번역하였다.

사악 邪惡 | 간사할 사, 악할 악 [wicked; vicious]
마음이 간사(奸邪)하고 악(惡)함. ¶사악이 드러나다 / 사악한 마음. [비] 간사(奸邪).

사암 沙巖 | =砂巖, 모래 사, 바위 암 [sandstone]
[지리] 모래[沙]가 물속에 가라앉아 굳어서 된 바위[巖].

사:약 賜藥 | 줄 사, 약 약 [the King's bestowal of poison]
임금이 신하나 왕족에게 내리는[賜] 독약(毒藥). ¶장희빈은 결국 사약을 받고 죽었다.

사양 辭讓 | 물러날 사, 넘겨줄 양 [decline; refuse]
❶[속뜻] 제안을 거절하거나[辭] 권리를 남에게 넘겨줌[讓]. ❷겸손하여 받아들이지 않고 남에게 양보함. ¶사양하지 말고 많이 드세요.

⁑사:업 事業 | 일 사, 일 업 [undertaking; project]
❶[속뜻] 일[事=業]. ❷어떤 일을 일정한 목적과 계획을 가지고 짜임새 있게 지속적으로 경영함. 또는 그 일. ¶사업이 망하다 / 교육 사업.

▶사:업-가 事業家 | 사람 가
사업(事業)을 하는 사람[家].

▶사:업-장 事業場 | 마당 장
사업(事業)을 하는 장소(場所). ¶사업장을 둘러보다.

사:연 事緣 | 일 사, 인연 연 [(full) story; reasons]
일[事]이 그렇게 된 인연(因緣)이나 까닭. ¶사연이 복잡하다.

사열 査閱 | 살필 사, 훑어볼 열 [inspect; review]
❶[속뜻] 조사(調査)하고 검열(檢閱)함. ❷[군사] 부대의 훈련 정도, 사기 따위를 열병과 분열을 통하여 살피는 일. ¶군대를 사열하다. ❸[군사] 부대의 훈련 정도나 장비 유지 상태를 검열하는 일. ¶내무(內務) 사열.

사옥 社屋 | 회사 사, 집 옥 [office building]
회사(會社)의 건물[屋]. ¶사옥을 이전하다.

사욕 私慾 | 사사로울 사, 욕심 욕 [selfish desire]
사사로운[私] 자기의 이익만을 생각하는 욕심(慾心). ¶그는 사욕을 채우려다 구속됐다.

⁑사:용 使用 | 부릴 사, 쓸 용 [use]
사람이나 물건 등을 부리거나[使] 씀[用]. ¶이곳은 가스 사용을 금하고 있다.

▶사:용-료 使用料 | 삯 료
무엇을 사용(使用)한 뒤에 치르는 요금(料金). ¶선박 사용료.

▸사ː용-법 使用法 | 법 법
쓰는[使用] 방법(方法). ¶원고지 사용법을 익히다.

▸사ː용-자 使用者 | 사람 자
사람이나 물건을 쓰는[使用] 사람[者].

사원[1] 寺院 | 절 사, 집 원
[Buddhist temple]
절[寺] 따위의 종교 교당[院]. ¶회교 사원을 방문하다. [비] 사찰(寺刹).

사원[2] 社員 | 회사 사, 인원 원
[member; staff member]
회사(會社)에 근무하는 직원(職員). ¶신입사원을 채용하다. [비] 회사원(會社員).

사ː월 四月 | 넉 사, 달 월 [April]
한 해의 네[四] 번째 달[月].

사ː유[1] 事由 | 일 사, 까닭 유
[reason; cause]
일[事]이 그렇게 된 까닭[由]. ¶결석한 사유를 설명하다. [비] 이유(理由), 연유(緣由).

사유[2] 私有 | 사사로울 사, 있을 유
[private ownership]
개인[私]이 소유(所有)함. 또는 그런 소유물. [반] 공유(公有), 국유(國有).

▸사유-지 私有地 | 땅 지
개인[私] 또는 사법인이 소유(所有)하는 토지(土地). ¶사유지를 매입해 공원을 만들다. [반] 공유지(公有地), 국유지(國有地).

▸사유 재산 私有財產 | 재물 재, 낳을 산
[법률] 개인[私] 또는 사법인이 소유(所有)하는 재산(財產). ¶공산(共產) 경제에서는 사유 재산을 인정하지 않는다.

***사육 飼育** | 먹일 사, 기를 육
[breed; raise]
짐승 따위를 먹여[飼] 기름[育].

▸사육-장 飼育場 | 마당 장
가축이나 짐승을 먹여[飼] 기르는[育] 곳[場]. ¶동물 사육장 / 사슴 사육장.

사ː-육신 死六臣 | 죽을 사, 여섯 륙, 신하 신
❶ [속뜻] 죽은[死] 여섯[六] 명의 신하(臣下). ❷ [역사] 조선 세조 2년(1456)에 단종의 복위를 꾀하다가 처형된 여섯 명의 충신(忠臣). 이개(李塏), 하위지(河緯地), 유성원(柳誠源), 성삼문(成三問), 유응부(俞應孚), 박팽년(朴彭年)을 이른다.

사ː육-제 謝肉祭 | 거절할 사, 고기 육, 제사 제 [carnival]
❶ [속뜻] '고기[肉]는 사절(謝絶)하는 사순절(四旬節)에 앞서 벌이는 축제(祝祭). '카니발'(carnival). ❷ [가톨릭] 사순절에 앞서서 3일 또는 한 주일 동안 술과 고기를 먹고 가장행렬 따위를 하며 즐기는 명절.

사ː은 謝恩 | 고마워할 사, 은혜 은
[express gratitude; repay a kindness]
받은 은혜(恩惠)에 대하여 고마워함[謝]. ¶고객 사은 행사.

▸사ː은-회 謝恩會 | 모일 회
졸업생이나 동창생들이 스승의 은혜(恩惠)에 감사(感謝)하는 뜻으로 베푸는 모임[會]. ¶졸업생들이 사은회를 열었다.

사ː의 謝意 | 고마워할 사, 뜻 의
[thank; appreciate]
고마워하는[謝]의 뜻[意]. ¶여러분의 노고에 심심한 사의를 표합니다.

사ː이비 似而非 | 같을 사, 말 이을 이, 아닐 비 [pseudo; quasi]
겉으로는 비슷[似]하지만[而] 속은 완전히 다름[非]. 또는 그런 것. '사시이비'(似是而非)의 준말. ¶사이비 종교. [반] 정통(正統).

사ː인 死因 | 죽을 사, 인할 인
[cause of death]
죽게[死] 된 원인(原因). ¶경찰이 피의자의 사인을 조사하다.

사임 辭任 | 물러날 사, 맡길 임
[leave the service; resign]
맡아보던 일을[任] 그만두고 물러남[辭]. ¶회장직을 사임하다. [비] 사직(辭職).

사자 獅子 | 사자 사, 접미사 자 [lion]
[동물] 털은 엷은 갈색이고 수컷은 뒷머리와 앞가슴에 긴 갈기가 있는 포유동물.

백수(百獸)의 왕으로 불린다.

사장 社長 | 회사 사, 어른 장
[president of a company]
회사(會社)의 우두머리[長]. 회사의 최고 책임자. ¶그가 사장으로 선임되었다.

사재 私財 | 사사로울 사, 재물 재 [private funds]
개인의[私] 재산(財産). ¶그는 사재를 들여 복지재단을 만들었다.

사적[1] 私的 | 사사로울 사, 것 적
[individual; personal]
개인[私]에 관계되는 것[的]. ¶사적인 일. [반] 공적(公的).

사:적[2] 史跡 | 역사 사, 발자취 적 [historic site]
역사적(歷史的)으로 중요한 사건이나 시설의 자취[跡]. ¶우리는 공주로 사적 답사를 다녀왔다.

▸사:적-비 史跡碑 | 비석 비
그곳에서 일어난 역사적 사건[史跡]를 새겨 넣은 비석(碑石).

사:전[1] 事典 | 일 사, 책 전
[encyclopedia]
여러 가지 사항(事項)을 모아 일정한 순서로 배열하고 그 각각에 해설을 붙인 책[典]. ¶민속 사전 / 의학사전을 발간하다.

사:전[2] 事前 | 일 사, 앞 전
[before a thing takes place]
일[事]이 일어나거나 일을 시작하기 전(前). ¶암은 치료보다 사전 예방이 훨씬 더 중요하다. [반] 사후(事後).

사전[3] 辭典 | 말씀 사, 책 전 [dictionary; lexicon]
어떤 범위 안에서 쓰이는 말[辭]을 모아서 일정한 순서로 배열하여 싣고, 그 각각의 독음, 의미, 어원, 용법 따위를 해설한 책[典]. ¶영어사전 / 국어사전을 편찬하다.

사:절[1] 謝絶 | 거절할 사, 끊을 절 [decline; refuse]
❶[속뜻] 거절하여[謝] 딱 자름[絶]. ❷요구나 제의를 받아들이지 않고 딱 잘라 거절함. ¶면회 사절 / 외상은 사절합니다.

사:절[2] 使節 | 부릴 사, 마디 절
[envoy; delegate]
❶[역사] 옛날 사신(使臣)이 신표로 지참하던 대나무 마디[節]. ❷[법률] 나라를 대표하여 일정한 사명(使命)을 띠고 외국에 파견되는 사람. ¶그는 주한 외교 사절로 워싱턴에 갔다.

▸사:절-단 使節團 | 모일 단
사절(使節)로 외국에 가는 단체(團體). ¶그리스에 사절단을 파견하다.

사정[1] 射精 | 쏠 사, 정액 정 [ejaculate]
[의학] 남성의 생식기에서 정액(精液)을 내쏘는[射] 일. 성기에 가해지는 자극에 의하여 사정 중추가 흥분하면 일어난다.

***사:정**[2] 事情 | 일 사, 실상 정
[reason; ask leniency]
❶[속뜻] 일[事]의 형편이나 실상[情]. ¶그는 사정이 있어 할머니 밑에서 자랐다. ❷어떤 일의 형편이나 까닭을 남에게 말하고 무엇을 간청함. ¶아무리 사정해도 소용없다.

사정-거리 射程距離 | 궁술 사, 거리 정, 떨어질 거, 떨어질 리 [shooting range]
❶[속뜻] 사격(射擊)해서 탄환이 나가는 [程] 최대 거리(距離). ❷[군사] 탄알, 포탄, 미사일 따위가 발사되어 도달할 수 있는 곳까지의 거리. ¶사정거리가 1,500km인 미사일을 개발하다. [준] 사정, 사거리. [비] 탄정(彈程).

사정-전 思政殿 | 생각 사, 정치 정, 대궐 전
❶[속뜻] 국정(國政)을 생각하며[思] 거처하는 궁전(宮殿). ❷[고적] 임금이 평상시에 거처하던 궁전. 경복궁 안에 있다.

사제[1] 司祭 | 맡을 사, 제사 제 [(Catholic) priest]
[가톨릭] ❶의식과 전례[祭]를 맡은[司] 성직자. 주교 아래의 직위이다. ❷주교와 신부를 통틀어 이르는 말.

사제²私製 | 사사로울 사, 만들 제
[private manufacture]
개인[私]이 만듦[製]. ¶사제 권총 / 사제 엽서. ⑭관제(官製).

사제³師弟 | 스승 사, 제자 제
[teacher and pupil]
스승[師]과 제자(弟子)를 아울러 이르는 말. ¶사제 관계가 친밀하다.

사:족¹四足 | 넉 사, 발 족 [four feet]
❶속뜻 짐승의 네[四] 발[足]. 또는 네 발 가진 짐승. ❷'사지'(四肢)를 속되게 이르는 말. ¶사족이 멀쩡한데 놀고만 있을 수는 없다.

사족²蛇足 | 뱀 사, 발 족 [superfluity]
❶속뜻 뱀[蛇]의 발[足]. 실제로는 없다. ❷쓸데없는 군일을 하다가 도리어 실패(失敗)함을 이르는 말. '화사첨족'(畵蛇添足)의 준말. ¶사족을 달다.

사:죄 謝罪 | 용서 빌 사, 허물 죄
[apologize; beg pardon]
지은 죄(罪)나 잘못에 대하여 용서를 빎[謝]. ¶정중히 사죄하다.

사:주¹使嗾 | 부릴 사, 부추길 주 [incite; instigate]
남을 부추겨[嗾] 좋지 않은 일을 시킴[使]. ¶그는 적의 사주를 받아 내부의 기밀을 누출했다.

사:주²四柱 | 넉 사, 기둥 주
[fate; destiny; fortune]
❶속뜻 네[四] 개의 기둥[柱]. ❷민속 사람이 태어난 연월일시의 네 간지(干支). 또는 이에 근거하여 사람의 길흉화복을 알아보는 점. ¶사주를 보다 / 사주가 좋다.

▶사:주-팔자 四柱八字 | 여덟 팔, 글자 자
민속 사주(四柱)의 간지(干支)가 되는 여덟[八] 글자[字]. 예를 들어 '갑자년(甲子年), 무진월(戊辰月), 임신일(壬申日), 갑인시(甲寅時)'에 태어난 경우 '갑자, 무진, 임신, 갑인'의 여덟 글자.

사:중 四重 | 넉 사, 겹칠 중

[quadruple; fourfold]
네[四] 겹[重]. ¶사중으로 에워싸다.

▶사:중-주 四重奏 | 연주할 주
음악 네[四] 개의 악기를 함께[重] 연주(演奏)하는 것.

사:지¹四肢 | 넉 사, 사지 지
[limbs; legs and arms]
네[四] 팔다리[肢]. 두 팔과 두 다리. ¶나는 아버지의 소식을 듣고 사지를 떨었다.

사:지²死地 | 죽을 사, 땅 지
[jaws of death]
❶속뜻 죽는[死] 곳[地]. 또는 죽어서 묻힐 장소. ❷죽을 지경의 매우 위험하고 위태로운 곳. ¶우리는 간신히 사지에서 벗어났다.

사직¹社稷 | 토지신 사, 곡식신 직
[guardian deities of the State; sovereignty]
❶속뜻 토지신[社]과 곡식신[稷]. ❷나라 또는 조정을 이르는 말. 고대 황제나 제후는 사직에 대한 제시를 매우 중요하게 여겼으므로 '국가'나 '조정'을 상징적으로 이르기도 한다. ¶종묘와 사직이 위태롭다.

사직²辭職 | 물러날 사, 일 직
[leave office; resign from]
맡은 직무(職務)를 내놓고 물러남[辭]. ¶그는 신병을 이유로 사직했다 / 사직서(辭職書)를 제출하다.

＊**사진 寫眞** | 베낄 사, 참 진 [photograph; picture]
❶속뜻 진짜[眞]처럼 그대로를 베낌[寫]. ❷물체의 형상을 감광막 위에 나타나도록 찍어 오랫동안 보존할 수 있게 만든 영상. ¶사진을 찍다 / 가족 사진.

▶사진-관 寫眞館 | 집 관
일정한 시설을 갖추고 사진(寫眞) 찍는 일을 하는 집[館].

▶사진-기 寫眞機 | 틀 기
렌즈를 사용하여 필름 또는 건판에 사람이나 물체를 있는 그대로 찍는[寫眞] 기계(機械). ⑭카메라(camera).

▶ 사진-사 寫眞師 | 스승 사
사진(寫眞)을 찍는 일을 업으로 하는 사람[師].

▶ 사진-첩 寫眞帖 | 표제 첩
사진(寫眞)을 붙여 두기 위한 두꺼운 종이로 만든 책[帖]. ¶오래된 사진첩에서 어머니의 사진을 찾았다. 町 앨범.

사찰 寺刹 | 절 사, 절 찰
[Buddhist temple]
절[寺=刹]. ¶깊은 산속에 있는 사찰에서 하루를 묵었다.

사창 私娼 | 사사로울 사, 창녀 창
[unlicensed prostitute; streetwalker]
관청의 허가 없이 사사로이[私] 몸을 파는 창녀(娼女). 町 공창(公娼).

▶ 사창-가 私娼街 | 거리 가
사창(私娼)들이 많이 모여서 몰래 몸을 파는 거리[街].

사채 私債 | 사사로울 사, 빚 채
[personal loan]
개인[私]끼리 지는 빚[債]. ¶사채를 쓰다 / 사채에 시달리다.

사:체 死體 | 죽을 사, 몸 체
[dead body]
사람 또는 동물 따위의 죽은[死] 몸뚱이[體]. ¶범인은 사체를 방치하고 도주했다.

사:초 史草 | 역사 사, 거칠 초
역사 조선 시대에 사관(史官)이 기록하여 둔 초고(草稿). 실록(實錄)의 원고가 되었다. ¶임금은 사초를 볼 수 없다.

*사:촌 四寸** | 넉 사, 관계 촌
[cousin (on the father's side)]
❶속뜻 친척 가운데 네[四]번째 관계[寸]. ❷나와 촌수가 4촌 관계인 아버지의 친형제의 아들딸. 속담 사촌이 땅을 사면 배가 아프다.

사춘-기 思春期 | 생각 사, 봄 춘, 때 기
[adolescence]
❶속뜻 춘정(春情)을 생각하는[思] 시기(時期). ❷몸의 생식 기능이 거의 완성되며 이성(異性)에 관심을 가지게 되는 젊은 시절. ¶사춘기는 질풍노도의 시기라고도 한다.

사치 奢侈 | 뽐낼 사, 분에 넘칠 치
[be extravagant; live in luxury]
돈이나 물건을 쓰며 뽐내거나[奢] 분수에 넘친[侈] 행동을 함. ¶그는 월급이 적기 때문에 사치를 부릴 만한 여유가 없다 / 사치스러운 생활을 하다. 町 검소(儉素).

▶ 사치-품 奢侈品 | 물건 품
사치(奢侈)스러운 물건[品]. ¶사치품의 수입이 늘어났다.

사:친 事親 | 섬길 사, 어버이 친
어버이[親]를 섬김[事].

▶ 사:친이효 事親以孝 | 써 이, 효도 효
세속 오계의 하나. 어버이[親]를 섬기기를[事] 효도(孝道)로써[以] 함을 이른다.

사탕 沙糖 | =砂糖, 본음 [사당] 모래 사, 엿 당 [candy]
모래[沙] 크기의 설탕이나 엿[糖] 따위를 끓여서 만든 과자의 일종.

▶ 사탕-단풍 沙糖丹楓 | 붉을 단, 단풍나무 풍
식물 잎은 단풍(丹楓)처럼 활짝 편 손 모양이고 뒷면은 허옇고, 봄에 줄기에서 조금 사탕(沙糖)처럼 단 맛의 액체를 받아 음료나 약으로 쓰는 큰키나무.

사:태 事態 | 일 사, 모양 태 [situation]
일[事]의 되어 가는 상태(狀態). ¶사태가 심각하다.

사택 私宅 | 사사로울 사, 집 택
[ones home; private residence]
개인[私] 소유의 집[宅]. 町 관사(官舍).

사퇴 辭退 | 물러날 사, 물러갈 퇴
[refuse to accept]
어떤 일을 그만두고 물러감[辭=退]. ¶공직을 사퇴하다.

사투 私鬪 | 사사로울 사, 싸울 투
[strive out of personal grudge]
사사로운[私] 이해관계나 감정 문제로 서로 싸움[鬪]. 또는 그런 싸움. ¶두 이웃

간의 사투가 비극적인 결과를 낳았다.

사포 沙布 | =砂布, 모래 사, 베 포
[sandpaper; emery paper]
유리가루 따위의 보드라운 모래[沙]를 발라 붙인 베[布]나 종이. 쇠붙이의 녹을 닦거나 물체의 거죽을 반들반들하게 문지르는 데에 쓴다. ¶자른 부분을 사포나 줄로 문질러 매끄럽게 다듬는다.

사표[1] 師表 | 스승 사, 본보기 표 [model; pattern]
❶ 속뜻 스승[師]의 본보기[表]. ❷학식과 덕행이 높아 남의 모범이 될 인물. ¶사표로 삼다.

사표[2] 辭表 | 물러날 사, 밝힐 표 [resign]
직책에서 물러나겠다[辭]는 뜻을 밝힘[表]. 또는 그런 글. ¶사표를 내다. ⓑ사직서(辭職書).

사:필귀정 事必歸正 | 일 사, 반드시 필, 돌아갈 귀, 바를 정 [corollary]
모든 일[事]의 잘잘못은 반드시[必] 바른[正] 길로 돌아감[歸].

사:학[1] 史學 | 역사 사, 배울 학
[historical science; history]
역사(歷史)를 다루는 학문(學問).

사학[2] 私學 | 사사로울 사, 배울 학
[private school]
교육 개인[私]이 설립한 교육 기관[學]. ¶구한말에는 민족 사학이 많이 설립되었다. ⓑ사립학교(私立學校). ⓑ관학(官學).

***사:항** 事項 | 일 사, 목 항
[matter; item; facts]
일[事]의 조항(條項). ¶주의 사항을 전달하다.

사:해 死海 | 죽을 사, 바다 해
[the Dead sea]
❶ 속뜻 어떤 생물들이라도 죽을[死]만큼 염분이 많은 바다[海]. ❷지리 아라비아 반도의 서북쪽에 있는 호수. 요르단 강이 흘러 들어오지만 나가는 데가 없고 증발이 심한 까닭에 염분 농도가 바닷물의 약 다섯 배에 달하여 생물이 살 수 없다.

사:행 四行 | 넉 사, 행할 행
사람이 마땅히 지켜야 할 네[四] 가지 도덕적 행위(行爲). 충(忠), 효(孝), 우애(友愛), 신의(信義)를 이른다.

사:행-시 四行詩 | 넉 사, 줄 행, 시 시
[four-line verse]
문학 한 작품 또는 작품의 한 연(聯)이 넉[四] 줄[行]로 된 시(詩).

사헌-부 司憲府 | 맡을 사, 법 헌, 관청 부
역사 고려·조선 시대에, 관리의 비행을 조사하여 그 책임을 규탄하는 등 관리와 관청의 규율[憲]에 관한 일을 맡아보던[司] 관아[府].

사:형 死刑 | 죽을 사, 형벌 형
[condemn to death; put to death]
법률 죄인을 죽이는[死] 형벌(刑罰). ¶사형을 선고하다.

▶ **사:형-수** 死刑囚 | 가둘 수
법률 사형(死刑) 선고를 받은 죄수(罪囚).

▶ **사:형-장** 死刑場 | 마당 장
법률 사형(死刑)을 집행하는 장소(場所).

사:화 士禍 | 선비 사, 재화 화
[massacre of scholars]
역사 조선 시대, 선비[士]들이 정치적 반대파에게 몰려 참혹한 화(禍)를 입던 일. 4대 사화는 무오사화(戊午士禍), 갑자사화(甲子士禍), 기묘사화(己卯士禍), 을사사화(乙巳士禍)를 이른다.

사:-화산 死火山 | 죽을 사, 불 화, 메 산
[extinct volcano]
지리 활동이 완전히 끝난, 죽은[死] 화산(火山). ⓑ활화산(活火山).

사:환 使喚 | 부릴 사, 부를 환
[errand boy]
관청이나 회사, 가게 따위에서 잔심부름을 시키기[使] 위하여 고용한[喚] 사람.

사:활 死活 | 죽을 사, 살 활
[life and death]
죽음[死]과 삶[活]. ¶이번 사업에 회사의 사활이 걸려 있다.

사회¹ 司會 | 맡을 사, 모일 회
[preside at; chair a meeting]
회의(會議)나 예식 따위를 맡아[司] 진행함. ¶회의의 사회를 맡다.
▶ 사회-자 司會者 | 사람 자
모임이나 예식에서 진행을 맡아보는[司會] 사람[者].

*사회² 社會 | 단체 사, 모일 회
[society; community]
❶ 속뜻 같은 무리가 집단[社]을 이루어 모임[會]. ¶상류 사회. ❷ 사회 공동생활을 영위하는 모든 형태의 인간 집단. 가족, 마을, 조합, 교회, 계급, 국가, 정당, 회사 따위가 그 주요 형태이다.
▶ 사회-과 社會科 | 분과 과
교육 초등학교나 중등학교에서, 정치, 경제, 문화 따위의 사회(社會) 현상과 사회생활을 가르치는 교과(教科).
▶ 사회-면 社會面 | 낯 면
언론 신문에서 사회(社會)와 관계된 기사를 싣는 지면(紙面).
▶ 사회-성 社會性 | 성질 성
심리 사회에 적응하여 사회(社會) 생활을 하려고 하는 인간의 근본 성질(性質). ¶그는 사회성이 좋다.
▶ 사회-인 社會人 | 사람 인
❶ 사회 사회(社會)의 일원으로서 활동하는 개인[人]. ¶사회인으로서 책임과 의무를 다하다. ❷학교나 군대 따위의 단체에서 제한된 생활을 하는 사람들이 그 범위 밖의 사회에서 활동하는 사람들을 이르는 말. ¶형은 대학교를 졸업하고 사회인이 되었다.
▶ 사회-적 社會的 | 것 적
사회(社會)에 관계되는 것[的]. ¶사회적 지위.
▶ 사회 문:제 社會問題 | 물을 문, 주제 제
사회 실업·교통·주택·청소년 문제처럼, 사회(社會) 제도의 결함이나 모순으로 발생하는 모든 문제(問題). ¶청소년 비행이 사회 문제로 크게 대두되었다.

▶ 사회 보:장 社會保障 | 지킬 보, 막을 장
사회 국민이 사회인(社會人)으로 살아가는 데 겪게 되는 생활상의 문제를 국가가 제도적으로 보장(保障)하는 일. ¶사회 보장이 크게 개선되었다.
▶ 사회 복지 社會福祉 | 복 복, 복 지
사회 국민의 생활을[社會] 안정시키고, 행복한 삶[福祉]을 지켜주기 위한 정책이나 시설.
▶ 사회-사:업 社會事業 | 일 사, 일 업
사회 빈곤구제, 실업보호, 아동보호, 의료보호 등 사회적(社會的) 생활을 개선하고 보호하기 위하여 행하는 활동이나 사업(事業). ¶그는 사회사업에 온 일생을 바쳤다.
▶ 사회-생활 社會生活 | 살 생, 살 활
사회 사람들이 모여 사회(社會)를 꾸리고 질서를 유지하며 살아가는 공동 생활(生活).
▶ 사회-주의 社會主義 | 주될 주, 뜻 의
사회 사유 재산 제도를 폐지하고 생산 수단을 사회적(社會的)으로 공유(共有)하려는 사상[主義]. 또는 그런 사회. ¶북한은 사회주의를 고수하고 있다.

사:후¹ 死後 | 죽을 사, 뒤 후
[after death]
죽은[死] 뒤[後]. ¶이 시집은 작가의 사후에 출판되었다. ⑩ 생전(生前).

사:후² 事後 | 일 사, 뒤 후
[after the fact; for further reference]
일[事]이 끝난 뒤[後]. 또는 일을 끝낸 뒤. ¶사후 관리를 철저히 하다. ⑩ 사전(事前).

삭감 削減 | 깎을 삭, 덜 감
[cut down; curtail; retrench]
깎아서[削] 줄임[減]. ¶임금을 삭감하다.

삭막 索漠 | 쓸쓸할 삭, 사막 막
[dim; dreary]
쓸쓸한[索然] 사막[漠]처럼 외롭고 고요한. ¶삭막한 겨울 들판.

삭발 削髮 | 깎을 삭, 머리털 발

[have one's hair cut]
머리털[髮]을 깎음[削]. 또는 그 머리. ¶삭발한 모습이 더 잘 어울린다.

삭제 削除 | 깎을 삭, 덜 제
[eliminate; remove; cancel]
❶[속뜻]깎아서[削] 없앰[除]. ❷지워 버림. ¶내용의 일부를 삭제하다. [반]첨가(添加), 추가(追加).

삭풍 朔風 | 북녘 삭, 바람 풍
[north wind]
겨울철에 북쪽[朔]에서 불어오는 찬바람[風]. ¶장군은 한겨울 삭풍을 맞으며 성곽을 지키고 있다. [비]북풍(北風).

산¹ 山 | 메 산 [mountain; mount]
평지보다 썩 높이 솟아 있는 땅덩이. [속담] 산 넘어 산이다.

산² 酸 | 신맛 산 [acid]
[화학]물에 녹았을 때 수소 이온을 내어 산성 반응을 일으키는 물질. 신맛이 나고 청색 리트머스 종이를 붉게 변화시킨다. [반]염기.

***산간** 山間 | 메 산, 사이 간
[among the mountains]
산(山)과 산 사이[間]. ¶봄이 되었다지만 산간 지역에는 아직도 눈이 내린다.

▸**산간-벽지** 山間僻地 | 후미질 벽, 땅 지
산간(山間)의 외진[僻] 곳[地]. ¶이제는 산간벽지까지 전기가 들어간다.

산:고 産苦 | 낳을 산, 괴로울 고
[he pains of childbirth]
아이를 낳는[産] 고통(苦痛). ¶산고를 겪다.

산국 山菊 | 메 산, 국화 국
[wild chrysanthemum]
[식물]주로 산(山)에서 자라는 국화(菊花). 가을에 피는 노란 꽃은 약용 또는 식용하고 어린 싹은 식용한다. '산국화'의 준말.

산대 山臺 | 메 산, 무대 대
❶[속뜻]길가나 빈 터에 산(山)같이 높이 쌓은 임시 무대(舞臺). ❷[민속]산대극(山臺劇).

산:란¹ 産卵 | 낳을 산, 알 란
[lay eggs; spawn]
알[卵]을 낳음[産]. ¶연어는 산란하기 위하여 태어난 곳으로 돌아온다.

산:란² 散亂 | 흩을 산, 어지러울 란
[be littered with; discomposed]
❶[속뜻]흩어져[散] 어지러움[亂]. ¶장난감을 늘어놓아 방안이 산란하다. ❷어수선하고 뒤숭숭하다. ¶마음이 산란하다. [비]어지럽다.

산림 山林 | 메 산, 수풀 림
[mountains and forests]
산(山)과 숲[林]. 또는 산에 있는 숲. ¶무분별한 벌목으로 산림이 훼손되다.

▸**산림-청** 山林廳 | 관청 청
[법률]산림(山林)의 보호 육성, 산림 자원의 증식 따위에 관한 사무를 맡아보는 중앙 행정 기관[廳].

▸**산림-녹화** 山林綠化 | 초록빛 록, 될 화
산[山林]에 나무를 심고 보호하며 사방 공사 따위를 하여 초목을 무성하게 하는 일[綠化]. 또는 그런 운동.

▸**산림 자원** 山林資源 | 재물 자, 근원 원
[농업]산림(山林)에서 얻는 목재, 약초 따위의 경제적 가치가 있는 자원(資源). ¶산림 자원을 개발하다.

산:만 散漫 | 흩을 산, 멋대로 만
[loose; discursive]
정신이 어수선하게 흐트러지고[散] 멋대로[漫] 함. ¶내 동생은 주의가 산만하다.

산맥 山脈 | 메 산, 줄기 맥
[mountain range]
산(山)봉우리가 이어진 줄기[脈]. ¶태백 산맥 / 알프스 산맥.

산:모 産母 | 낳을 산, 어머니 모
[woman delivered of a child]
막 해산(解産)한 아이 어머니[母].

산:문 散文 | 흩을 산, 글월 문 [prose]
[문학]규범에 얽매이지 않고 자유로이 내치는 대로[散] 쓴 글[文]. 소설, 수필 따위이다. [반]운문(韻文).

산ː물 産物 | 낳을 산, 만물 물
[product; result]
❶ 속뜻 일정한 곳에서 생산(生産)되어 나오는 물건(物件). ¶이 고장의 대표적 산물은 곶감이다. ❷어떤 것에 의하여 생겨나는 사물이나 현상을 비유적으로 이르는 말. ¶노력의 산물.

산ː발¹ 散髮 | 흩을 산, 머리털 발
[make ones hair disheveled]
머리털[髮]를 풀어 헤침[散]. 또는 그 머리.

산ː발² 散發 | 흩을 산, 쏠 발
[occur sporadically]
❶ 속뜻 총을 이곳저곳 마구 흩어서[散] 쏨[發]. ❷여기저기서 때때로 일어남.
▶ 산ː발-적 散發的 | 것 적
일이 한꺼번에 일어나지 않고 여기저기서 [散] 간격을 두고 발생(發生)하는 것[的]. ¶산발적 시위 / 산발적인 비.

산ː보 散步 | 한가로울 산, 걸음 보
[take a walk]
한가로이[散] 거니는 걸음걸이[步]. ¶점심을 먹은 후 산보를 나갔다. ⓗ 산책(散策).

산ː부 産婦 | 낳을 산, 여자 부
[woman in her confinement]
아이를 낳은[産] 여자[婦]. ⓗ 산모(産母).

산ː부인-과 産婦人科 | 낳을 산, 여자 부, 사람 인, 분과 과
[obstetrics and gynecology]
의학 산과(産科)와 부인과(婦人科). 임신, 해산(解産), 부인병(婦人病) 따위를 다루는 분과(分科).

산삼 山蔘 | 메 산, 인삼 삼
[wild ginseng]
식물 깊은 산(山)속에 저절로 나서 자란 삼(蔘). ¶심마니가 산삼을 캤다. ⓗ 가삼(家蔘).

산성¹ 山城 | 메 산, 성곽 성
[mountain fortress wall]
산(山)에 쌓은 성(城).

∗∗산성² 酸性 | 산소 산, 성질 성 [acidity]
❶ 속뜻 산소(酸素)의 성질(性質). ❷ 화학 수용액에서 이온화할 때, 수산 이온의 농도보다 수소 이온의 농도가 더 큰 물질. 수소 이온 농도 지수가 7미만으로 물에 녹으면 신맛을 내고 청색 리트머스 시험지를 붉게 만든다. ¶위액은 강한 산성을 띤다. ⓟ 염기성(鹽基性).
▶ 산성-화 酸性化 | 될 화
산성(酸性)으로 변함[化]. ¶토양이 점점 산성화되어 가고 있다.

산세 山勢 | 메 산, 형세 세
[physical aspect of a mountain]
산(山)의 형세(形勢). ¶산세가 험하다.

산소¹ 山所 | 메 산, 곳 소
[ancestral graveyard; grave; tomb]
❶ 속뜻 산(山)에 무덤이 있는 곳[所]. ❷ '무덤'의 높임말. ¶산소를 찾아가 성묘를 하다.

∗∗산소² 酸素 | 신맛 산, 바탕 소 [oxygen]
화학 공기의 주성분이면서 맛과 빛깔과 냄새가 없는 원소(元素). 1783년 라부아지에가 실험을 물의 분석에서 대부분 산(酸)의 성질을 가지는 기체 생성물이 나온다는 것을 발견하여 그리스어의 '신맛[酸]이 있다'는 뜻의 oxys와 '생성된다'는 뜻의 gennao를 합쳐 oxygen이라고 이름 붙였다. 기호는 'O'. ¶고지대에는 산소가 희박하다.
▶ 산소-통 酸素桶 | 통 통
산소(酸素)를 압축하여 저장해 놓은 통(桶).

산ː수¹ 算數 | 셀 산, 셀 수
[calculate; arithmetic]
❶ 속뜻 수(數)를 계산(計算)함. ❷ 수학 수의 성질, 셈의 기초, 초보적인 기하 따위를 가르치는 학과.

산수² 山水 | 메 산, 물 수
[mountains and waters]
❶ 속뜻 산(山)과 물[水]. ❷자연의 경치. ¶

산수가 아름답다.
▶산수-화 山水畵 | 그림 화
미술 동양화에서 자연[山水]의 풍경을 제재로 하여 그린 그림[畵]. 비 산수도(山水圖).

산수유 山茱萸 | 메 산, 수유 수, 수유 유
한의 산수유(山茱萸) 나무의 열매. 강장(強壯)의 효과가 있어 유정(遺精), 야뇨증, 대하 따위에 쓴다.

산 -술 算術 | 셀 산, 꾀 술 [calculation]
❶속뜻 셈[算]을 하는 기술(技術). ❷수학 일상생활에 실지로 응용할 수 있는 수와 양의 간단한 성질 및 셈을 다루는 수학적 계산 방법.

산신 山神 | 메 산, 귀신 신 [mountain god; guardian spirit of a mountain]
민속 산(山)을 지키는 신(神).

산-신령 山神靈 | 메 산, 귀신 신, 혼령 령 [sprit of the mountain]
민속 산(山)을 맡아 수호한다는 신령(神靈). ¶산신령이 금도끼를 들고 나타났다. ㉰ 산신.

산 -실 産室 | 낳을 산, 방 실
[lying in room; delivery room]
❶속뜻 아이를 낳는[産] 방[室]. ❷어떤 일을 꾸미거나 이루어 내는 곳. 또는 그 바탕. ¶그리스는 서양 문명의 산실이다. 비 산방(産房), 분만실(分娩室), 산지(産地).

산 :아 産兒 | 낳을 산, 아이 아
[give birth to a baby]
아이[兒]를 낳음[産].
▶산 :아 제 :한 産兒制限 | 누를 제, 끝 한
사회 인공적인 수단으로 아이[兒] 낳는[産] 것을 제한(制限)하는 일. ¶산아 제한으로 인구가 크게 줄었다.

산악 山岳 | 메 산, 큰산 악 [mountains]
육지 가운데 다른 곳보다 두드러지게 솟아 있는 높고 험한 부분[山=岳]. ¶우리나라 국토의 대부분은 산악 지대다.
▶산악-인 山岳人 | 사람 인
산[山岳]에 오르는 것을 남달리 잘하거나 즐기는 사람[人].
▶산악-회 山岳會 | 모일 회
산[山岳]을 사랑하거나 등산을 즐기는 사람들의 모임[會].

산야 山野 | 메 산, 들 야 [fields and mountains; hills and valleys]
산(山)과 들[野]. ¶눈 덮인 산야.

산양 山羊 | 메 산, 양 양 [goat]
❶속뜻 산(山)에 사는 양(羊)과 같은 동물. ❷동물 어깨의 높이는 60~90㎝이며, 몸빛은 흰색, 갈색 따위의 동물. 성질이 활달하며 가축으로 기른다. 비 염소.

**산 :업 産業 | 낳을 산, 일 업 [industry]
❶속뜻 무엇을 생산(生産)하는 일[業]. 또는 그러한 업종(業種). ❷경제 농업, 금융업, 운수업 등 인간의 생활을 풍요롭게 하기 위하여 물건이나 서비스를 만드는 기업이나 조직. ¶산업 발전 / 새로운 산업에 종사하다.
▶산 :업-용 産業用 | 쓸 용
생산하거나 재생산하는[産業] 데에 쓰임[用]. ¶산업용 기기 생산을 확대하다.
▶산 :업-체 産業體 | 몸 체
생산(生産)하는 업체(業體).
▶산 :업-화 産業化 | 될 화
산업(産業)의 형태가 됨[化]. ¶산업화가 급속히 진행되다.
▶산업 사회 産業社會 | 단체 사, 모일 회
사회 사회 구조나 성격이 산업(産業)을 중심으로 규정되어 있는 사회(社會).
▶산업 혁명 産業革命 | 바꿀 혁, 운명 명
❶속뜻 산업(産業) 부분에 혁명(革命)과 같은 큰 변화가 일어남. 또는 그러한 사건. ❷역사 18세기 후반 영국에서 시작되어 각지로 퍼져 나간 기계의 발명과 기술의 변혁 그리고 그것으로 인해 일어난 변화. 이것으로 자본주의 경제가 발달하게 되었다.

산 :유 産油 | 낳을 산, 기름 유
[produce oil]

원유(原油)를 생산(生産)하는 일. ¶산유 시설을 갖추다.

▸ 산:유-국 産油國 | 나라 국
원유(原油)를 생산(生産)하는 나라[國]. ¶산유국들이 담합하여 원유 생산량을 줄였다.

산장 山莊 | 메 산, 별장 장 [mountain villa]
산(山)에 있는 별장(別莊). ¶산장에서 하룻밤을 묵었다. [비] 산방(山房).

산:재 散在 | 흩을 산, 있을 재 [be scattered about; lie here and there]
이곳저곳에 흩어져[散] 있음[在]. ¶그곳에는 아름다운 여행지가 산재해 있다.

산적[1] 山賊 | 메 산, 도둑 적 [brigand]
산(山)속에 숨어 살면서 남의 재물을 빼앗는 도둑[賊]. ¶산적이 나그네를 덮쳤다.

산적[2] 山積 | 메 산, 쌓을 적 [pile up; lie in a heap]
일이나 물건 따위가 산더미[山]처럼 많이 쌓여[積] 있음. ¶공책이 책상 위에 산적해 있다.

산전-수전 山戰水戰 | 메 산, 싸울 전, 물 수, 싸울 전 [fighting all sorts of hardships]
❶ [속뜻] 산(山)에서의 싸움[戰], 물[水]에서의 싸움[戰]. ❷'세상일의 온갖 고난을 겪은 경험'을 비유하여 이르는 말. ¶산전수전을 다 겪다.

산:정 算定 | 셀 산, 정할 정 [compute; calculate]
계산(計算)하여 정(定)함. ¶판매 가격을 산정하다.

*__산:조__ 散調 | 흩을 산, 가락 조
❶ [속뜻] 흐트러진[散] 듯이 들리는 가락[調]. ❷ [음악] 민속음악의 하나로 정악(正樂)의 일정한 흐름과는 다르게 느린 속도의 진양조로 시작, 차츰 급하게 중모리·자진모리·휘모리로 끝나는 가락.

산중 山中 | 메 산, 가운데 중 [mountain recess; bosom of the hills]
산(山) 속[中]. ¶깊은 산중에서 길을 잃었다.

되는 부분. ¶산중턱에 있는 집. [비] 산허리.

⁑__산지__[1] 山地 | 메 산, 땅 지 [mountainous district]
❶ [속뜻] 산(山)으로 된 지형(地形). ❷산이 많고 들이 적은 지대.

산:지[2] 産地 | 낳을 산, 땅 지 [producing area]
물건이 생산(生産)되는 곳[地]. '산출지'(産出地)의 준말. ¶대구는 사과의 산지로 유명하다. [비] 원산지(原産地).

산채 山菜 | 메 산, 나물 채 [wild edible greens; edible mountain herbs]
산(山)에서 나는 나물[菜]. ¶산채 비빔밥. [비] 산나물.

산:책 散策 | 한가로울 산, 지팡이 책 [take a walk]
❶ [속뜻] 한가로이[散] 지팡이[策]를 짚고 거닒음. ❷휴식을 취하거나 건강을 위해서 천천히 걷는 일. ¶할머니는 공원으로 산책을 나가셨다. [비] 산보(散步).

▸ 산:책-로 散策路 | 길 로
산책(散策)할 수 있게 만든 길[路]. ¶낙엽이 쌓인 산책로를 거닐다.

산천 山川 | 메 산, 내 천 [mountains and streams; nature]
❶ [속뜻] 산(山)과 내[川]. ❷자연 또는 자연의 경치. ¶고향 산천.

▸ 산천-어 山川魚 | 물고기 어
❶ [속뜻] 산천(山川)에 사는 물고기[魚]. ❷ [동물] 몸은 송어와 비슷하여 등 쪽은 짙은 청색, 옆구리에 디원형의 얼룩무늬가 있는 민물고기.

▸ 산천-초목 山川草木 | 풀 초, 나무 목
❶ [속뜻] 산(山)과 내[川]와 풀[草]과 나무[木]. ❷'자연'을 이르는 말.

산초 山椒 | 메 산, 산초나무 초 [Chinese pepper]
산초나무의 열매. 기름을 만드는 원료로

쓰고 식용 또는 약용한다.

산촌 山村 | 메 산, 마을 촌
[mountain village]
산(山)속에 자리한 마을[村].

산:출[1] 産出 | 낳을 산, 날 출
[produce; yield; bring forth]
물건이 생산(生産)되어 나오거나[出] 물건을 생산해 냄. ¶석탄 산출 지역.

산:출[2] 算出 | 셀 산, 날 출
[calculate; compute]
계산(計算)해 냄[出]. ¶성적 산출 / 예산을 산출하다.

산:통[1] 産痛 | 낳을 산, 아플 통
[labor pains; pains of childbirth]
❶ [속뜻] 아이를 낳을[産] 때 느끼는 고통(苦痛). ❷ [의학] 해산할 때 주기적으로 되풀이되는 복통(腹痛). 또는 그러한 일. [비] 진통(陣痛).

산:통[2] 算筒 | 셀 산, 대롱 통
[case for bamboo fortune slips]
산(算)가지를 넣은 조그마한 통(筒). ¶산통을 들고 점을 치다. [관용] 산통을 깨다.

산:파 産婆 | 낳을 산, 할미 파
[maternity nurse]
아이를 낳을[産] 때, 아이를 받고 산모를 도와주는 일을 하는 여자[婆].

산하 山河 | 메 산, 물 하
[mountains and rivers]
❶ [속뜻] 산(山)과 강[河]. ❷자연 또는 자연의 경치. [비] 산천(山川).

산해 山海 | 메 산, 바다 해
[mountains and seas]
산(山)과 바다[海].

▸ **산해-진미** 山海珍味 | 보배 진, 맛 미
산(山)과 바다[海]에서 나는 온갖 산물로 차린 맛있는[珍] 음식[味]. [비] 산진해미(山珍海味).

산행 山行 | 메 산, 갈 행
[mountain hike]
산(山)에 감[行]. 산길을 감. ¶주말에 동료들과 산행을 가다.

산호 珊瑚 | 산호 산, 산호 호 [coral]
[동물] 나뭇가지 모양의 군체(群體)를 이루고 살며, 윗면 중앙에 입이 있고 그 주위에 깃털 모양의 촉수가 있는 강장동물. 죽으면 살이나 기관은 썩고 뼈만 남는다.

▸ **산호-초** 珊瑚礁 | 잠긴 바위 초
[지리] 산호(珊瑚) 군체(群體)의 분비물이나 뼈 따위가 쌓여서 이루어진 석회질의 암초(暗礁).

산화 酸化 | 산소 산, 될 화 [oxidize]
[화학] 어떤 물질이 산소(酸素)와 화합(化合)함. ¶철은 쉽게 산화된다. [반] 환원(還元).

산:후 産後 | 낳을 산, 뒤 후
[after childbirth]
아이를 낳은[産] 뒤[後]. ¶산후 조리. [반] 산전(産前).

살균 殺菌 | 죽일 살, 세균 균
[sterilize; pasteurize]
약품이나 열 따위로 세균(細菌)을 죽임[殺]. ¶살균우유 / 칫솔을 살균하다. [비] 멸균(滅菌).

▸ **살균-제** 殺菌劑 | 약제 제
[약학] 살균(殺菌)하는데 쓰이는 약제(藥劑).

살기 殺氣 | 죽일 살, 기운 기
[violent temper; murderous spirit]
남을 죽일[殺] 듯한 기세(氣勢)나 분위기. ¶눈에 살기가 가득하다.

▸ **살기등등** 殺氣騰騰 | 오를 등, 오를 등
표정 따위에 살기(殺氣)가 가득 오르다[騰+騰]. ¶살기등등한 표정.

살벌 殺伐 | 죽일 살, 목 벨 벌
[bloodthirsty; brutal; savage]
❶ [속뜻] 죽여[殺] 목을 벰[伐]. ❷분위기나 풍경 또는 인간관계 따위가 거칠고 무시무시함. ¶살벌한 기운이 감돌다.

살상 殺傷 | 죽일 살, 다칠 상
[kill and injure; shed blood]
죽이거나[殺] 부상(負傷)을 입힘. ¶적군을 모조리 살상했다.

살생 殺生 | 죽일 살, 날 생 [take life]
생명(生命)을 죽임[殺]. 산 것을 죽임. ¶불교에서는 살생을 금지한다.

살수 대:첩 薩水大捷 | 보살 살, 물 수, 큰 대, 이길 첩
[역사] 고구려 영양왕 23년(612)에 고구려 을지문덕 장군이 살수(薩水, 청천강의 옛 이름)를 건너온 중국 수나라의 별동대 30만 명을 몰살시켜 크게[大] 이긴[捷] 전투.

살신성인 殺身成仁 | 죽일 살, 몸 신, 이룰 성, 어질 인
❶[속뜻] 스스로 몸[身]을 죽여[殺] 어진 일[仁]을 이룸[成]. ❷다른 사람 또는 대의를 위해 목숨을 버림. 또는 큰일을 위해 자기희생을 감수함. ¶살신성인하는 모범을 보이다.

살육 殺戮 | 죽일 살, 죽일 륙
[kill; massacre]
사람을 마구 죽임[殺=戮].

살인 殺人 | 죽일 살, 사람 인
[commit murder; kill]
사람[人]을 죽임[殺]. 남을 죽임. ¶살인을 저지르다.

▸ **살인-범** 殺人犯 | 범할 범
[법률] 살인죄(殺人罪)를 범(犯)한 사람. 또는 그 죄. ¶살인범을 공개 수배했다.

▸ **살인-자** 殺人者 | 사람 자
살인(殺人)을 한 사람[者].

▸ **살인-적** 殺人的 | 것 적
사람[人]을 죽일[殺] 정도로 몹시 심한 것[的]. ¶살인적인 더위.

살충 殺蟲 | 죽일 살, 벌레 충
[kill insects]
벌레[蟲]를 죽임[殺]. ¶이 약은 살충 효과가 높다.

▸ **살충-제** 殺蟲劑 | 약제 제
[약학] 벌레[蟲]를 죽이거나[殺] 없애는 약[劑].

살포 撒布 | 뿌릴 살, 펼 포
[scatter; sprinkle; spray]
뿌려서[撒] 골고루 폄[布]. ¶논에 농약을 살포하다.

살해 殺害 | 죽일 살, 해칠 해
[murder; kill; slay]
사람을 해쳐[害] 죽임[殺]. ¶살해 현장.

삼[1] 三 | 석 삼 [three]
이에 일을 더한 수. 아라비아 숫자로는 '3', 로마 숫자로는 'Ⅲ'로 쓴다. ¶삼 일. [비] 셋.

삼[2] 蔘 | 인삼 삼 [ginseng]
[식물] 인삼(人蔘)과 산삼(山蔘)의 총칭. 뜻을 표합니다.

삼가 三加 | 석 삼, 더할 가
관례 때에 세[三] 번 관을 갈아 씌우던[加] 의식. ¶삼가의 의식을 진행하다.

삼각 三角 | 석 삼, 뿔 각 [triangularity]
❶[속뜻] 세[三] 모퉁이[角]. ❷[수학] '삼각형'(三角形)의 준말.

▸ **삼각-산** 三角山 | 메 산
[지리] 백운대(白雲臺), 만경대(萬景臺), 인수봉(仁壽峯)이 세[三] 꼭지각[角]을 이루고 있는 산(山). 서울 북한산(北漢山)의 딴 이름.

▸ **삼각-주** 三角洲 | 섬 주
[지리] 강이 바다로 들어가는 어귀에 강물이 운반하여 온 모래나 흙이 쌓여, 삼각형(三角形)으로 이루어진 섬[洲] 같은 지형.

▸ **삼각-형** 三角形 | 모양 형
❶[속뜻] 세모[三角] 모양[形]. 또는 그러한 도형(圖形). ❷[수학] 일직선상에서 있지 않은 세 개의 점을 세 직선으로 연결하여 이루어진 도형.

삼강 三綱 | 석 삼, 벼리 강
유교 도덕의 기본이 되는 세[三] 가지 기본 강령(綱領). 곧 임금과 신하(君臣), 아버지와 자식(父子), 남편과 아내(夫婦) 사이에 지켜야 할 떳떳한 도리를 이른다.

▸ **삼강-오:륜** 三綱五倫 | 다섯 오, 도리 륜
유교의 도덕에서 기본이 되는 세 가지 강령[三綱]과 지켜야 할 다섯[五] 가지 도리[倫].

▶**삼강-행실도** 三綱行實圖 | 행할 행, 실제 실, 그림 도
책명 조선 세종 때, 설순 등이 왕명으로 삼강(三綱)의 모범이 될 충신·효자·열녀를 사적(史跡)에서 뽑아 그 덕행(行實)을 찬양하여 편찬한 그림책(圖).

삼경 三更 | 셋째 삼, 시각 경
[around midnight]
하루의 밤을 다섯으로 나눈 중 셋째[三] 시각[更]. 밤 11시부터 이튿날 새벽 1시까지.

삼계-탕 蔘鷄湯 | 인삼 삼, 닭 계, 끓을 탕
영계(軟鷄)의 내장을 빼고 인삼(人蔘)을 넣어 끓인 탕국[湯]. ¶여름에 삼계탕을 먹어 몸보신한다.

＊**삼국** 三國 | 석 삼, 나라 국
[three countries]
❶ 속뜻 세[三] 개의 나라[國]. ¶한, 중, 일 삼국. 역사 ❷고구려(高句麗), 백제(百濟), 신라(新羅)의 세 나라. ❸중국 후한(後漢) 말에 일어난 위(魏), 촉(蜀), 오(吳)의 세 나라.

▶**삼국-지** 三國志 | 기록할 지
책명 중국 진나라 때에 진수가 중국의 위·촉·오 삼국(三國)의 역사를 적은[志] 책.

▶**삼국-사기** 三國史記 | 역사 사, 기록할 기
책명 고구려(高句麗), 백제(百濟), 신라(新羅) 세 나라[三國]의 역사(歷史)를 기록(記錄)한 책. 고려 인종 때 김부식(金富軾) 등이 왕명으로 편찬하였다.

▶**삼국 시대** 三國時代 | 때 시, 연대 대
역사 ❶고구려(高句麗), 백제(百濟), 신라(新羅)의 삼국(三國)이 정립하고 있던 시대(時代). ❷중국에서 위(魏), 촉(蜀), 오(吳)가 정립하고 있던 시대.

▶**삼국-유사** 三國遺事 | 남길 유, 일 사
책명 고려 충렬왕 때, 일연(一然)이 고구려(高句麗)·백제(百濟)·신라(新羅) 세 나라[國]의 사적 및 신화·전설·시가(詩歌) 등 전해져[遺] 내려오는 이야기[事]를 담은 책.

▶**삼국지-연의** 三國志演義 | 기록할 지, 펼 연, 뜻 의
문학 중국 원나라의 작가 나관중이 지은 장편 역사 소설. 위(魏), 촉(蜀), 오(吳) 세[三] 나라[國]의 역사[志]를 소재로 줄거리 뜻[義]을 알기 쉽게 풀이하여[演] 소설로 엮은 책.

삼권 三權 | 석 삼, 권리 권
[three powers]
❶ 속뜻 세[三] 종류의 권리(權利). ❷법률 입법권(立法權), 사법권(司法權), 행정권(行政權)을 아울러 이르는 말.

▶**삼권 분립** 三權分立 | 나눌 분, 설 립
❶ 속뜻 세 개의 권리[三權]를 나누어[分] 세움[立]. ❷법률 국가 권력의 집중으로 인한 폐단을 막기 위하여 국가 권력을 입법, 사법, 행정으로 나누어 분담하는 통치 조직의 기본 원리.

삼남 三南 | 석 삼, 남녘 남
[three southern provinces (of Korea)]
지리 한반도의 남(南)쪽에 있는 충청도, 전라도, 경상도 세[三] 지방을 통틀어 이르는 말. ¶삼남은 곡창지대이다. 비 삼남삼도(三南三道).

삼다-도 三多島 | 석 삼, 많을 다, 섬 도
❶ 속뜻 세[三] 가지가 많은[多] 섬[島]. ❷바람, 돌, 여자가 많은 섬이라는 의미로 '제주도'를 달리 이르는 말.

삼대 三代 | 석 삼, 세대 대
[three generations]
아버지와 아들, 손자의 세[三] 대(代). ¶삼대가 함께 살다.

삼대-목 三代目 | 석 삼, 대신할 대, 눈 목
책명 신라 시대의 향가 작품을 수집하여 상, 중, 하 삼대(三代)의 조목(條目)에 따라 엮은 향가집.

삼라 森羅 | 수풀 삼, 늘어설 라
숲[森]처럼 빽빽하게 늘어서[羅] 있음.

▶**삼라-만:상** 森羅萬象 | 일만 만, 모양 상
우주 속에 빽빽하게[森] 존재하는[羅] 온갖 사물과 모든[萬] 현상(現象).

삼루 三壘 | 석 삼, 진 루 [third base]
운동 야구에서, 주자가 세[三] 번째 밟는 베이스[壘]. ¶주자가 삼루에서 아웃되었다.

삼류 三流 | 셋째 삼, 갈래 류 [third class]
세 부류 중에서 가장 낮은 셋째[三] 등급이나 유파(流派). ¶삼류 영화.

※삼림 森林 | 빽빽할 삼, 수풀 림 [forest]
나무가 빽빽한[森] 숲[林]. 나무가 많이 우거진 곳. ¶삼림을 보호하자.

▶ **삼림-욕 森林浴** | 목욕할 욕
맑은 공기를 쐬고 정신적인 평안을 얻기 위하여 숲[森林] 속에 들어가 숲 기운을 쐬는 것을 목욕(沐浴)에 비유한 말.

삼매 三昧 | 석 삼, 새벽 매 [concentration; absorption]
❶불교 산스크리트어 '사마디'(Samadhi)의 한자 음역어. 잡념을 떠나서 오직 하나의 대상에만 정신을 집중하는 경지. 이 경지에서 바른 지혜를 얻고 대상을 올바르게 파악하게 된다. ❷다른 말 아래 쓰여 그 일에 열중하여 여념이 없음을 이르는 말.

▶ **삼매-경 三昧境** | 지경 경
불교 삼매(三昧)의 경지(境地)에 이른 상태. ¶독서 삼매경에 빠지다.

삼면 三面 | 석 삼, 쪽 면 [three sides; three faces]
세[三] 가지 방면(方面)이나 쪽. ¶삼면이 바다로 둘러싸여 있다.

삼-박자 三拍子 | 석 삼, 칠 박, 접미사 자 [triple time]
음악 한 마디가 세[三] 박자(拍子)로 된 것. 4분 음표 3박자 따위.

삼-별초 三別抄 | 석 삼, 특별할 별, 뽑을 초
❶속뜻 특별(特別)히 뽑아[抄] 조직한 세[三] 군대. ❷역사 좌별초(左別抄), 우별초(右別抄), 신의군(神義軍)으로 구성된 특수부대. 처음 고려 무신정권 때 치안 및 국방이라는 대내외적인 목적을 위하여 많이 설치되었던 다양한 별초(別抄) 조직을 발전시킨 것이다.

삼복¹ 三伏 | 석 삼, 엎드릴 복
초복(初伏), 중복(中伏), 말복(末伏)의 세[三] 복(伏)날을 통틀어 이르는 말. ¶삼복에 삼계탕을 먹었다.

삼복² 三福 | 석 삼, 복 복
불교 세복(世福), 계복(戒福), 행복(行福)의 세[三] 가지 복(福).

삼부 三部 | 석 삼, 나눌 부 [three parts]
세[三] 부분(部分)이나 부류(部類). ¶신체를 삼부로 분류하다.

삼삼 三三 | 석 삼, 석 삼
운동 바둑판의 가로의 세[三] 번째 선과 세로의 세[三] 번째 선이 만나는 네 귀의 선.

▶ **삼삼-오:오 三三五五** | 다섯 오, 다섯 오
서너 사람[三+三] 또는 대여섯 사람이[五+五] 떼를 지어 다니거나 무슨 일을 함. 또는 그런 모양. ¶사람들이 삼삼오오 모여 앉아 이야기를 한다.

삼수¹ 三修 | 석 삼, 닦을 수
❶속뜻 배웠던 것을 세[三] 번 다시 배움[修]. ❷상급 학교의 입학시험에 두 번 실패하고 또다시 이듬해의 시험을 준비하는 일. ¶삼수로 겨우 대학에 들어갔다.

삼수² 三水 | 석 삼, 물 수
지리 우리나라에서 가장 험한 산골이라는 함경남도(량강도) 삼수군 삼수면(三水面)을 줄인 말.

▶ **삼수-갑산 三水甲山** | 천간 갑, 메 산
❶속뜻 함경남도의 삼수(三水)와 갑산(甲山). 조선 시대에 귀양지의 하나였다. ❷교통이 매우 불편한 오지(奧地). '몹시 어려운 지경'을 이르는 말. ¶삼수갑산에 가는 한이 있어도.

삼시 三時 | 석 삼, 때 시 [three daily meals]
❶속뜻 세[三] 번의 때[時]. ❷아침, 점심, 저녁의 세 끼니. 또는 그 끼니 때. ¶삼시

세 때를 챙겨 먹다.

삼신 三神 | 석 삼, 귀신 신
[three gods governing childbirth]
민속 아기를 점지하고 산모와 산아(産兒)를 돌보는 세[三] 신령(神靈). ¶삼신 할머니께 기도를 드렸다.

삼심 三審 | 석 삼, 살필 심
송사(訟事)에서 세[三] 번째로 이루어지는 심리(審理). ®초심(初審), 재심(再審).

삼십 三十 | 석 삼, 열 십 [thirty]
십(十)의 세[三] 배가 되는 수. 30. ®서른.

▶ **삼십육-계 三十六計** | 여섯 륙, 꾀 계
❶ 속뜻 서른여섯[三十六] 가지 꾀[計]. ❷ 형편이 불리할 때, '달아나는 일'을 속되게 이르는 말. '三十六計, 走爲上策'에서 유래. 속뜻 삼십육계 줄행랑이 제일.

삼엄 森嚴 | 빽빽할 삼, 엄할 엄 [solemn; grave]
분위기 따위가 매우[森] 엄숙(嚴肅)하다. ¶경비가 삼엄하다 / 삼엄한 표정.

삼엽-충 三葉蟲 | 석 삼, 잎 엽, 벌레 충 [trilobite]
동물 절지동물 삼엽충류 화석 동물을 통틀어 이르는 말. 가장 큰 것은 몸길이 45cm가량으로 타원형이고 납작하며, 머리·가슴·꼬리의 세[三] 부분[葉]으로 구분되는 벌레[蟲]이다.

삼-원색 三原色 | 석 삼, 본디 원, 빛 색
[three primary colors]
미술 모든 빛깔을 재현할 수 있는 세[三] 가지 기본[原]이 되는 빛깔[色]. 색채에서는 빨강·노랑·파랑이고, 빛에서는 빨강·녹색·파랑이다.

*__삼월 三月__ | 셋째 삼, 달 월 [March]
한 해 가운데 셋째[三] 가 되는 달[月].

삼위 三位 | 석 삼, 자리 위
❶ 속뜻 세[三] 가지 지위(地位). ❷ 기독교 성부(聖父)와 성자(聖子)와 성신(聖神)을 아울러 이르는 말.

▶ **삼위-일체 三位一體** | 한 일, 몸 체
기독교 성부(聖父)와 성자(聖子)와 성신(聖神)은 신이 세[三] 가지 모습[位]이 되어 나타난 것으로 원래는 한[一] 몸[體]이라는 생각.

삼인성호 三人成虎 | 석 삼, 사람 인, 이룰 성, 호랑이 호
❶ 속뜻 세[三] 사람[人]이 짜면 거리에 호랑이[虎]가 나왔다는 거짓말도 꾸밀[成] 수 있음. ❷근거 없는 말이라도 여러 사람이 똑같이 말하면 곧이듣게 됨. ¶삼인성호라더니 여러 번 듣다보니 그 거짓말에 깜박 속아 넘어갔네!

삼일¹ 三一 | 석 삼, 한 일
3월[三] 1일[一]. ¶삼일 만세운동.

▶ **삼일-절 三一節** | 철 절
법률 우리나라의 3·1운동(三一運動)을 기념하기 위하여 제정한 국경일[節].

▶ **삼일 운:동 三一運動** | 돌 운, 움직일 동
역사 1919년, 곧 기미년 3월 1일에[三一] 한국이 일본의 강제적인 식민지 정책으로부터 자주 독립할 목적으로 일으킨 민족 독립 운동(運動). 제1차 세계 대전 후 민족자결주의에 입각하여 손병희 등 33인이 주동이 되어 '독립 선언서'를 낭독하고 민족의 자주독립을 선언하였다. ®기미독립운동(己未獨立運動).

삼일² 三日 | 석 삼, 날 일 [three days]
삼(三) 일(日). 사흘.

▶ **삼일-장 三日葬** | 장사지낼 장
죽은 지 사흘째[三日] 되는 날에 장사(葬事)를 치름.

삼자 三者 | 석 삼, 사람 자
[three persons]
❶ 속뜻 세[三] 사람[者]. ¶삼자 간의 협상. ❷당사자가 아닌 사람. ¶이것은 우리 문제니 삼자는 나서지 마라.

삼-정승 三政丞 | 석 삼, 정사 정, 도울 승
❶ 속뜻 세[三] 명의 정승(政丞). ❷ 역사 조선 때, 영의정(領議政)·좌의정(左議政)·우의정(右議政)을 아울러 이르는 말. ¶삼정승이 상감에게 주청했다.

삼중 三重 | 석 삼, 겹칠 중 [triple]
세[三] 가지가 겹치는[重] 일. 또는 세 번 거듭되는 일. ¶삼중으로 된 유리.

▶ **삼중-주** 三重奏 | 연주할 주
음악 세[三] 가지 악기로 함께[重] 연주(演奏)함. 피아노·바이올린·비올라·첼로에 의한 피아노 삼중주, 바이올린·비올라·첼로에 의한 현악 삼중주 등이 있다.

삼진 三振 | 석 삼, 떨칠 진
[strikeout; three strikes]
운동 야구의 타자가 스트라이크[振]를 세[三] 번 당하여 아웃되는 일.

삼-차원 三次元 | 석 삼, 버금 차, 으뜸 원
[three dimensions; third dimension]
수학 세로, 가로, 높이의 세[三] 차원(次元)을 지닌 입체적 공간.

삼채 三彩 | 석 삼, 빛깔 채
수공 세[三] 가지 빛깔[彩]의 유약(釉藥)을 발라 구워 낸 도자기. 당삼채(唐三彩), 명삼채(明三彩) 따위.

삼척 三尺 | 석 삼, 자 척
석[三] 자[尺].

▶ **삼척-동:자** 三尺童子 | 아이 동, 아이 자
❶속뜻 키가 석[三] 자[尺] 밖에 되지 않는 아이[童子]. ❷철부지 어린아이를 이르는 말. ¶그것은 삼척동자라도 안다.

삼천-리 三千里 | 석 삼, 일천 천, 거리 리
[whole (land) of Korea]
우리나라의 북쪽 끝에서 남쪽 끝까지의 길이가 삼천리(三千里)라 하여 '한국의 국토'를 이르는 말. ¶삼천리금수강산.

삼촌 三寸 | 석 삼, 관계 촌
[uncle (on the father's side)]
❶속뜻 친척 가운데 세[三]번째 관계[寸]. ❷아버지의 형제. 비 숙부(叔父), 작은아버지.

삼태-성 三台星 | 석 삼, 별 태, 별 성
❶속뜻 세[三] 개의 별[台=星]. ❷천문 북두칠성의 국자 모양에서 물을 담는 쪽에 비스듬히 길게 늘어선 세 쌍의 별. 각 한 쌍씩의 상태성(上台星), 중태성(中台星), 하태성(下台星)으로 이루어져 있다.

삼-파장 三波長 | 석 삼, 물결 파, 길 장
세[三] 가닥의 빛의 파장(波長). ¶삼파장 형광등.

삼팔-선 三八線 | 석 삼, 여덟 팔, 줄 선
[38 degrees north latitude]
❶속뜻 북위 38[三八]도를 경계로 한 선(線). ❷2차 대전 직후 한반도가 남북으로 나뉘게 된 경계선을 이르는 말. ¶삼팔선을 중심으로 휴전선이 생겼다.

삼한 三韓 | 석 삼, 나라이름 한
❶속뜻 세[三] 개의 한(韓) 나라. ❷역사 상고 시대, 우리나라 남부에 존재했던 세 군장(君長) 국가. 곧 마한(馬韓), 진한(辰韓), 변한(弁韓)을 이른다.

삼한 사:온 三寒四溫 | 석 삼, 찰 한, 넉 사, 따뜻할 온 [cycle of three cold days and four warm days]
지리 사흘[三] 동안 춥다가[寒] 다시 나흘[四] 동안 비교적 포근한[溫] 날씨가 주기적으로 반복되는 기후 현상. 겨울철에 우리나라와 중국 동북부 등지에서 나타난다.

삼행 三行 | 석 삼, 행할 행
부모를 섬기는 세[三] 가지 효행(孝行). 봉양하는 일, 상사(喪事)에 근신하는 일, 제사를 받드는 일을 이른다. 비 삼도(三道).

삼행-시 三行詩 | 석 삼, 줄 행, 시 시
[three-line verse]
세[三] 줄[行]로 이루어진 시(詩). ¶삼행시를 짓다.

삼-화음 三和音 | 석 삼, 어울릴 화, 소리 음 [triad]
❶속뜻 세[三] 가지 음정으로 이루어진 화음(和音). ❷음악 어떤 음을 기초음으로 하여 그 위에 3도와 5도의 음정을 가진 음을 겹쳐서 만든 화음.

삽시 霎時 | 가랑비 삽, 때 시
[minute; moment; instant]
가랑비[霎]가 잠시 내리는 때[時]. 아주

짧은 시간. '삽시간'의 준말.
▸삽시-간 霎時間 | 사이 간
아주 짧은[霎時] 동안[間]. ¶불은 삽시간에 산으로 번졌다. [비] 일순간(一瞬間), 순식간(瞬息間).

삽입 插入 | 꽂을 삽, 들 입 [insert]
꽂아[插] 넣음[入]. 끼워 넣음. ¶책에 그림을 삽입하다 / 삽입 음악.

삽화 插畵 | 꽂을 삽, 그림 화 [illustrate]
[출판] 신문·잡지·서적 따위에서, 문장의 내용을 보완하거나 이해를 돕도록 장면을 묘사하여 끼워[插] 넣은 그림[畵]. ¶이 책에는 삽화가 많이 들어 있다. [비] 삽도(插圖).

상:¹ 上 | 위 상 [first; best]
품질이나 등급 따위가 가장[上] 빼어남. ¶이 과일의 품질 등급은 상이다.

상² 床 | 평상 상 [table; desk]
소반(小盤)·책상(冊床)·평상(平床) 따위의 총칭. ¶어머니는 상을 차렸다.

상³ 喪 | 죽을 상 [mourning]
상중(喪中)에 있음. ¶상을 당하다 / 상을 치르다.

상⁴ 像 | 모양 상 [image]
❶ [속뜻] 부처·사람·동물 등의 형체를 따라 만든[像] 것. ¶성모마리아 상. ❷ [물리] 광원(光源)에서 비치는 광선이 거울이나 렌즈에 의하여 굴절 또는 반사한 뒤에 재차 집합하여 생긴 원래의 발광 물체의 형상.

상⁵ 賞 | 상줄 상 [prize; award]
잘한 일을 칭찬해[賞] 주는 표적. ¶상을 받다 / 상을 주다. [반] 벌(罰).

상가¹ 商家 | 장사 상, 집 가
[shopping center]
장사[商]를 업으로 하는 집[家]. ¶상가에서 반찬거리를 샀다.

상가² 商街 | 장사 상, 거리 가 [shopping street]
상점(商店)이 많이 늘어서 있는 거리[街]. ¶지하 상가 / 아파트 상가.

상가³ 喪家 | 죽을 상, 집 가
[mourner's house]
초상(初喪)난 집[家]. ¶상가에 문상을 가다.

상:감¹ 上監 | 위 상, 볼 감
[His Majesty; King]
❶ [속뜻] 위[上]에서 살펴봄[監]. ❷'임금'의 높임말. ¶상감께서 명을 내리셨다.

상감² 象嵌 | 모양 상, 새겨 넣을 감
[inlay; marquetry]
❶ [속뜻] 모양[象]을 새겨 넣음[嵌]. ❷ [수공] 금속, 도자기, 목재 등의 표면에 무늬 모양을 파고 그 속에 금, 은, 보석, 뼈, 자개 따위를 박거나 끼워 넣는 공예기법. 또는 그 기법으로 만든 작품. 상감청자와 나전칠기에서 크게 발달하였다.

상-거:래 商去來 | 장사 상, 갈 거, 올 래
[commercial transaction]
[경제] 상업(商業)에서의 거래(去來). ¶상거래 질서를 어지럽히다.

상:경 上京 | 위 상, 서울 경
[come up to the capital]
시골에서 서울[京]로 올라옴[上].

상:고¹ 上告 | 위 상, 알릴 고
[appeal; final appeal]
❶ [속뜻] 윗사람[上]에게 아룀[告]. ❷ [법률] 상소(上訴)의 한 가지. 고등법원, 지방법원 합의부 등의 제2심 판결에 대하여 법령 위반 등을 이유로 파기 또는 변경을 상급 법원에 신청하는 일.

상고² 商高 | 장사 상, 높을 고
[commercial high school]
[교육] '상업고등학교'(商業高等學校)의 준말. ¶그는 상고 출신 국회의원이다.

상:고³ 上古 | 위 상, 옛 고
[ancient times; remote ages]
[역사] 역사의 시대 구분의 하나. 중고(中古)보다 먼저[上] 있던 옛날[古].
▸상:고 시대 上古時代 | 때 시, 연대 대
[역사] 역사 시대로서 가장 오랜[上古] 시대(時代). [준] 상고대, 상대.

상:공¹ 上空 | 위 상, 하늘 공 [sky]
❶**속뜻** 어떤 지역의 위[上]에 있는 공중(空中). ¶서울 상공에 적기가 나타났다. ❷높은 하늘. ¶전투기는 수천 피트 상공으로 날아올랐다.

상공² 商工 | 장사 상, 장인 공
[commerce and industry]
상업(商業)과 공업(工業). '상공업'의 준말.

상-공업 商工業 | 장사 상, 장인 공, 일 업
직업군 중 상업(商業)과 공업(工業)을 아울러 이르는 말. ⓜ상공.

상:관¹ 上官 | 위 상, 벼슬 관
[higher officer; chief]
주로 공무원 사회에서 어떤 사람보다 높은 자리[上]에 있는 관리(官吏). ¶상관의 명령에 복종한다. ⓑ상사(上司), 상급자(上級者). ⓟ부하(部下), 하관(下官).

상관² 相關 | 서로 상, 관계할 관
[be related to; meddle]
❶**속뜻** 서로[相] 관련(關聯)을 가짐. 또는 그 관련. ¶그 일이 당신과 무슨 상관이 있나요? ❷남의 일에 간섭함. ¶그가 언제 떠나든 상관을 하지 않겠다 / 그는 절대로 친구의 일에 상관하지 않는다.

상궁 尚宮 | 받들 상, 집 궁 [court lady]
❶**속뜻** 왕실[宮] 사람들을 받들어[尚] 모시는 일을 하던 여자 벼슬. ❷**역사** 조선시대에, 내명부의 하나인 여관(女官)의 정오품 벼슬.

상궁지조 傷弓之鳥 | 다칠 상, 활 궁, 어조사 지, 새 조
❶**속뜻** 한 번 화살[弓]에 맞아 다친[傷] 적이 있는 새[鳥]는 구부러진 나무만 보아도 놀람. ❷한 번 혼이 난 일로 늘 의심과 두려운 마음을 품는 것을 이르는 말. ¶상궁지조란 성어를 보면 '자라보고 놀란 가슴 솥뚜껑보고 놀란다'는 속담이 생각난다.

상:권¹ 上卷 | 위 상, 책 권
[first volume]
두 권이나 세 권으로 된 책의 첫째[上] 권(卷). ¶그 소설은 상권이 제일 재미있다.

상권² 商圈 | 장사 상, 우리 권
[trading area]
경제 상업(商業)상의 세력이 미치는 범위[圈]. ¶그곳에 새로운 상권이 형성되었다.

상권³ 商權 | 장사 상, 권리 권
[commercial power]
법률 ❶상업(商業)상의 권리(權利). ❷어떤 지역을 중심으로 상업기능에 영향을 미치는 범위. ¶기차역을 중심으로 상권이 발달했다.

상극 相剋 | 서로 상, 이길 극
[conflict; rivalry]
❶**속뜻** 서로[相] 이기려고[剋] 싸움. ❷둘 사이에 마음이 서로 맞지 않아 항상 충돌함. ¶그 둘은 상극이라서 만나기만 하면 싸운다. ❸두 사물이 서로 맞서거나 해를 끼쳐 어울리지 아니함. 또는 그런 사물. ¶한약과 녹두는 상극이다.

상금 賞金 | 상줄 상, 돈 금
[prize; (cash) reward]
상(賞)으로 주는 돈[金]. ¶소설이 당선되어 상금을 받았다. ⓟ벌금(罰金).

상:급 上級 | 위 상, 등급 급
[higher grade]
위[上]의 등급(等級)이나 계급(階級). ¶상급 법원. ⓟ하급(下級).

▶**상:급-생** 上級生 | 사람 생
학년[級]이 높은[上] 학생(學生). ¶상급생의 책을 물려받았다. ⓟ하급생.

상:기¹ 上氣 | 위 상, 기운 기
[get dizzy]
❶**속뜻** 기운(氣運)이 위[上]로 올라옴. ❷흥분이나 부끄러움으로 얼굴이 붉어짐. ¶얼굴이 빨갛게 상기되었다.

상:기² 想起 | 생각 상, 일어날 기
[remember; call to mind]
지난 일을 생각해[想] 떠올림[起]. ¶6·25

를 상기하다.

상:념 想念 | 생각 상, 생각 념
[notion; conception]
마음속에 떠오르는 생각[想=念]. ¶깊은 상념에 잠기다.

상:단 上段 | 위 상, 구분 단 [top row]
❶[속뜻] 위[上] 쪽에 있는 부분[段]. ¶시렁의 상단에 배치하였다. ❷글의 위쪽 단락(段落). ¶그 글의 상단을 보면 알 수 있다. [반] 하단(下段).

상담 相談 | 서로 상, 말씀 담
[consult with; confer with]
서로[相] 상의하는 말[談]. ¶진학상담 / 건강상담. [비] 상의(相議).

▸**상담-실** 相談室 | 방 실
학교 따위에서 상담(相談)을 위하여 따로 마련한 방[室]. ¶상담실에 찾아가다.

▸**상담-자** 相談者 | 사람 자
❶[속뜻] 상담(相談)을 해 주는 사람[者]. ¶형이 나의 상담자였다. ❷어떤 고민·문제·일 등에 관하여 상담을 하는 사람. ¶문의해 온 상담자들 중 대부분이 실업자였다.

상당 相當 | 서로 상, 당할 당
[be proper; fit]
❶[속뜻] 서로[相] 대적할[當]만 함. ❷일정한 액수나 수치 따위에 해당함. ¶상당 기간. ❸수준이나 실력이 꽤 높다. ¶민수는 한자 실력이 상당하다 / 이 문제는 상당히 어렵다.

▸**상당-량** 相當量 | 분량 량
상당(相當)히 많은 양(量). ¶상당량의 식량을 공급하다.

▸**상당-수** 相當數 | 셀 수
❶[속뜻] 어떤 기준에 상당(相當)하는 수(數). ❷어지간히 많은 수. ¶요즘 상당수의 사람들이 안경을 쓴다. [비] 다수(多數), 대다수(大多數).

***상대** 相對 | 서로 상, 대할 대
[deal with; someone; partner]
❶[속뜻] 서로[相] 마주 대(對)함. 또는 그 대상. ¶저런 사람들하고는 상대도 하지 마라 / 손님을 상대하는 일은 쉽지 않다. ❷어떤 관계로 자기가 마주 대하는 사람. ¶결혼 상대 / 의논 상대. ❸서로 겨룸. 또는 그런 대상. ¶이번 상대는 만만치 않다 / 누구든 나와라, 내가 상대하마. [비] 상견(相見), 대면(對面), 상대자(相對者), 맞수, 적수(敵手).

▸**상대-방** 相對方 | 모 방
❶[속뜻] 맞은[相對] 편[方]. ❷상대편. ¶상대방의 입장에서 생각하다.

▸**상대-적** 相對的 | 것 적
어떤 것과 서로[相] 대립(對立)하거나 비교되는 관계에 있는 것[的]. ¶상대적 가치 / 이 문제는 상대적으로 중요하지 않다. [반] 절대적(絶對的).

▸**상대-편** 相對便 | 쪽 편
서로 상대(相對)가 되는 쪽[便]. 또는 그 위치에 있는 사람. [비] 상대방(相對方).

상:등 上等 | 위 상, 무리 등
[superiority; excellence]
위[上] 급에 속하는 무리[等]. 높은 등급.

▸**상:등-병** 上等兵 | 군사 병
[군사] 사병 계급의 하나. 병장의 아래, 일등병의 위[上等]인 병사(兵士). [준] 상병.

상례 常例 | 늘 상, 본보기 례
[common usage; custom]
주위에서 흔히[常] 볼 수 있는 본보기[例]. 또는 그런 사례. ¶추석이나 설에는 한복을 입는 것이 상례이다. [비] 통례(通例), 항례(恒例).

상록 常綠 | 늘 상, 초록빛 록 [evergreen]
겨울에도 잎이 떨어지지 않고 사철 늘[常] 초록빛[綠]을 띤 상태.

▸**상록-수** 常綠樹 | 나무 수
[식물] 사철 늘[常] 잎이 푸른[綠] 나무[樹]. ¶소나무와 대나무는 상록수이다. [비] 늘푸른나무. [반] 낙엽수(落葉樹).

****상:류** 上流 | 위 상, 흐를 류
[upper stream; higher classes]
❶[속뜻] 강물 따위가 흘러내리는[流] 위

[上]쪽 지역. ¶한강 상류가 오염되었다. ❷사회적 지위나 생활수준, 교양 등이 높은 계층. ¶상류 사회. ㉠하류(下流).

▸상ː류-층 上流層 | 층 층
지위나 생활 정도가 높은 [上流] 계층(階層). ¶상류층 인사들과 친분을 쌓다.

상ː륙 上陸 | 뭍 상, 뭍 륙 [land]
배에서 뭍으로[陸] 오름[上]. ¶맥아더 장군은 인천에 상륙했다.

▸상ː륙 작전 上陸作戰 | 지을 작, 싸울 전
군사 해상으로부터 적지에 상륙(上陸)하는 공격 작전(作戰). ¶인천 상륙작전.

상면 相面 | 서로 상, 낯 면
[meet with; see each other]
서로[相] 만나서 얼굴[面]을 마주 봄. ¶몇 십 년 만에 이산가족의 상면이 이루어졌다.

상모 象毛 | 모양 상, 털 모
❶속뜻 털[毛] 모양[象]의 장식. ❷민속 벙거지의 꼭지에 참대와 구슬로 장식하고 그 끝에 털이나 긴 백지 오리를 붙인 것. ¶상모를 돌리며 꽹과리를 치다.

상민 常民 | 늘 상, 백성 민
[common people]
예전에, 양반이 아닌 보통[常] 백성[民]을 이르던 말. ㉠평민(平民). ㉠양반(兩班).

상반¹ 相反 | 서로 상, 되돌릴 반
[be contrary to]
서로[相] 반대(反對)되거나 어긋남. ¶이 내용은 사실과 상반된다.

상ː반² 上半 | 위 상, 반 반
[first half (of)]
위[上]쪽 절반(折半). ㉠하반(下半).

상ː-반기 上半期 | 위 상, 반 반, 때 기
[first half]
한 해나 어떤 일정 기간을 둘로 나눈 그 앞[上]의 절반(折半) 시기(時期). ¶상반기 생산량. ㉠하반기(下半期).

상ː-반신 上半身 | 위 상, 반 반, 몸 신
[upper body]
사람 몸[身]에서 허리부터 위[上]의 절반(折半) 부분. ¶상반신을 일으키다. ㉠상체(上體). ㉠하반신(下半身).

상벌 賞罰 | 상줄 상, 벌할 벌
[reward and punishment]
상(賞)을 주는 것과 벌(罰)을 주는 것. ¶공정하게 상벌을 주다 / 상벌위원회.

상ː병 上兵 | 위 상, 군사 병
[corporal; airman 1st class]
군사 군대 계급 중 일병 위[上], 병장 아래인 병사(兵士)의 계급. '상등병'(上等兵)의 준말.

상보 床褓 | 평상 상, 보자기 보
[tablecloth]
밥상[床]을 덮는 데에 쓰는 보자기[褓]. ¶상보로 상을 덮었다.

상복 喪服 | 죽을 상, 옷 복
[mourning clothes]
상중(喪中)에 있는 사람이 입는 예복(禮服).

상봉 相逢 | 서로 상, 만날 봉
[meet each other; reunite]
서로[相] 만남[逢]. ¶이산가족이 드디어 상봉했다.

상ː부¹ 上部 | 위 상, 나눌 부
[upper part; top; superior office]
❶속뜻 위쪽[上] 부분(部分). ❷보다 높은 직위나 기관. ¶상부의 명령에 따르다. ㉠하부(下部).

상부² 相扶 | 서로 상, 도울 부
[mutual help; interdependence]
서로[相] 도움[扶].

▸상부-상조 相扶相助 | 서로 상, 도울 조
서로서로[相] 도움[扶=助]. ¶어려울 때일수록 상부상조해야 한다.

상비 常備 | 늘 상, 갖출 비
[reserve; have always ready]
늘[常] 갖추어[備] 둠. ¶가정에 구급약을 상비하다.

▸상비-약 常備藥 | 약 약
언제든지 쓸 수 있도록 늘[常] 갖추어

[備] 두는 약(藥).

상ː사[1] 上士 | 위 상, 선비 사
[senior master sergeant]
[군사] 국군의 부사관(副士官) 중 가장 위[上]의 계급. 중사(中士)의 위, 준위(准尉)의 아래.

상ː사[2] 上司 | 위 상, 벼슬 사
[higher office; one's superior]
자기보다 벼슬이나 지위가 위[上]인 사람[司]. ¶직장 상사의 의견을 존중하다.

상사[3] 祥事 | 제사 상, 일 사
사람이 죽은 지 두 돌 만에 지내는 제사[祥事]. [비] 대상(大祥).

상사[4] 相思 | 서로 상, 생각 사
[think of each other]
❶ [속뜻] 서로[相] 생각함[思]. ❷ 남녀가 서로 그리워함.

▸ 상사-병 相思病 | 병 병
남자나 여자가 마음에 둔 사람을 몹시 그리워하는[相思] 데서 생기는 마음의 병(病).

상ː상[1] 上上 | 위 상, 위 상
[highest grade]
상(上) 등급 위[上]의 등급. 최상급.

▸ 상ː상-봉 上上峯 | 봉우리 봉
여러 봉우리 가운데 가장 높은[上上] 봉우리[峯]. ¶백두산 상상봉에 오르다.

***상ː상[2] 想像** | 생각 상, 모양 상 [imagine; picture]
실제로 보지 못한 것의 모양[像]을 생각해[想] 봄. 또는 그런 모양. ¶10년 후 그는 어떤 모습일지 상상이 안 된다.

▸ 상ː상-력 想像力 | 힘 력
실제로 경험하지 않은 현상이나 사물[像]에 대하여 마음속으로 그려 보는[想] 능력(能力). ¶상상력이 풍부하다.

▸ 상ː상-화 想像畵 | 그림 화
[미술] 실물을 보지 않고 추측과 생각으로[想像] 그린 그림[畵].

상서 祥瑞 | 상서로울 상, 상서 서
[lucky omen; happy augury]
복되고[祥] 길한[瑞] 일. ¶상서로운 조짐. [비] 경서(慶瑞), 길상(吉祥), 길조(吉兆).

상ː석[1] 上席 | 위 상, 자리 석
[highest seat; top seat; head]
윗[上] 자리[席]. ¶교장 선생님을 상석으로 모셨다. [반] 말석(末席).

상석[2] 床石 | 평상 상, 돌 석 [stone offertory table in front of a tomb]
[민속] 무덤 앞에 제물(祭物)을 차려 올려놓기 위하여 돌[石]로 만든 상(床). ¶할아버지의 상석에 햇과일을 놓았다.

상선 商船 | 장사 상, 배 선
[merchant ship; trading vessel]
삯을 받고 사람이나 짐을 나르는 등 상업적(商業的)으로 이용되는 배[船]. 여객선, 화물선, 화객선 등이 있다.

상설 常設 | 늘 상, 베풀 설
[establish permanently]
언제든지[常] 이용할 수 있도록 설비와 시설을 갖추어[設] 둠. ¶상설 할인매장.

상세 詳細 | 자세할 상, 가늘 세
[minute; detailed]
자세하고[詳] 세밀(細密)하다. ¶상세한 설명. [비] 자세(仔細)하다, 치밀(緻密)하다. [반] 간단(簡單)하다.

상ː소[1] 上訴 | 위 상, 하소연할 소 [appeal; recourse]
❶ [속뜻] 위[上]에 하소연함[訴]. ❷ [법률] 하급 법원의 판결에 따르지 않고 상급 법원에 재심을 요구하는 일.

상ː소[2] 上疏 | 위 상, 트일 소
[present a memorial to the King]
임금에게 글을 올려[上] 의견을 소통(疏通)하던 일. 또는 그 글. 주로 간관(諫官)이나 삼관(三館)의 관원이 임금에게 정사(政事)를 간하기 위하여 올렸다.

▸ 상ː소-문 上疏文 | 글월 문
[역사] 상소(上疏)하는 내용을 적은 글[文]. ¶성균관 유생들이 상소문을 올렸다.

상속 相續 | 서로 상, 이을 속

[succeed to; inherit; fall heir to]
❶ 속뜻 서로[相] 이어주거나 이어받음[續]. ❷ 법률 일정한 친족 관계가 있는 사람 사이에서 한 사람의 사망으로 다른 사람이 재산에 관한 권리와 의무의 일체를 이어받는 일. ¶유산 상속.

▶ 상속-자 相續者 | 사람 자
법률 상속(相續) 받는 사람[者]. ⑪상속인(相續人).

상수[1] 常數 | 늘 상, 셀 수
[constant; invariable (number)]
수학 늘[常] 일정한 값을 가진 수(數). ⑪변수(變數).

상:수[2] 上水 | 위 상, 물 수
[piped water]
음료수로 쓰기 위한 상급(上級)의 맑은 물[水]. ¶상수 시설을 갖추다. ⑪하수(下水).

▶ 상:수-도 上水道 | 길 도
❶ 속뜻 물[水]을 위[上]로 끌어올려 쓸 수 있도록 설치한 수도관(水道管). ❷위생 처리 과정을 거친 깨끗한 물을 보내주는 관. 먹는 물이나 공업, 방화(防火) 따위에 쓰는 물을 관을 통하여 보내 주는 설비. ⑪하수도(下水道).

▶ 상:수-원 上水源 | 근원 원
상수(上水)로 쓸 물의 근원(根源). 강·호수 따위. ¶상수원 보호 지역.

상:순 上旬 | 위 상, 열흘 순
[first ten days]
상, 중, 하로 삼등분한 것 가운데 첫[上] 열흘[旬]. 초하루에서 열흘 사이의 기간. ⑪초순(初旬). ⑪중순(中旬), 하순(下旬).

상술 商術 | 장사 상, 꾀 술
[trick of the trade; business ability]
장사하는[商] 솜씨[術]. ¶얄팍한 상술 / 그녀는 상술이 뛰어나다.

상습 常習 | 늘 상, 버릇 습
[regular custom; common practice]
몇 차례든 항상(恒常) 되풀이하는 습관(習慣).

▶ 상습-적 常習的 | 것 적
좋지 않은 일을 버릇처럼 하는[常習] 것[的]. ¶상습적인 행위.

상:승 上昇 | 위 상, 오를 승
[rise; ascend]
낮은 데에서 위로[上] 올라감[昇]. ¶기온 상승 / 물가 상승. ⑪하강(下降).

상시 常時 | 보통 상, 때 시
[at all times; always]
❶ 속뜻 임시가 아닌 관례대로의 보통[常] 때[時]. ¶할머니는 손자의 사진을 상시 지니고 다닌다. ❷보통 때. '평상시'(平常時)의 준말. ¶상시 연습을 철저히 해라. ⑪항시(恒時).

상식 常識 | 늘 상, 알 식
[common sense]
사람들이 늘[常] 알고 있어야 할 지식(知識). 일반적 견문, 이해력, 판단력, 사리 분별 따위. ¶상식에 어긋나다 / 상식이 부족하다. ⑪보통지식(普通知識).

상실 喪失 | 죽을 상, 잃을 실 [loss]
❶ 속뜻 죽거나[喪] 잃어버림[失]. ❷어떤 것이 아주 없어지거나 사라짐. ¶기억 상실 / 의욕 상실.

▶ 상실-감 喪失感 | 느낄 감
무엇인가가 없어진[喪失] 후의 느낌[感]이나 감정 상태. ¶상실감에 빠지다 / 상실감을 맛보다.

상심 傷心 | 상할 상, 마음 심
[grieve; sorrow]
슬픔이나 걱정 따위로 마음[心]이 상(傷)함. 마음을 아프게 함. ¶그는 아내를 잃고 상심에 빠졌다.

상아 象牙 | 코끼리 상, 어금니 아
[elephant tusk]
코끼리[象]의 어금니[牙]. 위턱에 나서 입 밖으로 뿔처럼 길게 뻗어 있다. 맑고 연한 노란색이며 단단해서 갈면 갈수록 윤이 난다. 악기, 도장 따위의 공예품을 만드는 데 쓴다.

▶ 상아-탑 象牙塔 | 탑 탑

❶ 속뜻 상아(象牙)로 만든 탑(塔). ❷속세를 떠나 오로지 학문이나 예술에만 잠기는 경지. ❸'대학(大學)'을 비유적으로 이르는 말. ¶학문의 상아탑.

***상업 商業** | 장사 상, 일 업
[commerce; trade; business]
장사[商]를 통하여 이익을 얻는 일[業].

상여¹ 喪輿 | 죽을 상, 수레 여 [(funeral) bier]
사람의 시체[喪]를 실어서 묘지까지 나르는 수레[輿] 따위의 도구. ¶상여를 메고 가다.

상여² 賞與 | 상줄 상, 줄 여 [reward]
❶ 속뜻 상(賞)으로 돈이나 물건 따위를 줌[與]. ❷관청이나 회사에서 직원에게 정기 급여와 별도로 업적이나 공헌도에 따라 돈을 줌. 또는 그 돈.
▶ 상여-금 賞與金 | 돈 금
상여(賞與)로 주는 돈[金]. ¶연말 상여금 / 상여금을 지급하다. ㉺보너스(bonus).

상:연 上演 | 위 상, 펼칠 연
[present; perform]
연극이나 공연(公演)을 무대에 올림[上]. ¶내일부터 '리어왕'을 상연한다.

상:영 上映 | 위 상, 비칠 영
[screen; show]
❶ 속뜻 스크린 위[上]로 필름의 빛을 비춤[映]. ❷극장 따위에 영화를 영사(映寫)하여 공개함. ¶지금 어떤 영화를 상영하나요?
▶ 상:영-중 上映中 | 가운데 중
영화를 보여주는[上映] 동안[中]. ¶상영 중에는 조용히 하세요.

상:오 上午 | 위 상, 낮 오 [forenoon]
❶ 속뜻 하루를 상하 둘로 나누었을 때 앞[上]에 해당되는 낮[午]. ❷밤 0시부터 낮 12시까지의 동안. ¶사건이 발생한 것은 상오 10시경이었다. ㉺하오(下午).

상용 常用 | 늘 상, 쓸 용
[common use; daily use]
일상적(日常的)으로 씀[用]. ¶상용 어휘.

상:원 上院 | 위 상, 집 원
[Upper House; House of Lords]
정치 상하로 구분한 양원(兩院)제도에서 상급(上級) 의원(議院). 영국의 상원처럼 특권 계급의 대표자로 구성되는 것과 미국의 상원처럼 각 주의 대표로 구성되는 것 따위. ㉺상의원(上議院).

상원사동종 上院寺銅鐘 | 위 상, 집 원, 절 사, 구리 동, 쇠북 종
고적 강원도 평창군 상원사(上院寺)에 있는, 통일 신라 시대의 구리[銅]로 만든 종[鐘]. 성덕왕 24년(725)에 제작된 것으로, 현존하는 우리나라 범종 가운데 최고(最古)의 것이며 그 소리가 웅장하고도 아름답다. 국보 제36호이다.

상:위 上位 | 위 상, 자리 위
[high position; higher rank]
높은[上] 지위(地位)나 위치(位置), 등급. ㉺하위(下位).
▶ 상:위-권 上位圈 | 우리 권
높은 위치나 지위[上位]에 속하는 범위[圈]. ¶성적이 상위권에 속한다. ㉺하위권.

상응 相應 | 서로 상, 응할 응
[correspond; be appropriate]
서로[相] 응(應)하거나 어울림. ¶그는 자신과 상응하는 역할을 맡았다.

상:의¹ 上衣 | 위 상, 옷 의
[coat; jacket]
위[上]에 입는 옷[衣]. ¶상의를 입다. ㉺하의(下衣).

상:의² 相議 | 서로 상, 의논할 의
[consult with; take counsel with]
어떤 일을 서로[相] 의논(議論)함. ¶나는 부모님과 오랜 상의 끝에 진로를 결정했다. ㉺상담(相談).

상이 傷痍 | 다칠 상, 상처 이
[wound; injury]
다쳐서[傷] 상처[痍]를 입음. 부상을 당함. ¶상이군인.

***상인 商人** | 장사 상, 사람 인 [merchant;

trader]
장사[商]를 업으로 하는 사람[人]. ¶베니스의 상인. ⓔ장수.

상임 常任 | 늘 상, 맡길 임 [permanent]
일정한 일을 늘[常] 계속하여 맡음[任].

▶ 상임 위원회 常任委員會 | 맡길 위, 사람 원, 모일 회
[법률] 국회에서 각 전문분야로 나누어 조직한 상설[常任] 위원회(委員會). 그 부문에 속한 안건을 입안하거나 심사한다.

▶ 상임 이사국 常任理事國 | 다스릴 리, 일 사, 나라 국
[정치] 국제적인 모임에서 이사(理事)의 역할을 늘[常] 맡고 있는[任] 나라[國].

***상자 箱子** | 상자 상, 접미사 자
[box; case]
물건을 넣어 두기 위하여 나무, 대나무, 두꺼운 종이 같은 것으로 만든 네모난 그릇[箱]. ¶물건을 상자에 담아 운반하다.

상잔 相殘 | 서로 상, 해칠 잔
[struggle with each other]
서로[相] 다투고 해침[殘]. ¶민족 상잔의 비극을 막아야 한다.

상장 賞狀 | 상줄 상, 문서 장
[diploma of merit; testimonial]
상(賞)을 수여할 때 주는 증서[狀]. ¶모범생에게 상장을 수여하다.

상:전 上典 | 위 상, 벼슬 전
[one's lord and master; employer]
❶ [속뜻] 상급(上級)의 벼슬[典]. ❷예전에 종에 상대하여 그 주인을 이르던 말. ⓔ종.

상점 商店 | 장사 상, 가게 점
[store; shop]
일정한 시설을 갖추고 물건을 파는[商] 가게[店]. ¶거리에는 상점들이 늘어서 있다. ⓔ가게.

상:정 上程 | 위 상, 과정 정
[bring up (a bill) for discussion]
❶ [속뜻] 바로 위[上] 단계의 과정(過程). ❷토의할 안건을 회의에 올림. ¶법안을 본회의에 상정하다.

상:제¹ 上帝 | 위 상, 임금 제 [God]
❶ [속뜻] 하늘 위[上]에 있는 임금[帝]. ❷ [종교] 하느님.

상제² 喪制 | 죽을 상, 정할 제 [mourning practice]
❶ [속뜻] 상례(喪禮)에 관한 제도(制度). ❷부모나 조부모가 세상을 떠나서 거상(居喪) 중에 있는 사람. ¶상제들이 통곡을 하였다.

상종 相從 | 서로 상, 따를 종
[associate with]
서로[相] 따르며[從] 의좋게 지냄. ¶상종하지 못할 인간 같으니라고!

상주 喪主 | 죽을 상, 주인 주
[chief mourner]
상제(喪制)에서 주(主)가 되는 사람. 대개 장자(長子)가 된다. ⓔ맏상제.

상:중하 上中下 | 위 상, 가운데 중, 아래 하 [top, middle, and bottom; good, fair, and poor]
위[上]와 가운데[中]와 아래[下]. 또는 그런 세 등급.

***상징 象徵** | 모양 상, 밝힐 징 [symbol]
추상적인 사물이나 개념을 구체적인 사물 모양[象]으로 밝혀[徵] 나타냄. 또는 그렇게 나타낸 표지(標識). ¶비둘기는 평화의 상징이다.

상:책 上策 | 위 상, 꾀 책
[best plan; best policy]
가장 좋은[上] 대책(對策)이나 방법. ¶이럴 때는 도망치는 것이 상책이다. ⓔ하책(下策).

***상처 傷處** | 다칠 상, 곳 처
[wound; injury]
다친[傷] 곳[處]. ¶상처에 약을 바르다.

상:체 上體 | 위 상, 몸 체
[upper part of the body]
몸[體]의 윗부분[上]. ¶상체를 일으키다. ⓔ하체(下體).

상:층 上層 | 위 상, 층 층

[upper classes; upper layer]
위[上] 층(層). ⑲ 하층(下層).

***상:쾌 爽快** | 시원할 상, 기쁠 쾌
[refreshing; exhilarating]
느낌이 산뜻하고[爽] 마음이 기쁨[快]. ¶양치를 하면 입안이 매우 상쾌하다.

***상태 狀態** | 형상 상, 모양 태
[condition; situation]
❶속뜻 실제의 형상(形狀)이나 모양[態]. ❷사물·현상이 놓여 있는 모양이나 형편. ¶기상 상태 / 혼수 상태.

상통 相通 | 서로 상, 통할 통
[understand each other; communicate with]
❶속뜻 서로[相] 마음과 뜻이 통(通)함. ¶나는 언니와 상통하는 부분이 매우 많다. ❷서로 어떠한 일에 공통되는 부분이 있음. ¶감정을 표현한다는 점에서 음악과 무용은 상통한다.

상투² 常套 | 늘 상, 버릇 투
[conventionality]
늘[常] 써서 버릇[套]이 되다시피 한 것.

▶ 상투-적 常套的 | 것 적
항상[常] 하는 버릇[套]처럼 된 것[的]. ¶상투적인 변명.

상:편 上篇 | 위 상, 책 편 [first volume]
두 편이나 세 편으로 된 책의 첫째[上] 책[篇].

상평 常平 | 늘 상, 평평할 평
역사 변방 지방에 창고를 지어 놓고 실시하던 미곡 정책. 미곡이 흔하면 비싼 값으로 사들이고 미곡이 귀하면 싼값에 팔아서 그 시세가 늘[常] 일정하도록[平] 조절하였다.

▶ 상평-창 常平倉 | 곳집 창
역사 고려·조선 때, 물가가 내릴 때 생활필수품을 사들였다가 값이 오를 때 내어 물가를 늘[常] 고르게[平] 유지시키던 기능의 기관[倉].

▶ 상평-통보 常平通寶 | 통할 통, 보배 보
역사 조선 시대에 쓰던 엽전의 이름. 인조 11년(1633)부터 조선 후기까지 주조하여 사용하였다. 시세나 물가가 늘[常] 일정하도록[平] 하는 데 쓰이는 통화[通寶]라는 뜻으로 추정된다.

상표 商標 | 장사 상, 나타낼 표
[trademark; brand]
경제 사업자가 자기 상품(商品)에 붙인 표시(標示). 경쟁 업체의 것과 구별하기 위하여 사용하는 기호, 문자, 도형 따위로 일정하게 표시한다.

상품¹ 賞品 | 상줄 상, 물건 품 [prize]
상(賞)으로 주는 물품(物品). ¶상품으로 컴퓨터를 받았다.

***상품² 商品** | 장사 상, 물건 품 [product]
사고파는[商] 물품(物品). ¶시장에는 온갖 상품이 다 있다.

▶ 상품-권 商品券 | 문서 권
경제 액면 가격에 상당하는 상품(商品)과 교환할 수 있는 표[券]. 백화점이나 기타 상점이 발행하는 무기명(無記名) 유가 증권(有價證券)의 하나이다. ¶문화 상품권.

▶ 상품-명 商品名 | 이름 명
사고파는 물품[商品]의 이름[名]. ¶겉에 상품명이 적혀 있다.

▶ 상품-성 商品性 | 성질 성
상품(商品)으로서의 가치가 있는 성질(性質). ¶상품성이 높다.

▶ 상품-화 商品化 | 될 화
어떤 물건이 상품(商品)이 되거나[化] 상품으로 되게 만듦.

▶ 상품 작물 商品作物 | 지을 작, 만물 물
농업 시장에 내다 팔기 위한 상품(商品)으로 재배하는 농작물(農作物). ¶조선 후기에 상품작물을 재배하는 것이 크게 증가했다.

상:하 上下 | 위 상, 아래 하
[top and bottom]
위[上]와 아래[下]. ¶시험관을 상하로 10분간 흔들어주십시오.

상:-하수도 上下水道 | 위 상, 아래 하, 물 수, 길 도

상수도(上水道)와 하수도(下水道). ¶장마가 오기 전에 상하수도를 정비했다.

상해 傷害 | 다칠 상, 해칠 해
[injury; bodily harm]
몸을 다치거나[傷] 해(害)를 입힘. ¶그는 자동차 사고로 전치 4주의 상해를 입었다.

상:향 上向 | 위 상, 향할 향
[upward tendency]
❶[속뜻] 위[上] 쪽을 향(向)함. 또는 그 쪽. ¶상향 곡선. ❷수치나 한도, 기준 따위를 더 높게 잡음. ¶목표를 상향 조정하다. [반] 하향(下向).

상:현 上弦 | 위 상, 시위 현
[first quarter of the moon]
[천문] 매달 음력 7~8일경인 상순(上旬)에 나타나는 활시위[弦] 모양의 초승달. 둥근 쪽이 오른쪽 아래로 향한다. [반] 하현(下弦).

상형 象形 | 본뜰 상, 모양 형
❶[속뜻] 어떤 물건의 모양[形]을 본뜸[象]. ❷[언어] 한자 육서(六書)의 하나. 해당 낱말(형태소)이 가리키는 물체의 모양을 본떠서 글자를 만드는 방법이다. 해를 본떠서 '日' 자를 만드는 따위. 명사에 해당되는 것이 많다. ❸[언어] 상형 문자.

▸상형 문자 象形文字 | 글자 문, 글자 자
[언어] ❶해당 낱말이 가리키는 물체의 모양을 본떠[象形] 만든 그림 문자(文字). 한자, 수메르 문자, 이집트 문자 따위를 통틀어 이른다. ❷한자의 육서(六書) 가운데 하나로 물건의 형상을 본떠서 만든 글자. 해를 본뜬 '日', 달을 본뜬 '月', 산을 본뜬 '山' 따위.

상호[1] 相互 | 서로 상, 서로 호
[reciprocity; mutuality]
서로[相] 함께[互]. 상대가 되는 이쪽과 저쪽 모두. ¶상호 관심사.

상호[2] 商號 | 장사 상, 이름 호
[firm name]
[법률] 상인(商人)이 영업 목적으로 자기를 표시하는 이름[號].

상황 狀況 | 형상 상, 형편 황
[conditions; situation]
어떤 일의 그때의 모습[狀]이나 형편[況]. ¶상황을 판단하다 / 상황이 나빠지다.

▸상황-판 狀況板 | 널빤지 판
일이 되어 가는 형편이나 상황(狀況)을 나타내는 설명판(說明板). ¶교통 상황판.

상회 商會 | 장사 상, 모일 회
[commercial firm; trading company]
❶[속뜻] 몇 사람이 함께 장사를 하는 상업(商業)상의 모임[會]. ❷[경제] 기업이나 상점, 상사에 덧붙여 쓰는 말. ¶전기 상회.

상흔 傷痕 | 다칠 상, 흉터 흔 [scar]
다친[傷] 자리에 남은 흔적(痕跡). ¶전쟁의 상흔이 남아 있다.

새옹지마 塞翁之馬 | 변방 새, 늙은이 옹, 어조사 지, 말 마
❶[속뜻] 변방[塞]에 사는 늙은이[翁]의 말[馬]. ❷인생의 길흉화복은 변화가 많아서 예측하기가 어렵다는 말.

색 色 | 빛 색 [color]
빛을 흡수하고 반사하는 결과로 나타나는 사물의 밝고 어두움이나 빨강, 파랑, 노랑 따위의 물리적 현상. 또는 그것을 나타내는 물감 따위의 안료. ¶어두운 색 / 색이 곱다. [비] 빛깔, 색깔.

색맹 色盲 | 빛 색, 눈멀 맹
[color blindness]
[의학] 빛깔[色]을 가려내지 못함[盲]. 또는 그러한 증상이 있는 사람. ¶색맹은 운전을 하기 어렵다.

색상 色相 | 빛 색, 모양 상 [color tone]
빛깔[色]의 모양[相]. ¶나는 밝은 색상의 옷을 좋아한다.

▸색상-지 色相紙 | 종이 지
하나의 색깔[色相]이 있는 큰 종이[紙]. ¶색상지를 벽에 붙였다.

▸색상-표 色相表 | 겉 표
여러 빛깔[色相]을 모아 놓은 표(表). ¶색상표를 참고해 천을 고르다.

▶ **색상-환** 色相環 | 고리 환
　미술 색상(色相)을 스펙트럼 순서로 둥그렇게 배열한 고리[環] 모양의 도표.

색색 色色 | 빛 색, 빛 색
　[in various colors]
　여러 가지 색깔[色+色]. ¶색색의 꽃이 피었다.

색소 色素 | 빛 색, 바탕 소
　[coloring matter]
　물체의 색깔[色]이 나타나도록 해 주는 바탕[素]이나 성분. ¶식용 색소.

색-안:경 色眼鏡 | 빛 색, 눈 안, 거울 경
　[colored glasses]
　❶속뜻 색깔[色]이 있는 렌즈를 끼운 안경(眼鏡). ❷'주관이나 선입견에 얽매여 좋지 않게 보는 태도'를 비유하여 이르는 말. ¶색안경을 끼고 보다. ⓗ 선글라스, 편견(偏見).

색-연필 色鉛筆 | 빛 색, 납 연, 붓 필
　[colored pencil]
　연필의 심을 납(蠟), 찰흙, 백악(白堊) 따위의 광물질 물감을 섞어서 여러 가지 색깔[色]이 나게 만든 연필(鉛筆). ¶색연필로 그림을 그렸다.

색-유리 色琉璃 | 빛 색, 유리 류, 유리 리
　[colored glass]
　투명한 유리에 염료를 넣어 색깔[色]을 입힌 유리(琉璃). '착색유리'(着色琉璃)의 준말. ¶색유리로 창을 장식했다.

색인 索引 | 찾을 색, 끌 인 [index]
　❶속뜻 어떤 것을 뒤져 찾아내거나[索] 필요한 정보를 이끌어냄[引]. ❷책 속의 내용 중에서 중요한 단어나 항목, 인명 따위를 쉽게 찾아볼 수 있도록 일정한 순서에 따라 별도로 배열하여 놓은 목록. ⓗ 찾아보기.

색조 色調 | 빛 색, 고를 조 [color tone]
　❶속뜻 빛깔[色]의 조화(調和). ❷미술 색깔이 강하거나 약한 정도나 상태. 또는 짙거나 옅은 정도나 상태. ¶선명한 색조.

색지 色紙 | 빛 색, 종이 지
　[colored paper]
　여러 가지 색깔[色]로 물들인 종이[紙]. ¶색지를 오려 붙였다.

＊색채 色彩 | 빛 색, 빛깔 채 [color; tint]
　❶속뜻 여러 빛깔[色=彩]. ¶이 그림은 색채가 조화를 이루고 있다. ❷말, 글 따위의 표현에 나타나는 일정한 경향이나 성질. ¶불교적인 색채 / 보수적 색채. ⓗ 빛깔.

색출 索出 | 찾을 색, 날 출 [search out]
　샅샅이 뒤져서 찾아[索] 냄[出]. ¶범인을 색출하다.

색칠 色漆 | 빛 색, 칠할 칠
　[color; paint]
　빛깔[色]이 나게 칠(漆)을 함. 또는 그 칠. ¶방문을 노랗게 색칠하다. ⓗ 도색(塗色).

생 生 | 살 생 [living; life; existence]
　사는[生] 일. 또는 살아 있음. ¶생을 행복하게 사는 방법. ⓗ 삶. ⓗ 사(死).

생가 生家 | 날 생, 집 가
　[house of one's birth]
　어떤 사람이 태어난[生] 집[家]. ¶여기가 이순신 장군의 생가이다.

생각 生角 | 살 생, 뿔 각
　❶속뜻 처음 돋아난[生] 짐승의 뿔[角]. ❷저절로 빠지기 전에 잘라 낸 사슴의 뿔.

생강 生薑 | 날 생, 생강 강
　[ginger plant]
　식물 생강과(生薑科)의 여러해살이풀. 뿌리줄기는 향신료, 건위제로 쓴다.

생계 生計 | 살 생, 꾀 계
　[livelihood; living]
　살림을 살아 나갈[生] 방도[計]. 또는 현재 살림을 살아가고 있는 형편. ¶생계가 막막하다.

▶ **생계-비** 生計費 | 쓸 비
　경제 생계(生計)에 드는 비용(費用). ¶독거노인의 생계비를 지원하다.

생기 生氣 | 날 생, 기운 기
　[(vivid) life; vitality; spirit]
　싱싱하고[生] 힘찬 기운(氣運). ¶생기 있는 표정. ⓗ 활기(活氣).

▶생기-발랄 生氣潑剌 | 뿌릴 발, 어지러울 랄
생기(生氣)가 있고 발랄(潑剌)하다. ¶생기발랄한 모습.

생년 生年 | 날 생, 해 년
[year of one's birth]
태어난[生] 해[年].

▶생년월일 生年月日 | 달 월, 날 일
태어난[生] 해[年]와 달[月]과 날[日]. ¶주민등록번호는 생년월일을 포함한다.

생도 生徒 | 사람 생, 무리 도
[pupil; cadet]
교육 군(軍)의 교육기관, 특히 사관학교의 학생(學生)들[徒].

생동 生動 | 날 생, 움직일 동
[be full of life]
생기(生氣) 있게 살아 움직임[動]. ¶봄은 만물이 생동하는 계절이다.

▶생동-감 生動感 | 느낄 감
살아[生] 움직이는[動] 듯한 느낌[感]. 생동감 넘치는 그림.

생략 省略 | 덜 생, 줄일 략
[omit; abbreviate]
전체에서 일부를 덜거나[省] 줄임[略]. ¶시간 관계상 설명은 생략하겠습니다.

*생리 生理 | 날 생, 이치 리 [physiology]
❶속뜻 생물체(生物體)의 생물학적 기능과 작용. 또는 그 원리(原理). ❷생활하는 습성이나 본능. ❸의학 성숙한 여성의 자궁에서 주기적으로 출혈하는 생리 현상. 보통 12∼17세에 시작하여 50세 전후까지 계속된다. 비 월경(月經).

▶생리-대 生理帶 | 띠 대
월경[生理]을 할 때 분비되는 피를 흡수하여 밖으로 새지 않게 만든 띠[帶] 모양의 것.

▶생리-적 生理的 | 것 적
생리(生理)와 관계되는 것[的]. ¶생리적 욕구.

생매 生埋 | 날 생, 묻을 매 [bury alive]
목숨이 붙어 있는 생물을 산[生] 채로 땅속에 묻음[埋]. '생매장'(生埋葬)의 준말.

생-매장 生埋葬 | 날 생, 묻을 매, 장사지낼 장 [bury alive]
❶속뜻 사람을 산[生] 채로 땅속에 묻어[埋] 장사지냄[葬]. ❷'아무런 잘못이 없는 사람에게 억지로 허물을 씌워 일정한 사회 집단에서 몰아내는 것'을 비유하여 이르는 말. 준 생매.

생-맥주 生麥酒 | 날 생, 보리 맥, 술 주
[draft beer]
열처리를 하지 않은 양조한 그대로의[生] 맥주(麥酒).

생면 生面 | 날 생, 낯 면 [stranger]
낯익지 않은[生] 얼굴(面). 반 숙면(熟面).

▶생면부지 生面不知 | 아닐 부, 알 지
서로 한 번도 만난 적이 없어서[生面] 전혀 알지 못하는[不知] 사람. 또는 그런 관계. ¶그는 생면부지인 나를 잘 대해주었다. 비 일면부지(一面不知).

생명 生命 | 살 생, 목숨 명 [life]
❶속뜻 살아가는[生] 데 꼭 필요한 목숨[命]. ¶생명의 은인 / 생명이 위태롭다. ❷사물이 존재할 수 있는 가장 중요한 요건을 비유하여 이르는 말. ¶가수는 목소리가 생명이다.

▶생명-력 生命力 | 힘 력
생물체가 생명(生命)을 유지하여 나가는 힘[力]. ¶그 꽃은 생명력이 강하다.

▶생명-체 生命體 | 몸 체
생명(生命)이 있는 물체(物體).

생모 生母 | 날 생, 어머니 모
[one's real mother]
자기를 낳은[生] 어머니[母]. 비 친어머니, 친모(親母).

*생물 生物 | 살 생, 만물 물
[living thing; creature]
생명(生命)을 가지고 스스로 생활 현상을 유지하여 나가는 물체(物體). 영양·운동·생장·증식을 하며, 동물·식물·미생물로 나뉜다. ¶숲속의 생물을 관찰하다.

▶생물-체 生物體 | 몸 체

생명을 가지고 스스로 생활 현상을 유지하여 나가는 생물(生物)로서의 조직체(組織體). ⓑ 유기체(有機體).

▶ 생물-학 生物學 | 배울 학
생물 생물(生物)의 구조와 기능을 과학적으로 연구하는 학문(學問).

생-방:송 生放送 | 날 생, 놓을 방, 보낼 송 [broadcast live]
언론 미리 녹음하거나 녹화한 것을 재생하지 않고 [生] 프로그램의 제작과 방송이 동시에 이루어지는 방송(放送). ¶생방송으로 경기를 중계하다. ⓔ 생방.

생부 生父 | 날 생, 아버지 부 [one's real father]
자신을 낳아[生] 준 아버지[父]. ⓑ 친아버지, 친부(親父).

생사 生死 | 날 생, 죽을 사 [life and death]
나고[生] 죽음[死]. ¶생사의 갈림길.

**생산 生産 | 날 생, 낳을 산 [produce; make]
❶속뜻 아이나 새끼를 낳음[生=産]. ❷인간이 생활하는 데 필요한 각종 물건을 만들어 냄. ¶그 제품의 생산이 중단되었다. ⓑ 소비(消費).

▶ 생산-량 生産量 | 분량 량
경제 일정한 기간 동안 생산(生産)된 수량(數量). ¶생산량이 급증하여 가격이 떨어졌다. ⓑ 소비량(消費量).

▶ 생산-물 生産物 | 만물 물
경제 생산(生産)되는 물품(物品). ⓑ 생산품(生産品). ⓑ 소비물(消費物).

▶ 생산-비 生産費 | 쓸 비
경제 물질적 재화를 생산(生産)하는 데 드는, 원료비·노력비·고정 자산비·간접 경비 따위의 비용(費用)을 통틀어 이르는 말. ¶생산비가 늘어나 가격도 함께 올랐다.

▶ 생산-성 生産性 | 성질 성
❶속뜻 생산(生産) 능력을 가지는 정도나 성질(性質). ❷경제 일정한 생산 요소를 투입해 만들어 낸 생산물 산출량의 비율. ¶기계를 이용해 생산성을 높이다.

▶ 생산-액 生産額 | 액수 액
경제 일정한 기간 동안 만든[生産] 재화의 액수(額數).

▶ 생산-자 生産者 | 사람 자
재화의 생산(生産)에 종사하는 사람[者]. ⓑ 소비자(消費者).

▶ 생산-적 生産的 | 것 적
생산(生産)과 관계있거나 생산성이 많은 것[的]. ⓑ 비생산적(非生産的).

▶ 생산-지 生産地 | 땅 지
어떤 물품을 만들어 내는[生産] 곳[地]. 또는 그 물품이 저절로 생겨나는 곳.

▶ 생산-품 生産品 | 물건 품
경제 생산(生産)한 물품(物品).

생색 生色 | 날 생, 빛 색 [take credit to oneself; do oneself proud]
❶속뜻 얼굴빛[色]을 드러냄[生]. ❷다른 사람 앞에 당당히 나서거나 자랑할 수 있는 체면. ¶별것도 아닌 일에 생색을 내다.

*생선 生鮮 | 살 생, 싱싱할 선 [fish]
❶속뜻 살아있는[生] 듯 싱싱한[鮮] 물고기. ❷말리거나 절이지 않고 물에서 잡아낸 그대로의 물고기. ¶생선을 구워먹었다.

▶ 생선-회 生鮮膾 | 회 회
싱싱한 생선(生鮮)살을 얇게 저며서[膾] 간장이나 초고추장에 찍어 먹는 음식. ¶바닷가 사람들은 생선회를 즐겨 먹는다. ⓑ 어회(魚膾).

생성 生成 | 날 생, 이룰 성 [create; form; generate]
❶속뜻 사물이 생겨[生] 만들어짐[成]. ❷이전에 없었던 어떤 사물이나 성질의 새로운 출현. ¶우주의 생성과 소멸. ⓑ 소멸(消滅).

생소 生疏 | 날 생, 드물 소 [unfamiliar; unpracticed]
❶속뜻 얼굴 따위가 낯설고[生] 관계 따위가 드문드문함[疏]. ❷친숙하지 못하고

낯설다. ¶생소한 일이라 실수를 많이 했다.

생수 生水 | 날 생, 물 수 [natural water]
끓이거나 소독하지 않은 그대로[生]의 물[水].

생시 生時 | 날 생, 때 시 [time of one's birth; one's waking hours]
❶속뜻 태어난[生] 시간(時間). ❷자지 않고 깨어 있을 때. ¶이게 꿈이냐, 생시냐! ❸살아 있는 동안.

생식¹ 生食 | 날 생, 먹을 식
[eat uncooked food]
익히지 않고 날[生]로 먹음[食]. 또는 그런 음식. ㉙화식(火食).

생식² 生殖 | 날 생, 불릴 식
[reproduce; generate; procreate]
❶속뜻 새끼를 낳아서[生] 수가 불어남[殖]. ❷생물 생물이 자기와 닮은 개체를 만들어 종족을 유지함. 또는 그런 현상.

▶생식-기 生殖器 | 그릇 기
생물 생물의 유성 생식(生殖)을 하는 기관(器官). 동물에서는 정소(精巢), 고환(睾丸), 음경(陰莖), 난소(卵巢), 자궁(子宮), 질(膣) 따위, 식물에서는 암술·수술 따위. '생식 기관'의 준말. ㉙성기(性器).

▶생식 기관 生殖器官 | 그릇 기, 벼슬 관
생물 생물의 생식(生殖)에 관여하는 기관(器官). 동물에는 1차적인 기관으로 전립선, 수정관, 음경, 질 등이 있다. 식물에는 유성 생식에서 암술, 수술 따위가 있으며 무성생식에는 포자낭이 있다. ㉲생식기.

생신 生辰 | 날 생, 날 신 [birthday]
태어난[生] 날[辰]. 손윗사람의 생일(生日)을 높여 이르는 말이다. ¶오늘은 할아버지 생신이다.

생애 生涯 | 살 생, 끝 애 [life; lifetime]
삶[生]이 끝날[涯] 때까지의 기간. 살아 있는 한평생의 기간. ¶그를 만난 것은 내 생애 최고의 행운이다. ㉙일생(一生), 평생(平生).

생업 生業 | 살 생, 일 업

[occupation; profession]
살아가기[生] 위하여 하는 일[業]. ¶어업을 생업으로 삼다.

생원 生員 | 사람 생, 인원 원
❶속뜻 학생(學生) 신분의 인원(人員). ❷역사 조선 시대에 과거 시험의 생원과(生員科)에 합격한 사람. ❸예전에 나이 많은 선비를 대접하여 이르던 말. ¶허생원이 이웃에 살고 있다. ㉙상사(上舍).

생육 生育 | 날 생, 기를 육
[bring up; growth and development]
❶속뜻 낳아서[生] 기름[育]. ❷생물이 나서 자람. ¶작물의 생육 기간. ㉙장육(長育), 생장(生長).

생-육신 生六臣 | 살 생, 여섯 륙, 신하 신
❶속뜻 살아[生] 있는 여섯[六] 명의 신하(臣下). ❷역사 조선 시대에 세조가 단종으로부터 왕위를 빼앗자 벼슬을 버리고 절개를 지킨 여섯 신하. 이맹전(李孟專), 조려(趙旅), 원호(元昊), 김시습(金時習), 성담수(成聃壽), 남효온(南孝溫)을 이른다. ㉙사육신(死六臣).

생-이:별 生離別 | 살 생, 떨어질 리, 나눌 별 [part for life]
살아[生] 있는 혈육이나 부부간에 어쩔 수 없는 사정으로 헤어짐[離別]. ¶그 부부는 전쟁으로 인해 생이별을 했다.

*생일 生日 | 날 생, 날 일
[birthday; natal day]
세상에 태어난[生] 날[日]. 또는 태어난 날을 기리는 해마다의 그날. ㉙생신(生辰).

▶생일-상 生日床 | 평상 상
생일(生日)잔치를 하기 위하여 음식을 차려 놓은 상(床). ¶생일상을 차리다.

생장 生長 | 날 생, 길 장 [growth]
나서[生] 자람[長]. ¶생장 과정 / 생장 기간.

생전 生前 | 날 생, 앞 전
[one's life(time)]
태어난[生] 이후부터 죽기 이전(以前). 살

아 있는 동안. ¶이렇게 큰 물고기는 생전 처음 본다. ⓑ 사후(死後).

생존 生存 | 살 생, 있을 존
[exist; live; survive]
살아서[生] 존재(存在)함. 또는 살아남음. ¶실종자들의 생존 가능성이 희박하다 / 나는 가족이 생존해 있기만을 바란다.

▶ **생존-권 生存權** | 권리 권
법률 각 개인이 완전한 사람으로서 생존(生存)하는 데에 필요한 모든 것을 국가에 요구할 수 있는 인간의 기본 권리(權利).

▶ **생존-자 生存者** | 사람 자
살아남은[生存] 사람[者]. 또는 살아 있는 사람. ¶생존자가 있는지 확인해 보다.

▶ **생존 경:쟁 生存競爭** | 겨룰 경, 다툴 쟁
❶속뜻 살아남기[生存] 위한 경쟁(競爭). ❷생물 생물이 먹이 섭취 또는 서식 장소 등에서 보다 좋은 조건을 얻기 위해서 하는 다툼.

생-중계 生中繼 | 날 생, 가운데 중, 이을 계 [transmit live]
일이 벌어지고 있는[生] 현장에서 그것을 전달하기 위해 가운데서[中] 이어주는[繼] 방식의 방송. ¶축구 경기를 생중계로 방영하다.

생-지옥 生地獄 | 날 생, 땅 지, 감옥 옥 [hell on earth]
살아[生] 있으면서도 마치 지옥(地獄)에 떨어진 것 같은 심한 고통. ¶그곳에서 사는 것은 생지옥이었다.

생채 生菜 | 날 생, 나물 채
[salad; uncooked vegetables]
❶속뜻 익히지 않고 날로[生] 무친 나물[菜]. ❷마르지 않은 산나물. ⓑ 숙채(熟菜).

생체 生體 | 살 생, 몸 체
[living body; organism]
생물(生物)의 몸[體]. 또는 살아 있는 몸. ¶생체 실험.

생태¹ 生太 | 살 생, 클 태 [pollack]
살아있는[生] 명태(明太).

*__생태² 生態__ | 살 생, 모양 태
[mode of life; ecology]
생물이 살아가는[生] 모양이나 상태(狀態). ¶식물의 생태를 연구하다.

▶ **생태-계 生態系** | 이어 맬 계
생물 어떤 지역의 생물 공동체와 이것을 유지하고 있는 무기적 환경이 이루는 생태(生態) 체계(體系). ¶생태계를 보존하다.

생포 生捕 | 살 생, 잡을 포
[catch alive; capture]
산채로[生] 잡음[捕]. ¶적을 생포하다. ⓑ 생획(生獲).

생필-품 生必品 | 살 생, 반드시 필, 물건 품 [necessaries of life; daily necessaries]
일상생활(生活)에서 꼭 필요(必要)한 물품(物品). '생활필수품'(生活必需品)의 준말. ¶유가 급등으로 생필품 가격이 크게 올랐다.

생화 生花 | 살 생, 꽃 화
[natural flower]
진짜 살아 있는[生] 꽃[花]. ⓑ 조화(造花).

*__생활 生活__ | 살 생, 살 활
[live; exist; make a living]
❶속뜻 살며[生] 활동(活動)함. ¶그와 나는 생활 방식이 다르다 / 그들은 농촌에서 생활한다. ❷생계나 살림을 꾸려 나감. ¶생활이 매우 어렵다 / 그 월급으로는 다섯 식구가 생활하기 힘들다. ❸조직체에서 그 구성원으로 활동함. ¶학교생활 / 그는 의사로 생활하면서 보람을 느낄 때가 많다. ❹어떤 행위를 하며 살아감. 또는 그런 상태. ¶취미 생활 / 그녀는 고아원에서 봉사자로 생활한다.

▶ **생활-고 生活苦** | 괴로울 고
경제적인 곤란으로 겪는 생활(生活)상의 고통(苦痛). ¶극심한 생활고에 시달리다. ⓑ 생활난(生活難).

▶ **생활-권 生活圈** | 우리 권

행정 구역과는 관계없이 통학이나 통근, 쇼핑, 오락 따위의 일상생활(生活)에 필요한 활동 범위[圈]. ¶교통의 발달로 생활권이 넓어졌다.

▶ **생활-력 生活力** | 힘 력
사회생활(生活)을 유지하는데 필요한 능력(能力). 특히 경제적인 능력을 이른다. ¶어머니는 생활력이 강하다.

▶ **생활-문 生活文** | 글월 문
일상적인 생활(生活)에서 일어나는 일을 적은 글[文].

▶ **생활-비 生活費** | 쓸 비
[경제] ❶생활(生活)하면서 드는 비용(費用). ❷생계비(生計費).

▶ **생활-사 生活史** | 역사 사
[생물] 생물이나 생체가 태어나서 죽기 전까지 생활(生活)이 계속되는 일련의 변화 역사(歷史).

▶ **생활-상 生活相** | 모양 상
생활(生活)해 나가는 모습[相]. ¶고려 후기의 생활상.

▶ **생활-화 生活化** | 될 화
생활(生活) 습관이 되거나[化] 실생활(實生活)에 옮겨짐. ¶독서를 생활화하다.

▶ **생활-수준 生活水準** | 물 수, 평평할 준
[경제] 소득이나 소비 따위의 많고 적음에 의하여 측정하는 일반적인 생활(生活)의 내용이나 정도 수준(水準). ¶생활수준을 높이다.

▶ **생활 정보 生活情報** | 실상 정, 알릴 보
쇼핑이나 행사 등, 일상생활(生活)에 직접 관련을 갖는 정보(情報).

▶ **생활 지도 生活指導** | 가리킬 지, 이끌 도
[교육] 학생들의 일상 생활(生活)에 있어서 좋은 습관이나 태도를 기르도록 지도(指導)함.

▶ **생활 통지표 生活通知表** | 다닐 통, 알 지, 겉 표
[교육] 학생의 학교 생활(生活)을 관찰한 뒤 가정에 알리기[通知] 위해 보내는 표(表).

▶ **생활-필수품 生活必需品** | 반드시 필, 쓸 일 수, 물건 품
일상 생활(生活)에 반드시 있어야 할[必需] 물품(物品). ⓒ 생필품.

생황 笙簧 | =笙篁, 피리 생, 피리 황
[reed instrument]
[음악] 아악(雅樂)에 쓰는 관악기의 하나[笙=簧]. 주전자 모양의 공명통에는 취구(吹口)가 있으며 그 위로 17개의 가느다란 대나무 관이 돌려 박혀 있다.

생후 生後 | 날 생, 뒤 후
[since one's birth]
태어난[生] 후(後). ¶생후 5개월 된 아기.

서 西 | 서녘 서 [west]
네 방위의 하나. 해가 지는 쪽이다. ⓗ 서쪽. ⓟ 동(東).

서가 書架 | 책 서, 시렁 가 [bookshelf]
문서나 책[書] 따위를 얹어 두거나 꽂아 두도록 만든 선반[架]. ¶서가에 책이 많다. ⓗ 서각(書閣).

서:거 逝去 | 죽을 서, 갈 거
[die; decease; pass away]
죽어[逝] 이 세상을 떠나감[去]. '사거'(死去)의 높임말. ¶대통령이 서거했다.

서경 西經 | 서녘 서, 날실 경
[west longitude]
[지리] 지구의 서반구(西半球)의 경도(經度). 본초 자오선을 0도로 하여 서쪽으로 180도까지의 사이를 이른다. ¶영국은 서경 9도에 위치해 있다. ⓟ 동경(東經).

서고 書庫 | 책 서, 곳집 고 [library]
책[書]을 보관하는 일종의 창고(倉庫). ⓗ 문고(文庫).

서:곡 序曲 | 차례 서, 누래 곡 [prelude]
[음악] 오페라, 오라토리오, 모음곡 따위의 첫머리에 연주되어 도입부[序] 구실을 하는 악곡(樂曲). ¶서곡을 연주하다 / 그것은 전쟁의 시작을 알리는 서곡에 불과했다.

서:광 曙光 | 새벽 서, 빛 광
[first streak of daylight; prospects]
❶ 속뜻 새벽[曙]에 동이 틀 무렵의 빛

[光]. ❷기대하는 일에 대하여 나타난 희망의 징조를 비유하여 이르는 말. ¶평화의 서광이 비치기 시작했다.

서구 西歐 | 서녘 서, 유럽 구
[West(ern) Europe]
지리 유럽[歐羅巴] 대륙의 서(西)쪽에 자리한 지역. '서구라파'(西歐羅巴)의 준말. ¶서구 문명. 비 서유럽.

서기¹ 西紀 | 서녘 서, 연대 기
[year of Christ; dominical year]
예수가 탄생한 해를 원년(元年)으로 삼는 서양(西洋)의 기원(紀元). '서력기원'(西曆紀元)의 준말. ¶올해는 서기 2010년이다. 비 단기(檀紀).

서기² 書記 | 쓸 서, 기록할 기
[clerk; secretary]
❶속뜻 단체나 회의에서 문서(文書)나 기록(記錄) 따위를 맡아보는 사람. ❷법률 일반직 8급 공무원의 직급.

서남 西南 | 서녘 서, 남녘 남 [southwest]
❶속뜻 서(西)쪽과 남(南)쪽을 아울러 이르는 말. ❷서쪽을 기준으로 서쪽과 남쪽 사이의 방위(方位).

**서당 書堂 | 글 서, 집 당
[village schoolhouse]
옛날 글[書]을 가르치던 곳[堂]. 비 글방, 사숙(私塾). 속당 서당 개 삼 년에 풍월을 읊는다.

서-대문 西大門 | 서녘 서, 큰 대, 문 문
고적 서울 도성의 서(西)쪽에 있는 큰 문[大門]. ¶한양의 서대문은 돈의문(敦義門)이다.

서도 書道 | 쓸 서, 방법 도
[penmanship; calligraphy]
글씨 쓰는[書] 방법[道]을 익히는 일. 비 서예(書藝).

서독 西獨 | 서녘 서, 독일 독
[West Germany]
지리 독일(獨逸)의 서부(西部) 지역에 있었던 연방공화국. 1990년에 동독과 통합하여 독일연방공화국을 이루었다.

서동-요 薯童謠 | 참마 서, 아이 동, 노래 요
문학 신라 진평왕 때 서동(薯童)이 지었다는 우리나라 최초의 4구체 향가[謠]. 서동이 진평왕의 딸인 선화 공주(善化公主)를 사모하던 끝에 아내로 맞이하기 위해 이 노래를 지어 아이들로 하여금 부르게 하였다고 한다.

서:두 序頭 | 차례 서, 머리 두
[beginning; start; opening]
어떤 차례[序]의 첫머리[頭]. ¶그는 조심스럽게 서두를 꺼냈다.

서라벌 徐羅伐 | 천천히 서, 새그물 라, 칠 벌
❶역사 '신라'(新羅)를 이전에 이르던 말. 당시 고유어의 음역(音譯)으로 추정된다. ❷지리 '경주'(慶州)를 이전에 이르던 말.

서력 西曆 | 서녘 서, 책력 력
[Anno Domini]
그리스도가 탄생한 해를 기원원년(紀元元年)으로 하는, 서양(西洋)의 책력(冊曆).

서:론 序論 | 차례 서, 논할 론
[introduction]
서두(序頭) 부분의 논설(論說). ¶서론에서 글을 쓴 이유를 밝혔다.

서류 書類 | 글 서, 무리 류
[document; papers]
❶속뜻 글자로 기록한 문서(文書) 종류(種類). ❷기록이나 사무에 관한 문건이나 문서의 총칭. ¶비밀 서류 / 서류를 작성하다.

▶ **서류-철 書類綴** | 꿰맬 철
여러 가지 서류(書類)를 매어[綴] 놓은 것. 비 파일(file).

서면 書面 | 쓸 서, 낯 면 [document]
❶속뜻 글씨[書]를 적어 놓은 지면(紙面). ❷일정한 내용을 적은 문서. ¶서면으로 작성하다. 비 구두(口頭).

서:명 署名 | 쓸 서, 이름 명
[sign; autograph]

문서에 자기 이름[名]을 씀[署]. 또는 그 이름. ¶이곳에 서명해 주십시오.

서ː무 庶務 | 여러 서, 일 무
[general affairs]
일반적이고 잡다한 여러[庶] 사무(事務). 또는 그런 일을 맡아 하는 사람.

▶ 서ː무-과 庶務課 | 매길 과
여러[庶] 가지 일반적인 사무(事務)를 맡아보는 부서(課).

▶ 서ː무-실 庶務室 | 방 실
주로 학교 따위에서 여러[庶] 가지 일반 사무(事務)를 맡아서 처리하는 곳[室]. ¶급식비는 서무실에 내십시오.

서문¹ 西門 | 서녘 서, 문 문
서(西)쪽의 문(門). 서쪽으로 낸 문. ¶도둑은 서문으로 도망쳤다.

서ː문² 序文 | 차례 서, 글월 문 [preface]
글의 서두(序頭) 부분에 쓴 글[文]. ¶서문에 책의 대략적인 내용이 나와 있다. ㉰ 서. ㉯ 발문(跋文).

**서ː민 庶民 | 여러 서, 백성 민 [common people]
❶속뜻 여러[庶] 일반 국민(國民). ❷귀족이나 상류층이 아닌 보통 사람. ¶서민들의 생활이 점점 어려워지고 있다.

▶ 서ː민-적 庶民的 | 것 적
서민(庶民)다운 태도나 경향이 있는 것[的]. ¶서민적인 삶.

서방¹ 西方 | 서녘 서, 모 방 [west]
❶속뜻 서(西)쪽 방향(方向). ❷서쪽 지방. 서부 지역. ❸'서방세계'(世界)의 준말. ¶서방 7개국 정상들이 모여 세계 평화에 대해 논의했다. ㉯ 동방(東方).

▶ 서방 세ː계 西方世界 | 세상 세, 지경 계
서유럽[西方]의 여러 나라[世界]. ㉯ 서방 국가(西方國家).

서방² 書房 | 쓸 서, 방 방
[one's husband]
❶속뜻 글 쓰는[書] 방(房). ❷'남편'(男便)을 달리 이르는 말. ❸지난날, 벼슬이 없는 남자의 성 아래에 붙여 일컫던 말. ❹손아래 친척 여자의 남편 성 아래에 붙여 일컫는 말.

서부 西部 | 서녘 서, 나눌 부 [west]
어떤 지역의 서(西)쪽 부분(部分). ¶한도의 서부에는 평야가 많다. ㉯ 동부(東部).

서북 西北 | 서녘 서, 북녘 북 [northwest]
❶속뜻 서(西)쪽과 북(北)쪽을 아울러 이르는 말. ❷서쪽을 기준으로 서쪽과 북쪽 사이의 방위(方位).

서ː사 敍事 | 쓸 서, 일 사
[narrate; describe]
사실(事實)이나 사건(事件)이 발생한 차례대로 서술함[敍].

▶ 서ː사-시 敍事詩 | 시 시
문학 국가나 민족의 역사적 사건에 얽힌 신화나 전설 또는 영웅의 사적 등을 서사적(敍事的)으로 읊은 시(長詩). ¶호머의 『일리아드』는 유명한 서사시이다. ㉯ 서정시(抒情詩).

서산 西山 | 서녘 서, 메 산
[western mountain]
서(西)쪽에 있는 산(山). ¶해가 너울너울 서산으로 넘어갔다.

서ː술 敍述 | 차례 서, 지을 술 [describe; depict]
어떤 사실을 차례[敍] 대로 말하거나 적음[述]. ¶기행문은 여행하면서 보고 듣고 느낀 것을 서술한 글이다.

▶ 서ː술-어 敍述語 | 말씀 어
언어 문장에서 주어와 동작, 상태, 성질 따위를 서술(敍述)하는 말[語]. '배도 과일이냐', '배가 달다', '배가 열리다'에서 '과일이냐', '달다', '열리다' 따위. ㉰ 술어. ㉯ 주어(主語).

서식¹ 書式 | 글 서, 법 식
[form; format]
서류(書類)의 양식(樣式). 서류를 작성하는 방식. ¶서식에 따라 기입하시오.

서ː식² 棲息 | 깃들 서, 쉴 식
[inhabit; live]

동물이 어떤 곳에 깃들여[棲] 쉼[息]. ¶이 숲에는 많은 동물들이 서식하고 있다.

▸ 서:식-지 棲息地 | 땅 지
동물이 깃들여 사는[棲息] 곳[地]. ¶백로의 서식지.

서신 書信 | 글 서, 소식 신 [letter; note]
글[書]을 써서 전한 소식[信].

서:약 誓約 | 맹세할 서, 묶을 약
[swear; vow make an oath]
맹세[誓]하고 약속(約束)함. ¶혼인 서약.

▸ 서:약-서 誓約書 | 글 서
서약(誓約)하는 글[書]. 또는 그 문서.

***서양** 西洋 | 서녘 서, 큰바다 양
[West; Occident]
❶[속뜻] 서(西)쪽 큰바다[洋]. ❷동양에 대하여 유럽과 아메리카의 여러 나라를 이르는 말. ¶서양 역사. [비] 구미(歐美), 서구(西歐). [반] 동양(東洋).

▸ 서양-란 西洋蘭 | 난초 란
서양(西洋)에서 우리나라에 들어온 난(蘭).

▸ 서양-식 西洋式 | 법 식
서양(西洋)에서 하는 양식(樣式)이나 격식(格式). ¶서양식 식품. [준] 양식.

▸ 서양-인 西洋人 | 사람 인
서양(西洋) 여러 나라에서 태어나거나 살고 있는 사람[人].

▸ 서양-화 西洋畵 | 그림 화
[미술] 서양(西洋)에서 발달한 그림 기법으로 그린 그림[畵]. [준] 양화. [반] 동양화(東洋畵).

서역 西域 | 서녘 서, 지경 역
[countries to the west of China]
[역사] 중국의 서(西)쪽 지역(地域)에 있던 여러 나라를 통틀어 이르는 말. ¶현장(玄奘)은 불경을 찾아 서역으로 떠났다.

서:열 序列 | 차례 서, 줄 렬 [rank]
연령, 지위, 성적 따위의 일정한 순서(順序)에 따라 줄 세워[列] 정리하는 일. ¶서열을 매기다 / 서열이 높다.

서예 書藝 | 쓸 서, 재주 예
[calligraphy; penmanship]
붓글씨를 잘 쓰는[書] 재주[藝]. 또는 그 예술. ¶김정희는 서예의 대가이다.

▸ 서예-가 書藝家 | 사람 가
서예(書藝)를 전문으로 하는 사람[家].

▸ 서예-부 書藝部 | 나눌 부
학교나 단체에서, 붓으로 글을 쓰는[書藝] 것을 배우는 반[部].

서원 書院 | 글 서, 집 원 [lecture hall]
❶[속뜻] 글[書]을 익히는 집[院]. ❷[역사] 조선 시대, 선비들이 모여 명현(明賢)을 제사하고 학문을 강론하며 인재를 키우던 사설기관. ¶도산서원.

서유-견문 西遊見聞 | 서녘 서, 놀 유, 볼 견, 들을 문
[책명] 조선 고종 32년(1895)에 유길준(兪吉濬)이 서양(西洋)에 있는 미국을 유람(遊覽)하며 보고[見] 들은[聞] 바를 쓴 책.

서유-기 西遊記 | 서녘 서, 놀 유, 기록할 기 [Journey to the West]
[문학] 당(唐)나라의 현장법사가 서역(西域)인 인도를 유람(遊覽)하고 온 이야기를 바탕으로 지은[記] 소설. 중국의 4대 기서(奇書)의 하나로, 손오공, 저팔계, 사오정이 삼장 법사를 보호하며 어려움을 무릅쓰고 천축에 이르러 무사히 불경(佛經)을 가지고 돌아온다는 내용이다.

서:자 庶子 | 첩 서, 아이 자
[illegitimate child]
첩[庶]에게서 태어난 아이[子]. ¶홍길동은 서자로 태어났다. [비] 별자(別子). [반] 적자(嫡子).

서:장 署長 | 관청 서, 어른 장 [head]
경찰서, 세무서, 소방서 따위 '서'(署)자가 붙은 기관의 최고 직위[長]에 있는 사람. ¶서장이 직접 나와 사건을 설명하였다.

서재 書齋 | 글 서, 방 재 [library]
책을 갖추어 두고 책을 읽거나 글[書]을 쓰는 방[齋]. ¶하루 종일 서재에서 책을 읽었다. [비] 서각(書閣), 서실(書室).

서적 書籍 | 글 서, 문서 적

[books; publications]
글[書]을 써 놓은 책이나 문서[籍]. [비] 책, 도서(圖書).

서점 書店 | 책 서, 가게 점
[bookseller's; bookstore]
책[書]을 파는 가게[店]. [비] 서림(書林), 책방(冊房).

서:정 抒情 | =敍情, 펼 서, 마음 정
[delineate of feeling]
말이나 글 따위로 자기의 마음[情]을 펼쳐[抒] 나타냄.

▸ 서:정-시 抒情詩 | 시 시
[문학] 시의 3대 장르 중의 하나로 시인의 사상이나 감정을 읊은[抒情] 시(詩). [반] 서사시(敍事詩).

서진 書鎭 | 글 서, 누를 진 [paperweight]
책장이나 종이[書]가 바람에 날리지 않도록 누르는[鎭] 물건. [비] 문진(文鎭).

서체 書體 | 쓸 서, 모양 체
[calligraphic style]
글씨[書] 모양[體]. ¶고딕 서체. [비] 글씨체.

서편 西便 | 서녘 서, 쪽 편 [west]
서(西) 쪽[便]. [반] 동편(東便).

▸ 서편-제 西便制 | 정할 제
[음악] 섬진강 서쪽[西便], 곧 보성·광주·나주 등지에서 성행하는 판소리로, 조선 후기의 명창 박유전(朴裕全)의 법제(法制)를 따라 부르는 창법이라는 뜻에서 붙여진 이름이다. 음색이 곱고 애절한 것이 특징이다.

서풍 西風 | 서녘 서, 바람 풍
[west wind]
서(西)쪽에서 불어오는 바람[風]. [비] 하늬바람. [반] 동풍(東風).

서학 西學 | 서녘 서, 배울 학
[Western Learning]
❶ [속뜻] 서양(西洋)의 학문(學問). ❷ [역사] 조선 시대, 천주교를 이르던 말.

서한 書翰 | 글 서, 글 한 [letter; epistle]
소식을 전하기 위한 글[書=翰]. [비] 편지(便紙).

서해 西海 | 서녘 서, 바다 해
[western sea]
❶ [속뜻] 서(西)쪽 바다[海]. ❷ [지리] '황해'(黃海)를 달리 이르는 말.

▸ 서해-안 西海岸 | 언덕 안
❶ [속뜻] 서쪽 바다[西海]의 해안(海岸). ❷ [지리] 황해와 맞닿은 해안.

서:행 徐行 | 느릴 서, 갈 행
[go slow; crawl]
자동차나 기차 따위가 천천히 느리게[徐] 감[行]. ¶학교 앞에서는 서행하십시오.

서향 西向 | 서녘 서, 향할 향
[facing west]
서(西)쪽을 향(向)함. 또는 서쪽 방향.

서화 書畵 | 쓸 서, 그림 화
[pictures and calligraphic works]
글씨[書]와 그림[畵].

석 石 | 돌 석 [bag]
부피의 단위. 곡식, 가루, 액체 따위의 부피를 잴 때 쓴다. ¶공양미 300석 / 벼 한 석.

석가 釋迦 | 풀 석, 부처이름 가 [Buddha]
[불교] ❶산스크리트어 'Sakya'의 한자 음역어(音譯語). 아리아족 크샤트리아, 곧 왕족에 딸린 민족의 하나. ❷'석가모니'의 준말.

▸ 석가-탑 釋迦塔 | 탑 탑
[불교] 석가모니(釋迦牟尼)의 치아, 머리털, 사리 따위를 모신 탑(塔). 경주의 불국사, 보은의 법주사, 양산의 통도사, 평창의 월정사, 칠곡의 송림사 등에 있다.

▸ 석가-모니 釋迦牟尼 | 보리 모, 중 니
[불교] 산스크리트어 'Sakyamuni'의 한자 음역어(音譯語). 범불교의 개조(開祖)로 세계 4대 성인 가운데 한 사람. [준] 석가.

석간 夕刊 | 저녁 석, 책 펴낼 간 [evening paper]
매일 저녁[夕]때에 발행되는[刊] 신문. '석간신문'(新聞)의 준말. ¶그 사건은 석간신문에 대서특필(大書特筆)됐다. [반] 조간(朝刊).

석고 石膏 | 돌 석, 기름 고 [plaster]
❶속뜻 돌[石]을 넣어 만든 기름[膏] 같은 물질. ❷광영 황산칼슘과 물을 성분으로 한 단사정계(單斜晶系)의 광물로 비료나 시멘트의 원료가 되며 고온으로 가열하면 소석고(燒石膏)가 됨.

▶ 석고-상 石膏像 | 모양 상
미술 석고(石膏)로 만든 상(像).

▶ 석고 붕대 石膏繃帶 | 묶을 붕, 띠 대
의학 석고(石膏)를 재료로 만든 붕대(繃帶). ¶다친 다리에 석고 붕대를 하였다.

석공 石工 | 돌 석, 장인 공 [stonecutter]
돌[石]을 다루어 예술품이나 공업품을 만드는 기술자[工]. ¶석공은 불상을 만들었다. ⓑ 석수(石手).

석굴 石窟 | 돌 석, 굴 굴
[rocky cavern; stone cave]
토굴(土窟)에 대하여 바위[石]에 뚫린 굴[窟]. ⓑ 암굴(巖窟).

▶ 석굴-암 石窟庵 | 암자 암
불교 경주 불국사 뒤, 토함산 중턱에 있는 석굴(石窟) 속의 암자(庵子).

석권 席卷 | =席捲, 자리 석, 말 권
[overwhelm; conquer]
❶속뜻 자리[席]를 말아[卷] 걷어냄. ❷한 번에 닥치는 대로 영토를 휩쓺. 무서운 기세로 세력을 펼치거나 휩쓺. ¶신제품으로 국내 시장을 석권하다.

석기 石器 | 돌 석, 그릇 기
[stoneware; stonework]
여러 가지 돌[石]로 만든 기구(器具). 특히 석기 시대의 유물을 이른다.

▶ 석기 시대 石器時代 | 때 시, 연대 대
역사 고고학상의 시대 구분의 하나. 인류가 석기(石器)를 쓰는 시대(時代). 구석기(舊石器) 시대와 신석기(新石器) 시대로 나눈다.

석단 石段 | 돌 석, 층계 단
돌[石]로 만든 층계(段). ¶석단을 딛고 올라가다. ⓑ 섬돌.

석등 石燈 | 돌 석, 등불 등
[stone lantern]
돌[石]로 만든 등(燈). ¶석등에 불을 켜다.

석류 石榴 | 돌 석, 석류나무 류
[pomegranate]
식물 둥근 돌[石] 모양의 석류나무[榴] 열매. 붉은 빛을 띠고 신맛이 난다.

석면 石綿 | 돌 석, 솜 면 [asbestos]
❶속뜻 돌[石]에서 채취한 솜[綿] 같은 물질. ❷광영 광물(鑛物)의 하나로 사문석(蛇紋石)이나 각섬석(角閃石) 등이 분해되어 섬유질로 변한 것.

석방 釋放 | 풀 석, 놓을 방
[set free; release]
❶속뜻 잡혀 있는 사람을 용서하여 풀어[釋] 놓음[放]. ❷법률 법에 의하여 구금을 해제함. ¶우리는 인질들의 석방을 위해 그들과 협상했다.

석별 惜別 | 애틋할 석, 나눌 별
[part with regrets]
헤어지는[別] 것을 섭섭하고 애틋하게[惜] 여김. ¶석별의 눈물을 흘리다.

석보-상절 釋譜詳節 | 석가 석, 계보 보, 자세할 상, 마디 절
책명 석가모니(釋迦牟尼)의 일대기[譜]를 마디마디[節] 자세히[詳] 풀이한 책. 조선 세종 29년(1447)에 수양 대군(首陽大君)이 왕명을 받아 소헌왕후(昭憲王后) 심씨(沈氏)의 명복을 빌기 위해 훈민정음으로 썼다. 보물 제523호이다.

석불 石佛 | 돌 석, 부처 불
[stone Buddhist image]
불교 돌[石]로 만든 불상(佛像). ¶석불에 절을 하며 소원을 빌었다. ⓑ 돌부처.

석-빙고 石氷庫 | 돌 석, 얼음 빙, 곳집 고
고적 신라 때에 돌[石]로 축조한 얼음[氷]을 저장하던 창고(倉庫). 현존 유물로 경주에 있다. 보물 제66호이다.

석사 碩士 | 클 석, 선비 사 [Master]
❶속뜻 학식이 높은[碩] 선비[士]. ❷교육

학위의 한 가지. 대학원에서 소정의 과정을 마치고 학위 논문이 통과된 사람에게 수여하는 학위. 또는 그 학위를 받은 사람.

석상[1] 石像 | 돌 석, 모양 상
[stone statue]
돌[石]을 조각하여 만든 모양[像]. ¶사자 석상 / 그는 석상처럼 꼼짝하지 않고 앉아 있었다.

석상[2] 席上 | 자리 석, 위 상
[during the meeting; in company]
어떤 모임의 자리[席]에서[上]. 여러 사람이 모인 자리. ¶공개 석상에서 발표하다.

석수 石手 | 돌 석, 사람 수
[(stone)mason; stonecutter]
돌[石]을 전문으로 세공하는 사람[手]. [비] 석공(石工), 석장(石匠).

석순 石筍 | 돌 석, 죽순 순 [stalagmite]
[광업] 종유굴 안의 천장에 있는 종유석에서 떨어진 탄산칼슘의 용액이 물과 이산화탄소의 증발로 굳어 죽순(竹筍)처럼 바닥에서 조금씩 솟아나는 돌[石].

석실 石室 | 돌 석, 방 실
[stone chamber]
[고적] 돌[石]로 만들어 주검을 안치한 방[室]. ¶고분의 석실.

▸ 석실-묘 石室墓 | 무덤 묘
[고적] 내부에 돌방[石室]이 있는 무덤[墓].

석양 夕陽 | 저녁 석, 볕 양
[evening sun]
저녁[夕] 해[陽]. ¶서쪽 하늘이 석양으로 붉게 물들었다. [비] 낙양(落陽), 낙조(落照).

석연 釋然 | 풀 석, 그러할 연
[be satisfied; be relieved from doubt]
미심쩍거나 꺼림칙한 일들이 완전히 풀려[釋] 마음이 개운한 그런[然] 상태이다. ¶그의 말을 믿지만 아직도 석연하지 않은 부분이 있다.

석영 石英 | 돌 석, 뛰어날 영 [quartz]
❶ [속뜻] 뛰어나게[英] 좋은 돌[石]. ❷ [광업] 이산화규소로 된 육방정계(六方晶系)의 광물. 종이나 기둥 모양을 하고 있으며 유리와 같은 광택이 난다. 도자기나 유리의 원료로 쓰이며 순수한 것은 수정이라고 한다. [비] 차돌.

⁑석유 石油 | 돌 석, 기름 유 [oil]
❶ [속뜻] 암석층(巖石層)을 뚫고 그 아래에서 파낸 기름[油]. 'petroleum'을 의역(意譯)한 것으로 추정된다. 'petro'는 '石'으로 'leum'은 '油'으로 옮겨졌다. ❷ [광업] 땅속에서 천연으로 나는 탄화수소를 주성분으로 하는 가연성 기름.

▸ 석유-등 石油燈 | 등불 등
석유(石油)로 빛을 발하는 등(燈). [비] 석유램프.

▸ 석유 파동 石油波動 | 물결 파, 움직일 동
[경제] 석유(石油) 공급 부족이나 석유 값 폭등 같은 파동(波動)으로 세계 경제가 큰 혼란과 어려움을 겪은 일. [비] 유류(油類) 파동.

▸ 석유 화:학 공업 石油化學工業 | 될 화, 배울 학, 장인 공, 일 업
[공업] 석유(石油)나 천연가스를 원료로 하여 연료, 윤활유 이외의 용도로 쓰는 여러 가지 화학(化學) 제품 따위를 만드는 공업(工業).

석재 石材 | 돌 석, 재료 재
[building stone]
토목·건축 및 비석·조각 따위에 쓰이는 돌[石] 재료(材料).

석전 石戰 | 돌 석, 싸울 전
[battle with stones]
[민속] 돌[石] 팔매질을 하여 승부를 겨루는[戰] 놀이. 고구려 때에, 대보름날 하류층에서 하던 놀이로, 고려·조선 왕조를 통하여 계속되었다.

석조 石造 | 돌 석, 만들 조
[stone construction]
돌[石]로 무엇을 만드는[造] 일. 또는 그 물건. ¶석조 건물.

석주 石柱 | 돌 석, 기둥 주 [stone pillar]

돌[石]로 만든 기둥[柱]. 🔟 돌기둥.

석차 席次 | 자리 석, 차례 차
[class order; ranking]
❶ 속뜻 자리[席]의 차례(次例). ❷성적의 차례. ¶석차를 매기다 / 석차가 지난번보다 떨어졌다. 🔟 등수(等數).

*석탄 石炭 | 돌 석, 숯 탄 [coal]
❶ 속뜻 숯[炭]처럼 불에 타는 돌[石]. ❷ 광업 가연성 퇴적암의 총칭. 연료나 화학 공업의 원료 등으로 쓰인다. ¶석탄은 세계 여러 지역에 흩어져 있어 주요 공업연료로 쓰인다. 준 탄.

*석탑 石塔 | 돌 석, 탑 탑
[stone pagoda]
돌[石]로 쌓은 탑(塔). ¶월정사 9층 석탑. 🔟 돌탑.

석판 石版 | 돌 석, 널빤지 판
[lithography]
출판 인쇄나 판화에 쓰는 돌[石]로 만든 원판(原版).

▶**석판-화 石版畵** | 그림 화
미술 석판(石版)에 그림을 그려서 찍어낸 그림[畵].

석학 碩學 | 클 석, 배울 학 [distinguished scholar]
연구 업적이 많은 [碩] 학자(學者). ¶세계의 석학이 모여 포럼을 열었다.

석호 潟湖 | 개펄 석, 호수 호 [lagoon]
❶ 속뜻 개펄[潟]이 있는 호수(湖水). ❷ 지리 모래톱이 발달해 만의 입구를 막아 바다와 분리되어 생긴 호수.

*석회 石灰 | 돌 석, 재 회 [lime]
화학 석회석(石灰石)의 주요 성분. 칼슘의 알칼리성 무기화합물이 산화칼슘으로, 생석회(生石灰)와 소석회(消石灰)를 통틀어 이른다.

▶**석회-석 石灰石** | 돌 석
지리 지층[石] 사이에 끼여 회색(灰色)으로 켜를 이루고 있는 퇴적암[石]. 탄산칼슘을 주성분으로 하며, 동물의 껍질이나 뼈 등이 바다 밑에 쌓여서 생긴다. 시멘트, 비료 따위의 원료로 쓰인다. 🔟 석회암(石灰巖).

▶**석회-수 石灰水** | 물 수
화학 석회석(石灰石)을 물에 녹여 얻는 용액[水]. 무색투명한 염기성 액체로 소독, 살균제로 쓰인다.

▶**석회-암 石灰巖** | 바위 암
지리 석회석(石灰石).

선:¹ 善 | 착할 선
[good; goodness; virtue]
착하고[善] 올바름. 어질고 좋음. 또는 그런 일. ¶선을 행하다. 🔟 악(惡).

선² 線 | 줄 선 [line]
그어 놓은 줄[線]이나 금. ¶선을 똑바로 긋다.

선³ 禪 | 봉선 선 [Buddhist meditation]
불교 마음을 한곳에 모아 고요히 생각하는[禪] 일.

선각 先覺 | 먼저 선, 깨달을 각
[see in advance; foresee]
❶ 속뜻 남보다 앞서서[先] 깨달음[覺]. ❷ '선각자'(先覺者)의 준말. 🔟 후각(後覺).

▶**선각-자 先覺者** | 사람 자
남보다 앞서서[先] 사물의 도리를 깨달은 [覺] 사람[者]. ¶그는 시대를 앞서 간 선각자였다. 🔟 선지자(先知者).

선:거 選擧 | 가릴 선, 들 거
[elect; vote for; return]
대표자나 임원을 투표 등의 방법으로 가려[選] 냄[擧]. ¶대통령 선거.

▶**선:거-구 選擧區** | 나눌 구
법률 국회의원을 선출하는[選擧] 단위로서 나누어진 구역(區域).

▶**선:거-권 選擧權** | 권리 권
법률 대통령, 국회의원, 지방 의회 의원 등의 선거(選擧)에 참여하여 투표할 수 있는 국민의 권리(權利). ¶선거권은 헌법으로 보장하는 국민의 권리이다.

▶**선:거-인 選擧人** | 사람 인
법률 선거(選擧)를 할 권리(權利)를 가진 사람[人]. ¶선거인의 과반수가 그를 뽑았다. [비] 유권자(有權者).

▸선:거-일 選擧日 | 날 일
[법률] 선거(選擧)를 하는 날[日]. ¶내일은 제16대 대통령 선거일이다.

▸선:거 관리 위원회 選擧管理委員會 | 맡을 관, 다스릴 리, 맡길 위, 사람 원, 모일 회
[법률] 선거(選擧)와 국민 투표의 공정한 관리(管理) 및 정당에 관한 사무를 처리하기 위하여 두는 위원회(委員會). [준] 선관위.

선견 先見 | 먼저 선, 볼 견
[send forward (in advance)]
장래의 일을 먼저[先] 봄[見]. 일이 일어나기 전에 미리 아는 일.

▸선견지명 先見之明 | 어조사 지, 밝을 명
닥쳐올 일을 미리 아는[先見] 슬기로움[明]. ¶그는 노후를 준비하는 선견지명이 있었다.

선결 先決 | 먼저 선, 터놓을 결
[decide before-hand; decide first]
다른 일보다 먼저[先] 해결(解決)함. ¶이 문제를 선결해야 한다.

선고 宣告 | 알릴 선, 알릴 고
[pronounce; sentence]
❶[속뜻] 중대한 사실을 알려줌[宣=告]. ¶암 선고를 받다. ❷[법률] 공판정에서 재판관이 재판의 판결을 당사자에게 알림. ¶그는 무죄를 선고받았다.

선:관-위 選管委 | 가릴 선, 맡을 관, 맡길 위 [election administration commission]
[법률] '선거 관리 위원회'(選擧管理委員會)의 준말.

선교 宣教 | 알릴 선, 가르칠 교
[evangelize; propagandize]
[종교] 종교(宗教)를 전하여 널리 알림[宣]. ¶그는 선교 활동에 몸을 바쳤다. [비] 포교(布教).

▸선교-사 宣教師 | 스승 사
[기독교] 종교의 가르침[教]을 펴는[宣] 사람[師]. 특히 기독교의 선교를 위하여 이교국(異教國)에 파견된 사람.

선구 先驅 | 먼저 선, 달릴 구
[take the lead in; pioneer]
❶[속뜻] 앞장서서[先] 말을 달림[驅]. ❷'선구자'(先驅者)의 준말.

▸선구-자 先驅者 | 사람 자
❶[속뜻] 앞장서서[先] 말을 몰고[驅] 가는 사람[者]. ❷어떤 일이나 사상에서 다른 사람보다 앞선 사람. ¶그는 의학 연구 분야의 선구자이다.

선금 先金 | 먼저 선, 돈 금 [prepayment]
값을 미리[先] 치르는 돈[金]. ¶선금을 걸고 물건을 샀다.

선:남 善男 | 착할 선, 사내 남
성품이 착한[善] 남자(男子).

▸선:남-선:녀 善男善女 | 착할 선, 여자 녀
성품이 착한[善] 사람들[男女]. ¶파티장은 선남선녀로 가득했다.

선녀 仙女 | 신선 선, 여자 녀 [fairy]
선경(仙境)에 산다는 여신(女神). ¶그녀는 선녀처럼 아름다웠다.

선달 先達 | 먼저 선, 통달할 달
❶[속뜻] 먼저[先] 통달함[達]. ❷[역사] 무과에 급제하고도 벼슬을 받지 못한 사람. ¶봉이(鳳伊) 김 선달은 대동강 물을 팔아먹었다는 인물이다.

선-대칭 線對稱 | 줄 선, 대할 대, 맞을 칭
[line symmetry]
[수학] 한 직선(直線)을 사이에 두고 똑같은 두 도형이 같은 거리에서 서로 맞서[對稱] 있는 경우.

선도[1] 先導 | 먼저 선, 이끌 도
[guidance; leadership]
앞장서서[先] 이끎[導]. ¶그녀는 유행을 선도한다.

선:도[2] 善導 | 착할 선, 이끌 도
[proper guidance]
올바른[善] 길로 인도(引導)함. ¶비행 청소년을 올바르게 선도하다.

선동 煽動 | 부추길 선, 움직일 동
[instigate; abet; incite]

어떤 행동 대열에 참여하도록 문서나 언동으로 대중의 감정을 부추기어[煽] 움직이게[動] 함. ¶국민을 선동하다.

선두 先頭 | 먼저 선, 머리 두 [top; lead]
첫[先] 머리[頭]. 맨 앞쪽. ¶선두에 서다 / 그는 선두에 30미터 뒤져 있다.

선:량 善良 | 착할 선, 어질 량
[good; virtuous; honest]
착하고[善] 어짊[良]. ¶선량한 시민.

선례 先例 | 먼저 선, 본보기 례
[previous instance; former example]
먼저[先] 있었던 사례(事例). ¶선례를 따르다. ㉰예. ㉯전례(前例).

선로 線路 | 줄 선, 길 로 [railroad]
교통 기차나 전차의 바퀴가 굴러가는 줄[線]로 이어진 길[路]. ㉯궤도(軌道).

선:망 羨望 | 부러워할 선, 바라볼 망
[envy]
부럽게[羨] 바라봄[望]. ¶선망의 눈초리 / 선망의 대상 / 요즘 어린이들은 연예인을 선망하는 경향이 많다.

선명¹ 鮮明 | 뚜렷할 선, 밝을 명
[clear; vivid]
뚜렷하고[鮮] 밝음[明]. ¶얼굴에 흉터가 선명하게 남아 있다.

선명² 宣明 | 알릴 선, 밝을 명
[announce; proclaim]
어떤 사실을 분명히 알려[宣] 뜻을 밝힘[明].

▶**선명-회 宣明會** | 모일 회
❶속뜻 선명(宣明)을 위한 모임[會]. ❷미국의 기독교 선교사들이 한국 전쟁의 고아들을 보살피려고 세운 기관.

*선:물 膳物 | 드릴 선, 만물 물
[give a present; make a gift]
남에게 물건(物件)을 선사(膳賜)함. 또는 선사한 그 물품. ¶생일 선물 / 그는 나에게 시계를 선물했다.

선박 船舶 | 배 선, 큰 배 박
[vessel; ship]
배[船=舶]. 주로 규모가 큰 축에 드는 배를 이르는 말. ¶대형 선박을 건조하다.

선:발¹ 選拔 | 가릴 선, 뽑을 발
[select; pick out]
많은 가운데서 가려[選] 뽑음[拔]. ¶미스코리아 선발 대회.

선발² 先發 | 먼저 선, 떠날 발
[start in advance]
❶속뜻 남보다 먼저[先] 나서거나 떠남[發]. ❷운동 1회전부터 출전하는 일을 이름. ¶선발 선수. ㉯후발(後發).

▶**선발-대 先發隊** | 무리 대
다른 대원이나 부대보다 앞서서[先] 출발(出發)한 대원(隊員)이나 부대(部隊).

선배 先輩 | 먼저 선, 무리 배 [senior]
❶속뜻 학문, 덕행, 경험, 나이 따위가 자기보다 앞서고[先] 높은 사람[輩]. ❷학교나 직장을 먼저 거친 사람. ¶타지에서 고향 선배를 만나니 정말 반가웠다. ㉯후배(後輩).

선:별 選別 | 가릴 선, 나눌 별
[sort; select]
가려서[選] 나누어[別] 놓음. ¶선별 기준 / 과일을 크기에 따라 선별하다.

선봉 先鋒 | 먼저 선, 앞장 봉
[advance guard; spearhead]
맨[先] 앞장[鋒]. ¶선봉에 서다.

▶**선봉-장 先鋒將** | 장수 장
선봉(先鋒)에 선 장군[將]. ¶이순신 장군은 왜군의 선봉장을 물리쳤다.

선분 線分 | 줄 선, 나눌 분
[segment of a line]
수학 직선(直線) 위의 두 점 사이에 한정된 부분(部分).

선불 先拂 | 먼저 선, 지불 불
[pay in advance; prepay]
먼저[先] 돈을 지불(支拂)함. ¶수강료를 선불했다. ㉯선급(先給). ㉯후불(後拂).

선:사¹ 膳賜 | 드릴 선, 줄 사
[make a present; send a gift]
존경, 친근, 애정의 뜻을 나타내기 위하여 남에게 선물(膳物)을 줌[賜]. ¶선생님으

로부터 선사받은 물건.

선사²先史 | 먼저 선, 역사 사 [prehistory]
역사(歷史) 시대 이전[先]의 역사(歷史). 문헌이나 기록이 없어 유적이나 유물로만 파악되는 역사를 말한다.

▶ **선사 시대 先史時代** | 때 시, 연대 대
역사 고고학(考古學)에서 이르는 역사 시대 이전의[先史] 시대(時代) 구분의 한 가지. 문헌적 사료가 없는 석기 시대, 청동기 시대를 이른다. ¶이 지역에서 선사 시대의 유물이 다량 발굴되었다.

선산 先山 | 먼저 선, 메 산
선조(先祖)의 무덤이 있는 산(山). 속담 굽은 나무가 선산을 지킨다.

선상 船上 | 배 선, 위 상 [on the ship]
배[船]의 갑판 위[上]. ¶섬이 가까워지자 사람들이 모두 선상으로 올라왔다.

*__선생 先生__ | 먼저 선, 날 생
[teacher; Mister]
❶속뜻 먼저[先] 태어남[生]. ❷학생을 가르치는 사람. ❸성명이나 직명 따위의 아래에 쓰여 그를 높여 일컫는 말. ¶최 선생. ❹어떤 일에 경험이 많거나 아는 것이 많은 사람. ¶의사 선생. 비 교사(敎師).

선서 宣誓 | 알릴 선, 맹세할 서
[swear; take an oath]
여러 사람 앞에서 공개적으로 알려[宣] 맹세하는[誓] 일. ¶올림픽 선서.

▶ **선서-문 宣誓文** | 글월 문
선서(宣誓)의 내용을 적은 글[文]. ¶취임 선서문 낭독.

선수¹先手 | 먼저 선, 손 수
[get the start of; forestall]
남이 하기 전에 먼저[先] 착수(着手)함. 또는 그런 행동. 관용 선수를 치다.

*__선:수²選手__ | 뽑을 선, 사람 수 [player]
어떠한 기술이나 운동 따위에 뛰어나 여럿 중에서 대표로 뽑힌[選] 사람[手]. ¶야구 선수.

▶ **선:수-권 選手權** | 권리 권
운동 어떤 부문의 경기에서 가장 우수한 개인이나 단체의 선수(選手)에게 주는 자격[權]. ¶선수권 쟁탈전.

▶ **선:수-단 選手團** | 모일 단
운동 어떤 경기의 선수(選手)들로 조직된 단체(團體). ¶올림픽에 참가하는 선수단이 출국했다.

▶ **선:수-촌 選手村** | 마을 촌
운동 올림픽 경기 등에서 선수(選手)나 임원을 위해 특별히 마련된 집단 숙박 시설[村]. ¶올림픽 선수촌.

선식 仙食 | 신선 선, 밥 식
신선(神仙)이 먹는 음식(飮食). ¶선식같이 맛있다.

선실 船室 | 배 선, 방 실
[(ship's) cabin]
승객이 쓰도록 된 배[船] 안의 방[室]. ¶선실을 예약하다.

선:심 善心 | 착할 선, 마음 심
[virtue; conscience; mercy]
❶속뜻 착한[善] 마음[心]. ❷남을 도와주는 마음. ¶선심을 쓰다. 반 악심(惡心).

선:악 善惡 | 착할 선, 악할 악
[virtue and vice]
착함[善]과 악(惡)함. ¶동기의 선악을 불문하고 살해는 범죄이다.

선약 先約 | 먼저 선, 묶을 약
[previous engagement]
먼저[先] 약속(約束)함. 또는 그 약속. ¶죄송하지만 선약이 있다.

선양 宣揚 | 알릴 선, 오를 양
[raise; increase; heighten]
여러 사람에게 널리 알려[宣] 명성을 드높임[揚]. ¶국위를 선양하고 돌아왔다.

선언 宣言 | 알릴 선, 말씀 언
[declare; make a declaration]
❶속뜻 여러 사람에게 분명하게 알리고자[宣] 하는 말[言]. ❷국가나 단체가 방침, 주장 따위를 정식으로 공표함. ¶독립 선언.

▶ **선언-문 宣言文** | 글월 문
선언(宣言)하는 내용을 담은 글[文]. ¶독

립선언문을 낭독하다. ㉗선언서(宣言書).
▶선언-서 宣言書 | 글 서
　선언문(宣言文).
선열 先烈 | 먼저 선, 세찰 렬
　[patriotic forefathers]
　의(義)를 위해 싸우다 먼저[先] 간 열사(烈士). ¶순국 선열을 추모하다.
선왕 先王 | 먼저 선, 임금 왕
　[preceding king]
　선대(先代)의 임금[王]. ㉗망군(亡君), 선군(先君).
선:용 善用 | 착할 선, 쓸 용 [good use]
　올바르게[善] 씀[用]. 알맞게 잘 씀. ¶여가의 선용. ㉘악용(惡用).
선원 船員 | 배 선, 사람 원 [crew]
　선박(船舶)의 승무원(乘務員). ¶폭풍으로 선원 일곱 명이 실종되었다. ㉗선인(船人).
선율 旋律 | 돌 선, 가락 률 [melody]
　[음악] 높낮이와 리듬을 지니고 흐르는[旋] 가락[律]. ¶감미로운 피아노 선율이 흐른다. ㉗가락.
***선:의 善意** | 착할 선, 뜻 의
　[good intentions; good will]
　❶[속뜻]착한[善] 마음[意]. 좋은 의도. ¶선의의 거짓말. ❷남을 위하는 마음. 남을 좋게 보려는 마음. ¶선의를 베풀다. ㉘악의(惡意).
선인¹ 先人 | 먼저 선, 사람 인
　[one's predecessors]
　옛날[先] 사람[人]. 전대(前代)의 사람. ¶이 책에는 선인의 지혜가 녹아있다. ㉘후인(後人).
선인² 仙人 | 신선 선, 사람 인
　선도(仙道)를 닦아 신통력을 얻은 사람[人].
▶선인-장 仙人掌 | 손바닥 장
　❶[속뜻]선인(仙人)의 손바닥[掌] 모양의 식물. ❷[식물]수분의 증발을 막기 위해 잎이 가시 모양으로 변한 풀. 열대, 아열대에 퍼져 있는 다육식물(多肉植物)인데 관상용으로도 많이 재배한다.
선:임 選任 | 고를 선, 맡길 임
　[select and appoint; elect]
　많은 사람 가운데서 선출(選出)하여 임명(任命)함. ¶총장을 선임하다.
선입 先入 | 먼저 선, 들 입
　먼저[先] 머릿속에 자리잡고[入] 있는 일. 대개, 단독으로는 쓰이지 않고 뒤에 딴말이 붙어 쓰인다. ¶선입견(先入見).
▶선입-견 先入見 | 볼 견
　이전부터 머릿속에 들어 있는[先入] 고정적인 견해(見解). ㉗선입관.
▶선입-관 先入觀 | 볼 관
　어떤 일에 대하여, 이전부터 머릿속에 들어 있는[先入] 고정적인 관념(觀念)이나 견해. ¶선입관 때문에 일을 망치는 경우가 많다. ㉗선입견.
선장 船長 | 배 선, 어른 장
　[captain; master]
　배[船]에 탄 승무원의 우두머리[長]로서 항해를 지휘하고 선원을 감독하는 사람. ¶선장은 수천 명의 생명을 맡고 있다.
선적 船積 | 배 선, 쌓을 적
　[ship a cargo; load a ship]
　배[船]에 짐을 실음[積]. ¶수출품을 선적하다.
선전¹ 善戰 | 잘할 선, 싸울 전
　[fight well]
　잘[善] 싸움[戰]. 실력 이상으로 잘 싸움. ¶우리는 이번 올림픽에서 우리 선수들의 선전을 기대하고 있다.
선전² 宣傳 | 알릴 선, 전할 전
　[propagate; advertise]
　여러 사람에게 널리 알리고[宣] 전달(傳達)함. ¶신제품을 선전하다.
선전³ 宣戰 | 알릴 선, 싸울 전
　[declare war]
　[정치]다른 나라에 대하여 전쟁(戰爭)을 시작할 것을 선언(宣言)함.
▶선전 포:고 宣戰布告 | 펼 포, 알릴 고
　[정치]상대국에 대하여 전쟁(戰爭) 개시 의

사를 선언(宣言)하고 상대국에게 이를 널리[布] 알림[告]. ¶선전 포고 없이 다른 나라에 침공할 수 없다.

선점 先占 | 먼저 선, 차지할 점
[preoccupy; acquire by occupancy]
❶[속뜻] 남보다 앞서[先] 차지함[占]. ¶신제품을 개발해 시장을 선점했다. ❷[법률] '선점 취득'(先占取得)의 준말.

선:정[1]善政 | 좋을 선, 정치 정
[good government]
바르고 좋은[善] 정치(政治). ¶선정을 펼치다. [반] 폭정(暴政), 악정(惡政).

선:정[2]選定 | 가릴 선, 정할 정
[select; choose]
많은 것 중에서 가려서[選] 정(定)함. ¶최우수 선수 선정 / 주제 선정.

선제 先制 | 먼저 선, 누를 제
[leading off]
먼저[先] 손을 써서 상대를 누름[制].

▸ 선제-공:격 先制攻擊 | 칠 공, 부딪힐 격
상대편을 먼저[先] 제압(制壓)하기 위하여 먼저 손을 써서 공격(攻擊)하는 일.

선조 先祖 | 먼저 선, 조상 조 [ancestor]
한 집안의 옛[先] 시조(始祖). ¶그 풍습은 우리 선조로부터 전해 내려온 것이다. [비] 선대(先代), 조상(祖上).

선:죽-교 善竹橋 | 착할 선, 대 죽, 다리 교
❶[속뜻] 참대[善竹]가 자라난 다리[橋]. ❷[고적] 경기도 개성에 있는 돌다리. 고려 말기의 충신 정몽주가 이방원이 보낸 조영규 등에게 철퇴를 맞고 죽은 곳으로 유명하다. 원래는 '선지교'(善地橋)였는데, 정몽주가 흘린 핏자국이 없어지지 않고 참대가 자라났다고 해서 '선죽교'라 고쳐 부르게 되었다고 한다.

선진 先進 | 먼저 선, 나아갈 진 [advance]
❶[속뜻] 어떤 분야에서 나이, 지위, 기량 등이 앞서[先] 나가 있는[進] 일. 또는 그런 사람. ❷발전의 단계나 진보의 정도 등이 다른 것보다 앞서거나 앞서 있는 일. ¶선진 기술. [반] 후진(後進).

▸ 선진-국 先進國 | 나라 국
다른 나라의 경제 개발이나 문화 향상에 이바지할 수 있을 만큼 경제·문화 등이 앞선[先進] 나라[國]. ¶선진국 대열에 들어서다. [반] 후진국(後進國).

선:집 選集 | 가릴 선, 모을 집 [selection]
[문학] 한 사람 또는 여러 사람의 작품 가운데, 어떤 기준을 두고 골라 뽑은[選] 작품을 한데 모은[集] 책. ¶문학 선집.

선착 先着 | 먼저 선, 붙을 착
[arrive first]
남보다 먼저[先] 도착(到着)함. ¶선착 50분에게 선물을 드린다.

▸ 선착-순 先着順 | 차례 순
먼저 와 닿는[先着] 순서(順序). ¶선착순 입장 / 선착순으로 줄을 서다.

선착-장 船着場 | 배 선, 붙을 착, 마당 장
[harbor]
배[船]를 대는[着] 곳[場]. ¶배가 선착장에 도착했다.

선창 先唱 | 먼저 선, 부를 창
[lead the chorus]
노래나 구호 따위를 맨 먼저[先] 부르거나[唱] 외침. ¶내가 선창하자 모두 따라 부르기 시작했다.

선:처 善處 | 잘할 선, 처리할 처
[take the appropriate steps ; make the best]
어떤 문제를 잘[善] 처리(處理)함. 적절히 조처함. ¶선처를 부탁드립니다.

선천 先天 | 먼저 선, 하늘 천
[inbornness]
어떤 성질이나 체질을 태어나기에 앞서[先] 하늘[天]로부터 부여받음. [반] 후천(後天).

▸ 선천-적 先天的 | 것 적
태어날 때부터[先天] 갖추고 있는 것[的]. ¶그는 미술에 선천적인 재능이 있다. [반] 후천적(後天的).

선체 船體 | 배 선, 몸 체 [ship]

배[船]의 몸체[體]. ¶암초에 부딪혀 선체가 두 동강이 났다.

선ː출 選出 | 뽑을 선, 날 출 [elect]
여럿 가운데서 고르거나 뽑아[選] 냄[出]. ¶학급 대표를 선출하다.

선충 船蟲 | 배 선, 벌레 충
동물 배[船] 모양의 벌레[蟲]. 갑각류 곤충의 하나로 습기가 많은 해변에서 떼를 지어 산다. 비 갯강구.

선충-류 線蟲類 | 줄 선, 벌레 충, 무리 류 [nematode]
❶ 속뜻 실[線]이나 원통 모양으로 가늘고 긴 몸을 가진 벌레[蟲] 종류(種類). ❷ 동물 선형동물의 한 강(綱)으로 순환계와 호흡계가 없고 알도 숙주(宿主)없이 부화함. 사람이나 가축 등에 기생하거나 식물에 기생하는 등 사는 방법이 다양하다. 회충, 요충, 십이지장충 따위.

선친 先親 | 먼저 선, 어버이 친 [my late father]
돌아가신[先] 자기 아버지[親]를 남에게 일컫는 말. ¶오늘이 선친의 기일이다. 비 선고(先考), 선부(先父). 맨 선자(先慈).

***선ː택 選擇** | 가릴 선, 고를 택 [choose; select]
마음에 드는 것을 가려서[選] 고름[擇]. ¶직업을 선택하다 / 선택의 자유.

▶**선ː택-권 選擇權** | 권리 권
법률 선택(選擇)할 수 있는 권리(權利). ¶제품의 선택권은 소비자에게 있다.

선포 宣布 | 알릴 선, 펼 포 [proclaim; promulgate]
세상에 널리 알려서[宣] 뜻을 펼침[布]. ¶전쟁을 선포하다.

선풍 旋風 | 돌 선, 바람 풍 [whirlwind; cyclone]
❶ 속뜻 나선(螺旋) 모양으로 부는 돌개바람[風]. ❷'돌발적으로 발생하여 사회에 큰 영향을 끼칠 만한 사건이나 그로 말미암아 일어난 어지러운 상태'를 비유하여 이르는 말. 비 회오리바람.

▶**선풍-적 旋風的** | 것 적
돌발적으로 발생하여 사회에 큰 영향을 끼친[旋風] 것[的]. ¶이 휴대전화는 출시되자마자 선풍적인 인기를 누리고 있다.

선풍-기 扇風機 | 부채 선, 바람 풍, 틀 기 [electric fan]
기계 작은 전동기의 축에 몇 개의 날개[扇]를 달아 그 회전으로 바람[風]을 일으키게 하는 기계(機械).

선행¹ 先行 | 먼저 선, 갈 행 [precede; do first]
❶ 속뜻 남보다 먼저[先] 감[行]. 앞서 감. ❷딴 일보다 먼저 함. 또는 앞서 이루어짐. ¶선행 학습 / 공부를 잘하려면 우선 책읽기가 선행되어야 한다. 맨 후행(後行).

선ː행² 善行 | 착할 선, 행할 행 [good conduct]
착한[善] 행동(行動). 선량한 행실. ¶그는 남모르게 선행을 많이 한다. 맨 악행(惡行).

▶**선ː행-상 善行賞** | 상줄 상
착한 행동[善行]을 한 사람에게 주는 상(賞). ¶선행상을 받았다.

선혈 鮮血 | 싱싱할 선, 피 혈 [fresh blood]
갓 흘러나온 싱싱한[鮮] 피[血]. ¶코에서 선혈이 흘러내렸다.

선ː호 選好 | 가릴 선, 좋을 호 [prefer (to); favor]
여러 가지 중에서 특별히 가려서[選] 좋아함[好]. ¶남아 선호 사상 / 무공해식품을 선호하는 사람이 늘고 있다.

선홍-색 鮮紅色 | 뚜렷할 선, 붉을 홍, 빛 색 [scarlet color]
밝고 산뜻한[鮮] 붉은[紅] 빛[色]. ¶선홍색 노을이 드리웠다.

선회 旋回 | 돌 선, 돌 회 [circle / turn round]
❶ 속뜻 원을 그리며 빙빙 돎[旋=回]. ❷ 항공 항공기가 곡선을 그리듯 진로를 바꿈. ¶비행기가 김포공항의 상공을 선회했

다.

선후 先後 | 먼저 선, 뒤 후
[front and rear]
먼저[先]와 나중[後]. 앞과 뒤. ¶사건의 선후가 뒤바뀌었다.

선-후:배 先後輩 | 먼저 선, 뒤 후, 무리 배 [senior-junior]
선배(先輩)와 후배(後輩)를 아울러 이름. ¶우리는 선후배 사이다.

설 說 | 말씀 설 [opinion; theory]
의견. 주의. 학설. ¶이 풍습의 기원에 대해서는 학자마다 설을 달리하고 있다.

설경 雪景 | 눈 설, 볕 경 [snowscape]
눈[雪]이 내리는 경치(景致). 눈이 쌓인 경치.

설계 設計 | 세울 설, 셀 계
[draw (up) a plan; plan; design]
❶[속뜻] 앞으로 이루어야 할 일에 대해 구체적인 계획(計劃)을 세움[設]. ¶노후를 설계하다. ❷설계나 공작 등에서 공사비, 재료, 구조 따위의 계획을 세워 도면 같은 데에 구체적으로 명시하는 일. ¶설계가 잘된 건물.

▸설계-도 設計圖 | 그림 도
설계(設計)한 것을 그린 도면(圖面). ¶건물의 설계도를 그리다.

▸설계-사 設計士 | 선비 사
설계(設計)를 전문으로 하는 기사(技士).

설교 說教 | 말씀 설, 종교 교
[preach; lecture]
❶[속뜻] 종교상의 교리(教理)를 널리 설명(說明)함. 또는 그 설명. ¶목사가 설교하다. ❷남에게 무엇을 설득시키려고 여리 말로 타일러 가르침. 또는 그 가르침. ¶선생님께 설교를 들었다.

설득 說得 | 말씀 설, 얻을 득
[persuade; convince; coax]
잘 설명(說明)하거나 타이르거나 해서 납득(納得)시킴. ¶그는 가족의 설득에 넘어가 금연하기로 결심했다 / 나는 그를 설득해서 집으로 돌아가게 했다. [비] 설복(說服).

▸설득-력 說得力 | 힘 력
남을 설득(說得)하는 힘[力]. ¶이 글은 설득력이 부족하다.

설령 設令 | 세울 설, 시킬 령
[even if; even though]
❶[속뜻] 가령(假令)이라는 말을 설정(設定)함. ❷그렇다 하더라도. ¶설령 그가 오지 않더라도 나는 상관없다. [비] 설사(設使), 설혹(設或).

설립 設立 | 세울 설, 설 립
[establish; found; set up]
학교, 회사 따위의 단체나 기관을 새로 설치(設置)하여 세움[立]. ¶대학교 설립 / 우리는 중국에 공장을 설립할 계획이다.

설명 說明 | 말씀 설, 밝을 명 [explain]
해설(解說)하여 분명(分明)하게 함. ¶더 이상의 자세한 설명은 필요 없다.

▸설명-문 說明文 | 글월 문
[문학] 사물이나 이치를 이해할 수 있도록 객관적이고 논리적으로 설명(說明)한 글[文]. ¶설명문에서는 명료성이 중요하다.

▸설명-서 說明書 | 글 서
사물의 내용, 이유, 사용법 등을 설명(說明)한 글[書]. 또는 그 문서. ¶제품 설명서.

▸설명-판 說明版 | 널빤지 판
어떤 사실에 대한 설명(說明)을 적어 놓은 판(版). ¶그 앞에 설명판이 있다.

설문 設問 | 베풀 설, 물을 문
[make up a question]
문제(問題)를 설정(設定)함. 질문을 만들어 냄. 또는 그 문제나 질문. ¶설문 조사 / 학교 폭력에 대해 설문하다.

▸설문-지 設問紙 | 종이 지
통계 자료 따위를 얻기 위하여 어떤 주제에 대해 문제를 내어 묻는[設問] 종이[紙]. ¶설문지를 돌리다.

설법 說法 | 말씀 설, 법 법
[preach Buddhist teachings]
[불교] 불법(佛法)의 오묘한 이치를 강설(講

說)함.
설비 設備 | 베풀 설, 갖출 비 [equip]
건물이나 장치, 기물 따위를 베풀어[設] 갖추는[備] 일. 또는 그런 물건. ¶최신식 설비 / 방범 장치를 설비하다.
설사¹ 設使 | 세울 설, 부릴 사 [even if]
설령(設令) 그렇게 한다[使]면. ¶설사 자기 것이 아니더라도 낭비해서는 안 된다. ⓗ 설령(設令), 설혹(設或).
설사² 泄瀉 | 샐 설, 쏟을 사 [diarrhea]
배탈 따위로 묽은 똥을 물이 새듯이[泄] 쏟아냄[瀉]. 또는 그런 똥. ¶날것을 먹으면 설사하기 쉽다.
▶ 설사-병 泄瀉病 | 병 병
설사(泄瀉)를 하는 병(病). ¶설사병에 걸리다.
설상 雪上 | 눈 설, 위 상
[(on) top of the snow]
눈[雪] 위[上].
▶ 설상-가상 雪上加霜 | 더할 가, 서리 상
❶속뜻 눈[雪] 위[上]에 서리[霜]가 더해짐[加]. ❷난처한 일이나 불행한 일이 잇달아 일어남. ¶버스를 잘못타고 설상가상으로 지갑까지 잃어버렸다.
설악-산 雪嶽山 | 눈 설, 큰산 악, 메 산
❶속뜻 초여름까지 눈[雪]으로 덮여있는 험한[嶽] 산(山). ❷지리 강원도 양양군과 인제군 사이에 있는 산. 태백산맥 가운데 솟은 명산으로 국립공원의 하나이다. 1996년에 유네스코 세계 문화유산으로 지정되었다. 높이는 1,708미터이다.
설왕설래 說往說來 | 말씀 설, 갈 왕, 말씀 설, 올 래
❶속뜻 말[說]이 가고[往] 말[說]이 오고[來] 함. 말을 주고 받음. ❷무슨 일의 시비를 따지느라고 옥신각신함. ¶그 문제를 두고 참석자들이 설왕설래했지만 결국 결론을 내지 못했다.
설전 舌戰 | 말 설, 싸울 전
[verbal battle; hot discussion]
말[舌]로 하는 다툼[戰]. ¶설전을 벌이다. ⓗ 필전(筆戰).
****설정 設定** | 세울 설, 정할 정 [set (up)]
새로 마련하여[設] 정(定)함. ¶목표 설정.
****설치 設置** | 세울 설, 둘 치
[establish; set up]
❶속뜻 기계나 설비 따위를 마련하거나 세위[設] 둠[置]. ¶에어컨 설치. ❷어떤 기관을 마련함. ¶위원회 설치.
설탕 雪糖 | 본음 [설당] 눈 설, 사탕 당/탕
[sugar]
❶속뜻 눈[雪]같이 하얀 사탕(沙糖). ❷맛이 달고 물에 잘 녹는 결정체. ¶커피에 설탕을 넣다.
설피 雪皮 | 눈 설, 겉 피 [snowshoe]
눈[雪]에 빠지지 않도록 신바닥 겉[皮] 부분에 대는 넓적한 덧신. ¶설피 한 켤레.
설혹 設或 | 세울 설, 혹 혹 [even if]
설령(設令) 또는 혹시(或是). ¶설혹 알고 있더라도 아는 체하지 마라. ⓗ 설령(設令), 설사(設使).
설화 說話 | 말씀 설, 이야기 화
[tale; story]
❶속뜻 사실처럼 꾸며 말한[說] 이야기[話]. ❷문학 각 민족 사이에 전승되어 오는 신화, 전설, 민담 따위를 통틀어 이르는 말. ¶구전설화.
섬광 閃光 | 번쩍할 섬, 빛 광 [flash]
순간적으로 번쩍이는[閃] 빛[光]. ¶조명탄이 섬광을 내며 하늘로 솟아올랐다.
섬멸 殲滅 | 죽일 섬, 없앨 멸 [annihilate; destroy totally]
남김없이 다 죽여[殲] 없앰[滅]. ¶적군을 섬멸하다.
섬세 纖細 | 가늘 섬, 가늘 세
[be delicate]
❶속뜻 매우 자잘하고[纖] 가늘음[細]. ❷자질구레한 일에까지 아주 찬찬하고 세밀하다. ¶어머니는 모든 일을 섬세하게 처리한다.
****섬유 纖維** | 가늘 섬, 밧줄 유
[fiber; textiles]

[생물] 가는[纖] 밧줄[維]이나 실모양의 물질. 동식물의 세포나 원형질(原形質)이 분화하여 실 모양이 된 것. ¶목화로 천연 섬유를 만들다.

▶ **섬유-질 纖維質** | 바탕 질
섬유(纖維)로써 이루어진 물질(物質). ¶양배추는 섬유질이 매우 풍부하다.

▶ **섬유 공업 纖維工業** | 장인 공, 일 업
[공업] 천연 섬유(纖維)나 화학 섬유를 가공(加工)하여 직물을 만드는 공업(工業).

섬진-강 蟾津江 | 두꺼비 섬, 나루 진, 강 강
[지리] 전라북도 진안군에서 시작하여 전라남도를 거쳐 경상남도 하동을 지나 남해로 흘러 들어가는 강. 길이는 212km. 두꺼비[蟾]가 떼를 지어 왜구의 침략을 막아낸 나루[津]터가 있는 강(江)이라 하여 붙여진 이름이라는 설이 있다.

섭렵 涉獵 | 건널 섭, 쫓아다닐 렵
[read extensively]
❶[속뜻] 물을 건너[涉] 이곳저곳 쫓아다님[獵]. ❷책을 이것저것 널리 읽음. ¶문헌을 널리 섭렵하다. ㉿ 박섭(博涉).

섭리 攝理 | 잡을 섭, 다스릴 리
[providence]
❶[속뜻] 아프거나 병에 걸린 몸을 잘 다잡아[攝] 조리(調理)함. ❷자연계를 지배하고 있는 원리와 법칙. ¶신의 섭리에 맡기다.

섭씨 攝氏 | 당길 섭, 성씨 씨
[Centigrade; Cent.]
[물리] 섭씨온도계의 준말. 1742년 섭씨온도계를 만든 스웨덴의 천문학자 '셀시우스'(Celsius, A)를 '섭이사'(攝爾思)로 음역하고, 줄여서 '섭씨'(攝氏)라고 한 데에서 유래되었다. ¶물은 섭씨 100도에서 끓는다. ㉿ 화씨(華氏).

섭외 涉外 | 건널 섭, 밖 외
[liaison; arrangements]
외부(外部)와 연락이나 교섭(交涉)을 하는 일. ¶섭외와 홍보 업무를 맡다.

섭정 攝政 | 도울 섭, 다스릴 정
[rule as regent]
임금이 직접 통치할 수 없을 때 임금을 도와[攝] 대신하여 나라를 다스리는[政] 것. 또는 그 사람. ¶고종을 대신하여 흥선대원군이 섭정하였다.

*__섭취 攝取__ | 당길 섭, 가질 취 [intake]
양분을 빨아들여[攝] 취(取)함. ¶음식을 골고루 섭취하다.

▶ **섭취-량 攝取量** | 분량 량
흡수되는[攝取] 영양분의 양(量). ¶영양 섭취량을 측정하다.

성:¹ 性 | 성별 성 [sex]
❶남성과 여성, 수컷과 암컷의 구별. 또는 남성이나 여성의 육체적 특징. ¶남녀의 성의 특성. ❷성숙한 남녀가 가지는 본능으로, 이성을 찾아 합치려는 느낌이나 행위. ¶성에 눈을 뜨다.

성:² 姓 | 성씨 성
[family name; one's last name]
혈족(血族)을 나타내기 위하여 붙인 칭호. 주로 아버지와 자식 간에 대대로 계승된다. ¶나는 그의 이름도 성도 모른다.

성³ 城 | 성곽 성 [castle]
적을 막기 위해 높이 쌓은 큰 담이나 튼튼하게 지은 큰 건물. 또는 그런 담으로 둘러싼 지역. ¶수도 외곽에 성을 쌓다. ㉿ 성곽(城郭).

성:가 聖歌 | 거룩할 성, 노래 가
[sacred song; hymn]
❶[속뜻] 거룩한[聖] 내용의 노래[歌]. ❷[기독교] 기독교에서 부르는 가곡을 통틀어 이르는 말. ㉿ 싱익(聖樂).

▶ **성:가-대 聖歌隊** | 무리 대
[기독교] 예배나 미사 때 성가(聖歌)를 부르기 위하여 조직한 합창대(合唱隊). ㉿ 찬양대(讚揚隊).

*__성:격 性格__ | 성질 성, 품격 격
[character; personality]
각 개인의 성질(性質)과 인격(人格). ¶그는 성격이 까다롭다.

성:경 聖經 | 거룩할 성, 책 경
[Holy Bible]
각 종교에서 거룩한[聖] 내용을 담은 경전(經典). 기독교의 성서, 불교의 대장경, 유교의 사서삼경, 회교의 코란 따위. 뎬성서(聖書), 성전(聖典).

▶ **성:경-책 聖經冊** | 책 책
기독교 기독교의 경전인 성서[聖經]를 엮은 책(冊). ¶성경책이 책상 위에 놓여있다.

성공 成功 | 이룰 성, 공로 공 [succeed]
일[功]을 이룸[成]. ¶실패는 성공의 어머니이다. 뎬실패(失敗).

▶ **성공-담 成功談** | 이야기 담
어떤 일에 성공(成功)하기까지 겪은 일의 이야기[談]. ¶그의 성공담을 들었다.

▶ **성공-률 成功率** | 비율 률
어떤 일에 성공(成功)하는 비율(比率). ¶40대는 금연 성공률이 높다.

▶ **성공-적 成功的** | 것 적
성공(成功)했다고 할 만한 것[的]. ¶이번 공연은 성공적이었다.

성과 成果 | 이룰 성, 열매 과
[result; product; fruit]
이루어 내거나 이루어진[成] 결과(結果). ¶기대 이상의 성과를 거두었다.

성곽 城郭 | =城廓, 내성 성, 외성 곽
[castle]
❶ 속뜻 두 겹의 성벽 가운데 안쪽 부분의 담을 '城'이라 하고 바깥 부분의 담을 '郭'이라 함. ❷내성(內城)과 외성(外城)을 아울러 이르는 말. ¶성곽 도시 / 성곽을 쌓다.

성:-관계 性關係 | 성별 성, 빗장 관, 맬 계 [sexual intercourse]
성적(性的)인 관계(關係). ¶성관계를 맺다.

성:교 性交 | 성별 성, 사귈 교
[sexual intercourse]
남녀가 성적(性的)인 관계를 맺음[交]. 육체적으로 관계함. 뎬성행위(性行爲).

성:-교:육 性教育 | 성별 성, 가르칠 교, 기를 육 [sex education]
교육 청소년을 대상으로 하여 성(性)에 관한 과학적인 지식을 올바르게 지도하기 위한 교육(教育).

성:군 聖君 | 거룩할 성, 임금 군
[sage king]
어질고 거룩한[聖] 임금[君]. ¶세종대왕은 학문과 과학에 조예가 깊은 성군이었다. 뎬성왕(聖王), 성제(聖帝), 성주(聖主).

성균 成均 | 이룰 성, 고를 균
❶ 속뜻 학문을 이루고[成] 인품을 고르게[均] 함. ❷역사 고대 중국에서 '대학'(大學)을 일컫던 말.

▶ **성균-감 成均監** | 살필 감
역사 고려 시대에 최고 학부[成均]의 교육을 맡아보던 국립 기관[監]. 충렬왕 24년(1298)에 국학(國學)을 고친 것으로 34년(1308)에 성균관으로 고쳤다.

▶ **성균-관 成均館** | 집 관
역사 조선 시대에 최고 학부[成均]의 교육을 맡아보던 국립 기관(館).

성금 誠金 | 정성 성, 돈 금
[donation; contribution]
정성(精誠)을 모아내는 돈[金]. ¶불우 이웃 돕기 성금.

성:급 性急 | 성질 성, 급할 급
[hasty; quick tempered]
성질(性質)이 매우 급(急)하다. ¶내가 너무 성급했다. 뎬느긋하다.

성:기 性器 | 성별 성, 그릇 기
[sexual organs; genitals]
남성(男性)이나 여성(女性)의 외부 생식기(生殖器). 남자의 '음경'과 '고환', 여자의 '음문'을 두루 이르는 말. 뎬생식기(生殖器).

성내 城內 | 성곽 성, 안 내
[within the city]
성(城)의 안쪽[內]. 성안. 뎬성외(城外).

성년 成年 | 이룰 성, 나이 년

[(legal) majority; adult age]
❶[속뜻] 사람으로서 지능이나 신체가 완전히 성숙(成熟)한 나이[年]. ❷[법률] 법적인 권리를 행사할 수 있는 나이. 대개는 만 20세를 이른다. [반] 미성년(未成年).

▸ **성년-식 成年式** | 의식 식
성년(成年)이 되는 것을 기념하는 의식(儀式). ¶성년식을 치르다.

성:능 性能 | 성질 성, 능할 능
[capacity; power; efficiency]
기계 따위가 지닌 성질(性質)과 일을 해내는 능력(能力). ¶이 제품은 값은 싸지만 성능이 떨어진다.

성:당 聖堂 | 거룩할 성, 집 당
[Catholic church]
❶[속뜻] 거룩한[聖] 집[堂]. ❷[가톨릭] 가톨릭의 교회당.

성:대¹ 盛大 | 가득할 성, 큰 대
[be grand; magnificent]
가득할[盛] 정도로 크게[大]. ¶결혼식은 성대하게 치러졌다.

성대² 聲帶 | 소리 성, 띠 대
[vocal cords]
[의학] 후두(喉頭)의 중앙에 있는 소리[聲]를 내는 울림대[帶]. ¶성대 결절 / 성대모사(模寫). [비] 목청.

성:덕 대:왕 신종 聖德大王神鐘 | 성스러울 성, 덕 덕, 큰 대, 임금 왕, 귀신 신, 쇠북 종
[고적] 신라 성덕대왕(聖德大王)을 기리기 위해 만든 신령(神靈)스러운 종[鐘]. 어느 승려의 권고로 한 여인의 무남독녀를 가마솥의 쇳물에 넣고 나서 제작에 성공하였다는 전설이 있다. '에밀레종'이라고도 하며 국보 제29호이다.

성량 聲量 | 소리 성, 분량 량
[volume of (one's) voice]
목소리[聲]의 크기[量]. ¶성량이 풍부하다. [비] 음량(音量).

성:령 聖靈 | 성스러울 성, 신령 령
[Holy Spirit]
❶[속뜻] 성(聖)스러운 신령(神靈). ❷[기독교] 성삼위 중의 하나인 하나님의 영을 이르는 말. ¶성령의 힘을 받았다.

성:리 性理 | 성품 성, 이치 리
[human nature and natural laws]
❶[속뜻] 사람의 성품(性品)과 자연의 이치(理致). ❷인성(人性)의 원리.

▸ **성:리-학 性理學** | 배울 학
[철학] 송(宋)나라 때의 유학(儒學)의 한 계통으로 성명(性命)과 이기(理氣)의 관계를 논한 유교 철학(儒教哲學).

***성립 成立** | 이룰 성, 설 립
[be made up of]
일이나 관계 따위를 제대로 이루어[成] 바로 세움[立]. ¶봉건 사회의 성립 / 계약이 성립하다.

성:명¹ 姓名 | 성씨 성, 이름 명
[family name and given name]
성(姓)과 이름[名].

성명² 聲明 | 소리 성, 밝을 명 [declare; announce; make a statement]
❶[속뜻] 소리[聲]내어 분명(分明)하게 밝힘. ❷일정한 사항에 관한 견해나 태도를 여러 사람에게 공개적으로 밝히는 일. ¶두 나라 정상은 양국의 긴밀한 협력을 성명하였다.

▸ **성명-서 聲明書** | 글 서
성명(聲明)하는 뜻을 적은 글[書]. 또는 그 문서. ¶공동 성명서 / 성명서를 발표하다.

성:모 聖母 | 거룩할 성, 어머니 모
[Holy Mother]
❶[속뜻] 거룩한[聖] 어머니[母]. ❷지난날, 국모(國母)를 성스럽게 일컫던 말. ❸[가톨릭] 예수의 어머니 '마리아'를 일컫는 말.

성묘 省墓 | 살필 성, 무덤 묘
[visit one's ancestral graves]
산소[墓]를 살핌[省]. ¶성묘를 가다 / 할아버지 산소에 성묘하다.

성문 城門 | 성곽 성, 문 문 [castle gate]

성곽(城郭)의 문(門). ¶성문이 열렸다.

성:미 性味 | 성질 성, 맛 미
[nature; temperament]
성질(性質), 마음씨, 비위, 버릇 따위를 맛[味]에 빗대어 이르는 말. ¶그는 성미가 까다롭다.

성벽 城壁 | 성곽 성, 담 벽 [castle wall]
성곽(城郭)의 벽(壁). ¶적은 성벽을 허물고 진입했다.

성:별 性別 | 성별 성, 나눌 별
[distinction of sex]
남녀, 또는 암수 등 성(性)의 구별(區別). ¶성별을 기입해 주십시오.

성부 聲部 | 소리 성, 나눌 부
음악 음악에서 독립된 선율[聲]의 각 부분(部分). 소프라노, 알토, 테너, 베이스 따위.

***성분 成分** | 이룰 성, 나눌 분
[component; ingredient]
❶속뜻 전체를 구성(構成)하고 있는 부분(部分). ❷화학 화합물이나 혼합물 따위를 이루는 물질. ¶수입 농산물에서 다량의 농약 성분이 검출되었다.

성사 成事 | 이룰 성, 일 사
[succeed; accomplish]
일[事]을 이룸[成]. 또는 일이 이루어짐. ¶일의 성사 여부는 하늘에 달렸다.

성:서 聖書 | 거룩할 성, 책 서
[Holy Bible]
❶속뜻 거룩한[聖] 분의 행적 따위에 대하여 쓴 책[書]. ❷기독교 기독교의 경전. 신약과 구약으로 되어 있다. ㊗성경(聖經).

성:수-기 盛需期 | 가득할 성, 쓰일 수, 때 기 [high demand season]
경제 어떤 물건이 한창[盛] 쓰이는[需] 시기(時期). ¶성수기에는 항공 요금이 비싸다. ㊗비수기.

성숙 成熟 | 이룰 성, 익을 숙
[ripen; attain full growth]
❶속뜻 곡식이나 과일 등이 다 커서[成] 무르익음[熟]. ¶따뜻한 기후로 과일의 성숙이 빨라졌다 / 성숙한 감. ❷몸이나 마음이 완전히 자람. ¶정신의 성숙 / 그녀는 나이에 비해 성숙해 보인다.

***성실 誠實** | 정성 성, 참될 실
[sincere; faithful]
태도나 언행 등이 정성(精誠)스럽고 참됨[實]. 착하고 거짓이 없음. ¶그는 모든 일에 성실하다. ㊗불성실(不誠實).

성심 誠心 | 정성 성, 마음 심
[sincerity; good faith]
정성(精誠)스러운 마음[心]. 거짓 없는 참된 마음.

성:씨 姓氏 | 성씨 성, 성씨 씨
[family name]
성(姓)과 씨(氏). 성을 높여 이르는 말.

성악 聲樂 | 소리 성, 음악 악
[vocal music; singing]
음악 사람의 음성(音聲)으로 이루어진 음악(音樂). ¶그녀는 대학에서 성악을 전공했다. ㊗기악(器樂).

▶ **성악-가 聲樂家** | 사람 가
음악 성악(聲樂)을 전문적으로 하는 사람[家]. ¶세계적인 성악가가 공연을 하다.

▶ **성악-곡 聲樂曲** | 노래 곡
음악 성악(聲樂)을 위하여 만든 곡(曲).

성어 成語 | 이룰 성, 말씀 어
[phrase; idiom]
❶속뜻 이미 짜여진[成] 어휘(語彙). ❷이전부터 세상에서 흔히 인용되어 온 말. ¶성어를 아이들에게 가르치다.

성:역 聖域 | 거룩할 성, 지경 역
[holy precincts]
거룩한[聖] 지역(地域). 특히 종교적으로 신성하여 범해서는 안 되는 곳을 말한다. ¶성역이 침략자에게 짓밟혔다.

성:왕 聖王 | 거룩할 성, 임금 왕
[sage king]
어질고 거룩한[聖] 임금[王]. ㊗성군(聖君).

성:욕 性慾 | 성별 성, 욕심 욕
[sexual desire; lust]

성행위(性行爲)를 바라는 욕망(慾望).

성우 聲優 | 소리 성, 광대 우 [radio actor; dubbing artist]
[연영] 목소리[聲]만으로 출연하는 배우(俳優).

성운 星雲 | 별 성, 구름 운 [nebulosity]
[천문] 구름[雲]처럼 보이는 별[星]들. 가스나 우주 먼지로 이루어진 은하계 내의 성운과 항성의 대집단인 은하계 외의 성운으로 나눈다.

성원 成員 | 이룰 성, 인원 원 [member]
❶[속뜻] 어떤 단체나 조직을 구성(構成)하고 있는 인원(人員). ¶성원의 지지를 받다. ❷어떤 회의 등을 성립시키는 데 필요한 인원. ¶성원이 미달되다. [비] 구성원(構成員).

성:은 聖恩 | 거룩할 성, 은혜 은 [Royal favor]
거룩한[聖] 임금의 은혜(恩惠). ¶성은이 망극하옵니다.

성의 誠意 | 진심 성, 뜻 의 [sincerity; good faith]
진심[誠]에서 우러나오는 뜻[意]. 참된 마음. ¶성의가 없다.

성:인[1] 聖人 | 거룩할 성, 사람 인 [sage; saint]
❶[속뜻] 거룩하여[聖] 본받을만한 사람[人]. 유교에서는 요(堯)·순(舜)·우(禹)·탕(湯) 및 문왕(文王)·무왕(武王)·공자(孔子) 등을 가리킨다. ❷[가톨릭] 신앙과 성덕(聖德)이 특히 뛰어난 사람에게 교회에서 시성식(諡聖式)을 통하여 내리는 칭호.

***성인**[2] 成人 | 이룰 성, 사람 인 [adult]
이미 다 자란[成] 사람[人]. ¶성인이면 입장이 가능하다. [비] 대인(大人), 어른.

▶ **성인-기** 成人期 | 때 기
다 자라 성인(成人)이 된 시기(時期).

▶ **성인-병** 成人病 | 병 병
[의학] 중년기 이후에 성인(成人)들에게 많이 나타나는 병(病)을 통틀어 이르는 말. 동맥 경화, 당뇨병, 암, 심장병, 고혈압 따위.

성:자 聖者 | 거룩할 성, 사람 자 [sage; saint]
지혜나 덕(德)이 뛰어나고 거룩하여[聖] 본받을만한 사람[者].

****성장** 成長 | 이룰 성, 어른 장 [grow (up)]
❶[속뜻] 자라서 어른[長]이 됨[成]. ❷사물이나 동식물이 자라서 점점 커짐. ¶그 회사는 빠르게 성장하고 있다. [비] 발육(發育).

▶ **성장-기** 成長期 | 때 기
성장(成長)하는 시기(時期). ¶성장기에는 충분한 영양 섭취와 수면이 필요하다. [비] 발육기(發育期).

▶ **성장-률** 成長率 | 비율 률
[경제] 주로 경제적인 성장(成長) 정도를 나타내는 비율(比率). ¶경제 성장률.

▶ **성장-통** 成長痛 | 아플 통
[의학] 몸이 너무 빨리 자람[成長]에 따라 느끼는 아픔[痛]. ¶성장통은 성장 속도가 빠른 어린이에게 흔히 나타난다.

성:적[1] 性的 | 성별 성, 것 적 [sexual]
남녀의 성(性)이나 성욕(性慾)에 관계되는 것[的]. ¶성적 매력.

성적[2] 成績 | 이룰 성, 실적 적 [result; grade]
❶[속뜻] 어떤 일을 이룬[成] 결과나 실적(實績). ❷[교육] 학교 등에서 학생들의 학업이나 시험의 결과. ¶성적이 좋다 / 성적이 오르다.

▶ **성적-순** 成績順 | 차례 순
성적(成績)에 따른 순서(順序). ¶성적순으로 반을 편성하다.

▶ **성적-표** 成績表 | 겉 표
성적(成績)을 기록한 표(表). 특히 학업 성적의 일람표.

성:전 聖殿 | 거룩할 성, 대궐 전 [sacred hall]
❶[속뜻] 신성(神聖)한 전당(殿堂). ❷[가톨릭] 가톨릭의 성당. ❸[기독교] 개신교의 예배당.

성조-기 星條旗 | 별 성, 가지 조, 깃발 기
[Stars and Stripes]
미국의 국기로, 영문명 'Stars and Stripes'를 의역한 말. 현재의 주를 상징하는 50개의 별[星]과 독립 당시의 주를 상징하는 열세 줄의 붉은빛과 흰빛으로 된 가로줄[條]이 그려져 있는 깃발[旗]이라는 뜻에서 유래한 말이다.

성좌 星座 | 별 성, 자리 좌
[constellation]
[천문] 별[星]이 위치하는 자리[座]. 천구상의 여러 별을 신화나 전설에 나오는 신, 영웅, 동물, 기물 따위의 형상으로 가상하여 구분한 것으로, 현재 여든 여덟 개의 성좌가 있다. [비] 별자리.

성주 城主 | 성곽 성, 주인 주
[lord of a castle]
성(城)의 우두머리[主].

성:지 聖地 | 거룩할 성, 땅 지
[Holy Land]
[종교] 신성(神聖)스럽게 여기는 땅[地]. ¶성지 순례.

성:직 聖職 | 거룩할 성, 일 직
[holy orders; ministry]
❶ [속뜻] 거룩한[聖] 직무(職務). ❷ [기독교] 교칙에 따라 하나님께 봉사하는 직무. 또는 그러한 직분.

▶ 성:직-자 聖職者 | 사람 자
종교적으로 성(聖)스러운 직분(職分)을 맡은 사람[者]. 목사, 신부, 승려 따위가 있다.

⁑**성:질** 性質 | 성품 성, 바탕 질
[nature; property]
❶ [속뜻] 타고난 성품(性品)과 기질(氣質). ¶성질이 보통이 아니다. ❷사물이나 현상이 본디부터 가지고 있는 다른 것과 구별되는 특징. ¶물의 성질 / 이 두 사건은 성질이 다르다.

성:징 性徵 | 성별 성, 밝힐 징
[sex character]
[생물] 성별(性別)에 따라 신체상에 나타나는 성적(性的)인 특징(特徵). 남녀, 암수 따위. ¶2차 성징.

성찰 省察 | 살필 성, 살필 찰
[introspect; reflect (on)]
자신이 한 일을 돌이켜 보고 깊이 살핌[省=察]. ¶자신을 성찰하다.

성:-추행 性醜行 | 성별 성, 추할 추, 행할 행
성적(性的) 만족을 얻기 위하여 상대방에게 가하는 추한[醜] 행위(行爲). ¶성추행 범죄를 엄중히 처벌하다.

성충 成蟲 | 이룰 성, 벌레 충
[adult (insect)]
[동물] 애벌레가 다 자라서[成] 생식 능력을 지니게 된 곤충(昆蟲). [반] 유충(幼蟲).

성취 成就 | 이룰 성, 이룰 취
[achieve; accomplish; fulfill]
목적한 바를 이룸[成=就]. ¶소원 성취 / 목표한 바를 성취하다.

▶ 성취-감 成就感 | 느낄 감
하고자 했던 일을 이루었을[成就] 때 느끼는 흐뭇한 감정(感情).

성층 成層 | 이룰 성, 층 층
[bedding; stratification]
층(層)을 이룸[成]. 또는 그 층. ¶성층 광상(鑛床).

▶ 성층-권 成層圈 | 범위 권
❶ [속뜻] 층(層)을 이룬[成] 권역(圈域). ❷ [지리] 대류권(對流圈)과 중간권(中間圈) 사이에 있는 거의 안정된 대기층. 지표에서 약 12~55km 높이에 있다. ❸ [지리] 해면에서 약 500미터 이하에 있는 물의 층. 염분과 수온이 안정되어 있다.

성:탄 聖誕 | 거룩할 성, 태어날 탄
[sacred birth; Christmas Day]
❶ [속뜻] 거룩한[聖] 분의 탄생(誕生). 또는 임금의 탄생. ❷ [기독교] '성탄절'(聖誕節)의 준말.

▶ 성:탄-절 聖誕節 | 철 절
[기독교] 성(聖)스러운 예수가 태어난[誕] 날을 명절(名節)로 이르는 말. [비] 크리스

마스.

성패 成敗 | 이룰 성, 패할 패 [success or failure]
성공(成功)과 실패(失敗). ¶성패는 노력에 달려 있다.

성:-폭력 性暴力 | 성별 성, 사나울 폭, 힘 력 [sexual violence]
성적(性的)인 행위로 남에게 가하는 폭력(暴力). ¶성폭력을 당하다.

성:-폭행 性暴行 | 성별 성, 사나울 폭, 행할 행 [sexual violence; rape]
성적(性的)으로 행위로 남에게 가하는 폭행(暴行). 뗀 강간(強姦).

성:품 性品 | 성질 성, 품격 품 [nature; character]
성질(性質)의 됨됨이[品]. 사람의 됨됨이. ¶성품이 온화하다. 뗀 됨됨이, 품성(品性).

성:함 姓銜 | 성씨 성, 직함 함 [one's (honored) name]
❶속뜻 성명(姓名)과 직함(職銜). ❷남의 이름을 높여 이르는 말. ¶성함을 적어 주십시오. 뗀 존함(尊銜), 함자(銜字).

성:행 盛行 | 가득할 성, 행할 행 [prevail]
가득할[盛] 정도로 널리 행(行)해짐. ¶인터넷 쇼핑의 성행.

성:-행위 性行爲 | 성별 성, 행할 행, 할 위 [sexual intercourse]
성욕(性慾)을 만족시키기 위한 행위(行爲). 흔히 '성교'(性交)를 이른다.

성:향 性向 | 성질 성, 향할 향 [inclination]
성질(性質)이 쏠리는 방향(方向). ¶그녀는 점쟁이의 말이라면 덮어놓고 믿는 성향이 있다.

성:현 聖賢 | 거룩할 성, 어질 현 [saints; sages]
성인(聖人)과 현인(賢人)을 일컬음.

성형 成形 | 이룰 성, 모양 형 [correction of deformities]
❶속뜻 일정한 모양[形]을 이룸[成]. ❷

의학 외과적(外科的) 수단으로 신체의 어떤 부분을 고치거나 만듦. ¶성형 수술.

성화¹ 成火 | 이룰 성, 불 화 [torment; annoyance]
❶속뜻 마음대로 되지 않아 불[火]이 나는[成] 듯 몹시 애가 탐. 또는 그러한 상태. ¶여행을 못 가서 성화가 나다. ❷몹시 성가시게 구는 일. ¶장난감을 사 달라고 성화를 부리다.

성:화² 聖火 | 거룩할 성, 불 화 [sacred fire]
❶속뜻 신성(神聖)한 불[火]. ❷운동 올림픽 대회 때, 그리스의 올림피아에서 태양열로 채화(採火)한 불을 릴레이방식으로 운반하여 대회가 끝날 때까지 주경기장의 성화대에 켜 놓는 횃불. ¶성화를 봉송하다.

성:황 盛況 | 가득할 성, 상황 황 [prosperity]
어떤 장소에 가득한[盛] 상황(狀況). 또는 그런 모임이나 행사. ¶성황을 이루다.

성황-당 城隍堂 | 성곽 성, 해자 황, 집 당 [shrine of a tutelary deity]
민속 마을[城隍]을 지키는 혼령(魂靈)을 모신 집[堂].

세:¹ 貰 | 세놓을 세 [lease; rent]
남의 건물이나 물건 따위를 빌려 쓰기로 하고 내는 돈. 또는 빌리거나 빌려 쓰는 일. ¶세를 주다 / 세를 놓다.

세:² 稅 | 세금 세 [tax; duty]
법률 '조세'(租稅)의 준말. ¶세를 징수하다.

세:³ 歲 | 해 세 [age]
나이를 나타내는 단위. ¶12세부터 입장할 수 있다.

＊세:계 世界 | 세상 세, 지경 계 [world]
❶속뜻 세상(世上)의 모든 지역[界]. ❷지구상의 모든 나라. 또는 인류 사회 전체. ¶세계에서 가장 큰 나라. ❸집단적 범위를 지닌 특정 사회나 영역. ¶여성 세계.

▶ **세:계-관 世界觀** | 볼 관

철학 자연 및 인간 세계(世界)에 대한 관점이나 가치관(價値觀). ¶동양과 서양은 세계관이 상당히 다르다.

▶ 세:계-사 世界史 | 역사 사
세계(世界) 전체를 통일적으로 연관시킨 인류의 역사(歷史).

▶ 세:계-인 世界人 | 사람 인
세계적(世界的)으로 활약하는 유명한 사람[人].

▶ 세:계-적 世界的 | 것 적
❶속뜻 세계(世界) 전체를 대상 범위로 하는 것[的]. ❷세계에서 가장 뛰어난 수준에 이른 것. ¶세계적인 도시.

▶ 세:계-화 世界化 | 될 화
세계(世界) 여러 나라로 확대 발전됨[化]. ¶한글의 세계화.

▶ 세:계 대:전 世界大戰 | 큰 대, 싸울 전
❶속뜻 세계적(世界的)인 규모로 벌어지는 큰[大] 전쟁(戰爭). ❷역사 20세기 전반기에 있었던 제1차 세계 대전(1914~1918)과 제2차 세계 대전(1939~1945)을 이름.

▶ 세:계 지도 世界地圖 | 땅 지, 그림 도
지리 세계(世界)를 모두 나타낸 지도(地圖). ⓑ 만국지도(萬國地圖).

▶ 세:계 무:역 기구 世界貿易機構 | 바꿀 무, 바꿀 역, 틀 기, 얽을 구
경제 세계(世界) 여러 나라가 무역(貿易)에 관한 일을 처리하기 위하여 결성한 기구(機構). 세계 무역 분쟁 조정·관세 인하 요구·반(反)덤핑 규제 따위의 법적인 권한과 구속력을 행사할 수 있다. 본부는 제네바에 있다. ⓑ 더블유티오(WTO).

▶ 세:계 보:건 기구 世界保健機構 | 지킬 보, 굳셀 건, 틀 기, 얽을 구
의학 세계(世界) 여러 나라가 보건(保健) 상태의 향상을 위하여 설립한 국제 연합의 전문 기구(機構). 1948년에 설립된 것으로, 중앙 검역소 업무·유행병 및 전염병에 대한 대책·회원국의 공중 보건 행정 강화의 세 가지 업무를 맡고 있다. 본부는 제네바에 있다. ⓑ 더블유에이치오(WHO).

세:공 細工 | 가늘 세, 장인 공
[workmanship; craftsmanship]
섬세(纖細)한 잔손질이 많이 가는 수공(手工). ¶금속 세공.

세:관 稅關 | 세금 세, 빗장 관 [customs]
법률 공항, 국경[關] 등에서 드나드는 화물이나 선박을 검사하고 세금(稅金)을 물리는 등의 일을 하는 관청.

세:균 細菌 | 작을 세, 버섯 균
[bacterium; germ]
생물 눈으로 볼 수 없을 만큼 매우 작은[細] 버섯[菌]같은 단세포 생물을 두루 이르는 말. ¶세균에 감염되다. ⓒ 균. ⓑ 박테리아.

세:금 稅金 | 구실 세, 돈 금 [tax]
법률 국가나 지방 공공단체가 구실[稅]로 징수하는 돈[金].

**세:기 世紀 | 세대 세, 연대 기 [century]
❶속뜻 역사를 구분하는 일정한 세대(世代)나 연대(紀). ❷백 년을 단위로 하는 기간.

세:뇌 洗腦 | 씻을 세, 골 뇌
[brainwash; indoctrinate]
머릿속의 골[腦]에 들어있던 생각이나 사상 따위를 깨끗이 씻어내고[洗] 새로운 것을 주입시킴. ¶세뇌교육 / 광고는 불필요한 물건까지 사도록 사람들을 세뇌한다.

세:대¹世代 | 세상 세, 시대 대
[generation]
❶속뜻 어느 한 세상(世上)과 시대(時代). ❷같은 시대에 살면서 공통의 의식을 가지는 비슷한 연령층의 사람 전체. ¶젊은 세대.

▶ 세:대-차 世代差 | 어긋날 차
서로 다른 세대(世代)들의 생각 차이(差異). ¶아버지와 나는 세대차가 난다.

세:대²世帶 | 대 세, 띠 대 [family]
❶속뜻 대대로[世] 띠[帶]같이 이어져 오

는 가구. ❷[법률] 현실적으로 주거 및 생계를 같이하는 사람의 집단. ¶농사를 짓는 세대가 해마다 줄고 있다. [비] 가구(家口).

▸ 세ː대-주 世帶主 | 주인 주
한 세대(世帶)를 대표하는 사람[主]. [비] 가구주(家口主).

세ː도 勢道 | 권세 세, 길 도
[power; authority]
❶[속뜻] 권세(權勢)를 누리는 길[道]에 들어섬. ❷정치상의 권세. 또는 그 권세를 마구 휘두르는 일.

▸ 세ː도 정치 勢道政治 | 정사 정, 다스릴 치
[역사] 조선 정조 이후, 세도가(勢道家)에 의하여 좌우되던 정치(政治)를 이르는 말.

⁑**세ː력 勢力** | 권세 세, 힘 력 [influence; power]
권세(權勢)의 힘[力]. ¶세력을 떨치다 / 세력을 얻다.

세ː련 洗練 | =洗鍊, 씻을 세, 익힐 련
[refined; sophisticated; polished]
❶[속뜻] 깨끗이 씻어[洗] 말끔하고 열심히 익혀[練] 능숙함. ❷서투르거나 어색한 데가 없이 능숙하고 미끈하게 갈고 닦음. ❸모습 따위가 말쑥하고 품위가 있다. ¶세련된 옷차림.

세ː례 洗禮 | 씻을 세, 예도 례
[baptism; christening]
❶[기독교] 신자가 될 때 베푸는 의식으로 머리 위를 물로 적시거나[洗] 몸을 잠그는 예식(禮式). ¶세례를 받다. ❷'한꺼번에 몰아치는 비난이나 공격'을 비유하여 이르는 말. ¶그는 학생들의 질문 세례를 받았다.

세ː면 洗面 | 씻을 세, 낯 면
[wash one's face]
얼굴[面]을 씻음[洗]. ¶세면 도구. [비] 세수(洗手), 세안(洗顔).

▸ 세ː면-기 洗面器 | 그릇 기
세면(洗面)을 하는 그릇[器]. [비] 세숫대야.

▸ 세ː면-대 洗面臺 | 돈대 대
세면(洗面) 시설을 해 놓은 대(臺).

세ː무 稅務 | 세금 세, 일 무
[taxation business]
세금(稅金)을 매기고 거두어들이는 일[務]. ¶세무 조사를 하다.

▸ 세ː무-서 稅務署 | 관청 서
[법률] 세무(稅務)에 관한 일을 하는 행정 관청[署]. ¶세무서에 근무하다.

세ː밀 細密 | 가늘 세, 빽빽할 밀
[be minute]
가늘고[細] 빽빽함[密]. 빈틈없이 자세한. ¶세밀한 검사.

세ː배 歲拜 | 해 세, 절 배
[New Year's kowtow]
섣달 그믐이나 정초에 새해[歲]를 맞아 하는 인사[拜]. ¶세배를 드리다.

세ː부 細部 | 가늘 세, 나눌 부
[details; particulars]
자세(仔細)한 부분(部分). ¶세부 사항은 서류를 참고하십시오.

세ː분 細分 | 가늘 세, 나눌 분
[subdivide; fractionize]
❶[속뜻] 잘고 가늘게[細] 나눔[分]. ❷사물을 여러 갈래로 자세히 나누거나 잘게 가름. ¶업무를 세분하다.

⁑**세ː상 世上** | 세간 세, 위 상
[world; society]
❶[속뜻] 사람들[世]이 살고 있는 지구 위[上]. ❷인간이 활동하거나 생활하고 있는 사회. ¶그는 세상이 어떻게 돌아가는지 모른다. ❸제 마음대로 판을 치며 자유롭게 활동할 수 있는 무대. ¶여기는 완전히 내 세상이다.

▸ 세ː상-만ː사 世上萬事 | 일만 만, 일 사
세상(世上)에서 일어나는 온갖[萬] 일[事]. ¶세상만사가 다 귀찮다.

세ː세 細細 | 가늘 세, 가늘 세 [detailed; minute]
매우 자세하다[細+細]. ¶세세하게 알려 주다 / 세세히 살펴보다.

세:속 世俗 | 세상 세, 풍속 속
[secular world]
❶속뜻 세상(世上)에 흔히 있는 풍속(風俗). ❷보통 사람들이 늘 살아가는 세상. ¶세속을 떠나다 / 세속을 등지다.

▶ **세:속 오:계 世俗五戒** | 다섯 오, 경계할 계
역사 신라의 원광법사(圓光法師)가 지은 화랑(花郎)의 계명. 세상[世俗]을 살면서 꼭 지켜야 할 다섯[五] 가지 계율(戒律)이라는 뜻으로, 사군이충(事君以忠), 사친이효(事親以孝), 교우이신(交友以信), 임전무퇴(臨戰無退), 살생유택(殺生有擇)을 이른다. ⓒ 오계.

세:수 洗手 | 씻을 세, 손 수
[wash one's face]
손[手]을 비롯한 얼굴 따위를 씻음[洗]. ¶따뜻한 물로 세수하다. ⓑ 세면(洗面), 세안(洗顏).

세:습 世襲 | 대 세, 물려받을 습
[descent]
신분, 작위, 업무, 재산 따위를 대[世]를 이어 물려받음[襲]. 또는 그런 일 ¶권력 세습 / 부의 세습.

세:시 歲時 | 해 세, 때 시
[New Year; times and seasons]
❶속뜻 해[歲]를 넘기는 때[時]. 설. ❷일년 중의 그때그때. ¶세시 풍속.

세:심 細心 | 가늘 세, 마음 심
[be very careful]
작은 일에도 마음[心]을 꼼꼼하게[細] 기울이다. ¶아이에게는 엄마의 세심한 관심이 필요하다.

세:안 洗顏 | 씻을 세, 얼굴 안
얼굴[顏]을 씻음[洗]. ¶세안 도구.

***세:월 歲月** | 해 세, 달 월 [time]
❶속뜻 해[歲]와 달[月]이 도는 주기로 한없이 흘러가는 시간. ¶그를 마지막으로 만난 후 5년 가까운 세월이 흘렀다. ❷살아가는 세상. ¶세월이 좋다.

세:자 世子 | 세대 세, 아들 자
[Crown Prince]
역사 왕가의 대[世]를 이을 아들[子]. '왕세자'(王世子)의 준말. ⓑ 동궁(東宮).

세:제 洗劑 | 씻을 세, 약제 제
[cleanser; detergent]
몸이나 기구, 의류 따위에 묻은 물질을 씻어[洗] 내는 데 쓰이는 약제(藥劑). 비누 따위. ¶세제를 많이 쓰면 환경이 오염된다. ⓑ 세척제(洗滌劑), 세탁제(洗濯劑).

세:차 洗車 | 씻을 세, 수레 차
[wash a car]
자동차(自動車)를 씻는[洗] 일. ¶내가 세차한 날은 꼭 비가 온다.

▶ **세:차-장 洗車場** | 마당 장
세차 시설을 갖추고 세차(洗車)를 사업으로 하는 곳[場].

세:척 洗滌 | 씻을 세, 씻을 척 [wash]
깨끗이 씻음[洗=滌]. ¶콘택트렌즈를 세척하다.

▶ **세:척-력 洗滌力** | 힘 력
물체의 겉을 깨끗이 씻는[洗滌] 힘[力]. ¶이 세제는 세척력이 높다.

▶ **세:척-제 洗滌劑** | 약제 제
약학 상처, 눈, 질(膣) 따위의 국소나 세균이 침입하기 쉬운 곳을 소독하거나 씻어[洗滌] 내는 약제(藥劑).

세:탁 洗濯 | 씻을 세, 씻을 탁
[wash; launder]
옷이나 직물을 빪음[洗=濯]. ¶이 옷은 세탁해도 줄어들지 않습니다.

▶ **세:탁-기 洗濯機** | 틀 기
빨래하는[洗濯] 기계(機械).

▶ **세:탁-소 洗濯所** | 곳 소
시설을 갖추고 세탁(洗濯)하는 일을 업으로 하는 곳[所].

▶ **세:탁-장 洗濯場** | 마당 장
빨래를 할[洗濯] 수 있게 시설을 갖춘 곳[場].

세:태 世態 | 세상 세, 모양 태
[phase of life]
세상(世上)의 형편이나 상태(狀態). ¶이

소설은 세태를 잘 반영하고 있다.

세:파 世波 | 세대 세, 물결 파
[rough-and-tumble of life]
세상(世上)을 살아가는 어려움을 거센 파도[波]에 비유하여 이르는 말. ¶모진 세파에 시달리다.

*__세:포 細胞__ | 작을 세, 태보 포 [cell]
생물 생물체를 이루는 기본 단위. 그 모양이 작은[細] 태보[胞] 같다고 하여 붙여진 명칭으로 추정된다. ¶인체는 수십억 개의 세포로 이루어져 있다.

▶세:포 분열 細胞分裂 | 나눌 분, 찢어질 렬
생물 하나의 세포[細胞]가 둘 또는 그 이상으로 나뉘어[分] 갈라지면서[裂] 번식하는 일.

세형-동검 細形銅劍 | 가늘 세, 모양 형, 구리 동, 칼 검
고적 칼날이 가는[細] 형태(形態)의, 구리[銅]로 만든 칼[劍]. 우리나라에서 출토되는 동검의 하나.

소:-가족 小家族 | 작을 소, 집 가, 겨레 족 [small family]
구성원이 적은[小] 가족(家族). 반대 대가족(大家族).

소각 燒却 | 불사를 소, 물리칠 각
[incinerate]
불살라[燒] 태워 버림[却]. ¶쓰레기를 소각하다.

▶소각-로 燒却爐 | 화로 로
쓰레기나 폐기물 따위를 태워 버리는[燒却] 화로(火爐) 같은 시설물.

▶소각-장 燒却場 | 마당 장
쓰레기나 폐기물 따위를 불에 태워 버리는[燒却] 장소(場所). ¶쓰레기 소각장을 건설하다.

소:감 所感 | 바 소, 느낄 감
[one's impressions]
느낀[感] 바[所]. 또는 느낀 어떤 것 ¶수상 소감을 말하다.

*__소개 紹介__ | 이을 소, 끼일 개
[introduce]
❶속뜻 중간에 끼여[介] 서로의 관계를 맺어 줌[紹]. ¶우리는 친구 소개로 만났다. ❷알려지지 않은 것을 알게 해 줌. ¶책의 줄거리를 간단히 소개해 주세요.

▶소개-서 紹介書 | 글 서
남에게 알려 주는[紹介] 글[書]. 또는 그 문서. ¶소개서를 잘 써 주다.

▶소개-소 紹介所 | 곳 소
직업을 알선하거나, 소개(紹介)를 해주는 곳[所]. ¶직업 소개소.

소:견 所見 | 바 소, 볼 견 [one's view]
어떤 사물을 보고 살피어 가지는 의견(意見)이나 생각한 바[所]. ¶예를 들어 자신의 소견을 말하다.

소:계 小計 | 작을 소, 셀 계 [subtotal]
한 부분[小] 만의 합계(合計). ¶소계를 내다. 반대 총계(總計).

소:고 小鼓 | 작을 소, 북 고
[small hand drum; tabor]
음악 ❶작은[小] 북[鼓]. ❷농악에 쓰는 작은 북.

소:관 所關 | 것 소, 관계할 관
[what is concerned]
관계(關係)되는 어떤 것[所]. ¶그 일은 더 이상 우리 소관이 아닙니다.

소굴 巢窟 | 집 소, 움 굴 [den; haunt]
❶속뜻 새가 사는 집[巢]과 짐승이 들끓는 굴[窟]. ❷'나쁜 짓을 하는 도둑이나 악한 따위의 무리가 활동의 본거지로 삼고 있는 곳'을 일컬음. ¶이 지대는 부랑자의 소굴이다.

소:-규모 小規模 | 작을 소, 법 규, 본보기 모 [small scale]
일의 범위 또는 단체나 조직 따위가 작은[小] 규모(規模). ¶소규모 행사를 열다. 반대 대규모(大規模).

소극 消極 | 모자랄 소, 끝 극
❶속뜻 끝[極]을 보려는 의지가 모자람[消]. ❷스스로 앞으로 나아가거나 상황을 개선하려는 기백이 부족하고 비활동적

임. [반] 적극(積極).

▸ 소극-적 消極的 | 것 적
자진해서 작용하지 않는[消極] 것[的]. 적극적이 아닌 것. ¶그녀는 소극적이라서 친구를 잘 사귀지 못한다. [반] 적극적(積極的).

소급 遡及 | 거스를 소, 미칠 급 [go back to the past; retrace the past]
과거에까지 거슬러[遡] 올라가서 영향이나 효력을 미침[及]. ¶이 규칙은 5월로 소급하여 적용한다.

소:기 所期 | 것 소, 기약할 기
[one's expectation; anticipation]
기대(期待)하는 어떤 것[所]. 마음속으로 그렇게 되기를 바라고 기다리는 일. ¶소기의 성과를 거두다.

소:녀[1] 小女 | 작을 소, 여자 녀
❶[속뜻] 작은[小] 여자(女子) 아이. ❷여자가 웃어른에게 자기를 낮추어 일컫는 말. ¶소녀, 문안드리옵니다.

소:녀[2] 少女 | 적을 소, 여자 녀
[young girl; maiden]
나이가 어린[少] 여자[女]. 아주 어리지도 않고 성숙하지도 않은 여자. [반] 소년(少年).

*__소:년__ 少年 | 적을 소, 나이 년
[boy; lad]
❶[속뜻] 적은[少] 나이[年]. ❷나이가 어린, 청소년기에 있는 남자. [반] 소녀(少女).

▸ 소:년-단 少年團 | 모일 단
❶[속뜻] 소년(少年)으로 조직된 단체(團體). ❷[사회] 청소년의 인격 양성 및 사회봉사를 목표로 하는 국제적 훈련 단체. 보이스카우트.

소:대 小隊 | 작을 소, 무리 대 [platoon]
❶[속뜻] 규모가 작은[小] 무리[隊]. ❷[군사] 군대 편성 단위의 한 가지. 중대(中隊)의 하위 부대로 보통 4개 부대로 구성된다.

▸ 소:대-장 小隊長 | 어른 장
[군사] 소대(小隊)를 지휘·통솔하는 우두머리[長].

소:-도구 小道具 | 작을 소, 방법 도, 갖출 구
[연영] 연극 무대 장치 따위에서 비교적 작은[小] 장치물[道具]을 통틀어 이르는 말.

소:-도시 小都市 | 작을 소, 도읍 도, 저자 시 [small(er) town]
작은[小] 규모의 도시(都市). ¶그는 지방 소도시 출신이다. [반] 대도시(大都市).

소독 消毒 | 사라질 소, 독할 독
[disinfect; sterilize]
[약학] 해로운 균[毒]을 약품, 열, 빛 따위로 죽이는[消] 일. ¶이불을 마당에 널어 소독하다.

▸ 소독-약 消毒藥 | 약 약
[약학] 소독(消毒)에 쓰이는 약(藥). 알코올, 석탄산, 포르말린, 크레졸 따위. [비] 소독제(消毒劑).

소동 騷動 | 떠들 소, 움직일 동
[disturbance; agitation]
여럿이 떠들고[騷] 난리를 피움[動]. 여럿이 떠들어 댐. ¶건물에 불이나 한바탕 소동이 벌어졌다.

소:득 所得 | 것 소, 얻을 득
[income; earnings]
❶[속뜻] 어떤 일의 결과로 얻는[得] 것[所]. ❷[경제] 경제 활동을 하고 그 대가로 받는 돈 따위. ¶그는 매달 소득의 5%를 기부한다. [비] 이익(利益).

▸ 소:득-세 所得稅 | 세금 세
[경제] 개인의 소득(所得)에 대하여 직접 부과하는 국세(國稅).

소란 騷亂 | 떠들 소, 어지러울 란
[noisy; boisterous]
시끄럽게 떠들어[騷] 어수선함[亂]. ¶시장에서 큰 소란이 있었다 / 그들은 소란스런 행동 때문에 도서관에서 쫓겨났다. [비] 쟁란(諍亂).

소:량 少量 | 적을 소, 분량 량
[small quantity]
적은[少] 분량(分量). [반] 다량(多量).

소련 蘇聯 | 되살아날 소, 잇달 련
[Soviet Union]
지리 소비에트[蘇] 사회주의 공화국 연방(聯邦). '소비에트'를 '蘇'로 줄여 표기한 것이다.

소:령 少領 | 적을 소, 거느릴 령 [major]
❶ 속뜻 적은[少] 병사를 거느림[領]. ❷ 군사 국군의 영관(領官) 계급 중 맨 아랫계급. 대위의 위, 중령의 아래.

소:망 所望 | 것 소, 바랄 망
[desire; wish]
바라는[望] 어떤 것[所]. ¶새해 소망. 町 바람, 소원(所願), 희망(希望).

소:매 小賣 | 작을 소, 팔 매
[sell retail]
상품을 작은[小] 단위로 나누어 파는[賣] 일. 町 도매(都賣).

▶소:매-상 小賣商 | 장사 상
소매(小賣)하는 장사[商]. 또는 그 장수. 町 도매상(都賣商).

▶소:매-업 小賣業 | 일 업
소매(小賣)하는 영업(營業). 町 도매업(都賣業).

▶소:매 시:장 小賣市場 | 저자 시, 마당 장
경제 소매상(小賣商)들이 모여서 이룬 시장(市場). 町 도매 시장(都賣市場).

소:맥 小麥 | 작을 소, 보리 맥
[wheat; corn]
❶ 속뜻 작은[小] 보리[麥]라는 뜻에서 '밀'을 일컫는 말. ❷ 식물 간장, 된장, 빵, 과자 따위의 원료로 쓰는 벼와 비슷한 곡물. 또는 그 농작물.

▶소:맥-분 小麥粉 | 가루 분
밀[小麥]을 빻은 가루[粉]. ¶밀가루 반죽을 만들다.

소멸 消滅 | 사라질 소, 없앨 멸
[become extinct; disappear]
사라져[消] 없어짐[滅]. ¶우주는 생성과 소멸을 반복한다. 町 생성(生成).

소모 消耗 | 사라질 소, 줄 모
[consume; dissipate]
써서 사라지거나[消] 줄어듦[耗]. 또는 써서 없앰. ¶농구는 체력 소모가 많은 운동이다.

▶소모-품 消耗品 | 물건 품
쓰는 데 따라 닳아 없어지거나[消耗] 못 쓰게 되는 물품(物品). 종이, 연필 따위. ¶사무용 소모품. 町 비품(備品).

소:묘 素描 | 바탕 소, 그릴 묘
[rough drawing; rough sketch]
미술 형태와 명암을 위주로 하여 그 바탕[素]만을 그린[描] 그림. 町 데생.

소:문 所聞 | 것 소, 들을 문
[rumor; report]
귀로 들은[聞] 어떤 것[所]. ¶그가 살아 돌아왔다는 소문이 돌고 있다. 町 풍문(風聞).

소:-문자 小文字 | 작을 소, 글자 문, 글자 자 [small letter]
작은[小] 꼴의 문자(文字). ¶소문자로 적어도 됩니다. 町 대문자(大文字).

소:박 素朴 | 본디 소, 순박할 박
[simplicity; naivety]
꾸밈없이 본디[素] 그대로의 순박(淳朴)함. ¶나는 그의 소박함에 마음이 좋다. 町 수수하다.

소:반 小盤 | 작을 소, 쟁반 반
[small dining table]
음식을 놓고 앉아서 먹는 짧은 발이 달린 작은[小] 쟁반[盤]같은 상.

소방 消防 | 사라질 소, 막을 방
[fight a fire; extinguish a fire]
불이 났을 때 불을 끄고[消] 불이 나지 않도록 미리 마는[防] 일. ¶학교에서 소방 훈련을 하다.

▶소방-관 消防官 | 벼슬 관
소방서에서 소방(消防)에 관한 일을 하는 공무원[官]을 통틀어 이르는 말. 町 소방 공무원(消防公務員).

▶소방-서 消防署 | 관청 서
소방(消防)에 관한 업무를 맡아보는 기관[署]. ¶불이 나면 바로 소방서로 전화해서 알려야 한다.
▶ **소방-수** 消防手 | 사람 수
소방(消防) 활동에 종사하는 사람[手]. ¶한 소방수가 아이를 구하러 불길 속으로 뛰어들었다.
▶ **소방-차** 消防車 | 수레 차
소방(消防) 장비를 갖추고 있는 차(車). ¶소방차 사이렌 소리. 🔁 불자동차.
▶ **소방대-원** 消防隊員 | 무리 대, 사람 원
소방대(消防隊)에 소속된 사람[員].

소:백-산맥 小白山脈 | 작을 소, 흰 백, 메 산, 줄기 맥
❶ 속뜻 소백산(小白山)이 속해 있는 산맥(山脈). ❷ 지리 태백산맥에서 갈려 뻗어 내려 영남 지방과 호남 지방의 경계를 이루는 산맥. 소백산·속리산 따위가 있다.

소:변 小便 | 작을 소, 똥오줌 변 [urine]
❶ 속뜻 작은[小] 변(便). ❷'오줌'을 일컫는 말. ¶소변이 마렵다. 🔁 대변(大便).

소:복 素服 | 본디 소, 옷 복 [white clothes]
염색을 하지 않은 본디[素]의 흰색 옷[服]. 흔히 상복으로 입는다. ¶소복을 입은 여인이 울고 있었다.

**소비 消費 | 사라질 소, 쓸 비 [consume; spend]
돈이나 물건, 시간, 노력 따위를 써서[費] 사라지게[消] 함. ¶그 차는 연료를 많이 소비한다. 🔁 생산(生産).

▶ **소비-량** 消費量 | 분량 량
일정 기간에 소비(消費)한 분량(分量). ¶한여름에는 에너지 소비량이 급증한다. 🔁 생산량(生産量).

▶ **소비-자** 消費者 | 사람 자
❶ 속뜻 생산된 물건 따위를 소비(消費)하는 사람[者]이나 동물. ¶소비자들의 취향이 매우 까다롭다. ❷ 생물 생태계에서, 독립적으로 영양분을 얻지 못해 다른 생물을 통하여 영양분을 얻는 생물체. ¶초식 동물은 1차 소비자다. 🔁 생산자(生産者).

▶ **소비-재** 消費財 | 재물 재
경제 사람들이 일상생활에서 직접 소비(消費)하는 재화(財貨). ¶원가 상승으로 소비재의 가격도 상승하고 있다. 🔁 생산재(生産財).

▶ **소비자 가격** 消費者價格 | 사람 자, 값 가, 이를 격
경제 상품이 최종 소비자(消費者)에게 공급될 때의 가격(價格). 🔁 생산자 가격(生産者價格).

▶ **소비자 단체** 消費者團體 | 사람 자, 모일 단, 몸 체
사회 소비자(消費者)가 자신들의 권리와 이익을 지킬 목적으로 스스로 구성한 단체(團體).

소상 昭詳 | 밝을 소, 자세할 상 [detailed]
밝고[昭] 자세[詳]하다. ¶소상한 내용 / 전후 사정에 대해 소상히 알고 있다.

소생 蘇生 | =甦生, 되살아날 소, 살 생 [revive; resuscitate]
되살아나서[蘇] 살아감[生]. ¶봄은 만물이 소생하는 계절이다. 🔁 부생(復生), 회생(回生).

소:설¹ 小雪 | 작을 소, 눈 설
대설(大雪)보다 눈[雪]이 내리는 규모가 작은[小] 절기. 입동(立冬)과 대설 사이로 양력 11월 22일경이다.

소:설² 小說 | 작을 소, 말씀 설 [novel; story]
❶ 속뜻 자질구레하게[小] 떠도는 이야기[說]. ❷ 문학 사실 또는 상상에 바탕을 두고 허구적으로 이야기를 꾸민 산문체의 문학 양식. ¶소설을 쓰다. ❸소설책. ¶소설을 읽다.

▶ **소:설-가** 小說家 | 사람 가
소설(小說)을 쓰는 사람[家]. ¶허균은 조선시대 학자이자 뛰어난 소설가이다.

▶ **소:설-책** 小說冊 | 책 책
소설(小說)로 엮은 책(冊). 소설이 실린 책. 🔁 소설.

소:소 小小 | 작을 소, 작을 소 [trivial; small]

❶ 속뜻 자질구레하다[小+小]. ❷변변하지 않다. ¶소소한 문제.

소:속 所屬 | 것 소, 엮을 속
[one's position]
어떤 기관이나 조직에 엮여 있는[屬] 어떤 것[所]. 또는 그 딸린 사람이나 물건. ¶나는 야구부 소속이다.

▶ **소:속-감 所屬感** | 느낄 감
자신이 어떤 집단에 소속(所屬)되어 있다는 느낌[感]. ¶소속감이 생기다.

소송 訴訟 | 하소연할 소, 송사할 송
[lawsuit; suit]
법률 법원에 송사(訟事)를 청구하는[訴] 일. 또는 그 절차. ¶소송을 제기하다.

소수¹ 素數 | 본디 소, 셀 수
[prime (number)]
❶ 속뜻 본디[素]의 숫자[數]. ❷ 수학 1보다 크며 1과 그 수 자체 이외의 정수(整數)로는 똑 떨어지게 나눌 수 없는 정수. 2, 3, 5, 7, 11… 따위가 있다.

소:수² 小數 | 작을 소, 셀 수
[decimal (fraction)]
❶ 속뜻 작은[小] 수(數). ❷ 수학 0보다 크고 1보다 작은 실수. 0 다음에 점을 찍어 나타낸다.

▶ **소:수-점 小數點** | 점 점
수학 소수를 지닌 수를 나타낼 때, 소수(小數) 부분과 정수(整數) 부분을 구별하기 위하여 찍는 점(點).

소:수³ 少數 | 적을 소, 셀 수
[small number]
적은[少] 수효(數爻). ¶소수의 의견을 묵살하다. 땐 다수(多數).

▶ **소:수 민족 少數民族** | 백성 민, 무리 족
사회 한 나라를 이룬 여러 민족 가운데, 인구가 적고[少數] 인종·언어·풍습 등이 다른 민족(民族). ¶이 지역에는 여러 소수 민족이 함께 산다.

소슬 蕭瑟 | 쓸쓸할 소, 쓸쓸할 슬 [bleak; chilly]
으스스하고 쓸쓸함[蕭=瑟].

소:식¹ 小食 | 작을 소, 먹을 식
[eat little; eat like a bird]
음식을 적게[小] 먹음[食]. ¶장수하려면 소식하십시오. 땐 대식(大食).

✱소식² 消息 | 사라질 소, 불어날 식
[news; information]
❶ 속뜻 사라짐[消]과 불어남[息]. ❷'변화', '증감', '동정', '사정', '안부', '편지' 같은 의미로 쓰임. ¶요즘은 그 친구 소식이 뜸하다.

소:신¹ 小臣 | 작을 소, 신하 신
임금께 신하(臣下)가 자기를 낮추어[小] 일컫는 말.

소:신² 所信 | 것 소, 믿을 신
[one's belief]
자기가 믿고[信] 생각하는 어떤 것[所]. ¶소신을 굽히지 않다.

소실 消失 | 사라질 소, 잃을 실
[disappear; vanish]
사라져[消] 없어짐[失]. 또는 사라져 잃어버림. ¶전쟁으로 문화재가 소실되었다.

소:심 小心 | 작을 소, 마음 심
[timid; cowardly]
❶ 속뜻 도량이나 마음[心]이 좁다[小]. ❷ 대담하지 못하고 겁이 많다. 조심성이 많다. ¶소심하면 아무 일도 못한다.

소:아 小兒 | 작을 소, 아이 아
[baby; young child]
어린[小] 아이[兒]. ¶소아 병동 / 소아 시설. 땐 어린아이.

▶ **소:아-과 小兒科** | 분과 과
의학 어린아이[小兒]의 병을 전문으로 보는 의학의 한 분과(分科).

▶ **소:아-마비 小兒痲痺** | 저릴 마, 저릴 비
의학 어린아이[小兒]에게 많이 일어나는 수족의 마비(痲痺)성 질환. 뇌성(腦性)과 척수성(脊髓性)이 있다.

소:액 少額 | 적을 소, 액수 액
[small sum]
적은[少] 금액(金額). 적은 액수. ¶소액 투자 / 휴대전화로 소액 결제를 하다. 땐

거액(巨額).

소양 素養 | 본디 소, 기를 양
[grounding in; attainments]
평소(平素) 닦아 쌓은 교양(敎養). ¶소양이 있다 / 국제적 소양을 갖춘 인물을 발탁하다.

소외 疏外 | 멀어질 소, 밖 외
[estrange; alienate]
❶[속뜻] 사이가 점점 멀어지고[疏] 밖[外]으로 따돌림. ❷따돌려 멀리함. ¶반 친구들에게 소외당하다 / 소외된 이웃.
▸소외-감 疏外感 | 느낄 감
소외(疏外)되는 느낌[感]. 주위에서 따돌림을 받는 것 같은 느낌. ¶소외감을 느끼다.

소:요 所要 | 것 소, 구할 요
[take; cost]
필요(必要)로 하는 것[所]. 요구되는 바. ¶서울에서 대전까지는 버스로 2시간 정도 소요된다.
▸소:요-량 所要量 | 분량 량
소요(所要)되는 분량(分量). 필요한 양. ¶우리나라는 원자력으로 전기 소요량의 40%를 만든다.

소:용 所用 | 것 소, 쓸 용
[use; usefulness]
무엇에 쓰임. 또는 무엇에 쓰이는[用] 것[所]. 쓸데. ¶이제 와서 후회한들 무슨 소용이 있겠니?

소:원¹ 所願 | 것 소, 바랄 원
[one's desire]
이루어지기를 바라는[願] 어떤 것[所]. ¶소원을 빌다. [비]바람, 소망(所望).

소원² 訴願 | 하소연할 소, 바랄 원
[petition; appeal]
❶[속뜻] 하소연하여[訴] 바로잡아 주기를 바람[願]. ❷[법률] 위법이나 부당한 행정 처분으로 자신의 권리나 이익이 침해되었다고 생각한 사람이 그 취소나 변경을 행정 기관에 청구하는 일. ¶헌법 소원.

소:위¹ 少尉 | 적을 소, 벼슬 위
[second lieutenant]
[군사] 군인 계급의 하나. 장교 계급 중의 가장 아래[少] 계급[尉].

소:위² 所謂 | 바 소, 이를 위
[what is called]
이른[謂]바[所]. ¶그녀는 소위 귀부인이다.

소:유 所有 | 것 소, 가질 유
[own; have; possess]
가지고 있는[有] 어떤 것[所]. 자기 것으로 가짐. 또는 가지고 있음. ¶개인 소유 / 그는 많은 집을 소유하고 있다.
▸소:유-권 所有權 | 권리 권
[법률] 어떠한 물건을 소유(所有)하고 법이 정한 범위 내에서 임의로 이용하거나 처분할 수 있는 권리(權利). ¶그 땅의 소유권이 아들에게 넘어갔다.
▸소:유-자 所有者 | 사람 자
무엇을 가진[所有] 사람[者]. ¶이 그림을 사용하려면 저작권 소유자에게 미리 알려야 합니다.

⁑**소음 騷音** | 떠들 소, 소리 음
[noise; din]
시끄럽게 떠드는[騷] 소리[音]. ¶기계에서 엄청난 소음이 난다.

소:-음순 小陰脣 | 작을 소, 응달 음, 입술 순 [labia minora]
❶[속뜻] 여성 음부(陰部)에서 입술[脣]같이 생긴 부분 가운데 안쪽에 있는 작은[小] 것. ❷[의학] 여성의 외부 생식기의 일부를 이루는 음순 가운데, 안쪽에 있고 질 전정(前庭)을 좌우에서 싸는 주름진 점막성 시울.

소:인¹ 小人 | 작을 소, 사람 인
[little man; child]
❶[속뜻] 키나 몸집이 작은[小] 사람[人]. ❷나이가 어린 사람. ¶입장 요금은 대인 5000원, 소인 2000원이다. ❸도량이 좁고 간사한 사람. ❹신분이 낮은 사람이 자기보다 신분이 높은 사람에게 자신을 낮추어 하는 말. [반]대인(大人).

소인²消印 | 사라질 소, 도장 인
[postmark]
❶[속뜻]지우는[消] 표시로 인장(印章)을 찍음. 또는 그 인장. ❷우체국에서 접수된 우편물의 우표 따위에 도장을 찍음. 또는 그 도장. 접수 날짜, 국명(局名) 따위가 새겨져 있다. ¶편지에는 서울 소인이 찍혀 있었다.

소일 消日 | 사라질 소, 날 일
[pass time; kill time]
❶[속뜻]별로 하는 일 없이 나날[日]을 보냄[消]. ❷어떤 일에 마음을 붙여 세월을 보냄. ¶그는 은퇴 후에 독서로 소일했다.

소:자 小子 | 작을 소, 아이 자 [I; me]
자식(子息)이 부모에게 말할 때 자기를 낮추어[小] 일컫는 말.

소:작 小作 | 작을 소, 지을 작
[sharecrop; tenant (a farm)]
[농업]농토를 소유하지 못한 농민이 남의 농토를 빌려서 조금씩[小] 농사를 짓는[作] 일. ¶그동안 소작해 오던 밭마저 떼이고 말았다. [반]자작(自作).

▸소:작-농 小作農 | 농사 농
[농업]소작(小作)으로 농사(農事)를 짓는 일. 또는 그러한 농가나 농민. [반]자작농(自作農).

소:장¹小腸 | 작을 소, 창자 장
[small intestine]
[의학]작은[小] 창자[腸]. 위(胃)와 대장(大腸)사이에 있으며 먹은 것을 소화하고 영양을 흡수하는 길이 6~7m의 기관.

소:장²少將 | 젊을 소, 장수 장
[major general]
❶[속뜻]젊은[少] 장수[將]. ❷[군사]군인 계급의 하나. 준장의 위, 중장의 아래.

소:장³所長 | 곳 소, 어른 장
[head (of an office; factory)]
연구소, 사무소 등과 같이 '소'(所)자가 붙은 기관이나 직장의 사무를 총괄하는 책임자[長]. ¶연구소 소장.

소:장⁴所藏 | 것 소, 감출 장
[own; possess]
소유(所有)하여 잘 간직함[藏]. ¶그 그림은 박물관에 소장되어 있다.

⁑**소재¹素材** | 바탕 소, 재료 재
[(raw) material]
❶[속뜻]가장 기본적인 밑바탕[素]이 되는 재료(材料). ¶이 상품은 어떤 소재로 만든 것입니까? ❷[문학]문학 작품의 기본 재료가 되는 모든 대상. ¶글을 쓰기 위한 소재.

*__소:재²所在__ | 곳 소, 있을 재
[one's whereabouts; situation]
있는[在] 장소(場所). ¶그의 소재를 파악하고 있다.

▸소:재-지 所在地 | 땅 지
어떤 건물이나 기관 등이 있는[所在] 곳[地]. ¶수원은 경기도 도청 소재지이다.

소:절 小節 | 작을 소, 마디 절
[bar; measure]
❶[속뜻]문장의 짧은[小] 한 구절(句節). ❷[음악]악보에서 세로줄과 세로줄로 구분된 마디. ¶그는 노래 몇 소절을 불렀다.

소:정 所定 | 것 소, 정할 정
[prescribed form]
정(定)한 어떤 것[所]. 정해진 바. ¶소정의 절차를 거쳐야 한다 / 소정의 원고료를 지급하다.

소:종 小鐘 | 작을 소, 쇠북 종
❶[음악]편종(編鐘) 가운데 작은[小] 종(鐘). ❷[불교]절에서 쓰는 작은 종.

소주 燒酒 | =燒酎, 불사를 소, 술 주
[distilled liquor]
곡류를 발효시켜 불살라[燒] 증류하여 만든 술[酒].

⁑**소:중 所重** | 것 소, 무거울 중
[valuable; significant]
매우 귀중(貴重)한 어떤 것[所]이 있음. ¶그의 말은 내게도 소중한 것이었다.

소지¹素地 | 본디 소, 바탕 지 [making]
본래[素]의 바탕[地]. 가능성. ¶오해의 소지가 있다.

소:지²所持 | 것 소, 가질 지 [possess;

own]
무엇을 가지고[持] 있는 어떤 것[所]. ¶마약을 불법으로 소지하다 / 그는 현금 오십만 원을 소지하고 있다.

▶ 소:지-품 所持品 | 물건 품
가지고 있는[所持] 물품(物品). ¶소지품을 모두 꺼내 주십시오.

*소질 素質 | 본디 소, 바탕 질
[temperament]
본디[素]부터 가지고 있는 성질(性質). 또는 타고난 능력이나 기질. ¶그는 음악에 소질이 있다.

소집 召集 | 부를 소, 모을 집
[call; summon]
단체나 조직체의 구성원을 불러[召] 모음[集]. ¶비상회의를 소집하다. ⓔ 해산(解散).

소채 蔬菜 | 나물 소, 나물 채 [vegetable]
푸성귀[蔬]나 나물[菜]. ¶오곡과 소채를 생산하다. ⓔ 야채(野菜), 채소(菜蔬).

소:-책자 小冊子 | 작을 소, 책 책, 접미사 자
자그마하게[小] 만든 책(冊). ¶소책자를 간행하다.

소철 蘇鐵 | 되살아날 소, 쇠 철
[cycad; sago palm]
식물 줄기는 굵고 원기둥 모양이며, 잎이 붙어 있던 자국이 비늘모양으로 남는다. 잎은 뾰족하다. 철분(鐵分)이 많이 섞인 토질을 좋아하며, 죽다가도 잘 되살아난다[蘇]고 해서 붙여진 이름이라는 설이 있다.

소:총 小銃 | 작을 소, 총 총
[rifle; small arms]
군사 혼자 가지고 다니면서 사용할 수 있는 소형(小形) 화기[銃]. ¶소총으로 무장한 군인이 민가로 잠입했다.

소탈 疏脫 | 트일 소, 벗을 탈 [informal]
❶속뜻 예절이나 형식에 얽매이지 않고[疏] 그 굴레에서 벗어나다[脫]. ❷수수하고 털털하다. ¶그는 성격이 소탈하여 친구들이 좋아한다.

소탕 掃蕩 | 쓸 소, 씻어버릴 탕
[sweep; clear; mop up]
모조리 쓸고[掃] 씻어 버림[蕩]. 완전히 없앰. ¶소탕 작전 / 적군을 소탕하다.

소통 疏通 | 트일 소, 통할 통
[flow smoothly; communication]
❶속뜻 막혔던 것이 트여[疏] 잘 통(通)함. ¶차량 소통이 원활하다. ❷의견이나 의사가 상대편에게 잘 통함. ¶의사소통이 잘 이루어지다.

소:포 小包 | 작을 소, 쌀 포
[parcel; package]
❶속뜻 조그마하게[小] 포장(包裝)한 물건. ❷통신 어떤 물건을 포장하여 보내는 우편. ¶나는 친구의 생일 선물을 소포로 보냈다.

소:품 小品 | 작을 소, 물건 품 [small piece of painting; (stage) properties]
❶속뜻 조그만[小] 물품(物品). ❷그림, 조각, 음악 따위의 규모가 작은 간결한 작품. ❸연극의 무대 등에 쓰이는 자잘한 물건. ¶그는 소품 담당이다.

*소풍 逍風 | =消風, 거닐 소, 바람 풍
[go for an outing; go on an excursion]
❶속뜻 갑갑한 마음을 풀기 위하여 바람[風]을 쐬며 거니는[逍] 일. ❷교육 학교에서, 자연 관찰이나 역사 유적 따위의 견학을 겸하여 야외로 갔다 오는 일. ¶내일 학교에서 소풍을 간다.

소:학 小學 | 작을 소, 배울 학
[elementary school]
❶속뜻 나이가 적을[小] 때 익혀야 할 공부[學]. ❷책명 중국 송나라 때 유자징(劉子澄)이 주자(朱子)의 지도를 받아서 편찬한 초학자용(初學者用) 교양서. ❸교육 '초등학교'의 예전 용어.

소:-학교 小學校 | 작을 소, 배울 학, 가르칠 교 [elementary school]
교육 어린[小] 아이들이 다니는 학교(學校). '초등학교'(初等學校)의 예전 용어.

소ː한 小寒 | 작을 소, 찰 한
24절기의 하나. 가장 추운 대한에 앞선 약간 덜한[小] 추위[寒]가 있는 날. 동지(冬至)와 대한(大寒) 사이로 양력 1월 6일 경이다.

소ː행 所行 | 것 소, 행할 행
[person's doing]
행한[行] 어떤 것[所]. 행한 일. ¶이것은 고양이의 소행이 틀림없다.

소ː-행성 小行星 | 작을 소, 갈 행, 별 성
[minor planet; asteroid; planetoid]
[천문] 화성과 목성 사이의 궤도에서 태양의 둘레를 공전하는 작은[小] 행성(行星). 무수히 많은 수가 존재하며 대부분 반지름이 50km 이하이다.

소ː형 小型 | 작을 소, 모형 형
[small size; pocket size]
같은 종류의 물건 중에서 작은[小] 모형(模型). ¶소형 자동차. [반] 대형(大型).

소홀 疏忽 | 드물 소, 허술할 홀
[negligent; remiss]
드문드문[疏] 빈틈이 많고 허술함[忽]. ¶범인이 감시가 소홀한 틈을 타 달아났다 / 건강 관리를 소홀히 해서는 안 된다.

소화[1] 消火 | 사라질 소, 불 화 [extinguish a fire]
불[火]을 끔[消].

▸소화-기 消火器 | 그릇 기
불을 끄는 데[消火] 쓰는 기구(器具). ¶교실마다 소화기를 설치하다.

소화[2] 消化 | 사라질 소, 될 화 [digest]
❶[속뜻] 먹은 음식을 삭게[消] 함[化]. ¶채소는 소화가 잘된다. ❷[의학] 섭취한 음식물을 분해하여 영양분을 흡수하기 쉬운 형태로 변화시키는 일. 또는 그런 작용.

▸소화-액 消化液 | 진 액
[의학] 소화샘에서 소화관(消化管) 안으로 분비되는 액체(液體). 침, 위액(胃液), 담즙(膽汁), 장액(腸液) 따위로 여러 가지 소화 효소가 함유되어 있다.

▸소화-제 消化劑 | 약제 제
[의학] 소화(消化)를 촉진시키기 위해 쓰이는 약제(藥劑).

▸소화 기관 消化器官 | 그릇 기, 벼슬 관
[의학] 음식물을 소화(消化)하고 흡수하는 기관(器官). 보통 위창자관 소화샘으로 이루어지고 사람의 경우 입안·식도·위·창자·항문 및 침샘·간·이자 등이 있다.

▸소화 불량 消化不良 | 아닐 불, 좋을 량
[의학] 먹은 음식물의 소화(消化)·흡수가 잘 되지 않는[不良] 소화기의 병.

속 屬 | 무리 속 [genus]
[생물] 생물의 분류[屬] 단위. 과(科)와 종(種)의 중간.

속개 續開 | 이을 속, 열 개
[continue; resume (a meeting)]
일단 멈추었던 회의 따위를 계속(繼續)하여 엶[開]. ¶회의는 내일 속개한다.

속공 速攻 | 빠를 속, 칠 공
[launch a swift attack against]
[운동] 구기 경기에서 상대방에게 대비할 시간을 주지 않고 재빨리[速] 공격(攻擊)함. ¶그는 공을 가로채 속공으로 연결했다. [반] 지공(遲攻).

속국 屬國 | 속할 속, 나라 국
[dependency]
주권이 다른 나라에 속(屬)해 있는 나라[國]. ¶우산국은 한때 신라의 속국이었다. [비] 종속국(從屬國), 식민지(植民地).

속단 速斷 | 빠를 속, 끊을 단 [conclude hastily; make a hasty conclusion]
성급하게 빨리[速] 판단(判斷)함. 또는 그러한 판단. ¶속단은 금물이다.

속달 速達 | 빠를 속, 이를 달
[deliver by express]
❶[속뜻] 빨리[速] 전달(傳達)함. ❷[통신] '속달우편'(郵便)의 준말. ¶이 소포를 속달로 보내고 싶습니다.

▸속달 우편 速達郵便 | 우송할 우, 편할 편
[통신] 요금을 더 받고 보통 우편물보다 빨리[速] 배달(配達)하는 우편(郵便) 제도. 또는 그 우편물. [준] 속달.

속담 俗談 | 속될 속, 이야기 담
[proverb; (common) saying]
❶속뜻 속(俗)된 이야기[談]. ❷민중의 지혜가 응축되어 널리 구전되는 격언. ¶세 살 적 버릇이 여든까지 간다는 속담은 결코 헛말이 아니다. ㉖ 속설(俗說).

▶ 속담-집 俗談集 | 모을 집
여러 속담(俗談)을 모아[集] 적어 놓은 책.

속도 速度 | 빠를 속, 정도 도
[speed; rate]
❶속뜻 빠른[速] 정도(程度). ❷물체가 나아가거나 일이 진행되는 빠르기. ¶속도가 빠르다.

속력 速力 | 빠를 속, 힘 력
[speed; velocity]
자동차, 기차, 항공기 따위의 속도(速度)를 이루는 힘[力]. ¶기차는 굉장한 속력으로 달렸다.

속물 俗物 | 속될 속, 만물 물
[snob; philistine]
돈, 권력 등 자신의 이익만을 좇는 천한[俗] 사람[物].

속박 束縛 | 묶을 속, 묶을 박
[restraint; shackles]
❶속뜻 묶음[束=縛]. ❷사람의 행동의 자유를 빼앗음. ¶속박을 당하다.

속보¹ 速步 | 빠를 속, 걸음 보
[quick pace]
빠른[速] 걸음걸이[步]. ¶속보로 걸으면 체중 감량에 도움이 된다.

속보² 速報 | 빠를 속, 알릴 보
[report promptly; announce quickly]
빨리[速] 알림[報]. 또는 그 신속한 보도. ¶재해 속보.

속설 俗說 | 속될 속, 말씀 설
[common talk]
❶속뜻 속(俗)된 학설(學說). ❷민간에 전하여 내려오는 설(說). ¶소의 간이 시력 회복에 좋다는 속설이 있다.

속성 屬性 | 붙일 속, 성질 성
[attribute; property]
사물의 본질을 이루거나 붙어있는[屬] 특징이나 성질(性質). ¶물질의 속성.

속세 俗世 | 속될 속, 세상 세
[this world; mundane life]
❶속뜻 속(俗)된 세상(世上). ❷불교 불가에서 일반 사회를 이르는 말. ¶속세를 떠나다 / 속세와의 인연을 끊다. ㉖ 세속.

속수 束手 | 묶을 속, 손 수
[helplessness]
'속수무책'의 준말.

▶ 속수-무책 束手無策 | 없을 무, 꾀 책
손[手]이 묶인[束] 듯이 방법[策]이 없어[無] 꼼짝 못함. ¶나로서도 어떻게 처리해야 할지 속수무책이었다. ㉔ 속수.

속어 俗語 | 속될 속, 말씀 어
[slang word]
❶속뜻 민간에서 통속적으로 쓰이는 속(俗)된 말[語]. ❷세간의 상스러운 말. ¶상스러운 속어를 쓰지 말자.

속-장경 續藏經 | 이을 속, 감출 장, 책 경
불교 고려시대의 대장경(大藏經)을 편찬할 때 빠진 것을 의천이 이어[續] 모아 엮은 책.

속죄 贖罪 | 속바칠 속, 허물 죄
[atone for; make atonement for]
❶속뜻 금품을 주거나 공로를 세워 죄(罪)를 씻음[贖]. ¶그는 속죄하는 마음으로 여생을 보냈다. ❷기독교 '예수의 희생'을 이르는 말.

속출 續出 | 이을 속, 날 출
[occur in succession]
잇달아[續] 나옴[出]. ¶걱정거리가 속출하다.

속칭 俗稱 | 속될 속, 일컬을 칭
[popular name]
세속(世俗)에서 흔히 일컫는[稱] 말. 또는 그러한 호칭이나 명칭. ¶'김병연'은 속칭 '김삿갓'으로 알려져 있다.

속편 續編 | 이을 속, 엮을 편
[sequel; second volume]

책이나 영화 등에서 본편에 이어[續] 엮은[編] 것. ¶속편은 전편보다 내용이 풍부하다.

손: 孫 | 손자 손 [descendants]
자신의 세대에서 여러 세대가 지난 뒤의 자녀를 통틀어 이르는 말. '후손(後孫)'의 준말. ¶손이 끊기다.

손녀 孫女 | 손자 손, 딸 녀
[granddaughter]
딸이나 아들, 즉 자손(子孫)의 딸[女]. ¶할머니가 손녀를 품에 안고 자장가를 불러 주었다. ⓑ손자(孫子).

손:상 損傷 | 덜 손, 다칠 상
[damage; injure]
온전한 것이 덜하거나[損] 다침[傷]. ¶손상되지 않도록 잘 다루다.

손:색 遜色 | 못할 손, 빛 색 [inferior in]
❶속뜻 다른 것과 비교하여 빛깔[色]이 조금 못하거나[遜] 떨어짐. ❷다른 것과 견주어 보아 못한 점. ¶이 영화는 당대 최고의 작품이라고 해도 손색이 없다 / 그 청년은 어디에 내놓아도 손색없는 신랑감이다.

손:실 損失 | 상할 손, 잃을 실
[damage; suffer a loss]
상하거나[損] 잃어버림[失]. 또는 그 손해. ¶재산 손실 / 전쟁으로 인명과 물자를 손실했다 / 전통 문화가 손실되는 것이 안타깝다. ⓑ이득(利得).

손오공 孫悟空 | 손자 손, 깨달을 오, 빌 공
[문학] 중국 명대의 장편 소설 『서유기』(西遊記)의 주인공인 원숭이. 신통력을 얻어 천상계로 가서 횡포를 부리다가 석가여래의 법력으로 진압된다. 이후 삼장 법사에게 구출되어 그를 따라서 수많은 어려움을 이겨내고 인도에서 경전을 가져온다.

손:익 損益 | 덜 손, 더할 익
[profit and loss; loss and gain]
❶속뜻 덜어짐[損]과 더해짐[益]. ❷손실(損失)과 이익(利益). ¶손익을 따지다.

손자 孫子 | 손자 손, 아이 자
[grandchild; grandson]
손(孫)을 이을 아이[子]. 자식의 자식. ⓑ손녀(孫女).

손:해 損害 | 덜 손, 해칠 해
[damage; loss]
금전, 물질 면에서 본디보다 밑지거나[損] 해(害)를 봄. ¶손해를 보다. ⓑ손실(損失). ⓑ이익(利益).

솔선 率先 | 거느릴 솔, 먼저 선
[take up the running]
❶속뜻 남보다 먼저[先] 나서서 다른 사람들을 거느림[率]. ❷앞장서서 모범을 보임. ¶그녀는 솔선하여 봉사 활동에 참여했다.

▶ **솔선-수범** 率先垂範 | 드리울 수, 본보기 범
앞장서서[率先] 모범(模範)을 보임[垂]. ¶자식을 올바르게 가르치기 위해서는 부모가 먼저 솔선수범해야 한다.

솔직 率直 | 소탈할 솔, 곧을 직
[honest; frank]
거짓이나 숨김이 없이 소탈하고[率] 올곧음[直]. ¶나는 너의 솔직한 생각을 듣고 싶다. ⓑ꾸밈없다.

송:구 悚懼 | 두려워할 송, 두려워할 구
[be much obliged to; be sorry regret]
미안하고 두렵다[悚=懼]. ¶송구한 마음 / 과분하게 칭찬하니 송구스럽습니다.

송:구-영신 送舊迎新 | 보낼 송, 옛 구, 맞이할 영, 새로울 신 [see the old year out and the new year in]
묵은해[舊]를 보내고[送] 새해[新]를 맞이함[迎]. ⓒ송영.

송:금 送金 | 보낼 송, 돈 금
[remit money]
돈[金]을 부침[送]. 또는 그 돈. ¶송금 수수료 / 월급의 반 이상을 동생에게 송금했다.

송:년 送年 | 보낼 송, 해 년
[bidding the old year out]

한 해[年]를 보냄[送]. ¶송년모임. [반] 영년(迎年).

송ː덕 頌德 | 기릴 송, 베풀 덕 [eulogy]
공덕(功德)을 기림[頌].

▸ 송ː덕-비 頌德碑 | 비석 비
공덕(功德)을 기리기[頌] 위하여 세운 비석(碑石).

송림 松林 | 소나무 송, 수풀 림
[pine forest]
소나무[松]가 우거진 숲[林]. ¶해변을 따라 송림이 울창하게 우거져 있다. [비] 솔숲.

송ː별 送別 | 보낼 송, 나눌 별 [farewell]
멀리 떠나는[別] 이를 보냄[送]. ¶송별의 정을 나누다.

▸ 송ː별-회 送別會 | 모일 회
송별(送別)의 서운함을 달래기 위한 뜻으로 여는 모임[會].

송ː사 送辭 | 보낼 송, 말씀 사
[farewell speech]
떠나는 사람을 이별하여 보내면서[送] 하는 인사말[辭]. ¶교장 선생님이 송사를 하셨다. [비] 송별사(送別辭). [반] 답사(答辭).

송상 松商 | 소나무 송, 장사 상
[역사] 조선 때, 송도(松都)의 상인(商人)을 이르던 말.

송ː신 送信 | 보낼 송, 소식 신
[transmit a message]
전보, 전화, 편지 따위로 소식[信]을 보냄[送]. ¶무선으로 전파를 송신하다. [반] 수신(受信).

▸ 송ː신-기 送信機 | 틀 기
[통신] 유무선의 통신기의 통신(通信)을 보내는[送] 장치[機]. [반] 수신기(受信機).

송어 松魚 | 소나무 송, 물고기 어 [trout]
❶ [속뜻] 소나무[松] 껍질 무늬 모양이 있는 물고기[魚]. ❷ [동물] 연어과의 물고기. 등은 짙은 남색, 배는 은백색이다. 산란기에 강을 거슬러 올라간다.

송ː유-관 送油管 | 보낼 송, 기름 유, 대롱 관 [oil pipeline]
석유(石油)나 원유(原油) 등을 딴 곳으로 보내는[送] 관(管).

송이 松栮 | 소나무 송, 버섯 이
[pine mushroom]
[식물] 추석 무렵 솔[松]밭에 나는데 버섯[栮]. 향기가 좋고 맛이 있어 식용한다.

송ː전 送電 | 보낼 송, 전기 전
[supply the (electric) current]
전력(電力)을 보냄[送].

송진 松津 | 소나무 송, 끈끈할 진
[(pine) resin; pitch]
소나무[松]에서 나오는 진액(津液).

송판 松板 | 소나무 송, 널빤지 판
[pine board
소나무[松]를 켜서 만든 널빤지[板]. ¶대패로 송판을 밀었다.

송화[1] 松花 | 소나무 송, 꽃 화
[flowers of the pine]
소나무[松]의 꽃[花]. 또는 그 꽃가루.

송ː화[2] 送話 | 보낼 송, 말할 화 [transmit]
전화로 상대편에게 말[話]을 보냄[送]. [반] 수화(受話).

▸ 송ː화-기 送話器 | 그릇 기
전화기 등을 통해 상대편에게 한 말[話]을 보내는[送] 기기(器機)로 바꾸는 장치. [반] 수화기(受話器).

송ː환 送還 | 보낼 송, 돌아올 환
[send back; repatriate]
돌려[還] 보냄[送]. ¶탈북자를 강제로 송환하다.

쇄ː국 鎖國 | 잠글 쇄, 나라 국
[close a country]
❶ [속뜻] 나라[國] 문을 잠금[鎖]. ❷ 외국과의 교통이나 무역을 막음. [반] 개국(開國).

▸ 쇄ː국 정책 鎖國政策 | 정치 정, 꾀 책
[정치] 외국(外國)과의 통상이나 교역을 하지 않거나[鎖國] 극히 제한하는 정책(政策). ¶흥선대원군은 쇄국정책을 썼다. [반] 개방 정책(開放政策).

▸ 쇄ː국-주의 鎖國主義 | 주될 주, 뜻 의
[정치] 외국과의 통상 및 교역을 거절하고

나라[國]의 문을 닫아야[鎖] 한다는 주의(主義). [반] 개국주의(開國主義).

쇄:도 殺到 | 빠를 쇄, 이를 도 [rush in]
세차고 빠르게[殺] 몰려듦[到]. ¶상품을 문의하는 전화가 쇄도하다.

쇄:신 刷新 | 쓸어낼 쇄, 새 신 [reform; renovate]
묵은 것이나 폐단을 쓸어내어[刷] 새롭게[新] 함. ¶회사의 기강을 쇄신하다.

쇠약 衰弱 | 쇠할 쇠, 약할 약 [weak]
몸이 쇠퇴(衰退)하여 약(弱)함. ¶신경 쇠약 / 노인들은 나이가 들면서 기력이 쇠약해진다.

***쇠퇴 衰退** | =衰頹, 쇠할 쇠, 물러날 퇴 [decline; decay]
기세가 쇠(衰)하여 무너짐[退]. ¶국력의 쇠퇴 / 나이가 들면 기억력이 점점 쇠퇴한다. [반] 왕성(旺盛), 흥성(興盛), 번창(繁昌), 번성(繁盛).

수[1] 水 | 물 수 [Wednesday]
'수요일'(水曜日)의 준말.

수[2] 秀 | 빼어날 수 [Excellent; A]
수(秀)·우(優)·미(美)·양(良)·가(可)로 성적을 매길 때, 가장 높은 등급. ¶국어에서 수를 받았다.

수[3] 首 | 머리 수 [poem; piece]
시나 노래를 세는 단위. ¶할아버지가 시 한 수를 읊었다.

수:[4] 數 | 셀 수 [number]
❶셀 수 있는 물건의 많고 적음. ¶학생 수가 많다. ❷[수학] 자연수·완전수·정수·유리수·분수·무리수 등의 총칭.

수:[5] 繡 | 수놓을 수 [embroidery]
헝겊에 색실로 그림·글자 등을 떠서 놓는 일. 또는 그 그림이나 글자. ¶수를 놓다.

수감 收監 | 거둘 수, 감방 감 [confine in prison]
죄인 등을 감방(監房)에 가둠[收]. ¶그는 교도소에 수감 중이다.

수갑 手匣 | 손 수, 상자 갑 [handcuffs; cuffs]
피의자나 피고인 또는 수형자(受刑者)의 손목[手]에 채우는 형구[匣]. ¶경찰은 범인에게 수갑을 채웠다.

수강 受講 | 받을 수, 익힐 강 [attend a lecture; take a course]
강의(講義)를 듣거나 강습(講習)을 받음[受]. ¶수강 신청 / 한국사 과목을 수강하다.

수거 收去 | 거둘 수, 갈 거 [take away; remove]
거두어[收] 감[去]. ¶분리수거 / 집배원이 우편물을 수거해 갔다.

▸수거-함 收去函 | 상자 함
무엇을 한데 모아 가져가기 위해 담아 두는[收去] 상자나 함(函). ¶헌옷 수거함.

수:건 手巾 | 손 수, 수건 건 [towel]
얼굴이나 손[手] 따위를 닦는 헝겊[巾]. ¶이 수건으로 머리를 말리세요.

수경 水鏡 | 물 수, 거울 경 [swimming goggles]
물[水] 속에서 보기 위해 쓰는 안경(眼鏡). ¶수영을 할 때에는 수경을 껴야 한다.

수공 手工 | 손 수, 장인 공 [manual work]
❶[속뜻] 손[手]으로 하는 공예(工藝). ❷손으로 하는 일의 품. 또는 그 품삯. ¶한복을 만들려면 수공이 많이 든다.

▸수공-업 手工業 | 일 업
간단한 도구와 손[手]으로 물건을 만드는[工] 작은 규모의 일[業]. ¶가내 수공업.

▸수공-품 手工品 | 물건 품
손[手]으로 만든[工] 공예품(工藝品).

▸수공업-자 手工業者 | 일 업, 사람 자
수공업(手工業)을 전문적으로 일하는 사람[者].

수-공예 手工藝 | 손 수, 장인 공, 재주 예 [handicrafts and manual arts]
손[手]이나 간단한 도구로 물건을 만드는 공예(工藝). ¶통영은 나전칠기 수공예가 발달했다.

수교 修交 | 닦을 수, 사귈 교
[form a good relationship]
나라와 나라 사이에 교제(交際)의 길을 닦아[修] 맺음. ¶수교를 맺다 / 중국과 수교하다.

수구 水球 | 물 수, 공 구 [water polo]
運動 각각 일곱 사람으로 이루어진 두 편이 물[水] 속에서 공[球]을 상대편 골에 넣어 득점의 많고 적음으로 승부를 겨루는 경기.

***수군 水軍** | 물 수, 군사 군
[naval forces]
歷史 배를 타고 바다[水]에서 싸우던 군대(軍隊). 지금의 해군(海軍)에 해당한다. ¶이순신 장군은 수군을 이끌고 왜구를 물리쳤다.

수궁 水宮 | 물 수, 집 궁
물[水] 속에 있다는 상상의 궁궐(宮闕). ¶자라는 토끼를 수궁으로 데려왔다. 🔵 용궁(龍宮).

수금 收金 | 거둘 수, 돈 금
[collect money]
돈[金]을 거둠[收]. ¶외상값을 수금하다.

수긍 首肯 | 머리 수, 즐길 긍
[assent; consent]
❶ 속뜻 머리[首]를 끄덕이며 즐김[肯]. ❷ 남의 주장이나 언행이 옳다고 인정함. ¶그의 설명을 들으니 수긍이 갔다.

수기 手記 | 손 수, 기록할 기
[note; memorandum]
자기의 체험을 자신이 손수[手] 적은[記] 글. ¶여행 수기를 썼다.

수난 受難 | 받을 수, 어려울 난
[ordeals; severe trial]
재난 따위의 어려움[難]을 당함[受]. ¶그들은 말도 못할 수난을 겪었다.

수납¹ 收納 | 거둘 수, 들일 납 [receive payment]
관공서 같은 곳에서 금품을 거두어[收] 들임[納]. ¶세금을 수납하다.

수납² 受納 | 받을 수, 들일 납
[receive; accept]
받아서[受] 넣어 둠[納]. ¶옷을 수납할 공간이 부족하다.

▶ **수납-장 受納欌** | 장롱 장
물건을 넣어 두는[受納] 장(欌). ¶잡동사니를 수납장에 넣어 정리했다.

***수녀 修女** | 닦을 수, 여자 녀
[nun; sister; Mother]
가톨릭 수도(修道)하는 여자(女子). 청빈·정결·복종을 서약하고 독신으로 수도원 등에서 지낸다. ¶그 수녀는 고아들에게 어머니와 같은 존재였다.

▶ **수녀-원 修女院** | 집 원
가톨릭 수녀(修女)들이 일정한 규율 아래 공동생활을 하면서 수행하는 곳[院].

수:년 數年 | 셀 수, 해 년 [few years]
몇[數] 해[年]. 여러 해. ¶할아버지는 수년 동안 병을 앓고 있다.

수뇌 首腦 | 머리 수, 골 뇌
[head; leader]
어떤 조직이나 집단 등에서 가장 으뜸[首]의 자리에 있는 인물을 신체에서 가장 중요한 뇌(腦)에 비유하여 이르는 말. ¶수뇌 회담을 갖다.

***수단 手段** | 솜씨 수, 구분 단
[means; way]
❶ 속뜻 솜씨[手]의 등급에 따른 구분[段]. ❷ 일을 처리하여 나가는 솜씨. ¶수단이 좋다. ❸ 어떤 목적을 이루기 위한 방법. 또는 그 도구. ¶수단과 방법을 가리지 않다.

수달 水獺 | 물 수, 수달 달 [otter]
❶ 속뜻 물[水]을 좋아하는 짐승[獺]. ❷ 動物 족제빗과의 포유동물. 몸은 전체적으로 갈색을 띠고 있으며, 가죽은 옷을, 털은 붓을 만드는 데에 쓴다.

▶ **수달-피 水獺皮** | 가죽 피
수달(水獺)의 털가죽[皮]. ¶수달피로 만든 목도리를 두르다.

수당 手當 | 손 수, 맡을 당
[allowance; stipend]

❶[속뜻] '급여, 사례금'을 뜻하는 일본어 '데아테'(てあて. 手當)에서 온 말. ❷봉급 외에 따로 주는 보수. ¶가족 수당.

수도[1] 水道 | 물 수, 길 도
[water course; piped water]
❶[속뜻] 물[水]이 흐르는 길[道]. ❷먹는 물이나 공업, 방화(防火) 따위에 쓰는 물을 관을 통하여 보내 주는 설비. ¶수도를 놓다.

▸수도-관 水道管 | 대롱 관
상수도(上水道)의 물이 통하는 관(管). ¶녹슨 수도관을 교체하다.

▸수도-세 水道稅 | 세금 세
수도(水道)를 사용한 요금을 세금(稅金)에 비유하여 이르는 말.

***수도[2] 首都** | 머리 수, 도읍 도
[capital city; national capital]
한 나라에서 으뜸[首] 가는 도시(都市). 일반적으로 정부(政府)가 있는 도시를 말한다. ¶대한민국의 수도는 서울이다.

▸수도-권 首都圈 | 우리 권
수도(首都)를 중심으로 이루어진 권역(圈域). ¶수도권에 인구가 밀집해 있다.

수도[3] 修道 | 닦을 수, 길 도
[practice asceticism]
도(道)를 닦음[修]. ¶수도 생활 / 이곳에서 많은 승려들이 수도했다.

▸수도-사 修道士 | 선비 사
[가톨릭] 수도회에 들어가 수도(修道) 생활을 하는 남자[士].

▸수도-원 修道院 | 집 원
[가톨릭] 수사(修士)나 수녀(修女)가 수도(修道)하는 곳[院]. 수사원(修士院)과 수녀원(修女院)으로 나눈다.

수동[1] 手動 | 손 수, 움직일 동
[hand-operated]
다른 동력을 이용하지 않고 손[手]의 힘만으로 움직임[動]. 또는 그렇게 움직이는 것. ¶수동 카메라. [반] 자동(自動).

수동[2] 受動 | 받을 수, 움직일 동 [passive]
다른 것의 움직임[動]이나 영향을 받음[受]. [반] 능동(能動).

▸수동-적 受動的 | 것 적
다른 것으로부터 작용을 받아[受動] 움직이는 것[的]. ¶수동적인 자세. [반] 능동적(能動的).

수두 水痘 | 물 수, 천연두 두
[varicella; chickenpox]
[의학] 살갗에 돋은 붉은 발진[痘]이 얼마 안 가서 물집[水]으로 변하는 전염성 피부병. ¶그녀는 어려서 수두를 심하게 앓았다.

수라 水剌 | 물 수, 수라 라 [royal meal]
임금께 올리는 진지.

수락 受諾 | 본음 [수낙], 받을 수, 승낙할 낙 [accept; agree]
요구를 받아들여[受] 승낙(承諾)함. ¶그는 고개를 끄덕이며 수락했다.

수락석출 水落石出 | 물 수, 떨어질 락, 돌 석, 날 출
❶[속뜻] 물[水]이 빠지니[落] 바닥의 돌[石]이 드러남[出]. ❷숨겨져 있던 진상이 훤히 밝혀짐. ¶사건의 진상이 밝혀졌으니, 수락석출이란 옛말이 증명이 된 셈이다.

수:량 數量 | 셀 수, 분량 량
[quantity; amount]
수효(數爻)와 분량(分量). ¶설을 맞아 농산품의 수량이 부족하다.

수려 秀麗 | 빼어날 수, 고울 려
[beautiful; handsome; fine]
경치나 용모가 빼어나게[秀] 아름답다[麗]. ¶수려한 외모.

***수력 水力** | 물 수, 힘 력 [water power]
❶[속뜻] 흐르거나 떨어지는 물[水]의 힘[力]. ❷[물리] 물이 가지고 있는 운동 에너지나 위치 에너지를 어떤 일에 이용하였을 때의 동력.

▸수력 발전 水力發電 | 일으킬 발, 전기 전
[전기] 물[水]의 힘[力]을 이용하여 전기(電氣)를 일으키는[發] 방식.

수련[1] 睡蓮 | 오므라들 수, 연꽃 련 [lotus]

❶ 속뜻 오므라드는[睡] 모양을 하는 소담스런 연꽃[蓮]. ❷ 식물 연못이나 늪에 떠서 살며, 잎은 말굽 모양이며, 가을에 하얀 꽃이 피는 풀.

수련² 修鍊 | 닦을 수, 익힐 련
[train; practice]
정신이나 학문, 기술 따위를 닦고[修] 익히다[鍊]. ¶심신을 수련하다.

▶수련-자 修鍊者 | 사람 자
가톨릭 수도회에 들어가 수련(修鍊)하는 사람[者].

수렴¹ 收斂 | 거둘 수, 거둘 렴
[exact taxes; collect]
❶ 속뜻 돈이나 물건 따위를 거둠[收=斂]. ❷ 의견이나 사상 따위가 여럿으로 나뉘어 있는 것을 하나로 모아 정리함. ¶의견을 수렴하여 결정하겠습니다.

수렴² 垂簾 | 드리울 수, 발 렴
[regency by the queen mother]
❶ 속뜻 발[簾]을 드리움[垂]. 또는 그 발. ❷ 역사 '수렴청정'(垂簾聽政)의 준말.

▶수렴-청정 垂簾聽政 | 들을 청, 정사 정
❶ 속뜻 발[簾]을 내리고[垂] 정사(政事)를 들어봄[聽]. ❷ '나이 어린 임금이 등극했을 때 왕대비나 대왕대비가 왕을 도와서 정사를 돌봄'을 이르는 말.

*__수렵 狩獵__ | 사냥 수, 사냥 렵
[hunting; shooting]
사냥[狩=獵]. ¶원주민들은 수렵과 채집 생활을 한다.

▶수렵-도 狩獵圖 | 그림 도
사냥하는[狩獵] 모습을 그린 그림[圖].

수령¹ 守令 | 지킬 수, 시킬 령 [magistrate]
❶ 속뜻 고을을 지키고[守] 부하를 시킴[令]. ❷ 역사 고려·조선 시대에, 각 고을을 맡아 다스리던 관리. 절도사, 관찰사, 목사, 부사, 군수, 현감, 현령 따위.

수령² 受領 | 받을 수, 거느릴 령 [receive]
❶ 속뜻 받아[受] 거느림[領]. ❷ 돈이나 물품을 받음. ¶연금을 수령하다.

수령³ 首領 | 머리 수, 거느릴 령 [leader; boss]
한 당파나 무리를 거느리는[領] 우두머리[首]. ¶송시열 선생은 노론의 수령이었다.

수령⁴ 樹齡 | 나무 수, 나이 령
[age of a tree]
나무[樹]의 나이[齡]. ¶수령 200년이 넘는 느티나무가 마을 어귀를 지키고 서있다.

수로 水路 | 물 수, 길 로
[waterway; lane]
❶ 속뜻 물[水]이 흐르는 길[路]. ❷ 선박이 다닐 수 있는 물 위의 일정한 길. ¶네덜란드는 수로가 발달돼 있다. 반 육로(陸路).

수록 收錄 | 거둘 수, 기록할 록
[gather; record]
모아서[收] 기록(記錄)함. 또는 그렇게 한 기록. ¶이 사전에는 5만 개의 단어가 수록되어 있다.

수료 修了 | 닦을 수, 마칠 료 [complete; finish]
일정한 학업이나 과정을 다 공부하여[修] 마침[了]. ¶석사 과정을 수료하다.

수류-탄 手榴彈 | 손 수, 석류나무 류, 탄알 탄 [hand grenade]
군사 손[手]으로 던지면 석류[榴]처럼 알알이 터지는 작은 폭탄(爆彈). ¶적진을 향해 수류탄을 던지다.

수리¹ 水利 | 물 수, 이로울 리
[use of water]
음료수나 관개용 등으로 물[水]을 이용(利用)하는 일. ¶수리 시설.

수리² 修理 | 닦을 수, 다스릴 리
[repair; mend]
고장이 나거나 허름한 데를 손보아[修] 고침[理]. ¶자전거를 수리하다.

▶수리-공 修理工 | 장인 공
헐거나 고장난 것을 고치는[修理] 일을 맡아 하는 사람[工]. ¶자동차 수리공.

▶수리-비 修理費 | 쓸 비
수리(修理)하는 데 드는 비용(費用). ¶기

수림 樹林 | 나무 수, 수풀 림
[wood; forest]
나무[樹]가 우거진 숲[林]. ¶수림이 무성하다.

수립 樹立 | 나무 수, 설 립
[establishment; founding]
❶속뜻 나무[樹]를 세움[立]. ❷국가나 정부, 제도, 계획 등 추상적인 것을 세움. ¶대책 수립 / 세계신기록 수립.

수:만 數萬 | 셀 수, 일만 만
[tens of thousands]
몇[數] 만(萬). ¶수만의 관중이 경기장을 가득 메웠다.

수면¹ 水面 | 물 수, 낯 면
[water surface]
물[水]의 표면(表面). ¶달이 수면에 비쳤다.

*__수면__² 睡眠 | 잘 수, 잠 면
[sleep; slumber]
잠[眠]을 잠[睡]. 또는 잠. ¶충분한 수면을 취하다.

▶ 수면-제 睡眠劑 | 약제 제
약학 불면증(不眠症)을 진정시켜 잠이 들게 하는[睡眠] 약[劑].

수명 壽命 | 목숨 수, 목숨 명
[length of one's days]
❶속뜻 생물이 목숨[壽=命]을 유지하고 있는 기간. 살아 있는 기간. ¶인간의 평균 수명이 길어지고 있다. ❷사물 따위가 사용에 견디는 기간. ¶자동차의 수명이 다 된 것 같다.

수모 受侮 | 받을 수, 업신여길 모
[suffer insult; be humiliated]
업신여김[侮]을 받음[受]. 모욕을 당함. ¶갖은 수모를 당하다.

수-모형 數模型 | 셀 수, 본뜰 모, 거푸집 형
셈[數]을 쉽게 할 수 있도록 만든 하나가 일·십·백 따위의 값을 가지는 모형(模型).

수목 樹木 | 나무 수, 나무 목 [tree]
살아 있는 나무[樹=木]. ¶공원에는 수목이 울창하다.

▶ 수목-원 樹木園 | 동산 원
관찰이나 연구의 목적으로 여러 가지 나무[樹木]를 수집하여 재배하는 동산[園] 따위의 시설.

수몰 水沒 | 물 수, 빠질 몰
[be flooded; go under water]
물[水]에 빠져[沒] 잠김. ¶댐의 건설로 이 지역은 곧 수몰된다.

수묵 水墨 | 물 수, 먹 묵 [India ink]
물[水]을 탄 먹물[墨]. 색을 엷게 표현된다.

▶ 수묵-화 水墨畵 | 그림 화
미술 물[水]을 탄 먹물[墨]의 농담(濃淡)을 이용해 그린 그림[畵].

수문¹ 水門 | 물 수, 문 문
[floodgate; water gate]
건설 물[水]이 흐르는 양을 조절하기 위하여 설치한 문(門). ¶댐의 수문을 열어 물을 아래로 흘려보냈다.

수문² 守門 | 지킬 수, 문 문
[keeping a gate]
문(門)을 지킴[守].

▶ 수문-장 守門將 | 장수 장
역사 각 궁궐이나 성의 문(門)을 지키던[守] 장수(將帥).

수반¹ 水盤 | 물 수, 소반 반
[flower tray]
물[水]을 담을 수 있는 바닥이 편평한 소반[盤] 같은 그릇. 사기나 쇠붙이로 만들며 주로 꽃을 꽂거나 괴석(怪石) 따위를 넣어 둔다.

수반² 首班 | 머리 수, 나눌 반 [head]
❶속뜻 반열(班列) 가운데 으뜸가는[首] 자리. ¶수반이 되다. ❷행정부의 가장 높은 자리에 있는 사람. ¶대통령은 행정부의 수반이다.

수반³ 隨伴 | 따를 수, 짝 반
[accompany; go with]
❶속뜻 어떤 것에 뒤따르거나[隨] 짝[伴]

이 됨. ❷어떤 일과 더불어 생김. ¶자유에는 반드시 책임이 수반된다.

수배 手配 | 손 수, 나눌 배 [search]
❶[속뜻]여러 사람의 손[手]을 빌려 해야 할 일을 나누어[配] 맡김. ❷범인을 잡으려고 수사망을 폄. ¶용의자를 공개 수배하다.

수:백 數百 | 셀 수, 일백 백
[hundreds; several hundred]
몇[數] 백(百). ¶수백 대의 자동차.

수:-백만 數百萬 | 셀 수, 일백 백, 일만 만 [millions]
몇[數] 백만(百萬). ¶수백만 명의 인파가 몰렸다.

수법 手法 | 손 수, 법 법
[method; trick; technique]
❶[속뜻]수단(手段)과 방법(方法)을 아울러 이르는 말. ¶인터넷 사기 수법이 갈수록 다양해지고 있다. ❷예술품을 만드는 솜씨. ¶도자기를 만드는 수법은 다양하다.

수복 收復 | 거둘 수, 돌아올 복
[recover; recapture; reclaim]
잃었던 땅을 도로 거두어[收] 회복(回復)함. ¶국군은 9월 28일 서울을 수복했다.

*__수분__[1] 水分 | 물 수, 나눌 분
[water; moisture]
물[水]의 성분(成分). ¶이 과일은 수분이 많다. [비] 물기.

수분[2] 受粉 | 받을 수, 가루 분 [pollinate; fertilize]
[식물] 종자식물에서 수술의 화분(花粉)을 암술이 받는[受] 일. 바람, 곤충, 새 또는 사람의 손에 의해 이루어진다.

수불석권 手不釋卷 | 손 수, 아니 불, 놓을 석, 책 권
❶[속뜻]손[手]에서 책[卷]을 놓지[釋] 않음[不]. ❷책이나 사전을 늘 가지고 다니며 봄. 독서를 좋아함. ¶늘 속뜻사전을 곁에 두고 찾아보는 그를 보면 '수불석권'이란 말이 떠오른다.

*__수비__ 守備 | 지킬 수, 갖출 비
[defend; guard]
재해나 침입에 대비(對備)하여 지킴[守]. ¶우리 팀은 수비가 약하다. [반] 공격(攻擊).

▸수비-대 守備隊 | 무리 대
[군사] 수비(守備)와 경계를 위하여 배치된 군대(軍隊). ¶국경지대에 수비대를 파견하다.

▸수비-수 守備手 | 사람 수
[운동] 야구나 축구 따위의 구기에서 수비(守備)를 맡은 선수(選手). [반] 공격수(攻擊手).

수:사[1] 數詞 | 셀 수, 말씀 사 [numeral]
[언어] 사물의 수량이나 순서를 세어[數] 나타내는 품사(品詞). 양수사(量數詞)와 서수사(序數詞)가 있다.

수사[2] 搜査 | 찾을 수, 살필 사
[search for; investigate a case]
❶[속뜻]찾아서[搜] 조사(調査)함. ❷[법률] 국가기관에서 범인을 찾기 위해 조사하는 일. ¶경찰은 살인 사건을 수사하고 있다.

▸수사-관 搜査官 | 벼슬 관
범죄 수사(搜査)를 하는 관리(官吏). ¶수사관이 용의자를 심문하고 있다.

*__수산__ 水産 | 물 수, 낳을 산
[marine products]
바다나 강 따위의 물[水]에서 남[産]. 또는 그런 산물(産物). ¶수산 식품의 판매량이 크게 늘었다.

▸수산-물 水産物 | 만물 물
바다나 강 따위의 물[水]에서 나는[産] 산물(産物). ¶수산물 가격이 급등하였다.

▸수산-업 水産業 | 일 업
수산물(水産物)의 어획, 양식, 제조, 가공 따위에 관한 산업(産業). ¶수산업이 쇠퇴하고 있다.

수상[1] 水上 | 물 수, 위 상
[water surface]
물[水] 위[上]. ¶수상 교통 / 수상 경기.

수상[2] 首相 | 머리 수, 도울 상

[prime minister]
❶[속뜻] 으뜸가는[首] 재상(宰相). ❷[정치] 내각의 우두머리. 의원 내각제에서는 다수당의 우두머리가 수상이 되는 것이 일반적이다. ¶영국 수상이 한국을 방문했다. [비] 영의정(領議政).

수상³受像 | 받을 수, 모양 상
[receive the image]
[물리] 텔레비전이나 사진 전송 따위에서 사물의 영상(映像)을 신호로 받은[受] 후 재생하는 일.

▸ 수상-기 受像機 | 틀 기
[전기] 방송된 영상(映像) 전파를 받아서[受] 화상으로 변화시키는 장치[機].

수상⁴受賞 | 받을 수, 상줄 상
[be awarded a prize]
상(賞)을 받음[受]. ¶그는 노벨 물리학상을 수상했다.

▸ 수상-자 受賞者 | 사람 자
상을 받는[受賞] 사람[者]. ¶동요제 대상 수상자.

수상⁵ 殊常 | 다를 수, 보통 상
[suspicious; doubtful]
언행이나 차림새 따위가 보통[常] 사람과는 다른[殊]. 이상한. ¶수상한 사람.

수색 搜索 | 찾을 수, 찾을 색
[search for; make a search for]
❶[속뜻] 구석구석 뒤지어 찾음[搜=索]. ❷[법률] 증거로 삼을 만한 물건이나 체포할 사람을 찾기 위해 집이나 물건 따위를 조사하는 일. ¶수색 영장 / 경찰은 실종자 수색 작업에 나섰다.

수서 水棲 | 물 수, 살 서
[living in water]
물[水]속에서 삶[棲]. ¶수서 동물. [반] 육서(陸棲).

수석¹水石 | 물 수, 돌 석
❶[속뜻] 물[水]과 돌[石]. 또는 물속에 있는 돌. ❷주로 실내에서 보고 즐기는 관상용의 자연석. ¶수석을 수집하다.

수석²首席 | 머리 수, 자리 석
[chief; head]
❶[속뜻] 맨 윗[首] 자리[席]. ❷등급이나 직위 따위에서 맨 윗자리. ¶수석 보좌관.

수선¹ [noise; fuss; bustle]
사람의 정신을 어지럽히는 부산한 말이나 행동. ¶하찮은 일에 수선을 떨다. [비] 야단.

수선²垂線 | 드리울 수, 줄 선
[perpendicular line]
[수학] 한 직선 또는 평면과 직각을 이루며 만난[垂] 직선(直線). [비] 수직선.

수선³修繕 | 고칠 수, 기울 선 [repair(s); mending]
낡거나 허름한 것을 기워서[繕] 고침[修]. ¶구두를 수선하다.

수선⁴水仙 | 물 수, 신선 선 [narcissus]
❶[속뜻] 물[水] 속에 산다는 신선(神仙). ❷[식물] '수선화'의 준말.

▸ 수선-화 水仙花 | 꽃 화
❶[속뜻] 물[水] 속에 사는 신선(神仙)같은 꽃[花]. 'narcissus'라는 이름은 그리스 신화에서 물에 비친 자기 모습을 연모하여 빠져 죽은 나르시스가 꽃으로 피어났다는데서 유래. ❷[식물] 1~2월에 달걀 모양의 비늘줄기에서 나오는 꽃줄기 끝에서 5~6개의 노란색 또는 흰색 꽃이 피는 풀.

수성¹水性 | 물 수, 성질 성 [aqueous]
❶[속뜻] 물[水]의 성질(性質). ❷물에 녹는 성질. ¶수성 잉크. [비] 수용성.

수성²水星 | 물 수, 별 성 [Mercury]
❶[속뜻] 로마신화에서 저녁에 빛나는 별을 'mercury'라는 신에 비유한데서 유래. mercury를 화학에서는 '수은'(水銀), 천문학에서는 '수성'(水星)이라고 한다. ❷[천문] 태양계의 행성 가운데 가장 작고 태양에 가장 가까이 있는 별.

수세¹收稅 | 거둘 수, 세금 세
[collect taxes]
[법률] 세금(稅金)을 거둠[收]. 조세(租稅)를 징수함.

수세²守勢 | 지킬 수, 형세 세 [defensive attitude]

❶ 속뜻 공격을 못하고 지키기만[守]하는 형세(形勢). ❷힘이 부쳐서 밀리는 형세. ¶우리 팀은 다음 회까지도 수세에 몰렸다. 땐 공세(攻勢).

수세³ 水洗 | 물 수, 씻을 세
[rinse; wash by water]
물[水]로 씻음[洗].

▶**수세-식 水洗式** | 법 식
변소에 급수 장치를 하여 오물이 물[水]에 씻겨[洗] 내려가게 처리하는 방식(方式). ¶수세식 화장실.

수소 水素 | 물 수, 바탕 소 [hydrogen]
❶ 속뜻 태우면 물[水]이 생기는 원소(元素). ❷ 화학 빛깔과 냄새와 맛이 없고 불에 타기 쉬운 원소. 프랑스의 라부아지에는 수소를 태우면 물이 생기는 사실을 발견하여 그리스어로 '물'을 뜻하는 'hydro와 '생성하다'는 뜻의 'gennao'를 합쳐 'hydrogen'이라 명명하였다. 모든 물질 가운데 가장 가볍다. ¶수소는 공기보다 가볍다.

수-소문 搜所聞 | 찾을 수, 것 소, 들을 문
[ask around]
세상에 떠도는 소문(所聞)을 근거로 무엇을 찾음[搜]. ¶그는 수소문 끝에 고향 친구를 찾았다.

수속 手續 | 손 수, 이을 속
[process; procedure]
어떤 일에 착수(着手)하여 일을 해나가는 데 필요한 일련[續]의 과정이나 단계. ¶출국 수속. 땐 절차(節次).

수송 輸送 | 나를 수, 보낼 송
[transport; carry]
차, 선박, 비행기 따위로 짐이나 사람을 날라[輸] 보냄[送]. ¶물건이 수송 중에 파손됐다. 땐 운송(運送).

▶**수송-관 輸送管** | 대롱 관
기체나 액체 따위를 보내는[輸送] 관(管). ¶도시가스 수송관.

▶**수송-선 輸送船** | 배 선
해양 사람이나 화물을 수송(輸送)하기 위해 만든 배[船]. ¶원유를 가득 실은 수송선이 침몰되었다.

수수-료 手數料 | 손 수, 셀 수, 삯 료
[charge (for trouble); fee]
경제 어떤 일에 대해 손[手] 봐 준 것을 셈해[數] 받는 요금(料金). ¶환전(換錢) 수수료를 내다.

수술 手術 | 손 수, 꾀 술 [operate]
❶ 속뜻 손[手]을 써서 하는 의술(醫術). ❷ 의학 몸의 일부를 째거나 도려내거나 하여 병을 낫게 하는 외관적인 치료 방법. ¶위암을 제거하는 수술을 받다.

▶**수술-비 手術費** | 쓸 비
수술(手術)을 하는데 드는 비용(費用).

수습¹ 收拾 | 거둘 수, 주울 습
[collect; handle]
❶ 속뜻 흩어진 것을 거두고[收] 주워 담음[拾]. ¶사고 현장에서 희생자들의 시신을 수습했다. ❷어수선한 사태나 마음을 가라앉히어 바로잡음. ¶민심을 수습하다 / 혼란이 원만히 수습됐다.

수습² 修習 | 닦을 수, 익힐 습
[practice oneself]
정식으로 실무를 맡기 전에 배워[修] 익힘[習]. 또는 그러한 일. ¶신입 사원들은 6개월의 수습 기간을 거친다.

수시 隨時 | 따를 수, 때 시 [anytime]
❶ 속뜻 때[時]에 따라서[隨]. 때때로. ❷그때그때. ¶수시 모집.

수:식 數式 | 셀 수, 법 식
[numerical formula]
수학 숫자[數]를 계산 기호로 연결한 식(式).

수신¹ 受信 | 받을 수, 소식 신
[receive a message]
우편이나 전보 따위로 소식[信]을 받음[受]. 또는 전화, 텔레비전 방송 따위의 신호를 받음. ¶이 전화는 수신 전용이다. 땐 발신(發信), 송신(送信).

▶**수신-기 受信機** | 틀 기
통신 외부로부터 신호를 받아[受信] 필요

한 정보를 얻는 장치[機]. ¶위성 방송 수신기. [반] 발신기(發信機), 송신기(送信機).

▸ 수신-자 受信者 | 사람 자
편지 따위를 받는[受信] 사람[者]. ¶수신자 이름이 없다. [비] 수신인(受信人). [반] 발신자(發信者).

수신²修身 | 닦을 수, 몸 신
[moral training]
마음과 행실을 바르게 하도록 심신(心身)을 닦음[修].

▸ 수신-제가 修身齊家 | 가지런할 제, 집 가
심신(心身)을 수양(修養)하고 집안[家]을 가지런하게[齊] 잘 다스림. ¶수신제가를 통하여 인품을 함양하다.

수신-사 修信使 | 닦을 수, 믿을 신, 부릴 사
❶[속뜻] 양국 간에 신뢰(信賴) 관계를 닦기[修] 위하여 파견한 사신(使臣). ❷[역사] 조선 후기에 일본에 보내던 외교 사절. 고종 13년(1876)에 통신사(通信使)를 고친 것으로, 김기수·김홍집 등을 파견하였다.

***수심¹水深** | 물 수, 깊을 심
[depth of water; water depth]
물[水]의 깊이[深]. ¶그 호수는 가장 깊은 곳의 수심이 50미터다.

수심²愁心 | 시름 수, 마음 심
[anxiety; melancholy]
시름하는[愁] 마음[心]. ¶수심에 가득 찬 얼굴.

▸ 수심-가 愁心歌 | 노래 가
❶[속뜻] 근심하는 마음[愁心]을 읊은 노래[歌]. ❷[음악] 인생의 허무함을 한탄하는 구슬픈 가락의 민요.

수:십 數十 | 셀 수, 열 십
[several tens of; scores of]
몇[數] 십(十). ¶수십 권의 책.

수압 水壓 | 물 수, 누를 압
[water pressure]
[물리] 물[水]의 압력(壓力). ¶이곳은 수압이 약해서 물이 잘 안 나온다.

수액 樹液 | 나무 수, 진 액 [(tree) sap]
❶[속뜻] 땅속에서 나무[樹]의 줄기를 통하여 잎으로 올라가는 진액[液]. ❷나무껍질 따위에서 나오는 액. ¶고로쇠나무의 수액은 위장병에 좋다고 알려져 있다.

수양¹修養 | 닦을 수, 기를 양
[improve oneself]
몸과 마음을 갈고 닦아[修] 품성이나 지식, 도덕 따위를 기름[養]. ¶정신 수양을 게을리 하지 않다.

수양²垂楊 | 드리울 수, 버들 양 [weeping willow]
❶[속뜻] 가지를 밑으로 축 늘어뜨리며[垂] 자라는 버드나무[楊]. ❷[식물] 수양버들.

수어지교 水魚之交 | 물 수, 물고기 어, 어조사 지, 사귈 교
❶[속뜻] 물[水]과 물고기[魚]의 관계와 같은 사이[交]. ❷아주 친밀하여 떨어질 수 없는 사이. ❸임금과 신하 또는 부부같이 친밀한 사이를 비유하여 이르는 말. ¶수어지교라 할 수 있는 그들 사이가 부럽다.

수:억 數億 | 셀 수, 일억 억
[several millions]
몇[數] 억(億). ¶수억 원의 돈을 사업에 투자했다.

수업¹受業 | 받을 수, 일 업
[take lessons in; study]
학업(學業)을 전수(傳受)받음. ¶인간문화재 선생님에게 놋그릇 만드는 법을 수업했다.

수업²授業 | 줄 수, 일 업
[teach; instruct]
[교육] 학업(學業)을 가르쳐 줌[授]. ¶수업 시간 / 수업 분위기가 좋다.

▸ 수업-료 授業料 | 삯 료
수업(授業)의 대가로 받는 돈[料].

수여 授與 | 줄 수, 줄 여
[confer; award]
공식절차에 의해 증서, 상장, 훈장 따위를 줌[授=與]. ¶상장을 수여하다.

수염 鬚髥 | 콧수염 수, 구레나룻 염
[mustache; whiskers]

❶ 속뜻 입 주변이나 턱에 난 털[鬚]과 뺨에 난 털[髥]. ❷사람이나 동물의 입 언저리에 난 뻣뻣한 긴 털. ¶메기는 주둥이 옆에 수염이 있다.

수영 水泳 | 물 수, 헤엄칠 영 [swim]
운동 스포츠나 놀이로 물[水] 속을 헤엄치는 일[泳]. 비 헤엄.

▶수영-복 水泳服 | 옷 복
수영(水泳)할 때 입는 옷[服].

▶수영-장 水泳場 | 마당 장
수영(水泳)할 수 있는 시설을 갖춘 곳[場].

수예 手藝 | 손 수, 재주 예
[handicraft; manual arts]
손[手]으로 하는 기예(技藝). ¶수예가 뛰어나다 / 수예 작품.

수온 水溫 | 물 수, 따뜻할 온
[water temperature]
물[水]의 온도(溫度). ¶수온이 높아서 남해안에 적조(赤潮)가 발생했다.

수완 手腕 | 손 수, 팔 완
[ability; capability]
❶ 속뜻 손[手]과 팔[腕]을 잇는 부분. 손. ❷일을 꾸미거나 치러 나가는 재간. ¶그는 수완이 뛰어나다.

수요 需要 | 쓰일 수, 구할 요
[demand; requisite]
❶ 속뜻 생활에 쓰이거나[需] 필요(必要)로 하는 것. ❷경제 재화나 용역을 일정한 가격을 주고 사려고 하는 욕구. ¶수요가 증가하다. 반 공급(供給).

수-요일 水曜日 | 물 수, 빛날 요, 해 일
[Wednesday; Wed]
칠요일 중 물[水]에 해당하는 요일(曜日). ¶수요일에는 체육 수업을 한다.

수용¹ 受容 | 받을 수, 담을 용
[accept; embrace]
받아[受] 들임[容]. ¶외국 문화를 무비판적으로 수용하면 안 된다.

수용² 收容 | 거둘 수, 담을 용
[take in; accommodate; admit]
사람이나 물품 따위를 거두어[收] 일정한 곳에 담음[容]. ¶이 강당은 천 명을 수용할 수 있다.

▶수용-소 收容所 | 곳 소
많은 사람을 한 곳에 수용(收容)한 곳[所]. ¶포로 수용소에서 탈출하다.

수용-성 水溶性 | 물 수, 녹을 용, 성질 성
[solubility in water]
화학 어떤 물질이 물[水]에 잘 풀리는[溶] 성질(性質). ¶비타민 C는 수용성 비타민이다.

수용-액 水溶液 | 물 수, 녹을 용, 진 액
[aqueous solution]
화학 물[水]에 잘 풀리는[溶] 액체(液體). 식염수 따위.

수원 水源 | 물 수, 근원 원
[riverhead; head spring]
물[水]이 흘러나오기 시작한 근원(根源). ¶이 강의 수원은 안데스 산맥이다.

▶수원-지 水源池 | 못 지
❶ 속뜻 물[水]의 근원(根源)이 되는 연못[池]. ❷상수도에 보낼 물을 모아 처리하는 곳.

수원-성 水原城 | 물 수, 본디 원, 성곽 성
고적 조선 정조 때에, 현재의 경기도 수원시(水原市)에 쌓은 성(城). 정조 18년(1794)부터 20년(1796) 사이에 축성하였는데, 근대적 성곽 구조를 갖추고 거중기 따위의 기계 장치를 활용하는 따위의 우리나라 성곽 건축 기술사상 중요한 위치를 차지한다. 1997년에 유네스코 세계 문화유산으로 지정되었다. 사적 제3호이다. 비 화성(華城).

수월 殊越 | 다를 수, 넘을 월 [excellent]
남달리[殊] 월등(越等)함. 특별히 빼어남. ¶영재들의 수월한 재능.

▶수월-성 殊越性 | 성질 성
남달리[殊] 빼어난[越] 점을 잘 살리는 특성(特性). ¶수월성 교육을 실시하다.

수위¹ 水位 | 물 수, 자리 위
[water level]

바다나 강, 댐 따위의 수면(水面)의 높이[位]. ¶저수지의 수위가 낮아졌다.

수위²守衛 | 지킬 수, 지킬 위
[guard; defend]
❶[속뜻] 성문 따위를 잘 지킴[守=衛]. ❷관청, 학교, 공장, 회사 따위의 경비를 맡아 봄. 또는 그런 일을 맡은 사람. ¶정문의 수위가 문을 열어 주었다.

▸ 수위-실 守衛室 | 방 실
수위(守衛)가 경비하는 일을 맡아보는 방[室].

수유 授乳 | 줄 수, 젖 유 [nurse; feed]
젖먹이에게 젖[乳]을 먹여 줌[授]. ¶모유를 수유하다.

수은 水銀 | 물 수, 은 은
[mercury; quicksilver]
[화학] 상온에서 액체[水] 상태로 있는 은(銀). 전성(展性)·연성(延性)이 크고, 팽창률과 표면장력이 매우 큰 물질로 독성이 있으며 질산에 쉽게 녹는다. 원소기호는 'Hg'. ¶수은에 중독되다.

▸ 수은-등 水銀燈 | 등불 등
[전기] 수은(水銀) 증기를 가득 넣은 등(燈). 의료나 조명 이외에도 영화, 탐조등 따위의 광원으로 널리 쓰인다.

▸ 수은-주 水銀柱 | 기둥 주
[물리] 수은 온도계에서 수은(水銀)을 담은 가느다란 기둥[柱]. 온도를 나타낸다. ¶수은주가 34도까지 올라갔다.

수의¹囚衣 | 가둘 수, 옷 의
[prison uniform]
죄수(罪囚)가 입는 옷[衣]. ¶그는 푸른 수의를 입고 참회하며 지내고 있다.

수의²壽衣 | 목숨 수, 옷 의
[garment for the dead; shroud]
목숨[壽]이 다하여 죽은 이에게 입히는 옷[衣]. ¶장의사(葬儀社)는 시신을 씻기고 수의를 입혔다.

수의³獸醫 | 짐승 수, 치료할 의
[veterinarian; vet]
'수의사'(獸醫師)의 준말.

▸ 수의-사 獸醫師 | 스승 사
짐승, 특히 가축[獸]의 질병 치료[醫]를 전공으로 하는 의사(醫師). ¶수의사가 송아지에게 주사를 놓았다.

수익 收益 | 거둘 수, 더할 익
[earn a profit]
일이나 사업 등을 하여 이익(利益)을 거두어[收] 들임. 또는 그 이익. ¶막대한 수익을 올리다.

▸ 수익-금 收益金 | 돈 금
이익(利益)으로 얻은[收] 돈[金]. ¶수익금의 일부를 고아원에 기부했다.

수:일 數日 | 셀 수, 날 일
[for a few days]
몇[數] 일(日). ¶수일 전에 그를 만났다.

⁑**수입¹收入** | 거둘 수, 들 입
[income; receipt]
돈이나 물건 따위를 벌어들이거나 거두어[收] 들이는[入] 일. 또는 그 돈이나 물건. ¶수입이 일정하지 않다. [반] 지출(支出).

*__수입²輸入__ | 나를 수, 들 입 [import]
외국에서 물품이나 사상, 문화를 날라[輸] 들임[入]. ¶불교의 수입 / 농산물을 수입하다. [반] 수출(輸出).

▸ 수입-품 輸入品 | 물건 품
다른 나라로부터 수입(輸入)한 물품(物品). ¶수입품을 선호하던 시대는 지났다. [반] 국산품, 수출품.

수-자원 水資源 | 물 수, 재물 자, 근원 원
[water resources]
농업, 공업, 발전용 등의 자원(資源)으로서의 물[水].

수작 酬酌 | 잔돌릴 수, 술따를 작
[exchanging wine cups]
❶[속뜻] 술잔을 돌리며[酬] 술을 따름[酌]. ❷말을 서로 주고받음. 또는 주고받는 그 말. ¶수작을 걸다. ❸엉큼한 속셈이나 속 보이는 일. ¶수작을 꾸미다.

수장¹水葬 | 물 수, 장사 지낼 장
[bury at sea]
시체를 물[水] 속에 넣어 장사(葬事)함.

¶인도에서는 일반적으로 수장을 한다.

수장²首長 | 머리 수, 어른 장
[top; head]
앞장서서[首] 집단이나 단체를 지배·통솔하는 사람[長]. 우두머리. ¶대통령은 행정부의 수장이다.

수재¹秀才 | 빼어날 수, 재주 재 [talented person]
재주[才]가 뛰어난[秀] 사람. ¶그 학교는 많은 수재들을 배출했다. [비] 영재(英才), 천재(天才). [반] 둔재(鈍才).

수재²水災 | 물 수, 재앙 재
[flood damage]
홍수나 범람 따위의 물[水]로 입는 재해(災害). ¶이번 홍수로 아랫마을은 큰 수재를 겪었다. [비] 물난리, 수해(水害).

▸수재-민 水災民 | 백성 민
홍수(洪水)나 장마 따위로 재해(災害)를 당한 사람[民]. ¶수재민을 도와주다.

수ː적 數的 | 셀 수, 것 적 [numerical]
숫자[數] 상으로 보는 것[的]. ¶상대 팀이 수적으로 우세하다.

수전-노 守錢奴 | 지킬 수, 돈 전, 종 노
[miser; stingy man]
❶[속뜻]돈[錢]을 지키는[守] 노예(奴隸). ❷'돈을 모을 줄만 알고 쓰는 데는 인색한 사람'을 비꼬아 이르는 말. ¶스크루지는 수전노이다. [비] 구두쇠.

수절 守節 | 지킬 수, 지조 절
[maintain one's integrity]
지조[節]나 정절(貞節)을 지킴[守]. ¶그녀는 청상과부로 평생 수절하며 살았다.

수정¹水晶 | 물 수, 밝을 정
[(rock) crystal; crystallized quartz]
❶[속뜻]물방울[水]처럼 반짝임[晶]. ❷[광업]육각기둥 꼴의 석영의 한 가지. 무색 투명하며 불순물이 섞인 것은 자색, 황색, 흑색 등의 빛깔을 띤다.

수정²修正 | 고칠 수, 바를 정
[amend; revise]
고쳐[修] 바로잡음[正]. ¶헌법 수정 / 계획을 수정하다.

수정³受精 | 받을 수, 정액 정
[fertilize; pollinate]
❶[속뜻]정액(精液)의 정자를 받음[受]. ❷[생물]암수의 생식 세포가 새로운 개체를 이루기 위해 하나로 합쳐지는 일. ¶벌은 식물의 수정을 돕는다.

▸수정-란 受精卵 | 알 란
[생물]수정(受精)을 마친 난자(卵子). [반] 무정란(無精卵).

수-정ː과 水正果 | 물 수, 바를 정, 열매 과
생강과 계피를 달인 물[水]에 설탕이나 꿀을 갖추어[正] 탄 다음, 곶감과 잣 같은 과일[果]을 띄운 음료.

수-제자 首弟子 | 머리 수, 아우 제, 아이 자 [best pupil of]
여러 제자 중에서 학문이나 기술 따위의 배움이 가장 뛰어난[首] 제자(弟子). ¶그는 내 수제자다.

수-제천 壽齊天 | 목숨 수, 가지런할 제, 하늘 천
[음악]신라 때, 국가의 태평과 민족의 번영을 빌기 위해 만든 궁중음악. 임금과 나라의 수명(壽命)이 하늘[天]과 같아져서[齊] 영원하기를 비는 뜻에서 붙여진 이름으로 추정된다.

수조 水槽 | 물 수, 구유 조
[water tank; cistern]
물[水]을 담아 두는 큰 통[槽]. ¶수조를 깨끗이 청소했다.

수족¹手足 | 손 수, 발 족
[hands and feet; limbs]
❶[속뜻]손[手]과 발[足]. ❷'손발처럼 마음대로 부리는 사람'을 비유하여 이르는 말. ¶그녀는 나에게 수족과 같은 존재다.

수족²水族 | 물 수, 무리 족
[aquatic animals]
물[水] 속에 사는 동물 종류[族]를 통틀어 이르는 말.

▸수족-관 水族館 | 집 관

물속에 사는 여러 가지 동물[水族]을 길러 그 생태를 관찰·연구할 수 있도록 만든 시설[館]. ¶수족관에 열대어가 아름답게 헤엄치고 있다.

***수준 水準** | 물 수, 평평할 준
[level; standard]
❶속뜻 수면(水面)처럼 평평함[準]. ❷사물의 가치, 등급, 품질 따위의 일정한 표준이나 정도. ¶수준이 낮다 / 수준 높은 작품.

▶**수준-급 水準級** | 등급 급
상당히 높은 수준(水準)에 있는 등급(等級). ¶그녀의 바이올린 솜씨는 수준급이다.

수중¹手中 | 손 수, 가운데 중
[in the hands]
❶속뜻 손[手] 안[中]. ❷자신의 힘이 미칠 수 있는 범위. ¶수중에 돈 한 푼 없다.

수중²水中 | 물 수, 가운데 중
[underwater; submarine]
물[水] 가운데[中]. 물속. ¶이 카메라는 수중 촬영이 가능하다.

▶**수중-릉 水中陵** | 무덤 릉
물 속[水中]에 있는 왕의 무덤[陵]. 특히 신라의 문무왕의 무덤을 가리킨다.

수-증기 水蒸氣 | 물 수, 찔 증, 기운 기
[steam; vapor]
물[水]이 증발(蒸發)하여 생긴 기체(氣體). 또는 기체 상태로 되어 있는 물. ¶수증기가 피어오르다. ㊤ 증기. ㊤ 김.

수지 收支 | 거둘 수, 가를 지 [income and outgo; revenue and expenditure]
❶속뜻 수입(收入)과 지출(支出). ¶수지 균형을 유지하다. ❷거래 관계에서 얻는 이익.

***수직 垂直** | 드리울 수, 곧을 직
[perpendicularity; verticality]
❶속뜻 똑바로[直] 내려온[垂] 모양. ¶헬리콥터가 수직으로 상승했다. ❷수학 선과 선, 선과 면, 면과 면이 서로 만나 직각을 이룬 상태. ¶장대를 수직으로 세우다.

▶**수직-면 垂直面** | 낯 면
수학 어떠한 평면이나 직선과 수직(垂直)을 이루는 면(面).

▶**수직-선 垂直線** | 줄 선
수학 일정한 직선이나 평면과 직각을 이루는[垂直] 직선(直線). ㊤ 수선.

수:-직선 數直線 | 셀 수, 곧을 직, 줄 선
수학 직선(直線) 위의 점을 찍고 수(數)를 표시해놓은 것.

***수질 水質** | 물 수, 바탕 질
[water quality]
어떤 물[水]의 성분이나 성질(性質). ¶정기적으로 수질을 검사하다.

수집¹收集 | 거둘 수, 모을 집
[collect; gather]
여러 가지 것을 거두어[收] 모음[集]. ¶재활용품을 수집하다.

***수집²蒐集** | 모을 수, 모을 집
[collect; accumulate]
어떤 물건이나 자료들을 찾아서 모음[蒐=集]. ¶언니는 우표 수집이 취미이다 / 연구 자료를 수집하다.

수차¹水車 | 물 수, 수레 차 [water mill]
❶속뜻 물[水]의 힘으로 수레[車]바퀴 모양의 물레를 돌려 곡식을 찧는 방아. 물레방아. ❷물을 자아올리는 기계.

수:차²數次 | 셀 수, 차례 차
[several times]
몇[數] 차례(次例). 여러 차례. ¶나는 그에게 수차 경고했다.

수채 水彩 | 물 수, 빛깔 채,
미술 물감을 물[水]에 풀어서 그림을 그리는[彩] 법. ¶수채 물감.

▶**수채-화 水彩畵** | 그림 화
미술 서양화의 한 가지. 수성(水性) 물감을 사용해 그린[彩] 그림[畵]. ¶풍경이 마치 한 폭의 수채화 같다.

수척 瘦瘠 | 파리할 수, 파리할 척
[thin; haggard; gaunt]
몸이 마르고 안색이 파리[瘦=瘠] 하다. ¶얼굴이 수척해졌다. ㊤ 야위다.

수:천 數千 | 셀 수, 일천 천
[several thousands]
몇[數] 천(千). ¶수천 명.

수첩 手帖 | 손 수, 표제 첩
[pocket notebook]
간단한 기록을 하기 위하여 손[手]에 지니고 다니는 작은 공책[帖].

수초 水草 | 물 수, 풀 초 [water weed]
식물 물[水]에서 서식하는 풀[草]. 비 물풀.

수축 收縮 | 거둘 수, 줄일 축
[contract; shrink]
안쪽으로 거두어[收] 줄어듦[縮]. 또는 오므라듦. ¶심장은 끊임없이 수축하고 이완한다. 반 팽창(膨脹).

수출 輸出 | 나를 수, 날 출 [export]
❶속뜻 실어서[輸] 내보냄[出]. ❷국내의 상품이나 기술 따위를 외국으로 팔아 내보냄. ¶휴대전화 수출이 크게 늘었다 / 이 기업은 자동차를 수출하고 있다. 반 수입(輸入).

▶수출-량 輸出量 | 분량 량
수출(輸出)하는 양(量). ¶반도체 수출량이 크게 늘었다. 반 수입량(輸入量).

▶수출-액 輸出額 | 액수 액
수출(輸出)로 벌어들인 돈의 액수(額數). ¶지난해에는 수입액이 수출액보다 많았다. 반 수입액(輸入額).

▶수출-품 輸出品 | 물건 품
외국에 팔아 내보내는[輸出] 물품(物品). ¶사탕수수는 브라질의 주요 수출품이다. 반 수입품(輸入品).

수-출입 輸出入 | 나를 수, 날 출, 들 입
[import and export]
수출(輸出)과 수입(輸入)을 아울러 이르는 말. ¶수출입 절차를 간소화하다.

수취 受取 | 받을 수, 가질 취 [receive]
받아서[受] 가짐[取]. ¶물품을 수취하고 영수증을 썼다.

▶수취-인 受取人 | 사람 인
서류나 물건을 받는[受取] 사람[人]. ¶소포가 수취인 불명으로 되돌아왔다.

수:치¹數値 | 셀 수, 값 치
[numerical value]
계산하여[數] 얻은 값[値]. ¶제시된 수치는 표본 조사를 통해 산출한 것이다.

수치² 羞恥 | 드릴 수, 부끄러울 치
[shame; disgrace]
❶속뜻 부끄러움[恥]을 줌[羞]. ❷부끄러움. ¶수치를 느끼다 / 수치를 당하다.

▶수치-심 羞恥心 | 마음 심
부끄러움[羞恥]을 느끼는 마음[心]. ¶수치심으로 그녀의 얼굴은 새빨개졌다 / 그는 우리와 이야기하는 것을 수치스럽게 생각했다.

수칙 守則 | 지킬 수, 법 칙
[rules; directions]
행동이나 절차에 관하여 지켜야[守] 할 사항을 정한 규칙(規則). ¶근무수칙 / 안전 수칙.

수탈 收奪 | 거둘 수, 빼앗을 탈 [plunder; exploit]
강제로 거두어[收] 들이거나 빼앗음[奪]. 강제로 빼앗음. ¶경제적 수탈 / 백성을 수탈하다 / 토지를 수탈당하다. 비 착취(搾取).

수통 水桶 | 물 수, 통 통 [water pail]
물[水]을 담거나 담겨 있는 통(桶). 비 물통.

수:판 數板 | 셈 수, 널빤지 판 [abacus]
셈[數]을 하는데 쓰이는 판(板) 모양의 기구. 비 주판(籌板).

*****수평 水平** | 물 수, 평평할 평 [horizontality]
❶속뜻 잔잔한 수면(水面)처럼 편평(扁平)한 모양. ¶물은 수평으로 되게 마련이다. ❷지구의 중력 방향과 직각을 이루는 방향. ¶팔을 다리와 수평이 되게 뻗으세요.

▶수평-면 水平面 | 낯 면
❶속뜻 수평(水平)을 이룬 면(面). ❷중력의 방향과 직각을 이루는 평평한 면.

▶수평-선 水平線 | 줄 선

❶ [속뜻] 물과 하늘이 맞닿아 수평(水平)을 이루는 선(線). ¶수평선 위로 해가 떠오르기 시작했다 ❷중력의 방향과 직각을 이루는 선.

수포[1]**水泡** | 물 수, 거품 포
[bubble; naught]
❶ [속뜻] 물[水]에 떠 있는 거품[泡]. ❷'공들인 일이 헛되이 됨'을 비유하여 이르는 말. ¶우리의 노력이 수포로 돌아갔다. [비] 물거품, 헛수고.

수포[2]**水疱** | 물 수, 물집 포
[vesicle; bulla]
[의학] 살갗이 부풀어 그 속에 물[水]이 고이게 된 물집[疱]. ¶발가락 사이에 수포가 생겼다.

수표[1]**手票** | 손 수, 쪽지 표 [check]
❶ [속뜻] 손[手]바닥만한 크기의 종이쪽지[票]. ❷ [경제] 은행에 당좌 예금을 가진 사람이 소지인에게 일정한 금액을 줄 것을 은행 등에 위탁하는 유가증권.

수표[2]**水標** | 물 수, 나타낼 표
강이나 저수지 따위의 수위(水位)를 재기 위하여 설치하는 눈금이 있는 표시(標示). '양수표'(量水標)의 준말.

▸ **수표-교 水標橋** | 다리 교
❶ [속뜻] 수위(水位)를 재는 표시(標示)가 되어 있는 다리[橋]. ❷ [역사] 조선 세종 때에, 서울의 청계천에 놓은 다리. 기둥에 물의 깊이를 잴 수 있는 표시가 되어 있어 홍수를 대비할 수 있었다.

수필 隨筆 | 따를 수, 붓 필 [essay]
❶ [속뜻] 붓[筆]이 가는 대로 따라[隨] 씀. ❷ [문학] 일정한 형식이 없이 체험이나 감상, 의견 따위를 생각나는 대로 자유롭게 적은 글.

수-하물 手荷物 | 손 수, 짐 하, 만물 물
[baggage; luggage]
손[手]으로 나를 수 있는 짐[荷物]. ¶수하물의 크기에 따라 요금이 다르다.

수학[1]**修學** | 닦을 수, 배울 학
[study; learn; pursue knowledge]
학업(學業)을 닦음[修]. 배움.

▸ **수학-여행 修學旅行** | 나그네 려, 다닐 행
[교육] 실제 경험을 통해 배우기[修學] 위해 여행(旅行)가는 형식의 학습 활동.

수:학[2]**數學** | 셀 수, 배울 학
[mathematics]
[수학] 수량(數量) 및 도형의 성질이나 관계를 연구하는 학문(學問). 산수, 대수학, 기하학, 미분학, 적분학 따위 학문을 통틀어 이른다.

▸ **수:학-과 數學科** | 분과 과
대학에서 수학(數學)을 전공하는 학과(學科). ¶누나는 수학과에 합격하였다.

▸ **수:학-자 數學者** | 사람 자
수학(數學)을 전문적으로 연구하는 사람[者]. ¶수학자가 되는 것이 꿈이다.

수해 水害 | 물 수, 해칠 해
[flood damage]
홍수(洪水)로 말미암은 재해(災害). ¶이 지역은 매년 여름 수해를 입는다. [비] 수재(水災).

수행[1]**遂行** | 이룰 수, 행할 행
[achieve; accomplish]
생각하거나 계획한 대로 일을 이루기[遂] 위해 일을 함[行]. ¶그는 자신의 업무를 성실히 수행했다.

수행[2]**隨行** | 따를 수, 갈 행 [accompany; follow]
높은 지위에 있는 사람을 따라[隨] 감[行]. ¶비서는 늘 회장님을 수행하였다.

▸ **수행-원 隨行員** | 사람 원
높은 지위에 있는 사람을 따라다니며[隨行] 그를 돕거나 신변을 보호하는 사람[員].

수험 受驗 | 받을 수, 시험할 험
[take an examination]
시험(試驗)을 받음[受]. 시험을 치름. ¶수험 자격이 있는지 알아보다.

▸ **수험-생 受驗生** | 사람 생
입학시험 따위를 치르는[受驗] 학생(學生).

수혈 輸血 | 나를 수, 피 혈
[give a blood transfusion; transfuse]
의학 피가 모자란 환자의 혈관에 건강한 사람의 피[血]를 넣음[輸]. ¶나는 수혈을 받아 살아났다.

수협 水協 | 물 수, 합칠 협
[fisheries cooperative union]
사회 수산업(水産業)에 종사하는 사람들이 협력(協力)하기 위한 조직체. '수산업협동조합'(水産業協同組合)의 준말.

수형-도 樹型圖 | 나무 수, 모양 형, 그림 도 [tree diagram]
언어 여러 요소 간의 관계를 나뭇가지[樹] 모양[型]의 그림[圖].

수호 守護 | 지킬 수, 돌볼 호
[protect; guard]
지켜주고[守] 돌보아줌[護]. ¶자유와 정의를 수호하다 / 수호천사.

▶ **수호-신 守護神** | 귀신 신
개인, 가정, 지역, 국가 등을 지켜[守] 보호(保護)하는 신(神). ¶서낭당에 마을의 수호신을 모셨다.

수화¹ 手話 | 손 수, 말할 화
[sign language]
몸짓이나 손짓[手]으로 말[話]을 대신하는 의사 전달 방법. ¶수화로 의사표현을 하다.

수화² 受話 | 받을 수, 말할 화
[hear; listen; receive]
전화(電話)를 받음[受]. ⓜ 송화(送話).

▶ **수화-기 受話器** | 그릇 기
전화기에서 귀에 대고 상대방의 말[話]을 듣는[受] 부분[器]. ¶수화기에서 엄마의 목소리가 들렸다. ⓜ 송화기(送話器).

수확 收穫 | 거둘 수, 거둘 확 [harvest]
❶속뜻 농작물을 거두어들임[收=穫]. ¶벼를 수확하다 / 가을은 수확의 계절이다. ❷어떤 일에서 얻은 좋은 성과. ¶그를 만난 것이 이번 여행에서 얻은 가장 큰 수확이다.

▶ **수확-량 收穫量** | 분량 량
수확(收穫)한 양(量). ¶쌀의 수확량이 크게 늘었다.

수:효 數爻 | 셀 수, 획 효
[number; figure]
낱낱[爻]의 수(數). 사물의 수. ¶연필의 수효가 적다.

수훈 殊勳 | 뛰어날 수, 공 훈
[meritorious deed(s)]
뛰어난[殊] 공훈(功勳). ¶수훈을 세우다.

숙고 熟考 | 익을 숙, 생각할 고
[think over; mull over]
곰곰이[熟] 생각함[考]. ¶결정하기 전에 숙고하십시오.

숙녀 淑女 | 맑을 숙, 여자 녀 [lady]
❶속뜻 교양과 품격을 갖춘 정숙(貞淑)한 여자(女子). ¶신사 숙녀 여러분. ❷성년이 된 여자를 아름답게 이르는 말. ¶서희가 이젠 숙녀가 됐다. ⓜ 신사(紳士).

숙달 熟達 | 익을 숙, 통달할 달
[proficiency; mastery]
무엇에 익숙하고[熟] 통달(通達)함. ¶숙달된 솜씨. ⓜ 미숙(未熟).

숙련 熟鍊 | =熟練, 익을 숙, 익힐 련
[be skilled]
❶속뜻 익숙하도록[熟] 익힘[鍊]. ❷어떤 일에 통달하여 잘 알고 다룸. ¶그는 매우 숙련된 목수다.

숙맥 菽麥 | 콩 숙, 보리 맥
❶속뜻 콩[菽]과 보리[麥]. ❷'숙맥불변'의 준말. ¶그는 세상 물정을 모르는 숙맥이다. ⓜ 바보.

▶ **숙맥불변 菽麥不辨** | 아닐 불, 가릴 변
❶속뜻 콩[菽]인지 보리[麥]인지를 구별[辨]하지 못함[不]. ❷'사리 분별을 못하는 어리석은 사람'을 이르는 말.

숙명 宿命 | 묵을 숙, 운명 명
[fate; destiny]
❶속뜻 오래 묵어[宿] 돌이킬 수 없는 운명(運命). 타고난 운명. 피할 수 없는 운명. ¶우리는 다시 만날 수 없는 숙명이었다.

숙모 叔母 | 아저씨 숙, 어머니 모 [aunt]

삼촌[叔]의 아내를 어머니[母]처럼 높여 이르는 말. 작은 어머니. [반] 백모(伯母).

숙박 宿泊 | 잠잘 숙, 머무를 박
[lodge; stay]
남의 집 등에서 잠자고[宿] 머무름[泊]. ¶그는 친구 집에서 숙박했다.

숙부 叔父 | 아저씨 숙, 아버지 부 [uncle]
삼촌[叔]을 아버지[父]처럼 높여 이르는 말. 작은 아버지. [반] 백부(伯父).

숙성 熟成 | 익을 숙, 이룰 성
[ripen; mature; age]
❶[속뜻] 충분히 익어서[熟] 이루어짐[成]. 충분히 익은 상태가 됨. ❷발효 따위를 충분히 시켜서 만드는 일. ¶포도주를 숙성시키다.

숙소 宿所 | 잠잘 숙, 곳 소 [inn; hotel]
주로 객지에서 잠자는[宿] 곳[所]. ¶민박집을 숙소로 정했다.

숙식 宿食 | 잠잘 숙, 먹을 식
[board and lodge]
자고[宿] 먹음[食]. ¶숙식 제공 / 아이는 기숙사에서 숙식한다.

숙연 肅然 | 엄숙할 숙, 그러할 연
[solemn; silent]
분위기 따위가 고요하고 엄숙(嚴肅)한 그런[然] 모양이다. ¶숙연히 눈을 감고 기도하다.

숙원 宿願 | 묵을 숙, 원할 원
[one's heart's desire]
오래 묵을[宿] 정도로 예전부터 바라던 소원(所願). ¶남북통일은 우리 민족의 숙원이다.

⁑**숙제** 宿題 | 잠잘 숙, 문제 제
[pending question; homework]
❶[속뜻] 해결하지 않고 잠재워[宿]둔 문제(問題). ¶환경오염 문제는 우리가 풀어야 할 커다란 숙제다. ❷학생에게 내어 주는 과제. ¶국어 선생님은 숙제를 많이 내 주신다.

▸숙제-물 宿題物 | 만물 물
학생들에게 집에서 해 오라고 내주는[宿題] 공부나 일거리[物]. ¶숙제물을 꼭 챙기다.

숙직 宿直 | 잠잘 숙, 당번 직
[be on night duty]
다들 잠자는[宿] 밤에 당번[直]을 맡아 지킴. 또는 그 사람. ¶숙직 교사.

▸숙직-실 宿直室 | 방 실
숙직(宿直)하는 사람이 번갈아 가며 자는 방[室].

숙질 叔姪 | 아저씨 숙, 조카 질
[uncle and his nephew]
아저씨[叔]와 조카[姪].

▸숙질-간 叔姪間 | 사이 간
아저씨와 조카[叔姪] 사이[間].

숙청 肅清 | 엄숙할 숙, 맑을 청
[stage a purge; clean up]
❶[속뜻] 엄하게[肅] 다스려 잘못된 것을 모두 없애 말끔하게[清] 함. ❷독재국가 따위에서 반대파를 모두 제거하는 일. ¶당은 반대 세력을 숙청했다.

순[1] 純 | 순수할 순 [pure; genuine]
잡물이 섞이지 않은. 순수(純粹)한. 순전(純全)한. ¶순 우리말 단어 / 그건 순 거짓말이다.

순[2] 筍 | 죽순 순 [sprout; shoot]
식물의 싹. ¶고구마의 순.

*****순간** 瞬間 | 눈 깜짝일 순, 사이 간
[moment; second]
❶[속뜻] 눈을 깜짝할[瞬] 사이[間]. 잠깐 동안. ¶마지막 순간. ❷어떤 일이 일어난 바로 그때. ¶문으로 걸음을 옮기는 순간 전화벨이 울렸다. [비] 찰나(刹那).

▸순간-적 瞬間的 | 것 적
눈을 깜짝할 동안[瞬間]의 짧은 시간에 있는 것[的]. ¶순간적으로 발생한 사고.

순결 純潔 | 순수할 순, 깨끗할 결
[pure; virginia]
❶[속뜻] 잡된 것이 없이 순수(純粹)하고 깨끗함[潔]. ¶흰색은 순결을 상징한다. ❷이성과의 성적인 관계가 없어 마음과 몸이 깨끗함. ¶순결을 잃다 / 순결한 신부.

순경 巡警 | 돌 순, 지킬 경
[policeman; patrolman]
❶[속뜻] 여러 곳을 돌아다니며[巡] 지켜줌[警]. ❷[법률] 경장의 아래로 가장 낮은 계급의 경찰공무원. ¶도둑은 순경을 보자 도망갔다.

순교 殉教 | 목숨 바칠 순, 종교 교
[martyrize oneself]
[종교] 자기가 믿는 종교(宗教)를 위하여 목숨을 바침[殉]. ¶그는 외국에서 선교 활동을 하다 순교했다.

순국 殉國 | 목숨 바칠 순, 나라 국
[die for one's country]
나라[國]를 위하여 목숨을 바침[殉]. ¶우리 할아버지는 항일운동을 하다가 순국하셨다.

▸순국-선열 殉國先烈 | 먼저 선, 세찰 렬
나라를 위해 목숨을 바쳐[殉國] 먼저[先] 죽은 열사(烈士). ¶현충일은 순국선열의 충정을 기리는 날이다. [비] 애국선열(愛國先烈).

순금 純金 | 순수할 순, 황금 금
[solid gold]
불순물이 섞이지 않은 순수(純粹)한 황금(黃金). ¶순금은 쉽게 구부러진다.

순도 純度 | 순수할 순, 정도 도
[degree of purity]
물질의 순수(純粹)한 정도(程度). ¶불상은 순도 99.9%의 금으로 만들었다.

순라 巡邏 | 돌 순, 순찰할 라 [patrolman]
❶[속뜻] 일정한 지역을 돌아다니며[巡] 지킴[邏]. ❷[역사] 도둑이나 화재 따위를 경계하기 위해 밤에 사람의 통행을 금하고 순찰을 돌던 군졸. '순라군'(巡邏軍)의 준말. ¶순라를 돌다.

순례 巡禮 | 돌 순, 예도 례
[make a pilgrimage]
[종교] 여러 성지나 영지 등을 차례로 돌아다니며[巡] 참배함[禮]. ¶예루살렘 성지를 순례하다.

순:리 順理 | 따를 순, 이치 리
[submission to reason]
이치(理致)를 따름[順]. 또는 그렇게 따른 이치. ¶자연의 순리에 따르다.

순모 純毛 | 순수할 순, 털 모
[pure wool]
다른 것이 섞이지 않은 순수(純粹)한 모직물이나 털실[毛]. ¶순모로 털옷을 만들다.

순박 淳朴 | =醇朴, 도타울 순, 소박할 박
[simple and honest]
❶[속뜻] 인정이 도탑고[淳] 외모가 소박(素朴)하다. ❷인정이 두텁고 거짓이 없다. ¶순박한 처녀.

순발-력 瞬發力 | 눈 깜짝일 순, 일으킬 발, 힘 력 [ability to react instantly]
[운동] 외부의 자극에 따라 순간적(瞬間的)으로 몸을 움직일[發] 수 있는 능력(能力). ¶순발력이 뛰어나다.

순방 巡訪 | 돌 순, 찾을 방
[visit one after another]
나라나 도시 따위를 돌아가며[巡] 방문(訪問)함. ¶대통령은 유럽 5개국을 순방하고 오늘 귀국했다.

순:번 順番 | 차례 순, 차례 번
[order; turn]
차례[順]로 번갈아[番] 돌아오는 임무. 또는 그 순서. ¶순번을 기다려서 공연장으로 들어갔다.

순사 巡查 | 돌 순, 살필 사
[policeman; patrolman]
❶[속뜻] 각지를 돌며[巡] 조사(調査)함. ❷[역사] 일제시대 경찰관의 가장 낮은 계급.

⁑**순:서** 順序 | 따를 순, 차례 서 [procedure; order]
어떤 기준에 따른[順] 차례[序]. ¶키 순서대로 앉으세요.

▸순:서-쌍 順序雙 | 짝 쌍
[수학] 점의 자리표와 같이 두 집합의 원소에 순서(順序)를 주어서 만든 짝[雙].

순수 純粹 | 생사 순, 생쌀 수
[purity; genuine]

❶[속뜻] 생사[純]나 생쌀[粹]처럼 불순물이 없음. ❷다른 것이 조금도 섞임이 없음. ¶순수 혈통 / 순수한 금. ❸마음에 딴 생각이나 그릇된 욕심이 전혀 없음. ¶순수한 마음.

순시 巡視 | 돌 순, 볼 시
[make a tour of inspection]
돌아다니며[巡] 살펴봄[視]. 또는 그러한 사람. ¶교장 선생님이 교실을 순시하고 계신다.

▸순시-선 巡視船 | 배 선
해상의 안전 같은 임무를 띠고 바다를 돌아다니며[巡視] 감독하는 배[船]. ¶북한은 일본 순시선을 공격했다.

순식 瞬息 | 눈 깜작할 순, 숨쉴 식
[brief instant]
'순식간'의 준말.

▸순식-간 瞬息間 | 사이 간
❶[속뜻] 눈 깜빡하거나[瞬] 숨을 한 번 쉴[息] 사이[間] 정도의 시간. ❷매우 짧은 시간. ¶그 전염병은 순식간에 마을에 퍼져 나갔다.

순:위 順位 | 따를 순, 자리 위
[order; rank(ing)]
어떤 기준에 따라[順] 정해진 위치(位置)나 지위(地位). ¶순위를 매기다.

순은 純銀 | 순수할 순, 은 은
[pure silver]
[광업] 불순물이 섞이지 않은 순수(純粹)한 은(銀).

순:응 順應 | 따를 순, 맞을 응
[adapt oneself]
환경에 따르고[順] 맞게[應] 바뀜. ¶자연에 순응하다.

순-이:익 純利益 | 순수할 순, 이로울 리, 더할 익 [net profit]
[경제] 모든 경비를 빼고 남은 순전(純全)한 이익(利益). ¶상반기 회사 순이익이 증가했다.

순전 純全 | 순수할 순, 완전할 전
[pure; spotless]
순수(純粹)하고 완전(完全)하다. ¶순전한 오해 / 그건 순전히 내 실수였다.

순정 純情 | 순수할 순, 마음 정
[pure heart]
순수(純粹)하고 사심이 없는 마음[情]. ¶순정을 바치다.

순:조 順調 | 따를 순, 고를 조 [favorable; well]
어떤 일이 아무 탈 없이 이치에 따라[順] 조화(調和)롭게 되어가는 상태. ¶모든 일이 순조롭게 진행되어 간다.

순종[1] 純種 | 순수할 순, 갈래 종 [unmixed breed]
[생물] 딴 계통과 섞이지 않은 순수(純粹)한 종(種). ¶이 개는 순종이다. [반] 잡종(雜種).

순:종[2] 順從 | 따를 순, 따를 종
[obey; submit]
순순(順順)히 따름[從]. ¶나는 부모님 말씀에 순종했다.

▸순:종-적 順從的 | 것 적
남의 말이나 명령에 순순히 따르는[順從] 것[的]. ¶순종적인 성품.

순진 純眞 | 순수할 순, 참 진
[naive; pure]
마음이 순수(純粹)하고 진실(眞實)됨. ¶순진을 잃지 않다 / 순진한 마음.

순찰 巡察 | 돌 순, 살필 찰 [patrol]
순회(巡廻)하며 살핌[察]. ¶경비원이 아파트를 순찰하고 있다.

▸순찰-차 巡察車 | 수레 차
범죄나 사고의 방지를 위하여 경찰 등이 타고 여러 곳을 두루 돌아다닐[巡察] 때 사용하는 자동차(自動車).

순:탄 順坦 | 따를 순, 평평할 탄
[uneventful; peaceful]
어떤 일이 순조(順調)롭고 평탄(平坦)하다. ¶그 일은 순탄하게 진행되고 있다.

순:풍 順風 | 따를 순, 바람 풍
[favorable wind; tailwind]
❶[속뜻] 움직여 가는 방향을 따라[順] 부는

바람[風]. ❷배가 가는 쪽으로 부는 바람. 또는 바람이 부는 쪽으로 배가 감. ⑭역풍(逆風). [속담]순풍에 돛 단 듯.

순화 純化 | 순수할 순, 될 화
[purify; refine]
잡스러운 것을 순수(純粹)하게 바꿈[化]. ¶음악은 정서 순화에 도움이 된다.

***순환 循環** | 돌아다닐 순, 고리 환 [rotate; cycle]
❶[속뜻]고리[環]같이 둥글게 돌아다님[循]. ❷돌아서 다시 먼저의 자리로 돌아옴. 또는 그것을 되풀이함. ¶순환 버스 / 계절은 순환한다.

▶ **순환-계 循環系** | 이어 맬 계
[의학] 동물체의 몸속에서 영양분과 노폐물을 순환(循環)하는데 관여하는 기관의 계통(系統). 척추동물에서는 혈관계(血管系)와 림프계로 갈라진다.

▶ **순환-기 循環器** | 그릇 기
[의학] 척추동물에서 심장, 혈관, 림프관 따위와 같이 순환계(循環系)에 속하는 기관(器官).

▶ **순환 도:로 循環道路** | 길 도, 길 로
[교통] 일정한 지역을 순환(循環)할 수 있게 되어 있는 도로(道路).

순회 巡廻 | 돌 순, 돌 회
[go round; patrol]
여러 곳을 차례로 돌아다님[巡=廻]. ¶전국을 순회하며 강연을 하다.

술수 術數 | 꾀 술, 셀 수 [artifice; trick]
❶[속뜻]술책(術策)을 잘 헤아림[數]. ❷어떤 일을 꾸미는 꾀나 방법. ¶그녀는 목적을 달성하기 위하여 갖은 술수를 다 썼다. ⑭술책(術策).

술어 述語 | 지을 술, 말씀 어 [predicate]
[언어] 주어의 동작이나 상태를 서술(敍述)하는 말[語]. ⑭주어(主語).

술책 術策 | 꾀 술, 꾀 책 [artifice; trick]
남을 속이기 위한 꾀[術]나 계책(計策). ¶술책을 부리다. ⑭술수(術數).

숭고 崇高 | 높을 숭, 높을 고
[sublime; lofty]
정신이 고상하고 뜻이 높다[崇=高]. ¶숭고한 정신을 기리다.

숭례-문 崇禮門 | 높을 숭, 예도 례, 문 문
❶[속뜻]예(禮)를 숭상(崇尚)하는 문(門). ❷[고적]서울의 남대문(南大門)의 본이름. 국보 제1호이다.

숭배 崇拜 | 높을 숭, 공경할 배 [worship; adore]
어떤 사람을 거룩하게 높여[崇] 마음으로부터 우러러 공경함[拜]. ¶조상숭배 / 태양을 숭배하다.

숭상 崇尚 | 높을 숭, 받들 상
[respect; revere]
높게[崇] 떠받들다[尚]. ¶예부터 우리 민족은 예의(禮義)를 숭상해 왔다.

숭앙 崇仰 | 높을 숭, 우러를 앙 [worship]
높이어[崇] 우러러 봄[仰]. ¶신사임당은 현모양처의 귀감으로 숭앙받았다.

슬하 膝下 | 무릎 슬, 아래 하
[care of one's parents]
❶[속뜻]무릎[膝]의 아래[下]. ❷어버이나 조부모의 보살핌 아래. 주로 부모의 보호를 받는 테두리 안을 이른다. ¶슬하에 자녀는 몇이나 두었소?

습격 襲擊 | 갑자기 습, 부딪칠 격 [attack; raid]
갑자기[襲] 들이쳐 공격(攻擊)함. ¶적의 습격을 받다. ⑭급습(急襲), 엄습(掩襲), 기습(奇襲).

***습관 習慣** | 버릇 습, 버릇 관
[habit; custom]
어떤 행위를 오랫동안 되풀이하는 과정에서 저절로 익혀진[習] 버릇[慣]이나 행동 방식. ¶나는 아침마다 운동하는 습관을 붙였다.

▶ **습관-적 習慣的** | 것 적
습관(習慣)이 되어 있는 것[的]. ¶습관적으로 다리를 떨다.

습구 濕球 | 젖을 습, 공 구 [wet bulb]

[물리] 젖은[濕] 헝겊으로 동그란[球] 수은 단지 부분을 싸 놓은 온도계. 또는 그 단지 부분.

▸습구 온도계 濕球溫度計 | 따뜻할 온, 정도 도, 셀 계
[물리] 젖은[濕] 헝겊으로 동그란[球] 수은 단지 부분을 싸 놓은 온도계(溫度計).

습기 濕氣 | 축축할 습, 기운 기
[moisture; humidity]
축축한[濕] 기운(氣運). ¶장마철에는 방에 습기가 찬다.

습도 濕度 | 축축할 습, 정도 도 [humidity]
❶[속뜻] 공기 따위가 축축한[濕] 정도(程度). ❷[물리] 공기 중에 습기가 포함되어 있는 정도를 나타내는 양.

▸습도-계 濕度計 | 셀 계
[물리] 습도(濕度)를 재는 데 쓰이는 계기(計器).

습득 習得 | 익힐 습, 얻을 득
[learn; acquire]
배워서[習] 지식 따위를 얻음[得]. 배워 터득함. ¶나는 영국에 살면서 자연스럽게 영어를 습득했다.

습성 習性 | 버릇 습, 성질 성
[habit; second nature; nature]
❶[속뜻] 습관(習慣)이 되어 버린 성질(性質). ¶그는 아직도 낭비하는 습성을 버리지 못했다. ❷[동물] 동일한 동물종(動物種) 내에서 공통되는 생활양식이나 행동 양식. ¶그는 연어의 습성을 연구하고 있다.

습자 習字 | 익힐 습, 글자 자
[practice penmanship]
글자[字]를 써 가면서 익힘[習]. ¶습자를 하다 묻은 먹이 그대로 묻어 있다 / 습자지(習字紙).

습작 習作 | 익힐 습, 지을 작 [study]
시, 소설, 그림 따위의 작법이나 기법을 익히기[習] 위하여 연습 삼아 짓거나[作] 그려 봄. 또는 그런 작품.

습지 濕地 | 축축할 습, 땅 지
[swampy land]
습기(濕氣)가 많은 땅[地]. ¶그 습지대는 많은 야생동물의 서식지다.

습진 濕疹 | 축축할 습, 홍역 진 [eczema]
[의학] 피부 겉면에 축축한[濕] 발진(發疹)이 생기는 병.

승강[1] 昇降 | 오를 승, 내릴 강
[ascent and descent; tussle]
❶[속뜻] 오르고[昇] 내림[降]. ❷승강이.

▸승강-기 昇降機 | 틀 기
[기계] 동력을 사용하여 사람이나 화물을 싣고 오르내리는[昇降] 기계(機械). [비] 엘리베이터(elevator).

승강[2] 乘降 | 탈 승, 내릴 강
[ascend and descend]
기차나 버스 따위를 타고[乘] 내림[降].

▸승강-구 乘降口 | 어귀 구
기차나 자동차를 타고[乘] 내리기[降] 위하여 드나드는 문[口]. ¶승강구 앞이 혼잡하오니 조심하시기 바랍니다.

▸승강-장 乘降場 | 마당 장
정거장이나 정류소에서 차를 타고[乘] 내리는[降] 곳[場]. ¶버스 승강장.

승객 乘客 | 탈 승, 손 객 [passenger]
차나 배, 비행기 따위에 탄[乘] 손님[客]. ¶도착이 지연되고 있사오니 승객 여러분은 잠시만 기다려 주십시오.

승격 昇格 | 오를 승, 지위 격
[raise in status]
지위[格]나 등급 따위가 오름[昇]. 또는 지위나 등급 따위를 올림. ¶그는 이번에 과장으로 승격됐다.

승낙 承諾 | 받들 승, 허락할 낙 [consent; assent]
청하는 바를 받아들여[承] 허락(許諾)함. ¶그는 결국 딸의 결혼을 승낙했다. [비] 허락(許諾).

승려 僧侶 | 스님 승, 짝 려
[Buddhist monk]
[불교] 산스크리트어 'samgha'의 한자 음역어인 승가(僧伽)에서 파생된 말로 '불교의 출가 수행자'를 이른다. ¶그는 속세와의

인연을 끊고 승려가 됐다.

승률 勝率 | 이길 승, 비율 률
[percentage of victories]
전체 경기에서 이긴[勝] 경기의 비율(比率). ¶저 타자는 승률이 높다.

승리 勝利 | 이길 승, 이로울 리
[win the victory]
싸움에서 이겨[勝] 이득(利得)을 얻음. 겨루어 이김. ¶전쟁에서 승리하다. [반] 패배(敗北).

▶ 승리-자 勝利者 | 사람 자
경기나 싸움 등에서 승리(勝利)한 사람[者]. [반] 패배자(敗北者).

승마 乘馬 | 탈 승, 말 마 [ride a horse]
❶[속뜻] 말[馬]을 탐[乘]. ❷[순뜻] 사람이 말을 타고 여러 가지 동작을 함. 또는 그런 경기.

승무 僧舞 | 스님 승, 춤출 무
[Buddhist dance]
[예술] 승려(僧侶) 복장으로 추는 춤[舞]. 장삼(長衫)을 걸치고 고깔을 쓰고 두 개의 북채를 쥐고 장삼을 뿌려 가며 추는 춤.

승무-원 乘務員 | 탈 승, 일 무, 사람 원
[flight attendant]
기차, 선박, 비행기 등에서 승객(乘客) 관리에 관한 일[務]을 맡아보는 사람[員].

승병 僧兵 | 스님 승, 군사 병
[monk soldier]
승려(僧侶)들로 조직된 군대[兵]. ¶서산대사는 승병들을 이끌고 왜적을 물리쳤다.

승복 承服 | 받들 승, 따를 복 [submit]
남의 의견 따위를 받아들이고[承] 그에 따름[服]. ¶그 의견에 승복할 수 없다.

승부 勝負 | 이길 승, 질 부
[victory or defeat; match]
이김[勝]과 짐[負]. ¶승부를 가리다.

승산 勝算 | 이길 승, 셀 산 [prospects of victory; chance of victory]
이길[勝] 공산(公算)이나 가능성. ¶그도 금메달을 딸 승산이 있다.

승선 乘船 | 탈 승, 배 선
[embark; board a ship]
배[船]를 탐[乘]. ¶승객 여러분은 10시까지 승선해 주십시오. [반] 하선(下船).

승승-장구 乘勝長驅 | 탈 승, 이길 승, 길 장, 몰 구 [make a long drive taking advantage of victory]
싸움에 이긴[勝] 여세를 타고[乘] 계속[長] 말을 몰아침[驅]. ¶이 팀은 승승장구하며 결승까지 올라왔다.

승용 乘用 | 탈 승, 쓸 용 [use in riding]
사람이 타고[乘] 다니는 데 씀[用]. ¶사막에서는 낙타를 승용으로 쓴다.

▶ 승용-차 乘用車 | 수레 차
사람이 타고 다니는[乘用] 자동차(自動車). ¶택시는 돈을 받고 태워다주는 영업용 승용차이다.

승인 承認 | 받들 승, 알 인 [approve]
어떤 사실을 마땅하다고 받아들이고[承] 인정(認定)함. ¶승인을 얻다.

승자 勝者 | 이길 승, 사람 자
[victor; winner]
운동 경기나 싸움에서 이긴[勝] 사람[者]. 또는 이긴 편. ¶최후에 웃는 자가 진정한 승자다. [반] 패자(敗者).

승전 勝戰 | 이길 승, 싸울 전 [win a war]
싸움[戰]에 이김[勝]. [반] 패전(敗戰).

승점 勝點 | 이길 승, 점 점
[point; victory mark]
경기나 내기 따위에서 이겨서[勝] 얻은 점수(點數).

승진 昇進 | =陞進, 오를 승, 나아갈 진
[be promoted to; rise to]
직위가 올라[昇] 진급(進級)함. ¶아버지는 부장으로 승진하셨다.

승차 乘車 | 탈 승, 수레 차
[get on a car]
차(車)를 탐[乘]. ¶승차 거부 / 차례로 버스에 승차하다. [반] 하차(下車).

승천 昇天 | =陞天, 오를 승, 하늘 천
[ascend to heaven]

❶ 속뜻 하늘[天]에 오름[昇]. ¶용이 여의주를 물고 승천했다. ❷ 가톨릭 '죽음'을 이르는 말.

승패 勝敗 | 이길 승, 패할 패
[victory and defeat]
이김[勝]과 짐[敗]. ¶승패를 떠나 최선을 다해라.

승하 昇遐 | 오를 승, 멀 하
[death of a king]
❶ 속뜻 먼[遐] 길에 오름[昇]. ❷임금이나 존귀한 사람이 세상을 떠남을 높여 이르던 말. ¶임금의 승하를 애도하다.

승합 乘合 | 탈 승, 합할 합
[ride together; share a car]
자동차 따위에 여럿이 함께[合] 탐[乘]. ㉔ 합승(合乘).

▶ 승합-차 乘合車 | 수레 차
❶ 속뜻 여럿이 함께[合] 타는[乘] 차(車). ❷'승합자동차'(乘合自動車)의 준말. ¶나는 승용차 대신에 승합차를 타고 다닌다.

승화 昇華 | 오를 승, 꽃 화 [sublimate]
❶ 속뜻 더 높이 오르거나[昇] 더 아름다운 꽃[華]을 피우는 일. ❷어떤 일이나 현상이 더 높고 더 좋은 상태로 발전함. ¶그는 실연의 아픔을 아름다운 음악으로 승화시켰다. ❸ 물리 고체에 열을 가하면 액체가 되는 일이 없이 곧바로 기체로 변하는 현상.

시:¹ 市 | 도시 시 [city; town]
도시를 중심으로 하는 지방 행정구역 단위. 특별시·광역시 및 도에 딸린 일반 시가 있다. ¶강원도 원주시.

시² 時 | 때 시 [time; hour]
시간의 단위. 하루의 24분의 1. ¶6시.

시³ 詩 | 시 시 [poetry; poem]
문학 자연과 인생에 대한 감흥·사상 등을 음률적으로 표현한 글. ¶예술제에서 시를 지어 발표했다.

시가¹ 時價 | 때 시, 값 가
[current price]
어느 시기(時期)의 물건 값[價]. ¶시가가 배로 올랐다. ㉔ 시세(時勢).

시가² 詩歌 | 시 시, 노래 가
[poems and songs; poetry]
❶ 속뜻 시(詩)와 노래[歌]. ❷가사를 포함한 시문학을 통틀어 이르는 말.

시:가³ 市街 | 도시 시, 거리 가 [streets]
도시(都市)의 큰 거리[街]. 또는 번화한 거리.

▶ 시:가-전 市街戰 | 싸울 전
시가지(市街地)에서 벌이는 전투(戰鬪). ¶시가전이 벌어져 많은 시민이 다쳤다.

▶ 시:가-지 市街地 | 땅 지
도시(都市)의 큰 거리[街]를 이루는 지역(地域). ¶남산에서는 서울 시가지가 훤히 내려다보인다.

시각¹ 視角 | 볼 시, 뿔 각 [visual angle]
사물을 관찰하는[視] 각도(角度)나 기본 자세. ¶시각의 차이 / 여성의 시각으로 접근하다. ㉔ 관점(觀點).

시:각² 視覺 | 볼 시, 깨달을 각
[sense of sight; vision]
의학 무엇을 눈으로 보고[視] 일어나는 감각(感覺). ¶시각 장애인.

시각³ 時刻 | 때 시, 새길 각
[time; hour]
❶ 속뜻 때[時]를 나타내기 위해 새긴[刻] 점. ❷시간의 어느 한 시점. ¶나는 현지 시각으로 오후 4시에 시카고에 도착했다.

▶ 시각-표 時刻表 | 겉 표
항공기, 열차, 버스 등의 출발·도착 시각(時刻)을 나타낸 표(表).

**시간 時間 | 때 시, 사이 간 [hour]
❶ 속뜻 어떤 시각(時刻)에서 어떤 시각까지의 사이[間]. ¶책을 보면서 시간을 보내다. ❷시각(時刻). ¶약속 시간. ❸어떤 일을 하기로 정해진 동안. ¶수업 시간.

▶ 시간-표 時間表 | 겉 표
❶ 속뜻 시간(時間)을 나누어서 시간대별로 할 일 따위를 적어 넣은 표(表). ❷기차, 자동차, 배, 비행기 따위가 떠나고 닿는 시간을 적어 놓은 표. ¶열차 시간표.

시ː계[1]視界 | 볼 시, 지경 계
[field of vision]
일정한 자리에서 바라볼[視] 수 있는 범위[界]. ¶안개로 인해 시계가 흐려졌다. [비] 시야(視野).

시계[2]時計 | 때 시, 셀 계
[watch; clock]
시각을 나타내거나 시간(時間)을 재는[計] 장치 또는 기계를 통틀어 이르는 말.

▸ **시계-추 時計錘** | 저울 추
괘종시계(掛鐘時計)에 달려 있는 추(錘). 이것이 좌우로 흔들림에 따라 일정한 속도로 태엽이 풀리게 된다.

▸ **시계-탑 時計塔** | 탑 탑
시계(時計)를 장치한 탑(塔).

시ː공[1]施工 | 베풀 시, 일 공 [construct; build]
공사(工事)를 시행(施行)함. ¶부실 시공 / 이 건물은 우리가 시공했다.

시공[2]時空 | 때 시, 빌 공 [spacetime]
시간(時間)과 공간(空間). ¶이 작품은 시공을 뛰어넘는 예술성이 있다.

시ː구[1]始球 | 처음 시, 공 구
[opening of a ball game]
[운동] 구기 경기의 대회가 시작되었음을 상징적으로 알리기 위해 처음으로[始] 공[球]을 던지거나 치는 일. 또는 그 공. ¶유명 가수가 경기장에 나와 시구했다.

시구[2]詩句 | 시 시, 글귀 구
[verse; stanza]
[문학] 시(詩)의 구절(句節). ¶그녀는 감명 깊은 시구를 낭송했다.

시ː금 試金 | 시험할 시, 황금 금 [assay]
금(金)의 품질을 시험(試驗)함.

▸ **시ː금-석 試金石** | 돌 석
❶[광업] 금(金) 따위 귀금속의 품질을 시험(試驗)하는 데 쓰이는 암석(巖石). 주로 검은빛이 나는 현무암이나 규질(硅質)의 암석이 쓰인다. ❷역량이나 가치를 판정하는 규준이 되는 사물에 대한 비유적인 표현. ¶이번 일은 그의 능력을 평가할 시금석이 될 것이다.

시급 時急 | 때 시, 급할 급
[be pressing; urgent]
시간적(時間的)으로 매우 급(急)하다. ¶시급한 문제 / 친환경 에너지를 개발하는 일은 매우 시급하다.

시기[1]時期 | 때 시, 기약할 기
[time; period]
❶[속뜻] 때[時]를 기약(期約)함. ❷어떤 일이나 현상이 진행되는 때. ¶지금은 매우 어려운 시기이다. [비] 기간(期間), 때.

⁑**시기[2]時機** | 때 시, 때 기 [opportunity; chance]
어떤 일을 하는 데 가장 알맞은 때[時]나 기회(機會). ¶시기를 엿보다.

▸ **시기-상조 時機尙早** | 아직 상, 이를 조
시기(時機)가 아직[尙]은 이름[早]. 때가 아직 덜 되었음.

시기[3]猜忌 | 샘할 시, 미워할 기
[be jealous of; be envious of; envy]
시샘하여[猜] 미워함[忌]. ¶사람들은 그의 성공을 시기했다. [비] 샘, 질투.

▸ **시기-심 猜忌心** | 마음 심
남을 시기(猜忌)하는 마음[心]. ¶그녀는 시기심이 많다.

시ː내 市內 | 도시 시, 안 내 [downtown]
시(市)로 지정된 지역의 안쪽[內]. ¶우리는 집에서 시내까지 걸어갔다.

시ː녀 侍女 | 모실 시, 여자 녀
[waiting woman]
지위가 높은 사람을 모시던[侍] 여자(女子). ¶시녀가 시중을 들다.

⁑**시대 時代** | 때 시, 연대 대
[age; period]
어떤 기준에 따라 시기(時期)를 구분한 연대(年代). ¶조선 시대 / 시대에 뒤떨어진 생각을 하다.

▸ **시대-상 時代相** | 모양 상
그 시대(時代)의 모습[相]. 그 시대의 사회상. ¶이 소설은 시대상을 잘 반영하고 있다.

▸시대-순 時代順 | 차례 순
시대(時代)에 따라 정한 순서(順序). ¶사건을 시대순으로 배열하다.

▸시대-정신 時代精神 | 쓿을 정, 혼 신
어떤 시대(時代)를 지배하며, 그 시대를 특징짓고 있는 정신(精神)이나 사상.

시댁 媤宅 | 시가 시, 집 댁
[esteemed family of your husband]
시부모(媤父母)가 사는 집[宅]의 높임말. [비] 시가(媤家).

시:도¹ 市道 | 도시 시, 길 도
[cities and provinces]
❶[속뜻] 행정 구역으로 나눈 시(市)와 도(道). ❷관할 시장이 노선을 인정하고 시비(市費)로 건설·관리·유지하는 시내 도로(市內道路).

시:도² 試圖 | 시험할 시, 꾀할 도
[try; attempt]
무엇을 시험(試驗) 삼아 꾀하여[圖] 봄. 또는 꾀한 바를 시험해 봄. ¶나는 네 번째 시도에서 성공했다.

시:동 始動 | 비로소 시, 움직일 동
[start; activate]
❶[속뜻] 비로소[始] 움직임[動]. 또는 그렇게 되게 함. ❷발전기나 전동기, 증기 기관, 내연 기관 따위의 발동이 걸리기 시작함. 또는 그렇게 되게 함. ¶차에 타고 시동을 걸다.

시:력 視力 | 볼 시, 힘 력
[eyesight; sight]
눈이 물체의 존재나 모양 따위를 보는[視] 능력(能力). ¶나는 요즘 시력이 많이 떨어졌다.

***시:련** 試鍊 | 시험할 시, 불릴 련
[try; make a trial]
의지나 참을성을 시험(試驗)하거나 단련(鍛鍊)시키는 것. ¶시련을 극복하다.

시:립 市立 | 도시 시, 설 립 [municipal]
시(市)에서 설립(設立)하고 경영하는 일. 또는 그러한 시설. ¶시립 도서관.

시:명 市名 | 도시 시, 이름 명
시(市)의 이름[名]. ¶이곳의 시명(市名)은 인디언 부족의 이름에서 유래한다.

시무 時務 | 때 시, 일 무
때[時]에 따라 필요한 일[務]. 당장에 시급한 일.

▸시무 이십팔조 時務二十八條 | 두 이, 열 십, 여덟 팔, 조목 조
❶[속뜻] 시급(時急)하게 해야 할[務] 28[二十八]가지 조항(條項). ❷[역사] 고려 성종 때 최승로(崔承老)가 올린 정치개혁안. 유교사상에 입각하여 국가 체제를 정비하는 내용을 담고 있으며, 28개 조항으로 되어 있다.

***시:민** 市民 | 도시 시, 백성 민 [citizens]
❶[속뜻] 그 시(市)에 사는 사람[民]. ¶시민들이 축제에 참여했다. ❷국가의 일원으로서 독립하여 생계를 영위하는 자유민. ¶시민은 투표권이 있다.

시방 時方 | 때 시, 바로 방 [now]
이때[時]나 방금(方今). 말하는 이때. [비] 지금.

시:범 示範 | 보일 시, 본보기 범
[set an example]
본보기[範]를 보임[示]. ¶시범을 보이다.

시보 時報 | 때 시, 알릴 보
[news sheet; review; time signal]
표준 시간(時間)을 알리는[報] 일. ¶라디오에서 12시를 알리는 시보가 울렸다.

시부 媤父 | 시가 시, 아버지 부
[one's husband's father]
시가(媤家) 남편의 아버지[父]. 시아버지.

시-부모 媤父母 | 시가 시, 아버지 부, 어머니 모 [parents-in-law]
시가(媤家) 남편의 아버지[父]와 어머니[母]. ¶그녀는 시부모님을 모시고 산다.

시불가실 時不可失 | 때 시, 아닐 불, 가히 가, 잃을 실
❶[속뜻] 적절한 때[時]를 잃어서는[失] 아니[不] 됨[可]. ❷때를 놓쳐서는 안 됨. ¶시불가실이라 했다. 이번 기회를 꼭 살려야 한다.

시비[1]**詩碑** | 시 시, 비석 비
[monument inscribed with a poem]
❶[속뜻] 시(詩)를 새긴 비(碑). ❷이름 있는 시인의 문학적 업적을 기리어 세우는 비.

시:비[2]**是非** | 옳을 시, 아닐 비
[right and wrong; dispute; quarrel]
❶[속뜻] 옳고[是] 그름[非]. ¶시비를 가리다. ❷옳고 그름을 따지는 말다툼. ¶시비를 걸다. [비] 시시비비(是是非非), 잘잘못.
▸ 시:비-조 是非調 | 가락 조
잘잘못[是非]을 따지는 듯한 말투[調]. ¶시비조로 말하다.

시:사 試寫 | 시험할 시, 베낄 사
[preview]
영화의 정식 개봉 전에서 여러 관계자에게 시험적(試驗的)으로 먼저 영사(映寫)하여 보임.
▸ 시:사-회 試寫會 | 모일 회
영화를 시험적으로 보여주는[試寫] 모임[會]이나 행사. ¶시사회에 많은 사람이 참석했다.

시상[1]**詩想** | 시 시, 생각 상
[poetical idea; poetical imagination]
시(詩)를 짓기 위한 생각이나[想] 느낌. ¶시상이 떠오르다.

시:상[2]**施賞** | 베풀 시, 상줄 상
[award a prize]
상장(賞狀)이나 상품(賞品) 또는 상금(賞金)을 줌[施]. ¶공(功)이 큰 사람을 골라 시상하다.
▸ 시:상-대 施賞臺 | 돈대 대
상(賞)을 주기[施] 위하여 설치한 받침대[臺]. ¶선수는 시상대에 올랐다.
▸ 시:상-식 施賞式 | 의식 식
시상(施賞)할 때에 베푸는 의식(儀式). ¶아카데미 시상식을 거행하다.

*__시:선 視線__ | 볼 시, 줄 선
[ones eyes; ones sight]
❶[속뜻] 보이는[視] 물체와 눈을 잇는 선(線). ❷[의학] 눈동자의 중심점과 외계의 주시점(注視點)을 잇는 직선. ¶시선을 피하다. [비] 눈길.

**__시:설 施設__ | 베풀 시, 세울 설 [establish; equip]
편리를 베풀어[施] 구조물 따위를 세움[設]. 또는 그 차린 설비. ¶의료 시설 / 전선을 시설하기 위해 전봇대를 세웠다.
▸ 시:설-물 施設物 | 만물 물
기계, 장치, 도구류 따위와 같이 시설(施設)해 놓은 것[物]. ¶아동을 보호하기 위한 시설물을 건설하다.
▸ 시설-비 施設費 | 쓸 비
시설(施設)하는 데 쓴 비용(費用).

시세 時勢 | 때 시, 형세 세
[signs of the times; current price]
❶[속뜻] 어떤 시기(時期)의 형세(形勢). 시대(時代)의 추세(趨勢). ❷거래할 당시의 가격. ¶아파트 시세가 좋다. [비] 시가(時價).

시속 時速 | 때 시, 빠를 속
[speed per hour]
한 시간(時間)을 단위로 하여 잰 속도(速度). ¶말은 시속 60km로 달릴 수 있다.

시숙 媤叔 | 시가 시, 아저씨 숙
[brothers of one's husband]
시가(媤家) 남편의 형제[叔]. [비] 아주버니.

시시각각 時時刻刻 | 때 시, 때 시, 시각 각, 시각 각 [hourly; momentarily]
그때그때의 시각(時刻). ¶시시각각으로 변하는 유행.

시:시비비 是是非非 | 옳을 시, 옳을 시, 아닐 비, 아닐 비 [argue about what is wrong and what is right]
옳은[是] 것은 옳다고[是] 하고 그른[非] 것은 그르다고[非] 하는 일. [비] 잘잘못, 시비(是非).

시식[1]**時食** | 때 시, 밥 식
[seasonable foods; food in season]
그 계절[時]에 특별히 있는 음식(飮食). 또는 그 시절에 알맞은 음식. ¶시식에 남달리 관심이 많다.

시:식[2]**試食** | 시험할 시, 먹을 식 [taste; sample]
맛이나 요리 솜씨를 시험(試驗)하기 위하여 먹어[食] 봄. ¶우리는 여러 종류의 케이크를 시식해 보았다.

시:신 屍身 | 주검 시, 몸 신 [dead body; corpse]
죽은 사람[屍]의 몸[身]. ¶시신을 거두어 장사 지내다. [비]송장.

시:-신경 視神經 | 볼 시, 정신 신, 날실 경 [optic nerve]
[의학]시각(視覺)을 맡아보는 신경(神經). 60~80만의 신경 섬유로 되어 있다.

시:야 視野 | 볼 시, 들 야 [range of vision; view]
❶[속뜻]시력(視力)이 미치는 범위[野]. ¶건물이 시야를 가리다. ❷식견이나 사려가 미치는 범위. ¶그는 세계를 여행하며 시야를 넓혔다.

시:약 試藥 | 시험할 시, 약 약 [test]
❶[속뜻]시험(試驗) 삼아 써보는 데 필요한 약(藥). ❷[화학]화학 분석에서 물질의 검출이나 정량을 위한 반응에 쓰이는 화학 약품.

시어 詩語 | 시 시, 말씀 어 [poetic word]
❶[속뜻]시(詩)에 쓰이는 말[語]. ❷[문학]시인의 감정이나 사상을 나타낸 함축성 있는 말.

시:외 市外 | 도시 시, 밖 외 [suburbs]
도시(都市) 밖[外]의 부근으로 시에 인접한 지역. ¶시외로 소풍을 가다. [반]시내(市內).

시월 十月 | 본음 [십월], 열 십, 달 월 [October]
한 해의 열[十]째 되는 달[月]. ¶시월은 소풍을 가기에 제격이다.

시:위 示威 | 보일 시, 위엄 위 [demonstrate]
위력(威力)을 드러내어 보임[示]. ¶대규모 시위가 벌어지다.

시:-의원 市議員 | 도시 시, 의논할 의, 인원 원
시(市)의 중요한 일을 의결(議決)하는 사람[員].

시:-의회 市議會 | 도시 시, 의논할 의, 모일 회
시(市)의 중요한 일을 의결(議決)하는 모임[會]. ¶시의회에서 예산을 의결했다.

시:인[1]**是認** | 옳을 시, 알 인 [approve of; acknowledge]
옳다고[是] 인정(認定)함. ¶민지는 자기 잘못을 시인했다. [반]부인(否認).

시인[2]**詩人** | 시 시, 사람 인 [poet]
전문적으로 시(詩)를 짓는 사람[人]. ¶여류 시인 / 원로 시인.

시일 時日 | 때 시, 날 일 [day]
❶[속뜻]때[時]와 날[日]. ❷기일이나 기한. ¶시일을 늦추다. [비]날짜.

시:일야방성대곡 是日也放聲大哭 | 이 시, 날 일, 어조사 야, 놓을 방, 소리 성, 큰 대, 울 곡
❶[속뜻]이[是] 날[日]에 이르러 소리[聲] 내어[放] 크게[大] 욺[哭]. ❷[역사]1905년에 일본의 강요로 을사조약이 체결된 것을 슬퍼하여 장지연이 민족적 울분을 표현한 논설.

*****시:작 始作** | 처음 시, 일으킬 작 [begin]
처음[始] 일으킴[作]. 처음으로 함. ¶그는 어제부터 운동을 시작했다. [반]끝. [속담]시작이 반이다.

▸**시:작-점 始作點** | 점 점
어떠한 것이 처음으로 일어나거나 시작(始作)되는 곳[點]. [비]기점(起點).

▸**시:작-종 始作鐘** | 쇠북 종
시작(始作) 시각을 알리는 종(鐘). ¶수업 시작종이 울리다.

시:장[2]**市長** | 도시 시, 어른 장 [mayor]
[법률]시(市)의 행정(行政)을 맡고 있는 최고 관리[長].

*****시:장**[3]**市場** | 저자 시, 마당 장 [market]
여러 가지 상품을 사고파는 저자[市] 장

소[場]. ¶농수산물 시장. [준] 장.

시적 詩的 | 시 시, 것 적 [poetical]
사물이 시(詩)의 정취를 가진 것[的]. ¶그는 시적 정서가 풍부하다.

시:전 市廛 | 저자 시, 가게 전
[역사] 조선 때, 시장(市場) 거리에 있던 큰 가게[廛]. ¶육의전(六矣廛)은 조선시대의 대표적인 시전이다.

*__시절__ 時節 | 때 시, 철 절
[time; occasion; season]
❶[속뜻] 무슨 일을 하기에 알맞은 때[時]나 철[節]. ❷사람의 한 평생을 여럿으로 나눌 때의 어느 한 동안. ¶학창 시절. ❸계절(季節).

시점 時點 | 때 시, 점 점 [point of time]
시간(時間)의 흐름 위의 어떤 한 점(點). ¶적절한 시점에 다시 얘기하자.

시:정¹ 是正 | 옳을 시, 바를 정 [correct]
잘못된 것을 옳고[是] 바르게[正] 함. ¶잘못된 점은 반드시 시정해야 한다.

시:정² 施政 | 베풀 시, 정사 정
[administration; government]
정부가 정사(政事)를 행함[施]. 또는 그 정치. ¶공정한 시정을 펴다.

시:조¹ 始祖 | 처음 시, 조상 조
[originator]
❶[속뜻] 한 겨레나 가계의 맨 처음[始]이 되는 조상(祖上). ❷어떤 학문이나 기술 따위를 처음으로 연 사람. [비] 비조(鼻祖).

시조² 時調 | 때 시, 가락 조
❶[속뜻] 시절(時節)을 읊은 노래[調]. '시절가조'(時節歌調)의 준말. ❷[문학] 고려 말기부터 발달하여 온 우리나라 고유의 정형시. ¶시조를 짓다.

시:종¹ 侍從 | 모실 시, 따를 종
[chamberlain]
❶[속뜻] 모시고[侍] 따름[從]. ❷[역사] 임금을 모시던 벼슬아치.

시:종² 始終 | 처음 시, 끝날 종
[throughout]
처음[始]과 끝[終]을 아울러 이르는 말. ¶그는 시종 아무 말이 없었다.

▶**시:종-일관** 始終一貫 | 한 일, 꿸 관
처음부터 끝까지[始終] 일관(一貫)되게 함.

시:주 施主 | 베풀 시, 주인 주
[offer; donate]
[불교] 중이나 절에 물건을 바치는[施] 사람[主]. 또는 그 일.

시:중² 市中 | 저자 시, 가운데 중
[(in) the street; open market]
❶[속뜻] 도시(都市)의 가운데[中]. 도시 안. ❷사람들이 생활하는 공개된 공간을 비유하여 이르는 말. ¶인공지능 컴퓨터는 아직 시중에 나와 있지 않다.

시집 詩集 | 시 시, 모을 집
[collection of poems]
여러 편의 시(詩)를 모아[集] 엮은 책. ¶윤동주의 시집을 읽다.

시차 時差 | 때 시, 다를 차
[time difference]
❶[속뜻] 세계 각 지역별 시간(時間) 차이(差異). ¶한국과 일본은 시차가 나지 않는다. ❷시간에 차이가 나게 하는 일. ¶1조와 2조는 2시간의 시차를 두고 출발했다.

시:찰 視察 | 볼 시, 살필 찰
[inspect; observe]
돌아다니며 실지 사정을 보고[視] 살핌[察]. ¶수해 지역을 시찰하다.

시:책 施策 | 베풀 시, 꾀 책
[enforce a policy]
국가나 행정기관 등에서 어떤 계획[策]을 실시(實施)함. 또는 그 계획. ¶정부 시책을 홍보하다.

*__시:청__¹ 市廳 | 도시 시, 관청 청
[city hall]
시(市)의 행정 사무를 맡아보는 관청(官廳). 또는 그 청사.

시:청² 視聽 | 볼 시, 들을 청
[looking and listening]
눈으로 보고[視] 귀로 들음[聽]. ¶텔레비전을 시청하다.

▶ 시ː청-각 視聽覺 | 깨달을 각
눈으로 보는[視] 감각과 귀로 듣는[聽] 감각(感覺)을 아울러 이르는 말. ¶시청각 자료를 사용하여 가르치다.

▶ 시ː청-료 視聽料 | 삯 료
텔레비전을 시청(視聽)하는 데 내는 요금(料金). ¶시청료를 인상하다.

▶ 시ː청-률 視聽率 | 비율 률
어떤 프로그램을 시청(視聽)하는 사람의 전체 시청자에 대한 비율(比率). ¶이 드라마는 시청률이 높다.

▶ 시ː청-자 視聽者 | 사람 자
텔레비전의 방송을 시청(視聽)하는 사람[者]. ¶그 드라마는 많은 시청자를 울렸다.

시ː체 屍體 | 주검 시, 몸 체
[dead body]
죽은 생물 또는 죽은 사람[屍]의 몸[體]. ¶시체를 영안실에 안치하다. 町송장, 시신(屍身), 주검.

시ː초 始初 | 처음 시, 처음 초
[beginning]
맨 처음[始=初]. ¶싸움의 시초는 사소한 오해였다.

시ː추 試錐 | 시험할 시, 송곳 추 [drill]
지하자원을 탐사하거나 지층의 구조나 상태를 시험(試驗)하기 위하여 땅속 깊이 구멍을 뚫는[錐] 일. ¶해저 가스전을 시추하다.

시침 時針 | 때 시, 바늘 침
[hour hand of a timepiece]
시계에서 시(時)를 가리키는 짧은 바늘[針].

시ː판 市販 | 저자 시, 팔 판
[sell at a market]
상품을 시중(市中)에서 판매(販賣)함. '시중판매'의 준말. ¶이 상품은 국내에서 시판하고 있다.

시한 時限 | 때 시, 끝 한 [deadline]
어떤 일을 끝마치기로 한 시간(時間)의 한계(限界). ¶원서 제출 시한은 이번 주 토요일까지이다.

▶ 시한-부 時限附 | 붙을 부
일정한 시간(時間)의 한계(限界)를 붙임[附]. ¶시한부 환자를 돌보다.

▶ 시한-폭탄 時限爆彈 | 터질 폭, 탄알 탄
일정한 시간이 되면[時限] 저절로 폭발(爆發)하게 되어 있는 탄알[彈].

시합 試合 | 따질 시, 싸울 합
[play against; have a game]
❶우열을 따지기[試] 위하여 경합(競合)을 벌임. ❷운동이나 그 밖의 경기 따위에서 승부를 겨루는 일. ¶야구 시합. 町경기(競技).

시ː해 弑害 | 죽일 시, 해칠 해
[assassinate; murder]
부모나 임금을 죽여[弑] 해(害)침. ¶대통령 시해사건.

시ː행 施行 | 베풀 시, 행할 행
[put in operation; enforce]
❶실시(實施)하여 행(行)함. 실제로 행함. ❷법령의 효력을 실제로 발생시킴.

▶ 시ː행-착오 施行錯誤 | 어긋날 착, 그르칠 오
❶실제로 행하여[施行] 얻어지는 잘못[錯=誤]. ❷지식이나 기술을 얻으려고 계획대로 실행하다가 실패하는 것. ¶에디슨은 시행착오 끝에 전구를 발명했다.

***시험** 試驗 | 따질 시, 효과 험
[test; try out]
❶사물의 성질이나 기능을 따져서[試] 그 효과(驗)를 알아보는 일. ¶성능을 시험하다. ❷재능이나 실력 따위를 일정한 절차에 따라 검사하고 평가하는 일. ¶시험에 합격하다.

▶ 시험-관 試驗官 | 벼슬 관
시험(試驗) 문제를 내거나 시험 감독을 하며 그 성적을 채점하는 관리(官吏). ¶시험관은 지원자의 반수를 불합격시켰다.

▶ 시험-기 試驗器 | 그릇 기
시험(試驗)하는 데 쓰는 기구(器具).

▶시험-장 試驗場 | 마당 장
시험(試驗)을 보기 위한 시설을 갖추어 놓은 곳[場]. ¶운전면허 시험장.

▶시험-지 試驗紙 | 종이 지
❶속뜻 시험(試驗) 문제가 적힌 종이[紙]나 시험 답안을 쓰는 종이. ¶시험지를 채점하다. ❷화학 화학 실험에 쓰이는 시약(試藥)을 바른 특수한 종이. ¶리트머스 시험지.

시:호 諡號 | 이름 시, 부를 호
[posthumous title]
옛날 훌륭한 인물이 죽은 뒤에 그의 공덕을 칭송하여 부르는[號] 이름[諡]. ¶이순신 장군의 시호는 충무(忠武)이다.

시화 詩畵 | 시 시, 그림 화
[pictorial poem]
❶속뜻 시(詩)와 그림[畵]. ¶황진이는 시화에 뛰어났다. ❷시를 곁들인 그림.

▶시화-전 詩畵展 | 펼 전
시와 그림[詩畵]을 전시하는 전람회(展覽會). ¶강당에서 시화전이 열린다.

시효 時效 | 때 시, 효과 효 [prescription]
❶속뜻 효과(效果)가 지속되는 시간적(時間的) 범위. ❷법률 어떤 사실 상태가 일정기간 계속되는 일. ¶내일이면 그 사건의 시효가 끝난다.

식 式 | 의식 식
[ceremony; way; expression]
❶속뜻 '의식'(儀式)의 준말. ¶결혼식 / 지금부터 식을 거행하겠습니다. ❷일정한 방식. ¶그런 식으로 하면 틀림없이 실패할 것이다. ❸수학 수학 및 여러 과학에서 특수한 기호를 연결하여 어떤 의미나 관계를 나타내는 데 쓰는 것. ¶y를 구하는 식을 써라. 逆 수식(數式).

식견 識見 | 알 식, 볼 견 [knowledge]
❶속뜻 어떤 일 따위를 알아[識] 봄[見]. ❷사물을 올바르게 판단할 수 있는 능력. ¶식견이 풍부한 사람.

식곤-증 食困症 | 먹을 식, 곤할 곤, 증세 증 [drowsiness after a meal]
의학 음식을 먹은[食] 뒤에 몸이 나른해지는[困] 증세(症勢).

식구 食口 | 먹을 식, 입 구 [family]
❶속뜻 밥을 먹는[食] 입[口]. ❷한집에서 함께 사는 사람. ¶그는 딸린 식구가 많다. 逆 가족(家族), 식솔(食率).

식기 食器 | 밥 식, 그릇 기 [dinner set]
❶속뜻 음식(飮食)을 담는 그릇[器]. ❷식사에 쓰이는 여러 가지 그릇이나 기구를 통틀어 이르는 말.

식단 食單 | 밥 식, 홑 단 [menu]
❶속뜻 식당에서 파는 음식(飮食)의 단가(單價)를 적은 표 ¶아버지는 식단을 보고 음식을 주문했다. ❷일정한 기간 먹을 음식의 종류와 순서를 계획한 것. ¶균형 잡힌 식단 / 식단을 짜다.

식당 食堂 | 먹을 식, 집 당 [restaurant]
❶속뜻 식사(食事)하기에 편리하도록 설비하여 놓은 방[堂]. ❷음식을 만들어 파는 가게. ¶식당에서 점심을 사 먹었다.

▶식당-차 食堂車 | 수레 차
열차 안에 식당(食堂)의 설비를 갖추고 있는 찻간[車].

식대 食代 | 밥 식, 대신할 대
[charge for food]
음식(飮食)을 청해 먹은 대금(代金). ¶식대를 내다.

식도 食道 | 밥 식, 길 도
[throat esophagus]
의학 삼킨 음식물(飮食物)이 지나는 길[道].

식-도락 食道樂 | 먹을 식, 길 도, 즐길 락 [epicurism]
여러 가지 음식을 먹어[食] 보는 일을 취미로 삼는[道樂] 일. ¶그는 식도락을 즐긴다.

*식량 食糧 | 먹을 식, 양식 량 [food]
먹을[食] 양식(糧食). ¶식량이 부족하다.

▶식량-난 食糧難 | 어려울 난
흉작이나 인구 과잉 등으로 식량(食糧)이 부족하여 겪는 어려움[難]. ¶그 나라는 전쟁으로 식량난에 허덕이고 있다.

***식료** 食料 | 밥 식, 거리 료
[food; foodstuffs]
음식(飮食)의 재료(材料). ¶토마토는 좋은 식료가 된다.

▶ **식료-품** 食料品 | 물건 품
음식의 재료[食料]가 되는 물품(物品). ¶어머니는 시장에서 식료품을 사오셨다. ㉯ 먹을거리.

식모 食母 | 밥 식, 어머니 모
[domestic helper]
남의 집에 고용되어 주로 부엌일과 음식(飮食)을 맡아 하는 여자[母]. ¶그녀는 5년 동안 식모를 살았다. ㉯ 가정부(家政婦).

식목 植木 | 심을 식, 나무 목
[plant trees; transplant trees]
나무[木]를 심음[植]. 또는 그 나무. ¶그는 식목하기 위해 산으로 올라갔다.

▶ **식목-일** 植木日 | 날 일
산림녹화 등을 위하여 해마다 나무를 심도록[植木] 정한 날[日]. ¶식목일은 매년 4월 5일이다.

식물[1] 食物 | 먹을 식, 만물 물
[food; provisions]
먹을 수 있는[食] 물건(物件).

*식물[2] 植物 | 심을 식, 만물 물 [plant]
[식물] 나무와 풀같이 땅에 심어져[植] 있는 물체(物體). ㉰ 동물(動物).

▶ **식물-성** 植物性 | 성질 성
식물체(植物體) 고유의 성질(性質). ¶식물성 기름.

▶ **식물-원** 植物園 | 동산 원
식물에 대한 연구 또는 일반인들에게 식물에 대한 지식을 보급하기 위해 많은 종류의 식물(植物)을 한데 모아서 가꾸는 곳[園].

▶ **식물-인간** 植物人間 | 사람 인, 사이 간
❶[속뜻] 의식이 없고 전신이 경직(硬直)된 채로 식물(植物)처럼 대사(代謝)기능만을 하는 인간(人間). ❷[실같] 호흡, 순환, 소화, 배설 등의 기능은 유지되나 사고(思考), 운동, 지각 등 대뇌 기능이 상실되어 의식 불명인 채 살아 있는 사람.

식민 植民 | =殖民, 심을 식, 백성 민
[colonize]
[경치] 강대국이 빼앗은 땅에 자국민(自國民)을 무력으로 이주시키는[植] 일. 또는 그렇게 옮겨가서 사는 사람.

▶ **식민-지** 植民地 | 땅 지
[경치] 강대국이 점령하여 국민을 이주시킨[植民] 뒤, 정치적·경제적으로 지배하는 지역(地域).

식반 食盤 | 밥 식, 소반 반
[small dining table]
음식(飮食)을 차려 놓는 소반[盤]이나 상. ¶고등어자반을 구워 식반에 올리다.

식별 識別 | 알 식, 나눌 별 [distinguish]
분별(分別)하여 알아냄[識]. 사물의 성질이나 종류 따위를 구별함. ¶적군과 아군의 식별이 어렵다.

식비 食費 | 먹을 식, 쓸 비
[price of a meal]
음식을 먹는데[食] 드는 비용(費用). ¶매월 식비로 50만원을 쓴다.

식사[1] 式辭 | 의식 식, 말씀 사
[formal address in a ceremony]
식장(式場)에서 인사로 하는 말[辭]. 또는 인사로 하는 글.

*식사[2] 食事 | 먹을 식, 일 사 [meal]
사람이 끼니로 음식을 먹는[食] 일[事]. 또는 그 음식. ¶저녁 식사.

▶ **식사-량** 食事量 | 분량 량
음식을 먹는[食事] 양(量). ¶식사량을 조절해야 한다.

식-생활 食生活 | 먹을 식, 살 생, 살 활
[dietary life]
먹고[食] 살아가는[生活] 일. ¶규칙적인 식생활 습관은 건강에 좋다.

식성 食性 | 밥 식, 성질 성 [one's taste]
음식(飮食)에 대하여 좋아하거나 싫어하는 성미(性味). ¶그 아이는 식성이 까다롭

식수 食水 | 먹을 식, 물 수
[drinking water]
먹는[食] 물[水]. ¶식수를 공급하다.
▶ 식수-난 食水難 | 어려울 난
식수(食水)의 부족으로 겪는 어려움[難].
▶ 식수-원 食水源 | 근원 원
먹는 물[食水]의 근원(根源). ¶식수원이 오염되다.

식순 式順 | 의식 식, 차례 순
[order of a ceremony]
의식(儀式)의 진행 순서(順序). ¶식순에 따라 교장선생님의 말씀이 있겠습니다.

식-습관 食習慣 | 먹을 식, 버릇 습, 버릇 관 [eating habits]
음식을 먹는[食] 버릇[習慣]. ¶한국인은 대체로 짜게 먹는 식습관이 있다.

식욕 食慾 | =食欲, 먹을 식, 욕심 욕
[appetite]
음식을 먹고[食] 싶어 하는 욕구(慾求). ¶며칠 잠을 못 잤더니 식욕이 없다. ⓗ 밥맛.

식용 食用 | 먹을 식, 쓸 용 [be edible]
먹을[食] 것으로 씀[用]. 또는 먹을 것으로 됨. ¶식용으로 소를 기르다 / 프랑스에서는 달팽이를 식용한다.
▶ 식용-유 食用油 | 기름 유
음식(飮食)을 만드는 데 사용(使用)하는 기름[油]. ¶고구마를 식용유에 튀기다.
▶ 식용 색소 食用色素 | 빛 색, 바탕 소
공업 음식물에 빛깔을 들이는 데 쓰이는, 식용(食用)할 수 있는 색소(色素).

식이 食餌 | 먹을 식, 먹이 이
[diet; food]
❶ 속뜻 먹을[食] 수 있는 먹이[餌]. ❷조리한 음식물.
▶ 식이 요법 食餌療法 | 병고칠 료, 법 법
의학 섭취하는 음식물[食餌]의 품질, 성분, 분량 등을 조절하여 병을 치료(治療)하거나 예방하는 방법(方法). ¶당뇨가 있어서 식이요법을 하고 있다.

식인 食人 | 먹을 식, 사람 인
[eat people; cannibal]
사람[人] 고기를 먹는[食] 일. 또는 그러한 풍습. ¶마오리족은 식인 풍습이 있다.
▶ 식인-종 食人種 | 갈래 종
사람을 잡아먹는[食人] 풍습이 있는 인종(人種).

식자 植字 | 심을 식, 글자 자
[set type; compose]
❶ 속뜻 활자로 판을 만들 때 글자[字]를 끼워 박는[植] 일. ❷ 출판 활판 인쇄에서 문선(文選)한 활자를 원고대로 구두점이나 공목(空木)등을 넣어 판을 짜는 일.
▶ 식자-기 植字機 | 틀 기
출판 활자로 판을 만들 때 글자[字]를 끼워 박는[植] 기계(機械).

식자우환 識字憂患 | 알 식, 글자 자, 근심할 우, 근심 환
❶ 속뜻 글자[字]를 안다[識]는 것이 오히려 걱정[憂患]을 낳게 한 근본 원인이 됨. ❷학식이 있는 것이 오히려 근심을 얻게됨. ¶식자우환이란 성어를 보면 '아는 것이 병'이란 말이 생각난다.

식장 式場 | 의식 식, 마당 장 [ceremonial hall]
의식(儀式)을 거행하는 장소(場所). ¶식장은 하객들로 붐볐다.

식전 食前 | 먹을 식, 앞 전
[before a meals]
❶ 속뜻 밥을 먹기[食] 전(前). ¶이 약은 식전에 드세요. ❷아침밥을 먹기 전. 아침 일찍. ¶식전에 목욕하다. ⓗ 식후(食後).

식-중독 食中毒 | 먹을 식, 맞을 중, 독할 독 [food poisoning]
❶ 속뜻 음식물(飮食物)에 의한 중독(中毒). ❷ 의학 썩은 음식이나 독이 있는 음식 등을 먹어서 설사, 구토, 복통 등의 증상이 일어나는 병. ¶여름철에는 식중독에 걸리기 쉽다.

***식초** 食醋 | 먹을 식, 식초 초
[table vinegar]

식용(食用)할 수 있는 약간의 초산(醋酸)이 들어있는 조미료. ¶오이에 식초를 넣어 버무리면 새콤하다.

식탁 食卓 | 밥 식, 높을 탁
[dining table]
음식(飮食)을 먹을 때 사용하는 탁자(卓子). ¶모두가 식탁에 둘러앉아 저녁을 먹었다.

식판 食板 | 밥 식, 널빤지 판
음식(飮食)을 담는 판(板). ¶식판에 밥을 듬뿍 담았다.

⁑**식품** 食品 | 밥 식, 물건 품 [groceries]
음식(飮食)의 재료가 되는 물품(物品). '식료품'(食料品)의 준말.

▸**식품-점** 食品店 | 가게 점
여러 종류의 식품(食品)을 파는 가게[店]. ¶식품점을 개업하다.

식혜 食醯 | 밥 식, 초 혜
쌀밥[食]에 엿기름가루를 우린 물을 부어 삭힌[醯] 음료. 여기에 생강이나 설탕을 더 넣어 끓여 식혀 먹는다. [비] 감주(甘酒), 단술.

식후 食後 | 먹을 식, 뒤 후
[after a meal]
밥을 먹은[食] 뒤[後]. ¶이 약은 하루 두 번, 식후 30분에 드세요. [반] 식전(食前).

신[1] 臣 | 신하 신
[Your Majesty's servant]
신하가 임금에게 대하여 자기를 일컫던 말. ¶신은 두 임금을 섬길 수 없사옵니다.

신[2] 神 | 귀신 신 [God]
종교의 대상으로 우주를 주재하는 초인간적 또는 초자연적 존재. ¶아기는 신이 주신 선물이다.

신간 新刊 | 새 신, 책 펴낼 간
[publish a new book]
책을 새로[新] 간행(刊行)함. 또는 그 책. ¶신간 도서 목록 / 전문 의학서적을 신간하다.

신간-회 新幹會 | 새로울 신, 기둥 간, 모일 회
❶[속뜻] 민족의 새로운[新] 기둥[幹]이 되자는 취지의 모임[會]. ❷[역사] 1927년에 민족주의와 사회주의 운동의 대립을 막고 항일 투쟁에서 민족 단일 전선을 펼 목적으로 조직한 민족 운동 단체.

*__신경__ 神經 | 정신 신, 날실 경
[nerve; consideration]
❶[의학] 생물이 자신의 몸과 주위에서 일어나는 자극을 감지하고 적절한 반응이나 정신(精神)을 일으키도록 하는 실[經] 모양의 기관. ¶중추 신경. ❷어떤 일에 대한 느낌이나 생각. ¶신경이 날카롭다.

▸**신경-계** 神經系 | 이어 맬 계
[의학] 몸의 각 부분을 연결하여, 하나의 유기체로서 움직이도록 하는 신경(神經) 조직 계통(系統)의 기관(器官). 중추 신경계, 말초 신경계, 자율 신경계로 이루어져 있다.

▸**신경-전** 神經戰 | 싸울 전
❶[군사] 직접 공격하지 않고 말투나 몸짓 등의 간접적인 방법으로 상대의 신경(神經)을 괴롭히는 전술(戰術). 또는 그런 싸움. ❷경쟁관계에 있는 상대에게 말이나 행동으로써 상대편의 신경을 자극하는 일. 또는 그런 싸움.

▸**신경-질** 神經質 | 바탕 질
신경(神經)이 너무 예민하여 사소한 일에도 자극되어 곧잘 흥분(興奮)하는 성질(性質). 또는 그런 상태. ¶신경질을 부리다.

▸**신경-통** 神經痛 | 아플 통
[의학] 말초 신경(末梢神經)이 자극을 받아 일어나는 통증(痛症). ¶비만 오면 신경통이 도진다.

신고 申告 | 알릴 신, 알릴 고
[state; report]
[법률] 국민이 법령의 규정에 따라 행정 관청에 일정한 사실을 알림[申=告]. ¶혼인 신고 / 세관에 카메라를 신고하다.

신곡 新曲 | 새 신, 노래 곡
[new musical composition]

새로[新] 지은 노래[曲]. ¶저 가수는 오늘 신곡을 발표했다.

신-교육 新教育 | 새 신, 가르칠 교, 기를 육
❶[속뜻] 과거와는 다른 새로운[新] 방식의 교육(教育). ❷[교육] 20세기 전 세계적으로 전개된 교육개혁 운동. 종래의 형식적·획일적·주입식 교육을 비판하고 생활을 통한 교육, 개성의 존중, 자발적 학습 따위를 지향하였다.

신규 新規 | 새 신, 법 규 [new regulation]
❶[속뜻] 새로운[新] 규범(規範)이나 규정(規定). ❷새롭게 어떤 일을 함. ¶직원을 신규로 모집하다.

신기[1] 神技 | 귀신 신, 재주 기 [exquisite skill]
신(神)의 능력으로만 가능할 것 같은 매우 뛰어난 기술이나 재주[技]. ¶그녀의 피아노 연주 솜씨는 신기에 가까웠다.

신기[2] 神奇 | 신통할 신, 기이할 기 [supernatural]
신묘(神妙)하고 기이(奇異)하다. ¶신기한 경험.

***신기**[3] 新奇 | 새 신, 기이할 기 [be supernatural]
새롭고[新] 기이(奇異)하다. ¶신기한 물건.

신기[4] 神機 | 신통할 신, 실마리 기 [golden chance; divine resources]
신묘(神妙)한 계기(契機)나 기략(機略). ¶신기를 부려 적진을 빠져나왔다.

▶**신기-전** 神機箭 | 화살 전
❶[속뜻] 신묘(神妙)한 기략(機略)으로 만든 화살[箭]. ❷고려 말기 최무선이 만든 '주화(走火)'를 조선 세종 30년(1448년)에 개량하여 제작한 로켓추진형 다연발 화살 무기. 대신기전(大神機箭)·산화신기전(散火神機箭)·중신기전(中神機箭)·소신기전(小神機箭) 등의 여러 종류가 있다.

신-기록 新記錄 | 새 신, 적을 기, 베낄 록 [new record]
기존의 기록보다 뛰어난 새로운[新] 기록(記錄). ¶그녀는 단거리 배영에서 세계 신기록을 세웠다.

신:기루 蜃氣樓 | 이무기 신, 기운 기, 다락 루 [mirage]
❶[속뜻] 이무기[蜃] 입김[氣]으로 세워진 누각(樓閣). 중국인들은 뿔이 있는 큰 이무기 같은 동물을 상상하며, 이것이 한번 입김을 뿜으면 그것이 퍼지면서 누각이 서있는 모양을 보인다고 생각했다. ❷홀연히 나타나 짧은 시간 동안 유지되다가 사라지는 아름답고 환상적인 일이나 현상 따위를 비유하여 이르는 말. ¶신기루를 좇아 가보았지만 아무것도 없었다.

신-기술 新技術 | 새 신, 재주 기, 꾀 술 [new technology]
새로운[新] 기술(技術). ¶신기술을 개발하다.

신년 新年 | 새 신, 해 년 [New Year]
새로운[新] 해[年]. ¶신년 계획을 세우다.

신:념 信念 | 믿을 신, 생각 념 [belief]
굳게 믿어[信] 변하지 않는 생각[念]. ¶그는 정직에 대한 강한 신념을 가지고 있다.

신단 神壇 | 귀신 신, 단 단
신령(神靈)에게 제사지내는 단(壇).

▶**신단-수** 神壇樹 | 나무 수
❶[속뜻] 신단(神壇) 옆에 심은 나무[樹]. ❷[민속] 단군 신화에서 환웅이 처음 하늘에서 그 밑으로 내려왔다는 신성한 나무.

신-대륙 新大陸 | 새 신, 큰 대, 뭍 륙 [New World]
❶[속뜻] 새로[新] 발견한 대륙(大陸). ❷[지리] 아메리카나 오스트레일리아를 가리키는 말. [비] 신세계(新世界). [반] 구대륙(舊大陸).

신:도 信徒 | 믿을 신, 무리 도 [believer]
어떤 종교를 믿는[信] 사람들[徒]. ¶불교 신도들이 많이 모였다.

신-도시 新都市 | 새 신, 도읍 도, 저자 시
[new town]
대도시의 근교에 새로[新] 개발한 도시(都市). ¶신도시 개발 / 신도시가 들어서다.

신동 神童 | 신통할 신, 아이 동
[child prodigy]
재주와 지혜가 남달리 뛰어난, 신통(神通)한 아이[童]. ¶얘는 축구 신동으로 불린다.

신라 新羅 | 새 신, 새그물 라
역사 우리나라 삼국 시대의 삼국 가운데 기원전 57년 박혁거세가 지금의 영남 지방을 중심으로 세운 나라. 무슨 뜻에서 '新羅'라고 하였는지에 대해서는 정설이 없다. ¶신라의 선덕 여왕은 한민족 최초의 여왕이다.

▶ **신라-관** 新羅館 | 집 관
역사 신라 때, 중국으로 가는 사신이나 유학승, 상인들의 숙박과 휴식을 위하여 산동 반도(山東半島)의 등주(登州)에 설치한 신라(新羅) 사람들의 숙소[館].

▶ **신라-방** 新羅坊 | 마을 방
역사 통일 신라 시대에 당(唐)나라에 설치한, 신라인(新羅人)의 거주지[坊]. 중국을 왕래하는 상인과 유학승 등이 모여 자치적으로 동네를 이루었다.

▶ **신라-소** 新羅所 | 곳 소
역사 통일 신라 때, 신라방(新羅坊)에 거주하고 있던 신라인들을 관리하던 행정 기관[所].

▶ **신라-원** 新羅院 | 집 원
역사 통일 신라 때, 신라 사람이 중국 당나라 신라방(新羅坊)에 세운 사원(寺院).

신랄 辛辣 | 매울 신, 매울 랄
[be severe]
❶속뜻 맛이 몹시 쓰고 맵다[辛=辣]. ❷어떤 일의 분석이나 지적이 매우 모질고 날카롭다. ¶신랄한 비평.

신랑 新郎 | 새 신, 사나이 랑
[bridegroom]
❶갓[新] 결혼하였거나 결혼할 남자[郎]. ❷신부(新婦).

신령 神靈 | 귀신 신, 혼령 령
[divine spirit]
민속 풍습(風習)으로 섬기는 모든 신(神)이나 혼령(魂靈).

신록 新綠 | 새 신, 초록빛 록
[fresh green]
초여름에 새로[新] 나온 잎들이 띤 연한 초록빛[綠]. 또는 그런 빛의 나무와 풀. ¶봄이 되면 산은 신록으로 덮인다.

신:뢰 信賴 | 믿을 신, 맡길 뢰 [trust]
어떤 일 따위를 믿고[信] 맡김[賴]. ¶신뢰를 얻다 / 그는 신뢰할 수 있는 사람이다.

▶ **신:뢰-성** 信賴性 | 성질 성
믿고 의지할 수 있는[信賴] 성질(性質). ¶이 기사는 신뢰성이 낮다.

신:망 信望 | 믿을 신, 바랄 망
[confidence; trust]
어떤 사람이 믿고[信] 그에게 무엇을 바람[望]. 또는 믿음과 덕망. ¶그는 국민에게 신망을 받는 대통령이다.

신명 身命 | 몸 신, 목숨 명 [one's life]
몸[身]과 목숨[命]을 아울러 이르는 말. ¶신명을 바치다 / 그들은 국가를 위해 신명을 다해 싸웠다.

신-무기 新武器 | 새 신, 굳셀 무, 그릇 기
[new weapon]
새로운[新] 무기(武器). ¶신무기를 개발하다.

신:문¹ 訊問 | 물을 신, 물을 문
[question; examine; interrogate]
❶속뜻 캐어 물음[訊=問]. ❷법률 법원이나 기타 국가 기관이 어떤 사건에 관하여 증인, 당사자, 피고인 등에게 말로 물어 조사하는 일. ¶유도 신문 / 검찰이 범인을 심문했다.

※신문² 新聞 | 새 신, 들을 문 [newspaper]
❶속뜻 새로[新] 들은[聞] 소식. ❷사회에서 발생한 사건에 대한 사실이나 해설을

널리 신속하게 전달하기 위한 정기 간행물. ¶학급 신문 / 신문을 배달하다.
- ▶신문-사 新聞社 | 회사 사
신문(新聞)을 발행하는 회사(會社).
- ▶신문-지 新聞紙 | 종이 지
신문(新聞) 기사를 실은 종이[紙]. ¶신문지를 재활용하다.
- ▶신문 기자 新聞記者 | 기록할 기, 사람 자
언론 신문(新聞)에 실을 소식을 수집하고 기사를 작성하는[記] 데 종사하는 사람[者].

신문-고 申聞鼓 | 알릴 신, 들을 문, 북 고
❶ 속뜻 백성이 억울함을 알리고[申] 들려주기[聞] 위하여 치는 북[鼓]. ❷ 역사 조선 때, 대궐 문루에 달아 백성이 원통한 일을 하소연할 때 치게 했던 북. ¶그는 신문고를 두드렸다.

신-문물 新文物 | 새 신, 글월 문, 만물 물
외국에서 새로[新] 들어온 문물(文物). ¶문호를 개방하자 신문물이 물밀듯이 들어왔다.

신-문화 新文化 | 새 신, 글월 문, 될 화
외국에서 새로[新] 들어온 문화(文化). ¶고종은 신문화를 받아들여 체제를 정비했다.

신-물질 新物質 | 새 신, 만물 물, 바탕 질
새로운[新] 물질(物質). ¶신물질로 신약을 개발했다.

신미 辛未 | 천간 신, 양 미
민속 천간의 '辛'과 지지의 '未'가 만난 간지(干支). ¶신미년생은 양띠다.
- ▶신미-양요 辛未洋擾 | 서양 양, 어지러울 요
❶ 속뜻 신미(辛未)년에 서양(西洋)인들이 일으킨 난리[擾]. ❷ 역사 1871년에 미국 군함이 강화도에 침입한 사건. 1866년 조선인들이 제너럴셔먼 호를 공격해 불태우자, 이를 빌미로 강화도 해협에 침입해 개항을 요구하였다.

신민-회 新民會 | 새 신, 백성 민, 모일 회
❶ 속뜻 새로운[新] 사람[民]을 기르기 위한 모임[會]. ❷ 역사 1907년에 안창호가 양기탁, 이동녕 등과 함께 국권 회복을 목적으로 조직한 항일 비밀 결사 단체.

신방 新房 | 새 신, 방 방 [bridal room]
신랑과 신부가 첫날밤을 치르도록 새로[新] 꾸민 방(房). ¶신방에 불이 꺼지자 밖에서 구경하던 사람들이 까르르 웃었다.

신변 身邊 | 몸 신, 가 변 [one's person]
몸[身]의 주변(周邊). ¶신변에 위협을 느끼다.

신:봉 信奉 | 믿을 신, 받들 봉 [believe]
옳다고 믿고[信] 받듦[奉]. ¶종교를 신봉하다.

신부¹ 神父 | 귀신 신, 아버지 부
[Catholic priest; Father]
❶ 속뜻 영적인[神] 아버지[父]. ❷ 가톨릭 사제로 임명받은 성직자. 성사를 집행하고 미사를 드리며 강론을 한다.

신부² 新婦 | 새 신, 여자 부 [bride]
곧 결혼하거나 갓[新] 결혼한 여자[婦]. ¶신부는 눈물을 흘렸다. 맨 신랑(新郞).

신:-부전 腎不全 | 콩팥 신, 아닐 부, 온전할 전 [real insufficiency (failure)]
❶ 속뜻 신장(腎臟)의 기능이 온전하지[全] 못함[不]. ❷ 의학 신장(腎臟)의 기능 장애로 혈액의 화학적 조성에 이상이 생기는 병. ¶어머니는 만성 신부전을 앓고 있다.

신분 身分 | 몸 신, 분수 분
[one's social position]
어떤 사회 안에서 개인(身)이 갖는 역할이나 분수(分數). ¶경찰관 신분을 사칭하다 / 신분이 높다.
- ▶신분-제 身分制 | 정할 제
'신분제도'(身分制度)의 준말. ¶동학(東學)이 퍼지면서 신분제가 동요했다.
- ▶신분-증 身分證 | 증거 증
신분(身分)을 증명(證明)하는 문서.
- ▶신분 제:도 身分制度 | 정할 제, 법도 도
사회 봉건 시대에, 계급에 따라 개인의 신

분(身)을 나누고 활동 따위를 제한하던 제도(制度). ¶골품제란 혈통에 따라 나눈 신분 제도이다.

신비 神秘 | 귀신 신, 비밀 비
[mysterious; magical]
매우 신기(神奇)하여 그 이치 등을 알기 어려움[祕]. ¶자연의 신비를 풀다 / 모나리자의 미소는 매우 신비하다 / 이 돌은 매우 신비스럽다.

▶ 신비-감 神祕感 | 느낄 감
신비(神祕)스러운 느낌[感]. ¶생명에 대한 신비감이 느껴졌다 / 사랑은 정말 신비롭다.

신사¹ 神社 | 귀신 신, 모일 사 [shrine]
일본에서 왕실의 조상이나 국가 유공자를 대표하는 여러 신(神)들의 위패를 모아[社] 놓은 곳. 또는 그 사당.

▶ 신사 참배 神社參拜 | 뵐 참, 절 배
역사 신사(神社)에 참배(參拜)하는 일. ¶일제는 한민족의 종교와 사상을 억압하기 위하여 신사 참배를 강요했다.

신:사² 紳士 | 큰 띠 신, 선비 사
[gentleman]
❶속뜻 허리에 큰 띠[紳]를 두른 선비[士]. '紳'은 옛날 중국에서 예의를 갖춰 입을 때 사용한 넓은 띠를 가리킨다. ❷점잖고 교양이 있으며 예의 바른 남자. ¶중년 신사. ❸보통의 남자를 대접하여 이르는 말. ¶신사 숙녀 여러분!

▶ 신:사-복 紳士服 | 옷 복
성인 남자[紳士]의 양복(洋服).

▶ 신:사 유람단 紳士遊覽團 | 떠돌 유, 볼 람, 모일 단
❶속뜻 신사복(紳士服) 차림으로 유람(遊覽)한 단체(團體). ❷역사 1881년에 새로운 문물제도의 시찰을 위하여 고종이 일본에 파견한 시찰단.

신상 身上 | 몸 신, 위 상
[one's situation]
신변(身邊)에 관한[上] 일이나 형편. ¶성범죄자들의 신상을 공개해야 한다.

신생 新生 | 새 신, 날 생 [new birth]
새로[新] 생기거나 태어남[生].

▶ 신생-대 新生代 | 시대 대
지리 지질(地質) 시대를 크게 나눈 것 중에서 가장 새로운[新生] 시대(時代). 약 6500만 년 전부터 현재까지의 시대를 이르며 그 말기에 인류가 나타났다.

▶ 신생-아 新生兒 | 아이 아
새로[新] 태어난[生] 아이[兒]. 비 갓난아이.

신-석기 新石器 | 새 신, 돌 석, 그릇 기
[neolith]
고학 돌을 가는 새로운[新] 기술을 개발하여 정교하게 만든 석기(石器). 간석기라고도 한다.

▶ 신석기 시대 新石器時代 | 때 시, 연대 대
고학 신석기(新石器)를 널리 사용하던 시대(時代). 문화 발전 단계에서 구석기 시대의 다음, 금속기 사용 이전의 시대이다.

신선¹ 神仙 | 귀신 신, 신선 선 [Taoist hermit with supernatural powers]
❶속뜻 귀신(鬼神)이나 선인(仙人) 같은 사람. ❷도(道)를 닦아서 현실의 인간 세계를 떠나 자연과 벗하며 산다는 상상의 사람. 속담 신선놀음에 도끼 자루 썩는 줄 모른다.

신선² 新鮮 | 새 신, 싱싱할 선
[be fresh]
❶속뜻 새롭고[新] 싱싱하다[鮮]. ¶신선한 공기를 들이마시다. ❷채소나 생선 따위가 싱싱하다. ¶신선한 과일.

▶ 신선-도 新鮮度 | 정도 도
신선(新鮮)한 정도(程度). ¶냉장고에 보관해야 신선도가 오래 유지된다.

신설 新設 | 새 신, 세울 설
[establish newly; create]
설비, 설비 따위를 새로[新] 마련함[設]. ¶신설 학교 / 공예 강좌를 신설하다.

신성 神聖 | 귀신 신, 거룩할 성
[be holy]
❶속뜻 신(神)과 같이 거룩함[聖]. ❷매우

거룩하고 존귀함. ¶신성을 모독하다 / 결혼은 신성한 것이다.

▸신성-시 神聖視 | 볼 시
어떤 대상을 신성(神聖)한 것으로 여기거나 봄[視]. ¶힌두교에서는 갠지스 강을 신성시한다.

신세 身世 | 몸 신, 세상 세
[one's personal affairs]
❶[속뜻] 한 몸[身]이 세상(世上)에 처한 처지. 주로 불쌍하거나 외롭거나 가난한 경우를 이른다. ¶자신의 신세를 한탄하다. ❷다른 사람에게 도움을 받거나 폐를 끼치는 일. ¶미안하지만 며칠 신세를 지겠네.

신-세:계 新世界 | 새 신, 세상 세, 지경 계 [new world]
❶[속뜻] 새로[新] 발견된 세계(世界). ❷새로운 세상. 또는 새로운 활동 무대. ¶전기의 발명으로 신세계가 열렸다.

신-세:대 新世代 | 새 신, 세상 세, 시대 대 [new generation]
❶[속뜻] 새로운[新] 세대(世代). 흔히 20세 이하의 젊은 세대를 이른다. ❷[사회] 기성의 관습에 반발하여 새로운 문화를 쉽게 받아들이고 개성이 뚜렷하며 자기중심적 사고 및 주장이 강한 세대. ¶그는 신세대의 문화를 이해할 수 없었다.

신-소:설 新小說 | 새 신, 작을 소, 말씀 설 [new style novel]
❶[속뜻] 주제나 형식 등이 새로운[新] 소설(小說). ❷[문학] 갑오개혁 이후부터 현대 소설이 창작되기 전까지, 새로운 형식과 주제로 쓴 소설. 언문일치의 문체로, 봉건 질서 타파와 개화·계몽 및 자주독립 사상 고취 등을 주제로 한 것이 많다.

신-소재 新素材 | 새 신, 바탕 소, 재료 재
[new material; novel material]
종래에는 없던 새로[新] 개발한 소재(素材)를 통틀어 이르는 말. ¶신소재 연구에 박차를 가하다.

신:속 迅速 | 빠를 신, 빠를 속
[quick; rapid]
매우 빠름[迅=速]. ¶신속 배달 / 화재 발생 시 신속하게 대피하십시오.

▸신:속-성 迅速性 | 성질 성
매우 빠른[迅速] 성질(性質). ¶보도는 신속성이 생명이다.

신수 身手 | 몸 신, 손 수
[one's appearance]
❶[속뜻] 몸[身]과 손[手]. ❷'겉으로 나타난 건강한 빛'을 이르는 말. ¶신수가 훤하다.

신시 神市 | 귀신 신, 도시 시
[역사] 환웅이 태백산 신단수(神檀樹) 밑에 세웠다는 도시(都市).

신-시가지 新市街地 | 새 신, 도시 시, 거리 가, 땅 지 [new street]
새롭게[新] 만들어진 시가지(市街地). ¶신시가지를 조성하다.

신식 新式 | 새 신, 법 식 [new style]
새로운[新] 방식(方式)이나 양식(樣式). ¶신식 교육을 받다. [반] 구식(舊式).

신신-당부 申申當付 | 알릴 신, 알릴 신, 마땅 당, 청할 부
거듭 말하며[申+申] 단단히[當] 부탁(付託)함. ¶할머니는 내 손을 잡고 신신당부를 하셨다.

신:앙 信仰 | 믿을 신, 우러를 앙
[religious faith]
신이나 초자연적 절대자를 믿고[信] 우러러보며[仰] 따르는 마음. ¶신앙의 힘.

▸신:앙-심 信仰心 | 마음 심
종교를 믿고 그 가르침을 따르는[信仰] 마음[心].

신약[1] 新藥 | 새 신, 약 약
[new drug; new medicine]
❶[속뜻] 새로[新] 발명한 약(藥). ¶관절염에 좋은 신약을 개발하였다. ❷한약만 약으로 여기고 있던 예전에 새로운 약이라는 뜻으로, '양약'(洋藥)을 이르던 말.

신약[2] 新約 | 새 신, 묶을 약
[New Testament]

❶속뜻 새로이[新] 한 약속(約束). ❷ 기독교 '신약성경'(聖經)의 준말. 땐 구약(舊約).

▶ 신약 성:경 新約聖經 | 거룩할 성, 책 경
기독교 예수 탄생 후에, 하나님이 예수를 통하여 신자들에게 새롭게 약속한[新約] 것을 기록한, 그리스도교의 성경(聖經).

신-여성 新女性 | 새 신, 여자 녀, 성별 성
[modern girl]
개화기 때, 신식(新式) 교육을 받은 여자[女性]를 이르던 말.

신열 身熱 | 몸 신, 더울 열 [fever]
병 때문에 오르는 몸[身]의 열(熱).

신:용 信用 | 믿을 신, 쓸 용
[trust; believe]
❶속뜻 무엇을 믿고[信] 씀[用]. ❷사람이나 사물이 틀림없다고 믿어 의심하지 아니함. 또는 그런 믿음성의 정도. ¶그녀는 신용을 잃다.

신원 身元 | 몸 신, 으뜸 원
[one's identity]
한 개인의 신상(身上)을 알 수 있는 데 으뜸[元]이 되는 자료. 곧 학력이나 주소, 직업 따위를 이른다. ¶피해자의 신원을 조사하다.

신유 辛酉 | 천간 신, 닭 유
민속 천간의 '辛'과 지지의 '酉'가 만난 간지(干支). ¶신유년생은 닭띠다.

▶ 신유-박해 辛酉迫害 | 다그칠 박, 해칠 해
❶속뜻 신유(辛酉)년에 있었던 박해(迫害) 사건. ❷역사 조선 순조 원년(1801)에 이승훈을 비롯한 여러 가톨릭 신자들을 처형한 사건.

신음 呻吟 | 끙끙거릴 신, 읊을 음
[groan; moan]
끙끙거리며[呻] 앓음[吟]. 또는 그러한 소리. ¶신음 소리 / 고통에 신음하는 사람들을 구할 것이다.

신:의 信義 | 믿을 신, 옳을 의
[faithfulness]
믿음[信]과 의리(義理). ¶신의를 지키다.

신-의주 학생 사:건 新義州學生事件 | 새 신, 옳을 의, 고을 주, 배울 학, 사람 생, 일 사, 것 건
역사 1945년 11월 23일 평안북도 신의주(新義州)에서 일어난 학생(學生)들의 반공 투쟁 사건(事件). 공산당이 용암포에서 열린 기독교 사회당 지방 대회를 습격하자 이에 분노한 학생들이 시위운동을 펼쳤다.

신인 新人 | 새 신, 사람 인 [new man]
어떤 분야에 새로[新] 등장한 사람[人]. ¶신인 배우.

신:임[1] 信任 | 믿을 신, 맡길 임 [confide in; trust]
믿고[信] 일을 맡김[任]. ¶신임을 얻다 / 사장은 그를 전적으로 신임한다.

신임[2] 新任 | 새 신, 맡길 임
[newly appoint to (office)]
새로[新] 임명(任命)됨. 또는 그 사람. ¶신임 교장.

신입 新入 | 새 신, 들 입 [enter newly]
새로[新] 들어옴[入]. ¶신입 사원을 뽑다.

▶ 신입-생 新入生 | 사람 생
새로 입학한[新入] 학생(學生). ¶신입생 환영회.

신:자 信者 | 믿을 신, 사람 자 [believer]
어떤 종교를 믿는[信] 사람[者]. ¶기독교 신자. 땐 교도(教徒), 교인(教人).

신작 新作 | 새 신, 지을 작
[new work; new production]
새로[新] 만듦[作]. 또는 그 작품. ¶신작 발표.

▶ 신작-로 新作路 | 길 로
새로[新] 만든[作] 길[路].

신장[1] 身長 | 몸 신, 길 장 [height]
몸[身]의 길이[長]. ¶그녀는 신장이 160cm 가량 된다. 땐 키.

신장[2] 伸張 | 펼 신, 벌릴 장
[extend; expand; elongate]
무엇을 펴서[伸] 넓히거나 벌림[張]. ¶학

력 신장 / 한국의 국력은 크게 신장되었다.

신장[3] 新粧 | 새 신, 단장할 장
[give a new look to; furnish up]
새로[新] 단장함[粧]. 또는 그 단장. ¶신장개업.

신:장[4] 腎臟 | 콩팥 신, 내장 장 [kidney]
[의학] 척추동물의 비뇨기와 관련된 콩팥[腎] 모양의 내장(內臟). 사람의 경우 강낭콩 모양으로 좌우에 한 쌍이 있으며 체내에 생긴 불필요한 물질을 몸 밖으로 배출하고 체액의 조성이나 양을 일정하게 유지하는 작용을 한다. ¶신장 이식 / 고혈압으로 신장이 나빠졌다.

신전 神殿 | 귀신 신, 대궐 전 [shrine]
신령(神靈)을 모신 전각(殿閣). ¶파르테논 신전은 아테네 여신을 모신 곳이다.

신정 新正 | 새 신, 정월 정
[New Year's day]
새[新]해 정삭(正朔)인 양력 1월 1일. [반] 구정(舊正).

신-제:품 新製品 | 새 신, 만들 제, 물건 품 [new product]
새로[新] 만든[製] 물건[品]. ¶신제품 개발 / 신제품 발표회를 열다.

신:조 信條 | 믿을 신, 조목 조
[article of faith]
굳게 믿는[信] 조목(條目). ¶나는 절약을 신조로 삼고 있다.

신종 新種 | 새 신, 갈래 종
[new species]
이제까지 없었던 새로운[新] 종류(種類). ¶신종 인플루엔자 / 신종 볍씨를 개발하다.

신주 神主 | 귀신 신, 위패 주
[ancestral tablet]
죽은 이의 영혼[神]이 담겨 있는 위패[主]. [관용] 신주 모시듯.

신:중 愼重 | 삼갈 신, 무거울 중
[cautious; discreet]
행동을 삼가고[愼], 입을 무겁게[重] 닫고 조심스러워 함. ¶신중을 기하다 / 그는 모든 일에 신중하다 / 신중히 생각하다.

신-지식 新知識 | 새 신, 알 지, 알 식
[up-to-date / new knowledge]
새로운[新] 지식(知識).

신진[1] 新進 | 새 신, 나아갈 진 [rising]
어떤 분야에 새로[新] 나아감[進]. 또는 그 사람. ¶고려 말의 신진 사대부가 조선을 건국했다.

신진[2] 新陳 | 새 신, 묵을 진
[new and old]
새[新] 것과 묵은[陳] 것. ¶신진 대사(代謝).

▶ 신진-대사 新陳代謝 | 대신할 대, 물러날 사
❶ [속뜻] 새[新] 것이 생겨나고 묵은[陳] 것이 그 대신(代身)에 물러남[謝]. ❷ [생물] 생명을 유지하기 위해 생물체가 필요한 것을 섭취하고 불필요한 것을 배설하는 일. [비] 물질 대사(物質代謝).

신참 新參 | 새 신, 참여할 참 [newcomer]
새로[新] 참여(參與)함. 또는 그 사람. ¶그는 이번 달에 우리 부서에 들어온 신참이다. [반] 고참(古參).

신-천지 新天地 | 새 신, 하늘 천, 땅 지
[new world]
새로운[新] 세상[天地]. ¶무궁해 자원의 신천지를 개척하다.

신청 申請 | 알릴 신, 청할 청
[apply for; request]
원하는 바를 알리고[申], 그것을 해달라고 요청(要請)함. ¶그녀에게 데이트를 신청했다 / 주민등록등본 신청.

▶ 신청-곡 申請曲 | 노래 곡
음악 방송 프로그램의 진행자에게 듣고 싶어 신청(申請)한 노래[曲]. ¶그의 신청곡이 라디오에서 흘러나왔다.

▶ 신청-서 申請書 | 글 서
한 기관에 어떤 사항을 요청하는 뜻을 나타내는[申請] 글[書]. 또는 그 문서. ¶신청서를 제출하다.

*신체 身體 | 몸 신, 몸 체 [body]

사람의 몸[身=體]. ¶건강한 신체에 건강한 정신이 깃든다. ⓗ 육신(肉身), 육체(肉體).

▸ **신체-적 身體的** | 것 적
사람의 몸[身體]과 관련되는 것[的]. ¶사춘기에는 신체적 변화가 심하다.

▸ **신체-검:사 身體檢査** | 봉함 검, 살필 사
건강 상태를 알기 위하여 몸[身體]의 각 부분을 검사(檢査)하는 일.

신축¹新築 | 새 신, 쌓을 축
[build new (building)]
건물 따위를 새로[新] 건축(建築)함. ¶신축 건물 / 아파트를 신축하다.

신축²伸縮 | 늘일 신, 줄일 축
[expand and contract]
늘거나[伸] 줄어듦[縮]. 늘이고 줄임. ¶고무는 신축하는 성질이 있다 / 지렁이는 신축 동작으로 몸을 움직인다.

▸ **신축-성 伸縮性** | 성질 성
❶속뜻 늘어나고[伸] 줄어드는[縮] 성질(性質). ¶신축성이 좋은 옷감. ❷일의 형편에 따라 적절하게 대처할 수 있는 성질. ¶신축성 있게 대처하다.

신출 新出 | 새 신, 날 출 [new come]
새로[新] 나옴[出]. 또는 그 사람이나 물건. ¶신출내기 한 명이 왔다.

신출-귀몰 神出鬼沒 | 귀신 신, 날 출, 귀신 귀, 잠길 몰 [be elusive]
귀신(鬼神)처럼 자유자재로 나타났다[出] 사라졌다[沒] 함. ¶그는 신출귀몰의 재주를 가졌다 / 신출귀몰하는 강도.

신:탁 信託 | 믿을 신, 맡길 탁 [trust]
❶속뜻 믿고[信] 맡김[託]. ❷법률 일정한 목적에 따라 재산의 관리와 처분을 남에게 맡기는 일.

▸ **신:탁 통:치 信託統治** | 묶을 통, 다스릴 치
정치 국제 연합의 신탁(信託)을 받아 연합국이 일정한 지역에 대해 통치(統治)를 하는 일. ¶김구는 미국과 소련의 신탁 통치에 반대했다.

신통 神通 | 귀신 신, 통할 통
[be wonderful]
❶속뜻 신기(神奇)할 정도로 통달(通達)함. ❷신기할 정도로 묘하다. ¶그의 목소리는 나와 신통하게 닮았다. ❸대견하고 훌륭함. ¶어떻게 그런 신통한 생각을 다 했니?

▸ **신통-력 神通力** | 힘 력
무슨 일이든지 해낼 수 있는 영묘하고 불가사의한[神通] 힘[力]이나 능력(能力). ¶예전에는 무당의 신통력으로 병이 낫는다고 믿었다.

신판 新版 | 새 신, 널빤지 판
[new edition]
기존의 책의 내용이나 체재를 새롭게[新] 하여 출판(出版)한 책. ¶내일부터 신판을 발매합니다.

신-품:종 新品種 | 새 신, 물건 품, 갈래 종 [new variety]
유전자를 잘 다루어서 만든 지금까지 없던 새로운[新] 생물의 품종(品種). ¶신품종을 개발하다.

***신하 臣下** | 섬길 신, 아래 하 [retainer]
임금을 섬기며[臣] 그 아래[下]에서 일하는 사람. ¶충성스러운 신하.

신-학기 新學期 | 새 신, 배울 학, 때 기
[new semester]
새로[新] 시작되는 학기(學期). ¶신학기에는 바이올린 강의를 들을 계획이다.

신-학문 新學問 | 새 신, 배울 학, 물을 문
[modern sciences]
개화기에, 서양에서 들어온 새로운[新] 학문(學問)을 전통적인 학문에 상대하여 이르는 말. ¶외국인 선교사는 아이들에게 신학문을 가르쳐주었다.

신형 新型 | 새 신, 모형 형 [new style]
새로운[新] 모형(模型). ¶신형 컴퓨터. ⓑ 구형(舊型).

***신:호 信號** | 믿을 신, 표지 호 [sign]
❶속뜻 통신(通信)을 위해 사용하는 표지[號]. ❷일정한 부호, 표지, 소리, 몸짓 따

위로 특정한 내용 또는 정보를 전달하거나 지시를 함. 또는 그렇게 하는 데 쓰는 부호. ¶교통 신호 / 동생이 집에 가자고 신호했으나 나는 본체만체하였다.

▸신ː호-등 信號燈 | 등불 등
[교통] 일정한 신호(信號)로 통행여부를 알리는 등(燈). ¶노란 신호등이 깜박거린다.

▸신ː호-음 信號音 | 소리 음
신호(信號)로 알리는 소리[音]. ¶대피 신호음이 들렸다.

▸신ː호-총 信號銃 | 총 총
신호(信號)로 쏘는 총(銃). ¶신호총을 쏘자 선수들이 일제히 달렸다.

▸신ː호-탄 信號彈 | 탄알 탄
[군사] 신호(信號)하는 데 쓰기 위하여 만든 탄환(彈丸). 발사된 탄환에서 나오는 연기의 특징이나 빛깔로 여러 가지 신호를 표시할 수 있다. ¶고립된 선원들은 신호탄을 쏘아올렸다.

신혼 新婚 | 새 신, 혼인할 혼
[be newly married]
갓[新] 결혼(結婚)함. ¶신혼 생활은 어떠세요?

▸신혼-부부 新婚夫婦 | 지아비 부, 부인 부
갓 결혼한[新婚] 부부(夫婦). ¶그 신혼부부는 깨가 쏟아진다.

▸신혼-여행 新婚旅行 | 나그네 려, 다닐 행
신혼(新婚) 부부가 함께 가는 여행(旅行).

신화 神話 | 귀신 신, 이야기 화 [myth]
❶ [속뜻] 신비(神祕)스러운 이야기[話]. ❷ [문학] 고대인의 사유나 표상이 반영된 신성(神聖)한 이야기. 우주의 기원, 신이나 영웅의 사적(事績), 민족의 태고 때의 역사나 설화 따위가 주된 내용이다. ¶그리스 신화.

신흥 新興 | 새 신, 일어날 흥
[rise newly]
새로[新] 일어남[興]. ¶신흥 국가 / 신흥 산업.

실 室 | 방 실 [room]
방을 세는 단위. ¶숙직실 / 이 손님은 7호실에 묵었습니다.

실감 實感 | 실제 실, 느낄 감
[one's sense of reality]
실제(實際)로 체험하는 느낌[感]. ¶친구의 죽음이 아직 실감이 안 난다.

실격 失格 | 잃을 실, 자격 격
[be disqualified]
기준 미달이나 기준 초과, 규칙 위반 따위로 자격(資格)을 잃음[失]. ¶이 선을 넘으면 실격이다. [비] 자격상실(資格喪失).

실과 實科 | 실제 실, 과목 과
[practical course]
❶ [속뜻] 실제(實際) 생활에 필요한 내용이 담겨있는 교과(教科). ❷ [교육] 예전에 있던 초등학교 과목의 하나.

실권 實權 | 실제 실, 권리 권
[real power]
실제(實際)로 행사할 수 있는 권리(權利)나 권세(權勢). ¶그가 회사의 모든 실권을 쥐고 있다.

실기 實技 | 실제 실, 재주 기
[practical skill]
실제(實際)로 할 수 있는 기능(技能)이나 기술(技術). ¶실기시험.

⁑**실내** 室內 | 방 실, 안 내 [indoors]
방[室] 안[內]. 집안. ¶실내 공기가 너무 탁하다. [반] 노천(露天), 실외(室外).

▸실내-악 室內樂 | 음악 악
❶ [속뜻] 실내(室內)에서 연주하는 음악(音樂). ❷ [음악] 한 악기가 한 성부씩 맡아 연주하는 합주곡.

▸실내-화 室內靴 | 구두 화
실내(室內)에서 신는 신발[靴]. ¶교실에서는 실내화를 신는다.

▸실내 장식 室內裝飾 | 꾸밀 장, 꾸밀 식
[건설] 건축물의 내부[室內]를 그 쓰임에 따라 아름답게 장식(裝飾)하는 일. ¶소박한 실내 장식.

실력 實力 | 실제 실, 힘 력
[real ability]
실제(實際)로 갖추고 있는 힘[力]이나 능

력(能力). ¶그는 수학 실력이 뛰어나다.

실례¹ **失禮** | 잃을 실, 예도 례
[be impolite]
예의(禮義)를 잃음[失]. 예의에 벗어남. ¶실례합니다, 여기서 제일 가까운 은행이 어디죠? ㉶ 결례(缺禮).

실례² **實例** | 실제 실, 본보기 례 [instance]
실제(實際)로 있었거나 있는 본보기[例]. ¶실례를 들어 설명하니 쉽다.

실록 **實錄** | 실제 실, 기록할 록 [authentic record]
❶속뜻 사실(事實)을 있는 그대로 적은 기록(記錄). ¶사건의 실록을 찾아보다. ❷한 임금이 재위한 동안의 정령(政令)과 그 밖의 모든 사실을 적은 기록. 임금이 승하한 뒤, 실록청을 두고 시정기(時政記)를 거두어 연대순으로 정리한 것이다. ¶조선왕조실록.

실리 **實利** | 실제 실, 이로울 리
[actual profit]
실제(實際)로 얻은 이익(利益). ¶실학은 명분보다 실리를 중시하는 학문이다.

실망 **失望** | 잃을 실, 바랄 망
[be disappointed; be let down]
희망(希望)을 잃음[失]. 일이 뜻대로 되지 않아 낙심함. ¶기대가 크면 실망도 큰 법이다 / 너에게 실망했다 / 아버지는 실망스러운 표정을 지었다.

▶ **실망-감** **失望感** | 느낄 감
희망이나 명망을 잃은[失望] 느낌[感]. ¶실망감이 들었다.

실명¹ **失明** | 잃을 실, 밝을 명
[lose eyesight]
밝게[明] 보는 능력을 잃음[失]. 시력을 잃음. ¶갈릴레이는 오랫동안 태양을 보면서 연구하다가 실명했다.

실명² **實名** | 실제 실, 이름 명
[one's real name]
실제(實際)의 이름[名]. ¶모든 거래는 실명으로 이루어진다. ㉶ 본명, 본이름. ㉷ 가명(假名).

▶ **실명-제** **實名制** | 정할 제
거래를 할 때 실제(實際) 자기 이름[名]을 쓰는 제도(制度). ¶인터넷 실명제.

실무 **實務** | 실제 실, 일 무
[practical business]
실제(實際)로 하는 업무(業務). ¶실무에 밝다 / 그는 실무 경험이 많다.

실물 **實物** | 실제 실, 만물 물 [real thing]
실제(實際)로 있는 물건(物件)이나 사람. ¶사진보다 실물이 낫다.

실사구시 **實事求是** | 실제 실, 일 사, 구할 구, 옳을 시
❶속뜻 실제(實際)의 일[事]로부터 옳은[是] 이치나 결론을 찾아냄[求]. ❷사실에 토대를 두어 진리를 탐구하는 일. ❸확실한 고증을 바탕으로 하는 과학적·객관적 학문 태도. ¶실사구시 정신으로 학문을 탐구하다.

실상 **實狀** | 실제 실, 형상 상
[real situation]
실제(實際)의 상태(狀態). 실제의 상황. ¶그는 겉으로는 행복해 보이지만 실상은 그렇지 않다.

실-생활 **實生活** | 실제 실, 살 생, 살 활
[real life]
실제(實際)의 생활(生活). ¶이 수업은 실생활에 많은 도움이 된다.

실선 **實線** | 채울 실, 줄 선 [solid line]
점선(點線)에 대하여 끊어진 곳 없이 쭉 이어진[實] 선(線).

실성 **失性** | 잃을 실, 성질 성 [go mad]
정신에 이상이 생겨 본래의 모습이나 성질(性質)을 잃음[失]. 미침. ¶실성을 하다 / 그녀는 실성한 듯 히죽 웃었다.

실세 **實勢** | 실제 실, 세력 세
[actual power]
실제(實際)의 세력(勢力). 또는 그런 세력을 가진 사람. ¶그는 회사의 실세이다.

실소 **失笑** | 잃을 실, 웃을 소
[burst out laughing]
저도 모르게 절로[失] 터져 나오는 웃음

[笑]. ¶그의 말은 사람들의 실소를 자아냈다.

실수 失手 | 잃을 실, 손 수 [mistake]
❶[속뜻]손[手]에서 놓침[失]. ❷부주의로 하던 일을 그르침. ¶누구나 실수는 하는 법이다.

⁑실습 實習 | 실제 실, 익힐 습 [practice]
배운 기술 따위를 실제(實際)로 해 보고 익힘[習]. ¶조리 실습 / 학교에서 배운 것을 실습하다.

▸**실습-복** 實習服 | 옷 복
실습(實習)할 때 입는 옷[服]. ¶실습복으로 갈아입다.

▸**실습-생** 實習生 | 사람 생
실습(實習)하는 학생(學生). ¶그는 제과점에 실습생으로 취업했다.

▸**실습-자** 實習者 | 사람 자
실습(實習)하는 사람[者].

⁑실시 實施 | 실제 실, 베풀 시
[put in operation; enforce]
계획 따위를 실제(實際)로 시행(施行)함. ¶주5일 근무제를 실시하다. [비]시행(施行).

실신 失神 | 잃을 실, 정신 신
[swoon; faint]
병이나 충격 따위로 정신(精神)을 잃음[失]. ¶나는 놀라서 실신할 뻔했다. [비]기절(氣節), 졸도(卒倒).

실언 失言 | 그르칠 실, 말씀 언
[slip of the tongue]
실수(失手)로 잘못한 말[言]. ¶저의 실언을 사과드립니다. [비]말실수.

실업[1] 實業 | 실제 실, 일 업 [industry]
생산, 제작, 판매 따위와 같은 실리(實利)적인 사업(事業).

실업[2] 失業 | 잃을 실, 일 업 [unemploy]
❶[속뜻]생업(生業)을 잃음[失]. ❷[사회]취업 의사와 능력을 가진 사람이 일할 기회를 얻지 못하거나 일자리를 잃음. ¶청년 실업 문제가 심각하다. [반]취업(就業).

▸**실업-률** 失業率 | 비율 률
[경제]노동력을 가진 인구 가운데서 실업자(失業者)가 차지하는 비율(比率). ¶실업률이 2%에 불과하다.

▸**실업-자** 失業者 | 사람 자
[경제]실업(失業)한 사람[者]. ¶6월의 실업자 수는 전월보다 늘어났다.

실외 室外 | 방 실, 밖 외 [outdoor]
방[室] 밖[外]. 바깥. ¶이 호텔에는 실외 수영장이 있다. [반]실내(室內).

실용 實用 | 실제 실, 쓸 용
[put (a thing) to practical use; utilize]
치레가 아니고 실제(實際)로 씀[用]. ¶실용 가치 / 전기 자동차를 실용하면 환경오염을 줄일 수 있다.

▸**실용-성** 實用性 | 성질 성
실제(實際)로 쓸[用] 만한 성질(性質). ¶이 컵은 예쁘지만 실용성이 떨어진다.

▸**실용-적** 實用的 | 것 적
실제로 쓸모가 있는[實用] 것[的]. ¶이 상품은 여러모로 실용적이다.

실의 失意 | 잃을 실, 뜻 의
[be disappointed]
기대했던 바와 달라 의욕(意慾)을 잃어버리는[失] 일. ¶그는 실의에 빠져 아무 것도 하지 않고 있다.

실재 實在 | 실제 실, 있을 재 [exist]
실제(實際)로 있음[在]. ¶용은 실재하지 않는 동물이다. [반]가상(假象).

실적 實績 | 실제 실, 업적 적
[actual results]
실제(實際)로 쌓아 올린 업적(業績). ¶영업실적이 좋다 / 실적을 쌓다.

실전 實戰 | 실제 실, 싸울 전
[actual fighting]
실제(實際)의 싸움[戰]. ¶그는 실전에 강하다.

실점 失點 | 잃을 실, 점 점
[lose a point]
경기 따위에서 점수(點數)를 잃음[失]. 또는 그 점수. ¶실점을 만회하여 경기에 이겼다. [반]득점(得點).

실정 實情 | 실제 실, 실상 정
[real situation]
실제(實際)로 벌어지고 있는 실상[情]. ¶이 제도는 우리나라 실정에 맞지 않는다. 囲 실상(實狀), 실태(實態).

실제 實際 | 실제 실, 사이 제 [fact]
❶속뜻 사실(事實)적인 관계나 사이[際]. ❷실지의 상태나 형편. ¶그는 실제 나이보다 훨씬 어려 보인다.

실조 失調 | 잃을 실, 어울릴 조
[disharmonize]
어울림[調]이나 균형을 잃음[失]. ¶영양실조.

실존 實存 | 실제 실, 있을 존 [exist]
실제(實際)로 존재(存在)함. 또는 그런 존재. ¶실존주의(主義) / 영화의 주인공은 실존했던 인물이 아니다.

실종 失踪 | 잃을 실, 자취 종 [disappear]
❶속뜻 자취[踪]가 아주 없어짐[失]. ❷사람의 소재나 행방, 생사 여부를 알 수 없게 됨. ¶놀이공원에서 실종된 아이를 찾고 있습니다.

실증 實證 | 실제 실, 증명할 증
[prove; demonstrate]
실제(實際)로 증명(證明)함. 또는 그런 사실. ¶그는 한국의 50년대를 실증하는 학자이다.

▶실증-적 實證的 | 것 적
철학 경험, 관찰, 실험 등을 통해 실제(實際)로 증명(證明)하는 것[的]. ¶실증적 방법으로 연구하다.

실직 失職 | 잃을 실, 일자리 직
[lose one's job]
직업(職業)을 잃음[失]. ¶그는 회사가 부도나면서 실직했다. 囲 실업(失業). 맨 취직(就職).

▶실직-자 失職者 | 사람 자
직업을 잃은[失職] 사람[者]. ¶실직자를 위해 교육을 실시하다. 囲 실업자(失業者).

실질 實質 | 실제 실, 바탕 질
[material; essence]
실제(實際)의 본바탕[質]. ¶실질에 있어서는 별 차이가 없다.

▶실질-적 實質的 | 것 적
형식이나 외양보다 실질(實質)의 내용을 갖춘 것[的]. ¶양측은 실질적인 합의를 했다.

실책 失策 | 그르칠 실, 꾀 책 [mistake]
잘못된[失] 계책(計策)이나 잘못된 처리. ¶실책을 저지르다. 囲 실수(失手), 잘못.

실천 實踐 | 실제 실, 밟을 천 [practice]
❶속뜻 실제(實際) 두 발로 밟아[踐]봄. ❷계획, 생각 따위를 실제로 행함. ¶계획을 세웠으면 즉시 실천에 옮겨라. 囲 실행(實行). 맨 이론(理論).

▶실천-력 實踐力 | 힘 력
실천(實踐)하는 힘[力].

실체 實體 | 실제 실, 몸 체 [substance]
실제(實際)의 물체(物體). 또는 본래의 모습. ¶사건의 실체가 드러나다.

실추 失墜 | 잃을 실, 떨어질 추 [fall]
명예나 위신 따위를 떨어뜨리거나[墜] 잃음[失]. ¶권위 실추 / 그의 행동으로 회사의 이미지가 실추되었다.

실탄 實彈 | 실제 실, 탄알 탄
[solid shot]
쏘았을 때 실제(實際)로 효력을 나타내는 탄알[彈]. ¶범인에게 함부로 실탄을 발사하면 안 된다.

실태 實態 | 실제 실, 모양 태 [realities]
실제(實際)의 상태(狀態). 있는 그대로의 모양. ¶환경오염 실태를 조사하다. 囲 실상(實狀), 실정(實情).

실토 實吐 | 실제 실, 말할 토
[confess; spit out the truth]
사실(事實)대로 내용을 모두 밝히어 말함[吐]. ¶결국 범인은 범행을 실토했다.

실패 失敗 | 그르칠 실, 패할 패 [fail]
일을 그르쳐서[失] 뜻대로 되지 못함[敗]. ¶실패는 성공의 어머니이다. 맨 성공(成功).

실학 實學 | 실제 실, 배울 학
[practical science]
❶[속뜻] 실생활(實生活)에 도움이 되는 학문(學問). ❷[역사] 17세기 후반 조선에서 실생활의 향상을 목적으로 융성했던 학문. 종전의 유학에서 벗어나 실사구시와 이용후생을 주장했다.

▸ 실학-자 實學者 | 사람 자
[역사] 조선 중·후기에 실학(實學)사상을 주장한 사람[者].

실행 實行 | 실제 실, 행할 행 [practice]
실제(實際)로 행(行)함. ¶계획을 실행에 옮기다. [비] 실천(實踐).

실향 失鄕 | 잃을 실, 고향 향 [displaced]
고향(故鄕)을 잃음[失].

▸ 실향-민 失鄕民 | 백성 민
고향을 잃고[失鄕] 타향에서 지내는 백성[民]. ¶실향민이 고향을 향해 세배를 했다.

***실험** 實驗 | 실제 실, 겪을 험 [experiment]
❶[속뜻] 실제(實際)로 관찰하여 겪어[驗] 봄. ❷과학에서 이론이나 현상을 관찰하고 측정함. ¶화학 실험.

▸ 실험-실 實驗室 | 방 실
실험(實驗)을 할 목적으로 설치한 방[室]. ¶화학 실험실에 불이 났다.

▸ 실험-용 實驗用 | 쓸 용
실험(實驗)을 하는 데 쓰이는[用] 것. ¶실험용 생쥐를 기르다.

실현 實現 | 실제 실, 나타날 현
[realize; fulfill]
실제(實際)로 나타남[現]. ¶자아 실현 / 그는 드디어 자신의 꿈을 실현했다.

실형 實刑 | 실제 실, 형벌 형
[prison sentence]
[법률] 실제(實際)로 받는 형벌(刑罰). ¶그는 징역 5년의 실형을 선고받았다.

실화 實話 | 실제 실, 이야기 화
[real story]
실제(實際)로 있던 사실의 이야기[話]. ¶그 드라마는 실화를 바탕으로 한 것이다.

실황 實況 | 실제 실, 상황 황
[real situation]
실제(實際)의 상황(狀況). ¶공연 실황을 방송하다.

실효 實效 | 실제 실, 효과 효 [efficiency]
실제(實際)의 효과(效果). ¶법안이 드디어 실효를 거두었다.

▸ 실효-성 實效性 | 성질 성
실제로 효과[實效]를 나타내는 성질(性質). ¶이 방법은 실효성이 없다.

심 心 | 가운데 심 [lead]
연필 등 대의 가운데[心]에 있는, 글씨를 쓰게 된 부분. ¶연필심이 부러지다.

****심:각** 深刻 | 깊을 심, 새길 각
[be serious]
❶[속뜻] 마음에 깊이[深] 새김[刻]. ❷매우 중대하고 절실하다. ¶심각한 문제 / 심각한 표정.

심경 心境 | 마음 심, 상태 경
[state of mind]
마음[心]의 상태[境]. 또는 경지. ¶현재 심경이 어떠십니까?

심금 心琴 | 마음 심, 거문고 금
[deepest emotions]
❶[속뜻] 마음[心] 속에 있는 거문고[琴]. ❷'감동하여 마음이 울림'을 비유하여 이르는 말. ¶독자의 심금을 울렸다.

심기[1] 心氣 | 마음 심, 기운 기 [mind]
마음[心]으로 느끼는 기분(氣分). ¶소식을 들은 아버지는 심기가 불편한지 아무 말이 없으셨다.

심기[2] 心機 | 마음 심, 실마리 기
[mental activity; mind]
어떤 마음[心]이 움직이게 된 실마리[機].

▸ 심기-일전 心機一轉 | 한 일, 바뀔 전
어떤 동기가 있어 이제까지 가졌던 마음

가짐[心機]을 버리고 완전히 달라짐[一轉]. ¶심기일전하여 공부에 전념하다.

심란 心亂 | 마음 심, 어지러울 란 [disturbed; uneasy]
마음[心]이 뒤숭숭하다[亂]. ¶마음이 심란하여 책을 읽을 수가 없다.

심려 心慮 | 마음 심, 걱정할 려 [anxious; worry]
마음[心] 속으로 걱정함[慮]. 또는 마음 속의 근심. ¶심려를 끼쳐 죄송합니다.

심리 心理 | 마음 심, 이치 리 [mental state]
❶[속뜻] 마음[心]이 움직이는 이치(理致). ❷[심리] 마음의 작용과 의식의 상태. ¶나는 그의 심리를 도저히 모르겠다.

▶ 심리-적 心理的 | 것 적
마음의 움직임이나 상태[心理]와 관련된 것[的]. ¶심리적 안정을 되찾다.

▶ 심리-학 心理學 | 배울 학
[심리] 생물체의 의식 현상[心理]과 행동을 연구하는 학문(學問).

심문 審問 | 살필 심, 물을 문 [interrogate; question]
자세히 따져서[審] 물음[問]. ¶심문을 받다.

심복 心腹 | 마음 심, 배 복 [one's confidant]
❶[속뜻] 심장[心]과 배[腹]. ❷마음 놓고 믿을 수 있는 부하. '심복지인'(心腹之人)의 준말. ¶그는 20년 동안 사장의 심복 노릇을 했다.

심사¹心思 | 마음 심, 생각 사 [malicious intention; ill nature]
❶[속뜻] 마음[心] 속의 생각[思]. ¶심사가 편치 않다. ❷고약스럽거나 심술궂은 마음. ¶심사를 부리다.

심사²審查 | 살필 심, 살필 사 [judge; examine]
자세히 살피고[審] 조사(調查)하여 가려내거나 정함. ¶최종 심사 / 논문을 심사하다.

심:사³深思 | 깊을 심, 생각 사 [debate]
깊이[深] 생각함[思]. 또는 그 생각.

▶ 심:사-숙고 深思熟考 | 익을 숙, 생각 고
❶[속뜻] 깊이[深] 생각하고[思] 푹 익을[熟] 정도로 충분히 생각함[考]. ❷신중을 기하여 곰곰이 생각함. ¶심사숙고한 끝에 그는 유학을 가기로 결정했다.

심:산 深山 | 깊을 심, 메 산 [high mountain; mountain recesses]
깊은[深] 산(山). ¶심산 속에 홀로 핀 야생화.

심상¹心象 | =心像, 마음 심, 모양 상 [mental image]
감각기관의 자극 없이 마음[心] 속에 떠오르는 모양[象]. ¶이 시는 시각적 심상이 매우 뛰어나다.

심상²尋常 | 찾을 심, 보통 상 [ordinary; common]
❶[속뜻] 보통[常] 찾아[尋] 볼 수 있는 정도. ❷대수롭지 않고 예사롭다. ¶심상치 않은 일이 벌어졌다.

심선 心線 | 가운데 심, 줄 선 [core wire]
❶[속뜻] 밧줄의 중심(中心)에 있는 가는 선(線). ❷[공업] 용접봉을 만드는 쇠줄.

심성 心性 | 마음 심, 성품 성 [nature]
타고난 마음[心]의 성품(性品). ¶그녀는 심성이 곱다.

심술 心術 | 마음 심, 꾀 술 [perverseness]
❶[속뜻] 마음[心] 속으로 부리는 꾀[術]. ❷남을 골리기 좋아하거나 남이 잘못되는 것을 좋아하는 마음. ¶동생에게 심술을 부리다. ⓗ 심통.

***심신 心身** | 마음 심, 몸 신 [mind and body]
마음[心]과 몸[身]. ¶심신을 단련하다.

심:심 深深 | 깊을 심, 깊을 심 [deep]

깊고[深] 깊다[深]. ¶심심한 산골마을.

▶심:심-산천 深深山川 | 메 산, 내 천
깊고[深] 깊은[深] 산(山)과 내[川]. ¶심심산천으로 피난을 가다.

심:야 深夜 | 깊을 심, 밤 야 [midnight]
깊은[深] 밤[夜]. ¶심야 영화.

심:오 深奧 | 깊을 심, 오묘할 오 [be profound]
사상이나 이론 따위가 깊고[深] 오묘(奧妙)하다. ¶그의 작품은 너무 심오해서 이해하기 어렵다.

심의 審議 | 살필 심, 따질 의 [discuss; consider]
안건 등을 상세히 살펴[審] 그 가부를 논의(論議)함. ¶그 노래는 심의에 걸렸다 / 새해 예산을 심의하다.

*심장 心臟 | 마음 심, 내장 장 [heart]
❶ 속뜻 인체에서 가장 중심(中心)이 되는 내장(內臟). ❷주기적인 수축에 의하여 혈액을 몸 전체로 보내는 순환 계통의 중심적인 근육 기관. ¶아기의 심장 소리가 들린다. ❸사물의 중심부를 비유하여 이르는 말. ❹'마음'을 비유하여 이르는 말.

▶심장-병 心臟病 | 병 병
의학 심장(心臟)에 발생한 병증(病症)을 통틀어 이르는 말.

▶심장 마비 心臟痲痺 | 저릴 마, 저릴 비
의학 심장(心臟)의 기능(機能)이 갑자기 멈추는 일[痲痺]. 여러 가지 원인으로 발생하며 생명을 잃는 경우가 많다.

심적 心的 | 마음 심, 것 적 [mental]
마음[心]에 관한 것[的]. 마음의. ¶심적 부담 / 심적 고통.

심정 心情 | 마음 심, 마음 정 [one's feeling]
마음[心]에 일어나는 감정(感情). ¶솔직한 심정을 털어놓다.

심증 心證 | 마음 심, 증거 증 [strong belief]
❶ 속뜻 마음[心] 속에만 있는 증거[證]. ❷ 법률 재판의 기초인 사실 관계의 여부에 대한 법관의 주관적 의식 상태나 확신의 정도 ¶그가 범인이라는 심증만 있을 뿐 물증(物證)이 없다.

심지 心志 | 마음 심, 뜻 지 [will]
마음[心] 속에 갖고 있는 뜻[志]. ¶저 애는 어린데도 심지가 굳다.

심:지어 甚至於 | 심할 심, 이를 지, 어조사 어 [what is more]
더욱 심(甚)한 것이 극에 달해[至] 나중에는. ¶그는 심지어 아내도 못 알아본다.

심:청-가 沈淸歌 | 성씨 심, 맑을 청, 노래 가
음악 심청(沈淸)의 효행에 관한 노래[歌]. 판소리 열두 마당 가운데 하나로 소설 『심청전』을 가극화한 것이다.

심:청-전 沈淸傳 | 성씨 심, 맑을 청, 전할 전
문학 심청(沈淸)의 효행을 이야기[傳]로 만든 조선 후기의 소설. 주인공 심청이 아버지 심학규의 눈을 뜨게 하기 위하여 공양미 삼백 석에 자신을 팔아 인당수에 빠졌으나 상제의 도움으로 나라의 왕후가 되어 아버지를 만나고 아버지도 눈을 뜨게 되었다는 내용이다.

심취 心醉 | 마음 심, 취할 취 [be fascinated]
❶ 속뜻 마음[心]이 마치 술에 취(醉)한 것 같음. ❷어떤 일에 깊이 빠져 마음을 빼앗김. ¶불교 사상에 심취하다.

심:층 深層 | 깊을 심, 층 층 [depths]
생각이나 사물 속의 깊은[深] 층(層). ¶심층분석.

심:판 審判 | 살필 심, 판가름할 판 [judge]
❶ 속뜻 문제가 되는 안건을 심의(審議)하여 판결(判決)을 내리는 일. ¶법의 심판을 받다 / 공정하게 심판하다. ❷ 운동 운동 경

심폐 心肺 | 마음 심, 허파 폐
심장(心)과 폐(肺)를 아울러 이르는 말.
¶심폐 소생술.

심:해 深海 | 깊을 심, 바다 해
[deep sea]
깊은[深] 바다[海]. ¶바다거북은 주로 심해에서 산다.

심혈 心血 | 마음 심, 피 혈
[one's whole energy]
❶속뜻 심장(心臟)의 피[血]. ❷온갖 힘. 온갖 정신력. ¶심혈을 기울이다.

심:-호흡 深呼吸 | 깊을 심, 내쉴 호, 마실 흡 [deep breath]
깊이[深] 들이쉬고[吸] 내쉬는[呼] 숨. ¶그는 심호흡을 하고 무대 위로 올라갔다.

심:화 深化 | 깊을 심, 될 화 [deepen]
사물의 정도를 깊게[深] 되도록[化] 함. 정도가 깊어지거나 심각해짐. ¶심화 학습.

십 十 | 열 십 [ten]
구에 일을 더한 수. 아라비아 숫자로는 '10', 로마 숫자로는 'X'로 쓴다. ⓟ 열.

십간 十干 | 열 십, 천간 간
[ten calendar signs]
민속 육십갑자의 첫 글자로 쓰이는 열[十] 개의 천간(天干). 갑(甲), 을(乙), 병(丙), 정(丁), 무(戊), 기(己), 경(庚), 신(申), 임(壬), 계(癸) 등 10개이다.

십-계명 十誡命 | 열 십, 경계할 계, 명할 명 [Ten Commandments]
기독교 하나님이 시나이 산에서 모세를 통하여 이스라엘 백성에게 내렸다고 하는 경계해야[誡] 할 열[十] 가지 명령(命令).

십년 十年 | 열 십, 해 년
[ten years; decade]
열 번[十] 째의 해[年]. 10년.

▶ **십년-감:수** 十年減壽 | 덜 감, 목숨 수
수명(壽命)이 십 년(十年)이나 줄어들[減] 정도로 위험한 고비를 겪음. ¶그가 다치는 줄 알고 십년감수했다.

십대 十代 | 열 십, 세대 대
[one's teens]
❶속뜻 열[十] 번째의 세대(世代). ¶십대째 서울에 산다. ❷나이가 10세에서 19세까지의 시대. ¶십대의 소녀.

십부-제 十部制 | 열 십, 나눌 부, 정할 제
자동차를 열[十] 모둠으로 나누어[部] 운행하도록 한 제도(制度). 자동차 등록 번호의 끝수와 날짜의 끝수가 같을 때 자동차를 운행하지 않도록 한 것이다. ¶에너지 절감을 위해 십부제를 시행했다.

십분 十分 | 열 십, 나눌 분 [enough]
❶속뜻 열[十]로 나눔[分]. ❷아주 충분히. ¶너의 처지를 십분 이해한다.

십상 十常 | 열 십, 늘 상 [just; right]
❶속뜻 '열[十] 가운데 여덟[八]이나 아홉[九] 정도는 늘[常] 그러함'을 이르는 '십상팔구'(十常八九)의 준말. ❷그러할 가능성이 아주 높은 것. ¶생선은 여름에 상하기 십상이다.

십이-월 十二月 | 열 십, 두 이, 달 월
[December]
한 해의 열두[十二] 번째 달[月].

십이-지 十二支 | 열 십, 두 이, 지지 지
[the 12 Earth´s Branches]
육십갑자의 아래 단위를 이루는 12[十二]개의 지지(地支). 자(子), 축(丑), 인(寅), 묘(卯), 진(辰), 사(巳), 오(午), 미(未), 신(申), 유(酉), 술(戌), 해(亥)이다. ⓟ 십간(十干).

십이지-장 十二指腸 | 열 십, 두 이, 손가락 지, 창자 장 [duodenum]
의학 소장(小腸)의 일부로서 위의 유문에서 공장에 이르는 말굽 모양의 부위. 길이는 25~30cm로, 12[十二]개의 손가락[指] 마디를 늘어놓은 길이가 된다고 하여 붙

▶ **십이지장-충** 十二指腸蟲 | 벌레 충
동물 주로 십이지장(十二指腸)에 붙어서 피를 빨아 먹고 사는 기생충(寄生蟲).

십일-월 十一月 | 열 십, 한 일, 달 월 [November]
한 해의 열한[十一] 번째 달[月].

십자 十字 | 열 십, 글자 자 [cross]
한자 '十'이라는 글자[字]. 또는 그러한 모양을 가진 것.

▶ **십자-가** 十字架 | 시렁 가
❶역사 서양에서 죄인을 못 박아 죽이던 십자(十字) 모양의 형틀[架]. ❷기독교 기독교도를 상징하는 '十'자 모양의 표 예수가 모든 사람의 죄를 대신 씻어주기 위하여 십자가에 못 박혀 죽은 데서 유래하였으며, 희생·속죄의 표상으로 쓰인다.

▶ **십자-군** 十字軍 | 군사 군
❶속뜻 십자(十字)의 기장(記章)을 단 군대(軍隊). ❷역사 중세 유럽에서 기독교도가 팔레스타인과 예루살렘을 이슬람교도로부터 다시 찾기 위하여 일으킨 원정. 또는 그 원정대. ❸이상이나 신념을 위해 집단적으로 싸우는 사람들을 비유하여 이르는 말.

▶ **십자-형** 十字形 | 모양 형
십자(十字)로 생긴 모양[形].

십-자매 十姊妹 | 열 십, 손윗누이 자, 누이 매 [Bengalee]
❶속뜻 사이가 좋은 열[十] 명의 자매(姊妹). ❷동물 참새와 비슷하며, 가슴에 갈색 띠가 있고 눈동자는 붉은 새. 성질이 온순하여 많은 새를 한 새장에 길러도 사이좋게 지낸데서 이름이 유래하였다.

십-장생 十長生 | 열 십, 길 장, 살 생
민속 오래도록[長] 살거나[生] 죽지 않는다는 열[十] 가지. 해, 산, 물, 돌, 구름, 소나무, 불로초, 거북, 학, 사슴이다.

십중-팔구 十中八九 | 열 십, 가운데 중, 여덟 팔, 아홉 구
[in nine cases out of ten]
❶속뜻 열[十] 가운데[中] 여덟[八]이나 아홉[九] 정도. ❷거의 대부분이거나 거의 틀림없음. ¶십중팔구 그가 이길 것이다.

십진 十進 | 열 십, 나아갈 진
[progressing by tens]
십(十)을 단위로 한 등급 올려[進] 계산함.

▶ **십진-법** 十進法 | 법 법
수학 십(十)을 단위로 한 등급 올리어[進] 수를 세는 방법(方法).

쌍 雙 | 둘 쌍 [couple]
둘씩 짝[雙]을 이룬 물건. ¶귀걸이 한 쌍.

쌍방 雙方 | 둘 쌍, 모 방
[both sides]
둘로 나뉜 것의 두[雙] 쪽[方]. 이쪽과 저쪽. 또는 이편과 저편을 아울러 이르는 말. ¶쌍방을 모두 만족시킬 수는 없다. 비 양방(兩方).

쌍벽 雙璧 | 둘 쌍, 둥근 옥 벽
[two greatest masters]
❶속뜻 두[雙] 개의 구슬[璧]. ❷여럿 가운데 특별히 뛰어난 우열을 가리기 어려운 둘을 비유하여 이르는 말. ¶김홍도와 신윤복은 조선 후기 화단에 쌍벽을 이루는 화가이다.

쌍생 雙生 | 둘 쌍, 날 생 [grow in pairs]
동시에 두[雙] 아이가 태어남[生]. 또는 두 아이를 낳음.

▶ **쌍생-아** 雙生兒 | 아이 아
한 배에서 한꺼번에 나온[生] 둘[雙] 이상의 아이[兒]. ¶인공수정을 하면 쌍생아가 태어날 확률이 높다. 비 쌍둥이.

쌍수 雙手 | 둘 쌍, 손 수 [both hands]
오른쪽과 왼쪽의 두[雙] 손[手]. ¶쌍수를 들어 환영하다.

쌍쌍 雙雙 | 둘 쌍, 둘 쌍

둘[雙+雙] 씩 짝을 지은 것. ¶쌍쌍으로 어울려 다니다.
쌍쌍이 나갔다.

쌍-안경 雙眼鏡 | 둘 쌍, 눈 안, 거울 경
[pair of binoculars]

물리 두[雙] 개의 망원경을 나란히 붙여 두 눈[眼]으로 동시에 먼 거리의 물체를 볼 수 있게 만든 망원경(望遠鏡). 배율은 보통 7~8배로서 입체감이나 거리감의 식별이 강하다.

ㅇ

아교 阿膠 | 언덕 아, 갖풀 교
[glue (made from oxhide)]
당나귀 가죽을 진하게 고아서 굳힌 끈끈한 것[膠]. 주로 풀로 쓰는데 지혈제나 그림을 그리는 재료로도 사용한다. 중국 산동 지방의 '아'(阿)씨 성(姓)을 가진 아가씨가 유행병을 치료하기 위하여 만든 것으로, 병이 나은 사람들이 그녀에 대한 고마움을 마음속에 새기고자 '아교'(阿膠)라 이름지었다는 설이 있다.

아:군 我軍 | 나 아, 군사 군 [our army]
우리[我] 편 군대(軍隊). ¶아군은 적군에 점령되었던 섬을 탈환했다. [반] 적군(敵軍).

아녀 兒女 | 아이 아, 여자 녀
[children and women; woman]
어린 아이[兒]와 여자(女子). '아녀자'의 준말.

▸ 아녀-자 兒女子 | 접미사 자
❶ [속뜻] 어린이[兒]와 여자(女子)를 아울러 이르는 말. ❷'여자'(女子)를 낮잡아 이르는 말. ¶빨래터에서 아녀자들이 빨래를 하고 있다.

아:담 雅淡 | 고울 아, 맑을 담 [be neat]
우아(優雅)하고 담박(淡泊)하다. ¶아담한 소녀 / 아담하게 꾸민 방.

아동 兒童 | 아이 아, 아이 동 [child]
어린 아이[兒=童]. ¶아동 보호. [비] 어린이.

▸ 아동-기 兒童期 | 때 기
[심리] 유년기와 청년기의 중간[兒童]에 해당되는 6~13세의 시기(時期). 후기에는 추상적인 사고가 가능해지는 따위의 지적 발달이 현저하며 집단적인 행동을 함으로써 사회성도 증가된다.

▸ 아동-복 兒童服 | 옷 복
어린이[兒童]가 입도록 만든 옷[服].

아:량 雅量 | 너그러울 아, 헤아릴 량
[tolerance]
너그럽고[雅] 속이 깊은 도량(度量)이나 마음씨. ¶가난한 사람에게 아량을 베풀다 / 아량이 없다. [비] 도량(度量).

아:령 啞鈴 | 벙어리 아, 방울 령
[pair of dumbbells]
[운동] 영어 'dumb[啞] bell[鈴]'의 뜻으로 만든 한자어. 양손에 하나씩 들고 팔운동을 하는 운동 기구. ¶아령을 들어 올리다.

아방-궁 阿房宮 | 언덕 아, 방 방, 집 궁
[pleasure dome]
❶ [역사] 중국 진(秦)나라 시황제가 기원전 212년에 지금의 서안시(西安市) 아방촌(阿房村)에 세운 궁전(宮殿). ❷지나치게 크고 화려한 집을 비유하여 이르는 말. ¶그 집은 아방궁 못지않게 으리으리하다.

아부 阿附 | 언덕 아, 붙을 부 [flatter]
❶속뜻 언덕[阿]에 바짝 달라붙음[附]. ❷ 남의 비위를 맞추어 알랑거림. ¶그는 아부 근성이 있다. 비 아첨(阿諂).

아비-규환 阿鼻叫喚 | 언덕 아, 코 비, 부르짖을 규, 부를 환 [agonizing cries]
❶속뜻 '지옥'을 뜻하는 산스크리트어 'Avici'의 한자음역어 '아비'(阿鼻)와 'raurava'의 한자의역어 '규환'(叫喚)을 합한 말. ❷불교 여러 사람이 비참(悲慘)한 지경(地境)에 처하여 그 고통(苦痛)에서 헤어나려고 비명을 지르며 몸부림침을 형용(形容)해 이르는 말. ¶사고 현장은 그야말로 아비규환이었다.

아성 牙城 | 어금니 아, 성곽 성 [inner citadel]
❶속뜻 어금니[牙]처럼 가장 안쪽에 있는 성(城). ❷우두머리 장수가 거처하던 성. ¶적군의 아성을 공격하다. ❸아주 중요한 근거지를 비유하여 이르는 말. ¶한 순간의 실수로 수십 년 쌓아 온 그의 아성이 무너졌다.

아수라 阿修羅 | 언덕 아, 닦을 수, 새그물 라
불교 산스크리트어 'Asura'의 한자 음역어. 얼굴이 셋이고 팔이 여섯인 귀신으로, 악귀의 세계에서 싸우기를 좋아한다.

▶ 아수라-장 阿修羅場 | 마당 장
❶불교 아수라왕(阿修羅王)이 제석천(帝釋天)과 싸운 마당[場]. ❷싸움이나 그 밖의 다른 일로 큰 혼란에 빠진 곳. 또는 그런 상태. ¶교실은 순식간에 아수라장으로 변했다. 비 수라장.

아:악 雅樂 | 고울 아, 음악 악 [classical court music]
❶속뜻 우아(優雅)한 음악(音樂). ❷음악 우리나라에서 의식 따위에 정식으로 쓰던 음악. 고려 예종 때 중국 송나라에서 들여온 것을 조선 세종이 박연에게 명하여 새로 완성시켰다.

아역 兒役 | 아이 아, 부릴 역 [child actor]
연극이나 영화에서 어린이[兒]가 맡은 역(役). 또는 그 역을 맡은 배우. ¶아역 배우.

아연[1] 亞鉛 | 버금 아, 납 연 [zinc]
❶속뜻 완전한 납에 버금가는[亞] 납[鉛]. ❷화학 질(質)이 무르고 광택이 나는 푸른빛을 띤 은백색의 금속 원소. 납 함량이 99.9%이다.

아연[2] 啞然 | 벙어리 아, 그러할 연 [be stunned by]
너무 놀라거나 어이가 없어서 또는 기가 막혀서 입을 딱 벌리고 말을 못하는[啞] 그런[然] 모양. ¶그들은 뜻밖의 재난에 아연할 뿐이었다.

▶ 아연-실색 啞然失色 | 잃을 실, 빛 색
뜻밖의 일로 크게 놀라 말문이 막힐 정도이고[啞然] 원래의 얼굴빛[色]을 잃어[失] 하얗게 될 정도임. 매우 크게 놀람. ¶우리는 그의 사고 소식을 듣고 아연실색했다.

아:-열대 亞熱帶 | 버금 아, 더울 열, 띠 대 [subtropical zones]
❶속뜻 열대(熱帶)에 버금가는[亞] 지대. ❷지리 열대(熱帶)와 온대(溫帶)의 중간 지대. 대체로 남북 위도 각각 20~30도 사이의 지대로 건조 지역이 많다. ¶사하라 사막은 아열대이다.

아쟁 牙箏 | 어금니 아, 쟁 쟁
❶속뜻 어금니[牙] 모양의 장식이 달린 현악기[箏]. ❷음악 7현으로 된 우리나라 현악기의 하나. 활대 줄을 문질러 연주한다. ¶아쟁으로 '아리랑'을 연주한다.

아전 衙前 | 관청 아, 앞 전 [petty town official]
❶속뜻 관아(官衙)의 앞[前]. ❷역사 조선시대에 중앙과 지방의 관아에서 일하는 관리. 이들의 사무실이 정청(正廳)의 앞에 따로 있던데서 이름이 유래하였다.

아:집 我執 | 나 아, 잡을 집 [egotism]
자기[我] 중심의 좁은 생각에 집착(執着)하여 다른 사람의 의견이나 입장을 고려

하지 않고 자기만을 내세우는 것. ¶아집에 빠지면 남을 생각하지 못한다.

아편 阿片 | =鴉片, 언덕 아, 조각 편 [opium]
[약학] 영어 'opium'의 한자 음역어. 덜 익은 양귀비 열매에 상처를 내어 흘러나온 진(津)을 굳혀 말린 고무 모양의 흑갈색 물질. 진통제·마취제·지사제 따위로 쓰이는데, 습관성이 강한 중독을 일으키므로 약용 이외의 사용을 법으로 금하고 있다.

▸ 아편 전ː쟁 阿片戰爭 | 싸울 전, 다툴 쟁
[역사] 1840년 청(靑)나라와 영국(英國) 사이에 아편(阿片) 문제로 일어난 전쟁(戰爭). 1842년에 청나라가 패하여 난징 조약을 맺으며 끝이 났다.

아ː-황산 亞黃酸 | 버금 아, 누를 황, 산소 산 [sulfurous acid]
❶[속뜻] 황산(黃酸)에 버금가는[亞] 액체. ❷[화학] 이산화황(二酸化黃)을 물에 녹여서 만든 액체. 이산화황보다는 약한 산성(酸性)을 지니며, 산소나 과산화수소 등에 산화되어 황산(黃酸)이 된다.

악 惡 | 악할 악 [evil]
인간의 도덕적 기준에 어긋나 나쁨. 또는 그런 것. ¶선과 악. [반] 선(善).

악곡 樂曲 | 음악 악, 노래 곡 [musical composition]
[음악] 음악(音樂)의 곡조(曲調). 곧 성악곡, 기악곡, 관현악곡 따위를 통틀어 이르는 말이다.

악공 樂工 | 음악 악, 장인 공 [court musician]
❶[음악] 음악(音樂)을 연주하는 사람[工]. ¶악공은 왕자를 대신해서 공주에게 노래를 불러주었다. ❷[역사] 조선 시대에 궁정의 음악 연주를 맡아 하던 사람.

악귀 惡鬼 | 악할 악, 귀신 귀 [evil spirit; demon]
❶[속뜻] 악독(惡毒)한 귀신(鬼神). ❷악독한 행동을 하는 사람을 속되게 이르는 말.

악기 樂器 | 음악 악, 그릇 기 [musical instrument]
[음악] 음악(音樂)을 연주하는 데 쓰는 기구(器具)를 통틀어 이르는 말. ¶아빠는 여러 가지 악기를 다루신다.

악-기류 惡氣流 | 나쁠 악, 공기 기, 흐를 류 [turbulent air]
[지리] 순조롭지 못한[惡] 대기(大氣)의 흐름[流]. ¶악기류로 인해 비행기가 흔들렸다.

악단 樂團 | 음악 악, 모일 단 [orchestra]
[음악] 음악(音樂)을 연주하기 위해 모인 단체(團體). ¶막이 오르자 악단은 모차르트의 교향악을 연주했다.

악당 惡黨 | 악할 악, 무리 당 [villain]
❶[속뜻] 악(惡)한 사람의 무리[黨]. ❷나쁜 짓을 일삼는 사람. [비] 악한(惡漢).

악대 樂隊 | 음악 악, 무리 대 [musical band]
[음악] 기악(器樂)을 연주하는 합주대(合奏隊). 주로 취주악의 단체를 이른다.

악독 惡毒 | 악할 악, 독할 독 [vicious]
마음이 흉악(凶惡)하고 독살(毒煞)스러움. ¶장희빈은 악독한 짓을 서슴지 않았다.

악동 惡童 | 나쁠 악, 아이 동 [bad boy]
❶[속뜻] 행실이 나쁜[惡] 아이[童]. ❷장난꾸러기. ¶어릴 때 그는 악동이었다.

악랄 惡辣 | 악할 악, 매울 랄 [be vicious]
악독(惡毒)하고 신랄(辛辣)함. 악하고 잔인함. ¶악랄한 범죄를 저지르다.

악마 惡魔 | 나쁠 악, 마귀 마 [devil]
❶[속뜻] 나쁜[惡] 짓을 하는 마귀[魔]. ❷[불교] 사람의 마음을 홀려 제정신을 차리지 못하게 하고 불도 수행을 방해하여 악한 길로 유혹하는 것. [비] 마귀(魔鬼). [반] 천사(天使).

악명 惡名 | 악할 악, 이름 명 [notoriety]
악(惡)하다는 소문이나 평판[名]. ¶그는 변덕스럽기로 악명이 높다.

악몽 惡夢 | 나쁠 악, 꿈 몽 [nightmare]

나쁜[惡] 꿈[夢]. 불길하고 무서운 꿈. ¶악몽을 꾸다. ⓔ길몽(吉夢).

악법 惡法 | 나쁠 악, 법 법 [bad law]
사회에 해를 끼치는 나쁜[惡] 법규나 제도[法]. ¶악법도 법이다.

악보 樂譜 | 음악 악, 적어놓을 보 [music]
음악 음악(音樂)의 곡조를 일정한 기호를 써서 적어놓은 것[譜].

악사 樂士 | 음악 악, 선비 사 [musician]
음악 악기로 음악(音樂)을 연주하는 사람[士].

악상 樂想 | 음악 악, 생각 상 [melodic motif]
음악(音樂)의 주제, 구성, 곡풍(曲風) 따위에 대한 생각이나 착상(着想). ¶악상이 떠오르다.

악성 惡性 | 악할 악, 성질 성 [malignancy]
❶속뜻 악(惡)한 성질(性質). ❷어떤 병이 고치기 어렵거나 생명을 위협할 정도로 심함. ¶악성 빈혈 / 악성 종양. ⓔ양성(良性).

***악수 握手** | 쥘 악, 손 수 [shake hands]
손[手]을 마주 잡아 쥠[握]. 주로 인사, 감사, 친애, 화해 따위의 뜻을 나타내기 위하여 오른손을 잡는다. ¶악수를 나누다 / 악수를 청하다.

악어 鱷魚 | 악어 악, 물고기 어 [crocodile]
동물 도마뱀과 비슷하지만, 굉장히 큰 파충류 동물.

악역 惡役 | 악할 악, 부릴 역 [villain's character]
놀이, 연극, 영화 따위에서 악인(惡人)으로 연기하는 배역(配役). ¶그는 매번 악역을 맡는다.

악-영향 惡影響 | 나쁠 악, 그림자 영, 울림 향 [bad influence]
다른 것에 미치는[影響] 나쁜[惡] 어떤 사물의 효과나 작용. ¶불량 식품은 아이들의 건강에 악영향을 미친다.

악용 惡用 | 나쁠 악, 쓸 용 [abuse]
알맞지 않게 쓰거나 나쁜[惡] 일에 씀[用]. ¶권력의 악용 / 남의 이름을 악용하다. ⓔ선용(善用).

악의 惡意 | 악할 악, 뜻 의 [evil intention]
❶속뜻 악(惡)한 마음[意]. ❷좋지 않은 뜻. ¶그의 말에는 악의가 없었다. ⓔ선의(善意), 호의(好意).

▶악의-적 惡意的 | 것 적
남을 해롭게 하려는 마음[惡意]을 가지고 하는 것[的]. ¶악의적인 글.

악인 惡人 | 악할 악, 사람 인 [bad man]
악(惡)한 사람[人]. ⓔ선인(善人), 호인(好人).

악장 樂章 | 음악 악, 글 장 [chapter]
❶속뜻 음악(音樂)의 한 단락[章]. ❷음악 소나타나 교향곡, 협주곡 따위에서 여러 개의 독립된 소곡(小曲)들이 모여서 큰 악곡이 되는 경우 그 하나하나의 소곡. ¶교향곡은 대개 4악장으로 되어 있다.

악-조건 惡條件 | 나쁠 악, 가지 조, 구분할 건 [handicap]
나쁜[惡] 조건(條件). ¶여러 가지 악조건에도 불구하고 뛰어난 성과를 올렸다.

악질 惡質 | 악할 악, 바탕 질 [evil nature]
못되고 악(惡)한 성질(性質). 또는 그 성질을 가진 사람. ¶악질 상인.

악착 齷齪 | 깨물 악, 깨물 착 [unyieldingly]
❶속뜻 어금니를 꽉 깨묾[齷=齪]. ❷일을 해 나가는 태도가 매우 모질고 끈덕짐. 또는 그런 사람. ¶악착을 부리다. ❸매우 모질고 끈덕지게. ¶악착같이 공부해서 드디어 법관이 되었다.

악취 惡臭 | 나쁠 악, 냄새 취 [bad smell]
나쁜[惡] 냄새[臭]. ¶화장실에서 악취가 난다. ⓔ향기(香氣).

악학 樂學 | 음악 악, 배울 학
[musicology]
❶속뜻 음악(音樂)에 관한 학문(學問). ❷역사 조선 시대에 악공들을 뽑아 훈련하던 관아.
▶ 악학-궤범 樂學軌範 | 법 궤, 법 범
❶속뜻 악학(樂學)에 본보기[軌範]가 될 만한 책. ❷책명 조선 성종 때, 성현(成俔) 등이 왕명에 따라 펴낸 음악 책. 음악의 원리와 악기에 관한 내용과, 궁중 의식에서 연주하던 음악이 그림으로 풀이되어 있다.

악한 惡漢 | 나쁠 악, 사나이 한 [villain]
나쁜[惡] 짓을 하는 사나이[漢]. ¶갑자기 악한이 나타나 길을 막아섰다.

악화 惡化 | 나쁠 악, 될 화
[change for the worse]
어떤 상태, 성질, 관계 따위가 나쁘게[惡] 변하여 감[化]. ¶병세가 악화되다. ⓔ호전(好轉).

안: 案 | 생각 안 [proposition]
토의하거나 조사해야 할 사실. 문제가 되어 있는 사실. '안건'(案件)의 준말. ¶오늘 토의해야 할 두 가지 안이 있습니다.

안:건 案件 | 생각 안, 것 건 [item]
❶속뜻 더 생각[案]해 보아야 할 것[件]. ❷토의하거나 조사해야 할 사실. ¶별다른 안건이 없어 회의는 일찍 끝났다. ⓒ 안.

안:경 眼鏡 | 눈 안, 거울 경 [glasses]
시력이 나쁜 눈[眼]을 잘 보이도록 눈에 쓰는 거울[鏡]. ¶안경을 쓰다. 속담 제 눈에 안경이다.
▶ 안:경-점 眼鏡店 | 가게 점
안경(眼鏡)을 팔거나 고쳐 주는 일을 하는 가게[店].

안:과 眼科 | 눈 안, 분과 과
[department of ophthalmology]
의학 눈[眼]에 관계된 질환을 연구하고 치료하는 의학의 한 분과(分科). 또는 병원의 그 부서. ¶안과 의사.

안:구 眼球 | 눈 안, 공 구 [eyeball]
의학 눈[眼] 알[球]. ¶안구 건조증.

안:내 案內 | 알려줄 안, 안 내
[guide; notify]
어떤 내용(內容)을 자세히 알려 줌[案]. 또는 그런 일. ¶안내 말씀 드리겠습니다.
▶ 안:내-도 案內圖 | 그림 도
안내(案內)하는 내용을 그린 그림[圖]. ¶국립공원 안내도.
▶ 안:내-문 案內文 | 글월 문
안내(案內)하는 글[文]. ¶안내문을 나눠 주다.
▶ 안:내-소 案內所 | 곳 소
어떤 사물이나 장소에 부설되어 그 사물이나 장소를 소개하여 알려 주는[案內] 일을 맡아 하는 곳[所].
▶ 안:내-양 案內孃 | 아가씨 양
예전에, 버스 안에서 버스 요금을 받고 정류장 안내(案內)를 하는 여자[孃].
▶ 안:내-원 案內員 | 사람 원
안내(案內)하는 임무를 맡아보는 사람[員]. ¶관광 안내원.
▶ 안:내-자 案內者 | 사람 자
안내(案內)하는 사람[者].
▶ 안:내-장 案內狀 | 문서 장
어떤 내용을 소개하여 알려 주는[案內] 문서[狀].
▶ 안:내-판 案內板 | 널빤지 판
어떤 내용을 소개하거나 사정 따위를 알리는[案內] 판(板). ¶공사 안내판.

__안녕 安寧__ | 편안할 안, 편안할 녕 [peace; hello]
❶속뜻 편안(便安)하고 강녕(康寧)함. 아무 탈 없이 편안함. ¶부모님은 모두 안녕하십니까? / 안녕히 주무셨어요? ❷만나거나 헤어질 때 건네는 반말의 인사. ¶안녕, 또 보자.

안:대 眼帶 | 눈 안, 띠 대
[eye bandage]
눈병이 났을 때 아픈 눈[眼]을 가리는 띠[帶] 모양의 천 조각. ¶결막염에 걸려서 안대를 했다.

안도 安堵 | 편안할 안, 거처할 도 [relief]
❶[속뜻] 편안(便安)히 잘 거처함[堵]. ❷어떤 일이 잘 진행되어 마음을 놓음. ¶안도의 한숨을 쉬다.

안락 安樂 | 편안할 안, 즐길 락
[ease; comfort]
몸과 마음이 편안(便安)하고 즐거움[樂].
▸안락-사 安樂死 | 죽을 사
❶[속뜻] 고통 없이 안락(安樂)하게 죽음[死]. ❷[법률] 극심한 고통을 받고 있는 불치의 환자에 대하여 본인 또는 가족의 요구에 따라 고통이 적은 방법으로 생명을 단축하는 행위. 위법성에 관한 법적 문제가 야기되는 경우가 있다.
▸안락-의자 安樂椅子 | 기댈 의, 접미사 자
팔걸이가 있고 앉는 자리를 푹신하게 하여 편안하게[安樂] 기대어 앉도록 만든 의자(椅子).

안:마 按摩 | 누를 안, 문지를 마
[massage]
손으로 몸을 누르거나[按] 문지름[摩]. ¶전신 안마 / 할아버지의 어깨를 안마해 드렸다.
▸안:마-기 按摩器 | 그릇 기
안마(按摩)로써 피로를 풀거나 병을 치료하도록 만든 기구(器具). ¶집에서 사용할 수 있는 안마기.

안면 顔面 | 얼굴 안, 낯 면
[face; acquaintance]
❶[속뜻] 얼굴[顔=面]. ¶그는 안면에 부상을 입었다. ❷서로 얼굴을 알 만한 친분. ¶나는 그와 안면이 있다.

안:목 眼目 | 볼 안, 눈 목
[appreciative eye]
❶[속뜻] 보는[眼] 눈[目]. ❷사물을 보고 분별하는 견식. ¶그녀는 그림을 보는 안목이 있다.

안보 安保 | 편안할 안, 지킬 보
[national security]
❶[속뜻] 안전(安全)을 보장(保障)함. ❷[정치] 외부의 위협이나 침략으로부터 국가와 국민의 안전을 지키는 일. '안전보장'의 준말. ¶국가의 안보 문제.

안부 安否 | 편안할 안, 아닐 부 [safety]
어떤 사람이 편안(便安)하게 잘 지내는지 그렇지 않은지[否]에 대한 소식. 또는 인사로 그것을 전하거나 묻는 일. ¶안부를 묻다 / 부모님께 안부 전해 주세요.

안색 顔色 | 얼굴 안, 빛 색
[color of the face; expression]
얼굴[顔]에 나타나는 빛깔[色]이나 표정. ¶안색이 창백하다 / 나는 그 말을 듣고 그의 안색을 살폈다.

안식 安息 | 편안할 안, 쉴 식 [rest]
편안(便安)히 쉼[息]. ¶여름휴가 때 그는 고향에서 안식을 취했다.
▸안식-일 安息日 | 날 일
[기독교] 일을 쉬고[安息] 예배 의식을 행하는 날[日]. 곧 일요일을 이른다. 예수가 일요일 아침에 부활했다는 데서 유래한다.
▸안식-처 安息處 | 곳 처
편히 쉬는[安息] 곳[處]. ¶한강은 겨울 철새들의 안식처이다.

안심 安心 | 편안할 안, 마음 심
[be relieved]
마음[心]을 편안(便安)하게 가짐. ¶나는 그의 전화를 받고 나서야 안심이 되었다. [비] 안도(安堵).

안:약 眼藥 | 눈 안, 약 약 [eyewash]
[약학] 눈[眼]병을 고치는 데 쓰는 약(藥).

안이 安易 | 편안할 안, 쉬울 이
[be easygoing]
❶[속뜻] 편안(便安)하여 만사를 쉽게[易] 여기다. ❷충분히 생각함이 없이 적당히 처리하려는 태도가 있다. ¶안이한 태도로는 무엇도 할 수 없다.

안일 安逸 | 편안할 안, 한가할 일
[be idle]
❶[속뜻] 편안(便安)하고 한가로이[逸] 지냄. ❷편안하게만 지내려는 마음이나 태도. ¶무사 안일주의 / 안일한 생활에 빠지

다.

안:장 鞍裝 | 안장 안, 꾸밀 장 [saddle]
❶[속뜻] 말, 나귀 따위의 등에 얹어서[鞍] 사람이 타기에 편리하도록 만든[裝] 도구. ❷자전거 따위에 사람이 앉게 된 자리. ¶안장이 딱딱해서 엉덩이가 아프다.

***안전** 安全 | 편안할 안, 온전할 전 [safe; secure]
❶[속뜻] 편안(便安)하고 온전(穩全)함. ❷위험이 생기거나 사고가 날 염려가 없음. 또는 그런 상태. ¶안전하게 운전하다. [반] 위험(危險).

▶안전-선 安全線 | 줄 선
승객의 안전(安全)을 위하여 그어 놓은 선(線). ¶열차가 들어오고 있으니 안전선 안쪽으로 물러나 주십시오.

▶안전-성 安全性 | 성질 성
안전(安全)하거나 안전을 보장하는 성질(性質). ¶수입 농산물의 안전성을 검사하다.

▶안전-사:고 安全事故 | 일 사, 일 고
공장이나 공사장 등에서 안전(安全) 교육을 하지 않거나, 부주의하여 뜻밖에 일어난 불행한 일[事=故].

▶안전 보:장 이:사회 安全保障理事會 | 지킬 보, 막을 장, 다스릴 리, 일 사, 모일 회
[정치] 세계 평화와 안전(安全)을 지키고[保障] 분쟁을 처리하기[理事] 위하여 만든 연합체[會]. 미국, 영국, 러시아, 프랑스, 중국의 5개 상임이사국과 임기 2년의 10개 비상임이사국으로 구성한다.

안정¹ 安靜 | 편안할 안, 고요할 정 [calm down; rest]
❶[속뜻] 육체적 또는 정신적으로 편안(便安)하고 고요함[靜]. ¶마음의 안정을 되찾다. ❷병을 치료하기 위하여 몸과 마음을 편안하고 고요하게 하는 일. ¶일주일 정도는 안정을 취하셔야 합니다.

***안정²** 安定 | 편안할 안, 정할 정 [be stabilized]
편안(便安)하고 일정(一定)한 상태를 유지함. ¶안정된 직장 / 물가를 안정시키다. [반] 불안정(不安定).

▶안정-감 安定感 | 느낄 감
바뀌어 달라지지 않고 일정한 상태를 유지한[安定] 느낌[感]. ¶이 자동차는 커브 길에서도 안정감을 준다.

안주¹ 安住 | 편안할 안, 살 주 [live peacefully]
❶[속뜻] 한곳에 자리를 잡고 편안(便安)히 삶[住]. ¶그는 고향에서 안주하였다. ❷현재의 상황이나 처지에 만족함. ¶현실에 안주하지 않고 부단히 노력하다.

안주² 按酒 | 누를 안, 술 주 [side dish taken with alcoholic drinks]
❶[속뜻] 술[酒]을 눌러[按] 주는 음식. ❷술 마실 때 속을 편안히 하기 위해 곁들여 먹는 음식. ¶안주 일체 / 안주를 시키다.

안:중 眼中 | 눈 안, 가운데 중 [mind]
❶[속뜻] 눈[眼]의 안[中]. ❷관심이나 의식의 범위 내. ¶그는 자기 밖에는 안중에 없다.

안치 安置 | 편안할 안, 둘 치 [lay in state; install; enshrine]
❶[속뜻] 안전(安全)하게 잘 둠[置]. ❷상(像), 위패, 시신 따위를 잘 모셔 둠. ¶병원의 영안실에 시신을 안치하다.

안타 安打 | 편안할 안, 칠 타 [hit]
[운동] 야구에서, 타자가 안전(安全)하게 베이스로 갈 수 있게 공을 치는[打] 일. ¶저 선수가 역전 안타를 쳤다.
이. [비] 내외(內外).

안:하 眼下 | 눈 안, 아래 하 [under one's eyes]
눈[眼] 아래[下].

▶안:하무인 眼下無人 | 없을 무, 사람 인
❶[속뜻] 눈 아래[眼下]에 다른 사람[人]이 없음[無]. ❷다른 사람을 업신여김. ¶그는 돈 좀 벌더니 안하무인으로 행동한다.

알력 軋轢 | 삐걱거릴 알, 삐걱거릴 력 [friction; conflict]

❶ 속뜻 수레바퀴가 삐걱거림[軋=轢]. ❷ 서로 의견이 맞지 않아 사이가 안 좋거나 충돌하는 것을 이르는 말. ¶그 문제로 인해서 회사 내에 많은 알력이 생겼다.

알선 斡旋 | 관리할 알, 돌 선
[intercede; recommend]
남의 일이 잘 되도록 관리하여[斡] 이리저리[旋] 힘을 쓰는 일. ¶나는 친구의 알선으로 일자리를 찾았다 / 삼촌이 직장을 알선해 주었다.

암: 癌 | 암 암 [cancer]
의학 생체 조직 안에서 세포가 무제한으로 증식하여 악성 종양을 일으키는 병. 주위의 조직을 침범하거나 다른 장기에 전이한다.

암:기 暗記 | 어두울 암, 외울 기
[blind memory]
❶ 속뜻 어두운[暗] 상태에서 무턱대고 외움[記]. ❷보지 않고 외움. ¶구구단을 암기하다.

암:담 暗澹 | 어두울 암, 싱거울 담 [dark; gloomy]
❶ 속뜻 어두컴컴하고[暗] 선명하지 않음[澹]. ❷앞날에 대한 전망이 어둡다. 희망이 없다. ¶암담한 미래 / 앞으로 어떻게 해야 할지 암담하다.

암:-매장 暗埋葬 | 몰래 암, 묻을 매, 장사 지낼 장 [bury in secret]
남몰래[暗] 시신을 파묻음[埋葬]. ¶범인은 야산에 시신을 암매장했다. ⓒ 암장.

암반 巖盤 | 바위 암, 소반 반
[bedrock; rock bed]
너른 바위[巖] 속으로 돌입한 소반[盤]처럼 넓은 바위. ¶암반을 뚫고 지하수를 퍼 올렸다.

암벽 巖壁 | 바위 암, 담 벽
[rock wall; rock face]
깎아지른 듯 높이 솟은 벽(壁) 모양의 바위[巖]. ¶그는 암벽 등반을 하다 추락하는 바람에 허리를 크게 다쳤다.

암:산 暗算 | 어두울 암, 셀 산
[mental arithmetic]
계산기, 수판 따위를 이용하지 않고 어림 풋이[暗] 계산(計算)함. ¶암산이 빠르다.

암:살 暗殺 | 몰래 암, 죽일 살
[assassinate]
몰래[暗] 사람을 죽임[殺]. ¶암살 기도 / 대통령을 암살하다 / 그는 테러리스트들에게 암살되었다.

***암석** 巖石 | 바위 암, 돌 석 [rock]
❶ 속뜻 바위[巖]나 돌[石]. ❷지리 지각을 구성하고 있는 단단한 물질. 화성암, 퇴적암, 변성암으로 크게 나뉜다. ¶그 산은 암석으로 뒤덮여 있다.

암:송 暗誦 | 어두울 암, 욀 송
[recite; repeat from memory]
글을 보지 않고[暗] 입으로 외움[誦]. ¶암송시험 / 동시(童詩)를 암송하다.

암:시 暗示 | 몰래 암, 보일 시
[hint; suggest]
뜻하는 바를 넌지시[暗] 알림[示]. 또는 그 내용. ¶이 소설에서 흰 옷은 죽음을 암시한다.

암:-시:장 暗市場 | 몰래 암, 저자 시, 마당 장 [black market]
경제 법을 어기면서 몰래[暗] 물건을 사고파는 행위가 이루어지는 장소[市場]. ¶암시장에서 달러를 환전했다.

암:실 暗室 | 어두울 암, 방 실
[photo darkroom]
빛이 들어오지 않는 어두운[暗] 방[室]. 주로 물리, 화학, 생물학의 실험과 사진 현상 따위에 사용되었다.

암:울 暗鬱 | 어두울 암, 답답할 울
[gloomy; dark]
❶ 속뜻 어두컴컴하고[暗] 답답함[鬱]. ❷절망적이고 침울함. ¶암울의 세월 / 암울한 기분.

암자 庵子 | 암자 암, 접미사 자
[small Buddhist temple; hermitage]
불교 큰 절에 딸린 작은 절[庵].

암:초 暗礁 | 어두울 암, 잠긴 바위 초

[sunken rock; reef]
눈에 보이지 않는[暗] 물속에 잠겨 있는 바위[礁]. ¶배가 암초에 걸리다.

암:투 暗鬪 | 몰래 암, 싸울 투
[feud silently]
남 몰래[暗] 다툼[鬪]. ¶숨막히는 암투 / 두 정당은 격렬하게 암투하고 있다.

암:표 暗票 | 몰래 암, 쪽지 표
[illegal ticket; scalpers ticket]
몰래[暗] 사고파는 입장권 따위의 표(票). ¶표는 벌써 매진되고 암표만 나돌았다.

암:행 暗行 | 몰래 암, 다닐 행
[travel incognito]
자기 정체를 숨기고 남몰래[暗] 돌아다님[行]. ¶암행 조사 / 감사반이 공사(公司)를 암행하고 있다.

▶**암:행-어:사 暗行御史** | 임금 어, 벼슬아치 사
❶속뜻 정체를 숨기고[暗] 다니는[行] 어사(御史). ❷역사 조선시대 때, 지방 정치와 백성의 사정을 몰래 살피기 위해 임금의 특별한 지시를 받은 임시 벼슬아치. 이들은 마패를 가지고 주로 허름한 차림으로 신분을 숨기고 다녔다.

암:호 暗號 | 몰래 암, 표지 호 [password; sign]
다른 사람은 모르도록 몰래[暗] 꾸민 표지[號]. ¶그 쪽지는 암호로 쓰여 있었다.

암:흑 暗黑 | 어두울 암, 검을 흑
[darkness; blackness]
어둡고[暗] 캄캄함[黑]. 캄캄한 어둠. ¶전기가 들어오지 않아 우리는 암흑 속에 있었다. ⊕ 광명(光明).

압도 壓倒 | 누를 압, 넘어질 도
[overwhelm]
❶속뜻 눌러서[壓] 넘어뜨림[倒]. ❷보다 뛰어난 힘이나 재주로 남을 눌러 꼼짝 못하게 함. ¶그의 기세에 압도를 당하다 / 그는 뛰어난 연기로 관객을 압도했다.

▶**압도-적 壓倒的** | 것 적
남을 넘어뜨리고[倒] 눌러버릴[壓] 만한 것[的]. 비교가 되지 않을 만큼 월등하게 남을 능가하는 것. ¶그 선수는 압도적인 점수 차로 우승을 했다.

압력 壓力 | 누를 압, 힘 력
[pressure; stress]
❶속뜻 누르는[壓] 힘[力]의 크기. ❷물리 두 물체가 접촉면을 경계로 하여 서로 그 면에 수직으로 누르는 단위 면적에서의 힘의 단위. ¶압력이 높다. ❸권력이나 세력에 의하여 타인을 자기 의지에 따르게 하는 힘. ¶나는 회사를 그만두라는 압력을 받았다.

압박 壓迫 | 누를 압, 다그칠 박 [pressure; press]
❶속뜻 힘을 못 쓰게 누르거나[壓] 다그침[迫]. ¶군사적 압박을 가하다. ❷강한 힘으로 내리 누름. ¶상처 부위를 압박하면 출혈을 막을 수 있다.

압송 押送 | 붙잡을 압, 보낼 송
[escort; send in custody]
법률 피고인 또는 죄인을 붙잡아[押] 어느 한 곳에서 다른 곳으로 보내는[送] 일. ¶범인을 서울로 압송했다.

압수 押收 | 누를 압, 거둘 수
[impound; confiscate; seize]
❶속뜻 강제로 눌러[押] 빼앗음[收]. ¶감독관이 시험자의 휴대전화를 압수했다. ❷법률 법원이나 수사 기관 등이 증거물이나 몰수할 물건 등을 강제로 확보함. 또는 그 행위. ¶압수 수색.

압정 押釘 | 누를 압, 못 정 [push pin]
대가리가 크고 촉이 짧아서 손가락으로 눌러[押] 박는 쇠못[釘].

압제 壓制 | 무너뜨릴 압, 누를 제
[condense]
폭력으로 남을 무너뜨리거나[壓] 억누름[制]. ¶압제에서 벗어나다.

압착 壓搾 | 누를 압, 짤 착 [press]
❶속뜻 눌러[壓] 짜냄[搾]. ¶기계로 압착하다. ❷압력을 가하여 물질의 밀도를 높임. ¶압착 단자.

압축 壓縮 | 누를 압, 줄일 축
[compress; condensation]
❶속뜻 물질 따위에 압력(壓力)을 가하여 부피를 줄임[縮]. ¶공기 압축 / 가스를 압축하다. ❷문장 따위를 줄여 짧게 함. ¶시의 특징은 압축과 생략이다 / 다섯 장의 본문을 한 장으로 압축하다.

앙ː부-일구 仰釜日晷 | 우러를 앙, 가마 부, 해 일, 그림자 구
천문 양부일영(仰釜日影).

앙ː부-일영 仰釜日影 | 우러를 앙, 가마 부, 해 일, 그림자 영
천문 조선 세종 16년(1434)에 만든 해시계. 가마[釜] 모양의 기구로, 그 안에 이십사절기의 선을 긋고 선 위에 비치는 해[日]의 그림자[影]를 우러러[仰] 보아 시각을 알게 되기 때문에 붙여진 이름이다.

앙숙 怏宿 | 원망할 앙, 묵을 숙
[be on bad terms with]
앙심(怏心)을 오래도록[宿] 품어 서로 미워하는 사이. ¶그들은 앙숙이다.

앙심 怏心 | 원망할 앙, 마음 심
[grudge; ill will; spite]
원한을 품고 앙갚음하려고[怏] 벼르는 마음[心]. ¶그는 사장에게 앙심을 품고 창고에 불을 질렀다.

애걸 哀乞 | 슬플 애, 빌 걸
[implore; beg for]
소원을 들어 달라고 애처롭게[哀] 빎[乞]. ¶나는 그에게 가지 말라고 애걸했다.

▶애걸-복걸 哀乞伏乞 | 엎드릴 복, 빌 걸
소원이나 요구 따위를 들어 달라고 애처롭게 사정하며[哀乞] 엎드려[伏] 빎[乞]. ¶애걸복걸 매달리는 모습 / 그에게 제발 살려만 달라고 애걸복걸하였다.

애ː교 愛嬌 | 사랑 애, 아리따울 교
[winsomeness; attractiveness]
❶속뜻 사랑스럽고[愛] 아름다움[嬌]. ❷남에게 귀엽게 보이는 태도. ¶아이는 아빠에게 애교를 부렸다.

애ː국 愛國 | 사랑 애, 나라 국
[patriotism; love of one's country]
자기 나라[國]를 사랑함[愛]. ¶애국 운동.

▶애ː국-가 愛國歌 | 노래 가
음악 ❶나라[國]를 사랑하는[愛] 뜻으로 온 국민이 부르는 노래[歌]. ❷우리나라의 국가. ¶경기를 시작하기 전에 애국가를 불렀다.

▶애ː국-심 愛國心 | 마음 심
자기 나라[國]를 사랑하는[愛] 마음[心]. ¶한국인은 애국심이 강하다.

▶애ː국-자 愛國者 | 사람 자
자기 나라[國]를 사랑하는[愛] 사람[者]. ¶외국에 나가면 누구나 애국자가 된다고 한다.

▶애ː국-적 愛國的 | 것 적
자기 나라[國]를 사랑하는[愛] 것[的]. ¶애국적인 행위.

애도 哀悼 | 슬플 애, 슬퍼할 도
[mourn; grieve; regret]
사람의 죽음을 슬퍼함[哀=悼]. ¶애도의 뜻을 표하다 / 전 국민이 그의 죽음을 애도했다.

애로 隘路 | 좁을 애, 길 로 [bottleneck]
❶속뜻 좁고[隘] 험한 길[路]. ❷어떤 일을 하는 데 장애가 되는 것 ¶애로 사항이 있으면 언제든지 말씀하세요.

애ː매 曖昧 | 희미할 애, 어두울 매
[be unjustly treated]
희미하고[曖] 어두움[昧]. 희미하여 분명하지 아니함. ¶애매하게 대답하다.

▶애ː매-모호 曖昧模糊 | 본보기 모, 풀 호
말이나 태도 따위가 희미하고[曖昧] 분명하지 아니함[模糊]. ¶애매모호한 태도.

애ː무 愛撫 | 사랑 애, 어루만질 무
[caress; fondle]
주로 이성을 사랑하여[愛] 그를 어루만짐[撫]. ¶애무의 손길 / 그는 그녀의 얼굴을 애무했다.

애석 哀惜 | 슬플 애, 애틋할 석

[grieve; lament]
슬프고[哀] 애틋함[惜]. 또는 안타까움. ¶애석한 마음 / 그가 떠나게 되어 정말 애석하다.

애:완 愛玩 | 사랑 애, 장난할 완 [love]
동물이나 물품 따위를 좋아하여 가까이 두고 즐겨[愛] 놂[玩].

▶ **애:완-용 愛玩用** | 쓸 용
귀여워하거나[愛] 즐기기[玩] 위한 쓰임새[用]의 것. ¶애완용 동물.

▶ **애:완-종 愛玩種** | 갈래 종
주로 동물에서 애완용(愛玩用)으로 키우는 종류(種類).

▶ **애:완 동:물 愛玩動物** | 움직일 동, 만물 물
좋아하여 가까이 두고 귀여워하며[愛玩] 기르는 동물(動物). 개, 고양이, 새 따위. ¶그는 뱀을 애완동물로 키운다.

애:용 愛用 | 사랑 애, 쓸 용
[use regularly]
즐겨[愛] 사용(使用)함. ¶국산품을 애용합시다.

애원 哀願 | 슬플 애, 바랄 원
[entreat; beseech]
소원이나 요구 따위를 들어 달라고 슬피[哀] 사정하여 간절히 바람[願]. ¶마지막으로 하는 애원이다 / 나는 그녀에게 가지 말라고 애원했다.

애:인 愛人 | 사랑 애, 남 인
[lover; love]
❶속뜻 남[人]을 사랑함[愛]. ❷사랑하는 사람. ⓑ 연인(戀人).

애절 哀切 | =哀絶, 슬플 애, 끊을 절
[pitiful; sorrowful]
애처롭고 슬퍼[哀] 간장이 끊어질[切] 듯하다. ¶애절한 울음소리.

애:정 愛情 | 사랑 애, 마음 정 [affection; love]
사랑하는[愛] 마음[情]. ¶애정 표현 / 애정이 넘치다. ⓑ 사랑. ⓠ 증오(憎惡).

애:족 愛族 | 사랑 애, 겨레 족
[love one's people]
자기 겨레[族]를 사랑함[愛]. ¶의병(義兵)들은 애족 정신을 갖고 독립운동을 벌였다.

애:지중지 愛之重之 | 사랑 애, 그것 지, 무거울 중, 그것 지
[love and prize; prize highly]
어떤 것[之]을 매우 사랑하고[愛] 소중(所重)히 여기는 모양. ¶할머니는 손자를 애지중지 길렀다.

애:착 愛着 | 사랑 애, 붙을 착
[fondness; attachment]
몹시 사랑하거나[愛] 끌리어서 떨어지지 아니함[着]. 또는 그런 마음. ¶자식에 대해 애착을 갖다 / 그는 골동품에 유달리 애착한다.

애:창 愛唱 | 사랑 애, 부를 창
[love to sing]
노래나 시조 따위를 즐겨[愛] 부름[唱]. ¶그 곡은 아직까지 사람들 사이에 애창되고 있다.

▶ **애:창-곡 愛唱曲** | 노래 곡
즐겨 부르는[愛唱] 노래[曲]. ¶이 노래는 어머니의 애창곡이다.

애:칭 愛稱 | 사랑 애, 일컬을 칭
[pet name; nickname]
본래 이름 외에 친근하고 다정하게[愛] 부를[稱] 때 쓰는 이름. ¶그는 아이를 '똘똘이'라는 애칭으로 부른다.

애통 哀痛 | 슬플 애, 아플 통
[grieve; lament]
슬퍼서[哀] 가슴이 아플[痛] 정도임. ¶유가족들은 애통에 빠졌다 / 아이가 실종되었다니 정말 애통한 일입니다.

애:향 愛鄕 | 사랑 애, 시골 향
[love of one's home]
고향(故鄕)을 사랑함[愛].

▶ **애:향-심 愛鄕心** | 마음 심
고향을 사랑하는[愛鄕] 마음[心]. ¶그는 애향심이 유별나다.

애:호¹愛護 | 사랑 애, 돌볼 호

[protection; preservation]
사랑[愛]으로 잘 돌봄[護]. ¶문화재를 애호하다.

애:호² 愛好 | 사랑 애, 좋을 호
[love; be fond of]
무엇을 즐기고[愛] 좋아함[好]. ¶음악을 애호하다.

▶ 애:호-가 愛好家 | 사람 가
어떤 사물을 즐기고 좋아하는[愛好] 사람[家]. ¶영화 애호가.

애환 哀歡 | 슬플 애, 기쁠 환
[joys and sorrows]
슬픔[哀]과 기쁨[歡]을 아울러 이르는 말. ¶애환이 담긴 노래.

액 液 | 진 액
❶속뜻 물이나 기름처럼 유동하는[液] 물질. ¶나무의 껍질에서 액이 흘러나오다. ❷액체(液體).

액면 額面 | 이마 액, 낯 면
[face value; par value]
❶속뜻 이마[額]와 낯[面]. ❷경제 화폐나 유가증권 따위의 앞면.

액수 額數 | 이마 액, 셀 수
[amount (of money); sum]
❶속뜻 이마[額] 같은 곳에 적어 놓은 숫자[數]. ❷금액(金額)의 수. ¶적은 액수.

액운 厄運 | 재앙 액, 운수 운
[hapless fate; misfortune]
재앙[厄]을 당할 운수(運數). ¶액운을 쫓기 위해 굿을 했다.

액자 額子 | 이마 액, 접미사 자 [(picture) frame]
❶속뜻 이마[額] 같이 잘 보이는 곳에 걸어 놓는 것[子]. ❷그림, 글씨, 사진 따위를 끼우는 틀. ¶거실 벽에 액자를 걸다.

액정 液晶 | 진 액, 밝을 정
[liquid crystal]
물리 액체(液體)와 결정(結晶)의 중간 상태에 있는 물질. 전자기력, 압력, 온도 따위에 민감하게 반응하므로 시계, 탁상 계산기의 문자 표시나 텔레비전의 화면 따위에 응용한다. ¶휴대전화의 액정이 깨졌다.

액체 液體 | 진 액, 몸 체 [liquid; fluid]
❶속뜻 진액(津液)과 같은 상태의 물체(物體). ❷물리 일정한 부피는 가졌으나 일정한 형태를 가지지 못한 물질. ¶물은 액체이다.

액화 液化 | 진 액, 될 화 [be liquefied]
물리 기체가 냉각·압축되어 액체(液體)로 변하거나 고체가 녹아 액체로 되는[化] 현상. 또는 그렇게 만드는 일. ¶액화 천연 가스.

야:간 夜間 | 밤 야, 사이 간 [night(time)]
밤[夜] 동안[間]. 해가 진 뒤부터 먼동이 트기 전까지의 동안. ¶야간 비행 / 야간 경기. ⓔ 주간(晝間).

야:경 夜景 | 밤 야, 볕 경 [night view]
밤[夜]의 경치(景致). ¶홍콩의 야경은 화려하다.

야:광 夜光 | 밤 야, 빛 광
[glow-in-the-dark]
어둠[夜] 속에서 빛[光]을 냄. 또는 그런 물건. ¶야광 시계.

*야:구 野球** | 들 야, 공 구 [baseball]
❶속뜻 들판[野] 같은 운동장에서 공[球]을 다루는 경기. ❷운동 아홉 명씩 이루어진 두 팀이 9회 동안 공격과 수비를 번갈아 하며 승패를 겨루는 구기 경기. ¶우리 오빠는 야구 선수이다.

▶ 야:구-부 野球部 | 나눌 부
운동 야구(野球)를 좋아하는 사람들의 모임[部].

▶ 야:구-장 野球場 | 마당 장
운동 야구(野球)를 하도록 만든 운동장(運動場). ¶우리 동네에는 야구장이 있다.

야:근 夜勤 | 밤 야, 부지런할 근
[be on night work]
퇴근 시간이 지나 밤[夜] 늦게까지 하는 근무(勤務). ¶요즘 계속되는 야근으로 정말 피곤하다.

야:단 惹端 | 흩트릴 야, 바를 단

[raise an uproar]
❶[속뜻] 바른[端] 것을 흩트림[惹]. ❷떠들썩하고 부산하게 일을 벌임. ¶밖에 눈이 왔다고 야단이다 / 명절이라 잔치한다고 온 동네가 야단났다. ❸소리를 높여 마구 꾸짖는 일. ¶야단을 맞다 / 나리는 거짓말을 하다가 어머니한테 야단맞았다. ❹난처하거나 딱한 일. ¶일이 빨리 수습돼야지, 이것 참 야단났네!

야:당 野黨 | 들 야, 무리 당
[opposition party]
집권하지 못하여 정권의 밖[野]에 있는 정당(政黨). ¶야당 의원. [반] 여당(與黨).

야:만 野蠻 | 들 야, 오랑캐 만
[savage; barbarous]
❶[속뜻] 들판[野]의 오랑캐[蠻]. ❷미개하여 문화 수준이 낮은 상태. 또는 그런 종족. ¶바이킹은 야만스럽게 이민족을 약탈했다.

▸ 야:만-인 野蠻人 | 사람 인
미개하여 문화 수준이 낮은[野蠻] 사람[人]. [비] 미개인(未開人). [반] 문명인(文明人), 문화인(文化人).

▸ 야:만-적 野蠻的 | 것 적
문명의 정도가 낮고 미개하여 무식하거나 사나운[野蠻] 것[的]. ¶식인(食人)은 야만적인 행위이다.

▸ 야:만-족 野蠻族 | 겨레 족
미개하여 문화 수준이 낮은[野蠻] 종족(種族).

야:망 野望 | 들 야, 바랄 망
[ambition; aspiration]
❶[속뜻] 멀리 들[野]을 바라봄[望]. ❷크게 무엇을 이루어 보겠다는 희망. ¶그는 언젠가 자기 가게를 열겠다는 야망을 가지고 있다. [비] 야심(野心).

야:맹-증 夜盲症 | 밤 야, 눈멀 맹, 증세 증 [night blindness]
❶[속뜻] 밤[夜]에는 사물이 잘 보이지 않는[盲] 증상(症狀). ❷[의학] 망막에 있는 간상세포의 능력이 감퇴하여 일어나는 병. ¶당근과 시금치는 야맹증을 예방하는 데 도움을 준다.

야:박 野薄 | 거칠 야, 엷을 박 [unfeeling; stingy]
거칠고[野] 정이 엷다[薄]. 인정이 없다. ¶인심이 야박하다.

야:비 野卑 | =野鄙, 거칠 야, 낮을 비
[vulgar; coarse]
성질이나 언행이 거칠고[野] 천하다[卑]. ¶야비한 수법으로 상대를 공격했다.

야:산 野山 | 들 야, 메 산
[hillock; hill on a plain]
들판[野]처럼 나지막한 산(山). ¶야산을 깎아 밭을 만들었다.

야:생 野生 | 들 야, 날 생 [grow wild]
산이나 들[野]에서 저절로 나서[生] 자람. 또는 그런 생물. ¶야생 식물 / 이 지역에 야생하는 동물을 조사했다.

▸ 야:생-마 野生馬 | 말 마
야생(野生)으로 자란 말[馬]. ¶장군은 야생마를 길들여 타고 다녔다.

▸ 야:생-화 野生花 | 꽃 화
야생(野生)에서 피는 꽃[花]. ¶저 섬에는 이름도 모르는 야생화들이 많이 피어 있다.

야:속 野俗 | 거칠 야, 속될 속
[inhospitable; unkind]
❶[속뜻] 인심이 거칠고[野] 성품이 속(俗)됨. ❷무정한 행동이나 그런 행동을 한 사람이 섭섭하게 여겨져 언짢음. ¶세상인심 참 야속도 하구나 / 야속한 말.

야:수 野獸 | 들 야, 짐승 수
[wild beast; wild animal]
사람에게 길이 들지 않은 야생(野生)의 사나운 짐승[獸]. ¶미녀와 야수.

야:-시:장 夜市場 | 밤 야, 저자 시, 마당 장 [night market]
밤[夜]에 벌이는 시장(市場). ¶관광객들은 야시장을 구경했다.

야:심 野心 | 들 야, 마음 심
[ambition; evil design]

❶[속뜻] 야망(野望)을 품은 마음[心]. 무엇을 이루려는 마음. ¶그는 야심에 찬 사업가다. ❷야비한 마음. ¶그는 나에게 야심을 가지고 접근했다.

야:영 野營 | 들 야, 집 영
[camping; bivouac]
❶[속뜻] 들판[野]에 임시로 마련한 집[營]. ❷야외에 천막을 쳐 놓고 하는 생활. ¶우리는 산 속에서 야영을 했다.

▶야:영-장 野營場 | 마당 장
천막 따위를 치고 야영(野營)을 할 수 있도록 만들어 놓은 장소(場所). ¶청소년 수련 야영장.

야:외 野外 | 들 야, 밖 외
[fields; open air]
❶[속뜻] 들[野] 밖[外]. 들판. ¶야외로 소풍을 가다. ❷집 밖이나 노천(露天)을 이르는 말. ¶공원에서 야외 연주회가 열린다.

야:욕 野慾 | 거칠 야, 욕심 욕
[ambition; evil design]
❶[속뜻] 야비(野卑)한 욕망(慾望). ❷자기 잇속만 채우려는 속된 욕심(慾心). ¶일본은 대륙 침략의 야욕을 품고 한국을 침략했다.

야:유[1] 揶揄 | 희롱할 야, 빈정거릴 유
[jeer]
남을 희롱하고[揶] 빈정거림[揄]. 또는 그런 말이나 몸짓. ¶야유를 보내다 / 관중은 그 연사(演士)를 야유했다.

야:유[2] 野遊 | 들 야, 놀 유
[picnic; excursion]
들[野]판을 나니며 놂[遊].

▶야:유-회 野遊會 | 모일 회
들놀이[野遊]를 하는 모임[會].

야:자 椰子 | 야자나무 야, 접미사 자
[coconut palm]
[식물] 야자나무[椰+子].

▶야:자-수 椰子樹 | 나무 수
[식물] 야자(椰子)가 열리는 나무[樹]. 대추야자, 기름야자, 부채야자, 대왕야자 따위를 통틀어 이르는 말.

야:채 野菜 | 들 야, 나물 채 [vegetables]
❶[속뜻] 들[野]에서 자라나는 나물[菜]. ❷'채소'(菜蔬)의 일본어식 표현. [비] 채소(菜蔬).

야:학 夜學 | 밤 야, 배울 학
[evening class]
❶[속뜻] 밤[夜]에 공부함[學]. ❷[교육] '야간학교'(夜間學校)의 준말. ¶그는 야학을 다니며 공부했다.

약[1] 約 | 묶을 약 [about; some]
어떤 수량에 거의 가까운 정도를 표시하는 말. ¶부산까지 약 4시간 걸렸다.

약[2] 藥 | 약 약 [medicine]
❶병이나 상처를 고치는 데 복용하거나 바르거나 주사하는 물품의 총칭. ¶배 아픈 데 먹는 약 있어요? ❷유해 동식물을 제거하는 데 쓰는 물건. ¶약을 치다. [속담] 병 주고 약 준다.

*약간** 若干 | 같을 약, 얼마 간
[some; somewhat]
❶[속뜻] 만약(萬若) 얼마[干]. ❷얼마 안 되게. 또는 얼마쯤. ¶고개를 약간 수그리다. [비] 다소(多少), 조금.

약골 弱骨 | 약할 약, 뼈 골
[weak constitution; weakling]
약(弱)한 골격(骨格). 또는 그러한 사람. ¶그는 약골이다.

약과 藥菓 | =藥果, 약 약, 과자 과
❶[속뜻] 약(藥)처럼 정성을 들여 만든 과자(菓子). ❷밀가루를 기름과 꿀에 반죽하여 기름에 지진 유밀과의 한 가지. ❸감당하기 어렵지 않은 일. ¶그 정도면 약과다.

약국 藥局 | 약 약, 방 국 [pharmacy]
약사가 약(藥)을 조제하거나 파는 방[局]이나 집.

약도 略圖 | 줄일 략, 그림 도
[rough sketch; outline map]
간략(簡略)하게 줄여 주요한 것만 대충 그린 도면이나 지도(地圖). ¶여기에서 학교까지의 약도를 그려주세요.

약동 躍動 | 뛸 약, 움직일 동
[move lively; be quick with life]
뛰어오르듯[躍] 생기 있고 활발하게 움직임[動]. ¶봄은 만물이 약동하는 때이다.

약력 略歷 | 줄일 략, 지낼 력
[brief (personal) history]
간략(簡略)하게 적은 이력(履歷). ¶그의 약력을 소개하다.

약물 藥物 | 약 약, 만물 물
[medicine; drugs]
〖약학〗약(藥)으로 쓰이는 물질(物質). ¶약물 치료.

▶ 약물 중독 藥物中毒 | 맞을 중, 독할 독
〖의학〗약물(藥物)로 인해 중독(中毒)됨. 약 또는 독이 입을 통한 섭취나 호흡으로 인한 흡입, 피부를 통한 흡수, 주사 등의 형태로 인체에 들어가 건강에 해로운 영향을 미치는 상태.

약방 藥房 | 약 약, 방 방 [pharmacy]
약사가 약(藥)을 조제하거나 파는 곳[房]. 〖속담〗약방에 감초.

약병 藥瓶 | 약 약, 병 병
[medicine bottle]
약(藥)을 담는 병(瓶).

약분 約分 | 묶을 약, 나눌 분 [abbreviate]
〖수학〗분수의 분모와 분자를 공약수(公約數)로 나누어[分] 간단하게 하는 일.

약사 藥師 | 약 약, 스승 사 [pharmacist]
약(藥)을 짓거나 다루는 일을 하는 사람을 스승[師]으로 높여 부르는 말.

약세 弱勢 | 약할 약, 세력 세
[bears; shorts]
약(弱)한 세력(勢力). 약한 기세. ¶증권시장은 강세에서 약세로 변했다. 〖반〗강세(強勢).

약소 弱小 | 약할 약, 작을 소
[weak; minor]
약(弱)하고 작음[小]. ¶약소 민족의 설움을 겪다. 〖반〗강대(強大).

▶ 약소-국 弱小國 | 나라 국
정치·경제·군사적으로 약소(弱小)한 나라[國]. '약소국가(弱小國家)'의 준말. 〖반〗강대국(強大國).

***약속 約束** | 묶을 약, 다발 속
[promise; contract]
❶〖속뜻〗다발[束]을 묶음[約]. ❷앞으로의 일에 대하여 미리 정하여 둠. ¶경희와 미리 약속을 해두었다. 〖비〗언약(言約).

약수¹ 約數 | 묶을 약, 셀 수
[divisor (of a number); measure]
〖수학〗어떤 수나 식을 묶어[約] 나누어 똑 떨어지게 하는 수(數). 6에 대한 1, 2, 3, 6 따위. ¶약수를 구하다.

***약수² 藥水** | 약 약, 물 수
[medicinal waters; mineral waters]
약효(藥效)가 있는 샘물[水].

약시 弱視 | 약할 약, 볼 시
[weak eyesight]
약(弱)한 시력(視力). 또는 그런 시력을 가진 사람.

약식¹ 略式 | 줄일 략, 법 식 [informality]
절차를 생략(省略)한 의식(儀式)이나 양식(樣式). ¶약식으로 결혼식을 올리다. 〖반〗정식(正式).

약식² 藥食 | 약 약, 밥 식
약(藥)이 될 만큼 영양이 많은 밥[食]. 〖비〗약밥.

약어 略語 | 줄일 략, 말씀 어
단어의 일부분을 줄인[略] 말[語]. ¶'선관위'는 '선거관리위원회'의 약어이다. 〖비〗준말.

약용 藥用 | 약 약, 쓸 용 [medicinally]
약(藥)으로 씀[用]. ¶약용 포도주 / 민들레뿌리는 약용한다.

▶ 약용 식물 藥用植物 | 심을 식, 만물 물
〖식물〗약으로 쓰이는[藥用] 식물(植物).

약육-강식 弱肉強食 | 약할 약, 고기 육, 강할 강, 먹을 식
❶〖속뜻〗약(弱)한 자의 살[肉]은 강(強)한 자의 먹이[食]가 됨. ❷강한 자가 약한 자를 희생시켜서 번영하거나 약한 자가

강한 자에게 끝내는 멸망됨. ¶생태계는 약육강식의 세계이다.

약자 弱者 | 약할 약, 사람 자
[weak; weak person]
약(弱)한 사람[者]이나 생물. 또는 그런 집단. ¶사회적 약자 / 약자를 보호해야 한다. [반] 강자(強者).

약재 藥材 | 약 약, 재료 재
[medicinal stuff]
약(藥)을 짓는 데 쓰는 재료(材料). '약재료'의 준말. ¶녹용(鹿茸)은 말려 약재로 쓴다.

약점 弱點 | 약할 약, 점 점 [weak point]
모자라서[弱] 남에게 뒤떨어지거나 떳떳하지 못한 점(點). ¶남의 약점을 건드리지 마라. [비] 결점(缺點), 단점(短點). [반] 강점(強點), 장점(長點).

약제 藥劑 | 약 약, 약지을 제
[medicine; drug]
여러 가지 약재(藥材)를 섞어 약을 조제(調劑)함.

약조 約條 | 묶을 약, 조목 조
[agreement; promise]
여러 가지 조항(條項)을 만들어 약속(約束)함. 또는 약속으로 정한 조항. ¶약조를 지키다 / 이달 말까지 일을 끝내기로 약조했다.

약주 藥酒 | 약 약, 술 주
[medicinal wine; strained rice wine]
❶ [속뜻] 약(藥)으로 마시는 술[酒]. ❷'맑은 술'을 달리 이르는 말. ❸어른이 마시는 술. ¶아버지는 약주를 즐기신다.

약지 藥指 | 약 약, 손가락 지
[ring finger; third finger]
가운뎃손가락과 새끼손가락 사이의 손가락. 약(藥)을 탈 때 주로 쓰이는 손가락[指]이라 하여 붙여진 이름이다. [비] 무명지(無名指), 약손가락.

약진 躍進 | 뛸 약, 나아갈 진
[make rapid advance]
❶ [속뜻] 힘차게 앞으로 뛰어[躍] 나아감[進]. ❷빠르게 발전하거나 진보함. ¶한국 경제의 약진이 눈부시다 / 그는 한 달 만에 5위에서 1위로 약진했다.

약체 弱體 | 약할 약, 몸 체 [weak body]
❶ [속뜻] 허약(虛弱)한 몸[體]. ❷실력이나 능력이 약한 조직체. ¶우리 팀은 그동안 약체로 평가받아 왔다.

약초 藥草 | 약 약, 풀 초
[medical plant]
약(藥)으로 쓰는 풀[草]. ¶약초를 캐다 / 약초 채집가.

약탈 掠奪 | 빼앗을 략, 빼앗을 탈
[plunder; loot; pillage]
폭력을 써서 남의 것을 빼앗음[掠=奪]. ¶테러범들은 지나는 마을마다 약탈을 일삼았다. [비] 수탈(收奪), 약취(掠取).

약-탕관 藥湯罐 | 약 약, 끓을 탕, 두레박 관
약(藥)을 달이는[湯] 데 쓰는 질그릇[罐]. ¶약탕관의 약을 꺼내 짰다.

약통 藥桶 | 약 약, 통 통
약(藥)을 담는 통(桶). ¶약통에서 알약 두 알을 꺼냈다.

약-포지 藥包紙 | 약 약, 쌀 포, 종이 지
[cartridge paper]
약(藥)을 싸는[包] 종이[紙].

약품 藥品 | 약 약, 물건 품
[medicines; drugs; chemicals]
❶ [속뜻] 약(藥)으로 쓰는 물품(物品). ❷병이나 상처 따위를 고치거나 예방하기 위하여 먹거나 바르거나 주사하는 물질. ¶이 약품은 처방전이 있어야 살 수 있다. ❸화학 변화를 일으키는 데 쓰는 물질. ¶약품 처리를 하다. [준] 약.

약혼 約婚 | 묶을 약, 혼인할 혼
[be engaged]
혼인(婚姻)하기로 약속(約束)함. ¶약혼식 / 약혼 반지.

약화 弱化 | 약할 약, 될 화 [weaken]
세력이나 힘이 약하게[弱] 됨[化]. 또는 그렇게 되게 함. ¶태풍의 세력이 크게 약

화되었다 / 그 바이러스는 인체의 저항력을 약화시킨다. ⓔ 강화(强化).

약효 藥效 | 약 약, 효과 효
[effect of a medicine]
약(藥)의 효과(效果). ¶약효가 빠르다.

양¹ 羊 | 양 양 [sheep]
동물 털이 희며 무리를 지어 사는 온순한 동물. 털은 직물의 원료로 쓰고 고기, 젖, 가죽도 이용한다. ¶양을 치는 소년은 거짓말을 일삼았다.

양² 良 | 좋을 량 [minimum passing; D]
수(秀)·우(優)·미(美)·양(良)·가(可)로 성적을 매길 때, 네 번째 등급. ¶체육에서 양을 받았다.

양:³ 兩 | 두 량 [pair; couple]
'둘' 또는 '두 쪽 모두'의 뜻을 나타내는 말. ¶머리를 양 갈래로 땋다.

양⁴ 陽 | 볕 양 [positive]
수학 어떤 수가 0보다 큰 일. ¶'+3'을 '양의 정수 삼'이라고 읽는다. ⓔ 음(陰).

양⁵ 量 | 분량 량 [quantity; volume]
세거나 잴 수 있는 분량(分量)이나 수량(數量). ¶쌀의 양이 많다.

양⁶ 孃 | 여자애 양 [Miss]
여자의 성명 뒤에 붙여 미혼 여성임을 나타내는 말. ¶서연 양. ⓔ 군(君).

양:가 兩家 | 두 량, 집 가
[both houses; both families]
양(兩)쪽 집[家]. ¶양가 부모님을 모시고 저녁 식사를 하다.

양각 陽刻 | 밝을 양, 새길 각
[engrave in relief]
❶ 속뜻 밝게[陽] 보이도록 도드라지게 새김[刻]. ❷ 미술 조각에서 평평한 면에 글자나 그림 따위를 도드라지게 새기는 일. 또는 그 조각. ⓔ 돋을새김. ⓔ 음각(陰刻).

양감 量感 | 분량 량, 느낄 감
[(a feeling of) massiveness]
미술 회화에서 대상물의 부피[量]나 무게에 대한 감촉(感觸). 또는 그 느낌이 나도록 그리는 일. ¶이 그림은 양감이 풍부하다. ⓔ 질감(質感).

양:계 養鷄 | 기를 양, 닭 계
[raise chickens]
닭[鷄]을 먹여 기름[養]. 또는 그 닭.

▶**양:계-장 養鷄場** | 마당 장
여러 가지 필요한 설비를 갖추어 두고 닭을 먹여 기르는[養鷄] 곳[場]. ¶폭설로 양계장이 무너졌다.

양곡 糧穀 | 양식 량, 곡식 곡
[grain; rice; cereals]
양식(糧食)으로 쓰는 곡식(穀食). ¶양곡 창고 / 양곡 원산지를 표기하다.

양:교 兩校 | 두 량, 학교 교
두[兩] 학교(學校). ¶양교 선수들이 입장하였다.

양:국 兩國 | 두 량, 나라 국
[two countries]
두[兩] 나라[國]. ¶양국의 외교 관계 / 양국의 지도자가 회담을 갖다.

양궁 洋弓 | 서양 양, 활 궁
[Western-style archery]
운동 서양식(西洋式)으로 만든 활[弓]. 또는 그 활로 겨루는 경기. ¶그는 세계 최고의 양궁 선수이다.

양귀비 楊貴妃 | 버들 양, 귀할 귀, 왕비 비 [poppy]
❶ 속뜻 양(楊)씨 귀비(貴妃)처럼 아름다운 꽃. ❷ 식물 5~6월에 다양한 색의 꽃이 피는 식물. 덜 익은 열매로 아편을 만든다.

양:극¹ 兩極 | 두 량, 끝 극
[both poles; north and south poles]
❶ 속뜻 양(兩)쪽 끝[極]. ❷ 지리 북극(北極)과 남극(南極). ¶양극의 빙하가 서서히 녹고 있다.

양극² 陽極 | 볕 양, 끝 극
[anode; plus terminal]
❶ 속뜻 음양(陰陽) 가운데 양(陽)에 해당하는 쪽이나 끝[極]. ❷ 물리 두 개의 전극 사이에 전류가 흐를 때에 전위가 높은 쪽의 극. ¶양극은 이쪽에, 음극은 저쪽에 연결해라. ⓔ 플러스(plus)극. ⓔ 음극(陰

極).

양금 洋琴 | 서양 양, 거문고 금 [dulcimer]
[음악] 서양(西洋)에서 만들어진 거문고[琴]같은 현악기. 채로 줄을 쳐서 소리를 낸다.

양기 陽氣 | 볕 양, 기운 기
[sunshine; vitality]
❶ [속뜻] 햇볕[陽]의 따뜻한 기운(氣運). ❷ 만물이 살아 움직이는 활발한 기운. ¶이 음식은 양기를 북돋아준다. [반] 음기(陰氣).

양:녀 養女 | 기를 양, 딸 녀
[adopted daughter]
❶ [속뜻] 남의 자식을 데려다 제 자식처럼 기른[養] 딸[女]. ❷ [법률] 입양에 의하여 혼인 중 출생한 딸로서의 신분을 획득한 사람. [비] 양딸, 수양딸. [반] 양자(養子).

양:도 讓渡 | 넘겨줄 양, 건넬 도
[transfer; hand over]
남에게 넘겨[讓] 건네[渡]줌. 또는 그런 일. ¶이 회원권은 타인에게 양도할 수 있습니다.

양:돈 養豚 | 기를 양, 돼지 돈
[raise hogs]
돼지[豚]를 먹여 기름[養]. 또는 그 돼지. ¶전염병이 확산되어 양돈업계가 큰 타격을 입었다.

양란 洋蘭 | 서양 양, 난초 란 [cattleya]
[식물] 원산지가 서양(西洋)인 난(蘭). ¶양란은 꽃이 잘 핀다.

양력 陽曆 | 볕 양, 책력 력
[solar calendar]
❶ [속뜻] 태양(太陽)을 기준으로 정한 책력[曆]. ❷ [천문] 지구가 태양의 둘레를 한 바퀴 도는 데 걸리는 시간을 1년으로 정한 역법. '태양력'(太陽曆)의 준말. ¶아버지 생신은 양력으로 3월 21일이다. [반] 음력(陰曆).

양:로 養老 | 기를 양, 늙을 로
[take care of the aged]
노인(老人)을 위로하여 안락하게 지내도록 잘 돌봄[養]. ¶스웨덴은 양로 시설이 잘 되어 있다.

▸양:로-원 養老院 | 집 원
[사회] 의지할 데 없는 노인을 수용하여 돌보는[養老] 보호 시설[院]. ¶엄마는 양로원에서 봉사 활동을 한다.

양말 洋襪 | 서양 양, 버선 말
[socks; stockings]
서양식(西洋式) 버선[襪]. ¶양말에 구멍이 났다.

양:면 兩面 | 두 량, 낯 면 [two faces]
사물의 두[兩] 면(面). 또는 겉과 안. ¶양면 복사 / 개발과 파괴는 동전의 양면과도 같다.

양모 羊毛 | 양 양, 털 모 [sheep's wool]
양(羊)의 털[毛]. ¶이 옷은 양모 100%로 만들었다.

양:미 兩眉 | 두 량, 눈썹 미 [eyebrow]
좌우로 나 있는 두[兩] 눈썹[眉].

▸양:미-간 兩眉間 | 사이 간
두 눈썹[兩眉]의 사이[間]. ¶양미간이 넓다.

양민 良民 | 어질 량, 백성 민
[good citizens; peaceable people]
선량(善良)한 백성[民]. ¶해적은 무고한 양민을 학살했다.

***양:반** 兩班 | 두 량, 나눌 반
[two upper classes of old Korea]
❶ [역사] 두[兩] 개의 반열(班列). 고려·조선 시대에, 지배층을 이루던 신분. 원래 관료 체제를 이루는 동반(東班)과 서반(西班)을 일렀으나 점차 그 가족이나 후손까지 포괄하게 됐다. ❷점잖고 예의 바른 사람. ¶그분은 그야말로 양반이다. ❸자기 남편을 남에게 이르는 말. ¶우리 집 양반은 매일 아침 운동을 한다. ❹남자를 범상히 또는 홀하게 이르는 말. ¶이런 답답한 양반을 봤나.

▸양:반-전 兩班傳 | 전할 전
[문학] 조선시대 박지원이 지은 양반(兩班) 계급의 허위와 부패를 폭로하는 전기(傳

記) 소설.

양:변 兩邊 | 두 량, 가 변
❶[속뜻] 양(兩)쪽의 가장자리[邊]. ¶도로 양변에 은행나무를 심었다. ❷[수학] 등호나 부등호의 양쪽을 아울러 이르는 말.

양:보 讓步 | 사양할 양, 걸음 보
[yield; concess]
❶[속뜻] 앞서 걸어[步]가기를 사양(辭讓)함. ❷길이나 자리, 물건 따위를 사양하여 남에게 미루어 줌. ¶자리를 양보하다. ❸자기 주장을 굽혀 남의 의견을 좇음. ¶그들은 서로 한 치도 양보하지 않았다.

양복 洋服 | 서양 양, 옷 복 [suit; dress]
❶[속뜻] 서양식(西洋式) 옷[服]. ❷남성의 서양식 정장. ¶결혼식에는 대개 양복을 입는다.

양:봉 養蜂 | 기를 양, 벌 봉
[keep a bees]
꿀을 얻기 위하여 벌[蜂]을 기름[養]. 또는 그러한 벌. ¶지리산 중턱에는 양봉하는 곳이 많다 / 양봉농가.

양:부 養父 | 기를 양, 아버지 부
[foster father]
자기를 데려다가 친자식처럼 길러준[養] 아버지[父]. ¶아버지는 양부지만 나를 친자식처럼 대해주었다.

양:-부모 養父母 | 기를 양, 아버지 부, 어머니 모 [adoptive parents]
자기를 데려다가 친자식처럼 길러준[養] 부모(父母). ¶아이는 양부모를 친부모로 알고 있다. [반] 친부모(親父母).

양:분[1] 兩分 | 두 량, 나눌 분 [bisect]
둘[兩]로 나눔[分]. ¶미국과 소련은 한반도를 양분하여 점령하기로 합의했다.

양:분[2] 養分 | 기를 양, 나눌 분
[nourishment; nutriment]
생물체가 살아가는 데 영양(營養)이 되는 성분(成分). ¶식물은 토양에서 양분을 얻는다. [비] 영양분(營養分), 자양분(滋養分).

양산[1] 陽傘 | 볕 양, 우산 산
[parasol; sunshade]
여자들이 볕[陽]을 가리기 위하여 쓰는 우산(雨傘) 모양의 물건. ¶양산을 쓰다.

양산[2] 量産 | 분량 량, 낳을 산
[mass-produce]
물건을 대량(大量)으로 생산(生産)함. ¶친환경 제품을 양산하다 / 고학력 실업자가 양산되고 있다.

양상 樣相 | 모양 양, 모양 상
[aspect; phase]
모양(模樣)이나 생김새[相]. ¶새로운 양상을 띠다.

양서[1] 良書 | 좋을 량, 책 서
[good book]
내용이 건전하고 좋은[良] 책[書]. ¶양서를 골라 학생에게 권했다.

양:서[2] 兩棲 | 두 량, 살 서 [amphibious]
물속이나 땅 위의 양(兩)쪽에서 다 삶[棲]. ¶양서 동물.

▸ 양:서-류 兩棲類 | 무리 류
땅과 물 두 곳에서 다 살 수 있는[兩棲] 동물 종류(種類). ¶개구리는 양서류이다.

양성[1] 陽性 | 볕 양, 성질 성 [positive]
❶[속뜻] 음양 가운데 양(陽)에 속하는 성질(性質). ❷[의학] 어떠한 병이 있거나 감염되었음을 알리는 성질. ¶에이즈 검사에서 양성 반응이 나오다.

양:성[2] 養成 | 기를 양, 이룰 성
[train; foster]
사람을 가르치고 길러[養] 무엇이 되게[成] 함. ¶인재를 양성하다.

양-송이 洋松栮 | 서양 양, 소나무 송, 버섯 이 [button mushroom]
❶[속뜻] 서양(西洋)에서 들여와 재배되는 송이(松栮). ❷[식물] 갓은 동그란 모양에 살은 두껍고 희며, 식용하는 버섯.

양수[1] 陽數 | 볕 양, 셀 수
[positive number]
[수학] 0보다 큰 양(陽)의 수(數). [반] 음수(陰數).

양수[2] 揚水 | 오를 양, 물 수
[pump up water]

물[水]을 위로 퍼 올림[揚]. 또는 그 물.

▸ 양수-기 揚水機 | 틀 기
물을 퍼 올리는[揚水] 기계(機械). ¶양수기로 물을 끌어올리다.

양순 良順 | 어질 량, 순할 순
[good and obedient; gentle]
어질고[良] 온순하다[順]. ¶윤아는 양순한 어린이다.

양식[1] 洋食 | 서양 양, 밥 식
[Western cooking]
서양식(西洋式) 음식(飮食). ¶오늘은 양식을 먹자.

*** 양식**[2] 樣式 | 모양 양, 꼴 식
[form; style]
❶[속뜻] 일정한 모양(模樣)이나 형식(形式). ¶양식에 따라 보고서를 작성하다. ❷오랜 시간이 지나면서 자연히 정해진 방식. ¶생활 양식. ❸시대나 부류에 따라 각기 독특하게 지니는 문학, 예술 따위의 형식. ¶건축 양식.

양식[3] 糧食 | 먹을거리 양, 밥 식
[provisions]
생존을 위하여 필요한 사람의 먹을거리[糧=食]. ¶양식이 다 떨어지다.

양:식[4] 養殖 | 기를 양, 불릴 식
[raise; breed]
물고기 따위를 인공적으로 길러서[養] 그 수가 불어남[殖]. ¶굴을 양식하다.

▸ 양:식-업 養殖業 | 일 업
물고기나 해조, 버섯 따위의 양식(養殖)을 하는 업종(業種). ¶서해안은 양식업이 발달해있다.

양심 良心 | 어질 량, 마음 심
[conscience]
❶[속뜻] 선량(善良)한 마음[心]. ❷사물의 가치를 변별하고 자기 행위에 대하여 옳고 그름과 선과 악의 판단을 내리는 도덕적 의식. ¶양심에 걸려서 거짓말은 못하겠다.

▸ 양심-적 良心的 | 것 적
양심(良心)에 따르는 것[的]. ¶양심적으로 행동하다.

양약고구 良藥苦口 | 좋을 량, 약 약, 쓸 고, 입 구
❶[속뜻] 몸에 좋은[良] 약(藥)은 입[口]에는 씀[苦]. ❷충성스런 말은 귀에 거슬리나 이로움이 있음. ¶양약고구란 말이 있듯이 그 말이 당장은 귀에 거슬리지만 앞으로 큰 도움이 될 것이네!

양:어 養魚 | 기를 양, 물고기 어
[fish farming]
물고기[魚]를 길러[養] 번식하게 함. 또는 그 물고기.

▸ 양:어-장 養魚場 | 마당 장
인공적으로 물고기[魚]를 기르는[養] 곳[場].

양옥 洋屋 | 서양 양, 집 옥
[Western-style house]
서양식(西洋式)으로 지은 집[屋]. [반]한옥(韓屋).

양:육 養育 | 기를 양, 기를 육
[bring up]
아이를 보살펴서 기름[養=育]. ¶자녀 양육은 엄마만의 몫이 아니다.

양은 洋銀 | 서양 양, 은 은
[albata; German silver]
❶[속뜻] 서양(西洋)에서 발명된 은백색(銀白色)의 금속. ❷구리, 아연, 니켈 따위를 합금하여 만든 금속. 영문명인 'German silver'를 의역하였다. ¶양은 냄비.

양인 良人 | 어질 량, 사람 인 [d-hearted person; inn]
❶[속뜻] 선량(善良)한 사람[人]. ❷부부가 서로 상대를 이르는 말. ❸[역사] 양민(良民). ❹[역사] 중국 한(漢)나라 때에 여관(女官)을 이르던 말.

양:일 兩日 | 두 량, 날 일
[two days; couple of days]
두[兩] 날[日]. ¶그 연극은 토요일과 일요일 양일간 공연한다.

양:자 養子 | 기를 양, 아들 자
[adopted son]

❶ 속뜻 친자식처럼 기르는[養] 아들[子]. ❷ 법률 입양에 의하여 자식의 자격을 얻은 사람. 양아들. ⓑ 친자(親子), 친아들.

양:잠 養蠶 | 기를 양, 누에 잠
[raise silkworms]
농업 누에를[蠶] 기름[養]. 또는 그 일.

양장 洋裝 | 서양 양, 꾸밀 장
[Western-style clothes]
옷차림이나 머리 모양을 서양식(西洋式)으로 꾸밈[裝]. 또는 그런 옷이나 몸단장.

▶ 양장-점 洋裝店 | 가게 점
양장(洋裝)을 만들어 파는 가게[店].

양재 洋裁 | 서양 양, 마를 재
[dressmaking]
양복(洋服)을 마름질하는[裁] 일. ¶양재 기술.

양적 量的 | 분량 량, 것 적 [quantitative]
분량(分量)에 관한 것[的]. ¶수출은 양적으로 크게 팽창했다. ⓑ 질적(質的).

양:조 釀造 | 빚을 양, 만들 조 [brew]
술이나 간장, 식초 따위를 발효시켜[釀] 만드는[造] 일. ¶양조 간장 / 막걸리는 쌀로 양조한다.

양주 洋酒 | 서양 양, 술 주
[Western liquors; whisky and wine]
❶ 속뜻 서양(西洋)에서 들여온 술[酒]. ❷ 서양식 양조법으로 만든 술. 위스키, 브랜디, 진 따위를 이른다.

양지¹ 洋紙 | 서양 양, 종이 지
[Western paper]
서양(西洋)에서 들여온 종이[紙]. ¶분홍빛 양지로 선물을 포장했다.

양지² 陽地 | 밝을 양, 땅 지 [sunny spot]
볕이 잘 들어 밝은[陽] 지역(地域). ¶양지에 고추를 널어 말리다. ⓑ 음지(陰地).
속담 양지가 음지 되고 음지가 양지 된다.

양질 良質 | 좋을 량, 바탕 질
[good quality]
좋은[良] 바탕이나 품질(品質). ¶양질의 교육 / 양질의 서비스를 받다.

양철 洋鐵 | 서양 양, 쇠 철
[galvanized iron]
❶ 속뜻 서양(西洋)에서 발명된 철판(鐵板). ❷ 안팎에 주석을 입힌 얇은 철판. ¶양철 그릇.

양:측 兩側 | 두 량, 곁 측
[both sides; two sides]
❶ 속뜻 양(兩)쪽의 측면(側面). ¶도로의 양측에는 플라타너스가 늘어서 있다. ❷ 두 편. ¶양측 대표 / 양측이 대립되다. ⓑ 양방(兩方), 양쪽.

양치-류 羊齒類 | 양 양, 이 치, 무리 류
[ferns]
❶ 속뜻 잎의 가장자리가 양(羊)의 이빨[齒]처럼 생긴 식물의 종류(種類). ❷ 식물 관다발 식물 중에서 꽃이 피지 않고 홀씨로 번식하는 식물. ¶고사리는 양치류이다.

양치-식물 羊齒植物 | 양 양, 이 치, 심을 식, 만물 물 [pteridophyte]
식물 양치류(羊齒類)에 속하는 식물(植物).

양:친 兩親 | 두 량, 어버이 친
[parents]
두[兩] 분의 부모님[親]. 부친(父親)과 모친(母親)을 아울러 이르는 말. ¶그는 양친을 모시고 살고 있다. ⓑ 어버이.

양:편 兩便 | 두 량, 쪽 편
[two sides; either side]
상대가 되는 두[兩] 편(便). ¶길 양편에는 참나무 숲이 무성하다. ⓑ 양쪽, 양측(兩側).

양품 洋品 | 서양 양, 물건 품
[imported goods; fancy goods]
서양식(西洋式)으로 만든 물품(物品). 특히 의류나 장신구 따위의 잡화를 이른다.

▶ 양품-점 洋品店 | 가게 점
양품(洋品)을 전문적으로 파는 가게[店]. ¶양품점에서 브로치를 샀다.

양해 諒解 | 살필 량, 풀 해
[excuse; understand]
남의 사정을 잘 살피어[諒] 너그러이 이

해(理解)해 줌. ¶손님에게 양해를 구하다 / 양해해 주시기 바랍니다.

양호¹ 良好 | 좋을 량, 좋을 호
[good; fine]
대단히 좋음[良=好]. ¶이 학생은 성적이 양호하다.

양ː호² 養護 | 기를 양, 돌볼 호 [protect; nurse]
❶속뜻 길러주고[養] 돌보아줌[護]. ❷학교에서 학생의 건강이나 위생에 대하여 돌보아 줌. ¶양호 선생님.

▶ 양ː호-실 養護室 | 방 실
학교나 회사 같은 곳에서 학생이나 사원의 건강이나 위생 따위의 양호(養護)에 관한 일을 맡아보는 곳[室]. ¶양호실에서 응급처치를 했다.

어ː감 語感 | 말씀 어, 느낄 감
[sensitivity to words; nuance]
말소리나 말투[語]에서 묻어 나오는 느낌[感]. ¶이 표현은 어감이 좋지 않다. ⓑ뉘앙스

어ː구 語句 | 말씀 어, 글귀 구
[words and phrases]
말[語]의 마디나 구절(句節). ¶그 어구의 뜻을 잘 풀이해 보다.

어군 魚群 | 물고기 어, 무리 군
[shoal of fish]
물고기[魚] 떼[群]. ¶어군 탐지기.

어ː근 語根 | 말씀 어, 뿌리 근
[root of a word]
언어 단어(單語)의 근본(根本)이 되는 부분. 단어를 분석할 때, 실질적 의미를 나타내는 중심이 되는 부분. ¶'뛰다'의 어근은 '뛰'이다.

어ː눌 語訥 | 말씀 어, 말 더듬을 눌
[be slow of speech]
말[語]을 더듬다[訥]. ¶그는 말투가 어눌하여 잘 알아들을 수가 없다.

어류 魚類 | 물고기 어, 무리 류 [fishes]
❶속뜻 물고기[魚] 종류(種類). ❷동물 등뼈동물에 딸린 한 무리. 물속에서 살기에 알맞은 모양새로 몸은 비늘로 덮이고 아가미로 숨을 쉬며 지느러미로 헤엄을 친다. ¶이 강에는 많은 어류가 산다.

어망 魚網 | =漁網, 물고기 어, 그물 망
[fishing net]
물고기[魚]를 잡는 데 쓰는 그물[網]. ¶강에 어망을 던져 놓고 다음날 아침에 건져 올렸다.

어ː명 御命 | 임금 어, 명할 명
[Royal command]
임금[御]의 명령(命令)을 이르던 말. ¶어명을 따르다.

어물 魚物 | 물고기 어, 만물 물
[fishes; dried fish]
생선[魚]이나 생선을 가공하여 만든 물품(物品).

▶ 어물-전 魚物廛 | 물고기 전
생선, 김, 미역 따위의 어물(魚物)을 전문적으로 파는 가게[廛]. 속담 어물전 망신은 꼴뚜기가 시킨다.

어민 漁民 | 고기 잡을 어, 백성 민
[fishermen; fishing people]
고기 잡는[漁] 일을 하는 사람[民]. ¶이번 태풍으로 어민들은 큰 피해를 보았다. ⓑ어부(漁夫).

어ː법 語法 | 말씀 어, 법 법
[(a mode of) expression; grammar]
언어 말[語]의 일정한 법칙(法則). ¶어법에 맞게 말해야 한다.

어부 漁父 | =漁夫, 고기 잡을 어, 아버지 부 [fisherman]
고기잡이[漁]를 직업으로 하는 사람[父]. ¶우리 아버지는 어부이다. ⓑ어민(漁民).

▶ 어부지리 漁父之利 | 어조사 지, 이로울 리
❶속뜻 고기잡이[漁父]가 이득[利]을 봄. ❷두 사람이 이해관계로 다투는 사이에 엉뚱한 딴 사람이 이득을 봄. ¶그 두 사람이 싸우는 바람에 어부지리를 얻었다.

▶ 어부-사시사 漁父四時詞 | 넉 사, 때 시, 말씀 사
문학 강촌에서 자연과 더불어 사는 어부

(漁父)의 사계절[四時]을 읊은 노래[詞]. 춘(春)·하(夏)·추(秋)·동(冬) 각 10수씩 모두 40수로 되어 있는 연시조로, 조선 효종 2년(1651)에 윤선도가 지었다.

어:사 御賜 | 임금 어, 줄 사
임금(御)이 신하에게 돈이나 물건을 내리는[賜] 일을 이르던 말. ¶현종은 강감찬에게 비단 100필을 어사했다.

▶ **어:사-화** 御賜花 | 꽃 화
역사 조선 시대에, 문무과에 급제한 사람에게 임금[御]이 하사(下賜)하던 종이꽃[花]. ¶이몽룡은 어사화를 꽂고 관청으로 들어섰다.

어:색 語塞 | 말씀 어, 막힐 색
[feel awkward]
❶속뜻 말[語]이 막히다[塞]. ❷말이 궁하여 답변할 말이 없다. ¶어색한 변명. ❸서먹서먹하고 쑥스럽다. ¶어색한 웃음.

어선 漁船 | 고기 잡을 어, 배 선
[fishing boat; fisher boat]
고기잡이[漁]를 위한 배[船]. ¶어선은 만선이 되어 돌아왔다. 비 고깃배.

어:순 語順 | 말씀 어, 차례 순
❶속뜻 단어(單語)가 놓이는 순서(順序). ❷말이나 글에서 주어, 술어, 목적어 따위가 놓인 차례. '나는 밥을 먹었다'는 '주어', '목적어', '술어'의 어순이다.

어-시:장 魚市場 | 물고기 어, 저자 시, 마당 장 [fish market]
생선 따위의 어물(魚物)을 파는 시장(市場). ¶그는 어시장에서 10년 째 건어물을 팔고 있다.

어언 於焉 | 어조사 어, 어찌 언
[without one's knowledge; so soon]
여기[焉]에[於]. 어느덧. 어느새. ¶학교를 졸업한 지도 어언 십 년이 지났다.

*****어업** 漁業 | 고기 잡을 어, 일 업
[fishery; fishing industry]
수산물을 잡는[漁] 것을 전문적으로 하는 사업(事業).

어여쁘다 [pretty; lovely]
'예쁘다'의 예스러운 말. ¶어여쁜 아이가 아장아장 걸어온다. 비 곱다, 아름답다.

어:영-대:장 御營大將 | 임금 어, 군대 영, 큰 대, 장수 장
❶속뜻 왕[王]이 직접 지휘하는 군대[營]의 대장(大將). ❷역사 조선 시대에 둔 어영청(御營廳)의 으뜸 벼슬.

어:원 語源 | =語原, 말씀 어, 근원 원
[derivation of a word; etymology]
어떤 단어(單語)가 생겨난 근원(根源). ¶'설거지'의 어원을 조사하다.

어:의 御醫 | 임금 어, 치료할 의
[royal physician]
역사 궁궐 내에서, 임금[御]이나 왕족의 병을 치료하던 의원(醫員). ¶노국공주의 처소에 어의가 들어갔다. 비 태의(太醫).

어장 漁場 | 고기 잡을 어, 마당 장
[fishing ground; fishery]
고기잡이[漁]를 하는 곳[場]. ¶독도 주변은 해산물이 풍부한 어장이다.

어:전 御前 | 임금 어, 앞 전
[Royal presence]
임금[御]의 앞[前]. ¶어전을 물러 나오다 / 어전에 나가 임금께 절을 올리다.

어:절 語節 | 말씀 어, 마디 절
언어 낱말[語] 각각의 마디[節]. 문장 성분의 최소 단위로서 띄어쓰기의 단위가 된다. ¶'혜리가 소설책을 본다'에서 '혜리가', '소설책을', '본다'가 어절에 해당한다.

어:조 語調 | 말씀 어, 가락 조
[tone of the voice; accent]
❶속뜻 말[語]의 가락[調]. ❷말하는 투. ¶격렬한 어조. 비 말투.

어족[1] 魚族 | 물고기 어, 무리 족
[fishes; finny tribe]
동물 물고기[魚]의 종족(種族). ¶독도 부근의 바다는 어족이 풍부하다. 비 어류(魚類).

어:족[2] 語族 | 말씀 어, 무리 족
[family of languages]
언어 언어(言語)의 종족(種族). 언어를 계

통에 따라 묶은 것으로 인도·유럽 어족, 알타이 어족, 한장 어족 따위. ¶한국어는 알타이 어족에 속한다.

어-중간 於中間 | 어조사 어, 가운데 중, 사이 간 [be about halfway]
거의 중간(中間)쯤 되는[於] 곳. 또는 그런 상태. ¶누나는 어중간한 것을 싫어한다.

어차피 於此彼 | 어조사 어, 이 차, 저 피 [anyway; anyhow]
이렇게[此] 하거나 저렇게[彼] 하거나 어쨌든. '어차어피'(於此於彼)의 준말. ¶어차피 내가 해야 할 일이다.

어촌 漁村 | 고기 잡을 어, 마을 촌 [fishing village; sea village]
고기잡이[漁] 하며 사는 사람들이 모여 사는 마을[村]. ¶해안을 따라 어촌이 많이 있다. 町 갯마을.

어ː투 語套 | 말씀 어, 버릇 투 [way one talks]
말[語] 하는 버릇[套]. ¶그는 못 믿겠다는 어투로 말했다. 町 말투, 어조(語調).

어패-류 魚貝類 | 물고기 어, 조개 패, 무리 류 [Fish and shellfish; seafood]
식품으로 쓰이는 생선[魚]과 조개[貝] 종류(種類)를 통틀어 이르는 말. ¶어패류는 익혀 먹는 것이 안전합니다.

어ː학 語學 | 말씀 어, 배울 학 [language study; philology]
언어 ❶언어(言語)를 연구하는 학문(學問). ❷외국어를 연구하거나 습득하기 위한 학문. 또는 그런 학과(學科). ¶그 아이는 어학에 재능이 있다.

어항¹ 魚缸 | 물고기 어, 항아리 항 [fish bowl]
물고기[魚]를 기르는 데 사용하는 유리 따위로 모양 있게 만든 항아리[缸].

어항² 漁港 | 고기잡을 어, 항구 항
어선(漁船)이 정박하고, 출어 준비와 어획물의 양륙을 하는 항구(港口). ¶그곳은 섬의 어항으로 개발되었다.

어획 漁獲 | 고기 잡을 어, 얻을 획 [catch a fish]
물고기를 잡아[漁] 거두어 올림[獲]. 또는 그 수산물. ¶어획으로 생계를 유지한다.

▶ **어획-량** 漁獲量 | 분량 량
수산 어획(漁獲)한 수산물의 수량(數量). ¶가뭄으로 어획량이 크게 줄었다.

어ː휘 語彙 | 말씀 어, 모일 휘 [vocabulary; glossary]
어떤 분야에서 쓰이는 단어(單語)를 모은[彙] 수효 또는 그러한 단어의 전체. ¶경제학 관련 어휘를 많이 알고 있다.

억 億 | 억 억 [one hundred million]
만(萬)의 만 배. ¶5억.

억류 抑留 | 누를 억, 머무를 류 [detain; intern]
가지 못하게 억눌러[抑] 머무르게[留] 함. ¶억류상태에 있다.

억만 億萬 | 일억 억, 일만 만 [myriads; countless numbers]
억(億)의 만(萬)이나 될 만큼 많은 수.

▶ **억만-장ː자** 億萬長者 | 어른 장, 사람 자
헤아리기 어려울 정도로 많은[億萬] 재산을 가진 큰 부자[長者].

억압 抑壓 | 누를 억, 누를 압 [suppress; oppress]
자기 뜻대로 행동하지 못하도록 억누름[抑=壓]. ¶자유를 억압하다.

억양 抑揚 | 누를 억, 오를 양 [intonate; accent]
❶ 속뜻 내려갔다[抑] 올라감[揚]. ❷ 언어 내려가고 올라가는 상대적인 음(音)의 높이. 또는 그런 변화.

억울 抑鬱 | 누를 억, 답답할 울 [feel pent up]
❶ 속뜻 억제(抑制)를 받아 답답함[鬱]. ❷ 공평하지 못한 일을 당하여 원통(寃痛)하고 가슴이 답답함. ¶잘못도 없이 선생님에게 꾸중을 듣고 너무 억울하여 펑펑 울었다.

억제 抑制 | 누를 억, 누를 제
[control; restrain]
못하게 누름[抑=制]. 제지함. ¶불필요한 지출을 억제하다 / 감정을 억제하다.

억측 臆測 | 생각 억, 헤아릴 측
[speculate; conjecture]
이유와 근거가 없이 짐작하여[臆] 헤아림[測]. 또는 그런 짐작. ¶그의 생각은 억측에 지나지 않다 / 근거도 없이 억측하지 마라.

언급 言及 | 말씀 언, 미칠 급
[refer to; mention]
❶[속뜻]말[言]이 어디에까지 미침[及]. ❷어떤 문제에 대하여 말함. ¶언급을 회피하다 / 그는 앞으로 어떻게 활동할지 언급했다.

언도 言渡 | 말씀 언, 건넬 도 [sentence]
❶[속뜻]말[言]을 건넴[渡]. ❷[법률]재판장이 판결을 알림. 지금은 '선고'(宣告)라고 한다. ¶7년의 실형을 언도받았다.

언론 言論 | 말씀 언, 말할 론
[speech; discussion]
말[言]이나 글로 자기 사상을 발표함[論]. 또는 그 말이나 글. 보도, 출판 따위의 방법이 있다. ¶언론의 자유를 보장하다.

▸언론-인 言論人 | 사람 인
신문, 잡지, 방송 등을 통하여 언론(言論) 활동을 하는 사람[人].

언:문 諺文 | 상말 언, 글월 문
❶[속뜻]상스러운[諺] 글[文]. ❷지난날, 한문에 대하여 '한글로 쓰여진 글'을 낮추어 이르던 말.

언사 言辭 | 말씀 언, 말씀 사
[words; speech]
말[言=辭]. 말씨. ¶모욕적인 언사를 서슴지 않다.

언성 言聲 | 말씀 언, 소리 성
[tone of voice]
말[言] 소리[聲]. ¶둘은 서로 잘났다고 언성을 높였다.

언약 言約 | 말씀 언, 묶을 약
[make a verbal promise]
말[言]로 약속(約束)함. 또는 그런 약속. ¶나는 그녀와 결혼을 언약했다. [비]약속(約束).

언어 言語 | 말씀 언, 말씀 어
[language; speech]
생각, 느낌 따위를 나타내거나 전달하는 데에 쓰는 말[言=語]. ¶언어를 배우다.

▸언어-생활 言語生活 | 살 생, 살 활
언어(言語) 행동 면에서 본 인간의 생활(生活).

언쟁 言爭 | 말씀 언, 다툴 쟁
[quarrel; squabble]
말[言]로 하는 다툼[爭]. ¶이웃과 언쟁을 벌이다.

언질 言質 | 말씀 언, 볼모 질
[pledge; promise]
❶[속뜻]들은 말[言]을 볼모[質]로 삼음. ❷나중에 증거가 될 말. ¶확실한 언질을 받았다.

언:해 諺解 | 상말 언, 풀 해
한문을 우리말[諺]로 풀어서[解] 씀. 또는 그런 책.

▸언:해-본 諺解本 | 책 본
[출판]고전 한문으로 된 내용을 우리말[諺文]로 풀어서[解] 한글로 적은 책[本]. ¶훈민정음 언해본.

언행 言行 | 말씀 언, 행할 행
[speech and action]
말[言]과 행동(行動). ¶그는 늘 언행이 일치한다.

엄격 嚴格 | 엄할 엄, 바를 격
[strict; severe]
❶[속뜻]엄(嚴)하고 바르게[格]함. ❷조그만 잘못도 용서하지 않을 정도로 매우 엄함. ¶엄격한 지휘 체계 / 우리 아버지는 매우 엄격하다. [비]엄준(嚴峻).

엄금 嚴禁 | 엄할 엄, 금할 금
[prohibit strictly; forbid strictly]
엄격(嚴格)하게 금지(禁止)함. 절대로 못

하게 함. ¶출입 엄금 / 주유소에서의 흡연을 엄금한다.

엄동 嚴冬 | 혹독할 엄, 겨울 동
[rigorous winter; midwinter]
혹독하게[嚴] 추운 겨울[冬].
▶ 엄동-설한 嚴冬雪寒 | 눈 설, 찰 한
엄동(嚴冬)에 눈[雪]이 내린 뒤의 추위[寒]. ¶오늘까지 방세를 내지 않으면 엄동설한에 쫓겨날 판이다.

엄밀 嚴密 | 엄할 엄, 빽빽할 밀
[strict; exact; strictly secret]
❶ 속뜻 엄중(嚴重)하고 세밀(細密)하다. ¶엄밀한 조사를 받았다. ❷매우 비밀스럽게 하다. ¶엄밀하게 일을 추진하다.

엄벌 嚴罰 | 엄할 엄, 벌할 벌
[punish severely]
엄(嚴)하게 처벌(處罰)함. 또는 엄한 벌. ¶그는 엄벌을 받아 마땅하다 / 살인범을 엄벌하다.

엄수 嚴守 | 엄할 엄, 지킬 수
[observe strict]
명령이나 약속 따위를 엄격(嚴格)하게 지킴[守]. 반드시 그대로 지킴. ¶약속 시간을 엄수하다.

엄숙 嚴肅 | 엄할 엄, 정숙할 숙
[grave; serious]
❶ 속뜻 장엄(莊嚴)하고 정숙(靜肅)하다. ¶엄숙한 분위기. ❷말이나 태도 따위가 위엄이 있고 정중하다. ¶그는 엄숙한 표정으로 자리에 앉아 있다.

엄:습 掩襲 | 가릴 엄, 습격할 습
[make a surprise attack]
❶ 속뜻 뜻하지 않은 사이에 몰래[掩] 습격(襲擊)함. ¶새벽에 모두 잠든 틈을 타 적이 엄습했다. ❷감정, 생각, 감각 따위가 갑작스럽게 들이닥치거나 덮침. ¶해가 지자 추위가 엄습해왔다.

엄연 儼然 | 의젓할 엄, 그러할 연
[dignified; solemn]
❶ 속뜻 겉모양이 의젓한[儼] 그러한[然] 모양. ¶엄연한 용모. ❷현상이 뚜렷하여 누구도 감히 부인할 수 없다. ¶엄연한 사실.

엄정 嚴正 | 엄할 엄, 바를 정
[exacts; strict]
태도가 엄격(嚴格)하고 공정(公正)함. ¶엄정한 심사를 거쳐 작품을 선별했다.

엄중 嚴重 | 엄할 엄, 무거울 중
[strict; stringent]
태도가 엄격(嚴格)하고, 분위기가 무거움[重]. ¶엄중 처벌 / 그 국회의원은 엄중한 조사를 받았다.

업계 業界 | 일 업, 지경 계
[business circles]
같은 업종(業種)에 종사하는 사람들의 사회[界]. ¶출판 업계 / 금융 업계.

업무 業務 | 일 업, 일 무
[business; service]
직장 따위에서 맡아서 하는 일[業=務]. ¶처리해야 할 업무가 산더미같이 많다.

업보 業報 | 일 업, 갚을 보
[fate; visitation]
❶ 속뜻 자기가 한 일[業] 때문에 받는[報] 것. 화(禍)나 복(福) 따위. ❷ 불교 선악(善惡)의 행업(行業)으로 말미암은 과보(果報).

업소 業所 | 일 업, 곳 소
[place of business]
사업(事業)을 벌이고 있는 장소(場所). ¶여러 업소들이 가격을 담합했다.

*업적 業績 | 일 업, 실적 적
[work; achievements]
어떤 일[業]을 하여 쌓은 실적(實績)이나 공적. ¶정도전은 조선을 세우는데 큰 업적을 세웠다.

업종 業種 | 일 업, 갈래 종
[category of business]
일[業]의 종류(種類). 영업이나 사업의 종류. ¶업종을 변경하다.

업체 業體 | 일 업, 몸 체
[business enterprise]
사업(事業)이나 기업의 주체(主體). ¶이

업체는 매출이 감소했다.

여 女 | 여자 녀 [woman; girl]
'여성'(女性)의 준말. [반] 남(男).

*__여가__ 餘暇 | 남을 여, 겨를 가
[leisure; spare time]
시간이 남아[餘] 한가(閑暇)로운 시간. ¶ 책을 쓰느라 여가가 없다.

여간 如干 | 같을 여, 방패 간
[some; little]
❶ [속뜻] 작은 방패[干] 같음[如]. ❷주로 부정하는 말과 함께 쓰여 보통으로 조금. 어지간하게. ¶이 문제는 여간 복잡한 것이 아니다 / 형은 여간해서는 화를 내지 않는다.

여객 旅客 | 나그네 려, 손 객
[passenger; traveler]
여행(旅行)을 하고 있는 사람[客]. ¶여객 명단.

▸ 여객-기 旅客機 | 틀 기
여객(旅客)을 실어 나르는 것을 목적으로 하는 비행기(飛行機). ¶캘리포니아에서 출발한 여객기가 인천공항에 착륙했다.

▸ 여객-선 旅客船 | 배 선
여객(旅客)을 태워 나르기 위한 배[船]. ¶여객선은 뱃고동 소리를 울리며 바다로 나아갔다.

여:건 與件 | 줄 여, 조건 건
[given condition]
주어진[與] 조건(條件). ¶그는 열악한 여건 속에서도 열심히 공부했다.

여고 女高 | 여자 녀, 높을 고
[girls' high school]
[교육] 여자(女子) 학생들만 입학할 수 있는 고등학교(高等學校). ¶나는 여고를 나왔다.

여:과 濾過 | 거를 려, 지날 과 [filter]
액체나 기체 속에 들어있는 불순물을 걸러[濾] 순수물만 빠져나오게[過] 함. ¶여과 장치 / 공장의 폐수를 여과하다.

▸ 여:과-기 濾過器 | 그릇 기
[물리] 액체 물질을 여과(濾過)하는 기구(器具). 다소 작은 구멍을 가진 장치에 액체를 넣어서 액체 속의 고형물(固形物)을 분리하는 장치이다.

▸ 여:과-지 濾過紙 | 종이 지
[화학] 액체 물질을 여과(濾過)하는데 쓰는 종이[紙]. [비] 거름종이.

여관 旅館 | 나그네 려, 집 관 [hotel]
❶ [속뜻] 나그네[旅]가 묵는 집[館]. ❷일정한 돈을 받고 손님을 묵게 하는 집. ¶마지막 배를 놓치는 바람에 여관에서 묵었다.

여군 女軍 | 여자 녀, 군사 군
[woman soldier]
성별이 여자(女子)로 조직된 군대(軍隊). ¶그녀는 여군을 이끌고 전장에 나섰다.

여권 旅券 | 나그네 려, 문서 권 [passport]
❶ [속뜻] 외국에 여행(旅行)하는 것을 승인하는 증서[券]. ❷외국을 여행하는 사람의 신분이나 국적을 증명하고 상대국에 보호를 의뢰하는 공문서.

여념 餘念 | 남을 여, 생각 념
[wandering thoughts]
주된 것에서 남는[餘] 생각[念]. ¶미영이는 공부에 여념이 없다.

여:당 與黨 | 도울 여, 무리 당
[Government party]
정부의 정책을 지지하고 참여(參與)하는 정당(政黨). [반] 야당(野黨).

여대 女大 | 여자 녀, 큰 대
[women's university]
[교육] 여자(女子) 학생들이 다닐 수 있는 대학(大學). ¶나는 여대에 다닌다.

▸ 여대-생 女大生 | 사람 생
여자 대학(女子大學)을 다니는 학생(學生).

여래 如來 | 같을 여, 올 래
[Buddha; tathagata (Sans.)]
❶ [속뜻] 진리의 세계에서 중생 구제를 위해 이 세상에 온[來] 것 같음[如]. ❷ [불교] 부처의 존칭. '석가모니여래'(釋迦牟尼如來)의 준말.

여력 餘力 | 남을 여, 힘 력

[remaining power]
어떤 일에 주력하고 아직 남아[餘] 있는 힘[力]. ¶나는 그를 도와줄 여력이 없다.

여:론 輿論 | 많을 여, 말할 론
[public opinion; prevailing view]
많은[輿] 사람의 공통된 의견[論]. ¶여론을 반영하다.

▶ 여:론 조사 輿論調査 | 헤아릴 조, 살필 사
[사회] 국가나 사회의 여러 가지 문제에 대한 사회 대중의 공통된 의견[輿論]을 조사(調査)하는 일.

여류 女流 | 여자 녀, 갈래 류
[women in general; fair sex]
어떤 분야에서 여성(女性)의 유파(流派). ¶노천명은 당대의 뛰어난 여류 시인이었다.

여명 黎明 | 검을 려, 밝을 명
[dawn; daybreak]
희미한[黎] 빛[明]. 날이 밝아 오는 무렵. ¶르네상스는 근대 문명의 여명이다.

여-배우 女俳優 | 여자 녀, 광대 배, 광대 우
[actress]
성별이 여자(女子)인 배우(俳優). ⓔ남배우(男俳優).

여백 餘白 | 남을 여, 빌 백
[blank; space]
종이 따위에 글씨를 쓰거나 그림을 그리고 남은[餘] 빈[白] 자리. ¶그는 교과서의 여백에 필기를 했다.

여:부 與否 | 줄 여, 아닐 부
[yes or no; whether or not]
❶속뜻 도와 줌[與]과 그렇지 아니함[否]. ❷그러함과 그러하지 아니함. ¶생사 여부를 묻다.

여분 餘分 | 남을 여, 나눌 분
[surplus; excess]
필요한 양 외에 남는[餘] 분량(分量). ¶엄마는 급할 때를 대비해 여분의 돈을 모아두었다.

여비 旅費 | 나그네 려, 쓸 비
[travel expenses]
여행(旅行)에 드는 비용(費用). ¶이모가 여비에 보태라고 돈을 주셨다. ⓗ노자(路資).

여사 女史 | 여자 녀, 기록 사
[Mrs.; Madame]
❶역사 고대 중국에서, 후궁을 섬기며 기록[史]과 문서를 맡아보던 여자[女] 관리. ❷결혼한 여자를 높여 이르는 말. ¶옆집의 이 여사가 오셨어요.

여상 女商 | 여자 녀, 장사 상
[girls' commercial high school]
교육 '여자상업고등학교'(女子商業高等學校)를 줄여 이르는 말.

여생 餘生 | 남을 여, 살 생
[rest of one's life]
앞으로 남은[餘] 인생(人生). ¶나는 여생을 고향에서 보내고 싶다.

여-선생 女先生 | 여자 녀, 먼저 선, 날 생
[lady teacher]
성별이 여자(女子)인 선생(先生). ⓔ남선생(男先生).

여성 女性 | 여자 녀, 성별 성
[woman; feminity]
성(性)의 측면에서 여자(女子)를 이르는 말. ¶여성 전용 주차장. ⓔ남성(男性).

▶ 여성-복 女性服 | 옷 복
여성(女性)들이 입는 옷[服]. ¶여성복 매장. ⓔ남성복(男性服).

여세 餘勢 | 남을 여, 힘 세
[surplus power]
어떤 일을 하고 남은[餘] 힘[勢]. ¶우리 팀은 승리의 여세를 몰아 결승전에 진출했다.

여승 女僧 | 여자 녀, 스님 승
[Buddhist nun]
불교 성별이 여자(女子)인 승려(僧侶). ⓗ비구니. ⓔ비구(比丘).

여-승무원 女乘務員 | 여자 녀, 탈 승, 일 무, 사람 원 [stewardess]
기차나 배, 비행기 따위의 안에서 일하는 승객(乘客)을 위해 일[務]하는 여자(女

여신 女神 | 여자 녀, 귀신 신 [goddess]
성별이 여자(女子)인 신(神). ¶행운의 여신 / 아프로디테는 사랑의 여신이다.

여실 如實 | 같을 여, 실제 실
[realistically; true to life]
사실(事實)과 똑같음[如]. 현실 그대로임. ¶화나지 않은 척했지만 그녀의 표정은 그렇지 않다는 것을 여실히 보여 주고 있었다.

여아 女兒 | 여자 녀, 아이 아
[girl; daughter]
성별이 여자(女子)인 아이[兒]. ⑲남아(男兒).

여염 閭閻 | 마을 려, 마을 염
[middle-class community]
일반 백성들의 집이 많이 모여 있는 마을[閭=閻].

여왕 女王 | 여자 녀, 임금 왕
[queen (regnant)]
여자(女子) 임금[王]. ¶선덕여왕은 신라 최초의 여왕이다.

여운 餘韻 | 남을 여, 그윽할 운
[aftertaste; aftereffect]
아직 가시지 않고 남아 있는[餘] 그윽함[韻]. ¶영화의 여운이 마음속에 남았다.

*여유** 餘裕 | 남을 여, 넉넉할 유
[composure; space]
❶속뜻 물질·공간·시간이 남고[餘] 넉넉함[裕]. ¶시간의 여유가 없다. ❷느긋하고 차분하게 생각하거나 행동하는 마음의 상태. 또는 대범하고 너그럽게 일을 처리하는 마음의 상태. ¶여유 있는 태도.
▸ **여유-분** 餘裕分 | 나눌 분
필요한 데에 다 쓰고도 넉넉하게 남는[餘裕] 부분(部分). ¶체육복은 여유분이 없다.

여의 如意 | 같을 여, 뜻 의
❶속뜻 뜻[意]과 같이[如] 됨. ❷불교 법회나 설법 때, 법사가 손에 드는 물건. 대, 나무, 뿔, 쇠 따위로 '心'자를 나타내는 고사리 모양의 머리가 있고 한 자쯤의 자루가 달렸다.
▸ **여의-봉** 如意棒 | 몽둥이 봉
자기 뜻대로[如意] 늘어나게도 오므라들게도 하여 쓸 수 있다는 몽둥이[棒].
▸ **여의-주** 如意珠 | 구슬 주
무엇이든 뜻대로[如意] 만들어 낼 수 있다는 구슬[珠].

여-의사 女醫師 | 여자 녀, 치료할 의, 스승 사 [lady doctor; woman doctor]
성별이 여자(女子)인 의사(醫師).

여인¹ 女人 | 여자 녀, 사람 인 [woman]
성별이 여자(女子)인 사람[人].

여인² 旅人 | 나그네 려, 사람 인
[passenger]
여행(旅行)하는 사람[人].
▸ **여인-숙** 旅人宿 | 묵을 숙
여행하는 사람[旅人]이 묵도록[宿] 돈을 받고 방을 내어주는 집.

여자 女子 | 여자 녀, 접미사 자 [woman; girl]
여성(女性)으로 태어난 사람[子]. ¶여자 가수. ⑲남자(男子).

여장 女裝 | 여자 녀, 꾸밀 장
[dress up as a woman]
여자가 아니면서 여자(女子)처럼 옷차림이나 겉모양을 꾸밈[裝]. ¶저 사람은 여장한 남자이다. ⑲남장(男裝).

여-장부 女丈夫 | 여자 녀, 어른 장, 사나이 부 [heroine; brave woman]
여자(女子)이지만 남자[丈夫]처럼 굳세고 기개가 있는 사람. ¶그녀는 여장부라고 불릴 만큼 성격이 대범했다.

여전 如前 | 같을 여, 앞 전
[be as before; be as it used to be]
전(前)과 같다[如]. ¶할머니의 병세는 여전하시다 / 그녀는 여전히 아름답다. ⑭그대로이다.

여정 旅程 | 나그네 려, 거리 정
[itinerary; plan for one's journey]
여행(旅行)하는 거리[程]. ¶나는 매일 밤

여중 女中 | 여자 녀, 가운데 중
[girls' junior high school]
교육 '여자중학교'(女子中學校)의 준말. ¶동생은 여중에 다닌다.

여지 餘地 | 남을 여, 땅 지
[scope; space]
❶속뜻 쓰고 남은[餘] 땅[地]. ¶건물 한 채는 충분히 지을 여지가 있다. ❷어떤 일을 하거나 어떤 일이 일어날 가능성이나 희망. ¶선택의 여지가 없다.

여-직원 女職員 | 여자 녀, 일 직, 사람 원
[women employees]
여자(女子) 직원(職員). 직장에 근무하는 여자.

여진¹ 餘震 | 남을 여, 떨 진
[after-shock; after tremor]
❶속뜻 큰 지진 뒤에 일어나는 남은[餘] 지진(地震). ❷지리 큰 지진이 일어난 다음에 얼마 동안 잇달아 일어나는 작은 지진. ¶여진은 20분 동안 계속됐다.

여진² 女眞 | 여자 녀, 참 진
역사 10세기 이후 만주 동북쪽에 살며 수렵과 목축을 주로 하던 민족. 12세기 초 금나라를 세웠고, 17세기에 누르하치가 세운 후금은 청나라로 발전하여 중국을 통일하였다. 금(金)의 원래 국호인 '주리진'(朱里眞)을 잘못 읽어 '여진'(女眞)이라 하였다고 전해진다.

▶ **여진-족 女眞族** | 겨레 족
역사 10세기 이후 만주 동북쪽에 살던 퉁구스계[女眞]의 민족(民族).

여차 如此 | 같을 여, 이 차 [be like this]
이와[此] 같음[如]. ¶여차한 이유.

여타 餘他 | 남을 여, 다를 타
[others; rest]
그밖에 남은[餘] 다른[他] 일. 또는 다른 것. ¶우리는 침대, 세탁기, 냉장고 그리고 여타 다른 것들을 새 아파트로 옮겼다.

여파 餘波 | 남을 여, 물결 파
[trail; aftereffect]
❶속뜻 큰 물결이 지나간 뒤에 일어나는 잔[餘] 물결[波]. ❷어떤 일이 끝난 뒤에 남아 미치는 영향. ¶해일의 여파로 동남아 관광객이 크게 줄었다.

여하 如何 | 같을 여, 무엇 하
[how; what]
무엇[何] 같은[如]가. 어떠한가. ¶성공은 당신의 노력 여하에 달려 있습니다.

▶ **여하-간 如何間** | 사이 간
어찌하든지[如何] 간(間)에. ¶여하간 일단 해보는 것이 좋을 것이다. 비 하여간 (何如間).

여-학교 女學校 | 여자 녀, 배울 학, 가르칠 교 [girls' school]
여자(女子)들이 다니는 학교(學校). 반 남학교(男學校).

여-학생 女學生 | 여자 녀, 배울 학, 사람 생 [girl student]
성별이 여자(女子)인 학생(學生). 반 남학생(男學生).

여한 餘恨 | 남을 여, 원한 한 [smoldering grudge]
풀지 못하고 남은[餘] 원한(怨恨). ¶여한을 품다 / 여한이 없다.

여행 旅行 | 나그네 려, 다닐 행 [travel]
❶속뜻 나그네[旅]로 길을 떠나 다님[行]. ❷일이나 여행을 목적으로 다른 고장이나 외국에 가는 일. ¶그녀는 휴가 때에 그리스를 여행했다.

▶ **여행-객 旅行客** | 손 객
여행(旅行) 중에 있는 사람을 손님[客]으로 이르는 말. ¶이곳에는 여행객들을 위한 편의 시설이 있다.

▶ **여행-기 旅行記** | 기록할 기
문학 여행(旅行) 중에 보고 들은 일이나 느낌 따위를 적은[記] 글. ¶걸리버 여행기.

▶ **여행-사 旅行社** | 회사 사
여행(旅行)에 관한 일을 여행객 대신 처리해주는 회사(會社).

▶ **여행-자 旅行者** | 사람 자

여행(旅行)하는 사람[者].
▶ 여행-증 旅行證 | 증거 증
여행(旅行)을 허락하는 증명서(證明書). ¶국경지대를 지날 때 차장은 여행증을 검사했다.

역¹ 役 | 부릴 역 [role; part]
연극이나 영화에서, 배우가 맡아서 하는 역할. ¶그녀는 할머니 역을 맡았다.

역² 逆 | 거스를 역 [contrary; opposite]
반대. 거꾸로임. ¶역으로 생각해 보다.

역³ 驛 | 정거장 역
[(railroad) station; depot]
기차가 발착하는 곳. ¶그는 이번 역에서 내렸다.

역경 逆境 | 거스를 역, 처지 경
[adversity; adverse situation]
❶속뜻 물이 흐르는 반대로 거슬러[逆] 올라가야 하는 어려운 처지[境]. ❷일이 순조롭지 않아 매우 어렵게 된 처지나 환경. ¶우리는 역경 속에서도 희망을 저버리지 않았다.

역군 役軍 | 부릴 역, 군사 군
[laborer; able worker]
❶속뜻 부림[役]을 받는 사람[軍]. ❷일정한 부문에서 중요한 역할을 하는 일꾼. ¶사회의 역군으로 자라다.

역대 歷代 | 지낼 력, 시대 대
[generation after generation]
대대로 이어 내려온[歷] 여러 대(代). 또는 그동안. ¶그곳에는 역대 노벨문학상 수상자의 초상화가 걸려 있다.

역도 力道 | 힘 력, 방법 도
[weight lifting]
운동 무거운 역기(力器)를 들어 올리는 방법[道]. 또는 그런 기예. 중량을 겨루어 승패를 가르며, 용상(聳上), 인상(引上)의 두 종목이 있다.

역량 力量 | 힘 력, 분량 량
[capacity; capability]
❶속뜻 무엇이 가진 힘[力]의 양(量). ❷어떤 일을 해낼 수 있는 힘. ¶그녀는 기자의 역량이 뛰어나다.

역력 歷歷 | 겪을 력, 겪을 력
[clear; vivid]
직접 겪은[歷+歷] 듯이 확실하고 분명하다. ¶그녀는 뭔가 숨기고 있는 눈치가 역력하다.

역로 驛路 | 정거장 역, 길 로
[post road]
예전에 역마(驛馬)를 바꿔 타는 정거장[驛]과 통하는 길[路]. ¶역로가 어딘지를 물어보았다.

역류 逆流 | 거스를 역, 흐를 류
[flow backward]
물이 거슬러[逆] 흐름[流]. 또는 그렇게 흐르는 물. ¶거센 역류를 헤집고 올라가다.

역모 逆謀 | 거스를 역, 꾀할 모
[conspire to rise in revolt]
반역(反逆)을 꾀함[謀]. 또는 그런 일. ¶신하들이 모여서 역모를 꾸몄다.

역-무원 驛務員 | 정거장 역, 일 무, 사람 원 [station employee]
역(驛)에서 관련된 업무(業務)를 하는 사람[員].

역병 疫病 | 돌림병 역, 병 병
[epidemic; plague]
집단적인 돌림병[疫]이 되는 악성 병증(病症). ¶마을에 역병이 돌아 아이들이 많이 죽었다.

역-부족 力不足 | 힘 력, 아닐 부, 넉넉할 족 [want of ability]
힘[力]이나 기량 따위가 충분하지[足] 않음[不]. ¶두 가지 일을 동시에 해내기는 역부족이다.

역사¹ 力士 | 힘 력, 선비 사
뛰어난 힘[力]을 가진 사람[士]. ¶다섯 명의 역사는 함께 길을 떠났다.

*__역사__² 歷史 | 지낼 력, 기록 사 [history]
❶속뜻 인간 사회가 거쳐[歷] 온 모습에 대한 기록[史]. ¶한국은 반만년의 유구한 역사를 지녔다. ❷어떤 사물이나 인물, 조

직 따위가 오늘에 이르기까지의 자취. ¶수학의 역사.

▶ **역사-가** 歷史家 | 사람 가
역사(歷史)를 전문으로 연구하는 사람[家].

▶ **역사-관** 歷史觀 | 볼 관
역사(歷史)를 보는[觀] 견해. 역사에 대한 관점.

▶ **역사-극** 歷史劇 | 연극 극
연영 역사상(歷史上)의 인물이나 사건을 소재로 한 연극(演劇).

▶ **역사-상** 歷史上 | 위 상
역사(歷史) 위[上]에 나타나 있는 바. ¶2차 세계대전은 역사상 매우 중요한 사건이었다.

▶ **역사-적** 歷史的 | 것 적
❶속뜻 역사(歷史)에 관한 것[的]. ¶여기에는 역사적 사실만 기록하였다. ❷역사에 남을 만큼 값어치 있는 것 ¶예전에는 역사적 사건을 기록하기 위해 비석을 세웠다.

▶ **역사-책** 歷史冊 | 책 책
역사(歷史)를 기록한 책(冊).

역설 力說 | 힘 력, 말씀 설
[emphasize; stress]
자기 뜻을 힘주어[力] 말함[說]. 또는 그런 말. ¶절약의 필요성을 역설하다. ⑪강조(強調).

역습 逆襲 | 거스를 역, 습격할 습
[counterattack]
수비하던 쪽에서 거꾸로[逆] 공격을 감행함[襲]. ¶적에게 역습을 당했다.

***역시** 亦是 | 또 역, 옳을 시
[too; also; after all]
❶속뜻 그것 또한[亦] 옳음[是]. ❷또한. ¶나 역시 그렇게 생각해. ❸아무리 생각해도 ¶이 일은 역시 네가 하는 것이 좋겠다. ❹생각했던 대로. ¶역시 네가 그랬구나.

역신 疫神 | 돌림병 역, 귀신 신
[the goddess of smallpox]

천연두[疫]를 맡았다는 신(神). ¶역신을 쫓다.

역암 礫巖 | 조약돌 력, 바위 암
[conglomerate]
❶속뜻 조약돌[礫]같이 작은 암석(巖石). ❷지리 퇴적암의 하나. 크기가 2mm 이상인 자갈 사이에 모래나 진흙 따위가 채워져 굳은 것으로, 자갈이 전체의 30% 이상을 차지한다.

역연 歷然 | 겪을 력, 그러할 연 [obvious; clear]
❶속뜻 직접 겪은[歷] 듯 분명히 그러하다[然]. ❷분명히 알 수 있도록 또렷하다. ¶그는 피로한 기색이 역연했다.

역-이용 逆利用 | 거스를 역, 이로울 리, 쓸 용 [make a reverse use]
거꾸로[逆] 이용(利用)함. ¶상대의 공격을 역이용하여 전세를 뒤집었다. ㉞염용.

역작 力作 | 힘 력, 지을 작
[laborous work; masterpiece]
노력(努力)하여 만든 작품(作品). ¶이 소설은 그 작가 최고의 역작이다.

역장 驛長 | 정거장 역, 어른 장
[station agent]
철도 정거장[驛]의 책임자[長].

역적 逆賊 | 거스를 역, 도둑 적
[rebellious subject; rebel]
임금에게 반역(叛逆)한 사람을 도둑[賊]에 비유하여 이르는 말. ¶정약용은 역적으로 몰려 귀양살이를 했다.

역전¹ 驛前 | 정거장 역, 앞 전
[station front]
정거장[驛] 앞[前]. ¶역전에는 택시들이 줄서서 손님을 기다리고 있었다.

역전² 逆轉 | 거스를 역, 구를 전
[turn around; turn the tables (on)]
❶속뜻 거꾸로[逆] 돎[轉]. ❷형세가 뒤집혀짐. ¶바람이 불자 전세(戰勢)가 순식간에 역전됐다.

▶ **역전-승** 逆轉勝 | 이길 승
경기 따위에서 지고 있다가 형세가 뒤바

뀌어[逆轉] 이김[勝]. ¶우리팀은 2대 1로 역전승을 거두었다. [반] 역전패.

▸ 역전-패 逆轉敗 | 패할 패
경기 따위에서 이기고 있다가 형세가 뒤바뀌어[逆轉] 패배(敗北)함. ¶우리 팀은 마지막 순간에 역전패를 당했다. [반] 역전승.

역점 力點 | 힘 력, 점 점
[emphasis; stress]
❶[속뜻] 지레의 힘[力]이 걸리는 점(點). ❷심혈을 기울이거나 쏟는 점. ¶역점 사업 / 학교는 학력 향상에 역점을 두었다.

역정 逆情 | 거스를 역, 마음 정
[anger; displeasure]
❶[속뜻] 상대방의 마음[情]을 거스름[逆]. ❷몹시 언짢거나 못마땅하게 여김. ¶아버지는 버럭 역정을 내고는 방으로 들어가셨다. [비] 성, 화(火).

역주 力走 | 힘 력, 달릴 주
[sprint; spurt]
힘[力]을 다하여 달림[走]. ¶그는 전속력으로 3분간 역주했다.

역풍 逆風 | 거스를 역, 바람 풍
[adverse wind]
❶[속뜻] 거슬러[逆] 부는 바람[風]. ❷배가 가는 반대쪽으로 부는 바람. ¶역풍이 불어 항해가 순조롭지 않았다. [반] 순풍(順風).

역학 力學 | 힘 력, 배울 학 [dynamics]
❶[속뜻] 힘써[力] 배움[學]. ❷[물리] 물체 사이에 작용하는 힘과 운동에 관한 법칙을 연구하는 학문. 물리학의 한 분야로 정역학, 동역학, 운동학이 있다.

⁑**역할** 役割 | 부릴 역, 나눌 할
[role; part; function]
❶[속뜻] 나누어[割] 맡은 일[役]. ❷제가 하여야 할 제 앞의 일. ¶자신의 역할에 충실하다.

▸ 역할-극 役割劇 | 연극 극
[연영] 일상생활에서 있을 수 있는 역할(役割)의 흉내를 내는 짧은 연극(演劇).

역행 逆行 | 거스를 역, 갈 행
[go back; reverse]
❶[속뜻] 보통의 방향과 반대 방향으로 거슬러[逆] 나아감[行]. ❷일정한 방향, 순서, 체계 따위를 바꾸어 행함. ¶러시아에서는 시대에 역행하는 사건이 벌어졌다. [반] 순행(順行).

역-효과 逆效果 | 거스를 역, 보람 효, 열매 과 [counter result]
기대하였던 바와 반대로[逆] 나타나는 효과(效果). ¶무리한 운동은 역효과를 가져온다.

연[1] 年 | 해 년 [year]
한 해. ¶이곳은 연 평균 기온이 30도가 넘는다.

연[2] 鳶 | 솔개 연 [kite]
가는 댓가지를 뼈대로 하여 종이를 바르고, 실에 달아 공중에 날리는 장난감. ¶연을 날리다.

연[3] 蓮 | 연밥 연 [lotus]
[식물] 잎이 둥글고 크며 물위에 떠서 자라는 물풀. 여름에 붉은색이나 흰색의 꽃이 피며, 잎과 열매는 약용하고, 뿌리는 식용한다.

연[4] 聯 | 잇달 연 [stanza; verse]
[문학] 시(詩)에서, 몇 행(行)을 한 단위로 묶어서 구분하는 말. ¶2연 3행을 보세요.

연간 年間 | 해 년, 사이 간
[during the course of a year]
한 해[年] 동안[間]. ¶연간 수입 / 연간 밀 소비량이 크게 늘었다.

연감 年鑑 | 해 년, 볼 감
[yearbook; almanac]
한 해[年] 동안 일어난 일 따위를 알아보기[鑑] 쉽도록 엮은 책. ¶출판 연감 / 통계 연감.

⁑**연결** 連結 | 이을 련, 맺을 결 [connect]
서로 이어서[連] 맺음[結]. ¶내 컴퓨터를 인터넷에 연결했다.

연:고[1] 軟膏 | 연할 연, 고약 고 [ointment; salve]

❶ 속뜻 무른[軟] 고약(膏藥). ❷ 의학 의약품에 바셀린 등의 약품을 넣어 무르게 만든 외용약(外用藥). 부드러워 피부에 바르기 쉽다. ¶상처에 연고를 바르다.

연고² 緣故 | 인연 연, 까닭 고
[reason; cause]
❶ 속뜻 인연(因緣)이 된 까닭[故]. ❷일의 까닭. ¶미희는 무슨 연고로 결석했을까? ❸혈통, 정분, 법률 따위로 맺어진 관계. ¶이 환자는 아무런 연고가 없다. 卽 사유(事由).

▶연고-지 緣故地 | 땅 지
혈통, 정분, 법률 따위로 관계나 인연이 맺어진[緣故] 곳[地]. 출생지, 성장지, 거주지 따위로 나뉜다. ¶그는 연고지로 발령이 났다 / 경찰들이 용의자의 연고지에 잠복하고 있다.

연:골 軟骨 | 연할 연, 뼈 골
[cartilage; gristle]
❶ 속뜻 굳기가 무른[軟] 뼈[骨]. 또는 그런 사람. ❷ 의학 뼈와 함께 몸을 지탱하는 무른 뼈. 탄력이 있으면서도 연하여 구부러지기 쉽다. ¶나이가 들면 연골이 닳아 관절염에 잘 걸린다.

연관 聯關 | 잇달 련, 관계할 관 [connect; relate]
사물이나 현상이 이어진[聯] 관계(關係)를 맺는 일. ¶나는 이 일과 아무런 연관이 없다. 卽 관련(關聯), 관계(關係).

**연:구 研究 | 갈 연, 생각할 구
[study; research]
❶ 속뜻 머리를 문지르며[研] 골똘히 생각함[究]. ❷이떤 일이나 사물에 대하여 깊이 있게 조사하고 생각하여 진리를 따져 보는 일. ¶위암 연구 / 우리말 한자어 연구에 평생을 바쳤다.

▶연:구-소 研究所 | 곳 소
연구(研究)를 전문으로 하는 기관[所].

▶연:구-실 研究室 | 방 실
어떤 연구(研究)를 전문으로 하기 위하여 학교나 기관에 설치한 기관이나 방[室]. ¶교수 연구실.

▶연:구-원 研究院 | 집 원
전문 분야별로 연구(研究)하기 위하여 설치한 기관이나 집[院].

▶연:구-자 研究者 | 사람 자
연구(研究)하는 사람[者].

▶연:구-회 研究會 | 모일 회
연구(研究)를 목적으로 모이는 모임[會].

연:극 演劇 | 펼칠 연, 연극 극
[play; drama]
❶ 속뜻 극본(劇本)의 내용을 연기로 펼쳐[演] 보임. ❷ 연영 배우가 무대 위에서 대본(臺本)에 따라 동작과 대사를 통하여 표현하는 예술. ¶내일 연극 보러 갈래?

▶연:극-반 演劇班 | 나눌 반
연극(演劇) 활동을 위하여 모인 모임[班].

▶연:극-적 演劇的 | 것 적
연극(演劇)과 같은 것[的]. 또는 그런 것. ¶이 글에는 연극적 요소가 많다.

연금 年金 | 해 년, 돈 금
[annuity; pension]
법률 국가나 사회에 특별한 공로가 있거나 일정 기간 국가기관에 복무한 사람에게 해[年]마다 주는 돈[金]. ¶국민 연금 / 올림픽에서 금메달을 따면 연금을 받는다.

▶연금 제:도 年金制度 | 정할 제, 법도 도
사회 병이 들거나 나이가 들어 경제 능력이 없거나 죽거나 하였을 때 당사자 또는 유족의 생활 보장을 위하여 매년 일정 금액을 지급하는[年金] 제도(制度).

연기¹ 延期 | 늘일 연, 때 기
[postpone; adjourn]
정해진 기한(期限)을 뒤로 늘림[延]. ¶무기한 연기 / 비가 와서 약속을 내일로 연기했다.

연기² 煙氣 | 그을음 연, 기운 기 [smoke]
무엇이 불에 탈 때에 생겨나는 그을음[煙]이나 기체(氣體). ¶담배 연기 / 굴뚝에서 연기가 피어오른다.

연:기³ 演技 | 펼칠 연, 재주 기 [perform;

act]
[연영] 관객 앞에서 연극, 노래, 춤, 곡예 따위의 재주[技]를 행동으로 펼쳐[演] 보임. 또는 그 재주. ¶그의 연기는 자연스럽다.

▸연:기-자 演技者 | 사람 자
연기(演技)를 직업적으로 하는 사람[者]. ¶이 연기자는 30년 동안 활동했다. [비] 배우(俳優).

연년 年年 | 해 년, 해 년
[every(each) year]
해마다[年+年]. ¶나일강은 연년이 강수량이 줄고 있다.

▸연년-생 年年生 | 날 생
해마다[年年] 태어남[生]. 또는 그런 형제. ¶그들 남매는 연년생이다.

연:단 演壇 | 펼칠 연, 단 단
[platform; rostrum]
연설(演說)이나 강연(講演)을 하는 사람이 올라서는 단(壇). ¶연단에 오르자 다리가 후들거렸다.

연대[1] 連帶 | 이을 련, 띠 대 [solidarity]
❶[속뜻] 죽 연결(連結)되어 띠[帶] 모양을 이룸. ❷한 덩어리로 서로 연결되어 있음. ¶연대 의식.

연대[2] 聯隊 | 잇달 련, 무리 대 [regiment]
❶[속뜻] 연합(聯合) 부대(部隊). ❷[군사] 군대 편성 단위의 하나. 사단 또는 여단의 아래, 대대의 위이다.

⁑**연대**[3] 年代 | 해 년, 시대 대
[age; period]
햇수[年]를 단위로 한 시간[代]. ¶화석의 연대를 측정하다.

▸연대-별 年代別 | 나눌 별
연대(年代)에 따라 나눈[別] 것. ¶연대별로 표를 만들다.

▸연대-표 年代表 | 겉 표
연대(年代)를 적은 표(表). [비] 연표(年表).

연도[1] 沿道 | 따를 연, 길 도 [dromos]
큰 길[道]을 따라[沿] 있는 곳. 도로의 연변. ¶연도를 메운 시민들이 선수들에게 박수를 보냈다. [비] 연로(沿路).

연도[2] 年度 | 해 년, 정도 도
[year; period]
사무 또는 회계의 결산 따위의 편의에 따라 구분한 1년(年)의 기간[度]. ¶회계 연도.

▸연도-별 年度別 | 나눌 별
연도(年度)에 따라 따로따로 나눈[別] 것. ¶연도별로 조사하다.

연두[1] 年頭 | 해 년, 머리 두
[beginning of the year]
새해[年]의 첫머리[頭]. ¶대통령은 연두 기자 회견을 가졌다. [비] 연초(年初).

연:두[2] 軟豆 | 연할 연, 콩 두
[yellowish green]
❶[속뜻] 부드러운[軟] 콩[豆]. ❷노랑과 녹색의 중간색. [비] 연둣빛, 연두색(軟豆色).

▸연:두-색 軟豆色 | 빛 색
연(軟)한 완두콩[豆] 빛깔[色]의 초록색. ¶연두색 신발. [비] 연둣빛.

연등 燃燈 | 태울 연, 등불 등
❶[속뜻] 심지를 불태워[燃] 밝게 밝힌 등(燈)불. ❷[불교] 연등놀이를 할 때에 밝히는 등불.

▸연등-회 燃燈會 | 모일 회
[불교] 석가모니의 탄생일에 등불[燈]을 켜고[燃] 복을 비는 의식[會].

연락 連絡 | 이을 련, 이을 락
[connect; contact]
❶[속뜻] 여러 사람을 이어줌[連=絡]. ❷어떤 사실을 상대편에게 알림. ¶마침내 그와 연락이 닿았다.

▸연락-망 連絡網 | 그물 망
연락(連絡)을 하기 위하여 벌여 놓은 조직 체계[網]. 또는 무선이나 유선의 통신망. ¶비상 연락망.

▸연락-처 連絡處 | 곳 처
연락(連絡)을 주고받을 수 있는 곳[處]. ¶연락처를 알려주세요.

연령 年齡 | 해 년, 나이 령 [age; years]
한 해[年]를 단위로 계산한 나이[齡]. ¶

이 대회는 연령에 상관없이 참가할 수 있다.

연로 年老 | 나이 년, 늙을 로
[aged; old; elderly]
나이[年]가 많음[老]. ¶연로의 몸 / 연로하신 부모님.

＊연료 燃料 | 태울 연, 거리 료 [fuel]
❶[속뜻]태우는[燃] 재료(材料). ❷[화학]연소하여 열, 빛, 동력의 에너지를 얻을 수 있는 물질을 통틀어 이르는 말. ¶연료를 공급하다 / 연료 부족. [비] 땔감.

▸연료-비 燃料費 | 쓸 비
연료(燃料)를 구입하는 데 드는 비용(費用). ¶석유 가격이 올라 난방 연료비도 크게 올랐다.

연루 連累 | 이을 련, 엮일 루
[be involved in]
❶[속뜻]이어져[連] 한데 엮임[累]. ❷남이 일으킨 사건이나 행위에 걸려들어 죄를 덮어쓰거나 피해를 보게 됨. ¶그는 뇌물 사건에 연루됐다.

연륜 年輪 | 나이 년, 바퀴 륜
[annual ring; experience]
❶[식물]나무의 줄기나 가지 등의 가로로 자른 면에 나타나는 그 나무의 나이[年]를 알 수 있는 바퀴[輪] 모양의 테. ❷여러 해 쌓은 경력. ¶저 배우에게는 연륜이 느껴진다.

연립 聯立 | 잇달 련, 설 립
[ally oneself; coalesce]
둘 이상의 것이 이어[聯] 성립(成立)함. ¶연립정권.

▸연립 주:택 聯立住宅 | 살 주, 집 택
[건설]한 건물 안에 여러 가구가 함께 들어 있는[聯立] 공동 주택(住宅).

연:마 鍊磨 | =練磨, 硏磨, 불릴 련, 갈 마
[train]
❶[속뜻]쇠를 불리어[鍊] 갈아[磨] 반질반질하게 함. ❷학문이나 기술 따위를 힘써 배우고 닦음. ¶기술 연마 / 그는 정신을 연마하기 위해 몇 년간 산에서 지냈다.

연막 煙幕 | 연기 연, 막 막
[smoke screen]
❶[속뜻]연기(煙氣)로 막(幕)을 쳐서 감추거나 숨김. ❷[군사]적의 관측이나 사격으로부터 아군의 군사 행동 따위를 감추기 위하여 약품을 써서 피워 놓는 짙은 연기. ¶연막전술 / 연막탄(煙幕彈). [관용]연막을 치다.

연말 年末 | 해 년, 끝 말
[year-end; end of the year]
한 해[年]의 마지막[末] 무렵. ¶연말 파티 / 연말에는 인사할 곳이 많다. [반]연시(年始), 연초(年初).

▸연말-연시 年末年始 | 해 년, 처음 시
한 해[年]의 끝[末] 무렵과 새해[年]의 시작[始] 무렵. ¶연말연시에는 행사가 많다.

연맹 聯盟 | 잇달 련, 맹세할 맹
[league; union]
❶[속뜻]서로 연합하기로[聯] 맹세함[盟]. ❷공동의 목적을 가진 단체나 국가가 서로 돕고 행동을 함께 할 것을 약속함. 또는 그런 조직체. ¶축구연맹.

연명 延命 | 늘일 연, 목숨 명
[just managing to live]
목숨[命]을 겨우 연장(延長)해 감. 겨우 살아감. ¶우리는 연명을 하기 위하여 산나물을 캐어 먹었다.

연민 憐憫 | =憐愍, 가엾을 련, 불쌍할 민
[pity; sympathize (with)]
가엾고[憐] 불쌍하게[憫] 여김. 또는 그런 마음. ¶그에게 연민을 느끼다.

연발 連發 | 이을 련, 쏠 발 [fire in rapid succession; occur one after another]
❶[속뜻]총 따위를 잇달아[連] 쏨[發]. ❷잇달아 일어남. ¶실수를 연발하다.

연방[1] 連方 | 이을 련, 바로 방
[continuously; successively]
연이어[連] 금방(今方). 잇달아 자꾸. ¶연방 고개를 끄덕이다 / 연방 담배를 피우다.

연방[2] 聯邦 | 잇달 련, 나라 방

[confederation; federation]
❶[속뜻] 연합(聯合)하여 이루어진 나라[邦]. ❷[정치] 여러 나라가 공통의 정치 이념으로 연합하여 구성된 국가. 미국, 독일, 스위스 등이 여기에 속한다.

연배 年輩 | 나이 년, 무리 배
[similar age(s); contemporary]
나이[年]가 비슷한 또래의 사람들[輩]. ¶우리는 연배가 비슷하여 쉽게 친해졌다.

연변 沿邊 | 따를 연, 가 변
[area along a river]
국경, 강, 철도, 도로 따위를 따라[沿] 있는 언저리 일대[邊]. ¶도로 연변에 가로수가 늘어서 있다.

연보[1]年報 | 해 년, 알릴 보
한 해[年] 동안 일어난 일에 대한 보고(報告). 또는 그런 간행물. ¶국회의 심의 내용을 연보에 수록하다.

연보[2]年譜 | 해 년, 적어놓을 보
[chronological personal history]
한 사람이 해[年]마다 한 일을 간략하게 적어놓은[譜] 기록. 흔히 개인의 연대기를 이른다. ¶책에는 저자의 연보가 실려 있다.

연봉 年俸 | 해 년, 봉급 봉.
[annual salary; yearly stipend]
일 년(年) 동안에 받는 봉급(俸給). ¶그는 연봉이 4천만 원이다.

연:-분홍 軟粉紅 | 연할 연, 가루 분, 붉을 홍 [light pink]
엷은[軟] 분홍색(粉紅色). ¶연분홍 립스틱을 바르다. [비] 연분홍빛.

연비 連比 | 이을 련, 견줄 비
[continued ratio]
[수학] 세 개 이상의 이어진[連] 수나 양의 비(比).

연:사 演士 | 펼칠 연, 선비 사
[lecturer; (public) speaker]
연설(演說)하는 사람[士]. ¶연사가 강단을 내려왔다.

연:산 演算 | 펼칠 연, 셀 산 [operation]
[수학] 식이 나타낸 일정한 규칙에 따라 펼쳐서[演] 계산(計算)함. ¶사칙 연산.

연상[1]年上 | 나이 년, 위 상
[seniority in age]
자기보다 나이[年]가 많음[上]. 또는 그런 사람. ¶그는 나보다 5살 연상이다. [반] 연하(年下).

연상[2]聯想 | 잇달 련, 생각 상
[be reminiscent of; remind]
❶[속뜻] 관련(關聯)지어 생각함[想]. ❷[심리] 하나의 관념이 다른 관념을 불러일으키는 현상. '기차'하면 '여행'을 떠올리는 따위의 현상. ¶'겨울'하면 무엇이 연상되세요?

연:설 演說 | 펼칠 연, 말씀 설
[speak; address]
여러 사람 앞에서 자기의 주장 또는 의견을 펼쳐서[演] 말함[說]. ¶대통령 연설 / 교장선생님이 개천절에 대하여 연설하신다. [비] 강연(講演).

▶ 연:설-문 演說文 | 글월 문
연설(演說)할 내용을 적은 글[文].

연세 年歲 | 나이 년, 나이 세
[age; years (of age)]
나이[年=歲]의 높임말. ¶우리 어머니는 연세가 많으시다. [비] 춘추(春秋).

연소[1]燃燒 | 태울 연, 불사를 소 [burn]
❶[속뜻] 불에 태우거나[燃] 불을 사름[燒]. ❷[화학] 주로 물질이 산소와 화합할 때 다량의 열을 내는 동시에 빛을 발하는 현상. ¶완전 연소 / 이 물질은 연소될 때 유독가스를 배출한다.

연소[2]年少 | 나이 년, 적을 소
[young; underage]
나이[年]가 적음[少]. 나이가 어림.

▶ 연소-자 年少者 | 사람 자
나이가 어린[年少] 사람[者]. ¶연소자 관람 불가.

연속 連續 | 잇닿을 련, 이을 속 [continue]
잇달아[連] 죽 이어짐[續]. ¶그의 인생은 고통의 연속이었다. [반] 불연속(不連續).

▸연속-극 連續劇 | 연극 극
[연영] 정기적으로 그 일부분씩을 연속(連續)하여 상연하는 방송극(放送劇). ¶엄마는 일일 연속극을 즐겨 보신다.

▸연속-적 連續的 | 것 적
연달아 이어지는[連續] 것[的]. [반] 간헐적(間歇的).

*연쇄 連鎖 | 이을 련, 쇠사슬 쇄
[chain; links; series]
❶[속뜻] 한 줄로 연결(連結)된 쇠사슬[鎖]. ❷사물이나 현상이 사슬처럼 서로 이어져 통일체를 이룸. ¶연쇄 반응을 일으키다.

▸연쇄-점 連鎖店 | 가게 점
❶[속뜻] 고리로 연결하듯[連鎖] 경영하는 가게[店]. ❷[경제] 관리와 보관 센터를 갖추고 둘 이상의 판매 단위를 연결하여 경영하는 가게. [비] 체인점.

연:수 研修 | 갈 연, 닦을 수
[study; master]
학문 따위를 갈고[研] 닦음[修]. ¶해외 연수를 가다.

▸연:수-생 研修生 | 사람 생
연수(研修)를 받는 사람[生].

▸연:수-원 研修院 | 집 원
여럿이 함께 연수(研修)를 하는 큰 집[院].

▸연:수-회 研修會 | 모일 회
무엇을 배울[研修] 목적으로 가지는 모임[會]. ¶교사 연수회.

연:습[1] 演習 | 펼칠 연, 익힐 습
[carry out exercises]
실지로 하는 것처럼 연출(演出)하면서 익힘[習]. 모의(模擬)로 익힘. ¶예행 연습 / 연습 경기.

*연:습[2] 練習 | =鍊習, 익힐 련, 익힐 습
[practice; train]
학문이나 기예 따위를 익숙하도록 되풀이하여 익힘[練=習]. ¶연습 경기 / 선수들은 일주일에 6일을 연습한다.

▸연:습-선 練習船 | 배 선
[해양] 선박의 운항 기술과 해상 실무를 익히기[練習] 위한 실습용 배[船].

▸연:습-장 練習帳 | 장부 장
연습(練習)하는 데에 쓰는 공책이나 장부(帳簿).

연승 連勝 | 이을 련, 이길 승
[win straight victories]
싸움이나 경기에서 계속하여[連] 이김[勝]. ¶그 팀은 5연승을 달리고 있다 / 타이거 우즈가 세 번의 경기에서 연승했다. [반] 연패(連敗).

연:시 軟柿 | 연할 연, 감 시
[soft persimmon]
물렁하게[軟] 잘 익은 감[柿]. ¶할머니께서는 연시를 좋아하신다.

*연안 沿岸 | 따를 연, 언덕 안
[coast; shore]
❶[속뜻] 강이나 호수, 바다의 언덕[岸]을 따라[沿] 있는 땅. ❷육지와 면한 바다·강·호수 따위의 물가. ¶돌고래는 태평양 연안에 서식한다.

▸연안 어업 沿岸漁業 | 고기 잡을 어, 일 업
[수산] 연안(沿岸) 바다에서 하는 어업(漁業). ¶목포는 연안 어업이 발달한 도시이다. [비] 근해 어업(近海漁業), 연해 어업(沿海漁業).

연:애 戀愛 | 그리워할 련, 사랑 애 [love; amour]
❶[속뜻] 그리워하며[戀] 사랑함[愛]. ❷남녀가 서로 애틋하게 그리워함. ¶연애 편지 / 부모님은 연애한 지 6년 만에 결혼했다.

연:약 軟弱 | 연할 연, 약할 약
[tender; mild]
무르고[軟] 약(弱)하다. ¶연약한 여자의 마음 / 아기의 피부는 연약하다.

연어 鰱魚 | 연어 연, 물고기 어 [salmon]
[동물] 연어[鰱]과의 바닷물고기[魚]. 가을에 강 상류에 올라와 모랫바닥에 알을 낳고 죽는다. 동해 북부의 일부 하천으로 회귀하며 일본 북부 등지에 분포한다.

연:연 戀戀 | 그리워할 련, 그리워할 련

[be ardently attached; be fond]
❶ 속뜻 애타게 그리워하다[戀=戀]. ❷미련이 남아서 잊지 못하다. ¶더 이상 과거에 연연하지 마세요.

연:예 演藝 | 펼칠 연, 재주 예
[perform; entertain]
❶ 속뜻 기예(技藝)를 펼쳐[演] 보임. ❷대중 앞에서 음악, 무용, 만담, 마술 따위를 공연함. 또는 그런 재주. ¶연예 활동.

▶ **연:예-인** 演藝人 | 사람 인
연예(演藝)에 종사하는 사람[人]. 배우, 가수, 무용가 등을 통틀어 이르는 말. ¶인기 연예인.

연월일 年月日 | 해 년, 달 월, 날 일
[date]
해[年]와 달[月]과 날[日]을 아울러 이르는 말. ¶상품에 제조 연월일을 표기해야 합니다.

연유 緣由 | 인연 연, 까닭 유
[reason; cause]
인연(因緣)과 이유(理由). 까닭. ¶무슨 연유로 그를 찾아 오셨습니까? / 그녀가 말수가 적은 것은 내성적인 성격에서 연유한다. ⓗ 사유(事由).

연-이:율 年利率 | 해 년, 이로울 리, 비율 률 [annual rate of interest]
일 년(年)을 단위로 하여 정한 이율(利率). ⓟ 연리(年利).

연:인 戀人 | 그리워할 련, 사람 인 [lover; love]
❶ 속뜻 그리워하는[戀] 사람[人]. ❷이성으로서 그리며 사랑하는 사람. ¶그와 나는 연인 사이다. ⓗ 애인(愛人).

연일 連日 | 이을 련, 날 일
[day after day; every day]
여러 날[日]을 계속함[連]. ¶연일 비가 내리고 있다. ⓗ 날마다, 매일(每日).

연장¹ 年長 | 나이 년, 길 장 [seniority]
서로 비교하여 보아 나이[年]가 많음[長]. 또는 그런 사람. ¶그는 나보다 6살 연장이다.

▶ **연장-자** 年長者 | 사람 자
나이가 많은[年長] 사람[者]. ¶동양에서는 연장자를 존경하는 전통이 있다.

연장² 延長 | 늘일 연, 길 장
[extend; lengthen]
시간이나 거리 따위를 본래보다 길게[長] 늘임[延]. ¶연장근무 / 파견 기간을 3년으로 연장하다. ⓜ 단축(短縮).

▶ **연장-전** 延長戰 | 싸울 전
운동 정한 횟수나 정한 시간 안에 승부가 나지 않을 때, 횟수나 시간을 연장(延長)하여 계속하는 경기[戰]. ¶연장전 끝에 이기다.

연재 連載 | 이을 련, 실을 재
[publish serially]
신문이나 잡지 따위에 긴 글이나 만화 따위를 여러 차례로 나누어서 계속하여[連] 싣는 일[載]. ¶연재 만화 / 그녀는 신문에 소설을 연재하고 있다.

연:적 硯滴 | 벼루 연, 물방울 적
[water dropper for preparing ink]
벼루[硯] 물[滴]을 담는 그릇.

연주¹ 連奏 | =聯奏, 이을 련, 연주할 주
음악 같은 종류의 악기를 두 사람 이상이 함께[連] 연주(演奏)하는 일. ¶그들은 한 대의 피아노로 연주하였다.

연:주² 演奏 | 펼칠 연, 곡조 주
[play; perform]
어떤 곡조[奏]를 악기로 펼쳐[演] 보임. ¶바이올린 연주 / 그녀는 베토벤의 곡을 연주했다.

▶ **연:주-가** 演奏家 | 사람 가
전문적으로 연주(演奏)를 하는 사람[家]. ¶재즈 연주가.

▶ **연:주-곡** 演奏曲 | 노래 곡
연주(演奏)를 위하여 만든 곡(曲).

▶ **연:주-단** 演奏團 | 모일 단
연주(演奏)를 목적으로 결성한 예술 단체(團體).

▶ **연:주-법** 演奏法 | 법 법
음악 악기를 연주(演奏)하는 방법(方法).

▶ **연:주-자 演奏者** | 사람 자
악기를 연주(演奏)하는 사람[者].

▶ **연:주-회 演奏會** | 모일 회
음악을 연주(演奏)하여 청중에게 들려주는 모임[會]. ¶피아노 연주회 / 졸업 연주회.

연중 年中 | 해 년, 가운데 중
[whole year]
한 해[年] 동안[中]. ¶그곳은 연중 내내 번잡하다 / 연중 무휴(無休).

연지 臙脂 | 연지 연, 기름 지 [rouge]
여자가 화장할 때 입술이나 뺨[臙]에 찍는 붉은 빛깔의 염료[脂]. ¶볼에 연지를 바르다.

연착 延着 | 끌 연, 붙을 착 [arrive late]
시간을 끌어[延] 시간보다 늦게 도착(倒着)함. ¶열차는 한 시간이나 연착했다.

연체 延滯 | 끌 연, 막힐 체
[be in arrears; be overdue]
❶ 속뜻 기한을 끌어[延] 의무 이행을 지체(遲滯)함. ❷ 법률 기한 안에 이행해야 할 채무나 납세 따위를 지체하는 일. ¶연체 요금 / 그는 집세를 연체했다.

연초 年初 | 해 년, 처음 초
[beginning of the year]
새해[年]의 첫머리[初]. ⑪ 연시(年始), 정초(正初). ⑫ 연말(年末).

연:-초록 軟草綠 | 연할 연, 풀 초, 초록빛 록 [light green]
엷은[軟] 초록색(草綠色). ¶나무는 연초록 몽우리를 맺었다.

연:출 演出 | 펼 연, 날 출
[produce; stage]
❶ 속뜻 대본의 내용을 행동으로 펼쳐[演] 드러냄[出]. ❷ 연영 연극·영화·방송극 따위에서, 대본(臺本)에 따라 배우의 연기나 무대 장치, 조명, 음향 효과 따위를 지도하고 전체를 종합하여 하나의 작품이 되게 하는 일. ¶그 연극은 연출이 훌륭했다.

▶ **연:출-가 演出家** | 사람 가
전문적으로 연출(演出)을 하는 사람[家].

연:탄 煉炭 | 불릴 련, 석탄 탄 [briquette]
❶ 속뜻 반죽한 다음 불려[煉] 만든 석탄(石炭). ❷ 광업 주원료인 무연탄과 목탄 등을 섞어 굳혀 만든 연료. 잘 타게 하기 위하여 상하로 통하는 여러 개의 구멍을 뚫는다. ¶강원도에는 연탄을 때는 집이 많다.

연통 煙筒 | 연기 연, 대롱 통 [chimney]
연기(煙氣)가 지나가는 대롱[筒]. ¶그을음이 껴서 연통이 꽉 막혔다.

연패[1] **連敗** | 이을 련, 패할 패
[suffer successive defeats]
싸움이나 경기에서 계속하여[連] 짐[敗]. ¶3연패 끝에 승리를 거두었다. ⑫ 연승(連勝).

연패[2] **連霸** | 이을 련, 으뜸 패
[win victory after victory]
운동 경기 따위에서 연달아[連] 우승하여 으뜸[霸]이 됨. ¶그 선수는 지난 대회에 이어 2연패를 기록했다.

연-평균 年平均 | 해 년, 평평할 평, 고를 균 [yearly average]
1년(年)을 단위로 하여 내는 평균(平均). ¶연평균 강수량.

*__연표 年表__ | 해 년, 나타낼 표 [chronological table]
역사적 사실을 발생 연도(年度) 순으로 나타냄[表]. ¶한국사 연표. ⑪ 연대표(年代表).

*__연필 鉛筆__ | 납 연, 붓 필 [pencil]
흑연(黑鉛)으로 심을 넣어 만든 필기(筆記) 도구. ¶연필로 써야 지우기가 쉽다.

▶ **연필-심 鉛筆心** | 가운데 심
연필(鉛筆) 속에 들어 있는 가느다란 심(心). ¶연필심이 부러지다.

연하[1] **年下** | 나이 년, 아래 하 [juniority]
나이[年]가 아래임[下]. 또는 그런 사람. ¶그는 나보다 3살 연하이다. ⑫ 연상(年上).

연하[2] **年賀** | 해 년, 축하할 하
[New Year's greetings]

새해[年]를 맞이하게 된 것을 축하(祝賀)함.

▶ 연하-장 年賀狀 | 문서 장
새해를 축하하기[年賀] 위하여 간단한 글이나 그림을 담아 보내는 편지[狀]. ¶선생님께 연하장을 보냈다.

연합 聯合 | 잇달 련, 합할 합
[unite; combine]
❶속뜻 잇달아[聯] 합침[合]. ❷두 가지 이상의 사물이 서로 합동하여 하나의 조직체를 만듦. 또는 그렇게 만든 조직체. ¶백제는 신라와 연합하여 고구려에 대항했다.

▶ 연합-국 聯合國 | 나라 국
공통의 목적을 위하여 연합(聯合)한 나라[國].

▶ 연합-군 聯合軍 | 군사 군
군사 연합국(聯合國)의 군대(軍隊).

연해 沿海 | 따를 연, 바다 해
[sea along the coast]
바다[海]를 따라[沿] 있는 곳. 육지(陸地)에 가까이 있는 바다, 즉 대륙붕을 덮고 있는 바다를 이른다. ¶포항 연해에서는 고등어가 많이 잡힌다.

연행 連行 | 이을 련, 갈 행
[haul; bring in]
❶속뜻 잇달아[連] 감[行]. ❷강제로 데리고 감. 특히 경찰관이 피의자를 체포하여 경찰서로 데리고 가는 일을 이른다. ¶경찰이 그를 연행해 갔다.

연:혁 沿革 | 따를 연, 바꿀 혁 [history]
❶속뜻 지난 것을 따른 것[沿]과 바꾼 것[革]. ❷변천하여 온 내력. ¶학교의 연혁.

연호 年號 | 해 년, 이름 호
[name of an era]
임금이 즉위한 해[年]를 상징하는 이름[號]. ¶고구려 광개토왕의 연호는 '영락'(永樂)이었다.

연:회 宴會 | 잔치 연, 모일 회 [banquet]
잔치[宴]에 여러 사람이 모임[會]. 또는 여러 사람이 모인 잔치. ¶신년 연회를 열다.

연휴 連休 | 이을 련, 쉴 휴
[consecutive holidays]
휴일(休日)이 이틀 이상 계속되는[連] 일. 또는 그 휴일. ¶설 연휴 / 연휴에는 비행기 요금이 비싸다.

열¹ 列 | 줄 열[렬] [line; row]
❶사람·물건이 죽 벌여서 선 줄. ¶열을 지어 섰다 / 열을 이탈하다. ❷줄을 세는 단위. ¶4열 종대(縱隊).

열² 熱 | 더울 열 [heat; passion]
❶덥거나 뜨거운 기운. ¶열을 발산하다 / 몸에서 열이 난다. ❷열성 또는 열의(熱意). ¶열과 성을 다해 가르치다. 관용 열을 올리다.

열강 列強 | 여러 렬, 강할 강
[world powers]
❶속뜻 여러[列] 강국(強國). ❷국제적(國際的)으로 큰 역할을 맡은 강대한 몇몇 나라. ¶서구 열강의 침입으로 청의 국력은 약화되었다.

열거 列舉 | 벌일 렬, 들 거
[enumerate; list]
여러 가지 예나 사실을 낱낱이 죽 늘어[列] 놓음[舉]. ¶그의 장점은 이루 다 열거할 수 없다.

열광 熱狂 | 더울 열, 미칠 광
[go wild; be enthusiastic]
너무 기쁘거나 흥분하여[熱] 미친[狂] 듯이 날뜀. 또는 그런 상태. ¶십대 청소년들을 열광의 도가니로 몰아넣었다 / 청중들은 그의 연설에 열광했다.

열기 熱氣 | 뜨거울 열, 기운 기 [heat]
뜨거운[熱] 기운(氣運). ¶주방에 들어서자 후끈한 열기가 밀려왔다.

열-기구 熱氣球 | 더울 열, 공기 기, 공 구
[hot-air balloon]
기구(氣球) 속의 공기를 버너로 가열(加熱)하여 팽창시켜, 바깥 공기와 비중의 차이로 떠오르게 만든 기구.

열녀 烈女 | 굳셀 렬, 여자 녀

절개가 굳은[烈] 여자(女子). ¶이 마을에서는 열녀를 기리는 비석을 세웠다. ⓑ 열부(烈婦).

▶ 열녀-문 烈女門 | 문 문
열녀(烈女)의 행적을 기리기 위하여 세운 정문(旌門).

*열대 熱帶 | 더울 열, 띠 대 [tropics]
❶ [속뜻] 몹시 더운[熱] 지대(地帶). ❷ [지리] 적도를 중심으로 남북 회귀선 사이에 있는 지대. 연평균 기온이 20℃ 이상 또는 최한월 평균 기온이 18℃ 이상인 지역으로 연중 기온이 높고 강우량이 많은 것이 특징이다.

▶ 열대-림 熱帶林 | 수풀 림
[지리] 열대 지방(熱帶地方)에 있는 숲[林]. 평균 기온은 20℃이상으로 식물의 종류가 풍부하다. ¶아마존 강 유역에는 열대림이 발달해있다.

▶ 열대-성 熱帶性 | 성질 성
열대(熱帶) 지방의 특유한 성질(性質). ¶브라질은 열대성 기후를 보인다.

▶ 열대-야 熱帶夜 | 밤 야
바깥 온도가 25℃이상으로, 열대(熱帶) 지방처럼 뜨거운 밤[夜]. ¶열대야가 계속되면서 사람들의 밤잠을 이루지 못하고 있다.

▶ 열대-어 熱帶魚 | 물고기 어
❶ [속뜻] 열대(熱帶) 지방에 사는 어류(魚類)를 통틀어 이르는 말. ❷ [동물] 진기한 형태와 고운 색채를 가진 구피, 네온테트라, 엔젤피시 따위의 관상용 어류를 이르는 말.

▶ 열대 기후 熱帶氣候 | 기운 기, 기후 후
[지리] 일 년 내내 매우 덥고 비가 많이 오는 열대(熱帶) 지방의 기후(氣候). 기온의 연교차는 거의 없으나 일교차가 크다. 열대 우림 기후, 열대 사바나 기후, 열대 몬순 기후로 나뉜다.

열도 列島 | 여러 렬, 섬 도
[chain of islands]
[지리] 길게 늘어서 있는 여러[列] 개의 섬[島]. ¶일본 열도.

열등 劣等 | 못할 렬, 무리 등 [inferior]
보통의 수준이나 등급(等級)보다 낮음[劣]. 또는 그런 등급. ¶이 옷은 품질이 열등하다. ⓑ 우등(優等).

▶ 열등-감 劣等感 | 느낄 감
[심리] 자기를 열등(劣等)하다고 느끼는 감정(感情). ¶열등감에 시달리다.

▶ 열등-의:식 劣等意識 | 뜻 의, 알 식
자기를 열등(劣等)하다고 생각하는 의식(意識). ¶그는 유능한데도 스스로는 열등의식 때문에 괴로워한다.

열람 閱覽 | 훑어볼 열, 볼 람 [read]
책이나 문서 따위를 죽 훑어보거나[閱] 살펴봄[覽]. ¶그 책은 인터넷 열람이 가능하다.

▶ 열람-실 閱覽室 | 방 실
도서관 등에서 책 따위를 열람(閱覽)하는 방[室].

열량 熱量 | 더울 열, 분량 량 [calorie]
[물리] 열(熱)에너지의 양(量). 단위는 보통 '칼로리'(cal)로 표시한다. ¶열량이 높다.

열렬 熱烈 | 뜨거울 열, 세찰 렬
[be passionate]
❶ [속뜻] 뜨겁고[熱] 세차다[烈]. ❷ 어떤 것에 대한 애정이나 태도가 매우 맹렬하다. ¶열렬한 사랑을 받다 / 귀국 장병을 열렬히 환영하다.

열망 熱望 | 뜨거울 열, 바랄 망 [desire]
열렬(熱烈)하게 바람[望]. ¶그는 가수가 되기를 열망하고 있다.

열목-어 熱目魚 | 더울 열, 눈 목, 물고기 어 [fresh water salmon]
❶ [속뜻] 열(熱)이 나는 것처럼 눈[目]이 붉은 물고기[魚]. ❷ [동물] 송어와 비슷한 민물고기. 몸은 은색이며 눈이 붉고, 옆구리, 등지느러미, 가슴지느러미에 자홍색의 점들이 많다.

열반 涅槃 | 진흙 녈, 쟁반 반 [Nirvana]
[불교] 산스크리트어의 '니르바나'(Nirvana)를 한자로 음역한 말. 모든

번뇌의 얽매임에서 벗어나고 진리를 깨달아 불생불멸의 법을 체득한 경지로, 불교의 궁극적인 실천 목적이다. ¶열반에 이르다.

열변 熱辯 | 뜨거울 열, 말 잘할 변 [fiery speech]
열렬(熱烈)하게 사리를 밝혀 옳고 그름을 따지는 말[辯]. ¶그는 환경을 보호하자고 열변을 토했다.

열병 熱病 | 더울 열, 병 병 [fever]
❶[속뜻] 열(熱)이 몹시 오르고 심하게 앓는 병(病). ❷[의학] 열이 나며 두통, 식욕 부진이 뒤따르는 병. '장티푸스'를 일상적으로 이르는 말.

열사 烈士 | 굳셀 렬, 선비 사 [patriot]
나라를 위하여 절의를 굳게[烈] 지키며 충성을 다하여 싸운 사람[士]. ¶민주열사 / 순국열사를 위해 묵념합시다.

열성 熱誠 | 뜨거울 열, 정성 성 [enthusiasm]
열렬(熱烈)한 정성(精誠). ¶열성 팬 / 엄마는 열성을 기울여 화초를 길렀다.

▸열성-적 熱誠的 | 것 적
열성(熱誠)을 다하는 것[的]. ¶한국의 부모들은 자녀 교육에 열성적이다.

열세 劣勢 | 약할 렬, 힘 세 [inferior in strength]
상대편보다 약함[劣] 힘[勢]. 또는 약한 세력. ¶한국은 국력의 열세를 극복하고 드디어 선진국의 대열에 들어섰다. [반] 우세(優勢).

*****열심** 熱心 | 뜨거울 열, 마음 심 [eagerness]
❶[속뜻] 뜨거운[熱] 마음[心]. ❷온갖 정성을 다하여 골똘하게 힘씀. ¶속뜻학습을 매일매일 열심히 했더니 공부가 재미있어졌다.

열악 劣惡 | 못할 렬, 나쁠 악 [be poor]
품질이나 능력 따위가 몹시 떨어지고[劣] 나쁘다[惡]. ¶그는 열악한 환경에서도 세계 최고의 스키선수가 되었다.

열의 熱意 | 뜨거울 열, 뜻 의 [enthusiasm]
열성(熱誠)을 다하는 마음[意]. 어떤 일을 이루기 위하여 온갖 정성을 다하는 마음. ¶열의가 대단하다.

열-전도 熱傳導 | 더울 열, 전할 전, 이끌 도 [thermal conduction]
❶[속뜻] 열(熱)이 다른 부분으로 옮겨[傳] 감[導]. ❷[물리] 물체의 인접한 부분 사이의 온도차이로 인해 일어나는 열에너지의 전달현상.

열정 熱情 | 뜨거울 열, 사랑 정 [passion]
❶[속뜻] 뜨거운[熱] 사랑[情]. ¶그 여자에게 열정을 느끼다. ❷어떤 일에 열중하는 마음. ¶음악에 대한 열정이 갈수록 열렬해졌다.

▸열정-적 熱情的 | 것 적
열정(熱情)이 있는 것[的]. ¶열정적인 사랑.

열중[1] 熱中 | 더울 열, 가운데 중 [be absorbed]
❶[속뜻] 열(熱)의 한가운데[中]. ❷한 가지 일에 정신을 쏟음. ¶공부에 열중하다. [비] 몰두(沒頭).

열중[2] 列中 | 벌일 렬, 가운데 중
줄지어 늘어선[列] 가운데[中]. ¶열중쉬어!.

열차 列車 | 벌일 렬, 수레 차 [train]
❶[속뜻] 줄지어 늘어선[列] 차량(車輛). ❷[교통] 기관차에 객차나 화차 등을 연결하고 운전 장치를 설비한 차량. [비] 기차(汽車).

열풍[1] 烈風 | 세찰 렬, 바람 풍 [craze]
❶[속뜻] 몹시 사납고 세차게[烈] 부는 바람[風]. ¶열풍이 잦을 때, 어민들은 일기예보를 주의하여 들어야 한다. ❷매우 세차게 일어나는 기운이나 기세를 비유적으로 이르는 말. ¶독서 열풍.

열풍[2] 熱風 | 뜨거울 열, 바람 풍 [hot wind]
뜨거운[熱] 바람[風]. ¶사막의 열풍.

열하-일기 熱河日記 | 더울 열, 물 하, 날

일, 기록할 기

문학 조선 정조 때 박지원이 청나라 사신을 따라 열하(熱河)까지 가면서 지은 일기(日記) 형식의 책. 중국의 신학문을 소개하였고 「허생전」, 「호질」 따위의 단편 소설이 실려 있다.

열화 熱火 | 뜨거울 열, 불 화
[blazing fire]
❶속뜻 뜨거운[熱] 불길[火]. ❷매우 격렬한 열정을 비유하여 이르는 말. ¶열화와 같은 성원을 보냈다.

염가 廉價 | 값쌀 렴, 값 가 [low price]
매우 싼[廉] 값[價]. ¶오늘만 특별히 염가에 판매합니다. 비저가(低價). 반고가(高價).

염기 鹽基 | 소금 염, 터 기
[chemical base]
화학 산과 반응하여 염(鹽)을 만드는 기본(基本) 물질. 물에 녹으면 히드록시 이온을 낸다. 암모니아수, 잿물 따위. ¶나트륨은 염소와 반응하여 소금을 만든다. 반산(酸).

▶ 염기-성 鹽基性 | 성질 성
화학 염기(鹽基)가 지니는 기본적 성질(性質). 원래는 산의 작용을 중화하고 산과 작용하여 염과 물만을 만드는 성질을 뜻한다. 수용액의 페하(pH)는 7보다 크고 붉은 리트머스 시험지를 푸른색으로 변화시킨다. 반산성(酸性).

염:두 念頭 | 생각 념, 머리 두 [mind]
❶속뜻 생각[念]의 첫머리[頭]. ❷머릿속에 정리하여 지닌 생각. 생각 속. ¶나는 선생님의 가르침을 늘 염두에 두고 있다.

염라-대왕 閻羅大王 | 이문 염, 새그물 라, 큰 대, 임금 왕 [King of Hell]
저승에서 지옥[閻羅]에 떨어지는 사람이 지은 생전의 선악을 심판하는 왕[大王]. '염라'(閻羅)는 산스크리트어 '야마'(Yama)를 음역한 말이다.

염:려 念慮 | 생각 념, 걱정할 려
[worry; concern]
여러 모로 생각[念]하며 걱정함[慮]. 또는 그런 걱정. ¶염려를 끼쳐 드려 죄송합니다. 비걱정, 근심.

염:료 染料 | 물들일 염, 거리 료 [dyes]
옷감 따위에 빛깔을 들이는[染] 데 필요한 거리[料]나 물질. ¶천연 염료.

염류 鹽類 | 소금 염, 무리 류 [salts]
염분(鹽分)이 들어 있는 여러 가지 물질의 종류(種類).

염:병 染病 | 물들일 염, 병 병
[typhoid fever]
❶속뜻 '전염병'(傳染病)의 준말. ❷의학 '장티푸스'를 속되게 이르는 말. ¶염병에 걸리다.

염분 鹽分 | 소금 염, 나눌 분 [salt]
바닷물 따위에 함유되어 있는 소금[鹽] 성분(成分). ¶염분을 적게 섭취하세요.

염:불 念佛 | 생각 념, 부처 불
[pray to Amida Buddha]
불교 ❶부처[佛]의 모습과 공덕을 생각하면서[念] 아미타불을 부르는 일. ❷불경을 외는 일. ¶스님은 목탁을 치면서 염불했다. 속담 염불에는 맘이 없고 잿밥에만 맘이 있다.

염산 鹽酸 | 소금 염, 신맛 산
[hydrochloric acid]
화학 염화(鹽化) 수소로 만든 강한 산성(酸性) 물질. 순수한 것은 무색으로 물감, 간장, 합성수지, 조미료, 약품 따위를 만드는 데 쓴다.

염:색 染色 | 물들일 염, 빛 색 [dye]
염료를 사용하여 실이나 천 따위에 빛깔[色]을 물들임[染]. 또는 그런 일. ¶염색 공장 / 머리카락을 노란색으로 염색하다.

▶ 염:색-체 染色體 | 몸 체
생물 진핵생물의 세포 안에서 유사 분열 때에 출현하고 염기성 색소에 잘 염색(染色)되는 소체(小體). 세포 안에 유전자의 형태로 유전정보를 가지고 있으며, 사다리를 꼬아 놓은 것 같은 실 모양의 DNA가 겹겹이 중첩된 구조로 되어있다.

염:원 念願 | 생각 념, 바랄 원 [desire; wish]
간절히 생각하고[念] 바람[願]. 또는 그런 것. ¶그는 의사가 되겠다던 염원을 이루었다. 비 바람, 희망(希望), 소망(所望).

염장 鹽藏 | 소금 염, 감출 장 [preserve with salt]
소금[鹽]에 절여 저장(貯藏)함. ¶염장을 하면 오래 두고 먹을 수 있다.

▶ 염장 식품 鹽藏食品 | 밥 식, 물건 품
소금에 절여서 오래 보관할 수 있게[鹽藏] 만든 식품(食品). 고추장, 된장, 젓갈 등이 있다.

염전 鹽田 | 소금 염, 밭 전 [salt field]
소금[鹽]을 만들기 위하여 바닷물을 끌어들여 논[水田]처럼 만든 곳. 바닷물을 여기에 모아서 막아 놓고 햇볕에 증발시켜서 소금을 얻는다. ¶신안에는 염전이 많다.

염:주 念珠 | 생각 념, 구슬 주 [Buddhist rosary]
불교 염불(念佛)할 때 쓰는 줄에 꿴 구슬[珠]. ¶염주를 돌리다.

염증[1] 炎症 | 불꽃 염, 증상 증 [inflammation]
❶속뜻 불꽃[炎]같이 빨갛게 붓고 열이 나는 증상(症狀). ❷의학 생체 조직이 손상을 입었을 때에 체내에서 일어나는 방어적 반응. ¶상처에 염증이 생겼다.

염:증[2] 厭症 | 싫어할 염, 증세 증 [repugnance]
싫어하는[厭] 정도가 병[症]에 가까울 정도로 심함. 싫증. ¶그녀는 베를 짜는 일에 염증이 났다.

염천 炎天 | 불꽃 염, 하늘 천
❶속뜻 몹시 더운[炎] 날씨[天]. ¶염천 더위. ❷구천(九天)의 하나. 남쪽 하늘을 이른다. 비 열천(熱天).

염초 焰硝 | 불꽃 염, 화약 초 [gunpower]
❶속뜻 불꽃[焰]을 일으키는 화약[硝]. ❷예전에 우리나라에서 화약을 만들 때 주성분이 되는 물질. 또는 '화약'의 옛 이름.

염치 廉恥 | 청렴할 렴, 부끄러울 치 [sense of honor]
❶속뜻 청렴하고[廉] 부끄러울[恥]할 줄 앎. ❷예의와 부끄러움을 아는 마음. ¶그것은 예의와 염치에 어긋나는 짓이다.

염탐 廉探 | 살필 렴, 찾을 탐 [spy]
몰래 남의 사정을 살피고[廉] 조사함[探]. ¶적의 동태를 염탐하다.

염화 鹽化 | 염기 염, 될 화 [sodium]
화학 물질이 염소(鹽素)와 화합(化合)하는 일. ¶염화나트륨.

▶ 염화-수소 鹽化水素 | 물 수, 바탕 소
화학 염소(鹽素)와 수소(水素)의 화합물(化合物). 자극적인 냄새가 나는 무색의 기체로 물에 녹으면 염산이 된다.

엽록-소 葉綠素 | 잎 엽, 초록빛 록, 바탕 소 [chlorophyll]
❶속뜻 식물의 잎[葉]에 있는 초록빛[綠] 색소(色素). ❷식물 빛 에너지를 유기 화합물 합성을 통하여 화학 에너지로 전환시키는 녹색 색소. 광합성에 가장 중요한 요소로 빛에서 에너지를 흡수하며 이산화탄소를 탄수화물로 전환시킨다.

엽록-체 葉綠體 | 잎 엽, 초록빛 록, 몸 체
❶속뜻 식물의 잎[葉]에 있는 초록빛[綠] 물체(物體). ❷식물 식물 잎의 세포 안에 함유된 둥근 모양 또는 타원형의 작은 구조물. 엽록소를 함유하여 녹색을 띠며 탄소 동화 작용을 하여 녹말을 만드는 중요 부분이다.

엽상-체 葉狀體 | 잎 엽, 형상 상, 몸 체 [thallus]
식물 전체가 잎 모양[葉狀]으로 생기고 잎과 같은 작용을 하는 기관[體]. 잎·줄기·뿌리의 구별이 없는 김·미역 따위에서 볼 수 있다.

엽서 葉書 | 잎 엽, 쓸 서 [postcard]
❶속뜻 잎[葉]처럼 생긴 종이에 글을 씀[書]. ❷통신 한쪽 면에는 사진이나 그림이 있고 다른 면에는 전하는 내용과 보내

는 이와 받는 이의 주소를 적도록 만든 한 장으로 된 우편물. ¶여행 중에 집으로 엽서를 보냈다.

엽전 葉錢 | 잎 엽, 돈 전 [brass coin]
❶ 속뜻 나뭇잎[葉] 같은 모양의 돈[錢]. ❷예전에 사용하던 놋쇠로 만든 돈. 둥글고 납작하며 가운데에 네모진 구멍이 있다. ¶엽전 한 냥.

엽차 葉茶 | 잎 엽, 차 차 [coarse green tea]
❶ 속뜻 잎[葉]을 따서 만든 차[茶]. 또는 그것을 달이거나 우려낸 물. ❷차나무의 어린 잎으로 만든 찻감. 또는 그것을 달이거나 우려낸 물.

영¹ 零 | 영 령 [zero]
값이 없는 수. '0'으로 표기한다. ¶3에 0을 곱하면 그 답은 0이다. ⓑ공(空).

영² 靈 | 신령 령 [soul]
'영혼'(靈魂)의 준말. ¶죽은 사람의 영을 모시다.

영:감¹ 令監 | 시킬 령, 볼 감 [old man; one's husband]
❶ 속뜻 명령(命令)하고 감찰(監察)하는 사람. ❷나이가 많아 중년이 지난 남자를 대접하여 이르는 말. ¶스크루지 영감. ❸나이 든 부부 사이에서 아내가 그 남편을 이르는 말. ¶이 목걸이는 우리 영감이 사 준 거예요.

영감² 靈感 | 신령 령, 느낄 감 [inspiration]
❶ 속뜻 신령(神靈)스러운 예감이나 느낌[感]. ❷창조적인 일의 계기가 되는 기발한 착상이나 자극. ¶강물을 보고 영감을 받아 시를 한 편 지었다.

영고 迎鼓 | 맞이할 영, 북 고
❶ 속뜻 북[鼓]을 치며 신을 맞이함[迎]. ❷ 역사 부여국에서 12월에 행하던 제천 의식. 모든 백성이 모여 하늘에 제사를 지내고 추수를 감사하며 날마다 춤과 노래와 술을 즐겼다.

영광 榮光 | 영화 영, 빛 광 [glory]
영화(榮華)롭게 빛[光]남. 또는 그러한 영예. ¶이 영광을 부모님께 돌리겠습니다 / 학교 대표로 뽑힌 것이 영광스럽다.

영:구¹ 永久 | 길 영, 오랠 구 [eternal]
영원(永遠)히 오래[久] 지속됨. ¶영구불변의 진리.
▶영:구-적 永久的 | 것 적
영구(永久)히 변하지 않고 계속 되는 것[的]. ¶영구적인 대책을 세우다. ⓑ일시적(一時的), 순간적(瞬間的), 임시적(臨時的).
▶영:구-치 永久齒 | 이 치
영구(永久)적으로 쓸 수 있는 이[齒]. ¶사람은 영구치가 32개가 있다. ⓑ유치(乳齒). 젖니.

영구² 靈柩 | 혼령 령, 널 구 [coffin; hearse]
❶ 속뜻 혼령(魂靈)이 담겨 있는 널[柩]. ❷시신을 담은 관.
▶영구-차 靈柩車 | 수레 차
시신을 넣은 관[靈柩]을 실어 나르는 차(車). 장례에 쓰는 특수 차량.

영국 英國 | 꽃부리 영, 나라 국 [England]
지리 '잉글랜드'(England)의 'Eng'을 영(英)으로 음역하고, 'land'를 국(國)으로 의역한 말.

영남 嶺南 | 고개 령, 남녘 남
❶ 속뜻 조령(鳥嶺)의 남쪽[南] 지역. ❷ 지리 경상남·북도를 이르는 말. 삼남(三南)의 하나. ⓑ교남(嶠南).

영농 營農 | 지을 영, 농사 농 [farm]
농사(農)를 지음[營]. ¶영농 후계자 / 영농 기계화.

영도 領導 | 거느릴 령, 이끌 도 [lead]
거느리고[領] 이끎[導]. 지도함. ¶지도자의 영도에 복종하다 / 공화제에서는 대통령이 나라를 영도한다.

영동 嶺東 | 고개 령, 동녘 동
지리 강원도에서 대관령(大關嶺) 동(東)쪽에 있는 지역을 이르는 말. ⓑ관동(關東).
▶영동-선 嶺東線 | 줄 선

교통 경상북도 영주에서 영동(嶺東)의 강릉을 잇는 산업 철도(線). 길이는 199km이다.

영락 零落 | 없어질 영, 떨어질 락 [ruin]
❶속뜻 풀잎이 없어지고[零] 나뭇잎이 떨어짐[落]. ❷세력이나 살림이 줄어들어 보잘것없이 됨. ¶영락한 집안. ❸조금도 틀리지 않고 들어맞다. ¶민지는 웃는 모습이 영락없이 그녀의 어머니를 닮았다. 비 틀림없다.

영롱 玲瓏 | 옥소리 령, 옥소리 롱
[be clear and bright]
❶속뜻 옥을 굴리는 소리[玲=瓏]처럼 맑고 아름답다. ❷구슬에 반사되거나 비치는 빛처럼 맑고 아름답다. ¶영롱한 눈빛.

영:리¹ 怜悧 | =伶悧, 영리할 령, 영리할 리
[be clever]
똑똑하고 눈치가 빠르다[怜=悧]. ¶그 아이는 매우 영리하다. 반 어리석다.

영리² 營利 | 꾀할 영, 이로울 리 [profit]
이익(利益)을 꾀함[營]. 또는 그 이익. ¶기업은 대게 영리를 추구한다. 반 비영리(非營利).

영문 英文 | 영국 영, 글월 문 [English]
❶속뜻 영어(英語)로 쓴 글[文]. ¶영문 편지 / 영문학과. ❷영어를 표기하는 데 쓰는 문자.

영물 靈物 | 신령 령, 만물 물
❶속뜻 신령(神靈)스러운 물건(物件)이나 짐승. ¶이곳에서 호랑이는 영물로 여겨진다. ❷약고 영리한 짐승. ¶그 고양이는 영물이더군.

영민 英敏 | 뛰어날 영, 재빠를 민
[intelligent]
영특(英特)하고 민첩(敏捷)하다. ¶그의 아들은 영민하기로 동네에 소문이 자자하다.

영-부인 令夫人 | 좋을 령, 지아비 부, 사람 인 [first lady]
남의 아내[夫人]를 높여[令] 이르는 말. 비 귀부인(貴夫人).

영사 領事 | 거느릴 령, 섬길 사 [consul]
❶속뜻 사람들을 거느리고[領] 임금을 섬김[事]. ❷정치 외국에 있으면서 본국의 무역 통상의 이익을 도모하며 아울러 자국민의 보호를 담당하는 공무원.

▶ 영사-관 領事館 | 집 관
법률 영사(領事)가 주재하는 곳에서 사무를 보는 공관(公館).

영상¹ 映像 | 비칠 영, 모양 상
[image; reflection]
❶물리 빛의 굴절이나 반사에 의하여 물체의 모양[像]이 비침[映]. ❷거울에 비친 영상. ❸머릿속에서 그려지는 모습이나 광경. ❹영사막이나 브라운관, 모니터 따위에 비추어진 상. ¶TV의 브라운관은 전기 신호를 영상으로 바꾸는 역할을 한다.

영상² 零上 | 영 령, 위 상 [above zero]
0℃[零] 이상(以上)의 기온을 이르는 말. ¶봄이 되면서 기온은 영상으로 올라갔다. 반 영하(零下).

영:생 永生 | 길 영, 날 생 [eternal life]
영원(永遠)한 생명(生命). 또는 영원히 삶. ¶진시황제는 영생을 위해 불로초를 찾아다녔다.

영선-사 領選使 | 거느릴 령, 가릴 선, 부릴 사
❶속뜻 외국으로 데리고[領] 가기 위해 뽑은[選] 사절단(使節團). ❷역사 조선 고종 때 서구의 과학기술 학습과 미국과의 통상에 대한 사전교섭을 목적으로 청나라에 파견한 유학생의 인솔사행. 김윤식을 대표로 한 청년 학도 69명은 새로운 무기의 제조와 사용법을 배우고 돌아왔다.

영세¹ 領洗 | 차지할 령, 씻을 세 [baptize; christen]
가톨릭 세례(洗禮)를 받는[領] 일. ¶우리나라 사람으로 최초로 영세한 사람은 이승훈이다.

영세² 零細 | 떨어질 령, 가늘 세 [small]
❶속뜻 힘이 떨어지고[零] 몸이 가늘어짐[細]. ❷살림이 보잘것없고 몹시 가난함.

¶영세 가정 / 이것은 자본이 영세한 기업을 돕기 위한 정책이다.
▶영세-민 零細民 | 백성 민
수입이 적어 몹시 가난한[零細] 사람[民]. ¶영세민을 돕다.

영수 領收 | =領受, 받을 령, 거둘 수 [receive]
돈이나 물품 따위를 받아[領]들임[收]. ¶위 금액을 정히 영수함.
▶영수-증 領收證 | 증거 증
돈이나 물품 따위를 받은[領收] 사실을 표시하는 증서(證書). ¶물건을 사면 영수증을 꼭 받아야 한다.

영아 嬰兒 | 갓난아이 영, 아이 아 [infant]
갓난[嬰] 아이[兒]. ¶앙골라는 영아 사망률이 높다.

영악 靈惡 | 신령 령, 악할 악 [be smart]
❶속뜻 신령(神靈)스럽고 악(惡)한 점이 있음. ❷이해(利害)에 밝고 약다. ¶요즘 아이들은 영악하다.

영안-실 靈安室 | 혼령 령, 편안할 안, 방 실 [hospital's mortuary]
❶속뜻 혼령(魂靈)이 편안(便安)히 쉬는 방[室]. ❷병원에서 시신과 위패를 모셔두는 방.

*영양 營養 | 지을 영, 기를 양 [nutrition]
❶속뜻 양분(養分)을 지어냄[營]. ❷생물 생명체에 유지에 필요한 성분이나 그것을 함유한 음식물. ¶삼계탕은 맛도 좋고 영양도 풍부하다.
▶영양-가 營養價 | 값 가
생물 식품에 들어있는 영양(營養)의 가치(價値). 냉장소 1g을 완선히 언소하였을 때에 발생하는 열량으로 표시하는데 탄수화물은 4.15kcal, 지방은 9.3kcal, 단백질은 4.2kcal이다. ¶두부는 영양가가 높은 식품이다.
▶영양-분 營養分 | 나눌 분
❶속뜻 식품에 들어있는 영양소(營養素)의 분량(分量). ❷양분(養分). ¶식물은 잎과 뿌리를 통해 영양분을 흡수한다.

▶영양-사 營養士 | 선비 사
면허를 가지고 과학적으로 식생활의 영양(營養)에 관한 지도를 하는 사람[士].
▶영양-소 營養素 | 바탕 소
❶속뜻 생물에게 영양(營養)이 되는 물질[素]. ❷생물 생물이 생명의 유지와 성장을 위해 환경으로부터 섭취해야 하는 물질. 고등 동물에서는 탄수화물·지방·단백질·비타민·무기질 따위가 있고, 고등 식물에서는 질소·칼륨·인 등이 있다. ¶필수영양소.
▶영양-식 營養食 | 밥 식
영양가(營養價)가 높은 음식(飮食)이나 식사(食事). ¶한여름에는 영양식으로 삼계탕을 많이 먹는다.
▶영양-제 營養劑 | 약제 제
약학 영양(營養)을 보충하는 약[劑]. 각종 영양 성분을 배합하여 정제(錠劑)나 음료의 형태로 만들어 복용과 체내 흡수를 쉽게 하였다.
▶영양-실조 營養失調 | 잃을 실, 어울릴 조
의학 영양(營養) 섭취(攝取)가 모자라거나[失] 고르지[調] 않은 상태. 특히 빈혈(貧血)이 생기고 몸이 붓고 맥박(脈搏)이 느려지며 설사(泄瀉)를 하는 따위의 증세(症勢)를 일으킨다.

영어 英語 | 영국 영, 말씀 어 [English]
❶속뜻 영국(英國)에서 쓰는 말[語]. ❷언어 인도·유럽 어족 게르만 어파의 서게르만 어군에 속한 언어. 미국, 영국, 캐나다, 오스트레일리아 등을 비롯하여 세계 여러 나라에서 사용하는 국제어의 구실을 한다.

영업 營業 | 꾀할 영, 일 업 [do business]
이익을 꾀하는[營] 것을 목적으로 하는 사업(事業). 또는 그런 행위. ¶영업사원 / 오늘은 10시까지 영업합니다.
▶영업-부 營業部 | 나눌 부
영업(營業)에 관한 일을 맡아보는 부서(部署).

▶**영업-용** 營業用 | 쓸 용
영업(營業)에 쓰임[用]. 또는 그런 대상.
¶영업용 택시.

영:업-전 永業田 | 길 영, 일 업, 밭 전
❶속뜻 영원(永遠)히 세습하여 경작할[業] 수 있었던 토지[田]. ❷역사 고려 때, 관료나 국역을 맡아 일한 사람들에게 지급되어 대대로 사용하게 한 토지. ❸중국 당나라 때에, 균전제 가운데 국가에 반납하지 않고 대대로 세습할 수 있었던 토지.

영역 領域 | 다스릴 령, 지경 역 [domain]
❶속뜻 다스릴[領] 수 있는 권한이 미치는 지역[域]. ❷활동, 기능, 효과, 관심 따위가 미치는 일정한 범위. ¶그 일은 내 영역 밖이다.

영:영 永永 | 길 영, 길 영 [permanently]
길고[永]도 깊다[永]. 매우 긺. ¶영영 소식이 없다 / 그는 영영 고향을 떠났다.

영예 榮譽 | 꽃필 영, 기릴 예 [honor]
꽃을 피우는[榮] 것 같은 훌륭한 업적으로 남들의 칭송이나 기림[譽]을 받음. 또는 그러한 영광. ¶우승의 영예를 안다 / 영예로운 자리. 创 영광(榮光).

영웅 英雄 | 뛰어날 영, 뛰어날 웅 [hero]
지혜와 재능이 뛰어나고[英=雄] 용맹하여 보통 사람이 하기 어려운 일을 해내는 사람. ¶그녀는 진정한 영웅이다.

▶**영웅-심** 英雄心 | 마음 심
비범한 재주와 뛰어난 용기를 나타내려는[英雄] 마음[心].

영:원 永遠 | 길 영, 멀 원 [eternal; everlasting]
어떤 상태가 끝없이 길게[永] 멀리[遠] 이어짐. 또는 시간을 초월하여 변하지 않음. ¶영원한 사랑 / 나는 그와 영원히 함께 할 것이다.

영위 營爲 | 지을 영, 할 위 [manage; administer]
일 따위를 지어내어[營] 스스로 함[爲]. ¶행복한 삶을 영위하는 것이 그의 목표이다.

영유 領有 | 차지할 령, 있을 유 [possess]
자기의 것으로 차지하여[領] 가짐[有]. ¶독도는 대한민국이 영유하고 있는 섬이다.

▶**영유-권** 領有權 | 권리 권
법률 자기 나라가 영유(領有)하고 있는 영토라고 주장하는 권리(權利). ¶청과 조선은 간도의 영유권을 둘러싸고 분쟁을 벌였다.

영-의정 領議政 | 다스릴 령, 의논할 의, 정사 정 [prime minister]
❶속뜻 정사(政事)를 의논(議論)하는 사람들을 이끄는[領] 직책이나 사람. ❷역사 조선 시대 의정부의 으뜸 벼슬. 정일품의 품계로 서정(庶政)을 총괄하는 최고의 지위.

영:인 影印 | 그림자 영, 도장 인 [photoprint]
❶속뜻 그림자[影]처럼 똑같이 찍어냄[印]. ❷출판 인쇄물의 원본을 사진으로 복사하여 인쇄하는 일.

▶**영:인-본** 影印本 | 책 본
출판 영인(影印)한 책[本]. 创 경인본(景印本), 영인판(影印版).

영자 英字 | 영국 영, 글자 자 [English letter]
영어(英語)를 표기하는데 쓰이는 글자[字]. '영문자'(英文字)의 준말. ¶영자 신문.

영장¹ 令狀 | 명령 령, 문서 장 [warrant]
❶속뜻 명령(命令)의 뜻을 기록한 문서[狀]. ❷군대의 소집이나 징집을 명령한 관청에서 보내는 문서. ¶동생은 영장을 받고 군에 입대했다. ❸법률 사람 또는 물건에 대하여 압수, 체포 따위를 허락하는 내용을 담아 법원 또는 법관이 발부하는 서류. ¶법원은 심 씨에 대해 구속 영장을 발부했다.

영장² 營將 | 집 영, 장수 장
역사 조선 시대에 둔, 각 진영(鎭營)의 으뜸 장수[將]. '진영장'(鎭營將)의 준말.

영장³ 靈長 | 신령 령, 어른 장
[lord of all creature]
❶속뜻 신령(神靈)같은 힘을 가진 우두머리[長]. ❷모든 만물 중에서 가장 뛰어난 존재인 '사람'을 이르는 말. ¶사람은 만물의 영장이다.

영재 英才 | 뛰어날 영, 재주 재 [genius]
뛰어난[英] 재주[才]. 또는 그런 사람. ¶영재 교육 / 그는 수학의 영재이다. 뗀 수재(秀才), 천재(天才).

영적 靈的 | 신령 령, 것 적 [spiritual]
신령(神靈)같은 점이 있는 것[的]. ¶나는 영적 존재를 믿는다.

영점 零點 | 영 령, 점 점 [zero]
얻은 점수(點數)가 없음[零]. ¶한 과목이라도 영점을 받으면 낙제한다.

영접 迎接 | 맞이할 영, 맞이할 접
[receive; greet]
손님을 맞아서[迎] 대접(待接)하는 일. ¶외국 귀빈을 영접하다.

영:정 影幀 | 모습 영, 그림족자 정
[scroll of portrait]
사람의 모습[影]을 그린 족자[幀]. ¶이순신 장군의 영정.

영지 靈芝 | 신령 령, 버섯 지
[Ganoderma lucidum]
❶속뜻 신령(神靈)스러운 버섯[芝]. ❷식물 갓갓은 심장이며, 전체가 단단하고 적갈색이 도는 버섯. 불로초과에 속하는 영약으로 알려져 말려서 약용한다.

영창 營倉 | 집 영, 창고 창 [guardhouse]
❶속뜻 군인들이 집단으로 거주하는 집[營] 안의 창고[倉]. ❷군사 병영에 설치한 감옥. ¶김 상병은 명령 불복종으로 닷새 동안 영창에 갔다 왔다.

**영토 領土 | 거느릴 령, 흙 토
[territory; dominion]
❶속뜻 다스리는[領] 땅[土]. ¶광개토대왕은 고구려의 영토를 확장했다. ❷법률 국제법에서 국가의 통치권이 미치는 구역. ¶헌법에는 '한반도와 부속도서'(附屬島嶼)를 대한민국의 영토로 명시하고 있다. 뗀 국토(國土).

영특 英特 | 뛰어날 영, 특별할 특
[be wise]
뛰어나게[英] 특출(特出)하다. ¶동생은 어려서부터 영특하고 매사에 의연했다.

영패 零敗 | 영 령, 패할 패 [be shut out]
운동 경기나 시합에서 득점이 없어 0[零]점인 채로 짐[敗]. ¶영패를 모면하다.

영하 零下 | 영 령, 아래 하 [sub zero]
❶속뜻 영(零)보다 아래[下]의 수치. ❷섭씨온도계에서 눈금이 0℃이하의 온도. ¶오늘 기온은 영하 8도다. 뗀 영상(零上).

영해 領海 | 거느릴 령, 바다 해 [territorial waters]
❶속뜻 다스리는[領] 권한이 미치는 바다[海]. ❷법률 영토에 인접한 해역으로 그 나라의 통치권이 미치는 범위. ¶중국 군함이 한국 영해를 침범했다.

**영 : 향 影響 | 그림자 영, 울림 향
[influence]
❶속뜻 물체의 그림자[影]나 소리의 울림[響]. ❷어떤 사물의 효과나 작용이 다른 것에 미치는 일. ¶환경은 사람의 성격에 영향을 준다.

▶ **영 : 향-권 影響圈** | 우리 권
영향(影響)이 미치는 범위[圈]. ¶현재 제주도는 태풍의 영향권 안에 있다.

▶ **영 : 향-력 影響力** | 힘 력
어떤 사물의 효과나 작용이 다른 것에 미치는[影響] 힘[力]. 또는 그 크기나 정도. ¶그는 교육계에서 상당히 영향력 있는 인물이다.

영험 靈驗 | 신령 령, 효과 험
[wonderfully efficacious]
기원하는 대로 되는 신령(神靈)스러운 효과[驗]. ¶비는 대로 뜻이 다 이루어지는 영험이 신통한 바위.

영혼 靈魂 | 혼령 령, 넋 혼 [soul]
❶속뜻 죽은 사람의 넋[靈=魂]. ❷육체에 깃들어 마음의 작용을 맡고 생명을 부여

한다고 여겨지는 비물질적 실체. ¶나는 영혼 불멸을 믿는다.

영화¹ 榮華 | 꽃필 영, 꽃 화 [prosperity; splendor; luxury]
❶ 속뜻 꽃[華]을 활짝 피어남[榮]. ❷몸이 귀하게 되어 이름이 세상에 빛남. ¶부귀와 영화를 누리다.

영화² 映畫 | 비칠 영, 그림 화 [movie]
❶ 속뜻 그림[畵]을 비춤[映]. ❷ 연원 연속 촬영한 필름을 연속으로 영사막에 비추어 물건의 모습이나 움직임을 실제와 같이 재현하여 보이는 것. ¶영화를 찍다 / 영화를 보다.

▶ **영화-관 映畫館** | 집 관
영화(映畫)를 상영하는 시설을 갖춘 건물[館]. ⓑ 극장(劇場).

▶ **영화-제 映畫祭** | 제사 제
여러 영화(映畵) 작품을 모아서 일정 기간 내에 연속적으로 상영하는 축제(祝祭). ¶그는 부산 영화제에서 신인 감독상을 받았다.

▶ **영화-배우 映畫俳優** | 광대 배, 광대 우
영화(映畫)에 출연하는 배우(俳優). 흔히 엑스트라를 제외한 주역과 조역 연기자들을 이른다.

예:¹ 例 | 본보기 례 [instance]
어떤 사실을 설명하거나 증명하기 위해 보여 주는 것. ¶좋은 예 / 예를 들다. ⓑ 보기.

예² 禮 | 예도 례 [manner]
사람이 마땅히 지켜야 할 도리. ¶나는 할아버지에게 예를 갖추어 인사를 드렸다 / 예를 지키다.

예:각 銳角 | 날카로울 예, 뿔 각 [acute angle]
수학 직각보다 각이 작아 날카로운[銳] 각(角).

▶ **예:각 삼각형 銳角三角形** | 석 삼, 뿔 각, 모양 형
수학 내각이 모두 예각(銳角)인 삼각형(三角形).

예:감 豫感 | 미리 예, 느낄 감
[feel a premonition]
어떤 일이 일어나기 전에 암시적으로 또는 본능적으로 미리[豫] 느낌[感]. ¶내 예감이 들어맞았다 / 그는 자신의 죽음을 예감했다.

예:견 豫見 | 미리 예, 볼 견 [foresee]
앞으로 일어날 일을 미리[豫] 짐작하여 봄[見]. ¶할머니의 예견은 적중했다 / 누구도 미래를 정확히 예견할 수는 없다.

예:고 豫告 | 미리 예, 알릴 고
[give notice]
미리[豫] 알림[告]. ¶사고는 항상 예고 없이 찾아온다 / 가격 인상을 예고하다.

예:금 預金 | 맡길 예, 돈 금 [deposit]
경제 일정한 계약에 의하여 은행, 우체국 따위에 돈[金]을 맡기는[預] 일. 또는 그 돈. ¶정기 예금 / 나는 은행에 돈을 예금했다.

▶ **예:금-액 預金額** | 액수 액
금융기관에 맡긴 돈[預金]의 액수(額數).

▶ **예:금-주 預金主** | 주인 주
예금(預金)의 주인(主人). ¶예금주가 나타났다.

▶ **예:금 통장 預金通帳** | 온통 통, 장부 장
경제 금융 기관이 예금(預金)·지급 따위의 내용을 예금자에게 알리기[通] 위해 기재하여 교부하는 장부(帳簿).

예:기 豫期 | 미리 예, 기약할 기 [expect]
앞으로 닥쳐올 일에 대하여 미리[豫] 생각하여 기약함[期]. ¶그는 예기치 못한 질문을 했다.

예:년 例年 | 본보기 례, 해 년
[average year]
❶ 속뜻 본보기[例]로 삼은 해[年]. 주로 지난해를 말한다. ❷ 지리 일기 예보에서 지난 30년간 기후의 평균적 상태를 이르는 말. ¶올 여름은 예년에 비해 훨씬 덥다. ⓑ 평년(平年).

예:능 藝能 | 재주 예, 능할 능 [arts]
❶ 속뜻 재주[藝]와 기능(技能). ❷연극, 영

화, 음악, 미술 따위의 예술과 관련된 능력을 통틀어 이르는 말. ¶예능에 소질이 있다.

예단 禮緞 | 예도 례, 비단 단
[wedding gifts]
예물(禮物)로 보내는 비단[緞]. ¶시부모님에게 예단을 보내다.

예:리 銳利 | 날카로울 예, 날카로울 리
[be sharp]
❶[속뜻] 칼날 따위가 날카롭다[銳=利]. ¶칼날이 예리하다. ❷감각이나 관찰력, 통찰력 따위가 날카로움. ¶예리한 판단력.

예:매[1] 豫買 | 미리 예, 살 매
[buy in advance]
❶[속뜻] 물건을 받기 전에 미리[豫] 값을 치르고 사[買] 둠. ❷정해진 때가 되기 전에 미리 삼. ¶영화표를 예매하다.

예:매[2] 豫賣 | 미리 예, 팔 매
[sell in advance]
❶[속뜻] 물건을 주기 전에 미리[豫] 값을 받고 팖[賣]. ❷정해진 때가 되기 전에 미리 팖. ¶예매를 받다 / 오늘부터 티켓 예매가 시작됐다.

예:명 藝名 | 재주 예, 이름 명
[stage name]
예능(藝能) 분야에 종사하는 사람이 본명 이외에 따로 지어 부르는 이름[名]. ¶많은 연예인들이 본명보다는 예명을 사용한다. [반] 본명(本名).

예:문 例文 | 본보기 례, 글월 문
[example sentence]
본보기[例]가 되는 문장(文章). ¶이 국어사전은 예문이 풍부하다.

예물 禮物 | 예도 례, 만물 물
[wedding presents]
❶[속뜻] 사례(謝禮)의 뜻으로 보내는 돈이나 물건(物件). ❷혼인할 때 신랑과 신부가 기념으로 주고받는 물품. ¶결혼 예물.

예:민 銳敏 | 날카로울 예, 재빠를 민
[be sensitive]
자극에 대한 반응이 날카롭고[銳] 빠르다[敏]. ¶사막여우는 청각이 예민하다.

***예:방** 豫防 | 미리 예, 막을 방
[prevent; stave off]
질병이나 재해 따위가 일어나기 전에 미리[豫] 대처하여 막는[防] 일. ¶화재를 예방합시다 / 비타민 C는 감기 예방에 도움이 된다.

▶ **예:방-법** 豫防法 | 법 법
미리 막는[豫防] 방법(方法).

▶ **예:방 접종** 豫防接種 | 이을 접, 씨 종
[의학] 전염병을 예방(豫防)하기 위하여 백신[種]을 투여하여[接] 면역성을 인공적으로 생기도록 하는 일. 종두·비시지 접종 따위.

▶ **예:방 주:사** 豫防注射 | 물댈 주, 쏠 사
[의학] 전염병을 예방(豫防)하기 위하여 주사기로 항원을 체내에 주입하는[注射] 일.

예배 禮拜 | 예도 례, 절 배 [worship]
❶[속뜻] 공손한 예의(禮儀)를 갖추어 절함[拜]. ❷[기독교] 성경(聖經)을 읽고 기도(祈禱)와 찬송으로 하나님에 대한 숭경(崇敬)의 뜻을 나타내는 일. ¶예배를 드리다.

▶ **예배-당** 禮拜堂 | 집 당
[기독교] 예배(禮拜)를 드리는 집[堂]. [비] 교회(教會).

예법 禮法 | 예도 례, 법 법 [manners]
예의(禮義)로써 지켜야 할 규범[法]. ¶예법을 지키다. [준] 예. [비] 법례(法禮).

예:보 豫報 | 미리 예, 알릴 보 [forecast]
앞으로 일어날 일을 미리[豫] 알림[報]. 또는 그런 보도. ¶일기 예보 / 기상청은 내일 비가 내릴 것이라고 예보했다.

예복 禮服 | 예도 례, 옷 복 [dress suit]
의식을 치르거나 특별히 예절(禮節)을 차릴 때에 입는 옷[服]. ¶결혼 예복 / 그는 예복을 갖추어 입었다.

예불 禮佛 | 예도 례, 부처 불
[Buddhist service]
부처[佛] 앞에 예(禮)를 갖추어 절하는 의식. 또는 그 의식을 행함.

*예:비 豫備 | 미리 예, 갖출 비
[prepare for; reserve]
미리[豫] 마련하거나 갖추어 놓음[備]. 또는 미리 갖춘 준비. ¶예비 식량이 떨어졌다.
▶예:비-군 豫備軍 | 군사 군
군사 비상시를 예비(豫備)하여 구성한 군인(軍人). 또는 그 군대. 군대에서 제대한 사람들로 구성한다.
▶예:비-역 豫備役 | 부릴 역
군사 현역을 마친 사람에게 예비(豫備)로 부여되는 병역(兵役). 반현역(現役).

예:사 例事 | 본보기 례, 일 사
[usual affair]
❶속뜻 본보기[例]가 되는 일[事]. ❷흔히 있는 일. '예상사'(例常事)의 준말. ¶영주가 학교에 지각하는 것은 예사다 / 예사말 / 예사 소리.

*예:산 豫算 | 미리 예, 셀 산 [budget]
❶속뜻 필요한 비용을 미리[豫] 헤아려 계산(計算)함. 또는 그 비용. ¶예산을 짜다. ❷경제 국가나 단체에서 한 회계 연도의 수입과 지출을 미리 셈하여 정한 계획. ¶교육 예산. 반결산(決算).
▶예:산-서 豫算書 | 글 서
수입과 지출에 대한 예산(豫算)을 어림잡아 셈한 서류(書類). ¶예산서를 미리 작성하다.
▶예:산-액 豫算額 | 액수 액
예산(豫算)해 놓은 금액(金額). ¶예산액의 한도.

*예:상 豫想 | 미리 예, 생각 상
[expect; anticipate]
어떤 일을 직접 당하기 전에 미리[豫] 생각하여[想] 둠. 또는 그런 내용. ¶한국팀은 예상 밖으로 큰 성과를 거두었다. 비예측(豫測).

예:선 豫選 | 미리 예, 뽑을 선
[preliminary election]
본선에 나갈 선수나 팀을 미리[豫] 뽑음[選]. ¶2개 조가 예선을 통과했다. 반결선(決選).

예:속 隷屬 | 따를 례, 속할 속
[be subordinate (to)]
❶속뜻 남의 지휘에 따르거나[隷] 그 부하에 속함[屬]. ¶예속 관계 / 예전에 노비는 주인에게 예속되어 있었다. ❷윗사람에게 매여 있는 아랫사람. ¶예속을 거느리다. 반속례(屬隷).

*예:술 藝術 | 심을 예, 꾀 술 [art]
❶속뜻 아름다움을 가꾸어[藝] 나타내는 기술(技術). ❷아름다움을 표현하려는 인간의 활동 및 그 작품. ¶예술 창작.
▶예:술-가 藝術家 | 사람 가
예술(藝術) 작품을 창작하거나 표현하는 것을 직업으로 하는 사람[家]. ¶젊은 예술가들이 모여 전시회를 열었다. 비예술인(藝術人).
▶예:술-단 藝術團 | 모일 단
예술가(藝術家)들로 조직된 단체(團體).
▶예:술-성 藝術性 | 성질 성
예술(藝術) 작품이 지닌 예술적인 특성(特性). ¶이 영화는 예술성이 높다.
▶예:술-적 藝術的 | 것 적
예술(藝術)로서의 성격을 갖추고 있는 것[的]. ¶독일의 쾰른 성당은 예술적 가치가 높다.
▶예:술-품 藝術品 | 물건 품
예술적(藝術的) 가치가 있는 작품(作品). ¶라스코 벽화는 지금까지 발견된 선사시대 예술품 중 가장 뛰어나다.

예:습 豫習 | 미리 예, 익힐 습
[prepare of one's lessons]
앞으로 배울 것을 미리[豫] 익힘[習]. ¶선생님은 예습과 복습의 중요성을 강조하셨다. 반복습(復習).

예:시 例示 | 본보기 례, 보일 시
[exemplify; illustrate]
본보기[例]를 들어 보임[示]. ¶적절한 예시를 들다.

예식 禮式 | 예도 례, 의식 식 [ceremony]
예법(禮法)에 따라 치르는 의식(儀式). ¶

예식을 치르다.

▶ 예식-장 禮式場 | 마당 장
예식(禮式)을 치를 수 있도록 설비를 갖추어 놓은 장소(場所). 주로 결혼식장을 이른다.

예:심 豫審 | 미리 예, 살필 심
[preliminary examination]
본심사(本審査)에 앞서서 미리[豫] 하는 심사(審査). ¶논문 예심 / 그의 작품은 예심에서 좋은 성적을 거두었다. [반] 본심(本審).

예:약 豫約 | 미리 예, 묶을 약
[reservation]
미리[豫] 약속(約束)함. 또는 미리 정한 약속. ¶예약을 취소하다 / 병원 진료를 예약하다.

예:언 豫言 | =預言, 미리 예, 말씀 언
[predict]
❶[속뜻] 미리[豫] 하는 말[言]. ❷미래에 일어날 일을 미리 알아서 말하는 것. 또는 그런 말. ¶점쟁이의 예언이 빗나갔다.

예:열 豫熱 | 미리 예, 더울 열
[preheat; warm up]
미리[豫] 가열하거나 덥히는 일[熱]. 버너의 점화나 엔진의 시동이 잘되게 하기 위해 한다. ¶오븐을 180도까지 예열한 뒤 반죽을 넣으세요.

예:외 例外 | 법식 례, 밖 외 [exception]
일반적 규칙이나 법식[例]에서 벗어나는[外] 일. ¶며칠간 계속 덥더니 오늘도 예외는 아니다.

예의1 禮義 | 예도 례, 옳을 의
사람이 지켜야 할 예절(禮節)과 의리(義理). ¶예의를 힘쓰도록 하라.

*__예의__2 禮儀 | 예도 례, 거동 의
[good manners]
존경의 뜻을 표하기 위하여 예(禮)로써 나타내는 말투나 몸가짐[儀]. ¶예의가 바르다 / 예의를 차리다 / 예의를 지키다.

▶ 예의-범절 禮儀凡節 | 모두 범, 알맞을 절
일상생활에서 갖추어야 할 예의(禮儀)에 관한 모든[凡] 절차(節次). ¶예의범절은 어려서부터 가정에서 길러진다.

⁑**예절** 禮節 | 예도 례, 알맞을 절 [proprieties]
예의(禮義)에 관한 모든 절차(節次)나 질서. ¶식사 예절 / 극장에서는 휴대전화를 꺼 놓는 것이 기본예절이다.

예:정 豫定 | 미리 예, 정할 정
[be scheduled; be expected]
미리[豫] 정(定)하거나 예상함. ¶한 달 정도 머물 예정이다.

▶ 예:정-일 豫定日 | 날 일
미리 정하거나 예상한[豫定] 날짜[日]. ¶출산 예정일.

예:제 例題 | 본보기 례, 문제 제 [practice problem; exercise]
❶[속뜻] 내용의 이해를 돕기 위해 보기[例]로 내는 연습 문제(練習問題). ¶예제를 푸시오. ❷[역사] 백성의 소장(訴狀)이나 원서(願書)에 적던 관아의 판결문이나 지시문.

예찬 禮讚 | 예도 례, 기릴 찬
[admire; glorify]
아름다운 것에 경의를 표하고[禮] 찬양(讚揚)함. ¶자연을 예찬한 작품.

▶ 예찬-론 禮讚論 | 말할 론
훌륭한 것, 좋은 것을 칭찬하는[禮讚] 글이나 말[論]. ¶한복 예찬론.

*__예:측__ 豫測 | 미리 예, 헤아릴 측
[predict; foresee]
미리[豫] 헤아려 짐작함[測]. ¶우리의 예측은 적중했다 / 두 팀은 승패를 예측할 수 없는 경기를 펼쳤다. [비] 예상(豫想).

예:화 例話 | 본보기 례, 이야기 화
본보기[例]로 하는 이야기[話].

오: 五 | 다섯 오 [five]
사에 일을 더한 수. 아라비아 숫자로는 '5', 로마 숫자로는 'V'로 쓴다. [비] 다섯.

오:각 五角 | 다섯 오, 뿔 각
[five angles; pentagon]
❶[속뜻] 각(角)이 다섯[五] 개 있는 것. ❷[수학] 오각형(五角形).

▸오ː각-형 五角形 | 모양 형
[수학]다섯모를 이루는[五角] 도형(圖形).

오ː경 五更 | 다섯 오, 시각 경
❶[속뜻]하룻밤을 오경(五更)으로 나눈 것 중 다섯째[五] 시각[更]. 새벽 3시부터 5시까지. ❷하룻밤을 다섯으로 나눈 시각을 통틀어 이르는 말.

오ː곡 五穀 | 다섯 오, 곡식 곡
[five grains]
다섯[五] 가지 중요한 곡식(穀食). 쌀, 보리, 콩, 조, 기장을 이른다.

▸오ː곡-백과 五穀百果 | 일백 백, 열매 과
온갖 곡식[五穀]과 여러 가지 과일[百果]. ¶가을에는 오곡백과가 풍성하다.

오골-계 烏骨鷄 | 검을 오, 뼈 골, 닭 계
❶[속뜻]검은[烏] 뼈[骨]를 가진 닭[鷄]. ❷[동물]살, 가죽, 뼈가 모두 어두운 회색인 작은 닭. 식용한다.

오ː기 傲氣 | 거만할 오, 기운 기
[unyielding spirit]
❶[속뜻]잘난 체하며 오만(傲慢)한 기세(氣勢). ❷능력은 부족하면서도 남에게 지기 싫어하는 마음. ¶오기를 부려 봐야 너만 손해다.

오ː대-호 五大湖 | 다섯 오, 큰 대, 호수 호 [Great Lake]
[지리]미국과 캐나다의 국경 지역에 서로 잇닿아 있는 다섯[五] 개의 큰[大] 호수(湖水). 슈피리어 호, 미시간 호, 휴런 호, 이리 호, 온타리오 호를 말한다.

오동 梧桐 | 오동나무 오, 오동나무 동
[paulownia tree]
[식물]오동나무[梧=桐]. 잎은 넓은 심장 모양이며, 재목은 가볍고 곱고 휘거나 트지 않아 거문고, 장롱, 나막신을 만드는데 쓴다.

오ː락 娛樂 | 즐길 오, 즐길 락
[recreation]
쉬는 시간에 여러 가지 방법으로 기분을 즐겁게[娛=樂] 하는 일. ¶오락 시간 / 이 호텔에는 오락 시설이 있다.

▸오ː락-기 娛樂器 | 그릇 기
오락(娛樂)을 즐기기 위한 기구(器具). ¶전자 오락기.

▸오ː락-실 娛樂室 | 방 실
오락(娛樂)에 필요한 시설이 되어 있는 방[室]. 또는 오락을 하는 방.

오ː류 誤謬 | 그르칠 오, 그르칠 류
[mistake]
❶[속뜻]그르치거나[誤] 그릇됨[謬]. ❷이치에 맞지 않는 일. ¶오류를 범하다. [비]잘못.

오륙 五六 | 다섯 오, 여섯 륙
그 수량이 다섯[五]이나 여섯[六]임을 나타내는 말. ¶그는 오륙 년 동안 군에서 근무했다. [비]대여섯.

오ː륜 五倫 | 다섯 오, 도리 륜
사람이 지켜야 할 다섯[五] 가지 도리[倫]. 부자유친(父子有親), 군신유의(君臣有義), 부부유별(夫婦有別), 장유유서(長幼有序), 붕우유신(朋友有信)을 이른다.

오ː리무중 五里霧中 | 다섯 오, 마을 리, 안개 무, 가운데 중
[quite in the dark]
❶[속뜻]오리(五里)나 되는 짙은 안개[霧] 속[中]에 있음. ❷'방향이나 갈피를 잡을 수 없음'을 이르는 말. ¶범인의 행방이 오리무중이다.

오ː만¹ 五萬 | 다섯 오, 일만 만
[fifty thousand; innumerable]
❶[속뜻]다섯[五] 배의 만(萬). ¶오만 명의 관중이 경기장을 가득 메웠다. ❷매우 종류가 많은 여러 가지를 이르는 말. ¶오만 잡동사니 / 이 가게에서는 오만 가지 물건을 판다 / 그녀는 어릴 적 오만 설움을 겪었다.

오ː만² 傲慢 | 업신여길 오, 건방질 만
[arrogant; haughty]
❶[속뜻]남을 업신여기고[傲] 거만(倨慢)함. ❷건방지고 거만함. 또는 그 태도나 행동. ¶오만방자한 인간 같으니 / 그는

오만한 말투로 말했다. ㈖교만(驕慢), 거만(倨慢). ㈘겸손(謙遜).

오매 寤寐 | 깰 오, 잠잘 매
자나[寐] 깨나[寤] 언제나.

▶ **오매-불망 寤寐不忘** | 아닐 불, 잊을 망
자나깨나[寤寐] 잊지[忘] 못함[不]. ¶그녀는 오매불망 고향으로 돌아가고 싶었다.

오:명 汚名 | 더러울 오, 이름 명
[dishonor]
더러워진[汚] 이름[名]이나 영예(榮譽). ¶그는 배신자라는 오명을 쓰게 되었다.

오:목 五目 | 다섯 오, 눈 목
[운동] 바둑 놀이의 하나. 두 사람이 흰 돌과 검은 돌을 가지고 한 개씩 번갈아 놓다가 외줄로나 모로 다섯[五] 개의 바둑알[目]을 잇달아 먼저 놓는 사람이 이긴다.

오:묘 奧妙 | 깊을 오, 묘할 묘
[profound; abstruse]
심오(深奧)하고 미묘(微妙)하다. ¶자연의 섭리는 정말 오묘하다.

오:물 汚物 | 더러울 오, 만물 물
[garbage]
지저분하고 더러운[汚] 물건[物件]. 쓰레기나 배설물 따위. ¶오물 처리 시설 / 오물을 함부로 버리지 마시오.

오:미 五味 | 다섯 오, 맛 미
[five tastes]
다섯[五] 가지 맛[味]. 신맛, 쓴맛, 매운맛, 단맛, 짠맛을 이른다.

▶ **오:미-자 五味子** | 접미사 자
❶[속뜻] 다섯[五] 가지 맛[味]이 나는 식물. ❷[식물] 오미자나무. 목련과의 낙엽 덩굴성 식물. 타원형의 잎이 나며 가을에 열매를 맺는 나무. 또는 그 열매. 열매는 기침과 갈증 또는 땀과 설사를 멎게 하는 데 효과가 있다.

오밀-조밀 奧密稠密 | 속 오, 빽빽할 밀, 고를 조, 빽빽할 밀
❶[속뜻] 속[奧]이 꽉 차고 고르게[稠] 빽빽함[密]. ❷매우 정교하고 세밀한 모양. ¶거실을 오밀조밀 꾸미다 / 오밀조밀한 목각 인형.

오:발 誤發 | 그르칠 오, 쏠 발
[fire by accident]
총포 따위를 잘못[誤] 쏨[發]. ¶총기 오발 사고로 두 명이 사망했다.

오:복 五福 | 다섯 오, 복 복
[five blessings]
유교에서 이르는 다섯 가지[五]의 복(福). 수(壽), 부(富), 강녕(康寧), 유호덕(攸好德), 고종명(考終命)을 이른다.

오비이락 烏飛梨落 | 까마귀 오, 날 비, 배 리, 떨어질 락
❶[속뜻] 까마귀[烏] 날자[飛] 배[梨] 떨어진다[落]. ❷우연한 일치로 남의 의심을 받게 됨을 이르는 말. ¶오비이락이란 말이 있듯이 공연히 의심을 받을 일은 하지를 말라.

오:산 誤算 | 그르칠 오, 셀 산
[miscalculate]
❶[속뜻] 잘못 그르치게[誤] 셈함[算]. 또는 그 셈. ❷추측이나 예상을 잘못함. 또는 그런 추측이나 예상. ¶그가 돌아온다고 생각하면 오산이다.

오:색 五色 | 다섯 오, 빛 색
[five cardinal colors]
❶[속뜻] 다섯[五] 가지 빛깔[色]. 청색, 황색, 적색, 백색, 흑색을 이른다. ❷여러 가지 빛깔.

오:선 五線 | 다섯 오, 줄 선
[staffs; stave]
[음악] 악보를 그리기 위하여 가로로 그은 다섯[五] 개의 줄[線].

▶ **오:선-지 五線紙** | 종이 지
[음악] 악보를 그릴 수 있도록 오선(五線)을 그은 종이[紙]. ¶오선지에 악보를 그리다.

오십 五十 | 다섯 오, 열 십 [fifty]
십(十)의 다섯[五] 배가 되는 수. 50 ¶우리 반은 정원이 오십 명이다. ㈖쉰.

▶ **오:십보-소백보 五十步笑百步** | 다섯

오, 열 십, 걸음 보, 웃을 소, 일백 백, 걸음 보
❶속뜻 오십 걸음[五十步] 도망한 자가 백 걸음[百步] 도망한 자를 비웃음[笑]. ❷ 조금 낫고 못한 차이는 있지만 본질은 같은 것. ¶49등이나 50등이나 오십보백보다. ㉜ 오십보백보.

오:염 汚染 | 더러울 오, 물들일 염
[contaminate; pollute]
물·공기·흙 따위가 더럽게[汚] 물듦[染]. ¶이 지역은 지하수 오염이 심각한 상태이다 / 자동차 배기가스는 공기를 오염시킨다.

오:용 誤用 | 그르칠 오, 쓸 용 [misuse]
잘못 그르치게[誤] 사용(使用)함. ¶단어의 오용이 심각하다 / 약물을 오용하면 건강을 해친다.

오:월 五月 | 다섯 오, 달 월 [May]
한 해 열두 달가운데 다섯째[五] 달[月]. ¶오월 오일은 어린이 날이다.

오:인 誤認 | 그르칠 오, 알 인
[misconceive]
잘못 그르치게[誤] 앎[認]. 잘못 생각함. ¶사실 오인 / 사람을 동물로 오인하여 총을 쏘는 사고가 발생하였다.

오:일-장 五日場 | 다섯 오, 날 일, 마당 장
닷새[五日]에 한 번씩 서는 시장(市場). ¶시골에서는 아직도 오일장이 선다.

오:자 誤字 | 그르칠 오, 글자 자
[wrong word]
잘못 그르치게[誤] 쓴 글자[字]. ¶책의 오자를 수정하다.

오작 烏鵲 | 까마귀 오, 까치 작
[crow and magpie]
까마귀[烏]와 까치[鵲]를 아울러 이르는 말. ¶오작교(烏鵲橋).

▶ 오작-교 烏鵲橋 | 다리 교
민속 까마귀와 까치가[烏鵲] 은하수에 놓는다는 다리[橋]. 칠월칠석날 저녁에 견우와 직녀를 만나게 하기 위하여 이 다리를 놓는다고 전한다.

오:장 五臟 | 다섯 오, 내장 장
[five viscera]
한의 간장, 심장, 비장, 폐장, 신장의 다섯[五] 가지 내장(內臟)을 통틀어 이르는 말.

▶ 오:장육부 五臟六腑 | 여섯 륙, 장부 부
한의 오장(五臟)과 위, 대장, 소장, 쓸개, 방광, 삼초 등의 여섯[六] 가지 장부[腑]. 내장을 통틀어 이르는 말.

오:전 午前 | 낮 오, 앞 전 [morning]
❶속뜻 정오(正午) 이전(以前)까지의 시간. ¶오전 수업. ❷자정부터 낮 열두 시까지의 시간. ¶오전 10시. ⓑ 상오(上午). ⓜ 오후(午後).

오:점 汚點 | 더러울 오, 점 점 [stain]
❶속뜻 더러운[汚] 점(點). ❷명예롭지 못한 흠이나 결점. ¶6·25는 우리 역사에 동족상잔의 오점을 남겼다.

오:종 五種 | 다섯 오, 갈래 종
[all kind of grain]
❶속뜻 다섯[五] 종류(種類). ❷다섯 가지 중요한 곡식, 쌀, 보리, 콩, 조, 기장을 이른다. ⓑ 오곡(五穀).

오죽-헌 烏竹軒 | 까마귀 오, 대 죽, 집 헌
❶속뜻 마당에 까만[烏] 대나무[竹]가 있는 집[軒]. ❷고적 이율곡이 태어난 집으로, 보물 제165호. 뜰 안에 오죽(烏竹)이 있어 이 이름을 붙였으며, 보물 정식 명칭은 '강릉 오죽헌'이다.

오:지 奧地 | 속 오, 땅 지
[interior; up-country]
해안이나 도시에서 멀리 떨어진 대륙 내부(奧)의 땅[地]. ¶아프리카 오지의 정글. ⓑ 오지대(奧地帶).

오:진 誤診 | 그르칠 오, 살펴볼 진
[misdiagnose]
의학 병을 잘못 그르치게[誤] 진단(診斷)하는 일. 또는 그런 진단. ¶그는 폐렴을 감기로 오진했다.

오:차 誤差 | 그르칠 오, 어긋날 차

[accidental error]
❶[속뜻] 잘못하여 그르치거나[誤] 어긋남[差]. ❷[수학] 실제 셈하여 측정한 값과 이론적으로 정확한 값과의 차이. ¶오차가 나다. ❸[수학] 참값과 근삿값과의 차이.

오:찬 午餐 | 낮 오, 밥 찬 [lunch]
보통 때보다 잘 차려서 손님을 대접하는 점심[午] 식사[餐]. ¶총리는 오찬 간담회를 열었다. [비] 주찬(晝餐).

오:체 五體 | 다섯 오, 몸 체
[whole body]
몸을 이루는 다섯[五] 부분[體]. 머리, 두 팔, 두 다리를 말한다.

오:촌 五寸 | 다섯 오, 관계 촌
[one's cousin's son]
❶[속뜻] 친척 가운데 다섯[五]번째 관계[寸]. ❷다섯 개의 촌수를 사이에 두고 있는 친척. 아버지의 사촌이나 아들의 사촌 간을 이른다.

오:판 誤判 | 그르칠 오, 판가름할 판
[misjudge]
잘못 보거나 잘못 그르치게[誤] 판단(判斷)함. 또는 잘못된 판단. ¶선수는 심판의 오판에 항의했다.

오한 惡寒 | 미워할 오, 찰 한 [chill]
❶[속뜻] 추위[寒]를 미워함[惡]. ❷[한의] 몸이 오슬오슬 떨리고 추위를 느끼는 증상. ¶어머니는 밤새 오한이 났다. [비] 오한증(惡寒症).

오합지졸 烏合之卒 | 까마귀 오, 모을 합, 어조사 지, 군사 졸
[disorderly crowd]
❶[속뜻] 까마귀[烏]가 모인[合] 것처럼 질서가 없는 병졸(兵卒). ❷임시로 모여들어서 규율이 없고 무질서한 병졸 또는 군중을 이르는 말. ¶적군은 수만 많았지 기율이 없는 오합지졸에 불과했다.

오:해 誤解 | 그르칠 오, 풀 해
[misunderstand]
그릇되게[誤] 해석(解釋)하거나 뜻을 잘못 앎. 또는 그런 해석. ¶긴 머리 때문에 나는 그를 여자로 오해했다 / 싸움은 사소한 오해에서 시작된다.

***오:후** 午後 | 낮 오, 뒤 후 [afternoon]
❶[속뜻] 정오(正午) 이후(以後) 밤 열두시까지의 시간. ¶오늘 오후 여섯 시로 약속을 잡았다. ❷정오부터 해가 질 때까지의 동안. ¶오후 수업. [비] 하오(下午). [반] 오전(午前).

옥[1] 玉 | 구슬 옥 [gem]
[광업] 엷은 녹색이나 회색 따위를 띠며, 빛이 곱고 모양이 아름다우므로 갈아서 보석으로 쓰는 광물. 경옥(硬玉)과 연옥(軟玉) 따위를 통틀어 이른다.

옥[2] 獄 | 감옥 옥 [prison]
죄인을 가두어 두는 곳. ¶변 사또는 춘향을 옥에 가두었다. [비] 감옥(監獄).

옥고 獄苦 | 감옥 옥, 괴로울 고
[hard prison life]
감옥(監獄)에서 하는 고생(苦生). ¶그는 옥고를 치르느라 많이 여위었다.

옥내 屋內 | 집 옥, 안 내
[interior of a house]
집 또는 건물[屋]의 안[內]. ¶옥내 공기를 정화시키다 / 옥내에서는 금연입니다. [반] 옥외(屋外).

옥동 玉童 | 구슬 옥, 아이 동
옥(玉)처럼 귀한 어린(童) 아이. '옥동자'(玉童子)의 준말.

옥-동자 玉童子 | 구슬 옥, 아이 동, 아들 자 [precious son]
❶[속뜻] 옥(玉)처럼 귀한 어린(童) 아들[子]. 또는 옥황상제가 사는 옥경(玉京)에 산다는, 맑고 깨끗한 용모를 가진 가상적인 어린아이. ❷어린 사내아이를 귀엽게 이르는 말. ¶옥동자를 낳다. [준] 옥동.

옥루 玉漏 | 구슬 옥, 샐 루
옥(玉)으로 만든 물시계. 물이 새어[漏] 떨어지는 힘으로 기륜이 회전되면서 12개의 인형이 북·종·징 등을 쳐서 시간을 알려준다. ¶장영실은 자격루(自擊漏)와 옥루를 만들었다.

옥사[1] **獄死** | 감옥 옥, 죽을 사
[death in prison]
감옥살이를 하다가 감옥(監獄)에서 죽음[死].

옥사[2] **獄舍** | 감옥 옥, 집 사 [jail]
감옥(監獄)으로 쓰이는 집[舍].

옥상 **屋上** | 집 옥, 위 상 [roof]
집[屋]의 위[上]. 특히 현대식 양옥 건물에서 마당처럼 편평하게 만든 지붕 위를 가리킨다. ¶옥상에 빨래를 널었다.

옥새 **玉璽** | 구슬 옥, 도장 새
[Royal Seal]
옥(玉)으로 만든 나라를 대표하는 도장[璽]. ¶조서를 옥새로 봉인했다. ⓗ 국새(國璽).

옥색 **玉色** | 구슬 옥, 빛 색 [jade green]
옥(玉)의 빛깔[色]과 같이 엷은 푸른색.

옥양목 **玉洋木** | 구슬 옥, 서양 양, 나무 목 [calico]
옥(玉)같이 귀하고 발이 고운 서양식(西洋式) 무명[木綿]. ¶할머니는 옥양목 치마저고리를 차려 입었다.

옥외 **屋外** | 집 옥, 밖 외 [outdoors]
집 또는 건물[屋]의 밖[外]. ¶옥외 행사. ⓗ 옥내(屋內).

옥잠-화 **玉簪花** | 구슬 옥, 비녀 잠, 꽃 화
[plantain lily]
식물 넓은 심장 모양의 잎이 나고, 8~9월에 향기가 있는 붉은 색 꽃이 피는 풀. 꽃봉오리가 옥비녀[玉簪]와 비슷한 꽃[花]이라 하여 붙여진 이름이다.

옥저 **沃沮** | 물댈 옥, 막을 저
❶속뜻 물을 대거나[沃] 막음[沮]. ❷역사 우리나라의 고대 국가 가운데 함경도의 함흥 일대에 있던 나라. 후에 고구려에 복속되었다.

옥좌 **玉座** | 구슬 옥, 자리 좌
[king's chair]
임금이 앉는 옥(玉)으로 만든 자리[座]. 또는 임금의 지위. ⓗ 왕좌(王座).

옥중 **獄中** | 감옥 옥, 가운데 중
[inside of a jail]
감옥(監獄)의 안[中]. ¶투옥된 지 3년이 지나자 옥중 생활에 익숙해졌다. ⓗ 옥리(獄裏).

옥토 **沃土** | 기름질 옥, 흙 토
[fertile soil]
비옥(肥沃)한 땅[土]. ¶이주민들은 밤낮 없이 매달려 황무지를 옥토로 만들었다. ⓗ 황무지(荒蕪地).

옥편 **玉篇** | 구슬 옥, 책 편
[dictionary of Chinese characters]
❶속뜻 옥(玉)같이 귀한 책[篇]. ❷낱낱의 한자 뜻을 풀이한 책. ⓗ 자전(字典).

옥황-상제 **玉皇上帝** | 구슬 옥, 임금 황, 임금 상, 임금 제
❶속뜻 옥(玉)같이 귀한 임금[皇]인 하느님[上帝]. ❷도교에서 '하느님'을 이르는 말.

온:건 **穩健** | 평온할 온, 튼튼할 건
[be moderate]
생각이나 행동 따위가 평온(平穩)하고 건실(健實)함. ¶온건 계층 / 온건 개혁파 / 온건한 사상.

온기 **溫氣** | 따뜻할 온, 기운 기
[warm air]
따뜻한[溫] 기운(氣運). ¶방에는 아직 온기가 남아 있다. ⓗ 냉기(冷氣).

온난 **溫暖** | =溫煖, 따뜻할 온, 따뜻할 난
[be warm]
날씨가 따뜻함[溫=暖]. ¶온난 기후 / 이곳은 겨울에도 비교적 온난하다.

▶ **온난-화** **溫暖化** | 될 화
지리 지구의 기온이 높아지게[溫暖] 됨[化]. 또는 그런 현상. ¶대기 오염으로 지구의 온난화가 심각하다.

▶ **온난 전선** **溫暖前線** | 앞 전, 줄 선
지리 차고 무거운 기단(氣團) 위에 따뜻하고[溫暖] 가벼운 기단이 오르며 형성되는 전선(前線). ⓗ 한랭(寒冷) 전선.

온대 **溫帶** | 따뜻할 온, 띠 대
[temperate zones]

❶[속뜻] 따뜻한[溫] 지대(地帶). ❷[지리] 연 평균 기온이 0~20℃이거나 가장 추운 달의 평균 기온이 영하 18~3℃의 지역. 열대(熱帶)와 한대(寒帶) 사이에 위치한다.

온도 溫度 | 따뜻할 온, 정도 도 [temperature]
[물리] 따뜻한[溫] 정도(程度). 또는 그것을 나타내는 수치. ¶실내 온도 / 기온은 영하 5도였지만 체감 온도는 영하 20도였다.

▸ 온도-계 溫度計 | 셀 계
[물리] 물체의 온도(溫度)를 재는 계기(計器).

▸ 온도-차 溫度差 | 어긋날 차
따뜻함과 차가운 온도(溫度)의 차이(差異). ¶바닷물의 온도차를 이용하여 에너지를 얻다.

온돌 溫堗 | =溫突, 따뜻할 온, 굴뚝 돌
❶[속뜻] 방을 따뜻하게[溫] 하기 위하여 설치한 굴뚝[堗]. ❷따뜻한 불기운이 방 밑을 통과하여 굴뚝으로 빠져나가면서 방을 덥히는 장치. ¶온돌은 한국 특유의 난방 설비이다. [비] 구들.

▸ 온돌-방 溫堗房 | 방 방
❶[속뜻] 온돌(溫堗)을 설치한 방(房). ❷구들을 놓아 난방 장치를 한 방.

온상 溫床 | 따뜻할 온, 평상 상 [warm nursery]
[농업] 인공적으로 따뜻하게[溫] 하여 식물을 기르는 상(床) 모양의 설비. ¶겨울철에는 딸기를 온상에서 재배한다.

온수 溫水 | 따뜻할 온, 물 수 [hot water]
따뜻한[溫] 물[水]. ¶보일러가 고장이 나서 온수가 나오지 않는다. [반] 냉수(冷水).

온순 溫順 | 따뜻할 온, 순할 순 [be meek]
성질이나 마음씨가 온화(溫和)하고 순(順)하다. ¶고슴도치는 온순한 동물이다 / 그녀는 성격이 온순하다.

온실 溫室 | 따뜻할 온, 방 실 [hothouse]
❶[속뜻] 난방 장치를 한 따뜻한[溫] 방[室]. ❷광선, 온도, 습도 따위를 조절하여 각종 식물의 재배를 자유롭게 하는 구조물. ¶온실에 화초를 기르다.

온장-고 溫藏庫 | 따뜻할 온, 감출 장, 곳집 고 [heating cabinet]
조리한 음식물을 따뜻하게[溫] 저장(貯藏)하는 창고(倉庫) 같은 장치. ¶온장고에서 따끈한 커피를 꺼내주었다.

온:전 穩全 | 평온할 온, 온전할 전 [be intact]
❶[속뜻] 평온(平穩)하고 완전(完全)하다. ❷본바탕대로 고스란히 다 있다. ¶온전한 그릇이 하나도 없다. ❸잘못된 것이 없이 바르거나 옳다. ¶정신이 온전한 사람이라면 그런 짓을 할 리가 없다.

온정 溫情 | 따뜻할 온, 마음 정 [warm heart]
따뜻한[溫] 마음[情]. 따뜻한 사랑. ¶온정이 넘치는 말.

온천 溫泉 | 따뜻할 온, 샘 천 [spa]
❶[속뜻] 따뜻한[溫] 물이 솟는 샘[泉]. ❷[지리] 지열에 의하여 지하수가 그 지역의 평균 기온 이상으로 데워져 솟아 나오는 샘. ❸온천을 이용하는 목욕 시설이 있는 곳. ¶울진 부근에는 덕구온천이 유명하다.

온탕 溫湯 | 따뜻할 온, 욕탕 탕 [hot bath]
따뜻한[溫] 물을 채운 목욕탕(沐浴湯). [반] 냉탕(冷湯).

온풍 溫風 | 따뜻할 온, 바람 풍 [warm air]
따뜻한[溫] 바람[風]. ¶언덕에는 온풍이 불고 아지랑이가 피어올랐다.

▸ 온풍-기 溫風器 | 그릇 기
따뜻한[溫] 바람[風]을 일으켜 실내를 덥게 하는 기구(器具). ¶온풍기를 틀자 방안이 금세 따뜻해졌다.

온화 溫和 | 따뜻할 온, 따스할 화 [be mild]
❶[속뜻] 날씨가 따뜻하고[溫] 바람이 따스하다[和]. ¶온화한 기후. ❷마음이 온순

하고 부드럽다. ¶온화한 성격.

옹 翁 | 늙은이 옹 [aged man]
사회적으로 존경을 받는, 나이 많은 남자 노인의 성(姓)이나 성명·호 뒤에 쓰여 그 사람을 높여 부르거나 이르는 말.

옹:-고집 甕固執 | 막을 옹, 굳을 고, 잡을 집 [stubbornness]
❶속뜻 귀를 꽉 막고[甕] 자기 고집(固執)만 부림. ❷억지가 매우 심하여 자기 의견만 내세워 우기는 성미. 또는 그런 사람. ¶이번에는 옹고집을 부려도 소용없다.

▶옹:고집-전 甕固執傳 | 전할 전
문학 옹고집(甕固執)의 전기(傳記). 부자이면서 인색하고 불효자인 옹고집이 중의 조화로 가짜 옹고집에게 쫓겨나 갖은 고생을 하면서, 잘못을 뉘우치고 착한 사람이 된다는 이야기로, 조선 후기의 판소리계 소설이다.

옹:기 甕器 | 독 옹, 그릇 기
[pottery with a dark brown glaze]
❶속뜻 독[甕] 모양의 그릇[器]. ❷유약을 바르지 않고 구운 질그릇과 유약을 발라 구운 오지그릇을 통틀어 이르는 말. 간장, 김치 따위를 담가 둘 때 쓴다.

옹:립 擁立 | 껴안을 옹, 설 립 [enthrone]
임금으로 모시어[擁] 세움[立]. ¶어린 세자를 새 왕으로 옹립하다.

옹:색 壅塞 | 막힐 옹, 막힐 색
[be hard up; be cramped]
❶속뜻 막혀서[壅=塞] 통하지 않음. ❷생활에 필요한 것이 없거나 모자라서 딱함. ¶옹색한 살림. ❸매우 비좁음. ¶방이 옹색하다.

옹성 甕城 | 독 옹, 성곽 성
❶속뜻 독[甕] 모양으로 성 밖을 둘러쌓은 성(城). ❷성을 튼튼히 지키기 위하여 큰 성문 밖에 원형(圓形)이나 방형(方形)으로 쌓은 작은 성.

옹:졸 壅拙 | 막힐 옹, 서툴 졸
[be narrow minded]
성격이 꽉 막혀[壅] 너그럽지 못하고, 소견이 좁아 행동이 서투르다[拙]. ¶옹졸한 사람 / 그는 생각이 옹졸하다. 땐너그럽다.

옹:호 擁護 | 껴안을 옹, 돌볼 호
[support; back up]
❶속뜻 껴안아서[擁] 잘 돌봄[護]. ❷두둔하고 편들어 지키는 것. ¶정치체제를 옹호하기 위해 화폐제도를 개혁했다 / 자유를 옹호하다.

▶옹:호-자 擁護者 | 사람 자
두둔하고 편들어 지켜 주는[擁護] 사람[者]이나 단체. ¶그에 대한 옹호자가 한 사람도 없었다.

와전 訛傳 | 그릇될 와, 전할 전
[misrepresent]
잘못[訛] 전(傳)함. 사실과 다르게 전함. ¶내가 한 말이 와전되어 오해가 생겼다 / 그들은 진실을 와전하고 있다.

와중 渦中 | 소용돌이 와, 가운데 중
[vortex]
❶속뜻 소용돌이[渦] 가운데[中]. ❷일이나 사건 따위가 시끄럽고 복잡하게 벌어지는 가운데. ¶많은 사람이 전란의 와중에 가족을 잃었다.

와해 瓦解 | 기와 와, 풀 해 [collapse]
❶속뜻 기와[瓦]를 만들 때 원통의 틀이 두 개로 분해(分解)됨. ❷조직이 갈라져 흩어짐. ¶전통적인 가족 형태가 급속도로 와해되고 있다.

완강 頑強 | 미련할 완, 굳셀 강
[be stubborn]
미련할[頑] 정도로 의지가 굳세다[強]. ¶주민들은 공장 설립을 완강히 반대했다. 땐유연(柔軟)하다.

완결 完結 | 완전할 완, 맺을 결
[complete; finish]
완전(完全)하게 끝을 맺음[結]. ¶조설근은 소설을 완결하지 못하고 세상을 떠났다.

완고 頑固 | 미련할 완, 굳을 고
[be obstinate]

미련할[頑] 정도로 성질이 고집(固執)스럽다. ¶옆집 할아버지는 완고한 데가 있다.

완ː곡 婉曲 | 은근할 완, 굽을 곡
[be indirect]
❶속뜻 말이나 행동을 드러내지 않고[婉] 빙 돌려서[曲] 나타내다. ¶완곡하게 거절하다. ❷말씨가 곱고 차근차근하다. ¶완곡한 말씨.

완공 完工 | 완전할 완, 일 공
[completion]
공사(工事)를 완성(完成)함. ¶건물을 3년 만에 완공했다. 뗀 기공(起工), 착공(着工).

완ː구 玩具 | 놀 완, 갖출 구 [toy]
놀이[玩] 기구(器具). ¶완구는 안전해야 한다. 뗸 장난감.

완납 完納 | 완전할 완, 바칠 납
[pay in full]
남김없이 완전(完全)히 납부(納付)함. ¶등록금을 완납하다.

***완두 豌豆** | 완두 완, 콩 두
[pea; pease]
식물 겹잎의 잎이 감아 올라가며 자라는 식물. 열매는 요리해서 먹는다. ¶멘델은 완두로 유전현상을 연구했다.

완ː력 腕力 | 팔 완, 힘 력
[physical strength; force]
❶속뜻 팔[腕]의 힘[力]. ¶그녀는 몸집은 작지만 완력이 세다. ❷육체적으로 억누르는 힘. ¶그는 무슨 일이든지 완력으로 해결하려 한다.

안료 完了 | 안전할 안, 마칠 료
[complete; finish]
완전(完全)히 끝마침[了]. ¶준비 완료. 뗸 종료(終了).

완ː만 緩慢 | 느릴 완, 게으를 만
[be slow; be easy]
❶속뜻 느리고[緩] 게으름[慢]. ❷행동이 느릿느릿하다. ¶완만한 동작. ❸경사가 급하지 않다. ¶완만한 언덕길. 뗸 빠르다, 신속(迅速)하다.

완벽 完璧 | 완전할 완, 둥근 옥 벽
[perfect]
❶속뜻 흠이 없이 완전(完全)한 옥[璧]. ❷결함이 없이 완전함. ¶그는 완벽에 가까운 묘기를 보여주었다. 뗸 완전무결(完全無缺). 뗸 미비(未備).

완봉 完封 | 완전할 완, 봉할 봉
[shut out]
❶속뜻 완전(完全)히 막거나 봉(封)함. ❷운동 야구에서 투수가 상대 팀에게 득점을 허용하지 않으면서 완투하는 일.

▶완봉-승 完封勝 | 이길 승
운동 야구에서 투수가 상대편 타자들이 득점할 기회를 완전(完全)히 막아[封] 이기는[勝] 것. ¶완봉승을 거둔 투수에게 박수를 보내다.

완비 完備 | 완전할 완, 갖출 비
[equip completely]
빠짐없이 완전(完全)히 다 갖춤[備]. ¶이 호텔에는 연회실이 완비되어 있습니다. 뗸 완구(完具). 뗸 미비(未備).

***완성 完成** | 완전할 완, 이룰 성 [complete; finish]
완전(完全)히 다 이룸[成]. ¶그 작품은 20년 만에 완성되었다. 뗸 미완성(未完成).

▶완성-선 完成線 | 줄 선
설계 따위에서 제품을 완성(完成)하는 선(線). ¶완성선을 따라 바느질을 하다.

▶완성-품 完成品 | 물건 품
완성(完成)된 물건[品].

완수 完遂 | 완전할 완, 이룰 수
[fulfill; carry through]
뜻한 바를 완전(完全)히 이루어냄[遂]. ¶임무를 완수하다.

완숙 完熟 | 완전할 완, 익을 숙
[grow fully]
❶속뜻 열매 따위가 완전(完全)히 무르익음[熟]. ❷음식 따위를 완전히 삶음. ¶달걀을 완숙으로 삶아서 찬물에 담가 두었

다. ❸재주나 기술 따위가 아주 능숙함. ¶그의 소리는 완숙의 경지에 이르렀다.

완승 完勝 | 완전할 완, 이길 승
[win a complete victory]
완전(完全)하게 또는 여유 있게 이김[勝]. 또는 그런 승리. ¶우리 팀은 원정 경기에서 완승을 거두었다. [반] 완패(完敗).

완연 宛然 | 마치 완, 그러할 연
[be obvious]
❶[속뜻] 모양이 마치[宛] 그러하다[然]. 매우 흡사하다. ❷눈에 보이는 것처럼 아주 또렷함. ¶봄빛이 완연하다.

완:장 腕章 | 팔 완, 글 장 [armband]
신분이나 지위 따위를 나타내기 위하여 팔[腕]에 두르는 표장(標章).

***완전** 完全 | 갖출 완, 온전할 전
[whole; perfect]
필요한 것이 모두 갖추어져[完] 모자람이나 흠이 없음[全]. ¶완전한 성공 / 완전히 잊다. [반] 불완전(不完全).

▸완전-무결 完全無缺 | 없을 무, 모자랄 결
충분히 갖추어져 있어[完全] 아무런 결점(缺點)이 없음[無]. ¶이 세상에 완전무결한 인간은 존재하지 않는다.

완제 完製 | 완전할 완, 만들 제
완전(完全)하게 만듦[製]. 또는 그런 제품. ¶완제 생산.

▸완제-품 完製品 | 물건 품
일정한 조건에 맞추어 제작을 다 마친[完製] 물건[品]. ¶우리 회사는 완제품을 수입한다.

완주 完走 | 완전할 완, 달릴 주
[run the whole distance]
목표한 지점까지 완전히[完] 다 달림[走]. ¶80대 노인이 마라톤 전 구간을 완주했다.

완:충 緩衝 | 느릴 완, 부딪칠 충 [buff]
충격(衝擊)을 누그러지게[緩] 함. ¶에어백은 자동차와 운전자 사이에서 완충 역할을 한다.

완치 完治 | 완전할 완, 다스릴 치
[recover completely]
병을 완전(完全)히 낫게 함[治]. ¶수술로 암을 완치하다. [반] 불치(不治).

완쾌 完快 | 완전할 완, 빠를 쾌
[complete recovery]
병의 완전(完全)하고 빠르게[快] 나음. ¶완쾌를 빌다.

완패 完敗 | 완전할 완, 패할 패
[suffer a complete defeat]
완전(完全)하게 패(敗)함. ¶공화당은 총선(總選)에서 완패했다. [비] 전패(全敗). [반] 완승(完勝).

완:행 緩行 | 느릴 완, 갈 행 [go slowly]
❶[속뜻] 느리게[緩] 감[行]. ❷완행열차. ¶간이역에는 완행만 선다.

▸완:행-열차 緩行列車 | 벌일 렬, 수레 차
일정한 구간을 천천히 운행하면서[緩行] 역마다 멎는 열차(列車). ¶완행열차를 타고 여행하다. [반] 급행열차(急行列車).

완:화 緩和 | 느릴 완, 따스할 화
[relax; ease (off)]
느슨하고[緩] 온화(穩和)하게 함. ¶그 학교는 입학 조건을 대폭 완화했다 / 이 약은 통증을 완화시켜 준다.

왈가왈부 曰可曰否 | 가로 왈, 옳을 가, 가로 왈, 아닐 부 [argue pro and con]
어떤 일에 대하여 옳다[可] 말하거나[曰] 옳지 않다고[否] 말함[曰]. 옥신각신함. ¶이제 와서 왈가왈부해 봐야 아무 소용없다.

왕 王 | 임금 왕 [king]
군주 국가에서 가장 높은 지위와 가장 큰 권력을 가진 사람. [비] 군주(君主), 국왕(國王), 임금. [속담] 호랑이 없는 골에 토끼가 왕 노릇 한다.

왕관 王冠 | 임금 왕, 갓 관 [crown]
임금[王]이나 경기의 일인자로 뽑힌 사람이 머리에 쓰는 관(冠). ¶그는 보석이 촘촘히 박혀 있는 왕관을 썼다 / 미스코리아는 왕관을 쓰고 천천히 걸었다.

***왕국** 王國 | 임금 왕, 나라 국 [kingdom]

임금[王]이 다스리는 나라[國]. ¶고대 왕국.

왕궁 王宮 | 임금 왕, 집 궁 [king's palace]
임금[王]이 거처하는 궁전(宮殿). ¶경복궁은 조선시대 왕궁 중 하나이다.

왕권 王權 | 임금 왕, 권력 권 [royal authority]
임금[王]이 지닌 권력(權力). ¶왕권 정치.

왕:년 往年 | 갈 왕, 해 년 [past]
지나간[往] 해[年]. ¶이래 봬도 왕년에는 스타였다.

왕:래 往來 | 갈 왕, 올 래 [come and go; associate with]
❶[속뜻]가고[往] 오고[來] 함. ¶이 길은 사람들의 왕래가 잦다. ❷서로 교제하여 사귐. ¶나는 그와 주로 편지로 왕래한다.

***왕릉** 王陵 | 임금 왕, 무덤 릉 [royal tomb]
임금[王]의 무덤[陵]. ¶천마총은 신라 지증왕의 왕릉으로 알려져 있다.

왕립 王立 | 임금 왕, 설 립 [royal]
국왕(國王)이나 왕족이 세움[立]. 또는 그런 것. ¶왕립 박물관.

왕명 王命 | 임금 왕, 명할 명 [king's order]
임금[王]의 명령(命令). ¶죽더라도 왕명을 받들겠습니다.

왕:복 往復 | 갈 왕, 돌아올 복 [travel back and forth]
갔다가[往] 돌아옴[復]. ¶왕복 차표 / 이 여객선은 부산과 제주를 왕복한다. [반]편도(片道).

▸왕복-선 往復船 | 배 선
목적지까지 갔다가 다시 돌아오는[往復] 배[船]나 우주선. ¶우주 왕복선 컬럼비아호.

왕비 王妃 | 임금 왕, 왕비 비 [queen]
임금[王]의 아내[妃]. [비]왕후(王后).

왕:성 旺盛 | 성할 왕, 가득할 성 [be prosperous]
한창 성하고[旺] 가득 참[盛]. ¶혈기 왕성 / 식욕이 왕성하다.

왕-세자 王世子 | 임금 왕, 세대 세, 아들 자 [crown prince]
왕(王)의 대[世]를 이을 왕자(王子). ¶그는 둘째 아들을 왕세자로 봉했다. [비]국본(國本).

왕실 王室 | 임금 왕, 집 실 [royal family]
임금[王]의 집안[室].

왕:오천축국-전 往五天竺國傳 | 갈 왕, 다섯 오, 하늘 천, 대나무 축, 나라 국, 전할 전
[책명]신라 때의 승려 혜초(慧超)가 10년 동안 인도[天竺]의 5[五]개국(國)을 갔다 가[往] 당나라에 돌아와서 완성한 여행기[傳].

왕:왕 往往 | 갈 왕, 갈 왕 [often]
❶[속뜻]가고[往] 또 감[往]. ❷시간의 간격을 두고 이따금. ¶이런 일은 왕왕 생긴다.

왕위 王位 | 임금 왕, 자리 위 [throne]
임금[王]의 자리[位]. ¶세조는 단종의 뒤를 이어 왕위를 계승했다. [비]왕좌(王座).

왕자[1] 王者 | 임금 왕, 사람 자 [champion]
❶[속뜻]임금[王] 된 사람[者]. ❷각 분야에서 특히 뛰어난 사람을 비유하여 이르는 말. ¶고래는 바다의 왕자이다.

***왕자**[2] 王子 | 임금 왕, 아들 자 [royal prince]
임금[王]의 아들[子]. ¶왕비는 10년만에 왕자를 낳았다. [반]공주(公主).

▸왕자-병 王子病 | 병 병
남자가 마치 자기가 왕자(王子)처럼 멋있거나 귀한 사람이라고 생각하는 병적(病的)인 태도.

***왕조** 王朝 | 임금 왕, 조정 조 [dynasty]
❶[속뜻]임금[王]이 친히 다스리는 조정(朝廷). ❷한 왕가가 다스리는 시대. ¶조선 왕조 오백 년/왕조 실록. /세습 왕조

왕족 王族 | 임금 왕, 겨레 족 [royal family]

임금[王]의 일가[族]. ¶그녀는 스코틀랜드 왕족과 결혼한다.

왕좌 王座 | 임금 왕, 자리 좌 [throne]
임금[王]이 앉는 자리[座]. 또는 임금의 지위. [비] 옥좌(玉座), 왕위(王位).

왕:진 往診 | 갈 왕, 살펴볼 진
[doctor's visit to a patient]
의사가 병원 밖의 환자가 있는 곳으로 가서[往] 진찰(診察)함. ¶선생님은 지금 왕진하러 가셨습니다.

왕후 王后 | 임금 왕, 황후 후 [queen]
임금[王]의 아내[后]. [비] 왕비(王妃).

왜곡 歪曲 | 비뚤 왜, 굽을 곡
[distort; twist]
❶[속뜻] 비뚤고[歪] 굽음[曲]. ❷사실과 다르게 해석하거나 그릇되게 함. ¶역사를 왜곡하다.

왜관 倭館 | 일본 왜, 집 관
[역사] 조선 시대에 입국한 일본 왜인(倭人)들이 머물면서 외교적인 업무나 무역을 행하던 관사(館舍). 지금의 부산에 있었다.

***왜구** 倭寇 | 일본 왜, 도둑 구 [Japanese pirate raiders]
[역사] 일본[倭]의 도둑떼[寇]. 중국과 우리나라 연안에서 약탈을 일삼았다. ¶최영 장군은 홍산에서 왜구를 격퇴했다.

왜국 倭國 | 일본 왜, 나라 국 [Japan]
❶[속뜻] 왜인(倭人)들의 나라[國]. ❷예전에 '일본'(日本)을 이르던 말. ¶왜국 공사관.

***왜군** 倭軍 | 일본 왜, 군사 군
일본[倭]의 군대(軍隊)를 낮잡아 이르는 말.

****왜란** 倭亂 | 일본 왜, 어지러울 란
❶[속뜻] 왜인(倭人)들이 일으킨 난리(亂離). ❷[역사] 임진왜란(壬辰倭亂).

왜병 倭兵 | 일본 왜, 군사 병
일본[倭] 병사(兵士)를 낮잡아 이르는 말.

왜선 倭船 | 일본 왜, 배 선
[Japanese ship]
❶[속뜻] 왜인(倭人)들의 배[船]. ❷예전에, 일본 왜인들이 만든 배를 이르던 말. ¶왜선들이 나타났다.

왜소 矮小 | 작을 왜, 작을 소 [be dwarf]
작고[矮=小] 초라하다. ¶그는 체격이 왜소하다. [반] 거대(巨大)하다.

왜인 倭人 | 일본 왜, 사람 인 [Japanese]
일본[倭] 사람[人]의 낮춤말.

왜왕 倭王 | 일본 왜, 임금 왕
❶[속뜻] 왜인(倭人)들의 왕(王). ❷예전에, 일본의 왕을 이르던 말.

****왜적** 倭賊 | 일본 왜, 도둑 적 [Japanese invaders]
일본[倭]에서 온 도둑놈[賊]. ¶고려 말 남해안 일대에는 왜적들의 노략질이 끊이지 않았다.

외: 外 | 밖 외 [except]
일정한 범위나 한계를 벗어남을 나타내는 말. 밖. ¶나는 학교 외에는 아무 데도 가지 않았다.

외:가 外家 | 밖 외, 집 가
[family of one's mother's side]
어머니[外]의 친정 집[家]. ¶그는 외가 쪽을 많이 닮았다. [반] 친가(親家).

외:경 畏敬 | 두려워할 외, 공경할 경
두려워하면서[畏] 공경(恭敬)함. ¶그는 외경의 인물로 평가되어 왔다. [비] 경외(敬畏).

▸ 외:경-심 畏敬心 | 마음 심
두려워하면서[畏] 공경(恭敬)하는 마음[心].

외:계 外界 | 밖 외, 지경 계
[outer space]
❶[속뜻] 바깥[外] 세계(世界). 또는 자기 몸 밖의 범위. ¶외계와의 단절. ❷지구 밖의 세계. ¶외계에서 온 사람.

▸ 외:계-인 外界人 | 사람 인
지구 이외(以外)의 세계(世界)에 존재한다고 상상되는 사람[人]과 비슷한 존재. [비] 우주인(宇宙人).

외:과 外科 | 밖 외, 분과 과
[science of surgery]
쉽게 몸 외부(外部)의 상처를 치료하는 의학의 한 분과(分科). ¶외과 치료를 받다.

외:곽 外郭 | =外廓, 밖 외, 외성 곽
[outline; outer wall]
❶속뜻 성 밖[外]에 다시 둘러쌓은 외성[郭]. ❷바깥 테두리. ¶외곽 도로.

외:관 外觀 | 밖 외, 볼 관
[external appearance]
겉[外]으로 보이는[觀] 모양. ¶에펠탑은 외관이 흉물스럽다고 천대를 받았다. ⓑ 겉모습, 외견(外見).

외:교 外交 | 밖 외, 사귈 교 [diplomacy]
정치 다른 나라[外國]와 정치적, 경제적, 문화적 관계를 맺는[交] 일. ¶정상 외교. ⓑ 외치(外治).

▶ **외:교-관 外交官** | 벼슬 관
법률 외국에 주재하며 자기 나라를 대표하여 외교 사무에 종사하는[外交] 관직(官職). 또는 그 관직에 종사하는 사람.

▶ **외:교-권 外交權** | 권리 권
법률 국제법에서 주권 국가로서 외국과 외교(外交)를 할 수 있는 권리(權利). ¶일제는 을사조약으로 대한제국의 외교권을 빼앗았다.

▶ **외교 통상부 外交通商部** | 다닐 통, 장사 상, 나눌 부
법률 외교(外交)·통상(通商)·경제 협력 따위에 관한 일을 맡아 보는 정부 부서(部署).

*__외:국 外國__ | 밖 외, 나라 국
[foreign country]
자기 나라가 아닌 다른[外] 나라[國]. ¶그는 외국에서 학교를 다녔다. ⓑ 이국(異國), 타국(他國). ⓑ 고국(故國), 모국(母國).

▶ **외:국-산 外國産** | 재물 산
다른 나라[外國]에서 생산(生産)함. 또는 그런 물건. ¶외국산 자동차를 수입하다. ⓑ 국산(國産).

▶ **외:국-어 外國語** | 말씀 어
다른 나라[外國]의 말[語]. ¶그는 어릴 적부터 외국어를 배웠다. ⓑ 모국어(母國語).

▶ **외:국-인 外國人** | 사람 인
다른 나라[外國] 사람[人]. ¶한국을 찾는 외국인 관광객이 크게 늘었다. ⓑ 내국인(內國人), 자국인(自國人).

외:람 猥濫 | 함부로 외, 넘칠 람
[be presumptuous]
말이나 행동을 함부로[猥]하여 분수에 넘침[濫]. ¶외람되게 한 말씀 드립니다.

외:래 外來 | 밖 외, 올 래
[coming from abroad]
❶속뜻 밖[外]에서 들여옴[來]. 또는 다른 나라에서 옴. ¶외래 문물. ❷환자가 입원하지 않고 병원에 다니면서 치료를 받음. 또는 그 환자. ¶외래 진찰권.

▶ **외:래-어 外來語** | 말씀 어
언어 외국에서 들어온[外來] 말[語]로 국어처럼 쓰이는 단어. ¶'버스', '텔레비전'은 외래어다.

▶ **외:래-종 外來種** | 갈래 종
다른 나라에서 들어온[外來] 씨[種]나 품종. ¶외래종 때문에 토착 동물이 서식지를 잃었다.

외:면 外面 | 밖 외, 낯 면
[look the other way]
❶속뜻 바깥[外] 면(面). ❷마주치기를 꺼리어 피하거나 얼굴을 돌림. ¶승재는 친구들에게 외면을 당했다.

외:모 外貌 | 밖 외, 모양 모
[appearance]
겉[外]으로 드러나 보이는 모양[貌]. ¶외모가 번듯한 기와집들 / 사람을 외모로 판단해서는 안 된다. ⓑ 겉모습.

외:무 外務 | 밖 외, 일 무
[foreign affairs]
외교(外交)에 관한 사무(事務). ¶외무 당국은 이번 사태에 큰 우려를 표명했다.

외:박 外泊 | 밖 외, 묵을 박 [sleep out]

집이나 일정한 숙소에서 자지 않고 밖[外]에 나가서 잠[泊]. ¶그는 며칠 동안 부모님께 말씀드리지 않고 외박했다.

외:벽 外壁 | 밖 외, 담 벽
건물 바깥[外] 쪽을 둘러싸고 있는 벽(壁). ¶건물 외벽에 칠을 새로 했다.

*외:부 外部 | 밖 외, 나눌 부 [outside]
❶ 속뜻 바깥[外] 부분(部分). ¶건물의 외부에 분홍색 페인트칠을 했다. ❷조직이나 단체의 밖. ¶비밀이 외부로 새어나갔다. 凹 내부(內部).

▶ **외:부-인 外部人** | 사람 인
같은 조직이나 단체에 속해 있지 않는[外部] 사람[人]. ¶외부인은 출입을 금합니다.

외:-사촌 外四寸 | 밖 외, 넉 사, 관계 촌 [maternal cousin]
외가(外家) 쪽 촌수로 따졌을 때, 사촌(四寸) 관계에 있는 사람. 즉 외삼촌의 자녀를 가리킨다. ¶외사촌 누이는 안동으로 출가했다.

외:-삼촌 外三寸 | 밖 외, 석 삼, 관계 촌 [maternal uncle]
외가(外家) 쪽 촌수로 따졌을 때, 삼촌(三寸) 관계에 있는 사람. 즉 어머니의 남자 형제를 가리킨다. ¶아버지를 대신해 외삼촌이 우리를 키우셨다.

*외:상 外傷 | 밖 외, 다칠 상
[external injury]
의학 몸의 겉[外]에 생긴 상처(傷處)를 통틀어 이르는 말. ¶외상보다 눈에 보이지 않는 내상(內傷)이 더 위험할 수 있다.

외:-생식기 外生殖器 | 밖 외, 날 생, 불릴 식, 그릇 기 [external genitalia]
의학 신체의 외부(外部)에 있는 생식기(生殖器). 凹 외음부(外陰部).

외:성 外城 | 밖 외, 성곽 성
성 밖[外]에 겹으로 둘러쌓은 성(城). ¶적이 외성을 공격하는 사이 우리는 성을 빠져나가 적의 뒤를 쳤다. 凹 내성(內城).

외:세 外勢 | 밖 외, 힘 세
[foreign power]
❶ 속뜻 외국(外國)의 힘[勢]. ¶외세의 침략에서 벗어나고자 농민들은 힘을 모았다. ❷바깥의 형세. ¶외세를 살피다.

외:손 外孫 | 밖 외, 손자 손 [one's grandchild; one's daughter's child]
집안의 성씨가 아닌 다른[外] 성씨의 자손(子孫). 즉, 딸이 낳은 외손자와 외손녀를 이른다. ¶장인, 장모가 딸 내외와 외손을 맞았다. 凹 사손(獅孫), 저손(杵孫).

외:-손자 外孫子 | 밖 외, 손자 손, 아이 자 [one's grandson]
집안의 성씨가 아닌 다른[外] 성씨의 손자(孫子). 즉 딸이 낳은 손자를 이른다.

외:숙 外叔 | 밖 외, 아저씨 숙 [maternal uncle]
외가(外家) 쪽의 숙부(叔父). 凹 외삼촌(外三寸).

외:-숙모 外叔母 | 밖 외, 아저씨 숙, 어머니 모 [maternal uncle's wife]
외가(外家) 쪽의 숙모(叔母).

외:-숙부 外叔父 | 밖 외, 아저씨 숙, 아버지 부
외가(外家) 쪽의 숙부(叔父). 凹 외삼촌(外三寸).

외:식 外食 | 밖 외, 먹을 식 [dine out]
집에서 직접 해 먹지 않고 밖에서[外] 음식을 사 먹음[食]. 또는 그런 식사. ¶우리 가족은 일주일에 한 번 외식을 한다.

▶ **외:식-비 外食費** | 쓸 비
외식(外食)을 하는 데에 쓰이는[費] 돈. ¶이번 달에는 외식비가 늘었다.

외:신 外信 | 밖 외, 소식 신
[foreign news]
외국(外國)으로부터 온 소식[信]. ¶외신 기사. 凹 외전(外電).

외:야 外野 | 밖 외, 들 야 [outfield]
❶ 속뜻 바깥[外] 쪽에 있는 들[野]. ❷ 운동 야구에서, 본루·1루·2루·3루를 연결한 선 뒤쪽의 파울 라인 안의 지역.

▶ **외:야-수 外野手** | 사람 수

[운동] 야구에서, 외야(外野)를 지키는 선수(選手). 우익수(右翼手)·좌익수(左翼手)·중견수(中堅手)를 통틀어 이르는 말. ⓓ 내야수.

외:양 外樣 | 밖 외, 모양 양
[outward appearance]
겉[外] 모양(模樣). ¶저 개가 외양은 볼품없어도 집을 잘 지킨다. ⓓ 겉모양.

외:자 外資 | 밖 외, 재물 자
[foreign capital]
[경제] '외국자본'(外國資本)의 준말. ¶외자를 유치하여 산업을 발전시키다.

외:적¹ 外的 | 밖 외, 것 적 [external]
❶ [속뜻] 사물의 외부(外部)에 관한 것[的]. ❷정신에 상대하여 물질이나 육체에 관한 것. ¶외적 욕망. ⓓ 내적(內的).

*외:적² 外敵** | 밖 외, 원수 적
[foreign enemy]
외국(外國)으로부터 쳐들어오는 적(敵). ⓓ 외구(外寇).

외:제 外製 | 밖 외, 만들 제
[of foreign manufacture]
외국(外國)에서 만듦[製]. '외국제'의 준말. ¶외제차. ⓓ 국산(國産).

외:조 外祖 | 밖 외, 할아버지 조
외가(外家) 쪽의 조부모(祖父母).

외:-조모 外祖母 | 밖 외, 할아버지 조, 어머니 모 [maternal grandmother]
외가(外家) 쪽의 할머니[祖母]. ⓓ 외할머니.

외:-조부 外祖父 | 밖 외, 할아버지 조, 아버지 부 [maternal grandfather]
외가(外家) 쪽의 할아버지[祖父]. ⓓ 외할아버지.

외:종 外從 | 밖 외, 사촌 종
[cousin on ones mothers side]
외삼촌(外三寸)의 아들이나 딸로 나와 사촌[從]이 되는 관계.

외:채 外債 | 밖 외, 빚 채
[foreign debt]
[경제] 외국(外國)에 진 빚[債]. '외국채'의 준말.

외:척 外戚 | 밖 외, 겨레 척
[relatives on the mother's side]
외가(外家) 쪽의 친척(親戚). ¶흥선대원군은 외척이 세도를 부리지 못하도록 하였다.

외:출 外出 | 밖 외, 날 출 [go out]
밖[外]으로 나감[出]. ¶지금은 외출 중이오니 메시지를 남겨주세요. ⓓ 나들이.

▶외:출-복 外出服 | 옷 복
밖에 나갈 때[外出] 입는 옷[服]. ⓓ 나들이옷.

외:침 外侵 | 밖 외, 쳐들어갈 침
다른 나라나 외부(外部)에서 쳐들어옴[侵]. ¶남해안 지역은 외침이 빈번했다.

외:투 外套 | 밖 외, 덮개 투 [overcoat]
추위를 막기 위하여 겉[外]옷 위에 입는 [套] 옷. ¶외투를 걸치다.

외:판 外販 | 밖 외, 팔 판
[traveling sale; canvassing]
판매원이 직접 외부(外部) 고객을 찾아다니면서 물건을 팖[販]. ¶외판 사원.

▶외:판-원 外販員 | 사람 원
직접 고객을 찾아다니면서 물건을 파는 [外販] 사람[員]. ¶외판원 생활을 하다. ⓓ 세일즈맨(sales man).

외:풍 外風 | 밖 외, 바람 풍
[draft of air]
밖[外]에서 들어오는 바람[風]. ¶내 방은 외풍이 심하다.

외:항 外項 | 밖 외, 목 항 [outer term]
[수학] 비례식의 바깥쪽[外]에 있는 두 항(項). a:b=c:d에서 a와 d 따위. ⓓ 내항(內項).

외:형 外形 | 밖 외, 모양 형
[external form]
사물의 겉[外] 모양[形]. ¶주전자의 외형은 동그랗다.

외:화¹ 外貨 | 밖 외, 돈 화
[foreign money]
[경제] 외국(外國)의 돈[貨]. 외국의 통화로

표시된 수표나 유가 증권 따위도 포함한다. ¶외화를 벌어들이다.

외:화² 外畵 | 밖 외, 그림 화
[foreign movie]
연영 외국(外國)에서 제작된 영화(映畵). 반 방화(邦畵).

외:환 外換 | 밖 외, 바꿀 환
[foreign exchange]
경제 외국(外國)과의 거래를 결제할 때 쓰는 환(換)어음. 발행지와 지급지가 서로 다른 나라일 때 쓴다. '외국환(外國換) 어음'의 준말. ¶외환위기.

요건 要件 | 구할 요, 조건 건
[necessary condition]
필요(必要)한 조건(條件). ¶자격 요건.

요괴 妖怪 | 요사할 요, 이상할 괴 [ghost]
❶속뜻 요사(妖邪)스럽고 괴이(怪異)함. ❷요사스러운 귀신.

요구 要求 | 구할 요, 구할 구 [demand]
받아야 할 것을 필요(必要)에 의하여 달라고 청구(請求)함. ¶요구 사항 / 지나치게 요구하다. 비 요청(要請).

요:금 料金 | 삯 료, 돈 금 [charge]
수수료(手數料) 따위에 상당하는 돈[金]. ¶택시 요금 / 요금을 올리다.

▶ **요:금-표 料金表** | 겉 표
무엇을 이용하거나 구경한 값으로 치르는 돈[料金]을 써 놓은 표(表). ¶놀이동산 이용 요금표.

요기 療飢 | 병고칠 료, 배고플 기
[appease hunger]
간신히 배고픈[飢] 증세만 고칠[療] 정도로 조금 먹음. ¶아침 요기.

요긴 要緊 | 요할 요, 급할 긴
[be essentially important]
❶속뜻 중요(重要)하고도 급함[緊]. ❷중요하여 꼭 필요로 함. ¶요긴한 물건. 비 긴요(緊要)하다.

요도 尿道 | 오줌 뇨, 길 도 [urethra]
의학 오줌[尿]을 방광으로부터 몸 밖으로 배출하기 위한 길[道].

요동 搖動 | 흔들 요, 움직일 동 [shake]
흔들리거나 흔들어[搖] 움직임[動]. ¶배는 파도 때문에 요동을 쳤다.

요란 擾亂 | =搖亂, 흔들 요, 어지러울 란
[be noisy]
❶속뜻 정신이 흔들리거나[擾] 어지러움[亂]. ¶요란한 옷. ❷시끄럽고 떠들썩함. ¶박수 소리가 요란하다 / 코 고는 소리가 요란스럽다.

요람 搖籃 | 흔들 요, 바구니 람 [cradle]
젖먹이를 태우고 흔들어[搖] 놀게 하거나 잠재우는 바구니[籃]. ¶요람 속의 아기.

요량 料量 | 헤아릴 료, 헤아릴 량
[plan out; guess]
앞일을 잘 헤아려[料=量]봄. 또는 그런 생각. ¶낮잠을 잘 요량으로 소파에 누웠다.

요령 要領 | 요할 요, 요점 령
[main point]
❶속뜻 중요(重要)한 골자나 요점[領]. ❷일을 하는 데 필요한 효과적인 방법. ¶논문 작성 요령. ❸적당히 해 넘기는 잔꾀. ¶요령을 부리다.

요리 料理 | 헤아릴 료, 다스릴 리 [cook]
❶속뜻 요모조모 헤아려[料] 잘 다스림[理]. ❷음식을 일정한 방법으로 만듦. 또는 그 음식. ¶요리 솜씨.

▶ **요리-사 料理師** | 스승 사
요리(料理)를 전문으로 하는 사람[師]. ¶그는 중식(中食) 요리사이다.

▶ **요리-책 料理冊** | 책 책
여러 가지 음식 만드는[料理] 방법을 적어 놓은 책(冊). ¶요리책을 보고 배우다.

요망¹ 妖妄 | 요사할 요, 망령될 망
[act frivolously]
❶속뜻 요사(妖邪)스럽고 망령(妄靈)됨. ❷언행이 방정맞고 경솔함. ¶요망을 떨다.

요망² 要望 | 구할 요, 바랄 망
[be required]
요구(要求)하고 희망(希望)함. ¶연락 요

망.

요법 療法 | 병고칠 료, 법 법
[medical treatment]
한쪽 병을 고치는[療] 방법(方法). ¶한방 요법.

요산요수 樂山樂水 | 좋아할 요, 메 산, 좋아할 요, 물 수
❶속뜻 산(山)을 좋아하고[樂] 물[水]을 좋아함[樂]. ❷산수 자연을 즐기고 좋아함. ¶요산요수할 여유가 없다.

요새 要塞 | 요할 요, 변방 새 [fortress]
❶속뜻 군사적으로 중요(重要)한 변방[塞]. ❷군사 중요(重要)한 곳에 구축하여 놓은 견고한 성채나 방어시설(防禦施設).

요소¹ 尿素 | 오줌 뇨, 바탕 소 [urea]
화학 포유류의 오줌[尿]에 들어 있는 질소 질소화합 원소(元素). 체내에서는 단백질이 분해하여 생성되고 공업적으로는 암모니아와 이산화탄소에서 합성된다. 비료, 요소 수지, 의약 따위에 쓴다.

*__요소² 要素__ | 구할 요, 바탕 소
[essential element]
꼭 필요(必要)한 바탕[素]이나 성분. 또는 근본 조건. ¶핵심적 요소.

요소³ 要所 | 요할 요, 곳 소 [key point]
중요(重要)한 장소(場所)나 지점. ¶요소에 경찰관을 배치하다.

▶ **요소-요소 要所要所** | 요할 요, 곳 소
중요(重要)한 장소(場所) 마다. ¶인력을 요소요소에 배치하다.

요술 妖術 | 요사할 요, 꾀 술 [magic]
요사한[妖] 일을 꾸미는 술법(術法). ¶요술 거울.

*__요약 要約__ | 요할 요, 묶을 약 [summarize]
요점(要點)을 잘 간추림[約]. ¶줄거리를 요약하시오.

요양 療養 | 병고칠 료, 기를 양
[recuperate; convalesce]
❶속뜻 병을 치료(治療)하고 몸을 보양(保養)함. ❷휴양하면서 조리하여 병을 치료함. ¶나는 시골에서 요양 중이다.

▶ **요양-원 療養院** | 집 원
환자들을 수용하여 요양(療養)할 수 있도록 시설을 갖추어 놓은 보건 기관[院]. ⓑ 요양소(療養所).

요염 妖艷 | 아리따울 요, 고울 염
[be fascinating]
사람을 호릴 만큼 매우 아리땁고[妖] 고움[艷]. ¶요염한 눈빛.

요원¹ 要員 | 구할 요, 인원 원
[needed personnel]
꼭 필요(必要)한 인원(人員). ¶수사 요원을 배치하다.

요원² 遙遠 | 멀 요, 멀 원
[be very far away]
멀고[遙] 멀다[遠]. 까마득하다. ¶목표를 달성하려면 아직 요원하다. ⓑ 아득하다, 멀다.

요인¹ 要人 | 요할 요, 사람 인 [important person]
중요(重要)한 자리에 있는 사람[人]. 또는 윗자리에 있는 사람. ¶그는 정부(政府) 요인을 암살하려고 했다.

*__요인² 要因__ | 요할 요, 인할 인 [important factor]
중요(重要)한 원인(原因). ¶사고 요인을 밝히다.

*__요일 曜日__ | 빛날 요, 해 일
[day of the week]
❶속뜻 빛나는[曜] 해[日]. ❷일주일의 각 날. ¶오늘은 무슨 요일입니까?

요:절 夭折 | 어릴 요, 죽을 절 [die early death]
어린 나이[夭]에 죽음[折]. 젊어서 죽음. ¶그 나이에 요절이라니 너무 안타깝다.

요점 要點 | 요할 요, 점 점 [main point]
가장 중요(重要)하고 중심이 되는 사실이나 관점(觀點). ¶요점을 정리하다. ⓑ 골자(骨子), 요지(要旨), 중점(重點), 핵심(核心).

요정 妖精 | 아리따울 요, 도깨비 정 [fairy]
❶속뜻 아리따운[妖] 도깨비[精]. ❷사람

의 모습을 한 젊고 귀여운 마녀. 서양의 동화나 전설에 많이 나온다. ¶숲 속의 요정.

요지[1] 要旨 | 요할 요, 뜻 지 [essentials]
핵심이 되는 중요(重要)한 뜻[旨]. ¶이야기의 요지를 파악하다. [비] 골자(骨子), 요점(要點).

*__요지__[2] 要地 | 요할 요, 땅 지 [important place]
중요(重要)한 곳[地]. ¶군사적 요지를 점령하다.

요지-경 瑤池鏡 | 아름다운 옥 요, 못 지, 거울 경 [magic glass]
❶[속뜻] 아름다운[瑤] 연못[池] 같은 거울[鏡]. ❷확대경을 장치하여 놓고 그 속의 여러 가지 재미있는 그림을 돌리면서 구경하는 장치나 장난감. ❸알쏭달쏭하고 묘한 세상일을 비유하여 이르는 말. ¶요지경 같은 세상.

요지부동 搖之不動 | 흔들릴 요, 어조사 지, 아닐 부, 움직일 동
흔들어도[搖] 움직이지[動] 않음[不]. ¶그는 한번 마음을 먹으면 요지부동이다.

요청 要請 | 구할 요, 부탁할 청 [demand; request]
❶[속뜻] 요구(要求)하여 부탁함[請]. ❷요긴하게 부탁함. 또는 그런 부탁. ¶협력 요청.

요충 蟯蟲 | 요충 요, 벌레 충 [threadworm]
[동물] 몸이 가늘고 흰 벌레[蟯]같은 기생충(寄生蟲). 사람이나 척추동물의 장(腸)에 기생한다.

요충-지 要衝地 | 요할 요, 요긴할 충, 땅 지 [important spot]
아주 중요(重要)하고 요긴한[衝] 지역(地域). ¶군사적 요충지.

요통 腰痛 | 허리 요, 아플 통 [backache]
[의학] 허리[腰]가 아픈[痛] 증상. 척추 질환, 외상, 임신, 부인과 질환, 신경·근육 질환 따위가 원인이다.

요행 僥倖 | 바랄 요, 요행 행 [luck by chance]
❶[속뜻] 운수가 좋기[倖]를 바람[僥]. ❷뜻밖에 얻는 행운. ¶그는 요행을 바라고 복권을 샀다.

욕 辱 | 욕될 욕 [abusive language]
남의 인격을 무시하는 모욕적인 말. 또는 남을 저주하는 말. ¶그녀는 말끝마다 욕이다 / 뒤에서 욕하지 마라. [비] 욕설(辱說).

욕구 欲求 | 하고자할 욕, 구할 구 [desire]
무슨 일을 하고자[欲] 하거나 무엇을 얻고자[求] 함. 또는 그런 마음. ¶생리적 욕구.

욕망 慾望 | 욕심 욕, 바랄 망 [desire]
욕심(慾心)이 채워지기를 바람[望]. 또는 그런 마음. ¶욕망에 사로잡히다.

욕설 辱說 | 욕될 욕, 말씀 설 [insulting language]
남의 인격을 무시하는 모욕(侮辱)적인 말[說]. 또는 남을 저주하는 말. ¶욕설을 늘어놓다. [준] 욕. [비] 욕언(辱言).

욕실 浴室 | 목욕할 욕, 방 실 [bathroom]
목욕(沐浴)하기 위해 시설을 갖추어 놓은 방[室]. '목욕실'의 준말. ¶욕실 청소.

*__욕심__ 欲心 | =慾心 하고자할 욕, 마음 심 [greed]
무엇을 하고자 하는[欲] 마음[心]. ¶지나친 욕심은 버려라. [비] 욕망(慾望).

욕조 浴槽 | 목욕할 욕, 구유 조 [bathtub]
목욕(沐浴)을 할 수 있도록 물을 담는 용기[槽]. ¶욕조에 몸을 담그다.

욕탕 浴湯 | 목욕할 욕, 끓을 탕 [bathhouse]
목욕(沐浴)할 수 있도록 끓인[湯] 물. '목욕탕'의 준말. ¶욕탕에 텀벙 들어가다.

용 龍 | 용 룡 [dragon]
몸은 큰 뱀 비슷하며 뿔·귀·수염과 네 개의 발이 있고, 날아다니는 상상의 동물. 상서로운 것으로 믿으며 천자·군왕에 비유한다.

*용:감 勇敢 | 날쌜 용, 굳셀 감
[be brave]
씩씩하고 겁이 없으며[勇] 기운차다[敢].
¶용감하게 싸우다.

용:건 用件 | 쓸 용, 물건 건
[matter of business]
❶속뜻 사용(使用)되는 물건(物件). ❷해야 할 일. ¶용건만 간단히 말하다. 🗈 볼일, 용무(用務).

용고 龍鼓 | 용 룡, 북 고
음악 북통에 용(龍)을 그려 넣은 우리나라의 전통 북[鼓]. 북통을 앞으로 둘러메고 친다.

용광-로 鎔鑛爐 | 녹일 용, 쇳돌 광, 화로 로 [blast furnace]
공업 높은 온도로 광석(鑛石)을 녹여서[鎔] 쇠붙이를 뽑아내는 가마[爐].

용:구 用具 | 쓸 용, 갖출 구 [tool]
무엇을 하거나 만드는 데 쓰는[用] 여러 가지 도구(道具). ¶바느질 용구.

▶용:구-함 用具函 | 상자 함
용구(用具)를 담아서 두는 상자[函]. ¶청소 용구함.

용궁 龍宮 | 용 룡, 집 궁
[Palace of the Sea King]
전설에서 바다 속에 있다고 하는 용왕(龍王)의 궁전(宮殿).

용:기¹ 用器 | 쓸 용, 그릇 기
기구(器具)를 사용(使用)함. 또는 그 기구. ¶용기로 설계도를 그리다.

*용:기² 勇氣 | 날쌜 용, 기운 기 [courage]
용감(勇敢)한 기운(氣運). 또는 사물을 겁내지 않는 기개. ¶용기가 나다.

용기³ 容器 | 담을 용, 그릇 기
[instrument]
물건을 담는[容] 그릇[器]. ¶플라스틱 용기.

용납 容納 | 담을 용, 들일 납
[tolerate; permit]
너그러운 마음으로 포용(包容)하여 받아들임[納]. ¶너의 그런 무례한 행동은 도저히 용납할 수 없다.

용:도¹ 用度 | 쓸 용, 정도 도
❶속뜻 쓰이는[用] 정도[度]. ¶용도가 높다. ❷관청이나 회사에서 물품을 공급하는 일.

*용:도² 用途 | 쓸 용, 길 도 [useage]
쓰이는[用] 길[途]. 또는 쓰이는 곳. ¶용도 변경. 🗈 쓰임새.

용:량¹ 用量 | 쓸 용, 분량 량 [dose]
❶속뜻 사용(使用) 분량(分量). ❷약학 약제를 한 번 또는 하루에 사용하거나 복용하는 분량. ¶약을 복용할 때는 반드시 지시된 용량을 지키십시오.

용량² 容量 | 담을 용, 분량 량
[measure of capacity]
❶속뜻 가구나 그릇 같은 데 담을 수 있는[容] 분량(分量). ¶3백 리터 용량의 냉장고. ❷컴퓨터에 저장할 수 있는 정보의 양.

용:례 用例 | 쓸 용, 본보기 례 [example]
실제로 쓰이는[用] 본보기[例]. 또는 용법의 보기. ¶용례의 색인.

용매 溶媒 | 녹일 용, 맺어줄 매
[chemical solvent]
❶속뜻 녹여서[溶] 맺어줌[媒]. ❷화학 어떤 액체에 물질을 녹여서 용액을 만들 때 그 액체를 가리킴.

용:맹 勇猛 | 날쌜 용, 사나울 맹
[intrepidity]
용감(勇敢)하고 사나움[猛]. ¶용맹을 떨치다 / 용맹스러운 병사.

용모 容貌 | 얼굴 용, 모양 모 [features]
사람의 얼굴[容] 모양[貌]. ¶용모가 단정하다.

용:무 用務 | 쓸 용, 일 무 [business]
힘이나 마음을 써야[用] 할 일[務]. ¶용무를 말하다. 🗈 볼일, 용건(用件).

용문-사 龍門寺 | 용 룡, 문 문, 절 사
불교 경기도 양평군 용문(龍門)면 신점리에 있는 절[寺]. 권근(權近)이 지은 정지

(正智) 국사비(國師碑)와 천연기념물 제30호로 지정된 은행나무가 있다.

용:법 用法 | 쓸 용, 법 법 [use]
사용(使用)하는 방법(方法). ¶약품을 사용하기 전에 용법을 잘 읽어 보아라.

용:변 用便 | 쓸 용, 똥오줌 변 [easing nature]
대변(大便)이나 소변(小便)을 봄[用]. ¶용변을 가리다.

용병 傭兵 | 품팔 용, 군사 병 [mercenary soldier]
❶<군사> 봉급을 주어[傭] 고용한 병사(兵士). ¶용병을 모집하다. ❷스포츠에서 외국에서 돈을 주고 데려온 선수.

용비어천-가 龍飛御天歌 | 용 룡, 날 비, 어거할 어, 하늘 천, 노래 가
<문학> 조선 세종 29년(1447)에 정인지, 안지, 권제 등이 지은 악장의 하나. 훈민정음으로 쓴 최초의 작품으로, 조선을 세우기까지 목조·익조·도조·환조·태조·태종의 사적(事跡)을 중국 고사(故事)에 비유하여, 공덕을 기리어 지은 노래이다. 각 사적의 기술에 앞서 우리말 노래를 먼저 싣고 그에 대한 한역시를 뒤에 붙였다. 임금을 상징하는 용[龍]이 되어 날아[飛] 하늘[天]로 올라 간[御] 것을 노래[歌] 한다는 뜻에서 붙여진 이름으로 추정된다.

용:사 勇士 | 날쌜 용, 선비 사 [brave]
❶<속뜻> 용맹스러운[勇] 사람[士]. ❷용병(勇兵). ¶참전 용사.

용서 容恕 | 담을 용, 동정할 서 [forgive; pardon]
❶<속뜻> 동정심[恕]을 마음에 담음[容]. ❷꾸짖거나 벌하지 않고 덮어 줌. ¶용서를 빌다.

용:수¹ 用水 | 쓸 용, 물 수 [water available for use]
❶<속뜻> 물[水]을 쓰는[用] 일. ❷방화·관개·공업·발전 따위를 위하여 먼 곳에서 물을 끌어옴. 또는 그 물. ¶공업 용수.

용수² 龍鬚 | 용 룡, 콧수염 수

❶<속뜻> 용(龍)의 수염[鬚]. ❷임금의 수염을 높여 이르는 말.

▶용수-철 龍鬚鐵 | 쇠 철
❶<속뜻> 용(龍)의 수염[鬚]처럼 생긴 쇠[鐵]줄. ❷늘고 주는 탄력이 있는 나선형으로 된 쇠줄. ¶용수철이 튕겨 나가다.

용신 龍神 | 용 룡, 귀신 신
❶<속뜻> 용(龍)을 신(神)으로 모심. ❷용왕(龍王).

용안 龍顏 | 용 룡, 얼굴 안 [royal countenance]
임금을 용(龍)에 비유하여 높이고, 그 얼굴[顏]을 이르는 말. ⑩ 옥안(玉顏), 성안(聖顏).

용암 鎔巖 | 녹일 용, 바위 암 [lava]
❶<속뜻> 녹은[鎔] 바위[巖]. ❷<지리> 화산의 분화구에서 분출된 마그마. 또는 그것이 냉각·응고된 암석. ¶화산에서 화산재와 용암이 분출되고 있다.

***용액 溶液** | 녹을 용, 진 액 [solution]
<화학> 어떤 물질이 다른 물질에 녹아서[溶] 혼합된 액체(液體). 녹아 있는 물질은 용질, 녹인 액체는 용매라 한다.

용:어 用語 | 쓸 용, 말씀 어 [terminology]
일정한 전문 분야에서 주로 사용(使用)하는 말[語]. ¶경제 용어.

용왕 龍王 | 용 룡, 임금 왕 [Dragon King]
<불교> 바다에 살며 비와 물을 맡고 불법을 수호하는 용(龍) 가운데의 임금[王].

용:의¹ 用意 | 쓸 용, 뜻 의 [preparedness]
어떤 일을 하려고 마음[意]을 먹거나 씀[用]. 또는 그 마음. ¶이 원칙을 받아들일 용의가 있다.

용의² 容疑 | 담을 용, 의심할 의 [suspicion]
❶<속뜻> 의심(疑心)을 받음[容]. ❷범죄를 저지른 사실이 있으리라는 의심을 하는 것을 가리킴. ¶용의 차량을 집중 추적하

▶ 용의-자 容疑者 | 사람 자
법률 범죄의 혐의가 있다고 의심을 받고 있는[容疑] 사람[者]. ¶살인 사건의 용의자. 凹 피의자(被疑者), 혐의자(嫌疑者).

용이 容易 | 담을 용, 쉬울 이 [be easy]
❶속뜻 쉬운[易] 것을 담고[容] 있음. ❷아주 쉽다. 어렵지 않다. ¶이 컴퓨터는 조립이 용이한 것이 장점이다. 凹 난해(難解)하다.

용인 容認 | 담을 용, 알 인 [approve]
너그러운 마음에 담아서[容] 인정(認定)함. ¶이런 식의 실수는 용인할 수 없다.

용:장 勇將 | 날쌜 용, 장수 장 [brave general]
용감(勇敢)한 장수(將帥). ¶용장 밑에 약졸(弱卒) 없다.

용적 容積 | 담을 용, 쌓을 적 [capacity]
물건을 담고[容] 쌓을[積] 수 있는 부피. 혹은 용기 안을 채우는 분량. ¶물이 냉각되면 그 용적이 늘어난다.

용접 鎔接 | 녹일 용, 이을 접 [weld]
공업 녹여서[鎔] 서로 이어붙임[接]. 또는 그런 일.

용:지¹ 用地 | 쓸 용, 땅 지 [lot; site]
어떤 일에 사용(使用)할 토지(土地). ¶용지를 선정하다.

용:지² 用紙 | 쓸 용, 종이 지 [paper to use]
어떤 일에 사용(使用)할 종이[紙]. ¶복사용지.

용질 溶質 | 녹일 용, 바탕 질 [solute]
화학 용액(溶液)에 녹아 있는 물질(物質). 액체에 다른 액체가 녹아 있을 때에는 양이 적은 쪽을 가리킨다.

용:품 用品 | 쓸 용, 물건 품 [supplies]
그것에 관련하여 쓰이는[用] 물품(物品). ¶생활 용품.

용해 溶解 | 녹을 용, 풀 해 [melt]
❶속뜻 녹아[溶] 풀어짐[解]. ❷화학 물질이 액체 속에서 균일하게 녹아 용액을 만드는 일. ¶소금은 물에 용해된다.

우:¹ 右 | 오른쪽 우 [right]
오른쪽. ¶우로 나란히! 凹 좌(左).

우² 優 | 넉넉할 우 [good; B]
수(秀)·우(優)·미(美)·양(良)·가(可)로 성적을 매길 때, 두 번째 등급. ¶과학에서 우를 받았다.

우:기 雨期 | 비 우, 때 기 [rainy season]
비[雨]가 많이 오는 시기(時期). ¶우기에 접어들었다. 凹 우계(雨季). 凹 건기(乾期).

우대 優待 | 넉넉할 우, 대할 대 [give preference to]
특별히 잘[優] 대우(待遇)함. 또는 그런 대우. 위대(爲待). ¶무역 우대 조치.

▶ 우대-증 優待證 | 증거 증
특별한 대우[優待]를 받을 자격이 있다는 증명(證明). ¶경로 우대증.

우두 牛痘 | 소 우, 천연두 두 [vaccination]
의학 천연두(天然痘)를 예방하기 위하여 소[牛]에서 뽑은 면역 물질. ¶우두를 놓다 / 우두를 맞다.

우둔 愚鈍 | 어리석을 우, 무딜 둔 [stupid]
어리석고[愚] 둔(鈍)함. ¶그녀는 정말 우둔하다. 凹 총명(聰明)하다, 똑똑하다.

우등 優等 | 넉넉할 우, 무리 등 [excellence]
❶속뜻 우수(優秀)한 등급(等級). ❷성적 따위가 우수한 것 또는 그런 성적. ¶그는 6년 내내 우리 반에서 우등을 놓치지 않은 모범생이었다. 凹 열등(劣等).

▶ 우등-상 優等賞 | 상줄 상
우등(優等)한 사람에게 주는 상(賞). ¶우등상을 타다.

▶ 우등-생 優等生 | 사람 생
성적이 우수한[優等] 학생(學生). ¶너도 열심히 공부하면 우등생이 될 수 있다.

우량 優良 | 뛰어날 우, 좋을 량 [superior]

물건의 품질이나 상태가 매우[優] 좋음[良]. ¶우량기업.

우:량-계 雨量計 | 비 우, 분량 량, 셀 계 [rain gauge]
[지리] 비[雨]가 내린 양(量)을 재는[計] 기구.

우려 憂慮 | 근심할 우, 걱정할 려 [worry]
근심하거나[憂] 걱정함[慮]. ¶우려를 낳다 / 홍수로 산사태가 우려된다.

우롱 愚弄 | 어리석을 우, 놀릴 롱 [make a fun]
사람을 어리석게[愚] 보고 함부로 놀림[弄]. ¶모욕적인 우롱 / 더 이상 그를 우롱하지 마라.

우:림 雨林 | 비 우, 수풀 림 [rain forest]
[지리] 비[雨]가 많아 무성하게 자란 열대 식물의 숲[林]. ¶열대 우림.

우마 牛馬 | 소 우, 말 마 [cattle and horses]
소[牛]와 말[馬]을 아울러 이르는 말. ¶우마를 키우다. [비] 마소.

우매 愚昧 | 어리석을 우, 어두울 매 [be stupid and ignorant]
어리석고[愚] 사리에 어두움[昧]. ¶한 사람의 우매로 많은 사람이 고통을 겪었다 / 우매한 행동.

우문 愚問 | 어리석을 우, 물을 문 [stupid question]
어리석은[愚] 질문(質問).

▸우문-현답 愚問賢答 | 어질 현, 대답 답
어리석은[愚] 질문(質問)에 대한 현명(賢明)한 대답(對答). [반] 현문우답.

우:박 雨雹 | 비 우, 우박 박 [hailstorm]
비[雨]같이 떨어지는 얼음 덩어리[雹]. ¶우박이 우두둑 떨어진다.

우:발 偶發 | 뜻밖에 우, 일어날 발 [happen]
우연(偶然)히 일어남[發]. 또는 그런 일. ¶우발범죄.

▸우:발-적 偶發的 | 것 적
어떤 일이 전혀 예기치 않게 일어나는[偶發] 것[的]. ¶우발적인 사건.

우:방 友邦 | 벗 우, 나라 방 [friendly country]
서로 우호적(友好的)인 관계를 맺고 있는 나라[邦]. [비] 우방국(友邦國).

우:변 右邊 | 오른쪽 우, 가 변 [edge on the right side]
❶ [속뜻] 오른[右] 편[邊]. ❷ [수학] 등식이나 부등식에서 등호 또는 부등호의 오른쪽에 적은 수나 식. [반] 좌변(左邊).

우:비 雨備 | 비 우, 갖출 비 [raincoat]
비[雨]를 피하기 위하여 갖추어야[備] 할 물품을 통틀어 이르는 말. 우산, 비옷, 삿갓, 도롱이 따위. [비] 비옷, 우의(雨衣).

우사 牛舍 | 소 우, 집 사 [cow shed]
소[牛]를 기르는 집[舍]. ¶우사 옆에 창고를 만들었다.

우:산 雨傘 | 비 우, 우산 산 [umbrella]
비[雨]를 맞지 않도록 받쳐 쓰는 도구[傘]. ¶우산을 쓰다.

우산-국 于山國 | 어조사 우, 메 산, 나라 국
[역사] 삼국 시대에, 울릉도에 있던 나라. 512년에 신라에 멸망하였다.

우:상 偶像 | 허수아비 우, 모양 상 [idol]
❶ [속뜻] 허수아비[偶]같은 모양[像]. ❷신처럼 숭배의 대상이 되는 물건이나 사람. ¶그는 어린이들의 우상이다.

***우선**[1] 于先 | 어조사 우, 먼저 선 [first of all]
어떤 일에[于] 먼저[先]. ¶우선 밥부터 먹고 생각해 보자.

우선[2] 優先 | 뛰어날 우, 먼저 선 [preference]
딴 것에 앞서[先] 특별하게[優] 대우함. ¶그에게는 친구들보다 공부가 우선이다.

▸우선-권 優先權 | 권리 권
특별히 남보다 먼저 행사할 수 있는[優先] 권리(權利). ¶사회적 약자(弱者)에게 우선권을 주다.

우세 優勢 | 뛰어날 우, 형세 세 [superior]
남보다 나은[優] 형세(形勢). ¶우세 국면 / 그들이 이길 것이라는 전망이 우세하다. 반 열세(劣勢).

우:수¹ 雨水 | 비 우, 물 수
❶속뜻 비[雨]가 와서 고인 물[水]. ❷24절기의 하나. 입춘(立春)과 경칩(驚蟄) 사이에 들며 양력 2월 18일경이 된다. 태양의 황경(黃經)이 330도인 때에 해당한다.

우수² 憂愁 | 근심할 우, 걱정할 수
[melancholy]
근심하고[憂] 걱정함[愁]. 또는 그런 시름. ¶우수에 잠기다 / 얼굴에 우수가 서리다.

*__우수³ 優秀__ | 뛰어날 우, 빼어날 수
[excellent]
뛰어나고[優] 빼어남[秀]. ¶우수사원 / 이 제품은 품질이 우수하다. 반 열등(劣等).

▶ **우수-상 優秀賞** | 상줄 상
남들보다 재주 따위가 뛰어나서[優秀] 주는 상(賞). ¶우수상을 받았다.

▶ **우수-성 優秀性** | 성질 성
여럿 가운데 뛰어난[優秀] 특성(特性). ¶제품의 우수성.

우:-수사 右水使 | 오른 우, 물 수, 부릴 사
역사 조선 시대에 우수영(右水營)에서 가장 높은 벼슬[使]. '우수군절도사'(右水軍節度使)의 준말.

우:-수영 右水營 | 오른 우, 물 수, 집 영
역사 조선 시대에 둔, 전라도와 경상도의 각 우도(右道)에 둔 수군(水軍) 절도사의 군영(軍營).

우승 優勝 | 뛰어날 우, 이길 승
[win the victory]
❶속뜻 실력이 뛰어난[優] 선수가 이김[勝]. ❷경기 따위에서 첫째로 이김. 또는 첫째 등위. ¶영광스러운 우승 / 그는 테니스에서 우승했다.

▶ **우승-자 優勝者** | 사람 자
운동 실력이 가장 뛰어난[優勝] 사람[者]. ¶체급별 우승자. 비 챔피언.

우아 優雅 | 넉넉할 우, 고울 아
[be elegant]
품위 있게 넉넉하고[優] 곱다[雅]. 부드럽고 곱다. ¶우아한 자태 / 그녀는 우아하게 춤을 추었다.

우악 愚惡 | 어리석을 우, 악할 악
[be ferocious]
어리석고[愚] 포악(暴惡)하다. ¶그는 생김새가 우악스럽다 / 그는 우악스럽게 나의 팔을 잡아당겼다.

우:애 友愛 | 벗 우, 사랑 애
[friendship; brotherliness]
❶속뜻 벗[友] 사이의 정[愛]. ❷형제 사이의 정이나 사랑. ¶우애로운 형제 / 그 형제는 우애가 두텁기로 소문났다. 비 우의(友誼).

우여-곡절 迂餘曲折 | 에돌 우, 남을 여, 굽을 곡, 꺾을 절 [twists and turns]
❶속뜻 멀리 돌고도[迂] 남음[餘]이 있고 휘어[曲] 구부러짐[折]. ❷사정이 뒤얽혀 몇 번이고 변화함. 또는 뒤얽힌 복잡한 사정. ¶그 사건은 많은 우여곡절 끝에 마침내 해결되었다.

우연 偶然 | 뜻밖에 우, 그러할 연
[accidental; casual]
아무런 인과 관계가 없이 뜻밖에[偶] 일어난 그러한[然] 일. ¶우연의 일치 / 그와 우연히 만나다. 비 뜻밖. 반 필연(必然).

우열¹ 愚劣 | 어리석을 우, 못할 렬
[stupid; silly; foolish]
어리석고[愚] 못나다[劣]. ¶우열한 품성 / 워낙 재질(才質)이 우열하여 이런 큰일은 제게 벅찬 것 같습니다.

우열² 優劣 | 넉넉할 우, 못할 렬
[superiority and inferiority]
❶속뜻 넉넉함[優]과 그렇지 못함[劣]. ❷우수함과 열등함. ¶실력의 우열을 가리다.

우:왕좌왕 右往左往 | 오른쪽 우, 갈 왕,

왼쪽 좌, 갈 왕
❶속뜻 오른쪽[右]으로 갔다가[往] 다시 왼쪽[左]으로 갔다[往] 함. ❷이리저리 왔다 갔다 하며 나아갈 바를 종잡지 못하는 모양. ¶우왕좌왕 어쩔 줄을 모르다 / 우리는 입구가 어디 있는지 몰라서 우왕좌왕했다.

우울 憂鬱 | 근심할 우, 답답할 울 [blue; gloomy]
근심스러워[憂] 하거나 답답해[鬱] 함. 활기가 없음. ¶그는 매우 우울해 보였다.

우월 優越 | 뛰어날 우, 넘을 월 [superior; better than]
뛰어나게[優] 월등[越等]함. ¶경제적 우월 / 현지는 공부 좀 잘한다고 자신이 나보다 우월하다고 생각한다.

▶우월-감 優越感 | 느낄 감
남보다 낫다고 여기는[優越] 생각이나 느낌[感]. ¶그들은 아직도 문화적 우월감에 빠져있다.

우위 優位 | 뛰어날 우, 자리 위 [higher position]
남보다 나은[優] 위치(位置)나 수준. ¶비교 우위 / 군사력에서 그 나라는 우리보다 우위에 있다.

***우유¹ 牛乳** | 소 우, 젖 유 [milk]
소[牛]의 젖[乳]. ⓗ 타락(駝酪).

▶우유-갑 牛乳匣 | 상자 갑
우유(牛乳)를 담아 파는, 두터운 종이 상자[匣]. 우유팩.

▶우유-병 牛乳瓶 | 병 병
우유(牛乳)를 담는 병(瓶). ¶우유병은 살균 처리한다.

우유² 優柔 | 넉넉할 우, 부드러울 유
❶속뜻 마음이 넉넉하고[優] 부드러움[柔]. ❷끊고 맺는 데가 없다.

▶우유부단 優柔不斷 | 아닐 부, 끊을 단
어물어물 망설이기만 하고[優柔] 결단성(決斷性)이 없음[不]. ¶그는 성격이 우유부단하다.

우:의¹ 友誼 | 벗 우, 정 의 [friendship]
친구[友] 사이의 정의(情誼). ¶우의를 돈독히 하다 / 양국 정상(頂上)은 회담을 통해 우의를 다졌다. ⓗ 우정(友情), 우애(友愛).

우:의² 雨衣 | 비 우, 옷 의 [raincoat]
비[雨]가 올 때 입는 옷[衣]. ¶우의를 입고 논으로 나갔다. ⓗ 우비(雨備).

우:-의정 右議政 | 오른쪽 우, 의논할 의, 정사 정
❶속뜻 왕의 오른쪽[右]에 자리하며, 정사(政事)를 의논(議論)하던 직위. ❷역사 조선 시대에, 의정부에 속한 정일품 벼슬.

우:정¹ 友情 | 벗 우, 사랑 정 [friendship]
친구[友]간에 느끼는 사랑[情]. ¶이건 우정의 선물이야 / 그들은 나이를 초월하여 우정을 나누었다. ⓗ 우의(友誼), 우애(友愛).

우정² 郵政 | 우편 우, 다스릴 정 [postal services]
우편(郵便)에 관한 행정(行政) 업무.

우정-국 郵征局 | 역참 우, 갈 정, 관청 국
역사 조선 후기에, 체신(遞信)·우편(郵便)의 이동[征]에 관한 업무를 맡던 관아[局].

***우:주 宇宙** | 집 우, 집 주 [universe]
❶속뜻 무한히 큰 집[宇=宙]. ❷무한한 시간과 만물을 포함하고 있는 끝없는 공간의 총체. ¶우주 만물 / 로켓이 우주로 발사됐다.

▶우:주-복 宇宙服 | 옷 복
우주(宇宙)를 여행할 때에 입도록 만든 옷[服]. 우주선 내에서 또는 우주 공간의 여러 가지 상황에서 몸을 보호하기 위하여 특수하게 만들었다.

▶우:주-선 宇宙船 | 배 선
우주(宇宙)를 오갈 수 있도록 만든 비행선(飛行船).

▶우:주-식 宇宙食 | 밥 식
우주(宇宙)를 비행할 때에 휴대하는 음식(飲食).

▶우:주-인 宇宙人 | 사람 인

❶ 속뜻 우주 비행(宇宙飛行)을 위하여 특수 훈련을 받은 사람[人]. ¶그녀는 한국 최초로 우주를 여행한 우주인이다. ❷지구 이외의 천체에 존재한다고 생각되는 인간과 비슷한 생명체. 🐵 외계인(外界人).

▶ 우:주-여행 宇宙旅行 | 나그네 려, 다닐 행
지구를 벗어나 우주(宇宙)를 오가며 여행(旅行)하는 것.

우직 愚直 | 어리석을 우, 곧을 직
[simple and honest]
어리석을[愚] 정도로 올곧다[直]. 고지식하다. ¶우직한 사람.

우체 郵遞 | 우송할 우, 전할 체 [post]
❶ 속뜻 편지나 소포 따위를 우송(郵送)하여 전해 줌[遞]. ❷정보통신부의 관할 아래 서신이나 기타 물품을 국내나 전 세계에 보내는 업무.

▶ 우체-국 郵遞局 | 관청 국
❶ 속뜻 우편(郵便)·체신(遞信)에 관한 업무를 담당하는 관청[局]. ❷우편·우편환·체신 예금 등의 업무를 맡아보는 정보 통신부의 기관. ¶우체국 사서함.

▶ 우체-부 郵遞夫 | 사나이 부
통신 우편물을 거두어 모으고 또 각 집에 배달하는[遞] 직원[夫].

▶ 우체-통 郵遞筒 | 통 통
우체(郵遞) 업무를 위하여 설치한 통(筒). ¶우체통에 편지를 넣다.

우:측 右側 | 오른쪽 우, 곁 측
[right side]
오른[右] 쪽[側]. ¶우측 자리에 앉으세요. 🐵 좌측(左側).

우편 郵便 | 우송할 우, 편할 편 [post]
❶ 속뜻 편지(便紙) 따위를 우송(郵送)함. ¶서류는 우편으로 보내겠습니다. ❷'우편물'(郵便物)의 준말.

▶ 우편-물 郵便物 | 만물 물
우편(郵便)으로 전달되는 서신이나 물품(物品)을 통틀어 이르는 말.

▶ 우편-환 郵便換 | 바꿀 환
경제 편지(便紙)를 보내듯이[郵] 돈을 송금하는 제도 의뢰인이 일정 금액을 내면 수취인이 가까운 우체국에서 돈으로 바꾸어[換] 갈 수 있다. ¶결혼식에 갈 수 없어 우편환을 보냈다.

▶ 우편 번호 郵便番號 | 차례 번, 차례 호
통신 우편(郵便) 업무가 편리하도록, 각 지역에 매긴 번호(番號).

우표 郵票 | 우편 우, 쪽지 표
[postage stamp]
우편 요금을 낸 표시로 우편물(郵便物)에 붙이는 증표(證票). ¶엄마는 우표를 수집하신다.

우:호 友好 | 벗 우, 좋을 호
[friendly; amicable]
개인이나 나라 간에, 친구[友]처럼 사이가 좋음[好]. 또는 그러한 사이. ¶양국은 오랫동안 우호 관계를 유지하고 있다 / 회담은 우호적인 분위기에서 이루어졌다. 🐵 적대(敵對).

우:화¹ 羽化 | 깃 우, 될 화
❶ 속뜻 날개[羽]가 생겨남[化]. ❷사람의 등에 날개가 돋아 하늘로 올라가 신선이 됨. '우화등선'(羽化登仙)의 준말.

우:화² 寓話 | 맡길 우, 이야기 화 [fable]
문학 동식물이나 기타 사물에게 사람 역할을 맡겨[寓] 그들의 행동 속에 풍자와 교훈의 뜻을 나타내는 이야기[話]. ¶이솝 우화.

우환 憂患 | 근심할 우, 근심 환 [worry]
❶ 속뜻 집안에 병자가 있거나 사고가 생겨 겪는 근심[憂=患]. ¶집안에 우환이 끊이질 않는다. ❷쓸데없는 근심이나 걱정. ¶식자우환(識字憂患).

우회 迂廻 | =迂回, 멀 우, 돌 회 [detour]
곧바로 가지 않고 멀리[迂] 돌아서[廻] 가는 것. ¶공사 중이오니 우회하기 바랍니다.

우:-회전 右回轉 | =右廻轉, 오른쪽 우, 돌 회, 구를 전 [right turn]

차 따위가 오른쪽[右]으로 도는[回轉] 것. ¶사거리에서 우회전 하세요. ⑩ 좌회전(左回轉).

우:후 雨後 | 비 우, 뒤 후
[after the rain; after a rain-fall]
비[雨]가 온 뒤[後].

▶ **우:후죽순 雨後竹筍** | 대 죽, 죽순 순
❶[속뜻] 비[雨]가 온 뒤[後]에 돋아나는 죽순(竹筍). ❷어떤 대상이 일시에 많이 생겨나는 상태. ¶유흥업소가 우후죽순처럼 늘어났다.

운:¹ 運 | 돌 운 [fortune]
사람에게 정해진 운명의 좋고 나쁨. '운수'(運數)의 준말. ¶운이 좋다.

운:² 韻 | 운 운 [rhyme]
[문학] 각 시행의 동일한 위치에 규칙적으로 쓰인, 음조가 비슷한 글자. ¶시의 운을 맞추다.

****운:동 運動** | 돌 운, 움직일 동
[exercise; move; be in motion]
❶[속뜻] 건강을 위하여 몸을 돌리거나[運] 움직임[動]. ¶그는 꾸준히 운동한다 / 규칙적으로 운동하는 습관을 길러라. ❷어떤 목적을 사회 속에서 그 구성원의 호응을 얻어 실현하고자 하는 조직적 활동. ¶독립 운동 / 사회단체는 그 기업에 대해 불매(不買) 운동을 벌였다. ❸[물리] 물체가 시간이 지남에 따라 그 위치를 바꾸는 것. ¶천체의 운동 / 달은 지구 궤도를 운동한다.

▶ **운:동-가 運動家** | 사람 가
❶[속뜻] 운동(運動)을 좋아하고 잘하는 사람[家]. ❷어떤 사업이나 사회적 운동을 하는 사람. ¶사회 운동가 / 독립 운동가.

▶ **운:동-량 運動量** | 분량 량
운동(運動)하는 세기나 운동하는 데 드는 힘의 분량(分量). ¶요즘 청소년들은 운동량이 적다.

▶ **운:동-복 運動服** | 옷 복
운동(運動)할 때 입는 간편한 옷[服]. ⑩ 체육복(體育服).

▶ **운:동-원 運動員** | 사람 원
어떤 목적을 이루기 위해 활동할[運動] 임무를 띤 사람[員]. ¶선거 운동원.

▶ **운:동-장 運動場** | 마당 장
운동(運動)할 수 있도록 여러 가지 설비를 갖춘 큰 마당[場]. ¶학교 운동장을 달리다.

▶ **운:동-화 運動靴** | 구두 화
주로 운동(運動)할 때 신기에 적합하도록 만든 신발[靴]. ¶새 운동화를 신으니 더 잘 뛸 수 있을 것 같다.

▶ **운:동-회 運動會** | 모일 회
여러 사람이 운동(運動) 경기를 위해 모인[會] 것. 또는 그런 모임. ¶오늘은 학교 운동회가 열린다.

운:명¹ 運命 | 운수 운, 목숨 명 [destiny]
❶[속뜻] 운수(運數)와 명수(命數). ❷인간을 포함한 우주의 일체를 지배한다고 생각되는 필연적이고도 초인간적인 힘. ¶우리가 다시 만난 것은 운명이다. ⑩ 숙명(宿命).

운:명² 殞命 | 죽을 운, 목숨 명
[die; expire]
목숨[命]이 다하여 죽음[殞]. ¶어머니는 70세를 일기로 운명하셨습니다.

운:문 韻文 | 운 운, 글월 문 [poem]
[문학] 일정한 운(韻)을 사용한 시문(詩文). ⑩ 산문(散文).

***운:반 運搬** | 옮길 운, 옮길 반 [transport; carry]
물건을 탈것 따위에 실어서 옮김[運=搬]. ¶가방이 운반 도중 분실되었다 / 트럭으로 이삿짐을 운반하다.

운:석 隕石 | 떨어질 운, 돌 석
[meteoric stone]
[광선] 지구상에 떨어진[隕] 돌[石] 같은 물체. 유성(流星)이 대기 중에서 다 타지 않고 지구상에 떨어진 것.

운:세 運勢 | 옮길 운, 기세 세
[fortune; luck]
운명(運命)이나 운수가 닥쳐오는 기세(氣

勢). ¶운세를 보다.

운:송 運送 | 옮길 운, 보낼 송 [transport; convey]
화물 따위를 운반(運搬)하여 보냄[送]. ¶항공운송 / 석탄은 대개 철도로 운송한다. ㊀ 수송(輸送).

운:수¹ 運數 | 돌 운, 셀 수 [luck]
이미 정해져 있어 인간의 힘으로는 어쩔 수 없는 천운(天運)과 기수(氣數). ¶운수 좋은 날 / 이번에 운수가 좋으면 부자가 될지 모른다.

운:수² 運輸 | 옮길 운, 나를 수 [transport; carry]
여객이나 화물 따위를 옮기거나[運] 나르는[輸] 일. ¶철도 운수.

▶ **운:수-업 運輸業** | 일 업
규모가 크게 여객이나 화물을 운반[運輸]하는 영업(營業).

운:영 運營 | 움직일 운, 꾀할 영 [manage; run]
❶ 속뜻 자금 따위를 운용(運用)하여 이익을 꾀함[營]. ❷단체나 조직을 관리하여 경영함. ¶학교 운영 / 그는 큰 회사를 운영한다.

운:용 運用 | 움직일 운, 쓸 용 [apply; employ]
무엇을 움직이게 하거나[運] 부리어 쓰는[用] 것. ¶운용 자금 / 실지로 운용해 보지 않고서는 그 가치를 확인할 수 없다.

운:율 韻律 | 운 운, 가락 률 [rhythm]
문학 시(詩) 따위에서 운(韻)을 이용해 만든 리듬[律]. 음의 강약, 장단, 고저 또는 동음(同音)이나 유음(類音)을 반복하는 방법을 쓴다. ¶운율에 맞추어 시를 낭송하다.

운:임 運賃 | 옮길 운, 품삯 임 [fare]
여객이나 화물을 운반(運搬)한 대가로 받는 삯[賃]. ¶모든 운임은 저희가 부담하겠습니다.

운:전 運轉 | 돌 운, 구를 전 [drive]
❶ 속뜻 기계 따위를 돌리거나[運] 구르게 [轉]함. ❷자동차, 열차 따위를 나아가게 하거나 멈추게 하고 방향을 바꾸게 하는 장치 등을 다루어 일정한 방향으로 움직이게 하는 것. ¶안전 운전.

▶ **운:전-사 運轉士** | 선비 사
자동차 등을 직업적으로 운전(運轉)하는 사람[士]. '운전기사'의 준말.

▶ **운:전-석 運轉席** | 자리 석
자동차를 운전(運轉)하는 사람이 앉는 좌석(座席). ¶운전석 옆 자리에 탔다.

▶ **운:전-수 運轉手** | 사람 수
자동차 등을 직업적으로 운전(運轉)하는 사람[手]. ㊀ 운전사(運轉士).

▶ **운:전-실 運轉室** | 방 실
기계 따위를 운전(運轉)하고 조작하는 방 [室]. ¶엔진을 고치느라 운전실에서 밤을 샜다.

▶ **운:전-자 運轉者** | 사람 자
자동차를 운전(運轉)하는 사람[者]. ¶음주 운전자를 구속하다.

▶ **운전-기사 運轉技士** | 재주 기, 선비 사
직업적으로 차나 기계를 운전(運轉)하는 사람[技士].

운:치 韻致 | 그윽할 운, 풍치 치 [elegance]
그윽한[韻] 풍치(風致). 고상하고 우아함. ¶정원을 운치 있게 꾸미다 / 가을의 고궁은 운치가 있다. ㊀ 풍치(風致).

운:하 運河 | 움직일 운, 물 하 [canal]
배를 운항(運航할 수 있도록 육지를 파서 만든 강[河] 같은 길. ¶수에즈 운하.

운학 雲鶴 | 구름 운, 두루미 학
구름(雲)과 학(鶴)을 새기거나 그린 무늬. '운학문(雲鶴紋)의 준말. ¶청자에 운학을 새겨넣었다.

운:항 運航 | 움직일 운, 배 항 [operate]
배[航]나 항공기를 운행(運行)함. ¶태풍으로 모든 선박의 운항이 중단되었다.

운:행 運行 | 움직일 운, 갈 행 [run; operate]
배나 차 따위의 탈것을 운전(運轉)하며

가도록[行] 함. ¶버스 운행 노선 / 지하철은 3분 간격으로 운행된다.

부짖고 있다.

울분 鬱憤 | 답답할 울, 성낼 분
[pent up feelings; resentment]
가슴이 답답하여[鬱] 성이 남[憤]. 또는 그런 울화. ¶그는 참았던 울분을 터뜨렸다.

울적 鬱寂 | 답답할 울, 고요할 적
[depressed; gloomy]
마음이 답답하고[鬱] 쓸쓸하다[寂]. ¶마음이 몹시 울적하다.

울창 鬱蒼 | 우거질 울, 푸를 창
[luxuriant; thick; dense]
나무가 빽빽하게 우거지고[鬱] 푸르다[蒼]. ¶노르웨이는 숲이 울창하다.

울화 鬱火 | 답답할 울, 불 화
[pent up anger; resentment]
가슴이 꽉 막힌 듯 답답하여[鬱] 치밀어 오른 화(火). ¶그를 보자 울화가 치밀었다.

웅녀 熊女 | 곰 웅, 여자 녀
[문학] 단군 신화에 나오는 단군의 어머니. 단군 신화에 따르면 원래는 곰[熊]이었으나 동굴 속에서 햇빛을 보지 않고 쑥과 마늘만 먹는 시련을 견디어 여자(女子)로 환생한 후, 환웅과 혼인하여 단군을 낳았다고 한다.

웅담 熊膽 | 곰 웅, 쓸개 담 [bear's gall]
[한의] 바람에 말린 곰[熊]의 쓸개[膽]. ¶이 약은 웅담으로 만든 것이다.

웅대 雄大 | 뛰어날 웅, 큰 대
[grand; magnificent]
기개 따위가 뛰어나고[雄] 규모 따위가 크다[大]. ¶그곳의 경치는 정말 웅대하다.

웅변 雄辯 | 씩씩할 웅, 말 잘할 변
[eloquence; oratory; fluency]
청중을 감동시킬 수 있도록 조리 있고 씩씩하게[雄] 말을 잘함[辯]. ¶웅변대회.

웅장 雄壯 | 뛰어날 웅, 씩씩할 장
[grand; magnificent]
빼어날[雄] 만큼 씩씩하게[壯] 보이다. 또는 매우 우람하다. ¶웅장한 경치에 넋을 잃었다.

원[1] 圓 | 둥글 원 [circle]
[수학] 한 평면상의 한 정점(定點)에서 같은 거리에 있는 점의 자취 또는 그것으로 둘러싸인 둥근 평면. [비] 동그라미.

원:[2] 願 | 바랄 원 [wish; hope]
바람. 바라는 바. ¶원을 들어주다. [비] 소원.

원가 原價 | 본디 원, 값 가
[cost price; prime cost]
[경제] ❶원래(原來)의 값[價]. 처음 사들일 때의 값. ❷제품의 생산이나 공급에 쓰인 순수비용. ¶원가 산출.

원각-사 圓覺寺 | 둥글 원, 깨달을 각, 절 사
[불교] 서울특별시 종로구 탑골 공원 자리에 있던 절. 조선 세조 11년(1465)에 왕명으로 세운 대찰(大刹)이었으나 지금은 13층의 사리탑만이 남아 있다. 효령대군이 회암사(檜巖寺) 동쪽 언덕에 석가모니의 사리(舍利)를 안치하고 원각법회(圓覺法會)를 열자, 그날 저녁에 여래가 공중에 나타나고 사리가 분신하는 기이한 일이 일어나 절[寺]을 세웠다고 한다.

원:격 遠隔 | 멀 원, 사이 뜰 격
[be far apart]
공간적으로 멀리[遠] 떨어짐[隔]. ¶이 비행기는 원격으로 조종할 수 있다.

원고[1] 原告 | 본디 원, 알릴 고
[plaintiff; suitor]
❶ [속뜻] 원래(原來) 고소(告訴)한 사람. ❷ [법률] 법원에 민사소송을 제기하여 재판을 청구한 사람. [반] 피고(被告).

원고[2] 原稿 | 본디 원, 초안 고
[draft; manuscript; article]
❶ [속뜻] 맨 처음에[原] 쓴 초안[稿]. ❷인쇄하거나 발표하기 위하여 쓴 글이나 그림 따위. ¶교내 웅변대회 원고를 쓰다.

▸ 원고-지 原稿紙 | 종이 지
원고(原稿)를 쓰기 편리하게 만든 종이[紙]. ¶원고지 사용법을 배우다.

원광 原鑛 | 본디 원, 쇳돌 광
[광업] 제련하지 않은 원래(原來)의 광석(鑛石).

원광-석 原鑛石 | 근원 원, 쇳돌 광, 돌 석
[광업] 제련하지 않은 원래(原來) 그대로의 광석(鑛石). ¶중국에서 원광석을 수입한다. [준] 원광.

원구-단 圜丘壇 | =圓丘壇, 둥글 원, 언덕 구, 단 단
고려 시대부터 하늘과 땅[圜]에 제사를 드리도록 언덕[丘]처럼 높게 쌓은 대[壇]. [비] 환구단.

원:군 援軍 | 도울 원, 군사 군
[rescue forces; relief]
도와[援]주기 위한 군대(軍隊). ¶이라크에 원군을 파견했다.

원:근 遠近 | 멀 원, 가까울 근
[far and near; distance]
멀고[遠] 가까움[近]. 또는 먼 곳과 가까운 곳.

▸ 원:근-감 遠近感 | 느낄 감
[미술] 멀고 가까운[遠近] 거리에 대한 느낌[感]. ¶이 그림은 원근감을 잘 표현했다.

▸ 원:근-법 遠近法 | 법 법
[미술] 화면에 원근(遠近)을 나타내어 그림의 현실감이나 입체감을 강하게 하는 기법(技法).

원금 元金 | 으뜸 원, 돈 금 [principal]
❶ [속뜻] 밑천[元]으로 들인 돈[金]. ❷ [경제] 꾸어 준 돈에서 이자를 붙이지 않은 본디의 돈. ¶원금 50만 원에 대한 이자. [반] 이자(利子).

원기¹ 元氣 | 으뜸 원, 기운 기
[vigor; energy]
❶ [속뜻] 타고난[元] 기운(氣運). ❷ 심신(心身)의 정력. ¶원기를 회복하다.

원기² 原器 | 본디 원, 그릇 기
❶ [속뜻] 표준으로 만든 원래(原來)의 그릇[器]이나 기구. ❷ [물리] 측정의 기준으로서 도량형의 표준이 되는 기구. ¶미터 원기.

원년 元年 | 으뜸 원, 해 년 [first year]
❶ [속뜻] 으뜸[元]이 되는 해[年]. ❷ 임금이 즉위한 해. ❸ 어떤 중요한 일이 시작된 해. ¶1982년은 한국 프로야구 원년이다.

원단 原緞 | 본디 원, 비단 단 [fabric]
원료(原料)가 되는 비단[緞] 같은 천. ¶이 옷은 고급 원단을 사용하여 만들었다.

원:대 遠大 | 멀 원, 큰 대
[far reaching; great]
계획, 꿈, 이상 등이 먼[遠] 앞날을 내다보는 상태에 있어 크고 대단하다[大]. ¶그는 히말라야 등반이라는 원대한 목표를 세웠다.

원동 原動 | 근원 원, 움직일 동
[motive for action; prime]
움직임[動]을 일으키는 기본 바탕[原].

▸ 원동-력 原動力 | 힘 력
모든 사물의 활동(活動)의 근원[原]이 되는 힘[力]. ¶경제 발전의 원동력.

원두 園頭 | 동산 원, 머리 두
❶ [속뜻] 동산[園]에 일구어 놓은 밭의 머리[頭] 부분. 터키어를 음역한 것이라는 설도 있다. ❷ 밭에 심은 오이, 참외, 수박, 호박 따위의 총칭.

▸ 원두-막 園頭幕 | 막 막
수박, 참외 따위의 밭을 지키기 위하여 그 밭머리[園頭]에 지어 놓은 막(幕).

⁑**원래** 原來 | =元來, 본디 원, 올 래
[originally; primarily]
처음[原] 이래(以來)로. 중국에서는 元來로 쓰다가 명나라 때 元자를 싫어하여 原來로 고쳤다는 설이 있다. ¶그는 원래 친절한 사람이다. [비] 본디, 본래(本來).

원로 元老 | 으뜸 원, 늙을 로
[elder statesman; elder]
어떤 일에 오래[老] 종사하여 경험과 공로가 많아 으뜸[元]이 되는 사람. ¶문단의 원로.

원료 原料 | 본디 원, 거리 료
[raw material; materials]
바탕[原]이 되는 재료(材料). ¶콩은 두부의 원료이다.

****원리** 原理 | 본디 원, 이치 리
[principles; fundamental truth]
사물의 기본[原]이 되는 이치(理致)나 법칙. ¶자연의 원리.

원만 圓滿 | 둥글 원, 가득할 만
[harmonious; amicable]
❶[속뜻]성격이 둥글고[圓] 마음이 넉넉함[滿]. ¶원만한 성격. ❷일의 진행이 순조로움. ¶노사 협상은 원만하게 해결되었다.

원:망 怨望 | 미워할 원, 바랄 망 [blame; resent]
바란[望] 대로 되지 않아 미워하고[怨] 분하게 여김. 또는 그런 마음. ¶원망을 품다 / 하늘을 원망해 봤자 소용없다 / 그녀는 나를 원망스러운 눈으로 쳐다보았다.

원목 原木 | 본디 원, 나무 목
[raw timber]
가공하지 않은 원래(原來)의 통나무[木]. ¶이 침대는 원목으로 만들었다.

***원반** 圓盤 | 둥글 원, 소반 반
[disk; discus]
❶[속뜻]둥근[圓] 소반[盤] 같은 판. ❷원반던지기에 쓰이는 운동 기구. 나무 바탕에 쇠붙이로 심과 테두리를 씌우고 둥글넓적하게 만든 판이다.

원본 原本 | 본디 원, 책 본
[original copy / text]
등사나 초록, 개정, 번역 따위를 하기 전의 본디[原]의 책[本]. [반]사본(寫本).

원-불교 圓佛教 | 둥글 원, 부처 불, 종교 교 [Won Buddhism]
[종교]원(圓)을 상징으로 나타내는 불교(佛教) 교파의 하나.

원사 原絲 | 본디 원, 실 사
직물의 원료(原料)가 되는 실[絲]. ¶수공업으로 원사를 생산하다.

▸**원사-체** 原絲體 | 몸 체
[식물]이끼식물의 포자가 발아하여 생기는 실 모양[原絲]의 배우체(配偶體).

원산 原產 | 본디 원, 낳을 산
[origin of a product]
어떤 곳에서 처음[原]으로 생산(生產)되는 일. 또는 그 물건. ¶열대 원산의 식물.

▸**원산-지** 原產地 | 땅 지
❶[속뜻]물건 따위가 맨 처음[原] 생산(生產)된 곳[地]. ¶이 제품은 원산지가 중국이다. ❷동식물의 본디의 산지. ¶호주는 캥거루의 원산지다.

원산 학사 元山學舍 | 으뜸 원, 메 산, 배울 학, 집 사
[역사]조선 시대에, 원산(元山)에 세워진 근대식 사립 학교[學舍]. 고종 20년(1883)에 덕원 주민들의 요청으로 덕원 부사 정현석(鄭顯奭)이 설립한 것이다.

원삼 圓衫 | 둥글 원, 적삼 삼
❶[속뜻]소매가 크고 둥근[圓] 모양의 적삼[衫]. ❷[역사]여성들이 입던 예복의 하나. 주로 신부나 궁중에서 내명부들이 입었다. ¶족두리에 원삼을 입은 신부가 먼저 절을 했다.

원상 原狀 | 본디 원, 형상 상
[original state; former condition]
본디[原]의 상태(狀態). 원래 있던 그대로의 상태. ¶1시간 안에 원상 회복(回復)해 놓아라.

원색 原色 | 본디 원, 빛 색
[primary color; original color]
❶[속뜻]본디[原]의 색(色). ❷모든 빛깔의 바탕이 되는 빛깔. 빨강, 노랑, 파랑을 이른다. ❸천연색(天然色). ¶원색 사진.

▸**원색-적** 原色的 | 것 적
원색(原色)으로 되어 있는 것[的]. 혹은 언행이나 차림새 따위가 노골적인 것. ¶아이들은 원색적인 옷을 입으면 예쁘다 / 그는 책에 원색적인 사진을 실어 물의를 일으켰다.

원:생 院生 | 집 원, 사람 생
학원이나 고아원, 소년원 따위의 '원'(院)에 소속되어 있는 사람[生]. ¶그 학원은 원생의 수가 꽤 많다.

원:서 願書 | 원할 원, 글 서
[application; application form]
지원(志願)하는 뜻을 적은 서류(書類). ¶한국대학에 원서를 냈다 / 원서접수는 내일 마감합니다.

원석 原石 | 본디 원, 돌 석
[raw ore; ore]
[광업] 파낸 그대로의[原] 광석(鑛石). ¶우라늄 원석을 농축하면 핵무기의 원료가 된다.

원:성 怨聲 | 원망할 원, 소리 성
[murmur of grievances]
원망(怨望)하는 소리[聲]. ¶야산을 헐어 골프장을 만들겠다는 발표에 주민들의 원성이 자자하다.

원소 元素 | 으뜸 원, 바탕 소
[original element]
❶[속뜻] 으뜸[元]이 되는 요소(要素). ❷[수학] 집합을 이루는 낱낱의 대상이나 요소. ¶공집합은 원소가 하나도 없는 집합이다. ❸[화학] 한 종류의 원자로만 만들어진 물질. 또는 그 물질의 구성 요소. 현재 106종 정도가 알려져 있다. 홑원소 물질. ¶동위원소(同位元素).

원수¹ 元首 | 으뜸 원, 머리 수
[sovereign; ruler of state]
한 나라의 으뜸[元]이 되는 최고 통치권자[首]. ¶대통령은 공화국의 국가 원수이다.

원수² 元帥 | 으뜸 원, 장수 수
❶[속뜻] 으뜸[元]이 되는 장수(將帥). 또는 그 명예 칭호. 대장(大將)의 위이다. ❷[역사] 고려 때 전시에 군을 통솔하던 장수. 또는 한 지방 군대를 통솔하던 주장(主將). ❸[역사] 대한 제국 때 원수부의 으뜸 벼슬. ¶오성장군(五星將軍).

원:수³ 怨讐 | 미워할 원, 원수 수 [enemy; foe]
자기 또는 자기 집이나 나라에 해를 끼쳐 원한(怨恨)이 맺힌 사람[讐]. ¶아버지의 원수를 갚다. ¶은인(恩人). [속담] 원수는 외나무다리에서 만난다.

▶ **원:수지간 怨讐之間** | 어조사 지, 사이 간
서로 원수(怨讐)가 된 사람들의 사이[間]. ¶원수지간이었던 그들이 지금은 사이가 좋아졌다.

원숙 圓熟 | 둥글 원, 익을 숙
[mature; mellow]
❶[속뜻] 둥글게[圓] 모든 부분까지 다 익음[熟]. ❷나무랄 데 없이 익숙하다. 아주 숙달하다. ¶구조 요원은 원숙한 손길로 물에 빠진 아이를 구했다. ❸인격이나 지식, 기예 따위가 깊은 경지에 이름. ¶원숙한 연기 / 나이를 먹으면 인격이 원숙해진다.

원:시¹ 遠視 | 멀 원, 볼 시
[look far off at]
❶[속뜻] 멀리[遠] 바라봄[視]. ¶세계 경제를 원시하여 대책을 강구합시다. ❷[의학] 가까이 있는 물체를 잘 볼 수 없는 눈. ¶할머니는 원시라서 가까운 것을 보실 때는 돋보기를 쓴다. ¶근시(近視).

원시² 原始 | =元始, 본디 원, 처음 시
[beginning; origin]
❶[속뜻] 근원[原]과 처음[始]. ❷처음 시작된 그대로 있어 발달하지 아니한 상태. ¶동굴벽화를 통해 원시민족의 생활을 엿볼 수 있다 / 폭력은 원시적인 해결책이다.

▶ **원시-림 原始林** | 수풀 림
사람의 손이 가지 않은 자연 그대로의[原始] 삼림(森林). ¶설인봉의 원시림은 대한민국의 천연기념물이다.

▶ **원시-인 原始人** | 사람 인
❶[속뜻] 원시(原始) 시대의 인류(人類). ¶원시인들이 살던 가옥(家屋). ❷미개한 사회의 사람. ¶미개인(未開人), 야만인(野蠻人).

▶ **원시 시대 原始時代** | 때 시, 연대 대

❶ 속뜻 인류가 처음으로[原始] 나타나 생활하던 시대(時代). ❷ 사회 문화가 아직 발달하지 못한[原始] 유사 이전의 시대(時代).

원:심 遠心 | 멀 원, 가운데 심
물리 중심(中心)에서 멀어져 감[遠]. 반 구심(求心).

▶ **원:심-력 遠心力** | 힘 력
물리 물체가 원운동을 하고 있을 때 회전 중심(中心)에서 멀어지려는[遠] 힘[力]. 반 구심력(求心力).

원앙 鴛鴦 | 원앙 원, 원앙 앙
[mandarin duck]
동물 부리는 짧고 끝에는 손톱 같은 돌기가 있는 물새[鴛+鴦].

▶ **원:양 遠洋** | 멀 원, 큰바다 양
[open sea far from land]
뭍에서 멀리[遠] 떨어진 큰 바다[洋]. ¶원양 어선 / 원양에 나가 물고기를 잡다.

원예 園藝 | 동산 원, 심을 예 [gardening]
동산[園] 같은 곳에 채소, 과일, 화초 따위를 심어서[藝] 가꾸는 일이나 기술. ¶원예식물.

원유¹ 原油 | 본디 원, 기름 유
[crude oil]
땅속에서 뽑아낸 정제하지 않은 본디[原] 상태의 기름[油]. ¶말레이시아도 원유를 생산한다.

원유² 原乳 | 본디 원, 젖 유
[cows milk; raw milk]
가공하지 않은 원래(原來) 상태의 우유(牛乳). ¶원유의 맛은 상당히 다르다.

***원인¹ 原因** | 본디 원, 까닭 인
[be caused by; originate in]
가장 근본적인[原] 요인(要因). ¶원인을 알아야 속이 시원해진다. 반 이유(理由). 반 결과(結果).

원인² 猿人 | 원숭이 원, 사람 인
[apeman; pithecanthropus]
❶ 속뜻 원숭이[猿] 같은 생활을 하던 원시 시대의 사람[人]. ❷ 고적 가장 원시적이고, 가장 오래된 화석 인류의 총칭. 약 100만~300만 년 이전에 생존한 것으로 추정된다. ¶북경 원인 / 자바 원인.

***원자 原子** | 본디 원, 씨 자
[atom; corpuscle]
화학 물질을 구성하는 기본적[原] 입자(粒子). 각 원소 각기의 특성을 잃지 않는 범위에서 가장 작은 미립자.

▶ **원자-력 原子力** | 힘 력
❶ 속뜻 원자(原子)의 힘[力]. ❷ 물리 원자핵의 붕괴나 핵반응의 경우에 방출되는 에너지가 지속적으로 연쇄 반응을 일으켜 동력 자원으로 쓰일 때의 원자핵 에너지.

▶ **원자-로 原子爐** | 화로 로
❶ 속뜻 원자력(原子力)을 끌어내는 화로[爐]. ❷ 물리 원자핵 분열 연쇄 반응의 진행 속도를 인위적으로 제어하여 원자력을 서서히 끌어내는 장치.

▶ **원자 폭탄 原子爆彈** | 터질 폭, 탄알 탄
군사 원자핵(原子核)이 분열할 때 생기는 에너지를 이용한 폭탄(爆彈). ¶원자 폭탄에 파괴된 도시는 방사선에 오염되었다. 준 원자탄.

▶ **원자력 발전 原子力發電** | 힘 력, 일으킬 발, 전기 전
물리 원자력(原子力)을 응용하여 전기(電氣)를 일으킴[發]. 원자핵 분열에 의하여 발생한 열에너지로 만든 증기로 발전기를 돌려 전력을 생산하는 방식이다.

▶ **원자력 발전소 原子力發電所** | 힘 력, 일으킬 발, 전기 전, 곳 소
전기 원자핵이 붕괴할 때 생기는 열에너지를 동력[原子力]으로 하여 전기를 얻는 발전소(發電所).

원-자원 元資源 | 으뜸 원, 재물 자, 근원 원
으뜸[元]이 되고 기본이 되는 자원(資源).

원-자재 原資材 | 근원 원, 재물 자, 재료 재 [raw materials]
공업 생산의 기본[原]이 되는 재료[資材]. ¶원자재 가격이 상승했다.

원작 原作 | 본디 원, 지을 작
[original (work) of art]
❶ 속뜻 본디[原]의 저작물(著作物). ❷ 문학 연극이나 영화의 각본으로 각색되거나 다른 나라의 말로 번역되기 이전의 본디 작품. ¶원작에 충실한 번역.

원장¹ 院長 | 집 원, 어른 장 [director]
'원'(院) 자가 붙은 시설이나 기관의 우두머리[長]. ¶병원 원장.

원장² 園長 | 동산 원, 어른 장 [principal; curator]
'원'(園)자가 붙은 시설이나 기관의 우두머리[長]. ¶유치원 원장 / 동물원 원장.

원-재료 原材料 | 원료 원, 재목 재, 거리 료 [raw materials]
기본이 되는 원료(原料)와 재료(材料). ¶우리나라는 외국에서 수입한 원재료를 가공하여 외국으로 수출한다.

원점 原點 | 본디 원, 점 점
[starting point; origin]
❶ 속뜻 시작[原]이 되는 출발점(出發點). 또는 근본이 되는 본래의 점. ¶원점에서 다시 이야기해 보자. ❷ 수학 좌표를 정할 때에 기준이 되는 점. 수직선 위의 0에 대응하는 점이며 평면이나 공간에서 좌표축들의 교점이다.

원:정 遠征 | 멀 원, 칠 정 [invade; visit]
❶ 속뜻 먼 곳[遠]으로 싸우러 나감. ¶십자군 원정. ❷먼 곳으로 운동 경기 따위를 하러 감. ¶원정 경기.

▶ **원:정-군 遠征軍** | 군사 군
❶ 속뜻 먼 곳으로 싸우러 가는[遠征] 군사나 군대(軍隊). ¶대규모의 원정군을 파견하였다. ❷먼 곳으로 운동 경기 따위를 하러 가는 선수나 팀. ¶원정군을 우리 팀이 물리쳤다.

원제 原題 | 본디 원, 제목 제
[original title]
본디[原]의 제목(題目). '원제목'의 준말.

원조¹ 元祖 | 으뜸 원, 조상 조
[originator; founder]
❶ 속뜻 으뜸[元] 조상(祖上). ❷어떤 일을 처음으로 시작한 사람이나 사물. ¶음식점마다 자기네 보쌈이 원조라고 한다.

원:조² 援助 | 도울 원, 도울 조
[help; aid; support]
물품이나 돈 따위로 도와줌[援=助]. ¶전 세계는 북한에 식량을 원조하고 있다.

원주¹ 原住 | 본디 원, 살 주
어떤 곳에 본디[原]부터 살고 있음[住].

▶ **원주-민 原住民** | 백성 민
그 지역에 본디부터 살고 있는[原住] 사람들[民]. ¶그 나라는 아프리카 원주민을 몰아내고 나라를 세웠다. ⓑ 이주민(移住民).

원주² 圓周 | 둥글 원, 둘레 주
[circumference of a circle]
❶ 속뜻 원(圓)의 둘레[周]. ❷ 수학 일정한 점에서 같은 거리에 있는 점의 자취.

▶ **원주-율 圓周率** | 비율 률
수학 원둘레[圓周]와 지름의 비율(比率). 약 3.14:1이며 기호는 'π'.

원천 源泉 | 근원 원, 샘 천
[fountainhead; source]
❶ 속뜻 강물의 근원(根源)이 되는 샘[泉]. ¶황지는 낙동강의 원천이다. ❷사물의 근원. ¶책은 지식의 원천이다.

원체 元體 | 으뜸 원, 몸 체
[by nature; from the first]
❶ 속뜻 으뜸[元]이 되는 몸[體]. ❷본디부터. 워낙. ¶그는 원체 몸이 약하다.

원칙 原則 | 본디 원, 법 칙
[fundamental rule; general rule]
원래(原來) 지켜야 할 규칙이나 법칙(法則). ¶학교생활에서는 원칙을 따르는 것이 중요하다. ⓑ 본칙(本則).

원탁 圓卓 | 둥글 원, 높을 탁
[round table]
둥근[圓] 탁자(卓子). ¶원탁토의.

원통¹ 冤痛 | 억울할 원, 아플 통
[grievous; lamentable]
억울하여[冤] 마음이 아픔[痛]. 분하고

억울함. ¶그는 도둑이라는 누명을 쓰고 죽기가 원통하여 눈물을 흘렸다.

원통[2] **圓筒** | 둥글 원, 대롱 통 [cylinder]
❶[속뜻] 둥근[圓] 모양의 대롱[筒]. ❷[수학] 원기둥.

▸원통-형 圓筒形 | 모양 형
둥근 통[圓筒]의 모양과 같은 꼴[形]. ¶원통형의 물건.

원판 圓板 | 둥글 원, 널빤지 판 [circular plate]
판판하고 넓으며 둥근[圓] 모양의 판(板).

원:한 怨恨 | 미워할 원, 한탄 한 [grudge; spite]
억울한 일을 당하여 미워하고[怨] 한스러워함[恨]. 또는 그런 마음. ¶나는 그에게 아무런 원한도 없다.

원형[1] **原形** | 근원 원, 모양 형 [original form]
본디[原]의 모양[形]. ¶유물의 원형을 보존하기 위해 천을 씌워놓았다. [비] 본형(本形).

원형[2] **圓形** | 둥글 원, 모양 형 [round shape; circle]
둥글게[圓] 생긴 모양[形]. 원 모양. ¶원형 무대에서 오케스트라가 합주하였다.

원:호 援護 | 도울 원, 돌볼 호 [support; back up]
도와주고[援] 돌보아[護] 줌. ¶원호 대상자 / 그 기자는 여러 군인이 원호하여 적진에서 무사히 빠져나왔다.

원활 圓滑 | 둥글 원, 미끄러울 활 [smooth; harmonious]
❶[속뜻] 둥글고[圓] 매끄러움[滑]. ❷거침이 없이 잘되어 나감. ¶만사가 원활하게 진행되고 있다.

원흉 元兇 | 으뜸 원, 흉할 흉 [ringleader; chief instigator]
못된[兇] 짓을 한 사람의 우두머리[元]. ¶안중근 의사는 조선 침략의 원흉인 이토 히로부미를 사살했다.

월[1] **月** | 달 월 [moon; month]
❶한 달 동안. ¶우리는 월 2회 모인다. ❷달을 세는 단위. ¶5월이 되자 봄바람이 불었다.

월[2] **月** | 달 월 [Monday; Mon.]
'월요일'(月曜日)의 준말. ¶매주 월 오후4시에 강의가 있다.

월간 月刊 | 달 월, 책 펴낼 간 [monthly publication]
매월(每月) 발간(發刊)하는 일. 또는 그 간행물. ¶월간 잡지를 구독하다.

월경 月經 | 달 월, 지날 경 [menstruation; menses]
❶[속뜻] 매달[月] 겪음[經]. ❷[의학] 성숙기의 정상적인 여성에게 있는 생리 현상. 난소 기능으로 일어나는 자궁 점막의 출혈로 보통 28일 정도의 주기로 반복된다. [비] 달거리, 생리(生理).

월계-관 月桂冠 | 달 월, 계수나무 계, 갓 관 [laurel wreath]
월계수(月桂樹)의 가지와 잎으로 만든 관(冠). 고대 그리스에서 승리를 기리는 뜻으로 머리에 씌워 주던 것으로, 현재는 올림픽에서 경기의 우승자에게 씌워주고 있다.

월계-수 月桂樹 | 달 월, 계수나무 계, 나무 수 [laurel tree; bay tree]
❶[속뜻] 월계(月桂) 나무[樹]. ❷[식물] 잎은 딱딱하고 향기가 있는 나무. 지중해 연안에서 난다.

월급 月給 | 달 월, 줄 급 [monthly pay; monthly salary]
다달이[月] 받는 정해진 봉급(俸給). ¶이번 달부터 월급이 오른다. [비] 봉급(俸給).

월남 越南 | 넘을 월, 남녘 남 [come south over the border]
❶[속뜻] 남(南)쪽으로 넘어감[越]. ❷삼팔선 또는 휴전선 이남으로 넘어오는 것. ¶할머니는 6·25전쟁 때 월남했다. ❸[지리] '베트남'(Vietnam)의 한자 음역어. [반] 월북(越北).

월동 越冬 | 넘을 월, 겨울 동

[pass the winter]
겨울[冬]을 넘기는[越] 것. 겨우살이. ¶월동 준비 / 뱀은 겨울잠을 자면서 월동한다. ㊥ 겨울나기.

월등 越等 | 뛰어날 월, 무리 등
[vastly different; singular]
같은 등급(等級)보다 중 훨씬 뛰어나다[越]. ¶그는 수학 성적이 월등하다.

월령 月令 | 달 월, 시킬 령
❶속뜻 매달[月]마다 시킴[令]. 또는 그런 일. ❷매달 혹은 계절마다 해야 할 일들.

▶ 월령-가 月令歌 | 노래 가
문학 매달[月]이나 계절 별로 해야 할 일들[令]을 읊은 노래[歌]. 고려 가요인 『동동』, 정학유(丁學遊)의 『농가월령가』와 같은 작품들이 있다.

월말 月末 | 달 월, 끝 말
[end of the month]
어느 달[月]이 끝나 가는[末] 무렵. 곧, 말일 이전의 며칠 동안을 가리킨다. ¶숙제는 월말까지 제출하세요. ㊥ 월초(月初).

월반 越班 | 넘을 월, 나눌 반
[skip a grade]
교육 성적이 뛰어나 상급반(上級班)으로 건너뛰어[越] 진급함. ¶그는 3학년에서 5학년으로 월반했다.

월별 月別 | 달 월, 나눌 별
달[月]에 따라 구별(區別)함.

월부 月賦 | 달 월, 거둘 부
[monthly payments]
물건 값 등을 매달[月] 일정하게 나누어 거두어들임[賦]. ¶월부로 컴퓨터를 사다.

월북 越北 | 넘을 월, 북녘 북 [crossing over the border into North Korea]
❶속뜻 북(北)쪽으로 넘어감[越]. ❷삼팔선 또는 휴전선 이북으로 넘어가는 것. ¶월북 작가. ㊥ 월남(越南).

월세 月貰 | 달 월, 세놓을 세
[monthly rent]
다달이[月] 내는 집세[貰]. ¶월세로 점포를 얻다.

월식 月蝕 | 달 월, 갉아먹을 식
[eclipse of the moon; lunar eclipse]
❶속뜻 달[月]이 갉아 먹힌[蝕] 것처럼 보임. ❷천문 지구가 태양과 달 사이에 들어 달의 한쪽 또는 전체가 지구 그림자에 가려 보이지 않게 되는 현상. 개기 월식과 부분 월식이 있다.

월-요일 月曜日 | 달 월, 빛날 요, 해 일
[Monday; Mon.]
칠요일 중 달[月]에 해당하는 요일(曜日). ¶다음 주 월요일이 개학이다.

월인석보 月印釋譜 | 달 월, 도장 인, 풀 석, 계보 보
문학 조선 세조 5년(1459)에 세조가 『월인천강지곡』(月印千江之曲)과 『석보상절』(釋譜詳節)을 합하여 간행한 책.

월인천강지곡 月印千江之曲 | 달 월, 도장 인, 일천 천, 강 강, 어조사 지, 노래 곡
문학 조선 세종 31년(1449)에 세종이 석가모니의 공덕[月印]이 이 세상에[千江] 두루 넘치는 것을 찬양하여 지은 노래[曲]를 실은 책.

월일 月日 | 달 월, 해 일 [date]
❶속뜻 달[月]과 해[日]. ❷월과 날짜.

월정-사 月精寺 | 달 월, 쓿을 정, 절 사
불교 강원도 오대산에 있는 절. 신라 선덕 여왕 때 자장(慈藏)이 문수보살의 계시를 받고 지었다 하며, 『조선왕조실록』 등 귀중한 사서를 보관한 오대산 사고(史庫)가 있었다.

월척 越尺 | 넘을 월, 자 척 [big fish]
낚시에서 낚은 물고기가 한 자[尺]가 넘음[越]. 또는 그 물고기. 주로 붕어를 가리킨다. ¶삼촌은 세 시간 만에 월척을 낚았다.

월초 月初 | 달 월, 처음 초
[beginning of the month]
어느 달[月]이 시작되는[初] 무렵. ¶월초로 예정된 회합. ㊥ 월말(月末).

월출 月出 | 달 월, 날 출 [moonrise]

달[月]이 떠오름[出]. ¶월출을 보며 소원을 빌었다.

월-평균 月平均 | 달 월, 평평할 평, 고를 균 [monthly average]
한 달(月)을 단위로 하여 내는 평균(平均). ¶열대(熱帶)란 월평균 기온이 18℃를 넘는 지역을 말한다.

월하노인 月下老人 | 달 월, 아래 하, 늙을 로, 사람 인
❶[속뜻] 밝은 달빛[月] 아래[下] 앉아 있던 흰 수염의 노인(老人). ❷부부의 인연을 맺어 준다는 전설상의 늙은이. '중매인'을 비유하여 이르는 말이다. ¶할머니는 월하노인 역할을 하겠다고 나섰다.

위[1] 位 | 자리 위 [place; rank]
등급이나 등수를 나타내는 말. ¶우리나라는 올림픽에서 종합 성적 3위를 차지했다. [비] 등(等).

위[2] 胃 | 밥통 위 [stomach]
[의학] 음식물을 담아 소화시키는 기관. 주머니 모양이며, 내부에서 위액이 분비된다.

위급 危急 | 두려워할 위, 급할 급 [critical; urgent]
두려울[危] 정도로 매우 급박(急迫)함. ¶매우 위급할 때 소방차가 달려왔다.

위기 危機 | 위태할 위, 때 기 [crisis; critical moment]
위험(危險)한 때[機]. 위험한 고비. ¶위기는 곧 기회다.

▸ **위기-감** 危機感 | 느낄 감
위기(危機)에 대한 불안한 느낌[感]. ¶중동에서 전쟁이 일어나 전세계의 위기감이 높아졌다.

위대 偉大 | 훌륭할 위, 큰 대 [great; grand]
훌륭하고[偉] 대단하다[大]. ¶위대한 과학자.

위도 緯度 | 씨실 위, 정도 도 [latitude]
❶[속뜻] 씨실[緯] 같이 가로로 표시한 도수(度數). ❷[지리] 지구 위의 위치를 적도와 평행하게 가로로 표시한 것. ¶서울의 위도는 북위 37도이다. [반] 경도(經度).

위독 危篤 | 위태할 위, 심할 독 [be critically ill; be in a critical condition]
생명이 위태(危殆)롭고 병세가 매우 심하다[篤]. ¶그의 어머니는 위독하시다.

위력 威力 | 위엄 위, 힘 력 [power; might; authority]
위풍 있는 강대한[威] 힘[力]. ¶핵무기의 위력.

위례-성 慰禮城 | 위로할 위, 예도 례, 성곽 성
[역사] 백제 초기의 도읍지. 백제의 시조 온조왕이 고구려에서 남쪽으로 내려와 이곳에 도읍을 정했다고 하는데, 위치에 대해서는 지금의 경기도 하남시 부근이라는 설과 충청남도 천안시 북면 일대라는 설이 있다.

위로 慰勞 | 달랠 위, 수고로울 로 [console; comfort]
수고로움[勞]이나 아픔을 달램[慰]. ¶어떻게 위로의 말씀을 드려야 할지 모르겠습니다 / 어머니는 기회가 또 있을 것이라며 나를 위로했다.

위만 조선 衛滿朝鮮 | 지킬 위, 찰 만, 아침 조, 고울 선
[역사] 기원전 194년에 위만(衛滿)이 준왕(準王)을 몰아내고 세운 조선(朝鮮). 대동강 유역에 있었던 고조선의 마지막 나라로, 기원전 108년에 한나라의 무제에게 망하였다.

위문 慰問 | 달랠 위, 물을 문 [pay a visit of inquiry]
위로(慰勞)하기 위하여 방문(訪問)함. ¶위문 공연 / 사장은 사고로 죽은 직원을 위문하기 위해 빈소를 찾았다.

▸ **위문-품** 慰問品 | 물건 품
군인이나 이재민 등을 위문(慰問)하기 위하여 보내는 물품(物品).

위반 違反 | 어길 위, 뒤엎을 반 [violate; infringe]

법령, 명령, 약속 등을 어기거나[違] 지키지 않는 것[反]. ¶주차위반 / 그는 계약을 위반해 위약금을 물었다. [비] 위배(違背).

위배 違背 | 어길 위, 등질 배
[violate; break]
약속한 바를 어기고[違] 등짐[背]. ¶위배 행위 / 이것은 헌법 정신에 위배된다. [비] 위반(違反).

위법 違法 | 어길 위, 법 법 [be illegal]
법(法)을 어김[違]. ¶위법단체 / 위법한 행위가 나쁜 것이지 사람이 나쁜 것은 아니다. [반] 적법(適法), 합법(合法).

위산 胃酸 | 밥통 위, 산소 산
[stomach acid; gastric acid]
[의학] 위액(胃液) 속에 들어 있는 산(酸). 주로 염산이며 소화 효소의 작용을 돕는다.

위상 位相 | 자리 위, 모양 상 [status]
어떤 사물이 다른 사물과의 관계 속에서 가지는 위치(位置)나 모습[相]. ¶그는 기술대회에서 1위를 차지해 국가의 위상을 드높였다.

위생 衛生 | 지킬 위, 살 생
[hygiene; sanitation; health]
❶[속뜻] 생명(生命)을 지킴[衛]. ❷건강에 유익하도록 조건을 갖추거나 대책을 세우는 일. ¶위생상태가 좋다.

▸위생-복 衛生服 | 옷 복
위생(衛生)을 지키기 위해 입는 옷[服]. ¶식당에 들어오려면 위생복을 입어야 한다.

▸위생-적 衛生的 | 것 적
위생(衛生)에 알맞은 것[的]. ¶이 버섯은 위생적인 환경에서 재배되었다. [반] 비위생적.

위선[1] 緯線 | 씨실 위, 줄 선
[parallel; latitude line]
❶[속뜻] 베틀의 씨실[緯]과 같은 가로 방향의 선(線). ❷[지리] 적도에 평행하게 지구의 표면을 남북으로 자른 가상의 선. 곧 위도(緯度)를 나타낸 선. [반] 경선(經線).

위선[2] 僞善 | 거짓 위, 착할 선
[be hypocrisy]
거짓[僞]으로 착한[善] 척 함. ¶나는 그의 위선을 더 이상 참을 수 없다. [반] 위악(僞惡).

▸위선-자 僞善者 | 사람 자
위선(僞善)의 행동을 하는 사람[者].

위성 衛星 | 지킬 위, 별 성 [satellite]
❶[속뜻] 행성을 지키듯이[衛] 그 주위를 도는 별[星]. ❷[천문] 행성의 인력에 의하여 그 행성의 주위를 도는 별. ¶달은 지구의 위성이다. ❸[천문] '인공위성'(人工衛星)의 준말. ¶위성방송.

▸위성 국가 衛星國家 | 나라 국, 집 가
[정치] 강대국의 주변에 있어[衛星] 정치·경제·군사상 그 지배 또는 영향을 받고 있는 나라[國家]. ¶예전에 불가리아는 소련의 위성 국가였다.

▸위성 도시 衛星都市 | 도읍 도, 저자 시
[지리] 대도시의 주위에 위치하면서[衛星] 주체성을 가지고 대도시의 기능의 일부를 분담하고 있는 도시(都市). ¶성남이나 안양과 같은 도시는 서울의 위성 도시이다.

▸위성 사진 衛星寫眞 | 베낄 사, 참 진
인공위성(人工衛星)에서 찍은 사진(寫眞). ¶위성 사진을 통해 태풍의 이동경로를 확인한다.

▸위성 중계 衛星中繼 | 가운데 중, 이을 계
[언론] 통신 위성(衛星)이나 방송 위성을 이용한 중계(中繼) 방식. 통신 위성에서 증폭한 전파가 지구국과 방송국을 거쳐 각 가정으로 전달된다. ¶올림픽 개회식은 전 세계에 위성 중계가 되었다.

위세 威勢 | 으를 위, 힘 세
[power; influence; high spirits]
❶[속뜻] 남을 으를[威] 듯한 강한 힘[勢]. ❷사람을 두렵게 하여 복종시키는 힘. ¶나는 그녀의 위세에 눌려 한 마디도 할 수 없었다.

위시 爲始 | 할 위, 처음 시
[begin; commence; start]

여럿 중에서 어떤 대상을 첫[始] 자리. 또는 대표로 삼음[爲]. ¶아버지를 위시하여 집안 식구가 다 모였다.

위신 威信 | 위엄 위, 믿을 신
[authority and confidence; prestige]
위엄(威嚴)과 신망(信望). ¶반기문씨는 유엔 사무총장으로 선출되어 국가의 위신을 높였다.

위안 慰安 | 위로할 위, 편안할 안
[console; solace]
위로(慰勞)하여 마음을 안심(安心)시키는 것. ¶사람들은 대부분 종교에서 위안을 구한다.

위암 胃癌 | 밥통 위, 암 암 [gastric cancer; cancer of the stomach]
의학 위(胃)에 발생하는 암(癌). ¶한국인은 위암 발병률이 가장 높다.

위압 威壓 | 위엄 위, 누를 압
[overawe; overpower]
위엄(威嚴)이나 위력 따위로 압박(壓迫)함. 정신적으로 억누름. ¶모두 그의 시퍼런 서슬에 완전히 위압되고 말았다.
▶위압-감 威壓感 | 느낄 감
위압(威壓)하는 느낌[感]. ¶그의 말투에 위압감을 느꼈다.

위액 胃液 | 밥통 위, 진 액
[gastric juices]
의학 위(胃)샘에서 분비되는 소화액(消化液).

위약 僞藥 | 거짓 위, 약 약 [placebo]
❶속뜻 가짜[僞] 약(藥). ❷약학 정신적 효과를 얻기 위해 환자에게 주는 약리 효과가 없는 약. ¶위약 효과.

위엄 威嚴 | 두려워할 위, 엄할 엄
[dignity; majesty; stateliness]
❶속뜻 두려움[威]과 엄(嚴)한 느낌을 받게 함. ❷존경할 만한 위세가 있고 엄숙함. 또는 그런 모습이나 태도. ¶이 불상은 석가모니의 위엄을 잘 표현하고 있다.

위업 偉業 | 훌륭할 위, 일 업 [great undertaking; great achievement]
훌륭한[偉] 업적(業績). ¶세계 최고의 건물을 세우는 위업을 이루었다.

위염 胃炎 | 밥통 위, 염증 염 [gastritis]
의학 위(胃) 점막에 생기는 염증(炎症).

*****위원** 委員 | 맡길 위, 사람 원
[committee; member of a committee]
특정 사항의 처리를 위임(委任) 받은 사람[員]. 대개 선거나 임명에 의해 지명된다. ¶운영위원.
▶위원-단 委員團 | 모일 단
일정한 일의 처리를 맡은 위원(委員)들로 구성된 단체(團體). ¶학교위생위원회의 위원단은 현장을 시찰했다.
▶위원-장 委員長 | 어른 장
위원(委員) 가운데 우두머리[長].
▶위원-회 委員會 | 모일 회
❶속뜻 위원(委員)들의 모임[會]. ❷법률 기관, 단체 등에서 특정한 사항을 처리하기 위하여 만든 합의제의 기관. 또는 그 회의. ¶경영 위원회.

위인 偉人 | 훌륭할 위, 사람 인
[great man; master mind]
훌륭한[偉] 사람[人]. ¶지폐 도안에 한국의 위인을 담았다.
▶위인-전 偉人傳 | 전할 전
위인(偉人)의 업적 및 일화 등을 사실(史實)에 입각하여 옮겨[傳] 적은 글. 또는 그 책.

위임 委任 | 맡길 위, 맡길 임
[entrust; delegate]
어떤 일을 맡기는[委=任] 것. 또는 그 맡은 책임. ¶그 문제의 결정을 법원에 위임했다.

위자 慰藉 | 위로할 위, 도울 자 [console]
위로(慰勞)하고 도와줌[藉].
▶위자-료 慰藉料 | 삯 료
법률 정신적 고통이나 피해에 대해 위로하고 도우려고 주는[慰藉] 배상금[料]. ¶그녀는 전남편에게 위자료를 청구했다.

위장¹ 胃臟 | 밥통 위, 내장 장 [stomach]
❶속뜻 음식물을 담아[胃] 소화시키는 내

장(內臟) 기관. ❷속뜻 내장의 식도와 소장 사이에 있는 주머니 모양의 소화기관. 위액을 분비하여 섭취한 음식물을 소화시킨다.

위장² 僞裝 | 거짓 위, 꾸밀 장
[camouflage; disguise]
❶속뜻 거짓[僞]으로 꾸밈[裝]. ❷본래의 정체나 모습이 드러나지 않도록 거짓으로 꾸밈. 또는 그런 수단이나 방법. ¶위장결혼을 하다.

위조 僞造 | 거짓 위, 만들 조
[forge; fake; counterfeit]
진품과 똑같게 거짓으로[僞] 만드는[造] 일. ¶범인은 여권을 위조하여 해외로 도피했다.

▶ 위조-지폐 僞造紙幣 | 종이 지, 화폐 폐
진짜처럼 보이게 만든 가짜로 만든[僞造] 지폐(紙幣).

위주 爲主 | 할 위, 주인 주 [put first]
주(主)되는 것으로 삼음[爲]. 으뜸으로 삼음. ¶교과서 위주로 공부하면 된다.

위중 危重 | 위태할 위, 무거울 중 [be in a critical condition; serious; grave]
목숨이 위태(危殆)로울 만큼 병세가 심각하다[重]. ¶아버지가 위중하다는 전보를 받았다.

위증 僞證 | 거짓 위, 증명할 증
[perjure oneself; give false witness]
진실을 속이고 거짓[僞]으로 증명(證明)함. ¶법정에서 위증하면 법으로 처벌된다.

위축 萎縮 | 시들 위, 줄일 축
[wither; shrivel]
❶속뜻 시들어서[萎] 줄어듦[縮]. ❷어떤 힘에 눌려서 졸아들고 기를 펴지 못하는 것. ¶그는 선생님 앞에서 위축되어 아무 말도 못했다.

****위치 位置** | 자리 위, 둘 치
[place; position]
사물을 일정한 자리[位]에 둠[置]. 또는 그 자리. ¶책상 위치를 바꾸다 / 그 집은 바닷가에 위치해 있다. ⓗ 자리.

위탁 委託 | 맡길 위, 부탁할 탁
[entrust; consign]
❶속뜻 어떤 행위나 사무의 처리를 남에게 맡겨[委] 부탁(付託)하는 일. ¶전문 경영인에게 회사의 운영을 위탁했다. ❷남에게 사물이나 사람의 책임을 맡기는 것. ¶위탁교육.

위태 危殆 | 두려울 위, 다급할 태
[dangerous; perilous; risky]
❶속뜻 두렵고[危] 다급함[殆]. ❷안심할 수 없을 정도로 다급하다. ¶생명이 위태하다 / 목숨이 위태롭다 / 위태위태한 줄타기 묘기.

위패 位牌 | 자리 위, 패 패
[mortuary tablet]
영위(靈位)의 이름을 적은 나무패[牌]. ¶사당에 조상의 위패를 모시다. ⓗ 목주(木主), 위판(位版).

위편 韋編 | 가죽 위, 엮을 편
가죽[韋]으로 책을 엮음[編]. 또는 그 끈.

▶ 위편-삼절 韋編三絶 | 석 삼, 끊을 절
❶속뜻 공자가 주역 책을 즐겨 읽어 그 가죽[韋] 끈[編]이 세 번[三]이나 끊어짐[絶]. ❷'책을 열심히 읽음'을 비유하는 말.

위풍 威風 | 위엄 위, 모습 풍
[stately appearance; imposing air]
위엄(威嚴) 있는 풍채(風采).

▶ 위풍-당당 威風堂堂 | 집 당, 집 당
남을 압도할 만큼 위풍(威風)이 대단함[堂堂]. ¶위풍당당한 개선 행렬.

위헌 違憲 | 어길 위, 법 헌
[violation of the constitution]
법률 법률이나 명령, 규칙 등이 헌법(憲法)에 위반(違反)되는 일. ¶이 항목은 분명히 위헌이다. ⓗ 합헌(合憲).

****위험 危險** | 두려울 위, 험할 험
[danger; peril; risk]
❶속뜻 두려울[危] 정도로 험(險)함. ❷안전하지 못하거나 신체나 생명에 위해(危

害)·손실이 생길 우려가 있는 것. 또는 그런 상태. ¶그는 위험을 무릅쓰고 나를 구했다. 맨 안전(安全), 안녕(安寧).

▶ 위험-도 危險度 | 정도 도
위험(危險)스러운 정도(程度). ¶위험도가 높을수록 품삯이 많다.

▶ 위험-성 危險性 | 성질 성
위험(危險)하게 될 가능성이 있는 성질(性質). ¶저 건물은 곧 붕괴될 위험성이 있다.

▶ 위험-천만 危險千萬 | 일천 천, 일만 만
매우[千=萬] 위험(危險)함. ¶음주 운전은 위험천만한 일이다.

위협 威脅 | 위력 위, 협박할 협
[menace; intimidate]
위력(威力)으로 협박(脅迫)하는 것. ¶생명의 위협을 받다.

위화 違和 | 어길 위, 어울릴 화 [trouble]
❶ 속뜻 서로 어울림[和]에 어긋남[違]. ❷ 다른 사물과 조화되지 않는 일.

▶ 위화-감 違和感 | 느낄 감
어떤 대상이 주위의 다른 대상에 비해 지나치게 특별하거나 하여 조화를 깨고 있는[違和] 느낌[感]. ¶계층 간 위화감을 조성하다.

위화도-회군 威化島回軍 | 위엄 위, 될 화, 섬 도, 돌아올 회, 군사 군
역사 고려 말, 요동(遼東)을 정벌하기 위하여 출정하였던 이성계 등이 위화도(威化島)에서 군사(軍士)들을 이끌고 되돌아와[回] 정권을 장악한 사건.

유: 有 | 있을 유 [existence; being]
있거나 존재함. ¶무에서 유를 창조하다. 맨 무(無).

유-가공 乳加工 | 젖 유, 더할 가, 장인 공
소나 양의 젖[乳]을 가공(加工)하는 일. ¶유가공 식품.

유-가족 遺家族 | 남길 유, 집 가, 겨레 족
[bereaved family]
죽은 사람의 뒤에 남은[遺] 가족(家族). ⓒ 유족.

유감 遺憾 | 남길 유, 섭섭할 감
[regret; pity]
마음에 남는[遺] 섭섭함[憾]. ¶오실 수 없다니 유감입니다.

유격 遊擊 | 떠돌 유, 공격할 격
[attack by a mobile unit]
❶ 속뜻 이리저리 떠돌다가[遊] 적을 불시에 공격함[擊]. ❷ 군사 그때그때 형편에 따라 적을 기습적으로 공격하는 일. ¶유격 훈련.

▶ 유격-수 遊擊手 | 사람 수
운동 야구에서, 이루와 삼루 사이를 오가며 지키는[遊擊] 내야수(內野手).

유골 遺骨 | 남길 유, 뼈 골
[ashes; remains; bones]
주검을 태우고 남은[遺] 뼈[骨]. 또는 무덤 속에서 나온 뼈. ¶그의 유골은 강에 뿌려졌다. 비 유해(遺骸).

유:공 有功 | 있을 유, 공로 공
[meritoriousness]
공로(功勞)가 있음[有]. ¶그는 베트남전쟁에서 돌아와 유공훈장을 받았다.

▶ 유:공-자 有功者 | 사람 자
공로가 있는[有功] 사람[者]. ¶국가 유공자.

유과 油菓 | 기름 유, 과자 과
[oil-and-honey pastry]
기름[油]에 튀겨 꿀 또는 조청을 바르고 튀밥이나 깨를 입힌 과자(菓子). ¶어머니는 할머니께 유과를 드렸다. 비 유밀과(油蜜菓).

유괴 誘拐 | 꾈 유, 속일 괴
[abduct; kidnap]
사람을 속여[拐] 꾀어내는[誘] 일. ¶범인은 사탕을 주며 아이를 유괴했다.

▶ 유괴-범 誘拐犯 | 범할 범
법률 남을 유괴(誘拐)한 범인(犯人). 또는 그 범죄.

*****유교** 儒敎 | 유학 유, 종교 교
[Confucianism]
유학(儒學)을 종교(宗敎)의 관점에서 이

르는 말. 삼강오륜을 덕목으로 하며 사서 삼경을 경전으로 한다. ¶유교 문화권 / 조선 시대에는 유교를 국가의 통치 이념으로 삼았다.

유구 悠久 | 아득할 유, 오랠 구
[eternal; perpetual]
아득하고[悠] 오래다[久]. ¶한민족은 유구한 역사를 지녔다.

유:구무언 有口無言 | 있을 유, 입 구, 없을 무, 말씀 언
❶속뜻 입[口]은 있으나[有] 할 말[言]이 없음[無]. ❷변명이나 항변할 말이 없음. ¶모두 내 탓이니 유구무언이다.

유:권 有權 | 있을 유, 권리 권
권리(權利)가 있음[有].
▶유:권-자 有權者 | 사람 자
❶속뜻 권리를 가진[有權] 사람[者]. ❷법률 선거권을 가진 사람. ¶지난 선거에서 유권자의 55%만이 투표에 참여했다.

유급 留級 | 머무를 류, 등급 급
[stay back in the class; flunk]
진급(進級)하지 못하고 그대로 남음[留]. ¶그는 두 번이나 유급했다. ⑪ 낙제(落第).

유:기¹ 有期 | 있을 유, 때 기 [terminable; limited]
기한(期限)이 있음[有]. ¶유기정학. ⑪ 무기(無期).

유기² 鍮器 | 놋쇠 유, 그릇 기 [brassware]
놋쇠[鍮]로 만든 그릇[器]. ¶유기에 차례 음식을 담았다.

유:기³ 有機 | 있을 유, 틀 기
[organic, systematic]
❶속뜻 스스로 살아갈 수 있는 기능(機能)을 갖추고 있음[有]. ❷생명력을 갖추기 위하여 각 부분이 기계적으로 긴밀하게 협력하는 일. ⑪ 무기(無機).
▶유:기-농 有機農 | 농사 농
농업 농약을 쓰지 않고 유기물(有機物)을 활용하는 농사법(農事法). ¶유기농 채소.
▶유:기-물 有機物 | 만물 물

❶생물 생체를 이루며 생체 안에서 있는 생명력의 기틀[有機]에 의하여 만들어지는 물질(物質). ❷화학 '유기 화합물'(有機化合物)의 준말. ⑪ 무기물(無機物).

유년 幼年 | 어릴 유, 나이 년
[infancy; childhood]
어린[幼] 나이[年]. 또는 그런 사람. ¶내가 유년 시절에 멱을 감았던 곳.
▶유년-기 幼年期 | 때 기
교육 어린이가 성장·발달하는 유년(幼年)의 한 단계[期]. 유아기와 소년기의 중간으로 초등학교 저학년, 유치원에 해당하는 시기이다. ¶그는 미국에서 유년기를 보냈다.

유념 留念 | 머무를 류, 생각 념
[consider; mind; regard; attend to]
❶속뜻 어떤 생각[念]에 오래 머무름[留]. ❷기억하여 오래오래 생각함. ¶각별히 건강에 유념하다.

유:능 有能 | 있을 유, 능할 능
[able; capable; competent]
재능(才能) 또는 능력이 있음[有]. ¶유능한 작가. ⑪ 무능(無能).

유:단-자 有段者 | 있을 유, 구분 단, 사람 자 [black belt holder]
일정 단(段)이 있는[有] 사람[者]. 능력의 정도를 '단'으로 나타내는 경기 종목이나 바둑 등에 있다. ¶형은 유도(柔道) 유단자이다.

유대 紐帶 | 끈 유, 띠 대
[bond; link; tie]
❶속뜻 끈[紐]과 띠[帶]. ❷둘 이상의 관계를 연결 또는 결합시킴. 또는 그런 관계를 돈독히 함. ¶긴밀한 유대를 맺다.
▶유대-감 紐帶感 | 느낄 감
개인 간에 혹은 집단에 속한 사람들 사이를 연결하는[紐帶] 공통된 느낌[感]. ¶유대감을 높이다 / 이 영화는 형제간의 유대감을 잘 표현하고 있다.

유도¹ 柔道 | 부드러울 유, 방법 도 [judo]
운동 두 사람이 맨손으로 서로 맞잡고 상

대의 힘을 이용하여 넘어뜨리거나 조르거나 눌러 승부를 겨루는 운동. 일본 옛 무술인 '유술'(柔術)을 도(道)로 승화시킨 말이다.

유도[2] **誘導** | 꾈 유, 이끌 도
[induce; lead]
사람이나 물건을 어떤 장소나 상태로 꾀어[誘] 이끄는[導] 일. ¶유도 분만(分娩) / 유도 신문(訊問) / 교통경찰이 과속 차량을 갓길로 유도했다.

유독[1] **惟獨** | 오직 유, 홀로 독
[only; singly; uniquely]
❶ 속뜻 오직[惟] 홀로[獨]. ❷유달리 두드러짐. ¶많은 사람 가운데 유독 그녀가 눈에 띄었다.

유:독[2] **有毒** | 있을 유, 독할 독 [poisonous; noxious]
독성(毒性)이 있음[有]. ¶유독 폐기물 / 이 물질은 사람에게 유독하다. ⨀무독(無毒).

유동 流動 | 흐를 류, 움직일 동
[flow; be fluid]
❶ 속뜻 흘러 다니고[流] 움직임[動]. 또는 그러한 것. ❷이리저리 옮겨 다니는 것. ¶서울은 유동 인구가 많다. ⨀고정(固定).

▶ **유동-적 流動的** | 것 적
끊임없이 흘러 움직이는[流動] 것[的]. 또는 정세(情勢) 등이 불안정하여 변화하기 쉬운 것. ¶나폴레옹은 유동적인 전술을 구사했다. ⨀고정적(固定的).

유두[1] **乳頭** | 젖 유, 머리 두
[nipple; teat]
❶ 속뜻 젖[乳]의 한가운데 머리[頭]처럼 도드라져 나온 꼭지. ❷ 생물 생체 중 젖꼭지 모양으로 된 돌기(突起).

유두 流頭 | 흐를 류, 머리 두
❶ 속뜻 흐르는[流] 물에 머리[頭]를 감음. ❷ 민속 우리나라 고유 명절의 하나. 맑은 시내나 산간 폭포에 가서 머리를 감고 몸을 씻은 후, 가지고 간 음식을 먹으면서 서늘하게 하루를 지낸다. 음력 유월 보름날이다.

유람 遊覽 | 떠돌 유, 볼 람
[go sightseeing]
구경거리를 찾아 떠돌며[遊] 경치 따위를 봄[覽]. ¶배낭을 메고 팔도를 유람하다.

▶ **유람-선 遊覽船** | 배 선
유람객(遊覽客)을 태우는 배[船]. ¶한강에서 유람선을 타다.

유랑 流浪 | 흐를 류, 물결 랑 [wander]
흐르는[流] 물결[浪]처럼 정처 없이 떠돌아다님. ¶유랑극단 / 그는 전국을 유랑하였다. ⨀정착(定着).

유래 由來 | 말미암을 유, 올 래
[origin; history; cause]
❶ 속뜻 어떤 것으로 말미암아[由] 생겨남[來]. ❷사물의 내력. ¶우리 고장의 유래에 대하여 조사해 보다.

▶ **유래-담 由來談** | 이야기 담
사물의 유래(由來)에 대한 이야기[談].

유:력 有力 | 있을 유, 힘 력
[strong; powerful; prime; important]
❶ 속뜻 힘[力]이나 세력이 있음[有]. ¶그는 이 지방의 유력 인사이다 / 이번 경기에서 가장 유력한 경쟁자를 물리쳤다. ❷희망이나 전망이 있음. ¶그가 우승 후보로 가장 유력하다.

유령 幽靈 | 그윽할 유, 혼령 령
[spirit of the dead; ghost]
그윽한[幽] 곳에 나타나는 혼령(魂靈). 죽은 사람의 혼령. ¶이 동네에는 유령이 나온다는 소문이 있다.

유:례 類例 | 비슷할 류, 본보기 례
[similar example; parallel case]
❶ 속뜻 같거나 비슷한[類] 예(例). ❷전례(前例). ¶관광업은 유례를 찾아볼 수 없는 호황을 누렸다.

유:료 有料 | 있을 유, 삯 료
[charge for]
요금(料金)을 내게 되어 있음[有]. 또는 요금을 필요로 함. ¶유료 주차장 / 천마총

은 유료이다. ⑩ 무료(無料).

*유:리¹ 有利 | 있을 유, 이로울 리
[profitable; lucrative; advantageous]
이로움[利]이 있음[有]. ¶유리한 조건 / 온난 다습한 지역은 벼농사에 유리하다. ⑩ 불리(不利).

*유리² 琉璃 | 유리 류, 유리 리
[glass; pane]
광물 황금색의 작은 점이 군데군데 있고 거무스름한 푸른색을 띤 광물[琉=璃]. ¶유리 조각.
▶ 유리-관 琉璃管 | 대롱 관
화학 유리(琉璃)로 만든 관(管). 흔히 화학 실험에 쓰인다.
▶ 유리 벽 琉璃壁 | 담 벽
유리(琉璃)로 만들어진 투명한 벽(壁). ¶호랑이 어미와 새끼는 유리 벽을 사이에 두고 있었다.
▶ 유리-병 琉璃瓶 | 병 병
유리(琉璃)로 만든 병(瓶). ¶두루미는 유리병에 음식을 담아 여우에게 주었다.
▶ 유리-창 琉璃窓 | 창문 창
유리(琉璃)를 낀 창(窓). ¶유리창에 금이 갔다.

유:망 有望 | 있을 유, 바랄 망
[promising; hopeful]
앞으로 잘될 듯한 희망(希望)이나 전망(展望)이 있음[有]. ¶유망 산업 / 그는 전도 유망한 청년이다.
▶ 유:망-주 有望株 | 주식 주
❶경제 시세가 오를 가망이 있는[有望] 주식(株式). ❷어떤 분야에서 크게 성공할 가능성이 있어 촉망을 받고 있는 사람을 비유하는 말. ¶그는 이번 대회 메달 유망주 중 한 명이다.

*유:명 有名 | 있을 유, 이름 명 [famous; noted]
이름[名]이 세상에 널리 알려져 있음[有]. ¶유명 상표 / 정명훈은 세계적으로 유명한 지휘자이다. ⑩ 무명(無名).

유모 乳母 | 젖 유, 어머니 모 [nanny]
어머니 대신 젖[乳]을 먹여 주는 어미[母]. ¶아기를 유모한테 맡기다.
▶ 유모-차 乳母車 | 수레 차
유모(乳母)처럼 아이를 태워 끌고 다니는 수레[車]. ¶쌍둥이 유모차.

*유목 遊牧 | 떠돌 유, 기를 목 [nomadize]
물과 풀밭을 찾아 주기적으로 옮겨 다니며[遊] 소나 양 등의 가축을 기름[牧]. 또는 그런 목축 형태. ¶요즘은 유목 생활을 하는 사람들이 거의 없다.
▶ 유목-민 遊牧民 | 백성 민
사회 유목(遊牧)하면서 생활을 영위하는 민족(民族). ¶여진족은 만주 북부와 동부에서 살던 유목민이다.

유:무 有無 | 있을 유, 없을 무
[existence and nonexistence]
있음[有]과 없음[無]. ¶죄의 유무를 가리다.

*유물 遺物 | 남길 유, 만물 물
[relic; remains]
❶속뜻 옛날 사람들이 남긴[遺] 물건(物件). ¶석기시대의 유물. ❷죽은 사람이 남긴 물건. ¶할머니의 유물을 정리하다.

유민 流民 | 흐를 류, 백성 민
[drifting people; migrants]
고향을 떠나 이곳저곳으로 떠도는[流] 사람[民]. ⑩ 유랑민(流浪民).
▶ 유민-사 流民史 | 역사 사
떠돌아다니는 백성[流民]들의 역사(歷史). ¶그는 러시아 동포들의 유민사를 썼다.

유발 誘發 | 꾈 유, 나타날 발 [induce]
❶속뜻 꾀어[誘] 나타나게[發] 함. ❷어떤 일이 원인이 되어 다른 일을 일어나게 하는 것. ¶탄 음식은 암을 유발한다.

유방 乳房 | 젖 유, 방 방
[breast; mamma]
❶속뜻 젖[乳]을 분비하는 방(房) 형태의 부위. ❷성숙한 여자나 포유류의 암컷의 가슴 또는 배에 달려 있어 아기나 새끼에게 젖을 먹이는 기관. ⑩ 젖, 가슴.

유배 流配 | 흐를 류, 나눌 배
[exile; banish]
❶속뜻 흘러[流] 보내거나 멀리 떨어져[配] 살게 함. ❷설사 죄인을 귀양 보냄. ¶먼 섬으로 유배를 보내다. ⑪귀양.

유:별 有別 | 있을 유, 다를 별
[classify; assort]
다름[別]이 있음[有]. 차이가 있음. ¶남녀 유별 / 할머니는 유별하게 뛰어난 기억력을 가지고 계신다.

유복 裕福 | 넉넉할 유, 복 복
[rich; affluent]
살림이 넉넉하고[裕] 복(福)이 많다. ¶유복한 가정에서 태어나다. ⑪넉넉하다, 부유(富裕)하다.

유복-자 遺腹子 | 남길 유, 배 복, 아이 자
[posthumous child]
❶속뜻 아버지가 죽을 때 어머니 뱃속[腹]에 남아있던[遺] 자식(子息). ❷아버지가 죽은 뒤에 태어난 자식. ¶뉴턴은 유복자로 태어났다.

유부¹ 油腐 | 기름 유, 썩을 부
[fried bean curd]
두부(豆腐)를 얇게 썰어 기름[油]에 튀긴 음식. ¶유부 초밥.

유:부² 有夫 | 있을 유, 지아비 부
남편[夫]이 있음[有]. 결혼한 여자를 이르는 말.

▶ **유:부-녀 有夫女** | 여자 녀
남편이 있는[有夫] 여자(女子). ⑪유부남(有婦男).

유:부³ 有婦 | 있을 유, 부인 부
부인[婦]이 있음[有]. 결혼한 남자를 이르는 말.

▶ **유:부-남 有婦男** | 사내 남
아내가 있는[有婦] 남자(男子). ⑪유부녀(有夫女).

유비무환 有備無患 | 있을 유, 갖출 비, 없을 무, 근심 환
❶속뜻 미리 대비(對備)해 둔 것이 있으면[有] 근심거리[患]가 없게[無] 됨. ❷사전에 미리 대비하는 것이 최상책임. ¶유비무환이라 했듯이 미리미리 대비하는 것이 상책이다.

유:사 類似 | 비슷할 류, 닮을 사
[similar; alike]
❶속뜻 비슷하거나[類] 닮음[似]. ❷서로 비슷함. ¶유사단체 / 그의 생각은 내 생각과 굉장히 유사하다.

▶ **유:사-품 類似品** | 물건 품
서로 비슷한[類似] 물품(物品). ¶유사품에 주의하세요.

유:사-시 有事時 | 있을 유, 일 사, 때 시
[in time of emergency]
평소와는 다른 일[事]이 있을[有] 때[時]. ¶유사시에 대비하여 돈을 저금해두었다.

유산¹ 流産 | 흐를 류, 낳을 산 [miscarry; abort]
의학 달이 차기 전에 태아가 죽어서 피의 형태로 흘리[流] 나옴[産]. ¶자연 유산 / 이 산모는 유산할 위험이 있으므로 절대 안정이 필요하다.

* **유산² 遺産** | 남길 유, 재물 산
[inheritance; legacy]
❶속뜻 죽은 이가 남긴[遺] 재산(財産). ¶그는 딸들에게 많은 유산을 남겼다. ❷앞 시대의 사람들이 남겨 준 업적을 비유하여 이르는 말. ¶첨성대는 한국의 문화 유산이다.

유산³ 乳酸 | 젖 유, 신맛 산
[lactic acid]
화학 발효된 젖[乳] 속에 생기는 산(酸).

▶ **유산-균 乳酸菌** | 세균 균
화학 유산(乳酸)을 생성하는 세균(細菌). ¶김치에는 유산균이 많다. ⑪젖산균.

유생 儒生 | 유학 유, 사람 생
[student of Confucianism]
유학(儒學)을 공부하는 사람[生]. ¶전국 각지의 유생들이 상소(上疏)를 올렸다.

유서 遺書 | 남길 유, 글 서 [note left behind by a dead person; testament]

죽을 때 남긴[遺] 글[書]. ¶그는 전 재산을 고아원에 기부하겠다는 유서를 남겼다.

유:선[1] 有線 | 있을 유, 줄 선 [cable]
❶[속뜻]선(線)이 있음[有]. ❷전선(電線)에 의한 통신 방식. ¶유선 통신. [반]무선(無線).

▸유:선 방:송 有線放送 | 놓을 방, 보낼 송
[통신]전선을 사용하여[有線] 하는 방송(放送).

▸유:선 전:화 有線電話 | 전기 전, 말할 화
[통신]전선을 사용한[有線] 전화(電話). [반]무선 전화(無線電話).

유선[2] 流線 | 흐를 류, 줄 선
❶[속뜻]물체가 흐르는[流] 방향을 이어 그어놓은 선(線). ❷[물리]운동하는 유체의 각 점의 접선 방향이 유체 운동 방향과 일치하도록 그어진 곡선.

▸유선-형 流線型 | 틀 형
❶[속뜻]유선(流線) 모양으로 만든 틀[型]. ❷물이나 공기의 저항을 최소한으로 하기 위해 앞부분을 곡선으로 만들고 뒤쪽으로 갈수록 뾰족하게 한 형태. 자동차, 비행기, 배 따위를 설계할 때 쓰인다. ¶유선형 자동차.

유성[1] 流星 | 흐를 류, 별 성
[shooting star; meteor; planet]
❶[속뜻]마치 하늘을 흐르는[流] 것 같이 보이는 별[星] 빛. ❷[천문]우주의 먼지가 지구의 대기권에 들어와 공기의 압축과 마찰로 빛을 내는 현상. ¶유성이 떨어지는 것을 보면서 소원을 빌었다. [비]별똥별.

유성[2] 遊星 | 떠돌 유, 별 성 [planet]
❶[속뜻]일정한 궤도를 떠도는[遊] 별[星]. ❷[천문]행성(行星).

유성[3] 油性 | 기름 유, 성질 성
[oily nature]
기름[油] 같은 성질(性質). 또는 기름의 성질. ¶유성 사인펜 / 유성 페인트.

유:세[1] 有勢 | 있을 유, 힘 세
[powerful; influential]
❶[속뜻]힘[勢]이 있음[有]. ❷자랑삼아 세도를 부림. ¶그는 돈 꽤나 번다고 유세를 부린다.

유세[2] 遊說 | 떠돌 유, 달랠 세 [campaign]
각처로 돌아다니며[遊] 자기 의견을 주장하고 선전하여 사람들을 달램[說]. ¶그는 시장 상인들과 일일이 악수하며 유세하고 다녔다.

유:수[1] 有數 | 있을 유, 셀 수
[prominent; distinguished]
손가락으로 셀[數] 수 있을[有] 만큼 두드러짐. ¶그는 세계 유수의 화가이다 / 세계 유수의 대기업 대표들이 한 자리에 모였다.

유수[2] 流水 | 흐를 류, 물 수
[running water; flowing stream]
흐르는[流] 물[水]. ¶세월은 유수와 같다.

유순 柔順 | 부드러울 유, 순할 순
[submissive; obedient]
성질이 부드럽고[柔] 온순(溫順)하다. ¶그녀는 말투가 매우 유순하다.

유:식 有識 | 있을 유, 알 식
[learned; educated]
학식(學識)이 있음[有]. ¶그는 어려운 말만 골라 써서 자신의 유식을 드러냈다 / 유식한 사람. [반]무식(無識).

유신 維新 | 오직 유, 새 신 [renovate]
❶[속뜻]오로지[維] 새롭게[新] 함. ❷낡은 제도나 체제를 아주 새롭게 고침. ¶메이지 유신.

▸유신 헌:법 維新憲法 | 법 헌, 법 법
❶[속뜻]낡은 제도를 새롭게 고치기[維新] 위한 헌법(憲法). ❷[법률]1972년 10월 17일의 비상조치에 의하여 단행된 대한민국 헌법의 제7차 개헌으로 1972년 12월 27에 공포 시행된 제4공화국의 헌법.

유실[1] 流失 | 흐를 류, 잃을 실
[be washed away; be lost]
물에 떠내려가서[流] 없어짐[失]. ¶이번 홍수로 다리가 유실되었다.

유실[2] 遺失 | 잃어버릴 유, 잃을 실 [lose]

가지고 있던 돈이나 물건 따위를 잃어버림[遺=失]. ¶외적의 침입으로 유실된 문화재가 많다.
▶ 유실-물 遺失物 | 만물 물
❶ 속뜻 잃어버린[遺失] 물건(物件). ❷ 법률 훔치거나 가로채지 않고 정당하게 차지하고 있던 점유자가 잃어버린 물건. ¶기차 내의 유실물은 역에 보관한다.

유:심 有心 | 있을 유, 마음 심
[attend to]
❶ 속뜻 마음[心]을 한 곳으로 쏟고 있다[有]. ❷주의가 깊다. ¶유심하게 관찰하다 / 유심히 살펴보다.

유아¹ 幼兒 | 어릴 유, 아이 아
[infant; little child]
어린[幼] 아이[兒]. ¶유아 교육.
▶ 유아-기 幼兒期 | 때 기
심리 어린아이[幼兒]의 시기(時期).
▶ 유아-원 幼兒園 | 동산 원
유아(幼兒)의 보육 시설[園]. 특히 유치원에 들어가기 전의 유아를 보육하는 곳이다. ¶조카는 유아원에 다닌다.

유아² 乳兒 | 젖 유, 아이 아
[suckling; baby; infant]
젖[乳]을 먹는 나이의 어린아이[兒]. ¶이 가게는 유아들이 먹는 식품만 판매한다.
▶ 유아-기 乳兒期 | 때 기
심리 유아(乳兒)의 시기(時期). 생후 약 1년 간 젖을 먹으며 자라는 시기이다.

유약¹ 幼弱 | 어릴 유, 약할 약
[young and fragile]
어리고[幼] 여리다[弱]. ¶유약한 태도.

유약² 釉藥 | 윤 유, 약 약
[glaze; overglaze]
수공 윤[釉]이 나도록 도자기의 겉에 덧씌우는 약(藥). 도자기에 액체나 기체가 스며들지 못하게 하며 겉면에 광택이 나게 한다. ¶고려청자는 유약을 입혀 두 번 굽는다.

유언¹ 流言 | 흐를 류, 말씀 언
[groundless story; wild rumor]
터무니없이 항간을 떠도는[流] 소문[言].
▶ 유언-비어 流言蜚語 | 날 비, 말씀 어
❶ 속뜻 흘러[流] 다니는 말[言]과 날아[蜚] 다니는 말[語]. ❷아무 근거 없이 항간을 떠도는 소문. ¶사람들은 호랑이가 마을로 내려온다는 유언비어를 곧이곧대로 믿었다. ⓑ 뜬소문.

유언² 遺言 | 남길 유, 말씀 언
[will; testament; one's last words]
죽기 전에 가족이나 가까운 사람들에게 남긴[遺] 말[言].
▶ 유언-장 遺言狀 | 문서 장
유언(遺言)을 적은 문서[狀]. ¶변호사가 아버지의 유언장을 공개했다. ⓑ 유언서(遺言書).

*유역 流域 | 흐를 류, 지경 역 [area drained by a river; drainage basin]
강물이 흐르는[流] 언저리의 지역(地域). ¶한강 유역에서 빗살무늬 토기가 발견되었다.

*유연 柔軟 | 부드러울 유, 연할 연
[flexible; pliable; pliant]
부드럽고[柔] 연하다[軟]. ¶민주는 몸이 유연하다.
▶ 유연-성 柔軟性 | 성질 성
유연(柔軟)한 성질(性質). ¶요가는 몸의 유연성을 기르는 데 좋다. ⓑ 경직성(硬直性).

유:연-탄 有煙炭 | 있을 유, 연기 연, 숯 탄 [bituminous coal]
평설 탈 때 연기(煙氣)가 나는[有] 석탄(石炭). 휘발성 물질이 많이 포함되어 있기 때문이다. ¶함경북도의 아오지 탄광에서는 유연탄이 많이 생산된다.

유:용 有用 | 있을 유, 쓸 용
[useful; serviceable]
쓸모[用]가 있음[有]. ¶유용 식물 / 이 책은 어린이에게 유용하다. ⓑ 무용(無用).

유원-지 遊園地 | 놀 유, 동산 원, 땅 지
[amusement park]

놀[遊] 수 있도록 널찍하게[園] 만든 곳[地]. ¶공휴일이라 유원지에 사람이 많다.

유월 六月 | 본음 [육월], 여섯 육, 달 월 [June; Jun.]
한 해 열두 달 가운데 여섯째 달.

유유 悠悠 | 멀 유, 멀 유 [remote; leisurely]
❶속뜻 아득히 멀다[悠+悠]. ❷태연하고 느긋하다. 한가롭다. ¶강물이 유유하게 흐른다 / 유유히 거리를 걷다.

유:의¹ 有意 | 있을 유, 뜻 의
❶속뜻 뜻[意]이 있음[有]. 생각이 있음. ❷의미가 있음.

***유의²** 留意 | 머무를 류, 뜻 의 [keep in mind; be mindful]
마음[意]에 두고[留] 관심을 가짐. ¶유의 사항 / 건강에 특별히 유의하십시오. ⑪ 유념(留念).

▶ 유의-점 留意點 | 점 점
잊지 않고 조심해야[留意] 할 점[點]. ¶물건을 살 때 유의점은 다음과 같습니다.

유:의-어 類義語 | 비슷할 류, 뜻 의, 말씀 어 [synonym]
언어 비슷한[類] 뜻[義]을 가진 말[語].

유:익 有益 | 있을 유, 더할 익 [profitable; advantageous; useful]
이로움[益]이 있음[有]. 이점(利點)이 있음. ¶유익을 주다 / 이 동영상은 영어를 배우는 데 유익하다. ⑪ 무익(無益).

유:인¹ 有人 | 있을 유, 사람 인
인공위성 등에 그것을 다루는 사람[人]이 타고 있음[有]을 이르는 말. ¶유인 우주선. ⑪ 무인(無人).

유인² 誘引 | 꾈 유, 끌 인 [tempt; allure]
남을 꾀어[誘] 끌어들임[引]. ¶아귀는 머리위에 달린 가시로 물고기를 유인해 잡아먹는다.

유인³ 油印 | 기름 유, 찍을 인 [handout; printed materials]
❶속뜻 기름[油]을 써서 인쇄(印刷)함. ❷등사기로 찍음. ⑪등사(謄寫).

▶ 유인-물 油印物 | 만물 물
❶속뜻 기름[油]을 써서 인쇄(印刷)한 물건(物件). ❷등사기, 인쇄기, 프린터 따위를 이용하여 만든 인쇄물을 말함.

유:인-원 類人猿 | 비슷할 류, 사람 인, 원숭이 원 [anthropoid]
동물 사람[人]을 닮은[類] 성성이[猿]과의 동물. ¶침팬지, 고릴라는 모두 유인원이다.

***유일** 唯一 | 오직 유, 한 일 [single; unique; solitary; sole]
오직[唯] 하나[一] 밖에 없음. ¶언니가 유일한 나의 혈육이다.

▶ 유일-신 唯一神 | 귀신 신
유일(唯一)한 신(神). ¶크리스트교는 유일신을 믿는다.

▶ 유일-무이 唯一無二 | 없을 무, 둘 이
오직 하나[唯一]만 있지 둘[二]도 없음[無]. ¶그는 나의 유일무이한 친구이다.

유입 流入 | 흐를 류, 들 입 [flow in]
흘러[流] 들어옴[入]. ¶인구 유입 / 오염된 하수가 강물로 유입되었다.

유:자 柚子 | 유자나무 유, 씨 자 [citron]
유자(柚子)나무의 열매[子]. 노란색의 공 모양으로 껍질이 울퉁불퉁하고 신 맛이 특징이다.

***유적** 遺跡 | =遺蹟, 남길 유, 발자취 적 [remains; ruins]
옛날 사람들이 남긴[遺] 발자취[跡]. 건축물이나 싸움터 또는 역사적인 사건이 벌어졌던 곳이나 패총, 고분 따위를 이른다. ¶백제 유적을 발굴하다. ⑪ 사적(史跡).

▶ 유적-지 遺跡地 | 땅 지
옛날 유적(遺跡)이 있는 곳[地]. ¶신라 유적지를 견학하다.

유전¹ 油田 | 기름 유, 밭 전 [oil field; oil land]
석유(石油)가 나는 곳을 밭[田]에 비유하여 이르는 말. ¶연구팀이 알래스카에서 유전을 발견했다.

유전² 遺傳 | 남길 유, 전할 전 [inherit]
생물 후대에 영향을 남겨[遺] 전(傳)해 내려옴. ¶대머리는 유전된다.

▶ 유전-자 遺傳子 | 씨 자
생물 유전(遺傳) 형질을 지배하는 기본 인자(因子). ¶인간의 유전자 구조를 해독하다.

▶ 유전 공학 遺傳工學 | 장인 공, 배울 학
생물 유전자(遺傳子)의 합성, 변형 따위를 연구하는 공학(工學).

유-제:품 乳製品 | 젖 유, 만들 제, 물건 품 [milk product; dairy products]
우유(牛乳)를 가공하여 만든[製] 식품(食品). ¶버터와 치즈는 대표적인 유제품이다.

유조 油槽 | 기름 유, 구유 조 [oil tank]
석유(石油)나 가솔린 따위를 저장하는 아주 큰 용기(槽). ¶유조에 구멍이 나서 기름이 샜다.

▶ 유조-선 油槽船 | 배 선
유조(油槽)를 갖추고 석유나 가솔린 따위를 실어 나르는 배[船]. ¶한국의 유조선 제조 기술은 세계 최고이다.

유족 遺族 | 남길 유, 겨레 족
[bereaved family]
어떤 사람이 죽은 뒤에 남아[遺] 있는 가족(家族). ¶그는 유족에게 깊은 애도의 뜻을 표했다. 비 유가족(遺家族).

유:종 有終 | 있을 유, 끝날 종
끝[終]맺음이 있음[有]. ¶유종의 아름다움.

▶ 유:종지미 有終之美 | 어조사 지, 아름다울 미
끝을 잘 맺는[有終] 아름다움[美]. 좋은 결말. ¶이번 활동에 최선을 다해 유종지미를 거둡시다.

유:죄 有罪 | 있을 유, 허물 죄
[guilty; culpable]
❶속뜻 죄(罪)가 있음[有]. ❷법률 법원의 판결에 따라 범죄 사실이 인정되는 일. ¶법원은 그에게 유죄를 판결했다. 반 무죄(無罪).

유:지¹ 有志 | 있을 유, 뜻 지
[have intention; a man of influence]
❶속뜻 어떤 일을 이루려는 뜻[志]이 있음[有]. ❷마을이나 지역에서 명망 있고 영향력을 가진 사람. '유지가'(有志家)의 준말. ¶할아버지는 마을에서 가장 영향력이 큰 유지이다.

유지² 乳脂 | 젖 유, 기름 지
[cream; butterfat]
젖이나 우유(牛乳)에 들어 있는 지방(脂肪). ¶이 빵은 유지가 듬뿍 들어있어 매우 부드럽다. 비 유지방(乳脂肪).

⁎유지³ 維持 | 맬 유, 지킬 지
[keep; maintain]
❶속뜻 단단히 잡아매어[維] 잘 지킴[持]. ❷어떤 상태나 상황을 그대로 보존하거나 변함없이 계속하여 지탱함. ¶경찰은 사회 질서 유지를 목적으로 활동한다 / 그녀는 몸매를 유지하기 위하여 매일 운동한다.

유지⁴ 油脂 | 기름 유, 기름 지
[oils and fats]
화학 동식물에서 얻는 기름[油=脂]을 통틀어 이르는 말.

▶ 유지-류 油脂類 | 무리 류
지방질 기름[油脂]의 종류(種類). ¶유지류는 동물의 몸속에 많이 들어 있다.

유창 流暢 | 흐를 류, 펼칠 창
[fluent; smooth; facile]
글을 읽거나 하는 말이 물 흐르듯[流] 순탄하게 잘 펼쳐진다[暢]. ¶그는 스페인어를 유창하게 구사한다. 비 거침없다, 막힘없다.

유채 油菜 | 기름 유, 나물 채 [rape]
❶속뜻 기름[油]을 짤 수 있는 나물[菜]. ❷식물 십자화과의 두해살이풀. 높이는 1미터 정도이며 4월에 노란 꽃이 피고 잎과 줄기는 먹고 종자로는 기름을 짠다.

유:채-색 有彩色 | 있을 유, 빛깔 채, 빛색 [chromatic color]

미술 색상, 명도, 채도의 차이가 있는 채도(彩度)가 있는[有] 빛깔[色]. ¶빨강, 노랑, 주홍은 유채색이다. ⊕무채색(無彩色).

유:추 類推 | 비슷할 류, 밀 추
[analogical inference; analogy]
같거나 비슷한[類] 원인을 근거로 결과를 미루어[推] 짐작함. 또는 그런 짐작. ¶행동을 보면 그 사람의 생각을 유추할 수 있다. ⊕짐작, 추리(推理), 추론(推論).

유출 流出 | 흐를 류, 날 출
[spill; outflow]
❶ 속뜻 액체 등이 흘러[流] 나감[出]. ¶유조선에서 기름이 유출되었다. ❷ 귀중한 물품이나 정보 따위가 불법적으로 나라나 조직의 밖으로 나가 버림. 또는 그것을 내보냄. ¶시험문제 유출 / 군사 기밀이 외부로 유출되었다.

유충 幼蟲 | 어릴 유, 벌레 충 [larva]
동물 어린[幼] 새끼벌레[蟲]. ¶매미의 유충. ⊕성충(成蟲).

유치¹ 乳齒 | 젖 유, 이 치
[milk tooth]
젖[乳] 먹이 때 난 이[齒]. 젖니. ⊕영구치(永久齒). ¶유치가 다 빠졌다.

유치² 誘致 | 꾈 유, 이를 치
[attract; invite]
설비 등을 갖추어 두고 권하여[誘] 이르게[致] 함. 오게 함. ¶올림픽 유치 / 정부는 관광객을 유치하기 위해 많은 활동을 한다.

유치³ 幼稚 | 어릴 유, 어릴 치
[childish; infantile; puerile]
생각이나 하는 짓이 어림[幼=稚]. ¶유치한 생각.
▶ 유치-원 幼稚園 | 동산 원
교육 초등학교에 들어가기 전의 어린이[幼稚]를 대상으로 삼는 교육 기관[園].

유치⁴ 留置 | 머무를 류, 둘 치 [custody; detain]
❶ 속뜻 남의 물건을 보관해[留] 둠[置]. ❷ 법률 구속의 집행 및 재판의 진행이나 그 결과의 집행을 위하여 일정한 곳에 사람을 가두어 두는 일.
▶ 유치-장 留置場 | 마당 장
경찰서에서 형사 피의자 등을 유치(留置)해두는 곳[場]. ¶그는 경찰서에서 유치장에서 하룻밤을 보냈다.

유쾌 愉快 | 즐거울 유, 기쁠 쾌 [cheerful; jolly]
마음이 즐겁고[愉] 기분이 좋은[快]. ¶유쾌한 분위기. ⊕불쾌(不快).

유통 流通 | 흐를 류, 통할 통
[circulate; pass current]
❶ 속뜻 공기나 액체가 흘러[流] 통(通)함. ❷ 경제 상품이 생산자, 상인, 소비자 사이에 거래되는 일. ¶유통 구조 / 화폐의 유통 / 가짜 상품을 시중에 유통시키다.
▶ 유통-업 流通業 | 일 업
생산자와 상인, 소비자 사이에 상품을 유통(流通)시켜 주는 일[業]. ¶아버지는 유통업에 종사하신다.
▶ 유통 기한 流通期限 | 때 기, 한할 한
경제 먹을거리나 약 같은 상품이 유통(流通)될 수 있는 기한(期限). ¶이 우유는 유통 기한이 지났습니다.

유품 遺品 | 남길 유, 물건 품
[relics; article left by the deceased]
세상을 떠난 이가 남긴[遺] 생전에 쓰던 물품(物品). ¶이 목걸이는 어머니의 유품이다. ⊕유물.

유학¹ 留學 | 머무를 류, 배울 학
[study abroad]
외지나 외국에 머물며[留] 공부함[學]. ¶해외 유학을 떠나다 / 그는 영국에서 3년간 유학했다.
▶ 유학-생 留學生 | 사람 생
타지역이나 외국에 머물면서 공부하는[留學] 학생(學生). ¶이곳에는 세계 각지에서 온 유학생이 머문다.

*유학² 儒學** | 선비 유, 배울 학
[Confucianism]

❶속뜻 선비[儒]들이 공부하던 학문(學問). ❷공자의 사상을 근본으로 하고 사서오경(四書五經)을 경전으로 삼아 정치·도덕의 실천을 중심 과제로 하는 학문. ¶조선시대에는 유학을 숭상하였다.

▶ 유학-자 儒學者 | 사람 자
유학(儒學)에 조예가 깊은 사람[者]. ¶이이는 조선시대 뛰어난 유학자이다.

유:한 有限 | 있을 유, 끝 한
[limited; finite]
한계(限界)가 있음[有]. ¶인간의 수명은 유한하다. ⸙ 무한(無限).

유:해¹ 有害 | 있을 유, 해칠 해
[bad; noxious; harmful]
해(害)가 있음[有]. ¶유해 식품은 반입할 수 없습니다. ⸙ 무해(無害).

유해² 遺骸 | 남길 유, 뼈 해
[ashes; bones]
주검을 태우고 남은[遺] 뼈[骸]. 또는 무덤 속에서 나온 뼈. ¶전사자의 유해를 국립묘지에 안치하다. ⸙ 유골(遺骨).

유행 流行 | 흐를 류, 행할 행
[become popular]
❶속뜻 곳곳으로 흘러[流] 행(行)해짐. ❷사회 어떠한 양식이나 현상 등이 새로운 경향으로 한동안 사회에 널리 퍼지는 경향. ¶이 스타일의 옷은 이미 유행이 지났다. ❸전염병 따위가 한동안 널리 퍼짐. ¶전국에 독감이 유행하고 있다.

▶ 유행-가 流行歌 | 노래 가
어느 한 시기에 유행(流行)하는 가요(歌謠). ¶아이는 유행가를 따라 불렀다.

▶ 유행-성 流行性 | 성질 성
유행(流行)하는 성질(性質). ¶유행성 감기.

▶ 유행-어 流行語 | 말씀 어
어느 한 시기에 유행(流行)하는 말[語].

유:형¹ 類型 | 비슷할 류, 모형 형 [type; pattern]
❶속뜻 비슷한[類] 모형(模型). ❷어떤 비슷한 것들의 본질을 개체로 나타낸 것. ¶그것은 두 가지 유형으로 나뉜다.

유:형² 有形 | 있을 유, 모양 형
[material; concrete]
형체(形體)가 있음[有]. ⸙ 무형(無形).

▶ 유:형 문화재 有形文化財 | 글월 문, 될 화, 재물 재
교정 건축물, 책처럼 형체가 있는[有形] 문화재(文化財).

유혹 誘惑 | 꾈 유, 홀릴 혹
[tempt; lure; entice; seduce]
❶속뜻 꾀어[誘] 정신을 흐리게[惑] 함. ❷남을 호리어 나쁜 길로 유도함. ¶유혹에 빠지다 / 거리의 군것질거리들이 아이들을 유혹했다.

유화¹ 油畵 | 기름 유, 그림 화
[oil painting]
미술 기름[油]으로 갠 물감으로 그린 그림[畵]. ¶유화를 그리다.

유화² 乳化 | 젖 유, 될 화 [emulsification]
❶속뜻 젖[乳]처럼 됨[化]. ❷물리 섞이지 않는 두 가지 액체에 약품을 넣어 고르게 섞어 걸쭉한 액체로 만드는 것.

▶ 유화-제 乳化劑 | 약제 제
화학 섞이지 않는 두 액체를 잘 섞이게 하는[乳化] 물질[劑]. ¶유화제는 표면 활성을 지니고 있다.

유황 硫黃 | 유황 류, 누를 황
[sulfur; brimstone]
화학 비금속 원소로 냄새가 없고 수지 광택이 있는[硫] 황색(黃色)의 결정(結晶).

유:효 有效 | 있을 유, 효과 효
[valid; available; effective]
효과(效果)나 효력이 있음[有]. ¶유효 기간 / 이 계약은 1년간 유효하다. ⸙ 무효(無效).

유흥 遊興 | 놀 유, 흥겨울 흥
[merry; pleasure]
흥겹게[興] 노는[遊] 일. ¶유흥업소 / 유흥비(遊興費)로 가산을 탕진하다.

▶ 유흥-가 遊興街 | 거리 가
유흥(遊興) 업소가 많이 늘어서 있는 거리

[街].

유희 遊戲 | 놀 유, 놀이 희 [play]
놀이[戱]를 하며 즐겁게 놂[遊]. ㉺ 놀이.

육 六 | 여섯 육 [six]
오에 일을 더한 수. 아라비아 숫자로는 '6', 로마 숫자로는 'Ⅵ'으로 쓴다. ㉺ 여섯.

육각 六角 | 여섯 륙, 뿔 각
[six angles; Six Musical Instruments]
❶ 속뜻 여섯[六] 개의 각(角)을 이루는 형상. ❷ 음악 국악에서 북, 장구, 해금, 피리, 태평소 한 쌍을 묶은 여섯 가지 악기를 통틀어 이르는 말. ¶삼현육각(三絃六角).

▶ **육각-형 六角形** | 모양 형
수학 여섯[六] 개의 각(角)으로 만들어진 평면 도형(圖形). ¶벌집은 육각형 모양의 작은 칸들로 이루어져 있다.

육감 六感 | 여섯 륙, 느낄 감
심리 여섯[六] 번째 감각(感覺). 인체의 다섯 가지 감각 이외에 경험에서 비롯되는 감각. ¶육감이 맞아떨어지다.

육교 陸橋 | 뭍 륙, 다리 교
[overhead bridge]
땅[陸] 위에 만든 다리[橋]. 도로나 철도를 가로질러 세운다. ¶육교를 건너 시장에 갔다.

육군 陸軍 | 뭍 륙, 군사 군
[army; land forces]
군사 육상(陸上)에서 전투하는 군대(軍隊). ㉺ 지상군(地上軍).

육로 陸路 | 뭍 륙, 길 로 [land route]
땅[陸] 위에 난 길[路]. ¶육로를 통해 금강산에 갈 수 있다. ㉺ 수로(水路).

육류 肉類 | 고기 육, 무리 류
[meat; flesh]
먹을 수 있는 짐승의 고기[肉] 종류(種類)를 두루 이르는 말.

육묘 育苗 | 기를 육, 모종 묘
묘목(苗木)이나 모를 기름[育].

▶ **육묘-장 育苗場** | 마당 장
묘목(苗木)이나 모를 기르는[育] 곳[場]. ¶육묘 품종.

육박 肉薄 | 고기 육, 엷을 박
[close in upon; be close at hand]
몸[肉] 가까이 바싹[薄] 다가붙음. ¶적들과 육박전(肉薄戰)을 벌였다 / 5만 명에 육박하는 관중이 경기장에 모였다.

육사 陸士 | 뭍 륙, 선비 사
[military academy]
군사 '육군사관학교'(陸軍士官學校)의 준말.

＊**육상 陸上** | 뭍 륙, 위 상
[on land; on the ground]
❶ 속뜻 땅[陸] 위[上]. ¶육상 식물. ❷ 운동 '육상경기'(陸上競技)의 준말. ¶육상 선수.

육성[1] **肉聲** | 몸 육, 소리 성
[live voice; natural voice]
기계를 통하지 않고 사람의 몸[肉]에서 직접 나오는 소리[聲]. ¶그녀는 마이크 없이 육성으로 노래를 불렀다.

육성[2] **育成** | 기를 육, 이룰 성
[promote; foster; nurture]
길러[育] 성장(成長)시킴. ¶우리 회사는 인재 육성에 힘쓰고 있다 / 이곳은 야구 선수를 체계적으로 육성하는 기관이다. ㉺ 양성(養成).

육순 六旬 | 여섯 륙, 열흘 순 [age of sixty]
❶ 속뜻 육(六)십 날[旬]. ❷예순 살. ¶오늘은 큰아버지가 육순이 되시는 날이다.

육식 肉食 | 고기 육, 먹을 식
[meat eating; flesh-eating]
❶ 속뜻 짐승의 고기[肉]로 만든 것을 먹음[食]. 또는 그 음식. ¶언니는 육식보다 채식을 좋아한다. ❷동물이 동물을 먹이로 함. ¶티라노사우루스는 육식 공룡이다.

▶ **육식-성 肉食性** | 성질 성
육식(肉食)을 좋아하는 성질(性質). ¶육식성 동물 / 육식성 어류.

▶ **육식 동ː물 肉食動物** | 움직일 동, 만물 물

동물 동물성 먹이를 먹고사는[肉食] 동물(動物). ¶늑대는 육식 동물이다.

육신 肉身 | 몸 육, 몸 신 [body]
구체적인 물체인 사람의 몸[肉=身]. ¶육신의 고통을 견디다. 비 육체(肉體). 만 영혼(靈魂).

육십 六十 | 여섯 륙, 열 십
[sixty; threescore]
십(十)의 여섯[六] 배가 되는 수. 60. ¶모두 육십 명이 접수하였다. 비 예순.

육십 만:세 운:동 六十萬歲運動 | 여섯 륙, 열 십, 일만 만, 해 세, 돌 운, 움직일 동
역사 1926년 6[六]월 10일[十]에, 순종의 인산일(因山日)을 기하여 전개된 만세 운동(萬歲運動). 침체된 민족 운동에 새로운 활기를 안겨 주었으며, 3·1운동과 1929년 광주학생 항일운동의 교량 역할을 했다.

육아 育兒 | 기를 육, 아이 아
[bring up infants; rear children]
어린 아이[兒]를 기름[育]. ¶육아 일기 / 육아 휴직.

육안 肉眼 | 몸 육, 눈 안 [naked eye]
❶속뜻 몸[肉]에 붙은 눈[眼]이나 시력. ❷눈으로 보는 표면적인 안식(眼識). ¶그 별은 육안으로는 볼 수 없다. 비 맨눈.

육영 育英 | 기를 육, 뛰어날 영 [educate]
영재(英才)를 가르쳐 기름[育]. ¶그는 평생을 육영사업에 힘썼다.

▶ **육영 공원 育英公院** | 여럿 공, 집 원
역사 고종 23년(1886)에 근대적 인물을 기르기[育英] 위해 설립한 최초의 현대식 공립(公立) 학교[院]. 미국인 교사를 초빙하여 수학·지리학·외국어·정치 경제학 따위를 가르쳤다.

육용-종 肉用種 | 고기 육, 쓸 용, 갈래 종
[meat type breed]
소, 양, 닭처럼 고기[肉]를 쓰기[用] 위해 기르는 가축 품종(品種).

육의-전 六矣廛 | 여섯 륙, 어조사 의, 가게 전
역사 조선 시대 때 서울의 종로에 있던 여섯[六] 가지 가게[廛]. 비 육주비전(六注比廛).

육이오 전:쟁 六二五戰爭 | 여섯 륙, 둘 이, 다섯 오, 싸울 전, 다툴 쟁
역사 1950년 6[六]월 25[二五]일에 북한군이 한국을 침공하여 일어난 전쟁(戰爭). 1953년 7월 27일에 휴전이 이루어져 휴전선을 확정하였으며, 휴전 상태가 오늘날까지 지속되고 있다. 비 한국 전쟁.

육조 六曹 | 여섯 륙, 관아 조
역사 고려, 조선 때 기능에 따라 나라 일을 분담하여 집행하던 여섯[六] 개의 중앙 관청[曹]. 이조(吏曹), 호조(戶曹), 예조(禮曹), 병조(兵曹), 형조(刑曹), 공조(工曹)를 이른다.

육중 肉重 | 몸 육, 무거울 중
[bulky and heavy; ponderous]
몸집[肉]이나 생김새 따위가 투박하고 무겁다[重]. ¶그는 육중한 몸을 의자에서 일으켰다.

＊**육지 陸地** | 뭍 륙, 땅 지 [land; shore]
물에 잠기지 않은 지구 표면의 땅[陸=地]. 비 땅, 뭍.

육진 六鎭 | 여섯 륙, 누를 진
역사 조선 세종 때 함경북도 경원·경흥·부령·온성·종성·회령 등 여섯[六] 곳에, 적군의 침입을 억누르기[鎭] 위하여 설치한 요새지.

육체 肉體 | 몸 육, 몸 체 [flesh; body]
구체적인 물질인 사람의 몸[肉=體]. ¶건전한 육체에 건전한 정신이 깃든다. 비 육신(肉身). 만 영혼(靈魂), 정신(精神).

▶ **육체-미 肉體美** | 아름다울 미
육체(肉體)의 균형이 주는 아름다움[美].

▶ **육체-적 肉體的** | 것 적
육체(肉體)에 관련된 것[的]. ¶스트레스는 정신적으로나 육체적으로 사람을 힘들게 한다. 만 정신적(精神的).

▶ **육체-노동 肉體勞動** | 일할 로, 움직일 동
육체(肉體)를 움직여 그 힘으로 하는 노동

(勞動). ㉫ 정신노동(精神勞動).

육촌 六寸 | 여섯 륙, 관계 촌
[second cousin]
❶속뜻 여섯[六] 마디[寸]. ❷여섯 개의 촌수를 사이에 두고 있는 친척. 사촌의 아들딸, 곧 재종간의 형제자매를 이른다. ㉫ 재종(再從).

육친 肉親 | 몸 육, 친할 친
[blood relative]
혈연[肉] 관계에 있는 친척(親戚). ¶유비, 관우, 장비는 육친처럼 서로 의지하며 살기로 약속했다.

육-판서 六判書 | 여섯 륙, 판가름할 판, 글 서
고려·조선 시대의 국가 행정기관인 육조(六曹)의 으뜸벼슬[判書]. '육조 판서'의 준말. ¶삼정승 육판서.

육포 肉脯 | 고기 육, 포 포 [jerked beef]
쇠고기[肉]를 얇게 저며서 말린 포(脯).

육풍 陸風 | 뭍 륙, 바람 풍 [land breeze]
지리 밤의 기온 차이로 육지(陸地)에서 바다로 부는 바람[風]. ㉫ 해풍(海風).

육하-원칙 六何原則 | 여섯 륙, 어찌 하, 본디 원, 법 칙
기사를 작성할 때 여섯[六] 가지 물어야 할[何] 원칙(原則). '누가, 언제, 어디서, 무엇을, 어떻게, 왜'의 여섯 가지를 이른다. ¶글을 간결하고 명확히 쓰기 위해서는 육하원칙에 따라야 한다.

육해공-군 陸海空軍 | 뭍 륙, 바다 해, 하늘 공, 군사 군
군사 육군(陸軍), 해군(海軍), 공군(空軍)을 아울러 이름. ¶육해공군 합동 작전. ㉫ 삼군(三軍).

육회 肉膾 | 고기 육, 회 회
[dish of minced raw beef]
소의 살코기[肉]로 만든 회(膾).

윤: 潤 | 윤택할 윤 [luster; gloss]
반질반질하고 매끄러운 기운. ¶나무로 된 탁자가 반들반들 윤이 난다. ㉫ 광(光), 광택(光澤), 윤기(潤氣).

윤곽 輪廓 | 바퀴 륜, 둘레 곽
[outline; contours]
❶속뜻 바퀴[輪]의 둘레[廓]. ❷겉모양. ¶건물의 윤곽이 흐릿하게 보인다. ❸일이나 사건의 대체적인 줄거리. ¶사건의 윤곽이 드러나기 시작하다.

윤:기 潤氣 | 반들거릴 윤, 기운 기 [luster; gloss]
반들거리는[潤] 기운(氣運). 반들반들함. ¶그녀의 검은 머리카락은 윤기가 난다. ㉠ 윤(潤). ㉫ 광(光), 광택(光澤).

윤:년 閏年 | 윤달 윤, 해 년 [leap year]
천문 윤일(閏日)이나 윤달[閏月]이 든 해[年].

윤리 倫理 | 인륜 륜, 이치 리
[moral principles; ethics]
인륜(人倫) 도덕의 원리(原理). ¶그것은 윤리에 어긋나는 일이다.

윤작 輪作 | 돌 륜, 지을 작
[rotation of crops; crop rotation]
농업 같은 경작지에 여러 농작물을 순서에 따라 돌려가며[輪] 재배하는 경작(耕作). ㉫ 돌려짓기.

윤:택 潤澤 | 젖을 윤, 윤날 택
[rich; wealthy]
❶속뜻 물기 따위에 젖어[潤] 번지르르하게 윤이 남[澤]. ❷살림살이가 넉넉함. ¶그는 윤택한 가정에서 태어났다.

윤:활 潤滑 | 반들거릴 윤, 미끄러울 활
[lubricative; smooth]
반들거리고[潤] 미끄러움[滑]. ¶윤활 장치 / 모든 작업과정이 윤활하게 돌아가고 있다.

▶**윤:활-유 潤滑油** | 기름 유
❶속뜻 부드럽고 매끄럽게[潤滑] 하기 위해 바르는 기름[油]. ❷공업 기계가 맞닿는 부분의 마찰을 덜기 위하여 쓰는 기름.

윤회 輪廻 | 바퀴 륜, 돌 회
[cycle of reincarnation]
❶속뜻 바퀴[輪]처럼 끝없이 돎[廻]. ❷불교 중생이 번뇌와 업에 의하여 삼계육

도(三界六道)의 생사 세계를 그치지 않고 돌고 도는 일.

율 率 | 비율 률 [rate; ratio; proportion]
수학 어떤 기준에 비하여[率] 계산한 수치. ¶저축 이율이 2퍼센트 올랐다. 🔟 비율(比率).

율동 律動 | 가락 률, 움직일 동
[rhythmic movement]
❶ 속뜻 가락[律]에 맞추어 움직임[動]. ❷ 가락에 맞추어 추는 춤. ¶아이들은 선생님의 율동을 따라했다.

율령 律令 | 법칙 률, 명령 령
[law; statute]
법률 형률(刑律)과 법령(法令)을 아울러 이르는 말. 모든 법률을 말한다. ¶백제의 고이왕(古爾王)은 율령(律令)을 반포했다.

율법 律法 | 법칙 률, 법 법 [law; rule]
❶ 속뜻 규범[律]과 법[法]. ❷ 기독교 하나님이 인간에게 지키도록 내린 규범을 이르는 말.

융 絨 | 융 융 [cotton flannel]
수공 겉에 짧은 털이 붙어있는 직물.

융기 隆起 | 높을 륭, 일어날 기
[be uplifted]
❶ 속뜻 어느 한 부분이 높이[隆] 솟아오름[起]. ❷ 지리 땅이 해면에 대하여 높아짐. 또는 그러한 자연현상. 🔟 침강(沈降).

융단 絨緞 | 융 융, 비단 단 [carpet; rug]
❶ 속뜻 융(絨)과 비단[緞]. ❷ 수공 양털 따위의 털을 표면에 보풀이 일게 짠 두꺼운 모직물. 그림이나 무늬를 놓아 벽에 걸기도 한다. 🔟 양탄자, 카펫.

융성 隆盛 | 높을 륭, 가득할 성
[prosperity]
매우 높고[隆] 크게 번성(繁盛)함. ¶국가의 융성.

융숭 隆崇 | 높을 륭, 높을 숭 [hospitable]
대접, 대우 따위의 수준이 매우 높음[隆崇]. 또는 극진하게 대하다. ¶나는 융숭한 대접을 받았다. 🔟 정성(精誠)스럽다, 정중(鄭重)하다.

융자 融資 | 녹을 융, 재물 자
[loan; lend]
자금(資金)을 융통(融通)함. 또는 융통한 자금. ¶학자금 융자 / 나는 은행에서 주택자금을 융자받았다.

▶ **융자-금 融資金** | 돈 금
금융 기관에서 융통하는[融資] 돈[金]. ¶융자금으로 집을 샀다.

융점 融點 | 녹을 융, 점 점
[melting point; fusing point]
화학 고체가 녹아서[融] 액체가 되기 시작하는 온도[點]. 🔟 녹는점.

융통 融通 | 녹을 융, 통할 통
[lend; loan; finance]
❶ 속뜻 녹여[融] 잘 통(通)하게 함. ❷돈이나 물품 등을 빌려 씀. ¶제 사정이 급하니 돈을 조금만 융통해주세요.

▶ **융통-성 融通性** | 성질 성
융통(融通)이 잘 되는 성질(性質). 때나 경우에 따라 임기응변할 수 있는 성질이나 재주. ¶그는 융통성이 없는 사람이라 우리를 들어가지 못하게 했다.

융합 融合 | 녹을 융, 합할 합
[fusion; merger]
여럿을 녹여[融] 하나로 합(合)함. ¶양국의 상이한 문화를 융합하다.

융화 融和 | 녹을 융, 고를 화
[reconciled; harmony]
고르게[和] 잘 녹아서[融] 한 덩어리가 됨. ¶이 대회는 양국 간의 융화를 위한 것이다.

은 銀 | 은 은 [silver]
화학 금속 원소의 하나. 금보다 조금 가볍고 단단하며 백색의 미려한 광택을 가진다. 화학용 기구·화폐·장식품 등에 쓴다.

은공 恩功 | 은혜 은, 공로 공
[favor; merits]
은혜(恩惠)와 공로(功勞). ¶그 배우는 수상의 영광을 부모님의 은공으로 돌렸다.

은근 慇懃 | 은근할 은, 은근할 근 [polite;

kind]
❶ 속뜻 드러내지 않고 마음속으로 생각하는 깊은 정[慇=慗]. ¶은근히 뿌듯함을 느낀다. ❷겸손하고 정중함.

은덕 恩德 | 은혜 은, 베풀 덕
[beneficial influence]
은혜(恩惠)를 베풂[德]. ¶선생님의 은덕에 깊이 감사드립니다.

은둔 隱遁 | 숨길 은, 달아날 둔
[retire from the world; seclude]
세상을 피하여[遁] 숨음[隱]. ¶은둔 생활.

은밀 隱密 | 숨길 은, 몰래 밀
[secret; covert]
숨어서[隱] 몰래[密]. 또는 남몰래. ¶그는 나에게 은밀히 말했다.

은박 銀箔 | 은 은, 얇을 박 [silver leaf]
은(銀)을 종이처럼 얇게[箔] 만든 것.

▶ 은박-지 銀箔紙 | 종이 지
은(銀)을 얇게[箔] 늘인 종이[紙] 형태의 것. 또는 은박과 같은 모양의 종이. ¶은박지에 싼 고구마.

은반 銀盤 | 은 은, 쟁반 반
[silver plate; skating rink]
❶ 속뜻 은(銀)으로 만든 쟁반(錚盤). ❷맑고 깨끗한 얼음판을 아름답게 이르는 말. ¶그녀는 은반 위의 요정으로 불린다.

은사 恩師 | 은혜 은, 스승 사
[one's respected teacher]
은혜(恩惠)로운 스승[師]. 스승을 감사한 마음으로 이르는 말. ¶고등학교 은사를 찾아 뵈었다.

은상 銀賞 | 은 은, 상줄 상
금, 은, 동 중 은(銀)에 해당되는 2등상(賞). ¶동생은 수학경시대회에서 은상을 받았다.

은색 銀色 | 은 은, 빛 색
[silver color; silver]
은(銀)과 같은 빛[色]. ⑪ 은빛.

은신 隱身 | 숨길 은, 몸 신
[hide oneself; lie low]
몸[身]을 숨김[隱]. ¶조용해질 때까지 여기서 은신해 있어라.

▶ 은신-처 隱身處 | 곳 처
몸[身]을 숨기는[隱] 곳[處]. ¶그들은 큰 바위 밑에 은신처를 만들었다.

은어¹ 銀魚 | 은 은, 물고기 어
[silver fish]
동물 몸은 가늘고 긴 은(銀)색 물고기[魚]. 맑은 강물에서만 산다.

은어² 隱語 | 숨길 은, 말씀 어
[secret language]
특수한 집단이나 계층에서 남이 모르게[隱] 자기네끼리만 쓰는 말[語]. ¶'짭새'는 범죄자들이 '경찰'을 가리켜 사용하는 은어이다.

은연 隱然 | 숨길 은, 그러할 연
[in secret]
숨겨져[隱] 있는 듯한 모양[然]. ¶은연 중에 속마음을 드러내다.

▶ 은연-중 隱然中 | 가운데 중
남이 모르는[隱然] 가운데[中]. ¶그녀는 은연중에 자신의 속뜻을 내비쳤다.

은유 隱喩 | 숨길 은, 고할 유 [metaphor]
문학 사물을 직접 드러내지 않고 숨겨서[隱] 비유(比喩)하는 표현법. '내 마음은 호수요' 따위. ⑪ 은유법(隱喩法).

은은 隱隱 | 숨길 은, 숨길 은
[dim; vague; faint]
소리가 멀리서 울려 아득하다[隱+隱]. ¶은은하게 들리는 종소리.

은인 恩人 | 은혜 은, 사람 인
[benefactor; patron]
은혜(恩惠)를 베풀어 준 사람[人]. ¶그는 내 생명의 은인이다. ⑪ 원수(怨讐).

은-장도 銀粧刀 | 은 은, 단장할 장, 칼 도
[ornamental silver knife]
❶ 속뜻 칼자루와 칼집을 은(銀)으로 장식한, 노리개로[粧] 차던 칼[刀]. ❷역사 나무로 만들어 은 칠을 한 의식용(儀式用) 무기.

은-쟁반 銀錚盤 | 은 은, 징 쟁, 소반 반

[silver plate]
은(銀)으로 만든 쟁반(錚盤). ¶그녀가 노래를 하면 은쟁반에 옥 구르는 소리가 난다.

은총 恩寵 | 인정 은, 영예 총
[favor; grace]
❶속뜻 높은 사람이 베푼 인정[恩]과 각별한 사랑[寵]. ❷기독교 하나님이 인간에게 내리는 은혜. ¶하나님의 은총.

은퇴 隱退 | 숨길 은, 물러날 퇴
[retire from one's post]
❶속뜻 몸을 숨기거나[隱] 자리에서 물러남[退]. ❷사회 활동에서 물러나 한가히 지냄. ¶우리 아버지는 은퇴하셨습니다.

은폐 隱蔽 | 숨길 은, 덮을 폐
[conceal; hide]
숨기려고[隱] 덮음[蔽]. ¶그는 증거를 은폐하려다 경찰에 잡혔다.

은하 銀河 | 은 은, 물 하
[Milky Way; Galaxy]
천문 은(銀)빛 강물[河] 같은 밤하늘의 별무리. ⓗ 미리내, 은하수(銀河水).

▶ 은하-계 銀河系 | 이어 맬 계
천문 은하(銀河)를 이루고 있는 수많은 천체의 집단[系].

▶ 은하-수 銀河水 | 물 수
'은하'(銀河)를 강물[水]에 비유하여 이르는 말. ⓗ 미리내, 은하(銀河).

***은행¹ 銀行** | 돈 은, 가게 행 [bank]
❶속뜻 돈[銀]을 맡기거나 빌리는 가게[行]. ❷경제 돈을 맡아주고 빌려주는 일을 하는 업종. 일반인의 예금을 맡고 다른 데 대부하는 일. ¶은행에서 100만 원을 찾았다.

▶ 은행-권 銀行券 | 문서 권
경제 한 나라의 특정 은행(銀行)이 발행하는 지폐[券]. ¶한국은행은 새로운 은행권을 공개했다.

▶ 은행-원 銀行員 | 사람 원
은행(銀行)의 업무를 맡아보는 직원(職員).

은행² 銀杏 | 은 은, 살구나무 행 [ginkgo nut]
❶속뜻 은(銀)빛 살구[杏] 같은 과육을 지닌 열매. ❷은행나무의 열매.

***은혜 恩惠** | 인정 은, 사랑 혜
[favor; benefit]
남으로부터 받는 인정[恩]과 고마운 사랑[惠]. ¶스승의 은혜 / 은혜롭게도 우리는 사계절을 고루 누리고 있다.

은화 銀貨 | 은 은, 돈 화 [silver coin]
은(銀)으로 만든 돈[貨]. ¶미국의 1달러는 은화이다.

을 乙 | 천간 을
❶차례에서 둘째의 뜻. ¶갑, 을, 병의 세 조(組)는 각각 육·해·공군의 역할을 맡았다. ❷민속 천간(天干)의 둘째.

을미 乙未 | 천간 을, 양 미
민속 천간의 '乙'과 지지의 '未'가 만난 간지(干支). ¶을미년에 태어난 사람은 양띠이다.

▶ 을미-사변 乙未事變 | 일 사, 바뀔 변
역사 1895년 을미년(乙未年)에 일본의 자객들이 경복궁을 습격하여 명성 황후를 죽인 사건[事變].

을사 乙巳 | 천간 을, 뱀 사
민속 천간의 '乙'과 지지의 '巳'가 만난 간지(干支). ¶을사년에 태어난 사람은 뱀띠이다.

▶ 을사-조약 乙巳條約 | 조목 조, 묶을 약
역사 1905년 을사년(乙巳年)에 일본이 한국의 외교권을 빼앗기 위하여 강제적으로 맺은 조약(條約).

을자-진 乙字陣 | 새 을, 글자 자, 진칠 진
민속 '乙'자(字) 모양으로 늘어선[陣] 것. 풍물놀이 판굿의 대형.

을축 乙丑 | 천간 을, 소 축
민속 천간의 '乙'과 지지의 '丑'이 만난 간지(干支). 육십갑자의 둘째.

음¹ 音 | 소리 음 [sound; pronunciation of Chinese characters]
❶귀로 느낄 수 있는 소리. ¶높은 음을

잘 내다. ❷한자의 소리. ¶한자에 음을 달다.

음² 陰 | 응달 음 [shade]
❶응달. ❷물리 음극(陰極). ¶자석의 양과 음. ❸수학 어떤 수가 0보다 작은 일. ¶'-'는 음을 나타내는 부호이다.

음각 陰刻 | 응달 음, 새길 각
[intaglio; engrave]
미술 평면에 글씨나 그림 따위를 오목하게[陰] 새김[刻]. 또는 그러한 조각. ¶이 판화는 음각하여 만들었다. 빤 양각(陽刻).

음경 陰莖 | 응달 음, 줄기 경
[phallus; penis]
❶속뜻 남자 음부(陰部)에 나무줄기[莖]같이 달린 것. ❷의학 남성의 외부 생식기.

음계 音階 | 소리 음, 섬돌 계
[musical scale]
음악 음(音)이 높이에 따라 계단(階段)처럼 배열된 것.

음극 陰極 | 응달 음, 끝 극
[negative pole; cathode]
❶속뜻 음양(陰陽) 가운데 음(陰)에 해당하는 쪽이나 끝[極]. ❷물리 두 개의 전극 사이에 전류가 흐를 때에 전위가 낮은 쪽의 극. ¶양극과 음극을 각각 따로 연결하다. 빤 양극(陽極).

음기 陰氣 | 응달 음, 기운 기
[chill; dreariness]
❶속뜻 음산(陰散)하고 찬 기운[氣運]. ❷만물이 생성하는 근본이 되는 정기(精氣)의 한 가지. 빤 양기(陽氣).

음낭 陰囊 | 응달 음, 주머니 낭 [scrotum]
의학 음경(陰莖)을 싸고 있는 주머니[囊] 모양의 기관.

음덕양보 陰德陽報 | 그늘 음, 은덕 덕, 양지 양, 갚을 보
❶속뜻 남모르게[陰] 은덕(恩德)을 베풀면 크게 드러나는[陽] 보답(報)이 주어짐. ❷남이 모르게 덕행을 쌓은 사람은 뒤에 그 보답을 받게 됨. ¶음덕양보를 바

라고 한 일은 아니다.

음란 淫亂 | 지나칠 음, 어지러울 란
[lewd; lascivious]
❶속뜻 지나치게[淫] 문란(紊亂)함. ❷음탕하고 난잡함. ¶음란 사이트 / 음란한 행위.

▶ 음란-물 淫亂物 | 만물 물
음탕(淫蕩)하고 난잡(亂雜)한 내용을 담은 책이나 그림, 사진, 영화, 비디오테이프 따위의 물건(物件)을 통틀어 이르는 말. ¶음란물을 보면 안 된다.

음력 陰曆 | 응달 음, 책력 력
[lunar calendar]
천문 해를 양(陽)으로, 달을 음(陰)으로 보았을 때, 달 모양의 변화를 기초로 하여 만든 책력(冊曆). ¶그의 음력 생일은 3월 21일이다. 빤 양력(陽曆).

음:료 飮料 | 마실 음, 거리 료 [beverage; drink]
마실[飮] 거리[料]. ¶그는 차가운 음료를 들이켰다.

▶ 음:료-수 飮料水 | 물 수
마실[飮料] 수 있는 물[水]. ¶음료수 자판기.

음률 音律 | 소리 음, 가락 률
[pitch; rhythm]
음악 ❶아악(雅樂)의 오음(五音)과 육률(六律). ❷소리와 음악의 가락.

음모 陰謀 | 응달 음, 꾀할 모
[plot; conspiracy]
잘 안 보이는 응달[陰]에서 남몰래 좋지 못한 일을 꾸밈[謀]. 또는 그 꾸민 일. ¶그들의 음모가 백일하에 드러났다.

음미 吟味 | 읊을 음, 맛 미
[appreciate; examine closely]
❶속뜻 시가를 읊조리며[吟] 그 깊은 뜻을 맛봄[味]. ❷사물의 내용이나 속뜻을 깊이 새기어 맛봄. ¶녹차의 향기와 맛을 음미하다.

음반 音盤 | 소리 음, 소반 반
[phonograph record; disk]

소리[音]를 기록한 동그란 소반[盤] 같은 판. [비] 판(板), 디스크(disk), 레코드(record).

음:복 飮福 | 마실 음, 복 복
❶[속뜻] 복(福)을 마시어[飮] 누림. ❷제사를 지내고 나서 제사에 썼던 술을 조상이 주는 복이라 하여 제관(祭官)들이 나누어 마시는 일.

음부 陰部 | 응달 음, 나눌 부
[pubic region]
❶[속뜻] 몸에서 응달진[陰] 부분(部分). ❷[의학] 남녀의 생식기가 있는 자리. [비] 국부(局部), 치부(恥部).

음산 陰散 | 응달 음, 흩을 산
[gloomy; dreary]
❶[속뜻] 응달[陰]에 흩어져[散] 있는 듯한 차가운 기운. ❷을씨년스럽고 썰렁하다. ¶음산한 날씨.

음색 音色 | 소리 음, 빛 색 [tone color]
[음악] 목소리나 악기 등이 지닌 소리[音]의 특색(特色). 또는 특색 있는 그 소리. ¶바이올린과 첼로는 음색이 다르다.

음성[1] 音聲 | 소리 음, 소리 성
[voice; tone]
❶[속뜻] 사람이 내는 소리[音]와 악기가 내는 소리[聲]. ❷[언어] 발음기관에서 생기는 음향. ¶음성변조 / 음성 메시지. [비] 목소리.

음성[2] 陰性 | 응달 음, 성질 성
[passive character]
❶[속뜻] 양(陽)이 아닌 음(陰)에 속하는 성질(性質). ❷어둡고 소극적인 성질. ¶위암 검사 결과는 음성으로 나왔다. [반] 양성(陽性).

음수[1] 陰數 | 응달 음, 셀 수
[negative number; minus]
[수학] 0을 기준으로 수를 음과 양으로 나눌 때, 0보다 작아 음(陰)에 해당하는 수(數). [반] 양수(陽數).

음:수[2] 飮水 | 마실 음, 물 수
마실[飮] 수 있는 물[水]. '음료수'(飮料水)의 준말. ¶이 물은 음수로 사용할 수 있다.

▸ **음:수-대** 飮水臺 | 대 대
물[水]을 마실[飮] 수 있도록 하여 놓은 곳[臺].

⁑**음:식** 飮食 | 마실 음, 먹을 식
[food; meal]
마시고[飮] 먹음[食]. ¶맛있는 음식 / 음식을 짜게 먹으면 건강에 해롭다. [비] 음식물.

▸ **음:식-물** 飮食物 | 만물 물
마시고[飮] 먹는[食] 것[物]. ¶음식물 쓰레기가 갈수록 늘고 있다. [준] 음식.

▸ **음:식-점** 飮食店 | 가게 점
음식(飮食)을 파는 가게[店]. [비] 식당(食堂).

⁑**음악** 音樂 | 소리 음, 풍류 악 [music]
❶[속뜻] 소리[音]에서 느껴지는 풍류[樂]. ❷[음악] 인간의 사상이나 감정을 목소리나 악기로 연주하는 예술. ¶음악에 맞춰 춤을 추다.

▸ **음악-가** 音樂家 | 사람 가
❶[속뜻] 음악(音樂)을 전문으로 연주하거나 만드는 사람[家]. ❷음악 연주에 뛰어난 사람. ¶나는 남도민요 음악가이다.

▸ **음악-극** 音樂劇 | 연극 극
[음악] 음악(音樂)을 포함한 연극(演劇) 형식을 통틀어 이르는 말. ¶그는 특히 음악극을 좋아한다.

▸ **음악-당** 音樂堂 | 집 당
음악(音樂)의 연주를 위하여 특별히 설비된 건물[堂].

▸ **음악-대** 音樂隊 | 무리 대
음악(音樂)을 연주하는 단체[隊]. 주로 야외에서 취주 악기나 타악기로 연주하는 그룹을 이른다.

▸ **음악-실** 音樂室 | 방 실
학교에서 음악(音樂) 수업에 쓰는 교실(教室). ¶음악실에 피아노를 새로 들여놓았다.

▸ **음악-제** 音樂祭 | 제사 제

음악(音樂)을 중심으로 여는 대규모 축제(祝祭). ¶그는 잘츠부르크 음악제에서 모짜르트의 오페라를 공연했다.

▸음악-회 音樂會 | 모일 회
음악(音樂)을 연주하여 청중이 감상하게 하는 모임[會]. ¶자선 음악회. [비] 연주회(演奏會).

음양 陰陽 | 응달 음, 볕 양
[cosmic dual forces]
❶ [속뜻] 응달[陰]과 양지(陽地). ❷ [철학] 역학에서 이르는 만물의 근원이 되는 상반된 성질을 가진 두 가지 것. ¶음양의 조화.

음역 音域 | 소리 음, 지경 역
[musical range; compass]
[음악] 사람의 목소리나 악기가 낼 수 있는 음(音)의 고저(高低) 범위[域]. ¶오르간은 음역이 넓다.

음영 陰影 | 응달 음, 그림자 영
[shadow; shade]
사람이나 물체가 빛을 가리어 반대쪽에 나타나는 그늘[陰]이나 그림자[影]. ¶그림에 음영을 넣어 윤곽을 나타내다.

음절 音節 | 소리 음, 마디 절 [syllable]
[언어] 소리[音]의 한 마디[節]. 음소가 모여서 이루어진 소리의 한 덩어리. ¶'운동'은 2음절로 된 단어이다.

음정 音程 | 소리 음, 거리 정
[interval; tone; step]
[음악] 높이가 다른 두 음(音) 사이의 거리[程]. ¶음정을 잘 맞추면 노래가 재미있다.

음조 音調 | 소리 음, 가락 조
[tune; melody]
❶ [속뜻] 소리[音]의 가락[調]. ❷ [음악] 음의 높낮이와 길이의 어울림.

음:주 飮酒 | 마실 음, 술 주 [drinking]
술[酒]을 마심[飮]. ¶음주 운전.

음지 陰地 | 응달 음, 땅 지
[shady spot; shaded lot]
그늘진[陰] 곳[地]. [비] 응달. [반] 양지(陽地).

음치 音癡 | 소리 음, 어리석을 치
[tone-deaf]
❶ [속뜻] 소리[音]를 잘 모름[癡]. ❷음에 대한 감각이 둔하고 목소리의 가락이나 높낮이 등을 분별하지 못하는 상태 또는 그런 사람.

음침 陰沈 | 응달 음, 잠길 침
[gloomy; dismal]
❶ [속뜻] 응달[陰]이 지거나 물에 잠긴[沈] 것 같이 어둡고 쌀쌀하다. ¶음침한 날씨. ❷성질이 명랑하지 못하다. ¶표정이 음침하다.

음탕 淫蕩 | 음란할 음, 방자할 탕
[debauched; dissipated]
음란(淫亂)하고 방탕(放蕩)함. ¶음탕한 말 / 음탕한 생각.

음파 音波 | 소리 음, 물결 파
[sound wave]
[물리] 소리[音]의 물결[波]. 발음체의 진동으로 말미암아 공기나 그 밖의 매질에 생기는 파동(波動).

음표 音標 | 소리 음, 나타낼 표
[musical note; musical score]
[음악] 악보에서 음(音)의 길이와 높낮이를 나타내는[標] 기호.

음해 陰害 | 몰래 음, 해칠 해
남몰래[陰] 뒤에서 해(害)침. ¶왕자를 음해하려는 세력이 발각되었다.

음핵 陰核 | 응달 음, 씨 핵 [clitoris]
[의학] 여자의 음부(陰部)에 있는 작은 씨[核] 같은 돌기.

음향 音響 | 소리 음, 울릴 향
[sound; noise]
소리[音]의 울림[響]. ¶음향 효과 / 이 영화관은 최고의 음향 시설을 갖추고 있다.

▸음향-기 音響機 | 틀 기
[기계] 소리를 내는[音響] 기계(機械). ¶음향기로 실험을 하다.

음흉 陰凶 | 응달 음, 흉할 흉
[cunning; wily]

마음속이 음침(陰沈)하고 흉악(凶惡)함. ¶음흉을 떨다 / 그는 음흉한 속셈으로 그녀에게 접근했다.

읍 邑 | 고을 읍 [town]
❶[법률]인구 2만 이상 5만 미만의 도시로서, 군(郡)의 관할을 받는 지방 행정 구역의 하나. 하부 조직으로 이(里)를 둠. ❷'읍내'(邑內)의 준말. ¶오늘 읍에 장(場)이 선다.

읍내 邑內 | 고을 읍, 안 내 [whole town]
읍(邑)의 구역 안[內]. ¶미희는 읍내에 산다.

읍민 邑民 | 고을 읍, 백성 민
[inhabitants of a town]
읍내(邑內)에 사는 사람[民]. ¶읍민들이 모여 노래자랑을 했다.

읍-사무소 邑事務所 | 고을 읍, 일 사, 일 무, 곳 소 [town office]
읍(邑)의 행정 사무(事務)를 맡아보는 기관[所].

읍성 邑城 | 고을 읍, 성곽 성
한 고을[邑] 전체를 성벽으로 둘러쌓은 성(城). ¶충남 서산에 해미읍성이 있다.

응:고 凝固 | 엉길 응, 굳을 고
[solid; congeal]
❶[속뜻]엉기어[凝] 굳어짐[固]. ❷액체나 기체가 고체로 변하는 현상. ¶응고상태 / 피가 응고되기 전에 이 약을 주사해야 한다. ⓑ 융해(融解).

응:급 應急 | 응할 응, 급할 급
[emergency]
위급(危急)한 사항을 임시로 대응(對應)함. ¶응급 수술 / 응급 상황이 발생하면 119로 전화하시오.

▶ **응:급-실 應急室** | 방 실
응급(應急) 처치를 할 수 있는 시설을 갖추어 놓은 방[室]. ¶응급실에서 우선 붕대로 상처를 싸맸다.

응:낙 應諾 | 응할 응, 승낙할 낙
[agree (to); respond (to)]
부탁의 말에 응(應)하여 승낙(承諾)함. ¶나는 형의 제안에 응낙했다.

응:답 應答 | 응할 응, 답할 답
[response; answer]
물음이나 부름에 응(應)하여 대답(對答)함. ¶나는 벨을 눌렀지만 아무도 응답이 없었다. ⓑ 질의(質疑).

▶ **응:답-자 應答者** | 사람 자
부름이나 물음에 응답(應答)하는 사람[者]. ¶전체 응답자 가운데 70%가 찬성을 했다.

응:당 應當 | 응할 응, 마땅 당
[for sure; without fail]
응(應)해야 마땅함[當]. 당연히. ¶식사 전에는 응당 손을 씻어야 한다 / 죄를 지은 사람이 벌을 받는 것은 응당한 일이다.

응:대 應對 | 응할 응, 대할 대
[talk personally with; answer]
부름이나 물음 또는 요구 따위에 응답(應答)하여 상대(相對)함. ¶몇 번 물어보았으나 응대가 시큰둥하다.

응:모 應募 | 응할 응, 뽑을 모
[apply for; subscribe to]
모집(募集)에 응(應)함. ¶응모 자격 / 각종 경연대회에 응모하다.

응:분 應分 | 맞을 응, 신분 분
[appropriate; proper]
제 신분(身分)에 맞음[應]. 분수나 능력에 맞음. ¶응분의 할 일을 하다.

응:수 應酬 | 응할 응, 보낼 수
[respond; retort; return]
❶[속뜻]대응(對應)하여 보냄[酬]. ❷상대편의 말을 되받아 반박함. ¶아이는 상인(商人)의 말에 지지 않고 응수했다. ⓑ 대수(對酬).

응:시¹ 凝視 | 엉길 응, 볼 시
[stare at; gaze at]
눈길을 한곳으로 모아[凝] 가만히 바라봄[視]. ¶그는 한참 동안 먼 산을 응시했다. ⓑ 주시(注視).

응:시² 應試 | 응할 응, 시험할 시
[apply for an examination]

시험(試驗)에 응(應)함. ¶응시 원서 / 시험 중 부정행위를 하면 1년간 응시할 수 없다.

▸응:시-자 應試者 | 사람 자
시험에 응하는[應試] 사람[者]. ¶응시자가 500명을 넘어섰다.

응:용 應用 | 맞을 응, 쓸 용
[apply; put to practical use]
❶[속뜻] 실제에 맞게[應] 사용(使用)함. ❷원리나 지식, 기술 따위를 실제로 다른 일에 활용(活用)함을 이름. ¶응용 문제 / 과학을 일상생활에 응용하다.

▸응:용 미:술 應用美術 | 아름다울 미, 꾀 술
[미술] 실제적인 응용(應用)에 목적을 둔 도안, 장식 따위의 미술(美術). 도안, 장식 따위.

응:원 應援 | 맞을 응, 도울 원
[aid; help; support]
❶[속뜻] 맞게[應] 편들어줌[援]. ❷운동 경기 따위에서 선수들이 힘을 낼 수 있도록 도와주는 일. 노래, 손뼉 치기 따위 여러 가지 방식이 있다. ¶그녀는 팀을 응원하느라 목이 다 쉬었다.

▸응:원-가 應援歌 | 노래 가
운동 경기 따위에서 선수들을 응원(應援)하기 위하여 여럿이 부르는 노래[歌].

▸응:원-단 應援團 | 모일 단
운동 경기 따위에서 응원(應援)하기 위하여 조직된 단체(團體).

▸응:원-석 應援席 | 자리 석
응원(應援)하는 사람들이 앉는 자리[席]. ¶양팀의 응원석이 꽉 찼다.

응:접 應接 | 응할 응, 맞이할 접 [receive]
손님의 요구에 응(應)하여 접대(接待)함. ¶그는 미소를 지으며 손님을 응접했다.

▸응:접-실 應接室 | 방 실
손을 맞이하여[應] 접대(接待)하는 방[室].

응:집 凝集 | 엉길 응, 모일 집
[cohere; condense]
한군데에 엉겨서[凝] 뭉침[集]. ¶두 물질은 뜨거운 상태에서 응집하여 에너지를 낸다.

응:징 膺懲 | 가슴 응, 혼낼 징
[punish]
❶[속뜻] 마음[膺] 깊이 뉘우치도록 혼냄[懲]. ❷잘못을 깨우쳐 뉘우치도록 징계(懲戒)함. ¶동학군은 탐관오리를 응징했다.

의:[1] 義 | 옳을 의 [justice; morality]
사람으로서 행하여야 할 바른 도리. ¶그는 의를 지키기 위해 목숨을 바쳤다. [반] 불의(不義).

의:[2] 誼 | 정 의 [relationship]
서로 사귀어 친하여진 정[誼]. ¶옛날 이 마을에 의 좋은 형제가 살았다.

의거[1] 依據 | 기댈 의, 근거할 거
[be based on; conform to]
어떤 사실이나 원리 따위에 기대거나[依] 근거함[據]. ¶규정에 의거하여 결정하다.

의:거[2] 義擧 | 옳을 의, 들 거
[worthy undertaking; heroic deed]
정의(正義)로운 일을 일으킴[擧]. ¶윤봉길 의사의 의거 / 일제의 학정(虐政)에 국민이 의거했다.

⁑**의:견** 意見 | 뜻 의, 볼 견
[opinion; view; idea]
어떤 일에 대한 뜻[意]과 견해(見解). ¶당신 의견에 찬성합니다. [비] 견해(見解), 생각, 의사(意思).

▸의:견-서 意見書 | 글 서
어떤 의견(意見)을 적은 글[書]. 또는 그 문서.

의결 議決 | 의논할 의, 결정할 결
[decide; resolve]
의논(議論)하여 결정(決定)함. 또는 그런 결정. ¶과반수의 찬성으로 새 법률안을 의결했다.

의:경 義警 | 옳을 의, 지킬 경
[conscripted policeman]
[법률] 병역 의무(義務)를 지고 업무를 수행

하는 경찰(警察). '의무경찰'(義務警察)의 준말.

의과 醫科 | 치료할 의, 분과 과
[medical department]
[교육] 의학(醫學)을 연구하는 대학의 한 분과(分科). ¶그는 의과에 입학했다.

의관[1] 衣冠 | 옷 의, 갓 관
[gown and hat]
❶[속뜻] 남자의 웃옷[衣]과 갓[冠]. ❷남자가 정식으로 갖추어 입는 옷차림.

의관[2] 醫官 | 치료할 의, 벼슬 관
[medical officer; surgeon]
[역사] 조선 시대에, 내의원에 속하여 의술(醫術)에 종사하던 벼슬아치[官].

의구 疑懼 | 의심할 의, 두려워할 구
[doubt; suspect]
의심(疑心)하고 두려워함[懼]. ¶의구를 품다.

▸ 의구-심 疑懼心 | 마음 심
의심하고 두려워하는[疑懼] 마음[心]. ¶그의 행동을 보니 의구심이 생겼다.

의:금-부 義禁府 | 옳을 의, 금할 금, 관청 부
❶[속뜻] 금(禁)하는 일을 저지른 사람을 불러다 옳게[義] 만드는 관청[府]. ❷[역사] 조선 시대에 임금의 명령을 받들어 중죄인을 신문하는 일을 맡아 하던 관아.

의:기 意氣 | 뜻 의, 기운 기
[spirits; heart; mind; vigor]
❶[속뜻] 뜻[意]과 기세(氣勢). ❷기세가 좋은 적극적인 마음. ¶그 소식이 우리들의 의기를 드높였다.

▸ 의:기-소침 意氣銷沈 | 사라질 소, 가라앉을 침
❶[속뜻] 의기(意氣)가 사라지고[銷] 가라앉음[沈]. ❷기운이 없어지고 풀이 죽음. ¶시험에 또 떨어진 그는 매우 의기소침했다.

▸ 의:기-양양 意氣揚揚 | 오를 양, 오를 양
뜻한 바를 이루어 의기(意氣)가 크게 오름[揚揚]. ¶의기양양한 미소.

⁑의논 議論 | 본음 [의론], 따질 의, 말할 론
[discuss; consult]
어떤 의견이 옳은지 따지어[議] 말함[論]. ¶의논 상대 / 나는 부모님과 진학 문제에 대해 의논했다. [비] 논의(論議), 토의(討議).

의당 宜當 | 마땅 의, 마땅 당
[as a matter of course; necessarily]
마땅히[宜] 응당(應當) 그래야 함. ¶빌린 돈은 의당 갚아야 한다 / 친구의 의리를 지키는 것은 의당한 일이다. [비] 당연(當然)히, 마땅히, 으레.

⁑의:도 意圖 | 뜻 의, 꾀할 도
[intend; aim]
❶[속뜻] 뜻[意]한 바를 꾀함[圖]. ❷무엇을 하고자 하는 생각이나 계획. 또는 무엇을 하려고 꾀함. ¶너를 속일 의도는 없었다.

의례 儀禮 | 의식 의, 예도 례
법식[儀]을 갖춘 예의(禮義). ¶국민 의례 / 의례 준칙.

의뢰 依賴 | 의지할 의, 맡길 뢰
[depend on; request]
❶[속뜻] 의지(依支)하여 맡김[賴]. ❷남에게 부탁함. ¶그는 경찰에 수사를 의뢰했다.

▸ 의뢰-인 依賴人 | 사람 인
남에게 어떤 일을 의뢰(依賴)한 사람[人].

⁑의료 醫療 | 치료할 의, 병고칠 료
[medical treatment; medical service]
의술(醫術)로 병을 고치는[療] 일. ¶의료 봉사.

▸ 의료-단 醫療團 | 모일 단
병을 치료하기[醫療] 위하여 임시로 조직된 단체(團體). ¶해외에 파견할 의료단을 구성하였다.

▸ 의료-비 醫療費 | 쓸 비
병을 고치는[醫療] 데 드는 비용(費用).

▸ 의료-원 醫療院 | 집 원
여러 가지 의료(醫療)에 관련된 많은 사람과 시설을 갖춘 큰 병원(病院). ¶국립 의료원 / 동네에 의료원이 새로 생겼다.

▸ 의료 보:험 醫療保險 | 지킬 보, 험할 험
[사회] 상해나 질병에 대하여 의료(醫療)의 보장 또는 의료비의 부담을 목적으로 하는 사회 보험(保險).

의류 衣類 | 옷 의, 무리 류
[clothing; clothes]
옷[衣]으로 입을 수 있는 종류(種類)를 통틀어 이르는 말. ¶아동 의류. [비] 의복(衣服).

의:리 義理 | 옳을 의, 이치 리
[obligation; justice; fidelity]
❶[속뜻] 사람으로서 마땅히 지켜야 할 옳은[義] 도리(道理). ❷사람과의 관계에 있어서 지켜야 할 바른 도리. ¶의리를 지키다 / 의리에 살고 의리에 죽는다.

의:무 義務 | 옳을 의, 일 무
[duty; obligation]
마땅히 해야 할 옳은[義] 일[務]. ¶권리를 주장하기 전에 의무를 다해야 한다. [반] 권리(權利).

▸ 의:무-감 義務感 | 느낄 감
의무(義務)를 느끼는 마음[感]. ¶나는 의무감에서 할머니를 돌보았다.

▸ 의:무-적 義務的 | 것 적
마땅히 꼭 해야 하는[義務] 것[的]. ¶회의에 의무적으로 참석하다.

▸ 의:무 교:육 義務教育 | 가르칠 교, 기를 육
[교육] 국가에서 제정한 법률에 따라 일정한 연령에 이른 아동이 의무적(義務的)으로 받아야 하는 보통 교육(教育).

의문 疑問 | 의심할 의, 물을 문
[doubt; problem; question]
❶[속뜻] 의심(疑心)하여 물음[問]. ❷의심스러운 생각을 함. 또는 그런 일. ¶선생님의 설명을 듣다 보니 몇 가지 의문이 생겼다 / 그 일이 가능할지 매우 의문스럽다.

▸ 의문-문 疑問文 | 글월 문
[언어] 화자가 청자에게 질문을 하는[疑問] 문장(文章).

▸ 의문-점 疑問點 | 점 점
의문(疑問)이나 의심이 나는 점(點). ¶의문점이 많다.

▸ 의문 부:호 疑問符號 | 맞을 부, 표지 호
[언어] 문장이 의문문(疑問文)이라는 것을 나타내는 부호(符號). 문장 부호 '?'의 이름이다. [비] 물음표.

⁑**의:미** 意味 | 뜻 의, 맛 미 [mean]
❶[속뜻] 말이나 글의 뜻[意]이나 맛[味]. 말뜻. ¶이 단어는 무슨 의미인지 모르겠다. ❷사물이나 현상의 가치. ¶의미 있는 삶. ❸행위나 현상이 지닌 뜻. ¶돈은 나에게 아무런 의미가 없다.

▸ 의:미심장 意味深長 | 깊을 심, 길 장
말이나 글의 뜻[意味]이 매우 깊고[深] 길다[長]. ¶아버지는 의미심장한 표정으로 나를 쳐다보았다.

*__의:병__ 義兵 | 옳을 의, 군사 병
[righteous army; loyal troops]
옳다고[義] 여기는 일을 위하여 싸우러 나선 군사[兵]. ¶의병은 산성에서 왜군들에 맞서 싸웠다.

▸ 의:병-장 義兵將 | 장수 장
의병(義兵)의 장수(將帥).

의복 衣服 | 옷 의, 옷 복
[clothes; suit; dress]
옷[衣=服]. [비] 의류(衣類).

▸ 의복-비 衣服費 | 쓸 비
전체 생활비 중에서 옷[衣服]을 사는 데 드는 비용(費用). ¶막내가 학교에 입학하면서 의복비가 많이 든다.

의:분 義憤 | 옳을 의, 성낼 분
[public indignation]
의(義)로운 마음에서 우러나오는 분노(憤怒). ¶이순신 장군은 의분을 참고 백의종군하였다.

의:사[1] 義士 | 옳을 의, 선비 사
[righteous person; martyr]
의(義)로운 선비[士]. 의로운 지사(志士). ¶의사 윤봉길.

⁑**의사**[2] 醫師 | 치료할 의, 스승 사
[doctor; medical man]

병을 치료하는[醫] 것을 직업으로 삼는 사람을 스승[師]으로 높여 부르는 말. ¶피부과 의사.

의ː사³ 意思 | 뜻 의, 생각 사
[idea; thought; mind]
무엇을 하고자 하는 뜻[意]과 생각[思]. ¶자신의 의사를 밝히다.

▸의ː사 소통 意思疏通 | 트일 소, 통할 통
가지고 있는 뜻[意]이나 생각[思]이 서로 통함[疏通]. ¶그녀와는 의사소통이 전혀 되질 않는다.

▸의ː사 표시 意思表示 | 겉 표, 보일 시
[법률] 어떤 일에 대한 자기의 뜻[意]이나 생각[思]을 나타내는[表示] 것. ¶그는 매번 정확한 의사표시를 하지 않고 뒤에서 투덜거린다.

의사⁴ 議事 | 따질 의, 일 사 [deliberate; consult]
어떤 일[事]을 토의(討議)함. ¶의회에서 의사 진행을 방해하면 퇴장시킨다.

▸의사-당 議事堂 | 집 당
의원들이 모여서 어떤 일[事]을 토의(討議)하기 위한 건물[堂]. 주로 국회 의사당을 일컫는다.

의상 衣裳 | 옷 의, 치마 상
[clothes; dress]
❶[속뜻] 윗옷[衣]과 치마[裳]. ❷겉에 입는 옷. ¶한복은 우리 민족의 전통 의상이다.

▸의상-실 衣裳室 | 방 실
❶[속뜻] 옷[衣裳]을 두거나 갈아입기 위한 방[室]. ❷여자들의 옷을 맞추어 파는 가게. ¶의상실에서 옷을 새로 맞췄다.

의-생활 衣生活 | 옷 의, 살 생, 살 활
옷[衣]과 관련된 생활(生活). ¶알뜰하고 검소한 의생활.

의석 議席 | 의논할 의, 자리 석
회의장에서 의원(議員)이 앉는 자리[席]. 또는 그 수. ¶여당이 과반수의 의석을 차지했다.

의성 擬聲 | 흉내낼 의, 소리 성
[onomatopoeia; imitating sounds]
사물의 소리[聲]를 본떠 흉내냄[擬].

▸의성-어 擬聲語 | 말씀 어
[언어] 사물의 소리[聲]를 흉내[擬] 낸 말[語]. ¶각국의 의성어는 서로 다르다.

의ː수 義手 | 해넣을 의, 손 수
[artificial arm; arm prosthesis]
인공으로 해 넣은[義] 손[手]. 손이 없는 사람을 위하여 나무나 고무 따위로 만들어 붙인 손.

의술 醫術 | 치료할 의, 꾀 술
[medical arts; medical practice]
병을 치료하는[醫] 기술(技術). ¶의술이 발달하면서 수명이 연장되었다.

***의식¹** 儀式 | 예의 의, 법 식 [ceremony; formality]
예의(禮儀)를 갖추는 방식(方式). 행사를 치르는 정해진 법식. ¶의식을 거행하다.

의식² 衣食 | 옷 의, 밥 식
[food and clothing]
옷[衣]과 음식(飮食).

▸의-식-주 衣食住 | 살 주
인간 생활의 세 가지 요소인 옷[衣], 음식(飮食), 집[住]을 아울러 이르는 말.

***의ː식³** 意識 | 뜻 의, 알 식
[be conscious; be aware]
❶[속뜻] 뜻[意]을 앎[識]. ❷깨어 있는 상태에서 자기 자신이나 사물에 대하여 인식(認識)하는 작용. ¶의식을 잃다 / 그는 3일 동안 의식이 없었다. ❸어떤 것을 두드러지게 느끼거나 특별히 염두에 두다. ¶그는 남의 눈을 지나치게 의식한다. [반] 무의식(無意識).

▸의ː식-적 意識的 | 것 적
스스로 그런 줄 알면서 일부러 의식(意識)하고 하는 것[的]. ¶약물 중독을 치료하려면 의식적인 노력이 필요하다. [반] 무의식적(無意識的).

▸의ː식 구조 意識構造 | 얽을 구, 만들 조
[심리] 어떤 개인이나 집단이 가진 의식(意識)의 짜임새[構造].

▸의ː식 불명 意識不明 | 아닐 불, 밝을 명

의학 의식(意識)이 명확(明確)하지 않음[不]. ¶병원에 실려 왔을 때 그는 이미 의식 불명 상태였다.

의심 疑心 | 의아할 의, 마음 심
[doubt; question; distrust]
확실히 알 수 없어서 의아해하는[疑] 마음[心]. ¶누나는 정말 의심이 많다 / 그의 말이 사실인지 의심쩍다 / 그 소문이 사실인지 아닌지 의심스럽다.

의아 疑訝 | 의심할 의, 의심할 아
[dubious; suspicious; doubtful]
의심스럽고[疑=訝] 괴이함. ¶의아한 점이 한두 가지가 아니다 / 의아스러운 표정.

의안 議案 | 따질 의, 안건 안
[bill; measure]
토의(討議)할 안건(案件). ¶그는 보행자의 안전을 위한 의안을 국회에 상정했다.

의약 醫藥 | 치료할 의, 약 약
[medicinal drug]
❶속뜻 병을 치료하는[醫] 데 쓰는 약(藥). ❷의술과 약품.
▶ 의약-품 醫藥品 | 물건 품
의약(醫藥)으로 쓰이는 물품(物品). ¶의약품은 서늘한 곳에 보관하십시오.

의연¹ 毅然 | 굳셀 의, 그러할 연
[dauntless; resolute; firm]
의지가 굳고[毅] 그러하다[然]. 뜻이 꿋꿋하며 단호하다. ¶그는 죽음 앞에서도 의연했다.

의ː연² 義捐 | 옳을 의, 내놓을 연
[contribute to; subscribe; donate]
옳다[義]고 여기어 돈이나 물품을 내놓음[捐]. ¶의연한 모든 금액은 독거노인을 위해 사용합니다.
▶ 의ː연-금 義捐金 | 돈 금
바른[義] 마음으로 내는[捐] 돈[金]. ¶수재(水災) 의연금.

의ː열-단 義烈團 | 옳을 의, 세찰 렬, 모일 단
❶속뜻 의(義)로운 마음이 열렬(熱烈)한 사람들로 구성된 단체(團體). ❷역사 1919년 11월에 중국 만주 길림성에서 조직한 항일 무장 독립 운동 단체. 김원봉, 윤세주 등 13명이 주동이 되어 과격하고 급진적인 폭력 투쟁을 벌였다.

의ː외 意外 | 뜻 의, 밖 외
[surprise; accident]
뜻[意] 밖[外]. 생각 밖. ¶아이는 의외의 대답을 했다.

의ː욕 意慾 | 뜻 의, 욕심 욕
[volition; will; desire]
무엇을 하고자 하는 적극적인 마음[意]이나 욕망(慾望). ¶그도 처음에는 의욕이 넘쳤지만 지금은 마지못해 하고 있다.
▶ 의ː욕-적 意慾的 | 것 적
무엇을 적극적으로 하고자 하는[意慾] 것[的]. ¶그는 항상 의욕적으로 일한다.

의ː용 義勇 | 옳을 의, 날쌜 용
[loyalty and courage; heroism]
❶속뜻 옳다[義]고 여기는 일을 위하여 용기(勇氣)를 부림. ❷정의와 용기를 가지고 자원하는 것.
▶ 의ː용-군 義勇軍 | 군사 군
국가나 사회의 위급을 구하기 위하여 용기있게 자원한[義勇] 사람들로 조직된 군대(軍隊). 또는 그런 군대의 군인.

의원¹ 醫員 | 치료할 의, 사람 원
[physician; doctor]
병을 치료하는[醫] 기술이 있는 사람[員]. ¶최 의원이 직접 왕진(往診)을 나왔다.

의원² 醫院 | 치료할 의, 집 원
[doctor's office; clinic]
진료 시설을 갖추고 의사가 의료(醫療) 행위를 하는 집[院]. ¶의원에 가서 진료를 받다.

의원³ 議員 | 따질 의, 사람 원
[Congressman; assemblyman]
국회나 지방의회와 같은 합의체의 구성원으로 의결권(議決權)을 가진 사람[員]. ¶그는 시의원으로 당선되었다.

의ː의 意義 | 뜻 의, 뜻 의

[meaning; sense]
❶[속뜻]말이나 글의 뜻[意=義]. ❷어떤 사실이나 행위 따위가 갖는 중요성이나 가치. ¶3·1 운동의 역사적 의의.

의:인[1] 義人 | 옳을 의, 사람 인 [righteous man]
옳은[義] 일을 위하여 나서는 사람[人]. ¶그는 아이를 구하려다 팔을 잃은 의인이다.

의인[2] 擬人 | 흉내낼 의, 사람 인
[personify; impersonate]
사람이 아닌 것을 사람[人]으로 흉내냄[擬].

▶의인-화 擬人化 | 될 화
사람이 아닌 것을 사람[人]으로 흉내 내도록[擬] 함[化]. ¶이솝 이야기는 동물을 의인화하여 지은 소설이다.

의자[1] 倚子 | 기댈 의, 접미사 자
앉을 때에, 벽에 세워 놓고 등을 기대는[倚] 기구[子]. [비]등자(凳子).

의자[2] 椅子 | 기댈 의, 접미사 자 [chair]
걸터앉도록[椅] 만든 기구[子]. 사무용 의자, 안락의자 등. [비]걸상.

의장[1] 議長 | 따질 의, 어른 장
[assembly hall; chamber]
회의(會議)를 주재하고 그 회의의 집행부를 대표하는 사람[長]. ¶그가 오늘 회의의 의장을 맡았다.

의:장[2] 意匠 | 뜻 의, 궁리할 장
❶[속뜻]뜻[意]을 궁리함[匠]. ❷미적 감각을 표현해 냄. 또는 그런 이미지나 형태. ¶궁궐 내부의 의장이 매우 뛰어나다.

▶의:장-권 意匠權 | 권리 권
[법률]의장(意匠)을 등록한 사람이 가지는 독점적·배타적 권리(權利). 의장권의 설정 등록에 의하여 발생한다.

의장[3] 儀仗 | 의식 의, 지팡이 장
[역사]나라 의식(儀式)에 쓰는 지팡이[仗]. 무기, 일산, 월부, 깃발 따위의 물건.

▶의장-대 儀仗隊 | 무리 대
[군사]의장(儀仗) 등을 들고, 국가 경축 행사나 외국 사절에 대한 환영, 환송 따위의 의식을 위하여 특별히 교육받은 부대(部隊).

의:절 義絶 | 옳을 의, 끊을 절
[cut off relationship]
❶[속뜻]의리(義理) 관계가 끊어짐[絶]. ❷친구나 친척 사이의 정이 끊어짐. ¶그는 자식과 의절을 선언했다.

의젓-하다 [dignified; imposing]
말이나 행동이 점잖고 무게가 있다. ¶윤희는 어린 나이에도 불구하고 의젓하게 행동한다.

의정 議政 | 의논할 의, 정사 정
[be active in parliamentary]
❶[속뜻]정사(政事)를 의논(議論)함. ¶그는 국회의원이 되어 의정 활동을 하고 있다. ❷[역사]조선 시대, 의정부(議政府)의 영의정, 좌의정, 우의정을 통틀어 이르는 말.

▶의정-부 議政府 | 관청 부
[역사]조선 시대에 나라 일을 의논(議論)하고 나라를 다스리던[政] 행정부의 최고 기관[府].

의제 議題 | 의논할 의, 문제 제
[subject for discussion; agenda]
회의에서 의논(議論)할 문제(問題). ¶이번 회의의 의제는 급식 개선 방안이다.

의:족 義足 | 해 넣을 의, 발 족
[artificial leg; prosthetic limb]
인공으로 만들어 넣은[義] 발[足]. ¶그는 오른쪽 다리에 의족을 하고 있다.

의존 依存 | 의지할 의, 있을 존
[depend on]
남에게 의지(依支)하여 존재(存在)함. ¶지나친 의존에서 벗어나다. [반]자립(自立).

의:중 意中 | 뜻 의, 가운데 중
[one's inner thoughts; one's mind]
마음[意] 속[中]. ¶도대체 그녀의 의중을 알 수가 없다. [비]심중(心中).

의지[1] 依支 | 기댈 의, 버틸 지 [lean on]

❶[속뜻] 다른 것에 기대어[依] 몸을 지탱(支撐)함. 또는 그렇게 하는 대상. ¶문기둥을 의지하여 간신히 서 있다 / 할머니는 지팡이에 의지하여 걸었다. ❷다른 것에 마음을 기대어 도움을 받음. 또는 그렇게 하는 대상. ¶언니는 나에게 큰 의지가 되었다 / 의지할 수 있는 사람이 필요하다.

의:지² 意志 | 뜻 의, 뜻 지
[will; volition; intention]
어떠한 일을 이루고자 하는 마음이나 뜻[意=志]. ¶그는 자신의 의지로 술을 끊었다.

▸ 의:지-력 意志力 | 힘 력
의지(意志)를 지켜나가는 힘[力]. ¶그는 의지력이 강한 사람이다.

의:창 義倉 | 옳을 의, 곳집 창
❶[속뜻] 의(義)로운 일에 쓸 물건을 보관하고 있는 창고(倉庫). ❷[역사] 고려 시대에 곡식을 저장하여 두었다가 흉년이나 비상 때에 가난한 백성들에게 대여하던 기관.

의:치 義齒 | 해 넣을 의, 이 치
[artificial tooth; set of false teeth]
인공으로 해 넣은[義] 가짜 이[齒]. ¶할머니는 의치를 해 넣으셨다.

의타 依他 | 의지할 의, 다를 타
[lean on]
남[他]에게 의지(依支)함.

▸ 의타-심 依他心 | 마음 심
남[他]에게 의지(依支)하는 마음[心]. ¶부모의 과잉보호는 아이들의 의타심을 조장한다. [반] 자립심(自立心).

의태 擬態 | 흉내낼 의, 모양 태 [imitate]
모양[態]을 흉내낸[擬].

▸ 의태-어 擬態語 | 말씀 어
[언어] 사람 또는 사물의 움직임이나 모양[態]을 흉내 낸[擬] 말[語]. '아장아장', '엉금엉금', '번쩍번쩍' 따위가 있다.

의표 意表 | 뜻 의, 겉 표
[surprise; unexpectedness]
생각[意] 밖[表]. 예상 밖. ¶그의 질문은 나의 의표를 찔렀다.

의학 醫學 | 치료할 의, 배울 학
[medical science; medicine]
병을 치료하는[醫] 기술을 연구하는 학문(學問). ¶의학의 발달로 평균수명이 점점 길어지고 있다.

▸ 의학-계 醫學界 | 지경 계
의학(醫學)을 연구하는 학자들의 사회[界]. ¶그는 의학계에 크게 이바지했다.

▸ 의학-자 醫學者 | 사람 자
의학(醫學)을 전문으로 연구하는 학자(學者).

의:향 意向 | 뜻 의, 향할 향
[intention; inclination]
마음이나 뜻[意]이 향(向)하는 바. 또는 무엇을 하려는 생각. ¶우리와 함께 떠날 의향이 있으면 지금 말해라.

의:협 義俠 | 옳을 의, 도울 협
[chivalry; heroism; gallantry]
의(義)로운 일로 약자를 돕는 일[俠]. 또는 그런 사람.

▸ 의:협-심 義俠心 | 마음 심
자신을 희생하더라도, 의로운 마음에서 남을 돕고자하는[義俠] 마음[心]. ¶홍길동은 의협심을 발휘해 곡식을 이웃에 나누어주었다.

의:형 義兄 | 옳을 의, 맏 형
[sworn elder brother]
의리(義理)로 맺은 형(兄). [반] 의제(義弟).

의:-형제 義兄弟 | 옳을 의, 맏 형, 아우 제 [sworn brother]
의리(義理)로 맺은 형제(兄弟). '결의형제'(結義兄弟)의 준말. ¶유비와 관우, 장비는 의형제를 맺었다.

의혹 疑惑 | 의심할 의, 홀릴 혹
[suspicion; doubt]
의심(疑心)으로 정신이 홀려[惑] 더욱 수상히 여김. 또는 그런 마음. ¶그는 여전히 의혹에 찬 눈으로 나를 바라보았다.

의회 議會 | 따질 의, 모일 회 [assembly]
[법률] 국민이 선출한 의원(議員)들로 구성된 단체[會].

이: 二 | 두 이 [two; second]
일에 일을 더한 수. 아라비아 숫자로는 '2', 로마 숫자로는 'Ⅱ'로 쓴다. ⓑ 둘.

이:간 離間 | 떼놓을 리, 사이 간
[alienate; estrange]
둘 사이[間]를 헐뜯어 서로 멀어지게[離] 함. ¶누군가 나를 친구와 이간하려는 자가 있다.

이견 異見 | 다를 이, 볼 견
[different view; protest]
남과 다른[異] 의견(意見). ¶이 문제에 대해서는 이견이 많다.

이:과 理科 | 이치 리, 분과 과
[science; science course]
자연계의 원리(原理)나 현상을 연구하는 학과(學科). 물리학, 화학, 동물학, 식물학, 생리학, 지질학, 천문학 따위. ⓑ 문과(文科).

이:구-동성 異口同聲 | 다를 이, 입 구, 같을 동, 소리 성
❶속뜻 각기 다른[異] 입[口]에서 같은[同] 소리[聲]를 냄. ❷여러 사람의 말이 한결같음. ¶모두가 이구동성으로 그를 칭찬했다.

이:국 異國 | 다를 이, 나라 국
[alien land; strange land]
풍속 등이 다른[異] 나라[國]. ¶그는 30년간 이국을 떠돌았다. ⓑ 외국(外國), 타국(他國).

▶ **이:국-적 異國的** | 것 적
풍물이나 분위기 따위가 자기 나라와는 다른[異國] 것[的]. ¶이국적인 외모 / 제주도는 이국적인 풍경이 펼쳐져 있다.

이:권 利權 | 이로울 리, 권리 권
[rights and interests]
이익(利益)을 얻을 수 있는 권리(權利). ¶일본과 러시아는 블라디보스토크를 두고 이권 다툼을 벌였다.

이:기¹ 利器 | 날카로울 리, 그릇 기
[convenience]
❶속뜻 매우 날카로운[利] 도구[器]나 병기. ❷실용에 편리한 기계나 기구. ¶컴퓨터는 문명의 이기이다.

이:기² 利己 | 이로울 리, 자기 기
[selfishness; egoism]
자기(自己) 이익(利益)만을 꾀함. ⓑ 이타(利他).

▶ **이:기-심 利己心** | 마음 심
이기적(利己的)인 마음[心]. ¶나는 친구의 이기심에 화가 났다. ⓑ 이타심(利他心).

▶ **이:기-적 利己的** | 것 적
자기(自己)의 이익(利益)만을 꾀하는 것[的]. ¶이기적인 행동. ⓑ 이타적(利他的).

▶ **이:기-주의 利己主義** | 주될 주, 뜻 의
철학 자기(自己)의 이익(利益)만을 꾀하고 사회 일반의 이익은 염두에 두지 않으려는 태도[主義]. ⓑ 이타주의(利他主義).

이:남 以南 | 부터 이, 남녘 남
[south of; South Korea]
❶속뜻 기준으로부터[以] 남(南)쪽. ¶이 식물은 한강 이남에 서식한다. ❷한반도의 북위 38도선 또는 휴전선 남쪽을 이르는 말. ⓑ 이북(以北).

이:내 以內 | 부터 이, 안 내
[inside of; inside the limit]
시간 또는 공간에서 일정한 범위의 기준으로부터[以] 안[內] 쪽. ¶그 일은 한 달 이내에 마칠 수 없다. ⓑ 이외(以外).

이:년-생 二年生 | 두 이, 해 년, 살 생
[biennial]
❶식물 2년[二年] 동안 사는[生] 풀. 또는 난 지 2년이 되는 생물. ¶보리는 이년생 풀이다. ❷학교 따위에서 2학년이 된 학생. ¶초등학교 2년생은 모두 예방접종을 해야 합니다. ⓑ 두해살이.

이:념 理念 | 이치 리, 생각 념
[ideology; doctrine]
이상적(理想的)인 것으로 여겨지는 생각[念]이나 견해. ¶건국 이념 / 이념 대립.

이:농 離農 | 떠날 리, 농사 농

[give up farming]
사회 농사일을 그만두고 농촌(農村)을 떠남[離]. ¶갈수록 이농 현상이 두드러지고 있다. 반 귀농(歸農).

이:단 異端 | 다를 이, 끝 단 [heresy]
❶속뜻 다른[異] 쪽 끝[端]. ❷전통이나 권위에 반항하는 주장이나 이론. ¶갈릴레이의 천동설은 당시 이단으로 간주되었다. ❸종교 자기가 믿는 종교의 교리에 어긋나는 이론이나 행동. 또는 그런 종교. ¶그 종파는 이단으로 간주되고 있다.

▶이:단-자 異端者 | 사람 자
이단(異端)의 사상이나 학설, 종교 따위를 주장하거나 믿는 사람[者]. ¶그는 이단자로 몰려 교회에서 추방되었다.

*이동¹ 移動 | 옮길 이, 움직일 동
[move; travel]
옮겨[移] 움직임[動]. 움직여서 자리를 바꿈. ¶이동전화 / 공연 중에는 자리를 이동하지 마십시오 / 차를 다른 곳으로 이동시키십시오.

이:동² 異同 | 다를 이, 같을 동 [different]
❶속뜻 다른[異] 것과 같은[同] 것. ❷서로 같지 아니함.

이:두 吏讀 | 벼슬아치 리, 구절 두
❶속뜻 관리(官吏)들이 사용하던 글[讀]. ❷언어 한자의 음과 뜻을 빌려 한국어를 적던 표기법. ¶이 문헌은 이두로 표기되어 있다.

이:득 利得 | 이로울 리, 얻을 득
[gain; profit]
이익(利益)을 얻음[得]. ¶그는 재작년에 산 땅을 팔아서 큰 이득을 보았다. 바 이익(利益). 반 손실(損失).

이:등 二等 | 둘째 이, 무리 등
[second class]
둘째[二] 무리[等]. ¶그는 100미터 달리기에서 이등으로 들어왔다.

▶이:등-병 二等兵 | 군사 병
❶속뜻 이등(二等) 계급의 병사(兵士). ❷군사 국군의 사병 계급의 하나. 군의 가장 아래의 계급이다.

이:등변 삼각형 二等邊三角形 | 두 이, 같을 등, 가 변, 석 삼, 뿔 각, 모양 형
[isosceles triangle]
수학 두[二] 변(邊)의 길이가 같은[等] 삼각형(三角形).

*이:래 以來 | 부터 이, 올 래
[ever since; from that time on]
그때부터[以] 지금까지[來]. ¶올해 여름은 20년 이래 가장 더웠다.

이:력 履歷 | 밟을 리, 지낼 력
[one's career; one's personal history]
❶속뜻 밟아[履] 지나온[歷] 길 따위. ❷지금까지 겪어온 내력. 주로 학력과 경력을 말한다. ¶그는 이력이 화려하다.

▶이:력-서 履歷書 | 글 서
이력(履歷)을 적은 글[書]. 또는 그 문서. ¶내일까지 이력서를 작성하여 방문하십시오.

이:례 異例 | 다를 이, 본보기 례
[rare; exceptional]
보통의 것과 다른[異] 예(例). 특수한 예.

▶이:례-적 異例的 | 것 적
상례에서 벗어난[異例] 특이한 것[的]. ¶이 추위는 3월로서는 이례적이다.

이:론 理論 | 이치 리, 논할 론 [theory]
사물의 이치(理致)나 지식 따위를 논(論)함. 또는 그러한 명제의 체계. ¶이론과 실제는 반드시 일치하지 않는다. 반 실천(實踐).

이:루 二壘 | 두 이, 진 루
[second base]
운동 야구에서, 주자가 두[二] 번째 밟는 베이스[壘].

이:류 二流 | 둘째 이, 갈래 류
[second-class; minor; inferior]
❶속뜻 두[二] 번째 갈래[流]나 등급. ❷질, 정도, 지위 따위가 일류보다 약간 못함. 또는 그런 것. ¶이류 작가.

이:륙 離陸 | 떨어질 리, 뭍 륙 [take off]
비행기가 날기 위해서 땅[陸]과 떨어져

[離] 하늘로 오름. ¶비행기는 활주로를 달려 순조롭게 이륙했다. [반] 착륙(着陸).

이:면 裏面 | 속 리, 낯 면 [back; other side]
물체의 안쪽[裏]에 있는 면(面). ¶공사 중이니 이면 도로로 우회(迂回)하십시오 / 한국의 경제성장 이면에는 사회적 불평등이 있다. [반] 표면(表面).

***이모** 姨母 | 어머니 자매 이, 어머니 모 [one's mother's sister; maternal aunt]
어머니의 자매[姨]를, 어머니[母] 같이 부르는 호칭. [반] 고모(姑母).

▸ 이모-부 姨母夫 | 지아비 부
이모(姨母)의 남편[夫].

이:목 耳目 | 귀 이, 눈 목 [eye and ear; public attention]
❶[속뜻] 귀[耳]와 눈[目]. ❷다른 사람의 주의나 주목. ¶그는 공연으로 사람들의 이목을 끌었다.

▸ 이:목구비 耳目口鼻 | 입 구, 코 비
❶[속뜻] 귀[耳]·눈[目]·입[口]·코[鼻]를 아울러 이르는 말. ❷귀·눈·입·코를 중심으로 한 얼굴의 생김새. ¶그녀는 이목구비가 뚜렷하다.

이목지신 移木之信 | 옮길 이, 나무 목, 어조사 지, 믿을 신
❶[속뜻] 나무[木]를 옮기는[移] 간단한 것으로 백성들을 믿게 함[信]. ❷남을 속이지 않은 것을 밝힘. ❸약속을 실행하여 믿음을 얻음. ¶이목지신의 옛 이야기를 통하여 믿음을 얻는 일이 매우 소중함을 알 수 있다.

이:문 利文 | 이로울 리, 글월 문 [gain; profit; interests]
❶[속뜻] 이로운[利] 내용이 담긴 글[文]. ❷이익으로 남는 돈. ¶이문이 남다. [비] 이자(利子).

이:-물질 異物質 | 다를 이, 만물 물, 바탕 질 [impurities]
❶[속뜻] 다른[異] 물질(物質). ❷불순한 물질. ¶이물질이 있는지 잘 살펴 보시오.

이민 移民 | 옮길 이, 백성 민 [emigrate]
다른 나라의 땅으로 옮겨가서[移] 사는 사람[民]. ¶그는 중국에서 캐나다로 이민했다.

이:-박자 二拍子 | 둘 이, 칠 박, 접미사 자 [binary rhythm]
[음악] 한 마디가 두[二] 박자(拍子)로 된 것. 4분 음표 2박자 따위. 강음(强音)이 한 박자 건너 되풀이된다.

이:발 理髮 | 다듬을 리, 머리털 발 [haircut; barber]
머리털[髮]을 깎고 다듬음[理]. ¶그는 넉 달 동안 이발을 안 했다.

▸ 이:발-사 理髮師 | 스승 사
남의 머리털을 깎아 다듬는[理髮] 일을 직업으로 하는 사람[師]. 이용사. ¶우리 동네 이발사는 솜씨가 좋다.

▸ 이:발-소 理髮所 | 곳 소
대개 남자의 머리털을 깎아 다듬어[理髮] 주는 곳[所]. ¶아빠는 이발소에서 머리를 깎았다.

이:방¹ 吏房 | 벼슬아치 리, 방 방
[역사] 조선 시대, 육방(六房) 중 관리(官吏)들의 인사에 관한 일과 비서 일을 맡던 관직[房].

이:방² 異邦 | 다를 이, 나라 방 [alien country; foreign country]
다른[異] 나라[邦]. ¶낯설은 이방에 발을 들여놓다. [비] 타국(他國).

▸ 이:방-인 異邦人 | 사람 인
❶[속뜻] 다른[異] 나라[邦] 사람[人]. ❷[기독교] 유대 사람들이 선민(選民) 의식에서 그들 이외의 다른 민족을 얕잡아 이르던 말. [비] 이국인(異國人).

이:변 異變 | 다를 이, 바뀔 변 [unusual change; disaster]
이상(異常)한 변화(變化)나 사건. ¶기상 이변 / 뜻밖의 이변이 일어났다.

이:별 離別 | 떨어질 리, 나눌 별 [part from]
서로 떨어져[離] 나누어짐[別]. ¶그는 어

머니와 이별하고 기차에 올랐다. ㈎작별(作別). ㈐상봉(相逢).

이:병 二兵 | 두 이, 군사 병 [private]
군사 '이등병'(二等兵)의 준말.

이:부 二部 | 두 이, 나눌 부 [part two]
교육 이부제를 실시하는 학교에서 두[二] 번째로 수업을 하는 부(部). 초등학교의 오후반과 고등학교와 대학의 야간부를 이른다.

이:북 以北 | 부터 이, 북녘 북
[north of; North Korea]
❶속뜻 어떤 지점의 기준으로부터[以] 북쪽[北]. ¶고구려는 부여성 이북에 천리장성을 쌓았다. ❷우리나라에서 북위 38도선. 또는 휴전선을 기준으로 한 그 북쪽. 곧 '북한'(北韓)을 가리킨다. ¶그는 이북에서 왔다. ㈐이남(以南).

이:비인후-과 耳鼻咽喉科 | 귀 이, 코 비, 목구멍 인, 목구멍 후, 분과 과
[otorhinolaryngology]
의학 귀[耳], 코[鼻], 목구멍[咽喉]의 병을 전문적으로 치료하는 의학의 한 분과(分科). ¶이비인후과에서 축농증(蓄膿症)을 치료했다.

*****이사¹ 移徙** | 옮길 이, 옮길 사 [move]
살던 곳을 떠나 다른 데로 옮김[移=徙]. ¶영철이는 시골로 이사를 간다.

이:사² 理事 | 다스릴 리, 일 사 [director; trustee]
❶속뜻 사무(事務)를 처리(處理)함. ❷법률 법인 기관의 사무를 처리하며, 이를 대표하여 권리를 행사하는 직위. 또는 그러한 일을 맡은 사람.

▶ **이:사-회 理事會** | 모일 회
법률 ❶중요한 안건을 결정하기 위한 이사(理事)들의 모임[會]. ❷국제기구에서 이사국(理事國)의 대표들로 구성되는 기관. ¶유엔의 안전 보장 이사회.

이:산 離散 | 떨어질 리, 흩을 산
[be dispersed; be scattered]
떨어져[離] 흩어짐[散]. ¶전쟁으로 온 가족이 이산했다.

▶ **이:산-가족 離散家族** | 집 가, 겨레 족
남북 분단 따위의 사정으로 이리저리 흩어져서[離散] 서로 소식을 모르는 가족(家族). ¶분단 40년 만에 이산가족이 상봉했다.

이:-산화 二酸化 | 두 이, 산소 산, 될 화
[dioxide]
화학 두[二] 개의 산소(酸素) 원자가 결합한 화합물(化合物).

▶ **이:산화-황 二酸化黃** | 누를 황
화학 두[二] 개의 산소(酸素) 원자와 황(黃)이 결합한 화합물(化合物). 황을 공기 가운데서 태울 때 생기는 기체로서 빛깔이 없고 자극성의 냄새가 나며 독이 있다. ㈎아황산(亞黃酸) 가스.

▶ **이:산화-탄소 二酸化炭素** | 탄소 탄, 바탕 소
화학 두[二] 개의 산소(酸素) 원자와 탄소(炭素)가 결합한 화합물(化合物). 빛깔이나 냄새가 없으며 탄소가 완전 연소할 때 생기는 기체이다. 화학식은 CO_2.

*****이:상¹ 以上** | 부터 이, 위 상
[abovementioned; more than]
❶속뜻 어떤 기준으로부터[以] 그 위쪽[上]. ❷말이나 글 따위에서 이제까지 말한 내용. ¶이상 말한 바와 같이. ❸그것보다 정도가 더하거나 위임. ¶졸업을 하려면 2년 이상 출석해야 한다. ㈐이하(以下).

이:상² 異狀 | 다를 이, 형상 상
[something wrong; trouble]
❶속뜻 평소와는 다른[異] 상태(狀態). ❷보통과는 다른 상태나 모양. ¶몸에 이상이 나타나다. ㈐정상(正狀).

*****이:상³ 異常** | 다를 이, 보통 상
[strange; abnormal]
보통[常]과 다른[異]. ¶이상 고온 현상 / 음식 맛이 좀 이상하다 / 아이가 이상스러운 행동을 하면 반드시 병원에 가야 한다.

이:상⁴ 理想 | 이치 리, 생각 상 [ideal]
이성(理性)에 의하여 생각할[想] 수 있는 범위 안에서 가장 바람직한 상태.

▶ **이:상-적 理想的** | 것 적
사물의 상태가 이상(理想)에 가장 가까운 것[的]. 사물이 가장 바람직한 상태인 것. ¶신사임당은 조선시대의 가장 이상적인 여인이다.

▶ **이:상-향 理想鄉** | 시골 향
이상(理想)으로 그리는 완전하고 평화로운 상상(想像)의 세계[鄉]. ¶이 소설은 현대인의 이상향을 잘 묘사하고 있다. ⓗ 유토피아.

이:색 異色 | 다를 이, 빛 색 [different color; novelty]
❶ 속뜻 다른[異] 빛깔[色]. ❷ 성질이나 상태 등이 색다르게 두드러진 것. ¶이색공연이 유행한다.

▶ **이:색-적 異色的** | 것 적
보통과 특별히 다른[異色] 것[的]. ¶이색적인 결혼식 / 백제 전통 무용은 매우 이색적이다.

*이:성¹ 理性** | 이치 리, 성품 성 [different nature]
❶ 속뜻 이치(理致)나 도리를 인식하는 성품(性品). ¶이성은 인간을 동물과 구별시키는 특별한 능력이다. ❷ 개념적으로 사유하는 능력을 감각적 능력에 상대하여 이르는 말. ¶그는 아들이 죽자 이성을 잃었다. ⓗ 감성(感性).

이:성² 異性 | 다를 이, 성질 성 [different surname; other sex]
❶ 속뜻 성질(性質)이 다름[異]. 또는 그 다른 성질. ❷ 남성 쪽에서 본 여성. 또는 여성 쪽에서 본 남성을 이르는 말. ¶이성 친구. ⓗ 동성(同性).

이:세 二世 | 다음 이, 세대 세 [second generation]
❶ 속뜻 외국에 이주해 간 세대의 다음[二] 세대(世代). ¶재일 동포 2세. ❷ 다음 세대.

이식 移植 | 옮길 이, 심을 식 [transplant; implant]
❶ 속뜻 농작물이나 나무를 다른 데로 옮겨[移] 심음[植]. ¶울릉도에서 가져온 나무를 마당에 이식했다. ❷ 의학 생체(生體)의 일부 조직을 다른 생체나 부위에 옮겨 붙이는 일. 또는 그런 치료법. ¶간이식 수술. ⓗ 이종(移種).

이심전심 以心傳心 | 부터 이, 마음 심, 전할 전, 마음 심
❶ 속뜻 마음[心]으로[以] 마음[心]을 전함[傳]. ❷ 마음에서 마음으로 전해져 서로 뜻이 통함. ¶이심전심으로 서로 마음이 통하였다.

이:십 二十 | 두 이, 열 십 [twenty; score]
이(二)십(十). 숫자 20. ¶이십 명. ⓗ 스물.

이암 泥巖 | =泥岩, 진흙 니, 바위 암 [mudstone]
지리 미세한 진흙[泥]이 쌓여서 딱딱하게 굳어 이루어진 암석(巖石).

이앙 移秧 | 옮길 이, 모 앙 [transplant rice seedlings]
농업 모[秧]를 옮겨[移] 심음. ⓗ 모내기.

▶ **이앙-기 移秧機** | 틀 기
모[秧]를 옮겨[移] 심는 기계(機械). ¶이앙기를 사용해서 모내기를 쉽게 끝냈다.

▶ **이앙-법 移秧法** | 법 법
조선 후기 유행한 모[秧]를 옮겨[移] 심어 경작하는 농업 방식[法]. ¶수리시설이 확보되면서 조선 후기에는 이앙법이 크게 유행하였다. ⓗ 모내기.

이양 移讓 | 옮길 이, 사양할 양 [transfer; hand over]
권리 따위를 남에게 넘겨[移] 주어 양보(讓步)함. ¶민정 이양(民政移讓) / 미얀마에서는 평화롭게 정권이 이양되었다.

이:양-선 異樣船 | 다를 이, 모양 양, 배 선 [strange ship]
❶ 속뜻 모양(模樣)이 이상(異狀)한 배[船]. ❷ 다른 나라의 배. 주로 조선 말기에 드나들던 외국의 철선을 이른다. ¶박규수

는 대동강에서 이양선을 격퇴하였다.

이:역 異域 | 다를 이, 지경 역
[alien land]
❶ 속뜻 다른[異] 나라의 땅[域]. ❷제 고장에서 멀리 떨어진 다른 곳. ¶그는 이역에서 숨을 거두었다.
▶ **이:역-만리 異域萬里** | 일만 만, 거리 리
만리(萬里)나 떨어진 다른[異] 나라의 땅[域]. 다른 나라의 아주 먼 곳 ¶돈을 벌기 위해 아버지는 이역만리 중동으로 갔다.

이완 弛緩 | 늦출 이, 느릴 완 [slackness]
❶ 속뜻 주의나 긴장 따위가 풀리어[弛] 느슨해짐[緩]. ❷근육이나 신경 따위가 느슨해짐. ¶근육의 수축과 이완 / 온찜질은 뭉친 근육을 이완시키는 데 도움이 된다. 반 긴장(緊張).

이:왕 已往 | 이미 이, 갈 왕
[already; now that]
❶ 속뜻 이미[已] 지나간[往] 때. ❷이미 정해진 사실로서 그렇게 된 바에. ¶이왕 갈 거면 빨리 서두르자. 비 이전(以前), 기왕(旣往).

*__이:외 以外__ | 부터 이, 밖 외
[except; other than]
어떤 범위의 밖[外]으로부터[以]. 이 밖. 그 밖. ¶나 이외에 네 사람이 더 참석했다. 반 이내(以內).

이:용¹ 異容 | 다를 이, 얼굴 용
평소와 다른[異] 용모(容貌)나 복장.

*__이:용² 利用__ | 이로울 리, 쓸 용 [use]
❶ 속뜻 물건 따위를 필요에 따라 이롭게[利] 씀[用]. ¶이 자동차는 태양력 에너지를 이용해 움직인다. ❷방편으로 하거나 남을 부려 씀. ¶동생은 늘 남에게 이용만 당한다.
▶ **이:용-권 利用權** | 권리 권
어떤 시설을 이용(利用)할 수 있는 권리(權利). ¶콘도 이용권.
▶ **이:용-도 利用度** | 정도 도
이용(利用)하는 빈도(頻度). ¶이 시설은 청소년의 이용도가 높다.

▶ **이:용-자 利用者** | 사람 자
이용(利用)하는 사람[者]. ¶올해 들어 휴대전화 이용자가 급격히 늘었다.

이:월 二月 | 두 이, 달 월
[February; Feb]
한 해의 두[二] 번째 달[月].

이월² 移越 | 옮길 이, 넘을 월
[be carried forward]
❶ 속뜻 옮기어[移] 넘김[越]. ❷ 경제 부기에서 계산의 결과를 다음 쪽으로 옮겨 넘기는 일. ¶이월 금액. ❸ 경제 회계에서 한 회계 연도의 순손익금. 또는 남은 돈을 다음 기로 넘기는 일.

*__이:유¹ 理由__ | 이치 리, 까닭 유 [reason; cause]
어떤 이치(理致)가 생겨난 까닭[由]. 원인이나 근거. ¶지각한 이유가 뭐니?

이:유 離乳 | 떼놓을 리, 젖 유 [wean]
젖[乳]을 뗌[離]. 밥을 먹이기 위하여 젖을 먹지 않게 함.
▶ **이:유-식 離乳食** | 밥 식
젖먹이의 이유기(離乳期)에 먹이는 젖 이외의 음식(飮食). ¶아이는 이제 이유식을 먹을 수 있다.

이:윤 利潤 | 날카로울 리, 반들거릴 윤
[profit; returns]
❶ 속뜻 날카로움[利]과 반들반들함[潤]. ❷장사하여 남은 돈. ¶장사로 큰 이윤을 남기다. 비 이익(利益).

이:율 利率 | 이로울 리, 비율 률
[rate of interest]
경제 원금에 대한 이자(利子)의 비율(比率). 기간에 따라 연리(年利)·월리(月利)·일변(日邊) 따위로 나뉜다. ¶저축 이율이 낮다.

이:의 異意 | 다를 이, 뜻 의 [objection; different view]
다른[異] 의견(意見). 다른 의사. ¶그 일에 이의가 없다.

이:의² 異議 | 다를 이, 따질 의
[objection; dissent]

다른[異] 의견이나 논의(論議). ¶그 안(案)에 대하여 이의 없습니까? / 이의를 제기하실 분은 손을 들어주세요. 逈동의(同議).

*이:익 利益 | 이로울 리, 더할 익
[benefit; profit; gains]
❶**속뜻** 이(利)롭고 보탬[益]이 됨. ❷물질적으로나 정신적으로 보탬이 되는 것. ¶이익을 보다 / 공공의 이익. ❸**경제** 기업의 결산 결과 모든 경비를 빼고 남은 순소득. ¶우리 회사는 상반기 이익이 증가했다. 逈이득(利得). 逈손실(損失), 손해(損害).

▶ **이:익-금 利益金** | 돈 금
이익(利益)으로 남은 돈[金]. ¶그는 이익금의 일부를 사회에 환원했다.

이:자 利子 | 이로울 리, 접미사 자
[interest]
❶**속뜻** 이(利)로운 것[子]. ❷**경제** 남에게 금전을 빌려준 대가로 얻는 일정한 비율의 돈. ¶대출 이자를 갚다 / 한 달 이자는 얼마입니까? 逈변리(邊利). 逈원금(元金).

이:장¹ 里長 | 마을 리, 어른 장
[head of a village]
행정 구역의 단위인 '리'(里)를 대표하여 일을 맡아보는 사람[長].

이장² 移葬 | 옮길 이, 장사 지낼 장
무덤을 옮겨[移] 새로 장사지냄[葬]. ¶할아버지의 묘를 이장하다. 逈개장(改葬).

이재 罹災 | 걸릴 리, 재앙 재
[suffer from a calamity; fall victim]
재해(災害)를 입음[罹]. 재앙을 당함. ¶이재 구호금.

▶ **이재-민 罹災民** | 백성 민
재해(災害)를 입은[罹] 주민(住民). ¶홍수로 많은 이재민이 발생했다.

*이:전¹ 以前 | 부터 이, 앞 전
[ago; before; once]
기준이 되는 일정한 때를 포함하여 그로부터[以] 앞[前]쪽. ¶이전에 우리 어디선가 만난 적 있지 않나요? 逈이후(以後).

이전² 移轉 | 옮길 이, 옮길 전
[move; remove; transfer]
처소나 주소 따위를 다른 데로 옮김[移=轉]. ¶주소 이전 / 사무실을 이전하다.

이:점 利點 | 이로울 리, 점 점
[advantage; merit]
이(利)로운 점(點). ¶이 기계는 작동하기 편리하다는 이점이 있다.

이:정 里程 | 거리 리, 거리 정
[mileage; distance]
목적지까지 거리[程]의 이수(里數). ¶이곳에서 서울까지의 이정이 얼마나 될까?

▶ **이:정-표 里程標** | 나타낼 표
❶**속뜻** 도로에서 어느 곳까지의 거리[里程] 및 방향을 알려주는 표지(標識). ¶이정표를 따라서 우회전하세요. ❷어떤 일이나 목적의 기준. ¶이번 회담은 양국 관계에 새로운 이정표가 되었다.

이:조 李朝 | 성씨 리, 조정 조
역사 '이'(李)씨 임금의 조정(朝廷). 일본인이 조선 왕조를 얕잡아 일컫던 말.

이종 姨從 | 이모 이, 사촌 종
[cousin by a maternal aunt]
이모(姨母)의 자식. 사촌(四寸)에 해당되므로 '從'자가 덧붙여졌다. ¶이종 사촌.

이주 移住 | 옮길 이, 살 주
[move; emigrate]
다른 곳이나 다른 나라로 옮겨[移] 가서 삶[住]. ¶많은 농촌 청년들이 도시로 이주했다. 逈정착(定着).

▶ **이주-민 移住民** | 백성 민
다른 곳으로 옮겨가서 사는[移住] 사람[民]. 또는 다른 지역에서 옮겨 와서 사는 사람. ¶이주민은 원주민을 내쫓고 땅을 차지했다. 逈원주민(原住民), 토착민(土着民).

이:중 二重 | 두 이, 겹칠 중 [duplication; double]
두[二] 겹[重]. 겹침. ¶이중 국적 / 이중으로 주차하지 마세요.

▶ **이:중-주 二重奏** | 곡조 주

[음악] 두 사람이 서로 다른 두 개의 악기를 동시에 [二重] 연주(演奏)하는 일. 예 이부합주(二部合奏).

▶ 이:중-창¹ 二重唱 | 부를 창
[음악] 두 사람이 두 개의 성부(聲部)를 동시에 [二重] 또는 교대로 부르는 [唱] 일. 예 듀엣(duet).

▶ 이:중-창² 二重窓 | 창문 창
[건설] 이중(二重)으로 만든 창문(窓門). ¶이중창은 단열(斷熱) 효과가 높다.

이:진-법 二進法 | 두 이, 나아갈 진, 법 법 [binary system]
[수학] 숫자 0과 1만을 사용하여 둘[二] 씩 묶어서 누진(累進)하는 표기법(表記法). ¶십진법으로 '3'은 이진법으로 '11'이다.

이:질¹ 痢疾 | 설사 리, 병 질 [dysentery]
[의학] 설사[痢]를 자주 하는 질병(疾病). 똥이 자주 마렵고, 똥에 피와 고름이 섞여 나온다. ¶손을 자주 씻지 않으면 이질에 걸리기 쉽다.

이:질² 異質 | 다를 이, 바탕 질 [heterogeneity]
다른[異] 성질(性質). 또는 성질이 다름. 반 동질(同質).

▶ 이:질-적 異質的 | 것 적
성질(性質)이 서로 다른[異] 것[的]. ¶이질적인 구성원 / 이질적인 문화를 융합해 새로운 문화를 만들다. 반 동질적(同質的).

이:차 二次 | 두 이, 차례 차 [secondary]
❶[속뜻] 두[二] 번째[次]. ❷어떤 사물이나 현상이 본디 것에 대하여 부수적 관계나 처지에 있는 것. 예 부차(副次).

이:-착륙 離着陸 | 떠날 리, 붙을 착, 뭍 륙 [take off and land]
이륙(離陸)과 착륙(着陸)을 아울러 이르는 말. ¶폭우로 인해 비행기의 이착륙이 금지되었다.

이:채 異彩 | 다를 이, 빛깔 채 [brilliance]
❶[속뜻] 다른[異] 빛깔[彩]. ❷남달리 뛰어남. ¶그는 현대의 화가 중 이채를 띠고 있는 인물이다 / 이채로운 작품 / 덕수궁의 건축양식은 매우 이채롭다.

이체 移替 | 옮길 이, 바꿀 체 [transfer]
서로 옮기어[移] 바꿈[替]. ¶이체 수수료 / 계좌로 돈을 이체하다.

이:치 理致 | 이치 리, 이를 치 [reason; logic]
도리(道理)에 이르는[致] 근본이 되는 뜻. ¶자연의 이치 / 그의 주장은 이치에 맞다.

이:탈 離脫 | 떨어질 리, 벗을 탈 [leave; desert; break away]
떨어져[離] 나가거나 벗어남[脫]. ¶통화권 이탈 / 인공위성이 궤도를 이탈했다.

이:하 以下 | 부터 이, 아래 하 [under]
❶[속뜻] 어떤 수량, 단계 따위가 그것을 포함하여 그것보다[以] 적거나 아래[下]. ¶80점 이하는 남아서 공부해야 한다. ❷다음에 말할 내용. ¶이하 생략. 반 이상(以上).

이:해¹ 利害 | 이로울 리, 해칠 해 [interests]
이익(利益)과 손해(損害). ¶이해를 떠나 힘을 합치다.

*이:해² 理解 | 이치 리, 풀 해 [understand]
❶[속뜻] 이유(理由)를 풀어[解] 찾아냄. ❷이치를 똑똑하게 알게 됨. ¶원리를 이해해야 문제를 쉽게 풀 수 있다. ❸깨달아 앎. ¶그의 뜻을 분명히 이해할 수 있다. ❹양해(諒解). ¶참가자 여러분의 이해를 구합니다.

▶ 이:해-심 理解心 | 마음 심
사정이나 형편을 잘 헤아려 주는[理解] 마음[心]. ¶그는 이해심이 많다.

이:행 履行 | 밟을 리, 갈 행 [fulfill]
❶[속뜻] 실제로 밟아[履] 감[行]. ❷실제로 실천함. 말과 같이 실제로 행동함. ¶계약한 대로 이행해 주세요. 반 불이행(不履行).

이:혼 離婚 | 떨어질 리, 혼인할 혼 [divorce]
[법률] 혼인(婚姻) 관계를 끊고 서로 떨어져

[離] 삶. ¶이혼 가정 / 둘은 결혼 2년 만에 이혼했다. [반] 결혼(結婚).

이화 학당 梨花學堂 | 배나무 리, 꽃 화, 배울 학, 집 당

[교육] 조선 고종 23년(1886)에 미국의 선교사 스크랜턴(Scranton, M.) 부인이 설립한 여성 교육 기관. '이화 여자 대학교'의 전신이다.

*****이:후** 以後 | 부터 이, 뒤 후 [since then]

기준이 되는 일정한 때를 포함하여 그 뒤[後]로부터[以]. ¶6시 이후 언제든 전화해라. [반] 이전(以前).

익룡 翼龍 | 날개 익, 용 룡 [pterosaur]

❶[속뜻] 날개[翼] 달린 용(龍). ❷[동물] 중생대에 살던 하늘을 나는 파충류. ¶프테라노돈은 백악기를 대표하는 익룡이다.

익명 匿名 | 숨을 닉, 이름 명 [anonymity]

본이름[名]을 숨김[匿]. ¶익명의 후원자 / 그는 익명을 요구하고 경찰에 범인을 신고했다. [반] 실명(實名).

익사 溺死 | 빠질 닉, 죽을 사 [drown oneself]

물에 빠져[溺] 죽음[死]. ¶홍수로 급격히 불어난 계곡물에 관광객 6명이 익사했다.

익충 益蟲 | 더할 익, 벌레 충 [beneficial insect]

인간생활에 유익(有益)한 곤충(昆蟲). 해충을 잡아먹거나 식물의 꽃가루를 옮기는 등 직접·간접으로 도움을 준다. [반] 해충(害蟲).

인[1] 人 | 사람 인 [person]

사람의 수효를 나타내는 말. ¶이 표는 4인 기준 가격입니다. [비] 명(名).

인[2] 仁 | 어질 인 [benevolence]

남을 사랑하고 어질게 행동하는 일.

인[3] 印 | 찍을 인 [stamp]

문서 등에 찍기[印] 위해 이름 따위의 표식을 새겨 만든 것. [비] 도장(圖章).

인[4] 燐 | 도깨비불 인{린} [phosphorus]

[화학] 질소족 원소의 하나. 동물의 뼈, 인광석 따위에 많이 들어 있고 어두운 곳에서 빛을 낸다. 독성이 있고 공기 가운데서 발화하기 쉬우며, 성냥·살충제 따위의 원료로 쓰인다.

인가[1] 人家 | 사람 인, 집 가 [human habitation]

사람[人]이 사는 집[家]. ¶이 부근에는 인가가 드물다. / 한때 허허벌판이던 이곳에 인가가 빽빽이 들어찼다.

인가[2] 認可 | 알 인, 옳을 가 [permit; approve]

어떤 일을 인정(認定)하여 허가(許可)함. ¶대학을 설립할 수 있도록 인가를 받았다. [비] 인허(認許).

*****인간** 人間 | 사람 인, 사이 간 [human being]

❶[속뜻] 사람들[人] 사이[間]. ❷언어를 가지고 사고할 줄 알고 사회를 이루며 사는 지구상의 고등 동물. ¶인간의 본성은 선하다. ❸사람의 됨됨이. ¶그는 인간이 덜 됐다. [비] 사람.

▶**인간-미** 人間味 | 맛 미

인간(人間)다운 정겨운 맛[味]. ¶인간미가 넘치다.

▶**인간-성** 人間性 | 성질 성

인간(人間)이 타고난 본성(本性). ¶그는 인간성이 좋다.

▶**인간-적** 人間的 | 것 적

사람[人間]다운 성질이 있는 것[的]. ¶인간적인 결함 / 탈북자들을 인간적으로 처우해 주다. [반] 비인간적.

▶**인간-관계** 人間關係 | 빗장 관, 맬 계

사회 집단이나 조직의 구성원[人間]이 빚어내는 개인적·정서적인 관계(關係).

▶**인간-문화재** 人間文化財 | 글월 문, 될 화, 재물 재

문화재(文化財)로 지정된 사람[人間]. 역사적·예술적으로 보존할 가치가 있는 중요 무형문화재에 지정된 고유한 능력을 소유한 사람으로, 정식 명칭은 '중요 무형문화재 보유자'이다.

인건 人件 | 사람 인, 구분할 건 [personal affairs]
❶[속뜻] 사람[人]에 속하는 것으로 구분되는[件] 것. ❷인사(人事)에 관한 일.
▸ 인건-비 人件費 | 쓸 비
[경제] 경비 중에서 직무나 능력으로서의 한 사람[人件]을 쓰는 데 드는 비용(費用). ¶물가가 오르면서 인건비도 많이 올랐다.

****인격** 人格 | 사람 인, 품격 격 [personality]
❶[속뜻] 말이나 행동 등에 나타나는 그 사람[人]의 품격(品格). ¶말은 그 사람의 인격을 보여 준다. ❷[사회] 온갖 행위를 함에 있어서 스스로 책임을 질 자격을 가진 독립된 개인. ¶아동도 독립된 인격으로 인정해야 한다.
▸ 인격-자 人格者 | 사람 자
훌륭한 인격(人格)을 갖춘 사람[者].

인계 引繼 | 끌 인, 이을 계 [transfer]
어떤 일이나 물건을 가져와[引] 남에게 넘겨[繼] 줌. 또는 남으로부터 이어 받음. ¶그는 출근 첫날 업무를 인계받았다.

인고 忍苦 | 참을 인, 괴로울 고 [endurance]
괴로움[苦]을 참음[忍]. ¶어머니는 인고의 세월을 눈물로 살았다.

***인공** 人工 | 사람 인, 장인 공 [man-made; artificial]
자연물을 사람[人]이 직접 다르게 만들어[工] 놓는 일. ¶인공 색소 / 도시 중앙에 인공 호수를 만들었다. [비] 인위(人爲). [반] 자연(自然), 천연(天然).
▸ 인공-적 人工的 | 것 적
사람의 힘으로 만든[人工] 것[的]. ¶인공적으로 비를 오게 하는 일이 가능해졌다. [반] 자연적.
▸ 인공 강ː우 人工降雨 | 내릴 강, 비 우
[지리] 인공적(人工的)으로 비[雨]를 내리게[降] 하는 일. 또는 그 비. ¶인공 강우를 위해 구름 사이에 약품을 살포한다.
▸ 인공 부화 人工孵化 | 알 깔 부, 될 화
[생물] 날짐승, 물고기, 누에 따위의 알을 인공적(人工的)으로 깨는[孵化] 일. ¶이 양계장에서는 계란을 인공 부화시킨다. [반] 모계 부화(母鷄孵化).
▸ 인공 지능 人工知能 | 알 지, 능할 능
인간의 지적(知的) 능력(能力)을 본떠 만든[人工] 시스템. ¶컴퓨터가 개발되면서 인공 지능에 대한 연구가 본격화되었다.
▸ 인공-호흡 人工呼吸 | 내쉴 호, 마실 흡
[의학] 인공적(人工的)으로 호흡(呼吸)을 시키는 일. 호흡이 멈추어져 가사(假死) 상태에 있거나 호흡 곤란에 빠진 사람에게 실시한다.

인과 因果 | 까닭 인, 열매 과 [cause and effect]
❶[속뜻] 원인(原因)과 결과(結果). ❷원인이 있으면 반드시 결과가 있게 마련이고 결과가 있으면 반드시 그 원인이 있다는 이치. ¶불교에서는 인과를 중시한다.
▸ 인과 관계 因果關係 | 빗장 관, 맬 계
두 가지 사물이나 사건 사이에 원인(原因)과 결과(結果)의 관계(關係)가 있는 것. ¶흡연과 암 사이에는 깊은 인과 관계가 있다.
▸ 인과-응보 因果應報 | 응할 응, 갚을 보
[불교] 과거 또는 전생에 지은 일에 대한 결과[因果]로 뒷날 길흉화복이 응당(應當) 돌아온다는[報] 말.

****인구** 人口 | 사람 인, 입 구 [common talk; population]
❶[속뜻] 세상 사람들[人]의 입[口]. ¶그의 무협담은 인구에 회자되고 있다. ❷일정한 지역에 사는 사람의 수. ¶인구 증가 / 도시로 인구가 집중되고 있다.
▸ 인구 밀도 人口密度 | 빽빽할 밀, 정도 도
[사회] 일정 면적 안에 사는 인구(人口)의 밀집(密集) 정도(程度). ¶뭄바이는 세계에서 인구밀도가 가장 높은 도시이다.

인권 人權 | 사람 인, 권리 권 [human rights]
[법률] 사람[人]의 권리(權利). 사람이라면

누구에게나 주어진 생명·자유·평등 등에 관한 기본적인 권리. ¶외국인 노동자의 인권 문제가 심각하다.

인근 鄰近 | 이웃 린, 가까울 근 [neighborhood]
가까운[近] 이웃[鄰]. 혹은 이웃처럼 가까운 거리. ¶인근 마을 / 그 자전거는 놀이터 인근에 있었다. [비] 근방(近方), 근처(近處), 부근(附近).

인기 人氣 | 사람 인, 기개 기 [popularity]
❶[속뜻] 사람[人]의 기개(氣槪). ❷어떤 대상에 쏠리는 많은 사람의 관심이나 호감. ¶인기를 끌다 / 최고의 인기를 얻다.

인내 忍耐 | 참을 인, 견딜 내 [endure; stand]
괴로움이나 노여움 따위를 참고[忍] 견딤[耐]. ¶그 일을 하는 데는 많은 인내가 필요하다.

▸ 인내-력 忍耐力 | 힘 력
참고[忍] 견디는[耐] 힘[力]. ¶할아버지는 강한 인내력으로 마라톤을 완주(完走)했다.

▸ 인내-심 忍耐心 | 마음 심
참고[忍] 견디는[耐] 마음[心]. ¶이 일을 성공시키려면 인내심이 필요하다. [비] 끈기, 참을성.

인내천 人乃天 | 사람 인, 곧 내, 하늘 천
❶[속뜻] 사람[人]이 곧[乃] 하늘[天]임. ❷[종교] 사람마다 한울님을 모시고 있으므로 사람을 여기기를 하늘과 같이 여겨야 한다는 천도교(天道敎)의 근본 교의.

인당-수 印塘水 | 도장 인, 못 당, 물 수
[문학] '심청전'에 나오는 깊은 물. 사람을 제물로 바쳐야 배가 무사히 지나갈 수 있다는 곳으로, 심청이 공양미 삼백 석을 구하기 위하여 자기를 제물로 팔아 이곳에 빠졌다.

인대 靭帶 | 질길 인, 띠 대 [ligament]
[의학] 척추동물의 뼈와 뼈를 잇는 매우 질긴[靭] 끈[帶] 모양의 결합 조직. 관절의 운동 및 억제 작용을 한다. ¶인대가 끊어지다 / 격렬하게 운동을 하면 인대가 늘어난다.

인도[1] 引渡 | 끌 인, 건넬 도 [transfer; extradite]
물건이나 권리 따위를 남에게 넘겨[引] 건넴[渡]. ¶현장 인도 / 범인을 경찰에 인도하다. [반] 인수(引受).

인도[2] 引導 | 끌 인, 이끌 도 [guidance]
❶[속뜻] 이끌어[引=導] 줌. ❷가르쳐 일깨움. ¶그는 비행청소년을 바른 길로 인도했다. ❸길을 안내함.

인도[3] 人道 | 사람 인, 길 도 [sidewalk]
❶[속뜻] 사람들[人]이 다니는 길[道]. ¶택시가 갑자기 인도로 돌진해 행인들이 다쳤다. ❷사람으로서 마땅히 지켜야 할 도리. ¶인도적 차원에서 난민을 구호했다. [비] 보도(步道). [반] 차도(車道).

▸ 인도-주의 人道主義 | 주될 주, 뜻 의
인간(人間)의 존엄과 도리(道理)에 최고 가치를 둔 사상[主義]. 모든 인류의 공존과 복지의 실현을 꾀하려는 박애사상.

인도[4] 印度 | 도장 인, 법도 도 [India]
[지리] '인디아'(India)의 한자 음역어(音譯語).

▸ 인도-양 印度洋 | 큰바다 양
❶[속뜻] 인도(印度) 앞의 큰 바다[洋]. ❷[지리] 오대양의 하나. 아시아, 오스트레일리아, 아프리카 대륙과 남극 대륙에 둘러싸여 있다.

▸ 인도-공:작 印度孔雀 | 구멍 공, 참새 작
[동물] 인도(印度)가 원산지인 공작(孔雀). 수컷은 푸른 색이며, 꽁지는 길고 녹색이며 눈알 모양의 무늬가 있다.

인력[1] 引力 | 끌 인, 힘 력 [gravitation]
[물리] 떨어져 있는 두 물체가 서로 끌어당기는[引] 힘[力]. ¶조수 간만의 차는 달의 인력 때문에 생긴다. [반] 척력(斥力).

인력[2] 人力 | 사람 인, 힘 력 [man power]
사람[人]의 능력(能力). 사람의 힘. 사람의 노동력. ¶기술 인력 / 죽고 사는 일은 인력으로 안 된다.

▸ **인력-거** 人力車 | 수레 거
사람[人]의 힘[力]으로 직접 끄는 수레[車]. 두개의 큰 바퀴 위에 사람이 탈 수 있는 안장이 있다.

⁑**인류** 人類 | 사람 인, 무리 류 [mankind]
❶[속뜻]사람[人]의 무리[類]. ❷세계의 사람들 모두. ¶그는 인류 역사상 가장 뛰어난 지도자이다.

▸ **인류-애** 人類愛 | 사랑 애
인류(人類) 전체에 대한 사랑[愛]. 인류를 사랑하는 일.

인륜 人倫 | 사람 인, 도리 륜 [morality]
사람[人]으로서 마땅히 지켜야 할 도리[倫]. ¶그는 인륜에 어긋나는 짓을 저질러 지탄을 받았다.

인명[1] 人命 | 사람 인, 목숨 명
[human life]
사람[人]의 목숨[命]. ¶인명 피해 / 구급대원은 인명을 구조하기 위해 불속으로 뛰어든다.

인명[2] 人名 | 사람 인, 이름 명
사람[人]의 이름[名]. ¶인명을 기재하다.

▸ **인명-사전** 人名事典 | 일 사, 책 전
사람[人]의 이름[名]에 따라 그의 행적[事]을 적어놓은 책[典].

*__인문__ 人文 | 사람 인, 글월 문 [humanity]
❶[속뜻]인류(人類)의 문화(文化). ❷인물과 문물. ¶인문 과학 / 인문계(人文系).

⁑**인물** 人物 | 사람 인, 만물 물
[person; able man; character]
❶[속뜻]인간(人間)과 물건(物件). ❷뛰어난 사람. ¶그는 큰 인물이 될 것이다. ❸생김새나 됨됨이로 본 사람. ¶그는 인물은 좋은데 키가 좀 작다.

▸ **인물-상** 人物像 | 모양 상
사람[人物]의 형체[像]를 본뜬 입체적 조형물이나 그림. ¶회화시간에 인물상을 그렸다.

인민 人民 | 사람 인, 백성 민 [people]
국가나 사회를 구성하고 있는 사람들[人=民]. [비] 국민(國民).

▸ **인민-군** 人民軍 | 군사 군
❶[속뜻]군인이 아닌 일반인[人民]으로 조직된 군대(軍隊). ❷북한의 군대.

인부 人夫 | 사람 인, 사나이 부
[workman]
품삯을 받고 일하는 사람[人=夫]. ¶공사장 인부 / 인부들이 도로를 보수하고 있다.

인분 人糞 | 사람 인, 똥 분
[human feces]
사람[人]의 똥[糞]. ¶이곳에서는 인분을 비료로 쓰고 있다.

인사[1] 人士 | 사람 인, 선비 사 [celebrity]
❶[속뜻]다른 사람[人]들의 추앙을 받는 명사(名士). ❷사회적인 지위나 명성 있는 사람을 높여 이르는 말. ¶유명 인사.

⁑**인사**[2] 人事 | 사람 인, 일 사
[personnel management; greeting]
❶[속뜻]사람들[人] 사이에 지켜야 할 예의범절 같은 일[事]. 혹은 사람들에 대한 일. ❷상대방에게 자기를 소개하거나, 안부를 물을 때 하는 예절. ¶작별 인사를 하다 / 우리는 오늘 처음 인사를 나누었다. ❸관리나 직원의 임용, 해임, 평가 따위와 관계되는 행정적인 일. ¶인사 발령 / 낙하산 인사.

▸ **인사-법** 人事法 | 법 법
인사(人事)하는 방법(方法). ¶할아버지께서 바른 인사법을 가르쳐주셨다.

▸ **인사불성** 人事不省 | 아닐 불, 살필 성
❶[속뜻]사람으로서 지켜야 할 예절[人事]을 살피지[省] 못하고[不] 막무가내로 행동함. ❷정신을 잃어 의식이 없음. ¶형은 인사불성이 되도록 술을 마셨다.

인산[1] 燐酸 | 인 린, 신맛 산
[phosphoric acid]
[화학] 인(燐)을 물에 녹여 얻는 산성(酸性) 물질. 화학식은 H_3PO_4.

인산[2] 人山 | 사람 인, 메 산
[hordes of people]
❶[속뜻]사람[人]으로 산(山)을 이룸. ❷사

람이 매우 많음을 형용하는 말.

▸인산-인해 人山人海 | 사람 인, 바다 해
❶[속뜻]사람[人]으로 산(山)을 이루고, 사람[人]으로 바다[海]를 이룰 만큼 많음. ❷사람이 매우 많음을 형용하는 말. ¶해수욕장은 피서객들로 인산인해를 이루고 있었다.

***인삼** 人蔘 | 사람 인, 인삼 삼 [ginseng]
[식물]두릅나뭇과의 다년초로, 약용으로 재배하는 식물. 뿌리가 사람[人] 형상을 한 삼(蔘)이라 하여 붙여진 이름이다.

인상[1] 人相 | 사람 인, 모양 상 [looks]
사람[人]의 얼굴 생김새[相]와 골격. ¶그는 인상이 참 좋다.

인상[2] 引上 | 끌 인, 위 상 [pulling up]
❶[속뜻]끌어[引] 올림[上]. ❷값을 올림. ¶대학은 매년 등록금을 인상한다. [반]인하(引下).

인상[3] 印象 | 새길 인, 모양 상 [impression]
❶[속뜻]마음에 깊이 새겨진[印] 모습[象]. ❷외래의 사물이 사람의 마음에 남긴 느낌. ¶서울에 대해 어떤 인상을 받으셨어요?

▸인상-적 印象的 | 것 적
뚜렷이 기억에 남는[印象] 것[的]. ¶그 배우는 인상적인 연기를 펼쳤다 / 이 작품은 흑백의 대비가 인상적이다.

인색 吝嗇 | 아낄 인, 아낄 색 [stingy; miserly]
재물 따위를 매우 아낌[吝=嗇]. ¶작은 물건에 너무 인색을 부리지 마라 / 그는 어찌나 인색한지 덤을 준 적이 없다.

인생 人生 | 사람 인, 살 생 [one's life]
❶[속뜻]목숨을 가지고 살아가는[生] 사람[人]. ❷이 세상에서의 삶. ¶돈이 인생의 전부는 아니다.

▸인생-관 人生觀 | 볼 관
인생(人生)의 존재 가치, 의미, 목적 등에 관해 갖고 있는 전체적인 사고방식[觀]. ¶낙천적인 인생관 / 인생관을 확립하다.

인성[1] 人性 | 사람 인, 본성 성 [character; human instinct]
사람[人]으로서 타고난 본성[本性]. ¶누구나 인성은 착하다. [반]수성(獸性).

인성[2] 仁性 | 어질 인, 성품 성 [benevolent character]
어진[仁] 성품[性品]. ¶인성교육으로 어진 성품을 기르자.

인솔 引率 | 끌 인, 거느릴 솔 [guide]
손아랫사람이나 무리를 끌어[引] 통솔(統率)함. ¶학생을 인솔하다.

인쇄 印刷 | 찍을 인, 박을 쇄 [print]
글이나 그림 따위를 종이, 천 따위에 찍거나[印] 박아[刷] 냄.

▸인쇄-기 印刷機 | 틀 기
인쇄(印刷)하는 데 쓰는 기계(機械). ¶구텐베르크는 현대적인 인쇄기를 발명했다.

▸인쇄-비 印刷費 | 쓸 비
인쇄(印刷)하는 데 드는 돈[費]. ¶이 책은 컬러판이라 인쇄비가 많이 들었다.

▸인쇄-소 印刷所 | 곳 소
인쇄(印刷)의 일을 맡아 하는 곳[所].

▸인쇄-술 印刷術 | 꾀 술
인쇄(印刷)하는 기술(技術). ¶활판 인쇄술 / 신라시대에는 이미 목판 인쇄술이 발명되었었다.

인수[1] 引受 | 끌 인, 받을 수 [charge]
물건이나 권리를 가져와[引] 넘겨받음[受]. ¶그는 부도난 공장을 인수했다. [반]인도(引渡).

인수[2] 因數 | 인할 인, 셀 수 [factor]
[수학]정수 또는 정식을 몇 개의 곱의 꼴로 하였을 때, 그것을 구성하는 근본[因]이 되는 수(數).

인습 因習 | 인할 인, 버릇 습 [conventionality]
❶[속뜻]예전부터 있던 관습(慣習)으로 인(因)한 것. ❷이전부터 전해 내려와 굳어진 관습. ¶인습에 얽매이다.

인식 認識 | 알 인, 알 식 [know; recognize]

❶[속뜻] 이치를 깨달아 아는[認=識] 일. ❷ 사물을 분별하고 판단하여 앎. ¶흡연이 얼마나 심각한지 인식하는 사람이 적다.

인심 人心 | 사람 인, 마음 심
[man's mind]
❶[속뜻] 다른 사람[人]을 생각해 주는 마음[心]. ❷남의 딱한 사정을 헤아려 주고 도와주는 마음. ¶인심이 박하다 / 이 마을은 예로부터 인심이 후하다. ⓑ 인정(人情).

인양 引揚 | 끌 인, 오를 양
[pull up; refloat]
끌어서[引] 들어 올림[揚]. ¶사고가 난 선박을 인양했다 / 인양선(引揚船).

인어 人魚 | 사람 인, 물고기 어 [mermaid]
상반신은 사람[人]의 몸이며 하반신은 물고기[魚]의 몸인 상상의 동물. ¶인어공주는 마녀에게 목소리를 주고 두 발을 얻었다.

인연 因緣 | 인할 인, 연분 연
[tie; connect]
❶[속뜻] 원인(原因)과 연분(緣分). ❷사람들 사이에 맺어지는 관계. ¶기이한 인연. ❸어떤 사물과 관계되는 연줄. ¶정치와는 인연이 없다 / 난 이 책으로 인연하여 인생관이 바뀌었다.

인왕제색-도 仁王霽色圖 | 어질 인, 임금 왕, 비갤 제, 빛 색, 그림 도
[미술] 1751년 화가 정선이, 인왕산(仁王山)의 비 개인[霽] 모습[色]을 그린 그림[圖].

인용 引用 | 끌 인, 쓸 용 [quote; cite]
남의 글이나 말 가운데서 필요한 부분만을 끌어다[引] 씀[用]. ¶이 부문은 성경의 한 구절을 인용한 것이다.

인원 人員 | 사람 인, 수효 원
[number of persons]
❶[속뜻] 사람[人]의 수효[員]. ❷단체를 이룬 여러 사람. ¶인원을 줄이다 / 인원이 다 차서 신청할 수 없다.

인위 人爲 | 사람 인, 할 위
[human work; human power]
사람[人]의 힘으로 함[爲]. ⓑ 자연(自然), 천연(天然).

▸ **인위-적 人爲的** | 것 적
사람[人]이 일부러 한[爲] 모양이나 성질의 것[的]. ¶인위적으로 만들어진 동굴 / 저는 생명을 인위적으로 연장하고 싶지는 않아요. ⓑ 자연적(自然的), 천연적(天然的).

인자 仁慈 | 어질 인, 사랑할 자
[be benevolent]
마음이 어질고[仁] 남을 사랑함[慈]. ¶할머니는 늘 인자한 미소로 나를 반겨주셨다.

인자 印字 | 찍을 인, 글자 자
[printing; typewritten letter]
글자[字]를 찍음[印]. 또는 그 글자. ¶프린터의 인자 속도.

▸ **인자-기 印字機** | 틀 기
타자기, 전신기, 컴퓨터 프린터와 같이 문자(文字)와 부호를 찍는[印] 기계(機械).

인장 印章 | 도장 인, 글 장 [seal]
❶[속뜻] 도장[印]에 새겨진 글[章]. ❷도장(圖章). ¶계약 서류에 인장을 찍다.

인재 人材 | 사람 인, 재목 재
[talented person]
학식과 능력이 뛰어나 어떤 분야에서 재목(材木)이 될 만한 사람[人]. ¶인재 양성 / 우리 학교는 70년간 우수한 인재를 배출했다. ⓑ 인물(人物).

인적[1] 人的 | 사람 인, 것 적 [human]
사람[人]에 관한 것[的]. ¶인적 자원. [참] 물적(物的).

인적[2] 人跡 | =人迹, 사람 인, 발자취 적
[human traces]
사람[人]이 다닌 발자취[跡]. 사람의 왕래. ¶한참을 가니 인적이 드문 한적한 길이 나타났다.

인접 鄰接 | 이웃 린, 닿을 접
[adjoin; be adjacent]
이웃[鄰]하여 맞닿아[接] 있음. ¶인접 국

인정¹ 仁情 | 어질 인, 마음 정
어진[仁] 마음씨[情]. ¶마을사람들에게 인정을 베풀다.

*인정² 認定** | 알 인, 정할 정 [admit]
확실히 알아서[認] 그렇게 결정(決定)함. ¶나는 그의 정직함만은 인정해 주고 싶어 / 그녀는 자신의 잘못을 인정했다.

인정³ 人情 | 남 인, 마음 정 [kindness]
❶속뜻 남[人]에 대한 따뜻한 마음[情]. ❷남을 생각하고 도와주는 따뜻한 마음씨. ¶인정을 베풀다 / 어디에 가나 인정에는 변함이 없다. 비 인심(人心).

인조 人造 | 사람 인, 만들 조 [artificiality]
사람[人]이 만듦[造]. ¶인조 잔디. 비 인공(人工).

▶ 인조-견 人造絹 | 비단 견
수공 사람이 만든[人造] 명주실로 짠 비단[絹]. ¶인조견으로 하늘하늘한 치마를 만들었다.

인조-반정 仁祖反正 | 어질 인, 조상 조, 반대로 반, 바를 정
역사 인조(仁祖)를 즉위시키기 위해 서인 세력이 일으킨 반정(反正). ¶광해군은 인조반정으로 폐위되었다.

인종 人種 | 사람 인, 갈래 종 [human race]
사람[人]의 종류(種類). 사람의 피부나 머리털의 빛깔, 골격 등 신체적인 여러 형질에 따라 구분한다. ¶인종 차별 / 소수 인종 / 정부는 인종 갈등을 해소할 방안을 내놓았다.

인주 印朱 | 도장 인, 붉을 주
[red stamp pad]
도장[印]을 찍을 때 묻혀 쓰는 붉은[朱] 물감.

인중 人中 | 사람 인, 가운데 중 [philtrum]
사람[人] 얼굴의 한가운데[中]. 코와 윗입술 사이에 우묵하게 골이 진 부분. ¶그는 인중에 점이 있다.

인지¹ 印紙 | 도장 인, 종이 지
[revenue stamp]
❶속뜻 도장[印]이 찍힌 종이[紙]. ❷국가가 세금이나 수수료 등을 거두어들일 때 그 증서 등에 붙여 일정한 금액을 나타낸 종이 증표 세금을 수납한 표지로 스탬프를 찍은 데서 유래. ¶이곳에 오천 원짜리 인지를 붙이시오.

인지² 認知 | 알 인, 알 지 [cognize]
어떠한 사실을 분명히 앎[認=知]. ¶인지 발달 단계 / 그는 사태의 심각성을 인지하지 못했다.

인지상정 人之常情 | 사람 인, 어조사 지, 늘 상, 마음 정 [human nature]
사람[人]이라면 누구나 늘[常] 갖고 있는 마음[情]. 또는 생각. ¶불우한 이웃을 보면 돕고 싶어지는 것이 인지상정이다.

인질 人質 | 사람 인, 볼모 질 [hostage]
사람[人]을 볼모[質]로 잡아 둠. ¶소말리아 해적은 돈을 받고 인질을 풀어주었다.

인척 姻戚 | 혼인 인, 겨레 척
[relative by marriage]
혈연관계가 없으나 혼인(婚姻)으로 맺어진 친척(親戚). ¶나와 그녀는 인척 관계다.

인천 상ː륙 작전 仁川上陸作戰 | 어질 인, 내 천, 위 상, 뭍 륙, 지을 작, 싸울 전
1950년 9월 15일에 유엔군이 인천(仁川)에 상륙(上陸)하여, 한국 전쟁의 상황을 뒤바꾼 군사 작전(作戰).

*인체 人體** | 사람 인, 몸 체
[human body]
사람[人]의 몸[體]. ¶인체 구조 / 담배는 인체에 해롭다.

인출 引出 | 끌 인, 날 출 [draw out]
예금을 찾아[引] 냄[出]. ¶현금인출 / 그는 통장에서 5만 원을 인출했다.

인파 人波 | 사람 인, 물결 파 [crowd]
❶속뜻 사람들[人]이 물결[波]같이 모임. ❷많이 모여 움직이는 사람의 모양을 파도에 비유하여 이르는 말. ¶전시회에는 많은 인파가 모여들었다. 비 인산인해(人

山人海).

인편 人便 | 사람 인, 쪽 편
[agency of a person]
오거나 가는 사람[人]의 편(便). ¶고향에 계신 부모님이 인편에 먹을 것을 보내 주셨다.

인품 人品 | 사람 인, 품격 품
[personality]
사람[人]의 품격(品格). 사람의 됨됨이. ¶그는 인품이 훌륭하다. ⓗ 인격(人格).

인하 引下 | 끌 인, 아래 하
[reduce; lower]
❶속뜻 끌어[引]내림[下]. ❷값을 떨어뜨림. ¶가격 인하 / 금리가 크게 인하되었다. ⓗ 인상(引上).

인형 人形 | 사람 인, 모양 형 [doll]
❶속뜻 사람[人]의 형상(形象). ❷사람의 형상을 본떠 만든 장난감. ¶소민이는 인형을 갖고 놀았다.

▶ 인형-극 人形劇 | 연극 극
연극 인형(人形)을 움직여서 하는 연극(演劇)을 통틀어 이르는 말.

인화¹ 人和 | 사람 인, 어울릴 화
[harmony among men]
다른 사람[人]과 잘 어울림[和]. ¶인화 단결 / 인화가 잘 되지 않는 조직은 오래 가지 못한다.

인화² 引火 | 끌 인, 불 화 [ignite]
불[火]을 끌어옴[引]. ¶이 물질은 인화되기 쉽다 / 인화성 제품.

인화³ 印畵 | 찍을 인, 그림 화
[print; make a print (of)]
연극 필름이나 건판의 모습을 감광지에 비추어 화상(畵像)을 찍어[印] 나타나게 하는 일. ¶사진을 몇 장 인화해 드릴까요?

일¹ 一 | 한 일 [one]
하나. 아라비아 숫자로는 '1', 로마 숫자로는 'Ⅰ'로 쓴다.

일² 日 | 날 일 [day; Sunday]
❶날이나 날짜를 세는 말. ¶6월 17일이 할머니 생신이다. ❷'일요일'(日曜日)의 준말.

일가 一家 | 한 일, 집 가 [family]
❶속뜻 한[一] 집안[家]. 한 가족. ¶최 씨 일가. ❷학문, 기술, 예술 등의 분야에서 독자적인 경지나 체계를 이룬 상태. ¶김정희는 서예에서 일가를 이루었다.

▶ 일가-견 一家見 | 볼 견
❶속뜻 자기대로[一家]의 독특한 의견(意見)이나 학설 ❷어떤 문제에 대하여 독자적인 경지나 체계를 이룬 견해. ¶지혜는 춤에 일가견이 있다.

▶ 일가-친척 一家親戚 | 친할 친, 겨레 척
독립된 한 가정[一家]과 친족(親族)과 외척(外戚)을 아울러 이르는 말. ¶힘든 일이 생겼을 때에는 일가친척을 먼저 찾게 된다.

일-가족 一家族 | 한 일, 집 가, 겨레 족
한[一]집안의 가족(家族). 또는 온 가족. ¶일가족 여섯이 한자리에 모이다.

일간 日刊 | 날 일, 책 펴낼 간
[daily publication]
날[日]마다 박아서 펴냄[刊]. 또는 그 간행물.

▶ 일간-지 日刊紙 | 종이 지
언론 날[日]마다 간행(刊行)하는 신문[紙]. ⓗ 일간 신문.

▶ 일간 신문 日刊新聞 | 새 신, 들을 문
언론 날[日]마다 간행(刊行)하는 신문(新聞). ⓗ 일간지.

일거 一擧 | 한 일, 들 거
[one action; one effort]
❶속뜻 한[一] 번에 들어 올림[擧]. 한 번의 동작. ❷단번에 일을 해치우는 모양을 이름. ¶그간의 실수를 일거에 만회했다.

▶ 일거양득 一擧兩得 | 둘 량, 얻을 득
❶속뜻 한[一] 가지를 들어[擧] 두[兩] 가지 이득[得]을 얻음. ❷한 가지 일을 하여 두 가지 이익을 얻음. ¶뜻밖에 일거양득의 결과를 얻었다. ⓗ 일석이조(一石二鳥).

▶ 일거수-일투족 一擧手一投足 | 손 수, 한

일, 던질 투, 발 족
❶[속뜻] 손[手] 한[一] 번 드는[擧] 것, 발[足] 한[一] 번 옮기는[投] 것 같은 동작. ❷사소한 하나하나의 행동이나 동작. ¶경찰이 그의 일거수일투족을 감시하고 있다.

일격 一擊 | 한 일, 칠 격 [stroke]
한[一] 번 세게 침[擊]. 한 번의 공격. ¶상대방이 일격을 가했다.

일경 一更 | 한 일, 시각 경
❶[속뜻] 하룻밤을 오경(五更)으로 나눈 것 중 첫째[一] 시각[更]. [비] 초경(初更).

일과 日課 | 날 일, 매길 과 [daily task]
날[日]마다 일을 일정하게 매김[課]. 또는 그런 일. ¶그는 오전 여섯 시에 하루 일과를 시작한다.

▸ 일과-표 日課表 | 겉 표
그날그날[日]의 해야 할 일[課]을 적어 놓은 표(表). ¶영민이는 방학 때 일과표에 따라 생활했다.

일관 一貫 | 한 일, 꿸 관
[run through; be consistent]
❶[속뜻] 하나[一]로 꿰맴[貫]. ❷하나의 방법이나 태도로써 처음부터 끝까지 똑같이 함. ¶그는 언제나 무뚝뚝한 태도로 일관했다.

▸ 일관-성 一貫性 | 성질 성
[be consistent]
처음부터 끝가지 한결같은[一貫] 성질(性質). ¶그의 행동은 일관성이 없다.

일괄 一括 | 한 일, 묶을 괄 [bundle up]
낱낱의 것들을 하나[一]로 묶음[括]. ¶일괄 처리 / 세 개의 의안을 일괄하여 의제로 상정했다.

일광 日光 | 해 일, 빛 광 [sunshine]
태양[日]에서 비추는 빛[光]. [비] 햇빛.

▸ 일광-욕 日光浴 | 목욕할 욕
병을 치료하거나 건강을 위하여 햇빛[日光]에 목욕(沐浴)하듯 맨몸을 쬐는 일. ¶일광욕을 했더니 피부가 탔다.

일교-차 日較差 | 날 일, 견줄 교, 어긋날 차 [daily temperature range]
[지리] 기온, 기압, 습도 따위의 하루[日] 동안의 최고값과 최저값을 비교(比較)한 차이(差異). ¶요즘은 일교차가 크니까 감기 조심하세요.

일급 一級 | 한 일, 등급 급 [first class]
❶[속뜻] 한[一] 계급(階級). ❷최고의 등급. ¶일급 호텔. ❸등급의 첫째. ¶나는 컴퓨터 활용 일급 자격증을 취득했다.

***일기**[1] 日記 | 날 일, 기록할 기 [diary]
그날그날[日] 겪은 일이나 감상 등을 적은 개인의 기록(記錄). ¶나는 하루도 빼지 않고 일기를 쓴다.

▸ 일기-장 日記帳 | 장부 장
일기(日記)를 적는 책[帳].

일기[2] 日氣 | 날 일, 기운 기 [weather]
그날[日]의 기상(氣象) 상태. ¶일기가 좋다 / 요즘은 일기가 고르지 못하다. [비] 날씨.

▸ 일기-도 日氣圖 | 그림 도
[지리] 어떤 지역의 기상 상태[日氣]를 숫자나 기호 따위로 나타낸 그림[圖].

▸ 일기 예:보 日氣豫報 | 미리 예, 알릴 보
[지리] 일정한 지역에서의 얼마 동안의 기상 상태[日氣]를 미리[豫] 알리는[報] 일. ¶눈이 온다던 일기 예보와 달리 날이 맑다.

일년-생 一年生 | 한 일, 해 년, 살 생
[annual plant]
❶[속뜻] 일년(一年)동안 삶[生]. ❷[식물] 일년생 식물. [비] 한해살이.

▸ 일년생 식물 一年生植物 | 심을 식, 만물 물
[식물] 식물체가 한[一] 해[年] 동안 살아가는[生] 식물(植物). ¶해바라기는 국화과에 속하는 일년생 식물이다. [비] 일년초(一年草).

일념 一念 | 한 일, 생각 념 [concentrated mind]
한[一] 가지의 생각[念]. 또는 한결 같은 마음. ¶그는 북에 두고 온 아내를 만나겠다는 일념으로 반평생을 살아왔다.

일단 一旦 | 한 일, 아침 단
[first; in advance]
❶[속뜻]하루[一] 아침[旦]. ❷우선 먼저. ¶일단 밥부터 먹고 하자. ❸우선 잠깐. ¶건널목에서는 일단 정지하시오.

일-단락 一段落 | 한 일, 구분 단, 떨어질 락 [pause for the present]
일의 한[一] 토막[段]이 마무리됨[落]. ¶어쨌든 이 사건은 그렇게 일단락을 짓자.

일당[1] 一黨 | 한 일, 무리 당
[ring; gang; party]
❶[속뜻]목적과 행동을 함께 하는 하나[一]의 무리[黨]. ¶경찰은 일당 4명을 체포했다. ❷하나의 정당 또는 당파. ¶북한은 일당 독재체제를 고수하고 있다.

일당[2] 日當 | 날 일, 맡을 당 [daily pay]
하루[日] 동안 일한 것에 대한 수당(手當)이나 보수. ¶일당 5만 원을 받았다.

일대[1] 一大 | 한 일, 큰 대 [great]
하나[一]의 큰[大]. 굉장한. ¶인터넷은 사람들의 삶에 일대 변화를 가져왔다.

⁑**일대**[2] 一帶 | 한 일, 띠 대 [area]
❶[속뜻]하나[一]의 띠[帶]. 혹은 그러한 모양을 이루고 있는 것. ❷일정한 범위의 어느 지역 전부. ¶중부 지방 일대에 가뭄이 극심하다.

일대[3] 一代 | 한 일, 세대 대
[one generation]
사람의 한[一] 세대(世代). [비]일세(一世).

▸ 일대-기 一代記 | 기록할 기
한 사람의 일생[一代] 동안의 일을 적은 기록(記錄). ¶그는 한 지휘자의 일대기를 영화로 만들었다.

일동 一同 | 한 일, 같을 동 [all of them]
모두[一] 같이[同]. 그곳에 있는 모든 사람. 어떤 집단이나 단체에 든 모든 사람. ¶일동, 차렷!

일등 一等 | 한 일, 무리 등
[first class; first rank]
순위, 등급 따위에서 첫째[一] 무리[等].

▸ 일등-병 一等兵 | 군사 병
[군사]계급이 일등(一等)에 해당하는 군사[兵]. 국군의 사병 계급의 하나. 이등병의 위, 상등병의 아래이다.

일락-서산 日落西山 | 해 일, 떨어질 락, 서녘 서, 메 산
해[日]가 서산(西山)으로 떨어짐[落].

일란-성 一卵性 | 한 일, 알 란, 성질 성
[monovular]
한[一] 개의 수정란[卵]에서 태어나는 것[性]. ¶우리는 일란성 쌍둥이이다.

일람 一覽 | 한 일, 볼 람 [peruse]
한[一] 번 봄[覽]. 또는 한 번 죽 훑어봄. ¶김 사장은 이달 지출 내역을 일람했다.

▸ **일람-표** 一覽表 | 겉 표
많은 사항을 한[一]눈에 보아[覽] 알 수 있게 꾸며 놓은 도표(圖表). ¶졸업생 일람표를 만들다.

일련 一連 | 한 일, 이을 련 [series]
하나[一]로 이어짐[連]. 또는 그런 체계. ¶일련의 검사 / 일련의 사건은 1952년에 시작되었다.

일렬 一列 | 한 일, 줄 렬 [line]
한[一] 줄[列]. ¶일렬 종대 / 강당에는 좌석이 일렬로 배치되어 있었다.

일례 一例 | 한 일, 본보기 례 [example]
하나[一]의 예(例). 한 가지 실례(實例). ¶일례를 들면 다음과 같다.

일루 一壘 | 한 일, 진 루 [first base]
[운동]야구에서, 주자가 맨 처음[一] 밟는 베이스[壘].

일류 一流 | 첫째 일, 갈래 류
[first class]
어떤 분야에서 첫째[一] 가는 계층이나 갈래[流]. ¶일류 호텔 / 일류 기술자 / 일류 대학.

일리 一理 | 한 일, 이치 리
[some reason]
한[一] 가지 이치(理致). 이치에 합당함. ¶네 말도 일리가 있다.

일말 一抹 | 한 일, 바를 말 [touch of]

❶속뜻 한[一] 번 바를[抹] 정도 밖에 안 됨. ❷약간. 조금. ¶일말의 죄책감도 느끼지 않았다.

일망타진 一網打盡 | 한 일, 그물 망, 칠 타, 다할 진 [wholesale arrest]
어떤 무리를 한[一] 그물[網]에 모두[盡] 때려[打] 잡음. ¶검찰과 경찰이 협력하여 범죄 조직을 일망타진했다.

일맥 一脈 | 한 일, 줄기 맥 [vein]
하나[一]로 이어진 줄기[脈].
▶ 일맥-상통 一脈相通 | 서로 상, 통할 통
처지, 성질, 생각 등이 어떤 면에서 한 가지[一脈]로 서로[相] 통(通)함. ¶두 가지 현상에는 일맥상통한 점이 있다.

일면 一面 | 한 일, 낯 면
[side; first page]
❶속뜻 물체나 사물의 한[一] 면(面). ¶사람을 일면만 보고 판단하면 안 된다. ❷신문의 첫째 면. ¶그 사건은 일면 기사로 보도되었다.

일명 一名 | 한 일, 이름 명
[second name]
❶속뜻 한[一] 사람[名]. ❷본이름 외에 따로 부르는 이름. ¶그는 일명 뽀빠이로 불린다.

일목 一目 | 한 일, 눈 목 [look; glance]
❶속뜻 한[一] 쪽 눈[目]. 또는 애꾸눈. ❷ 한 번 보는 일.
▶ 일목요연 一目瞭然 | 밝을 료, 그러할 연
한[一] 눈[目]에도 환히[瞭然] 알 수 있을 만큼 분명하다. ¶서류를 일목요연하게 정리했다.

일몰 日沒 | 해 일, 빠질 몰 [sunset]
지평선이나 수평선 아래로 해[日]가 빠짐[沒]. ¶우리는 일몰을 보러 서해에 갔다. ㉺ 일입(日入). ㉻ 일출(日出).

일미 一味 | 첫째 일, 맛 미 [good flavor]
첫째[一]가는 좋은 맛[味]. ¶그 집의 빈대떡은 천하 일미이다.

일박 一泊 | 한 일, 묵을 박
[stay overnight]

하루[一] 밤을 묵음[泊]. ¶일박 이일 / 우리는 목포에서 일박하고 제주로 떠났다.

*__일반__ 一般 | 한 일, 모두 반 [general]
❶속뜻 어떤 공통되는 한[一] 요소가 전반(全般)에 두루 미치고 있는 일. ¶일반 상식 / 일반 이론. ❷특별하지 않고 평범한 수준. ¶일반 가정 / 일반 국민. ㉺ 보통(普通). ㉻ 특수(特殊).
▶ 일반-미 一般米 | 쌀 미
정부에서 보유한 것이 아닌, 일반(一般) 사람들이 사고파는 쌀[米]. ¶일반미가 정부미보다 비싸다. ㉻ 정부미(政府米).
▶ 일반-석 一般席 | 자리 석
보통[一般] 등급과 가격의 자리[席]. ㉻ 보통석(普通席). ㉻ 특별석(特別席).
▶ 일반-인 一般人 | 사람 인
특별한 신분이나 지위가 없는 보통[一般] 사람[人]. ¶일반인의 출입을 금지합니다.
▶ 일반-적 一般的 | 것 적
어떤 특정한 분야에만 한정되지 않고 전체에 두루[一般] 걸치는 것[的]. ¶앞으로 환경 문제가 심각해질 것이라는 견해가 일반적이다.

일발 一發 | 한 일, 쏠 발
[a shot; a round]
❶속뜻 활이나 총 따위를 한[一] 번 쏨[發]. ❷총알이나 탄환 따위의 하나. 한 방. ¶일발 장전(裝塡).

일방 一方 | 한 일, 모 방 [one side]
한[一] 쪽[方]. 한편. ¶강화도 조약은 조선을 일방으로 하고, 일본을 다른 일방으로 하여 체결되었다.
▶ 일방-적 一方的 | 것 적
❶속뜻 어느 한편[一方]으로 치우치는 것[的]. ¶형은 그에게 일방적으로 맞았다. ❷상대편은 생각지도 않고 자신의 일만 생각해서 하는 것. ¶그녀는 화가 나면 일방적으로 전화를 끊어 버린다.
▶ 일방-통행 一方通行 | 통할 통, 다닐 행
사람이나 차량을 도로의 한쪽 방향[一方]

으로만 통행(通行)시키는 일.

일병 一兵 | 한 일, 군사 병
[private first class]
❶[속뜻]첫[一] 번째 등급의 병사(兵士). ❷[군사]'일등병'(一等兵)의 준말. 처음 현대식 군대가 창설될 때, 일등병과 이등병 두 가지 계급밖에 없었기 때문에 이러한 이름이 유래된 것으로 추정된다.

일보[1] 一步 | 한 일, 걸음 보 [step]
❶[속뜻]한[一] 걸음[步]. ¶일보 앞으로! / 그 회사는 도산 일보 전에 있다. ❷첫걸음. 시작. 초보. ¶정부는 장애인 문제 해결을 향해 일보 전진했다.

일보[2] 日報 | 날 일, 알릴 보
[daily report; newspaper]
❶[속뜻]날[日]마다 하는 보고(報告). ❷매일 나오는 신문.

일본 日本 | 해 일, 뿌리 본 [Japan]
아시아 동쪽 끝에 있는 입헌 군주국. 1867년 메이지 유신(明治維新) 이후 자본주의적 군주 국가로서 급속히 발전하였다.

▸일본-식 日本式 | 법 식
일본(日本) 특유의 색채나 양식(樣式). ¶일본식 마루방. [비]일본풍(日本風).

▸일본-어 日本語 | 말씀 어
[언어]일본(日本) 민족이 쓰는 일본의 공용어(公用語). ¶학교에서 일본어를 공부한다. [준]일어.

▸일본-인 日本人 |사람 인
일본(日本) 국적을 가진 사람[人]. ¶연휴를 맞아 많은 일본인 관광객이 한국을 찾았다.

▸일본 뇌염 日本腦炎 | 골 뇌, 염증 염
[의학]일본(日本), 한국 등지에서 서식하는 작은 빨간집모기가 흡혈할 때 일어나는 뇌염(腦炎). 혼수상태, 두통, 근육 강직 따위의 증상이 나타나며 사망률이 높다.

⁑**일부** 一部 | 한 일, 나눌 부 [part]
❶[속뜻]한[一] 부분(部分). ❷전체의 한 부분. ¶여행 경비의 일부를 부담하다. [비]일부분. [반]전부(全部).

일-부분 一部分 | 한 일, 나눌 부, 나눌 분
[partial]
전체 중의 한[一] 부분(部分). ¶일부분은 내 잘못인 것 같아. [비]일부(一部).

일부-일처 一夫一妻 | 한 일, 지아비 부, 한 일, 아내 처 [monogamy]
한[一] 남편[夫]에 한[一] 아내[妻]가 결혼하는 형태.

일사 日射 | 해 일, 쏠 사 [insolate]
햇빛[日]이 내리쬠[射].

▸일사-병 日射病 | 병 병
[의학]강한 햇볕을 오래 쬐어[日射] 생기는 병(病). 심한 두통과 현기증이 일어나며 심하면 의식을 잃는다. ¶일사병으로 쓰러지다.

일사불란 一絲不亂 | 한 일, 실 사, 아닐 불, 어지러울 란 [be in perfect order]
❶[속뜻]한[一] 올의 실[絲]도 흐트러지지[亂] 않음[不]. ❷질서나 체계 따위가 조금도 흐트러진 데가 없음. ¶명령에 맞추어 군인들은 일사불란하게 움직였다.

일사 후퇴 一四後退 | 한 일, 넉 사, 뒤 후, 물러날 퇴
한국 전쟁 때 북쪽으로 전진하던 한국군과 유엔 연합군이 중공군의 공격을 받아 1951년 1월 4일[一四] 서울을 버리고 후퇴(後退)한 일.

일산화-탄소 一酸化炭素 | 한 일, 산소 산, 될 화, 숯 탄, 바탕 소
[화학]한[一] 개의 산소(酸素)와 탄소(炭素)와의 화합물(化合物). 분자식은 CO. ¶일산화탄소에 중독되면 호흡하기 어렵다.

⁑**일상** 日常 | 날 일, 늘 상 [every day]
날[日]마다 늘[常]. ¶바쁜 일상을 보내다. [비]평소(平素), 항상(恒常).

▸일상-어 日常語 | 말씀 어
일상(日常)생활에서 쓰는 말[語]. ¶일상어에도 한자말이 많다.

▸일상-적 日常的 | 것 적
늘[日常] 있는 예사로운 것[的]. ¶그녀는 이웃과 일상적인 대화를 나누었다.

▸일상-생활 日常生活 | 살 생, 살 활
날마다[日常]의 생활(生活). 평소의 생활. ¶그는 일상생활의 필수품을 마트에서 구입한다.

일색 一色 | 한 일, 빛 색 [single color]
❶[속뜻]한[一] 가지 빛깔[色]. ❷한 가지로만 이루어진 특색이나 정경. ¶회색빛 일색의 도시 / 이번 여름옷은 온통 꽃무늬 일색이다.

일생 一生 | 한 일, 살 생
[one's whole life]
한[一] 생애(生涯). 살아 있는 동안. ¶행복한 일생 / 그는 일생에 한 번 있을까 말까 한 기회를 놓쳤다. [비]평생(平生).

일석이조 一石二鳥 | 한 일, 돌 석, 두 이, 새 조
❶[속뜻]하나[一]의 돌[石]로 두[二] 마리의 새[鳥]를 잡음. ❷한 번의 노력으로 여러 효과를 얻음. ¶이 제품은 일석이조의 효과가 있다. [비]일거양득(一擧兩得).

일선 一線 | 한 일, 줄 선 [front line]
❶[속뜻]하나[一]의 선(線). 또는 중요한 뜻이 담긴 뚜렷한 금. ¶일선을 긋다. ❷[군사]최전선. ¶일선 부대 / 일선에서 물러나다 / 그녀는 일선 교사로 근무하고 있다.

일성 日省 | 날 일, 살필 성
날[日]마다 자기 행실을 돌아보며 잘못을 살핌[省].

▸일성-록 日省錄 | 기록할 록
❶[속뜻]매일(每日) 자기 성찰(省察)을 위한 기록(記錄). ❷[책명]조선 영조 때부터 대한 제국 때까지 역대 임금의 말과 행동을 기록한 책. ❸[책명]조선 영조 때 실학자 안정복이 일상적으로 실천한 일을 적은 일기 따위의 글.

일소 一掃 | 한 일, 쓸 소 [sweep away]
하나[一]도 남김없이 모조리 쓸어[掃]버림. ¶폭력배를 일소하다 / 정부는 부정부패 일소에 총력을 기울이고 있다.

일수 日數 | 날 일, 셀 수
[number of days]
날[日]의 수(數). ¶출석 일수.

일순 一瞬 | 한 일, 눈 깜짝일 순
[moment]
❶[속뜻]한[一] 번 눈 깜짝할[瞬] 정도의 짧은 시간. ❷'일순간'(一瞬間)의 준말. ¶장내는 일순 조용해졌다. [비]삽시(霎時).

▸일순-간 一瞬間 | 사이 간
한[一] 번 눈 깜빡일[瞬] 사이[間]. 아주 짧은 시간 동안. ¶건물은 일순간에 타 버렸다. [비]삽시간(霎時間).

일시[1] 日時 | 날 일, 때 시
[date and time]
날짜[日]와 시간(時間). ¶출발 일시 및 장소 / 회의 일시 및 장소는 아직 정해지지 않았다.

일시[2] 一時 | 한 일, 때 시 [once]
❶[속뜻]한[一] 때[時]. ❷같은 때. ¶일시에 외치다 / 일시에 그들의 시선이 내게로 쏠렸다.

▸일시-불 一時拂 | 지불 불
[경제]치러야 할 돈을 한꺼번에[一時] 다 치름[拂]. ¶나는 일시불로 구두를 샀다.

▸일시-적 一時的 | 것 적
한때[一時]만의 것[的]. 오래 가지 않는 것. ¶일시적 인기 / 이것은 사춘기 시절의 일시적인 현상이다. [반]영구적(永久的).

일식[1] 日食 | 일본 일, 밥 식
[Japanese food]
일본식(日本式) 요리나 음식(飮食).

일식[2] 日蝕 | 해 일, 좀먹을 식
[solar eclipse]
❶[속뜻]태양[日]이 좀먹듯이[蝕] 점점 사그라지는 것. ❷[천문]달이 지구와 태양 사이에 들어가 태양을 가리는 현상. ¶지난달에 일식이 있었다.

일어 日語 | 일본 일, 말씀 어
[Japanese language]
[언어]일본(日本)에서 사용하는 언어(言語). '일본어'의 준말.

일언 一言 | 한 일, 말씀 언
[single word; one word]

❶**속뜻** 한[一] 마디 글자나 말[言]. ❷간단한 말.

▶ 일언-반구 一言半句 | 반 반, 글귀 구
❶**속뜻** 한 마디 말[一言]과 반(半) 구절(句節)의 글. ❷아주 짧은 말이나 글. ¶그는 이번 사건에 대해 일언반구의 사과도 없다.

일엽 一葉 | 한 일, 잎 엽
[one leaf; tiny boat]
❶**속뜻** 한[一] 잎[葉]. ¶일엽이 연못에 떨어지다. ❷한 척의 작은 배를 비유하여 이르는 말.

▶ 일엽-편주 一葉片舟 | 조각 편, 배 주
한[一] 잎[葉] 크기의 조각[片] 배[舟]. 작은 배.

일-요일 日曜日 | 해 일, 요일 요, 날 일
[Sunday]
칠요일 중 해[日]에 해당하는 요일(曜日).

일용 日用 | 날 일, 쓸 용 [daily use]
날[日]마다 씀[用]. ¶일용할 양식.

▶ 일용-품 日用品 | 물건 품
날마다 쓰는[日用] 물품(物品). ¶이재민에게 약품과 일용품을 보냈다.

일원 一員 | 한 일, 인원 원 [member]
어떤 단체나 사회를 이루는 한[一] 구성원(構成員). ¶국민의 일원으로 투표에 참여합시다.

일월 一月 | 첫째 일, 달 월 [January]
1년의 첫[一] 번째 달[月]. 비정월(正月).

일익 一翼 | 한 일, 날개 익 [part]
❶**속뜻** 한[一] 쪽 날개[翼]. ❷전체의 한 부분이나 역할을 이르는 말. ¶인터넷은 정보화시대의 일익을 담당한다.

일인 一人 | 한 일, 사람 인
[one person; one man]
한[一] 사람[人]. ¶일인 시위.

▶ 일인-자 一人者 | 사람 자
첫 번째[一人]에 손꼽히는 사람[者]. ¶그는 연극계의 일인자로 꼽힌다.

일일¹ 日日 | 날 일, 날 일 [every day]
날마다[日+日]. 나날. 매일. ¶일일 공부.

일일² 一日 | 한 일, 날 일 [day]
한[一] 날[日]. 하루. ¶아버지가 우리 학교의 일일 교사로 나섰다.

▶ 일일-생활권 一日生活圈 | 살 생, 살 활, 우리 권
하루[一日] 안에 모든 일을 해결할 수 있는 생활(生活) 권역(圈域). ¶급행 열차가 운행하면서 전국이 일일생활권에 포함되었다.

일임 一任 | 한 일, 맡길 임
[leave entirely to]
하나[一]로 묶어 모두 맡김[任]. 모조리 맡김. ¶일임을 받다 / 모든 결정은 자네에게 일임하겠네.

일자¹ 日字 | 날 일, 글자 자 [date]
날[日]을 나타내는 글자나 숫자[字]. ¶수술 일자 / 기상 악화로 출발 일자를 늦추었다. 비날짜.

일자² 一字 | 한 일, 글자 자
❶**속뜻** 한[一] 글자[字]. ❷짧은 글. 한 마디의 글. ¶일자 소식도 없다. ❸'一'이라는 한자.

▶ 일자-진 一字陣 | 진칠 진
군사 '一' 자(字) 모양으로 늘어선 진(陣). ¶적군이 일자진을 치고 있다.

▶ 일자-무식 一字無識 | 없을 무, 알 식
한[一] 글자[字]도 모를 정도로 아는[識] 것이 없음[無]. ¶일자무식인 백성들도 예절은 안다. 비전무식(全無識).

▶ 일자천금 一字千金 | 일천 천, 쇠 금
❶**속뜻** 한[一] 글자[字]에 천금(千金)의 가치가 있음. ❷글씨나 문장이 아주 훌륭함. ¶일자천금이라더니 그의 서예 작품이 그렇게 비싸다는 말인가.

일장 一場 | 한 일, 마당 장 [round]
한[一] 바탕[場]. 한 차례. 한 번. ¶사장님은 사원들에게 일장 연설을 했다.

일장-기 日章旗 | 일본 일, 나타낼 장, 깃발 기 [national flag of Japan]
일본(日本)을 나타내는[章] 국기(國旗).

일전 日前 | 날 일, 앞 전 [last time]

며칠[日] 전(前). 요전. ¶일전에 한 약속을 잊으면 안 돼.

일절 一切 | 한 일, 끊을 절 [entirely]
❶속뜻 한[一] 번에 끊음[切]. ❷아주. 전혀. 절대로. ¶출입을 일절 금하다 / 일절 간섭하지 마시오.

*일정¹ 一定 | 한 일, 정할 정 [fixation]
어떤 기준에 따라 모양이나 방향이 하나[一]로 정(定)해져 있어 바뀌거나 달라지지 않음. ¶일정 기간 / 쿠키는 크기가 일정하다.

▶ 일정-량 一定量 | 분량 량
일정(一定)한 분량(分量). 어느 한도를 넘지 않는 알맞은 분량. ¶매일 일정량의 우유를 마시면 골다공증을 예방할 수 있다.

▶ 일정-액 一定額 | 액수 액
일정(一定)한 액수(額數). ¶어머니는 매달 일정액을 저금한다.

일정² 日程 | 날 일, 거리 정
[day's schedule]
❶속뜻 하루[日]에 가야할 거리[程]. ❷하루하루 해야 할 일. ¶나의 일정은 아침 7시부터 시작된다. ❸일정한 기간에 해야 할 일을 날짜별로 짜 놓은 것. 또는 그 계획. ¶대통령은 5일 간의 일정으로 미국을 공식 방문한다.

▶ 일정-표 日程表 | 겉 표
앞으로의 일정(日程)을 날짜별로 짜 놓은 표(表). ¶일정표를 짜서 벽에 붙였다.

일제¹ 一齊 | 한 일, 가지런할 제
[altogether]
❶속뜻 여럿이 한꺼번에[一] 가지런하게[齊] 함. ❷한꺼번에. 동시에. ¶일제고사 / 일제히 단속하다.

일제² 日製 | 일본 일, 만들 제
[Japanese manufacture]
일본(日本) 제품(製品). ¶일제 만년필 / 전자제품은 일제보다 국산이 좋다.

*일제³ 日帝 | 일본 일, 임금 제
[Japanese imperialism]
역사 '일본제국주의'(日本帝國主義)의 준말. ¶일제 식민 통치 / 일제 치하의 조국 땅에는 절대로 돌아가지 않겠다.

▶ 일제시대 日帝時代 | 때 시, 연대 대
역사 '일제 강점기'의 예전 용어.

▶ 일제 강점기 日帝強占期 | 억지 강, 차지할 점, 때 기
❶속뜻 일본(日本) 제국주의(帝國主義)가 강제(強制)로 우리나라를 차지한[占] 시기(時期). ❷역사 1910년의 국권 강탈 이후 1945년 해방되기까지 35년간의 시대. ¶일제 강점기에 강제 징용된 사람들이 일본에 보상을 요구했다.

일조¹ 一助 | 한 일, 도울 조 [help]
조금[一]의 도움[助]이 됨. 또는 그 도움. ¶제가 일조가 되기를 바랍니다 / 우리가 축제에 일조할 만한 일을 찾아보도록 하자.

일조² 日照 | 해 일, 비칠 조 [sunshine]
해[日]가 비침[照]. ¶일조권(日照權) / 일조 시간은 울진과 대관령 지역이 가장 길다.

▶ 일조-량 日照量 | 분량 량
해[日]가 비치는[照] 햇볕의 양[量]. ¶겨울철에는 일조량이 적다.

일종 一種 | 한 일, 갈래 종 [kind]
❶속뜻 한[一] 종류(種類). 한 가지. ¶벼는 풀의 일종이다. ❷어떤 종류. ¶그 아이를 보면 일종의 책임감을 느낀다.

일주 一周 | 한 일, 둘레 주
[travel around]
한[一] 바퀴[周]를 돎. 도는 그 한 바퀴. ¶세계 일주 / 지구가 자전하면서 행성이 일주하는 것처럼 보인다. 비 일순(一巡).

▶ 일주-문 一柱門 | 한 일, 기둥 주, 문 문
건설 절 같은 데서 한[一] 줄로 배치한 두 개의 기둥[柱]으로 세운 문(門). ¶일주문에 들어서면서 합장을 하였다.

일-주일 一週日 | 한 일, 돌 주, 해 일
[one week]
한[一] 주일(週日) 동안. 이레 동안. 칠일간.

일지 日誌 | 날 일, 기록할 지 [diary]
그날그날[日]의 직무를 기록함[誌]. 또는 그 책. ¶학급 일지 / 일지를 작성하고 퇴근하다.

일직 日直 | 낮 일, 당번 직
[be on day duty]
낮[日]이나 일요일에 당번[直]이 되어 직장을 지킴. 또는 그런 사람.

일-직선 一直線 | 한 일, 곧을 직, 줄 선
[straight line]
한[一] 방향으로 곧은[直] 선(線). ¶비행기는 도시의 상공을 일직선으로 가로질렀다.

일진 日辰 | 날 일, 간지 진 [day's luck]
❶속뜻 그날[日]의 간지[辰]. ¶오늘의 일진을 보니 경신일(庚申日)이다. ❷그날의 운세. ¶일진이 좋다 / 일진이 사납다.

일차 一次 | 한 일, 차례 차 [one time]
❶속뜻 한[一] 차례(次例). 한 번. ¶내일 중에 일차 방문하겠습니다. ❷첫 번. ¶일차 시험.

▶ **일차-적 一次的** | 것 적
첫 번째[一次]가 되는 것[的]. 우선적인 것. ¶일차적 책임은 나에게 있다.

일체¹ 一切 | 한 일, 온통 체 [whole]
하나[一]로 묶이는 모든[切] 것. 온갖 것. ¶오늘은 일체의 업무를 중단한다.

일체² 一體 | 한 일, 몸 체
[one body; single body]
한[一] 몸[體]. 한 덩어리. ¶국민 모두가 일체가 되어 위기를 극복했다 / 일체형(一體型) 오디오.

▶ **일체-감 一體感** | 느낄 감
남과 어우러져 하나로 되는[一體] 감정(感情). 군중 심리, 전쟁 심리 따위에서 볼 수 있는 정신 현상이다. ¶제복(制服)을 입으면 사원들 간에 일체감이 생기는 것 같다.

일출 日出 | 해 일, 날 출 [sunrise]
해[日]가 돋음[出]. ¶일출 시간은 오전 5시 40분입니다. ⓟ 일몰(日沒).

일치 一致 | 한 일, 이를 치 [agree]
하나[一]에 이름[致]. 서로 어긋나지 않고 꼭 맞음. 어긋나는 것이 없음. ¶의견 일치. ⓟ 불일치(不一致).

일탈 逸脫 | 달아날 일, 벗을 탈 [deviate]
어떤 사상이나 조직, 규범 등에서 빗나가[逸] 벗어남[脫]. 빠져 나감. ¶일상으로부터의 일탈 / 구태의연한 방식에서 일탈해 새로운 제도를 만들었다.

일편 一片 | 한 일, 조각 편
[piece; bit; fragment]
❶속뜻 한[一] 조각[片]. ❷매우 작거나 적은 것.

▶ **일편-단심 一片丹心** | 붉을 단, 마음 심
❶속뜻 한[一] 조각[片] 붉은[丹] 마음[心]. ❷'변치 않는 참된 마음'을 이르는 말. ¶일편단심으로 당신을 사랑합니다.

일-평균 日平均 | 한 일, 평평할 평, 고를 균
하루[日]를 단위로 하여 내는 평균(平均). ¶일평균 기온(氣溫).

일-평생 一平生 | 한 일, 평안할 평, 살 생
[one's whole life]
한[一] 평생(平生). 한 사람이 사는 내내. ¶그는 연구에 일평생을 바쳤다. ⓟ 한평생.

일품 一品 | 첫째 일, 물건 품
[superior article]
품질이 첫[一] 번째로 꼽히는 아주 뛰어난 물품(物品). 가장 뛰어남. ¶이 식당은 연어 요리가 일품이다.

*__일행 一行__ | 함께 일, 갈 행 [company]
길을 함께[一] 감[行]. 또는 함께 가는 사람. ¶일행이 몇 분이십니까?

일화 逸話 | 숨을 일, 이야기 화 [episode]
세상에 널리 알려지지 않은 숨은[逸] 이야기[話]. ¶그는 여행 중에 겪었던 재미있는 일화를 들려주었다. ⓟ 에피소드(episode).

일확-천금 一攫千金 | 한 일, 붙잡을 확, 일천 천, 돈 금

❶[속뜻] 한[一] 번에 천금(千金)을 움켜쥠[攬]. ❷단번에 많은 재물을 얻음. ¶그들은 일확천금을 노리고 사기를 쳤다 / 일확천금의 꿈이 산산이 깨졌다.

일환 一環 | 한 일, 고리 환
[link in a chain]
❶[속뜻] 줄지어 있는 많은 고리[環] 가운데 하나[一]. ❷서로 밀접한 관계로 연결되어 있는 여러 것 가운데 한 부분. ¶고속도로 건설은 국토 개발의 일환이다.

일회-용 一回用 | 한 일, 돌 회, 쓸 용
[disposable]
한[一] 번[回]만 쓰고[用] 버림. 또는 그런 것. ¶일회용 접시.

임:금 賃金 | 품삯 임, 돈 금 [pay]
일을 한 품삯[賃]으로 받는 돈[金]. ¶임금을 올려 달라고 애원하다. ⓑ 노임(勞賃), 삯.

임:기¹ 任期 | 맡길 임, 때 기
[one's tenure]
일정한 업무 따위를 맡은[任] 기간(期間). ¶대통령의 임기는 5년이다.

임기² 臨機 | 임할 림, 때 기
그때그때[機]에 맞게 임시(臨時)로 대응함.

▶ 임기-응변 臨機應變 | 응할 응, 바뀔 변
어떤 시기에 이르러[臨機] 부응(副應)하여 변화(變化)함. 그때그때의 형편에 따라 알맞게 일을 처리함. ¶임기응변에 능하다.

임:대 賃貸 | 품삯 임, 빌릴 대 [lease]
❶[속뜻] 삯[賃]이나 돈을 받고 빌려줌[貸]. ❷돈을 받고 자기 물건을 남에게 빌려 줌. ¶임대 아파트 / 제주도를 여행하기 위해 차를 임대했다. ⓑ 임차(賃借).

▶ 임:대-료 賃貸料 | 삯 료
빌려주고[賃貸] 받는 요금(料金). ¶사무실 임대료가 석 달이나 밀렸다. ⓑ 임차료(賃借料).

임:명 任命 | 맡길 임, 명할 명 [appoint]
직무를 맡으라고[任] 명령(命令)함. 관직을 줌. ¶사장님은 그를 부장으로 임명했다 / 그는 파키스탄 대사로 임명을 받았다.

▶ 임:명-장 任命狀 | 문서 장
임명(任命)한다는 사실을 밝힌 문서[狀].

임:무 任務 | 맡길 임, 일 무 [duty]
맡은[任] 일[務]. ¶맡은 바 임무에 최선을 다하다.

임박 臨迫 | 임할 림, 닥칠 박
[draw near]
어떤 때가 가까이 닥쳐[臨=迫] 옴. ¶시험이 임박했다.

임산 林産 | 수풀 림, 낳을 산
[forest products]
[농업] 숲[林]에서 생산(生産)되는 것. '임산물'의 준말.

▶ 임산-물 林産物 | 만물 물
[농업] 산림(山林)에서 생산(生産)되는 물품(物品). ¶태백은 목재 등의 임산물을 생산한다. ⓒ 임산.

임:-산부 姙産婦 | 아이 밸 임, 낳을 산, 부인 부
아이를 배거나[姙] 곧 낳을[産] 여자[婦]. 임부(姙婦)와 산부(産婦)를 아울러 이르는 말. ¶임산부를 위해 자리를 양보합시다.

임시 臨時 | 임할 림, 때 시
[being temporary]
❶[속뜻] 일정한 때[時]에 다다름[臨]. 또는 그 때. ❷필요에 따른 일시적인 때. ¶임시 열차 / 임시 휴교. ⓑ 상시(常時), 정기(定期).

▶ 임시-표 臨時標 | 나타낼 표
[음악] 곡을 연주하거나 부르는 도중에 원래 음을 임시(臨時)로 바꾸기 위해 사용하는 변화표(變化標)의 하나. ⓑ 변위 기호(變位記號).

▶ 임시 정부 臨時政府 | 정사 정, 관청 부
[정치] 정식 정부가 설립되기 전에 임시(臨時)로 설립된 정부(政府). ¶항일운동가들이 상하이에 임시 정부를 설립했다.

▶ 임시 의정원 臨時議政院 | 의논할 의, 정

사 정, 집 원
역사 1919년에 중국 상하이(上海)의 대한민국 임시(臨時) 정부 안에 두었던 입법[議政] 기관[院].

임:신 姙娠 | 아이 밸 임, 아이 밸 신 [pregnant]
아이를 뱀[姙=娠]. ¶그녀는 임신 7개월이다 / 그녀는 마흔에 첫 아이를 임신했다. ⓗ 잉태(孕胎), 회임(懷妊).

임야 林野 | 수풀 림, 들 야 [forest land]
숲[林]과 들[野]을 아울러 이르는 말. 개간되지 않은 땅. ¶한국의 임야 면적은 전체 국토의 70%에 달한다.

임업 林業 | 수풀 림, 일 업 [forestry]
이득을 얻고자 삼림(森林)을 경영하는 사업(事業).

임:오 壬午 | 천간 임, 말 오
민속 천간의 '壬'과 지지의 '午'가 만난 간지(干支). ¶임오년 생은 말띠다.

▶ **임:오-군란 壬午軍亂** | 군사 군, 어지러울 란
역사 조선 고종 19년(1882)인 임오(壬午)년에 군인(軍人)들이 일으킨 변란(變亂).

임:용 任用 | 맡길 임, 쓸 용 [appoint]
어떤 사람에게 일을 맡기기[任] 위해 고용(雇用)함. ¶공무원 임용 시험 / 그는 대학의 교수로 임용되었다.

임:원 任員 | 맡길 임, 사람 원 [officer]
어떤 단체의 중임(重任)을 맡아 처리하는 사람[員]. ¶그녀는 대기업의 임원이다.

임:의 任意 | 맡길 임, 뜻 의 [option]
각자 자기 뜻[意]에 맡김[任]. 자기 뜻대로 함. ¶1부터 10까지 숫자 중에 임의로 세 개를 고르세요.

임종 臨終 | 임할 림, 끝날 종 [facing death]
❶속뜻 죽음[終]에 다다름[臨]. 또는 그 때. ¶임종의 말. ❷부모님이 운명할 때에 그 옆에 모시고 있음. ¶어머니가 돌아가실 때 임종 못한 것이 평생의 한이다.

임:-직원 任職員 | 맡길 임, 일 직, 사람 원 [executives and staff members]
임원(任員)과 직원(職員)을 통틀어 이르는 말. ¶창립 기념행사에 모든 임직원이 참석했다.

임:진 壬辰 | 천간 임, 용 진
민속 천간의 '壬'과 지지의 '辰'이 만난 간지(干支). ¶임진년생은 용띠다.

▶ **임:진-왜란 壬辰倭亂** | 일본 왜, 어지러울 란
역사 조선 선조 25년(1592)인 임진(壬辰)년에 왜구(倭寇)가 침입해 일으킨 전란(戰亂).

임진-각 臨津閣 | 임할 림, 나루 진, 집 각
1972년 정부에서 경기도 문산, 임진강(臨津江) 가에 실향민을 위로하기 위하여 세운 큰 집[閣]. ¶임진각에서 북녘 고향을 바라보다.

입건 立件 | 설 립, 사건 건 [book on charge]
법률 범죄 사실을 인정하여 사건(事件)을 성립(成立)시킴. ¶형사 입건 / 경찰은 그를 폭행 혐의로 입건했다.

입교 入校 | 들 입, 학교 교 [entrance into a school]
학교(學校)에 정식으로 들어감[入]. ⓗ 입학(入學). ⓟ 퇴교(退校).

입구 入口 | 들 입, 어귀 구 [entrance]
들어가는[入] 어귀[口]. ¶그녀는 동물원 입구에서 아이를 찾고 있다. ⓗ 어귀. ⓟ 출구(出口).

입국 入國 | 들 입, 나라 국 [entry into a country]
한 나라에서 다른 나라[國]로 들어감[入]. ¶입국 금지. ⓟ 출국(出國).

입금 入金 | 들 입, 돈 금 [receipt of money]
돈[金]이 들어옴[入]. 또는 돈을 계좌에 넣음. ¶사장님은 월급 전액을 통장으로 입금해 주었다. ⓟ 출금(出金).

▶ **입금-액 入金額** | 액수 액
은행 따위에 넣은 돈[入金]의 액수(額數).

⑩ 출금액(出金額).

▶입금-표 入金票 | 쪽지 표
경제 은행 따위에서 입금(入金) 상황을 적는 전표(傳票).

입단 入團 | 들 입, 모일 단
[join an organization]
어떤 단체(團體)에 가입(加入)함. ¶입단 선서 / 그는 양키즈야구팀에 새로 입단했다. ⑩ 퇴단(退團).

입당 入黨 | 들 입, 무리 당
[join a political party]
정당(政黨) 등에 가입(加入)함. ¶입당 신청서 / 그는 공화당에 입당했다. ⑩ 탈당(脫黨).

입대 入隊 | 들 입, 무리 대
[join the army]
군사 군대(軍隊)에 들어가[入] 군인이 됨. ¶입대를 거부하다 / 그는 자원해서 해군에 입대했다. ⑩ 제대(除隊).

입동 立冬 | 설 립, 겨울 동
[onset of winter]
겨울[冬]이 시작된다고[立] 하는 11월 초순의 절기. 상강(霜降)과 소설(小雪) 사이. ¶입동이니 김장을 해야겠다.

입력 入力 | 들 입, 힘 력 [enter; input]
❶물리 어떤 장치 등을 움직이기 위해 필요한 동력(動力) 따위를 들여[入]보내는 일. ❷문자나 숫자를 기억하게 하는 일. ¶키보드와 마우스는 컴퓨터의 입력 장치이다. ⑩ 출력(出力).

입문 入門 | 들 입, 문 문
[become a pupil]
❶속뜻 스승의 문하(門下)에 들어감[入]. ❷어떤 학문을 배우려고 처음 들어감. 또는 그 과정. ¶중국어 입문 / 이 책은 철학에 처음 입문하는 사람에게 좋다.

입법 立法 | 설 립, 법 법 [legislate]
❶속뜻 법(法)을 세움[立]. ❷법을 제정하는 행위. ¶국회의 입법 과정.

▶입법-부 立法府 | 관청 부
법률 법률을 제정하는[立法] 국가 부서(府署). 삼권 분립에 따라 국회를 이르는 말.

입불 入佛 | 들 입, 부처 불
불교 새로운 불상(佛像)을 절에 맞아들여[入] 안치하는 일.

입사 入社 | 들 입, 회사 사
[enter a company]
❶속뜻 회사(會社)에 들어감[入]. ❷회사에 취직이 되어 들어감. ¶그는 입사 두 달 만에 퇴사했다. ⑩ 퇴사(退社).

입산 入山 | 들 입, 메 산
[entering a mountain area]
산(山)에 들어감[入]. ¶입산 금지. ⑩ 하산(下山).

입상¹ 立像 | 설 립, 모양 상
[standing statue]
서[立] 있는 모양의 형상(形像). 선 모양으로 만든 형상. ¶금동 여래 입상.

입상² 入賞 | 들 입, 상줄 상
[win a prize]
상(賞)을 탈 수 있는 등수 안에 듦[入]. ¶입상 소감 / 그는 과학경시대회에서 입상했다.

▶입상-자 入賞者 | 사람 자
상을 탈 수 있는 등수 안에 든[入賞] 사람[者]. ¶입상자 명단.

입선 入選 | 들 입, 뽑을 선
[be accepted; be selected]
응모, 출품된 작품 따위가 뽑는[選] 범위 안에 듦[入]. ¶그의 그림이 미술 전람회에서 입선했다. ⑩ 낙선(落選).

▶입선-작 入選作 | 지을 작
심사에 합격하여 뽑힌[入選] 작품(作品). ¶입선작 전시 / 이번 공모전의 입선작을 발표하겠습니다.

입성 入城 | 들 입, 성곽 성
[enter a castle]
성(城) 안으로 들어감[入]. ¶성문이 닫혀 입성할 수 없었다. ⑩ 출성(出城).

입수 入手 | 들 입, 손 수 [get; obtain]
손[手]에 넣음[入]. 손 안에 들어옴. ¶스

파이를 통해 새로운 정보를 입수하다.

입시 入試 | 들 입, 시험할 시
[entrance examination]
학교에 들어가기[入] 위한 시험(試驗). ¶입시 전문 학원 / 입시제도.

입신 立身 | 설 립, 몸 신
[succeed in life]
자신(自身)의 명성을 세움[立]. 사회적으로 기반을 닦고 출세함. ¶입신을 꾀하다.

▶ 입신-양명 立身揚名 | 오를 양, 이름 명
입신(立身)하여 이름[名]을 드높임[揚]. 출세하여 이름을 세상에 떨침.

입양 入養 | 들 입, 기를 양 [adopt]
❶ 속뜻 양자(養子)를 들임[入]. ❷ 법률 혈연관계가 아닌 일반인 사이에 양친과 양자로서 법적인 친자 관계를 맺는 일. ¶우리는 아이를 입양하기로 결정했다.

▶ 입양-아 入養兒 | 아이 아
데려다 기른[養] 아이[兒]. ¶그녀는 입양아를 친자식보다 더 정성껏 키웠다.

입원 入院 | 들 입, 집 원
[enter a hospital]
환자가 치료 또는 요양을 위하여 병원(病院)에 들어감[入]. ¶약물중독은 입원 치료를 받아야 한다. ⓔ 퇴원(退院).

▶ 입원-비 入院費 | 쓸 비
병원에 입원(入院)하여 치료를 받는 대가로 내는 돈[費]. ¶입원비를 치르려면 이 돈으로는 어림도 없다.

▶ 입원-실 入院室 | 방 실
환자가 입원(入院)하여 치료를 받을 수 있도록 만들어 놓은 방[室]. ¶입원실은 흰지들로 가득 차 있다.

입자 粒子 | 알 립, 씨 자 [particle]
물질을 이루는 매우 작은 낱낱의 알갱이[粒=子]. ¶이 가루는 입자가 곱다.

*__입장__¹ 立場 | 설 립, 마당 장 [position]
❶ 속뜻 서[立] 있는 곳[場]. ❷ 처해있는 상황이나 형편. ¶제 입장도 좀 이해해 주세요.

입장² 入場 | 들 입, 마당 장
[enter; go in]
회장이나 식장, 경기장 따위의 장내(場內)에 들어감[入]. ¶신부 입장 / 입장은 몇 시부터입니까? ⓔ 퇴장(退場).

▶ 입장-객 入場客 | 손 객
장내(場內)로 들어간[入] 손님[客]. ¶공연이 시작하기 전에 입장객이 꽉 찼다.

▶ 입장-권 入場券 | 문서 권
입장(入場)하기 위한 표[券]. ¶무료 입장권.

▶ 입장-료 入場料 | 삯 료
입장(入場)하게 위하여 내는 요금(料金).

입적 入寂 | 들 입, 고요할 적
[enter Nirvana]
불교 적멸(寂滅)에 듦[入]. 수도승의 죽음을 이르는 말. ¶스님은 주무시다가 조용히 입적하셨다.

입주 入住 | 들 입, 살 주 [live in]
특정한 땅이나 집 등에 들어가[入] 삶[住]. ¶우리는 12월에 새 아파트에 입주한다.

▶ 입주-자 入住者 | 사람 자
새로 지은 집 따위에 들어가 사는[入住] 사람[者]. ¶건물 입주자가 모여 회의를 열었다.

입증 立證 | 설 립, 증명할 증 [prove]
증거를 세워[立] 증명(證明)함. ¶입증의 의무는 경찰에게 있다 / 실험을 통해 김치의 항암 효과가 입증되었다.

*__입체__ 立體 | 설 립, 몸 체 [solid]
❶ 속뜻 세워[立] 놓은 물체(物體). ❷ 수학 삼차원의 공간에서 여러 개의 평면이나 곡면으로 둘러싸인 부분.

▶ 입체-적 立體的 | 것 적
입체감(立體感)을 주는 것[的]. ¶그 그림은 입체적으로 보인다.

▶ 입체 도형 立體圖形 | 그림 도, 모양 형
수학 한 평면 위에 있지 않고 공간적인 부피를 가지는[立體] 도형(圖形). ⓑ 공간도형(空間圖形).

입추 立秋 | 설 립, 가을 추

가을[秋]이 시작된다[立]고 하는 절기. 대서(大暑)와 처서(處暑) 사이로 8월 8일 경이다. ¶입추가 지나자 바람이 서늘해졌다.

입춘 立春 | 설 립, 봄 춘
[onset of spring]
봄[春]이 시작된다[立]고 하는 절기. 대한(大寒)과 우수(雨水) 사이로 2월 4일경이다. ¶강릉에서는 입춘에 문설주에 엄나무 가지를 매다는 풍습이 있다.

▸입춘-대길 立春大吉 | 큰 대, 길할 길
❶[속뜻] 입춘(立春)을 맞이하여 크게[大] 길(吉)하기를 바람. ❷입춘에 문지방이나 대문 등에 써 붙이는 방의 한 가지.

입-출금 入出金 | 들 입, 날 출, 돈 금
계좌에 들어오고[入] 나가는[出] 돈[金]. 입금과 출금을 아울러 이르는 말. ¶입출금 내역.

입하[1] 入荷 | 들 입, 짐 하
[arrive of goods]
화물[荷]이 들어옴[入]. ¶신제품 입하. [반] 출하(出荷).

입하[2] 立夏 | 설 립, 여름 하
[onset of summer]
여름[夏]이 시작된다[立]고 하는 절기. 곡우(穀雨)와 소만(小滿) 사이로 5월 6일 경이다.

입학 入學 | 들 입, 배울 학
[enter a school]
학교(學校)에 들어가[入] 학생이 됨. ¶입학 원서 / 동생은 올해 초등학교에 입학했다. [반] 졸업(卒業).

▸입학-금 入學金 | 돈 금
입학(入學)할 때에 학교에 내는 돈[金]. ¶2월 말일까지 입학금을 납부해 주세요.

▸입학-식 入學式 | 의식 식
입학(入學)할 때에 신입생을 모아 놓고 행하는 의식(儀式). ¶부모님이 입학식에 오시지 않아 섭섭했다. [반] 졸업식(卒業式).

▸입학-시험 入學試驗 | 따질 시, 효과 험
입학(入學)하기 위하여 치르는 시험(試驗). ¶그는 입학시험에서 수석을 차지했다.

입헌 立憲 | 설 립, 법 헌
[establish a constitution]
헌법(憲法)을 제정함[立].

▸입헌 군주제 立憲君主制 | 임금 군, 주인 주, 정할 제
[정치] 군주(君主)가 헌법(憲法)에서 정한[立] 제한된 권력을 갖고 다스리는 정치 체제(體制).

입회[1] 入會 | 들 입, 모일 회
[join a club]
어떤 회(會)에 들어감[入]. 회원이 됨. ¶입회 신청 / 등산을 좋아하는 사람이라면 누구나 입회할 수 있다. [반] 탈회(脫會).

입회[2] 立會 | 설 립, 모일 회
[be present]
❶[속뜻] 모여[會] 섬[立]. ❷어떠한 사실이 발생하거나 존재하는 현장에 함께 참석하여 지켜봄. ¶우리는 부동산 중개인의 입회 아래 땅 주인과 매매 계약을 하였다.

입-후보 立候補 | 설 립, 기다릴 후, 채울 보 [be a candidate]
선거에 후보(候補)로 나섬[立]. ¶그는 이번 선거에 입후보를 하였다 / 국회 의원 선거에 입후보하다.

▸입후보-자 立候補者 | 사람 자
선거에 입후보(立候補)한 사람[者]. ¶대통령 입후보자를 소개하겠습니다.

잉:여 剩餘 | 남을 잉, 남을 여 [surplus]
쓰고 난 나머지[剩=餘]. ¶잉여 식량 / 잉여농산물.

잉:태 孕胎 | 아이 밸 잉, 아이 밸 태
[conceive]
아이를 뱀[孕=胎]. [비] 임신(妊娠).

자 字 | 글자 자 [character]
❶글자. ¶현규는 동화책을 한 자 한 자 또박또박 읽었다. ❷'날짜'를 나타내는 말. ¶3월 9일 자 신문에 어머니의 기사가 실렸다.

자가 自家 | 스스로 자, 집 가 [one's own house]
자기(自己) 집[家].

▶ 자가-용 自家用 | 쓸 용
❶속뜻 자기 집[自家]에서 사용(使用)함. 또는 그 물건. ❷'자가용차'의 준말. ¶나는 자가용으로 출퇴근한다.

▶ 자가용-차 自家用車 | 쓸 용, 수레 차
자기 집[自家] 소유로 사용(使用)하는 자동차(自動車).

자각 自覺 | 스스로 자, 깨달을 각 [realize; awake to]
❶속뜻 자기 상태 따위를 스스로[自] 깨달음[覺]. ❷스스로 느낌. ¶간암은 자각 증세가 없다 / 우선 자기 힘을 자각하는 것이 중요하다.

자:객 刺客 | 찌를 자, 손 객 [assassin]
❶속뜻 사람을 칼로 찔러[刺] 죽이는 사람[客]. ❷몰래 암살하는 일을 전문으로 하는 사람. ¶자객이 정부 요인을 암살하였다.

자격 資格 | 바탕 자, 품격 격 [qualification]
❶속뜻 필요한 자질(資質)과 품격(品格). ❷일정한 신분이나 지위에 필요한 조건. ¶응모 자격 / 그는 경기에 참가할 자격을 얻었다.

▶ 자격-증 資格證 | 증거 증
일정한 자격(資格)을 인정하여 주는 증서(證書). ¶교원 자격증.

자격-루 自擊漏 | 스스로 자, 칠 격, 샐 루
❶속뜻 스스로[自] 부딪쳐[擊] 샘[漏]. ❷고적 스스로 시간을 쳐서 알리도록 만든 물시계. 조선 세종 때 장영실(蔣英實)이 제작하였다.

자격지심 自激之心 | 스스로 자, 분발할 격, 어조사 지, 마음 심
자신의 잘못이나 부족한 점에 대해 반성하거나 부끄러워하며 스스로[自] 분발하려는[激] 마음[心]. ¶그는 그 일에 대해 자격지심을 느끼고 있다.

자결 自決 | 스스로 자, 결정할 결 [kill oneself]
❶속뜻 일을 스스로[自] 해결(解決)함. ¶민족 자결 주의. ❷스스로 목숨을 끊음. ¶그녀는 누명을 쓴 억울함으로 자결하였다. 비 자살(自殺).

자고 自古 | 부터 자, 옛 고 [since early times]

옛[古] 부터[自]. ¶자고로 한국인은 흰 옷을 즐겨 입었다.

자구 自救 | 스스로 자, 구원할 구
[save oneself]
자신을 스스로[自] 구제(救濟)함. ¶자구 수단을 강구하다.

자국 自國 | 스스로 자, 나라 국
[one's native land]
자기(自己) 나라[國]. ¶양국은 자국의 이익을 위해 협상을 벌였다.

자궁 子宮 | 아이 자, 집 궁 [uterus]
❶[속뜻]아이[子]가 자라는 어머니 뱃속의 집[宮]. ❷[의학]여성 생식기의 일부로 수정란이 착상하여 자라는 곳.

*__자:극__ 刺戟 | 찌를 자, 찌를 극 [stimulate; irritate]
❶[속뜻]일정한 현상이 나타나도록 찌름[刺=戟]. ❷외부에서 작용을 주어 감각이나 마음에 반응이 일어나게 함. 또는 그런 작용을 하는 사물. ¶그 책은 학생들의 호기심을 자극했다. [반]반응(反應).

▶자:극-성 刺戟性 | 성질 성
감각, 신경 따위를 자극(刺戟)하는 성질(性質).

▶자:극-적 刺戟的 | 것 적
신경이나 감각 등을 자극(刺戟)하는 것[的]. ¶건강을 위해 맵고 자극적인 음식은 피하는 것이 좋다.

자금 資金 | 밑천 자, 돈 금 [capital]
사업 따위의 밑천[資]이 되는 돈[金]. ¶아버지는 사업 자금을 마련하기 위해 집을 팔았다.

▶자금-난 資金難 | 어려울 난
자금(資金)이 부족한 데서 생기는 어려움[難]. ¶그 회사는 자금난에 시달리다가 결국 도산했다.

자급 自給 | 스스로 자, 줄 급
[be self-sufficient]
필요한 것을 자기(自己) 스스로 공급(供給)함. 스스로 마련함. ¶브라질은 총 에너지의 90%를 자급한다 / 식량 자급률.

▶자급-자족 自給自足 | 스스로 자, 넉넉할 족
자기에게 필요한 것을 자기(自己)가 마련하여[給] 스스로[自] 충족(充足)시킴. ¶아마존 원주민은 모든 생필품을 자급자족한다.

자긍 自矜 | 스스로 자, 자랑할 긍
[pride oneself]
스스로[自] 자랑함[矜].

▶자긍-심 自矜心 | 마음 심
스스로[自] 자랑하는[矜] 마음[心]. ¶그는 자신의 직업에 자긍심을 갖고 있다.

자:기[1] 瓷器 | =磁器, 오지그릇 자, 그릇 기
[porcelain]
구운 도자기(陶瓷器) 그릇[器]. 백토 따위를 원료로 하여 빚어서 1300~1500도의 비교적 높은 온도로 구운 것.

*__자기[2]__ 自己 | 스스로 자, 몸 기 [oneself]
❶[속뜻]자신[自]의 몸[己]. ❷그 사람. 앞에서 이야기된 사람을 다시 가리키는 말. 자신(自身). ¶지혜는 자기가 가겠다고 했다. [비]자신(自身). [반]남.

▶자기-실현 自己實現 | 실제 실, 나타날 현
[철학]자기(自己) 본질을 실제(實際)로 이루는[現] 것. [비]자아실현(自我實現).

*__자:기[3]__ 磁氣 | 자석 자, 기운 기 [magnetism]
[물리]자석(磁石)이 철을 끌어당기는 힘이나 기운[氣]. ¶자기를 띠게 하다 / 자기 나침반.

▶자:기-력 磁氣力 | 힘 력
[물리]자기(磁氣)의 힘[力]. ¶이 기계는 자기력을 이용하여 움직인다. [준]자력.

▶자:기-장 磁氣場 | 마당 장
[물리]자기력(磁氣力)이 작용하고 있는 공간[場]. 자석끼리, 전류끼리 또는 자석과 전류 사이에 작용하는 힘의 공간. [비]자계(磁界).

자녀 子女 | 아들 자, 딸 녀 [children]
아들[子]과 딸[女]. 아들딸. ¶그는 결혼하여 두 자녀를 두고 있다. [비]자식(子息).

자동 自動 | 스스로 자, 움직일 동

[move automatically]
사람의 힘이 닿지 않아도 스스로[自] 움직임[動]. ¶이 청소기는 자동으로 움직인다. [반] 수동(手動).

▸ 자동-문 自動門 | 문 문
전동(電動)이나 공기 압력 등에 의하여 자동(自動)으로 여닫게 된 문(門). ¶자동문을 밀지 마시오.

▸ 자동-식 自動式 | 법 식
사람의 힘을 필요로 하지 않고, 기계 장치 자체(自體)의 힘으로 움직이게[動] 만든 방식(方式). [반] 수동식(手動式).

▸ 자동-적 自動的 | 것 적
다른 힘을 빌리지 않고 저절로[自] 움직이는[動] 것[的]. ¶자동적으로 발사되는 대포 / 그는 벨이 울리자 자동적으로 일어섰다.

▸ 자동-차 自動車 | 수레 차
석유나 가스를 연료로 하여, 스스로[自] 도로 위를 달리게[動] 만든 차(車).

▸ 자동-화 自動化 | 될 화
자동적(自動的)으로 됨[化]. 자동적으로 되게 함. ¶최신 설비를 설치해 공장을 자동화하다.

▸ 자동-판매기 自動販賣機 | 팔 판, 팔 매, 틀 기
❶ [속뜻] 상품을 자동(自動)으로 파는[販賣] 기계(機械). ❷동전이나 지폐를 넣고 원하는 물품을 선택하면 사려는 물품이 나오게 되어 있으며 주로 승차권, 음료, 담배 따위의 판매에 쓰인다. ¶음료수 자동판매기.

자득 自得 | 스스로 자, 얻을 득
❶ [속뜻] 스스로[自] 터득(攄得)함. 스스로 이해함. ❷스스로 만족하게 여김.

자:력 磁力 | 자석 자, 힘 력 [magnetism]
[물리] 자기(磁氣)의 힘[力]. ¶이 자석은 자력이 세다. [비] 자기력(磁氣力).

⁑**자료** 資料 | 밑천 자, 거리 료 [data]
무엇을 하기 위한 밑천[資]이나 바탕이 되는 재료(材料). 특히 연구나 조사 등의 바탕이 되는 재료. ¶연구 자료 / 그녀는 소설을 쓰기 위해 자료를 수집하고 있다.

▸ 자료-실 資料室 | 방 실
자료(資料)를 모아 둔 방[室]. ¶자료실을 정리하다.

▸ 자료-집 資料集 | 모을 집
일정한 자료(資料)를 모아서[集] 엮은 책. ¶자료집을 만들다.

자립 自立 | 스스로 자, 설 립 [independence]
❶ [속뜻] 스스로[自] 섬[立]. ❷남에게 의지하거나 남의 지배를 받지 않고 자기 힘으로 해 나감. ¶자립 생활 / 자립 경제.

자막 字幕 | 글자 자, 막 막 [film title]
제목·배역·해설 등을 글자[字]로 나타낸 화면이나 막(幕). ¶외국 영화는 대사를 자막으로 처리한다.

자만 自慢 | 스스로 자, 건방질 만 [self conceit]
스스로[自] 건방지게[慢] 행동함. ¶상대 팀이 아무리 약해도 자만은 금물이다. [반] 겸손(謙遜).

▸ 자만-심 自慢心 | 마음 심
자만(自慢)하는 마음[心]. ¶그는 자만심에 차 있다.

자매 姊妹 | 손윗누이 자, 누이 매 [sisters]
❶ [속뜻] 누나나 언니[姊]와 여동생[妹]. ❷같은 계통에 속하거나 서로 비슷한 점을 많이 가진 둘 또는 그 이상의 것. ¶자매 학교 / 자매 회사. [비] 여형제(女兄弟).

자멸 自滅 | 스스로 자, 없어질 멸 [destroy oneself; ruin oneself]
❶ [속뜻] 스스로[自] 멸망(滅亡)함. ❷자기 행동이 원인이 되어 자기가 멸망함. ¶자멸을 초래하다.

자명[1] 自明 | 스스로 자, 밝을 명 [self-evident; obvious]
❶ [속뜻] 스스로[自] 밝히다[明]. ❷증명이나 설명의 필요 없이 그 자체만으로 명백하다. ¶자명한 이치 / 그 계획은 성공할 것이 자명하다.

자명[2] 自鳴 | 스스로 자, 울 명
저절로[自] 소리가 남[鳴].
▸ 자명-종 自鳴鐘 | 쇠북 종
일정한 시간이 되면 스스로[自] 울려서 [鳴] 시각을 알려 주는 시계[鐘]. ¶자명종을 5시에 맞추고 잠자리에 들었다.

자모 字母 | 글자 자, 어머니 모 [letter]
[언어] ❶한 음절의 기본 바탕[母]이 되는 글자[字]. ㄱ·ㄴ·ㄷ이나 a·b·c 따위를 말한다. ❷전통 중국어 음운론에서 동일한 성모(聲母)를 가진 글자 가운데 하나를 골라 그 대표로 삼은 글자. 초성 자음에 해당한다. p-를 나타내는 [幫], k-를 나타내는 [見] 등을 말한다.

자:문[1] 諮問 | 물을 자, 물을 문 [consult; inquire]
아랫사람이 윗사람에게 의견을 물음[諮=問]. ¶법률 자문 / 그는 경제 전문가에게 이 문제를 자문했다.

자문[2] 自問 | 스스로 자, 물을 문 [ask oneself]
스스로[自] 자신에게 물음[問]. ¶우리는 자신의 행동에 대해 자문해 볼 필요가 있다.
▸ 자문-자답 自問自答 | 스스로 자, 답할 답
스스로[自] 묻고[問] 스스로[自] 대답(對答)함.

자발 自發 | 스스로 자, 드러낼 발 [self-activity]
자기 뜻을 스스로[自] 드러냄[發]. 스스로 함.
▸ 자발-적 自發的 | 것 적
자기 스스로 하는[自發] 것[的]. ¶교통질서 확립을 위해서는 시민들의 자발적인 참여가 필요하다. [반] 강제적(強制的).

자백 自白 | 스스로 자, 말할 백 [confess]
자기 비밀을 직접[自] 털어놓고 말함[白]. 또는 그 진술. ¶경찰은 마침내 그의 자백을 받아냈다.

***자본** 資本 | 재물 자, 밑 본 [capital]
사업을 하는 데 밑바탕[本]이 되는 재물[資]. ¶자본이 부족하다.
▸ 자본-금 資本金 | 돈 금
❶[속뜻] 이익을 낳는 밑바탕[資本]이 되는 돈[金]. ❷[경제] 영리를 목적으로 한 회사를 경영하는 바탕이 되는 돈.
▸ 자본-주의 資本主義 | 주될 주, 뜻 의
[경제] 생산 수단을 자본(資本)으로서 소유한 자본가가 이윤 획득을 위하여 생산 활동을 하도록 보장하는 사회 경제 체제[主義].

자부 自負 | 스스로 자, 힘입을 부 [pride]
❶[속뜻] 스스로[自]의 재능, 능력에 힘입음[負]. ❷자기의 재능이나 능력 따위에 자신을 가지고 스스로 자랑으로 생각함. 또는 그런 마음.
▸ 자부-심 自負心 | 마음 심
자부(自負)하는 마음[心]. ¶그는 자신의 일에 대해 자부심이 강하다.

***자비** 慈悲 | 사랑할 자, 슬플 비 [mercy]
❶[속뜻] 고통 받는 이를 사랑하고[慈] 같이 슬퍼함[悲]. 또는 그런 마음. ¶자비를 베풀다. ❷[불교] 부처가 중생을 불쌍히 여겨 고통을 덜어 주고 안락하게 해 주려는 마음. '자비심'의 준말.
▸ 자비-심 慈悲心 | 마음 심
[불교] 중생을 사랑하고 가엾게 여기는[慈悲] 마음[心]. ¶자비심 많은 할머니 / 어머니는 자비롭고 온화하신 분이다.

자살 自殺 | 스스로 자, 죽일 살 [kill oneself]
스스로[自] 자기를 죽임[殺]. 자기 목숨을 끊음. ¶자살 소동을 벌이다 / 그는 신세를 비관하여 자살했다. [비] 자결(自決). [반] 타살(他殺).

자상 仔詳 | 자세할 자, 자세할 상 [be kind]
성질이 찬찬하고 꼼꼼하다[仔=詳]. ¶아버지는 매우 자상하시다.

자:색 紫色 | 자줏빛 자, 빛 색 [purple]
자주(紫朱) 빛[色]. ¶아이리스는 봄에 흰색, 자색의 꽃을 피운다.

자생 自生 | 스스로 자, 날 생
[grow wild; grow naturally]
❶ 속뜻 자신(自身)의 힘으로 살아감[生]. ¶자생 능력 / 자생과 자멸을 거듭하다. ❷저절로 나서 자람. ¶자생 춘란 / 이 지역에서는 선인장이 자생한다.
▶ 자생-란 自生蘭 | 난초 란
산이나 들에서 저절로 자라는[自生] 난(蘭). ¶칠갑산에는 자생란이 많다.

자서 自敍 | 스스로 자, 쓸 서
[write one's own story]
자기에 관한 일을 자기(自己)가 서술(敍述)함.
▶ 자서-전 自敍傳 | 전할 전
문학 자기가 쓴[自敍] 자기 전기(傳記). ¶『참회록』은 루소의 자서전이다.

*__자ː석 磁石__ | 자석 자, 돌 석 [magnet]
광업 자성(磁性)을 가진 광석(鑛石). 철을 끌어당기는 성질이 있는 물체.

자선¹ 自選 | 스스로 자, 고를 선
자기 작품을 자기(自己)가 고름[選]. 또는 골라서 엮음. ¶자선 작품을 전시했다.

자선² 慈善 | 사랑할 자, 착할 선
[give to charity]
불행한 처지에 있는 사람을 사랑하여[慈] 돕는 착한[善] 일. 특히, 가난한 사람들을 물질적으로 돕는 일을 이른다. ¶자선 모금 운동.
▶ 자선 사ː업 慈善事業 | 일 사, 일 업
사회 고아, 병자, 노약자, 빈민(貧民) 등을 돕는[慈善] 사회적·공공적인 구제 사업(事業). ¶그는 자선 사업에 온 생을 바쳤다.

자ː성 磁性 | 자석 자, 성질 성
[magnetism]
물리 자기(磁氣)를 띤 물체가 쇠붙이 따위를 끌어당기거나 하는 성질(性質). ¶이 카드는 자성을 띠는 물체 옆에 두지 마시오.

*__자세¹ 仔細__ | 어릴 자, 가늘 세 [detailed]
❶ 속뜻 어리고[仔] 가늘다[細]. ❷사소한 부분까지 아주 구체적이고 분명하다. ¶자세하게 약도를 그리다 / 자세히 설명하다.

*__자ː세² 姿勢__ | 맵시 자, 형세 세 [posture; attitude]
❶ 속뜻 몸맵시[姿]와 태도[勢]. ❷몸이 가지는 모양. 앉았거나 섰거나 하는 따위. ¶편한 자세로 앉으세요. ❸무슨 일에 대하는 마음가짐. 곧 정신적인 태도. ¶그는 언제나 성실한 자세로 일했다.

자손 子孫 | 아이 자, 손자 손 [offspring]
❶ 속뜻 자식[子]과 손자(孫子). ¶그의 자손들은 전국에 흩어져 살고 있다. ❷후손이나 후대. ¶비록 패망한 왕가의 자손이지만, 자존심은 아직 남아 있소.

자수¹ 自首 | 스스로 자, 머리 수
[deliver oneself to justice]
❶ 속뜻 스스로[自] 머리[首]를 내밂. ❷ 법률 죄를 범한 사람이 자진하여 수사 기관에 범죄 사실을 자백함. ¶그는 경찰에 자수하기로 결심했다.

자수² 字數 | 글자 자, 셀 수
[number of words]
글자[字]의 수효(數爻). ¶500자 이내로 자수를 제한하다.

자ː수³ 刺繡 | 찌를 자, 수놓을 수
[embroider]
천에 바늘을 찔러[刺] 넣어 수(繡)를 놓음. 또는 그 수. ¶어머니는 치마에 자수를 놓았다. ㉰ 수.

자수⁴ 自手 | 스스로 자, 손 수
[by one's own efforts]
❶ 속뜻 자기(自己)의 손[手]. ❷자기(自己) 혼자의 노력(努力). 또는 힘.
▶ 자수-성가 自手成家 | 이룰 성, 집 가
물려받은 재산이 없이 스스로의 힘[自手]으로 집안[家]을 일으키는[成] 일. ¶그녀는 자수성가하여 대기업의 사장이 되었다.

자습 自習 | 스스로 자, 익힐 습
[study independently]
가르치는 이 없이 혼자 스스로[自] 공부

하여 익힘[習]. ¶자습 시간 / 그 아이는 한글을 자습하여 책도 제법 잘 읽는다.

▶ **자습-서** 自習書 | 책 서
스스로[自] 배워 익힐[習] 수 있도록 쉽고 자세하게 풀이해 놓은 책[書].

자시 子時 | 쥐 자, 때 시
민속 십이시의 첫 번째[子] 시(時). 밤 11시부터 오전 1시까지이다.

***자식** 子息 | 아이 자, 불어날 식
[one's children; guy; fellow]
❶속뜻 아이들[子]이 불어남[息]. ❷자신의 아들과 딸의 총칭. ¶그는 자식이 둘이다. ❸남자를 욕하여 이르는 말. ¶의리 없는 자식. ⊎자녀(子女).

***자신**¹ 自身 | 스스로 자, 몸 신 [oneself]
제[自] 몸[身]. ¶너 자신을 알라. ⊎자기(自己). ⊎남, 타인(他人).

***자신**² 自信 | 스스로 자, 믿을 신
[be confident]
자기(自己)을 믿음[信]. 또는 그런 마음. ¶나는 영어와 중국어에 자신이 있다 / 그는 이번 대회에서 성공을 자신했다.

▶ **자신-감** 自信感 | 느낄 감
자신(自信)이 있다고 여겨지는 느낌[感]. ¶그는 언제나 자신감이 넘친다.

▶ **자신만만** 自信滿滿 | 찰 만, 찰 만
자신감(自信感)이 넘치도록[滿+滿] 있다. 아주 자신이 있다. ¶그는 자신만만한 표정으로 상대방을 보았다.

***자아** 自我 | 스스로 자, 나 아 [ego]
나[我] 자신(自身). 자기 자신. ¶그녀는 자아 발견을 위한 여행을 떠났다. ⊎타아(他我).

자애 慈愛 | 사랑할 자, 아낄 애 [affection]
❶속뜻 사랑하고[慈] 아낌[愛]. 또는 그런 마음. ❷아랫사람에 대한 깊은 사랑. ¶부모의 자애 / 자애로운 미소.

자양 滋養 | 불릴 자, 기를 양
[nutrition; nourishment]
몸에 영양(營養)을 불리는[滋] 일. 또는 그런 물질.

▶ **자양-분** 滋養分 | 나눌 분
몸의 자양(滋養)이 되는 성분(成分). ¶쌀에는 자양분이 많다.

자업-자득 自業自得 | 스스로 자, 일 업, 스스로 자, 얻을 득
자기(自己)가 저지른 일의 업(業)을 자기 자신(自身)이 받음[得]. ¶그 사람의 불행은 자업자득이다.

자ː연¹ 瓷硯 | 사기그릇 자, 벼루 연
자기(瓷器)로 만든 벼루[硯]. ⊎도연(陶硯).

*자연² 自然 | 스스로 자, 그러할 연 [nature]
❶속뜻 스스로[自] 그러함[然]. ❷사람의 손에 의하지 않고 스스로 존재하는 것이나 일어나는 현상. ¶자연의 법칙 / 풍장(風葬)은 시체를 비바람에 자연히 없어지게 하는 방법이다 / 우리는 자연스럽게 친해졌다. ❸사람의 힘이 더해지지 않고 저절로 생겨난 산, 강, 바다, 식물, 동물 따위의 존재. ¶자연을 사랑하다 / 자연을 보존하다. ⊎인위(人爲).

▶ **자연-계**¹ 自然系 | 이어 맬 계
❶속뜻 자연과학(自然科學) 계통(系統). ❷수학, 물리학, 화학, 생물학, 지구 과학 따위의 학문 계통. ¶자연계 학과 / 자연계의 모집 정원.

▶ **자연-계**² 自然界 | 지경 계
❶속뜻 인간을 포함한 천지 만물[自然]이 존재하는 범위[界]. ❷인간 세계를 둘러싸고 있는 천체·산천·식물·동물 따위의 모든 세계. ¶자연계의 모든 생물은 자연법칙의 지배를 받는다.

▶ **자연-물** 自然物 | 만물 물
인공으로 된 것이 아닌, 자연계(自然界)에 있는 유형물(有形物). ⊎인공물(人工物).

▶ **자연-미** 自然美 | 아름다울 미
꾸밈이 없는 자연(自然) 그대로의 아름다움[美]. ⊎인공미(人工美).

▶ **자연-사** 自然死 | 죽을 사
노쇠로 말미암아 자연(自然)히 죽는[死] 일. 생리적인 여러 기능이 쇠약해짐으로

써 저절로 죽는 일. [반] 우연사(偶然死).

▸ **자연-석** 自然石 | 돌 석
인공을 가하지 않은 자연(自然) 그대로의 돌[石]. [비] 천연석(天然石).

▸ **자연-수** 自然數 | 셀 수
[수학] 1, 2, 3 처럼 수의 발생과 동시에 있었다고[自然] 생각되는 가장 소박한 수(數). 양(陽)의 정수(整數)를 통틀어 이르는 말.

▸ **자연-적** 自然的 | 것 적
인공을 가하지 않은 자연(自然) 그대로의 것[的]. ¶자연적 폭발. [반] 인공적(人工的), 인위적(人爲的).

▸ **자연 과학** 自然科學 | 조목 과, 배울 학
[교육] 자연계(自然界)에서 일어나는 현상과 원리를 연구하여 하나의 체계[科]를 세우는 학문(學問).

▸ **자연-법칙** 自然法則 | 법 법, 법 칙
[철학] 자연계(自然界)의 모든 사물을 지배하는 원인과 결과의 필연적 법칙(法則).

▸ **자연-보:호** 自然保護 | 지킬 보, 돌볼 호
[사회] 인류의 생활환경인 자연(自然)을 훼손하지 않고 좋은 상태로 가꾸고 보살피는[保護] 것. ¶자연보호 구역 / 그는 자연보호 운동의 선구자이다.

▸ **자연-재해** 自然災害 | 재앙 재, 해칠 해
태풍, 가뭄, 홍수, 지진, 화산 폭발, 해일 따위의 피할 수 없는 자연(自然) 현상으로 인하여 일어나는 재해(災害). ¶이 지역은 극심한 자연재해가 몇 년째 계속되고 있다.

▸ **자연-환경** 自然環境 | 고리 환, 처지 경
인간 생활을 둘러싸고 있는 자연계(自然界)의 모든 요소가 이루는 환경(環境). ¶자연 환경 보호를 위해 관광을 제한했다.

자:외-선 紫外線 | 자줏빛 자, 밖 외, 줄 선 [ultraviolet rays]
[물리] 태양 스펙트럼에서 보랏빛[紫]의 바깥쪽[外]에 나타나는 광선(光線). 파장이 가시광선보다 짧고 엑스선보다 긴, 눈에 보이지 않는 복사선(輻射線). ¶자외선 차단제 / 자외선으로 컵을 소독했다.

자원[1] 自願 | 스스로 자, 원할 원 [volunteer]
스스로[自] 원(願)함. ¶자원봉사 / 그는 오지 근무를 자원했다.

⁑**자원[2]** 資源 | 재물 자, 근원 원 [resources]
❶[속뜻] 재물[資]이 될 수 있는 근원[源]. ❷생활 및 생산에 이용될 수 있는 원료나 노동력을 통틀어 이르는 말. ¶물적 자원 / 인적 자원.

자위 自慰 | 스스로 자, 달랠 위 [console oneself; comfort oneself]
❶[속뜻] 스스로[自] 자기 마음을 달램[慰]. ¶그는 목숨을 건진 것만도 다행이라고 자위했다. ❷자기의 생식기를 자극하여 성적 쾌감을 얻는 것.

⁑**자유** 自由 | 스스로 자, 말미암을 유 [free; liberal]
자기(自己) 마음이 내키는 대로[由] 행동하는 일. ¶개인의 자유는 존중되어야 한다 / 의견을 자유롭게 말하다 / 우리 학교 학생은 누구나 자유로이 강당을 이용할 수 있다. [반] 구속(拘束).

▸ **자유-권** 自由權 | 권리 권
[법률] 국가 권력도 침해할 수 없는 개인이 자유(自由)로울 권리(權利). 신앙·학문·사상·언론·집회·결사·직업 선택·거주 이전의 자유 따위.

▸ **자유-당** 自由黨 | 무리 당
❶[속뜻] 자유(自由)를 표방하는 정당(政黨). ❷[정치] 1951년 12월에 임시 수도인 부산에서 이승만을 총재로 하여 창당한 정당. 집권당으로서 독재를 자행하였다. 1960년 3·15 부정 선거를 감행함으로써 4·19 혁명을 유발하여 붕괴되었다.

▸ **자유-시** 自由詩 | 시 시
[문학] 운율이나 시형이 자유(自由)로운 시(詩). [반] 정형시(定型詩).

▸ **자유-인** 自由人 | 사람 인
정당한 행위에 대하여 자기 권리를 자유(自由)로이 행사할 수 있는 사람[人].

▸ **자유-형** 自由型 | 모형 형

[운동] ❶레슬링 경기 종목의 한 가지. 몸 전체를 자유(自由)롭게 이용하여 공격하거나 방어할 수 있는 경기 방식[型]. ❷수영 경기 종목의 한 가지. 수영법의 형(型)에 제한을 두지 않는 경기 방식.

▸ **자유-화** 自由化 | 될 화
자유(自由)롭게 하거나[化] 자유롭게 됨. 또는 그 일. ¶두발 자유화.

▸ **자유-자재** 自由自在 | 스스로 자, 있을 재
❶[속뜻] 모든 것이 자기(自己)에게서 말미암고[由] 또 저절로[自] 존재(存在)하는 듯 자기 뜻대로 함. ❷모든 것이 자유롭고 거침이 없음. ¶그는 중국어를 자유자재로 구사한다.

▸ **자유-주의** 自由主義 | 주될 주, 뜻 의
[철학] 개인의 자유(自由)를 존중하여 국가의 간섭을 최대한으로 줄이려는 사상이나 태도[主義].

▸ **자유 민주주의** 自由民主主義 | 백성 민, 주인 주, 주될 주, 뜻 의
[사회] 자유(自由) 주의에 입각한 민주주의(民主主義) 사상. 진정한 민주주의는 자유주의를 전제로 하여야만 가능하고, 양자(兩者)는 본디 일체가 되어야 한다는 뜻에서 민주주의를 이르는 말이다.

자율 自律 | 스스로 자, 법칙 률
[self-control]
스스로의 의지로 자신(自身)의 행동을 규제함[律]. ¶자율 학습. [반] 타율(他律).

▸ **자율-성** 自律性 | 성질 성
스스로 자신을 통제하여 절제하는[自律] 성질(性質)이나 특성. ¶의사 선택의 자율성을 높이기 위해 무기명 투표를 실시했다.

▸ **자율-적** 自律的 | 것 적
스스로의 의지로 자기(自己) 행동을 조절하는[律] 것[的]. ¶환경 보호 운동에 자율적으로 참여하다.

자음 子音 | 아이 자, 소리 음 [consonant]
❶[속뜻] 어머니의 도움을 받아야하는 아이[子]처럼 모음(母音)이 있어야 음절음이 되는 소리[音]. ❷[언어] 목이나 입 등에서 장애를 받으며 나는 소리. ¶자음 'ㄱ'은 모음 'ㅏ'가 있어야 [가]라고 발음할 수 있다. [반] 모음(母音).

자의 自意 | 스스로 자, 뜻 의
[one's own will]
자기 스스로[自]의 생각이나 의견(意見). ¶자의로 회사를 그만두다. [반] 타의(他意).

자-의:식 自意識 | 스스로 자, 뜻 의, 알 식 [self consciousness]
❶[속뜻] 자신(自身)의 행동, 성격 등에 대하여 아는[意識] 일. ¶학문은 지식을 넓히고 자의식을 깊게 해준다. ❷[철학] 외계의 의식에 대립하는, 자아(自我)에 대한 의식(意識).

자인 自認 | 스스로 자, 알 인
[acknowledge]
스스로[自] 인정(認定)함. ¶그는 자신의 잘못을 자인했다.

자자 藉藉 | 깔개 자, 깔개 자
[be widely spread]
❶[속뜻] 널리 깔려 있다[藉+藉]. ❷여러 사람의 입에 오르내려 떠들썩하다. ¶그는 국내외에 명성이 자자할 정도로 대단한 화가이다.

자자손손 子子孫孫 | 아들 자, 아들 자, 손자 손, 손자 손 [one's offspring]
❶[속뜻] 자식[子]의 자식[子], 그리고 손자[孫]의 손자[孫]. ❷자손의 여러 대(代). ¶좋은 전통을 자자손손 전하다. [비] 대대손손(代代孫孫).

자작 自作 | 스스로 자, 지을 작
[make oneself]
❶[속뜻] 스스로[自] 손수 만듦[作]. 또는 그 물건. ❷자기 농토에 직접 농사를 지음. [비] 가작(家作). [반] 소작(小作).

▸ **자작-농** 自作農 | 농사 농
자기 땅에 자기(自己)가 직접 짓는[作] 농사(農事). 또는 그러한 농민. [반] 소작농(小作農).

자:장 磁場 | 자석 자, 마당 장 [magnetic

field]
[물리] 자석이나 전류의 주위에 생기는 자력(磁力)이 미치는 범위[場]. ¶자장의 강도를 재다. ⨆자계(磁界).

자재 資材 | 재물 자, 재료 재 [materials]
물자(物資)와 재료(材料)를 아울러 이르는 말. ¶건축 자재 / 우리 회사는 자재를 수입해 제품을 만든다.

자전¹ 字典 | 글자 자, 책 전 [dictionary; lexicon]
낱낱 한자[字]에 대하여 음과 뜻을 자세히 풀이해 놓은 책[典]. ¶모르는 한자를 자전에서 찾아보았다. ⨆옥편(玉篇).

자전² 自轉 | 스스로 자, 구를 전
[turn on its axis; rotate]
❶[속뜻] 스스로[自] 돎[轉]. ❷[천문] 천체(天體)가 그 내부를 지나는 축(軸)을 중심으로 회전하는 일. ¶지구의 자전으로 밤과 낮이 생긴다. ⨆공전(公轉).

▶ 자전-거 自轉車 | 수레 거
페달을 밟으면 저절로[自] 굴러가는[轉] 수레[車]. ¶자전거 여행 / 자전거를 타다.

자정¹ 子正 | 쥐 자, 바를 정 [midnight]
십이시의 자시(子時)의 한가운데[正]. 밤 12시. ¶그는 자정이 넘어서야 집에 돌아왔다. ⨆정자(正子). ⨆정오(正午).

자정² 自淨 | 스스로 자, 깨끗할 정
저절로[自] 깨끗해짐[淨]. ¶생태계의 자정 작용.

자제¹ 子弟 | 아들 자, 아우 제 [children]
❶[속뜻] 아들[子]과 아우[弟]. ❷남을 높여 그의 아들을 일컫는 말. ¶자제분은 무슨 일을 하십니까?

자제² 自制 | 스스로 자, 누를 제 [refrain from]
욕망, 감정 따위를 스스로[自] 억누름[制]. ¶건물에서는 흡연을 자제해 주십시오.

▶ 자제-력 自制力 | 힘 력
스스로[自] 자기를 억제(抑制)하는 힘[力]. ¶그는 자제력을 잃고 소리를 질렀다.

자조 自助 | 스스로 자, 도울 조
[self help]
스스로[自] 자기를 도움[助]. ¶자조 정신 / 자조는 최상의 도움이다.

자족 自足 | 스스로 자, 넉넉할 족
[self-sufficient]
스스로[自] 만족(滿足)함. 또는 그 만족.

자존 自尊 | 스스로 자, 높을 존
[self-respect]
스스로[自] 자기를 높이거나[尊] 잘난 체함.

▶ 자존-심 自尊心 | 마음 심
제 몸이나 품위를 스스로[自] 높이[尊] 가지는 마음[心]. ¶이것은 내 자존심이 걸린 문제다.

자주¹ 自主 | 스스로 자, 주인 주
[independence]
자기(自己)가 주인(主人)이 되어 자신의 일을 스스로 처리하는 일.

▶ 자주-권 自主權 | 권리 권
❶[속뜻] 아무런 속박이나 간섭을 받지 않고 스스로의 문제를 스스로 결정하고 처리할 수 있는[自主] 권리(權利). ❷[법률] 국가가 국내 문제나 대외 문제를 자기 뜻대로 자유롭게 결정할 수 있는 권리. ¶조선은 을미늑약으로 국가의 자주권을 상실했다.

▶ 자주-성 自主性 | 성질 성
자주적(自主的)인 성질(性質).

▶ 자주-적 自主的 | 것 적
자기에게 관계되는 일을 스스로[自主] 처리하는 것[的]. ¶문제를 자주적으로 해결하자.

▶ 자주-국방 自主國防 | 나라 국, 막을 방
스스로의 힘으로[自主] 적의 침략으로부터 나라[國]를 지킴[防].

▶ 자주-독립 自主獨立 | 홀로 독, 설 립
국가가 자주권(自主權)을 행사할 수 있는 완전한 독립(獨立). ¶안창호는 조국의 자주독립을 위해 온 몸을 바쳤다.

자:주² 紫朱 | 자줏빛 자, 붉을 주 [purple]

질은 남빛[紫]을 띤 붉은[朱] 색. 또는 그런 물감.
▶ 자:주-색 紫朱色 | 빛 색
보라색[紫]과 붉은색[朱]을 합한 빛깔[色]. ¶그녀는 자주색 옷을 즐겨 입는다. ㉺ 자주. ㉻ 자줏빛.

자중 自重 | 스스로 자, 무거울 중
[use prudence; be cautious]
❶속뜻 자기(自己)를 소중(所重)히 함. ❷ 말이나 행동, 몸가짐 따위를 신중하게 함. ¶앞으로는 좀 더 자중하겠습니다.

자진 自進 | 스스로 자, 나아갈 진
[volunteer]
제 스스로[自] 나감[進]. ¶자진신고.

자질 資質 | 밑천 자, 바탕 질
[nature; fiber; character]
❶속뜻 밑천[資]과 본바탕[質]. ❷본래 타고난 성품이나 소질. ¶그는 자질이 침착하여 이 일을 하기 적합하다. ❸자격을 갖추는 데 필요한 소질. ¶의사의 자질을 갖추다.

자책 自責 | 스스로 자, 꾸짖을 책
[blame oneself; reproach oneself]
자기의 잘못을 스스로[自] 꾸짖음[責]. 스스로 책임져야 할 일. ¶그는 아들의 잘못이 자기 탓이라고 자책했다.

자처 自處 | 스스로 자, 살 처
[think oneself as]
스스로[自] 그렇게 처신(處身)함. ¶한국 핸드볼팀은 세계 최강임을 자처한다.

자:철 磁鐵 | 자석 자, 쇠 철
[magnetic iron]
광업 자성(磁性)이 강한 광물[鐵]. ¶경상북도 쇠골안은 자철이 많이 산출된다.
▶ 자:철-석 磁鐵石 | 돌 석
광업 강한 자성(磁性)을 띠는 철(鐵) 종류의 광석(鑛石).

자청 自請 | 스스로 자, 청할 청
[volunteer]
어떤 일을 자기 스스로[自] 청(請)함. ¶그녀는 자신이 가겠다고 자청했다 / 그는 힘든 일을 자청하여 떠맡았다.

*__자체__ 自體 | 스스로 자, 몸 체 [itself]
❶속뜻 그 스스로[自]의 몸[體]이나 모양. ¶그는 남성스러움 그 자체다. ❷스스로 하는 것. ¶자체 조사를 실시하다.
▶ 자체-적 自體的 | 것 적
스스로[自體] 가지고 있는 것[的]. ¶식사는 우리가 자체적으로 해결했다.

자초¹ 自招 | 스스로 자, 부를 초
[incur; court]
어떤 결과를 자기 스스로[自] 불러들임[招]. ¶화(禍)를 자초하다.

자초² 自初 | 부터 자, 처음 초
어떤 일이 비롯된 처음[初]부터[自].
▶ 자초지종 自初至終 | 이를 지, 끝날 종
처음[初]부터[自] 끝[終]까지[至]의 과정. ¶그는 나에게 자초지종을 이야기했다.

자취 自炊 | 스스로 자, 불 땔 취
[live apart from one's own family]
스스로[自] 밥을 지음[炊]. ¶자취 생활 / 그는 서울에서 자취하면서 대학에 다닌다.
▶ 자취-방 自炊房 | 방 방
자취(自炊)하려고 얻어 든 방(房). ¶그는 학교 근처에 자취방을 얻었다.

자치 自治 | 스스로 자, 다스릴 치
[self government]
❶속뜻 스스로[自] 다스림[治]. ❷법률 지방 자치 단체 등의 공선(公選)된 사람들이 그 범위 안의 행정이나 사무를 자주적으로 처리함. ¶자치 도시.
▶ 자치-적 自治的 | 것 적
제 일은 제 스스로가 다스리는[自治] 것[的]. ¶학생회는 자치적으로 운영된다.
▶ 자치-제 自治制 | 정할 제
법률 공공 단체나 집단이 스스로 자기 일을 결정하여[自治] 행정을 펴는 제도(制度). ¶시의 자치제.
▶ 자치-단체 自治團體 | 모일 단, 몸 체
법률 국가 통치권을 위임받아 공공사무를

자유(自由)로 처리하는[治] 공공 단체(團體).

자치-통감 資治通鑑 | 재물 자, 다스릴 치, 통할 통, 거울 감

❶[속뜻] 치도(治道)에 자료(資料)가 되고 역대를 통(通)하여 거울[鑑]이 됨. ❷[책명] 중국 송나라 때 편찬된 중국의 역사서. 주(周) 나라 위열왕으로부터 후주(後周) 세종에 이르기까지의 113왕 1362년간의 역사적 사건을 연대 순으로 엮은 것으로, 사마광이 편찬하였다.

자칭 自稱 | 스스로 자, 일컬을 칭

[self professed]

남에게 자기(自己)를 일컬음[稱]. 스스로 말함. ¶아까 자칭 가수라는 사람이 왔다 갔어요.

자타 自他 | 스스로 자, 다를 타

[oneself and others]

자기(自己)와 남[他]. ¶그는 자타가 공인하는 한국 최고의 야구선수이다.

자태 姿態 | 맵시 자, 모양 태 [figure]

맵시[姿]와 모양[態]. 몸가짐. ¶한라산이 웅장한 자태를 드러냈다.

자택 自宅 | 스스로 자, 집 택

[one's own house]

자기(自己) 집[宅]. 상대방이나 제3자에 대하여 쓸 수 있는 말이다. ¶자택 주소를 적어 주십시오.

자퇴 自退 | 스스로 자, 물러날 퇴

[leave of one's own accord]

스스로[自] 물러남[退].

자판 字板 | 글자 자, 널빤지 판

[keyboard]

글자[字]를 배열해 놓은 판(板). ¶컴퓨터 자판.

자판-기 自販機 | 스스로 자, 팔 판, 틀 기

[vending machine]

자동적(自動的)으로 물건을 팔[販] 수 있도록 만들어진 기계(機械). '자동판매기'(自動販賣機)의 준말. ¶음료수 자판기.

자폐-증 自閉症 | 스스로 자, 닫을 폐, 증세 증 [autism]

[의학] 스스로 남과 소통을 막는[自閉] 증세(症勢). 남과의 공감대가 없어 말을 하지 않으며, 주위에 관심이 없어져 자기 세계에만 몰두하는 특징을 보인다.

자포-자기 自暴自棄 | 스스로 자, 사나울 포, 스스로 자, 버릴 기

절망 상태에 빠져서, 스스로[自] 자신을 해치고[暴] 버려둠[棄]. ¶그는 시험에 떨어진 후 자포자기하였다.

자폭 自爆 | 스스로 자, 터질 폭

[suicide explosion; self-destroy]

❶[속뜻] 스스로[自] 폭파(爆破)시킴. ❷자기가 지닌 폭발물을 스스로 폭발시켜 자기 목숨을 끊음. ¶자폭 테러 / 그는 수류탄을 터뜨려 자폭했다.

자필 自筆 | 스스로 자, 글씨 필

[autograph]

자기[自]가 직접 쓴 글씨[筆]. ¶자필 서명 / 그는 자필로 추천서를 써주었다. [반] 대필(代筆).

자학 自虐 | 스스로 자, 모질 학

[torture oneself]

스스로[自] 자기를 학대(虐待)함. ¶어쩔 수 없는 일이었으니 자학하지 마라.

자해 自害 | 스스로 자, 해칠 해

[injure oneself]

스스로[自] 자기 몸을 해(害)침. ¶그는 극심한 스트레스로 자해했다.

자형 姊兄 | 손윗누이 자, 맏 형

[one's elder sister's husband]

손윗누이[姊]의 남편[兄]. [비] 매형(妹兄).

자:화[1] 磁化 | 자석 자, 될 화

[magnetization]

[물리] 물체가 자성(磁性)을 띠게 되는[化] 일. 또는 띠게 하는 일. [비] 대자(帶磁), 여자(勵磁).

자화[2] 自畵 | 스스로 자, 그림 화

자기(自己)가 그린 그림[畵].

▶ 자화-상 自畵像 | 모양 상

[미술] 자기(自己)가 자신을 그린[畵] 모습

[像]. 또는 그런 그림. ¶이 그림은 고흐의 자화상이다.

▶ 자화-자찬 自畵自讚 | 스스로 자, 기릴 찬
❶속뜻 자기(自己)가 그린 그림[畵]을 스스로[自] 칭찬(稱讚)함. ❷자기가 한 일을 자기 스스로 자랑함. ¶그는 자신의 작품을 자화자찬하여 비난을 받았다. ㉰ 자찬.

작가 作家 | 지을 작, 사람 가 [writer]
전문적으로 문학이나 예술을 창작(創作)하는 사람[家]. ¶여류 작가 / 그는 이 작품으로 인기 작가가 되었다.

작고 作故 | 지을 작, 옛 고 [pass away]
❶속뜻 옛[故] 사람이 됨[作]. ❷죽은 사람을 높여 그의 '죽음'을 이르는 말. ¶그분은 60세에 작고하셨다.

작곡 作曲 | 지을 작, 노래 곡
[write music; compose]
음악 노래[曲]를 지음[作]. 또는 그 악곡. ¶이 노래는 그가 작곡하였다.

▶ 작곡-가 作曲家 | 사람 가
음악 작곡(作曲)을 전문으로 하는 사람[家]. ¶헨델은 바로크 음악의 작곡가로 유명하다.

▶ 작곡-자 作曲者 | 사람 자
음악 작곡(作曲)한 사람[者].

작년 昨年 | 어제 작, 해 년 [last year]
지난[昨] 해[年]. ¶작년 겨울.

작동 作動 | 지을 작, 움직일 동 [operate]
❶속뜻 기계 따위가 만들어져[作] 움직임[動]. ❷기계의 운동 부분이 움직임. 또는 그 부분을 움직이게 함. ¶감시 카메라가 작동 중이다.

작두 [fodder chopper]
마소의 먹이를 써는 연장. 기름하고 두툼한 나무토막 위에 긴 칼날을 달고 그 사이에 짚이나 풀 따위를 넣어 발로 디뎌 가며 썰게 되어 있다.

작문 作文 | 지을 작, 글월 문
[composition]
글[文]을 지음[作]. 또는 그 글. ¶겨울에 대해 작문을 하다. ㉰ 글짓기.

***작물 作物** | 지을 작, 만물 물 [crops]
농사를 지어[作] 얻은 식물(植物). '농작물'(農作物)의 준말. ¶이 지방의 주요 작물은 밀이다.

작별 作別 | 지을 작, 나눌 별
[take leave; bid farewell]
이별(離別)을 함[作]. 이별의 인사를 나눔. ¶작별 인사 / 친구와 작별하고 기차에 올랐다. ㉯ 상봉(相逢).

작사 作詞 | 지을 작, 말씀 사
[write lyrics]
가사(歌詞)를 지음[作]. ¶이 노래는 그가 작사·작곡했다.

작성 作成 | 지을 작, 이룰 성 [draw up]
원고, 서류, 계획 따위를 만들어[作] 완성(完成)함. ¶참가 신청서를 작성하십시오.

작심 作心 | 지을 작, 마음 심
[make up one's mind]
마음[心]을 단단히 지어[作] 먹음. 또는 그 마음. ¶작심을 먹다 / 그는 담배를 끊기로 작심했다.

▶ 작심-삼일 作心三日 | 석 삼, 날 일
❶속뜻 마음먹은[作心] 것이 삼일(三日) 밖에 못 감. ❷'결심이 오래 가지 못함'을 이르는 말. ¶술을 끊겠다는 아빠의 각오는 항상 작심삼일이다.

***작업 作業** | 지을 작, 일 업 [work]
일정한 목적과 계획 아래 어떤 일터에서 일[業]을 함[作]. 또는 그 일. ¶단순 작업 / 계획대로 작업하면 내년에 공사가 끝난다.

▶ 작업-복 作業服 | 옷 복
작업(作業)할 때만 입는 옷[服]. ¶아버지의 작업복은 기름때가 끼어 있었다.

▶ 작업-장 作業場 | 마당 장
작업(作業)을 하는 곳[場]. ¶작업장에 안전표지를 해두다. ㉯ 일터.

작열 灼熱 | 사를 작, 뜨거울 열
[be burning]
불을 사르는[灼]듯한 뜨거움[熱]. ¶작열하는 태양 아래 낙타가 묵묵히 걷고 있다.

***작용** 作用 | 지을 작, 쓸 용
[effect; act on; work on]
❶속뜻 어떤 물체가 만들어져[作] 실제로 쓰임[用]. ❷물리 한 물체의 힘이 다른 물체의 힘에 미치어서 영향을 주는 일. ¶동화작용 / 모든 물체 사이에는 서로 끌어당기는 힘이 작용한다.

▶ **작용-점** 作用點 | 점 점
물리 어떤 물체에 작용(作用)하는 힘이 미치는 한 점(點).

작자 作者 | 지을 작, 사람 자 [author]
❶속뜻 작품을 짓거나[作] 만든 사람[者]. ¶『홍길동전』의 작자는 허균이다. ❷나 아닌 다른 사람을 낮잡아 이르는 말. ¶저 사람, 도대체 뭐 하는 작자야? 반 독자(讀者).

작전 作戰 | 지을 작, 싸울 전
[elaborate a plan of operations]
❶속뜻 싸움[戰]이나 경기의 대책을 세움[作]. ¶작전을 짜다. ❷군사 일정 기간에 집중적으로 벌이는 군사적 행동을 통틀어 이르는 말. ¶작전 명령 / 이곳은 육군이 작전하고 있는 지역으로 민간인의 출입을 금합니다.

작정 作定 | 지을 작, 정할 정
[decide; determine]
어떤 일에 대해 마음으로 결정(決定)을 내림[作]. 또는 그 결정. ¶그는 술을 끊기로 작정했다 / 이번 방학에는 터키로 여행갈 작정이다.

작중 인물 作中人物 | 지을 작, 가운데 중, 사람 인, 만물 물
문학 작품(作品) 가운데[中] 등장하는 인물(人物). ¶이 소설에서는 작중인물인 '만득이'가 이야기를 서술한다.

작품 作品 | 지을 작, 물건 품
[piece of work]
❶속뜻 물건[品]을 만듦[作]. 또는 그 만든 물건. ¶새로운 작품을 내놓다. ❷그림, 조각, 소설, 시 등 예술 활동으로 만든 것. ¶피카소의 작품 / 이번 경매에는 새로운 작품이 나왔다.

▶ **작품-전** 作品展 | 펼 전
작품(作品)을 일반에게 보이는 전시회(展示會). ¶졸업 작품전을 보러가다.

▶ **작품-집** 作品集 | 모을 집
작품(作品)을 모아서[集] 엮은 책.

작황 作況 | 지을 작, 상황 황 [crop]
농업 농사를 지어[作] 잘 되고 못 된 상황(狀況). ¶올해는 복숭아의 작황이 좋지 않다.

잔 盞 | 잔 잔 [cup]
❶술·차·물 등 음료를 따라 마시는 작은 그릇. ¶그는 단번에 잔을 비웠다. ❷술이나 음료를 담은 잔의 수를 세는 말. ¶우유 한 잔 주세요 속담 죽어 석 잔 술이 살아 한 잔 술만 못하다.

잔고 殘高 | 남을 잔, 높을 고
[balance in an account]
❶속뜻 남은[殘] 것의 높이[高]. ❷나머지 금액. 나머지. ¶예금 잔고를 확인하다 / 통장 잔고가 바닥나다.

잔금 殘金 | 남을 잔, 돈 금 [balance]
❶속뜻 남은[殘] 돈[金]. ❷갚다가 덜 갚은 돈. ¶잔금을 치르다.

잔등 殘燈 | 남을 잔, 등불 등 [light]
밤늦게 심지가 다 타고 남은[殘] 희미한 등불[燈]. ¶어머니는 잔등의 불빛에 편지를 읽어 내려갔다.

잔설 殘雪 | 남을 잔, 눈 설
[remaining snow on the ground]
녹다가 남은[殘] 눈[雪]. 또는 이른 봄까지 녹지 않은 눈. ¶대관령에는 응달마다 잔설이 아직 남아 있다.

***잔액** 殘額 | 남을 잔, 액수 액
[balance in an account]
쓰고 남은[殘] 금액(金額). ¶계좌의 잔액을 조회하다 / 이 상품권은 잔액을 환불받을 수 있다.

잔여 殘餘 | 남을 잔, 남을 여 [rest]
남은 것[殘=餘]. ¶잔여임기가 두 달 밖에 안 남았다.

잔인 殘忍 | 해칠 잔, 모질 인 [be cruel]
해치고[殘] 모질게 함[忍]. 인정이 없고 모짊. ¶잔인한 말 / 적군은 아녀자를 잔인하게 살해했다.

잔재 殘滓 | 남을 잔, 찌꺼기 재 [remnants]
남아[殘] 있는 찌꺼기[滓]. ¶일제 강점기의 잔재를 청산하다.

잔학 殘虐 | 해칠 잔, 모질 학 [cruel]
남을 마구 해치고[殘] 모질게[虐] 굴다. ¶잔학행위 / 밤에 잔학한 내용의 영화를 보면 무서운 꿈을 꾼다.

잔해 殘骸 | 남을 잔, 뼈 해 [ruins]
❶ 속뜻 썩거나 타다가 남은[殘] 뼈[骸]. ❷부서지거나 못쓰게 되어 남아 있는 물체. ¶무너진 건물의 잔해 아래에서 생존자를 구조했다.

잔혹 殘酷 | 해칠 잔, 독할 혹 [be merciless]
성질이나 하는 짓이 잔인(殘忍)하고 몹시 독하다[酷]. ¶잔혹 행위 / 잔혹한 사람.

잠망-경 潛望鏡 | 잠길 잠, 바라볼 망, 거울 경 [periscope]
물리 물속에 잠겨[潛] 해상이나 지상의 목표물을 살펴볼[望] 수 있도록 반사경이나 프리즘을 이용하여 만든 망원경(望遠鏡).

잠복 潛伏 | 잠길 잠, 엎드릴 복 [stake out]
❶ 속뜻 물속에 잠겨 있거나[潛] 땅바닥에 엎드려 있음[伏]. ❷겉으로 드러나지 아니함. ¶그는 잠복해 있다가 범인을 잡았다. ❸ 의학 병에 감염되어 있으면서도 증상이 겉으로 드러나지 않음. ¶이 병은 잠복 기간이 2주 정도이다.

▶ **잠복-기** 潛伏期 | 때 기
의학 병원체가 체내에 침입하여 발병하기까지 잠복(潛伏)하는 기간(期間). ¶이 병은 잠복기가 짧다.

잠수 潛水 | 잠길 잠, 물 수 [dive; go under water]
물[水]속으로 잠김[潛]. ¶해녀는 잠수하여 전복을 땄다.

▶ **잠수-부** 潛水夫 | 사나이 부
잠수복을 입고 물[水]속에 들어가서[潛] 작업을 하는 사람[夫].

▶ **잠수-정** 潛水艇 | 거룻배 정
❶ 속뜻 바다 밑으로 잠수(潛水)할 수 있는 작은 배[艇]. ❷ 군사 항해 속도가 빠른 소형의 잠수함.

▶ **잠수-함** 潛水艦 | 싸움배 함
군사 바다 밑으로 잠수(潛水)할 수 있는 전투함(戰鬪艦).

***잠:시** 暫時 | 잠깐 잠, 때 시 [moment]
잠깐[暫] 동안[時]. ¶잠시 후에 다시 오겠다. ⓑ 잠깐.

잠입 潛入 | 잠길 잠, 들 입 [smuggle oneself into]
❶ 속뜻 물속에 잠기어[潛] 들어감[入]. ❷몰래 숨어 들어감. ¶간첩의 잠입을 철저히 막아야 한다.

잠잠 潛潛 | 잠길 잠, 잠길 잠 [be quiet]
❶ 속뜻 고요히 잠기다[潛+潛]. ❷아무 소리도 없이 조용하다. ¶비바람이 그치자 파도가 잠잠해졌다. ❸말이 없이 가만히 있다. ¶한동안 잠잠하더니.

잠재 潛在 | 잠길 잠, 있을 재 [lie dormant; latent]
속에 잠기어[潛] 있음[在]. 겉에 드러나지 않고 숨어 있음. ¶잠재 능력 / 한국은 성장할 수 있는 힘이 잠재되어 있다.

▶ **잠재-력** 潛在力 | 힘 력
겉으로 드러나지 않고 속에 숨어 있는[潛在] 힘[力]. ¶아름이는 예술적 잠재력이 있다.

▶ **잠재-의:식** 潛在意識 | 뜻 의, 알 식
심리 겉으로 드러나지 못하고 감추어져 있는[潛在] 의식(意識) 상태. 일시적으로 의식하지 못하다가 필요할 때에 다시 의식할 수 있다.

잠적 潛跡 | =潛迹, 숨길 잠, 발자취 적 [disappear; vanish]

발길[跡]을 아주 숨김[潛]. ¶사건 이후 그녀가 잠적했다.

잠정 暫定 | 잠깐 잠, 정할 정 [tentative]
잠깐[暫] 임시로 정(定)함. ¶잠정 합의 / 잠정 예산.

▸잠정-적 暫定的 | 것 적
우선 임시로[暫] 정(定)한 것[的]. ¶양측은 잠정적으로 협상안에 합의했다.

잡곡 雜穀 | 섞일 잡, 곡식 곡 [miscellaneous cereals]
쌀 이외의 다른 곡식(穀食)을 섞은[雜] 것. 또는 그 곡식. ¶나는 잡곡을 넣어 지은 밥을 좋아한다.

잡귀 雜鬼 | 섞일 잡, 귀신 귀 [minor demons]
온갖 잡다(雜多)한 귀신(鬼神). ¶어머니는 팥죽을 대문 앞에 뿌려 잡귀를 쫓았다.

잡균 雜菌 | 섞일 잡, 세균 균 [various germs]
❶[속뜻]여러 가지가 섞인[雜] 세균(細菌). ❷[생물]미생물 따위를 배양할 때, 외부로부터 섞여 들어가서 자라는 세균.

잡기 雜技 | 섞일 잡, 재주 기 [gambling]
❶[속뜻]여러 가지 자질구레한[雜] 기예(技藝). ¶그는 잡기에 능한 편이다. ❷여러 가지 잡된 노름. ¶그는 잡기를 하다가 재산을 모두 잃었다.

잡념 雜念 | 섞일 잡, 생각 념 [distracting thoughts]
머릿속에 뒤엉켜 있는[雜] 여러 가지 생각[念]. ¶잡념이 떠올라서 공부를 할 수가 없다.

잡다 雜多 | 섞일 잡, 많을 다 [miscellaneous]
여러[多] 가지가 뒤섞여[雜] 너저분하다. ¶잡다한 생각 / 잡화점 선반에는 온갖 물건이 잡다하게 쌓여 있었다.

잡담 雜談 | 섞일 잡, 말씀 담 [chat]
이런저런 얘기를 섞어[雜] 쓸데없이 하는 말[談]. ¶아낙들이 우물가에서 잡담을 나누고 있다.

잡목 雜木 | 섞일 잡, 나무 목 [scrubs]
여러 종류가 뒤섞인[雜] 나무[木]. ¶그곳은 잡목이 무성하다.

잡비 雜費 | 섞일 잡, 쓸 비 [incidentals]
여러 가지 비용(費用)을 섞어 놓은[雜] 것. 또는 그 비용. ¶이번 달은 잡비가 꽤 많이 들었다.

잡-상인 雜商人 | 섞일 잡, 장사 상, 사람 인 [small tradesman]
잡다(雜多)한 물건을 들고 다니면서 장사하는[商] 사람[人]. ¶잡상인 출입 금지.

잡색 雜色 | 섞일 잡, 빛 색 [various colors]
❶[속뜻]여러 가지 빛이 뒤섞인[雜] 빛깔[色]. ❷뒤섞여 있는 온갖 것. ❸[민속]풍물놀이와 민속놀이에서 정식 구성원이 아니지만 놀이의 흥을 돋우기 위하여 등장하는 사람.

잡식 雜食 | 섞일 잡, 먹을 식 [polyphagia]
❶[속뜻]여러 가지 음식을 가리지 않고[雜] 마구 먹음[食]. ❷동물성 먹이나 식물성 먹이를 두루 먹음. ¶잡식 동물.

잡음 雜音 | 섞일 잡, 소리 음 [noise]
❶[속뜻]여러 가지 뒤섞인[雜] 소리[音]. ¶라디오에서 잡음이 심하게 난다. ❷어떤 일에 대하여 비판하는 말이나 소문. ¶그는 지금까지 아무 잡음 없이 회사를 이끌어 왔다.

잡종 雜種 | 섞일 잡, 갈래 종 [hybrid]
❶[속뜻]여러 가지가 섞인 잡다(雜多)한 종류(種類). ❷[생물]품종이 다른 암수의 교배로 생긴 유전적으로 순수하지 못한 생물체. ¶이 개는 잡종이다. [반]순종(純種).

잡지 雜誌 | 섞일 잡, 기록할 지 [magazine]
❶[속뜻]여러 가지 내용의 기록[誌]을 한데 섞어[雜] 모은 것. ❷각종 원고를 모아 정기적으로 간행되는 출판물. ¶과학 잡지.

▸잡지-사 雜誌社 | 회사 사

잡지(雜誌)를 편집·간행하는 출판사(出版社).
▶ **잡지-책** 雜誌冊 | 책 책
다양한 내용[雜誌]을 정기적으로 간행하는 출판물[冊]. ㉺ 잡지.

잡채 雜菜 | 섞일 잡, 나물 채
나물[菜]이나 채 썬 고기 등을 볶아서 섞어[雜] 놓은 음식.

잡초 雜草 | 섞일 잡, 풀 초 [weeds]
여러 가지 쓸모없는 풀[草]이 뒤섞여[雜] 있음. 또는 그런 풀. ¶논에 잡초를 뽑다. ㉭ 잡풀.

잡화 雜貨 | 섞일 잡, 재물 화 [miscellaneous goods]
잡다(雜多)한 상품[貨]. ¶잡화는 저쪽에서 팝니다.

장:¹ 將 | 장수 장 [king]
운동 장기(將棋)에서 '초'(楚)·'한'(漢) 자를 새긴 짝.

장² 章 | 글 장 [chapter]
문장을 몇 부분으로 크게 나눈 단락. ¶제3장.

장³ 張 | 벌릴 장 [sheet]
종이 같은 넓적한 조각으로 생긴 물건을 세는 데 쓰는 말. ¶그는 지갑에서 천 원짜리 세 장을 꺼냈다.

장⁴ 場 | 마당 장 [scene]
연영 연극 등에서 한 막(幕)의 장면을 세는 단위. ¶이 연극은 3막 5장이다.

장⁵ 場 | 마당 장 [market]
많은 사람이 모여 물건을 사고파는 일. 또는 그곳. ¶이곳은 5일마다 장이 선다.

장:⁶ 腸 | 창자 장 [intestines]
의학 큰창자와 작은창자를 통틀어 이르는 말. ¶장은 음식물을 소화하고 흡수하는 기관이다.

장:⁷ 醬 | 젓갈 장 [soybean sauce]
❶간장·된장·고추장·쌈장 등의 총칭. ¶오늘 할머니는 장을 담그셨다. ❷'간장'의 준말. ¶장을 찍어서 드세요.

장:⁸ 欌 | 장롱 장 [closet]
농장·의장·찬장·책장 등 물건을 넣어 두는 가구의 총칭.

장:갑¹ 掌匣 | 손바닥 장, 상자 갑 [gloves]
손을 보호하거나 추위를 막기 위하여 천이나 실 또는 가죽 따위로 만들어 손[掌]에 끼는 갑(匣) 같은 물건. ¶장갑을 끼다.

장갑² 裝甲 | 꾸밀 장, 갑옷 갑 [armor]
❶속뜻 갑(甲)옷 같이 단단하게 꾸밈[裝]. ❷선체(船體)·차체(車體) 따위를 특수한 강철판으로 둘러쌈. 또는 그 강철판.
▶ **장갑-차** 裝甲車 | 수레 차
군사 겉에 강철판 등을 덧댄[裝甲] 차량(車輛). 인원을 수송하거나 보병이 전투할 때 사용한다.

장-거리 長距離 | 길 장, 떨어질 거, 떨어질 리 [long distance]
멀고 긴[長] 거리(距離). ¶장거리 운전 / 나는 장거리 육상선수였다. ㉘ 원거리(遠距離). ㉫ 단거리(短距離).

장검 長劍 | 길 장, 칼 검 [sword]
예전에 허리에 차던 긴[長] 칼[劍]. ¶장군은 허리에 장검을 차고 있었다.

장:관¹ 壯觀 | 씩씩할 장, 볼 관 [magnificent view]
굉장(宏壯)하여 볼만한 경관(景觀). ¶서울의 야경은 어디에도 비길 수 없는 장관이다.

장:관² 長官 | 어른 장, 벼슬 관 [minister]
법률 국무를 맡아보는 행정 각부의 으뜸[長] 관리(官吏). ¶교육부 장관.

장:교 將校 | 거느릴 장, 부대 교 [officer]
❶속뜻 군부대[校]를 거느림[將]. ❷군사 육해공군의 소위 이상의 무관을 이르는 말. ㉫ 사병(士兵).

장구¹ 長久 | 길 장, 오랠 구 [be lasting]
매우 길고[長] 오래다[久]. ¶우리나라는 4천년의 장구한 역사가 있다.

장구² 裝具 | 꾸밀 장, 갖출 구 [toilet set; outfit; equipment;]

❶[속뜻] 꾸미고 단장(端裝)하는 데 쓰는 도구(道具). ❷무장할 때, 몸에 차는 탄띠·대검 등의 도구. ¶장구를 갖추다.

⁑장군 將軍 | 장수 장, 군사 군 [general]
군(軍)을 통솔하는 장수(將帥). ¶이순신 장군은 병사들을 지휘하여 왜구를 물리쳤다. [비] 장관(將官).

▸장군-총 將軍塚 | 장수 장, 군사 군, 무덤 총
❶[속뜻] 장군(將軍)의 무덤[塚]. ❷[고적] 광개토대왕이나 장수왕의 능으로 추정되는 고구려 때의 돌무덤. 중국 길림성(吉林省) 집안시(輯安市) 에 있다.

장기[1] 長技 | 길 장, 재주 기
[one's specialty]
가장 잘하는[長] 재주[技]. ¶장기 자랑 / 그는 접영(蝶泳)이 장기이다. [비] 특기(特技).

장기[2] 臟器 | 내장 장, 그릇 기
[internal organs]
[의학] 내장(內臟)의 여러 기관(器官). ¶장기 기증 / 장기이식.

장기[3] 長期 | 길 장, 때 기 [long period]
오랜[長] 기간(期間). ¶장기 휴가. [반] 단기(單期).

▸장기-간 長期間 | 사이 간
오랜[長] 기간(期間) 동안[間]. ¶그는 간암으로 장기간 약을 먹었다. [반] 단기간(單期間).

▸장기-화 長期化 | 될 화
어떤 일이 오래[長期] 끌게 되거나[化] 또는 오래 끌게 함. ¶파업의 장기화 / 건실사에 문제가 생겨 공사가 장기화되었다.

장:기[4] 將棋 | 장수 장, 바둑 기 [Korean chess]
[운동] 32짝을 붉은 글자, 푸른 글자의 두 종류로 나누어 장기판에 정해진 대로 배치하고 둘이 교대로 두면서 장군(將軍)을 막지 못하면 지는 바둑[棋]같은 놀이. ¶할아버지가 평상에서 장기를 두고 계신다.

▸장:기-판 將棋板 | 널빤지 판
장기(將棋)를 두는 데 쓰는 판(板). ¶이 장기판은 오동나무로 만들었다.

장:남 長男 | 어른 장, 사내 남
[eldest son]
맏[長] 아들[男]. ¶김 씨네 장남이 대를 이어 국밥집을 운영한다. [비] 큰아들. [반] 장녀(長女).

장내 場內 | 마당 장, 안 내
[inside of the hall]
어떠한 장소(場所)의 안[內]. ¶그의 연설이 끝나자 장내가 떠나갈 듯한 박수가 터져 나왔다. [반] 장외(場外).

장:녀 長女 | 어른 장, 딸 녀
[eldest daughter]
맏[長] 딸[女]. ¶어머니가 돌아가시고 장녀인 언니는 집안 살림을 도맡았다. [비] 큰딸. [반] 장남(長男).

장:년 壯年 | 장할 장, 나이 년
[prime of life]
혈기 왕성하여[壯] 한창 활동할 나이[年]. 또는 그런 나이의 사람. 일반적으로 서른 살에서 마흔 살 안팎을 이른다.

장-단점 長短點 | 길 장, 짧을 단, 점 점
[strong and weak points]
장점(長點)과 단점(短點). ¶사람마다 제각기 장단점이 있다.

장:담 壯談 | 씩씩할 장, 말씀 담 [affirm; assure]
확신을 가지고 씩씩하게[壯] 말함[談]. 또는 자신 있게 하는 말. ¶우리 팀이 이길 거라고 장담은 못하지만 최선을 다하겠습니다.

장:대 壯大 | 씩씩할 장, 큰 대
[be mighty]
튼튼하고[壯] 체격이 매우 크다[大]. ¶장대한 체격.

***장래 將來** | 앞으로 장, 올 래 [future]
❶[속뜻] 앞으로[將] 닥쳐 올[來] 날. ¶장래 희망. ❷앞날의 전망이나 전도. ¶그는 장

래가 불확실하다. [비] 앞날, 미래(未來).

장:려 奬勵 | 부추길 장, 힘쓸 려 [encourage; promote; support]
권하고 부추기어[奬] 어떤 일에 힘쓰게[勵] 함. ¶독서 장려 / 저축을 장려하다. [비] 권장(勸奬).

▸장:려-금 奬勵金 | 돈 금
어떤 일을 장려(奬勵)하려는 뜻으로 보조해 주는 돈[金]. ¶출산 장려금.

▸장:려-상 奬勵賞 | 상줄 상
무엇을 장려(奬勵)할 목적으로 주는 상(賞). ¶백일장에서 장려상을 받다.

장력 張力 | 당길 장, 힘 력 [tension]
❶[속뜻] 오므라들고 당겨지는[張] 힘[力]. ❷[물리] 물체가 스스로 오므라들어 가능한 한 작은 면적을 가지려는 힘. ¶표면 장력.

장:렬 壯烈 | 씩씩할 장, 세찰 렬 [heroic]
기운이 있어 씩씩하고[壯] 의지가 강렬(強烈)하다. ¶장렬한 죽음.

장:례 葬禮 | 장사 지낼 장, 예도 례 [hold a funeral]
장사(葬事)를 지내는 예절(禮節). ¶장례 절차가 간소해지고 있다 / 군인의 시신을 찾아 장례했다. [비] 장의(葬儀).

▸장:례-식 葬禮式 | 의식 식
장례(葬禮)를 치르는 의식(儀式). ¶장례식에 참석하다.

장:로 長老 | 어른 장, 늙을 로 [presbyter]
❶[속뜻] 나이가 지긋하고[長=老] 덕이 높은 사람을 높이어 일컫는 말. ❷[기독교] 장로교·성결교 등에서 선교 및 교회 운영에 대한 봉사를 맡아보는 직분. 또는 그 사람.

▸장:로-교 長老教 | 종교 교
[기독교] 장로(長老)들이 합의하여 교회를 운영하는 개신교의 한 교파(教派).

▸장:로-회 長老會 | 모일 회
[기독교] 장로(長老)들이 합의하여 운영하는 교회(教會).

장:롱 欌籠 | 장롱 장, 대그릇 롱 [chest of drawers]
위판이 있고 다리가 있는 장(欌)과 옷 따위를 넣어두는 바구니인 농(籠)을 아울러 이르는 말. ¶할머니는 반지를 장롱 안에 꼭꼭 숨겼다.

장막 帳幕 | 휘장 장, 막 막 [curtain]
볕이나 비를 피할 수 있도록 둘러친 휘장(揮帳)이나 천막[幕]. ¶이 지역 유목민은 유르트라는 장막 같은 곳에서 산다.

***장면** 場面 | 마당 장, 낯 면 [scene]
❶[속뜻] 어떤 장소(場所)에서 벌어진 광경[面]. ¶나는 그 끔찍한 장면을 보고 몸을 움직일 수가 없었다. ❷연극, 영화 등의 한 모습. ¶뛰는 장면을 찍다.

장:모 丈母 | 어른 장, 어머니 모 [one's wife's mother]
장인(丈人)의 부인을 어머니[母]에 비유한 말. [반] 장인(丈人).

장물 贓物 | 숨길 장, 만물 물 [stolen property]
[법률] 부당하게 취득하여 숨겨놓은[贓] 남의 물건(物件).

장미 薔薇 | 장미 장, 장미 미 [rose]
[식물] 장미과의 낙엽 관목[薔=薇]. 관상용 식물로 품종이 많다.

장발 長髮 | 길 장, 머리털 발 [long hair]
길이가 긴[長] 머리카락[髮]. ¶1970년대에는 남자들의 장발을 단속했다. [반] 단발(短髮).

장벽 障壁 | 막을 장, 담 벽 [barrier]
가리어 막은[障] 담[壁]. ¶장벽을 쌓다.

장:병 將兵 | 장수 장, 군사 병 [military men]
[군사] 장교(將校)에서부터 하급 병사(兵士)에 이르기까지 모두를 이르는 말. ¶국군 장병 / 외출 나온 장병.

장본 張本 | 벌릴 장, 뿌리 본 [fatal cause; origin; root]
❶[속뜻] 뿌리[本]를 벌림[張]. ❷일의 발단이 되는 근원.

▸장본-인 張本人 | 사람 인
못된 일을 저지르거나 물의를 일으킨[張本] 바로 그 사람[人]. ¶그가 이번 소동의

장본인이다.

장:부¹ 丈夫 | 어른 장, 사나이 부
[full grown man]
어른[丈]이 된 씩씩한 사내[夫]. ¶네가 벌써 이렇게 늠름한 장부가 되었구나!

장부² 帳簿 | 휘장 장, 문서 부 [book]
금품의 수입과 지출을 기록하는 휘장[帳] 같은 문서[簿]나 책. ¶장부를 정리하다 / 나는 지출한 돈을 장부에 기재하였다.

장비 裝備 | 꾸밀 장, 갖출 비
[equip; furnish]
어떤 장치와 설치 등을 차려[裝] 갖춤[備]. 또는 그 장치나 비품. ¶우리 병원이 최신 의료장비를 갖추고 있습니다.

장:사 壯士 | 씩씩할 장, 선비 사 [strong man]
❶속뜻 힘이 있어 씩씩한[壯] 사람[士]. ❷힘이 센 사람. ¶그는 힘이 장사다.

장:사² 葬事 | 장사 지낼 장, 일 사
[funeral]
죽은 사람을 땅에 묻거나 화장하는[葬] 일[事]. ¶장사를 치르다 / 장사를 지내다.

장사³ 長蛇 | 길 장, 뱀 사 [long snake]
❶속뜻 크고 긴[長] 뱀[蛇]. ❷열차나 긴 행렬을 비유하여 이르는 말.

▶ 장사-진 長蛇陣 | 줄 진
많은 사람이 긴[長] 뱀[蛇]처럼 길게 줄[陣]지어 늘어서 있는 모양. ¶식당 앞은 손님들로 장사진을 이루었다.

장삼 長衫 | 길 장, 적삼 삼
[Buddhist monk's robe]
불교 검은 베로 길이가 길고[長] 품과 소매를 넓게 지은 웃옷[衫]. 주로 스님들이 입는다.

장생 長生 | 길 장, 살 생 [live long]
길이길이[長] 오래도록 삶[生]. ¶불로(不老) 장생 / 영지(靈芝)는 장생할 수 있는 한약재로 알려져 있다.

장서 藏書 | 감출 장, 책 서
[collection of books]
책[書]을 간직하여[藏] 둠. 또는 그 책.

¶이 도서관은 2백만 권의 장서를 보유하고 있다.

장석 長石 | 길 장, 돌 석 [feldspar]
❶속뜻 길쭉한[長] 형태의 돌[石]. ❷광업 규산염 광물의 한 가지. 칼륨, 나트륨, 칼슘, 바륨 및 규산이 주성분이다. 질그릇, 사기, 유리, 성냥, 비료의 원료가 된다.

장성¹ 長成 | 자랄 장, 이룰 성
[grow up]
아이가 자라[長] 어른이 됨[成]. ¶장성한 아들.

장:성² 將星 | 장수 장, 별 성 [generals]
❶속뜻 별[星] 모양의 휘장(徽章)을 붙이는 계급의 장군[將軍]. ❷군사 준장, 소장, 중장, 대장을 포함하는 장군을 통틀어 이르는 말. ¶그의 아버지는 육군 장성이다.
비 장군(將軍).

**장소 場所 | 마당 장, 곳 소 [place]
무엇이 있거나 무슨 일이 벌어지거나 하는 곳[場=所]. ¶약속 장 / 강연할 장소를 찾다.

장:손 長孫 | 어른 장, 손자 손 [eldest grandson by the first born son]
맏[長] 손자(孫子).

장:송 葬送 | 장사 지낼 장, 보낼 송
[escort a funeral; attend a funeral]
시신을 장지(葬地)로 보냄[送]. ¶장송하러 나온 사람들이 줄을 지어 묘역으로 들어섰다.

▶ 장:송-곡 葬送曲 | 노래 곡
음악 장례(葬禮) 행렬이 지나갈[送] 때 연주하는 악곡(樂曲).

장수¹ 長壽 | 길 장, 목숨 수 [long life]
긴[長] 목숨[壽]. 오래 삶. ¶장수 마을 / 이 마을 사람들은 대체로 장수한다. 땐 요절(夭折).

장:수² 將帥 | 장수 장, 장수 수 [general]
군사 군사를 지휘 통솔하는 장군[將=帥].

장시 長詩 | 길 장, 시 시
문학 길이가 긴[長] 형식의 시(詩). 땐 단시(短詩).

장-시간 長時間 | 길 장, 때 시, 사이 간 [long time]
오랜[長] 시간(時間). 긴 시간. ¶장시간 운전하면 허리가 아프다. [반] 단시간(短時間).

장식 裝飾 | 꾸밀 장, 꾸밀 식 [decorate]
겉모양을 아름답게 꾸밈[裝=飾]. 또는 그 꾸밈새나 장식물. ¶실내 장식 / 아이들과 크리스마스트리를 장식했다.

▶ **장식-물** 裝飾物 | 만물 물
장식(裝飾)에 쓰이는 물건(物件). [비] 장식품(裝飾品).

▶ **장식-품** 裝飾品 | 물건 품
장식(裝飾)에 쓰이는 물건[品]. ¶이 부분은 장식품이 아니라 머리를 보호하는 역할을 한다. [비] 장식물(裝飾物).

장신 長身 | 길 장, 몸 신 [tall figure]
키가 큰[長] 몸[身]. 또는 그런 사람. ¶그는 우리 팀에서 가장 장신이다. [반] 단신(短身).

장신-구 裝身具 | 꾸밀 장, 몸 신, 갖출 구 [accessory]
몸[身]을 치장하는[裝] 데 쓰는 여러 가지 도구(道具). ¶그녀는 값비싼 장신구들을 걸쳤다.

장:악 掌握 | 손바닥 장, 쥘 악 [hold]
❶[속뜻] 손바닥[掌]에 쥠[握]. ❷판세나 권력 따위를 휘어잡음. ¶수양대군이 모든 권력을 장악하자 단종은 왕위를 내주었다.

장안 長安 | 길 장, 편안할 안 [capital city]
❶[속뜻] 길이길이[長] 편안(便安)함. ❷수도. 서울. ¶장안의 화제가 되었다.

***장애** 障礙 |=障碍 막을 장, 거리낄 애 [obstacle]
❶[속뜻] 무슨 일을 하는데 가로막고[障] 거리낌[礙]이 됨. 또는 그런 일. ¶언어 장애 / 수입 규제는 무역에 장애가 되고 있다. ❷신체상의 고장. ¶위장 장애.

▶ **장애-물** 障礙物 | 만물 물
장애(障礙)가 되는 사물(事物). ¶장애물 경주 / 이번 일이 성공하려면 마지막 장애물을 잘 넘어야 한다.

▶ **장애-아** 障礙兒 | 아이 아
신체를 제대로 움직일 수 없는 장애(障礙)를 가진 아이[兒]. ¶이번 공연은 장애아에게 희망을 주었다.

▶ **장애-우** 障礙友 | 벗 우
장애(障礙)가 있는 사람을 벗[友]에 비유하여 친근하게 표현한 말. ¶장애우를 돕다.

▶ **장애-인** 障礙人 | 사람 인
육체적 또는 정신적 장애(障礙)가 있는 사람[人]. ¶장애인 편의 시설 / 우리는 장애인을 채용하였다.

장어 長魚 | 길 장, 물고기 어 [eel]
[동물] 몸이 가늘고 길쭉하여[長] 뱀과 비슷한 민물고기[魚]. '뱀장어'의 준말.

장엄 莊嚴 | 꾸밀 장, 엄할 엄 [majestic; solemn]
❶[속뜻] 꾸밈[莊] 따위에 위엄(威嚴)이 있음. ❷웅장하며 위엄 있고 엄숙함. ¶장엄한 음악 / 피렌체 성당은 규모가 웅대하고 장엄하다.

장:염 腸炎 | 창자 장, 염증 염 [enteritis; intestinal catarrh]
[의학] 창자[腸]에 생기는 염증(炎症). ¶보리수는 장염에 좋다.

장외 場外 | 마당 장, 밖 외 [outside the hall; outside the hall]
일정한 장소(場所)나 공간의 바깥[外]. ¶장외 홈런 / 장외 거래. [반] 장내(場內).

장:원 狀元 | 壯元(×) 문서 장, 으뜸 원
❶[속뜻] 과거 급제자 이름을 적은 문서[狀]에 으뜸[元]으로 적힌 이름. ❷[역사] 과거 시험에서, 갑과에 첫째로 급제함. 또는 그런 사람. 장두(狀頭)라고도 한다. ¶이몽룡은 장원으로 급제했다. ❸대회에서 최우수상을 차지함. 또는 그런 사람. ¶그는 백일장에서 장원을 차지하였다.

장:유 長幼 | 어른 장, 어릴 유

[old and young]
어른[長]과 어린이[幼]. ¶장유에 따라 다르게 대우하였다.

▶ 장:유-유서 長幼有序 | 있을 유, 차례 서
어른[長]과 젊은이[幼] 간의 도리(道理)는 차례[序]를 지키는 것에 있음[有]. 오륜(五倫)의 하나.

장음 長音 | 길 장, 소리 음 [long sound]
[언어] 길게[長] 나는 소리[音]. [반] 단음(短音).

장-음계 長音階 | 길 장, 소리 음, 섬돌 계
[major scale; gamut]
❶[속뜻] 긴[長] 음계(音階). ❷[음악] 서양 음계에서 셋째와 넷째, 일곱째와 여덟째 음 사이는 반음, 그 밖의 음은 온음으로 이루어진 음계. [반] 단음계(短音階).

장:의 葬儀 | 장사 지낼 장, 의식 의
[funeral]
장사(葬事)를 지내는 의식(儀式). ¶어머니는 장의를 치르는 내내 눈물을 흘렸다. [비] 장례(葬禮), 장사(葬事).

▶ 장:의-사 葬儀社 | 회사 사
장례(葬禮) 의식(儀式)에 관한 물건을 팔거나, 그 일을 맡아 하는 회사(會社).

장:인[1] 丈人 | 어른 장, 사람 인
[wife's father]
아내의 친정 어른[丈]이 되는 사람[人]. 아내의 아버지.

장인[2] 匠人 | 기술자 장, 사람 인
[artisan; craftsman]
손으로 물건 만드는 기술[匠]을 업으로 하는 사람[人]. ¶이 도자기는 장인의 숨결이 느껴진다.

장:자 長子 | 어른 장, 아들 자
[eldest son]
맏[長] 아들[子]. ¶장자가 왕위(王位)를 잇다.

장작 長斫 | 길 장, 자를 작 [firewood]
통나무를 길쭉하게[長] 잘라서[斫] 쪼갠 땔나무. ¶소나무 장작 / 장작 두 개비 / 장작 한 단.

장장 長長 | 길 장, 길 장
[very long; at great length]
길고[長] 깊[長]. ¶이 그림은 장장 4년에 걸쳐 완성되었다.

***장점 長點** | 길 장, 점 점
[strong point; advantage]
❶[속뜻] 상대적으로 긴[長] 점(點). ❷좋은 점. 나은 점. ¶원주의 장점은 솔직함이다. [반] 결점(缺點), 단점(短點).

장:정[1] 壯丁 | 씩씩할 장, 사나이 정
[strong young man; sturdy youth]
성년이 되어 씩씩하고[壯] 혈기왕성한 사나이[丁]. ¶그는 장정 세 사람 몫의 일을 한다.

장정[2] 長程 | 길 장, 거리 정
[long way; great distance]
매우 멀고 긴[長] 거리[程]. 먼 여로(旅路). ¶기러기는 장정 5천 킬로미터를 쉬지 않고 날아갔다. [비] 장로(長路).

장조 長調 | 길 장, 가락 조 [major key]
[음악] 장음계(長音階)로 된 곡조(曲調). [반] 단조(短調)

장중 莊重 | 꾸밀 장, 무거울 중
[solemn; grave]
❶[속뜻] 꾸밈[莊] 따위가 무겁게[重] 보임. ❷장엄하고 무겁게 느껴진다. ¶장중한 분위기 / 경기장에서 애국가가 장중하게 울려 퍼졌다.

장지 長指 | =將指, 길 장, 손가락 지
[middle finger]
❶[속뜻] 가장 긴[長] 손가락[指]. ❷가운뎃손가락.

장차 將次 | 앞으로 장, 순서 차
[in future; some day]
❶[속뜻] 앞으로[將] 돌아올 순서[次]. ❷미래의 어느 때를 나타내는 말. ¶장차 커서 무엇이 되고 싶니?

장착 裝着 | 꾸밀 장, 붙을 착
[install; furnish]
❶[속뜻] 장치(裝置)하고 부착(附着)함. ❷의복, 기구, 장비 따위를 붙이거나 착용함.

¶에어백 장착 / 차에 체인을 장착하다.

*장치 裝置 | 꾸밀 장, 둘 치
[equip; install; set up]
❶ 속뜻 기계나 설비 따위를 차려[裝] 둠[置]. 또는 그 물건. ¶난방 장치. ❷무대 따위를 차리어 꾸밈. 또는 그 차리어 꾸민 것. ¶무대 장치.

장판 壯版 | 장할 장, 널빤지 판
[floor covered with laminated paper]
기름 먹여 두꺼워 장하게[壯] 보이는 널판[版] 형태의 종이. 또는 이것을 바른 방바닥. '장판지'(壯版紙)의 준말. ¶거실에 장판을 새로 깔다.

장편 長篇 | 길 장, 책 편 [long work]
문학 시가나 소설·영화 따위에서, 내용이 긴[長] 작품이나 책[篇]. 반 단편(短篇).

▶ **장편 소:설 長篇小說** | 작을 소, 말씀 설
문학 구상이 크고 줄거리가 복잡하며 길이가 긴[長篇] 소설(小說). ¶염상섭의 『삼대』는 장편소설이다. 반 단편 소설(短篇小說).

*장:학 獎學 | 장려할 장, 배울 학
[encourage of learning]
학문(學問)을 장려(獎勵)함. 또는 그 일.

▶ **장:학-관 獎學官** | 벼슬 관
교육 학문(學問)을 장려(獎勵)하고, 기획·조사·연구·지도·감독에 관한 사무를 맡은 교육 공무원[官].

▶ **장:학-금 獎學金** | 돈 금
❶ 속뜻 학술(學術) 연구를 장려(獎勵)하고 원조하기 위하여 특정한 학자나 단체 등에 내주는 돈[金]. ❷가난한 학생이나 우수한 학생에게 학비 보조금으로 내주는 돈. ¶은주는 경시대회에서 1등을 해서 장학금을 받았다.

▶ **장:학-생 獎學生** | 사람 생
장학금(獎學金)을 받는 학생(學生).

장해 障害 | 막을 장, 해칠 해
[obstruction; impediment]
무슨 일을 가로막거나[障] 방해(妨害)함. ¶그 산을 오르는 데에 큰 장해는 없었다.

비 장애(障礙).

장화 長靴 | 길 장, 구두 화
[high boots; Wellington boots]
목이 긴[長] 신이나 구두[靴]. ¶장화를 신다. 반 단화(短靴).

장화홍련-전 薔花紅蓮傳 | 장미 장, 꽃 화, 붉을 홍, 연꽃 련, 전할 전
문학 장화(薔花)와 홍련(紅蓮) 자매의 이야기를 담은 고전 전기(傳奇) 소설. 계모 허씨에 의하여 고통스런 삶을 살다가 원통한 죽음을 당한 자매가 원혼이 되어 복수한다는 내용의 이야기다. 작가와 연대는 알 수 없다.

장황 張皇 | 벌릴 장, 클 황
[lengthy; tedious]
지나치게 벌이고[張] 커져서[皇] 번거롭다. ¶설명이 장황하여 이해할 수 없다.

재:가 再嫁 | 다시 재, 시집갈 가
[second marriage; remarriage]
결혼한 여자가 다른 남자에게 다시[再] 시집가는[嫁] 것. ¶그녀는 남편이 죽고 나서 1년 후에 재가를 했다. 비 개가(改嫁).

재간 才幹 | 재주 재, 재능 간
[ability; talent]
재주[才]와 재능[幹]. 또는 그러한 능력. ¶재간이 뛰어나다 / 그 많은 일을 나 혼자 해낼 재간이 없다.

재:개 再開 | 다시 재, 열 개
[resume; reopen]
끊기거나 쉬었던 회의 따위를 다시[再] 엶[開]. ¶국교 재개 / 양측은 협의를 통해 회담을 재개했다.

재:-개발 再開發 | 다시 재, 열 개, 드러날 발 [redevelopment]
다시[再] 개발(開發)함. 또는 그 일. ¶재개발 아파트.

재:건 再建 | 다시 재, 세울 건
[reconstruct; rebuild]
없어졌거나 허물어진 것을 다시[再] 일으켜 세움[建]. ¶숭례문 재건 / 지진이 일어

났던 이 도시는 1년 후 완전히 재건되었다.

재:-건축 再建築 | 다시 재, 세울 건, 쌓을 축 [rebuilding]
기존에 있던 건축물을 허물고 다시[再] 세우거나[建] 쌓아[築] 만듦. ¶노후한 건물을 재건축하다.

재:고[1]再考 | 다시 재, 생각할 고 [reconsider; rethink]
한 번 정한 일을 다시[再] 한 번 생각함[考]. ¶그 계획은 재고의 여지가 없다.

재:고[2]在庫 | 있을 재, 곳집 고 [stock; stockpile]
❶[속뜻] 창고(倉庫)에 쌓여 있음[在]. ❷팔리지 않은 채 창고에 남아 있는 물건. '재고품'(在庫品)의 준말. ¶재고 조사 / 재고 정리.

재:-구성 再構成 | 다시 재, 얽을 구, 이룰 성 [reconstruct; reorganize]
한 번 구성한 것을 다시[再] 구성(構成)함. 또는 그 구성. ¶조직의 재구성 / 이 영화는 실화를 바탕으로 재구성했다.

재:기 再起 | 다시 재, 일어날 기 [come back; rise again]
한 번 망하거나 실패했다가 다시[再] 일어나는[起] 일. ¶그는 재기의 발판을 마련했다 / 그는 재기에 성공했다.

재난 災難 | 재앙 재, 어려울 난 [calamity; disaster]
재앙(災殃)으로 인한 어려움[難]. 뜻밖의 불행한 일. ¶우리 마을에 큰 재난이 닥쳤다. [비] 재앙(災殃).

재능 才能 | 재주 재, 능할 능 [ability; capability]
재주[才]와 능력(能力). ¶내 동생은 과학에 재능이 있다.

재단[1]財團 | 재물 재, 모일 단 [foundation]
[법률] 일정한 목적을 위하여 결합된 재산(財産)의 집단(集團). ¶장학재단 / 복지단의 후원으로 자선 음악회가 열렸다.

재단[2]裁斷 | 마를 재, 끊을 단 [judge; cut out]
❶[속뜻] 옷을 만들기 위하여 옷감을 마르거나[裁] 끊음[斷]. ¶재단 가위. ❷옳고 그름을 분별하여 판단함. ¶근거도 없이 다른 사람을 재단하지 마라. [비] 마름질.

재담 才談 | 재주 재, 이야기 담 [talk wittily]
재치(才致) 있게 하는 재미있는 이야기[談]. ¶그는 재담을 섞어 가며 강연했다.

재독 在獨 | 있을 재, 독일 독
독일(獨逸)에 살고 있음[在]. ¶재독 물리학자.

재:래 在來 | 있을 재, 올 래 [former times; past]
전부터 있어[在] 온[來] 것. 이제까지 해오던 일. ¶재래시장.

▸ **재:래-식** 在來式 | 법 식
재래(在來)의 방식(方式). ¶재래식 화장실.

▸ **재:래-종** 在來種 | 갈래 종
한 지역에서 예전부터 계속 길러온[在來] 품종(品種). 다른 지역의 종자와 교배되지 않고 그 지역에 적응되었다. ¶이 딸기는 재래종을 개량한 것이다. [반] 개량종(改良種), 외래종(外來種).

재량 裁量 | 분별할 재, 헤아릴 량 [discrete; judge]
스스로 분별하고[裁] 헤아려[量] 처리함. ¶자유 재량 / 이번 일은 자네가 재량하여 완수하게.

▸ **재량 활동** 裁量活動 | 살 활, 움직일 동
미리 정하여 있는 교과목 이외에, 학생들과 교사가 스스로 계획하여[裁量] 하는 활동(活動). 또는 그러한 활동을 하는 과목.

재력 財力 | 재물 재, 힘 력 [financial power]
재물(財物)의 힘[力]. 재산상의 세력. ¶재력가(財力家) / 그는 재력이 상당한 사람이다.

재:론 再論 | 다시 재, 말할 론
[argue again; reargue]
다시[再] 말하거나[論] 거론(擧論)함. ¶재론의 여지가 없다 / 그 일은 이후에 재론하기로 합시다.

재롱 才弄 | 재주 재, 놀 롱 [cute tricks]
재주[才]를 부리며 귀엽게 놂[弄]. ¶강아지가 재롱을 부린다.

＊재료 材料 | 재목 재, 거리 료 [material(s); stuff]
❶속뜻 재목(材木)을 만드는 데 필요한 거리[料]. ❷어떤 일을 하거나 이루는 거리. ¶저희 식당은 좋은 재료만을 사용합니다.
▶ 재료-비 材料費 | 쓸 비
제품 생산에 쓰이는 재료(材料)에 드는 비용(費用).

재:림 再臨 | 다시 재, 임할 림
[come again]
❶속뜻 다시[再] 옴[臨]. ❷기독교 부활하여 승천한 예수가, 최후의 심판 때 이 세상에 다시 온다는 일.

재목 材木 | 재목 재, 나무 목
[wood; lumber]
❶속뜻 건축·토목·가구 따위의 재료(材料)로 쓰는 나무[木]. ¶이 건물은 좋은 재목을 써서 지었다. ❷큰일을 할 인물을 비유하여 이르는 말. ¶그 소년은 한국 야구를 이끌어 갈 재목이다.

재무 財務 | 재물 재, 일 무
[financial affairs]
재정(財政)에 관한 사무(事務). ¶재무 관리.

재물 財物 | 재물 재, 만물 물
[property; effects; goods]
재산(財産)이 될만한 물건(物件). ¶그는 재물에 눈이 어두워졌다. 비 재화(財貨).

재물-대 載物臺 | 실을 재, 만물 물, 대 대
물리 현미경에서 관찰할 물건(物件)을 얹어 놓는[載] 평평한 대(臺).

재:미 在美 | 있을 재, 미국 미
[reside in America]
미국(美國)에 살고 있음[在]. ¶재미 한국인 / 재미 동포 / 재미 과학자.

재:발 再發 | 다시 재, 나타날 발
[recur; have a relapse]
한 번 생기었던 일이나 병 따위가 다시[再] 나타남[發]. ¶꾸준히 치료하지 않으면 암은 재발하기 쉽다.

＊재:배 栽培 | 심을 재, 북돋울 배
[grow; raise; cultivate]
식물을 심어서[栽] 가꿈[培]. ¶할머니는 뒤뜰에 토마토를 재배한다.

재:-배치 再配置 | 다시 재, 나눌 배, 둘 치 [reassign; relocate; realign]
다시[再] 잘 나누어[配] 자리에 둠[置]. ¶우리 부대는 다른 곳으로 재배치될 것이다.

재벌 財閥 | 재물 재, 가문 벌
[financial combine]
경제 재산(財産)을 많이 가진 사람의 가문[閥]. 또는 혈연으로 맺어진 자본가 집단. ¶재벌 기업.

재봉 裁縫 | 마를 재, 꿰맬 봉
[sew; do needlework]
옷감을 말라서[裁] 바느질함[縫]. 또는 그 일. ¶어머니는 재봉을 잘하신다.

재:-분배 再分配 | 다시 재, 나눌 분, 나눌 배 [redistribute]
다시[再] 몫을 나눔[分配]. ¶소득의 재분배.

＊재산 財産 | 재물 재, 재물 산
[property; fortune]
❶속뜻 재물(財物)과 자산(資産). ¶그는 죽기 전에 전 재산을 사회에 환원했다. ❷소중한 것을 비유적으로 이르는 말.
▶ 재산-권 財産權 | 권리 권
법률 경제적 이익을 목적으로 하는 재산(財産)상의 권리(權利).
▶ 재산-세 財産稅 | 세금 세
법률 재산(財産)의 소유 또는 재산의 이전 사실에 대하여 부과하는 조세(租稅).

재:상 宰相 | 맡을 재, 도울 상
[prime minister]
❶속뜻 임금이 시킨 일을 맡아[宰] 돕는[相] 신하. ❷역사 임금을 보필하며 모든 관원을 지휘·감독하는 자리에 있는 이품(二品) 이상의 벼슬을 통틀어 이르던 말. ¶조부는 재상을 역임하셨다.

재색 才色 | 재주 재, 빛 색
[wits and beauty]
여자의 재주[才]와 용모[色]. ¶재색을 겸비한 규수.

재:생 再生 | 다시 재, 날 생 [regenerate; recycle]
❶속뜻 죽게 되었다가 다시[再] 살아남[生]. ¶뇌세포는 한번 파괴되면 재생되지 않는다. ❷버리게 된 물건을 다시 살려서 쓰게 만듦. ¶재생 휴지 / 폐식용유를 재생하여 비누를 만들었다. ㈂ 소생(蘇生).

재:선 再選 | 다시 재, 가릴 선
[reelect; select a second time]
한 번 당선된 사람이 다시[再] 두 번째 당선(當選)됨. ¶재선의원(議員) / 그는 대통령에 재선되었다.

재수 財數 | 재물 재, 운수 수
[luck; fortune]
❶속뜻 재물(財物)에 관한 운수(運數). ❷좋은 일이 생길 운수. ¶오늘은 재수가 좋다. 속담 재수가 옴 붙었다.

재앙 災殃 | 재앙 재, 재앙 앙
[calamity; woes]
천재지변(天災地變) 따위로 말미암은 불행한 변고[災=殃]. ¶재앙을 피하다 / 입은 재앙의 근원이다. ㈂ 재난(災難).

재:야 在野 | 있을 재, 들 야
[be out of power]
❶속뜻 들[野]에 파묻혀 있음[在]. ❷정치인이나 저명인사로서 공직에 있지 않거나 정치 활동에 직접 나서지 않고 있음. ¶재야 단체 / 재야 출신의 인사(人士).

재:연 再演 | 다시 재, 펼칠 연
[revive; break up again]

❶속뜻 다시[再] 공연(公演)함. ❷다시 되풀이함. ¶범인은 범행을 재연했다.

재:외 在外 | 있을 재, 밖 외
[abroad; overseas]
외국(外國)에 있음[在]. ¶재외 동포.

재원 才媛 | 재주 재, 미인 원 [gifted young lady]
재주[才] 있는 젊은 여자[媛]. ¶그녀는 대학을 수석으로 입학한 재원이다.

재:위 在位 | 있을 재, 자리 위
[be on the throne; reign]
임금의 자리[位]에 있음[在]. 또는 그 동안. ¶연산군은 재위 중에 폐위되었다.

재:일 在日 | 있을 재, 일본 일
[reside in Japan]
일본(日本)에 살고 있음[在]. ¶재일 교포 / 재일 거류민단 / 재일 유학생.

재:임 在任 | 있을 재, 맡길 임
[be in office]
어떤 직무나 임지(任地)에 있음[在]. 또는 그 동안. ¶재임 기간.

재:-작년 再昨年 | 다시 재, 어제 작, 해 년 [year before last]
지[再] 지난[昨] 해[年]. 그러께. ¶재작년 봄에 심은 나무가 이렇게 자랐다.

재:적 在籍 | 있을 재, 문서 적
[be on the register]
학적, 호적, 병적 따위를 적은 문서[籍]에 올라 있음[在]. ¶재적 인원 / 워싱턴 대학에는 한국 학생이 다수 재적하고 있다.

재정 財政 | 재물 재, 정사 정
[finance(s); financial affairs]
❶속뜻 재산(財産)을 조달, 관리, 사용하는 일체의 정사(政事). ❷경제 개인, 가정, 단체 등의 경제 상태. ¶회사의 재정 상태가 좋아졌다.

▶ **재정-난 財政難** | 어려울 난
경제 재정(財政)의 부족으로 말미암아 생기는 어려움[難]. ¶외환 위기로 회사는 재정난을 겪었다.

재:-정비 再整備 | 다시 재, 가지런할 정,

갖출 비 [reorganize; realign]
다시[再] 정비(整備)함. ¶팀을 재정비하다.

재:중 在中 | 있을 재, 가운데 중
속[中]에 들어 있음[在]. 흔히 봉투 겉에 쓰는 말.

재:직 在職 | 있을 재, 일자리 직
[hold office; be in office]
어떤 직장(職場)에 근무하고 있음[在]. ¶그는 이 회사에서 20년 동안 재직하고 있다.

재질¹ 才質 | 재주 재, 바탕 질
[natural gifts; talent]
재주[才]와 기질(氣質). ¶음악에 재질이 있다.

재질² 材質 | 재목 재, 바탕 질
[quality of the material]
❶속뜻 목재(木材)의 성질(性質). ¶오동나무는 재질이 단단하다. ❷재료(材料)가 갖는 성질. ¶이 옷은 재질이 좋다.

재:차 再次 | 다시 재, 차례 차
[second time; twice]
다시[再] 온 두 번째 차례(次例). 두 번째. ¶답안지를 재차 확인하다. 🔟 거듭.

재:-창조 再創造 | 다시 재, 처음 창, 만들 조 [reinvent]
이미 있는 것을 고치거나 새로운 방식을 써서 다시[再] 만듦[創造]. ¶전통 춤을 현대적으로 재창조하다.

재:청 再請 | 다시 재, 부탁할 청
[request a second time; second]
❶속뜻 다시[再] 부탁함[請]. ❷회의에서, 남의 동의를 찬성하여 거듭 청함. ¶그를 대표로 선출하자고 몇 사람이 재청했다. ❸출연자의 훌륭한 솜씨를 찬양하여 박수 따위로 재연을 청하는 일. ¶그의 연주가 끝나자 사람들은 재청을 외치기 시작했다.

재치 才致 | 재주 재, 이를 치 [wit; tact]
❶속뜻 재주[才]가 상당한 경지에 이름[致]. ❷눈치 빠른 말씨나 능란한 솜씨. ¶그는 나의 물음에 재치 있게 대답했다.

재택-근무 在宅勤務 | 있을 재, 집 택, 부지런할 근, 힘쓸 무
근무지에 가지 않고 집[宅]에 있으면서[在] 일하는[勤務] 것. 회사와 통신 회선으로 연결된 정보 통신 기기를 설치하여 근무한다.

재:택 수업 在宅受業 | 있을 재, 집 택, 받을 수, 일 업
학교에 가지 않고 집[宅]에 있으면서[在] 수업(受業)을 받는 것.

재:-통일 再統一 | 다시 재, 묶을 통, 한 일 [reunify]
다시[再] 통일(統一)함. ¶독일이 재통일되었다.

재판 裁判 | 분별할 재, 판가름할 판
[administer justice; judge]
❶속뜻 옳고 그름을 분별하여[裁] 판단(判斷)함. ❷법률 구체적인 소송 사건을 해결하기 위하여 법원 또는 법관이 공권적 판단을 내리는 일. ¶형사재판 / 그 사건은 재판 중이다.

▶ **재판-관 裁判官** | 벼슬 관
법률 법원에서 재판(裁判) 사무를 맡아보는 법관(法官). ⓒ 판관.

▶ **재판-소 裁判所** | 곳 소
법률 ❶분쟁을 재판(裁判)하는 기관[所]. ❷법원(法院). ¶재판소에 견학가다.

▶ **재판-장 裁判長** | 어른 장
법률 분쟁의 재판(裁判)을 지도, 감독하는 우두머리[長] 법관.

재:-평가 再評價 | 다시 재, 평할 평, 값 가 [revalue; reappraise]
다시[再] 평가(評價)함. 또는 그 평가. ¶이 책은 광해군을 재평가하고 있다.

재:학 在學 | 있을 재, 배울 학
[be in school]
학교에 학적(學籍)이 있음[在]. ¶우리 언니는 초등학교 5학년에 재학 중이다.

▶ **재:학-생 在學生** | 사람 생
재학(在學)하고 있는 학생(學生). ¶우리

학교 재학생 수는 1800명이다.

***재해** 災害 | 재앙 재, 해칠 해
[calamity; disaster]
재앙(災殃)으로 말미암은 피해(被害). ¶정부는 지진으로 인한 재해를 복구하고 있다.

재:현 再現 | 다시 재, 나타날 현
[reappear; reemerge]
다시[再] 나타남[現]. 또는 나타냄. ¶사고 당시의 상황을 재현하다.

재:혼 再婚 | 다시 재, 혼인할 혼
[remarry]
다시[再] 결혼(結婚)함. 또는 그 혼인. ¶그녀는 남편이 죽은 지 얼마 안 돼 재혼했다. [반] 초혼(初婚).

재화 財貨 | 재물 재, 재물 화
[good; commodity]
재산(財産)이 될 만한 물건[貨]. [비] 재물(財物).

재:활 再活 | 다시 재, 살 활
[be rehabilitated; reform]
다시[再] 활동(活動)함. 또는 다시 활용함. ¶재활 훈련.

▸ 재:활-원 再活院 | 집 원
[사회] 신체장애인이 장애를 극복하고 다시 생활할[再活] 수 있도록 하는 기관[院]. ¶재활원에서 자원봉사를 했다.

재:-활용 再活用 | 다시 재, 살 활, 쓸 용
[recycling]
폐품 따위를 가공하여 다시[再] 씀[活用]. ¶신문을 휴지로 재활용하다.

▸ 재:활용-품 再活用品 | 물건 품
고치든가 가공하면 다시 쓸 수[再活用] 있는 버린 물건[品]. 또는 그 물건을 써서 만든 새 물건.

재:회 再會 | 다시 재, 모일 회
[meet again]
다시[再] 만남[會]. ¶나는 옛 친구와 10년 만에 재회하였다.

쟁반 錚盤 | 징 쟁, 소반 반
[shallow round plate; tray]
징[錚]같이 얇고 소반[盤] 같이 바닥이 넓적한 그릇. ¶쟁반에 과일을 담다 / 쟁반 같이 둥근 달.

쟁쟁[1] 琤琤 | 옥 소리 쟁, 옥 소리 쟁 [ring]
❶ [속뜻] 옥이 맞부딪쳐 맑게 울리는 소리[琤+琤]. ❷지나간 소리가 잊히지 않고 귀에 울리는 듯하다. ¶오늘따라 왠지 정답던 할머니의 목소리가 귀에 쟁쟁 울리는 듯하다 / 그녀의 말이 아직도 귀에 쟁쟁하다.

쟁쟁[2] 錚錚 | 쇳소리 쟁, 쇳소리 쟁 [clear; linger; distinguished]
❶ [속뜻] 쇳소리[錚+錚]처럼 뚜렷함. ❷쇠붙이 따위가 맞부딪쳐 맑게 울리는 소리. ¶꽹과리 소리가 쟁쟁 울린다 / 귓전에 징 소리가 아직도 남아 쟁쟁거린다. ❸여러 사람 가운데서 매우 뛰어나다. ¶세계의 쟁쟁한 과학자들.

쟁취 爭取 | 다툴 쟁, 가질 취
[win; gain; obtain]
싸워서[爭] 빼앗아 가짐[取]. ¶금메달 쟁취 / 시민들은 자유를 쟁취하기 위해 혁명을 일으켰다.

쟁탈 爭奪 | 다툴 쟁, 빼앗을 탈
[struggle for]
서로 다투어[爭] 빼앗음[奪]. 또는 그 다툼. ¶양측은 정권을 쟁탈하기 위해 공격했다.

▸ 쟁탈-전 爭奪戰 | 싸울 전
서로 다투어 빼앗는[爭奪] 싸움[戰]. ¶양국은 그 섬을 두고 쟁탈전을 벌였다.

저: 著 | 지을 저 [written by]
'저술'(著述)이나 '저작'(著作)의 뜻을 나타내는 말. 사람의 이름 다음에 써서 '지음'의 뜻을 나타낸다. ¶전광진 저.

저:격 狙擊 | 노릴 저, 칠 격
[snipe (at); shoot (at)]
어떤 대상을 겨냥하여[狙] 쏨[擊]. ¶저격을 당하다 / 누군가 옥상에서 그를 저격했다.

저:-공해 低公害 | 낮을 저, 여럿 공, 해칠

해 [lower pollution]
공해(公害)가 적은[低] 것. ¶저공해 연료를 개발하다.

저:금 貯金 | 쌓을 저, 돈 금
[save; deposit]
❶[속뜻] 돈[金]을 모아[貯] 둠. 또는 그 돈. ❷돈을 금융 기관이나 우체국 등에 맡겨 저축(貯蓄)함. 또는 그 돈. ¶은행에 100만 원을 저금하다. [비] 저축(貯蓄).

▸저:금-통 貯金筒 | 통 통
집에 두고 돈[金]을 집어넣어 모아[貯] 둘 수 있게 만든 통(筒). ¶돼지 저금통.

저:-기압 低氣壓 | 낮을 저, 공기 기, 누를 압 [low pressure]
[지리] 대기의 기압(氣壓)이 주위보다 낮은[低] 상태. ¶바람은 고기압에서 저기압으로 분다 / 저기압의 영향으로 전국이 차차 흐려져 비가 오겠습니다. [반] 고기압(高氣壓).

저:능 低能 | 낮을 저, 능할 능
[low intelligence; feeble]
지능(知能)이 보통보다 썩 낮음[低]. 또는 그런 상태. ¶본디 저능이었다.

▸저:능-아 低能兒 | 아이 아
[교육] 지능(知能)이 보통 수준보다 낮은[低] 아이[兒]. 주의력 산만, 기억 불확실, 의지박약 등이 나타난다. [비] 정신 지체아(精神遲滯兒).

저:력 底力 | 밑 저, 힘 력
[potential power]
❶[속뜻] 밑바닥[底]에 간직하고 있는 끈기 있는 힘[力]. ❷여차할 때 발휘되는 강한 힘. ¶그는 금메달을 딸 만한 저력이 있다.

저:렴 低廉 | 낮을 저, 값쌀 렴
[cheap; low in price]
값이 낮고[低] 싸다[廉]. ¶이 가게는 다른 곳보다 저렴하다. [비] 싸다.

저:명 著名 | 드러날 저, 이름 명
[eminent; prominent; distinguished]
세상에 이름[名]을 드러냄[著]. 이름이 널리 알려짐. ¶저명 학자 / 이번 학회에는 저명한 작가들이 많이 참석했다.

저:번 這番 | 이 저, 차례 번
[last time; other day]
요전의 그[這] 때[番]. ¶저번 토요일에 누나의 결혼식이 있었다.

저:변 底邊 | 밑 저, 가 변 [base]
❶[수학] 도형의 밑[底]을 이루는 변(邊). ❷어떤 생각이나 현상 따위의 겉으로 드러나지 않는 부분. ¶그 작품 저변에는 유교 사상이 깔려 있다. ❸사회의 기본을 이루는 요소나 계층. ¶우리 경제의 저변을 확대하다.

저:서 著書 | 지을 저, 책 서
[book; one's writings; production]
책[書]을 지음[著]. 또는 지은 책. ¶그는 교육에 관한 많은 저서를 남겼다.

저:-소득 低所得 | 낮을 저, 것 소, 얻을 득 [low income]
낮은[低] 소득(所得). 소득이 낮음. ¶저소득 가정을 위해 주택을 임대해주다. [반] 고소득(高所得).

▸저:소득-층 低所得層 | 층 층
[사회] 소득(所得)이 낮은[低] 계층(階層). [반] 고소득층(高所得層).

저:속[1] 低俗 | 낮을 저, 속될 속
[vulgar; base; low]
품위 따위가 낮고[低] 속(俗)됨. ¶그는 말씨가 저속하다 / 저속한 소설. [반] 고상(高尚)하다.

저:속[2] 低速 | 낮을 저, 빠를 속
[low speed]
낮은[低] 속력(速力)이나 속도. ¶버스는 저속으로 출발했다. [반] 고속(高速).

***저:수** 貯水 | 쌓을 저, 물 수
[storage of water; reservoir water]
산업용으로나 상수도용으로 물[水]을 가두어 모아둠[貯]. 또는 그 물.

▸저:수-지 貯水池 | 못 지
인공으로 둑을 쌓아 물[水]을 모아[貯] 두는 못[池]. ¶벽골제(碧骨堤)는 백제 때 쌓은 저수지이다.

저:술 著述 | 지을 저, 지을 술 [write]
책을 씀[著=述]. 또는 그 책. ¶역사에 관한 저술.

▸저:술-가 著述家 | 사람 가
저술(著述)을 전문으로 하는 사람[家].

저습-지 低濕地 | 낮을 저, 젖을 습, 땅 지
땅이 낮고[低] 축축한[濕] 곳[地]. ¶이 나무는 저습지에 서식한다.

저:온 低溫 | 낮을 저, 따뜻할 온
[low temperature]
낮은[低] 온도(溫度). ¶생선은 부패하기 쉬우므로 저온에서 보관해야 한다. [반] 고온(高溫).

저:-위도 低緯度 | 낮을 저, 씨실 위, 정도 도 [low latitudes]
[지리] 낮은[低] 위도(緯度). 적도(赤道)에 가까운 위도. ¶이 해류는 저위도로 느리게 흐르는 한류이다.

저:음 低音 | 낮을 저, 소리 음
[low tone; low voice]
낮은[低] 음(音). 또는 낮은 목소리. ¶그는 저음으로 노래를 불렀다. [반] 고음(高音).

저:의 底意 | 밑 저, 뜻 의
[one's original purpose]
드러내지 않고 밑바닥[底]속에 품고 있는 뜻[意]. ¶갑자기 나에게 잘해 주는 저의가 뭐니? [비] 본심(本心), 본의(本意), 진심(眞心).

저:자 著者 | 지을 저, 사람 자
[writer; author]
글 따위를 지은[著] 사람[者]. [비] 작자(作者), 지은이.

저:-자세 低姿勢 | 낮을 저, 맵시 자, 형세 세 [modest attitude; low profile]
교섭 따위에서 상대편의 비위를 맞추려고 자세(姿勢)를 낮춤[低]. ¶그녀는 내 앞에서는 항상 저자세를 취한다. [반] 고자세(高姿勢).

저:작 著作 | 지을 저, 지을 작
[write a book]
책을 지어냄[著=作]. ¶저작 활동 / 그는 고대 문물에 대한 책을 저작했다.

▸저:작-권 著作權 | 권리 권
[법률] 저작자가 자신의 저작물(著作物)을 독점적으로 이용할 수 있는 권리(權利). ¶저작권을 침해하다.

▸저:작-자 著作者 | 사람 자
책을 지은[著作] 사람[者]. ¶저작자가 사망한 뒤에도 저작권은 보호를 받는다.

▸저:작권-법 著作權法 | 권리 권, 법 법
[법률] 저작권(著作權)의 보호를 목적으로 하는 법률(法律). ¶이 책은 저작권법의 보호를 받습니다.

저:장 貯藏 | 쌓을 저, 감출 장
[store; lay in]
물건 따위를 쌓아서[貯] 잘 간직함[藏]. ¶냉동 저장 / 생선을 소금에 절여 저장하다.

▸저:장-고 貯藏庫 | 곳집 고
물건이나 재화 따위를 모아서 간수하여[貯藏] 두는 창고(倉庫). ¶저장고에 잘 넣어 두다.

저:조 低調 | 낮을 저, 가락 조
[low toned; dull]
❶[속뜻] 낮은[低] 가락[調]. ❷능률이나 성적이 낮음. ¶출석 저조 / 시청률이 저조하다.

저:주 詛呪 | 욕할 저, 빌 주
[curse; execrate]
미운 이에게 욕하며[詛] 재앙이나 불행이 닥치기를 빎[呪]. ¶저주의 말을 퍼붓다. [반] 축복(祝福).

저:지 沮止 | 막을 저, 그칠 지
[stop; block; hold back]
막아서[沮] 중지(中止)시킴. ¶경찰은 시위대를 저지했다.

저:질 低質 | 낮을 저, 바탕 질
[low quality]
질(質)이 낮음[低]. 바탕이 좋지 않음. ¶저질 상품 / 저질 만화.

저:-체중 低體重 | 낮을 저, 몸 체, 무거

울 중 [underweight]
정상보다 적은[低] 몸무게[體重]. ¶저체중은 영양부족이 원인이기도 하다.

저:촉 抵觸 | 막을 저, 떠받을 촉 [conflict]
❶[속뜻]서로 밀면서 막고[抵] 떠받음[觸]. 서로 모순됨. ❷법률이나 규칙에 위배되거나 거슬림. ¶법에 저촉되는 일.

저:축 貯蓄 | 쌓을 저, 모을 축 [save; deposit]
❶[속뜻]쌓아[貯] 모아둠[蓄]. ❷[경제]소득의 일부를 아껴 금융기관에 맡겨 둠. 또는 그 돈. ¶나는 월급의 절반을 저축한다. [비]저금(貯金).

저:택 邸宅 | 집 저, 집 택 [residence; mansion]
규모가 아주 큰 집[邸=宅]. ¶그는 시골에 으리으리한 저택이 있다.

저:하 低下 | 낮을 저, 아래 하 [fall; decline]
사기, 정도, 수준, 물가, 능률 따위가 아래로[下] 낮아짐[低]. ¶판매 저하 / 요즘 학생들의 체력이 크게 저하되었다. [반]향상(向上).

저:-학년 低學年 | 낮을 저, 배울 학, 해 년 [lower classes]
낮은[低] 학년(學年). ¶초등학교 저학년 어린이. [반]고학년.

저:항 抵抗 | 맞설 저, 막을 항 [resist]
어떤 힘, 권위 따위에 맞서서[抵] 버티어 막음[抗]. ¶공기의 저항을 최소화하다 / 그들은 적에게 완강히 저항했다. [비]항거(抗拒).

▶저:항-력 抵抗力 | 힘 력
저항(抵抗)하는 힘[力]. ¶그녀는 저항력이 약해서 독감에 걸렸다.

저:해 沮害 | 막을 저, 해칠 해 [obstruct; check; impede]
막아서[沮] 못하게 하여 해(害)침. ¶저해 요인 / 비만은 키의 성장을 저해한다.

저:-혈압 低血壓 | 낮을 저, 피 혈, 누를 압 [low blood pressure]
[의학]혈압(血壓)이 정상보다 낮은[低] 현상. [반]고혈압(高血壓).

적[1] 炙 | 고기 구울 적
고기와 채소 등을 양념하고 대꼬챙이에 꿰어서 불에 구운 음식.

적[2] 敵 | 원수 적 [enemy; foe]
자기와 원수인 사람. ¶적을 만들다 / 오늘의 친구가 내일의 적이 될 수 있다.

적개 敵愾 | 원수 적, 성낼 개 [hostility; animosity]
적(敵)에 대한 분노와 증오[愾].

▶적개-심 敵愾心 | 마음 심
적에 대하여 분노하는[敵愾] 마음[心]. ¶적개심에 불타오르다 / 적개심에 가득 찬 눈빛.

적국 敵國 | 원수 적, 나라 국 [hostile country]
적대(敵對) 관계에 있는 나라[國]. ¶그는 회담을 통해 적국의 침략을 막았다.

적군 敵軍 | 원수 적, 군사 군 [enemy force; enemy troops]
적국(敵國)의 군대(軍隊)나 병사. ¶그는 혼자서 적군을 무찔렀다. [반]아군(我軍).

***적극** 積極 | 쌓을 적, 끝 극 [positive]
❶[속뜻]끝[極]까지 쌓음[積]. ❷어떤 일에 대하여 바짝 다잡는 성향이나 태도. ¶현지는 나를 적극 도와주었다. [반]소극(消極).

▶적극-적 積極的 | 것 적
적극(積極) 힘쓰는 것[的]. ¶그는 모든 일에 적극적이다. [반]소극적(消極的).

적금 積金 | 쌓을 적, 돈 금 [save up by installment; deposit funds]
❶[속뜻]돈[金]을 모아[積] 둠. 또는 그 돈. ❷[경제]일정 기간 일정 금액을 불입한 다음 만기가 되면 찾기로 약속된, 은행 저금의 한 가지. ¶매달 십 만원씩 적금을 붓다.

적기[1] 適期 | 알맞을 적, 때 기 [proper time; season for]
알맞은[適] 시기(時期). ¶지금이 단풍을

구경하기에 적기이다.

적기² 敵機 | 원수 적, 틀 기 [enemy plane]
적(敵)의 비행기(飛行機). ¶백령도 영공(領空)에 적기가 나타났다.

적-나라 赤裸裸 | 붉을 적, 벌거벗을 라, 벌거벗을 라 [naked; frank; plain]
❶[속뜻] 벌건[赤] 몸을 드러내 놓다[裸+裸]. ❷숨김이 없이 있는 그대로 다 드러내다. ¶그 영화는 빈민가의 삶을 적나라하게 보여 준다.

***적당** 適當 | 알맞을 적, 마땅 당 [suitable; proper]
정도나 이치에 꼭 알맞고[適] 마땅하다[當]. ¶매일 적당한 운동은 건강에 좋다 / 간장을 적당히 넣어 간을 맞추다.

▶ **적당-량** 適當量 | 분량 량
쓰임에 알맞은[適當] 분량(分量). ¶적당량의 소금은 건강에 좋다.

적대 敵對 | 원수 적, 대할 대 [show hostility]
적(敵)으로 맞서[對] 버팀. ¶적대 관계 / 적대적인 태도 / 상대방을 적대하면 좋을 것이 없다. [반] 우호(友好).

적도 赤道 | 붉을 적, 길 도 [equator; line]
❶[속뜻] 지도에 붉은[赤] 색으로 표시한 길[道]. ❷[지리] 지구의 중심을 지나는 지축에 직각인 평면과 지표가 교차되는 선.

적막 寂寞 | 고요할 적, 쓸쓸할 막 [silent; quiet]
고요하고[寂] 쓸쓸함[寞]. ¶아이의 비명소리가 적막을 깼다 / 그는 적막한 산길을 걸었다.

적반하장 賊反荷杖 | 도둑 적, 거꾸로 반, 멜 하, 지팡이 장
❶[속뜻] 도둑[賊]이 도리어[反] 몽둥이[杖]를 멤[荷]. ❷잘못한 사람이 도리어 잘한 사람을 나무라는 경우. ¶새치기를 하고도 화를 내다니, 적반하장도 유분수지!

적발 摘發 | 딸 적, 드러낼 발 [expose; uncover]
숨겨진 물건을 들추어[摘] 드러냄[發]. ¶그 학생은 시험 시간에 커닝을 하다가 적발됐다.

적법 適法 | 알맞을 적, 법 법 [legal; legitimate]
법규(法規)나 법률에 맞음[適]. ¶적법한 절차 / 그 행위는 적법하다. [반] 불법(不法), 위법(違法).

적병 敵兵 | 원수 적, 군사 병 [enemy soldier; enemy]
적(敵)의 병사(兵士). ¶풀숲에 적병이 숨어 있으리라고는 생각하지 못했다.

적색 赤色 | 붉을 적, 빛 색 [red color; crimson]
붉은[赤] 빛[色]. ¶적색경보 / 정지를 알리는 적색 불빛이 깜빡거렸다.

적선¹ 敵船 | 원수 적, 배 선 [enemy ship]
적(敵)의 배[船]. ¶이순신 장군은 노량해전에서 적선 삼백여 척을 격파했다.

적선² 積善 | 쌓을 적, 착한 선 [building up merits]
착한[善] 일을 많이 함[積]. ¶가난한 사람들에게 적선을 베풀다 / 한 푼만 적선해 주십시오.

적성 適性 | 알맞을 적, 성질 성 [aptitude; fitness]
어떤 일에 알맞은[適] 성질(性質)이나 적응 능력. ¶적성에 맞는 일을 찾다.

▶ **적성 검:사** 適性檢查 | 봉함 검, 살필 사
[심리] 특정 활동에 대한 개인의 적성(適性)을 측정하기 위하여 하는 검사(檢査).

적수 敵手 | 원수 적, 사람 수 [rival; competitor]
❶[속뜻] 적(敵)이 될 만한 사람[手]. ❷재주나 힘이 서로 비슷해서 상대가 되는 사람. ¶나는 그의 적수가 못 된다.

적시 適時 | 알맞을 적, 때 시 [timely]
적당(適當)한 시기(時期). 알맞은 때. ¶그

는 적시에 나타나 나를 구해줬다.

▸ 적시-타 適時打 | 칠 타
[운동] 야구에서 적절한 때[適時]에 때리는 안타(安打).

적-십자 赤十字 | 붉을 적, 열 십, 글자 자
[Red Cross; Red Cross]
❶ [속뜻] 흰 바탕에 붉은[赤] 색의 십자(十字)를 그린 휘장. ❷ [사회] '적십자사'의 준말.

▸ 적십자-사 赤十字社 | 단체 사
[사회] 적십자(赤十字) 정신에 의한 활동을 하는 국제적 단체[社].

적외-선 赤外線 | 붉을 적, 밖 외, 줄 선
[infrared light]
❶ [속뜻] 붉은[赤] 색의 빛 바깥쪽에[外] 있는 빛줄[線]. ❷ [물리] 파장이 적색 가시광선(可視光線)보다 길며 극초단파보다 짧은, 750㎛~1㎜의 전자파. 햇빛 따위를 스펙트럼으로 분산시켜 보면 적색 스펙트럼의 바깥쪽에 존재한다. ¶이것은 적외선을 이용한 의료용 기기이다.

적요 摘要 | 딸 적, 요할 요
[summarize; outline]
중요(重要)한 부분을 뽑아내어[摘] 적는 일. 또는 그렇게 적어 놓은 것.

적용 適用 | 알맞을 적, 쓸 용 [apply to]
알맞게[適] 응용(應用)함. 맞추어 씀. ¶이 법은 모든 국민에게 적용된다.

적응 適應 | 알맞을 적, 응할 응
[adapt; accommodate]
어떠한 상황이나 조건에 알맞게[適] 잘 어울림[應]. ¶시차 적응 / 그는 전학 간 학교에 잘 적응하고 있다.

▸ 적응-력 適應力 | 힘 력
적응(適應)하는 능력(能力). ¶이 식물은 새로운 환경에 대한 적응력이 뛰어나다.

적의 敵意 | 원수 적, 뜻 의
[hostile feelings; hostility]
❶ [속뜻] 적대(敵對)하는 마음[意]. ❷해치려는 마음. ¶적의를 품다 / 그는 적의에 찬 눈으로 나를 노려보았다.

적임 適任 | 알맞을 적, 맡길 임
[fitness to the post; suitability]
어떤 임무(任務)를 맡기에 알맞음[適]. ¶이 일에는 그가 적임이다.

▸ 적임-자 適任者 | 사람 자
그 임무(任務)를 맡기기에 적당(適當)한 사람[者]. ¶우리 학교 회장으로는 아름이가 적임자다.

적자 赤字 | 붉을 적, 글자 자
[deficit; loss]
❶ [속뜻] 붉은[赤] 글씨의 숫자[字]. ❷ [경제] 장부에서 수입을 초과한 지출로 생기는 모자라는 금액. ¶빚을 갚고 나면 이번 달도 적자이다. [반] 흑자(黑字).

적장 敵將 | 원수 적, 장수 장
[enemy's general]
적(敵)의 장수(將帥). ¶그는 적장의 목을 베었다.

적재[1] 積載 | 쌓을 적, 실을 재
[carry; load]
차나 선박 따위에 짐을 쌓아[積] 실음[載]. ¶이 트럭은 3톤까지 적재할 수 있다.

적재[2] 適材 | 알맞을 적, 재목 재
[man fit for the post]
알맞은[適] 재목(材木). 유능한 인재(人材).

▸ 적재-적소 適材適所 | 알맞을 적, 곳 소
어떤 일에 알맞은[適] 인재(人材)에게 알맞은[適] 바[所]의 임무를 맡기는 일. ¶새로 뽑은 사원들을 적재적소에 배치했다.

적적 寂寂 | 고요할 적, 고요할 적
[lonely; lonesome]
쓸쓸하고 고요하다[寂+寂]. ¶아이들이 없으니 집 안이 무척 적적하다.

*__적절__ 適切 | 알맞을 적, 절실할 절
[suitable; fit; appropriate]
꼭 알맞고[適] 절실하다[切]. ¶적절한 대답 / 적절히 행동하다. [반] 부적절하다.

적정 適正 | 알맞을 적, 바를 정

[proper; appropriate]
알맞고[適] 바른[正] 정도. ¶적정 온도 / 적정 수준 / 적정한 방법을 찾아 문제를 해결하자.

적조 赤潮 | 붉을 적, 바닷물 조
[red tide]
[생물] 조수(潮水)가 붉게[赤] 보이는 현상. 동물성 플랑크톤의 이상번식으로 바닷물이 부패하여 나타난다. ¶적조 때문에 물고기가 떼죽음을 당했다.

적중 的中 | 과녁 적, 맞을 중
[hit the mark; make a good hit]
목표한 과녁[的]에 정확히 들어맞음[中]. ¶화살이 과녁에 적중했다 / 오후에 눈이 내릴 것이라는 일기예보는 적중했다.

적지 敵地 | 원수 적, 땅 지
[enemy's territory]
적(敵)의 땅[地]. 적의 세력 아래 들어가 있는 지역. ¶그는 적지를 뚫고 들어가 포로를 구했다.

적진 敵陣 | 원수 적, 진칠 진
[enemy's camp; enemy's position]
적(敵)의 진영(陣營). 적군(敵軍)의 진지(陣地). ¶적진을 향해, 돌격하라!

***적합** 適合 | 알맞을 적, 맞을 합
[suitable; fit; compatible]
꼭 알맞게[適] 잘 맞음[合]. 꼭 알맞음. ¶이곳은 벼농사를 짓기에 적합하다. [반] 부적합(不適合).

적-혈구 赤血球 | 붉을 적, 피 혈, 공 구
[red blood cell]
[의학] 혈색소(血色素)인 헤모글로빈 때문에 붉게[赤] 보이는 혈구(血球)의 한 가지. [반] 백혈구(白血球).

적화 赤化 | 붉을 적, 될 화
[communization; bolshevize]
❶[속뜻] 붉은[赤] 색으로 됨[化]. ❷공산주의 국가가 됨을 상징적으로 나타낸 말. ¶적화 통일은 막아야 한다.

전¹ 全 | 모두 전 [whole; all; entire]
'모든', '전체'의 뜻을 나타내는 말. ¶전 세계 / 전 학생이 마라톤에 참가했다. [비] 온.

전² 前 | 앞 전 [before]
❶지금보다 먼저 있던 시간. ¶5년 전. ❷막연히 과거를 이르는 말. ¶그 사람을 전에 만난 일이 있다. [반] 후(後).

전:³ 煎 | 달일 전 [fried food]
번철에 기름을 두르고, 재료를 얇게 썰어 밀가루를 묻혀 지진 음식의 총칭. ¶진달래 전을 부치다. [비] 부침개, 지짐이.

전:가 轉嫁 | 옮길 전, 떠넘길 가 [impute]
자기의 허물이나 책임 따위를 남에게 떠넘겨[嫁] 옮김[轉]. ¶책임을 친구에게 전가하다.

전:각 殿閣 | 큰 집 전, 관청 각
[royal palace]
❶[속뜻] 궁전(宮殿)과 누각(樓閣). ¶사훈각은 개국공신의 영정을 모신 전각이다. ❷임금이 거처하던 궁전(宮殿). ¶왜군이 전각에 방화했다.

전갈¹ 傳喝 | 전할 전, 큰소리 갈
[verbal message]
❶[속뜻] 큰소리[喝]로 전(傳)함. ❷사람을 시켜 안부를 묻거나 말을 전함. 또는 그 안부나 말. ¶할머니께서 돌아가셨다는 전갈이 왔다.

전갈² 全蠍 | 온전할 전, 전갈 갈
[scorpion]
[동물] 몸은 짧은 머리가슴과 좁고 긴 배로 나뉘는데 꼬리 끝에 독침이 있는 곤충[蠍]. '全'자가 쓰인 까닭은 알 수 없다.

전:개 展開 | 펼 전, 열 개
[develop; unfold]
❶[속뜻] 눈앞에 넓게 펼쳐져[展] 열림[開]. ❷논리나 사건, 이야기의 장면 따위가 점차 크게 펼쳐져 열림. ¶이야기 전개가 빠르다.

▸ 전:개-도 展開圖 | 그림 도
[수학] 입체의 표면을 전개(展開)시켰을 때 이루어지는 도형(圖形).

▸ 전:개-식 展開式 | 법 식

[수학] 다항식의 곱을 전개(展開)하여 얻은 식(式).

전ː격 電擊 | 전기 전, 부딪칠 격
[electric shock; lightning attack]
❶ [속뜻] 강한 전류(電流)에 의한 갑작스런 충격(衝擊). ❷번개처럼 빠르고 날카로움. 또는 번개처럼 갑작스러운 공격(攻擊). ¶전격 작전.

▸ 전ː격-적 電擊的 | 것 적
번개[電]와 같이 갑작스럽게 냅다 치는[擊] 것[的]. ¶그는 전격적으로 결혼을 발표했다.

전경 全景 | 모두 전, 볕 경
[complete view; panoramic view]
전체(全體)의 경치(景致). ¶남산에서는 서울의 전경이 보인다.

전공 專攻 | 오로지 전, 닦을 공
[specialize in; major in]
❶ [속뜻] 오로지[專] 그것만 갈고 닦음[攻]. ❷어느 한 분야를 전문적으로 연구함. 또는 그 분야. ¶피아노 전공 / 대학에서 무엇을 전공하셨습니까?

전과[1] 全科 | 모두 전, 과목 과
[whole curriculum; complete course]
[교육] ❶모든[全] 과목(科目). 모든 학과(學科). ❷초등학교의 모든 과목을 다루는 학습 참고서.

전ː과[2] 戰果 | 싸울 전, 열매 과
[war results; military achievements]
전투(戰鬪)나 운동 경기에서 거둔 성과(成果). ¶왕은 전과를 올린 장군에게 비단을 하사했다.

전과[3] 前科 | 앞 전, 형벌 과
[previous conviction]
[법률] 전(前)에 형벌[科]을 받은 사실. ¶그는 전과 2범이다.

▸ 전과-자 前科者 | 사람 자
[법률] 전과(前科)가 있는 사람[者].

전ː광 電光 | 번개 전, 빛 광
[flash of lightning; bolt; electric light]
❶ [속뜻] 번개[電]가 칠 때 번쩍이는 불[光]. ❷전력(電力)으로 일으킨 빛. ¶전광 간판.

▸ 전ː광-판 電光板 | 널빤지 판
전광(電光)을 통하여 그림이나 문자 따위가 나타나도록 만든 판(板). ¶전광판에는 9회 말을 알리는 불이 들어왔다. [비] 전광 게시판.

전교 全校 | 모두 전, 학교 교
[whole school]
한 학교(學校)의 전체(全體). ¶전교 학생 회장.

▸ 전교-생 全校生 | 사람 생
한 학교(學校)의 전체(全體) 학생(學生). ¶전교생이 운동장에 모였다.

*__전ː구__ 電球 | 전기 전, 공 구
[bulb of an electric lamp]
전등(電燈)에 끼우는 공[球] 모양의 기구. ¶아버지가 부엌의 전구를 갈아 끼웠다.

⁑**전국** 全國 | 모두 전, 나라 국
[whole country]
한 나라[國]의 전체(全體). 온 나라. ¶전국 체육 대회.

▸ 전국-구 全國區 | 나눌 구
[법률] 전국(全國)을 한 단위로 하는 선거구(選擧區). ¶그는 전국구 국회의원에 출마했다. [반] 지역구(地域區).

▸ 전국-적 全國的 | 것 적
규모·범위 따위가 나라[國] 전체(全體)에 관계되는 것[的]. ¶내일은 전국적으로 눈이 내리겠습니다.

전권 全權 | 모두 전, 권력 권
[full authority; tyrannical power]
❶ [속뜻] 모든[全] 권력(權力). ❷맡겨진 일을 책임지고 처리할 수 있는 일체의 권한. ¶전권을 부여받다 / 전권을 장악하다. ❸ [법률] 전권 위원.

전ː극 電極 | 전기 전, 끝 극
[electrode; pole]
[물리] 전기(電氣)가 드나드는 양극(兩極)의 단자(端子). ¶전구에 전극을 연결하다.

전ː근 轉勤 | 옮길 전, 일할 근 [transfer]

자리를 옮겨[轉] 일함[勤]. 근무처를 옮김. ¶그는 다른 도시의 학교로 전근했다.

전기[1]前期 | 앞 전, 때 기
[the first term; the former part]
❶[속뜻] 현재의 앞[前]의 기간(期間). ❷ 어떤 기간을 둘로 나누었을 때의 그 앞 기간. [반]후기(後期).

전기[2]傳記 | 전할 전, 기록할 기
[life; biography; life history]
한 개인의 일생의 일을 전(傳)하여 적은 기록(記錄). ¶나는 안창호의 전기를 읽었다.

▸ 전기-문 傳記文 | 글월 문
어느 개인의 일대기를 전(傳)하기 위하여 적은[記] 글[文].

전:기[3]電氣 | 전기 전, 기운 기
[electrical machinery and appliances]
[물리] 전자(電子)의 이동으로 생기는 에너지[氣]의 한 형태. ¶전기가 나가다.

▸ 전:기 회로 電氣回路 | 돌아올 회, 길 로
[전기] 전기(電氣)가 도체(導體)의 한 점에서 시작하여 다시 그 출발점에 돌아오는[回] 통로(通路).

전년 前年 | 앞 전, 해 년
[last year; past years]
지나간[前] 해[年]. ¶전년 여름에 비해 훨씬 덥다. [비]지난해, 작년(昨年).

전념 專念 | 오로지 전, 생각 념
[keep one's mind]
오로지[專] 한 가지 일만 마음에 두어 생각함[念]. ¶공부에 전념하다.

전단 傳單 | 전할 전, 홑 단 [bill; leaflet]
광고나 선전(宣傳)의 내용을 적은 낱장[單]의 인쇄물. ¶수배 전단 / 전단을 뿌리다.

***전달 傳達** | 전할 전, 이를 달
[transmit; deliver]
지시, 명령, 물품 따위를 전(傳)하여 이르게[達] 함. ¶이 편지를 그에게 전달해 주세요.

전담 全擔 | 모두 전, 멜 담
[take complete charge of]
어떤 일의 전부(全部)를 담당(擔當)함. ¶비용은 회사에서 전담한다.

전답 田畓 | 밭 전, 논 답
[dry fields and paddy fields]
밭[田]과 논[畓]. [비]논밭.

전:당[1]殿堂 | 대궐 전, 집 당
[palace; sanctuary]
❶[속뜻] 대궐[殿] 같이 웅장하고 화려한 집[堂]. ❷'학문, 예술, 과학, 기술, 교육 따위의 분야에서 가장 권위 있는 연구기관'을 비유하여 이르는 말. ¶과학 기술의 전당.

전:당[2]典當 | 저당 잡힐 전, 맡을 당
[pawning; pledge]
물품을 담보로 잡히거나[典] 맡겨 놓고[當] 돈을 꾸어 씀. ¶그는 반지를 20만 원에 전당잡혔다.

▸ 전:당-포 典當鋪 | 가게 포
전당(典當)으로 이익을 취하는 가게[鋪]. ¶전당포에 맡긴 목걸이를 되찾다.

전도[1]全圖 | 모두 전, 그림 도
[complete diagram; whole map]
전체(全體)를 그린 그림[圖]이나 지도(地圖). ¶세계 전도.

전도[2]傳導 | 전할 전, 이끌 도
[conduct; transmit]
❶[속뜻] 전(傳)하여 인도(引導)함. ❷[물리] 열 또는 전기가 물체 속을 이동하는 일. 또는 그런 현상. 열전도, 전기 전도 따위. ¶은은 열을 잘 전도한다.

전도[3]傳道 | 전할 전, 길 도
[propagate one's religion]
❶[속뜻] 종교적인 도(道)를 세상에 널리 전함[傳]. ❷[기독교] 기독교의 교리를 세상에 널리 전하여 믿지 않는 사람에게 신앙을 가지도록 인도함. 또는 그런 일. ¶그는 아프리카 원주민을 전도했다.

▸ 전도-사 傳道師 | 스승 사
[기독교] 전도(傳道)의 임무를 맡은 사람[師].

전:동 電動 | 전기 전, 움직일 동 [electric

motion]
[전기] 전기(電氣)의 힘으로 움직임[動]. ¶ 전동 칫솔 / 이 기계는 전동이다.

▸ 전:동-기 電動機 | 틀 기
[전기] 전기(電氣)의 힘으로 움직이는[動] 기계(機械).

▸ 전:동-차 電動車 | 수레 차
[교통] 전동기(電動機)의 힘으로 레일 위를 달리는 차(車).

전:등 電燈 | 전기 전, 등불 등
[electric lamp]
전기(電氣)의 힘으로 밝은 빛을 내는 등(燈). 흔히 백열전기등을 이른다. ¶그는 전등을 켜 놓은 채 잠들었다.

전등-사 傳燈寺 | 전할 전, 등불 등, 절 사
❶[속뜻] 불법을 전(傳)하는 등불[燈]을 상징하는 절[寺]. ❷[불교] 인천광역시 강화군에 있는 절. 고구려 소수림왕 11년(381)에 아도 화상(阿道和尙)이 창건하였다고 한다.

전:란 戰亂 | 싸울 전, 어지러울 란
[strife; disturbances of war]
전쟁(戰爭)으로 말미암은 난리(亂離). ¶ 전국이 전란에 휩쓸리게 되었다.

전:람 展覽 | 펼 전, 볼 람
[exhibit; show; display]
❶[속뜻] 펴서[展] 봄[覽]. ❷소개, 교육, 선전 따위를 목적으로 필요한 물품을 일정한 장소에 모아 진열하여 놓고 여러 사람에게 보임. ¶이 미술관에서는 국보급 고려청자를 전람한다.

▸ 전:람-회 展覽會 | 모일 회
소개, 교육, 선전 따위를 목적으로 물건이나 예술 작품을 펼쳐놓고[展] 여러 사람에게 보이는[覽] 모임[會]. ¶미술 전람회를 열다.

전래 傳來 | 전할 전, 올 래
[be handed down]
❶[속뜻] 예로부터 전(傳)하여 내려옴[來]. ¶전래 동요 / 전래된 미풍양속을 지키다. ❷외국에서 전하여 들어옴. ¶고구려에 불교가 전래되었다.

전:략 戰略 | 싸울 전, 꾀할 략
[strategy; stratagem]
전쟁(戰爭)을 전반적으로 이끌어 가는 책략(策略). ¶전략을 세우다.

전력[1] 全力 | 모두 전, 힘 력 [all one's strength; all one's energies]
모든[全] 힘[力]. 있는 힘. 온 힘. ¶전력을 기울이다 / 전력을 쏟다.

전력[2] 專力 | 오로지 전, 힘 력
[concentrate one´s energies]
오로지[專] 한 가지 일에만 힘[力]을 쏟음. ¶그는 이번 작품에 전력을 기울였다.

*__전:력__[3] 電力 | 번개 전, 힘 력
[electric power; electricity; power]
[물리] 전류(電流)에 의한 동력(動力). 전류가 단위 시간에 하는 일. 또는 단위 시간에 사용되는 전기 에너지의 양. ¶전력 낭비를 줄이다.

전:력[4] 戰力 | 싸울 전, 힘 력
[military strength; fighting power]
전투(戰鬪)나 경기 따위를 할 수 있는 능력(能力). ¶선수들의 부상으로 팀의 전력이 약화되었다.

전령 傳令 | 전할 전, 명령 령
[deliver an official message]
명령(命令) 따위를 전달(傳達)함. 또는 그 사람. ¶적군의 전령을 사살하다. [비]전명(傳命), 전령병(傳令兵).

전례 前例 | 앞 전, 법식 례
[precedent; previous example]
❶[속뜻] 이전(以前)부터 있었던 사례(事例). ❷예로부터 전하여 내려오는 일 처리의 관습. ¶전례에 따라 일을 처리하다. [비]유례(類例).

‡**전:류** 電流 | 전기 전, 흐를 류 [electric current; current of electricity]
❶[속뜻] 전기(電氣)가 흐름[流]. ❷[물리] 전하가 연속적으로 이동하는 현상. 도체 내부의 전위가 높은 곳에서 낮은 곳으로 흐르며 양전기가 흐르는 방향이 전류의 방

향이다.

전립-선 前立腺 | 앞 전, 설 립, 샘 선
[prostate (gland)]
❶속뜻 앞쪽으로[前] 서도록[立] 하는 샘[腺]. ❷의학 방광의 아래, 남성 생식기의 뒤쪽에 요도가 시작되는 앞 부위를 둘러싸고 있는 밤톨만한 선(腺). 정액의 액체 성분을 이루는 유백색의 액체를 요도로 분비하여 정자의 운동을 활발하게 한다.

전ː말 顚末 | 꼭대기 전, 끝 말
[circumstances; particulars]
꼭대기[顚]부터 끝[末]까지. 처음부터 끝까지 일이 진행되어 온 경과. ¶사건의 전말이 드러나다.

전ː망 展望 | 펼 전, 바라볼 망
[view; prospect; outlook]
❶속뜻 멀리 펼쳐진[展] 곳을 바라봄[望]. ❷멀리 내다보이는 경치. ¶이곳은 전망이 좋다. ❸앞날을 헤아려 내다봄. 또는 내다보이는 장래의 상황. ¶이번 사업은 전망이 밝다.

▶ 전ː망-대 展望臺 | 돈대 대
전망(展望)할 수 있도록 만들어 놓은 높은 대(臺). ¶통일 전망대.

전매 專賣 | 오로지 전, 팔 매
[monopolize]
❶속뜻 어떤 물건을 오로지[專] 혼자서만 팖[賣]. ❷법률 국가가 국고 수입을 위하여 어떤 재화의 판매를 독점하는 일. ¶옛날에는 소금과 철을 전매했다.

전면¹ 全面 | 모두 전, 낯 면
[whole surface]
❶속뜻 모든[全] 면(面). 또는 모든 부문. ¶국어사전을 전면 개정하다. ❷하나의 면 전체. ¶신문에 전면 광고를 싣다.

전면² 前面 | 앞 전, 낯 면
[front side; frontage]
앞[前] 면(面). ¶건물의 전면에 간판이 걸려 있다. ⓔ 앞면. ⓔ 후면(後面).

전멸 全滅 | 모두 전, 없어질 멸
[be annihilated; be exterminated]
모조리[全] 죽거나 망하거나 하여 없어짐[滅]. ¶적군은 완전히 전멸되고 말았다

전모 全貌 | 모두 전, 모양 모
[whole aspect]
전체(全體) 모습(貌). 또는 전체 내용. ¶사건의 전모를 밝히다.

전무 專務 | 오로지 전, 일 무
[executive director]
어떤 일을 전문적(專門的)으로 맡아보는 사무(事務). 또는 그런 사람.

전문¹ 全文 | 모두 전, 글월 문
[whole sentence; whole statement]
전체[全] 글[文]. ¶기사 전문을 인용하다.

전문² 專門 | 오로지 전, 문 문
[be special]
어떤 분야에 상당한 지식과 경험을 가지고 오직[專] 그 분야[門]만 연구하거나 맡음. 또는 그 분야. ¶이 음식점은 삼계탕을 전문으로 한다.

▶ 전문-가 專門家 | 사람 가
어떤 분야를 연구하거나 그 일에 종사함에 있어, 그 분야에 전문적(專門的)인 지식과 경험을 가진 사람[家]. ¶최 박사님은 공룡 화석 전문가이다.

▶ 전문-의 專門醫 | 치료할 의
의학 의학의 일정한 분과만을 전문적(專門的)으로 맡아보는 의사(醫師). ¶그는 이비인후과 전문의이다.

▶ 전문-적 專門的 | 것 적
한 가지 일을 전문(專門)으로 하는 것[的]. ¶전문적 지식.

▶ 전문-직 專門職 | 일자리 직
전문적(專門的)인 지식이나 기술이 필요한 직업(職業). ¶그는 전문직에 종사한다.

▶ 전문-화 專門化 | 될 화
전문적으로 됨. 전문적(專門的)으로 되게[化] 함.

▶ 전문-대ː학 專門大學 | 큰 대, 배울 학
교육 전문적(專門的)인 직업 교육을 주로 하는 대학(大學) 과정이나 그 기관. 수업

연한은 2~3년이다.

전미 全美 | 모두 전, 미국 미
[whole of America]
미국(美國) 전체(全體). ¶전미 선수권.

전반[1]全般 | 모두 전, 일반 반 [whole]
❶[속뜻] 전체(全體)에 공통되는 일반적(一般的)인 것. ❷어떤 일이나 부문에 대하여 그것에 관계되는 전체. 또는 통틀어서 모두. ¶나는 중국 역사 전반에 관심이 있다. [비] 부분(部分), 일부(一部).

▸ 전반-적 全般的 | 것 적
전반(全般)에 걸친 것[的]. ¶일의 전반적인 흐름을 파악하다.

전반[2]前半 | 앞 전, 반 반 [first half]
전체를 둘로 나누었을 때, 앞[前]부분의 절반(折半). ¶19세기 전반에 산업혁명이 전 세계로 확산되었다. [반] 후반(後半).

▸ 전반-전 前半戰 | 싸울 전
[운동] 축구·핸드볼 따위의 운동 경기에서, 경기 시간을 둘로 나누었을 때에 전반(前半)의 경기[戰]. ¶2:1로 전반전이 끝났다. [반] 후반전(後半戰).

전방 前方 | 앞 전, 모 방
[front line; forward area]
앞[前] 쪽[方]. ¶50미터 전방에서 우회전하세요. [반] 후방(後方).

전번 前番 | 앞 전, 차례 번
[other day; former occasion]
지난[前] 번(番). ¶전번에 만난 곳에서 보자. [반] 다음번(番).

전:법 戰法 | 싸울 전, 법 법
[strategy; tactics]
전쟁이나 경기 따위에서 상대와 싸우는 [戰] 방법(方法). ¶전법을 개발하다.

전:보 電報 | 전기 전, 알릴 보
[telegram; telegraph]
[통신] 전기(電氣) 신호를 이용해 알림[報]. 또는 그 통보. ¶할머니가 위독하시다는 전보를 받았다.

전복[1]全鰒 | 온전할 전, 오분자기 복 [ear shell; abalone]
❶[속뜻] 온전한[全] 오분자기[鰒]. ❷[동물] 전복과의 조개를 통틀어 이르는 말.

전:복[2]顚覆 | 넘어질 전, 뒤집힐 복
[turn over; overturn]
넘어져[顚] 뒤집힘[覆]. ¶자동차 전복 사고 / 폭풍에 배가 전복되어 가라앉았다.

전부 全部 | 모두 전, 나눌 부
[all parts; whole]
사물의 모든[全] 부분(部分). ¶전부 얼마예요? [비] 전체(全體). [반] 일부(一部).

전:분 澱粉 | 앙금 전, 가루 분 [starch]
감자, 고구마, 물에 불린 녹두 따위를 갈아서 가라앉힌 앙금[澱]을 말린 가루[粉]. [비] 녹말.

전:사[1]戰士 | 싸울 전, 선비 사 [soldier; warrior]
전투(戰鬪)하는 군사(軍士). ¶영웅적인 전사.

전:사[2]戰死 | 싸울 전, 죽을 사
[die in battle]
싸움터에서 싸우다가[戰] 죽음[死]. ¶전사 통지서 / 그녀의 남편은 한국전쟁 때 전사했다.

전:산 電算 | 전기 전, 셀 산
[data processing]
전자(電子) 회로를 이용한 고속의 자동 계산기(計算器). 숫자 계산, 자동 제어, 데이터 처리, 사무 관리, 언어나 영상 정보 처리 따위에 광범위하게 이용된다. ¶전산 처리. [비] 컴퓨터.

▸ 전:산-망 電算網 | 그물 망
컴퓨터[電算]로 연결, 조직된 통신망(通信網). ¶전산망 일원화 / 행정 전산망.

전생 前生 | 앞 전, 살 생
[one's previous life]
이 세상에 태어나기 이전(以前)의 삶[生]. ¶우리는 전생에 부부였던 것이 틀림없다. [반] 내생(來生).

전선[1]前線 | 앞 전, 줄 선
[front; weather front]
❶[군사] 싸움터에서 적과 상대하는 맨 앞

[前] 지역을 연결한 선(線). ¶전선에서 한국군의 승전보가 날라 왔다. ❷[지리] 성질이 다른 두 기단의 경계면이 지표와 만나는 선. ¶겨울은 한랭 전선의 영향을 받아 춥다.

*전:선[2]電線 | 전기 전, 줄 선
[electrical wire; electric cord]
전기(電氣)가 통과하는 쇠로 된 줄[線]. ¶이 전선에는 전기가 흐르고 있다.

전:선[3]戰船 | 싸울 전, 배 선 [warship]
전투(戰鬪)에 쓰는 배[船]. ¶거북선은 임진왜란 때 사용된 전선이다.

전:선[4]戰線 | 싸울 전, 줄 선
[battle line]
❶[군사] 전쟁에서 직접 전투(戰鬪)가 벌어지는 지역이나 그런 지역을 연결한 선(線). ¶현 전선에서 전쟁이 종결되면 좋겠다. ❷정치 운동이나 사회 운동 따위에서, 직접 투쟁하는 일. 또는 그런 투쟁 형태. ¶해방 전선.

전설 傳說 | 전할 전, 말씀 설
[legend; tradition]
옛날부터 민간에서 전(傳)하여 내려오는 말[說]이나 이야기. ¶이 연못에 용이 살았다는 전설이 전해 내려온다.

전성 全盛 | 완전할 전, 가득할 성
[height of prosperity]
완전(完全)히 가득함[盛]. 한창 무르익음.

▸전성-기 全盛期 | 때 기
형세나 세력 따위가 전성(全盛)한 시기(時期). ¶그녀의 전성기는 이미 지났다.

▸전성-시대 全盛時代 | 때 시, 연대 대
형세나 세력 따위가 가장 전성(全盛)한 시대(時代).

전세[1]專貰 | 오로지 전, 세놓을 세 [charter; reserving]
오직[專] 어떤 사람에게만 빌려줌[貰]. ¶전세 버스.

전:세[2]戰勢 | 싸울 전, 형세 세
[war situation; tide of the war]
전쟁(戰爭)이 전개되어 가는 형세(形勢). ¶동남풍이 불자 전세가 역전되었다.

전세[3]傳貰 | 전할 전, 세놓을 세
[lease of a house on a deposit basis]
[경제] 일정한 금액을 주인에게 전(傳)해 맡겨 두고 그 부동산을 일정 기간 빌려[貰] 쓰는 일. ¶그는 살던 집을 전세를 놓았다.

▸전세-금 傳貰金 | 돈 금
전세(傳貰)를 얻을 때 그 부동산의 소유주에게 맡기는 돈[金].

▸전세-방 傳貰房 | 방 방
전세(傳貰)로 빌려 주는 방(房). 또는 전세로 빌려 쓰는 방. ¶그는 방 한 개짜리 전세방을 얻었다.

전 세:계 全世界 | 모두 전, 세상 세, 지경 계 [whole world; all the world]
온[全] 세계(世界). 모든 나라. ¶그의 이름은 전 세계에 알려졌다.

전속[1]專屬 | 오로지 전, 엮을 속
[belong exclusively]
오로지[專] 어떤 한 기구나 조직에만 소속(所屬)되거나 관계를 맺음. ¶전속모델.

전속[2]全速 | 모두 전, 빠를 속
[full speed]
낼 수 있는 힘을 모두[全] 낸 속력(速力). '전속력'의 준말.

전-속력 全速力 | 모두 전, 빠를 속, 힘 력
[full speed]
낼 수 있는 모든[全] 속력(速力). ¶그는 차를 전속력으로 몰아 병원에 갔다.

전:송[1]電送 | 전기 전, 보낼 송 [transmit; send]
사진 따위를 전류(電流) 또는 전파로 먼 곳에 보냄[送]. ¶전자우편으로 초대장을 전송했다.

전:송[2]餞送 | 보낼 전, 보낼 송
[see off; send off]
서운하여 전별(餞別)의 잔치를 베풀어 보냄[送]. ¶우리는 성대한 전송을 받았다. [비] 배웅.

전수[1]傳受 | 전할 전, 받을 수 [learn]
기술이나 지식 따위를 전(傳)하여 받음

[受]. ¶어머니에게 장 담그는 법을 전수 받았다.

전수² 傳授 | 전할 전, 줄 수
[pass down; initiate]
기술이나 지식 따위를 전(傳)하여 줌[授]. ¶아들에게 비법을 전수하다.

전:술 戰術 | 싸울 전, 꾀 술
[tactics; art of war]
군사 전쟁(戰爭) 상황에 대처하기 위한 기술(技術). ¶제갈량은 교묘한 전술로 조조의 군대를 이겼다.

전승¹ 全勝 | 모두 전, 이길 승 [complete victory]
전쟁이나 경기 따위에서 한 번도 지지 않고 모두[全] 이김[勝]. ¶우리 팀은 이번 대회에서 3전 전승을 거두었다. 비 백전백승(百戰百勝). 반 전패(全敗).

전승² 傳承 | 전할 전, 받들 승
[be passed down]
문화, 풍속, 제도 따위를 전(傳)해 이어받음[承]. ¶전통 문화의 전승 / 문화유산을 전승하다.

전:승³ 戰勝 | 싸울 전, 이길 승
[win a victory]
전쟁이나 경기 따위에서 싸워[戰] 이김[勝]. ¶왕은 전승을 축하하는 잔치를 베풀었다. 반 패전(敗戰).

전:시¹ 戰時 | 싸울 전, 때 시
[wartime; time of war]
전쟁(戰爭)이 벌어진 때[時]. ¶그 나라는 지금 전시 상태이다.

***전:시² 展示** | 펼 전, 보일 시
[exhibit; display]
여러 가지 물품을 한곳에 벌여 놓고[展] 보임[示]. ¶졸업 작품을 전시하다.

▶ **전:시-관 展示館** | 집 관
어떤 물품을 전시(展示)할 목적으로 세운 건물[館]. ¶선사 유물 전시관 / 선생님과 전시관을 견학했다.

▶ **전:시-물 展示物** | 만물 물
전시(展示)하여 놓은 물품(物品). ¶전시물을 진열대에 올려놓는다.

▶ **전:시-실 展示室** | 방 실
물품을 차려 놓고 보이는[展示] 방[室]. ¶그 화가의 작품전은 2층 전시실에서 열립니다.

▶ **전:시-장 展示場** | 마당 장
물품을 차려 놓고 보이는[展示] 곳[場]. ¶자동차 전시장 / 종합 전시장.

▶ **전:시-품 展示品** | 물건 품
전시(展示)하여 놓은 물품(物品).

▶ **전:시-회 展示會** | 모일 회
어떤 물품을 벌여[展] 놓고 일반인에게 보여[示] 주는 모임[會]. ¶이곳에서 도서 전시회가 열린다.

전신¹ 全身 | 모두 전, 몸 신
[whole body]
온[全] 몸[身]. 몸 전체. ¶전신이 다 아프다 / 전신 거울.

▶ **전신 운:동 全身運動** | 돌 운, 움직일 동
운동 온몸[全身]을 고루 움직이는 운동(運動). ¶수영은 전신 운동이다.

전:신² 電信 | 전기 전, 소식 신
[telegraphic communication]
통신 문자나 숫자를 전기(電氣) 신호로 바꾸어 전파와 전류로 보내는 통신(通信).

▶ **전:신-기 電信機** | 틀 기
물리 전류(電流)나 전파를 이용하여 통신(通信)하는 기계(機械).

▶ **전:신-주 電信柱** | 기둥 주
전선(電線)이나 통신선(通信線)을 늘여 매기 위하여 세운 기둥[柱]. 비 전봇대.

전심 全心 | 모두 전, 마음 심
[one's whole heart]
온[全] 마음[心]. ¶문제 해결을 위해 전심을 기울였다.

▶ **전심-전력 全心全力** | 모두 전, 힘 력
온[全] 마음[心]과 온[全] 힘[力]. ¶그는 전심전력을 다해서 이번 공연을 준비했다.

전:압 電壓 | 전기 전, 누를 압 [voltage]
❶ 속뜻 전기(電氣) 마당의 압력(壓力). ❷

[전기] 전기 마당이나 도체 안에 있는 두 점 사이의 에너지 차이. ¶전압을 올리다.

전액 全額 | 모두 전, 액수 액
[total amount; (sum) total]
전부(全部)에 해당되는 액수(額數). ¶전액을 현금으로 지불하다.

전야 前夜 | 앞 전, 밤 야
[previous night; night before]
❶[속뜻] 지난[前] 밤[夜]. ❷특정한 날을 기준으로 그 전날 밤. ¶크리스마스 전야.

▸전야-제 前夜祭 | 제사 제
어떤 행사에 앞서 그 전(前)날 밤[夜]에 베푸는 축제(祝祭).

전어 傳語 | 전할 전, 말씀 어
[message; word]
말씀[語]을 전(傳)함. [비]전언(傳言).

▸전어-통 傳語筒 | 대롱 통
❶[속뜻] 말[語]을 전(傳)할 때 쓰던 통(筒). ❷예전에, '전화기'(電話機)를 속되게 이르던 말.

전업 專業 | 오로지 전, 일 업
[special occupation; full time job]
전문(專門)으로 하는 직업(職業). ¶전업 주부.

▸전업-농 專業農 | 농사 농
오로지[專] 농사만 일하는[業] 농민(農民). ¶농어민 후계자 지원금은 전업농에만 지급된다.

전역 全域 | 모두 전, 지경 역
[whole area]
전체(全體)의 지역(地域). ¶부산 전역에 비가 내리고 있다.

전연 全然 | 온전할 전, 그러할 연 [wholly; utterly]
온전(穩全)히 그러함[然]. 온전함. ¶나는 그 일에 대해서는 전연 모른다.

전:열[1] 戰列 | 싸울 전, 줄 렬
[battle line; line of battle]
전쟁(戰爭)에 참가하는 부대의 대열(隊列). ¶전열을 갖추어 행군을 시작하다.

전:열[2] 電熱 | 전기 전, 더울 열 [electric heat]
[물리] 전기(電氣) 에너지를 열에너지로 변환시켰을 때 발생하는 열(熱).

▸전:열-기 電熱器 | 그릇 기
[물리] 전류(電流)에 의한 열(熱)을 발생시키는 기구(器具).

전염 傳染 | 전할 전, 물들일 염
[be contagious; be infectious]
❶[속뜻] 버릇이나 태도, 풍속 따위가 옮아[傳] 물듦[染]. ❷병이 남에게 옮음. ¶전염 예방 / 감기는 전염된다.

장:원 狀元 | 壯元(×) 문서 장, 으뜸 원
❶[속뜻] 과거 급제자 이름을 적은 문서[狀]에 으뜸[元]으로 적힌 이름. ❷[역사] 과거 시험에서, 갑과에 첫째로 급제함. 또는 그런 사람. 장두(狀頭)라고도 한다. ¶이몽룡은 장원으로 급제했다. ❸대회에서 최우수상을 차지함. 또는 그런 사람. ¶그는 백일장에서 장원을 차지하였다.

▸전염-병 傳染病 | 병 병
[의학] 전염(傳染)되기 쉬운 병(病). ¶법정 전염병 / 전염병이 전국을 휩쓸었다. [비]돌림병.

▸전염-성 傳染性 | 성질 성
전염(傳染)이 되는 특성(特性). ¶이 병은 전염성이 강하다.

전용 專用 | 오로지 전, 쓸 용
[use exclusively]
❶[속뜻] 공동으로 쓰지 않고 오로지[專] 혼자서만 씀[用]. ¶버스전용차로. ❷오로지 한 가지만 씀. ¶한글 전용. [반]공용(共用).

전:우 戰友 | 싸울 전, 벗 우
[fellow soldier; war brother]
전장(戰場)에서 승리를 위해 생활과 전투를 함께 하는 동료[友].

전원[1] 田園 | 밭 전, 동산 원 [country]
❶[속뜻] 논밭[田]과 동산[園]. ❷도시에서 떨어진 시골이나 교외(郊外)를 이르는 말. ¶전원 생활 / 아름다운 전원의 풍경을 바라보다.

전원[2] 全員 | 모두 전, 인원 원

[all the members; entire staff]
전체(全體)의 인원(人員). ¶우리 반 전원이 봉사 활동에 참여했다.

전ː원³ 電源 | 전기 전, 근원 원 [source of electric power; power source]
[물리] 전류(電流)의 근원[源]. ¶라디오의 전원을 켜다.

전월 前月 | 앞 전, 달 월 [last month]
지난[前] 달[月]. 전달. ¶나는 전월보다 성적이 많이 올랐다.

전ː율 戰慄 | 두려워할 전, 벌벌 떨 률 [shudder; shiver]
몹시 무섭거나 두려워[戰] 벌벌 떨다[慄]. ¶전율을 느끼다 / 나는 점점 커지는 비명 소리에 전율했다.

전ː의 戰意 | 싸울 전, 뜻 의 [fighting spirit; will to fight]
싸우고자[戰] 하는 의욕(意慾). ¶대장이 죽자 그들은 전의를 잃었다.

전ː이 轉移 | 구를 전, 옮길 이 [spread; metastasize]
❶[속뜻] 자리나 위치 따위를 다른 곳으로 굴러[轉] 옮김[移]. ¶한 나라의 문화는 다른 나라로 전이되기도 한다. ❷[의학] 병원체나 종양 세포가 혈류나 림프류를 타고 흘러서 다른 장소로 옮겨와 변화를 일으킴. ¶암세포가 뇌까지 전이되었다.

전인 全人 | 모두 전, 사람 인 [whole man; perfect person]
❶[속뜻] 모든[全] 자질을 두루 갖춘 사람[人]. ❷결함이 없이 완벽한 사람.

▸전인 교ː육 全人教育 | 가르칠 교, 기를 육
[교육] 인간(人間)이 지닌 모든[全] 자질을 조화롭게 발달시키는 것을 목적으로 하는 교육(教育).

전임 前任 | 앞 전, 맡길 임 [one's predecessor; former official]
이전(以前)에 그 임무를 맡음[任]. 또는 그런 사람이나 그 임무. ¶그는 책임을 전임 사장에게 돌렸다. [반] 후임(後任).

전ː입 轉入 | 옮길 전, 들 입 [move in; transfer]
거주지나 학교 따위의 소속을 다른 곳으로부터 옮겨[轉] 들어옴[入]. ¶전입 신고 / 그는 이번에 우리 부대로 전입해 왔다.

▸전ː입-자 轉入者 | 사람 자
거주지나 학교 따위의 소속을 다른 곳으로부터 옮겨[轉入] 온 사람[者]. [반] 전출자(轉出者).

전자¹ 前者 | 앞 전, 것 자 [former]
먼저[前] 말한 것[者]. ¶전자가 후자보다 좋다. [반] 후자(後者).

전ː자² 電子 | 전기 전, 씨 자 [electron]
❶[물리] 음전하(陰電荷)를 가지고 원자핵의 주위를 도는 소립자(素粒子)의 하나. ❷전자를 이용한 산업이나 제품에 관계되는 것. ¶전자 악기 / 전자 제품.

▸전ː자-계ː산기 電子計算器 | 셀 계, 셀 산, 그릇 기
진공관, 트랜지스터 따위의 전자(電子) 회로를 이용하여 대량의 정보를 고속, 자동으로 계산(計算)하거나 처리하는 기계(器械).

전ː자³ 電磁 | 전기 전, 자석 자 [electromagnetic]
[물리] 전기(電氣)와 자기(磁氣)를 아울러 이르는 말. [비] 전자기(電磁氣).

▸전ː자-석 電磁石 | 돌 석
[물리] 전류(電流)가 흐르면 자기화(磁氣化) 되고, 전류를 끊으면 원래의 상태로 돌아가는 일시적 자석(磁石).

전ː장 戰場 | 싸울 전, 마당 장 [battlefield; theater of war]
싸움[戰]이 일어난 곳[場]. ¶전장에 나가다. [비] 전쟁터.

*__전ː쟁__ 戰爭 | 싸울 전, 다툴 쟁 [war]
❶[속뜻] 싸움[戰]과 다툼[爭]. ❷국가와 국가. 또는 교전 단체 사이에 무력을 사용하여 싸움. ¶한국전쟁 / 전쟁 영화. ❸'극심한 경쟁이나 혼란'을 비유하여 이르는 말. ¶입시 전쟁. [비] 전투(戰鬪).

전적[1]全的 | 모두 전, 것 적
[complete; whole]
전체(全體)의 것[的]. 모두. 완전히. ¶당신의 의견에 전적으로 찬성합니다.

전:적[2]戰績 | 싸울 전, 실적 적
[war record; results; record]
상대와 싸워서[戰] 얻은 실적(實績). ¶나는 그에게 3전 전패의 전적이 있다.

전:적[3]戰跡 | 싸울 전, 발자취 적
[old battlefield; trace of battle]
전쟁(戰爭)의 자취[跡].

▸ 전:적-지 戰跡地 | 땅 지
전쟁의 자취[戰跡]가 남아 있는 곳[地]. ¶전적지를 답사하다.

전:전긍긍 戰戰兢兢 | 두려울 전, 두려울 전, 삼갈 긍, 삼갈 긍
❶[속뜻] 몹시 두려워하며[戰+戰] 몸을 움추림[兢+兢]. ❷어떤 위기감에 떠는 심정을 비유한 말. ¶그는 빵을 훔쳐 먹은 것을 들킬까 봐 전전긍긍하고 있다

*__전:정__ 剪定 | 자를 전, 정할 정
[prune; trim; cut]
[농업] 가지의 일부를 잘라[剪] 다듬는[定] 일. [비] 가지치기.

전제[1]前提 | 앞 전, 들 제 [be required]
어떠한 일을 이루기 위하여 앞서[前] 제시(提示)하는 것. ¶그들은 결혼을 전제로 만나고 있다.

전제[2]專制 | 오로지 전, 정할 제
[absolutism; despotism]
❶[속뜻] 오로지[專] 혼자서 정함[制]. ❷국가의 권력을 개인이 장악하고 그 개인의 의사에 따라 모든 일을 처리함. ¶전제 정치.

▸ 전제-주의 專制主義 | 주될 주, 뜻 의
[경제] 전제(專制) 정치의 시행을 주장하는 정치 사상[主義]. 또는 그런 제도. [반] 민주주의(民主主義).

전조-등 前照燈 | 앞 전, 비출 조, 등불 등
[headlight]
기차나 자동차 따위의 앞[前]을 비추는[照] 등(燈). ¶안개가 짙으니 전조등을 켜라.

전주 前奏 | 앞 전, 연주할 주
[prelude; introduction]
[음악] 성악, 기악 독주, 오페라를 시작하기 전(前)에 하는 연주(演奏).

▸ 전주-곡 前奏曲 | 노래 곡
❶[속뜻] 전주(前奏)의 역할을 하는 곡(曲)을 통틀어 이르는 말. ❷[음악] 서양의 근대 음악에서 짧은 음형 내지 모티브에 근거를 두고 화성적으로 계속 조바꿈을 사용한 피아노 위주의 곡을 이르는 말.

전지[1]全紙 | 모두 전, 종이 지
[whole sheet of paper]
❶[속뜻] 신문 따위의 전체(全體) 지면(紙面). ❷[출판] 자르지 않은 온장의 종이. ¶학생들이 전지에 함께 그림을 그렸다.

*__전:지__[2]電池 | 전기 전, 못 지
[electric cell; battery]
[전기] 화학반응, 방사선, 온도 차, 빛 따위로 전극 사이에 전기(電氣) 에너지를 저장하는 못[池] 같은 장치. ¶리튬 전지 / 전지가 다 닳아서 충전해야겠다.

전:지[3]轉地 | 옮길 전, 땅 지
다른 곳[地]으로 옮김[轉]. ¶동계 전지 훈련.

전지[4]全知 | 모두 전, 알 지
[omniscience]
모든[全] 것을 다 앎[知]. ¶전지전능(全知全能)한 신.

▸ 전지-전능 全知全能 | 모두 전, 능할 능
모든[全] 사물을 잘 알고[知] 모든[全] 일을 다 할 수[能] 있음. ¶전지전능하신 하느님.

전직 前職 | 앞 전, 일자리 직 [office held previously; one's former office]
이전(以前)에 가졌던 직업(職業). ¶전직 농구선수였던 그는 사업가가 되었다.

전진 前進 | 앞 전, 나아갈 진 [advance]
앞[前]으로 나아감[進]. ¶이번 일을 이보 전진을 위한 일보 후퇴로 여기다. [반] 후진

(後進), 후퇴(後退).

전집 全集 | 모두 전, 모을 집
[complete collection]
한 사람 또는 같은 시대나 같은 종류의 저작물을 모두[全] 모아[集] 한 질로 출판한 책. ¶세계 문학 전집.

전:차¹ 電車 | 전기 전, 수레 차 [electric car]
공중에 설치한 전선에서 전력(電力)을 공급받아 지상에 설치된 궤도 위를 다니는 차(車).

전:차² 戰車 | 싸울 전, 수레 차 [tank]
❶속뜻 전투(戰鬪)에 쓰는 차(車). ❷군사 무한궤도를 갖추고, 두꺼운 철판으로 장갑(裝甲)하고, 포와 기관총 따위로 무장한 차량. 비 탱크(tank).

전철¹ 前轍 | 앞 전, 바퀴 자국 철 [track of a preceding wheel; precedent]
❶속뜻 앞[前]에 지나간 수레바퀴의 자국[轍]. ❷이전 사람의 그릇된 일이나 행동의 자취. ¶내 딸은 나와 같은 전철을 밟게 하고 싶지 않다.

전:철² 電鐵 | 전기 전, 쇠 철
[electric railroad]
교통 전기(電氣)를 동력으로 하여 궤도 위에 차량을 운전하는 철도(鐵道). '전기철도'의 준말. ¶그녀는 전철로 출퇴근을 한다.

▶ **전:철-역 電鐵驛** | 정거장 역
전철(電鐵)이 왕래하고 발착하는 역(驛). ¶전철역에서 만납시다.

⁑전체 全體 | 모두 전, 몸 체
[whole; totality]
❶속뜻 온[全] 몸[體]. ❷무엇의 모든 부분. ¶소문이 마을 전체에 퍼졌다.

▶ **전체-적 全體的** | 것 적
전체(全體)에 관계되는 것[的]. ¶내 방은 전체적으로 분위기가 따뜻하다. 반 부분적(部分的).

전초 前哨 | 앞 전, 망볼 초
[outpost; advance post]
군사 앞[前] 쪽에 배치하여 망을 보는[哨] 작은 부대. 또는 그런 임무. ¶전초 기지.

전:축 電蓄 | 전기 전, 쌓을 축
[electric gramophone]
전기(電氣)를 동력으로 작동하는 축음기(蓄音機).

전:출 轉出 | 옮길 전, 날 출
[move out; transfer]
❶속뜻 다른 곳으로 옮겨[轉] 나감[出]. ¶전출 신고. ❷근무지로 옮겨 감. ¶그는 지방으로 전출했다. 반 전입(轉入).

⁑전통 傳統 | 전할 전, 계통 통 [tradition]
❶속뜻 대대로 전(傳)해 내려온 계통(系統). ❷어떤 집단이나 공동체에서, 지난 시대에 이미 계통을 이루며 전하여 오는 사상·관습·행동 따위의 양식. ¶이 제과점은 100년의 전통을 자랑한다.

▶ **전통-적 傳統的** | 것 적
전통(傳統)으로 되는 것[的]. 전통에 관한 것. ¶횃불놀이는 강릉 지역의 전통적 풍습이다.

▶ **전통 가옥 傳統家屋** | 집 가, 집 옥
한 사회에서 전통적(傳統的)으로 사용되던 형태의 집[家屋].

▶ **전통 문화 傳統文化** | 글월 문, 될 화
한 사회의 전통(傳統)이 된 문화(文化).

전:투 戰鬪 | 싸울 전, 싸울 투
[fight; battle]
두 편의 군대가 조직적으로 무장하여 싸움[戰=鬪]. ¶야간 전투 / 그들은 3개월 동안 전투를 벌였다. 비 전쟁.

▶ **전:투-기 戰鬪機** | 틀 기
군사 전투(戰鬪)할 때 공중전을 주 임무로 하는 작고 민첩한 군용 항공기(航空機).

▶ **전:투-력 戰鬪力** | 힘 력
군사 전투(戰鬪)를 해낼 수 있는 힘[力]. 전투를 할 수 있는 병력. ¶이 나라는 세계 최강의 전투력이 있다.

전파¹ 傳播 | 전할 전, 뿌릴 파
[spread; propagate]
전(傳)하여 널리 퍼뜨림[播]. ¶백제는 불

교를 일본에 전파했다.

전:파² 電波 | 전기 전, 물결 파
[electric wave; radio wave]
❶ 속뜻 전류(電流)의 파동(波動). ❷ 물리 도체 중의 전류가 진동함으로써 방사되는 전자기파. 특히 전기 통신에서 쓰는 것을 가리킨다. ¶전파를 보내다 / 안테나는 전파를 수신하기 위한 장치이다.

전편 前篇 | 앞 전, 책 편 [first volume]
여러 편으로 나누어진 책이나 영화 따위의 앞[前] 편(篇). ¶이 영화는 전편이 더 재미있다. 반 후편(後篇).

전폭 全幅 | 모두 전, 너비 폭
[full width; whole piece]
❶ 속뜻 모든[全] 너비[幅]. ❷일정한 범위 전체. ¶전폭 지원하다.
▶ 전폭-적 全幅的 | 것 적
있는 대로 전부[全幅]인 것[的]. ¶나는 그의 의견에 전폭적으로 찬성한다.

전표 傳票 | 전할 전, 쪽지 표
[voucher; slip; chit]
은행, 회사, 상점 따위에서 금전의 출납이나 거래 내용 따위를 간단히 적어 전(傳)하는 쪽지[票]. ¶매출전표를 작성하다.

전:하 殿下 | 대궐 전, 아래 하
[Your Royal Highness]
❶ 속뜻 대궐[殿] 아래[下]. ❷ 역사 왕이나 왕비 또는 왕족을 높여 부르는 말. ¶상왕 전하.

전:학 轉學 | 옮길 전, 배울 학
[change of schools]
다니던 학교에서 다른 학교로 학적(學籍)을 옮김[轉]. ¶그는 서울에서 전학해 왔다.

전:함 戰艦 | 싸울 전, 싸움배 함
[warship; battleship]
전투(戰鬪)에 쓰이는 군함(軍艦). 비 군함(軍艦).

전항 前項 | 앞 전, 목 항
[preceding clause]
❶ 속뜻 앞[前]에 적혀 있는 사항(事項). ❷ 수학 둘 이상의 항 가운데에서 앞의 항. ¶전항과 후항에 3을 곱한다. 반 후항(後項).

전:해 電解 | 전기 전, 풀 해 [electrolyze]
❶ 속뜻 어떤 화합물을 전류(電流)를 보내 분해(分解)하는 것. ❷ 물리 녹아 있는 상태의 화합물에 전극을 넣고 전류를 통하여 양이온·음이온을 각각 양극·음극 위에서 방전시켜 각 전극에서 성분을 추출하는 일. '전기분해'(電氣分解)의 준말.
▶ 전:해-질 電解質 | 바탕 질
❶ 속뜻 전류를 통하면 분해되는[電解] 물질(物質). ❷ 물리 물 따위의 용매에 녹아서, 양이온과 음이온으로 분해되면서 전류를 통하게 하는 물질. 반 비전해질.

***전:화 電話** | 전기 전, 말할 화
[telephone; phone]
전파(電波)나 전류를 이용하여 말[話]을 주고받음. ¶전화를 걸다 / 전화를 끊다 / 전화를 넣다.
▶ 전:화-국 電話局 | 관청 국
전화(電話) 가입이나 가설, 교환하여 주는 따위의 일을 맡아보는 기관[局].
▶ 전:화-기 電話機 | 틀 기
전화(電話)에 이용되는 기기(器機). 준 전화. ¶무선 전화기.
▶ 전:화-통 電話筒 | 통 통
전화(電話)를 할 수 있게 만든 기계. 전화기가 통(筒)처럼 생겼다는 뜻에서 '전화기'를 속되게 이르는 말.
▶ 전:화 번호 電話番號 | 차례 번, 차례 호
가입된 전화(電話)마다 매겨져 있는 일정한 번호(番號). ¶전화 번호를 알려주세요.

전:화위복 轉禍爲福 | 바뀔 전, 재앙 화, 될 위, 복 복
재앙[禍]이 바뀌어[轉] 도리어 복(福)이 됨[爲]. ¶시험이 떨어진 것이 내게 오히려 전화위복이 되었다.

전:환 轉換 | 옮길 전, 바꿀 환
[convert; switch]
❶ 속뜻 다른 방향이나 상태로 옮기거나

[轉] 바꿈[換]. ❷심리 마음속의 감정적 갈등이 신체적 운동 기능이나 감각 기능의 증상으로 나타나는 것. ¶기분 전환을 위해 공원에서 자전거를 탔다.

▶ 전:환-점 轉換點 | 점 점
전환(轉換)하는 지점(地點) 또는 시점(時點). ¶그를 만난 것이 내 인생의 전환점이 되었다.

전:환-국 典圜局 | 맡을 전, 화폐 환, 관청 국
역사 조선 고종 때, 화폐[圜]의 주조를 맡던[典] 관아[局].

전후 前後 | 앞 전, 뒤 후 [before and behind; before and after]
❶속뜻 앞[前] 뒤[後]. ¶전후를 살피다. ❷먼저와 나중. ¶일의 전후를 따지다. ❸일정한 때나 수량에 약간 모자라거나 넘는 것. ¶그녀는 20세 전후로 보인다.

▶ 전후좌우 前後左右 | 왼 좌, 오른쪽 우
앞[前]과 뒤[後], 왼쪽[左]과 오른쪽[右]. 사방(四方). ¶전후좌우를 둘러보다.

절 節 | 마디 절 [section; verse]
시가·문장·음곡 중의 작은 단락(段落). ¶애국가는 1절만 부르겠습니다.

절감¹ 切感 | 몹시 절, 느낄 감
[feel keenly]
절실(切實)히 느낌[感]. ¶인간의 한계를 절감하다.

절감² 節減 | 알맞을 절, 덜 감
[cut down; reduce]
알맞게[節] 씀씀이를 줄임[減]. ¶비용을 절감하기 위해 배송방식을 바꾸었다.

절개 節槪 | 지조 절, 기개 개
[integrity; honor]
❶속뜻 굳은 지조[節]와 꿋꿋한 기개(氣槪). ❷신념을 굳게 지킴. ¶절개가 굳은 사람.

절경 絶景 | 뛰어날 절, 볕 경
[magnificent view; fine scenery]
뛰어난[絶] 경치(景致). ¶천하의 절경이로다!

절교 絶交 | 끊을 절, 사귈 교
[break off friendship]
서로 교제(交際)를 끊음[絶]. ¶우리는 사소한 말다툼으로 절교했다. 빤 교제(交際).

절규 絶叫 | 끊을 절, 부르짖을 규
[cry out; scream]
숨이 끊어지도록[絶] 부르짖음[叫]. ¶부상자들은 도와 달라고 절규했다.

절기 節氣 | 철 절, 기운 기
[subdivisions of the seasons]
❶속뜻 사시사철[節] 다른 기운(氣運). ❷한 해를 스물넷으로 나눈 철. ¶오늘은 절기 상 봄으로 접어드는 입춘(立春)이다.

절단 切斷 | 벨 절, 끊을 단
[cut off; sever]
자르거나 베어[切] 끊어[斷]냄. 잘라냄. ¶종양이 퍼지기 전에 다리를 절단해야 한다.

절대 絶對 | 끊을 절, 대할 대
[absoluteness]
❶속뜻 비교하거나 상대되어 맞설[對] 만한 것이 끊어져[絶] 없음. ¶절대 진리 / 절대 권력. ❷법률 아무런 조건이나 제약이 붙지 아니함. ¶절대 안정 / 절대 자유. ❸무조건. 무슨 사정이 있어도, 결단코. ¶절대로 그를 만나지 않겠다.

▶ 절대-자 絶對者 | 것 자
철학 스스로 존재하면서 그 자신만으로 완전한[絶對] 것[者].

▶ 절대-다수 絶對多數 | 많을 다, 셀 수
전체 가운데서 거의 대부분[絶對]을 차지할 정도로 많은[多] 수(數). ¶이 지역은 절대다수가 어민들이다.

절도¹ 節度 | 알맞을 절, 정도 도
[moderation]
❶속뜻 행동 따위를 알맞게[節]하는 정도(程度). ❷일이나 행동 따위를 정도에 알맞게 하는 규칙적인 한도. ¶절도를 지키다 / 그의 언행에는 절도가 있다.

절도² 竊盜 | 훔칠 절, 훔칠 도

[theft; pilferage; larceny]
남의 재물을 몰래 훔침[竊=盜]. ¶차량절도사건이 해마다 늘어나고 있다. [비] 도둑질.

절도-사 節度使 | 알맞을 절, 법도 도, 부릴 사
❶[속뜻] 법률[度]에 알맞게[節] 지역을 다스리던 벼슬[使]. ❷[역사] 고려 시대에 12주(州)를 군사적으로 편성한 지방제도 혹은 그 으뜸 관리.

절리 節理 | 마디 절, 결 리 [joint]
❶[속뜻] 나무 마디[節]의 결[理]. ❷[지리] 외부의 힘이 가해져서 암석에 생긴 금. ¶주상(柱狀) 절리.

절망 絶望 | 끊을 절, 바랄 망
[despair; give up hope]
모든 희망(希望)이 끊어짐[絶]. ¶그는 절망을 딛고 일어서서 세계 최고의 가수가 되었다. [반] 희망(希望).

▸**절망-적** 絶望的 | 것 적
모든 희망이나 기대가 끊어지다시피[絶望] 된 것[的]. ¶절망적인 소식. [반] 희망적(希望的).

절묘 絶妙 | 뛰어날 절, 묘할 묘
[exquisite; superb; superexcellent]
뛰어나게[絶] 기묘(奇妙)함. ¶절묘한 재주.

절박 切迫 | 몹시 절, 닥칠 박
[imminent; urgent]
기한 따위가 몹시[切] 가까이 닥쳐[迫] 시간적 여유가 없다. ¶사태가 절박하다.

절반 折半 | 꺾을 절, 반 반 [half]
하나를 반(半)으로 가른[折] 것 중 하나. ¶과자를 절반으로 나누다.

절벽 絶壁 | 끊을 절, 담 벽 [cliff]
담[壁]처럼 끊어질[絶] 듯이 가파르고 급한 낭떠러지. ¶그는 절벽 아래로 몸을 던졌다. [비] 낭떠러지, 벼랑.

절수 節水 | 알맞을 절, 물 수 [economize water]
물[水]을 알맞게[節] 아껴 씀. ¶절수 운동.

▸**절수-기** 節水器 | 그릇 기
물을 아끼기[節水] 위해 수도 따위에 붙여 쓰는 기구(器具).

절식 節食 | 알맞을 절, 밥 식
[be temperate in eating]
음식(飮食)을 알맞게[節] 먹음. ¶그는 건강을 위해 절식하고 있다.

절실 切實 | 몹시 절, 실제 실
[earnest]
❶[속뜻] 몹시[切] 실질(實質)적임. 적절하다. ¶매우 절실한 표현 / 그의 마음이 절실히 전해졌다. ❷아주 긴요하고 다급하다. ¶난민에게 의약품이 절실하다 / 절실한 요청을 거절할 수 없었다.

절약 節約 | 알맞을 절, 아낄 약
[economize; save]
알맞게[節] 아껴[約] 씀. ¶시간 절약 / 낭비되는 에너지를 절약하자. [반] 낭비(浪費), 허비(虛費).

절연 絶緣 | 끊을 절, 인연 연
[sever relations; break off relations]
인연(因緣)이나 관계를 끊음[絶]. ¶그와의 절연은 생각도 해 본 적이 없다.

절정 絶頂 | 뛰어날 절, 꼭대기 정
[the top; peak]
❶[속뜻] 뛰어나게[絶] 높은 꼭대기[頂]. ❷사물의 진행이나 상태 따위가 최고에 이른 때. ¶인기 절정의 가수. [비] 정상(頂上).

절제 節制 | 알맞을 절, 누를 제
[moderate]
정도에 넘지 않도록 알맞게[節] 억누름[制]. ¶건강하자면 음식을 절제해야 한다.

절지-동물 節肢動物 | 마디 절, 사지 지, 움직일 동, 만물 물 [arthropod]
[동물] 몸이 작고 다리[肢]가 여러 개의 마디[節]로 이루어져 있는 동물(動物). ¶곤충은 대부분 절지동물에 속한다.

절차 節次 | 알맞을 절, 순서 차
[formalities; procedures]

일을 치르는 데 알맞은[節] 단계나 순서[次]. ¶절차를 밟다 / 복잡한 절차.

절찬 絶讚 | 뛰어날 절, 기릴 찬 [highest praise]
뛰어날[絶] 정도로 매우 칭찬(稱讚)함. 극히 칭찬함. ¶절찬을 받을 만하다.

▶ 절찬-리 絶讚裡 | 속 리
지극한 칭찬[絶讚]을 받는 가운데[裡]. ¶그의 책은 절찬리에 판매되었다.

절충 折衷 | 꺾을 절, 속마음 충 [compromise; blend]
❶[속뜻] 각자의 속마음[衷]을 조금씩 꺾어[折] 타협을 모색함. ❷어느 편으로 치우치지 않고 이것과 저것을 취사(取捨)하여 알맞게 함. ¶의견절충 / 서로의 생각을 절충하다.

절친 切親 | 몹시 절, 친할 친 [intimate; be on the best]
몹시[切] 친근(親近)하다. ¶절친한 친구 / 그들은 절친한 사이다.

절판 絶版 | 끊을 절, 널빤지 판 [going out of print]
❶[속뜻] 책의 출판(出版)을 그만 둠[絶]. ❷출판했던 책을 계속 간행할 수 없게 됨.

절호 絶好 | 뛰어날 절, 좋을 호 [splendid; grand; capital]
뛰어나게[絶] 좋음[好]. 아주 딱 좋음. ¶절호의 기회를 맞았다.

점[1] 占 | 점칠 점 [divination; fortunetelling]
팔괘·오행·육효 기타의 방법으로 길흉·화복을 미리 판단하는 일. ¶점을 치다.

점[2] 點 | 점 점 [point; spot]
❶작고 둥글게 찍는 표. ¶지도에 점을 찍다. ❷사람이나 짐승의 살갗에 있는, 빛깔이 다른 작고 둥근 얼룩. ¶나는 눈 밑에 점이 있다.

점[3] 點 | 점 점 [point; grade]
❶어느 사실이나 특성. ¶다른 점을 찾아보시오. ❷성적을 나타내는 단위. ¶100점 만점에서 70점 맞다. ❸물품의 가짓수를 셀 때 쓰는 말. ¶몇 백 점의 수묵화가 전시되어 있다.

점거 占據 | 차지할 점, 근거할 거 [hold; occupy]
어떤 장소를 차지하여[占] 근거지(根據地)로 삼음. ¶폭도들이 그 건물을 점거했다. [비] 점령(占領).

***점검 點檢** | 점 점, 검사할 검 [check; inspect]
문제가 되는 점(點)이 있는지 검사(檢査)함. 또는 그런 검사. ¶정기적인 점검을 하다.

점괘 占卦 | 점칠 점, 걸 괘 [divination sign]
[민속] 점(占)을 쳐서 나오는 괘(卦). ¶점괘가 좋다.

점-대:칭 點對稱 | 점 점, 대할 대, 맞을 칭 [point symmetry]
[수학] 두 도형 사이의 한 점(點)을 중심으로 한 도형을 180° 회전하였을 때 다른 도형과 완전히 겹치는 대칭(對稱).

▶ 점대칭 도형 點對稱圖形 | 그림 도, 모양 형
[수학] 점대칭(點對稱) 되는 도형(圖形).

점령 占領 | 차지할 점, 거느릴 령 [occupy; capture]
❶[속뜻] 차지하여[占] 거느림[領]. ❷교전국의 군대가 적국의 영토에 들어가 그 지역을 군사적으로 지배함. ¶영국군은 거문도를 점령했다.

점막 粘膜 | 끈끈할 점, 꺼풀 막 [mucous membrane; mucosa]
[의학] 소화관, 기도, 비뇨 생식도 따위의 안쪽을 덮고 있는 부드럽고 끈끈한[粘] 꺼풀[膜]을 통틀어 이르는 말.

점선 點線 | 점 점, 줄 선 [dotted line; perforated line]
점(點)으로 이루어진 줄[線]. ¶점선으로 표시된 부분.

점성 占星 | 점칠 점, 별 성 [horoscope]
별[星]의 빛이나 위치, 운행 따위를 보고

길흉을 점 침[占].

▸점성-술 占星術 | 꾀 술
별[星]의 빛이나 위치, 운행 따위를 보고 개인과 국가의 길흉을 점(占)치는 복술(卜術).

점수 點數 | 점 점, 셀 수 [marks; grade]
❶[속뜻]점(點)의 수효(數爻). ❷성적을 나타내는 숫자. ¶민수는 수학 점수가 높다.

점:심 點心 | 점 점, 마음 심
[lunch; luncheon]
❶[속뜻]마음[心]에 점(點)을 찍음. ❷낮에 끼니로 먹는 음식. ¶점심시간 / 점심을 먹다.

점액 粘液 | 끈끈할 점, 진 액
[mucus; mucilage]
❶[속뜻]끈끈한[粘] 성질이 있는 액체(液體). ❷[생물]생물체의 점액선 따위에서 분비되는 끈끈한 액체. ¶위는 점액을 분비해 위벽을 보호한다.

점:원 店員 | 가게 점, 사람 원
[store clerk]
상점(商店)에 고용되어 물건을 팔거나 그 밖의 일을 맡아 하는 사람[員]. ¶그 옷 가게의 점원들은 친절하다.

점유 占有 | 차지할 점, 있을 유
[possession; occupation]
물건이나 영역, 지위 따위를 차지하고[占] 있음[有]. ¶불법 점유 / 그 회사는 국내 가전제품 시장의 40%를 점유하고 있다.

점-음표 點音標 | 점 점, 소리 음, 나타낼 표 [dotted note]
[음악]음표 머리 오른쪽에 작은 점(點)이 있는 음표(音標).

점자 點字 | 점 점, 글자 자 [braille]
두꺼운 종이 위에 도드라진 점(點)들을 일정한 방식으로 짜 모아 만든 글자[字]. 시각장애인들이 손가락으로 더듬어 읽도록 만든 문자이다.

⁑점:점 漸漸 | 차츰 점, 차츰 점
[by degrees; little by little]
차츰[漸] 차츰[漸] 변함. ¶날씨가 점점 더워지고 있다. [비]점차(漸次), 차츰.

점:진 漸進 | 점점 점, 나아갈 진
[progress gradually]
❶[속뜻]점차(漸次) 앞으로 나아감[進]. ❷점점 발전함. ¶복지 사회로 점진하다.

▸점:진-적 漸進的 | 것 적
점차(漸次) 조금씩 나아가는[進] 것[的]. ¶점진적 발전. [반]급진적(急進的).

⁑점:차 漸次 | 점점 점, 차례 차
[gradually; by degrees]
점점[漸] 차례(次例)대로. ¶현지는 점차 공부에 흥미를 느꼈다. [비]점점(漸漸), 차츰.

점토 粘土 | 끈끈할 점, 흙 토 [clay]
[지리]작은 알갱이로 이루어진 부드럽고 끈끈한[粘] 흙[土]. ¶그녀는 점토로 그릇을 만들었다. [비]찰흙.

점:포 店鋪 | 가게 점, 가게 포 [store]
물건을 늘어놓고 파는 곳[店=鋪]. [비]가게, 상점(商店).

점호 點呼 | 점 점, 부를 호
[roll call; muster]
인원을 점검(點檢)하기 위하여 이름을 부름[呼]. ¶취침 점호.

점화 點火 | 켤 점, 불 화
[ignite; light; fire]
불[火]을 켬[點]. ¶올림픽 성화를 점화하다.

점획 點劃 | 점 점, 그을 획 [tittle]
글자를 이루는 점(點)과 획(劃).

접견 接見 | 맞이할 접, 볼 견
[receive; interview]
공식적으로 손님을 맞이하여[接] 만나 봄[見]. ¶접견시간 / 접견장소.

접골 接骨 | 이을 접, 뼈 골 [set bone]
[의학]어긋나거나 부러진 뼈[骨]를 이어[接] 맞춤. ¶접골 치료 / 지난번에 접골한 곳을 또 다쳤다.

접근 接近 | 맞이할 접, 가까울 근
[move in close; approach]

맞이하여[接] 가까이 다가감[近]. ¶접근 금지 / 그는 접근하기 쉬운 사람이다.

접대 接待 | 맞이할 접, 대접할 대
[attend to; welcome]
손님을 맞이하여[接] 대접(待接)함. ¶따뜻한 접대 / 그녀는 미소를 지으며 손님을 접대하였다. [비] 대접(待接).

접목 接木 | 이을 접, 나무 목
[graft trees together]
나무[木]를 접붙여 이음[接]. 또는 그 나무.

접소 接所 | 이을 접, 곳 소
[종교] 동학에서, 접(接)의 집회 장소(場所).

접속 接續 | 맞이할 접, 이을 속 [interface]
❶[속뜻] 서로 맞닿도록[接] 이어줌[續]. ❷ 컴퓨터 통신 등이 연결되는 것. ¶인터넷 접속.

접수 接受 | 맞이할 접, 받을 수
[receive; accept]
맞이하여[接] 받아들임[受]. ¶접수번호 / 접수를 마감하다.

접영 蝶泳 | 나비 접, 헤엄칠 영
[butterfly stroke]
[운동] 두 손을 동시에 앞으로 뻗쳐 나비[蝶]처럼 물을 아래로 끌어내리고 양다리를 모아 상하로 움직이며 발등으로 물을 치면서 나아가는 수영(水泳).

접전 接戰 | 맞이할 접, 싸울 전
[fight hand-to-hand]
❶[속뜻] 경기나 전투에서 서로 맞붙어[接] 싸움[戰]. 또는 그런 경기나 전투. ❷서로 힘이 비슷하여 승부가 쉽게 나지 않는 경기나 전투. ¶팽팽한 접전을 벌이다.

접종 接種 | 이을 접, 씨 종
[inoculate; vaccinate]
❶[속뜻] 종자(種子)를 접합(接合)시킴. ❷ [의학] 병의 예방, 치료, 진단, 실험 따위를 위하여 병원균이나 항독소, 항체 따위를 사람이나 동물의 몸에 주입함. 또는 그렇게 하는 일. ¶예방 접종.

접지 接地 | 닿을 접, 땅 지
[ground connection; grounding]
❶[속뜻] 땅[地]에 닿음[接]. 또는 땅에 댐. ❷[전기] 전기 회로를 동선(銅線) 따위의 도체로 땅과 연결함.

접착 接着 | 닿을 접, 붙을 착
[stick to; adhere to]
착 달라[接]붙음[着]. ¶접착 테이프 / 접시의 조각을 접착했다.

▸ **접착-력** 接着力 | 힘 력
두 물체가 서로 달라붙는[接着] 힘[力]. ¶이 풀은 접착력이 강하다.

▸ **접착-제** 接着劑 | 약제 제
두 물체를 서로 붙이는[接着] 데 쓰는 약[劑].

접촉 接觸 | 맞이할 접, 닿을 촉 [contact; touch]
❶[속뜻] 맞이하여[接] 서로 닿음[觸]. ¶신체접촉. ❷가까이 대하고 사귐. ¶그녀와의 접촉을 되도록 피하고 싶다.

접합 接合 | 이을 접, 합할 합
[join; unite; connect]
하나로 이어[接] 합함[合]. 또는 한데 닿아 붙음. ¶접합수술.

정[1] 情 | 마음 정
[affection; love; heart]
❶사물에 느끼어 일어나는 마음의 작용. ¶그리운 정. ❷사랑이나 친근감을 느끼는 마음. ¶자매간의 정.

정[2] 錠 | 알약 정 [tabloid]
알 모양의 약. ¶1회 3정 이상 복용하지 마시오. [비] 알.

정:가 定價 | 정할 정, 값 가
[fixed price]
상품에 값[價]을 매김[定]. 또는 그 값. ¶이 바지의 정가는 4만 원이다.

정:각 正刻 | 바를 정, 시각 각
[exact time]
틀림없는 바로[正] 그 시각(時刻). ¶12시 정각에 만나자.

정감 情感 | 사랑 정, 느낄 감
[feeling; sentiment]

사랑[情]스럽게 느껴짐[感]. 정조와 감흥을 불러일으키는 느낌. ¶현주는 보면 볼수록 정감이 간다.

정강 政綱 | 정치 정, 벼리 강
[platform; plank; political principle]
❶ 속뜻 정치(政治)의 대강(大綱). ❷정부 또는 정당이나 정치 집단에서 국민에게 공약하여 이루고자 하는 정책의 큰 줄기. ¶정강을 발표하다.

정거 停車 | 멈출 정, 수레 거
[stop; halt]
가던 차(車)를 멈춤[停]. ¶이 역에서 5분간의 정거합니다.

▶ **정거-장 停車場** | 마당 장
열차가 멈추어서[停車] 여객이나 화물을 싣고 내릴 수 있도록 설비를 갖춘 곳[場]. ¶아들을 배웅하러 정거장으로 나가다.

정:격 定格 | 정할 정, 격식 격
[proper form]
❶ 속뜻 정(定)해진 격식(格式)이나 규격. ❷ 전기 기구를 만들 때 따르는 정해진 규격. ¶정격 전류.

정결 淨潔 | 말끔할 정, 깨끗할 결
[clean and neat; undefiled]
매우 말끔하고[淨] 깨끗함[潔]. ¶정결한 마음 / 그의 방은 늘 정결하다.

정경 情景 | 마음 정, 볕 경
[pathetic scene; sight]
마음[情]에 감흥을 불러일으킬 만한 경치(景致)나 장면. ¶산의 아름다운 정경.

정계¹ 政界 | 정치 정, 지경 계
[world of politics; political world]
정치(政治) 및 정치가의 세계(世界). '정치계'의 준말. ¶그는 10년 넘게 정계에 몸담고 있다.

정:계² 定界 | 정할 정, 지경 계
[fixed boundary]
경계(境界)를 정(定)함. 또는 그 경계나 한계.

▶ **정:계-비 定界碑** | 비석 비
역사 조선 숙종 38년(1712)에 조선과 청나라의 경계(境界)를 정(定)하기 위하여 백두산 위에 세운 비석(碑石).

정:곡 正鵠 | 바를 정, 과녁 곡
[bull's-eye; mark]
❶ 속뜻 과녁[鵠]의 바로[正] 한가운데. ¶화살이 정곡에 꽂히다. ❷가장 중요한 요점 또는 핵심. ¶정곡을 찌르다 / 정곡을 벗어나다.

정:과 正果 | 바를 정, 열매 과
[fruit preserved in honey]
❶ 속뜻 여러 과일[果]을 두루 바로[正] 갖춤. ❷온갖 과일, 생강, 연근, 인삼 따위를 꿀이나 설탕물에 졸여 만든 음식. ¶손님에게 차와 정과를 대접하다.

정관 精管 | 정액 정, 대롱 관
[spermatic duct; seminal duct]
동물 정액(精液)을 나르는 긴 관(管).

*__정교 精巧__ | 쓿을 정, 예쁠 교
[elaborate; exquisite]
쓿은 쌀[精] 같이 예쁨[巧]. 또는 그렇게 다듬음. ¶정교한 솜씨 / 무늬가 정교하다.

정구 庭球 | 뜰 정, 공 구 [tennis]
❶ 속뜻 평평한 뜰[庭]에서 공[球]을 치는 놀이. ❷ 운동 경기장 중앙 바닥에 네트를 가로질러 치고 그 양쪽에서 라켓으로 공을 주고받는 경기. 1955년 '테니스'로 이름이 바뀌었다.

정권 政權 | 정치 정, 권리 권
[political power]
정치(政治)를 하는 권력(權力). 나라의 통치기관을 움직이는 권력. ¶민주정권 / 정권을 장악하다.

정:규 正規 | 바를 정, 법 규
[formality; regularity]
정식(正式) 규정이나 규범(規範). ¶정규 방송 / 정규 직원.

정기¹ 精氣 | 정신 정, 기운 기
[spirit and energy]
❶ 속뜻 민족 따위의 정신(精神)과 기운(氣運). ¶고려청자에는 우리 겨레의 정기가 서려 있다. ❷천지 만물을 생성하는 원천

이 되는 기운. ¶백두산의 정기를 받다.

정:기²定期 | 정할 정, 때 기
[fixed period]
정(定)해진 기간(期間). 기한이나 기간이 일정하게 정하여져 있는 것. ¶정기 세일.
▶정:기-적 定期的 | 것 적
일정(一定)한 시기(時期)에 일정한 일을 하는 것[的]. [반] 비정기적.
▶정:기 예:금 定期預金 | 맡길 예, 돈 금
[경제] 일정 금액을 일정(一定)한 기간(期間) 동안 금융 기관에 맡기고 정한 기한 안에는 찾지 않겠다는 약속으로 하는 예금(預金).

정:남 正南 | 바를 정, 남녘 남
[due south]
꼭 바른[正] 남(南)쪽. '정남방'(正南方)의 준말.

정낭 精囊 | 정액 정, 주머니 낭
[seminal vesicle; spermatic sac]
[의학] 정액(精液)을 생산하는 길쭉한 주머니[囊]. 남자 생식기의 한 부분.

정년 停年 | =定年, 멈출 정, 나이 년
[retiring age; age limit]
직원 등이 일을 그만하도록[停] 정해놓은 나이[年]. ¶정년 퇴직.

정녕 丁寧 | 장정 정, 편안할 녕
[without fail; by all means; certainly]
❶[속뜻] 태도 따위가 장정[丁]처럼 편안함[寧]. ❷조금도 틀림없이 꼭. 또는 더 이를 데 없이 정말로. ¶정녕 꿈은 아니겠지요? / 정녕 가시겠다면 고이 보내 드리리다.

정:-다각형 正多角形 | 바를 정, 많을 다, 뿔 각, 모양 형 [regular polygon]
[수학] 변의 길이와 각의 크기가 모두 같은[正] 다각형(多角形).

정담 情談 | 마음 정, 이야기 담
[friendly talk]
깊은 마음[情]을 주고받는 이야기[談]. ¶친구와 정담을 주고받다.

정:답 正答 | 바를 정, 답할 답
[correct answer]
옳은[正] 답(答). 맞는 답. ¶정답을 맞히다. [반] 오답(誤答).

정:당¹正當 | 바를 정, 마땅 당
[just; right]
바르고[正] 마땅하다[當]. 이치가 당연하다. ¶정당한 권리 / 정당한 방법으로 돈을 벌었다.

정당²政黨 | 정치 정, 무리 당
[political party]
정치(政治)를 하기 위해 조직한 무리[黨]. 이념이나 주장이 같은 사람들이 모이며, 정권을 잡고 행사하기 위해 노력한다. ¶정당에 가입하다 / 그들은 새로운 정당을 만들었다.

정:대 正大 | 바를 정, 큰 대
[fair; just; fair and square]
바르고[正] 크다[大]. 바르고 옳아서 사사로움이 없다. ¶정대한 행동.

***정도 程度** | 분량 정, 법도 도
[limit; degree]
❶[속뜻] 일정한 분량[程]과 법도[度]. ❷얼마의 분량. 또는 알맞은 어떠한 한도. ¶한 숟가락 정도의 소금 / 장난도 정도껏 해라 / 어느 정도는 인정할 수 있다.

정독 精讀 | 쓿을 정, 읽을 독
[read carefully]
쌀을 쓿듯이[精] 뜻을 새겨 가며 읽음[讀]. ¶글의 내용을 깊이 이해하기 위해서는 정독이 필요하다.

정돈¹停頓 | 멈출 정, 조아릴 돈
[stalemate]
❶[속뜻] 멈추어[停] 조아림[頓]. ❷멈추어 나아가지 아니함. ¶일시적 정돈 상태에 빠지다.

정:돈²整頓 | 가지런할 정, 조아릴 돈
[put in order; arrange]
가지런히[整] 조아림[頓]. 가지런하게 함. 바로잡음. ¶책상 정돈.

정력 精力 | 정액 정, 힘 력
[energy; vigor; vitality]
정액(精液)을 쏟는 성적 능력(能力). 심신

의 활동력. ¶나는 공부에 모든 정력을 쏟았다.

정:렬 整列 | 가지런할 정, 줄 렬
[stand in a row; array]
가지런히[整] 벌여 줄을 세움[列]. ¶학생들은 한 줄로 정렬했다.

정류 停留 | 멈출 정, 머무를 류
[stoppage; stop]
멈추어[停] 머무름[留].

▸ **정류-장** 停留場 | 마당 장
자동차나 전차 따위가 사람이 타고 내리도록 일시 멈추는[停留] 일정한 곳[場]. ¶버스 정류장. [비] 정류소(停留所).

⁑정:리 整理 | 가지런할 정, 다듬을 리
[arrange]
❶[속뜻] 가지런하게[整] 다듬음[理]. ❷흐트러진 것이나 어지러운 것을 가지런하고 바르게 하는 일. ¶서랍 정리 / 방정리.

정:립¹ 正立 | 바를 정, 설 립
[correct; right]
바로[正] 섬[立]. 또는 바로 세움. ¶가치관의 정립 / 올바른 노사 관계를 정립하다.

정:립² 定立 | 정할 정, 설 립 [thesis]
❶[속뜻] 정(定)하여 세움[立]. ¶먼저 일의 방향을 정립하는 것이 우선이다. ❷[철학] 어떤 논점에 대하여 반론을 예상하고 주장함. 또는 그런 의견이나 학설.

정맥 靜脈 | 고요할 정, 맥 맥 [vein]
❶[속뜻] 고요한[靜] 맥(脈). ❷[의학] 정맥혈(靜脈血)을 심장으로 보내는 순환 계통의 하나. 피의 역류를 막는 역할을 하며 살갗 겉으로 퍼렇게 드러난다. [반] 동맥(動脈).

정:면 正面 | 바를 정, 낯 면
[front; front side]
똑바로[正] 마주 보이는 면(面). ¶정면에 보이는 건물이 병원이다.

정묘 丁卯 | 천간 정, 토끼 묘
[민속] 천간의 '丁'과 지지의 '卯'가 만난 간지(干支).

▸ **정묘-호란** 丁卯胡亂 | 오랑캐 호, 어지러울 란
❶[속뜻] 정묘년(丁卯年)에 오랑캐[胡]들로 인해 일어난 난리(亂離). ❷[역사] 조선 인조 5년(1627)에 후금의 아민(阿敏)이 인조반정의 부당성을 내세우고 침입하여 일어난 난리이다. 인조가 강화(江華)로 피란하였다가 강화 조약을 맺고 두 나라는 형제의 나라가 되었다.

정:문 正門 | 바를 정, 문 문
[front gate; main entrance]
건물의 정면(正面)에 있는 출입문(出入門). ¶학교 정문에서 만나자. [반] 후문(後門).

정물 靜物 | 고요할 정, 만물 물
[stationary things]
정지하여[靜] 움직이지 않는 물건(物件).

▸ **정물-화** 靜物畫 | 그림 화
[미술] 과일, 꽃, 화병 따위의 스스로 움직이지 못하는 정물(靜物)들을 놓고 그린 그림[畫].

정미 精米 | 쓿을 정, 쌀 미
[polished rice]
벼를 쓿어[精] 깨끗하게 만든 쌀[米].

▸ **정미-소** 精米所 | 곳 소
쌀[米]을 찧는[精] 곳[所]. [비] 방앗간.

정밀 精密 | 쓿을 정, 빽빽할 밀
[minute; be detailed]
쓿은 쌀[精]같이 세밀(細密)함. 빈틈이 없고 자세함. ¶정밀검사.

▸ **정밀 공업** 精密工業 | 장인 공, 일 업
[공업] 정밀(精密) 기계나 기구를 만드는 공업(工業).

정박 碇泊 | 닻 정, 머무를 박
[anchor; berth]
배가 닻[碇]을 내리고 머무름[泊]. ¶항구에는 배가 정박 중이다 / 배가 부두에 정박하고 있다.

정박-아 精薄兒 | 정신 정, 엷을 박, 아이 아 [feeble-minded child]
❶[속뜻] 정신(精神)이 희미한[薄] 아이[兒]. ❷[심리] 뇌의 장애를 받아 정신 발달이 지체된 아이를 말함. '정신박약아'(精

神薄弱兒)의 준말.

정:-반:대 正反對 | 바를 정, 거꾸로 반, 대할 대 [direct opposition]
완전히[正] 반대(反對)되는 일. ¶그것은 사실과 정반대다.

정벌 征伐 | 칠 정, 칠 벌
[conquer; subjugate]
무력을 써서 적이나 죄 있는 무리를 치는 [征=伐] 일. ¶이종무는 대마도 정벌에 나섰다.

정변 政變 | 정치 정, 바뀔 변 [political change; change of government]
혁명이나 쿠데타 따위로 생긴 정치(政治) 상의 큰 변동(變動). ¶갑신정변 / 페루에서 정변이 일어났다.

정보 情報 | 실상 정, 알릴 보
[intelligence; report; news]
❶ [속뜻] 실상[情]에 대한 보고(報告). ❷관찰이나 측정을 통하여 수집한 자료를 실제 문제에 도움이 될 수 있도록 정리한 지식. 또는 그 자료. ¶생활 정보 / 정보를 교환하다.

▸ 정보-지 情報誌 | 기록할 지
특정 정보(情報)를 제공하는 잡지(雜誌). ¶낚시 정보지 / 생활 정보지.

▸ 정보-화 情報化 | 될 화
특정 정보(情報)를 정확하고 빠르고 효과적으로 주고받도록 함[化].

▸ 정보-기관 情報機關 | 틀 기, 빗장 관
정보(情報)의 수집, 처리, 선전, 통제 따위에 관한 일을 전문적으로 맡아 하는 기관(機關).

▸ 정보 산:업 情報産業 | 낳을 산, 일 업
[통신] 정보(情報)의 생산, 수집, 가공, 유통, 전달 따위의 정보에 관한 사항을 다루는 산업(産業). ¶정보 산업을 육성하다.

▸ 정보화 사회 情報化社會 | 될 화, 단체 사, 모일 회
[사회] 정보(情報)가 유력한 자원이 되고 정보의 가공과 처리에 의한 가치의 생산을 중심으로 사회나 경제가 운영되고 발전되어 가는[化] 사회(社會).

정:복[1] 正服 | 바를 정, 옷 복 [ceremonial dress]
의식 때에 입는 정식(正式)의 옷[服]. ¶백관복은 조선시대 관원의 정복(正服)이다.

정복[2] 征服 | 칠 정, 따를 복
[conquer; subjugate]
❶ [속뜻] 남의 나라나 이민족 따위를 쳐서[征] 따르게[服] 시킴. ¶11세기 노르만족은 영국을 정복했다. ❷다루기 어렵거나 힘든 대상 따위를 뜻대로 다룰 수 있게 됨. ¶영어 정복 / 에베레스트를 정복하다.

⁑정부 政府 | 정사 정, 관청 부 [government]
❶ [속뜻] 정사(政事)를 보는 관청[府]. ❷ [법률] 입법, 사법, 행정의 삼권을 포함하는 통치기구를 통틀어 이르는 말. ¶한민족은 20세기에 근대적인 정부를 수립했다.

▸ 정부-미 政府米 | 쌀 미
쌀값 조절 및 군수용이나 구호용에 충당하기 위하여 정부(政府)가 사들여 보유하고 있는 쌀[米]. [반] 일반미(一般米).

정:-부통령 正副統領 | 바를 정, 도울 부, 거느릴 통, 다스릴 령 [president and vice president]
대통령[正]과 부통령(副統領).

***정:비** 整備 | 가지런할 정, 갖출 비
[fix; service]
❶ [속뜻] 흐트러진 체계를 가지런히[整] 하여 제대로 갖춤[備]. ❷기계나 설비가 제대로 작동하도록 보살피고 손질함. ¶삼촌은 직접 자동차를 정비하신다.

▸ 정:비-소 整備所 | 곳 소
정비(整備)하는 일을 전문으로 맡아 하는 곳[所]. ¶자동차 정비소.

정:-비:례 正比例 | 순수할 정, 견줄 비, 본보기 례 [direct proportion]
❶ [속뜻] 바른[正] 비례(比例). ❷ [수학] 두 양이 서로 같은 비율로 일정하게 늘거나 주는 일. ¶시험 점수와 실력이 항상 정비례하는 것은 아니다. [반] 반비례(反比例).

정사[1] 政事 | 정치 정, 일 사

[political affairs; administration]
정치(政治) 또는 행정상의 일[事]. ¶흥선 대원군은 고종을 대신해 정사를 돌보았다.

정사²情事 | 사랑 정, 일 사
[love affair; affair of the heart]
❶속뜻 남녀 간에 사랑[情]을 주고받는 일[事]. ❷남녀가 서로 육체적으로 사랑을 나누는 일.

정ː-사각형 正四角形 | 바를 정, 넉 사, 뿔 각, 모양 형 [regular square]
❶속뜻 바른[正] 사각형(四角形). ❷수학 네 변의 길이와 각의 크기가 모두 같은 사각형.

정ː-삼각형 正三角形 | 바를 정, 석 삼, 뿔 각, 모양 형 [regular triangle]
❶속뜻 반듯한[正] 삼각형(三角形). ❷수학 세 변의 길이와 각의 크기가 모두 같은 삼각형.

정상¹頂上 | 꼭대기 정, 위 상
[top; summit; peak]
❶속뜻 산 따위 맨 꼭대기[頂]의 위[上]. ¶지리산 정상에 오르다. ❷그 이상 더 없는 최고의 상태. ¶인기 정상의 배우. ❸한 나라의 최고 수뇌. ¶정상회담.

정상²情狀 | 실상 정, 형상 상
[circumstances; conditions]
❶속뜻 실상[情]과 형태[狀]. ❷어떤 결과에 이르기까지의 사정. ¶정상을 참작해 형(刑)을 줄여주었다.

정ː상³正常 | 바를 정, 늘 상
[normalcy; normality]
바른[正] 상태(常態). 이상한 데가 없는 보통의 상태. ¶오후에는 정상 수업을 한다. ⓑ비정상(非正常).

▶ **정ː상-인 正常人** | 사람 인
몸과 정신에 탈이 없는[正常] 사람[人]. ¶정상인과 다른 점이 있다.

▶ **정ː상-적 正常的** | 것 적
상태가 정상(正常)인 것[的]. ⓑ비정상적.

정ː색 正色 | 바를 정, 빛 색
[primary colors; look serious]
❶속뜻 안색(顔色)을 바르게[正] 함. ❷얼굴에 엄정한 빛을 나타냄. 또는 그 표정. ¶정색을 하고 말하다.

정ː서¹正書 | 바를 정, 쓸 서
[write in the square style]
글씨를 흘려 쓰지 않고 또박또박 바르게[正] 씀[書]. 또는 그렇게 쓴 글씨.

▶ **정ː서-법 正書法** | 법 법
❶속뜻 올바르게[正] 글로 적는[書] 방법(方法). ❷언어 한글로 우리말을 서사(書寫)하는 규칙.

정서²情緖 | 마음 정, 실마리 서 [emotion; feeling]
❶속뜻 여러 가지 마음[情]이나 감정의 실마리[緖]. ❷감정을 불러일으키는 기분이나 분위기. ¶이 음악은 정서 안정에 도움이 된다.

▶ **정서-적 情緖的** | 것 적
정서(情緖)를 띤 것[的]. ¶정서적 문제 / 정서적 불안.

정ː석 定石 | 정할 정, 돌 석
[established tactics; formula]
❶속뜻 바둑에서 돌[石]을 놓는[定] 방법. ❷무엇을 처리하는 데 정해진 방식. ¶정석대로 대응하다.

정ː설 定說 | 정할 정, 말씀 설
[established theory]
일정한 결론에 도달하여 이미 확정(確定)하거나 인정한 말[說]. ¶정설을 뒤집을 만한 연구 결과를 얻었다.

***정성 精誠** | 쓿을 정, 진심 성
[true heart; sincerity]
쓿은 쌀[精]처럼 순백한 진심[誠]. ¶정성 어린 선물 / 부모님을 정성스럽게 모시다 / 음식을 정성껏 준비하다.

정세¹政勢 | 정사 정, 형세 세
정치(政治)상의 동향이나 형세(形勢). ¶국제 정세가 불안하다.

정세²情勢 | 실상 정, 형세 세

[state of things; situation]
일이 되어 가는 실상[情]과 형세(形勢). ¶국내 정세를 분석하다.

정:수¹整數 | 가지런할 정, 셀 수
[integral number; integer]
❶**속뜻** 가지런하게[整] 나타낸 모든 수(數). ❷**수학** 자연수의 음수, 영, 자연수를 통틀어 이르는 말. 즉 '…, -2, -1, 0, 1, 2, …' 따위의 수를 이른다.

정수²淨水 | 깨끗할 정, 물 수
[clean water]
물[水]을 깨끗하고[淨] 맑게 함. 또는 그 물. ¶이 물은 정수한 것이다 / 정수를 마시다.

▶ 정수-기 淨水器 | 그릇 기
물을 깨끗하게 하는[淨水] 기구(器具). ¶정수기에서 거른 물.

정숙¹貞淑 | 곧을 정, 맑을 숙
[chaste; virtuous]
여자로서 행실이 곧고[貞] 마음씨가 맑음[淑]. ¶정숙한 아내.

정숙²靜肅 | 고요할 정, 엄숙할 숙
[still; silent; quiet]
아무 소리 없이[靜] 매우 조용하고 엄숙(嚴肅)함. ¶실내 정숙 / 정숙한 분위기에서 책을 읽었다.

정승 政丞 | 정사 정, 도울 승
[minister of States]
❶**속뜻** 정사(政事)를 도움[丞]. ❷**역사** 조선 시대, 문하부의 정일품 으뜸 벼슬. 태조 3년(1394)에 시중(侍中)을 고친 것.

정:시 定時 | 정할 정, 때 시
[fixed time; stated period]
일정(一定)한 시간(時間) 또는 시기. ¶정시 뉴스.

***정:식¹正式** | 바를 정, 법 식
[proper form; formality]
규정대로의 바른[正] 방식(方式). 정당한 방식. ¶정식으로 소개를 받다.

정:식²定食 | 정할 정, 밥 식
[regular meal]
값과 메뉴가 정(定)해져 있는 음식(飮食). ¶백반 정식.

정신¹挺身 | 바칠 정, 몸 신 [volunteer]
어떤 일에 몸[身]을 바침[挺]. 솔선하여 앞장 섬. ¶사회 사업에 정신하다.

▶ 정신-대 挺身隊 | 무리 대
❶**속뜻** 어떤 목적을 위하여 몸[身]을 바치는[挺] 부대(部隊). ❷태평양 전쟁 때 일본 제국주의 군대의 종군 위안부로 끌려간 여성들을 이르는 말.

***정신²精神** | 쓿을 정, 혼 신
[mind; spirit; consciousness]
❶**속뜻** 쓿은 쌀[精]처럼 순백한 혼[神]이나 마음. ❷사물을 느끼고 생각하며 판단하는 능력. 또는 그런 작용. ¶정신을 집중하다. ❸마음의 자세나 태도. ¶근면 정신. ❹사물의 근본적인 의미나 목적 또는 이념이나 사상. ¶화랑도 정신. **관용** 정신을 차리다.

▶ 정신-과 精神科 | 분과 과
의학 정신(精神) 장애인의 진단·치료를 행하는 의학 분과(分科). '신경 정신과'(神經精神科)의 준말.

▶ 정신-력 精神力 | 힘 력
정신(精神)을 받치고 있는 힘[力]. ¶강한 정신력.

▶ 정신-병 精神病 | 병 병
의학 정신(精神)의 장애나 이상으로 나타나는 병(病).

▶ 정신-적 精神的 | 것 적
정신(精神)에 관한 것[的]. 정신에 중점을 둔 것. ¶정신적 충격 / 정신적 상처.

▶ 정신 노동 精神勞動 | 일할 로, 움직일 동
주로 두뇌를 써서[精神] 하는 노동(勞動).

▶ 정신 연령 精神年齡 | 나이 년, 나이 령
심리 정신(精神) 발달의 정도를 나타내는 나이[年齡]. 지능 검사에 의해서 측정된 정신 수준. ¶정신 연령이 높다.

▶ 정신-지체 精神遲滯 | 늦을 지, 막힐 체
의학 정신(精神) 발달이 늦은[遲滯] 상태.

정액 精液 | 쓿을 정, 진 액

[extract; essence; semen]
❶[의학] 수컷의 정자(精子)를 내포하고 있는 액체(液體). ❷생물의 몸 안이나 줄기, 뿌리, 열매 등의 안에서 만들어진 순수한 액체. ¶인삼 정액.

정:연 整然 | 가지런할 정, 그러할 연
[orderly; regular]
가지런하게[整] 그러한[然]. 가지런하고 질서가 있다. ¶질서정연하게 배열해 놓다.

정열 情熱 | 마음 정, 뜨거울 열
[passion; enthusiasm]
어떤 마음[情]이 불[熱]같이 활활 타오름. 또는 그런 감정. ¶연구에 정열을 쏟다.
▸정열-적 情熱的 | 것 적
불길이 타듯 세찬[情熱] 것[的].

정:오 正午 | 바를 정, 낮 오
[noon; high noon]
낮[午]의 한[正] 가운데. 열두 시. 태양이 한가운데 위치하는 시각. [비] 오정(午正). [반] 자정(子正).

정:-오각형 正五角形 | 바를 정, 다섯 오, 뿔 각, 모양 형 [regular pentagon]
[수학] 다섯 변의 길이와 각의 크기가 모두 같은[正] 오각형(五角形).

정:원[1] 定員 | 정할 정, 인원 원
[number limit; quota]
일정한 규정에 따라 정(定)해진 인원(人員). ¶참가 정원이 다 찼다.

정원[2] 庭園 | 뜰 정, 동산 원
[garden; park]
잘 가꾸어 놓은 넓은 뜰[庭]이나 작은 동산[園]. 뜰. ¶할아버지는 정원을 가꾸는 일로 소일하신다.
▸정원-사 庭園師 | 스승 사
정원(庭園)의 꽃밭이나 수목을 가꾸는 일을 직업으로 하는 사람[師]. ¶정원사가 잔디를 깎고 있다.

정월 正月 | 바를 정, 달 월
[January; Jan]
한 해의 첫째날인 정삭(正朔)이 있는 달[月]. 음력으로 한 해의 첫째 달. ¶정월 초하루.

정유[1] 精油 | 쓿을 정, 기름 유
[refined oil; essential oil]
❶[속뜻] 어떤 식물을 채취해 정제(精製)한 기름[油]. ❷[화학] 정제한 석유나 정제한 동물 지방. 또는 그러한 일. ¶정유업체.

정유[2] 丁酉 | 천간 정, 닭 유
[민속] 천간의 '丁'과 지지의 '酉'가 만난 간지(干支). ¶정유년 생은 닭띠다.
▸정유-재란 丁酉再亂 | 다시 재, 어지러울 란
[역사] 조선의 선조 30년(1597)인 정유(丁酉) 년에 왜구가 다시[再] 일으킨 난리(亂離). 임진왜란 후 교섭이 결렬되자 가토 기요마사(加藤清正) 등이 전쟁을 일으켰다.

정육 精肉 | 쓿을 정, 고기 육
[fresh meat; dressed meat]
굳기름이나 뼈 따위를 발라내 깨끗이 쓿은[精] 고기[肉].
▸정육-점 精肉店 | 가게 점
정육(精肉)을 파는 가게[店]. [비] 고깃간, 푸줏간.

정:-육각형 正六角形 | 바를 정, 여섯 륙, 뿔 각, 모양 형 [regular hexagon]
[수학] 여섯 변의 길이와 각의 크기가 모두 같은[正] 육각형(六角形).

정:-육면체 正六面體 | 바를 정, 여섯 륙, 낯 면, 모양 체
[regular hexahedron; cube]
[수학] 정사각형(正四角形) 여섯[六] 개가 합해 이루어진 다면체(多面體).

정:의[1] 定義 | 정할 정, 뜻 의 [define]
말이나 사물의 뜻[義]을 명백히 규정(規定)함. 또는 그 뜻. ¶정의를 내리다 / 교육에 대하여 정의해 보라.

***정:의**[2] 正義 | 바를 정, 옳을 의 [justice; right]
❶[속뜻] 올바른[正] 도리[義]. ❷바른 뜻이나 가치. ¶정의를 위해 싸우다 / 정의의

사나이.

▸정:의-감 正義感 | 느낄 감

정의(正義)를 관철시키려는 마음[感]. ¶그는 정의감이 강하다 / 정의로운 행동.

정:자[1] 正字 | 바를 정, 글자 자

[correct form of a character]

❶[속뜻] 바른[正] 글자[字]. ¶이름을 정자로 또박또박 쓰세요. ❷한자의 약자나 속자가 아닌 본디의 글자를 이르는 말.

정자[2] 精子 | 정액 정, 씨 자 [sperm]

[생물] 정액(精液)에 있는 수컷의 생식 세포[子]. 사람의 경우 길이는 0.05mm 가량이고 머리, 목, 꼬리로 이루어져 있다. 난자와 정자가 만나면 수정이 된다. [반] 난자(卵子).

정자[3] 亭子 | 정자 정, 접미사 자

[bower; arbor; summerhouse]

경치가 좋은 곳에 놀거나 쉬기 위하여 지은 집[亭]. 벽이 없이 기둥과 지붕만 있다. ¶정자에 앉아서 쉬다.

정:장 正裝 | 바를 정, 꾸밀 장

[formal dress; full dress; full uniform]

정식(正式)의 복장(服裝)을 함. 또는 그 복장. ¶단정한 정장 차림.

정적 靜寂 | 고요할 정, 고요할 적

[stillness; quiet; silence]

고요하고[靜] 적막(寂寞)함. ¶개 짖는 소리가 정적을 깨뜨렸다.

정전 停電 | 멈출 정, 전기 전 [blackout]

전기(電氣)가 잠깐 끊어짐[停]. ¶그는 정전에 대비해 초와 손전등을 사 두었다.

정-전:기 靜電氣 | 고요할 정, 전기 전, 기운 기 [static electricity]

[물리] 시간에 따른 분포의 변화가 없는[靜] 전기(電氣) 현상. ¶겨울에는 옷에서 정전기가 자주 일어난다.

정절 貞節 | 곧을 정, 지조 절

[faithfulness; fidelity]

여자의 곧은[貞] 지조[節]. ¶정절을 지키다. [비] 정조(貞操).

정점 頂點 | 꼭대기 정, 점 점

[top; summit]

❶[속뜻] 맨 꼭대기[頂]가 되는 곳[點]. ¶산 꼭대기의 정점에 다다르다. ❷발전하는 것의 최고의 상태. ¶그 배우의 인기는 정점에 달했다. [비] 절정(絶頂).

정정[1] 訂正 | 바로잡을 정, 바를 정

[correct; rectify]

글자나 글 따위의 잘못을 바로잡아[訂] 바르게[正] 고침. ¶정정 기사 / 문제가 있는 곳을 정정한 후에 원고를 다시 제출했다.

정정[2] 亭亭 | 정자 정, 정자 정

[hale and hearty]

❶[속뜻] 정자(亭子)처럼 우뚝하게 높이 솟다. ¶정정한 거목. ❷늙은 몸이 굳세고 건강하다. ¶할아버지는 칠십이 넘으셨는데 아직도 정정하시다 / 구십 노인이 정정히 앉아 계신다.

정:정당당 正正堂堂 | 바를 정, 바를 정, 집 당, 집 당

태도, 처지, 수단 따위가 꿀림이 없이 바르고[正+正] 떳떳하다[堂+堂]. ¶정정당당한 경기를 펼치다 / 정정당당히 싸우다.

정제 精製 | 쓿을 정, 만들 제

[refine; purify]

❶[속뜻] 정성을 들여 정밀(精密)하게 잘 만듦[製]. ❷물질에 섞인 불순물을 없애 그 물질을 더 순수하게 함. ¶원유(原油)를 정제하다.

정조 貞操 | 곧을 정, 잡을 조

[chastity; virtue]

❶[속뜻] 곧은[貞] 지조(志操). ¶정조를 지키다. ❷이성 관계에서 순결을 지키는 일. ¶정조를 중히 여기다. [비] 정절(貞節).

정:족 定足 | 정할 정, 넉넉할 족

결정(決定)에 필요한 인원이 충족(充足)함.

▸정:족-수 定足數 | 셀 수

[법률] 합의체가 사안을 의논·결정(決定)하는 것을 충족(充足)시키는 최소한의 출석

인원수(人員數). ¶정족수에 3명이 모자란다.

정:종 正宗 | 바를 정, 종파 종
❶[불교] 창시자의 정통(正統)을 이어받은 종파(宗派). ❷일본식으로 빚어 만든 맑은 술. 일본 상품명이다.

정:주-간 鼎廚間 | 솥 정, 부엌 주, 사이 간
❶[속뜻] 솥[鼎]을 걸어두고 음식을 만드는 부엌[廚]으로, 방과 연결되어 그 사이[間]에 있는 곳. ❷[건설] 부엌과 안방 사이에 벽이 없이 부뚜막에 방바닥을 잇달아 꾸민 부엌.

정:중 鄭重 | 점잖을 정, 무거울 중
[polite; courteous]
태도나 모양이 점잖고[鄭] 묵직하다[重]. 은근하고 친절하다. ¶그는 어른에게 항상 정중하다 / 정중히 사과하다.

정지 停止 | 멈출 정, 그칠 지
[stop; standstill]
중도에서 멈추거나[停] 그침[止]. ¶정지 신호 / 선 안에서 정지하시오.

▸정지-선 停止線 | 줄 선
[교통] 정지(停止)해야 하는 위치를 나타내는 선(線). ¶정지선을 잘 지켜야 한다.

정:직 正直 | 바를 정, 곧을 직
[honest; upright]
마음에 거짓이나 꾸밈이 없이 바르고[正] 곧음[直]. ¶정직이 내 좌우명이다. [반]부정직(不正直).

▸정:직-성 正直性 | 성질 성
마음에 거짓이나 꾸밈이 없이 바르고 곧은[正直] 특성(特性). ¶공무원으로서 도덕성과 정직성을 지키다.

정진 精進 | 정력 정, 나아갈 진
[devote oneself to; apply oneself to]
정력(精力)을 다하여 힘써 매진(邁進)함. ¶학문에 정진하다.

정차 停車 | 멈출 정, 수레 차
[stop; halt]
움직이던 차(車)가 멈추어[停] 섬. ¶정차 금지. [비]정거(停車). [반]발차(發車).

정:착 定着 | 정할 정, 붙을 착
[settle down; take root]
❶[속뜻] 자리를 정(定)하여 달라붙음[着]. ❷일정한 곳에 자리를 잡고 삶. ¶정착 생활. ❸새로운 문화 현상, 학설 따위가 당연한 것으로 사회에 받아들여짐. 정착 단계에 이르다. ¶민주주의가 정착 단계에 이르렀다. [반]방랑(放浪), 유랑(流浪).

정:찰¹ 正札 | 바를 정, 쪽지 찰
[price tag]
물건의 정당(正當)한 값을 적은 쪽지[札]. ¶정찰 가격.

정찰² 偵察 | 염탐할 정, 살필 찰
[reconnoiter]
[군사] 적의 동태 따위를 몰래 염탐[偵]하여 살핌[察]. ¶정찰위성 / 소형비행기가 적진을 정찰하고 있다.

▸정찰-기 偵察機 | 틀 기
[군사] 정찰(偵察)하는 데에 쓰는 군용기(軍用機). 비행 속도가 빠르며, 사진기나 레이더 따위의 특수 정찰 장치를 갖추고 있다.

⁑정책 政策 | 정치 정, 꾀 책 [policy]
정치적(政治的) 목적을 실현하기 위한 책략(策略). ¶교육정책 / 정책을 수립하다.

정:처 定處 | 정할 정, 곳 처
[fixed place; definite destination]
정(定)한 곳[處]. ¶정처 없이 떠돌다.

정:체¹ 正體 | 바를 정, 몸 체
[real form; one's true character]
❶[속뜻] 바른[正] 형체(形體). ❷참된 본디의 형체. ¶범인의 정체는 아직 밝혀지지 않았다.

정체² 停滯 | 멈출 정, 막힐 체 [stagnate; delay]
앞으로 나아가지 못하고 멈추거나[停] 막혀 있음[滯]. ¶교통 정체.

정초 正初 | 정월 정, 처음 초
[first ten days of January]
정월(正月) 초순(初旬). 그 해의 맨 처음.

정취 情趣 | 마음 정, 풍취 취

[sentiment; mood; touch]
마음[情]을 불러일으키는 풍취(風趣). ¶봄의 정취가 한껏 무르익었다.

정치 政治 | 정사 정, 다스릴 치
[politics; government]
나라의 정무(政務)를 다스림[治]. 또는 그런 일. ¶정치 활동 / 조선시대는 유교를 정치 이념으로 삼았다.

▸정치-가 政治家 | 사람 가
정치(政治)를 맡아서 하는 사람[家]. 또는 정치에 관한 학식과 경험이 풍부한 사람. ¶정치가가 되겠다는 꿈을 키우다. [비] 정치인.

▸정치-인 政治人 | 사람 인
정치(政治)를 맡아서 하는 사람[人]. ¶정치인은 희망을 파는 상인이다. [비] 정치가.

▸정치-적 政治的 | 것 적
정치(政治)에 관한 것[的]. 정치성을 띤 것.

정탐 偵探 | 염탐할 정, 찾을 탐
[spy out]
사건이나 남의 비밀을 몰래 염탐[偵]하여 찾아냄[探]. 또는 그 일을 하는 사람. [비] 탐정(探偵).

정통[1] 精通 | 세밀할 정, 통할 통
[know thoroughly]
무엇에 대해 정확하고 자세히[精] 꿰뚫고[通] 있음. ¶정통한 소식 / 그는 한국의 사정에 정통하다.

정:통[2] 正統 | 바를 정, 계통 통
[orthodoxy; legitimacy]
❶[속뜻] 바른[正] 계통(系統). ¶일본의 정통 요리를 맛보다. ❷벗나가지 않고 정확한 것. ¶그는 머리를 정통으로 얻어맞고 쓰러졌다.

▸정:통-성 正統性 | 성질 성
❶[속뜻] 바른[正] 계통(系統)을 잇는 성질(性質). ❷[사회] 통치를 받는 사람에게 권력 지배를 승인하고 허용하게 하는 논리적·심리적인 근거. ¶그는 정통성을 인정받았다.

정:평 定評 | 정할 정, 평할 평
[established reputation]
모든 사람이 다 같이 인정(認定)하는 평판(評判). ¶그는 화가로 이미 정평이 나 있다.

정학 停學 | 멈출 정, 배울 학
[suspension from school]
❶[속뜻] 학업(學業)을 멈춤[停]. ❷[교육] 학생이 학교의 규칙을 어겼을 때 등교를 정지하는 일.

정:형[1] 定型 | 정할 정, 모형 형
[set pattern; fixed type]
일정(一定)한 형식이나 모형(模型). ¶정형에서 벗어나다.

▸정:형-시 定型詩 | 시 시
[문학] 일정한 형식과 규칙에 맞추어[定型] 지은 시(詩).

정:형[2] 整形 | 가지런할 정, 모양 형
[orthopedic]
❶[속뜻] 모양[形]을 가지런히[整] 함. ❷몸의 생김새를 고쳐 바로잡음.

▸정형-외:과 整形外科 | 밖 외, 분과 과
[의학] 근육이나 골격 따위의 장애를 고쳐 주는[整形] 외과(外科). ¶그는 정형외과에서 골절 치료를 받았다.

정화 淨化 | 깨끗할 정, 될 화 [purify]
불순하거나 더러운 것을 깨끗하게[淨] 함[化]. ¶수질 정화 / 이 식물은 공기를 정화하는데 도움을 준다.

▸정화-기 淨化器 | 그릇 기
더러워진 공기를 깨끗하게 바꾸는[淨化] 기계(器械). ¶공기 정화기.

▸정화-조 淨化槽 | 나무통 조
❶[속뜻] 더러운 물을 깨끗하게[淨] 만들기[化] 위한 통[槽]. ❷똥오줌을 하수도로 내보내기 전에 가두어서 썩히고 소독하는 통. ¶정화조를 청소하다.

정:확 正確 | 바를 정, 굳을 확
[correct; exact]
바르고[正] 확실(確實)함. ¶그는 모든 일에 정확을 기한다 / 좀 더 정확히 이야기

해 줘. ⑭ 부정확(不正確).

▶ 정ː확-도 正確度 | 정도 도
바르고 확실한[正確] 정도(程度). ¶정확도를 높이다 / 이 자료의 정확도는 99%이다.

▶ 정ː확-성 正確性 | 성질 성
바르고[正] 확실(確實)한 성질(性質). 또는 그런 정도.

제ː 第 | 차례 제 [No.; number.]
한자의 수 앞에 놓여 차례의 몇 째를 가리키는 말. ¶제1과 / 제이차 세계 대전.

제가 齊家 | 다스릴 제, 집 가
[govern a family]
집안[家]을 잘 다스림[齊]. ¶제가(齊家)는 수신(修身)에 달려 있다.

제ː강 製鋼 | 만들 제, 강철 강
[make steel]
강철(鋼鐵)을 만듦[製]. 또는 그 강철. ¶제강산업 / 이곳에서 제강한 재료는 외국으로 수출한다.

제거 除去 | 덜 제, 없앨 거
[remove; exclude; eliminate]
덜어[除] 없앰[去]. ¶불순물 제거 / 친일파 제거 / 악취 제거.

제공 提供 | 들 제, 드릴 공
[offer; supply]
들어서[提] 갖다 드림[供]. ¶자료 제공 / 이곳은 아침 식사를 무료로 제공한다.

제ː과 製菓 | 만들 제, 과자 과
[confectionery]
과자(菓子)나 빵을 만듦[製]. ¶제과 기술 / 제과회사.

▶ 제ː과-점 製菓店 | 가게 점
과자(菓子)나 빵을 만들어[製] 파는 가게[店].

제ː관 祭官 | 제사 제, 벼슬 관 [officiating priest]
제사(祭祀)를 맡은 관원(官員).

제ː국 帝國 | 임금 제, 나라 국 [empire]
황제(皇帝)가 다스리는 나라[國]. ¶로마 제국 / 훈족은 유럽 일대에 거대한 제국을 건설했다.

▶ 제ː국-주의 帝國主義 | 주될 주, 뜻 의
정치 우월한 군사력과 경제력으로 다른 나라나 민족을 정벌하여 제국(帝國)을 건설하려는 정치이념[主義].

제군 諸君 | 모두 제, 군자 군
[you; Gentlemen!]
❶속뜻 모든[諸] 군자(君子). ❷통솔자나 지도자가 여러 명의 아랫사람을 높여 이르는 말.

제ː기¹ 祭器 | 제사 제, 그릇 기
[ritual dishes or utensils]
제사(祭祀)에 쓰는 그릇[器].

제기² 提起 | 들 제, 일어날 기
[presentation; introduction]
❶속뜻 들어내어[提] 문제를 일으킴[起]. ❷소송을 일으킴.

제ː단 祭壇 | 제사 제, 단 단 [altar]
❶속뜻 제사(祭祀)를 지내는 단(壇). ❷종교 제물(祭物)을 바치기 위하여 다른 곳과 구별하여 마련한 신성한 단(壇). 종교적으로 의례의 중심을 이룬다.

제ː당 製糖 | 만들 제, 엿 당
[sugar manufacture; sugar refining]
당분(糖分)의 함유량이 많은 식물의 즙으로 설탕을 만듦[製]. ¶제당 공장.

제대 除隊 | 덜 제, 무리 대
[discharge from military service]
규정된 기한이 차거나 질병 또는 집안 사정으로 군대(軍隊)를 나와 군인의 의무를 덜게[除] 됨. ¶삼촌은 올 여름 제대했다. ⑭ 입대(入隊).

*제ː도¹ 制度 | 정할 제, 법도 도
[system; institution]
❶속뜻 국가나 사회에 의하여 정해진[制] 법도(法度). ❷관습이나 도덕, 법률 따위의 규범이나 사회 구조의 체계. ¶교육제도.

*제ː도² 製圖 | 만들 제, 그림 도
[draft; draw]
기계, 건축물, 공작물 따위의 도면(圖面)

이나 도안(圖案)을 만들어냄[製]. ¶제도 연필(製圖鉛筆).

제도³ 諸島 | 모두 제, 섬 도
[(a group of) islands; archipelago]
모든[諸] 섬[島]. 또는 여러 섬. ¶하와이 제도.

제독 提督 | 거느릴 제, 살필 독
[admiral; commodore]
함대를 거느리고[提] 군사를 감독(監督)하는 사령관. ¶삼촌이 해군 제독이 되었다.

제:동 制動 | 누를 제, 움직일 동 [brake]
기계나 자동차 따위를 눌러[制] 움직이지 [動] 못하게 함. ¶제동 장치 / 노루가 뛰어들어 급히 차를 제동했다.

제:련 製鍊 | 만들 제, 쇠 불릴 련
[refine metals; smelt copper]
공업 광석을 용광로에 넣어 녹이고 불려서 [鍊] 금속을 만듦[製]. ¶제련 기술 / 우리나라는 삼국시대부터 철을 제련해 왔다.

제:례 祭禮 | 제사 제, 예도 례 [sacrificial rituals]
제사(祭祀)를 지내는 예법(禮法)이나 예절. ⓑ제식(祭式).

▶ **제:례-악 祭禮樂** | 음악 악
음악 천신(天神)·인신(人神)·지신(地神)의 제례(祭禮)에 쓰는 음악(音樂).

제막 除幕 | 덜 제, 휘장 막
[unveil a statue]
장막(帳幕)을 걷어냄[除].

▶ **제막-식 除幕式** | 법 식
동상이나 기념비 따위의 조형물에 덮어두었던 헝겊[幕]을 걷어내는[除] 의식(儀式). ¶기념비 제막식을 거행했다.

제명 除名 | 덜 제, 이름 명
[be expelled; be dropped]
구성원 명단에서 이름[名]을 뺌[除]. 구성원 자격을 박탈함. ¶제명을 당하다 / 그는 결국 팀에서 제명되었다.

제:모 制帽 | 만들 제, 모자 모 [regulation cap]
학교, 관청, 회사 따위에서 쓰도록 특별히 만든[制] 모자(帽子).

제목 題目 | 이마 제, 눈 목
[subject; theme]
❶ 속뜻 이마[題]와 눈[目]. ❷작품이나 글 따위에서 첫머리에 붙이는 이름. ¶책 제목 / 노래 제목.

제:문 祭文 | 제사 제, 글월 문
[funeral oration]
제사(祭祀)를 지낼 때 읽는 글[文]. ¶스님이 제문을 읽었다.

제:물 祭物 | 제사 제, 만물 물
[things offered in sacrifice]
제사(祭祀)에 쓰는 음식물(飮食物). ¶양을 제물로 바치다. ⓑ제수(祭需).

제물포 조약 濟物浦條約 | 건질 제, 만물 물, 개 포, 조목 조, 묶을 약
역사 임오군란(壬午軍亂)으로 발생된 문제를 처리하기 위하여 고종 19년(1882) 8월 30일 조선과 일본이 제물포(濟物浦)에서 맺은 조약(條約).

제반 諸般 | 모두 제, 모두 반 [all sorts]
어떤 것과 관련된 모든[諸] 전반(全般)의 것. 모든 것. ¶제반 상황을 보고하겠습니다.

제방 堤防 | 둑 제, 둑 방
[bank; embankment]
물이 넘쳐 들어오지 못하도록 물가에 쌓은 둑[堤=防]. ¶제방을 쌓다.

제보 提報 | 들 제, 알릴 보
[give information]
정보(情報)를 제공(提供)함. ¶제보 전화 / 그는 회사의 비리를 검찰에 제보했다.

제:복 制服 | 만들 제, 옷 복
[uniform; regulation dress]
학교나 관청, 회사 따위에서 입도록 특별히 만든[制] 옷[服]. ⓑ사복(私服), 평복(平服).

제:분 製粉 | 만들 제, 가루 분
[mill; pulverize]
밀을 빻아 밀가루를 만들 듯, 곡식이나

약재 따위를 빻아서 가루[粉]로 만듦[製].

제¹사 祭司 | 제사 제, 맡을 사
[priest; officiant]
제사(祭祀)를 주관하는[司] 사람.

▶ 제:사-장 祭司長 | 어른 장
❶ 기독교 기독교·유대교에서, 예루살렘 성전에서 의식이나 전례[祭]를 맡아보는[司] 우두머리[長]. ❷제례나 주문(呪文)에 밝아 영검을 얻게 하는 사람.

제²사 祭祀 | 제사 제, 제사 사
[religious service; sacrificial rites]
신령이나 죽은 사람의 넋에게 정성을 다하여 제물(祭物)을 바쳐 추모하고 복을 비는 의식[祀]. ¶제사를 지내다. 속뜻 남의 제사에 감 놓아라 배 놓아라 한다.

▶ 제:사-상 祭祀床 | 평상 상
제사(祭祀)를 지낼 때 제물을 올려 놓는 상(床). ¶제사상에 올릴 음식을 정성스럽게 준비했다.

제:산-제 制酸劑 | 누를 제, 산소 산, 약제 제 [antacid]
약학 위산(胃酸)의 분비를 억제(抑制)하는 약[劑].

제:삼 第三 | 차례 제, 석 삼
[third; number three]
여럿 가운데서 세[三] 번째[第].

▶ 제:삼-자 第三者 | 사람 자
일정한 일에 직접 관계가 있는 사람 이외의[第三] 사람[者]. ¶너는 제삼자니까 상관하지 마라.

▶ 제:삼 세:계 第三世界 | 세상 세, 지경 계
❶ 속뜻 세 번째[第一] 세계(世界) ❷ 정치 아시아, 아프리카, 라틴 아메리카 등과 같이 동서 냉전의 어느 쪽에도 가담하지 않은 개발 도상국가를 일컬음. ¶민희는 제삼세계에 대해 조사했다.

▶ 제:삼-차 산:업 第三次産業 | 차례 차, 낳을 산, 일 업
경제 제1차·제2차 산업을 제외한 세 번째[第三次] 산업(産業). 상업, 운수, 통신, 금융 따위의 서비스업.

제:상 祭床 | 제사 제, 평상 상 [sacrificial table; table used in a religious service]
제사(祭祀)를 지낼 때 제물을 올려놓는 평상(平床). '제사상'의 준말.

제소 提訴 | 들 제, 하소연할 소
[bring a lawsuit against]
법률 소송(訴訟)을 제기(提起)함. 또는 그런 일. ¶그는 계약 위반으로 제소됐다.

제:수¹ 弟嫂 | 아우 제, 부인 수
[one's younger brother's wife]
❶ 속뜻 남자 형제 사이에서 아우[弟]의 아내[嫂]를 이르는 말. ❷남남의 남자끼리 동생이 되는 남자의 아내를 이르는 말.

제수² 除數 | 나눌 제, 셀 수
[divisor; number to be divided by]
수학 나눗셈에서, 어떤 수를 나누는[除] 수(數). 예를 들면, '10÷5=2'에서의 '5'. ⑩ 피제수(被除數).

제:수³ 祭需 | 제사 제, 쓰일 수
[expenses of the service]
제사(祭祀)에 쓰이는[需] 여러 가지 물품. ¶제수를 장만하다.

제:승 制勝 | 누를 제, 이길 승
겨루어 눌러[制] 이김[勝].

▶ 제:승-당 制勝堂 | 집 당
❶ 속뜻 겨루어 이기기[制勝] 위하여 지은 집[堂]. ❷ 역사 이순신 장군이 거처하면서 삼도 수군을 지휘하며 무기를 만들고 군량을 비축하던 집. 경상남도 통영시 한산면에 있고, 삼도 수군의 본영이다.

제시 提示 | 들 제, 보일 시
[present; indicate]
❶ 속뜻 의견 따위를 말이나 글로 들어내[提] 보임[示]. ¶의견을 제시하다. ❷검사나 검열 따위를 위하여 물품을 내보임. ¶입구에서 신분증을 제시하십시오.

제안 提案 | 들 제, 생각 안
[propose; suggest]
생각[案]을 들어[提] 내놓음. 또는 그런

생각. ¶이번 봄 소풍은 그의 제안이었다.

제:압 制壓 | 누를 제, 무너뜨릴 압
[control; gain control over]
상대방을 눌러서[制] 무너뜨림[壓]. ¶그는 반대파로부터 제압을 당했다 / 기선을 제압하다.

제야 除夜 | 덜 제, 밤 야 [New Year's Eve]
❶속뜻 한 해를 덜어 보내는[除] 밤[夜]. ❷'섣달 그믐날 밤'을 이름. ¶제야의 종소리.

제:약¹ 制約 | 누를 제, 묶을 약 [restrict; limit]
❶속뜻 누르거나[制] 묶어[約] 못하게 함. ❷조건을 붙여 활동을 못하게 함. ¶단체 생활에는 제약이 따른다.

제:약² 製藥 | 만들 제, 약 약
[medicine manufacture; pharmacy]
약재(藥材)를 섞어서 약(藥)을 만듦[製]. 또는 그 약. ¶제약회사.

제:어 制御 | 누를 제, 다스릴 어 [control]
❶속뜻 억눌러서[制] 마음대로 다스림[御]. ❷감정, 충동, 생각 따위를 막거나 누름. ¶감정을 제어하기가 어렵다. ❸기계나 설비 또는 화학 반응 따위가 목적에 알맞은 작용을 하도록 조절함. ¶제어 장치.

제:염 製鹽 | 만들 제, 소금 염
[salt manufacture]
소금[鹽]을 만듦[製].
▶**제:염-법 製鹽法** | 법 법
소금을 만드는[製鹽] 방법(方法). ¶제염법에 관한 설명을 듣다.

제:왕 帝王 | 임금 제, 임금 왕 [emperor; king]
황제(皇帝)와 국왕(國王).
▶**제:왕-운기 帝王韻紀** | 운 운, 적을 기
❶속뜻 제왕(帝王)의 공적에 대해 운문(韻文)으로 기록한[紀] 역사책. ❷책명 고려 고종 때, 이승휴(李承休)가 중국과 우리나라의 역사를 칠언시(七言詩)로 적은 책.

제외 除外 | 덜 제, 밖 외 [except from]
따로 떼어[除] 밖[外]에 둠. ¶제외사항 / 세금을 제외하고 5만원을 받았다. ⑮ 포함(包含).

제:위 帝位 | 임금 제, 자리 위
[imperial throne; Crown]
제왕(帝王)의 자리[位]. ¶진흥왕이 제위에 오른 뒤 신라는 융성했다 / 제위를 찬탈하다.

제:위-보 濟危寶 | 건질 제, 위태할 위, 보배 보
역사 고려 때, 나라에서 위급(危急)한 백성을 구제(救濟)하기 위해 모아둔 재물[寶].

제의 提議 | 들 제, 따질 의
[suggest; offer]
논의(論議)할 내용을 들어[提] 내놓음. ¶그는 입사제의를 받았다.

제:이 第二 | 차례 제, 두 이
[second; number two]
여럿 가운데서 두[二] 번째[第]. 둘째. ¶이곳은 나의 제이의 고향이다.
▶**제:이-차 산:업 第二次産業** | 차례 차, 낳을 산, 일 업
경제 1차 산업의 생산물을 정제 가공하여 두 번째[第二次] 생산물을 생산하는 산업(産業).
▶**제:이-차 세:계 대:전 第二次世界大戰** | 차례 차, 세상 세, 지경 계, 큰 대, 싸울 전
❶속뜻 두 번째[第二次]로 일어난 세계대전(世界大戰). ❷역사 1939년 독일·이탈리아·일본 등의 군국주의 나라와 미국·영국·프랑스 등의 연합국 사이에 일어난 세계적 규모의 전쟁. 1943년 9월에 이탈리아, 1945년 5월에 독일, 1945년 8월에 일본이 항복하면서 끝났다.

*****제:일 第一** | 차례 제, 첫째 일
[first; number one]
❶속뜻 여럿 가운데서 첫[一] 번째[第]. ¶건강이 제일이다. ❷여럿 가운데 가장. ¶나는 과일 중에 귤을 제일 좋아한다.
▶**제:일-차 第一次** | 차례 차

첫 번[第一] 째[次].

▸ 제:일-차 산:업 第一次産業 | 차례 차, 낳을 산, 일 업

[경제] 가장 기초적인[第一次] 생산물을 생산하는 산업(産業). 농업, 임업, 수산업 따위.

▸ 제:일-차 세:계 대:전 第一次世界大戰 | 차례 차, 세상 세, 지경 계, 큰 대, 싸울 전

❶[속뜻] 첫 번째[第一次]로 일어난 세계대전(世界大戰). ❷[역사] 1914년 독일·오스트리아·이탈리아의 동맹국과 영국·프랑스·제정 러시아의 협상국 간에 일어난 세계적 규모의 전쟁. 1918년에 독일이 항복하고 이듬해 베르사유 조약을 체결하며 끝났다.

제:자 弟子 | 아우 제, 아이 자

[disciple; follower]

❶[속뜻] 아우[弟]나 자식[子]같은 사람. ❷ 스승의 가르침을 받거나 받은 사람. ¶스승의 날이면 제자들이 찾아온다. [반] 스승.

***제:작 製作** | 만들 제, 지을 작

[make; produce]

재료를 가지고 기능과 내용을 가진 새로운 물건이나 예술 작품을 만듦[製=作]. ¶독도를 외국에 알릴 포스터를 제작했다.

▸ 제:작-도 製作圖 | 그림 도

어떤 물건을 만드는[製作] 데에 필요한 그림[圖]. ¶잠수함 제작도를 살펴 보다.

제:재[1] 制裁 | 마름질할 제, 마를 재

[sanctions; punish; restrict]

❶[속뜻] 옷감을 마름질[制]하거나 마름[裁]. ❷[법률] 법이나 규정을 어겼을 때 국가가 처벌이나 금지 따위를 행함. 또는 그런 일. ¶무력 시위를 벌이면 법적 제재를 받는다. ❸일정한 규칙이나 관습의 위반에 대하여 제한(制限)하거나 금지함. ¶핵무기를 개발하는 나라에 경제적인 제재를 가할 것이다.

제재[2] 題材 | 주제 제, 재료 재

[subject matter; theme]

예술 작품이나 학술 연구 따위의 주제(主題)가 되는 재료(材料). ¶사랑을 제재로 한 문학 작품.

제:재[3] 製材 | 만들 제, 재목 재 [lumber]

베어 낸 나무로 재목(材木)을 만듦[製]. ¶나무를 제재하여 가구를 만들다.

▸ 제:재-소 製材所 | 곳 소

베어 낸 나무로 재목을 만드는[製材] 곳[所]. ¶제재소에서 나무를 켜다.

제적 除籍 | 덜 제, 문서 적

[remove from a register]

호적(戶籍), 학적(學籍), 당적(黨籍) 따위에서 이름을 지워버림[除]. ¶그는 무단결석이 잦아 제적되었다.

제:전 祭典 | 제사 제, 의식 전

[religious celebration]

❶[속뜻] 제사(祭祀)의 의식[典]. ❷문화, 예술, 체육 따위와 관련하여 성대히 열리는 사회적인 행사. ¶민속놀이 제전.

제:정 制定 | 만들 제, 정할 정 [establish by law]

제도나 법률 따위를 만들어서[制] 정(定)함. ¶특별법안 제정 / 개천절을 국경일로 제정하다.

제:조 製造 | 만들 제, 만들 조

[make; produce]

❶[속뜻] 공장에서 큰 규모로 물건을 만듦[製=造]. ❷원료에 인공을 가하여 정교한 제품을 만듦. ¶제조된 자동차는 전 세계로 수출된다.

▸ 제:조-법 製造法 | 법 법

물건을 만드는[製造] 방법(方法). ¶최무선은 화약 제조법을 개발했다.

▸ 제:조-업 製造業 | 일 업

물품을 대량으로 만드는[製造] 사업(事業). ¶아버지께서 제조업에 종사하신다.

제:주 祭主 | 제사 제, 주인 주

[chief mourner]

제사(祭祀)의 주체(主體)가 되는 상제. ¶큰 형이 제주가 되어 아버지 제사를 지냈다.

제:중 濟衆 | 건질 제, 무리 중

[salvation of the people]
불교 대중(大衆)을 구제(救濟)함.
▶제:중-원 濟衆院 | 집 원
역사 조선 때, 여러[衆] 사람을 구제(救濟)하기 위해 설립한 병원(病院).

제:지¹ 制止 | 누를 제, 멈출 지 [restrain; check]
어떤 일을 억눌러[制] 멈추게[止]함. ¶경찰은 불법 집회를 제지했다.

제:지² 製紙 | 만들 제, 종이 지
[paper manufacture]
종이[紙]를 만듦[製]. ¶중국은 일찍부터 제지 기술이 발달하였다.

제창¹ 提唱 | 들 제, 부를 창
[put forward; propose; advocate]
어떤 주장을 들어놓고[提] 부르짖음[唱]. ¶남녀평등을 제창하다.

제창² 齊唱 | 가지런할 제, 부를 창
[sing in unison]
❶속뜻 여러 사람이 다같이[齊] 노래 부름[唱]. ❷음악 같은 가락을 두 사람 이상이 동시에 노래함. ¶애국가를 제창하다.

제:천 祭天 | 제사 제, 하늘 천
하늘[天]에 제사(祭祀)를 지냄. ¶부여의 제천 의식은 '영고'라고 불렸다.

제:철² 製鐵 | 만들 제, 쇠 철
[iron making]
공업 광석에서 철(鐵)을 뽑아내는[製] 일. ¶영국은 제철 산업이 발달했다.
▶제:철-소 製鐵所 | 곳 소
철광석을 용광로에 녹여 철을 뽑아내는[製鐵] 일을 하는 곳[所]. ¶광양 제철소

제청 提請 | 들 제, 청할 청
[recommend; nominate]
어떤 안건을 제시(提示)하여 결정하여 달라고 청구(請求)함. ¶장관은 국무총리의 제청으로 대통령이 임명한다.

제초 除草 | 덜 제, 풀 초 [weed]
잡초[草]를 뽑아 없앰[除]. ¶괭이로 정원의 잡초를 제초하다. 비 살초(殺草).
▶제초-제 除草劑 | 약제 제

농업 잡초[草]만을 없애는[除] 약제(藥劑). ¶논에 제초제를 뿌리다.

제출 提出 | 들 제, 날 출
[present; submit]
안건 따위를 들어[提] 내놓음[出]. ¶내일까지 답안을 제출하십시오.

제:패 制霸 | 누를 제, 으뜸 패
[conquer; dominate]
❶속뜻 적을 누르고[制] 패권(霸權)을 차지함. ¶나폴레옹은 한때 유럽을 제패했다. ❷경기 따위에서 우승함. ¶선수들은 이제 올림픽 제패를 꿈꾸고 있다.

*****제:품** 製品 | 만들 제, 물건 품
[manufactured goods; product]
원료를 써서 물품(物品)을 만듦[製]. 또는 그렇게 만들어 낸 물품. '제조품(製造品)'의 준말. ¶그 가게에는 싸고 질 좋은 제품이 많다. 비 상품(商品).

*****제:한** 制限 | 누를 제, 끝 한
[restrict; limit]
일정한 한도(限度)를 정해 이를 넘지 못하게 막거나 억누름[制]. ¶시험시간을 한 시간으로 제한하다.

제:헌 制憲 | 만들 제, 법 헌
[establish the constitution]
헌법(憲法)을 만들어[制] 정함. ¶제헌 이래 우리나라 법은 계속 바뀌어 왔다.
▶제:헌-절 制憲節 | 철 절
법률 우리나라의 헌법(憲法)을 제정(制定)·공포한 것을 기념하기 위하여 제정한 국경일[節]. 7월 17일이다.

제호 題號 | 제목 제, 이름 호 [title]
책이나 신문 따위의 제목(題目)에 상당하는 이름[號]. ¶책의 제호를 바꾸니 판매 부수가 늘었다.

*****제후** 諸侯 | 모두 제, 제후 후
[feudal princes]
❶속뜻 모든[諸] 후작(侯爵). ❷역사 봉건시대에 일정한 영토를 가지고 그 영내의 백성을 지배하는 권력을 가진 사람. ¶제후들은 황제에게 조공을 바쳤다.

제휴 提携 | 들 제, 이끌 휴
[cooperate; tie up with]
행동을 함께 하기 위하여 서로 붙들어[提] 이끎[携]. ¶기술 제휴 / 외국 회사와 제휴하여 상품을 판매하다.

조¹ 兆 | 조 조 [trillion]
억의 만 배가 되는 수. 또는 그런 수의.

조² 條 | 가지 조 [article; clause]
'조목'이나 '조항'의 뜻을 나타내는 말. ¶헌법 제11조에 의거하다.

조³ 組 | 짤 조 [group; party; team]
일정한 목적을 위해 적은 사람들로 조직된 집단. ¶우리는 네 명씩 한 조가 되었다.

조⁴ 調 | 고를 조 [pitch; tone]
'곡조(曲調)나 소리의 단위'를 나타냄. ¶비꼬는 조로 이야기하지 말거라.

조각¹ 爪角 | 발톱 조, 뿔 각
❶속뜻 짐승의 발톱[爪]과 뿔[角]. ❷자신을 적으로부터 보호하여 주는 물건을 비유적으로 이르는 말.

**조각² 彫刻 | 새길 조, 새길 각
[statue; engrave]
미술 재료를 새기거나[彫=刻] 깎아서 입체 형상을 만듦. 또는 그런 미술 분야. ¶정교한 대리석 조각 / 나무로 비둘기를 조각하다. 비 조소(彫塑).

▶ 조각-가 彫刻家 | 사람 가
조각(彫刻)을 전문으로 하는 사람[家]. ¶미켈란젤로는 이탈리아의 유명한 조각가이다.

▶ 조각-품 彫刻品 | 물건 품
조각(彫刻)한 물품(物品). ¶조각품이 서서히 모양을 갖추어 간다.

조간 朝刊 | 아침 조, 책 펴낼 간 [morning edition]
매일 아침[朝] 발행되는[刊] 신문. '조간신문(新聞)'의 준말. ¶그는 매일 출근하는 동안 조간을 읽는다. 반 석간(夕刊).

조감 鳥瞰 | 새 조, 볼 감
[bird's eye view]
새[鳥]가 높은 하늘에서 아래를 내려다보는[瞰] 것처럼 전체를 한눈에 관찰함. ¶언덕 꼭대기에서 저 아래 마을을 조감하다.

▶ 조감-도 鳥瞰圖 | 그림 도
높은 곳에서 내려다본[鳥瞰] 상태의 그림이나 지도(地圖). ¶신축 건물의 조감도를 살펴보다.

**조건 條件 | 가지 조, 구분할 건 [condition]
❶속뜻 각가지[條]로 나누어 구분한[件] 사항. ❷어떤 일을 결정하기에 앞서 내놓는 요구나 견해. ¶협상 조건을 제시하다.

▶ 조건 반:사 條件反射 | 되돌릴 반, 쏠 사
심리 동물에게 어떤 조건(條件)을 주면 반응을 보이는[反射] 현상.

조:경 造景 | 만들 조, 볕 경
[landscape architecture]
경치(景致)를 아름답게 만듦[造]. ¶이번에 새로 만든 공원은 조경에 특히 신경을 썼다.

조계-종 曹溪宗 | 마을 조, 시내 계, 종파 종 [Chogye Order]
❶속뜻 조계산(曹溪山)에서 발원한 종파(宗派). ❷불교 우리나라 선종을 통틀어 이르는 말. 고려 시대에 보조 국사(普照國師)가 송광산에서 정혜사를 창건하고, 뒤에 '송광산'을 '조계산'으로 고친 다음부터 붙인 이름이다.

조공 朝貢 | 조정 조, 바칠 공 [tribute]
역사 다른 나라 조정(朝廷)에 물품을 바침[貢]. ¶조선은 중국에 사신을 보내 조공을 바쳤다.

조:교 助教 | 도울 조, 가르칠 교
[assistant instructor]
❶교육 대학 교수(教授)를 돕는[助] 직위. 또는 그 직위에 있는 사람. ¶보고서는 조교에게 제출하세요. ❷군사 군사 교육·훈련을 할 때에 교관을 도와 교재 관리, 시범 훈련, 피교육자 인솔 따위를 맡아보는 사병. ¶훈련에 앞서 숙달한 조교가 시범을 보이겠다.

조국 祖國 | 조상 조, 나라 국 [one's

fatherland; one's native country]
❶[속뜻]조상(祖上) 때부터 대대로 살던 나라[國]. ¶조국을 위해 목숨 바쳐 싸우다. ❷자기 국적이 속하여 있는 나라.

조급 躁急 | 성급할 조, 급할 급
[impatient; impetuous; hasty]
참을성 없이 매우 급하다[躁=急]. ¶조급한 성격 / 놀란 나머지 예의를 잊고 조급히 물었다.

조:기[1] 弔旗 | 조상할 조, 깃발 기
[mourning flag]
조의(弔意)를 표하기 위해 다는 깃발[旗]. ¶현충일에는 조기를 게양한다.

조:기[2] 早期 | 이를 조, 때 기
[early stage]
이른[早] 시기(時期). ¶조기 교육 / 암(癌)은 조기에 발견하는 것이 중요하다. [비] 초기(初期).

조:기[3] 早起 | 이를 조, 일어날 기
[getting up early; early rising]
아침 일찍[早] 일어남[起]. ¶조기 축구단.

▸**조:기-회 早起會** | 모일 회
아침 일찍 일어나[早起] 함께 운동 따위를 하려고 조직한 모임[會]. ¶우리 동네는 조기회를 만들어 마을도 청소하고 친목도 도모한다.

조난 遭難 | 만날 조, 어려울 난
[be in distress]
항해나 등산 따위를 하는 도중에 재난(災難)을 만남[遭]. ¶등산객 한 명이 등산 도중 조난을 당했다.

조달 調達 | 고를 조, 보낼 달
[supply; procure]
❶[속뜻]고루[調] 보냄[達]. ❷자금이나 물자 따위를 대어 줌. ¶명수는 학비를 조달하기 위해 여러 가지 일을 했다.

▸**조달-청 調達廳** | 관청 청
[법률]정부 소요 물품의 조달(調達)을 담당하는 관청(官廳).

조:도 照度 | 비칠 조, 정도 도
[intensity of illumination]
❶[속뜻]밝게 비치는[照] 정도(程度). ❷[물리]단위 면적이 단위 시간에 받는 빛의 양. '조명도'(照明度)의 준말. ¶조도를 높이다.

조동 躁動 | 성급할 조, 움직일 동
조급하게[躁] 움직임[動].

조력 潮力 | 바닷물 조, 힘 력
[tidal energy]
바닷물[潮] 흐름의 차이로 발생되는 힘[力].

▸**조력 발전 潮力發電** | 일으킬 발, 전기 전
[전기]조수(潮水) 간만의 차이로 일어나는 힘[力]을 이용하는 발전(發電). ¶서해안은 조력발전을 하기에 알맞다.

조련 調練 | =調鍊, 길들일 조, 익힐 련
[train]
❶[속뜻]길들이기[調] 위하여 훈련(訓練)시킴. ❷훈련을 거듭하여 쌓음. ¶농장에서 야생마를 조련하다.

▸**조련-사 調練師** | 스승 사
개, 돌고래, 코끼리 따위의 동물을 길들여[調] 재주를 가르치고 훈련(訓練)시키는 사람[師]. ¶침팬지가 조련사의 말을 참 잘 듣는다.

조령모개 朝令暮改 | 아침 조, 명령 령, 저녁 모, 고칠 개
❶[속뜻]아침[朝]에 내린 법령(法令)을 저녁[暮]이면 다시 바꿈[改]. ❷법령을 자꾸 고쳐서 갈피를 잡기가 어려움. 이랬다 저랬다 변덕이 심할 때 즐겨 쓰는 말이다. ¶조령모개로 자주 바뀌는 선거제도.

조례[1] 條例 | 조목 조, 법식 례 [ordinance]
❶[속뜻]조목조목[條] 적어 놓은 규칙이나 명령[例]. ❷[법률]지방 자치 단체가 법령의 범위 안에서 지방 의회의 의결을 거쳐 그 지방의 사무에 관하여 제정하는 법. ¶조례를 제정하다. [비]조령(條令).

조례[2] 朝禮 | 아침 조, 예도 례
[morning assembly]
학교 따위에서 구성원들이 일과를 시작하

기 전에 아침[朝]마다 모여 하는 의식[禮]. ¶오늘 조례는 교실에서 하자. [반] 종례(終禮).

조롱¹鳥籠 | 새 조, 대그릇 롱 [cage]
새[鳥]를 넣어두고 기르는 장[籠]. ¶새는 조롱 속에서 날개를 파닥이고 있었다.

조롱²嘲弄 | 비웃을 조, 놀릴 롱
[ridicule; laugh at]
비웃거나[嘲] 깔보면서 놀림[弄]. ¶조롱을 당하고도 꿋꿋이 이겨냈다.

조류¹鳥類 | 새 조, 무리 류
[birds; fowls]
새[鳥]의 특징을 가진 동물 종류(種類). ¶야생 조류를 연구하다. [비] 날짐승.

조류²潮流 | 바닷물 조, 흐를 류
[(tidal) current; tide; trend]
❶[속뜻] 밀물과 썰물 때문에 일어나는 바닷물[潮]의 흐름[流]. ¶이 지역은 조류의 흐름이 빠른 편이다. ❷시대 흐름의 경향이나 동향. ¶밀려드는 세계화의 조류를 막을 수는 없다.

조류³藻類 | 말 조, 무리 류
[alga; seaweed]
[식물] 바닷말[藻]의 특징을 가지는 종류(種類). 물속에 살면서 엽록소로 동화작용을 한다.

조리¹笊籬 | 조리 조, 대나무 리 [stainer]
곡식을 이는 데 쓰는 가는 대나무[籬]로 만든 기구[笊]. ¶조리로 쌀을 일다.

조리²條理 | 가지 조, 다스릴 리
[logic; reason]
❶[속뜻] 각가지[條]를 모두 다 잘 정리(整理)함. ❷말이나 글 또는 일이나 행동에서 앞뒤가 들어맞고 체계가 서는 갈피. ¶현수는 말을 조리 있게 잘한다. [비] 두서(頭緖).

조리³調理 | 고를 조, 다스릴 리
[take care of health]
❶[속뜻] 건강이 회복되도록 몸을 고르게[調] 잘 다스림[理]. ¶산후조리. ❷여러 가지 재료를 잘 맞추어 먹을 것을 만듦. ¶맛도 중요하지만 위생적으로 조리하는 것이 가장 중요하다. [비] 요리(料理).

▸**조리-대 調理臺** | 돈대 대
음식 따위를 만드는[調理] 데에 쓰는 높고 평평한 대(臺). ¶부엌은 좁았지만 조리대나 그릇같이 있을 것은 다 있었다. [비] 요리대(料理臺).

▸**조리-사 調理士** | 선비 사
❶[속뜻] 음식을 만드는[調理] 일을 직업으로 하는 사람[士]. ❷음식점 따위에서 음식을 만드는 사람. ¶나는 유명한 한식 조리사가 되고 싶다. [비] 요리사(料理師).

조:림 造林 | 만들 조, 수풀 림 [reforest]
인위적인 방법으로 숲[林]을 만듦[造]. ¶공원을 조림하여 삼림욕장을 만들다.

조립 組立 | 끈 조, 설 립
[assemble; construct]
❶[속뜻] 끈[組]으로 엮거나 만들어 세움[立]. ❷여러 부품을 하나의 구조물로 엮어 만듦. ¶선물로 받은 장난감 로봇을 조립했다.

▸**조립-도 組立圖** | 그림 도
제작물이나 구조물의 조립(組立) 방식을 나타낸 도면(圖面). ¶조립도를 보고 필요한 재료를 준비하였다.

▸**조립-식 組立式** | 법 식
여러 부품을 이용해 조립(組立)하는 방식(方式). ¶이 침대는 조립식이다.

▸**조립-품 組立品** | 물건 품
여러 부품을 하나의 구조물로 조립(組立)하여 만든 물품(物品).

조:만 早晩 | 이를 조, 늦을 만
이름[早]과 늦음[晩]을 아울러 이르는 말.

▸**조:만-간 早晩間** | 사이 간
❶[속뜻] 아침[早]부터 저녁[晩]까지의 동안[間]. ❷앞으로 곧. ¶탈옥수는 조만간 체포될 것이다. [비] 머지않아.

조망 眺望 | 바라볼 조, 바라볼 망
[take a view of; look out over]
먼 곳을 바라봄[眺=望]. 또는 그런 경치.

¶나무숲이 조망을 가로막다 / 여기서는 도시 전체를 조망할 수 있다.

조:명 照明 | 비칠 조, 밝을 명
[light up; illuminate]
❶[속뜻] 빛을 비추어[照] 밝게[明] 함. ¶교실의 조명이 불충분해 공부하기에 좋지 않다. ❷[연영] 무대 효과나 촬영 효과를 높이기 위해 광선을 사용하여 비침. 또는 그 광선. ¶화려한 조명 아래서 춤을 추는 가수들.

▸조:명-등 照明燈 | 등불 등
빛을 비추어[照] 밝게[明] 하는 등(燈). ¶무대 조명등이 뜨겁다.

▸조:명-탄 照明彈 | 탄알 탄
[군사] 터뜨리면 밝은 빛을 내는[照明] 폭탄(爆彈). ¶밤에도 조명탄을 쏘아 올려 대낮처럼 밝았다.

조명시리 朝名市利 | 조정 조, 이름 명, 시장 시, 이로울 리
❶[속뜻] 명분(名分)은 조정(朝廷)에서 취하고, 이익(利益)은 장터[市]에서 다투어야 함. ❷무슨 일이든 알맞은 곳에서 하여야 함을 비유하여 이르는 말. ¶조명시리라고, 무슨 일이든 때와 장소가 있는 법이다.

조모 祖母 | 할아버지 조, 어머니 모
[grandmother]
할아버지[祖]의 아내이자 아버지의 어머니[母]. [반] 조부(祖父).

조목 條目 | 가지 조, 눈 목
[articles; clauses]
법률이나 규정 따위의 낱낱의 조항(條項)이나 항목(項目). ¶이 규정은 다섯 가지 조목으로 되어 있다. [비] 조항(條項).

▸조목-조목 條目條目
한 조목(條目) 한 조목(條目)씩. 조목마다. ¶사람들은 조목조목 따져가며 개발을 반대했다.

조문[1] 條文 | 조목 조, 글월 문 [provisions]
규정이나 법령 따위에서 조목(條目)으로 나누어 적은 글[文]. ¶조문에 명시된 대로 일을 처리하세요.

조:문[2] 弔問 | 조상할 조, 물을 문
[condolence call]
조상(弔喪)하여 상주를 위문(慰問)함. 또는 그 위문. ¶친구들은 아버님을 조문했다. [비] 문상(問喪), 조상(弔喪).

▸조:문-객 弔問客 | 손 객
조문(弔問)하러 온 손님[客]. ¶조문객들이 끊이질 않았다. [비] 문상객(問喪客).

조:물 造物 | 만들 조, 만물 물
❶[속뜻] 만물(萬物)을 만듦[造]. ❷조물주가 만든 온갖 물건.

▸조:물-주 造物主 | 주인 주
우주의 만물(萬物)을 만든[造] 신[主]. ¶산을 보니 조물주의 오묘한 조화가 실감난다.

조미 調味 | 고를 조, 맛 미
[flavor; spice]
음식의 맛[味]을 알맞게 맞춤[調]. ¶간장과 설탕으로 조미하다.

▸조미-료 調味料 | 거리 료
음식의 맛[味]을 알맞게 맞추는[調] 데에 쓰는 재료(材料). ¶인공 조미료를 너무 많이 쓰면 건강에 좋지 않다.

조:반 朝飯 | 아침 조, 밥 반 [breakfast]
아침[朝]에 먹는 밥[飯]. ¶나는 늦게까지 자느라 조반을 잘 안 먹는 편이다.

조부 祖父 | 조상 조, 아버지 부
[grandfather]
선조(先祖)인 아버지의 아버지[父]. ¶아이는 조부께서 직접 만들어 주신 연을 신나게 날렸다. [반] 조모(祖母).

조-부모 祖父母 | 조상 조, 아버지 부, 어머니 모 [grandparents]
할아버지[祖父]와 할머니[祖母]를 아울러 이르는 말. ¶내 동생은 조부모님의 사랑을 독차지했다.

조:사[1] 助詞 | 도울 조, 말씀 사
[postposition]
[언어] 명사를 돕는[助] 역할을 하는 말[詞]. ¶'밥을 먹다'의 '을'은 조사이다.

⁑조사²調査 | 헤아릴 조, 살필 사
[investigate; survey]
❶[속뜻] 잘 헤아리고[調] 살펴봄[査]. ❷사물의 내용을 명확히 알기 위하여 자세히 살펴보거나 찾아봄. ¶설문 조사 / 사건을 철저히 조사하다.

▸**조사-단 調査團** | 모일 단
사건이나 사실을 조사(調査)하기 위하여 만든 단체(團體). ¶정부는 진상을 밝히고자 조사단을 파견했다.

▸**조사-자 調査者** | 사람 자
어떤 사건이나 현상을 자세히 조사(調査)하는 사람[者]. ¶현장 조사자의 말을 들어봅시다.

조삼모사 朝三暮四 | 아침 조, 석 삼, 저녁 모, 넉 사
❶[속뜻] 아침[朝]에 세[三] 개, 저녁[暮]에 네[四] 개씩 줌. ❷당장 눈앞의 차이만을 알고 그 결과가 같음을 모름. 간교한 잔꾀로 남을 속여 희롱함. ¶회사의 얄팍한 조삼모사 전략에 그들이 속아 넘어갔다.

⁑조상 祖上 | 할아버지 조, 위 상
[ancestor; forefather]
❶[속뜻] 선조(先祖)가 된 윗[上]세대의 어른. ¶우리는 조상 대대로 이 마을에서 살아왔다. ❷자기 세대 이전의 모든 세대. ¶한글에는 조상들의 슬기와 지혜가 담겨 있다. [반] 자손(子孫).

▸**조상-신 祖上神** | 귀신 신
자손을 보호하는 4대조(四代祖)보다 더 앞선 조상(祖上)들의 신(神).

조석 朝夕 | 아침 조, 저녁 석
[morning and evening]
❶[속뜻] 아침[朝]과 저녁[夕]을 아울러 이르는 말. ¶부모님께 조석으로 문안인사를 드린다. ❷썩 가까운 앞날을 이르는 말. ¶여러 사람의 목숨이 조석에 달렸으니 부디 신중하거라.

조:선¹造船 | 만들 조, 배 선
[shipbuilding; ship construction]
배[船]를 만듦[造]. ¶한국의 조선 기술은 수준급이다.

▸**조:선-소 造船所** | 곳 소
배[船]를 만들거나[造] 고치는 곳[所]. ¶작년에는 조선소를 견학하여 큰 배도 타 보았다.

조선²朝鮮 | 아침 조, 고울 선
[역사] 1392년 이성계가 고려를 무너뜨리고 한양을 도읍으로 세운 나라. 근세조선(近世朝鮮).

▸**조선-어 朝鮮語** | 말씀 어
일본어에 대하여 조선(朝鮮) 사람들이 쓰던 말[語]. [비] 조선말.

▸**조선-족 朝鮮族** | 겨레 족
중국에 사는 조선(朝鮮) 겨레[族]. ¶중국 연변에는 조선족 자치주가 있다.

▸**조선 상:고사 朝鮮上古史** | 위 상, 옛 고, 역사 사
[책명] 고조선(古朝鮮)부터 시작된 우리나라의 상고(上古) 시대의 역사(歷史)에 대해 쓴 책. 신채호가 1931년 『조선일보』에 연재하였다.

▸**조선어 학회 朝鮮語學會** | 말씀 어, 배울 학, 모일 회
[역사] 조선어(朝鮮語)를 연구하기 위한 학회(學會). 1931년 '조선어연구회'가 바뀐 이름이며 이후 '한글학회'로 이름을 바꾸었다.

▸**조선 총:독부 朝鮮總督府** | 총괄할 총, 감독할 독, 관청 부
[역사] 일제가 1910년부터 1945년까지 우리나라[朝鮮]의 국정을 총괄(總括)하고 감독(監督)하기 위하여 설치하였던 관청[府].

▸**조선어 연:구회 朝鮮語硏究會** | 말씀 어, 갈 연, 헤아릴 구, 모일 회
[역사] 조선어(朝鮮語)를 연구(硏究)하기 위한 학회(學會). 1921년 창설되었으며, 일제의 탄압 아래 꾸준히 우리말을 연구·보급했다.

▸**조선왕조-실록 朝鮮王朝實錄** | 임금 왕, 왕조 조, 실제 실, 기록할 록
[책명] 조선(朝鮮) 왕조(王朝) 472년 동안의

역사적 사실(事實)을 기록(記錄)한 책. 유네스코 세계 기록 유산으로 지정되었으며, 국보 제151호이다.
▶ 조선어 학회 사:건 朝鮮語學會事件 | 말씀 어, 배울 학, 모일 회, 일 사, 것 건
역사 1942년 일제가 조선어 학회(朝鮮語學會)의 회원을 투옥한 사건(事件). 일제는 조선어 학회를 학술 단체를 가장한 독립운동 단체라고 꾸며, 회원들에게 혹독한 고문을 자행하였다.

조:성¹造成 | 만들 조, 이룰 성
[make; develop; create]
❶속뜻 무엇을 만들어서[造] 이룸[成]. ¶시장은 대규모 관광 단지 조성을 추진하고 있다. ❷분위기나 정세 따위를 만듦. ¶여론 조성 / 면학 분위기를 조성하다.

조성²調聲 | 고를 조, 소리 성
❶속뜻 소리[聲]를 고름[調]. ❷소리를 낼 때에 그 높낮이와 장단을 고름.

조세 租稅 | 구실 조, 세금 세
[taxes; taxation]
법률 세금으로 거두어들이는 돈[稅=租]. ¶정부는 농민들의 조세부담을 덜어 주기로 했다. ㉰ 세. ㉾ 세금(稅金).

조소¹彫塑 | 새길 조, 빚을 소
[carving and sculpture]
미술 재료를 새기거나[彫] 빚어서[塑] 입체 형상을 만드는 미술. ¶조소는 조각(彫刻)과 소조(塑造)를 통틀어 이르는 말이다.

조소²嘲笑 | 비웃을 조, 웃을 소
[laugh scornfully]
조롱(嘲弄)하여 웃음[笑]. ¶친구들의 조소를 받다 / 돈과 물질에 사로잡힌 현실을 조소했다. ㉾ 비웃음.

조:속 早速 | 이를 조, 빠를 속
[as soon as possible]
이르고도[早] 빠르다[速]. ¶조속한 시일 내에 처리해 주십시오 / 불합리한 법률은 조속히 개정되어야 한다.

조손 祖孫 | 할아버지 조, 손자 손
[grandfather and grandson]
할아버지[祖父]와 손자(孫子)를 아울러 이르는 말.

조:수¹助手 | 도울 조, 사람 수 [assistant; helper]
어떤 책임자 밑에서 지도를 받으면서 그 일을 도와주는[助] 사람[手]. ¶목수 밑에서 허드렛일을 하며 조수 노릇을 한 적이 있다.

조수²潮水 | 바닷물 조, 물 수
[tide; tidewater]
❶속뜻 바다에서 밀려들었다가 밀려나가는[潮] 물[水]. ❷지리 달, 태양 따위의 인력에 의하여 주기적으로 높아졌다 낮아졌다 하는 바닷물. 밀물과 썰물을 통틀어 이르는 말. ¶서해안은 조수의 차가 심하다.

조:숙 早熟 | 이를 조, 익을 숙
[mature early; grow early]
❶속뜻 식물의 열매가 일찍[早] 익음[熟]. ❷나이에 비하여 정신적·신체적 발달이 빠름. ¶요즘 아이들은 나이에 비해 조숙하다.

조신 操身 | 잡을 조, 몸 신 [modest]
잘못이나 실수가 없도록 몸가짐[身]을 잘 다잡음[操]. ¶너도 이제 시집을 갈 것이니 조신해야 한다.

조:실-부모 早失父母 | 이를 조, 잃을 실, 아버지 부, 어머니 모
[lose parents early in life]
어려서 일찍[早] 부모(父母)를 잃음[失]. ¶나는 조실부모하고 고모님 댁에서 자랐다.

*__조:심 操心__ | 잡을 조, 마음 심
[be careful; heed]
잘못이나 실수가 없도록 마음[心]을 다잡음[操]. ¶이 물건은 조심해서 다뤄 주세요 / 처음 만져보는 물건이라 조심스러웠다 / 도자기를 조심스레 들어 옮겼다. ㉾ 주의(注意).
▶ 조:심-성 操心性 | 성질 성

조심(操心)하는 성질(性質)이나 태도. ¶이 작업은 매우 위험해서 조심성이 필요하다.
▶ 조ː심-조심 操心操心
매우 조심스럽게[操心+操心] 행동하는 모양. ¶어두운 방 안을 조심조심 걸어갔다.

조약 條約 | 조목 조, 묶을 약
[treaty; convention]
❶ 속뜻 조목(條目)으로 나누어 맺은 약속(約束). ❷ 법률 국가 간의 권리와 의무를 국가 간의 합의에 따라 법적 구속을 받도록 규정하는 조문. ¶두 나라 사이에 조약이 맺어졌다.

조ː언 助言 | 도울 조, 말씀 언
[advise; counsel]
말[言]로 거들거나 깨우쳐 주어서 도움[助]. 또는 그 말. ¶전문가의 조언 / 학생에게 공부하는 방법을 조언하다. 🕮 도움말.

조ː업 操業 | 잡을 조, 일 업
[work; operate]
기계 따위를 잡고 움직여[操] 일[業]을 함. ¶지금은 어선들의 조업을 금지하고 있다.

조ː연 助演 | 도울 조, 펼칠 연
[supporting actor]
연영 주연의 연기(演技)를 보조(補助)함. 또는 그 역(役)을 맡은 사람. ¶조연을 맡은 배우. 🕮 주연(主演).

조ː예 造詣 | 이를 조, 이를 예
[knowledge; attainments]
지식이나 기술 따위가 매우 높은 수준에 이름[造=詣]. ¶음악에 대한 조예가 깊다.

조왕 竈王 | 부엌 조, 임금 왕
민속 부엌[竈]일을 관장하는 왕(王). 늘 부엌에 있으면서 모든 길흉을 판단한다고 한다.
▶ 조왕-상 竈王床 | 평상 상
민속 부엌[竈]일을 관장하는 왕(王)에게 올리려고 제물을 차린 상(床).

▶ 조왕-신 竈王神 | 신 신
민속 부엌[竈]을 맡은 왕(王)같은 신(神). 늘 부엌에 있으면서 모든 길흉을 판단한다고 한다.

조원 組員 | 짤 조, 사람 원 [member]
한 조(組)를 이루는 사람[員]. ¶조장은 조원들을 모두 불러 모았다.

조율 調律 | 어울릴 조, 가락 률
[tune up; meditate]
❶ 속뜻 가락[律]이 잘 어울리도록[調] 함. ¶이 피아노는 조율이 필요하다. ❷문제를 알맞게 조절함을 비유하는 말. ¶각 정당의 이견(異見)을 조율하다.

조ː의 弔意 | 조상할 조, 뜻 의
[condolence; mourning]
남의 죽음을 슬퍼하는[弔] 뜻[意]. ¶삼가 조의를 표합니다.

조인 調印 | 헤아릴 조, 도장 인 [sign]
❶ 속뜻 사정을 잘 살펴 헤아려[調] 도장[印]을 찍음. ❷서로 약속하여 만든 문서에 도장을 찍음. ¶일부 국가는 핵실험 금지협약에 조인을 거부했다.

조ː작¹ 造作 | 만들 조, 지을 작
[fabricate; fake; manufacture]
어떤 일을 사실인 듯이 만들어[造] 지음[作]. ¶그는 성적을 조작했다.

조ː작² 操作 | 잡을 조, 지을 작
[operate; control; manipulate]
기계 따위를 일정한 방식에 따라 다루어[操] 일함[作]. ¶아버지는 새로운 기계도 능숙하게 조작하신다.

조잡 粗雜 | 거칠 조, 섞일 잡
[coarse; rough]
생각이나 일 따위가 거칠고[粗] 뒤섞이다[雜]. ¶조잡한 솜씨 / 장난감을 너무 조잡하게 만들었다.

조ː장¹ 助長 | 도울 조, 자랄 장 [promote; foster; further]
❶ 속뜻 벼의 이삭을 억지로 뽑아서 길게[長] 함[助]. ❷힘을 들여 억지로 도와서 더 자라게 함. ¶과소비를 조장하다.

조장² 組長 | 짤 조, 어른 장
[head; group leader]
조(組)를 단위로 편성한 조직의 책임자나 우두머리[長]. ¶조장을 선출하다.

**조절 調節 | 고를 조, 마디 절
[adjust; control; regulate]
❶속뜻 마디마디[節]를 잘 고름[調]. ❷균형이 맞게 바로잡음. 또는 적당하게 맞추어 나감. ¶시험 전에 컨디션 조절을 잘 해야 한다 / 의자의 높낮이를 조절하다. ⓗ 조정(調整).

조정¹ 朝廷 | 조회 조, 관청 정
[Imperial Court]
❶속뜻 임금을 조회(朝會)하는 관청[廷]. ❷임금이 나라의 정치를 신하들과 의논하거나 집행하는 곳. ¶조정의 신하들은 수도를 어디로 옮길 지 의논했다.

조정² 調停 | 고를 조, 멈출 정
[intervene between; mediate]
❶속뜻 양측의 의견을 잘 조절(調節)하여 분쟁을 멈추게[停] 함. ¶당사자들이 직접 의견 조정을 하기로 했다. ❷법률 법원이 분쟁 당사자의 합의를 이끌어내는 일.

조정³ 調整 | 고를 조, 가지런할 정 [adjust]
어떤 기준이나 실정에 알맞게 다듬어[調] 정돈(整頓)함. ¶버스 노선을 조정하다. ⓗ 조절(調節).

▶ **조정-실** 調整室 | 방 실
복잡한 큰 기계가 고르게 잘 움직이도록 조절하는[調整] 방[室]. ¶조정실은 깨끗하게 해야 한다.

조제 調劑 | 고를 조, 약지을 제
[prepare a medicine]
약학 여러 가지 약품을 적절히 조합(調合)하여 약을 지음[劑]. 또는 그런 일. ¶약국에서 감기약을 조제했다.

조:조 早朝 | 이를 조, 아침 조
[early morning]
이른[早] 아침[朝]. ¶조조 할인.

조종 操縱 | 잡을 조, 놓아줄 종
[manipulate; control; operate]

❶속뜻 자기 마음대로 잡았다[操] 놓았다[縱] 함. ¶나는 누구의 조종을 받는 꼭두각시가 아니다. ❷비행기나 선박, 자동차 따위의 기계를 다룸. ¶그는 경비행기를 조종할 수 있다.

▶ **조종-사** 操縱士 | 선비 사
항공기를 조종(操縱)할 수 있는 기능과 자격을 갖춘 사람[士]. ¶관제탑에서 조종사에게 착륙을 허가했다. ⓗ 항공사(航空士).

▶ **조종-석** 操縱席 | 자리 석
항공기를 조종(操縱)하기 위한 자리[席]. ¶조종석 옆에는 낙하산이 준비되어 있다.

▶ **조종-실** 操縱室 | 방 실
항공기를 일정한 방향과 속도로 움직이도록 조종(操縱)하는 방[室]. ¶조종실에 들어가 보다.

조:준 照準 | 비칠 조, 고를 준 [aim]
❶속뜻 목표물을 찾기 위하여 골고루[準] 비추어[照] 봄. ❷탄환 따위를 목표물에 비추어 겨냥함. ¶대포는 성벽을 조준했다.

*조직 組織 | 짤 조, 짤 직
[form; organize]
❶속뜻 날실과 씨실로 짠 천의 짜임새[組=織]. ¶이 옷감은 조직이 치밀하다. ❷특정한 목적을 달성하기 위하여 여러 개체나 요소를 모아서 체계 있는 집단을 이룸. ¶조직 활동 / 독서 모임을 조직하다. ❸ 생물 동일한 기능과 구조를 가진 세포의 집단. ¶근육 조직이 파괴되다.

▶ **조직-망** 組織網 | 그물 망
그물[網]처럼 여러 갈래로 널리 퍼져 있는 조직체(組織體)의 체계적인 갈래. ¶세계적인 조직망을 갖추다.

▶ **조직-적** 組織的 | 것 적
잘 짜여진[組織] 것[的]. ¶독립 운동을 조직적으로 전개하다.

▶ **조직-체** 組織體 | 몸 체
체계 있게 짜여[組織] 있는 단체(團體). ¶큰 조직체는 변화에 대한 적응이 느릴 수 있다.

조짐 兆朕 | 기미 조, 기미 짐 [symptoms; signs]
좋거나 나쁜 일이 생길 기미[兆=朕]가 보이는 현상. ¶곧 전쟁이 날 조짐이 보인다. [비] 낌새, 징조(徵兆).

조창 漕倉 | 나를 조, 곳집 창
[역사] 고려·조선 시대에, 조세로 거둔 곡식을 배로 나르기[漕] 위해 강가나 바닷가에 지어 놓은 창고(倉庫).

조처 措處 | 놓을 조, 처리할 처
[act; conduct]
일이나 문제 따위를 해결해 놓거나[措] 잘 처리(處理)함. ¶다시는 이런 일이 없도록 단호히 조처하겠습니다. [비] 조치(措置).

조:청 造淸 | 만들 조, 맑을 청
[grain syrup; molasses]
엿 따위를 만드는[造] 과정에서 묽게[淸] 고아서 굳지 않은 엿. ¶떡을 조청에 찍어 먹다.

조총 鳥銃 | 새 조, 총 총 [fowling piece]
새[鳥]를 잡는 데 쓰는 총(銃).

조치 措置 | 놓을 조, 둘 치
[take a measure]
일이나 문제 따위를 해결해 놓거나[措] 적절히 처치(處置)함. ¶조치를 취하다 / 단호하게 조치하다. [비] 조처(措處).

조:퇴 早退 | 이를 조, 물러날 퇴
[leave earlier than usual]
정해진 시간보다 일찍[早] 물러나옴[退]. ¶오늘은 몸이 좋지 않아 선생님께 말씀드리고 조퇴했다.

조판1 組版 | 짤 조, 널빤지 판
[set up type]
❶ [속뜻] 판(版)을 짜 맞춤[組]. ❷ [출판] 원고에 따라서 골라 뽑은 활자를 원고의 지시대로 순서, 행수, 자간, 행간, 위치 따위를 맞추어 짬. 또는 그런 일. ¶팔만대장경을 조판하다.

조판2 彫版 | 새길 조, 널빤지 판
[wood-carving]
나무[版] 따위에 조각(彫刻)하거나 글자를 새김. 또는 그런 판자.

조:폐 造幣 | 만들 조, 화폐 폐 [mint]
화폐(貨幣)를 만듦[造]. ¶조폐공사.

조합 組合 | 짤 조, 합할 합
[combinate; organize; mix]
❶ [속뜻] 여럿을 한데 엮어[組] 한 덩어리로 합(合)함. ¶부품을 조합하면 자동차가 완성된다. ❷ [사회] 목적과 이해를 같이하는 두 사람 이상이 자기 이익을 지키고 공동의 목적을 이루려고 공동으로 출자하여 사업을 경영하는 조직이나 단체. ¶농업협동조합.

▶ **조합-원** 組合員 | 사람 원
조합(組合)에 가입한 사람[員].

조항 條項 | 조목 조, 목 항 [article]
법률이나 규정 따위의 조목(條目)이나 항목(項目). ¶낱낱의 조항을 잘 읽어보다. [비] 조목(條目).

조:형 造形 | 만들 조, 모양 형 [mould]
형상(形象)을 만듦[造]. 형체가 있는 것을 만들어 냄. ¶동양적으로 조형된 동상.

▶ **조:형-물** 造形物 | 만물 물
인공적으로 만든[造形] 물체(物體). ¶남산에 인공 조형물을 만들다.

▶ **조:형-미** 造形美 | 아름다울 미
[예술] 예술적으로 형상화하여[造形] 표현하는 아름다움[美]. ¶이 도시의 조형미가 뛰어나다.

조:혼 早婚 | 이를 조, 혼인할 혼
[early marriage]
어린 나이에 일찍[早] 결혼(結婚)함. 또는 그렇게 한 혼인. ¶아내와 조혼하여 일찍 첫아들을 보았다. [반] 만혼(晩婚).

조:화1 弔花 | 위문할 조, 꽃 화
[funeral flowers]
조의(弔意)를 표하는 데 쓰는 꽃[花]. ¶장례식장에 가서 조화를 바치고 절을 올렸다.

조:화2 造化 | 만들 조, 될 화

[marvelous phenomenon]
❶속뜻 무엇을 창조(創造)하고 변화(變化)시킴. ❷만물을 창조하고 기르는 대자연의 이치. ¶자연의 조화. ❸어떻게 이루어진 것인지 알 수 없을 정도로 신통하게 된 일. ¶길바닥에 돈이 떨어져 있다니 이게 웬 조화냐?

조:화³ 造花 | 만들 조, 꽃 화
[artificial flower]
인공적으로 만든[造] 꽃[花]. ¶화병에 조화를 꽂았다. 빨생화(生花).

**조화⁴ 調和 | 고를 조, 어울릴 화 [harmonize]
고르게[調] 서로 잘 어울림[和]. ¶모든 악기가 서로 조화를 이루며 아름다운 소리를 낸다. 빨부조화(不調和).

조:회¹ 照會 | 비칠 조, 모일 회
[check; inquire]
❶속뜻 확인을 위하여 대조(對照)해 보거나 만나 봄[會]. ❷어떤 사람이나 사실에 대하여 상세히 알아보는 일. ¶조회 결과, 그 차는 도난 차량으로 밝혀졌다.

조회² 朝會 | 아침 조, 모일 회
[morning assembly]
학교나 관청 따위에서 아침[朝]에 모든 구성원이 한자리에 모이는[會] 일. ¶조회를 시작하겠습니다.

▶ 조회-대 朝會臺 | 돈대 대
학교 운동장에서 조회(朝會)를 할 때, 말하는 사람이 올라서는 조금 높은 단[臺]. ¶교장 선생님께서 조회대에 올라가 말씀하셨다.

족 足 | 발 족 [foot]
소·돼지 따위의 다리 아랫부분을 식용으로 이르는 말.

족구 足球 | 발 족, 공 구
[foot volleyball]
운동 발[足]로 공[球]을 차서 네트를 넘겨 승부를 겨루는 경기.

족보 族譜 | 겨레 족, 적어놓을 보
[genealogy]
한 가문[族]의 계통과 혈통 관계를 적어 놓은[譜] 책. ¶족보에 이름을 올리다.

족속 族屬 | 겨레 족, 속할 속
[kinsman; party]
❶속뜻 같은 겨레[族]에 속하는[屬] 무리. ❷같은 패거리에 속하는 사람들을 낮잡아 이르는 말. ¶그들은 인정이라고는 눈곱만큼도 없는 족속들이다.

족쇄 足鎖 | 발 족, 쇠사슬 쇄 [fetters]
❶속뜻 죄인의 발[足]목에 채우던 쇠사슬[鎖]. ¶여러 죄인이 족쇄에 묶여 있다. ❷자유를 구속하는 대상을 비유적으로 이르는 말. ¶족쇄를 채우다.

족자 簇子 | 조릿대 족, 접미사 자
[hanging picture; scroll]
그림이나 글씨 따위를 벽에 걸거나 말아둘 수 있도록 양 끝에 가름대[簇]를 대고 표구한 물건[子]. ¶서재 벽면에 작은 족자를 걸다.

족장 族長 | 겨레 족, 어른 장 [patriarch]
❶속뜻 일족(一族)의 어른[長]. ❷종족이나 부족의 우두머리. ¶이 마을에는 부족을 다스리는 족장이 있다.

존경 尊敬 | 높을 존, 공경할 경 [respect]
남의 인격, 사상, 행위 따위를 높이[尊] 받들어 공경(恭敬)함. ¶세종대왕은 존경스러운 위인이다. 빨무시(無視), 멸시(蔑視).

▶ 존경-심 尊敬心 | 마음 심
받들어 공경하는[尊敬] 마음[心]. ¶선생님에 대한 존경심.

존귀 尊貴 | 높을 존, 귀할 귀
[be high and noble]
지위나 신분이 높고[尊] 귀(貴)함. ¶이 세상 사람들은 모두 존귀하다. 빨비천(卑賤).

존대 尊待 | 높을 존, 대접할 대
[treat with respect]
❶속뜻 높이[尊] 받들어 대접(待接)함. ❷존경하는 말투로 대함. ¶그는 항상 나를 깍듯이 존대했다. 빨하대(下待).

존립 存立 | 있을 존, 설 립 [exist]

❶ 속뜻 생존(生存)하여 자립(自立)함. ❷ 국가, 제도, 단체, 학설 따위가 그 위치를 지키며 존재함. ¶사형제 존립에 대한 논쟁 / 국가가 존립하려면 우선 국민이 있어야 한다.

존망 存亡 | 있을 존, 망할 망
[life or death]
존속(存續)과 멸망(滅亡). 생존(生存)과 사망(死亡). ¶그것은 우리의 존망이 달린 문제이다.

존속¹ 存續 | 있을 존, 이을 속 [continue; endure]
어떤 대상이 그대로 있거나[存] 어떤 현상이 계속(繼續)됨. ¶세습 제도의 존속 / 고구려는 약 700년 동안 존속했다.

존속² 尊屬 | 높을 존, 무리 속 [ascendant]
법률 혈연관계에서 자기보다 높은[尊] 항렬의 친속(親屬). 부모 항렬 이상에 속하는 친족을 말한다. ¶존속범죄를 저지르면 더 큰 처벌을 받는다.

존엄 尊嚴 | 높을 존, 엄할 엄
[dignified; majestic]
인물이나 지위 따위가 높고[尊] 위엄(威嚴)이 있음. ¶왕실의 명예와 존엄을 유지하다.

▶ **존엄-성 尊嚴性** | 성질 성
존엄(尊嚴)한 성질(性質). ¶인간의 존엄성.

***존재 存在** | 있을 존, 있을 재 [exist]
현존(現存)하여 실제로 있음[在]. 또는 그런 대상. ¶그는 축구계에서 잊을 수 없는 존재이다 / 외계인이 존재할 가능성은 높지 않다.

***존중 尊重** | 높을 존, 무거울 중 [respect; esteem]
높여[尊] 귀중(貴重)하게 대함. ¶존중받고 싶다면 남부터 존중하라.

존칭 尊稱 | 높을 존, 일컬을 칭 [honorific title]
남을 공경하는 뜻으로 높여[尊] 부름[稱]. 또는 그 칭호. ¶존칭을 붙이다.

존함 尊銜 | 높을 존, 직함 함
[your esteemed name]
남의 이름[銜]을 높여[尊] 이르는 말. ¶존함을 여쭤다. ㈑ 성함(姓銜), 함자(銜字).

졸 卒 | 군사 졸 [Korean chess pawn]
장기의 '卒·兵'자를 새긴 짝.

졸도 卒倒 | 갑자기 졸, 넘어질 도 [swoon; faint]
갑자기[卒] 정신을 잃고 쓰러짐[倒]. 또는 그런 일. ¶그는 깜짝 놀라 졸도할 뻔했다. ㈑ 기절(氣絶), 실신(失神).

졸렬 拙劣 | 졸할 졸, 못할 렬
[be awkward]
❶ 속뜻 보잘것없고[拙] 잘하지 못하다[劣]. ❷옹졸하고 서투르다. ¶그건 너무 졸렬한 짓이다.

졸병 卒兵 | 하인 졸, 군사 병
[common soldier]
직위가 낮은[卒] 병사(兵士). ¶해군 졸병 한 명이 나왔다.

졸업 卒業 | 마칠 졸, 일 업 [graduate]
학생이 규정에 따라 소정의 학업(學業)을 마침[卒]. ¶작년에 초등학교를 졸업하다. ㈑ 입학(入學).

▶ **졸업-생 卒業生** | 사람 생
규정에 따라 소정의 학업(學業)을 마친[卒] 사람[生]. ¶저는 이 학교 9회 졸업생입니다. ㈑ 입학생.

▶ **졸업-식 卒業式** | 의식 식
졸업장(卒業狀)을 수여하는 의식(儀式). ¶졸업식에서 민수는 눈물을 흘렸다. ㈑ 입학식.

▶ **졸업-장 卒業狀** | 문서 장
졸업(卒業)한 사항을 적어 졸업생에게 주는 문서[狀]. 졸업증(卒業證). ¶졸업장을 받고 선생님과 악수를 했다.

졸지 猝地 | 갑자기 졸, 땅 지 [suddenly]
갑작스러운[猝] 처지[地]. 갑자기. ¶졸지에 알거지가 되었다.

종¹ 種 | 갈래 종 [species]

❶생물 생물 분류의 기초 단위. 속(屬)의 아래이다. ¶종의 기원(起原). ❷같은 부류. ¶동(同)종에 속하다.

종² 鐘 | 쇠북 종 [bell]
시간을 알리거나 신호용으로, 치거나 울리어 소리를 내는 금속 기구. ¶종이 울리자 학생들은 교실로 들어갔다.

종가 宗家 | 마루 종, 집 가
[head family]
족보로 보아 한 문중에서 맏이[宗]로만 이어 온 큰집[家]. ¶시어머니는 종가의 대를 이을 아들을 바라셨다.

종각 鐘閣 | 쇠북 종, 집 각
[belfry; bell tower]
큰 종(鐘)을 달아 두기 위하여 지은 누각(樓閣).

종결 終結 | 마칠 종, 맺을 결 [conclude]
일을 마치어[終] 끝맺음[結]. ¶수사의 종결 / 마침내 전쟁이 종결되었다. ⓑ 종료(終了).

종-고모 從姑母 | 사촌 종, 고모 고, 어머니 모 [female cousin of one's father]
아버지의 사촌[從] 누이인 고모(姑母)를 이르는 말. ⓑ 당고모(當姑母).

*****종교** 宗教 | 마루 종, 가르칠 교 [religion]
신이나 초자연적인 절대자 또는 힘에 대한 믿음을 통하여 삶의 근원[宗] 문제를 가르치는[教] 문화 체계. ¶당신이 믿는 종교는 무엇입니까?

▶ **종교-계** 宗教界 | 지경 계
종교(宗教)를 가진 사람들이 이루고 있는 사회[界]. ¶종교계의 주요 인사들이 한 자리에 모였다.

▶ **종교-인** 宗教人 | 사람 인
종교(宗教)를 가진 사람[人]. ¶종교인들은 신의 존재를 믿는다.

▶ **종교 개:혁** 宗教改革 | 고칠 개, 바꿀 혁
역사 16세기에 유럽에서 로마 가톨릭 교회[宗教]에 반대하여 일어난 개혁(改革) 운동.

종국 終局 | 마칠 종, 판 국
[end; conclusion]
일을 마치는[終] 마지막 상황[局]. ¶그 공사는 종국에는 실패하고야 말았다.

종군 從軍 | 따를 종, 군사 군
[follow the army; service in war]
군대(軍隊)를 따라[從] 전쟁터로 나감. ¶종군기자 / 큰아버지께서는 베트남전에 종군했다.

종:기 腫氣 | 부스럼 종, 기운 기
[boil; abscess]
❶속뜻 부스럼[腫]이 날 것 같은 기운(氣運). ❷피부가 곪으면서 생기는 큰 부스럼. ¶엉덩이에 난 종기를 짜다.

종내 終乃 | 마칠 종, 이에 내
[at last; finally]
마침[終]내(乃). 끝내. ¶그는 병상에 눕더니 종내 일어나지 못했다.

종단 縱斷 | 세로 종, 끊을 단
[cut from north to south]
❶속뜻 세로[縱]로 끊거나[斷], 길이로 자름. ¶그 산맥이 한국을 종단하고 있다. ❷남북의 방향으로 건너가거나 건너옴. ¶국토 종단계획. ⓑ 횡단(橫斷).

종대 縱隊 | 세로 종, 무리 대
[column of troops]
세로[縱]로 줄을 지어 나란히 선 대형(隊形). ¶3열 종대로 돌격하다. ⓑ 횡대(橫隊).

종두 種痘 | 심을 종, 천연두 두
[vaccinate]
의학 천연두[痘]를 예방하기 위하여 백신을 인체의 피부에 접종(接種)하는 일.

▶ **종두-법** 種痘法 | 법 법
의학 천연두[痘]를 예방하기 위하여 백신을 인체의 피부에 접종(接種)하는 방법(方法).

종란 種卵 | 씨 종, 알 란 [hatchery egg]
씨[種]를 받기 위하여 부화시키는 알[卵]. ¶종란의 품질을 개량하다.

종래 從來 | 좇을 종, 올 래 [heretofore]
일정한 시점을 기준으로 이전부터[從] 그

뒤[來].

종량-제 從量制 | 따를 종, 분량 량, 정할 제 [meter rate system]
사용량이나 배출량[量]에 따라[從] 요금이 매겨지는 제도(制度). ¶쓰레기 종량제.

종례 終禮 | 마칠 종, 예도 례
[day end assembly]
학교에서 하루 일과를 마친[終] 뒤에 모여 나누는 의식[禮]. ¶종례가 끝나자 아이들은 서둘러 교실을 나갔다. [반] 조례(朝禮).

종로 鐘路 | =鍾路, 쇠북 종, 길 로
[지리] 서울특별시 광화문 네거리에서 동대문에 이르는 큰 거리. 조선시대 사대문을 여닫는 것을 알리는 종루(鐘樓)가 있는 길[路]이라는 뜻으로 붙여진 이름이다.

종료 終了 | 끝낼 종, 마칠 료
[close; conclude]
어떤 행동이나 일 따위를 끝내어[終] 마침[了]. ¶오 분 뒤에 경기가 종료된다. [반] 개시(開始).

⁑**종:류** 種類 | 갈래 종, 무리 류
[kind; sort]
❶[속뜻] 갈래[種]에 따라 나눈 무리[類]. ❷사물의 부문을 나누는 갈래. ¶이 동물원에는 온갖 종류의 동물이 산다.

종말 終末 | 마칠 종, 끝 말 [end; close]
일 따위를 마치는[終] 맨 끝[末]. ¶그 노인은 지구의 종말이 가까웠다고 믿는다.

⁑**종목** 種目 | 갈래 종, 눈 목 [item]
여러 가지 종류(種類)에 따라 나눈 항목(項目). ¶운동 경기 종목.

종묘 宗廟 | 마루 종, 사당 묘
[Royal Ancestral Shrine]
[역사] 조선 시대에, 역대 임금과 왕비의 위패를 모시던 왕실[宗]의 사당[廟]. [비] 궁묘(宮廟), 대묘(大廟).

▸종묘 제:례악 宗廟祭禮樂 | 제사 제, 예도 례, 음악 악
[음악] 조선 시대에, 종묘(宗廟)에서 역대 제왕의 제사[祭禮] 때에 쓰던 음악(音樂).

종사 從事 | 좇을 종, 섬길 사
[be engaged in; follow; pursue]
❶[속뜻] 어떤 사람을 좇아[從] 섬김[事]. ❷마음과 힘을 다해 일함. ¶무슨 직업에 종사하고 계십니까?

▸종사-자 從事者 | 사람 자
일정한 직업이나 부문, 일 따위에 종사(從事)하는 사람[者]. ¶전문직 종사자.

종-사품 從四品 | 따를 종, 넷째 사, 품위 품
[역사] 고려 · 조선 때, 무관[從] 혹은 종친 반열의 네[四] 번째 품계(品階). 18 품계 가운데 여덟째 등급이다.

종속 從屬 | 따를 종, 엮을 속
[be subordinate]
자주성이 없이 주가 되는 것에 딸리거나[從] 엮임[屬]. ¶부모는 자식을 종속적인 존재로 생각하면 안 된다.

종손 宗孫 | 마루 종, 손자 손
[eldest grandson of the main family]
종가(宗家)의 대를 이을 손자(孫子). ¶종손이라 그런지 예의범절이 바르다.

종신 終身 | 끝마칠 종, 몸 신
❶[속뜻] 목숨[身]을 다하기[終]까지의 동안. ¶종신의 유배길에 오르다. ❷일생을 마침. [비] 임종(臨終).

종씨 宗氏 | 마루 종, 성씨 씨
[paternal cousin older than oneself]
한 일가[宗]에 속하는 같은 성씨[氏]의 사람들. 또는 그들끼리 부르는 말. ¶이런 데서 종씨를 만나니 참으로 반갑습니다.

종:양 腫瘍 | 부스럼 종, 종기 양 [tumor]
[의학] 세포가 이롭지 않거나 무의미한 조직 덩어리[腫=瘍]를 만드는 병. ¶악성 종양을 제거하는 수술을 받다.

종업 從業 | 좇을 종, 일 업
[work in service; be employed]
어떤 업무(業務)에 종사(從事)함. ¶쉽고 편한 업종에만 종업하려는 사람들이 너무 많다.

▸종업-원 從業員 | 사람 원

어떤 업무(業務)에 종사(從事)하는 사람[員]. ¶이 식당의 종업원이 참 친절하네요. [반] 주인.

종용 慫慂 | 권할 종, 권할 용 [suggest]
잘 설득하고 달래어 권함[慫=慂]. ¶그에게 경찰에 자수하기를 종용했다.

종유-석 鐘乳石 | 쇠북 종, 젖 유, 돌 석 [stalactite]
[지리] 종유굴의 천장에 종(鐘) 모양의 젖(乳) 같이 달려 있는 석회석(石灰石) 고드름.

종일 終日 | 끝날 종, 날 일 [all the day]
하루[日]가 다 끝날[終] 때까지. ¶오늘은 종일 흐려서 빨래를 할 수 없었다. [비] 온종일, 진종일.

종자 種子 | 씨 종, 씨 자 [seed]
식물에서 나온 씨[種=子]. 또는 씨앗. ¶새로운 종자를 개발하다. [준] 종. [비] 씨, 씨앗.

종장 終章 | 끝날 종, 글 장 [last verses]
[문학] 시조와 같이 세 장으로 나뉜 시가에서 마지막[終] 장(章).

종적 蹤跡 | =蹤迹, 자취 종, 발자취 적 [one's traces]
없어지거나 떠난 뒤에 남는 자취[蹤=跡]. ¶아침이 되자 그는 종적도 없이 사라졌다.

종전 從前 | 좇을 종, 앞 전 [previous; former]
지금보다 이전(以前)으로 거슬러간[從] 그 때에. ¶종전에 비해 훌륭한 대접을 받았다.

종점 終點 | 끝날 종, 점 점 [terminal station]
기차, 버스, 전차 따위를 운행하는 일정한 구간이 끝나는[終] 지점(地點). ¶종점이 가까워지자 승객들도 줄어들었다. [비] 종착역(終着驛). [반] 기점(起點).

종족 種族 | 갈래 종, 무리 족 [tribe; race]
❶ [속뜻] 같은 갈래[種]의 생물 무리[族]. ¶어떤 생명체나 종족을 보호하려는 본능을 갖고 있다. ❷조상이 같고, 같은 계통의 언어·문화 따위를 가진 인간 집단. ¶역사가 흐르면서 여러 종족으로 갈라졌다.

종:종 種種 | 갈래 종, 갈래 종 [sometimes; occasionally]
❶ [속뜻] 여러 가지[種+種]. ❷때때로. 가끔. ¶학교가 끝나면 종종 놀이터에 들렀다.

종주 宗主 | 마루 종, 주인 주 [suzerain]
[역사] 중국 봉건 시대에, 제후들 가운데 으뜸[宗] 가는 패권을 잡은 맹주(盟主).

▸ **종주-국 宗主國** | 국가 국
❶ [속뜻] 어떤 범위 안의 나라들 중 으뜸이 되어[宗主] 주변국들의 주권을 좌우하는 나라[國]. ❷문화적 현상과 같은 어떤 대상이 처음 시작한 나라. [준] 종국.

종지 終止 | 끝날 종, 그칠 지 [stop; termination; end]
무엇을 끝마쳐[終] 그만함[止].

▸ **종지-부 終止符** | 맞을 부
[언어] 문장이 끝나는[終止] 것을 알리는 부호(符號). ¶내일이면 모든 군 생활에 종지부를 찍게 된다. [비] 마침표.

종착 終着 | 끝날 종, 붙을 착 [last to arrive]
마지막으로[終] 도착(到着)함.

▸ **종착-역 終着驛** | 정거장 역
기차나 전차 따위가 운행을 마치고[終] 도착(到着)하는 역(驛). ¶한숨 자고 나니 종착역에 이르렀다. [비] 종점(終點). [반] 시발역(始發驛).

종친 宗親 | 마루 종, 친할 친 [kindred]
한 일족[宗]에 속하는 친척(親戚). ¶명절이 되어 가깝게 사는 종친들이 다 모였다.

종탑 鐘塔 | 쇠북 종, 탑 탑 [bell tower]
꼭대기에 종(鐘)을 매달아 치도록 만든 탑(塔). ¶성당 종탑에서 들려오는 은은한 종소리.

종파 宗派 | 마루 종, 갈래 파 [main branch of a family]

❶[속뜻] 종가(宗家)에서 떨어져 나온 갈래[派]. ❷같은 종교의 갈린 갈래. ¶다른 종파라고 해서 서로 싸우면 안 된다.

***종합 綜合** | 모을 종, 합할 합
[synthesize; put together]
여러 가지를 한데 모아[綜] 합(合)함. ¶종합 검진을 받아보다 / 여러 의견을 종합하다.

▸종합-장 綜合帳 | 장부 장
여러 가지 내용을 종합(綜合)하여 적어 두는 공책[帳]. ¶내일 할 일을 종합장에 적어두다.

▸종합-적 綜合的 | 것 적
종합(綜合)한 것[的]. 종합하는 태도인 것. ¶연구 결과를 종합적으로 살펴보다.

▸종합 대:학 綜合大學 | 큰 대, 배울 학
[교육] 셋 이상의 단과 대학과 대학원이 함께 모여[綜合] 이루어진 대학(大學).

▸종합 병:원 綜合病院 | 병 병, 집 원
[의학] 여러 진료 과목을 고루[綜合] 갖춘 병원(病院). ¶종합 병원은 일반 병원에 비해 규모가 크다.

종:형 從兄 | 사촌 종, 맏 형
[older male cousin]
사촌[從] 형(兄).

종:-형제 從兄弟 | 사촌 종, 맏 형, 아우 제 [male cousins]
사촌[從] 관계인 형(兄)과 아우[弟]. [비] 당형제(堂兄弟), 동당형제(同堂兄弟).

종횡 縱橫 | 세로 종, 가로 횡
[length and breadth]
❶[속뜻] 세로[縱]와 가로[橫]. ¶종횡이 일정하게 교차하도록 만들어라. ❷거침없이 마구 오거나 이리저리 다님. ¶전장을 종횡하며 용맹하게 싸우다.

▸종횡-무진 縱橫無盡 | 없을 무, 다할 진
❶[속뜻] 가로[縱] 또는 세로[橫]로 다함[盡]이 없음[無]. ❷자유자재로와 거침이

좌: 左 | 왼쪽 좌 [left]
'왼쪽'의 뜻. ¶좌로 나란히! [반] 우(右).

좌:담 座談 | 자리 좌, 이야기 담
[discussion]
여러 사람이 한자리[座]에 모여 앉아서 어떤 문제에 대하여 나누는 이야기[談].

▸좌:담-회 座談會 | 모일 회
좌담(座談)을 하는 모임[會]. ¶정부의 교육 정책에 대해 전문가들이 좌담회를 가졌다.

좌:변 左邊 | 왼쪽 좌, 가 변 [left side]
❶[속뜻] 왼쪽[左] 가장자리[邊]. ❷[수학] 등식이나 부등식에서, 등호 또는 부등호의 왼쪽에 적은 수나 식. [반] 우변(右邊).

좌:석 座席 | 자리 좌, 자리 석 [seat]
앉을 수 있게 마련된 자리[座=席]. ¶6시 공연에 좌석이 있습니까? [비] 자리.

좌:-수영 左水營 | 왼 좌, 물 수, 집 영
[역사] 조선 시대에, 전라도와 경상도의 각 좌도(左道)에 둔 수군(水軍) 절도사의 군영(軍營).

***좌:우[1] 左右** | 왼쪽 좌, 오른쪽 우
[right and left; be influenced]
❶[속뜻] 왼쪽[左]과 오른쪽[右]을 아울러 이르는 말. ¶좌우를 살피다 / 고개를 좌우로 흔들다. ❷어떤 일에 영향을 주어 지배함. ¶이번 프로젝트가 회사의 사활을 좌우한다 / 수확량은 날씨에 좌우된다.

▸좌:우-간 左右間 | 사이 간
이렇든 저렇든[左右] 간(間)에. ¶좌우간 수고들 많았습니다. [비] 어쨌든, 좌우지간(左右之間).

좌:우[2] 座右 | 자리 좌, 오른쪽 우
[right side]
앉은 자리[座]의 오른쪽[右]. 또는 그 옆.

▸좌:우-명 座右銘 | 새길 명
늘 자리[座] 옆[右]에 새겨[銘] 두고 가르침으로 삼는 말이나 문구. ¶"최선을 다하자"가 내 좌우명이다.

좌:-의정 左議政 | 왼 좌, 의논할 의, 정사 정
[역사] 조선 때, 의정부(議政府)의 좌상(左相). 정일품 벼슬. 우의정의 위, 영의정의 아래이다.

좌:절 挫折 | 꺾을 좌, 꺾을 절
[be frustrated; fall through]
❶ [속뜻] 뜻이나 기운 따위가 꺾임[挫=折]. ¶입시 좌절 / 좌절을 딛고 성공하다. ❷어떤 계획이나 일이 헛되이 끝남. ¶효종의 북벌 계획이 좌절된 것은 참으로 애석한 일이었다.
▶ 좌:절-감 挫折感 | 느낄 감
계획이나 의지 따위가 꺾이는[挫折] 느낌[感]. ¶아무도 내 말을 들어주지 않아 좌절감을 느낀다.

좌:측 左側 | 왼쪽 좌, 곁 측 [left side]
왼쪽[左] 곁[側]. 왼쪽. ¶곧장 가다가 좌측으로 도세요. [반] 우측(右側).
▶ 좌:측-통행 左側通行 | 통할 통, 다닐 행
도로 따위를 다닐 때, 사람은 길의 왼쪽[左側]으로 다님[通行]. 또는 그렇게 다니게 되어 있는 규칙. ¶영국에서는 차량이 좌측통행한다. [반] 우측통행(右側通行).

좌:표 座標 | 자리 좌, 나타낼 표
[coordinates]
❶ [속뜻] 자리해 있는[座] 곳에 붙인 표시(標示). ❷ [수학] 평면이나 공간 안의 임의의 점의 위치를 나타내는 수나 수의 짝.
▶ 좌:표-축 座標軸 | 굴대 축
[수학] 좌표(座標)를 결정할 때의 기준이 되는 직선[軸].

좌:-회전 左回轉 | 왼 좌, 돌 회, 구를 전
[turn left]
차 따위가 왼쪽[左]으로 돎[回轉]. ¶좌회전 신호를 기다리다 / 다음 교차로에서 좌회전하세요. [반] 우회전(右回轉).

죄: 罪 | 허물 죄 [crime; sin; offence]
양심이나 도리에 벗어난 행위. ¶다시는 죄를 짓지 않겠다고 다짐했다 / 억울하게 남의 죄를 뒤집어썼다.

죄:명 罪名 | 허물 죄, 이름 명 [charge]
죄(罪)의 이름[名]. 절도죄, 살인죄, 위증죄 따위.

죄:목 罪目 | 죄 죄, 눈 목
[name of a crime; charge]
범죄(犯罪)의 종류나 항목(項目). ¶검사가 죄목을 열거했다.

죄:상 罪狀 | 허물 죄, 형상 상
[guilt; charge]
죄(罪)를 짓게 된 구체적인 상황(狀況). ¶그의 죄상을 말해 주는 여러 가지 사실이 드러났다.

죄:송 罪悚 | 허물 죄, 두려워할 송
[be sorry; regret]
죄(罪)스럽고 송구(悚懼)하다. ¶늦어서 죄송합니다 / 부모님께 죄송스러워 고개를 들 수 없었다.

죄:수 罪囚 | 허물 죄, 가둘 수 [prisoner]
죄(罪)를 저지르고 옥에 갇힌[囚] 사람. ¶죄수들은 수갑을 차고 있었다. [비] 수인(囚人).

죄:악 罪惡 | 허물 죄, 나쁠 악
[sin; vice]
죄(罪)가 될 만한 나쁜[惡] 일. ¶남을 죽이는 것은 큰 죄악이다.

죄:-의:식 罪意識 | 허물 죄, 뜻 의, 알 식 [sense of guilt]
잘못[罪]에 대한 자각이나 의식(意識). ¶죄의식에 사로잡히다.

죄:인 罪人 | 허물 죄, 사람 인 [criminal]
죄(罪)를 지은 사람[人]. ¶죄인들을 풀어 주기로 결정하다.

죄:책 罪責 | 허물 죄, 꾸짖을 책
[liability for a crime]
잘못[罪]을 저지른 책임(責任).
▶ 죄:책-감 罪責感 | 느낄 감
저지른 잘못[罪]에 대하여 책임(責任)을 느낌[感]. ¶견딜 수 없는 죄책감에 시달리다.

주[1] 主 | 주될 주 [principal part; Lord]
❶주요(主要)하거나 기본이 되는 것을 이르는 말. ¶이 고장은 농업이 주를 이룬다. ❷ [기독교] 하나님이나 예수님을 이르는 말. ¶주께서 늘 살펴 주시옵소서.

주[2] 州 | 고을 주 [state]
연방 국가의 행정 구역. ¶미국에는 50개

의 주가 있다.

주³ 株 | 그루 주 [stock; tree]
❶나무[株]나 주권의 수를 세는 말. ¶ 소나무 한 주를 심다 / 회사 주식 50주를 사다. ❷[경제] '주식'(株式)의 준말. ¶ 우량주(優良株) / 주를 발행하다.

주⁴ 週 | 돌 주 [week]
❶일·월·화·수·목·금·토의 7일 동안. ¶ 이번 주는 시험을 준비해야 한다. ❷7일을 한 묶음으로 하여 세는 말. ¶ 한 달은 보통 4주로 이루어진다.

주가 株價 | 주식 주, 값 가 [stock price]
[경제] 주식(株式)이나 주권(株券)의 가격(價格). '주식 가격'(株式價格)의 준말. ¶ 오늘 아침 주가가 크게 올랐다.

주간¹ 晝間 | 낮 주, 사이 간 [daytime]
낮[晝] 동안[間]. ¶ 그는 주간에 근무한다. [반] 야간(夜間).

주간² 週間 | 주일 주, 사이 간 [week]
월요일부터 일요일까지의 한 주일(週日) 동안[間]. ¶ 주간 계획을 세우다.

주간³ 週刊 | 주일 주, 책 펴낼 간 [weekly publication]
한 주(週) 간격으로 간행(刊行)함. 또는 그런 간행물. ¶ 주간잡지.

▸**주간-지 週刊紙** | 종이 지
[언론] 한 주의 간격으로 간행하는[週刊] 신문[紙].

주:거 住居 | 살 주, 살 거 [dwell; reside; live in]
일정한 곳에 머물러[居] 삶[住]. 또는 그런 집. ¶ 주거환경이 좋다 / 주거를 옮기려고 한다. [비] 거주(居住).

▸**주:거-비 住居費** | 쓸 비
주거(住居)에 소요되는 경비(經費). 집세, 수도 요금, 화재 보험료 따위. ¶ 소득 수준에 따라 지출하는 주거비도 달라진다.

▸**주:거-지 住居地** | 땅 지
사람이 살고 있거나 살았던[住居] 지역(地域). ¶ 그는 주거지가 확실하지 않다.

주-경기장 主競技場 | 주될 주, 겨룰 경, 재주 기, 마당 장 [main stadium]
여러 가지 운동 경기(競技)를 하기 위한 시설을 갖춘 곳[場] 중 주된[主] 경기장. ¶ 올림픽 주경기장.

주경-야독 晝耕夜讀 | 낮 주, 밭갈 경, 밤 야, 읽을 독
❶[속뜻] 낮[晝]에는 농사짓고[耕] 밤[夜]에는 글을 읽음[讀]. ❷어려운 여건 속에서도 꿋꿋이 공부함. ¶ 아저씨는 7년간의 주경야독 끝에 대학을 졸업했다.

주관¹ 主管 | 주될 주, 맡을 관 [manage; be in charge of]
어떤 일에 중심이 되어[主] 맡아 관리(管理)함. ¶ 정부 주관으로 의식을 거행하다.

주관² 主觀 | 주인 주, 볼 관 [subjectivity]
스스로 주인(主人)이 되어 보는[觀] 생각. ¶ 자기 주관이 뚜렷하다. [반] 객관(客觀).

▸**주관-식 主觀式** | 법 식
[교육] 시험에서 주관적(主觀的)으로 서술하는 형식(形式). ¶ 이번 시험에는 주관식 문제들이 많았다. [반] 객관식.

▸**주관-적 主觀的** | 것 적
주관(主觀)을 바탕으로 한 것[的]. ¶ 주관적인 해석. [반] 객관적(客觀的).

***주교 主教** | 주될 주, 종교 교 [bishop]
❶[속뜻] 주장(主張)으로 삼는 종교(宗教). ❷[가톨릭] 교구를 관할하는 조직이나, 그 직에 있는 사람을 이르는 말.

주권 主權 | 주인 주, 권리 권 [sovereignty]
❶[속뜻] 주인(主人)의 권리(權利). ❷[법률] 국가 의사를 최종적으로 결정하는 최고·독립·절대의 권력. ¶ 주권을 행사하다.

주기 週期 | 돌 주, 때 기 [period; cycle]
❶[속뜻] 한 바퀴 도는 데[週] 걸리는 일정한 시간[期]. ¶ 지구는 1년을 주기로 태양 주위를 공전한다. ❷어떤 현상이 일정한 시간마다 똑같은 변화를 되풀이할 때, 그 일정한 시간을 이르는 말. ¶ 그는 삼 년 주기로 이사를 다녔다 / 주기적으로 이런 현상이 발생한다.

주-기도문 主祈禱文 | 주될 주, 빌 기, 빌 도, 글월 문 [Lord's Prayer]
[기독교] 예수[主]가 제자들에게 직접 가르친 기도문(祈禱文).

주년 週年 | =周年, 돌 주, 해 년 [anniversary]
한 해[年]를 단위로 하여 돌아오는[週] 그 날. ¶결혼 20주년.

주도 主導 | 주인 주, 이끌 도 [lead]
주인(主人)이 되어 이끌어 나감[導]. ¶정부 주도 하의 산업화 / 정미는 모임을 주도하는 능력이 있다.

주동 主動 | 주될 주, 움직일 동 [lead]
어떤 일에 중심이 되어[主] 행동(行動)함. 또는 그러한 사람. ¶그는 3·1만세운동을 주동했다.

▸ **주동-자** 主動者 | 사람 자
어떤 일을 적극적으로 행동하는[主動] 사람[者]. ¶경찰은 이번 파업 주동자를 검거했다.

주:둔 駐屯 | 머무를 주, 진칠 둔 [be stationed]
[군사] 군대가 어떤 곳에 진을 치고[屯] 머무름[駐]. ¶미군은 한국전쟁 이후로 한국에 주둔하고 있다.

주력 主力 | 주될 주, 힘 력 [main force]
중심이 되는[主] 힘[力]. 또는 그런 세력(勢力). ¶주력 부대가 전멸 당했다.

주례 主禮 | 주될 주, 예도 례 [officiate]
예식(禮式)을 주도(主導)하여 진행함. 또는 그 일을 맡아보는 사람. ¶목사님께 결혼식 주례를 부탁드렸다.

주:로 走路 | 달릴 주, 길 로 [track; course]
❶[속뜻] 도주(逃走)하는 길[路]. ❷[운동] 육상 경기에서 경주자가 달리는 일정한 길.

주류[1]主流 | 주될 주, 흐를 류 [mainstream; majority]
❶[속뜻] 강의 원줄기[主]가 되는 흐름[流]. ¶한강의 주류. ❷어떤 조직이나 단체에서 영향력이 가장 큰 세력. ¶올 겨울옷은 화려한 원색이 주류를 이룬다. [반] 비주류(非主流).

주류[2]酒類 | 술 주, 무리 류 [alcoholic drinks; liquor]
술[酒]에 속하는 무리[類]. ¶청소년에게 주류를 판매하지 않습니다.

주막 酒幕 | 술 주, 막 막 [inn]
시골의 길목에서 술[酒]이나 밥 따위를 팔던 막사[幕]같은 집.

주말 週末 | 주일 주, 끝 말 [weekend]
한 주일(週)의 끝[末]. ¶아버지는 주말마다 등산을 가신다.

주모[1]酒母 | 술 주, 어머니 모 [barmaid]
술집에서 술[酒]을 파는 여자[母]. [비] 주부(酒婦).

주모[2]主謀 | 주될 주, 꾀할 모 [lead a conspiracy; stir up]
모략이나 음모 따위를 주도(主導)하여 꾸밈[謀]. ¶몰래 반란을 주모하다.

▸ **주모-자** 主謀者 | 사람 자
우두머리가 되어 어떤 일이나 음모 따위를 꾸미는[主謀] 사람[者]. ¶시위 주모자를 찾아내다.

주:목 注目 | 쏟을 주, 눈 목 [pay attention]
❶[속뜻] 눈[目]길을 한곳에 쏟음[注]. ❷어떤 대상이나 일에 대해 특별히 관심을 가지고 자세히 살핌. ¶그 사건은 주목을 별로 받지 못했다.

주:문[1]注文 | 물댈 주, 글월 문 [order; request]
물건 구입 의사를 밝히어 보내는[注] 글[文]. 또는 그런 일. ¶주문을 받다 / 주문하자마자 음식이 나왔다.

주:문[2]呪文 | 빌 주, 글월 문 [incantation]
❶[속뜻] 비는[呪] 글[文]. ❷[민속] 음양가(陰陽家)나 술가(術家)등이 술법을 부릴 때, 외우는 글귀. ¶그 주문을 외우면 죽은 사람이 살아난다고 믿는다.

주:물 鑄物 | 쇠 불릴 주, 만물 물

[casting]
공업 쇳물을 일정한 틀 속에 부어 굳혀 만든[鑄] 물건(物件).

주:미 駐美 | 머무를 주, 미국 미
[resident in America]
미국(美國)에 머묾[駐]. ¶주미 한국대사관.

**주:민 住民 | 살 주, 백성 민
[inhabitant; residents]
일정한 지역에 머물며 사는[住] 백성[民]. '거주민'(居住民)의 준말. ¶나는 이 아파트 주민이다.

▶ **주:민-세 住民稅** | 세금 세
법률 그 어느 지역에 사는 개인[住民] 및 법인(法人)의 소득에 대하여 매기는 세금(稅金).

▶ **주:민 등록증 住民登錄證** | 오를 등, 기록할 록, 증거 증
법률 일정 지역의 주민(住民)인 사실이 등록(登錄)된 것을 나타내는 증명서(證明書). 만17세 이상이면 발급한다. ¶신분을 확인하기 위해 주민 등록증을 제출해 주십시오.

주발 周鉢 | 둘레 주, 밥그릇 발
[brass rice bowl]
놋쇠로 둘러[周] 만든 밥그릇[鉢]. ¶할아버지가 밥을 반 주발 밖에 안 드셨다.

주방 廚房 | 부엌 주, 방 방 [kitchen]
부엌[廚]이 있는 방(房). 음식을 만들거나 차리는 방. ¶그녀는 음식점 주방에서 일하고 있다.

▶ **주방-장 廚房長** | 어른 장
음식점이나 그밖 따위에서 조리를 맡은 곳[廚房]의 우두머리[長]. ¶호텔 주방장이 아무나 되는 줄 아니?

주번 週番 | 주일 주, 차례 번
[weekly duty]
한 주(週)마다 차례[番]대로 하는 근무. ¶이번 주 주번은 화장실 좀 청소하렴.

주범 主犯 | 주될 주, 범할 범
[principal offender]
어떤 범죄를 주동(主動)한 범인(犯人). ¶사건 발생 한 달 만에 주범이 잡혔다 / 자동차 매연은 대기오염의 주범이다.

주:법 奏法 | 연주할 주, 법 법
[execution; how to play]
음악 악기를 연주(演奏)하는 방법(方法). '연주법'(演奏法)의 준말. ¶기타의 주법을 연습하다.

**주변 周邊 | 두루 주, 가 변 [surroundings]
주위(周圍)의 가장자리[邊]. ¶영호는 주변에 친구가 많다 / 주변 경치가 정말 좋다. ⓑ 주위(周位).

주부 主婦 | 주인 주, 부인 부 [housewife]
한 가정 주인(主人)의 부인(婦人). ¶자녀 셋을 둔 주부.

주빈 主賓 | 주될 주, 손님 빈
[guest of honor]
손님 가운데서 주(主)가 되는 손님[賓]. ¶저명한 인사들이 주빈으로 참석하다.

주:사 注射 | 물댈 주, 쏠 사 [inject]
의학 약물을 주사기에 넣어 생물체의 조직이나 혈관 안으로 들여보내[注] 쏘아[射] 넣는 일. ¶팔뚝에 주사를 맞았다 / 진통제를 주사하다.

▶ **주:사-기 注射器** | 그릇 기
의학 주사(注射)할 때 쓰는 기구(器具).

주산 珠算 | 구슬 주, 셀 산
[abacus calculation]
구슬[珠] 모양의 알을 이용하여 셈하는[算] 기구. ¶그는 주산을 잘 해서 계산을 빨리 한다.

주:-생활 住生活 | 살 주, 살 생, 살 활
사는[住] 집이나 사는 곳에 관한 생활(生活). ¶한옥은 우리의 전통적인 주생활 양식이다.

주석¹ 主席 | 주인 주, 자리 석 [head]
❶ 속뜻 주인(主人)의 자리[席]. 중심이 되는 자리. ❷중국 등 일부 국가의 정부나 정당의 최고 지위. 또는 그 지위에 있는 사람.

주석² 朱錫 | 붉을 주, 주석 석 [tin]

❶[속뜻] 붉은[朱] 빛의 금속[錫]. ❷[화학] 은백색의 광택이 나는 금속 원소.

주선 周旋 | 두루 주, 돌 선
[arrange; organize; set up]
일이 잘 되도록 여러모로 두루[周] 돌보며[旋] 힘씀. ¶그의 주선으로 일자리를 얻었다.

주-성분 主成分 | 주될 주, 이룰 성, 나눌 분 [main component]
어떤 물질을 이루고 있는 주요(主要) 성분(成分). ¶수박의 주성분은 물이다. [반] 부성분(副成分).

주:소 住所 | 살 주, 곳 소 [address]
사람이 자리를 잡아 살고[住] 있는 곳[所]. ¶우리 집 주소가 바뀌었어요.

주:술 呪術 | 빌 주, 꾀 술
[spell; occult art]
초자연적 존재나 신비적인 힘을 빌려 길흉을 점치고 회복을 비는[呪] 술법(術法). ¶주술로 병을 고치다.

주:시 注視 | 쏟을 주, 볼 시
[gaze at; watch carefully]
어떤 사물이나 상황에 정신을 쏟아[注] 자세히 봄[視]. ¶온 세계의 주시를 받다 / 경찰에서는 그의 행동을 주시했다.

주식[1] 主食 | 주될 주, 밥 식
[staple food]
밥이나 빵과 같이 끼니에 주(主)로 먹는 음식(飮食). ¶쌀을 주식으로 하다. [반] 부식(副食).

주식[2] 株式 | 주식 주, 법 식 [stocks]
[경제] 회사의 자본을 구성하는 단위. '株'는 미국식 용어 'stocks'를 직역(直譯)한 것이며, 그것으로 자본을 모으는 방식(方式)이라는 뜻으로 '주식'이라는 용어가 만들어진 것으로 추정된다. ¶주식으로 돈을 벌었다.

▶ **주식-회:사** 株式會社 | 모일 회, 단체 사
[경제] 주식(株式)의 발행을 통해 자금을 모아 운영하는 회사(會社).

주심 主審 | 주될 주, 살필 심
[chief judge]
❶[속뜻] 주(主)된 심사원(審査員). ❷[운동] 여러 명의 심판 가운데 주장이 되어 경기를 진행시키고 심판하는 사람. ¶주심의 판정을 따르기로 하다.

주야 晝夜 | 낮 주, 밤 야 [day and night]
❶[속뜻] 낮[晝]과 밤[夜]. ¶주야 교대로 일하다. ❷쉬지 않고 계속함. ¶어머니는 주야로 아버지가 회복되기만을 기다렸다.

주어 主語 | 주인 주, 말씀 어 [subject]
[언어] 문장에서 주체(主體)가 되는 말[語]. ¶'철수가 운동을 한다.'에서 주어는 '철수'이다.

주역 主役 | 주될 주, 부릴 역
[leading part]
❶[속뜻] 연극이나 영화 따위의 주(主)된 역할(役割). 또는 그러한 사람. ¶그 여배우는 이번 영화에서 주역을 따냈다. ❷어떤 분야에서 중요한 일을 하는 사람. ¶그가 우리 팀 우승의 주역이다. [반] 단역(端役).

주연 主演 | 주인 주, 펼칠 연
[leading role]
[연영] 연극이나 영화 등에서 주인공(主人公)으로 출연(出演)함. 또는 주인공으로 출연한 배우. ¶그가 주연한 영화가 흥행에 성공했다. [반] 조연(助演).

주옥 珠玉 | 구슬 주, 구슬 옥
[gem; jewel]
❶[속뜻] 구슬[珠]과 옥(玉)을 통틀어 이르는 말. ❷'여럿 가운데 가장 아름답고, 값지며 귀한 것'을 비유하는 말. ¶그는 200여 편의 주옥같은 시를 썼다.

⁑**주요** 主要 | 주될 주, 요할 요 [main]
주(主)가 되고 중요(重要)함. ¶올해의 주요 사건.

▶ **주요-색** 主要色 | 빛 색
주요(主要)한 빛깔[色]. 빨강, 노랑, 파랑, 초록의 네 가지 빛깔을 이른다.

주-원료 主原料 | 주될 주, 본디 원, 거리 료 [primary ingredient]
주요(主要) 원료(原料). ¶이 제품의 주원

료는 대부분 수입한다.

주-원인 主原因 | 주될 주, 본디 원, 까닭 인 [main cause]
주요(主要) 원인(原因). ¶사고의 주원인을 찾다.

＊주위 周圍 | 두루 주, 둘레 위 [surroundings]
❶ 속뜻 두루[周] 한 바퀴 도는 둘레[圍]. ¶달은 지구 주위를 돌고 있다. ❷어떤 사람이나 사물을 둘러싸고 있는 환경. ¶주위가 어두워지다. ❸어떤 사람의 가까이에 있는 사람들. ¶주위의 시선을 의식하다. ⓑ 주변(周邊).

주:유 注油 | 부을 주, 기름 유 [refuel; fill up with gas]
기름[油]을 넣음[注]. ¶주유 중에는 엔진을 꺼 주세요.
▶ **주:유-소** 注油所 | 곳 소
기름[油]을 넣는[注] 곳[所].

주의¹ 主義 | 주될 주, 뜻 의 [belief; principle; ism]
❶ 속뜻 중심[主]이 되는 뜻[義]이나 의견. ❷굳게 지키는 주장이나 방침. ¶그는 주의가 강한 사람이다. ❸체계화된 이론이나 학설. ¶민족자결주의 / 제국주의.

＊주:의² 注意 | 쏟을 주, 뜻 의 [be attention to; be careful]
❶ 속뜻 뜻[意]이나 마음을 쏟음[注]. ¶주의를 기울이다. ❷마음에 새겨 두고 조심함. ¶감기에 걸리지 않게 주의하세요. ❸경고나 충고의 뜻으로 일깨워 주는 말. ¶조용히 하라고 선생님에게 주의를 받았다.
▶ **주:의-보** 注意報 | 알릴 보
지리 기상대 등에서 기상 상태로 말미암아 피해가 예상될 때 주의(注意)하라고 알리는[報] 것. ¶대설(大雪) 주의보.

＊주인 主人 | 주될 주, 사람 인 [owner; host; employer]
❶ 속뜻 한 집안을 꾸려 나가는 주(主)되는 사람[人]. ❷물건을 소유한 사람. ¶이 땅의 주인은 누구입니까? ❸손을 맞이하는 사람. ¶주인은 손님들에게 반갑게 인사했다. ❹고용 관계에서의 고용주. ¶휴가를 달라고 주인에게 건의한다. ⓑ 손님.
▶ **주인-공** 主人公 | 귀인 공
사건이나 예술작품에서의 중심[主] 인물[人]을 높여[公] 이르는 말. ¶이 소설의 주인공은 어느 시골의 농부이다.

주일¹ 主日 | 주인 주, 해 일 [Lord's day]
기독교 '일요일'을 달리 이르는 말. 예수[主] 그리스도가 부활한 사건을 매주 기념하는 날[日]에서 유래한다. ¶주일에는 영업하지 않습니다.

주일² 週日 | 주일 주, 날 일 [week]
일요일부터 토요일까지의 한 주(週) 기간[日]. 7일. ¶이 편지를 몇 주일 뒤면 받을 수 있을까요?

주임 主任 | 주될 주, 맡길 임 [chief; head]
어떤 일에 중심이 되어[主] 맡음[任]. 또는 그 사람. ¶3학년 주임 교사 / 영업부 주임으로 승진하다.

주:입 注入 | 부을 주, 들 입 [pour; inject; cram]
❶ 속뜻 액체를 물체 안에 부어[注] 넣음[入]. ¶자동차에 냉각수를 주입하다. ❷지식을 기계적으로 기억하게 하여 가르침. ¶단순히 머리에 주입된 지식은 오래 가지 않는다.
▶ **주:입-기** 注入器 | 그릇 기
기름 따위의 액체를 주입(注入)하는 데에 쓰는 기구(器具).

주자 走者 | 달릴 주, 사람 자 [runner]
❶ 속뜻 달리는[走] 사람[者]. ¶선두주자 / 마지막 주자가 결승점에 도착했다. ❷운동 야구에서 아웃되지 않고 누(壘)에 나가 있는 사람. ¶주자를 2루로 보내다.

＊주장¹ 主張 | 주될 주, 벌릴 장 [assert; contend]
자기의 의견이나 주의(主義)를 널리 떠벌

임[張]. 또는 그런 주의. ¶변호사는 무죄를 주장했다.

주장[2] **主將** | 주인 주, 장수 장 [captain]
❶속뜻 한 군대의 으뜸가는[主] 장수(將帥). ❷운동 한 팀을 대표하는 선수. ¶주장이 팀을 대표하여 트로피를 받았다.

주장[3] **主掌** | 주될 주, 맡을 장
주(主)로 맡아서[掌] 함.

주재[1] **主宰** | 주될 주, 맡을 재
[chair; supervise]
어떤 일을 중심이 되어[主] 맡아함[宰]. 또는 그 사람. ¶대통령 주재로 긴급회의가 열렸다.

주:재[2] **駐在** | 머무를 주, 있을 재 [reside]
❶속뜻 일정한 곳에 머물러[駐] 있음[在]. ❷직무상 파견된 곳에 머물러 있음. ¶한국 주재 일본대사.

주-재료 主材料 | 주될 주, 재목 재, 거리 료
주요(主要) 재료(材料). ¶빵은 밀가루와 설탕이 주재료이다. ㊜ 主재.

주저 躊躇 | 머뭇거릴 주, 머뭇거릴 저
[hesitate]
나아가지 못하고 머뭇거림[躊=躇]. ¶우리는 어떤 일에도 주저하지 않는다.

주전 主戰 | 주될 주, 싸울 전
[key player]
❶속뜻 전쟁(戰爭)하기를 주장(主張)함. ❷주력이 되어 싸움. 또는 그런 사람. ¶그는 부상 때문에 주전으로 뛸 수 없다. ㊨ 후보(候補).

주전-자 酒煎子 | 술 주, 달일 전, 접미사 자 [kettle]
술[酒]이나 물 따위를 데우거나[煎] 담는 그릇[子]. ¶주전자에 물을 끓이다.

주:정 酒酊 | 술 주, 술취할 정
[drunken frenzy]
술[酒]에 취함[酊]. 술에 취하여 하는 짓거리. ¶그는 가끔 술을 마시고 주정을 부리는 경향이 있다.

주제 主題 | 주될 주, 제목 제 [theme]
❶속뜻 연설이나 토론 따위의 주요(主要) 제재(題材)나 제목(題目). ¶이별의 슬픔을 주제로 한 시. ❷중심이 되는 문제. ¶대화의 주제와 관련 없는 내용은 삼가 주십시오.

▶ 주제-가 主題歌 | 노래 가
영화나 연극 등에서 부르는, 주제(主題)와 관계가 깊은 노래[歌]. ¶나는 드라마 주제가를 계속 흥얼댔다.

▶ 주제-어 主題語 | 말씀 어
한 문장에서 주제(主題)를 담은 부분의 말[語].

주:조 鑄造 | 쇠 불릴 주, 만들 조 [cast]
쇳물을 거푸집에 부어[鑄] 필요한 물건을 만듦[造]. ¶기념 주화를 주조하다.

주종[1] **主宗** | 주인 주, 마루 종
[main part]
여러 가지 가운데 주(主)가 되고 으뜸[宗]이 되는 것. ¶그 나라의 수출품은 가전제품이 주종을 이룬다.

주종[2] **主從** | 주인 주, 따를 종
[master and servant]
주인(主人)과 그를 따르는[從] 사람. ¶주종 관계를 이루다.

주주 株主 | 주식 주, 주인 주
[stockholder]
경제 주식(株式)을 가지고 있는 사람[主]. ¶주주총회.

주중 週中 | 주일 주, 가운데 중
[weekdays]
한 주(週) 가운데[中]. ¶이 백화점은 주중에도 항상 붐빈다.

주:지 住持 | 살 주, 가질 지
[head priest of a Buddhist temple]
불교 안주(安住)하여 법을 유지(維持)하며 한 절을 책임지고 맡아보는 승려. ¶주지 스님께 합장(合掌)하다.

주-지사 州知事 | 고을 주, 알 지, 일 사
[governor of a state]
미국처럼 여러 주(州)의 연방으로 이루어

진 나라에서 한 주의 우두머리 관리[知事]. ¶텍사스 주지사 선거에 출마하다.

주:차 駐車 | 머무를 주, 수레 차 [park]
자동차(自動車)를 세워 둠[駐]. ¶주차 공간 / 가게 앞에 주차하지 마십시오.

▸주:차-장 駐車場 | 마당 장
자동차(自動車)를 세워 두도록[駐] 마련한 곳[場]. ¶이 건물 지하에 주차장이 있습니다.

주창 主唱 | 주인 주, 이끌 창 [advocate]
❶[속뜻] 주장(主將)이 되어 이끎[唱]. ❷앞장서서 부르짖음. ¶김 선생님은 늘 민족주의를 주창하셨다.

주체 主體 | 주될 주, 몸 체 [main body]
❶[속뜻] 어떤 단체나 물건의 주(主)가 되는 부분[體]. ¶국가의 주체는 국민이다. ❷사물의 작용이나 어떤 행동의 주가 되는 것. ¶역사의 주체.

주초 週初 | 주일 주, 처음 초
[beginning of the week]
한 주(週)의 첫[初] 부분. ¶주초부터 일이 잘 안 풀린다. [반] 주말(週末).

주최 主催 | 주될 주, 열 최 [sponsor]
어떤 행사나 회합 따위의 개최(開催)를 주관(主管)함. ¶신문사 주최로 바자회가 열리다.

주축 主軸 | 주될 주, 굴대 축
[main axis]
❶[속뜻] 몇 개의 축을 가진 도형이나 물체에서 중심을 이루는[主] 축(軸). ❷어떤 활동의 중심. ¶학생회가 주축이 되어 축제를 진행했다.

주치 主治 | 주될 주, 다스릴 치
[have patient in charge]
어떤 의사가 치료(治療)를 주관(主管)함. 또는 그런 일.

▸주치-의 主治醫 | 치료할 의
어떤 사람의 건강 상태나 병에 대한 주치(主治)를 전적으로 맡고 있는 의사(醫師).

***주:택** 住宅 | 살 주, 집 택 [house]
❶[속뜻] 사람이 살[住] 수 있게 지은 집[宅]. ¶주택을 마련하다. ❷[건설] 한 채씩 따로 지은 집. '단독주택'(單獨住宅)의 준말. [비] 가옥(家屋), 집.

▸주:택-가 住宅街 | 거리 가
주택(住宅)이 들어서 있는 길거리[街]. ¶저 골목은 작년부터 주택가가 들어섰다.

▸주:택-지 住宅地 | 땅 지
주로 주택(住宅)이 들어서 있는 지역(地域). 또는 위치, 환경 등의 조건이 주택을 짓기에 알맞은 땅.

주파 走破 | 달릴 주, 깨뜨릴 파
[run the whole distance]
정해진 거리를 달려서[走] 끝까지 감[破]. ¶그 선수는 100미터를 10초 안에 주파하였다.

주판 珠板 | =籌板, 구슬 주, 널빤지 판
[abacus]
구슬[珠] 모양의 알이 달려 있는 판(板). 셈을 할 때 사용하는 기구이다. ¶주판을 퉁기며 장부 정리를 하다.

주:한 駐韓 | 머무를 주, 한국 한
[stationed in Korea]
한국(韓國)에 주재(駐在)함. ¶주한 유엔군사령부.

주행 走行 | 달릴 주, 갈 행
[drive; run; navigate]
자동차 따위 바퀴가 달린 탈것이 달려[走] 감[行]. ¶자동차 주행 전에 점검을 하다.

주홍 朱紅 | 붉을 주, 붉을 홍
[scarlet red]
붉은 빛깔[朱=紅].

▸주홍-색 朱紅色 | 빛 색
노란빛을 약간 띤 붉은[朱紅] 빛깔[色]. ¶나는 주홍색 옷을 좋아한다.

주:화[1] 鑄貨 | 쇠 불릴 주, 돈 화 [coin]
쇠붙이를 녹여 만든[鑄] 화폐(貨幣). 또는 그러한 일. ¶주화를 발행하다.

주화[2] 主和 | 주될 주, 어울릴 화
서로 싸우지 말고 화의(和議)할 것을 주장(主張)함. [반] 주전(主戰).

▸주화-론 主和論 | 논할 론
서로 싸우지 말고 화의(和議)할 것을 주장(主張)하는 의견[論]. [반]주전론(主戰論).

▸주화-파 主和派 | 갈래 파
서로 싸우지 말고 화의(和議)할 것을 주장(主張)하는 무리[派].

주황 朱黃 | 붉을 주, 누를 황 [orange color]
빨강[朱]과 노랑[黃]의 중간색.

▸주황-색 朱黃色 | 빛 색
빨강[朱]과 노랑[黃]의 중간색(中間色). ¶주황색 불꽃이 일어나다.

주:효 奏效 | 아뢸 주, 효과 효 [effective]
❶[속뜻]효력(效力)이 있음을 알려줌[奏]. ❷기대한 결과가 나타남. ¶새로운 전략이 주효하였다.

죽 粥 | 죽 죽 [gruel]
곡식을 물에 묽게 풀어 오래 끓여 알갱이가 흠씬 무르게 만든 음식. ¶나는 몸이 아픈 친구에게 죽을 쑤어다 주었다.

죽도 竹刀 | 대나무 죽, 칼 도 [bamboo sword]
❶[속뜻]대나무[竹]로 만든 칼[刀]. ❷[운동]검도에 쓰는 도구. 네 가닥으로 쪼갠 대나무를 묶어 칼 대신 쓴다.

죽림 竹林 | 대나무 죽, 수풀 림 [bamboo grove]
대나무[竹]가 무성한 숲[林].

▸죽림-욕 竹林浴 | 목욕할 욕
대나무 숲[竹林]을 거닐며 목욕(沐浴)하듯 공기를 쐬는 일. ¶죽림욕이 건강에 좋다는 말이 있다.

죽마고우 竹馬故友 | 대나무 죽, 말 마, 옛 고, 벗 우 [childhood friend]
❶[속뜻]어렸을 때, 대나무[竹]로 만든 말[馬]을 타며 놀던 옛[故] 친구[友]. ❷어렸을 때부터 친하게 지낸 친구. ¶그 두 사람은 죽마고우로 평생을 친하게 지냈다. [비]막역지우(莫逆之友).

죽-부인 竹夫人 | 대 죽, 지아비 부, 사람 인 [Dutch wife]
대나무[竹]로 엮어서 만든 물건. 더위를 식히기 위하여 부인(夫人)을 대신해 이것을 안고 잔다고 하여 붙여진 이름이다.

죽-세:공 竹細工 | 대 죽, 가늘 세, 장인 공 [bamboo work]
[수공]대나무[竹]를 재료로 하는 세공(細工). 또는 그 공예품. ¶담양은 예로부터 죽세공이 발달하였다.

죽순 竹筍 | 대나무 죽, 죽순 순 [bamboo sprout]
대나무[竹]의 땅속줄기에서 돋아나는 어리고 연한 싹[筍]. ¶이 음식은 죽순으로 만들었다.

죽염 竹鹽 | 대나무 죽, 소금 염
[약학]대나무[竹] 통 속에 천일염(天日鹽)을 다져 넣고 황토로 봉한 후, 높은 열에 아홉 번 거듭 구워 내어 얻은 가루.

죽-제:품 竹製品 | 대 죽, 지을 제, 물건 품 [bamboo goods]
대나무[竹]로 만든[製] 물건[品]. ¶이 가게에서는 죽제품을 판다.

죽창 竹槍 | 대나무 죽, 창 창 [bamboo spear]
대나무[竹]로 만든 창(槍). ¶농민들은 죽창을 들고 대항하였다.

준:결승-전 準決勝戰 | 준할 준, 결정할 결, 이길 승, 싸울 전 [semifinal]
[운동]결승전(決勝戰)에 준(準)하는 경기. 결승에 나갈 자격을 부여받기 위한 경기. ¶우리 반은 준결승전에서 안타깝게 졌다. [준]준결승.

준:공 竣工 | 마칠 준, 일 공 [complete]
공사(工事)를 마침[竣]. ¶이 건물은 올 연말에 준공될 예정이다. [비]완공(完工). [반]기공(起工), 착공(着工).

▸준:공-식 竣工式 | 의식 식
준공(竣工)을 알리고 축하하는 의식(儀式). ¶기공한지 2년 만에 준공식을 가졌다. [반]기공식(起工式).

준:령 峻嶺 | 높을 준, 고개 령
[steep mountain pass]

높고[峻] 험한 고개[嶺]. ¶소백산 준령을 타고 넘다.

준:마 駿馬 | 뛰어날 준, 말 마
[swift horse]
썩 잘 달리는[駿] 좋은 말[馬]. ¶야생마를 훈련하여 천 리를 거뜬히 달리는 준마로 만들다. ⒝ 명마(名馬).

준:법 遵法 | 따를 준, 법 법
[obey the law]
법령(法令)을 지킴[遵]. 법을 따름.

∗∗준:비 準備 | 고를 준, 갖출 비 [prepare]
필요한 것을 미리 골고루[準] 다 갖춤[備]. ¶내일 소풍 갈 준비는 다 되었느냐.

▶ 준:비-물 準備物 | 만물 물
앞으로 준비(準備) 해야 할 물건(物件). ¶내일 수업에 쓸 준비물을 챙기다.

▶ 준:비 운ː동 準備運動 | 돌 운, 움직일 동
운동 본격적인 운동이나 경기를 하기 전에 몸이 적응할 수 있도록 준비(準備)하는 가벼운 운동(運動). ¶수영을 하기 전에 준비운동부터 하도록 하자.

준:수¹ 俊秀 | 뛰어날 준, 빼어날 수
[be superior and refined]
슬기가 뛰어나고[俊] 풍채가 빼어나다[秀]. ¶그 젊은이는 용모가 준수하다.

준:수² 遵守 | 따를 준, 지킬 수
[obey; follow]
규칙이나 명령 따위를 그대로 따르고[遵] 지킴[守]. ¶교칙을 준수하다.

준:엄 峻嚴 | 엄할 준, 엄할 엄
[stern; severe]
매우 엄하다[峻=嚴]. ¶준엄한 목소리로 꾸짖다.

준:-우승 準優勝 | 준할 준, 뛰어날 우, 이길 승 [second best]
❶속뜻 우승(優勝)에 준(準)함. ❷우승에 다음가는 등수. ¶아깝게 준우승에 머물다.

준:장 准將 | 비길 준, 장수 장
[brigadier general]
❶속뜻 장성(將星) 급에 비기는[准] 계급.

❷군사 군대 계급의 하나. 소장의 아래, 대령의 위.

중¹ 中 | 가운데 중 [second class]
높고 낮은 여러 등급에서 가운데 등급. ¶대, 중, 소의 세 가지 사이즈가 있다.

중² 中 | 가운데 중 [of; during; among]
❶여럿 가운데. ¶호현는 남자 중의 남자다. ❷무엇을 하는 동안. ¶수업 중에 떠들지 마라. ❸어떤 상태에 있는 동안. ¶하필이면 그때 나는 휴가 중이었다.

중간 中間 | 가운데 중, 사이 간 [middle]
❶속뜻 두 사물의 가운데[中]나 그 사이[間]. ¶두 여자를 두고 중간에서 갈등하다. ❷사물이 아직 끝나지 않은 때나 상황. ¶이야기가 중간에 끊어졌다. ❸가운데쯤의 정도나 크기. ¶내 성적은 반에서 중간 정도다.

▶ 중간-적 中間的 | 것 적
중간에 오거나 중간(中間)에 해당하는 것[的]. ¶중간적인 입장.

▶ 중간-고사 中間考査 | 생각할 고, 살필 사
교육 한 학기의 중간(中間) 무렵에 실시하는 학력고사(學力考査). ¶중간고사 문제는 쉽게 출제되었다.

▶ 중간 상인 中間商人 | 장사 상, 사람 인
경제 생산자와 도매상의 중간에서, 도매상과 소매상의 중간(中間)에서 물건을 사고파는 상인(商人).

중개 仲介 | 가운데 중, 끼일 개
[mediate]
제삼자의 처지로 둘 이상의 당사자 사이[仲]에 끼어[介] 어떤 일을 주선함. ¶결혼 중개 업체.

중-거ː리 中距離 | 가운데 중, 떨어질 거, 떨어질 리
짧지도 길지도 않은 중간(中間) 정도의 거리(距離). ¶중거리 미사일을 쏘다.

중:건 重建 | 거듭 중, 세울 건
[rebuilding]
절이나 궁궐 따위의 건물을 손질하여 다시[重] 세움[建]. ¶흥선대원군은 경복궁

을 중건하면서 백성들의 원망을 샀다.

중견 中堅 | 가운데 중, 굳을 견
[mainstay]
어떤 단체나 사회에서 중심(中心)을 굳건히[堅] 지키는 역할을 하는 사람. ¶중견 배우답게 훌륭한 연기를 선보였다.

중:-경상 重輕傷 | 무거울 중, 가벼울 경, 다칠 상
심하거나[重] 가벼운[輕] 상처(傷處)를 아울러 이름. 중상(重傷)과 경상(輕傷). ¶중경상을 입다.

중계 中繼 | 가운데 중, 이을 계 [translate; relay]
❶ 속뜻 중간(中間)에서 이어줌[繼]. ¶이 산장은 산간 지대에서 중계 역할을 하고 있다. ❷ 언론 '중계방송'(放送)의 준말. ¶녹화 중계 / 텔레비전에서는 올림픽 경기가 중계되고 있다.

▶ **중계 무:역 中繼貿易** | 바꿀 무, 바꿀 역
경제 외국에서 수입한 물자를 가운데서[中] 이어[繼]받아 그대로 재수출하는 형태의 무역(貿易).

▶ **중계-방:송 中繼放送** | 놓을 방, 보낼 송
언론 어떤 방송국의 프로그램을 다른 방송국에서 중계(中繼)하여 방송(放送)하는 일. ¶중계방송으로 축구 경기를 보았다.

중고 中古 | 가운데 중, 옛 고
[Middle Ages; secondhand article]
❶ 역사 상고(上古)와 근고(近古)의 중간(中間) 시기의 고대(古代). ❷ 이미 사용하였거나 오래됨. ¶아버지께서 중고 책상을 하나 사오셨다.

▶ **중고-차 中古車** | 수레 차
어느 기간 동안 사용하여 조금 낡은[中古] 자동차(自動車). ¶그는 값싸고 쓸 만한 중고차를 샀다.

▶ **중고-품 中古品** | 물건 품
꽤 오래 써서 좀[中] 낡은[古] 물건[品]. ¶이것은 신품과 다름없는 중고품이다. ㉰ 중고.

중고-생 中高生 | 가운데 중, 높을 고, 사람 생
중학생(中學生)과 고등학생(高等學生)을 아울러 이르는 말. ¶중고생을 위한 참고서.

중공 中共 | 가운데 중, 함께 공
[People's Republic of China]
지리 '중화인민공화국'(中華人民共和國)을 줄여서 부르던 말.

▶ **중공-군 中共軍** | 군사 군
중국 공산당[中共]에 딸린 군대(軍隊). ¶중공군의 개입으로 한국군은 후퇴하기 시작했다.

중:-공업 重工業 | 무거울 중, 장인 공, 일 업 [heavy industry]
공업 크기에 비하여 무게가 무거운[重] 물건을 만드는 공업(工業). 제철, 기계, 조선, 차량 따위. ¶우리나라는 중공업이 발달했다. ⓔ 경공업(輕工業).

중구난방 衆口難防 | 무리 중, 입 구, 어려울 난, 막을 방
❶ 속뜻 여러 사람[衆]의 입[口]을 막기[防] 어려움[難]. ❷막기 어려울 정도로 여럿이 마구 지껄임. ¶중구난방으로 떠들어대는 바람에 나는 말 한마디도 못하고 나왔다.

중국 中國 | 가운데 중, 나라 국 [China]
❶ 속뜻 중원(中原) 지역에 있는 나라[國]. ❷ 지리 아시아 동부에 있는 나라. 황하(黃河)를 중심으로 고대 문명이 일어난 곳으로, 총 면적은 959만 6961㎢이다. ¶중국 베이징 올림픽.

▶ **중국-어 中國語** | 말씀 어
언어 중국(中國)에서 중국인들이 쓰는 언어(言語). ¶나는 영어보다 중국어를 잘한다. ⓑ 한어(漢語).

▶ **중국-인 中國人** | 사람 인
중국(中國) 국적을 가진 사람[人]. ¶그는 겉보기에는 중국인으로 보이지 않는다.

중:-금속 重金屬 | 무거울 중, 쇠 금, 속할 속 [heavy metal]

❶ 속뜻 무거운[重] 금속(金屬). ❷화학 비중이 4이상인 금속 원소. ¶물에서 중금속이 검출되었다. ⑪ 경금속(輕金屬).

중급 中級 | 가운데 중, 등급 급
[intermediate grade]
중간(中間) 정도의 등급(等級). ¶중급 과정.

중기 中期 | 가운데 중, 때 기
[middle years]
일정한 기간의 중간(中間)인 시기(時期). ¶조선 중기의 사회제도.

중-남미 中南美 | 가운데 중, 남녘 남, 미국 미 [Central and South America]
❶ 속뜻 중남부(中南部)지역의 미주(美洲). ❷지리 라틴 아메리카. ¶중남미 사람들은 굉장히 사교적인 편이다.

중년 中年 | 가운데 중, 나이 년
[middle age]
인생의 중간(中間) 정도를 살고 있는 나이[年]. 마흔 살 안팎의 나이. ¶중년의 신사가 점잖게 들어왔다.

중:-노동 重勞動 | 무거울 중, 일할 로, 움직일 동 [heavy labor]
육체적으로 몹시 힘든[重] 고된 노동(勞動). ¶하루 종일 연탄을 나르는 중노동을 했다. ⑪ 경노동(輕勞動).

중단 中斷 | 가운데 중, 끊을 단
[stop; discontinue; suspend]
중도(中途)에서 끊어짐[斷]. ¶태풍으로 인해 유람선 운항을 중단한다. ⑪ 지지(中止). ⑪ 계속(繼續), 지속(持續).

중:대¹ 重大 | 무거울 중, 큰 대
[be important; be significant]
가볍게 여길 수 없을 만큼 아주 무겁고[重] 큼[大]. ¶중대 발표를 하다/ 이것은 내 진로를 결정할 중대한 문제이다.

중대² 中隊 | 가운데 중, 무리 대
[company]
❶ 속뜻 규모가 중급(中級)인 부대(部隊). ❷군사 보통 4개 소대로 편성되는 육군과 해병대 부대 편제의 한 단위. ¶2중대 장병들은 훈련 준비가 한창이다.
▶ 중대-장 中隊長 | 어른 장
군사 중대(中隊)를 지휘·통솔하는 지휘관[長].

중도¹ 中途 | 가운데 중, 길 도
[in the middle; halfway]
❶ 속뜻 가운데[中] 길[途]. ❷오가는 길의 중간. ¶차가 중도에서 고장이 났다. ❸일이 되어 가는 동안. 하던 일의 중간. ¶형주는 가정 형편이 어려워 학업을 중도에 포기했다.

중도² 中道 | 가운데 중, 길 도
[middle path; moderation]
❶ 속뜻 어느 한쪽으로 치우치지 않는 가운데[中]의 길[道]. ❷어느 한쪽으로 기울지 않은 중간의 입장. ¶극단적인 입장보다는 중도를 걷는 것이 바람직하다.

*****중독 中毒** | 맞을 중, 독할 독
[be poisoned; be addicted to]
❶ 속뜻 독(毒)을 맞음[中]. ❷몸 안에 약물의 독성이 들어가 신체 기능의 장애를 일으키는 일. ¶연탄가스 중독으로 쓰러지다. ❸술이나 마약 따위를 지나치게 복용한 결과, 그것 없이는 견디지 못하는 병적 상태. ¶알코올 중독 치료를 받다 / 컴퓨터 중독에 빠지다.
▶ 중독-성 中毒性 | 성질 성
중독(中毒)을 일으키는 성질(性質). ¶담배는 중독성이 강하다.
▶ 중독-자 中毒者 | 사람 자
마약이나 알코올 따위에 중독(中毒)되어 신체에 기능 장애를 일으킨 사람[者]. ¶경찰의 조사를 받자 자기는 마약 중독자가 아니라고 잡아뗐다.

중동 中東 | 가운데 중, 동녘 동
[Middle East]
지리 유럽을 기준으로 극동(極東)과 근동(近東)의 중간[中] 지역. 곧, 지중해 연안의 서남아시아 및 이집트를 포함한 지역을 이른다.

중등 中等 | 가운데 중, 무리 등

[middle; medium]
가운데[中] 무리[等].

▶ 중등-부 中等部 | 나눌 부
중학생(中學生) 또는 그와 같은 등급(等級)의 학생들이 속한 부분(部分). ¶이번 대회에는 중등부 20개 팀, 고등부 10개 팀이 출전했다.

▶ 중등 교;육 中等教育 | 가르칠 교, 기를 육
교육 중등(中等) 정도의 교육(教育). 초등 교육 이후에 받는 교육 등급으로, 중학교 및 고등학교가 해당한다.

중략 中略 | 가운데 중, 줄일 략
[omit; skip]
말이나 글의 중간(中間)을 줄임[略]. ¶다 읽기에는 너무 길어서 중략하겠다.

중:량 重量 | 무거울 중, 분량 량 [weight]
물건의 무거운[重] 분량[量]. 또는 무거운 정도 ¶이 소포는 중량 초과로 요금을 더 내셔야 합니다. 町 무게. 町 경량(輕量).

▶ 중:량-급 重量級 | 등급 급
운동 운동 경기에서의 무거운[重] 체급(體級). ¶그는 권투 시합에서 중량급에 출전할 예정이다.

*중:력 重力** | 무거울 중, 힘 력 [gravity]
❶속뜻 무거운[重] 힘[力]. ❷물리 지구가 지구 위에 있는 물체를 끄는 힘. ¶달에 가면 중력을 덜 받게 된다.

중령 中領 | 가운데 중, 거느릴 령
[lieutenant major; commander]
군사 중급(中級) 영관(領官) 계급. 소령의 위, 대령의 아랫계급.

중:론 衆論 | 무리 중, 말할 론
[public opinion]
여러 사람[衆]의 말[論]이나 의견. ¶중론에 따라 결정하다 / 상황을 좀 더 지켜보아야 한다는 게 중론이다.

*중류 中流** | 가운데 중, 흐를 류
[midstream; middle class]
❶속뜻 흐르는[流] 강이나 하천의 중간(中間) 부분. ¶강의 중류는 폭이 넓다. ❷

높지도 낮지도 않은 중간 정도의 계층. ¶중류 가정에서 자라다.

중립 中立 | 가운데 중, 설 립 [neutrality]
❶속뜻 중간(中間)에 섬[立]. ❷어느 편에도 치우치지 않고 공정하게 처신함. ¶사회자는 토론에서 중립적인 태도를 취해야 한다.

▶ 중립-국 中立國 | 나라 국
중립(中立)을 외교 방침으로 하는 나라[國].

중매 仲媒 | =中媒, 가운데 중, 맺어줄 매
[arrange a match (with)]
남녀 사이의 가운데[仲]에서 혼인을 맺도록[媒] 함. 또는 그 일이나 사람. ¶중매가 들어오다 / 내가 작년에 그 부부를 중매했다.

중반 中盤 | 가운데 중, 쟁반 반
[middle phase]
❶속뜻 가운데[中]에 있는 쟁반[盤]. ❷어떤 사물의 진행이 중간쯤 되는 단계. ¶50대 중반의 나이 / 경기가 중반으로 접어들.

중:병 重病 | 무거울 중, 병 병
[serious illness; severe disease]
목숨이 위태로울 만큼 무거운[重] 병(病). ¶중병에 걸린 환자를 돌보다.

중복¹ 中伏 | 가운데 중, 엎드릴 복
삼복(三伏)의 가운데[中] 있는 복(伏)날. ¶중복 더위가 한창이다.

중:복² 重複 | 거듭 중, 겹칠 복 [overlap; repeat]
같은 것이 두 번 이상 거듭[重]하여 겹침[複]. ¶한 문장에서 같은 단어의 중복은 피하는 것이 좋다.

중부 中部 | 가운데 중, 나눌 부
[middle part]
어떤 지역의 가운데[中] 부분(部分). ¶중부 지방에는 비가 올 것으로 보인다.

중사 中士 | 가운데 중, 선비 사
[master sergeant]
군사 상사(上士)와 하사(下士) 사이[中]

에 있는 국군 부사관(副士官) 계급의 하나.

중산-층 中產層 | 가운데 중, 재물 산, 층 층 [middle class]
[사회] 한 사회에서, 재산(財産)을 가진 정도가 중간(中間)에 속하는 계층(階層). ¶중산층이 줄어들고 빈곤층이 늘면서 빈부격차가 심해졌다.

중상¹ 中傷 | 가운데 중, 다칠 상 [slander]
중간(中間)에서 터무니없는 말로 남을 헐뜯어 명예를 손상(損傷)시킴.

▸ 중상-모략 中傷謀略 | 꾀할 모, 꾀할 략
중상(中傷)과 모략(謀略)을 아울러 이르는 말. ¶근거 없는 중상모략을 일삼다.

중:상² 重傷 | 무거울 중, 다칠 상 [serious injury]
심하게[重] 다침[傷]. 또는 몹시 다친 상처. ¶교통사고로 사람들이 중상을 입었다. [반] 경상(輕傷).

▸ 중:상-자 重傷者 | 사람 자
아주 심하게 다친[重傷] 사람[者]. ¶중상자들만 우선 병원으로 옮기고 있다.

중:생¹ 衆生 | 무리 중, 사람 생 [mankind]
❶ [속뜻] 많은[衆] 사람[生]. ❷ [불교] 부처의 구제 대상이 되는 이 세상의 모든 생물. ¶어리석은 중생을 구제하다.

중생² 中生 | 가운데 중, 날 생
❶ [속뜻] 중간(中間) 자리에 태어남[生]. ❷ [생물] 메마르지도 습하지도 않은 곳에 삶. 재배식물 따위의 특징이다. ❸ [불교] 극락왕생의 상품, 중품, 하품 각각의 중간 자리.

▸ 중생-대 中生代 | 시대 대
[지리] 시대의 한 구분으로 고생대(古生代)와 신생대(新生代)의 중간(中間)에 위치한 지질 시대(時代). ¶중생대에 공룡이 나타나기 시작했다.

중:석 重石 | 무거울 중, 돌 석 [tungsten]
[광업] 텅스텐. 이 광석을 발견한 스웨덴의 과학자 크론슈테트가 스웨덴어로 '무거운[重] 돌[石]'이라는 뜻의 'tungsten'으로 부른 데서 유래.

중성 中性 | 가운데 중, 성질 성 [neutrality]
❶ [속뜻] 대립되는 두 성질의 어느 쪽에도 해당되지 않는 중간(中間)의 성질(性質). ❷ [화학] 산성과 염기성의 중간에 있다고 생각되는 물질의 성질.

중세 中世 | 가운데 중, 세대 세 [Middle Ages]
[역사] 역사의 시대 구분의 한 가지로, 고대(古代)와 근세(近世) 사이[中]의 세기(世紀). ¶이 건물은 중세 시대에 지어졌다.

중소 中小 | 가운데 중, 작을 소 [small and middle size]
규모나 수준 따위가 중간[中] 또는 그보다 작은[小] 것. ¶중소 도시에 살다.

▸ 중소-기업 中小企業 | 꾀할 기, 일 업
[경제] 자본금이나 종업원 수 또는 그 밖의 시설 등이 중소(中小) 규모인 기업(企業). ¶중소기업과 대기업이 서로 협력해야 경제가 발전한다.

중-수도 中水道 | 가운데 중, 물 수, 길 도
❶ [속뜻] 중간(中間) 정도 수질의 물[水]을 옮기는 관[道]. ❷빗물이나 취사한 물 또는 목욕탕의 물을 정화하여 별도의 관으로 보내, 수세식 화장실·살수 따위의 용도로 다시 사용하는 설비.

중순 中旬 | 가운데 중, 열흘 순 [middle ten days of a month]
한 달의 중간(中間)인 11일부터 20일까지의 열흘[旬] 동안. ¶7월 중순에 여행을 갈 예정이다.

중:시 重視 | 무거울 중, 볼 시 [take a serious view; value much of]
중요(重要)하게 봄[視]. ¶우리 학교는 학생들의 개성을 중시한다. [반] 경시(輕視).

중식 中食 | 가운데 중, 밥 식 [lunch]
하루의 중간(中間) 시간에 먹는 밥[食]. ¶중식으로 김밥을 준비했다. [비] 점심.

중-신기전 中神機箭 | 가운데 중, 귀신 신, 틀 기, 화살 전
❶ [속뜻] 중형(中型)의 신기전(神機箭). ❷

총길이 145cm정도의, 대신기전과 같은 구조로 만든 로켓 다연발 화살무기.

중:심[1] **重心** | 무거울 중, 가운데 심 [center of gravity; balance]
무게[重]의 한 가운데[心] 점. ¶무게 중심 / 중심을 잃고 쓰러지다.

중심[2] **中心** | 가운데 중, 가운데 심 [center; middle]
❶[속뜻]한가운데[中=心]. 한복판. ¶남산은 서울 시내 중심에 자리를 잡고 있다. ❷가장 중요한 역할을 하는 곳. 또는 그러한 위치에 있는 것. ¶농경 중심 사회 / 시민들이 중심이 되어 협회를 만들다.

▶**중심-가 中心街** | 거리 가
시내 따위의 중심(中心)이 되는 거리[街]. ¶그 상점은 시내 중심가에 위치한다.

▶**중심-각 中心角** | 뿔 각
[수학]원의 중심(中心)에서 그은 두 반지름이 만드는 각(角).

▶**중심-부 中心部** | 나눌 부
중심(中心)이 되는 부분(部分). ¶그들은 도시 중심부부터 폭격하기 시작했다.

▶**중심-적 中心的** | 것 적
중심(中心)을 이루는 것[的]. ¶아버지는 모임에서 중심적인 역할을 맡고 계신다.

▶**중심-지 中心地** | 땅 지
어떤 일이나 활동의 중심(中心)이 되는 곳[地]. ¶할리우드는 세계적인 영화 산업의 중심지다.

▶**중심-체 中心體** | 몸 체
어떤 활동이나 행동의 중심(中心)이 되는 몸[體]. 또는 그런 단체. ¶독립 운동의 중심체 역할을 하다.

중:압 重壓 | 무거울 중, 누를 압 [heavy pressure]
❶[속뜻]무겁게[重] 내리누름[壓]. ¶다리가 중압을 이기지 못하고 무너져버렸다. ❷참기 어려운 부담을 주거나 강요하는 것. ¶나는 시험을 잘 봐야 한다는 중압을 받았다 / 무거운 세금에 중압감(重壓感)을 느끼다.

***중앙 中央** | 가운데 중, 가운데 앙 [center]
❶[속뜻]사방의 한가운데[中=央]. ¶중앙 도서관 / 사무실 중앙에 탁자를 놓았다. ❷'수도'(首都)를 이르는 말. ¶감독관이 중앙에서 지방으로 파견됐다. [반] 지방(地方).

▶**중앙-선 中央線** | 줄 선
❶[속뜻]한가운데[中央]를 지나는 선(線). ¶축구를 하기 위해 중앙선을 그리다. ❷[교통]큰길에서, 좌측·우측의 중간에 그어 차선을 구분한 선. ¶차가 중앙선을 넘어가 사고가 날 뻔 했다. ❸[교통]서울특별시 청량리역과 경상북도 경주 사이를 잇는 철도.

▶**중앙-은행 中央銀行** | 돈 은, 가게 행
[경제]한 나라의 통화 제도 및 은행 제도의 중심[中央]이 되는 은행(銀行). 은행권을 발행하고 통화의 공급 및 금융의 조정 따위를 주요 업무로 한다. ¶우리 아버지는 우리나라의 중앙은행인 한국은행을 다녔다.

▶**중앙 정부 中央政府** | 정사 정, 관청 부
[정치]지방 자치제가 실시되고 있는 행정 제도에서, 전국[中央]을 통할하는 최고의 행정(行政) 기관[府].

▶**중앙 집권 中央集權** | 모일 집, 권리 권
[정치]중앙(中央) 정부에 정치상의 권력(權力)이 집중(集中)되어 있는 일. [반] 지방 분권(地方分權).

중:양 重陽 | 거듭 중, 볕 양 [ninth day of the ninth lunar month]
❶[음악]양점(陽點)이 겹친[重] 장구의 '겹채'를 이르는 말. ❷[민속]'중양절'(重陽節)의 준말.

▶**중:양-절 重陽節** | 철 절
[민속]양수(陽數)가 겹친[重] 절기(節氣). 음력 9월 9일이다. ¶중양절에는 국화전을 만들어 먹는 풍습이 있다.

중:언 重言 | 거듭 중, 말씀 언 [respeak; repeatedly say]
거듭[重] 말함[言].

▶ 중ː언-부언 重言復言 | 다시 부, 말씀 언
거듭[重] 말하고[言] 또 다시[復] 말함
[言]. 같은 말을 반복함. ¶그는 술에 취했
는지 한참을 중언부언했다.

중ː역 重役 | 무거울 중, 부릴 역
[director; executive]
❶ 속뜻 책임이 무거운[重] 역할(役割). ❷
은행이나 회사 따위에서 중요한 소임을
맡은 임원. ¶그는 이제 회사의 중역이 됐
다.

중엽 中葉 | 가운데 중, 세대 엽
[middle part of a period]
한 시대나 세기를 세 시기로 구분할 때,
그 중간(中間) 무렵[葉]. ¶신라 시대 중
엽.

중오 重午 | 겹칠 중, 낮 오
❶ 속뜻 '5'[午]가 겹치는[重] 날. ❷단오
(端午). 5월 5일.

****중ː요 重要** | 무거울 중, 요할 요
[important; significant]
귀중(貴重)하고 요긴(要緊)함. ¶중요 인
물을 중심으로 찾아보다 / 언어는 꾸준히
공부하는 것이 중요하다.

▶ 중ː요-성 重要性 | 성질 성
사물의 중요(重要)한 요소나 성질(性質).
¶교육은 그 중요성에 비해 투자가 적다.

▶ 중ː요-시 重要視 | 볼 시
중요(重要)하게 여김[視]. ¶나는 무엇보
다도 우정을 중요시한다.

중용¹ 中庸 | 가운데 중, 보통 용
[moderation]
❶ 속뜻 중간(中間) 또는 보통[庸] 정도. ❷
어느 쪽으로 치우침이 없고 알맞음. ¶그
는 언제나 중용을 지킨다.

중ː용² 重用 | 무거울 중, 쓸 용
[give an important position]
중요(重要)한 자리에 임명하여 부림[用].
소중히 씀. ¶고려 초기에는 문관들을 중
용했다.

중원 고구려비 中原高句麗碑 | 가운데
중, 벌판 원, 높을 고, 글귀 구, 고울 려,
비석 비
고적 고구려 장수왕이 남진(南進)하여 세
운 비석(碑石). 고구려(高句麗)를 천하의
중심(中原)으로 보아 이름 붙였다. 충청
북도 충주시 가금면에 있으며, 국보 제205
호이다.

중위 中尉 | 가운데 중, 벼슬 위
[first lieutenant]
군사 위관(尉官)의 가운데[中] 계급. 소위
의 위, 대위의 아래 계급.

중ː유 重油 | 무거울 중, 기름 유
[heavy oil]
❶ 속뜻 비중이 커서 무거운[重] 기름[油].
❷ 공업 석유류를 정제하여 휘발유, 경유, 등
유 등을 짜낸 후 남은 기름.

중이 中耳 | 가운데 중, 귀 이
[middle ear]
의학 외이(外耳)와 내이(內耳)의 중간(中
間) 쯤에 고막이 있는 부분의 귀[耳].

▶ 중이-염 中耳炎 | 염증 염
의학 병원균의 감염으로 중이(中耳)에 생
기는 염증(炎症). ¶중이염을 방치하면 청
력을 잃을 수 있다.

중인 中人 | 가운데 중, 사람 인
역사 조선 시대, 양반과 평민의 중간(中間)
계급에 있는 사람[人]을 이르던 말.

중일 전ː쟁 中日戰爭 | 가운데 중, 일본
일, 싸울 전, 다툴 쟁
역사 1937년 중국(中國)과 일본(日本) 사
이에 벌어진 전쟁(戰爭). 일본이 중국 본
토를 정복하려고 일으켰는데 1945년에 일
본이 연합국에 무조건 항복하며 끝이 났
다.

중장¹ 中章 | 가운데 중, 글 장
[middle verses]
문학 세 개의 장으로 나누어진 악곡이나
시조의 가운데[中] 장(章).

중장² 中將 | 가운데 중, 장수 장
[lieutenant general]
군사 국군 장성(將星) 계급으로 소장(少
將)과 대장(大將)의 중간(中間)에 위치한

계급.

중-장기 中長期 | 가운데 중, 길 장, 때 기
중간(中間) 정도로 오랜[長] 기간(期間).
¶중장기 경제 개발 계획.

중:-장비 重裝備 | 무거울 중, 꾸밀 장, 갖출 비
토목이나 건설 공사 등에 쓰이는 무거운[重] 장비(裝備)를 일컬음. ¶터널 공사를 위해 중장비가 동원되었다.

중재 仲裁 | 가운데 중, 마를 재
[arbitrate; mediate]
분쟁이나 싸움의 가운데[仲] 끼어들어 제재(制裁)함. 서로 다투는 사이에 들어 화해시킴. ¶그의 중재로 문제는 해결됐다.

중전 中殿 | 가운데 중, 대궐 전 [Queen]
❶속뜻 중궁(中宮=왕비)이 거처하는 대궐[殿]. ❷왕후를 높여 이르는 말.

중절-모 中折帽 | 가운데 중, 꺾을 절, 모자 모 [felt hat]
꼭대기의 가운데[中]가 꺾이고[折] 챙이 둥글게 달린 모자(帽子). '중절모자'(中折帽子)의 준말. ¶중절모를 쓴 노년의 신사.

중:점 重點 | 무거울 중, 점 점
[emphasis; priority]
가장 중요(重要)한 점(點). 중요하게 여겨야 할 점. ¶이 책은 학생들의 이해를 돕는 데 중점을 두었다.

▶ **중:점-적 重點的** | 것 적
어떤 것에 중점(重點)을 두어 집중하는 것[的]. ¶도로 안전 문제를 중점적으로 조사하다.

중졸 中卒 | 가운데 중, 마칠 졸
[graduation from junior high school]
중학교(中學校)를 마침[卒]. '중학교졸업'(中學校卒業)의 준말. ¶그의 학력은 중졸이었지만 모르는 것이 없었다.

중:죄 重罪 | 무거울 중, 허물 죄 [serious crime]
무거운[重] 죄(罪). 큰 죄. ¶예전에 불효(不孝)는 중죄로 다스려 무거운 형벌을 내렸다.

중:주 重奏 | 겹칠 중, 연주할 주 [duet]
음악 각 악기가 각각 다른 성부를 맡아 함께 겹쳐서[重] 연주(演奏)하는 합주의 한 형식 또는 그 연주.

중:증 重症 | 무거울 중, 증세 증
[severe case; serious illness]
몹시 위중(危重)한 병의 증세(症勢). ¶중증 장애인 / 병이 워낙 중증이라 치료가 거의 불가능하다.

중지¹ 中止 | 가운데 중, 그칠 지
[stop; suspend; discontinue]
하던 일을 중도(中途)에서 그만둠[止]. ¶엘리베이터 작동을 잠시 중지시켰다. ⓑ중단(中斷). ⓟ계속(繼續), 지속(持續).

중지² 中指 | 가운데 중, 손가락 지 [middle finger]
가운데[中] 손가락[指]. ¶그는 사고로 중지 한 마디가 잘렸다. ⓑ장지(長指).

중:지³ 衆智 | 무리 중, 슬기 지
[wisdom of many people]
여러 사람[衆]의 의견이나 슬기[智]. ¶문제를 해결하려면 중지를 모아야 한다.

중진-국 中進國 | 가운데 중, 나아갈 진, 나라 국 [developed country]
❶속뜻 진보(進步)한 정도가 중간(中間)쯤 되는 나라[國]. ❷국민 소득이나 사회 보장 제도, 경제 발전 따위의 면에서 선진국(先進國)과 후진국(後進國)의 중간에 속하는 나라. ¶중진국에서 벗어나 선진국에 바짝 다가서다.

중:창 重唱 | 겹칠 중, 부를 창
[part song; vocal ensemble]
음악 각 성부(聲部)를 한 사람이 하나씩 맡아 동시에[重] 노래함[唱]. 또는 그 노래.

중:책 重責 | 무거울 중, 꾸짖을 책
[heavy responsibility]
중대(重大)한 책임(責任). ¶그는 이번에 외국 손님을 접대하는 중책을 맡았다.

중천 中天 | 가운데 중, 하늘 천
[midheaven; zenith]

한가운데[中] 하늘[天]. 하늘 한복판. ¶해가 중천에 떴는데 아직도 자고 있느냐.

중추[1] **中樞** | 가운데 중, 지도리 추 [center; nucleus; backbone]
❶속뜻 중심(中心)이 되는 중요한 지도리[樞] 장치. ❷사물의 중심이 되는 중요한 부분. ¶그들이 학생회의 중추 역할을 한다. ❸의학 '중추 신경'(神經)의 준말.

▶ 중추 신경 中樞神經 | 정신 신, 날실 경
의학 신경 기관 가운데, 가장 중심이 되는 역할[中樞]을 하는 신경(神經). 신경 섬유를 통하여 들어오는 자극을 받고 통제하며 다시 근육, 분비선 따위에 자극을 전달한다. ⓒ 중추.

중추[2] **仲秋** | 가운데 중, 가을 추 [eight lunar month]
❶속뜻 가을[秋]의 한 가운데[仲]. ❷음력 팔월을 달리 이르는 말.

▶ 중추-절 仲秋節 | 철 절
❶속뜻 음력 8월 보름[仲秋]에 지내는 명절(名節). ❷'추석'(秋夕), '한가위'를 이르는 말. ¶오는 중추절에는 밝은 보름달을 볼 수 있을 것이다.

중:탕 重湯 | 거듭 중, 끓을 탕 [warm up in a double boiler]
❶속뜻 거듭[重]하여 끓임[湯]. ❷끓는 물 속에 음식 담은 그릇을 넣어 익히거나 데움. ¶한약을 중탕해서 마시다.

중:태 重態 | 무거울 중, 모양 태 [serious condition]
병이 위중(危重)한 상태(狀態). ¶교통사고로 중태에 빠지다.

중퇴 中退 | 가운데 중, 물러날 퇴 [drop out of school; leave school halfway]
❶속뜻 중도(中途)에서 물러남[退]. 도중에 그만둠. ❷교육 학생이 과정을 다 마치지 못하고 중도에서 학교를 그만둠. '중도퇴학(中途退學)'을 줄여 이르는 말. ¶집안 사정으로 대학을 중퇴하다.

중편 中篇 | 가운데 중, 책 편 [medium volume]
❶속뜻 셋으로 나눈 책이나 글의 가운데[中]편(篇). ¶어제까지 상편을 읽고 오늘부터 중편을 읽는다. ❷문학 '중편소설'(小說)의 준말.

중풍 中風 | 맞을 중, 바람 풍 [paralysis]
❶속뜻 바람[風]을 맞음[中]. ❷한의 몸의 전부, 혹은 일부가 마비되는 병. ¶중풍에 걸려 오른쪽 반신을 못 쓰다. ⓗ 뇌졸중.

중학 中學 | 가운데 중, 배울 학
교육 '중학교'(中學校)'의 준말.

중-학교 中學校 | 가운데 중, 배울 학, 가르칠 교 [middle school]
교육 중등(中等) 교육을 실시하는 학교(學校). ⓒ 중학.

중-학생 中學生 | 가운데 중, 배울 학, 사람 생 [middle school student]
중학교(中學校)에 재학하는 학생(學生).

중형[1] **中型** | 가운데 중, 모형 형 [medium size]
중간(中間)쯤 되는 크기의 모형(模型). ¶중형 버스

중:형[2] **重刑** | 무거울 중, 형벌 형 [heavy penalty; severe punishment]
크고 무거운[重] 형벌(刑罰). ¶징역 20년의 중형을 선고받다.

중화 中和 | 가운데 중, 어울릴 화 [neutralize]
❶속뜻 서로 다른 성질의 물질이 중간(中間)에서 어우러져[和] 서로의 특징이나 작용을 잃음. ¶두 민족은 한데 어울려 살면서 중화되었다. ❷화학 산과 염기가 반응하여 서로의 성질을 잃음. 또는 그 반응. ¶암모니아수로 독성을 중화시키다.

▶ 중화-제 中和劑 | 약제 제
화학 중화(中和) 반응에 쓰는 약제(藥劑). 또는 중화시키는 약제. ¶중화제를 묻혀 소독하다.

중:-화상 重火傷 | 무거울 중, 불 화, 다칠 상 [serious burn]
심하게[重] 입은 화상(火傷). ¶공장에 불이 나 다섯 명의 직원이 중화상을 입었다.

중-화학 重化學 | 무거울 중, 될 화, 배울 학 [heavy chemical]
중공업(重工業)과 화학(化學) 공업(工業). ¶중화학 공업단지.
▸중:화학 공업 重化學工業 | 장인 공, 일 업
[준말] 중공업(重工業)과 화학(化學) 공업(工業)을 아울러 이르는 말.

중:환 重患 | 무거울 중, 병 환 [serious illness]
위중(危重)한 질환(疾患). [반] 경환(輕患).

중:-환자 重患者 | 무거울 중, 병 환, 사람 자 [critical patient]
중환(重患)에 걸린 사람[者]. ¶이곳은 중환자가 입원해 있다. [반] 경환자(輕患者).

중후 重厚 | 무거울 중, 두터울 후 [be grave and generous]
❶[속뜻] 태도 따위가 무게가 있고[重] 부피가 있다[厚]. ¶그 신사는 중후한 멋을 풍긴다. ❷작품이나 분위기가 엄숙하고 무게가 있다. ¶집의 실내는 중후한 느낌의 가구들로 꾸며져 있다.

중흥 中興 | 가운데 중, 일어날 흥 [revive; restore]
집안이나 나라 따위가 쇠퇴하던 것이 중간(中間)에서 다시 일어남[興]. ¶민족 중흥의 주역 / 쇠퇴한 불교를 중흥시키다.

즉 即 | 곧 즉 [that is; in other words; namely]
다른 것이 아니라 곧. 다시 말하면. ¶이것이 즉 내가 원하던 것이다 / 이 영화는 연령 제한이 없다. 즉, 모든 사람들이 볼 수 있다는 것이다.

즉각 即刻 | 곧 즉, 시각 각 [immediately; instantly; at once]
곧[即] 그 시각(時刻)에. ¶이 약은 즉각 효과가 나타난다.

즉사 即死 | 곧 즉, 죽을 사 [be killed instantly]
즉시(即時) 죽음[死]. ¶토끼가 총알을 맞고 즉사했다.

즉석 即席 | 곧 즉, 자리 석 [on the spot]
일이 진행되는 바로 그[即] 자리[席]. ¶즉석 복권 / 즉석에서 노래를 부르다.

즉시 即時 | 곧 즉, 때 시 [immediately; instantly; at once]
바로 그[即] 때[時]. 곧바로. ¶무슨 일이 생기면 즉시 의사를 부르세요.

즉위 即位 | 나아갈 즉, 자리 위 [come to throne]
임금의 자리[位]에 나아가[即] 오름. ¶선왕이 돌아가시고 세자가 즉위했다. [비] 등극(登極). [반] 퇴위(退位).

즉효 即效 | 곧 즉, 효과 효 [immediate effect]
즉시(即時) 나타나는 효과(效果). ¶감기에는 이 약이 즉효다.

즉흥 即興 | 곧 즉, 흥겨울 흥 [impromptu amusement]
즉석(即席)에서 일어나는 흥취(興趣). ¶즉흥으로 피아노를 연주하다.
▸즉흥-적 即興的 | 것 적
❶[속뜻] 그때그때의 느낌을[即興] 표현하는 것[的]. ❷깊이 생각하지 않고 생각나는 대로 무슨 일을 하는 것. ¶그녀는 즉흥적으로 연설을 했다.

즐비 櫛比 | 빗 즐, 가지런할 비 [stand closely together]
빗살[櫛]처럼 가지런하게[比] 늘어서 있다. ¶거리에는 옷가게가 즐비하다.

즙 汁 | 즙 즙 [juice]
물체에서 배어 나오거나 짜낸 액체. ¶레몬즙을 짜서 마시다.

증가[1] 增價 | 더할 증, 값 가 [increase; raise]
❶[속뜻] 값어치[價]가 더해짐[增]. ❷값을 올림. [반] 감가(減價).

*__증가__[2] 增加 | 더할 증, 더할 가 [increase]
수나 양을 더하고[增] 또 더함[加]. 많아짐. ¶인구 증가 / 도서관의 책이 매년 증가하고 있다. [반] 감소(減少).
▸증가-율 增加率 | 비율 률

늘어나는[增加] 비율(比率). ¶인구 증가율. [반]감소율(減少率).

증감 增減 | 더할 증, 덜 감
[increase and decrease]
늘림[增]과 줄임[減]. ¶인구의 증감이 별로 없다 / 하천의 물은 조수의 간만에 따라 증감한다.

증강 增強 | 더할 증, 강할 강
[reinforce; strengthen]
수나 양을 늘려[增] 더 강(強)하게 함. ¶군사력 증강에 힘쓰다.

증거 證據 | 증명할 증, 근거할 거
[evidence; proof]
어떤 사실을 증명(證明)할 수 있는 근거(根據). ¶그가 돈을 훔쳤다는 증거는 없다.

▸ 증거-물 證據物 | 만물 물
어떤 사실의 증거(證據)가 되는 물품(物品). ¶이 물건은 법정에서 증거물로 쓰일 수 있다. [비]증거품(證據品).

증권 證券 | 증거 증, 문서 권
[stock; securities]
❶[속뜻]증거(證據)가 되는 문서[券]. ❷[경제]주식, 공채, 사채 등의 유가 증권. ¶증권에 투자하다.

▸ 증권 시:장 證券市場 | 저자 시, 마당 장
[경제]증권(證券)을 사고파는 시장(市場). ¶오늘은 특히 증권시장에서의 매매가 활발했다.

증기 蒸氣 | 찔 증, 기운 기
[steam; vapor]
[물리]액체나 고체가 증발(蒸發) 또는 승화하여 생긴 기체(氣體). '수증기'(水蒸氣)의 준말. ¶물이 끓자 주전자에서 증기가 뿜어져 나온다.

▸ 증기 기관 蒸氣機關 | 틀 기, 빗장 관
[기계]수증기(水蒸氣)의 압력을 이용하여 피스톤의 왕복 운동을 일으켜 동력을 얻는 열기관(熱機關). [비]기관(汽罐).

증대 增大 | 더할 증, 큰 대
[enlarge; increase]
수량이나 정도 따위가 늘어서[增] 커짐[大]. 늘려서 크게 함. ¶수출 증대를 목표로 하다 / 생산성을 증대시키다.

증류 蒸溜 | 찔 증, 물방울 류 [distill]
[화학]액체를 가열하여 생긴 증기(蒸氣)로 식혀서 다시 액체로 만드는[溜] 일. ¶바닷물을 증류하여 민물로 만들다.

▸ 증류-수 蒸溜水 | 물 수
[화학]천연수를 증류(蒸溜)하여 정제한, 거의 순수한 물[水]. ¶증류수에는 전기가 통하지 않는다.

증명 證明 | 증거 증, 밝을 명
[prove; identify; certificate]
증거(證據)를 찾아내어 밝힘[明]. 어떤 사실이나 결론이 참인지 아닌지를 밝히는 일. ¶증명 사진 / 무죄를 증명하다.

▸ 증명-서 證明書 | 글 서
어떤 사실을 증명(證明)하는 글[書]. 또는 그 문서. ¶그 증명서는 이제 통하지 않는다.

증발 蒸發 | 찔 증, 일어날 발
[evaporate; disappear into thin air]
❶[물리]액체에 열을 가해 증기(蒸氣)가 일어남[發]. 또는 그러한 현상. ¶바다의 물은 햇빛에 금방 증발했다. ❷'사람이나 물건이 갑자기 사라져 행방불명이 됨'을 속되게 이름. ¶그 사건이 일어나자 사나이는 증발해버렸다.

증빙 證憑 | 증거 증, 기댈 빙
[proof; witness]
증거(證據)로 삼음[憑]. ¶증빙 서류를 함께 제출하세요.

증산 增産 | 더할 증, 낳을 산
[increase production]
계획이나 기준보다 생산량(生産量)이 늚[增]. ¶식량증산 / 올해는 농작물이 증산되었다. [반]감산(減産).

***증상 症狀** | 증세 증, 형상 상 [symptoms]
병을 앓을 때의 증세(症勢)나 상태(狀態). ¶다음과 같은 증상이 보이면 감기를 의심해야 한다. [비]증세(症勢).

증서 證書 | 증명할 증, 글 서 [bond; certificate]
[법률] 어떤 사실을 증명(證明)하는 문서(文書). 증거가 되는 서류. ¶증서를 작성하면 계약이 완료됩니다.

증설 增設 | 더할 증, 세울 설 [establish more; install more]
늘려[增] 설치(設置)함. ¶두 개의 학급을 더 증설하다.

증세 症勢 | 증상 증, 형세 세 [symptoms]
병이나 상처 때문에 나타나는 여러 가지 증상(症狀)이나 형세(形勢). ¶증세가 조금 호전됐다. [비] 증상(症狀).

증손 曾孫 | 거듭 증, 손자 손 [great-grandchild]
❶ [속뜻] 대가 거듭된[曾] 손자(孫子). ❷손자의 아들. '증손자'의 준말.

증-손녀 曾孫女 | 거듭 증, 손자 손, 딸 녀 [great-granddaughter]
❶ [속뜻] 거듭된[曾] 손녀(孫女). ❷아들의 손녀.

증-손자 曾孫子 | 거듭 증, 손자 손, 아이 자 [great-grandson]
❶ [속뜻] 거듭된[曾] 손자(孫子). ❷아들의 손자. 또는 손자의 아들.

증시 證市 | 증거 증, 저자 시 [stock market]
[경제] 증권(證券)을 사고파는 시장(市場). '증권시장'의 준말. ¶미국 증시가 강세로 돌아섰다.

증식 增殖 | 더할 증, 불릴 식 [multiply; increase]
❶ [속뜻] 더해져[增] 불어남[殖]. ❷늘어서 많아짐. 또는 늘려서 많게 함. ¶암세포의 증식 / 저금해둔 돈이 증식해서 큰돈이 되었다.

증언 證言 | 증거 증, 말씀 언 [testify; attest]
[법률] 증인(證人)으로서 사실을 말함[言]. 또는 그런 말. ¶목격자의 증언을 듣다 / 범인은 붉은 셔츠를 입었다고 증언했다.

증오 憎惡 | 미워할 증, 미워할 오 [hate]
몹시 미워함[憎=惡]. ¶전쟁을 증오하지 않을 사람이 있을까. [반] 애정(愛情).

▸ **증오-심** 憎惡心 | 마음 심
몹시 미워하는[憎惡] 마음[心]. ¶그의 눈은 증오심과 분노로 불타올랐다.

증원 增員 | 더할 증, 인원 원 [increase the personnel]
인원(人員)을 늘림[增]. ¶재해지역에 봉사 인력을 증원했다. [반] 감원(減員).

증인 證人 | 증거 증, 사람 인 [witness]
어떤 사실을 증명(證明)하는 사람[人]. ¶그는 이 사건의 산 증인이다. [비] 증거인(證據人).

▸ **증인-석** 證人席 | 자리 석
법정 따위에서 증인(證人)이 앉도록 마련된 자리[席]. ¶증인은 증인석에 앉아 주세요.

증정 贈呈 | 보낼 증, 드릴 정 [present]
남에게 선물이나 기념품 따위를 보내[贈] 드림[呈]. ¶사은품으로 시계를 증정하다.

증조 曾祖 | 거듭 증, 할아버지 조 [great grandfather]
❶ [속뜻] 대가 거듭된[曾] 할아버지[祖]. ❷조부(祖父)의 아버지. '증조부'의 준말.

▸ **증-조부모** 曾祖父母 | 아버지 부, 어머니 모
증조부(曾祖父)와 증조모(曾祖母)를 아울러 이르는 말.

증-조모 曾祖母 | 거듭 증, 조상 조, 어머니 모 [great-grandmother]
증조(曾祖) 할머니[祖母]. ¶증조모님 제사를 지내다. [비] 증조할머니.

증-조부 曾祖父 | 거듭 증, 조상 조, 아버지 부 [great-grandfather]
증조(曾祖) 할아버지[祖父]. 아버지의 할아버지. [비] 증조할아버지.

*__증진__ 增進 | 더할 증, 나아갈 진 [increase; promote; advance]
점점 더하여[增] 나아감[進]. ¶운동을 하니 식욕이 증진되었다. [반] 감퇴(減退).

증축 增築 | 더할 증, 지을 축
[extend a building]
지금 있는 건물에 더 늘려서[增] 지음[築]. ¶학생들이 늘어남에 따라 도서관을 증축할 필요가 있다.

증편 增便 | 더할 증, 쪽 편 [increase the number of transportation]
교통편(交通便)의 횟수를 늘림[增]. ¶여름철에는 여객기 운항을 증편한다. [반] 감편(減便).

증폭 增幅 | 더할 증, 너비 폭 [amplify]
❶[속뜻] 너비[幅]를 늘림[增]. ❷[물리] 빛이나 음향·전기 신호 따위의 진폭(震幅)을 늘림. ¶확성기를 대면 목소리가 증폭된다. ❸생각이나 일의 범위가 아주 넓어져서 커지는 것. ¶그의 말은 거짓으로 드러나 의혹이 증폭되고 있다.

증표 證票 | 증거 증, 쪽지 표
[token; memento]
증거(證據)로 주는 표(票). 증거가 될 만한 표. ¶돈을 받았다는 증표로 영수증을 주었다.

증후 症候 | 증세 증, 조짐 후 [symptoms; sign]
병으로 앓는 여러 가지 증세(症勢)와 조짐[候]. ¶간에서 이상 증후를 발견했다.

▸ 증후-군 症候群 | 무리 군
[의학] 몇 가지 증후(症候)가 늘 함께 나타나지만, 그 원인이 명확하지 않거나 단일하지 않은 병적인 증상들[群]을 통틀어 이르는 말. ¶다운 증후군.

지각[1] 地殼 | 땅 지, 껍질 각
[earth's crust]
❶[속뜻] 땅[地]의 껍질[殼]. ❷[지리] 지구의 표층을 이루고 있는 단단한 부분. ¶지각 변동.

지각[2] 知覺 | 알 지, 깨달을 각
[be aware of; perceive; sense]
❶[속뜻] 알게 되고[知] 깨닫게[覺] 됨. ❷감각 기관을 통하여 외부의 사물을 인식하는 작용. ¶공간 지각 능력 / 컴컴해서 방향을 지각할 수 없다. ❸사물의 이치를 분별하는 능력. ¶몇 년이 지나서야 지각이 들었다 / 일부 지각없는 사람들 때문에 피해를 본다.

지각[3] 遲刻 | 늦을 지, 시각 각 [late]
정해진 시각(時刻)보다 늦음[遲]. ¶늦잠을 자서 학교에 지각했다.

▸ 지각-생 遲刻生 | 사람 생
지각(遲刻)을 한 학생(學生). ¶지각생에게 벌을 주었다.

지갑 紙匣 | 종이 지, 상자 갑
[wallet; purse]
❶[속뜻] 종이[紙]로 만든 갑[匣]. ❷가죽이나 헝겊 따위로 자그마하게 만든 주머니와 같은 물건. ¶지갑에서 돈을 꺼내다 / 지갑이 가볍다.

지경 地境 | 땅 지, 지경 경
[border; situation; condition]
❶[속뜻] 땅[地]의 경계(境界). ❷어떤 처지나 형편. ¶너무 억울해 눈물이 날 지경이다.

⁑**지구[1] 地區** | 땅 지, 나눌 구
[area; district; zone]
지역(地域)을 일정하게 나눈 구역(區域). ¶이 도시 북부는 상업 지구로 지정되었다.

⁑**지구[2] 地球** | 땅 지, 공 구 [earth]
❶[속뜻] 땅[地]으로 이루어진 크나큰 공[球]. ❷[천문] 태양에서 세 번째로 가까우며, 인류가 사는 행성. ¶지구는 둥글다.

▸ 지구-상 地球上 | 위 상
지구(地球)의 위[上]. ¶지구상에 그런 동물은 없다.

▸ 지구-의 地球儀 | 모형 의
지구(地球)를 본떠 만든 작은 모형[儀]. [비] 지구본.

▸ 지구-촌 地球村 | 마을 촌
지구(地球)를 하나의 마을[村]로 비유하여 이르는 말. ¶인터넷은 전 세계를 지구촌으로 연결해 놓았다.

*****지구[3] 持久** | 잡을 지, 오랠 구

[sustain; endure; persist]
❶[속뜻] 오래도록[久] 잘 잡아[持] 둠. ❷ 오래도록 유지(維持)함.

▸ 지구-력 持久力 | 힘 력
오래 버티어 내는[持久] 힘[力]. 오래 끄는 힘. ¶마라톤을 하면 지구력을 기를 수 있다. [비] 끈기, 인내력(忍耐力).

지국 支局 | 가를 지, 관청 국
[branch office]
본사나 본국에서 갈라져[支] 나가 각 지방에 설치되어 그 지역의 업무를 맡아보는 곳[局]. ¶신문사 지국.

지극 至極 | 이를 지, 다할 극
[be extreme]
어떠한 정도나 상태 따위가 극도(極度)에 이르다[至]. ¶그는 어머니에 대한 효성이 지극하다 / 이것은 지극히 중요한 문제다.

⁑**지금 只今** | 다만 지, 이제 금
[now; present time]
❶[속뜻] 단지[只] 바로 이 시간[今]. ¶예나 지금이나 달라진 것이 없다. ❷말하고 있는 바로 이때. ¶지금부터 한 시간만 공부하자. [비] 현재(現在).

지급 支給 | 가를 지, 줄 급
[give; provide; pay]
갈라서[支] 내어줌[給]. ¶장학금을 지급하다.

지기 知己 | 알 지, 자기 기
[appreciative friend]
자기(自己)를 알아주는[知] 벗. '지기지우'(知己之友)의 준말. ¶그에게는 막역한 지기들이 많다.

지남 指南 | 가리킬 지, 남녘 남
남(南)쪽을 가리킴[指]. ¶지남철(指南鐵).

▸ 지남-침 指南針 | 바늘 침
남쪽을 가리키는[指南] 바늘(針). 자장의 방향을 재기 위하여, 수평으로 자유로이 회전할 수 있도록 한 소형의 영구 자석.

지능 知能 | 알 지, 능할 능 [intelligence]
지식을 쌓거나 사물을 바르게 판단하거나 하는 지적(知的)인 능력(能力). ¶지능이 높다고 공부를 잘하는 것은 아니다.

▸ 지능 검:사 知能檢査 | 봉함 검, 살필 사
[심리] 개인의 선천적인 지능(知能) 수준이나 지능적 발달 정도를 판단하는 검사(檢査).

▸ 지능 지수 知能指數 | 가리킬 지, 셀 수
[교육] 지능(知能)의 발달 정도를 나타내는[指] 수(數). [비] 아이큐(IQ).

지당 至當 | 지극할 지, 마땅 당
[be quite right]
지극(至極)히 당연(當然)하다. 이치에 꼭 맞다. ¶참으로 지당한 말씀입니다.

지대[1] 至大 | 지극할 지, 큰 대
[great; immense; profound]
지극(至極)히 크다[大]. ¶이번 월드컵의 경제적 효과는 지대하다. [반] 지소(至小).

⁑**지대[2] 地帶** | 땅 지, 띠 대 [area; belt]
❶[속뜻] 한정된 지역(地域)의 일대(一帶). ¶높은 지대로 이동하세요. ❷자연적 또는 인위적으로 한정된 일정한 구역. ¶공장 지대에서는 많은 소음과 매연이 발생했다.

⁑**지도[1] 地圖** | 땅 지, 그림 도 [map]
[지리] 지구(地球) 표면의 일부나 전부를 일정한 축척(縮尺)에 따라 평면 위에 나타낸 그림[圖]. ¶지도를 보고 친척집을 찾아가다.

⁑**지도[2] 指導** | 가리킬 지, 이끌 도
[guide; tutor; instruct]
어떤 목적이나 방향으로 남을 가리켜주고[指] 이끌어[導] 줌. ¶선배의 지도를 받다 / 선수들을 지도하며 시합을 준비하다.

▸ 지도-력 指導力 | 힘 력
남을 가르쳐 이끌 수 있는[指導] 능력(能力). ¶지도력을 발휘하여 사람들을 이끌다.

▸ 지도-자 指導者 | 사람 자
남을 가르쳐 이끄는[指導] 사람[者]. ¶그는 실력 있고 모범적이어서 지도자로 알맞다.

지독 至毒 | 지극할 지, 독할 독
[vicious; severe]
지극(至極)히 독하다[毒]. 매우 심하거나 모질다. ¶지독한 냄새 / 이곳의 겨울은 지독하게 춥다.

지동 地動 | 땅 지, 움직일 동
[terrestrial movement]
[천문] 지구(地球)가 돌아 움직이는[動] 일, 곧 '지구의 자전'과 '공전'을 이르는 말.

▸ 지동-설 地動說 | 말씀 설
[천문] 태양은 우주의 중심에 정지해 있고, 지구는 그 둘레를 자전하면서 공전하고 있다[地動]는 학설(學說). [반] 천동설(天動說).

지력[1] 地力 | 땅 지, 힘 력
[fertility of soil]
땅[地]의 힘[力]. 토지의 생산력. ¶퇴비를 주어 지력을 북돋다.

지력[2] 智力 | 슬기 지, 힘 력
[intellectual power; mentality]
슬기[智]의 힘[力]. ¶뛰어난 지력을 발휘하다.

지령 指令 | 가리킬 지, 명령 령
[order; notify]
활동 방침에 관한 지시(指示)와 명령(命令). ¶지령을 내리다 / 즉각 후퇴하라고 지령하다.

지뢰 地雷 | 땅 지, 천둥 뢰 [land mine]
❶[속뜻] 땅[地] 속에서 천둥[雷]같이 큰 소리를 내며 터짐. ❷[군사] 땅에 묻어 사람이나 전차 등이 밟거나 그 위를 지나면 터지도록 장치한 폭약. ¶이곳의 야생동물들은 지뢰를 밟고 숨지기도 한다.

지류 支流 | 가를 지, 흐를 류
[tributary; branch stream]
원줄기에서 갈라져[支] 나간 물줄기[流]. 원줄기로 흘러 들어가는 물줄기. ¶양재천은 한강의 지류이다.

지리 地理 | 땅 지, 이치 리
[geographical features]
❶[속뜻] 땅[地]이 형성된 이치[理]. ❷땅 위에 있는 길 따위의 모양. ¶나는 이곳의 지리에 밝다.

▸ 지리-적 地理的 | 것 적
지리(地理)에 관한 것[的]. 지리상의 문제에 관계되는 것. ¶한국과 일본은 지리적으로 가깝다.

▸ 지리-지 地理誌 | 기록할 지
[지리] 특정 지역의 지리(地理)에 관하여 서술한[誌] 책. ¶세종실록 지리지 / 팔도 지리지.

지망 志望 | 뜻 지, 바랄 망
[wish; desire; prefer]
뜻[志]하여 바람[望]. ¶나는 한때 외교관을 지망했다.

⁑지면[1] 地面 | 땅 지, 낯 면
[ground; surface of the earth]
땅[地]의 표면(表面). 땅바닥. ¶눈이 와서 지면이 얼어붙었다.

지면[2] 紙面 | 종이 지, 낯 면 [paper]
❶[속뜻] 종이[紙]의 겉면[面]. ¶이 책은 지면이 매끄럽다. ❷신문의 기사가 실린 종이의 면. ¶이 사건을 지면에 싣다.

지명[1] 地名 | 땅 지, 이름 명
[name of a place]
땅[地]의 이름[名]. 지역의 이름. ¶순 우리말로 된 지명.

지명[2] 指名 | 가리킬 지, 이름 명
[nominate; designate]
여러 사람 가운데 누구의 이름[名]을 지정(指定)하여 가리킴. ¶그녀는 국무총리로 지명되었다.

지명[3] 知名 | 알 지, 이름 명
[fame; renown]
널리 알려진[知] 이름[名]. 세상에 이름을 알림.

▸ 지명-도 知名度 | 정도 도
세상에 이름이 널리 알려진[知名] 정도(程度). ¶지명도가 높은 사람.

지목 指目 | 가리킬 지, 눈 목 [point out]
❶[속뜻] 어떤 사람의 눈[目]을 가리킴[指]. ❷여러 사람이나 사물 가운데서 일정한

것에 대하여 어떠하다고 가리키어 정함. ¶사건의 용의자로 지목되다.

지문¹ 地文 | 바탕 지, 글월 문
❶속뜻 주어진 바탕[地] 글[文]. 또는 그 내용. ¶다음 지문을 읽고 물음에 답하시오. ❷문학 희곡에서, 해설과 대사를 뺀 나머지 부분의 글. 인물의 동작, 표정, 심리, 말투 따위를 지시하거나 서술함.

지문² 指紋 | 손가락 지, 무늬 문
[fingerprint]
손가락[指] 끝마디의 안쪽 무늬[紋]. 또는 그것이 어떤 물건에 남긴 흔적. ¶지문을 남기지 않도록 장갑을 끼다.

지물 紙物 | 종이 지, 만물 물
[paper goods]
종이[紙]나 종이에 속하는 물건(物件).

▶ 지물-포 紙物鋪 | 가게 포
종이[紙物]를 파는 가게[鋪]. 비지전(紙廛).

지반 地盤 | 땅 지, 쟁반 반 [base]
❶속뜻 땅[地]이 쟁반[盤]같이 편평한 바닥. ❷땅의 굳은 표면. ¶홍수 때문에 이곳의 지반이 내려앉았다. ❸구조물 따위를 설치하는 데 기초가 되는 땅.

*__지방¹ 脂肪__ | 기름 지, 기름 방 [fat]
❶속뜻 기름[脂=肪]. ❷생물 유지가 상온(常溫)에서 고체를 이룬 것. 생물체의 중요한 에너지 공급원이다.

지방² 紙榜 | 종이 지, 패 방
[ancestral paper tablet]
민속 종이[紙] 조각에 지방문을 써 놓은 신주 패[榜].

*__지방³ 地方__ | 땅 지, 모 방
[region; countryside]
❶속뜻 땅[地]의 어느 한 부분[方]. 어느 한 방면의 땅. ¶낯선 지방으로 여행하다. ❷한 나라의 수도(首都)나 대도시 외의 고장. ¶지방으로 내려가다. 반중앙(中央).

▶ 지방-관 地方官 | 벼슬 관
❶속뜻 지난 날, 지방(地方)을 다스리던 관리(官吏). 주(州)·부(府)·군(郡)·현(縣)의

으뜸 벼슬을 이르던 말. ❷지방의 행정 사무를 맡아보는 고급 공무원.

▶ 지방-색 地方色 | 빛 색
자연, 인정, 풍속 등에서 풍기는 어떤 지방(地方)의 고유한 특색(特色). ¶이 소설은 사투리가 많아 지방색이 잘 나타나 있다.

▶ 지방-세 地方稅 | 세금 세
법률 지방(地方) 공공 단체가 재정상의 필요에 따라 그 지방의 주민에게 받는 세금(稅金). 반국세(國稅).

▶ 지방 법원 地方法院 | 법 법, 집 원
법률 중앙 법원에 대하여 지방(地方)에 설치된 법원(法院).

▶ 지방 의회 地方議會 | 따질 의, 모일 회
법률 도나 시에 설치된 지방(地方) 공공 단체의 의회(議會).

▶ 지방 자치 地方自治 | 스스로 자, 다스릴 치
법률 지방 주민이 선출한 기관이 지방(地方)의 행정을 자체적(自體的)으로 처리하는[治] 제도.

▶ 지방 문화재 地方文化財 | 글월 문, 될 화, 재물 재
법률 지방(地方) 단체가 지정하여 관리, 보호하는 문화재(文化財). 국유 문화재 이외에 향토 문화의 보존상 필요하다고 인정하여 지정한다. ¶우리 마을에는 지방 문화재가 많이 보존되어 있다.

▶ 지방 자치 단체 地方自治團體 | 스스로 자, 다스릴 치, 모일 단, 몸 체
정치 중앙 정부의 간섭을 직접 받지 않고, 주민의 의사를 바탕으로 하여 한 지방(地方)의 행정을 처리하는[自治] 행정 단체(團體). 시·도·군·구 따위. 줄여서 '지차체'라고도 한다.

▶ 지방 자치 제도 地方自治制度 | 스스로 자, 다스릴 치, 정할 제, 법도 도
법률 지방 자치(地方自治).

*__지배 支配__ | 가를 지, 나눌 배
[control; govern; manage]
❶속뜻 가르고[支] 나눔[配]. ❷자기의 의

사대로 복종하게 하여 다스림. ¶강한 나라의 지배를 받다 / 인간은 자연을 지배할 수 없다.

▶ 지배-인 支配人 | 사람 인
법률 주인을 대신하여 영업에 관한 것을 지배(支配)할 수 있는 대리권을 가진 사람[人]. ¶호텔의 지배인이 나와 정중히 사과했다.

▶ 지배-자 支配者 | 사람 자
남을 지배(支配)하거나 지배적인 위치에 있는 사람[者]. ¶노예들은 지배자의 채찍 밑에서 일해야 했다. 땐 피지배자.

▶ 지배-적 支配的 | 것 적
지배(支配)하는 상태에 있는 것[的]. 우세한 것. ¶지배적 위치에 있는 사람.

지병 持病 | 가질 지, 병 병
[chronic disease]
❶속뜻 계속 갖고[持] 있는 병(病). ❷잘 낫지 않아 늘 앓으면서 고통을 당하는 병. ¶지병으로 두통을 앓다.

지봉-유설 芝峯類說 | 영지버섯 지, 산봉우리 봉, 종류 류, 말할 설
책명 조선 선조 때의 학자 지봉(芝峯) 이수광이 천문·지리·병정·관직 따위에 관해 종류별(種類別)로 나누어 해설(解說)한 책.

지부 支部 | 가를 지, 나눌 부
[branch office]
본부에서 갈라져[支] 나가 일부(一部) 지역의 업무만을 맡아보는 곳. ¶서울에 본부를 두고 각 군에 지부를 설치하다.

지분 持分 | 가질 지, 나눌 분
[stake; share]
공유 재산이나 권리 따위에서, 공유자(共有者) 각자가 가지는[持] 부분(部分). ¶그는 회사 지분의 절반을 갖고 있다.

지불 支拂 | 가를 지, 털어낼 불 [pay]
❶속뜻 갈라서[支] 털어냄[拂]. ❷돈을 주어 값을 치름. ¶임금 지불 / 상점에서 물건 값을 지불하고 나왔다.

지사¹ 支社 | 가를 지, 회사 사
[branch office]
본사에서 갈라져[支] 나가 일정 지역의 업무를 맡아보는 회사(會社). ¶해외지사를 설립하다. 땐 본사(本社).

지사² 志士 | 뜻 지, 선비 사 [patriot]
크고 높은 뜻[志]을 가진 사람[士]. 국가·민족·사회를 위하여 자기 몸을 바쳐 일하려는 포부를 가진 사람. ¶나라의 앞날을 걱정하는 지사.

지사-제 止瀉劑 | 멈출 지, 쏟을 사, 약제 제 [obstruent; paregoric]
설사(泄瀉)를 그치게[止] 하는 약제(藥劑).

지상¹ 地上 | 땅 지, 위 상 [ground]
❶속뜻 땅[地]의 위[上]. ¶지상 10미터 높이의 건물. ❷이 세상. 현세(現世). ¶인생은 이 지상에서 단 한번 뿐이다. 땐 지하(地下).

▶ 지상-군 地上軍 | 군사 군
군사 지상(地上)에서 전투하는 군대(軍隊). 주로 육군을 말한다.

지상² 至上 | 지극할 지, 위 상
[supremacy]
지극(至極)히 높은 위[上]. ¶세계의 평화를 지상 과제로 삼다.

▶ 지상 명:령 至上命令 | 명할 명, 명령 령
철학 가장 높은[至上] 명령(命令). 절대로 복종해야 할 명령.

지서 支署 | 가를 지, 관청 서
[branch office; substation]
본서에서 갈라져[支] 나와 그 지역의 업무를 맡아보는 관청(署). ¶지서에 불려가 조사를 받았다.

지석 誌石 | 기록할 지, 돌 석
[memorial stone]
지문(誌文)을 적는 돌[石]. ¶지석에는 죽은 이의 사망 연월일이 적혀 있었다.

지성¹ 至誠 | 지극할 지, 정성 성 [perfect sincerity]
지극(至極)한 정성(精誠). 또는 그러한 정성. ¶환자를 지성으로 돌보다. 속담 지성

이면 감천.

지성² 知性 | 알 지, 성질 성 [intelligence]
지적(知的) 품성(品性). 사물을 알고 판단하는 능력. ¶양심과 지성을 갖춘 사람.

▶ 지성-인 知性人 | 사람 인
지성(知性)을 갖춘 사람[人]. ¶교육을 받은 지성인이라면 남의 말에 귀를 기울일 줄 알아야 한다.

지소 支所 | 가를 지, 곳 소
[branch office; substation]
본소에서 갈라져[支] 나와 그 지역의 업무를 맡아보는 곳[所]. ¶각 지방에 지소를 설치하다.

지속 持續 | 지킬 지, 이을 속
[continue; maintain]
❶속뜻 오래 지켜[持] 이어[續] 나감. ❷끊임없이 이어짐. ¶지속 가능성 / 어려움 속에서도 학업을 지속하다.

▶ 지속-적 持續的 | 것 적
어떤 상태가 오래 계속되는[持續] 것[的]. ¶지속적인 경제 성장.

지수 指數 | 가리킬 지, 셀 수
[exponent; index number]
❶속뜻 어떤 사실이나 정도 따위를 가리키는[指] 수(數). ¶지능지수 / 종합주가지수. ❷수학 어떤 수나 문자의 오른쪽 위에 덧붙여 써서 거듭제곱을 한 횟수를 나타내는 문자나 숫자. ¶제곱지수.

지시 指示 | 가리킬 지, 보일 시 [direct]
❶속뜻 가리켜[指] 보임[示]. ❷무엇을 하라고 일러서 시킴.

▶ 지시-등 指示燈 | 등불 등
다른 자동차에 신호를 보내도록[指示] 자동차에 달려 있는 등(燈).

▶ 지시-문 指示文 | 글월 문
지시(指示)의 내용을 적은 문건(文件). ¶지시문을 내리다.

▶ 지시-약 指示藥 | 약 약
화학 화학 반응에 있어서 일정한 상태를 보여주는[指示] 데 사용되는 시약(試藥).

*__지식__ 知識 | 알 지, 알 식
[knowledge; knowhow]
어떤 대상에 대하여 배우거나 실천을 통하여 알게 된[知] 명확한 이해나 인식(認識). ¶과학에 대한 지식이 풍부하다.

▶ 지식-인 知識人 | 사람 인
지식(知識)이 많은 사람[人]. ¶당시의 지식인들은 그 정책을 앞장서서 반대하지 못했다.

지신 地神 | 땅 지, 귀신 신
[god of the earth]
땅[地]을 맡아 다스린다는 신령(神靈).

지압 地壓 | 땅 지, 누를 압
[ground pressure; acupressure]
땅[地]속의 물체가 그것의 무게나 외부 힘의 영향으로 내부로 또는 다른 물체를 향하여 누르는[壓] 힘. ¶유물이 지압을 받지 않고 잘 보존되다.

지엄 至嚴 | 지극할 지, 엄할 엄
[be extremely strict]
지극(至極)히 엄(嚴)하다. ¶왕실의 지엄한 법도.

*__지역__ 地域 | 땅 지, 지경 역
[area; region; zone]
일정한 땅[地]의 구역(區域). 또는 그 안의 땅. ¶이 지역에서는 물이 부족하다.

▶ 지역-구 地域區 | 나눌 구
법률 시·군·구 따위 일정한 지역(地域)을 한 단위로 하여 설정한 선거구(選擧區). 빤 전국구(全國區).

▶ 지역 감:정 地域感情 | 느낄 감, 마음 정
특정 지역(地域)의 사람들에게 가지는 좋지 않은 편견이나 감정(感情). ¶선거에서 지역감정을 부추기는 것은 옳지 않다.

지연 遲延 | 늦을 지, 끌 연
[delay; be overdue]
정해진 때보다 늦게[遲] 시간을 끎[延]. ¶약간의 문제가 생겨 열차의 출발이 지연되다.

지열 地熱 | 땅 지, 더울 열
[geothermal heat; road heat]
지리 땅[地] 속에서 나는 열(熱). ¶지열

에너지를 이용한 발전(發電).

지옥 地獄 | 땅 지, 감옥 옥
[hell; inferno]
❶[속뜻] 땅[地] 속에 있는 감옥(監獄). ❷[기독교] 큰 죄를 지은 사람의 혼이 신의 구원을 받지 못하고 악마와 함께 영원히 벌을 받는다는 곳. ¶그렇게 못된 짓을 많이 했으니 지옥에 갈 것이다. ❸'못 견딜 만큼 괴롭고 참담한 형편이나 환경'을 비유하여 이르는 말. ¶입시 지옥 / 거기서 일한 순간부터 지옥이었다. [반] 천국(天國), 천당(天堂).

지원[1] 支院 | 가를 지, 집 원
[detached building]
[법률] 지역별로 따로 갈라져[支] 나온 하부 법원(法院). ¶가정법원 소년부지원. [비] 분원(分院).

지원[2] 支援 | 버틸 지, 도울 원 [support]
버틸[支] 수 있도록 도와줌[援]. ¶아낌없는 지원에 깊이 감사드립니다.

지원[3] 志願 | 뜻 지, 바랄 원
[apply; volunteer]
어떤 일이나 조직에 뜻[志]을 두어 끼기를 바람[願]. ¶지원 입대 / 명문대학에 지원하다.

▸ **지원-병** 志願兵 | 군사 병
[군사] 스스로 입대를 지원(志願)한 병사(兵士). ¶지원병을 모집하다.

▸ **지원-서** 志願書 | 글 서
뜻을 두어 바라는[志願] 바를 적어서 내는 글[書]. 또는 그 문서. ¶입사 지원서에 사진을 붙이다.

▸ **지원-자** 志願者 | 사람 자
어떤 일이나 조직에 뜻을 두어 끼이길 바라는[志願] 사람[者]. ¶지원자가 몰려들다.

지위 地位 | 땅 지, 자리 위
[status; position]
❶[속뜻] 있는 곳[地]의 자리[位]. ❷사회적 신분에 따라 개인이 차지하는 자리나 계급. ¶그는 지위도 있고 돈도 있다 / 그는 낮은 지위에 있지만 매우 능력 있는 사람이다.

지인 知人 | 알 지, 사람 인
[acquaintance; friend]
잘 아는[知] 사람[人]. 친구. ¶부친의 지인 / 지인이 많다.

지-자기 地磁氣 | 땅 지, 자석 자, 기운 기
[terrestrial magnetism]
[물리] 지구(地球)가 가진 자기(磁氣). '지구자기'(地球磁氣)의 준말.

지자제 地自制 | 땅 지, 스스로 자, 정할 제
[local self-governing system]
[법률] '지방 자치 제도'(地方自治制度)의 준말.

지장[1] 支障 | 버틸 지, 막을 장
[trouble; obstacle]
앞에 버티고[支] 가로막고[障] 있어 방해가 됨. ¶공사장에서 나오는 소음이 수업에 지장을 준다. [비] 장애(障礙).

지장[2] 指章 | 손가락 지, 글 장
[thumbprint]
손가락의 지문(指紋)으로 찍는 도장(圖章). ¶도장이 없으면 대신 지장을 찍어도 된다.

지적[1] 知的 | 알 지, 것 적 [intellectual]
지식(知識)이 있는 것[的]. 또는 지식에 관한 것. ¶높은 지적 수준 / 안경을 쓰니 좀 더 지적인 분위기가 난다.

지적[2] 指摘 | 가리킬 지, 딸 적
[point out; indicate]
❶[속뜻] 어떤 사물을 가리켜[指] 꼭 집어냄[摘]. ¶내가 지적한 학생은 일어나서 책을 읽어라. ❷허물 따위를 들추어 가려냄. ¶그 문제에 대한 몇 가지 지적이 나오고 있다 / 선생님은 내 글에 창의성이 없다고 지적하셨다.

***지점**[1] 地點 | 땅 지, 점 점
[point; spot]
땅[地] 위의 일정한 점(點). ¶이곳은 사고가 많이 나는 지점이다.

지점[2] 趾點 | 멈출 지, 점 점

수직선이나 사선(斜線)이 멈추는[趾] 밑점(點).

지점[3]**支店** | 가를 지, 가게 점
[branch shop]
본점에서 갈라져[支] 나온 점포(店鋪). ¶그 은행은 전국에 150개 지점이 있다.

▸ 지점-장 支店長 | 어른 장
지점(支店)의 업무를 총괄하는 우두머리[長]. ¶은행 지점장.

지-점토 紙粘土 | 종이 지, 끈끈할 점, 흙 토
종이[紙]로 만든 찰흙[粘土] 같은 물질. 공작이나 공예에 이용한다. ¶지점토로 만든 인형.

지정 指定 | 가리킬 지, 정할 정
[appoint; designate; assign]
❶[속뜻] 가리키어[指] 확실하게 정(定)함. ❷관공서, 학교, 회사, 개인 등이 어떤 것에 특정한 자격을 줌. ¶문화재로 지정되다 / 그들은 미리 지정된 장소로 떠났다.

▸ 지정-석 指定席 | 자리 석
특정 사람을 위하여 지정(指定)해 놓은 좌석(座席). ¶손님께서는 빈자리 말고 지정석에 앉으세요.

지조 志操 | 뜻 지, 잡을 조
[fidelity; constancy]
원칙과 신념을 굽히지 않고 꿋꿋한 의지(意志)로 끝까지 지킴[操]. ¶지조 높은 선비. [비] 절개(節槪).

지주[1]**支柱** | 버틸 지, 기둥 주
[pillar; support]
❶[속뜻] 어떠한 물건이 쓰러지지 않도록 버티는[支] 기둥[柱]. ¶지진에 지주가 흔들거리기 시작했다. ❷'정신적·사상적으로 의지할 수 있는 근거나 힘'을 비유하여 이르는 말. ¶아저씨는 제 정신적 지주이십니다.

지주[2]**地主** | 땅 지, 주인 주 [landowner]
토지(土地)의 주인(主人). ¶이 마을 지주는 마을 논밭의 절반을 갖고 있다.

지중 地中 | 땅 지, 가운데 중
[in the ground]
땅[地]의 속[中].

▸ 지중-해 地中海 | 바다 해
[지리] 유럽, 아시아, 아프리카 세 대륙[地]에 둘러싸여 그 가운데[中] 있는 바다[海]. 동쪽으로 홍해와 인도양, 서쪽으로 대서양과 통하며, 북쪽에 흑해가 있다. ¶나일 강은 지중해로 흘러든다.

▸ 지중해성 기후 地中海性氣候 | 바다 해, 성질 성, 기후 기, 기후 후
[지리] 지중해(地中海) 지방에 나타나는, 혹은 그런 특성(特性)을 지닌 기후(氣候).

지지 支持 | 버틸 지, 지킬 지 [support]
❶[속뜻] 버틸[支] 수 있도록 지켜줌[持]. ❷어떤 사람이나 단체 따위의 의견에 찬동하여 이를 위하여 힘을 씀. ¶어떤 후보를 지지하십니까?

▸ 지지-율 支持率 | 비율 률
선거 따위에서, 유권자들이 특정 후보를 지지(支持)하는 비율(比率). ¶대통령은 올해 가장 높은 지지율을 기록했다.

▸ 지지-자 支持者 | 사람 자
어떤 일이나 주장에 찬동하여 힘을 쓰는[支持] 사람[者]. ¶선거 유세에서 지지자들의 환호에 답례했다.

지지[3]**遲遲** | 늦을 지, 늦을 지
[very slow]
몹시 더디다[遲+遲].

▸ 지지부진 遲遲不進 | 아닐 부, 나아갈 진
매우 더디어서[遲遲] 일 따위가 잘 진척(進陟)되지 아니함[不]. ¶공사가 지지부진하게 진행되다.

지진 地震 | 땅 지, 떨 진 [earthquake]
[지리] 땅[地]의 떨림[震]. 오랫동안 누적된 변형 에너지가 갑자기 방출되면서 일어난다. ¶지진이 나면 건물 밖으로 즉시 대피하세요.

▸ 지진-계 地震計 | 셀 계
[기계] 지진(地震)의 진동을 자동적으로 세어[計] 기록하는 기계.

▸ 지진-파 地震波 | 물결 파

[지리] 지진(地震)으로 인하여 생기는 탄성파(彈性波). ¶지진파를 감지하다.

지질 地質 | 땅 지, 바탕 질
[nature of the soil]
[지리] 지각(地殼)을 이루는 여러 가지 암석이나 지층(地層)의 성질(性質). ¶이 시기에는 지질에 큰 변동이 있었다.

▸ 지질-학 地質學 | 배울 학
[지리] 지질(地質)을 연구 대상으로 하는 과학(科學).

지참 持參 | 가질 지, 참여할 참
[bring with; carry]
무엇을 가지고서[持] 모임 따위에 참여(參與)함. ¶신분증을 지참해야 입장할 수 있다.

지척 咫尺 | 길이 지, 자 척
[very short distance]
❶[속뜻] 길이가 8치[咫]나 1자[尺] 밖에 안 되는 짧은 거리. ❷아주 가까운 거리. ¶지척을 분간할 수 없다 / 마음이 지척이면 천리도 지척이요, 마음이 천리면 지척도 천리다.

지천 至賤 | 지극할 지, 천할 천
[abundance]
❶[속뜻] 지극(至極)히 천(賤)함. 매우 천함. ❷매우 흔함. ¶가을이면 코스모스가 지천으로 피어난다.

지체[1] [status; class]
어떤 집안이나 개인이 사회에서 차지하고 있는 신분이나 지위. ¶지체가 높으신 도련님.

지체[2] 遲滯 | 늦을 지, 막힐 체 [delay]
늦어지거나[遲] 막힘[滯]. ¶더 이상 시간을 지체할 수 없다.

지축 地軸 | 땅 지, 굴대 축
[axis of the earth]
[지리] ❶지구(地球)가 돌아가는 축(軸). 북극과 남극을 연결하는 축. ¶지구는 지축을 중심으로 자전한다. ❷대지의 중심. ¶지축을 뒤흔드는 요란한 소리.

지출[1] 持出 | 가질 지, 날 출
물품 따위를 가지고[持] 나감[出]. ¶총기 지출 금지.

⁑**지출**[2] 支出 | 가를 지, 날 출
[expend; pay]
갈라서[支] 내줌[出]. ¶수입에서 지출을 떼면 약간의 이익이 남는다 / 용돈의 대부분을 책 사는 데 지출했다. [반] 수입(收入).

▸ 지출-액 支出額 | 액수 액
어떤 목적을 위하여 지급한[支出] 돈의 액수(額數). ¶교육비 지출액을 줄이다. [반] 수입액.

⁑**지층** 地層 | 땅 지, 층 층
[geological stratum]
[지리] 자갈, 모래, 진흙, 생물체 따위가 물밑이나 지표(地表)에 퇴적하여 이룬 층(層). ¶지층에서 화석이 발견되다.

지침 指針 | 가리킬 지, 바늘 침
[compass needle; indicator]
❶[속뜻] 무엇을 가리키는[指] 바늘[針] 같은 것. 시계, 나침반, 계량기 등에 붙어 있는 바늘. ¶나침반의 지침이 북쪽을 가리키고 있다. ❷생활이나 행동 따위의 지도적 방법이나 방향을 지도하여 주는 준칙. ¶정부에서 지침이 내려왔다.

지칭 指稱 | 가리킬 지, 일컬을 칭
[call; designate]
어떤 대상을 가리켜[指] 일컬음[稱]. 또는 그런 이름. ¶21세기는 흔히 정보화 사회라고 지칭된다.

지탄 指彈 | 손가락 지, 퉁길 탄
[blame; criticize]
❶[속뜻] 손가락[指]으로 퉁김[彈]. ❷잘못을 지적하여 비난함. 손가락질. ¶국민들로부터 지탄을 받다 / 뇌물을 받은 정치인을 지탄하다.

지탱 支撐 | 버틸 지, 버팀목 탱
[maintain; support; sustain]
❶[속뜻] 버티어[支] 놓은 버팀목[撐]. ❷오래 버티어 유지함. ¶산소 호흡기로 목숨을 지탱하고 있다.

지평 地平 | 땅 지, 평평할 평 [horizon]

대지(大地)의 편평(扁平)한 면. ¶자리가 높아서 탁 트인 지평을 바라볼 수 있다 / 생명 공학의 새 지평을 열다.

▶ 지평-선 地平線 | 줄 선
편평한 대지[地平]의 끝과 하늘이 맞닿아 보이는 경계선(境界線). ¶넓은 지평선 너머로 해가 진다.

지폐 紙幣 | 종이 지, 화폐 폐
[bill; paper money]
종이[紙]에 인쇄를 하여 만든 화폐(貨幣). ¶천 원짜리 지폐를 오백 원짜리 두 개로 바꾸다.

***지표**[1] **指標** | 가리킬 지, 나타낼 표 [index]
방향이나 목적, 기준 따위를 가리키는[指] 표지(標識). ¶그는 아버지의 말씀을 지표로 삼고 살았다.

***지표**[2] **地表** | 땅 지, 겉 표
[surface of the earth]
지구(地球)의 표면(表面). 또는 땅의 겉면. '지표면'의 준말. ¶한여름의 열기가 지표를 뜨겁게 달구었다.

▶ 지표-면 地表面 | 낯 면
땅[地]의 겉[表] 면(面). ¶푸른 새싹이 지표면을 뚫고 나온다.

****지하 地下** | 땅 지, 아래 하 [underground]
땅[地]의 아래[下]. 또는 땅속을 파고 만든 구조물의 공간. ¶지하 2층 / 지하에는 수많은 광물이 묻혀 있다. ⓑ 지상(地上).

▶ 지하-도 地下道 | 길 도
땅 아래[地下]에 만든 길[道]. ¶횡단보도 대신 지하도로 길을 건넌다.

▶ 지하-수 地下水 | 물 수
땅속[地下]에 고여 있는 물[水]. ¶쓰레기 매립으로 지하수가 오염되고 있다.

▶ 지하-실 地下室 | 방 실
땅속[地下]에 만든 방[室]. ¶어둡고 습한 지하실.

▶ 지하-철 地下鐵 | 쇠 철
교통 땅속[地下]을 다니는 철도(鐵道). '지하 철도'(地下鐵道)의 준말. ¶차가 이렇게 막히니 차라리 지하철을 타자.

▶ 지하-자원 地下資源 | 재물 자, 근원 원
지하(地下)에 묻혀 있는 자원(資源). 철, 석탄, 석유 따위. ¶지하자원이 풍부한 나라.

지향 志向 | 뜻 지, 향할 향 [aim]
어떤 목표로 뜻[志]이 쏠리어 향(向)함. 또는 그 의지. ¶우리는 평화 통일을 지향한다.

지향-점 指向點 | 가리킬 지, 향할 향, 점 점 [directing point]
방향(方向)을 가리켜[指] 도달하고자 목표로 정한 점. ¶몇 개로 나뉜 등산로는 정상을 지향점으로 하고 있었다.

***지혈 止血** | 멈출 지, 피 혈
[stop bleeding]
나오는 피[血]를 멎게[止] 함. ¶팔을 붕대로 묶어 흐르는 피를 지혈했다. ⓗ 출혈(出血).

****지형 地形** | 땅 지, 모양 형 [topography]
땅[地]의 형세(形勢). ¶지형이 험해 적의 기습에 주의해야 한다.

▶ 지형-도 地形圖 | 그림 도
사리 지형(地形) 및 위에 분포하는 사물을 상세하게 그린 지도(地圖).

▶ 지형-적 地形的 | 것 적
땅의 생긴 모양[地形]과 관계되는 것[的]. ¶바람의 방향과 속도는 지형적인 영향을 많이 받는다.

***지혜 智慧** | 슬기로울 지, 총명할 혜
[wisdom]
슬기롭고[智] 총명함[慧]. 사물의 이치를 빨리 깨닫고 사물을 정확하게 처리하는 능력. ¶조상들의 지혜가 담긴 문화 / 문제를 지혜롭게 해결하다. ⓗ 슬기.

지황 地黃 | 땅 지, 누를 황
식물 현삼과의 여러해살이풀. 뿌리는 약용한다.

지휘 指揮 | 손가락 지, 휘두를 휘
[command; lead; conduct]
❶ 속뜻 손가락[指]을 휘두름[揮]. ❷목적을 효과적으로 이루기 위하여 단체의 행

동을 통솔함. ¶그의 지휘 아래 열심히 싸우다 / 군사들을 지휘하다. ❸음악 합주 따위에서, 많은 사람의 노래나 연주가 예술적으로 조화를 이루도록 앞에서 이끄는 일. ¶합창단을 지휘하다.

▶ **지휘-관 指揮官** | 벼슬 관
군사 군대를 지휘(指揮)하는 우두머리[官]. ¶용맹하고 통솔력 있는 지휘관.

▶ **지휘-봉 指揮棒** | 몽둥이 봉
❶속뜻 지휘관(指揮官)이 쓰는 막대기[棒]. ❷음악 지휘자가 합창, 합주 따위를 지휘하는 데 쓰는 막대기. ¶지휘봉을 휘두르자 악기들이 일제히 소리를 내기 시작했다.

▶ **지휘-자 指揮者** | 사람 자
❶속뜻 지휘(指揮)하는 사람[者]. ¶여러 단체의 지휘자를 맡아 보다. ❷음악 합창이나 합주 따위에서, 노래나 연주를 앞에서 조화롭게 이끄는 사람. ¶지휘자는 성공적으로 연주회를 마쳤다.

직각¹ 直閣 | 당번 직, 관청 각
역사 ❶고려 시대에, 보문각(閣)에 속한 종육품 벼슬[直]. ❷조선 시대에, 규장각에 속한 벼슬.

직각² 直角 | 곧을 직, 뿔 각 [right angle]
수학 모서리가 무디거나 날카롭지 않은 똑바른[直] 각(角). 두 직선(直線)이 만나서 이루는 90도의 각. ¶몸을 직각으로 굽혀 인사하다.

▶ **직각 삼각형 直角三角形** | 석 삼, 뿔 각, 모양 형
수학 한 내각이 직각(直角)인 삼각형(三角形).

직감 直感 | 곧을 직, 느낄 감
[know by intuition]
사물이나 현상을 접하면 진상을 곧바로[直] 느낌[感]. ¶위험이 다가오고 있음을 직감했다 / 형사는 직감으로 그가 범인임을 알아챘다.

직-거:래 直去來 | 곧을 직, 갈 거, 올 래
[direct transaction]
경제 사고파는 사람이 직접(直接) 거래(去來)함. ¶도시 소비자와 농민 사이의 농산물 직거래.

직결 直結 | 곧을 직, 맺을 결
[be linked directly with]
다른 사물이 개입하지 않고 직접(直接) 연결(連結)됨. ¶이것은 사람들의 건강 문제와 직결된다.

직경 直徑 | 곧을 직, 지름길 경 [diameter]
❶속뜻 원의 중간을 곧바로[直] 가로지르는[徑] 선. ❷수학 원이나 구 따위에서 중심을 지나는 직선으로 그 둘레 위의 두 점을 이은 선분. ¶직경 5cm의 원을 그리세요. ⓑ 지름.

직계 直系 | 곧을 직, 이어 맬 계
[direct line]
혈연이 친자 관계에 의하여 직접(直接) 이어져 있는 계통(系統). ¶직계 가족이 아니면 들어오실 수 없습니다.

직공¹ 職工 | 일 직, 장인 공 [worker]
❶속뜻 자기 손 기술로 물건을 만드는 일[職]을 업으로 하는 장인[工] 같은 사람. ❷공장에서 일하는 사람. ¶인쇄소 직공들은 열심히 일했다.

직공² 織工 | 짤 직, 장인 공
옷감을 짜는[織] 일을 하는 사람[工].

직관 直觀 | 곧을 직, 볼 관
[intuition; sixth sense]
철학 직접(直接) 봄[觀]. 또는 직접 보아 앎. ¶그는 직관이 뛰어나다.

직녀 織女 | 짤 직, 여자 녀
❶속뜻 옷감을 짜는[織] 여자[女]. ❷견우직녀 설화에 나오는 여자 주인공. ❸직녀성(織女星). ⓑ 직부(織婦).

직렬 直列 | 곧을 직, 줄 렬 [series]
전기 전기 회로에서 전지나 저항기 따위를 곧게[直] 줄지어[列] 연결하는 것. '직렬연결'(直列連結)의 준말. ⓑ 병렬(並列).

직류 直流 | 곧을 직, 흐를 류
[direct current; continuous current]
❶속뜻 곧게[直] 흐름[流]. ❷전기 시간이

지나도 전류의 크기와 방향이 변하지 않는 전류. [반] 교류(交流).

직매 直賣 | 곧을 직, 팔 매 [sell directly]
[경제] 중간상인을 거치지 않고 직접[直] 팖[賣]. ¶직매하는 계란을 사기 때문에 싸게 살 수 있다.

▸ 직매-장 直賣場 | 마당 장
생산자가 소비자에게 제품을 직접 파는 [直賣] 장소(場所). ¶농산물 직매장.

직면 直面 | 곧을 직, 낯 면 [face]
어떠한 일이나 사물을 직접(直接) 대면(對面)함. ¶몹시 어려운 문제에 직면하다.

직무 職務 | 맡을 직, 일 무 [job; duties]
직책이나 직업상에서 책임을 지고 담당하여 맡은[職] 일[務]. ¶직무에 충실하다.

직물 織物 | 짤 직, 만물 물
[textile fabrics; cloth]
실을 짜서[織] 만든 물건(物件). 면직물, 모직물, 견직물 따위. ¶자연 직물이라 느낌이 좋다.

직분 職分 | 일자리 직, 나눌 분
[duty; job]
❶[속뜻] 직무(職務)상의 본분(本分). ¶맡은 바 직분을 충실히 하다. ❷마땅히 해야 할 본분. ¶사람은 각자 지켜야 할 직분이 있다.

직사 直射 | 곧을 직, 쏠 사
[shine directly; fire directly]
❶[속뜻] 곧게[直] 쏨[射]. ❷[군사] '직접 사격'(直接射擊)의 준말. ❸[군사] 포병 사격에서, 탄도가 조준선 위로 목표보다 더 높게 올라가지 않도록 쏨.

▸ 직사-광선 直射光線
정면으로 곧게[直] 비치는[射] 빛[光]살[線]. ¶이 제품은 직사광선을 피해 보관하세요.

직-사:각 直四角 | 곧을 직, 넉 사, 뿔 각
[rectangle]
네 각이 모두 직각(直角)으로 된 사각(四角).

▸ 직-사:각형 直四角形 | 모양 형
[수학] 내각(內角)이 모두 직각(直角)인 사각형(四角形). ¶직사각형 모양의 탁자.

직선[1] 直線 | 곧을 직, 줄 선
[straight line]
곧은[直] 선(線). ¶두 점을 직선으로 연결하시오. [반] 곡선(曲線).

▸ 직선-적 直線的 | 것 적
❶[속뜻] 직선(直線)의 모양이나 성질을 가진 것[的]. ¶직선적인 도로. ❷꾸미거나 숨기거나 하지 않고 솔직한 것. ¶그는 너무 직선적으로 말해서 따르는 사람이 별로 없다.

직선[2] 直選 | 곧을 직, 가릴 선
[direct election]
[정치] 선거인이 직접(直接) 피선거인을 뽑는 선거(選擧). '직접선거'의 준말.

▸ 직선-제 直選制 | 정할 제
[정치] 국민들이 직접 선거(直接選擧)를 통하여 대표를 선출하는 제도(制度). ¶대통령 직선제. [반] 간선제(間選制).

직성 直星 | 당번 직, 별 성
❶[민속] 사람의 나이에 따라 그 운명에 대한 당번[直]을 하고 있는 아홉 가지 별[星]. 제웅직성, 토직성, 수직성, 금직성, 일직성, 화직성, 계도직성, 월직성, 목직성으로 남자는 열 살에 제웅직성이 들기 시작하고, 여자는 열한 살에 목직성이 들기 시작하여 차례로 돌아간다. ❷타고난 성질이나 성미. ¶일이 직성에 맞지 않는다 / 나는 하고 싶은 일을 해야 직성이 풀린다. [관용] 직성이 풀리다.

직속 直屬 | 곧을 직, 속할 속
[belonging directly]
직접(直接) 소속(所屬)됨. 또는 그런 소속. ¶직속선배 / 몇몇 부서가 대통령에 직속되었다.

***직업** 職業 | 일 직, 일 업
[job; career; vocation]
생계를 유지하기 위하여 하는 직무(職務)나 생업(生業). ¶그녀의 직업은 간호사다.

▸ 직업-병 職業病 | 병 병

사회 그 직업(職業)의 특수한 환경이나 작업 상태로 인해 생기는 병(病). ¶너무 오래 앉아 일을 하다보면 요통과 같은 직업병을 앓게 된다.

▶ 직업-인 職業人 | 사람 인
어떠한 직업(職業)에 종사하고 있는 사람[人]. ¶성공한 전문 직업인을 초대해 강연을 듣다.

직영 直營 | 곧을 직, 꾀할 영
[manage directly]
사업을 직접(直接) 관리하여 이익을 꾀함[營]. ¶본사 직영 매장 / 시청에서 직영하는 사업.

직원 職員 | 일 직, 사람 원
[employee; staff]
직장에서 각각의 직무(職務)를 맡고 있는 사람[員]. ¶이 화장실은 직원 전용이다.

직위 職位 | 일 직, 자리 위 [position]
직무(職務)에 따라 규정되는 사회적·행정적 위치(位置). ¶높은 지위를 박탈하다.

직-육면체 直六面體 | 곧을 직, 여섯 륙, 낯 면, 모양 체
[rectangular parallelepiped]
수학 각 면이 모두 직사각형(直四角形)이고, 마주 보는 세 쌍의 면이 각각 평행한 육면체(六面體).

직장 職場 | 일자리 직, 마당 장
[one's workplace]
사람들이 일정한 직업(職業)을 가지고 일하는 곳[場]. ¶이번 기회에 직장을 옮기려고 한다.

▶ 직장-인 職場人 | 사람 인
직장(職場)을 가지고 일하는 사람[人]. ¶점심시간을 이용해 학원을 다니는 직장인들이 많다.

직전 直前 | 곧을 직, 앞 전 [just before]
어떤 일이 일어나기 바로[直] 전(前). ¶시험 직전에 병원에 입원했다. ⑭직후(直後).

＊직접 直接 | 곧을 직, 맞이할 접
[directly; personally]
중간에 매개 따위가 없이 곧바로[直] 맞이함[接]. ¶이 목걸이는 직접 만든 것이다. ⑭간접(間接).

▶ 직접-적 直接的 | 것 적
직접(直接) 하는 또는 되는 것[的]. ¶햇빛은 식물의 성장에 직접적인 영향을 미친다. ⑭간접적(間接的).

직종 職種 | 일자리 직, 갈래 종
[type of occupation]
직업(職業)이나 직무의 종류(種類). ¶이런 직종에서 일해 본 경험이 있나요?

직지심-체요-절 直指心體要節 | 곧을 직, 가리킬 지, 마음 심, 몸 체, 요할 요, 마디 절
불교 고려 우왕 3년(1377)에 백운 화상(白雲和尙)이 석가모니의 직지인심(直指人心) 견성성불(見性成佛)의 뜻을 그 중요한 부분[體要]만 골라 뽑아[節] 해설한 책. 세계 최초의 금속 활자본으로 공인된 불경으로, '직지심경'이라고도 한다.

직진 直進 | 곧을 직, 나아갈 진
[go straight on]
곧바로[直] 나아감[進]. ¶계속 직진하면 우체국이 나옵니다.

직책 職責 | 일 직, 꾸짖을 책
[one's duty]
직무(職務)상의 책임[責]. ¶맡은 직책을 성실히 수행하다.

직파 直播 | 곧을 직, 뿌릴 파
[plan directly]
농업 모를 못자리에서 기른 뒤 논밭으로 옮겨 심지 않고 씨를 직접(直接) 논밭에 뿌리는[播] 일.

▶ 직파-법 直播法 | 법 법
직파(直播)하는 농사 방법(方法). ¶조선 이전의 시기에는 직파법이 행해졌다.

직판 直販 | 곧을 직, 팔 판 [sale directly]
경제 유통 과정 없이 생산자가 소비자에게 직접(直接) 팖[販]. ¶농산물을 시세보다 싸게 직판하다. ⑭직매(直賣).

▶ 직판-장 直販場 | 마당 장

생산자가 소비자에게 직접(直接) 판매(販賣)하는 장소(場所). ¶직판장에서 싸고 품질 좋은 농산물을 사다.

직할 直轄 | 곧을 직, 관할할 할
[control directly]
중간에 다른 기구나 조직을 통하지 않고 직접(直接) 관할(管轄)함. ¶국방부 직할 부대.

▸ 직할-시 直轄市 | 도시 시
[법률] 지방 자치 단체의 한 가지로, 중앙 정부가 직접 관할하는[直轄] 도시(都市). '광역시'(廣域市)의 옛 이름이다.

직함 職銜 | 일 직, 이름 함 [official title]
❶[속뜻] 벼슬[職]의 이름[銜]. ❷직책이나 직무의 이름.

직행 直行 | 곧을 직, 갈 행
[go straight to; run through to]
도중에 다른 곳에 머무르거나 들르지 않고 바로[直] 감[行]. ¶이 버스는 목포까지 직행한다.

직후 直後 | 곧을 직, 뒤 후
[immediately after]
어떤 일이 있고 난 바로[直] 다음[後]. ¶그때는 전쟁 직후라 경제가 몹시 어려웠다. [비] 즉후(卽後). [반] 직전(直前).

진:¹ 津 | 진액 진 [resin; tar]
풀이나 나무의 껍질 등에서 분비되는 점액. ¶고무나무에서 나온 진으로 고무를 만든다. [관용] 진이 빠지다.

진² 陳 | 늘어놓을 진 [battle formation; military camp; lines]
[군사] 군사들의 대오(隊伍)를 배치한 것. 또는 그 대오가 있는 곳. ¶밤에 진을 다시 정비하다 / 그의 집 앞에는 기자들이 진을 치고 있다.

진³ 眞 | 참 진 [truth]
❶참. 거짓이 아님. ❷등급을 진·선·미로 나눌 때 그 첫 번째. ¶미스코리아 진 수상자.

진가 眞價 | 참 진, 값 가
[true value; real worth]
참된[眞] 값어치[價]. ¶진가를 발휘하다 / 작품의 진가를 인정하다.

진:갑 進甲 | 나아갈 진, 첫째 천간 갑
[one's 61st birthday]
환갑(還甲)보다 한 해 더 나아간[進] 해. 환갑의 이듬해. 62세. ¶할머니는 올해 진갑을 맞으신다.

진:격 進擊 | 나아갈 진, 칠 격
[attack; move against]
앞으로 나아가[進] 적을 침[擊]. ¶새벽에 진격을 개시한다. [비] 진공(進攻). [반] 퇴각(退却).

진골 眞骨 | 참 진, 뼈 골
❶[속뜻] 진(眞)급의 골품(骨品). ❷[역사] 신라 시대 신분제인 골품제도의 둘째 등급. 부계와 모계 가운데 한쪽만 왕족이고 한쪽은 귀족일 때 성립한다. ¶태종 무열왕 이후로는 진골 출신이 왕이 되었다.

진공 眞空 | 참 진, 빌 공 [vacuum]
[물리] 물질이 전혀 존재하지 않고 진정(眞正)으로 비어있는[空] 곳. 인위적으로 만들어낼 수는 없고, 실제 극히 저압의 상태를 이른다. ¶진공으로 포장하면 음식을 오래 보존할 수 있다.

▸ 진공-관 眞空管 | 대롱 관
[물리] 유리나 금속 따위의 용기에 몇 개의 전극을 봉입하고 내부를 높은 진공(眞空) 상태로 만든 전자관(電子管).

진:군 進軍 | 나아갈 진, 군사 군 [march]
적을 치러 군대(軍隊)가 나아감[進]. 또는 군대를 나아가게 함. ¶진군의 북소리 / 반란군의 거점으로 진군하다.

진귀 珍貴 | 보배 진, 귀할 귀
[valuable; rare and precious]
보배[珍]롭고 보기 드물게 귀(貴)하다. ¶창고에는 진귀한 물건들로 가득 차 있었다.

진:급 進級 | 나아갈 진, 등급 급
[get promotion; move up]
등급(等級), 계급, 학년 따위가 올라감[進]. ¶아버지가 부장으로 진급하셨다.

진기 珍奇 | 보배 진, 기이할 기
[rare; strange]
진귀(珍貴)하고 기이(奇異)하다. ¶여행을 하면 진기한 풍경을 많이 보게 된다.

진:노 震怒 | 벼락 진, 성낼 노
[be enraged; be fill with wrath]
존엄한 존재가 벼락[震]같이 크게 성냄[怒]. ¶신의 진노를 부르다 / 할아버지가 몹시 진노하셨다.

*__진:단__ 診斷 | 살펴볼 진, 끊을 단 [diagnose]
[의학] 의사가 환자의 병 상태를 살펴보아[診] 판단(判斷)하는 일. ¶의사의 진단을 받다 / 의사는 그의 병을 암으로 진단했다.

▸**진:단-서** 診斷書 | 글 서
[의학] 의사가 병의 진단(診斷) 결과를 적은 증명서(證明書). ¶진단서를 떼다.

진담 眞談 | 참 진, 말씀 담 [serious talk]
진심(眞心)에서 우러나온 거짓이 없는 참된 말[談]. ¶그는 진담 반 농담 반으로 이야기했다. [반] 농담(弄談).

진:도[1] 進度 | 나아갈 진, 정도 도
[progress]
일이 진행(進行)되는 속도나 정도(程度). ¶쉬는 날이 많아 진도가 늦었다.

진:도[2] 震度 | 떨 진, 정도 도
[seismic intensity]
❶[속뜻] 떨리는[震] 정도(程度). ❷[지리] 어떤 지역에서 나타나는 지진의 진동 크기나 피해 정도. ¶진도 7.5의 강력한 지진이 있었다.

*__진:동__ 振動 | 떨릴 진, 움직일 동
[vibrate; stink of]
❶[속뜻] 떨리거나[振] 움직임[動]. ¶시계추가 천천히 진동한다. ❷냄새 따위가 아주 심하게 나는 상태. ¶고약한 냄새가 진동을 한다.

진:동[3] 震動 | 떨 진, 움직일 동
[shock; quake]
❶[속뜻] 떨리어[震] 움직임[動]. ❷물체가 몹시 울리어 흔들림. ¶집이 심하게 진동하였다.

진:력 盡力 | 다할 진, 힘 력
[endeavor; make an effort]
있는 힘[力]을 다함[盡]. 또는 낼 수 있는 모든 힘. ¶경제를 살리기 위해 진력하다.

진:로 進路 | 나아갈 진, 길 로
[course; way]
앞으로 나아갈[進] 길[路]. ¶태풍의 진로 / 선생님과 진로에 대해 상담하다.

진:료 診療 | 살펴볼 진, 병고칠 료
[diagnose and treat]
[의학] 의사가 환자를 진찰(診察)하고 치료(治療)하는 일. ¶진료 시간 / 독거노인을 무료로 진료하다.

▸**진:료-비** 診療費 | 쓸 비
진료(診療)에 대한 대가로 치르는 비용(費用). ¶그는 아들의 진료비를 마련하려고 막노동을 했다.

▸**진:료-소** 診療所 | 곳 소
환자를 진료(診療)하기 위해 설비를 갖춘 곳[所]. 병원보다 작은 규모이다. ¶노인들을 위한 진료소를 따로 열다.

▸**진:료-실** 診療室 | 방 실
환자를 진료(診療)하기 위해 마련한 방[室]. ¶환자는 진료실에 들어갔다.

진리 眞理 | 참 진, 이치 리 [truth; fact]
참된[眞] 이치(理致). 또는 참된 도리. ¶그 진리를 깨닫는 데 오랜 시간이 걸렸다.

진:맥 診脈 | 살펴볼 진, 맥 맥
[examine the pulse]
[한의] 병을 진찰하기 위하여 손목의 맥(脈)을 짚어 보는[診] 일. ¶의원은 요모조모 진맥해 보더니 약을 지어 주었다.

진-면:목 眞面目 | 참 진, 낯 면, 눈 목
[one's true character]
❶[속뜻] 본래의 참된[眞] 얼굴[面]과 눈[目]. ❷본디부터 지니고 있는 그대로의 상태. ¶그 선수는 이번 경기에서 진면목을 발휘했다.
작했다.

진미 珍味 | 보배 진, 맛 미
[food of delicate flavor]

보배[珍]같이 귀하고 좋은 음식의 맛[味]. 또는 그런 맛이 나는 음식물. ¶국수의 진미를 맛보다.

진범 眞犯 | 참 진, 범할 범
[real offender]
참[眞] 범인(犯人). 직접 죄를 저지른 사람. ¶그가 구속되었지만 사실 진범은 따로 있었다.

진법 陣法 | 진칠 진, 법 법
[disposition of troops]
[군사] 진(陣)을 치는 방법(方法). ¶학익진(鶴翼陣)은 유명한 공격 진법이다.

진ː보 進步 | 나아갈 진, 걸음 보
[make advance]
한 걸음[步] 더 나아감[進]. 정도나 수준이 나아지거나 높아짐. ¶진보 세력 / 진보하는 과학 기술. [반] 퇴보(退步).

진부 陳腐 | 묵을 진, 썩을 부
[stale; old-fashioned]
❶[속뜻] 오래 묵었거나[陳] 썩은[腐] 것. ❷사상, 표현, 생각 따위가 낡아서 새롭지 못하다. ¶진부한 표현은 쓰지 않는 것이 좋다.

진-분수 眞分數 | 참 진, 나눌 분, 셀 수
[proper fraction]
❶[속뜻] 진짜[眞] 분수(分數). ❷[수학] 분자의 값이 분모보다 작은 분수. [반] 가분수(假分數).

진ː사 進士 | 나아갈 진, 선비 사
❶[속뜻] 벼슬에 나아간[進] 선비[士]. ❷[역사] 조선시대 진사시(進士試)에 합격한 사람에게 준 칭호.

진상¹ 眞相 | 참 진, 모양 상
[truth; actual facts]
참된[眞] 모습[相]. 사물이나 현상의 거짓 없는 모습이나 내용. ¶사건의 진상을 밝히다.

진ː상² 進上 | 올릴 진, 위 상
[present to the king]
❶[속뜻] 윗[上]사람에게 올리어[進] 바침. ❷진귀한 물품이나 지방의 토산물 따위를 임금이나 고관 따위에게 바침. ¶이 비단은 임금님께 진상할 것이다.

진성 眞性 | 참 진, 성질 성
[one's true character]
사물이나 현상의 있는 그대로의 진짜[眞] 성질(性質).

진솔 眞率 | 참 진, 소탈할 솔
[honest; sincere]
진실(眞實)하고 소탈하다[率]. ¶자신의 꿈을 진솔하게 이야기하다.

진수¹ 眞髓 | 참 진, 골수 수 [essence]
진짜[眞] 중요한 골수(骨髓)가 되는 부분. 사물이나 현상의 가장 중요하고 본질적인 부분. ¶이것이 고전음악의 진수이다.

진ː수² 進水 | 나아갈 진, 물 수 [launch]
❶[속뜻] 물[水]로 나아가게[進] 함. ❷새로 만든 배를 조선대(造船臺)에서 처음으로 물에 띄움. ¶거북선을 진수하다.

진수³ 珍羞 | 보배 진, 음식 수 [delicious banquet]
진귀(珍貴)하고 맛이 좋은 음식[羞]. ¶진수를 차리어 대접하다.

▸ **진수-성찬** 珍羞盛饌 | 많을 성, 반찬 찬
진귀(珍貴)한 음식[羞]과 푸짐하게[盛] 차린 요리[饌]. ¶그런 진수성찬은 처음 먹어 보았다.

진ː술 陳述 | 아뢸 진, 말할 술
[state; explain]
자세히 아뢰거나[陳] 말함[述]. 또는 그런 이야기. ¶진술을 받다 / 그 사람은 사건에 대해 거짓으로 진술했다.

진실 眞實 | 참 진, 실제 실
[truthful; honest; frank]
참된[眞] 사실(事實). ¶진실 혹은 거짓 / 사람들을 진실하게 대하다/ 나는 진실로 너를 사랑한다. [비] 참. [반] 거짓, 허위(虛僞).

▸ **진실-성** 眞實性 | 성질 성
진실(眞實)된 성질(性質). 참된 모습 또는 품성. ¶다시는 안 그러겠다고 다짐했지만 진실성이 부족했다.

진심 眞心 | 참 진, 마음 심 [whole heart; sincerity]
거짓이 없는 참된[眞] 마음[心]. ¶합격을 진심으로 축하한다.

진ː압 鎭壓 | 누를 진, 누를 압 [repress; put down]
진정(鎭靜)시키기 위하여 강압적인 힘으로 억누름[壓]. ¶폭동이 진압되지 못하고 있다 / 소방관들은 화재를 진압했다.

진ː열 陳列 | 늘어놓을 진, 벌일 렬 [display; exhibit; put on show]
물건을 죽 늘어놓거나[陳] 벌여 놓음[列]. ¶점원은 수많은 상품을 진열하느라 바빴다.

▸진ː열-대 陳列臺 | 돈대 대
물건이나 상품을 진열(陳列)해 놓을 수 있도록 만든 대(臺). ¶수많은 유물이 진열대를 가득 채우고 있다.

▸진ː열-장 陳列欌 | 장롱 장
물건이나 상품을 진열(陳列)해 놓는 장(欌). ¶진열장 안의 다이아몬드를 살펴보다.

진영 陣營 | 진칠 진, 집 영 [camp]
❶[군사] 군대가 진(陣)을 치고 집단으로 거주하는 집[營]. ¶전투에 앞서 적의 진영에 사절을 보냈다. ❷정치적·사회적·경제적으로 구분된 서로 대립되는 세력의 어느 한쪽. ¶동서 대립 진영 / 민족주의 진영에 가담하다. [비] 군영(軍營).

진ː원 震源 | 떨 진, 근원 원 [earthquake center]
[지리] 지진(地震) 발생의 근원(根源)이 되는 지점. 지각 내부의 지진 발생점이나 지진의 원인인 암석 파괴가 시작된 곳을 말한다.

▸진ː원-지 震源地 | 땅 지
❶[지리] 지진(地震) 발생의 근원(根源)이 되는 곳[地]. ❷사건이나 소동 따위를 일으킨 근원이 되는 곳을 비유하여 이르는 말. ¶소문의 진원지.

진위 眞僞 | 참 진, 거짓 위 [genuineness or spuriousness]
참[眞]과 거짓[僞]. 또는 진짜와 가짜를 통틀어 이름. ¶보석의 진위를 밝히다.

진의 眞意 | 참 진, 뜻 의 [real intention]
속에 품고 있는 참[眞] 뜻[意]. 또는 진짜 의도. ¶그의 진의가 무엇인지 걷잡을 수가 없다.

진ː입 進入 | 나아갈 진, 들 입 [enter]
앞으로 나아가[進] 안으로 들어감[入]. ¶월드컵 본선 진입 / 고속도로에 진입하다.

▸진ː입-로 進入路 | 길 로
진입(進入)할 수 있도록 낸 길[路]. ¶학교 진입로에는 느티나무가 서 있다.

진ː자 振子 | 떨릴 진, 접미사 자 [pendulum]
[물리] 줄 끝에 추를 매달아 좌우로 왔다갔다 흔들리게[振] 만든 물체[子]. ¶진자는 흔들리면서 초를 나타낸다.

진ː전 進展 | 나아갈 진, 펼 전 [develop; progress]
일이 진행(進行)되어 발전(發展)됨. ¶연구에 큰 진전이 있다 / 둘의 관계는 급속도로 진전되었다.

진정[1] 眞正 | 참 진, 바를 정 [truly]
❶[속뜻] 참되고[眞] 바르게[正]. ❷거짓 없이 참으로. ¶진정한 애국자 / 선생님을 뵙게 되어 진정 반갑습니다.

진정[2] 眞情 | 참 진, 실상 정 [sincerity]
❶[속뜻] 거짓이나 꾸밈이 없는 참된[眞] 실상[情]. ¶일부러 진정을 숨겼다. ❷참되고 애틋한 정이나 마음. ¶진정을 털어놓다 / 진정으로 사랑하다 / 진정으로 말하다.

진ː정[3] 陳情 | 아뢸 진, 실상 정 [make a representation]
사정(事情)을 간곡히 아뢺[陳]. ¶죄 없는 사람들을 풀어줄 것을 진정하다.

▸진ː정-서 陳情書 | 글 서
실정이나 사정(事情)을 진술(陳述)하여 적은 글[書]. 또는 그 문서. ¶시청에 진정서를 제출하다.

진ː정⁴ 鎭靜 | 누를 진, 고요할 정
[calm down; relax]
❶속뜻 누르거나[鎭] 가라앉혀 조용하게[靜] 함. ¶사태가 진정되지 못하다. ❷격앙된 감정이나 아픔 따위를 가라앉힘. ¶화가 나는 마음을 진정하려 애쓰다.

▶ **진ː정-제 鎭靜劑** | 약제 제
약학 중추 신경이 비정상적으로 흥분한 상태를 진정(鎭靜)시키는 데 쓰이는 약[劑]. ¶환자는 진정제를 먹고 잠이 들었다.

진ː-종일 盡終日 | 다할 진, 끝날 종, 날 일 [whole day]
하루[日]가 다될[盡=終] 때까지. ¶진종일 나가 놀다. ⓗ 온종일.

진주¹ 眞珠 | 참 진, 구슬 주 [pearl]
❶속뜻 진짜[眞] 구슬[珠]. ❷연체동물 부족류 조개의 체내에 생긴 탄산칼슘이 주성분인 구슬 모양의 광택이 나는 이상 분비물. 우아하고 아름다운 빛깔의 광택이 나서 장신구로 쓴다. ¶진주 목걸이가 피부색과 잘 어울린다.

진ː주² 進走 | 나아갈 신, 달릴 주
달려서[走] 앞으로 나아감[進].

진ː주-성 晉州城 | 나아질 진, 고을 주, 성곽 성
고적 경상남도 진주의 진주(晉州) 공원 일대와 내성동(內城洞)에 걸쳐 있던 조선시대의 읍성(邑城). 고려 말기에 왜구를 막기 위하여 쌓은 것으로 임진왜란 때의 항전지로 유명하다. 성안에 촉석루가 있다.

진즉 趁即 | 쫓을 진, 곧 즉 [earlier]
그 때부터 미리, 시기를 맞추어[趁] 곧바로[即]. ¶진즉 병원에 갈 걸 그랬다. ⓗ 진작.

진지¹ 眞摯 | 참 진, 지극할 지
[serious; sincere]
말이 참답고[眞] 태도가 지극하다[摯]. ¶농담을 너무 진지하게 받아들인다.

진지² 陣地 | 진칠 진, 땅 지
[military camp; stronghold]
진(陣)을 치고 있는 곳[地]. 언제든지 적과 싸울 수 있도록 설비 또는 장비를 갖추고 부대를 배치하여 둔 곳. ¶적의 공격을 받고 진지에서 철수했다.

진ː찰 診察 | 살펴볼 진, 살필 찰
[examine; see a patient]
의학 의사가 여러 가지 방법으로 환자의 병이나 증상을 보고[診] 살핌[察]. ¶병원에 가서 진찰을 받다.

▶ **진ː찰-실 診察室** | 방 실
의사가 환자를 진찰(診察)하는 방[室]. ¶어머니는 진찰실 밖에서 기다렸다.

진ː척 進陟 | 나아갈 진, 오를 척
[progress]
한걸음 더 나아가고[進] 한 단계 더 오름[陟]. 일이 목적한 방향대로 진행되어 감. ¶공사가 진척을 보이지 않는다. ⓗ 진전(進展), 진행(進行).

__진ː출 進出__ | 나아갈 진, 날 출
[advance; enter into]
❶속뜻 앞으로 나아가[進] 밖으로 나감[出]. ❷어떤 방면으로 활동 범위나 세력을 넓혀 나아감. ¶여성의 사회 진출 / 한국 영화가 국제무대에 진출하고 있다.

▶ **진ː출-권 進出權** | 권리 권
어떤 경기에 나갈 수 있는[進出] 권리(權利). ¶한국은 월드컵 결승 진출권을 따냈다.

진ː취 進取 | 나아갈 진, 가질 취
[progress]
적극적으로 나아가서[進] 일을 취(取)하여 이룩함. ¶지도자가 되려면 먼저 진취의 기상을 지녀야 한다.

▶ **진ː취-적 進取的** | 것 적
나아가[進] 취(取)하려는 적극성이 있는 것[的]. ¶화랑의 진취적인 기상.

진토 塵土 | 티끌 진, 흙 토
[dust and dirt]
티끌[塵]과 흙[土]을 통틀어 이르는 말. ¶백골이 진토가 된들 어떻게 임금님의

은혜를 갚을까.

진통¹ 陣痛 | 한바탕 진, 아플 통 [labor pains]
❶ [속뜻] 한바탕[陣] 겪는 통증(痛症)이나 어려움. ¶오랜 진통 끝에 법률이 통과되었다. ❷ [의학] 해산할 때, 짧은 간격을 두고 반복되는 복부의 통증. ¶임산부가 진통을 시작하자 즉시 병원으로 옮겼다.

진:통² 鎭痛 | 누를 진, 아플 통 [relieve the pain]
[의학] 아픔[痛]을 눌러[鎭] 멎게 함. ¶이 약은 진통 효과가 뛰어나다.

▶ 진:통-제 鎭痛劑 | 약제 제
[약학] 중추 신경에 작용하여 진통(陣痛)을 느끼지 못하게[鎭] 하는 약[劑]. ¶두통이 있어서 진통제를 찾다.

진:퇴 進退 | 나아갈 진, 물러갈 퇴 [advance and retreat]
앞으로 나아가고[進] 뒤로 물러남[退]. ¶두 선수는 씨름판에서 진퇴를 거듭하고 있다.

▶ 진:퇴-양난 進退兩難 | 두 량, 어려울 난
앞으로 나아가기[進]와 뒤로 물러나기[退] 둘[兩] 다 어려운[難] 처지에 놓임. ¶이 문제를 포기할 수도 없고 정말 진퇴양난의 길에 빠졌다.

진:폭 振幅 | 떨릴 진, 너비 폭 [amplitude of a swing]
❶ [속뜻] 떨리는[振] 정도의 너비[幅]. ❷ [물리] 진동(振動)하고 있는 물체가 정지 또는 평형 위치에서 최대 변위까지 이동하는 거리. 진동하는 폭의 절반이다. ¶탐지기의 진폭이 크게 동요하고 있다.

진품 眞品 | 참 진, 물건 품 [genuine article; real thing]
진짜[眞] 물건[品]. ¶진품을 가려내기가 쉽지 않다. [반] 모조품(模造品), 위조품(僞造品).

진-풍경 珍風景 | 희귀할 진, 바람 풍, 볕 경 [unusual scene; odd sight]
구경거리가 될 만한 보기 드문[珍] 풍경(風景). ¶한여름에 눈이 내리는 진풍경이 벌어지다.

진:학 進學 | 나아갈 진, 배울 학 [go on to the next stage of education]
❶ [속뜻] 학문의 길에 나아가[進] 배움[學]. ❷상급 학교에 올라감. ¶명수는 올해 대학에 진학했다.

진한 辰韓 | 별 진, 나라 한
[역사] 삼한(三韓) 가운데 경상북도를 중심으로 한 동북부 지역에 있던 12개의 소국. '辰'이 쓰인 까닭에 대해서는 정설이 없다.

***진:행** 進行 | 나아갈 진, 갈 행 [progress]
❶ [속뜻] 앞으로 향하여 나아[進] 감[行]. ¶태풍의 진행 방향. ❷일 따위를 처리하여 나감. ¶회의를 매끄럽게 진행하다.

▶ 진:행-자 進行者 | 사람 자
의식·방송 따위에서, 일을 이끌어 나가는[進行] 사람[者]. ¶그녀는 뉴스 진행자로 발탁되었다. [비] 진전(進展), 진척(進陟).

진홍 眞紅 | 참 진, 붉을 홍 [dark red; crimson]
❶ [속뜻] 참으로[眞] 붉음[紅]. ❷짙은 붉은 빛.

진:화¹ 鎭火 | 누를 진, 불 화 [extinguish a fire]
불길[火]을 진압(鎭壓)함. 화재를 끔. ¶비가 와서 불이 금방 진화됐다.

진:화² 進化 | 나아갈 진, 될 화 [develop; evolve]
❶ [속뜻] 진보(進步)하여 차차 더 나은 것이 됨[化]. ¶시간에 따라 언어도 진화한다. ❷ [생물] 생물이 외계의 영향과 내부의 발전에 의하여 간단한 구조에서 복잡한 구조로, 하등한 것에서 고등한 것으로 발전하는 일. ¶사람이 유인원(類人猿)에서 진화한 것인지는 확신할 수 없다. [반] 퇴화(退化).

▶ 진:화-론 進化論 | 말할 론
[생물] 생물의 진화(進化) 요인에 관한 이론(理論). ¶다윈은 진화론을 주장하였다.

진:흥 振興 | 떨칠 진, 일어날 흥

[develop; advance; promote]
떨치고[振] 일어남[興]. 또는 그렇게 되게 함. ¶과학 연구가 진흥하다.

진흥왕 순수비 眞興王巡狩碑 | 참 진, 일어날 흥, 임금 왕, 돌 순, 순행할 수, 비석 비
고적 신라 진흥왕(眞興王)이 지금의 한강 유역에서 동북 해안에 이르는 지대와 가야를 쳐서 영토를 넓힌 다음, 신하들과 변경을 두루 살피며 돌아다닐[巡狩] 때에 세운 비석(碑石).

질[1] 帙 | 책갑 질 [set of books]
여러 권으로 된 책 한 벌을 세는 단위. ¶오십 권짜리 위인전 한 질을 사다.

질[2] 質 | 바탕 질 [quality]
물건이 성립하는 근본 바탕. ¶양보다 질이 우선이다. 凹 양(量).

질감 質感 | 바탕 질, 느낄 감
재질(材質)의 차이에서 받는 느낌[感]. ¶이 스웨터는 질감이 좋다.

질겁 窒怯 | 막힐 질, 겁낼 겁
[be surprised; be frightened]
뜻밖의 일에 숨이 막힐[窒] 정도로 겁을 냄[怯]. ¶개가 짖는 소리에 질겁해서 달아나다.

질녀 姪女 | 조카 질, 여자 녀 [niece]
조카[姪]인 여자(女子). 형제자매의 딸.

질량 質量 | 바탕 질, 분량 량 [mass]
물리 어떤 물질(物質)의 양(量). 국제 단위는 그램(g). ¶이 물체를 가열해도 질량은 변하지 않는다 / 질량 보존의 법칙.

질문 質問 | 바탕 질, 물을 문
[ask a question; inquire]
❶속뜻 바탕[質]이 되는 중요한 것을 물어봄[問]. ❷모르거나 의심나는 점을 물음. ¶질문은 많이 할수록 좋다. 凹 질의(質疑). 凹 대답(對答).
▶ 질문-지 質問紙 | 종이 지
어떤 문제에 관한 질문(質問)들을 열거한 지면(紙面). ¶질문지를 작성하다.

**질병 疾病 | 병 질, 병 병 [disease]
몸의 온갖 병[疾=病]. ¶질병에 시달리다. 凹 질환(疾患).

질산 窒酸 | 질소 질, 산소 산
[nitric acid]
화학 질소(窒素)와 산소(酸素), 수소로 된 강한 염기성 무기산의 하나.

질색 窒塞 | 막힐 질, 막힐 색
[shock; hate]
❶속뜻 몹시 놀라거나 싫어서 기(氣)가 막힘[窒=塞]. ❷몹시 싫어하거나 꺼림. ¶병원이라면 딱 질색이다.

*질서 秩序 | 차례 질, 차례 서 [order]
사물의 순서나 차례[秩=序]. ¶여럿이 사는 사회에서는 질서를 지켜야 한다. 凹 무질서(無秩序).

*질소 窒素 | 질소 질, 바탕 소 [nitrogen]
화학 공기의 약 5분의 4를 차지하는 무색·무미·무취의 질화물(窒化物)을 만드는 기체 원소(元素).

질시 疾視 | 미워할 질, 볼 시 [look on with dislike; regard with jealousy]
밉게[疾] 봄[視]. ¶질시의 눈으로 바라보다.

질식 窒息 | 막힐 질, 숨쉴 식
[be suffocated]
숨[息]이 막힘[窒]. 또는 산소가 부족하여 숨을 쉴 수 없게 됨. ¶뜨거운 열기와 고약한 냄새로 질식할 것 같다.

질의 質疑 | 바탕 질, 의심할 의 [question]
❶속뜻 바탕[質]이 되는 중요한 것에 대하여 의문(疑問)을 품음. ❷의심나거나 모르는 점을 물음. ¶질의를 받다. 凹 질문(質問). 凹 답변(答辯), 응답(應答).

질적 質的 | 바탕 질, 것 적 [qualitative]
내용이나 본질(本質)에 관계되는 것[的]. ¶내용이 질적으로 뛰어나다. 凹 양적(量的).

질주 疾走 | 빠를 질, 달릴 주 [run fast]
빨리[疾] 달림[走]. ¶도로를 질주하는 수많은 차들.

질책 叱責 | 꾸짖을 질, 꾸짖을 책 [rebuke;

scold]
꾸짖어[叱] 나무람[責]. ¶아버지는 나를 호되게 질책하셨다.

질타 叱咤 | 꾸짖을 질, 꾸짖을 타 [scold]
크게 꾸짖음[叱=咤]. ¶국민의 질타를 받다.

질투 嫉妬 | 시샘할 질, 시기할 투 [feel jealous of; envy]
자기보다 나은 사람을 시샘하고[嫉] 시기하여[妬] 미워함. ¶그녀의 아름다움에 질투를 느낀다 / 친구가 칭찬받았다고 질투하고 미워하면 안 된다. [비] 샘, 시기(猜忌).

▸ **질투-심 嫉妬心** | 마음 심
질투(嫉妬)하는 마음[心]. ¶매일 사랑받는 동생을 보면 질투심이 일었다.

질풍 疾風 | 빠를 질, 바람 풍 [fresh breeze]
❶[속뜻] 몹시 빠르고[疾] 거세게 부는 바람[風]. ¶질풍처럼 밀어닥치는 적군들. ❷[지리] 흔들바람. [비] 진풍(震風).

질환 疾患 | 병 질, 근심 환 [disease]
몸의 병[疾]과 마음의 근심[患]. ¶호흡기 질환. [비] 질병(疾病).

짐: 朕 | 나 짐 [I]
임금이 자기를 가리키는 말. ¶짐은 백성들을 사랑으로 대하고자 한다. [비] 과인(寡人).

짐작 斟酌 | 술따를 짐, 술따를 작 [guess; assume]
❶[속뜻] 술잔에 적당하게 잘 따름[斟=酌]. ❷사정이나 형편 따위를 어림잡아 잘 헤아림. ¶그들은 이미 떠났을 것이라고 짐작된다.

집 輯 | 모을 집 [series]
시가나 문장 따위를 엮은 책이나 음악 앨범 따위를 낼 때 그 발행 차례를 나타내는 단위. ¶3집 음반을 내다.

집강 執綱 | 잡을 집, 벼리 강
[역사] ❶면, 리의 중요[綱] 사무를 집행(執行)하던 사람. ❷동학(東學)의 교직(教職)인 육임(六任) 가운데 네 번째 직위.

▸ **집강-소 執綱所** | 곳 소
[역사] 동학 농민군이 전라도 지방에 설치한 자치적 개혁 기구. 한 명의 집강(執綱)과 몇 명의 의사원이 행정 사무를 맡아보던 곳[所]이다.

집결 集結 | 모일 집, 맺을 결 [gather; concentrate]
한군데로 모여[集] 뭉침[結]. ¶집결 장소 / 학생들이 운동장에 집결했다. [반] 해산(解散).

집계 集計 | 모을 집, 셀 계 [total up; sum up]
이미 계산한 것들을 한데 모아서[集] 계산(計算)함. 또는 그런 계산. ¶집계 결과 / 투표용지를 집계하다.

집권 執權 | 잡을 집, 권세 권 [grasp political power]
권세(權勢)나 정권(政權)을 잡음[執]. ¶이번 선거로 야당이 집권하게 되었다.

집기-병 集氣瓶 | 모을 집, 기운 기, 병 병
[화학] 기체(氣體)를 모으는[集], 유리로 된 병(瓶). 화학 실험 기구로 쓰인다.

집념 執念 | 잡을 집, 생각 념 [concentrate one's mind]
❶[속뜻] 마음속에 꼭 잡고[執] 있는 생각[念]. ¶그는 성공에 대한 집념이 강하다. ❷한 가지 일에만 달라붙어 정신을 쏟음. ¶학문에 집념하다.

집단 集團 | 모일 집, 모일 단 [group; mass]
여럿이 모인[集] 단체(團體). ¶집단으로 시위를 일으키다.

집-대성 集大成 | 모을 집, 큰 대, 이룰 성 [be comprehensive of; integrate]
여러 가지 훌륭한 것을 모아[集] 하나의 크고[大] 완전한 것을 이루어냄[成]. ¶이 책은 전국의 민속놀이를 집대성했다.

집무 執務 | 잡을 집, 일 무 [conduct one's official duties]
사무(事務)를 집행(執行)함. ¶집무를 보느라 바쁘다.

▶ 집무-실 執務室 | 방 실
주로 높은 지위에 있는 사람들이 일을 처리하는[執務] 방[室]. ¶총리가 집무실로 출근하다.

집배 集配 | 모을 집, 나눌 배
[collect and deliver]
한 군데로 모았다가[集] 다시 나누어[配] 보냄. 우편물이나 화물 따위를 모아서 주소지로 배달하는 따위를 일컫는다.

▶ 집배-원 集配員 | 사람 원
여러 가지를 모아서 배달하는[集配] 사람[員]. '우편집배원(郵便集配員)'의 준말. 집배인(集配人). ¶집배원 아저씨가 편지를 전해 주었다.

집사 執事 | 잡을 집, 일 사
[steward; butler; deacon(ess)]
❶속뜻 주인 가까이 있으면서 그 집의 일[事]을 맡아 보는[執] 사람. ¶집사가 손님을 거실로 안내했다. ❷기독교 교회의 각 기관 일을 맡아 봉사하는 교회 직분의 하나. 또는 그 직분을 맡은 사람. ¶김 집사님이 기도하시겠습니다.

집산 集散 | 모일 집, 흩을 산
[receive and distribute]
모여들었다[集] 흩어졌다[散] 함.

▶ 집산-지 集散地 | 땅 지
생산물이 여러 곳에서 모여들었다가[集] 다시 다른 곳으로 흩어져[散] 나가는 곳[地]. ¶이 도시는 쌀의 집산지이다.

집성 集成 | 모을 집, 이룰 성
여러 가지를 모아서[集] 체계 있는 하나를 이룸[成].

▶ 집성-재 集成材 | 재료 재
건설 두께 2.5~5cm의 판자를 모아[集] 가열·압축해 만든[成] 목재(木材).

집약 集約 | 모을 집, 묶을 약
[integrate; intensive]
한데 모아서[集] 묶음[約]. ¶기술 집약 / 여러 사람의 의견을 집약하다.

집요 執拗 | 잡을 집, 우길 요
[persistent; obstinate; stubborn]
❶속뜻 고집(固執)스럽게 우기다[拗]. ❷몹시 고집스럽고 끈질기다. ¶그는 마음먹은 것은 반드시 해내는 집요한 사람이다 / 집요하게 돈을 재촉하다.

집자 集字 | 모을 집, 글자 자
문헌에서 필요한 글자[字]를 찾아 모음[集].

집정 執政 | 잡을 집, 정사 정
[hold the power of state; govern]
❶속뜻 나라의 정사(政事)를 맡음[執]. 또는 그 관직이나 사람. ❷역사 프랑스 혁명기 제일 공화정 시대의 최고 통치자.

▶ 집정-관 執政官 | 벼슬 관
정권(政權)을 잡고[執] 있는 관리(官吏). ¶나폴레옹은 집정관을 거쳐 황제의 자리에 올랐다.

*집중 集中 | 모일 집, 가운데 중
[concentrate; focus on]
❶속뜻 한곳을 중심(中心)으로 하여 모임[集]. 또는 그렇게 모음. ¶인구가 도시로 집중되다. ❷한 가지 일에 모든 힘을 쏟아 부음. ¶집중 사격 / 시끄러워 공부에 집중할 수가 없다. 반 분산(分散).

▶ 집중-력 集中力 | 힘 력
마음이나 주의를 집중(集中)할 수 있는 힘[力]. ¶집중력이 모자라서 오래 앉아 있지 못한다.

▶ 집중-적 集中的 | 것 적
어느 한군데로 모이거나 모은[集中] 것[的]. ¶집중적인 단속.

집착 執着 | 잡을 집, 붙을 착
[be attached to; be fond of]
어떤 것에 늘 마음이 쏠려 잡고[執] 매달림[着]. ¶승부에 너무 집착하지 마라.

집필 執筆 | 잡을 집, 붓 필 [write]
❶속뜻 붓[筆]을 잡음[執]. ❷직접 글을 씀. ¶요리책 한 권을 집필하다.

집합 集合 | 모일 집, 합할 합
[gather; collect]
❶속뜻 모여서[集] 하나로 합(合)침. ¶두 시까지 운동장에 집합해라. ❷수학 특정

조건에 맞는 원소들의 모임. ¶무한 집합. [반] 해산(解散).

집행 執行 | 잡을 집, 행할 행
[execute; perform]
❶[속뜻] 일을 잡아[執] 행(行)함. ❷실제로 시행함. ¶각종 사업을 집행하다 / 사형을 집행하다.

집현-전 集賢殿 | 모일 집, 어질 현, 대궐 전
❶[속뜻] 어진[賢] 사람들이 많이 모여[集] 있는 큰 집[殿]. ❷[역사] 조선 전기에 둔, 경적(經籍)·전고(典故)·진강(進講) 따위를 맡아보던 관아. ¶집현전 학자들은 밤을 새워 가며 연구하고 있다.

집회 集會 | 모일 집, 모일 회
[meet; get together]
여러 사람이 어떤 목적을 위하여 일시적으로 모인[集] 모임[會]. ¶환경 보호를 촉구하는 집회.

징계 懲戒 | 혼낼 징, 경계할 계
[punish; reprimand]
❶[속뜻] 허물이나 잘못을 뉘우치도록 나무라며[懲] 경계(警戒)함. ❷부정이나 부당한 행위에 대하여 제재를 가함. ¶반칙을 한 선수는 징계를 받는다.

징발 徵發 | 거둘 징, 드러낼 발
[commandeer; levy]
❶[속뜻] 남의 물품을 거두어[徵] 들이고자 강제적으로 들추어냄[發]. ❷국가에서 특별한 일에 필요한 사람이나 물자를 강제로 모으거나 거둠. ¶전쟁이 나자 공장들이 징발되어 무기를 만들었다.

징벌 懲罰 | 혼낼 징, 벌할 벌 [punish]
❶[속뜻] 혼내는[懲] 뜻으로 벌(罰)을 줌. ❷옳지 않은 일을 하거나 죄를 지은 데 대하여 벌을 줌. 또는 그 벌. ¶악한 자를 징벌하다.

징병 徵兵 | 부를 징, 군사 병 [conscript; enlist]
❶[속뜻] 군사[兵]를 불러[徵] 모음. ❷[법률] 국가가 법령으로 병역 의무자를 강제적으로 징집하여 일정 기간 병역에 복무시키는 일. ¶징병에 응하다.

▸**징병 제도** 徵兵制度 | 정할 제, 법도 도
[법률] 국가가 국민 모두에게 의무병으로 복무시키는[徵兵] 의무 병역 제도(制度).

징수 徵收 | 거둘 징, 거둘 수
[charge; assess; impose on]
❶[속뜻] 나라, 공공 단체, 지주 등이 돈·곡식·물품 따위를 거둠[徵=收]. ❷[법률] 행정기관이 법에 따라서 조세, 수수료, 벌금 따위를 국민으로부터 거두어들이는 일. ¶세금은 공정하게 징수해야 한다.

징역 懲役 | 혼낼 징, 부릴 역
[penal servitude]
[법률] 죄인을 교도소에 가두고 징계(懲戒)의 수단으로 노역(勞役)을 시키는 형벌. ¶징역을 살면서 죄를 뉘우치다.

▸**징역-형** 懲役刑 | 형벌 형
[법률] 징역(懲役)에 처하는 무거운 형벌(刑罰). ¶10년 이하의 징역형에 처하다.

징용 徵用 | 부를 징, 쓸 용
[draft; impress]
[법률] 나라에서 불러[徵] 등용(登用)함. 사변 또는 이에 준하는 비상사태에 국가의 권력으로 국민을 강제적으로 일정한 업무에 종사시키는 일. ¶일제의 징용 / 전쟁에 백성들을 강제로 징용했다.

징조 徵兆 | 조짐 징, 조짐 조
[sign; indication]
어떤 일이 생길 기미나 조짐[徵=兆]. ¶비가 올 것 같은 불길한 징조.

징집 徵集 | 거둘 징, 모을 집
[conscript; enlist; recruit]
❶[속뜻] 물건을 거두어[徵] 모음[集]. ❷병역 의무자를 현역에 복무할 의무를 부과하여 불러 모음. ¶옆집 아들도 군대에 징집됐다.

징표 徵表 | 밝힐 징, 겉 표
[sign; mark]
❶[속뜻] 사물의 특성을 겉[表]으로 드러내어 밝혀주는[徵] 것. ❷일정한 사물이 공

통으로 가지는 필연적인 성질로 하나의 사물을 다른 사물로부터 구별하는 표가 되는 것.

징후 徵候 | 조짐 징, 조짐 후
[symptom; sign]

어떤 일이 일어날 조짐[徵=候]. ¶병이 날 징후가 보인다.

차¹ 次 | 버금 차
[on the point of; just when]
어떠한 일을 하던 기회나 순간. ¶그녀의 소식이 궁금하던 차에 마침 잘 되었다.

차² 車 | 수레 차 [vehicle; car]
바퀴가 굴러서 나아가며, 사람이나 짐을 실어 나르는 온갖 교통 기관. ¶차를 빠르게 몰다. 🗎 자동차(自動車).

차³ 車 | 수레 차 [chariot; rook]
운동 '車'자를 새긴 장기짝. 한편에 둘씩 모두 넷이 있고 일직선으로 가로나 세로로 몇 칸이든지 다닌다.

차⁴ 差 | 어긋날 차
[difference; gap; remainder]
❶둘 이상의 사물을 견주었을 때 서로 다른 정도. ¶세대 차를 느끼다 / 빈부의 차가 더욱 심해지고 있다. ❷어떤 수량에서 다른 수량을 뺀 나머지 수량. ¶한 표 차로 반장이 되었다.

차⁵ 茶 | 차 차 [tea; ttea leaves]
❶차나무의 어린잎을 우리거나 달인 물. ❷식물의 잎·뿌리·열매 따위를 우리거나 달인 음료의 일반적인 말. 인삼차·생강차·칡차 따위. ¶손님에게 차를 내다.

차고 車庫 | 수레 차, 곳집 고
[garage; car shed]
차량(車輛)을 넣어 두는 곳[庫]. ¶차고에 차를 대다.

차관 次官 | 버금 차, 벼슬 관
[vice-minister; undersecretary]
❶역사 대한제국 때, 궁내부와 각 부(部)의 버금가는[次] 관직(官職). 또는 그 관리. ❷법률 소속 장관을 보좌하고 장관의 직무를 대행할 수 있는 정무직(政務職) 국가공무원.

차:광 遮光 | 가릴 차, 빛 광
[shade the light; hinder the light]
햇빛[光]이나 불빛을 가림[遮]. ¶차광 유리를 하다.

차기 次期 | 버금 차, 때 기 [next term]
다음[次] 시기(時期). ¶그가 차기 이사장으로 선출되었다.

차남 次男 | 버금 차, 사내 남
[one's second son]
둘째[次] 아들[男]. ¶이 아이가 제 차남입니다. 🗎 차녀(次女).

차:단 遮斷 | 막을 차, 끊을 단
[intercept; cut off]
❶속뜻 가로막아[遮] 사이를 끊음[斷]. ❷끊거나 막아서 서로 통하지 못하게 하는 것. ¶전자파 차단 / 외부와의 접촉을 차단하다.

▶ **차:단-기¹** 遮斷器 | 그릇 기
전류나 전자가 흐르지 못하도록 전선을

끊거나 막는[遮斷] 기구(器具).
▶ 차:단-기² 遮斷機 | 틀 기
철도 건널목 따위에 설치하여 차량이나 사람이 왕래하는 것을 잠시 막는[遮斷] 기계(機械). ¶차단기가 내려가고 곧 기차가 지나갔다.

차도¹ 車道 | 수레 차, 길 도
[road; traffic lane; carriageway]
차(車)가 다니는 길[道]. ¶차도에서 놀면 위험하다. ⓑ 찻길, 차로(車路). ⓟ 보도(步道), 인도(人道).

차도² 差度 | 다를 차, 정도 도
[improvement of illness]
❶ 속뜻 조금씩 달라지는[差] 정도(程度). ❷병이 조금씩 나아가는 정도 ¶앓던 아이가 약을 먹고 차도를 보였다.

차등 差等 | 다를 차, 무리 등
[grade; difference; discrimination]
무리[等]에 따라 차이(差異)가 나도록 함. 또는 차이가 나는 등급. ¶일의 양에 차등을 두다. ⓟ 균등(均等).

차량 車輛 | 수레 차, 수레 량
[car; traffic; carriage]
❶ 속뜻 열차(列車)의 한 칸[輛]. ¶차량 탈선 사고 ❷도로나 선로 위를 달리는 모든 차를 통틀어 이르는 말. ¶10톤 이상의 차량은 이 도로를 통행할 수 없다.

차례¹ 茶禮 | 차 차, 예도 례
[ancestor-memorial services]
❶ 속뜻 차(茶)를 올리는 예(禮). ❷음력 매달 초하루날 또는 보름, 명절, 조상 생신날 등에 간단히 지내는 제사. ¶설날 아침에 차례를 지내다.

＊차례² 次例 | 순서 차, 법식 례
[turn; table of contents; time]
❶ 속뜻 순서[次]에 따라 정한 법식[例]. 또는 순서대로 돌아오는 기회. ¶내가 노래할 차례가 되었다 / 숫자가 큰 것부터 차례대로 늘어놓다. ❷책이나 글 따위에서 벌여 적어 놓은 항목. ¶나는 책을 펴면 차례부터 읽는다. ❸일이 일어나는 횟수를 세는 단위. ¶그를 여러 차례 만났다. ⓑ 순서(順序).

▶ 차례-차례 次例次例
차례[次例+次例]를 따라서 순서 있게. ¶학생들은 버스에 차례차례 올랐다.

차로 車路 | 수레 차, 길 로
[roadway; carriageway; traffic lane]
차(車)가 다니는 길[路]. ¶차로가 좁아지다. ⓑ 차도, 찻길.

차별 差別 | 다를 차, 나눌 별
[discriminate against]
❶ 속뜻 다르게[差] 나눔[別]. ❷차등이 있게 구별함. ¶인종 차별 / 이 제품은 품질부터 차별된다. ⓟ 평등(平等).

▶ 차별-적 差別的 | 것 적
차별(差別)이 있거나 차별을 두는 것[的]. ¶여성을 차별적으로 대하지 마십시오.

차비 車費 | 수레 차, 쓸 비
[fare; carfare]
차(車)를 타는 데 드는 비용(費用). ¶거기까지 가는 데는 차비가 별로 안 든다.

차선¹ 次善 | 버금 차, 좋을 선
[second best thing]
최선에 버금[次]가는 좋은[善] 방도. ¶차선이라고는 도망가는 방법밖에 없다.

차선² 車線 | 수레 차, 줄 선
[traffic lane]
차도(車道)에 그려 놓은 선(線). 포장된 차도에서 차량의 주행 질서를 위하여 주행 방향으로 그려 놓은 선. ¶차선을 따라 똑바로 운전하다.

차양 遮陽 | 가릴 차, 볕 양
[awning; peak]
❶ 속뜻 볕[陽]을 가림[遮]. 또는 그럴 목적으로 처마 끝에 덧대는 지붕. ¶바람이 불어 차양이 흔들렸다. ❷학생모나 군모 따위에서 모자의 앞에 대어 이마를 가리거나 손잡이 구실을 하는 조각. ¶차양이 넓은 밀짚모자. ⓑ 챙.

차:용 借用 | 빌릴 차, 쓸 용
[borrow; loan]

돈이나 물건을 빌려서[借] 씀[用]. ¶차용증 / 그에게 돈을 차용하다.

차원 次元 | 버금 차, 으뜸 원
[dimension; level]
❶[속뜻] 으뜸[元]과 버금[次]의 정도나 수준. ❷사물을 보거나 생각하는 처지. 또는 어떤 생각이나 의견 따위를 이루는 사상이나 학식의 수준. ¶국가 차원의 문제 / 차원이 다른 대화. ❸[수학] 일반적으로 공간의 넓이 정도를 나타내는 수. 보통 직선은 1차원, 평면은 2차원, 입체는 3차원이지만, 4차원이나 무한 차원도 생각할 수 있다.

⁑차이 差異 | 어긋날 차, 다를 이
[difference; distinction; gap]
서로 어긋나고[差] 다름[異]. ¶세대 차이 / 나는 언니랑 세 살 차이가 난다.

▸ **차이-점 差異點** | 점 점
차이(差異)가 나는 점(點). ¶과일과 채소의 차이점은 무엇일까? [반] 공통점(共通點).

차:입 借入 | 빌릴 차, 들 입
[borrow; obtain a loan]
돈이나 물건을 빌려[借] 들임[入]. ¶국내 기업들의 해외 자본 차입이 늘었다. [반] 대출(貸出).

차장 次長 | 버금 차, 어른 장
[assistant director; vice-chief]
회사나 단체에서 부장 다음[次]의 직위[長]. 또는 그 사람.

차종 車種 | 수레 차, 갈래 종
[car model]
자동차(自動車)의 종류(種類). ¶다양한 차종이 전시되어 있다.

차질 蹉跌 | 넘어질 차, 넘어질 질
[fail; go wrong]
❶[속뜻] 발을 헛디디어 넘어짐[蹉=跌]. ❷하던 일이 뜻밖에 잘못되거나 틀어짐. ¶태풍이 불어 여행에 차질이 생기다.

차차 次次 | 차례 차, 차례 차
[gradually; by and by; later]
어떤 상태나 정도가 차례대로[次+次] 조금씩 진행하는 모양. ¶자세한 것은 차차 알게 될 것이다. [비] 점점, 점차, 차츰.

차창 車窓 | 수레 차, 창문 창
[car window]
차(車)에 달린 창문(窓門). ¶차창 밖으로 비가 내린다.

차체 車體 | 수레 차, 몸 체
[car body; frame]
차량(車輛)의 몸체[體]. 승객이나 화물을 싣는 부분. ¶사고로 인해 차체가 크게 망가졌다.

차편 車便 | 수레 차, 쪽 편 [public conveyance; by way of a vehicle]
차(車)가 오가는 편(便). ¶거기 가려면 어떤 차편이 있습니까?

차표 車票 | 수레 차, 쪽지 표 [ticket; pass]
차(車)를 탈 수 있음을 증명한 쪽지[票]. ¶차표가 없으면 들어갈 수 없다. [비] 승차권(乘車券).

차후 此後 | 이 차, 뒤 후 [after this; from now on; in the future]
이[此] 뒤[後]. 이다음. ¶차후에는 이런 일이 없도록 해라.

착각 錯覺 | 어긋날 착, 깨달을 각 [be under an illusion; misunderstand]
사물을 실제와 다르게[錯] 느낌[覺]. ¶그는 자기가 잘 생겼다고 착각한다.

착공 着工 | 붙을 착, 일 공 [start work]
공사(工事)에 착수(着手)함. ¶고속도로를 착공하다. [비] 기공(起工). [반] 준공(竣工), 완공(完工).

착륙 着陸 | 붙을 착, 뭍 륙
[land; touchdown]
비행기 따위가 땅[陸]위에 내림[着]. ¶우주선이 달에 착륙하다. [반] 이륙(離陸).

▸ **착륙-선 着陸船** | 배 선
착륙(着陸)을 하는 데 쓰는 우주선(宇宙船). ¶착륙선으로 갈아타다.

착상 着想 | 붙을 착, 생각 상

[get an idea]
생각하는[想] 일에 착수(着手)함. 어떤 일이나 계획 등에 대한 새로운 생각이나 구상이 마음에 떠오르는 일. ¶착상이 기발하다.

착색 着色 | 붙을 착, 빛 색
[color; paint; stain]
색[色]을 입힘[着]. ¶치아가 누렇게 착색되다.

착수 着手 | 붙을 착, 손 수
[start; launch]
❶속뜻 손[手]을 댐[着]. ❷어떤 일을 시작함. ¶새로운 일에 착수하다.

착실 着實 | 붙을 착, 열매 실
[reliable; trustworthy]
❶속뜻 열매[實]가 달리다[着]. ❷사람이 허튼 데가 없이 찬찬하며 실하다. ¶걸보기에는 착실한 것 같다 / 착실히 돈을 모아 차를 사다.

착안 着眼 | 붙을 착, 눈 안 [pay attention to; fix one's eyes upon]
❶속뜻 눈[眼]을 가까이 대어[着] 봄. ❷어떤 일을 주의하여 봄. 또는 어떤 문제를 해결하기 위한 실마리를 잡음. ¶착안 사항 / 이 제품은 지렛대의 원리에서 착안된 것이다.

착오 錯誤 | 어긋날 착, 그르칠 오
[mistake; error]
착각(錯覺)을 하여 잘못 그르침[誤]. 또는 그런 잘못. ¶착오를 겪다보면 성공하게 된다 / 착오로 거스름돈을 덜 받았다.

착용 着用 | 붙을 착, 쓸 용
[put on; wear]
옷 따위에 부착(付着)해 씀[用]. ¶일을 할 때 안전모를 착용하다.

착잡 錯雜 | 섞일 착, 어수선할 잡
[mixed; complicated; intricate]
여러 가지 생각이 뒤섞여[錯] 마음이 어수선함[雜]. ¶그의 편지를 보고 마음이 착잡했다.

착지 着地 | 붙을 착, 땅 지 [land]
❶속뜻 땅[地] 위에 도착(到着)함. ❷운동 멀리뛰기나 체조 경기 따위에서 동작을 마친 뒤, 땅에 서는 일. ¶그 체조 선수는 착지가 조금 불안했다.

착취 搾取 | 짤 착, 가질 취
[squeeze out; extract; extort]
❶속뜻 무엇을 쥐어짜서[搾] 나오는 것을 취(取)함. ❷자본가나 지주가 근로자나 농민에 대하여 노동에 비해 싼 임금을 지급하고 그 이익의 대부분을 차지하는 일. ¶아이들의 노동력을 착취하다. ㉧ 수탈(收奪), 약탈.

찬:동 贊同 | 도울 찬, 한가지 동
[approve; support; endorse]
❶속뜻 어떤 일을 도와서[贊] 함께[同] 함. ❷뜻을 같이함. ¶그들도 우리의 제안에 찬동했다. ㉧ 동의(同意), 찬성(贊成).

찬:란 燦爛 | 빛날 찬, 빛날 란
[brilliant; shining; bright]
❶속뜻 눈부시게 빛나다[燦=爛]. ¶햇빛이 찬란하다. ❷매우 훌륭하다. ¶찬란한 업적을 남기다.

찬:미 讚美 | 기릴 찬, 아름다울 미
[praise; admire; adore]
아름다운[美] 것을 기림[讚]. ¶아름다운 자연을 찬미한 시(詩).

찬:반 贊反 | 도울 찬, 반대할 반
[for and against; ayes or noes]
찬성(贊成)과 반대(反對). ¶투표를 통해 찬반을 묻다.

찬:사 讚辭 | 기릴 찬, 말씀 사
[eulogy; words of praise]
칭찬하는[讚] 말[辭]. 또는 글. ¶멋진 공연에 아낌없는 찬사를 보내다.

찬:성 贊成 | 도울 찬, 이룰 성
[support; agree; approve of]
❶속뜻 어떤 일을 도와주어[贊] 이루게[成] 함. ❷다른 사람의 의견이나 제안 등을 인정하여 동의함. ¶나는 네 생각에 찬성이다. ㉧ 동의(同意), 찬동(贊同). ㉰ 반대(反對).

찬:송 讚頌 | 기릴 찬, 기릴 송 [praise; glorify]
공덕 따위를 기리고[讚] 칭송(稱頌)함. ¶선대의 왕업을 추모하고 찬송하다.

▸ 찬:송-가 讚頌歌 | 노래 가
[기독교] 하나님의 은혜를 찬송(讚頌)하여 부르는 노래[歌].

찬:양 讚揚 | 기릴 찬, 오를 양 [praise; exalt; glorify]
훌륭함을 기리고[讚] 받들어 올림[揚]. ¶왕의 업적을 찬양하다.

찬:연 燦然 | 빛날 찬, 그러할 연 [brilliant; resplendent]
눈부시게 빛나는[燦] 그러한[然] 모양. ¶찬연한 문화 / 불꽃놀이 펼쳐지는 하늘은 유난히 찬연했다.

찬:장 饌欌 | 반찬 찬, 장롱 장 [pantry chest; cupboard; sideboard]
반찬(飯饌)이나 음식 따위를 넣어 두는 장(欌). ¶그는 찬장을 뒤져 먹을 것을 찾았다.

찬:탄 讚歎 | 기릴 찬, 감탄할 탄 [admire; praise]
깊이 감동하여 찬양(讚揚)하고 감탄(感歎)함. ¶뛰어난 연기력에 찬탄을 보내다 / 그녀의 음식 솜씨에는 찬탄하지 않을 수 없다.

찬:탈 簒奪 | 빼앗을 찬, 빼앗을 탈 [usurp; seize]
임금의 자리를 빼앗음[簒=奪]. ¶왕권을 찬탈하고자 반란을 일으키다.

찰과-상 擦過傷 | 문지를 찰, 지날 과, 다칠 상 [abrasion; scratch]
무엇에 문질리거나[擦] 스쳐서[過] 살갗이 벗겨진 상처(傷處). ¶무릎에 가벼운 찰과상을 입었다.

찰나 刹那 | 절 찰, 어찌 나 [moment; instant]
[불교] 범어 'Ksana'의 한자 음역어로 '매우 짧은 동안'을 이름. ¶집을 떠나려는 찰나에 문제가 생겼다. [비] 순간(瞬間).

***참가 參加** | 참여할 참, 더할 가 [participate; join]
어떤 모임이나 단체의 일에 참여(參與)하여 가입(加入)함. ¶행사에 참가하다. [반] 불참(不參).

▸ 참가-자 參加者 | 사람 자
모임 따위에 참가(參加)한 사람[者]. ¶시합 참가자를 모집하다.

참견 參見 | 참여할 참, 볼 견 [participate; interfere]
❶[속뜻] 참여(參與)하여 친히 봄[見]. ❷남의 일에 끼어들어 아는 체하거나 간섭함. ¶남의 일에 쓸데없이 참견하지 마라. [비] 간섭(干涉), 관여(關與).

참고 參考 | 헤아릴 참, 생각할 고 [refer to; consult]
❶[속뜻] 헤아려[參] 곰곰이 생각함[考]. ❷살펴서 도움이 될 만한 자료로 삼음. ¶참고로 제 의견을 말씀드려도 되겠습니까? / 사전을 자주 참고하다.

▸ 참고-서 參考書 | 책 서
[교육] ❶참고(參考)가 되는 책[書]. ¶기술과학의 참고서. ❷교과서 외에 학습에 참고가 되는 책. ¶친구의 참고서를 빌리다.

▸ 참고-인 參考人 | 사람 인
참고(參考)로 삼을 만한 사람[人]. ¶참고인을 불러 조사하다.

참관 參觀 | 참여할 참, 볼 관 [visit; inspect]
어떤 자리에 직접 참가(參加)하여 지켜봄[觀]. ¶장학사들이 수업을 참관하다.

▸ 참관-인 參觀人 | 사람 인
어떤 모임이나 행사에 참가하여 지켜보는[參觀] 사람[人]. ¶참관인의 자격으로 부표를 지켜보다.

참극 慘劇 | 끔찍할 참, 연극 극 [tragedy; tragic event]
❶[속뜻] 끔찍하고[慘] 극적(劇的)인 사건. ❷참혹한 일이나 사건을 연극에 비유하여 이르는 말. ¶많은 사람이 죽거나 다치는 참극이 일어났다.

참담 慘憺 | 끔찍할 참, 비참할 담
[terrible; horrible]
❶ 속뜻 끔찍하고[慘] 비참함[憺]. ¶그들의 삶은 몹시 참담했다. ❷몹시 슬프고 괴로움. ¶참담한 실패.

참모 參謀 | 참여할 참, 꾀할 모
[staff officer; adviser]
❶ 속뜻 참여(參與)하여 모의(謀議)함. ¶선거 참모. ❷ 군사 군대에서 각급 고급 지휘관의 지휘권 행사를 보좌하기 위하여 특별히 임명되거나 파견된 장교, 인사, 정보, 작전, 군수 참모 따위.

참배 參拜 | 뵐 참, 절 배
[worship; pray before a temple]
❶ 속뜻 신이나 부처를 보며[參] 절하고[拜] 빎. ¶부처님께 참배를 드리다. ❷무덤이나 기념탑 등의 앞에서 절하고 기림. ¶신사참배 / 김구 선생 묘를 참배하다.

참변 慘變 | 참혹할 참, 바뀔 변
[disastrous accident; tragic incident]
참혹(慘酷)한 변고(變故). ¶전쟁이라는 참변을 당하였다.

참봉 參奉 | 참여할 참, 받들 봉
역사 조선 시대, 능 따위를 모시는[奉] 일을 맡았던[參] 벼슬.

참사 慘事 | 참혹할 참, 일 사
[disaster; tragedy; terrible accident]
참혹(慘酷)한 사건(事件). ¶한 순간의 부주의로 참사가 일어날 수 있다.

참상 慘狀 | 참혹할 참, 형상 상
[horrible scene; sad situation]
참혹(慘酷)한 모양이나 상태(狀態). ¶태풍이 지나간 뒤의 참상은 눈 뜨고 볼 수 없었다.

참석 參席 | 참여할 참, 자리 석
[be present; attend]
어떤 자리[席]나 모임에 참여(參與)함. ¶회의에 참석하다. ⓔ 불참(不參).
▶ **참석-자 參席者** | 사람 자
모임 따위에 참석(參席)한 사람[者]. ¶파티 참석자.

참선 參禪 | 참구할 참, 좌선 선
[meditation in Zen Buddhism]
불교 좌선(坐禪)하며 진리를 참구(參究)함. 좌선하여 불도를 닦는 일.

참성-단 塹星壇 | 구덩이 참, 별 성, 단 단
❶ 속뜻 별[星] 모양의 구덩이[塹]가 있는 단(壇). ❷ 고적 인천광역시 강화군 강화도 마니산 서쪽 봉우리에 있는 단(壇). 돌을 쌓아 기단은 둥글고 상단은 네모지게 만들었으며 단군왕검이 하늘에 제사를 지낸 곳으로 알려져 있다.

참:신 斬新 | 매우 참, 새 신
[fresh; novel; original]
매우[斬] 새롭다[新]. ¶참신한 디자인 / 아이디어가 참신하다. ⓔ 진부(陳腐)하다.

참여 參與 | 헤아릴 참, 도울 여
[participation in; take part in]
❶ 속뜻 어떤 일을 잘 헤아려[參] 도움[與]. ❷어떤 일에 끼어들어 관계함. ¶적극적인 참여와 지지 / 축제에 참여하다.
▶ **참여-도 參與度** | 정도 도
어떤 일에 사람들이 참여(參與)하는 정도(程度). ¶쓰레기 분리수거 참여도가 높아지고 있다.

참작 參酌 | 헤아릴 참, 술따를 작
[allow for; refer to]
❶ 속뜻 어떤 일을 잘 헤아려[參] 짐작(斟酌)함. ❷이리저리 비교해 알맞게 헤아림. ¶나이가 어리다는 점을 참작하다.

참전 參戰 | 참여할 참, 싸울 전
[take part in a war]
전쟁(戰爭)에 참가(參加)함. ¶할아버지는 한국전쟁에 참전하셨다고 한다.

참정 參政 | 참여할 참, 정치 정
[participate in government]
정치(政治)에 참여(參與)함.
▶ **참정-권 參政權** | 권리 권
법률 국민이 국정(國政)에 직접 또는 간접으로 참여(參與)하는 권리(權利). ¶여성이 참정권을 얻게 된 것은 얼마 되지 않는다.

참조 參照 | 헤아릴 참, 비칠 조
[refer to; compare with]
참고(參考)로 대조(對照)하여 봄. ¶자세한 설명은 해설집을 참조하세요.

참판 參判 | 참여할 참, 판가름할 판
❶[속뜻] 재판(裁判)에 간여함[參]. ❷[역사] 조선 시대, 육조의 종이품 벼슬.

참패 慘敗 | 참혹할 참, 패할 패 [be crushed; be completely defeated]
참혹(慘酷)하게 패(敗)함. ¶대군을 이끌고 왔으나 참패를 당하고 돌아갔다. 世 대패(大敗). 世 쾌승(快勝).

참호 塹壕 | =塹濠, 구덩이 참, 도랑 호
[trench; dugout]
성 둘레에 파 놓았던 구덩이[塹=壕]. ¶참호를 파고 방벽을 세우다.

참혹 慘酷 | 끔찍할 참, 독할 혹
[cruel; miserable; pitiable]
끔찍하고[慘] 독하다[酷]. ¶그 영화는 너무 참혹한 장면이 많다.

참회 懺悔 | 뉘우칠 참, 뉘우칠 회
[confess; penitent]
자기의 잘못을 뉘우침[懺=悔]. ¶그동안의 잘못을 참회하며 눈물을 흘리다. 世 회개(悔改).

찻간 車間 | 수레 차, 사이 간
[inside of a train; compartment]
기차(汽車)나 버스 따위에서 사람이 타는 칸[間]. ¶찻간이 텅 비었다.

찻잔 茶盞 | 본음 [차잔], 차 차, 잔 잔
[teacup]
차(茶)를 따라 마시는 잔(盞). ¶부인은 찻잔의 밑을 손으로 받쳐 들고 조금씩 마셨다.

창:¹ 唱 | 노래 창
[Korean traditional narrative song]
[음악] 판소리나 잡가 등을 가락을 맞추어 높은 소리로 노래를 부름. 또는 그 노랫소리.

창² 窓 | 창문 창 [(sash) window]
'창문(窓門)'의 준말. ¶창 너머로 보이는 하얀 구름.

창⁴ 槍 | 창 창 [spear; lance]
❶예전에, 긴 나무 자루 끝에 날이 선 뾰족한 쇠촉을 박아서 던지고 찌르는 데에 쓰던 무기. ¶창과 방패. ❷[운동] 창던지기에서 쓰는 기구.

창:간 創刊 | 처음 창, 책 펴낼 간
[publish the first edition]
정기 간행물 따위를 처음으로[創] 발간(發刊)함. 신문, 잡지 따위 정기 간행물의 첫 호를 간행함. ¶창간 10주년 / 주간지가 창간되다. 世 종간(終刊).

▶ **창:간-호 創刊號** | 번호 호
정기 간행물에서 처음으로 발행한[創刊] 호(號). ¶잡지를 창간호부터 빠짐없이 읽다.

창:건 創建 | 처음 창, 세울 건
[establish; found; organize]
건물 따위를 처음으로[創] 만들어 세움[建]. ¶저 건물은 전쟁 직후에 창건되었다.

창경-궁 昌慶宮 | 창성할 창, 기쁠 경, 집 궁
❶[속뜻] 국운이 창성(昌盛)하는 경사(慶事)가 있기를 기원하는 뜻에서 지은 궁전(宮殿). ❷[고적] 서울특별시 종로구 원서동에 있는 궁. 조선 성종 14년(1483)에 수강궁을 중건하여 이 이름으로 고쳤다.

창고 倉庫 | 곳집 창, 곳집 고 [warehouse]
물건을 간직하여 두는 곳집[倉=庫]. ¶창고에 곡식이 산더미처럼 쌓여 있다. 世 곳간.

창공 蒼空 | 푸를 창, 하늘 공
[azure sky; blue sky]
푸른[蒼] 하늘[空]. ¶창공에 빛난 별. 世 창천(蒼天).

창구 窓口 | 창문 창, 구멍 구
[window; counter]
❶[속뜻] 창문(窓)에 조그마하게 뚫어놓은 구멍[口]. ❷손님을 응대하거나, 문서·물품·금전의 출납 따위를 담당하는 곳. ¶요

금은 이 창구에서 내실 수 있습니다.

창궐 猖獗 | 미쳐 날뛸 창, 날뛸 궐
[rage; rife]
못된 세력이나 전염병 따위가 세차게 일어나 걷잡을 수 없이 퍼짐[猖=獗]. ¶도적들이 창궐하다 / 유행성 감기가 창궐하다.

창:극 唱劇 | 부를 창, 연극 극
[Korean traditional opera]
❶속뜻 노래를 부르며[唱] 하는 연극[劇]. ❷선영 우리나라 구극(舊劇)의 한 가지. 판소리와 창을 중심으로 극적인 대화로 이루어지는 전통 연극.

창녕 순수비 昌寧巡狩碑 | 창성할 창, 편안할 녕, 돌 순, 순시할 수, 비석 비
고적 경상남도 창녕군 창녕(昌寧)읍에 있는, 신라 진흥왕의 순수비(巡狩碑). 본디 창녕군 창녕읍 화왕산 기슭에 있던 것을 1924년에 지금의 위치로 옮겼다. 진흥왕 22년(561)에 세운 것으로 추정되며, 비문은 해서체로 되어 있다. 국보 제33호이다.

창:달 暢達 | 펼칠 창, 이를 달
[develop; make progress; advance]
❶속뜻 거침없이 기세를 펴서[暢] 어떤 일을 이룸[達]. ❷막힘이 없이 통하거나 숙달함. ⓗ통달(通達).

창덕-궁 昌德宮 | 창성할 창, 베풀 덕, 집 궁
❶속뜻 국운이 창성(昌盛)하고 은덕(恩德)이 쌓이기를 기원하는 뜻에서 지은 궁전(宮殿). ❷고적 서울특별시 종로구 와룡동에 있는 궁궐. 조선 태종 때에 건립된 것으로 역대 왕이 정치를 하고 상주하던 곳이며, 보물 383호인 돈화문 등이 있다. 1997년에 유네스코 세계 문화유산으로 지정되었다. 사적 제122호이다.

창:립 創立 | 처음 창, 설 립
[found; establish; set up]
학교나 회사, 기관 따위를 처음으로[創] 세움[立]. ¶창립 기념 행사. ⓗ창설(創設).

창문 窓門 | 창문 창, 문 문 [window]
창(窓)으로 쓰기 위해 만든 문(門). 채광이나 통풍을 위하여 벽에 낸 작은 문. ¶창문을 활짝 열다.

창백 蒼白 | 푸를 창, 흰 백
[pale; deathly white]
얼굴에 푸른[蒼] 빛이 돌며 핏기가 없이 희다[白]. 해쓱하다. ¶며칠 잠을 못 자더니 안색이 창백해졌다.

창:법 唱法 | 부를 창, 법 법
[way of singing; vocalism]
노래나 소리, 시조 따위를 부르는[唱] 방법(方法). ¶남성적인 창법으로 유명한 여가수.

창:설 創設 | 처음 창, 세울 설 [establish; found]
조직 따위를 처음으로[創] 세움[設]. ¶축구부를 창설하다. ⓗ창립(創立).

▶창:설-자 創設者 | 사람 자
기관이나 단체 따위를 처음으로 창설(創設)한 사람[者]. ¶그의 할아버지가 이 학교의 창설자이다.

창:세 創世 | 처음 창, 세상 세
[creation of the world]
맨 처음[創] 세상(世上).

▶창:세-기 創世記 | 기록할 기
❶속뜻 세상(世上)과 인류의 창조(創造)에 관한 기록(記錄). ❷기독교 세상과 인류의 창조에 대해 기록된 구약성서 중 하나.

창:시 創始 | 처음 창, 처음 시
[initiate; originate; create]
처음으로[創] 시작(始作)함. 처음 만듦. ¶진화론을 창시하다.

▶창:시-자 創始者 | 사람 자
어떤 사상이나 학설 따위를 처음으로 시작하거나[創始] 내세운 사람[者]. ¶국어연구의 창시자.

창:안 創案 | 처음 창, 생각 안
[originate; devise; invent]
전에 없었던 생각[案]을 처음[創] 함. ¶새로운 사업을 창안해 내다.

창:업 創業 | 처음 창, 일 업
[found; start business]
❶속뜻 사업(事業)을 창설(創設)함. ¶회사 창업도 힘들지만 경영은 더 힘들다. ❷나라를 처음으로 세움. ¶조선 왕조 창업의 일등 공신.

창:의 創意 | 처음 창, 뜻 의
[original idea; originality of thought]
처음으로[創] 해낸 생각이나 의견(意見).

▶ **창:의-력 創意力** | 힘 력
새로운 것을 생각해 내는[創意] 능력(能力). ¶창의력을 발휘하다.

▶ **창:의-성 創意性** | 성질 성
새로운 것을 생각해 내는[創意] 특성(特性). ¶창의성이 풍부하다 / 창의성을 발휘해서 문제를 해결하다.

▶ **창:의-적 創意的** | 것 적
창의성(創意性)을 띠거나 가진 것[的]. ¶창의적인 사고방식.

창:작 創作 | 처음 창, 지을 작
[create; write an original work]
❶속뜻 처음으로[創] 만들어[作] 냄. ❷예술 작품을 독창적으로 만들거나 표현하는 일. 또는 그 작품. ¶소설을 창작하다.

창:제 創製 | =創制, 처음 창, 만들 제
[invent; create]
전에 없던 것을 처음으로[創] 만듦[製]. ¶한글을 창제하다.

창:조 創造 | 처음 창, 만들 조 [create]
전에 없던 것을 처음으로[創] 만듦[造]. ¶새로운 문학의 창조 / 유행을 창조하다. 땐 모방(模倣).

▶ **창:조-력 創造力** | 힘 력
새로운 것을 창조(創造)하는 힘[力]이나 능력. ¶창조력을 기르다.

▶ **창:조-자 創造者** | 사람 자
창조(創造)한 사람[者]. ¶역사의 창조자.

▶ **창:조-적 創造的** | 것 적
새로운 것을 만들어 내는[創造] 특성이 있는 것[的]. ¶전통 문화를 창조적으로 발전시키다.

창창 蒼蒼 | 푸를 창, 푸를 창
[deep blue; remote]
❶속뜻 초목이 무성하거나 하늘·바다·호수 따위가 푸르다[蒼+蒼]. ¶가을 하늘이 창창하다. ❷앞길이 멀고멀어서 아득하다. ¶앞길이 창창한 청년.

창포 菖蒲 | 창포 창, 부들 포
[iris; (sweet) flag]
❶속뜻 창포[菖]와 부들[蒲]. ❷식물 향기가 있고 길쭉한 잎이 나며, 초여름에 황록색의 꽃이 피는 풀.

창피 猖披 | 미쳐 날뛸 창, 쓰러질 피
[shameful; ignoble; discreditable]
체면 깎일 일을 당하여 부끄러워 마음속으로 펄펄 뛰고[猖] 쓰러질[披] 지경임. ¶창피를 주다 / 창피해서 얼굴이 빨개졌다.

창호 窓戶 | 창문 창, 지게 호
[windows and doors]
창문(窓)과 지게문(戶)을 아울러 이르는 말.

▶ **창호-지 窓戶紙** | 종이 지
창과 문[窓戶]을 바르는 종이[紙]. 한지(韓紙)의 한 가지. ¶창호지를 바르다.

채:광 採光 | 가려낼 채, 빛 광
[take in light]
실내를 밝게 하기 위하여 바깥 햇빛[光] 등을 받아들임[採]. ¶채광이 잘 되어 불을 안 켜도 된다.

채:굴 採掘 | 캘 채, 팔 굴
[mine; dig; exploit]
광물 따위를 캐내기[採] 위하여 땅을 팜[掘]. ¶채굴된 광석은 다른 나라로 수출된다.

채:권¹ 債券 | 빚 채, 문서 권
[loan bond; debenture]
경제 국가나 회사 등이 필요한 자금[債]을 빌리고자 할 때 발행하는 유가증권(證券). ¶다리를 짓기 위해 채권을 발행하다.

채:권² 債權 | 빚 채, 권리 권
[credit; claim]

[법률] 빚[債]을 빌려 준 데 대한 권리(權利). 재산상의 급부를 요구할 수 있는 권리. [반] 채무(債務).

채:도 彩度 | 빛깔 채, 정도 도
[chroma; saturation]
[미술] 빛깔[彩]이 선명한 정도(程度). 빛깔의 세 가지 속성 중 하나이다.

채:무 債務 | 빚 채, 힘쓸 무
[debt; financial obligation; liabilities]
[법률] 남에게 진 빚[債]을 갚기 위하여 힘써야 할 의무(義務). 재산상의 처리에 관련하여 일정한 당사자의 요구에 응하여 급부를 해야 하는 의무. ¶천만 원의 채무가 있다. [반] 채권(債權).

채:색[1] 菜色 | 나물 채, 빛 색
❶ [속뜻] 푸성귀[菜]의 빛깔[色]. ❷부황이 나서 누르스름한 얼굴빛.

채:색[2] 彩色 | 빛깔 채, 빛 색
[color; paint in colors; decorate]
❶ [속뜻] 여러 가지 빛깔[彩]의 색칠[色]. ❷그림이나 장식에 색을 칠함. ¶독특한 채색 기법 / 빨간 페인트로 담장을 채색하다.

▶ 채:색-화 彩色畵 | 그림 화
[미술] 채색(彩色)으로 그린 그림[畵]. ¶생동감 있는 채색화.

채:석 採石 | 캘 채, 돌 석
[quarry stones]
채석장에서 석재(石材)를 캐냄[採]. ¶채석된 돌은 주택용 석재로 공급된다.

▶ 채:석-장 採石場 | 마당 장
석재를 떠내는[採石] 곳[場].

채:소 菜蔬 | 나물 채, 나물 소
[vegetables; greens]
밭에 가꾸어 식용하는 각종 푸성귀나 나물[菜=蔬]. ¶밭에는 푸른 채소가 돋아난다. [비] 야채(野菜), 푸성귀.

채:송-화 菜松花 | 나물 채, 소나무 송, 꽃 화 [rose moss; garden portulaca]
❶ [속뜻] 채소(菜蔬)같으면서도 소나무[松] 모양을 하고 있는 꽃[花] 나무. ❷ [식물] 솔잎 모양의 잎이 나며, 여름부터 가을에 걸쳐 빨강·노랑·하양 등의 꽃이 피는 풀.

채:용 採用 | 가려낼 채, 쓸 용
[hire; recruit; employ]
사람을 뽑아[採] 씀[用]. ¶채용을 미루다 / 신입사원을 채용하다.

채:점 採點 | 가려낼 채, 점 점
[grade; mark; score]
점수(點數)를 매겨 우열을 가려냄[採]. ¶답안지를 채점하다.

채:집 採集 | 캘 채, 모을 집
[collect; gather]
무엇을 캐거나[採] 찾아서 모음[集]. ¶약초채집 / 곤충을 채집해서 표본을 만들었다.

채:취 採取 | 캘 채, 가질 취
[collect; gather; mine]
❶ [속뜻] 자연물에서 일부분을 캐거나[採] 뜯어서 가짐[取]. ¶미역 채취 / 고모는 약초를 채취하러 나가셨다. ❷연구나 조사 등을 위하여 표본이나 자료가 될 것을 찾거나 골라서 거두어 챙김. ¶지문채취 / 전라도 지방의 민요를 채취하다.

***채:택 採擇** | 캘 채, 고를 택
[adopt; choose]
❶ [속뜻] 캐어 내거나[採] 골라냄[擇]. ❷작품, 의견, 제도 따위를 가려 뽑음. ¶채택된 원고에 대해서는 기념품을 드립니다.

채:화 採火 | 캘 채, 불 화
오목 거울이나 볼록 렌즈 따위로 태양 광선을 모아 받아서 불[火]을 채취(採取)함.

책 册 | 책 책 [book; reading]
어떤 사상·사항을 일정한 목적·내용·체재에 맞추어 문자·그림으로 표현하여 적거나 인쇄하여 묶어 놓은 물건의 총칭. ¶책이 두툼하다. [비] 도서(圖書), 서적(書籍).

책갑 册匣 | 책 책, 상자 갑
[bookcase; slipcase]
책(册)을 넣어 두는 작은 상자[匣]나 집.

¶책갑에 책을 넣어 두다 / 책갑에서 책을 빼다.

책략 策略 | 꾀 책, 꾀할 략
[trick; stratagem]
❶속뜻 계책(計策)과 모략(謀略). 꾀. ❷어떤 일을 꾸미고 이루어 나가는 교묘한 방법. ¶돈을 벌기 위한 책략.

책망 責望 | 꾸짖을 책, 바랄 망
[scold; reproach]
잘못을 들어 꾸짖고[責] 원망(怨望)함. 또는 그 일. ¶어머니는 친구와 싸운 아들을 심하게 책망하셨다.

책방 冊房 | 책 책, 방 방 [bookstore]
책(冊)을 팔거나 사는 집[房]. ¶책방에서 낡은 책을 하나 사오다. ⓗ 서점(書店).

***책상** 冊床 | 책 책, 평상 상
[writing table; desk]
책(冊)을 읽거나 글씨를 쓰는 데 쓰는 평상(平床). ¶책상 위에 책을 두었다.

***책임** 責任 | 꾸짖을 책, 맡길 임
[responsibility; duty]
❶속뜻 꾸짖음[責]을 받지 않도록 꼭 해야 할 임무(任務). ¶이 교실 청소는 네 책임이다. ❷법률 행위의 결과에 따른 손실이나 제재를 떠맡는 일.

▶ **책임-감** 責任感 | 느낄 감
책임(責任)을 중히 여기는 마음[感]. ¶자기 일에 대한 책임감이 강하다.

▶ **책임-자** 責任者 | 사람 자
책임(責任)을 지는 사람[者]. ¶현장의 책임자를 추궁하다.

책자 冊子 | 책 책, 접미사 자
[booklet; leaflet]
얇거나 작은 책(冊). ¶학교에 대해 안내하는 책자를 보내다.

책장¹ 冊張 | 책 책, 벌일 장
[leaf of a book; pages]
책(冊)을 펼치거나 벌임[張]. 또는 그런 종이. ¶조용히 책장을 넘기다.

책장² 冊欌 | 책 책, 장롱 장
[bookshelf; book chest]
책(冊)을 넣어 두는 장롱(欌籠). ¶책장에는 여러 종류의 책이 꽂혀 있다. ⓗ 서가(書架).

처 妻 | 아내 처 [wife]
아내. ⓗ 안식구, 집사람. ⓗ 남편(男便).

처가 妻家 | 아내 처, 집 가
[one's wife's home]
아내[妻]가 출가하기 전에 부모형제와 함께 지내던 집[家]. 아내의 친정. ⓗ 시가(媤家).

처남 妻男 | 아내 처, 사내 남
[one's wife's brother]
아내[妻]의 남자[男] 형제.

처:녀 處女 | 살 처, 여자 녀
[maiden; virgin]
❶속뜻 시집가기 전에 부모와 함께 사는[處] 여자[女]. ❷아직 결혼하지 않은 다 자란 여자. ¶다 큰 처녀가 저렇게 천방지축이라니. ⓗ 총각(總角).

▶ **처:녀-막** 處女膜 | 꺼풀 막
의학 처녀(處女)의 질(膣)의 앞부분에 있는 얇은 막(膜).

처:단 處斷 | 처리할 처, 끊을 단
[decide; deal with; punish]
결단(決斷)하여 처리(處理)함.

처량 凄凉 | 쓸쓸할 처, 쓸쓸할 량
[plaintive; miserable; wretched]
초라하고 쓸쓸하다[凄=凉]. ¶처량한 신세 / 귀뚜라미 우는 소리가 처량하게 들렸다.

***처:리** 處理 | 처방할 처, 다스릴 리
[manage; treat; handle]
❶속뜻 처방(處方)하여 잘 다스림[理]. ❷정리하여 치우거나 마무리를 지음. ¶일을 적당히 처리해서는 안 된다. ❸어떤 결과를 얻으려고 화학적·물리적 작용을 일으킴. ¶천장을 물이 새지 않게 처리했다.

▶ **처:리-장** 處理場 | 마당 장
처리(處理)하는 곳[場]. ¶폐수 처리장 / 쓰레기 처리장.

처:방 處方 | 처리할 처, 방법 방

[prescribe]
❶[속뜻] 일을 처리(處理)하는 방법(方法). ¶그만의 독특한 처방을 받다. ❷증세에 따라 약을 짓는 방법. ¶항생제를 처방하다. ❸[쉬락] '처방전'(處方箋)의 준말. ¶처방을 쓰다.

▶ 처:방-전 處方箋 | 문서 전
[쉬락] 의사가 환자에게 줄 약의 이름과 분량, 조제 방법[處方] 등을 적은 문서[箋]. ¶약사는 의사의 처방전을 보고서 약을 지어 주었다.

*처:벌 處罰 | 처할 처, 벌할 벌
[punish; discipline]
가벼운 죄를 범한 사람에게 벌(罰)을 줌[處]. ¶처벌 기준을 정하다.

처:분 處分 | 처리할 처, 나눌 분
[dispose of; deal with; punish]
❶[속뜻] 처리(處理)하여 나눠[分] 치움. ¶집을 처분하다. ❷명령을 받거나 내려 일을 처리함. ¶관대한 처분을 기다립니다 / 그를 불구속으로 처분하다.

처:서 處暑 | 처리할 처, 더울 서
❶[속뜻] 더위[暑]가 여전히 머무름[處]. ❷[민속] 입추(立秋)와 백로(白露) 사이로, 양력 8월23일 경이다. ¶처서가 지나면 모기도 입이 비뚤어진다.

처:세 處世 | 살 처, 세상 세
[conduct of life]
세상(世上)에서 남과 더불어 살아감[處]. 또는 그런 일. ¶그는 처세에 능하다.

▶ 처:세-술 處世術 | 꾀 술
처세(處世)하는 방법[術]과 수단. ¶능수능란하고 교묘한 처세술.

처:소 處所 | 살 처, 곳 소
[location;; living place; residence]
사람이 살고[處] 있는 곳[所]. ¶회사 가까운 곳에 처소를 마련하다.

처:신 處身 | 살 처, 몸 신
[act; behave oneself]
세상을 살아가는[處] 데 필요한 몸[身]가짐이나 행동. ¶처신을 똑바로 하다.

처:우 處遇 | 처할 처, 만날 우
[treat; deal with]
❶[속뜻] 그 사람의 처지(處地)에 맞게 대접함[遇]. ❷사람을 평가해서 거기에 맞추어 대우함. ❸근로자에게 일정한 지위나 봉급을 주어 대우함. ¶부당한 처우.

처자 妻子 | 아내 처, 아이 자
[one's wife and children]
아내[妻]와 자식(子息). ¶처자를 거느리고 멀리 떠나다.

처-자식 妻子息 | 아내 처, 아이 자, 불어날 식 [one's wife and children]
아내[妻]와 자식(子息). ¶처자식을 먹여 살리다.

처절 悽絶 | 슬퍼할 처, 뛰어날 절
[desperate; horrible]
슬프기[悽]가 더할 나위 없음[絶]. ¶처절한 몸부림.

처제 妻弟 | 아내 처, 아우 제
[one's wife's younger sister]
아내[妻]의 여동생[弟].

*처:지 處地 | 살 처, 땅 지
[situation; position; relationship]
❶[속뜻] 현재 살고[處] 있는 땅[地]. 또는 현재의 형편. ¶내 처지에 그런 사치스런 생활을 할 수는 없다. ❷서로 사귀어 지내는 관계. ¶우리는 서로 말을 놓고 지내는 처지다.

처참 悽慘 | 슬퍼할 처, 참혹할 참
[horrible; appalling; gruesome]
매우 슬프고[悽] 참혹(慘酷)하다. ¶사고가 난 처참한 광경.

처:치 處置 | 처리할 처, 둘 치
[deal with; treat; remove]
❶[속뜻] 일을 처리(處理)하여 치워 둠[置]. ¶쓰레기가 처치 곤란이다 / 적군을 처치하다. ❷상처나 헌데 따위를 치료함. ¶응급처치.

처형¹ 妻兄 | 아내 처, 맏 형
[one's wife's elder sister]
아내[妻]의 언니[兄].

처:형² 處刑 | 처할 처, 형벌 형 [punish; execute]
무거운 죄를 범한 죄인에게 형(刑)을 집행함[處]. ¶살인범을 처형하다.

척¹ 尺 | 자 척 [Korean foot]
길이를 재는 말. 자. 1척은 약 30cm이다. ¶우리 아버지는 6척 장신(長身)이셨다.

척² 隻 | 새 한 마리 척 [vessels; ships]
배의 수효를 세는 말. ¶나루로 배 한 척이 다가온다.

척결 剔抉 | 바를 척, 긁어낼 결
[gouge out; expose; get rid of]
❶ 속뜻 뼈를 발라내고[剔] 살을 긁어냄[抉]. ❷모순, 결함 등이 있는 현상이나 근원을 깨끗이 없앰. ¶부정부패 척결을 위해 노력하다.

척도 尺度 | 자 척, 정도 도
[scale; measure; standard]
❶ 속뜻 자[尺]로 잰 길이의 정도(程度). ❷무엇을 평가하거나 판단할 때의 기준. ¶인간은 만물의 척도 / 돈은 행복의 척도가 될 수 없다.

척박 瘠薄 | 메마를 척, 엷을 박
[barren; sterile; poor]
땅이 메마르고[瘠] 기름지지 못하다[薄]. ¶척박한 환경을 일구다.

척수 脊髓 | 등뼈 척, 골수 수
[spinal cord; spine]
의학 척추(脊椎)의 관 속에 들어 있는 신경 중추[髓]. 뇌와 말초 신경 사이의 자극 전달과 반사 기능을 맡는다.

척추 脊椎 | 등뼈 척, 등뼈 추 [backbone; spine]
의학 척추동물의 등마루를 이루는 뼈[脊=椎]. ¶잘못된 자세로 오래 앉으면 척추가 휜다. ⓗ 등골뼈.

▶ **척추-동물 脊椎動物** | 움직일 동, 만물 물
동물 등골뼈[脊椎]를 가진 동물(動物)을 통틀어 이르는 말. 등뼈동물.

척화 斥和 | 물리칠 척, 어울릴 화
[reject peace]
서로 잘 지내자[和]는 제의를 물리침[斥].

▶ **척화-비 斥和碑** | 비석 비
❶ 속뜻 화친(和親)을 배척(排斥)하는 뜻을 담아 새긴 비석(碑石). ❷ 역사 1871에 조선의 흥선 대원군이 서양과의 교류를 거부하는 뜻으로 서울과 지방 각처에 세운 비석.

천 千 | 일천 천 [thousand]
백의 열 배가 되는 수. ¶종이학 천 마리 / 천 길 물속은 알아도 한 길 사람의 속은 모른다

천:거 薦擧 | 올릴 천, 들 거
[recommend; say a good word for]
인재를 들추어내[薦] 어떤 자리에 쓰도록 추천(推薦)함. ¶그는 여러 번 천거되었으나 벼슬길에 나가지 않았다.

천고마비 天高馬肥 | 하늘 천, 높을 고, 말 마, 살찔 비
[high sky and plump horses]
하늘[天]이 높고[高] 말[馬]이 살찜[肥]. 가을이 좋은 계절임을 일컫는 말. ¶천고마비의 계절.

천국 天國 | 하늘 천, 나라 국
[heaven; paradise]
❶ 속뜻 천상(天上)에 있는 나라[國]. 이상적인 세계. ¶보행자 천국 / 여기가 바로 지상 천국이다. ❷ 기독교 하느님이 직접 다스린다는 나라. ¶부자가 천국에 들어가기는 낙타가 바늘구멍에 들어가기보다 어렵다. ⓗ 천당(天堂), 하늘나라. ⓜ 지옥(地獄).

천금 千金 | 일천 천, 돈 금
[lot of money]
❶ 속뜻 엽전 천(千) 냥의 돈[金]. ❷많은 돈. ¶일확천금(一攫千金) / 천금을 준다고 해도 목숨은 살 수 없다.

천년 千年 | 일천 천, 해 년
[thousand years; millennium]
해[年]가 천(千) 번이 지날 정도의 오랜 세월. ¶그렇게 돈을 펑펑 쓰면서 어느 천

년에 집을 사겠어?

천당 天堂 | 하늘 천, 집 당
[heaven; paradise]
❶속뜻 하늘[天]에 있는 신의 전당(殿堂). ❷기독교 천국(天國). (비) 하늘나라. (반) 지옥(地獄).

천:대 賤待 | 천할 천, 대접할 대
[treat with contemp]
천(賤)하게 대접(待接)함. ¶도둑놈의 아들이라고 천대를 받다.

천:도¹ 遷都 | 옮길 천, 도읍 도
[transfer the capital]
도읍(都邑)을 옮김[遷]. ¶신돈은 평양으로 천도할 것을 주장했다.

천도² 天道 | 하늘 천, 길 도 [way of heaven; orbits of heavenly bodies]
하늘[天]의 도리(道理).
▶ **천도-교 天道敎** | 종교 교
종교 하늘[天]의 도리(道理)를 기본 사상으로 하는 종교(宗敎). 최제우를 교조로 하여, 인내천 사상을 교리로 하는 종교이다. 최제우가 창건한 '동학(東學)'을 바꾼 이름이다.

천동 天動 | 하늘 천, 움직일 동
❶속뜻 하늘[天]이 움직임[動]. ❷하늘이 움직일 만큼 큰 소리나 울림. '천둥'의 원래말.
▶ **천동-설 天動說** | 말씀 설
천문 하늘이 움직인다[天動]는 학설(學說). 모든 천체는 우주의 중심인 지구 둘레를 돈다는 학설. (반) 지동설(地動說).

천륜 天倫 | 하늘 천, 도리 륜
[natural relationships of man]
하늘[天]이 맺어준 사람 사이에 지켜야 할 도리[倫]. 부자(父子)·형제 사이에 마땅히 지켜야 할 도리. ¶부모가 자식을 버리는 일은 천륜에 어긋난다.

천리 千里 | 일천 천, 거리 리
[long distance]
❶속뜻 1리(里)의 천(千)배에 해당하는 거리. ❷'매우 먼 거리'를 비유하는 말. ¶어머니는 천리 길도 마다 않고 나를 보러 오셨다.
▶ **천리-경 千里鏡** | 거울 경
❶속뜻 천리(千里) 밖의 것도 볼 수 있도록 만든 망원경(望遠鏡). ❷물리 두 개 이상의 볼록 렌즈를 맞추어서 멀리 있는 물체 따위를 크고 정확하게 보도록 만든 장치.
▶ **천리-마 千里馬** | 말 마
❶속뜻 하루에 천리(千里)를 달릴 수 있는 말[馬]. ❷'아주 뛰어난 말'을 비유하여 이르는 말.
▶ **천리 장성 千里長城** | 길 장, 성곽 성
❶속뜻 천리(千里) 가량의 긴[長] 성(城). ❷고적 고려 1033년에, 압록강 어귀에서 함흥의 도련포까지 쌓은 장성.

천마 天馬 | 하늘 천, 말 마
[flying horse; Pegasus]
하늘[天]을 달린다는 상제(上帝)의 말[馬].
▶ **천마-도 天馬圖** | 그림 도
고적 순백의 천마(天馬) 한 마리가 하늘로 날아 올라가는 모양을 그린 그림[圖]. 경상북도 경주시에 있는 천마총에서 나온 말다래의 뒷면에 그려져 있다.
▶ **천마-총 天馬塚** | 무덤 총
❶속뜻 천마(天馬) 벽화가 있는 무덤[塚]. ❷고적 경상북도 경주시 황남동에 있는 신라 때의 고분으로 신라 지증왕의 능으로 추정되고, 천마도가 그려져 있는 것이 가장 큰 특징이다.

천막 天幕 | 하늘 천, 막 막 [tent]
하늘[天]을 가린 막(幕). 비바람 따위를 막는 장막. ¶천막을 치고 교실을 만들다.

천만 千萬 | 일천 천, 일만 만
[ten million; countless number]
❶속뜻 만(萬)의 천(千)의 곱절. ¶한 달에 천만 원도 넘게 번다. ❷천만 가지의 경우, 즉 '많은 수나 경우'를 이르는 말. 전혀. 아주. 매우. 어떤 경우에도. ¶천만의 말씀 / 앞으로는 그런 일이 천만 없도록 하게. ❸더할 나위 없음. 정도가 심함. ¶위험

천만하다.

▸ 천만-다행 千萬多幸 | 많을 다, 다행 행
천만(千萬) 번 생각해도 매우 다행(多幸)함. ¶더 크게 다치지 않아 천만다행이다. [비] 만만다행(萬萬多幸).

천명[1] 天命 | 하늘 천, 목숨 명
[one's life; God's will]
❶[속뜻] 하늘[天]이 준 수명(壽命). 타고난 수명. ❷하늘의 명령. ¶할 일을 다 하고 천명을 기다리다. [비] 천수(天壽). [반] 비명(非命).

천:명[2] 闡明 | 드러낼 천, 밝을 명
[make clear; clarify; declare]
사실, 내막 또는 의사 따위를 분명(分明)하게 드러내거나[闡] 나타냄. ¶우리의 의지를 전 세계에 천명했다.

천문 天文 | 하늘 천, 무늬 문 [astronomy; astronomical phenomena]
❶[속뜻] 하늘[天]의 무늬[文]. ❷[천문] 우주와 천체의 온갖 현상과 내재된 법칙성.

▸ 천문-대 天文臺 | 돈대 대
[천문] 천체 현상[天文]을 조직적으로 관측하고 연구하는 시설[臺].

▸ 천문-학 天文學 | 배울 학
[천문] 천체 현상[天文]에 관한 온갖 사항을 연구하는 학문(學問).

▸ 천문학-적 天文學的 | 배울 학, 것 적
❶[속뜻] 천문학(天文學)에 관한 것[的]. ❷수가 엄청나게 큰. 또는 그런 것. ¶천문학적 비용과 인력.

천:민 賤民 | 천할 천, 백성 민
[person of low birth]
신분이 천(賤)한 백성[民]. ¶그는 천민이었지만 재능이 뛰어나 높은 벼슬에 올랐다.

천:박 淺薄 | 얕을 천, 엷을 박
[shallow; superficial]
지식이나 생각 따위가 얕고[淺] 엷음[薄]. ¶생각이 천박하여 돈 많은 것만 자랑으로 여기다.

천방-지축 天方地軸 | 하늘 천, 모 방, 땅 지, 굴대 축 [stupid flurry]
❶[속뜻] 하늘[天]의 한 구석[方]을 갔다가 땅[地]의 한 축(軸)을 돌아다님. ❷마구 덤벙대는 일. ¶천방지축으로 행동하다.

천백 千百 | 일천 천, 일백 백
❶[속뜻] 천(千) 또는 백(百). ❷많은 수를 이르는 말. ¶천백 마디의 말이 다 필요없다.

천벌 天罰 | 하늘 천, 벌할 벌
[divine punishment]
하늘[天]이 주는 벌(罰). ¶그렇게 거짓말을 하면 천벌을 받는다.

천부 天賦 | 하늘 천, 줄 부
[natural gift; native ability]
❶[속뜻] 하늘[天]이 줌[賦]. ❷선천적으로 타고남. ¶천부의 재능을 가졌다.

▸ 천부-적 天賦的 | 것 적
하늘이 준[天賦] 것처럼 선천적으로 타고난 것[的]. ¶이 학생은 음악에 천부적인 재능이 있다.

천부-인 天符印 | 하늘 천, 부신 부, 도장 인
천자(天子)라는 표지[符]로 하느님이 내려준 세 개의 도장[印]. 단군이 고조선을 건국하였다는 신화에 나온다.

천사 天使 | 하늘 천, 부릴 사 [angel]
❶[속뜻] '천자(天子)의 사신(使臣)'을 제후국에서 일컫던 말. ❷[기독교] 하나님의 사자로서 하나님과 인간의 중개 역할을 하는 존재를 이르는 말. ¶서양의 천사는 주로 날개를 달고 있다 / 그녀는 천사와 같은 마음씨를 가졌다. [반] 악마(惡魔).

천사-만사 千事萬事 | 일천 천, 일 사, 일만 만, 일 사
❶[속뜻] 천(千) 가지 일[事]과 만(萬) 가지 일[事]. ❷온갖 일을 이르는 말. ¶천사만사가 다 귀찮다.

천상 天上 | 하늘 천, 위 상 [heavens]
하늘[天]의 위[上]. ¶천상의 소리. [비] 천국(天國).

천생 天生 | 하늘 천, 날 생 [by nature]
❶[속뜻] 하늘[天]에서 타고 난[生] 것. 태

어날 때부터 지닌 본바탕. ❷선천적으로 타고남. ¶그는 천생 예술가다.

▶ **천생-연분 天生緣分** | 인연 연, 나눌 분
하늘이 미리 마련하여 준[天生] 연분(緣分). ¶나와 내 남편이야말로 천생연분이다.

천성 天性 | 하늘 천, 성질 성
[one's nature]
하늘[天]이 준 성질(性質). 선천적으로 타고난 성격. ¶그는 천성이 게으름뱅이다.

천수 天水 | 하늘 천, 물 수
하늘[天]에서 내려온 물[水]. ⓑ 빗물.

▶ **천수-답 天水畓** | 논 답
농업 물의 근원이나 물줄기가 없어서 비[天水]가 와야만 모를 내고 기를 수 있는 논[畓].

천:시 賤視 | 천할 천, 볼 시
[despise; scorn]
천(賤)하게 봄[視]. ¶예전에는 상인을 천시했다. ⓑ 천대(賤待).

천식 喘息 | 헐떡거릴 천, 숨쉴 식
[asthma]
❶속뜻 헐떡거리면서[喘] 숨을 쉼[息]. ❷의학 기관지에 경련이 일어나는 병. ¶천식에 걸려 자지러지는 소리로 기침을 했다.

천신-만고 千辛萬苦 | 일천 천, 고생할 신, 일만 만, 괴로울 고
❶속뜻 천(千) 가지 고생[辛]과 만(萬) 가지 괴로움[苦]. ❷마음과 몸을 온 가지로 수고롭게 하고 애씀. ¶천신만고 끝에 기계를 발명해 내다.

천연 天然 | 하늘 천, 그러할 연 [nature]
하늘[天]이 만든 그대로의[然] 것. 사람의 힘을 가하지 않은 자연 그대로의 상태. ¶천연 원료를 사용하다. ⓑ 인위(人爲).

▶ **천연-두 天然痘** | 천연두 두
❶속뜻 천연적(天然的)인 것으로 생각했던 두창(痘瘡). ❷의학 법정 전염병의 한 가지. 열이 나고 두통이 나며 온몸에 발진이 생겨서 자칫하면 얼굴이 얽게 되는 전염병이다. ¶천연두에 걸려 얼굴이 얽었다.

▶ **천연-색 天然色** | 빛 색
물체가 가지고 있는 천연(天然) 그대로의 빛깔[色]. ¶천연색의 화면.

▶ **천연-자원 天然資源** | 재물 자, 근원 원
천연(天然)으로 존재하는, 인간 생활에 쓸모 있는 자원(資源). ¶천연자원이 풍부한 나라.

▶ **천연-기념물 天然紀念物** | 벼리 기, 생각 념, 만물 물
천연(天然)에서 나는, 가치가 있어 법으로 보호하여 기념(紀念)할만한 생물(生物)이나 식물(植物)을 통틀어 이르는 말.

천왕 天王 | 하늘 천, 임금 왕
불교 욕계와 색계에 있다는 하늘[天]의 왕(王)을 통틀어 이르는 말.

▶ **천왕-성 天王星** | 별 성
❶속뜻 천왕(天王)을 상징하는 별[星]. ❷천문 태양계의 일곱째 행성. 영문명인 'Uranus'는 그리스 신화에 나오는 하늘의 신을 이르는 말에서 비롯되었다.

천:인 賤人 | 천할 천, 사람 인
[person of low origin; lowly man]
❶속뜻 천(賤)한 사람[人]. ❷봉건사회에서 천한 일이 생업이었던 사람. 백정, 노비 따위.

천일 天日 | 하늘 천, 해 일 [sun(light)]
❶속뜻 하늘[天]과 해[日]. ❷하늘에 떠 있는 해. 또는 그 햇볕. ❸종교 천도교의 '창건 기념일'을 이르는 말.

▶ **천일-제염 天日製鹽** | 만들 제, 소금 염
염전에 바닷물을 끌어와 햇볕[天日]과 바람에 수분을 증발시켜 소금[鹽]을 만드는 [製] 방법.

천자 千字 | 일천 천, 글자 자
[Thousand-Character Text]
❶속뜻 천(千) 개의 글자[字]. ❷책명 '천자문'의 준말.

▶ **천자-문 千字文** | 글월 문
책명 한문을 처음 배우는 사람을 위하여

교과서로 쓰이던 책. 중국 후량(後粱)의 주흥사(周興嗣)가 1천(千) 자(字)의 한자로 4언 시문(詩文)으로 지어 만든 책이다.

천장 天障 | 하늘 천, 막을 장 [ceiling; roof]
❶[속뜻]하늘[天]을 가리어 막음[障]. ❷[건설]집의 안에서 위쪽 면. ¶천장에 파리가 붙어 있다.

천재[1] 天才 | 하늘 천, 재주 재 [genius; prodigy]
하늘[天]이 준 재주[才]. 태어날 때부터 갖춘 뛰어난 재주. 또는 그런 재주를 가진 사람. ¶그는 돈 버는 데 천재다 / 천재와 바보는 종이 한 장 차이다. [반]둔재(鈍才).

천재[2] 天災 | 하늘 천, 재앙 재 [natural disaster]
하늘[天]이 내리는 재앙(災殃). 자연현상으로 일어나는 재난. 지진, 홍수 따위. ¶천재를 입다.

▸ 천재-지변 天災地變 | 땅 지, 바뀔 변
하늘에서 내린 재앙[天災]과 땅[地]에서 일어나는 변고(變故). 자연 현상으로 일어나는 재앙이나 괴변. ¶천재지변으로 인한 피해가 크다.

천적 天敵 | 하늘 천, 원수 적 [natural enemy]
❶[속뜻]천연(天然)의 적(敵). ❷[동물]어떤 생물에 대하여 해로운 적이 되는 생물. 개구리에 대한 뱀, 쥐에 대한 고양이 따위.

천제 天帝 | 하늘 천, 임금 제 [Lord of Heaven; God of Providence]
하늘[天]의 명을 받은 임금[帝].

천주 天主 | 하늘 천, 주인 주 [Lord of Heaven; God]
❶[속뜻]하늘[天]의 주인(主人). ❷[가톨릭]하느님을 일컫는 말.

▸ 천주-교 天主教 | 종교 교
[가톨릭]하느님[天主]을 믿는 종교(宗教).

▸ 천주-학 天主學 | 배울 학
[가톨릭]하느님[天主]을 믿고 연구하는 학문(學問). 지난날, '가톨릭'을 달리 이르던 말.

▸ 천주-실의 天主實義 | 실제 실, 옳을 의
❶[속뜻]하느님[天主]의 진실(眞實)한 의의(意義). 하느님의 참뜻. ❷[책명]1603년 천주교 신부인 마테오 리치가 중국에서 쓴 천주교를 설명한 책.

천중 天中 | 하늘 천, 가운데 중
❶[속뜻]관측자를 중심으로 한 하늘[天]의 한가운데[中]. ❷관상에서, '이마의 위쪽'을 이르는 말. [참]천정(天庭).

▸ 천중-가절 天中佳節 | 좋을 가, 철 절
[민속]천중(天中)의 좋은[佳] 명절(名節), 즉 '단오'를 달리 이르는 말.

천지 天地 | 하늘 천, 땅 지 [earth and the sky; world; abundance]
❶[속뜻]하늘[天]과 땅[地]. ¶눈이 온 천지를 뒤덮었다. ❷온 세상. ¶이렇게 고마운 일이 천지에 어디 또 있겠는가. ❸대단히 많음. ¶그의 방은 쓰레기 천지다.

▸ 천지-개벽 天地開闢 | 열 개, 열 벽
하늘과 땅[天地]이 열림[開=闢]. 세상이 처음으로 생겨남.

천직 天職 | 하늘 천, 일자리 직 [calling; vocation]
❶[속뜻]하늘[天]이 내려 준 직업(職業). ❷그 사람의 천성에 알맞은 직업. ¶그는 자기 직업을 천직으로 여기고 열심히 일한다.

천진 天眞 | 하늘 천, 참 진 [innocent; simple; natural]
천성(天性) 그대로 꾸밈이 없이 참됨[眞]. 자연 그대로 거짓이 없고 순진함. ¶천진한 표정 / 아이가 눈을 깜박이며 천진스럽게 웃는다.

▸ 천진-난만 天眞爛漫 | 빛날 란, 질펀할 만
말이나 행동에 천진(天眞)함이 넘쳐흐름[爛漫]. 조금도 꾸밈이 없이 아주 순진하고 참됨. ¶천진난만한 아기 / 그의 생각은 너무나 천진난만했다.

천차만별 千差萬別 | 일천 천, 다를 차, 일만 만, 나눌 별 [infinite variety]

❶속뜻 천(千) 가지 차이(差異)와 만(萬) 가지 구별(區別). ❷여러 가지 사물에 차이와 구별이 아주 많음. ¶품질과 디자인에 따라 가격이 천차만별이다.

천체 天體 | 하늘 천, 몸 체
[celestial bodies; heavenly bodies]
❶속뜻 하늘[天] 전체(全體). ❷천문 우주 공간에 떠 있는 온갖 물체를 통틀어 이르는 말. ¶천체를 관측하다.

천추 千秋 | 일천 천, 세월 추
[thousand years; many years]
이전이나 이후의 천(千) 년의 세월[秋]. ¶천추의 한(恨)을 남기다.

▶ 천추-만대 千秋萬代 | 일만 만, 시대 대
❶속뜻 천(千) 년[秋]과 만(萬) 세대(世代). ❷자손만대에 이르기까지의 긴 시간을 이르는 말. ¶천추만대에 길이 전해지다.

천치 天痴 | =天癡, 하늘 천, 어리석을 치
[idiot; fool]
선천적(先天的)인 바보[痴]. ¶이런 쉬운 것도 모르다니, 바보 천치야. ⑪ 백치(白痴).

천칭 天秤 | 하늘 천, 저울 칭
[balance; pair of scales]
❶속뜻 천정(天井)에 메달아 놓은 저울[秤]. ❷저울의 하나. 가운데에 줏대를 세우고 가로장을 걸치는데, 양쪽 끝에 똑같은 저울판을 달고, 한쪽에 달 물건을, 다른 쪽에 추를 놓아 평평하게 하여 물건의 무게를 단다. '천평칭'(天平秤)의 준말.

천태만상 千態萬象 | 일천 천, 모양 태, 일만 만, 모양 상 [all kinds of forms and figures; multifariousness]
천(千) 가지 자태(姿態)와 만(萬) 가지 모양[象]. 모든 사물이 제각기 다른 모습을 하고 있음. ¶사람마다 잠버릇도 천태만상이다.

천태-종 天台宗 | 하늘 천, 별 태, 종파 종
불교 중국 수(隋)나라의 천태(天台) 대사를 개조(開祖)로 하는 불교의 한 종파(宗派).

천하 天下 | 하늘 천, 아래 하
[whole country; public; world]
❶속뜻 하늘[天] 아래[下]. 온 세상. ¶천하의 못된 놈 / 천하에 이름을 떨치다. ❷한 나라의 정권. ¶공산당 천하가 되었다.

▶ 천하-장;사 天下壯士 | 씩씩할 장, 선비 사
세상[天下]에서 보기 드문 매우 힘센 장사(壯士). ¶힘은 천하장사인데 똑똑하지가 못하다.

▶ 천하-태평 天下太平 | =天下泰平, 클 태, 평평할 평
❶속뜻 온 세상[天下]이 태평(太平)함. ❷근심 걱정이 없거나 성질이 느긋하여 세상 근심을 모르고 편안함. ¶그는 지금 세상이 어떻게 돌아가는지도 모르고 천하태평이다. ⑪ 만사태평(萬事太平).

▶ 천하 대장군 天下大將軍 | 큰 대, 장수 장, 군사 군
남자 장군의 모습을 새겨 세운 장승.

천행 天幸 | 하늘 천, 다행 행
[blessing of Heaven; grace of God]
하늘[天]이 준 은혜나 다행(多幸). ¶그는 물에 빠졌지만 천행으로 살아났다.

천혜 天惠 | 하늘 천, 은혜 혜
[Heaven's blessing; gift of nature]
하늘[天]이 베풀어 준 은혜(恩惠). 자연의 은혜. ¶천혜의 관광자원.

천황 天皇 | 하늘 천, 임금 황
[Lord of Heaven; Emperor of Japan]
❶속뜻 하늘[天]이 점지한 황제(皇帝). ❷일본에서, 자기네 '임금'을 일컫는 말. ⑪ 옥황상제(玉皇上帝).

철 鐵 | 쇠 철 [iron; steel]
화학 금속 원소의 하나. 연성·전성이 풍부하고, 습한 곳에서는 녹슬기 쉽고, 용도가 넓다. ¶자석은 철을 잡아당긴다.

철갑 鐵甲 | 쇠 철, 갑옷 갑
[iron amor; coating]

쇠[鐵]로 만든 갑옷[甲]. ¶철갑을 두른 장군.

철강 鐵鋼 | 쇠 철, 강철 강
[iron and steel]
공업 주철(鑄鐵)과 강철(鋼鐵)을 아울러 이르는 말.

철거 撤去 | 거둘 철, 갈 거
[remove; pull down; demolish]
건물이나 시설 따위를 치우거나 거두어[撤] 감[去]. ¶저 건물은 곧 철거될 것이다.

철공 鐵工 | 쇠 철, 장인 공
[ironworker; ironsmith]
쇠[鐵]를 다루어 제품을 만드는 직공(職工).

***철광 鐵鑛** | 쇠 철, 쇳돌 광 [iron mine]
광업 ❶'철광석'(鐵鑛石)의 준말. 쇠. ❷철광석이 나는 광산.

철-광석 鐵鑛石 | 쇠 철, 쇳돌 광, 돌 석
광업 철(鐵)을 포함하고 있는 광석(鑛石). 자철광, 적철광, 갈철광 따위. ¶철광석은 근대 공업을 발달시킨 주요한 자원이다.

철교 鐵橋 | 쇠 철, 다리 교
[iron bridge; railroad bridge]
철(鐵)을 주재료로 하여 놓은 다리[橋]. ¶한강에 철교를 건설하다.

철근 鐵筋 | 쇠 철, 힘줄 근
[iron reinforcing bar]
건설 건물이나 구조물을 지을 때 힘줄[筋] 같은 역할을 하는 쇠[鐵] 막대. ¶철근 콘크리트.

철기 鐵器 | 쇠 철, 그릇 기 [ironware]
쇠[鐵]로 만든 그릇[器]. ¶철기를 사용하면서 농업이 발달하였다.

▶ **철기 시대 鐵器時代** | 때 시, 연대 대
고적 철기(鐵器)를 쓰던 시대(時代). 연모의 재료에 따라 구분한 인류 발전의 제3단계이다.

***철도 鐵道** | 쇠 철, 길 도
[railroad track; railroad line]
❶속뜻 쇠[鐵]로 만든 길[道]. ❷열차의 운행을 위한 갖가지 시설과 교통수단을 통틀어 이르는 말. ¶철도를 놓다 / 철도를 이용하면 편안하다.

▶ **철도-망 鐵道網** | 그물 망
철도(鐵道)가 이리저리 그물[網]처럼 되어 있는 교통 조직. ¶철도망이 거미줄처럼 뻗어 있다.

▶ **철도-청 鐵道廳** | 관청 청
법률 철도(鐵道)에 관한 업무를 관장하는 중앙 행정기관[廳].

철두-철미 徹頭徹尾 | 통할 철, 처음 두, 통할 철, 끝 미 [thorough; thoroughgoing; exhaustive]
❶속뜻 처음[頭]부터 끝[尾]까지 모두 통함[徹]. ❷처음부터 끝까지 철저하게. ¶철두철미하게 조사하다.

철로 鐵路 | 쇠 철, 길 로 [railroad]
쇠[鐵]로 만든 길[路]. ¶기적을 울리며 기차가 철로 위를 지나갔다.

철마 鐵馬 | 쇠 철, 말 마 [train]
❶속뜻 쇠[鐵]로 된 말[馬]. ❷'기차'를 달리 이르는 말. ¶철마가 빠르게 달리고 있다.

철망 鐵網 | 쇠 철, 그물 망
[wire net; wire entanglements]
가는 쇠[鐵]를 얽어서 만든 그물[網]. ¶철망 속에 갇힌 원숭이.

철면 鐵面 | 쇠 철, 낯 면
[convex surface]
쇠[鐵]처럼 두꺼운 얼굴[面].

철-면피 鐵面皮 | 쇠 철, 낯 면, 가죽 피
❶속뜻 무쇠[鐵]처럼 두꺼운 낯[面] 가죽[皮]. ❷'뻔뻔스럽고 염치없는 사람'을 비유하여 이르는 말. ¶걸핏하면 돈을 꾸러 오는 철면피.

철모 鐵帽 | 쇠 철, 모자 모 [steel helmet; trench helmet; steel cap]
군사 전투할 때 군인이 쓰는 강철(鋼鐵)로 만든 둥근 모자(帽子). ¶머리에 철모를 쓴 군인.

철물 鐵物 | 쇠 철, 만물 물

[metal goods; hardware]
❶[속뜻]쇠[鐵]로 만든 온갖 물건(物件). ❷특히 쇠로 만든 자질구레한 물건을 이르는 말.

▸철물-점 鐵物店 | 가게 점
철물(鐵物)로 된 상품을 전문으로 다루는 가게[店]. ¶철물점에서 톱을 샀다.

철벅 [with a splash; dabbling]
옅은 물 위를 밟는 모양. 또는 그 소리. ¶철벅철벅 개울을 건너가다.

철봉 鐵棒 | 쇠 철, 몽둥이 봉
[iron rod; horizontal bar]
❶[속뜻]쇠[鐵]로 만든 몽둥이[棒]. ❷[운동]두 개의 기둥에 쇠막대기를 걸쳐 고정시킨 체조 용구. ¶철봉에 일 분 넘게 매달리다.

▸철봉-대 鐵棒臺 | 돈대 대
운동을 할 수 있도록 쇠막대기[鐵棒]를 걸쳐 놓은 시설[臺]. ¶놀이터에 있던 철봉대가 망가졌다.

철분 鐵分 | 쇠 철, 나눌 분
[iron content]
어떤 물질 속에 들어 있는 철(鐵)의 성분(成分). ¶미역은 철분이 많은 식품 중 하나이다.

철사 鐵絲 | 쇠 철, 실 사 [steel wire]
쇠[鐵]로 만든 가는 실[絲] 모양의 것. ¶구부러진 철사를 펴다. ⑪쇠줄.

철석 鐵石 | 쇠 철, 돌 석
[iron and stone; firmness]
❶[속뜻]쇠[鐵]와 돌[石]. ❷마음이나 의지, 약속 따위가 '굳고 단단함'을 비유하여 이르는 말. ¶나는 친구의 말을 철석같이 믿고 기다렸다.

철수 撤收 | 거둘 철, 거둘 수
[evacuate; withdraw from]
❶[속뜻]거두어[撤] 들임[收]. ❷있던 곳에서 시설이나 장비 따위를 거두어 가지고 물러남. ¶군대가 철수하다 / 비가 내려서 텐트를 철수시켰다.

철심 鐵心 | 쇠 철, 마음 심
[firm mind; iron will; iron core]
❶[속뜻]쇠[鐵]처럼 단단한 마음[心]. ❷쇠로 속을 박은 물건의 심. ¶다리에 철심을 박다.

철야 徹夜 | 뚫을 철, 밤 야
[stay up all night; keep vigil]
자지 않고 밤[夜]을 새움[徹]. ¶철야 협상 / 이틀 밤을 철야하고 나니 눈이 저절로 감긴다.

철인 鐵人 | 쇠 철, 사람 인 [iron man]
쇠[鐵]처럼 강한 몸을 가진 사람[人]. ¶철인 3종 경기.

철자 綴字 | 꿰맬 철, 글자 자 [spell]
❶[속뜻]자모(字母)를 꿰매어[綴] 음을 적음. ❷[언어]자음과 모음을 맞추어 음절 단위의 글자를 만드는 일. ¶이름의 철자를 가르쳐 주세요.

▸철자-법 綴字法 | 법 법
[언어]글자나 자모를 짜 맞추는[綴字] 방법(方法). ¶철자법에 맞게 고치다. ⑪맞춤법.

철저 徹底 | 뚫을 철, 밑 저
[thorough; exhaustive; radical]
속속들이 꿰뚫어[徹] 밑바닥[底]까지 빈틈이 없음. 또는 그런 태도.

철제 鐵製 | 쇠 철, 만들 제
[iron; iron preparation]
쇠[鐵]로 만듦[製]. 또는 그 물건. ¶철제 사다리.

철조 鐵條 | 쇠 철, 가지 조
[metal engraving]
❶[속뜻]가지[條] 모양의 긴 쇠[鐵]. ❷'굵은 철사'를 일컬음.

▸철조-망 鐵條網 | 그물 망
철조선(鐵條線)을 그물[網] 모양으로 얼기설기 엮어 놓은 물건. 또는 그것을 둘러친 울타리. ¶건물 주위에는 철조망이 둘러쳐져 있다.

철창 鐵窓 | 쇠 철, 창문 창
[iron-barred window; prison bars]
쇠[鐵]로 만든 창살이 달린 창문(窓門).

¶창문을 모두 철창으로 바꾸다 / 철창에 갇히다.

▶ 철창-신세 鐵窓身世 | 몸 신, 세상 세
철창(鐵窓)으로 둘러싸인 감옥에 갇히는 신세(身世). ¶경찰에 붙잡힌 그들은 철창 신세가 되었다.

철책 鐵柵 | 쇠 철, 울타리 책
[iron fence]
쇠[鐵]줄로 만든 우리나 울타리[柵]. ¶휴전선에 철책을 두르다.

철칙 鐵則 | 쇠 철, 법 칙
[ironclad rule; strict regulation]
쇠[鐵]처럼 굳은 법칙(法則). 변경하거나 어길 수 없는 규칙. ¶어떤 경우에도 때리지 않는다는 게 내 철칙이다.

철탑 鐵塔 | 쇠 철, 탑 탑
[steel tower; pylon]
❶속뜻 철근(鐵筋)이나 철골(鐵骨)을 써서 만든 탑(塔). ❷송전선 따위 전선(電線)을 지탱하기 위해 세운 쇠기둥. ¶철탑에는 굵은 고압선이 설치되어 있다.

철통 鐵桶 | 쇠 철, 통 통 [steel tub]
❶속뜻 쇠[鐵]로 만든 통(桶). ❷철통처럼 조금도 빈틈없이 튼튼히 에워싸고 있다. ¶철통같이 경계하다.

철퇴 鐵槌 | 쇠 철, 몽둥이 퇴
[iron hammer; iron mace]
❶속뜻 쇠[鐵]로 만든 몽둥이[槌]. ❷'호된 처벌이나 타격'을 비유하여 이르는 말. ¶뇌물을 받은 공무원들에게 철퇴를 가하다.

철판 鐵板 | 쇠 철, 널빤지 판
[iron plate]
쇠[鐵]로 된 넓은 조각[板]. ¶철판에 고기를 굽다 / 얼굴에 철판을 깔다.

철퍽 [with a splash]
❶열은 물이나 진창을 거칠게 밟거나 치는 소리. ❷힘없이 넘어지거나 주저앉는 소리. '철퍼덕'의 준말.

철폐 撤廢 | 거둘 철, 그만둘 폐
[abolish; remove]
거두어들이거나[撤] 그만둠[廢]. ¶야간 통행금지를 철폐하다.

철학 哲學 | 밝을 철, 배울 학
[philosophy; world view]
❶속뜻 인간과 삶의 원리와 본질 따위를 밝히는[哲] 학문(學問). ¶동양 철학을 공부하다. ❷투철한 인생관이나 가치관. ¶나에게는 나대로의 철학이 있다.

▶ 철학-자 哲學者 | 사람 자
철학(哲學)을 전문으로 연구하는 사람 [者].

철회 撤回 | 거둘 철, 돌이킬 회 [withdraw; recall]
벌인 일을 거두어[撤]들여 원래 상태로 돌아감[回]. ¶국회의 결정을 철회시키다.

첨가 添加 | 더할 첨, 더할 가 [add]
이미 있는 데에 덧붙이거나[添] 보탬 [加]. ¶방부제를 첨가하지 않은 제품. ⓔ 삭제(削除).

▶ 첨가-물 添加物 | 만물 물
식품 따위를 만들 때 보태어 넣는[添加] 물질(物質). ¶인공 첨가물 / 음식에 화학 첨가물을 넣다.

첨단 尖端 | 뾰족할 첨, 끝 단
[point; tip; spearhead]
❶속뜻 물건의 뾰족한[尖] 끝[端]. ❷시대의 흐름·유행 따위의 맨 앞장. ¶첨단 기술을 도입하다.

첨부 添附 | 더할 첨, 붙을 부
[attach; append]
주로 문서나 안건 따위에 더하거나[添] 덧붙임[附]. ¶첨부된 문서를 참조하다.

첨삭 添削 | 더할 첨, 깎을 삭
[correct; edit]
시문이나 답안 따위를 첨가(添加)하거나 삭제(削除)함. ¶첨삭지도 / 편집부장이 원고의 내용을 첨삭했다.

첨성-대 瞻星臺 | 볼 첨, 별 성, 돈대 대
❶속뜻 별[星]을 관측하여 보는[瞻] 누대 (樓臺). ❷고전 신라 때의 천문 관측대. 선덕 여왕 때 축조한 것으로 경주에 있다.

첨예 尖銳 | 뾰족할 첨, 날카로울 예
[sharp; acute]
❶**속뜻** 끝이 뾰족하고[尖] 서슬이 날카로움[銳]. ❷상황이나 사태 따위가 날카롭다. ¶의견이 첨예하게 대립하다.

첨지 僉知 | 다 첨, 알 지
❶**속뜻** 세상을 다[僉] 알만한[知] 나이의 사람. ❷성 아래 붙여 '나이 많은 이'를 낮추어 가볍게 부르던 말. ¶김 첨지는 주막에서 술을 한 잔 마셨다.

첨탑 尖塔 | 뾰족할 첨, 탑 탑
[steeple; spire]
지붕 꼭대기가 뾰족한[尖] 탑(塔). 또는 그런 탑이 있는 높은 건물. ¶교회 첨탑 위의 흰 십자가.

첩¹ 妾 | 첩 첩 [concubine]
본처 외에 데리고 사는 여자. ¶첩을 들이다. ⓗ 소실(小室). ⓟ 본처(本妻), 본부인(本婦人), 정실(正室).

첩² 貼 | 붙을 첩
[pack of herb medicine]
약봉지에 싼 약의 뭉치를 세는 단위. ¶보약 한 첩을 짓다.

첩경 捷徑 | 빠를 첩, 지름길 경
[shortcut; nearer way; royal road]
❶**속뜻** 빠른[捷] 지름길[徑]. ¶성공에 이르는 첩경. ❷어떤 일을 함에 있어서 흔히 그렇게 되기가 쉬움을 이르는 말. ¶말을 그렇게 하면 욕먹기가 첩경이다. ⓟ 우로(迂路).

첩보 諜報 | 염탐할 첩, 알릴 보
[intelligence; secret information]
적의 형편을 염탐하여[諜] 알려[報]줌. ¶적 부대가 산을 넘어온다는 첩보가 들어왔다.

첩자 諜者 | 염탐할 첩, 사람 자
[spy; secret agent]
적의 형편이나 사정을 염탐하는[諜] 사람[者]. ¶우리 중에 적의 첩자가 있을지도 모른다. ⓗ 간첩(間諜).

첩첩 疊疊 | 겹칠 첩, 겹칠 첩 [in layers]
여러 겹으로 겹침[疊+疊]. ¶첩첩 쌓인 먼 산 / 주위는 첩첩이 어둠에 싸여 적막했다.

▶ **첩첩-산중** 疊疊山中 | 메 산, 가운데 중
산이 첩첩(疊疊)이 둘러싸인 깊은 산(山) 속[中]. ¶첩첩산중에서 길을 잃다.

청¹ 淸 | 맑을 청
역사 중국 '청(淸)나라'의 준말.

청² 請 | 청할 청 [ask; beg; request]
어떤 일을 남에게 부탁하는 것. 또는 그 부탁. ¶그는 내 청을 거절했다.

청각¹ 靑角 | 푸를 청, 뿔 각
❶**속뜻** 푸른[靑] 색의 뿔[角] 같이 생긴 바닷말. ❷**식물** 녹조류 청각과의 해조. 파도의 영향을 적게 받는 깊은 바다에서 자라며 김장 때 김치의 고명으로 쓰기도 한다.

청각² 聽覺 | 들을 청, 깨달을 각
[sense of hear]
의학 무엇을 귀로 들어[聽] 일어나는 감각(感覺). ¶지나친 소음은 청각에 피해를 줄 수 있다.

청결 淸潔 | 맑을 청, 깨끗할 결
[clean; neat]
지저분한 것을 없애어 맑고[淸] 깨끗함[潔]. ¶항상 몸을 청결히 해라. ⓟ 불결(不潔).

청경-채 靑梗菜 | 푸를 청, 줄기 경, 나물 채
❶**속뜻** 푸른[靑] 줄기[梗]를 가진 나물[菜]. ❷**식물** 십자화과의 한해살이풀. 잎은 둥글고 녹색이며 연녹색의 잎줄기는 두껍고 즙이 많다.

청과 靑果 | 푸를 청, 열매 과
[fruits and vegetables]
❶**속뜻** 푸른[靑] 채소와 과일[果]. ❷채소와 과일을 통틀어 이르는 말. ¶청과 시장.

▶ **청과-물** 靑果物 | 만물 물
청과(靑果)에 속하는 물품(物品). ¶시장에서 청과물 장사를 하다.

청구¹ 靑丘 | =靑邱, 푸를 청, 언덕 구
❶**속뜻** 푸른[靑] 언덕[丘]. ❷지난날, 중

국에서 '우리나라'를 달리 이르던 말. 중국의 신화에 따르면, 오색 가운데 '청'(靑)은 동방을 상징하므로, 중국의 동쪽에 있는 우리나라를 일러 그렇게 지칭하였다고 한다.

▸ 청구-영언 靑丘永言 | 길 영, 말씀 언
[책명] 조선 영조 때, 김천택(金天澤)이 엮은 시조집. 고려 말부터 편찬 당시까지의 우리나라[靑丘] 시조와 가사[永言]를 곡조별로 분류 정리한 것이다.

청구[2] **請求** | 청할 청, 구할 구
[demand; request; claim]
요청(要請)하여 요구(要求)함. 무엇을 공식적으로 내놓거나 주기를 요구함. ¶손해 배상 청구 / 구속영장을 청구하다.

▸ 청구-서 請求書 | 글 서
무엇을 공식적으로 청구(請求)하는 내용이 적힌 글[書]. 또는 그 문서. ¶공과금 청구서를 받다.

청국-장 淸麴醬 | 맑을 청, 누룩 국, 된장 장
❶[속뜻] 맑은[淸] 누룩[麴]을 이용해 만든 된장[醬]. ❷푹 삶은 콩을 띄워서 만든 된장의 한 가지. 주로 찌개를 끓여 먹는다.

청군 靑軍 | 푸를 청, 군사 군
[blue team]
운동 경기 따위에서, 파란[靑] 색의 상징물을 사용하는 편을 군사[軍]에 비유한 말. ¶달리기에서 청군이 이겼다. [반] 백군(白軍).

청년 靑年 | 푸를 청, 나이 년
[young man; youth]
❶[속뜻] 푸른[靑] 나이[年]. ❷젊은 사람. 특히, 젊은 남자를 가리킨다. ¶저 청년은 참 성실하다. [비] 젊은이.

▸ 청년-단 靑年團 | 모일 단
수양이나 사회 공헌을 위하여 청년(靑年)들로 조직된 단체(團體).

***청동 靑銅** | 푸를 청, 구리 동 [bronze]
❶[속뜻] 푸른[靑] 색을 띠는 구리[銅]. ❷[화학] 구리와 주석의 합금. ¶그 상은 청동으로 만든 것이다.

▸ 청동-기 靑銅器 | 그릇 기
청동(靑銅)으로 만든 기구(器具)를 두루 이르는 말. ¶강릉 일대에는 청동기 유적이 있다.

▸ 청동기 시대 靑銅器時代 | 그릇 기, 때 시, 연대 대
[고적] 청동(靑銅)을 이용하여 여러 가지 도구[器]를 만들어 쓰던 시대(時代).

청량 淸涼 | 맑을 청, 서늘할 량
[clear and cool]
맑고[淸] 서늘함[涼]. ¶청량한 가을 날씨.

▸ 청량-음:료 淸涼飮料 | 마실 음, 거리 료
시원한[淸涼] 느낌을 주는 음료(飮料). 소다수, 사이다, 콜라 따위가 있다.

청력 聽力 | 들을 청, 힘 력
[power of hearing; hearing ability]
귀로 소리를 듣는[聽] 능력(能力). ¶할머니의 청력이 많이 나쁘다.

청렴 淸廉 | 맑을 청, 검소할 렴
[upright; cleanhanded]
마음이 맑아[淸] 검소함[廉]. ¶청렴하고 겸손한 대감.

▸ 청렴-결백 淸廉潔白 | 깨끗할 결, 흰 백
마음에 탐욕이 없고[淸廉] 행동에 허물이 없음[潔白]. ¶아버지는 늘 정직하고 청렴결백하게 사셨다.

청록[1] **靑鹿** | 푸를 청, 사슴 록
❶[속뜻] 푸른색[靑]의 사슴[鹿]. ❷[동물] 몸은 여름에는 푸른빛을 띤 회색이고 겨울에는 회색을 띤 갈색의 동물.

▸ 청록-파 靑鹿派 | 갈래 파
[문학] 1946년에 공동 시집 '청록집'(靑鹿集)을 낸 조지훈, 박목월, 박두진이 중심이 된 시파(詩派)를 이르는 말.

청록[2] **靑綠** | 푸를 청, 초록빛 록
[bluish green color]
'청록색'(靑綠色)의 준말.

▸ 청록-색 靑綠色 | 빛 색
파랑[靑]과 녹(綠)색의 중간 쯤 되는 색

(色). ⓒ청록.

청룡 青龍 | 푸를 청, 용 룡
[blue dragon]
푸른[青] 빛을 띤 용(龍).

청명 清明 | 맑을 청, 밝을 명 [fine; fair]
❶속뜻 날씨나 소리가 맑고[清] 밝음[明]. ¶청명한 아침 하늘. ❷민속 이때부터 날이 풀리기 시작해 화창해진다는 뜻의 이십사절기의 하나. 양력 4월 5,6일경이다. 속담 한식에 죽으나 청명에 죽으나.

청문 聽聞 | 들을 청, 들을 문 [listen]
설교나 연설 따위를 들음[聽=聞].

▶ 청문-회 聽聞會 | 모일 회
정치 어떤 일에 대하여 물어보아 대답을 들어보기[聽聞] 위한 모임[會]. ¶국회에서 청문회를 개최하다.

청빈 清貧 | 맑을 청, 가난할 빈
[poor but honest]
성품이 청렴(清廉)하여 가난함[貧]. ¶청빈한 선비.

청사 廳舍 | 관청 청, 집 사
[government office building]
관청(官廳)의 사무실로 쓰이는 건물[舍]. ¶정부 종합청사.

청-사진 青寫眞 | 푸를 청, 베낄 사, 참 진
[blueprint]
❶속뜻 설계도면 따위의 푸른[青] 빛이 감도는 사진(寫眞). ¶건물의 청사진을 만들다. ❷어떤 일에 대한 '계획·구상'을 상징하여 이르는 말. ¶미래에 대한 청사진을 제시하다.

청산¹ 清算 | 맑을 청, 셀 산
[pay off; clear; end]
서로 채권·채무 관계를 말끔하게[清] 셈하여[算] 정리함. ¶빚을 청산하다.

청산² 青山 | 푸를 청, 메 산
[blue mountains]
초목이 우거진 푸른[青] 산(山).

▶ 청산-유수 青山流水 | 흐를 류, 물 수
❶속뜻 푸른[青] 산(山)에 맑게 흐르는[流] 물[水]. ❷막힘없이 썩 잘하는 말을 비유하여 이르는 말. ¶말솜씨가 청산유수 같다.

청산리 대:첩 青山里大捷 | 푸를 청, 메 산, 마을 리, 큰 대, 이길 첩
역사 1920년에 김좌진을 총사령으로 한 독립군이 만주 청산리(青山里)에서 일본군을 크게[大] 이긴[捷] 싸움.

청색 青色 | 푸를 청, 빛 색
[blue color; blue]
푸른[青] 빛[色]. ¶하늘이 부드러운 청색을 띤다.

*청소 清掃 | 맑을 청, 쓸 소
[clean; sweep]
더럽거나 어지러운 것을 깨끗하게[清] 쓸어냄[掃]. ¶청소 당번 / 내 방을 청소하다.

▶ 청소-기 清掃機 | 틀 기
청소(清掃)를 하는 데 쓰이는 기계(機械). 진공청소기. ¶청소기를 돌리다.

▶ 청소-부¹ 清掃夫 | 사나이 부
건물이나 도로 등을 청소(清掃)하는 일에 종사하는 남자[夫].

▶ 청소-부² 清掃婦 | 여자 부
청소(清掃)하는 일을 직업으로 하는 여자[婦].

▶ 청소-차 清掃車 | 수레 차
쓰레기나 분뇨 따위를 청소(清掃)하는 차(車).

청-소:년 青少年 | 젊을 청, 적을 소, 나이 년 [youth; teenager]
❶속뜻 청년(青年)과 소년(少年). ❷소년기에서 청년기로 접어드는 미성년의 젊은이. ¶청소년 범죄를 예방하다.

청순 清純 | 맑을 청, 순수할 순
[pure; innocent]
깨끗하고[清] 순수(純粹)함. ¶그 소녀는 앳되고 청순하다.

청아 清雅 | 맑을 청, 고울 아
[elegant; graceful; ringing]
속된 티가 없이 맑고[清] 곱다[雅]. ¶방울 소리가 청아하다.

청약 請約 | 청할 청, 묶을 약

[subscribe for stock]
법률 계약(契約)을 신청(申請)함. 유가증권의 공모나 매출에 응모하여 인수 계약을 신청하는 일. ¶회사 주식 청약의 단위는 10주이다.

청어 青魚 | 푸를 청, 물고기 어 [herring]
동물 푸른[青] 빛을 띤 바닷물고기[魚]. 가을에서 봄에 걸쳐 잡히며 맛이 좋다.

청와 青瓦 | 푸를 청, 기와 와 [blue tile]
푸른[青] 빛깔의 매우 단단한 기와[瓦].

▶ 청와-대 青瓦臺 | 돈대 대
❶ 속뜻 푸른[青] 빛깔의 기와[瓦]로 지붕을 인 누대(樓臺). ❷우리나라 대통령 관저 이름.

청운 青雲 | 푸를 청, 구름 운
[blue clouds; high ranks]
❶ 속뜻 푸른[青] 빛을 띤 구름[雲]. ❷'높은 명예나 벼슬'을 비유하여 이르는 말. ¶청운의 뜻을 품다.

▶ 청운-교 青雲橋 | 다리 교
❶ 속뜻 푸른 구름[青雲]처럼 높이 놓인 다리[橋]. ❷고적 경주 불국사 대웅전 전방 자하문 앞에 놓인 석교(石橋).

청원 請願 | 청할 청, 바랄 원
[petition; request]
바라는[願] 바를 말하고 이루어지게 해 달라고 청(請)함. ¶청원을 받아들이다 / 특별 휴가를 청원하다.

청일 清日 | 맑을 청, 일본 일
청(清)나라와 일본(日本)을 아울러 이르는 말. ¶청일 양국의 관계는 급속도로 악화되었다.

▶ 청일-전ː쟁 清日戰爭 | 싸울 전 다툴 쟁
역사 1894년에 조선의 동학 농민 운동에 출병하는 문제로 일어난 중국 청(清)나라와 일본(日本)과의 전쟁(戰爭). 일본군이 평양 등지에서 승리하여 1895년에 시모노세키 조약을 맺었다.

*청자¹ 青瓷 | =青磁, 푸를 청, 오지그릇 자
[celadon porcelain]
수공 철분을 함유한 유약을 입혀 푸른[青] 빛이 도는 도자기(陶瓷器).

청자² 聽者 | 들을 청, 사람 자 [audience; hearers]
이야기 따위를 듣는[聽] 사람[者]. ¶이야기할 때에는 청자의 나이나 직업 따위를 고려해야 한다. 만 화자(話者).

청장¹ 青帳 | 푸를 청, 장막 장
빛깔이 푸른[青] 휘장(揮帳).

청장² 廳長 | 관청 청, 어른 장
[director of a government office]
법률 '청'(廳)자가 붙은 관청의 우두머리[長].

청장-년 青壯年 | 젊을 청, 씩씩할 장, 해 년 [youths and middle-agers]
청년(青年)과 장년(壯年)을 아울러 이르는 말. ¶동네 청장년이 모여 씨름 대회를 열었다.

청정 清淨 | 맑을 청, 깨끗할 정
[pure; clean]
맑고[清] 깨끗함[淨]. 깨끗하여 속됨이 없음. ¶청정 에너지를 개발하다 / 시냇물이 청정하다.

청주 清酒 | 맑을 청, 술 주
[clear; refined rice wine]
❶ 속뜻 맑은[清] 술[酒]. ❷다 익은 탁주를 가라앉히고 위에서 떠낸 맑은 술.

청중 聽衆 | 들을 청, 무리 중
[audience; hearers]
강연이나 설교 등을 들으려고[聽] 모인 사람들[衆]. ¶그가 무대에 나타나자 청중들은 소리를 질렀다.

청진 聽診 | 들을 청, 살펴볼 진
[auscultation; stethoscopy]
의학 의사가 환자의 몸 안에서 들리는 소리를 듣고[聽] 병증을 진단(診斷)하는 일.

▶ 청진-기 聽診器 | 그릇 기
의학 환자를 청진(聽診)할 때 사용하는 의료 기구(器具). ¶청진기로 환자의 심장 소리를 듣다.

청천 青天 | 푸를 청, 하늘 천
[blue sky; cloudless sky]

푸른[靑] 하늘[天]. ¶청천에 날벼락.
▶청천-벽력 靑天霹靂 | 벼락 벽, 벼락 력
❶_{속뜻} 맑은[靑] 하늘[天]에서 치는 벼락[霹靂]. ❷뜻밖의 큰 변고. ¶이게 무슨 청천벽력 같은 소리냐.
▶청천-백일 靑天白日 | 흰 백, 해 일
❶_{속뜻} 푸른[靑] 하늘[天]의 밝은[白] 태양[日]. ❷맑게 갠 대낮. ¶청천백일에 난데없이 벼락이 내리다.

청첩 請牒 | 청할 청, 글씨판 첩 [invitation card]
❶_{속뜻} 경사가 있을 때 남을 청(請)하는 문서[牒]. ❷'청첩장'의 준말. ¶청첩을 띄우다.
▶청첩-장 請牒狀 | 문서 장
남을 청하는[請牒] 쪽지나 편지[狀]. ¶그는 결혼을 앞두고 동료들에게 청첩장을 돌렸다.

청청 靑靑 | 푸를 청, 푸를 청 [bright green; verdant; blue]
푸르고[靑] 푸름[靑]. 즉 매우 푸름. ¶산에 나무가 청청하다.

청초 淸楚 | 맑을 청, 고울 초 [neat and clean; trim]
맑고[淸] 곱다[楚]. ¶난꽃이 청초하게 아름답다.

청춘 靑春 | 푸를 청, 봄 춘 [youth; bloom of youth; springtime of life]
❶_{속뜻} 만물이 푸른[靑] 봄[春]. ❷'스무 살 안팎의 젊은 나이'를 비유하여 이르는 말. ¶그녀는 꽃다운 청춘에 세상을 떠났다.

청취 聽取 | 들을 청, 가질 취 [listen to; hear]
들어[聽] 자기 것으로 가짐[取]. 자세히 들음. ¶라디오 방송을 청취하다.
▶청취-자 聽取者 | 사람 자
라디오 방송을 듣는[聽取] 사람[者]. ¶청취자 여러분의 전화를 받습니다.

청탁 請託 | 청할 청, 부탁할 탁 [ask; beg; request]
무엇을 해 달라고 청(請)하며 부탁(付託)함. ¶청탁을 넣다 / 빨리 처리해 줄 것을 청탁하다.

청포¹ 靑袍 | 푸를 청, 핫옷 포 [blue hemp cloth]
_{역사} 조선 시대에, 사품·오품·육품의 벼슬아치가 입던 푸른[靑] 도포(道袍).

청포² 淸泡 | 맑을 청, 거품 포 [green pea jelly]
❶_{속뜻} 맑은[淸] 거품[泡]. ❷녹말로 쑨 묵. ¶청포를 무쳐 먹다.

청-포도 靑葡萄 | 푸를 청, 포도 포, 포도 도 [green grapes]
_{식물} 다 익어도 빛깔이 푸른[靑] 포도(葡萄) 종류를 통틀어 이르는 말.

청학 靑鶴 | 푸를 청, 두루미 학 [blue crane]
푸른[靑]색의 학(鶴). ¶청학은 전설상의 새이다.

청해-진 淸海鎭 | 맑을 청, 바다 해, 진칠 진
_{역사} 신라 흥덕왕 때에, 장보고가 지금의 전라남도 완도[淸海]에 설치한 진(鎭). 장보고는 이곳을 중심으로 해상권을 쥐고 중국의 해적을 없앴으며, 중국과 일본 사이의 중계 무역 요충지로 만들었다.

청혼 請婚 | 청할 청, 혼인할 혼 [propose to; ask for a marriage]
혼인(婚姻)하기를 청(請)함. ¶청혼을 받아들이다 / 그녀에게 청혼하다. ⓑ 구혼(求婚).

청홍 靑紅 | 푸를 청, 붉을 홍 [blue and red]
❶_{속뜻} 푸른[靑]색과 붉은[紅]색. ❷청홍색. ¶청홍을 물들인 색실 / 청홍의 띠를 두른 농악대.

청화 靑華 | 푸를 청, 빛날 화
_{수공} 조선 시대의 도자기에 그려진 파란[靑] 빛깔[華]의 그림.
▶청화 백자 靑華白瓷 | =靑華白磁, 흰 백, 오지그릇 자

수공 푸른 물감[靑華]으로 그림을 그린 흰[白] 바탕의 자기(瓷器).

체감 體感 | 몸 체, 느낄 감 [feel]
❶속뜻 몸[體]으로 어떤 감각을 느낌[感]. ❷내장의 여러 기관이 자극을 받아 어떤 감각을 느낌. 배고픔, 목마름 따위의 감각.

체격 體格 | 몸 체, 격식 격
[physique; frame]
❶속뜻 몸[體]의 골격(骨格). ❷근육, 골격, 영양 상태로 나타나는 몸의 걸 생김새. ¶그는 체격이 운동선수 같다.

체결 締結 | 맺을 체, 맺을 결
[sign; conclude contract]
계약이나 조약을 맺음[締=結]. ¶두 나라 사이에 조약이 체결되다.

체계 體系 | 몸 체, 이어 맬 계
[system; organization]
❶속뜻 전체(全體)의 계통(系統). 낱낱이 다른 것을 계통을 세워 통일한 전체. ❷일정한 원리에 따라 조직한 지식의 통일된 전체. ¶명령 체계 / 체계가 잡히다.
▶ 체계-적 體系的 | 것 적
체계(體系)를 이루는 것[的]. ¶자료를 체계적으로 정리하다.

체구 體軀 | 몸 체, 몸 구 [body]
몸[體=軀]. 몸집. ¶듬직한 체구. ⓗ 덩치.

체급 體級 | 몸 체, 등급 급 [weight]
순동 권투나 레슬링 따위에서, 선수의 몸[體] 무게에 따라 매긴 등급(等級). ¶그 선수는 이번에 체급을 올려 출전한다.

체내 體內 | 몸 체, 안 내
[interior of the body]
몸[體]의 안[內]. ¶세균이 체내에 침투하다. ⓗ 체외(體外).

체념 諦念 | 살필 체, 생각 념
[renounce; resign; abandon]
정황을 살피어[諦] 희망을 버리고 아주 단념(斷念)함. ¶체념 상태 / 아직 체념하기에는 이르다.

체대 體大 | 몸 체, 큰 대
[College of Physical Education]
교육 '체육대학'(體育大學)의 준말.

체득 體得 | 몸 체, 얻을 득
[realize; master; comprehend]
몸[體]으로 직접 터득(攄得)함. 몸소 경험하여 알아냄. ¶경험에서 체득된 지식.

‡체력 體力 | 몸 체, 힘 력
[physical strength]
몸[體]의 힘[力]. ¶강인한 체력 / 체력이 달리다.
▶ 체력-장 體力章 | 글 장
중·고등학교에서, 학생들의 종목별 기초 체력(體力)을 검사하여 그 결과를 적는 글[章]이나 기록부.

체류 滯留 | 막힐 체, 머무를 류
[stay; sojourn]
❶속뜻 길이 막히어[滯] 그곳에 머물러[留] 있음. ❷어떤 곳에 머물러 있음. ¶이모는 외국에 체류 중이다.

체면 體面 | 몸 체, 낯 면
[one's face; honor; reputation]
❶속뜻 몸[體]과 얼굴[面]. ❷남을 대하기에 떳떳한 도리나 얼굴. ¶남자의 체면을 세우다.

체벌 體罰 | 몸 체, 벌할 벌
[physical punishment]
신체(身體)에 직접 고통을 주는 벌(罰). ¶체벌 금지 / 학생을 체벌하지 않다.

체액 體液 | 몸 체, 진 액 [body fluid]
식물 동물의 체내(體內)를 흐르는 액체(液體)의 물질.

체온 體溫 | 몸 체, 따뜻할 온
[body temperature]
생물체(生物體)가 가지고 있는 온도(溫度). ¶체온계의 눈금을 읽다.
▶ 체온-계 體溫計 | 셀 계
체온(體溫)을 재는[計] 기구.

체위 體位 | 몸 체, 자리 위 [physique; posture; physical standard]
❶속뜻 어떤 일을 할 때의 몸[體]의 위치(位置). ¶체위에 맞는 책걸상. ❷체격이나 건강의 정도. ¶체위를 향상시키다.

*체육 體育 | 몸 체, 기를 육
[physical exercise; gymnastics]
교육 몸[體]과 운동 능력을 기르는[育] 일. 또는 그것을 목적으로 하는 교육. ¶체육 수업을 받다.

▶체육-관 體育館 | 집 관
실내에서 여러 가지 운동 경기[體育]를 할 수 있도록 시설을 갖추어 놓은 건물[館]. ¶우리 학교 체육관.

▶체육-복 體育服 | 옷 복
운동[體育]을 할 때 입는 옷[服]. ⓑ 운동복(運動服).

체전 體典 | 몸 체, 의식 전
[athletic meeting; National Games]
❶속뜻 체육(體育) 제전(祭典). ❷운동 매년 가을에 전국적으로 개최되는 종합 경기 대회. ¶전국 체전이 부산에서 열렸다. ⓑ 전국 체육 대회.

체제 體制 | 몸 체, 정할 제
[structure; system; organization]
❶속뜻 사회적 기본 구조[體]를 정함[制]. ❷사회적인 제도와 조직의 형체. ¶냉전 체제 / 왕이 나라의 정치를 이끄는 체제.

*체조 體操 | 몸 체, 부릴 조
[gymnastics; physical exercises]
❶속뜻 몸[體]을 부림[操]. ❷운동 신체의 이상적 발달을 꾀하고 신체의 결함을 교정 또는 보충시켜 주기 위한 조직화된 운동. ¶음악에 맞춰 체조를 하다.

*체중 體重 | 몸 체, 무거울 중 [weight]
몸[體]의 무게[重]. ¶체중을 재다.

▶체중-계 體重計 | 셀 계
몸무게[體重]를 재는[計] 데에 쓰는 저울. ¶체중계가 고장나다.

체증 滯症 | 막힐 체, 증세 증
[indigestion; dyspepsia; congestion]
한의 먹은 음식물이 막혀[滯] 소화가 잘 안 되는 증세(症勢). ¶소화제를 먹으니 체증이 내려간다 / 명절이라 교통체증이 심하다.

체-지방 體脂肪 | 몸 체, 기름 지, 기름 방
생물 분해되지 않고 몸[體] 속에 쌓여 있는 지방(脂肪). ¶체지방 측정기.

체질 體質 | 몸 체, 바탕 질
[one's physical constitution]
❶속뜻 몸[體]의 본바탕[質]. ❷태어날 때부터 지니고 있는 몸의 성질. ¶체질에 따라 운동을 달리해야 한다 / 회사 생활이 내 체질에 맞지 않는다.

체취 體臭 | 몸 체, 냄새 취 [body oder]
❶속뜻 몸[體]에서 나는 냄새[臭]. ¶방에서 그녀의 체취가 풍긴다. ❷어떤 개인이나 집단이 풍기는 독특한 느낌. ¶이 고장에 오면 선조들의 체취가 느껴진다.

체통 體統 | 몸 체, 계통 통
[face; respectability; dignity]
❶속뜻 본체(本體)에 속하는 계통[統]. ❷점잖은 체면. ¶체통을 지키세요.

체포 逮捕 | 뒤따를 체, 잡을 포 [arrest; apprehend]
❶속뜻 죄인을 뒤따라가[逮] 사로잡음[捕]. ❷법률 죄인이나 죄를 저지른 의심이 있는 사람을 붙잡는 것 ¶그는 현장에서 체포됐다.

체험 體驗 | 몸 체, 겪을 험 [experience]
몸소[體] 겪어봄[驗]. ¶직접 다양한 체험을 하다.

▶체험-담 體驗談 | 이야기 담
자기가 몸소 겪은[體驗] 것에 대한 이야기[談]. ¶체험담을 들려주다.

▶체험 학습 體驗學習 | 배울 학, 익힐 습
자기가 몸소 겪으면서[體驗] 배우는[學習] 것.

체형[1] 體刑 | 몸 체, 형벌 형
[jail sentence; corporal punishment]
법률 곤장을 치는 것같이 직접 사람의 몸[體]에 가하는 형벌(刑罰).

체형[2] 體型 | 몸 체, 모형 형
[one's figure; shape of one's body]
체격(體格)의 크기나 모형(模型). ¶체형에 맞는 옷 / 그는 키가 작고 뚱뚱한 체형이다.

첼로 [cello; violoncello]
음악 바이올린 모양으로 생긴 낮은 소리를 내는 서양 현악기. ¶첼로는 바이올린보다 낮은 소리를 낸다.

초¹ 初 | 처음 초 [beginning; first; top]
'처음', '초기'의 뜻. ¶학기 초 / 3월 초에는 날씨가 쌀쌀하다.

초² 秒 | 초 초 [second of time]
❶1분을 60등분한 시간. ❷시간의 단위로 1분을 60등분 했을 때 그 하나를 세는 말. ¶로켓 발사 10초 전 / 초를 다투는 문제.

초³ 醋 | 식초 초 [vinegar]
약간의 초산이 들어 있어 신맛이 나는 조미료. 식초(食醋). ¶냉면에 초를 치다.

초가 草家 | 풀 초, 집 가 [grass-roofed house; thatched house]
풀[草]이나 짚 따위로 지붕을 인 집[家]. ¶초가 한 칸.

초경 初經 | 처음 초, 지날 경 [first menstrual period; menarche]
첫[初] 월경(月經). ¶열세 살에 초경을 하다.

초고 草稿 | 거칠 초, 원고 고 [rough copy; notes; manuscript]
아직 다듬지 않은 거친[草] 상태의 원고(原稿). ¶금요일까지 초고를 편집해야 한다.

초-고속 超高速 | 넘을 초, 높을 고, 빠를 속 [superhigh speed]
극도로[超] 빠른[高] 속도(速度). ¶초고속 인터넷 / 초고속 승진.

초-고주파 超高周波 | 넘을 초, 높을 고, 둘레 주, 물결 파 [superhigh frequency]
고주파(高周波) 보다 더[超] 높은 주파수의 전파나 전류.

초과 超過 | 뛰어넘을 초, 지날 과 [excess]
일정한 수나 한도를 넘어[超] 지나감[過]. ¶정원 초과 / 제한시간을 초과하다. ⓑ미달(未達), 미만(未滿).

초급 初級 | 처음 초, 등급 급 [primary grade; elementary level]
첫[初] 번째 등급(等級). 초·중·고로 나누었을 때 가장 낮은 등급이나 단계. ¶초급 교재.

*__초기__ 初期 | 처음 초, 때 기 [early days; beginning]
첫[初] 번째 시기(時期). ¶암 같은 병도 초기에 발견하면 고칠 수 있다. ⓑ조기(早期). ⓑ말기(末期).

초년 初年 | 처음 초, 해 년 [first year; early years; one's young days]
❶속뜻 여러 해 걸리는 어떤 과정의 첫[初] 번째 해[年]. 또는 처음의 시기. ¶대학 초년에 비로소 깨닫다. ❷일생의 초기. 중년이 되기 전까지의 시기. ¶초년보다는 말년에 트일 운수.

초-능력 超能力 | 넘을 초, 능할 능, 힘 력 [supernatural power]
일반 능력을 뛰어넘는[超] 능력(能力). 현대의 과학적 지식으로는 설명하기 어려운, 기묘한 현상을 나타내는 능력을 뜻하는 말. ¶초능력을 발휘하다.

초당 草堂 | 풀 초, 집 당
억새나 짚 따위의 풀[草]로 지붕을 인 조그마한 집채[堂]. ⓑ초가집, 초옥(草屋), 초가(草家).

초대¹ 初代 | 처음 초, 시대 대 [first generation]
어떤 계통의 첫[初] 번째 사람. 또는 그 사람의 시대(時代). ¶초대 대통령.

초대² 招待 | 부를 초, 대접할 대 [invite]
남을 초청(招請)하여 대접(待接)함. ¶초대에 응하다 / 초대해 주셔서 감사합니다.

▶**초대-장** 招待狀 | 문서 장
초대(招待)하는 편지[狀]. ¶초내장을 띄우다.

초등 初等 | 처음 초, 무리 등 [elementary; primary]
차례로 올라가는 데 있어 첫[初]번째 등급(等級).

▶**초등 교:육** 初等教育 | 가르칠 교, 기를 육

교육 여러 단계의 교육과정 중, 첫 번째 단계[初]의 교육(教育).

▶ **초등 학교** 初等學校 | 배울 학, 가르칠 교
교육 아동들에게 첫 단계[初等]의 기본 의무 교육을 실시하기 위한 학교(學校). 1995년부터 '국민학교'를 이 이름으로 바꾸었다. ¶초등학교에 다니는 아이들.

▶ **초등-학생** 初等學生 | 배울 학, 사람 생
초등(初等)학교에 다니는 학생(學生). ¶박물관에는 견학 온 초등학생들로 가득 찼다.

초래 招來 | 부를 초, 올 래
[cause; bring about; lead to]
❶속뜻 불러서[招] 오게 함[來]. ❷어떤 결과를 가져 오게 함. ¶이 병은 잘못하면 사망을 초래할 수 있다.

초례 醮禮 | 제사지낼 초, 예도 례
[marriage ceremony; wedding]
❶속뜻 예식(禮式)을 치름[醮]. ❷전통 결혼 예식. ¶초례를 지내다.

▶ **초례-청** 醮禮廳 | 관청 청
전통적으로 지내는 혼인 예식[醮禮]을 치르는 장소[廳]. ¶부채로 얼굴을 가린 신부가 머리 어멈의 부축을 받으면서 방에서 나와 초례청에서 신랑과 마주 섰다.

초록 草綠 | 풀 초, 초록빛 록
[green; verdure]
풀[草]의 빛깔과 같이 푸른빛을 약간 띤 녹색(綠色). 또는 그 물감. ¶산이 온통 초록으로 물들었다. 속담 초록은 동색.

▶ **초록-색** 草綠色 | 빛 색
풀[草]의 푸른[綠] 빛[色]. 초록. ㉴ 녹색. ㉢ 초록빛.

초-만원 超滿員 | 넘을 초, 찰 만, 인원 원
[being overfull of people]
정원(定員)을 다 채우고도[滿] 이를 초과(超過)한 인원이나 상태. ¶극장 앞은 초만원을 이루었다.

초면 初面 | 처음 초, 낯 면 [first meeting; seeing for the first time]
처음[初]으로 대하는 얼굴[面]. ¶초면에 실례하겠습니다. ㉢ 구면(舊面).

초목 草木 | 풀 초, 나무 목
[trees and plants; grass and trees]
풀[草]과 나무[木]. ¶산은 짙푸른 초목으로 우거져 있다.

초반 初盤 | 처음 초, 쟁반 반
[opening part]
❶속뜻 첫[初]번째 쟁반[盤]. ❷어떤 일이나 일정한 기간의 처음 단계. ¶10대 초반 / 경기 초반에는 상대팀이 이기고 있었다.

초보 初步 | 처음 초, 걸음 보
[first steps; beginner; early stage]
❶속뜻 첫[初] 번째 걸음[步]. ❷학문이나 기술 따위의 가장 낮고 쉬운 정도의 단계. ¶초보 운전 / 물리학을 초보부터 배우다.

▶ **초보-자** 初步者 | 사람 자
초보(初步)의 단계에 있는 사람[者]. ¶초보자를 위하여 쉽게 설명하다.

초복 初伏 | 처음 초, 엎드릴 복
삼복(三伏)의 첫[初] 번째 복(伏)날.

초빙 招聘 | 부를 초, 부를 빙
[invite; engage; employ]
예를 갖추어 부름[招=聘]. ¶전문가를 초빙하여 의견을 듣다. ㉢ 초청(招請).

초상¹ 初喪 | 처음 초, 죽을 상
[(a period of) mourning]
❶속뜻 처음[初] 치르는 상(喪). ❷사람이 죽은 뒤 장사지내기까지의 일. ¶초상을 치르다. 관용 초상난 집 같다.

초상² 肖像 | 닮을 초, 모양 상
[portrait; likeness]
❶속뜻 똑같이 닮은[肖] 모습이나 모양[像]. ❷사진, 그림 따위에 나타낸 사람의 얼굴이나 모습. ¶그 초상은 마치 살아 있는 것 같다.

▶ **초상-화** 肖像畵 | 그림 화
미술 사람의 모습[像]을 본떠[肖] 그린 그림[畵]. ¶그녀의 초상화는 실물보다 못하다.

초서 草書 | 거칠 초, 쓸 서
[cursive style]

❶[속뜻] 거칠게[草] 쓴[書] 글씨. ❷행서를 풀어 점과 획을 줄여 쓴 글씨. ¶초서로 갈겨 쓰다.

초석 礎石 | 주춧돌 초, 돌 석
[cornerstone; foundation; basis]
❶[건설] 기둥 밑에 기초로 받쳐 놓은[礎] 돌[石]. ¶빌딩의 초석은 육중한 건물을 떠받들고 있다. ❷'사물의 기초'를 비유하여 이르는 말. ¶미래의 발전을 위한 초석을 놓다. [비] 주춧돌, 기초(基礎), 기반(基盤).

초소 哨所 | 망볼 초, 곳 소 [guard post]
❶[속뜻] 망보는[哨] 곳[所]. ❷보초나 경계하는 이가 근무하는 시설. ¶초소를 지키다.

초-소형 超小型 | 넘을 초, 작을 소, 모형 형 [subminiature]
보통의 소형보다 훨씬 더[超] 작은 소형(小型). ¶초소형 카메라.

초속 秒速 | 초 초, 빠를 속
[velocity per second]
1초(秒) 동안에 나아가는 속도(速度). ¶초속 20미터의 태풍.

초순 初旬 | 처음 초, 열흘 순
[first ten days of a month]
한 달의 첫[初] 번째 열흘[旬] 동안. [비] 상순(上旬).

초시 初試 | 처음 초, 시험할 시
[역사] 과거의 첫[初] 시험(試驗). 또는 그 시험에 급제한 사람.

초-시계 秒時計 | 초 초, 때 시, 셀 계
[microchronometer; stopwatch]
초(秒) 난위의 정밀한 시간을 재는 데에 쓰는 시계(時計). ¶초시계로 시간을 재다.

초식 草食 | 풀 초, 밥 식
[eat grass; live on grass]
풀[草]로 만든 음식(飮食). [반] 육식(肉食).
▸ 초식-성 草食性 | 성질 성
풀을 먹이[草食]로 하는 성질(性質). ¶초식성 동물.

초안 草案 | 거칠 초, 문서 안
[rough draft]
❶[속뜻] 다듬지 않아 거친[草] 문서[案]나 글. ¶연설문의 초안을 쓰다. ❷애벌로 안(案)을 잡음. 또는 그 안. ¶초안을 토의하다.

초야 草野 | 풀 초, 들 야
[remote village; backwoods]
❶[속뜻] 풀[草]로 뒤덮인 들판[野]. ❷궁벽한 시골. ¶초야에 묻혀 살다.

초엽 初葉 | 처음 초, 무렵 엽
[beginning; early days]
어떠한 시대를 처음·가운데·끝의 셋으로 나눌 때 첫[初] 번째 무렵[葉]. ¶20세기 초엽.

***초원** 草原 | 풀 초, 들판 원
[plain; grassland]
온통 풀[草]로 뒤덮여 있는 들판[原]. ¶초원을 뛰노는 양떼.

초월 超越 | 뛰어넘을 초, 넘을 월
[transcend; excel; surpass]
어떤 한계나 표준을 뛰어넘음[超=越]. ¶상상을 초월하다.

초-은하단 超銀河團 | 넘을 초, 은 은, 물 하, 모일 단
[천문] 수백 개의 은하단(銀河團)이 모인[超] 집단. ¶우리 은하계는 처녀자리 초은하단에 속한다.

초-음속 超音速 | 넘을 초, 소리 음, 빠를 속 [supersonic speed]
[물리] 음속(音速)을 넘는[超] 속도. 소리의 전파 속도보다 빠른 속도. ¶초음속 제트기.

초-음파 超音波 | 넘을 초, 소리 음, 물결 파 [supersonic waves]
[물리] 사람이 들을 수 있는 주파수를 넘는[超] 음파(音波). 보통 2만 헤르츠(Hz) 이상이다. ¶초음파로 물고기가 사는 곳을 찾아내다.

초인 超人 | 뛰어넘을 초, 사람 인
[superman]
보통 사람을 뛰어넘는[超] 능력이 있는

사람[人]. ¶내가 초인도 아니고 어떻게 그 일을 다 하겠니?

▸초인-적 超人的 | 것 적
보통 사람을 뛰어넘는[超人] 것[的]. ¶초인적 힘을 발휘하다.

초인-종 招人鐘 | 부를 초, 사람 인, 쇠북 종 [call bell; doorbell; buzzer]
사람[人]을 부르는[招] 데 쓰이는 작은 종(鐘)이나 방울. ¶초인종이 세 번 길게 울렸다.

초장[1] 初章 | 처음 초, 글 장
[first verses]
[문학] 작품의 첫째[初] 장(章).

초장[2] 醋醬 | 식초 초, 간장 장
[soy sauce with vinegar]
식초(食醋)를 탄 간장[醬]. ¶만두를 초장에 찍어 먹다.

초점 焦點 | 태울 초, 점 점 [focus]
❶[속뜻] 광선을 모아 태우는[焦] 점(點). ❷사람들의 관심이나 시선이 집중되는 사물의 중심이나 문제점. ¶문제의 초점을 흐리다. ❸시선이 어떤 대상에 집중하는 것. ¶초점 없는 눈으로 바라보다. ❹[물리] 반사경이나 렌즈에 평행으로 들어와 반사·굴절한 광선이 모이는 점. 영어 'focus'의 어원은 '화로'(火爐)로, '연소점'(燃燒點)이 본뜻이다.

초정 草亭 | 풀 초, 정자 정
풀[草]이나 갈대 따위로 지붕을 얹은 정자(亭子). ¶초정에 홀로 앉아 책을 읽고 있다.

초조 焦燥 | 태울 초, 마를 조 [impatient; anxious]
애를 태우고[焦] 마음을 졸임[燥]. ¶자기 순서를 초조하게 기다리다.

초지 初志 | 처음 초, 뜻 지
[one's original purpose]
처음[初]에 품은 뜻[志].

▸초지-일관 初志一貫 | 한 일, 꿸 관
처음에 세운 뜻[初志]을 한결같이 하나[一]로 끝까지 꿰뚫음[貫]. 의지를 이루려고 끝까지 밀고 나감. ¶신념을 갖고 평생을 초지일관하며 사는 것은 쉬운 일이 아니다.

초창 草創 | 거칠 초, 처음 창
[beginning; start; early stage]
❶[속뜻] 거칠게[草] 처음[創] 시작함. ❷사업을 일으켜 시작함.

▸초창-기 草創期 | 때 시
어떤 것이 처음 시작된[草創] 시기(時期). ¶그의 회사는 초창기에 많은 어려움을 겪었다.

초청 招請 | 부를 초, 부탁할 청 [invite]
남을 불러서[招] 무슨 일을 부탁함[請]. ¶초청 강연 / 친지들을 생일잔치에 초청하다. [비] 초대(招待), 초빙(招聘).

▸초청-장 招請狀 | 문서 장
초청(招請)하는 내용을 적은 글[狀]. ¶전시회의 초청장을 보내오다.

초췌 憔悴 | 수척할 초, 파리할 췌
[haggard; emaciated]
고생이나 병으로 몸이 수척하고[憔] 파리하다[悴]. ¶며칠 앓더니 얼굴이 초췌해졌구나!

초침 秒針 | 초 초, 바늘 침
[second hand]
초(秒)를 가리키는 시계 바늘[針]. ¶초침이 가늘어서 거의 보이지 않는다.

초판 初版 | 처음 초, 책 판 [first edition]
❶[속뜻] 처음[初] 출간한 책[版]. ❷[출판] 어떤 서적의 간본 중에 최초로 발행한 판. ¶초판은 일주일도 못 되어 매진되었다.

초행 初行 | 처음 초, 갈 행 [first trip]
처음[初]으로 감[行]. ¶초행이라 길을 잘 모르겠다.

촉[1] 燭 | 촛불 촉
[candlelight; luminous intensity]
빛의 밝기를 나타내는 말. ¶10촉 전구.

촉[2] 鏃 | 살촉 촉 [point; tip]
긴 물건의 끝에 박힌 뾰족한 물건의 총칭. ¶화살촉 / 펜촉.

촉각[1] 觸角 | 닿을 촉, 뿔 각

[feeler; antenna]
동물 감촉(感觸) 기능을 가진 말은 뿔[角] 모양의 기관. 절지동물의 머리에 있는 감각 기관으로, 후각, 촉각 따위를 맡는다.

촉각² 觸覺 | 닿을 촉, 깨달을 각
[sense of touch]
의학 무엇이 피부 등에 닿아서[觸] 일어나는 감각(感覺). 온도나 아픔 따위를 분간할 수 있다. ¶손끝의 촉각으로 점자를 읽다.

촉감 觸感 | 닿을 촉, 느낄 감
[touch; feel]
무엇에 닿는[觸] 느낌[感]. ¶이불의 촉감이 부드럽다. 비 감촉(感觸).

촉구 促求 | 재촉할 촉, 구할 구
[stimulate; urge; call]
무엇을 하기를 재촉[促]하여 요구(要求)함. ¶신속한 결정을 촉구하다.

촉망 屬望 | =囑望, 이을 촉, 바랄 망
[expect; hope]
이어서[屬] 잘 되기를 바라고[望] 기대함. 또는 그런 대상. ¶장래가 촉망되는 사람. 비 속망(屬望).

촉매 觸媒 | 닿을 촉, 맺어줄 매 [catalyst]
❶속뜻 접촉(接觸)하여 변화하도록 맺어줌[媒]. ❷화학 자신은 결과적으로 아무런 반응이 일어나지 않으나 다른 물질의 반응을 촉진하거나 지연시키는 물질.

촉박 促迫 | 다가올 촉, 닥칠 박
[urgent; imminent]
어떤 기한이나 시간이 바짝 다가오거나[促] 닥침[迫]. ¶시간이 촉박하니 용건만 말하겠다.

촉석-루 矗石樓 | 곧을 촉, 돌 석, 다락 루
❶속뜻 곧고[矗] 큰 돌[石] 위에 세운 누각(樓閣). ❷고적 경상남도 진주시 본성동에 있는 누각. 남강에 면한 벼랑 위에 세워진 단층 팔작(八作)의 웅장한 건물로, 진주성의 주장대(主將臺)이다.

촉수 觸手 | 닿을 촉, 손 수
[feeler; tentacle]
❶속뜻 사물에 손[手]을 댐[觸]. ¶촉수 엄금. ❷동물 하등 무척추동물의 몸 앞부분이나 입 주위에 있는 돌기 모양의 기관. 촉각, 미각 따위의 감각 기관으로 포식 기능을 가진 것도 있다. ¶해파리가 촉수를 움직이다.

촉진 促進 | 재촉할 촉, 나아갈 진
[promote; accelerate; expedite]
나아가도록[進] 재촉함[促]. ¶성장을 촉진하다.

촌:¹ 寸 | 관계 촌
[degree of relationship]
친척 관계의 멀고 가까움을 나타내어 세는 말. ¶그 사람과는 몇 촌 간이냐?

촌:² 村 | 마을 촌 [village; countryside; rural community]
❶도시에서 떨어진 마을. ¶촌에는 늙으신 할머니 혼자 사신다. ❷특정한 사람들이 모여 살거나 특정한 건물들이 묘여 있는 곳. ¶아파트 촌. 비 시골. 반 도시(都市).

★★촌:-락 村落 | 시골 촌, 마을 락
[village; hamlet]
시골[村]의 마을[落]. ¶강의 주변에는 촌락이 형성되어 있다. 반 도시(都市).

촌:수 寸數 | 관계 촌, 셀 수
[degree of consanguinity]
친족 간의 멀고 가까운 관계[寸]를 나타내는 수(數). 또는 그런 관계. ¶촌수가 가깝다 / 촌수를 따지다.

촌:장 村長 | 마을 촌, 어른 장
[village chief]
마을 일을 두루 맡아보던 마을[村]의 어른[長]. ¶이 마을의 촌장은 꽤 젊은 편이다.

촌:지 寸志 | 작을 촌, 마음 지
[little token of one's gratitude]
❶속뜻 작은[寸] 마음[志]. ❷얼마 되지 않는 적은 선물. ¶촌지를 받기는 했지만 조용히 되돌려 주었다.

촌철살인 寸鐵殺人 | 마디 촌, 쇠 철, 죽일 살, 사람 인

❶[속뜻]한 치[寸]의 쇠붙이[鐵]만으로도 사람[人]을 죽일[殺] 수 있음. ❷남을 크게 감동시키는 한 마디 말을 비유하여 이르는 말. ¶촌철살인의 한 마디 말에 모두 깨달은 바가 있었다.

촌:충 寸蟲 | 마디 촌, 벌레 충 [tapeworm]
❶[속뜻]마디[寸]로 이어진 모양의 벌레[蟲]. ❷[동물]창자에 기생하며 체벽에서 영양을 빨아먹는 마디 모양으로 생긴 기생충.

총[1] 銃 | 총 총 [gun; rifle; firearms]
화약의 힘으로 탄환을 발사하는 무기. ¶총에 맞아 죽다.

총:[2] 總 | 모두 총 [all; whole; entire]
'어떤 수량을 합계하여 모두'의 뜻. ¶우리 학교 학생은 총 1,038명이다.

총:각 總角 | 묶을 총, 뿔 각 [unmarried man]
상투를 틀지 않은 '결혼하지 않은 성년 남자'를 이르는 말. 미혼 남성들은 머리를 뿔[角] 모양으로 묶었던[總] 풍습에서 유래된 것으로 추정된다. ¶옆집 형이 드디어 총각 딱지를 떼었다. [반]처녀(處女).

총격 銃擊 | 총 총, 칠 격 [shooting; gunfire; gunshot]
총기(銃器)로 공격(攻擊)함. ¶총격을 가하다.

▸총격-전 銃擊戰 | 싸울 전
서로 총을 쏘면서[銃擊] 하는 싸움[戰]. ¶거리에서 총격전을 벌이다.

총:계 總計 | 묶을 총, 셀 계 [total; total amount]
전체를 한데 모아서[總] 헤아림[計]. ¶이번 달 지출의 총계를 내다. [비]합계(合計).

총:-공격 總攻擊 | 모두 총, 칠 공, 칠 격 [make a general attack; attack the enemy in full force]
전원 모두[總]가 적을 공격(攻擊)함. ¶대규모의 총공격을 가하다.

총:괄 總括 | 묶을 총, 묶을 괄 [generalize; summarize]
개별적인 것을 하나로 묶음[總=括]. ¶전국의 민요를 총괄하여 분류하다.

총구 銃口 | 총 총, 구멍 구 [muzzle]
총(銃)의 구멍[口]. 총알이 나가는 앞부분. ¶총구를 심장에 겨누다. [비]총구멍.

총기[1] 銃器 | 총 총, 그릇 기 [small arms; firearms]
소총(小銃)이나 권총(拳銃) 따위 무기(武器). ¶범인은 총기를 소지하고 있다.

총기[2] 聰氣 | 총명할 총, 기운 기 [brightness; intelligence; sagacity]
총명(聰明)한 기질(氣質). ¶이 아이는 총기가 있어서 한 번 들으면 곧잘 외운다.

총:독 總督 | 거느릴 총, 살필 독 [governor-general; viceroy]
하위 조직을 거느리고[總] 감독(監督)함. 또는 그런 사람.

▸총:독-부 總督府 | 관청 부
총독(總督)에 관계된 업무를 하는 관청[府]. ¶조선 총독부.

총:-동원 總動員 | 모두 총, 움직일 동, 사람 원
관계자를 모두[總] 동원(動員)함. ¶식구들을 총동원하여 잃어버린 아이를 찾았다.

총:량 總量 | 모두 총, 분량 량 [total amount]
모든[總] 양(量). 전체 분량. ¶상품의 총량은 2톤이다.

총:력 總力 | 모두 총, 힘 력 [total strength; all one's energy]
집단 따위의 모든[總] 힘[力]. 전체의 힘. ¶조직의 총력을 기울이다.

총:리 總理 | 거느릴 총, 다스릴 리 [Premier; Prime Minister]
❶[속뜻]전체를 거느리고[總] 관리(管理)함. ❷[법률] '국무총리'(國務總理)의 준말. ❸내각책임제 국가의 내각에서 제일 높은 사람.

총:-면적 總面積 | 모두 총, 낯 면, 쌓을

적 [gross area]
전체[總]의 넓이[面積]. 총넓이. ¶건물의 총면적을 계산하다.

총명 聰明 | 밝을 총, 밝을 명
[bright; intelligent]
❶ 속뜻 귀가 밝고[聰] 눈이 밝음[明]. ❷ 썩 영리하고 재주가 있음. ¶아이가 하나를 가르쳐 주면 열을 알 만큼 총명하다.

총:무 總務 | 모두 총, 일 무
[general affairs; manager; director]
기관이나 단체의 일반적인 모든[總] 사무(事務). 또는 그 일을 맡은 사람. ¶작년에 총무였던 그가 동창회의 새 회장이 되었다.

총:-본부 總本部 | 거느릴 총, 뿌리 본, 거느릴 부 [head office]
전체를 거느리는[總] 본부(本部).

총:-사령관 總司令官 | 거느릴 총, 맡을 사, 명령 령, 벼슬 관
[supreme commander]
군사 전군을 거느리는[總] 최고 사령관(司令官).

총살 銃殺 | 총 총, 죽일 살
[shoot a person dead]
총(銃)으로 쏘아 죽임[殺]. ¶총살에 처하다.

총상 銃傷 | 총 총, 다칠 상
[bullet wound]
총(銃)에 맞아 다친 상처(傷處). ¶어깨에 총상을 입다.

총:-생산 總生産 | 모두 총, 날 생, 낳을 산 [total output; gross]
국민 전체[總]가 생산(生産)한 것의 가치를 화폐단위로 나타낸 것. ¶국민 총생산.

총:선 總選 | 모두 총, 가릴 선
[general election]
모든 국회의원을 다시 뽑는 '총선거'(總選擧)의 준말.

총:-선거 總選擧 | 모두 총, 가릴 선, 들 거 [general election]
국회의원 모두[總]를 한꺼번에 선출하는 선거(選擧). 준 총선.

총성 銃聲 | 총 총, 소리 성
[report of a gun]
총(銃)을 쏠 때 나는 소리[聲]. 총소리. ¶총성이 울리다.

총:-소득 總所得 | 모두 총, 것 소, 얻을 득 [ones gross income]
모든[總] 소득(所得). 소요 경비를 제하지 않은 총수입. ¶총소득이 많지 않아 소득세를 감면 받았다.

총:수 總數 | 모두 총, 셀 수
[total number; whole sum]
전체[總] 수효(數爻). ¶사망자의 총수를 헤아릴 수 없을 정도다.

총:-수입 總收入 | 모두 총, 거둘 수, 들 입 [total income; gross earnings]
전체[總] 수입(收入). ¶그는 한 달 총수입이 백만 원 정도다. 땐 총지출(總支出).

총:애 寵愛 | 사랑할 총, 사랑 애 [favor; love]
❶ 속뜻 매우 사랑함[寵=愛]. ❷남달리 귀여워하고 사랑함. ¶왕은 그를 총애한다.

총:액 總額 | 모두 총, 액수 액
[total amount; sum total]
모두[總]를 합한 액수(額數). ¶지출 총액은 천만 원을 훨씬 넘는다.

총:-영사 總領事 | 거느릴 총, 거느릴 령, 섬길 사 [consul general]
법률 국교가 있는 나라에 머물면서 재외국민을 거느리고[領] 나라를 섬기는[事] 모든 일을 관리하는[總] 직책.

총:-인구 總人口 | 모두 총, 사람 인, 입 구 [total population]
❶ 속뜻 전체[總]의 인구(人口). ❷어떤 나라나 지역에 사는 사람들의 전체 수효. ¶총인구의 절반 이상이 굶주린다.

총:-인원 總人員 | 모두 총, 사람 인, 수효 원 [whole personnel]
어떤 단체나 모임에 속한 모든[總] 사람[人員]. ¶우리 반의 총인원은 35명이다.

총:장 總長 | 묶을 총, 어른 장

[president of a university]
❶ 속뜻 모든 업무를 총괄(總括)하는 우두머리[長]. ❷ 교육 종합 대학의 총책임자. ¶김 교수가 총장에 취임하다.

총:재 總裁 | 묶을 총, 처리할 재
[president]
사무를 총괄(總括)하여 처리함[裁]. 또는 그런 직위의 사람. ¶은행 총재.

총:점 總點 | 모두 총, 점 점
[total of one's marks; total score]
전체[總]의 점수(點數). 득점의 총계. ¶다섯 과목의 시험 총점은 495점이다.

총:-정리 總整理 | 모두 총, 가지런할 정, 다듬을 리
어떤 내용을 모두[總] 모아서 잘 정리(整理)해 놓은 것. ¶국어 총정리 문제집.

총총¹ 叢叢 | 모일 총, 모일 총
[dense; thick]
매우 많이 모여 있음[叢+叢]. 빽빽함.

총총² 悤悤 | 바쁠 총, 바쁠 총
바쁘고[悤] 바쁨[悤]. 매우 바쁨. ¶그는 누군가에게 쫓기듯이 총총 사라졌다 / 생활이 너무 총총해서 편지 한 장 쓸 겨를이 없다.

총:칭 總稱 | 묶을 총, 일컬을 칭
[give a general name; call generically]
모두 뭉뚱그려[總] 일컬음[稱]. 또는 그 명칭. ¶이런 동물들을 포유류라고 총칭한다.

총탄 銃彈 | 총 총, 탄알 탄
[(rifle) bullet]
총(銃)의 탄알[彈]. ¶그는 적군의 총탄을 맞고 쓰러졌다. ⓑ 총알, 탄환(彈丸).

총포 銃砲 | 총 총, 대포 포
[gun; firearm]
총(銃)과 대포(大砲). ¶시민들에게 총포를 겨누었다.

총:회 總會 | 모두 총, 모일 회
[general meeting; plenary session]
어떤 단체에서 구성원 전체[總]의 모임[會]. ¶유엔 총회 / 정기 총회를 열다.

촬영 撮影 | 찍을 촬, 모습 영
[photograph; shoot a film]
사람이나 사물의 모습[影]을 찍음[撮]. ¶영화 촬영 / 기념사진을 촬영하다.

최:강 最強 | 가장 최, 강할 강 [strongest]
가장[最] 강(強)함. ¶대표팀 감독은 국내 최강의 팀을 구성했다.

*__최:고 最高__ | 가장 최, 높을 고 [highest; best]
❶ 속뜻 가장[最] 높음[高]. ¶최고로 속도를 내다. ❷가장 으뜸이 되는 것. ¶선생님이 최고에요. ⓑ 최저(最低).

▶ **최:고-봉 最高峯** | 봉우리 봉
❶ 속뜻 가장 높은[最高] 봉우리[峯]. ¶그는 히말라야의 최고봉을 정복했다. ❷어떤 방면에서 '가장 뛰어남'을 비유하여 이르는 말. ¶그의 작품은 현대문학의 최고봉이다. ⓑ 주봉(主峯), 대가(大家).

최:-고급 最高級 | 가장 최, 높을 고, 등급 급
가장[最] 높은[高] 등급(等級). ¶최고급 프랑스 요리.

최:-고조 最高潮 | 가장 최, 높을 고, 바닷물 조
❶ 속뜻 가장[最] 높이[高] 올라온 조수(潮水). ❷어떤 분위기나 감정 따위가 가장 높은 정도에 이른 상태. ¶축제 분위기는 최고조에 달했다.

*__최:근 最近__ | 가장 최, 가까울 근 [lately; recently]
❶ 속뜻 가장[最] 가까운[近] 때. ❷현재를 기준한 앞뒤의 가까운 시기. ¶최근 들어 많은 변화가 있었다 / 최근까지 그 일을 모르고 있었다. ⓑ 요즘.

최:다 最多 | 가장 최, 많을 다
[largest; maximum]
가장[最] 많음[多]. ¶그 영화는 최다 관객 수를 기록했다. ⓑ 최소(最少).

최:단 最短 | 가장 최, 짧을 단
[shortest; nearest]
가장[最] 짧음[短]. ¶학교까지의 최단 거

리는 500미터이다. [반] 최장(最長).

⁑**최ː대 最大** | 가장 최, 큰 대 [biggest; largest; maximum]
가장[最] 큼[大]. ¶뉴욕은 세계 최대의 도시이다. [반] 최소(最小).

▶ 최ː대-한 最大限 | 끝 한
가장 큰[最大] 한도(限度). ¶이번 기회를 최대한 활용하다. [반] 최소한(最小限).

▶ 최ː대 공약수 最大公約數 | 여럿 공, 묶을 약, 셀 수
[수학] 둘 이상의 정수(整數)의 공약수(公約數) 가운데 가장[最] 큰[大] 수. ¶6, 18, 21의 최대 공약수는 3이다.

최루 催淚 | 재촉할 최, 눈물 루 [causing tears]
❶ [속뜻] 눈물[淚]을 재촉함[催]. ❷눈물을 흘리도록 자극함. ¶그 가루는 최루 효과가 약간 있다.

▶ 최루-탄 催淚彈 | 탄알 탄
눈물샘을 자극하여 눈물을 흘리게 하는[催淚] 약이나 물질을 넣은 탄환(彈丸). ¶최루탄을 발사하다.

최면 催眠 | 재촉할 최, 잠 면 [hypnosis; induced sleep]
❶ [속뜻] 잠[眠]을 재촉함[催]. ❷인위적으로 수면 상태에 빠지게 함. ¶그는 최면에 걸린 듯 꼼짝도 하지 않았다.

최ː상 最上 | 가장 최, 위 상 [best; finest; highest]
❶ [속뜻] 가장[最] 위[上]. ❷가장 높고 만족스러운 상태. ¶우리 팀의 컨디션은 최상이다 / 최상의 품질을 자랑하다. [반] 최하(最下).

▶ 최ː상-급 最上級 | 등급 급
가장 위[最上]의 계급(階級)이나 등급(等級). ¶최상급 한우.

⁑**최ː선 最善** | 가장 최, 좋을 선 [best]
❶ [속뜻] 가장[最] 좋음[善]. 가장 훌륭한 것. ¶한자어를 익히는 최선의 방법은 속뜻학습이다. ❷온 힘을 다함. ¶최선을 다하겠습니다. [반] 최악(最惡).

최ː소[1] 最少 | 가장 최, 적을 소 [fewest; lowest; minimum]
가장[最] 적음[少]. ¶피해를 최소로 줄이다. [반] 최다(最多).

최ː소[2] 最小 | 가장 최, 작을 소 [smallest; minimum]
가장[最] 작음[小]. [반] 최대(最大).

▶ 최ː소-한 最小限 | 끝 한
가장 작은[最小] 한도(限度). ¶최소한의 성의 / 최소한 10분 전에는 약속 장소에 나간다. [반] 최대한(最大限).

▶ 최ː소 공배수 最小公倍數 | 여럿 공, 곱 배, 셀 수
[수학] 둘 이상의 정수의 공배수(公倍數) 가운데에서 1을 제외한 가장[最] 작은[小] 수. 정식(整式)에서는 공배수 가운데에서 차수(次數)가 가장 낮은 것을 가리킨다. ¶2와 3의 최소공배수는 6이다.

최ː신 最新 | 가장 최, 새 신 [newest]
가장[最] 새로움[新]. ¶이 공장은 최신 설비를 갖추고 있다. [반] 최고(最古).

▶ 최ː신-식 最新式 | 법 식
가장 새로운[最新] 방식(方式)이나 형식(形式). ¶집을 최신식으로 개조했다.

▶ 최ː신-형 最新型 | 모형 형
가장 새로운[最新] 모양[型]이나 그 모양의 것. ¶최신형 자동차를 몰다.

최ː악 最惡 | 가장 최, 나쁠 악 [worst]
가장[最] 나쁨[惡]. ¶최악의 경우에는 사망할 수도 있다 / 도로 상황이 최악이다. [반] 최선(最善).

최ː-우선 最優先 | 가장 최, 뛰어날 우, 먼저 선 [first priority]
어떤 일이나 대상을 가장[最] 우선(優先)하는 문제로 삼거나 다룸. ¶최우선 순위를 두다.

최ː-우수 最優秀 | 가장 최, 뛰어날 우, 빼어날 수 [very best]
가장[最] 뛰어나고[優] 빼어남[秀]. ¶최우수 영화로 선정되다.

최ː저 最低 | 가장 최, 밑 저 [lowest]

가장[最] 낮음[低]. ¶최저 혈압 / 한 달에 최저 5만 원이 들 것이다. [반] 최고(最高).

최:적 最適 | 가장 최, 알맞을 적
[being the most suitable; fittest]
가장[最] 적당(適當)함. ¶최적의 조건을 갖추다.

최:-전방 最前方 | 가장 최, 앞 전, 모 방
[forefront]
❶ [속뜻] 가장[最] 앞[前] 쪽[方]. ❷ [군사] 적과 가장 가까운 전방. ¶그 부대는 우리나라 최전방 방어를 책임지고 있다. [비] 최전선(最前線).

최:종 最終 | 가장 최, 끝날 종
[last; final]
가장[最] 마지막[終]. 맨 나중. ¶나는 아직 최종 결정을 내리지 못했다. [반] 최초(最初).

최:-첨단 最尖端 | 가장 최, 뾰족할 첨, 끝 단 [most advanced; cutting edge]
❶ [속뜻] 물건의 뾰족한[尖] 끝[端] 중에서도 가장[最] 끝 부분. ❷가늘고 긴 사물이나 돌출한 곳의 맨 끝 부분. ❸유행이나 수준 따위의 맨 앞. ¶최첨단 무기를 개발하다.

***최:초** 最初 | 가장 최, 처음 초
[first; beginning; outset]
가장[最] 처음[初]. 맨 처음. ¶최초의 여성 비행사 / 최초로 전구를 개발하다. [반] 최후(最後).

최:하 最下 | 가장 최, 아래 하
[lowest; most inferior; worst]
가장[最] 아래[下]. 맨 끝. ¶최하 점수 / 최하 천만 원의 벌금을 물다. [반] 최상(最上).

최:후 最後 | 가장 최, 뒤 후
[last; one's last moment]
❶ [속뜻] 맨[最] 뒤[後]. 맨 마지막. ¶최후에 웃는 자가 진정한 승자이다. ❷목숨이 다할 때. ¶비참한 최후를 맞다. [반] 최초(最初).

추 錘 | 저울 추
[balance weight; pendulum]
저울추와 같이 끈에 달려 늘어져서 흔들리게 된 물건의 총칭. ¶시계 추.

추가 追加 | 따를 추, 더할 가
[add; supplement]
뒤따라[追] 더함[加]. ¶추가 비용을 부담하다 / 고기 2인분을 추가하다.

추격 追擊 | 쫓을 추, 칠 격
[pursue; chase]
도망하는 적을 뒤쫓아[追] 공격(攻擊)함. ¶경찰은 범인을 추격하여 검거했다.

추곡 秋穀 | 가을 추, 곡식 곡
[autumn harvested grains]
가을[秋]에 거두는 곡식(穀食). ¶추곡수매.

***추구** 追求 | 따를 추, 구할 구
[pursue; seek]
끝까지 따라가[追] 구(求)함. ¶인간은 행복을 추구하는 존재이다.

추궁 追窮 | 쫓을 추, 다할 궁
[press; question thoroughly]
❶ [속뜻] 끝[窮]까지 쫓음[追]. ❷잘못이나 책임 따위를 캐어 물음. ¶추궁을 당하자 나는 말문이 막혔다 / 책임을 추궁하다.

추기 樞機 | 지도리 추, 틀 기
[most important affairs]
❶ [속뜻] 문에 달린 지도리[樞]처럼 중요한 틀[機]이나 부분. ❷가장 중요한 일이나 역할.

▸추기-경 樞機卿 | 벼슬 경
[가톨릭] 가톨릭 교회의 중요한 역할[樞機]을 하는 고위 성직자[卿]. 교황의 최고 고문으로, 교황을 선거하고 보좌한다. ¶전 세계의 추기경들은 로마에서 만난다.

추녀[1] [protruding corners of eaves]
처마의 모서리. ¶추녀 끝에 고드름이 매달려 있다

추녀[2] 醜女 | 추할 추, 여자 녀
[ugly woman]
추하게[醜] 못생긴 여자(女子). [반] 미녀(美女).

추다 [dance]
춤 동작을 보이다. ¶음악에 맞춰 춤을 추다.

추대 推戴 | 밀 추, 떠받들 대
[have a person as head]
❶[속뜻] 밀어[推] 떠받듦[戴]. ❷윗자리에 모심. ¶우리는 김 선생님을 회장으로 추대했다.

추도 追悼 | 쫓을 추, 슬퍼할 도
[mourn for]
죽은 이를 추억(追憶)하며 슬퍼함[悼]. ¶전쟁 희생자들을 추도하다. [비] 추모(追慕).

추락 墜落 | 떨어질 추, 떨어질 락
[fall; drop]
높은 곳에서 떨어짐[墜=落]. ¶비행기 추락사고 / 그의 지지도가 추락했다.

추리 推理 | 밀 추, 이치 리
[infer; deduce; figure out]
이유나 이치[理]를 근거로 미루어[推] 헤아림. ¶이 증거들을 가지고 범인을 추리해 보자.

▸ 추리 소:설 推理小說 | 작을 소, 말씀 설
[문학] 범죄 수사를 주된 제재로 삼아 추리(推理)에 의한 사건 해결 과정에 흥미의 초점을 맞춘 소설(小說).

추모 追慕 | 쫓을 추, 그리워할 모
[cherish the memory of a deceased person]
죽은 이를 추억(追憶)하며 그리워함[慕]. 죽은 이를 사모함. ¶우리는 희생자들을 추모하기 위해 묵념을 했다. [비] 추도(追悼).

▸ 추모-각 追慕閣 | 집 각
죽은 사람을 기념하기 위해[追慕] 세운 집[閣]. ¶추모각을 세우다.

▸ 추모-식 追慕式 | 의식 식
죽은 사람을 기념하는[追慕] 의식(儀式). ¶추모식을 거행하다.

추방 追放 | 쫓을 추, 놓을 방
[expel; banish; deport]
❶[속뜻] 쫓아[追] 내놓음[放]. ❷해롭다고 생각하여 무엇을 없애거나 쫓아내는 것. ¶그는 다른 나라로 추방됐다.

추분 秋分 | 가을 추, 나눌 분
[Autumnal Equinox Day]
❶[속뜻] 가을[秋]로 나누어짐[分]. ❷일 년 중 낮과 밤의 길이가 같은 절기. 9월 20일 경.

추사-체 秋史體 | 가을 추, 역사 사, 모양 체
[예술] 조선 후기의 명필인 추사(秋史) 김정희(金正喜)의 독특한 서체(書體).

추산 推算 | 밀 추, 셀 산
[estimate at; calculate]
미루어[推] 셈함[算]. ¶그의 재산은 약 10억 원으로 추산된다.

추상 抽象 | 뽑을 추, 모양 상 [abstract]
❶[속뜻] 외적 모양[象]을 뽑아낸[抽] 내적 속성이나 본질. ❷[심리] 여러 가지 사물이나 개념에서 공통되는 특성이나 속성 따위를 추출하여 파악하는 작용. [반] 구체(具體).

▸ 추상-적 抽象的 | 것 적
❶[속뜻] 외적 모양을 뽑아내 버린 내적 속성[抽象]에 관한 것[的]. ❷구체성이 없이 사실이나 현실에서 멀어져 막연하고 일반적인. 또는 그런 것. ¶대부분의 사람들이 철학을 너무 추상적이라고 생각한다. [반] 구체적(具體的).

▸ 추상-화 抽象畵 | 그림 화
[미술] 사물을 사실대로 재현하지 않고, 순수한 점이나 선·면·빛깔 따위에 의한 표현을 지향한[抽象] 그림[畵].

추석 秋夕 | 가을 추, 저녁 석
[Korean Thanksgiving Day]
❶[속뜻] 가을[秋] 저녁[夕]의 달. 『예기』의 '조춘일추석월'(朝春日秋夕月)에서 유래한 말. ❷음력 8월 15일. 햅쌀로 송편을 빚고 햇과일 따위의 음식을 장만하여 차례를 지낸다. 중추절(仲秋節). 한가위. ¶올 추석에는 고향에 가지 못했다.

추세 趨勢 | 향할 추, 힘 세
[tendency; trend; tide]
어떤 현상이 일정한 방향으로 향하는[趨] 힘[勢]. 그때의 대세의 흐름이나 경향. ¶요즘은 결혼을 늦게 하는 추세다.

추수 秋收 | 가을 추, 거둘 수
[harvest; gather in]
가을[秋]에 익은 곡식을 거두어[收] 들임. ¶이 밥은 올해 추수한 쌀로 지은 것이다. [비] 가을걷이.

▸ 추수-기 秋收期 | 때 기
추수(秋收)하는 시기(時期). 추수철. ¶추수기가 끝나다.

추신 追伸 | =追申, 따를 추, 늘일 신
[postscript]
뒤에 추가(追加)하거나 늘임[伸]. 주로 편지글에서 사연을 다 쓰고 덧붙이는 글의 머리에 쓰는 말. ¶안부를 전해 달라는 추신을 덧붙이다.

추악 醜惡 | 추할 추, 나쁠 악
[be ugly; disgusting; horrible]
마음씨나 용모, 행실 따위가 추(醜)하고 나쁨[惡]. ¶추악한 범죄를 저지르다.

추앙 推仰 | 받들 추, 우러를 앙
[respect; revere; look up to]
높이 받들어[推] 우러러봄[仰]. ¶그는 가장 위대한 지도자로 추앙받는다.

추어 鰍魚 | 미꾸라지 추, 물고기 어
[mudfish]
❶[속뜻] 미꾸라지[鰍] 물고기[魚]. ❷[동물] 등은 푸른빛을 띤 검은색이며, 배가 흰 민물고기. 몸이 몹시 미끄럽다.

▸ 추어-탕 鰍魚湯 | 끓을 탕
미꾸라지[鰍魚]를 넣고, 여러 가지 국거리 양념과 함께 끓인 탕국[湯].

추억 追憶 | 좇을 추, 생각할 억
[recollect; go over in one's mind]
지나간 일을 뒤좇아[追] 돌이켜 생각함[憶]. ¶어린 시절을 추억하다.

추월 追越 | 따를 추, 넘을 월
[pass; overtake]
뒤따라[追] 가다가 앞질러 넘어섬[越]. ¶터널 안에서는 추월이 금지되어 있다.

추이 推移 | 밀 추, 옮길 이
[change; advance]
❶[속뜻] 밀어[推] 옮김[移]. ❷시간이 흐름에 따라 사물의 상태가 변하여 가는 일. ¶사건의 추이를 지켜보다.

추잡 醜雜 | 추할 추, 섞일 잡
[be filthy; dirty; disgusting]
말이나 행실 따위가 지저분하고[醜] 잡(雜)스럽다. ¶추잡한 농담.

추장 酋長 | 두목 추, 어른 장
[chief; headman]
미개 부족의 두목[酋]이 되는 어른[長]. ¶부족민들은 추장의 지시를 따른다.

추적 追跡 | 쫓을 추, 발자취 적
[pursue; chase after; track down]
도망하는 자의 발자취[跡]를 따라 뒤를 쫓음[追]. ¶위치를 추적하다.

추정 推定 | 밀 추, 정할 정
[presume; assume; guess]
미루어[推] 셈하여 판정(判定)함. ¶이 나무는 500년 정도 되었을 것으로 추정된다.

추종 追從 | 따를 추, 좇을 종
[follow; imitate]
❶[속뜻] 남의 뒤를 따라[追] 좇음[從]. ¶타의 추종을 불허하다. ❷남에게 빌붙어 따름. ¶연예인을 무조건 추종하는 것은 옳지 않다.

▸ 추종-자 追從者 | 사람 자
추종(追從)하는 사람[者]. ¶그녀의 아름다움을 흠모하는 추종자들.

***추진 推進** | 밀 추, 나아갈 진
[propel; drive forward; promote]
❶[속뜻] 앞으로 밀고[推] 나아감[進]. ¶계획대로 일을 추진하다. ❷물체를 밀어 앞으로 내보냄. ¶추진장치.

▸ 추진-력 推進力 | 힘 력
앞으로 밀고 나아가는[推進] 힘[力]. ¶로켓은 고압 가스를 분출하면서 추진력을 얻는다 / 그는 머리도 좋고 추진력도 있다.

추천 推薦 | 밀 추, 천거할 천
[recommend; say a good word (for)]
알맞은 사람이나 물건을 책임지고 밀어[推] 천거(薦擧)함. ¶저는 이 제품을 추천합니다.
▸추천-서 推薦書 | 글 서
추천(推薦)의 내용을 담은 글[書]. 또는 그 문서. ¶교장 선생님의 추천서를 받다. [비] 추천장(推薦狀).

추첨 抽籤 | 뽑을 추, 제비 첨
[draw lots; hold a lottery]
제비[籤]를 뽑음[抽]. ¶복권 추첨 / 당첨자를 추첨하다.

추출 抽出 | 뽑을 추, 날 출
[abstract; extract; press out]
[화학] 용매를 써서 고체나 액체로부터 어떤 물질을 뽑아[抽] 냄[出]. ¶콩에서 추출한 단백질 성분.

추측 推測 | 밀 추, 헤아릴 측
[guess; suppose]
미루어[推] 헤아림[測]. ¶사람들의 반응을 추측하다.

추태 醜態 | 추할 추, 모양 태
[shameful conduct]
추한[醜] 행동이나 모양[態]. ¶술에 취하여 추태를 부리다.

추호 秋毫 | 가을 추, 터럭 호 [bit; hair]
❶[속뜻] 가을철[秋]에 새로 돋아난 작고 가는 터럭[毫]. ❷'조금', '매우 적음'을 뜻함. ¶내 말에는 추호도 거짓이 없다.

축 軸 | 굴대 축 [axis]
활동이나 회전의 중심. ¶바퀴는 축을 중심으로 회전한다.

***축구** 蹴球 | 찰 축, 공 구
[soccer; football]
[운동] 공[球]을 주로 발로 차서[蹴] 상대편의 골에 공을 많이 넣는 것으로 승부를 겨루는 경기. ¶그 나라는 축구에 열광적이다.
▸축구-부 蹴球部 | 나눌 부
학교나 단체에서 축구(蹴球)를 하기 위해 만든 조직[部]. ¶우리 학교 축구부가 이겼다.
▸축구-장 蹴球場 | 마당 장
축구(蹴球) 경기를 하는 곳[場]. ¶축구장에 모여라.
▸축구-회 蹴球會 | 모일 회
축구(蹴球)를 하기 위하여 만든 모임[會]. ¶조기 축구회.

축국 蹴鞠 | 찰 축, 공 국
[운동] 지난날 공[鞠]을 발로 차던[蹴] 놀이.

축농-증 蓄膿症 | 쌓을 축, 고름 농, 증세 증 [sinus infection; ozena]
몸속 빈 곳에 고름[膿]이 쌓여[蓄] 괴는 증상(症狀).

축대 築臺 | 쌓을 축, 돈대 대
[terrace; elevation; embankment]
높이 쌓아[築] 올린 대(臺). ¶축대가 무너져 아래에 있는 집들을 덮쳤다.

축도[1] 祝禱 | 빌 축, 빌 도 [blessing]
[기독교] 예배를 마칠 때 목사가 복을 비는[祝] 기도(祈禱). '축복기도'(祝福祈禱)의 준말.

축도[2] 縮圖 | 줄일 축, 그림 도
[reduced drawing; miniature copy]
그림이나 대상의 본디 모양을 줄여서[縮] 그림[圖]. ¶1/1,000로 축소한 축도.

축문 祝文 | 빌 축, 글월 문
[written prayer; memorial address]
❶[속뜻] 복을 비는[祝] 글[文]. ❷제사 때, 신명에게 읽어 고하는 글. ¶축문을 쓰다.

축배 祝杯 | 빌 축, 잔 배
[toast; drink in celebration]
축하(祝賀)의 술을 마시는 술잔[杯]. ¶신랑, 신부를 위해 축배를 들자.

축복 祝福 | 빌 축, 복 복 [bless]
❶[속뜻] 행복(幸福)하기를 빎[祝]. ¶신랑, 신부의 앞날을 축복해 줍시다. ❷[기독교] 하나님이 복을 내림. ¶신의 축복이 있기를! [비] 축하.

축사[1] 祝辭 | 빌 축, 말씀 사

[congratulatory address; greetings]
축하(祝賀)의 뜻으로 하는 말[辭]. ¶축사를 낭독하다.

축사²畜舍 | 가축 축, 집 사
[cattle shed; pigsty]
가축(家畜)을 기르는 건물[舍]. ¶형은 축사를 지어 소를 키웠다.

축산 畜産 | 가축 축, 낳을 산
[stock farming; animal husbandry]
가축(家畜)을 길러서 인간 생활에 유용한 물질을 생산(生産)하고 이용하는 농업의 한 부문. ¶축산 농가.

▸축산-물 畜産物 | 만물 물
가축을 기르고 번식시켜서 얻는[畜産] 생산물(生産物).

▸축산-업 畜産業 | 일 업
가축을 기르고, 그 생산물을 가공하는[畜産] 산업(産業). ¶축산물 수입 개방으로 국내 축산업이 어려움을 겪고 있다.

축성 築城 | 쌓을 축, 성곽 성
[construct a castle; fortify]
❶[속뜻] 성(城)을 쌓음[築]. ❷군사상 방어 목적으로 요지에 설치하는 구조물을 통틀어 이르는 말.

축소 縮小 | 줄일 축, 작을 소
[reduce; cut down]
줄여서[縮] 작게[小] 함. ¶축소 복사 / 사업을 축소하다. [반] 확대(擴大).

축약 縮約 | 줄일 축, 묶을 약 [abridge]
❶[속뜻] 줄이고[縮] 묶어서[約] 간단하게 함. ❷[언어] 연속되는 두 모음을 아울러서 한 음절로 줄이거나 동화시키는 음운 현상.

▸축약-어 縮約語 | 말씀 어
줄이고[縮] 묶어서[約] 간단하게 한 말[語]. ¶'선관위'는 '선거관리위원회'의 축약어이다.

축원 祝願 | 빌 축, 바랄 원 [pray]
신이나 부처에게 자기 소원(所願)을 이루어 달라고 빎[祝]. ¶모두 평안하시기를 축원합니다.

축음-기 蓄音機 | 모을 축, 소리 음, 틀 기
[phonograph; record player]
❶[속뜻] 소리[音]를 모으는[蓄] 기계(機械). ❷음파를 기록한 음반을 회전시켜 음성을 재생하는 장치.

축의 祝儀 | 빌 축, 의식 의 [celebration]
축하(祝賀)하는 의례나 의식(儀式). ¶축의를 표하다.

▸축의-금 祝儀金 | 돈 금
축하(祝賀)하는 뜻으로 의식(儀式)에 와서 내는 돈[金]. ¶결혼식에 축의금으로 5만원을 내다.

축일 祝日 | 빌 축, 날 일
[festive day; a gala day]
경사를 축하(祝賀)하는 날[日]. ¶축일을 맞이하다.

축재 蓄財 | 모을 축, 재물 재
[amass; accumulate riches]
재물(財物)을 모음[蓄]. 모은 재산. ¶부정 축재를 하다.

축적 蓄積 | 모을 축, 쌓을 적
[store; accumulate; pile up]
지식, 경험, 자금 따위를 많이 모아[蓄] 쌓아둠[積]. ¶기술력을 축적하다.

축전¹祝典 | 빌 축, 의식 전 [celebration; festival]
축하(祝賀)하는 의식이나 식전(式典). ¶크리스마스 축전 행사.

축전²祝電 | 빌 축, 전기 전
[congratulatory telegram]
축하(祝賀)의 뜻을 나타내는 전보(電報). ¶축전을 보내다.

축전³蓄電 | 모을 축, 전기 전
[store electricity]
전기(電氣)를 모아[蓄] 둠. ¶축전 기술을 개발하다.

▸축전-지 蓄電池 | 못 지
[물리] 전기 에너지를 화학 에너지로 바꾸어서 모아 두고[蓄電], 필요할 때 전기 에너지로 쓰는 전지(電池). [비] 가역 전지(可逆電池), 이차 전지(二次電池).

축제 祝祭 | 빌 축, 제사 제 [festival]
❶속뜻 축하(祝賀)하는 뜻에서 거행하는 제전(祭典). ❷경축하여 벌이는 큰 잔치나 행사를 이르는 말. ¶도시는 온통 축제 분위기에 휩싸였다.

축조 築造 | 쌓을 축, 만들 조 [build; construct]
제방이나 담을 다지고 쌓아서[築] 만듦[造]. ¶피라미드를 축조하다.

***축척** 縮尺 | 줄일 축, 자 척 [reduced scale]
지도 따위를 실제보다 축소하여 그릴 때 축소(縮小)한 비례의 척도(尺度). ¶이 지도의 축척은 5만분의 1이다.

축포 祝砲 | 빌 축, 대포 포 [cannon salute]
행사에서 축하(祝賀)의 뜻으로 쏘는 총이나 대포의 공포(空砲). ¶대회의 개막을 알리는 축포가 터졌다.

***축하** 祝賀 | 빌 축, 하례할 하 [celebrate; congratulate]
❶속뜻 복을 빌어주는[祝] 하례(賀禮). ❷남의 기쁜 일에 대하여 더 큰 기쁨이 있기를 빌어주는 뜻으로 하는 인사. ¶졸업을 진심으로 축하합니다.

▶**축하-객** 祝賀客 | 손 객
축하(祝賀)하기 위하여 온 손님[客]. ¶축하객에게 몸소 찾아다니면서 인사를 하였다.

▶**축하-연** 祝賀宴 | 잔치 연
축하(祝賀)하기 위하여 베푸는 잔치[宴]. ¶결혼 축하연을 열다. ㉾ 축연.

춘곤 春困 | 봄 춘, 곤할 곤 [fatigue in the springtime; spring fever]
봄철[春]에 느끼는 노곤(勞困)한 기운.

▶**춘곤-증** 春困症 | 증세 증
봄철에 몸의 기운이 빠지는[春困] 증세(症勢). ¶춘곤증 때문인지 자꾸 졸린다.

춘난 春暖 | 봄 춘, 따뜻할 난 [spring warmth]
봄철[春]의 따뜻함[暖]. 따뜻한 기운.

춘란 春蘭 | 봄 춘, 난초 란
식물 봄[春]에 꽃이 피는 난초(蘭草). 잎이 가늘고 길며, 봄에 푸른 빛깔을 띤 흰 꽃이 핀다.

춘분 春分 | 봄 춘, 나눌 분 [spring equinox]
❶속뜻 봄[春]으로 구분(區分)되는 절기. ❷24절기의 하나. 일 년 중 낮과 밤의 길이가 꼭 같다. 3월 21일경.

춘-삼월 春三月 | 봄 춘, 석 삼, 달 월 [March in the lunar calendar]
봄[春] 경치가 가장 좋은 음력 삼월(三月)을 달리 이르는 말. ¶춘삼월 호시절.

***춘추** 春秋 | 봄 춘, 가을 추 [spring and autumn; one's honored age]
❶속뜻 봄[春]과 가을[秋]. ¶우리 식당에 춘추로 1년에 두 번씩 위생 검사를 나온다. ❷남을 높여 그의 '나이'를 이르는 말. ¶올해 춘추가 어떻게 되십니까? ㉾ 연세(年歲).

춘풍 春風 | 봄 춘, 바람 풍 [spring wind]
봄철[春]에 부는 바람[風]. ¶춘풍에 돛단 듯하다. ㉾ 봄바람.

춘하추동 春夏秋冬 | 봄 춘, 여름 하, 가을 추, 겨울 동 [four seasons]
봄[春], 여름[夏], 가을[秋], 겨울[冬]을 아울러 이르는 말. ¶자연은 춘하추동 그 색을 달리한다. ㉾ 사계절(四季節), 사철.

춘향 春香 | 봄 춘, 향기 향
❶속뜻 봄[春]의 향기(香氣)가 물씬 풍김. ❷『춘향전』(春香傳)의 여자 주인공 이름.

▶**춘향-가** 春香歌 | 노래 가
음악 판소리 열두 마당의 하나. 『춘향전』(春香傳)을 판소리[歌]로 엮은 것.

▶**춘향-전** 春香傳 | 전할 전
문학 이몽룡(李夢龍)과 춘향(春香)의 전기(傳記). 연애 사건을 중심으로 하여 춘향의 정절을 기리고 계급 타파의 서민 의식을 고양한 내용을 전하는 한국 고소설의 대표적 작품이다.

출가¹ 出家 | 날 출, 집 가 [leave home;

become a Buddhist priest]
❶속뜻 집[家]을 나감[出]. ❷불교 세속의 집을 떠나 불문에 듦. ¶석가모니는 29세에 출가했다.

출가² 出嫁 | 날 출, 시집갈 가
[be married to]
처녀가 시집[嫁]을 감[出]. ¶딸들을 출가시키다.

▶ 출가-외인 出嫁外人 | 바깥 외, 남 인
출가(出嫁)한 딸은 바깥[外]에 있는 남[人]이나 마찬가지라는 말. ¶옛날에 시집간 딸은 남의 집 며느리 여겨 출가외인이라고 불렀다.

출간 出刊 | 날 출, 책 펴낼 간 [publish]
책을 펴내어[刊] 세상에 내어놓음[出]. ¶영어책 하나를 출간하기로 마음먹었다. ⑪ 출판(出版).

출격 出擊 | 날 출, 칠 격 [sally; sortie]
주로 항공기가 적을 공격(攻擊)하러 나감[出]. ¶적의 수도를 공격하기 위해 전투기가 출격했다.

출구 出口 | 날 출, 어귀 구
[exit; way out; gateway]
밖으로 나갈[出] 수 있는 통로나 어귀[口]. ¶출구를 찾지 못해 우왕좌왕 헤맸다. ⑪ 입구(入口).

출국 出國 | 날 출, 나라 국 [depart from the country; leave the country]
그 나라[國]를 떠나 외국으로 나감[出]. ¶그는 다음 주에 출국할 예정이다. ⑪ 입국(入國).

출근 出勤 | 날 출, 일할 근
[go to the office]
일하러[勤] 나감[出]. ¶오늘 출근이 조금 늦었다. ⑪ 결근(缺勤), 퇴근(退勤).

출금 出金 | 날 출, 돈 금
[pay; draw out]
돈[金]을 꺼냄[出]. 꺼낸 돈. ¶은행에 가서 10만원을 출금했다. ⑪ 입금(入金).

▶ 출금-액 出金額 | 액수 액
은행 따위에서 출금(出金)한 돈의 액수(額數). ⑪ 입금액(入金額).

출납 出納 | 날 출, 들일 납 [incomings and outgoings; receipts and payments]
❶속뜻 금전이나 물품을 내주거나[出] 받아들임[納]. 특히 금전을 내주거나 받아들임. ¶그녀는 은행에서 출납 업무를 맡고 있다. ❷수입과 지출.

▶ 출납-부 出納簿 | 장부 부
출납(出納)을 기록하는 장부[簿].

출동 出動 | 날 출, 움직일 동 [move (out); be mobilized; go into action]
❶속뜻 나가서[出] 행동(行動)함. ❷부대 따위가 활동하기 위하여 목적지로 떠남. ¶몇 대의 소방차가 화재를 진압하러 출동했다.

출두 出頭 | 날 출, 머리 두
[appear; attend]
❶속뜻 머리[頭]를 들고 나옴[出]. ❷어떤 곳에 몸소 나감. ¶그는 월요일 법정에 출두할 예정이다.

출력 出力 | 날 출, 힘 력 [output]
❶속뜻 힘[力]을 내보냄[出]. ❷기계 전동차 따위가 외부에 공급하는 기계적·전기적 힘. ¶이 자동차의 최대 출력은 200마력이다. ❸컴퓨터 따위의 기기나 장치가 입력을 받아 일을 하고 외부로 결과를 내는 일. ¶이 문서를 출력해 주십시오. ⑪ 입력(入力).

출마 出馬 | 날 출, 말 마
[run for office; stand as a candidate]
❶속뜻 말[馬]을 몰고 나감[出]. ❷선거 따위에서 입후보자로 나섬. ¶올해 누가 시장 선거에 출마합니까?

출몰 出沒 | 날 출, 빠질 몰 [make frequent appearances; come and go]
무엇이 나타났다[出] 사라졌다[沒] 함. ¶이 산에는 호랑이가 출몰한다.

﹡﹡출발 出發 | 날 출, 떠날 발
[start; set out; depart]
❶속뜻 집을 나서서[出] 길을 떠남[發]. ¶

기차가 출발하자 손을 흔들었다. ❷일을 시작함. 일의 시작. ¶새 출발을 다짐하다 / 그는 처음에 모델로 출발했다. ⓟ 도착(到着).

▶출발-선 出發線 | 줄 선
출발점(出發點)으로 그어 놓은 선(線). ¶선수들이 출발선에 서 있다.

▶출발-점 出發點 | 점 점
❶속뜻 출발(出發)하는 지점(地點). ¶여행에 반드시 일정한 출발점과 도착점이 있다. ❷어떤 일을 시작하는 기점. ¶우리는 새로운 시대의 출발점에 섰다.

▶출발-지 出發地 | 땅 지
어디를 향하여 떠나는[出發] 곳[地]. ¶우리가 찾아가는 장소는 출발지에서 그리 멀지 않은 곳이다. ⓟ 도착지.

출범 出帆 | 날 출, 돛 범
[sail; be founded; be launched]
❶속뜻 배가 돛[帆]을 달고 떠나감[出]. ¶이 배는 수리를 마치고 내일이면 출범된다. ❷단체가 새로 조직되어 일을 시작함을 비유적으로 이르는 말. ¶NATO는 1949년에 출범했다.

출산 出産 | 날 출, 낳을 산
[have a baby]
아기를 낳음[出=産]. ¶그녀는 건강한 아기를 출산했다. ⓟ 분만(分娩), 해산(解産).

출생 出生 | 날 출, 날 생 [be born]
태아가 모체 밖으로 나가[出] 세상에 태어남[生]. ¶그 작가는 1978년 강릉에서 출생했다. ⓟ 사망(死亡).

▶출생-률 出生率 | 비율 률
출생(出生)의 비율(比率). 인구 1000명에 대한 1년간의 출생수의 비율. ¶출생률이 낮아지고 있다. ⓟ 사망률(死亡率).

출석 出席 | 날 출, 자리 석 [attend]
어떤 자리[席]에 나감[出]. ¶출석을 부르다 / 그는 증인으로 내일 법정에 출석할 것이다. ⓟ 결석(缺席).

▶출석-부 出席簿 | 장부 부
출석(出席) 상황을 적는 장부[簿]. ¶선생님들은 출석부를 들고 교무실을 나왔다.

출세 出世 | 날 출, 세상 세
[success in life]
❶속뜻 숨어살던 사람이 세상(世上)에 나옴[出]. ❷사회적으로 높이 되거나 유명해짐. ¶그는 출세하더니 거만해졌다. ⓟ 성공(成功).

출소 出所 | 날 출, 곳 소
[come out of prison]
교도소 같은 곳[所]에서 풀리어 나옴[出]. ¶그는 출소하자마자 또다시 범행을 저질렀다. ⓟ 출옥(出獄).

출신 出身 | 날 출, 몸 신 [graduate]
❶속뜻 출생(出生) 당시의 가정이 속하여 있던 사회적 신분(身分) 관계. ¶양반 출신으로 태어나다. ❷학교나 직업 따위의 사회적 신분 관계. ¶운동 감독을 하는 사람 중에서는 선수 출신이 꽤 많다.

출연 出演 | 날 출, 펼칠 연 [act]
무대나 영화, 방송 따위에 나와[出] 연기(演技)함. ¶출연해 주셔서 감사합니다.

▶출연-진 出演陣 | 진칠 진
어떤 영화·연극·방송 등에 나오는[出演] 사람들의 진용(陣容). ¶출연진은 모두 아침 7시까지 촬영장에 나와야 한다.

출옥 出獄 | 날 출, 감옥 옥
[get released from prison]
형기가 끝나거나 무죄가 되어 감옥(監獄)을 나옴[出]. ¶출옥한 뒤 그는 사업을 시작했다. ⓟ 출소(出所).

출원 出願 | 날 출, 바랄 원 [apply for]
원서(願書)나 신청서를 제출(提出)함. ¶특허를 출원하다.

출입 出入 | 날 출, 들 입
[come in and out; enter and leave]
나가고[出] 들어옴[入]. ¶10세 이하면 누구나 출입이 가능하다.

▶출입-구 出入口 | 어귀 구
출입(出入)하는 어귀[口]나 문. ¶경찰은 모든 출입구를 봉쇄했다.

출장[1]**出張** | 날 출, 벌릴 장
[travel on business]
외부로 나가서[出] 일을 벌림[張]. 또는 외부에서 용무를 봄. ¶해외로 출장을 간다.

출장[2]**出場** | 날 출, 마당 장
[take the field; participate]
❶[속뜻] 어떤 장소(場所)에 나감[出]. ❷운동 경기에 나감. ¶네 명의 한국 선수들이 경기에 출장했다.

출전[1]**出典** | 날 출, 책 전
[source; source book; origin]
❶[속뜻] 나오는[出] 책[典]. ❷고사(故事), 성어(成語)나 인용문 따위의 출처(出處)가 되는 책. ¶이 예문의 출전을 알려 주세요.

출전[2]**出戰** | 날 출, 싸울 전
[participate (in); compete (in)]
❶[속뜻] 나가서[出] 싸움[戰]. ❷전쟁, 운동 경기 따위에 나감. ¶월남전에 출전하다 / 높이뛰기에 출전하다.

출정 出征 | 날 출, 칠 정
[go (off) to war; go into battle]
❶[속뜻] 정벌(征伐)에 나섬[出]. ❷군에 입대하여 싸움터에 나감. ¶그 장수는 10만 명의 군사를 거느리고 출정했다.

출제 出題 | 날 출, 문제 제
[set exam questions]
시험 문제(問題)를 냄[出]. ¶문제는 주로 교과서에서 출제되었다.

출중 出衆 | 뛰어날 출, 무리 중
[excellent; outstanding; remarkable]
뭇사람[衆] 가운데 가장 뛰어나다[出]. ¶그녀는 영어 실력이 출중하다.

출처 出處 | 날 출, 곳 처
[source; origin]
사물이 나온[出] 본래의 곳[處]. ¶출처를 밝히다 / 소문은 무성하지만 출처는 불확실하다.

출토 出土 | 날 출, 흙 토
[be excavated; be unearthed]
땅[土]속에서 발굴되어 나옴[出]. ¶유물이 출토되다.

출-퇴근 出退勤 | 날 출, 물러날 퇴, 일할 근 [commute]
출근(出勤)과 퇴근(退勤). ¶자전거를 타고 출퇴근하다.

출판 出版 | 날 출, 책 판
[publish; issue; print]
저작물을 책[版]으로 꾸며 세상에 내놓음[出]. ¶그녀의 소설은 다음 달에 출판된다. [비] 간행(刊行), 출간(出刊).

▶ **출판-사 出版社** | 회사 사
출판(出版)을 업으로 하는 회사(會社). ¶원고를 출판사에 보내다.

출품 出品 | 날 출, 물건 품
[exhibit; display]
❶[속뜻] 내놓은[出] 물품(物品). ❷전람회나 전시회 같은 곳에 물건이나 작품을 내놓음. ¶그가 출품한 그림이 입상했다.

출하 出荷 | 날 출, 짐 하
[send out goods]
❶[속뜻] 짐[荷]을 실어 냄[出]. ❷생산품을 시장으로 실어 냄. ¶채소를 도매시장에 출하하다. [반] 입하(入荷).

출항 出港 | 날 출, 항구 항
[sail; leave port]
배가 항구(港口)를 떠남[出]. ¶태풍 경보가 내려지면 모든 어선의 출항이 금지된다. [반] 입항(入港).

출현 出現 | 날 출, 나타낼 현 [appear]
없던 것이나 숨겨져 있던 것이 나와[出] 그 모습을 나타냄[現]. ¶남해안에 식인 상어가 출현했다 / 컴퓨터의 출현은 우리의 삶에 많은 영향을 미쳤다.

***출혈 出血** | 날 출, 피 혈 [bleed]
피[血]가 혈관 밖으로 나옴[出]. ¶출혈이 심해 중태에 빠지다.

충 忠 | 충성 충
[loyalty; devotion; faithfulness]
임금이나 국가 따위에 충직함. ¶예전에는 충과 효를 매우 중히 여겼다.

충격 衝擊 | 부딪칠 충, 칠 격 [shock]
❶[속뜻] 물체에 부딪치거나[衝] 쳐서[擊] 급격히 가하여지는 힘. ¶폭발의 충격으로 집이 흔들렸다. ❷심한 마음의 동요. 심한 자극. ¶그의 죽음은 우리 모두에게 큰 충격을 주었다.
▸ 충격-적 衝擊的 | 것 적
정신적으로 충격(衝擊)을 받거나 느낄 만한 것[的]. ¶아동 학대를 다룬 그 방송은 충격적이었다.

충고 忠告 | 충성 충, 알릴 고 [advice]
충성(忠誠)하는 뜻으로 남의 허물이나 결점 따위를 알려줌[告]. ¶의사는 그에게 담배를 끊으라고 충고했다.

충당 充當 | 채울 충, 마땅 당
[replenish; fill up; allocate]
모자라는 것을 알맞게[當] 채워서[充] 메움. ¶번 돈을 빚을 갚는 데 충당하다.

충돌 衝突 | 부딪칠 충, 부딪칠 돌
[clash with; conflict with]
❶[속뜻] 서로 맞부딪침[衝=突]. ¶열차 충돌 사고 / 화물차가 버스와 충돌하였다. ❷의견이나 이해관계의 대립으로 서로 맞서서 싸움. ¶거리에서 경찰과 시민의 충돌이 있었다.

충동 衝動 | 찌를 충, 움직일 동
[urge; instigate; incite]
❶[속뜻] 마음을 들쑤셔서[衝] 움직이게[動] 함. ❷순간적으로 어떤 행동을 하고 싶은 욕구를 느끼게 하는 마음속의 자극. ¶수영장을 보니 뛰어들고 싶은 충동이 든다. ❸어떤 일을 하도록 남을 부추기거나 심하게 마음을 흔들어 놓음. ¶그의 충동으로 나는 내키지 않는 일을 억지로 하고 말았다 / 물건을 사라며 사람들을 충동하다.
▸ 충동-적 衝動的 | 것 적
갑자기 하고 싶은 충동(衝動)이 생겨서 행동하는 것[的]. ¶충동적으로 물건을 사면 낭비하기가 쉽다.

충만 充滿 | 채울 충, 넘칠 만 [full]
넘치도록[滿] 가득 채움[充]. ¶마음에 기쁨이 충만하다 / 그 안내서는 유익한 기사로 충만하다.

충무공 忠武公 | 충성 충, 굳셀 무, 귀인 공
❶[속뜻] 충직(忠直)하고 굳센[武] 귀인[公]. ❷[인명] 이순신 장군이 죽은 후에 그의 공적을 기리기 위해 임금이 정하여 준 이름.

충복 忠僕 | 바칠 충, 종 복
[faithful servant]
몸과 마음을 다 바쳐[忠] 주인을 섬기는 종[僕]. ¶죽을 때까지 장군의 충복으로 남겠습니다. [비] 충노(忠奴).

충분 充分 | 채울 충, 나눌 분
[be enough]
나눔[分]의 정도가 모자람이 없이 넉넉하다[充]. 분량이나 요구 조건이 모자람이 없이 차거나 넉넉하다. ¶충분한 자료를 수집하다 / 충분히 생각하고 결정해라.

충성 忠誠 | 바칠 충, 공경할 성
[be loyal (to); be devoted (to)]
❶[속뜻] 몸과 마음을 다 바쳐[忠] 공경함[誠]. ❷나라나 임금에 바치는 곧고 지극한 마음. ¶충성을 맹세하다 / 충성스러운 신하.
▸ 충성-심 忠誠心 | 마음 심
임금이나 국가에 대하여 진정으로 우러나오는 정성스러운[忠誠] 마음[心]. ¶충성심을 발휘하다.

충신 忠臣 | 충성 충, 신하 신
[loyal subject; faithful retainer]
충성(忠誠)을 다하는 신하(臣下). [반] 간신(奸臣).

충실[1] 充實 | 채울 충, 열매 실 [be full]
내용 따위가 잘 갖추어지고[充] 알참[實]. 속이 꽉 차고 실속이 있음. ¶면접관의 질문에 충실한 대답을 하였다 / 책의 내용이 충실하다.

충실[2] 忠實 | 바칠 충, 참될 실
[be faithful]

몸과 마음을 다 바쳐[忠] 성실(誠實)히 함. ¶임무를 충실히 수행해야 한다.

충심 衷心 | 속마음 충, 마음 심 [one's true heart]
마음속[衷]에서 우러나온 참된 마음[心]. ¶충심으로 기원하다. [비] 충정(衷情).

충원 充員 | 채울 충, 인원 원 [recruit; supplement the personnel; reinforce]
모자란 인원(人員)을 채움[充]. ¶병력을 충원하는 데 1년이 걸린다.

충의 忠義 | 충성 충, 옳을 의 [loyalty; devotion; faithfulness]
임금과 나라에 대한 충성(忠誠)과 절의(節義). ¶충의로 뭉친 신하들.

충전 充電 | 채울 충, 전기 전 [charge]
[물리] 축전기나 축전지 따위에 전기(電氣)를 채움[充]. ¶배터리를 충전하다. [반] 방전(放電).

▸충전-기 充電器 | 그릇 기
[물리] 축전지의 충전(充電)에 쓰는 기구(器具).

충절 忠節 | 충성 충, 지조 절 [loyalty; fidelity]
충성(忠誠)과 지조[節]. ¶이 비석은 그녀의 충절을 기리기 위해 세워졌다.

충정 衷情 | 속마음 충, 마음 정 [one's true feeling; one's inmost heart]
속[衷]에서 우러나오는 따뜻한 마음[情]. ¶충정으로 권고하다. [비] 충심(衷心).

충족 充足 | 채울 충, 넉넉할 족 [fulfil; sufficient; enough]
❶[속뜻] 넉넉하게[足] 채움[充]. ¶우리는 고객의 요구를 충족시키기 위해 노력하고 있다. ❷분량이 모자람이 없이 넉넉함. ¶충족한 생활을 하다.

충직 忠直 | 충성 충, 곧을 직 [faithful]
충성(忠誠)스럽고 곧음[直]. ¶개는 주인에게 충직한 동물로 알려져 있다.

충천 衝天 | 찌를 충, 하늘 천 [soar high up to the sky]
❶[속뜻] 높이 솟아 하늘[天]을 찌름[衝]. ¶불길이 나고 연기가 충천했다. ❷기세 따위가 북받쳐 오름. ¶사기가 충천하다.

충치 蟲齒 | 벌레 충, 이 치 [decayed tooth]
벌레[蟲]가 먹어 상한 이[齒]. ¶양치질하는 습관은 충치 예방에 도움이 된다.

충혈 充血 | 채울 충, 피 혈 [be congested with blood]
❶[속뜻] 피[血]가 가득 참[充]. ❷[의학] 혈액순환의 장애로 몸의 어느 한 부위에 피가 지나치게 많아짐. ¶피로로 눈이 충혈되다.

충효 忠孝 | 충성 충, 효도 효 [loyalty and filial piety]
충성(忠誠)과 효도(孝道). ¶충효도 나라가 있은 뒤에 할 수 있다.

췌:장 膵臟 | 췌장 췌, 내장 장 [pancreas]
[의학] 위(胃) 뒤쪽에 있는 가늘고 긴 삼각주 모양[膵]의 내장(內臟). 탄수화물, 단백질, 지방 따위를 소화시키는 효소를 만들어 낸다.

취:구 吹口 | 불 취, 구멍 구 [mouthpiece]
피리 따위에 입김을 불어 넣는[吹] 구멍[口]. ¶취구를 아랫입술에 붙이다.

취:급 取扱 | 가질 취, 다룰 급 [treat]
❶[속뜻] 물건을 가지고[取] 다룸[扱]. ¶취급 주의 / 이 서점은 외국 서적을 전문으로 취급하고 있다. ❷사람을 얕잡아서 대우하는 것. ¶더 이상 어린애 취급받기 싫다.

취:득 取得 | 가질 취, 얻을 득 [acquire; obtain]
❶[속뜻] 취(取)하여 얻음[得]. ❷자기의 것으로 함. ¶자격증을 취득하다.

취:락 聚落 | 모일 취, 마을 락 [settlement; village]
[지리] 인가(人家)가 모여[聚] 있는 마을[落]. ¶강을 끼고 발달한 취락.

취:미 趣味 | 뜻 취, 맛 미 [interest]
❶[속뜻] 하고자 하는 뜻[趣]과 좋아하는 맛

[味]. ❷좋아하여 재미로 즐겨하는 일. ¶독서에 취미를 붙이다. ❸직업이나 의무에 관계없이 자기 성질에 어울리거나 마음이 끌리고 재미가 있는 것. ¶취미 삼아 난을 기르다.

취:사 炊事 | 불 땔 취, 일 사 [cook]
불을 때서[炊] 음식을 장만하는 일[事]. ¶이곳은 취사 행위가 금지되어 있다.

취:사-선:택 取捨選擇 | 가질 취, 버릴 사, 가릴 선, 고를 택
[adopt or reject; choose]
가질[取] 것과 버릴[捨] 것을 가림[選擇]. ¶무조건 받아들이기보다는 적절히 취사선택해야 한다.

취:소 取消 | 가질 취, 사라질 소
[cancel; withdraw; revoke]
발표한 의사를 거두어들이거나[取] 예정된 일을 없애버림[消]. ¶면허취소 / 예약을 취소하다.

취:수-장 取水場 | 취할 취, 물 수, 마당 장
가정이나 공장의 수도로 보내려고 강이나 저수지에서 물[水]을 끌어오는[取] 곳[場]. ¶취수장의 물을 깨끗이 하다.

취:약 脆弱 | 무를 취, 약할 약
[weak; fragile]
무르고[脆] 약함[弱]. ¶이 지역은 홍수에 취약하다.

취:업 就業 | 나아갈 취, 일 업
[enter a profession; be employed]
일정한 직업을 갖고 직장에 나아가[就] 일[業]을 함. [비]취직(就職). [반]실업(失業).

취:임 就任 | 나아갈 취, 맡을 임
[take office; take up one's duties]
맡은 자리에 나아가[就] 임무(任務)를 수행함. ¶그가 우리 회사의 사장으로 취임할 예정이다. [반]퇴임(退任).

취:재 取材 | 가질 취, 재료 재
[collect data; gather news]
기사 따위의 재료(材料)를 찾아내어 가짐[取]. ¶취재에 응하다.

▸취:재-진 取材陣 | 진칠 진
기사의 재료를 얻기[取材] 위하여 활약하는 기자들[陣]. ¶마라톤 우승자가 취재진과 기자 회견을 가졌다.

취:조 取調 | 가질 취, 헤아릴 조
[investigate; inquire]
범죄 사실을 알아내기[取] 위하여 속속들이 조사(調査)함. ¶그는 취조하듯 나에게 이것저것 물었다.

취:주 吹奏 | 불 취, 연주할 주
[play (the flute); blow]
[음악]관악기를 입으로 불어[吹]서 하는 연주(演奏). ¶트럼펫을 취주하다.

▸취:주-악 吹奏樂 | 음악 악
[음악]취주(吹奏) 악기가 주가 되고 타악기를 곁들여 연주하는 음악(音樂).

취:중 醉中 | 취할 취, 가운데 중
[in drink]
술에 취(醉)해 있는 가운데[中]. ¶그는 취중에도 똑바로 걸으려고 애썼다.

취:지 趣旨 | 뜻 취, 맛 지
[meaning; object; purpose]
❶[속뜻]깊은 뜻[趣]과 그윽한 맛[旨]. ❷이야기나 문장의 근본 뜻. ¶말씀하신 취지를 알겠습니다. ❸어떤 일의 근본 목적이나 의도. ¶본 게시판의 취지에 어긋나는 글은 삭제합니다.

취:직 就職 | 나아갈 취, 일자리 직
[get a job; find a work]
직장(職場)에 나아가[就] 일함. ¶지난달 은행에 취직했습니다. [비]취업(就業). [반]실직(失職).

취:침 就寢 | 나아갈 취, 잠잘 침
[go to bed]
잠자리에 들어[就] 잠을 잠[寢]. ¶그는 밤 10시에 취침한다. [반]기상(起牀).

취:타 吹打 | 불 취, 칠 타
[음악]군대에서 나발, 소라, 대각 등을 불고[吹] 북과 바라를 치던[打] 일.

취:학 就學 | 나아갈 취, 배울 학

[enter a school]
스승에게 나아가[就] 학문을 배움[學]. 학교에 입학하여 공부함. ¶유치원은 아동들에게 취학 준비를 시켜 주는 기능을 한다.

취ː향 趣向 | 달릴 취, 향할 향
[taste; liking]
하고 싶은 마음이 쏠리는[趣] 방향(方向). ¶우리는 음악에 대한 취향이 비슷하다.

측 側 | 곁 측 [side]
어느 한쪽. ¶잘못은 우리 측에 있다.

측근 側近 | 곁 측, 가까울 근
[nearby a person]
❶ 속뜻 곁[側]의 가까운[近] 곳. ¶대통령을 측근에서 모시다. ❷정치나 사업에서 높은 사람을 가까이에서 모시는 사람. ¶그는 사장의 핵심 측근이다.

측량 測量 | 잴 측, 분량 량 [measure]
❶ 속뜻 양(量)을 잼[測]. 기기를 써서 물건의 높이, 깊이, 넓이, 방향 따위를 잼. ❷지표의 각 지점의 위치와 그 지점들 간의 거리를 구하고 지형의 높낮이, 면적 따위를 재는 일. ¶사진 측량 / 토지를 측량하다.

측면 側面 | 곁 측, 낯 면 [side]
❶ 속뜻 옆[側]쪽 면(面). ¶측면 공격을 하다. ❷사물이나 현상의 한 부분. 또는 한쪽 면. ¶그 제도에 부정적인 측면만 있는 것은 아니다.

▶측면-도 側面圖 | 그림 도
구조물이나 기계의 설계도를 그릴 때 측면(側面)에서 바라본 상태를 평면적으로 나타낸 그림[圖].

측백 側柏 | 곁 측, 잣나무 백
[Oriental arborvitae]
❶ 속뜻 길 옆[側]에 심어 놓은 잣나무[柏] 같은 나무. ❷ 식물 측백나무.

측우-기 測雨器 | 잴 측, 비 우, 그릇 기
[rain gauge]
역사 비[雨]가 온 분량을 측정(測定)하는 데 쓰였던 기구(器具). 조선 세종 때, 전국에 설치했다. ¶측우기는 홍수와 가뭄으로 인한 피해를 줄여주었다.

측은 惻隱 | 슬퍼할 측, 가엾을 은
[be sympathetic]
형편이 딱함을 슬퍼하여[惻] 가엾게 여김[隱]. 불쌍히 여김. ¶사정을 들으니 측은한 마음이 든다 / 고아들을 측은히 여기다.

▶측은지심 惻隱之心 | 어조사 지, 마음 심
사단(四端)의 하나. 불쌍히 여기는[惻隱] 마음[心].

*측정 測定** | 헤아릴 측, 정할 정 [measure]
❶ 속뜻 헤아려서[測] 정(定)함. ❷어떤 단위를 기준으로 하여 어떤 양의 크기를 기계나 장치로 잼. ¶물의 깊이를 측정하다. 비 측량(測量).

▶측정-기 測定器 | 그릇 기
측정(測定)하는 데 쓰는 기계(器械)나 기구.

▶측정-법 測定法 | 법 법
수량이나 크기·성질 따위를 기계나 장치로 재는[測定] 법(法).

측후 測候 | 헤아릴 측, 기후 후
[observe the weather]
기후(氣候)를 관측(觀測)함.

▶측후-소 測候所 | 곳 소
지리 일정 지역의 기상을 관측하는[測候] 곳[所]. '기상대'의 예전 이름.

층 層 | 층 층 [layer; floor; level]
❶켜켜이 쌓인 상태 또는 그 중 한 겹을 나타내는 말. ¶오존층 / 석회암층. ❷건물에서 같은 높이를 이루는 부분. ¶승강기는 각 층마다 멈춘다. ❸어떤 능력이나 수준 등이 비슷한 무리. ¶다양한 연령층.

층계 層階 | 다락 층, 섬돌 계 [stairs]
다락[層]을 오르내릴 수 있도록 만들어 놓은 섬돌[階]. ¶그는 층계에서 굴러 다리가 부러졌다. 비 계단(階段).

층수 層數 | 층 층, 셀 수
[number of layers]
건물 층(層)의 수(數). ¶건물의 층수를 15층으로 낮추다.

층암 層巖 | 층 층, 바위 암
층(層)을 이룬 바위[巖].
▶ **층암-절벽** 層巖絶壁 | 끊을 절, 담 벽
몹시 험한 바위가 겹겹이 쌓인[層巖] 낭떠러지[絶壁]. ¶박연폭포에는 층암절벽이 그 주변을 둘러싸고 있다.

층층 層層 | 층 층, 층 층
[layer upon layer]
❶ 속뜻 거듭된 여러 층[層+層]. ❷낱낱의 층. ❸여러 층으로 겹겹이. ¶돌을 층층이 쌓아 올리다.
▶ **층층-대** 層層臺 | 돈대 대
여러 층[層層]으로 된 대(臺). ¶그는 언덕 빗면에 층층대를 만들었다. ⓑ 층계(層階).

치과 齒科 | 이 치, 분과 과
[dental surgery]
의학 이[齒]를 전문으로 치료하고 연구하는 의학의 한 분과(分科).

*__치료__ 治療 | 다스릴 치, 병고칠 료 [treat; cure]
병이나 상처를 다스려서[治] 낫게[療] 함. ¶약물 치료를 받다 / 그는 정신질환을 치료하러 병원에 갔다.
▶ **치료-법** 治療法 | 법 법
병이나 상처 따위를 치료(治療)하는 방법(方法). ¶병의 치료법을 찾아내다.
▶ **치료-비** 治療費 | 쓸 비
병이나 상처 따위를 치료(治療)하는 데에 드는 비용(費用). ¶치료비가 많이 든다.
▶ **치료-실** 治療室 | 방 실
병원 따위에서 환자를 치료(治療)하는 곳[室]. ¶치료실에는 의사들이 하나도 없었다.
▶ **치료-제** 治療劑 | 약제 제
병이나 상처 따위를 치료(治療)하기 위하여 쓰는 약[劑]. ¶고혈압 치료제를 개발하다.

치매 痴呆 | 본음 [치태], 어리석을 치, 어리석을 태 [dementia; Alzheimer's]
❶ 속뜻 매우 어리석음[痴=呆]. '呆'의 원래 발음은 [태]이지만, 관행을 중시하여 그냥 두었다. ❷ 의학 대뇌 신경 세포의 손상 따위로 말미암아 지능, 의지, 기억 따위가 지속적·본질적으로 상실되는 증세. ¶그녀는 치매가 심해 가족들도 몰라본다.

치ː명 致命 | 이를 치, 목숨 명
[fatal; killing]
목숨[命]을 다할 지경에 이름[致]. 죽을 지경에 이름.
▶ **치ː명-상** 致命傷 | 다칠 상
목숨이 위험할 정도로[致命] 입은 상처(傷處). ¶그는 총에 맞아 치명상을 입었다.
▶ **치ː명-적** 致命的 | 것 적
치명(致命)할 만한 것[的]. ¶치명적인 타격을 입다.

치밀 緻密 | 촘촘할 치, 빽빽할 밀
[minute; elaborate; accurate]
❶ 속뜻 촘촘하고[緻] 빽빽함[密]. ¶이 천은 올이 가늘고 치밀하다. ❷자세하고 꼼꼼하다. ¶치밀한 계획을 세우다.

치부¹ 恥部 | 부끄러울 치, 나눌 부
[disgrace; one's weak; genitals]
❶ 속뜻 남에게 알리고 싶지 않은 부끄러운[恥] 부분(部分). ¶회사의 치부를 낱낱이 밝히다. ❷남녀의 외부 생식기. ¶수건으로 치부를 가렸다. ⓑ 음부(陰部).

치ː부² 致富 | 이를 치, 부자 부
[become rich; amass a fortune]
재물을 모아 부자(富者)가 됨[致]. ¶그는 무역으로 크게 치부했다.

치ː부³ 置簿 | 둘 치, 장부 부 [enter in an account book; keep in mind]
❶ 속뜻 물품의 출납 따위를 장부[簿]같은 데 적어 두다[置]. ¶오늘 받은 돈을 치부하다. ❷마음속에 잊지 않고 새겨 두거나 그렇다고 여김. ¶그 정보는 근거 없는 소문으로 치부됐다.

치사¹ 恥事 | 부끄러울 치, 일 사
[shameful; mean]
격에 떨어져 부끄러운[恥] 일[事]을 하

다. 행동이나 말 따위가 쩨쩨하고 남부끄럽다. ¶노인들을 속이다니 참으로 치사하다.

치:사² 致辭 | =致詞, 보낼 치, 말씀 사
[appreciate; express gratitude]
❶속뜻 행사에 앞서 특별히 한 말씀[辭]을 함[致]. ❷남을 칭찬하는 말을 함. 또는 그런 말. ¶입에 발린 치사를 하다.

치:사³ 致死 | 이를 치, 죽을 사
[be fatal; kill]
죽음[死]에 이르게[致] 함. ¶과실 치사 / 그는 약물 과용으로 치사할 뻔했다.

▶ **치:사-량 致死量** | 분량 량
약학 생체를 죽음[死]에 이르게[致] 할 정도의 약물 양(量). ¶치사량의 수면제를 복용한 환자가 끝내 목숨을 잃었다.

치:성 致誠 | 다할 치, 정성 성
❶속뜻 온갖 정성(精誠)을 다함[致]. ❷신이나 부처에게 정성을 드림. ¶아들을 낳게 해 달라고 치성을 드렸다.

치아 齒牙 | 이 치, 어금니 아 [teeth]
❶속뜻 앞니[齒]와 어금니[牙]. ❷사람의 이를 점잖게 이르는 말. ¶치아를 잘 닦아야 한다.

치안 治安 | 다스릴 치, 편안할 안
[public peace and order]
잘 다스려[治] 편안(便安)하게 함. ¶이 지역은 치안이 좋은 편이다.

치약 齒藥 | 이 치, 약 약 [toothpaste]
이[齒]를 닦는 데 쓰는 약품(藥品). ¶치약은 끝에서부터 짜서 쓰세요.

치열¹ 齒列 | 이 치, 줄 렬 [set of teeth]
잇몸에 이[齒]가 줄지어[列] 박혀 있는 생김새. ¶치열이 고르지 않다.

치열² 熾烈 | 본음 [치렬], 사를 치, 세찰 렬
[be fierce]
세력이 불을 사르는[熾] 것처럼 맹렬(猛烈)함. ¶전쟁이 치열의 도를 더해 갈 것이다 / 경쟁이 치열하다.

치외 법권 治外法權 | 다스릴 치, 바깥 외, 법 법, 권리 권
[extraterritorial rights]
법률 다른 나라의 영토 안에 있으면서 그 나라 통치권(統治權)의 지배를 받지 않는[外] 국제법(國際法)상의 권리(權利). ¶외교사절에게는 치외법권이 인정된다.

치욕 恥辱 | 부끄러울 치, 욕될 욕
[dishonor; disgrace]
부끄럽고[恥] 욕됨[辱]. ¶치욕을 참기 어려웠다 / 치욕스러운 패배.

치유 治癒 | 다스릴 치, 병 나을 유
[cure; heal; recover]
치료(治療)하여 병이 나음[癒]. ¶상처는 점차 치유되었다.

치자 梔子 | 치자나무 치, 열매 자
[gardenia seed]
한의 치자나무[梔]의 열매[子]. 열을 내리는 작용이 있어 여러 가지 출혈증과 황달 증세에 쓴다.

치장 治粧 | 다스릴 치, 단장할 장
[decorate]
잘 매만지고[治] 곱게 꾸밈[粧]. ¶값비싼 보석으로 몸을 치장하다.

치졸 稚拙 | 어릴 치, 옹졸할 졸 [crude]
어린[稚] 아이처럼 생각이 좁음[拙]. ¶치졸한 방법으로 이겨봤자 헛일이다.

치:중 置重 | 둘 치, 무거울 중
[focus (on); concentrate (on)]
무엇에 중점(重點)을 둠[置]. ¶그는 공부에만 치중하느라 건강이 나빠졌다.

치질 痔疾 | 치질 치, 병 질 [hemorrhoids]
의학 항문이나 항문 주위 조직에 생기는[痔] 병[疾].

치통 齒痛 | 이 치, 아플 통 [toothache]
의학 이[齒]가 아픔[痛]. ¶치통이 심해서 제대로 씹을 수가 없다.

치하¹ 治下 | 다스릴 치, 아래 하
[under the reign]
❶속뜻 다스리는[治] 범위 안이나 그 상황 아래[下]. ❷한 나라가 어떤 세력의 다스림을 받는 상황. ¶한국은 일제 치하에서 갖은 치욕을 겪었다.

치:하[2] **致賀** | 보낼 치, 축하할 하
[congratulate]
❶[속뜻] 축하(祝賀)하는 뜻을 보냄[致]. ❷ 남이 한 일에 대하여 고마움이나 칭찬의 뜻을 표하는 말. ¶사장은 사원들의 노고를 치하했다.

칙사 **勅使** | 조서 칙, 부릴 사
[Royal messenger]
칙명(勅命)을 받든 사신(使臣). ¶고종은 헤이그에 칙사를 보냈다.

친가 **親家** | 어버이 친, 집 가
[one's old home]
아버지[親]의 집안[家]. ¶우리 딸은 친가 쪽을 닮았다. [반] 외가(外家).

친교 **親交** | 친할 친, 사귈 교
[fellowship; friendship]
친밀(親密)하게 사귐[交]. ¶그들과는 10년 넘게 친교를 유지하고 있다.

친구[1] **親口** | 친할 친, 입 구
[가톨릭] 경의와 사랑을 표시하기 위하여 입[口]을 맞춤[親]. 또는 그런 행동. ¶성모 마리아상에 친구했다.

⁑**친구**[2] **親舊** | 친할 친, 오래 구 [friend]
친(親)하게 오래도록[舊] 사귄 사람. ¶그는 나의 둘도 없는 친구다. [비] 벗.

친권 **親權** | 어버이 친, 권리 권
[parental authority]
[법률] 부모[親]가 미성년인 자식에 대하여 가지는 신분·재산상의 여러 권리(權利)와 의무를 통틀어 이르는 말. ¶친권을 행사하다.

친근 **親近** | 친할 친, 가까울 근 [friendly]
사귐이 매우 친밀(親密)하고 가까움[近]. ¶모임에서 친근한 얼굴들을 여럿 보았다. [비] 친밀(親密).

▶ **친근-감** **親近感** | 느낄 감
사귀어 지내는 사이가 아주 가까운[親近] 느낌[感]. ¶사람들은 돌고래에 친근감을 느낀다. [비] 친밀감(親密感).

친목 **親睦** | 친할 친, 화목할 목
[friendship]
서로 친(親)하여 화목(和睦)함. ¶회원들이 친목을 다졌다.

▶ **친목-회** **親睦會** | 모일 회
친목(親睦)을 도모하기 위한 모임[會]. ¶신입 회원 친목회.

친밀 **親密** | 친할 친, 빽빽할 밀
[be intimate; close to]
지내는 사이가 아주 친(親)하고 가까움[密]. ¶나는 주호와 영미가 매우 친밀하다고 들었다.

▶ **친밀-감** **親密感** | 느낄 감
친밀(親密)한 느낌[感]. ¶그녀는 친밀감의 표시로 내게 팔짱을 끼었다. [비] 친근감(親近感).

친-부모 **親父母** | 몸소 친, 아버지 부, 어머니 모 [one's real parents]
자기를 몸소[親] 낳은 아버지[父]와 어머니[母]. 친아버지와 친어머니. [반] 양부모(養父母).

친분 **親分** | 친할 친, 나눌 분
[acquaintanceship; closeness]
친밀(親密)한 정분(情分). ¶그는 나와 친분이 두터우니까 상품을 공짜로 줄 것이다.

친서 **親書** | 몸소 친, 쓸 서
[personal letter]
❶[속뜻] 몸소[親] 글씨를 씀[書]. ❷[법률] 한 나라의 원수가 다른 나라의 원수에게 보내는 공식적인 서한. ¶대통령의 친서를 전달하다.

친선 **親善** | 친할 친, 좋을 선
[amity; friendship]
서로 간에 친밀(親密)하고 사이가 좋음[善]. ¶국제 친선에 기여하다.

친-손자 **親孫子** | 몸소 친, 손자 손, 아이 자 [one's real grandson]
자기의 친(親) 손자(孫子). 자기 아들의 아들.

친숙 **親熟** | 친할 친, 익을 숙
[be familiar]
친밀(親密)하고 익숙하여[熟] 허물이 없

음. ¶그와 매우 친숙한 사이가 됐다.

친애 親愛 | 친할 친, 사랑 애
[love; feel affection for]
친밀(親密)하게 여기고 사랑함[愛]. ¶친애하는 국민 여러분.

친일 親日 | 친할 친, 일본 일
[pro-Japanese]
❶속뜻 일본(日本)과 친(親)함. ❷일제 강점기에, 일제와 야합하여 그들의 침략·약탈 정책을 지지·옹호하며 추종함. ¶친일매국노. 땐 배일(排日).
▶ 친일-파 親日派 | 갈래 파
❶속뜻 일본(日本)과 친(親)하게 지내는 파(派). ❷일제 강점기에, 일제와 야합한 무리. ¶일제 말기에 많은 사람이 친일파로 변절했다.

친자 親子 | 몸소 친, 아이 자
[one's real child]
자기가 몸소[親] 낳은 자식(子息). ¶20년 만에 친자를 만나다.

친-자식 親子息 | 몸소 친, 아이 자, 불어날 식
자기가 몸소[親] 낳은 자식(子息). ¶입양한 아이를 친자식처럼 기르다. 준 친자.

친-자매 親姉妹 | 어버이 친, 손윗누이 자, 누이 매 [sisters german]
같은 부모[親]가 낳은 여자 형제[姉妹]. ¶그녀는 나에게 친자매나 다름없다.

친절 親切 | 친할 친, 정성스러울 절 [kind]
남을 대하는 태도가 친근(親近)하고 정성스러움[切]. ¶나의 새 친구들은 모두 친절하고 재미있다. 땐 불친절(不親切).

친정 親庭 | 어버이 친, 뜰 정
[woman's old home]
시집간 여자의 부모[親]가 사는 가정(家庭). ¶그녀는 결혼 후 처음으로 친정 나들이를 갔다. 땐 시집, 시가(媤家).

친족 親族 | 친할 친, 겨레 족
[blood relative]
❶속뜻 촌수가 가까운[親] 일가[族]. ❷혈통으로 가까운 관계에 있는 사람들. ¶그

는 가까운 친족이 아무도 없다.

친지 親知 | 친할 친, 알 지
[close acquaintance]
친근(親近)하게 서로 잘 알고[知] 지내는 사람. ¶그녀의 친지 중 한 명이 독일에 살고 있다.

****친척** 親戚 | 친할 친, 겨레 척 [relative]
❶속뜻 친족(親族)과 외척(外戚). ❷혈통이 아버지와 어머니와 배우자에 가까운 사람. ¶그는 내 먼 친척이다.

친필 親筆 | 몸소 친, 글씨 필
[one's own handwriting]
몸소[親] 손수 쓴 글씨[筆]. ¶그 편지는 그녀의 친필로 쓰였다.

친형 親兄 | 어버이 친, 맏 형
[one's real elder brother]
한 부모[親]에게서 난 형(兄).

친-형제 親兄弟 | 어버이 친, 맏 형, 아우 제 [one's own brother]
한 부모[親]에게서 난 형(兄)과 아우[弟]. ¶그는 우리를 친형제처럼 대해 주었다.

친화 親和 | 친할 친, 어울릴 화
[friendly; intimate]
서로 친(親)하게 잘 어울림[和]. ¶친구와 친화하지 못하다 / 환경 친화적인 제품.
▶ 친화-력 親和力 | 힘 력
남과 친(親)하게 잘 어울리는[和] 힘[力]. ¶그녀는 특유의 친화력으로 친구들 사이의 갈등을 조정했다.

칠¹ 七 | 일곱 칠 [seven]
육에 일을 더한 수. 아라비아 숫자로는 '7', 로마 숫자로는 'Ⅶ'로 쓴다. 땐 일곱.

칠² 漆 | 옻 칠 [paint]
겉에 발라 부식을 막거나 광택이나 색깔을 내는 데 쓰는 물질. 또는 그것을 바르는 일. ¶칠이 벗겨지다 / 페인트 칠 / 손톱에 매니큐어를 칠하다.

칠교 七巧 | 일곱 칠, 공교할 교
칠교(七巧)놀이.
▶ 칠교-도 七巧圖 | 그림 도
일곱[七] 개의 도형을 교묘(巧妙)하게 맞

추어 만든 그림[圖]. 또는 그런 장난감. 직각 삼각형 큰 것 둘, 중간 것 하나, 작은 것 둘과 정사각형과 평행 사변형으로 구성되었다.
▶ 칠교-판 七巧板 | 널빤지 판
칠교도(七巧圖) 놀이를 위하여 바닥에 깔아 놓는 판(板).

칠기 漆器 | 옻 칠, 그릇 기
[lacquered ware]
옻칠(漆)을 한 그릇[器]. ¶칠기는 동양 특유의 공예품이다 / 나전칠기.

칠면-조 七面鳥 | 일곱 칠, 낯 면, 새 조
[turkey]
❶속뜻 일곱[七] 가지 얼굴[面]을 가진 새[鳥]. ❷동물 머리 위의 볏과 턱 밑에 늘어져 있는 살이 여러 색깔로 바뀌는 새. 꼬리가 부채 모양으로 퍼져 있다. ¶추수감사절에 칠면조 고기를 먹었다.

칠보 七寶 | 일곱 칠, 보배 보
[Seven Treasures]
❶속뜻 일곱[七] 가지 보물(寶物). ❷수공 금은이나 구리의 바탕에 유리질의 유약을 발라 구워서 여러 가지 무늬를 나타낸 세공.

칠석 七夕 | 일곱 칠, 밤 석
❶속뜻 음력 칠월 초이렛날[七]의 밤[夕]. ❷칠석이 되는 날. 이때에 은하의 서쪽에 있는 직녀와 동쪽에 있는 견우가 오작교에서 일 년에 한 번 만난다는 전설이 있다. ¶칠석이 지나면 벼가 패기 시작한다.

칠순 七旬 | 일곱 칠, 열번 순
[seventy years]
❶속뜻 열[旬]의 일곱[七] 곱절. ❷일흔 살. ¶이번 토요일에 할머니 칠순 잔치를 한다.

칠십 七十 | 일곱 칠, 열 십 [seventy]
십(十)의 일곱[七] 배가 되는 수. 70. ¶전교생이 70명이다. ⓗ 일흔.

칠월 七月 | 일곱 칠, 달 월 [July]
한 해의 일곱[七]째 달[月].

칠전팔기 七顚八起 | 일곱 칠, 엎드러질 전, 여덟 팔, 일어날 기
[struggle with adversity indefatigably]
❶속뜻 일곱[七] 번 엎어지고[顚] 여덟[八] 번 일어남[起]. ❷여러 번의 실패에도 굽히지 않고 분투함. ¶그는 세 번이나 떨어졌지만 칠전팔기의 노력으로 드디어 시험에 합격했다.

칠판 漆板 | 옻 칠, 널빤지 판
[blackboard]
❶속뜻 검은 옻칠(漆)을 한 널빤지[板]. ❷검정이나 초록색 따위의 칠을 하여 그 위에 분필로 글씨를 쓰거나 그림을 그리게 만든 널조각. ¶눈이 나빠 칠판 글씨가 보이지 않는다.

칠흑 漆黑 | 옻 칠, 검을 흑
[jet black; pitch darkness]
옻칠(漆)처럼 검고[黑] 캄캄함. ¶칠흑 같은 밤거리.

침¹ 針 | 바늘 침 [sting; needle]
주사·낚시·전축 따위에서, 가늘고 길며, 한쪽 끝이 뾰족한 부품이나 부분. ¶시계 침이 아홉 시를 가리키다.

침² 鍼 | 침 침
[needle for acupuncture]
한의 사람의 몸에 있는 혈(穴)을 찔러서 병을 다스리는 데에 쓰는 의료 기구. ¶한 의사에게 침을 맞다.

침강 沈降 | 가라앉을 침, 내릴 강
[precipitate; sink]
❶속뜻 가라앉아[沈] 밑으로 내려감[降]. ❷지리 지각의 일부가 아래쪽으로 움직이거나 꺼짐.

침:공 侵攻 | 쳐들어갈 침, 칠 공 [invade; attack]
남의 나라에 쳐들어가[侵] 공격(攻擊)함. ¶적의 침공에 대비하다 / 나폴레옹의 군대가 러시아를 침공했다.

침:구 寢具 | 잠잘 침, 갖출 구 [bedding]
잠자는[寢] 데 쓰는 도구(道具). 이부자리나 베개 따위. ¶침구를 정돈하다. ⓗ 이부자리.

침:낭 寢囊 | 잠잘 침, 주머니 낭
[sleeping bag]
잠을 잘[寢] 때 쓰는 자루[囊] 모양의 이불. ¶그는 누에고치처럼 좁은 침낭 속에 들어가서 잤다.

침:대 寢臺 | 잠잘 침, 돈대 대 [bed]
사람이 누워 잘[寢] 수 있도록 편평하게 만든 대(臺). 서양식의 침상. ¶침대에서 벌떡 일어나다.

침:략¹ 侵掠 | 쳐들어갈 침, 빼앗을 략
[invade; plunder]
남의 나라를 침범(侵犯)하여 약탈(掠奪)함. ¶오랑캐의 침략에 대비해 산성을 쌓다.

**침:략² 侵略 | 쳐들어갈 침, 다스릴 략
[invade; raid]
남의 나라에 쳐들어가[侵] 다스림[略]. ¶적의 침략에 대비해야 한다.

▶ **침:략-기 侵略期** | 때 기
정당한 이유 없이 남의 나라에 쳐들어가 땅을 빼앗은[侵略] 동안[期]. ¶일제 침략기.

침몰 沈沒 | 가라앉을 침, 빠질 몰 [sink]
물에 가라앉거나[沈] 빠짐[沒]. ¶유조선이 침몰하여 바다가 기름으로 오염됐다.

침묵 沈默 | 가라앉을 침, 입다물 묵
[hold one's tongue; be silent]
흥분 따위를 가라앉히고[沈] 입을 다물고[默] 있음. ¶그들 사이에 어색한 침묵이 흘렀다 / 그녀는 잠시 동안 침묵했다.

침:방 寢房 | 잠잘 침, 방 방 [bedroom]
잠잘[寢] 때 쓰는 방(房). 침실. ¶침방에 들다.

침:범 侵犯 | 쳐들어갈 침, 범할 범
[invade; violate]
남의 권리나 영토 따위에 쳐들어가[侵] 죄를 저지르거나[犯] 해침. ¶내 영역을 침범하지 마라.

침봉 針峰 | =針峯, 바늘 침, 봉우리 봉
[frog]
바늘[針] 같은 굵은 침이 꽂힌 봉우리[峰] 모양의 꽃꽂이 도구.

침:상 寢牀 | 잠잘 침, 평상 상 [bed]
누워 잘[寢] 수 있게 만든 평상(平牀). ¶그 병원은 50개의 침상을 갖추고 있다.

침:수 浸水 | 잠길 침, 물 수
[be flooded; be waterlogged]
물[水]에 젖거나 잠김[浸]. ¶강물이 넘쳐 마을이 침수됐다.

침술 鍼術 | 침 침, 꾀 술
[art of acupuncture]
한의 침(鍼)으로 병을 다스리는 의술(醫術). ¶중국에서 침술은 마취제처럼 사용된다.

침:식¹ 浸蝕 | 스며들 침, 좀먹을 식 [erode (away)]
❶속뜻 물이 스며들고[浸] 좀 먹음[蝕].
❷지리 지표가 비, 하천, 빙하, 바람 따위의 자연현상에 의하여 깎이는 일. ¶파도에 침식되어 절벽이 형성됐다.

침:식² 寢食 | 잠잘 침, 먹을 식
[eating and sleeping]
잠자는[寢] 일과 먹는[食] 일. ¶침식을 제공하다. 🔁 숙식(宿食).

침:실 寢室 | 잠잘 침, 방 실 [bedroom]
잠을 잘 수 있게[寢] 마련된 방[室]. ¶침실을 아기자기하게 잘 꾸몄다.

침엽 針葉 | 바늘 침, 잎 엽 [needle leaf]
식물 바늘[針] 모양으로 가늘고 끝이 뾰족한 잎[葉].

▶ **침엽-수 針葉樹** | 나무 수
식물 잎이 바늘같이[針葉] 생긴 나무[樹]. ¶전나무와 소나무는 침엽수이다.

침울 沈鬱 | 가라앉을 침, 답답할 울
[melancholy]
기분이 가라앉고[沈] 마음이 답답하다[鬱]. ¶침울한 표정을 보면 누구나 침울해진다. 🔁 명랑(明朗)하다.

**침:입 侵入 | 쳐들어갈 침, 들 입
[invade; raid into]
쳐들어[侵]옴[入]. 또는 쳐들어감. ¶오랑캐의 침입으로 멸망하였다.

▶ **침입-로** 侵入路 | 길 로
함부로 남의 나라나 집에 쳐들어간[侵入] 길[路]. ¶침입로를 차단하다.

침전 沈澱 | 가라앉을 침, 앙금 전
[precipitate; be deposited]
❶_{속뜻} 무엇이 가라앉아[沈] 생긴 앙금[澱]. ¶무거운 알갱이는 더 빨리 침전한다. ❷_{화학} 화학반응으로 말미암아 용액 안에 생긴 불용성의 물질.

▶ **침전-물** 沈澱物 | 만물 물
_{화학} 용액 속에서 화학 변화가 일어날 때에, 물에 잘 용해되지 않아 생긴[沈澱] 물질(物質). ¶그 병의 바닥에는 갈색 침전물이 있었다.

▶ **침전-지** 沈澱池 | 못 지
_{건설} 물속에 섞인 흙과 모래를 가라앉혀[沈澱] 물을 맑게 하기 위하여 만든 못[池].

침착 沈着 | 가라앉을 침, 붙을 착
[be calm]
❶_{속뜻} 가라앉아[沈] 들러붙음[着]. ❷행동이 들뜨지 않고 찬찬함. ¶소방대원들이 사람들에게 침착해 줄 것을 당부했다.

침체 沈滯 | 잠길 침, 막힐 체
[be depressed; become stagnant]
❶_{속뜻} 물에 잠기어[沈] 길이 막힘[滯]. ❷앞으로 나아가지 못하고 제자리에 머무름. ¶경기가 침체 상태에 있다 / 분위기가 침체되다.

침출-수 沈出水 | 가라앉을 침, 날 출, 물 수 [leachate]
쓰레기 따위의 폐기물이 썩어 지하에 가라앉거나[沈] 위로 나오는[出] 물[水]. ¶침출수로 인한 악취가 심하다.

침침 沈沈 | 잠길 침, 잠길 침
[gloomy; dim]

❶_{속뜻} 물에 잠긴[沈+沈] 것 같이 어두컴컴함. ¶방 안이 어두워 침침하다. ❷눈이 어두워 물건이 똑똑히 보이지 않고 흐릿하다. ¶나이가 들면 눈이 침침해진다.

침:탈 侵奪 | 쳐들어갈 침, 빼앗을 탈
[plunder; pillage; sack]
쳐들어가[侵] 물건을 빼앗음[奪]. ¶재산을 침탈하다.

침통 沈痛 | 잠길 침, 아플 통
[sad; grave]
근심이나 슬픔에 잠겨[沈] 마음이 몹시 아픔[痛]. ¶그는 장례식에서 침통한 표정을 하고 있었다.

침:투 浸透 | 스며들 침, 비칠 투
[pass through; infiltrate]
❶_{속뜻} 속까지 스며들거나[浸] 속까지 환히 비침[透]. ❷어떤 현상이나 사상 따위가 속속들이 스며들거나 깊이 들어감. ¶빗물이 침투하다. / 공산주의 사상이 침투했다.

침:해 侵害 | 쳐들어갈 침, 해칠 해
[invade; violate]
쳐들어가[侵] 해(害)를 끼침. ¶사생활이 침해되고 있다.

칭송 稱頌 | 칭찬할 칭, 기릴 송
[praise; compliment]
공덕을 칭찬(稱讚)하여 기림[頌]. ¶그는 보기 드문 효자로 칭송이 자자하다.

＊**칭찬** 稱讚 | 일컬을 칭, 기릴 찬 [praise]
좋은 점이나 훌륭한 일을 일컬어[稱] 높이 평가하여 기림[讚]. 또는 그런 말. ¶청소를 잘 한다고 선생님께서 칭찬하셨다. _반 꾸중, 책망(責望), 질책(叱責).

칭호 稱號 | 일컬을 칭, 이름 호 [title]
어떠한 뜻으로 일컫는[稱] 이름[號]. ¶왕은 그녀에게 귀족의 칭호를 주었다.

ㅋ

쾌감 快感 | 기쁠 쾌, 느낄 감 [pleasant feeling]
기쁜[快] 느낌[感]. 기쁘고 즐거움. ¶승리의 쾌감을 맛보다.

쾌거 快擧 | 기쁠 쾌, 들 거 [spectacular achievement]
통쾌(痛快)하고 장한 거사(擧事). ¶그녀는 올림픽 3관왕이라는 쾌거를 이룩했다.

쾌과 快果 | 시원할 쾌, 열매 과 [pear]
시원한[快] 맛의 과실(果實). 먹는 '배'를 달리 이르는 말.

쾌기 快氣 | 기쁠 쾌, 기운 기 [cheerful feeling]
기쁜[快] 기분(氣分). 유쾌하고 상쾌한 기분.

쾌남 快男 | 기쁠 쾌, 사내 남 [brick]
성격상 잘 기뻐하는[快] 사내[男].

쾌-남자 快男子 | 시원할 쾌, 사내 남, 접미사 자 [brick; fine fellow]
성격이 시원시원한[快] 남자(男子). [비] 쾌남아(快男兒).

쾌담 快談 | 기쁠 쾌, 이야기 담 [pleasant talk]
기쁜[快] 내용의 이야기[談]. ¶그들은 술잔을 주고받으며 쾌담을 했다.

쾌도 快刀 | 시원할 쾌, 칼 도 [sharp blade]
시원스럽게[快] 잘 드는 칼[刀].

▸ **쾌도-난마** 快刀亂麻 | 어지러울 란, 삼 마
❶ [속뜻] 잘 드는 칼[快刀]로 헝클어진[亂] 삼[麻]을 자름. ❷'어지럽게 뒤얽힌 사물이나 말썽거리를 단번에 시원스럽게 처리함'을 비유하여 이르는 말. ¶그동안 쌓인 문제들을 쾌도난마로 처리했다.

쾌락[1] 快諾 | 본음 [쾌낙], 시원할 쾌, 승낙할 낙 [accept readily]
시원스럽게[快] 단번에 승낙(承諾)함. ¶담임선생님이 우리의 제안을 쾌락해 주셨다.

쾌락[2] 快樂 | 기쁠 쾌, 즐길 락 [pleasure]
기쁘고[快] 즐거움[樂]. ¶정신적 쾌락을 추구하다.

▸ **쾌락-설** 快樂說 | 말씀 설
[철학] 쾌락주의(快樂主義).

▸ **쾌락-주의** 快樂主義 | 주될 주, 뜻 의
[철학] 인생의 목표는 쾌락(快樂)을 추구하는 데 있으며, 도덕은 그것을 실현하기 위한 수단이라는 생각[主義]. [반] 금욕주의(禁慾主義).

쾌로 快路 | 기쁠 쾌, 길 로
기쁜[快] 마음이 드는 여행길[路].

쾌론 快論 | 시원할 쾌, 말할 론 [hearty chat]
거리낌 없이 시원하게[快] 말함[論]. ¶그

의 쾌론에 모두가 감동하였다.

쾌마 快馬 | 시원할 쾌, 말 마
[swift horse]
시원스럽게[快] 잘 달리는 말[馬].

쾌면 快眠 | 기쁠 쾌, 잠잘 면
[have a good sleep]
기쁘고[快] 가뿐하게 잘 잠[眠]. ¶쾌면은 건강에 좋다.

쾌몽 快夢 | 기쁠 쾌, 꿈 몽
기분이 상쾌(爽快)한 꿈[夢]. ¶쾌몽 때문인지 기분이 상쾌하다.

쾌문 快聞 | 기쁠 쾌, 들을 문
기쁜[快] 내용의 소문(所聞). ¶쾌문을 듣고 기분이 좋아졌다.

쾌미 快美 | 시원할 쾌, 아름다울 미
성격이 시원스럽고[快] 외모가 아름다움[美]. ¶그녀는 쾌미의 상징이다.

쾌변 快辯 | 시원할 쾌, 말 잘할 변
[fluency of speech; eloquence]
거침없이 시원스럽게[快] 말을 잘함[辯]. 또는 그 말. ¶그의 쾌변을 듣고 모두 즐거워했다.

쾌보 快報 | 기쁠 쾌, 알릴 보
[good news; joyful report]
뜻밖에 듣게 되는 매우 기쁜[快] 소식[報]. ¶우리 팀이 이겼다는 쾌보를 들었다.

쾌복 快復 | 빠를 쾌, 돌아올 복
[recover completely]
건강이 빨리[快] 회복(恢復)됨. ¶병이 쾌복하여 다행입니다.

쾌분 快奔 | 빠를 쾌, 달릴 분
빨리[快] 달림[奔]. 빨리 달아남.

쾌사 快事 | 기쁠 쾌, 일 사
[pleasant matter; delight]
기쁜[快] 소식이나 일[事]. ¶성공의 쾌사가 들려왔다.

쾌설 快雪 | 시원할 쾌, 씻을 설
[clear oneself of disgrace]
욕되고 부끄러운 일을 시원스럽게[快] 씻어[雪] 버림.

쾌소 快笑 | 기쁠 쾌, 웃을 소
기뻐서[快] 짓는 웃음[笑]. ¶승리자의 쾌소.

쾌속 快速 | 시원할 쾌, 빠를 속
[high speed]
시원스럽게[快] 빨리[速] 잘 달림. 또는 그런 속도. ¶쾌속 냉각.

▶쾌속-선 快速船 | 배 선
속도가 매우 빠른[快速] 배[船]. ¶쾌속선이 파도 위를 스치듯 달리며 떠나갔다.

▶쾌속-정 快速艇 | 거룻배 정
속도가 매우 빠른[快速] 소형의 배[艇]. ¶저 섬은 쾌속정으로 10분이면 갈 수 있다.

쾌승 快勝 | 기쁠 쾌, 이길 승
[win very easily]
통쾌(痛快)하게 이김[勝]. ¶내일 시합에서 쾌승을 거둘 것으로 기대된다.

쾌식 快食 | 기쁠 쾌, 먹을 식
[enjoy the meal]
기쁘게[快] 음식을 잘 먹음[食]. ¶쾌식 후에 기분이 좋아졌다.

쾌심 快心 | 기쁠 쾌, 마음 심
유쾌(愉快)한 마음[心]. ¶쾌심은 건강에도 좋다.

▶쾌심-사 快心事 | 일 사
만족스러운[快心] 일[事]. ¶쾌심사가 연달아 이어졌다.

▶쾌심-작 快心作 | 지을 작
만족스럽게[快心] 지은 작품(作品). ¶장미꽃 그림이 그녀의 쾌심작이다.

쾌우 快雨 | 시원할 쾌, 비 우 [shower]
더운 여름에 시원스레[快] 내리는 비[雨]. 세차게 내리는 비. ¶쾌우가 내린 후로 하늘이 맑아졌다.

쾌유¹快遊 | 기쁠 쾌, 놀 유
유쾌(愉快)하게 놂[遊]. ¶그 때의 쾌유를 잊을 수 없다.

쾌유²快癒 | 빠를 쾌, 병 나을 유
[recover completely]
병이 빨리[快] 다 나음[癒]. ¶선생님의

쾌유를 빌었다. [비] 쾌차(快差).

쾌음 快飮 | 기쁠 쾌, 마실 음
술을 유쾌(愉快)하게 마심[飮]. ¶아버지는 그날의 쾌음을 잊지 못하셨다.

쾌인 快人 | 시원할 쾌, 사람 인
성격이 시원시원한[快] 사람[人].

▶**쾌인-쾌사 快人快事** | 시원할 쾌, 일 사
성격이 시원시원한[快] 사람[人]이 몸소 시원스럽게[快] 일[事]을 잘함. 또는 그런 행동.

쾌작 快作 | 기쁠 쾌, 지을 작
[masterpiece; great work]
기쁜[快] 마음으로 만듦[作]. 또는 그런 작품.

쾌재 快哉 | 기쁠 쾌, 어조사 재
[yells of delight]
❶ [속뜻] 기쁘[快]도다[哉]! ❷일 따위가 마음먹은 대로 잘 되어 만족스럽게 여김. 또는 그럴 때 나는 소리. ¶승진할 것이라는 소식을 듣고 쾌재를 불렀다.

쾌적 快適 | 시원할 쾌, 알맞을 적
[agreeable; comfortable]
기분이 상쾌(爽快)할 정도로 몸과 마음에 흡족하게 맞다[適]. ¶쾌적한 공기.

쾌전 快戰 | 기쁠 쾌, 싸울 전
통쾌(痛快)하게 승리한 싸움[戰]이나 시합. ¶이번 쾌전으로 우리 팀이 사기가 크게 올랐다.

쾌정 快艇 | 빠를 쾌, 거룻배 정
[speedboat]
속도가 매우 빠른[快] 소형의 배[艇]. ¶바다 저쪽에서 쾌정이 나타났다.

쾌조 快調 | 시원할 쾌, 어울릴 조
[excellent condition]
일 따위가 시원스럽게[快] 잘 어울림[調]. 또는 그런 상태. ¶시작 단계부터 쾌조를 보였다.

쾌주 快走 | 빠를 쾌, 달릴 주 [run fast]
빨리[快] 잘 달림[走]. ¶초반의 쾌주가 점차 조금씩 느려졌다.

쾌차 快差 | 빠를 쾌, 다를 차 [completely cured]
병세 따위가 빠르게[快] 달라짐[差]. 병이 완전히 나음. ¶아버님은 쾌차하셨습니까? [비] 쾌유(快癒).

쾌척 快擲 | 기쁠 쾌, 던질 척
[make a generous contribution]
금품 따위를 기쁜[快] 마음으로 내놓음[擲]. ¶그는 남몰래 고아원에 큰돈을 쾌척했다.

쾌청 快晴 | 시원할 쾌, 갤 청
[fair and clear]
구름 한 점 없이 상쾌(爽快)하도록 날씨가 맑게 개다[晴]. ¶쾌청한 날에는 여기서 산이 보인다.

쾌투 快投 | 빠를 쾌, 던질 투
[pitch well]
[운동] 야구에서 투수가 공을 자기가 원하는 곳으로 빠르게[快] 잘 던지는[投] 일. ¶그의 쾌투가 승리를 이끌었다.

쾌한 快漢 | 시원할 쾌, 사나이 한
[nice man]
성격이 씩씩하고 시원시원한[快] 사나이[漢]. ¶그는 쾌한이라고 할 수 있다.

쾌활[1] 快活 | 시원할 쾌, 살 활 [cheerful; lively]
성격이 시원시원하고[快] 활발(活潑)하다. ¶그는 무척 쾌활한 사람이다.

쾌활[2] 快闊 | 시원할 쾌, 트일 활
[get cleared; opened]
시원스럽게[快] 탁 트임[闊]. 탁 트여 넓음. ¶쾌활한 바다를 보면 마음도 넓어진다.

ㅌ

타 他 | 다를 타 [others]
남. 다른 사람. ¶이 학생은 타의 모범이 되므로 상장을 수여합니다. [비] 타인(他人).

타:개 打開 | 칠 타, 열 개
[overcome; resolve; break through]
❶[속뜻] 두드려[打] 엶[開]. ❷어려운 일을 잘 처리하여 해결할 방법을 찾음. ¶경제 위기를 타개하다.

타:격 打擊 | 칠 타, 칠 격
[hit; damage; batting]
❶[속뜻] 세게 때려[打] 침[擊]. ¶그는 머리에 심한 타격을 입고 쓰러졌다. ❷어떤 영향 때문에 기세나 의기가 꺾이는 일. ¶우리나라 산업에 치명적인 타격을 줄 수 있다. ❸[운동] 야구에서 투수가 던지는 공을 타자가 배트로 치는 일. ¶그는 오늘 경기에서 뛰어난 타격 실력을 선보였다.

타:결 妥結 | 온당할 타, 맺을 결 [reach an agreement; come to terms]
온당하게[妥] 매듭지음[結]. 잘 끝냄. ¶마침내 협상이 타결되었다.

타계 他界 | 다를 타, 지경 계
[pass away]
❶[속뜻] 다른[他] 세계(世界). '저승'을 뜻함. ❷어른이나 귀인의 죽음. ¶그 시인은 작년에 타계했다.

타:구 打球 | 칠 타, 공 구 [batted ball]
[운동] 공[球]을 치는[打] 일. ¶그는 자신이 친 타구에 왼쪽 발목을 맞았다.

타국 他國 | 다를 타, 나라 국
[foreign country]
자기 나라가 아닌 다른[他] 나라[國]. ¶그녀는 오랜 타국 생활로 많이 지쳤다. [비] 외국(外國), 이국(異國). [반] 고국(故國), 모국(母國), 자국(自國).

타:당 妥當 | 온당할 타, 마땅 당
[reasonable]
이치에 온당하게[妥] 들어맞다[當]. ¶그 주장은 이 상황에서는 타당하지 않다.

타:도 打倒 | 칠 타, 넘어질 도
[overthrow; defeat]
❶[속뜻] 때려 쳐서[打] 넘어지게[倒] 함. ❷쳐서 부수어 버림. ¶독재 정권을 타도하다.

타:락 墮落 | 떨어질 타, 떨어질 락
[go wrong; corrupted]
❶[속뜻] 구렁텅이 따위에 떨어짐[墮=落]. ❷올바른 길에서 벗어나 잘못된 길로 빠지는 일. ¶그는 못된 친구들과 어울리더니 완전히 타락해 버렸다.

타:박 打撲 | 때릴 타, 칠 박
[knock; beat]
사람이나 동물 따위를 때리고[打] 침

[撲].

▸타:박-상 打撲傷 | 다칠 상
둔기나 주먹 따위로 맞거나[打撲] 부딪쳐서 난 상처(傷處). ¶나는 자전거를 타다 넘어져서 팔꿈치에 타박상을 입었다.

타:산¹打算 | 칠 타, 셀 산 [calculate]
❶[속뜻]셈[算]판을 튀겨 봄[打]. ❷자신에게 도움이 되는지를 따져 헤아림. ¶타산이 빠르다.

타산²他山 | 다를 타, 메 산
[another mountain]
다른[他] 산[山].

▸타산지석 他山之石 | 어조사 지, 돌 석
❶[속뜻]다른[他] 산(山)의 하찮은 돌[石]이라도 다 쓸모가 있음. ❷하찮은 것이라 할지라도 유용한 것이 될 수 있음. ❸다른 사람의 언행이 자기에게 큰 도움이 됨을 이르는 말. ¶그의 일을 타산지석으로 삼으면 큰 도움이 될 수 있다.

타살 他殺 | 다를 타, 죽일 살 [murder]
다른[他] 사람이 죽임[殺]. ¶경찰은 타살로 보고 수사에 들어갔다. [반]자살(自殺).

타:석 打席 | 칠 타, 자리 석
[batter's box]
[운동]야구에서 타자가 투수의 공을 치기[打] 위하여 마련된 자리[席]. ¶그는 첫 타석에서 홈런을 쳤다.

타:선 打線 | 칠 타, 줄 선
[batting line up]
❶[속뜻]타자(打者)가 줄[線]을 섬. ❷[운동]야구에서 타력의 면에서 본 타자의 진용. ¶상대편의 타선이 우리보다 못하다.

타:수 打數 | 칠 타, 셀 수
[number of times at bat]
[운동]야구에서 타격(打擊)한 횟수[數]. ¶4타수 3안타를 치다.

타:-악기 打樂器 | 칠 타, 음악 악, 그릇 기 [percussion instrument]
[음악]두드려서[打] 소리를 내는 악기(樂器)를 통틀어 이르는 말. ¶심벌즈는 타악기이다.

타:원 楕圓 | 길쭉할 타, 둥글 원 [ellipse]
❶[속뜻]길쭉한[楕] 동그라미[圓]. ❷[수학]평면 위에 있는 두 정점(定點)으로부터의 거리의 합이 항상 일정한 점을 이루는 자취.

▸타:원-형 楕圓形 | 모양 형
[수학]길쭉하게 둥근 타원(楕圓)으로 된 평면 도형(圖形). ¶지구는 타원형의 궤도를 그리며 태양 주위를 돈다.

타:율¹打率 | 칠 타, 비율 률
[batting average]
[운동]야구에서 공을 쳐서[打] 성공적으로 출루한 비율(比率). ¶그의 현재 타율은 3할 5푼 8리다.

타율²他律 | 다를 타, 규칙 률
[heteronomy]
❶[속뜻]다른[他] 사람의 규율[律]을 따름. ❷자기의 의지가 아니라 남의 명령이나 구속에 따라 행동하는 일. [반]자율(自律).

▸타율-적 他律的 | 것 적
자기 의지와 관계없는 타율(他律)에 따라 움직이는 것[的]. ¶결정이 타율적으로 이루어지다. [반]자율적(自律的).

타의 他意 | 다를 타, 뜻 의
[another's will]
❶[속뜻]다른[他] 뜻[意]. ❷다른 사람의 뜻. ¶자의 반 타의 반. [반]자의(自意).

타인 他人 | 다를 타, 사람 인
[other people]
다른[他] 사람[人]. 남. ¶타인에 대한 배려가 중요하다. [반]본인(本人), 자신(自身).

타:자¹打者 | 칠 타, 사람 자 [batter]
[운동]야구에서 상대편 투수의 공을 치는[打] 공격진의 선수[者]. ¶타자가 들어서자 환호성이 쏟아졌다.

타:자²打字 | 칠 타, 글자 자
[type write]
타자기로 종이 위에 글자[字]를 찍음[打]. ¶그는 타자 실력이 대단하다.

▸타:자-기 打字機 | 틀 기

키를 눌러서 글자[字]를 찍는[打] 기계(機械). ¶타자기에 종이를 끼우고 키를 두드렸다. [비] 타이프.

타:작 打作 | 칠 타, 일할 작 [thresh]
[농업] 볏단 따위를 두드려[打] 곡식을 떠는 일[作]. ¶보리 타작.

타:점 打點 | 칠 타, 점 점
[run batted in]
❶[속뜻] 붓이나 펜 따위로 점(點)을 찍음[打]. ❷[운동] 야구에서 타자가 안타 등으로 자기편에 득점하게 한 점수. ¶그 선수는 이번 시즌에서 110타점을 기록했다.

타:조 駝鳥 | 낙타 타, 새 조 [an ostrich]
❶[속뜻] 낙타(駱駝)처럼 몸집이 큰 새[鳥]. 학명 'Struthio camelus'를 의역한 말. ❷[동물] 날개는 퇴화하여 날지 못하는 큰 새. ¶타조는 시속 90km로 달릴 수 있다.

타:진 打診 | 칠 타, 살펴볼 진
[examine by percussion; percuss]
❶[의학] 환자의 신체를 두드려서[打] 진찰(診察)하는 방법. ❷남의 의사를 알기 위하여 미리 떠봄. ¶그가 우리를 도울 의향이 있는지 타진해 보아야 한다.

타:파 打破 | 칠 타, 깨뜨릴 파
[abolish; break down]
쳐서[打] 깨뜨림[破]. ¶나쁜 관습(慣習)을 타파하다.

타향 他鄕 | 다를 타, 시골 향
[another countryside]
자기 고향이 아닌 다른[他] 고장[鄕]. [비] 타지(他地). [반] 고향(故鄕).

타:행 惰行 | 게으를 타, 행할 행
습관이나 버릇의[惰] 힘으로 진행함[行].

타:협 妥協 | 온당할 타, 합칠 협
[compromise]
❶[속뜻] 두 편이 온당하게[妥] 협의(協議)함. ❷어떤 일을 서로 양보하여 협의함. ¶적당한 선에서 타협하세요.

탁구 卓球 | 높을 탁, 공 구
[ping pong; table tennis]
[운동] 탁자(卓子)에서 라켓으로 공[球]을 쳐 넘겨 승부를 겨루는 경기.

▸ **탁구-장 卓球場** | 마당 장
탁구(卓球)를 치는 곳[場]. ¶탁구장에서 탁구를 치는 학생들.

탁발 托鉢 | 받칠 탁, 밥그릇 발
[go about asking for alms]
[불교] ❶절에서, 식사 때 승려들이 바리때[鉢]를 받치고[托] 식당으로 가는 일. ❷승려들이 경문을 외면서 걸식으로 의식(衣食)을 해결하는 방법.

탁상 卓上 | 높을 탁, 위 상
[on the table]
책상이나 식탁 따위 탁자(卓子)의 위[上].

▸ **탁상-공론 卓上空論** | 헛될 공, 말할 론
❶[속뜻] 탁자(卓子)의 위[上]에서만 펼치는 헛된[空] 이론(理論). ❷전혀 실현성이 없는 토론. ¶지금은 탁상공론을 벌일 때가 아니다.

탁아 託兒 | 맡길 탁, 아이 아
[child care]
어린 아이[兒]를 맡김[託]. ¶탁아 시설.

▸ **탁아-소 託兒所** | 곳 소
부모가 일하러 나간 사이에 아이[兒]를 맡아[託] 돌보는 시설[所]. ¶그녀는 탁아소에서 자원봉사를 해왔다.

탁월 卓越 | 뛰어날 탁, 뛰어날 월
[excellent]
매우 뛰어나다[卓=越]. ¶이 약은 기침에 탁월한 효능이 있다.

탁자 卓子 | 높을 탁, 접미사 자 [table]
무엇을 올려놓는 데 쓰는 높은[卓] 가구[子]. ¶탁자에 둘러앉다.

탁족 濯足 | 씻을 탁, 발 족
발[足]을 씻음[濯]. [비] 세족(洗足).

▸ **탁족-회 濯足會** | 모일 회
여름에 산수(山水) 좋은 곳을 찾아 머무르며[足濯] 노는 모임[會].

탁주 濁酒 | 흐릴 탁, 술 주
[unrefined rice wine]
빛깔이 흐린[濁] 술[酒]. 맑은 술을 떠내지 않고 그대로 걸러짠 술로 빛깔이 흐리

다. ㈐ 막걸리.

탄: 炭 | 숯 탄 [coal; briquet]
[강설] '석탄(石炭)' 또는 '연탄(煉炭)'의 준말.

탄:광 炭鑛 | 숯 탄, 쇳돌 광 [colliery]
[관설] 석탄(石炭)을 캐내는 광산(鑛山). ¶그녀의 남편은 탄광에서 일한다.

탄:력 彈力 | 튕길 탄, 힘 력 [elasticity]
용수철처럼 튀거나[彈] 팽팽하게 버티는 힘[力]. ¶고무줄이 낡아서 탄력이 없다 / 피부가 부드럽고 탄력이 있다.

탄:로 綻露 | 터질 탄, 드러낼 로 [revealed; become known]
비밀 따위가 터져[綻] 드러남[露]. ¶그의 부정행위가 탄로났다.

탄:복 歎服 | 감탄할 탄, 따를 복 [admire; impressed]
매우 감탄(感歎)하여 마음으로 따름[服]. ¶모두 그의 충성심에 탄복했다.

탄:산 炭酸 | 숯 탄, 산소 산 [carbonic acid]
[화학] 이산화탄소(二酸化炭素)가 물에 녹아서 생기는 약한 산(酸).

▶ 탄산수소(炭酸水素) 물 수, 바탕 소)
[화학] 탄산(炭酸) 속에 있는 수소(水素) 원자.

탄:생 誕生 | 태어날 탄, 날 생 [born; come into the world]
❶[속뜻] 귀한 사람이 태어남[誕=生]. ¶국민들은 왕자의 탄생을 기뻐했다. ❷'어떤 기관이나 조직, 제도 따위가 새로 생겨남'을 비유하여 이르는 말. ¶민주주의가 탄생하다 / 록 음악은 1950년대에 탄생했다.

▶ 탄:생-석 誕生石 | 돌 석
태어난[誕生] 달을 상징하는 보석(寶石). ¶4월의 탄생석은 다이아몬드이다.

탄:성¹ 彈性 | 튕길 탄, 성질 성 [elasticity]
❶[속뜻] 고무줄처럼 튕겨지는[彈] 성질(性質). ❷[물리] 외부에서 힘을 가하면 모양이 바뀌었다가도, 힘이 사라지면 원래대로 되돌아가려는 성질.

탄:성² 歎聲 | =嘆聲, 한숨지을 탄, 소리 성 [sigh of admiration]
❶[속뜻] 한숨짓는[歎] 소리[聲]. ¶가혹한 정치에 백성들의 탄성이 자자하다. ❷감탄하는 소리. ¶그의 작품은 많은 사람의 탄성을 자아낸다.

탄:소 炭素 | 숯 탄, 바탕 소 [carbon]
❶[속뜻] 숯[炭]을 이루는 주요 요소(要素). ❷[화학] 빛깔과 냄새가 없는 고체. 독자적으로는 금강석·석탄·아연 따위로 존재하며, 화합물에서는 이산화탄소·탄산염·탄수화물 등으로 존재한다.

탄:수화-물 炭水化物 | 탄소 탄, 물 수, 될 화, 만물 물 [carbohydrate]
[생물] 탄소(炭素)와 물[水] 분자로 이루어진[化] 화합물(化合物). 3대 영양소 가운데 하나이고, 녹색 식물의 광합성으로 생긴다. 포도당, 과당, 녹말 따위가 이에 속한다.

탄:식 歎息 | =嘆息, 한숨지을 탄, 숨쉴 식 [sigh]
한탄(恨歎)의 숨을 쉼[息]. ¶그는 어떻게 이럴 수가 있느냐고 탄식했다.

탄:신 誕辰 | 태어날 탄, 날 신 [royal birthday]
임금이나 성인이 태어난[誕] 날[辰]. ¶세종대왕 탄신을 기념하는 행사가 열렸다. ㈐ 탄생일(誕生日).

탄:압 彈壓 | 튕길 탄, 누를 압 [suppress; crackdown on]
❶[속뜻] 튕기고[彈] 억누름[壓]. ❷무력 따위로 억눌러 꼼짝 못하게 함. ¶강력한 탄압 속에서도 독립운동을 펼쳤다.

탄:약 彈藥 | 탄알 탄, 약 약 [ammunition]
탄알[彈]과 화약(火藥)을 아울러 이르는 말. ¶전쟁 통에 탄약이 바닥났다.

탄:원 歎願 | =嘆願, 한숨지을 탄, 바랄 원 [beg; appeal to; entreat for]
한숨을 지으며[歎] 간절히 바람[願]. ¶사람들은 그의 목숨을 살려주도록 왕에게

탄원했다.

탄:일 誕日 | 태어날 탄, 날 일 [birthday]
태어난[誕] 날[日]. '생일'을 높여 이르는 말. 탄생일. ¶내일이 왕의 탄일이다.

▶ **탄:일-종 誕日鐘** | 쇠북 종
[기독]성탄절 날[誕日]에 교회에서 치는 종(鐘). ¶탄일종이 은은하게 울려 퍼진다.

탄:탄 坦坦 | 평평할 탄, 평평할 탄 [even; smooth]
❶[속뜻]평평하다[坦+坦]. ¶탄탄한 평야. ❷장래가 아무 어려움 없이 순탄하다. ¶그의 앞길은 탄탄하다.

▶ **탄:탄-대로 坦坦大路** | 큰 대, 길 로
❶[속뜻]높낮이가 없이 넓고 평평하게[坦坦] 죽 뻗친 큰[大] 길[路]. ¶이 산만 넘으면 그 다음은 탄탄대로이다. ❷'앞이 훤히 트이어 순탄하게 앞으로 나아갈 수 있는 상황'을 비유하여 이르는 말. ¶탄탄대로의 출셋길을 달리다.

탄:핵 彈劾 | 퉁길 탄, 캐물을 핵
[impeach; denounce; accuse]
❶[속뜻]잘못을 지적하여 퉁기며[彈] 낱낱이 캐물음[劾]. ❷[법률]일반 파면이 어려운 대통령·국무위원·법관 등을 국회에서 소추하여 해임하거나 처벌하는 일. ¶국무총리 탄핵을 요구하다.

탄:화 炭化 | 숯 탄, 될 화 [carbonize]
[화학]유기물이 열분해 또는 다른 화학적 변화로 말미암아 탄소(炭素)가 됨[化].

▶ **탄:화-수소 炭化水素** | 물 수, 바탕 소
[화학]탄소(炭素)와 수소(水素)만으로 이루어진 화합물(化合物)을 통틀어 이르는 말.

탄:환 彈丸 | 탄알 탄, 알 환 [bullet]
[군사]총포에 재어서 쏘면 폭발하여 그 힘으로 탄알[彈]이 튀어나가게 된 둥그런 쇳덩이[丸]. ¶탄환이 그의 심장을 뚫고 나갔다. ⑪ 총알, 탄알.

탈: 頉 | 탈날 탈
[sickness; accident; fault]
❶몸에 생긴 병(病). ¶찬 것을 너무 먹어서 탈이 났다. ❷뜻밖에 생긴 사고(事故). ¶저도 아무 탈 없이 지내고 있습니다. ❸결함이나 허물. ¶그는 말이 많은 게 탈이다.

탈곡 脫穀 | 벗을 탈, 곡식 곡
[thresh the grain]
❶[속뜻]곡식[穀]의 낟알에서 겉겨를 벗겨냄[脫]. ❷곡식의 낟알을 이삭에서 떨어냄. ¶벼를 탈곡하다.

▶ **탈곡-기 脫穀器** | 그릇 기
곡식을 탈곡(脫穀)하는 데 쓰는 농기구(農器具).

탈락 脫落 | 빠질 탈, 떨어질 락
[fail; drop out]
어떤 데에 끼지 못하고 빠지거나[脫] 떨어짐[落]. ¶우리 팀은 예선에서부터 탈락했다.

탈모 脫毛 | 빠질 탈, 털 모 [loss of hair]
털[毛]이 빠짐[脫]. 빠진 털. ¶머리가 훤히 들여다보일 정도로 탈모가 되었다.

탈상 脫喪 | 벗을 탈, 죽을 상
[finish mourning]
상복(喪服)을 벗음[脫]. 상을 마침. ¶탈상을 하자면 아직 한참 남았습니다.

탈색 脫色 | 벗을 탈, 빛 색 [decolorize]
섬유 제품 따위에 들어 있는 색깔[色]을 뺌[脫]. ¶이 옷은 햇빛에 탈색되었다. ⑪ 염색(染色).

탈선 脫線 | 벗을 탈, 줄 선
[derail; deviate; go astray]
❶[속뜻]기차나 전차 따위의 바퀴가 선로(線路)를 벗어남[脫]. ¶기차가 탈선해서 많은 승객들이 다쳤다. ❷'언행이 상규를 벗어나거나 나쁜 방향으로 빗나감'을 비유하여 이르는 말. ¶탈선한 청소년들을 보호하다.

탈세 脫稅 | 벗을 탈, 세금 세
[evade taxes]
❶[속뜻]교묘하게 납세(納稅)의 의무를 벗어남[脫]. ❷납세자가 납세액(納稅額)의 전부 또는 일부를 내지 않는 일. ¶거액을 탈세하다.

탈수 脫水 | 벗을 탈, 물 수 [dehydrate]
어떤 물질 속에 들어 있는 수분(水分)을 제거함[脫]. ¶그녀는 심한 탈수 증세를 보였다 / 빨래를 탈수하다.

탈영 脫營 | 벗을 탈, 집 영 [break out of barracks]
[군사] 군인이 집단으로 거주하는 집[營]을 벗어나[脫] 달아남. ¶어젯밤에 병사 하나가 탈영했다.

▸탈영-병 脫營兵 | 군사 병
[군사] 탈영(脫營)한 병사(兵士).

탈옥 脫獄 | 벗을 탈, 감옥 옥 [break prison]
죄수가 감옥(監獄)을 빠져 나와[脫] 도망함. ¶죄수 두 명이 탈옥을 시도하다 붙잡혔다.

탈의 脫衣 | 벗을 탈, 옷 의 [disrobe; undress]
옷[衣]을 벗음[脫]. [반] 착의(着衣).

▸탈의-실 脫衣室 | 방 실
온천이나 목욕탕 따위에서 옷을 벗도록[脫衣] 마련한 방[室]. ¶그는 탈의실에서 운동복으로 갈아입었다.

탈주 脫走 | 벗을 탈, 달릴 주 [escape]
몸을 빼어[脫] 달아남[走]. ¶죄수들은 호송 도중 탈주했다.

탈지 脫脂 | 벗을 탈, 기름 지 [remove fat]
기름이나 기름기[脂]를 빼어냄[脫].

▸탈지-면 脫脂綿 | 솜 면
[의학] 지방분[脂]을 빼고[脫] 소독한 솜[綿]. ¶탈지면으로 상처 부위를 닦다. [비] 약솜, 소독면(消毒綿).

탈진 脫盡 | 빠질 탈, 다할 진 [drained; exhausted]
기운이 빠져[脫] 없어짐[盡]. ¶탈진한 선수가 병원으로 후송되었다.

탈출 脫出 | 빠질 탈, 날 출 [escape]
일정한 환경이나 구속에서 빠져[脫] 나감[出]. ¶비만 탈출을 위해 운동하다 / 그는 낙하산을 타고 비행기를 탈출했다.

탈취 奪取 | 빼앗을 탈, 가질 취 [extort; seize]
남의 것을 억지로 빼앗아[奪] 가짐[取]. ¶군부대에서 총기 탈취 사건이 발생했다.

탈퇴 脫退 | 벗을 탈, 물러날 퇴 [withdraw]
정당이나 단체 따위의 옷을 벗고[脫] 물러남[退]. ¶모임에서 탈퇴하기로 작정하다. [반] 가입(加入).

탈피 脫皮 | 벗을 탈, 껍질 피 [molt; shed the skin; do away with]
❶ [속뜻] 껍질[皮]을 벗음[脫]. ❷ [동물] 파충류, 곤충류 따위가 자라면서 허물이나 껍질을 벗음. ¶뱀은 봄에 탈피를 한다. ❸일정한 상태나 처지에서 완전히 벗어남. ¶그는 따분한 일상에서 탈피하기 위하여 재미있는 일을 계획했다.

탈환 奪還 | 빼앗을 탈, 돌아올 환 [retake; recover]
빼앗겼던 것을 빼앗아[奪] 되찾음[還]. ¶그 팀은 4년 만에 우승컵을 탈환했다.

탐 貪 | 탐낼 탐 [greedy]
지나치게 탐하는 욕심. ¶남의 물건에 탐을 내다 / 나는 저 책이 탐난다 / 남의 것을 탐내지 마라. [비] 탐욕(貪慾).

탐관 貪官 | 탐낼 탐, 벼슬 관 [corrupt official]
백성의 재물을 탐(貪)하는 벼슬아치[官].

▸탐관-오리 貪官汚吏 | 더러울 오, 벼슬아치 리
탐욕(貪慾)이 많고 행실이 더러운[汚] 벼슬아치[官=吏]. ¶탐관오리의 가혹한 수탈에 시달리다.

*탐구 探究 | 찾을 탐, 생각할 구 [investigate; make researches in]
진리나 법칙 따위를 찾아[探] 깊이 연구(硏究)함. ¶야생동물을 탐구하다.

▸탐구-심 探究心 | 마음 심
깊이 찾아 연구하려는[探究] 마음[心].

탐라-국 耽羅國 | 즐길 탐, 새그물 라, 나라 국
[역사] 삼국 시대에 제주도[耽羅]에 있던

나라[國]. 백제, 신라, 고려에 속했다가 고려 숙종 10년(1105)에 고려의 한 군현이 되었다.

탐문 探問 | 찾을 탐, 물을 문
[obtain information]
아직 알려지지 않은 사실이나 소식을 찾아[探] 물음[問]. ¶탐문 수사를 벌이다. [비]채문(採問).

탐방 探訪 | 찾을 탐, 물을 방 [visit]
어떤 사람을 찾아가[探] 소식 따위를 물어[訪] 봄. ¶유적지를 탐방하다.

탐사 探査 | 찾을 탐, 살필 사
[explore; investigate; inquire into]
알려지지 않은 사물이나 사실 따위를 찾아[探] 조사(調査)함. ¶달 표면을 탐사하다 / 해양생물 탐사대.

탐색 探索 | 살필 탐, 찾을 색 [search]
드러나지 않은 사물이나 현상 따위를 살펴[探] 찾아냄[索]. ¶경찰은 범인을 탐색 중이다.

▸탐색-기 探索機 | 틀 기
탐색(探索)하는 데 쓰는 항공기(航空機). 탐색하는 데 쓰는 기계.

탐욕 貪慾 | 탐낼 탐, 욕심 욕 [greed]
지나치게 갖고자 탐(貪)내는 욕심(慾心). ¶탐욕에 눈이 멀다.

탐정 探偵 | 찾을 탐, 염탐할 정
[investigate secretly; detect]
드러나지 않은 사정을 찾아[探] 몰래 염탐하여[偵] 알아냄. 또는 그런 일을 하는 사람. ¶그는 이번 사건을 탐정에게 의뢰했다 / 실종된 사람의 행방을 탐정하다.

▸탐정 소:설 探偵小說 | 작을 소, 말씀 설
[문학] 탐정(探偵)을 줄거리로 삼고 있는 소설(小說). 주로 범죄 사건을 제재로 하여 그 사건의 전말을 흥미 있게 추리하여 풀어 나간다. [비] 추리 소설(推理小說).

탐조 探照 | 찾을 탐, 비칠 조
[throw a searchlight]
무엇을 더듬어 찾기[探] 위하여 광선을 멀리 비춤[照].

▸탐조-등 探照燈 | 등불 등
밤에 무엇을 찾거나 비추기 위하여 멀리까지 비추게[探照] 된 등(燈). ¶탐조등이 땅바닥을 훑었다.

탐지 探知 | 찾을 탐, 알 지
[find out; detect; search out]
드러나지 않은 물건이나 사실을 찾아[探] 알아냄[知]. ¶이 비행기는 레이더로 탐지하기 어렵다.

▸탐지-기 探知機 | 틀 기
어떤 사물의 소재 따위를 탐지(探知)하는 데 쓰이는 기계(機械)를 통틀어 이르는 말. ¶금속 탐지기를 통과하다.

탐험 探險 | 찾을 탐, 험할 험
[explore; make an exploration]
위험(危險)을 무릅쓰고 어떤 곳을 찾아가서[探] 살펴보고 조사함. ¶미지의 세계를 탐험하다.

▸탐험-가 探險家 | 사람 가
전문적으로 탐험(探險)에 종사하는 사람[家]. ¶그녀는 대담하고 모험적인 탐험가였다.

▸탐험-대 探險隊 | 무리 대
탐험(探險)을 목적으로 여러 사람으로 조직된 무리[隊]. ¶남극 탐험대를 조직하다.

탑 塔 | 탑 탑 [tower]
여러 층으로 또는 높고 뾰족하게 세운 건축물을 통틀어 이르는 말. ¶탑을 쌓다.

탑승 搭乘 | 탈 탑, 탈 승 [ride; board]
항공기, 선박, 기차 따위에 올라탐[搭=乘]. ¶버스에 탑승하다.

▸탑승-객 搭乘客 | 손 객
탑승(搭乘)한 손님[客]. ¶침몰한 배의 탑승객 전원이 구조되었다.

탑신 塔身 | 탑 탑, 몸 신 [spire]
탑(塔) 가운데 몸[身]에 해당되는 부분. ¶이 탑은 탑신이 참 아름답다.

탑재 搭載 | 실을 탑, 실을 재
[load; embark; entrain]
배나 항공기 따위에 물건을 실음[搭=載].

¶화물을 탑재한 트럭.

탕:¹ 湯 | 끓을 탕
[soup; medicinal decoction]
❶'국'의 뜻. ¶삼계탕 / 추어탕. ❷'탕약(湯藥)'의 뜻. ¶십전대보탕.

탕:² 湯 | 욕탕 탕 [hot bath]
목간(沐間)이나 온천(溫泉) 등의 목욕하는 곳. ¶탕에 몸을 푹 담그니 잠이 온다.

탕수-육 糖水肉 | 사탕 탕, 물 수, 고기 육
[sweet and sour pork]
반죽한 고기[肉]를 튀겨내어 설탕[糖]을 넣어 졸인 즙[水]을 부어 낸 중국 요리.

탕:약 湯藥 | 끓을 탕, 약 약
[infusion; herb tea]
한의 끓이고 달여서[湯] 만든 한약(漢藥). ¶탕약 한 첩을 달이다. ⓑ탕제(湯劑).

탕:진 蕩盡 | 쓸 탕, 다할 진
[exhaust; squander]
재물 따위를 다 써서[蕩] 없어짐[盡]. ¶노름으로 재산을 탕진하다.

탕:평 蕩平 | 쓸어버릴 탕, 평평할 평
❶ 속뜻 소탕(掃蕩)하여 평정(平定)함. ❷ 역사 '탕평책'의 준말.

▶**탕:평-책 蕩平策** | 꾀 책
역사 조선 때, 영조(英祖)가 당쟁을 없애려던[蕩平] 정책(政策). 이 정책으로 각 당파의 인재를 고르게 등용했다. ㉜탕평.

태 胎 | 아이밸 태 [amnion and placenta]
모체(母體) 안에서 아이를 싸고 있는 조직. ¶태를 가르다.

태고 太古 | 클 태, 옛 고 [ancient times]
아득히 먼[太] 옛날[古]. ¶태고의 신비를 간직한 섬.

태교 胎教 | 태아 태, 가르칠 교 [prenatal care]
뱃속의 태아(胎兒)에 대한 가르침[教]. 임산부가 마음을 바르게 하고 언행을 삼가 태아를 가르치는 일을 이른다. ¶클래식 음악으로 태교를 한다.

태권 跆拳 | 밟을 태, 주먹 권
❶ 속뜻 발로 밟고[跆] 주먹[拳]을 날림.

❷ 운동 무기 없이 찌르기, 치기, 차기 등의 공격과 방어를 하는 우리나라 고유 무술.

▶**태권-도 跆拳道** | 기예 도
❶ 속뜻 발로 밟거나[跆] 차고, 주먹[拳]으로 치는 무도(武道). ❷ 운동 우리나라의 전통 무예를 바탕으로 한 운동. ¶나는 태권도 3단이다.

태극 太極 | 클 태, 끝 극
[Great Absolute]
❶ 속뜻 매우 큰[太] 끝[極]쪽. 철학 ❷중국 철학에서, 우주 만물의 근원이 되는 실체. ❸하늘과 땅이 분리되기 이전의 세상 만물의 원시 상태.

▶**태극-기 太極旗** | 깃발 기
❶ 속뜻 태극(太極) 모양이 있는 깃발[旗]. ❷우리나라의 국기. ¶태극기는 평화, 화합 및 인류애를 상징한다.

태기 胎氣 | 아이 밸 태, 기운 기
[signs of pregnancy]
아이를 밴[胎] 것 같은 기미(氣味). ¶아내가 태기를 보인다.

*****태:도 態度** | 모양 태, 풍채 도 [attitude]
❶ 속뜻 몸의 자태(姿態)와 풍채[度]. ❷어떤 사물에 대한 감정이나 생각 따위가 겉으로 나타난 모습. ¶진지한 태도를 보이다. ⓑ자세(姿勢).

태동 胎動 | 태아 태, 움직일 동
[quicken; show signs of]
❶ 속뜻 태아(胎兒)가 움직임[動]. ¶아랫배에서 아기의 태동이 느껴진다. ❷어떤 일이 일어날 기운이 싹틈. ¶민족의식이 태동하다.

태만 怠慢 | 게으를 태, 게으를 만
[negligent]
맡은 바 일 따위를 게을리 하다[怠=慢]. ¶수업에 태만하다 / 직무를 태만히 하다. ⓑ근면(勤勉), 성실(誠實).

태몽 胎夢 | 아이 밸 태, 꿈 몽 [dream that one is going to get pregnant]
아기를 밸[胎] 징조로 꾸는 꿈[夢]. ¶어머니가 태몽을 꾸셨다고 한다.

태반 太半 | 클 태, 반 반 [most part]
절반(折半)보다 크게[太] 많은 수량.

태백-산맥 太白山脈 | 클 태, 흰 백, 메 산, 줄기 맥
❶[속뜻] 태백산(太白山)이 속해 있는 산맥(山脈). ❷[지리] 추가령 지구대(楸哥嶺地溝帶)에서 강원도, 경상 남북도의 동부를 남북으로 뻗어 있는 산맥. 국내에서 가장 큰 산맥으로 금강산, 태백산, 오대산, 설악산 따위의 봉우리가 있다.

태봉 泰封 | 클 태, 봉할 봉
❶[속뜻] 하늘이 내려준 큰[泰] 봉지(封地). ❷[역사] 901년에 궁예가 송악에 도읍하여 세운 나라. 건국 당시 국호를 후고구려라 하였다가 905년 도읍을 철원으로 옮기면서 국호를 태봉으로 고쳤다.

태-부족 太不足 | 클 태, 아닐 부, 넉넉할 족 [be in great shortage]
크게[太] 부족(不足)함. ¶그 학교는 학생 수에 비해 교실이 태부족하다.

태산 泰山 | 클 태, 메 산
[high mountain]
❶[속뜻] 크고[泰] 높은 산(山). ❷'크고 많음'을 비유하여 이르는 말. ¶할 일이 태산인데 잠만 자고 있느냐. ❸'정도가 점점 더 심해지는 것'을 비유하여 이르는 말. ¶갈수록 태산.

태생 胎生 | 태아 태, 날 생
[viviparity; birth]
❶[속뜻] 어미의 뱃속에서 태아(胎兒)의 형태로 태어남[生]. ¶포유류는 대개 태생 동물이다. ❷어떠한 곳에 태어남. ¶그는 일본 태생이다.

태:세 態勢 | 모양 태, 자세 세
[attitude; setup]
태도(態度)와 자세(姿勢)를 아울러 이르는 말. ¶그는 내가 한마디만 더 하면 때릴 태세였다.

태수 太守 | 클 태, 직책 수
[역사] ❶신라 때, 군(郡)의 으뜸[太] 벼슬[守]. ❷예전에, 주·부·군·현의 행정 책임을 맡던 으뜸 벼슬.

태아 胎兒 | 아이 밸 태, 아이 아
[unborn child]
[의학] 아이를 밴[胎] 어머니의 몸 안에서 자라고 있는 아기[兒]. ¶태아가 머리를 밑으로 두고 있다.

***태양** 太陽 | 클 태, 볕 양 [sun]
❶[속뜻] 매우[太] 밝은 빛[陽]. ❷[천문] 태양계의 중심을 이루는 항성. 해. ¶태양이 이글이글 타고 있다. ⑪ 태음(太陰).

▸**태양-계** 太陽系 | 이어 맬 계
[천문] 태양(太陽)을 중심으로 운행하고 있는 천체의 집단[系].

▸**태양-력** 太陽曆 | 책력 력
[천문] 태양시(太陽時)로 정한 책력(冊曆). 지구가 태양을 한번 회전하는 시간을 1년으로 삼는 달력. ⑪ 태음력(太陰曆).

▸**태양-열** 太陽熱 | 더울 열
[물리] 태양(太陽)에서 발생하는 열(熱)에너지. ¶태양열 발전.

태연 泰然 | 침착할 태, 그러할 연 [cool]
❶[속뜻] 침착한[泰] 모양[然]. ❷태도나 기색이 아무렇지 않고 예사로움. ¶그는 애써 태연한 척했다.

▸**태연-자약** 泰然自若 | 스스로 자, 같을 약
충격적인 일이 있어도, 태도나 모습이 태연(泰然)하고 평소와 같음[自若]. ¶동생이 다쳤는데도 그는 태연자약했다.

태엽 胎葉 | 아이 밸 태, 잎 엽
[(coil) spring]
시계나 장난감 따위의 기계 안[胎]에 있는 잎[葉] 모양의 부속품. ¶태엽이 다 풀리자 장난감 자동차가 멈췄다.

태자 太子 | 클 태, 아들 자
[crown prince]
[역사] 황제의 뒤를 이어 황제가 될 큰[太] 아들[子]. '황태자'(皇太子)의 준말. ¶둘째 아들을 태자로 책봉하였다.

태조 太祖 | 클 태, 조상 조
[first King of the dynasty]
❶[속뜻] 가장 큰[太] 조상[祖]. ❷[역사] 한

왕조를 세운 첫째 임금에게 붙이던 묘호.

태종 太宗 | 클 태, 마루 종
❶[속뜻]가장 크고[太] 높은 산마루[宗]. ❷[역사]한 왕조의 선조 가운데 그 공과 덕이 태조에 버금할 만한 임금.

태초 太初 | 클 태, 처음 초
[beginning of the world]
천지가 크게[太] 열린 그 시초(始初). 천지가 창조된 때. ¶태초에 우주는 하나의 점이었다고 한다.

태평 太平 | = 泰平, 클 태, 평평할 평
[peaceful; quiet; carefree]
세상이 크게[太] 평안(平安)함. ¶나라의 태평을 기원하다 / 정치가 잘되어야 나라가 태평하다.

▸태평-소 太平簫 | 퉁소 소
❶[속뜻]태평(太平)한 세월을 노래하는 나팔[簫]. ❷[음악]나팔 모양으로 생긴 목관 악기. 여덟 개의 구멍이 있다.

▸태평-성대 太平聖代 | 성스러울 성, 시대 대
태평(太平)하고, 성(聖)스러운 임금이 다스리는 시대(時代). ¶태평성대를 누리다.

태평-양 太平洋 | 클 태, 평평할 평, 큰바다 양 [Pacific]
❶[속뜻]크고[太] 평평(平平)한 먼 바다[洋]. ❷[지리]오대양의 하나. 유라시아, 남북아메리카, 오스트레일리아 따위의 대륙에 둘러싸인 바다.

▸태평양 전:쟁 太平洋戰爭 | 싸울 전, 다툴 쟁
[역사]제2차대전 중, 일본과 미국 등의 연합국이 태평양(太平洋)의 진주만에서 벌인 전쟁(戰爭).

***태풍** 颱風 | 태풍 태, 바람 풍 [typhoon]
❶[속뜻]크게 불어 닥치는[颱] 폭풍(暴風). ❷[지리]북태평양 남서부에서 발생하여 동북아시아 내륙으로 불어 닥치는 폭풍우. ¶태풍이 한반도를 강타했다.

태학 太學 | 클 태, 배울 학
❶[속뜻]큰[太] 학문(學問). 또는 한 나라에서 최고 수준의 학교(學校). [역사] ❷고구려의 국립 교육기관. ❸고려 때 국자감(國子監)의 한 분과. ❹조선의 성균관(成均館).

태형 笞刑 | 볼기칠 태, 형벌 형
[punishment by flogging; whipping]
[역사]매로 볼기를 치던[笞] 형벌(刑罰). ¶태형 40대를 맞다.

택배 宅配 | 집 택, 나눌 배
[home delivery]
짐 따위를 각자 집[宅]으로 나누어[配] 보내 주는 일. ¶택배 상품 / 택배 서비스를 실시했다.

택일 擇一 | 고를 택, 한 일
[choose; select]
여럿 중에 하나[一]만 고름[擇]. ¶다음 문제 중에 택일하여 답하시오.

택지 宅地 | 집 택, 땅 지
[land for housing; housing site]
집[宅]을 지을 땅[地]. ¶택지를 조성하다. [비]집터.

터:득 攄得 | 펼 터, 얻을 득
[master; learn; grasp]
❶[속뜻]손을 펴서[攄] 얻어[得]냄. ❷연구하거나 생각하여 사물의 이치를 깨달아 앎. ¶공부의 비결을 터득하다.

토 土 | 흙 토 [Saturday]
'토요일'(土曜日)의 준말.

토굴 土窟 | 흙 토, 굴 굴
[dugout; large cave]
땅[土]속에 난 굴(窟). ¶아주 오래 전에는 토굴을 파고 살았다.

****토기** 土器 | 흙 토, 그릇 기
[earthen vessel; earthen ware]
[수공]흙[土]으로 빚어 구운 그릇[器]. ¶이곳에서 선사시대의 토기가 출토되었다.

토대 土臺 | 흙 토, 돈대 대
[foundation; groundwork]
❶[속뜻]흙[土]으로 쌓아 올린 높은 대(臺). ❷[건설]건축물의 윗부분을 떠받치기 위해 밑바닥에 대는 나무. ¶그 빌딩은 견고한 토대 위에 지어졌다. ❸사업의 밑천. ¶경

제 발전의 토대가 되다.

토란 土卵 | 흙 토, 알 란 [taro]
❶속뜻 흙[土]속에 알[卵]모양의 뿌리를 내리는 식물. ❷식물 잎은 두껍고 넓은 방패 모양의 잎이 나는 천남성과의 풀. 뿌리줄기는 잎자루와 함께 식용한다. ¶토란으로 국을 끓였다.

***토:론** 討論 | 따질 토, 말할 론 [discuss; debate]
상대방 의견의 문제점을 따지며[討] 자기의 주장을 말함[論]. ¶사형제도 폐지에 대해 토론하다. 匣토의(討議).

▶토:론-실 討論室 | 방 실
토론(討論)을 벌이는 방[室].

▶토:론-자 討論者 | 사람 자
토론(討論)하는 사람[者]. ¶연구 발표회에 토론자로 참석하다.

▶토:론-장 討論場 | 마당 장
토론(討論)하는 곳[場]. ¶토론장에서 개인적인 이야기는 금물이다.

▶토:론-회 討論會 | 모일 회
어떤 문제에 대하여 여러 사람이 토론(討論)하는 모임[會]. ¶공개 토론회를 열다.

토목 土木 | 흙 토, 나무 목
[public works]
❶속뜻 흙[土]과 나무[木]. ❷건설 '토목공사'의 준말.

▶토목 공사 土木工事 | 장인 공, 일 사
건설 토석(土石)이나 목재(木材) 따위를 사용한 공사(工事).

토벌 討伐 | 칠 토, 칠 벌
[conquest; subjugate; suppress]
적을 처서[討=伐] 공격함. ¶대대적인 산적 토벌 작전에 나섰다.

토분¹ 土盆 | 흙 토, 동이 분
흙[土]으로 빚은 화분(花盆).

토분² 土粉 | 흙 토, 가루 분
쌀을 쓿을 때에 섞어서 찧는 흰 흙[土] 가루[粉].

토사 土沙 | =土砂, 흙 토, 모래 사
[earth and sand]
흙[土]과 모래[沙]. ¶강둑에 토사가 쌓이다.

토산 土産 | 흙 토, 낳을 산
어떤 지역[土]에서만 남[産].

▶토산-품 土産品 | 물건 품
그 지방[土]에서 특유하게 나는[産] 물품(物品). ¶영광의 토산품은 굴비이다.

토성¹ 土星 | 흙 토, 별 성 [Saturn]
❶속뜻 땅[土]을 관장하는 신을 상징하는 별[星]. 'Saturn'은 로마신화에서 농업의 신을 이르는 말이다. ❷천문 태양계의 안쪽에서 여섯 번째 행성. ¶토성에는 30개 이상의 위성이 있다.

토성² 土城 | 흙 토, 성곽 성
[wall of earth; mud wall]
흙[土]으로 쌓아 올린 성(城). ¶토성을 쌓다 / 몽촌토성.

토속 土俗 | 흙 토, 풍속 속
[local customs; folkways]
그 지방[土] 특유의 습관이나 풍속(風俗). ¶토속 음식을 특별히 좋아하다.

****토양** 土壤 | 흙덩이 토, 흙 양 [soil]
❶속뜻 흙[土]과 흙덩이[壤]. ❷식물에 영양을 공급하여 자라게 할 수 있는 흙. ¶이 지역은 토양이 기름져서 농사가 잘 된다.

토-요일 土曜日 | 흙 토, 빛날 요, 해 일
[Saturday; Sat.]
칠요일 중 토(土)에 해당하는 요일(曜日). ¶토요일에 여행을 간다.

토:의 討議 | 따질 토, 의논할 의
[discuss; debate]
어떤 문제에 대하여 검토(檢討)하고 의논(議論)함. ¶환경문제를 토의하다. 匣토론(討論).

토인 土人 | 흙 토, 사람 인
[native; aboriginal]
❶속뜻 어떤 지방[土]에 대대로 붙박이로 사는 사람[人]. ❷미개한 지역에 정착하여 원시적인 생활을 하고 있는 종족을 얕잡아 이르는 말. ¶아프리카 토인을 교화하다.

토정-비결 土亭秘訣 | 흙 토, 정자 정, 숨길 비, 방법 결
[책명] 조선 명종 때 토정(土亭) 이지함이 지었다는 운명의 비결(秘訣)에 관한 책.

토종 土種 | 흙 토, 씨 종
[native kind; local breed]
본디 그 지역[土]에서 나는 종자(種子). ¶토종 농산물이 우리 몸에 좋다. [비] 재래종(在來種).

⁑토지 土地 | 흙 토, 땅 지 [land; ground]
❶ [속뜻] 흙[土]과 땅[地]. ❷사람의 생활과 활동에 이용하는 땅. ¶이 토지는 어떤 용도로도 이용 가능하다.

토질 土質 | 흙 토, 바탕 질 [soil]
토지(土地)의 성질(性質). ¶이 지역은 토질이 비옥하다.

토착 土着 | 흙 토, 붙을 착 [settle]
❶ [속뜻] 일정한 지역[土]에 눌러[着] 삶. ❷대를 이어 그 땅에서 삶. ¶이곳에는 예전에 토착화전민이 살았다.

통[1] 通 | 통할 통
[document; paper; letter]
편지나 전화·서류 따위를 셀 때 쓰는 말. ¶한밤중에 전화 한 통이 걸려왔다.

통[2] 桶 | 통 통 [tub; bucket]
❶물 같은 것을 담는 나무 그릇의 총칭. ¶통에 물을 붓다. ❷통에 담긴 것을 세는 말. ¶물 한 통을 길어 오다.

통:[3] 統 | 큰 줄기 통
[small section of a city]
시(市) 행정의 말단 조직의 하나. 동(洞)의 아래, 반(班)의 위이다.

통:감 痛感 | 아플 통, 느낄 감
[feel keenly; fully realize]
❶ [속뜻] 마음이 아플[痛] 정도로 깊이 느낌[感]. ❷마음에 사무치게 느낌. 절실히 느낌. ¶그는 자신의 경험 부족을 뼈저리게 통감하고 있었다.

통:계 統計 | 묶을 통, 셀 계
[statistics; numerical statement]
❶ [속뜻] 한데 몰아서[統] 셈함[計]. ❷ [수학] 어떤 현상을 종합적으로 한눈에 알아보기 쉽게 일정한 체계에 따라 숫자로 나타냄. 또는 그런 것. ¶공식 통계에 따르면 청년 실업률이 높아지고 있다고 한다.

▸**통:계-청** 統計廳 | 관청 청
[법률] 국가의 각종 통계(統計) 사무를 맡아 보는 중앙 행정 관청(官廳).

▸**통:계-표** 統計表 | 겉 표
통계(統計) 결과를 나타낸 도표(圖表). 여러 가지 일이나 물건의 종별, 대소, 다과를 비교하거나 시간에 따른 변동을 알아볼 수 있도록 나타낸다. ¶세계 인구 조사국의 통계표.

▸**통:계-학** 統計學 | 배울 학
[수학] 사회 현상을 통계(統計)에 의하여 관찰·연구하는 학문(學問).

통고 通告 | 온통 통, 알릴 고
[notify; inform]
관계되는 사람들에게 온통[通] 다 알림[告]. ¶마을 사람에게 갑자기 마을회관으로 모이라고 통고했다.

통:곡 痛哭 | 아플 통, 울 곡
[wail; keen; mourn bitterly]
마음이 아파[痛] 슬피 욺[哭]. ¶어머니의 시신을 붙들고 통곡하다.

통과 通過 | 통할 통, 지날 과
[pass; get through; go through]
❶ [속뜻] 일정한 때나 장소를 통(通)하여 지나감[過]. ¶철조망 통과 훈련 / 국경을 통과하다. ❷검사, 시험 따위에서 합격함. ¶예선 통과는 아무런 문제가 없다 / 입국 심사에서 무사히 통과되어 입국할 수 있었다.

통근 通勤 | 다닐 통, 일할 근
[attend office; go to work]
멀리 다니며[通] 직장 일을 함[勤]. ¶통근 버스.

통기 通氣 | 통할 통, 공기 기 [ventilation; airing]
❶ [속뜻] 공기(空氣)나 바람을 통(通)하게 함. ¶굵은 연통형의 통기 구멍이 나 있다.

❷궁중에서, '방귀'를 달리 이르던 말. [비] 통풍(通風).

▸통기-성 通氣性 | 성질 성
공기(空氣)가 통(通)할 수 있는 성질(性質). ¶이 천은 통기성이 좋다.

통념 通念 | 통할 통, 생각 념
[common idea]
일반에 널리 통(通)하는 개념(概念). 일반적인 생각. ¶사회적인 통념을 뒤집다.

통달 通達 | 온통 통, 이를 달
[have a thorough knowledge]
온통[通] 다 아는 높은 수준에 이름[達]. 환히 잘 앎. ¶그녀는 몇 개 언어에 통달해 있다. [비] 창달(暢達).

통독 通讀 | 온통 통, 읽을 독
[read (a book) from cover to cover]
처음부터 끝까지 온통[通] 다 읽음[讀]. ¶이 책은 통독할 만하다.

통로 通路 | 통할 통, 길 로 [passageway]
어떤 곳으로 통(通)하는 길[路]. ¶트럭 한 대가 주차장 통로를 막고 서 있다.

통보 通報 | 온통 통, 알릴 보
[report; inform]
관계되는 사람 모두[通]에게 다 알림[報]. ¶합격통보를 하다 / 학부모들에게 통보하여 학교 소식을 알려 드렸다.

통분 通分 | 통할 통, 나눌 분
[reduce to a common denominator]
❶[속뜻] 공통(共通)의 수로 나눔[分]. ❷[수학] 분모가 다른 둘 이상의 분수나 분수식에서 분모를 같게 만듦. 보통 각 분모의 최소 공배수를 공통분모로 삼는다.

통-사정 通事情 | 일릴 통, 일 사, 실상 정
[beg; appeal]
자기의 딱한 사정(事情)을 남에게 털어놓고 말함[通]. ¶아무리 통사정을 해도 그녀는 눈 하나 깜짝하지 않았다.

통상¹ 通商 | 다닐 통, 장사 상 [commerce; trade]
나라 사이에 서로 교통(交通)하며 상업(商業)을 함. ¶전쟁으로 두 나라의 통상이 단절되었다.

통상² 通常 | 온통 통, 늘 상
[usually; normally; generally]
❶[속뜻] 모두[通] 늘[常] 그러함. ❷일반적으로. 대개. ¶편지가 도착하기까지 통상 사흘 정도 걸린다.

▸통상-적 通常的 | 것 적
특별하지 않고 늘[通常] 있는 것[的]. ¶통상적인 모임에 불과하다.

통속 通俗 | 온통 통, 풍속 속
[popular custom; commonness]
❶[속뜻] 세상에 널리[通] 퍼져 있는 풍속(風俗). ❷비전문적이고 대체로 저속하며 일반 대중이 쉽게 알 수 있는 일. ¶사진이 잡지의 표지처럼 통속하다.

▸통속-적 通俗的 | 것 적
대중의 취향에 붙좇아 세속적이고 천박한[通俗] 것[的]. ¶통속적인 연애 소설.

통:솔 統率 | 거느릴 통, 거느릴 솔
[command; lead; direct]
어떤 조직체를 온통 몰아서 거느림[統=率]. ¶그 장군은 부하들을 잘 통솔한다. [비] 지휘(指揮).

▸통:솔-력 統率力 | 힘 력
통솔(統率)하는 힘[力]. ¶우리는 통솔력이 있는 친구를 반장으로 뽑았다. [비] 지휘력(指揮力).

⁑**통신** 通信 | 통할 통, 소식 신
[send letter; communicate]
❶[속뜻] 소식이나 정보[信]를 교환하고 연락하여 통(通)하게 하는 일. ¶이 지역은 통신 상태가 좋지 않다. ❷소식이나 의지, 지식 등을 전함. ¶통신의 비밀은 법으로 보장되어 있다.

▸통신-로 通信路 | 길 로
통신(通信)이 오고가는 길[路].

▸통신-망 通信網 | 그물 망
소식 등을 전하기[通信] 위해 그물[網]처럼 짜놓은 연락체계.

▸통신-비 通信費 | 쓸 비
통신(通信)에 드는 비용(費用). ¶통신비

▶ **통신-사**¹ 通信社 | 회사 사
신문사, 잡지사, 방송사 등에 뉴스를 제공하는[通信] 보도 기관[社].

▶ **통신-사**² 通信使 | 부릴 사
역사 조선 때, 통신(通信)을 위해 일본으로 보내던 사신(使臣).

▶ **통신-업** 通信業 | 일 업
통신 통신에 관한 사업. '통신 사업'(通信事業)의 준말. ¶통신업이 발달하다.

▶ **통신 위성** 通信衛星 | 지킬 위, 별 성
통신 전파 통신(通信)의 중계에 이용되는 인공위성(人工衛星).

▶ **통신 판매** 通信販賣 | 팔 판, 팔 매
경제 소비자가 전화, 인터넷 등의 통신(通信)을 이용해 주문하면, 상품을 보내주는 판매(販賣) 방법.

통역 通譯 | 통할 통, 옮길 역 [interpret]
뜻이 통(通)하도록 알아듣는 말로 옮김[譯]. 또는 그런 사람. ¶한국어로 통역을 좀 해 주세요. / 통역을 불러 왔다.

▶ **통역-관** 通譯官 | 벼슬 관
통역(通譯)에 종사하는 관리(官吏).

통용 通用 | 온통 통, 쓸 용
[in common use; current]
여러 곳에서 두루두루 다[通] 쓰임[用]. ¶달러는 어느 나라에서나 통용된다.

통운 通運 | 다닐 통, 옮길 운
[transport; forward; carry]
여러 곳을 다니며[通] 물건을 운반(運搬)함.

▶ **통운 회:사** 通運會社 | 모일 회, 단체 사
경제 화물을 실어 나르고[通運] 수수료를 받는 회사(會社).

***통:일** 統一 | 묶을 통, 한 일
[unify; unite; become one]
나누어진 것들을 묶어[統] 하나[一]로 합침. ¶의견을 통일하다 / 남북은 반드시 통일이 되어야 한다.

▶ **통:일-부** 統一部 | 나눌 부
법률 주로 국가의 통일(統一)에 관한 사무를 맡아보는 중앙 행정 부서(部署).

▶ **통:일 신라** 統一新羅 | 새 신, 새그물 라
역사 삼국시대의 신라에 대하여, 삼국을 통일(統一)한 676년 이후의 신라(新羅)를 이르는 말.

통장¹ 通帳 | 온통 통, 장부 장
[bankbook; passbook]
❶속뜻 금전의 출납에 관한 모든[通] 내용을 기록해 두는 장부(帳簿). ❷경제 거래에 필요한 사항을 기록하는 장부. ¶통장에서 만 원을 인출하다.

통:장² 統長 | 큰 줄기 통, 어른 장
[subdivision of a city's district]
행정 구역의 단위인 통(統)을 대표하여 일을 맡아보는 사람[長]. ¶아주머니는 동네 통장 일을 맡으셨다.

통:제 統制 | 거느릴 통, 누를 제
[control; regulate]
❶속뜻 일정한 방침에 따라 거느리기[統] 위하여 억누름[制]. ❷제한이나 제약을 가함. ¶사고지역에 출입을 통제하다.

▶ **통:제-사** 統制使 | 부릴 사
역사 임진왜란 때에, 경상·전라·충청 세 도의 수군을 통솔하는[統制] 일을 맡아보던 무관 벼슬[使].

통:증 痛症 | 아플 통, 증세 증
[pain; ache]
아픔[痛]을 느끼는 증세(症勢). ¶오른쪽 무릎에 심한 통증을 느끼다.

통지 通知 | 다닐 통, 알 지
[inform; notify]
다니며[通] 알림[知]. 알려 줌. ¶집주인은 방을 비우라고 통지했다. ㉖ 통기(通寄), 통달(通達).

▶ **통지-문** 通知文 | 글월 문
소식이나 정보를 통지(通知)하는 문서(文書). ¶학교에서 통지문을 보내다.

▶ **통지-서** 通知書 | 글 서
어떤 일을 알리는[通知] 글[書]. 또는 그 문서. ¶합격 통지서를 받다.

▶ **통지-표** 通知表 | 겉 표

[교육] 학교에서 학생의 지능, 생활 태도, 학업 성적, 출석 상태 따위를 기재하여 가정에 통지(通知)하는 표(表).

통:찰 洞察 | 꿰뚫을 통, 살필 찰
[discern; see through]
예리하게 꿰뚫어[洞] 살펴봄[察]. ¶밝은 이성으로 깊이 통찰하다.

▸통:찰-력 洞察力 | 힘 력
사물을 환히 꿰뚫어 보는[洞察] 능력(能力). ¶그는 미래에 대한 날카로운 통찰력을 가지고 있다.

***통:치** 統治 | 묶을 통, 다스릴 치
[rule over; govern; administer]
❶[속뜻] 하나로 묶어서[統] 도맡아 다스림[治]. ❷지배자가 주권을 행사하여 국토 및 국민을 다스림. ¶나라를 통치하다.

통:쾌 痛快 | 아플 통, 기쁠 쾌
[most pleasant; extremely delightful]
❶[속뜻] 아플[痛] 정도로 기분이 상쾌함[快]. ❷마음이 매우 시원함. ¶통쾌한 승리를 거두다.

통:탄 痛歎 | 아플 통, 한숨지을 탄
[regret deeply; grieve]
너무 아파[痛] 한숨을 지음[歎]. ¶억울함을 당하니 참으로 통탄할 노릇이었다.

통풍 通風 | 통할 통, 바람 풍 [let air in]
바람[風]을 잘 통(通)하게 함. ¶내 방은 통풍이 잘 되지 않아 공기가 탁하다.

▸통풍-창 通風窓 | 창문 창
통풍(通風)이 잘 되도록 하기 위하여 낸 작은 창(窓).

통학 通學 | 다닐 통, 배울 학
[go to school]
학교(學校)에 다님[通]. ¶나는 매일 버스로 통학한다.

▸통학-로 通學路 | 길 로
학생이 학교(學校)에 다니는[通] 길[路]. ¶학부모들이 통학로를 순찰한다.

통:합 統合 | 묶을 통, 합할 합
[combine; integrate; unify]
묶고[統] 합쳐[合] 하나로 만듦. ¶세 개의 부서가 하나로 통합되었다.

통행 通行 | 통할 통, 다닐 행
[pass; go through]
일정한 공간을 지나서[通] 다님[行]. ¶차량은 여기를 통행할 수 없다.

▸통행-량 通行量 | 분량 량
일정한 장소를 지나다니는[通行] 사람이나 차량 따위의 수량(數量). ¶통행량이 많아 늦을 것 같다.

▸통행-료 通行料 | 삯 료
일정한 장소를 지나는[通行] 데 내는 값[料]. ¶고속도로 통행료가 의외로 비싸다.

▸통행-금:지 通行禁止 | 금할 금, 멈출 지
일정한 시간 동안 일정 장소를 다니지[通行] 못하게 함[禁止].

통화1 通貨 | 통할 통, 돈 화
[currency; medium of exchange]
[경제] 한 나라 안에서 통용(通用)되고 있는 화폐(貨幣)를 통틀어 이르는 말. ¶유럽연합은 '유로'라는 단일 통화를 사용한다.

통화2 通話 | 통할 통, 말할 화
[speak over the telephone]
❶[속뜻] 전화 따위로 말[話]을 서로 주고받음[通]. ¶그와 직접 통화해야겠다. ❷통화한 횟수. ¶전화 한 통화 쓸 수 있을까요?

퇴:각 退却 | 물러날 퇴, 물리칠 각
[retreat; fall back]
물러나게[退]하거나 물리침[却]. ¶적이 퇴각하다.

퇴:근 退勤 | 물러날 퇴, 일할 근
[leave the office]
하루 일과[勤]를 마치고 직장에서 물러나옴[退]. ¶일이 밀려서 아직 퇴근을 못하고 있다. [반] 출근(出勤).

퇴:보 退步 | 물러날 퇴, 걸음 보
[fall backward; retrocede]
❶[속뜻] 뒤로 물러서서[退] 걸음[步]. ❷정도나 수준이 이제까지의 상태보다 뒤떨어지거나 못하게 됨. ¶전쟁으로 나라의 경

제가 20년 이상 퇴보했다. ⓑ퇴행(退行). ⓑ진보(進步).

퇴비 堆肥 | 쌓일 퇴, 거름 비
[compost; barnyard manure]
[농업] 짚, 풀 따위를 쌓아 놓고[堆] 썩혀서 만든 거름[肥]. ¶음식 찌꺼기를 퇴비로 만들어 쓰면 쓰레기를 줄일 수 있다. ⓑ거름, 두엄.

▶ 퇴비-장 堆肥場 | 마당 장
퇴비(堆肥)를 모아 두는 곳[場]. ⓑ두엄자리.

퇴:색 退色 | 물러날 퇴, 빛 색
[fade; discolor]
❶[속뜻] 빛[色]이 물러나[退] 바램. ¶이 옷은 햇볕으로 퇴색되었다. ❷'무엇이 낡거나 몰락하면서 그 존재가 희미해지거나 볼품없이 됨'을 비유하여 이르는 말. ¶공산주의 이념이 갈수록 퇴색하고 있다.

퇴:실 退室 | 물러날 퇴, 방 실
[leave the room; get out of the room]
방[室]에서 나감[退]. ¶투숙객은 12시까지 퇴실해 주십시오.

퇴:원 退院 | 물러날 퇴, 집 원
[leave a hospital]
입원했던 환자가 병원(病院)에서 나옴[退]. ¶수술이 끝났으니 곧 병원에서 퇴원하게 될 것이다. ⓑ입원(入院).

퇴:위 退位 | 물러날 퇴, 자리 위 [step down from the throne; abdicate]
자리[位]에서 물러남[退]. ¶1814년 나폴레옹은 황제의 자리에서 퇴위했다. ⓑ즉위(卽位).

퇴:임 退任 | 물러날 퇴, 맡길 임
[retire from office]
임무(任務)를 띤 자리에서 물러남[退]. ¶그는 교장으로 명예롭게 퇴임하였다. ⓑ퇴직(退職).

퇴:장 退場 | 물러날 퇴, 마당 장
[leave; walkout]
어떤 장소(場所)에서 물러남[退]. ¶선수는 비신사적인 행동을 하여 퇴장을 당했다 / 관객들은 질서 있게 퇴장했다. ⓑ입장(入場).

퇴적 堆積 | 쌓일 퇴, 쌓을 적
[accumulate; piled up]
많이 덮쳐 쌓임[堆=積]. 또는 많이 덮쳐 쌓음. ¶하구(河口)에 모래가 퇴적되다.

▶ 퇴적-물 堆積物 | 만물 물
[지리] 물, 빙하, 바람 따위의 작용으로 지표에 퇴적(堆積)된 물질(物質). ¶강 하류에 퇴적물이 두껍게 쌓였다.

▶ 퇴적-암 堆積巖 | 바위 암
[지리] 퇴적(堆積) 작용으로 생긴 암석(巖石). 사암(沙巖)이나 이판암(泥板巖) 따위가 있다.

퇴:정 退廷 | 물러날 퇴, 법정 정
[leave the court]
법정(法廷)에서 나옴[退]. ⓑ입정(入廷), 출정(出廷).

퇴:직 退職 | 물러날 퇴, 일자리 직 [retire; resign]
❶[속뜻] 직위(職位)에서 물러남[退]. ❷직장을 그만둠. ¶아버지는 직장에서 퇴직하신 후 다른 사업을 하려고 한다. ⓑ취직(就職).

▶ 퇴:직-금 退職金 | 돈 금
퇴직(退職)하는 사람에게 근무처 등에서 일시불로 주는 돈[金].

퇴:진 退陣 | 물러날 퇴, 진칠 진
[decamp; resign from; step down]
❶[속뜻] 군사의 진지(陣地)를 뒤로 물림[退]. ❷관여하던 직장이나 직무에서 물러남. ¶장관이 책임을 지고 퇴진할 것을 요구하다.

퇴:치 退治 | 물러날 퇴, 다스릴 치
[exterminate; get rid of]
❶[속뜻] 물러나도록[退] 잘 다스림[治]. ❷없애 버림. ¶마약 퇴치 / 병충해를 퇴치하다.

퇴폐 頹廢 | 무너질 퇴, 버릴 폐
[decay; decline]
❶[속뜻] 무너트리거나[頹] 내다 버려야

[廢]할 것. ❷도덕이나 풍속, 문화 따위가 어지러워짐. ¶퇴폐적 향락 문화. [반] 건전(健全).

퇴:학 退學 | 물러날 퇴, 배울 학
[leave school; withdraw from school]
졸업 전에 학생이 다니던 학교(學校)를 물러나[退] 그만 둠. ¶학생 두 명이 물건을 훔쳐서 퇴학을 당했다.

퇴:행 退行 | 물러날 퇴, 갈 행
[move back; degrade; regress]
현재의 위치에서 뒤로 물러가거나[退] 현재보다 앞선 과거로 되돌아 감[行]. ¶과거로의 퇴행.

퇴:화 退化 | 물러날 퇴, 될 화
[degenerate; degrade; retrograde]
쇠퇴(衰退)하는 쪽으로 변화(變化)함. ¶박쥐는 눈이 퇴화되었다. [반] 진화(進化).

투 套 | 버릇 투 [style]
말이나 글, 행동 따위에서 버릇처럼 일정하게 굳어진 본새나 방식. ¶비꼬는 투로 말하다.

투각 透刻 | 뚫을 투, 새길 각 [bratticing]
❶[속뜻] 구멍을 내어서 통하도록 뚫거나[透] 새김[刻]. ❷[미술] 조각에서 묘사할 대상의 윤곽만을 남겨 놓고 나머지 부분은 파서 구멍이 나도록 하거나 윤곽만을 파서 구멍이 나도록 만듦. 또는 그런 기법.

투고 投稿 | 보낼 투, 원고 고
[contribute to; write for]
신문이나 잡지에 원고(原稿)를 보냄[投]. ¶학교 신문에 소설을 투고하다.

투구 投球 | 던질 투, 공 구 [throw]
[운동] 투수가 공[球]을 던짐[投]. 또는 던진 그 공.

투기[1] 妬忌 | 시기할 투, 미워할 기 [envy; jealous]
시기하고[妬] 미워함[忌]. 또는 강샘을 함. ¶투기를 부리다.

투기[2] 投機 | 던질 투, 때 기 [speculate]
일시적인 때[機]를 틈타 큰 이익을 얻으려고 투자(投資)하는 일. ¶그들은 부동산에 투기하여 돈을 벌었다.

투명 透明 | 비칠 투, 밝을 명
[transparent; clear]
속까지 밝고[明] 환하게 비침[透]. ¶투명 테이프 / 거래를 투명하게 하다. [반] 불투명(不透明).

▸**투명-판** 透明板 | 널빤지 판
[해양] 물의 투명도(透明度)를 측정하는 데 쓰는 백색 판(板).

투병 鬪病 | 싸울 투, 병 병
[fight against disease]
병을 고치려고 병(病)과 싸움[鬪]. ¶그는 오랜 투병 생활 끝에 숨을 거두었다.

투사 鬪士 | 싸울 투, 선비 사
[fighter; combatant]
❶[속뜻] 싸움터에 나가 싸우는[鬪] 사람[士]. ❷주의, 주장을 위해 투쟁하거나 활동하는 사람. ¶그는 민주화 운동의 투사였다.

투수 投手 | 던질 투, 사람 수
[pitcher; hurler]
[운동] 야구에서 내야(內野)의 중앙에 위치하여 포수를 향해 공을 던지는[投] 사람[手]. [반] 포수(捕手).

투숙 投宿 | 들여놓을 투, 묵을 숙
[stay at a hotel; check in at a hotel]
여관 따위에 들어서[投] 묵음[宿]. ¶그들은 여관에 투숙하고 있다.

투시 透視 | 뚫을 투, 볼 시
[see through]
막힌 물체를 환히 꿰뚫어[透] 봄[視]. 또는 대상의 의미까지 봄. ¶엑스선을 이용하여 물체를 투시하다.

투신 投身 | 들여놓을 투, 몸 신 [devote oneself to; suicide by drowning]
❶[속뜻] 어떤 일에 몸[身]을 들여놓음[投]. ¶그는 평생을 교육계에 투신했다. ❷목숨을 끊기 위해 몸을 던짐. ¶그는 바다에 투신하여 스스로 목숨을 끊었다.

투여 投與 | 던질 투, 줄 여
[administer; inject]

❶[속뜻] 던져[投] 넣어 줌[與]. ❷약물 따위를 몸에 넣어 줌. ¶과다한 약물 투여는 환자에게 좋지 않다.

투영 投影 | 던질 투, 그림자 영
[throw an image on; reflect; project]
❶[속뜻] 물체의 그림자[影]를 어떤 물체 위에 비추는[投] 일. 또는 그 비친 그림자. ❷'어떤 일을 다른 일에 반영하여 나타냄'을 비유하여 이르는 말. ¶자신의 삶을 작품에 투영했다. ❸[수학] 도형이나 입체를 다른 평면에 옮기는 일.

▸투영-기 投影器 | 그릇 기
물체의 그림자[影]를 어떤 물체 위에 비추는[投] 기기[器].

투옥 投獄 | 던질 투, 감옥 옥
[cast into prison; put in jail]
감옥(監獄)에 던져[投] 넣음. 감옥에 가둠. ¶그 남자는 절도죄로 투옥됐다. [비] 하옥(下獄).

투우 鬪牛 | 싸울 투, 소 우 [bullfight]
소[牛] 싸움[鬪]을 붙이는 경기. 또는 그 경기에 나오는 소. ¶스페인은 투우 시합으로 유명하다.

▸투우-사 鬪牛士 | 선비 사
투우 경기에 출전하여 소[牛]와 싸우는[鬪] 사람[士]. ¶투우사는 붉은 천을 흔들어 소를 유인하였다.

투입 投入 | 던질 투, 들 입
[insert; inject; commit]
❶[속뜻] 던져[投] 넣음[入]. ¶자동판매기에 동전을 투입하다. ❷자본이나 인력 따위를 들여 넣음. ¶이 영화에는 엄청난 제작비가 투입되었다.

▸투입-구 投入口 | 구멍 구
물건 따위를 넣는[投入] 구멍[口]. ¶투입구에 주차권을 넣었다.

투자 投資 | 던질 투, 재물 자 [invest]
이익을 얻을 목적으로 사업 등에 자금(資金)을 댐[投]. ¶부동산에 투자하다 / 그는 아이들 교육에 돈을 많이 투자하고 있다.

▸투자 신:탁 投資信託 | 믿을 신, 부탁할 탁
❶[속뜻] 투자(投資)를 믿고[信] 부탁(付託)함. ❷[경제] 증권 회사가 일반 투자가로부터 자금을 모아 광범위한 증권 투자를 하고, 이에 따른 이자·배당금·매매 차익 등을 투자가에게 나누어 주는 제도.

투쟁 鬪爭 | 싸울 투, 다툴 쟁
[fight; combat]
❶[속뜻] 몸으로 싸우거나[鬪] 말로 다툼[爭]. ❷사회 운동이나 노동 운동 등에서 목적을 이루기 위하여 다투는 일. ¶우리의 권리를 되찾기 위해 투쟁할 것이다.

투전 鬪牋 | 싸울 투, 종이 전
[gamble with cards]
두꺼운 종이[牋]로 만든 것으로 서로 겨루는[鬪] 노름. ¶투전 노름을 좋아하다가 가산을 탕진하였다.

투지 鬪志 | 싸울 투, 뜻 지
[fighting spirit]
싸우고자[鬪] 하는 굳센 뜻[志]이나 마음. ¶그들은 강한 투지를 지니고 있다.

투철 透徹 | 뚫을 투, 뚫을 철
[penetrating; lucid]
속까지 꿰뚫을[透] 정도로 아주 철저(徹底)함. ¶이 일을 하기 위해서는 투철한 사명감이 필요하다.

투표 投票 | 던질 투, 쪽지 표
[vote; ballot]
❶[속뜻] 표(票)를 던짐[投]. ❷선거를 하거나 가부를 결정할 때에 투표용지에 의사를 표시하여 일정한 곳에 내는 일. ¶이번 방학 때 어디로 놀러 갈지 투표로 정하자.

▸투표-권 投票權 | 권리 권
투표(投票)를 할 수 있는 권리(權利). ¶투표권을 행사하다.

▸투표-소 投票所 | 곳 소
투표(投票)를 하는 일정한 장소(場所). ¶투표소는 이른 아침부터 사람들로 붐볐다. [비] 투표장.

▸투표-자 投票者 | 사람 자
투표(投票)하는 사람[者]. ¶투표자 수가

예상보다 많다.

▸ 투표-장 投票場 | 마당 장
투표소(投票所)가 마련되어 있는 곳[場]. ¶투표장은 집에서 가까운 곳에 있다. [비] 투표소.

▸ 투표-함 投票函 | 상자 함
투표자가 기입한 투표용지(投票用紙)를 넣는 상자[函].

투하 投下 | 던질 투, 아래 하
[throw down; drop]
❶ [속뜻] 높은 곳에서 아래[下]로 던짐[投]. ¶적군의 기지에 폭탄을 투하하다. ❷물자나 자금 따위를 들임. ¶이 돈은 온갖 노력을 투하해 어렵게 번 것이다.

투항 投降 | 보낼 투, 항복할 항
[surrender]
❶ [속뜻] 항복(降伏)할 의사를 보냄[投]. ❷ 적에게 항복함. ¶병사들은 무기를 내던지고 투항했다.

투호 投壺 | 던질 투, 단지 호
[민속] 두 사람이 일정한 거리에서 청·홍의 화살을 단지[壺] 속에 던져[投] 많이 넣는 수효로 승부를 가리는 놀이. 또는 단지.

특공 特功 | 특별할 특, 공로 공
[great achievement]
특별(特別)히 뛰어난 공로(功勞).

▸ 특공-대 特攻隊 | 무리 대
[군사] 특수(特殊) 임무나 기습 공격(攻擊)을 하기 위하여 훈련된 부대(部隊). ¶특공대를 보내 인질들을 구출하다.

특권 特權 | 특별할 특, 권리 권 [privilege; special right]
❶ [속뜻] 특별(特別)한 권리(權利). ❷특정한 개인이나 집단에 대하여 인정하는 특별한 권리나 이익. ¶회원이 되면 다양한 특권이 주어진다.

특급[1] 特急 | 특별할 특, 급할 급 [special express]
❶ [속뜻] 특별(特別)히 급(急)하게 달림. ❷ [교통] 열차 따위가 특별히 빨리 운행하는 것. ¶특급열차.

특급[2] 特級 | 특별할 특, 등급 급 [special grade]
특별(特別)한 등급(等級)이나 계급(階級). ¶특급 대우를 받다.

특기 特技 | 특별할 특, 재주 기
[special ability; speciality]
특별(特別)한 기능(技能)이나 기술(技術). ¶자신의 특기를 살려 진로를 결정하다. [비] 장기(長技).

특등 特等 | 특별할 특, 무리 등
[special grade; top grade]
보통의 등급을 뛰어넘은 특별(特別)히 뛰어난 등급(等級). ¶특등 사수(射手).

특명 特命 | 특별할 특, 명할 명
[special command]
❶ [속뜻] 특별(特別)히 명령(命令)함. ❷특별히 임명함. 또는 그 임명. ¶황제의 특명을 받고 가지로 출발했다.

특별 特別 | 유다를 특, 다를 별 [special]
일반적인 것과 유달리[特] 다름[別]. ¶특별히 어디가 아픈 건 아니지만 기운이 없다 / 오늘은 나에게 아주 특별한 날이다.

▸ 특별-시 特別市 | 도시 시
지방 자치 단체의 한 가지. 도(道)와 동일한 격(格)을 가진 특별(特別)한 시(市)로서, 직접 중앙의 감독을 받는다. ¶서울특별시.

▸ 특별-전 特別展 | 펼 전
특별(特別)히 마련한 전시회(展示會). ¶특별전을 기획하다.

▸ 특별 활동 特別活動 | 살 활, 움직일 동
[교육] 학교 교육의 정식 교과목 이외의 특별(特別) 학습 활동(活動).

특보 特報 | 특별할 특, 알릴 보
[special report; special news]
특별(特別)히 알림[報]. ¶뉴스 특보를 말씀드리겠습니다.

특사 特使 | 특별할 특, 부릴 사
[special envoy; emissary]
❶ [속뜻] 특별(特別)히 무엇을 시킴[使]. 또는 그것을 맡은 사람. ❷특별한 임무를

띠고 파견하는 외교 사절을 두루 일컫는 말. ¶대통령의 특사를 파견하다.

특산 特産 | 특별할 특, 낳을 산
[special product]
특별(特別)히 그 지방에서만 남[産]. 또는 그 산물.

▶ **특산-물** 特産物 | 만물 물
어떤 지방에서만 특별(特別)히 나는[産] 물건(物件). ¶완도의 특산물은 미역이다.

▶ **특산-품** 特産品 | 물건 품
어떤 지역에서만 특별(特別)히 나는[産] 물품(物品). ¶특산품을 판매하다.

특색 特色 | 특별할 특, 빛 색
[distinct characteristic]
❶ 속뜻 특별(特別)한 색깔[色]. ❷다른 것과 특히 다른 점. ¶그는 별다른 특색 없는 평범한 사람이다.

특석 特席 | 특별할 특, 자리 석 [reserved seat]
특별(特別)히 따로 마련한 좌석(座席). '특별석'의 준말. ¶특석에서 경기를 관람하다.

특선 特選 | 특별할 특, 뽑을 선
[special selection]
❶ 속뜻 특별(特別)히 골라 뽑음[選]. ¶점심 특선 요리를 주문하다. ❷대회에서 입선된 것 중에서 특히 우수한 작품. ¶그의 사진은 콘테스트에서 특선으로 뽑혔다.

특성 特性 | 특별할 특, 성질 성
[specific character]
특별(特別)한 성질(性質). ¶선인장은 건조한 기후에도 잘 견디는 특성이 있다.

특수 特殊 | 유다를 특, 다를 수
[special; specific]
다른 것과 비교하여 유달리[特] 다른[殊] 것. ¶이쪽의 특수한 사정을 이해해 주십시오. ⓑ 특이(特異). ⓑ 일반(一般), 보통(普通).

특실 特室 | 특별할 특, 방 실
[special chamber]
일반실과 특별(特別)히 다른 방[室]. '특등실'(特等室)의 준말. ¶특실에 묵었다.

특용 特用 | 특별할 특, 쓸 용
[use specially]
특별(特別)히 씀[用]. ¶특용 작물.

특유 特有 | 특별할 특, 있을 유
[peculiar; characteristic]
특별(特別)히 가지고 있음[有]. ¶온돌은 한국 특유의 난방 방식이다.

특이 特異 | 유다를 특, 다를 이 [singular; peculiar]
❶ 속뜻 보통 것에 비하여 유달리[特] 다름[異]. ¶넌 이름이 상당히 특이하구나. ❷보통보다 훨씬 뛰어남. ¶그는 손재주가 특이하여 온갖 물건을 손수 만든다. ⓑ 특수(特殊). ⓑ 평범(平凡).

특정 特定 | 특별할 특, 정할 정
[particular; specific; certain]
특별(特別)히 정(定)함. ¶특정 연령층을 대상으로 한 제품.

특집 特輯 | 특별할 특, 모을 집
[special edition; supplement]
특별(特別)히 편집(編輯)함. 또는 그 편집물. ¶추석 특집 프로그램.

특징 特徵 | 특별할 특, 부를 징
[special feature]
❶ 역사 임금이 신하에게 벼슬을 내리려고 특별(特別)히 부름[徵]. ❷특별히 나타나는 점. ¶검은 눈과 머리카락은 한국인의 유전적 특징이다. ⓑ 특색(特色), 특성(特性).

▶ **특징-적** 特徵的 | 것 적
특징(特徵)이 되는 것[的]. ¶이 그림은 화려한 색채가 매우 특징적이다.

특파 特派 | 특별할 특, 보낼 파
[send on special assignment]
특별(特別)히 파견(派遣)함. ¶해외에 특파되다.

▶ **특파-원** 特派員 | 사람 원
언론 외국에 특별(特別)히 파견(派遣)되어 보도하는 언론 종사자[員]. ¶사고 현장에 특파원을 보내다.

특허 特許 | 특별할 특, 들어줄 허
[license to do; patent]
❶ 속뜻 특별(特別)히 들어줌[許]. ❷ 법률 어떤 사람이나 기관의 발명품에 대하여 남이 그대로 흉내 내지 못하게 하고 그것을 이용할 권리를 국가가 그 사람이나 기관에 주는 것. ¶특허를 내다.
▶ 특허-청 特許廳 | 관청 청
법률 특허(特許) 및 그와 관련된 사무를 처리하는 정부 관청(官廳).

특화 特化 | 특별할 특, 될 화 [specialize]
❶ 속뜻 다른 것보다 특별(特別)히 두드러지게 됨[化]. ❷한 나라의 어떤 산업 또는 수출 상품이 상대적으로 큰 비중을 차지하는 상태. ¶이 지역에서는 관광지를 특화하여 많은 돈을 벌고 있다.

특활 特活 | 특별할 특, 살 활
[extracurricular activities]
교육 '특별 활동'(特別活動)의 준말.

ㅍ

파 派 | 갈래 파
[group; clique; branch of a family]
❶학문·주의·사상·행동 등을 같이하는 사람들의 집단. ¶파가 갈리다. ❷하나의 조상에서 갈라져 나온 집안의 갈래. ¶전주 이 씨 효령대군 파.

파:격 破格 | 깨뜨릴 파, 격식 격
[breaking rules; make an exception]
격식(格式)을 깨뜨림[破]. 격식에 벗어남. ¶전품목 파격 세일.

▸ 파:격-적 破格的 | 것 적
관례나 격식에서 벗어난[破格] 것[的]. ¶파격적인 대우.

파견 派遣 | 보낼 파, 보낼 견
[dispatch; despatch]
특별한 임무를 주어 임시로 보냄[派=遣]. ¶본사 파견 / 그는 케냐로 파견되었다.

파:계 破戒 | 깨뜨릴 파, 경계할 계
[violate the commandments]
계율(戒律)을 깨뜨림[破]. ¶그는 파계를 하고 속세로 돌아왔다.

파고 波高 | 물결 파, 높을 고
[height of a wave; wave height]
파도(波濤)의 높이[高]. ¶전 해상에 2~3미터의 높은 파고가 예상된다.

***파:괴** 破壞 | 깨뜨릴 파, 무너질 괴
[destroy; ruin; demolish]
부수어[破] 무너뜨림[壞]. ¶환경 파괴 / 지진은 순식간에 도시를 파괴했다. [반]건설(建設).

▸ 파:괴-력 破壞力 | 힘 력
파괴(破壞)하는 힘[力]. ¶핵무기는 엄청난 파괴력을 갖고 있다.

파국 破局 | 깨뜨릴 파, 판 국 [collapse]
❶[속뜻]깨어진[破] 장면이나 형세[局]. ❷일이나 사태가 잘못되어 결판이 남. ¶사태는 파국으로 치달았다.

파급 波及 | 물결 파, 미칠 급
[spread; extend; reach]
❶[속뜻]물결[波]이 멀리까지 미침[及]. ❷어떤 일의 영향이나 여파가 차차 전하여 먼 데까지 미침. ¶그 영향이 전국적으로 파급되다.

파도 波濤 | 물결 파, 큰 물결 도
[waves; billows]
바다에 이는 작은 물결[波]과 큰 물결[濤]. ¶파도가 거세서 배가 뜨지 못한다.

파동 波動 | 물결 파, 움직일 동
[wave; shock]
❶[속뜻]물결[波]을 이루어 움직임[動]. ¶수면에 파동이 일어나다. ❷공간으로 퍼져 가는 진동. ¶소리의 파동. ❸'사회적으로 새로운 변화를 가져올 만한 변동'을 비유하여 이르는 말. ¶석유 파동으로 물

가가 크게 올랐다.

파란 波瀾 | 물결 파, 물결 일 란
[turmoil; hardship]
❶[속뜻] 물결[波]이 일어남[瀾]. ❷심한 변화. 어수선한 상황. ¶한국은 파란 많은 역사를 가지고 있다 / 신인 선수가 우승을 차지하는 파란을 일으켰다.

▶파란-만장 波瀾萬丈 | 일만 만, 길이 장
❶[속뜻] 물결[波瀾]이 만(萬) 길[丈]이나 될 정도로 높이 일어남. ❷사람의 생활이나 일의 진행이 여러 가지 곡절과 시련이 많고 변화가 심함. ¶그는 78세를 일기로 파란만장한 삶을 마쳤다.

파력 波力 | 물결 파, 힘 력
[force of the wave]
파도(波濤)의 압력(壓力). ¶파력발전소 / 파력에 의해 깎여진 바위가 있다.

▶파력 발전 波力發電 | 일으킬 발, 전기 전
[전기] 파도(波濤)가 칠 때 일어나는 힘[力]을 이용해 전기(電氣)를 일으킴[發].

파:렴-치 破廉恥 | 깨뜨릴 파, 청렴할 렴, 부끄러울 치 [shameless; infamous]
올곧고[廉] 부끄러워[恥]할 줄 아는 마음을 깨버리고[破] 함부로 행동함. ¶파렴치한 범죄를 저지르다.

파:루 罷漏 | 그칠 파, 샐 루
❶[속뜻] 도성의 문을 닫는 일을 그치고[罷] 문을 열어 사람을 드나들게[漏] 함. ❷[역사] 조선 시대에, 서울에서 통행금지를 해제하기 위하여 종각의 종을 서른 세 번 치던 일.

파:면 罷免 | 그만둘 파, 면할 면
[dismiss; fire]
직책을 그만두게[罷] 하여 해직시킴[免]. 공무원의 신분을 박탈하는 일. ¶뇌물을 받은 감독관의 파면을 요구했다.

파:멸 破滅 | 깨뜨릴 파, 없어질 멸
[be ruined; be wrecked]
완전히 깨어져[破] 없어짐[滅]. ¶지나친 욕심이 그의 파멸을 가져왔다 / 인류는 전쟁 때문에 파멸할 것이다.

파문 波紋 | 물결 파, 무늬 문
[wave pattern; ripple; sensation]
❶[속뜻] 물결[波] 모양의 무늬[紋]. ❷수면에 이는 물결. ¶연못에 돌을 던지자 파문이 일었다. ❸어떤 일이 다른 데에 미치는 영향. ¶큰 파문을 몰고 오다 / 파문이 확산되다.

파발 擺撥 | 열릴 파, 없앨 발
[post station; stage]
❶[속뜻] 문을 열어서[擺] 다 내보내어 없앰[撥]. ❷[역사] 조선 후기에, 공문을 급히 보내기 위하여 설치한 역참. ¶장군은 각 고을로 파발을 띄웠다.

▶파발-마 擺撥馬 | 말 마
[역사] 파발(擺撥)에 준비해 놓던 말[馬].

파벌 派閥 | 갈래 파, 무리 벌
[clique; faction; coterie]
이해관계에 따라 따로따로 갈라진[派] 사람들의 무리[閥]. ¶그는 파벌 싸움에 말려들었다.

파병 派兵 | 보낼 파, 군사 병
[dispatch troops; send an army]
병사(兵士)를 파견(派遣)함. ¶유엔군이 파병을 결정하였다.

파:산 破産 | 깨뜨릴 파, 재물 산
[be ruined; become bankrupt]
❶[속뜻] 재산(財産)을 모두 잃어 망함[破]. ¶사장은 회사의 파산을 막으려고 갖은 애를 쓰고 있다 / 다니던 회사가 파산되어 나는 일자리를 잃었다. ❷[법률] 빚진 사람이 돈을 갚을 수 없게 되는 경우, 그의 재산 모두를 털어서 고루 갈라 갚을 것을 법으로 명령하는 것. [비] 도산(倒産).

파:상 破傷 | 깨뜨릴 파, 다칠 상
[injury; wound]
깨지고[破] 다침[傷]. 또는 그 상처.

▶파:상-풍 破傷風 | 병 이름 풍
❶[속뜻] 찢어진[破] 상처(傷處)로 침범하는 병[風]. ❷[의학] 파상풍균의 감염으로 일어나는 급성 전염병.

파생 派生 | 갈래 파, 날 생

[be derived; originate]
본체에서 갈려 나와[派] 다른 하나가 새롭게 생김[生]. ¶영어는 라틴어에서 파생되었다.
▶ 파생-어 派生語 | 말씀 어
언어 실질 형태소에 접사가 붙어 파생(派生)된 어휘(語彙). 명사 '부채'에 '-질'이 붙은 '부채질', 동사 '덮-'에 접미사 '-개가' 붙은 '덮개', 명사 '버선' 앞에 접두사 '덧-'이 붙은 '덧버선' 따위가 있다.

파:손 破損 | 깨뜨릴 파, 상할 손
[be damaged; be destroyed]
깨어지거나[破] 상하게[損] 됨. ¶자동차는 사고로 심하게 파손되었다.

파수 把守 | 잡을 파, 지킬 수
[watch; guard]
❶속뜻 손에 무기를 쥐고[把] 성 따위를 지킴[守]. ❷경계하여 지킴. 또는 그러는 사람. ¶파수를 서다.

파시 波市 | 물결 파, 시장 시
[seasonal fish market]
고기가 한창 잡힐 때에 파도(波濤)가 치는 바다 위에서 열리는 생선시장(市場). ¶거문도는 고등어 파시로 유명하다.

*__파악 把握__ | 잡을 파, 쥘 악
[grasp; understand; comprehend]
❶속뜻 손에 꽉 잡아[把] 쥠[握]. ❷어떤 일을 잘 이해하여 확실하게 앎. ¶그는 눈치가 없어서 분위기 파악을 못한다.

파:안 破顔 | 깨뜨릴 파, 얼굴 안
[break into a smile]
얼굴[顔]이 일그러질[破] 정도.
▶ 파:안-대소 破顔大笑 | 큰 대, 웃을 소
얼굴이 일그러질[破顔] 정도로 크게[大] 웃음[笑]. ¶아버지는 파안대소하시며 혼인을 허락했다.

파:업 罷業 | 그만둘 파, 일 업
[give up one's business; strike]
❶속뜻 하던 일[業]을 그만둠[罷]. ❷사회 노동 조건의 유지 및 개선을 위하여 노동자들이 집단적으로 작업을 중지하는 일.

¶근로자들은 열악한 근무 환경에 항의하는 파업을 벌였다.

파:열 破裂 | 깨뜨릴 파, 찢어질 렬
[explode; burst]
깨어지고[破] 찢어짐[裂]. 쪼개짐. ¶보일러 파열로 사람이 다쳤다.

파장¹ 波長 | 물결 파, 길 장 [wavelength; impact]
❶속뜻 물결[波] 사이의 길이[長]. ❷물리 전파나 음파 따위에서 같은 높이를 가진 파동 사이의 거리. ¶파장 20미터의 단파로 방송하다. ❸충격적인 일이 끼치는 영향 또는 그 정도를 비유하여 이르는 말. ¶신문 기사의 파장은 매우 컸다.

파:장² 罷場 | 마칠 파, 마당 장
[close of a marketplace]
장(場)을 마침[罷]. 섰던 장이 끝남. ¶파장 무렵이 되자 장터가 한산해졌다.

파종 播種 | 뿌릴 파, 씨 종 [sow; seed]
논밭에 곡식의 씨앗[種]을 뿌림[播]. ¶보리는 가을에 파종한다.
▶ 파종-법 播種法 | 법 법
농업 씨[種]를 뿌리는[播] 방법(方法). ¶파종법을 연구하다.

파죽지세 破竹之勢 | 쪼갤 파, 대나무 죽, 어조사 지, 기세 세
❶속뜻 대나무[竹]를 쪼개는[破] 것 같은 기세(氣勢). ❷'어떤 일이 거침없이 쭉 계속됨'을 비유하여 이르는 말. 맹렬한 기세. ¶파죽지세로 적군을 무찌르다.

파:지 破紙 | 깨뜨릴 파, 종이 지
[waste paper; useless paper]
❶속뜻 찢어진[破] 종이[紙]. ❷못쓰게 된 종이. ¶종이를 오리는 과정에서 파지가 많이 생겼다.

파:직 罷職 | 그만둘 파, 일자리 직
[fore; dismiss from office]
관직(官職)을 그만두게 함[罷]. 물러남. ¶탐관오리를 파직하다.

파출 派出 | 보낼 파, 날 출
[send out; dispatch]

파견(派遣)되어 나감[出].

▶ **파출-부** 派出婦 | 여자 부
가사(家事)를 대신하기 위해 보내어진[派出] 직업여성[婦]. ¶맞벌이로 바쁜 부부는 파출부를 고용했다.

▶ **파출-소** 派出所 | 곳 소
❶속뜻 어떤 기관에서 직원을 파견하여[派出] 사무를 보게 하는 곳[所]. ❷'경찰관 파출소'(警察官派出所)의 준말. ¶수상한 사람이 있어 파출소에 신고했다.

파충 爬蟲 | 기어 다닐 파, 벌레 충 [reptile]
기어 다니는[爬] 벌레[蟲].

▶ **파충-류** 爬蟲類 | 무리 류
동물 땅을 기어[爬] 다니는 벌레[蟲] 같은 동물 종류(種類). 거북, 악어, 뱀 따위.

파:탄 破綻 | 깨뜨릴 파, 터질 탄
[break; fail; come to a rupture]
❶속뜻 그릇이 깨지고[破] 옷이 터짐[綻]. ❷일이나 계획 따위가 중도에서 잘못됨. ¶가정 파탄 / 양측의 협상은 파탄되었다.

파:편 破片 | 깨뜨릴 파, 조각 편
[broken piece; fragment]
깨진[破] 조각[片]. ¶유리 파편이 발바닥에 박혔다.

파:혼 破婚 | 깨뜨릴 파, 혼인할 혼
[break off a marriage engagement]
혼인(婚姻) 관계를 깨뜨림[破]. ¶그녀는 결혼 일주일 전에 파혼했다. 빤 약혼(約婚).

판¹ 板 | 널빤지 판
[board; album; unit of thirty eggs]
❶널빤지. ¶빨래판 / 바둑판. ❷음반(音盤). ¶그 가수는 5년 만에 판을 냈다. ❸달걀 30개를 오목오목하게 반(半)달꼴로 파인 종이 또는 플라스틱판에 세워 담은 것을 세는 말. ¶계란 한 판만 사 오너라. 비 레코드(record).

판² 版 | 널빤지 판
[block; plate; printing]
❶그림이나 글씨 등을 새겨 인쇄에 사용하는 나뭇조각 또는 쇳조각. ❷책을 개정하거나 증보하여 출간한 횟수를 세는 단위. ¶4판 3쇄.

판결 判決 | 판가름할 판, 결정할 결
[judge; decide]
❶속뜻 판단(判斷)하여 결정(決定)함. ❷법률 법원이 어떤 소송 사건을 법률에 따라 판단을 내림. ¶죄의 유무를 판결하다.

▶ **판결-문** 判決文 | 글월 문
법률 판결(判決)에 대한 것을 적은 문서(文書). ¶판결문을 낭독하다.

*판단 判斷 | 판가름할 판, 끊을 단
[judge; decide; conclude]
판가름하여[判] 단정(斷定)함. ¶정확한 판단을 내리다 / 너무 성급하게 판단하지 마라.

▶ **판단-력** 判斷力 | 힘 력
사물을 정확히 판단(判斷)하는 힘[力]. ¶술에 취해 판단력이 흐려졌다.

판대 版臺 | 널빤지 판, 돈대 대 [board]
출판 인쇄할 때에 목판(木版)을 올려놓는[臺] 나무쪽. 비 목대(木臺).

판도 版圖 | 널빤지 판, 그림 도
[territory; dominion]
한 나라의 영토를 널빤지[版]에 그린 그림[圖]에 비유한 말. ¶광개토대왕은 우리나라의 판도를 크게 넓혔다.

판례 判例 | 판가름할 판, 법식 례 [leading case; judicial precedent]
법률 유사 사건을 판결(判決)했던 전례(前例). '판결례'(判決例)의 준말. ¶판례를 남기다.

판로 販路 | 팔 판, 길 로
[market (for goods); outlet]
물건이 잘 팔리는[販] 길거리[路]. ¶우리는 신제품의 판로를 찾고 있다.

판매 販賣 | 팔 판, 팔 매 [sell]
물건 따위를 팖[販=賣]. ¶할인판매 / 이 물건은 내일부터 판매된다. 빤 구매(購買).

▶ **판매-기** 販賣機 | 틀 기
점원이 없이 상품을 자동으로 판매(販賣)

하는 기계(機械). ¶승차권 판매기.

▸ 판매-대 販賣臺 | 돈대 대
판매(販賣)를 위하여 상품을 벌여 놓은 대(臺). ¶아이스크림 판매대 앞에 아이들이 몰려들었다.

▸ 판매-량 販賣量 | 분량 량
판매(販賣)한 수량(數量). ¶제품의 판매량이 꾸준히 증가하고 있다. [반] 구매량.

▸ 판매-장 販賣帳 | 장부 장
상품 따위의 판매(販賣)에 관한 일을 기록하는 장부(帳簿). ¶판매장을 정리하다.

판명 判明 | 판가름할 판, 밝을 명
[become clear; be known]
사실이 명백(明白)히 판가름[判] 남. ¶그 보도는 거짓임이 판명되었다.

판문 板門 | 널빤지 판, 문 문
널빤지[板]로 만든 문(門).

▸ 판문점 板門店 | 가게 점
❶ [속뜻] 널빤지[板]로 만든 문(門)이 달려 있는 가게[店]. ❷ [지리] 경기도 장단군 진서면 군사 분계선에 걸쳐 있는 마을. 1953년 7월 27일에 휴전 협정이 조인된 곳이다.

판별 判別 | 판가름할 판, 나눌 별
[distinguish; discern; tell apart]
판단(判斷)하여 구별(區別)함. ¶진짜와 가짜를 판별하다.

판본 板本 | =版本, 널빤지 판, 책 본
[block book; xylographic book]
[출판] 판(板)에 새겨 인쇄한 책[本]. '판각본'(板刻本)의 준말. [비] 간본(刊本).

판사 判事 | 판가름할 판, 일 사
[judge; justice]
[법률] 재판(裁判)에 관련된 일[事]. 또는 그런 일을 하는 사람. ¶판사는 그의 무죄를 선고했다.

판서 判書 | 판가름할 판, 글 서
❶ [속뜻] 판가름하는[判] 글[書]. ❷ [역사] 조선 시대, 육조의 으뜸 벼슬. ¶예조 판서 / 병조 판서.

판옥-선 板屋船 | 널빤지 판, 지붕 옥, 배 선
[역사] 조선 때, 널빤지[板]로 옥상(屋上)을 덮은 전투용 배[船]. 임진왜란 때에 크게 활약하였다.

판이 判異 | 판가름할 판, 다를 이
[completely different]
쉽게 판가름할[判] 정도로 크게 다르다[異]. ¶그들은 형제이지만 성격이 판이하게 다르다.

***판자** 板子 | 널빤지 판, 접미사 자 [wooden board]
널빤지[板].

▸ 판자-촌 板子村 | 마을 촌
판자(板子)로 만든 집이 모여 있는 동네[村]. ¶판자촌에서는 생활수준이 아주 열악하다.

판재 板材 | 널빤지 판, 재목 재
[board; plank]
널빤지[板]로 된 재목(材木).

판전 版殿 | 널빤지 판, 대궐 전
[불교] 불경을 새긴 판(版)을 쌓아 두는 대궐[殿]같이 큰 집.

판정 判定 | 판가름할 판, 정할 정 [judge; decide]
어떤 일을 판별(判別)하여 결정(決定)함. ¶심판은 우리에게 불리한 판정을 내렸다 / 건물이 부실공사로 판정됐다.

▸ 판정-승 判定勝 | 이길 승
[운동] 판정(判定)으로 이김[勝]. [반] 판정패.

▸ 판정-패 判定敗 | 패할 패
[운동] 판정(判定)으로 짐[敗]. [반] 판정승.

▸ 판정-표 判定標 | 나타낼 표
[운동] 권투에서, 라운드마다 선수의 성적을 판정(判定)하여 표시(標示)해 놓은 종이.

판지 板紙 | 널빤지 판, 종이 지
[pasteboard; cardboard]
널빤지[板]처럼 단단하고 두껍게 만든 종이[紙]. ¶그는 책상 위에 판지로 된 상자를 올려놓았다.

판화 版畵 | 널빤지 판, 그림 화 [engraving; print]
널빤지[版]에 새긴 그림[畵]. ¶미술관에서 판화를 전시하고 있다.

팔 八 | 여덟 팔 [eight]
칠에 일을 더한 수. 아라비아 숫자로는 '8', 로마 숫자로는 'Ⅷ'로 쓴다. [비] 여덟.

팔각 八角 | 여덟 팔, 뿔 각 [eight angles]
여덟[八] 개의 모서리[角].

▸팔각-형 八角形 | 모양 형
[수학] 여덟[八] 개의 각(角)을 가지는 도형(圖形).

팔관-회 八關會 | 여덟 팔, 빗장 관, 모일 회
❶[속뜻] 팔재계(八齋戒)를 지키는[關] 불교 의식[會]. ❷[역사] 통일 신라·고려 시대에, 해마다 음력 10월 15일은 개경에서, 11월 15일은 서경에서 토속신에게 제사를 지내던 의식.

팔괘 八卦 | 여덟 팔, 걸 괘
[민속] 여덟[八] 가지 괘(卦). 건, 태, 이, 진, 손, 감, 간, 곤을 이른다.

팔도 八道 | 여덟 팔, 길 도
❶[속뜻] 여덟[八] 개의 도(道). ❷[역사] 조선 시대의 행정 구역. 경기도, 충청도, 경상도, 전라도, 강원도, 황해도, 평안도, 함경도를 이른다. ❸'우리나라의 전국'을 달리 이르는 말. ¶팔도에서 모인 사람들.

▸팔도-강산 八道江山 | 강 강, 메 산
우리나라 전국[八道]의 자연[江山]. ¶팔도강산을 유람하다.

팔-등신 八等身 | 여덟 팔, 같을 등, 몸 신 [well-proportioned figure]
얼굴 길이가 몸[身]의 여덟[八] 등분(等分)에 해당되는 사람. ¶그녀는 팔등신의 미인이다.

팔만-대장경 八萬大藏經 | 여덟 팔, 일만 만, 큰 대, 감출 장, 책 경
[불교] 경판이 8만(八萬) 개인 대장경(大藏經). 고려 때, 부처의 힘으로 외적을 물리치기 위하여 1236년부터 1251년에 걸쳐 만들었으며, 현재 합천 해인사에 보관하고 있다.

팔방 八方 | 여덟 팔, 모 방 [every side]
❶[속뜻] 여덟[八] 방향(方向). 동, 서, 남, 북, 동북, 동남, 서북, 서남을 말한다. ❷여러 방향. 또는 여러 방면. ¶소문이 팔방으로 퍼졌다.

▸팔방-미인 八方美人 | 아름다울 미, 사람 인
❶[속뜻] 모든[八] 면[方]에서 아름다운[美] 사람[人]. ❷여러 방면에 능통한 사람. ¶그는 못하는 것이 없는 팔방미인이다.

팔-불출 八不出 | 여덟 팔, 아닐 불, 뛰어날 출 [dull fellow; fool]
❶[속뜻] 어느[八] 면으로도 뛰어나지[出] 못함[不]. ❷몹시 어리석은 사람. ¶자식 자랑은 팔불출이라지만 우리 아들 자랑 좀 해야겠다.

팔삭 八朔 | 여덟 팔, 초하루 삭 [eight months]
❶[속뜻] 음력 팔월[八] 초하루[朔]. 농가에서 이날 처음으로 햇곡식을 벤다. ¶팔삭에 벤 햅쌀을 차례 상에 올리다. ❷여덟 달.

팔순 八旬 | 여덟 팔, 열흘 순 [eighty years; four score years]
❶[속뜻] 여덟[八] 번 거듭된 열[旬], 즉 팔십. ❷여든 살. ¶팔순이 넘은 할머니.

팔월 八月 | 여덟 팔, 달 월 [August]
일 년 중의 여덟[八] 번째 달[月].

팔일오 광복 八一五光復 | 여덟 팔, 한 일, 다섯 오, 빛 광, 돌아올 복
[역사] 1945년 8(八)월 15(一五)일에 우리나라가 일제로부터 주권을 되찾은 일. 빛[光]에 되찾은[復] 것에 비유한 말이다.

팔자[1] 八字 | 여덟 팔, 글자 자 [destiny; fate]
❶[속뜻] 사주(四柱)에 쓰인 여덟[八] 개의 글자[字]. ❷사람의 평생 운수. 태어난 연

월일시를 간지(干支)로 나타내면 여덟 글자가 되는데, 이 속에 일생의 운명이 정해져 있다고 본다. ¶팔자가 기구하다. [속담] 오뉴월 댑싸리 밑의 개 팔자. [관용] 팔자가 늘어지다 / 팔자를 고치다.

팔자² 八字 | 여덟 팔, 글자 자
[Chinese character eight]
한자의 '팔'(八)이라는 글자[字] 모양. ¶팔자로 기른 콧수염.

팔절 八折 | 여덟 팔, 꺾을 절
❶[속뜻] 여덟[八] 번 접음[折]. ❷전지(全紙)를 세 번 접어서 여덟 장으로 나눔. ¶팔절 종이.

패¹ 敗 | 깨뜨릴 패 [defeat]
운동 경기에서, 진 횟수를 세는 단위. ¶3승 1패 / 세 판을 싸워 두 판을 패하면 탈락이다. [반] 승(勝).

패² 牌 | 패 패 [group; team]
❶같이 어울려 다니는 사람의 무리. ¶패를 지어 몰려다닌다 / 그들은 두 패로 나누어 길을 떠났다. ❷특징·이름·성분 등을 알릴 목적으로, 그림이나 글씨를 그리거나 쓰거나 새긴 자그마한 종이나 나뭇조각. ¶대문에는 개를 조심하라는 패가 붙어 있다.

패:가 敗家 | 무너질 패, 집 가
[ruin one's family]
집안[家]을 무너뜨림[敗]. 가산을 탕진하여 없앰.

▶ **패:가-망신 敗家亡身** | 망할 망, 몸 신
집안[家]을 몰락시키고[敗] 몸[身]을 망(亡)침. ¶노름으로 패가망신한 그는 더 이상 갈 곳이 없었다.

패:권 霸權 | =覇權, 으뜸 패, 권세 권
[supremacy; mastery]
❶[속뜻] 어떤 무리의 으뜸[霸]이 되어 누리는 권세(權勢). ❷어떤 분야에서 1등을 차지함. ¶전국 대회 패권을 노리다.

패:기 霸氣 | 으뜸 패, 기운 기
[spirit; vigor; ambition]
❶[속뜻] 어떤 무리의 으뜸[霸]이 되려는 기백(氣魄). ❷적극적으로 일을 해내려는 기운. ¶그는 젊은 패기를 앞세워 사업을 시작했다.

패:륜 悖倫 | 어그러질 패, 인륜 륜
[immorality]
인륜(人倫)에 어긋나는[悖] 큰 잘못. ¶패륜 행위.

▶ **패:륜-아 悖倫兒** | 아이 아
패륜(悖倫)을 저지른 사람[兒]. ¶부모를 상습적으로 폭행해 온 패륜아가 구속되었다.

패:망 敗亡 | 패할 패, 망할 망
[collapse; be completely defeated]
❶[속뜻] 전쟁에 져서[敗] 망(亡)함. ¶독일은 2차 세계대전에서 패망했다. ❷싸움에 져서 죽음.

패:물 佩物 | 찰 패, 만물 물
[personal ornaments]
몸에 차는[佩] 물건(物件). ¶패물을 모두 팔아서 살림에 보탰다.

패:배 敗北 | 패할 패, 달아날 배 [defeat; lose]
❶[속뜻] 전쟁에 져서[敗] 달아남[北]. ❷싸움에서 짐. ¶축구에서 한 점 차로 패배했다. [반] 승리(勝利).

▶ **패:배-자 敗北者** | 사람 자
싸움에 진[敗北] 사람[者]. ¶인생의 패배자가 되지 말자.

패:소 敗訴 | 패할 패, 하소연할 소
[lose a suit]
[법률] 소송(訴訟)에 짐[敗]. ¶판사는 원고 패소 판결을 내렸다. [반] 승소(勝訴).

패:인 敗因 | 패할 패, 인할 인
[cause of defeat]
싸움에 진[敗] 원인(原因). ¶패인은 연습 부족이었다.

패:자 敗者 | 패할 패, 사람 자
[loser; defeated person]
싸움에 진[敗] 사람[者]. ¶어느 경기에서나 승자와 패자는 있게 마련이다. [반] 승자(勝者).

패:잔 敗殘 | 패할 패, 남을 잔 [survival after defeat]
전쟁에서 지고[敗] 남은[殘] 세력.
▸ **패:잔-병** 敗殘兵 | 군사 병
전쟁에 지고 남은[敗殘] 병력(兵力). ¶패잔병들은 항복했다.

패:전 敗戰 | 패할 패, 싸울 전 [be defeated; lose a battle]
전쟁(戰爭)에 짐[敗]. ¶적들이 패전하여 물러갔다. [반] 승전(勝戰).

패:철 佩鐵 | 찰 패, 쇠 철
지관이 몸에 지남철(指南鐵)을 지님[佩]. 또는 그 지남철. ¶풍수지리가는 패철을 가지고 방위를 찾는다.

패:총 貝塚 | 조개 패, 무덤 총 [shell mound]
[고적] 조개[貝] 껍질이 무덤[塚]처럼 쌓인 것. ¶제주도에서도 패총이 발견되었다.

팽배 澎湃 | 물결칠 팽, 물결일 배 [surge; roar; overflow]
❶[속뜻] 큰 물결이 맞부딪쳐[澎] 솟구침[湃]. ❷기세나 사조(思潮) 따위가 매우 거세게 일어남. ¶우리 사회에는 이기주의가 팽배해 있다.

팽창 膨脹 | 부풀 팽, 배부를 창 [expand; increase; grow]
❶[속뜻] 부풀어서[膨] 배처럼 불룩해짐[脹]. 부피가 커짐. ¶쇠구슬의 부피가 팽창하다. ❷규모가 커지거나 수량이 늘어남. ¶신도시가 늘어나면서 수도권이 점점 팽창하고 있다. [반] 수축(收縮).

팽팽 膨膨 | 부풀 팽, 부풀 팽 [tight]
❶[속뜻] 매우 부풀다[膨+膨]. ❷피부 따위가 한껏 부풀어서 탱탱하다. ¶팽팽하게 부푼 풍선 / 팽팽하던 그녀의 피부에도 주름이 잡히기 시작했다.

편[1] 便 | 짝 편 [party; side]
여러 패로 나누었을 때 그 하나하나의 쪽. ¶약자의 편에 서다. / 우리 편 이겨라!

편[2] 便 | 쪽 편 [side; direction; way]
❶어떤 쪽. 또는 어떤 방향. ¶바람이 부는 편으로 돌다. ❷사물을 몇 개로 나누어 생각했을 때의 한쪽. ¶내일 그에게 전화하는 편이 좋겠다. ❸대체로 그와 같은 부류에 속해 있음을 나타내는 말. ¶내가 이래봬도 공부는 잘하는 편이다.

편[3] 篇 | 책 편 [volume; chapter]
❶책이나 영화, 시 따위를 세는 단위. ¶그의 삶은 한 편의 드라마 같았다. ❷책의 내용을 일정한 단락으로 크게 나눈 한 부분을 나타내는 말. ¶제3편 2장.

편견 偏見 | 치우칠 편, 볼 견 [biased view]
한쪽으로 치우친[偏] 견해(見解). ¶편견을 버려야 제대로 보인다.

편경 編磬 | 엮을 편, 경쇠 경
[음악] 틀에 엮어놓은[編] 경쇠[磬]. 또는 그러한 악기. 두 층에 각각 여덟 개씩의 경쇠가 매달려 있다.

편곡 編曲 | 엮을 편, 노래 곡 [arrange]
❶[속뜻] 노래[曲]를 새로이 엮음[編]. ❷[음악] 어떤 악곡을 다른 악기로, 또는 달리 연주할 수 있도록 써 고침. ¶이 바이올린 곡은 피아노로도 편곡되어 있다.

편광 偏光 | 치우칠 편, 빛 광 [polarized light; polarization]
[물리] 어떤 특정한 방향으로만 치우치는[偏] 빛[光]의 파동. ¶편광 현미경.

편달 鞭撻 | 채찍 편, 매질할 달 [encourage; urge]
❶[속뜻] 채찍[鞭]으로 때림[撻]. ❷일깨워 주고 격려하여 줌. ¶애정 어린 지도와 편달을 부탁드립니다.

편대 編隊 | 엮을 편, 무리 대 [formation]
[군사] ❶대열(隊列)을 갖춤[編]. ❷비행기 따위가 대형(隊形)을 갖추는 일. 또는 그 대형. ¶편대를 지어 비행하다.

편도[1] 片道 | 한쪽 편, 길 도 [one way]
오고 가는 길 가운데 어느 한쪽[片] 길[道]. ¶편도 요금은 3천 원입니다.

편도[2] 扁桃 | 넓적할 편, 복숭아 도 [almond]

❶[속뜻] 납작한[扁] 복숭아[桃] 모양의 과일. ❷[의학] 사람의 입속 양쪽 구석에 퍼져 있는 림프 소절의 집합체.

▸편도-선 扁桃腺 | 샘 선
[의학] 사람의 목구멍 안 양쪽에 편도(扁桃) 모양으로 솟은 분비기관[腺]. ¶나는 감기 들 때마다 편도선이 붓는다.

▸편도선-염 扁桃腺炎 | 샘 선, 염증 염
[의학] 편도선(扁桃腺)에 생기는 염증(炎症). ¶편도선염으로 음식을 삼키기가 어렵다.

편두-통 偏頭痛 | 치우칠 편, 머리 두, 아플 통 [migraine]
[의학] 한쪽[偏] 머리[頭]만 아픔[痛]. 또는 그런 증세. ¶스트레스는 편두통을 일으킬 수 있다.

*＊**편리 便利** | 편할 편, 이로울 리
[convenient; handy]
편(便)하고 이로움[利]. ¶공중의 편리를 도모하다 / 교통이 편리한 곳으로 이사 가고 싶다. [반] 불편(不便).

편마-암 片麻巖 | 조각 편, 베옷 마, 바위 암 [gneiss]
[지리] 화강암과 달리, 운모가 조각[片] 모양으로 섞여 있고 삼베[麻]같은 줄무늬가 있는 암석(巖石). 석영·운모·각섬석 따위로 이루어진 변성암으로, 수성암과 화성암 두 종류가 있다.

편모 偏母 | 치우칠 편, 어머니 모
[one's widowed mother]
아버지가 죽고 혼자 있는[偏] 어머니[母]. ¶그는 편모슬하에서 자랐다.

편법 便法 | 편할 편, 법 법
[handy method; shortcut]
편리(便利)한 방법(方法). ¶편법으로 재산을 물려주다.

편성 編成 | 엮을 편, 이룰 성
[organize; form; compose]
흩어져 있는 것을 엮어[編] 하나로 만듦[成]. ¶학급 편성 / 텔레비전 프로그램을 편성하다.

편식 偏食 | 치우칠 편, 먹을 식
[eat only what one wants]
좋아하는 것만 골라 치우치게[偏] 먹음[食]. ¶음식을 편식하지 말아야 한다.

***편안 便安** | 편할 편, 즐거울 안
[well; peaceful]
몸이 편(便)하고 마음이 즐겁다[安]. ¶의자에 편안히 기대다 / 편안한 여행을 하시길 바랍니다.

편애 偏愛 | 치우칠 편, 사랑 애
[love with partiality; be partial to]
어느 한쪽으로 치우치게[偏] 사랑함[愛]. ¶할아버지는 손녀에 대한 편애가 심했다.

편의 便宜 | 편할 편, 마땅 의
[convenience; facilities]
형편이나 조건 따위가 편하고[便] 좋음[宜]. ¶나는 손님들의 편의를 최대한 봐주었다.

▸편의-점 便宜店 | 가게 점
고객의 편의(便宜)를 위하여 24시간 문을 여는 가게[店]. 주로 일용 잡화, 식료품 따위를 취급한다. ¶편의점에 들러 간식거리를 샀다.

편익 便益 | 편할 편, 더할 익
[convenience; facility]
편리(便利)하고 유익(有益)함. ¶에너지의 사용으로 우리는 많은 편익을 얻었다.

편입 編入 | 엮을 편, 들 입
[transfer; be assigned]
❶[속뜻] 새로 엮어[編] 들어감[入]. ❷다니던 학교를 그만두고 다른 학교에 들어가는 것. ¶그는 약학대학에 편입했다. ❸이미 짜인 조직이나 단체에 끼어들어 가는 것. ¶예비군에 편입되다.

편종 編鐘 | 엮을 편, 쇠북 종[carillon]
[음악] 틀에 엮어놓은[編] 종(鐘). 또는 그러한 악기. 두 층에 각각 8개의 구리종을 매단 악기.

편중 偏重 | 치우칠 편, 무거울 중
[give too much importance]
어느 한쪽으로 치우치게[偏] 소중(所重)

히 함. ¶문화 시설이 대도시에 편중된 것 같다.

*편:지 便紙 | 편할 편, 종이 지
[letter; message; note]
편(便)하게 잘 있는지 따위의 안부나 소식을 적어 보내는 종이[紙]. ¶편지 한 통을 부치다. [비] 서간(書簡), 서신(書信), 서한(書翰).

▸ 편:지-지 便紙紙 | 종이 지
편지(便紙)를 쓰는 종이[紙]. ¶봉투에 넣을 편지지가 많이 있다.

편집 編輯 | 엮을 편, 모을 집
[edit; compile]
❶ [속뜻] 모은[輯] 것을 엮음[編]. ❷책이나 신문, 영화 필름이나 녹음테이프 따위를 일정한 방법으로 모아 정리함. ¶짜임새 있는 편집 / 그녀가 맡은 일은 교내 신문을 편집하는 것이었다.

▸ 편집-기 編輯機 | 틀 기
문서를 편집(編輯)하는 설비나 기계(機械). ¶편집기 사용법을 익히다.

▸ 편집-부 編輯部 | 나눌 부
편집(編輯)에 관한 모든 일을 맡아보는 부서(部署). ¶아버지께서는 신문사 편집부에서 일하신다.

편찬 編纂 | 엮을 편, 모을 찬
[edit; compile]
여러 자료를 엮어[編] 모아서[纂] 책으로 만듦. ¶사전을 편찬하다.

▸ 편찬-위 編纂委 | 맡길 위
책을 편찬(編纂)하기 위한 위원회(委員會). ¶역사 편찬위.

편파 偏頗 | 치우칠 편, 기울 파
[one sided; unfair]
생각 따위가 한편으로 치우쳐[偏] 기울어짐[頗]. ¶편파보도 / 심판의 편파 판정에 항의했다.

▸ 편파-적 偏頗的 | 것 적
한편으로 치우쳐 공평하지 못한[偏頗] 것[的]. ¶편파적으로 일을 처리하면 안 된다.

편평 扁平 | 넓적할 편, 평평할 평
[flat; level; even]
넓고[扁] 평평(平平)하다. ¶산 아래로 편평한 들판이 보인다. [비] 평평하다.

편협 偏狹 | 치우칠 편, 좁을 협
[narrow-minded; prejudiced]
생각이 한쪽으로 치우치고[偏] 마음이 좁음[狹]. ¶편협한 사고방식.

평[1] 坪 | 평평할 평
땅 넓이의 단위. 2007년 7월부터 사용이 금지되었다. ¶1평은 3.3058㎡ 해당한다.

평:[2] 評 | 평가할 평
[criticize; comment]
좋고 나쁨, 잘하고 못함, 옳고 그름 따위를 평가함. 또는 그런 말. ¶그 영화에 대한 평이 그리 좋지 않다 / 사람들은 그를 타고난 배우라고 평했다.

평가[1] 平價 | 고를 평, 값 가
[par; parity]
❶ [속뜻] 평균(平均) 가격(價格). 싸지도 비싸지도 않은 일반 값. ❷ [경제] 유가 증권의 가격이 액면 금액과 같은 것.

*평:가[2] 評價 | 평할 평, 값 가
[appraise; value]
❶ [속뜻] 물건의 가치(價值)를 평정(評定)함. ❷사람이나 사물의 가치를 판단함. ¶냉정한 평가를 내리다 / 자신의 잣대로 남을 평가하지 마라.

▸ 평:가-자 評價者 | 사람 자
평가(評價)를 하는 사람[者]. ¶평가자에 따라 결과가 다르다.

평균 平均 | 평평할 평, 고를 균 [average; mean]
❶ [속뜻] 높고 낮음이 없이 평평하고[平] 고르게 함[均]. ❷ [수학] 몇 개 수의 중간 값을 구함. 또는 그 값. ¶우리 반 영어 성적은 전국 평균보다 높다.

▸ 평균-대 平均臺 | 돈대 대
[운동] 체조할 때 쓰는 좁고 평평한[平均] 대(臺). ¶평균대에서 균형을 잡다. [비] 평형대(平衡臺).

▸평균 기온 平均氣溫 | 공기 기, 따뜻할 온
[지리] 일정 기간 동안의 평균(平均)이 되는 기온(氣溫). ¶적도는 지구상에서 평균 기온이 가장 높다.

▸평균 수명 平均壽命 | 목숨 수, 목숨 명
전체 사람의 수명 중 평균(平均)이 되는 수명(壽命). 한 국민의 평균적인 수명을 말한다. ¶여성이 남성보다 평균 수명이 길다.

평년 平年 | 보통 평, 해 년
[normal year; average year]
❶[속뜻] 윤년이 아닌 보통[平]의 해[年]. ¶2000년은 윤년이지만 1900년은 평년이었다. ❷최근 몇 해 동안의 평균 수치. ¶올해는 평년보다 덥다. [비] 예년(例年). [반] 윤년(閏年).

평등 平等 | 고를 평, 가지런할 등 [equal; even]
❶[불교] 만물의 본성은 차별 없이 고르고[平] 한결같음[等]. 산스크리트어 'samnya'를 한자로 의역(意譯)한 것이다. ❷권리, 의무, 자격 등에 차별이 없음. ¶사람을 평등하게 대하다. [비] 동등(同等), 균일(均一). [반] 불평등(不平等).

▸평등-권 平等權 | 권리 권
[법률] 헌법에서 모든 국민이 법 앞에서 평등(平等)한 권리(權利). ¶프랑스 시민들은 평등권을 얻기 위해 혁명을 일으켰다. [비] 동등권(同等權).

평:론 評論 | 평할 평, 말할 론
[criticize; review; comment]
비평(批評)하여 토론(討論)함. ¶영화를 평론하다.

평면 平面 | 평평할 평, 낯 면
[plane; flat surface]
평평(平平)한 표면(表面). ¶지붕이 거의 평면으로 보인다. [반] 곡면(曲面).

▸평면-도 平面圖 | 그림 도
[건설] 건물 따위의 평면(平面)상태를 나타낸 도면(圖面). ¶우리는 사무실의 평면도를 살펴보았다.

▸평면 도형 平面圖形 | 그림 도, 모양 형
[수학] 평면(平面)에 그려진 도형(圖形).

평민 平民 | 보통 평, 백성 민
[common people]
보통[平] 사람[民]. ¶왕자가 귀족이 아닌 평민 여성을 좋아하는 것은 수치스러운 일로 여겼다. [비] 상민(常民), 서민(庶民). [반] 귀족(貴族).

평범 平凡 | 보통 평, 범상할 범
[common; ordinary]
보통[平]으로 범상함[凡]. ¶그는 반에서 그다지 눈에 잘 띄지 않는 평범한 학생일 뿐이다. [반] 비범(非凡).

평복 平服 | 보통 평, 옷 복
[ordinary dress; plain clothes]
평상시(平常時)에 입는 옷[服]. ¶그들은 모두 평복 차림으로 모임에 나왔다. [비] 평상복(平常服).

평상[1] 平牀 | =平床, 평평할 평, 평상 상
[flat bench; wooden bed]
평평(平平)한 침상(寢牀). ¶버드나무 아래에 놓인 평상에 걸터앉았다.

평상[2] 平常 | 보통 평, 늘 상
[normal (times)]
보통[平] 늘[常]. ¶평상의 기분을 회복하다. [비] 평상시(平常時).

▸평상-복 平常服 | 옷 복
평상시(平常時)에 입는 옷[服]. ¶우리는 작업복을 평상복으로 갈아입어야 한다. [준] 평복.

▸평상-시 平常時 | 때 시
보통[平常] 때[時]. ¶평상시 같았으면 나도 그렇게 화내지는 않았을 것이다. [준] 평상, 평시, 상시. [비] 평소(平素). [반] 비상시(非常時).

평생 平生 | 평안할 평, 살 생
[one's whole life]
❶[속뜻] 평안(平安)한 삶[生]. ❷세상에 태어나서 죽을 때까지의 동안. ¶내 평생 이런 일은 처음이다 / 우리는 평생을 함께 하기로 했다. [비] 일생(一生).

평소 平素 | 보통 평, 본디 소
[ordinary times]
❶ 속뜻 평상(平常)처럼 아무것도 꾸밈이 없는 본디[素] 상태. ❷특별한 일이 없는 보통 때. ¶평소에 하던 대로 하면 실수하지 않을 것이다. ㉞평상시(平常時).

평수 坪數 | 면적단위 평, 셈 수
평(坪)으로 따진 넓이의 수치(數値). ¶아파트 평수.

평시 平時 | 보통 평, 때 시
[normal times]
보통[平] 때[時]. '평상시'(平常時)의 준말. ¶그는 평시보다 일찍 학교에 도착하였다.

평-시조 平時調 | 보통 평, 때 시, 가락 조
문학 형식이 평이(平易)한 시조(時調). ㉞단시조(短時調).

평-신·도 平信徒 | 보통 평, 믿을 신, 무리 도 [lay believer]
종교 일반[平] 신도(信徒). ¶그의 아버지와 형은 목사인데 그는 평신도이다.

평안 平安 | 고를 평, 편안할 안
[be well; peaceful; tranquil]
❶ 속뜻 마음이 고르고[平] 편안(便安)함. ❷마음에 걱정이 없음. ¶평안히 지내다 / 댁내 두루 평안하시길 바랍니다.

＊평야 平野 | 평평할 평, 들 야
[plain; open field]
평평하고[平] 넓은 들[野]. ¶그는 말을 타고 평야를 달리고 있다.

평양-냉면 平壤冷麵 | 평평할 평, 땅 양, 찰 랭, 국수 면
평양(平壤)의 향토 음식인, 산[冷] 장국을 메밀국수[麵]에 부어 만든 것.

평양-성 平壤城 | 평평할 평, 흙 양, 성곽 성
고적 평양(平壤)의 주변을 둘러싼 성곽(城郭). 고구려 때에, 수도 평양을 방어하기 위하여 쌓은 것이다.

평영 平泳 | 평평할 평, 헤엄칠 영
[breaststroke]
운동 엎드린 자세로 두 팔을 수평(水平)으로 원을 그리듯이 움직이고, 다리는 개구리처럼 오므렸다 폈다 하며 치는 헤엄[泳]. ¶나는 평영을 가장 잘 한다.

평온 平穩 | 평안할 평, 안온할 온
[calm; tranquil; quiet]
평안(平安)하고 안온(安穩)함. 조용하고 안온함. ¶그의 얼굴이 무척 평온했다.

평원 平原 | 평평할 평, 들판 원 [plain]
평평(平平)한 넓은 들판[原]. ¶눈앞에 넓은 평원이 펼쳐졌다.

평이 平易 | 보통 평, 쉬울 이
[easy; simple]
어렵지 않고 보통[平] 수준으로 쉽다[易]. ¶이 책은 평이하게 쓰여 있다.

평일 平日 | 보통 평, 날 일
[ordinary days]
보통[平] 날[日]. 휴일이나 기념일이 아닌 날. ¶우리는 평일은 물론이고 주말에도 일을 한다.

평:점 評點 | 평할 평, 점 점
[grade; evaluation mark]
❶ 속뜻 학력(學力)을 평가(評價)하여 매기는 점수(點數). ¶나의 이번 학기 평점은 4.0이다. ❷물건의 가치를 평하여 매긴 점수. ¶그 영화는 평론가들로부터 낮은 평점을 받았다.

평정¹ 平定 | 평안할 평, 정할 정
[suppress; put down]
난리를 평온(平穩)하게 진정(鎭定)시킴. ¶반란을 평정하다.

평정² 平靜 | 평안할 평, 고요할 정
[calm; tranquil; peaceful]
평안(平安)하고 고요함[靜]. ¶마음의 평정을 유지하다.

평지 平地 | 평평할 평, 땅 지
[flatland; level ground; flat country]
지리 바닥이 평평(平平)한 땅[地]. ¶커다란 소나무들로 에워싸인 평지. ㉞산지(山地).

▶ **평지-풍파 平地風波** | 바람 풍, 물결 파

❶[속뜻]평온한 자리[平地]에서 일어나는 풍파(風波). ❷'뜻밖에 일어나는 분쟁'을 비유하여 이르는 말. ¶아무도 그 일로 집안에 평지풍파가 일어날 줄 몰랐다.

평탄 平坦 | 평평할 평, 평평할 탄
[even; level; flat]
❶[속뜻]땅바닥이 평평함[平=坦]. ¶언덕을 넘으니 길이 평탄해졌다. ❷일이 거침새가 없이 순조로움. ¶그의 일생은 평탄했다.

평:판 評判 | 평할 평, 판가름할 판
[fame; reputation; repute]
❶[속뜻]비평(批評)하여 시비를 판정(判定)함. ❷세상 사람이 비평함. 또는 그 비평. ¶그는 효자라는 평판이 자자하다.

평편 平便 | 평평할 평, 편할 편
바닥이 고르고[平] 편평하다[便]. ¶지느러미 모양의 다리는 평편하여 헤엄치기에 알맞다.

평평 平平 | 평평할 평, 평평할 평
[flat; level; even]
바닥이 고르고 판판하다[平+平]. ¶땅을 평평하게 다지다. [비]편평하다.

평행 平行 | 평평할 평, 갈 행
[parallel; parallelism]
❶[속뜻]평평하게[平] 나란히 감[行]. ❷[수학]두 직선이나 평면이 무한하게 연장해도 만나지 않고 나란히 나감. ¶평행 주차 / 선을 평행으로 긋다 / 철길들이 서로 평행하게 놓여 있다.

▸평행-봉 平行棒 | 몽둥이 봉
[운동]기계 체조 용구의 한 가지. 두 개의 평행(平行) 가로대를 적당한 높이로 어깨 넓이만큼 벌려서 버티어 놓은 몽둥이[棒] 같은 나무 가지.

▸평행-선 平行線 | 줄 선
[수학]같은 평면 위에 있는 둘 이상의 평행(平行)한 직선(直線).

▸평행 사:변형 平行四邊形 | 넉 사, 가 변, 모양 형
[수학]사각형 중 서로 마주 대하는 두 쌍의 변[四邊]이 각각 평행(平行)인 도형(圖形).

평형 平衡 | 평평할 평, 저울대 형
[be balanced; be in equilibrium]
❶[속뜻]수평(水平)을 이루고 있는 저울대[衡]. 또는 저울대가 수평을 이루고 있음. ¶양팔 저울이 평형이 되었는지 확인해라. ❷사물이 한쪽으로 기울지 않고 안정됨. ¶생산과 소비의 평형이 깨졌다 / 그는 마음의 평형을 잃고 흥분했다. [비]수평(水平), 균형(均衡).

***평화** 平和 | 평안할 평, 화목할 화
[peace; harmony]
❶[속뜻]평안(平安)하고 화목(和睦)함. ¶가정의 평화를 깨뜨리다 / 평화로운 시골 생활 / 그는 평화스러운 눈빛으로 아이를 바라보았다. ❷전쟁이 없이 세상이 평온함. ¶폭력적인 수단을 사용해서는 평화를 이룰 수 없다.

▸평화-상 平和賞 | 상줄 상
세계의 평화(平和)를 위하여 공이 있는 사람에게 주는 상(賞). ¶노벨 평화상.

▸평화-적 平和的 | 것 적
전쟁·분쟁 등이 없이 평화(平和)로운 것[的]. ¶그 문제는 평화적으로 해결되었다.

▸평화 통:일 平和統一 | 합칠 통, 한 일
[정치]전쟁에 의하지 않고 평화적(平和的)인 방법으로 이룩되는 통일(統一). [반]무력통일(武力統一).

폐:[1]**肺** | 허파 폐 [lung]
[의학]가슴안의 양쪽에 있는, 원뿔을 반 자른 것과 비슷한 모양의 호흡을 하는 기관. 허파.

폐:[2]**弊** | 해질 폐
[trouble; bother; annoyance]
남에게 끼치는 괴로움. ¶그간 여러 가지로 폐가 많았습니다. [비]신세, 폐단.

폐:가 廢家 | 버릴 폐, 집 가
[ruined house; deserted house]
버려두어[廢] 낡아 빠진 집[家]. ¶그 집

은 사람이 살지 않아 폐가나 다름없다.

폐:간 廢刊 | 그만둘 폐, 책 펴낼 간
[stop publishing; discontinue issuing]
신문, 잡지 따위의 정기 간행물 간행(刊行)을 그만둠[廢]. ¶일제 강점기에는 우리글 신문 대부분이 폐간됐다.

폐:-건전지 廢乾電池 | 버릴 폐, 마를 건, 전기 전, 못 지
못 쓰게 되어서 버리는[廢] 건전지(乾電池). ¶환경 보호를 위해 폐건전지는 모두 수거해야 한다.

폐:-결핵 肺結核 | 허파 폐, 맺을 결, 씨 핵 [phthisis]
의학 폐(肺)에 결핵균(結核菌)이 침입하여 생기는 만성 전염병. ⓑ 폐병(肺病).

폐:광 廢鑛 | 그만둘 폐, 쇳돌 광
[abandon a mine]
광산에서 광물(鑛物)을 캐내는 일을 그만둠[廢]. 또는 그 광산. ¶금광이 폐광되자 많은 사람이 마을을 떠났다.

폐:교 廢校 | 그만둘 폐, 학교 교
[close a school]
학교(學校)의 운영을 그만두어[廢] 문을 닫음. 또는 그렇게 된 학교. ¶학생 수가 줄어들자 이 초등학교는 폐교됐다. ⓑ 개교(開校).

***폐:기 廢棄** | 그만둘 폐, 버릴 기
[disuse; abolish; abandon]
그만두거나[廢] 내다 버림[棄]. ¶많은 제도가 폐기되었다 / 그들은 유통기한이 지난 식품을 모두 폐기 처분했다.

▶ **폐:기-물 廢棄物** | 만물 물
내다 버린[廢棄] 물건(物件). ¶유독성 폐기물 때문에 우리 인근 지역의 하천이 오염되었다.

폐:단 弊端 | 해질 폐, 끝 단
[abuse; evil]
❶속뜻 옷 따위의 찢어지고 해진[弊] 끝[端] 부분. ❷좋지 못한 나쁜 점. ¶사교육의 폐단을 줄이다. ⓒ 폐.

폐:렴 肺炎 | 본음 [폐염], 허파 폐, 염증

염 [pneumonia]
의학 폐(肺)에 생기는 염증(炎症). 오한, 고열, 기침, 호흡 곤란 따위의 증상을 보인다.

폐:막 閉幕 | 닫을 폐, 막 막
[close the curtain on; end; finish]
❶속뜻 연극을 다 끝내고 막(幕)을 내림[閉]. ¶연극이 끝나고 폐막된 무대를 바라보다. ❷어떤 행사가 끝남. ¶성황리에 축제를 폐막하다. ⓑ 개막(開幕).

폐:물 廢物 | 버릴 폐, 만물 물
[useless thing; waste material]
못쓰게 되어 버린[廢] 물건(物件). ¶폐물이 된 자전거.

폐:백 幣帛 | 예물 폐, 비단 백
❶속뜻 예물[幣]로 보낸 비단[帛]. ❷신부가 처음으로 시부모를 뵐 때 올리는 대추나 포 따위. ¶시부모님께 폐백을 드리다.

폐:병 肺病 | 허파 폐, 병 병
[lung trouble; lung disease]
❶속뜻 폐(肺)에 생긴 병(病). ❷의학 폐(肺)에 결핵균(結核菌)이 침입하여 생기는 만성 전염병. ¶그는 폐병으로 몸져누워 있다. ⓑ 폐결핵(肺結核).

폐:사 斃死 | 넘어질 폐, 죽을 사
[fall dead; perish; die]
넘어지거나[斃] 쓰러져 죽음[死]. ¶무더위로 많은 가축이 폐사했다.

폐:쇄 閉鎖 | 닫을 폐, 잠글 쇄
[close; shut; lock]
❶속뜻 문을 닫고[閉] 잠금[鎖]. ❷기관이나 시설을 없애거나 기능을 정지함. ¶이 공장은 불황으로 폐쇄됐다. ⓑ 개방(開放).

***폐:수 廢水** | 버릴 폐, 물 수
[waste water]
사용하고 내버린[廢] 물[水]. ¶강물이 공장 폐수로 인해 심하게 오염되었다.

폐:습 弊習 | 나쁠 폐, 버릇 습
[evil customs; bad habit]
나쁜[弊] 풍습이나 버릇[習]. ¶세금을 흥

청망청 쓰는 폐습을 고치다.

폐:-식용유 廢食用油 | 버릴 폐, 먹을 식, 쓸 용, 기름 유
더 이상 쓸 수 없게 되어 버려야[廢] 할 식용유(食用油). ¶폐식용유로 비누를 만들었다.

폐:암 肺癌 | 허파 폐, 암 암
[lung cancer]
의학 폐(肺)에 생기는 암(癌). ¶흡연자는 폐암에 걸릴 확률이 높다.

폐:업 廢業 | 그만둘 폐, 일 업
[quit one's business; shut down]
영업(營業)이나 사업을 그만둠[廢]. ¶자금이 부족해 회사를 폐업하다. 반 개업(開業).

폐:인 廢人 | 버릴 폐, 사람 인
[disabled person; crippled person]
❶속뜻 쓸모없이 된[廢] 사람[人]. ❷병이나 못된 버릇 따위로 몸을 망친 사람. ¶그는 술과 도박에 빠져 폐인이 됐다.

폐:-자원 廢資源 | 버릴 폐, 재물 자, 근원 원 [waste resources]
다 써서 버리게[廢] 된 자원(資源). ¶폐자원을 활용하다.

폐:장 閉場 | 닫을 폐, 마당 장 [close]
집회나 행사 따위의 회장(會場)을 닫음[閉]. ¶우리 해수욕장은 8월 말에 폐장한다. 반 개장(開場).

폐:지¹ 廢止 | 그만둘 폐, 멈출 지
[abolish; discontinue]
실시하던 일이나 제도 따위를 그만두거나[廢] 멈춤[止]. ¶노예제도를 폐지하였다.

폐:지² 廢紙 | 버릴 폐, 종이 지
[wastepaper; scrap of paper]
쓰지 않고 버린[廢] 종이[紙]. ¶폐지를 재활용하다.

폐:차 廢車 | 버릴 폐, 수레 차 [scrap a car; take a car out of service]
❶속뜻 낡아서 버린[廢] 차(車). ❷차량 등록이 취소된 차. ¶이 차는 너무 낡아서 폐차해야겠다.

▶ **폐:차-장 廢車場** | 마당 장
낡거나 못 쓰게 된 차[廢車]를 없애는 곳[場]. ¶폐차장에 차가 쌓여 있다.

폐:품 廢品 | 버릴 폐, 물건 품
[junk; waste; useless things]
쓸 수 없어 내다 버린[廢] 물품(物品). ¶할아버지는 폐품을 주워다 판다.

폐:하 陛下 | 섬돌 폐, 아래 하 [emperor; Majesty]
❶속뜻 섬돌[陛] 아래[下]. 뜰아래. ❷황제나 황후를 높여 일컫던 말. ¶폐하께서 부르시니 어서 궁궐로 가야겠습니다.

폐:해 弊害 | 나쁠 폐, 해칠 해
[evil; abuse; vice]
좋지 않고 나쁜[弊] 점과 해(害)로운 점. ¶컴퓨터 게임 중독으로 인한 폐해. 비 폐(弊), 폐단(弊端).

폐:허 廢墟 | 버릴 폐, 옛터 허
[ruins; remains]
못쓰게 되어 버린[廢] 터[墟]. ¶태풍으로 도시가 폐허로 변했다.

폐:-활량 肺活量 | 허파 폐, 살 활, 분량 량 [lung capacity]
의학 폐(肺) 활동(活動)을 통하여 최대한도로 빨아들일 수 있는 공기의 양(量). ¶꾸준히 운동하면 폐활량이 더 늘어날 수 있다.

폐:회 閉會 | 닫을 폐, 모일 회
[close a meeting; adjourn]
집회(集會) 또는 회의(會議)를 마치고 문을 닫음[閉]. ¶의장이 폐회를 선언하자 모두 박수를 쳤다. 반 개회(開會).

폐:-휴지 廢休紙 | 쉴 폐, 쉴 휴, 종이 지
못 쓰게 되어 버리는[廢] 휴지(休紙). ¶폐휴지도 재생하여 사용할 수 있다.

▶ **폐:휴지-통 廢休紙桶** | 통 통
못 쓰게 되어 버리는 휴지[廢休紙]를 담는 통(桶).

포¹ 包 | 쌀 포
'包'자를 새긴 장기짝. 한 편에 둘씩 넷이 있다. ¶포는 다른 장기짝 하나를 넘어 다

니다.

포² 砲 | 대포 포 [cannon; gun]
[군사] 화약 폭발의 힘으로 큰 탄알을 멀리 쏘아 보내는 무기. ¶그들은 적을 향해 포를 쏘았다.

포³ 脯 | 포 포 [dried slices of meat seasoned with spices]
얇게 저미어서 양념을 하여 말린 고기. ¶포를 뜨다.

포격 砲擊 | 대포 포, 칠 격 [bombard; cannonade]
대포(大砲)를 쏨[擊]. ¶일주일째 계속된 포격으로 도시는 폐허로 변했다.

포:고 布告 | =佈告, 펼 포, 알릴 고 [proclaim; announce; notify]
❶[속뜻] 일반에게 널리[布] 알림[告]. ❷국가의 결정 의사를 공식으로 일반에게 발표하는 일. ¶선전포고 / 포고된 칙령이 실시되다.

▸ 포:고-령 布告令 | 명령 령
어떤 내용을 포고(布告)하는 명령(命令)이나 법령(法令).

▸ 포:고-문 布告文 | 글월 문
널리 펴서[布] 알리는[告] 글[文]. ¶포고문을 벽에 붙이고 있다.

포:괄 包括 | 쌀 포, 묶을 괄 [include; comprehend; comprise]
어떤 사물이나 현상 따위를 온통 휩싸서[包] 하나로 묶음[括]. ¶외국어 학습은 읽기, 듣기, 말하기, 쓰기의 영역을 포괄한다.

포:교 布敎 | 펼 포, 종교 교 [evangelize; propagandize]
종교(宗敎)를 널리 폄[布]. ¶포교 활동을 펼치다. [비] 선교(宣敎).

포구 浦口 | 개 포, 어귀 구 [inlet; port; boat landing]
배가 드나드는 개[浦]의 어귀[口]. ¶포구에는 어선들이 정박해 있다.

포:기 抛棄 | 던질 포, 버릴 기 [give up; abandon]
하던 일을 중도에 내던지거나[抛] 내버려 둠[棄]. ¶나는 이 문제를 포기할 수 없다.

포대¹ 包袋 | 쌀 포, 자루 대 [burlap bag; sack]
피륙, 가죽, 종이 따위로 싸서[包] 만든 자루[袋]. ¶시멘트 포대 / 창고에는 포대 자루가 산더미처럼 쌓여 있다. [비] 부대(負袋).

포대² 砲臺 | 대포 포, 돈대 대 [battery; casemate]
[군사] 포(砲)를 설치하여 쏠 수 있도록 견고하게 만든 시설물[臺].

포대기 [quilt for little children]
어린아이의 이불. ¶아기를 포대기에 싸서 안다.

포:도¹ 捕盜 | 잡을 포, 도둑 도
도둑[盜]을 잡음[捕]. ¶포도대장이 출동하였다.

▸ 포:도-청 捕盜廳 | 관청 청
[역사] 조선 때, 도둑이나 범죄자를 잡기 위하여[捕盜] 설치한 관청(官廳). [속담] 목구멍이 포도청.

포도² 葡萄 | 포도 포, 포도 도 [grape]
[식물] 포도과의 낙엽 활엽 덩굴성 나무[葡=萄]. 덩굴은 길게 뻗고 덩굴손으로 다른 것에 감아 붙는다. ¶이 포도는 새콤달콤하다.

▸ 포도-당 葡萄糖 | 엿 당
❶[속뜻] 포도(葡萄)에 들어있는 엿[糖] 성분. ❷[화학] 단당류의 한 가지로 단맛 있는 과일이나 꿀 등 널리 생물계에 분포하며 생명 에너지의 원료가 됨. ¶포도당은 피로 회복에 도움이 된다.

▸ 포도-주 葡萄酒 | 술 주
포도(葡萄)의 즙을 짜내어 발효시켜 만든 술[酒]. ¶프랑스 부르고뉴는 포도주로 유명하다.

포:로 捕虜 | 잡을 포, 오랑캐 로 [prisone]
❶[속뜻] 사로잡힌[捕] 오랑캐[虜]. ❷전투에서 사로잡힌 적군. ¶그들은 모두 포로

로 잡혀갔다.

▶포:로-수용소 捕虜收容所 | 거둘 수, 담을 용, 곳 소
포로(捕虜)를 유치하여 거주시키는[收容] 곳[所].

포:만 飽滿 | 배부를 포, 찰 만
[be full of]
배부르게[飽] 먹어 배가 가득 참[滿]. 또는 그렇게 먹음. ¶포만상태.

▶포:만-감 飽滿感 | 느낄 감
넘치도록 가득 차 있는[飽滿] 느낌[感]. ¶음식을 배부르게 먹고 포만감을 느끼다.

포목 布木 | 베 포, 나무 목
[linen and cotton; dry goods]
베[布]와 목면(木綿), 즉 무명. ¶포목을 세금으로 바치다.

포:물 抛物 | 던질 포, 만물 물
어떤 물체(物體)를 던짐[抛].

▶포:물-선 抛物線 | 줄 선
❶[속뜻]공중으로 던진[抛] 물체(物體)가 올라갔다 떨어질 때 생기는 줄[線] 모양. ❷물체가 반원 모양을 그리며 날아가는 선. ¶공은 포물선을 그리며 날아갔다.

포병 砲兵 | 대포 포, 군사 병
[artilleryman]
[군사]대포(大砲) 종류로 장비된 군대. 또는 그에 딸린 군인[兵]. ¶포병이 장전하기 위해 대포로 갔다.

포복 匍匐 | 길 포, 길 복 [creep; crawl]
배를 땅에 대고 기어 감[匍=匐]. ¶적의 참호에 포복하여 접근하다.

포:부 抱負 | 안을 포, 질 부
[aspiration; ambition]
❶[속뜻]품에 안거나[抱] 등에 짊어지고[負] 있음. ❷마음속에 품고 있는 생각이나 계획 또는 희망. ¶그는 큰 포부를 가지고 있다. [비]야망(野望).

포석정 鮑石亭 | 절인 어물 포, 돌 석, 정자 정
❶[속뜻]절인 어물[鮑]을 안주로 술을 마시며 즐기기 위해 넓은 바위[石]에 물길을 만들어 놓은 정자(亭子). ❷[고적]경상북도 경주에 있는 통일 신라 때의 귀족들의 놀이터. 왕과 귀족들이 석구(石溝)에 흐르는 물에 잔을 띄우고 시를 읊으며 놀이를 했다. 사적 제1호이다.

포성 砲聲 | 대포 포, 소리 성
[sound of gunfire]
대포(大砲)를 쏠 때 나는 소리[聲]. ¶우르르하는 포성이 천지를 뒤흔들었다.

포:수¹ 捕手 | 잡을 포, 사람 수 [catcher]
[운동]본루를 지키며 투수가 던지는 공을 받는[捕] 선수(選手). ¶포수가 공을 놓쳤다. [반]투수(投手).

포:수² 砲手 | 탄알 포, 사람 수 [hunter]
총알[砲]을 쏘아 짐승을 잡는 사냥꾼[手]. ¶사슴을 쫓는 포수는 산을 보지 못한다.

포:승 捕繩 | 잡을 포, 줄 승
[rope (for tying up criminals)]
죄인을 잡아[捕] 묶는 노끈[繩]. ¶포승으로 묶어서 끌고 갔다.

포:식 飽食 | 배부를 포, 먹을 식
[satiate oneself; eat fill]
배부르게[飽] 먹음[食]. ¶푸짐하게 차린 저녁을 포식하고 일찌감치 곯아떨어졌다.

포:악 暴惡 | 사나울 포, 악할 악
[be atrocious; outrageous; heinous]
행동이 사납고[暴] 성질이 악(惡)함. ¶그는 포악한 사람이라 사람들이 좋아하지 않는다.

포:옹 抱擁 | 품을 포, 껴안을 옹
[embrace; hug]
가슴에 품거나[抱] 껴안음[擁]. ¶그들은 서로의 몸을 팔로 감싸며 포옹했다.

포:용 包容 | 쌀 포, 담을 용
[include; tolerate]
❶[속뜻]감싸고[包] 담음[容]. ❷남을 아량 있고 너그럽게 감싸 받아들임. ¶대북 포용정책 / 그는 남을 포용할 줄 아는 사람이다.

▶포:용-력 包容力 | 힘 력

남을 너그럽게 감싸주거나[包] 받아들이는[容] 힘[力]. ¶그는 남달리 큰 포용력을 지니고 있다.

포:위 包圍 | 쌀 포, 둘레 위 [surround]
둘레[圍]를 에워쌈[包]. ¶경찰은 그들의 은신처를 포위했다.

▸ 포:위-망 包圍網 | 그물 망
그물[網]처럼 빈틈없이 둘레를 에워쌈[包圍]. ¶죄수들은 포위망을 뚫고 빠져나갔다.

포:유 哺乳 | 먹일 포, 젖 유
[give suck to; nurse]
어미가 젖[乳]으로 새끼를 먹여[哺] 기름.

▸ 포:유-류 哺乳類 | 무리 류
새끼를 낳아서 젖을 먹여 기르는[哺乳] 동물의 무리[類]. 척추동물의 한 종류이다. [비] 포유동물(哺乳動物).

포자 胞子 | 태보 포, 씨 자 [spore]
❶[속뜻] 자기 태보[胞]에 씨[子]를 품고 있음, 또는 그런 씨. ❷[식물] 혼자서 새로운 개체로 발생할 수 있는 생식 세포. 홀씨. ¶건조한 날씨가 되면 이끼는 자신의 포자를 흩뿌린다.

포장¹ 包藏 | 쌀 포, 감출 장
물건을 겉으로 드러나지 않게 싸서[包] 간직함[藏].

포장² 鋪裝 | 펼 포, 꾸밀 장
[pave; surface]
길바닥에 아스팔트 따위를 깔아[鋪] 단단히 다져 꾸미는[裝] 일. [반] 비(非)포장.

포장³ 包裝 | 쌀 포, 꾸밀 장
[pack; wrap]
물건을 싸서[包] 꾸림[裝]. ¶선물을 포장하다.

▸ 포장-지 包裝紙 | 종이 지
포장(包裝)할 때 사용하는 종이[紙]. ¶그녀는 선물이 궁금해서 얼른 포장지를 뜯었다.

포장⁴ 布帳 | 베 포, 휘장 장
[linen screen; curtain]
베[布]나 무명 따위로 만든 휘장(揮帳). ¶포장을 치다 / 그는 포장을 들추고 안을 들여다보았다.

▸ 포장-마차 布帳馬車 | 말 마, 수레 차
❶[속뜻] 비바람, 먼지, 햇볕 따위를 막기 위하여 포장(布帳)을 둘러친 마차(馬車). ❷손수레 따위에 네 기둥을 세우고 포장을 씌워 만든 이동식 간이주점. 주로 밤에 한길가나 공터에서 국수, 소주, 안주 따위를 판다. ¶그는 퇴근 후 포장마차에서 동료들과 한잔했다.

포:졸 捕卒 | 잡을 포, 군사 졸
[raiding constable; policeman]
도둑을 잡는[捕] 일을 하는 군사[卒]. 조선 시대, 포도청(捕盜廳)에 속해 있었다. ¶방망이를 손에 쥔 포졸이 뛰어왔다. [비] 포도군사(捕盜軍士).

포:착 捕捉 | 잡을 포, 잡을 착
[catch; capture; apprehend]
❶[속뜻] 꼭 붙잡음[捕=捉]. ¶무장공비가 국군에게 포착됐다. ❷일의 요점이나 요령을 깨침. ¶문제의 본질을 포착하다.

포탄 砲彈 | 대포 포, 탄알 탄
[cannon ball; shell]
대포(大砲)의 탄환(彈丸). ¶적진에 포탄을 퍼붓다.

포:한 抱恨 | 품을 포, 원한 한
[harbor enmity toward]
원한(怨恨)을 품음[抱]. ¶그에게 그런 포한이 있었는지 아무도 몰랐다.

***포함 包含** | 쌀 포, 넣을 함
[include; contain; imply]
❶[속뜻] 싸서[包] 한 군데 넣음[含]. ❷어떤 사물이나 현상 가운데 함께 들어 있거나 함께 넣음. ¶조사 대상에 포함되다 / 이 사건은 나를 포함한 많은 사람에게 책임이 있다.

포항 제:철소 浦項製鐵所 | 개 포, 항목 항, 만들 제, 쇠 철, 곳 소
경상북도 포항(浦項)에 있는, 철강 제품을 생산하는[製鐵] 곳[所]. 세계적인 제철소

가운데 하나이다.

포화¹ 砲火 | 대포 포, 불 화
[gunfire; shell fire]
총포(銃砲)를 쏠 때 일어나는 불[火].

포ː화² 飽和 | 배부를 포, 고를 화
[be saturated]
❶<u>속뜻</u> 배가 불러[飽] 빈틈없이 고르게[和] 가득참. ❷더 이상의 양을 수용할 수 없을 정도로 가득 참. ¶서울의 인구는 포화 상태에 이르렀다 / 용액 속에 염화나트륨이 포화해 있다.

*포환 砲丸 | 대포 포, 알 환 [cannonball; shot]
❶<u>속뜻</u> 대포(大砲)의 탄알[丸]. ¶화약과 포환. ❷<u>운동</u> 포환던지기에 쓰이는 쇠로 만든 공. ¶운동장에서 선수가 포환을 던졌다.

폭 幅 | 폭 폭 [width; range; piece]
❶물건 옆의 한 끝에서 다른 한 끝까지의 거리. ¶이 길은 폭이 2미터가량 된다. ❷자체 안에 포괄하는 범위. ¶그는 행동의 폭이 넓다. ❸하나로 연결하려고 같은 길이로 나누어 놓은 종이, 널, 천 따위의 조각. ¶한 폭의 동양화.

폭격 爆擊 | 터질 폭, 칠 격 [bomb; fire]
비행기에서 폭탄(爆彈)으로 적군을 공격[擊]함. 또는 그런 일. ¶적의 기지를 폭격하다.
▶폭격-기 爆擊機 | 틀 기
<u>군사</u> 적의 진지나 시설을 폭격(爆擊)하는 것을 임무로 하는 군용 비행기(飛行機).

폭군 暴君 | 사나울 폭, 임금 군
[tyrant; despot]
난폭(亂暴)한 임금[君]. ¶폭군 때문에 백성들이 괴로웠다. 逬성군(聖君).

폭도 暴徒 | 사나울 폭, 무리 도
[mob; rioters]
폭동(暴動)을 일으키는 무리[徒]. ¶폭도들은 닥치는 대로 상점에 불을 질렀다.

폭동 暴動 | 사나울 폭, 움직일 동
[riot; disturbance; mutiny]
어떤 집단이 폭력(暴力)으로 소동(騷動)을 일으켜서 사회의 안녕을 어지럽히는 일. ¶폭동이 일어나다.

폭등 暴騰 | 갑자기 폭, 오를 등
[jump; soar]
물건 값 따위가 갑자기[暴] 크게 오름[騰]. ¶물가가 폭등하여 살기가 어려워졌다. 逬폭락(暴落).

폭락 暴落 | 갑자기 폭, 떨어질 락
[sudden fall; slump]
물가나 주가 등 값이 갑자기[暴] 크게 떨어짐[落]. ¶주가가 하루 만에 폭락하다. 逬폭등(暴騰).

폭력 暴力 | 사나울 폭, 힘 력
[violence; brute force]
❶<u>속뜻</u> 사나운[暴] 힘[力]. ❷남을 거칠고 사납게 제압할 때에 쓰는 주먹이나 발 또는 몽둥이 따위의 수단이나 힘. ¶학교폭력은 심각한 사회문제이다.
▶폭력-물 暴力物 | 만물 물
폭력(暴力)을 마구 휘두르는 내용을 담고 있는 영상물(映像物). ¶폭력물을 즐겨보는 것은 좋지 않다.
▶폭력-배 暴力輩 | 무리 배
걸핏하면 폭력(暴力)을 휘두르는 불량배(不良輩). ¶폭력배에게 폭행을 당하다.
▶폭력-적 暴力的 | 것 적
폭력(暴力)을 함부로 쓰는 것[的]. ¶폭력적인 행동. 逬평화적(平和的).

폭로 暴露 | 갑자기 폭, 드러낼 로
[disclose; reveal; expose]
❶<u>속뜻</u> 갑자기[暴] 남들에게 드러냄[露]. ❷알려지지 않았거나 감춰져 있던 사실을 드러냄. ¶그녀는 증거를 들이대며 거짓을 폭로했다.

폭리 暴利 | 사나울 폭, 이로울 리
[excessive profits; exorbitant interest]
❶<u>속뜻</u> 사나운[暴] 정도로 지나친 이익(利益). ❷지나치게 많이 남기는 부당한 이익. ¶원산지를 속여 폭리를 취하다. 逬박리(薄利).

폭발 爆發 | 터질 폭, 일으킬 발 [explode; blow up]
갑작스럽게 터져[爆] 불을 일으킴[發]. ¶화산이 폭발하다.
▸ 폭발-물 爆發物 | 만물 물
불이 일어나며 갑작스럽게 터지는[爆發] 성질이 있는 물질(物質)을 통틀어 이르는 말. ¶폭발물이 있을지도 모르니 조심히 다루시오.
▸ 폭발-적 爆發的 | 것 적
별안간 굉장한 기세로 일이 터지는[爆發] 것[的]. ¶제품이 폭발적인 인기를 누리고 있다.

폭설 暴雪 | 갑자기 폭, 눈 설 [heavy snow]
갑자기[暴] 많이 내리는 눈[雪]. ¶폭설이 쏟아지다.

폭소 爆笑 | 터질 폭, 웃을 소 [burst out laughing; explosive laugh]
갑자기 세차게 터져 나오는[爆] 웃음[笑]. ¶사람들은 폭소를 터뜨렸다.

폭약 爆藥 | 터질 폭, 약 약 [explosive compound]
❶[속뜻] 폭발(爆發)하는 성질을 지닌 화약(火藥). ❷[화학] 센 압력이나 열을 받으면 폭발하는 물질. ¶폭약을 터뜨리다.

폭언 暴言 | 사나울 폭, 말씀 언 [violent language]
난폭(亂暴)하게 하는 말[言]. ¶아이에게 폭언을 퍼붓다.

폭염 暴炎 | 사나울 폭, 불꽃 염 [scorching heat; heat wave]
사나운[暴] 불꽃[炎]처럼 뜨거운 무더위 ¶폭염으로 농작물이 시들어가고 있다. [비] 폭서(暴暑).

폭우 暴雨 | 사나울 폭, 비 우 [heavy rain]
갑자기 세차게[暴] 쏟아지는 비[雨]. ¶폭우로 한치 앞도 보이지 않았다.

폭음[1] 暴飮 | 갑자기 폭, 마실 음 [drink hard; booze]
❶[속뜻] 술을 갑자기[暴] 한꺼번에 많이 마심[飮]. ¶폭음은 건강을 해친다. ❷가리지 않고 아무것이나 마구 마심. [비] 폭주(暴酒), 폭배(暴杯).

폭음[2] 爆音 | 터질 폭, 소리 음 [explosive sound]
폭발(爆發)할 때 나는 큰 소리[音]. '폭발음'의 준말. ¶어마어마한 폭음이 들렸다.

폭정 暴政 | 사나울 폭, 정치 정 [tyranny; despotic rule]
포악(暴惡)한 정치(政治). ¶백성들이 폭정에 시달리다. [비] 학정(虐政). [반] 선정(善政).

폭죽 爆竹 | 터질 폭, 대나무 죽 [firecracker]
❶[속뜻] 터지는[爆] 화약을 넣은 대나무[竹]. ❷가는 대나무 통이나 종이로 만든 통에 불을 지르거나 화약을 재어 터뜨려서 소리가 나게 하는 물건. ¶폭죽 터지는 소리가 요란하다.

폭탄 爆彈 | 터질 폭, 탄알 탄 [bomb]
[군사] 폭발(爆發)하도록 만든 탄알[彈]. ¶폭탄을 터뜨리다.

폭파 爆破 | 터질 폭, 깨뜨릴 파 [blast; explode]
폭발(爆發)시켜 깨뜨림[破]. ¶건물을 산산이 폭파하다.

폭포 瀑布 | 물거품 폭, 베 포 [waterfall; cascade]
물이 거품[瀑]을 일며 베[布]를 드리워 놓은 것처럼 곧장 쏟아져 내림.
▸ 폭포-수 瀑布水 | 물 수
거품[瀑]을 일며 베[布]를 드리워 놓은 것처럼 절벽에서 곧장 쏟아져 내리는 물줄기[水]. ¶폭포수가 떨어지다.

폭풍 暴風 | 사나울 폭, 바람 풍 [wild wind]
매우 사납고[暴] 세차게 부는 바람[風]. ¶폭풍이 불어 닥치다.
▸ 폭풍-우 暴風雨 | 비 우
몹시 세찬 바람[暴風]이 불면서 쏟아지는

큰비[雨]. ¶폭풍우가 휘몰아치다.

폭행 暴行 | 사나울 폭, 행할 행
[attack; assault]
남에게 폭력[暴力]을 쓰는[行] 일. ¶폭행을 휘두르다.

표¹ 表 | 겉 표 [table; chart]
어떤 내용을 일정한 형식과 순서에 따라 보기 쉽게 나타낸 것. ¶수입과 지출을 표로 만들다.

표² 票 | 쪽지 표 [ticket; vote]
❶증거가 될 만한 쪽지. ¶표를 끊다 / 표가 다 팔렸다. ❷선거 또는 의결 따위에서, 자기 의사를 적은 쪽지. ¶난 3번 후보에게 표를 던지겠어.

표³ 標 | 우듬지 표 [mark; sign]
다른 것과 구별이 되는 차이나 표시(標示). 두드러진 특징. ¶알아보기 쉽도록 동그라미 모양의 표를 해 놓았다 / 거짓말을 했다는 표가 얼굴에 나타나 있다.

표결 表決 | 나타낼 표, 결정할 결
[take a vote]
회의에서 어떤 안건에 대하여 가부 의사를 표시(表示)하여 결정(決定)함. ¶그 법안은 표결에 부쳐졌다.

표구 表具 | 겉 표, 갖출 구
[mount (a picture); paper]
그림의 겉[表]면에 종이나 천을 발라서 꾸미어 갖춤[具]. ¶그림을 표구하여 거실에 걸어 두다.

표기¹ 標記 | 우듬지 표, 기록할 기 [mark; sign]
알아보기 쉽도록 어떤 표시(標示)를 기록(記錄)해 놓음. 또는 그런 부호나 기호. ¶금방 알 수 있도록 세모 표기를 해 놓았다.

표기² 表記 | 겉 표, 기록할 기
[inscribe on the face; declare]
❶속뜻 책, 문서, 봉투 등의 겉[表]에 기록(記錄)함. 또는 그 기록. ¶봉투에 자기 이름을 표기해 두었다. ❷문자나 부호를 써서 말을 기록하는 일. ¶표기가 맞춤법에 어긋나다.

▶**표기-법 表記法** | 법 법
언어 부호나 문자로써 한 언어를 표기(表記)하는 규칙[法]. ¶외래어 표기법 / 한글 로마자 표기법.

표독 慓毒 | 날랠 표, 독할 독
[fierce; savage]
성질이 사납고[慓] 독살(毒殺)스러움. ¶그녀는 내게 표독스럽게 굴었다.

표류 漂流 | 떠다닐 표, 흐를 류
[drift; wander]
물에 떠서[漂] 흘러감[流]. ¶바다에서 배가 일주일째 표류했다.

표리 表裏 | 겉 표, 속 리
[inside and outside]
❶속뜻 겉[表]과 속[裏]. 안과 밖. ¶표리가 일치하지 않다. ❷역사 임금이 신하에게 내리거나 신하가 임금에게 바치던 옷의 겉감과 안감.

**표면 表面 | 겉 표, 낯 면
[surface; face]
겉[表]으로 나타나는 부분이나 면(面). ¶도자기의 표면은 매우 매끄럽다.

▶**표면-적 表面的** | 것 적
겉으로 드러난[表面] 것[的]. ¶표면적 이유 / 표면적 현상.

표명 表明 | 겉 표, 밝힐 명
[express; indicate; state]
겉[表]으로 드러내어 명백(明白)히 함. ¶자신의 생각을 표명하다.

표방 標榜 | 나타낼 표, 패 방
[claim to support; adopt a slogan]
❶속뜻 패[榜]를 높이 들어 널리 드러냄[標]. ❷어떤 명목을 붙여 주의나 주장 또는 처지를 앞에 내세움. ¶민주주의 정신을 표방하다.

표백 漂白 | 빨래할 표, 흰 백 [bleach]
❶속뜻 하얗게[白] 되도록 빨래함[漂]. ❷종이나 피륙 따위를 바래거나 화학 약품으로 탈색하여 희게 함. ¶옷감을 표백하다.

▶ 표백-제 漂白劑 | 약제 제
화학 여러 가지 섬유나 염색 재료 속에 들어 있는 색소를 없애서 하얗게 만드는[漂白] 약제(藥劑).

표본 標本 | 나타낼 표, 본보기 본
[specimen; model; sample]
❶속뜻 표준(標準)이 될 만한 본(本)보기. ¶그를 성공의 표본으로 삼다. ❷생물 생물의 몸 전체나 그 일부에 적당한 처리를 가하여 보존할 수 있게 한 것. ¶화초 표본.

표상 表象 | 겉 표, 모양 상
[symbol; emblem]
대표(代表)로 삼을 만큼 상징(象徵)적인 것. ¶태극기는 우리 민족의 표상이다.

표시¹ 表示 | 겉 표, 보일 시
[express; show; indicate]
겉[表]으로 드러내어 보임[示]. ¶성의를 표시하다.

✱표시² 標示 | 우듬지 표, 보일 시
[mark; indicate]
❶속뜻 우듬지[標]같이 잘 보이도록[示]함. ❷ 알아보도록 문자나 기호로 나타냄. ¶가격표시 / 원산지 표시 / 답안지에 정답을 표시하다.

표어 標語 | 나타낼 표, 말씀 어
[slogan; motto]
주의, 주장, 강령 따위를 간결하게 나타낸[標] 짧은 어구(語句). ¶불조심 표어를 내걸다.

표적 標的 | 나타낼 표, 과녁 적
[target; mark]
목표(目標)로 삼는 것[的]. ¶총알이 표적의 한가운데에 맞았다.

▶ 표적-물 標的物 | 만물 물
쏘아 맞히는 대상[標的]이 되는 물건(物件). ¶미사일이 표적물을 향해 나아가고 있었다.

표절 剽竊 | 도둑질할 표, 훔칠 절
[pirate; plagiarize]
❶속뜻 도둑질하여[剽] 훔침[竊]. ❷ 남의 글, 노래 따위를 지을 때에 남의 작품의 일부를 몰래 따다 씀. ¶외국 노래의 가사를 표절하다.

✱표정 表情 | 겉 표, 마음 정
[expression; look]
❶속뜻 겉[表]으로 드러난 마음[情]. ❷ 마음속의 감정 따위가 얼굴에 나타난 모양. ¶슬픈 표정을 짓다.

표제 標題 | =表題, 나타낼 표, 제목 제
[title]
❶속뜻 책의 겉에 나타내는[標] 그 책의 제목(題目). ¶그 책은 '국부론'이라는 표제가 붙어 있다. ❷연설, 강연 따위의 제목. ¶내일 할 연설에 표제를 붙였다. ❸예술 작품의 제목.

표준 標準 | 우듬지 표, 고를 준 [standard]
❶속뜻 나무 가지[標]를 고르게[準] 함. ❷ 사물의 정도를 정하는 목표. 기준. ¶평균 가격 / 평균치수. ❸일반적인 것. 또는 평균적인 것. ¶그의 키는 우리나라 남자들의 표준 정도는 된다.

▶ 표준-시 標準時 | 때 시
천문 각 나라에서 쓰는 표준(標準) 시각(時刻). 평균 태양이 자오선을 통과하는 때를 기준으로 정하는데, 우리나라는 동경 135도를 기준 자오선으로 한 평균 태양시를 쓴다.

▶ 표준-어 標準語 | 말씀 어
언어 나라에서 표준(標準)으로 정한 말[語]. ⑩ 방언(方言), 사투리.

표지¹ 表紙 | 겉 표, 종이 지
[cover; binding]
겉[表] 면의 종이[紙]. 책의 겉장. ¶표지에 제목과 지은이의 이름이 쓰여 있다.

표지² 標識 | 나타낼 표, 기록할 지 [mark; sign]
알아보기 쉽도록 기호로 표시(標示)하거나 문자로 기록함[識]. ¶통행금지 표지.

▶ 표지-판 標識板 | 널빤지 판
일정한 표지(標識)로 설치해 놓은 판(板). ¶갈림길에 도로 표지판이 있다.

표찰 標札 | 나타낼 표, 쪽지 찰 [plate]

❶[속뜻]어떤 표시(標示)로 붙여 놓은 쪽지[札]. ¶가방에 표찰을 붙이다. ❷거주자의 성명을 써서 문 따위에 걸어 놓는 표.

표창 表彰 | 겉 표, 드러낼 창
[reward; commend (officially)]
❶[속뜻]겉[表]으로 드러냄[彰]. ❷어떤 일에 좋은 성과를 냈거나 훌륭한 행실을 한 데 대하여 세상에 널리 알려 칭찬함. ¶이 메달은 우승자를 표창하기 위한 것이다.

▸표창-장 表彰狀 | 문서 장
표창(表彰)을 하는 내용을 적은 종이[狀]. ¶그는 한 사람의 목숨을 구해 표창장을 받았다.

표출 表出 | 겉 표, 날 출
[express; show; display]
겉[表]으로 드러냄[出]. ¶개성의 표출 / 자신의 불만을 표출하다.

표피 表皮 | 겉 표, 껍질 피
[scarfskin; outer skin]
동식물의 겉[表] 껍질[皮]. ¶표피에 상처가 나다.

⁑**표현** 表現 | 겉 표, 나타날 현
[express; represent]
❶[속뜻]의견이나 감정 따위를 겉[表]으로 드러냄[現]. ❷정신적 대상을 예술로써 형상화함. 또는 그 형상화된 것. ¶표현 방법이 서투르다 / 그때 내가 느꼈던 기분은 말로 표현하기 어렵다.

▸표현-력 表現力 | 힘 력
생각이나 느낌 따위를 언어나 몸짓 따위의 형상으로 드러내어[表] 나타내는[現] 능력(能力). ¶그는 표현력이 풍부하다.

품:격 品格 | 품위 품, 인격 격 [grace]
❶[속뜻]품위(品位)와 인격(人格). ❷사람된 바탕과 타고난 성품. ¶품격이 있는 행동. ❸사물 따위에서 느껴지는 품위. ¶품격 높은 상품.

품:계 品階 | 품위 품, 섬돌 계
❶[속뜻]벼슬의 품위(品位)를 나눈 단계(段階). ❷[역사]여러 벼슬자리에 대하여 매기던 등급. 제일 높은 정일품에서 제일 낮은 종구품까지 18단계로 나누었다.

▸품:계-석 品階石 | 돌 석
[역사] 각급 품계(品階)를 표시해 놓은 돌[石]. [준]품석.

품:명 品名 | 물건 품, 이름 명
[name of an article]
물품(物品)의 이름[名]. ¶그것의 품명을 아래에 적어 놓았다.

품:목 品目 | 물건 품, 눈 목
[list of items]
❶[속뜻]물품(物品)의 이름을 쓴 목록(目錄). ¶수출 품목. ❷물품 종류의 이름. ¶품목이 다양하다.

품:성 品性 | 품격 품, 성질 성 [nature]
품격(品格)과 성질(性質)을 아울러 이르는 말. ¶그는 품성이 착하다.

품:위 品位 | 품격 품, 자리 위 [dignity]
❶[속뜻]직품(職品)과 직위(職位). ❷사람이 갖추어야 할 위엄이나 기품. ¶품위를 지키세요. ❸사물이 지닌 고상하고 격이 높은 인상. ¶세련되고 품위 있는 가구. [비]기품(氣品), 품격(品格).

품:절 品切 | 물건 품, 끊을 절
[out of stock]
물건[品]이 다 팔리고 없음[切]. ¶그 바지는 품절되었다.

품:종 品種 | 물건 품, 갈래 종
[kind; species]
❶[속뜻]물품(物品)의 종류(種類). ¶다양한 품종의 물건을 진열해놓다. ❷[생물]생물 분류학상 같은 종(種)의 생물을 그 특성으로 다시 세분한 최소의 단위. ¶진돗개는 한국 고유의 개 품종이다.

⁑**품:질** 品質 | 물건 품, 바탕 질 [quality]
물품(物品)의 성질(性質). ¶그 상품은 품질에 비해 너무 비싸다.

품:행 品行 | 품격 품, 행할 행
[conduct; behavior]
성품(性品)과 행실(行實).

풍[1] 風 | 병 이름 풍 [paralysis; palsy]
[한의]뇌에 이상이 생겨 팔다리를 제대로

움직일 수 없는 병. ¶그는 풍을 맞은 후 왼손을 못 쓴다.

풍²風 | 바람 풍 [boast]
실상보다 너무 과장하여 믿음성이 적은 언동. '허풍'(虛風)의 준말. ¶풍을 떨다.

풍경¹風磬 | 바람 풍, 경쇠 경
[wind bell]
바람[風]에 흔들려 울리는 경쇠[磬]. 바람이 부는 대로 흔들리면서 소리가 난다. ¶처마 밑에 풍경이 매달려 있다.

풍경²風景 | 바람 풍, 볕 경 [scene]
❶ 속뜻 바람[風]과 볕[景]. ❷아름다운 경치. ¶단풍이 곱게 물든 시골의 풍경. ❸어떤 모습이나 상황. ¶방 안 풍경을 둘러보다.

▶풍경-화 風景畵 | 그림 화
미술 자연의 경치를[風景] 그린 그림[畵].

풍금 風琴 | 바람 풍, 거문고 금 [organ]
음악 페달을 밟아서 바람[風]을 넣어 소리를 내는 건반 악기[琴]. ¶아이들은 선생님의 풍금 소리에 맞춰 노래를 불렀다.

풍기¹風紀 | 풍속 풍, 벼리 기
[public morality]
풍속(風俗)이나 풍습에 대한 기율(紀律). 주로 남녀가 교제할 때의 절도를 이른다. ¶풍기가 문란하다.

풍기²風旗 | 바람 풍, 깃발 기
역사 바람[風]의 방향을 측정하기 위하여 매단 깃발[旗].

▶풍기-대 風旗臺 | 대 대
역사 조선 시대에, 풍기(風旗)를 매달기 위해 만든 받침대[臺]. 경복궁과 창경궁에 하나씩 남아 있다.

풍납 토성 風納土城 | 바람 풍, 들일 납, 흙 토, 성곽 성
지리 서울특별시 송파구 풍납(風納)동에 있는, 삼국시대 토성(土城)의 유적.

풍년 豊年 | 넉넉할 풍, 수확 년
[year of abundance]
❶ 속뜻 넉넉한[豊] 수확[年]. ❷풍성한 수확을 거둔 해. ¶올해는 포도가 풍년이다.

❸ 흉년(凶年).

▶풍년-가 豊年歌 | 노래 가
음악 풍년(豊年)의 기쁨을 노래한[歌] 경기 민요.

풍랑 風浪 | 바람 풍, 물결 랑
[wind and waves; heavy seas]
❶ 속뜻 바람[風]과 물결[浪]. ❷ 지리 해상에서 바람이 강하게 불어 일어나는 물결. ¶배가 풍랑에 휩쓸렸다.

풍력 風力 | 바람 풍, 힘 력
[force of the wind]
바람[風]의 세기[力]. 바람의 강약 도수(度數). ¶이 기계는 풍력으로 작동한다.

▶풍력 발전 風力發電 | 일으킬 발, 전기 전
전기 바람[風]의 힘[力]을 이용해서 전기(電氣)를 일으키는[發] 것.

풍로 風爐 | 바람 풍, 화로 로
바람[風]이 통하도록 아래에 구멍을 낸 작은 화로(火爐)의 한 가지. ¶풍로에 불을 붙이려고 부채질을 하다.

풍류 風流 | 모습 풍, 흐를 류
[taste for the arts]
풍치(風致)를 찾아 즐기며 멋스럽게 노니는[流] 일. 속되지 않고 운치가 있는 일. ¶풍류를 즐기다.

풍만 豊滿 | 넉넉할 풍, 가득할 만
[abundant; plump]
❶ 속뜻 넉넉하고[豊] 가득함[滿]. ❷몸에 살이 탐스럽게 많다. ¶가슴이 풍만하다.

풍문 風聞 | 바람 풍, 들을 문 [rumor]
바람[風]같이 떠도는 소문(所聞). ¶풍문은 믿을 것이 못된다.

풍물 風物 | 풍속 풍, 만물 물
[scenery and customs]
❶ 속뜻 어떤 지방의 풍습(風習)과 산물(産物). ¶세계 각국의 독특한 풍물을 소개하다. ❷ 음악 농악에 쓰는 악기를 통틀어 이르는 말. 꽹과리, 태평소, 소고, 북, 장구, 징 따위. ¶그는 신나게 풍물을 쳤다.

풍부 豊富 | 넉넉할 풍, 넉넉할 부
[rich (in); plentiful]

매우 많아 넉넉함[豐=富]. ¶형은 상식이 풍부하다.

풍상 風霜 | 바람 풍, 서리 상
[wind and frost; hardships]
❶[속뜻]바람[風]과 서리[霜]. ¶비석은 오랜 풍상으로 훼손됐다. ❷'세상의 모진 고난이나 고통'을 비유하여 이르는 말. ¶온갖 풍상을 겪다.

풍선 風船 | 바람 풍, 배 선 [balloon]
❶[속뜻]바람[風]으로 움직이는 배[船]. ❷얇은 고무주머니 속에 공기나 수소가스를 넣어 공중으로 뜨게 만든 물건. ¶풍선을 불다.

풍성 豐盛 | 넉넉할 풍, 가득할 성
[be abundant; plentiful]
❶[속뜻]넉넉하고[豐] 가득함[盛]. ❷넉넉하고 많음. ¶풍성하게 맺은 열매.

풍속¹ 風俗 | 바람 풍, 속될 속
[manners; customs]
❶[속뜻]한 사회의 풍물(風物)과 습속(習俗). ❷옛날부터 그 사회에 전해 오는 생활 전반에 걸친 습관. ¶이 마을에는 옛날 풍속이 잘 보존되어 있다. [비]풍습(風習).

▸풍속-도 風俗圖 | 그림 도
[미술]그 시대의 세정(世情)과 풍속(風俗)을 그린 그림[圖]. [비]풍속화(風俗畵).

▸풍속-화 風俗畵 | 그림 화
[미술]그 시대의 세정(世情)과 풍속(風俗)을 그린 그림[畵]. [비]풍속도(風俗圖).

풍속² 風速 | 바람 풍, 빠를 속
[wind speed]
바람[風]의 속도(速度). ¶현재 풍속은 초속 3미터이다.

▸풍속-계 風速計 | 셀 계
[지리]바람의 속도[風速]를 측정하는 계기(計器). [비]풍력계(風力計).

풍수 風水 | 바람 풍, 물 수 [geomancy]
❶[속뜻]바람[風]과 물[水]. ❷[민속]집, 무덤 따위의 방위와 지형이 좋고 나쁨이 사람의 화복에 절대적 관계를 가진다는 학설.

▸풍수-지리 風水地理 | 땅 지, 이치 리
❶[속뜻]바람[風]이 불고, 물[水]이 흐르는 방향과 지리(地理). ❷[민속]지형이나 방위를 길흉화복과 연결시킨 이론. ¶풍수지리를 이용해 집터를 잡다.

풍-수해 風水害 | 바람 풍, 물 수, 해칠 해
[damage by storm and flood]
강풍(強風)과 홍수(洪水)의 피해(被害).

풍습 風習 | 풍속 풍, 버릇 습
[manners; customs]
풍속(風俗)과 습관(習慣). ¶그 민족은 새해에 서로에게 물을 뿌리는 풍습이 있다. [비]풍속(風俗).

풍악 風樂 | 바람 풍, 음악 악
[Korean classic music]
❶[속뜻]풍류(風流)가 있는 음악(音樂). ❷[음악]예로부터 전해 오는 우리나라 고유의 음악. ¶풍악을 울려라!

풍악-산 楓嶽山 | 단풍나무 풍, 큰 산 악, 메 산
❶[속뜻]단풍(丹楓)으로 물든 산[嶽=山]. ❷'가을철의 금강산'을 이름.

풍어 豐漁 | 넉넉할 풍, 고기 잡을 어
[good catch]
넉넉하게[豐] 많이 잡힘[漁]. ¶풍어를 기원하다. [비]대어(大漁). [반]흉어(凶漁).

풍요¹ 風謠 | 풍속 풍, 노래 요
[folk song]
❶[속뜻]그 지방의 풍속(風俗)을 읊은 노래[謠]. ❷[문학]신라 선덕 여왕 때의 향가. 영묘사 장륙불상을 만들 때 흙을 나르던 아낙네들이 함께 불렀다는 노동요이다.

풍요² 豐饒 | 넉넉할 풍, 넉넉할 요
[rich; abundant; plentiful]
풍성(豐盛)하고 넉넉함[饒]. 매우 넉넉함. ¶정신적 풍요 / 풍요한 사회/ 풍요로운 생활을 즐기다. [반]궁핍(窮乏), 부족(不足).

풍월 風月 | 바람 풍, 달 월
[beauties of nature]
❶[속뜻]청풍(清風)과 명월(明月). ❷'자연

의 아름다움'을 이르는 말.

풍자 諷刺 | 빗댈 풍, 찌를 자
[satirize; lampoon]
❶[속뜻]무엇에 빗대어[諷] 정곡을 찌름[刺]. ❷남의 결점을 다른 것에 빗대어 비웃으면서 폭로하고 공격함. ¶이 이야기는 상류 사회에 대한 풍자로 가득하다 / 양반을 풍자하고 조롱하는 탈춤.

풍작 豐作 | 풍년 풍, 지을 작
[good harvest]
풍년[豐]이 들어 농사를 잘 지음[作]. 또는 그런 농사. ¶올해는 비가 적당히 와서 풍작이 예상된다. [반] 흉작(凶作).

풍전 風前 | 바람 풍, 앞 전
바람[風]이 불어오는 앞[前].

▸풍전-등촉 風前燈燭 | 등불 등, 촛불 촉
❶[속뜻]바람 앞[風前]의 등불[燈=燭]. ❷사물이 매우 위험한 처지에 놓여 있음.

▸풍전-등화 風前燈火 | 등불 등, 불 화
❶[속뜻]바람 앞[風前]의 등(燈)불[火]. ❷풍전등촉(風前燈燭). ¶사나운 폭풍 앞에 여객선의 운명은 풍전등화였다.

풍조 風潮 | 바람 풍, 바닷물 조
[tendency]
❶[속뜻]바람[風]과 바닷물[潮]. ❷시대에 따라 변하는 세태. ¶우리 사회 전반에 과소비 풍조가 만연해 있다.

풍족 豐足 | 넉넉할 풍, 넉넉할 족
[be plentiful]
풍성(豐盛)하고 넉넉함[足]. ¶그는 풍족한 가정에서 자랐다. [반] 부족(不足)하다.

풍진 風疹 | 바람 풍, 홍역 진 [rubella]
❶[속뜻]바람[風]같이 금방 났는 홍역[疹] 비슷한 병. ❷[의학]홍역과 비슷한 발진성 급성 피부 전염병의 하나. 좁쌀만한 뾰루지가 얼굴과 사지에 났다가 3~4일 만에 낫는다.

풍차¹ 風車 | 바람 풍, 수레 차 [windmill]
바람[風]의 힘을 이용하여 동력을 얻는 수레[車] 바퀴 모양의 기계 장치. ¶풍차의 날개가 클수록 더 천천히 움직인다.

풍차² 風遮 | 바람 풍, 가로막을 차
[fur hood; cloth belt]
❶[속뜻]겨울에 찬바람[風]을 막기[遮] 위하여 머리에 쓰는 방한용 두건의 하나. ❷어린아이의 바지나 고의의 마루폭에 좌우로 길게 대는 헝겊 조각. 저고리의 섶과 같다.

풍채 風采 | 모습 풍, 캘 채
[presence; appearance]
❶[속뜻]풍도(風度)와 신채(神采). ❷드러나 보이는 사람의 겉모양. ¶풍채가 늠름하다.

풍토 風土 | 바람 풍, 흙 토 [climate]
어떤 지방의 바람[風]과 땅[土]의 상태. ¶지역의 풍토에 맞게 농사를 지어야 한다.

▸풍토-병 風土病 | 병 병
어떤 지방의 독특한 자연 환경으로[風土] 생기는 특이한 병(病). ¶여행 중에 힘들었던 것은 이름도 모르는 풍토병에 걸렸을 때였다.

풍파 風波 | 바람 풍, 물결 파
[rough seas; hardships]
❶[속뜻]세찬 바람[風]과 험한 물결[波]. ¶배가 풍파를 만나지 않기만을 간절히 빌었다. ❷세상살이의 어려움이나 고통. ¶그는 세상의 모진 풍파를 이겨냈다.

풍향 風向 | 바람 풍, 향할 향
[direction of the wind]
[지리]바람[風]이 불어오는 방향(方向).

▸풍향-계 風向計 | 셀 계
[지리]바람의 방향을[風向] 관측하는 계기(計器). ¶풍향계가 북쪽을 가리키고 있다.

풍화¹ 風化 | 바람 풍, 될 화
[be weathered]
❶[속뜻]바람[風]에 의해 변화(變化)함. ❷[지리]지표를 구성하는 암석이 햇빛, 공기, 물, 생물 따위의 작용으로 점차 파괴되거나 분해되는 일.

풍화² 風化 | 풍속 풍, 될 화
[effloresce]

교육이나 정치의 힘으로 풍습(風習)을 잘 교화(敎化)하는 일.

피ː고 被告 | 당할 피, 알릴 고
[defendant; accused]
❶[속뜻] 고발(告發)을 당함[被]. ❷[법률] 민사 소송에서, 소송을 당한 쪽의 당사자. ¶피고는 무죄의 몸이 되어 법정을 나갔다. [반] 원고(原告).

▸ 피ː고-인 被告人 | 사람 인
[법률] 형사 소송에서, 검사로부터 공소 제기를 당한[被告] 사람[人]. ¶그 피고인은 사형 선고를 받았다. [반] 원고인(原告人).

피곤 疲困 | 지칠 피, 곤할 곤
[tired; exhausted; weary]
몸이나 마음이 지쳐서[疲] 고단함[困]. ¶대청소를 했더니 피곤하다.

피골 皮骨 | 겉 피, 뼈 골
[skin and bones]
몸 바깥의 겉[皮]과 몸 안의 뼈[骨]. ¶몹시 여위어 피골이 상접(相接)하다.

피ː구 避球 | 피할 피, 공 구
[dodge ball]
[운동] 공[球]을 피하는[避] 놀이. 일정한 구역 안에서 두 편으로 갈라서 한 개의 공으로 상대편을 맞히는 공놀이.

피ː난 避難 | 피할 피, 어려울 난
[take refuge; find shelter]
재난(災難)을 피(避)함. 재난을 피하여 있는 곳을 옮김. ¶피난 행렬 / 온 가족이 부산으로 피난했다.

▸ 피ː난-민 避難民 | 백성 민
피난(避難)하여 딴 곳으로 가는 사람[民]. ¶많은 피난민이 굶어 죽어가고 있다.

▸ 피ː난-처 避難處 | 곳 처
재난(災難)을 피(避)해 옮긴 거처(居處). ¶폭풍우를 만나 피난처를 찾다.

피ː란 避亂 | 피할 피, 어지러울 란
[take refuge; take shelter; evacuate]
난리(亂離)를 피(避)함. 난리를 피하여 다른 데로 옮김. ¶전쟁으로 모두가 피란을 갔다.

피로[1] 披露 | 열 피, 드러낼 로
❶[속뜻] 닫힌 문 따위를 열어[披] 널리 드러내[露] 보임. ❷일반에게 널리 알림.

▸ 피로-연 披露宴 | 잔치 연
결혼이나 출생 따위를 널리 알리는[披露] 뜻으로 베푸는 잔치[宴]. ¶그들의 결혼 피로연은 정원에서 열렸다.

⁑**피로[2] 疲勞** | 지칠 피, 고달플 로
[tired; fatigued; weary]
몸이나 정신이 지치고[疲] 고달픔[勞]. 또는 그런 상태. ¶피로가 아직 완전히 풀리지 않았다 / 눈이 몹시 피로하다.

▸ 피로-감 疲勞感 | 느낄 감
정신이나 몸이 지쳐 힘든[疲勞] 느낌[感]. ¶점심을 먹고 나면 식곤증과 피로감이 몰려온다.

피ː뢰 避雷 | 피할 피, 벼락 뢰
낙뢰(落雷)를 피(避)함.

▸ 피ː뢰-침 避雷針 | 바늘 침
[물리] 낙뢰(落雷)를 피(避)하기 위하여 집이나 굴뚝 따위의 건조물에 세우는 끝이 뾰족한 쇠붙이의 막대[針]. ¶피뢰침을 건물 옥상에 설치하다.

피ː복[1] 被服 | 덮을 피, 옷 복 [clothes]
❶[속뜻] 덮어서[被] 입는 옷[服] ❷옷. ¶피복에 묻은 얼룩을 제거하다. [비] 의복(衣服).

피ː복[2] 被覆 | 덮을 피, 뒤집힐 복 [cover; coat]
거죽을 덮어[覆] 씌움[被]. 또는 덮어 싼 물건. ¶전선의 고무 피복이 벗겨졌다.

***피부 皮膚** | 겉 피, 살갗 부 [skin]
❶[속뜻] 겉[皮]면의 살갗[膚]. ❷[동물] 척추동물의 몸의 겉을 싸고 있는 조직. ¶아기는 피부가 부드럽다. [비] 살갗.

▸ 피부-병 皮膚病 | 병 병
[의학] 피부(皮膚)에 생기는 모든 병(病)을 통틀어 이르는 말. ¶강아지가 피부병에 걸려 털이 다 빠졌다.

▸ 피부-색 皮膚色 | 빛 색
사람의 살갗[皮膚]의 색(色). ¶그녀는 피

부색이 유난히 하얗다.
▶ **피부-암** 皮膚癌 | 암 암
의학 주로 피부(皮膚)에 생기는 악성 종양[癌]. 햇볕을 많이 받는 부위에 생기기 쉽고 백인에게 많다. ¶햇볕을 지나치게 오래 쬐면 피부암에 걸릴 수 있다.
▶ **피부-염** 皮膚炎 | 염증 염
의학 피부(皮膚)에 생기는 염증(炎症)을 통틀어 이르는 말.

피:살 被殺 | 당할 피, 죽일 살 [be killed]
살해(殺害)를 당함[被]. ¶어젯밤 한 여성이 피살된 채 발견됐다.

피:서 避暑 | 피할 피, 더울 서 [pass the summer]
시원한 곳으로 옮겨 더위[暑]를 피(避)함. ¶올 여름에는 산으로 피서를 갈 계획이다.
▶ **피:서-객** 避暑客 | 손 객
피서(避暑)를 즐기는 사람[客]. ¶계곡과 바다에 피서객들이 몰려들다.
▶ **피:서-지** 避暑地 | 땅 지
더위를 피하기에[避暑] 알맞은 곳[地]. ¶이 동굴은 피서지로 이름난 곳이다.

피:선 被選 | 당할 피, 뽑을 선 [elected]
선거(選擧)에서 뽑힘[被]. ¶의장으로 피선되다.
▶ **피:선거-권** 被選擧權 | 들 거, 권리 권
법률 선거(選擧)에 나가 당선될[被] 수 있는 권리(權利). ¶40세 이상의 국민은 대통령의 피선거권이 있다.

피:의 被疑 | 당할 피, 의심할 의
의심(疑心)이나 혐의(嫌疑)를 받는[被] 일. ¶피의 사실을 인정하지 않다.
▶ **피:의-자** 被疑者 | 사람 자
법률 범죄의 혐의(嫌疑)는 받고 있으나[被] 아직 기소되지 않은 사람[者]. ¶피의자를 그 사고와 연관시킬 증거가 있었다. 비 용의자(容疑者).

피:임 避姙 | 피할 피, 아이 밸 임 [prevent conception]
의학 인위적으로 임신(姙娠)을 피(避)함. ¶피임하는 약을 먹다.

피:-제수 被除數 | 당할 피, 나눌 제, 셀 수 [number to be divided]
수학 나누기에서, 어떤 수를 다른 수로 나눌 때, 그 나뉨[除]을 당하는[被] 수(數). 8÷2=4에서의 '8'를 이른다. 나뉨수. 맨 제수(除數).

피:차 彼此 | 저 피, 이 차 [each other]
❶속뜻 이것[此]과 저것[彼]. ❷이쪽과 저쪽의 양쪽. ¶힘들기는 피차 마찬가지이다.

피폐 疲弊 | 지칠 피, 낡을 폐 [exhaustion]
지치고[疲] 낡아짐[弊]. ¶계속된 전쟁으로 나라가 피폐해졌다.

피하 皮下 | 가죽 피, 아래 하 [beneath the skin]
의학 피부(皮膚)의 아래[下] 부분. ¶피하에 염증이 생겼다.
▶ **피하 지방** 皮下脂肪 | 기름 지, 기름 방
의학 포유류의 피하(皮下) 조직(組織)에 발달한 지방(脂肪). ¶피하지방은 체온을 유지하는 역할을 한다.

⁂피:해 被害 | 당할 피, 해칠 해 [damage]
신체, 재물, 정신상의 손해(損害)를 당함[被]. 또는 그 손해. ¶인명 피해를 보다 / 나는 너에게 어떤 피해도 준 적이 없다. 맨 가해(加害).
▶ **피:해-자** 被害者 | 사람 자
손해(損害)를 당한[被] 사람[者]. ¶피해자에게 치료비를 물어 주다. 맨 가해자(加害者).

필¹ 匹 | 필 필 [head]
마소를 세는 단위. ¶왕은 그에게 말 한 필을 내려 주었다.

필² 疋 | 필 필 [roll of cloth]
일정한 길이로 짠 천을 셀 때 쓰는 단위. ¶무명 두 필.

필경 畢竟 | 마칠 필, 마침내 경 [after all; at last]
❶속뜻 일을 끝내거나[畢] 또는 마침내

[竟]. ❷마침내. 결국에는. ¶필경 그는 오지 않을 것이다.

필기 筆記 │ 붓 필, 기록할 기 [notes]
❶속뜻 붓[筆]으로 기록(記錄)함. ❷강의나 연설 따위의 내용을 받아씀. ¶수업 시간에 필기를 잘해야 시험 볼 때에 고생하지 않는다.

▶ 필기-구 筆記具 │ 갖출 구
필기(筆記)에 사용되는 각종 도구(道具). ¶필통에서 필기구를 꺼낸다.

필명 筆名 │ 글씨 필, 이름 명 [pen name]
❶속뜻 글이나 글씨[筆]로 날린 명성(名聲). ❷작가가 작품을 발표할 때 쓰는 본명 이외의 이름. ¶루쉰이란 필명으로 이름을 날리기 시작하다.

필사¹ 必死 │ 반드시 필, 죽을 사 [desperation]
❶속뜻 반드시[必] 죽음[死]. ❷죽을힘을 다 씀. 죽음을 각오함. ¶그는 필사의 각오로 경기에 임했다.

▶ 필사-적 必死的 │ 것 적
죽기로 결심하고[必死] 있는 것[的]. ¶필사적으로 도망치다.

필사² 筆寫 │ 글씨 필, 베낄 사 [copy; take a copy; transcribe]
글씨[筆]를 베낌[寫]. 또는 베껴 쓴 글씨. ¶이 책 한 권을 다 필사하려면 시간이 꽤 걸릴 것이다.

▶ 필사-본 筆寫本 │ 책 본
베껴 쓴[筆寫] 책[本]. ¶소설 『춘향전』은 수많은 필사본이 있다. ® 간본(刊本).

필생 畢生 │ 마칠 필, 살 생 [coexistence with life]
❶속뜻 삶[生]을 마침[畢]. ❷생명의 마지막까지 다함. ¶이것은 그의 필생의 걸작이다.

필수¹ 必修 │ 반드시 필, 닦을 수
반드시[必] 배워야 하는[修] 일. ¶필수학점.

필수² 必須 │ 반드시 필, 모름지기 수 [essential]
❶속뜻 반드시[必] 그리고 모름지기[須] 해야 함. ❷반드시 필요함. 꼭 있어야 하거나 해야 함. ¶이 공연을 보려면 예약은 필수다.

▶ 필수-적 必須的 │ 것 적
꼭 필요로 하는[必須] 것[的]. ¶필수적인 요소 / 이 일을 완성하려면 당신의 도움이 필수적이다.

필수³ 必需 │ 반드시 필, 쓰일 수 [must-have; necessary]
반드시[必] 구해야 함[需]. 반드시 있어야 함. ¶필수 물품.

▶ 필수-품 必需品 │ 물건 품
일상생활에서 반드시[必] 써야[需] 하는 물건[品]. ¶현대인에게 컴퓨터는 필수품이다.

필순 筆順 │ 붓 필, 차례 순 [stroke order]
글씨를 쓸 때 붓[筆]을 놀리는 차례[順]. ¶한자는 필순에 따라 써야 예쁘다.

필승 必勝 │ 반드시 필, 이길 승 [certain victory]
반드시[必] 이김[勝]. ¶선수들은 필승의 각오를 다지고 경기에 임했다.

필시 必是 │ 반드시 필, 옳을 시 [certainly]
반드시[必] 옳음[是]. 어김없이. ¶그의 얼굴 표정을 보니 필시 몸이 아픈가 보다.

필연 必然 │ 반드시 필, 그러할 연 [being in the natural order of events]
❶속뜻 반드시[必] 그렇게[然] 됨. ❷반드시 그렇게 되는 수밖에 다른 도리가 없음. 또는 그런 일. ¶우리의 만남은 필연이라고밖에 할 수 없다. ® 우연(偶然).

***필요 必要** │ 반드시 필, 구할 요 [necessary; essential]
반드시[必] 요구(要求)되는 바가 있음. ¶그는 경제적 필요에 의해 직장에 다니기 시작했다 / 도움이 필요하면 전화 주세요 ® 불필요(不必要).

▶ 필요-성 必要性 │ 성질 성

반드시 요구되는[必要] 성질(性質). ¶가족의 필요성을 느낀다.

필자 筆者 | 쓸 필, 사람 자 [writer]
글이나 글씨를 쓴[筆] 사람[者]. ¶이 자료는 필자가 만 명을 대상으로 조사한 것이다.

필체 筆體 | 글씨 필, 모양 체 [handwriting]
글씨[筆] 모양[體]. ¶두 사람의 필체가 서로 비슷하다. [비] 글씨체(體), 서체(書體).

필치 筆致 | 붓 필, 이를 치 [literary style]
❶[속뜻] 붓[筆] 솜씨가 상당한 경지에 이름[致]. ❷글에 나타나는 맛이나 개성. ¶이 소설은 두 남녀의 순수한 사랑을 섬세한 필치로 그렸다.

필통 筆筒 | 붓 필, 통 통 [pencil case]
붓[筆]이나 필기구 따위를 꽂아 두는 통(筒), 또는 그런 것을 가지고 다니는 작은 상자. ¶필통 속에는 연필 몇 자루와 지우개가 들어 있다.

핍박 逼迫 | 닥칠 핍, 닥칠 박 [persecute; get stringent]
❶[속뜻] 가까이 닥침[逼=迫]. ❷바싹 죄어서 괴롭게 함. ¶평생 핍박을 당하며 살다.

ㅎ

하: 下 | 아래 하 [low class]
품질(品質)이나 등급(等級)을 나눌 때 아래 또는 맨 끝. ¶누나의 성적은 늘 하에서 맴돌고 있다.

하:강 下降 | 아래 하, 내릴 강 [descend; drop; fall]
높은 데서 낮은[下] 데로 내려옴[降]. ¶기온의 하강 / 비행기가 활주로를 향해 하강하고 있다. 逊 상승(上昇).

하:객 賀客 | 하례 하, 손 객 [congratulator]
축하(祝賀)하기 위해 온 손님[客]. ¶결혼식장은 하객들로 넘쳐났다.

하:계 夏季 | 여름 하, 철 계 [summer season]
여름[夏]에 해당되는 계절(季節). ¶하계 올림픽. 珍 하기(夏期). 逊 동계(冬季).

하:교 下校 | 내릴 하, 학교 교 [come home from school]
학생이 학교(學校)에서 공부를 마치고 [下] 돌아옴. ¶하교 시간 / 하교 버스. 逊 등교(登校).

하구 河口 | 물 하, 어귀 구 [estuary; river mouth]
강물[河]이 바다나 호수, 또는 다른 강으로 흘러 들어가는 어귀[口]. ¶낙동강 하구에는 김해평야가 발달해 있다. 珍 강어귀. 逊 하원(河源).

하:권 下卷 | 아래 하, 책 권 [last volume]
두 권이나 세 권으로 나눈 책[卷]의 끝[下]권.

하:급 下級 | 아래 하, 등급 급 [lower class]
등급이나 계급 따위를 상·하 또는 상·중·하로 나눌 때의 아래[下]의 등급(等級). ¶하급 법원 / 하급 관리.

▶ **하:급-생** 下級生 | 사람 생
학년이 낮은[下級] 학생(學生). 逊 상급생(上級生).

하:녀 下女 | 아래 하, 여자 녀 [maid servant]
하인(下人) 중 여자(女子)인 사람. ¶그는 하녀를 따라 응접실에 들어갔다.

하:단¹ 下段 | 아래 하, 구분 단 [bottom; the lower part]
아래쪽[下] 부분(段). ¶책장 하단 / 신문 하단에 광고가 실렸다. 逊 상단(上段).

하:단² 下端 | 아래 하, 끝 단 [lower end]
아래쪽[下]의 끝[端]. ¶바지의 하단을 잘라 길이를 줄였다. 逊 상단(上端).

하:달 下達 | 아래 하, 이를 달 [notify to an inferior]

윗사람의 뜻이나 명령 따위가 아랫사람[下]에게 이름[達]. 또는 미치도록 알림. ¶명령 하달. [반] 상달(上達).

하등[1] 何等 | 무엇 하, 같을 등 [(not) in the slightest degree; not any]
❶ [속뜻] 무슨[何] 등급(等級). ❷아무. 아무런. 조금도. ¶그는 나와 하등의 관련도 없다.

하:등[2] 下等 | 아래 하, 무리 등 [inferiority; lower class]
❶ [속뜻] 아래[下]의 등급(等級). 낮은 등급. ¶하등 계급. ❷같은 무리 가운데서 정도나 등급이 낮은 것. ¶하등 식물. [반] 고등(高等).

▸하:등 동:물 下等動物 | 움직일 동, 만물 물
[동물] 진화 정도가 낮아[下等] 몸의 구조나 기능이 간단한 동물(動物). 파충류, 양서류, 어류 따위. ¶말미잘은 하등 동물이다. [반] 고등 동물(高等動物).

하:락 下落 | 아래 하, 떨어질 락 [decline]
❶ [속뜻] 아래[下]로 떨어짐[落]. ❷값이나 등급 따위가 떨어짐. ¶미국의 경제순위가 세계 4위로 하락했다. [반] 상승(上昇).

***하:류 下流** | 아래 하, 흐를 류 [downstream; the lower classes]
❶ [속뜻] 강물 따위가 흘러내리는[流] 아래쪽[下]. 또는 그 지역. ¶낙동강 하류. ❷사회적 지위나 생활수준, 교양 등이 낮은 계층. ¶하류 계급 / 하류 생활. [반] 상류(上流).

하마 河馬 | 물 하, 말 마 [hippopotamus]
❶ [속뜻] 강물[河]에 사는 말[馬]. ❷ [동물] 넓죽한 입이 매우 크고 몸통이 둥근 포유동물.

하:명 下命 | 내릴 하, 명할 명 [command]
명령(命令)을 내림[下]. 윗사람의 명령. ¶상관에게 하명을 받다.

하:반 下半 | 아래 하, 반 반 [lower half]
하나를 위아래 절반으로 나눈 것의 아래[下]쪽 반(半). [반] 상반(上半).

하:-반기 下半期 | 아래 하, 반 반, 때 기 [second half]
일정 기간을 절반으로 나누었을 때 나중[下]의 절반(折半) 기간(期間). ¶하반기에는 경제가 회복될 것이다. [반] 상반기(上半期).

하:-반신 下半身 | 아래 하, 반 반, 몸 신 [lower body]
몸을 절반으로 나누어 보았을 때, 아래쪽[下]의 절반(折半) 부분[身]. ¶하반신 마비. [비] 하체(下體). [반] 상반신(上半身).

하:복 夏服 | 여름 하, 옷 복 [summer suit]
여름철[夏]에 주로 입는 옷[服]. 여름옷. [반] 동복(冬服).

하:부 下部 | 아래 하, 나눌 부 [lower part]
❶ [속뜻] 아래[下]쪽 부분(部分). ¶낙동강 하부에는 삼각주가 형성되어 있다. ❷하급의 기관. 또는 그 사람. ¶하부 조직. [반] 상부(上部).

하:사[1] 下賜 | 아래 하, 줄 사 [Royal gift]
왕이나 국가 원수 등이 아랫사람[下]에게 금품을 줌[賜]. ¶국왕은 병사에게 토지를 하사했다.

하:사[2] 下士 | 아래 하, 선비 사 [staff sergeant]
❶ [속뜻] 사관(士官) 아래[下]의 계급. ❷ [군사] 부사관 계급의 하나. 중사의 아래, 병장의 위로 부사관 계급에서 가장 낮은 계급이다.

▸하:사-관 下士官 | 벼슬 관
[군사] 하사(下士), 중사, 상사, 원사 계급[官]을 통틀어 이르는 말. '부사관'(副士官)의 예전 용어.

하:산 下山 | 내릴 하, 메 산 [descend a mountain]
❶ [속뜻] 산(山)에서 내려옴[下]. ¶폭우 때문에 급히 하산하였다. ❷산에서 불교 공

부를 하다가 보통 세상으로 내려가는 것. ¶이제 너는 하산을 해도 되겠다. ⓔ등산(登山), 입산(入山).

하:수¹ 下手 | 아래 하, 솜씨 수
[poor hand]
낮은[下] 재주나 솜씨[手]. 또는 그런 사람. ¶그는 더 이상 하수가 아니다. ⓔ고수(高手).

하:수² 下水 | 아래 하, 물 수 [sewage]
빗물이나 집, 공장, 병원 따위에서 쓰고 아래[下]로 버리는 더러운 물[水]. ¶처리되지 않은 하수가 강을 더럽혔다.

▶하:수-관 下水管 | 대롱 관
하수(下水)를 흘려보내기 위하여 설치한 관(管).

▶하:수-구 下水溝 | 도랑 구
하수(下水)가 흘러 내려가도록 만든 도랑[溝]. ¶하수구가 막히다.

▶하:수-도 下水道 | 길 도
하수(下水)가 흘러가는 길[道]. 하수가 흘러 내려가도록 만든 도랑이나 시설. ⓔ상수도(上水道).

하:숙 下宿 | 아래 하, 잠잘 숙 [board]
❶속뜻 아래[下]에서 잠을 잠[宿]. ❷일정한 돈을 내고 일정 기간 남의 집에 머물면서 먹고 잠. 또는 그 집. ¶학교 근처에서 하숙을 하다.

하:순 下旬 | 아래 하, 열흘 순
[last 10 days of a month]
한 달 중 뒤[下]쪽의 열흘[旬]. 스무하룻날부터 그믐날까지의 열흘을 이른다.

하여-간 何如間 | 어찌 하, 같을 여, 사이 간 [anyhow]
어찌하든지[何如] 간(間)에. 어쨌든. 좌우간. ¶하여간 더 이상 할 말이 없다. ⓔ하여튼.

하역 荷役 | 짐 하, 부릴 역
[load and unload]
배의 짐[荷]을 싣고 부리는[役] 일. ¶하역한 물품의 수량을 확인하다.

하:오 下午 | 아래 하, 낮 오 [afternoon]
정오(正午)를 기준으로 다음[下]의 열두 시까지. ¶그는 내일 하오 5시 비행기로 출국한다. ⓔ오후(午後). ⓔ상오(上午).

하:원 下院 | 아래 하, 집 원
[Lower House; House of Commons]
정치 양원제 의회에서, 국민[下]이 직접 뽑은 의원으로 구성된 의회[院]. ⓔ상원(上院).

하:위 下位 | 아래 하, 자리 위
[lower rank]
낮은[下] 지위(地位). 낮은 순위. ¶하위팀. ⓔ상위(上位).

하:의 下衣 | 아래 하, 옷 의 [trousers]
몸의 아랫부분[下]에 입는 옷[衣]. ¶하의만 입고 있다. ⓔ상의(上衣).

하:인 下人 | 아래 하, 사람 인 [servant]
❶속뜻 아랫[下] 사람[人]. ❷남의 집에 매여 일을 하는 사람. ¶하인을 두다.

하자 瑕疵 | 티 하, 흠 자 [flaw]
❶속뜻 티[瑕]와 흠[疵]. ❷어떤 사물의 모자라거나 잘못된 부분. ¶이 물건은 약간의 하자가 있어 반값에 팔고 있다. ⓔ흠, 결점(缺點).

하:절 夏節 | 여름 하, 철 절 [summer]
여름[夏] 철[節].

▶하:절-기 夏節期 | 때 기
여름철[夏節]에 속하는 시기(時期). 보통 6, 7, 8 월의 더운 기간을 이른다. ⓔ동절기(冬節期).

하:지 夏至 | 여름 하, 이를 지
❶속뜻 가장 더운 여름[夏]에 이름[至]. ❷24절기의 하나. 망종(芒種)과 소서(小暑) 사이로 6월 22일경. 북반구에서는 낮이 가장 긴 날이다. ⓔ동지(冬至).

하:직 下直 | 아래 하, 당직 직
[bid farewell]
❶역사 당직(當直)을 마치고 궁궐 아래[下]로 나감. ❷먼 길을 떠날 때 웃어른께 작별을 고함. ¶부모님께 하직 인사를 드리다 / 고향을 하직하다. ⓔ상직(上直).

하:차 下車 | 아래 하, 수레 차 [get off]

기차나 자동차(自動車) 따위에서 아래[下]로 내려옴. ¶우리는 부산역에서 하차했다. ⑪ 승차(乘車).

하천 河川 | 물 하, 내 천 [river]
강[河]과 시내[川]. ¶공장 폐수가 하천을 더럽힌다.

하:체 下體 | 아래 하, 몸 체
[lower part of the body]
몸[體]의 아래[下]부분. ¶그는 하체가 퉁퉁하다. ⑪ 하반신(下半身). ⑫ 상체(上體).

하:층 下層 | 아래 하, 층 층
[lower layer; lower social stratum]
❶속뜻 겹치거나 쌓인 것들 중에서 아래[下] 층(層). ¶건물의 하층. ❷등급이 아래인 계층. ¶하층 계급 / 하층 생활. ⑪ 하급(下級). ⑫ 상층(上層).

하:치-장 荷置場 | 짐 하, 둘 치, 마당 장
[storage space]
짐[荷]을 보관하여 두는[置] 곳[場]. 짐을 부리는 곳.

하:편 下篇 | 아래 하, 책 편
[last volume]
상·중·하로 나눈 책[篇]의 끝[下]의 편. ¶이 책은 상편보다 하편이 더 흥미진진하다.

하필 何必 | 어찌 하, 반드시 필
❶속뜻 어찌하여[何] 반드시[必]. ❷어째서 꼭. 다른 방도도 있는데 왜. 하고 많은 중에 어찌하여. ¶하필 소풍 가는 날 비가 올 게 뭐람!

하:향 下向 | 아래 하, 향할 향
[facing downward]
❶속뜻 위에서 아래[下]쪽으로 향(向)함. ¶하향 곡선 / 하향 조정. ❷기세 따위가 쇠퇴하여 감. ⑫ 상향(上向).

하:현 下弦 | 아래 하, 시위 현
[old moon]
천문 아래[下]로 엎어놓은 활시위[弦] 같은 모양의 달. 매달 음력 22~23일에 나타난다. ⑫ 상현(上弦).

학 鶴 | 학 학 [crane]
동물 목과 다리·부리가 길며, 온몸이 흰색 날개와 꼬리 끝이 검은 새. 천연기념물이다. ⑪ 두루미.

학과 學科 | 배울 학, 분과 과
[department]
❶속뜻 학문(學問)을 내용에 따라 나눈 분과(分科). ❷교육 교수 또는 연구의 편의를 위하여 구분한 학술의 분과. ¶국문학과 / 학과를 신중하게 선택하다.

학교 學校 | 배울 학, 가르칠 교 [school]
❶속뜻 학생(學生)들을 모아 놓고 가르치는[校] 곳. ❷교육 교육이나 학습에 필요한 설비를 갖추고 학생을 모아 일정한 교육 목적 아래 교수와 학습이 진행되는 기관. ¶초등학교 / 음악학교 / 학교에 다니다.

학군 學群 | 배울 학, 무리 군
[school group]
교육 지역별로 나누어 놓은 중학교(中學校)나 고등학교(高等學校)의 무리[群].

학급 學級 | 배울 학, 등급 급 [class]
교육 한 교실에서 공부하는 학생(學生)의 단위 집단[級]. ¶학생들을 열 학급으로 나누다 / 특수 학급 / 학급 대표.
▶ 학급 문고 學級文庫 | 글월 문, 곳집 고
교육 각 학급(學級)에서 책[文]을 모아 둔 곳[庫]. 또는 그러한 책.

학기 學期 | 배울 학, 때 기
[school term]
교육 한 학년(學年)의 수업 기간(期間)을 나눈 구분. ¶4학년 2학기.

학년 學年 | 배울 학, 해 년 [grade]
❶속뜻 한 해[年]를 단위로 한 학습(學習) 기간의 구분. ❷교육 한 해의 학습을 단위로 하여 진급하는 학교의 단계. ¶성주는 초등학교 3학년이다.

학당 學堂 | 배울 학, 집 당 [school]
❶속뜻 학문을 배우는[學] 집[堂]. ❷지난날, 지금의 학교와 같은 교육기관을 이르

던 말. ¶배재학당.

학대 虐待 | 모질 학, 대우할 대 [cruelty]
혹독하고 모질게[虐] 대우(待遇)함. 심하게 괴롭힘. ¶동물 학대 / 아동 학대.

학도 學徒 | 배울 학, 무리 도 [students]
❶속뜻 학문(學問)을 배우는[學] 무리[徒]. ❷'학생'(學生)의 이전 말.

학동 學童 | 배울 학, 아이 동
[pupil; schoolchild; schoolboy]
❶속뜻 글방에서 글을 배우는[學] 아이[童]. ❷초등학생 정도의 아이. ⓗ서동(書童).

학력¹ 學力 | 배울 학, 힘 력
[attainments in scholarship]
배움[學]을 통하여 얻은 지식이나 기술 따위의 능력(能力). ¶두 학생의 학력 수준은 비슷하다.

학력² 學歷 | 배울 학, 지낼 력
[one's academic career]
학교(學校)를 다닌 경력(經歷). 고졸(高卒), 대졸(大卒) 따위. ¶최종 학력 / 사람을 학력으로 평가해서는 안 된다.

학문¹ 學文 | 배울 학, 글월 문
❶속뜻 글[文]을 배움[學]. ❷시서(詩書)·육예(六藝)를 배우는 일.

＊학문² 學問 | 배울 학, 물을 문 [learn]
❶속뜻 배우고[學] 물어서[問] 익힘. ❷어떤 분야를 체계적으로 배워서 익힘. 또는 그런 지식. ¶학문을 닦다 / 학문에 힘쓰다.

학번 學番 | 배울 학, 차례 번
주로 대학교에서, 학교 행정상의 필요에 의하여 학생(學生)에게 부여한 고유 번호(番號). ¶학번 순서대로 들어갔다.

학벌 學閥 | 배울 학, 무리 벌
[academic clique]
❶속뜻 같은 학교(學校)의 출신자나 같은 학과의 학자로 이루어진 파벌(派閥). ❷학문을 닦아서 얻게 된 사회적 지위나 신분. 또는 출신 학교의 사회적 지위나 등급. ¶학벌이 좋다 / 학벌보다는 실력을 중시

한다. ⓗ학파(學派).

학-부모 學父母 | 배울 학, 아버지 부, 어머니 모 [parents of students]
학생(學生)의 부모(父母). ⓗ학부형(學父兄).

학-부형 學父兄 | 배울 학, 아버지 부, 맏형 [parents of students]
학생(學生)의 아버지[父]나 형[兄]. ⓗ학부모(學父母).

학비 學費 | 배울 학, 쓸 비
[educational expenses]
학업(學業)을 닦는 데에 드는 비용(費用). ¶학비를 벌다 / 학비를 대다.

학사 學士 | 배울 학, 선비 사 [bachelor]
❶속뜻 학술(學術)을 많이 익힌 사람[士]. ❷교육 4년제 대학의 학부와 사관학교의 졸업자에게 주는 학위. ¶학사 학위.

학살 虐殺 | 모질 학, 죽일 살 [massacre]
참혹하고 모질게[虐] 죽임[殺]. ¶전쟁 중에 많은 사람이 학살을 당했다.

＊＊학생 學生 | 배울 학, 사람 생 [student]
❶속뜻 배우는[學] 사람[生]. ❷학교에 다니면서 공부하는 사람. ¶초등학생.

▶ 학생-증 學生證 | 증거 증
학생(學生)의 신분임을 밝힌 증명서(證明書). ¶학생증 발급.

학선 鶴扇 | 두루미 학, 부채 선
손잡이가 날개를 편 학(鶴)의 모양으로 생긴 부채[扇]. ¶손에 학선을 들고 춤을 추었다.

학설 學說 | 배울 학, 말씀 설 [theory]
학문(學問)상으로 주장하는 이론[說]. ¶새 학설을 정립하다.

학수-고대 鶴首苦待 | 학 학, 머리 수, 쓸 고, 기다릴 대 [wait expectantly]
❶속뜻 학(鶴)처럼 머리[首]를 쭉 빼고 애태우며[苦] 기다림[待]. ❷몹시 기다림. ¶나는 그와 만나기를 학수고대하고 있다.

학술 學術 | 배울 학, 꾀 술
[art and science]
학문(學問)과 기술(技術) 또는 예술(藝

術). ¶학술 강연 / 학술 용어.

▸학술-원 學術院 | 집 원
학술(學術) 연구와 발전을 위해 만들어진 기관[院].

▸학술-적 學術的 | 것 적
학술(學術)에 관한 것[的]. ¶학술적 가치가 높다.

*학습 學習 | 배울 학, 익힐 습 [study]
배우고[學] 익힘[習]. ¶학습 태도가 좋다 / 외국어를 학습하다.

▸학습-장 學習帳 | 장부 장
학습(學習)에 도움이 되는 것을 적는 책[帳].

▸학습-지 學習紙 | 종이 지
학생이 일정한 양을 학습(學習)할 수 있도록 정기적으로 가정으로 배달되는 문제지(問題紙). ¶초등학생을 위한 전 과목 학습지.

학식 學識 | 배울 학, 알 식 [scholarship]
배워서[學] 아는[識] 지식. 또는 전문적 지식. ¶학식이 높은 사람.

학업 學業 | 배울 학, 일 업
[one's schoolwork]
배우는[學] 일[業]. ¶학업을 부지런히 하다.

학예 學藝 | 배울 학, 재주 예
[art and science]
배워서[學] 익힌 재주[藝].

▸학예-회 學藝會 | 모일 회
[교육] 학습(學習) 활동의 결과물이나 학생의 예능(藝能) 발표를 주로하는 활동[會]. ¶학예회에서 연극을 발표하다. [비] 학습 발표회(學習發表會).

학용-품 學用品 | 배울 학, 쓸 용, 물건 품
[school supplies]
학습(學習)에 쓰이는[用] 물품(物品). 필기도구, 공책 따위를 통틀어 이른다. ¶학용품을 아껴 써라.

학우 學友 | 배울 학, 벗 우 [schoolmate]
같이 배우는[學] 벗[友]. ¶학우 여러분!

학원 學院 | 배울 학, 집 원
[educational institute]
❶[속뜻] 배우는[學] 집[院]. ❷[교육] 학교 설립 조건을 갖추지 못한 사립 교육 기관. ¶미술 학원.

학위 學位 | 배울 학, 자리 위
[academic degree]
❶[속뜻] 학문(學問) 연구로 얻은 지위(地位). ❷[교육] 박사, 석사, 학사처럼 일정한 학업 과정을 마친 사람에게 주는 칭호. ¶석사 학위 / 박사 학위.

학익-진 鶴翼陣 | 학 학, 날개 익, 진칠 진
[군사] 학[鶴]의 날개[翼] 모양으로 치는 진(陣).

**학자 學者 | 배울 학, 사람 자 [scholar]
학문(學問)을 연구하는 사람[者]. 학문이 뛰어난 사람. ¶세계적으로 유명한 학자가 되겠다.

학장 學長 | 배울 학, 어른 장 [dean]
[교육] 단과 대학(大學)의 최고 책임자[長]. ¶문과대학 학장을 지냈다.

학점 學點 | 배울 학, 점 점
[credit; grade]
[교육] ❶대학이나 대학원에서 학과(學科)의 성적을 평가한 점수(點數) 단위. ¶A 학점을 받다. ❷학생이 학과 과정을 규정대로 마침을 계산하는 단위. ¶학점을 취득하다.

학정 虐政 | 모질 학, 정치 정 [tyranny]
모질고[虐] 포악한 정치(政治). 국민을 괴롭히는 정치. ¶농민들은 학정을 견디다 못해 민란을 일으켰다.

학질 瘧疾 | 학질 학, 병 질 [malaria]
[의학] 말라리아 원충을 가진 학질모기[瘧]에게 물려서 감염되는 전염병[疾]. 갑자기 고열이 나며 설사와 구토·발작을 일으키고 비장이 부으면서 빈혈 증상을 보인다.

학창 學窓 | 배울 학, 창문 창 [school]
❶[속뜻] 학교(學校) 교실의 창문(窓門). ❷'공부하는 교실이나 학교'를 이르는 말. ¶학창 시절.

학칙 學則 | 배울 학, 법 칙
[school regulations]
학교(學校)에 관련된 규칙(規則). 교육 과정, 운영에 관한 규칙. ¶학칙을 어기다.

학회 學會 | 배울 학, 모일 회
[scientific society]
같은 학문(學問)을 연구하는 사람들로 조직된 모임[會]. ¶한국어 학회에 참석하다.

한:¹ 恨 | 한할 한 [grudge]
억울하고 원통한 일이 풀리지 못하고 응어리져 맺힌 마음. ¶한이 맺히다 / 그녀는 드디어 못 배운 한을 풀었다.

한:² 限 | 끝 한 [limit]
❶속뜻 시간, 공간, 수량, 정도 따위의 끝[限]을 나타내는 말. ¶사람의 힘에는 한이 있다. ❷조건의 뜻을 나타내는 말. ¶내 힘이 닿는 한 너를 도와줄게.

한가 閑暇 | 틈 한, 겨를 가 [leisured]
❶속뜻 틈[閑]과 겨를[暇]. ❷바쁘지 않고 여유가 있다. ¶오늘은 하루 종일 한가하다 / 한가로운 저녁 시간.

한:강 漢江 | 한양 한, 강 강 [Han River]
❶속뜻 한양(漢陽)의 남쪽을 가로질러 흐르는 강(江)이라는 뜻으로 붙여진 이름. ❷지리 한국의 중부에 있어 황해로 들어가는 강. 남한강과 북한강의 두 물줄기가 있다.

한:계 限界 | 끝 한, 지경 계 [limits]
❶속뜻 땅 따위의 끝[限]을 이은 경계(境界). ❷사물의 정해진 범위. ¶한계를 극복하다.

한:과 漢菓 | 한나라 한, 과자 과
❶속뜻 한(漢)나라 방식으로 만든 과자[菓]. ❷밀가루를 꿀이나 설탕에 반죽하여 납작하게 만들어 기름에 튀겨 물들인 것으로 흔히 잔칫상이나 제사상에 놓는다.

한:국 韓國 | 한국 한, 나라 국 [Korea]
지리 '대한민국'(大韓民國)의 준말. 아시아 대륙 동쪽에 있는 한반도와 그 부속 도서(島嶼)로 이루어진 공화국이다. ¶한국의 수도는 서울이다.

▶ **한:국-계 韓國系** | 이어 맬 계
한국(韓國)이나 한국인과 관계된 계통(系統). ¶한국계 미국인.

▶ **한:국-어 韓國語** | 말씀 어
언어 한국인(韓國人)이 사용하는 말[語]. ⓗ 한국말.

▶ **한:국-인 韓國人** | 사람 인
한국(韓國) 국적을 가졌거나 한민족의 혈통을 지닌 사람[人]. ¶노벨 물리학상에 한국인이 후보로 올랐다.

▶ **한:국-적 韓國的** | 것 적
한국(韓國) 고유의 특징이나 색채가 있는 것[的]. ¶이 식당은 한국적인 분위기가 물씬 난다.

▶ **한:국-학 韓國學** | 배울 학
한국(韓國)에 관련된 각 분야를 연구하는 학문(學問). ¶한국학을 체계적으로 정리하다.

▶ **한:국-화 韓國畵** | 그림 화
미술 한국(韓國) 특유의 화법으로 그린 그림[畵]. 대개 수묵화를 이르는데, 이와 대비하여 중국과 일본의 그림을 동양화라 이른다. ¶한국화를 잘 그리다.

▶ **한:국-은행 韓國銀行** | 돈 은, 가게 행
경제 우리나라[韓國]의 중앙은행(中央銀行). 1950년 5월 한국은행법에 의하여 설립된 무자본 특수 법인으로, 일반 금융 기관에 대한 예금·대출 업무, 발권 업무, 국고 업무, 외국환 업무 따위를 수행한다.

▶ **한:국 전:쟁 韓國戰爭** | 싸울 전, 다툴 쟁
역사 1950년 6월 25일 한국(韓國)에서 벌어진 전쟁(戰爭). 북한군이 기습적으로 침공하였으며, 1953년 7월 27일에 휴전했으며, 지금까지 지속되고 있다.

한기 寒氣 | 찰 한, 기운 기 [chill]
추운[寒] 기운(氣運). ¶한기를 느끼다. ⓗ 추위.

한대 寒帶 | 찰 한, 띠 대 [frigid zones]
지리 추운[寒] 기후의 지대(地帶). 또는 추

운 지대. 위도 상 남북으로 각각 66.3도에서 양 극점까지의 지대를 이른다.
▶ **한대-림** 寒帶林 | 수풀 림
지리 한대(寒帶)의 삼림(森林).

한:도 限度 | 끝 한, 정도 도 [limit]
한계(限界)가 되는 정도(定度). ¶내가 알고 있는 한도 내에서 알려줄게.

한:라-산 漢拏山 | 은하 한, 잡을 라, 메 산
❶ 속뜻 은하(銀漢), 즉 은하수(銀河水)를 손으로 잡을[拏] 수 있을 정도로 높은 산(山). ❷ 지리 제주특별자치도 중앙에 있는 산. 꼭대기에 백록담이 있으며, 높이는 1,950미터이다.

한란 寒蘭 | 찰 한, 난초 란
❶ 속뜻 추운[寒] 계절에 피는 난(蘭). ❷ 식물 난초과의 다년초. 높이 30∼70cm로, 칼 모양의 잎에 초겨울에 지름 5∼6cm의 홍자색의 꽃이 핀다.

한랭 寒冷 | 찰 한, 찰 랭
[cold; coldness]
춥고[寒] 또 참[冷]. 매우 추움.
▶ **한랭 전선** 寒冷前線 | 앞 전, 줄 선
지리 한랭(寒冷) 기단의 전선(前線). 따뜻한 기단(氣團)을 밀어 올리듯 나간다. ⑭ 온난 전선(溫暖前線).

한량¹ 閑良 | 한가할 한, 어질 량 [prodigal]
❶ 속뜻 한가(閑暇)롭게 잘 지내는 양민(良民). ❷돈 잘 쓰고 잘 노는 사람. ¶그 친구는 놀기 좋아하는 한량이다.

한:량² 限量 | 한할 한, 분량 량
[limits; bounds]
한정(限定)된 분량(分量). ¶그들의 욕심은 한량이 없었다.

한류 寒流 | 찰 한, 흐를 류
[cold current]
지리 차가운[寒] 해류(海流). 양극(兩極)의 바다에서 나와 대륙을 따라 적도 쪽으로 흐른다. ⑭ 난류(暖流).

한:말 韓末 | 나라이름 한, 끝 말
대한(大韓)제국의 마지막[末] 시기. ¶한말에는 구국(救國) 운동이 일어났다.

한:문 漢文 | 한나라 한, 글월 문 [Chinese writing]
한자(漢字)로 쓰인 문장(文章).

한:미 韓美 | 한국 한, 미국 미
[Korea and America]
한국(韓國)과 미국(美國)을 아울러 이르는 말. ¶한미 연합군.

한:-민족 韓民族 | 한국 한, 백성 민, 무리 족 [Korean race]
한반도(韓半島)에서 사는 민족(民族). ⑭ 배달민족(倍達民族).

한:-반도 韓半島 | 한국 한, 반 반, 섬 도 [Korean Peninsula]
한족(韓族)이 살고 있는 반도(半島). 우리나라 국토 전역을 포괄한다.

한:방 韓方 | 한국 한, 방법 방 [traditional Oriental medicine]
한의 중국에서 전해져 우리나라[韓]에서 발달한 의술[方]. ¶한방으로 치료하다.

한:복 韓服 | 한국 한, 옷 복
한국(韓國)의 전통 의복(衣服). ¶설날에는 한복을 입는다. ⑭ 양복(洋服).

한산 閑散 | =閒散, 한가할 한, 한가로울 산 [dull]
한가롭다[閑=散]. ¶한산한 거리. ⑭ 복잡(複雜)하다, 번잡(煩雜)하다.

한:성 漢城 | 한양 한, 성곽 성
❶ 속뜻 한양(漢陽)의 도성(都城). ❷ 역사 조선 시대, 서울의 이름.
▶ **한:성-부** 漢城府 | 관청 부
역사 조선 때, 서울[漢城]의 행정 일반을 맡아보던 관아[府].

한:시 漢詩 | 한나라 한, 시 시 [Chinese poetry]
문학 한문(漢文)으로 지은 시(詩).

한식¹ 寒食 | 찰 한, 먹을 식
차가운[寒] 밥을 먹는[食] 풍습이 있는 명절. 종묘(宗廟)와 능원(陵園)에서 제향을 올리고, 민간에서는 성묘를 한다. 4월 5,6일 경이다.

한:식²韓式 | 한국 한, 꼴 식
[Korean style]
한국(韓國) 고유의 양식(樣式)이나 격식(格式). ¶한식으로 지은 집을 한옥이라 한다.

한:식³韓食 | 한국 한, 밥 식
[Korean style food]
한국(韓國) 고유의 음식(飮食). ¶나는 양식보다 한식을 좋아한다. [비]한국 요리(韓國料理). [반]양식(洋食).

한심 寒心 | 찰 한, 마음 심 [pitiful]
❶[속뜻]차가운[寒] 마음[心]. ❷열정과 의욕이 없어 절망적이고 걱정스럽다. ¶한심한 사람을 보면 불쌍한 생각이 앞선다.

한:약 韓藥 | 한국 한, 약 약
[herbal medicine]
[한의]한방(韓方)에서 쓰는 약(藥). '한방약'의 준말. ¶한약을 달이다 / 한약 한 제를 지어 먹다. [반]양약(洋藥).

▸한:약-재 韓藥材 | 재료 재
[한의학]한약(韓藥)의 재료(材料). ¶인삼은 한약재로도 쓰인다.

한:양 漢陽 | 한강 한, 볕 양
❶[속뜻]한강(漢江)의 북녘에 양지(陽地) 바른 곳. ❷[지리]'서울'의 옛 이름.

한:옥 韓屋 | 한국 한, 집 옥
[traditional Korean style house]
전통 한식(韓式)으로 지은 집[屋]. [반]양옥(洋屋).

한:우 韓牛 | 한국 한, 소 우
[Korean beef cattle]
[동물]한국(韓國) 토종 소[牛]. 체질이 강하고 성질이 온순하며 고기 맛이 좋다.

한:의 韓醫 | 한국 한, 의원 의
[Oriental doctor; herb doctor]
❶[속뜻]예로부터 우리나라[韓]에서 발달한 의술(醫術). '한방의'(韓方醫)의 준말. ❷'한의사'의 준말. [반]양의(洋醫).

▸한:의-과 韓醫科 | 분과 과
한의(韓醫)를 배우는 의학 분과(分科). ¶한의과 대학.

한:-의사 韓醫師 | 한국 한, 치료할 의, 스승 사 [Oriental doctor]
한의학(韓醫學)을 전공한 의사(醫師).

한:-의원 韓醫院 | 한국 한, 치료할 의, 집 원 [Oriental medicine clinic]
[한의]한방(韓方)으로 병을 치료하는[醫] 곳[院]. ¶한의원에서 침을 맞았다.

한:-의학 韓醫學 | 한국 한, 치료할 의, 배울 학 [Oriental medicine]
[한의]중국에서 전래되어 우리나라[韓]에서 독자적으로 발달한 전통 의학(醫學). ¶한의학을 공부하다.

한:인 韓人 | 한국 한, 사람 인 [Korean]
외국에 나가 살고 있는 한국(韓國) 사람[人]. ¶한인 학교.

▸한:인-회 韓人會 | 모일 회
친목과 공동의 이익을 위해 외국에 살고 있는 한국(韓國) 사람[人]들끼리 만든 단체[會]. ¶한인회 정기 모임.

한:일 韓日 | 한국 한, 일본 일
[Korea and Japan]
한국(韓國)과 일본(日本). ¶한일 친선 경기.

*__한:자 漢字__ | 한나라 한, 글자 자
[Chinese character]
한자어(漢字語)의 뜻을 나타내는 데 필요한 낱낱의 글자[字]. ¶한자를 많이 알면 교과서 공부가 쉬워진다.

▸한:자-어 漢字語 | 말씀 어
해당 한자(漢字) 하나하나가 뜻을 나타내는 낱말[語]. ¶우리말에는 한자어가 대부분이다.

한적 閑寂 | =閒寂, 한가할 한, 고요할 적
[quiet]
한가(閑暇)하고 적막(寂寞)하다. ¶한적한 산골.

한:정 限定 | 한할 한, 정할 정 [limit]
제한적(制限的)으로 정(定)함. ¶한정판매 / 회원을 30명으로 한정하다.

한:족 漢族 | 한나라 한, 겨레 족
[the Han race]

'한민족'(漢民族)의 준말. 중국 본토에서 예로부터 살아온, 중국의 중심이 되는 종족. 중국어를 쓰며, 중국 전체 인구의 90% 이상을 차지한다.

한:중 韓中 | 한국 한, 중국 중
[Korea and China]
한국(韓國)과 중국(中國). ¶한중 수교 30주년.

한:지 韓紙 | 한국 한, 종이 지
❶속뜻 한국(韓國)의 종이[紙]. ❷닥나무 따위를 이용해 한국 전통 제조법으로 만든 종이. 창호지 따위. ¶한지 공예.

한:탄 恨歎 | 원한 한, 한숨지을 탄 [sigh]
너무 원한(怨恨)이 사무쳐 한숨을 지음[歎]. ¶신세 한탄을 하다.

한파 寒波 | 찰 한, 물결 파 [cold wave]
❶속뜻 한기(寒氣)가 물결[波]처럼 밀려오는 것. ❷지리 겨울철에 기온이 갑자기 내려가는 현상. ¶전국에 한파가 몰아쳤다.

한:학 漢學 | 한나라 한, 배울 학
[Chinese classics]
❶속뜻 한(漢)나라의 학문(學問). ❷한문을 연구하는 학문. '한문학'(漢文學)의 준말.

한:해¹ 旱害 | 가물 한, 해칠 해 [drought disaster]
가뭄[旱]으로 인한 재해(災害). ¶한해를 입어 벼농사를 망쳤다.

한해² 寒害 | 찰 한, 해칠 해
[cold weather damage]
추위[寒]로 인한 재해(災害). ¶기온이 갑자기 낮아져서 한데기 심했다.

할 割 | 나눌 할 [percentage]
비율을 나타내는 단위. 전체를 열로 등분하여 그 몇을 나타내는 말. ¶그 선수는 타율이 3할대로 올랐다.

할당 割當 | 나눌 할, 맡을 당
[assign; allot]
몫을 나누어[割] 맡음[當]. ¶연설자들은 각각 15분을 할당받았다.

할부 割賦 | 나눌 할, 거둘 부
[pay in installments]
돈을 여러 번으로 나누어[割] 거두어[賦] 들임. ¶3개월 할부로 물건을 샀다.

할애 割愛 | 나눌 할, 아낄 애
[share willingly]
❶속뜻 아끼는[愛] 물건 따위를 나누어[割] 줌. ❷소중한 시간, 돈, 공간 따위를 아깝게 여기지 않고 선뜻 내어 줌. ¶시간을 할애하다.

할인 割引 | 나눌 할, 당길 인 [discount]
❶속뜻 나누어[割] 당겨[引] 뺌. ❷일정한 값에서 얼마를 뺌. ¶할인 가격 / 학생 할인 / 회원은 정가의 20%를 할인해 준다.
▶ 할인-율 割引率 | 비율 률
경제 할인(割引)하는 비율(比率).

함: 函 | 상자 함
혼인 때, 신랑 측에서 사주단자, 청혼 문서, 선물 따위를 넣어서 신부 측에 보내는 나무 궤짝. ¶함 사세요!

함:대 艦隊 | 싸움배 함, 무리 대 [fleet]
군사 여러 군함(軍艦)으로 이루어진 편대(編隊). ¶스페인은 무적 함대를 이끌고 영국으로 향했다.

함:락 陷落 | 빠질 함, 떨어질 락
[surrender]
❶속뜻 빠져서[陷] 바닥으로 떨어짐[落]. ❷성(城) 따위를 빼앗김. ¶적에게 수도가 함락됐다.

함량 含量 | 머금을 함, 분량 량 [content]
어떤 물질 속에 포함(包含)된 분량(分量). ¶수박은 수분 함량이 높다.

함:몰 陷沒 | 떨어질 함, 빠질 몰
[cave in]
❶속뜻 땅 아래로 떨어지거나[陷] 물에 빠짐[沒]. ❷움푹 파이거나 쑥 들어감. ¶탯줄을 자르고 함몰된 자리를 배꼽이라 부른다.

함:선 艦船 | 싸움배 함, 배 선
[warships and other ships]
군함(軍艦)과 선박(船舶).

함:성 喊聲 | 소리칠 함, 소리 성
[great outcry]
여럿이 함께 고함지르는[喊] 소리[聲]. ¶함성을 지르다.

함:수 函數 | 넣을 함, 셀 수
[mathematical function]
❶속뜻 안에 넣어져[函] 있는 변수(變數). ❷수학 두 변수 x와 y사이에, x의 값이 정해짐에 따라 y의 값이 정해지는 관계에서 x에 대하여 y를 이르는 말.

함양 涵養 | 받아들일 함, 기를 양
[cultivate]
❶속뜻 받아들여[涵] 기름[養]. ❷능력이나 품성을 기르고 닦음. ¶인격 함양.

함유 含有 | 머금을 함, 있을 유 [contain]
어떤 물질이 어떤 성분을 포함(包含)하고 있음[有]. ¶철분 함유 / 포도의 함유 성분.

함자 銜字 | 받들 함, 글자 자
[honored name]
❶속뜻 받들[銜] 이름[字]. ❷남의 '이름'을 높여 이르는 말. ¶아버지 함자가 어떻게 되십니까? 뗀성함(姓銜), 존함(尊銜).

함:정¹ 陷穽 | 빠질 함, 허방다리 정 [trap]
❶속뜻 짐승이 빠지도록[陷] 파 놓은 구덩이[穽]. ¶함정을 파 놓다. ❷벗어날 수 없는 곤경이나 계략. ¶함정에 빠지다 / 함정이 있는 문제.

함:정² 艦艇 | 싸움배 함, 거룻배 정
[naval vessel]
군사 큰 군함(軍艦)과 작은 거룻배[艇].

함축 含蓄 | 머금을 함, 쌓을 축
[imply; involve]
❶속뜻 속에 품고[含] 쌓아[蓄] 둠. ❷말이나 글이 많은 뜻을 담고 있음. ¶문장에 함축된 의미를 찾아보자.

함:포 艦砲 | 싸움배 함, 대포 포
[guns of a warship]
군사 군함(軍艦)에 장비한 화포(火砲). ¶전함에 함포를 장진하다.

함흥-냉면 咸興冷麵 | 다 함, 일어날 흥, 찰 랭, 국수 면
함흥(咸興) 지역의 향토 음식인, 국물 없이 생선회를 곁들여 맵게 비벼 먹는 냉면(冷麵).

함흥-차사 咸興差使 | 다 함, 일어날 흥, 부릴 차, 부릴 사
❶속뜻 함흥(咸興) 지방으로 보낸[差] 관리[使]. ❷'심부름을 가서 오지 않거나 늦게 온 사람'을 이르는 말. 조선 태조 이성계가 왕위를 물려주고 함흥(咸興)에 있을 때에, 태종이 보낸 차사(差使)를 혹은 죽이고 혹은 잡아 가두어 돌려보내지 않았던 데서 유래. ¶그는 금방 오겠다더니 여태 함흥차사다.

합 合 | 합할 합 [sum]
여럿을 한데 모은 수. 둘 이상의 수를 합해서 얻은 수치. ¶8과 6의 합은 14이다.

합격 合格 | 맞을 합, 자격 격
[pass an exam]
❶속뜻 자격(資格)에 맞음[合]. ❷채용이나 자격시험 따위에 붙음. ¶합격을 축하합니다. 뗀낙방(落榜), 불합격(不合格).

▶합격-증 合格證 | 증거 증
시험 따위에서 합격(合格)하였음을 증명(證明)하는 문서. ¶합격증을 받았다.

***합계 合計** | 합할 합, 셀 계 [total]
합(合)하여 셈[計]. 또는 그 수나 양. ¶오늘 산 물건들의 합계가 얼마입니까? 뗀합산(合算), 총계(總計).

▶합계-란 合計欄 | 칸 란
장부에서 합계(合計)를 적는 곳[欄]. ¶합계란의 금액을 보고 놀랐다.

합금 合金 | 합할 합, 쇠 금 [alloy]
화학 여러 가지 금속(金屬)을 합(合)함. 또는 그렇게 만든 금속.

합기-도 合氣道 | 합할 합, 기운 기, 기예 도 [art of self defense]
❶속뜻 기(氣)를 모아[合] 하는 무도(武道). ❷운동 맨손이나 단도, 검, 창 따위를 써서 하는 호신술.

합당 合當 | 맞을 합, 마땅 당 [suitable]

어떤 기준이나 조건에 맞아서[合] 적당(適當)하다. ¶합당한 방법. [비] 적합(適合)하다. [반] 부당(不當)하다.

합동 合同 | 합할 합, 한가지 동 [union]
❶[속뜻] 여럿이 모여 하나[同]로 합(合)함. ¶합동 결혼식 / 두 학교가 합동으로 연주회를 열었다. ❷[수학] 두 개의 도형이 크기와 모양이 같아 서로 포갰을 때에 꼭 맞는 것.

합류 合流 | 합할 합, 흐를 류
[unite; join]
❶[속뜻] 한데 합(合)하여 흐름[流]. ¶이 지점은 두 강이 합류하는 곳이다. ❷일정한 목적을 위하여 행동을 같이함. ¶해외파 선수들의 합류로 팀의 전력이 크게 향상되었다 / 육군과 합류한 해군.

합리 合理 | 맞을 합, 이치 리
[reasonable]
이치(理致)에 맞음[合]. [반] 불합리(不合理).

▸ 합리-적 合理的 | 것 적
이치(理致)에 맞아[合] 정당한 것[的]. ¶가장 합리적인 해결책을 찾다.

합법 合法 | 맞을 합, 법 법
[lawful; legal]
법(法)에 맞음[合]. [비] 적법(適法). [반] 불법(不法), 비합법(非合法), 위법(違法).

▸ 합법-적 合法的 | 것 적
법(法)에 맞는[合] 것[的]. ¶합법적인 단체. [반] 불법적(不法的), 비합법적(非合法的), 위법적(違法的).

합병 合倂 | =合幷, 합할 합, 어우를 병
[merge]
여러 사물이나 조직을 합(合)해 어우름[倂]. ¶세 개의 회사가 합병하여 하나가 되었다.

▸ 합병-증 合倂症 | 증세 증
[의학] 어떤 질병에 곁들여[合倂] 일어나는 다른 병증(病症). ¶할머니께서는 당뇨로 인한 합병증으로 돌아가셨습니다.

합석 合席 | 합할 합, 자리 석
[sit together]
자리[席]를 합(合)함. 한자리에 같이 앉음. ¶실례지만 합석을 해도 될까요?

합선 合線 | 합할 합, 줄 선 [short circuit]
❶[속뜻] 선(線)을 합(合)함. ❷[전기] 전기 회로의 절연이 잘 안되어서 두 점 사이가 접속되는 일. ¶전선이 합선되어 불이 났다.

합성 合成 | 합할 합, 이룰 성
[compose; synthesize]
여럿을 합(合)하여 하나로 만듦[成]. ¶합성 사진. [반] 분해(分解).

▸ 합성-어 合成語 | 말씀 어
[언어] 여럿의 실질 형태소가 어울려 이루어진[合成] 단어(單語). 고유어의 '집안', '돌다리' 따위가 있다. 한자어의 절대 다수가 이에 속한다.

▸ 합성 섬유 合成纖維 | 가늘 섬, 밧줄 유
[공업] 화학적으로 합성(合成)하여 만든 섬유(纖維). [준] 합섬.

▸ 합성 세ː제 合成洗劑 | 씻을 세, 약제 제
[공업] 화학적으로 합성(合成)하여 만든 세제(洗劑).

▸ 합성-수지 合成樹脂 | 나무 수, 기름 지
[화학] 화학적으로 합성(合成)하여 만든 수지(樹脂).

합세 合勢 | 합할 합, 세력 세
[join forces]
세력(勢力)을 한데 합(合)함. ¶여럿이 합세하여 범인을 잡았다.

합숙 合宿 | 합할 합, 묵을 숙
[stay together in a camp]
여러 사람이 한 곳에 모여[合] 묵음[宿]. ¶합숙 훈련.

합승 合乘 | 합할 합, 탈 승
[ride together]
여러 사람이 한데 모여[合] 탐[乘]. ¶합승을 해도 될까요?

합심 合心 | 합할 합, 마음 심 [unison]
여럿이 마음[心]을 한데 합(合)함. ¶친구들과 합심하여 축제를 준비했다.

합의[1] **合意** | 맞을 합, 뜻 의 [agreement]
서로 의견(意見)이 맞아[合] 일치함. 또는 그 의견. ¶합의 사항 / 양측은 권리와 의무를 합의했다.

합의[2] **合議** | 합할 합, 의논할 의 [consult together]
두 사람 이상이 한 자리에 모여서[合] 의논(議論)함. ¶회칙 개정은 회원들의 합의를 통해 이루어진다.

합작 合作 | 합할 합, 지을 작 [joint work]
여럿의 힘을 합(合)하여 만듦[作]. ¶이 영화는 한중 합작 작품이다.

합장 合掌 | 합할 합, 손바닥 장 [join one's hands in prayer]
❶ [속뜻] 두 손바닥[掌]을 마주 합(合)침. ❷ [불교] 부처에게 절할 때 공경하는 마음으로 두 손바닥을 합침.

합주 合奏 | 합할 합, 연주할 주 [concert]
[음악] 여러 악기를 합(合)해 연주(演奏)함. ¶기악 합주.

▸ 합주-곡 合奏曲 | 노래 곡
[음악] 합주(合奏)를 할 수 있도록 작곡한 악곡(樂曲). ¶합주곡을 연주하다.

합죽 合竹 | 합할 합, 대나무 죽
대나무[竹] 조각을 맞붙임[合].

▸ 합죽-선 合竹扇 | 부채 선
얇게 깎은 대[竹]를 맞붙여서[合] 살을 만든 부채[扇].

합-집합 合集合 | 합할 합, 모일 집, 합할 합 [union]
[수학] 두 집합 A와 B가 있을 때, 집합 A의 원소와 집합 B의 원소 전체를 합(合)친 집합(集合). 'A∪B'로 나타낸다.

합창 合唱 | 합할 합, 부를 창 [chorus]
여러 사람이 소리를 합(合)하여 노래함[唱]. ¶남녀 합창 / 우리는 교가를 합창했다. [반] 독창(獨唱).

▸ 합창-곡 合唱曲 | 노래 곡
[음악] 합창(合唱)을 할 수 있도록 지은 악곡(樂曲).

▸ 합창-단 合唱團 | 모일 단
합창(合唱)을 하기 위한 모임[團]. ¶어린이 합창단.

합판 合板 | 합할 합, 널빤지 판 [sheet of plywood]
여러 장을 합(合)하여 만든 널빤지[板].

항: 項 | 목 항 [clause; term]
❶법률·문장 등에서 내용을 구분하는 단위의 하나. ¶제4조 제2항. ❷ [수학] 다항식(多項式)을 이루는 각 숫자나 값.

항:거 抗拒 | 버틸 항, 막을 거 [resist]
❶ [속뜻] 버티어[抗] 맞섬[拒]. ❷순종하지 않고 맞서서 반항함. ¶민중의 항거 / 일제에 대한 항거.

항:공 航空 | 건널 항, 하늘 공 [airline]
❶ [속뜻] 하늘[空]을 건넘[航]. ❷비행기로 하늘을 날아다님. ¶항공 노선 / 항공요금.

▸ 항:공-기 航空機 | 틀 기
기구나 비행기처럼 하늘을 나는[航空] 기계(機械).

▸ 항:공-로 航空路 | 길 로
항공기(航空機)가 다니는 길[路]. 즉 일정하게 운항하는 항공기의 지정된 공중 통로. [준] 공로.

***항:구**[1] **港口** | 뱃길 항, 어귀 구 [port]
뱃길[港]의 어귀[口]. 배가 드나들 수 있도록 시설이 있음. ¶홍콩은 항구 도시이다.

항구[2] **恒久** | 늘 항, 오랠 구 [permanent]
늘[恒] 변하지 않음[久]. [비] 영구(永久).

▸ 항구-적 恒久的 | 것 적
변함없이[恒] 오래가는[久] 것[的]. ¶한반도의 항구적 평화를 확립하다. [비] 영구적(永久的).

항:라 亢羅 | 가릴 항, 비단 라 [sheer silk]
명주[羅], 모시, 무명실 따위로 짠[亢] 피륙의 하나. 씨를 세 올이나 다섯 올씩 걸러서 구멍이 송송 뚫어지게 짠 것으로 여름 옷감으로 적당하다. ¶항라 치마저고리를 즐겨 입다.

항렬 行列 | 줄 항, 줄 렬

[degree of kin relationship]
❶**속뜻** 죽 늘어선 줄[行=列]. ❷같은 혈족의 직계에서 갈라져 나간 계통 사이의 대수 관계를 나타내는 말. 형제자매 관계는 같은 항렬로 같은 항렬자를 써서 나타낸다. ¶항렬이 낮다.

▶ **항렬-자** 行列字 | 글자 자
항렬(行列)을 나타내기 위하여 이름자 속에 넣는 글자[字]. ¶내 이름의 항렬자는 '넓을 광'(廣)자이다. ⑪ 돌림자.

항:로 航路 | 배 항, 길 로 [route]
❶**속뜻** 배[航]가 다니는 길[路]. 뱃길. ¶그는 뉴욕으로 항로를 바꾸었다. ❷항공기가 통행하는 공로. ¶비행기가 항로를 벗어났다.

항:만 港灣 | 항구 항, 물굽이 만 [harbors]
바닷가의 굽어 들어간 곳[灣]에 만든 항구(港口). 또는 그렇게 만든 해역(海域). ¶항만시설.

항:목 項目 | 목 항, 눈 목 [item]
❶**속뜻** 사람의 목[項]과 눈[目]. ❷법률 규정 따위의 조항(條項)과 조목(條目). ¶이 법안은 8개의 항목으로 이루어져 있다.

항문 肛門 | 똥구멍 항, 문 문 [anus]
❶**속뜻** 똥구멍[肛]의 문[門]. ❷의학 고등 포유동물의 직장(直腸) 끝에 있는 배설용의 구멍. ¶항문에 좌약을 넣다. ⑪ 똥구멍.

항복 降伏 | =降服, 굴복할 항, 엎드릴 복 [surrender]
❶**속뜻** 투항(投降)할 뜻으로 몸을 엎드림[伏]. ❷전쟁 등에서 자신이 진 것을 인정하고 상대방에게 굴복함. ¶왜군은 결국 이순신장군에게 항복했다.

*__항상__ 恒常 | 늘 항, 늘 상 [constantly]
늘[恒=常]. ¶나는 항상 네 편이야. ⑪ 언제나. ⑫ 가끔.

항:생 抗生 | 막을 항, 살 생
다른 생물이 사는[生] 것을 막음[抗].

▶ **항:생-제** 抗生劑 | 약제 제
약학 항생 물질(抗生物質)로 된 약제(藥劑). 다른 미생물이나 생물 세포를 선택적으로 억제하거나 죽인다. ⑪ 마이신.

항성 恒星 | 늘 항, 별 성 [permanent star]
❶**속뜻** 항상(恒常) 그 자리에 있는 별[星]. ❷천문 천구 위에서 서로의 상대 위치를 바꾸지 않고 별자리를 구성하는 별. 북극성, 북두칠성, 삼태성, 견우성, 직녀성 따위. ⑪ 행성(行星).

항:소 抗訴 | 버틸 항, 하소연할 소 [appeal]
❶**속뜻** 계속 버티며[抗] 상소(上訴)함. ❷법률 재판에서 하급 법원의 판결에 따르지 않고 상급 법원에 다시 하는 고소 ¶항소를 기각하다.

항:암 抗癌 | 막을 항, 암 암 [anticancer]
암(癌)세포의 증식을 막거나[抗] 암세포를 죽임. ¶항암 성분이 들어 있다 / 항암 치료를 받았다.

항:의 抗議 | 겨룰 항, 따질 의 [protest]
❶**속뜻** 대항(對抗)의 뜻으로 따짐[議]. ❷반대의 뜻을 주장함. ¶항의전화가 빗발치다 / 그는 심판의 판정에 강력히 항의했다.

항:일 抗日 | 겨룰 항, 일본 일 [resistance to Japan]
일본(日本) 제국주의에 항거(抗拒)함. ¶항일 운동.

항:쟁 抗爭 | 버틸 항, 다툴 쟁 [struggle; resist]
겨루고[抗] 다툼[爭]. ¶항쟁을 벌이다.

항:전 抗戰 | 막을 항, 싸울 전 [fight back; resist]
적에 대항(對抗)하여 싸움[戰]. ¶독립군의 항전.

항:체 抗體 | 막을 항, 몸 체 [antibody]
❶**속뜻** 저항력(抵抗力)을 지닌 물질[體]. ❷의학 병균에 저항하거나 그것을 죽이는 몸속의 물질. ¶예방 접종으로 병균에 대한 항체가 형성되었다.

항:해 航海 | 배 항, 바다 해 [voyage]
배[航]를 타고 바다[海]를 다님. ¶그는 또 다시 기나긴 항해를 떠났다.

해¹(日, 해 일) [sun; sunlight]
❶태양. ¶해가 뜨다 / 해가 서쪽에서 뜨다. ❷햇빛이나 햇볕. ¶우리 집은 남향이라 해가 잘 든다. ❸해가 떠서 질 때까지의 동안. ¶해 지기 전에 들어와라.

해²(年, 해 년) [year]
지구가 태양을 한 바퀴 도는 동안. ¶해가 바뀌다. 町 년(年).

해ː³害 | 해칠 해 [harm]
이롭지 않게 하거나 손상을 입힘. 또는 그런 것. ¶남에게 해를 끼치다. 町 이(利).

**해ː결 解決 | 풀 해, 터놓을 결
[solve; settle]
❶속뜻 얽힌 것을 풀고[解] 막힌 물을 터놓음[決]. ❷문제의 핵심을 밝혀서 가장 좋은 결과를 찾아냄. ¶복잡한 문제를 해결하다.
▶ **해ː결-책** 解決策 | 꾀 책
어떠한 일이나 문제 따위를 해결(解決)하기 위한 방책(方策). ¶해결책을 마련하다 / 해결책을 모색하다.

해ː고 解雇 | 풀 해, 품팔 고 [dismiss]
사회 고용(雇用) 계약을 해지(解止)함. 고용한 사람을 내보냄. ¶해고를 당하다 / 사장은 그녀를 해고했다. 町 임용(任用), 채용(採用).

해골 骸骨 | 뼈 해, 뼈 골 [skeleton]
❶속뜻 몸을 이루고 있는 뼈[骸=骨]. ❷살이 썩고 남은 뼈. 또는 그 머리뼈.

해괴 駭怪 | 놀랄 해, 이상할 괴 [strange]
놀랄[駭] 만큼 이상한[怪]. ¶해괴한 일이 벌어지다. 町 괴상하다.
▶ **해괴-망측** 駭怪罔測 | 없을 망, 헤아릴 측
너무나 해괴(駭怪)하여 이루 헤아릴[測] 수 없음[罔]. ¶해괴망측한 이야기.

해ː군 海軍 | 바다 해, 군사 군 [navy]
군사 바다[海]에서 전투 따위를 맡아 하는 군대(軍隊).

해금 奚琴 | 어찌 해, 거문고 금
[Korean fiddle]
❶속뜻 당나라 때 해족(奚族)이 사용한 거문고[琴] 비슷한 현악기. ❷음악 민속 악기의 한 가지. 둥근 나무통에 긴 나무를 박고 두 가닥의 명주실을 매어 활로 비벼서 켬.

해ː녀 海女 | 바다 해, 여자 녀
[woman diver]
바다[海]에서 해산물 채취를 업으로 하는 여자(女子). ¶우리 할머니는 해녀이다.

해ː답 解答 | 풀 해, 답할 답 [answer]
❶속뜻 문제를 풀어서[解] 밝히거나 답(答)함. 또는 그 답. ¶해답은 뒷장에 있다. ❷어려운 일을 해결하는 방법. ¶해답은 늘 가까운 곳에 있다. 町 문제(問題).

해당 該當 | 그 해, 당할 당
[applicable to]
바로 그것에[該] 관계됨[當]. 관계되는 그것. ¶해당 조건 / 해당 분야.
▶ **해당-란** 該當欄 | 난간 란
어떤 사항에 해당(該當)하는 란(欄). ¶출생지를 해당란에 기입하시오.

해ː당-화 海棠花 | 바다 해, 팥배나무 당, 꽃 화 [sweetbrier]
❶속뜻 바다[海]가에서 자라는 팥배[棠] 같은 나무의 꽃[花]. ❷식물 5~7월에 크고 향기 있는 붉은 꽃이 피는 나무. 바닷가의 모래땅이나 산기슭에 난다.

해ː독¹害毒 | 해칠 해, 독할 독 [harm]
해(害)를 끼치는 독소(毒素). 나쁜 영향을 끼치는 요소. ¶환경에 심각한 해독을 끼친다.

해ː독²解讀 | 풀 해, 읽을 독 [decode]
알기 쉽도록 풀어서[解] 읽음[讀]. ¶고전을 해독하여 들려주다.

해ː독³解毒 | 풀 해, 독할 독
[remove the poison; detoxify]
독기(毒氣)를 풀어서[解] 없앰. ¶해독 작용 / 뱀독을 해독하다.
▶ **해ː독-제** 解毒劑 | 약제 제
약학 몸 안에 들어간 독성(毒性) 물질의 작용을 없애는[解] 약[劑]. ¶이 독은 아

직 해독제가 없다.

해:동[1] 解凍 | 풀 해, 얼 동 [thaw]
얼었던 것[凍]이 녹아서 풀림[解]. ¶고기를 전자레인지에 넣고 5분간 해동하세요.

해:동[2] 海東 | 바다 해, 동녘 동 [Korea]
❶[속뜻] 중국에서 바다[海]의 동(東)쪽에 있는 나라. ❷예전에 '우리나라'를 달리 이르던 말.

▸해:동-중보 海東重寶 | 무거울 중, 보배 보
❶[속뜻] 우리나라[海東]의 귀중(貴重)한 보배[寶]. ❷[역사] 고려 성종(成宗) 이후에 통용되었던 주화.

▸해:동-통보 海東通寶 | 통할 통, 보배 보
❶[속뜻] 우리나라[海東]에서 통용(通用)되던 보배로운[寶] 돈. ❷[역사] 고려 숙종(肅宗)때 통용되었던 주화.

해:례 解例 | 풀 해, 본보기 례
보기[例]를 들어서 풀이함[解]. ¶해례의 글을 쓰다.

▸해:례-본 解例本 | 책 본
내용을 알기 쉽게 자세한 예(例)를 들어 풀이해놓은[解] 책[本]. ¶훈민정음 해례본.

해:류 海流 | 바다 해, 흐를 류
[ocean current]
[지리] 항상 일정한 방향으로 움직이는 바닷물[海]의 흐름[流]. ¶해파리가 해류를 따라 이동한다.

해:리 海里 | 바다 해, 거리 리
[sea mile]
해상(海上)의 거리[里]를 나타내는 단위. 위도 1도의 60분의 1로 약 1852m이다.

해:면 海面 | 바다 해, 낯 면
[surface of the sea]
바다[海]의 표면(表面). ¶해면 위로 떠오르는 해.

해:명 解明 | 풀 해, 밝을 명 [explain]
까닭이나 내용 따위를 풀어서[解] 밝힘[明]. ¶그는 이 사건에 대해 아무런 해명도 하지 않았다.

해:몽 解夢 | 풀 해, 꿈 몽
[interpret of dreams]
꿈[夢]의 내용을 풀어서[解] 길흉(吉凶)을 판단함. ¶어젯밤에 꾼 꿈 해몽 좀 해 주세요.

해:물 海物 | 바다 해, 만물 물
[marine products]
바다[海]에서 나는 것[物]. '해산물'(海産物)의 준말.

해미 읍성 海美邑城 | 바다 해, 아름다울 미, 고을 읍, 성곽 성
[고적] 충청남도 서산시 해미읍(海美邑)에 있는 옛 성[城]. 조선 성종 22년(1491)에 축조되었으며, 원형 그대로 남아 있다.

해박 該博 | 맞을 해, 넓을 박 [profound]
❶[속뜻] 하는 말이 다 맞고[該] 앎이 넓음[博]. ❷배움이 넓고 아는 것이 많음. ¶해박한 지식 / 상식이 해박한 사람.

해:발 海拔 | 바다 해, 뽑을 발
[above the sea]
해면(海面)으로부터 뽑아[拔] 낸 듯이 위로 솟은 육지나 산의 높이. ¶그 산은 해발 2,000미터이다.

해:방 解放 | 풀 해, 놓을 방 [liberate]
몸과 마음의 속박이나 제한 따위를 풀어서[解] 자유롭게 놓아줌[放]. ¶노예 해방.

해:변 海邊 | 바다 해, 가 변 [beach]
바다[海]의 가장자리[邊]. ¶해변을 거닐다. [비] 바닷가.

해:병 海兵 | 바다 해, 군사 병 [marine]
[군사] ❶해군(海軍)의 병사(兵士). ❷해병대(海兵隊)의 병사(兵士). ¶한번 해병은 영원한 해병이다.

▸해:병-대 海兵隊 | 무리 대
[군사] 해륙 양면에서 전투할 수 있도록 특별히 편성되고 훈련된 해병(海兵)의 육상 전투 부대(部隊). ¶아버지는 해병대 출신이다.

해:부 解剖 | 가를 해, 쪼갤 부 [dissect]
❶[속뜻] 가르고[解] 쪼갬[剖]. ❷[생물] 생물

체의 일부 또는 전부를 절개(切開)하여 내부를 조사하는 일. ¶개구리 해부 / 인체 해부.

해:빙 解氷 | 풀 해, 얼음 빙 [thaw]
❶**속뜻** 얼음[氷]이 풀림[解]. ¶한강이 해빙되다. ❷'국제간의 긴장이 완화됨'을 비유하여 이르는 말. ¶동서 양대 진영의 해빙기. ㉽ 결빙(結氷).

해:산¹ 解産 | 풀 해, 낳을 산
[give birth to a baby]
몸을 풀어[解] 아이를 낳음[産]. ¶해산의 고통 / 무사히 여아를 해산했다. ㉽ 분만(分娩).

해:산² 解散 | 가를 해, 흩을 산
[break up]
❶**속뜻** 이리저리 갈리어[解] 흩어짐[散]. ❷모였던 사람이 흩어짐. 또는 흩어지게 함. ¶회의가 끝나자 회원들이 해산하였다. ❸집단, 조직, 단체 따위가 해체하여 없어짐. 또는 없어지게 함. ¶강제 해산. ㉽ 집합(集合).

해:산³ 海産 | 바다 해, 낳을 산
[sea products]
바다[海]에서 나오는[産] 물건. '해산물'의 준말.

▶해:산-물 海産物 | 만물 물
바다[海]에서 나는[産] 생물(生物). 어패류나 해초 등. ¶자갈치 해산물 시장.

해:삼 海蔘 | 바다 해, 인삼 삼
[sea cucumber]
❶**속뜻** 바다[海]의 인삼(人蔘) 같은 동물. ❷**동물** 온몸에 밤색과 갈색의 반문이 있는 동물. 입 둘레에 많은 촉수가 있고 배에 세로로 세 줄의 관족(管足)이 있다.

*****해:상 海上** | 바다 해, 위 상
[on the sea]
바다[海] 위[上]. ¶해상 경비대.

▶해:상-권 海上權 | 권리 권
법률 평시나 전시를 막론하고 무력으로 바다를 지배하여 군사, 통상, 항해 따위에 관하여 해상(海上)에서 가지는 권력(權力). ¶로마는 지중해 해상권을 장악했다.

▶해:상-왕 海上王 | 왕 왕
바다에서[海上] 벌이는 여러 활동을 다스리는 세력을 가지는 사람[王].

해:석¹ 解析 | 풀 해, 가를 석 [analyze]
❶**속뜻** 분해(分解)하고 분석(分析)함. 가름. ❷사물을 자세히 이론적으로 연구함. ❸**수학** '해석학(解析學)'의 준말.

해:석² 解釋 | 풀 해, 풀 석 [interpret]
❶**속뜻** 이해(理解)하기 쉽도록 풀어냄[釋]. ❷문장이나 사물 따위로 표현된 내용을 이해하고 설명함. 또는 그 내용. ¶이 영어 문장을 해석해 주세요.

해:설 解說 | 풀 해, 말씀 설 [explain]
알기 쉽게 풀어서[解] 설명(說明)함. 또는 그 설명. ¶경기 해설 / 작품 해설.

▶해:설-자 解說者 | 사람 자
문제나 사건의 내용 따위를 알기 쉽게 풀어 설명하는[解說] 사람[者]. ¶중계 아나운서와 해설자.

해:소 解消 | 풀 해, 사라질 소 [solve]
❶**속뜻** 풀어서[解] 없앰[消]. ❷좋지 않은 상태를 없애는 것 ¶스트레스 해소 / 교통 체증을 해소하다.

해:수 海水 | 바다 해, 물 수 [seawater]
바다[海]의 물[水].

▶해:수-면 海水面 | 낯 면
바닷물[海水]의 표면(表面). ¶해수면의 상승으로 많은 농경지가 침수되었다. ㉾ 해면.

▶해:수-욕 海水浴 | 목욕할 욕
바닷물[海水] 속에서 몸을 담그고[浴] 헤엄치거나 노는 일. ¶해수욕하러 가자!

▶해:수욕-장 海水浴場 | 목욕할 욕, 마당 장
해수욕(海水浴)을 할 수 있도록 환경과 시설이 되어 있는 곳[場]. ¶오늘 해수욕장이 개장했다.

해:악 害惡 | 해칠 해, 나쁠 악 [harm]
해(害)가 되는 나쁜[惡] 영향. ¶사회에 큰 해악을 바로잡다.

해:안 海岸 | 바다 해, 언덕 안 [coast]
바닷가[海]의 언덕[岸]. 바다의 기슭. ¶해안을 따라 산책하다.

▶ 해:안-선 海岸線 | 줄 선
지리 바다와 육지의 경계가 되는 해안(海岸)을 따라 길게 연결한 선(線). ¶남해안은 해안선이 복잡하다.

해:약 解約 | 풀 해, 묶을 약
[cancel a contract]
약속(約束)을 해지(解止)하여 취소함. ¶보험을 해약하다.

*해:양 海洋 | 바다 해, 큰바다 양 [ocean]
육지에 붙은 바다[海]와 육지에서 멀리 떨어진 넓은 바다[洋]. ¶해양 자원 / 해양 오염.

▶ 해:양성 기후 海洋性氣候 | 성질 성, 기운 기, 기후 후
지리 해양(海洋)의 영향을 크게 받는 성질(性質)을 가진 기후형(氣候型). 일교차가 적고, 날씨가 흐리고 비가 잦다. ⑭대륙성기후(大陸性氣候).

해:역 海域 | 바다 해, 지경 역
[sea area]
바다[海] 위의 일정한 구역(區域). ¶거제와 통영 일대는 청정 해역으로 지정되었다.

해:열 解熱 | 풀 해, 더울 열
[bring down fever]
의학 몸에 오른 열(熱)을 풀어[解] 내림.

▶ 해:열-제 解熱劑 | 약제 제
약학 해열(解熱)에 쓰는 약[劑].

해:왕-성 海王星 | 바다 해, 임금 왕, 별 성
[Neptune]
❶속뜻 바다[海]의 왕(王)을 상징하는 별[星]. 영문명 'Neptune'은 로마 신화 중 '바다의 신'을 뜻한다. ❷천문 태양계의 안쪽으로부터 여덟 번째의 행성. 공전 주기 164.8년인데, 태양에서 평균 거리는 약 45억 km이다.

*해:외 海外 | 바다 해, 밖 외
[foreign countries]
바다[海]의 밖[外]. ¶해외여행. ⑭ 외국(外國). ⑭ 국내(國內).

해:이 解弛 | 풀 해, 늦출 이
[slacken up]
마음이나 규율이 풀리어[解] 느슨해짐[弛]. ¶교민 관리가 해이하다.

해:인 海印 | 바다 해, 찍을 인
불교 부처의 지혜로 우주의 모든 만물을 깨달아 아는 일. 법을 관조(觀照)함을 '바다[海]에 만상(萬象)이 비치어 각인(刻印)되는 것'에 비유하여 이르는 말이다.

▶ 해:인-사 海印寺 | 절 사
❶속뜻 부처의 지혜로 우주의 모든 만물을 깨달아 아는 일[海印]을 표방하는 절[寺]. ❷불교 경상남도 가야산에 있는 사찰. 경내에 대장경 경판을 소장하고 있다.

해:일 海溢 | 바다 해, 넘칠 일
[tidal wave]
❶속뜻 바닷[海]물이 넘침[溢]. ❷지리 지진이나 화산의 폭발, 폭풍우 따위로 인하여 갑자기 큰 물결이 일어 해안을 덮치는 일. ¶해일이 발생하다.

해:임 解任 | 풀 해, 맡길 임 [dismiss]
❶속뜻 임용(任用)계약을 해지(解止)함. ❷어떤 지위나 맡은 임무를 그만두게 함. ¶이사장의 해임을 요구하다.

해:저 海底 | 바다 해, 밑 저
[sea bottom]
바다[海]의 밑바닥[底]. ¶해저탐험 / 해저터널.

해:적 海賊 | 바다 해, 도둑 적 [pirate]
❶속뜻 바다[海]의 도둑[賊]. ❷배를 타고 다니면서 항해하는 배나 해안 지방을 습격하여 약탈하는 도둑. ¶이 지역은 해적들이 자주 출몰한다.

▶ 해:적-선 海賊船 | 배 선
해적(海賊)이 타고 다니는 배[船]. ¶해적선을 격퇴하다.

해:전 海戰 | 바다 해, 싸울 전
[sea battle]
군사 해상(海上)에서 하는 전투(戰鬪). ¶

노량해전.

해ː제 解除 | 풀 해, 덜 제 [remove]
❶속뜻 설치하였거나 장비한 것 따위를 풀어[解] 없앰[除]. ¶패전국의 군인들은 총기 해제를 당하였다. ❷묶인 것이나 행동에 제약을 가하는 법령 따위를 풀어 자유롭게 함. ¶계엄을 해제하다.

해ː조 海藻 | 바다 해, 말 조 [seaweeds]
식물 바다[海]에서 나는 식물[藻].

▶ **해ː조-류 海藻類** | 무리 류
식물 바다[海]에서 나는 바닷말[藻] 종류(種類). ¶해조류는 혈액 순환에 도움이 된다.

해ː직 解職 | 풀 해, 일자리 직 [dismiss]
직책(職責)에서 물러나게[解] 함. ¶해직 근로자.

해ː체 解體 | 풀 해, 몸 체 [take apart]
❶속뜻 단체(團體) 따위를 풀어[解] 없앰. ¶교내 야구팀을 해체하다. ❷여러 부분을 모아 만든 물건을 작은 부분으로 다시 나누는 것. ¶라디오를 해체하다.

해ː초 海草 | 바다 해, 풀 초 [seaweeds]
식물 바다[海]에서 자라는 풀[草]. ¶바닷물에 해초가 떠다닌다.

해ː충 害蟲 | 해칠 해, 벌레 충 [harmful insect]
동물 사람이나 농작물에 해(害)가 되는 벌레[蟲]를 통틀어 이르는 말. ¶해충의 피해를 보다. 凹익충(益蟲).

해ː탈 解脫 | 풀 해, 벗을 탈 [be delivered]
❶속뜻 굴레에서 벗어남[解=脫]. ❷불교 속세의 번뇌와 속박을 벗어나 편안한 경지에 이르는 일. ¶그는 온갖 번뇌를 끊고 해탈했다. 凹열반(涅槃).

해ː풍 海風 | 바다 해, 바람 풍 [sea wind]
바다[海]에서 부는 바람[風]. 바닷바람. 凹육풍(陸風).

해학 諧謔 | 농담 해, 희롱할 학 [humor]
❶속뜻 농담[諧]으로 익살을 부림[謔]. ❷익살스러우면서 풍자적인 말이나 일. ¶이 소설은 풍자와 해학이 넘친다.

해ː협 海峽 | 바다 해, 골짜기 협 [strait]
❶속뜻 바다[海]를 끼고 있는 골짜기[峽]. ❷지리 육지와 육지 사이에 있는 좁고 긴 바다. ¶대한 해협.

핵 核 | 씨 핵 [nucleus]
❶사물·현상의 중심이 되는 것. ❷생물 세포의 중심에 있는 알갱이. 핵막(核膜)에 싸여 있으며, 세포 작용의 중추가 된다. ❸물리 원자의 중핵(中核)이 되는 입자.

핵-가족 核家族 | 핵심 핵, 집 가, 겨레 족 [two generation family]
❶속뜻 핵심적(核心的)인 구성원만 있는 가족(家族). ❷부부와 그들의 미혼 자녀로 이루어진 소가족. ¶핵가족 시대. 凹대가족(大家族).

핵-무기 核武器 | 씨 핵, 굳셀 무, 그릇 기 [nuclear weapon]
군사 원자핵의 분열 반응이나 융합 반응으로 말미암아 일어나는 핵(核)에너지를 응용한 무기(武器)를 통틀어 이르는 말. 원자 폭탄, 수소 폭탄 등이 있다. ¶세계는 핵무기 사용을 자제하고 있다.

핵심 核心 | 씨 핵, 가운데 심 [core]
사물의 중심(中心)이 되는 가장 요긴한 부분[核]. ¶문제의 핵심을 파악하다 / 핵심 인물 / 핵심 내용.

▶ **핵심-적 核心的** | 것 적
핵심(核心)이 되는 것[的]. ¶핵심적인 역할을 하다.

핵-폭탄 核爆彈 | 씨 핵, 터질 폭, 탄알 탄 [nuclear bomb]
군사 핵(核)폭발을 일으키는 폭탄(爆彈). 원자탄과 수소탄이 있다.

행 行 | 갈 행 [line]
글의 세로 또는 가로의 줄. ¶10쪽 5행부터 읽어 보자.

행군 行軍 | 다닐 행, 군사 군 [military march]
군사 행진(行進)하는 군대(軍隊). 또는 군

대의 행진. ¶야간 행군.

****행동 行動** | 갈 행, 움직일 동 [act]
길을 가거나[行] 몸을 움직임[動]. 어떤 동작을 함. ¶용감한 행동을 하다 / 말과 행동이 같다. [비] 행위(行爲).

행랑 行廊 | 다닐 행, 곁채 랑 [servants's quarters]
❶[속뜻] 지나다니는[行] 복도 옆에 있는 곁채[廊]. ❷예전에, 대문 안에 쭉 벌여 지어 주로 하인이 거처하던 방.

행렬 行列 | 갈 행, 줄 렬 [parade; procession]
여럿이 줄[列]을 지어 감[行]. 또는 그 줄. ¶가장(假裝) 행렬.

행방 行方 | 갈 행, 모 방 [one's traces]
간[行] 방향(方向). 간 곳. ¶범인의 행방을 알 수 없다.

▸ **행방-불명 行方不明** | 아닐 불, 밝을 명
간[行] 곳[方]이 분명(分明)하지 않음[不]. ¶그는 아직도 행방불명이다.

***행ː복 幸福** | 다행 행, 복 복 [happy]
❶[속뜻] 다행(多幸)스러운 복(福). ❷흐뭇하도록 만족하여 부족이나 불만이 없음. 또는 그러한 상태. ¶행복은 돈으로 살 수 없다 / 행복한 시간을 보내다. [반] 불행(不幸).

행사¹ 行使 | 행할 행, 부릴 사 [exercise]
부려서[使] 씀[行]. 특히, 권리나 권력·힘 따위를 실제로 사용하는 일. ¶무력을 행사해서 시위를 진압하다.

****행사² 行事** | 행할 행, 일 사 [event]
일[事]을 행(行)함. 또는 그 일. ¶행사를 위해서 무대를 마련하다.

▸ **행사-장 行事場** | 마당 장
행사(行事)를 진행하는 장소(場所). ¶관객들이 행사장을 가득 메웠다.

행상 行商 | 다닐 행, 장사 상 [peddle]
돌아다니며[行] 물건을 팖[商]. ¶행상을 하면서 어렵게 자식을 키우다.

행색 行色 | 다닐 행, 빛 색 [one's appearance]
❶[속뜻] 다니는[行] 모습[色]. ❷나그네의 차림새 또는 모습. ¶초라한 행색.

행선 行先 | 갈 행, 먼저 선 [journey]
❶[속뜻] 먼저[先] 감[行]. ❷가는 곳. ¶행선을 묻다.

▸ **행선-지 行先地** | 땅 지
가는[行先] 목적지[地]. ¶그는 행선지를 밝히지 않고 떠났다.

행성 行星 | 갈 행, 별 성 [planet]
[천문] 태양의 둘레를 공전하며 운행(運行)하는 별[星]을 통틀어 이르는 말. 태양에 가까운 것부터 수성, 금성, 지구, 화성, 목성, 토성, 천왕성, 해왕성 등의 여덟 개의 별이 있다. [반] 항성(恒星).

행세¹ 行世 | 행할 행, 세상 세 [pretend]
❶[속뜻] 어떤 행동(行動)으로 처세(處世)함. 또는 그 태도. ❷거짓 처신하여 행동함. 또는 그 태도. ¶그는 4년 동안이나 의사 행세를 했다.

행세² 行勢 | 행할 행, 권세 세 [exercise power]
권세(權勢)를 행함[行]. 또는 그런 태도. ¶그는 우리 마을에서 행세깨나 하는 집 아들이다.

행실 行實 | 행할 행, 실제 실 [conduct]
❶[속뜻] 행동(行動)한 사실(事實). ❷일상적인 행동. ¶행실이 바르고 모범이 되어 이 상을 수여합니다. [비] 품행(品行).

행ː운 幸運 | 다행 행, 운수 운 [good luck]
다행(多幸)스런 운수(運數). 좋은 운수. ¶행운의 여신 / 행운을 빕니다. [반] 불운(不運).

▸ **행ː운-아 幸運兒** | 아이 아
좋은 운수[幸運]를 만난 사람[兒]. [반] 불운아(不運兒).

행위 行爲 | 행할 행, 할 위 [act]
행동(行動)을 함[爲]. 특히, 자유의사에 따라서 하는 행동을 이른다. ¶행위예술 / 불법행위. [비] 행동(行動).

행인 行人 | 다닐 행, 사람 인 [passerby]
길을 다니는[行] 사람[人]. ¶나는 행인에게 길을 물어 보았다.

행장 行裝 | 갈 행, 꾸밀 장
[traveler's equipment]
여행(旅行)할 때에 쓰는 물건과 차림[裝]. ¶행장을 꾸리다.

행적 行跡 | = 行蹟 / 行績, 다닐 행, 발자취 적 [achievement]
❶[속뜻] 다닌[行] 발자취[跡]. 발길. ¶행적을 감추다 / 행적이 묘연하다. ❷평생 동안 한 일이나 업적. ¶그는 음악계에 커다란 행적을 남겼다.

행정 行政 | 행할 행, 정치 정
[administration]
❶[속뜻] 정치(政治)나 사무를 행(行)함. ¶행정 경험이 많다. ❷[법률] 국가가 공익을 실현하기 위하여 행하는 사무나 정책.

▸ 행정-부 行政府 | 관청 부
[법률] 삼권 분립에 따라 행정(行政)을 맡아보는 곳[府]. ¶우리나라는 행정부와 함께 입법부(立法部), 사법부(司法府)가 있다.

▸ 행정 구역 行政區域 | 나눌 구, 지경 역
[법률] 행정 기관(行政機關)의 권한이 미치는 일정한 범위로 정해진 구역(區域). 특별시(特別市)·광역시(廣域市)·도·시·군·읍·면·동 등을 말한다.

▸ 행정 재판 行政裁判 | 분별할 재, 판가름할 판
[법률] 행정(行政) 소송에 대한 재판(裁判).

행:주 대:첩 幸州大捷 | 다행 행, 고을 주, 큰 대, 이길 첩
[역사] 조선 선조 26년(1593)에 전라도 순찰사 권율이 행주(幸州) 산성에서 왜적을 크게[大] 이긴[捷] 싸움. 임진왜란의 3대첩 가운데 하나이다.

행:주-산성 幸州山城 | 다행 행, 고을 주, 메 산, 성곽 성
[고적] 경기도 고양시 덕양구 행주(幸州) 내동에 있는 산성(山城). 임진왜란 때 권율 장군이 왜적을 크게 물리쳤던 전쟁터이며, 이를 기념하기 위한 대첩비와 충장사가 있다.

행진 行進 | 다닐 행, 나아갈 진 [march]
여럿이 줄을 지어 다니며[行] 앞으로 나아감[進]. ¶거리 행진.

▸ 행진-곡 行進曲 | 노래 곡
[음악] 행진(行進)할 때 쓰는 반주용 음악[曲]. ¶결혼 행진곡.

행차 行次 | 갈 행, 차례 차 [go; visit]
❶[속뜻] 길을 가는[行] 차례(次例). ❷웃어른이 길 가는 것을 높여 이르는 말. ¶왕의 행차를 따르다.

행태 行態 | 다닐 행, 모양 태 [behavior]
행동(行動)하는 모양[態]. ¶비도덕적인 행태 / 부당한 영업행태.

행패 行悖 | 행할 행, 어그러질 패
[misconduct]
체면에 벗어나는 난폭한 짓[悖]을 함[行]. 또는 그러한 언행. ¶행패를 부리다.

향 香 | 향기 향 [incense]
❶제전(祭奠)에 피우는 향내 나는 물건. ¶향을 피우다. ❷'향기'(香氣)의 준말. ¶이 비누는 오이 향이 난다.

향가 鄕歌 | 시골 향, 노래 가
[native songs]
[문학] 향찰(鄕札)로 적혀 전해오는 우리나라 고유의 시가(詩歌). 신라 중엽에서 고려 초엽에 걸쳐 민간에 널리 퍼졌다. ¶삼국유사(三國遺事)에 향가가 전해진다.

***향교 鄕校** | 시골 향, 학교 교
[역사] 왕조 때, 시골[鄕]에 두었던 문묘와 그에 딸린 관립 학교(學校).

향긋-하다 [have a faint sweet scent]
조금 향기로운 느낌이 있다. ¶향긋한 비누 냄새.

***향기 香氣** | 향기 향, 기운 기 [fragrance]
향긋한[香] 기운(氣運). 꽃이나 향 따위에서 나는 기분 좋은 냄새. ¶은은한 커피 향기 / 향기로운 라일락. [반] 악취(惡臭).

향:년 享年 | 누릴 향, 해 년
[one's age at death]

한평생 살아서 누린[享] 나이[年]. 죽은 사람의 나이를 이를 때만 쓴다. ¶그는 향년 60세로 돌아가셨다.

향:도 嚮導 | 향할 향, 이끌 도 [lead]
❶<u>속뜻</u> 목적지를 향(嚮)하여 이끎[導]. ❷길을 인도함. 또는 그 사람.

향:락 享樂 | 누릴 향, 즐길 락 [enjoy]
즐거움[樂]을 누림[享]. 쾌락을 누림. ¶향락 생활 / 향락에 빠지다.

향로 香爐 | 향기 향, 화로 로 [incense burner]
향(香)을 피우는 자그마한 화로(火爐). ¶향로에 향을 피우다.

향료 香料 | 향기 향, 거리 료 [aromatic essence]
향기(香氣)를 내는 데 필요한 거리[料]. ¶이 음식에는 특별한 향료를 넣었다.

향리 鄕吏 | 시골 향, 벼슬아치 리
<u>역사</u> 한 고을[鄕]에서 대를 이어 내려오던 벼슬아치[吏].

*****향:상** 向上 | 향할 향, 위 상 [improve]
기능이나 정도 따위가 위[上]로 향(向)하여 나아감. 좋아짐. ¶수희의 수학 실력이 크게 향상되었다. ⓑ 저하(低下).

향수¹ 香水 | 향기 향, 물 수 [perfume]
❶<u>속뜻</u> 향기(香氣)가 나는 물[水]. ❷향료를 알코올 따위에 풀어서 만든 액체 화장품의 한 가지. ¶향수를 뿌리다.

향수² 鄕愁 | 시골 향, 시름 수 [nostalgia]
고향(故鄕)을 그리워하는 마음이나 시름[愁]. ¶어린 시절에 대한 향수에 젖다.

▶ **향수-병** 鄕愁病 | 병 병
고향 생각에 시름겨워[鄕愁] 틀린 병(病). ¶향수병에 시달리다.

향신-료 香辛料 | 향기 향, 매울 신, 거리 료 [spices]
음식물에 향기(香氣)와 매운[辛] 맛을 나게 하는 조미료(調味料). 겨자, 깨, 고추, 마늘, 파, 후추 따위. ¶중국 음식에는 향신료가 많이 들어간다.

향악 鄕樂 | 시골 향, 음악 악 [Korean music]
<u>음악</u> ❶향토(鄕土) 음악(音樂). ❷삼악(三樂)의 하나. 우리나라 고유의 음악을 당악(唐樂)에 상대하여 이르는 말.

향약 鄕約 | 시골 향, 묶을 약
<u>역사</u> 조선 시대, 권선징악과 상부상조를 목적으로 만든 마을[鄕]의 자치 규약(規約).

향:연 饗宴 | 잔치할 향, 잔치 연 [feast]
융숭하게 대접하는[饗] 잔치[宴]. ¶향연을 베풀다.

향:유 享有 | 누릴 향, 있을 유 [enjoy]
누려서[享] 가짐[有]. ¶물질적 향유 / 만인이 자유와 풍요를 향유하는 사회.

향토 鄕土 | 시골 향, 흙 토 [one's native place]
자기가 태어나서 자란 시골[鄕] 땅[土]. ¶향토를 지키다.

▶ **향토-지** 鄕土誌 | 기록할 지
그 지방[鄕土]의 지리, 역사, 풍토, 산업, 민속, 문화 등을 기술한[誌] 책.

향:후 向後 | 향할 향, 뒤 후 [hereafter]
뒤[後]를 향(向)함. 다음. 이 뒤. ¶이 컴퓨터는 향후 1년 동안 무상 수리를 받을 수 있다.

허 虛 | 빌 허 [unpreparedness]
불충분하거나 허술한 점. 또는 주의가 미치지 못하거나 틈이 생긴 구석. <u>관용</u> 허를 찌르다.

허가 許可 | 허락 허, 가히 가 [permit]
허락(許諾)하여 가능(可能)하게 해줌. 말을 들어줌. ¶입학 허가 / 나의 허가 없이 이곳을 출입할 수 없다. ⓑ 허락(許諾). ⓑ 불허(不許).

▶ **허가-서** 許可書 | 글 서
어떤 일을 정식으로 허가(許可)한다는 내용을 적은 글[書]. 또는 그 문서. ¶허가서를 받다.

허공 虛空 | 빌 허, 하늘 공 [empty sky]
텅 빈[虛] 하늘[空]. ¶가만히 허공을 바라보다. ⓑ 공중(空中).

허구[1] 許久 | 매우 허, 오랠 구 [be a very long time]
날이나 세월 따위가 매우[許] 오래다[久]. ¶삼촌은 허구한 날 술만 마신다.

허구[2] 虛構 | 헛될 허, 얽을 구 [fiction]
사실이 아닌 헛된[虛] 것을 사실처럼 얽어[構] 만듦. ¶그 이야기 속의 모든 인물은 허구이다.

허기 虛飢 | 빌 허, 주릴 기 [hunger]
굶어서[飢] 속이 비어[虛] 배가 몹시 고픔. ¶우유 한 잔으로 허기를 달래야 했다.

허다 許多 | 매우 허, 많을 다 [common]
수효가 매우[許] 많다[多]. ¶그러한 사례는 주위에 허다하게 볼 수 있다 / 살아가면서 남의 신세를 져야 하는 경우가 허다하다. 田 수두룩하다.

허락 許諾 | 본음 [허낙], 들어줄 허, 승낙할 낙 [agree]
청하는 바를 들어주어[許] 승낙(承諾)함. ¶부모님께 결혼 허락을 받다. 田 승낙(承諾), 허가(許可). 땐 불허(不許).

허례 虛禮 | 빌 허, 예도 례
[dead forms; empty formalities]
겉으로만 꾸며 정성이 없는[虛] 예절(禮節). ¶허례를 없애다.

▶ **허례-허식** 虛禮虛飾 | 빌 허, 꾸밀 식
정성과 예절 없이[虛禮] 겉으로만 번드르르하게[虛] 꾸밈[飾]. 또는 그런 예절이나 법식. ¶호화 결혼식 같은 허례허식에서 벗어나다.

허망 虛妄 | 빌 허, 헛될 망 [vain]
❶속뜻 실속 없고[虛] 헛됨[妄]. ❷거짓이 많아 미덥지 않음. ¶쓸데없이 허망한 소리를 하고 다니다. ❸어이없고 허무함. ¶한창 일할 나이에 허망하게 죽고 말았다.

허무 虛無 | 빌 허, 없을 무 [vain; futile]
❶속뜻 아무것도 없이[無] 텅 빔[虛]. ❷무가치하고 무의미하게 느껴져 매우 허전하고 쓸쓸함. ¶인생의 허무를 느끼다. 田 공허(空虛).

▶ **허무-맹랑** 虛無孟浪 | 매우 맹, 함부로 랑
터무니없이[虛無] 거짓되고 실속이 없다[孟浪]. 전혀 실상(實相)이 없다. ¶허무맹랑한 소리 좀 그만해라!

허비 虛費 | 헛될 허, 쓸 비 [waste]
헛되이[虛] 씀[費]. 또는 그 비용. ¶시간 허비 / 쓸데없는 일에 돈을 허비하다.

허사 虛事 | 헛될 허, 일 사
[vain attempt]
헛된[虛] 일[事]. ¶우리의 노력은 허사로 돌아갔다.

허상 虛像 | 헛될 허, 모양 상
[virtual image]
❶속뜻 실제가 헛된[虛] 모양[像]. ❷실제 없는 것이 있는 것처럼 나타나 보이거나 실제와는 다른 것으로 드러나 보이는 모습. ¶그 일은 내가 마음속에서 만들어낸 허상일 뿐이다. 땐 실상(實像).

허생-전 許生傳 | 허락 허, 날 생, 전할 전
❶속뜻 허생(許生)의 일생을 적은 전기(傳記). ❷문학 조선 정조 때 박지원(朴趾源)이 지은 한문 소설. 허생이라는 선비가 가난에 못 이겨 하던 공부를 그만두고 장사를 하여 거금을 벌었다는 이야기로, 박지원의 실학사상이 드러난 내용이다.

허세 虛勢 | 헛될 허, 기세 세 [bluff]
실상이 없는 헛된[虛] 기세(氣勢). ¶허세를 부리다.

허식 虛飾 | 빌 허, 꾸밀 식 [display]
실속이 없이[虛] 겉만 꾸밈[飾]. 겉치레. ¶일체의 허식을 없애자.

허심 虛心 | 빌 허, 마음 심 [open mind]
❶속뜻 비운[虛] 마음[心]. ❷마음속에 다른 생각이나 거리낌이 없음. ¶허심하게 이야기하다.

▶ **허심-탄회** 虛心坦懷 | 평평할 탄, 생각할 회
❶속뜻 마음[心]을 비우고[虛] 평평하게[坦] 생각함[懷]. ❷마음에 거리낌이 없이 솔직함. ¶허심탄회하게 이야기해 보세요.

허약 虛弱 | 빌 허, 약할 약 [weak]

❶[속뜻] 속이 비고[虛] 약(弱)함. ❷몸이나 세력 따위가 약함. ¶허약 체질 / 동희는 몸이 허약해 보인다.

허영 虛榮 | 헛될 허, 영화 영 [vanity]
❶[속뜻] 헛된[虛] 영화(榮華). ❷필요 이상의 겉치레. ¶그녀는 사치와 허영으로 가득 차 있다.

▸ 허영-심 虛榮心 | 마음 심
허영(虛榮)에 들뜬 마음[心].

허욕 虛慾 | 헛될 허, 욕심 욕 [vain ambitions]
헛된[虛] 욕심(慾心). ¶허욕으로 패가(敗家)를 자초하다.

허용 許容 | 허락 허, 용납할 용 [allowance]
허락(許諾)하고 용납(容納)함. ¶소음의 허용 한도를 넘다.

허위 虛僞 | 헛될 허, 거짓 위 [falsehood]
❶[속뜻] 헛된[虛] 거짓[僞]. ❷진실이 아닌 것을 진실인 것처럼 꾸민 것. ¶허위 보도. [반] 진실(眞實).

허점 虛點 | 빌 허, 점 점 [loophole]
허술한[虛] 점(點). 허술한 구석. ¶상대 팀의 허점을 노리다.

허탈 虛脫 | 빌 허, 빠질 탈 [prostrated]
속이 텅 비고[虛] 힘이 빠짐[脫]. 또는 그런 상태. ¶허탈에 빠지다 / 허탈한 기분 / 허탈한 웃음.

허풍 虛風 | 헛될 허, 바람 풍 [exaggeration]
❶[속뜻] 헛된[虛] 바람[風]. ❷지나치게 과장되고 믿음성이 적은 말이나 행동. ¶허풍이 심하다.

허황 虛荒 | 헛될 허, 어이없을 황 [absurd]
❶[속뜻] 헛되거나[虛] 어이없음[荒]. ❷거짓되고 근거가 없다. ¶허황한 일 / 허황된 꿈.

헌:금 獻金 | 바칠 헌, 돈 금 [donate]
돈[金]을 바침[獻]. 또는 그 돈. ¶헌금을 내다.

헌:납 獻納 | 바칠 헌, 바칠 납 [contribute]
금품을 바침[獻=納]. ¶찬조금을 헌납하다.

헌:법 憲法 | 법 헌, 법 법 [constitutional law]
❶[속뜻] 최상위에 있는 법[憲=法]. ❷[법률] 국가에서 정하는 모든 법의 기초법. 국가의 조직, 구성 및 작용에 관한 근본법으로, 다른 법률이나 명령으로 변경할 수 없는 한 국가의 최고 법규.

▸ 헌:법 재판소 憲法裁判所 | 분별할 재, 판가름할 판, 곳 소
❶[속뜻] 헌법(憲法)에 관한 사안을 재판(裁判)하는 곳[所]. ❷[법률] 법령의 위헌 여부를 일정한 소송 절차에 따라 심판하기 위하여 설치한 특별 재판소.

헌:병 憲兵 | 법 헌, 군사 병 [military policeman]
❶[속뜻] 군 내부의 경찰 또는 법[憲]에 관한 일을 맡은 군사[兵]. ❷[군사] 군의 병과(兵科)의 한 가지. 군의 경찰 업무를 맡아 본다.

▸ 헌:병-대 憲兵隊 | 무리 대
[군사] 헌병(憲兵)으로 이루어진 부대(部隊). ¶그는 헌병대 출신이다.

헌:신 獻身 | 바칠 헌, 몸 신 [sacrifice oneself]
❶[속뜻] 몸[身]을 바침[獻]. ❷어떤 일이나 남을 위하여 자기 이해관계를 돌보지 않고 힘씀. ¶그녀는 평생을 가족에게 헌신했다.

▸ 헌:신-적 獻身的 | 것 적
자신의 몸을 돌보지 않고[獻身] 정성을 다하는 것[的]. ¶봉사 활동을 헌신적으로 해서, 선행상을 받았다.

헌:장 憲章 | 법 헌, 글 장 [charter]
❶[속뜻] 헌법(憲法) 같이 중요한 글[章]. ❷어떠한 사실에 대하여 약속을 이행하기 위하여 정한 규범. ¶국민교육헌장.

헌:혈 獻血 | 바칠 헌, 피 혈

[donate blood]
수혈하는 데 쓰도록 자기 피[血]를 바침[獻]. ¶헌혈 캠페인 / 그는 정기적으로 헌혈을 한다.

험:난 險難 | 험할 험, 어려울 난
[rough and difficult]
위험(危險)하고 어렵다[難]. ¶험난한 길을 건너다.

험:담 險談 | 험할 험, 말씀 담 [slander]
❶[속뜻] 험(險)한 말[談]. ❷남을 헐뜯어서 말함. 또는 그 말. ¶그는 늘 뒤에서 남의 험담을 하기 바쁘다.

험:상 險狀 | 험할 험, 형상 상
[grimness; sinisterness]
험악(險惡)한 모양[狀]. 또는 그 상태.

험:준 險峻 | 험할 험, 높을 준 [steep]
산세가 험(險)하고 높고[峻] 가파르다. ¶험준한 산길. [반] 평탄(平坦)하다.

혁대 革帶 | 가죽 혁, 띠 대 [leather belt]
가죽[革]으로 만든 띠[帶]. ¶혁대를 졸라매다. [비] 허리띠.

혁명 革命 | 바꿀 혁, 운명 명 [revolution]
❶[속뜻] 하늘이 내린 천명(天命)을 바꿈[革]. ❷헌법의 범위를 벗어나 국가 기초, 사회 제도, 경제 제도, 조직 따위를 근본적으로 고치는 일. ¶1789년 프랑스혁명이 일어났다. ❸이전의 관습이나 제도, 방식 따위를 단번에 깨뜨리고 질적으로 새로운 것을 급격하게 세우는 일. ¶유럽은 18세기부터 산업혁명이 일어났다.

▶ 혁명-가 革命家 | 사람 가
혁명(革命)을 위해 활동하는 사람[家].

▶ 혁명-적 革命的 | 것 적
❶[속뜻] 혁명(革命)을 일으키거나 혁명의 성질이 있는 것[的]. ¶혁명적인 사태가 벌어지다. ❷급격한 변화가 일어나는 것. ¶공부 방법을 혁명적으로 개선하다.

혁신 革新 | 바꿀 혁, 새 신
[reform; renovate]
제도나 방법, 조직이나 풍습 따위를 뒤바꾸거나[革] 버리고 새롭게[新] 함. ¶컴퓨터 분야는 눈부신 기술 혁신을 이루었다. [반] 보수(保守).

혁혁 赫赫 | 대단할 혁, 대단할 혁 [bright; brilliant]
❶[속뜻] 대단하고[赫] 대단하다[赫]. ❷공로나 업적 따위가 뚜렷하다. ¶혁혁한 공을 세우다.

현[1] 弦 | 시위 현 [chord; subtense]
[수학] 원이나 곡선의 호(弧)의 두 끝을 잇는 선분. 그 모양이 활의 시위[弦]같은 데서 생긴 말이다.

현:[2] 現 | 지금 현
[present; existing; actual]
지금[現]의. 또는 현재의. ¶현 정부 / 현 직장.

현[3] 絃 | 줄 현 [string; chord]
현악기에 매어 소리를 내는 줄.

현:[4] 縣 | 고을 현
[역사] 삼국 시대에서 조선 시대까지 있었던 지방 행정 구역의 하나.

현:감 縣監 | 고을 현, 볼 감
❶[속뜻] 고을[縣]의 감찰(監察). ❷[역사] 고려와 조선 시대, 작은 현(縣)의 우두머리.

현:격 懸隔 | 매달 현, 사이 뜰 격
[widely different; far apart]
❶[속뜻] 매달린[懸] 것 끼리 사이가 매우 큼[隔]. ❷사이가 많이 벌어져 있거나 차이가 매우 심함. ¶현격한 의견 차이.

현관 玄關 | 오묘할 현, 빗장 관
[front door; porch]
❶[불교] 깊고 오묘한[玄] 이치로 들어가는 관문(關門). 入道法門(입도법문). ❷건물의 출입구에 나있는 문간. ¶민서는 친구를 맞이하러 현관으로 나갔다.

▶ 현관-문 玄關門 | 문 문
현관(玄關)에 달린 문(門). ¶현관문에 들어서다.

현:금 現金 | 지금 현, 돈 금 [cash]
❶[속뜻] 현재(現在) 가지고 있는 돈[金]. ❷어음·수표·채권 따위가 아닌 실제로 늘 쓰는 돈. ¶현금으로 물건 값을 지불하다.

ⓑ 현찰(現札).

현ː기 眩氣 | 어지러울 현, 기운 기
[dizziness; giddiness]
어지러운[眩] 기운(氣運). 어지럼.
▶ **현ː기-증** 眩氣症 | 증세 증
어지러운[眩氣] 증세(症勢). 어지럼증. ¶갑자기 현기증이 나서 쓰러질 뻔했다.

＊현ː대 現代 | 지금 현, 시대 대
[present age; modern times]
오늘날[現]의 시대(時代). ¶현대 사회 / 현대 의학.
▶ **현ː대-식** 現代式 | 법 식
현대(現代)에 걸맞은 형식(形式). 현대의 유행이나 풍조를 띤 형식. ¶현대식 건물.
▶ **현ː대-인** 現代人 | 사람 인
현대(現代)에 살고 있는 사람[人]. ¶현대인은 정보의 홍수 속에서 살고 있다.
▶ **현ː대-적** 現代的 | 것 적
현대(現代)에 어울리거나 걸맞은 것[的]. 현대의 유행이나 풍조와 관계가 있는 것. ¶현대적 감각.
▶ **현ː대-화** 現代化 | 될 화
현대(現代)에 알맞게 됨[化]. 또는 되게 함. ¶농촌에 현대화 물결이 일다.

현ː란 絢爛 | 무늬 현, 빛날 란
[gorgeous; brilliant]
❶속뜻 무늬[絢]가 눈부시게 빛남[爛]. ❷눈부시게 빛나고 아름다움. ¶현란한 장식.

현명 賢明 | 어질 현, 밝을 명
[wise; sensible; intelligent]
어질고[賢] 사리에 밝음[明]. ¶현명한 결정을 내리다.

현모 賢母 | 어질 현, 어머니 모
[wise mother]
어진[賢] 어머니[母]. 현명한 어머니.
▶ **현모-양처** 賢母良妻 | 좋을 량, 아내 처
자식에게는 어진[賢] 어머니[母]이고, 남편에게는 착한[良] 아내[妻]임. ¶남자들은 현모양처를 좋아한다.

현무 玄武 | 검을 현, 굳셀 무
[dark and strong]
❶속뜻 빛깔은 검고[玄] 굳센[武] 성질을 가진 동물. ❷민속 사신(四神)의 하나. 북쪽 방위의 수(水) 기운을 맡은 태음신(太陰神)을 상징한 짐승. 거북과 뱀이 뭉친 형상이다.
▶ **현무-암** 玄武巖 | 바위 암
❶속뜻 검은[玄] 색이 감돌고 단단한[武] 바위[巖]. ❷지리 화산암의 한 가지. 염기성 사장석(斜長石)과 휘석(輝石)·감람석(橄欖石)이 주성분인데, 빛깔은 흑색이나 짙은 회색이며 질이 매우 단단하다.

현미 玄米 | 검을 현, 쌀 미
[uncleaned rice]
❶속뜻 정미에 비하여 검은[玄] 빛이 감도는 쌀[米]. ❷왕겨만 벗기고 쓿지 않은 쌀. ¶현미로 지은 밥은 고혈압에 좋다. ⓑ 백미(白米).

현ː미-경 顯微鏡 | 드러날 현, 작을 미, 거울 경 [microscope]
❶속뜻 아주 작은[微] 것도 잘 드러나[顯] 보이도록 하는 거울[鏡]. ❷물리 매우 작은 물체를 확대하여 보는 장치.

현ː상¹ 現狀 | 지금 현, 형상 상
[present state; the actual state]
현재(現在)의 상태(狀態). 지금의 형편. ¶현상을 유지하다.

＊현ː상² 現象 | 나타날 현, 모양 상
[phenomenon]
❶속뜻 나타난[現] 모양[象]. ❷지각(知覺)할 수 있는 사물의 모양이나 상태. ¶적조 현상 / 기상 현상.

현ː상³ 現像 | 나타날 현, 모양 상
[develop]
❶속뜻 사진기 따위로 찍은 형상[像]을 나타나게 함[現]. 또는 그 형상. ❷연영 사진술에서 촬영한 필름이나 인화지 따위를 약품으로 처리하여 영상이 드러나게 하는 일. ¶사진 현상.

현ː상⁴ 懸賞 | 매달 현, 상줄 상
[prize contest]

어떤 목적으로 조건을 붙여 상금(賞金)이 나 상품을 내거는 일[懸]. ¶현상 공모 / 현상 수배.

▸ 현:상-금 懸賞金 | 돈 금
현상(懸賞)으로 내건 돈[金]. 또는 그 금액. ¶경찰은 범인 검거에 현상금 500만 원을 걸었다.

현:세 現世 | 지금 현, 세상 세
[this world; the present age]
현재(現在)의 세상(世上). 이 세상.

현:수 懸垂 | 매달 현, 드리울 수
[hanging]
매달아[懸] 아래로 곧게 드리워짐[垂].

▸ 현:수-막 懸垂幕 | 막 막
❶[속뜻] 방이나 극장의 내부 따위에 드리운[懸垂] 막(幕). ❷선전문이나 광고문 따위를 적어 드리운 막. ¶거리 곳곳에 현수막을 걸다. [비] 플래카드(placard).

현:실 現實 | 지금 현, 실제 실 [actuality; reality]
현재(現在)의 사실(事實). 실제로 이루어짐. ¶꿈이 현실이 되다. [반] 비현실(非現實).

▸ 현:실-성 現實性 | 성질 성
실제로 일어날 수 있거나 현실(現實)에 있을 수 있는 가능성(可能性). ¶현실성 있는 계획을 세우다.

▸ 현:실-적 現實的 | 것 적
현실(現實)에 있는 것[的]. 현실성을 띤 것. ¶현실적 목표 / 현실적 문제. [반] 관념적(觀念的).

▸ 현:실-화 現實化 | 될 화
❶[속뜻] 현실(現實)이 됨[化]. ❷실제의 사실이나 상태가 됨. 또는 되게 함. ¶무상 급식을 현실화하였다.

현악 絃樂 | 줄 현, 음악 악
[string music]
[음악] 바이올린 같이 줄[絃]을 통하여 소리를 내는 악기(樂器). ¶현악 합주.

▸ 현악-기 絃樂器 | 그릇 기
[음악] 현악(絃樂)을 연주하는데 쓰이는 악기(樂器). [비] 탄주 악기(彈奏樂器).

▸ 현악-부 絃樂部 | 나눌 부
학교나 단체의 현악기(絃樂器)를 연주하는 조직[部].

현:역 現役 | 지금 현, 부릴 역
[active service; service on full pay]
❶[군사] 부대에 편입되어 실지의 현장(現場) 군무에 종사하는 병역(兵役). 또는 그 군인. ¶현역 군인. ❷실지로 어떤 직위에 있거나 직무를 수행하고 있는 일. 또는 그 사람. ¶현역에서 물러나다. [반] 예비역(豫備役).

현자 賢者 | 어질 현, 사람 자
[wise man; sage]
어진[賢] 사람[者]. [비] 현인(賢人).

현:장 現場 | 지금 현, 마당 장
[spot; the scene]
❶[속뜻] 사물이 현재(現在) 있는 곳[場]. ¶물품을 현장에서 내주다. ❷사건이 일어난 곳. 또는 그 장면. ¶사고 현장을 조사하다. [비] 현지(現地).

▸ 현:장 학습 現場學習 | 배울 학, 익힐 습
[교육] 학습에 필요한 자료가 있는 현장(現場)에 직접 찾아가서 하는 학습(學習).

⁑**현:재** 現在 | 지금 현, 있을 재
[present time; at present]
지금[現] 있음[在]. 이제. 지금. ¶현재 시간은 오후 8시입니다.

현:저 顯著 | 나타날 현, 뚜렷할 저
[noticeable; conspicuous]
겉으로 드러날[顯] 정도로 뚜렷하다[著]. ¶현저한 차이 / 작년에 비해 지원자 수가 현저하게 줄어들었다.

현:존 現存 | 지금 현, 있을 존
[exist (actually); in existence]
현재(現在)에 있음[存]. 지금 살아 있음. ¶현존 인물 / 현존하는 가장 오래된 건물.

현:-주소 現住所 | 지금 현, 살 주, 곳 소
[one's current address]
현재(現在) 살고[住] 있는 곳[所]. ¶현주소가 적힌 신분증을 보여 주세요.

현:지 現地 | 지금 현, 땅 지
[very spot; the (actual) locale]
현재(現在) 어떤 일이 벌어지고 있는 곳[地]. ¶경기는 현지 시간으로 오전 7시에 시작된다.

현:직 現職 | 지금 현, 일자리 직 [present office]
현재(現在) 종사하는 직업(職業)이나 직임(職任). ¶그는 현직 경찰관이다. 반전직(前職).

현:찰 現札 | 지금 현, 쪽지 찰
[cash; actual money]
현금(現金)으로 통용되는 화폐 쪽지[札]. ¶현찰로 계산하다.

현:충 顯忠 | 드러낼 현, 바칠 충
[give high praise to faithfulness]
나라를 위하여 몸을 바친[忠] 사람들의 큰 뜻을 드러내어[顯] 기림.

▶ **현:충-사 顯忠祠** | 사당 사
고적 이순신 장군의 충절을 추모·기념하기[顯忠] 위하여 세운 사당(祠堂). ¶현충사는 충청남도 아산시에 있다.

▶ **현:충-일 顯忠日** | 날 일
목숨을 바쳐 나라를 지킨[顯忠] 이의 충성을 기념하는 날[日]. 6월 6일.

현:판 懸板 | 매달 현, 널빤지 판 [hanging board]
글씨나 그림을 새기거나 써서 높은 곳에 매다는[懸] 널조각[板]. ¶남대문 현판에 '숭례문(崇禮門)'이라고 쓰여 있다.

현:행 現行 | 지금 현, 행할 행
[present; existing; current]
현재(現在) 행하고[行] 있음. ¶현행 교과서.

▶ **현:행-범 現行犯** | 범할 범
법률 범죄를 실행하는 중이거나 실행한 직후에 잡힌[現行] 범인(犯人). ¶그는 현장에서 현행범으로 체포되었다.

현:혹 眩惑 | 어두울 현, 홀릴 혹
[dazzle; bewilder; blind]
❶ 속뜻 사리에 어두워[眩] 정신이 홀림[惑]. ❷무엇에 홀리어 정신을 못 차림. ¶돈에 현혹되지 마라.

현:황 現況 | 지금 현, 상황 황
[present state; state of affairs]
현재(現在)의 상황(狀況). 지금의 형편. ¶피해 현황을 조사하다.

혈관 血管 | 피 혈, 대롱 관
[blood vessel; vascular tract]
의학 피[血]가 통하여 흐르는 관(管). 동맥, 정맥, 모세 혈관으로 나뉜다. ¶혈관은 우리 몸에 나뭇가지처럼 퍼져 있다. 비핏줄.

혈기 血氣 | 피 혈, 기운 기
[vitality; strength]
❶ 속뜻 목숨을 유지하는 피[血]와 기운(氣運). ❷힘차게 활동하게 하는 기운. ¶혈기 왕성한 젊은이.

혈색 血色 | 피 혈, 빛 색
[complexion; color]
❶ 속뜻 피[血]의 빛[色]. ❷살갗에 나타난 핏기. ¶혈색이 좋다.

혈서 血書 | 피 혈, 쓸 서
[writing in blood]
제 몸의 피[血]로 글씨를 쓰는[書] 일. 또는 그 글자나 글.

혈세 血稅 | 피 혈, 세금 세 [blood tax]
❶ 속뜻 피[血] 같은 세금(稅金). ❷매우 귀중한 세금. ¶국민의 혈세가 낭비되고 있다.

혈안 血眼 | 피 혈, 눈 안
[bloodshot eye]
❶ 속뜻 기를 쓰고 덤벼서 핏발[血]이 선 눈[眼]. ❷어떠한 일을 힘을 디들여 에다게 하는 것 ¶그는 돈을 버는 데에 혈안이 되어 있다.

혈압 血壓 | 피 혈, 누를 압
[blood pressure]
의학 혈액(血液)이 혈관 속을 흐를 때 생기는 압력(壓力). ¶혈압을 재다 / 할머니는 혈압이 높다.

***혈액 血液** | 피 혈, 진 액 [blood]

[의학] 동물의 혈관(血管) 속을 순환하는 체액(體液). 생체 조직에 산소와 영양분을 공급하고 노폐물을 날라다 제거한다. ¶혈액검사. [비] 피.

▸ 혈액-형 血液型 | 모형 형
[의학] 혈액(血液)의 유형(類型). 적혈구와 혈청의 응집 반응을 기초로 분류한다. ¶내 혈액형은 A형이다.

▸ 혈액 순환 血液循環 | 돌아다닐 순, 고리 환
[의학] 심장의 활동에 따라, 혈액(血液)이 동물의 몸속을 일정한 방향으로 흘러서 도는[循環] 일. ¶적당한 운동은 혈액 순환을 활발하게 한다.

혈연 血緣 | 피 혈, 인연 연
[blood ties(relation)]
같은 핏줄[血]로 이어진 인연(因緣). 같은 핏줄의 관계. ¶혈연 관계.

혈우-병 血友病 | 피 혈, 벗 우, 병 병
[hemophilia; bleeder's disease]
❶[속뜻] 라틴어로 '피[血]와 벗[友]하다'는 뜻의 'hemophilia'라는 병명(病名)을 한자로 의역(意譯)한 말. ❷[의학] 조그만 상처에도 쉽게 피가 나고, 잘 멎지 않는 유전병. 여자에 의하여 유전되어 남자에게 나타나는 병이다.

혈육 血肉 | 피 혈, 살 육 [one's flesh and blood; one's offspring]
❶[속뜻] 피[血]와 살[肉]. ❷부모, 자식, 형제 따위처럼 한 혈통으로 맺어진 육친. ¶그에게는 누나가 유일한 혈육이다. [비] 피붙이.

혈전 血戰 | 피 혈, 싸울 전
[desperate fight; bloody battle]
❶[속뜻] 피[血]를 흘리며 싸움[戰]. ❷생사를 헤아리지 않고 매우 격렬하게 싸움. 또는 그 전투. ¶우리는 10여 시간에 걸친 혈전 끝에 승리를 거두었다. [비] 혈투(血鬪).

혈중 血中 | 피 혈, 가운데 중
[blood serum]
피[血] 가운데[中]. 피 안에. ¶혈중 알코올 농도.

혈통 血統 | 피 혈, 계통 통
[blood; lineage]
같은 핏줄[血]을 타고난 겨레붙이의 계통(繼統). 조상과의 혈연관계. ¶그는 영국 귀족의 혈통이다.

혈투 血鬪 | 피 혈, 싸울 투
[fight desperately]
❶[속뜻] 피[血]를 흘리며 싸움[鬪]. ❷죽음을 무릅쓰고 싸움. ¶월드컵에서 한국은 연장 혈투 끝에 독일에 승리했다. [비] 혈전(血戰).

혐오 嫌惡 | 싫어할 혐, 미워할 오
[dislike; hate]
싫어하고[嫌] 미워함[惡]. ¶혐오식품 / 나는 돈만 밝히는 그를 혐오한다.

혐의 嫌疑 | 의심할 혐, 의심할 의
[suspicion; charge]
범죄를 저질렀으리라는 의심[嫌=疑]. ¶그는 절도 혐의로 체포되었다.

협곡 峽谷 | 골짜기 협, 골짜기 곡 [gorge; ravine]
좁고 험한 골짜기[峽=谷].

협공 挾攻 | 낄 협, 칠 공
[attack on both sides]
사이에 끼워[挾] 놓고 양쪽에서 공격(攻擊)함. ¶협공 작전으로 스파이를 붙잡았다.

협동 協同 | 합칠 협, 한가지 동
[work together; cooperate]
힘을 합쳐[協] 하나로[同] 노력함. 서로 마음과 힘을 하나로 합함. ¶협동 정신.

▸ 협동-심 協同心 | 마음 심
어떤 일에 여럿이 힘을 합쳐 함께[協同] 하고자 하는 마음[心]. ¶여러 사람과 어울려 운동을 하면 협동심이 길러진다.

▸ 협동-조합 協同組合 | 짤 조, 합할 합
[사회] 농민이나 소비자 또는 중소기업 등이 경제적 편의와 상호 협력을 위하여 조직하는[協同] 단체[組合]. 농업 협동조합

이나 중소기업 협동조합 등이 있다.

협력 協力 | 합칠 협, 힘 력
[cooperate; collaborate]
서로 돕는 마음으로 힘[力]을 합침[協]. ¶협력 관계 / 협력해서 일하다.

협박 脅迫 | 으를 협, 다그칠 박
[threaten; menace]
❶속뜻 으르고[脅] 다그침[迫]. ❷어떤 일을 강제로 시키기 위하여 을러서 괴롭게 굶. ¶협박전화.

협상 協商 | 합칠 협, 헤아릴 상
[negotiate; agree]
❶속뜻 힘을 합쳐[協] 서로 상의(商議)함. ❷어떤 목적에 부합되는 결정을 하기 위하여 여럿이 의논함. ¶임금 협상. ⓗ 협의(協議).

협소 狹小 | 좁을 협, 작을 소
[small; limited]
좁고[狹] 작다[小]. ¶협소한 장소.

협약 脅約 | 협박할 협, 묶을 약
[agree; convention]
협박(脅迫)으로 이루어진 약속(約束)이나 조약(條約). ¶강제로 맺은 협약이니 지킬 필요가 없다.

협연 協演 | 합칠 협, 펼칠 연
[perform with]
음악 힘을 합쳐[協] 함께 연주(演奏)함. 동일한 곡을 한 독주자(獨奏者)가 다른 독주자나 악단과 함께 연주. 또는 그러한 연주.

협의 協議 | 합칠 협, 의논할 의
[confer; consult; discuss]
여럿이 모여[協] 이논(議論)함. ¶그 문제는 지금 협의 중이다. ⓗ 협상(協商).

▶협의-회 協議會 | 모일 회
여러 사람이 모여 서로 의논하기[協議] 위하여 여는 모임[會]. ¶협의회를 개최하다.

협정 協定 | 합칠 협, 정할 정
[agree; arrange]
서로 힘을 합치[協]기로 결정(決定)함. 국가 간에 약정을 맺음. ¶한미 양국은 관세협정을 맺었다.

협조¹ 協助 | 합칠 협, 도울 조
[cooperate; concord]
힘을 합쳐[協] 서로 도와줌[助]. ¶여러분의 협조를 부탁드립니다.

협조² 協調 | 합칠 협, 고를 조 [cooperate; collaborate]
❶속뜻 힘을 합하여[協] 서로 조화(調和)를 이룸. ❷생각이나 이해가 대립되는 쌍방이 평온하게 상호 간의 문제를 협력하여 해결하려 함.

협주 協奏 | 도울 협, 연주할 주
[concert; ensemble]
음악 독주 악기의 연주를 돕기[協] 위하여 함께 하는 연주(演奏). ¶바이올린 협주.

▶협주-곡 協奏曲 | 노래 곡
음악 피아노나 바이올린 따위 독주 악기가 중심이 되어 관현악과 합주하는[協奏] 형식의 악곡(樂曲). ¶멘델스존의 바이올린 협주곡.

협찬 協贊 | 합칠 협, 도울 찬
[support; cooperate]
힘을 합쳐[協] 서로 도움[贊]. 어떤 일 따위에 재정적으로 도움을 줌. ¶의상 협찬을 받다.

협회 協會 | 합칠 협, 모일 회
[society; association]
어떤 목적을 위하여 회원들이 힘을 합쳐[協] 설립한 모임[會]. ¶건설협회 / 보험협회.

형¹ 兄 | 맏 형
[elder brother; big brother]
❶형제 가운데 손윗사람. ¶우리 형은 나보다 두 살이 많다. ❷남자끼리의 사이에서 나이가 적은 남자가 나이가 많은 남자를 이르거나 부르는 말. ¶우리는 형 아우 하면서 지내는 사이이다. ⓑ 동생, 아우. 속당 형만 한 아우 없다.

형² 刑 | 형벌 형 [punishment; penalty]

법률 나라의 법을 어긴 사람에게 그 죄에 맞게 매긴 벌. '형벌'(刑罰)의 준말. ¶징역 3년 형에 처하다.

형³ 型 | 모형 형 [model; style; type]
어떤 특징을 형성하는 형태. ¶2010년형의 자동차.

형광 螢光 | 반딧불 형, 빛 광
[fluorescence]
❶ 속뜻 반딧불이[螢]의 불빛[光]. 반딧불. ❷ 물리 어떤 물질이 빛이나 방사선 따위를 받았을 때 그 빛과는 다른 고유의 빛을 내는 현상. ¶형광 조명.

▶ 형광-등 螢光燈 | 등불 등
전기 진공 유리관 속에 수은과 아르곤을 넣고 안쪽 벽에 형광(螢光) 물질을 바른 방전등(放電燈). ¶형광등이 깜박거린다.

형국 形局 | 모양 형, 판 국
[situation; aspect]
❶ 속뜻 어떤 일이 벌어진 때의 형편(形便)이나 판국[局]. ¶그는 불리한 형국에 놓여 있다. ❷ 민속 관상이나 풍수지리에서 얼굴 생김이나 묏자리, 집터 따위의 걸모양과 그 생김새.

형량 刑量 | 형벌 형, 분량 량
형벌(刑罰)의 양(量). ¶범인에게 징역 3년의 형량이 선고되었다.

형무 刑務 | 형벌 형, 일 무
[affairs of prison]
형벌(刑罰)의 집행에 관한 사무(事務)나 업무(業務).

▶ 형무-소 刑務所 | 곳 소
[prison; jail; penitentiary]
법률 형벌(刑罰)의 집행에 관한 사무(事務)를 맡아보는 기관[所]. '교도소'(矯導所)의 이전 말. ¶그는 절도로 형무소에 보내졌다.

형벌 刑罰 | 형벌 형, 벌할 벌
[punish; penalize]
❶ 속뜻 무거운 죄에 대한 벌[刑]과 가벼운 죄에 대한 벌[罰]. ❷ 법률 나라의 법을 어긴 사람에게 그 죄에 맞게 벌을 줌. 또는 그러한 처벌. ¶가혹한 형벌을 내리다.

형법 刑法 | 형벌 형, 법 법
[criminal law]
법률 범죄와 형벌(刑罰)의 내용을 규정한 법률(法律).

형부 兄夫 | 맏 형, 지아비 부
[girl's elder sister's husband]
언니[兄]의 남편[夫]. ¶내 조카는 언니와 형부를 조금씩 다 닮았다.

형사 刑事 | 형벌 형, 일 사
[criminal case; police detective]
법률 ❶형법(刑法)의 적용을 받는 사건(事件). ¶형사 책임 / 형사소송. ❷주로 사복 차림으로 범죄를 수사하고 범인을 체포하는 따위의 일을 맡은 경찰관. ¶형사들이 마침내 범인을 찾아냈다. ⓜ 민사(民事).

형상 形象 | 모양 형, 모양 상
[shape; figure]
사물의 생긴 모양[形=象]이나 상태. ¶인간의 형상을 한 괴물.

형설 螢雪 | 반딧불 형, 눈 설
[diligent study]
❶ 속뜻 반딧불이[螢]와 눈[雪]의 빛. ❷ '형설지공'(螢雪之功)의 준말.

▶ 형설지공 螢雪之功 | 어조사 지, 공로 공
❶ 속뜻 등불을 밝힐 수 없어, 반딧불[螢]과 눈[雪]빛을 밝혀 공부하여 세운 공(功). ❷어려운 여건에서도 꾸준히 학문을 닦는 것을 이르는 말. 차윤(車胤)과 손강(孫康)의 고사에서 유래.

＊형성 形成 | 모양 형, 이룰 성
[form; mold]
어떤 모양[形]을 이룸[成]. 또는 어떤 모양으로 이루어짐. ¶인격 형성 / 어릴 적부터 좋은 습관을 형성해야 한다.

형세 形勢 | 모양 형, 기세 세
[situation; the state of affairs]
❶ 속뜻 살림살이의 형편(形便)이나 기세(氣勢). ❷일이 되어 가는 형편. ¶형세가 불리하다.

형수 兄嫂 | 맏 형, 부인 수

[one's sister-in-law]
형(兄)의 아내[嫂].

*형식 形式 | 모양 형, 꼴 식
[form; formality]
❶[속뜻]형태(形態)와 격식(格式). 겉모양. ¶형식을 갖추다. ❷격식이나 절차. ¶형식에 너무 얽매이지 마라. [반]내용(內容).

▸형식-적 形式的 | 것 적
형식(形式)을 주로 하는 것[的]. 내용이나 실질이 따르지 않음을 강조하는 경우에 많이 쓴다. ¶형식적 절차 / 형식적인 대화.

형언 形言 | 모양 형, 말할 언
[describe; express]
형용(形容)하여 말함[言]. ¶형언할 수 없는 슬픔.

형용 形容 | 모양 형, 얼굴 용
[describe; put into words]
❶[속뜻]모양[形]과 얼굴[容] 생김새. ❷말이나 글, 몸짓 따위로 사물이나 사람의 모양을 나타냄. ¶그곳의 경치는 형용할 수 없을 만큼 아름답다.

▸형용-사 形容詞 | 말씀 사
[언어]사람이나 사물의 모양[形容]이나 상태, 성질을 나타내는 품사(品詞).

형장 刑場 | 형벌 형, 마당 장
[place of execution]
[법률]사형(死刑)을 집행하는 곳[場]. ¶루이 16세는 형장의 이슬로 사라졌다.

*형제 兄弟 | 맏 형, 아우 제 [brother]
형[兄]과 아우[弟]. ¶사이좋은 형제.

형체 形體 | 모양 형, 몸 체
[form; shape]
물건의 생김새[形]나 그 바탕이 되는 몸체[體]. ¶형체가 없다 / 형체를 갖추다 / 형체를 알아보다.

⁑형태 形態 | 모양 형, 모양 태
[form; shape]
❶[속뜻]사물의 생긴 모양[形=態]. ❷어떠한 구조나 전체를 이루고 있는 구성체가 일정하게 갖추고 있는 모양. ¶가정의 형태.

*형편 形便 | 모양 형, 편할 편
[course; one's family fortune]
❶[속뜻]지형(地形)이 좋아서 편리(便利)함. ❷일이 되어 가는 상황이나 상태. ¶형편을 봐 가면서 결정하자. ❸살림살이의 정도. ¶형편이 피다 / 형편이 넉넉하다.

형평 衡平 | 저울대 형, 평평할 평
[balance; equilibrium]
❶[속뜻]저울대[衡]같이 평평(平平)함. ❷균형이 맞음. 또는 그런 일. ¶형평에 어긋나다.

형형-색색 形形色色 | 모양 형, 모양 형, 빛 색, 빛 색 [every kind and description]
형상(形狀)과 빛깔[色] 따위가 서로 다른 여러 가지. ¶길가에는 형형색색의 꽃들이 피어 있다.

혜:성 彗星 | 꼬리별 혜, 별 성
[comet; sudden prominence]
❶[속뜻]꼬리가 달린[彗] 것 같이 보이는 별[星]. ❷[천문]태양을 초점으로 긴 꼬리를 타원이나 포물선 또는 쌍곡선의 궤도로 그리며 운동하는 천체.

혜:지 慧智 | 슬기로울 혜, 슬기 지 [wise; sensible; sagacious]
슬기[慧=智]. ¶혜지를 발휘하다.

혜:택 惠澤 | 은혜 혜, 은덕 택
[favor; benefit]
❶[속뜻]고마운[惠] 은덕[澤]. ❷은혜(恩惠)와 덕택(德澤). ¶복지 혜택.

호:¹ 戶 | 집 호 [house; door; family]
집의 수를 세는 단위. ¶이 마을에는 이십 호가 산다.

호² 弧 | 활 호 [arc]
[수학]원둘레 또는 기타 곡선 위의 두 점에 의해 한정된 부분. ¶부채꼴의 호의 길이를 구하시오.

호:³ 號 | 이름 호 [title; pen name]
본명이나 자(字) 이외에 쓰는 아명(雅名). ¶이황의 호는 퇴계다.

호:⁴ 號 | 차례 호 [number; No.]

차례를 나타내는 데 쓰는 말. ¶숭례문은 국보 제1호이다.

호:각 號角 | 부를 호, 뿔 각
[(signal) whistle]
불어서 소리를 내는[號] 뿔[角] 모양의 신호용 도구. ¶방범대원의 호각 소리가 들렸다. ⓑ 호루라기.

호:감 好感 | 좋을 호, 느낄 감
[good feeling; goodwill]
좋은[好] 감정(感情). ¶호감을 느끼다. ⓑ 악감(惡感).

호걸 豪傑 | 호쾌할 호, 뛰어날 걸
[hero; outstanding man]
성격이 호쾌(豪快)하고 외모가 뛰어난 사람[傑]. ¶그는 천하의 호걸이다.

호:-경기 好景氣 | 좋을 호, 볕 경, 기운 기 [wave of prosperity; good times]
경제 좋은[好] 경기(景氣). 모든 기업체의 활동이 정상 이상으로 활발한 상태. ¶전자 시장은 호경기를 누리고 있다. ⓑ 불경기(不景氣).

호:구¹ 戶口 | 집 호, 입 구
[number of houses and families]
호적(戶籍)상 집[戶]의 수효와 식구(食口)의 수. ¶전국 단위로 호구 조사를 실시한다.

호구² 糊口 | 풀칠할 호, 입 구
[meager living]
❶속뜻 입[口]에 풀칠함[糊]. ❷간신히 끼니만 이으며 사는 일을 비유하여 이르는 말. ¶호구를 마련하다.

▶ 호구지책 糊口之策 | 어조사 지, 꾀 책
겨우 먹고 살아가는[糊口] 방책(方策). ¶그는 호구지책으로 주유소에서 일을 했다.

호:국 護國 | 지킬 호, 나라 국
[defense of one's fatherland]
외적으로부터 나라[國]를 지킴[護]. ¶호국 정신을 함양하다.

호:기¹ 好機 | 좋을 호, 때 기
[good opportunity; good chance]

무슨 일을 하는 데 좋은[好] 때[機]. 또는 그런 기회. ¶호기를 잡다 / 호기를 놓치다.

호기² 豪氣 | 호걸 호, 기운 기 [heroism; bravery]
❶속뜻 호방(豪放)한 기운(氣運). 씩씩한 기상. ¶그는 호기가 넘치는 목소리로 대답했다. ❷괜히 우쭐대는 태도. ¶호기를 부리다.

호:기³ 好奇 | 좋을 호, 기이할 기
[curiosity; inquisitiveness]
새롭고 기이(奇異)한 것을 좋아함[好].

▶ 호:기심 好奇心 | 마음 심
새롭거나 기이(奇異)한 것을 좋아하거나 [好] 모르는 것을 알고 싶은 마음[心]. ¶호기심이 강하다.

＊호남 湖南 | 호수 호, 남녘 남
❶속뜻 호강(湖江, 지금의 錦江)의 남(南)쪽 지역. ❷지리 전라남도와 전라북도를 두루 이르는 말. ¶호남 평야.

호란 胡亂 | 오랑캐 호, 어지러울 란
[Manchu war]
❶속뜻 오랑캐[胡]가 일으킨 난리(亂離). ❷역사 '병자호란(丙子胡亂)'의 준말.

***호:랑 虎狼** | 호랑이 호, 이리 랑
[tiger and wolf]
❶속뜻 호랑이[虎]와 이리[狼]. ❷'욕심 많고 잔인한 사람'을 비유하여 이르는 말.

호:령 號令 | 부를 호, 명령 령
[(word of) command; order]
❶속뜻 큰 소리로 부르짖으며[號] 명령(命令)함. ¶호령을 내리다. ❷큰 소리로 꾸짖음.

호명 呼名 | 부를 호, 이름 명
[call name]
이름[名]을 부름[呼]. ¶호명하는 학생은 앞으로 나오세요.

호:박 琥珀 | 호박 호, 호박 박
[amber; succinite]
광물 황색이며 투명한 보석의 일종[琥=珀]. 지질 시대의 수지(樹脂) 따위가 땅속

에 파묻혀서 돌처럼 굳어진 것이다.

호반 湖畔 | 호수 호, 물가 반
[lakeside; the shores of a lake]
호수(湖水)의 가[畔]. ¶춘천은 호반의 도시이다.

호사[1] 豪奢 | 호걸 호, 사치할 사
[roll in luxury]
매우 호화(豪華)롭고 사치(奢侈)스럽게 지냄. 또는 그런 상태. ¶호사를 누리며 살다 / 호사스러운 생활.

호ː사[2] 好事 | 좋을 호, 일 사
[good thing]
좋은[好] 일[事]. 기쁜 일. [반] 악사(惡事).

▸호ː사-다마 好事多魔 | 많을 다, 마귀 마
좋은[好] 일[事]에는 마귀(魔鬼)같이 해를 끼치는 자가 많음[多]. ¶호사다마라고 좋은 일이 많이 생기면 더욱 조심해야한다.

호서 湖西 | 호수 호, 서녘 서
❶[속뜻] 호강(湖江, 지금의 錦江)의 서(西)쪽 지역. ❷[지리] 충청남도와 충청북도를 두루 이르는 말.

호소[1] 呼訴 | 부를 호, 하소연할 소
[complain of; appeal to]
억울하거나 원통한 사정을 남을 불러[呼] 하소연함[訴]. ¶아무도 그의 호소에 귀를 기울이지 않았다.

호ː소[2] 號召 | 부를 호, 부를 소
❶[속뜻] 불러내거나[號] 불러옴[召]. ❷어떤 일에 참여하도록 마음이나 감정 따위를 불러일으킴. ¶관심을 호소하다.

호ː송 護送 | 지킬 호, 보낼 송
[escort; convoy]
❶[속뜻] 목적지까지 보호(保護)하여 보냄[送]. ❷[법률] 죄인을 감시하면서 데려감. ¶그는 경찰의 호송을 받으며 법정으로 들어왔다.

⁑**호수**[1] 湖水 | 호수 호, 물 수 [lake]
❶[속뜻] 우묵하게 파인 호(湖)에 고인 물[水]. ❷[지리] 땅이 우묵하게 들어가 물이 괴어 있는 곳. ¶맑고 고요한 호수.

호ː수[2] 號數 | 차례 호, 셀 수 [number]
❶[속뜻] 차례[號]로 매겨진 번호의 수효(數爻). ❷[미술] 그림 작품의 크기를 나타낼 때 쓰는 번호.

호ː시 虎視 | 호랑이 호, 볼 시
[watch vigilantly for]
❶[속뜻] 호랑이[虎]처럼 날카로운 눈으로 노려봄[視]. ❷'기회를 노림'을 비유하여 이르는 말.

▸호ː시-탐탐 虎視眈眈 | 노려볼 탐, 노려볼 탐
❶[속뜻] 호랑이[虎]가 눈을 부릅뜨고[視] 먹이를 노려봄[眈眈]. ❷남의 것을 빼앗기 위하여 가만히 기회를 엿봄. 또는 그런 모양. ¶호시탐탐 기회를 엿보다.

호ː-시절 好時節 | 좋을 호, 때 시, 철 절
[nice season; favorable season]
좋은[好] 시절(時節). ¶돌이켜 보면 그 때가 호시절이었지.

호ː신 護身 | 지킬 호, 몸 신
[protection oneself]
외부의 위험으로부터 자기 몸[身]을 지키는[護] 일. ¶그녀는 자신의 호신을 위하여 태권도를 배웠다.

▸호ː신-술 護身術 | 꾀 술
위험으로부터 자기 몸[身]을 보호(保護)하기 위하여 익히는 기술(技術). ¶여자도 호신술을 익혀두면 좋다.

호언 豪言 | 호걸 호, 말할 언
[assure; guarantee]
의기양양하여 호기(豪氣)롭게 말함[言]. 또는 그런 말. ¶그는 자기 팀이 우승할 것이라고 호언했다.

▸호언-장담 豪言壯談 | 씩씩할 장, 말씀 담
호기(豪氣)롭게 말하고[言] 씩씩하게[壯] 말함[談]. ¶그는 모든 일을 자기가 책임지겠다고 호언장담했다.

호ː연지기 浩然之氣 | 클 호, 그러할 연, 어조사 지, 기운 기
[vast flowing spirit; great morale]
❶[속뜻] 바르고 큰[浩] 그러한[然] 모양의

기운(氣運). ❷거침없이 넓고 큰 기개. ¶호연지기를 기르다.

호:외 號外 | 차례 호, 밖 외
[extra edition]
❶[속뜻] 일정한 호수(號數)를 초과함[外]. ❷특별한 일이 있을 때에 임시로 발행하는 신문이나 잡지. ¶호외를 돌리다.

호우 豪雨 | 호쾌할 호, 비 우
[heavy rainfall; down pour]
호쾌(豪快)하고 세차게 퍼붓는 비[雨]. ¶집중 호우로 하천이 범람하였다.

호:위 護衛 | 돌볼 호, 지킬 위
[guard; escort]
따라다니며 곁에서 돌보고[護] 지킴[衛]. ¶호위 차량 / 대통령은 호위를 받으며 지나갔다.

호응 呼應 | 부를 호, 응할 응
[respond; hail each other]
❶[속뜻] 부름[呼]에 응답(應答)함. ❷남의 주장이나 요구를 옳게 여겨 따르는 것. ¶신제품이 큰 호응을 얻었다.

호:의[1] 好意 | 좋을 호, 뜻 의
[goodwill; good wishes]
좋게[好] 생각하여 주는 마음[意]. 남에게 보이는 친절한 마음씨. ¶호의를 베풀다 / 친구의 호의를 거절하다. [비] 선의(善意). [반] 악의(惡意).

호:의[2] 好衣 | 좋을 호, 옷 의
[dress well]
좋은[好] 옷[衣].

▸호:의-호:식 好衣好食 | 좋을 호, 먹을 식
좋은[好] 옷[衣]을 입고 좋은[好] 음식을 먹음[食]. 또는 그런 생활. ¶그는 평생 가난을 모르고 호의호식을 누렸다. [반] 악의악식(惡衣惡食).

호:인 好人 | 좋을 호, 사람 인
[good-natured person]
좋은[好] 사람[人]. ¶그는 호인으로 소문이 나 있다.

호:적 戶籍 | 집 호, 문서 적
[census registration]
❶[속뜻] 호수(戶數)와 식구 단위로 기록한 장부[籍]. ❷한 집안의 호주를 중심으로 그 가족들의 본적지, 성명, 생년월일 등 신분에 관한 것을 적은 공문서. ¶호적에 올리다.

호:전 好轉 | 좋을 호, 구를 전
[take a favorable turn]
일의 형세가 좋은[好] 쪽으로 바뀜[轉]. ¶경기가 호전되다. [반] 악화(惡化).

호젓-하다 [still; silent; hushed]
❶사람들이 적어 외지다. ¶호젓한 산길. ❷남과 떨어져 있어서 조용하다. ¶그녀는 자식들을 도시로 떠나보내고 호젓하게 지냈다.

호:조 好調 | 좋을 호, 고를 조 [favorable tone]
상태가 좋고[好] 고름[調]. 또는 좋은 상태. ¶매출이 호조를 보이다.

*__호족 豪族__ | 호걸 호, 무리 족
[powerful family]
어떤 지방에서 재산이 많고 세력이 큰 호걸[豪]의 일족(一族). ¶신라 말부터 호족 세력이 등장했다.

호:주[1] 戶主 | 집 호, 주인 주
[head of a family]
❶[속뜻] 한 집안[戶]의 주인(主人). ❷[법률] 한 집안의 주인으로서 가족을 거느리며 부양하는 일에 대한 권리와 의무가 있는 사람. ¶호주 상속 / 우리 집 호주는 아버지이시다.

호주[2] 濠洲 | 해자 호, 대륙 주 [Australia]
[지리] 오스트레일리아(Australia). 음의 일부를 옮긴 것[濠]에 섬을 뜻하는 주(洲)가 덧붙여졌다.

호출 呼出 | 부를 호, 날 출 [call out]
불러[呼] 냄[出]. ¶그는 사장의 호출을 받고 나갔다.

호칭 呼稱 | 부를 호, 일컬을 칭
[name; title]
불러[呼] 일컬음[稱]. 이름을 지어 부름.

¶아직은 사장님이라는 호칭이 낯설다.

호탕 豪宕 | 호걸 호, 대범할 탕
[vigorous and valiant]
호걸[豪]스럽고 대범하다[宕]. ¶호탕한 웃음 / 호탕한 성격.

호:패 號牌 | 이름 호, 패 패
[identity tag]
[역사] 조선 시대, 열여섯 살 이상의 남자가 신분을 증명하기 위하여 차던 길쭉한 패. 한 면에 이름[號]과 출생 연도의 간지를 쓰고 뒷면에 관아의 낙인을 찍은 패(牌).

호:평 好評 | 좋을 호, 평할 평
[favorable comment]
좋게[好] 평가(評價)함. 좋은 평가. ¶그 영화는 관객들로부터 호평을 받았다. [반] 악평(惡評), 혹평(酷評).

호호-백발 皜皜白髮 | 흴 호, 흴 호, 흰 백, 머리털 발
[hoary hair; white-haired old man]
깨끗하고[皜皜] 하얗게[白] 센 머리[髮]. 또는 그러한 늙은이. ¶호호백발 할머니.

호화 豪華 | 호걸 호, 빛날 화
[splendor; gorgeousness]
호걸[豪]스럽고 화려(華麗)함. ¶호화저택.

호:황 好況 | 좋을 호, 상황 황
[prosperous condition]
경기가 좋은[好] 상황(狀況). ¶호황을 누리다. [반] 불황(不況).

⁑호흡 呼吸 | 내쉴 호, 마실 흡
[breath; time]
❶[속뜻] 숨을 내쉬고[呼] 들여 마심[吸]. 또는 그 숨. ¶입으로 호흡하다. ❷두 사람 이상이 함께 일할 때의 서로의 마음. ¶호흡이 잘 맞다. [비] 숨, 장단. [관용] 호흡을 맞추다.

▶ **호흡-계 呼吸系** | 이어 맬 계
코·목구멍·허파와 같은 호흡(呼吸) 기관들의 계통(系統). ¶호흡계에 이상이 생겼다.

▶ **호흡-기 呼吸器** | 그릇 기
[의학] 생물의 호흡(呼吸) 작용을 하는 기관(器官). 고등 생물의 폐, 어류의 아가미, 곤충류의 기관 등이 있다. ¶호흡기 질환.

▶ **호흡-법 呼吸法** | 법 법
호흡(呼吸)하는 방법(方法). ¶호흡법이 건강에 큰 영향을 미친다.

▶ **호흡 기관 呼吸器官** | 그릇 기, 벼슬 관
[의학] 호흡(呼吸) 기능을 하는 신체 기관(器官).

혹 或 | 혹시 혹 [sometimes; maybe]
❶만일. ¶혹 도와 드릴 일이 있으면 말씀하세요. ❷어쩌다 한 번씩. ¶혹 틈이 있으면 등산을 한다. [비] 혹시(或是), 간혹(間或).

혹독 酷毒 | 심할 혹, 독할 독
[severe; harsh]
❶[속뜻] 매우 심하게[酷] 독(毒)하다. ¶혹독한 훈련을 견디다. ❷마음씨나 하는 짓 따위가 모질고 독하다. ¶혹독하게 꾸짖다.

혹사 酷使 | 독할 혹, 부릴 사
[work hard]
혹독(酷毒)하게 부림[使]. ¶그는 평생 혹사당하는 노동자를 도왔다.

***혹시 或是** | 혹시 혹, 옳을 시
[if; maybe]
❶[속뜻] 혹(或) 옳을지[是] 모름. 확실한 것은 아니지만. ¶혹시 모르니까 우산을 챙겨 가거라. ❷만일에. ¶혹시 한국에 오게 되면 꼭 연락주세요.

혹평 酷評 | 독할 혹, 평할 평
[criticize; severely]
혹독(酷毒)하게 평가(評價)함. 또는 그 비평. ¶그 소설은 혹평을 받고 있다. [비] 악평(惡評). [반] 호평(好評).

혹한 酷寒 | 심할 혹, 찰 한 [brutal cold]
몹시 심한[酷] 추위[寒]. ¶영하 25도의 혹한을 견디다.

혼 魂 | 넋 혼 [soul; spirit]
사람의 몸 안에서 몸과 정신을 다스린다는 비물질적인 것. ¶이 그림에는 작가의

혼이 담겨 있다. ⓑ넋.

혼:돈 混沌 | =渾沌, 섞을 혼, 어두울 돈
[chaotic; nebulous; confused]
마구 뒤섞여[混] 있어 갈피를 잡을 수 없음[沌]. ¶가치관의 혼돈 / 그 나라는 혼돈에 빠졌다.

혼:동 混同 | 섞을 혼, 한가지 동
[mistake; confuse]
❶**속뜻** 서로 뒤섞여[混] 하나가[同] 됨. ❷구별하지 못하고 뒤섞어서 생각함. ¶나는 그를 다른 사람과 혼동했다. ⓑ구별(區別), 분별(分別).

혼:란 混亂 | 섞을 혼, 어지러울 란
[confused; disordered]
❶**속뜻** 뒤섞여서[混] 어지러움[亂]. ❷뒤죽박죽이 되어 질서가 없음. ¶혼란에 빠지다 / 그 소식은 우리 가족을 혼란스럽게 했다. ⓑ혼잡(混雜). ⓑ평온(平穩).

혼령 魂靈 | 넋 혼, 신령 령
[spirit (of the dead)]
죽은 사람의 넋[魂]이나 신령(神靈). ⓑ영혼(靈魂).

혼례 婚禮 | 혼인할 혼, 예도 례
[marriage ceremony]
❶**속뜻** 혼인(婚姻)의 의례(儀禮). ❷'혼례식'(婚禮式)의 준말. ¶혼례를 치르다.

▶ **혼례-복 婚禮服** | 옷 복
혼례식(婚禮式) 때에 신랑과 신부가 입는 예복(禮服). ¶신랑과 신부가 전통 혼례복을 차려입고 초례청에서 마주섰다.

▶ **혼례-식 婚禮式** | 의식 식
결혼(結婚)의 예(禮)를 올리는 의식(儀式). ¶전통 혼례식. ⓑ결혼식(結婚式).

혼미 昏迷 | 어두울 혼, 헤맬 미
[stupefied; confused]
❶**속뜻** 어두워[昏] 길을 잃고 헤맴[迷]. ❷정신이 흐리어 갈피를 못 잡음. ¶혼미상태 / 정신이 혼미하다.

혼비백산 魂飛魄散 | 넋 혼, 날 비, 넋 백, 흩을 산
❶**속뜻** 넋[魂]이 날아가고[飛] 넋[魄]이 흩어져버림[散]. ❷몹시 놀라 어찌할 바를 모르는 지경. ¶적군은 혼비백산하여 달아났다.

혼사 婚事 | 혼인할 혼, 일 사
[marital matter]
혼인(婚姻)에 관한 일[事]. ¶부모님은 언니의 혼사를 의논했다 / 혼사가 성사되다.

혼:선 混線 | 섞을 혼, 줄 선
[cross; entangle wires]
❶**속뜻** 줄[線] 따위가 뒤섞임[混]. ❷전신이나 전화, 무선통신 따위에서 신호나 통화가 뒤섞이며 엉클어짐. ¶전화가 혼선이 되고 있다.

혼:성¹ 混成 | 섞을 혼, 이룰 성
[mix; mingle; compound]
섞여서[混] 이루어짐[成]. 또는 섞어서 만듦. ¶혼성 부대.

혼:성² 混聲 | 섞을 혼, 소리 성
[mixed voices]
❶**속뜻** 뒤섞인[混] 소리[聲]. ❷**음악** 남녀의 목소리를 혼합하여 노래하는 일. ¶남녀 혼성그룹.

혼수¹ 昏睡 | 어두울 혼, 잠잘 수
[loss of consciousness]
❶**속뜻** 어두워[昏] 정신없이 잠든[睡] 상태. ❷**의학** 의식을 잃고 인사불성이 됨. ¶혼수상태에 빠지다.

혼수² 婚需 | 혼인할 혼, 쓰일 수
[articles essential to a marriage]
혼사(婚事)에 쓰이는[需] 여러 가지 물품. ¶혼수를 장만하다.

혼:식 混食 | 섞을 혼, 먹을 식
[eat mixed food]
❶**속뜻** 여러 가지 음식을 섞어서[混] 먹음[食]. ❷쌀에 잡곡을 섞어서 먹음. 또는 그 식사. ¶혼식을 장려하다.

혼:신 渾身 | 온 혼, 몸 신 [whole body]
❶**속뜻** 온[渾] 몸[身]. ❷온몸으로 열정을 쏟거나 정신을 집중하는 상태. ¶혼신의 힘을 쏟다 / 혼신의 노력을 다하다.

혼:연 渾然 | 온 혼, 그러할 연

[harmony; concord]
❶[속뜻]온갖[渾] 것이 차별이 없는 그러한[然] 모양. ❷조금도 딴 것이 섞이지 않고 고른 모양. ❸성질이 원만한 모양.

▸혼:연-일체 渾然一體 | 한 일, 몸 체
생각, 행동, 의지 따위가 완전히[渾然] 한[一] 덩어리[體]가 됨. ¶우리는 혼연일체가 되어 위기를 극복했다.

혼인 婚姻 | 결혼할 혼, 시집갈 인 [marry]
❶[속뜻]결혼(結婚)하여 시집감[姻]. ❷남자와 여자가 부부가 되는 일. ¶혼인 신고. [비]결혼(結婚).

▸혼인-색 婚姻色 | 빛 색
[동물]양서류, 조류, 어류 등의 동물이 번식기[婚姻]에 아름답게 변하는 피부나 털의 빛깔[色]. 주로 수컷에 나타난다.

▸혼인-식 婚姻式 | 의식 식
혼인(婚姻)을 맺는 의식(儀式). ¶길일이라 혼인식을 올리는 신랑 신부가 많다. [비]결혼식(結婚式).

혼:잡 混雜 | 섞을 혼, 어수선할 잡
[confused; crowded]
여럿이 한데 뒤섞여[混] 어수선함[雜]. ¶교통혼잡 / 혼잡을 빚다.

혼:천-설 渾天說 | 온 혼, 하늘 천, 말씀 설
[천문]고대 중국의 우주[渾天] 구조에 관한 대표적인 학설(學說). 천동설의 하나로, 기원전 4세기경에 후한(後漢)의 장형(張衡)이 체계화하였는데, 이 우주관에 기초하여 혼천의를 만들었다고 한다.

혼:천-의 渾天儀 | 온 혼, 하늘 천, 천문기계 의 [armillary sphere; astrolabe]
❶[속뜻]온[渾] 하늘[天]을 관측하던 천문기계[儀]. ❷[천문]고대 중국에서 천체의 운행과 위치를 관측하던 장치.

혼:탁 混濁 | 섞을 혼, 흐릴 탁
[muddy; turbid]
❶[속뜻]불순한 것들이 섞여[混] 흐림[濁]. ¶강물의 혼탁을 막다 / 매연으로 공기가 혼탁해졌다. ❷정치나 사회현상 따위가 어지럽고 흐림. ¶혼탁 선거 / 혼탁한 사회.

혼:합 混合 | 섞을 혼, 합할 합
[mix; mingle; blend]
뒤섞여서[混] 한데 합쳐짐[合]. 또는 뒤섞어 한데 합함. ¶혼합 비료 / 밀가루와 물을 혼합하여 반죽을 만들다.

▸혼:합-물 混合物 | 만물 물
여러 가지가 뒤섞여서 된[混合] 물건(物件).

▸혼:합 복식 混合複式 | 겹칠 복, 법 식
[운동]테니스·탁구 따위에서, 남녀 선수가 뒤섞여[混合] 짝[複]을 이루어 하는 경기 방식(方式).

혼:혈 混血 | 섞을 혼, 피 혈
[mixed blood; racial mixture]
서로 인종이 다른 혈통(血統)이 섞임[混]. [반]순혈(純血).

▸혼:혈-아 混血兒 | 아이 아
혈통이 다른 종족 사이에서[混血] 태어난 아이[兒]. ¶그는 미국인과 한국인의 피가 섞인 혼혈아이다.

홀연 忽然 | 갑자기 홀, 그러할 연
[suddenly]
갑자기[忽] 그러함[然]. 뜻밖에. ¶안개 속에서 홀연 사람의 모습이 나타났다 / 홀연히 사라지다.

홍건-적 紅巾賊 | 붉을 홍, 수건 건, 도둑 적
❶[속뜻]머리에 붉은[紅] 수건[巾]을 쓴 도적(盜賊). ❷[역사]원(元)나라 말엽에 강회(江淮) 지역에서 일어났던 도둑의 무리.

홍길동-전 洪吉童傳 | 클 홍, 길할 길, 아이 동, 전할 전
[문학]홍길동(洪吉童)의 전기(傳記) 소설. 조선 광해군 때 허균(許筠)이 지은 국문 소설이다. 계급 타파를 부르짖은 사회 소설로서, 국문 소설의 선구가 되었다.

홍-단풍 紅丹楓 | 붉을 홍, 붉을 단, 단풍나무 풍
빨간[紅]빛의 단풍(丹楓).

홍릉 洪陵 | 클 홍, 무덤 릉
❶ 속뜻 큰[洪] 무덤[陵]. ❷ 고적 경기도 남양주시 금곡동에 있는 조선 고종과 왕비인 명성황후가 합장되어 있는 무덤.

홍문-관 弘文館 | 넓을 홍, 글월 문, 집 관
❶ 속뜻 문예(文藝)에 관한 일을 널리[弘] 알리는 일을 하는 관청[館]. ❷ 역사 조선 때의 삼사(三司)의 하나. 경서와 사적의 관리, 문한(文翰)의 처리 및 왕의 자문에 응하는 일을 맡아보던 관아.

홍백 紅白 | 붉을 홍, 흰 백
[red and white]
❶ 속뜻 붉은[紅]색과 흰[白]색을 아울러 이르는 말. ❷ 운동 홍군과 백군을 아울러 이르는 말. ¶운동회에서 홍백으로 편을 갈라서 서로 겨루었다.

홍보 弘報 | 넓을 홍, 알릴 보
[publicize; promote]
일반에 널리[弘] 알림[報]. 또는 그 보도나 소식. ¶홍보 포스터 / 경제정상회의를 홍보하다.

▶ **홍보-실 弘報室** | 방 실
회사나 어떤 단체 따위의 홍보(弘報)를 맡은 부서[室]. ¶홍보실에 근무하다.

홍-보석 紅寶石 | 붉을 홍, 보배 보, 돌 석
[ruby]
광업 붉은[紅] 빛깔을 띤 단단한 보석(寶石).

***홍수 洪水** | 클 홍, 물 수
[flood; inundation]
❶ 속뜻 큰[洪] 물[水]. ❷비가 많이 내려 강과 시내의 물이 크게 불어나 넘치는 것. ¶마을의 집들이 홍수로 물에 잠겼다.

홍시 紅枾 | 붉을 홍, 감나무 시
[mellowed persimmon]
붉고[紅] 말랑말랑하게 무르익은 감[枾]. ¶우리 할머니는 홍시를 즐겨 드신다. ⓑ 연시(軟枾).

홍어 洪魚 | 클 홍, 물고기 어
[skate; thornback) ray]
❶ 속뜻 몸집이 큰[洪] 물고기[魚]. ❷ 동물

가오릿과의 바닷물고기. 몸길이 1.5m 가량이다. 몸은 마름모꼴로 넓적하며 몸 빛깔은 등이 갈색, 배는 희다.

홍역 紅疫 | 붉을 홍, 돌림병 역
[measles; rubeola]
의학 얼굴과 몸에 좁쌀 같은 발진이 돋아 온몸이 붉어지는[紅] 돌림병[疫]. 관용 홍역을 치르다.

홍의 紅衣 | 붉을 홍, 옷 의
[red garments]
❶ 속뜻 붉은[紅] 옷[衣]. ❷ 역사 지난날, 궁전의 별감과 묘사(廟社)와 능원(陵園)의 수복(守僕)이 입던 붉은 웃옷.

▶ **홍의 장군 紅衣將軍** | 장수 장, 군사 군
인명 붉은 옷[紅衣]을 입은 장군(將軍). 임진왜란 때의 의병장 '곽재우'의 별칭이다.

홍익 弘益 | 클 홍, 더할 익
[public advantage]
❶ 속뜻 크게[弘] 이롭게[益]함. ❷널리 이롭게 함. ¶홍익인간의 이념을 오늘에 되살리다.

▶ **홍익-인간 弘益人間** | 사람 인, 사이 간
인간(人間) 세계를 널리[弘] 이롭게 함[益]. 단군의 건국이념이다.

홍차 紅茶 | 붉을 홍, 차 차 [black tea]
차나무의 순을 발효시켜서 만들어 달인 붉은[紅] 물의 차(茶).

홍합 紅蛤 | 붉을 홍, 조개 합 [mussel]
❶ 속뜻 붉은[紅] 빛을 띤 조개[蛤]. ❷ 동물 껍데기는 삼각형에 가까우나 길쭉하고 둥근 모양의 바닷조개. 맛이 좋아 식용한다. ¶홍합으로 탕을 끓이다.

화¹火 | 불 화 [resentment; anger]
언짢아서 나는 성. ¶화를 내다 / 화를 풀다. ⓑ 골, 성.

화²禍 | 재앙 화 [evil; trouble(s)]
모든 재앙과 액화. ¶화를 당하다 / 화를 부르다. ⓑ 변고, 재앙(災殃). ⓐ 복(福).

화-가 畫家 | 그림 화, 사람 가
[painter; artist]
그림[畫] 그리는 일을 직업으로 하는 사

람[家]. ¶은미의 꿈은 화가가 되는 것이다.

화강-석 花崗石 | 꽃 화, 산등성이 강, 돌 석 [granite]
지리 '화강암'(花崗巖)을 달리 이르는 말.

화강-암 花崗巖 | 꽃 화, 산등성이 강, 바위 암 [granite]
❶속뜻 꽃[花]무늬가 있고 주로 산등성이[崗]에 많이 있는 암석(巖石). ❷지리 석영과 운모, 장석 따위를 주성분으로 하는 화성암의 한 가지로, 단단하고 결이 고와 석재로 많이 쓰인다.

화:공 化工 | 될 화, 장인 공 [chemical industry]
❶속뜻 하늘의 조화(造化)로 자연히 이루어진 묘한 재주[工]. ❷물질 화학적인 반응을 응용하는 공업이나 공학과 관련되는 것. ¶화공 약품은 조심해서 다뤄야 한다.

화관 花冠 | 꽃 화, 갓 관 [woman's ceremonial coronet]
꽃[花]으로 아름답게 장식한 관(冠). ¶화관을 쓴 공주님.

화:근 禍根 | 재화 화, 뿌리 근 [root of evil; the source(s) of trouble]
재화(災禍)의 근원(根源). ¶화근을 없애다.

화:급 火急 | 불 화, 급할 급 [urgent; pressing]
걷잡을 수 없이 타는 불[火] 같이 매우 급(急)함. ¶그는 화급하게 밖으로 나갔다.

화기 和氣 | 따스할 화, 기운 기 [peace; harmony]
❶속뜻 따스한[和] 기운[氣]. ❷온화한 기색. 또는 화목한 분위기. ¶얼굴에 화기가 돌다.

▶ 화기애애 和氣靄靄 | 아지랑이 애, 아지랑이 애
화목(和睦)한 기운(氣運)이 아지랑이처럼[靄靄] 피어오르다. ¶우리는 화기애애한 분위기 속에서 저녁을 먹었다.

화단 花壇 | 꽃 화, 단 단 [flower bed]
꽃[花]을 심기 위하여 뜰 한쪽에 흙을 한층 높게 쌓은 단(壇). ¶화단에 연산홍을 심었다. ⓑ 꽃밭.

화답 和答 | 어울릴 화, 답할 답 [respond]
서로 잘 어울리는[和] 시나 노래로 대답(對答)함. ¶나는 그의 노래에 화답하여 바이올린을 연주했다.

화:랑¹ 畵廊 | 그림 화, 곁채 랑 [picture gallery]
그림[畵] 등의 미술품을 진열하여 전람하도록 만든 방[廊]. ¶장 화백은 한국 화랑에서 개인전을 연다.

화랑² 花郞 | 꽃 화, 사나이 랑
❶속뜻 꽃[花]처럼 아름다운 사나이[郞]. ❷역사 신라 때의, 청소년 수양 단체. 문벌과 학식이 있고 외모가 단정한 사람으로 조직, 심신의 단련과 사회의 선도를 이념으로 하였다.

▶ 화랑-도 花郞徒 | 무리 도
역사 화랑(花郞)의 무리[徒].

***화려 華麗** | 빛날 화, 고울 려 [fancy; colorful; gorgeous]
❶속뜻 빛나고[華] 아름답다[麗]. ¶화려한 옷차림. ❷어떤 일이나 생활 따위가 호화롭다. ¶화려한 결혼식.

화:력 火力 | 불 화, 힘 력 [heating power]
불[火]이 탈 때에 내는 열의 힘[力]. ¶이 가스레인지는 화력이 세다.

▶ 화:력 발전 火力發電 | 일으킬 발, 전기 전
전기 화력(火力)으로 발전기를 돌려 전력(電力)을 일으키는[發] 방식.

화:로 火爐 | 불 화, 화로 로 [(charcoal) brazier; fire pot]
숯불[火]을 담아 놓는 그릇[爐]. ¶화로에 둘러앉아 불을 쪼이다.

화:면 畵面 | 그림 화, 낯 면 [scene; screen]
❶속뜻 그림[畵]의 표면(表面). ❷영사막, 브라운관 따위에 비치는 사진의 보이는

겉면. ¶화면이 너무 어두워요.

화목 和睦 | 어울릴 화, 친할 목
[peaceful; harmonious]
서로 잘 어울리고[和] 친하게[睦] 지냄. ¶무엇보다 가족의 화목이 제일이다.

화문 花紋 | 꽃 화, 무늬 문
[flower pattern]
꽃[花] 모양의 무늬[紋].
▶ 화문-석 花紋席 | 자리 석
꽃[花] 모양으로 무늬[紋]를 놓아 짠 돗자리[席].

화ː물 貨物 | 재물 화, 만물 물
[freight; cargo]
경제 재물(貨)의 가치가 있는 물품(物品). ¶트럭에 화물을 싣다.
▶ 화ː물-선 貨物船 | 배 선
화물(貨物)을 운반하는 선박(船舶).
▶ 화ː물-차 貨物車 | 수레 차
화물(貨物)을 운반하는 자동차(自動車), 기차 따위를 통틀어 이르는 말. ¶이곳은 화물차의 출입이 잦다. ⓑ 짐차.

화백¹ 和白 | 어울릴 화, 말할 백
[conference]
❶속뜻 여러 사람이 잘 어울리기[和] 위하여 함께 의논함[白]. ❷역사 신라 때에, 나라의 중대사를 의논하던 회의제도.

화ː백² 畵伯 | 그림 화, 맏 백
[artist; (master) painter]
화가(畵家)를 높여[伯] 일컬음. ¶김 화백이 찾아 왔다.

화ː병¹ 火病 | 불 화, 병 병
[hypochondria]
한의 울화(鬱火)로 난 병(病). 억울한 마음을 삭이지 못하여 간의 생리 기능에 장애가 와서 머리와 옆구리가 아프고 가슴이 답답하면서 잠을 잘 자지 못하는 병이다. ¶화병이 나다 / 화병으로 몸져눕다. ⓑ 울화병(鬱火病).

화병² 花瓶 | 꽃 화, 병 병 [flower vase]
꽃[花]을 꽂는 병(瓶). ¶화병에 국화꽃을 꽂다. ⓑ 꽃병.

화ː보 畵報 | 그림 화, 알릴 보
[pictorial; graphic]
여러 가지 일을 그림[畵]으로 그리거나 사진을 찍어 발행한 책자[報]. 또는 그런 인쇄물. ¶이것은 꽃을 주제로 한 화보이다.

*__화분__¹ 花盆 | 꽃 화, 동이 분
[flowerpot; jardiniere]
꽃[花]을 심어 가꾸는 동이그릇[盆]. ¶화분에 물을 주다.

화분² 花粉 | 꽃 화, 가루 분
[pollen; anther dust]
식물 종자식물의 수술의 꽃밥 속에 들어 있는 꽃[花]의 가루[粉]. ¶벌은 화분을 나른다.

화사 華奢 | 빛날 화, 사치할 사
[luxurious; pompous]
❶속뜻 화려(華麗)하고 사치(奢侈)스럽다. ❷밝고 환하다. ¶화사한 꽃무늬 치마.

*__화ː산__ 火山 | 불 화, 메 산 [volcano]
지리 땅속의 마그마가 불[火]같이 밖으로 터져 나와 퇴적하여 이루어진 산(山). 활동의 유무에 따라 사(死)화산, 활(活)화산, 휴(休)화산으로 나뉜다.

화ː상 火傷 | 불 화, 다칠 상
[(skin) burn]
뜨거운 열[火]에 다침[傷]. 또는 그렇게 입은 상처. ¶온몸에 화상을 입었다.

화색 和色 | 따스할 화, 빛 색
[peaceful countenance]
얼굴에 드러나는 온화(溫和)하고 환한 빛[色]. ¶민지는 아빠를 보자 얼굴에 화색이 돌았다.

*__화ː석__ 化石 | 될 화, 돌 석 [fossil]
지리 아주 옛날의 생물의 뼈나 몸의 흔적이 돌[石]로 변해[化] 남아 있는 것.

화ː-선지 畵宣紙 | 그림 화, 펼 선, 종이 지 [Chinese drawing paper]
그림[畵]을 그릴 때 주로 쓰는 선지(宣紙). '선지'는 중국에서 유명한 종이 생산지의 이름에서 유래했다는 설이 있다.

화:성¹ 火星 | 불 화, 별 성 [Mars]
❶속뜻 불[火]을 상징하는 별[星]. ❷천문 태양계에서, 지구의 바로 바깥쪽에서 타원형의 궤도로 태양을 돌고 있는 네 번째 행성. 공전 주기는 1.8년이며 두 개의 위성을 가지고 있다.

화성² 華城 | 꽃 화, 성곽 성
❶속뜻 꽃[華]처럼 아름답게 잘 쌓은 성(城). ❷고적 조선 정조 때, 경기도 수원시에 쌓은 성. 1997년 유네스코 세계 문화유산으로 지정되었다. ㉾ 수원성.

화:성-암 火成巖 | 불 화, 이룰 성, 바위 암 [igneous rocks]
❶속뜻 화산(火山) 활동으로 이루어진[成] 바위[巖]. ❷지리 땅속의 마그마가 냉각·응고되어 이루어진 암석을 통틀어 이르는 말.

화술 話術 | 말할 화, 꾀 술
[art of conversation]
말하는[話] 기술(技術). ¶그는 화술이 뛰어나다. ㉾ 말솜씨, 말재주.

화:승 火繩 | 불 화, 줄 승 [wick]
불[火]을 붙게 하는 데 쓰는 노끈[繩]. ¶눈 깜짝할 사이에 화승이 타고 화약은 큰 소리를 내며 터졌다.

▶**화:승-총 火繩銃** | 총 총
화승(火繩)의 불로 터지게 만든 구식 총(銃). ¶화승총 몇 자루로 근대식 군대와 맞선 의병들은 역부족으로 쫓겨났다.

화:실 畵室 | 그림 화, 방 실
[artist's studio; atelier]
그림[畵] 따위의 예술품을 만드는 방[室]. ¶빈 교실을 화실로 이용하다.

화씨 華氏 | 꽃 화, 성씨 씨
[Fahrenheit; Fahr.]
물리 '화씨온도계'의 준말. 이 온도계를 고안한 독일의 파렌하이트를 '화륜해'(華倫海)로 음역하고, 줄여서 '화씨'(華氏)라고 한 데에서 유래되었다. 얼음이 녹는점을 32°F, 물이 끓는점을 212°F로 하여 그 사이를 등분한 온도 단위이다. 단위는 'F'. ㉾ 섭씨(攝氏).

⁎⁎화:약 火藥 | 불 화, 약 약 [(gun)powder]
❶속뜻 불[火]을 일으키는 기능을 하는 솜으로 만든 약(藥). ❷다이너마이트나 면화약 등과 같이 충격이나 열 따위를 가하면 격렬한 화학 반응을 일으켜, 가스와 열을 발생시키면서 폭발하는 물질. ¶화약 냄새 / 화약을 터뜨리다.

화엄 華嚴 | 꽃 화, 엄할 엄
불교 ❶연꽃[華]같이 장엄(莊嚴)한 부처님의 깨달음과 가르침. ❷부처님의 가르침을 몸소 실천하여 수행함.

▶**화엄-사 華嚴寺** | 절 사
❶속뜻 석가가 도를 이룬 후 맨 처음으로 설법을 한 가르침[華嚴]을 표방하는 절[寺]. ❷불교 전라남도 구례군 지리산에 있는 25교구 본사의 하나인 사찰. 신라 진흥왕 5년(544)에 창건하였으며, 선교 양종의 본산으로 유명하다.

화:염 火焰 | 불 화, 불꽃 염
[flame; blaze]
❶속뜻 불[火]에서 이는 불꽃[焰]. ❷타는 불에서 일어나는 붉은 빛의 기운. ¶불이 나서 거리는 화염에 휩싸였다. ㉾ 불꽃.

▶**화:염 방:사기 火焰放射器** | 놓을 방, 쏠 사, 그릇 기
군사 화염(火焰)을 쏘아[放射] 적을 공격하는 병기(兵器).

화-요일 火曜日 | 불 화, 빛날 요, 해 일
[Tuesday; Tues.]
칠요일 중 화(火)에 해당하는 요일(曜日). ¶이번 주 화요일은 며칠입니까?

화원 花園 | 꽃 화, 동산 원
[flower garden]
❶속뜻 꽃[花]을 심은 정원(庭園). ❷꽃을 파는 가게. ¶나는 화원에서 안개꽃 한 다발을 샀다.

화음 和音 | 어울릴 화, 소리 음
[chord; accord]
음악 높이가 다른 둘 이상의 음이 함께 울릴 때 어울리는[和] 소리[音]. ¶화음을

넝다.

화자 話者 | 말할 화, 사람 자 [speaker]
말하는[話] 사람[者]. 이야기하는 사람. ¶이 소설의 화자는 주인공의 딸이다. [반] 청자(聽者).

화:장[1] 火葬 | 불 화, 장사 지낼 장 [cremation]
시체를 불[火]에 살라 장사(葬事)하는 일. ¶그는 자신이 죽으면 화장해달라고 말했다.

화장[2] 化粧 | 될 화, 단장할 장 [makeup; toilet]
❶[속뜻] 예쁘게 되도록[化] 곱게 단장(丹粧)함. ❷화장품을 바르거나 문질러 얼굴을 곱게 꾸밈. ¶그녀는 옅게 화장을 했다.

▶화장-대 化粧臺 | 돈대 대
화장(化粧)하는 데 쓰는 높고 평평한[臺] 가구. ¶큰 거울이 달린 화장대를 새로 샀다.

▶화장-실 化粧室 | 방 실
❶[속뜻] 화장(化粧)을 하는 방[室]. ❷대소변(大小便)을 볼 수 있게 만들어 놓은 곳. ¶화장실 청소를 하다. [비] 변소.

▶화장-지 化粧紙 | 종이 지
❶[속뜻] 화장(化粧)에 쓰이는 종이[紙]. ❷휴지(休紙). ¶화장지를 아껴 쓰다.

▶화장-품 化粧品 | 물건 품
화장(化粧)에 쓰이는 물품(物品). ¶화장품을 바르다.

화:재 火災 | 불 화, 재앙 재 [fire; conflagration]
불[火]로 인한 재앙(災殃). ¶화재 신고는 119로 하세요.

▶화:재 보:험 火災保險 | 지킬 보, 험할 험
[경제] 화재(火災)로 말미암은 손해를 보충함을 목적으로 하는 보험(保險).

화:전[1] 火田 | 불 화, 밭 전
[농업] 농사를 짓기 위해 산이나 들에 불[火]을 질러 일군 밭[田]. ¶화전을 일구다.

▶화:전-민 火田民 | 백성 민
[농업] 화전(火田)을 일구어 농사를 짓는 백성[民].

화전[2] 花煎 | 꽃 화, 지질 전 [fried-flower cookies]
진달래나 국화 따위의 꽃[花]잎을 붙여 만든 지짐[煎]. ¶단옷날에는 화전을 부쳐 먹는 풍습이 있다.

화제 話題 | 말할 화, 제목 제 [topic; talk]
이야기[話]의 제목(題目). 이야기의 주제. ¶화제를 바꾸다.

화조 花鳥 | 꽃 화, 새 조 [flowers and birds]
❶[속뜻] 꽃[花]과 새[鳥]. ❷꽃을 찾아다니는 새. ❸꽃과 새를 그린 그림이나 조각. ¶화조를 수놓다.

화:지 畵紙 | 그림 화, 종이 지 [drawing paper]
그림[畵]을 그리는 데 쓰는 질이 좋은 종이[紙]. ¶하얀 화지에 그림을 그리기 시작했다.

화:차 火車 | 불 화, 수레 차
❶[속뜻] 전쟁 때 불[火]로 적을 공격하는 데 쓰던 수레[車]. ❷임진왜란 때 우리나라에서 사용한 전차(戰車)의 한 가지.

화창 和暢 | 따스할 화, 펼칠 창 [balmy; bright]
따스하여[和] 꽃잎이 활짝 펼쳐질[暢] 정도로 날씨가 맑고 좋다. ¶화창한 오후 / 화창한 날씨.

화채 花菜 | 꽃 화, 나물 채
꿀이나 설탕을 탄 물에 꽃[花]잎이나 나물[菜] 따위를 띄어 넣고 잣을 띄운 음료. ¶수박으로 화채를 만들어 먹다.

***화초 花草** | 꽃 화, 풀 초 [flowering plants; flowers]
꽃[花]이 피는 식물[草]. ¶화초를 가꾸다. [비] 화훼(花卉).

화친 和親 | 어울릴 화, 친할 친 [make peace]
❶[속뜻] 나라끼리 화목(和睦)하고 친(親)

하게 지냄. ❷서로 의좋게 지냄. 또는 그 정분. ¶화친을 꾀하다.

화ː통 火筒 | 불 화, 대롱 통
[smokestack; funnel]
기차나 기선 따위에서 불[火]을 땔 때 연기가 나오게 한 굴뚝[筒].

화투 花鬪 | 꽃 화, 싸울 투
❶ 속뜻 꽃[花]이 그려진 딱지로 하는 놀음[鬪]. ❷ 운동 48장으로 된 놀이 딱지. 계절에 따른 솔, 매화, 벚꽃, 난초, 모란, 국화, 오동 따위 열두 가지 그림이 각각 네 장씩 모두 48장으로, 짓고땡·육백·고스톱 따위의 노는 방법이 있다. ¶할머니가 화투를 치신다.

화ː판 畫板 | 그림 화, 널빤지 판 [drawing board]
그림을 그릴[畫] 때 받치는 판(板).

화ː폐 貨幣 | 재물 화, 예물 폐
[money; currency]
❶ 속뜻 재물[貨]과 예물[幣]. ❷ 경제 상품 교환의 매개물, 지불의 수단, 가치 척도 등으로 쓰이는 돈. 금화, 은화, 은행권 따위가 있다. ¶화폐 수집 / 화폐를 발행하다. ⓗ 돈.

화ː포 火砲 | 불 화, 대포 포
[gun; firearm]
❶ 속뜻 화약(火藥)으로 쏘는 대포(大砲). ❷ 군사 대포 따위처럼 화약의 힘으로 탄환을 내쏘는 대형 무기. ¶화포 공격.

화ː폭 畫幅 | 그림 화, 너비 폭
[picture; drawing]
그림을 그리는[畫] 천이나 종이의 폭(幅). ¶겨울 풍경을 화폭에 담다.

화ː풍 畫風 | 그림 화, 모습 풍
[style of painting]
그림[畫]에 나타난 풍격(風格). 또는 그림을 그리는 경향. ¶그의 화풍은 많은 화가들에게 영향을 주었다.

**화ː학 化學 | 될 화, 배울 학 [chemistry]
❶ 속뜻 물질이 바뀌어 다른 것이 되는[化] 것을 연구하는 학문(學問). ❷ 화학 물질의 조성과 구조, 성질과 작용 및 변호, 제법과 응용 따위를 연구하는 자연과학의 한 부문. ¶화학 실험.

▶ **화ː학-자** 化學者 | 사람 자
화학(化學)을 전문으로 연구하는 사람[者].

▶ **화ː학-적** 化學的 | 것 적
화학(化學)에 관련된 것[的]. 화학을 이용하는 것. ¶물이 얼음이 되는 것은 화학적인 반응이 아니라 물리적인 반응이다.

▶ **화ː학 반ː응** 化學反應 | 되돌릴 반, 응할 응
화학 두 가지 이상의 물질 사이에 화학(化學) 변화가 일어나서 다른 물질로 변화하는 과정이나 반응(反應). ¶연료 전지는 수소와 산소에 전기 화학 반응을 일으켜 전기 에너지로 변환하는 장치이다.

▶ **화ː학 비ː료** 化學肥料 | 살찔 비, 거리 료
농업 화학적(化學的) 공정을 거쳐 만든 비료(肥料). ¶농약이나 화학 비료를 많이 사용하면 토양이 산성화된다.

▶ **화ː학 섬유** 化學纖維 | 가늘 섬, 밧줄 유
공업 화학적(化學的) 공정을 거쳐 만든 섬유(纖維). ⓗ 인조 섬유(人造纖維).

화합¹ 和合 | 어울릴 화, 합할 합
[harmonize]
서로 잘 어우러져[和] 마음을 합(合)침. ¶우리 반은 화합이 잘 된다.

화합² 化合 | 될 화, 합할 합
[chemical combine]
❶ 속뜻 화학적(化學的)으로 결합(結合)함. 그런 물질. ❷ 화학 둘 또는 그 이상의 물질이 결합하여 본래의 성질을 잃어버리고 새로운 성질을 가진 물질이 됨. ¶수소는 산소와 화합하면 물이 된다.

▶ **화ː합-물** 化合物 | 만물 물
화학 두 가지 이상의 원자가 일정한 비율로 화학적(化學的)으로 결합(結合)하여 생성된 물질(物質).

화해 和解 | 화합할 화, 풀 해
[reconcile; make peace]

싸움하던 것을 멈추고 화합(和合)하여 안 좋은 감정을 풀어[解] 없앰. ¶우리 이제 그만 화해하자.

화:형 火刑 | 불 화, 형벌 형
[burning at the stake]
지난날, 사람을 불[火]에 태워 죽이던 형벌(刑罰). ¶역적을 화형에 처하다.

화환 花環 | 꽃 화, 고리 환
[(floral) wreath; garland (of flowers)]
꽃[花]으로 만든 고리[環] 모양의 것. ¶결혼식에 화환을 보내다.

화훼 花卉 | 꽃 화, 풀 훼
[flowering plant]
꽃[花]이 피는 풀[卉]. ¶화훼 단지 / 화훼를 재배하다. ⓗ 화초(花草).

확고 確固 | 굳을 확, 굳을 고
[firm; definite]
확실하고[確] 굳음[固]. ¶그의 결심은 매우 확고했다.

▶ **확고-부동 確固不動** | 아닐 부, 움직일 동
확고(確固)하여 움직이지[動] 않음[不]. ¶확고부동한 의지 / 그의 태도는 확고부동하다.

확답 確答 | 굳을 확, 답할 답
[definite answer]
확실(確實)히 대답(對答)함. ¶확답을 주세요.

확대 擴大 | 넓힐 확, 큰 대
[extend; increase]
늘여서[擴] 크게[大] 함. ¶확대 복사 / 사진을 확대하다. ⓗ 확장(擴張). ⓑ 축소(縮小).

▶ **확대-도 擴大圖** | 그림 도
실물을 일정한 비율로 확대(擴大)하여 그린 그림[圖]. ¶확대도를 보면 알기 쉽다.

확률 確率 | 굳을 확, 비율 률 [probability]
수학 사건 따위가 일어날 확실성(確實性)의 정도나 비율(比率). ¶복권이 당첨될 확률은 매우 낮다.

확립 確立 | 굳을 확, 설 립
[establish; settle]

확고(確固)하게 세움[立]. ¶가치관을 확립하다.

확보 確保 | 굳을 확, 지킬 보
[secure; insure]
확실(確實)하게 보유(保有)함. ¶자금을 확보하다.

확산 擴散 | 넓힐 확, 흩을 산
[spread; disseminate]
흩어져[散] 널리 퍼짐[擴]. ¶전염병이 전국으로 확산되었다.

확성-기 擴聲器 | 넓힐 확, 소리 성, 그릇 기 [(loud)speaker; megaphone]
소리[聲]를 크게[擴] 하는 기구(器具).

확신 確信 | 굳을 확, 믿을 신 [convinced; sure]
굳게[確] 믿음[信]. ¶확신에 찬 목소리.

확실 確實 | 굳을 확, 실제 실
[certain; definite]
확고(確固)한 사실(事實)이 됨. 실제와 틀림없다. ¶그가 훔쳤다는 확실한 증거는 없다 / 그가 언제 올지 확실히 모르겠다.

확언 確言 | 굳을 확, 말씀 언
[state definitely; assert; assure]
확실(確實)한 말[言]. ¶그는 확언을 피했다 / 감독은 팀의 승리를 확언했다.

__확인 確認__ | 굳을 확, 알 인
[confirm; make sure]
❶ 속뜻 확실(確實)하게 인정(認定)함. ❷ 틀림없는지를 알아보는 것. ¶주문 확인 / 예약 확인.

확장 擴張 | 넓힐 확, 벌림 장
[extend; expand]
❶ 속뜻 넓게[擴] 벌림[張]. ❷범위나 세력 따위를 넓힘. ¶도로 확장 공사. ⓗ 확대(擴大). ⓑ 축소(縮小).

확정 確定 | 굳을 확, 정할 정
[decide; confirm]
확실(確實)하게 정(定)함. ¶소풍 날짜를 확정 짓다.

확증 確證 | 굳을 확, 증거 증
[confirm; prove definitely]

확실(確實)한 증거(證據). 확실히 증명함. ¶그가 범인이라는 확증을 잡았다 / 그의 이론은 실험으로 확증되었다.

확충 擴充 | 넓힐 확, 채울 충
[expand; amplify]
겉을 넓히거나[擴] 속을 채우다[充]. ¶시설을 확충하다.

환:각 幻覺 | 홀릴 환, 느낄 각
[hallucination; hallucinatory image]
❶속뜻 도깨비에 홀린[幻] 것처럼 느낌[覺]. ❷심리 실제로는 자극이나 대상이 없는데도 그것이 실재(實在)하는 듯이 감각적으로 느끼거나 느꼈다고 생각하는 감각. ¶환각상태 / 환각증세.

▶ **환:각-제 幻覺劑** | 약제 제
약학 환각(幻覺)을 일으키는 약제(藥劑).

환:갑 還甲 | 돌아올 환, 천간 갑
[one's 60th birthday (anniversary)]
❶속뜻 갑자(甲子)가 다시 돌아옴[還]. ❷ 61세를 이르는 말. ¶환갑 잔치 / 일요일은 우리 할머니의 환갑이다. ⓗ 화갑(華甲), 회갑(回甲).

＊환경 環境 | 고리 환, 처지 경
[environment; surroundings]
❶속뜻 고리[環]같이 둘러싸여 있는 처지[境]. 자연이나 사회적 조건 따위. ¶지리적 환경 / 환경 파괴. ❷주위의 사물이나 사정. ¶가정 환경 / 주변 환경.

▶ **환경-부 環境部** | 나눌 부
정치 국가의 환경(環境) 문제에 관한 모든 사무를 총괄하여 맡아보는 중앙 행정 부서(部署).

▶ **환경-오:염 環境汚染** | 더러울 오, 물들일 염
사회 생물체가 살아가는 환경(環境)이 오염(汚染)된 상태. ¶공장 폐수는 환경오염을 일으킨다.

환궁 還宮 | 돌아올 환, 대궐 궁
[return to the palace]
임금이 궁(宮)으로 돌아옴[還]. ¶전쟁이 끝나자 임금이 환궁하였다.

환:기¹ 喚起 | 부를 환, 일어날 기
[awaken; evoke]
관심이나 기억 따위를 불러[喚] 일으킴[起]. ¶주의 환기 / 여론을 환기하다.

환:기² 換氣 | 바꿀 환, 기운 기
[ventilate; change air]
탁한 공기(空氣)를 빼고 새 공기로 바꿈[換]. ¶창문을 열고 환기를 하자.

환:난 患難 | 근심 환, 어려울 난
[hardships; distress; misfortune]
근심[患]과 재난(災難). ¶환난을 겪다 / 환난을 극복하다.

환담 歡談 | 기쁠 환, 이야기 담
[have a pleasant chat]
즐겁게[歡] 주고받는 이야기[談]. ¶환담을 나누다 / 환담을 가지다.

환대 歡待 | 기쁠 환, 대접할 대 [entertain warmly]
기쁘게[歡] 대접(待接)함. ¶환대를 받다 / 숙모님은 나를 환대해 주셨다. ⓗ 후대(厚待). ⓜ 냉대(冷待), 홀대(忽待).

환도 還都 | 돌아올 환, 도읍 도
[return to the capital]
정부가 다시 수도(首都)로 돌아옴[還]. ¶고려 원종은 몽골과 강화를 맺고 개경으로 환도했다.

환:등 幻燈 | 헛보일 환, 등불 등
[movie projector; magic lantern]
실제로 있는 것처럼 헛보이게[幻] 비추는 등(燈). 'magic lantern'을 의역한 말.

▶ **환:등-기 幻燈機** | 틀 기
환등 장치(幻燈裝置)를 이용하여 그림, 필름 따위를 확대하여 스크린에 비추는 기계(機械). ⓤ 환등.

환:멸 幻滅 | 헛보일 환, 없어질 멸
[disillusion; disenchantment]
❶속뜻 헛보이다[幻]가 곧 사라짐[滅]. ❷꿈이나 기대나 환상이 깨어짐. 또는 그때 느끼는 괴롭고도 속절없는 마음. ¶정치에 환멸을 느끼는 사람들이 많다.

환불 還拂 | 돌아올 환, 지불 불 [refund]

요금 따위를 되돌려[還] 지불[拂]함. ¶요금 환불 / 물건 값 환불 / 세금 환불.

환:산 換算 | 바꿀 환, 셀 산
[convert; change]
단위를 바꾸어[換] 계산(計算)함. ¶숙박비를 달러로 환산하면 500달러이다.

▸환:산-표 換算表 | 겉 표
미리 환산(換算)해 놓은 표(表). ¶도량형 환산표.

환:상 幻想 | 홀릴 환, 생각 상
[fantasy; illusion]
❶[속뜻] 홀린[幻] 것 같은 생각[想]. ❷현실로는 있을 수 없는 일을 있는 것처럼 상상하는 일. '상상', '망상'을 뜻하는 영어 'fantasy'를 의역한 말이다. ¶환상이 깨지다 / 환상 속에 살다.

▸환:상-곡 幻想曲 | 노래 곡
[음악] 자유분방한[幻] 형식과 악상(樂想)으로 작곡한 악곡(樂曲).

환생 還生 | 돌아올 환, 날 생
[be born again; revive]
죽음에서 돌아와[還] 다시 살아남[生]. 다시 태어남. ¶그의 모습은 마치 죽은 남편이 환생한 것 같았다.

환성 歡聲 | 기쁠 환, 소리 성
[shout of joy; hurrah]
기뻐서[歡] 지르는 소리[聲]. ¶환성을 지르다 / 환성이 울려 퍼지다.

환송 歡送 | 기쁠 환, 보낼 송
[bid; farewell to]
기뻐하며[歡] 보냄[送]. ¶그는 가족의 환송을 받았다 / 친구를 환송하다. [반] 환영(歡迎).

환심 歡心 | 기쁠 환, 마음 심
[good graces; favor]
기뻐하는[歡] 마음[心]. ¶나는 그녀의 환심을 사려고 꽃을 선물했다.

환영 歡迎 | 기쁠 환, 맞이할 영 [welcome]
기쁘게[歡] 맞이함[迎]. ¶열렬한 환영 / 박수로 환영하다. [반] 환송(歡送).

환웅 桓雄 | 굳셀 환, 뛰어날 웅
❶[속뜻] 굳세고[桓] 뛰어남[雄]. ❷[문학] 단군신화에 나오는 천제(天帝)의 아들이자 단군의 아버지.

환원 還元 | 돌아올 환, 으뜸 원
[restore; return]
본디[元] 상태로 되돌아감[還]. 또는 그렇게 되게 함. ¶물을 전기분해하면 수소와 산소로 환원된다.

환:율 換率 | 바꿀 환, 비율 률
[(foreign) exchange rate]
[경제] 자기 나라 돈과 다른 나라 돈을 교환(交換)하는 비율(比率). ¶오늘 환율이 크게 올랐다.

환인 桓因 | 클 환, 까닭 인
❶[속뜻] 매우 큰[桓] 까닭[因]. ❷[문학] 단군신화에 나오는 인물. 아들 환웅이 세상에 내려가고 싶어 하자 태백산에 내려 보내어 세상을 다스리게 하였다.

****환:자** 患者 | 병 환, 사람 자
[patient; sufferer]
병[患]을 앓는 사람[者]. ¶암환자 / 환자를 돌보다. [비] 병자(病者).

환:장 換腸 | 바꿀 환, 창자 장
[go crazy; lose mind]
❶[속뜻] 마음의 속내[心腸]가 확 바뀜[換]. '환심장'(換心腸)의 준말. ❷마음이 비정상적인 상태로 크게 달라짐. ¶그 사건 때문에 환장할 지경이다.

환:절 換節 | 바꿀 환, 철 절
[climatic change]
계절이 바뀌는[換] 절기(節氣).

▸환:절-기 換節期 | 때 기
계절이 바뀌는[換節] 시기(時期). ¶환절기에는 특히 감기에 조심해야 한다.

환:풍 換風 | 바꿀 환, 바람 풍
[ventilation]
바람[風]으로 공기를 바꿈[換]. ¶환풍을 시키려고 창문을 열었다.

▸환:풍-기 換風機 | 틀 기
건물 내부의 공기[風]를 바꾸어[換] 주는 장치[機]. ¶부엌에 환풍기를 설치하다.

환호 歡呼 | 기쁠 환, 부를 호
[cheer; acclaim]
기뻐서[歡] 부르짖음[呼]. ¶마을 사람들은 그를 환호로 맞이했다.
▸환호-성 歡呼聲 | 소리 성
기뻐서[歡] 부르짖는[呼] 소리[聲]. ¶첫 골을 넣자 환호성이 터져 나왔다.

환희 歡喜 | 기쁠 환, 좋아할 희
[great joy; delight]
기뻐하고[歡] 좋아함[喜]. 기쁨. ¶환희의 눈물.

활기 活氣 | 살 활, 기운 기
[vigor; spirit; energy]
활발(活潑)한 기운(氣運)이나 기개(氣槪). ¶민서의 얼굴에는 활기가 넘친다. [비] 생기(生氣).

활달 豁達 | 뚫릴 활, 통할 달
[liberal; generous]
❶ [속뜻] 뚫리고[豁] 통하다[達]. ❷도량이 넓고 크다. ¶그는 성격이 활달하고 모든 일에 적극적이다.

⁑**활동** 活動 | 살 활, 움직일 동
[move; act]
❶ [속뜻] 활력(活力)있게 움직임[動]. ❷어떤 일의 성과를 거두기 위하여 애씀. 또는 어떤 일을 이루려고 돌아다님. ¶체험 활동 / 봉사 활동 / 그는 초등학교 때 야구부에서 활동했다.
▸활동-량 活動量 | 분량 량
활동(活動)한 양(量). 운동한 정도. ¶먹는 양보다 활동량이 적을 때에 비만이 되기 쉽다.
▸활동-적 活動的 | 것 적
잘 활동(活動)하는 것[的]. 활발하게 움직이는 것. ¶활동적인 모습.
▸활동-사진 活動寫眞 | 베낄 사, 참 진
[연영] 움직이는[活動] 사진(寫眞). 예전에 '영화(映畵)'를 이르던 말.

활력 活力 | 살 활, 힘 력
[energy; vitality; vital power]
살아[活] 움직이는 힘[力]. ¶활력이 넘치다 / 활력을 잃다 / 활력을 불어넣다.
▸활력-소 活力素 | 바탕 소
활력(活力)이 되는 본바탕[素]. ¶그는 성실성과 승부욕이 남달라, 이 팀의 활력소가 되고 있다.

활로 活路 | 살 활, 길 로
[way out; means of escape]
❶ [속뜻] 살아[活] 나갈 길[路]. ❷어려움을 이기고 살아 나갈 방법. ¶한국 경제의 활로가 열리다 / 활로를 찾다 / 활로를 뚫다.

⁑**활발** 活潑 | 살 활, 물 솟을 발
[lively; brisk; vivacious]
활기(活氣)가 물이 솟듯[潑] 힘차다. ¶활발한 기상 / 활발한 사람. [비] 기운차다, 씩씩하다.

활보 闊步 | 넓을 활, 걸음 보
[stride; strut]
넓고[闊] 크게 걸음[步]. 당당히 걷는 일. ¶거리를 활보하다.

활석 滑石 | 미끄러울 활, 돌 석
[talc; talcum]
❶ [속뜻] 표면이 매끌매끌한[滑] 돌[石]. ❷ [광업] 마그네슘으로 이루어진 규산염 광물. 흰색, 옅은 녹색, 회색 따위를 띤다. 가장 부드러운 광물의 하나로 전기 절연재, 도료, 도자기 따위로 쓰인다.

활성 活性 | 살 활, 성질 성
[vitality; activity]
[화학] 빛이나 기타 에너지의 작용에 따라 물질의 반응 속도가 활발(活潑)하고 빨라지는 성질(性質). 또는 촉매의 반응 촉진 능력. ¶활성 산소 / 활성 가스.
▸활성-화 活性化 | 될 화
어떤 사회나 소직 등의 기능을 활발하게[活性] 함[化]. ¶관광산업을 활성화하다.

활약 活躍 | 살 활, 뛸 약
[take an active part]
활력(活力)있게 뛰어다님[躍]. 눈부시게 활동함. ¶오늘 경기에서 그가 가장 큰 활약을 했다 / 경제계에서 활약하다.
▸활약-상 活躍象 | 모양 상

기운차게 열심히 활동하고[活躍] 있는 모습[象]. ¶재외 동포들의 활약상이 담긴 이야기.

활엽 闊葉 | 넓을 활, 잎 엽 [broadleaf]
식물 넓고[闊] 큰 잎사귀[葉].

▶ 활엽-수 闊葉樹 | 나무 수
식물 잎이 넓은[闊葉] 나무[樹]. 떡갈나무나 오동나무 따위. ⑪침엽수(針葉樹).

***활용 活用** | 살 활, 쓸 용
[apply; utilize]
능력이나 기능을 잘 살려[活] 씀[用]. ¶빈 교실을 공부방으로 활용하다.

▶ 활용-도 活用度 | 정도 도
활용(活用)하는 정도(程度). ¶컴퓨터의 활용도가 갈수록 높아진다.

활자 活字 | 살 활, 글자 자
[printing type; type]
❶속뜻 활판(活版) 인쇄에 쓰이는 글자[字]. ❷출판 네모기둥 모양의 금속 윗면에 문자나 기호를 볼록 튀어나오게 새긴 것.

▶ 활자-본 活字本 | 책 본
출판 활자(活字)로 인쇄한 책[本]. ⑪필사본(筆寫本).

활주 滑走 | 미끄러울 활, 달릴 주
[glide; skate]
❶속뜻 미끄러지듯[滑] 내달림[走]. ¶스키장 신나게 활주했다. ❷항공기 따위가 뜨거나 앉을 때 땅이나 물위를 미끄러져 달리는 일. ¶착륙 활주 / 활주 속도.

▶ 활주-로 滑走路 | 길 로
비행기가 뜨거나 앉을 때 활주(滑走)하는 도로(道路). ¶비행기 한 대가 활주로에 진입했다.

활판 活版 | 살 활, 널 판
[type printing; typography]
출판 활자(活字)로 짜 맞춘 인쇄판(印刷版).

▶ 활판 인쇄 活版印刷 | 찍을 인, 박을 쇄
출판 활판(活版)으로 짜서 인쇄(印刷)함.

활-화산 活火山 | 살 활, 불 화, 메 산

919

[active volcano]
❶속뜻 살아 있는[活] 화산(火山). ❷지리 현재 분화(噴火)가 진행되고 있는 화산.

황 黃 | 누를 황 [sulfur]
화학 비금속 원소의 하나. 냄새가 없고 노란색이며, 화약이나 성냥 등의 원료로 널리 쓰인다.

황갈-색 黃褐色 | 누를 황, 털옷 갈, 빛 색
[yellowish brown]
누른빛[黃]과 갈색(褐色)이 섞인 색(色).

황계 黃鷄 | 누를 황, 닭 계 [yellow hen]
털빛이 누런[黃] 닭[鷄]. ¶황계 수탉 / 황계가 홰를 치다.

황공 惶恐 | 두려워할 황, 두려울 공
[grateful; awesome]
위엄에 눌려 몹시 두려움[惶=恐]. ¶전하, 아뢰옵기 황공하오나 소신을 고향으로 돌아가게 해주십시오. ⑪황송(惶悚)하다.

황금 黃金 | 누를 황, 쇠 금
[gold; money]
누른[黃] 빛깔의 금(金). ¶황금알을 낳는 거위.

▶ 황금-기 黃金期 | 때 기
❶속뜻 황금(黃金) 같은 시기(時期). ❷절정에 이른 시기. 가장 좋은 시기. ¶인생의 황금기를 보내다.

▶ 황금-색 黃金色 | 빛 색
황금(黃金)의 빛깔[色]과 같은 누런색. ¶황금색 왕관. ⑪황금빛.

황급 遑急 | 바쁠 황, 급할 급
[urgent; pressed and agitated]
몹시 바쁘고[遑] 급하다[急]. ¶황급한 발걸음.

황기 黃芪 | 누를 황, 삼 기
[kind of milk vetch]
❶속뜻 누른[黃] 꽃이 피는 삼[芪]. ❷식물 잎은 깃 모양의 겹잎이며 여름에 담황색 꽃이 피는 풀. 뿌리는 약재로 쓴다.

황당 荒唐 | 어이없을 황, 허풍 당
[absurd; wild; incoherent]
❶속뜻 어이없는[荒] 허풍[唐]. ❷말이나

행동이 허황하고 터무니없다. ¶소문이 너무 황당하여 어이가 없다.

▶ **황당무계 荒唐無稽** | 없을 무, 생각할 계
내용 따위가 황당(荒唐)하여 깊이 생각할[稽] 것이 없음[無]. ¶황당무계한 이야기.

황도 黃桃 | 누를 황, 복숭아 도
[yellow peach]
식물 속살이 노란[黃] 복숭아[桃]. ¶할머니는 황도를 좋아하신다.

황룡-사 皇龍寺 | 임금 황, 용 룡, 절 사
불교 경상북도 경주에 있던 절. 신라 진흥왕 때에 착공하여 선덕 여왕 14년(645)에 완성한 것으로, 신라 호국 신앙의 중심지였다. 고려 고종 때에 몽골군의 침입으로 소실되어 지금은 터만 남아 있다.

황무 荒蕪 | 거칠 황, 거칠 무
[wild; barren]
잡초로 뒤덮여 매우 거칠다[荒=蕪]. ¶황무한 땅.

▶ **황무-지 荒蕪地** | 땅 지
손을 대지 않고 버려 두어 거칠어진[荒蕪] 땅[地]. ¶황무지를 개간하다. ㉰ 황지. ㉾ 옥토(沃土).

황사 黃沙 | =黃砂, 누를 황, 모래 사
[yellow sand]
❶속뜻 누런[黃] 모래[沙]. ❷지리 중국 북부나 몽고 지방의 황토가 바람에 날려 온 하늘에 누렇게 끼는 현상. ¶봄이 되면 어김없이 황사가 찾아온다.

황산 黃酸 | 누를 황, 산소 산
[sulfuric acid]
❶속뜻 누런[黃] 산화물(酸化物). ❷화학 무기산(無機酸)의 한 가지. 무색무취의 끈끈한 액체이며 질산 다음으로 산성이 강하다.

황-산화물 黃酸化物 | 누를 황, 산소 산, 될 화, 만물 물 [sulfur oxides]
화학 황(黃)과 산소(酸素)와의 화합물(化合物). 석유나 석탄 따위가 연소할 때에 생기는 이산화황, 황산 그리고 황산구리와 같은 황산염 등이 속한다.

황색 黃色 | 누를 황, 빛 색 [yellow]
누런[黃] 빛깔[色]. ¶황색 인종.

황송 惶悚 | 두려워할 황, 두려워할 송
[fearful; horrible]
매우 두렵다[惶=悚]. ¶이렇게 친절하게 대해 주시니 황송할 따름입니다. ㉾ 황공(惶恐)하다.

황실 皇室 | 임금 황, 집 실
[Imperial Household]
황제(皇帝)의 집안[室].

황야 荒野 | 거칠 황, 들 야
[wilderness; the wilds]
풀이 멋대로 자란 거친[荒] 들판[野]. ¶광활한 황야.

황-인종 黃人種 | 누를 황, 사람 인, 갈래 종 [yellow race]
얼굴빛이 누런[黃] 인종(人種). '황색 인종'(黃色人種)의 준말.

황제 皇帝 | 임금 황, 임금 제 [emperor]
❶역사 삼황(三皇)과 오제(五帝)의 준말. ❷왕이나 제후를 거느리고 나라를 통치하는 임금.

황토 黃土 | 누를 황, 흙 토
[yellow soil; yellow ocher]
누런[黃] 흙[土].

▶ **황토-색 黃土色** | 빛 색
황토(黃土)의 빛깔[色]과 같이 누런빛을 띤 갈색. ¶황토색 토기 인형.

황폐 荒廢 | 거칠 황, 그만둘 폐
[waste; ruin; devastate]
❶속뜻 땅 따위가 거칠어져[荒] 못쓰게 됨[廢]. ❷집, 토지, 삼림 따위가 거칠고 못쓰게 됨. ¶농촌의 황폐가 극심한 지경에 이르다.

황해-안 黃海岸 | 누를 황, 바다 해, 언덕 안
우리나라의 황해(黃海)와 맞닿아 있는 육지[岸]와 그 근처의 바다. ㉾ 서해안(西海岸).

황혼 黃昏 | 누를 황, 어두울 혼

[dusk; twilight]
하늘이 누렇고[黃] 어둑어둑한[昏] 해질 무렵. ¶황혼 무렵에 산책을 나가다.

황홀 恍惚 | =慌惚, 흐릿할 황, 흐릿할 홀
[in ecstasies; enraptured]
❶ [속뜻] 정신이 흐릿함[恍=惚]. ❷무엇이 너무 좋아서 정신이 멍함. ¶제주도의 경치는 보는 사람을 황홀하게 만든다.

황후 皇后 | 임금 황, 왕비 후
[empress; queen]
황제(皇帝)의 아내[后].

회[1] 回 | 돌 회 [time]
횟수를 세는 말. ¶회의는 연 3회 열린다.

회:[2]**會** | 모일 회 [meeting; gathering]
단체적인 공동 목적을 위해 여럿이 모이는 일. 또는 그 모임. ¶회에 가입하다.

회:[3]**膾** | 저민 날고기 회
[minced raw meat; sliced raw fish]
물고기·고기 등을 날로 잘게 썰어서 먹는 음식. ¶광어 회 / 회를 뜨다.

회갑 回甲 | 돌아올 회, 천간 갑
[60th birthday]
❶ [속뜻] 다시 돌아와[回] 맞은 갑자(甲子). ❷자신이 태어난 해에 해당되는 간지(干支)를 60년 만에 다시 맞이함. 만 60세의 나이. ¶회갑잔치를 베풀다. [비] 환갑(還甲), 화갑(華甲).

회:개 悔改 | 뉘우칠 회, 고칠 개
[repent; penitent]
이전의 잘못을 뉘우치고[悔] 고침[改]. ¶회개의 눈물을 흘리다. [비] 참회(懺悔).

회:견 會見 | 모일 회, 볼 견
[interview; meet]
일정한 장소에 모여[會] 의견이나 견해(見解) 따위를 밝힘. 또는 그런 모임. ¶회견을 가지다 / 그는 한 달 만에 회견에 응했다.

회:계 會計 | 모일 회, 셀 계
[account; the reckoning]
나가고 들어 온 돈을 모아[會] 셈함[計]. ¶회계 장부.

회고 回顧 | 돌 회, 돌아볼 고
[look back; reflect]
❶ [속뜻] 돌아[回] 봄[顧]. ❷지난 일을 돌이켜 생각함. ¶그는 사진을 보며 어린 시절을 회고했다.

▸**회고-록** 回顧錄 | 기록할 록
지난 일을 돌이켜 생각하여[回顧] 적은 기록(記錄).

회:관 會館 | 모일 회, 집 관
[hall; assembly hall]
모일[會] 수 있도록 마련된 건물[館]. ¶마을회관.

회교 回教 | 돌 회, 종교 교 [Islam]
[종교] 회족(回族)이 전래한 종교(宗教). 610년에 아라비아의 예언자 마호메트가 완성시켰다. [비] 이슬람교.

▸**회교-도** 回教徒 | 무리 도
[종교] 회교(回教)를 믿는 사람[徒].

회군 回軍 | 돌아올 회, 군사 군
[withdraw an army]
군사(軍師)를 거두어 돌아옴[回]. 또는 돌아감. ¶회군 명령 / 이성계는 위화도에서 회군했다. [비] 환군(還軍).

회귀 回歸 | 돌 회, 돌아갈 귀
[revolve; recur]
한 바퀴 돌아서[回] 다시 본디의 자리로 돌아감[歸]. ¶연어는 회귀하는 성질이 있다.

회:기 會期 | 모일 회, 때 기
[session; sitting]
❶ [속뜻] 회의(會議) 따위가 열리는 시기(時期). ❷ [법률] 국회나 지방 의회 따위의 개회부터 폐회까지의 기간. ¶10일간의 회기로 임시국회가 열렸다.

회:담 會談 | 모일 회, 말씀 담
[talk together; have a conference]
모여서[會] 의논하는 말[談]. 또는 그런 논의. ¶남북 정상 회담 / 양측은 임금 문제를 놓고 회담했다.

회답 回答 | 돌아올 회, 답할 답
[reply; answer]

❶[속뜻] 돌아온[回] 대답(對答). ❷물음이 나 편지 따위에 반응함. 또는 그런 반응. ¶그로부터 아무런 회답이 없다 / 문서로 회답해 주십시오. [비] 회신(回信).

회:동 會同 | 모일 회, 한가지 동
[meet together; assemble]
일정한 목적으로 여럿이 모여[會] 함께[同] 어울림. ¶오찬 회동을 갖다 / 당 대표들이 회동하다.

***회로 回路** | 돌아올 회, 길 로
[return way; electrical circuit]
❶[속뜻] 돌아오는[回] 길[路]. ❷[전기] 전류가 통하는 통로. ¶전기 회로. [비] 귀로(歸路).

회백-색 灰白色 | 재 회, 흰 백, 빛 색
[light gray; light ash color]
잿빛[灰]을 띤 흰[白] 빛깔[色]. ¶회백색 하늘.

회:보 會報 | 모일 회, 알릴 보
[assembly reports; bulletin]
모임[會]의 일을 회원에게 알리는[報] 간행물. ¶동창회 회보를 발행하다.

회복 回復 | =恢復, 돌아올 회, 돌아올 복
[recover; restore]
이전의 상태로 다시 돌아옴[回=復]. 또는 이전의 상태로 돌이킴. ¶신용 회복 / 건강을 회복하다.

▸회복-기 回復期 | 때 기
나빠졌던 상태가 다시 회복(回復)되는 시기(時期). ¶환자가 회복기에 접어들다.

회:비 會費 | 모일 회, 쓸 비
[membership fee; dues of a member]
모임[會]의 유지에 드는 비용(費用). ¶회비는 한 달에 만 원이다.

***회:사 會社** | 모일 회, 단체 사
[company; corporation]
❶[속뜻] 모임[會]과 단체[社]. ❷[경제] 상행위 또는 영리를 목적으로 상법에 따라 설립된 사단 법인. ¶무역회사 / 회사를 그만두다.

▸회:사-원 會社員 | 사람 원
회사(會社)에 근무하는 사람[員]. [준] 사원.

회상 回想 | 돌이킬 회, 생각 상
[recollect; retrospect]
지난 일을 돌이켜[回] 생각함[想]. ¶그는 눈을 감고 회상에 잠겼다 / 어린 시절을 회상하다.

회색 灰色 | 재 회, 빛 색
[ash color; gray color]
재[灰]의 빛깔[色]. ¶회색 치마. [비] 잿빛.

회생 回生 | 돌아올 회, 날 생 [revive]
거의 죽어 가다가 다시 돌아와[回] 살아남[生]. ¶회생 불능 / 그 회사는 회생할 가능성이 없다. [비] 소생(蘇生).

회수 回收 | 돌 회, 거둘 수
[withdraw; collect]
도로[回] 거두어[收]들임. ¶자금 회수 / 불량품을 회수하다.

회:식 會食 | 모일 회, 먹을 식
[dine together]
여럿이 모여[會] 함께 음식을 먹음[食]. 또는 그 모임. ¶우승 기념 회식 / 오늘 저녁 회식할 예정이다.

회신 回信 | 돌아올 회, 소식 신
[reply; answer]
❶[속뜻] 돌아온[回] 소식[信]. ❷편지, 전신, 전화 따위로 회답을 함. ¶그에게서 회신이 없다 / 회사에 출장 결과를 회신했다. [비] 회답(回答), 반신(返信).

회:심 會心 | 모일 회, 마음 심
[congeniality; complacency]
❶[속뜻] 마음[心]을 한 곳에 모음[會]. ❷마음에 흐뭇하게 들어맞음. 또는 그런 상태의 마음. ¶회심의 미소.

회:원 會員 | 모일 회, 사람 원
[member; membership]
어떤 모임[會]을 구성하는 사람[員]. ¶회원 모집.

▸회:원-국 會員國 | 나라 국
국제적인 조직체의 구성원으로 되어 있는

[會員] 나라[國]. ¶유엔 회원국.

회유 懷柔 | 품을 회, 부드러울 유
[appease; pacificate]
❶ 속뜻 상대방을 마음으로 품어 주어[懷] 태도 따위가 부드러워지도록[柔] 함. ❷ 달래어 말을 잘 듣도록 함. ¶그들은 우리를 회유하려고 갖은 술책을 다 썼다.

▶ 회유-책 懷柔策 | 꾀 책
사회 어루만지고 잘 달래어 시키는 말을 잘 듣도록 하는[懷柔] 정책(政策). ¶소수 민족에 대하여 회유책을 쓰다.

회:의¹ 會意 | 모일 회, 뜻 의
❶ 속뜻 뜻[意]을 모음[會]. ❷뜻을 알아챔. ❸ 언어 육서(六書)의 하나. 어떤 뜻을 나타내기 위해서 이미 만들어진 두 개 이상의 한자를 합치는 방법. '밝다'는 뜻을 나타내기 위해서 '日'과 '月'을 합하여 '明'자를 새로 만들어내는 것 따위이다.

회의² 懷疑 | 품을 회, 의심할 의
[be skeptical about; doubt]
의심(疑心)을 품음[懷]. 또는 그 의심. ¶삶에 회의를 느끼다 / 그들은 신의 존재에 대하여 회의하기 시작했다.

*회:의³ 會議 | 모일 회, 의논할 의 [confer; meet]
여럿이 모여[會] 의논(議論)함. 또는 그 모임. ¶학급 회의를 열다.

▶ 회:의-록 會議錄 | 기록할 록
회의(會議)의 진행 과정이나 내용 등을 적은 기록(記錄). ¶회의록을 작성하다.

▶ 회:의-실 會議室 | 방 실
회의(會議)를 하는 데에 쓰는 방[室]. ¶오늘 회의는 3층 회의실에서 열린다.

회:장 會長 | 모일 회, 어른 장
[president of a society]
❶ 속뜻 모임[會]을 대표하는 우두머리[長]. ¶학생 회장. ❷주식회사 따위에서 이사회의 장을 맡고 있는 사람.

*회전 回轉 | =廻轉, 돌 회, 구를 전
[turn; revolve]
❶ 속뜻 돌고[回] 구름[轉]. ❷어떤 것을 축으로 물체 자체가 빙빙 돌거나 축의 둘레를 돎. ¶공중 3회전 / 지구는 태양의 주위를 주기적으로 회전한다.

▶ 회전-수 回轉數 | 셀 수
물리 물체가 단위 시간 동안에 회전축의 둘레를 도는[回轉] 횟수(回數).

▶ 회전-축 回轉軸 | 굴대 축
❶ 속뜻 회전(回轉)하는 기계의 축(軸). ❷ 수학 도형이나 물체의 회전 운동의 중심이 되는 일정불변의 직선.

▶ 회전-판 回轉板 | 널빤지 판
수학 회전축(回轉軸)에 수직인 평면에 회전체가 만나서 생기는 판(板) 같은 도형.

회중 懷中 | 품을 회, 가운데 중 [bosom]
가슴 속[中]에 품음[懷].

▶ 회중-시계 懷中時計 | 때 시, 셀 계
가슴에 품고[懷中] 다니는 시계(時計).

회진 回診 | 돌 회, 살펴볼 진
[go the rounds of one's patients]
의사가 병실을 돌며[回] 진찰(診察)함. ¶회진 시간은 오전 10시이다 / 의사가 환자를 회진하다.

회충 蛔蟲 | 회충 회, 벌레 충
[roundworm]
동물 회충(蛔)과의 기생충(寄生蟲). 채소나 먼지에 섞여 사람의 몸에 들어와 기생한다.

회:칙 會則 | 모일 회, 법 칙
[rules of a society]
어떤 모임[會]의 규칙(規則). ¶회칙을 정하다.

회피 回避 | 돌 회, 피할 피
[evade; avoid]
❶ 속뜻 이리저리 돌며[回] 피(避)함. ❷책임을 지지 않고 꾀만 부림. ¶면담회피 / 책임을 회피하다.

회:합 會合 | 모일 회, 만날 합
[meet; gather]
모여서[會] 만남[合]. ¶회합 장소 / 남북은 판문점에서 회합했다. ㉿ 집회(集會).

회:화¹ 會話 | 모일 회, 말할 화

[converse; talk]
❶ 속뜻 서로 모여[會] 이야기함[話]. ❷외국어로 이야기함. 또는 그 이야기. ¶영어 회화.

회:화² 繪畫 | 그림 회, 그림 화
[pictures; drawings]
미술 여러 가지 선이나 색채로 평면 위에 형상을 그려 내는[繪=畫] 조형 미술.

획 畫 | 그을 획
[stroke (of the brush); dash]
글씨나 그림의 붓으로 그은 줄·점의 총칭. ¶네 획으로 된 글자. 관용 획을 긋다.

획기-적 劃期的 | 나눌 획, 시기 기, 것 적
[epoch-making; epochal]
어떤 과정이나 분야에서 시기(時期)를 뚜렷이 구분할[劃] 만큼 새로운 것[的]. ¶획기적 사건 / 획기적인 아이디어.

획득 獲得 | 잡을 획, 얻을 득
[get; acquire]
잡아[獲] 얻음[得]. 손에 넣음. ¶금메달 획득.

획수 劃數 | 그을 획, 셀 수 [number of strokes (in a Chinese character)]
한자에 쓰인 획(劃)의 수(數). ¶획수를 알아야 옥편에서 한자를 찾을 수 있다.

획일 劃一 | 그을 획, 한 일
[consistent; uniform]
❶ 속뜻 '一'자를 긋듯이[劃] 가지런하다. ❷모두 한결같다.
▶ **획일-적 劃一的** | 것 적
모두를 똑같이 통일한[劃一] 것[的]. ¶획일적인 복장.

횟수 回數 | 본음 [회수], 돌아올 회, 셀 수
[number of times; frequency]
돌아오는[回] 차례의 수효(數爻). ¶횟수를 거듭하다 / 횟수가 늘다 / 횟수가 많다.

횡격-막 橫膈膜 | =橫隔膜, 가로 횡, 칸 막이 격, 꺼풀 막 [diaphragm]
❶ 속뜻 가로[橫]로 놓여 칸막이[膈] 같은 막(膜). ❷ 의학 포유류의 배와 가슴 사이에 있는 막. 수축·이완하여 허파의 호흡 작용을 돕는다. 가로막.

횡단 橫斷 | 가로 횡, 끊을 단
[cross; cut across]
❶ 속뜻 가로[橫]로 끊음[斷]. ❷어디를 건너서 가는 것 건너지르는 것 ¶국토 횡단 / 무단으로 도로를 횡단하다. 반 종단(縱斷).
▶ **횡단-보도 橫斷步道** | 걸음 보, 길 도
사람이 횡단(橫斷)하여 걸어 다닐[步] 수 있도록 된 길[道].

횡령 橫領 | 멋대로 횡, 차지할 령
[usurp; seize upon]
공금이나 남의 재물을 멋대로[橫] 불법으로 차지하여[領] 가짐. ¶공금 횡령 / 그는 횡령 혐의로 구속됐다.

횡설수설 橫說竪說 | 가로 횡, 말씀 설, 세로 수, 말씀 설
[talk nonsense; talk at random]
❶ 속뜻 가로[橫]로 말했다[說]가 세로[竪]로 말함[說]. ❷말을 두서없이 지껄임. ¶횡설수설하지 말고 요점을 말해라.

횡재 橫財 | 뜻밖에 횡, 재물 재
[unexpected fortune; windfall]
뜻밖[橫]에 얻은 재물(財物). ¶심마니는 산삼을 발견하는 횡재를 만났다 / 오늘은 횡재한 날이다.

횡포 橫暴 | 멋대로 횡, 사나울 포
[violent; oppressive]
제멋대로 전횡(專橫)하며 사납게[暴] 굶. ¶횡포를 부리다.

효: 孝 | 효도 효 [filial piety]
부모를 잘 섬기는 일. ¶부모에게 효를 다하다. 비 효성(孝誠). 반 불효(不孝).

※**효:과 效果** | 보람 효, 열매 과 [effect]
보람[效]이 있는 결과(結果). ¶광고 효과 / 효과가 빠르다.
▶ **효:과-음 效果音** | 소리 음
연영 연극이나 영화 또는 방송극 등에서, 진행과 배경의 극적 효과(效果)를 내는 음향(音響). ¶효과음은 영화의 분위기를 고조시킨다.

▸효:과-적 效果的 | 것 적
효과(效果)가 있는 것[的]. ¶효과적인 방법.

효:녀 孝女 | 효도 효, 딸 녀
[filial daughter]
효성(孝誠)스러운 딸[女]. ¶그녀는 부모를 지극 정성으로 모시고 사는 효녀이다.

효:능 效能 | 보람 효, 능할 능
[effect; efficacy]
효험(效驗)을 나타내는 성능(性能). ¶약의 효능이 뛰어나다.

*__효:도__ 孝道 | 모실 효, 길 도
[filial duty]
부모를 잘 모시는[孝] 도리(道理). 효행의 도. ¶효도 관광 / 부모님께 효도하다. [비] 효성(孝誠). [반] 불효(不孝).

효:력 效力 | 효과 효, 힘 력
[force; effect]
❶ [속뜻] 효과(效果)를 나타내는 힘[力]. ¶그 약은 변비에 아무런 효력이 없었다. ❷ [법률] 법률이나 규칙 따위의 작용. ¶효력 정지 가처분 신청.

효:모 酵母 | 발효 효, 어머니 모
[yeast; ferment]
❶ [속뜻] 발효(醱酵)를 일으키는 모체(母體). ❷ [식물] 엽록소가 없는 단세포로 이루어진 원형. 또는 타원형의 하등 식물. '효모균'(酵母菌)의 준말. ¶효모로 빵을 발효시킨다.

효:부 孝婦 | 효도 효, 며느리 부
[faithful daughter-in-law]
효성(孝誠)스러운 며느리[婦].

효:성 孝誠 | 효도 효, 정성 성
[filial piety; love for one's parents]
어버이를 섬기는[孝] 정성(精誠). ¶효성이 지극해야 집안이 잘 된다. [비] 효(孝), 효심(孝心). [속담] 효성이 지극하면 돌 위에 풀이 난다.

효:소 酵素 | 발효 효, 바탕 소 [enzyme]
❶ [속뜻] 발효(醱酵)를 주도하는 바탕[素]이 되는 물질. ❷ [화학] 생물체 내에서 각종 화학 반응을 촉매하는 단백질.

효시 嚆矢 | 울릴 효, 화살 시 [beginning; the first]
❶ [속뜻] 소리를 내며 우는[嚆] 화살[矢]. ❷개전(開戰)의 신호로 우는 화살을 먼저 쏘았다하여 사물이 비롯된 '맨 처음'을 비유하여 이르는 말. ¶『홍길동전』은 국문 소설의 효시이다.

효:심 孝心 | 효도 효, 마음 심
[filial heart; (feelings of) filial piety]
효성(孝誠)스러운 마음[心]. ¶심청은 효심이 지극하다. [비] 효, 효성(孝誠).

효:용 效用 | 효과 효, 쓸 용
[use; usefulness]
❶ [속뜻] 효과(效果)가 나타나는 쓰임[用]. 효험(效驗). ❷어떤 물건의 쓸모. ¶효용이 있다 / 효용가치.

*__효:율__ 效率 | 효과 효, 비율 률
[utility factor]
❶ [속뜻] 애쓴 노력의 결과로 나타나는 효력(效力)의 정도나 비율(比率). ¶학습 효율을 높이다. ❷ [물리] 기계가 한 일의 양과 소요된 에너지와의 비율. ¶연료 효율 / 에너지 효율.

▸효:율-성 效率性 | 성질 성
효율적(效率的)인 기능이나 성질(性質). ¶오래된 기계는 효율성이 떨어진다.

▸효:율-적 效率的 | 것 적
들인 노력에 대해 얻은 결과 쪽이[效率] 큰 것[的]. ¶효율적인 방법 / 인원을 효율적으로 배치하다. [반] 비효율적.

효:자 孝子 | 효도 효, 아이 자
[dutiful son]
효성(孝誠)스러운 자식(子息). ¶그는 동네에서 소문난 효자이다.

효:행 孝行 | 효도 효, 행할 행
[filial piety]
효도(孝道)하는 행실(行實). ¶그는 효행이 극진하다.

효:험 效驗 | 효과 효, 겪을 험
[effect; efficacy]

❶[속뜻] 효과(效果)를 실지로 겪어봄[驗]. ❷실제의 효과나 보람. ¶이 약초는 위장병에 효험이 있다.

후: **後** | 뒤 후
[afterward(s); after; later (on)]
나중. 또는 그 다음. ¶두 시간 후에 공원에서 만나자. [비]뒤. [반]전(前).

후각 **嗅覺** | 맡을 후, 깨달을 각
[sense of smell]
[의학] 냄새를 맡아[嗅] 일어나는 감각(感覺). 척추동물은 코, 곤충은 촉각에 있다. ¶개의 후각은 사람보다 훨씬 예민하다.

후:계 **後繼** | 뒤 후, 이을 계
[succeed to]
어떤 일이나 사람의 뒤[後]를 이음[繼].

▸후:계-자 後繼者 | 사람 자
뒤를 잇는[後繼] 사람[者]. ¶회장은 자신의 아들을 후계자로 지명했다.

후:-고구려 **後高句麗** | 뒤 후, 높을 고, 글귀 구, 고울 려
[역사] 신라 말기, 고구려가 멸망한 뒤[後]에 궁예가 고구려(高句麗)를 계승하여 세운 나라.

후:궁 **後宮** | 뒤 후, 집 궁 [royal harem]
❶[속뜻] 뒤[後]에 있는 궁궐(宮闕). ❷[역사] 제왕의 첩. [반]정비(正妃).

후:금 **後金** | 뒤 후, 쇠 금
[역사] 금나라가 멸망한 뒤[後], 1616년에 여진족이 금(金)나라를 계승하여 세운 나라. 1636년 이름을 청(淸)으로 바꾸었다.

후:기[1] **後記** | 뒤 후, 기록할 기
[postscript; afternote]
❶[속뜻] 뒤[後]에 기록(記錄)함. ❷본문 뒤에 덧붙여 기록함. 또는 그 글. ¶편집 후기를 쓰다. [반]전기(前記).

후:기[2] **後期** | 뒤 후, 때 기 [latter term]
❶[속뜻] 뒤[後]의 기간(期間). ❷'후반기'(後半期)의 준말. ¶고려 후기. [반]전기(前期).

후:년 **後年** | 뒤 후, 해 년
[year after next]
❶[속뜻] 다음[後] 해[年]. ❷올해 다음다음의 해. ¶후년이면 나도 초등학교에 입학한다.

후:대 **後代** | 뒤 후, 세대 대
[future generations; posterity]
뒤[後]의 세대(世代). [반]선대(先代), 전대(前代).

후:덕 **厚德** | 두터울 후, 베풀 덕
[liberality; generosity; liberal favor]
두터운[厚] 덕행(德行). ¶후덕한 그 사람. [반]박덕(薄德).

후두 **喉頭** | 목구멍 후, 머리 두 [larynx]
❶[속뜻] 목구멍[喉]의 첫머리[頭] 부분. ❷[의학] 인두(咽頭)와 기관(氣管) 사이의 부분. 발성과 호흡 작용 따위의 기능을 가진다. ¶후두에 염증이 생기다.

후:렴 **後斂** | 뒤 후, 거둘 렴
[(musical) refrain; burden]
❶[속뜻] 뒤[後]에 거두어[斂] 되풀이함. ❷[음악] 노래 곡조 끝에 붙여 같은 가락으로 되풀이하여 부르는 짧은 몇 마디의 가사. ¶후렴은 모두 함께 부르자.

후:면 **後面** | 뒤 후, 낯 면 [back side]
뒤[後]쪽의 면(面). ¶후면으로 주차하십시오. [비]뒷면. [반]전면(前面).

후:문 **後門** | 뒤 후, 문 문 [back gate]
뒤[後]로 난 문(門). ¶학교 후문. [반]정문(正門).

후:반 **後半** | 뒤 후, 반 반 [latter half]
둘로 나눈 것의 뒷[後]부분이 되는 절반(折半). ¶선수들은 후반에 들어서면 체력이 떨어진다. [반]전반(前半).

▸후:반-전 後半戰 | 싸울 전
[운동] 전반과 후반으로 나누어 하는 경기에서 뒤[後]의 절반(折半)의 경기[戰]. ¶후반전에 드디어 첫 골이 터졌다. [반]전반전(前半戰).

후:방 **後方** | 뒤 후, 모 방 [rear]
❶[속뜻] 뒤[後] 쪽[方]. 뒤쪽에 있는 곳. ¶운전할 때는 후방도 잘 살펴야 한다. ❷[군사] '전쟁이 벌어지고 있지 않은 지역이

나 국내'를 전쟁터에 상대하여 이르는 말. ¶우리 형은 후방에서 군 복무를 했다. [반] 전방(前方).

후ː배 後輩 | 뒤 후, 무리 배
[one's junior; younger men]
❶ [속뜻] 뒤[後] 세대의 사람들[輩]. ❷같은 학교나 직장 등에 나중에 들어온 사람. ¶그는 나의 중학교 후배이다. [반] 선배(先輩).

후ː-백제 後百濟 | 뒤 후, 여러 백, 건질 제
[역사] 후삼국(後三國) 중 백제(百濟)를 계승한 나라. 신라 효공왕(孝恭王) 때 상주 사람 견훤(甄萱)이 완산주에 세운 나라로, 건국 45년 만에 고려에 패망했다.

후보 候補 | 기다릴 후, 채울 보
[candidacy]
❶ [속뜻] 빈자리 따위에 채워지기를[補] 기다리는[候] 사람. ❷선거에서 선출되기를 바라며 스스로 나선 사람. ¶대통령 후보 / 학생회장 후보. ❸시상식·운동 경기 따위에서 어떤 지위에 오를 자격이나 가능성이 있음. ¶우승 후보. ❹정원이 미달일 때 그 자리를 채울 자격을 가진 처지. 또는 그러한 사람. ¶후보 선수.

▸ **후보-자** 候補者 | 사람 자
후보(候補)가 되는 사람[者].

▸ **후보-지** 候補地 | 땅 지
장차 어떤 목적에 사용될 가능성[候補]이 있는 곳[地]. ¶쓰레기 소각장 후보지 / 후보지를 선정하다.

후ː불 後拂 | 뒤 후, 지불 불 [pay later]
값을 나중[後]에 지불(支拂)함. ¶나머지 금액은 공사가 완료되면 후불하기로 했다. [반] 선불(先拂).

후ː사 厚謝 | 두터울 후, 고마워할 사
[recompense handsomely; thank heartily]
후(厚)하게 사례(謝禮)함. ¶범인을 찾아 주면 후사하겠습니다.

후ː-삼국 後三國 | 뒤 후, 석 삼, 나라 국
[역사] 뒤[後]의 세[三] 나라[國]. 통일신라 말에 나타난 신라(新羅), 후백제(後百濟), 태봉(泰封)의 삼국을 이르는 말.

후ː생 厚生 | 두터울 후, 날 생
[welfare of people; public welfare]
생활(生活)을 넉넉하게[厚] 함. ¶복지 후생 시설.

후ː세 後世 | 뒤 후, 세상 세
[future; coming ages]
뒤[後]에 오는 세상(世上). 뒷세상. 다음에 오는 세대의 사람들. ¶후세를 위해 자연환경을 보호해야 한다. [반] 전세(前世).

후ː속 後續 | 뒤 후, 이을 속
[succeed; follow]
뒤[後]를 이음[續]. ¶후속 작품.

후ː손 後孫 | 뒤 후, 손자 손
[descendants; posterity]
여러 대가 지난 뒤[後]의 자손(子孫). ¶그는 명문가의 후손이다. [비] 자손, 후예(後裔).

후ː송 後送 | 뒤 후, 보낼 송
[evacuate; send back]
후방(後方)으로 보냄[送]. 또는 안전한 곳으로 보내는 것. ¶환자후송이 제일 시급하다.

후ː식 後食 | 뒤 후, 밥 식 [dessert]
식사 뒤[後]에 먹는 간단한 음식[食]. 과일이나 아이스크림 따위. ¶후식으로 아이스크림을 먹었다.

후ː예 後裔 | 뒤 후, 후손 예
[descendant; scion]
여러 대가 지난 뒤[後]의 자손[裔]. ¶단군의 후예. [비] 후손(後孫).

후ː원¹ 後苑 | 뒤 후, 나라동산 원
[royal rear garden]
대궐 안의 뒤[後] 뜰에 만들어 놓은 동산[苑]. ¶왕비가 후원을 거닐고 있다.

후ː원² 後園 | 뒤 후, 동산 원
[backyard; rear garden]
집 뒤[後]에 있는 정원(庭園)이나 작은 동산. ¶딸아이는 또래들과 후원에서 놀고

있다.

후ː원[3] **後援** | 뒤 후, 도울 원
[support; back up]
뒤[後]에서 도와줌[援]. ¶후원 단체 / 독거 노인을 후원하다.

▸후ː원-금 後援金 | 돈 금
뒤[後]에서 도와주기[援] 위하여 내는 돈[金]. ¶이 고아원은 독지가의 후원금으로 운영하고 있다.

▸후ː원-회 後援會 | 모일 회
어떤 개인이나 단체를 후원(後援)하기 위하여 조직된 모임[會].

후ː유-증 後遺症 | 뒤 후, 남길 유, 증세 증 [aftereffect of an injury]
[의학] 치료 뒤[後]에도 남아 있는[遺] 증세(症勢). 병을 앓다가 회복한 뒤에도 남아 있는 병적 증세. ¶교통사고 후유증.

후ː일 後日 | 뒤 후, 날 일
[later days; the future]
뒷[後] 날[日]. ¶여행 가는 것을 후일로 미루다 / 후일 또 만나자. [비] 훗날. [반] 전일(前日).

후ː임 後任 | 뒤 후, 맡길 임
[successor; incomer]
뒤[後]이어 맡은 임무(任務)나 지위. ¶후임에게 업무를 인계하다. [반] 선임(先任), 전임(前任).

후ː자 後者 | 뒤 후, 것 자
[latter; the other]
둘을 들어 말한 가운데 뒤[後]의 것[者]. ¶전자보다 후자가 낫다. [반] 전자(前者).

후ː진 後進 | 뒤 후, 나아갈 진
[back, junior; underdevelopment]
❶[속뜻] 차량 따위가 뒤[後]쪽으로 나아감[進]. ¶차가 후진을 하다가 전봇대를 들이박았다. ❷사회나 관계(官界) 따위에 뒤늦게 나아감. 또는 그런 사람. ❸같은 분야에서 자기보다 늦게 종사하게 된 사람. ¶후진 양성에 힘쓰다. ❹문물의 발달이 뒤떨어짐. ¶후진 국가. [비] 후배(後輩). [반] 전진(前進), 선진(先進).

▸후ː진-국 後進國 | 나라 국
산업, 경제, 문화 따위가 다른 나라보다 뒤떨어진[後進] 나라[國]. [반] 선진국(先進國).

후ː천 後天 | 뒤 후, 하늘 천
[postnatal; acquired]
❶[속뜻] 하늘[天]로부터 생명을 부여받은 뒤[後]. ❷성질, 체질, 질병 따위를 태어난 뒤의 여러 가지 경험이나 지식을 통해 지니게 되는 일. [반] 선천(先天).

▸후ː천-성 後天性 | 성질 성
태어난 뒤에[後天] 여러 가지 경험이나 지식에 의하여 지니게 된 성질(性質)이나 성품. ¶후천성 심장병. [반] 선천성.

▸후ː천-적 後天的 | 것 적
태어난 뒤에[後天] 얻게 된 것[的]. ¶성격은 후천적으로 형성된다. [반] 선천적(先天的).

▸후ː천성 면ː역 결핍증 後天性免疫缺乏症 | 성질 성, 면할 면, 돌림병 역, 빠질 결, 모자랄 핍, 증세 증
❶[속뜻] 후천적[後天性]으로 면역(免疫) 능력이 결핍(缺乏)되는 증상(症狀). ❷[의학] 에이즈(AIDS).

후ː퇴 後退 | 뒤 후, 물러날 퇴
[retreat; regress]
❶[속뜻] 뒤[後]로 물러남[退]. ¶작전상 후퇴 / 적군은 후퇴했다. ❷발전하지 못하고 기운이 약해짐. ¶개혁의지의 후퇴 / 경기가 후퇴하여 실업자가 늘어났다. [반] 전진(前進).

후ː편 後篇 | 뒤 후, 책 편 [last volume]
두 편으로 나누어진 책이나 영화 따위의 뒤[後]편(篇). ¶이 소설은 전편보다 후편이 낫다. [반] 전편(前篇).

후ː항 後項 | 뒤 후, 목 항
[succeeding clause]
❶[속뜻] 뒤[後]에 적힌 조항(條項). ❷[수학] 두 개 이상의 항 가운데 뒤에 있는 항. 또는 두 개 이상의 식이나 수열을 이루는 여러 수 가운데 다른 수에 비하여 뒤에

있는 수. [반] 전항(前項).

후:환 後患 | 뒤 후, 근심 환
[later trouble; evil consequence]
어떤 일로 말미암아 뒷[後]날에 생기는 근심[患]. ¶후환이 두렵다.

후:회 後悔 | 뒤 후, 뉘우칠 회 [regret]
어떤 일이 벌어진 뒤[後]에야 잘못을 뉘우침[悔]. ¶최선을 다하면 후회가 없다 / 이제 와서 후회해도 소용이 없다.

훈: 訓 | 가르칠 훈 [meaning]
낱낱 한자의 뜻. '하늘 천(天)'이라 읽을 때의 '하늘'을 말한다.

훈:계 訓戒 | 가르칠 훈, 경계할 계
[admonish; exhort]
타일러[訓] 경계(警戒)시킴. 또는 그런 말. ¶훈계를 듣다 / 선생님이 학생들을 훈계하다.

훈기 薰氣 | 향풀 훈, 기운 기
[warm air; heat]
훈훈(薰薰)한 기운(氣運). ¶냉방에 훈기가 감돌았다.

*__훈:련__ 訓練 | =訓鍊, 가르칠 훈, 익힐 련
[train; drill; practice]
무예나 기술 등을 가르치고[訓] 익힘[練]. ¶사격 훈련 / 선수들이 열심히 훈련하고 있다.

▶ 훈:련-병 訓練兵 | 군사 병
[군사] 훈련(訓練)을 받고 있는 병사(兵士).

▶ 훈:련-소 訓練所 | 곳 소
훈련(訓練)을 하기 위하여 마련한 곳[所]. ¶신병 훈련소.

▶ 훈:련-도감 訓練都監 | 도읍 도, 관청 감
[역사] 조선 후기, 오군영(五軍營) 가운데 수도 경비와 삼수군(三手軍)을 훈련(訓練)시키던 임시 관청[都監].

훈:몽 訓蒙 | 가르칠 훈, 어릴 몽
[instruct the children]
어린[蒙] 아이에게 글을 가르침[訓].

▶ 훈:몽-자회 訓蒙字會 | 글자 자, 모일 회
[책명] 조선 중종 때, 최세진(崔世珍)이 어린[蒙] 아이를 가르치기[訓] 편하도록 한자(漢字)를 여러 갈래로 나누어 모아 놓은[會] 학습서. 3360자의 한자를 사물에 따라 갈라 한글로 음과 뜻을 달았다.

훈:민 訓民 | 가르칠 훈, 백성 민
[instruct the people]
백성[民]을 가르침[訓].

▶ 훈:민-가 訓民歌 | 노래 가
[문학] 조선 선조 때, 정철이 백성[民]을 가르치기[訓] 위해 지은 연시조[歌]. [비] 경민가(警民歌).

▶ 훈:민-정음 訓民正音 | 바를 정, 소리 음
❶ [속뜻] 백성[民]을 가르쳐[訓] 글을 알게 하는 데 필요한 바른[正] 소리[音]. ❷ [언어] '한글'의 본래 이름. 1443년에 세종대왕이 집현전 학자들과 함께 우리나라 말을 서사(書寫)하기 위하여 만든 문자 체계로, 모음 11자, 자음 17자로 구성되어 있다. 1997년 유네스코의 세계기록유산에 등재되었다. [준] 정음.

훈:방 訓放 | 가르칠 훈, 놓을 방
[dismiss with a caution]
[법률] 훈계(訓戒)하여 방면(放免)함. ¶훈방 조치 / 연행자 중에서 학생들을 훈방하다.

훈:수 訓手 | 가르칠 훈, 솜씨 수
[help from an outsider; hint; tip]
[운동] 바둑이나 장기 따위에서 잘 두는 방법이나 솜씨[手]를 가르쳐[訓] 줌. ¶바둑판에서 훈수를 두다.

훈:시 訓示 | 가르칠 훈, 보일 시
[instruct; admonish]
❶ [속뜻] 가르쳐[訓] 보임[示]. ❷윗사람이 아랫사람에게 교훈과 지시를 주는 것. ¶교장선생님의 훈시 / 어머니는 나에게 늦지 말라고 훈시하셨다.

훈:육 訓育 | 가르칠 훈, 기를 육 [educate]
❶ [속뜻] 가르쳐[訓] 기름[育]. ❷의지나 감정을 함양하여 바람직한 인격의 형성을 목적으로 하는 교육. ¶훈육을 받다 / 자식을 훈육하다.

훈:장[1] 訓長 | 가르칠 훈, 어른 장

[village schoolmaster; teacher]
❶[속뜻] 글을 가르쳐주는[訓] 어른[長]. ❷ 시골 서당에서 글을 가르치던 사람. ¶훈장 어른.

훈장² **勳章** | 공 훈, 글 장
[medal; decoration]
[법률] 훈공(勳功)이 있는 사람에게 내리는 휘장(徽章). ¶훈장을 달다 / 그는 큰 공을 세워 훈장을 받았다.

훈제 **燻製** | 연기낄 훈, 만들 제 [smoking of meat]
소금에 절인 고기를 연기[燻]에 그슬려 말리어 만듦[製]. ¶훈제 오리.

훈:화 **訓話** | 가르칠 훈, 말할 화
[moral discourse]
교훈(敎訓)으로 하는 말[話]. 훈시하는 말. ¶조회 때 교장 선생님의 훈화를 들었다.

훈훈 **薰薰** | 향풀 훈, 향풀 훈
[comfortably warm; warm-hearted]
❶[속뜻] 향내가 감돌아[薰+薰] 흐뭇하다. ❷날씨나 온도가 견디기 좋을 만큼 덥다. ¶훈훈한 공기 / 방 안이 훈훈하다. ❸마음을 부드럽게 녹여 주는 따스함이 있다. ¶훈훈한 미소 / 그의 선행은 주위 사람들의 마음을 훈훈하게 만들었다.

훼:방 **毁謗** | 헐 훼, 헐뜯을 방
[calumniate; interfere with]
❶[속뜻] 남을 헐어서[毁] 비방(誹謗)함. ❷ 남의 일을 방해함. ¶훼방을 놓다 / 누군가 그를 훼방한 게 틀림없다.

훼:손 **毁損** | 헐 훼, 상할 손
[defamation (of character); damage]
❶[속뜻] 비방하는 험담을 하거나[毁] 체면이나 명예를 손상(損傷)함. ¶명예훼손 / 이번 사건으로 회사 이미지가 크게 훼손되었다. ❷헐거나 깨뜨려 못쓰게 함. ¶문화재 훼손 / 산림이 심하게 훼손되다.

휘발 **揮發** | 흩어질 휘, 떠날 발 [volatile]
보통 온도에서 액체가 기체로 변하여 흩어져[揮] 날아감[發]. 또는 그 작용. ¶기름이 휘발하고 얼룩이 남았다.

▶휘발-유 揮發油 | 기름 유
[화학] 석유의 휘발(揮發) 성분을 이루는 무색 액체[油]. [비] 가솔린(gasoline).

휘장 **揮帳** | 휘두를 휘, 휘장 장
[curtain; curtain screen]
피륙을 여러 폭으로 이어서 빙 둘러치는[揮] 장막(帳幕). ¶휘장을 걷다.

휘하 **麾下** | 지휘할 휘, 아래 하
[(troops) under one's command]
장군의 지휘[麾] 아래[下]. 또는 그 지휘 아래에 딸린 군사. ¶그는 휘하에 천 명의 병사를 거느리고 있다.

휘황-찬란 **輝煌燦爛** | 빛날 휘, 빛날 황, 빛날 찬, 빛날 란
[resplendent; brilliant]
광채가 눈부시게 빛나다[輝=煌=燦=爛]. ¶휘황찬란한 밤거리. [비] 현란(絢爛)하다.

휴가 **休暇** | 쉴 휴, 겨를 가 [holiday]
일정한 기간 쉬는[休] 겨를[暇]. 쉼. ¶여름 휴가.

휴게 **休憩** | 쉴 휴, 쉴 게
[take a rest; take time off]
일을 하거나 길을 가다가 잠깐 쉬는[休=憩] 일.

▶휴게-소 休憩所 | 곳 소
잠시 머물러 쉴 수 있도록[休憩] 마련해 놓은 장소[所]. ¶간이 휴게소.

▶휴게-실 休憩室 | 방 실
잠깐 쉬게[休憩] 마련한 방[室]. ¶휴게실에서 잠시 낮잠을 자다.

휴경 **休耕** | 쉴 휴, 밭갈 경
[keep a land idle]
농사짓던 땅을 갈지[耕] 않고 얼마 동안 묵힘[休].

▶휴경-지 休耕地 | 땅 지
농사를 짓다가 갈지[耕] 않고 얼마 동안 묵힌[休] 땅[地].

휴교 **休校** | 쉴 휴, 학교 교
[close school temporarily]
학교(學校)에서 수업과 업무를 한동안 쉼

[休]. 또는 그 일. ¶우리 학교는 폭우로 임시 휴교에 들어갔다.

휴대 携帶 | 들 휴, 지닐 대
[carry (along with one)]
어떤 물건을 손에 들거나[携] 몸에 지님[帶]. ¶휴대전화 / 이 제품은 휴대하기 간편하다.

▸ **휴대-용 携帶用** | 쓸 용
손에 들거나 몸에 지니고 다니며[携帶] 사용(使用)함. ¶휴대용 녹음기 / 휴대용 물통.

▸ **휴대-품 携帶品** | 물건 품
손에 들거나 몸에 지니고 다니는[携帶] 물건[品].

▸ **휴대-전:화 携帶電話** | 전기 전, 말할 화
[통신] 가지고 다니면서[携帶] 밖에서도 자유롭게 통화할 수 있게 만든 작은 전화기(電話機).

휴면 休眠 | 쉴 휴, 잠잘 면
[rest; quiescence]
❶[속뜻] 쉬거나[休] 잠을 잠[眠]. ❷활동을 하지 않음. ¶휴면 계좌. ❸[생물] 환경이나 조건이 생활에 부적당할 때 생물이 그 발육이나 활동을 일시적으로 거의 정지하는 상태로 되는 일.

****휴식 休息** | 멈출 휴, 쉴 식
[rest; repose]
하던 일을 멈추고[休] 잠깐 쉼[息]. ¶휴식 공간 / 나무 그늘에서 잠시 휴식하다.

▸ **휴식-처 休息處** | 곳 처
휴식(休息)하는 곳[處]. ¶이 공원은 도시민에게 좋은 휴식처이다.

휴양 休養 | 쉴 휴, 기를 양
[rest; repose]
편히 쉬면서[休] 마음과 몸을 보양(保養)함. ¶휴양 시설 / 그는 시골에서 휴양하는 동안 건강해졌다.

▸ **휴양-림 休養林** | 수풀 림
휴양(休養)할 수 있도록 꾸며 놓은 숲[林]. ¶휴양림을 조성하다.

▸ **휴양-소 休養所** | 곳 소
휴양(休養)할 수 있도록 설비를 갖추어 놓은 곳[所]. ¶이 산자락에는 직장인들을 위한 휴양소가 설치될 예정이다.

▸ **휴양-지 休養地** | 땅 지
휴양(休養)하기에 알맞은 곳[地]. 또는 휴양 시설이 마련되어 있는 곳. ¶베니스는 세계적으로 유명한 휴양지이다.

휴업 休業 | 쉴 휴, 일 업
[suspend business]
영업(營業) 따위를 얼마 동안 쉼[休]. ¶임시 휴업.

휴일 休日 | 쉴 휴, 날 일 [holiday]
일을 하지 않고 쉬는[休] 날[日]. ¶오늘은 정기 휴일입니다.

***휴전 休戰** | 쉴 휴, 싸울 전
[cease firing; make a truce]
[군사] 하던 전쟁(戰爭)을 얼마 동안 쉼[休]. ¶남북은 1953년 7월 27일 휴전하였다.

▸ **휴전-선 休戰線** | 줄 선
[군사] 휴전(休戰) 협정으로 말미암아 결정되는 쌍방의 군사 경계선(境界線).

▸ **휴전 협정 休戰協定** | 합칠 협, 정할 정
[정치] 휴전(休戰)할 것을 내용으로 하는, 교전국 간의 서면에 의한 합의[協定].

휴정 休廷 | 쉴 휴, 법정 정
[court does not sit]
[법률] 법정(法廷)에서 재판 도중에 쉬는[休] 일. ¶휴정을 선언하다 / 10분간 휴정하겠습니다. [반] 개정(開廷).

휴지 休紙 | 쉴 휴, 종이 지
[wastepaper; scrap of paper]
❶[속뜻] 못쓰게 된[休] 종이[紙]. ¶길거리에 버려진 휴지를 줍다. ❷허드레로 쓰는 종이. ¶휴지를 뜯어 코를 풀다. [비] 폐지(廢紙), 화장지(化粧紙).

▸ **휴지-통 休紙桶** | 통 통
못쓰게 된 종이[休紙]나 쓰레기 따위를 담는 통(桶). ¶휴지는 휴지통에 버려라.

휴진 休診 | 쉴 휴, 살펴볼 진
[do not accept patients]
병원에서 진료(診療)를 쉼[休]. ¶오늘은

할머니의 담당의사가 휴진이다.

휴학 休學 | 쉴 휴, 배울 학
[take time off from school]
[교육] 학생이 병이나 사고 따위로 말미암아 일정한 기간 학업(學業)을 쉼[休]. ¶재현이는 군대에 가기 위해 휴학했다.

휴-화산 休火山 | 쉴 휴, 불 화, 메 산
[inactive volcano]
[지리] 분화 활동을 쉬고 있는[休] 화산(火山).

흉가 凶家 | 흉할 흉, 집 가
[house of ill omen; haunted house]
사는 사람마다 흉(凶)한 일을 당하는 불길한 집[家].

흉계 凶計 | =兇計, 흉할 흉, 꾀 계
[wicked design; wiles]
흉악(凶惡)한 꾀[計]. ¶흉계를 꾸미다.

흉괘 凶卦 | =兇卦, 흉할 흉, 걸 괘
불길한[凶] 점괘(占卦). ¶흉괘가 나오다.

흉기 凶器 | =兇器, 흉할 흉, 그릇 기
[offensive weapon]
❶[속뜻] 흉(凶)한 일에 쓰이는 도구[器]. ❷사람을 다치게 하는 데 쓰는 기구. ¶흉기를 휘두르다.

흉년 凶年 | 흉할 흉, 해 년
[bad year; year of bad harvest]
❶[속뜻] 수확이 흉(凶)한 해[年]. ❷농작물이 예년에 비하여 잘 되지 않아 굶주리게 된 해. ¶오랜 가뭄으로 흉년이 들다. [반] 풍년(豐年).

흉몽 凶夢 | 흉할 흉, 꿈 몽
[bad dream; dream of ill omen]
불길한[凶] 꿈[夢]. 꿈자리가 사나운 꿈. [반] 길몽(吉夢).

흉상 胸像 | 가슴 흉, 모양 상
[sculpture bust]
[미술] 인체의 머리에서 가슴[胸] 부분까지의 모양[像]. 주로 그러한 조각상이나 초상화를 말한다. ¶본관 안에 학교 설립자의 흉상이 있다.

흉악 凶惡 | =兇惡, 흉할 흉, 악할 악
[bad; wicked]
성질이 몹시 사납고[凶] 악(惡)함. 또는 그러한 사람. ¶흉악 범죄 / 범행 수법이 흉악하기 이를 데 없다.

▸**흉악-범** 凶惡犯 | 범할 범
흉악(凶惡)한 범죄를 저지름[犯]. 또는 그런 사람. ¶흉악범을 처벌하다.

흉작 凶作 | 흉할 흉, 지을 작 [bad crop]
흉년(凶年)으로 지은[作] 농사. 농작물의 수확이 평년작을 훨씬 밑도는 일. ¶올해는 쌀이 흉작이다. [반] 풍작(豐作).

흉조 凶兆 | 흉할 흉, 조짐 조
[bad omen; sign of evil]
불길한[凶] 조짐(兆朕). ¶아침에 그릇을 깨뜨리면 흉조로 여긴다. [반] 길조(吉兆).

흉측 凶測 | 흉할 흉, 헤아릴 측
[terribly heinous]
헤아릴[測] 수 없이 몹시 흉악(凶惡)함. '흉악망측'(凶惡罔測)의 준말. ¶흉측한 이야기.

흉흉 洶洶 | 물살 세찰 흉, 물살 세찰 흉
[filled with alarm]
❶[속뜻] 물결이 몹시 세차게 일어나다[洶+洶]. ❷인심이 몹시 어수선하다. ¶인심이 흉흉해졌다.

흑-갈색 黑褐色 | 검을 흑, 털옷 갈, 빛 색
[dark brown]
검은[黑] 빛이 도는 짙은 갈색(褐色). ¶머리카락을 흑갈색으로 염색하다.

흑-단령 黑團領 | 검을 흑, 둥글 단, 옷깃 령
[역사] 벼슬아치가 입던 검은색[黑]의 단령(團領). 당상관은 무늬가 있는 검은색 비단을, 당하관은 무늬가 없는 비단을 썼다.

흑백 黑白 | 검을 흑, 흰 백
[black and white; good and bad]
❶[속뜻] 검은[黑] 빛과 흰[白] 빛. ¶흑백 영화. ❷잘잘못. 옳고 그름. ¶흑백을 가리다.

흑사-병 黑死病 | 검을 흑, 죽을 사, 병 병
[pest]

❶<u>속뜻</u> 심한 경우 피부가 검게[黑] 변하여 죽게[死] 되는 전염병(病). ❷<u>의학</u> 페스트균이 일으키는 급성 전염병. 심한 오한, 고열, 두통에 이어 의식이 흐려지게 되어 죽는다. 폐에 감염이 된 페스트의 경우에는 피부가 흑자색으로 변한다.

흑색 黑色 | 검을 흑, 빛 색 [black]
검은[黑] 빛[色]. ㉺ 검은색, 검정. ㉻ 백색(白色).

▶ **흑색-선전** 黑色宣傳 | 베풀 선, 전할 전
❶<u>속뜻</u> 검은빛[黑色] 종이에 글을 써서 선전(宣傳)함. ❷사실무근의 이야기를 만들어 내어 상대편을 모략하고 혼란과 무질서를 조장하는 정치적 술책.

흑-설탕 黑雪糖 | 본음 [흑설당], 검을 흑, 눈 설, 사탕 당/탕
[muscovado; unrefined sugar]
정제(精製)하지 않아 검은[黑] 빛깔이 나는 설탕[雪糖].

흑연 黑鉛 | 검을 흑, 납 연
[black lead; graphite]
❶<u>속뜻</u> 검은[黑] 빛을 띤 납[鉛] 같은 화합물. ❷<u>광석</u> 금속광택이 있고 검은빛이 나는 탄소 화합물. 연필심, 도가니, 전극, 감마제 따위로 쓰인다.

흑우 黑牛 | 검을 흑, 소 우 [black cow]
털빛이 검은[黑] 소[牛].

흑인 黑人 | 검을 흑, 사람 인 [black]
❶<u>속뜻</u> 털과 피부의 빛깔이 검은[黑] 사람[人]. ❷흑색 인종의 사람. ¶만델라는 최초의 흑인 대통령이다.

흑-인종 黑人種 | 검을 흑, 사람 인, 갈래 종
피부가 흑색(黑色) 또는 갈색을 띤 인종(人種)을 이르는 말. '흑색인종'(黑色人種)의 준말.

흑자 黑字 | 검을 흑, 글자 자
[figures in black ink; surplus]
❶<u>속뜻</u> 먹 따위로 쓴 검은[黑] 글자[字]. ❷수입이 지출보다 많아서 생기는 잉여나 이익. 장부에 쓸 때 통상 검은색 글자로 쓰는 것에서 유래하였다. ¶그 회사는 올해 100억의 흑자를 냈다. ㉻ 적자(赤字).

흑점 黑點 | 검을 흑, 점 점 [black spot]
❶<u>속뜻</u> 검은[黑] 점(點). ❷<u>천문</u> 태양 표면에 보이는 검은 반점. '태양흑점'(太陽黑點)의 준말.

흑판 黑板 | 검을 흑, 널빤지 판
[blackboard]
검은[黑] 칠을 하여 그 위에 분필로 글씨나 그림을 쓰게 만든 널빤지[板]. ㉺ 칠판(漆板).

흔적 痕跡 | =痕迹, 흉터 흔, 발자취 적
[traces; marks]
❶<u>속뜻</u> 몸에 남은 흉터[痕]와 길에 남은 발자취[跡]. ❷어떤 현상이나 실체가 없어졌거나 지나간 뒤에 남은 자국이나 자취. ¶도둑이 담을 넘어 들어온 흔적이 있다.

흔쾌 欣快 | 기뻐할 흔, 시원할 쾌
[pleasant; delightful]
기쁘고[欣] 시원스럽게[快]. ¶그는 우리의 제안을 흔쾌하게 받아들였다 / 흔쾌히 수락하다.

흠: 欠 | 하품 흠 [fault; defect]
사람의 인격이나 행동 따위에 나타나는 잘못된 점이나 흉이 되는 점. ¶그는 게으른 것이 흠이다. ㉺ 결점(缺點), 결함(缺陷).

흠모 欽慕 | 공경할 흠, 그리워할 모
[admire; adore]
기쁜 마음으로 공경하며[欽] 사모(思慕)함. ¶흠모의 눈길 / 흠모의 대상.

흡반 吸盤 | 빨 흡, 쟁반 반
[sucker; sucking disk]
❶<u>속뜻</u> 공기 따위를 빨아들이는[吸] 쟁반[盤] 모양의 기관. ❷<u>동물</u> 다른 동물이나 물체에 달라붙기 위한 기관. 촌충, 낙지, 오징어의 발 따위에서 볼 수 있다. ㉺ 빨판.

흡사 恰似 | 꼭 흡, 닮을 사
[alike; closely resemble]

거의 꼭[恰] 닮음[似]. 또는 비슷한 모양. ¶그림 속의 고양이는 흡사 살아 있는 것 같다 / 두 자매는 생김새가 매우 흡사하다.

흡수¹ 吸水 | 마실 흡, 물 수
[suction (of water); water suction]
식물 물[水]을 빨아들임[吸]. 특히 식물이 외계로부터 물을 섭취하는 일을 이른다.

흡수² 吸收 | 마실 흡, 거둘 수
[absorb; suck in]
빨아서[吸] 거두어들임[收]. ¶이 옷은 땀을 잘 흡수한다.

▶ **흡수-력 吸收力** | 힘 력
빨아서[吸] 거두어들이는[收] 힘[力]. ¶강한 흡수력 / 흡수력이 좋다.

▶ **흡수-성 吸收性** | 성질 성
빨아서[吸] 거두어들이는[收] 성질(性質). ¶흡수성이 좋은 옷감.

흡습 吸濕 | 마실 흡, 젖을 습
[moisture absorption]
습기(濕氣)를 빨아들임[吸].

▶ **흡습-제 吸濕劑** | 약제 제
공업 습기(濕氣)를 빨아들이는[吸] 약제(藥劑). 섬유(纖維)가 딱딱해지는 것을 막기 위해 사용한다.

흡연 吸煙 | 마실 흡, 담배 연 [smoke]
담배[煙] 연기를 빨아들여 마심[吸]. ¶흡연은 건강에 매우 해롭다 / 흡연은 폐암을 유발할 수 있다.

▶ **흡연-자 吸煙者** | 사람 자
담배를 피우는[吸煙] 사람[者]. ¶흡연자는 비흡연자를 배려해야 한다.

흡입 吸入 | 마실 흡, 들 입
[inhale; suck; imbibe]
기체나 액체 따위를 빨아 마셔[吸] 들임[入]. ¶산소 흡입 / 맑은 공기를 흡입하다.

흡족 洽足 | 넉넉할 흡, 넉넉할 족
[sufficient; ample]
모자람이 없이 아주 넉넉하고[洽] 풍족(豐足)함. ¶흡족한 미소.

흡착 吸着 | 마실 흡, 붙을 착
[stick to; adhere to]
어떤 물질이 빨아 마셔[吸] 달라붙음[着]. ¶안료가 옷감에 흡착되다.

▶ **흡착-력 吸着力** | 힘 력
어디에 달라붙는[吸着] 힘[力]. ¶거머리는 흡착력이 대단하다.

흡혈 吸血 | 마실 흡, 피 혈
[suck up blood]
피[血]를 빨아 마심[吸]. ¶흡혈동물.

▶ **흡혈-귀 吸血鬼** | 귀신 귀
사람의 피[血]를 빨아먹는다는[吸] 귀신(鬼神).

흥: 興 | 일어날 흥
[fun; mirth; pleasure]
마음이 즐겁고 좋아서 일어나는 정서. ¶흥에 겨워 덩실덩실 춤을 추다.

흥망 興亡 | 일어날 흥, 망할 망
[rise and fall; ups and downs]
일어남[興]과 망(亡)함. 부흥과 멸망. ¶로마제국의 흥망.

▶ **흥망-성쇠 興亡盛衰** | 성할 성, 쇠할 쇠
일어나고[興] 망(亡)함과 성(盛)하고 쇠(衰)함. ¶모든 일에는 흥망성쇠가 있기 마련이다.

흥:미 興味 | 흥겨울 흥, 맛 미
[interest; zest]
흥(興)을 느끼는 재미나 맛[味]. ¶흥미가 나다 / 바둑에 흥미를 붙이다 / 흥미로운 생각.

▶ **흥미진진 興味津津** | 끈끈할 진, 끈끈할 진
흥미(興味)가 넘칠[津津] 만큼 많다. ¶흥미진진한 모험소설.

흥부 興夫 | 일어날 흥, 사나이 부
❶ 속담 집안을 일으킨[興] 사나이[夫]. ❷ 문학 고소설 『흥부전』(興夫傳)의 주인공. 형 놀부로부터 쫓겨났으나 착하고 고운 마음씨를 지녀 뒤에 큰 부자가 되었다.

▶ **흥부-가 興夫歌** | 노래 가
문학 『흥부전』(興夫傳)을 판소리[歌]로 엮은 것. '흥보가'(興甫歌)라고도 한다.

▶ **흥부-전** 興夫傳 | 전할 전
문학 흥부(興夫)의 전기(傳記)를 이야기 식으로 엮은 고소설.

흥분 興奮 | 일어날 흥, 흔들릴 분
[be excited]
자극으로 인하여 감정이 일어나거나[興] 흔들림[奮]. ¶흥분을 가라앉히다 / 그 소식에 나는 몹시 흥분했다.

▶ **흥분-제** 興奮劑 | 약제 제
약학 뇌나 심장을 자극하여 흥분(興奮)시키는 약제(藥劑).

흥사-단 興士團 | 일어날 흥, 선비 사, 모일 단
❶속뜻 민족 부흥(復興)을 위한 선비[士]들의 모임[團]. ❷역사 1913년 안창호가 미국 샌프란시스코에서 창립한 민족 부흥 운동 단체. 신민회의 후신으로, 미국 교포의 계몽에 힘쓰다가, 8·15 광복 후 서울로 본부를 옮겼다.

흥인지문 興仁之門 | 일어날 흥, 어질 인, 어조사 지, 문 문
❶속뜻 어진[仁] 마음이 생겨[興]나는[之] 성문(城門). ❷고적 '동대문'(東大門)의 정식 명칭. 서울특별시 종로구 종로 6가에 있는 성문으로 보물 제1호이다.

흥행 興行 | 일어날 흥, 행할 행
[performance; show]
❶속뜻 유행(流行)을 불러일으킴[興]. ❷영리를 목적으로 연극, 영화, 서커스 따위를 요금을 받고 대중에게 보여 줌. ¶이 영화는 흥행에 성공했다 / 그 연극은 서울에서 흥행하고 있다.

희곡 戱曲 | 연극 희, 노래 곡 [drama]
문학 ❶공연을 목적으로 하는 연극[戱]의 대본[曲]. ❷등장인물들의 행동이나 대화를 기본 수단으로 하여 표현하는 예술 작품. ¶셰익스피어는 희곡을 집필하며 생을 보냈다.

희귀 稀貴 | 드물 희, 귀할 귀 [rare]
드물어서[稀] 매우 진귀(珍貴)하다. ¶희귀한 보물.

▶ **희귀-종** 稀貴種 | 갈래 종
드물어서[稀] 매우 진귀(珍貴)한 물건이나 품종(品種). ¶멸종 위기에 놓인 희귀종을 보호하자는 운동이 점차 전국적으로 확대되고 있다.

희극 喜劇 | 기쁠 희, 연극 극
[comedy; farce]
❶속뜻 기쁜[喜] 내용을 담은 연극(演劇). ❷연영 웃음을 주조로 인간과 사회의 문제점을 경쾌하고 흥미 있게 다룬 연극이나 극 형식. 빤비극(悲劇).

희로 喜怒 | 본음 [희노], 기쁠 희, 성낼 노
[delight and anger]
기쁨[喜]과 노여움[怒]. ¶희로가 교차되는 기분을 느꼈다.

▶ **희로애락** 喜怒哀樂 | 본음 [희노애락], 슬플 애, 즐길 락
❶속뜻 기쁨[喜]과 노여움[怒]과 슬픔[哀]과 즐거움[樂]. ❷사람의 온갖 감정. ¶그의 작품에는 인간의 희로애락이 잘 표현되어 있다.

희:롱 戱弄 | 놀릴 희, 놀릴 롱
[ridicule; joke with]
말이나 행동으로 실없이 놀림[戱=弄]. ¶어린이를 희롱하면 안 된다.

***희망** 希望 | 바랄 희, 바랄 망
[hope; wish]
❶속뜻 바람[希=望]. ❷앞일에 대하여 어떤 기대를 가지고 바람. ¶장래 희망 / 현우는 변호사가 되기를 희망하고 있다. 빤절망(絶望).

▶ **희망-자** 希望者 | 사람 자
어떤 것을 하기를 바라는[希望] 사람[者]. ¶희망자 모집 / 취업 희망자를 소집하였다.

희미 稀微 | 드물 희, 작을 미
[dim; faint]
❶속뜻 드물고[稀] 작다[微]. ❷분명하지 못하고 어렴풋하다. ¶희미한 불빛 / 희미한 목소리.

희박 稀薄 | 묽을 희, 엷을 박

[thin; sparse]
❶[속뜻] 묽고[稀] 엷다[薄]. ❷일의 희망이나 가망이 적다. ¶성공할 가능성이 희박하다. ❸농도나 밀도가 엷거나 얕다. ¶희박한 인구 밀도.

희비 喜悲 | 기쁠 희, 슬플 비
[joy and sorrow]
기쁨[喜]과 슬픔[悲]. ¶희비가 엇갈리다.

희색 喜色 | 기쁠 희, 빛 색
[glad countenance; joyful look]
기뻐하는[喜] 얼굴 빛[色]. ¶얼굴에 희색이 가득하다.

희생 犧牲 | 희생 희, 희생 생 [sacrifice]
❶[속뜻] 제사 지낼 때 제물로 바치는 산 짐승[犧=牲]. 주로 소, 양, 돼지 따위를 바친다. ❷다른 사람이나 어떤 목적을 위하여 자신의 목숨, 재산, 명예, 이익 따위를 바치거나 버림. 또는 그것을 빼앗김. ¶희생을 무릅쓰다 / 희생을 당하다.

▸ **희생-물** 犧牲物 | 만물 물
희생(犧牲)으로 바쳐진 물건(物件).

▸ **희생-자** 犧牲者 | 사람 자
❶[속뜻] 희생(犧牲)된 사람[者]. ❷어떤 일로 피해를 당한 사람. ¶시민들이 사고 희생자들을 추모했다.

희석 稀釋 | 묽을 희, 풀 석
[dilute; water down]
[화학] 원액에 물 따위를 풀어[釋] 묽게[稀] 하는 일. ¶용액의 희석 / 술을 물에 희석하다.

희-소식 喜消息 | 기쁠 희, 사라질 소, 불어날 식 [good news; glad tidings]
기쁜[喜] 소식(消息).

희열 喜悅 | 기쁠 희, 기쁠 열
[joy; gladness; delight]
기쁨[喜=悅]. 즐거움. ¶희열의 소리를 질렀다. [반] 분노(憤怒).

희한 稀罕 | 드물 희, 드물 한
[rare; curious]
매우 드물다[稀=罕]. ¶처음 본 희한한 물건.

힐난 詰難 | 따질 힐, 꾸짖을 난
[blame; censure; reproach]
트집을 잡아 따지고[詰] 근거 없이 비난(非難)함. ¶그러한 힐난을 도저히 참을 수 없었다.

힐책 詰責 | 따질 힐, 꾸짖을 책
[rebuke; reprimand; reprove]
잘못된 점을 따져[詰] 꾸짖음[責]. ¶힐책을 받다 / 그것은 견딜 수 없는 힐책이었다.

부록 목차

1. 고빈도 단음절어 한자 풀이 100
938쪽

교과서에 자주 쓰이는 단음절 한자어(한자)를 선정하여, 자전 방식으로 풀이해 놓음으로써 낱글자로 쓰이는 한자를 자전을 찾아보지 않아도 되도록 하였습니다.

2. 고빈도 한자어 1000
945쪽

초중등교육과정에서 사용되는 교재용 어휘로 자주 쓰이는 것 가운데, 상위 1000개를 빈도순으로 열거해 놓음으로써 한자어 어휘력 신장의 받침돌이 되도록 하였습니다.

3. 고품격 사자성어 179
955쪽

초등학생 때 미리 알아두면 좋을 고품격 사자성어 179개를 한자 급수별로 열거하고 속뜻을 풀이하여 알기 쉽고 기억하기 쉽도록 하였습니다.

4. 만화 고사성어 50
977쪽

옛날이야기에서 유래된 고사성어 50개를 선정하여 만화 형식으로 풀이함으로써 매우 쉽고 재미있게 익힐 수 있도록 하였습니다.

5. 당시 한 수
1078쪽

성공한 사람은, 성공할 사람은 부모님 은혜를 늘 가슴에 품고 있다고 합니다. 大成을 거둔 학부모님들께, 大成을 거둘 학부모님들께, 唐詩 한 수에 우리 후세들에 대한 사랑과 꿈을 담아 보내드립니다.

부록 1 고빈도 단음절어 한자 풀이 100

 교과서에 쓰이는 한자어는 대부분이 복음절 어휘이지만, '맞는 답을 찾아봅시다.'의 '답'과 같은 단음절 어휘도 상당수 있습니다. 이러한 단음절 어휘도 국어사전에 수록되어 있지만, 해당 한자에 대하여 더욱 자세히 알고 싶으면 한자 자전(字典)을 찾아보아야 합니다. 따라서 이러한 수요에 부응하기 위하여, 고빈도 단음절 한자어 상위 100개를 선정하여 자전 방식으로 풀이해 놓음으로써 한자자전 기능도 할 수 있도록 하였습니다. 빈도는 《초등학교 교과서 한자어 및 한자 분석 연구》(민현식 외, 국립국어연구원, 2004) 를 근거로 하였으며, 음순(가나다)으로 일련번호를 부여하고, 그 순서에 의한 색인을 만들어 놓음으로써 찾아보기 편리하도록 하였습니다.

001 각(角)
002 간(間)
003 강(强)
004 강(江)
005 개(個)
006 관(關)
007 구(求)
008 구(救)
009 권(卷)
010 귀(貴)
011 남(南)
012 년(年)
013 답(答)
014 당(當)
015 대(對)
016 도(度)
017 도(道)
018 등(等)
019 량(量)
020 량(兩)
021 례(例)
022 면(面)
023 명(名)
024 문(門)
025 반(半)
026 반(班)
027 방(房)
028 배(倍)
029 번(番)
030 벌(罰)
031 법(法)
032 벽(壁)
033 변(邊)
034 변(變)
035 별(別)
036 병(病)
037 병(瓶)
038 본(本)
039 분(分)
040 비(比)
041 산(山)
042 상(傷)
043 상(賞)
044 색(色)
045 선(線)
046 속(屬)
047 수(數)
048 시(時)
049 시(詩)
050 식(式)
051 심(甚)
052 약(約)
053 약(弱)
054 약(藥)
055 여(餘)
056 열(熱)
057 왕(王)
058 외(外)
059 용(用)
060 원(圓)
061 원(願)
062 월(月)
063 위(爲)
064 의(依)
065 인(因)
066 일(日)
067 장(張)
068 전(傳)
069 전(前)
070 점(點)
071 정(正)
072 정(定)
073 제(第)
074 죄(罪)
075 주(主)
076 주(週)
077 중(中)
078 차(次)
079 차(車)
080 차(差)
081 창(窓)
082 책(冊)
083 초(秒)
084 추(錘)
085 층(層)
086 친(親)
087 칠(漆)
088 택(宅)
089 통(通)
090 통(桶)
091 편(便)
092 표(表)
093 표(標)
094 피(避)
095 합(合)
096 향(向)
097 형(兄)
098 화(火)
099 회(回)
100 후(後)

부록 1 고빈도 단음절어 한자 풀이 100　939

001

뿔 각, 角-7
뿔, 모서리, 겨루다
▸ 두 직선이 이루는 각.
▸ 角度(각도), 銳角(예각).

002

사이 간, 門-12
사이, 틈, 동안
▸ 이웃 간에 정답게 지내다.
▸ 間食(간식), 時間(시간).

003
强
굳셀 강, 弓-12
굳세다
▸ 물은 불에 강하다.
▸ 強弱(강약), 莫強(막강).

004
江
강 강, 氵-6
강
▸ 산, 들, 강을 그려봅시다.
▸ 江邊(강변), 漢江(한강).

005
個
낱 개, 亻-10
낱, 개
▸ 바구니에 공이 두 개 있다.
▸ 個別(개별), 別個(별개).

006

관계할 관, 門-19
관계, 닫다, 관문
▸ 환경에 관하여 조사하다.
▸ 關門(관문), 聯關(연관).

007
求
구할 구, 水-7
구하다, 빌다
▸ 문제의 답을 구하시오.
▸ 求乞(구걸), 要求(요구).

008
救
구원할 구, 攴-11
돕다, 도움
▸ 물에 빠진 사람을 구하다.
▸ 救援(구원), 救出(구출).

009
卷
책 권, 卩-8
책, 두루마리, 말다
▸ 서점에서 책 한 권을 샀다.
▸ 卷數(권수), 席卷(석권).

010
貴
귀할 귀, 貝-12
귀하다, 중요하다
▸ 우리는 모두 귀한 존재다.
▸ 貴族(귀족), 富貴(부귀).

011
南
남녘 남, 十-9
남녘, 남쪽
▸ 제비가 남쪽으로 날아간다.
▸ 南向(남향), 以南(이남).

012
年
해 년, 干-6
해, 365일, 나이
▸ 지난 일 년을 되돌아보자.
▸ 年間(연간), 每年(매년).

013
答
대답할 답, 竹-12
대답하다, 해답
▸ 물음에 답하여 봅시다.
▸ 答案(답안), 正答(정답).

014
當
마땅 당, 田 13
마땅하다, 맡다
▸ 자동차 사고를 당했다.
▸ 當然(당연), 適當(적당).

015
對
대할 대, 寸-14
대하다, 짝, 상대
▸ 물음에 대해 대답하세요.
▸ 對答(대답), 反對(반대).

016
度
법도 도, 广-9
법도, 도수
▸ 열이 39도까지 올랐다.
▸ 度量(도량), 溫度(온도).

017
道
길 도, 辶-13
길, 도리
▸ 도에 어긋나게 행동하지 말라.
▸ 道理(도리), 車道(차도).

018
等
등급 등, 竹-12
등급, 무리, 같다
▸ 녹두, 대추 등으로 만든다.
▸ 等級(등급), 平等(평등).

019
 두 **량**, 入-8
둘, 짝
‣ **양**쪽에서 당기면 열린다.
‣ 兩國(양국), 兩親(양친).

020
 헤아릴 **량**, 里-12
헤아리다, 길이
‣ 물의 **양**을 재어 보시오.
‣ 數量(수량), 少量(소량).

021
 법식 **례**, 人-8
법식, 본보기
‣ **예**를 들어 설명하다.
‣ 例示(예시), 比例(비례).

022
 낯 **면**, 面-9
얼굴, 표면
‣ 우리나라는 삼 **면**이 바다이다.
‣ 面談(면담), 表面(표면).

023
 이름 **명**, 口-6
이름, 사람의 수
‣ 5**명**이 줄을 서 있다.
‣ 名言(명언), 有名(유명).

024
 문 **문**, 門-8
문, 집
‣ **문**을 벌컥 열었다.
‣ 門牌(문패), 房門(방문).

025
 반 **반**, 十-5
반, 조각
‣ 사과를 **반**으로 나누다.
‣ 半島(반도), 折半(절반).

026
班 나눌 **반**, 玉-10
나누다
‣ 우리 **반** 친구들.
‣ 班長(반장), 越班(월반).

027
房 방 **방**, 戶-8
방, 집
‣ 그는 **방**으로 들어왔다.
‣ 房門(방문), 煖房(난방).

028
倍 곱 **배**, 亻-10
곱, 더하다, 더욱
‣ 속도가 두 **배**나 빨라졌다.
‣ 倍數(배수), 百倍(백배).

029
番 차례 **번**, 田-12
차례, 횟수
‣ 노래를 여러 **번** 불렀다.
‣ 番號(번호), 順番(순번).

030
罰 벌할 **벌**, 罒-14
벌, 벌주다
‣ 떠들어서 **벌**을 받았다.
‣ 罰金(벌금), 處罰(처벌).

031
法 법 **법**, 水-8
법, 방법
‣ **법**을 지킬 의무가 있다.
‣ 法院(법원), 方法(방법).

032
壁 벽 **벽**, 土-16
벽, 울타리
‣ 어깨를 **벽**에 부딪쳤다.
‣ 壁紙(벽지), 絶壁(절벽).

033
邊 가 **변**, 辶-19
가, 가장자리
‣ 사각형은 **변**이 4개 있다.
‣ 邊方(변방), 周邊(주변).

034
 변할 **변**, 言-23
변하다, 변해가다
‣ 주위에 따라 색이 **변**한다.
‣ 變化(변화), 異變(이변).

035
 나눌 **별**, 刂-7
나누다, 다르다
‣ 모둠**별**로 토론해 보세요.
‣ 別名(별명), 區別(구별).

036
病 병 **병**, 疒-10
병, 근심, 앓다
‣ 오랫동안 **병**을 앓다.
‣ 病院(병원), 疾病(질병).

037

 병 **병**, 瓦-13
병, 단지

▸ **병**에 물을 담았다.
▸ 藥**瓶**(약병), 花**瓶**(화병).

038

 근본 **본**, 木-5
뿌리, 근본, 책

▸ 종이로 **본**을 뜨다.
▸ **本**來(본래), 基**本**(기본).

039

 나눌 **분**, 刀-4
나누다, 구별하다

▸ 민재는 30**분** 늦게 왔다.
▸ **分**別(분별), 區**分**(구분).

040

 견줄 **비**, 比-4
견주다, 비교하다

▸ 네 것에 **비**해 많다.
▸ **比**較(비교), 對**比**(대비).

041

메 **산**, 山-3
산

▸ 단풍으로 **산**이 물들었다.
▸ **山**林(산림), 登**山**(등산).

042

상처 **상**, 亻-13
상처, 다치다

▸ **상**한 음식을 먹다.
▸ **傷**處(상처), 負**傷**(부상).

043

 상줄 **상**, 貝-15
상을 주다, 상

▸ 착한 어린이에게 **상**을 주다.
▸ **賞**狀(상장), 大**賞**(대상).

044

 빛 **색**, 色-6
빛, 얼굴빛

▸ 여러 **색**으로 그림을 그리다.
▸ **色**彩(색채), 顔**色**(안색).

045

 줄 **선**, 糸-15
줄, 실

▸ **선**을 따라 그려봅시다.
▸ **線**分(선분), 直**線**(직선).

046

 무리 **속**, 尸-21
무리, 부족

▸ 사자는 포유류에 **속**한다.
▸ 金**屬**(금속), 附**屬**(부속).

047

셀 **수**, 攵-15
세다, 셈, 수량

▸ 참가한 사람의 **수**.
▸ **數**學(수학), 正**數**(정수).

048

때 **시**, 日-10
때, 때때로

▸ 몇 **시**에 일어나니?
▸ **時**間(시간), 暫**時**(잠시).

049

 시 **시**, 言-13
시

▸ **시**를 읽어 봅시다.
▸ **詩**歌(시가), 童**詩**(동시).

050

 법 **식**, 弋-6
법, 규정, 본받다

▸ y를 구하는 **식**을 쓰시오.
▸ **式**場(식장), 儀**式**(의식).

051

 심할 **심**, 甘-9
지나치다, 매우

▸ 농담이 너무 **심**하다.
▸ 激**甚**(격심), 極**甚**(극심).

052

 묶을 **약**, 糸-9
묶다, 약속하다

▸ **약** 30분 정도 걸었다.
▸ **約**束(약속), 要**約**(요약).

053

약할 **약**, 弓-10
약하다

▸ 언니는 몸이 **약**하다.
▸ **弱**者(약자), 强**弱**(강약).

054

 약 **약**, ++-19
약, 고치다

▸ **약**을 먹고 병이 나았다.
▸ **藥**局(약국), 齒**藥**(치약).

055

 남을 여, 食-16
남다, 여분

▸ 경기 시간이 30분 여 남았다.
▸ 餘暇(여가), 殘餘(잔여).

056

 더울 열, 灬-15
덥다, 타다, 더위

▸ 몸에서 열이 난다.
▸ 熱帶(열대), 高熱(고열).

057

 임금 왕, 王-3
임금, 제후

▸ 그는 훌륭한 왕이 되었다.
▸ 王國(왕국), 大王(대왕).

058

 바깥 외, 夕-5
바깥, 표면

▸ 공부 외에는 관심이 없다.
▸ 外國(외국), 海外(해외).

059

 쓸 용, 用-5
쓰다, 사용하다

▸ 어린이용 자전거.
▸ 用途(용도), 利用(이용).

060

 둥글 원, 囗-13
둥글다, 원

▸ 종이를 원 모양으로 잘랐다.
▸ 圓形(원형), 橢圓(타원).

061

 원할 원, 頁-19
원하다, 바라다

▸ 전쟁을 원하는 사람은 없다.
▸ 願書(원서), 所願(소원).

062

 달 월, 月-4
달, 세월

▸ 내 생일은 1월이다.
▸ 月末(월말), 歲月(세월).

063

 할 위, 爪-12
하다, 위하다, 되다

▸ 엄마를 위해 밥을 했다.
▸ 爲主(위주), 行爲(행위).

064

 의지할 의, 人-8
의지하다, 기대다

▸ 소문에 의하면, …
▸ 依支(의지), 歸依(귀의).

065

 인할 인, 口-6
인하다, 말미암다

▸ 병으로 인해 결석하다.
▸ 因果(인과), 原因(원인).

066

 해 일, 日-4
해, 햇볕, 날짜

▸ 1주일은 7일입니다.
▸ 月日(월일).

067

張 베풀 장, 弓-11
넓히다, 크게 하다

▸ 카드는 모두 몇 장입니까?
▸ 主張(주장).

068

前 앞 전, 刂-9
앞, 앞서다

▸ 3년 전에 미국에서 왔다.
▸ 前後(전후), 午前(오전).

069

 전할 전, 亻-13
말하다, 보내다

▸ 옛날부터 전해오는 이야기.
▸ 傳來(전래), 遺傳(유전).

070

 점 점, 黑-17
점, 지시하다

▸ 느낀 점을 이야기하다.
▸ 點數(점수), 長點(장점).

071

 바를 정, 止-5
바르다, 바로잡다

▸ 정 싫으면 안 해도 된다.
▸ 正確(정확), 公正(공정).

072

 정할 정, 宀-8
정하다

▸ 놀이 규칙을 정해봅시다.
▸ 定時(정시), 決定(결정).

부록 1 고빈도 단음절어 한자 풀이 100

073

第 차례 **제**, 竹-11
등급, 급제하다
- 제1과를 공부하다.
- 第一(제일), 及第(급제).

074
罪 허물 **죄**, 网-13
잘못, 죄인
- 죄를 지어 감옥에 갔다.
- 罪囚(죄수), 犯罪(범죄).

075
主 주인 **주**, ㆍ-5
임금, 주인, 주체
- 이곳은 농업이 주를 이룬다.
- 主人(주인), 爲主(위주).

076

週 돌 **주**, 辶-12
돌다, 일주, 주일
- 이번 주에 여행을 간다.
- 週末(주말), 今週(금주).

077
中 가운데 **중**, ㅣ-4
가운데, 중심
- 여름방학 중 해야 할 숙제.
- 中間(중간), 空中(공중).

078
次 버금 **차**, 欠-6
다음, 순서
- 제일차 세계 대전.
- 次例(차례), 漸次(점차).

079
車 수레 **차**(거), 車-7
수레, 수레바퀴
- 도로에 차가 달린다.
- 車道(차도), 汽車(기차).

080
差 어긋날 **차**, 工-10
다르다, 어긋나다
- 두 수의 차를 구하시오.
- 差別(차별), 隔差(격차).

081
窓 창문 **창**, 穴-11
창문
- 답답해서 창을 열었다.
- 窓門(창문), 同窓(동창).

082

册 책 **책**, 冂-5
책, 문서
- 바르게 앉아서 책을 읽다.
- 册床(책상), 空册(공책).

083

秒 분초 **초**, 禾-9
분초, 미세하다
- 1분은 60초이다.
- 秒速(초속), 每秒(매초).

084
錘 저울추 **추**, 金-16
저울추, 무게 단위
- 저울에 추를 올려놓다.
- 時計錘(시계추).

085
層 층계 **층**, 尸-15
층계, 겹
- 우리 반은 3층에 있다.
- 層階(층계), 高層(고층).

086

親 친할 **친**, 見-16
친하다, 가깝다
- 둘은 친한 친구 사이다.
- 親舊(친구), 兩親(양친).

087

漆 옻 **칠**, 水-14
옻, 칠하다, 검다
- 빨간 색으로 칠해봅시다.
- 漆板(칠판), 色漆(색칠).

088

宅 집 **택**(댁), 宀-6
댁, 집
- 할머니 댁에 다녀왔다.
- 宅配(택배), 住宅(주택).

089

通 통할 **통**, 辶-11
통하다, 꿰뚫다
- 바람이 잘 통한다.
- 通過(통과), 交通(교통).

090

桶 통 **통**, 木-11
통
- 공깃돌이 통에 들어있다.
- 休紙桶(휴지통).

091

 편할 **편**, 人-9
편하다, 소식

‣ 누워서 **편**하게 자거라.
‣ 便利(편리), 不便(불편).

092

 겉 **표**, 衣-8
겉, 바깥, 표

‣ 구구단을 **표**로 만들다.
‣ 表面(표면), 發表(발표).

093

 표할 **표**, 木-15
나타내다, 적다

‣ 맞는 것에 O**표** 하시오.
‣ 標示(표시), 目標(목표).

094

 피할 **피**, 辶-17
피하다, 꺼리다

‣ 날아오는 공을 **피**했다.
‣ 避暑(피서), 待避(대피).

095

 합할 **합**, 口-6
합하다, 만나다

‣ 5와 2의 **합**은 7이다.
‣ 合計(합계), 綜合(종합).

096

 향할 **향**, 口-6
향하다, 방향

‣ 그는 하늘을 **향**해 외쳤다.
‣ 向上(향상), 方向(방향).

097

 형 **형**, 儿-5
형, 맏이

‣ **형**은 나보다 두 살이 많다.
‣ 兄弟(형제), 親兄(친형).

098

 불 **화**, 火-4
불, 화

‣ 원호는 크게 **화**를 냈다.
‣ 火山(화산), 烽火(봉화).

099

 돌아올 **회**, 囗-6
돌아오다, 횟수

‣ 마지막 **회**를 방영하다.
‣ 回轉(회전), 旋回(선회).

100

 뒤 **후**, 彳-9
뒤, 늦다

‣ 방송은 잠시 **후**에 시작한다.
‣ 後食(후식), 午後(오후).

부록 2 고빈도 한자어 1000

"금속은 귀중한 자원이다"(국어 읽기, 34쪽)란 문장에서 보는 바와 같이 교과서에 쓰인 핵심어(키-워드)는 대부분 한자어입니다. 그래서 전 과목 성적은 한자어 어휘력에 달려 있습니다. 이 사전에서는, 초중등교육과정에서 사용되는 교재용 어휘로 자주 쓰이는 것 가운데, 상위 1000개를 빈도순으로 열거해 놓음으로써 한자어 어휘력 신장의 받침돌이 되도록 하였습니다. 본문 표제어에서 상위 500개는 별표(*) 두 개를, 하위 500개는 별표 하나를 각각 표시해 놓았습니다. 빈도는 《현대 국어 사용 빈도 조사》(조남호, 국립국어연구원, 2002)를 근거로 하였으며, 학습 효율과 편의성 등을 고려하여 2음절 어휘를 중심으로 하였습니다.

0001	지역	地域	0025	신체	身體	0049	노력	努力
0002	지방	地方	0026	조사	調査	0050	대회	大會
0003	운동	運動	0027	경기	競技	0051	방향	方向
0004	방법	方法	0028	자세	姿勢	0052	건강	健康
0005	이용	利用	0029	체육	體育	0053	용액	溶液
0006	생활	生活	0030	시작	始作	0054	사고	事故
0007	사회	社會	0031	음식	飮食	0055	주변	周邊
0008	친구	親舊	0032	중요	重要	0056	속도	速度
0009	학교	學校	0033	활동	活動	0057	인구	人口
0010	환경	環境	0034	민족	民族	0058	오염	汚染
0011	문화	文化	0035	자기	自己	0059	역사	歷史
0012	시대	時代	0036	변화	變化	0060	발전	發展
0013	경우	境遇	0037	세계	世界	0061	피해	被害
0014	도시	都市	0038	표현	表現	0062	무용	舞踊
0015	공업	工業	0039	조상	祖上	0063	지금	只今
0016	모양	模樣	0040	국가	國家	0064	결과	結果
0017	내용	內容	0041	부분	部分	0065	교통	交通
0018	필요	必要	0042	영향	影響	0066	시설	施設
0019	물건	物件	0043	물질	物質	0067	박물	博物
0020	문제	問題	0044	산업	産業	0068	공장	工場
0021	정도	程度	0045	주민	住民	0069	기관	機關
0022	자신	自身	0046	자원	資源	0070	동작	動作
0023	시간	時間	0047	발달	發達	0071	예절	禮節
0024	중심	中心	0048	기술	技術	0072	자연	自然

0073	체조	體操	0109	기능	機能	0145	특징	特徵
0074	행동	行動	0110	실시	實施	0146	피로	疲勞
0075	개발	開發	0111	점차	漸次	0147	기본	基本
0076	과정	過程	0112	화산	火山	0148	이상	以上
0077	인간	人間	0113	관찰	觀察	0149	인물	人物
0078	인류	人類	0114	비교	比較	0150	노인	老人
0079	종류	種類	0115	선수	選手	0151	불교	佛敎
0080	특성	特性	0116	정신	精神	0152	생물	生物
0081	규칙	規則	0117	지대	地帶	0153	연결	連結
0082	유역	流域	0118	풍부	豐富	0154	이유	理由
0083	제도	制度	0119	형태	形態	0155	이해	理解
0084	효과	效果	0120	건물	建物	0156	종목	種目
0085	자료	資料	0121	관광	觀光	0157	태도	態度
0086	주위	周圍	0122	성장	成長	0158	인격	人格
0087	화분	花盆	0123	영양	營養	0159	전기	電氣
0088	식물	植物	0124	원인	原因	0160	정확	正確
0089	여자	女子	0125	장군	將軍	0161	표정	表情
0090	동물	動物	0126	능력	能力	0162	행사	行事
0091	실습	實習	0127	삼국	三國	0163	개성	個性
0092	남자	男子	0128	각종	各種	0164	구역	區域
0093	농업	農業	0129	기분	氣分	0165	대기	大氣
0094	지구	地球	0130	다양	多樣	0166	점점	漸漸
0095	지도	地圖	0131	재료	材料	0167	증가	增加
0096	가족	家族	0132	관계	關係	0168	단체	團體
0097	계획	計劃	0133	문명	文明	0169	목재	木材
0098	각각	各各	0134	차례	次例	0170	미술	美術
0099	공기	空氣	0135	교실	敎室	0171	사진	寫眞
0100	의견	意見	0136	기후	氣候	0172	선택	選擇
0101	물체	物體	0137	단지	團地	0173	순서	順序
0102	상태	狀態	0138	백성	百姓	0174	유물	遺物
0103	열심	熱心	0139	부위	部位	0175	이후	以後
0104	유적	遺跡	0140	사실	事實	0176	직접	直接
0105	유지	維持	0141	세상	世上	0177	차이	差異
0106	정리	整理	0142	인사	人事	0178	공부	工夫
0107	편리	便利	0143	결정	決定	0179	북부	北部
0108	경제	經濟	0144	시기	時機	0180	사업	事業

0181	안전	安全	0217	물론	勿論	0253	지혜	智慧
0182	약속	約束	0218	발견	發見	0254	책상	冊床
0183	이익	利益	0219	서당	書堂	0255	친척	親戚
0184	제품	製品	0220	세력	勢力	0256	학생	學生
0185	채소	菜蔬	0221	수입	收入	0257	행정	行政
0186	통일	統一	0222	식사	食事	0258	고통	苦痛
0187	교류	交流	0223	약간	若干	0259	곤봉	棍棒
0188	연료	燃料	0224	일부	一部	0260	기원	紀元
0189	위치	位置	0225	장소	場所	0261	농사	農事
0190	전통	傳統	0226	토기	土器	0262	무궁	無窮
0191	주요	主要	0227	학문	學問	0263	연구	研究
0192	산소	酸素	0228	항상	恒常	0264	외국	外國
0193	성격	性格	0229	해안	海岸	0265	정책	政策
0194	세기	世紀	0230	활발	活潑	0266	지출	支出
0195	정치	政治	0231	고대	古代	0267	지형	地形
0196	조건	條件	0232	균형	均衡	0268	평가	評價
0197	현상	現象	0233	기초	基礎	0269	독특	獨特
0198	화약	火藥	0234	농약	農藥	0270	수녀	修女
0199	수영	水泳	0235	비료	肥料	0271	역할	役割
0200	작품	作品	0236	실제	實際	0272	원자	原子
0201	전체	全體	0237	의논	議論	0273	육상	陸上
0202	체력	體力	0238	의미	意味	0274	자세	仔細
0203	평야	平野	0239	전쟁	戰爭	0275	재배	栽培
0204	환자	患者	0240	준비	準備	0276	정부	政府
0205	개인	個人	0241	질병	疾病	0277	주인	主人
0206	거리	距離	0242	최선	最善	0278	파악	把握
0207	계속	繼續	0243	폐기	廢棄	0279	경험	經驗
0208	관심	關心	0244	고모	姑母	0280	기능	技能
0209	교육	敎育	0245	근육	筋肉	0281	기입	記入
0210	남부	南部	0246	기구	機構	0282	분단	分團
0211	소음	騷音	0247	당시	當時	0283	사용	使用
0212	전국	全國	0248	목표	目標	0284	산성	酸性
0213	가치	價値	0249	무역	貿易	0285	상황	狀況
0214	대왕	大王	0250	생산	生產	0286	시장	市場
0215	대표	代表	0251	실내	室內	0287	종교	宗敎
0216	목적	目的	0252	일대	一帶	0288	최근	最近

0289	특색	特色	0325	안정	安定	0361	구성	構成
0290	학급	學級	0326	연습	練習	0362	근력	筋力
0291	학년	學年	0327	요인	要因	0363	남녀	男女
0292	현대	現代	0328	유연	柔軟	0364	보급	普及
0293	현재	現在	0329	음악	音樂	0365	보통	普通
0294	활용	活用	0330	적성	適性	0366	상처	傷處
0295	가정	家庭	0331	전류	電流	0367	선물	膳物
0296	도자	陶瓷	0332	조절	調節	0368	암석	巖石
0297	방사	放射	0333	태양	太陽	0369	염기	鹽基
0298	불상	佛像	0334	하천	河川	0370	온도	溫度
0299	사촌	四寸	0335	해외	海外	0371	유명	有名
0300	소중	所重	0336	호남	湖南	0372	주장	主張
0301	연필	鉛筆	0337	가격	價格	0373	중학	中學
0302	요소	要素	0338	결국	結局	0374	증상	症狀
0303	중부	中部	0339	금액	金額	0375	지진	地震
0304	충분	充分	0340	기온	氣溫	0376	지층	地層
0305	탐구	探究	0341	보호	保護	0377	칭찬	稱讚
0306	품질	品質	0342	선생	先生	0378	토양	土壤
0307	호수	湖水	0343	소비	消費	0379	휴식	休息
0308	호흡	呼吸	0344	숙제	宿題	0380	견학	見學
0309	기계	機械	0345	식량	食糧	0381	곡식	穀食
0310	방식	方式	0346	신문	新聞	0382	공중	空中
0311	사상	思想	0347	이동	移動	0383	과학	科學
0312	석유	石油	0348	전지	電池	0384	구분	區分
0313	유목	遊牧	0349	제사	祭祀	0385	기준	基準
0314	작업	作業	0350	지면	地面	0386	년대	年代
0315	청소	清掃	0351	철도	鐵道	0387	농부	農夫
0316	확인	確認	0352	최초	最初	0388	농촌	農村
0317	간단	簡單	0353	추구	追求	0389	도로	道路
0318	강수	降水	0354	추진	推進	0390	도읍	都邑
0319	공격	攻擊	0355	침입	侵入	0391	면적	面積
0320	기관	器官	0356	표면	表面	0392	묘사	描寫
0321	복잡	複雜	0357	표시	標示	0393	문자	文字
0322	부근	附近	0358	해결	解決	0394	범위	範圍
0323	산지	山地	0359	형성	形成	0395	성질	性質
0324	심각	深刻	0360	화학	化學	0396	소재	素材

0397	영토	領土	0433	원리	原理	0469	은행	銀行
0398	예방	豫防	0434	유리	有利	0470	의료	醫療
0399	용기	勇氣	0435	육지	陸地	0471	의사	醫師
0400	의도	意圖	0436	자유	自由	0472	이상	異常
0401	인체	人體	0437	작물	作物	0473	자극	刺戟
0402	일상	日常	0438	조화	調和	0474	저항	抵抗
0403	일정	一定	0439	지구	地區	0475	지하	地下
0404	임진	壬辰	0440	지정	指定	0476	철봉	鐵棒
0405	왜란	倭亂	0441	출발	出發	0477	친족	親族
0406	조각	彫刻	0442	침략	侵略	0478	통신	通信
0407	주의	注意	0443	토지	土地	0479	각자	各自
0408	주제	主題	0444	감상	鑑賞	0480	감동	感動
0409	지도	指導	0445	감정	感情	0481	결산	決算
0410	촌락	村落	0446	검사	檢查	0482	경례	敬禮
0411	최대	最大	0447	고향	故鄉	0483	관동	關東
0412	학자	學者	0448	공구	工具	0484	관리	管理
0413	건설	建設	0449	공동	共同	0485	권리	權利
0414	경치	景致	0450	공사	工事	0486	규모	規模
0415	공간	空間	0451	관련	關聯	0487	낭독	朗讀
0416	구조	構造	0452	군사	軍事	0488	내륙	內陸
0417	군대	軍隊	0453	기법	技法	0489	도구	道具
0418	귀족	貴族	0454	남매	男妹	0490	부모	父母
0419	근대	近代	0455	대신	代身	0491	분출	噴出
0420	기호	記號	0456	대체	大體	0492	비용	費用
0421	농민	農民	0457	유산	遺産	0493	색채	色彩
0422	대감	大監	0458	미래	未來	0494	생명	生命
0423	묘목	苗木	0459	민속	民俗	0495	설계	設計
0424	문장	文章	0460	발육	發育	0496	소식	消息
0425	발표	發表	0461	북방	北方	0497	식품	食品
0426	부족	不足	0462	삼림	森林	0498	예술	藝術
0427	서민	庶民	0463	상류	上流	0499	왜적	倭賊
0428	소녀	少女	0464	상품	商品	0500	위험	危險
0429	심장	心臟	0465	섬유	纖維	0501	작용	作用
0430	안녕	安寧	0466	습관	習慣	0502	잔액	殘額
0431	우유	牛乳	0467	열대	熱帶	0503	재산	財産
0432	원래	元來	0468	유의	留意	0504	전선	電線

0505	조직	組織	0541	왕조	王朝	0577	소질	素質
0506	존재	存在	0542	유교	儒教	0578	쇠퇴	衰退
0507	처리	處理	0543	유학	儒學	0579	시련	試鍊
0508	청자	靑瓷	0544	인문	人文	0580	실천	實踐
0509	체중	體重	0545	자식	子息	0581	예상	豫想
0510	초기	初期	0546	장애	障碍	0582	예의	禮儀
0511	평화	平和	0547	제일	第一	0583	완두	豌豆
0512	한자	漢字	0548	조심	操心	0584	요지	要地
0513	해양	海洋	0549	중독	中毒	0585	용도	用途
0514	향교	鄕校	0550	중앙	中央	0586	이전	以前
0515	화려	華麗	0551	진동	振動	0587	일기	日記
0516	화석	化石	0552	질서	秩序	0588	일반	一般
0517	회로	回路	0553	집중	集中	0589	입체	立體
0518	회사	會社	0554	편지	便紙	0590	적당	適當
0519	가로	街路	0555	합계	合計	0591	점검	點檢
0520	가축	家畜	0556	회전	回轉	0592	정승	政丞
0521	간척	干拓	0557	희망	希望	0593	정식	正式
0522	고려	考慮	0558	고분	古墳	0594	지표	地表
0523	관북	關北	0559	고유	固有	0595	처치	處置
0524	구별	區別	0560	공급	供給	0596	최고	最高
0525	근래	近來	0561	과거	過去	0597	판단	判斷
0526	기사	記事	0562	국민	國民	0598	편안	便安
0527	내부	內部	0563	기록	記錄	0599	포함	包含
0528	농경	農耕	0564	기회	機會	0600	현지	現地
0529	도청	道廳	0565	남편	男便	0601	형제	兄弟
0530	동력	動力	0566	단점	短點	0602	효도	孝道
0531	백자	白瓷	0567	대답	對答	0603	개최	開催
0532	벽화	壁畵	0568	문단	文段	0604	계절	季節
0533	비단	緋緞	0569	발굴	發掘	0605	공주	公主
0534	상상	想像	0570	배구	排球	0606	관개	灌漑
0535	소년	少年	0571	본래	本來	0607	관모	冠帽
0536	수면	睡眠	0572	불편	不便	0608	관서	關西
0537	순간	瞬間	0573	상대	相對	0609	구체	具體
0538	업적	業績	0574	서양	西洋	0610	국기	國旗
0539	염산	鹽酸	0575	석탄	石炭	0611	국제	國際
0540	예산	豫算	0576	석탑	石塔	0612	국토	國土

0613	기대	期待		0649	정비	整備		0685	동적	動的
0614	내력	來歷		0650	정의	正義		0686	만약	萬若
0615	노동	勞動		0651	제작	製作		0687	매년	每年
0616	농도	濃度		0652	존중	尊重		0688	목축	牧畜
0617	단백	蛋白		0653	중류	中流		0689	무예	武藝
0618	대륙	大陸		0654	지식	知識		0690	무형	無形
0619	대상	對象		0655	초원	草原		0691	반대	反對
0620	동시	同時		0656	축구	蹴球		0692	발생	發生
0621	동화	童話		0657	측정	測定		0693	법칙	法則
0622	매일	每日		0658	파괴	破壞		0694	병원	病院
0623	발휘	發揮		0659	평소	平素		0695	보건	保健
0624	보물	寶物		0660	폐수	廢水		0696	보관	保管
0625	보존	保存		0661	포환	砲丸		0697	복원	復元
0626	복도	複道		0662	학습	學習		0698	사방	四方
0627	부족	部族		0663	행복	幸福		0699	사항	事項
0628	분지	盆地		0664	향상	向上		0700	상인	商人
0629	사과	沙果		0665	형식	形式		0701	상자	箱子
0630	성인	成人		0666	감각	感覺		0702	석회	石灰
0631	세월	歲月		0667	강력	強力		0703	선의	善意
0632	소개	紹介		0668	경계	境界		0704	설명	說明
0633	소풍	逍風		0669	공손	恭遜		0705	설치	設置
0634	수단	手段		0670	공책	空冊		0706	수도	首都
0635	식료	食料		0671	관리	官吏		0707	수렵	狩獵
0636	여가	餘暇		0672	구급	救急		0708	수산	水産
0637	완성	完成		0673	귀중	貴重		0709	수입	輸入
0638	왜군	倭軍		0674	기계	器械		0710	수준	水準
0639	외적	外敵		0675	기상	氣像		0711	수질	水質
0640	의식	意識		0676	기타	其他		0712	수평	水平
0641	의식	儀式		0677	녹색	綠色		0713	시험	試驗
0642	잠시	暫時		0678	단위	單位		0714	신경	神經
0643	장면	場面		0679	단조	單調		0715	신하	臣下
0644	적극	積極		0680	당번	當番		0716	야구	野球
0645	전구	電球		0681	대비	對比		0717	어업	漁業
0646	전달	傳達		0682	대비	對備		0718	연안	沿岸
0647	전정	剪定		0683	대화	對話		0719	왕자	王子
0648	전화	電話		0684	동서	東西		0720	왜구	倭寇

번호	한글	한자	번호	한글	한자	번호	한글	한자
0721	욕심	欲心	0757	고생	苦生	0793	사건	事件
0722	우선	于先	0758	곡선	曲線	0794	사정	事情
0723	원반	圓盤	0759	공통	共通	0795	상업	商業
0724	위원	委員	0760	과연	果然	0796	섭취	攝取
0725	이모	姨母	0761	과제	課題	0797	성실	誠實
0726	이사	移徙	0762	관절	關節	0798	속담	俗談
0727	이성	理性	0763	광복	光復	0799	수직	垂直
0728	이외	以外	0764	국방	國防	0800	순환	循環
0729	인공	人工	0765	국보	國寶	0801	시절	時節
0730	인삼	人蔘	0766	국어	國語	0802	신기	新奇
0731	자석	磁石	0767	궁궐	宮闕	0803	신호	信號
0732	자신	自信	0768	극복	克服	0804	실험	實驗
0733	장점	長點	0769	나사	螺絲	0805	역시	亦是
0734	장치	裝置	0770	난류	暖流	0806	연쇄	連鎖
0735	적절	適切	0771	농산물	農産物	0807	오후	午後
0736	정성	精誠	0772	농작	農作	0808	완전	完全
0737	종합	綜合	0773	대신	大臣	0809	왕릉	王陵
0738	주택	住宅	0774	도덕	道德	0810	외부	外部
0739	지방	脂肪	0775	도착	到着	0811	요약	要約
0740	진단	診斷	0776	동굴	洞窟	0812	우림	雨林
0741	채택	採擇	0777	등장	登場	0813	운반	運搬
0742	축하	祝賀	0778	목공	木工	0814	유리	琉璃
0743	치료	治療	0779	목제	木製	0815	의병	義兵
0744	판자	板子	0780	무연탄	無煙炭	0816	일제	日帝
0745	피부	皮膚	0781	문예	文藝	0817	일행	一行
0746	호랑	虎狼	0782	밀접	密接	0818	자기	磁氣
0747	홍수	洪水	0783	반복	反復	0819	자비	慈悲
0748	휴전	休戰	0784	반성	反省	0820	자아	自我
0749	각도	角度	0785	방문	訪問	0821	자체	自體
0750	갑오	甲午	0786	방위	方位	0822	장래	將來
0751	개혁	改革	0787	방음	防音	0823	적합	適合
0752	강조	強調	0788	배출	排出	0824	전력	電力
0753	건전	健全	0789	보전	保全	0825	전시	展示
0754	건축	建築	0790	부력	浮力	0826	정교	精巧
0755	경지	耕地	0791	분쟁	紛爭	0827	제도	製圖
0756	계단	階段	0792	분해	分解	0828	중력	重力

0829	증진	增進	0865	무기	武器	0901	예비	豫備
0830	지구	持久	0866	무대	舞臺	0902	외상	外傷
0831	지혈	止血	0867	무시	無視	0903	요일	曜日
0832	진행	進行	0868	물자	物資	0904	유일	唯一
0833	참가	參加	0869	박사	博士	0905	은혜	恩惠
0834	처벌	處罰	0870	반사	反射	0906	이래	以來
0835	청동	青銅	0871	방송	放送	0907	인정	認定
0836	출혈	出血	0872	범인	犯人	0908	입장	立場
0837	하류	下流	0873	복합	複合	0909	자본	資本
0838	항구	港口	0874	부상	負傷	0910	장학	奬學
0839	혈액	血液	0875	부품	部品	0911	재해	災害
0840	호족	豪族	0876	분명	分明	0912	저수	貯水
0841	회의	會議	0877	불구	不拘	0913	제한	制限
0842	효율	效率	0878	불리	不利	0914	제후	諸侯
0843	각국	各國	0879	비중	比重	0915	좌우	左右
0844	간이	簡易	0880	산간	山間	0916	주교	主教
0845	감소	減少	0881	산조	散調	0917	지배	支配
0846	거대	巨大	0882	상공	上空	0918	지점	地點
0847	계급	階級	0883	상징	象徵	0919	지표	指標
0848	고민	苦悶	0884	상쾌	爽快	0920	직업	職業
0849	공원	公園	0885	생선	生鮮	0921	진출	進出
0850	공정	公正	0886	생일	生日	0922	질소	窒素
0851	과거	科擧	0887	생태	生態	0923	책임	責任
0852	교역	交易	0888	서서	徐徐	0924	철광	鐵鑛
0853	경찰	警察	0889	설정	設定	0925	춘추	春秋
0854	국경	國境	0890	성분	成分	0926	태풍	颱風
0855	군청	郡廳	0891	세포	細胞	0927	토론	討論
0856	궁중	宮中	0892	소재	所在	0928	통치	統治
0857	기차	汽車	0893	수군	水軍	0929	해상	海上
0858	다정	多情	0894	수심	水深	0930	향기	香氣
0859	단계	段階	0895	수집	蒐集	0931	형편	形便
0860	단지	但只	0896	악수	握手	0932	혹시	或是
0861	동전	銅錢	0897	약수	藥水	0933	화초	花草
0862	마찰	摩擦	0898	양반	兩班	0934	훈련	訓鍊
0863	모형	模型	0899	양식	樣式	0935	각기	各其
0864	목욕	沐浴	0900	여유	餘裕	0936	간만	干滿

0937	간석지	干潟地	0959	담당	擔當	0981	비석	碑石
0938	갈등	葛藤	0960	대량	大量	0982	사막	沙漠
0939	개선	改善	0961	대립	對立	0983	사육	飼育
0940	경사	傾斜	0962	대책	對策	0984	삼월	三月
0941	계기	契機	0963	대첩	大捷	0985	생리	生理
0942	고전	古典	0964	축척	縮尺	0986	성립	成立
0943	곡물	穀物	0965	도야	陶冶	0987	수력	水力
0944	공산	共産	0966	등고	等高	0988	수분	水分
0945	공헌	貢獻	0967	모범	模範	0989	수비	守備
0946	과수	果樹	0968	몰두	沒頭	0990	시민	市民
0947	금방	今方	0969	무리	無理	0991	시선	視線
0948	금속	金屬	0970	문고	文庫	0992	시청	市廳
0949	급격	急激	0971	미소	微笑	0993	식초	食醋
<u>0950</u>	급속	急速	0972	반면	反面	0994	심신	心身
0951	기업	企業	0973	반응	反應	0995	연표	年表
0952	기여	寄與	0974	반칙	反則	0996	예측	豫測
0953	기체	氣體	0975	발명	發明	0997	왕국	王國
0954	낙엽	落葉	0976	방지	防止	0998	용감	勇敢
0955	남동	南東	0977	보답	報答	0999	우수	優秀
0956	내일	來日	0978	봉건	封建	<u>1000</u>	우주	宇宙
0957	농가	農家	0979	분무	噴霧			
0958	농토	農土	0980	분열	分裂			

부록 3 고품격 사자성어 179

1. 이 자료는 한국어문교육연구회가 선정한 사자성어(총 179개)를 8급부터 4급까지 급수별로 정리한 것이다.
2. 각 성어에 대하여 ①일련번호, ②사자성어의 독음과 한자, ③각 글자별 급수, ④속뜻 훈음, ⑤속뜻풀이, ⑥의미풀이 등 6개 항목으로 나누어 설명해놓았다.
3. 각 글자의 해당 급수는 숫자로 표시되어 있다. 6급은 '60'으로, 6급Ⅱ은 '62'으로 표시하였다(다른 급수도 동일 방식).
4. 각각의 성어에 대하여 속뜻 훈음 및 속뜻 풀이를 중심으로 소리 내어 읽어보면서 익히면 기억이 잘된다. 특히 무슨 뜻인지를 아는 것에 그치지 말고, 왜 그런 뜻이 되는지 그 이유(속뜻)를 알아보면 재미가 생김은 물론이고 창의성 계발에 필요한 사고력 증진에도 도움이 된다.
5. 어떤 성어가 이에 포함되어 있는지를 알아보기 편하도록 말미에 수록순 색인과 가나다순 색인을 실어 놓았다.

사자성어 속뜻풀이

8급 사자성어

001 **십중팔구** 十$_{80}$中$_{80}$八$_{80}$九$_{80}$
열 십, 가운데 중, 여덟 팔, 아홉 구
❶속뜻 열[十] 가운데[中] 여덟[八]이나 아홉[九] 정도. ❷거의 대부분 또는 거의 틀림없음. 예)十常八九(십상팔구).

7급 사자성어

002 **동문서답** 東$_{80}$問$_{70}$西$_{80}$答$_{70}$
동녘 동, 물을 문, 서녘 서, 답할 답
❶속뜻 동(東)쪽이 어디냐고 묻는데[問] 서(西)쪽을 가리키며 대답(對答)함. ❷묻는 말에 대하여 아주 엉뚱하게 대답함.

003 **안심입명** 安$_{72}$心$_{70}$立$_{72}$命$_{70}$
편안할 안, 마음 심, 설 립, 목숨 명
❶속뜻 마음[心]을 편안(便安)하게 하고 운명(運命)에 대한 믿음을 바로 세움[立]. ❷불교 자신의 불성(佛性)을 깨닫고 삶과 죽음을 초월함으로써 마음의 편안함을 얻음.

004 **일일삼추** 一$_{80}$日$_{80}$三$_{80}$秋$_{70}$
한 일, 날 일, 석 삼, 가을 추
❶속뜻 하루[一日]가 세[三] 번 가을[秋]을 맞이하는 것, 즉 3년 같음. ❷매우 지루하거나 몹시 애태우며 기다림.

6급 II 사자성어

005 요산요수 樂$_{62}$山$_{80}$樂$_{62}$水$_{80}$
좋아할 요, 메 산, 좋아할 요, 물 수
❶**속뜻** 산(山)을 좋아하고[樂] 물[水]을 좋아함[樂]. ❷산이나 강 같은 자연을 즐기고 좋아함.

006 백년대계 百$_{70}$年$_{80}$大$_{80}$計$_{62}$
일백 백, 해 년, 큰 대, 꾀 계
❶**속뜻** 백년(百年)를 내다보는 큰[大] 계획(計劃). ❷먼 장래에 대한 장기 계획.

007 백면서생 白$_{80}$面$_{70}$書$_{62}$生$_{80}$
흰 백, 낯 면, 글 서, 사람 생
❶**속뜻** (밖에 나가지 않아서) 하얀[白] 얼굴[面]로 글[書]만 읽는 사람[生]. ❷세상일에 경험이 없는 사람.

008 작심삼일 作$_{62}$心$_{70}$三$_{80}$日$_{80}$
지을 작, 마음 심, 석 삼, 날 일
❶**속뜻** 마음[心]으로 지은[作] 것이 삼일(三日) 밖에 못 감. ❷결심이 오래 가지 못함.

6급 사자성어

009 구사일생 九$_{80}$死$_{60}$一$_{80}$生$_{80}$
아홉 구, 죽을 사, 한 일, 날 생
❶**속뜻** 아홉[九] 번 죽을[死] 고비를 넘기고 다시 한[一] 번 살아남[生]. ❷죽을 고비를 여러 차례 넘기고 겨우 살아남.

010 동고동락 同$_{70}$苦$_{60}$同$_{70}$樂$_{62}$
함께 동, 쓸 고, 함께 동, 즐길 락
❶**속뜻** 괴로움[苦]을 함께[同]하고 즐거움[樂]도 함께[同] 함. ❷괴로움도 즐거움도 함께 함.

011 문전성시 門$_{80}$前$_{72}$成$_{62}$市$_{72}$
문 문, 앞 전, 이룰 성, 시장 시
❶**속뜻** 문(門) 앞[前]에 시장(市場)을 이룸[成]. ❷집으로 찾아오는 사람이 많음.
故事 옛날 중국에 한 어린 황제가 등극했다. 그는 사치와 향락에 빠져 나랏일을 돌보지 않았다. 한 충신이 거듭 간언하다가 황제의 미움을 사고 말았다. 그 무렵 그 충신을 미워하던 간신 하나가 황제에게 '그의 집 문 앞에 시장이 생길 정도로 사람들이 많이 드나든다'는 말을 하여 그를 모함했다. 결국 그 충신은 옥에 갇히고 말았다.

012 백전백승 百$_{70}$戰$_{62}$百$_{70}$勝$_{60}$
일백 백, 싸울 전, 일백 백, 이길 승
❶**속뜻** 백(百) 번 싸워[戰] 백(百) 번 모두 이김[勝]. ❷싸울 때마다 번번이 다 이김.

013 불원천리 不$_{72}$遠$_{60}$千$_{70}$里$_{70}$
아니 불, 멀 원, 일천 천, 거리 리
❶**속뜻** 천리(千里) 길도 멀다고[遠] 여기지 아니함[不]. ❷먼 길을 기꺼이 달려감.

014 인명재천 人$_{80}$命$_{70}$在$_{60}$天$_{70}$
사람 인, 목숨 명, 있을 재, 하늘 천
❶**속뜻** 사람[人]의 목숨[命]은 하늘[天]에 달려 있음[在]. ❷사람이 오래 살거나 일찍 죽는 것은 다 하늘의 뜻이라는 말.

015 전광석화 電$_{72}$光$_{62}$石$_{60}$火$_{80}$
번개 전, 빛 광, 돌 석, 불 화
❶**속뜻** 번갯불[電光]이나 부싯돌[石]의 불[火]이 반짝이는 것처럼 몹시 짧은

시간. ❷'매우 재빠른 동작'을 비유하여 이르는 말.

016 **팔방미인** 八₈₀方₇₂美₆₀人₈₀
여덟 팔, 모 방, 아름다울 미, 사람 인
❶속뜻 모든 면[八方]에서 아름다운[美] 사람[人]. ❷여러 방면에 능통한 사람. ❸누구에게나 잘 보이도록 처세를 잘 하는 사람. ❹'깊이는 없이 여러 방면에 조금씩 손대는 사람'을 조롱하여 이르는 말.

017 **화조월석** 花₇₀朝₆₀月₈₀夕₇₀
꽃 화, 아침 조, 달 월, 저녁 석
❶속뜻 꽃[花]이 핀 아침[朝]과 달[月] 뜨는 저녁[夕]. ❷'경치가 좋은 시절'을 이르는 말. ㉘朝花月夕(조화월석).

5급Ⅱ 사자성어 ······················

018 **견물생심** 見₅₂物₇₂生₈₀心₇₀
볼 견, 만물 물, 날 생, 마음 심
❶속뜻 물건(物件)을 보면[見] 그것을 가지고 싶은 욕심(慾心)이 생김[生]. ❷어떠한 실물을 보게 되면 그것을 가지고 싶은 욕심이 생김.

019 **경천애인** 敬₅₂天₇₀愛₆₀人₈₀
공경할 경, 하늘 천, 사랑 애, 사람 인
❶속뜻 하늘[天]을 공경(恭敬)하고 사람[人]을 사랑함[愛]. ❷하늘이 내린 운명을 달게 받고 남들을 사랑하며 사이좋게 지냄.

020 **다재다능** 多₆₀才₆₂多₆₀能₅₂
많을 다, 재주 재, 많을 다, 능할 능
❶속뜻 많은[多] 재주[才]와 많은[多] 능력(能力) ❷재능이 많음.

021 **양약고구** 良₅₂藥₆₂苦₆₀口₇₀
좋을 량, 약 약, 쓸 고, 입 구
❶속뜻 좋은[良] 약(藥)은 입[口]에 씀[苦]. ❷먹기는 힘들지만 몸에는 좋음.

022 **만고불변** 萬₈₀古₆₀不₇₂變₅₂
일만 만, 옛 고, 아니 불, 변할 변
❶속뜻 오랜 세월[萬古]이 지나도 변(變)하지 않음[不]. ❷영원히 변하지 아니함. '진리'를 형용하는 말로 많이 쓰인다. ㉘萬代不變(만대불변), 萬世不變(만세불변).

023 **무불통지** 無₅₀不₇₂通₆₀知₅₂
없을 무, 아닐 불, 통할 통, 알 지
❶속뜻 무엇이든지 다 통(通)하여 알지[知] 못하는[不] 것이 없음[無]. ❷무슨 일이든지 환히 잘 앎. ㉘無不通達(무불통달).

024 **문일지십** 聞₆₂一₈₀知₅₂十₈₀
들을 문, 한 일, 알 지, 열 십
❶속뜻 한[一] 가지를 들으면[聞] 열[十] 가지를 미루어 앎[知]. ❷사고력과 추리력이 매우 빼어남. 또는 매우 총명한 사람.

025 **북창삼우** 北₈₀窓₆₂三₈₀友₅₂
북녘 북, 창문 창, 석 삼, 벗 우
❶속뜻 서재의 북(北)쪽 창(窓)에 있는 세[三] 벗[友]. ❷'거문고, 술, 시(詩)'를 일컬음.

026 **안분지족** 安₇₂分₆₂知₅₂足₇₂
편안할 안, 나눌 분, 알 지, 넉넉할 족
❶속뜻 자기 분수(分數)를 편안(便安)하게 여기며 만족(滿足)할 줄 앎[知]. ❷자기 분수에 맞게 살며 만족스럽게 잘 삶.

027 **어불성설** 語$_{70}$不$_{72}$成$_{62}$說$_{52}$
말씀 어, 아니 불, 이룰 성, 말씀 설
❶속뜻 말[語]이 되지[成] 못하는[不] 말[說]. ❷말이 조금도 사리(事理)에 맞지 않음.

028 **우순풍조** 雨$_{52}$順$_{52}$風$_{62}$調$_{52}$
비 우, 따를 순, 바람 풍, 고를 조
❶속뜻 비[雨]와 바람[風]이 순조(順調)로움. ❷농사에 알맞게 기후가 순조로움. ⓓ風調雨順(풍조우순).

029 **유명무실** 有$_{70}$名$_{70}$無$_{50}$實$_{52}$
있을 유, 이름 명, 없을 무, 실제 실
❶속뜻 이름[名]만 있고[有] 실속[實]이 없음[無]. ❷겉은 그럴듯하지만 실속은 없음. ⓓ虛名無實(허명무실).

030 **이심전심** 以$_{52}$心$_{70}$傳$_{52}$心$_{70}$
어조사 이, 마음 심, 전할 전, 마음 심
❶속뜻 마음[心]으로써[以] 마음[心]을 전(傳)함. ❷서로 마음이 잘 통함. ⓓ心心相印(심심상인).

031 **주객일체** 主$_{70}$客$_{52}$一$_{80}$體$_{62}$
주인 주, 손 객, 한 일, 몸 체
❶속뜻 주인(主人)과 손님[客]이 서로 한[一] 덩어리[體]가 됨. ❷주체와 객체가 하나가 됨. 서로 손발이 잘 맞음.

5급 **사자성어**

032 **격물치지** 格$_{52}$物$_{72}$致$_{50}$知$_{52}$
바로잡을 격, 만물 물, 이를 치, 알 지
❶속뜻 사물(事物)의 이치를 바로잡아[格] 높은 지식(知識)에 이름[致]. ❷주자학에서 '사물의 본질이나 이치를 끝까지 연구하여 후천적인 지식을 닦음'을 이르고, 양명학에서 '자기 생각의 잘못을 바로잡고 선천적인 양지를 닦음'을 이름.

033 **교학상장** 敎$_{80}$學$_{80}$相$_{50}$長$_{80}$
가르칠 교, 배울 학, 서로 상, 자랄 장
❶속뜻 가르치고[敎] 배우는[學] 일이 서로[相] 자라게[長] 함. ❷가르치고 배우는 것이 서로 도움이 됨. ❸가르치면서 배우고, 배우면서 가르친다.

034 **금시초문** 今$_{60}$始$_{72}$初$_{50}$聞$_{62}$
이제 금, 비로소 시, 처음 초, 들을 문
❶속뜻 바로 지금[今] 비로소[始] 처음[初] 들음[聞]. ❷처음 들음.

035 **낙목한천** 落$_{50}$木$_{80}$寒$_{50}$天$_{70}$
떨어질 락, 나무 목, 찰 한, 하늘 천
❶속뜻 나무[木]의 잎이 다 떨어진[落] 뒤의 추운[寒] 날씨[天]. ❷나뭇잎이 다 떨어지고 난 겨울의 춥고 쓸쓸한 풍경. 또는 그런 계절.

036 **낙화유수** 落$_{50}$花$_{70}$流$_{52}$水$_{80}$
떨어질 락, 꽃 화, 흐를 류, 물 수
❶속뜻 떨어지는[落] 꽃[花]과 흐르는[流] 물[水]. ❷가는 봄의 경치. ❸'살림이나 세력이 약해져 아주 보잘것없이 됨'을 비유하여 이르는 말.

037 **능소능대** 能$_{52}$小$_{80}$能$_{52}$大$_{80}$
능할 능, 작을 소, 능할 능, 큰 대
❶속뜻 작은[小] 일에도 능(能)하고 큰[大] 일에도 능(能)함. ❷작아질 수도 있고 커질 수도 있음. ❸모든 일에 두루 능함.

038 **마이동풍** 馬$_{50}$耳$_{50}$東$_{80}$風$_{62}$
말 마, 귀 이, 동녘 동, 바람 풍
❶속뜻 말[馬]의 귀[耳]에 동풍(東風)이 불어도 아랑곳하지 아니함. ❷남의 말

을 귀담아듣지 아니하고 지나쳐 흘려 버림. [비]牛耳讀經(우이독경).

039 **백년하청** 百$_{70}$年$_{80}$河$_{50}$淸$_{62}$
일백 백, 해 년, 물 하, 맑을 청
❶[속뜻]백년(百年)을 기다린들 황하(黃河) 물이 맑아질까[淸]. ❷'아무리 바라고 기다려도 실현될 가망이 없음'을 비유하여 이르는 말.

040 **불문가지** 不$_{72}$問$_{70}$可$_{50}$知$_{52}$
아니 불, 물을 문, 가히 가, 알 지
❶[속뜻]묻지[問] 않아도[不] 가(可)히 알[知] 수 있음. ❷스스로 잘 알 수 있음.

041 **불문곡직** 不$_{72}$問$_{70}$曲$_{50}$直$_{52}$
아니 불, 물을 문, 굽을 곡, 곧을 직
❶[속뜻]그름[曲]과 옳음[直]을 묻지[問] 아니함[不]. ❷옳고 그름을 따지지 아니함.

042 **유구무언** 有$_{70}$口$_{70}$無$_{50}$言$_{60}$
있을 유, 입 구, 없을 무, 말씀 언
❶[속뜻]입[口]은 있으나[有] 할 말[言]이 없음[無]. ❷변명이나 항변할 말이 없음.

043 **전무후무** 前$_{72}$無$_{50}$後$_{72}$無$_{50}$
앞 전, 없을 무, 뒤 후, 없을 무
❶[속뜻]이전(以前)에도 없었고[無] 이후(以後)에도 없음[無]. ❷지금까지 없었고 앞으로도 있을 수 없음. [비]空前絶後(공전절후).

044 **조변석개** 朝$_{60}$變$_{52}$夕$_{70}$改$_{50}$
아침 조, 변할 변, 저녁 석, 고칠 개
❶[속뜻]아침[朝]에 변(變)한 것을 저녁[夕]에 다시 고침[改]. ❷계획이나 결정 따위를 일관성이 없이 자주 고침. [비]朝改暮變(조개모변), 朝變暮改(조변모개), 朝夕變改(조석변개).

045 **추풍낙엽** 秋$_{70}$風$_{62}$落$_{50}$葉$_{50}$
가을 추, 바람 풍, 떨어질 락, 잎 엽
❶[속뜻]가을[秋]바람[風]에 떨어지는[落] 잎[葉]. ❷'세력이나 형세가 갑자기 기울거나 시듦'을 비유하여 이르는 말.

4급Ⅱ 사자성어

046 **각자무치** 角$_{60}$者$_{60}$無$_{50}$齒$_{42}$
뿔 각, 사람 자, 없을 무, 이 치
❶[속뜻]뿔[角]이 강한 짐승[者]은 이빨[齒]이 약함[無]. ❷한 사람이 모든 재주나 복을 다 가질 수는 없음. ❸누구나 장점과 단점이 있게 마련임.

047 **강호연파** 江$_{72}$湖$_{50}$煙$_{42}$波$_{42}$
강 강, 호수 호, 연기 연, 물결 파
❶[속뜻]강(江)이나 호수(湖水) 위에 연기(煙氣)처럼 뿌얗게 이는 잔물결[波]. ❷대자연의 아름다운 풍경.

048 **견리사의** 見$_{52}$利$_{62}$思$_{50}$義$_{42}$
볼 견, 이로울 리, 생각할 사, 옳을 의
❶[속뜻]눈앞의 이익(利益)을 보면[見] 의리(義理)를 먼저 생각함[思]. ❷의리를 중요하게 여김. [비]見危授命(견위수명). [반]見利忘義(견리망의).

049 **결초보은** 結$_{52}$草$_{70}$報$_{42}$恩$_{42}$
맺을 결, 풀 초, 갚을 보, 은혜 은
❶[속뜻]풀[草]를 묶어[結] 은혜(恩惠)에 보답함[報]. ❷죽어 혼령이 되어서라도 은혜를 잊지 않고 갚음. [비]刻骨難忘(각골난망), 白骨難忘(백골난망).
[故事]중국 춘추시대에 진(晉)나라 위

무자(魏武子)의 아들 과(顆)의 이야기다. 그는 아버지가 세상을 떠나자 젊은 서모를 살려주어 다시 시집을 갈 수 있도록 하였다. 훗날 위과(魏顆)가 장수가 되어 전쟁에 나갔다. 그는 자신을 쫓던 적장이 탄 말이 어느 무덤의 풀에 걸려 넘어지는 바람에 적장을 사로잡아 큰 공을 세우게 되었다. 그날 밤 꿈에 서모 아버지의 혼령이 나타나 말하였다, 옛날의 은혜를 갚고자 풀을 엮어 놓았다고.(출처 『左傳』)

050 **경세제민** 經$_{42}$世$_{42}$濟$_{42}$民$_{80}$
다스릴 경, 세상 세, 건질 제, 백성 민
❶속뜻 세상(世上)을 다스리고[經] 백성[民]을 구제(救濟)함. ❷백성의 살림을 잘 보살펴 줌. ㉥經濟.

051 **공전절후** 空$_{72}$前$_{72}$絶$_{42}$後$_{72}$
빌 공, 앞 전, 끊을 절, 뒤 후
❶속뜻 이전(以前)에 없었고[空], 이후(以後)에도 없을 것임[絶]. ❷지금까지 없었고 앞으로 있을 수도 없음. ㉰前無後無(전무후무).

052 **구우일모** 九$_{80}$牛$_{50}$一$_{80}$毛$_{42}$
아홉 구, 소 우, 한 일, 털 모
❶속뜻 여러 마리 소[九牛]의 털 중에서 한[一] 가닥의 털[毛]. ❷대단히 많은 것 가운데 없어져도 아무 표시가 나지 않는 극히 적은 부분.

053 **권모술수** 權$_{32}$謀$_{32}$術$_{62}$數$_{70}$
권세 권, 꾀할 모, 꾀 술, 셀 수
❶속뜻 권세(權勢)를 꾀하기[謀] 위한 꾀[術]나 셈[數]. ❷목적 달성을 위하여 수단과 방법을 가리지 아니하는 온갖 모략이나 술책.

054 **권불십년** 權$_{42}$不$_{72}$十$_{80}$年$_{80}$
권세 권, 아닐 불, 열 십, 해 년
❶속뜻 권세(權勢)는 십 년(十年)을 가지 못함[不]. ❷아무리 높은 권세라도 오래가지 못함. ㉰花無十日紅(화무십일홍), 勢不十年(세불십년).

055 **극악무도** 極$_{42}$惡$_{52}$無$_{50}$道$_{72}$
다할 극, 악할 악, 없을 무, 길 도
❶속뜻 더없이[極] 악(惡)하고 인간의 도리(道理)를 지키는 일이 없음[無]. ❷대단히 악하게 굴고 함부로 막 함.

056 **기사회생** 起$_{42}$死$_{60}$回$_{42}$生$_{80}$
일어날 기, 죽을 사, 돌아올 회, 날 생
❶속뜻 죽을[死] 뻔 하다가 일어나[起] 다시[回] 살아남[生]. ❷죽다가 살아남.

057 **난형난제** 難$_{42}$兄$_{80}$難$_{42}$弟$_{80}$
어려울 난, 맏 형, 어려울 난, 아우 제
❶속뜻 형(兄)이 낫다고 하기도 어렵고[難], 아우[弟]가 낫다고 하기도 어려움[難]. ❷'누가 더 낫다고 할 수 없을 정도로 둘이 서로 비슷함'을 비유하여 이르는 말. ㉰莫上莫下(막상막하), 伯仲之間(백중지간).

058 **노발대발** 怒$_{42}$發$_{62}$大$_{80}$發$_{62}$
성낼 노, 일으킬 발, 큰 대, 일으킬 발
❶속뜻 성[怒]내기를[發] 크게[大] 함[發]. ❷크게 성을 냄.

059 **논공행상** 論$_{42}$功$_{62}$行$_{60}$賞$_{50}$
논할 론, 공로 공, 행할 행, 상줄 상
❶속뜻 공(功)을 잘 따져 보아[論] 알맞은 상(賞) 내림[行]. ❷공로에 따라 상을 줌.

060 **다다익선** 多₆₀多₆₀益₄₂善₅₀
많을 다, 많을 다, 더할 익, 좋을 선
❶**속뜻** 많으면[多] 많을수록[多] 더욱[益] 좋음[善]. ❷양적으로 많을수록 좋음.

061 **독불장군** 獨₅₂不₇₂將₄₂軍₈₀
홀로 독, 아닐 불, 장수 장, 군사 군
❶**속뜻** 혼자서는[獨] 장군(將軍)이 되지 못함[不]. ❷남과 의논하고 협조해야 함. ❸무슨 일이든 자기 혼자서 처리하는 사람'을 비유하여 이르는 말.

062 **등하불명** 燈₄₂下₇₂不₇₂明₆₂
등불 등, 아래 하, 아닐 불, 밝을 명
❶**속뜻** 등잔(燈盞) 밑은[下] 밝지[明] 아니함[不]. ❷가까이 있는 것이 도리어 알기 어려움.

063 **등화가친** 燈₄₂火₈₀可₅₀親₆₀
등불 등, 불 화, 가히 가, 친할 친
❶**속뜻** 등잔(燈盞)의 불[火]과 가히[可] 친(親)하게 할 만함. ❷가을밤이면 날씨가 서늘하여 등불을 밝혀 글 읽기에 알맞음. '가을'을 형용하는 말로 많이 쓰인다.

064 **무소불위** 無₅₀所₇₀不₇₂爲₄₂
없을 무, 것 소, 아닐 불, 할 위
❶**속뜻** 못[不] 할[爲] 것[所]이 아무 것도 없음[無]. ❷하지 못하는 일이 없음. ㉺無所不能(무소불능).

065 **박학다식** 博₄₂學₈₀多₆₀識₅₂
넓을 박, 배울 학, 많을 다, 알 식
❶**속뜻** 널리[博] 배우고[學] 많이[多] 앎[識]. ❷학문이 넓고 아는 것이 많음.

066 **백전노장** 百₇₀戰₆₂老₇₀將₄₂
일백 백, 싸울 전, 늙을 로, 장수 장
❶**속뜻** 수없이 많은[百] 싸움[戰]을 치른 노련(老鍊)한 장수(將帥). ❷세상일을 많이 겪어서 여러 가지로 능란한 사람. ㉺百戰老卒(백전노졸).

067 **백중지세** 伯₃₂仲₃₂之₃₂勢₄₂
맏 백, 버금 중, 어조사 지, 기세 세
❶**속뜻** 첫째[伯]와 둘째[仲]를 가리기 어려운 형세(形勢). ❷서로 실력이 비슷하여 우열을 가리기 힘든 형세. ㉺伯仲勢.

068 **부귀재천** 富₄₂貴₅₀在₆₀天₇₀
넉넉할 부, 귀할 귀, 있을 재, 하늘 천
❶**속뜻** 부유(富裕)함과 귀(貴)함은 하늘[天]의 뜻에 달려 있음[在]. ❷사람의 힘으로는 부귀를 어찌할 수 없음.

069 **부부유별** 夫₇₀婦₄₂有₇₀別₆₀
남편 부, 아내 부, 있을 유, 나눌 별
❶**속뜻** 남편[夫]과 아내[婦]는 맡은 일의 구별(區別)이 있음[有]. ❷남편과 아내는 각기 해야 할 일이 다름.

070 **비일비재** 非₄₂一₈₀非₄₂再₅₀
아닐 비, 한 일, 아닐 비, 두 재
❶**속뜻** 같은 현상이나 일이 한[一]두[再] 번이나 한둘이 아니고[非] 많음. ❷매우 많이 있거나 흔함.

071 **빈자일등** 貧₄₂者₆₀一₈₀燈₄₂
가난할 빈, 사람 자, 한 일, 등불 등
❶**속뜻** 가난한[貧] 사람[者]이 부처에게 바치는 등(燈) 하나[一]. ❷부자의 등 만 개보다도 더 공덕(功德)이 있음. ❸'참마음의 소중함'을 비유하여 이르는 말.

072 **사생결단** 死₆₀生₈₀決₅₂斷₄₂
죽을 사, 살 생, 결정할 결, 끊을 단

❶속뜻 죽느냐[死] 사느냐[生]를 결단(決斷)내려고 함. ❷죽음을 무릅쓰고 끝장을 내려고 대듦.

073 **생불여사** 生₈₀不₇₂如₈₀死₆₀
날 생, 아닐 불, 같을 여, 죽을 사
❶속뜻 삶[生]이 죽음[死]만 같지[如] 못함[不]. ❷몹시 곤란한 지경에 빠짐.

074 **설왕설래** 說₅₂往₄₂說₅₂來₇₀
말씀 설, 갈 왕, 말씀 설, 올 래
❶속뜻 말[說]을 주거니[往] 말[說]을 받거니[來] 함. ❷옳고 그름을 따지느라 옥신각신함. 🖇言去言來(언거언래), 言往說來(언왕설래).

075 **시시비비** 是₄₂是₄₂非₄₂非₄₂
옳을 시, 옳을 시, 아닐 비, 아닐 비
❶속뜻 옳은[是] 것은 옳다고[是] 하고 그른[非] 것은 그르다고[非] 하는 일. ❷옳고 그름을 따지며 다툼. ❸서로의 잘잘못.

076 **시종여일** 始₆₂終₅₀如₄₂一₈₀
처음 시, 끝 종, 같을 여, 한 일
❶속뜻 처음부터[始] 끝까지[終] 한결[一]같음[如]. ❷처음부터 끝까지 변함이 없음.

077 **신상필벌** 信₆₂賞₅₀必₅₂罰₄₂
믿을 신, 상줄 상, 반드시 필, 벌줄 벌
❶속뜻 공이 있는 자에게는 믿을만하게[信] 상(賞)을 주고, 죄가 있는 사람에게는 반드시[必] 벌(罰)을 줌. ❷상과 벌을 공정하고 엄중하게 하는 일을 이르는 말.

078 **실사구시** 實₅₂事₇₂求₄₂是₄₂
열매 실, 일 사, 구할 구, 옳을 시
❶속뜻 실제(實際)의 일[事]에서 올바름[是]을 찾아냄[求]. ❷사실에 토대를 두어 진리를 탐구하는 일. ❸정확한 고증을 바탕으로 하는 과학적·객관적인 학문 태도.

079 **안빈낙도** 安₇₂貧₄₂樂₆₂道₇₂
편안할 안, 가난할 빈, 즐길 락, 길 도
❶속뜻 가난함[貧]을 편안(便安)하게 여기며 사람의 도리(道理)를 즐겨[樂] 지킴. ❷가난함에도 불구하고 사람의 도리를 잘 함.

080 **안하무인** 眼₄₂下₇₂無₅₀人₈₀
눈 안, 아래 하, 없을 무, 사람 인
❶속뜻 눈[眼] 아래[下]에 다른 사람[人]이 없는[無] 것으로 여김. ❷다른 사람을 업신여김.

081 **약육강식** 弱₆₂肉₄₂強₆₀食₇₂
약할 약, 고기 육, 굳셀 강, 먹을 식
❶속뜻 약(弱)한 자의 살[肉]은 강(強)한 자의 먹이[食]가 됨. ❷강한 자가 약한 자를 희생시켜서 번영함. ❸약한 자가 강한 자에 의하여 멸망됨.

082 **어동육서** 魚₅₀東₈₀肉₄₂西₈₀
고기 어, 동녘 동, 고기 육, 서녘 서
❶속뜻 생선[魚] 반찬은 동쪽[東]에 놓고 고기[肉] 반찬은 서쪽[西]에 놓음. ❷제사상을 차릴 때, 반찬을 진설하는 위치를 일컬음.

083 **언어도단** 言₆₀語₇₀道₇₂斷₄₂
말씀 언, 말씀 어, 길 도, 끊을 단
❶속뜻 말[言語]할 길[道]이 끊어짐[斷]. ❷어이가 없어서 말하려 해도 말할 수 없음.

084 **여출일구** 如₄₂出₇₀一₈₀口₇₀
같을 여, 날 출, 한 일, 입 구

부록 3 고품격 사자성어 179

❶속뜻 한[一] 입[口]에서 나온[出] 것 같음[如]. ❷여러 사람의 하는 말이 한 사람의 말처럼 꼭 같음. ㉫異口同聲(이구동성).

085 **연전연승 連**₄₂**戰**₆₂**連**₄₂**勝**₆₀
이을 련, 싸움 전, 이을 련, 이길 승
❶속뜻 연(連)이은 싸움[戰]에 연(連)이어 이김[勝]. ❷싸울 때마다 계속하여 이김. ㉫連戰連捷(연전연첩).

086 **온고지신 溫**₆₀**故**₄₂**知**₅₂**新**₆₂
익힐 온, 옛 고, 알 지, 새 신
❶속뜻 옛것[故]을 익히고[溫] 새것[新]을 앎[知]. ❷옛것을 앎으로써 새것을 앎.

087 **우왕좌왕 右**₇₂**往**₄₂**左**₇₂**往**₄₂
오른 우, 갈 왕, 왼 좌, 갈 왕
❶속뜻 오른쪽[右]으로 갔다[往]가 다시 왼쪽[左]으로 갔다[往]함. ❷이리저리 왔다 갔다 하며 나아갈 바를 종잡지 못하는 모양.

088 **우이독경 牛**₅₀**耳**₅₀**讀**₆₂**經**₄₂
소 우, 귀 이, 읽을 독, 책 경
❶속뜻 쇠[牛]의 귀[耳]에 대고 책[經]을 읽어[讀]줌. ❷아무리 가르치고 일러주어도 알아듣지 못함. ㉫牛耳誦經(우이송경), 馬耳東風(마이동풍).

089 **유비무환 有**₇₀**備**₄₂**無**₅₀**患**₅₀
있을 유, 갖출 비, 없을 무, 근심 환
❶속뜻 준비(準備)가 돼 있으면[有] 근심할[患] 것이 없음[無]. ❷사전에 준비가 돼 있으면 걱정할 일이 생기지 아니함.

090 **이열치열 以**₅₂**熱**₅₀**治**₄₂**熱**₅₀
써 이, 더울 열, 다스릴 치, 더울 열
❶속뜻 열(熱)로써[以] 열(熱)을 다스림[治]. ❷'힘에는 힘으로', '강한 것에는 강한 것으로 상대함'을 비유하는 말.

091 **인과응보 因**₅₀**果**₆₂**應**₄₂**報**₄₂
까닭 인, 열매 과, 응할 응, 갚을 보
❶속뜻 원인(原因)에 대한 결과(結果)가 마땅히[應] 갚아짐[報]. ❷참고 과거 또는 전생에 지은 일에 대한 결과로, 뒷날의 길흉화복(吉凶禍福)이 주어짐.

092 **인사유명 人**₈₀**死**₆₀**留**₄₂**名**₇₂
사람 인, 죽을 사, 머무를 류, 이름 명
❶속뜻 사람[人]은 죽어도[死] 이름[名]은 남음[留]. ❷삶이 헛되지 않으면 그 명성은 길이 남음. ㉫豹死留皮(표사유피), 虎死留皮(호사유피).

093 **일거양득 一**₈₀**擧**₅₀**兩**₄₂**得**₄₂
한 일, 들 거, 두 량, 얻을 득
❶속뜻 한[一] 번 움직여서[擧] 두[兩] 가지를 얻음[得]. ❷한 번의 노력으로 두 가지 효과를 거둠. ㉫一石二鳥(일석이조).

094 **일맥상통 一**₈₀**脈**₄₂**相**₅₂**通**₆₀
한 일, 맥 맥, 서로 상, 통할 통
❶속뜻 한[一] 가지[脈]로 서로[相] 통(通)함. ❷어떤 상태, 성질 따위가 서로 통하거나 비슷해짐.

095 **일석이조 一**₈₀**石**₆₀**二**₈₀**鳥**₄₂
한 일, 돌 석, 두 이, 새 조
❶속뜻 하나[一]의 돌[石]로 두[二] 마리의 새[鳥]를 잡음. ❷한 번의 노력으로 여러 효과를 봄. ㉫一擧兩得(일거양득).

096 **일언반구** 一$_{80}$言$_{60}$半$_{62}$句$_{42}$
한 일, 말씀 언, 반 반, 글귀 구
❶[속뜻]한[一] 마디 말[言]과 반(半) 구절(句節)의 글. ❷아주 짧은 글이나 말.

097 **일의대수** 一$_{80}$衣$_{60}$帶$_{42}$水$_{80}$
한 일, 옷 의, 띠 대, 물 수
❶[속뜻]한[一] 줄기의 띠[衣帶]와 같은 강물[水]. ❷겨우 냇물 하나를 사이에 둔 가까운 이웃. [비]指呼之間(지호지간).

098 **일취월장** 日$_{80}$就$_{40}$月$_{80}$將$_{42}$
날 일, 이룰 취, 달 월, 나아갈 장
❶[속뜻]날[日]마다 뜻을 이루고[就] 달[月]마다 나아감[將]. ❷발전이 빠르고 성취가 많음. [비]日將月就(일장월취).

099 **일파만파** 一$_{80}$波$_{42}$萬$_{80}$波$_{42}$
한 일, 물결 파, 일만 만, 물결 파
❶[속뜻]하나[一]의 물결[波]이 많은[萬] 물결[波]을 일으킴. ❷한 사건으로 인하여 다른 사건이 잇달아 생기거나 번짐.

100 **자업자득** 自$_{72}$業$_{62}$自$_{72}$得$_{42}$
스스로 자, 일 업, 스스로 자, 얻을 득
❶[속뜻]자기(自己)가 저지른 일의 업(業)을 자신(自身)이 받음[得]. ❷자기의 잘못에 대한 벌을 자신이 받음. [비]自業自縛(자업자박).

101 **자초지종** 自$_{72}$初$_{50}$至$_{42}$終$_{40}$
부터 자, 처음 초, 이를 지, 끝 종
❶[속뜻]처음[初]부터[自] 끝[終]까지 이름[至]. ❷처음부터 끝까지 모든 과정. [비]自頭至尾(자두지미).

102 **자강불식** 自$_{72}$強$_{60}$不$_{72}$息$_{42}$
스스로 자, 굳셀 강, 아니 불, 쉴 식
❶[속뜻]스스로[自] 굳세게[強] 되기 위하여 쉬지[息] 않고[不] 노력함. ❷게으름을 피지 않고 스스로 열심히 노력함.

103 **조족지혈** 鳥$_{42}$足$_{72}$之$_{32}$血$_{42}$
새 조, 발 족, 어조사 지, 피 혈
❶[속뜻]새[鳥] 발[足]의 피[血]. ❷'매우 적은 분량'을 비유하여 이르는 말.

104 **종두득두** 種$_{52}$豆$_{42}$得$_{42}$豆$_{42}$
심을 종, 콩 두, 얻을 득, 콩 두
❶[속뜻]콩[豆]을 심으면[種] 콩[頭]을 얻음[得]. ❷원인이 같으면 결과도 같음.

105 **죽마고우** 竹$_{42}$馬$_{50}$故$_{42}$友$_{52}$
대 죽, 말 마, 옛 고, 벗 우
❶[속뜻]대나무[竹]로 만든 말[馬]을 타고 함께 놀던 오랜[故] 친구[友]. ❷어릴 때부터 함께 놀며 자란 벗. [비]竹馬之友(죽마지우).

106 **중구난방** 衆$_{42}$口$_{70}$難$_{42}$防$_{42}$
무리 중, 입 구, 어려울 난, 막을 방
❶[속뜻]여러 사람[衆]의 입[口]은 막기[防] 어려움[難]. ❷많은 사람들이 떠들어대는 것은 막기 어려움.

107 **지성감천** 至$_{42}$誠$_{42}$感$_{60}$天$_{70}$
이를 지, 진심 성, 느낄 감, 하늘 천
❶[속뜻]지극(至極)한 정성(精誠)이 있으면 하늘[天]도 감동(感動)함. ❷지극 정성으로 일을 하면 남들이 도와줌.

108 **진퇴양난** 進$_{42}$退$_{42}$兩$_{42}$難$_{42}$
나아갈 진, 물러날 퇴, 두 량, 어려울 난
❶[속뜻]앞으로 나아가기[進]와 뒤로 물러나기[退], 둘[兩] 다 모두 어려움[難]. ❷어찌할 수 없는 곤란한 처지에

부록 3 고품격 사자성어 179

놓임. ㉨進退維谷(진퇴유곡).

109 **천인공노** 天₇₀人₈₀共₆₂怒₄₂
하늘 천, 사람 인, 함께 공, 성낼 노
❶ 속뜻 하늘[天]과 사람[人]이 함께 [共] 성냄[怒]. ❷누구나 분노를 참을 수 없을 만큼 증오스러움. ❸도저히 용납될 수 없음. ㉨神人共怒(신인공노).

110 **촌철살인** 寸₈₀鐵₅₀殺₄₂人₈₀
마디 촌, 쇠 철, 죽일 살, 사람 인
❶ 속뜻 한 마디[寸]의 쇠[鐵]만으로 사람[人]을 죽임[殺]. ❷짧은 경구(警句)로 사람의 마음을 감동시킴.

111 **출장입상** 出₇₀將₄₂入₇₀相₅₂
날 출, 장수 장, 들 입, 재상 상
❶ 속뜻 전쟁에 나가서는[出] 장수(將帥)가 되고 조정에 들어와서는[入] 재상(宰相)이 됨. ❷문무(文武)를 겸비하여 장상(將相)의 벼슬을 모두 지냄.

112 **충언역이** 忠₄₂言₆₀逆₄₂耳₅₀
충성 충, 말씀 언, 거스를 역, 귀 이
❶ 속뜻 충성(忠誠)스러운 말[言]은 귀[耳]에 거슬림[逆]. ❷바르게 타이르는 말일수록 듣기 거북함. ㉨忠言逆於耳(충언역어이), 良藥苦於口(양약고어구).

113 **탁상공론** 卓₅₀上₇₂空₇₂論₄₂
탁자 탁, 위 상, 빌 공, 논할 론
❶ 속뜻 탁자(卓子) 위[上]에서만 펼치는 헛된[空] 이론(理論). ❷실현 가능성이 없는 이론이나 주장. ㉨机上空論(궤상공론).

114 **풍전등화** 風₆₂前₇₂燈₄₂火₈₀
바람 풍, 앞 전, 등불 등, 불 화
❶ 속뜻 바람[風] 앞[前]의 등불[燈火]. ❷'매우 위험한 처지에 놓여 있음'을 비유하여 이르는 말. ❸'사물이 덧없음'을 비유하여 이르는 말. ㉨風前燈燭(풍전등촉).

115 **호의호식** 好₄₂衣₆₀好₄₂食₇₂
좋을 호, 옷 의, 좋을 호, 밥 식
❶ 속뜻 좋은[好] 옷[衣]을 입고 좋은[好] 음식(飮食)을 먹음. ❷잘 입고 잘 먹음. 또는 그런 생활. ㉨惡衣惡食(악의악식).

4급 사자성어 ·········

116 **각골통한** 刻₄₀骨₄₀痛₄₀恨₄₀
새길 각, 뼈 골, 아플 통, 한할 한
❶ 속뜻 뼈[骨]에 새겨지도록[刻] 아픈[痛] 원한(怨恨). ❷뼈에 사무치는 깊은 원한. ㉨刻骨之痛(각골지통).

117 **감불생심** 敢₄₀不₇₂生₈₀心₇₀
감히 감, 아닐 불, 날 생, 마음 심
❶ 속뜻 감히[敢] 마음[心]을 내지[生] 못함[不]. ❷감히 엄두도 내지 못함. ㉨焉敢生心(언감생심).

118 **감언이설** 甘₄₀言₆₀利₆₂說₅₂
달 감, 말씀 언, 이로울 리, 말씀 설
❶ 속뜻 달콤한[甘] 말[言]과 이로운[利] 말[說]. ❷남의 비위를 맞추는 달콤한 말과 이로운 조건만 들어 그럴듯하게 꾸미는 말.

119 **거안사위** 居₄₀安₇₂思₅₀危₄₀
살 거, 편안할 안, 생각 사, 두려울 위
❶ 속뜻 편안(便安)하게 살[居] 때 앞으로 닥칠 위험(危險)을 미리 생각함[思]. ❷미래의 일이나 위험을 미리 대비함.

120 경천근민 敬$_{52}$天$_{70}$勤$_{40}$民$_{80}$
공경할 경, 하늘 천, 부지런할 근, 백성 민
❶속뜻 하늘[天]을 공경(恭敬)하고 백성[民]을 위한 일을 부지런히[勤] 힘씀. ❷하늘이 부여한 사명을 경건하게 받아들이고 백성을 위하여 부지런히 노력함.

121 경천동지 驚$_{40}$天$_{70}$動$_{72}$地$_{70}$
놀랄 경, 하늘 천, 움직일 동, 땅 지
❶속뜻 하늘[天]이 놀라고[驚] 땅[地]이 움직임[動]. ❷세상이 몹시 놀라거나 기적 같은 일이 발생함을 이르는 말.

122 계란유골 鷄$_{40}$卵$_{40}$有$_{70}$骨$_{40}$
닭 계, 알 란, 있을 유, 뼈 골
❶속뜻 청렴하기로 소문난 정승이 선물로 받은 달걀[鷄卵]에 뼈[骨]가 있었음[有]. ❷'운수가 나쁜 사람은 모처럼 좋은 기회를 만나도 역시 일이 잘 안 됨'을 비유하여 이르는 말.
[故事] 조선시대 청렴하기로 소문난 황희 정승은 평소에 여벌옷이 없어서 옷이 빨리 마르기를 기다릴 정도였다. 이를 잘 아는 세종대왕은 하루 날을 잡아 그날 사대문 안으로 들어오는 모든 물품을 황희 정승에게 보내라고 명했다. 그런데 그날따라 하필 비바람이 몰아쳐 사대문 안으로 들어오는 장사꾼이 아무도 없었다. 도성 문이 닫힐 무렵 어느 노인이 계란 한 꾸러미를 들고 들어왔다. 황희 정승이 그것을 받아보니 모두 곯아 있어서 먹을 수가 없었다.

123 고립무원 孤$_{40}$立$_{72}$無$_{50}$援$_{40}$
외로울 고, 설 립, 없을 무, 도울 원
❶속뜻 고립(孤立)되어 도움[援]을 받을 데가 없음[無]. ❷홀로 외톨이가 됨.

124 고진감래 苦$_{60}$盡$_{40}$甘$_{40}$來$_{70}$
쓸 고, 다할 진, 달 감, 올 래
❶속뜻 쓴[苦] 것이 다하면[盡] 단[甘] 것이 옴[來]. ❷고생 끝에 즐거운 일이 생김. 働 興盡悲來(흥진비래).

125 골육상잔 骨$_{40}$肉$_{42}$相$_{52}$殘$_{40}$
뼈 골, 고기 육, 서로 상, 해칠 잔
❶속뜻 부자(父子)나 형제 등 혈연관계[骨肉]에 있는 사람끼리 서로[相] 해치며[殘] 싸우는 일. ❷같은 민족끼리 해치며 싸우는 일. 働 骨肉相爭(골육상쟁), 骨肉相戰(골육상전).

126 구절양장 九$_{80}$折$_{40}$羊$_{42}$腸$_{40}$
아홉 구, 꺾일 절, 양 양, 창자 장
❶속뜻 아홉[九] 번 꼬부라진[折] 양(羊)의 창자[腸]. ❷'꼬불꼬불하며 험한 산길'을 비유하여 이르는 말.

127 군신유의 君$_{40}$臣$_{52}$有$_{70}$義$_{42}$
임금 군, 신하 신, 있을 유, 옳을 의
❶속뜻 임금[君]과 신하(臣下) 간에는 의리(義理)가 있어야[有] 함. ❷임금과 신하 사이의 도리는 의리에 있음. 오륜(五倫)의 하나.

128 근주자적 近$_{60}$朱$_{40}$者$_{60}$赤$_{50}$
가까울 근, 붉을 주, 사람 자, 붉을 적
❶속뜻 붉은[朱] 것을 가까이[近] 하는 사람[者]은 붉게[赤] 된다. ❷사람은 그가 늘 가까이하는 사람에 따라 영향을 받아 변하는 것이니 조심하라는 말.

129 금과옥조 金$_{80}$科$_{62}$玉$_{42}$條$_{40}$
쇠 금, 법 과, 구슬 옥, 조목 조
❶속뜻 금(金)이나 옥(玉) 같은 법률의

조목[科]과 조항[條]. ❷소중히 여기고 꼭 지켜야 할 법률이나 규정. 또는 절대적인 것으로 여기어 지키는 규칙이나 교훈.

130 **기상천외** 奇$_{40}$想$_{42}$天$_{70}$外$_{80}$
이상할 기, 생각할 상, 하늘 천, 밖 외
❶[속뜻] 기이(奇異)한 생각[想]이 하늘[天] 밖[外]에 이름. ❷상상할 수 없을 만큼 생각이 기발하고 엉뚱함.

131 **낙락장송** 落$_{50}$落$_{50}$長$_{80}$松$_{40}$
떨어질 락, 떨어질 락, 길 장, 소나무 송
❶[속뜻] 가지가 축축 늘어질[落落] 정도로 키가 큰[長] 소나무[松]. ❷매우 크고 우뚝하게 잘 자란 소나무.

132 **난공불락** 難$_{42}$攻$_{40}$不$_{72}$落$_{50}$
어려울 난, 칠 공, 아닐 불, 떨어질 락
❶[속뜻] 공격(攻擊)하기가 어려워[難] 좀처럼 함락(陷落)되지 아니함[不]. ❷공격하여 무너뜨리기 어려울 만큼 수비가 철저함.

133 **난신적자** 亂$_{40}$臣$_{52}$賊$_{40}$子$_{72}$
어지러울 란, 신하 신, 해칠 적, 아들 자
❶[속뜻] 나라를 어지럽히는[亂] 신하(臣下)와 어버이를 해치는[賊] 자식[子]. ❷못된 신하나 자식.

134 **대경실색** 大$_{80}$驚$_{40}$失$_{60}$色$_{70}$
큰 대, 놀랄 경, 잃을 실, 빛 색
❶[속뜻] 크게[大] 놀라[驚] 얼굴빛[色]이 제 모습을 잃음[失]. ❷얼굴이 하얗게 변할 정도로 크게 놀람.

135 **대동소이** 大$_{80}$同$_{70}$小$_{80}$異$_{40}$
큰 대, 같을 동, 작을 소, 다를 이
❶[속뜻] 대체(大體)로 같고[同] 조금[小]만 다름[異]. ❷서로 큰 차이 없이 비슷비슷함.

136 **만시지탄** 晩$_{32}$時$_{72}$之$_{32}$歎$_{40}$
늦을 만, 때 시, 어조사 지, 한숨지을 탄
❶[속뜻] 시기(時期)가 뒤늦었음[晩]을 원통해 하는 탄식(歎息). ❷적절한 때를 놓친 것에 대한 한탄. [비] 後時之歎(후시지탄).

137 **명경지수** 明$_{62}$鏡$_{40}$止$_{50}$水$_{80}$
밝을 명, 거울 경, 그칠 지, 물 수
❶[속뜻] 밝은[明] 거울[鏡]이 될 만큼 고요하게 멈추어[止] 있는 물[水]. ❷맑고 고요한 심경(心境).

138 **목불식정** 目$_{60}$不$_{72}$識$_{52}$丁$_{40}$
눈 목, 아닐 불, 알 식, 고무래 정
❶[속뜻] 아주 쉬운 '고무래 정'[丁]자도 눈[目]으로 알아보지[識] 못함[不]. ❷한자를 전혀 모름. 또는 그런 무식한 사람. [비] 不識一丁字(불식일정자), 目不知書(목불지서).

139 **무위도식** 無$_{50}$爲$_{42}$徒$_{40}$食$_{72}$
없을 무, 할 위, 헛될 도, 먹을 식
❶[속뜻] 하는[爲] 일이 없이[無] 헛되이[徒] 먹기[食]만 함. ❷일은 하지 않고 공밥만 먹음. [비] 遊手徒食(유수도식).

140 **미사여구** 美$_{60}$辭$_{40}$麗$_{42}$句$_{42}$
아름다울 미, 말 사, 고울 려, 글귀 구
❶[속뜻] 아름답게[美] 꾸민 말[辭]과 아름다운[麗] 문구(文句). ❷내용은 없으면서 형식만 좋은 말. 또는 그런 표현.

141 **박람강기** 博$_{42}$覽$_{40}$強$_{60}$記$_{72}$
넓을 박, 볼 람, 굳셀 강, 기록할 기
❶[속뜻] 책을 널리[博] 많이 보고[覽] 잘[強] 기억(記憶)함. ❷독서를 많이 하여 아는 것이 많음. [비] 博學多識(박학다

식).

142 **백가쟁명 百 70 家 72 爭 50 鳴 40**
일백 백, 사람 가, 다툴 쟁, 울 명
❶[속뜻]많은[百] 사람들[家]이 다투어[爭] 울어댐[鳴]. ❷많은 학자나 문화인 등이 자기의 학설이나 주장을 자유롭게 발표, 논쟁, 토론하는 일.

143 **백절불굴 百 70 折 40 不 72 屈 40**
일백 백, 꺾을 절, 아닐 불, 굽을 굴
❶[속뜻]백(百) 번 꺾여도[折] 굽히지[屈] 않음[不]. ❷어떠한 어려움에도 굽히지 않음. [비]百折不撓(백절불요).

144 **사필귀정 事 72 必 52 歸 40 正 72**
일 사, 반드시 필, 돌아갈 귀, 바를 정
❶[속뜻]모든 일[事]은 반드시[必] 바른[正] 길로 돌아감[歸]. ❷일의 잘잘못이 언젠가는 밝혀져서 올바른 데로 돌아감. ❸옳은 것이 결국에는 이김.

145 **살신성인 殺 42 身 62 成 62 仁 40**
죽일 살, 몸 신, 이룰 성, 어질 인
❶[속뜻]자신의 몸[身]을 죽여[殺] 인(仁)을 이룸[成]. ❷옳은 일을 위하여 자기 몸을 바침.

146 **선공후사 先 80 公 62 後 72 私 40**
먼저 선, 여럿 공, 뒤 후, 사사로울 사
❶[속뜻]공(公)적인 일을 먼저[先] 하고 사사로운[私] 일은 뒤[後]로 미룸. ❷자기 일은 뒤로 미루고 공적인 일을 먼저 함.

147 **송구영신 送 42 舊 52 迎 40 新 62**
보낼 송, 옛 구, 맞이할 영, 새 신
❶[속뜻]묵은해[舊]를 보내고[送] 새해[新]를 맞이함[迎]. ❷새로운 마음으로 새해를 맞이함. [준]送迎.

148 **신언서판 身 62 言 60 書 62 判 40**
몸 신, 말씀 언, 쓸 서, 판가름할 판
❶[속뜻]중국 당나라 때 관리를 등용하는 시험에서 인물평가의 기준으로 삼았던 몸가짐[身]·말씨[言]·글씨[書]·판단(判斷)의 네 가지. ❷인물을 선택하는 데 적용한 네 가지 조건: 신수, 말씨, 문필, 판단력. (출처 『唐書』)

149 **악전고투 惡 52 戰 62 苦 60 鬪 40**
나쁠 악, 싸울 전, 쓸 고, 싸울 투
❶[속뜻]매우 열악(劣惡)한 조건에서 고생스럽게[苦] 싸움[戰鬪]. ❷어려운 여건에서도 힘써 노력함.

150 **약방감초 藥 62 房 42 甘 40 草 70**
약 약, 방 방, 달 감, 풀 초
❶[속뜻]한약방(韓藥房)에서 어떤 처방이나 다 들어가는 감초(甘草). ❷'모임마다 불쑥불쑥 잘 나타는 사람', 또는 '흔하게 보이는 물건'을 비유하여 이르는 말.

151 **언중유골 言 60 中 80 有 70 骨 40**
말씀 언, 가운데 중, 있을 유, 뼈 골
❶[속뜻]말[言] 가운데[中]에 뼈[骨]가 있음[有]. ❷예사로운 말 속에 별도의 뜻이 들어 있음.

152 **여필종부 女 80 必 50 從 40 夫 70**
여자 녀, 반드시 필, 좇을 종, 지아비 부
❶[속뜻]아내[女]는 반드시[必] 남편[夫]을 따라야 함[從]. ❷아내는 남편의 의견을 잘 따라야 함.

153 **연목구어 緣 40 木 80 求 42 魚 50**
가장자리 연, 나무 목, 구할 구, 고기 어
❶[속뜻]서까래[緣/椽] 나무[木]에 올라가서 물고기[魚]를 구(求)하려 함. ❷

'도저히 불가능한 일을 하려 함'을 비유하여 이르는 말. (출처 『孟子』) [비]上山求魚(상산구어).

154 **오곡백과** 五80穀40百70果62
다섯 오, 곡식 곡, 일백 백, 열매 과
❶[속뜻]다섯[五] 가지 곡식(穀食)과 백(百)가지 과일[果]. ❷여러 종류의 곡식과 과일에 대한 총칭.

155 **옥골선풍** 玉42骨40仙52風62
옥 옥, 뼈 골, 신선 선, 모습 풍
❶[속뜻]옥(玉) 같이 귀한 골격(骨格)과 신선(神仙) 같은 풍채(風采). ❷귀티가 나고 신선 같이 깔끔한 풍채.

156 **위기일발** 危40機40一80髮40
위태할 위, 때 기, 한 일, 터럭 발
❶[속뜻]머리털[髮] 하나[一]에 매달려 있어 곧 떨어질 것 같은 위기(危機). ❷'당장에라도 끊어질듯 한 위태로운 순간'을 형용하는 말. [비]危如一髮(위여일발).

157 **유유상종** 類52類52相52從40
비슷할 류, 무리 류, 서로 상, 좇을 종
❶[속뜻]비슷한[類] 종류(種類)끼리 서로[相] 친하게 따름[從]. ❷비슷한 사람들끼리 서로 친하게 지냄.

158 **이구동성** 異40口70同70聲42
다를 이, 입 구, 같을 동, 소리 성
❶[속뜻]각기 다른[異] 입[口]에서 같은[同] 소리[聲]를 냄. ❷여러 사람의 말이 한결같음. [비]異口同音(이구동음).

159 **이란격석** 以52卵40擊40石60
부터 이, 알 란, 칠 격, 돌 석
❶[속뜻]계란(鷄卵)으로[以] 돌[石]을 침[擊]. ❷'아무리 하여도 소용없는 일'을 비유하는 말.

160 **이용후생** 利62用62厚40生80
이로울 리, 쓸 용, 두터울 후, 살 생
[속뜻]기구를 편리(便利)하게 잘 쓰고[用] 먹을 것과 입을 것을 넉넉하게[厚] 하여 삶[生]의 질을 개선함.

161 **이합집산** 離40合60集62散40
떨어질 리, 합할 합, 모일 집, 흩어질 산
[속뜻]헤어졌다[離] 합치고[合] 모였다[集] 흩어졌다[散]함. 헤어졌다 모였다 함.

162 **일각천금** 一80刻40千70金80
한 일, 시각 각, 일천 천, 쇠 금
❶[속뜻]15분[一刻]같이 짧은 시간도 천금(千金)과 같이 귀중함. ❷짧은 시간도 귀하게 여겨 헛되이 보내지 않아야 함.

163 **일벌백계** 一80罰42百72戒40
한 일, 벌할 벌, 일백 백, 주의할 계
❶[속뜻]첫[一] 번째 죄인을 엄하게 벌(罰)함으로써 후에 백(百) 사람이 그런 죄를 경계(警戒)하여 짓지 않도록 함. ❷다른 사람들에게 경각심을 불러일으키기 위하여 본보기로 첫 번째 죄인을 엄하게 처벌함.

164 **일사불란** 一80絲42不72亂40
한 일, 실 사, 아니 불, 어지러울 란
❶[속뜻]한[一] 줄의 실[絲]같이 흐트러지지[亂] 않음[不]. ❷'질서나 체계 따위가 조금도 흐트러진 데가 없음'을 비유하여 이르는 말.

165 **일희일비** 一80喜40一80悲42
한 일, 기쁠 희, 한 일, 슬플 비
❶[속뜻]한[一] 번은 슬픈[悲] 일이, 한[一] 번은 기쁜[喜] 일이 생김. ❷슬

품과 기쁨이 번갈아 나타남. ❸한편으로는 슬프고 한편으로는 기쁨.

166 **자화자찬** 自$_{72}$畵$_{60}$自$_{72}$讚$_{40}$
스스로 자, 그림 화, 스스로 자, 기릴 찬
❶속뜻 자기(自己)가 그린 그림[畵]을 스스로[自] 칭찬(稱讚)함. ❷자기가 한 일을 자기 스스로 자랑함. ㉾自畵讚.

167 **장삼이사** 張$_{40}$三$_{80}$李$_{60}$四$_{80}$
성씨 장, 석 삼, 성씨 리, 넉 사
❶속뜻 장삼(張三)이라는 사람과 이사(李四)라는 사람. ❷평범한 보통 사람을 이르는 말. ❸불교 '사람에게 성리(性理)가 있음은 알지만, 그 모양이나 이름을 지어 말할 수 없음'을 비유하는 말. (출처 『傳燈錄』) ㉾甲男乙女(갑남을녀).

168 **적재적소** 適$_{40}$材$_{52}$適$_{40}$所$_{70}$
알맞을 적, 재목 재, 알맞을 적, 곳 소
❶속뜻 알맞은[適] 재목(材木)을 알맞은[適] 곳[所]에 씀. ❷사람이나 사물을 제 격에 맞게 잘 씀.

169 **주마간산** 走$_{42}$馬$_{50}$看$_{40}$山$_{80}$
달릴 주, 말 마, 볼 간, 메 산
❶속뜻 달리는[走] 말[馬] 위에서 산천(山川)을 구경함[看]. ❷이것저것을 천천히 살펴볼 틈이 없이 바삐 서둘러 대강대강 보고 지나침. ❸제대로 살펴보지 못함.

170 **진충보국** 盡$_{40}$忠$_{42}$報$_{42}$國$_{80}$
다할 진, 충성 충, 갚을 보, 나라 국
❶속뜻 충성(忠誠)을 다하여서[盡] 나라[國]의 은혜를 갚음[報]. ❷나라를 위하여 충성을 다함. ㉾竭忠報國(갈충보국).

171 **천려일득** 千$_{70}$慮$_{40}$一$_{80}$得$_{42}$
일천 천, 생각할 려, 한 일, 얻을 득
❶속뜻 천(千) 번을 생각하다보면[慮] 하나[一] 정도는 얻을[得] 수도 있음. ❷아무리 어리석은 사람일지라도 많은 생각을 하다 보면 한 가지쯤은 좋은 방법을 찾을 수 있음. ㉾千慮一失(천려일실).

172 **천려일실** 千$_{70}$慮$_{40}$一$_{80}$失$_{60}$
일천 천, 생각할 려, 한 일, 잃을 실
❶속뜻 천(千) 번을 생각하더라도[慮] 하나[一] 정도는 잃을[失] 수도 있음. ❷아무리 슬기로운 사람일지라도 많은 생각을 하다 보면 한 가지쯤은 실책이 있게 마련임. ㉾千慮一得(천려일득).

173 **천생연분** 天$_{70}$生$_{80}$緣$_{40}$分$_{62}$
하늘 천, 날 생, 인연 연, 나눌 분
❶속뜻 하늘[天]에서 생겨난[生]이 연분(緣分). ❷하늘이 맺어준 인연. ㉾天生因緣(천생인연), 天定緣分(천정연분).

174 **천재일우** 千$_{70}$載$_{32}$一$_{80}$遇$_{40}$
일천 천, 실을 재, 한 일, 만날 우
❶속뜻 천년[千載] 만에 한[一] 번 맞이함[遇]. ❷좀처럼 만나기 어려운 기회.

175 **천차만별** 千$_{70}$差$_{40}$萬$_{80}$別$_{60}$
일천 천, 어긋날 차, 일만 만, 나눌 별
❶속뜻 천(千) 가지 차이(差異)와 만(萬) 가지 구별(區別). ❷서로 크고 많은 차이점이 있음.

176 **천편일률** 千$_{70}$篇$_{40}$一$_{80}$律$_{42}$
일천 천, 책 편, 한 일, 가락 률
❶속뜻 천(千) 편(篇)의 시가 하나[一]의 음률(音律)로 되어 있음. ❷여러 시

문의 격조가 모두 비슷하여 개별적인 특성이 없음. ❸개별적인 특성이 없이 모두 엇비슷함.

177 허장성세 虛₄₂張₄₀聲₄₂勢₄₂
빌 허, 베풀 장, 소리 성, 기세 세
❶ 속뜻 헛된[虛] 말을 펼치며[張] 큰 소리[聲]만 치는 기세(氣勢). ❷실력이 없으면서 허세(虛勢)만 떪.

178 회자정리 會₆₂者₆₀定₆₀離₄₀
모일 회, 사람 자, 반드시 정, 떨어질 리

❶ 속뜻 만난[會] 사람[者]은 언젠가는 헤어지도록[離] 운명이 정(定)해져 있음. ❷'인생의 무상함'을 비유하여 이르는 말.

179 흥진비래 興₄₂盡₄₀悲₄₂來₇₀
일어날 흥, 다할 진, 슬플 비, 올 래
❶ 속뜻 즐거운[興] 일이 다하면[盡] 슬픈[悲] 일이 닥침[來]. ❷기쁨과 슬픔이 교차함. ❸세상일은 돌고 돎. ㈜苦盡甘來(고진감래).

사자성어 색인

수록 순

001	十中八九	[십중팔구]	8급	021	良藥苦口	[양약고구]	5급II
002	東問西答	[동문서답]	7급	022	萬古不變	[만고불변]	5급II
003	安心立命	[안심입명]	7급	023	無不通知	[무불통지]	5급II
004	一日三秋	[일일삼추]	7급	024	聞一知十	[문일지십]	5급II
005	樂山樂水	[요산요수]	6급II	025	北窓三友	[북창삼우]	5급II
006	百年大計	[백년대계]	6급II	026	安分知足	[안분지족]	5급II
007	白面書生	[백면서생]	6급II	027	語不成說	[어불성설]	5급II
008	作心三日	[작심삼일]	6급II	028	雨順風調	[우순풍조]	5급II
009	九死一生	[구사일생]	6급	029	有名無實	[유명무실]	5급II
010	同苦同樂	[동고동락]	6급	030	以心傳心	[이심전심]	5급II
011	門前成市	[문전성시]	6급	031	主客一體	[주객일체]	5급II
012	百戰百勝	[백전백승]	6급	032	格物致知	[격물치지]	5급
013	不遠千里	[불원천리]	6급	033	敎學相長	[교학상장]	5급
014	人名在天	[인명재천]	6급	034	今始初聞	[금시초문]	5급
015	電光石火	[전광석화]	6급	035	落木寒天	[낙목한천]	5급
016	八方美人	[팔방미인]	6급	036	落花流水	[낙화유수]	5급
017	花朝月夕	[화조월석]	6급	037	能小能大	[능소능대]	5급
018	見物生心	[견물생심]	5급II	038	馬耳東風	[마이동풍]	5급
019	敬天愛人	[경천애인]	5급II	039	百年河淸	[백년하청]	5급
020	多才多能	[다재다능]	5급II	040	不問可知	[불문가지]	5급

041	不問曲直	[불문곡직]	5급	075	是是非非	[시시비비]	4급II
042	有口無言	[유구무언]	5급	076	始終如一	[시종여일]	4급II
043	前無後無	[전무후무]	5급	077	信賞必罰	[신상필벌]	4급II
044	朝變夕改	[조변석개]	5급	078	實事求是	[실사구시]	4급II
045	秋風落葉	[추풍낙엽]	5급	079	安貧樂道	[안빈낙도]	4급II
046	角者無齒	[각자무치]	4급II	080	眼下無人	[안하무인]	4급II
047	江湖煙波	[강호연파]	4급II	081	弱肉強食	[약육강식]	4급II
048	見利思義	[견리사의]	4급II	082	魚東肉西	[어동육서]	4급II
049	結草報恩	[결초보은]	4급II	083	言語道斷	[언어도단]	4급II
050	經世濟民	[경세제민]	4급II	084	如出一口	[여출일구]	4급II
051	空前絶後	[공전절후]	4급II	085	連戰連勝	[연전연승]	4급II
052	九牛一毛	[구우일모]	4급II	086	溫故知新	[온고지신]	4급II
053	權謀術數	[권모술수]	4급II	087	右往左往	[우왕좌왕]	4급II
054	權不十年	[권불십년]	4급II	088	牛耳讀經	[우이독경]	4급II
055	極惡無道	[극악무도]	4급II	089	有備無患	[유비무환]	4급II
056	起死回生	[기사회생]	4급II	090	以熱治熱	[이열치열]	4급II
057	難兄難弟	[난형난제]	4급II	091	因果應報	[인과응보]	4급II
058	怒發大發	[노발대발]	4급II	092	人死留名	[인사유명]	4급II
059	論功行賞	[논공행상]	4급II	093	一擧兩得	[일거양득]	4급II
060	多多益善	[다다익선]	4급II	094	一脈相通	[일맥상통]	4급II
061	獨不將軍	[독불장군]	4급II	095	一石二鳥	[일석이조]	4급II
062	燈下不明	[등하불명]	4급II	096	一言半句	[일언반구]	4급II
063	燈火可親	[등화가친]	4급II	097	一衣帶水	[일의대수]	4급II
064	無所不爲	[무소불위]	4급II	098	日就月將	[일취월장]	4급II
065	博學多識	[박학다식]	4급II	099	一波萬波	[일파만파]	4급II
066	百戰老將	[백전노장]	4급II	100	自業自得	[자업자득]	4급II
067	伯仲之勢	[백중지세]	4급II	101	自初至終	[자초지종]	4급II
068	富貴在天	[부귀재천]	4급II	102	自強不息	[자강불식]	4급II
069	夫婦有別	[부부유별]	4급II	103	鳥足之血	[조족지혈]	4급II
070	非一非再	[비일비재]	4급II	104	種豆得豆	[종두득두]	4급II
071	貧者一燈	[빈자일등]	4급II	105	竹馬故友	[죽마고우]	4급II
072	死生決斷	[사생결단]	4급II	106	衆口難防	[중구난방]	4급II
073	生不如死	[생불여사]	4급II	107	至誠感天	[지성감천]	4급II
074	說往說來	[설왕설래]	4급II	108	進退兩難	[진퇴양난]	4급II

109	天人共怒	[천인공노]	4급II	143	百折不屈	[백절불굴]	4급
110	寸鐵殺人	[촌철살인]	4급II	144	事必歸正	[사필귀정]	4급
111	出將入相	[출장입상]	4급II	145	殺身成仁	[살신성인]	4급
112	忠言逆耳	[충언역이]	4급II	146	先公後私	[선공후사]	4급
113	卓上空論	[탁상공론]	4급II	147	送舊迎新	[송구영신]	4급
114	風前燈火	[풍전등화]	4급II	148	身言書判	[신언서판]	4급
115	好衣好食	[호의호식]	4급II	149	惡戰苦鬪	[악전고투]	4급
116	刻骨痛恨	[각골통한]	4급	150	藥房甘草	[약방감초]	4급
117	敢不生心	[감불생심]	4급	151	言中有骨	[언중유골]	4급
118	甘言利說	[감언이설]	4급	152	女必從夫	[여필종부]	4급
119	居安思危	[거안사위]	4급	153	緣木求魚	[연목구어]	4급
120	敬天勤民	[경천근민]	4급	154	五穀百果	[오곡백과]	4급
121	驚天動地	[경천동지]	4급	155	玉骨仙風	[옥골선풍]	4급
122	鷄卵有骨	[계란유골]	4급	156	危機一髮	[위기일발]	4급
123	孤立無援	[고립무원]	4급	157	類類相從	[유유상종]	4급
124	苦盡甘來	[고진감래]	4급	158	異口同聲	[이구동성]	4급
125	骨肉相殘	[골육상잔]	4급	159	以卵擊石	[이란격석]	4급
126	九折羊腸	[구절양장]	4급	160	利用厚生	[이용후생]	4급
127	君臣有義	[군신유의]	4급	161	離合集散	[이합집산]	4급
128	近朱者赤	[근주자적]	4급	162	一刻千金	[일각천금]	4급
129	金科玉條	[금과옥조]	4급	163	一罰百戒	[일벌백계]	4급
130	奇想天外	[기상천외]	4급	164	一絲不亂	[일사불란]	4급
131	落落長松	[낙락장송]	4급	165	一喜一悲	[일희일비]	4급
132	難攻不落	[난공불락]	4급	166	自畵自讚	[자화자찬]	4급
133	亂臣賊子	[난신적자]	4급	167	張三李四	[장삼이사]	4급
134	大驚失色	[대경실색]	4급	168	適材適所	[적재적소]	4급
135	大同小異	[대동소이]	4급	169	走馬看山	[주마간산]	4급
136	晩時之歎	[만시지탄]	4급	170	盡忠報國	[진충보국]	4급
137	明鏡止水	[명경지수]	4급	171	千慮一得	[천려일득]	4급
138	目不識丁	[목불식정]	4급	172	千慮一失	[천려일실]	4급
139	無爲徒食	[무위도식]	4급	173	天生緣分	[천생연분]	4급
140	美辭麗句	[미사여구]	4급	174	千載一遇	[천재일우]	4급
141	博覽强記	[박람강기]	4급	175	千差萬別	[천차만별]	4급
142	百家爭鳴	[백가쟁명]	4급	176	千篇一律	[천편일률]	4급

177 虛張聲勢 [허장성세] 4급
178 會者定離 [회자정리] 4급
179 興盡悲來 [흥진비래] 4급

가나다 순

[각골통한]	刻骨痛恨	116	4급
[각자무치]	角者無齒	046	4급 II
[감불생심]	敢不生心	117	4급
[감언이설]	甘言利說	118	4급
[강호연파]	江湖煙波	047	4급 II
[거안사위]	居安思危	119	4급
[격물치지]	格物致知	032	5급
[견리사의]	見利思義	048	4급 II
[견물생심]	見物生心	018	5급 II
[결초보은]	結草報恩	049	4급 II
[경세제민]	經世濟民	050	4급 II
[경천근민]	敬天勤民	120	4급
[경천동지]	驚天動地	121	4급
[경천애인]	敬天愛人	019	5급 II
[계란유골]	鷄卵有骨	122	4급
[고립무원]	孤立無援	123	4급
[고진감래]	苦盡甘來	124	4급
[골육상잔]	骨肉相殘	125	4급
[공전절후]	空前絕後	051	4급 II
[교학상장]	教學相長	033	5급
[구사일생]	九死一生	009	6급
[구우일모]	九牛一毛	052	4급 II
[구절양장]	九折羊腸	126	4급
[군신유의]	君臣有義	127	4급
[권모술수]	權謀術數	053	4급 II
[권불십년]	權不十年	054	4급 II
[극악무도]	極惡無道	055	4급 II
[근주자적]	近朱者赤	128	4급
[금과옥조]	金科玉條	129	4급
[금시초문]	今始初聞	034	5급

[기사회생]	起死回生	056	4급 II
[기상천외]	奇想天外	130	4급
[낙락장송]	落落長松	131	4급
[낙목한천]	落木寒天	035	5급
[낙화유수]	落花流水	036	5급
[난공불락]	難攻不落	132	4급
[난신적자]	亂臣賊子	133	4급
[난형난제]	難兄難弟	057	4급 II
[노발대발]	怒發大發	058	4급 II
[논공행상]	論功行賞	059	4급 II
[능소능대]	能小能大	037	5급
[다다익선]	多多益善	060	4급 II
[다재다능]	多才多能	020	5급 II
[대경실색]	大驚失色	134	4급
[대동소이]	大同小異	135	4급
[독불장군]	獨不將軍	061	4급 II
[동고동락]	同苦同樂	010	6급
[동문서답]	東問西答	002	7급
[등하불명]	燈下不明	062	4급 II
[등화가친]	燈火可親	063	4급 II
[마이동풍]	馬耳東風	038	5급
[만고불변]	萬古不變	022	5급 II
[만시지탄]	晚時之歎	136	4급
[명경지수]	明鏡止水	137	4급
[목불식정]	目不識丁	138	4급
[무불통지]	無不通知	023	5급 II
[무소불위]	無所不爲	064	4급 II
[무위도식]	無爲徒食	139	4급
[문일지십]	聞一知十	024	5급 II
[문전성시]	門前成市	011	6급

부록 3 고품격 사자성어

[미사여구]	美辭麗句	140	4급	[안빈낙도]	安貧樂道	079	4급II
[박람강기]	博覽強記	141	4급	[안심입명]	安心立命	003	7급
[박학다식]	博學多識	065	4급II	[안하무인]	眼下無人	080	4급II
[백가쟁명]	百家爭鳴	142	4급	[약방감초]	藥房甘草	150	4급
[백년대계]	百年大計	006	6급II	[약육강식]	弱肉強食	081	4급II
[백년하청]	百年河清	039	5급	[양약고구]	良藥苦口	021	5급II
[백면서생]	白面書生	007	6급II	[어동육서]	魚東肉西	082	4급II
[백전노장]	百戰老將	066	4급II	[어불성설]	語不成說	027	5급II
[백전백승]	百戰百勝	012	6급	[언어도단]	言語道斷	083	4급II
[백절불굴]	百折不屈	143	4급	[언중유골]	言中有骨	151	4급
[백중지세]	伯仲之勢	067	4급II	[여출일구]	如出一口	084	4급II
[부귀재천]	富貴在天	068	4급II	[여필종부]	女必從夫	152	4급
[부부유별]	夫婦有別	069	4급II	[연목구어]	緣木求魚	153	4급
[북창삼우]	北窓三友	025	5급II	[연전연승]	連戰連勝	085	4급II
[불문가지]	不問可知	040	5급	[오곡백과]	五穀百果	154	4급
[불문곡직]	不問曲直	041	5급	[옥골선풍]	玉骨仙風	155	4급
[불원천리]	不遠千里	013	6급	[온고지신]	溫故知新	086	4급II
[비일비재]	非一非再	070	4급II	[요산요수]	樂山樂水	005	6급II
[빈자일등]	貧者一燈	071	4급II	[우순풍조]	雨順風調	028	5급II
[사생결단]	死生決斷	072	4급II	[우왕좌왕]	右往左往	087	4급II
[사필귀정]	事必歸正	144	4급	[우이독경]	牛耳讀經	088	4급II
[살신성인]	殺身成仁	145	4급	[위기일발]	危機一髮	156	4급
[생불여사]	生不如死	073	4급II	[유구무언]	有口無言	042	5급
[선공후사]	先公後私	146	4급	[유명무실]	有名無實	029	5급II
[설왕설래]	說往說來	074	4급II	[유비무환]	有備無患	089	4급II
[송구영신]	送舊迎新	147	4급	[유유상종]	類類相從	157	4급
[시시비비]	是是非非	075	4급II	[이구동성]	異口同聲	4급	158
[시종여일]	始終如一	076	4급II	[이란격석]	以卵擊石	4급	159
[신상필벌]	信賞必罰	077	4급II	[이심전심]	以心傳心	5급II	030
[신언서판]	身言書判	148	4급	[이열치열]	以熱治熱	4급II	090
[실사구시]	實事求是	078	4급II	[이용후생]	利用厚生	4급	160
[십중팔구]	十中八九	001	8급	[이합집산]	離合集散	4급	161
[악전고투]	惡戰苦鬪	149	4급	[인과응보]	因果應報	4급II	091
[안분지족]	安分知足	026	5급II	[인명재천]	人名在天	6급	014

[인사유명]	人死留名	4급II	092	[죽마고우]	竹馬故友	4급II	105
[일각천금]	一刻千金	4급	162	[중구난방]	衆口難防	4급II	106
[일거양득]	一擧兩得	4급II	093	[지성감천]	至誠感天	4급II	107
[일맥상통]	一脈相通	4급II	094	[진충보국]	盡忠報國	4급	170
[일벌백계]	一罰百戒	4급	163	[진퇴양난]	進退兩難	4급II	108
[일사불란]	一絲不亂	4급	164	[천려일득]	千慮一得	4급	171
[일석이조]	一石二鳥	4급II	095	[천려일실]	千慮一失	4급	172
[일언반구]	一言半句	4급II	096	[천생연분]	天生緣分	4급	173
[일의대수]	一衣帶水	4급II	097	[천인공노]	天人共怒	4급II	109
[일일삼추]	一日三秋	7급	004	[천재일우]	千載一遇	4급	174
[일취월장]	日就月將	4급II	098	[천차만별]	千差萬別	4급	175
[일파만파]	一波萬波	4급II	099	[천편일률]	千篇一律	4급	176
[일희일비]	一喜一悲	4급	165	[촌철살인]	寸鐵殺人	4급II	110
[자강불식]	自強不息	4급II	102	[추풍낙엽]	秋風落葉	5급	045
[자업자득]	自業自得	4급II	100	[출장입상]	出將入相	4급II	111
[자초지종]	自初至終	4급II	101	[충언역이]	忠言逆耳	4급II	112
[자화자찬]	自畫自讚	4급	166	[탁상공론]	卓上空論	4급II	113
[작심삼일]	作心三日	6급II	008	[팔방미인]	八方美人	6급	016
[장삼이사]	張三李四	4급	167	[풍전등화]	風前燈火	4급II	114
[적재적소]	適材適所	4급	168	[허장성세]	虛張聲勢	4급	177
[전광석화]	電光石火	6급	015	[호의호식]	好衣好食	4급II	115
[전무후무]	前無後無	5급	043	[화조월석]	花朝月夕	6급	017
[조변석개]	朝變夕改	5급	044	[회자정리]	會者定離	4급	178
[조족지혈]	鳥足之血	4급II	103	[흥진비래]	興盡悲來	4급	179
[종두득두]	種豆得豆	4급II	104				
[주객일체]	主客一體	5급II	031				
[주마간산]	走馬看山	4급	169				

부록 4 만화 고사성어 50

한자어 중에는, 특별히 '4글자[四字]로 짜여있는 기성(既成)의 말[語]'이란 뜻인 '사자성어'가 있습니다. 많이 알면 매우 유식하다는 대접을 받고, 모르면 무식한 사람으로 무시당할 수도 있습니다. 이러한 것 가운데 특히 옛날이야기, 즉 고사(故事, 옛 고, 일 사)에서 유래된 것을 '고사성어'라고 합니다. 네 글자 모두 가급적 교육용 기초한자 900자 범위 내에 속하는 쉬운 한자들로 이루어진 것 50개를 선정하여 만화 형식으로 풀이함으로써 매우 쉽고 재미있게 익힐 수 있도록 하였습니다. 찾기 쉽도록 아래와 같이 가나다순으로 실어 놓았습니다. 읽다보면 재미를 느끼게 되고, 자기도 모르는 사이에 어문 품격이 한 단계 오르게 될 것입니다.

01 결초보은(結草報恩)
02 계구우후(鷄口牛後)
03 계란유골(鷄卵有骨)
04 고육지계(苦肉之計)
05 과유불급(過猶不及)
06 구우일모(九牛一毛)
07 낙정하석(落穽下石)
08 난형난제(難兄難弟)
09 노이무공(勞而無功)
10 다다익선(多多益善)
11 대공무사(大公無私)
12 동심동덕(同心同德)
13 득의양양(得意揚揚)
14 매사마골(買死馬骨)
15 문일지십(聞一知十)
16 문전성시(門前成市)
17 미생지신(尾生之信)
18 백년하청(百年河清)
19 백면서생(白面書生)
20 백발백중(百發百中)
21 백전백승(百戰百勝)
22 보원이덕(報怨以德)
23 불식태산(不識泰山)
24 살신성인(殺身成仁)
25 삼인성호(三人成虎)
26 상궁지조(傷弓之鳥)
27 수락석출(水落石出)
28 수어지교(水魚之交)
29 시불가실(時不可失)
30 식자우환(識字憂患)
31 실사구시(實事求是)
32 양약고구(良藥苦口)
33 어부지리(漁父之利)
34 요산요수(樂山樂水)
35 월하노인(月下老人)
36 유비무환(有備無患)
37 음덕양보(陰德陽報)
38 이목지신(移木之信)
39 이심전심(以心傳心)
40 일거량득(一擧兩得)
41 일자천금(一字千金)
42 조령모개(朝令暮改)
43 조명시리(朝名市利)
44 죽마고우(竹馬故友)
45 조삼모사(朝三暮四)
46 중구난방(衆口難防)
47 청천백일(青天白日)
48 촌철살인(寸鐵殺人)
49 타산지석(他山之石)
50 파죽지세(破竹之勢)

01 죽어 혼령이 되어도 은혜를…

結草報恩 결초보은

맺을 결, 풀 초, 갚을 보, 은혜 은

속뜻 풀[草]을 엮어서[結]라도 은혜[恩]를 갚음[報].
▶ 죽어 혼령이 되어도 은혜를 잊지 않고 갚음.

예문 죽어 저승에 가서라도 반드시 결초보은을 하겠습니다.

02 닭의 주둥이가 될지언정…

이렇게 6국의 국왕을 설득 하는 데 성공한 소진은 마침내 혼자서 여섯 나라의 재상을 겸하는 대 정치가가 되었다

鷄口牛後 계구·우후
닭 계, 입 구, 소 우, 뒤 후

속뜻 닭[鷄]의 부리[口]가 될지언정 소[牛]의 뒤[後]에 붙어 있는 꼬리는 되지 않겠음.
▶ 큰 집단의 말석보다는 작은 집단의 우두머리가 나음.

예문 계구우후란 말이 있듯이, 차라리 작은 단체의 장이 되는 것이 낫겠다.

03 재수가 없는 사람은…

지금의 국무 총리에 해당되는 정승 황희는 검소하기로 유명했다.

황희

너무 검소하여 옷을 빨면 갈아입을 여벌이 없을 정도였다.

큰일이군. 어서 말라야 할 텐데…

그러한 사정을 잘 알고 있는 세종대왕께서는

내일 아침부터 저녁까지 남대문 안으로 들어오는 모든 물건을 황정승에게 갖다 주어라!

예-!

세종대왕

그러나 그 날은 하루종일 폭우가 몰아쳐서 남대문을 드나드는 장사꾼이 없었다.

뎅- 뎅- 뎅-

鷄卵有骨 계란유골

닭 계, 알 란, 있을 유, 뼈 골

속뜻 계란(鷄卵)이 모두 곯아[骨] 있음[有].
▶ 재수가 없는 사람은 모처럼 좋은 기회를 만나도 역시 일이 잘 안될 때 쓴다.

예문 계란유골이라더니, 오늘 따라 왜 이렇게 재수가 없지.

04 자신의 살을 오려내는…

苦肉之計 고육지계
괴로울 고, 고기 육, 어조사 지, 꾀할 계

속뜻 자신의 살[肉]을 오려내는 괴로움[苦]을 무릅쓰는 계책(計策).
▶ 자신의 희생까지도 무릅씀.

예문 고육지계를 썼기 때문에 적군을 이길 수 있었다.

05 지나침은 미치지 못함과…

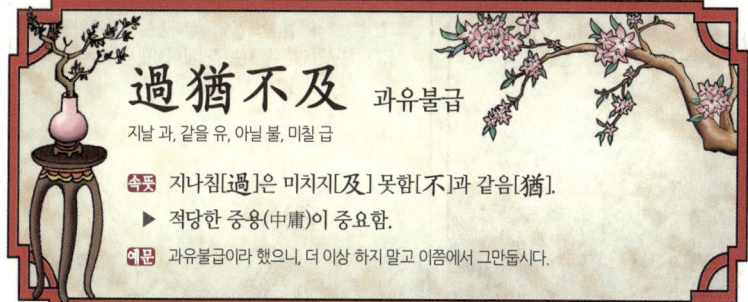

06 아홉 마리 소 가운데서...

한나라때 한 장수가 흉노족에게 항복하여 잘 살고 있다는 말을 전해들은 임금은 크게 노하여 장수의 일가족을 모두 죽여버리라고 명하였다.
이때 그 장수를 변호하고 나선 이가 사마천이다.

그는 나라를 위해서 거짓으로 항복하였을 따름이옵니다.

뭣!

사마천

반역자를 변호하는 것이냐!!

저놈을 옥에 가두어라! 그리고 궁형(宮刑)에 처하라!

궁형(宮刑)이란 남성의 생식기를 없애는 가장 수치스런 형벌이었다.

으아악

그런 수치스러움을 참으면서도 살아가는 이유와 참담한 심정을 친구인 임암에게 쓴 편지에 이렇게 써놓았다.

구우일모 989

내가 법에 따라 사형을 받는다 해도 그것은 한낱 아홉[九] 마리의 소[牛] 중에서 터럭[毛] 하나[一] 없어지는 것 같은 하찮은 일이겠지만, 죽지 못하고 이렇게....

당시 사마천은 아버지의 유언에 따라 쓴 역사책 '사기'의 탈고를 눈앞에 두고 있었다. 그래서 그 책을 완성하기 전에는 죽고 싶어도 죽을 수도 없었다. 그로부터 2년 후 중국 최초의 역사책으로서 불후의 명저로 손꼽히는 『사기』 130여 권이 완성되어 오늘에 전해지고 있다.

九牛一毛 구우일모

아홉 구, 소 우, 한 일, 털 모

속뜻 아홉[九] 마리의 소[牛] 가운데 박힌 하나[一]의 털[毛].

▶ 매우 많은 것 가운데 극히 적은 수를 이르는 말.

예문 구우일모에 불과할 만큼 극히 적은 것이지만 그렇다고 무시해선 안 된다.

07 함정에 빠진 사람에게 돌을…

落穽下石 낙정하석

떨어질 락, 함정 정, 내릴 하, 돌 석

- 속뜻 함정[穽]에 빠진[落] 사람에게 밧줄이 아니라 돌[石]을 떨어뜨림[下].
- ▶ 어려운 처지에 놓인 사람을 도와주기는커녕 도리어 괴롭힘.
- 예문 낙정하석하는 일도 있는 야박한 세상을 한탄하다.

08 누구를 형이라 하고 누구를…

후한 말 때 진식이란 사람이 있었다. 그에게는 덕망이 높은 진기와 진심이라는 두 아들이 있었는데 그들에게는 각각 군과 충이라는 아들이 하나씩 있었다.

뭐시라?! 네 아버지가 우리 아버님보다 훌륭하시다고?!

그야 당연한 거지! 말이라고 해!

그러면 우리 할아버지에게 물어보자.

할아버지! 우리 두 사람의 아버지 가운데 누가 더 훌륭해요?

당연히 우리 아버님이지!

둘 다 내 아들인데...
그 참! 곤란하네!
첫째 아들인 형[兄]이 낫다고
하기도 어렵고[難],
둘째 아들인 동생[弟]이라고
하기도 어렵고[難]! 어쩐담...

오늘날에는 양 쪽의 우열을 가리기가 어려울 때에 많이 쓰입니다.

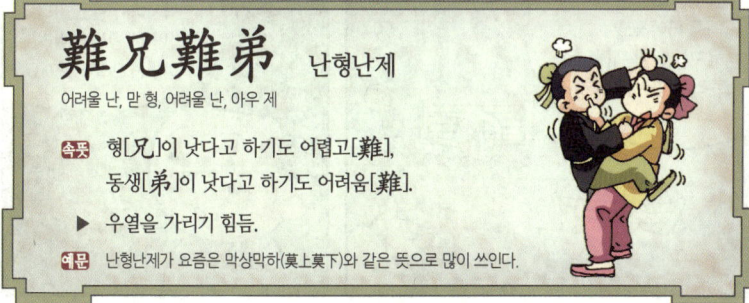

難兄難弟 난형난제
어려울 난, 맏 형, 어려울 난, 아우 제

- **속뜻** 형[兄]이 낫다고 하기도 어렵고[難], 동생[弟]이 낫다고 하기도 어려움[難].
- ▶ 우열을 가리기 힘듦.
- **예문** 난형난제가 요즘은 막상막하(莫上莫下)와 같은 뜻으로 많이 쓰인다.

09 애는 썼으나 고생한 보람이…

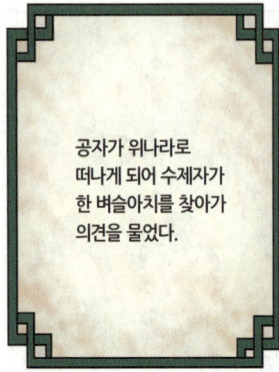

공자가 위나라로 떠나게 되어 수제자가 한 벼슬아치를 찾아가 의견을 물었다.

우리 선생님의 이번 여행길은 어떻겠습니까?

안타깝지만 당신 선생은 큰 고생을 하실 겁니다.

어째서 그렇습니까?

당신 선생은 전에도 여러 번 곤욕을 치렀지요. 송나라에서는 나무에 깔릴 뻔했고, 위나라에서는 쫓겨났습니다.

물길을 가려면 배를 타야하고 육지를 가기 위해서는 수레를 타야합니다.

물길을 가야할 배를 육지에서 밀고 가려고 한다면 한 평생이 걸려도 얼마 가지 못하겠지요.

10 많으면 많을수록…

多多益善 다다익선

많을 다, 많을 다, 더할 익, 좋을 선

속뜻 많으면[多] 많을수록[多] 더욱[益] 좋음[善].

예문 용돈을 얼마나 줄까? 다다익선 입니다.

11 일 처리가 매우 공정하고...

12 마음을 같이 하고…

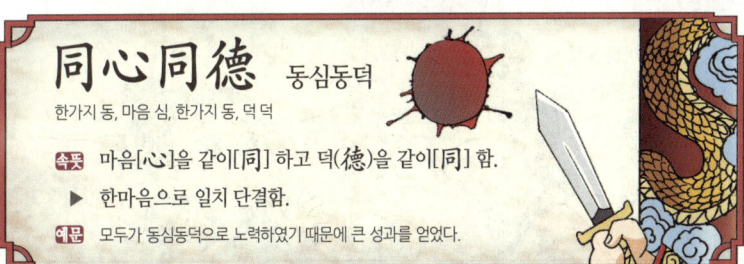

13 뜻한 바를 이루어 우쭐거리니...

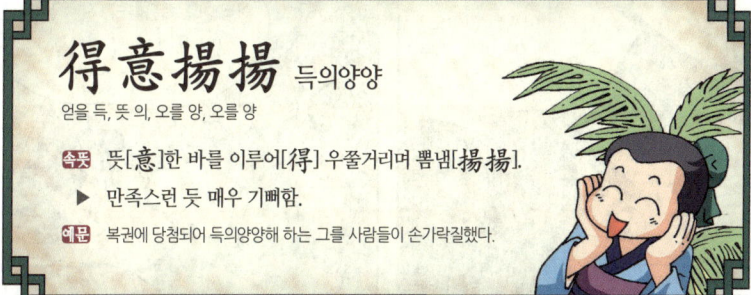

14 귀중한 것을 손에 넣기 위해…

買死馬骨 매사마골

살 매, 죽을 사, 말 마, 뼈 골

속뜻 죽은[死] 말[馬]의 뼈[骨]를 삼[買].

▶ 귀중한 것을 손에 넣기 위해 먼저 공을 들이는 것을 비유하여 이르는 말.

예문 매사마골의 옛 이야기를 읽고 보니 머리를 쓰는 일이 중요함을 알겠다.

15 하나를 들으면 열을…

16 대문 앞에 시장이…

門前成市 문전성시

대문 문, 앞 전, 이룰 성, 시장 시

- 속뜻 대문[門] 앞[前]에 시장[市]이 생길[成] 정도로 사람이 붐빔.
- ▶ 찾아오는 사람이 많음.
- 예문 구경오는 사람들로 하루 종일 문전성시를 이루었다.

17 다리 밑에서 애인을 기다리다가...

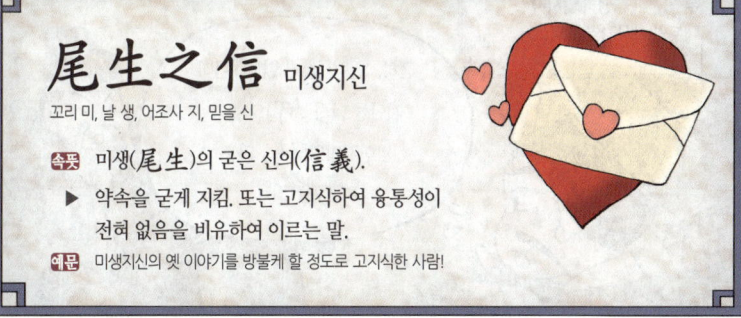

18 백년을 기다린다 해도…

지금 진나라의 도움을 얻는 것은 이와 같습니다. 가망이 없사옵니다. 일단 초나라와 화친을 맺는 것이 상책일 것 같습니다.

정나라는 그 신하의 말대로 초나라와 화친을 맺어 큰 위기를 모면하였다.

百年河淸 백년하청

일백 백, 해 년, 황하 하, 맑을 청

속뜻 백(百)년(年)이 지난다 해도 황하[河]의 물이 맑아[淸]지리오.

▶ 아무리 오랜 시일이 지나도 어떤 일이 이루어지기 어려움을 비유하여 이르는 말.

예문 그렇게 되기란 백년하청입니다. 전혀 가망이 없습니다.

19   세상 물정에 어두운…

白面書生 백면서생

흰 백, 낯 면, 글 서, 사람 생

속뜻 밖에 나가지 않아 하얀[白] 얼굴[面]로 오로지 글[書]만 읽은 사람[生].
▶ 세상물정에 어두운 사람을 비유하여 이르는 말.

예문 백면서생인 그에게 그 일을 맡기면 성공할 수 없습니다.

20 백 번을 쏘면 백 번 다…

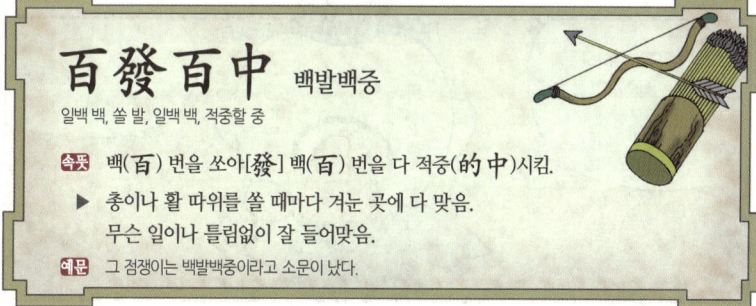

21 백 번 싸우면 백 번 이기는…

춘추시대 사람 손무가 쓴 『손자』란 책에 다음과 같은 대목이 나온다.

승리는 두 가지, 적과 싸워서 얻는 승리와 싸우지 않고 얻는 승리가 있다.

백(百) 번 싸워[戰] 백(百) 번 이겼다[勝] 해도 그것은 최상의 승리가 아니다. 싸우지 않고 상대를 굴복시키는 것이 최상의 승리이다!

그런 병법이 있습니까?

오오옷!

최선책은 적이 꾀하는 바를 알아내어 미리 막아 꼼짝 못하게 하는 것이다.

그 다음은 적의 동맹 관계를 끊어 고립시키는 것이고

百戰百勝 백전백승

일백 백, 싸울 전, 일백 백, 이길 승

속뜻 백(百) 번 싸워[戰] 백(百) 번을 다 이김[勝].
▶ 싸울 때 마다 이김.

예문 백전백승의 무적함대가 바다를 누비다.

22 원수는 덕으로 갚아야...

도가사상의 창시자인 중국의 노자는 다음과 같이 말하였다.

큰 것은
작은 것에서 생겨나고
많은 것은
적은 것에서 일어난다.
원수[怨]는
은덕[德]으로[以]
갚아라[報]!

돈을 좀 빌려주게. 내 꼭 갚으리다.

싫소.

그땐 미안했네. 좀 도와주게...

지난날의 원한은 잊고 같이 잘 살아보세!!

원한을 원한으로 갚는 일은 누구나 할 수 있다.

그러나 원한을 덕으로 갚는 것은 보통 사람에게는 쉽지 않은 것이다.

어려운 일도 시작은 간단한 것이니 마음먹기 따라서는 얼마든지 쉬울 수 있다는 게 노자의 생각이다.

報怨以德 보원이덕

갚을 보, 원수 원, 써 이, 은덕 덕

속뜻 원수[怨]를 은덕[德]으로[以] 갚음[報].
▶ 원한을 덕으로 갚음

예문 보원이덕의 본보기를 보여 많은 칭찬을 받았다.

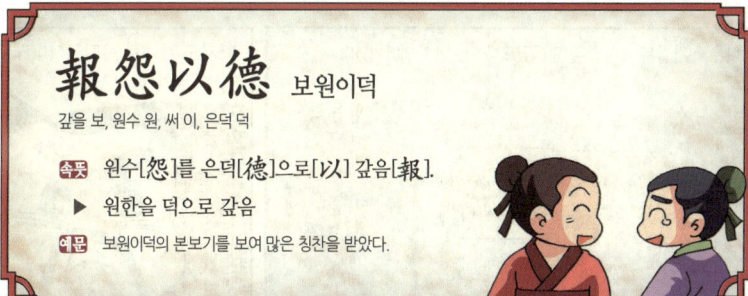

23 대단한 인재를 알아보지…

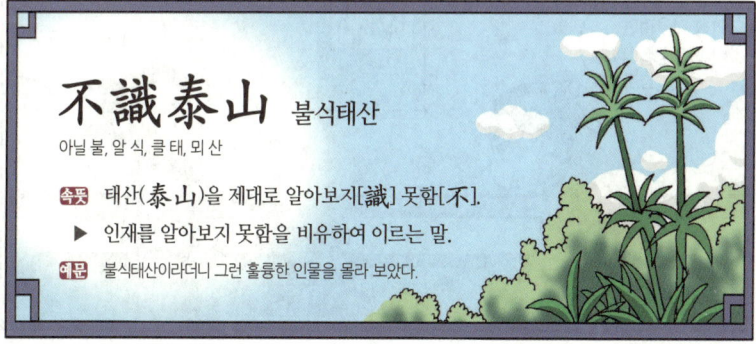

24 스스로를 몸을 죽여서…

공자께서 제자들에게 말씀하셨다.

높은 뜻을 지닌 선비와 어진 사람은 삶을 구하기 위하여 인을 저버리지 않고 스스로 몸[身]을 죽여서[殺] 어진 일[仁]을 이룬다[成].

인을 이루려면 어찌해야 합니까?

좋은 질문이다.

장인이 일을 하려면 먼저 연장을 잘 갈아야 하듯이,

인을 이룩하려면 훌륭한 스승과 좋은 벗을 사귀어야 하느니라!

현대에는 살신성인이 옳은 일을 위해 자신을 희생하는 사람을 일컫는 것으로 많이 쓰인다.

殺身成仁 살신성인

죽일 살, 몸 신, 이룰 성, 어질 인

속뜻 스스로 몸[身]을 죽여[殺] 어진 일[仁]을 이룸[成].
▶ 다른 사람 또는 대의를 위해 목숨을 버림. 또는 큰 일을 위해 자기 희생을 감수함.

예문 그의 살신성인이 많은 사람들을 감동시켰다.

25 세 사람이 짜면 길거리에...

三人成虎 삼인성호

석 삼, 사람 인, 이룰 성, 호랑이 호

- **속뜻** 세[三] 사람[人]이 짜면 길거리에 호랑이[虎]가 나왔다는 거짓말도 꾸밀 수 있음[成].
- ▶ 근거 없는 말이라도 여러 사람이 똑같이 말하면 곧이듣게 됨.
- **예문** 삼인성호라더니 여러 번 듣다보니 그 거짓말에 깜박 속아넘어갔네!

26 한 번 화살에 맞은 새는…

傷弓之鳥 상궁지조

상할 상, 활 궁, 어조사 지, 새 조

- 한 번 화살[弓]에 맞아 다친[傷] 적이 있는 새[鳥]는 구부러진 나무만 보아도 놀람.
▶ 한 번 혼이 난 일로 늘 의심과 두려운 마음을 품는 것을 이르는 말.

- 상궁지조란 성어를 보면 '자라보고 놀란 가슴 솥뚜껑보고 놀란다'는 속담이 생각난다.

27 숨겨져 있던 진상이 훤히…

북송 때 신종 임금은 흐트러진 나라의 기강을 바로잡을 생각으로 왕안석을 등용하여 과감한 개혁 정책을 폈다.

왕안석   신종

이에 반대를 한 사람은 구양수와 소동파였다. 소동파는 왕안석에 대항하여 보았지만 역부족이었다.

소동파   구양수

결국 그는 억울한 누명을 쓰고 귀양을 가고 말았다.

그는 그곳에서 시름을 달랠 겸해서 틈만 나면 주위의 경치 좋은 곳을 찾아다니고 시를 지었다.

산은 높고 달은 기울었으며
물[水]이 빠지니[落]
돌[石]이 드러나는[出] 구나!

물이 빠지면 감추어져 있던 돌이 드러나듯, 가려진 진상이 드러나 자신의 억울함을 밝혀주길 바라는 소동파의 마음이 담겨 있다.

水落石出 수락석출

물 수, 떨어질 락, 돌 석, 날 출

속뜻 물[水]이 빠지니[落] 바닥의 돌[石]이 드러남[出].

▶ 숨겨져 있던 진상이 훤히 밝혀짐.

예문 사건의 진상이 밝혀졌으니, 수락석출이란 옛말이 증명이 된 셈이다.

28 아주 친밀하여 떨어질 수 없는…

삼국지의 이야기이다. 유비는 지혜로운 제갈량을 얻은 후 전적으로 그를 신임했다.

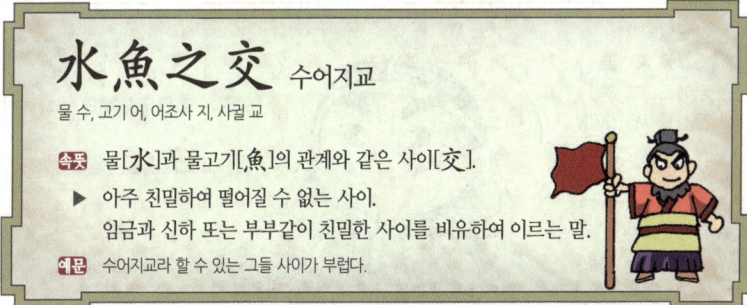

29 적절한 때를 잃어서는…

주나라 문왕이 병세가 깊어지자 아들 희발을 불렀다.

時不可失 시불가실
때 시, 아닐 불, 가히 가, 잃을 실

속뜻 적절한 때[時]를 잃어서는[失] 아니[不] 됨[可].
▶ 때를 놓쳐서는 안 됨.
예문 시불가실이라 했다. 이번 기회를 꼭 살려야 한다.

30 서투른 지식 때문에 도리어…

識字憂患 식자우환

알 식, 글자 자, 근심 우, 근심 환

- 속뜻 글자[字]를 안다[識]는 것이 오히려 걱정[憂患]을 낳게 한 근본 원인이 됨.
- ▶ 학식이 있는 것이 오히려 근심을 얻게 함.
- 예문 식자우환이란 성어를 보면 "아는 것이 병"이란 말이 생각난다.

31 사실을 바탕으로 진리를…

한나라 때 경제란 임금에게는 유덕이라는 아들이 있었다.

그는 학문 탐구를 즐기고 책을 수집하여 정리하기를 좋아하였다.
그는 옛날 책이라면 아무리 비싼 값이라도 무조건 사들였다.

유덕이 학문을 좋아하고 옛날 책 수집이라면 돈을 아끼지 않는다는 이야기를 전해들은 백성들은 앞다투어 그에게 책을 바쳤다.

이렇게 학문연구에 힘쓴 유덕을 당시 여러 학자들이 존경하여 다음과 같이 말했다고 한다.

그는 실제[實]의 사실[事]로부터 옳은[是] 결론을 얻어낸다[求].

實事求是 실사구시

실제 실, 일 사, 구할 구, 옳을 시

속뜻 실제[實]의 사실[事]로부터 옳은[是] 결론을 찾아냄[求].

▶ 사실을 바탕으로 진리를 탐구하는 일. 확실한 고증을 바탕으로 하는 과학적·객관적 학문 태도.

예문 실사구시 정신으로 학문을 탐구하다.

32 몸에 좋은 약은 입에…

유방이 진나라를 꺾고 수도 함양에 입성했을 때의 일이다. 호화찬란한 궁중에는 온갖 재물이 가득했고 아름다운 궁녀들이 많았다. 유방은 그곳이 마음에 들었다.

과연 이곳이야 말로 천국이로구나!!

이곳을 떠나지 않고 계속 머물리라!

멋지당!!

잠깐만!!

아직 천하는 통일 되지 않았습니다. 안전한 곳을 찾아 진을 치도록 하옵소서!

장군! 잠시만 이곳에서 좀 더 쉬고 싶소!

33 엉뚱한 딴 사람이 이득을…

34   산수 자연을 즐기고…

樂山樂水 요산요수

좋아할 요, 뫼 산, 좋아할 요, 물 수

- 속뜻 산(山)을 좋아하고[樂] 물[水]을 좋아함[樂].
- ▶ 산수 자연을 즐기고 좋아함.
- 예문 산과 들로 놀러 갈 때면 으레 요산요수란 말이 생각난다.

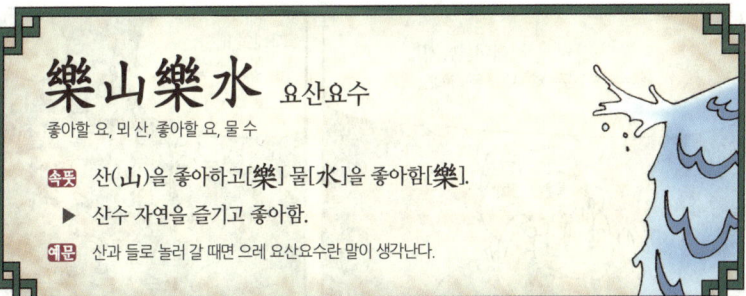

35 평생의 짝을 찾아준다는…

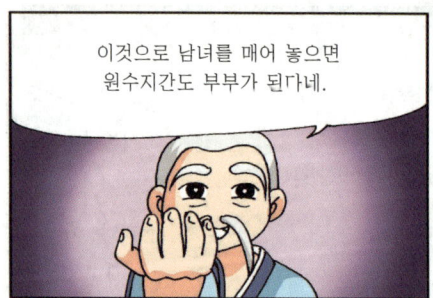

月下老人 월하노인

달 월, 아래 하, 늙을 로, 사람 인

- 속뜻 밝은 달빛[月] 아래[下] 앉아 있던 흰 수염의 노인(老人).
- ▶ 부부의 인연을 맺어 준다는 전설상의 늙은이. '중매인'을 비유하여 이르는 말이다.
- 예문 월하노인 역할을 해준 그 중매인을 깎듯이 대접하였다.

36 미리 대비가 되어 있으면…

有備無患 유비무환

있을 유, 갖출 비, 없을 무, 근심 환

속뜻 미리 대비[備]가 되어 있으면[有] 근심거리[患]가 없게[無] 됨.
▶ 사전에 미리 대비하는 것이 최상책임.
예문 유비무환이라 했듯이 미리미리 대비하는 것이 상책이다.

37 남모르게 덕을 베풀면…

陰德陽報 음덕양보

그늘 음, 은덕 덕, 양지 양, 보답할 보

속뜻 남모르게[陰] 은덕[德]을 베풀면 크게 드러나는[陽] 보답[報]이 주어짐.
▶ 남모르게 덕을 쌓은 사람은 후에 보답을 받게 됨.

예문 음덕양보의 결과를 바라고 한 일은 아니었다.

38 약속을 실행하여 믿음을…

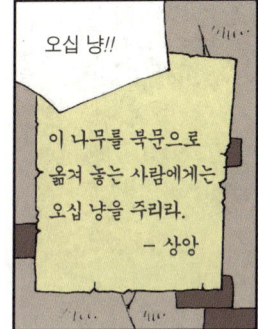

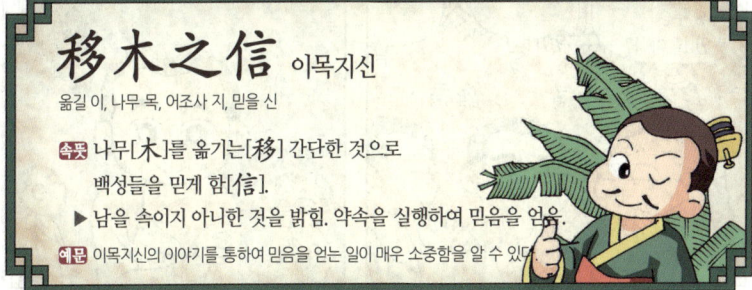

39 마음에서 마음으로...

以心傳心 이심전심

써 이, 마음 심, 전할 전, 마음 심

속뜻 마음[心]으로[以] 마음[心]을 전함[傳].
▶ 마음에서 마음으로 전해져 서로 뜻이 통함.

예문 이심전심으로 서로 마음이 통하였다.

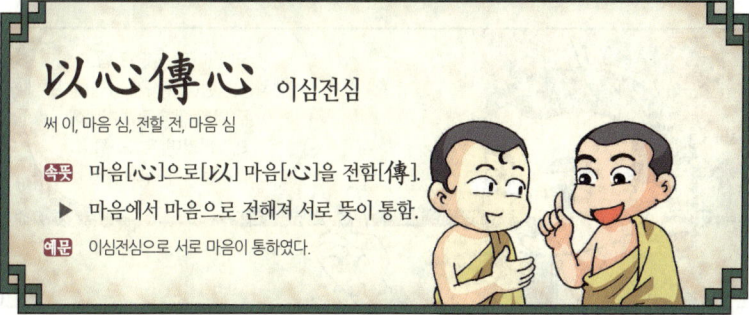

40 한 가지 일로 두 가지...

一擧兩得 일거양득

한 일, 들 거, 둘 량, 얻을 득

- 속뜻 한[一] 가지를 들어[擧] 두[兩] 가지 이득[得]을 얻음.
- ▶ 한 가지 일을 하여 두 가지 이익을 얻음.
- 예문 뜻밖에 일거양득의 결과를 얻었다.

41 아주 훌륭한 글씨나…

전국시대에는 재력가들이 개인 재산을 털어 책을 저술하는 일이 유행이었다. 진나라의 재상이 된 여불위도 그중 하나였다.

여불위

그는 막대한 사재를 풀어 3000여 명의 학자를 집으로 불러 들였다.

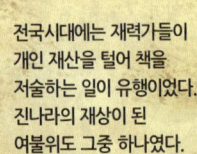

아-아! 학자 여러분-! 지금 당장 본채 마당으로 다들 모여 주십시오!

이번에 선비들의 학문에 대한 소견을 담아놓은 책을 편찬해 볼까 합니다.

몇 년 후

드디어 책이 완성 되었습니다!

그렇소?!

오늘날에는 매우 빼어난 글씨나 문장을 비유하는 말로 많이 쓰인다.

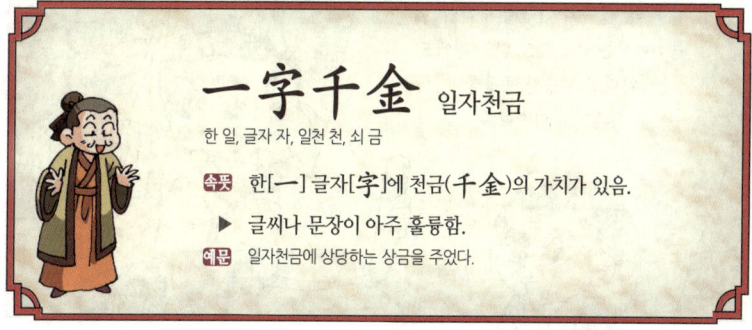

一字千金 일자천금

한 일, 글자 자, 일천 천, 쇠 금

속뜻 한[一] 글자[字]에 천금(千金)의 가치가 있음.
▶ 글씨나 문장이 아주 훌륭함.
예문 일자천금에 상당하는 상금을 주었다.

42 이랬다저랬다...

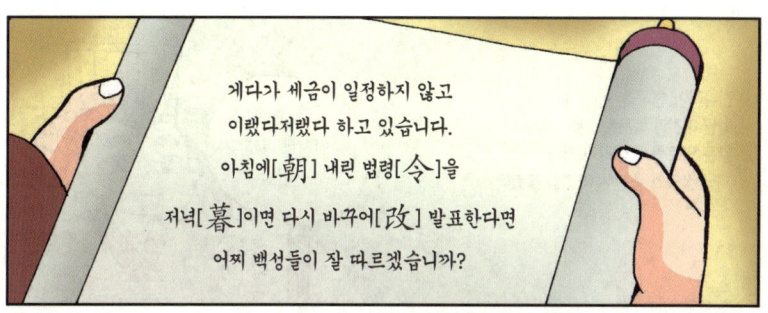

朝令暮改 조령모개
아침 조, 명령 령, 저녁 모, 고칠 개

속뜻 아침에[朝] 내린 법령[令]을 저녁이면[暮] 다시 바꿈[改].

▶ 법령을 자꾸 고쳐서 갈피를 잡기가 어려움.
이랬다저랬다 변덕이 심할 때 즐겨 쓰는 말이다.

예문 조령모개로 자주 바뀌는 우리나라 대학 입시 제도.

43 무슨 일이든 알맞은 곳에서…

진나라가 천하를 통일하기 훨씬 이전인 혜문왕 때의 일이다 왕은 영토를 확장하기 위해 재상 장의와 중신 사마조를 불렀다.

그대들의 의견을 듣고 싶소.

어느 지역으로 영토를 확장할 것인지를 두고 둘은 서로 다른 주장을 폈다.

변방의 오랑캐를 정벌하면 국토도 넓어지고 백성들의 재물도 쌓일 것입니다. 폐하!

폐하! 중원으로 진출하셔야 합니다.

우선 한나라를 공격하여 천하의 종실인 주나라의 외곽을 위협하면 주나라는 반드시 천자의 보물을 내놓을 것이옵니다.

朝名市利 조명시리

조정 조, 명분 명, 시장 시, 이익 리

속뜻 명분(名分)은 조정[朝]에서 취하고,
이익(利益)은 장터[市]에서 다투어야 함.
▶ 무슨 일이든 알맞은 곳에서 하여야 함을 비유하여 이르는 말.

예문 조명시리라고, 무슨 일이든 때와 장소가 있는 법이다.

44 간교한 잔꾀로 남을…

朝三暮四 조삼모사

아침 조, 석 삼, 저녁 모, 넉 사

속뜻 아침[朝]에 세[三] 개, 저녁[暮]에 네[四] 개씩 줌.

▶ 당장 눈앞의 차이만을 알고 그 결과가 같음을 모름. 간교한 잔꾀로 남을 속여 희롱함.

예문 간교한 잔꾀로 속이는 '조삼모사' 전략에 그들이 속아 넘어갔다.

45 어렸을 때부터 함께 놀던…

竹馬故友 죽마고우

대나무 죽, 말 마, 옛 고, 벗 우

- 속뜻 (어렸을 때) 대나무[竹]로 만든 말[馬]을 타며 놀던 옛[故] 친구[友].
- ▶ 어렸을 때부터 친하게 지낸 친구. 소꿉동무. 고향친구.
- 예문 그 두 사람은 죽마고우로 평생을 친하게 지냈다.

46 여러 사람의 입은…

47 맑게 갠 하늘에 밝은…

그대 역시
푸른 하늘의
밝은 태양이라네.

자네는 가장 마음이 순수하고 맑아
반짝이는 해와 같네.
푸른[青] 하늘[天]의 밝은[白] 태양[日]은
모든 사람들이 다 그 맑음과 밝음을
잘 알고 있소.

오늘날에는
'누구나 분명히 알 수 있는 사실'을
이르는 말로 쓰이고 있다.

青天白日 청천백일

푸를 청, 하늘 천, 흰 백, 날 일

속뜻 푸른[青] 하늘[天]의 밝은[白] 태양[日].
▶ 맑게 갠 대낮. 누구나 분명히 알 수 있는 사실.
혐의나 원래의 죄가 풀리어 무죄가 됨을 비유하여 이르기도 한다.
예문 청천백일에 난데없이 벼락이 내리다.
무죄로 풀려나 청천백일의 몸이 되었다.

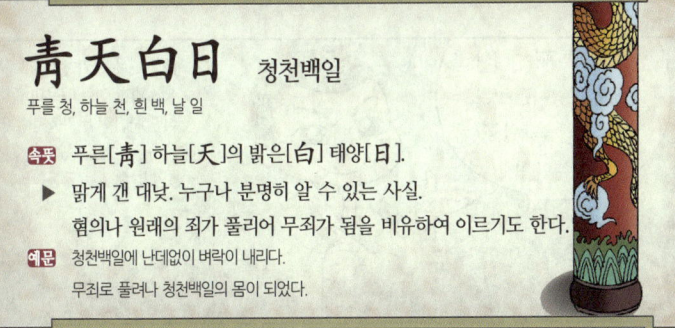

48 한두 마디 말이나 글로…

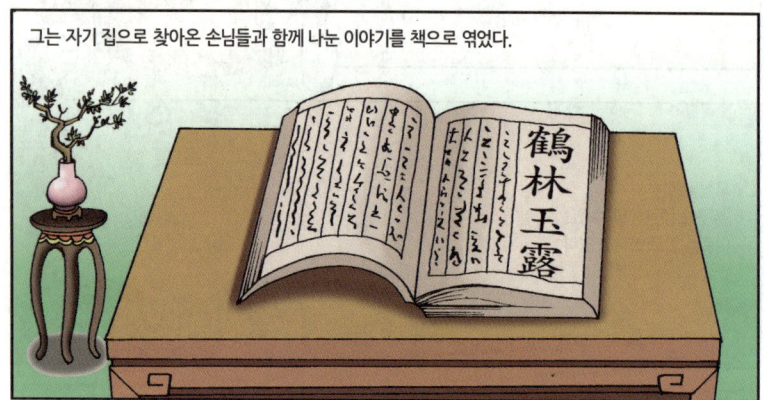

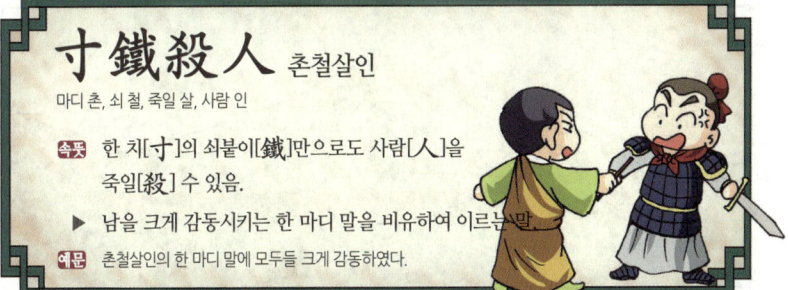

49 다른 산의 쓸모없는 돌이라도…

지금부터 약 3,000년 전 중국 최초로 시 300여 수를 모아 책으로 발간되었으니 이름하여 『시경』이라 한다.

이 시집의 소아편에 '학이 울다'란 제목의 시에 이런 구절 있다.

즐거운 저 동산에는
박달나무 심겨있고
그 밑에는 닥나무 있네.
다른 산의 돌이라도
옥을 가는데 쓸 수 있네.

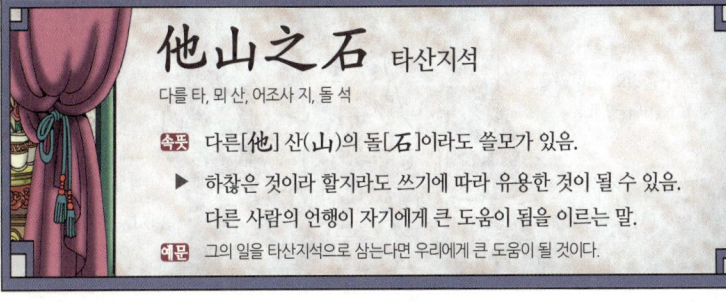

50 대나무를 쪼개는 듯한…

51

안되오!! 지금 우리 군사의 사기는 마치 대나무[竹]가 쪼개지는[破] 것 같은 기세[勢]요. 대나무란 처음 두세 마디만 쪼개면 그 다음부터는 칼날이 닿기만 해도 저절로 쪼개지는 법인데 이 같은 절호의 기회를 어찌 버린단 말이오!

두예는 곧바로 전군을 휘몰아 오나라로 진격하였다. 이에 오나라 왕 손호가 항복하고 마침내 진나라는 천하를 통일하였다.

破竹之勢 파죽지세

쪼갤 파, 대나무 죽, 어조사 지, 기세 세

속뜻 대나무[竹]를 쪼개는[破] 것 같은 기세(氣勢).
▶ 어떤 일이 거침없이 쭉 계속됨을 비유하여 이르는 말. 맹렬한 기세.

예문 아군은 파죽지세로 적군을 무찔렀다.

부록 5

이 땅의 모든 학부모님들께 드리고 싶은
당시 한 수

지금부터 약 1,200년 전입니다. 맹교(751-814)라는 시인이 있었습니다. 그는 어렸을 때 집이 너무나 가난하였습니다. 어머니 혼자서 가정 살림과 경제를 도맡아 해야 하는 그런 형편이었지요. 홀어머니의 보살핌으로 그럭저럭 어른이 다 된 맹교는 당시 서울인 장안에서 열리는 과거시험을 보러 가느라 세 번 집을 떠난 적이 있었습니다. 그렇게 집을 떠날 때마다 어머니가 몸소 짐을 꾸려 주었답니다.

그런 맹교는 50살이 되어서야 비로소 과거에 합격하여 어렵사리 벼슬을 하게 되었습니다. 강소(江蘇)성 율양(溧陽)현의 현위(縣尉, 지금의 '경찰'에 상당)라는 낮은 벼슬자리였지만, 일단 직장이 있게 된 이상 예전처럼 가난한 신세는 면하게 되었습니다. 안정된 생활을 하게 되자, 어느 날 새벽 일찍 잠을 깬 맹교는 문득 멀리 고향에 계신 늙은 어머니 생각이 떠올랐습니다. 그가 집을 떠나기 전날 밤 짐을 손수 챙겨 주시던 그 어머니의 모습이.

'희미한 등불아래에서 먼 길 떠날 자식에게 입힐 옷을 짓느라 한 올 한 올 정성 들여 바느질을 하시던 그 모습. 옷이 쉬이 떨어질까 걱정이라며 촘촘하게 꿰매던 그 손길. 그런 바느질 손길을 잠시도 멈추지 않으면서, 또 한편으로는 마음이 놓이지 않은 듯 신신당부하시던 그 말씀 -- "율양이라겠지? 여기서 멀제? 거기에 가거들랑 인편이 있으면 자주 소식 주거래이! 일을 마치면 밖에 오래 있지 말고, 집에 일찍 일찍 들어가고..." 그리고 그 옆에 쭈그리고 앉아서 연방 머리를 끄덕이는 것으로 대답에 대신하던 자신의 모습도...'

맹교는 생각이 여기에 미치자 마음과 몸이 유난히 따끈따끈해 지는 것을 느꼈습니다. 그 때 벌떡 일어나 사람을 불러 심부름을 보냈습니다. 어머니를 모셔 와서 호강을 시켜드리고 싶었던 것입니다. 심부름꾼을 고향집으로 달려가도록 부탁을 하고는, 곧바로 붓을 들어 어머니에 대한 사무치는 그리움을 시로 엮고 싶은 생각이 들었습니다.

며칠 후, 동구 밖 강가에 놀러 갔던 아들이 달려와 다급(多急: 많을 다, 급할 급)한 목소리로 외쳤습니다. "아부지! 할머니 모시러 갔던 배가 오고 있어요. 강기슭에 배를 대려고 하는 게 보여요!" 그 말이 떨어지기 무섭게 맹교는 너무나 기쁜 나머지 펄쩍펄쩍 뛸 것 같은 몸을 가누면서, 그 시 아래 몇 글자를 더 덧붙였습니다. "어무이를 맞으려 율강에 나가면서 씀"(溧上迎母作).

어무이 생각

원　제: 遊子吟
지은이: 孟　郊
옮긴이: 全廣鎭

자애로운 어무이 손에 들려있던 실,	慈母手中線, [자모수중선]
집 떠나는 자식 입힐 옷이 되었네.	遊子身上衣. [유자신상의]
떠나기 전 한 올 한 올 여미는 뜻은,	臨行密密縫, [임행밀밀봉]
이내 돌아오지 못할까 걱정 때문이셨으리!	意恐遲遲歸. [의공지지귀]
그 누가 말했던가 풀끝같이 작은 마음으로도,	誰言寸草心, [수언촌초심]
따사로운 어무이 은혜 보답할 수 있다고!	報得三春暉. [보득삼춘휘]

　소식을 듣자마자 숨도 안 쉬고 노모를 맞으러 달려가는 아들, 그리고 그의 손을 잡고 함께 달려가는 손자의 모습을 떠올려 보시기 바랍니다. 어떻습니까? 한 올 한 올 여미어 주신 옷에 알알이 박힌 사랑, 그 은혜에 보답하고자 다짐하는 자식의 효심. 그 시구 하나 하나가 우리네 '가슴 속 깊은 곳에 놓여 있는 거문고'[心琴, 마음 심, 거문고 금]의 줄을 당겨 주지 않습니까!
　성공한 사람은,
　성공할 사람은 부모님 은혜를 늘 가슴에 품고 있다고 합니다.

　大成을 거둔 학부모님들께,
　大成을 거둘 학부모님들께,
　唐詩 한 수에 우리 후세들에 대한 사랑과 꿈을 담아 보내드립니다.

　감사합니다.

2010. 11. 1
全廣鎭 삼가 드림

※ 서울 분들은 '어머니', '아버지'로, 다른 분들은 '어무이', '아부지' 같은 자기 고향말로 불러 보시면 가슴이 더욱 따끈따끈해집니다.
마음이 따끈한 사람이 세상을 이끌어 갑니다.

※ 참고 : [공부 명언]

> 우리 LBH교육출판사는 우리나라 학교교육을 살리기 위한 방안의 하나로 교육계 저명인사 35명의 옥고를 모아 ≪국어사전 활용교육≫(2015년)이란 책을 엮은 바 있습니다. 이 책에 나오는 공부 명언을 선별하여 소개합니다. - 편집자

♣ "한 권의 훌륭한 사전이 우리나라 교육 발전의 초석이 될 수 있다."
 - 이돈희(前 서울대 교수, 교육부장관, 민사고 교장)

♣ "책을 읽거나 공부할 때 사전을 동반자 삼아 함께 간다면 무엇보다 든든한 원군이 될 것이다." - 김상문(㈜ IK 회장)

♣ "학생들이 단어 공부를 꾸준히 하는 습관을 기른다면 모든 과목의 성적 향상은 '따 놓은 당상'이다." - 원정환(前 서울 숭미초등학교 교장)

♣ "이해하기 쉬운 용어라고 생각되는 경우에도 한자를 알면 그 의미가 좀 더 확실해진다."
 - 유석재(조선일보 문화부 차장)

♣ "국어사전 활용이 효과적인 학습방법의 기본이다. 공부를 잘 하고 싶다면 국어사전을 제대로 활용해야 한다." - 김승호 (前 함평교육청 교육장)

♣ "훌륭한 국어사전은 한자어를 얼마나 잘 풀이하고 있는지가 잣대가 된다."
 - 박인화(前 서울 목운초등학교 교장)

♣ "한자어 풀이가 독특하고 창의적인 한 국어사전이 우리나라 학생들의 장래를 밝혀줄 희망의 등불이 될 것이다." - 윤재웅(한국어휘력계발연구소 소장)

♣ "인터넷사전이 '직선 코스'라면 종이사전은 '우회 코스'이다. … 종이사전에서 우연히 만나게 되는 단어들은 들꽃처럼 정겹다." - 김시원(前 소년조선일보 편집국장)

"한자어는 수박 같아서 속을 봐야 알 수 있다."
 - 전광진

편저자 全廣鎭 교수는?

성균관대학교 중문학과를 졸업하고 국립대만사범대학(NTNU)에서 문학석사를, 국립대만대학(NTU)에서 문학박사를 취득하였다. 경희대 중문학과 조교수 및 부교수(1992-1996), 성균관대학교 중문학과 교수(1997-2020), 성균관대 문과대학 학장 (2013-2014)을 역임하였으며, 현재에는 성균관대 명예교수로 있다. 전문 저작 20종과 학술논문 50여 편이 있다. 아울러, 'LBH속뜻학습법'을 창안하였으며 동 학습법 활용을 위한 ≪속뜻사전≫(전3종, 속칭 "속뜻사전 삼형제")을 편찬하여 우리나라 학생들의 문해력을 높이기 위한 어휘력 증진의 새로운 기반을 다졌다. ≪선생님 한자책≫(전1권, 1370쪽), 교육계 인사 34명과 더불어≪국어사전 활용교육≫을 공저하여 우리나라 어문 교육 기초를 굳게 다졌다. - 편집자

속뜻학습송

頌;Song

작사 : 전광진
작곡 : 박미진

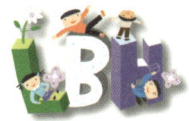

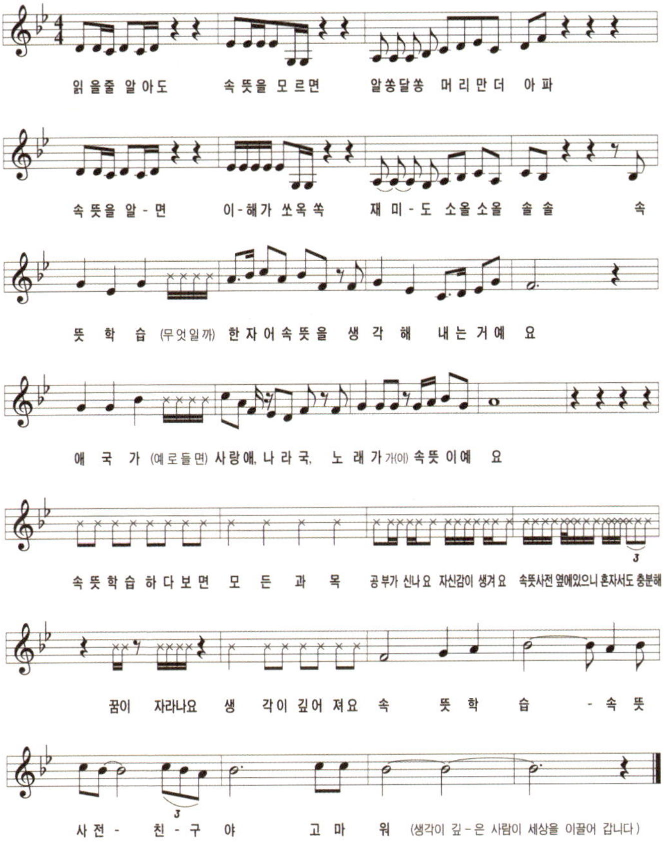

유튜브 YouTube 에서 '속뜻학습송'으로 검색해 보세요. 다양한 버전을 즐길 수 있습니다.

'꽃잎달기 놀이학습'

DDD Flower Program

날마다[**D**ay by **D**ay]
사전[**D**ictionary]에 꽃잎[**Flower**]을 달며
어휘력과 학력을 기르는 놀이학습 **프로그램**

유치원생이나 초등학교 저학년은
엄마와 함께 읽어가며 꽃잎을 달면 아이들이 정말 신나합니다.
공부의 마중물이자 시작은 바로 '꽃잎달기' 입니다.

《교과서 한자어 속뜻사전》은 아무 쪽이나 펼쳐서 읽어보며
재미있는 단어에 밑줄을 긋고 위쪽에 꽃잎(스티커)을 달면
공부하는 재미가 자기도 모르게 솔솔 늘어납니다.

▶ YouTube 국어사전 꽃잎달기 🔍